DICTIONNAIRE

des
Synonymes

D0660810

DICTIONNAIRE
des
Synonymes

Ouvrage couronné par l'Académie française

Direction d'ouvrage :
Émile GENOUVRIER

Rédaction :
Émile GENOUVRIER,
linguiste, professeur émérite de l'université de Tours

Claude DÉSIRAT,
agrégé de l'Université, linguiste

Tristan HORDÉ,
agrégé de l'Université, lexicographe

Avec la collaboration de :
Dominique DÉSIRAT-LEBLANC,
agrégée de l'Université, professeur de lycée

Jacqueline GENOUVRIER-MIRAILLÈS,
professeur certifiée

Pour la présente édition :

Direction éditoriale : Line KAROUBI

Édition : Bruno DURAND

Lecture-Correction : Chantal PAGÈS ; Henri GOLDSZAL, Isabelle TRÉVINAL

Structuration : Christine LAGOUTTE

Informatique éditoriale et composition : Philippe CAZABET, Marie-Noëlle TILLIETTE, Sharareh MALJAEI

Direction artistique : Ulrike MEINDL

Conception typographique, mise en pages : Muriel PARIS

Fabrication : Marlène DELBEKEN

ISBN : 978-2-03-582698-5

Nous dédions notre dictionnaire à tous ceux qui, pour mieux exprimer leur pensée, sont à la recherche du mot juste : traducteurs ou écrivains, professionnels du journalisme, de l'écrit ou de l'oral, rédacteurs, secrétaires… qu'ils soient français, francophones ou étrangers ; nous le dédions bien sûr à tous les jeunes à qui le collège, le lycée puis l'Université demandent de maîtriser la langue. Nous le dédions plus largement à tous les amateurs de mots, et aux amoureux de notre langue : de sa précision, de sa diversité, de sa richesse, de son élégance. Nous voudrions que tous, à l'usage du gros livre que voici, sortent satisfaits de leur quête : celle du mot juste, à sa juste place.

Avant-Propos

Une nouvelle édition

Voici la troisième édition entièrement revue et augmentée de ce dictionnaire très régulièrement mis à jour, notamment pour les néologismes. Car il convient, périodiquement, de remettre tout l'ouvrage en chantier : la langue a évolué, certains exemples ont vieilli, des nuances ont changé, la technologie a progressé…

Une édition revue…

Nous avons révisé l'ensemble des articles, dans leurs plus petits détails. Parmi les milliers d'exemples, certains étaient trop longs ou… trop courts ; il en manquait aussi… Nous avons vérifié nuances et contextes, rapports entre mots simples et dérivés, dont nous tenons grand compte (*consistant/consistance*, par ex.), ainsi que les innombrables renvois qui permettent au lecteur de circuler d'un article à l'autre : car les synonymes vont au moins… par deux !

Les services artistiques de Larousse ont pour leur part mis en œuvre une nouvelle maquette typographique qui permet une consultation et une lecture encore plus claires et agréables qu'elles ne l'étaient.

… et augmentée

Nous avons ajouté beaucoup de mots, voire d'articles. La synonymie est un trésor infini ; des mots se créent chaque jour : *blog*, *gouvernance*, *bobo*, *bluffant*, et tant d'autres désormais répertoriés… Mais, surtout, les relations de sens se renouvellent au fil des métaphores qui nourrissent la vie du langage. Des mots et des expressions hier négligés s'affirment aujourd'hui davantage dans la parole quotidienne. S'ajoutent encore des rapprochements secondaires mais intéressants pour le lecteur, que nous avions délaissés ; des mots plus rares ou plus techniques, et que voici désormais.

Les progrès accomplis en typographie – qui rendent possible de disposer dans une même page plus de signes pour une lisibilité égale, voire supérieure – et une augmentation raisonnable de volume nous ont permis de répondre, en gardant les qualités attendues de cet ouvrage, à une demande quantitative forte : la liste des entrées d'un dictionnaire des synonymes doit contenir tous les mots du français familier, courant et soutenu, et du français technique utile, dès lors qu'ils ont au moins un synonyme. C'est le cas.

Une édition fidèle à son principe

Choisir un synonyme, c'est disposer de critères de choix. Car le bon synonyme, c'est le mot juste à sa juste place. L'originalité et la qualité constante de notre ouvrage sont à ce prix d'exigence. Les nouvelles technologies aidant, chacun peut ajouter aux nombreux dictionnaires existants qui listent des séries de mots la consultation rapide d'Internet, et obtenir ainsi une multitude de synonymes. Mais comment y choisir le mot juste ?

L'essentiel de notre travail a été de répondre à un pari quantitatif : le plus de mots utiles possible. Mais sans rien céder sur le qualitatif : des mots en contexte, définis chaque fois que nécessaire, précisés dans leurs constructions, situés selon leur usage : du plus familier au plus soutenu, du technique ou du didactique au langage courant. C'est cet appareil, qui accompagne scrupuleusement le lecteur, que nous voudrions maintenant décrire.

Choisir des mots

Qui dit « synonymes » pense immédiatement « mots » et attend d'un dictionnaire qu'il les rassemble en très grand nombre. Ce que nous avons fait : le lecteur s'en convaincra au premier usage. Nous avons réuni la plus large moisson des mots du français courant, pour autant bien entendu qu'ils aient au moins un synonyme ; les termes techniques ou scientifiques passés dans l'usage, s'ils ont des synonymes ; les néologismes qui s'installent en concurrence avec des termes courants, mais souvent avec une acception ou une nuance d'emploi qui les distingue. Nous avons retenu les anglicismes courants, en signalant les recommandations officielles lorsqu'il y en a ; ainsi *conteneur* (terme recommandé)/ *container* (terme le plus couramment employé).

Mais d'autres synonymies existent, et particulièrement deux, auxquelles nous avons accordé toute notre attention : la synonymie d'un mot-base avec son ou ses dérivés et celle d'un mot avec des expressions, locutions ou tournures.

Mots et familles de mots

Si nous avons souvent rassemblé les mots d'une même famille *bord/border* ; *boue/boueux* ; *compenser/compensation* ; *craindre/ crainte*, etc., c'est évidemment par économie ; les commentaires proposés pour l'un conviennent fréquemment aux autres : au lieu de les répéter pour le dérivé, nous renvoyons le lecteur à la base. Mais c'est aussi parce qu'on y trouve une source très fructueuse de synonymie ; comparez : il y avait des poteaux au *bord* de la route/des poteaux *bordaient* la route. Un chemin plein de *boue*/un chemin très *boueux*. Il va chercher à *compenser*/il va chercher des *compensations*.

Si on allie les deux stratégies : mise en relation de la base et des dérivés, et de leurs synonymes respectifs, on ouvre plus encore le champ des synonymies possibles ; comparez avec le verbe *craindre* le mot *crainte* : *craindre* d'aller chez le dentiste/ *appréhender* d'aller chez le dentiste/ *l'appréhension* d'aller chez le dentiste/la ↑ *phobie* du dentiste.

Expressions, locutions et tournures

Qu'un mot entretienne des rapports synonymiques avec plus grand que lui : expressions, locutions ou tournures, c'est une évidence à prendre largement en compte si l'on souhaite que le lecteur plonge au cœur même de la langue qu'il parle ou qu'il écrit. Car c'est au long de son histoire et du travail de ses locuteurs, de ses auteurs, qu'une langue s'enrichit des mille expressions qui lui sont propres : source précieuse d'expressivité pour l'étranger qui n'y a pas directement accès, pour l'autochtone en quête d'images et d'efficacité stylistique. L'un et l'autre trouveront ici largement leur bien. Par exemple : *se fatiguer à chercher*, se casser la tête, se creuser le cerveau ; *regarder quelqu'un en face*, droit dans les yeux, dans le blanc des yeux ; *ne pas faire d'effort*, ne pas lever le petit doigt ; *par enchantement*, comme par un coup de baguette magique ; *étonner*, couper le souffle ; *devancer*, couper l'herbe sous le pied, etc.

Sens et définitions

Choisir entre deux synonymes, c'est d'abord vérifier que leurs sens s'ajustent : il convient donc de les définir. Telle a bien été la vocation des premiers dictionnaires ; et telle demeure l'une des tâches dont nous nous sommes acquittés à chaque fois que nécessaire : *décanter*, c'est *épurer* en laissant déposer les impuretés que contient un liquide ; un *bâtiment* est un bateau, mais de grandes dimensions ; un *flâneur* est quelqu'un qui aime se promener au hasard des rues en prenant son temps, un *badaud*, celui que captivent les divers spectacles de la rue.

Mais une définition ne fait pas un dictionnaire des synonymes ; ni trois, quatre ou cinq à la suite. C'est très abstrait, une définition ; a fortiori plusieurs. Parfois quelques éléments suffisent, nous avons allégé : *mélange* : alliage (qui se dit pour les métaux) ; *cordage* : filin (= gros cordage en chanvre), câble (= gros cordage ou amarre en acier). La synonymie inclut souvent des différences d'intensité : tel mot est plus ou moins fort qu'un autre, ce que nous avons noté simplement par une flèche vers le haut ou vers le bas : *ennuyer* : ↑ préoccuper ; *ennuyeux* : ↑ assommant ; *à flots* : ↓ abondamment.

Exemples et contextes

Très souvent, un bon exemple, un contexte approprié éclairent et illustrent mieux que la meilleure définition et ravissent le lecteur. Car les mots ne vivent que dans le tissu de la parole ou de l'écriture. Un dictionnaire doit largement en tenir compte : les exemples lui donnent vie. Ils conduisent le lecteur sur les pistes connues : voici les mots dans leur paysage familier, on s'y retrouve, on « voit » directement ce que l'on cherche. Surtout, exemples et contextes constituent la « juste place » des mots.

C'est sans doute l'une des grandes richesses de notre ouvrage que de fournir à qui le consulte des milliers et des milliers d'exemples et de contextes : on est *sous le charme de quelqu'un*, mais pas *sous son enchantement* ; on est pris *dans un enchantement*, pas *dans un charme* : le contexte sélectionne tel synonyme, pas l'autre. Souvent, il filtre des sens différents, qu'il livre avec lui : *Pouvons-nous par-*

ler franchement ? : en toute franchise, à découvert ; mais *je vous le dis franchement* : tout net, [fam.] carrément ; et encore : *allez-y franchement !* : sans hésiter, [fam.] franco ; et puis : *c'est franchement mauvais* : vraiment. Voyez encore *acharné* : *un joueur acharné* : enragé, endiablé ; *c'est son ennemi acharné* : farouche ; *un travailleur acharné* : un bourreau de travail.

Une attention à la grammaire

Pour tous nos lecteurs, mais particulièrement pour les lycéens et les étudiants, a fortiori pour les lecteurs étrangers, nous avons donc mis systématiquement en rapport les mots et leurs contextes ; il s'ensuit que nous avons accordé à chaque fois que nécessaire toute notre attention aux changements de constructions : *on est enclin* **à** mais *on est tenté* **de** ; on peut dire *quatre joueurs composent cette équipe,* mais le passif ou le pronominal sont meilleurs : *cette équipe est composée / se compose de quatre joueurs* ; on *compte* **sur** mais on *fait confiance* **à** quelqu'un ; on *consulte quelqu'un,* on *prend conseil* **auprès de** *quelqu'un.* De même avons-nous noté la variation du mot *espoir* selon son nombre et la nature de son article : 1) au singulier, avec l'article défini : *l'espoir fait vivre* : l'espérance ; 2) au singulier ou au pluriel, avec l'article indéfini : *reste-t-il un espoir ?* : une chance… Des adjectifs, il faut souvent signaler le changement de place : *petit* se place avant le nom, son synonyme *minuscule* se place après ; de même : *une forte fièvre / une fièvre violente…* Sans ces indications, un dictionnaire laisse son lecteur dans le flou : nous guidons le nôtre constamment pour qu'il trouve non seulement le meilleur synonyme, mais en même temps son usage correct.

Les mots ont une vie sociale

Ils reflètent nos divisions, nos différences ; nous les supportons, nous les rejetons, nous les aimons selon qu'ils s'accordent à notre sens des convenances ; ils portent nos admirations comme nos injures ; ils s'inscrivent dans les conventions qui structurent en partie nos rapports avec les autres.

De cette très riche synonymie qui donne naissance à *manger / bouffer* ; *beau / chouette* ; *peur / pétoche* et tant d'autres plus subtils : *se compliquer / se corser* ; *comme il a grandi / comme il a poussé !*, – nous avons bien sûr rendu compte avec la meilleure précision. Nous proposons le repère d'une échelle classique : du très familier, parfois du vulgaire, de la conversation relâchée au très soutenu du style ostentatoire. L'essentiel demeure néanmoins le français courant de la parole surveillée et de l'écriture ordinaire (celle de la presse par exemple) et le niveau soutenu, où se rassemblent les mots plus élégants, parfois plus précis. Ainsi : *un projet osé* (soutenu), *risqué* (courant), *casse-cou* (familier), *casse-gueule* (très familier) ; ou encore *gracieusement* (soutenu), *gratuitement* (courant), *pour rien* (familier), *à l'œil* (très familier).

Comme il se doit, nous n'avons pas choisi à la place du lecteur, en refusant les mots grossiers par pudibonderie ou les mots très soutenus par démagogie. Les synonymes existent : nous les avons répertoriés, en signalant systématiquement leurs différences éventuelles de niveau ; le choix revient au lecteur.

De même a-t-on noté que certains mots sont injurieux ou péjoratifs. Que d'autres sont rares : *alambiqué* est toujours rare ; *sang* l'est dans le sens de *race* : *de la même race* : [rare] *du même sang*. Nous signalons si un mot appartient à un vocabulaire technique, s'il est « didactique » par rapport à son synonyme « courant » ; ainsi *érythème* par rapport à *rougeur*. Qu'il existe des synonymes plus expressifs que d'autres : *je suis gelé* par rapport à *j'ai froid*, et que, d'une manière générale, la synonymie ne rattache pas seulement entre eux des mots, mais aussi des expressions, des tournures, des phrases.

Cette richesse ne peut se rencontrer que si l'on ouvre un dictionnaire à des milliers d'exemples : une expression, une tournure doit s'adapter à un contexte, elle est elle-même souvent presque une phrase. Nous revoici devant notre choix : faire entrer qui consulte cet ouvrage dans la chair même du français vivant.

Une synonymie vivante

C'est ce que nous espérons avoir pratiqué. Nous pourrions bien sûr nous vanter du nombre de synonymes que contient ce dictionnaire. Mais le lecteur aura compris que les chiffres bruts ne disent rien sur l'essentiel, c'est-à-dire l'usage, le conseil, la recommandation, le contexte, l'exemple. Que valent dix synonymes si l'on ne trouve pas le bon ?

Des mots, en voici beaucoup et même énormément ; et d'autant plus que nous avons jeté entre eux, par un jeu de renvois, toutes les passerelles possibles. Mais voici surtout une synonymie puisée au français le plus moderne comme au trésor fécond du français littéraire, et à celui, si riche, du français familier et expressif ; voici une synonymie en contexte, éclairée par ses exemples aussi bien que par des commentaires de sens et des recommandations grammaticales et stylistiques. Une synonymie prête à l'usage, comme il se doit…

LES AUTEURS

ABRÉVIATIONS

abrév. .... abréviation

absolt .... absolument

abusif .... emploi abusif, abusivement

adj. .... adjectif

adv. .... adverbe

amér. .... américain, américanisme

anc. .... ancien

anglic. .... anglicisme

app. .... en apposition

apr. .... après

arg. .... argot, argotique

arg. mil. .... argot militaire

arg. scol. .... argot scolaire

art. .... article

auj. .... aujourd'hui

autref. .... autrefois

auxil. .... auxiliaire

av. .... avant

c.-à-d. .... c'est-à-dire

coll. .... collectif, collectivement

compar. .... comparatif

compl. .... complément

cond. .... conditionnel

conj. .... conjonction

contemp. .... contemporain

contr. .... contraire

cour. .... courant, couramment

déf. .... défini

didact. .... didactique

dimin. .... diminutif

euph., euphém. .... euphémisme, par euphémisme

ex. .... exemple

exclam. .... exclamation, exclamative

express. .... expressif, expression

f., fém. .... féminin

fam. .... familier

fig. .... figuré

génér. .... général, généralement

impér. .... impératif

impers. .... impersonnel

ind. .... indicatif

ind. .... indirect

inf. .... infinitif

indéf. .... indéfini

inj. .... injurieux

interj. .... interjection

interr. .... interrogatif

iron. .... ironique

litt. .... littéraire

loc. .... locution

m., masc. .... masculin

mil. .... militaire

ABRÉVIATIONS (SUITE)

mod.	moderne
n.	nom
nég.	négatif, négation
néol.	néologisme
n.f.	nom féminin
n.m.	nom masculin
notamm.	notamment
onomat.	onomatopée
par anal.	par analogie
par ext.	par extension
par métaph.	par métaphore
par méton.	par métonymie
par oppos.	par opposition
par plais.	par plaisanterie
partic., en partic.	en particulier, particulièrement
pass.	passif, forme passive
péj.	péjoratif, péjorativement
pl.	pluriel
plais.	plaisamment
poét.	poétique
pop.	populaire
poss.	possessif
pr.	propre, terme propre

préf.	préfixe
prép.	préposition
pron.	pronom
qqch	quelque chose
qqn	quelqu'un
recomm. off.	recommandation officielle
région.	régional, régionalisme
scol.	scolaire
seult	seulement
signif.	signifiant
sing.	singulier
sout.	soutenu
spécialt	spécialement
subj.	subjonctif
syn.	synonyme
techn.	technique
v.	verbe
v.i.	verbe intransitif
v.pr.	verbe pronominal
v.t.	verbe transitif
v.t. ind.	verbe transitif indirect
vulg.	vulgaire
vx	vieux

CONVENTIONS

→ voir le mot ou les mots suivants

* voir ce mot cité comme synonyme :
il fait lui-même l'objet d'un article
dans ce dictionnaire

~ reprend le mot d'entrée : ex. craquer (1)
[qqch ~] se lit « quelque chose craque »

↑ de sens plus fort

↓ de sens moins fort

Dictionnaire des Synonymes

A

à → POUR.

abaissant [de abaisser II] *Un travail abaissant* ♦ [plus cour.] **dégradant***.

abaissement

I [de abaisser I] *Un abaissement des températures* : **baisse** (*abaissement* a souvent un sens plus actif que *baisse*) ♦ **affaiblissement, fléchissement** ; → DÉCLINER ♦ [plus génér.] **diminution** (*l'abaissement, la diminution des prix*). [en parlant des marchés financiers] *L'abaissement des revenus* : [plus cour.] **baisse** ♦ ↑ **dégradation, affaissement, chute** ♦ [en parlant de la monnaie] **dévaluation**. *Une Bourse à la baisse* : **déprimé** ♦ ↑ **en chute libre**.

II [de abaisser II] *Il court les rues, ivre la plupart du temps : quel abaissement !* : ↑ **avilissement, déchéance** ♦ **dégradation** (qui renvoie aussi à une notion abstraite : *la dégradation des mœurs, de la morale*) ; → BASSESSE, BOUE, CORRUPTION, DÉCADENCE, OPPROBRE.

abaisser

I [~ qqch] ① *Abaisser une vitre* : **baisser**. *Abaisser les voiles* : [plus précis] **amener**. ② *Abaisser la température, un prix* : **baisser, faire baisser** ♦ [plus génér.] **diminuer*** ; → ABRÉGER, MINIMISER, RACCOURCIR.

II [~ qqn] ① [qqn ~ qqn] *Abaisser son meilleur ami* : **diminuer*** ♦ **inférioriser, ravaler** (= situer injustement à un rang inférieur) ♦ [plus cour.] **rabaisser*** ♦ ↑ **humilier, mortifier** ; → FROISSER, OFFENSER, VEXER. ② [qqch ~ qqn] *L'insulte abaisse*

aussi celui qui la profère : ↑ **avilir, dégrader** ♦ ↑ **faire déchoir**.

◇ **s'abaisser** ① [qqn ~ à] **condescendre à, daigner** (qui n'impliquent pas que le sujet y perde sa dignité). ② [sans compl.] *Comment peut-il accepter de s'abaisser ainsi ?* : ↑ **s'avilir, se compromettre*, déchoir,** [rare] **déroger, s'humilier** ♦ [plus fam.] **tomber si bas** ; → SE METTRE À PLAT VENTRE*.

abandon

I ① [de abandonner I, ①] : ↓ **départ**. ② [de abandonner I, ②] : **démission, désertion**. *L'abandon de la foi, d'une doctrine, d'une religion* : ↑ **reniement** ♦ ↑ **abjuration** (= abandon par acte public et solennel) ♦ [partic.] **apostasie** (= abandon de la foi et de la religion chrétiennes) ♦ **défection** (= abandon d'une cause, d'un parti) ♦ **désistement** (= abandon dans une élection ou un concours) ♦ **forfait** (= renonciation à une compétition pour laquelle on s'était engagé) ♦ [plus génér.] **retrait** ; → ABDICATION, OUBLI. ③ [de abandonner I, ③ et ④] : **renonciation, capitulation, démission** ; → REJET. *L'abandon des poursuites* : → SUSPENSION II. ④ *L'abandon de ses biens* : **don** (qui est de ↓ sens plus actif) ; → DONATION.

II ① [de abandonner II] : **délaissement, lâchage, placage** ; → REJET. *À l'abandon. Il laisse tout à l'abandon* : [plus génér.] ↓ **négliger** ♦ [fam.] **à vau-l'eau** (*aller à vau-l'eau*) ; → LAISSER ALLER* III. ② [de s'abandonner] *Parler avec abandon* : ↓ **confiance** ♦ [express.] **se laisser aller,**

1

laisser parler son cœur ; → AISE, NATUREL. [dans un contexte péj.] → APATHIE.

abandonné ① [qqn est ~] → SEUL, ERRANT. ② [qqch est ~] → SOLITAIRE I, DÉSERT, SAUVAGE.

abandonner

I [qqn ~ qqch] ① *Il abandonne Paris* : [plus génér.] **se retirer de, quitter, s'en aller de, partir de** (qui n'impliquent pas toujours une retraite définitive) ◆ ↑ **déserter** ◆ [de sens partic.] **déménager, évacuer** ; → VIDER* LES LIEUX. ② *Il abandonne ses fonctions dans un mois* : **renoncer à, laisser** ◆ **déserter** (qui implique l'idée de défaite et de trahison) ◆ [plus précis et techn.] **se démettre de** (*se démettre de ses fonctions*), **démissionner de, donner sa démission de** (*démissionner d'une charge, d'un poste, d'un emploi*) ◆ [fam.] **dételer, passer la main, s'arrêter**. ③ *Abandonner la lutte, la partie, des projets* : **renoncer à** ◆ [sans compl.] ↑ **capituler,** ↓ **céder** ◆ [fam.] ↓ **flancher, se dégonfler, se déballonner** (*il abandonne, il capitule, il cède, il flanche*) ; → ABDIQUER, FUIR, PARTIR, SE RÉSIGNER, ENTERRER. ④ [absolt] *Je suis excédé : j'abandonne !* : **renoncer** ◆ ↑ **capituler** ◆ ↓ **céder** ◆ [fam.] **déclarer forfait, jeter l'éponge, baisser les bras, passer la main** ; → INSISTER (*ne pas insister*). ⑤ [~ qqch à qqn] *Je t'abandonne mes biens* : ↓ **donner** ◆ **livrer** (qui implique l'idée d'un don plus volontaire et total) ◆ [rare] **se dessaisir de** (= renoncer volontairement à des biens, de l'argent : *se dessaisir de qqch en faveur de qqn*) ; → SE SÉPARER DE.

II [qqn ~ qqn] *Il abandonne tous ses amis dès qu'ils ont besoin de lui* : **délaisser** ◆ [plus express.] **tourner le dos à** ◆ [fam.] **laisser tomber, lâcher** ◆ [très fam.] **larguer** ◆ [sout., souvent iron.] **laisser choir**. *Il a abandonné sa femme* : ↓ **quitter*,** ↓ **se séparer de** ◆ [fam.] **plaquer** ; → NÉGLIGER, SACRIFIER, S'ÉLOIGNER, LAISSER EN PLAN, PLANTER.

III [qqch ~ qqn] *Ses forces l'abandonnent* : [fam.] **lâcher** ◆ ↓ **diminuer*** (*ses forces diminuent*).

◇ **s'abandonner** ① *Ne pouvant plus contenir ses larmes, elle s'abandonna* (= cesser de prendre sur soi, de se contenir, pour

manifester son émotion, ses sentiments) : [sout.] **laisser aller** (*laisser aller son émotion*) ◆ **s'épancher, se livrer** (qui impliquent un rôle plus actif du sujet) ◆ [plus cour.] **se laisser aller**. ② *Veuve, elle s'abandonne à son chagrin* : **se livrer* à** ◆ ↑ **succomber à** (qui implique l'idée d'une défaite devant qqch d'irrésistible) ; → SE SOUMETTRE. *S'abandonner à de viles passions* : ↑ **se vautrer dans**. ③ *S'abandonner à la rêverie* : **se laisser aller* à** ◆ ↑ **se plonger dans** ◆ ↑ **être en proie à** (qui se dit de qqch de pénible) ◆ ↑ **s'abîmer* dans** ; → SUIVRE.

abasourdi → ÉBAHI, STUPÉFAIT.

abasourdir → ABRUTIR.

abâtardir → DÉGÉNÉRER.

abâtardissement → DÉGÉNÉRESCENCE.

abattage → ACTIVITÉ.

abattement [de abattre II, dans l'ordre des emplois du verbe] : **affaiblissement,** ↓ **fatigue,** ↑ **épuisement,** ↑ **anéantissement** ◆ ↑ **torpeur,** ↑ **prostration** (qui impliquent l'abaissement des forces intellectuelles ainsi que celui des forces physiques) ◆ **démoralisation, découragement** ◆ ↓ **accablement, consternation** ◆ ↑ **désespoir, anéantissement** ◆ **dépression** (= perte d'énergie morale, ou troubles nerveux profonds) ; → TRISTESSE, FATIGUE, ALOURDISSEMENT, APATHIE.

abattis → MEMBRE.

abattre

I [qqn ~ qqch, qqn] ① *Abattre un arbre* : **couper, scier** (qui supposent l'usage d'un outil adapté). *Abattre un mur, une statue* : **démolir** ◆ **ruiner** (qui implique une action lente et tenace : *le temps et les éléments ruinent les édifices les plus solides*) ; → DÉMANTELER, RENVERSER, RASER, DÉTRUIRE. ② [qqn ~ qqn] → TUER*. ③ *Abattre de la besogne* : → TRAVAILLER. *Abattre son jeu* : → ÉTALER. *Votre rival a enfin abattu son jeu* (= dévoiler clairement ses intentions) : **abattre ses cartes** ; → MASQUE.

II [qqch ~ qqn] *La maladie l'a abattu* (= ôter les forces physiques ou morales de qqn) : ↓ **affaiblir, débiliter,** ↓ **fatiguer,** ↑ **épuiser,** ↑ **anéantir** (qui concernent plus précisément les forces physiques) ◆ **démoraliser,** ↓ **accabler, consterner, décourager** ◆ ↑ **désespérer, atterrer, anéantir** (qui concernent plus précisément les forces morales) ◆ **déprimer** (qui concerne plus précisément les forces nerveuses) ; → AMOLLIR, BRISER, EFFONDRÉ, SAPER.

◇ **s'abattre** ① [qqch, qqn ~ sur qqch, qqn] *La foudre s'est abattue sur un chêne* : ↓ **tomber sur** ◆ [par métaph.] **pleuvoir sur** (*les coups s'abattaient, pleuvaient sur la victime*) ◆ [avec sujet animé] ↑ **fondre sur,** ↓ **se jeter sur** (*il fondit, se jeta sur son adversaire comme l'aigle sur sa proie*). ② *Une épidémie s'est abattue sur la région* : **frapper** ◆ ↓ **affecter, toucher** (tous ces v. ont une construction directe).

abattu → TRISTE I.

abbatiale → ÉGLISE.

abbaye → CLOÎTRE.

abbé → PRÊTRE.

abbesse → SUPÉRIEUR II.

abc *L'abc de qqch* (= éléments de base d'une activité, d'un art) : *Il ne connaissait pas l'abc de son métier* : **le b.a.-ba** ◆ [moins express.] **éléments** ◆ [plus sout.] **rudiments** ◆ [rare] **linéaments** ; → BASE II, PRINCIPES.

abdication → ABDIQUER.

abdiquer [qqn ~ qqch] ① *Il a abdiqué son trône ; le roi a abdiqué* : **se démettre de** (qui s'emploie pour des charges élevées, mais moins importantes) ◆ [plus génér.] **démissionner de** ◆ [sout.] **résigner** (qui s'emploie pour des charges ou emplois ordinaires). ② [qqn ~] *Nous l'avons pressé d'arguments auxquels il n'a pu répondre ; il a vite abdiqué* : ↓ **céder,** ↑ **capituler** ; → RENONCER, ABANDONNER I, SE RÉSIGNER.

◇ **abdication** [de *abdiquer*] : **démission, capitulation** ; → ABANDON.

abdomen → VENTRE.

abécédaire → ALPHABET.

aberrant → ABSURDE.

aberration → ABSURDITÉ, ERREUR.

abêtir → ABRUTIR.

abêtissement → ABRUTISSEMENT.

abhorrer → DÉTESTER.

abîme ① Cavité naturelle d'une profondeur incommensurable. *Les abîmes sous-marins* : **fosse, abysse** ◆ [plus cour.] **gouffre** ◆ ↓ **précipice** (*abîme* et *gouffre* évoquent l'idée d'engloutissement ; *précipice*, celle de chute). ② *Ce désastre financier nous place au bord de l'abîme* : **gouffre, précipice, catastrophe** ◆ ↓ **ruine, désastre.** ③ *Un abîme sépare leurs positions* : → CASSURE, DISTANCE, MONDE.

abîmé ① [qqch est ~] → ABÎMER ①, FOUTU. ② [qqn est ~] → ABÎMER ②. ③ [qqn est ~ dans] *Elle est abîmée dans son chagrin* : → S'ABÎMER, S'ABANDONNER.

abîmer ① [~ qqch] *Cet enfant abîme tous ses jouets* : [plus sout.] **détériorer, dégrader, endommager.** *Il abîme tout* [génér.] : **casser,** [fam.] **esquinter** ◆ [très fam.] ↑ **bousiller, déglinguer, démantibuler, amocher,** [par antiphrase] **arranger** (*regardez-moi comme il les arrange, ses jouets !*) ; → ALTÉRER I, USER II. Les verbes suivants sont d'emploi plus restreint et précisent la nature du dommage subi ou de l'objet qui le subit. *Le sucre abîme les dents* : **carier.** *La chaleur abîme la viande, les fruits* : **avarier*, corrompre*, gâter** ; → POURRIR. *De mauvaises lectures lui ont abîmé l'esprit* : **gâter, corrompre*** ; → AIGRIR. *Le soleil a abîmé sa peau* : [fam.] **arranger,** [en partic.] **brûler.** *Ne va pas abîmer tes vêtements neufs* : **salir, tacher,** [litt.] **souiller** (= abîmer par de la poussière, par un liquide, par de la boue). *Il a abîmé l'ouvre-boîtes* : **détraquer,** [fam.] **fusiller.** *Elle a abîmé deux tasses* : **ébrécher.** *Des vandales ont abîmé les statues du parc* : **dégrader, détériorer.** *Ils ont abîmé la serrure, la porte* : **fausser.** *La tornade a abîmé les bungalows* : ↑ **délabrer, détruire.** *La grêle a abîmé les vignes* : ↑ **ravager, saccager.** ② [~ qqn] *Son adversaire l'a drôlement abîmé* : **arranger, esquinter, mettre en mau-**

abject

vais état ◆ [plus fam.] **amocher**, ↑ **démolir** ;
→ **BLESSER, METTRE À MAL***.

◇ **s'abîmer** ① [qqch ~] → **ABÎMER** ①.
② [~ dans] [sout.] *L'avion s'est abîmé dans
la mer* : [plus cour.] ↓ **s'enfoncer, s'engloutir, couler, sombrer** (qui ne se rapportent
qu'à l'eau et supposent une disparition graduelle) ; → **ACCIDENT, CHAVIRER,
ENVOYER PAR LE FOND*, SOMBRER**. ③ *Elle
s'est abîmée dans sa douleur, dans son
rêve* : **sombrer** ◆ ↓ **s'absorber** (qui est
plus intellectuel et ne suppose qu'attention et application) ◆ ↓ **se plonger**
◆ [sout.] ↑ **s'anéantir** ; → **S'ABANDONNER,
SE PERDRE**.

abject *Sa façon d'agir est plus que basse,
elle est abjecte* : ↓ **bas, méprisable, hon-
teux*, odieux** ◆ ↑ **infâme, ignoble** ◆ [peu
employé] **vil** ◆ [plus fam.] **dégoûtant, répugnant** ◆ [très fam.] **dégueulasse** ◆ **sordide**
(= qui est bassement intéressé) ◆ [sout.]
ignominieux ; → **ABOMINABLE, BOUEUX,
DÉSHONORANT, LÂCHE, LAID, RÉPUGNANT**.

abjectement *Il lui a répondu abjectement* : **de façon abjecte*, ignoblement,
odieusement, de façon honteuse*, honteusement** ◆ [sout.] **ignominieusement**.

abjection → **HORREUR**.

abjuration → **RENIEMENT**.

abjurer → **RENIER**.

ablution → **TOILETTE**.

abnégation → **DÉSINTÉRESSEMENT, SACR-
IFICE II**.

aboiement → **VOIX I**.

abois → **ENNUI**.

abolir → **ANNULER, SUPPRIMER, EFFACER**.

abolition → **ANNULATION**.

abominable ① *Un abominable individu ;
un crime abominable* : **affreux, atroce, horrible, monstrueux, épouvantable, exécrable**
◆ ↓ **détestable** ; → **ABJECT**. ② [sorte de superlatif de *mauvais*] *Il fait un temps abominable* : **très mauvais, détestable, effroyable,
exécrable, horrible, épouvantable, désastreux, catastrophique** (qui sont présentés

par ordre croissant d'intensité). ③ *Une
douleur abominable* : **insupportable** ;
→ **DOULOUREUX**.

◇ **abominablement** *Elle chante abominablement* : **horriblement, épouvantablement,
atrocement, affreusement** ◆ ↓ **mal***.

abomination
→ **HONTE, HORREUR, DÉTESTER**.

abominer → **DÉTESTER**.

abondamment → **BEAUCOUP, À FLOTS*,
À PLEINES MAINS*, LONGUEMENT, À
PROFUSION***.

abondance

I → **ABONDER I, ABONDANT**. ① *Quelle
abondance de synonymes dans ce dictionnaire !* : ↑ **surabondance**, ↑ **profusion**
◆ [sout.] ↑ **pléthore** ◆ ↑ **foisonnement**
◆ **luxe** (qui évoque une abondance inutile) ◆ **affluence** (qui se dit en parlant de
la foule) ◆ [sout.] **exubérance** (qui se dit
de la végétation) ◆ ↑ **prolifération** (qui
se dit de qqch qui ne cesse de se développer ou de s'étendre) ◆ [plus restreint, fam.
et express.] ↑ **une pluie de,** ↑ **un déluge
de, une mer de** (*un déluge d'injures, de
compliments, d'applaudissements, une mer
de documents divers*) ; → **ÉPAISSEUR, MER,
MULTITUDE, OPULENCE, FOURMILLEMENT**.
② *En abondance* : → **BEAUCOUP, À FOISON*,
GÉNÉREUSEMENT**. ③ *Parler d'abondance* :
avec volubilité ◆ [fam., souvent péj.] **avoir
du bagou** ; → **IMPROVISER, INÉPUISABLE**.
Une telle abondance de paroles ! : **flux**.

II *Vivre dans l'abondance* : → **RICHESSE**.

abondant → **ABONDANCE, ABONDER**. *La
nourriture était abondante* : **copieux**
◆ [sout.] **plantureux**. *Une chevelure abondante* : **épais, fourni** ◆ **en quantité** (*il y
avait de la nourriture en quantité*). *Des
faits abondants* : **nombreux,** ↑ **foisonnant**.
Un pourboire abondant : [antéposé] **large,
gros, copieux, riche, généreux** ; → **FORT**.
Un courrier abondant : → **VOLUMINEUX***.
Des pluies abondantes : → **DILUVIEN**.

abonder

I [qqch, qqn ~ + compl. de lieu ou de temps]
Les fruits abondent en France (= être en
grande quantité ou en grand nombre) :

↑ **foisonner** ; → FÉCOND. [avec sujet animé] *Les touristes abondent* : ↑ **surabonder,** ↑ **fourmiller,** ↑ **pulluler,** ↑ **grouiller** ◆ [fam.] **il y a des tas de** ; → QUANTITÉ, REMPLIR.

II [qqch ~ en qqch] *La France abonde en fruits* (= avoir en grande quantité, en grand nombre) : [plus cour.] **regorger de, être riche en** ◆ [fam.] **avoir plein de.**

III [qqn ~ en qqch] ① *Il abonde en compliments* (= donner en grand nombre) : **être prodigue de.** ② *Il abonde dans mon sens* : → APPROUVER.

abord

I [au sing.] *L'abord d'une ville* : → ABORDER II, ACCÈS. *Mon voisin est d'un abord difficile, facile* : **abordable*** (*difficilement, facilement abordable*) ◆ [plus cour.] **contact.**

II [au pl.] *Les abords de Paris* : **alentours, approches, environs** (*abords, approches* nécessitent toujours un complément ; *environs* et *alentours* peuvent se construire seuls : *nous allons visiter les alentours, les environs*) ; → BANLIEUE.

III [loc.] ① *D'abord. Nous irons d'abord à la mer, puis à la montagne* : **premièrement,** [fam.] **primo, en premier** (qui indiquent une énumération plus précise). *Tout d'abord* (qui détache davantage le premier terme de l'énumération) : **au préalable, en premier lieu, dans un premier temps, avant toute chose, en priorité** ◆ ↑ **toutes affaires cessantes.** ② [très sout.] *Dès l'abord. Dès l'abord, il me parut méfiant* : [plus cour.] **dès le début, au commencement, au départ** ; → IMMÉDIATEMENT. ③ *Au premier abord. Au premier abord, sa maladie ne paraissait pas inquiétante* : **à première vue*, sur le coup, sur le moment** ◆ [sout.] **de prime abord** ; → INITIALEMENT, APPAREMMENT, A PRIORI.

abordable

I [de aborder **I** et **II**] *Il y a des rochers, mais la côte est abordable* : [plus précis] **accostable** ◆ [plus génér.] **accessible*** ; → AISÉ. *Peu abordable. Une côte peu abordable* : **peu approchable, peu hospitalier** ◆ ↑ **dangereux, inapprochable.** *Cet artiste est peu*

abordable : **peu approchable,** ↑ **inapprochable** ; → ABORD I, INFRÉQUENTABLE.

II [de aborder **IV**] *Est-ce une question qui vous paraît abordable pour de jeunes élèves ?* : **accessible à** ; → AISÉ, FACILE, SIMPLE. *Un prix abordable* : → RAISONNABLE.

aborder

I [qqch, qqn ~ à, dans, sur] *Le navire a abordé au port* : [plus précis] **accoster** ◆ [plus génér.] **toucher*** (*... a touché le port, la terre ferme*).

II [qqch, qqn ~ qqch] *Nous allons aborder le village par le nord* : **s'approcher de, accéder à, atteindre** ; → APPROCHER, ARRIVER. [en termes de circulation routière] *Aborder un virage* : **prendre** ◆ [anglic.] **négocier** (= manœuvrer pour prendre un virage dans les meilleures conditions).

III [qqn ~ qqn] ① *Il m'a abordée dans la rue* (= s'approcher de qqn pour lui parler) : **accoster** ◆ **racoler** (qui se dit souvent pour ceux ou celles qui provoquent à la débauche les gens qu'ils abordent) ; → ATTAQUER, ACCROCHER. ② *Un artiste facile à aborder* : **approcher*** ; → ABORDABLE I.

IV [qqn ~ qqch] *Quand pensez-vous aborder ce problème ?* : [sout.] **venir à** ◆ [cour.] **en venir à** ◆ [plus génér.] **parler de** ◆ [plus fam.] **s'attaquer à** ; → ÉVOQUER.

aborigène → INDIGÈNE.

aboucher → JOINDRE.

◊ **s'aboucher** → SE METTRE EN RAPPORT* III, PRENDRE LANGUE*.

abouler → DONNER.

◊ **s'abouler** → VENIR.

aboulie → APATHIE.

aboutir

I [qqch ~ à] *Ce chemin aboutit à la mer* : **arriver à, se terminer à, finir à** ◆ [plus génér.] **mener à, conduire à.** *Cette rivière aboutit à un fleuve* : **se jeter dans** ; → ALLER, TOMBER III.

II [qqn, qqch ~ à] *Il n'aboutira jamais à rien* : **arriver à.** *Sa manœuvre n'a abouti qu'à te mettre en colère* : **avoir pour résultat de** ; → SE SOLDER, DÉBOUCHER II.

III [qqch, qqn ~] *Son projet a enfin abouti* (= se terminer par un résultat heureux) : **être couronné de succès** ◆ [plus génér.] **réussir***.

◇ **aboutissement** *Quel a été l'aboutissement de l'enquête ?* : **issue, résultat*** ; → CONSÉQUENCE, TERME I.

aboyer

I *Un chien aboie* : **japper** (qui s'emploie pour les jeunes chiens) ◆ [fam.] **gueuler**.

II [qqn ~] *Il ne parle pas, il aboie* [fam.] : [très fam.] **gueuler** ◆ [cour.] **hurler** ; → CRI, CRIER.

abracadabrant → BIZARRE.

abrégé → ABRÉGER.

abrègement → DIMINUTION.

abréger → DIMINUER. *Abréger un séjour* : **écourter, raccourcir** ◆ ↓ **réduire**. *Abréger un discours* : [outre les précédents] **alléger, condenser, réduire, résumer, resserrer, simplifier*** ; → SERRER, MUTILER.

◇ **abrégé** ① *L'abrégé de son allocution* : **condensé, résumé** ◆ [plus génér.] **idée, aperçu** (*... une idée, un aperçu de...*) ◆ **schéma, sommaire** (qui évoquent l'idée de plan) ◆ [rare, anglic.] **abstract, digest** ; → EXTRAIT. ② *Un abrégé de grammaire* : **aide-mémoire, précis** ◆ **vade-mecum** (= abrégé que l'on garde avec soi) ◆ ↑ **manuel** ; → EXTRAIT, ANALYSE.

◇ **en abrégé** *En abrégé, que s'est-il passé ?* : **sommairement, brièvement,** [sout.] **succinctement** (qui n'impliquent que l'idée de raccourcir un texte, un exposé) ◆ **en résumé, en bref, en conclusion, en un mot, en fin de compte** (qui évoquent, surtout en tête de phrase, un rapport logique avec ce qui précède : *en résumé, que faisons-nous ?*) ; → EN RACCOURCI*.

abreuver ① → BOIRE. ② → ACCABLER.

abréviation *Ciné* est l'*abréviation* de *cinéma* ; *PS* est le **sigle** de *Parti socialiste*.

abri ① *Il va pleuvoir, cherchons un abri* : **refuge,** [très sout.] **asile, retraite** (qui impliquent génér. l'idée de danger) ◆ **cache, cachette** (qui supposent que l'on doit se dissimuler) ; → GÎTE, REPAIRE, SE CACHER.

② *Ils tiraient d'un abri difficile à atteindre* : **bunker, forteresse*** (= refuge à toute épreuve) ◆ **casemate** (= abri militaire enterré et ainsi protégé des bombardements).

◇ **à l'abri** ① *Mettre à l'abri* : **abriter** ; → RENTRER ◆ ↑ **mettre en sécurité*, mettre en lieu sûr***. *Mettre qqn à l'abri de* : → IMMUNISER. ② *Se mettre à l'abri* : **s'abriter.** ◆ [sout.] **se mettre à couvert** ◆ ↑ **se réfugier.**

◇ **sans abri** → À LA RUE*.

◇ **abriter** → À L'ABRI*, ACCUEILLIR.

◇ **s'abriter** : **se mettre à l'abri***. *Il s'abrite derrière ses relations pour agir impunément* : **se retrancher, se réfugier** ◆ [plus cour.] **profiter de** ; → USER DE, SE SERVIR DE.

abrogation → ANNULATION.

abroger → ANNULER, SUPPRIMER.

abrupt ① → ESCARPÉ, RAPIDE, RAIDE, RUDE. ② → ACERBE, BRUTAL.

abruptement → RUDEMENT.

abruti ① [participe passé] → ABRUTIR, VASEUX. ② [n. ; fam., souvent inj.] *Espèce d'abruti !* : [plus sout.] ↓ **imbécile, idiot** ◆ [très fam.] **crétin, andouille, con, enflé, enflure, enfoiré** (qui peuvent être renforcés par *bougre de, triple, pauvre, pauvre petit, sacré petit* : *bougre d'abruti, pauvre abruti...*) ; → SOT, CUL, DÉGÉNÉRÉ, STUPIDE.

abrutir [qqn, qqch ~ qqn] *L'ivrognerie abrutit lentement l'homme* : **hébéter** ◆ [plus sout.] **abêtir.** *Ses discours nous abrutissent* : ↓ **abasourdir,** ↓ **assourdir** ; → ENNUYER, ÉNERVER. *Ce travail m'abrutit* : [plus sout.] **surmener** ◆ [plus génér.] **écraser***.

◇ **s'abrutir** *Il s'abrutit de travail* : **se surmener** ; → ÉTOURDIR.

◇ **abrutissant** *Un vacarme abrutissant* : ↓ **assourdissant, assommant** ; → FORT, TERRIBLE.

◇ **abrutissement** [de abrutir] : **abêtissement, hébétement** ◆ [très sout.] **hébétude** ◆ [en partic.] **surmenage.**

abscons → ABSTRAIT, OBSCUR.

absoudre

absence ① *Il l'aimait trop pour supporter facilement son absence* : **éloignement*, séparation** (qui insistent sur l'idée de distance, de départ et s'emploieraient en ce sens avec l'art. déf.). *On a signalé son absence* : → DISPARITION, ESCAPADE. ② *Les personnes âgées ont des absences* : → DISTRACTION, MANQUE, OUBLI. ③ → OMISSION.

◊ **s'absenter** ① *Le voisin s'est absenté* : [plus génér.] **partir*** ◆ ↑ **disparaître** ◆ **sortir** (qui ne se dit que d'une courte absence). ② *Il a trouvé la solution à sa fatigue : il s'absente de son travail !* : **pratiquer l'absentéisme** ◆ [fam., péj.] **tirer au flanc** ◆ [grossier] **tirer au cul ;** → MANQUER I.

absent ① → AU LOIN*, MANQUER I. ② → DISTRAIT.

absentéisme, s'absenter → ABSENCE.

absolu

I [qqch est ~] ① *Il règne un silence absolu* : **total, complet ;** → PROFOND II ◆ **intégral, entier, plein,** [parfois péj.] **aveugle** (qui s'emploient pour un sentiment : *une franchise intégrale, entière ; une pleine confiance, une confiance aveugle*) ; → PARFAIT. *Une interdiction absolue* : → EXPRÈS. ② [partic.] *Pouvoir absolu* : **souverain** ◆ [très sout.] **omnipotent** (qui s'emploie seult pour celui qui détient le pouvoir absolu) ◆ ↓ **autoritaire** ◆ [sout., souvent péj.] **autocratique** ◆ ↑ **dictatorial** (qui s'emploie en parlant du pouvoir que s'est arrogé un homme d'État) ◆ **totalitaire** (qui qualifie un système politique qui exige le rassemblement en un bloc unique de tous les citoyens au service de l'État, sans admettre aucune forme légale d'opposition) ◆ [péj.] **caporaliste,** ↑ **tyrannique,** ↑ **despotique ;** → INFLEXIBLE, ARBITRAIRE.

II [qqn, qqch est ~] *Il est trop absolu dans ses jugements* : **intransigeant*, catégorique, dogmatique, exclusif** ◆ [moins cour.] **entier** ◆ **autoritaire** (qui s'applique au caractère de qqn, mais aussi à sa voix, à son ton) ◆ **cassant, tranchant, catégorique** (qui s'appliquent aussi au ton de qqn : *un ton cassant ; un homme tranchant*) ; → IMPÉRIEUX, PÉREMPTOIRE.

III [n.m.] *Il veut toujours atteindre l'absolu* (= ce qui est parfait) : **idéal, perfection.** *Un besoin d'absolu* : → INFINI.

absolument ① [porte sur l'adj.] *Tout cela ne tient pas debout, c'est absolument faux !* : **parfaitement, complètement*, entièrement, totalement, tout à fait** ◆ **diamétralement** (*absolument, diamétralement opposés*) ; → LITTÉRALEMENT, RADICALEMENT. ② [porte sur le v.] *Je vous approuve absolument* : **complètement, entièrement, pleinement,** [fam.] **à fond.** *Il faut absolument arrêter l'hémorragie* : **à tout prix* ;** → À TOUTE FORCE*, NÉCESSAIREMENT. ③ [porte sur l'indéf. *rien*] *Absolument rien* : → TOUT III. ④ *Absolument !* : **exactement*, oui*.**

absolution → PARDON.

absolutisme [de absolu I ②, avec les mêmes nuances] : **autoritarisme, omnipotence, autocratie, dictature, totalitarisme, despotisme, tyrannie*, caporalisme.**

absorbable *Ce médicament n'est vraiment pas absorbable !* : [plus cour.] **buvable.**

absorbant → EXIGEANT.

absorbé → DISTRAIT, OCCUPÉ.

absorber

I ① [qqch ~ qqch] *La terre absorbe l'eau* : ↑ **pomper** (qui implique l'idée d'aspiration) ◆ **s'imprégner, s'imbiber** (qui impliquent l'idée de pénétration lente) ; → BOIRE. ② [qqn ~ qqch] *Il a absorbé beaucoup d'alcool* : [plus cour.] **avaler ;** → BOIRE. ③ *Absorber une entreprise* : → RACHETER.

II [~ qqn, son temps, etc.] *Ce travail absorbe tout mon temps* (= occuper qqn tout entier) : ↓ **retenir,** ↓ **occuper,** ↓ **prendre** ◆ ↑ **accaparer,** ↑ **engloutir.**

◊ **s'absorber dans** → S'ABÎMER, SE PLONGER.

absorption ① *L'absorption massive de somnifères est mortelle* : **prise** ◆ [rare] **ingestion.** ② *L'absorption d'une petite entreprise par une grosse* : **annexion** ◆ **intégration** (*l'intégration de qqch dans...*) et **fusion** (*la fusion de deux choses*) sont plus neutres.

absoudre → PARDONNER.

7

absoute → PRIÈRE FUNÈBRE*.

abstenir (s') ① [~ de qqch] *S'abstenir de café* : **se priver de** (qui insiste sur l'effort consenti) ♦ [plus génér.] **se passer de** ♦ [partic.] **faire abstinence*** (= se priver volontairement d'une nourriture pour raison médicale ou religieuse) ♦ ↑ **s'interdire** (*s'interdire le café*) ♦ [fam. ou très fam.] **se brosser, se l'accrocher, faire ceinture, se mettre la ceinture** (qui impliquent une privation totale et se construisent le plus souvent sans compl. : *pour le café, tu peux te l'accrocher, tu peux faire ceinture, tu peux te brosser*) ; → SE FOUILLER. ② [~ de + inf.] *Je me suis abstenu de parler* : **se garder de, éviter de, se retenir de** (qui impliquent l'idée de précaution prise) ♦ ↑ **se défendre de, se refuser à, s'interdire de** ♦ **se dispenser de** (= éviter de se soumettre à une obligation) ♦ **renoncer à** (= cesser d'envisager comme possible) ; → SE REFUSER À. ③ *Aux dernières élections, il s'est abstenu* : **ne pas voter, ne pas prendre part au vote.** ④ *Sur cette question, permettez-moi de m'abstenir* : **ne pas se prononcer, rester neutre*.**

◇ **abstention** ① [de s'abstenir ②] Fait de ne pas parler : ↑ **silence** ♦ Fait de ne pas choisir : **neutralité*** ♦ Fait, pour un organisme, d'éviter d'intervenir : **non-intervention, non-ingérence.** ② [de s'abstenir ③] *L'abstention* se dit du fait de ne pas voter, **abstentionnisme** de l'attitude de ceux qui ne votent pas.

abstentionnisme → ABSTENTION.

abstentionniste → ÉLECTEUR.

abstinence → S'ABSTENIR, JEÛNE, PRIVATION, SOBRIÉTÉ.

abstinent → SOBRE.

abstract → ABRÉGÉ.

abstraction → ABSTRAIRE.

abstraire → ISOLER, SÉPARER.

◇ **s'abstraire de** *Il s'était abstrait du monde pour écrire son roman* : [plus cour.] **se détacher de, s'isoler de, s'éloigner de,** ↑ **s'exclure de** ♦ [sans compl.] **se mettre à part.**

◇ **abstrait** ① *Art abstrait* : **non figuratif.** ② *Sa pensée est trop abstraite* : **théorique** ♦ [péj., sout.] **abscons, abstrus** ♦ **subtil** (qui insiste sur la finesse d'une pensée, d'un raisonnement) ♦ [péj.] **fumeux, vague, confus** ; → COMPLIQUÉ, OBSCUR, SAVANT.

◇ **abstraction** ① → IDÉE, ILLUSION. ② *Faire abstraction de. Dans votre rapport, vous ferez abstraction de vos goûts personnels* : [plus cour.] **laisser de côté, passer sous silence, ne pas tenir compte de** ♦ ↑ **exclure, écarter, omettre, oublier** ♦ ↓ **négliger** (= ne pas mentionner, volontairement ou involontairement). ③ *Abstraction faite de* : → EXCEPTÉ, INDÉPENDAMMENT.

abstrus → ABSTRAIT, OBSCUR.

absurde

I [qqch est ~] ① *Ses propos sont absurdes* [souvent péj.] : **insensé,** [sout.] **insane** ♦ ↓ **illogique, incohérent, irrationnel, contradictoire, inconséquent** (qui n'impliquent qu'une constatation intellectuelle, alors qu'*absurde* entraîne le plus souvent un jugement péjoratif) ♦ ↑ **aberrant,** ↑ **extravagant** ♦ **saugrenu** (qui ajoute l'idée de bizarrerie ridicule) ♦ [plus sout.] ↓ **déraisonnable** ; → À DORMIR DEBOUT*, BIZARRE, ERRONÉ. ② *Il voulait que nous sortions par ce temps, avouez que c'est absurde !* : **stupide*, ridicule** ♦ [plus rare] **inepte** ♦ ↑ **grotesque** ♦ [fam.] **débile, idiot, dingue.**

II [qqn est ~] *Ce que vous dites n'est pas logique, vous êtes absurde !* : **insensé** ♦ ↓ **illogique, incohérent, irrationnel, inconséquent** ♦ ↑ **extravagant** ; → FOU.

absurdité [de absurde I et II] : **illogisme, non-sens, aberration, ineptie, extravagance, déraison, ridicule, stupidité, idiotie, folie** ; → CONTRADICTION, INCOHÉRENCE, ERREUR, BÊTISE.

abus [de abuser I et II] ① *Un abus de médicaments* : **excès** ; → USAGE I. ② *Un abus de confiance* : → ESCROQUERIE. ③ *Supporterons-nous encore longtemps ces abus ?* : [plus restreint] **injustice*.** ④ *Il y a un peu d'abus !* : **exagération** ; → ABUSER II.

abuser

I [~ de qqch] **①** *Il abuse du tabac* (qui correspond à un verbe simple suivi de *trop* : *il fume trop. Il abuse de l'alcool : il boit trop.*) **②** *Abuser de son autorité, de ses droits, de son pouvoir* : **outrepasser** (*outrepasser ses droits*). **③** *Mais j'abuse de votre temps !* : → ACCAPARER.

II [qqn ~] *Vraiment, tu abuses !* : **exagérer** ◆ ↑ **dépasser la mesure** ◆ [plus fam.] **dépasser les bornes, attiger, y aller un peu fort, pousser un peu loin le bouchon** ◆ [fam.] **charrier** ; → CULOTTÉ.

III [~ de qqn] **①** → EXPLOITER. **②** *Il a abusé d'elle* [vieilli] : **violenter** (avec un compl. dir.) ◆ [plus rare] **faire violence à** ◆ [cour.] **violer** ◆ [vieilli, en référence à une morale traditionnelle] **déshonorer** ; → SÉDUIRE.

IV [~ qqn] → TROMPER, LEURRER.

◇ **s'abuser** → SE TROMPER.

abusif → EXAGÉRÉ.

abusivement → EXAGÉRÉMENT.

abysse → ABÎME.

acabit → ESPÈCE, NATURE, SORTE.

académicien → IMMORTEL.

académie → ÉCOLE. *Académie française* : → COUPOLE.

académique → AFFECTÉ II, CONFORMISTE.

académisme → CONFORMISME.

acariâtre
Un homme, une femme acariâtre : [plus cour.] **hargneux, teigneux** ◆ ↓ **grincheux** ◆ [rare] **acrimonieux** ◆ [vieilli, très sout.] **atrabilaire, hypocondriaque** (qui supposent un état quasi maladif) ◆ **revêche, rébarbatif** (qui s'appliquent davantage à la manière d'être, de se comporter : *de tempérament acariâtre, il accueillait les gens d'un air rébarbatif*) ; → ANGULEUX, ACERBE, BOUGON, BOURRU, COLÉREUX, FURIE, QUERELLEUR.

accablant → ACCABLER I. **①** *Une douleur accablante* : ↑ **insupportable, intolérable**. *Une chaleur accablante* : ↓ **lourd,** ↑ **écrasant** ◆ **étouffant,** ↑ **suffocant** (qui évoquent la difficulté de respirer) ; → ARDENT, DÉPRIMANT. **②** *Des preuves* *accablantes* : ↑ **irréfutable** ◆ ↓ **lourd** (*de lourdes preuves*). *Une nouvelle accablante* : → TRISTE II, ATTRISTANT. **③** *Sa naïveté est accablante* : **confondant** ◆ ↓ **désarmant** ◆ ↑ **affligeant, décourageant, désespérant, atterrant** ; → DÉCONCERTANT.

accablement → ABATTEMENT.

accabler

I [qqch ~ qqn] **①** [la chaleur ~] *La chaleur nous accablait* (= faire succomber sous le poids de, au physique comme au moral ; s'emploie souvent au passif : *nous étions accablés par la chaleur*) : **oppresser** (qui évoque surtout la difficulté de respirer) ◆ ↓ **indisposer**. **②** [une charge matérielle ~] *Le fardeau l'accablait* [sout.] : [cour.] **écraser.** *Accablé de dettes* : **écrasé, criblé** ◆ ↑ **abreuver** (*abreuvé de travail, de dettes*) ◆ ↑ **submerger** ; → ALOURDIR, CROULER. **③** [une peine morale ~] *Le chagrin l'accable* : **terrasser** ◆ ↑ **ABATTRE, PESER, TOMBER* (III) SUR.** **④** [un témoignage ~] *Sa déposition accable l'accusé* : ↓ **charger** ◆ ↑ **confondre.**

II [qqn ~ qqn de qqch] *Il nous a accablés de questions* : [fam.] **bombarder** ◆ ↑ **submerger** ; → ASSIÉGER, MATRAQUER. *Accabler d'injures* : **abreuver, couvrir.** *La critique a accablé le réalisateur* : → MATRAQUER. *Accabler de bienfaits* : [cour.] **combler.** *Accabler d'impôts, de travail* : ↓ **surcharger,** ↑ **écraser** ; → OPPRIMER.

accalmie → CALME.

accaparant → EXIGEANT.

accaparé → OCCUPÉ II.

accaparement → SPÉCULATION, ATTRIBUTION.

accaparer

I [qqn ~ qqch] **①** *Cette maison de gros a accaparé toute la production de vin dans la région* : **monopoliser** ◆ [anglic.] **truster** ◆ [non péj.] **centraliser** ◆ [plus génér.] **s'emparer de, amasser** ◆ [fam.] **rafler** ; → S'ATTRIBUER. **②** *Il a accaparé tous les premiers prix* : **monopoliser** ◆ [fam.] **rafler.**

II [qqn, qqch ~ qqn, son attention, son temps] *Cette femme l'accapare* : ↓ **retenir**

◆ ↑ **envahir**. *Je ne veux pas accaparer votre temps* : **abuser de** ◆ ↓ **prendre**. *Ce travail l'accapare* : [plus cour.] **prendre tout le temps de qqn** (*ce travail lui prend tout son temps*) ; → ABSORBER II.

accéder

I [qqn ~ à qqch] ① *On accède au sommet de la colline par un sentier* : **atteindre** (*atteindre le sommet...*), **parvenir à** ◆ [génér.] **arriver à** ; → ABORDER, ENTRER. ② *Il vient d'accéder à un grade supérieur* : **être promu à, parvenir à** ◆ [sout.] **atteindre à.**

II [qqn ~ à qqch] *Elle a accédé à ta demande* : **consentir*** ◆ [plus cour.] **être d'accord avec.**

accélérateur *Il appuya sur l'accélérateur, la voiture bondit* : [fam.] **champignon.**

accélération → AUGMENTATION.

accéléré *Marcher, travailler à un rythme accéléré* : ↓ **rapide** ◆ ↑ **d'enfer, infernal.**

accélérer ① *Après le virage, il accéléra* : [fam.] **appuyer sur le champignon,** ↑ **mettre le pied au plancher** ; → METTRE LES GAZ*. ② *Il faudrait accélérer un peu l'allure !* : [plus sout.] **hâter, presser, redoubler.** *Accélérer le pas* : **se dépêcher, se presser, se hâter** ◆ [fam.] **se magner, se grouiller** ; → ALLONGER* LE PAS, COURIR. [pour tous ces emplois] **aller plus vite.** ③ *Il faudrait accélérer les choses si vous voulez avoir terminé à temps !* : **activer, presser,** ↑ **précipiter.** *L'évolution politique accélère les échanges entre les deux pays* : **activer, stimuler** ◆ [anglic.] **booster** ; → AUGMENTER.

accent ① *Voilée par l'émotion, sa voix avait des accents très doux* : **inflexion.** ② → PRONONCIATION. ③ *Mettre l'accent sur* : **insister sur, souligner*, mettre en évidence, en relief** ; → FAIRE RESSORTIR*.

accentuation → AUGMENTATION.

accentuer ① *La fatigue accentue encore les rides de son visage* : **faire ressortir, souligner** ◆ [plus sout.] **accuser.** *Accentuer encore son effort* : **accroître, augmenter*, intensifier, renforcer.** ② → MARTELER.

◇ **s'accentuer** *Le froid s'est accentué* : **s'intensifier** ◆ [en partic.] **devenir plus vif, fort.**

Sa fatigue s'accentue : **s'accroître, augmenter*** ◆ **s'aggraver** (qui indique une idée de détérioration).

acceptable → ACCEPTER.

acceptation → ACCORD I, OUI.

accepter ① [~ qqn] *Les étrangers sont bien acceptés dans notre quartier* : **admettre** ◆ **accueillir*** (qui suppose une attitude très favorable) ◆ **supporter, tolérer** (qui supposent l'idée de charge) ◆ **adopter** (= compter parmi les siens) ; → TRAITER. ② [~ qqch] *Je n'accepte pas l'injustice* : [fam.] **encaisser** ; → SE RÉSIGNER, SUPPORTER, SOUFFRIR. *Accepterez-vous qu'elle vous accompagne ?* : **consentir* à** ◆ [plus cour.] **être d'accord pour** ; → VOULOIR, S'ACCOMMODER, MARCHER. ③ *Veuillez accepter nos meilleures salutations* : **agréer** ; → RECEVOIR.

◇ **s'accepter** → S'ASSUMER.

◇ **acceptable** *Ce devoir est acceptable* : **passable, honnête, correct*** ◆ ↑ **honorable, convenable** ◆ [fam.] **potable.** *C'est une proposition acceptable* : **correct*, recevable.** *Une tenue acceptable* : **correct*, convenable** ◆ [en partic.] **décent*** ; → POSSIBLE, TOLÉRABLE, RAISONNABLE, SATISFAISANT.

acception → SENS II, SIGNIFICATION I.

accès

I ① *L'accès de ce village est interdit aux véhicules* : **entrée, approche.** *L'accès d'une île* : **abord** (dans de nombreux contextes, seul *accès* est le terme propre : *l'accès d'un port, d'un parc, etc.*). ② *Les accès d'une ville* : **voies d'accès.** ③ *Donner accès à. Ce diplôme donne accès à un métier intéressant* : **conduire à, ouvrir sur** ◆ [plus partic.] **promettre, laisser espérer.**

II *Un accès de fièvre* : ↓ **poussée.** *Un accès de colère* : **crise, bouffée** ◆ **élan** (qui ne se dit que de sentiments nobles, qui se manifestent soudain et vivement : *un élan de tendresse, de patriotisme*) ; → TRANSPORT.

accessible ① [qqch est ~] *Ce livre est-il accessible ?* : **abordable*, compréhensible, intelligible** ◆ [très cour.] **à la portée de tout le monde** ; → CLAIR. *Un col de montagne* *accessible* : → OUVERT, PRATICABLE. ② [qqn est ~] → ABORDABLE, SENSIBLE I.

accession *Accession au trône* : **avènement**. *L'accession d'un homme politique aux plus hautes fonctions* : [rare] **élévation*** ◆ [plus cour., génér.] **arrivée, venue** ◆ [en partic.] **promotion, titularisation** ; → AVANCEMENT.

accessit → RÉCOMPENSE.

accessoire

I [adj.] *Les faits rapportés sont tous accessoires* : **secondaire, subsidiaire** ◆ ↑ **négligeable, insignifiant, anecdotique, minime*** ; → ADVENTICE. ◆ [en termes de droit] **incident** (*une requête accessoire, incidente*) ◆ [didact.] **contingent** (= qui peut se produire ou non). *Il y aura des dépenses accessoires* : **supplémentaire, auxiliaire***.

II [n.m.] → PIÈCE.

◇ **accessoirement** *Nous pourrions accessoirement inviter M. Dupont* : **en outre, éventuellement** ◆ [rare] **incidemment** (= sans y attacher d'importance).

accident ① *Un accident du travail* ; *un accident de voiture* (terme général dont les synonymes peuvent varier selon la nature ou la gravité de l'accident) : **collision,** ↓ **accrochage** (qui s'emploient couramment pour le heurt de deux véhicules) ◆ **carambolage** (quand il s'agit de plusieurs véhicules). *Un accident d'avion* : ↑ **catastrophe aérienne,** [anglic.] **crash.** *Un terrible accident* : ↑ **catastrophe.** *Avoir un accident* : → SE TUER. ② *Il faut bien accepter les divers accidents de la vie* : **vicissitudes, revers** ◆ ↑ **adversité** ◆ [cour.] **ennui*** ; → MALHEUR. ③ [en termes de médecine] *L'opéré risque d'avoir des accidents secondaires* : **complications.** ④ *Accident de terrain* : **inégalité*** ; → VALLONNÉ.

◇ **par accident** *Il était entré dans cette salle par accident* : **accidentellement, fortuitement** ◆ [plus cour.] **par hasard.**

◇ **accidentel** *Nous voici réunis par cet événement accidentel* : **occasionnel** ◆ [plus cour.] **imprévu, inattendu** ◆ [plus sout.] **fortuit** ◆ [didact.] **casuel** ; → INHABITUEL.

accidenté ① → ACCIDENT. *Les accidentés de la route* : [en partic.] **blessé.** ② → VALLONNÉ.

accidentel, accidentellement → ACCIDENT.

accidenter → ACCROCHER I.

acclamer *La foule acclame le vainqueur* : ↓ **applaudir** (qui ne renvoie qu'au battement des mains) ◆ **bisser, rappeler** (= acclamer un artiste pour le faire revenir sur la scène) ◆ ↑ **faire une ovation à, ovationner.**

◇ **acclamation** : ↓ **applaudissement,** ↑ **ovation** ◆ [moins cour.] **vivat** ◆ **bravo, hourra, clameur** (qui ne se disent que des cris de la foule) ◆ [en partic.] **ola** (= ovation accompagnée d'un mouvement en vague par la foule d'une enceinte sportive) ; → ÉLOGE, LOUANGE.

acclimatation, acclimatement → ACCLIMATER.

acclimater ① [~ qqn à] *Il sera difficile d'acclimater cet enfant fragile à la vie dans les pays chauds* : **accoutumer à, habituer à.** ② [~ qqch + indication de lieu] *Ils sont parvenus à acclimater en Normandie leur façon de vivre orientale* : **implanter, établir** ◆ [moins précis.] **introduire** ◆ **importer** (qui insiste sur le transfert d'un lieu à un autre) ◆ **naturaliser** (qui se dit pour un animal ou une plante que l'on acclimate sur un sol étranger).

◇ **s'acclimater à** : [moins sout.] **se faire à, s'adapter à** ; → S'ACCOMMODER.

◇ **acclimatation** : **adaptation** (= introduction d'un animal ou d'une plante dans un nouveau milieu) ; → ACCOUTUMANCE.

◇ **acclimatement** : [plus cour.] **assimilation** (= familiarisation d'une personne avec un nouveau milieu) ; → ACCOUTUMANCE.

accointance → RELATION II.

accolade → EMBRASSER.

accoler → JOINDRE.

accommodant
→ DE BONNE COMPOSITION*, CONCILIANT, SOCIABLE.

accommodation → ACCOUTUMANCE.

accommodement
→ ARRANGEMENT, COMPROMISSION.

accommoder

I [~ qqch à qqch] *Accommoder ses paroles aux circonstances* : **adapter, ajuster** ◆ [moins cour.] **approprier, conformer, mettre en conformité, accorder.**

II ① [~ des aliments] *Elle sait très bien accommoder les poissons* : [plus cour.] **préparer, apprêter, cuisiner** ◆ [très génér.] **faire cuire** ◆ [en partic.] **assaisonner.** ② → ARRANGER.

◇ **s'accommoder** ① [qqn ~ de qqch] *Il s'est accommodé de ce que je lui ai donné* : **accepter** (avec un compl. dir.), **se contenter de, se satisfaire de** ◆ [fam.] **s'arranger, faire avec.** ② [qqn ~ à qqch] *Il s'est accommodé à sa nouvelle demeure* : [plus cour.] **s'habituer à, se faire à** ◆ **prendre son parti de** (qui implique une idée de résignation) ; → S'ADAPTER, S'ACCLIMATER.

accompagnateur → GUIDE.

accompagner ① [qqn ~ qqn] *Accompagner qqn quelque part* : **venir* avec, aller* avec.** *Deux soldats l'accompagnaient* : [plus précis] **escorter** ◆ **convoyer** (qui se dit d'une troupe plus nombreuse ou de moyens plus importants : *une vingtaine d'avions de chasse convoyaient le pétrolier*) ◆ ↑ **protéger, couvrir.** *Je l'ai accompagné à la gare* : **conduire.** *Il était accompagné de tout son personnel* : **assister, suivre,** [péj.] **flanquer.** *Elle avait dû accepter que sa mère l'accompagne* : [terme pr.] **chaperonner** (qui implique une idée de surveillance) ; → COLLANT. ② [qqn ~ qqch de] *Il accompagna sa plaisanterie d'un clin d'œil* : [plus sout.] **assortir de** ; → AJOUTER.

◇ **s'accompagner de** *Ses propos s'accompagnent souvent de plaisanteries douteuses !* : **s'émailler de** ◆ [plus sout.] **s'assortir de** ◆ [plus génér.] **s'ajouter à** (*des plaisanteries douteuses s'ajoutent souvent à ses propos*).

◇ **accompagnement** ① [rare] *Quel accompagnement de voitures et de carrosses !* : **équipage** ◆ [cour.] **escorte, cortège, suite.** ② *L'accompagnement d'un plat* : **garniture.** *Pain sans accompagnement* : → SEC I. *Chanter sans accompagnement* : **a cappella.**

accompli → ACCOMPLIR.

accomplir ① [~ un travail, un projet] *Avez-vous accompli votre travail ?* : [plus génér., cour.] **faire** ◆ [sout.] **parachever** (= mener à la perfection) ◆ **mener à bien, effectuer, réaliser, exécuter** (*accomplir, réaliser, exécuter, effectuer un travail ; accomplir, réaliser un projet ; accomplir, effectuer, exécuter une tâche, une besogne*) ; → FINIR. *Accomplir de gros efforts* : **fournir.** *Accomplir son devoir* : **s'acquitter de, remplir, satisfaire à, observer** ◆ ↑ **obéir à,** ↑ **se plier à.** ② [~ une mauvaise action] *Accomplir un meurtre* : **commettre** ◆ [sout.] **consommer, perpétrer.**

◇ **s'accomplir** ① [qqch ~] → ARRIVER II. *Son rêve s'est accompli* : **se réaliser*.** *Une profonde transformation s'est accomplie dans cette école* : **avoir lieu.** *Son vœu s'est accompli* : **être exaucé.** ② [qqn ~] *Il pensait que, dans ce métier, il ne pourrait pas s'accomplir* : **se réaliser, donner toute sa mesure** ◆ [plus génér.] **s'exprimer** ◆ [fam.] **s'éclater** ◆ **s'épanouir** (qui évoque l'accomplissement de toute la personnalité).

◇ **accompli** ① *C'est un tireur accompli* : **excellent, expert.** *Une épouse accomplie* : **idéal, modèle*, rêvé, de rêve** ◆ [génér.] **remarquable** ; → PERLE. *C'est un ouvrier accompli* : **parfait, modèle** ◆ **consommé** (qui ne s'emploie que pour des activités considérées comme supérieures : *un artiste, un diplomate consommé*) ; → BON, ÉMÉRITE. ② *Un travail accompli* (= parfait en son genre) : **achevé, fini, parfait*.** ③ *Le temps est accompli* : **révolu.** *Dix ans accomplis* : → SONNÉ.

◇ **accomplissement** ① *L'accomplissement d'un travail* : **exécution, réalisation.** ◆ [sout.] **parachèvement** ; → COURONNEMENT. ② *L'accomplissement d'un forfait* : → CONSOMMATION. ③ [qqn cherche son ~] : **réalisation, épanouissement** ; → S'ACCOMPLIR.

accord

I [~ entre des personnes] ① *L'accord est revenu dans leur couple* : ↑ **bonne entente** ◆ ↓ **détente** ◆ ↑ **concorde,** ↑ **paix.** *Il y a eu un accord entre eux pour nous tromper* : **complicité*** ◆ **connivence** (*ils étaient de connivence...*) ◆ ↑ **collusion.** *Un accord de sentiments, de points de vue entre* *eux* : **communauté**, ↓ **compatibilité** (qui désignent un accord possible mais non forcément total) ; → **UNION, COMMUNION.** ② *Vous a-t-il donné son accord ?* : [plus rare] **acceptation** ◆ ↑ **aval, adhésion, soutien** ◆ [fam.] **feu vert ;** → **APPUI, APPROBATION, SOUTIEN.** *Avec votre accord :* → **PERMISSION.** *Un accord vient d'être signé entre l'Europe et le Japon :* [très génér.] **arrangement** ◆ **convention** (qui a un caractère plus officiel et embrasse, pour une durée déterminée, un ensemble plus large de décisions). *Un accord commercial :* **marché*** ◆ **contrat** (= acte officiel qui constate une convention ou un acte commercial) ◆ **traité*** (= convention commerciale ou politique passée entre États) ◆ **pacte** (qui implique un acte revêtu de solennité) ◆ **alliance** (= pacte d'amitié contracté entre plusieurs États) ◆ **protocole** (= ensemble de documents officiels mentionnant les principes et le détail d'un accord à conclure) ◆ [très génér.] **acte.**

II [~ entre des choses] *Un bel accord de couleurs :* **rapport, harmonie** ◆ [plus génér.] **ensemble.**

◇ **d'accord** ① *D'accord !* : **entendu** ◆ ↓ **oui*** ◆ [sout.] **assurément, certainement** ◆ [fam.] **d'ac, O.K. ;** → **SOIT, VOULOIR** (*vouloir bien*). ② *Être d'accord* (= avoir le même avis ou la même intention) : [partic.] **être de mèche** (qui suppose que l'on s'est mis d'accord pour nuire) ; → **ACCORD I, MARCHER, ÊTRE PARTISAN* DE, APPROUVER, ACCEPTER, CONSENTIR, FAVORABLE.** ③ *Mettre d'accord :* → **CONCILIER, RÉCONCILIER.** *Se mettre d'accord :* **tomber d'accord** ◆ [en partic.] **s'entendre, se concerter** ◆ [fam.] **s'arranger ;** → **FIXER.** *Se mettre d'accord pour. Ils se sont mis d'accord pour se voir :* [sout.] **s'entendre pour, convenir de.** ④ *D'un commun accord :* **unanimement, tous ensemble*.**

accorder

I ① [~ qqch à, avec qqch] *Il faudra accorder vos propos pour ne pas vous contredire :* **harmoniser ;** → **APPROPRIÉ, ACCOMMODER I.** *Comment accorder deux avis aussi contraires ? :* **concilier ;** → **CONFORMER.** ② *Il faudrait accorder ton chemisier à ta*

jupe ! : **assortir** ◆ [plus cour.] **faire aller* avec ;** → **ADAPTER.**

II [~ qqch à qqn] ① [~ que] *Vous aviez raison, je vous l'accorde !* : **concéder*** ◆ [sans compl. indir.] **admettre*, reconnaître,** ↑ **avouer,** ↑ **confesser** (*je l'admets, je le reconnais...*) ◆ **convenir** (*j'en conviens*). ② *Je vous accorde le tiers de l'augmentation demandée :* **concéder** (qui insiste sur la volonté de celui qui accorde) ◆ **octroyer** (qui insiste sur l'acte lui-même) ; → **ATTRIBUER, DONNER, LAISSER.**

III *Vous accordez trop d'importance à de petites choses !* : **attacher, attribuer** ◆ [plus cour.] **donner.**

◇ **s'accorder** ① *Je m'accorderai un peu de vacances :* → **S'OFFRIR.** ② *Ils se sont accordés :* → **S'ENTENDRE.** ③ *Ces couleurs s'accordent bien :* → **S'ASSOCIER, SE MARIER.**

accorte → **AIMABLE.**

accostable → **ABORDABLE.**

accoster → **ABORDER.**

accotement *Attention : accotements non stabilisés !* [terme techn.] : [cour.] **bas-côté** ◆ [plus génér.] **bord.**

accoter (s') → **S'APPUYER.**

accouchement → **ACCOUCHER.**

accoucher ① *Elle a accouché d'un garçon :* **mettre au monde** (*... mis au monde un garçon*), **donner naissance à, donner le jour à** ◆ [plus cour.] **avoir** ◆ [sout.] **enfanter de ;** → **COUCHE I.** ② *Il a accouché d'un mauvais roman, d'une mauvaise chanson* [fam.] : [plus génér., avec un compl. dir.] **produire,** [fam.] **pondre** ◆ [avec un compl. dir.] **écrire*, composer, peindre, publier** (qui s'emploient selon les contextes). ③ *Alors, tu accouches ?* [très fam.] (express. invitant à parler, à s'expliquer) : [plus cour.] **ça vient ?, c'est pour bientôt ?, tu te décides ?**

◇ **accouchement** [de accoucher ①] : [sout.] **enfantement** ◆ **couches*** (qui désigne à la fois l'accouchement et ses suites) ◆ [en termes de médecine] **délivrance, parturition** ◆ **grossesse** (qui désigne l'état d'une femme enceinte) ◆ **maternité** (qui désigne à la fois grossesse et accouchement : *elle*

accouder

a été fatiguée par des maternités successives).

◇ **accoucheur** [de accoucher ③] : [plus cour.] **médecin accoucheur** ◆ [plus précis] **obstétricien** (qui est le spécialiste de la grossesse et des accouchements) ◆ **gynécologue** (qui s'occupe en outre des maladies des femmes) ◆ **sage-femme** (qui n'est pas médecin et ne s'occupe que des accouchements).

accouder (s') → S'APPUYER, COUDE.

accoudoir → BRAS.

accouplement → S'ACCOUPLER.

accoupler → ASSEMBLER.

accoupler (s') ① *Le spectacle grandiose de chevaux qui s'accouplent* : [plus fam.] **copuler, se monter** ◆ [plus génér.] **se reproduire** ◆ **monter, couvrir** (qui désignent l'acte mâle : *le cheval monte la jument*) ◆ **bouquiner, chevaucher, côcher** (qui s'utilisent selon les animaux dont on parle). ② [en parlant d'humains] → AMOUR.

◇ **accouplement** ① [en parlant d'animaux] → SAILLIE. ② *L'accouplement humain* : **coït,** [par plais.] **copulation** ◆ [cour.] **union sexuelle, rapports* sexuels.**

accourir → SE PRESSER II, SE PRÉCIPITER.

accoutré → VÊTU.

accoutrement → VÊTEMENT.

accoutrer → SE VÊTIR.

accoutumance ① *Pour résister au froid, il faut une certaine accoutumance* : **accommodation, adaptation** ◆ [plus précis] **acclimatement** ◆ ↑ **endurcissement,** ↑ **insensibilité** ◆ [plus cour.] **habitude*.** ② *Accoutumance à un poison* (= adaptation de l'organisme à certains agents extérieurs) : ↑ **immunisation** ◆ [didact.] **mithridatisation.**

accoutumé → HABITUEL, RITUEL.

accoutumer (s') → ACCLIMATER, SE FAMILIARISER.

accrédité → ACCRÉDITER, OFFICIEL.

accréditer ① [~ qqch] *On vient d'accréditer la nouvelle* : [sout.] **autoriser** ◆ **propager*, répandre** (= diffuser une nouvelle, un bruit, exact ou non). ② [~ qqn] → ÉTABLIR.

accro → DÉPENDANT, FANATIQUE, ACHARNÉ, SCOTCHÉ.

accroc ① *Il y a un accroc à ma jupe* (= déchirure faite par qqch qui arrache) : [plus génér.] **déchirure*, trou.** *Il y a un accroc à sa voiture* : ↓ **griffe, rayure** ; → ACCIDENT, DOMMAGE. ② *Nous avons eu quelques accrocs pendant le voyage* : [plus sout.] **incident, complication** ◆ [sout.] **contretemps** ◆ [au pl., emploi critiqué] **avatars** ◆ ↓ **anicroche** ; → DIFFICULTÉ, ENNUI, AVENTURE. ③ *Des accrocs à un contrat, un règlement* : **entorse** ; → RESPECTER. ④ *Entre eux, il y a souvent des accrocs* : **accrochage** ◆ [cour.] **dispute*.**

accrochage ① [entre des voitures] → ACCIDENT. ② [entre des personnes] → ACCROC, DISPUTE, FRICTION II. ③ [entre des troupes] → ASSAUT.

accroche-cœur → BOUCLE.

accrocher

I ① [qqn ~ qqch à] *Accrochez vos vêtements au portemanteau* : **pendre** ◆ **suspendre** (= fixer en haut et laisser pendre : *suspendre un lustre, un tableau*) ; → FIXER, ATTACHER I. ② [qqn ~ qqch] → DÉCHIRER. *Accrocher sa voiture* : ↑ **accidenter** ; → HEURTER. ③ → REFLÉTER. ④ [qqch ~] → FAIRE DIFFICULTÉ*.

II [qqn ~ qqn] *Il m'a encore accroché pour me parler de sa femme* [fam.] : **agrafer, harponner, casser les pieds** ◆ [cour.] **aborder*** ◆ [sout.] **retenir** ; → ENNUYER.

◇ **s'accrocher** ① [~ à qqch] *Il s'accroche à la rampe pour ne pas tomber* : **s'agripper à** ◆ ↑ **se cramponner à** ◆ ↓ **se tenir à** ; → SAISIR. *S'accrocher dans les ronces* : → SE PRENDRE. ② *Tu peux te l'accrocher* [très fam.] : → S'ABSTENIR. ③ [~ à qqn] *Il s'accroche à vous parce qu'il n'a personne d'autre pour l'aider* : ↑ **s'agripper à** ◆ ↑ **se cramponner** ◆ [fam., péj.] **coller** (*il vous colle*), **être collant** (*il est collant*) ; → ENNUYER. ④ [sans compl.] *Pour lui, les* *maths sont difficiles mais il s'accroche* [fam.] : **ne pas baisser les bras,** [cour., moins express.] ↑ **se battre*** ; → PERSÉVÉRER. ⑤ [~ avec qqn] → SE DISPUTER, DISPUTE.

◇ **accrocheur** ① *C'est un athlète très accrocheur* [surtout en termes de sport] (= qui montre de la ténacité dans ce qu'il entreprend) : **combatif*** ◆ [moins express.] **tenace***. ② *Une publicité un peu trop accrocheuse* : ↑ **racoleur** ◆ ↓ **voyant*.**

accroire *Faire accroire* : → MENTIR.

accroissement → ALLONGEMENT, AUGMENTATION, MULTIPLICATION.

accroître, s'accroître → AUGMENTER, ACCENTUER, ÉLARGIR, SE MULTIPLIER, RENFORCER.

accueil, accueillant → ACCUEILLIR.

accueillir ① [qqn ~ qqn] *J'ai été bien accueilli chez eux* : **recevoir** (qui n'implique pas pour autant la cordialité, sauf s'il est modifié par des adv. intensifs : *... très bien reçu* ; *... reçu à bras ouverts*) ◆ **héberger** (qui suppose le gîte et le couvert) ; → ACCEPTER, TRAITER. *Bien accueilli* : → BIENVENU. ② [qqch ~ qqn] *Cet hôtel peut accueillir deux cents personnes* : **abriter, héberger, recevoir.** ③ [qqn ~ qqch] *Il a mal accueilli la nouvelle de ton départ* : **apprendre** (qui est suivi d'un compl. de manière : *il a accueilli, appris la nouvelle avec stupeur*) ◆ **accepter** (qui est précédé d'un adv. de manière : *il a mal accueilli, accepté ton départ*) ; → ADMETTRE II. ④ *Être accueilli par qqn, qqch*. [mélioratif] **être salué par,** [péj.] **être conspué, hué.**

◇ **accueillant** ① [qqn est ~] → AFFABLE, HOSPITALIER. ② [qqch est ~] *C'est une maison très accueillante, où il fait bon vivre* : **chaleureux, chaud** ◆ [plus génér.] **agréable,** [fam.] **sympa.**

◇ **accueil** ① → RÉCEPTION, HOSPITALITÉ. ② *La critique a fait un bon, un mauvais accueil à ce film* : **bien accueillir*, mal accueillir** ; → LOUER, CRITIQUER.

acculer ① *On l'a acculé à la démission* : ↓ **contraindre à, réduire à** ◆ ↓ **forcer à** (plutôt suivi d'un inf. : *forcer qqn à démissionner*) ; → CONDUIRE, CONDAMNER,

POUSSER III, METTRE AU PIED DU MUR. ② [souvent au passif] *Il était acculé, il a avoué* : [express.] **aux abois, pousser dans ses derniers retranchements.**

acculturation → ASSIMILATION I.

accumulateur → BATTERIE.

accumulation → ENTASSEMENT.

accumuler → ENTASSER, RASSEMBLER, AMASSER.

accus → BATTERIE.

accusateur → ACCUSER.

accusation → CHARGE, IMPUTATION, REPROCHE.

accusé
I [adj., de accuser ③] *Des marques de fatigue très accusées* : **accentué, prononcé, marqué** ; → FORT II, NET.
II [n.] → INCULPÉ.

accuser ① *Accuser un ami de vol* : [vx] ↑ **incriminer** (= accuser d'un crime) ◆ **inculper** (qui s'emploie dans le langage juridique) ◆ ↓ **mettre en cause** (*mettre un ami en cause*), [fam.] **mettre sur le dos de** ◆ **dénoncer** (= signaler qqn à la justice ou à un supérieur : *dénoncer un ami pour vol*). ② *On m'accuse de négligence* : **taxer** ; → REPROCHER, DONNER TORT*. *Il accuse cet accident de tous nos malheurs* (= faire retomber sur qqch la responsabilité de) : [plus sout.] **imputer à** ◆ [plus cour.] **mettre sur le compte de** (*il met nos malheurs sur le compte de cet accident*). ③ *Ses traits accusent la fatigue* : **révéler** ◆ [moins précis] **montrer** ; → ACCENTUER.

◇ **s'accuser** ① [qqn ~] → AVOUER. ② [qqch ~] → AUGMENTER.

◇ **accusateur** ① [n.] *Il regardait fièrement ses accusateurs* : [en partic.] **dénonciateur, délateur** (= ceux qui accusent qqn par intérêt ou par haine) ◆ **détracteur** (= celui qui déprécie qqn) ; → MÉDISANT. ② [adj.] *Un regard accusateur* : → REPROCHE. *Des documents accusateurs* : ↓ **dangereux*** ◆ ↓ **gênant, embarrassant*.**

acerbe *Un ton acerbe, des critiques acerbes* : **mordant*** ◆ ↑ **virulent** ◆ ↑ **ve-**

nimeux ◆ ↓ abrupt ; → AIGRE, ACARIÂTRE, DÉSAGRÉABLE.

acéré ① → AFFILÉ, POINTU, TRANCHANT. ② *Des paroles acérées* : → MORDANT.

achalandé *Ce magasin est bien achalandé* (= fourni en marchandises) : **approvisionné, pourvu** ◆ [plus cour.] **fourni.**

acharné ① [qqn est ~] *C'est un joueur acharné* : ↑ **enragé, forcené, endiablé.** *C'est son ennemi le plus acharné* : **farouche.** *Un travailleur acharné* : **un bourreau de travail** ◆ [fam.] **accro** (*un accro du travail*) ; → OBSTINÉ. *Un défenseur acharné, acharné au travail* : → ARDENT. ② [qqch est ~] *Un combat acharné* : **farouche, furieux.** *Un travail acharné* : **opiniâtre,** ↑ **forcené** ◆ ↓**constant.**

◇ **s'acharner** ① [~ contre qqn] *Tous s'acharnaient contre lui* : ↑ **persécuter** (*tous le persécutaient*) ◆ ↓**s'en prendre à, être contre***. ② [~ à] *Il s'acharne à les convaincre* : **s'obstiner à** ; → PERSÉVÉRER, SE BATTRE.

acharnement *Travailler avec acharnement* : **ardeur***, ↑ **fureur*** ◆ ↓ **obstination*** ; → PERSÉVÉRANCE.

acharner (s') → ACHARNÉ.

achat → ACHETER.

acheminement → TRANSPORT.

acheminer *Ce camion postal achemine le courrier vers la province* : [plus génér.] **transporter.** *Cette allée achemine à la mer* : **conduire*** ; → AMENER.

◇ **s'acheminer** *Nous nous acheminons vers un compromis* : **se diriger** ◆ **aller***, **tendre, arriver à.**

acheter ① *Il vient d'acheter une nouvelle voiture* : **faire l'achat de** ◆ [plus sout.] **acquérir** ◆ [plus fam.] **s'offrir, se payer** ◆ **faire l'emplette de** (qui s'emploie pour une petite dépense) ◆ [très génér.] **avoir** ; → SE PROCURER. ② *Il a acheté plusieurs de ses électeurs* : [plus sout.] **soudoyer** ◆ ↑ **corrompre** ◆ [fam.] **graisser la patte à, arroser.**

◇ **acheteur** : **client** (= celui qui achète dans un magasin, sur un marché : *il y a*

peu d'acheteurs, de clients ce matin sur le marché*) ◆ **acquéreur** (= celui qui achète des marchandises d'importance : *y a-t-il acheteur, acquéreur pour cet immeuble ?*) ◆ **preneur** (= celui qui achète dans une vente aux enchères) ◆ [techn.] **adjudicataire** (= celui qui passe un marché avec une administration) ; → CONSOMMATEUR.

◇ **achat** ① [~ de petites choses] **emplette** (*faire ses achats, ses emplettes*) ◆ **shopping** (*faire du shopping*). ② [~ de choses importantes] : [plus sout.] **acquisition** (*l'achat, l'acquisition d'une maison*) ◆ [par une administration] **adjudication** ; → COMMISSION II ②. *L'achat et la vente* : → COMMERCE.

achevé → ACCOMPLI.

achèvement → ACCOMPLISSEMENT, FIN.

achever ① *Achever un travail* : → FINIR, TERMINER, FAIRE UN SORT* I, METTRE LA DERNIÈRE MAIN*. ② *Achever qqn* : → EXÉCUTER, DONNER LE COUP DE GRÂCE*. ③ *Cette dernière étape m'a achevé !* : ↓ **épuiser***.

achopper *C'est sur ce point de la discussion que nous achoppons* [sout.] : [cour.] **buter contre, trébucher,** ↑ **échouer** ; → SE HEURTER* À.

◇ **achoppement** *Pierre d'achoppement. L'anglais est pour lui la pierre d'achoppement du baccalauréat* : **écueil** ◆ [plus génér.] **obstacle** ◆ [fam.] **os, hic** ; → DIFFICULTÉ.

acide → AIGRE, MORDANT, SÛR II.

acidité → AIGREUR.

acidulé → AIGRE.

aciérie → USINE.

acolyte → COMPLICE.

acompte *Voici un acompte : je vous paierai le solde à la fin du mois* (= paiement partiel à valoir sur une somme due) : [plus cour.] **avance** ◆ **arrhes** (= somme d'argent que l'on donne au moment de la conclusion d'un marché) ◆ **provision** (= somme versée par avance à une personne, à valoir sur la somme à payer au moment du règlement définitif : *recevoir un acompte,* *une avance sur son salaire ; verser des arrhes pour l'achat d'une voiture ; remettre une provision à son avocat).*

acoquiner (s') → FRÉQUENTER.

à-côté → DÉTAIL, SUPPLÉMENT.

à-coup *Ce moteur a des à-coups in-quiétants* : **raté ♦ secousse*** (qui peut s'employer dans d'autres contextes) ; → SACCADE. *Par à-coups. Il travaille par à-coups, selon son humeur* : **par intermit-tence, par saccades, irrégulièrement, par intervalles*** ; → VAGUE II. *Sans à-coups* : **sans heurt, sans complications*.**

acquéreur → ACHETEUR.

acquérir ① → ACHETER, SE PROCURER, PRENDRE I. ② → ASSIMILER II.

acquiescement → APPROBATION, OUI.

acquiescer
→ APPROUVER, CÉDER, CONSENTIR.

acquisition → ACHAT.

acquit → REÇU.

acquittement → ACQUITTER.

acquitter ① *Le prévenu a été acquitté* : **déclarer non coupable ;** → AMNISTIER, JUSTIFIER, RELÂCHER II. ② → PAYER, S'ACQUITTER DE.

◇ **s'acquitter de** ① *S'acquitter de ses dettes* (= les payer) : **rembourser** (*rem-bourser ses dettes*) ; → PAYER, RÉGLER II, SE LIBÉRER DE. ② *S'acquitter de ses devoirs* : → REMPLIR II, ACCOMPLIR.

◇ **acquittement** ① *L'acquittement d'un prévenu* : [plus génér.] **libération*.** ② → RÈG-LEMENT.

âcre → AIGRE, AMER I.

âcreté → AIGREUR, AMERTUME.

acrimonie → AIGREUR.

acrimonieux → ACARIÂTRE.

acrobate ① *Le numéro des acrobates* : [en partic.] **trapéziste, funambule, équilibriste ♦ saltimbanque** (= acrobate de rue) ; → DANSEUR. ② [fig., péj.] *Un acrobate de la*

politique : **équilibriste ♦** [pas forcément péj.] *virtuose, artiste ♦* [plus génér.] **spécialiste.**

◇ **acrobatie** ① [au cirque] : [en partic.] **voltige, saut périlleux.** ② [avec un avion] : **looping, vrille, tonneau.** ③ [fig.] *Pour convaincre, il lui a fallu recourir à quelques acrobaties verbales !* : **virtuosité, tour de passe-passe, pirouette ;** → EXPÉDIENT, MANŒUVRE I.

◇ **acrobatique** *Pas facile de se sortir de ce faux pas, c'est assez acrobatique !* : **périlleux ♦** [plus génér.] **difficile* ♦ ↓ déli-cat*.**

acrotère → SOCLE.

acte

I ① *Il faut la juger sur ses actes, non sur ses sentiments* (= manifestation humaine considérée dans sa réalisation objec-tive) : **action** (= manifestation humaine, toujours volontaire et pouvant avoir des degrés : *il a entrepris une action d'enver-gure ; pendant toute la durée de l'action.* L'*acte* est unique et ponctuel ; ces deux termes ne se superposent que dans quelques contextes : *un acte généreux, une action généreuse).* *Un acte courageux* : **action, geste, mouvement.** *Passer à l'acte* : → AGIR. ② *Un acte important* : → MESURE. *Ce voyage fut un acte important de sa vie* [plus génér.] : **épisode, moment.** ③ *Acte d'opéra* : → PARTIE I.

II ① → ACCORD. ② *Prendre acte* : **consta-ter*.**

acter → RATIFIER.

acteur ① [au cinéma et au théâtre] : [plus génér.] **artiste ♦ interprète** (= celui qui joue un rôle particulier) **♦ vedette*, star** (= acteurs en vogue, surtout au cinéma) **♦** [péj.] **cabot, cabotin, théâtreux, [rare] histrion** (= mauvais acteurs) **♦ comédien** (qui se dit surtout d'un acteur de théâtre) **♦** [fam., vieilli] **enfant de la balle.** ② *Les acteurs de l'histoire sont-ils seulement les hommes politiques ?* : **protagoniste, arti-san.**

actif ① [qqn est ~] *C'est une personne très active* : **↑ hyperactif ♦** [en partic.] **entre-prenant, dynamique ♦ ↑ énergique*, vif, efficace, efficient ♦** [très sout.] **diligent**

(= qui est à la fois rapide et efficace) ◆ **travailleur**, ↑ **affairé** (= qui s'active au travail) ◆ [parfois péj.] ↑ **zélé** ◆ [express.] **c'est un homme, une femme d'action ;** → INFATIGABLE, BOUILLONNANT, MILITANT, OCCUPÉ II. ② [qqch est ~] *C'est un produit très actif* : **efficace** ◆ [très génér.] **fort*** ◆ ↑ **radical ;** → VIOLENT.

◇ **activité** ① [de actif ①] *Elle manifeste beaucoup d'activité* : [en partic.] **dynamisme, vivacité, esprit d'entreprise, vitalité** ◆ [parfois péj.] ↑ **zèle** ◆ [fam.] **abattage** (*avoir de l'abattage*) ; → ARDEUR, ENTRAIN. ② *Quelles sont en ce moment ses activités ?* (= ensemble des travaux d'un être humain) : **occupation ;** → TRAVAIL. *Être en activité* : **travailler, être à l'œuvre* ;** → EXERCICE. ③ *Un port où il règne beaucoup d'activité* : → ANIMATION, AGITATION. *Un pays en pleine activité* : **essor** ◆ ↑ **prospérité.**

action

I ① [~ de qqn] → ACTE, PRATIQUE II. *Une bonne action* : [fam.] **B.A.** ◆ [plus sout.] **bienfait ;** → SERVICE. *Une mauvaise action* : [plus sout.] **méfait,** [très fam.] **saloperie*.** ② [~ de qqn] *Passer à l'action* : **agir*,** [fam.] **bouger.** *Aimer l'action* : → TRAVAIL I, ACTIF. ③ [~ de qqn] *Une action militaire* : → COMBAT. ④ [~ de qqch] *L'action d'un médicament* : **effet*** (= action produite) ; → EFFICACITÉ.

II *Action en Bourse* : → VALEUR II.

actionner Mettre qqch en action : **faire fonctionner, mettre en marche.**

activement → EFFICACEMENT, SÉRIEUSEMENT.

activer ① → ACCÉLÉRER. ② → POUSSER II.

◇ **s'activer** *Il va falloir s'activer* : **bouger** (*bouger un peu*), **y aller, s'y mettre ;** → TRAVAILLER I, SE DÉMENER.

activité → ACTIF.

actualisation → MODERNISATION.

actualiser → METTRE À JOUR*, MODERNISER.

actualité → ACTUEL.

actuel ① *La mode actuelle est aux cheveux longs* : [rare, sout.] **présent** ◆ [plus génér.] **contemporain** (= de l'époque présente). *Les problèmes actuels* : **d'aujourd'hui** ◆ [moins employé] **de l'heure** ◆ [plus génér.] **de notre temps, contemporain** ◆ ↑ **immédiat ;** → MODERNE. ② → VIGUEUR II.

◇ **actualité** ① [sing.] *Que pensez-vous de l'actualité ?* : [en partic.] **situation, événements** ◆ [plus fam.] **ce qui se passe.** *D'actualité. Cette danse n'est plus d'actualité* : **au goût du jour, à la mode*.** *Ce discours n'est pas d'actualité* : **à sa place** ◆ [sout.] **pertinent ;** → OPPORTUN. [en un sens différent] **à l'ordre du jour.** ② [pl.] *Regardez-vous les actualités à la télé ?* : **journal, nouvelles, informations*** ◆ [fam.] **infos.**

◇ **actuellement** ① *Actuellement, cette mode est largement suivie par les jeunes* : **à présent, aujourd'hui** ◆ [sout.] **présentement.** ② *Actuellement, il faut beaucoup d'argent pour vivre* : **aujourd'hui, de nos jours, maintenant** ◆ [plus fam.] **au jour d'aujourd'hui, par les temps qui courent.** ③ *Actuellement, il est au chômage* : **en ce moment, pour le moment, pour l'instant.**

actuellement → ACTUEL.

acuité → FINESSE, INTENSITÉ.

adage → PENSÉE II.

adaptable ① [qqn est ~] *C'est quelqu'un de très adaptable* ◆ [plus génér.] **souple* ;** → ASSIMILABLE I. ② [qqch est ~] *Pratique, cette voiture est très adaptable* ◆ [en partic.] **modulable.**

adaptation ① → ACCLIMATATION, ACCOUTUMANCE. ② → TRADUCTION.

adapté → ADAPTER.

adapter *Adapter qqch aux désirs de qqn* : → ACCOMMODER, CONFORMER. *Adapter des méthodes* : **moderniser*.** *Adapter ses propos selon les circonstances* : **moduler.** *Adapter un roman à l'écran* : **transposer, porter.**

◇ **s'adapter** ① *Nouveau venu, il a bien fallu qu'il s'adapte* : [plus express.] **se mettre au diapason** (= faire comme les autres) ◆ ↑ **se reconvertir,** [seulement avec un compl.] **se plier à ;** → S'ACCOMMODER. ② *Vos paroles ne s'adaptent pas à la situa-*

tion : **convenir*** ◆ [plus fam.] **aller* avec** ;
→ ADAPTÉ.

◇ **adapté** *Je ne sais si vos propos sont bien adaptés à la situation !* : **approprié*** ;
→ CONFORME, SPÉCIALISÉ, CONVENABLE.

addenda → SUPPLÉMENT.

addictif → DÉVIANT.

addiction → ESCLAVAGE.

additif → ADDITION.

addition

I *L'addition d'un paragraphe à un livre* (= ce qui est ajouté à, en parlant d'un texte) : **additif, ajout, adjonction** ◆ [didact.] **codicille** (= addition à un texte juridique) ◆ **annexe** (= texte ajouté à un ensemble, où figurent des documents divers).

II *Garçon ! l'addition, s'il vous plaît !* : [plus génér.] **note** ◆ [fam., par plais.] **douloureuse** ◆ **ardoise** (= note, crédit ouverts dans un café) ; → COMPTE.

additionnel → COMPLÉMENTAIRE.

additionner → AJOUTER, FAIRE LE TOTAL*.

adepte → PARTISAN, INITIÉ.

adéquat → APPROPRIÉ, JUSTE II, DANS LA NOTE* V, CONVENABLE.

adhérence *L'adhérence d'un véhicule à la route* : **tenue de route** (*la tenue de route d'un véhicule ; une mauvaise adhérence, tenue de route*).

adhérent → MEMBRE, PARTISAN.

adhérer

I [qqch ~ à qqch] *C'est un papier qui adhère bien au mur* : [plus cour.] **coller** ◆ [plus génér.] **tenir** ; → JOINDRE.

II [qqn ~ à qqch] ① *Il a adhéré au Parti socialiste* : **entrer à, devenir membre de, s'affilier à, s'inscrire à** ◆ ↑ **s'engager, s'enrôler** (qui évoquent une adhésion militante) ◆ **rallier, rejoindre** (qui évoquent une décision mûrie). ② *Il adhère toujours aux propos du plus fort* : **se rallier* à, approuver*, souscrire à** ◆ ↓ **accorder sa sympathie, son soutien à** ◆ [moins sout.] **être**

d'accord* avec ◆ [souvent par plais.] **opiner à**, [express.] **opiner du bonnet**.

adhésif → COLLANT.

adhésion ① → ACCORD I, SUFFRAGE.
② → ADMISSION, CONVERSION, INSCRIPTION.

ad hoc → CONVENABLE.

adieu *Je m'en vais : adieu !* [sout.] (marque une séparation définitive) : [cour.] **au revoir** ◆ [en partic.] **bonsoir, bonne nuit** ◆ [fam.] **salut*, tchao, bye-bye, bye.** *Faire ses adieux* : **prendre congé***. *Dire adieu à qqch* : → RENONCER.

adipeux → GRAS, GROS.

adiposité → GROSSEUR.

adjacent → PROCHE, VOISIN.

adjoindre → AJOUTER, ASSOCIER.

◇ **s'adjoindre** → PRENDRE I.

adjoint → AIDE, SECOND II.

adjonction → ADDITION.

adjudicataire → ACHETEUR.

adjudication → ACHAT, ATTRIBUTION.

adjuger → ATTRIBUER.

adjuration → PRIÈRE II.

adjurer → PRIER II, SUPPLIER.

adjuvant → AUXILIAIRE.

admettre

I ① [~ qqn] → ACCEPTER. ② [souvent au passif] *Être admis à un concours* : **recevoir** ◆ [plus génér.] **réussir**.

II [~ qqch] ① *Admettons que je me sois trompé, que se passerait-il ?* : **supposer, imaginer** ; → CONCÉDER, RECONNAÎTRE, SOIT.** *En admettant que* : → SI* (II) TANT EST QUE. *Il admet tout ce qu'on lui dit* : → CROIRE. *Faire admettre à qqn* : → DÉCIDER. ② *Il n'admet aucune critique* : **tolérer, supporter, permettre** ◆ [sout.] **souffrir.** *Nous ne pouvons admettre son départ* : **accepter*** ◆ ↑ **approuver*,** [sout.] **consentir à.** ③ *J'admets que ce soit difficile* : **accorder, comprendre, reconnaître*** ; → CROIRE. ④ *Le règlement n'admet aucune* *exception* : **permettre, supporter, comporter** ; → SOUFFRIR.

administrateur → DIRECTEUR, RÉGISSEUR.

administration ① *Son père lui a confié l'administration de l'usine* : **gestion, conduite,** ↑ **direction** ♦ [anglic.] **management** ; → DIRIGER. ② → SERVICE I, AUTORITÉ, ÉTAT.

administrer ① *Administrer une correction* : → APPLIQUER. ② → DIRIGER. ③ *Administrer un sacrement* : → CONFÉRER.

admirable, admirablement, admirateur, admiratif, admiration → ADMIRER.

admirer ① *J'admire votre courage* : ↑ **s'extasier devant, s'émerveiller devant, s'enthousiasmer devant** (*je m'enthousiasme devant votre courage, votre courage m'enthousiasme*). *Admirer qqn* : ↑ **être en extase, en adoration devant,** ↑ **aduler** ; → ÉTONNER. ② [par antiphrase, sout.] *J'admire l'aplomb avec lequel vous mentez !* : [cour.] **s'étonner* de.**

◇ **admiration** [de admirer ①] : **émerveillement*, enthousiasme*, adulation** ; → CONTEMPLATION.

◇ **admirable** ① *Sous le soleil, ce paysage est admirable* : **magnifique, splendide, superbe** ♦ ↑ **merveilleux** ♦ ↓ **beau*.** ② *Faire preuve d'un courage admirable* : ↑ **prodigieux** ♦ [très sout.] ↑ **sublime** ♦ ↓ **remarquable** ; → EXTRAORDINAIRE, ÉTONNANT.

◇ **admirablement** *Ce tableau est admirablement peint* : ↑ **merveilleusement** ♦ ↑ **parfaitement, prodigieusement** ♦ ↓ **très bien** ♦ [fam., derrière un v.] **comme un chef** (*conduire comme un chef*), **épatamment.**

◇ **admirateur** *L'artiste était suivi d'une foule d'admirateurs* : ↑ **fanatique,** [fam.] **fan, groupie** ♦ ↑ **inconditionnel,** ↑ **adorateur.**

admis → ADMETTRE I et II.

admissible → BON I, CONCEVABLE, PLAUSIBLE, TOLÉRABLE.

admission *Il a demandé son admission au club le plus proche* : **affiliation, adhésion,** **appartenance** (qui soulignent davantage l'idée d'un rattachement à une société, un club, un parti) ♦ [plus génér.] **entrée.**

admonestation → LEÇON.

admonester → RÉPRIMANDER, ENGUEULER.

admonition → AVERTISSEMENT.

ado → ADOLESCENT.

adolescence → ÂGE.

adolescent ① [adj.] → JUVÉNILE. ② [n.] *Ce film est à déconseiller aux adolescents* : [fam.] **ado** ♦ [didact.] **mineur** (qui se dit aussi des enfants) ♦ **jeune homme, jeune fille** (qui se disent de personnes un peu plus âgées : *une adolescente de quatorze ans, un jeune homme de dix-huit ans*) ♦ [plus génér.] **jeune** (qui est souvent au pl. en ce sens : *les jeunes*).

adonis → ÉPHÈBE.

adonner (s') *Il s'adonne depuis plusieurs années au football, à des études de physique* : ↑ **se consacrer à** ♦ ↓ **pratiquer** (qui se dit seult pour un sport) ♦ [en parlant d'un travail, d'une activité intellectuelle] **se livrer à, s'appliquer à, s'attacher à** ♦ [rare] ↑ **se donner à.** *S'adonner à la boisson* : → SE LAISSER ALLER* IV.

adopter ① → ACCEPTER, CHOISIR, VERSER III, PRÉFÉRER. ② → RATIFIER, VOTER.

adoption ① → CHOIX. ② → RATIFICATION, VOTE.

adorable → CHARMANT.

adorablement → AGRÉABLEMENT.

adorateur → ADMIRATEUR.

adoration *Ce n'est plus de l'amour qu'il lui porte, c'est de l'adoration* : **culte** (*... un véritable culte*) ; → AMOUR, AIMER, ADMIRATION.

adoré → CHER.

adorer → AIMER, RAFFOLER, VÉNÉRER.

adosser *Adosser une véranda contre un mur* : [plus génér.] **appuyer*.**

◇ **s'adosser** [~ contre] *Il s'adossa contre le mur* : [plus génér.] **s'appuyer*** ◆ **s'arc-bouter** (qui implique que l'on résiste à qqch ou à qqn).

adoucir ① [~ qqn] *Il est furieux : je ne sais si vous parviendrez à l'adoucir* : **amadouer, calmer, modérer*** ; → FLÉCHIR. ② [~ qqch] *Vos propos sont un peu rudes : veillez à les adoucir !* : **tempérer, modérer, édulcorer** ◆ [anglic.] **rendre soft** ; → ASSOUPLIR. *Votre visite a adouci sa souffrance* : ↑ **apaiser, calmer** ; → SOULAGER, DIMINUER, ÉTEINDRE.

◇ **s'adoucir** *Le temps s'adoucit* : [plus cour.] **se radoucir, se réchauffer.** *Il était furieux, mais s'est adouci en la voyant* : [plus cour.] **se radoucir** ◆ **en rabattre, se calmer, se modérer, s'assagir** ◆ [fam.] **mettre de l'eau dans son vin.**

adoucissant *Une crème adoucissante* : ↑ **calmant, apaisant.**

adoucissement ① [de adoucir] **modération,** [rare] **édulcoration** (de paroles, de propos) ◆ **apaisement** (d'une douleur) ; → SOULAGEMENT. ② [de s'adoucir] **radoucissement, redoux,** ↑ **réchauffement** (des températures).

adresse

I [de adroit] ① *Il chante, peint, écrit avec la même adresse* : **habileté, dextérité** (= adresse manuelle) ◆ ↑ **maîtrise, maestria** (= adresse consommée) ◆ ↑ **art** (= talent : *avec adresse, art*) ◆ **ingéniosité** (= esprit d'invention) ◆ **savoir-faire, doigté** (= expérience acquise) ◆ **entregent** (= habileté à se conduire en société) ; → AGILITÉ. ② → DIPLOMATIE, RUSE.

II *Quelle est votre adresse ?* : [assez fam.] **coordonnées** ◆ **habiter** (*où habitez-vous ?*) ; → LOGER.

adresser ① *Adresser une lettre, un paquet à qqn* : → ENVOYER, POSTER. ② *Elle lui adressa un regard impérieux* : [plus cour.] **jeter.** *Adresser un coup à qqn* : **donner** (qui n'implique pas que ce soit volontaire) ; → ALLONGER. *Adresser une question à qqn* : [plus cour.] **poser*.** *Adresser la parole* : → PARLER.

◇ **s'adresser** ① [qqn ~ à qqn] → PARLER, RECOURIR, APPELER. ② [qqch ~ à qqn] *Cette allusion s'adresse à vous directement* : **concerner*** (*... vous concerne...*) ◆ **être destiné à.**

adroit [de adresse I] ① *C'est un tireur adroit* : ↑ **émérite,** ↑ **d'élite.** *C'est un ouvrier adroit* : **habile** ◆ ↓ **capable** ◆ **exercé, expérimenté,** ↑ **chevronné, éprouvé** (qui insistent surtout sur l'expérience acquise) ◆ **ingénieux** (qui insiste sur l'esprit d'invention) ◆ [rare] **industrieux.** ② *C'est une femme adroite dans les négociations* : **habile,** ↓ **capable** ◆ **expérimenté, chevronné** (= qui a de l'expérience) ◆ **diplomate*** ; → INTELLIGENT, SOUPLE, RUSÉ, SUBTIL.

adroitement *Elle s'est conduite adroitement* : **avec adresse*** ; → FINEMENT, SUBTILEMENT.

adulateur → FLATTEUR.

adulation → ADMIRATION.

aduler → ADMIRER.

adulte ① [n.] → PERSONNE, GRAND. ② [adj.] *C'est un art qui n'a pas encore atteint l'âge adulte* : **maturité** (*atteindre la maturité*). *Je me demande s'il sera adulte un jour, cet homme !* : **responsable** ◆ → SÉRIEUX. *Tu es adulte maintenant : alors débrouille-toi !* : **majeur** ◆ [très génér.] **grand*.**

adultère → INFIDÈLE.

adultérin → BÂTARD.

advenir → ARRIVER II, RÉSULTER.

adventice *Faire une remarque adventice* : **incident II** ◆ [cour.] **accessoire*.**

adversaire → COMBATTANT, ENNEMI, RIVAL, CONCURRENT, CONTRADICTEUR, OPPOSANT.

adverse → OPPOSÉ I.

adversité → ACCIDENT, MALHEUR.

aération [de aérer ①] : **ventilation.**

aérer ① *Il faudrait aérer cette pièce* : **donner de l'air à** ◆ [didact.] **ventiler.** ② *Ce texte aurait besoin d'être aéré* (= rendre moins dense) : **alléger.**

◊ **s'aérer** ① *Je sors pour m'aérer un peu* : **prendre l'air, s'oxygéner, respirer.** ② *Ne reste pas avec tes soucis : va t'aérer !* : **sortir, prendre l'air** ◆ [fam.] **se changer les idées** ; → AMUSER.

aérien ① *Transports aériens* : **aviation***. ② [fig.] *C'est une musique aérienne !* : **divin, céleste, immatériel** ◆ [parfois péj.] **éthéré, vaporeux** ◆ **pur, limpide, léger** (qui sont à la fois plus précis et moins express.).

aérobic → GYMNASTIQUE.

aéroglisseur : [anglic.] **hovercraft** ◆ **naviplane** (= aéroglisseur sur coussin d'air).

aéronautique, aéronavale, aéropostale → AVIATION.

aérostat → DIRIGEABLE.

affabilité → AFFABLE.

affable *Ma voisine est une personne très affable* : [vieilli] **civil** ◆ [plus cour.] **aimable*** ◆ [plus précis, plus restreint] **accueillant** (= qui s'ouvre facilement aux problèmes des autres) ◆ **sociable** (= avec lequel il est aisé de vivre) ◆ **liant** (= qui recherche les relations avec les autres) ◆ **convivial** (= qui aime les réunions et les repas chaleureux) ◆ **engageant** (= qui cherche à séduire, à charmer) ; → CHARMANT, POLI, SYMPATHIQUE.

◊ **affabilité** *Il nous a reçus avec beaucoup d'affabilité* [sout.] : [cour.] **amabilité** ◆ **courtoisie** (qui implique des manières très raffinées) ◆ [vieilli] **civilité** ◆ [très sout.] ↑ **urbanité** ◆ [sout.] **aménité** (= amabilité pleine de charme) ; → COMPLAISANCE, GALANTERIE, POLITESSE.

affablement *Il nous a reçus très affablement* : **civilement** ; → AIMABLEMENT.

affabulateur → FABULATEUR.

affabulation → FABULATION, INVENTION.

affabuler → FABULER, MENTIR.

affadir, affadissement → FADE.

affaiblir ① *La maladie l'a affaibli* : [en partic.] **anémier** ; → ABATTRE II, ÉBRANLER. ② *Les grèves ont affaibli son autorité* : **atteindre, porter atteinte à, entamer** ◆ ↑ **laminer** ; → DÉTRUIRE, MINER.

◊ **s'affaiblir** ① *Il s'affaiblit peu à peu* : **perdre ses forces** ◆ [en partic.] **s'anémier** ◆ ↑ **baisser, décliner, dépérir** ◆ ↑ **s'éteindre** ; → S'ÉMOUSSER, DIMINUER. ② *La lumière s'affaiblit* : **diminuer*** ; → PÂLIR, VACILLER.

affaiblissement → ABATTEMENT, DIMINUTION, DÉPÉRISSEMENT.

affaire De sens très général, ce terme sert de syn. passe-partout à beaucoup de noms, au même titre que *chose, truc, machin, bidule.* ① *Je vais lui régler son affaire* : **compte.** *C'est mon affaire* : **cela me regarde.** *Ceci est une autre affaire !* : [plus fam.] **une autre paire de manches.** *Être à son affaire* : → HEUREUX. ② *Vous abordez là une affaire difficile* : **sujet*, question*.** *C'est toute une affaire !* : **ce n'est pas rien** ; → DIFFICILE. *Une sale affaire* : [partic.] **scandale*** ; → ENNUI. *Quelle affaire !* : **histoire.** *En faire toute une affaire* : **monde, histoire** ◆ [fam.] **plat, fromage** ; → COMÉDIE. *Se tirer d'affaire* : **s'en sortir** ; → SE DÉBROUILLER, HORS DE DANGER*. ③ *Une affaire à plaider* : → CAUSE, PROCÈS. ④ *Conclure une affaire* : [didact.] **transaction,** [en partic.] **marché*.** *Être sur une bonne affaire* : **opération*** ◆ [fam.] **coup.** ⑤ *Ils ont une petite affaire en ville* : **commerce, magasin*.** ⑥ [pl.] *Ils sont dans les affaires* : **business** ; → FINANCE. *En tout cas, ils ont fait leurs affaires dans ce commerce !* : [fam.] **faire son beurre** ◆ **faire fortune.** ⑦ [pl.] *Déposez vos affaires* : **effets personnels** ; → BAGAGE, VÊTEMENT.

affairé → ACTIF, OCCUPÉ II.

affairement → ANIMATION.

affairer (s') → S'EMPRESSER, SE DÉMENER.

affairisme → SPÉCULATION.

affairiste → SPÉCULATEUR.

affaissement → ÉCROULEMENT, TRAVAIL III.

affaisser (s') → TOMBER I, SE TASSER, CROULER.

affaler (s') → TOMBER I, S'ÉTALER.

affamé ① [adj.] *Un loup affamé* : [plus sout.] **famélique**. *Je suis affamé !* [très fam.] **crever de faim*** ; → AVOIR LE VENTRE VIDE*. ② [n.] *Les affamés de nos pays riches* : [fam.] **crève-la-faim** ; → MISÉRABLE II. ③ [adj.] *Être affamé de richesses* : **altéré, assoiffé, avide** ; → PASSIONNÉ, SOUCIEUX.

affamer → PRIVER.

affameur → SPÉCULATEUR.

affect → AFFECTIVITÉ.

affectation

I ① [de affecter I, ①] : **destination, imputation**. ② [de affecter I, ②] : **nomination, mutation**.

II [de affecter II] ① → AIR II, DÉMONSTRATION. ② *Une attitude pleine d'affectation* : [rare] **apprêt** ◆ [moins péj.] ↓ **recherche, singularité** ◆ **snobisme** (= recherche des choses à la mode) ◆ [très sout.] **afféterie** (= recherche prétentieuse) ◆ [cour.] **mièvrerie** (= recherche puérile) ; → OSTENTATION, PRÉCIOSITÉ, RAFFINEMENT, CÉRÉMONIE, COMÉDIE, CHIQUÉ, ORGUEIL.

affecté [de affecter II] *Des manières affectées* : **étudié, composé, recherché** ◆ [péj.] ↑ **apprêté, guindé, compassé,** [rare] **gourmé** (qui impliquent l'idée de raideur) ◆ **maniéré,** ↑ **précieux** (qui impliquent l'idée d'outrance ridicule) ◆ **mièvre** (= affecté et fade) ◆ [litt.] **mignard** (= affecté et doux) ◆ [péj.] **prétentieux** (qui insiste surtout sur l'idée de vanité) ◆ **ostentatoire** (= qui veut se faire remarquer) ◆ **académique, empesé,** [fam.] **tarabiscoté** (qui se disent surtout d'un style) ; → AMPOULÉ, COLLET* MONTÉ, FACTICE, COMPOSER, DE COMMANDE*.

affecter

I ① [qqn ~ qqch à] *Il affecte une partie de ses gains à ses loisirs* : **destiner** ◆ [plus cour.] **consacrer** ◆ [en partic.] **garder*** II ; → VERSER V. *Affecter une dépense à une ligne budgétaire* : **imputer**. ② [qqn ~ qqn à] *Ils l'ont affecté à un poste important* : [plus cour.] **nommer** ◆ **muter** (qui implique un déplacement) ; → ÉTABLIR, ATTRIBUER, PRÉPOSER. ③ [~ qqch de qqch] *Nous affec-*

terons ce symbole d'un signe positif : **attribuer à, assigner à** ◆ [plus génér.] **marquer de**.

II *Il affectait la tristesse, elle affecta de ne pas le voir* : [plus cour.] **faire semblant de** (*il faisait semblant d'être triste...*) ◆ ↑ **simuler, jouer** ◆ **feindre** (*il feignait la tristesse, d'être triste...*) ◆ ↑ **afficher** ; → ÉTALER II, MONTRER, GRIMACE.

III *Sa maladie m'a affecté profondément* : **attrister*, toucher*** II, [plus fam.] **marquer**. *L'épidémie affecte toute la région* : → S'ABATTRE.

affectif Qui relève de la sensibilité. *Une réaction affective* : [plus restreint] **sentimental*, émotionnel, passionnel**.

affection

I *Avoir de l'affection pour* : **affectionner***. *Elle éprouve pour lui une affection certaine* : [plus neutre] **attachement** ◆ [en partic.] **amour*, amitié, tendresse** (selon le lien d'affection et ses manifestations) ◆ ↓ **affinité** (= concordance de sentiments : *ils partagent certaines affinités*) ◆ [vieilli] ↓ **inclination** ◆ ↑ **coup de foudre** (= amour subit et violent : *avoir le coup de foudre pour qqn*) ; → SENTIMENT II, SYMPATHIE, AIMER, DÉVOUEMENT, ENTENTE.

II → MALADIE.

affectionner ① [~ qqn] : [plus cour.] **avoir de l'affection* pour** ; → AIMER. ② [~ qqch] : [plus cour.] **aimer*,** ↑ **adorer**.

affectivité L'*affectivité* est liée à la fois à l'**émotivité** et à la **sensibilité*** ◆ [didact., souvent au pl.] **affects**. *Faire des choix par affectivité* : [fam.] **au sentiment*, sur un coup de cœur**. *Jouer sur l'affectivité de qqn* : **sur les sentiments,** [fam.] **sur la corde sensible**.

affectueusement : **avec affection***.

affectueux → AIMANT, TENDRE II.

affermer → LOUER I.

affermir ① → CONSOLIDER. ② *S'il veut garder la situation en main, il faudra qu'il affermisse son autorité* : **renforcer, asseoir** ◆ **raffermir** (= redonner de la fermeté à ce qui l'a perdue) ◆ [rare] **fortifier**. *Affermir*

affermissement

le caractère de qqn: **tremper ;** → ASSURER, CIMENTER.

affermissement Fait d'affermir : [plus cour.] **renforcement.**

afféterie → AFFECTATION II.

affiche *Les murs sont couverts d'affiches*: [en partic.] **panneau publicitaire, publicité*** ◆ **poster** (= affiche destinée à la décoration intérieure) ◆ **affichette** (= petite affiche) ; → ÉCRITEAU.

afficher → PROFESSER I, AFFECTER II, MONTRER.

affidé → COMPLICE.

affilé → AFFILER.

affilée (d') *Il a joué du piano pendant trois heures d'affilée* (= sans interruption): **de suite, durant** ◆ **sans discontinuer, sans s'arrêter.**

affiler *Cette lame est émoussée, il faudra l'affiler* [sout.] : [cour.] **affûter, aiguiser.**
◇ **affilé** ① *Une lame bien affilée* : **acéré, aiguisé, affûté** ◆ [plus génér.] **tranchant.** ② *Avoir la langue bien affilée* : **bien pendu ;** → BAVARD.
◇ **affilage** → AFFÛTAGE, AIGUISAGE.

affiliation → ADMISSION.

affilié → PARTISAN.

affilier (s') → ADHÉRER.

affinage → ÉPURATION.

affiner → ÉPURER, CIVILISER.

affinité ① → ANALOGIE. ② → AFFECTION I.

affirmatif, affirmation, affirmativement → AFFIRMER.

affirmer *J'affirme que j'étais chez moi hier soir* : ↑ **assurer, attester, certifier** ◆ ↑ **jurer** ◆ **prétendre** (qui implique que l'on va défendre ce que l'on affirme) ◆ **soutenir** (qui indique qu'on est en train de le défendre) ◆ ↓ **avancer** ◆ **garantir,** [sout.] **répondre de** (qui impliquent que l'on engage totalement sa responsabilité) ◆ [vx] **protester** (= affirmer solennellement et publiquement) ◆ [fam.] **mettre sa main au feu que, donner sa tête à couper que** ◆ ↑ **jurer ses grands dieux que ;** → POSER, CONFIRMER, DIRE, MANIFESTER, MONTRER, PROUVER.

◇ **affirmatif** *Elle a été affirmative : son frère vient demain* : ↑ **net, catégorique*, tranchant** (qui se disent d'une assertion nette) ◆ **sans appel, brutal, sec*** II ; → POSITIF II.

◇ **affirmativement** [de affirmatif] *Il m'a répondu affirmativement* : **par l'affirmative, positivement** ◆ ↑ **nettement, catégoriquement, brutalement*, sèchement.**

◇ **affirmation** *Dans quelle mesure pouvons-nous croire à de telles affirmations ?* : **propos*** ◆ [sout.] **allégation, assertion** ◆ **thèse** (= affirmation que l'on soutient et défend).

affleurer → SORTIR I.

affliction → PEINE II, DÉSESPOIR, SOUFFRANCE, TRISTESSE.

affligé → MALHEUREUX, TRISTE I.

affligeant ① → ACCABLANT, MALHEUREUX, TRISTE II. ② → MAUVAIS.

affliger → PEINER II, NAVRER.
◇ **s'affliger** → S'ATTRISTER.

affluence → ABONDANCE I, FOULE, MULTITUDE.

affluent → COURS D'EAU.

affluer → ARRIVER I.

afflux → ARRIVÉE, RUÉE, VAGUE II.

affolant, affolé, affolement → AFFOLER.

affoler *La perspective de cet examen m'affole* : **bouleverser** ◆ ↓ **inquiéter** ◆ ↑ **épouvanter, terrifier** ◆ [plus fam.] **paniquer ;** → TROUBLER, EFFRAYER.

◇ **s'affoler** *Il s'affole pour peu de chose* : ↓ **s'inquiéter*, se tourmenter** ◆ [plus express.] **perdre la tête** ◆ [plus fam.] **se paniquer** ◆ [fam.] **perdre la boule, le nord, la boussole, devenir dingue ;** → PEUR, SOUCI, SE TROUBLER.

◇ **affolant** [de affoler] : **bouleversant, terrible, épouvantable ;** → EFFRAYANT.

24

◊ **affolé** [de affoler et s'affoler] **bouleversé, inquiet*** ; → PEUR.

◊ **affolement** *L'affolement gagnait les spectateurs* : **panique** ♦ ↓ **émotion** ; → EFFROI, TROUBLE II, CRAINTE, INQUIÉTUDE, SOUCI, ALARME.

affranchi → AFFRANCHIR I ①, LIBRE.

affranchir

I ① *Affranchir un esclave* : **émanciper** (qui se dit pour un mineur) ♦ **délivrer, libérer** (qui se disent pour un prisonnier). *Affranchir qqn de sa parole* : → DÉGAGER. ② → INFORMER.

◊ **s'affranchir** *Il s'est affranchi des valeurs traditionnelles* : **se libérer de** ♦ **s'émanciper** (*il s'est affranchi, émancipé*) ♦ [plus génér.] **se débarrasser de** ; → SECOUER.

II → TIMBRER.

affranchissement → LIBÉRATION.

affres → ANGOISSE.

affreusement → ABOMINABLEMENT, BEAUCOUP.

affreux ① → LAID, VILAIN. ② → ABOMINABLE, EFFROYABLE, TRISTE I, IGNOBLE.

affriolant → AFFRIOLER.

affrioler *Cette femme l'affriolait par sa démarche provocante* [rare] (= attirer par qqch de séduisant, surtout en parlant de la séduction sexuelle) : ↓ **attirer, charmer, séduire** ♦ ↑ **affoler** ; → EXCITER.

◊ **affriolant** ① [qqn est ~] : **séduisant, désirable, excitant***, [plus fam.] **appétissant, sexy** ; → ÉROTIQUE. ② [qqch est ~] *Ce menu n'est guère affriolant* : **tentant, engageant, attirant, alléchant, appétissant, excitant***.

affront → OFFENSE, OUTRAGE.

affrontement → COMBAT, HEURT.

affronter ① → BRAVER. ② → RENCONTRER.

◊ **s'affronter** → SE HEURTER, S'OPPOSER, SE FROTTER.

affublement → VÊTEMENT.

affubler → VÊTIR.

affût → GUETTER.

◊ **à l'affût** → AUX AGUETS.

affûtage → AFFILAGE.

affûté → AFFILÉ.

affûter → AFFILER.

afin de → POUR, DE MANIÈRE* (I) À.

afin que → POUR.

a fortiori → À PLUS FORTE RAISON* II.

after-shave → APRÈS-RASAGE.

agaçant → ÉNERVANT, COLLANT, PÉNIBLE, VEXANT.

agacé → ÉNERVÉ.

agacement *Il ne savait comment cacher son agacement* : **énervement** (= état plus durable, dont les causes peuvent être intérieures) ♦ ↓ **impatience** ♦ ↑ **irritation**, ↑ **exaspération** ; → COLÈRE.

agacer → ÉNERVER, TAQUINER, PORTER SUR LES NERFS*.

agacerie [souvent pl.] *Elle le poursuivait sans relâche de ses agaceries* (= mines parfois provocantes destinées à attirer l'attention de qqn pour le séduire) : **coquetteries, minauderies** ♦ [plus génér.] **avances** ; → AFFRIOLER.

agapes → FESTIN.

âge *Prendre de l'âge* : **vieillir** ♦ [fam.] **prendre de la bouteille**. *À la fleur de l'âge* : **en pleine jeunesse**. *L'âge tendre* : **enfance, adolescence**. *L'âge ingrat* : **puberté**. *Les âges de la vie* : → ÉPOQUE. *La force de l'âge* : **maturité**. *Le troisième, le quatrième âge* : **vieillesse** (selon qu'on a fait commencer à soixante ou à soixante-quinze ans). *L'âge critique, le retour d'âge* : **ménopause** (qui s'emploie pour une femme), **andropause** (pour un homme).

◊ **âgé** [en parlant seult de personnes] *Son père est déjà assez âgé* : **vieux***, [express. fam. et péj.] **sucrer les fraises**. *Une personne âgée* : **vieille personne** ♦ **doyen** (= personne la plus âgée d'un groupe) ♦ **gâteux**, [didact.] **sénile** (qui suggèrent l'idée d'une diminution mentale) ; → AÏEUX, ANCIEN, VIEILLARD.

agence → CABINET, SUCCURSALE, OFFICE II, ORGANISATION.

agencement → ARRANGEMENT, COMPOSITION, ORDONNANCE.

agencer → ARRANGER, COMPOSER I, LIER III, COORDONNER.

agenda → CALENDRIER.

agenouiller (s') ① *S'agenouiller*, c'est **se mettre à genoux, fléchir* le genou** ◆ [en partic., en termes de respect ou de vénération] **s'incliner** (= abaisser le buste) ◆ ↑ **se prosterner** (= s'incliner jusqu'à terre en s'agenouillant ou s'allonger en signe d'adoration). ② → CÉDER.

agent

I [chose] *Le gaz carbonique est l'un des grands agents de la pollution atmosphérique* : **facteur** ; → CAUSE, ORIGINE, FERMENT.

II [personne] ① *Un agent secret* : **espion***. *Un agent provocateur* : [plus cour.] **provocateur, agitateur**. *Être l'agent de qqn* : **instrument***. ② *Agent technico-commercial* : → REPRÉSENTANT, EMPLOYÉ. *Agent de service* : → SERVICE I. *Agent de sécurité* : → GARDE* DU CORPS.

III *Agent de police. Un agent de police réglait la circulation* : [plus cour.] **agent** ◆ [cour.] **gardien de la paix** ◆ **îlotier** (= agent attaché à la surveillance d'un quartier) ◆ **CRS** (= personne qui appartient aux unités spécialisées dans le maintien de l'ordre) ◆ **forces de l'ordre** (qui est le terme générique et officiel) ◆ [péj., fam.] **flic** ; → GENDARME, POLICIER.

aggiornamento → CHANGEMENT.

agglomérat → AMAS.

agglomération ① → AMAS. ② → VILLE.

aggloméré *Une maison construite en aggloméré* : **parpaing**.

agglomérer (s') → S'ENTASSER.

agglutiner → ENTASSER.

aggravation → AUGMENTATION, EXACERBATION, PROGRÈS.

aggraver → AUGMENTER, EXACERBER.

◇ **s'aggraver** → S'ACCENTUER, AUGMENTER, SE COMPLIQUER, PROGRESSER.

agile *Un acrobate est agile* : [en partic.] **souple, leste, vif*** ◆ ↑ **fringant** (qui se dit d'un cheval vif et de belle allure et peut s'employer en parlant d'un jeune homme) ◆ **preste** (qui se dit d'un mouvement prompt et agile) ◆ **alerte** (= qui est vif et leste en dépit de l'âge, des suites d'un accident) ◆ [sout.] ↑ **sémillant** (= qui est plein de vivacité et d'entrain) ◆ ↑ **allègre** (= plein de vivacité et de joie de vivre) ◆ [sout.] **ingambe** (= qui a gardé le bon usage de ses jambes en dépit de l'âge).

◇ **agilement** : **de façon agile*, avec agilité*, alertement**.

◇ **agilité** ① *Il y a beaucoup d'agilité dans ses mouvements* : [en partic.] **aisance, souplesse, légèreté, vivacité*** ; → ADRESSE, PROMPTITUDE. ② *Il a fait preuve de beaucoup d'agilité d'esprit* : **vivacité, rapidité**.

agiotage → SPÉCULATION.

agioteur → SPÉCULATEUR.

agir

I [qqn ~] ① *Il faudrait qu'il agisse !* (= faire qqch, au sens le plus large) : [fam.] **se bouger, se remuer, faire qqch** ◆ **passer à l'acte*** tend à s'employer en ce sens ; → ACTION. ◆ [plus restreint] **travailler** ; → LUTTER. ② *C'est l'intérêt qui le fait agir* : **animer, mener, conduire, guider*** (*l'intérêt l'anime, le mène...*) ; → POUSSER. ③ *Voudriez-vous agir auprès de lui ?* (= faire des démarches pour obtenir qqch) : **intervenir** ; → INFLUENCER. ④ *Agir en, comme. Il agit comme un insensé* : **se comporter, se conduire**.

II [qqch ~] *Son enthousiasme agit sur le comportement de son équipe* : **influer sur** ◆ [plus rare] **opérer sur** ; → EFFET, INFLUENCER.

◇ **s'agir** ① *Voyons ce problème, de quoi s'agit-il ?* : **être question de**. *Il s'agit de votre honneur !* : → ALLER IV. ② *Il s'agit de se dépêcher maintenant !* : **il faut** ◆ [sout.] **il importe de, il convient de**.

agissements *Supporterons-nous encore longtemps les agissements du directeur ?* : [moins employé] **pratiques** ♦ [fam.] **manigances, micmacs, combines** ♦ **manœuvres,** ↑ **machinations,** ↓ **manèges** (qui impliquent une longue préméditation) ♦ ↑ **menées** (= agissements secrets et nuisibles) ♦ **intrigues** (= agissements compliqués auprès de plusieurs personnes) ♦ [fam., très péj.] **magouille, magouillage, tripotages,** [sing.] **cuisine** (= agissements très louches, génér. dans le domaine politique ou financier) ♦ [fam.] **salades** (qui évoque surtout les propos) ♦ **cinéma** (qui évoque les faits et gestes) ; → CONDUITE II.

agitateur → SÉDITIEUX, RÉVOLUTIONNAIRE.

agitation ① *L'agitation de l'eau dans un torrent* : **bouillonnement, turbulence, tourbillon** ; → MOUVEMENT, REMOUS. ② *L'agitation d'une rue* : ↓ **activité, animation** ♦ ↑ **effervescence, remue-ménage** → FIÈVRE, TROUBLE II, FOULE. ③ *L'agitation des esprits* : → BOUILLONNEMENT, FERMENTATION. ④ → ÉMEUTE, DÉSORDRE, RÉVOLTE. ⑤ *La grippe l'avait mis dans un pénible état d'agitation* : **fièvre, fébrilité** ; → AGITÉ, NERVOSITÉ.

agité ① [qqn est ~] *Le malade est agité* : [en partic.] **fiévreux, tourmenté, angoissé.** *C'est un enfant assez agité* : **turbulent, nerveux** ; → BRUYANT. *Un homme agité, toujours en mouvement* : **bouillonnant*** ; → ÉMU. ② [qqch est ~] *Le voyage fut assez agité* : **mouvementé.** *Une mer agitée* : ↑ **fort, gros** ♦ [en partic.] **houleux** (qui se dit aussi d'une foule en état d'excitation) ♦ [rare] **tourmenté,** ↑ **tempétueux** ; → TUMULTUEUX. *Une vie agitée* : ↑ **trépidant** ♦ [fam.] **à cent à l'heure.** *Une conversation agitée* : → ANIMÉ, ORAGEUX. ③ [adj. et n.] → CARACTÉRIEL.

agiter ① [qqch ~ qqch] *Le vent agite les branches* : [plus fam.] **faire bouger** ♦ ↑ **secouer** ; → REMUER, SOULEVER. ② [qqn ~ qqch] *Agiter le corps* : → REMUER. *Agiter une question* : **soulever** ; → DÉBATTRE, TRAITER. ③ [qqch ~ qqn] *Ce cauchemar m'a beaucoup agité* : ↑ **angoisser** ♦ ↑ **troubler*** (qui évoque un émoi profond) ;

→ INQUIÉTER, EFFRAYER, AFFOLER. *C'est une question qui les agite beaucoup* : **préoccuper, exciter*, mettre en émoi** ♦ ↑ **mettre en effervescence.** ④ *Agiter le feuillage* : → TREMBLER.

◇ **s'agiter** → REMUER, BOUILLONNER, DÉBAT.

agneau → MOUTON.

agnelage → MISE* (II) BAS.

agnosticisme → ATHÉISME.

agnostique → ATHÉE.

agonie ① *Être à l'agonie* (= dernière lutte de l'organisme avant la mort) : **extrémité, dernière heure, derniers moments** (= les tout derniers moments de la vie : *être à toute extrémité, vivre sa dernière heure, ses derniers moments*) ; → AGONISER, MORT. ② → DÉCADENCE.

◇ **agoniser** ① *Le blessé agonisait* : **être à l'agonie*** ♦ [par euph.] **s'éteindre** ♦ ↓ **décliner** ; → MOURIR. ② → DÉCADENCE.

agonir → INJURIER.

agonisant → MOURANT.

agoniser → AGONIE.

agrafer → ATTACHER I.

agraire → AGRICOLE.

agrandir → AUGMENTER, ÉLARGIR.

agrandissement → AUGMENTATION.

agréable ① [qqch est ~] → DOUX, SUPER. *Une odeur agréable* : ↑ **suave, exquis.** *Une température agréable* : **doux*.** *Tenir des propos agréables* : **aimable*.** *Un vin, une musique agréable* : ↑ **délicieux, exquis.** *Un mets agréable* : **savoureux, succulent, délicieux, exquis** ; → DÉLICAT, NANAN (*c'est du nanan*). *Une soirée agréable* : **sympathique** ♦ [abrév. fam.] **sympa** ; → BON, CHARMANT, ÉLÉGANT, PLAISANT, AMUSANT, AU POIL*. *Une maison agréable* : → ACCUEILLANT. *Qu'il est agréable de ne rien faire !* : **doux** ♦ **bon** (*comme c'est agréable, bon de...*) ; → VOLUPTUEUX. ② [qqn est ~] → AIMABLE, SYMPATHIQUE, CHARMANT.

agréablement → AGRÉABLE.

agréer ① → PLAIRE. ② → ACCEPTER.

agrégat → AMAS.

agréger ① [~ qqch] → INCORPORER, MÉLANGER. ② [~ qqn] → ASSOCIER.

agrément ① → CHARME, JOIE, PLAISIR, SÉDUCTION. ② → PERMISSION, APPROBATION.

agrémenter → ORNER.

agresser → ATTAQUER, SAUTER* SUR.

agresseur → ATTAQUANT.

agressif → COMBATIF, PROVOCANT, COLÉREUX, SAUVAGE.

agression → ATTAQUE.

agressivité → MORDANT, COMBATIVITÉ.

agreste → CAMPAGNARD.

agricole *Enseignement agricole* (= qui se rapporte à la culture du sol et à l'élevage du bétail) : **agraire** (qui se dit de ce qui concerne les champs et aussi la propriété de ceux-ci ; il n'implique pas l'idée de culture, mais seulement celle de champ : *mesure, loi agraire*) ; → CAMPAGNARD.

agriculteur : [plus sout.] **cultivateur** (on oppose aussi parfois ces deux termes par l'importance relative des terres cultivées ; on parlera ainsi des *grands agriculteurs de la Beauce* et des *petits cultivateurs du Périgord*) ◆ [didact.] **exploitant agricole** ◆ [en partic.] **agronome** (= ingénieur en agriculture) ; → FERMIER, PAYSAN.

◇ **agriculture** : **culture, agronomie.** L'*agriculture* fait partie du **secteur primaire** de l'économie ; → JARDINAGE.

agripper(s') → S'ACCROCHER, SE RETENIR, SAISIR.

agronome → AGRICULTEUR.

agronomie → AGRICULTURE.

aguerri → ENDURCI.

aguerrir → ENDURCIR.

aguets (aux) *La sentinelle était aux aguets* : ↓ **en observation** ◆ **à l'affût** (qui se dit en parlant d'un chasseur) ; → ÉPIER, GUETTER, GARDE (*sur ses gardes*).

aguichant → EXCITANT, PROVOCANT.

aguicher → EXCITER.

aguicheuse → SÉDUCTEUR.

ahuri → ÉBAHI.

ahurir → ÉTONNER.

ahurissant → ÉTONNANT.

ahurissement → ÉTONNEMENT.

aiche → APPÂT.

aide → AIDER.

aide-mémoire → ABRÉGÉ, RÉSUMÉ.

aide-soignant → INFIRMIER.

aider ① [~ qqn] *Pourriez-vous m'aider à déplacer ce meuble ?* : [fam.] **donner un coup de main.** *Son frère l'aide dans son travail* : **assister, seconder.** *Il est dans une mauvaise passe : il faudrait l'aider un peu* : ↑ **secourir** ◆ [en partic.] **prêter main forte à** ◆ **assister, soutenir*** (qui impliquent une difficulté morale : *assister, soutenir un ami dans la détresse*) ; → SOULAGER, REMONTER, PORTER* SECOURS. *Si vous l'aidez, il aura son examen* : [plus fam.] **épauler** ◆ **appuyer,** ↑ **favoriser** (= mettre tout son crédit en jeu pour faire réussir qqn, que cela soit licite ou non) ; → DONNER UN COUP DE POUCE*. *Aider financièrement* : → DÉPANNER. ② [~ à qqch] *Des mesures énergiques aideront au rétablissement économique de l'entreprise* : **contribuer à, concourir à, favoriser** ◆ ↑ **permettre** ◆ [moins sout.] **faciliter.**

◇ **aide**

I [n.m.] *Vous avez là un aide de premier ordre !* [génér.] (qui est souvent précisé par un compl. : *aide-cuisinier, aide-maçon*) : **apprenti*** ◆ **second, adjoint,** [plus rare] **assesseur** (= aide immédiatement subordonné à son supérieur et capable de le remplacer) ◆ [plus fam.] **bras droit** ◆ **attaché** (= personne attachée à un service) ◆ **coadjuteur** (= personne nommée auprès d'un responsable religieux pour le seconder) ◆ **auxiliaire*** (= aide utilisé

28

temporairement) ◆ [dans certains métiers] **assistant** ; → ALLIÉ, COLLABORATEUR, COMPLICE.

II [n.f.] ① *Voulez-vous de l'aide ?* : **aider*** (*... que l'on vous aide ?*) ◆ **coup de main, secours*, protection*, assistance*, soutien*, appui*, faveur** ; → SUBSIDE, SERVICE II. ② *À l'aide. Lancer un appel à l'aide* : **au secours*** ◆ **SOS.** *Venir à l'aide* : **à la rescousse** ; → ALARME. *À l'aide de. Elle marche à l'aide de béquilles* : **avec, au moyen de** ◆ **grâce* à** ; → À CAUSE* DE.

aïeul → GRAND-MÈRE, GRAND-PÈRE, GRANDS-PARENTS.

aïeux *Les coutumes que nous tenons de nos aïeux* [très sout.] : **pères** ◆ [cour.] **ancêtres** ◆ [didact.] **ascendants** (= parents dont on descend) ◆ [plus génér.] **prédécesseurs** ; → ÂGÉ, PARENT.

aigle → AS.

aigre ① *Un vin aigre* : ↓ **aigrelet** ◆ **acide** (qui se dit d'un fruit et n'est pas forcément péj.), **acidulé** (= légèrement acide) ◆ **âpre,** ↑ **âcre** (qui se disent d'une sensation désagréable, voire irritante, et presque brûlante pour *âcre*). *Ce lait est aigre* : **sur, tourné** ; → AIGRIR. ② *Elle nous accueillit avec des propos assez aigres* : **mordant*, âpre, malveillant** ◆ ↓ **acidulé** ◆ ↑ **acerbe*** ; → AMER, GRINÇANT, VIF.

◇ **aigreur** ① [de aigre ②] *Il lui répondit avec aigreur* : **acidité** ◆ [moins express.] **rudesse, animosité** ◆ [sout.] **acrimonie** ◆ ↑ **hargne, virulence** ; → COLÈRE. ② *Des aigreurs d'estomac* : **brûlure.**

◇ **aigri** *C'est maintenant un homme aigri* : **amer, plein de rancœur** ◆ ↓ **sombre, désenchanté.**

◇ **aigrir** ① *Avec le temps orageux, le lait aigrit* : **devenir aigre*, surir** ◆ [plus génér.] **s'altérer, tourner.** ② *Le temps orageux a aigri le lait* : [plus génér.] **altérer, gâter, avarier*** ; → ABÎMER, CORROMPRE. ③ *Les déceptions ont fini par l'aigrir* : **rendre amer, durcir, remplir de rancœur,** ↓ **assombrir** ; → IRRITER.

aigrefin → ESCROC, VOLEUR.

aigrelet → AIGRE.

aigrette → PLUME I.

aigreur, aigri, aigrir → AIGRE.

aigu ① *Une voix aiguë* : → POINTU. ② → DÉCHIRANT, CRIARD. ③ *Une douleur aiguë* : → POIGNANT, VIF. ④ *Un sens aigu de la poésie* : **très fin*, subtil*.**

aiguillage → ORIENTATION.

aiguille → MONTAGNE, SOMMET.

aiguiller → ORIENTER.

aiguillon → DARD.

aiguillonner → ENCOURAGER, ANIMER.

aiguisage → AFFILAGE.

aiguisé → AFFILÉ, TRANCHANT I.

aiguiser → AFFILER.

aile → FLANC. *Mettre sous son aile* : → PROTÉGER.

ailleurs ① *Pourrions-nous aller ailleurs ?* : **autre part, dans un autre endroit** ◆ [fam.] **changer de crémerie.** ② *Être ailleurs* : **penser à autre chose** ; → DISTRAIT. ③ *D'ailleurs. Mon fils se marie ; d'ailleurs, il vous l'a dit* : **du reste** ◆ [sout.] **au demeurant** ; → EN OUTRE, ET PUIS. *Par ailleurs* : → À CÔTÉ* DE ÇA, D'AUTRE PART* II.

aimable ① [qqn est ~] *Tous les commerçants ne sont pas aimables* : [sout.] **avenant, affable*** ◆ [très sout.] **amène** (qui se dit d'une amabilité gracieuse) ◆ [très génér.] **agréable** ◆ **plaisant, riant** (= qui a un caractère enjoué) ◆ **gracieux** (= qui est aimable et souriant) ◆ [plus génér.] ↑ **gentil** (qui implique toute une manière d'être, dont l'amabilité n'est que l'une des manifestations) ◆ [sout.] **délicieux*, exquis,** [très sout.] **accort** (= qui est agréable, vif et plaisant) ◆ ↑ **obligeant, prévenant** (= qui va au-devant des désirs d'autrui) ◆ [fam.] **sympa** ; → SOCIABLE, COMPLAISANT, BON, POLI. ② [qqch est ~] *Il n'aura donc jamais une parole aimable ?* : **agréable, gentil.** *L'endroit était aimable* [très sout.] : [cour.] **plaisant, agréable*** ◆ [fam.] **sympa.**

aimablement : de façon aimable*, affablement, agréablement, gracieusement, gentiment.

aimant *C'est une fillette très aimante* : **affectueux, tendre** ◆ **caressant** (= qui manifeste de l'amour et de la tendresse) ◆ **câlin** (= qui est doux et cajolant) ◆ [péj.] **possessif,** ↑ **jaloux.**

aimer ① [~ qqn] *Eh bien ! oui, je vous aime !* : ↓ **avoir de l'affection*, de la sympathie* pour, aimer bien** ◆ ↑ **adorer** ◆ [plus fam.] ↑ **être fou de** ◆ **chérir** (qui implique surtout l'idée de tendresse). *C'est vrai, j'aime cette femme* : ↓ **s'éprendre de** (= commencer à aimer) ◆ ↑ **raffoler de, idolâtrer** ◆ ↓ **tenir* à** ◆ [très fam.] **avoir le béguin, en pincer pour ;** → AVOIR DANS LA PEAU*, ADORATION, S'ATTACHER, S'AMOURACHER, SE PLAIRE. ② [~ qqn] *J'aime ma vieille mère* : [moins employé] **affectionner** ◆ ↓ **aimer bien** ◆ ↑ **adorer ;** → CHER, VÉNÉRER, ESTIMER. ③ [~ qqch] → GOÛTER, SE PLAIRE À, PRENDRE PLAISIR* À. *Aimer mieux* : **préférer*.** ④ [cond. + inf. ou complétive] *J'aimerais partir tôt, que nous partions tôt* : → VOULOIR.

ainsi

I [conj. de coordination à valeur de conséquence] L'énoncé introduit par *ainsi* est le plus souvent isolé de ce qui la précède par une pause. *Il fait beau ; ainsi, nous pourrons sortir* : [rare] **aussi** ◆ ↑ **donc, ainsi donc,** ↑ **par conséquent** (qui marquent nettement la conclusion d'un raisonnement) ◆ **c'est pourquoi** (qui introduit une sorte de réponse à une question posée : *il n'a pas fait beau, c'est pourquoi nous ne sommes pas sortis*) ; → ALORS.

II [adv. à valeur comparative] *Pourquoi voulez-vous agir ainsi ?* : **de cette manière, de cette façon** ◆ [plus sout.] **de la sorte** ◆ [plus fam.] **comme ça.**

◇ **ainsi que** [loc. conj.] ① *Il fondit sur lui, ainsi que l'épervier sur sa proie* : **comme, de même que, de la même façon, manière que** ◆ [plus sout.] **tel, à l'instar de.** ② *Il est ainsi fait que l'on ne peut jamais compter sur lui* : **de telle sorte que, de telle manière que** (*il est fait de telle sorte, de telle manière que...*). ③ *Il détestait l'histoire ainsi que la*

géographie : **comme*, de même que, autant que** ◆ **et** (qui suppose un lien plus étroit entre les deux éléments coordonnés).

air

I ① → ATMOSPHÈRE. *Armée de l'air* : → AVIATION. ② *Il n'y a pas d'air, on suffoque* : ↑ **brin d'air, souffle ;** → VENT. *Il y a trop d'air, ferme la fenêtre* : ↑ **courant d'air.** ③ *Prendre l'air* : → S'AÉRER, SORTIR I. *Changer d'air* : → PARTIR. *Donner de l'air* : → AÉRER. *Jouer la fille de l'air* : → FUIR.

II ① *Ce garçon a un drôle d'air* (= apparence habituelle à une personne) : **allure*** ◆ **genre, manières, façons** (qui portent davantage sur le comportement). ② *Voici ma tante avec son air pincé* (= apparence expressive qui se lit le plus souvent au visage) : **mine** ◆ [plus génér.] **visage*.** ③ *Il cache, sous des airs de timidité, un grand courage* [souvent pl.] : **aspect,** [pl.] **dehors, apparences** ◆ [sout., sing.] **affectation ;** → MASQUE. *Grands airs* : → EMPHASE. ④ *Avoir l'air* : **sembler*.**

III → CHANSON, MÉLODIE, CHANT.

airain → BRONZE.

aire → SURFACE.

ais → PLANCHE

aisance ① *J'admire son aisance dans les situations les plus difficiles* : ↓ **naturel* ;** → AGILITÉ, FACILITÉ II, LÉGÈRETÉ. ② *Aisance financière* : → AISE, OPULENCE, RICHESSE.

aise ① [n.f. sing.] *Installez-vous à l'aise !* : **confortablement.** *Avec Jean, on est à l'aise* : [plus génér.] **bien** ◆ [fam.] ↑ **super, extra** ◆ [fam.] **relax, cool.** *Être, se sentir mal à l'aise* : ↑ **inhibé,** [fam.] **coincé** (qui supposent un état permanent) ; → TIMIDE. *Avec Jacques, je ne me sens pas à l'aise* : **mal à l'aise, gêné*** (*je me sens mal à l'aise, gêné*). *Il a gagné à l'aise !* [fam.] : [cour.] **facilement*.** ② *Ils vivent à l'aise* : **aisément, confortablement** ◆ ↑ **dans l'aisance ;** → OPULENCE, RICHESSE. ③ [n.f. pl.] *Elle aime ses aises* : **confort, commodités.** ④ [adj.] *Je suis bien aise de vous voir !* [sout.] : [cour.] **content*.**

aisé ① *Un accès aisé* : **facile, commode*** ; → ABORDABLE. ② *Des mouvements aisés* : **naturel*, souple*** ◆ ↑ **plein d'aisance.** ③ *Une personne aisée* : **riche***. *Des gens aisés* : → BOURGEOISIE. *Une vie aisée* : **confortable.**

aisément → AISE, FACILEMENT, SANS PEINE* I.

ajourer → PERCER.

ajourner ① [~ qqn] *Ajourner un candidat* [didact.] (= le renvoyer à une autre session d'examen) : [cour.] **refuser** ◆ [fam.] **coller, recaler.** ② [~ qqch] → RECULER, REMETTRE.

◇ **ajournement** ① *L'ajournement d'un procès* : **remise, renvoi.** *L'ajournement d'un rendez-vous* : **report.** *L'ajournement d'un candidat* : **refus.** ② *Le ministère pratique la politique de l'ajournement* (= fait de reporter sans cesse des décisions à prendre) : **atermoiement, temporisation.**

ajout → ADDITION, INCORPORATION.

ajouté → AJOUTER, JOINT.

ajouter ① [~ qqch] Syn. variant selon les contextes, les plus courants étant ↑ **rajouter** (à valeur intensive, ou équivalent familier) ◆ [sout.] **adjoindre ;** → JOINDRE. *Ajouter un nombre à un autre* : **additionner.** *Ajouter un peu d'eau au vin* : **allonger** (*allonger le vin d'un peu d'eau*) ◆ **étendre** (= couper un liquide d'eau pour en diminuer la concentration : *acide étendu d'eau*). *Ajouter à sa crainte* : → AUGMENTER. *Ajouter à son travail* : → PARFAIRE. *Ajouter une note à un article* : **inclure, insérer, incorporer** (*inclure, insérer, incorporer dans...*). ② *Il a ajouté que j'étais un sot* : → DIRE.

◇ **s'ajouter** *Des frais viennent s'ajouter aux honoraires* : **s'adjoindre à** ◆ ↓ **accompagner** ◆ ↑ **grossir ;** → S'INCORPORER, SE GREFFER, EN PLUS*, EN OUTRE*.

ajustage → ASSEMBLAGE.

ajusté ① → COLLANT, SERRÉ. ② *Être ajusté à* : → CORRESPONDRE.

ajustement → CORRECTION.

ajuster ① → ACCOMMODER, CHAUSSER, MONTER II. ② → VISER I.

◇ **s'ajuster** → MOULER.

alacrité → VIVACITÉ.

alambiqué → COMPLIQUÉ, SOPHISTIQUÉ, SUBTIL.

alangui → LANGUISSANT.

alanguissement → APATHIE.

alarmant → INQUIÉTANT, EFFRAYANT.

alarme ① *Le guetteur a donné l'alarme* (= signal pour avertir d'un danger) : **alerte** (qui ne s'emploie pas dans les mêmes contextes : *il y a eu une alerte*, et non *une alarme* ; quand les deux sont possibles : *cri d'alarme, d'alerte, alarme* est plus fort que *alerte*) ; → À L'AIDE*, ÉVEIL. ② *L'alarme s'était répandue dans la ville en ruines* [sout.] : [cour.] ↑ **affolement,** ↓ **inquiétude, trouble ;** → CRAINTE.

alarmer → EFFRAYER.

◇ **s'alarmer** → S'INQUIÉTER.

alarmiste → INQUIÉTANT, PESSIMISTE.

album → LIVRE.

alcool ① *Cet alcool me brûle l'estomac* : [en partic., plus fam.] **eau-de-vie*** ◆ **fine** (= alcool de qualité supérieure) ◆ **tord-boyaux** (= alcool de mauvaise qualité) ◆ [fam.] **bibine, bistouille, goutte, gnôle, schnaps** ◆ **marc** (= distillation de fruits pressés) ◆ **armagnac, cognac** (= distillation du raisin) ◆ **calvados,** [abrév. fam.] **calva** (= distillation du cidre) ◆ **rhum** (= distillation de la canne à sucre) ◆ **genièvre, gin, vodka, whisky** (= distillation de grains divers) ◆ **spiritueux** (= liqueurs fortes en alcool) ; → LIQUEUR. ② *L'alcool est dangereux pour la santé* : **boissons alcoolisées** ◆ [en partic.] **apéritif, digestif, vin.**

alcoolique → IVROGNE.

alcooliser (s') → S'ENIVRER.

alcoolisme → IVRESSE.

alcôve ① → RENFONCEMENT. ② *Histoires d'alcôve* : → GALANTERIE.

al dente → CROQUANT.

aléa → RISQUE.

aléatoire → RISQUÉ, DOUTEUX.

alentour → AUTOUR.

◇ **alentours** → ABORDS, PARAGES.

alerte ① [adj.] → AGILE, LÉGER, LESTE.
② [n. f.] → ALARME.

alertement → AGILEMENT.

alerter → ANNONCER, APPELER I, MOBI-
LISER.

alexandrin → VERS.

algarade → DISPUTE, SCÈNE, SORTIE.

algue Se dit aussi bien des plantes d'eau
douce que des plantes d'eau de mer
♦ **goémon, varech** ne se disent que des
algues marines, *varech* désignant le plus
souvent les algues rejetées par la mer sur
le rivage.

alibi → PRÉTEXTE.

aliénable → VENDABLE.

aliénation → FOLIE.

aliéné → FOU.

aliéner → CONDITIONNER.

◇ **s'aliéner** → SE METTRE À DOS*.

aligner → RANGER.

aliment Cette épicerie ne vend que des
aliments de qualité: **denrées** ♦ [plus génér.] **produits** ♦ **alimentation, nourriture***
(= ensemble des aliments nécessaires à
qqn : *un bébé doit avoir une nourriture,
une alimentation très saine*); → METS,
PROVISION, TABLE, VIVRES.

alimentation → ALIMENT.

alimenter → FOURNIR, NOURRIR, APPRO-
VISIONNER.

◇ **s'alimenter** → MANGER.

alinéa : [techn.] paragraphe.

aliter (s') → SE COUCHER.

allaiter → DONNER LE SEIN*.

allant → ENTRAIN, VIVACITÉ.

alléchant → AFFRIOLANT, SÉDUISANT.

allécher → TENTER II.

allée → CHEMIN. *Allées et venues*:
→ DÉPLACEMENT, VA-ET-VIENT.

allégation → AFFIRMATION, IMPUTATION.

allégé → ALLÉGER. *Fromage allégé*:
→ MAIGRE, HYPOCALORIQUE.

allégeance → OBÉISSANCE.

allégement → DIMINUTION, RÉDUCTION.

alléger ① *Il faut alléger la charge de ce
bateau*: **délester** (*délester le bateau d'une
partie de sa charge*) ♦ ↑ **décharger** (= ôter
toute la charge) ♦ **dégrever** (qui ne s'emploie qu'en parlant d'un impôt : *dégrever,
alléger un contribuable*) ♦ ↑ **exempter, exonérer** (= dispenser en totalité de). *Alléger
un discours*: → ABRÉGER. ② → SOULAGER.

allégorie → SYMBOLE.

allégorique → SYMBOLIQUE.

allègre *C'est un homme très allègre*: **plein
d'entrain*** ♦ [plus restreint] **gai***, **joyeux*** ;
→ VIF I, AGILE.

◇ **allègrement** ① **gaiement***, **joyeusement**.
② *On comptait sur lui : il nous a allègrement laissés sans nouvelles !* : [fam.]
sans problème ; → IRRESPONSABLE.

allégresse → JOIE.

alléguer → ARGUER, CITER, PRÉTEXTER,
OBJECTER, OPPOSER.

aller

I [~ quelque part] ① [qqn ~ à + compl. de
lieu] *Il va à Paris chaque semaine* : [plus
sout.] **se rendre à** ♦ **se diriger vers** (qui
indique plus nettement une direction suivie) ♦ [plus rare] **s'acheminer vers** (= se
diriger lentement vers un lieu) ♦ [plus
partic.] **partir pour, s'avancer vers, s'approcher de, rouler vers** ; → FAIRE ROUTE*,
VOYAGER. ② *Aller avec qqn*: **accompagner***. *Aller au-devant de* : → PRÉVENIR.
Aller dehors : **sortir***. *Aller de l'avant* :
foncer*. *Aller çà et là* : **errer***. ③ [qqch ~

à + compl. de lieu] *Ce chemin va à la mer* : **conduire, mener, aboutir à.**

II [convenir] *Ce manteau lui va très bien* (= s'accorder avec le physique ou le moral de qqn) : **convenir** (= être approprié à telle particularité personnelle ou extérieure) ◆ ↑ **aller comme un gant** ◆ [très sout.] **seoir.** *Ce menu me va très bien* (= s'accorder avec les goûts de qqn) [fam.] : [plus sout.] **convenir, plaire ;** → BOTTER. *Ces tissus vont bien ensemble* : [plus précis] **s'harmoniser ;** → S'ACCORDER. *La clé va dans la serrure* : → RENTRER.

III [~ bien, mal] **1** [qqn ~] *Son père va beaucoup mieux* : **se porter** ◆ [plus sout.] **être ;** → S'AMÉLIORER, SANTÉ. *Ça va ?* [fam.], [plus sout.] *comment vas-tu, allez-vous ?* : [très fam.] **ça gaze, ça marche, ça boume, ça colle ? ;** → ROULER. **2** [qqch ~] *Ma voiture va mal, elle a des ratés* [fam.] : [cour.] **marcher** ◆ [plus sout.] **fonctionner** (qui se dit surtout d'un appareil ou d'une institution). *Ça va aller !* : **s'arranger ;** → S'AMÉLIORER.

IV [dans des express.] **1** *Laisser aller. Elle laisse aller son travail* (= s'occuper insuffisamment de) : **négliger*** ◆ [fam.] **laisser tomber ;** → À L'ABANDON*. **2** *Se laisser aller à. Depuis quelque temps, il se laisse aller à la boisson* : **s'abandonner* à, s'adonner à, se livrer à.** **3** *Il y va de. Cher ami, il y va de votre honneur* [sout.] : [plus cour.] **il s'agit de** ◆ **être en jeu** (*votre honneur est en jeu*). **4** *Oh ! ça va !* [fam.] (qui marque l'acceptation) : [plus sout.] **c'est bon !** *Cela va de soi !* : **cela s'entend, cela va sans dire*** ◆ [fam.] **c'est O.K.** **5** *Allons donc !* : **vous n'y pensez* pas !**

◇ **s'en aller 1** → ABANDONNER I, PARTIR, TOURNER LES TALONS*, METTRE LES VOILES*, S'EN RETOURNER, SE RETIRER. *Allez, va t'en !* : → ALLER SE PROMENER*. **2** *S'en aller avec* : → EMPORTER. **3** [qqn ~] → MOURIR. **4** [qqch ~] *Notre jeunesse s'en va* : **passer** ◆ ↑ **fuir*, disparaître.** **5** [qqch ~] *Cette tache s'en ira avec de l'essence* : **partir** ◆ [plus sout.] **disparaître.**

allergie 1 [plus génér., en termes médicaux] **intolérance.** **2** → ANTIPATHIE.

allergique → RÉPUGNANCE.

allergisant → IRRITANT.

alliage → MÉLANGE.

alliance 1 → MARIAGE II. **2** → COALITION, ACCORD I, UNION. **3** → ANNEAU.

allié 1 *Les alliés de la coalition* : **partenaire** (qui s'emploie de préférence s'il s'agit d'une alliance commerciale : *les alliés du Pacte atlantique ; les partenaires de l'Union européenne*) ◆ [plus génér.] **membre*** ◆ **satellite** (= pays placé sous la dépendance d'un autre). **2** *Je vous présente mon allié le plus sûr* (= personne qui apporte son soutien à une autre) : **appui, auxiliaire ;** → AMI, AIDE.

allier → UNIR, MARIER II, MÊLER, ASSOCIER, JOINDRE.

◇ **s'allier** → S'UNIR, S'ASSOCIER.

alligator *L'alligator* ou **caïman** est un **crocodile** de l'Amérique, au museau large et court.

allitération Répétition de consonnes dans une suite de mots rapprochés. L'**assonance** est une répétition de voyelles, en partic. à la rime.

allocataire → BÉNÉFICIAIRE.

allocation → PENSION II, SECOURS, SUBSIDE, ATTRIBUTION.

allocution → DISCOURS.

allonge *Pour un amateur, il a une bonne allonge !* : **coup de poing, frappe** ◆ **punch** (*il a du punch*).

allongé 1 → ALLONGER **1** et **2**. **2** → FUSELÉ.

allongement *L'allongement des vacances* : **augmentation, accroissement** (qui évoquent la quantité) ◆ **prolongement** (qui évoque le dépassement d'une limite).

allonger 1 [~ qqch] *Elle devrait allonger sa jupe* (= augmenter la longueur d'un objet) : **rallonger ;** → PROLONGER. *Allonger du vin* : → AJOUTER. **2** [~ qqn] → ÉTENDRE. **3** [qqch ~] *Les jours allongent* : **rallonger, augmenter.** **4** *Allonger le bras, le cou, la jambe* : **tendre, avancer.** *Allonger le pas* :

presser* ◆ **accélérer*** (*accélérer le pas, accélérer*). *Allonger un coup de poing à qqn* : [fam.] **coller** ◆ [cour.] **donner, envoyer** ◆ [plus sout.] ↑ **assener.**

◇ **s'allonger** ① → SE COUCHER. *Il reste là, allongé sur le canapé* : [péj.] **s'avachir, se vautrer.** ② → GRANDIR, S'EFFILER.

allouer → ATTRIBUER, GRATIFIER.

allumage *L'allumage de la fusée* : **mise à feu.**

allumer ① *Allumer des fagots* : **mettre le feu à, enflammer*.** ② *Allumer la lumière* : → ÉLECTRICITÉ, OUVRIR. ③ *Cette femme avait allumé sa passion* : **exciter, provoquer ;** → AFFRIOLER, ENFLAMMER, ATTISER, SUSCITER. *Allumer les haines* : **provoquer** ◆ [sout.] **susciter, fomenter.**

allumeuse → SÉDUCTEUR.

allure ① *La voiture roulait à toute allure* : **vitesse** ◆ **pas, marche** (qui s'emploient pour un déplacement à pied : *ralentir l'allure, le pas, la marche*) ; → TRAIN. ② *L'allure d'un cheval* : [partic.] **pas, amble, trot, galop.** ③ *Son frère a une drôle d'allure* : **air*** ◆ [anglic.] **look** ◆ **démarche** (= façon de se mouvoir) ◆ **mine** (= traits du visage) ◆ [génér., sout.] **contenance** ◆ [génér., fam.] **dégaine ;** → ATTITUDE, SILHOUETTE, PORT III. ④ *Cette femme a de l'allure* (= avoir de la distinction dans le maintien) : **chic*** (... *du chic*), **classe** ◆ [très fam.] **avoir de la gueule, en jeter** ◆ **avoir du chien** (qui se dit d'une femme au charme piquant) ◆ **prestance** (qui en impose par son comportement) ; → TOUCHE, MAINTIEN, CARACTÈRE I, DISTINCTION. ⑤ *Prendre une autre allure* : → FACE, TOUR IV.

allusif → INDIRECT.

allusion *Il parle par allusions* : ↑ **sous-entendu, insinuation** ◆ [didact.] **non-dit** (= ce qui reste caché dans les propos de qqn) ; → TACITE. *Faire allusion à* : → INDIRECT.

alluvion → LIMON, SÉDIMENT.

almanach → CALENDRIER.

alors ① [temps] *Son père était alors à l'étranger* : **à ce moment-là** ◆ **en ce temps-là** (= à une époque très reculée). En ce sens, *alors* ne se place pas en tête de phrase, il suit généralement le verbe. Ses synonymes ont une place plus libre. ② [conséquence] *Vous maintenez votre prix ? Alors je ne vous achète rien* : **dans ce cas-là, dans ces conditions ;** → AINSI I. ③ [interrogation, impatience] *Alors, tu te dépêches ?* [fam.] : [cour.] **dis !** ④ *Et alors ?, et puis alors ?* (= cela ne change rien) : **et après*.**

◇ **alors que** ① [opposition] *Il pratique la natation, alors que moi j'ai peur de l'eau* : **tandis que ;** → QUAND I. ② [temps] *Nous nous sommes mariés alors que nous avions vingt ans* : **lorsque ;** → PENDANT IV. *C'est alors qu'il arriva* : → SUR CES ENTREFAITES*.

alourdir ① *Trop de bagages alourdissent la voiture* : **charger*** (*la voiture est trop chargée*) ◆ ↑ **surcharger.** ② *Son esprit est alourdi par la fatigue* : **appesantir** ◆ ↑ **engourdir.** ③ *Alourdira-t-on encore les impôts ?* : ↓ **augmenter*.**

◇ **s'alourdir** *Après des mois sans faire de sport, il s'était alourdi* : **s'épaissir,** ↑ **s'empâter ;** → GROSSIR.

◇ **alourdissement** *Cette sensation d'alourdissement lui était pénible* : **lourdeur, appesantissement ;** → ABATTEMENT, ASSOUPISSEMENT, FATIGUE.

alpage → PACAGE.

alpestre *Un paysage, la géographie, une ambiance alpestre* (= qui rappellent les Alpes). L'adjectif **alpin** se dit de ce qui appartient aux Alpes : *les régions, les routes alpines.*

alphabet *J'ai acheté un alphabet à mon fils* : [vieilli] **abécédaire, syllabaire.**

alpin → ALPESTRE.

altération [de altérer I] ① *L'altération des couleurs* : ↓ **modification, changement,** ↑ **dénaturation.** *L'altération d'un aliment* : ↑ **corruption*.** *L'altération matérielle d'un texte* : **dégradation, détérioration ;** → DÉGÂT. *L'altération du contenu d'un* *texte* : [en partic.] **appauvrissement, atteinte à, déformation ♦ ↑ dénaturation, falsification ; → IMITATION, MUTILATION.** ② *L'altération des traits du visage* : **modification, changement, trouble ♦ ↑ bouleversement, décomposition ; → ÉMOTION.**

altercation → DISPUTE.

alter ego → COLLABORATEUR, DOUBLE II.

altérer

I [~ qqch] ① *Le soleil altère les couleurs* : **dénaturer, attaquer ♦** [génér.] **abîmer* ; →** [selon le contexte] **AIGRIR, APPAUVRIR, ATTAQUER, CHANGER, CORROMPRE, DÉCOMPOSER, DÉFORMER, TERNIR, PERVERTIR, TROUBLER.** ② *Altérer un texte* : → FALSIFIER. ③ *La peur altérait les traits de son visage* : **déformer, troubler ♦ ↑ défigurer** (*la peur le défigurait*) **♦ ↑ décomposer.**
II [~ qqn, un animal] ① *Cette longue marche nous avait altérés* [sout.] : [cour.] **donner soif*, assoiffer ♦** [fam.] **donner la pépie ♦ déshydrater** (= faire perdre l'eau du corps). ② [fig.] → AFFAMÉ.

altérité → DIFFÉRENCE.

alternance → ALTERNER.

alternatif → ALTERNER, RYTHMIQUE, VA-ET-VIENT.

alterner ① [qqch ~] *La pluie alternait avec le soleil* : **succéder, se succéder** (*la pluie succédait au soleil ; la pluie et le soleil se succédaient*). ② [qqn ~] *Ils alternent pour surveiller la position du navire* : **se relayer ♦** [plus génér.] **se remplacer, tourner, faire un roulement.**
◇ **alternance** ① *L'alternance des saisons* : **succession*, retour* ♦** [plus génér.] **rythme ; →** VA-ET-VIENT. ② *En alternance* : **alternativement*.**
◇ **alternative** *Choisir entre deux obligations contradictoires, c'est cela une alternative* : **dilemme. ♦** [plus génér.] **choix.**
◇ **alternativement** *C'est un temps à grains : il pleut et il fait beau alternativement* : **successivement*, en alternance* ♦ tour à tour, l'un après l'autre** (qui ne se disent qu'en parlant des personnes).

altier → FIER.

altitude ① → HAUTEUR. ② → MONTAGNE.

altruisme → CHARITÉ, DÉSINTÉRESSEMENT.

altruiste → CHARITABLE, DÉSINTÉRESSÉ.

alvéole → CAVITÉ, CELLULE, COMPARTIMENT.

amabilité → AFFABILITÉ, BONTÉ, SOCIABILITÉ. *Des amabilités* : → GRACIEUSETÉS.

amadouer → APPRIVOISER, FLATTER, CHARMER.

amaigri → MAIGRE.

amaigrir → MAIGRIR.

amaigrissant *Des produits amaigrissants* : ↓ **amincissant.**

amaigrissement *Un amaigrissement aussi rapide me fait craindre le pire !* : ↓ **amincissement ♦** [didact.] ↑ **dépérissement ♦ maigreur** (= état naturel ou qui résulte d'un amaigrissement) **♦** [didact.] ↑ **consomption** (= dépérissement observé dans les maladies graves et prolongées).

amalgame ① → ASSEMBLAGE, MÉLANGE. ② → ASSIMILATION I.

amalgamer → MÊLER, MÉLANGER.

amant *La voici qui passe avec son amant* (= homme qui a des relations amoureuses avec une femme qui n'est pas son épouse) : [plus cour.] **ami*, compagnon** (qui supposent une relation durable) **♦ petit* ami, copain, petit copain** (qui s'emploient surtout pour les jeunes). **♦** [très fam.] **gigolo** (= jeune homme entretenu par une femme plus âgée que lui) **♦** [fam.] **mec, jules ♦** [didact.] **concubin*** (= homme qui vit maritalement avec une femme sans être marié avec elle) **♦** [vieilli] **amoureux, galant, soupirant, béguin ♦** [sout.] ↑ **bien-aimé ; →** HOMME, CONQUÊTE.

amante → AMANT. *Le voici qui passe avec son amante* : [rare] **amoureuse ♦** [cour.] **maîtresse ♦** [didact.] **concubine,** [cour.] **compagne, amie** (= femme avec qui un homme entretient, sans être marié avec elle, une relation durable) **♦ copine, petite copine, petite amie** (qui s'emploient surtout pour les jeunes) **♦** [par plais.]

amarrer

dulcinée ♦ [très fam., vieilli] **poule** ♦ [arg.] **gosse, môme** ; → FEMME, CONQUÊTE.

amarrer → ATTACHER, FIXER.

amas *L'allée disparaît sous un amas de feuilles mortes* [assez sout.] : [cour.] **tas** ♦ ↑ **amoncellement, monceau, masse** ♦ [péj.] **ramassis, fatras** (*un ramassis, un fatras de vieux papiers et de déchets de plastique*) ♦ **aggloméré, agglomération, agrégat** (qui insistent sur l'idée d'union en une masse compacte) ♦ [partic.] **pile** (qui exclut l'idée de confusion exprimée par les termes précédents et implique, au contraire, celle de symétrie : *une pile d'assiettes est rangée sur la table*) ; → ENTASSEMENT, GROUPEMENT, MONTAGNE, SÉRIE, FOULE, MULTITUDE.

◇ **amasser** *À quoi sert-il d'amasser tant de choses et tant d'argent ?* : **accumuler, entasser*** ♦ ↑ **amonceler, empiler** ♦ [didact.] **capitaliser** ♦ [fam.] **engranger** ♦ [sout.] **thésauriser** (qui ne se dit que pour de l'argent) ; → ACCAPARER, S'ATTRIBUER.

◇ **s'amasser** ① → S'ACCUMULER, S'ENTASSER*, S'AMONCELER, S'EMPILER. ② *Les banlieusards s'amassent sur les quais du métro* : **s'entasser***.

amateur ① *Choisissez-lui un bon vin, c'est un amateur !* : **connaisseur** ♦ ↑ **collectionneur.** ② *Il fait mal son travail, c'est un amateur* : **fantaisiste*** ♦ [sout.] **dilettante** ♦ [fam.] **bricoleur, touche-à-tout** ♦ [très péj.] ↑ **fumiste, bon à rien** ♦ [vulg.] ↑ **jean-foutre** ; → PLAISANTIN. ③ *Être amateur de* : → FRIAND. ④ *Y a-t-il un amateur ?* : → PRENEUR.

◇ **amateurisme** : [péj.] **dilettantisme,** [fam.] **fumisterie** ; → PLAISANTERIE.

amazone → PROSTITUÉE.

ambages (sans) *Je vous parlerai sans ambages* : **sans détour, directement, franchement*** ♦ [fam.] **tout de go, tout à trac** ♦ [sout.] **sans circonlocutions, sans fard** ; → SIMPLEMENT, CRU, BIEN HAUT*.

ambassade → DÉLÉGATION.

ambassadeur → DÉLÉGUÉ, DIPLOMATE, REPRÉSENTANT.

ambiance ① *L'ambiance de cette ville ne lui convenait pas du tout* : **atmosphère, climat** ; → MILIEU, CADRE, AURA. ② *Une réunion pleine d'ambiance* : [en partic.] **animation*, entrain*, gaieté*.** *D'ambiance* : → DOUX.

ambigu *Il y a dans votre discours des passages ambigus* : **équivoque** ♦ [fam.] **pas clair, qui manque de clarté** ♦ [plus génér.] **confus, obscur*, incertain** ♦ ↑ **énigmatique, sibyllin.** *Son regard a quelque chose d'ambigu qui vous glace* : **louche, douteux, équivoque** ♦ [fam.] ↓ **pas catholique** ♦ ↑ **malsain,** ↑ **pervers.**

◇ **ambiguïté** *C'est une politique pleine d'ambiguïté !* : **équivoque** ♦ [plus génér.] **obscurité** ♦ ↑ **duplicité** ; → FAUSSETÉ, MENSONGE, DE COMMANDE*.

ambitieux → AMBITION.

ambition ① *C'est un jeune homme plein d'ambition* (= désir de gloire, d'honneurs, de puissance, de fortune) : ↑ **prétention*** (= désir disproportionné par rapport aux possibilités) ♦ ↑ **arrivisme** (qui implique qu'on veuille réussir à n'importe quel prix), **carriérisme** (= culte de la carrière) ♦ **opportunisme** (= volonté de réussir en s'adaptant à toutes les circonstances, même douteuses) ; → CONVOITISE. ② *Ma seule ambition est d'être heureux* (= désir formulé quant à l'avenir personnel) : **souhait, désir** ♦ [sout.] **aspiration** ♦ [souvent pl.] **visée** ♦ ↑ **but, idéal, rêve** (*réussir : telle est son ambition, son but, son idéal, son rêve*). ③ *Pour cet emploi, quelles sont vos ambitions ?* (= le salaire souhaité) : ↑ **prétentions.** ④ *Avoir l'ambition de* : **prétendre.**

◇ **ambitionner** *Il ambitionne d'être directeur* : [plus rares] **prétendre à, aspirer à,** [moins sout.] **chercher à** ♦ [vx] **briguer** (= chercher à obtenir en se portant candidat : *briguer un mandat de député*) ; → VISER, BRÛLER III, VOULOIR.

◇ **ambitieux** ① [adj.] *Il est très ambitieux* : ↑ **prétentieux,** ↑ **présomptueux** ; → HARDI, ORGUEILLEUX. *C'est un projet ambitieux !* : ↓ **d'envergure, important*** (qui ne sont jamais péj.) ♦ ↑ **présomptueux, prétentieux** (qui sont toujours péj.). ② [n.] *C'est*

36

un ambitieux : [péj.] **carriériste, opportu-**
niste, [express.] **jeune loup ◆ ↑ arriviste ;**
→ CARRIÈRE II.

ambivalent → OPPOSÉ.

amble → ALLURE.

ambré *Elle a le teint ambré* [très sout.]
(= doré par le soleil) : [cour.] **bronzé**
◆ ↓ **doré.**

ambulant *Marchand ambulant* (= qui se
déplace d'un lieu à un autre pour vendre
ses produits) : **colporteur.** *Un travailleur
ambulant* : **itinérant ◆ roulant** (= employé
dans les transports en commun) ◆ **forain**
(= qui travaille sur les foires et les marchés) ; → TSIGANE.

âme ① N'a aucun syn. dans son sens
propre. *La distinction discutable de l'âme
et du corps.* ② *C'est une âme très généreuse* (= ensemble des facultés morales
de l'homme) : **cœur** (= facultés sensibles)
◆ **esprit** (= facultés intellectuelles : *une
âme droite, un cœur sensible, un esprit lucide*) ; → CARACTÈRE, PERSONNE, PENSÉE.
Âme damnée : **INSTRUMENT.** ③ *Un village de trois cents âmes* [sout.] : [cour.] **habitants.** ④ *Il est l'âme de son entreprise* : **che-**
ville ouvrière ; → ANIMATEUR, MOTEUR. *Être
l'âme d'un complot* : **cerveau ;** → AUTEUR,
INSTIGATEUR. ⑤ *Rendre l'âme* [sout.] :
[cour.] **mourir*.** *État d'âme* : **sentiment, im-**
pression. *La mort dans l'âme. Il est parti la
mort dans l'âme* : ↓ **malgré soi, navré, dé-**
solé. *Corps et âme. Il lui appartient corps et
âme* : ↓ **entièrement, totalement.** *La force
d'âme* : **courage, énergie, générosité*.** *De
toute son âme* : → ÊTRE, ENTRAILLES.

améliorable, amélioration → AMÉ-
LIORER.

améliorer Les syn. varient selon la
chose à améliorer et l'objectif recherché :
→ ARRANGER, RENOUVELER, TRANSFORMER.
Améliorer un lieu, une maison : **réparer,**
restaurer, rénover (= remettre en état
ou mettre à neuf) ◆ **embellir** (= rendre
plus agréable d'aspect : *améliorer l'état
d'une maison ; restaurer, rénover, réparer,
embellir une maison*) ; → RENOUVELER,
TRANSFORMER. *Améliorer un sol* : **amen-**

der, fertiliser, bonifier ◆ [plus restreint] **en-**
graisser ; → AMEUBLIR, FUMIER. *Améliorer
un outil, un instrument* : **perfectionner.**
Améliorer le salaire de qqn : **augmenter***
◆ [fam.] **mettre du beurre dans les épi-**
nards. *Améliorer un texte* : **corriger, révi-**
ser, revoir, amender ; → PARFAIRE, FINIR,
CORRECTION.

◇ **s'améliorer** : **devenir meilleur,** [fam.]
s'arranger (qui conviennent en tous
contextes). *Sa santé s'améliore* : **aller**
mieux. *Son comportement est moins instable, il s'est amélioré* : **s'amender, se cor-**
riger ; → SE RANGER. *En sport, il s'est amélioré* : → SE PERFECTIONNER, PROGRESSER.
Le vin s'améliore en vieillissant : **se boni-**
fier. *Leurs relations se sont améliorées* : **se**
détendre ◆ ↑ être au beau fixe. *Le temps
s'améliore* : **se dégager, se nettoyer ;** → SE
DÉCOUVRIR.

◇ **améliorable** *Ce texte, ce travail est améliorable* : **amendable, perfectible.**

◇ **amélioration** [de *améliorer*, dans l'ordre de
ses emplois] : **réparation, rénovation, res-**
tauration, embellissement, amendement,
fertilisation, perfectionnement, augmenta-
tion, [fam.] **un plus, correction, révision ;**
→ RÉFORME, TRANSFORMATION. *Son état ne
s'aggrave pas, il y a même une petite amélioration* : **mieux, progrès.**

amen → APPROUVER.

aménagement → TRANSFORMATION, AR-
RANGEMENT, ASSOUPLISSEMENT.

aménager ① → ARRANGER, AMÉNAGER.
② → ASSOUPLIR.

amendable → AMÉLIORABLE.

amende → CONTRAVENTION, SANCTION.

amendement ① → ENGRAIS. ② → AMÉ-
LIORATION. ③ → CORRECTION I.

amender → AMÉLIORER, RÉFORMER.
◇ **s'amender** → S'AMÉLIORER.

amène → AIMABLE, CHARMANT.

amener ① [qqn ~ qqn] *C'est lui qui m'a
amené dans ce restaurant* : **faire venir,**
conduire ◆ [fam. en ce sens] **emmener**
(*amener*, c'est surtout conduire dans un
lieu ; ce verbe évoque le point d'arrivée ;

emmener, c'est principalement faire partir qqn d'un lieu pour le conduire ailleurs ; ce verbe évoque surtout le point de départ. ② [qqn ~ qqch] *Amène-moi mes chaussures* [fam.] : [plus cour.] **apporter ;** → DONNER, PORTER. *Amener les voiles* : **abaisser*.** ③ [qqch ~ qqch] *Cette canalisation amène l'eau jusqu'à la ville* : **conduire, acheminer, apporter ;** → TRANSPORTER. ④ [qqch ~ qqch] *Ces nuages vont amener un orage* : **provoquer, causer ;** → OCCASIONNER, SUSCITER. ⑤ [qqch, qqn ~ qqn à] *Il l'avait amené à la plus totale indifférence* (= conduire à un état, à faire qqch) : **conduire à, porter à, entraîner à ♦ ↑ pousser à ;** → MENER, INSPIRER.

◊ **s'amener** → VENIR, SE POINTER.

aménité ① → AFFABILITÉ. ② *Sans aménité. Il l'a renvoyée sans aménité* (= sans courtoisie ni douceur) : **avec rudesse, brutalement, avec brutalité.**

amenuisement → DIMINUTION.

amenuiser → DIMINUER.

amer

I [adj.] ① *Le pépin d'orange est* amer, la prunelle est **âcre.** ② *Une amère déception* : **cruel, douloureux, pénible ;** → SAUMÂTRE. ③ *Il m'a tenu des propos très amers* : → SOMBRE, TRISTE ♦ **âpre, ↑ blessant, fielleux, hargneux, sarcastique ;** → ACERBE, AIGRE. *Rendre amer* : → AIGRI, AIGRIR*.

◊ **amertume** ① *L'amertume d'un pépin d'orange se distingue de l'*âcreté *de la prunelle et de l'*âpreté *d'une prune trop verte.* ② *Déçu, il lui avait déversé toute son amertume* : **bile, fiel ;** → RANCŒUR. *Son départ l'avait rempli d'amertume* : **tristesse*, découragement ;** → PEINE II, DÉCEPTION.

◊ **amèrement** *Il se plaint amèrement de votre indifférence* : [plus génér.] **vivement ♦ ↓ beaucoup*.**

II [n.m., en termes de marine] *Prendre ses amers pour faire le point* : [génér.] **repère.**

américain [adj. et n.] Habitant des États-Unis : [fam.] **amerloque, ricain ♦ yankee** (qui est le terme utilisé par les autres populations d'Amérique).

amertume → AMER.

ameublement Ensemble des meubles d'un logement considéré dans son agencement : **mobilier** (qui n'implique pas l'idée d'agencement) ; → MEUBLE, ARRANGEMENT.

ameublir *Ameublir la terre* (= la rendre plus légère et propre à être féconde) : [en partic.] **retourner, bêcher, labourer ;** → AMÉLIORER, CULTIVER.

ameuter → ATTROUPER, SOULEVER.

ami ① [n.] *Avez-vous beaucoup d'amis ?* : ↑ **ami intime, intime** (*entre intimes*) ♦ ↓ **camarade** (qui suppose une relation dans un groupe : *un camarade de classe, de travail*) ♦ [fam.] ↓ **copain** (est le plus cour. utilisé aujourd'hui par les jeunes, avec des valeurs affectives diverses) ♦ [fam.] ↓ **pote,** [peu employé] **poteau** ♦ ↓ **connaissance** (= qqn que l'on a l'habitude de rencontrer sans pour cela être vraiment lié avec lui) ♦ [pl.] **relations** (= ensemble de personnes avec lesquelles on est lié par des rapports d'affaires ou mondains) ; → ALLIÉ, COMPAGNON, FAMILIER. ② [adj.] *Un regard ami* : **amical ;** → CORDIAL, FAVORABLE. *Une maison amie* : [en partic.] **allié*.** *Ils sont très amis* : **proche, ↑ intime** ♦ [fam.] ↓ **copain.** ③ *Petit ami, petite amie* : **copain, copine.** *C'est son ami(e)* : **compagnon, compagne ;** → CONCUBIN.

amiable (à l') *Cette affaire se négociera à l'amiable* : **amiablement ♦** [rare] **de gré à gré.**

amical → AMI, CORDIAL.

amicalement → CORDIALEMENT.

amidonner *On amidonne encore quelques pièces de linge* : [rare] **empeser.**

amincir, s'amincir → MAIGRIR.

amincissant → AMAIGRISSANT.

amincissement → AMAIGRISSEMENT.

amitié ① → AFFECTION, SYMPATHIE, ENTENTE. ② *Faire des amitiés* : → SALUER.

amnésie → OUBLI.

amnésique → MÉMOIRE, OUBLIER.

amnistie *Décréter l'amnistie générale* (= acte du pouvoir législatif qui a pour objet d'effacer un fait punissable, soit en empêchant un en arrêtant les poursuites, soit en annulant les condamnations) : **grâce** (= remise de peine accordée par les chefs de l'État après la condamnation prononcée, et qui laisse subsister la flétrissure morale du jugement, dont elle arrête seulement les effets) ♦ **prescription** (= délai au-delà duquel cesse la possibilité d'une pousuite pénale) ; → LIBÉRATION, PARDON.

◇ **amnistier** [de amnistie] : **gracier** ; → ACQUITTER, LIBÉRER, PARDONNER.

amocher → ABÎMER, MASSACRER.

amoindrir → DIMINUER, RÉDUIRE.

amollir ① *Il faudrait amollir un peu cette pâte, qui est trop dure* : **ramollir** ♦ **attendrir** (qui se dit pour la viande) ; → LIQUÉFIER. ② → ABATTRE II. ③ → EFFÉMINER.

◇ **s'amollir** → MOU, MOLLIR.

amonceler → ENTASSER, AMASSER.

◇ **s'amonceler** → S'AMASSER.

amoncellement → AMAS, MONTAGNE, ENTASSEMENT.

amont → HAUT.

amoral Se dit de ce qui est étranger à la morale ; **immoral,** de ce qui y est opposé.

amoralité → VICE I, IMMORALITÉ.

amorce
I → APPÂT.
II *Ce discours est l'amorce d'une entreprise de séduction électorale* (= manière de commencer, d'entamer qqch) : **commencement*, ébauche, début** ; → ATTAQUE.

◇ **amorcer** ① → APPÂTER. ② *Il amorça un sourire, puis il prit la parole* : **ébaucher, esquisser.** *Notre campagne publicitaire est juste amorcée* : **commencer*** (*... commencer juste*), **être à ses débuts.**

amorphe → INCONSISTANT, MOU.

amorti → SOURD II.

amortir → ÉTOUFFER, FAIRE TAMPON*.

amour ① → CHARITÉ, FERVEUR. ② → AFFECTION I, SENTIMENTS II. *Amour filial* : → PIÉTÉ. ③ *Alors, c'est le grand amour ?* : [fam.] ↓ **béguin** ♦ ↑ **coup de foudre** (= amour subit et violent) ♦ ↑ **passion*** ; → CAPRICE. ④ *Amour de soi* : **égoïsme*.** ⑤ *Faire l'amour* (qui se dit pour les humains) : **s'accoupler** (qui se dit pour les animaux) ; → INTIME. ⑥ *Avoir l'amour de la musique* : ↑ **passion** ♦ ↑ **adoration*, vénération** (*une, de l'adoration, de la vénération pour*).

◇ **s'amouracher** *Il s'est amouraché de la fille de son patron* : **tomber amoureux** ♦ ↑ **s'enticher** ♦ [rare] ↑ **se coiffer** ♦ [fam.] ↑ **se toquer** ; → AIMER.

amourette → IDYLLE, CAPRICE.

amoureusement ① *Elle le regardait amoureusement* : [en partic.] **tendrement, sensuellement.** ② *Elle collectionnait amoureusement les cartes postales* : ↓ **avec beaucoup de soin*, avec un soin particulier.**

amoureux ① [adj.] → SENTIMENTAL, MORDU. ② [n.] *Bonjour les amoureux !* : [fam.] **tourtereaux** ; → AMANT, AMANTE.

amour-propre → ORGUEIL, RESPECT.

amovibilité → MOBILITÉ.

amovible → MOBILE I.

amphigourique → OBSCUR.

amphithéâtre Grande salle de cours à gradins : [abrév. fam.] **amphi** ♦ [plus génér.] **salle de cours, salle de conférences.**

amphitryon → HÔTE.

ample ① *Elle portait un ample manteau* (= qui a de la largeur, du volume, de la surface au-delà du nécessaire, mais sans excès) : [rare] **blousant, bouffant** ♦ [plus génér.] **grand, large** ; → VAGUE III. ② *Une vue ample, des connaissances amples* : **étendu*.** *Une voix, une sonorité, une forme ample* : **plein*, généreux, riche** ; → RETENTISSANT. *Faire ample provision de qqch* : **large, riche, plein.**

◇ **ampleur** ① [plus rare] **amplitude**. *L'ampleur du désastre nous attriste* : **importance, étendue** ; → ÉNORMITÉ. *Depuis les dernières élections, leur mouvement a pris de l'ampleur* : **importance, extension, étendue** ◆ **se développer*** (*qqn, qqch a pris de l'ampleur, s'est développé*) ; → ABONDANCE. ② *Ampleur de la voix* : → OPULENCE, VOLUME II.

◇ **amplification** *L'amplification des mouvements de grève inquiète le gouvernement* : **développement, extension** ; → AUGMENTATION, EXAGÉRATION.

amplement → GRANDEMENT.

ampleur, amplification → AMPLE.

amplifier → AUGMENTER, EXAGÉRER.
◇ **s'amplifier** → AUGMENTER.

amplitude → AMPLEUR.

ampoule *À force de tant marcher, j'ai attrapé des ampoules aux pieds* : **cloque** (qui se dit surtout des résultats d'une brûlure).

ampoulé *Avait-on besoin d'un style aussi ampoulé pour dire de telles banalités ?* : **pompeux, grandiloquent** (qui impliquent davantage l'idée de solennité) ◆ **enflé, boursouflé, emphatique** (qui font surtout penser à des abus ridicules dans la syntaxe de la phrase) ◆ [fam.] **ronflant** ◆ [sout.] **contourné** ◆ [rare] **déclamatoire** ; → AFFECTÉ.

amputation → MUTILATION.

amputer → COUPER, MUTILER.

amulette Terme générique qui s'applique à tous les objets que l'on porte sur soi et auxquels on attribue des vertus de protection et de guérison : **talisman** (= objet marqué de signes cabalistiques que l'on ne porte pas nécessairement, comme l'*amulette*, attaché à sa personne et auquel on attribue une vertu plus étendue, puisqu'il permet non seulement de protéger, mais encore d'attaquer les autres) ◆ **gri-gri** (qui est le nom africain des amulettes, talismans) ◆ **fétiche** (= tout objet naturel ou artificiel dont certains groupes humains se servent pour des pratiques superstitieuses, et auquel elles décernent des hommages divins) ◆ [cour.] **porte-bonheur, fétiche, mascotte** (= tout animal ou objet considéré comme portant chance).

amusant → AMUSER.

amuse-gueule → EN-CAS.

amusement → RÉCRÉATION.

amuser ① *Emmenez-le au cinéma, cela l'amusera !* : **distraire, divertir** ◆ ↓ **dérider, égayer** ◆ [en partic.] **faire rire** ; → RÉCRÉER. ② *Cela ne m'amuse guère de devoir sortir par ce temps* : [sout.] **sourire** ; → ARRANGER, PLAIRE. ③ *Avec leurs beaux discours, moi, ils m'amusent !* : **faire rire** ◆ [fam.] **faire rigoler, marrer**. ④ *On cherche à m'amuser avec ces histoires !* : **mener en bateau** ◆ **tromper***.

◇ **s'amuser** ① *Mon fils s'amuse à poursuivre le chat* : **jouer** ◆ [plus génér.] **se divertir**. ② *Il faut toujours que tu t'amuses en route !* (= perdre son temps à des futilités) : **baguenauder, lambiner, traîner, flâner, lanterner, musarder**. ③ → SE DONNER DU BON TEMPS*. ④ *S'amuser de qqn* : **se jouer, se moquer*** ◆ ↑ **tromper*** ; → PLAISANTER.

◇ **amusant** *C'est une histoire amusante* (= propre à distraire) : **drôle, comique*** ◆ ↑ **désopilant, hilarant** ◆ [rare] **drolatique** ◆ [fam.] **marrant, rigolo, bidonnant, ↑ crevant, gondolant** ; → PLAISANT. *Ce spectacle est amusant* : **distrayant** ◆ ↓ **détendant** ◆ [plus génér.] **divertissant, plaisant, agréable**. *C'est un homme très amusant* : **drôle, comique, ↑ impayable** ◆ **spirituel** (= qui amuse par ses traits d'esprit) ; → CURIEUX, GAI.

amuseur → BOUFFON.

amygdalite → ANGINE.

an ① *Il aura terminé ses études dans deux ans* (= période de douze mois, sans considérer si son début se situe ou non le 1er janvier) : **année** (= période allant du 1er janvier au 31 décembre : *l'an prochain, l'année prochaine ; le Nouvel An, la nouvelle année ; l'an dernier, l'année dernière ; l'an passé, l'année passée* ; encore doit-on noter que ces expressions n'ont pas toujours la même syntaxe, on dira : *l'an prochain, l'année prochaine, nous partirons en vacances*, mais seulement : *l'année prochaine sera bonne*). ② *Il a trente ans* : [très fam.] **piges, berges** ◆ [sout., iron.] **printemps.** ③ *Par an* : **annuellement.** ④ *Le jour de l'An* (= le premier jour de l'année) : **le premier de l'An, le Nouvel An.**

anachorète → ERMITE.

anachronique *L'usage de la lampe à huile est anachronique* (= qui date, qui est d'un autre âge) : **périmé, désuet, démodé.** *Un combat anachronique* : **d'arrière-garde, dépassé** ◆ [fam.] **ringard ;** → ANCIEN, INACTUEL.

analgésique : **antalgique,** [plus cour.] **anti-douleur ;** → CALMANT.

analogie *Il y a certaines analogies entre l'homme et l'animal* : ↓ **rapport*, relation** ◆ **similitude, ressemblance** (qui s'emploient surtout en parlant de caractères physiques) ◆ **affinité, parenté, conformité** (qui s'emploient surtout en parlant de qqch d'abstrait : *une analogie, affinité, parenté, conformité de goûts les unissait l'un à l'autre*). *Il raisonne par analogie* : **association d'idées.**

analogue → SEMBLABLE.

analphabète → IGNORANT, ILLETTRÉ.

analphabétisme → IGNORANCE, ILLETTRISME.

analyse ① *Procédons à une analyse de la situation !* : **étude.** *Je ne partage pas vos analyses !* : [au sing.] ↓ **avis*.** ② *Vous trouverez dans cette revue l'analyse de quelques livres récents* : **compte rendu, critique** ◆ [plus génér.] **article, étude ;** → ABRÉGÉ, SOMMAIRE.

◇ **analyser** ① → SÉPARER. ② *Il a très bien analysé cette œuvre* : **rendre compte de, étudier, examiner ;** → APPROFONDIR.

anarchie *Depuis son départ, c'est l'anarchie la plus complète* : ↓ **désordre*** ◆ [fam.] **pagaille** ◆ [très fam.] **bordel** ◆ **confusion** (qui s'emploie aussi en parlant d'un état intellectuel : *l'anarchie, la confusion des idées*) ◆ ↑ **chaos.**

◇ **anarchique** *Vivre de manière anarchique* : ↓ **désordonné, brouillon*** ◆ [très fam.] **bordélique** ◆ [plus rare] **chaotique.**

anarchiste → LIBERTAIRE.

anathème → CONDAMNATION.

anatomie → CORPS.

ancestral → ANCIEN.

ancêtre ① [sing.] *Nous avons un ancêtre commun* : **aïeul.** ② [sing.] *Blériot est l'ancêtre des grands aviateurs* : **père, précurseur.** ③ [pl.] → AÏEUX, MORT II.

ancien ① [qqch est ~]. *C'est une belle armoire ancienne* : [antéposé] **vieux*** (qui peut avoir ce sens mais peut aussi signifier : qui a pris de l'âge a ainsi perdu de sa valeur) ; → D'ÉPOQUE. ◆ [toujours péj.] **vieillot, désuet,** [fam.] ↑ **vieux comme Hérode, antédiluvien** ◆ [péj.] **vétuste** (qui, en raison de son âge, est souvent détérioré) ◆ [péj.] **archaïque, anachronique,* suranné*** (= qui appartient à une époque ancienne et n'a plus cours) ◆ [en partic.] **séculaire** (= qui date d'un ou plusieurs siècles), **millénaire** (= qui date d'un ou plusieurs milliers d'années), **ancestral** (= propre à nos ancêtres) ◆ [en partic.] **antique** (= qui appartient à l'Antiquité, ou en donne l'impression). ② [qqn est ~] *Il est plus ancien que moi dans le métier* : [plus cour.] **vieux** ◆ **vétéran** (= celui qui a une longue pratique dans un domaine) ; → ÂGE. ③ [n.] *Un ancien* : → VIEUX.

◇ **anciennement** *C'est la rue du Maréchal-Leclerc, anciennement rue des Petits-Pâtres* : **autrefois** ◆ [plus sout.] **jadis, naguère** (souvent confondus, mais *naguère* désigne un passé récent) ; → AVANT.

◇ **ancienneté** ① → VIEILLESSE. ② *Je doute de l'ancienneté de ce meuble* : **authenticité.** ③ [pl.] *Un magasin d'anciennetés* : **antiquités.**

ancre *Jeter l'ancre* : → MOUILLER.

ancré → S'ANCRER, TENACE.

ancrer ① → MOUILLER. ② → FIXER.

◇ **s'ancrer** *On ne peut laisser cette idée s'ancrer chez les jeunes* : **s'installer ;** → SE RÉPANDRE.

andouille → ABRUTI, SOT.

andouiller → CORNE.

andropause → RETOUR D'ÂGE*.

âne ① *Un âne tirait la charrette* : [fam.] **baudet**. ② → IGNORANT, SOT.

◇ **ânesse** : [fam.] **bourrique**.

◇ **ânon** : [fam.] **bourricot, bourriquet**.

anéanti ① → EFFONDRÉ. ② → FATIGUÉ.

anéantir ① [~ qqn] → ABATTRE. *Anéantir la résistance, les efforts de qqn* : → RÉDUIRE, VAINCRE. ② [~ qqch] → DÉTRUIRE, PULVÉRISER, RAVAGER.

◇ **s'anéantir** → SE MASSACRER.

anéantissement ① → ABATTEMENT. ② → PERTE, DESTRUCTION, ÉCROULEMENT.

anecdote *Voici une anecdote qui me rappelle mon enfance* : **histoire** (= récit plus ample et circonstancié) ◆ [peu employé] **historiette** (= petite histoire) ◆ [didact.] **écho** (= dans le vocabulaire du journalisme, petite nouvelle mondaine et locale) ; → BRUIT.

anecdotique → ACCESSOIRE.

anémie → FAIBLESSE, APPAUVRISSEMENT.

anémier → AFFAIBLIR, APPAUVRIR.

◇ **s'anémier** → S'AFFAIBLIR.

anémique → FAIBLE.

ânerie → BÊTISE, SOTTISE, STUPIDITÉ.

ânesse → ÂNE.

anesthésie → INSENSIBILISATION.

anesthésier → ENDORMIR.

anfractuosité → CAVITÉ.

ange ① *Les anges du paradis* : **esprit céleste** (= intermédiaire entre Dieu et l'homme) ◆ **archange, séraphin, chérubin** (qui renvoient à une hiérarchie : l'*archange* est un ange d'ordre supérieur, les *séraphins* sont les premiers de la hiérarchie des anges, les *chérubins*, ceux du second rang de la première hiérarchie) ◆ **messager, envoyé** (*l'ange, l'envoyé, le messager de Dieu*). ② [terme d'affection] *Mon ange* : **chéri,**

cœur, chou, etc. ③ *Comme un ange. Elle est douce comme un ange* : ↓ **très*** (*... très douce*). ④ *Ange gardien* : [moins express.] **protecteur**, ↑ **sauveur**. *Mauvais ange* : **démon, génie du mal**. ⑤ *De petits anges décoraient la tombe* : **angelot, chérubin**. ⑥ *Être aux anges* : → JOIE.

angélique → INNOCENT, PARFAIT, PUR.

angélisme → CANDEUR.

angelot → ANGE.

angine : [plus génér.] **mal de gorge** ◆ [plus partic.] **amygdalite**.

Anglais Les Français appellent parfois les *Anglais* leurs **voisins d'outre-Manche**.

anglaise ① → BOUCLE. ② *Filer à l'anglaise* : **s'esquiver** ; → FUIR.

angle ① *Les angles d'un triangle, d'une maison* : **coin** (qui n'a jamais la valeur didact. de *angle* : *les coins d'un mouchoir* ; *le coin de la rue*) ◆ **encoignure** (= angle intérieur : *encoignure d'un salon, d'une cour*) ◆ **coude** (= angle saillant : *le coude d'un mur, d'une rue*) ◆ **arête** (= angle saillant formé par deux plans : *l'arête d'un toit, d'une montagne*) ; → DÉTOUR. ② *Je n'avais jamais vu la question sous cet angle* : **aspect** ; → ÉCLAIRAGE, RAPPORT II.

angoissant → INQUIÉTANT, EFFROYABLE, STRESSANT.

angoisse *Étreint par l'angoisse, il était incapable de faire un geste* : ↓ **anxiété** ◆ **trac** (= angoisse éprouvée avant une épreuve difficile : *le trac du comédien avant d'entrer en scène*) ◆ [pl., très sout.] **transes** (*être dans les transes*) ◆ [pl.] ↑ **affres** (*les affres de la mort*) ; → INQUIÉTUDE, PEUR, TOURMENT, CRAINTE, TROUBLE II, EFFROI.

angoissé → INQUIET.

angoisser, s'angoisser → INQUIÉTER, S'INQUIÉTER, SERRER* LA GORGE, FAIRE PEUR*.

anguille ① *Pêcher de jeunes anguilles* : **pibale** (dans le sud de la France), **civelle** (dans le nord). ② *Cet homme est une véritable anguille !* : [moins express.] **insaisis-**

sable (*il est insaisissable*) ; → FUYANT. *Il y a anguille sous roche* : → CACHER.

anguleux ① *Un visage anguleux* : ↑ **taillé à la hache, à la serpe** ; → LAID, MAIGRE. ② *Un caractère anguleux* : → DIFFICILE.

anicroche → ACCROC.

animal

I [n.m.] ① *L'homme est un animal raisonnable* (terme générique qui s'oppose à *végétal*) (= tout être animé, l'homme excepté : *aimer les animaux, les bêtes*) ◆ **bestiole** (= petite bête). ② *Quel animal !* (= homme aux mœurs grossières) : **brute** ◆ ↑ **brute épaisse.** *L'animal m'a encore caché mes pantoufles !* : **drôle, coquin, gaillard** ◆ [grossier] **cochon, salaud.**

II [adj.] *La force animale du désir* : **brutal*** ◆ ↑ **bestial** ; → PHYSIQUE. *Il avait une conscience presque animale du danger* : **instinctif*.**

◊ **animalité** [de animal II] : **bestialité, instinct.**

animalier → PEINTRE.

animalité → ANIMAL.

animateur, animation, animé → ANIMER.

animer ① [~ qqn] *Le chef d'orchestre anime ses musiciens* (= communiquer son ardeur à qqn) : **stimuler** ◆ ↓ **encourager,** ↑ **exciter, enflammer*, aiguillonner** ; → AGIR, MENER. ② [~ qqch] *Heureusement qu'il est là pour animer la conversation* (= donner vie et mouvement à qqch) : [en partic.] **égayer.** *Animer les sentiments de qqn* : **éveiller, stimuler** ◆ ↑ **exciter,** ↑ **aviver,** ↑ **attiser,** ↑ **enflammer** ; → SUSCITER. *Animer un spectacle* : **présenter.** *Animer une réunion* : [en partic.] **diriger*, présider** ; → CONDUIRE.

◊ **s'animer** → S'ENFLAMMER.

◊ **animé** ① *Les êtres animés* : **vivant.** ② *La conversation fut très animée* (= plein de vie et de mouvement) : **vif, agité*** ◆ ↓ **vivant** ◆ ↑ **mouvementé, brûlant, chaud** ; → ÉPIQUE, ORAGEUX. *Un visage animé* : → MOBILE. *Une rue animée* : → VIVANT.

◊ **animation** ① *Il règne dans le port beaucoup d'animation* (= mouvements divers de la foule) : **activité, mouvement, vie** ◆ ↑ **affairement, agitation** ◆ **ambiance** (qui se dira plutôt pour une réunion) ; → ENTRAIN. ② *L'homme haranguait la foule avec animation* : **vivacité, chaleur, flamme** ◆ ↑ **passion, excitation, exaltation** ; → ENTHOUSIASME.

◊ **animateur** ① *C'est lui le véritable animateur de leur bande de copains* : **boute-en-train** (qui insiste sur la gaieté) ◆ **âme*** (qui insiste sur la force de tempérament) ; → CENTRE, ENTRAÎNEUR. ② *L'animateur d'une émission de télévision* : [en partic.] **meneur de jeu, présentateur*.** *L'animateur d'une boîte de nuit* : [anglic.] **disc-jockey.**

animosité → AIGREUR, MALVEILLANCE, RESSENTIMENT.

ankylose → RAIDEUR.

ankylosé → RAIDE.

ankyloser → ENGOURDIR.

annales → MÉMOIRES III, RECUEIL.

annaliste → HISTORIEN.

anneau ① *Elle regardait avec émotion son anneau nuptial* [sout.] : [cour.] **alliance** ◆ [génér.] **bague** ◆ **chevalière** (= bague à long chaton, sur lequel sont gravées des initiales). ② → BOUCLE.

année → AN, DATE.

annexe

I [adj.] → ACCESSOIRE, AUXILIAIRE I. II [n.f.] ① → ADDITION II. ② → DÉPENDANCE, SUCCURSALE.

annexer → JOINDRE, RÉUNIR, UNIR.

◊ **s'annexer** → S'ATTRIBUER.

annexion → RÉUNION.

annihiler → DÉTRUIRE, RÉDUIRE, NEUTRALISER.

anniversaire → CÉLÉBRATION.

annonce ① → PUBLICATION, AVIS. ② *L'annonce d'un orage* : → SIGNE. ③ *Une annonce au bridge* : → ENCHÈRE.

annonceur
→ PUBLICISTE, SPONSOR, SPEAKER.

annonciateur → ANNONCER.

annotation → NOTE.

annoter → NOTER.

annuellement → AN.

annuité → TERME I.

annulation → ANNULER.

annuler ① [en termes de droit] *Annuler un testament* (= frapper de nullité) : **abroger** (*un décret, une loi*) ◆ **abolir** (= déclarer nulle une disposition légale : *abolir une coutume, un usage*) ◆ **infirmer**, ↑ **casser** (= rompre, annuler : *infirmer, casser un jugement*) ◆ **révoquer** (= déclarer nul : *révoquer une donation*) ◆ **dissoudre** (= mettre légalement fin à : *annuler, dissoudre un mariage*). ② [en termes de législation et d'administration] **rapporter**. [en termes de jurisprudence] **invalider, résilier, résoudre, rescinder.** ③ [cour.] *Pierre a dû annuler ses rendez-vous* : **décommander, supprimer** (dans ce contexte, *décommander* suppose plutôt que Pierre avait obtenu des rendez-vous, *supprimer*, qu'il en avait donné). *Annuler une dette* : **éteindre.**

annoncer ① [qqn ~ qqch] *Il m'a annoncé son départ* : **apprendre** ◆ **aviser de, instruire de, informer de, avertir de** (qui s'emploient davantage en termes de rapports officiels : *j'ai avisé mon directeur de ma décision*) ◆ **proclamer** (= déclarer qqch hautement et publiquement : *le jury vient de proclamer les résultats de l'examen*) ◆ **alerter** (= avertir qqn d'un danger ou d'une difficulté quelconque) ; ◆ [fam.] ↑ **claironner** ; → DÉCLARER, FAIRE SAVOIR*, NOTIFIER, SIGNALER. ② [sens religieux] *Un chrétien doit annoncer la parole de Dieu* : ↓ **dire** ◆ ↑ **publier** (= rendre public) ◆ **enseigner** (= transmettre comme connaissance) ◆ [didact.] **prêcher.** ③ [qqch ~] *Ces nuages n'annoncent rien de bon* : **présager, préluder à** ; → AUGURER, PRÉDIRE, PROMETTRE, SIGNIFIER I, PRÉPARER.
◇ **annonciateur** *Les signes annonciateurs de la révolte* : **avant-coureur, précurseur, prémonitoire** ◆ [antéposé] **premier.**

Annuler une plainte : **retirer.** *Annuler les effets d'un médicament* : **supprimer, réduire à néant** ◆ ↓ **neutraliser*.** *Annuler les efforts accomplis* : ↑ **anéantir.**
◇ **annulation** ① [de annuler ① et ②] : **abolition** ◆ **abrogation** ◆ **cassation** ◆ **infirmation** ◆ **invalidation** ◆ **résolution, résiliation** ◆ **révocation** ◆ **dissolution** ; → DÉNONCIATION. ② [de annuler ③] : **suppression, extinction, neutralisation.**

anoblir Faire entrer dans la noblesse sociale : **ennoblir** (= conférer une grande noblesse morale).

anodin → INOFFENSIF, INSIGNIFIANT.

anomalie ① → EXCEPTION. ② → PERVERSION.

ânon → ÂNE.

ânonnement → BALBUTIEMENT.

ânonner → BALBUTIER.

anonymat → INCOGNITO.

anonyme → INCONNU.

anonymement → INCOGNITO.

anorexie → INAPPÉTENCE.

anormal ① [qqch est ~] → INJUSTE, INHABITUEL. ② [qqn est ~] → BIZARRE, CARACTÉRIEL, MALADIF, ÉTAT SECOND* I.

anse → GOLFE.

antagonique → OPPOSÉ.

antagonisme → OPPOSITION, RIVALITÉ.

antagoniste ① [n.] → COMBATTANT, ENNEMI. ② [adj.] → OPPOSÉ.

antalgique → ANALGÉSIQUE.

antan → AVANT.

antarctique → PÔLE SUD*.

antécédent → PRÉCÉDENT I et II.

antédiluvien → ANCIEN.

antenne ① *On a installé une antenne chirurgicale en pleine brousse* : **poste, unité.** ② *Avoir des antennes* : → PRESSENTIMENT.

antérieur → AVANT, PRÉCÉDENT.

antérieurement → AVANT, PRÉCÉDEMMENT.

anthologie *Une anthologie des poètes contemporains* : **recueil de morceaux choisis ◆ florilège** ; → RECUEIL, CHOIX.

anthracite → CHARBON.

anthrax → FURONCLE.

anthropométrique → FICHE DE SIGNALEMENT*.

anthropophage → CANNIBALE.

anthropophagie → CANNIBALISME.

antichambre → VESTIBULE. *Faire antichambre* : **attendre***.

anticiper → DEVANCER, PRÉVOIR.

anticlérical → ATHÉE.

anticléricalisme → ATHÉISME.

anticonceptionnel → CONTRACEPTIF.

anticonformiste : [en partic.] **bobo** (= citadin aisé qui se donne des allures d'anticonformiste) ; → LIBERTAIRE.

antidote → CONTREPOISON, REMÈDE.

antidouleur → ANALGÉSIQUE.

antienne → CANTIQUE, RÉPÉTITION.

antifongique → FONGICIDE.

antinomie → CONTRADICTION.

antinomique → CONTRAIRE, DIFFÉRENT.

antipathie Hostilité que l'on éprouve instinctivement pour qqn : **inimitié** (qui ne suppose pas que l'hostilité soit instinctive) **◆ ↑ aversion, dégoût*** **◆** [fig.] **↑ allergie ◆** [fam.] **prendre en grippe** (= éprouver une antipathie soudaine contre qqn ou qqch) ; → RÉPUGNANCE.

antipathique → DÉTESTABLE, SALE (*une sale tête*).

antipodes (aux) → EXTRÊME, LOIN.

antiquailles → VIEUX.

antiquaire → BROCANTEUR.

antique → ANCIEN, VIEUX.

antiquité → BROCANTEUR, ANCIENNETÉ, VIEUX.

antisémite → RACISTE.

antisémitisme → RACISME.

antisepsie → ASSAINISSEMENT.

antiseptique → DÉSINFECTANT.

antispasmodique → CALMANT.

antithèse → OPPOSITION.

antonyme → CONTRAIRE, OPPOSÉ I.

antre → CAVERNE, REPAIRE.

anus *Une douleur à l'anus* : [peu employé] **fondement ◆** [fam.] **derrière* ◆** [très fam., par plais.] **troufignon, trou de balle ◆** [très fam., grossier] **trou du cul*,** [euph.] **une douleur mal placée.**

anxiété → ANGOISSE.

anxieux → INQUIET, TOURMENTÉ.

aoûtien → ESTIVANT.

apaisant ① *Une crème apaisante* : → ADOUCISSANT. ② → CONCILIANT, CONSOLANT, LÉNIFIANT. ③ → REPOSANT, SÉCURISANT, RÉCONFORTANT.

apaisement ① → ADOUCISSEMENT, DIMINUTION, RÉPIT, SOULAGEMENT. ② → PAIX, CALME.

apaiser ① [~ qqn] *La voix rassurante du médecin l'avait apaisée* : **↓ calmer* ◆** [sout.] **rasséréner,** [plus cour.] **rendre plus serein ◆ ↑ pacifier** ; → SÉCURISER, RASSURER. ② [~ un sentiment] *Apaiser la douleur de qqn* : **↓ adoucir, calmer*** ; → MODÉRER, SOULAGER. *Apaiser la faim, la soif* : → ASSOUVIR, CONTENTER, SATISFAIRE. *Apaiser l'aigreur d'un caractère* : → LÉNIFIER. ③ [~ qqch] *Apaiser une querelle* : **calmer* ◆ ↑ faire cesser.**

◇ **s'apaiser** *La tempête s'apaise* : **se calmer ◆ ↓ céder** ; → TOMBER II.

apanage ① [qqch est l'~ de qqn] *Mourir est l'apanage de tous les hommes* : **propre**

◆ **lot** (= ce que le destin réserve à chacun) ◆ **privilège,** ↑ **prérogative** (= avantage particulier réservé à certains) ; → QUALITÉ. ② [qqn a l'~ de qqch] *Pensez-vous avoir l'apanage de l'intelligence ?* (= être seul à jouir de qqch) : **privilège, monopole, exclusivité.**

aparté *Faire des apartés :* [plus fam.] **messes basses** ◆ [fam.] **parlotes ;** → MONOLOGUE. *En aparté. Je ne pourrai vous faire mon rapport qu'en aparté :* **en tête à tête ;** → SECRÈTEMENT.

apartheid → RACISME, SÉGRÉGATION.

apathie ① *Il a sombré dans l'apathie* (= état pathologique) : **atonie** (qui ne se dit que des forces physiques) ◆ **aboulie** (qui se dit de l'impuissance pathologique à prendre une décision) ◆ ↑ **torpeur** ◆ [sout.] **langueur, alanguissement** (= abattement physique ou moral, perte d'énergie) ; → ABATTEMENT. ② *Son apathie est exaspérante :* ↓ **indolence, nonchalance, paresse*** ◆ [péj.] **mollesse** (= absence de volonté et d'énergie) ◆ **indifférence** (qui se dit de celui qui ne rien n'intéresse) ◆ **inertie, passivité*** (= absence de réaction, de participation physique ou mentale).

apathique → INACTIF, LENT, MOU, PASSIF I.

apatride → SANS PATRIE*.

apercevoir ① → PERCEVOIR I, REPÉRER, VOIR. ② → DEVINER. ③ → RENCONTRER.

◇ **s'apercevoir de** → PRENDRE CONSCIENCE* DE, VOIR, COMPRENDRE, REMARQUER. *Sans s'en apercevoir :* → INCONSCIEMMENT.

aperçu → ABRÉGÉ, EXEMPLE, IDÉE.

apéritif → ALCOOL.

à-peu-près → APPROXIMATION.

apeuré → INQUIET, TREMBLANT.

apeurer → EFFRAYER.

aphone → MUET.

aphorisme → PENSÉE II.

apitoiement → PITIÉ.

apitoyer → ÉMOUVOIR.

◇ **s'apitoyer** *Il ne suffit pas de s'apitoyer sur la misère des autres :* ↑ **compatir à** (= prendre part à la souffrance d'autrui) ◆ ↓ **s'attendrir** (= se laisser émouvoir) ◆ [plus génér.] **plaindre** (*plaindre qqn*), **s'attrister de ;** → S'ÉMOUVOIR.

aplanir ① *Il faudra aplanir ce terrain avant de pouvoir construire dessus :* **niveler, égaliser ;** → COMPENSER. ② *Il avait le don d'aplanir les difficultés* (= faire disparaître les obstacles) : **lever** ◆ [plus génér.] **supprimer ;** → SIMPLIFIER.

aplati → CAMUS.

aplatir → ÉCRASER.

◇ **s'aplatir** ① → PLAT I. ② → S'ABAISSER, SE METTRE À PLAT VENTRE*.

aplomb

I *Pour faire des acrobaties sur un fil, il faut savoir garder son aplomb :* **équilibre** ◆ ↑ **stabilité.** *D'aplomb. Être, se sentir d'aplomb* (= en bon état physique et moral) : **bien** (*être, se sentir bien*). *Ne pas se sentir d'aplomb :* **dans son assiette** (*ne pas être dans son assiette*) ; → MAL FOUTU*.

II *Ces camelots ont un aplomb extraordinaire :* [plus sout.] **audace** ◆ [moins péj.] **assurance** ◆ [fam.] **culot, toupet, estomac ;** → SANG-FROID, CULOTTÉ, HARDIESSE, IMPUDENCE, SOUFFLE.

apocalypse → CATASTROPHE, FIN* DU MONDE.

apocalyptique → CATASTROPHIQUE, DANTESQUE.

apocryphe → FAUX.

apogée → COMBLE I, SOMMET.

apollon → ÉPHÈBE.

apologie → ÉLOGE, PLAIDOYER.

apologiste *Se faire l'apologiste de. Il s'est fait l'apologiste de la vertu :* **avocat, défenseur** ◆ **apôtre** (qui évoque moins la défense d'une doctrine que la propagation d'une idée) ; → PARTISAN.

apologue → FABLE.

apophtegme → PENSÉE II.

apoplexie → ATTAQUE.

apostasie → ABANDON I, RENIEMENT.

apostasier → RENIER.

apostat *Un apostat du catholicisme* (= celui qui abandonne la foi chrétienne, et par extension une religion, une doctrine) : **renégat** ◆ **hérétique** (= celui qui, sans abandonner sa religion, n'en respecte pas certains dogmes fondamentaux) ◆ **hérésiarque** (= auteur d'une hérésie) ◆ **hétérodoxe**, [plus cour.] **non-conformiste** (= celui qui ne se conforme pas à toutes les données d'une religion, sans pour autant être taxé d'hérésie) ◆ **schismatique** (= celui qui se sépare de la communion d'une Église) ; → IRRÉLIGIEUX.

a posteriori → APRÈS II.

apostille → NOTE.

apostolat → MINISTÈRE I, MISSION.

apostropher → APPELER I.

apothéose → TRIOMPHE.

apôtre → APOLOGISTE.

apparaître → FAIRE SON APPARITION* I, SE FORMER, SE FAIRE JOUR*, SE MONTRER, PARAÎTRE, SE DÉGAGER.

apparat *L'apparat d'une cérémonie* : **pompe** (*en grande pompe, en grand apparat*) ◆ **cérémonial** (= ensemble des règles qui président à une cérémonie) ◆ [plus génér.] **magnificence, luxe** ; → SOLENNITÉ, PROTOCOLE.

appareil ① Un ensemble d'*appareils* est un **appareillage**. ② *Le mécanicien nous a fait visiter son atelier ; il y avait là quelques appareils assez compliqués* : **machine** ◆ [plus fam.] **engin** ◆ **dispositif** (= ensemble des pièces constituant un appareil). *Des appareils de cuisine* : [plus génér.] **ustensiles***. ③ *L'appareil a atterri* : [partic.] **avion**. *Porter un appareil* : **dentier**. *N'oublie pas de recharger l'appareil* : **appareil photo**. *Appareil radio* : → POSTE II. *Qui est à l'appareil ?* : **téléphone** ◆ [fam.]

au bout du fil. ④ *L'appareil législatif* : **système**.

appareillage ① → APPAREIL, ÉQUIPEMENT. ② → DÉPART.

appareiller ① *Le navire va appareiller* : **lever l'ancre.** ② → ÉQUIPER.

apparemment *Apparemment, ils ont de gros revenus* (= autant que l'on peut en juger selon ce que l'on voit) : [peu employé] **en apparence** ◆ **vraisemblablement, probablement*** ◆ [sout.] ↑ **selon toute apparence** ◆ ↑ **visiblement** ; → AU PREMIER ABORD* II, À VUE* DE NEZ.

apparence ① → AIR, PHYSIONOMIE. ② → VERNIS, VOILE, MASQUE, FAUX-SEMBLANT*, EXTÉRIEUR, PARAÎTRE IV, PERSONNE I. *Sauver les apparences* : → FACE. *Selon toute apparence* : → APPAREMMENT.

apparent ① *La croix, la kippa sont des signes apparents d'appartenance religieuse* : **perceptible, visible** ◆ ↑ **manifeste, évident*** ◆ **ostensible**, ↑ **ostentatoire** (= qui se fait avec l'intention d'être montré) ; → SENSIBLE II. ② *Il cachait sous son apparente bonhomie une méchanceté féroce* : **faux, trompeur, superficiel, de surface, illusoire** ◆ **spécieux** (qui ne s'applique qu'aux choses de l'esprit : *des arguments spécieux*) ; → EXTÉRIEUR I, PRÉTENDU.

apparenté → PARENT.

apparenter (s') → SE RAPPROCHER.

apparier → ASSEMBLER.

appariteur → HUISSIER.

apparition

I ① De par son sens et selon ce qui apparaît, ce nom se rapproche de **arrivée, venue, commencement*, formation*, naissance*** ◆ **constitution, émergence, genèse, manifestation** (*l'arrivée, la venue de nouveaux produits sur le marché ; le commencement, la manifestation d'un événement ; la formation, la naissance, la constitution, l'émergence, la genèse d'un nouveau parti politique*). ② *Faire son apparition* : **apparaître, faire son entrée** ; → PARAÎTRE.

II → FANTÔME, VISION.

appartement *Ils habitent un bel appartement* : [abrév. fam.] **appart** ◆ **studio** (= appartement d'une seule pièce) ◆ **duplex** (= appartement construit sur deux étages) ◆ [par méton.] **HLM** (= appartement modeste situé dans un ensemble HLM) ◆ selon le nombre de chambres contenues dans un appartement, on parle de **F2** (une chambre), **F3, F4,** etc. ◆ **garçonnière** (= petit appartement pour personne seule) ◆ **pied-à-terre** (= appartement dans lequel on ne vient qu'en passant) ◆ **meublé** (= appartement loué meublé) ; → HABITATION, LOGEMENT, GARNI.

appartenance → ADMISSION.

appartenir ① [qqch ~ à qqn] *Cette maison m'appartient* : **être à** (*est à moi*) ◆ [didact.] **être le bien, la propriété de** ; → DÉPENDRE. *Ces qualités appartiennent aux meilleurs* : **être le propre de, être caractéristique de.** ② [qqch ~ à qqch] *Votre question n'appartient pas au sujet que je vais traiter* : **faire partie de, concerner, relever de.** ③ [impers.] *Il appartient à qqn de. Il vous appartient de surveiller vos enfants* : [sout.] **être du devoir de, revenir** (*il vous appartient, revient de surveiller...*) ◆ [plus cour.] **devoir** (*vous devez surveiller...*), **c'est à vous de.**

◇ **s'appartenir** *Depuis qu'il l'aime, il ne s'appartient plus* (qui ne s'emploie que négativement) : **être libre, être maître de soi.**

appas → ATTRAIT.

appât ① *On attire le poisson avec un appât* : **amorce** ◆ **aiche, èche, esche** (= appât accroché au bout de l'hameçon, asticot, ver) ◆ **boette, boëte, bouette, boitte** (= appâts pour la pêche en mer) ◆ **leurre, cuiller, devon, mouche** (= esche factice utilisée pour la pêche au lancer) ◆ **appeau, appelant** (= appareil qui imite le cri d'un oiseau pour l'attirer) ; → FILET, PIÈGE. ② *L'appât des gros bénéfices* : ↓ **attrait** ◆ [plus génér.] **perspective.**

◇ **appâter** ① [~ un gibier, un poisson] **amorcer.** ② [~ qqn] **allécher, attirer, séduire*.**

appauvrir → PAUVRE II. ① [~ qqn] *Ses folles dépenses au jeu l'ont considérablement appauvri* : ↑ **ruiner** (= supprimer toute ressource) ◆ [fam.] ↑ **mettre sur la paille.** ② [~ qqch]. *La guerre a appauvri le pays* : ↑ **épuiser** ; → RAVAGER. *Appauvrir un sol* : ↑ **épuiser, stériliser.** *Une maladie qui appauvrit le sang* : **anémier** ◆ **altérer** (= nuire à la qualité de) ; → ABATTRE II.

◇ **appauvrissement** [de appauvrir] : **ruine, épuisement, stérilisation, anémie, altération*** ; → PAUVRETÉ.

appeau → APPÂT.

appel ① [de appeler I ②] : **convocation, assignation, citation.** ② *Son avocat a dit qu'il ferait appel* (= s'adresser à une juridiction supérieure pour faire réformer une décision) : **pourvoi** (= recours porté devant la plus haute juridiction pour faire annuler une décision) ◆ [plus génér.] **recours.** *Sans appel* : → AFFIRMATIF, DÉFINITIF. ③ [de appeler I ③] : **incorporation.** ④ [de appeler I ⑤] *J'ai agi sur votre appel* : → INVITATION. *Faire appel à qqn* : → RECOURIR. *L'appel du plaisir* : **attraction, attrait, sollicitation, attirance.** *L'appel de la conscience* : **cri, voix.** *Appel à l'insurrection* : **incitation, excitation** ; → PROVOCATION. ⑤ → PROCLAMATION.

appelant → APPÂT.

appelé → MILITAIRE II, MOBILISÉ, SOLDAT.

appeler

I ① [~ qqn] *Je vous appelle, mais vous ne répondez pas* ! : **interpeller** ◆ **apostropher** (= adresser brutalement la parole à qqn pour le questionner). *Je vous appellerai ce soir* : **téléphoner à** ◆ [fam.] **passer un coup de fil à** ; → CONTACTER, SONNER, SIFFLER, BATTRE LE RAPPEL*. ② [~ qqn] *Appeler un porteur* : **héler** (= appeler de loin). *Voulez-vous appeler le médecin* ? (= demander à qqn de venir chez soi) : **demander** ◆ **convoquer** (= appeler à une réunion, souvent de manière officielle : *convoquer qqn à une assemblée*) ◆ [en termes de procédure] **assigner, citer** (= sommer à comparaître devant un juge : *appeler, assigner, citer qqn en justice*) ; → TRADUIRE. ③ [~ qqn à] *Je l'ai appelé à cette fonction en raison de sa compétence* (= désigner qqn pour une charge, une fonction) : **nommer, désigner** ; → CHOISIR. *Appeler qqn sous les* drapeaux : **incorporer** ; → MOBILISER. ④ *Je l'ai appelé à plus de discrétion* : → INVITER. *Appeler l'attention de qqn sur qqch* : **attirer** ◆ ↑ **alerter** ; → INTRIGUER. *En appeler à. J'en appelle à votre bon sens* (= s'adresser au cœur, à l'esprit de qqn pour qu'il agisse de telle ou telle manière) : **faire appel à, s'adresser à, s'en remettre à, invoquer** ; → ENCOURAGER. ⑤ [qqn ~ qqch] *Il appelle le repos de tous ses vœux* (= demander, essayer d'obtenir qqch) : **souhaiter*, désirer, aspirer à.** ⑥ [qqch ~ qqch] *La situation appelle un remaniement complet de notre plan* (= rendre nécessaire) : **demander*, réclamer, commander** ◆ [sout.] **requérir** ◆ ↑ **exiger.**

II ① [~ qqn] *Comment ont-ils appelé leur fils ?* : [plus sout.] **nommer, prénommer,** (qui permettent de distinguer entre nom et prénom) ◆ **surnommer** (= donner un surnom : *mon prénom, c'est Joseph, mais mon surnom est Jojo*) ◆ **baptiser** (qui se dit par plais. de qqch ou de qqch dont on trouve le nom ou le prénom étrange) ; → INJURIER. ② [~ qqch] *Comment appelez-vous cette plante ?* : [plus sout.] **nommer** ◆ **dénommer** (= donner un nom à qqch qui n'en avait pas) ; → QUALIFIER.

◇ **s'appeler** *Je m'appelle Jean* : [plus sout.] **se nommer.** *Comment s'appelle ce roman ?* : [plus sout.] **s'intituler.**

◇ **appellation** *L'appellation d'un nouveau produit* : **dénomination** ◆ [peu employé] **désignation** ◆ [plus génér.] **nom*** ; → MARQUE.

appendice → SUPPLÉMENT.

appentis → DÉPENDANCES, RÉDUIT.

appesantir → ALOURDIR.

◇ **s'appesantir** → INSISTER.

appesantissement → ALOURDISSEMENT.

appétence → APPÉTIT.

appétissant ① [qqch est ~] *Le plat de légumes n'était pas très appétissant* : **alléchant** ◆ [très génér.] **bon** ◆ [surtout dans une phrase nég.] **ragoûtant** ; → SAVOUREUX. ② [qqn est ~] → AFFRIOLANT.

appétit ① *Avoir de l'appétit* : [plus fam.] **bien manger, avoir faim*.** *Manque d'appé-*

tit : → INAPPÉTENCE. ② *J'ai peu d'appétit pour le cinéma* : **goût, penchant*, attirance*** ◆ [sout.] **appétence, inclination** ; → GOÛTER. ③ *Appétit sexuel* : → DÉSIR.

applaudir → ACCLAMER, APPROUVER, BATTRE* (III) DES MAINS.

◇ **s'applaudir** → SE LOUER II.

applaudissement → ACCLAMATION, BATTEMENT.

application ① → EFFET, EXÉCUTION I, RÉALISATION. ② → SOIN I, EFFORT, SÉRIEUX.

appliqué [de s'appliquer ③] *C'est un élève très appliqué* : **travailleur, consciencieux*, studieux, sérieux*** ; → SOIGNEUX. *Un travail appliqué* : → SOIGNÉ.

appliquer ① [qqn ~ qqch sur, contre]. *Le pharmacien a appliqué une pommade sur sa brûlure* : [génér.] **mettre.** *Appliquer son sceau sur une lettre* : **apposer.** *Appliquer un meuble contre un mur* : **poser, placer.** *Appliquer une couche de peinture sur un meuble* : **étaler, étendre, passer.** ② [qqn ~ qqch à qqn] *Appliquer une gifle à qqn* : [fam.] **flanquer, balancer** ◆ [iron.] **gratifier** (*gratifier qqn d'une gifle*) ◆ ↑ **ALLONGER.** *Appliquer un châtiment à qqn* : **infliger, administrer** ◆ [plus génér.] **donner** ; → BATTRE, CORRIGER. ③ [qqn ~ qqch] *Il ne sait pas appliquer ses connaissances* : [plus génér.] **employer, utiliser.** *Appliquer une méthode, une théorie* : **mettre en pratique, en œuvre.**

◇ **s'appliquer** ① [qqch ~ à] *Cette observation s'applique à tous ceux qui m'écoutent* (= être adapté à) : [avec un compl. dir.] **concerner, intéresser, viser.** *Cette remarque s'applique à l'histoire de la langue* : **se rapporter à** ; → CORRESPONDRE. ② [qqn ~ à] *S'appliquer à comprendre un règlement* : **s'évertuer à** ◆ ↓ **chercher* à, essayer* de.** ③ [qqn ~] *Un élève qui s'applique* : **travailler avec application, travailler avec soin*** ; → S'ADONNER, SE LIVRER.

appoint *Le tourisme est un appoint non négligeable pour ce pays agricole* : **complément** ; → SUPPLÉMENT. *L'appoint du perchiste a permis à notre équipe d'athlétisme de triompher* : [plus cour.] **aide, contribution, concours, appui, apport.**

appointements → SALAIRE.

appointer → SALARIER.

appontement → DÉBARCADÈRE.

apport → PARTICIPATION, APPOINT.

apporter
① → AMENER, PORTER I. ② → PRODUIRE, PROCURER.

apposer → APPLIQUER.

appréciable ① *La valeur exacte de cette armoire ancienne est difficilement appréciable :* **évaluable, estimable** ◆ [plus cour.] **difficile à apprécier, évaler, estimer** ◆ [plus précis] **chiffrable, calculable.** ② *Une aide appréciable :* → IMPORTANT, SENSIBLE II, PRÉCIEUX I.

appréciation ① *L'appréciation du commissaire-priseur me paraît excessive* (= action d'estimer, de déterminer la valeur de qqch) : **estimation, évaluation.** ② *Les appréciations du professeur sont inscrites dans la marge* (= jugement critique porté sur qqch) : **observation, note ;** → AVIS, JUGEMENT.

apprécier ① *Apprécier la valeur de qqch :* → ESTIMER II. ② *Apprécier qqn :* → ESTIMER I. ③ *Apprécier les chances, les conséquences :* → MESURER, PESER, EXAMINER. *Apprécier une plaisanterie :* → SENTIR I, GOÛTER I. *Apprécier que :* → TROUVER BON*.

appréhender ① → ARRÊTER II, SE SAISIR, PRENDRE I. ② → CRAINDRE, TREMBLER.

appréhension → CRAINTE, PEUR.

apprenant → ÉCOLIER.

apprendre ① [~ qqch] *Apprendre une nouvelle :* → ACCUEILLIR, SAVOIR I. ② [~ qqch à qqn] → ANNONCER. ③ [~ qqch] *Elle a appris ses leçons :* **étudier*** (qui implique davantage que le recours à la seule mémoire) ◆ [fam.] ↑ **rabâcher, potasser, bûcher, chiader** ◆ **revoir, réviser,** [fam.] **repasser** (= revenir sur ce que l'on a déjà appris) ◆ **mémoriser, retenir** (= graver dans la mémoire). *Cette année, j'apprends l'allemand :* [plus fam.] **faire de** ◆ **s'initier**

à, [plus fam.] **se mettre à** (= commencer un apprentissage) ; → TRAVAILLER I. ④ [~ qqch à qqn] *C'est lui qui m'a appris le russe :* **enseigner** (qui ne se dit que des connaissances abstraites) ◆ **initier à** (= apprendre les rudiments d'une science à qqn) ◆ [rare] **instruire à** (+ inf.) ◆ ↑ **inculquer** (= graver dans l'esprit de façon durable) ◆ [fam.] **enfoncer dans le crâne, la tête** ◆ **montrer** (qui se dit des connaissances pratiques : *apprendre, montrer à qqn comment fonctionne un appareil*) ◆ **expliquer** (= apprendre en faisant comprendre) ; → SAVOIR I, PROFESSER.

apprenti ① Personne qui apprend un métier manuel : **élève** (= celui qui apprend un métier intellectuel ou artistique : *un charcutier a des apprentis, un musicien a des élèves*) ; → AIDE. ② *Sans expérience de la cuisine, il s'y prenait comme un apprenti :* **novice*.**

◇ **apprentissage** ① [de apprendre ②] *L'apprentissage du russe :* **étude, initiation** (*l'initiation au russe*). ② *Il est dans sa période d'apprentissage : on ne peut lui demander l'impossible !* : [plus rare] **initiation** ◆ **débuter, commencer** (*il débute, commence*). *Faire l'apprentissage de. Elle fait le difficile apprentissage de l'indépendance :* **expérience** ◆ ↑ **épreuve** (*subir l'épreuve de*).

apprêt ① → AFFECTATION. ② → PRÉPARATIFS.

apprêté → AFFECTÉ II, MANIÉRÉ.

apprêter → ACCOMMODER II.
◇ **s'apprêter** → SE PRÉPARER.

apprivoisement → CONQUÊTE.

apprivoiser ① [~ un animal] *Il n'est pas facile d'apprivoiser un écureuil :* ↑ **domestiquer** (= mettre au service de l'homme, de manière durable, un animal sauvage : *le cheval est un animal domestiqué*) ◆ **dompter** (= contraindre à l'obéissance un animal sauvage : *dompter un lion*) ◆ **dresser** (= instruire un animal sauvage ou domestique à faire qqch). ② [~ qqn] *C'est quelqu'un de très farouche, qui ne se laisse pas facilement apprivoiser :* **amadouer ;** → CONQUÉRIR.

approbateur, approbation → AP-
PROUVER.

approchable [souvent nég.] *Peu, pas approchable* : → ABORDABLE.

approchant → PROCHE, SEMBLABLE,
VOISIN, APPROXIMATIF.

approche ① → ABORD, ACCÈS. ② → PRO-
XIMITÉ, VENUE, VOISINAGE.

approché → APPROXIMATIF.

approcher Dans beaucoup d'emplois,
approcher et *s'approcher*, ↑ *se rapprocher** peuvent alterner. ① [qqch ~] *Le
soir approche* : **venir**, [dans cet ex.] **tomber** ; → S'AVANCER, ARRIVER. *L'examen
approche* : **s'approcher**, ↑ **se rapprocher.**
② [qqn ~ qqn, qqch] *Impossible d'approcher
un ministre !* : **aborder, s'approcher de** ;
→ FRÉQUENTER. [négatif] *Il a la grippe :
ne l'approchez pas !* : **ne pas s'approcher
de** ♦ ↑ **éviter**, ↑ **fuir** (*évitez-le ! fuyez !*)
③ [~ qqn] *Son adversaire est loin de l'approcher* : **égaler, rivaliser avec** ; → VALOIR.
④ [~ de qqn] → VENIR. ⑤ [~ de qqch] *Nous
approchons du village* : ↑ **se rapprocher
de** ; → ABORDER I. *Il approche de la cinquantaine* : ↑ **friser, frôler** ; [plus fam.]
avoir presque, aller sur (*il a presque la
cinquantaine ; il va sur ses cinquante ans*).
*Les fruits sont chers : on ne peut pas en ap-
procher* : [plus fam.] **on ne peut pas y toucher** ; → INABORDABLE.

◇ **s'approcher** → APPROCHER.

approfondir *Approfondir une question* :
[plus fam.] **creuser, fouiller** ; → ANALYSER,
ÉTUDIER, SOIGNEUX.

approfondissement → DÉVELOPPEMENT.

appropriation → ATTRIBUTION.

approprié ① *Vos décisions sont-elles
bien appropriées à la situation ?* : **en accord avec, en harmonie avec, accordé** ;
→ ADAPTÉ, JUSTE. ② *Est-ce bien le moment
approprié pour lui annoncer son renvoi ?* :
[très génér.] **le meilleur** ♦ [par plais.] **idoine**
♦ **convenable*** (qui insiste sur les usages
en cours et que l'on doit respecter)
♦ ↑ **adéquat** ♦ [plus rare] ↑ **pertinent***

(*une remarque, une réflexion pertinente*) ;
→ CONFORME, OPPORTUN, DANS LA NOTE*.

approprier → ACCOMMODER I.

◇ **s'approprier** → S'ATTRIBUER, SE RENDRE
MAÎTRE* DE.

approuver ① [~ qqch] *Approuver une
loi* : → RATIFIER. *Il a approuvé son départ*
(= donner son accord à qqch) : **accepter,**
♦ **admettre** (= donner son accord à qqch,
mais avec réticence) ♦ [sout.] **souscrire à,
acquiescer à** ♦ ↑ **encourager,** ↑ **applaudir** (*applaudir des deux mains*) ; ↑ **faire
chorus** (= manifester bruyamment son
approbation). *Il approuve tous ses caprices* : [fam.] **dire amen à** ; → ADHÉRER II,
COMPRENDRE II, CONSENTIR, ENCOURAGER,
PERMETTRE, COUVRIR. *Approuver que* :
→ TROUVER BON*. ② [~ qqn] *Je l'approuve
totalement d'avoir usé de clémence* (= juger bonne l'action de qqn) : **donner raison
à** ♦ ↑ **louer de, féliciter de, abonder** (dans
le sens de qqn). ③ [absolt] *Il a abandonné :
j'approuve !* : **être d'accord** ♦ [souvent par
plais.] **opiner du chef, du bonnet** ♦ ↑ **applaudir.**

◇ **approbation** *L'approbation d'une loi* :
ratification*. *Je ne peux prendre une telle
décision sans l'approbation du directeur* :
[plus cour.] **accord*** ♦ [plus sout.] ↓ **acquiescement, consentement** (qui évoquent
plus le fait de ne pas s'opposer à qqch
que celui d'approuver) ♦ [sout.] **satisfecit** ♦ [rare] **aveu** (*ils se sont mariés sans
l'aveu, l'approbation, le consentement de
leurs parents*) ♦ **agrément** (= approbation émanant d'une autorité supérieure) ;
→ PERMISSION, SUFFRAGE.

◇ **approbateur** *Un regard approbateur* :
↓ **favorable***.

approvisionnement
→ FOURNITURE, STOCK.

approvisionné → ACHALANDÉ.

approvisionner *Approvisionner une ville
en eau et en électricité* : **pourvoir** ♦ [plus
cour.] **alimenter, ravitailler** ; → NOURRIR,
PROCURER. *Approvisionner un magasin
en denrées diverses* : **pourvoir, fournir***.
Approvisionner un compte : [fam.] **alimenter.** *Approvisionner qqn en arguments* :

alimenter, [plus fam.] **ravitailler, fournir*** (*fournir qqch à qqn*).

◇ **s'approvisionner** → SE FOURNIR.

approvisionneur → FOURNISSEUR.

approximation *Ce devis n'est qu'une approximation* : **évaluation.** *C'est de l'approximation !* : → IMPROVISATION. *Il parle beaucoup par approximations* : **à-peu-près ;** → À L'ESTIME II.

◇ **approximatif** *C'est un prix approximatif* : **approchant,** [rare] **approché.** *Un travail approximatif* : → IMPARFAIT. *Une réponse approximative* : **vague*** III.

approximativement → GROSSIÈREMENT, À L'ESTIME II, IMPARFAITEMENT, À VUE D'ŒIL*, À VUE DE NEZ*.

appui

I [de appuyer I] Se dit surtout de ce sur quoi qqn s'appuie : **support** (qui se dit surtout de ce sur quoi qqch porte). *Un mur d'appui* : **soutien, soutènement ;** → ÉTAI. *Prendre appui* : **s'appuyer*.**

II [de appuyer II] ① *Vous pouvez compter sur mon appui* : **aide, concours, soutien ;** → APPOINT, AUSPICES, PILIER, ENCOURAGEMENT. *Je serai toujours votre appui* : **soutien ♦ ↑ planche de salut ;** → DÉFENSEUR, ALLIÉ, RECOURS. ② [pl.] *C'est quelqu'un qui a des appuis* : **protections ♦** [plus génér.] **relations ♦** [fam.] **piston** (= appui sur lequel on compte pour obtenir rapidement ou avant d'autres ce que l'on désire). *Il lui a donné son appui* : **caution ;** → PATRONAGE I, RECOMMANDATION, SERVICE II, ACCORD I, SOUTIEN.

appuyé *Son fils a reçu des compliments appuyés* : **insistant, prononcé.**

appuyer

I [~ qqch] ① [~ qqch par] *Les murs étaient appuyés par des arcs-boutants* : **soutenir*, maintenir, étayer.** ② [~ qqch contre, sur] *Il appuya son front contre la vitre* : [plus génér.] **placer, poser, mettre.** ③ [~ qqch sur] *Il appuie son accusation sur des mensonges* : **fonder, faire reposer ;** → ÉTABLIR. ④ [~ sur qqch] *Il faut appuyer sur ce bouton pour mettre l'appareil en marche* : ↓ **pres-**ser, ↑ **peser** (*presser sur ce bouton, peser sur ce levier*) ; → INSISTER.

II [~ qqn] → AIDER, PROTÉGER, RECOMMANDER, SOUTENIR, SERVIR II.

◇ **s'appuyer** ① *Ne vous appuyez pas sur la table* : [sout.] **prendre appui ♦** [partic.] **s'accouder, s'adosser*.** ② *Sur quoi s'appuie votre accusation ?* : → SE FONDER, REPOSER.

âpre ① *Un goût âpre* : → AMER. ② *Un ton âpre* : → AIGRE, MORDANT, RUDE. ③ *Âpre au gain* : → RAPACE.

âprement → DUREMENT.

après

I [prép.] ① → DERRIÈRE I. *Après six heures* : → PASSÉ. *Être après qqn. Pauvre gosse, sa mère est toujours après lui !* [fam.] (= être constamment derrière qqn pour le surveiller ou le réprimander) : [assez sout.] **harceler, presser*** II **♦ ↑ persécuter.** *Après quoi. Il partit, après quoi le sourire nous revint* [assez sout.] : [cour.] **après cela, ensuite*, alors.** *Après tout. Il n'est pas allé voter ; après tout, il aurait pu voter blanc* : **au fond, finalement, en définitive, en fin de compte.** ② *D'après. D'après les journaux, l'accident a fait douze victimes* : **selon, suivant, aux dires de ♦ selon, pour** (*d'après, selon, pour vous, que s'est-il passé ?*) ; → DIRE.

II [adv.] ① *Travaillons ! Après, nous sortirons* : **ensuite* ♦ ↑ plus tard ;** → APRÈS QUOI. *Je n'ai aperçu mon erreur qu'après* : [sout.] **a posteriori ;** → SECOND I. ② *Et après ?* : → ALORS. ③ *Ci-après. Voir les explications ci-après* : **infra ♦** [cour.] **ci-dessous, plus bas ;** → PLUS LOIN*.

après-midi *Nous viendrons cet après-midi* : [fam.] **tantôt.**

après-rasage : [anglic.] **after-shave.**

âpreté ① → AMERTUME. ② → RIGUEUR, DURETÉ.

a priori ① [loc. adv.] *Il n'y a a priori aucun inconvénient* : [moins sout.] **à première vue, au premier abord, au premier coup d'œil.** ② [n.m.] *Son frère est plein d'a priori* : [plus fam.] **idée toute faite ;** → PRÉJUGÉ, PARTI* PRIS.

à-propos → PROPOS II, PRÉSENCE* D'ESPRIT.

apte → BON I, CAPABLE.

aptitude → CAPACITÉ, FACILITÉ II.

apurement → VÉRIFICATION.

apurer → VÉRIFIER.

aqueux → EAU.

aquilin *Un nez aquilin* : [moins sout.] **en bec d'aigle, busqué, recourbé ;** → CROCHU.

arabe *Il y a beaucoup d'Arabes dans ce quartier* : le terme est souvent confondu en France avec **Maghrébin** (= originaire de Tunisie, d'Algérie ou du Maroc) ◆ **beur** (= jeune Maghrébin né en France de parents immigrés).

arabesque → COURBE.

arable *Il ne possédait que de bonnes terres arables* (= propre à la culture parce que pouvant être labouré) : [moins précis] **labourable, cultivable ;** → FÉCOND.

arachnéen → FIN III.

arbitrage → ARBITRE.

arbitraire ① *Les symboles mathématiques sont des signes arbitraires* (= qui dépend de la seule volonté humaine) : **conventionnel.** ② *La police multiplie les actes arbitraires* (= qui dépend du seul caprice de qqn) : [plus génér.] **injustifié, irrégulier** ◆ [didact.] **discrétionnaire** (= laissé à la liberté de l'Administration pour certaines mesures : *un pouvoir discrétionnaire*) ◆ ↑ **tyrannique, despotique ;** → ABSOLU, INJUSTE. ③ *Cette idée est complètement arbitraire* : **injustifié, gratuit, immotivé, artificiel** ◆ ↑ **fantaisiste** ◆ ↑ **tendancieux, de mauvaise foi ;** → BIZARRE. ④ [n.m.] *Ce pouvoir nous conduit à l'arbitraire le plus total* : ↑ **injustice*.**

arbitre ① *La négociation aboutira si elle est conduite par un bon arbitre* : **médiateur, conciliateur** ◆ → INTERMÉDIAIRE. *Un arbitre sportif* : **juge*.** ② *Après sa victoire, il est l'arbitre de la situation* : **maître,** ↑ **maître absolu** ◆ **contrôler*** (*il contrôle...*) ; → DOMINER.

◇ **arbitrage** ① *Les deux pays s'en remettront à l'arbitrage d'une cour internationale* (= règlement d'un différend rendu par une instance à laquelle se soumettent les parties en conflit) : **conciliation, médiation ;** → ENTREMISE. ② *L'arbitrage nous est défavorable* (= la décision est rendue) : **verdict, décision, jugement, sentence.**

arbitrer → JUGER.

arborer → MONTRER, PORTER.

arboriculteur Celui qui cultive les arbres : le **pépiniériste** cultive les plants ◆ le **sylviculteur** entretient la forêt.

arboriculture → JARDINAGE.

arbre → AXE.

arc → COURBE.

arcade → VOÛTE.

arcane → SECRET III.

arc-boutant → ÉTAI.

arc-bouter (s') → S'ADOSSER.

arceau → VOÛTE.

archaïque *Cette façon de faire est assez archaïque* : **anachronique* ;** → DATER, ARRIÉRÉ, ANCIEN, RETARDATAIRE.

archange → ANGE.

arche → VOÛTE.

archétype → MODÈLE I.

archi → TRÈS.

archipel → ÎLE.

architecte → CONSTRUCTEUR.

architecture → STRUCTURE.

archive → DOCUMENT.

arctique → POLAIRE, PÔLE NORD*.

ardemment → VIVEMENT, PROFONDÉMENT.

ardent ① *Un foyer ardent illuminait la pièce* [rare] (= qui brûle, qui est en combustion) : [cour.] **embrasé, enflammé, incandescent** ◆ ↓ **brûlant ;** → CHAUD. ② *Il faisait un soleil ardent* : **brûlant, de**

plomb ◆ ↑ **torride, de feu** ; → ACCABLANT.
③ *C'était un homme ardent, plein de la
fièvre d'entreprendre* : **bouillant, bouillon-
nant*, passionné*, enflammé, fougueux** ;
→ FRÉMISSANT. *Un ardent défenseur de* :
chaud* ◆ [postposés] **acharné, véhément*** ;
→ VIBRANT. *Elle avait un tempérament très
ardent* (= porté à l'amour) : ↑ **volcanique,
de feu** ; → DÉVORANT, EXALTÉ, VIOLENT.
④ *Une foi ardente* : **fervent, profond***.
⑤ *Être ardent à. Il était ardent au travail* :
acharné* à.

◇ **ardeur** *C'était un homme plein d'ardeur*
(= force qui pousse à agir) : **fougue*,
flamme, vigueur*, vitalité***. *Manifester de
l'ardeur au travail* : **élan, acharnement.**
Travailler avec ardeur : **d'arrache-pied** ;
→ ACTIVITÉ, JUVÉNILE, EMPRESSEMENT. *L'ardeur de ses sentiments m'effraie un peu* :
violence, impétuosité, véhémence ◆ ↑ **furie** ◆ ↓ **chaleur** ; → ENTRAIN, FERVEUR,
PASSION. *Sans ardeur* : **mollement***.

ardoise → ADDITION.

ardu → DIFFICILE, SAVANT II, MALAISÉ,
SÉVÈRE.

arène *Descendre dans l'arène* : → LUTTER.

aréopage → COMPAGNIE.

arête → ANGLE.

argent ① *Avez-vous de l'argent sur
vous ?* : [fam., pl.] **sous** ◆ [fam. ou très
fam.] **fric, thune** (*de la thune*), **blé, pèze,
pognon, oseille** ◆ [fam., pl.] **ronds, picaillons** ◆ [fam.] **galette** (= somme importante) ◆ **monnaie,** [fam.] **mitraille**
(= menue monnaie que l'on porte sur
soi) ◆ [pl.] **espèces** (surtout dans *payer
en argent liquide, en liquide, en espèces,
en espèces sonnantes et trébuchantes*) ◆ [di-
dact.] **numéraire** (= monnaie ayant cours
légal) ◆ [didact.] **disponibilités, liquidités**
(= sommes immédiatement disponibles)
◆ **financement** (= action de fournir de
l'argent, des capitaux et, par méton.,
ces capitaux eux-mêmes) ; → CAPITAL II,
BILLET. ② *De l'argent* : **être riche***.
Sans argent : → SEC II, VAILLANT. *Gagner
beaucoup d'argent* : ↑ **une, des fortune(s),**
[fam.] **des mille et des cents** ◆ [fam.] **faire
du fric,** [cour.] **faire fortune.** *Avoir de*

l'argent de côté : → ÉCONOMIE. *Avoir des
ennuis d'argent* : → FINANCIER. *Prendre
pour argent comptant* : → CROIRE.

argenté ① → RICHE. ② → BLANC I, GRIS.

argentin → CLAIR.

argile ① *Un vase en argile* : [plus rare]
glaise, terre glaise. ② [litt.] *Nous sommes
pétris de la même argile* : **limon** ◆ [cour.]
avoir la même origine.

argot → JARGON, VERT.

arguer *Il a argué de ses titres pour imposer son autorité* [assez sout.] (= faire état
de qqch à titre d'argument) : **se prévaloir
de, prétexter de, alléguer** ◆ [plus cour.] **tirer
argument de, mettre en avant** (*il a mis ses
titres en avant pour*) ◆ ↓ **faire état de.**

argument → ARGUER, RAISON II, PREUVE.

argumentation → RAISONNEMENT.

argumenter → DISCUTER, CONTESTER.

argutie → SUBTILITÉ.

aria → MÉLODIE, CHANT.

aride ① *Des terres arides, séchées par le
soleil* : ↑ **désertique, stérile*** ◆ ↓ **maigre,
pauvre** ; → SEC I. ② *Il trouve les mathématiques trop arides* : **rébarbatif, ingrat,
austère*.**

◇ **aridité** ① → SÉCHERESSE I. ② *L'aridité
d'une lecture* : **austérité.**

ariette → MÉLODIE.

aristocrate → NOBLE.

aristocratie → NOBLESSE.

aristocratique → NOBLE.

arithmétique → CALCUL.

armada → TROUPE I.

armagnac → ALCOOL.

armature → CARCASSE, OSSATURE.

arme

I On distingue les *armes à feu* (**fusil,
revolver,** etc.) et les *armes blanches* (**poi-**

gnard, épée, etc.) *Sans arme* : **à mains nues.**

II [pl.] Dans l'héraldique, figures représentées sur l'écu. *Les armes d'une illustre famille* : **armoiries** (= ensemble des signes, devises et ornements intérieurs et extérieurs de l'écu). ♦ **blason** (= ensemble des armoiries et science des armoiries).

armée ① → RÉGIMENT. ② *Une armée de journalistes* : **un grand nombre de, une foule* de** ; → BEAUCOUP, MULTITUDE, TROUPE II.

armement *L'armement d'un navire* [génér.] : [partic.] **équipement, équipage, matériel** (qui en désignent les éléments).

armer ① [~ qqn de qqch] *Il arriva, armé de multiples appareils photographiques* : **munir de,** [dans cet ex. et le suivant] **avec.** *Armé de courage, de patience* : [plus rare] **doté.** *Les épreuves l'avaient armé contre l'adversité* : **endurcir*.** ② [~ qqch de qqch] *Armer une flèche d'une pointe en fer* : [plus génér.] **pourvoir, doter.** ③ *Armer un bateau* : → ÉQUIPER.

◊ **s'armer** [de armer ①] : **se munir de, se doter de, s'endurcir*.**

armistice → TRÊVE.

armoire ① *Armoire frigorifique* : → GLACIÈRE. ② → HOMME.

armoiries → ARME II.

armure → PROTECTION.

arnaque → ESCROQUERIE, TROMPERIE.

arnaquer → TROMPER.

arnaqueur → VOLEUR, ESCROC, TRICHEUR, TROMPEUR.

aromate → ASSAISONNEMENT.

aromatique → ODEUR.

arôme → PARFUM.

arpent → CHAMP.

arpenter ① → MESURER. ② → MARCHER.

arpion → PIED.

arqué → COURBE.

arquer → MARCHER.

arrachage → ARRACHER.

arraché (à l') → JUSTESSE.

arrachement → ARRACHER.

arrache-pied (d') → ARDEUR.

arracher ① [~ qqch du sol] *Il faudra que nous arrachions cette souche* : **déraciner** (qui s'emploie en parlant d'arbres, mais non de plantes) ♦ **débroussailler, essarter** (= arracher des broussailles) ♦ **récolter** (qui s'emploie en parlant de certains légumes : *récolter, arracher les pommes de terre*). ② [~ qqch] *On m'a arraché une dent* : **enlever*, ôter** ♦ [plus sout.] **extraire** ♦ ↑ **éradiquer, extirper** (= arracher radicalement : *extirper une tumeur*). *Le vent a arraché la toiture* : **emporter.** ③ [fig.] *Arracher le cœur* : → DÉCHIRER. ④ [~ qqch des mains de] *Il m'a arraché ce couteau des mains* : ↓ **prendre** ♦ ↓ **ôter, enlever, retirer** ♦ [sout.] **ravir.** ⑤ [~ qqch à qqn] *Je lui ai arraché son secret* : ↑ **extorquer** (qui insiste sur la violence employée ou le caractère frauduleux de l'action) ♦ ↓ **obtenir** (*obtenir qqch de qqn*). ⑥ [~ qqn à qqch] *Quand pourrons-nous l'arracher à la passion du jeu ?* : ↓ **détourner de, détacher de, soustraire à.** *Arracher qqn à la mort* : [moins express.] **sauver de.** *Arracher qqn à la misère* : ↓ **tirer de.**

◊ **s'arracher** ① → EFFORT. ② *Cette salle est très demandée, on se l'arrache !* : **se disputer.**

◊ **arrachage** ① [de arracher ①] : **déracinement, débroussaillage, essartage, récolte.** ② [de arracher ②] : **extraction, éradication, extirpation.**

◊ **arrachement** ① *L'arrachement d'une dent* : **arrachage** ♦ [didact.] **extraction.** ② *Ce départ de Bretagne est un difficile arrachement* : ↓ **rupture*** ♦ ↑ **déracinement.**

arraisonner → ARRÊTER II.

arrangeant → CONCILIANT.

arrangement → ARRANGER.

arranger ① [~ qqch] Disposer harmonieusement. *Arranger un appartement* :

[en partic.] **installer, aménager** (= mettre et disposer tout le nécessaire) ◆ [plus partic.] **meubler** ◆ **agencer** (= disposer harmonieusement un ensemble) ◆ ↑ **refaire, transformer** (= modifier radicalement l'état initial) ; → AMÉLIORER. *Arranger un bouquet* : **composer* I.** *Arranger des livres* : → ORDONNER. *Arranger une viande* : **parer.** *Savoir bien arranger les plats* : **préparer, accommoder.** ②[~ qqch] *Modifier pour adapter à une destination particulière. Il a arrangé l'histoire à sa façon !* : **combiner*, accommoder** ; → DONNER UN COUP DE POUCE*. ③[~ qqch] *Nous vous arrangerons un rendez-vous* : [plus sout.] **aménager, préparer, ménager*** ◆ ↑ **organiser** ◆ ↑ **combiner** ; → COORDONNER, VEILLER À. ④[~ qqch] *Il faut que je fasse arranger ma montre* : **réparer*.** ⑤[~ qqn] *Ce rendez-vous ne m'arrange pas !* : **convenir, aller** ◆ [sout.] **enchanter** ◆ [express.] **y trouver son compte** ; → AMUSER, PLAIRE. ⑥[~ qqn] Maltraiter. *Les critiques l'ont drôlement arrangée !* : **dire du mal de** ; → MALMENER. *Il s'est fait arranger* : → ABÎMER, BLESSER, VOLER II, MALMENER, SOIGNER.

◇ **s'arranger** ①[qqn ~ avec qqn, de qqch] → D'ACCORD, S'ACCOMMODER. ②[qqch ~] → S'AMÉLIORER, ALLER III, SE REFAIRE, SE TASSER.

◇ **arrangement** ①[de arranger ①] : **installation, aménagement, agencement, transformation** ; → AMEUBLEMENT. ②[de arranger ③] : **aménagement, organisation** ; → COMBINAISON. ③ *Réconciliez-vous, trouvez un arrangement !* : **accord*, compromis, accommodement, modus vivendi** ; → COMPOSER IV, DEMI-MESURE, CONCILIATION. ④ *Arrangement musical* : → HARMONISATION.

arrestation → CAPTURE, RAFLE.

arrêt ① [de arrêter ①] : **immobilisation, paralysie, asphyxie.** ② [de arrêter ②] : **suspension*, cessation, interruption.** ③ *Au cours de notre voyage, nous ferons un certain nombre d'arrêts* : **halte** ◆ **pause** (= arrêt de courte durée) ◆ **escale** (= halte au cours d'un voyage par air ou par mer). ④ *Un arrêt de bus* : **station** (qui se dit aussi pour le métro). ⑤[dans le langage juridique] *Un arrêt du tribunal* : **sentence*.**

⑥ *Les syndicats ont décidé un arrêt de travail de quarante-huit heures* : **interruption, cessation** ◆ **grève** (*ils ont décidé une grève de quarante-huit heures*). ⑦ *Sans arrêt. Il bavarde sans arrêt* : **sans cesse** ◆ [plus sout.] **sans répit, sans trêve, sans relâche** (qui ne s'emploient qu'en parlant d'une activité qui demande quelque effort : *il travaille sans arrêt, sans répit*) ; → CONSTAMMENT, TOUJOURS, JET, DU MATIN* AU SOIR.

arrêté ①[n.m.] → LOI. ②[adj.] → DÉFINITIF.

arrêter

I [~ qqch, qqn] ① *D'importants travaux arrêtent la circulation sur la nationale 10* : **immobiliser** ◆ ↑ **asphyxier, paralyser** ◆ [plus fam.] **bloquer, stopper.** *Arrêter ses regards sur qqch* : **fixer.** *Rien ne l'arrête* : **retenir, rebuter.** ② *Une grève nous impose d'arrêter nos livraisons* : **suspendre, cesser, interrompre.** *Arrêter l'évolution d'une maladie* : **stopper, tenir en échec** ◆ ↓ **mettre un frein à** ◆ [sout.] ↓ **juguler, contenir, endiguer, enrayer** ; → FINIR, METTRE UN TERME*, STABILISER.

◇ **s'arrêter** ①[qqn ~] *Vous pensez vous arrêter longtemps en Auvergne ?* : [plus sout.] **faire halte** ◆ **rester, séjourner,** [fam.] **se poser** (qui impliquent qu'on se fixe assez longtemps quelque part) ; → DEMEURER. ②[qqn ~] *S'arrêter de travailler* : → ABANDONNER I. ③[qqch ~] *La voiture s'est arrêtée le long du trottoir* : **stopper** ◆ **stationner** (= rester à l'arrêt) ◆ **caler** (= s'arrêter brutalement) ; → S'IMMOBILISER. ④[qqch ~] *La pluie va-t-elle enfin s'arrêter ?* : **finir*** ◆ [plus sout.] **cesser.** *Sans s'arrêter* : → D'AFFILÉE.

II [~ qqn] *La police a arrêté à l'aube une bande de trafiquants* : **appréhender** ◆ **capturer, s'emparer de, intercepter** (qui supposent que l'arrestation a eu lieu après poursuite ou combat). *Se faire arrêter* : [très fam.] **se faire choper, cueillir, emballer, embarquer, poisser, ramasser** ; → SE SAISIR, PINCER, PRENDRE. *Arrêter un bateau en mer* : **arraisonner** ◆ [en partic.] **saisir*.**

III [~ qqch] *Nous avons arrêté une date pour notre prochaine réunion* (= fixer par un choix, déterminer de manière définitive) : **fixer** ◆ [plus génér.] **décider de,**

convenir de ; → CHOISIR, RÉGLER. *Arrêter un marché* : **conclure.**

arrhes → ACOMPTE, DÉPÔT.

arriération *Arriération mentale* : → DÉBILITÉ.

arrière → POSTÉRIEUR. *À l'arrière* : → DERRIÈRE.

arriéré ① *Ce sont des habitudes d'arriéré !* : **attardé** ◆ ↑ **taré*** ◆ [moins express.] **retardé ;** → ARCHAÏQUE. *Un pays arriéré* : → RETARD. ② [~ mental] *Le comportement des arriérés* : **débile** ◆ ↓ **attardé, retardé ;** → SIMPLE.

arrière-garde → ANACHRONIQUE.

arrière-goût ① → GOÛT I. ② → SOUVENIR. ③ → SENTIMENT II.

arrière-pays → INTÉRIEUR II.

arrière-pensée → CALCUL.

arrière-plan → DERRIÈRE I, LOINTAIN.

arrière-saison → AUTOMNE, SAISON.

arrière-train → DERRIÈRE.

arrimer → ATTACHER I.

arrivage *L'arrivage du poisson, des fruits aux Halles* [terme propre] : [cour.] **arrivée.**

arrivée [de arriver I] ① *L'arrivée d'un train* : [en partic.] **entrée en gare.** *L'arrivée d'un avion* : **atterrissage.** ② *Voici l'arrivée de la pluie* : **commencement*, début.** *L'arrivée du soleil* : **apparition.** *L'arrivée à de hautes fonctions* : → ACCESSION. *À l'arrivée de* : → VOISINAGE. ③ *On attend l'arrivée de nombreux touristes* : **venue** ◆ ↑ **afflux, envahissement*** ◆ [fam.] **débarquement** ◆ [iron.] **arrivage.**

arriver

I [qqn, qqch ~] ① *J'arriverai au sommet vers midi* : **parvenir à, atteindre** (*j'atteindrai le sommet ...*) ; → ACCÉDER, ABORDER, RALLIER, ÊTRE AU RENDEZ-VOUS*. *L'avion arrive de Londres* : **venir de, être en provenance de.** *Notre ami est arrivé à l'improviste* : **survenir** ◆ [fam.] **tomber ;** → DÉBARQUER, SE POINTER, VENIR. *Arriver bien* : **tomber* du ciel.** *Les gens arrivent,*

il va y avoir foule ! : ↑ **affluer.** ② *Il a de l'ambition : il arrivera* (= atteindre à un état social supérieur) : **réussir*** ◆ [plus fam.] **percer*.** ③ *Vous êtes quand même arrivés à le faire sourire ?* : **parvenir à ;** → ABOUTIR, S'ACHEMINER. ④ *Le chemin arrive à l'eau* : → ABOUTIR. *L'eau arrive jusqu'au seuil des maisons* : **monter*** I, **s'élever.** ⑤ *Voici la nuit qui arrive* : **venir, approcher*.**

II [qqch ~] *Il est arrivé un grave accident, un grave accident est arrivé* : **se produire, survenir, advenir** ◆ **avoir lieu** (*un grave accident a eu lieu*) ◆ **se passer** (qui implique que l'événement est saisi dans sa durée : *c'est arrivé, cela s'est passé la semaine dernière*) ; → SE RÉALISER, SE PRÉSENTER.

arrivisme → AMBITION.

arriviste → AMBITIEUX, INTRIGANT.

arrogance → INSOLENCE, DE HAUT*.

arrogant → INSOLENT, ROGUE, SUPÉRIEUR I.

arroger (s') → S'ATTRIBUER, USURPER.

arrondi → COURBE.

arrondir ① *Rendre rond.* ② *Arrondir ses gains* : → AUGMENTER, ÉLARGIR. ③ *Arrondir un cap* : → CONTOURNER.

◇ **s'arrondir** → GROSSIR.

arrondissement → QUARTIER, DIVISION.

arrosage → ARROSER.

arroser ① *Il faudra penser à arroser les fleurs* : [didact.] ↓ **bassiner.** *Arroser le linge avant de le repasser* : ↓ **humecter,** ↑ **mouiller*.** *Il m'a arrosé avec le jet d'eau* : **asperger, doucher ;** → TREMPER. ② *Sa lettre était arrosée de larmes* : [sout.] **baigner** (qui se dit aussi du visage) ; → PLEIN. ③ *La Seine arrose Paris* : [plus génér.] **traverser** ◆ **irriguer** (= arroser artificiellement une terre par un cours d'eau) ◆ **baigner*** (qui se dit surtout de la mer et des lacs). ④ *Le candidat a visiblement arrosé ses électeurs* : ↑ **acheter*.** ⑤ → CANONNER. ⑥ → FÊTER.

◇ **arrosage** ① [de arroser ①] : **aspersion.** ② [de arroser ③] : **irrigation.**

arsenal *Un arsenal de* : → RÉSERVE I.

art → ADRESSE I.

artère ① → VAISSEAU I. ② → RUE, VOIE.

artériole → VAISSEAU I.

arthrite, arthrose → RHUMATISME.

article ① *Article de journal* : [arg. des journalistes] **papier** ◆ **éditorial** (= article qui émane de la direction d'un journal ou d'une revue) ◆ **chronique** (= article régulièrement consacré à un sujet sérieusement approfondi) ◆ **entrefilet** (= petit article) ◆ **rubrique** (= cadre général d'une série d'articles) ◆ **tribune** (= espace réservé à une opinion extérieure à la rédaction) ◆ [en partic.] **interview, reportage, analyse*, étude.** ② *Sur cet article* : **sur ce point*, en cette matière*, à ce sujet*.** ③ *Nous n'avons pas cet article en magasin* : **produit*** ; → MARCHANDISE.

articulation ① → JOINTURE. ② → PRONONCIATION, ÉLOCUTION.

articuler → BALBUTIER, PRONONCER, DIRE.

artifice → MENSONGE, RUSE, SUBTILITÉ.

artificiel → FACTICE, ARBITRAIRE, SOPHISTIQUÉ.

artificieux → TROMPEUR.

artisan ① → FABRICANT. ② *Être l'artisan de* : → AUTEUR, ACTEUR.

artiste → ACTEUR, ACROBATE, BOHÈME, PEINTRE.

arythmie → CŒUR I.

as *Au tennis, il est imbattable ; c'est un as !* : **champion, crack** ; ◆ [d'emploi plus restreint] **aigle** ◆ **génie, génial** (*il est génial*) ; → VIRTUOSE.

ascendance → ORIGINE.

ascendant

I → AUTORITÉ, CHARME, INFLUENCE.

II ① → TUTEUR. ② → AÏEUX.

ascenseur → MONTE-CHARGE.

ascension → MONTÉE, ESCALADE.

ascèse ① *L'ascèse* est une **discipline** que certains s'imposent pour tendre vers la perfection* morale et spirituelle. La **mortification** est une **pénitence** que certains s'imposent en espérant en obtenir le pardon de leurs péchés. ② → EFFORT.

ascétique → AUSTÈRE, MONACAL.

ascétisme → AUSTÉRITÉ.

asepsie → ASSAINISSEMENT.

ashkénaze → JUIF.

asile → ABRI, REFUGE.

asocial → MARGINAL.

aspect ① *Un drôle d'aspect* : → AIR, FORME, PHYSIONOMIE. ② *Sous cet aspect* : → CÔTÉ, ÉCLAIRAGE, FACE, POINT DE VUE*, RAPPORT II.

asperge → GRAND.

asperger → ARROSER, MOUILLER.

aspérité → INÉGALITÉ, RELIEF.

aspersion → ARROSAGE.

asphalte → BITUME.

asphyxie ① → ÉTOUFFEMENT. ② → ARRÊT, PARALYSIE.

asphyxier ① → ÉTOUFFER. ② → ARRÊTER I.

aspirant → POSTULANT.

aspiration → AMBITION, SOUHAIT.

aspirer

I ① *Respirer, c'est aspirer puis expirer* : **inspirer,** [fam.] **renifler** (= aspirer longuement l'air) ◆ **inhaler** (= aspirer un gaz, des vapeurs) ◆ **humer** (= aspirer pour sentir) ; → RESPIRER I. ② *Cet appareil permet d'aspirer l'eau* : **pomper*.**

II [~ à] → AMBITIONNER, APPELER I, SOUHAITER, ESPÉRER.

assagir (s') → S'ADOUCIR, SE RANGER.

assaillant → ATTAQUANT.

assaillir → ATTAQUER.

assainir → ASSÉCHER, PURIFIER, ÉPURER.

assainissement ① *Il faudra procéder à l'assainissement de la chambre du malade* : **désinfection** ◆ [en partic.] **asepsie, antisepsie, stérilisation** (= méthodes qui permettent d'empêcher la pénétration de germes dans l'organisme). ② *L'assainissement d'un sol* : [en partic.] **assèchement, drainage** ; → ÉPURATION. ③ *L'assainissement des mœurs* : **purification, redressement.** *Les chefs du parti ont décidé de procéder à un assainissement* : **nettoyage** ◆ ↑ **épuration** ; → COUP DE BALAI*.

assaisonné ① *La sauce était bien assaisonnée* : **relevé*.** ② *Une note de restaurant assaisonnée* : **soigné*, épicé** ; → ÉCORCHER.

assaisonnement Ingrédients ajoutés aux aliments pour en relever le goût : **épices** (= poivre, piment, cannelle) ◆ **condiments** (= moutarde, sel, vinaigre) ◆ **aromate** (= substance végétale odoriférante telle que girofle, basilic).

assaisonner → ACCOMMODER.

assassin ① → MEURTRIER I. ② *Des propos assassins* : → MALVEILLANT.

assassinat → CRIME.

assassiner → TUER.

assaut ① *Les assauts de l'armée ennemie* : [plus génér.] ↓ **attaque** ◆ ↑ **charge, coup de main** (= attaque à l'improviste, avec peu de moyens) ◆ **engagement,** ↓ **escarmouche,** ↓ **accrochage** (= attaque isolée et de courte durée) ◆ ↑ **offensive** (qui implique l'idée de stratégie et d'importants moyens matériels) ◆ **raid** (= attaque menée loin en territoire ennemi par des troupes spécialisées) ; → COMBAT, CONQUÊTE, MONTER EN LIGNE*. ② *Faire assaut de* : **rivaliser*.** *Prendre d'assaut* : → ASSIÉGER.

asséché → ASSÉCHER, SEC I.

assèchement → ASSAINISSEMENT, TARISSEMENT.

assécher *Assécher une région marécageuse* (= faire disparaître l'humidité naturelle d'une terre) : **drainer** ◆ [plus génér.] **assainir.** *Assécher un bassin* (= mettre à sec) : **vider** ; → ÉPUISER, SÉCHER, METTRE À SEC*.

assemblage → ASSEMBLER.

assemblée → RÉUNION, SOCIÉTÉ I, COMPAGNIE II, CONFÉRENCE.

assembler ① [~ des êtres vivants] *Mes amis, je vous ai assemblés pour fêter mon retour* [rare] : [cour.] **rassembler*, réunir.** *Les voici assemblés par les liens du mariage* [rare] : [cour.] **unir.** *Assembler des animaux par couples* : **accoupler.** ② [~ des choses] *Il faudrait assembler tous les documents possibles sur l'histoire de votre ville* [rare] : [cour.] **regrouper, rassembler, réunir** ◆ **coupler,** [sout.] **apparier** (= assembler par deux) ◆ **recueillir** (= rassembler avec beaucoup de soin et d'attention) ◆ **ramasser** (= rassembler des choses éparses). ③ [~ qqch] *L'ébéniste assemble les diverses pièces d'un meuble avec de la colle et des vis* : **monter*** ◆ **coller, clouer, visser, cheviller** (qui se disent de diverses manières d'assembler) ; → ASSEMBLAGE, COMBINER.

◇ **assemblage** ① *L'assemblage des pièces d'une charpente* : **montage** (montage d'une charpente) ◆ ↑ **ajustage** ; → COMBINAISON, GROUPEMENT. ② *Voici un bel assemblage d'idées bizarres !* : **amalgame, amas*** ; → MÉLANGE.

◇ **s'assembler** *La foule s'est assemblée sur la place* : [plus cour.] **se rassembler** ◆ [plus partic.] **se réunir, s'attrouper, se regrouper** ◆ ↑ **se masser, s'entasser*.**

assener → ALLONGER.

assentiment → APPROBATION.

asseoir ① → AFFIRMER, ÉTABLIR. ② *En rester assis* : → ÉTONNER, SOUFFLER.

assertion → AFFIRMATION.

asservi → ESCLAVE.

asservir → OPPRIMER, SOUMETTRE.

asservissement → OPPRESSION.

assesseur → AIDE, SUPPLÉANT.

assez ① *Avoir assez d'argent* : **suffisamment.** *Merci, c'est assez !* : **suffisant** ; → SUFFIRE. ② *Cette maison est assez jolie* :

passablement, plutôt ; → RELATIVEMENT, TRÈS. ③ *En voilà assez !* : [plus fam.] **ça suffit** ♦ [sout.] **c'est assez, c'en est assez ;** → TRÊVE* DE. *En avoir assez* : [sout.] **être excédé de** ♦ [fam.] **en avoir marre** ♦ [très fam.] **en avoir plein le dos, par-dessus la tête** ♦ **en avoir ras le bol** ♦ [vulg.] **en avoir plein le cul ;** → SE FATIGUER.

assidu → RÉGULIER.

assiduité → RÉGULARITÉ.

assidûment → RÉGULIÈREMENT.

assiéger ① *L'ennemi assiège la ville* : → CERNER, SIÈGE III. ② *La foule des voyageurs assiégeait le guichet* : **prendre d'assaut** ♦ ↓ **se presser à, se bousculer à.** ③ *Elle était assiégée de réclamations* : **accabler** ♦ [fam.] **bombarder** ♦ [plus sout.] **importuner ;** → PERSÉCUTER, TOURMENTER.

assiette → BASE. *Être dans son assiette* : **d'aplomb*.**

assignation → APPEL.

assigner → AFFECTER I, APPELER I.

assimilable

I [de assimiler I] ① *Son nouveau poste est assimilable à celui de patron* : **semblable*,** ↓ **comparable.** ② *Les migrants âgés sont plus difficilement assimilables que les jeunes* : **intégrable,** [plus génér.] **adaptable.**

II [de assimiler II] De qqch qui est difficilement *assimilable,* on dit que c'est **peu digeste,** [fam.] **dur à digérer,** ↑ **indigeste ;** → COMPRÉHENSIBLE.

assimilation

I [de assimiler I] ① *L'assimilation d'un grand lac avec la mer* : **identification,** ↓ **comparaison,** ↓ **rapprochement, parallèle** (*la mise en parallèle*), **amalgame.** ② → INCORPORATION. *L'assimilation des migrants* : **insertion, intégration,** [en partic.] **acculturation.**

II [de assimiler II] *L'assimilation d'une langue étrangère* : ↓ **apprentissage.** *L'assimilation des mathématiques* : ↓ **apprentissage, compréhension,** [plus génér.] **accès à.**

assimilé → SEMBLABLE.

assimiler

I ① [~ qqn, qqch à] *Pourquoi vouloir assimiler la vie au travail ?* : **ramener à, confondre** (*confondre la vie et le travail, la vie avec le travail*) ; → RAPPROCHER, COMPARER. ② *Chercher à assimiler les communautés étrangères* : **intégrer** ♦ [en partic.] **acculturer.**

◇ **s'assimiler à** *Le nouveau a eu du mal à s'assimiler à la classe* : **s'intégrer à, s'insérer dans** ♦ ↑ **se fondre dans.**

II [~ qqch] *Difficile à assimiler* : → INDIGESTE. *Il assimile difficilement les mathématiques* : **acquérir** ♦ [plus fam.] **digérer** ♦ [rare] **intégrer ;** → COMPRENDRE II, APPRENDRE.

assise → BASE.

assistance

I → PROTECTION, SECOURS. *Se porter, se prêter assistance* : → SE SOUTENIR.

II → FOULE, SPECTATEUR. *Distraire l'assistance* : → COMPAGNIE II.

assistant → AIDE, SECOND II.

assisté → PAUVRE.

assister

I [~ qqn] ① → AIDER, SECONDER, SECOURIR. *Assister un mourant* : **accompagner.** ② *Être assisté de ses amis* : → ACCOMPAGNER.

II [~ à qqch] → PRÉSENT I, PARTICIPER, VOIR.

associatif *On assiste à un développement des mouvements associatifs* : [partic.] **caritatif** (= qui concerne les associations à but charitable).

association → ASSOCIER.

associé → COLLABORATEUR, MEMBRE II.

associer ① [~ qqn] *Nous sommes parvenus à associer quelques personnes à ce projet* (= réunir des personnes par une communauté d'intérêts, de sentiments) : **unir, réunir, agréger** ♦ [en partic.] **fédérer** (= réunir sous une autorité commune), ↑ **liguer, coaliser** (= réunir pour une action commune) ♦ [plus génér.] **grouper, regrouper** ♦ ↓ **intéresser** ♦ ↑ **enrôler ;** → MOBILISER. ② [~ qqn à qqch] *Il a associé* *son frère à son travail* (= faire participer à une activité commune) : **adjoindre, faire collaborer.** ③ [~ qqch à qqch] *Il associe la gentillesse à l'efficacité* : **unir, allier, joindre*.** *Associer des couleurs* : → COMBINER.

◇ **s'associer** ① [qqn ~ avec qqn] *Je m'associerai avec vous pour plus d'efficacité* : **s'allier, s'unir*, collaborer, se joindre à.** ② [qqn ~ à qqch] *Je m'associe à votre douleur, votre bonheur* : **prendre part à, participer à** ◆ **partager** (*je partage votre douleur*). *S'associer à une conversation* : **se joindre, participer.** ③ [absolt] *Les pays producteurs de pétrole viennent de s'associer pour défendre leurs intérêts* : **former une association*** ◆ **s'unir*, s'allier, se grouper** ◆ [de associer ③] **se fédérer, se liguer, se coaliser.** ④ [qqch ~ à qqch] *Les nouveaux rideaux s'associent très bien à la moquette* : **s'harmoniser avec, s'accorder avec,** [plus cour.] **aller avec.**

◇ **association** ① [de associer ① et ③] : **union*, réunion, groupement, regroupement.** *Il fait partie de l'association sportive de son village* (= réunion d'individus groupés pour un objectif déterminé, sans but lucratif) : **société*** (= association de personnes réunies pour une activité ou des intérêts communs), **ligue, confédération** (= association internationale). *Une association sportive, de loisirs* : **club.** *Une association politique* : **club, parti, comité** ◆ **collectif** (= association sociale et politique) ; → COALITION, SYNDICAT. *Une association économique* : **cartel, chambre, compagnie*, corporation.** *Une association religieuse* : **confrérie, patronage, congrégation.** ② *Association d'idées* : → ANALOGIE, SYNTHÈSE. *Une association de couleurs* : → MARIAGE II.

assoiffé *Être assoiffé* : → SOIF. *Assoiffé de richesses* : → AFFAMÉ.

assoiffer → ALTÉRER II, SOIF.

assombrir ① → OBSCURCIR. ② → AIGRIR.

assommant ① *Un bruit assommant* : → ABRUTISSANT. ② *Qqn est assommant* : → COLLANT, ENNUYEUX, FATIGANT, TUANT.

assommer ① *Ce coup sur la tête l'a assommé* : ↓ **étourdir*** ◆ ↑ **mettre K.-O.**

◆ [fam.] **estourbir, sonner.** *Le bruit m'assomme* : → TUER. ② → ENNUYER.

assonance → ALLITÉRATION.

assorti → CONFORME.

assortiment → CHOIX, LOT, MÉLANGE, SÉRIE, STOCK.

assortir → MARIER II, ACCORDER I.
◇ **s'assortir** ① → SE MARIER. ② → S'ACCOMPAGNER.

assoupi → SOMNOLENT, SOMMEILLER.

assoupir (s') → DORMIR.

assoupissement ① *Plonger dans un profond assoupissement* : ↓ **engourdissement** ◆ ↑ **léthargie, torpeur, coma** (= états pathologiques) ◆ ↓ **somnolence** (= assoupissement peu profond, mais auquel il est impossible de résister) ; → ALOURDISSEMENT, SOMMEIL. ② *Une économie plongée dans l'assoupissement* : **en sommeil** ◆ ↑ **paralysie.**

assouplir *Rendre souple*.* ① *Assouplir son corps* : **délier** (qui se dit surtout des muscles et articulations). ② *Assouplir le caractère de qqn* : **former, façonner, discipliner** ◆ ↑ **mater.** ③ *Assouplir le règlement* : **aménager.** *Assouplir un ordre* : **atténuer ;** → ADOUCIR.

◇ **assouplissement** ① *Faire des assouplissements* : [plus génér.] **exercices corporels** ◆ [partic., fam.] **pompes.** ② [de assouplir ③] : **aménagement, atténuation.**

assourdi → SOURD II.

assourdir ① → ABRUTIR. ② → ÉTOUFFER.

assourdissant → ABRUTISSANT, BRUYANT, RETENTISSANT, ÉTOURDISSANT.

assouvir ① *Assouvir la faim, la soif de qqn, d'un animal* : **étancher,** [moins employé] **éteindre** (qui ne se disent que pour la soif) ◆ **rassasier*** (qui ne se dit que pour la faim) ◆ ↓ **calmer, apaiser ;** → CONTENTER. ② *Elle est parvenue à assouvir sa vengeance* (= apaiser un désir, une passion) : [plus génér.] **satisfaire** ◆ [moins employé] **éteindre.**

assouvissement → SATISFACTION.

assujettir ① → ASSURER, FIXER. ② → OP-PRIMER, PLIER I, SOUMETTRE.

◇ **s'assujettir** → SE SOUMETTRE.

assujettissement → SERVITUDE, SUB-ORDINATION.

assumer *J'assumerai pleinement la responsabilité de mes actes* : **endosser** ◆ [plus génér.] **supporter.**

◇ **s'assumer** *À son âge, il va peut-être finir par s'assumer ?* : [selon le sens] **se prendre en charge, s'accepter.**

assurance ① → APLOMB II, CALME, DÉCISION, CONFIANCE. ② → GARANTIE.

◇ **assurances sociales** → SÉCURITÉ.

assuré ① → CERTAIN, CONVAINCU, CONFIANT. ② *D'un pas assuré :* → FERME II, SÛR I.

assurément ① *Assurément, il était ivre !, il était assurément ivre !, il était ivre, assurément !* : **sans aucun doute, sans dicussion, de toute évidence, indéniablement, indiscutablement, indubitablement, manifestement, incontestablement, sans contestation** (*sans contestation possible*) ◆ [rare] **sans conteste, sans contredit.** ② *Je viendrai, assurément !* : **à coup sûr** ◆ ↓ **sûrement, certainement, sans doute** (qui impliquent une éventualité plus douteuse). ③ *Vous viendrez ? Assurément !* : **certainement, certes, bien sûr !** ◆ [plus cour.] **oui*** ◆ **mais bien sûr !, mais oui ;** → D'ACCORD*, ENTENDU.

assurer

I *Assurer la vérité de qqch* : → AFFIRMER, JURER I, PROMETTRE, SOUTENIR.

II *Assurer une amarre :* → ATTACHER I.

III ① *Le pays a assuré ses frontières contre les attaques de l'ennemi* (= mettre à l'abri d'un danger) : **protéger* de, préserver de ;** → CONSOLIDER. ② *Il faudra mieux assurer cette poutre, qui risque de tomber* (= rendre qqch plus stable pour qu'il ne bouge pas) : **assujettir ;** → CONSOLIDER. *Assurer son autorité :* **affermir*.** ③ *La ferme est assurée contre l'incendie* (en parlant de biens meubles et immeubles) : **garantir.** ④ *Ma collègue assurera une permanence*

toute la nuit : **tenir.** *La vente leur assure de bons revenus :* **garantir ;** → PROCURER.

◇ **s'assurer** ① [~ de, que] *Veuillez vous assurer du bon fonctionnement de cette porte, que cette porte fonctionne bien :* **vérifier** ◆ [rare] **contrôler** ◆ [plus génér.] **voir** (*...voir si cette porte fonctionne bien*) ; → VEILLER À CE QUE. ② [~ contre qqch] *Nous nous sommes assurés contre les attaques de l'ennemi :* **se protéger** ◆ [sout.] **se prémunir, se garantir.** ③ [~ qqch] *Il s'est assuré des ressources suffisantes pour sa retraite :* **se ménager** ◆ [rare] **se pourvoir de.** *S'assurer les faveurs de qqn :* **gagner ;** → CONCILIER. *S'assurer la meilleure part d'un héritage :* **s'emparer de** ◆ [plus génér.] **prendre.**

asthénie → FAIBLESSE.

asthénique → FAIBLE.

asticot → VER.

asticoter → TAQUINER.

astiquer → FAIRE BRILLER I, FROTTER, NETTOYER, POLIR II.

astral → STELLAIRE, SIDÉRAL.

astre → ÉTOILE.

astreignant → PÉNIBLE.

astreindre → OBLIGER I, CONDAMNER, SOUMETTRE.

◇ **s'astreindre** → S'OBLIGER.

astreint → TENU À.

astreinte → GARDE I, SERVICE I.

astrologie → DIVINATION.

astrologue → DEVIN.

astronaute : **cosmonaute** ◆ [plus rare] **spationaute.**

astronef → VAISSEAU II.

astronomique → INABORDABLE.

astuce ① *Il est plein d'astuce :* → INTELLIGENT. ② → RUSE, TRUC.

astucieusement → FINEMENT.

astucieux → GÉNIAL, INTELLIGENT, INVENTIF, SUBTIL.

asymétrie → IRRÉGULARITÉ.

asymétrique → IRRÉGULIER.

atavique → HÉRÉDITAIRE.

atavisme → HÉRÉDITÉ.

atelier ① *Partir pour l'atelier* : [plus gé-nér.] **au travail.** ② *Tenir un atelier de litté-rature, d'écriture* : **groupe de travail.**

atermoiement → AJOURNEMENT, RETARD.

atermoyer → RETARDER.

athée Celui qui nie explicitement l'exis-tence de Dieu : [cour.] **incroyant,** [plus rare] **non-croyant** (qui supposent moins une négation doctrinaire) ♦ [plus rare] **incrédule** ♦ [péj., vieilli] **impie** (= qui professe du mépris pour les choses de la religion) ♦ **indifférent** (= qui ne se sent pas concerné par la question reli-gieuse) ♦ **agnostique, sceptique** (= qui expriment des attitudes philosophiques de doute systématique) ♦ **matérialiste** (= qui exprime l'affirmation du primat de la matière et s'accompagne souvent d'un athéisme militant) ♦ **libre-penseur** (= adepte d'un rationalisme antireligieux militant) ♦ **anticlérical** (= qui s'oppose au pouvoir et parfois à l'existence des clercs d'une église) ; → IRRÉLIGIEUX, MANGER* DU CURÉ.

◇ **athéisme** : **incroyance, incrédulité, impiété, indifférence, agnosticisme, scepti-cisme, matérialisme, libre-pensée, anticléri-calisme** ; → DOUTE.

athlète → SPORTIF.

athlétique *Il a un corps très athlétique* : **fort*, musclé*** ♦ [plus génér.] **vigoureux*.**

atlas → CARTE II.

atmosphère ① *L'atmosphère est char-gée d'électricité, il va faire de l'orage* : **air.** ② → AMBIANCE, AURA, MILIEU II.

atoll → ÎLE.

atome ① → PARTICULE I. ② *Pas un atome d'intelligence* : → POIL, PARCELLE.

atomique *L'arme atomique* : **nucléaire** ♦ **thermonucléaire** (qui se dit en parlant de la bombe à hydrogène).

atomisation → DIVISION.

atomiser → DIVISER.

atomiseur → VAPORISATEUR.

atone → MOU.

atonie → APATHIE.

atour → PARURE.

atout → AVANTAGE, CARTE I, RECOURS.

atrabilaire → ACARIÂTRE.

âtre → FOYER.

atroce ① *Un bruit atroce* : → ABOMINABLE, DÉCHIRANT. ② *Un mal atroce* : → DOU-LOUREUX, POIGNANT.

atrocement → ABOMINABLEMENT.

atrocité ① → CRIME, CRUAUTÉ, MONS-TRUOSITÉ. ② *Il dit des atrocités* : **hor-reurs*.**

atrophie → DÉPÉRISSEMENT, DÉVELOP-PEMENT I.

atrophier (s') → DÉPÉRIR.

attabler (s') → SE METTRE À TABLE*.

attachant → ATTRAYANT, INTÉRESSANT.

attache ① → BOUCLE, LIEN I. ② → LIEN II, RACINE I, RELATION II.

attaché → AIDE, REPRÉSENTANT.

attaché-case → VALISE, SERVIETTE.

attachement
→ AFFECTION I, SENTIMENT II.

attacher

I *Attacher les mains de qqn* : **lier** ♦ ↑ **li-goter** ♦ **enchaîner** (qui implique que l'on se serve d'une chaîne). *Attacher qqch au mur* : [plus génér.] **fixer*** ♦ **visser, clouer, agrafer, épingler, river, cheviller** (selon la nature de l'attache) ; → ACCROCHER. *Attachez votre chaussure !* : [plus pré-cis] **boutonner, lacer, agrafer** (selon la nature de l'attache) ; → NOUER, BOUCLER.

Attacher qqch avec de la ficelle : **ficeler**. *Attacher un bateau à un ponton* : **amarrer** ♦ **arrimer** (= attacher solidement qqch sur un bateau) ♦ **assurer** (= en termes de marine, fixer solidement un cordage).

II [~ du prix, de l'importance, de l'intérêt à qqch] *J'attache beaucoup de prix à son honnêteté* : **accorder* II, attribuer.**

III [~ qqn] **①** [souvent au passif] *Il reste attaché à ce pays par son enfance* (= unir par un lien affectif à qqn ou à qqch) : **unir, lier** (*il est très attaché à ses habitudes, à mon frère ; il est très lié à mon frère*). **②** *Il vient d'attacher une nouvelle personne à son service* : [cour.] **prendre** ♦ **engager*** (*il vient d'engager une nouvelle personne*).

◇ **s'attacher** **①** [de attacher I] *Voici comment s'attachent les volets* : **s'accrocher** ♦ **se fixer.** **②** *Elle s'est attachée à lui* : ↑ **tenir à** ♦ ↑ **s'enticher de** ; → AIMER, S'ENGOUER. **③** *S'attacher à réussir un travail* : **s'employer à,** ↑ **mettre un point d'honneur à** ; → S'ADONNER.

attaquable → BLÂMABLE.

attaquant, attaque → ATTAQUER.

attaquer **①** [qqn ~ qqn, qqch] *L'ennemi devait nous attaquer à l'aube* (= porter les premiers coups à un adversaire) : **donner l'assaut, charger** ♦ **assiéger, investir** (= encercler avec des troupes) ♦ **cerner, encercler, envelopper** (= attaquer de toutes parts) ; → COMBATTRE. **②** [qqn ~ qqn] *Elle s'est fait attaquer par un malfaiteur* : **assaillir, agresser** ♦ ↓ **aborder** ; → SAUTER* SUR. **③** *Le chien a attaqué* : **se jeter* sur.** **④** [qqn ~ qqn, qqch] *L'opposition a attaqué le gouvernement* : **s'attaquer à, s'en prendre à** ♦ ↓ **critiquer** ♦ [express.] **monter au créneau** (*l'opposition est montée au créneau*), ↓ **jeter une pierre dans le jardin de qqn** (= avoir une parole malveillante, allusive, indirecte) ; → MATRAQUER, PRENDRE À PARTIE*, TOMBER SUR LE RÂBLE*, VOLER DANS LES PLUMES*, FAIRE LE PROCÈS* DE, TOMBER* (III) SUR, ACCUSER. **⑤** [qqn ~ qqn, qqch] *Je vous attaquerai en justice* : [didact.] **intenter un procès** ; → ACCUSER. **⑥** *Attaquer un travail* : **s'attaquer à, aborder*** ♦ **s'atteler* à** ; → COMMENCER, SE METTRE* À, TOUCHER. **⑦** [qqch ~ qqch]

L'acide attaque le calcaire (= causer des dommages à) : **s'attaquer à, entamer, ronger, corroder,** ↓ **altérer*,** ↑ **détruire** ; → MANGER II, MORDRE. *À la fin, cela vous attaque le moral* : **saper*** ♦ [fam.] **mettre en l'air, par terre, à zéro.**

◇ **s'attaquer à** → ATTAQUER ④, ⑥ et ⑦.

◇ **attaque** **①** → ASSAUT, OFFENSIVE. **②** *Une attaque à main armée* : **agression** ♦ [fam.] **braquage** ; → VOL II. **③** *Les attaques de l'opposition furent très violentes* : **critique** ♦ [express.] **coup de boutoir** ; → INJURE, REPROCHE. **④** *Elle a eu une attaque* : **congestion, hémorragie* cérébrale** ♦ [fam.] **coup de sang.** **⑤** *Dans son article, l'attaque du sujet est dynamique* : **amorce** ; → OUVERTURE.

◇ **attaquant** *Les attaquants ont investi la ville* : **assaillant** ♦ **agresseur** (= qui a pris la responsabilité de l'attaque).

attardé **①** → RETARDATAIRE. **②** → ARRIÉRÉ* MENTAL.

attarder (s') → DEMEURER, RESTER II, TRAÎNER.

atteindre

I **①** *Atteindre un lieu* : → ABORDER II, ACCÉDER I, ARRIVER I, LÉCHER, RATTRAPER I. **②** *Atteindre qqn au téléphone* : → CONTACTER. **③** *L'addition atteint des sommets !* : → SE MONTER.

II *Être atteint par un sentiment* : → ÉPROUVER, AFFAIBLIR, ÉMOUVOIR, TOUCHER II.

atteinte → ALTÉRATION. *L'atteinte d'une maladie* : → EFFET. *Atteinte à la pudeur* : → OUTRAGE. *Hors d'atteinte* : → PORTÉE. *Porter atteinte* : → BLESSER.

atteler (s') *Je viens de m'atteler à un pénible travail* : **s'attaquer* à** ♦ [plus génér.] **se mettre* à** ♦ [plus sout.] **entreprendre** ; → COMMENCER.

attenant → PROCHE, VOISIN.

attendre **①** [~ qqch] → ESPÉRER, GUETTER, VOULOIR. **②** *Attendre un bébé* : **être enceinte*.** **③** [absolt] *Voici plus de deux heures que j'attends et ce n'est pas encore mon tour !* : **patienter** ♦ [fam.] **moisir, faire le pied de grue, poireauter, lanterner** (*faire* *attendre, lanterner)* ◆ [sout.] **languir, se morfondre** (qui insistent sur l'impatience éprouvée par celui qui attend) ; → FAIRE LA QUEUE*, RESTER II ◆ **être dans l'expectative,** [fam.] **voir venir** (= attendre prudemment avant de se décider) ; → SE RÉSERVER.

◊ **s'attendre** *Je m'attends à de bonnes, mauvaises nouvelles* : **considérer comme probable** [selon le contexte] **espérer*, craindre*** ; → PRÉVOIR, S'EN DOUTER*.

◊ **en attendant** ① *En attendant, je logerai chez mon frère* : **d'ici là,** [sout.] **provisoirement.** ② *Il n'était pas dans sa meilleure forme ; en attendant, c'est lui qui a gagné la course !* (= marque l'opposition) : **en tout cas, pourtant** ◆ [sout.] **toujours est-il que** ◆ ↓ **mais*.**

attendrir → AMOLLIR, ÉMOUVOIR.

◊ **s'attendrir** → S'ÉMOUVOIR, S'APITOYER.

attendrissant → ÉMOUVANT.

attendrissement → ÉMOTION.

attendu *Sa défaite était assez attendue* : **prévisible.**

attendu que → PARCE QUE, VU* QUE.

attentat ① *Un attentat est un crime** à visée politique. ② *Cette publication est un attentat à la vérité* : **outrage*** ◆ **crime,** ↓ **faute contre.**

attentatoire → DOMMAGEABLE.

attente *Nous sommes dans l'attente* : **expectative ;** → ATTENDRE ① et ③, ESPOIR. *Les attentes* : → SOUHAIT. *En attente* : → SOUFFRANCE.

attenter → BLESSER, PORTER* (I) ATTEINTE. *Attenter à ses jours* : [plus cour.] **tenter de se suicider.**

attentif ① *Soyez attentifs ! Voici le programme...* : [selon le sens] **écouter, regarder, faire attention*** ; → OUVRIR L'ŒIL*. ② *Être attentif à* : → SENSIBLE I, SOIGNEUX, SOUCIEUX. ③ *C'est quelqu'un d'ouvert et attentif* : [plus sout.] **attentionné ;** → COMPLAISANT.

attention

I ① *Son métier demande beaucoup d'attention* : **application** (= attention suivie, persévérante) ◆ **vigilance** (= surveillance attentive) ◆ **concentration** (qui insiste sur l'effort cérébral fourni pour rester attentif) ; → EFFORT, SOIN I, TENSION II. ② *Faire attention à. Faites attention à ne pas tomber* : **prendre garde de, se méfier de** ◆ [fam.] **faire gaffe ;** → PRUDENT, REGARDER* À, VEILLER À, PENSER III. *Sans faire attention* : → DISTRACTION. *Éveiller l'attention de son auditoire* : ↑ **curiosité ;** → AUDIENCE, INTÉRÊT. *Attirer l'attention de qqn* : [néol. en ce sens] ↑ **interpeller** (*ce livre nous interpelle*). *Éveiller l'attention de la police* : **méfiance, soupçons.**

II → PRÉVENANCE, COMPLAISANCE, CONSIDÉRATION, ÉGARD II.

attentionné → ATTENTIF, COMPLAISANT, SOIN I.

attentisme *Faire preuve d'attentisme, c'est être* **attentiste** (= en politique, attendre, avant d'agir, le bon moment) ◆ [en partic.] **opportunisme, opportuniste** ◆ ↑ **immobilisme, immobiliste ;** → PASSIVITÉ, PASSIF.

attentivement *Lisez attentivement la notice !* : **avec attention* I, soigneusement.**

atténuation → DIMINUTION, ASSOUPLISSEMENT.

atténuer → MODÉRER, ASSOUPLIR, LÉNIFIER, PALLIER, DIMINUER, VOILER.

◊ **s'atténuer** → DISPARAÎTRE, MOURIR.

atterrant → ACCABLANT.

atterrer → ABATTRE II.

atterrir ① → SE POSER. ② → ÉCHOUER.

atterrissage → ARRIVÉE.

attestation → CERTIFICAT, CONFIRMATION, TÉMOIGNAGE.

attester → CONFIRMER, TÉMOIGNER, PROUVER. *Attester que* : → AFFIRMER.

attifer (s') → SE PARER II.

attiger

attiger → EXAGÉRER, ABUSER II.

attirail → ÉQUIPEMENT.

attirance ① *L'attirance du plaisir* :
↑ **appétit*** ◆ [rare] **tropisme** ; → APPEL.
② → SYMPATHIE.

attirant → AFFRIOLANT.

attirer ① → TIRER I. ② [~ qqn] → AF-
FRIOLER. ③ [~ qqn avec] → APPÂTER.
④ [~ l'attention, la curiosité] → APPELER,
CAPTER, SOLLICITER. *Attirer des ennuis* :
→ OCCASIONNER, SUSCITER.

◇ **s'attirer** *S'attirer les faveurs de qqn* :
→ SE CONCILIER.

attiser ① *Attiser le feu* : **ranimer***. ② *C'est
inutile d'attiser les vieilles rancœurs* : **ex-
citer*** ◆ ↑ **envenimer** ◆ [fam.] **mettre de
l'huile sur le feu** ; → ENVENIMER. *Attiser la
passion* : → ALLUMER.

attitré → TITRE I, HABITUEL.

attitude ① *Si vous restez dans cette attitude, vous allez attraper un torticolis* : **position** (= attitude particulière) ◆ **posture**
(qui est didact. et peut être aussi péj. et
signifier attitude mauvaise ou peu convenable) ; → MAINTIEN, TENUE. ② *Une attitude désinvolte* : → MANIÈRE II, CONDUITE II,
AIR, ALLURE. ③ *Quelle est l'attitude de votre
gouvernement sur cette question ?* : **position** ◆ [plus rare] **orientation** ; → AVIS.

attouchement → CONTACT, CHATOUIL-
LEMENT, FRÔLEMENT.

attractif → INTÉRESSANT.

attraction → APPEL.

attrait [sing. et pl.] ① → CHARME, PRESTIGE.
② → APPEL, APPÂT.

◇ **attraits** [pl.] *Cette femme a des attraits qui
lui valent beaucoup d'admirateurs* [vieux ou
très sout.] : **charmes, appas** ◆ [sing., vieilli]
sex-appeal ; → AFFRIOLANT, ALLURE.

attrape *Il m'a dit que tu m'appelais, c'est
une attrape ?* [vx] : **farce** ◆ [fam.] **blague**
◆ **bateau** (= histoire que l'on monte pour
duper qqn : *monter un bateau*) ◆ **niche**
(= petite attrape impliquant malice et

espièglerie : *faire des niches*) ; → CANULAR,
PLAISANTERIE.

attrape-couillon, attrape-nigaud
→ PIÈGE.

attraper

I ① [~ qqn] → PRENDRE. ② [~ qqch,
un animal] *La mouette plonge pour attraper
la sardine* : ↑ **happer.** *Attrape la balle !* :
[plus génér.] **prendre** ◆ [sout.] **se saisir* de.**
Attrape la poignée ! : **empoigner.** *Attrape
la rampe !* : **s'agripper à.** *Je ne sais si
je pourrai attraper mon train* : [moins
express.] **avoir,** [fam.] **choper.** ③ [~ qqch]
Attraper une maladie : → CONTRACTER.

◇ **s'attraper** → SE TRANSMETTRE.

II [~ qqn] → TROMPER.

III [~ qqn] → RÉPRIMANDER, ENGUEULER.

attrayant *Vous n'aimez pas ce roman ? moi
je le trouve très attrayant* : **plaisant** ◆ ↑ **attachant, séduisant*** ◆ **attirant** (qui se dit
génér. des personnes) ; → AFFRIOLANT,
INTÉRESSANT, MANGER II, SÉDUISANT.

attribuable → IMPUTABLE.

attribuer ① *Ce terrain leur a été attribué
par la ville* : **allouer, affecter** ◆ **doter** (= attribuer un revenu à qqn ou fournir en matériel, en équipement) ◆ **accorder, concéder** (qui impliquent une idée de faveur ou
d'assentiment). *Attribuer une récompense
à qqn* : **décerner** ◆ [moins employé] **adjuger** ;
→ IMPARTIR, DONNER, DISTRIBUER. *Attribuer
un titre* : → CONFÉRER. ② *On attribue leur
échec à leur lenteur* : **rapporter*, imputer***
◆ **mettre au compte de** (on met leur échec
au compte de...). *Attribuer des intentions à
qqn* : → PRÊTER. ③ → SUPPOSER.

◇ **s'attribuer** ① *Votre frère s'est attribué
la plus belle part de l'héritage !* : **s'approprier** ◆ [assez fam.] **s'adjuger** ◆ ↑ **accaparer** ◆ [fam.] ↑ **empocher** ◆ **s'emparer
de** (qui implique une idée de violence)
◆ [très génér.] **prendre** ◆ [fam.] **souffler, rafler, ratisser, ratiboiser** (= prendre
promptement, sans rien laisser) ◆ [sout.]
ravir (= enlever de force) ; → AMASSER,
DÉROBER, DÉTOURNER, VOLER II. ② *Il s'attribue des titres auxquels il ne peut prétendre !* : [sout.] **s'arroger** ◆ ↑ **usurper** ;
→ PARER II.

◇ **attribution** ① [de attribuer] : **allocation, dotation, concession, adjudication** ◆ [didact.] **octroi** (= ce qui est attribué comme une faveur). ② [de s'attribuer] : **appropriation, accaparement, usurpation ;** → VOL. ③ [pl.] *Est-ce dans vos attributions ?* : → RÔLE, POUVOIR II.

attribut → QUALITÉ, SYMBOLE.

attribution → ATTRIBUER.

attrister Rendre **triste***. *La mort de votre frère nous a attristés* : **peiner** ◆ ↓ **chagriner** ◆ [ordre croissant] ↑ **affecter, affliger, désoler, consterner** ◆ [sout.] ↑ **navrer** ◆ [très sout.] **contrister** ◆ [fam.] ↑ **catastropher** ◆ **endeuiller** (= plonger qqn dans le deuil) ; → ÉMOUVOIR, FÂCHER.

◇ **s'attrister** : **s'affliger, se désoler ;** → S'APITOYER.

◇ **attristant** *La guerre ? quel spectacle attristant ! :* ↑ **affligeant, désolant, consternant, désespérant** ◆ [sout.] ↑ **navrant** ◆ [fam.] ↑ **catastrophique ;** → ACCABLANT, TRISTE II.

attrouper *Les hurlements de la victime attroupèrent les passants* : [plus cour.] **ameuter.**

◇ **s'attrouper** → S'ASSEMBLER.

◇ **attroupement** *Il y avait tout un attroupement autour de l'incendie* : ↑ **rassemblement** (= attroupement nombreux de personnes le plus souvent convoquées) ◆ **manifestation,** [abrév. fam.] **manif** (= rassemblement à but revendicatif) ◆ ↓ **groupe.**

atypique → SINGULIER.

aubade → SÉRÉNADE.

aubaine → OCCASION.

aube

I ① Première lueur du jour : **aurore.** *Nous partirons à l'aube* : **au point du jour, à la pointe du jour, au lever du soleil*, du jour*** ◆ [express.] **aux aurores, au chant du coq, dès potron-minet.** ② *C'est l'aube d'une nouvelle vie* : [plus cour.] **commencement*.**

II → ROBE.

auberge → HÔTEL, RESTAURANT.

aubergine → VIOLET.

aubergiste → HÔTELIER.

auburn → CHÂTAIN, ROUX.

aucun → NUL, PERSONNE II, PAS I. *Sans aucun, plus aucun* : → MOINDRE, SEUL.

◇ **d'aucuns** → PLUSIEURS.

aucunement → RIEN I, PAS I.

audace → APLOMB II, RÉSOLUTION II. *L'audace d'un décolleté* : → HARDIESSE.

audacieusement → HARDIMENT.

audacieux ① [adj.] → HARDI. ② [adj.] *Un film, des messieurs trop audacieux* : → OSÉ, ENTREPRENANT. ③ [n.] *Il va partir en mer avec ce temps ? C'est un audacieux !* : ↑ **imprudent*.**

au-delà ① [n.m.] → CIEL. ② [adv.] *Aller au-delà* : → DÉPASSER.

audible → PERCEPTIBLE.

audience ① *C'est une œuvre qui a eu une large audience* (= intérêt porté par le public à une œuvre lue ou entendue) : ↓ **attention** (*c'est une œuvre qui a attiré l'attention*) ◆ ↑ **retentissement** (*œuvre qui a eu un grand retentissement*) ◆ ↑ **faire sensation** (qui évoque la surprise causée) ◆ **influence** (qui évoque un effet à long terme) ; → NOTORIÉTÉ. *Indice d'audience* : → ÉCOUTE. ② *Notre syndicat a demandé une audience au ministre* : [plus génér.] **rendez-vous, entretien.** ③ *Audience d'un tribunal* : → SÉANCE.

audit → CONTRÔLE.

auditeur → AUDITOIRE.

audition ① → OUÏE. ② → ESSAI, CONCERT.

auditoire *Le ministre cherchait à impressionner son auditoire* : [plus génér.] **assistance, public** ◆ [par méton.] **salle** (si l'*auditoire* est rassemblé dans une salle) ◆ [péj.] **galerie.** *L'auditoire d'une émission radiophonique* : **auditeurs ;** → SPECTATEUR.

auge Récipient servant à donner à boire et à manger aux porcs. Pour les bœufs et les chevaux, on recourt plus généralement à **abreuvoir** (pour boire) et à **mangeoire** (pour manger).

augmentation → AUGMENTER.

augmenter ① [~ qqch] *Augmenter le produit national brut* : **accroître ;** → DOPER. *Augmenter les prix* : **majorer***. *Augmenter ses revenus* : [plus fam.] **améliorer*, arrondir.** *Augmenter les loyers* : **hausser, relever.** *Augmenter l'intensité d'un bruit* : **amplifier.** *Augmenter les craintes de qqn* : **accroître, intensifier, accentuer* ♦ ↑ redoubler ♦** [sout.] **ajouter à.** *Augmenter un domaine* : **agrandir, étendre***. *Augmenter une peine* : **alourdir ♦ graduer** (= augmenter par paliers réguliers). *Augmenter la vitesse de qqch* : **accélérer***. *Augmenter les risques d'accident* : **aggraver ♦ ↑ multiplier ;** → DOUBLER, DÉVELOPPER, ÉLARGIR, ALLONGER, AJOUTER. ② [qqch ~] *La population a augmenté* : **s'accroître ♦** [plus rare] **croître.** *La famille a augmenté* : **s'agrandir.** *Les prix ont augmenté* : **monter ♦** [fam.] **grimper ♦ ↑ monter, grimper en flèche, flamber, exploser** [express.] *croître et embellir* (*les prix n'ont fait que croître et embellir*) **♦ devenir cher** (*ce produit devient cher*) ; → DOUBLER. *Les eaux ont augmenté* : **monter, grossir***. *Le mécontentement a augmenté* : **grandir, s'intensifier, s'amplifier, aller crescendo, s'accentuer*, s'aggraver ;** → S'ÉTENDRE. *Le mal a augmenté* : **empirer.** *Sa force a augmenté* : **↑ se décupler.**

◇ **augmentation** ① [de augmenter ①] : **agrandissement, accroissement, extension, majoration, hausse, relèvement, redoublement, amplification, intensification, accentuation, alourdissement, accélération, aggravation ;** → AMÉLIORATION, MULTIPLICATION. ② [de augmenter ②] *Une augmentation de la population, de la famille* : **accroissement, agrandissement.** *Des augmentations de prix* : **montée, hausse, gonflement*, poussée*, ↑ flambée, explosion.** *Augmentation des actions boursières* : **↑ boom sur.** *L'augmentation des eaux de la rivière* : **grossissement.** *L'augmentation de la tension internationale* : **durcissement***. *Une augmentation de salaire* : [fam.] **rallonge***.

augure → PRÉSAGE.

augurer ① → PRÉDIRE. ② *Le ciel ne me laisse rien augurer de bon !* : **conjecturer ♦** [plus cour.] **présumer, présager ;** → PROMETTRE.

auguste → RESPECTABLE.

aujourd'hui → ACTUEL, ACTUELLEMENT, À NOTRE ÉPOQUE*, DE NOTRE TEMPS*. *Au jour d'aujourd'hui* : → ACTUELLEMENT.

aumône ① *Chacun déposera son aumône dans la corbeille* : **↓ obole ;** → DON, LIBÉRALITÉ. ② *Demander l'aumône* : **charité ;** → SECOURS, MENDIER. ③ *Faites-moi l'aumône d'un sourire !* [sout.] : **grâce ♦** [cour.] **plaisir***.

aumônier → PRÊTRE.

aumônière → BOURSE.

auparavant → AVANT.

auprès ① → EN COMPARAISON. ② → PRÈS II, CONTRE.

aura *Il y a dans ce roman toute une aura de mystère* : [plus cour.] **atmosphère, ambiance***.

auréole ① → NIMBE. ② → TACHE.

aurore → AUBE, COMMENCEMENT.

ausculter → EXAMINER.

auspices *Il avait entrepris ce travail sous les auspices d'un conseiller compétent* : **tutelle** (qui implique l'idée de dépendance) **♦ patronage** (qui suppose que l'on est sous les auspices de qqn de puissant) **♦ égide, protection, ↑ sauvegarde** (qui impliquent l'idée de danger encouru) ; → APPUI, RECOMMANDATION.

aussi ① [~ ... que, marque la comparaison] *Est-il vraiment aussi intelligent que vous le dites ?* (marque l'égalité ou l'intensité) : **si** (qui ne s'emploie qu'en phrase interr. ou nég.) *Il est aussi intelligent que vous !* : **non moins.** ② [marque la concession] *Aussi intelligent soit-il, qu'il soit, il aura du mal à résoudre ce problème* : **si ♦** [sout.] **pour... que, quelque... que, tout... que** (*pour intelligent qu'il soit, quelque intelligent qu'il*

soit, tout intelligent qu'il est...). **3** [marque la conséquence] *Il plut pendant huit jours. Aussi décidèrent-ils de changer de région* : → AINSI. **4** [après un n. ou un pron.] *Lui aussi a décidé de partir* : **également, de même** (*il a également décidé de partir*) ♦ [fam.] **itou** ; → PAREILLEMENT. **5** [marque l'addition] *Nous emporterons aussi des vêtements chauds* : **également** ♦ [plus sout.] **encore, en outre** ♦ [fam.] **par-dessus le marché.** **6** [marque la comparaison] *Le ciel était bleu et la mer aussi* : **pareillement***.

aussière → CORDAGE.

aussitôt → IMMÉDIATEMENT. *Aussitôt que* : → SITÔT.

austère **1** [qqn est ~]. *Il a quelque chose d'austère qui vous glace les os !* : **sévère** (qui se dit surtout de l'attitude que l'on a à l'égard des autres) ♦ **dur** (qui implique l'idée d'insensibilité, de froideur) ♦ **raide***, **rigide** (qui évoquent un manque de souplesse morale et psychologique) ♦ [plus partic.] **stoïque** (= qui supporte impassiblement la souffrance) ♦ **rigoriste** (= qui suit les principes d'une morale stricte) ♦ **ascétique,** [peu employés] **érémitique, spartiate** (qui impliquent l'idée de frugalité et de privation) ; → RAIDE, PRUDE, GRAVE, SÉRIEUX. **2** [qqch est ~] *Des principes austères* : **rigoureux, rigide** ; → DÉCENT. *Une robe austère* : **sévère** ; → SOBRE. *Une lecture, un spectacle austère* : ↓ **difficile***, **aride** ♦ [péj.] ↑ **sinistre** ; → ENNUYEUX.

austérité **1** [de austère **1**] : **sévérité***, **dureté***, **raideur***, **rigidité, stoïcisme, rigorisme*** ; → GRAVITÉ. **2** [de austère **2**] : **rigorisme, rigidité, sévérité, difficulté, aridité.**

austral → SUD.

autan → VENT.

autant **1** *Autant que* : → AINSI QUE. *Autant vous êtes* : **sans exception** (*tous, autant que vous êtes, sans exception*). **2** *Autant de courage* : → TEL I. **3** *D'autant plus. C'est votre neveu ? Je l'aiderai d'autant plus* : **à plus forte raison.** **4** *D'autant que* : → VU QUE.

autarcie Sans syn. au sens propre. *Cette famille vit en autarcie, sans rencontrer personne* : [plus fam.] **en circuit fermé, replié sur lui-même.**

auteur **1** *Aimez-vous les auteurs de romans ?* : **écrivain** (qui s'emploie sans compl. et désigne seulement les auteurs littéraires : *un auteur de dictionnaire n'est pas un écrivain*) ♦ [sout.] **homme de lettres, femme de lettres,** [pl.] **gens de lettres,** [fam., vieilli] **gendelettre** (= celui, celle qui vit de sa plume) ♦ [en partic.] **essayiste, prosateur, romancier, poète, dramaturge** (selon les ouvrages produits par l'auteur) ♦ [péj.] **littérateur, plumitif** ; → MUSICIEN. **2** *Einstein est l'un des auteurs de la science moderne* : **créateur** ; → PÈRE, INVENTEUR. **3** *Nous cherchons les auteurs de ce forfait* : **responsable***. *Vous êtes l'auteur de votre malheur* : **artisan.**

authenticité **1** → VÉRITÉ. **2** → ANCIENNETÉ.

authentifier → CERTIFIER, LÉGALISER.

authentique **1** → PUBLIC I. **2** → SINCÈRE, VRAI, SÛR I. **3** → ANCIEN.

autobiographie → MÉMOIRES III.

autobus : [abrév.] **bus** (= véhicule de transport en commun urbain), **autocar,** [abrév.] **car** (= véhicule qui sert aux voyages sur route).

autocar → AUTOBUS.

autochtone → INDIGÈNE.

autocrate → MONARQUE, TYRAN.

autocratie → ABSOLUTISME, TYRANNIE.

autocratique → ABSOLU I, TYRANNIQUE.

autocritique → CONFESSION.

autocuiseur : [cour., n. déposé] **Cocotte-Minute,** [abrév.] **cocotte.**

automate **1** Machine automatique : **robot***. **2** *Des gestes d'automate* : **robot, machine** ♦ **pantin***, **marionnette** (qui supposent la perte de toute initiative). *Comme un automate* : **machinalement.**

◊ **automatisme** *La politesse est devenue chez lui un automatisme* : ↓ **habitude*** ◆ ↑ **réflexe.**

automatique→ MACHINAL, MATHÉMATIQUE, MÉCANIQUE I, SYSTÉMATIQUE.

automatiquement
→ MATHÉMATIQUEMENT, MÉCANIQUEMENT.

automne *Nous avons cette année un automne magnifique* : **arrière-saison** (= fin de l'automne et début de l'hiver).

automobile *Nous venons d'acquérir une nouvelle automobile* : [terme générique] **véhicule** ◆ [plus cour.] **auto, voiture** ◆ [fam.] **bagnole**, [rare, fam. en ce sens] **taxi** ◆ [très fam.] **chignole, clou, tacot, guimbarde, tire** ◆ [en partic.] **berline, coupé, familiale, monospace, 4×4.**

automotrice : [plus cour.] **autorail** ◆ **micheline** (= automotrice sur pneus).

autonome → INDÉPENDANT, LIBRE.

autonomie → LIBERTÉ II.

autonomisme → DISSIDENCE.

autonomiste → DISSIDENT.

autoradio → RADIO I.

autorail → AUTOMOTRICE.

autorégulation → RÉTROACTION.

autorisation → DISPENSE, DROIT III, LICENCE, PERMIS, PERMISSION, POUVOIR I.

autorisé → AUTORISER, RÉGLEMENTAIRE, PERMIS.

autoriser ① → PERMETTRE, DONNER LE FEU VERT*, TOLÉRER. ② → ACCRÉDITER.

◊ **s'autoriser** → SE PERMETTRE.

autoritaire *Il est très autoritaire* : ↓ **directif*** ; → IMPÉRIEUX, ASOLU II. *Un ton autoritaire* : **raide** ; → SEC II. *Une politique autoritaire* : [express.] **musclé** ; → TYRANNIQUE, ABSOLU I.

autoritarisme → ABSOLUTISME.

autorité ① *Napoléon exerçait son autorité sur un empire immense* : ↑ **toute-puissance, domination, empire, souveraineté** ◆ [plus restreint] **pouvoir,** [rare] **loi** ◆ **férule** (qui implique un pouvoir despotique : *être sous la férule de*) ; → ABSOLUTISME, COMMANDEMENT. *De sa propre autorité* : → CHEF. *Sous l'autorité de* : → DÉPENDRE. ② *Ce professeur a de l'autorité sur ses élèves* : **influence,** ↑ **ascendant** (qui évoquent davantage un pouvoir intellectuel ou affectif) ◆ **prestige** (qui évoque un pouvoir dû à une admiration générale). ③ [souvent pl.] *Nous allons interroger les autorités* : [en partic.] **administration, gouvernement.** *Les autorités seront dans cette tribune* : **officiels** ◆ [plus génér., parfois péj.] **notables** ; → DIGNITAIRE.

autoroute → ROUTE.

autosatisfaction → VANITÉ II.

auto-stoppeur [abrév. cour.] **stoppeur.**

autour ① *Le calme régnait autour de la maison* : **aux alentours de.** *Tout autour* : **aux alentours, à la ronde, dans les environs.** ② *Il gagne autour de deux mille euros par mois* (précédant l'indication d'un nombre, marque l'approximation) : **aux environs de, environ** (*environ deux mille euros ; deux mille euros environ*) ◆ **à peu près, approximativement.**

autre

I [adj.] ① [avant le n.] *Ils ont échoué, mais ils feront demain une autre tentative* : **nouveau.** *Donnez-moi un autre verre de vin* (marque l'addition) : **encore** (*... encore un verre de vin*) ; → SECOND. *L'autre trottoir* : → OPPOSÉ. *L'autre fois, vous m'avez mieux reçu* : **dernier** (*la dernière fois...*). ② [souvent attribut] *Depuis son mariage, il est autre* (marque le changement, la différence de qualité) : **différent** ◆ [plus cour.] **pas le même, plus le même** (*... il n'est plus le même*). ③ *Autre part* : → PART.

II [pron.] *Les autres* : → AUTRUI, MONDE II. [dans des express.] *L'un et l'autre* : **les deux.** *Entre autres* : → SINGULIÈREMENT. *L'un ou l'autre* : → CHOISIR. *L'un dans l'autre* : **en fin* (I) de compte.**

autrefois → ANCIENNEMENT, AVANT, DANS LE TEMPS*, PAR LE PASSÉ*, IL Y A LONGTEMPS*.

autrement ① *Il faudrait agir autrement pour le convaincre* : **différemment, d'une autre façon, d'une autre manière.** ② *Ne recommencez plus, autrement vous aurez de mes nouvelles !* : **sinon, sans quoi*** [plus rare] **dans le cas contraire.** ③ *Autrement plus. Ce livre est autrement plus intéressant qu'un roman policier !* : [cour.] **plus ◆ ↑ beaucoup plus ◆** [fam.] **drôlement plus.** *Pas autrement. Je ne suis pas autrement surpris de sa conduite* : **guère ◆** [plus cour.] **tellement** (*je ne suis guère surpris, je ne suis pas tellement surpris...*).

autrui Appartient au vocabulaire de la morale : **prochain** (qui appartient au domaine de la morale chrétienne) **◆** [d'emploi plus neutre] **les autres ; → SEMBLABLE, VOISIN.**

auvent Petit toit situé au-dessus d'une porte ou d'un perron pour protéger de la pluie : **marquise** (= auvent vitré).

auxiliaire

I [adj.] *Nous prendrons quelques mesures auxiliaires* : [plus cour.] **complémentaires ◆** [plus restreint] **accessoire*, annexe.**

II [n.] ① *L'auxiliaire de qqn* : **→ AIDE, SECOND II, ALLIÉ.** ② *Le café peut être un auxiliaire précieux pour se tenir éveillé !* : **aide** (*... une aide précieuse*) **◆** [rare] **adjuvant ◆ ↑ stimulant.**

avachi ① *Qqch est avachi* : **→ DÉFORMÉ, USÉ.** ② *Qqn est avachi* : **→ MOU.**

avachir (s') → S'ALLONGER.

avachissement → MOLLESSE.

aval → ACCORD I. *Donner son aval* : **→ GARANTIR.**

avalanche *Une avalanche de* : **→ QUANTITÉ, PLUIE.**

avaler ① *Avaler un verre d'eau* : **↑ absorber, engloutir, ingurgiter,** [fam.] **entonner, enfourner** (= avaler une grande quantité) **◆ gober** (= avaler d'un seul coup : *gober un œuf*) **◆** [didact.] **déglutir** (= faire passer un aliment dans l'arrière-bouche puis l'œsophage) **◆** [didact.] **ingérer ; → ABSORBER, BOIRE, MANGER.** *Avaler les kilomètres* : **→ MANGER II.** ② *Il m'a menti, et*

ça, je ne l'avalerai jamais ! [fam.] : [cour.] **accepter*, admettre.** *Il avale tout ce qu'on lui dit* : **→ CROIRE.** ③ *Avaler une réplique* : **→ SAUTER.**

avaliser → GARANTIR.

avance

I *Nous suivions à la radio l'avance des troupes* : **avancée, progression ; → MOUVEMENT.**

II *Une avance d'argent* : **→ ACOMPTE, PROVISION, DÉPÔT.**

◇ **avances** *Faire des avances* : **→ AGACERIES.**

avancé ① *Il est rentré à une heure avancée de la nuit* : **tardif, tard,** [sout.] **fort avant dans la nuit** (*il est rentré à une heure tardive, tard, fort avant dans la nuit*). ② *C'est un enfant très avancé* : **précoce, en avance ◆ ↓ éveillé ◆ ↑ surdoué ◆ → BON I.** ③ *Il manifeste des opinions avancées* : **progressiste** (qui implique l'idée d'une ligne politique définie) **◆ non conformiste** (qui implique une totale indépendance à l'égard des idées établies) **◆ ↑ révolutionnaire,** [souvent péj.] **extrémiste.** ④ *Cette viande est avancée* (= qui manque de fraîcheur) : **↑ avarié ◆ faisandé** (qui n'est pas péj. si l'on parle de gibier) ; **→ CORROMPRE.** ⑤ *Un âge avancé* : [sout.] **vénérable ; → VIEUX.** *Un stade de maladie avancé* : **→ ÉVOLUÉ.**

avancée ① *L'avancée des troupes* : **→ AVANCE.** ② *L'avancée d'une maladie* : **→ PROGRÈS.**

avancement ① [de avancer II, ③] *Il surveille l'avancement des travaux* : **progression, marche, évolution.** ② *Il vient d'avoir de l'avancement* : **promotion** (*avoir une promotion*) **◆ grade** (*monter en grade*).

avancer

I → ALLER. ① [~ qqch] *Avancer le bras* : **→ ALLONGER.** *Avancer des idées bizarres* : **→ AFFIRMER, HASARDER.** *Avancer un siège* : **→ DONNER.** ② [qqn, qqch ~] *Avance plus rapidement, sinon nous serons en retard* [génér.] : [selon le mode de déplacement] **marcher, rouler, pédaler.** *Ne pas avancer* : [fam.] **faire du surplace.** *Le balcon avançait* *sur le jardin* : **surplomber** (*... surplombait le jardin*) ; → SAILLIR. *L'épidémie avance* : **progresser*, gagner du terrain.**

II [aller en avant dans le temps] **①** [qqn ~ qqch] *Ils ont dû avancer leur départ* : [sout.] **hâter ◆ ↑ précipiter ;** → DÉCALER. **②** [qqn ~ qqch] *Je lui ai avancé un peu d'argent* : **prêter. ③** [qqch ~] *En dépit de ses efforts, son travail n'avance pas* : **progresser, évoluer.**

◊ **s'avancer ①** *La nuit s'avançait pas à pas* : **s'approcher*, venir. ②** *Elle s'est trop avancée pour revenir sur ses déclarations* (= aller trop loin en actes ou en paroles) : **se hasarder, se risquer, prendre des risques ◆ ↑ se compromettre ;** → SE MOUILLER.

avanie → OFFENSE.

avant ① [prép.] *Il est arrivé avant moi* : **plus tôt que ◆** [plus sout.] **devancer, précéder** (*il m'a devancé, précédé*). **②** [adv.] *Avant, les rivières étaient propres !* : [plus sout.] **auparavant ◆ autrefois, jadis** (qui impliquent une longue antériorité) **◆ antérieurement** (qui implique une référence précise dans le temps) **◆** [sout.] **d'antan** (*les rivières d'antan, d'autrefois*) **◆ récemment,** [sout.] **naguère** (= il y a peu de temps). *J'arriverai quelques jours avant* : **plus tôt*, au préalable, préalablement, à l'avance ◆** [plus sout.] **auparavant.** *Nous allons bavarder, mais avant, buvons !* : **↑ avant tout, avant toutes choses ;** → D'ABORD. *Le jour, le mois d'avant* : [plus sout.] **précédent*.** *Plus avant* : → LOIN. **③** *En avant.* *Le maire marche en avant* : **devant, en tête.** *Se mettre en avant* : → ÉVIDENCE.

avantage ① *Il n'hésite jamais à profiter de son avantage* : **supériorité.** *L'expérience est un précieux avantage* : [plus fam.] **atout, plus ◆ ↑ privilège.** *Avoir, prendre l'avantage sur qqn* : **le dessus.** *Reprendre l'avantage* : **↓ regagner du terrain.** *Trouver son avantage* : → COMPTE. *À son avantage* : → MIEUX, FLATTER. **②** *Cette solution présente beaucoup d'avantages* [génér.] : [moins employé] **intérêt, mérite.** *Un avantage en argent* : **gain*, profit*.** *Les avantages d'un appartement* : → COMMODITÉ. *Avoir avantage à* : **intérêt. ③** *Avoir l'avantage de* : → BONHEUR, PRIVILÈGE.

◊ **avantageux ①** *Ce prix est très avantageux* : **intéressant ;** → ÉCONOMIQUE, RAISONNABLE. *Un placement avantageux* : **fructueux, rentable ;** → JOLI [antéposé], JUTEUX, PROFITABLE, BON [antéposé]. **②** *Il parle d'elle en termes avantageux* : **favorable, flatteur, élogieux*. ③** → VANITEUX.

◊ **avantageusement ①** *Je lui ai parlé de vous avantageusement* : **favorablement*, à votre avantage ◆** [plus fam.] **en bien ◆** [plus partic.] **honorablement ;** → FLATTER. **②** *On remplacerait avantageusement le beurre par de la margarine* : **avec profit, avec bénéfice. ◆ gagner* à** (*on gagnerait à remplacer...*).

◊ **avantager ①** *Cet arbitre avantage l'équipe adverse* : **favoriser, privilégier. ②** *Cette robe vous avantage* : **↑ flatter*, embellir.**

avant-coureur
→ ANNONCIATEUR, COMMENCEMENT.

avant-garde → POINTE III, TÊTE, RÉVOLUTIONNAIRE.

avant-gardiste → FUTURISTE.

avant-goût → IDÉE.

avant-projet → CANEVAS.

avant-propos → PRÉFACE.

avant-scène → LOGE.

avare ① [adj.] *Ce qu'il peut être avare !* : **intéressé, cupide** (= âpre au gain, mais pas forcément pour amasser de l'argent sans le dépenser) **◆** [vieilli] **chiche* ◆** [fam.] **près de ses sous ◆ ↓ regardant, pingre. ②** [adj.] [~ de] *Tu es vraiment avare de compliments* : **chiche, économe* ;** → SOBRE. **③** [n.] *C'est un avare* : [sout.] **ladre ◆** [express.] **harpagon, rapace ◆** [fam.] **grippe-sou, grigou, radin, rapiat, rat ;** → VAUTOUR.

◊ **avarice** *Il est d'une avarice incroyable* : [sout.] **↑ ladrerie** (= avarice sordide) **◆ avidité, cupidité, ↑ rapacité** (= désir d'argent) **◆ ↓ mesquinerie ◆** [fam.] **radinerie, pingrerie.**

avarie → DOMMAGE.

avarié → AVANCÉ, POURRI.

avarier ① *Le navire avait été sérieusement avarié pendant la tempête* : **endommager** ; → ABÎMER. ② *La chaleur a avarié les fruits* : **gâter** ◆ [plus restreint] **aigrir** ◆ ↑ **pourrir** ; → CORROMPRE, ALTÉRER, ABÎMER.

◇ **s'avarier** → SE PERDRE.

avatar ① → MÉTAMORPHOSE. ② → ACCROC.

avec ① Marque l'accompagnement. *Il est sorti avec quelques amis* : [plus sout.] **en compagnie de**. *Avec du gras* : → ENTRELARDÉ. ② Marque la relation. *Comment agit-il avec vous ?* : **envers, vis-à-vis de, à l'égard de** (*... à votre égard ?*) ◆ [sout.] **à l'endroit de** (*... à votre endroit ?*) ; → PARMI. ③ *Et avec cela ?* (qui s'emploie dans un magasin ou un restaurant pour demander à un client s'il désire encore qqch : *et avec cela, monsieur, que prendrez-vous ?*) : **et ensuite, et après**. ④ *Marcher avec une canne* : → À L'AIDE* DE.

avenant → AIMABLE.

avenant (à l') → PAREILLEMENT.

avènement → ACCESSION.

avenir ① *Pourquoi vous inquiéter de l'avenir ?* : [plus restreint] **futur** ◆ [plus partic.] **le lendemain**. *L'artiste travaille pour l'avenir* : **postérité** ◆ ↑ **éternité**. *L'avenir d'une œuvre* : **destinée** ; → DEVENIR. ② *Te voici grand : il faut songer à ton avenir* : [plus partic.] **carrière** ; → MÉTIER. *Avoir de l'avenir* : → RÉUSSIR. ③ *À l'avenir. À l'avenir, vous me préviendrez avant de partir !* : **désormais, dorénavant** ◆ **par la suite, plus tard** (qui supposent un délai entre le moment où l'on parle et ce que dit la phrase).

aventure ① *Il m'est arrivé une curieuse aventure* (= ensemble de faits imprévus, extraordinaires, qui arrivent à qqn) : [plus génér.] **affaire, histoire** ◆ **mésaventure** (qui implique que les faits survenus ont tourné au désavantage de celui qui les rapporte) ; → ENTREPRISE, TRIBULATIONS. ② *Voter pour lui, c'est se lancer dans l'aventure* : **aventurisme** (qui s'emploie dans le domaine de la politique : *c'est de l'aventurisme*). ③ *À l'aventure. Aller à l'aventure, sans but*

fixé à l'avance : **au hasard**. *D'aventure. Si d'aventure vous le rencontrez, vous lui présenterez mes hommages* : [cour.] **par hasard, un jour*** ◆ [fam.] **des fois**. ④ *Il a une nouvelle aventure* (= liaison sentimentale passagère) : **liaison*** ; → CAPRICE, GALANTERIE.

◇ **aventuré** *Cette affirmation me paraît bien aventurée* : **risqué, hasardeux** ◆ **aventuriste** (qui se dit d'une conduite politique trop risquée) ; → AVENTUREUX ②.

◇ **aventureux** ① [qqn est ~] → HARDI. ② [qqch est ~] *Il n'a que des projets aventureux* (= qui font courir un grand risque) : **téméraire, ↓ imprudent, risqué** ◆ ↓ **hasardeux*** ◆ ↑ **dangereux** ; → ROMANESQUE.

◇ **aventurer** *Faut-il ainsi aventurer sa réputation ?* : [plus cour.] **risquer*** ; → S'ENGAGER.

◇ **s'aventurer** : **se risquer** ; → SE HASARDER.

aventurier ① → VAGABOND. ② *Dans le monde des affaires, j'ai connu quelques aventuriers* (= personne malhonnête) : **escroc***.

aventurisme → AVENTURE.

aventuriste → AVENTURÉ.

avenue *La ville est traversée par de larges avenues* : **boulevard** ◆ [plus génér.] **rue*, voie*** ; → PROMENADE.

avéré → RECONNU, TANGIBLE, VÉRITABLE, VRAI.

avérer (s') → PARAÎTRE I, SE RÉVÉLER.

averse → PLUIE.

aversion → ANTIPATHIE, RÉPUGNANCE.

averti ① *Vous voilà averti !* : **prévenu** ; → PRÉVENIR I. ② → COMPÉTENT, EXERCÉ.

avertir ① → ANNONCER, PRÉVENIR I, REPRÉSENTER, SIGNALER, SIGNIFIER II. ② Se servir d'un avertisseur : **klaxonner**.

avertissement ① *Vous auriez dû écouter notre avertissement* : ↑ **rappel à l'ordre** ◆ [rare] **admonition** ◆ ↓ **avis, conseil** (qui n'impliquent pas l'idée de danger encouru par celui que l'on avertit) ; → RECOMMANDATION, SUGGESTION, SUITE, LEÇON, MENACE. ② *Ce livre s'ouvre par un avertissement au lecteur* : **avis** ; → PRÉFACE.

avertisseur *Il est interdit de faire usage des avertisseurs dans une grande ville* : [plus cour.] **Klaxon**.

aveu → AVOUER.

aveuglant → ÉCLATANT.

aveugle ① [adj.] *Être aveugle* : [didact.] **être atteint de cécité**. *Il est presque aveugle* : **il n'y voit plus**. ② *Une confiance aveugle* : **absolu***. ③ [n.] *Un aveugle* : [plus neutre] **non-voyant** ♦ ↓ **mal-voyant**.

aveuglement ① *L'accusé a tué sa femme dans un moment d'aveuglement* : **égarement** ♦ ↓ **trouble** ; → FOLIE. ② *Sa politique montre bien son aveuglement* : ↓ **entêtement*** ♦ [en partic.] **manque de réalisme**.

aveuglément *Se lancer aveuglément dans une aventure* : **à l'aveuglette** ♦ [express.] **tête baissée** ; → IRRESPONSABLE. *Aimer aveuglément* : → BEAUCOUP.

aveugler ① [~ qqn] → ÉBLOUIR. ② [~ qqn] → ÉGARER. ③ [~ qqch] → BOUCHER, MURER.

◇ **s'aveugler** → SE TROMPER.

aveuglette (à l') → AVEUGLÉMENT, À TÂTONS.

aviateur *Celui qui pilote un avion* : **pilote** ♦ **commandant de bord, navigateur, mécanicien, radio** (= membres du personnel navigant).

aviation ① *Tout ce qui touche à la locomotion par avion* : **aéronautique** (= ce qui touche à la science de la navigation et de la construction aérienne). ② *Il travaille dans l'aviation* : [en partic.] **transports aériens, aéropostale, aéronavale, armée de l'air**.

avide → AFFAMÉ, FRIAND, IMPATIENT, INSATIABLE.

avidement *Manger avidement* : **avec avidité, voracement, avec voracité** (qui se

disent aussi au fig. : *lire avidement, avec avidité...*) ; → GOULÛMENT.

avidité ① → AVIDEMENT, CONVOITISE. ② → AVARICE.

avilir → ABAISSER II, PROFANER, SOUILLER, PROSTITUER.

◇ **s'avilir** → SE RAVALER, S'ABAISSER II.

avilissant → DÉGRADANT, DÉSHONORANT.

avilissement → ABAISSEMENT II.

aviné → IVRE.

avion *Avez-vous déjà pris l'avion ?* : [vx ou par plais.] **aéroplane** ♦ **jet** (= avion à réaction) ♦ [fam.] **zinc** ♦ [fam.] **coucou** (= avion d'un modèle ancien) ♦ [arg. des aviateurs] **taxi** ♦ [en partic.] **ULM** ; → APPAREIL, MOYEN DE COMMUNICATION*.

aviron → RAME.

avis ① *J'aimerais connaître votre avis sur la question* : **point de vue, opinion, façon de voir, façon de penser, jugement** ♦ [sout.] **sentiment** ; → RECOMMANDATION, OPTIQUE, ATTITUDE, AVERTISSEMENT. *L'avis de ses professeurs est excellent* : **appréciation***. *Changer d'avis* : → SE DÉDIRE, GANT. *Avis consultatif* : → VOIX III. *À mon avis* : → SEMBLER, À MON SENS* II. *Avis au lecteur* : → AVERTISSEMENT. ② *Avis au public* (= information émanant d'une autorité ou d'un particulier) : **annonce** (*un avis de décès, les annonces judiciaires*) ♦ **communiqué** (= avis officiel avec l'ordre d'insérer) ♦ **note** (= avis très court) ♦ [plus génér.] **communication** ; → BULLETIN, NOTIFICATION.

avisé → PRUDENT, CLAIRVOYANT, SAGE. *Être bien avisé* : → INSPIRÉ. *Un conseil avisé* : → BON I.

aviser ① [~ qqn] → ANNONCER, PRÉVENIR I, FAIRE SAVOIR* I. ② *J'aviserai à la question* : [plus cour.] **réfléchir**. *D'accord, j'aviserai !* : **voir**.

◇ **s'aviser** → REMARQUER, SONGER, SE MÊLER.

aviver → ANIMER.

avocat ① → DÉFENSEUR. ② → APOLOGISTE.

avoir [v.]

I Posséder. ① [qqn ~ qqch] *Il a une superbe maison de campagne* : **posséder*, être propriétaire de, disposer de, jouir de** (qui ne s'emploie que pour des biens d'une certaine importance et dont on a la propriété absolue). ② [dans des contextes particuliers] *Nous avons eu un été très ensoleillé* : → **CONNAÎTRE.** *Nous venons d'avoir une nouvelle voiture* : → **ACHETER.** *Avoir une place de concert* : → **OBTENIR.** *Avoir un record sportif* : → **DÉTENIR.** *Avoir une nouvelle robe* : → **PORTER.** ③ *Avoir de l'amour pour qqn* : → **RESSENTIR.** *Vous n'en aurez que des ennuis* : → **RÉCOLTER.** *Avoir la preuve* : **tenir*.** *Avoir de bons rapports* : → **ENTRETENIR.** ④ [qqn ~ qqn] *Ce marchand m'a bien eu !* [fam.] : **posséder* ;** → **ROULER II, TROMPER.**

II Être dans un certain état. *J'ai faim, soif, la fièvre, des soucis, le cafard, la grippe* : **être** (+ l'adj. correspondant : *je suis affamé, assoiffé, fiévreux, soucieux, cafardeux, grippé*).

III [dans des locutions] ① *Avoir lieu* : **arriver*, se produire.** ② *Avoir à. J'ai du courrier à faire* : **devoir, être dans l'obligation de.** ③ *Il y a* [avec indication de temps]. *Il y a plusieurs mois qu'ils sont partis* : **voici, voilà.** *Y a-t-il des rosiers grimpants plus robustes que celui-ci ?* : [plus sout.] **exister, trouver** (*trouve-t-on...*). *Qu'est-ce qu'il y a ?* : **que se passe-t-il ?** ④ *Il y a... à. Il y a la vaisselle à faire* : ↑ **falloir*** (*il faut faire la vaisselle*). *Il n'y a qu'à. Il n'y a qu'à le convoquer* : [rare] **suffire,** [au cond.] ↓ **devoir** (*il suffit de le convoquer, on devrait le convoquer*).

avoir [n.m.] → **RICHESSE.**

avoisinant → **PROCHE.**

avoisiner → **PRÈS II.**

avortement Expulsion spontanée ou volontaire du fœtus avant qu'il ne soit viable : [cour.] **fausse couche** (= expulsion involontaire), **interruption volontaire de grossesse,** [abrév.] **IVG** (= terme légal qui désigne l'expulsion volontaire du fœtus).

avorter → **ÉCHOUER.**

avorton → **MICROBE, NAIN.**

avouable → **HONNÊTE.**

avouer ① [~ qqch, ~ que] *J'avoue que je n'ai pas toujours agi avec prudence* : **reconnaître*** ♦ ↑ **s'accuser** (qui implique toujours que l'on est coupable) ♦ **confesser** (qui évoque en outre une idée de honte ou de réticence à avouer) ; → **CONCÉDER, ACCORDER, RENDRE JUSTICE*.** ② *L'inculpé a enfin avoué* : **passer aux aveux** ♦ [fam.] **se mettre à table, manger, cracher le morceau, lâcher le paquet ;** → **PARLER.**

◇ **aveu** ① *Je vais vous faire un aveu : je suis amoureux !* : ↑ **révélation** ♦ ↓ **confidence.** ② *L'aveu des péchés* : → **CONFESSION.** ③ *Sans votre aveu* : → **APPROBATION.**

axe *Le leader du parti a défini l'axe de notre politique* (= direction générale sur laquelle on règle une action quelconque) : **ligne** (*la ligne générale, les grandes lignes*) ; → **DIRECTION.**

axer → **DIRIGER II.**

axiome → **PENSÉE II, POSTULAT.**

azimut → **DIRECTION.**

azimuté → **FOU.**

azur
① → **CIEL.** ② *Couleur azur* : → **BLEU I.**

azuré → **BLEU I.**

B

B.A. → BONNE ACTION*.

b.a.-ba → ABC.

baba → SURPRIS, ÉBAHI.

baba cool, baba → MARGINAL.

babil → GAZOUILLEMENT.

babillarde → LETTRE II.

babiller → BAVARDER.

babine → LÈVRE.

babiole ① *J'ai acheté cette babiole pour les enfants* (= objet de peu d'importance) : [fam.] **bricole** ◆ [plus rare] **brimborion, colifichet.** ◆ [en partic.] **souvenir.** ② *Se disputer pour une babiole* (= chose sans importance) : **bagatelle, bêtise, détail** ◆ [assez rare] **vétille** ◆ [fam.] **bricole, broutille** ; → ENFANTILLAGE, RIEN II.

bâbord → GAUCHE, BORD I.

babouche → CHAUSSON.

babylonien → COLOSSAL.

baby-sitting → GARDE I.

bac

I *Il met ses produits photographiques dans de petits bacs* (= récipient) : **cuve*** (qui est généralement plus grande).

II *Il vient de passer son bac* : [vieilli] **bachot** ; ces deux termes sont des abréviations de **baccalauréat** ; → TERMINALE.

baccalauréat → BAC.

bacchante, bacante → MOUSTACHE.

bâche → TOILE.

bâcher → COUVRIR.

bacille → MICROBE.

bâclé → HÂTIF.

bâcler → SABOTER, TORCHER.

bactérie → MICROBE.

bactérien → MICROBIEN.

badaud → FLÂNEUR, CURIEUX.

baderne → VIEUX, FOSSILE.

badge → INSIGNE.

badigeon, badigeonnage → PEINTURE I.

badigeonner → PEINDRE I.

badin *Il lui a répondu sur un ton badin* : **enjoué** ◆ [plus approximatif] **léger** ; → SANS GÊNE*, ESPIÈGLE, GAI.

badinage → PLAISANTERIE, GALANTERIE.

badine → BAGUETTE.

badiner → PLAISANTER, RIRE.

baffe → GIFLE.

baffle → ENCEINTE III.

bafouer → RAILLER, CARICATURER, FOULER* AUX PIEDS.

bafouillage → BALBUTIEMENT.

bafouille → LETTRE II.

bafouiller → BALBUTIER.

bâfrer → MANGER I.

bagage ① *Où avez-vous laissé vos bagages ?* : [plus partic.] **valises, sacs, malles** ◆ [génér.] **affaires** ◆ [très fam.] **barda** ◆ **paquetage** (qui s'emploie pour désigner les *bagages* d'un soldat). *Plier bagage* : [fam.] : [cour.] **partir***. ② *Pour exercer ce métier, il faut un certain bagage* : [plus sout.] **compétence** (qui englobe aussi bien l'habileté que le savoir-faire) ◆ [plus précis, au pl.] **connaissances** ; → CAPACITÉ I.

bagarre ① *Une violente bagarre éclata dans le café* : [rare en ce sens] **bataille** ◆ ↑ **rixe** (qui implique souvent l'usage d'armes blanches) ◆ ↓ **empoignade** (= discussion violente) ◆ **échauffourée** (qui se dit d'une bagarre de courte durée, assez violente ; ce terme s'emploie souvent à propos des manifestations sur la voie publique qui donnent lieu à l'intervention de la police) ◆ **corps-à-corps** (= bagarre où l'on frappe directement l'adversaire) ◆ **pugilat** (= bagarre à coups de poing) ◆ [arg.] **baston, rif** ; → COMBAT, RÈGLEMENT DE COMPTE*. *Il va y avoir de la bagarre !* : [fam.] **du grabuge, du vilain**. ② *Entre eux, c'est la bagarre* : → DISPUTE. *Une bagarre économique* : → COMBAT, DUEL.

bagarrer (se) → BATTRE I.

bagarreur → COMBATIF.

bagatelle ① → BABIOLE. ② *Ce n'est qu'une bagatelle !* : → RIEN II, PAILLE, PLAISANTERIE, ENFANTILLAGE. ③ *Aimer la bagatelle* : → GAUDRIOLE.

bagnard → PRISONNIER, FORÇAT.

bagne ① *Un condamné au bagne* : [plus rare] **pénitencier** ; → PRISON. ② *Il travaille douze heures par jour : c'est le bagne !* : **enfer** ◆ [fam.] **galère** (*c'est la galère !*) ; → ABOMINABLE.

bagnole → AUTOMOBILE.

bagou ① → ÉLOQUENCE, BARATIN. ② *Avoir du bagou* : → PARLER D'ABONDANCE*.

bague → ANNEAU.

baguenauder → FLÂNER, S'AMUSER.

baguette ① *Voici une baguette de noisetier* : [plus rare] **badine, verge** ; → BÂTON. ② *Il fait marcher tout le monde à la baguette* : ↑ **cravache, coups de trique** ; → SÉVÈREMENT. ③ *Baguette magique* : → ENCHANTEMENT.

bahut ① → LYCÉE. ② → CAMION.

baie ① → FENÊTRE. ② → GOLFE. ③ → FRUIT.

baignade → BAIN.

baigner

I [~ qqn, qqch] ① *Baignez l'enfant chaque jour !* : **donner un bain**. *Baigner le doigt dans de l'eau tiède* : **plonger*** II, **immerger** (qui n'impliquent pas que l'action dure) ; → LAVER. ② *La Bretagne est baignée par la mer* : **arroser*** (qui se dit pour fleuves et rivières) ◆ [plus génér.] **entourer**. ③ *Un visage baigné de larmes* : → ARROSER. *Baignez-vous les yeux avec du sérum* : ↓ **humecter**, [plus génér.] **mouiller**.

II [qqch, qqn ~ dans] ① *Les cornichons baignent dans le vinaigre* : **tremper** ◆ ↑ **nager** ; → MARINER. ② *Ils baignent dans le bonheur* : **nager**. *Ce film nous fait baigner dans une atmosphère morbide* : **macérer** ◆ [fam.] **mariner**. *Leurs affaires vont bien : pour eux, ça baigne !* [fam.] : **ça baigne dans l'huile, ça roule** ◆ [cour.] **ça va bien, très bien** ; → MARCHER.

◇ **se baigner** *Si on allait se baigner ?* : **prendre un bain** ◆ [fam.] **faire trempette, se tremper** ◆ [plus partic.] **nager**.

baigneur → POUPÉE.

baignoire → LOGE.

baille → EAU.

bâiller → OUVERT, S'OUVRIR.

bâillonner → RÉDUIRE AU SILENCE*.

bain

bain *C'était l'heure du bain* : **baignade.** *Donner un bain* : → BAIGNER I. *Prendre un bain* : → SE BAIGNER. *Un bain de vapeur* : **sauna ◆ bain turc, hammam** (= bain de vapeur suivi de massages). *Être dans le bain* [fam.] (= participer à une affaire le plus souvent compromettante ou dangereuse) : **être dans le coup ◆** [plus fam.] **être mouillé ◆** [cour.] **être compromis** ; → COMPROMETTRE. *Être dans le bain* [fam.] (= être à l'aise à la place qu'on occupe) : **être dans le coup, être à son affaire ◆** [cour.] **être bien à sa place.**

baiser

I [v.] **1** → EMBRASSER. **2** *Il la baise* [très fam.] : [vulg.] **enculer, enfiler ◆** [arg.] **niquer ◆** [cour.] **faire l'amour** (*faire l'amour à qqn*). *Ils baisent ensemble* : → RELATIONS INTIMES*. **3** *Il s'est fait baiser* : → POSSÉDER.

II [n.m.] *Couvrir de baisers* : [fam.] **bise ◆** [très fam.] **bécot** ; → CARESSE.

baisse *Baisse de température* : → ABAISSER I, ABAISSEMENT I. *Baisse des prix* : → DÉPRÉCIATION. *Baisse de popularité* : → DÉCLIN.

baisser

I [~ qqch] **1** *Baisser la vitre, les prix* : → ABAISSER I. **2** *Baissez la tête !* : **courber, pencher***. *Baisser la voix* : **parler plus bas.**

◊ **se baisser** → SE PENCHER.

II **1** [qqch ~] *Le jour baisse* : → DÉCLINER II. *Le dollar baisse* : → SE DÉPRÉCIER, TOMBER II. *Faire baisser* : → DÉGONFLER. *La température baisse* : → DESCENDRE. *Le succès de cette musique a baissé* : → S'ESSOUFFLER. **2** [qqn ~] → S'AFFAIBLIR.

baissier → SPÉCULATEUR.

bakchich → GRATIFICATION.

bal **1** *Lieu où l'on danse* : [arg.] **guinche ◆ dancing** (en ville) **◆ guinguette** (dans un cadre champêtre) **◆** [vieilli, fam.] **bastringue** (= dancing populaire) **◆** [plus mod.] **boîte de nuit, night-club,** [abrév. fam.] **boîte, night** ; → DANSER. **2** *Réunion où l'on danse* : **boum, fête ◆** [vieilli] **surprise-partie, surboum, sauterie ◆** [en partic.]

thé dansant ◆ [néol., anglic.] **rave, rave-party** (= grand rassemblement dansant, souvent illicite, sur de la musique moderne) ; → SOIRÉE.

balade → PROMENADE, SORTIE.

balader (se) → SE PROMENER, SORTIR I.

baladeur → WALKMAN.

baladin → SALTIMBANQUE.

balafre → CICATRICE, COUPURE.

balafrer → BLESSER.

balai **1** *Petit balai* : **balayette ◆ balai-brosse** (= balai avec une tête en chiendent). *Donner un coup de balai* : **balayer,** [plus génér.] **nettoyer. 2** *Il compte donner un sérieux coup de balai parmi son personnel* [express. fam.] **nettoyage** (*il compte procéder à un sérieux nettoyage*) [cour.] **licencier** ; → ASSAINISSEMENT, CONGÉDIER.

◊ **balayer** **1** [génér.] **passer le balai, donner un coup de balai** ; → NETTOYER. **2** [~ qqn] → CHASSER, CONGÉDIER. **3** [~ qqch] *Balayé par l'orage* : → EMPORTER. **4** *Le projecteur balaye l'obscurité* : **fouiller.** *Sa robe balaye le sol* : **traîner sur.** *Balayez cela de votre esprit !* : ↓ **enlever, ôter.**

balance

I **1** [instrument] **bascule** (= instrument pour peser des objets très lourds). **2** *Mettre en balance* : → COMPARAISON. **3** *Être en balance* : → HÉSITER. *Tenir la balance* : → ÉQUILIBRER. **4** *Balance des paiements* : → SOLDE.

II → TRAÎTRE.

balancé **1** → ÉQUILIBRÉ, RYTHMIQUE. **2** → BÂTI, BIEN FAIT* I.

balancement → BERCEMENT, RYTHME, VA-ET-VIENT.

balancer

I [~ qqch] **1** *Il balançait la tête en nous écoutant* : **dodeliner, branler, hocher** (qui sont plus précis, mais ne s'emploient que dans ce contexte). **2** *Mettons un mauvais joueur dans chaque camp ; cela balan-*

cera un peu mieux les chances : **équilibrer, répartir ; → COMPENSER.**

II ① [~ qqch] → JETER. ② [~ qqn] → CONGÉDIER, ENVOYER VALSER*.

III [qqn ~] → HÉSITER.

IV [~ qqn] → TRAHIR.

◇ **se balancer** ① *La lampe se balançait au plafond* : **balancer ◆** [plus sout.] **osciller** (qui suppose toujours un mouvement très régulier) **◆** [pour les bateaux] **tanguer** (dans le sens de la longueur), **rouler** (dans le sens de la largeur). *Il restait debout en se balançant d'une jambe sur l'autre* : **se dandiner.** ② *S'en balancer* : → SE MOQUER. ③ *Ça se balance* : **ça se vaut, c'est pareil*.**

balançoire → ESCARPOLETTE.

balayage → NETTOYAGE.

balayer, balayette → BALAI.

balayure → DÉBRIS.

balbutiement → BALBUTIER.

balbutier *Dans son désarroi, elle parvint à balbutier quelques mots* : **articuler, murmurer ◆** [péj.] **bredouiller, marmonner ◆ ↑ bégayer ◆** [fam.] **bafouiller ◆** [fam.] **baragouiner** (= mal s'exprimer dans une langue étrangère) **◆** [péj.] **ânonner** (qui se dit surtout d'une lecture balbutiante).

◇ **balbutiement** : **murmure, bredouillement, marmonnement, bégaiement, bafouillage, baragouin, ânonnement.**

baldaquin → DAIS.

balèze → FORT.

balisage → SIGNALISATION, FLÉCHAGE.

balise → BOUÉE, SIGNAL, FEU II, JALON.

baliser ① → SIGNALISER, JALONNER, FLÉCHER. ② → AVOIR PEUR*.

baliverne → SORNETTE, SOTTISE.

balkanisation → MORCELLEMENT.

ballade → ROMANCE, CHANT.

ballant → PENDANT I.

ballast → REMBLAI.

balle

I *L'ailier passe la balle à l'avant-centre* : **ballon** (dans certains sports comme le football, le handball, etc.). *Première balle* : → SERVICE I.

II *Il a pris une balle dans la cuisse* : [fam.] **pruneau ◆ chevrotine** (= balle spéciale pour la chasse au gros gibier) ; → PROJECTILE, CARTOUCHE.

III *Mille balles* : → FRANC I.

ballerine → DANSEUSE.

ballon ① → BALLE. ② → MONTAGNE. ③ → DIRIGEABLE.

ballonné → ENFLÉ I, GONFLER.

ballonnement → ENFLURE, GONFLEMENT.

ballot ① → BALOURD, MALADROIT. ② → PAQUET.

ballotter → SECOUER, TIRAILLER, TIRER II.

ballottine → GALANTINE.

balnéaire → BORD DE MER*.

balourd [n. et adj.] *N'attendez pas de lui de la finesse : c'est un balourd !* : **ballot, lourdaud ◆ ↑ rustre, rustaud ◆ obtus, fruste** (qui ne s'emploient que comme adj., le premier évoquant surtout un esprit lourdaud, le second une conduite rudimentaire) **◆ épais, mal dégrossi** (qui évoquent l'absence de finesse) ; → CAMPAGNARD, GROSSIER, MALADROIT, NIAIS, SOT.

balourdise → LOURDEUR D'ESPRIT, MALADRESSE, STUPIDITÉ.

baluchon → PAQUET.

balustrade Se dit couramment de toute clôture à jours et à hauteur d'appui : **rampe** (= balustrade d'un escalier) **◆ garde-fou, garde-corps** (= balustrade établie sur un pont, un quai, etc., pour empêcher les gens de tomber) **◆ bastingage** (sur un bateau) **◆ parapet** (= mur servant de garde-fou) **◆ rambarde** (terme de marine, parfois utilisé avec le sens de garde-fou).

bambin → BÉBÉ, ENFANT.

bamboche → FÊTE.

bambocheur → JOUISSEUR.

bamboula → FÊTE.

ban → BANNIR.

banal → COMMUN II, ORDINAIRE, REBATTU, VULGAIRE I.

banaliser → DÉSACRALISER.

banalité → GÉNÉRALITÉ, LIEU* COMMUN. *Ce texte est d'une banalité !* : → PAUVRETÉ, PLATITUDE, PONCIF.

banc ① *Un banc de sable* : → BANDE I, ÉCUEIL. ② *Le banc des accusés* : → BOX.

bancal → BOITEUX.

bandage → PANSEMENT.

bandant → EXCITANT.

bande

I ① *Depuis son opération, elle porte une bande* : **bandage** ; → PANSEMENT. ② *À marée basse, on aperçoit une bande de sable* : ↑ **banc.**

II ① *Une bande de jeunes* : **groupe** (qui est plus neutre et n'évoque pas la même cohésion) ; → VOLÉE I, TROUPE I. *Nous ne sommes pas de la même bande* : → COTERIE. *Bande de salopards !* : **tas** ; → ESPÈCE DE. ② *Une bande d'animaux* : [selon l'espèce] **compagnie, horde, meute.**

bandeau Selon sa forme et son usage, un *bandeau* peut être un **serre-tête** ou un **turban.**

bandelette → PANSEMENT.

bander ① → PANSER. ② → CONTRACTER, RAIDIR, TENDRE III. ③ → ÉRECTION.

banderole ① *Des banderoles flottaient au mât de la place* : **bannière** ◆ **flamme** (= banderole à deux pointes qui se place sur le mât d'un bateau) ◆ **oriflamme** (= bannière d'apparat) ; → DRAPEAU. ② *La banderole d'un syndicat dans une manifestation* : **calicot** (= toile de coton grossier portant une inscription).

bandit ① *J'aime les vieilles histoires où l'on voit des bandits attaquer des diligences* [vx] : [plus partic.] **brigand** (= homme qui se livre au vol et au pillage) ◆ **malandrin** (= aventurier armé) ; → VOLEUR, PIRATE. ② → MALFAITEUR. ③ [fig.] *Cet épicier est un bandit !* : → VOLEUR II. *Ah ! le bandit !* : → MISÉRABLE II, COQUIN.

banditisme → CRIME.

banlieue *Il habite en banlieue* : **périphérie** (= ensemble des quartiers situés loin du centre d'une ville : *il habite à la périphérie*) ◆ **petite banlieue** (= banlieue proche), **grande banlieue** (= banlieue plus éloignée). *Commune de banlieue* : **commune suburbaine** ◆ [pl.] **faubourgs** (= périphérie immédiate, généralement d'une ville ancienne) ; → ABORDS, VILLE.

banni → BANNIR, EXILÉ.

bannière → DRAPEAU.

bannir ① [~ qqn] Condamner qqn à quitter son pays : **exiler, proscrire** (qui ne supposent pas l'idée d'une condamnation méritée mais plutôt d'un acte arbitraire) ◆ [formule administrative] **contraindre à quitter le territoire** ; → CHASSER. ② [~ qqn] *Il a été banni de son club* : **radier** ◆ [plus génér.] **rejeter, expulser, chasser*** ◆ [plus rare] **mettre au ban de** ; → INTERDIRE. ③ [~ qqch] *Il faudra bannir ce mot de votre conversation* : **ôter, chasser, extraire, proscrire, rayer, supprimer** ◆ ↓ **éviter** (*évitez ce mot dans votre conversation*) ; → INTERDIRE.

bannissement → EXIL.

banquer → PAYER.

banqueroute → FAILLITE.

banquet, banqueter → REPAS.

banquette → SIÈGE I.

banquier → FINANCIER.

baptême → BAPTISER.

baptiser ① *Baptiser*, c'est donner le **baptême.** *Se faire baptiser* : **recevoir le baptême.** ② → APPELER II, INJURIER.

bar
I → CAFÉ I.
II → LOUP II.

baragouin → BALBUTIEMENT, GALIMATIAS.

baragouiner → BALBUTIER.

baraka → CHANCE.

baraque
I ① *Les baraques d'un bidonville* : **baraquement** (= ensemble de baraques) ♦ [plus péj.] **cabane**. ② *Il vient de s'acheter une nouvelle baraque* [fam.] : **cabane, bicoque** ♦ [cour.] **maison*** ♦ **masure, taudis,** [très fam.] **gourbi** (qui se disent d'une maison délabrée) ; → HABITATION.
II → FORT I, HOMME.

baraqué → FORT I.

baraquement → BARAQUE.

baratin → GALANTERIE, VERBIAGE. *Il a un de ces baratins !* : **bagou, tchatche*** ; → PARLER.

baratiner ① → DISCOURIR, TCHATCHER. ② → COURTISER.

baratineur → BAVARD, SÉDUCTEUR.

barbant → ENNUYEUX.

barbaque → CHAIR.

barbare ① [adj.] → CRUEL, GROSSIER. ② [n.] → SAUVAGE.

barbarie ① *La guerre nous fera retomber dans la barbarie* : **sauvagerie*** ; → BRUTALITÉ, CRUAUTÉ. ② *Détruire les musées est un acte de barbarie* : **vandalisme**.

barbarisme → IMPROPRIÉTÉ.

barbe ① *Il porte la barbe depuis deux mois* : [fam.] **barbouze** ♦ ↓ **barbiche, barbichette** (= petite barbe portée au menton) ♦ **collier** (= barbe courte, régulièrement taillée) ; → POIL. ② *Quelle vieille barbe !* : → FOSSILE. *La barbe !* [fam.] : [cour.] **ça suffit !** ♦ [plus sout.] **tu m'ennuies !**

barber → ENNUYER.

barbiche → BARBE.

barbiturique → SOMNIFÈRE.

barbon → VIEUX.

barboter ① → PATAUGER. ② → VOLER II.

barbouillage Se dit d'une écriture, d'un dessin, d'une peinture informes, grossiers : **barbouillis, gribouillage, gribouillis** ♦ **griffonnage** (qui ne se dit généralement que du trait, c'est-à-dire d'une écriture ou d'un dessin) ♦ **pattes de mouche** (qui se dit de l'écriture) ; → ÉCRITURE.

barbouiller
① → MACULER, SALIR. ② → PEINDRE I.

barbouilleur → PEINTRE.

barbouillis → BARBOUILLAGE.

barbouze → ESPION.

barbu → POILU.

barda → BAGAGE.

barder → SE GÂTER.

barème → ÉCHELLE.

barge → FOU.

baril → TONNEAU.

bariolage → MÉLANGE.

barioler Peindre de couleurs vives et mal harmonisées : **bigarrer, panacher** ♦ **chiner, diaprer, jasper, veiner, marbrer** (qui impliquent, au contraire, technique et savoir-faire ; *chiner* se dit en termes de tissage, lorsqu'on donne aux fils des couleurs différentes ; *diaprer* ou *jasper*, c'est imiter par la disposition des couleurs l'apparence du jaspe ; *veiner* ou *marbrer*, c'est imiter par la disposition des couleurs les sinuosités des veines ou du marbre) ; → MARQUETER, COLORER.

barjo → FOU.

barmaid, barman → SERVEUR.

baron → ROI.

baroque → BIZARRE.

baroud → COMBAT.

baroudeur → COMBATIF.

barouf → TAPAGE, SCANDALE.

barque → EMBARCATION.

barrage ① → BARRICADE. ② → OBSTACLE, OPPOSITION.

barre

I ① Des *barres* de fer peuvent éventuellement servir de **barreaux** à une porte ou à une fenêtre, de même que des *barres* de bois peuvent en être les **croisillons**. Une *barre* de métal ou d'alliage coulée dans un moule est appelée **lingot ;** → TIGE. ② *Dans ce restaurant, c'est le coup de barre* : [fam.] **coup de fusil,** [cour.] **inabordable* ;** → ÉCORCHER. *Avoir le coup de barre* : → FATIGUE, FATIGUÉ.

II ① *La* **barre** *d'un bateau est le levier qui actionne le* **gouvernail**. *Tenir la barre* : **barrer, gouverner** ♦ [plus génér.] **diriger*.** ② [fig.] *Avoir barre sur qqn* : → DOMINER.

◇ **barreur** *Le* **skipper** *est un* **barreur** *de bateau à voiles de régate.*

barré *Mal barré* : → ENGAGER.

barreau → BARRE.

barrer ① → EFFACER, RAYER, SUPPRIMER. ② → BOUCHER.

◇ **se barrer** → FUIR, S'ÔTER, PARTIR.

barreur → BARRE II.

barricade : [plus génér.] **barrage**. *Ce gouvernement est né sur les barricades* : **dans la révolution, l'émeute*.**

◇ **se barricader** ① *Les malfaiteurs se sont barricadés dans une vieille ferme* : **se retrancher** ♦ [plus génér.] **s'enfermer ;** → SE CACHER. ② *Depuis son accident, on ne peut plus le rencontrer : il se barricade* : **se cloîtrer, se claustrer** ♦ ↓ **s'isoler ;** → S'ABSTRAIRE.

barrière ① → CLÔTURE. ② → OBSTACLE.

barrique → TONNEAU.

bas

I [adj.]. Terme général qui marque ce qui est au-dessous de la normale. ① *Une voix basse* : **faible**. *À voix basse* :

→ MURMURER. *C'est un homme de basse naissance* : **inférieur** (... *de naissance inférieure*) ; → MISÉRABLE, MODESTE. *C'est un magasin qui vend à bas prix* : **modéré, modique** (... *prix modérés, modiques*) ; → SOLDER. *La rivière est basse* : ↑ à **l'étiage.** *De la basse littérature* : **mauvais*, méchant, piètre** ♦ [express.] **le degré zéro de.** ② *Le bas Moyen Âge* : **tardif.** ③ *La tête basse, l'oreille basse* : → EMBARRASSÉ. *Au bas mot* : **au minimum.**

II [adj.] *Une conduite basse, de manière basse* : → BASSESSE, BASSEMENT, ABJECT, LÂCHE, LAID, VIL.

III [adv., de bas I] *Parler bas* : → MURMURER. *Mettre bas* : → ACCOUCHER. *Plus bas, dans un texte* : → APRÈS II, LOIN. *Les voisins d'en bas* : → DU DESSOUS*. *De haut en bas* : **des pieds à la tête ;** → EXAMINER. *Mettre à bas* : → DÉTRUIRE. *À bas* : ↑ **mort à.**

IV [n.m.] → BASE I.

V [n.m.] ① *J'ai encore filé mes bas !* : **collants** (= bas qui couvrent le corps de la taille aux pieds) ♦ **chaussettes** (qui s'arrêtent à mi-mollet ou au-dessous du genou) ♦ **socquettes** (= chaussettes basses s'arrêtant à la cheville). ② *Bas de laine* : → ÉCONOMIE, MAGOT.

basane → CUIR.

basané → BRONZÉ, TANNÉ.

bas-côté → ACCOTEMENT.

bascule → BALANCE I.

basculer → CULBUTER, VERSER.

base

I ① *La base de ces colonnes est d'une belle géométrie* (= ce qui supporte un objet) : **pied, support** ♦ **socle, piédestal** (qui s'emploient pour une statue, un vase). ② *La base de cet immeuble me paraît solide* (= partie inférieure d'un édifice) : **assise, assiette** ♦ **soubassement** (qui est le terme technique) ♦ [souvent pl.] **fondation** (qui désigne la partie enterrée d'un immeuble sur laquelle repose le soubassement). ③ *Partie inférieure d'un objet quelconque* : **bas** (pour une montagne) ♦ **pied** (pour une lampe, un arbre) ♦ **racine** (pour un arbre).

II ① *Les bases d'une théorie* : **fondement, principe** ◆ [néol., au pl.] **fondamentaux ;** → BASIQUE, COLONNE* VERTÉBRALE, CENTRE, LIGNE III. ② *Les bases d'un traité* : → CONDITION II. ③ *Être à la base de* : **origine*, source, point de départ.**

III *Une base aérienne, navale* : **centre.** *Base arrière* : → REFUGE.

baser → ÉTABLIR.

◇ **se baser** → SE FONDER.

bas-fond ① → FOND. ② → REBUT.

basilique → ÉGLISE.

basique [dans le langage technique] **de base*, fondamental.**

basques *Aux basques de* : → COLLANT.

bas-relief → SCULPTURE.

basse-cour → POULAILLER.

bassesse ① *Sa bassesse, son absence de fierté et de dignité me dégoûtent* : **servilité, petitesse ;** → PLATITUDE II, COMPROMISSION. ② *Comment peut-on vivre dans la bassesse ?* (= manque d'élévation morale) : ↓ **indignité** ◆ ↑ **infamie, ignominie, abjection** ◆ [sout.] ↑ **turpitude** ◆ **servilité** (qui désigne plus précisément la basse flatterie) ; → ABAISSEMENT, LAIDEUR, HORREUR, VICE, BOUE. ③ *Commettre une bassesse* (= action vile et méprisable) : **lâcheté** ◆ ↓ **indignité** ◆ ↑ **ignominie** ◆ [rare] **vilenie** ◆ [fam.] **saloperie.**

◇ **bassement** *Il s'est vengé bassement* : **de façon indigne, infâme, servile** ◆ **servilement, indignement, lâchement.**

bassin

I → TRONC.

II ① → ÉTANG. ② → VALLÉE.

bassiner ① → ARROSER. ② → ENNUYER.

bastaing → POUTRE.

bastide, bastille → PRISON, CHÂTEAU.

bastingage → BALUSTRADE.

bastion ① *Un bastion est la partie avancée d'une* **fortification** ◆ [plus génér.] **retranchement.** ② *Leur parti est le bastion du conservatisme* : **rempart** ◆ ↓ **soutien** ◆ [souvent péj.] **camp retranché, citadelle ;** → FORTERESSE, PARTISAN.

baston → BAGARRE.

bastringue ① → BAL. ② *Et tout le bastringue* : → S'ENSUIVRE.

bas-ventre → VENTRE.

bataille → BAGARRE, COMBAT, LUTTE.

batailler → COMBATTRE.

batailleur → COMBATIF.

bataillon → TROUPE II.

bâtard ① *Les rois de France ont eu de nombreux bâtards* (= enfant né en dehors d'un mariage légitime) : **enfant naturel, illégitime, adultérin ;** → MÉTIS. ② *Une solution bâtarde* : → BOITEUX.

bateau

I Ouvrage flottant destiné à la navigation : **bâtiment,** [litt.] **vaisseau** (= constructions navales de grandes dimensions) ◆ **unité** (= bâtiment de la Marine nationale) ◆ **navire** (= bâtiment destiné au transport en pleine mer) ◆ [fam.] **rafiot, coquille de noix** (= mauvais bateaux) ; → EMBARCATION.

II *Monter un bateau* : → CANULAR. *Un style bateau* : → COMMUN I.

bateleur → SALTIMBANQUE.

batelier → PASSEUR.

batellerie : **transport fluvial.**

bâti → BÂTIR.

batifolage → JEU I.

batifoler → FOLÂTRER.

bâtiment → BÂTIR, LOCAL.

bâtir ① *Mon cousin se fait bâtir une maison au bord de la mer* : **construire** ◆ **édifier** (en parlant d'une très grande construction) ◆ **ériger** (= construire dans une intention solennelle un monument, une église) ; → ÉLEVER I. ② *Bâtir ses phrases* : → FORMER. *Bâtir une fortune* : → ÉTABLIR.

Bâtir des projets : **échafauder** ◆ [très génér.] **faire, avoir.** ③ *Bâtir un vêtement*
→ FAUFILER.

◇ **bâti** ① [adj.] *Il est bâti comme un athlète* :
taillé, charpenté. *Bien, mal bâti* : **fait,**
[fam.] **balancé,** [très fam.] **fichu, foutu ;**
→ DIFFORME, HARMONIEUX. ② [n.m.]
→ PLAN IV.

◇ **bâtiment** ① *Avez-vous visité les nouveaux bâtiments du quartier ?* : **construction** ◆ [souvent péj.] **bâtisse** ◆ **édifice,
monument** (qui impliquent l'idée de grandeur et d'importance) ; → HABITATION,
IMMEUBLE, LOCAL. ② *Il travaille dans le
bâtiment* : **construction.** ③ → BATEAU.

bâtisse → BÂTIMENT.

bâtisseur → CONSTRUCTEUR.

bâton

I ① Pour fouetter : **baguette*.** ② Pour
s'appuyer : **canne.** ③ Pour frapper :
gourdin ◆ [plus fam.] **trique** ◆ **massue,
matraque** (qui désignent des armes véritables). ④ Pour soutenir : **tuteur, échalas.**
⑤ *Bâton de rouge, de colle* : [anglic.] **stick.**
II [dans des express.] *Mettre des bâtons
dans les roues* [fam.] : [cour.] **gêner* ;**
→ CONTRARIER. *Bâton de maré-
chal* : → CARRIÈRE. *Bâton de vieillesse* : → SOUTIEN. *Une vie de bâton de
chaise* : → DÉRÉGLÉ. *À bâtons rompus* :
→ FAMILIÈREMENT.

battage → PUBLICITÉ.

battant

I [n.m.] ① *Les deux battants de la
fenêtre* : **vantail.** ② *Le battant d'une
cloche* : **marteau.**
II [n.] *Ce représentant est un battant* :
lutteur, fonceur. *Être un battant* : [fam.]
avoir la pêche, [cour.] **être très combatif* ;**
→ ACCROCHEUR.
III [adj.] ① *Une pluie battante* : **cinglant,
très violent.** *Il tombe une pluie battante* : **il
tombe des cordes, des hallebardes, il pleut à
seaux** ◆ [très fam.] **comme vache qui pisse.**
② *Mener une affaire tambour battant* :
rondement, sans traîner ; → RAPIDEMENT.
③ *Le cœur battant* : → ÉMOTION.

battement [de battre III] *Le battement
d'un marteau* : **martèlement.** *Des battements de mains* : **applaudissements ;**
→ ACCLAMATION. *Un battement d'ailes* :
[plus sout.] **bruissement, frémissement ;**
→ COUP II. *Avoir des battements de cœur* :
palpitations ; → CŒUR. *Le battement du
pouls* : **pulsations.**

batterie ① *La batterie de la voiture est
en panne* : [peu employé] **accumulateurs**
◆ [abrév. fam.] **accus.** ② *Batterie de cuisine* : → USTENSILE. ③ → PERCUSSION.

batteur ① → FOUET. ② → PERCUS-
SIONNISTE.

battre

I [qqn ~ qqn] ① *Un père qui bat son
enfant n'est pas un bon pédagogue !* :
[plus sout.] **frapper** (qui n'implique pas
forcément des coups répétés et qui
peut être précisé : *frapper à la joue, au
nez*) ◆ [fam.] **taper** (qui se dit le plus
souvent de coups donnés avec la main
nue) ◆ [fam.] **caresser les côtes** ◆ [fam.]
↓ **secouer** ◆ [fam.] ↑ **cogner, tabasser,
passer à tabac, dérouiller, tanner, flanquer
une volée, boxer, estourbir** ◆ ↑ **rosser**
◆ ↑ **rouer de coups** ◆ [plus partic.] **cingler,
fouetter** (= battre avec un fouet ou un
objet flexible) ◆ [sout.] **fustiger, flageller** (= battre à coups de fouet, de bâton)
◆ [en partic.] **fesser,** [plus cour.] **donner une
fessée ;** → CORRIGER, GIFLER, APPLIQUER*
UNE GIFLE, MALMENER. ② *Battre un adversaire* : → VAINCRE, MALMENER, SUPÉRIEUR,
TOMBER IV, TRIOMPHER. *Se faire battre* :
→ PERDRE, SE FAIRE PILER*.

II [qqn, qqch ~ qqch] ① Agiter pour
mélanger. *Qqn bat les cartes* : **mêler ;**
→ BROUILLER I. ② Parcourir en tous sens.
Qqn bat les bois : **courir, fouiller** ◆ [plus
génér.] **parcourir.** *Battre la campagne* :
→ DÉRAISONNER. *Battre le pavé* : → FLÂNER.
③ Heurter. *La pluie bat les carreaux,
contre, sur les carreaux* : **cingler, fouetter,
tambouriner, marteler ;** → BATTANT III.

III [qqch, qqn ~] ① Être animé par ou produire des mouvements répétés. *Son cœur
bat* : **palpiter.** *Son cœur bat vite* : ↑ **battre
la chamade.** *Les volets battent* : **claquer.** *Le
public bat des mains* : **applaudir** (*le public*

applaudit) ◆ ↑ **applaudir à tout rompre ;** → ACCLAMER. ② *Battre en retraite :* → RECULER, CÉDER DU TERRAIN*.

◇ **se battre** ① *Ces deux frères passent leur temps à se battre :* [plus fam.] **se bagarrer** ◆ ↓ **se chamailler, se disputer** ◆ [fam.] **se crêper le chignon, se bouffer le nez** ◆ ↑ **se taper, se tabasser.** *Ils ont fini par se battre :* **en venir aux mains, en découdre** ◆ [fam.] **se taper dessus.** ② *Les troupes se sont battues avec courage :* **combattre ;** → GUERROYER. ③ *Je me bats avec ce problème depuis une heure !* : **se débattre, se démener, s'acharner sur** ◆ [fam.] **se coltiner, s'arracher les cheveux.** *Pour arriver à ce poste, il a dû se battre :* **lutter, combattre** ◆ [express.] **ferrailler** ◆ [plus fam.] **se démener** ◆ [fam., souvent péj.] **jouer des coudes,** ↑ **marcher sur les autres ;** → S'ACCROCHER.

battue → CHASSE.

baudet → ÂNE.

bauge → GÎTE.

baume *Mettre du baume au cœur de qqn :* → CONSOLER.

bavard ① [adj.] Se dit de celui qui aime parler et le fait abondamment : [plus précis] **loquace** (= qui parle volontiers) ◆ **volubile** (= qui parle rapidement et avec abondance) ◆ [fam., souvent péj.] **baratineur, tchatcheur ;** → PROLIXE, ÉLOQUENT. ② [péj.] *Cette femme est décidément trop bavarde !* (= qui dit partout ce qu'elle devrait taire) : **indiscret** ◆ [plus fam.] **cancanier.** *Elle n'est pas très bavarde :* [rare] **causeur** ◆ [fam.] **causant ;** → PARLANT, SILENCIEUX, RÉSERVÉ. *Être bavard comme une pie :* **ne pas savoir tenir sa langue* ;** → AFFILÉ, MÉDISANT, MÉDIRE. ③ [n.] *Quel bavard !* : [fam.] **perroquet, pie** ◆ **commère** (qui ne s'emploie qu'en parlant des femmes) ◆ **concierge,** [fam.] **pipelet** (qui sont dominés par l'idée d'indiscrétion) ◆ **phraseur** (= celui qui parle de manière affectée pour ne rien dire de sensé) ◆ **baratineur** (= celui qui parle beaucoup dans l'intention de séduire). ④ [adj.] *Un discours bavard :* **verbeux ;** → PROLIXE.

◇ **bavarder** ① *Je suis resté pendant des heures à bavarder avec elle :* [plus génér.] **parler*** ◆ [fam.] **bavasser, causer, papoter, parloter, piapiater** ◆ **babiller** (qui implique l'idée de volubilité et de légèreté) ◆ [péj.] **caqueter, jacasser*** ◆ [fam.] **tailler une bavette** (= bavarder un moment) ◆ [arg.] **jacter, jaspiner ;** → CONVERSER, PARLER. ② *Je n'aime pas les gens qui bavardent :* **ne pas tenir sa langue.** *Cela va se savoir et on va bavarder :* **jaser, cancaner** (qui comportent l'idée de médisance).

◇ **bavardage** ① [de bavarder] **babillage** ◆ [péj.] **caquetage, papotage, jacasserie** ◆ **babil** (qui s'emploie génér. pour de jeunes enfants). ② [de bavard ②] *Je n'aime pas les bavardages :* [surtout pl.] **commérages, on-dit, racontars, potins, cancans** ◆ [rare] **clabaudage, clabauderie** ◆ [plus sout.] **indiscrétions** ◆ [péj.] **ragots ;** → CONVERSATION. ③ *Ce texte n'est qu'un insipide bavardage !* : [sout.] **verbiage* ;** → DÉTAIL.

bavasser → BAVARDER.

bave → SALIVE.

baver ① *Le chien bave :* → SALIVER. ② *Il en bave :* → PEINER I, EN FAIRE VOIR*. ③ *Baver sur qqn :* → MÉDIRE.

bavette *Tailler une bavette :* → CONVERSER.

baveux → COULANT.

bavure → TACHE I.

bayer → RÊVER.

bazar ① → MAGASIN I. ② → DÉSORDRE. ③ *Et tout le bazar :* → RESTE.

bazarder → JETER, VENDRE.

BCBG → CHIC II, CLASSIQUE.

BD Abrév. de BANDE DESSINÉE.

béant → OUVERT.

béat → SATISFAIT.

béatification → CANONISATION.

béatifier → CANONISER.

béatitude → BONHEUR.

beau Adjectif d'emploi très large et dont le sens général implique une émotion ressentie devant ce qui atteint, dans son genre, la perfection. Les synonymes se répartissent selon ce « genre » considéré ; sauf *joli*, ils sont souvent postposés. ① [valeur esthétique] *Un beau tableau, une belle femme : je résumerais ainsi mes impressions sur la Joconde :* ↓ **joli**, ↑ **superbe, splendide** (qui impliquent une émotion plus superficielle) ♦ ↓ **ravissant, gracieux,** ↑ **adorable,** ↑ **délicieux** ♦ [fam.] **super, chouette ;** → TERRIBLE. *Un homme très beau :* **beau comme un dieu ;** → ÉLÉGANT, SÉDUISANT. ② [valeur morale] *Elle manifeste de beaux sentiments : est-ce pour autant la garantie d'une belle âme ? :* **noble, grand, généreux,** [postposé] **élevé ;** → ADMIRABLE, SUBLIME. ③ *Une belle course est toujours un beau spectacle* (qui renvoie à ce qui est bien fait, parfait dans son genre) : **remarquable,** ↓ **intéressant ;** → TERRIBLE, BRILLANT. ④ *Le temps est beau :* **clair, ensoleillé** ♦ ↑ **radieux, magnifique, splendide.** ⑤ [par antiphrase] *C'est du beau travail ! Nous voici dans de beaux draps ! Vraiment, quel beau monsieur !* (qui marque une dépréciation ou une désapprobation) : **joli ;** → VÉRITABLE. ⑥ *Le plus beau, c'est que... :* → MIEUX. ⑦ *Faire le beau :* → POSER III.

◇ **beauté** ① [de beau ①] : [sout.] **joliesse, splendeur, grâce.** *Cette femme est une beauté :* → FEMME. *La beauté d'un coucher de soleil :* ↑ **splendeur, majesté, éclat, magnificence.** ② [de beau ②] : **noblesse, grandeur, générosité, élévation.** ③ → ESTHÉTIQUE.

beaucoup ① [v. + ~ ; marque la quantité] *Boire beaucoup, pleuvoir beaucoup :* **abondamment, en abondance, copieusement** ♦ [fam.] **bigrement, sacrément, vachement** ♦ [sout.] **plantureusement** (*manger beaucoup, plantureusement*) ♦ ↑ **énormément, excessivement** ♦ ↑ **considérablement ;** → À DISCRÉTION*, LARGEMENT, SEC II. (Toute une série d'express. à valeur superlative, souvent fam. ou très fam., chacune propre à tel ou tel verbe, s'emploient également ; ainsi : *manger comme quatre, boire comme un trou, boire à tire-larigot, travailler comme un nègre, pleuvoir comme vache qui pisse, souffrir le martyre*). *Pas beaucoup :* [pop.] **pas bésef** (qui s'emploie surtout avec *avoir : je n'en ai pas beaucoup, pas bésef*) ; → PEU I. ② [v. + ~ ; marque l'intensité] *Plaindre beaucoup, aimer beaucoup :* ↑ **énormément,** ↑ **excessivement.** Les synonymes peuvent varier selon le verbe utilisé : ↑ **infiniment** (*aimer, plaire beaucoup, infiniment*) ♦ **aveuglément** (*aimer*) ♦ ↑ **intensément, puissamment** (*réfléchir*) ♦ [fam.] **bigrement, sacrément, vachement** (*plaire*) ♦ ↑ **passionnément** (*aimer*) ♦ ↑ **violemment** (*désapprouver*) ♦ ↑ **fortement,** ↑ **vivement** (*applaudir*) ♦ [express.] **comme un martyr** (*souffrir*) ; → AMÈREMENT, TRÈS, TROP. ③ [v. + ~ ; marque la fréquence] *Sortir beaucoup, pleuvoir beaucoup :* **souvent, fréquemment.** ④ [~ + compar.] *Être beaucoup plus calme, beaucoup moins calme, beaucoup trop calme :* **bien ;** → AUTREMENT, NETTEMENT, INCOMPARABLEMENT. ⑤ *Merci beaucoup :* **bien** ♦ ↑ **mille fois, infiniment.**

◇ **beaucoup de** [+ n., avec valeur de déterminant] ① [~ de + n. abstrait] *Beaucoup de travail, de chagrin, d'ennuis :* **bien** (*bien du travail, du chagrin, des ennuis*) ♦ ↑ **énormément, excessivement** ♦ **fou** (*beaucoup de chagrin, un chagrin fou*). ② [~ de + n. concret] *Beaucoup de bière, de café, de farine :* ↑ **énormément ;** → PLEIN DE, UNE QUANTITÉ DE. ③ [~ de + n. concret] *Beaucoup de personnes :* [fam.] **plein*** ♦ ↓ **plusieurs, quelques** ♦ [fam.] ↓ **pas mal** ♦ **fou** (*beaucoup de monde, un monde fou*) ; → MASSE I, RÉGIMENT, À FOISON, UN LUXE* DE, UN TAS* DE.

◇ **de beaucoup** *Ce vin me semble de beaucoup le meilleur ; nous avons gagné de beaucoup :* [plus fam.] **de loin ;** → NETTEMENT.

beauf → FRANÇAIS, GROSSIER.

beau-fils → GENDRE.

beauté → BEAU.

bébé *Quel beau bébé vous avez là ! :* [génér.] **enfant*** ♦ **nourrisson** (= enfant qui n'est pas encore sevré) ♦ **nouveau-né** (= enfant qui vient de naître) ♦ [fam.] **bambin, petit, tout-petit, poupon, poupard,**

loupiot ◆ [très fam.] **mioche, lardon, môme, moutard.**

bébête → NIAIS.

bec ① → CAP. ② *En bec d'aigle* : → AQUILIN.

bécane → BICYCLETTE.

bécasse : **sotte*** ; → SOT.

bêche → PELLE.

bêcher → AMEUBLIR, RETOURNER.

bêcheur → PRÉTENTIEUX.

bécot → BAISER.

bécoter (se) → S'EMBRASSER.

becqueter ① → PICORER. ② → MANGER I.

bectance → NOURRITURE.

bedaine → VENTRE.

bedeau → SACRISTAIN.

bedon → VENTRE.

bedonnant → GROS.

bedonner → VENTRE.

bée *Bouche bée* : → ÉBAHI.

beffroi → TOUR I.

bégaiement → BALBUTIEMENT.

bégayer → BREDOUILLER, BALBUTIER.

bègue : [adj.] **bégayeur.**

bégueule → PRUDE.

béguin → AMANT, AMOUR. *Avoir le béguin* : → AIMER.

béguinage → CLOÎTRE.

beige → MARRON.

beigne → GIFLE.

bel canto → CHANT.

bêler → SE PLAINDRE.

bel et bien → RÉELLEMENT.

bélier → MOUTON.

bellâtre → VANITEUX, COQUIN.

belle-fille → BRU.

belle-mère Mère du conjoint : [appellatif] **belle-maman** ◆ [fam., péj.] **belle-doche.**

belles-lettres → LITTÉRATURE.

bellicisme → GUERRE.

belliciste → GUERRIER.

belligérance → GUERRE.

belligérant → ENNEMI.

belliqueux → COMBATIF, GUERRIER.

belvédère Se dit parfois du lieu, par exemple une **terrasse** ou un **balcon** naturels, d'où l'on jouit d'un **point de vue** étendu.

bénédictin *Un travail de bénédictin* : → SOIGNÉ.

bénédiction → CONSÉCRATION, SACRE.

bénéfice *Le bénéfice de son travail ; faire des bénéfices* : [express.] **toucher les dividendes de ;** → FRUIT, PROFIT, GAIN, GAGNER I. *Le bénéfice de l'âge* : **privilège.** *Trouver son bénéfice* : → COMPTE. *Une quête au bénéfice d'une organisation* : **profit.** *Sous bénéfice d'inventaire* : **sous réserve de vérification.**

bénéficiaire Celui qui reçoit le bénéfice d'un droit ou d'un privilège : **allocataire** (s'il s'agit d'une allocation) ◆ [didact.] **récipiendaire, impétrant** (= celui qui reçoit le bénéfice d'un titre, par ex. d'un diplôme).

bénéficier ① *Bénéficier de qqch* : **tirer bénéfice*, profiter* de, profiter* de.** *Bénéficier d'une belle journée* : → CONNAÎTRE, JOUIR. ② *Bénéficier à* : → PROFITER.

bénéfique → BIEN III.

benêt → NIAIS, SOT.

bénévole ① [adj.] → GRATUIT. ② [n.] → VOLONTAIRE.

bénévolement → GRATUITEMENT.

bénignité → BONTÉ.

bénin *Une maladie bénigne* : [plus fam.] **pas grave** ; → INOFFENSIF, LÉGER.

bénir ① [dans le vocabulaire de la prière] *Bénir Dieu* : **louer, glorifier*, rendre grâce à.** *Souhaiter que Dieu bénisse qqn* : **protéger, répandre ses bienfaits sur** ; → HEUREUX. ② Dans la pratique sacerdotale, le prêtre *bénit* des objets, des lieux, des personnes : **sacrer*** (qui se dit de la cérémonie du sacre d'un roi ou d'un empereur) ◆ **introniser** (qui se dit de l'installation solennelle d'un roi sur son trône, d'un évêque dans sa chaire épiscopale) ; → CONSACRER. ③ *Je bénis le jour où nous nous sommes rencontrés !* : [fam.] **marquer d'une pierre blanche.** *Soyez béni !* : → REMERCIER. ④ *Tu vas te faire bénir !* : → ENGUEULER.

benjamin → CADET, JEUNE.

benoît → DOUCEREUX.

benoîtement → SOURNOISEMENT.

béotien → GROSSIER.

béquille → SOUTIEN.

bercail → MAISON I.

berceau ① *Le bébé dormait dans son berceau* : **bercelonnette, couffin, moïse** (qui s'emploient selon la forme et la taille du berceau). ② *L'Allemagne est le berceau du romantisme* : **lieu de naissance.** ③ → TONNELLE, VOÛTE.

bercelonnette → BERCEAU.

bercement *Se laisser aller au bercement de la houle* : **balancement, oscillation.**

bercer ① Mouvoir d'un lent balancement : **rythmer** (qui s'emploie dans certains contextes). ② *Bercer qqn de promesses* : → TROMPER. ③ *Toute sa jeunesse a été bercée par l'air du large* : **nourrir, imprégner de.**

◇ **se bercer** *Se bercer d'illusions* : → SE TROMPER.

berceur → ENCHANTEUR.

berceuse → CHANT.

bérézina → ÉCHEC.

berge ① → BORD. ② → AN.

berger Celui qui garde un troupeau [cour.] : [litt.] **pâtre, pasteur.**

bergère → ÉPOUSE.

bergerie → PASTORALE.

berline → AUTOMOBILE.

berlingot → BONBON.

berlue *Avoir la berlue* : → SE TROMPER.

bermuda → SHORT, CULOTTE.

berner → JOUER IV, LEURRER, TROMPER.

besogne → TRAVAIL I.

besogneux → MISÉRABLE, CONSCIENCIEUX.

besoin ① → NÉCESSITÉ, À LA RIGUEUR*. ② → PAUVRETÉ, GÊNE, MISÈRE. ③ *Faire ses besoins* : → URINER, CHIER.

bestial → BRUTAL, SAUVAGE.

bestiaux → BÉTAIL.

bestiole → ANIMAL.

best-seller → SUCCÈS.

bêta → SOT.

bétail *La rivière où s'abreuvait le bétail est maintenant polluée* : **bêtes, troupeau** (qui sont des termes collectifs) ◆ **bestiaux** (= les animaux formant le bétail) ◆ **cheptel** (terme technique qui désigne généralement l'ensemble du bétail d'une ferme, d'une région ou d'un pays).

bêtasse → SOT.

bête ① → ANIMAL, BÉTAIL. ② → SOT, STUPIDE, SIMPLE.

bêtement → SOTTEMENT.

bêtifier → BÊTISE.

bêtise ① *Sa bêtise est insondable* : **imbécillité, sottise, niaiserie** ◆ ↑ **idiotie, ineptie, débilité, stupidité** ◆ [très fam.] **connerie** ◆ ↓ **naïveté** ; → CANDEUR. ② *Cet enfant* *ne fait que des bêtises* : **sottise** ◆ [fam.] **bourde** ◆ [très fam.] **connerie** ; → FAIRE DES SIENNES*, MALADRESSE. *Je sens que s'il a de l'argent, il va faire des bêtises* : **folie*** (*faire des folies, commettre une folie*) ; → IMPRUDENCE. ③ *Il ne sait dire que des bêtises* : ↑ **idioties, stupidités, fadaises, niaiseries, sottises** ◆ [fam.] **âneries** ◆ [très fam.] **conneries.** *Dire des bêtises* : **bêtifier** (= dire des choses sans suite) ; → ABSURDITÉ, ÉNORMITÉ, SORNETTES. ④ *Ils se sont affrontés pour une bêtise* : → BABIOLE, LÉGÈRETÉ, RIEN II, SOTTISE.

bêtisier → RECUEIL.

béton *Du béton* : → SOLIDE.

bétonner → RENFORCER.

beuglement → CRI, MUGISSEMENT.

beugler ① → MUGIR. ② → CRIER.

beur → ARABE.

beurre *Faire son beurre. Ils ont fait leur beurre* : → AFFAIRE. *Ils ont fait leur beurre de cette situation favorable* [express. fam.] : [cour.] **faire, tirer profit***. *Comme dans du beurre* : → FACILEMENT. *Compter pour du beurre* : → RIEN. *Mettre du beurre dans les épinards* : → AMÉLIORER. *Œil au beurre noir* : **poché*** (*œil poché*).

beurré → IVRE, SOÛL.

beuverie → FESTIN.

bévue → MALADRESSE, PERLE II, SOTTISE.

biais → DÉTOUR. *De biais* : → OBLIQUEMENT, CÔTÉ.

biaiser *C'est un homme trop franc pour biaiser* : **louvoyer** ◆ **temporiser, tergiverser** (qui impliquent davantage l'idée de reculade et d'hésitation que celle de manœuvre) ◆ [fam.] **feinter** ; → COMPOSER IV.

bibi → MOI.

bibine → ALCOOL.

bible → ÉCRITURE ④.

biceps → MUSCLE.

bichonner → SOIGNER II.

◇ **se bichonner** → SE PARER II.

bicolore → COULEUR.

bicoque → BARAQUE I.

bicyclette : [cour.] **vélo** ◆ [très fam.] **bécane** ◆ [vieilli] **petite reine** ◆ [fam.] **clou** (= vieille bicyclette) ◆ [plus génér.] **deux roues*, cycle** ◆ [en partic.] **VTC** (vélo tout chemin), **VTT** (vélo tout-terrain). *Un cycliste peut ainsi être* **vétéciste, vététiste** ; → COUREUR.

bidasse → SOLDAT.

bide ① → VENTRE. ② → ÉCHOUER, ÉCHEC.

bidet → CHEVAL.

bidoche → CHAIR.

bidon ① → VENTRE. ② → NOURRICE.

bidonnant → AMUSANT.

bidonner (se) → RIRE.

bidonville → ZONE.

bidule → AFFAIRE, CHOSE I, TRUC.

bief → CANAL.

bien

I [adv.] De manière satisfaisante. ① *C'est bien* : ↓ **pas mal, convenable, correct.** *C'est très bien* : → PARFAIT, CORRECT. ② *Nous avons eu bien du travail* : → BEAUCOUP. ③ *Il est bien fatigué* : → TRÈS, TROP. *Il est bien jeune* : → TOUT IV. *Il s'est bien trompé* : → JOLIMENT. ④ *Il joue bien au bridge* : ↓ **convenablement*** ; → ADMIRABLEMENT, À MERVEILLE*. ⑤ *Il ne se sent pas bien* : → D'APLOMB, À L'AISE, MAL FOUTU*. *Il se porte très bien* : **à merveille, excellemment** ◆ [express.] **comme un charme.** *Bien portant* : → SAIN. *Conduisez-vous bien !* : → RAISONNABLEMENT. ⑥ *Il est bien midi* : → LARGEMENT. *Il a bien vingt ans* : **au moins*.** *Vous l'avez bien dit !* : → PROPREMENT. *Il s'en tire bien* : → À BON COMPTE*. *Je veux bien* : → VOLONTIERS. *Un projet bien accueilli* : → FAVORABLEMENT. *Vous avez bien raison !* : **mille fois, cent**

fois. *Bien sûr* : → ET COMMENT. *Eh bien !* : → SOIT.

II [adj.] *C'est une femme bien !* : [génér., fam.] **chouette,** ↑ **super, extra** ◆ [plus précis] **droit, honnête, comme il faut, correct, sérieux, sur qui on peut compter, distingué** ; → BEAU. *Bien fait* : → HARMONIEUX.

III [n.m.] **①** *Il faut rechercher le bien* : [plus partic.] **justice, perfection, sainteté, vérité, idéal. ②** *Il travaille pour le bien de son peuple* : **bonheur, prospérité.** *Le bien public* : **intérêt général. ③** *Faire du bien* : **soulager*** ; → PLAISIR. *Ce séjour lui a fait du bien* : **être bienfaisant, bénéfique** ◆ ↑ **salutaire. ④** *Dire du bien* : → LOUER II.

IV [n.m.] **①** *Ce bien me vient de ma famille* : [plus partic.] **propriété** (= terre, maison, etc., appartenant en propre à qqn : *cette maison et ce champ sont ma propriété*) ◆ **domaine** (= ensemble des biens fonciers d'une certaine étendue : *acquérir, vendre, échanger un domaine*) ◆ **héritage** (= tout bien qui échoit à qqn par droit de succession) ◆ **patrimoine** (= bien que l'on détient par héritage de ses ascendants) ; → SUCCESSION. *Avoir beaucoup de biens* : → CAPITAL II, RICHESSE, TERRE. **②** *Être le bien de* : → APPARTENIR.

bien-aimé → AMANT.

bien-être → EUPHORIE.

bienfaisance → CHARITÉ, SECOURS.

bienfaisant → BON I, BIEN III.

bienfait → DON, SERVICE II. *Répandre ses bienfaits* : → BÉNIR.

bienfaiteur → SAUVEUR.

bien-fondé → JUSTESSE, LÉGITIMITÉ, OPPORTUNITÉ, PERTINENCE.

bienheureux **①** [adj.] → HEUREUX. **②** → SAINT.

biennal a pour syn. plus cour. **bisannuel.**

bien-pensant → CONFORMISTE.

bien que → QUOIQUE, ENCORE QUE, MALGRÉ QUE, QUELQUE... QUE.

bienséance → POLITESSE, CONVENANCE.

bienséant → DÉCENT.

bientôt *Nous reviendrons bientôt* : **dans peu de temps, dans quelque temps, prochainement, d'ici peu, sous peu** ◆ **tout à l'heure,** ↑ **incessamment, rapidement, sans tarder** (= dans un avenir très proche) ◆ [région.] **tantôt** ◆ [plus précis] **dans** [+ compl. de temps] (*dans quelques jours, quelques heures, deux minutes, un instant ; d'un moment, d'un jour, d'une minute à l'autre*) ; → VITE. *Il est bientôt cinq heures* : → PRÈS II. *Ce n'est pas pour bientôt* : **ce n'est pas demain la veille.**

bienveillance → BONTÉ, COMPRÉHENSION. *Avec bienveillance* : → FAVORABLEMENT.

bienveillant **①** → BON II, BIEN INTENTIONNÉ*. **②** → FAVORABLE.

bienvenu **①** *Un discours bienvenu* : → OPPORTUN. **②** *Vous serez toujours le bienvenu !* : **bien accueilli** ◆ [plus fam.] **la porte, la maison vous sera toujours (grande) ouverte.**

bière → CERCUEIL.

biffer → EFFACER.

bifteck : [abrév. cour.] **steak** ◆ [fam.] **semelle** (= steak trop dur).

bifurcation → CARREFOUR, FOURCHE.

bifurquer → TOURNER II.

bigarade → ORANGE.

bigarrer → BARIOLER.

bigler → LOUCHER, REGARDER.

bigleux → MYOPE.

bigophone → FIL.

bigot *Ne confondez pas les croyants et les bigots !* : [très péj.] **bondieusard, calotin** (qui s'emploient par dénigrement, de la part d'athées, pour désigner aussi bien les croyants que les bigots) ◆ [fam.] **grenouille de bénitier, punaise de sacristie** ◆ **tartufe** (= celui qui se cache hypocritement derrière les apparences d'une pratique religieuse austère) ◆ [en partic.] **clérical** (= qui prône la supériorité du clergé) ; → CROYANT.

bigoterie → PIÉTÉ.

bigre → FICHTRE.

bigrement → BEAUCOUP.

bijou ① *Voici un bijou magnifique :* ↑ **joyau** (= bijou de très grande valeur). ② *Cette chapelle est un bijou de l'art roman :* ↑ **joyau, chef-d'œuvre, perle** ; → MERVEILLE.

◇ **bijoutier** [de bijou ①] : **joaillier** ◆ **orfèvre** (= celui qui fabrique des objets d'ornement : vaisselle, objets de toilette).

◇ **bijouterie** [de bijou ①] : **joaillerie, orfèvrerie**.

bilan ① Le *bilan* d'une entreprise est constitué d'un tableau donnant son actif et son passif à une date donnée et régulière ; un *état* est seulement la liste énumérative d'un compte, tandis que sa **situation** en donne une indication ponctuelle. *Déposer son bilan :* → FAILLITE. ② *Si nous faisions le bilan de nos activités ? :* **faire le point sur** ◆ **tirer les conclusions de.** *Tel est le triste bilan de la tempête :* [souvent au pl.] **conséquence, résultat.** *Un bilan de santé :* [anglic.] **check-up.**

bilatéral → RÉCIPROQUE.

bile ① *Des propos pleins de bile :* → AMERTUME, FIEL. ② *Se faire de la bile :* → SOUCI, S'INQUIÉTER, SE TOURMENTER.

biler (se) → SE TOURMENTER.

bilieux → INQUIET.

billard ① *Passer sur le billard* [fam.] : [cour.] **table d'opération.** ② *C'est du billard :* → FACILE.

bille ① → BOULE. ② → TÊTE.

billet ① *Il m'écrit régulièrement un petit billet* (= petite lettre) : **mot** ; → LETTRE II. ② *Il faut que j'achète un billet de chemin de fer, de cinéma :* **ticket** (terme réservé à quelques contextes précis : *ticket de métro, d'autobus* ; *billet de spectacle, de loterie*) ;

→ TITRE* DE TRANSPORT. ③ Abrév. cour. de *billet de banque :* [très fam.] **biffeton, fafiot** ◆ [didact.] **coupure** ; → ARGENT. ④ *Billet à ordre :* → TRAITE.

billevesée → SORNETTE.

binaire se dit de ce qui est composé de deux unités, **dichotomique** de ce qui divise, oppose en deux ; → DEUX.

biner → SARCLER.

binette → TÊTE.

biniou → CORNEMUSE.

binocle → LUNETTE.

biographe → HISTORIEN.

biographie → VIE.

bique ① → CHÈVRE, CHEVAL. ② → GARCE.

biquette → CHÈVRE.

bis → BRAVO.

bisaïeul *Père, mère d'un aïeul :* **arrière-grand-père, arrière-grand-mère.**

bisannuel → BIENNAL.

bisbille → CHICANE.

biscornu → BIZARRE, IRRÉGULIER.

biscuit ① → GÂTEAU. ② → CÉRAMIQUE.

bise ① → BAISER. ② → VENT.

bisque → BOUILLON.

bisquer → ÊTRE EN COLÈRE*, RAGER.

bisser → ACCLAMER, RÉPÉTER.

bistouille → ALCOOL.

bistouri → SCALPEL.

bistré → TANNÉ.

bistrot → CAFÉ, MARCHAND* DE VIN.

bite → SEXE.

biter → COMPRENDRE II.

bitume

bitume *La route et le trottoir étaient recouverts de bitume* : **asphalte, goudron, macadam.**

◇ **bitumer** : **goudronner, macadamiser.**

biture → IVRESSE.

bivouac → CAMP.

bivouaquer → CAMPER.

bizarre Qui s'écarte du bon sens, de l'ordre ou de l'usage communs. ① [qqn est ~] *C'était un homme bizarre, aux réactions imprévisibles* : **fantasque, original, curieux, singulier,** ↑ **extravagant,** [fam.] **loufoque,** [fam.] **farfelu** (qui insistent sur le caractère insolite de l'individu ou de son comportement). *Il est bizarre* : [fam.] **c'est un phénomène, un drôle de zèbre, de numéro, de zigoto** ◆ **anormal, déséquilibré** (qui ne peuvent se dire que d'un malade) ; → ORIGINAL, FOU, CAPRICIEUX, PARADOXAL. ② [qqch est ~] *La maison est bizarre, les meubles sont bizarres, vos propos sont bizarres : tout est bizarre ici !* : [plus fam., génér.] **drôle** (*une drôle de maison...*) ◆ **insolite, étrange, étonnant*, singulier, surprenant*, curieux,** ↑ **surréaliste** (termes soulignant le côté surprenant de la chose en question) ◆ **biscornu, baroque** (qui se disent surtout d'objets aux formes bizarres, mais aussi des propos que l'on tient) ◆ **abracadabrant,** ↑ **extravagant, extraordinaire** ; → ABSURDE, PITTORESQUE, EXOTIQUE, NON CONFORMISTE, SPÉCIAL. ③ *Trouver bizarre que* : **s'étonner que** ; → SURPRIS. ④ [qqn est ~] *Je me sens bizarre en ce moment* : [fam.] **drôle** ◆ [cour.] **mal à l'aise, pas bien, pas d'aplomb.**

◇ **bizarrement** *De façon bizarre. Elle était bizarrement habillée* : **drôlement, curieusement, étrangement, singulièrement.**

◇ **bizarrerie** *Il avait été frappé par la bizarrerie de sa démarche* : **étrangeté, singularité*** ◆ ↑ **extravagance** ; → ORIGINALITÉ.

bizut → NOVICE, NOUVEAU, ÉCOLIER.

bizuter → CHAHUTER.

bla-bla → VERBIAGE.

blackbouler → REFUSER.

black-out → SILENCE.

blafard → BLANC I, PÂLE.

blague → ATTRAPE, PLAISANTERIE, TOUR III.

blaguer → RAILLER, PLAISANTER.

blagueur → MOQUEUR.

blair → NEZ.

blairer → SENTIR I.

blâmable *Une conduite blâmable* : ↓ **critiquable, attaquable** ◆ ↑ **condamnable** ◆ **répréhensible** (qui implique davantage l'idée de sanction) ; → COUPABLE I, IMPARDONNABLE.

blâme → REPROCHE, CONDAMNATION, DÉSAPPROBATION.

blâmer → CRITIQUER, DÉSAPPROUVER, REPRENDRE II, RÉPRIMANDER.

blanc

I [adj.] ① Qui est de couleur blanche : **laiteux, argenté, crème, ivoire, opalin, platine, crayeux** (par comparaison avec des objets blancs) ◆ **blême, pâle, blanchâtre, blafard** (qui évoquent une couleur voisine du blanc) ◆ ↑ **livide** ◆ **immaculé, virginal** (qui évoquent un blanc très pur). *Une page blanche* : [plus rare] **vierge*.** ② *Arme blanche* : → COUTEAU. *Faire chou blanc* : → PUR. *Faire chou blanc* : → ÉCHOUER. *Nuit blanche* : → INSOMNIE. *Voix blanche* : → SANS TIMBRE*. *Donner carte blanche* : → BLANC-SEING.

II [n.m.] ① *Le blanc de la neige* : **blancheur.** *Laisser un blanc entre deux mots* : **espace.** *Laisser un blanc entre deux lignes* : **interligne.** ② *Boire du blanc* : → VIN. ③ *Saigner à blanc* : → ÉPUISER. *Chauffer à blanc* : → INCANDESCENT. *Dans le blanc des yeux* : → EN FACE*. *De but en blanc* : → BRUTALEMENT.

blanc-bec → NOVICE.

blanchaille → FRETIN.

blanchâtre → BLANC I.

blancheur → BLANC II.

blanchir

① [~ qqch] → LAVER I, ÉBOUILLANTER.
Blanchir de l'argent : → LAVER II.
② [~ qqn] → RÉHABILITER, JUSTIFIER.
③ [qqn ~] → PÂLIR.

blanchissage → NETTOYAGE.

blanchisserie → LAVERIE.

blanchisseuse → LAVEUSE.

blanc-seing *Il a obtenu un blanc-seing de son parti sur cette question* : **chèque en blanc, carte blanche** ◆ [moins express.] **liberté de manœuvre.**

blase → NEZ.

blasé → INDIFFÉRENT, LAS DE, ÊTRE REVENU DE.

blason → ARMES.

blasphémateur → SACRILÈGE II.

blasphème *Proférer des blasphèmes* (= paroles qui outragent Dieu ou les choses sacrées de la religion) : ↓ **impiété** ◆ [plus génér.] **outrage** ◆ **juron** (= toute parole grossière et insultante) ◆ **grossiè-reté,** [langage enfantin] **gros mot** (= parole grossière) ; → SACRILÈGE I, INJURE.

◇ **blasphématoire** : impie, sacrilège.

blasphémer → SACRER II, JURER II.

blazer → VESTE.

blé ① → FROMENT, SARRASIN. ② → ARGENT.

bled → PAYS I, TROU.

blême → BLANC I, LIVIDE, PÂLE, VERT.

blêmir → PÂLIR.

blennorragie → MST

bléser → ZÉZAYER.

blessant → AMER, DÉSAGRÉABLE, OFFEN-SANT, VIF I, VEXANT.

blessé *Un blessé* : [en partic.] **accidenté** (= victime d'un accident). *Blessé de guerre* : → MUTILÉ.

blesser ① [sens physique] *Il a été blessé dans l'accident* : [fam.] **amocher, arran-ger** ◆ **estropier** (= blesser un membre, si grièvement que l'on en perd l'usage normal) ◆ **contusionner** (= léser par un choc sans déchirure de la peau) ◆ **couper, entailler** (= blesser avec un instrument tranchant) ◆ [didact.] **léser** (qui ne s'em-ploie qu'avec un sujet inanimé et un compl. désignant une partie du corps : *la balle a lésé l'artère fémorale*) ◆ **balafrer** (= faire une longue entaille au visage) ◆ **meurtrir** (= endommager la peau par un choc) ; → ABÎMER, ÉCORCHER. *L'animal a été blessé* : → TOUCHER I. ② [sens moral] *Vos propos l'ont blessé* : ↑ **ulcérer** ◆ [plus express.] **toucher, piquer au vif** ◆ ↓ **égrati-gner** ; → FROISSER, DÉPLAIRE, SCANDALISER. ③ [sens moral] *Ce spectacle blesse la pudeur* : **offenser** ◆ [plus cour.] **choquer, heurter, porter atteinte à, attenter à** ◆ ↑ **violer.**

◇ **se blesser** : [plus génér.] **se faire mal.**

◇ **blessure** ① *La blessure est-elle grave ?* : [didact.] **lésion** ◆ [plus génér.] **plaie** (qui peut résulter d'une blessure) ◆ [didact.] **traumatisme, trauma** (= blessure locale due à un agent mécanique) ; → BRÛLURE, COUPURE, CONTUSION, DÉCHIRURE, CICATRICE. ② *Blessure morale* : → OFFENSE, PEINE II.

blet → POURRI.

bleu

I [adj.] ① Par comparaison avec des objets bleus : **azur, azuré, saphir, myoso-tis** ◆ [nuances] **bleu horizon, d'outre-mer, indigo, pétrole, de Prusse, ciel, marine, roi.** ② [fig.] *En être bleu* : → SURPRIS. *Une viande bleue* : → SAIGNANT. *Une peur bleue* : → PEUR. *Cordon bleu* : → CUISINIER.
II [n.m.] ① → CONTUSION, TACHE II. ② → NOUVEAU, ÉCOLIER, NOVICE. ③ → PLAN V. ④ → COTTE, TENUE* DE TRAVAIL.

bleusaille → NOVICE.

blindage → PROTECTION.

blinder → ENDURCIR. [au poker] → MISER.

bloc ① → MASSE I. ② → COALITION, UNION. ③ → PRISON. ④ *À bloc* : → À FOND. *En bloc* : → GLOBALEMENT.

blocage ① *Blocage des prix* : **gel** ◆ ↓ **encadrement.** ② *Le blocage de la circulation* : → ENGORGEMENT, PARALYSIE. ③ *En maths, il fait un blocage* : **se bloquer, être paralysé par** ◆ [plus didact.] **inhibition.**

blockhaus → FORTERESSE.

bloc-notes → CARNET.

blocus ① → SIÈGE III. ② *Blocus économique* : → EMBARGO.

blog → JOURNAL.

blond ① [adj.] *La couleur blonde des blés* : [améliorative] **d'or, doré.** *Des cheveux blonds* : [péj.] **blondasse** ◆ **filasse** (qui se dit d'un blond tirant sur le blanc) ◆ **platiné** (= d'un blond presque blanc). ② [n.] *Un beau blond* : **blondinet** (qui se dit d'un enfant) ◆ **blondin** (qui se dit d'un jeune homme).

bloquer ① *Bloquer la circulation* : → ARRÊTER I, COINCER, GÊNER. *Bloquer un quartier* : → CERNER. ② *Bloquer un ensemble de questions* : → GROUPER. *Bloquer des capitaux* : → GELER.

◇ **se bloquer** ① → SE GRIPPER. ② → BLOCAGE.

blottir (se) *L'enfant alla se blottir dans les bras de sa mère* (qui évoque la recherche de protection et de chaleur) : ↑ **s'enfouir, se pelotonner, se nicher** (les deux derniers s'emploient aussi pour un animal) ◆ [moins express.] **se cacher** ◆ [plus rare] **se lover.** *Se blottir dans un coin* (qui évoque l'idée de peur et la recherche d'un abri) : **se réfugier, se serrer*, ↑ se tapir** (qui s'emploie surtout pour un animal) ; → SE PRESSER I.

blousant → AMPLE.

blouse ① Vêtement de travail : **tablier** (= vêtement qui ne protège que le devant du corps ou blouse d'écolier se boutonnant par derrière) ◆ **sarrau** (= blouse de travail ample ou tablier d'écolier). ② Pièce du vêtement féminin. → CHEMISIER.

blouser → TROMPER.

blues → MÉLODIE, CHANT.

bluette → CAPRICE.

bluff → COMÉDIE, CHIQUÉ, TROMPERIE.

bluffant → ÉTONNANT.

bluffer ① → ÉTONNER. ② LEURRER, TROMPER. ③ ENCHÈRE.

bluffeur → MENTEUR.

bluter → TAMISER.

blutoir → TAMIS.

bobard → MENSONGE.

bobine ① → ROULEAU. ② → TÊTE.

bobo → MAL I.

bocal → POT I.

bock → VERRE.

body-building → CULTURISME.

boëte, boette → APPÂT.

bœuf → ÉNORME, MONSTRE.

bohème *Il mène la vie de bohème* : **artiste.** *Il est un peu bohème* : **fantaisiste*** ; → ORIGINAL II.

bohémien → TSIGANE.

boire ① *Vous aviez soif : avez-vous bu ?* : [plus sout.] **se désaltérer** (*voulez-vous boire, boire qqch, voulez-vous vous désaltérer ?*) ◆ [fam.] **prendre quelque chose.** ② *Avez-vous vu comment il a bu son café ?* : [génér.] **prendre, absorber** (qui se disent autant des aliments solides que des liquides) ◆ **ingurgiter,** [fam.] **pomper,** [fam., vx] **écluser, entonner** (= boire vite et en grosse quantité) ◆ **lamper,** [fam.] **siffler** (= boire très rapidement) ◆ **siroter** (= boire lentement et avec gourmandise) ◆ **laper, lécher** (qui ne s'emploient que pour les animaux) ; → CONSOMMER, SUCER, VIDER* UN VERRE, AVALER, S'ENFILER. ③ *Cet homme boit* : [fam.] **picoler, carburer à** ; → S'ENIVRER, CARESSER LA BOUTEILLE*. ④ [qqch ~] *Le papier buvard boit l'encre* : **absorber*.** ⑤ [fig.] *Elle le regardait avec passion, buvant ses paroles* : [plus rare] **s'abreuver de** ◆ ↑ **s'enivrer de** ◆ **savourer**

(qui marque moins l'avidité que la délectation) ◆ [génér.] **écouter.**

bois

I ① *Il connaît un bois où abondent les champignons* : **forêt** (= lieu plus vaste et plus sauvage, planté d'arbres plus grands) ◆ **bosquet,** [plus rare] **boqueteau** (= petits bois) ◆ **bouquet** (qui se dit de quelques arbres rapprochés les uns des autres et formant un groupe isolé : *quel joli bouquet de châtaigniers !*) ◆ **futaie** (= forêt dont on exploite les arbres quand ils ont atteint une grande dimension) ; → BUISSON. ② *Rentrer du bois* : → BÛCHE I.

II → CORNE.

boisement → PLANTATION.

boiser → PLANTER.

boisson Liquide que l'on boit. [spécialt] **breuvage** (= boisson aux vertus particulières) ◆ [en partic.] **consommation** (= boisson consommée au bar, au café), **rafraîchissement** ; → ALCOOL, EAU, JUS, MÉLANGE, LIQUEUR, VIN.

boîte

I ① Contenant en matière dure et muni d'un couvercle : [génér.] **récipient** ◆ [plus précis] **bonbonnière** (= boîte à bonbons) ◆ **boîtier** (= boîte à instruments) ◆ **coffret, écrin** (= boîte à bijoux) ◆ **étui** (= boîte à lunettes) ◆ **poubelle** (= boîte à ordures). ② [fig.] *Mettre en boîte* : → SE MOQUER, RAILLER. *Servir de boîte aux lettres* : → INTERMÉDIAIRE.

II ① → LYCÉE, ÉCOLE, ÉTABLISSEMENT II. ② *Boîte où l'on travaille* : → TRAVAIL II, MAISON, USINE.

boîte de nuit → BAL, CAFÉ-CONCERT, DISCOTHÈQUE.

boiter ① *Depuis son accident, il boite un peu* : [fam.] **clopiner** ◆ ↓ **boitiller** ◆ [sout.] **claudiquer.** ② *Dans votre argumentation, quelque chose boite* : **clocher, ne pas tourner rond** ◆ [cour.] **poser problème** ; → ABSURDE I.

◇ **boitement** : [sout.] **claudication.**

◇ **boiteux** ① *Ce n'est pas parce qu'il est boiteux qu'on doit se moquer de lui !* : [très péj.] **bancal** ◆ [fam., vx] **bancroche** ◆ [fam.] **éclopé** (qui se dit de celui qui boite momentanément). ② *Cette chaise est boiteuse* (= qui a des pieds de hauteur inégale) : **bancal, branlant, instable.** ③ *C'est une solution boiteuse* (= qui n'est pas satisfaisante) : **bancal, bâtard** ◆ [fam.] **qui cloche** ; → ABSURDE I, FAUX I.

boîtier → BOÎTE.

boitiller → BOITER.

boit-sans-soif → IVROGNE.

boitte → APPÂT.

bol → CHANCE.

bolchevisme → COLLECTIVISME.

bolduc → RUBAN.

boléro → VESTE.

bombage → INSCRIPTION.

bombance → FESTIN.

bombardement → CANONNAGE.

bombarder ① → ASSIÉGER, CANONNER. ② *Bombarder de questions* : → ACCABLER II. ③ → PLACER.

bombe ① → MACHINE, PÉTARD, PROJECTILE. ② *Faire la bombe* : → DÉBAUCHE, FÊTE, NOCE, FESTIN.

bombé *Cette boîte de conserve a un couvercle bombé* : **renflé** ◆ [express.] **ventru** ◆ [didact.] **convexe** ; → COURBE.

bomber ① → GRAFFITER, TAGUER. ② *Il bombe le torse* : **gonfler*** (qui se dit plutôt de la poitrine ou du ventre). Celui qui prend ces positions **creuse les reins, se cambre.**

bon

I [qqch est ~, qqn est ~] Adjectif d'emploi très large dont les synonymes peuvent varier dans certains contextes. ① [sens général] → PAS MAUVAIS*. *Un bon travail* : ↓ **correct, satisfaisant, convenable** ◆ ↑ **remarquable, excellent** ; → PARFAIT. ② [qqch est ~] *Faire une bonne pêche* : [fam.] **sacré** ◆ [postposé] **fructueux.** *Donner un bon conseil* : [postposé] **avisé, judicieux, efficace, valable ;** → SAGE. *Avez-vous un bon motif ?* : [postposé] **valable, admissible, plausible, convaincant.** *Voici un bon remède* : [postposé] **efficace.** *Ce climat est bon pour lui* : **bienfaisant, salutaire* ;** → FAVORABLE. *Une bonne santé* : → FLORISSANT. *Une bonne nouvelle* : → HEUREUX. *De bonnes lectures, une bonne conduite* : [postposé] **convenable.** *Il a reçu une bonne gifle et une bonne leçon !* : ↑ **fameux** ◆ [fam.] **sacré, drôle de ;** → SOLIDE. *Quel bon gâteau !* : → DÉLICIEUX, APPÉTISSANT. *Quelle bonne soirée !* : **agréable*.** *Je vous ferai un bon prix ; faire un bon placement* : [postposé] **intéressant ;** → AVANTAGEUX. *Une bonne bouteille* : [fam.] ↑ **de derrière les fagots.** *Une bonne viande* : **de choix*.** *Racontez-nous une bonne histoire* : [postposé] **amusant*.** *Il a attrapé un bon rhume* : **gros** ◆ [fam.] **sacré.** ③ [qqn est ~ en] *Il est bon en mathématiques* : **fort, doué** ◆ [fam.] **fortiche** ◆ **réussir en** (*il réussit en mathématiques*) ◆ ↑ **excellent ;** → AVANCÉ. *Un bon orateur* : ↑ **remarquable, excellent, talentueux, de talent ;** → EXCELLER, ACCOMPLI. ④ [qqn est ~ pour] *Il est bon pour le service* : **apte.** *Cette fois, ils sont bons pour la prison* ou, *par abrév., ils sont bons !* (= être sûr de ne pas échapper à) : [fam.] **cuit, fait, grillé, y avoir droit.**

◇ **bon** [adv.] *Pour de bon* (= sans plaisanter). *Je vous parle pour de bon* : **sérieusement*.** *Tenir bon* : → RÉSISTER. *Il fait bon* : **doux ;** → AGRÉABLE. *Juger bon* : → PLAIRE I. *C'est bon* : → ALLER III. *Bon !* : → SOIT.

◇ **bon nombre de** → PLUSIEURS.

II [qqn est ~] ① *Son père était aimable et bon* (= qui manifeste de la bonté) : **bienveillant, humain** ◆ **compréhensif, ouvert** (= qui manifeste indulgence et ouverture d'esprit) ◆ **indulgent** (= qui pardonne facilement) ◆ **charitable, miséricordieux** (= qui est doux et indulgent) ◆ **généreux, qui a bon cœur** (= qui donne facilement ce qu'il a) ◆ **sensible** (= qui partage les sentiments des autres) ; → AIMABLE, DÉBONNAIRE. ② *Une bonne fille, un bon garçon* (= qui fait preuve

d'une bonté un peu naïve) [assez souvent péj.] : **chic, brave** ◆ [non péj.] **excellent ;** → CHARMANT. *Son air bon n'est qu'une façade* : **brave** ◆ [souvent péj.] **bonasse, bonhomme ;** → DÉBONNAIRE.

◇ **bonté** ① [de bon II, ①] : **bienveillance, humanité, compréhension, ouverture d'esprit, indulgence, miséricorde, charité*, générosité*, sensibilité** ◆ [sout.] **bénignité ;** → CHARITÉ, DOUCEUR, GÉNÉROSITÉ. ② *Avoir la bonté de* (formule de politesse) : **amabilité, gentillesse, obligeance.**

bonace → CALME.

bon-à-rien → AMATEUR.

bonasse → BON.

bonbon *Tu manges trop de bonbons !* : [plus génér.] **sucrerie** ◆ [partic.] **berlingot, caramel, calisson.**

bonbonne *Une* **dame-jeanne** *est une sorte de bonbonne ; on transporte plus couramment le vin en* **Cubitainer** *de plastique.*

bonbonnière → BOÎTE.

bond → SAUT.

bondé → COMBLE III, PLEIN.

bondieusard → BIGOT.

bondieuserie → OBJET DE PIÉTÉ*.

bondir ① → SAUTER, COURIR. ② → RÉAGIR.

bonheur ① *Depuis leur mariage, ils connaissent le bonheur* : ↑ **félicité** ◆ ↑ **béatitude ;** → HEUREUX, EUPHORIE, JOIE, BIEN III. *Le bonheur d'un peuple* : → BIEN III. *Le bonheur de vivre* : → DOUCEUR. ② *Aurons-nous le bonheur de vous rencontrer à cette soirée ?* : **joie, plaisir*** ◆ [sout.] **avantage.** ③ *Aurons-nous le bonheur de réussir ?* : → CHANCE, SATISFACTION, SUCCÈS. ④ *Par bonheur* : → HEUREUSEMENT. *Avec bonheur* : → AVEC SUCCÈS.

bonheur-du-jour → SECRÉTAIRE.

bonhomie → RONDEUR, SIMPLICITÉ.

bonhomme ① [n.m.] → GAILLARD, HOMME, TYPE II. ② [adj.] → BON II.

boni → GAIN.

bonification → DIMINUTION.

bonifier → AMÉLIORER.

boniment → PROPOS.

bonjour → SALUT.

bonne ① → SERVANTE. ② *Bonne d'enfant* : [plus rare] **nurse ;** → NOURRICE, GOUVERNANTE.

bonne-maman → GRAND-MÈRE.

bonnement *Tout bonnement* : → SIMPLEMENT.

bonnet → TOQUE, COIFFURE.

bonniche → SERVANTE.

bon-papa → GRAND-PÈRE.

bon sens → RAISON.

bonsoir → ADIEU, SALUT.

bonté → BON II.

bonus → SUPPLÉMENT.

bonze ① → PRÊTRE. ② → PERSONNAGE.

boom → AUGMENTATION.

booster → ACCÉLÉRER.

boqueteau → BOIS I.

borborygme Bruit provoqué par le déplacement de bulles gazeuses dans le tube digestif : [didact.] **flatulence** ◆ [génér.] **bruit, gaz** ◆ [fam.] **gargouillis, gargouillement*.**

bord

I ① Les deux *bords* d'un bateau sont **babord,** à gauche en regardant vers l'avant, et **tribord,** à droite en regardant vers l'avant. ② *Nous ne sommes vraiment pas du même bord !* : **parti*** ◆ [express.] **ne pas partager les mêmes idées.**

II ① Partie qui forme le pourtour d'une surface, d'un objet. *Le bord d'un étang* : **périphérie, pourtour.** *Le bord d'un cours d'eau* : **rive, rivage** ◆ **berge** (= bord exhaussé). *Le bord de la mer* : **rivage,**

côte (= bord immédiat) ◆ **grève, plage** (= terrain de gravier ou de sable qui longe la mer) ◆ **littoral** (= ensemble des côtes qui bordent une mer : *le littoral méditerranéen*). *Le bord d'un bois* : **lisière** ◆ [sout.] **orée.** *Le bord d'une fenêtre* : **rebord** (= partie en saillie qui forme le bord de qqch) ◆ **bordure** (= bord fait de la main de l'homme, souvent à titre d'ornement). *Le bord d'une table* : **contour*.** *Le bord d'une chemise* : **ourlet.** *Le bord d'une page* : → MARGE. *Le bord de la route* : → ACCOTEMENT. *Le bord d'un puits* : **margelle.** ② *Être au bord de* [+ n.] : [fig.] **être tout près de, être sur le point de** (qui s'emploient suivis d'un verbe : *elle était au bord des larmes, elle était sur le point de pleurer*) ; → À LA LIMITE. ③ *Sur les bords* [fam.] : [cour.] **légèrement, à l'occasion** (*il est un peu macho sur les bords, il est légèrement macho*).

◇ **border** *Une nappe bordée de dentelle* : **entourer, garnir.** *Un ruisseau, une rivière bordait la route* : **longer ;** → CÔTOYER, S'ÉTENDRE.

bordeaux → ROUGE.

bordée *Bordée d'injures* : → TAS.

bordel ① → MAISON CLOSE*. ② → ANARCHIE, PÊLE-MÊLE.

bordelaise → BOUTEILLE.

bordélique → ANARCHIQUE.

border → BORD.

bordereau → RELEVÉ.

bordure ① → BORD, CONTOUR. ② *En bordure de* : → FRONT II.

boréal → NORDIQUE.

borgne → LOUCHE I.

borne ① → LIMITE, TERME I. ② *Passer les bornes* : → ABUSER II, PASSER LA MESURE* II. *Sans borne* : → ILLIMITÉ, IMMENSE.

borné ① *Nous vivons ici avec un horizon borné* : **limité** ◆ ↑ **terne, monotone.** ② *Ton frère a vraiment l'esprit borné !* : ↓ **étroit** ◆ [sout.] **obtus** ◆ [fam.] **bouché** (*il*

est bouché, borné, obtus) ◆ [express. fam.]
avoir des œillères, avoir les idées courtes ;
→ BALOURD, FANATIQUE, SOT.

borner → LIMITER.

◇ **se borner à** → SE CONTENTER, SE LIMITER,
SE TENIR.

bosquet → BOIS.

boss → DIRECTEUR, PATRON.

bosse

I ① → GROSSEUR, RELIEF. ② → CONTUSION,
COUP.

II → DON, GÉNIE, INSTINCT, ESPRIT.

bosselé → DÉFORMER.

bosser → TRAVAILLER.

bosseur → TRAVAILLEUR I.

bossu → DIFFORME.

botte

I Assemblage de divers végétaux :
gerbe (qui s'emploie pour les fleurs et les
céréales) ◆ **bouquet** (qui s'emploie pour
les fleurs, les feuillages ornementaux et
les plantes aromatiques) ◆ **fagot** (qui
s'emploie pour les branchages coupés)
◆ **javelle** (= gerbe non encore liée, ou
fagot) ; → TOUFFE.

II ① → CHAUSSURE. ② *Lécher les bottes :*
→ COURTISER.

botteler → LIER II.

botter ① *L'avant-centre a botté un ballon
magnifique !* : **shooter, tirer** ; → FRAPPER.
② *Ça me botte !* [fam.] : [cour.] **aller,
plaire*, convenir, c'est parfait*.** ③ *Se faire
botter le derrière :* → ENGUEULER.

bottier → CORDONNIER.

bottine → CHAUSSURE.

bouc → CHÈVRE.

boucan → TAPAGE, POTIN I.

boucané → BRONZÉ.

boucanier → PIRATE.

bouche ① [didact.] **cavité buccale ;**
→ GUEULE. *Par la bouche :* → ORAL. *Ta
bouche !* : → GUEULE, SILENCE. *Bouche
cousue :* → SE TAIRE. *Bouche bée :* → ÉBAHI.
L'eau à la bouche : → ENVIE, SALIVER. *Pour
la bonne bouche :* → FIN. *Fine bouche :*
→ GOURMAND, DIFFICILE. ② *La bouche
d'un canon :* **gueule, orifice.** *Une bouche
de métro :* **entrée.** *La bouche d'un fleuve :*
→ EMBOUCHURE.

bouché ① *Un temps bouché :* → COUVERT.
② *Un esprit bouché :* → BORNÉ.

bouchée → MORCEAU.

boucher

I [v.] ① *Boucher un trou :* [didact.] **obturer.** *Boucher une fenêtre :* **aveugler.** *Boucher
les fentes d'une porte pour éviter les courants d'air :* **calfeutrer.** *Boucher avec du
goudron :* **calfater.** *Boucher la brèche
d'une muraille :* **colmater** ; → MURER,
FERMER. ② *Des camions bouchent la rue :*
barrer, obstruer, bloquer ◆ ↓ **engorger ;**
→ EMBOUTEILLAGE, EMBOUTEILLER. ③ *En
boucher un coin :* → ÉTONNER.

II [n.m.] → BOURREAU.

boucherie → CARNAGE, GUERRE.

bouche-trou → REMPLAÇANT.

bouchon ① → TAMPON. ② → FLOTTEUR.
③ → EMBOUTEILLAGE.

bouchonner → EMBOUTEILLER.

bouclage → FERMETURE.

boucle ① Système de fermeture. *La boucle
d'une ceinture :* [plus génér.] **attache.** ② *Elle
porte des boucles d'oreilles :* [en partic.] **anneau, créole** ; → PENDENTIF. ③ *Les boucles
de la Loire :* **méandre** ; → COURBE II. *Une
boucle de vitesse :* **anneau.** *L'avion décrit
des boucles dans le ciel :* ↑ **looping.** ④ *Ses
cheveux font des boucles :* ↓ **bouclette, frisette** ◆ [partic.] **accroche-cœur** (= petite
boucle sur le front, les tempes) ◆ **anglaise**
(= longue boucle roulée en spirale).

boucler

I → FRISER I.

II **①** *Bouclez vos ceintures !* : **attacher, fermer.** *La boucler* : → SE TAIRE. **②** *Boucler un prisonnier* : → EMPRISONNER, ENFERMER. *Boucler un quartier* : → CERNER. **③** *Boucler un travail* : → FINIR.

bouclette → BOUCLE.

bouclier → REMPART.

bouder **①** → RECHIGNER, FAIRE LA GUEULE*, FAIRE LA TÊTE*. **②** *Bouder qqn* : → IGNORER. *Bouder le cinéma* : **délaisser.**

bouderie *Il a fallu supporter sa bouderie toute la journée* (= manifestation de mauvaise humeur) : [rare] **fâcherie*** ◆ [cour.] **humeur, mauvaise humeur** ; → GRIMACE.

boudeur → BOUGON, MAUSSADE.

boudin → GROS.

boudiné → BOUFFI, SAUCISSONNER.

boudiner → SERRER.

boudoir → SALON.

boue **①** *Avec cette pluie, les routes seront couvertes de boue* : [sout.] **fange** ◆ [fam.] **crotte, gadoue, gadouille, bouillasse** ◆ [en partic.] **bourbe, vase** (= boue qui se dépose au fond des eaux stagnantes) ; → LIMON. **②** [fig.] *Il se traîne dans la boue du vice* (= état de grande déchéance morale) : [sout.] **fange** ; → ABAISSEMENT, BASSESSE, MARAIS, ORDURE.

◇ **boueux** **①** [de boue **①**] : **fangeux, bourbeux, vaseux** ; → SALE, TROUBLE. **②** [de boue **②**] *Les chemins boueux de la corruption* : [rare] **fangeux** ◆ **malodorant**, [fam.] **puant** ; → ABJECT, VIL.

bouée *Les bateaux devront laisser la bouée à tribord* : **balise** (= bouée ou ouvrage destiné à guider le navigateur en lui signalant le passage à suivre et les dangers à éviter).

bouette → APPÂT.

boueux → BOUE, TROUBLE I.

bouffant **①** [adj.] → AMPLE. **②** [n.m.] → GONFLEMENT.

bouffarde → PIPE.

bouffe → CUISINE, NOURRITURE, VIVRES.

bouffée **①** → SOUFFLE. **②** *Une bouffée de colère* : → ACCÈS II.

bouffer **①** → GONFLER. **②** → MANGER I.

bouffetance → NOURRITURE.

bouffeur → MANGEUR.

bouffi **①** [suivi d'un compl.] *Il a le corps bouffi par la graisse, bouffi de graisse* : **boudiné, enflé, gonflé***, **soufflé** (qui ne s'emploient qu'avec *par*). *Il a les yeux bouffis de sommeil* : **gonflé.** **②** [absolt] *Il a le visage bouffi* : **replet** ◆ ↓ **joufflu** ; → GRAS. **③** [fig.] *Bouffi d'orgueil* : → ORGUEILLEUX. **④** [n.m.] → HARENG SAUR.

bouffir → GROSSIR.

bouffissure → GROSSEUR, GONFLEMENT.

bouffon **①** [n.m.] *Vous me demandez de respecter ce personnage ? mais ce n'est qu'un bouffon !* (= personne qui prête à rire par ses propos, son attitude) : **pantin, polichinelle** ◆ **amuseur, farceur, plaisantin** (= personnes qu'il est impossible de prendre au sérieux) ◆ [fam.] **loustic** (*un drôle de loustic*) ; → CLOWN. **②** [adj.] → COMIQUE, GROTESQUE, RIDICULE.

bouffonner → PLAISANTER.

bouffonnerie → PLAISANTERIE.

bouge → CABARET.

bougeoir → CHANDELIER.

bougeotte *Cet enfant a la bougeotte* : **ne pas tenir en place, ne pas arrêter de remuer, de s'agiter** ◆ [fam.] **avoir le feu au derrière** (= avoir envie de partir).

bouger → SE DÉPLACER, REMUER. *Faire bouger* : → AGITER. ◇ **se bouger** → AGIR I.

bougie → CHANDELLE.

bougon *Il est de tempérament bougon* : [fam.] **ronchon, ronchonneur** ◆ **grognon** (qui se dit en parlant d'un état passager de mauvaise humeur) ◆ [en partic.] **bou-deur** (= qui entretient volontairement sa mauvaise humeur) ; → ACARIÂTRE, BOURRU.

bougonnement → MURMURE.

bougonner → MURMURER.

bougre ① → GAILLARD II. *Un pauvre bougre* : → DIABLE. ② *Bougre de* : → ESPÈCE.

bougrement → TRÈS.

boui-boui → CAFÉ-CONCERT.

bouillasse → BOUE.

bouillant ① → CHAUD. ② → ARDENT, FOUGUEUX.

bouille → TÊTE.

bouilli → BŒUF GROS SEL*.

bouillie *Réduire en bouillie* : → ÉCRASER.

bouillir ① *Mettre les œufs quand l'eau bout* : ↓ **frémir, frissonner** ◆ [didact.] **porter à ébullition** (= faire bouillir) ◆ ↑ **bouillonner** ; → CUIRE. ② *J'ai chaud, je bous !* : → CHALEUR. *Il me fait bouillir d'impatience, de colère* : ↓ **frémir.** *Il me fait bouillir* [absolt] : **exaspérer** ; → ÉNERVER, IRRITER.

bouillon ① *Je viens de faire un pot-au-feu, voulez-vous un peu de bouillon ?* : **consommé** (= bouillon concentré) ◆ **potage** (= bouillon où l'on a fait cuire des aliments solides, coupés en petits morceaux ou passés) ◆ **bisque** (= potage fait avec un coulis de crustacés) ◆ **soupe** (= potage dans lequel on a trempé du pain). ② *Boire le bouillon* : → FAILLITE, TASSE.

◇ **bouillonner** ① → BOUILLIR. ② *Mille idées nouvelles bouillonnaient dans son esprit* : **fermenter, naître, tourner, virevolter, se presser, s'agiter** ; → S'EXALTER.

◇ **bouillonnant** ① *Des eaux bouillonnantes* : → TUMULTUEUX. ② *C'est un esprit bouillonnant* : ↓ **actif, vif** ◆ **agité*, fébrile, fiévreux** (qui peuvent être péj.) ◆ **enthousiaste,** ↓ **entreprenant** (qui insistent sur

le goût de l'action) ; → ARDENT, EXALTÉ, PASSIONNÉ, VÉHÉMENT.

◇ **bouillonnement** ① *Bouillonnement de l'eau* : → AGITATION. ② *On échangeait des idées dans un bouillonnement intense* : **agitation, excitation*, exaltation, fièvre*** ; → ENTHOUSIASME.

boule ① *Voici une belle boule de verre* : [didact.] **sphère** (qui est un terme de géométrie) ◆ **bille** (= boule de billard ou petite boule servant à divers jeux). ② [fig.] *Être, se mettre en boule* (= se laisser envahir par la colère) : [fam.] **pétard, rogne** ◆ [cour.] **colère** ; → IRRITER. *Perdre la boule* [fam.] (= devenir fou) : [cour.] **perdre la tête, le nord** ; → ESPRIT, FOU.

◇ **bouler** *Envoyer bouler quelqu'un* [fam.] (= renvoyer qqn) : **envoyer sur les roses, envoyer promener, envoyer paître** ◆ [sout.] **éconduire.**

boulet → SHOOT.

boulette → MALADRESSE.

boulevard → AVENUE, RUE.

bouleversant → AFFOLANT, DÉCHIRANT, ÉMOUVANT.

bouleversement ① → CHANGEMENT, DÉRANGEMENT, RENVERSEMENT, PERTURBATION. ② → ÉVOLUTION II, RÉVOLUTION. ③ → ÉMOTION.

bouleverser ① → DÉRANGER, METTRE DU DÉSORDRE*, SACCAGER. ② → CHANGER, RENVERSER, RÉVOLUTIONNER. ③ → AFFOLER, ÉMOUVOIR, REMUER, TROUBLER, PERTURBER.

◇ **bouleversé** → MALADE, SECOUÉ et les participes des syn. de *bouleverser*.

boulimie → FAIM.

boulon → VIS.

boulonner → TRAVAILLER.

boulot ① [adj.] → ROND, GROS. ② [n.m.] → TRAVAIL I et II.

boulotter → MANGER I.

boum ① → BAL. ② → FAIRE UN TABAC*.

boumer → ALLER II.

bouquet ① *Un bouquet d'arbres* : ↓ **touffe** ; → BOIS. *Un bouquet de fleurs* : → BOTTE I. ② → SAVEUR, PARFUM. ③ *C'est le bouquet !* : → MIEUX, COMBLE.

bouquin → LIVRE.

bouquiner → LIRE I.

bourbe → BOUE.

bourbeux → BOUEUX.

bourbier → CLOAQUE.

bourbon → WHISKY.

bourde → BÊTISE, MALADRESSE, PERLE II, SOTTISE.

bourdon ① → CLOCHE. ② → CAFARD III.

bourdonnement → MURMURE, VROMBISSEMENT, TINTEMENT.

bourdonner → BRUIRE, VROMBIR.

bourg Gros village où, en général, se tient le marché des villages voisins : **localité** (terme administratif à valeur générale) ◆ ↓ **village** ◆ ↓ **bourgade** (qui implique des habitations disséminées sur un assez vaste espace) ◆ ↓ **hameau** (= groupe de maisons isolées : le *hameau* n'a pas de vie propre, il est rattaché au *village* voisin) ◆ [fam., péj.] **trou** (= localité isolée qui, pour le citadin, paraît triste et incommode) ; → COMMUNE, VILLE.

bourgade → BOURG.

bourgeois [adj.] Relatif à la bourgeoisie, à sa manière de vivre, à ses goûts, à ses intérêts [parfois péj.]. *Ils menaient, dans leur douillette maison, une vie des plus bourgeoises* : **confortable,** ↑ **aisé** ◆ [fam., péj.] **pantouflard, pot-au-feu** (qui insistent sur le caractère casanier) ; → RICHE. *La poésie ne pouvait guère toucher cet esprit bourgeois* (= sans élévation morale et intellectuelle) : **prosaïque, terre-à-terre** ◆ [fam.] **épicier** ; → COMMUN II. *On l'avait élevé selon les principes de la morale la plus bourgeoise* (= respect des valeurs établies) : **conventionnel, conformiste, formaliste** ; → RÉACTIONNAIRE.

◇ **bourgeoise** → ÉPOUSE, FEMME.

◇ **bourgeoisement** *Ils vivaient bourgeoisement de leurs rentes* : **tranquillement, calmement** ◆ [fam.] **en père peinard** ; → À L'AISE.

◇ **bourgeoisie** *Le cercle fermé de la bourgeoisie du centre-ville* : [plus génér.] **les gens aisés** ◆ [péj.] **les nantis** ; → RICHE.

bourgeon *L'arbre a des bourgeons* : **bouton** ◆ **chaton** (qui se dit région. des bourgeons de saule) ; → ŒIL II, POUSSE.

bourlinguer → VOYAGER.

bourrade → POUSSÉE.

bourrage ① Matière servant à garnir un coussin : [plus précis] **bourre** ◆ [en partic.] **kapok, crin, mousse.** ② *Bourrage de crâne* [fam.] : → PROPAGANDE.

bourrasque Coup de vent subit, violent et de courte durée : [en termes de marine] **grain** ◆ **rafale** (= augmentation subite de vent) ◆ [en termes de marine] ↓ **risée** (= petite brise subite et passagère) ; → TEMPÊTE, VENT.

bourratif → LOURD II.

bourre ① [n.f.] → BOURRAGE. ② [n.m.] → POLICIER.

bourré → COMBLE III, PLEIN, IVRE.

bourreau ① Celui qui exécute les condamnés à mort : **exécuteur des hautes œuvres,** [abrév.] **exécuteur.** ② Celui qui met à mort ou qui torture : **tortionnaire** ◆ [par métaph.] **boucher** ; → MEURTRIER I. ③ *Bourreau des cœurs* (= homme au charme irrésistible pour les femmes) : **don Juan** ◆ **séducteur*.** *Bourreau de travail* : → ACHARNÉ.

bourrelé → PLEIN.

bourrelet → GROSSEUR, COUSSIN.

bourrelier → SELLIER.

bourrellerie → SELLERIE.

bourrer ① → EMPLIR, GAVER. ② *Bourrer le mou* : → MENTIR.

bourrichon → TÊTE.

bourricot → ÂNE.

bourrin → CHEVAL.

bourrique → SOT.

bourriquet → ÂNE.

bourru *C'est un homme bourru mais fon- cièrement gentil* : **brusque** (qui se dit de ce- lui qui paraît dénué d'amabilité parce qu'il va droit au fait) ; → ACARIÂTRE, BOUGON, RUDE, MAUSSADE.

bourse

I ① [rare ou vieilli] Petit sac dans lequel on met de l'argent, généralement des pièces : [cour.] **porte-monnaie** ◆ [plus pré- cis] **aumônière** (= petite bourse portée à la ceinture) ◆ [vx ou par plais.] **escarcelle ;** → FINANCE. ② Symbole de l'argent. *C'est sa femme qui tient les cordons de la bourse* : **tenir, gérer les finances.** *Sans bourse délier* : → GRATUITEMENT. ③ → TESTICULE.

II *Il suit les cours de la Bourse* : [par méton.] **marché, corbeille.** *Il joue en Bourse* : **bour- sicoter** ◆ ↑ **spéculer.**

boursicotage → SPÉCULATION.

boursicoter → BOURSE II.

boursicoteur, boursier → SPÉCULA- TEUR.

boursouflé → AMPOULÉ, GONFLER.

boursouflure → GONFLEMENT.

bousculade → FOULE.

bousculé → OCCUPÉ II.

bousculer → POUSSER I, SECOUER, CHAHUTER.
◇ **se bousculer** → ASSIÉGER, SE PRESSER I.

bouse → EXCRÉMENT.

bouseux → PAYSAN.

bousiller → ABÎMER, MASSACRER, TUER.
◇ **se bousiller** → SE DÉTRUIRE.

bousin → TAPAGE.

boussole ① Instrument indiquant le nord : [en termes de marine] **compas** (qui comporte une rose des vents précisément distribuée en degrés). ② *Il a perdu la boussole !* [fam.] : [cour.] **tête ;** → FOU.

boustifaille → NOURRITURE.

bout ① *Le bout d'une canne à pêche est très flexible* : **extrémité, pointe.** ② *Le bout d'un chemin* : **extrémité ;** → LIMITE. *Il est allé jusqu'au bout du voyage* : [plus sout.] **terme*** ◆ **terminus** (qui s'emploie pour les voyages en commun comportant plu- sieurs arrêts). *Rester jusqu'au bout* : **fin.** ③ *Pousser à bout* : **exaspérer.** *Être à bout* : **être épuisé** ◆ **n'en pouvoir plus** (*je suis à bout, épuisé ; je n'en peux plus*) ; → FATIGUÉ. *Venir à bout de qqch* : **vaincre*, triom- pher de.** *Venir à bout de qqn* : → CALMER, RAISON II. *Au bout du fil* : → APPAREIL. *Ne pas pouvoir joindre les deux bouts* : → DÉSARGENTÉ. *Bout à bout* : → SUITE. *De bout en bout* : → COMPLÈTEMENT. *Se faire avoir jusqu'au bout* : **complètement*** ◆ [fam.] *jusqu'au trognon.* *Au bout du compte* : → FIN I. *Montrer le bout de l'oreille* : **dévoiler ses intentions.** ④ *Un bout de* : → PARTIE I. *Un bout de pain* : → MORCEAU.

boutade → PLAISANTERIE, SAILLIE I.

boute-en-train → ANIMATEUR, GAI.

boutefeu → EXTRÉMISTE.

bouteille ① Récipient pour liquides : **fiole, flacon** (= petites bouteilles) ◆ **fil- lette, bouteille, litre,** [fam.] **litron, ma- gnum, jéroboam** (qui s'emploient, selon leur contenance, pour des bouteilles de vin) ◆ **bordelaise** (= bouteille spécifique au vin de Bordeaux). ② *Il tâte volontiers de la bouteille !* : [fam.] **chopine, litron ;** → BOIRE. *Bouteille vide* : [fam.] **cadavre.** ③ *Prendre de la bouteille* : → ÂGE.

boutique ① *Boutique de mode, de li- braire* : **magasin*** (= commerce plus grand et aux installations plus modernes) ◆ **échoppe** (= petite boutique en planches, généralement occupée par un artisan qui y exerce son métier). ② → MAISON II, ÉTABLISSEMENT II.

boutiquier → MARCHAND.

boutoir *Coup de boutoir* : → ATTAQUE.

bouton ① → BOURGEON. ② → COMMU-TATEUR, POIGNÉE.

boutonner → ATTACHER, FERMER.

boutonnière → ENTAILLE.

bouverie → ÉTABLE.

bow-window → FENÊTRE.

box
I ① *Les box d'une écurie* : **stalle.** ② *Être dans le box des accusés* : **sur le banc.**
II → CUIR.

boxe *Boxe française* : → SAVATE.

boxer → BATTRE.

boxeur *C'est un excellent boxeur* : [sout.] **pugiliste.**

boy → SERVITEUR.

boyau ① → INTESTIN, ENTRAILLES, VISCÈRES. ② → PASSAGE, TRANCHÉE.

boycott → EMBARGO.

boycotter → METTRE EN QUARANTAINE*, REJETER.

boy-scout → SCOUT.

bracelet La **gourmette**, le **jonc** sont des variétés de *bracelets.*

braconner → PIÈGE.

braconnier → CHASSEUR I.

brader → PRIX I, SACRIFIER, SOLDER, VENDRE.

braderie → MARCHÉ I.

braillard → CRIARD, BRUYANT.

braillement → CRI.

brailler → CRIER, PLEURER.

brain-storming → REMUE-MÉNINGES.

braire → CRIER.

braise Bois réduit en charbons ardents, et ces mêmes charbons lorsqu'ils sont éteints : **tison** (= reste d'un morceau de bois dont une partie seulement a été brû-lée) ◆ **brandon** (= débris enflammé : *le vent emportait les brandons de l'incendie*).

braiser → CUIRE.

bramer → CRIER, CHANTER.

brancard → CIVIÈRE.

branche ① *Les branches sont agitées par le vent* : **branchage,** [sout.] **ramure** (= l'ensemble des branches) ◆ **rameau** (= petite branche) ◆ **brindille** (= branche mince ; morceau de branche) ◆ **gourmand** (= jeune branche inutile et à supprimer) ; → TIGE. ② *Vous êtes ingénieur dans quelle branche ?* : **secteur, domaine*** ◆ **spécia-lité, discipline** (*quelle est votre discipline, votre spécialité ?*) ; → DIVISION, PARTIE II. ③ → FAMILLE.

brancher *Branchez-le sur le tennis : c'est un sport agréable !* [fam.] : [cour.] **diriger, guider*, orienter.**

◇ **branché** *Il est très branché sur ces questions !* [fam.] : [cour.] **informé, au courant de** ◆ **porté sur, intéressé par** ; → DANS LA COURSE. *Ne plus être branché* : → DÉCONNECTER. *Une musique branchée* [fam.] : [cour.] **à la mode*, dans le vent** ◆ [néol.] **in, tendance.**

branchement → RACCORDEMENT.

branchies → OUÏES.

brande → LANDE, FRICHE.

brandir → MONTRER.

brandon → BRAISE, TORCHE.

branlant → BOITEUX.

branle *Se mettre en branle* : → S'ÉBRANLER.

branle-bas → REMUE-MÉNAGE.

branler → BALANCER.
◇ **se branler** → SE MASTURBER.

branlette → MASTURBATION.

braquage → ATTAQUE.

braque → CAPRICIEUX.

braquer ① *L'individu braqua son revolver sur sa victime :* **pointer** ◆ **diriger, orienter vers.** ② *Cette voiture braque mal :* [plus génér.] **tourner, virer.** ③ *Si vous faites allusion à son divorce, vous risquez de la braquer :* **vexer ;** → FROISSER II. *Braquer qqn contre qqn, qqch :* [plus sout.] **dresser ;** → MONTER* (II) LA TÊTE.

◇ **se braquer** → SE VEXER.

bras ① → MEMBRE. ② [fig.] *À tour de bras, à bras raccourcis :* → VIOLEMMENT. *À bras ouverts :* → CORDIALEMENT. *Avoir le bras long :* → INFLUENCE. *Baisser les bras :* → ABANDONNER I, RENONCER. *Ne pas baisser les bras :* → S'ACCROCHER. *Avoir qqn, qqch sur les bras :* → CHARGE. *Partie de bras de fer :* → DÉFI. ③ *Les bras de ce fauteuil sont trop longs :* **accoudoir.**

bras droit → AIDE, SECOND II.

brasier → FEU, INCENDIE.

brasiller → ÉTINCELER.

brassage → MÉLANGE.

brasser → MANIER, REMUER, RETOURNER.

brasserie → CAFÉ, RESTAURANT.

bravache *Ne vous laissez pas impressionner : ce n'est qu'un bravache* (= faux brave) : **fanfaron*, fier-à-bras, matamore.**

bravade → BRAVER.

brave ① [adj.] *Au combat, il fut brave et généreux :* ↑ **héroïque ;** → VAILLANT. [n.] *Un brave de la dernière guerre :* ↑ **héros.** ② [adj.] *Il est bien brave ! :* → BON II.

bravement → FIÈREMENT, VAILLAMMENT.

braver ① *Ils n'ont pas craint de braver la tempête pour venir jusqu'à nous :* **affronter, défier** ◆ **s'exposer à.** ② *Braver qqn, les mœurs, les convenances* (= affronter qqn ou qqch par défi et avec insolence) : **affronter, défier, narguer** ◆ [sout.] **faire fi de, offenser** ◆ **provoquer** (qui ne s'emploie qu'en parlant de qqn) ; → FOULER* AUX PIEDS, SE MOQUER.

◇ **bravade** *Il n'a agi que par bravade* (= fausse bravoure) : **fanfaronnade***

◆ **défi*, provocation** (= bravoure insolente).

bravo Cri d'approbation, applaudissement : ↑ **bravissimo** ◆ **bis** (accompagne les *bravos* insistants qui appellent une nouvelle prestation) ; → ACCLAMATION.

bravoure → COURAGE.

break → PAUSE.

brebis → MOUTON.

brèche ① → OUVERTURE, TROUÉE, TROU. ② *Une brèche dans leur entente :* → FISSURE.

bredouillement → BALBUTIEMENT.

bredouiller → BALBUTIER.

bref ① [adj.] → COURT, MOMENTANÉ. ② [adj.] → SUCCINCT, SOMMAIRE I. ③ [adv.] *Bref, que voulez-vous ? :* **en un mot, finalement* ;** → ENFIN, EN ABRÉGÉ*, EN SOMME*.

bretelle → ROUTE.

breuvage → BOISSON.

brevet → CERTIFICAT, TITRE I.

bréviaire → LIVRE* DE CHEVET.

bribe → MORCEAU, PARCELLE, PARTIE I.

bric-à-brac → DÉSORDRE, RAMASSIS.

bricolage → TRAVAIL I.

bricole → BABIOLE, RIEN II.

bricoler → RÉPARER.

bricoleur → AMATEUR.

bride → RÊNE.

brider → SERRER.

brièvement → EN ABRÉGÉ*, SUCCINCTEMENT.

brièveté → CONCISION.

brigade → TROUPE II.

brigand → BANDIT.

brigandage → RAPINE, CONCUSSION.

brigue → INTRIGUE.

briguer
→ AMBITIONNER, CONVOITER, VISER II.

brillance → LUMINOSITÉ.

brillant

I [adj., de briller I] : **éclatant, resplendissant, rutilant, éblouissant, chatoyant, satiné ;** → ÉTINCELANT, LUISANT.

II [adj., de briller II] ① *C'est un élève brillant :* **remarquable** ◆ ↑ **éblouissant ;** → BON I. *Un regard brillant d'intelligence :* **pétillant, rayonnant, lumineux.** *Un regard brillant de haine :* **flamboyant.** *Un esprit brillant :* → VIF. ② [en parlant notamm. du style] **fleuri, recherché** ◆ ↑ **flamboyant, lyrique.** *L'artiste se lance dans une brillante improvisation :* **remarquable,** ↑ **éblouissant, magnifique, splendide** ◆ ↓ **beau** ◆ ↑ **étourdissant ;** → RÉUSSI. *Il a été brillant tout au long de son discours :* [fam.] **il a fait des étincelles ;** → SPIRITUEL II. ③ *Pas, peu brillant. Il était dans une situation peu brillante :* **pas reluisant ;** → PAS GLORIEUX*, VILAIN.

III [n.m., de briller I] ① *Le brillant de l'or, d'une perle, d'une étoffe* (= éclat de ce qui brille naturellement) : ↑ **éclat** ◆ **lumière** ◆ **chatoiement** (qui s'emploie pour une étoffe) ◆ **eau** (qui implique surtout l'idée de transparence, de pureté d'une pierre précieuse) ◆ **feu** (qui implique l'idée de luminosité d'une pierre précieuse). ② *Le brillant d'un spectacle, d'une réception, d'un discours* (= éclat donné à qqch et, notamment, à une cérémonie) : **lustre** ◆ ↑ **éclat,** ↑ **splendeur** ◆ ↑ **faste** (qui ne se dit qu'en parlant d'une cérémonie) ◆ [péj.] **clinquant** (= faux brillant, éclat trompeur) ; → VERNIS. ③ *Brillant pour les yeux :* → FARD.

IV [n.m.] → DIAMANT.

briller

I [qqch ~] *La mer brille au soleil de juillet :* ↓ **luire** ◆ ↑ **resplendir, rutiler** ◆ ↑ **éblouir*** ◆ **reluire** (qui indique l'éclat d'une surface polie et suppose une lumière d'emprunt, n'éclairant que par réflexion : *les meubles, les chaussures reluisent*) ◆ **miroiter, scintiller** (= renvoyer la lumière avec des

reflets irréguliers, scintillants) ◆ **chatoyer** (= renvoyer la lumière de manière irrégulière, avec des changements de couleur). *Faire briller :* **astiquer** ◆ [fam.] **briquer ;** → ÉTINCELER, FLAMBOYER.

II [qqn ~] ① *Son regard brille d'intelligence :* **pétiller, rayonner, illuminer** (*l'intelligence illumine son regard*). *C'est qqn qui brille par son intelligence* (= manifeste des qualités qui frappent l'attention) : ↑ **éblouir ;** → SE DISTINGUER, EXCELLER. ② *Le désir de briller :* **paraître.**

brimade → OFFENSE, VEXATION.

brimer → OPPRIMER.

brin → MORCEAU. *Un brin de :* → UN PEU* (II) DE, SOUPÇON.

brindezingue → IVRE.

brindille → BRANCHE.

bringue ① → DÉBAUCHE. ② *Grande bringue :* → GRAND, MAIGRE.

bringuebaler → SECOUER.

brio → ÉCLAT II, ESPRIT, VIRTUOSITÉ.

brioche → VENTRE.

brique → ROUX.

briquer → BRILLER I, FROTTER.

brisant → ROCHER, ÉCUEIL.

briscard → VIEUX.

brise → VENT.

brisé → FATIGUÉ.

brisées *Marcher sur les brisées :* → RIVALISER.

briser ① → CASSER, METTRE EN PIÈCES*. ② *Briser une résistance, une grève :* **casser ;** → MATER, VAINCRE. *Briser le moral :* **abattre*** II. *Briser de fatigue :* → FATIGUER. *Briser le silence :* → ROMPRE. ③ *La mer vient briser sur les rochers :* **se briser** ◆ [plus génér.] **déferler.**

◇ **se briser** ① → CASSER, SE FRACASSER. ② *La mer se brise :* → BRISER.

briseur *Briseur de grève* : → JAUNE II.

brise-vent → HAIE.

brisure → CASSURE.

broc → POT I.

brocanteur Personne qui achète et revend des objets usagés : [plus génér.] re-vendeur ◆ **chineur** (= celui qui cherche, achète et revend des objets d'occasion, des curiosités) ◆ **antiquaire, marchand d'antiquités** (= celui qui vend des objets anciens ayant une certaine valeur) ◆ **fri-pier** (= celui qui revend des vêtements ou du linge d'occasion).

brocard → MOQUERIE, RAILLERIE.

brocarder → RAILLER.

brochure Petit ouvrage broché : **opus-cule** (= petit ouvrage, broché ou non, à contenu didactique) ; → IMPRIMÉ, LIVRE, PROSPECTUS.

brodequin → CHAUSSURE.

broder → ENJOLIVER, INVENTER.

broderie ① Ornement à l'aiguille : [plus partic.] **dentelle, guipure, tapisserie, feston** ; → ORNEMENT. ② *Toutes ces histoires ne sont que de la broderie !* [rare] : [cour.] **invention** (*de la pure invention*) ; → IMAGINATION.

broncher ① → TRÉBUCHER. ② → MURMU-RER.

bronzage → BRONZER.

bronze ① *Une cloche de bronze* : [vx] **ai-rain.** ② Symbole de la force et de la dureté. *Une âme de bronze* : **marbre** (qui marque la froideur) ◆ **fer** (qui marque la force) ◆ **pierre** (qui marque l'inflexibilité).

bronzé → BRONZER.

bronzer *Il bronze au soleil* : [plus génér.] **se dorer,** [fam.] **faire bronzette ;** → HÂLER. *Il a une peau qui bronze au soleil* : **brunir** ◆ ↑ **noircir.**

◇ **bronzage** *Avoir un beau bronzage* : ↓ **hâle.** *Les dangers du bronzage* : **exposi-tion au soleil.**

◇ **bronzé** *Son visage est bronzé par le soleil* : **bruni** ◆ [plus rare] **cuivré** ◆ [plus sout.] **ambré*** ◆ **hâlé** (qui implique l'ac-tion du vent, de l'air marin) ◆ ↑ **basané, tanné, cuit** ◆ [rare] **boucané ;** → NOIR.

brosse → PINCEAU.

brosser → PEINDRE I.

◇ **se brosser** → S'ABSTENIR, SE FOUILLER.

brouhaha → TAPAGE.

brouillage → PARASITE.

brouillard ① *On annonce du brouillard* : ↓ **brume** ◆ **frimas** (= brouillard épais et glacé) ; → VAPEUR, PLUIE. ② *Devant ce problème, je suis dans le brouillard !* [fam.] : **nager*, être paumé** ◆ [cour.] **être perdu ;** → OBSCURITÉ.

brouille → DÉSACCORD, SÉPARATION.

brouillé → BROUILLER I et II, SE BROUILLER, FÂCHÉ.

brouiller

I [~ qqch] ① *Vous allez brouiller les cartes, ensuite je les distribuerai* : **battre, mêler, mélanger.** ② *L'émission est brouillée ce soir* (= altérer la netteté de qqch) : **trou-bler** ◆ [en partic.] **parasiter ;** → PERTURBER. *Des idées brouillées* : [plus cour.] **embrouil-ler ;** → OBSCURCIR, DÉSORDRE.

II [~ qqn] *Des histoires d'argent les ont définitivement brouillés* : **fâcher** ◆ ↑ **sépa-rer*** ◆ **diviser** (qui s'applique plus à des groupes qu'à des individus) ◆ **désunir** (qui s'applique à des personnes unies par un lien profond).

◇ **se brouiller** ① [avec qqn] : **se fâcher,** ↑ **se fâcher à mort.** *Ils se sont brouillés* : **ils ne se parlent plus, ils ne veulent plus se voir ;** → ROMPRE. ② [en parlant du temps] *Le ciel se brouille peu à peu* : ↑ **se couvrir** ◆ **se gâter** (*le temps se gâte*).

brouillerie → DÉSACCORD.

brouillon

I *Ce garçon a un esprit trop brouillon pour assumer une telle responsabilité* : **confus, désordonné ;** → ANARCHIQUE.

II → CANEVAS.

broussaille → BUISSON.

brouter → PAÎTRE.

broutille → BABIOLE, RIEN II.

browning → REVOLVER.

broyer ① *Cette machine broie les galets pour en faire de la poudre* : [plus génér.] **écraser, casser** ◆ **concasser** (= réduire en fragments assez grossiers) ◆ **pulvériser** (= réduire en poudre) ◆ **moudre** (= réduire en poudre, en parlant du blé, du café…) ; → PILER, TRITURER. ② *Je suis broyé de fatigue* : → FATIGUÉ.

bru a pour syn. cour. **belle-fille**.

brugnon → PÊCHE I.

bruine → PLUIE.

bruiner → PLEUVOIR.

bruire [sout.] Produire un bruit confus et généralement agréable : [plus restreint] **bourdonner** (*la ruche bourdonne*) ◆ **chuchoter** (*la rivière chuchote*) ; → FRÉMIR, MURMURER.

◇ **bruissement** *On entendait le bruissement de l'eau sous les arbres* : **murmure, frémissement, frisson** ◆ **froufrou** (= bruit d'étoffe) ◆ [génér.] **bruit** ; → BATTEMENT III.

bruit

I Terme à valeur très générale. → SON, BORBORYGME, VOIX I. *Petit bruit* : **bruissement*** ; → MURMURE. *Grand bruit* : → DÉTONATION, POTIN I, TAPAGE. *Bruit sourd* : → GRONDEMENT. *Bruit aigu* : → GRINCEMENT, SIFFLEMENT.

II *Le bruit court que l'on procéderait à un remaniement ministériel* : **rumeur** ; → NOUVELLE. *Faire courir un bruit* : **ébruiter** ; → DIVULGUER, ÉCHO, POTIN II. *Ça va faire du bruit* : → FRACASSER, PÉTARD, DÉFRAYER LA CHRONIQUE.

brûlant ① → ARDENT, CHAUD. ② *Un amour brûlant* : **dévorant***. *Une conversation brûlante* : → ANIMÉ. *Un regard brûlant* : **enflammé** ; → ARDENT. *Vous êtes sur un sujet, un terrain brûlant* : ↓ **risqué*** ; → DANGEREUX.

brûle-gueule → PIPE.

brûle-pourpoint (à) → SOUDAIN II.

brûler

I [~ qqch] ① Détruire par le feu : **consumer** (= brûler lentement) ◆ **faire flamber** (= brûler vite) ◆ [souvent au passif] ↓ **roussir** ◆ [souvent au passif] **carboniser,** ↑ **calciner** (= réduire en charbon : *le rôti a été complètement carbonisé, calciné, brûlé*) ◆ ↑ **réduire en cendres** (qui s'emploie pour des papiers, un immeuble) ◆ **torréfier** (qui s'emploie spécialement en parlant du café : *brûler, torréfier le café*) ◆ **incinérer** (qui s'emploie spécialement en parlant de cadavres que l'on brûle) ◆ **incendier*** (qui suppose généralement un acte criminel : *incendier une maison*, et se dit toujours de l'action néfaste du feu : *des forêts incendiées*) ; → ENFLAMMER. ② *Il a brûlé un feu rouge* : [fam.] **griller.**

◇ **se brûler** ① → S'ÉBOUILLANTER. ② *Se brûler la cervelle* : → SE TUER.

II [qqch ~] ① *Des sarments brûlent dans la cheminée* : **flamber** (= brûler en produisant des flammes) ◆ **se consumer** (= brûler lentement). ② *Ça brûle !* : → CHAUD. *Le rôti est brûlé !* : ↓ **trop cuit** ◆ [fam.] **cramé.** ③ *Tout a brûlé lors de l'incendie* : [express.] **partir en fumée.**

III [qqn ~ de] *Il brûle de la revoir* : ↓ **désirer** (*il désire la revoir*) ◆ ↓ **rêver de** ; → GRILLER, AMBITIONNER, CONVOITER, IMPATIENT.

brûlure ① Sur la peau, une faible *brûlure* ne provoque qu'une *rougeur*. *La brûlure du rasoir, du soleil* : **feu**. *Des brûlures d'estomac* : **aigreurs** ; → DOULEUR, PLAIE. ② *La brûlure de l'insulte lui était insupportable* : **morsure** ◆ [plus cour.] **blessure**.

brume → BROUILLARD, VAPEUR.

brumeux → HUMIDE.

brun → MARRON.

brune *À la brune* : → CRÉPUSCULE.

bruni → BRONZÉ.

brunir → BRONZER, NOIRCIR.

brusque ① → BOURRU, VIOLENT. ②
→ SACCADÉ, SUBIT, PROMPT, VIF I.

brusquement → DU JOUR* AU LENDEMAIN,
PILE III, SOUDAIN II, SUBITEMENT.

brusquer ① → RUDOYER. ② → HÂTER,
PRÉCIPITER.

brusquerie ① → BRUTALITÉ. ② → SOUDAI-
NETÉ.

brut ① *Du bois brut, de la laine brute*
(= qui n'a pas été travaillé) : **sauvage,
vierge, naturel** (selon les contextes). *De la
soie brute* : **grège**. *De la toile brute* : **écru**.
Du champagne brut : → SEC I. ② *Voici mes
sentiments à l'état brut* : **tels quels, tels
qu'ils se présentent** ◆ **sans fioriture.**

brutal ① *Il n'avait pour argument que sa
force brutale* [vx] (= qui tient de la brute
et agit avec grossièreté et violence à
l'égard des autres) : **animal** ◆ ↑ **bestial** ;
→ GROSSIER. ② *C'est un homme naturellement très brutal* (= qui use de violence,
de rudesse) : **dur, violent, emporté** ◆ [en
partic.] **insensible** ; → CRUEL, INHUMAIN,
AVOIR LA MAIN* LOURDE, MÉCHANT. *Un
ton brutal* : ↓ **abrupt** ; → AFFIRMATIF. ③ *La
mort de sa mère lui a porté un coup bru-
tal* : [antéposé] **rude, pénible** ◆ ↑ **terrible.**
④ [qqch est ~] → SOUDAIN II, OFFENSIF.

◇ **brutalement** ① *Frapper qqn brutalement* : **violemment, durement** ◆ ↑ **sauvagement** ; → RUDEMENT. ② *Répondre
brutalement* : ↓ **sèchement, sans aménité**
◆ [fam.] ↓ **de but en blanc, tout à trac** ;
→ AFFIRMATIVEMENT, RUDEMENT, SOUDAIN,
SANS MÉNAGEMENT.

◇ **brutalité** ① *C'est un homme connu pour
sa brutalité* : **violence** ◆ ↑ **cruauté*, barbarie, férocité, sauvagerie** ◆ [rare] **inhumanité.** *Les brutalités policières* : **violences**
◆ ↓ **mauvais traitement.** ② *La brutalité
d'une maladie* : → SOUDAINETÉ. *La brutalité de ses propos nous a étonnés* : **dureté**
◆ ↓ **brusquerie** ; → CRUDITÉ, SÉCHERESSE.

brutaliser → MALMENER, RUDOYER.

brutalité → BRUTAL.

brute ① → ANIMAL. ② *C'est une brute !* :
→ TERREUR, SAUVAGE.

bruyamment En faisant du bruit. *Il a
protesté bruyamment* : **fortement*, à cor
et à cri*.**

bruyant ① *Cette rue est bruyante* : ↑ **assourdissant.** Les syn. se trouvent surtout
en reprenant le nom **bruit*** : *il y a, il fait
un* **bruit terrible, d'enfer, effrayant** ◆ **sonore*** se dit plutôt d'un espace où le bruit
résonne : *une pièce sonore.* ② *Ces enfants
sont bruyants* : **turbulent, agité** ◆ [fam.]
braillard, gueulard.

buccal *Cavité buccale* : → BOUCHE. *Voie
buccale* : → ORAL.

bûche

I *Il faut remettre une bûche dans le feu* :
[plus génér.] **du bois** ◆ **rondin** (= bois non
refendu et calibré).

II → CHUTE I.

bûcher → APPRENDRE, TRAVAILLER.

bûcheur → TRAVAILLEUR I.

bucolique → CAMPAGNARD.

budget → COMPTE.

buée → VAPEUR.

buffet ① → VAISSELIER. ② → REPAS,
RESTAURANT.

building → IMMEUBLE.

buisson : [pl.] **broussailles** (qui implique
une végétation plus étendue, telle qu'on
peut la trouver dans un terrain inculte)
◆ **fourré** (= ensemble épais d'arbustes
de petites dimensions) ◆ **taillis** (= partie d'un bois où il n'y a que des arbres
de petites dimensions, que l'on coupe
régulièrement) ◆ **hallier** (= ensemble de
buissons touffus) ◆ **ronces, roncier** (= arbustes épineux) ; → BOIS.

bulbe *Il vient de planter des bulbes de tu-
lipes* : [plus cour.] **oignon.**

buller → PARESSER.

bulletin ① *Voici le bulletin de la météo* :
communiqué (= avis ponctuel adressé
au public par une autorité) ; → AVIS,
COMMUNICATION. ② *Le bulletin scolaire* :

carnet. *Un bulletin de paie*: **feuille ;**
→ CERTIFICAT, COMPTE I.

bungalow → VILLA.

bunker → ABRI.

bureau
① → SECRÉTAIRE, TABLE I. ② → CABINET,
SECRÉTARIAT, SERVICE I, TRAVAIL II. *Bureau
de tabac*: → TABAC.

bureaucrate ① [péj., vieilli] **rond-de-cuir,
gratte-papier** ◆ [très péj.] **scribouillard**
◆ [cour., non péj.] **employé de bureau, em-
ployé*.** ② Dans son sens moderne de
fonctionnaire se prévalant d'une autorité
excessive : **technocrate*** (qui se dit en ce
sens de hauts fonctionnaires ou d'hommes
d'État).

bureaucratie → TECHNOCRATIE.

bureautique → MÉDIA.

burette → TESTICULE.

buriner → MARQUER.

burlesque → COMIQUE, RIDICULE.

bus → AUTOBUS.

buse ① → SOT. ② → TUYAU I.

business → AFFAIRE.

busqué → AQUILIN.

buste ① → TRONC, TORSE. ② *Cette femme
a un buste magnifique*: **poitrine, seins*,
gorge** ◆ [par méton.] **décolleté.**

but ① *Il avait le meilleur fusil : manquer le
but aurait été ridicule !* : **cible** ◆ **objectif.**
Atteindre le but : [fam.] **taper dans le mille.**
Marquer un but : **essai** (pour le rugby),
panier (pour le basket). ② *Il fallait à tout
prix convaincre : tel était son but* : **dessein, objectif** ◆ ↓ **intention.** *Parvenir à
son but* : [pl.] **fins ;** → AMBITION, MISSION,

PROJET. ③ *Le but de votre visite* : → OBJET.
④ *Le but de la vie : quelle grande question !* : [plus génér.] **sens, raison** (*les raisons
de vivre*) ◆ [didact.] **fin, finalité.** ⑤ *Dans le
but de* [loc. cour. condamnée par les puristes].
*Il lui rendit visite dans le but de l'ama-
douer un peu* : [plus sout.] **avec l'intention
de, avec le dessein de ;** → VUE III. ⑥ *De
but en blanc* : → SOUDAIN II.

buté → TÊTU.

buter [contre qqch] → ACHOPPER,
TRÉBUCHER.

◇ **se buter** ① → SE HEURTER. ② → S'EN-
TÊTER.

butin *Les pillards avaient caché leur butin
dans une grotte* : [pl.] **prises** ◆ [assez rare]
dépouilles ◆ **trophée** (qui ne se dit que de
prises symbolisant la victoire) ; → VOL II,
CAPTURE.

butiner → RÉCOLTER.

butor → GROSSIER.

butte
I Petite éminence de terre : **tertre**
◆ ↓ **monticule** ◆ [plus partic.] **mamelon** (= sommet arrondi d'une colline) ;
→ COLLINE, TALUS.

II *Être en butte à. Elle est toujours en
butte aux petites vexations que lui impose
son directeur* : **servir de cible à, être le
point de mire de** ◆ [plus sout.] **exposé à ;**
→ PRISE I.

buvable ① → ABSORBABLE, POTABLE.
② → SUPPORTABLE.

buvette → CAFÉ I.

buveur → IVROGNE.

bye → SALUT.

byzantin → COMPLIQUÉ.

C

çà *Çà et là :* → PAR ENDROITS.

cabale → INTRIGUE.

cabalistique → MAGIQUE.

caban → MANTEAU.

cabane ① Construction rudimentaire : [en partic.] **case, hutte** (= abri sommaire de bois, de terre et de paille). ② *Il loge dans une de ces cabanes !* [fam., péj.] (= maison d'habitation) : **cahute, bicoque ;** → BARAQUE I. ③ *Il a passé deux mois en cabane* [arg.] : **tôle** ♦ [cour.] **prison ;** → CELLULE, EMPRISONNEMENT.

cabanon → CELLULE.

cabaret ① [vieilli] Établissement où l'on sert à boire : [vieilli] **estaminet, taverne** ♦ [péj.] **caboulot, bouge** ♦ [cour., fam.] **bistrot ;** → CAFÉ. ② → CAFÉ-CONCERT.

cabas *Tu mettras les légumes dans ce cabas :* [région.] **couffin** (= grand cabas) ♦ [plus génér.] **sac à provisions ;** → SAC.

cabestan → TREUIL.

cabine *Voulez-vous visiter la cabine de pilotage de cet Airbus ?:* **cockpit** (= habitacle du pilote, dans un avion). *Nous avons loué une cabine sur ce bateau :* ↓ **couchette.**

cabinet
I ① → RÉDUIT II. ② *Un petit cabinet de travail* [rare ou vieilli] : [cour.] **bureau.** ③ *Un cabinet immobilier :* ↑ **agence.** ④ *Il* était ministre dans le cabinet précédent (= ensemble des ministres d'un État) : **ministère, gouvernement.** ⑤ *Sa femme tient un cabinet immobilier :* **agence.** ⑥ → MUSÉE.

II [au pl.] *Voudriez-vous m'indiquer les cabinets ? :* **waters, W-C, toilettes, lavabos** ♦ [rare ou didact.] **lieux d'aisances** ♦ [fam., naïf] **petits coins** ♦ [vulg.] **chiottes, gogues** ♦ [très sout., vieilli] **commodités** ♦ **latrines, feuillées** (= cabinets sommaires, sans installation sanitaire).

câble
I → CORDAGE, MANŒUVRE III.

II *Je viens de recevoir un câble de New York* [par méton.] (= message reçu par un câble téléphonique, jargon de technicien, de journaliste) : [cour.] **télégramme, dépêche.**

câbler → ENVOYER.

cabochard → TÊTU.

caboche → TÊTE.

cabosser → DÉFORMER.

cabot → ACTEUR, CHIEN.

cabotage → NAVIGATION, CÔTIER.

cabotin → ACTEUR.

cabotinage → CHARLATANISME.

cabrer (se) *Dès qu'on lui parle de son passé, il se cabre :* [plus fam.] **se rebiffer**

◆ ↓ **protester** ◆ ↑ **se révolter, s'insurger** ;
→ COLÈRE.

cabri → CHÈVRE.

cabriole *Il était si heureux de cette nouvelle
qu'il se mit à faire des cabrioles* : **gambade**
◆ [plus partic.] **culbute, galipette** (= sauts
que l'on exécute cul par-dessus tête) ◆ **pirouette** (= tour que l'on fait sur soi-même
sans changer de place) ; → SAUT.

cabrioler → SAUTER.

cabriolet *Elle roule dans un superbe
cabriolet* : [plus cour.] **décapotable.**

caca → EXCRÉMENTS, CHIER, MERDE.

cache → ABRI.

caché → CACHER.

cache-col, cache-nez → ÉCHARPE.

cacher ① [qqn ~ qqch] *Cacher de l'argent* :
[fam.] **planquer, camoufler** ◆ [partic.] **receler** (qui implique que l'on cache qqch
frauduleusement) ◆ **dissimuler** (qui
implique l'idée de feinte, de déguisement).
② [qqn ~ qqch] *Cacher dans la terre* :
→ ENTERRER. *Cacher derrière un voile,
un écran* : → COUVRIR, MASQUER. ③ [qqn
~ qqch] *Pourquoi lui cacher notre inquiétude ?* : **dissimuler** ; → DÉGUISER, TAIRE,
FAIRE MYSTÈRE* DE. *Il cherche à cacher
votre erreur* : **couvrir** (= prendre sous sa
responsabilité) ; → PALLIER. *Il nous cache
quelque chose* : **il y a anguille sous roche.**
Je ne vous cache pas que cela me déplaît : **je
vous avoue franchement que..., je vous dis
tout net que...** ; → FRANCHEMENT. ④ [qqch
~ qqch] *Des nuages cachent le soleil* : ↓ **voiler*** ◆ [plus express.] **masquer** ◆ [didact.]
occulter ; → ENVELOPPER, DÉROBER.

◇ **se cacher** ① *Ils se cachent derrière la
maison* : **s'embusquer** (= se cacher pour
guetter qqn) ◆ [plus rare] **se tapir** ◆ ↑ **se
terrer** ; → ABRI, SE DÉROBER. ② *L'enfant
se cache dans les bras de sa mère* : → SE
BLOTTIR.

◇ **caché** → CACHER. *Des agissements
cachés* : **secret*** ◆ [rare en ce sens] **sourd**
◆ **latent, sous-jacent** (qui se disent d'événements ou d'idées qui ne se révèlent pas,
dont on devine la présence : *un danger*

latent, des idées sous-jacentes) ◆ **clandestin** (qui implique que l'on agisse contre
la loi) ◆ **mystérieux** ◆ **occulte, ésotérique,
hermétique** (qui s'emploient surtout en
parlant des connaissances accessibles
seulement à des initiés : *la magie est une
science occulte* ; *les paroles ésotériques,
hermétiques des magiciens*) ; → OBSCUR,
INCOMPRÉHENSIBLE.

cache-sexe → SLIP.

cachet
I ① → MARQUE, SCEAU, TIMBRE I, TAMPON.
② *Avoir du cachet* : → CARACTÈRE I.
II → SALAIRE.
III *Prenez ce cachet, vos maux de tête
disparaîtront* (= poudre contenue dans
une enveloppe assimilable) : **comprimé**
(= poudre agglomérée en pastille) ◆ **gélule** (= cachet cylindrique) ; → PILULE.

cacheter → SCELLER I, FERMER.

cachette (en) → SECRÈTEMENT, SUBREP-
TICEMENT.

cachot → CELLULE I.

cachotterie → MYSTÈRE, SECRET III.

cachottier → SECRET II.

cacique → PREMIER III.

cacochyme → MALADIF.

cacophonie ① *Toute la rue était embou-
teillée ; vous auriez entendu cette cacophonie de Klaxons !* : **charivari, tintamarre** ;
→ TAPAGE, TUMULTE. ② En musique, ce
terme est toujours péj., contrairement à
dissonance.

cadavéreux, cadavérique → LIVIDE.

cadavre
① → DÉPOUILLE, MORT II. ② → BOUTEILLE.

cadeau → DON, PRÉSENT IV. *Ce n'est pas un
cadeau* : → SINÉCURE.

cadenas → FERMETURE.

cadenasser → FERMER.

cadence → MESURE, RYTHME.

cadencé

cadencé → RYTHMIQUE.

cadet ① Enfant qui vient après l'aîné : **second** ♦ [partic. ou par plais.] **junior** (*Durand junior, le cadet des Durand*) ♦ [vieilli] **puîné** ♦ **benjamin, dernier-né**, [fam.] **petit-dernier** (= le plus jeune enfant d'une famille). ② *Le cadet de mes soucis* : → MOINDRE.

cador → CHIEN.

cadre ① *Le cadre d'un tableau* : **encadrement**. ② *Les fenêtres de sa maison ont des cadres en métal* : [plus techn.] **châssis** (qui s'emploie pour une fenêtre), **bâti** (qui s'emploie pour une porte). ③ *Nous avons déjeuné dans un beau cadre de verdure* : **décor** (= cadre naturel). *Il vit dans un cadre familial et de travail très agréable* : **entourage, milieu*** (= cadre humain) ♦ **cocon** (= milieu très protégé) ; → AMBIANCE. ④ [fig.] *Entrer dans le cadre de* : **faire partie de** (*cela entre dans le cadre de, cela fait partie de ses attributions*). ⑤ *Les cadres d'une entreprise* : **encadrement** (= ensemble des cadres).

◇ **cadrer** *Sa conduite ne cadre pas avec ses paroles sucrées* (= être en conformité avec qqch) : **concorder, s'accorder** ♦ [moins approprié à ce contexte] **correspondre à** ; → S'INSCRIRE.

caduc → NUL II, MUET.

caducité → NULLITÉ.

cafard

I [insecte] *Cet hôtel est plein de cafards* [cour.] : **blatte, cancrelat**.

II ① → BIGOT. ② → RAPPORTEUR.

III ① *Ce mauvais temps me donne le cafard* : **des idées noires** ♦ **cafardeux**, **cafarder** (*... me rend cafardeux, me fait cafarder*) ♦ [sout.] **spleen** ♦ [fam.] **bourdon**. *Avoir le cafard* : [cour.] ↓ **ne pas avoir le moral**, ↑ **déprimer**, [fam.] **être dans la déprime** ♦ [plus partic.] **avoir du chagrin**. ② *Le cafard est un état intérieur où l'on se sent envahi par la tristesse et le mal de vivre* : [langue techn.] **mélancolie*** ; → PEINE II, ENNUI, TRISTESSE.

cafardage → RAPPORTAGE.

cafarder ① → CAFARD III. ② → RAPPORTER II.

cafardeur → RAPPORTEUR.

cafardeux → CAFARD III.

café

I *Il passe son temps au café* (= débit de boissons) : [fam.] **bistrot, troquet** (= café populaire) ♦ **buvette** (= petit débit de boissons, généralement attenant à un établissement public ou à un lieu fréquenté par le public : hall de gare, bal) ♦ **bar** (= débit de boissons où l'on consomme devant un comptoir) ♦ **brasserie** (= établissement où l'on consomme en partic. de la bière tout en pouvant prendre des repas) ♦ **taverne** (qui désigne certaines brasseries) ; → CABARET, RESTAURANT.

II *Vous prenez un café ?* : **express** (= café sortant d'un percolateur) ♦ [fam.] **noir, petit noir** ; → JUS.

café-concert : [abrév.] **caf' conc'**. Se disait d'un café où l'on pouvait consommer en écoutant des chansonniers et de la musique : [cour.] **cabaret*** ♦ **boîte de nuit**, [abrév.] **boîte** (= établissement fonctionnant la nuit où l'on peut écouter de la musique, danser, boire) ♦ [péj.] **boui-boui** (= cabaret ou boîte de nuit mal fréquentés).

cafétéria → RESTAURANT.

cafetier *Ce cafetier est un homme très sympathique* : [rare] **mastroquet** (= marchand de vin) ♦ [plus génér.] **tenancier** ♦ [plus partic.] **garçon de café, garçon** (= employé dans un café), **patron** (= propriétaire d'un café).

cafetière → TÊTE.

cafouillage, cafouillis → DÉSORDRE.

cafouiller → MALADRESSE.

cafter → RAPPORTER IV.

cafteur → RAPPORTEUR.

cage Ce terme général a des syn. spécifiques selon les animaux considérés : **clapier** (qui s'emploie pour les lapins)

◆ **poulailler** (qui s'emploie pour les volailles) ◆ **volière** (qui s'emploie pour les oiseaux).

cageot → CAISSE.

cagibi → RÉDUIT II.

cagneux → TORDU.

cagnotte → TIRELIRE.

cagot → BIGOT.

cahier → REGISTRE.

cahin-caha *Il va cahin-caha* [fam.] : [fam.] **clopin-clopant, comme ci comme ça, comme ça peut** ◆ [cour.] **tant bien que mal.**

cahot ① → SECOUSSE. ② → INÉGALITÉ.

cahoter → SECOUER.

cahoteux → DÉFORMER.

cahute → CABANE.

caïd → ROI.

caillasse → CAILLOU.

caillasser → PIERRE.

cailler ① → COAGULER, FIGER, TOURNER III. ② → FROID I.

caillou ① *Je t'interdis de lancer des cailloux* : **pierre*** (si *pierre* peut généralement être syn. de *caillou*, l'inverse n'est pas vrai : un *caillou* est toujours de petite ou moyenne dimensions, alors qu'une pierre peut avoir toutes les tailles ; en outre, *caillou* ne s'emploie pas avec les articles partitifs) ◆ **galet** (= caillou arrondi du bord de la mer ou du fond des torrents) ◆ [coll., fam.] **caillasse, pierraille** (*marcher dans la caillasse*) ◆ ↓ **gravier ;** → ROCHER. ② → CRÂNE.

caillouteux → PIERREUX.

caïman → ALLIGATOR.

caisse Grande **boîte*** en bois ou en métal (contrairement au **carton**) qui sert à emballer et souvent à transporter ◆ [plus génér.] **emballage** ◆ [partic.] **caissette** (= petite caisse), **cageot** (= caisse ser-vant au transport des fruits et légumes) ; → EMBALLAGE.

cajoler → DORLOTER, FLATTER, CARESSER.

cajolerie → CARESSE.

cajoleur → SÉDUCTEUR.

calamar → SEICHE.

calamité → CATASTROPHE, MAL I.

calamiteux → CATASTROPHIQUE.

calanque → GOLFE.

calcaire → DUR I.

calcination → COMBUSTION.

calciner → BRÛLER.

calcul ① *Nous voici au but ; vous voyez que mes calculs n'étaient pas mauvais* : **pré-vision** ◆ [plus rare] **spéculation, supputation.** *Je me méfie : sa position n'est pas sans calcul* : **arrière-pensée ;** → AGISSEMENTS, PRÉMÉDITER. ② *Il est bon en calcul* [cour.] : [didact.] **arithmétique ;** → OPÉRATION III, COMPTE.

calculable → APPRÉCIABLE.

calculateur *Il a un esprit très calcula-teur* : **intéressé** ◆ [fam.] **combinard** ◆ [plus génér.] **opportuniste.**

calculatrice Une **calculette** est une *cal-culatrice* de poche.

calculé → MESURÉ, PRÉMÉDITÉ.

calculer ① → COMPTER, ESTIMER II, MESURER, PESER. ② → SONGER, PRÉMÉDITER, PRÉVOIR, COMBINER.

cale *Nous avons pu visiter la cale du navire* (= partie d'un navire située entre le pont et le fond) : [par méton.] **soute** (= magasins aménagés dans la cale, servant à entrepo-ser le charbon, les munitions, etc.).

calé → INSTRUIT, SAVANT I.

caleçon → CULOTTE, SLIP.

calembour → JEU DE MOTS*.

calembredaine → SORNETTE.

calendes *Aux calendes grecques* : → SAINT-GLINGLIN.

calendrier ① *Nous voici en février et je n'ai pas encore établi mon calendrier !* : **emploi du temps, programme** ♦ [anglic.] **planning, timing.** ② *Le facteur nous a apporté le calendrier* : **almanach** (qui comporte, outre les indications du calendrier, divers renseignements et anecdotes) ♦ **agenda** (= livret divisé selon les mois et jours du calendrier et sur lequel on inscrit au jour le jour ce que l'on a à faire) ♦ **éphéméride** (= calendrier dont on détache chaque jour une feuille) ; → CARNET.

calepin → CARNET.

caler ① → S'ARRÊTER, RECULER. ② → SOUTENIR.

◇ **se caler** ① *Se caler dans un fauteuil* : [moins express.] **s'installer.** ② *Se caler l'estomac* : → MANGER.

calfater → BOUCHER.

calfeutrer → BOUCHER.

◇ **se calfeutrer** → S'ENFERMER.

calibre ① → FUSIL, REVOLVER. ② → DIMENSION. ③ *Un sportif de ce calibre* : → CLASSE II. *Des arguments de ce calibre* : → NATURE.

calibrer → TRIER.

calice → COUPE II.

calicot → BANDEROLE.

califourchon (à) *Il aime s'asseoir à califourchon sur une chaise* : **à cheval.**

câlin → AIMANT, TENDRE II.

câliner → CARESSER.

câlinerie → CARESSE.

calisson → BONBON.

calleux → RUGUEUX.

call-girl → PROSTITUÉE.

calligraphie → ÉCRITURE.

calligraphier → ÉCRIRE.

calmant ① [adj.] *Un médicament calmant* : [en partic.] **antidouleur.** *Une crème calmante* : → ADOUCISSANT. ② [n.m.] *Il ne dort qu'avec des calmants* : [techn.] **sédatif, somnifère, tranquillisant, analgésique, antispasmodique** (qui s'emploient selon la nature du calmant) ♦ [pl., fam.] **drogues.**

calmar → SEICHE.

calme

I [adj.] ① [qqch est ~] *Ils menaient une vie très calme à la campagne* : **paisible, tranquille** ♦ [fam.] **pépère, peinard, de père peinard** ♦ **serein** (qui se dit le plus souvent du temps, de la qualité de l'air) ; → DOUX. *Des eaux calmes* : → DORMANT. ② [qqn est ~] *C'était une personne très calme* : **placide** ♦ **serein, paisible, pacifique** (qui sont le contraire de *agressif*) ♦ **détendu,** [fam.] **cool, zen, décontracté, relaxé,** [abrév. fam.] **relax** (qui sont le contraire de *nerveux, agité*) ; → PONDÉRÉ, PHILOSOPHE, POSÉ, GARDER LA TÊTE* FROIDE, DISTANT, IMPASSIBLE.

II [n.m.] ① *Absence d'agitation de la mer* : **bonace** ♦ **accalmie** (= calme provisoire). *Après les soldes, c'est le calme dans le commerce* : ↑ **stagnation, ralentir** (*les affaires ralentissent*). ② [génér.] *Il vous faut vivre dans le calme* : **tranquillité, quiétude** ♦ **paix, sérénité** (qui se disent surtout d'un état intérieur) ; → SILENCE, SOMMEIL. ③ *Il perdait facilement son calme* (= maîtrise de soi) : **assurance, sang-froid, contrôle de soi** ; → S'IMPATIENTER, MAÎTRISE, PONDÉRATION. ④ *Le patient a pu goûter un moment de calme* : **apaisement, rémission, soulagement.**

◇ **calmer** *Ce verbe peut recevoir beaucoup de syn., dont le plus génér.* : **apaiser** ; → LÉNIFIER. *Calmer qqn* : → ADOUCIR. *Calmer la soif, la faim* : → ASSOUVIR, SATISFAIRE. *Calmer une révolte* : ↑ **venir à bout de, mater.** *Calmer une douleur* : → SOULAGER.

◇ **se calmer** *Qqn se calme* : → S'ADOUCIR, SE MODÉRER, SE RANGER, SE TAIRE. *Le vent se calme* : → TOMBER II. *La mer se calme* : → S'APAISER.

calmement *De façon* **calme*** ; → POSÉMENT, SAGEMENT.

calmer → CALME.

calomniateur → MÉDISANT, CORBEAU.

calomnie → MÉDISANCE.

calomnier → MÉDIRE, SALIR, DISCRÉDITER.

calomnieux → MÉDISANT.

calotin → BIGOT.

calotte → GIFLE.

calotter → GIFLER.

calquer → COPIER.

calter (se) → FUIR, PARTIR I.

calvados → ALCOOL.

calvaire → CROIX, SUPPLICE.

camarade → AMI, COMPAGNON.

camaraderie → ENTENTE, SOLIDARITÉ.

camarilla → COTERIE.

cambrer (se) → BOMBER.

cambriolage → VOL II.

cambrioler → VOLER II.

cambrioleur → VOLEUR.

cambrousse → CAMPAGNE I.

cambrure → COURBE II.

cambuse → HABITATION.

came → DROGUE.

camé → DROGUÉ.

camelote *C'est de la camelote. Quelle camelote !* (= mauvaise qualité d'une marchandise) : [fam.] **cochonnerie, toc** ◆ [très fam.] **saloperie** ; → MARCHANDISE, MERDE*.

camer (se) → SE DROGUER.

caméra : **Caméscope** (= caméra numérique).

caméeriste → SERVANTE.

camion *Il circule de plus en plus de camions* : ↑ **poids lourd, semi-remorque**

◆ [fam.] **gros-cul, bahut** ◆ ↓ **camionnette** (= petit camion).

◇ **camionneur** *Son père est camionneur* : **transporteur routier**, [plus cour.] **routier** (= celui qui fait de grands trajets).

camionner → TRANSPORTER I.

camionnette, camionneur → CAMION.

camouflage → DÉGUISEMENT.

camoufler → CACHER, DÉGUISER, MAQUILLER, MASQUER.

camouflet → OFFENSE.

camp ① *Les soldats avaient installé leur camp dans une vaste prairie* (= terrain où une armée dresse des tentes ou construit des baraquements pour s'y loger ou s'y retrancher) : **campement** ◆ **cantonnement** (= tout lieu habité dans lequel des troupes s'installent temporairement) ◆ **quartier*** (qui désigne aussi bien l'emplacement où une troupe a établi un camp que le cantonnement où elle s'est logée) ◆ **bivouac** (= campement provisoire et en plein air établi de jour ou de nuit, le plus souvent pour prendre du repos). ② *Son père est mort dans les camps* : **camp de concentration** ◆ **goulag** (qui désignait les camps soviétiques). ③ *Dans quel camp êtes-vous ?* : → PARTI I. ④ *Ficher, foutre le camp* : → PARTIR I, ALLER SE PROMENER.

campagnard ① [adj.] *La vie campagnarde comblait son besoin de solitude et de silence* : [plus sout.] **champêtre, rustique** ◆ [par opp. à urbain] **rural** (qui prend un sens juridique et économique) ◆ [litt. ou iron.] **agreste, bucolique, pastoral** ; → AGRICOLE. ② [péj.] *Sa façon de s'habiller, de marcher, de vous saluer, tout chez lui était campagnard* : **paysan** ; → BALOURD. ③ [n.] → PAYSAN, PROPRIÉTAIRE TERRIEN*.

campagne

I *Ils vivent à la campagne* : [fam., péj.] **cambrousse** ◆ **champs, terre** (qui ne s'emploient guère par rapport au travail de la terre : *les métiers, les travaux des champs* ; *les travaux de la campagne, de la terre*) ; → CULTURE I. *Partie de campagne* : [cour.] **pique-nique** ◆ [plus génér.] **excursion.**

Battre la campagne : → DÉRAISONNER.

II ① *Les campagnes de Napoléon en Égypte* : **expédition.** *Des troupes en campagne* : **au combat.** ② *Campagne de publicité, campagne électorale* : → OPÉRATION II.

campane → CLOCHE I.

campanile → CLOCHER I, TOUR I.

camper [de camp] *Les soldats ont campé dans cette prairie* : **bivouaquer, se cantonner, prendre ses quartiers ;** → SÉJOURNER.

◇ **se camper** *Il se campa devant lui et le regarda droit dans les yeux* : **se dresser, se planter.**

camping-car → ROULOTTE.

camus *Se dit d'un nez court et plat* : **aplati, écrasé** (qui s'emploient dans des contextes plus nombreux) ◆ **épaté** (qui se dit d'un nez court et large à la base).

canaille → COQUIN, VAURIEN.

canaillerie → MALHONNÊTETÉ.

canal

I ① Rivière artificielle ; en ce sens, n'a pas de syn. Le **bief** est une portion de canal entre deux écluses. ② Bras de mer resserré entre deux terres (s'emploie dans quelques noms géographiques) : [plus génér.] **détroit.** ③ Un **chenal** (doublet étymologique de *canal*) est un canal naturel ou artificiel qui se trouve à l'entrée d'un port. ④ Une **passe** est un lieu ouvert à la navigation entre des écueils, des bancs de sable (on dit parfois aussi en ce sens **chenal**) ; → COURS D'EAU.

II ① [en termes de communication] En télévision, une **chaîne** est diffusée sur un *canal* ; les deux termes sont parfois pris l'un pour l'autre. ② *Par le canal de. Nous avons appris la nouvelle par le canal de son directeur* (suivie d'un nom de personne, cette locution appartient au jargon administratif ; on la remplacera avantageusement) : **par l'intermédiaire, par l'entremise de** (qui ne conviennent pas lorsque l'expression renvoie précisément à l'idée de *canal* : *nous avons appris la nouvelle par le canal de la radio*).

canalisation Tuyauterie destinée à la circulation d'un fluide, d'une énergie : [plus partic.] **conduite*, tuyau, tuyauterie** ◆ **pipe-line** (= canalisation de transport du pétrole) ◆ **égout, tout-à-l'égout** (= canalisation qui évacue les eaux usées).

canaliser → ENDIGUER.

canapé *Ils ont acheté un nouveau canapé* : **divan** (qui n'a ni dossier ni bras) ◆ **sofa** (= lit de repos à trois appuis, dont on se sert aussi comme siège) ; → TÊTE-À-TÊTE.

canard ① → JOURNAL. ② → FAUX I.

canarder → TIRER III.

canari → SERIN.

canasson → CHEVAL.

cancan → BAVARDAGE, MÉDISANCE, CONTE, POTIN II, RACONTAR.

cancaner → MÉDIRE.

cancanier → BAVARD.

cancer → TUMEUR. [par métaph.] → LÈPRE.

cancre → PARESSEUX.

cancrelat → CAFARD I.

candélabre → CHANDELIER.

candeur ① [non péj.] *La candeur de l'enfance* (= état de qqn qui ne soupçonne pas l'existence du mal) : **ingénuité, pureté, naïveté, innocence.** ② [péj.] *Il est d'une candeur incroyable !* (= absence de discernement) : **angélisme, ingénuité, naïveté, crédulité ;** → BÊTISE.

◇ **candide** ① [de candeur ①] : **ingénu, pur, naïf, innocent ;** → CHASTE, CONFIANT, JEUNE I. ② [de candeur ②] : **naïf, crédule, niais ;** → SIMPLE, SOT.

candidat → CONCURRENT, POSTULANT.

candide → CANDEUR.

candidement De façon **candide***, avec **candeur*.**

caner → RECULER.

canevas *Il travaillait au canevas de son discours* : **ébauche, plan, esquisse, avant-projet, brouillon ;** → MODÈLE, PROJET, SCÉNARIO.

caniculaire → CHAUD.

canicule *Il fait plus de 30 °C à l'ombre. Quelle canicule !* (= période de très forte chaleur) : ↓ **chaleur*** ◆ ↑ **fournaise** (qui ne convient pas en tous contextes).

canif → COUTEAU.

canine → DENT.

caniveau → RIGOLE.

canne → BÂTON I.

cannelure → RAINURE.

cannibale → ANTHROPOPHAGE.

cannibalisme → ANTHROPOPHAGIE.

canon → FEMME.

canonique *Âge canonique* : → RESPECTABLE.

canoniser Dans la théologie catholique, c'est, selon une procédure définie, admettre au nombre des saints : ↓ **béatifier** (= admettre parmi les bienheureux reconnus par l'Église).
◇ **canonisation** : **béatification.**

canonnade → VOLÉE.

canonner *La ville est canonnée depuis ce matin* : [plus génér.] **bombarder** ◆ ↑ **pilonner, arroser.**
◇ **canonnage** : **bombardement, pilonnage.**

canot → EMBARCATION.

cantatrice → CHANTEUR.

cantilène → MÉLODIE, ROMANCE.

cantine ① → MALLE. ② → RÉFECTOIRE, RESTAURANT.

cantique Chant religieux en langue vivante, destiné à être chanté à l'église : **motet** (qui est composé sur des paroles latines) ◆ **psaume** (qui désigne, en partic., des cantiques composés sur certains poèmes bibliques) ◆ **hymne** (= cantique de louange) ; → CHANT.

cantonnement → CAMP.

cantonner → LIMITER.
◇ **se cantonner** ① → CAMPER I. ② → SE LIMITER, S'ENFERMER.

canulant → TUANT.

canular ① *Les élèves des classes supérieures avaient monté cette année-là un énorme canular* [jargon étudiant] : [cour.] **mystification ;** → PLAISANTERIE. ② *On prétend que nos salaires seront augmentés, mais c'est un canular* [fam.] : [plus cour.] **faux bruit, blague, fausse nouvelle ;** → ATTRAPE, CONTE.

canuler → ENNUYER.

canyon → COL II.

cap
I ① [terme de géographie] *Le cap de Bonne-Espérance* : ↓ **pointe,** [plus rare] **bec** (qui se disent d'une petite avancée de terre dans la mer) ◆ **promontoire** (= pointe de hauteur élevée). ② *Changer de cap* : **direction.** *Doubler le cap* : → DÉPASSER. *Mettre le cap sur* : **se diriger vers.**

II *De pied en cap. Habillé, armé de pied en cap* : **des pieds à la tête** (qui a le même sens, mais n'entre pas dans les mêmes contextes : *être armé de pied en cap, être couvert de boutons des pieds à la tête*).

capable ① *C'est un homme capable* : → ADROIT, COMPÉTENT. ② [qqn est ~ de] *Cet élève est capable de bien faire* (= qui a la possibilité de) : [plus rare] **à même de, apte à ;** → ÉTAT I, FICHU I, HOMME, POUVOIR I, SAVOIR I, TAILLE. ③ [qqch est ~ de] *C'est un événement capable de vous bouleverser* (= qui a le pouvoir de) : **propre à, susceptible de, qui peut.**

capacité
I ① [en parlant le plus souvent de qqch] *Son usine a doublé en cinq ans sa capacité de production* : **force, puissance,** [plus rare] **faculté.** ② [en parlant de qqn] *Sa capacité dans ce domaine lui a valu une renommée internationale* (= qualité de qqn dans

cape

tel ou tel domaine) : [souvent pl.] **aptitude** ◆ [en partic.] **compétence, valeur,
habileté, adresse*** ◆ ↑ **talent** ◆ ↑ **génie ;**
→ POUVOIR I et II, FACILITÉ, QUALITÉ. ③ [pl.]
Doutez-vous de ses capacités ? (= savoir-
faire général de qqn) : **moyens*, possibilités ;** → BAGAGE, DON.
II → CONTENANCE, VOLUME II.

cape → MANTEAU, ROBE.

capharnaüm → DÉSORDRE.

capillaire → VAISSEAU I.

capilotade (en) → MARMELADE.

capitaine → CHEF. *Capitaine d'industrie :*
→ INDUSTRIEL.

capital

I [adj.] *Dans un tournoi de bridge, l'attention est capitale. Une découverte capitale :* **fondamental, primordial, décisif**
◆ ↓ **important ;** → PRINCIPAL, PREMIER II.
*Les révolutions capitales de la biologie
moderne :* **copernicien.** *Voici l'œuvre capitale de Renoir :* **majeur** ◆ **le chef-d'œuvre.**
Peine capitale : → MORT I.
II [n.m.] ① [sing.] *La bibliothèque fait
partie du capital culturel de la ville* (= ensemble des biens culturels, intellectuels,
moraux d'une communauté) : **trésor,
patrimoine.** ② [sing. ou pl.] *Il a placé tout
son capital, tous ses capitaux dans des terrains à bâtir* (= ensemble de l'argent que
l'on possède) : **fortune, avoir ;** → ARGENT,
RICHESSE, BIENS.

capitale → VILLE.

capitaliser → AMASSER.

capitaliste → FINANCIER, RICHE.

capiteux → ENIVRANT.

capiton, capitonnage → REMBOUR-
RAGE.

capitonner → REMBOURRER.

capitulation ① *Nos troupes sont
vaincues, nous sommes contraints à la capitulation :* **reddition** (qui désigne aussi le
fait de devoir rendre à l'ennemi une place

forte, une ville assiégée). ② → ABANDON I,
ABDICATION.

capituler ① → POSER* LES ARMES,
ABDIQUER, SE RENDRE, SE SOUMETTRE.
② → ABANDONNER I, RENONCER.

caporalisme → TYRANNIE.

capote ① → MANTEAU. ② → PRÉSERVATIF.

capoter → CULBUTER, SE RENVERSER,
VERSER I.

caprice ① *Ne cédez pas toujours à ses
caprices !* : [plus fam.] **coup de tête, lubie**
◆ [sing., sout.] **bon plaisir** ◆ [plus partic.]
saute d'humeur ◆ ↑ **foucade, extravagance ;** → COMÉDIE, FANTAISIE. *Faire des
caprices :* → CAPRICIEUX. ② *Il dit qu'il
l'aime profondément, mais, en fait, ce
n'est qu'un caprice :* **passade,** [sout.]
bluette ◆ [fam.] **toquade, béguin.** *Il ne
connaît pas l'amour : il ne recherche que les
caprices :* **amourette** ◆ [plus cour. auj.] **flirt ;**
→ AVENTURE, IDYLLE.

◇ **capricieux** ① [qqn est ~] *Il est si capricieux qu'on ne sait jamais quelles seront
ses réactions :* **fantasque, lunatique**
◆ **changeant, versatile, inconstant** (qui
s'emploient surtout pour les opinions, le
caractère de qqn) ◆ [fam.] **braque** (= un
peu fou et capricieux dans ses façons de
réagir) ◆ **inégal** (qui est toujours précédé
d'un terme comme *humeur, caractère*)
◆ **léger* I, volage** (qui s'emploient en
partic. pour l'amour) ◆ [sout.] **inconstant**
◆ [express. fam.] **se conduire en enfant gâté,
faire des caprices** (= être très capricieux) ;
→ RÉTIF, BIZARRE. ② [qqch est ~] *Il était soumis à la destinée capricieuse des marins :*
changeant ◆ [rare] **inconstant, ondoyant**
◆ **instable, irrégulier, variable** (surtout en
parlant du temps) ; → BIZARRE.

caprin → CHÈVRE.

capter ① *Impossible de parvenir à capter
son attention :* ↓ **attirer** ◆ **retenir, gagner,
conquérir, tenir** ◆ ↑ **captiver.** ② *Nous
avons capté un message de l'ennemi :* **intercepter, surprendre*.**

captieux → TROMPEUR, SÉDUISANT.

captif → PRISONNIER.

captivant → INTÉRESSANT, PASSIONNANT.

captiver → CONQUÉRIR, INTÉRESSER, SAISIR I, PASSIONNER, FASCINER, RAVIR.

captivité → EMPRISONNEMENT.

capture *La pêche a été bonne, j'ai fait une belle capture* : **prise** ; → BUTIN, RAPINE. *La capture d'un trafiquant* : **arrestation.**

capturer → ARRÊTER II, PRENDRE I.

capuche *Elle portait un manteau avec une capuche* : **capuchon** (qui s'emploie aussi pour désigner le vêtement entier).

caquet *Rabattre le caquet à qqn* [fam.] : **clouer le bec, moucher** ◆ [cour.] **faire taire.**

caquetage → BAVARDAGE.

caqueter → BAVARDER.

car

I [conj.] → PARCE QUE.

II [n.m.] → AUTOBUS.

carabin → MÉDECIN.

carabine → FUSIL.

carabiné → FORT II, SOIGNÉ.

caractère

I ① [~ de qqn] *Que voulez-vous, c'est son caractère !* : **tempérament, façon d'être** ◆ [plus génér.] **personnalité** ; → NATURE, NATUREL. *Quel mauvais caractère !* : → HUMEUR. *Avoir bon caractère* : → COMPOSITION. *Pour vaincre, il lui a fallu du caractère* : **ténacité, opiniâtreté** ; → ÉNERGIE, VOLONTÉ. *Caractère changeant* : → INCONSTANCE. ② [~ d'une communauté] *L'insouciance fait-elle partie du caractère latin ?* : **génie, âme** ◆ **mœurs** (= façons de faire). *Les caractères propres forment les* **particularismes** ; → TYPE I, ORIGINALITÉ. ③ [~ de qqch] *Cette armoire a beaucoup de caractère* : **cachet, style** ◆ [fam.] **gueule** ◆ **personnalité** (qui s'emploie si la chose peut être personnalisée) ; → ALLURE. ④ [~ de qqch] *Quels sont les caractères principaux de cette église ?* : **caractéristique, trait, signe distinctif** ; → SIGNE, PHYSIONOMIE, QUALITÉ.

II *Un passage imprimé en caractères gras* : **lettre** (qui ne se dit que des caractères de l'alphabet).

caractériel ① [adj. et n. ; qqn est ~] : ↓ **instable, agité, émotif** ◆ ↑ **névrosé, névropathe, déséquilibré** (qui évoquent davantage des troubles psychiques) ◆ [plus génér.] **inadapté, anormal,** [fam.] **qui a quelque chose.** ② [adj.] *Il est un peu caractériel* : **avoir mauvais caractère** ; → HUMEUR.

caractérisation *Ensemble des* **caractéristiques*** *de qqch* : [plus génér.] **définition.**

caractériser → DISTINGUER.

caractéristique ① [adj.] *Cette lumière très pure est caractéristique de la Touraine* : **typique de** ◆ **propre à, particulier*** **à, spécial, représentatif, spécifique** (qui supposent que seule la chose dont on parle possède telle ou telle qualité) ; → APPARTENIR, SYMPTOMATIQUE, NOTABLE. *Un exemple caractéristique* : **cas d'école.** ② [n.f.] *La caractéristique de ce véhicule est son moteur rotatif* (= trait propre à qqch) : **particularité, signe distinctif,** ↑ **spécificité, originalité** ; → CARACTÈRE I, DISTINCTION.

carafe ① → TÊTE. ② *En carafe* : → EN PANNE*, EN PLAN* V.

carafon → TÊTE.

carambolage → ACCIDENT.

caramboler (se) → SE HEURTER.

caramel → BONBON.

carapace → PROTECTION.

carapater (se) → FUIR, PARTIR I.

caravane → ROULOTTE.

carboniser → BRÛLER.

carburant → ESSENCE I.

carburer ① → BOIRE. ② → RÉFLÉCHIR I.

carcan → CONTRAINTE, ESCLAVAGE.

carcasse ① *Il y avait dans le désert des carcasses d'animaux morts* (= charpente osseuse d'un animal mort et dépouillé de ses chairs) : **squelette** (qui se dit aussi en ce sens d'un humain) ◆ **ossature** (qui se dit d'un humain ou d'un animal vivants). ② *La carcasse d'un immeuble* : **charpente**. *La carcasse d'un abat-jour* : **armature**. *La carcasse d'un bateau, d'une voiture* : **coque** (qui ne se dit que d'un bateau) ◆ **châssis** (qui ne se dit que d'une voiture).

cardiaque → CŒUR I.

cardigan → VESTE.

cardinal → PRINCIPAL I, DIGNITAIRE.

carence → INSUFFISANCE, MANQUE.

caressant → AIMANT, TENDRE II.

caresse *Après une longue absence, elle avait enfin retrouvé ses caresses* : ↑ **étreinte** ◆ [plus partic.] **baiser*** ◆ [au sens de caresses sexuelles] **attouchement**, [fam.] **pelotage, papouilles** ◆ [surtout pl.] **câlinerie, cajolerie, chatterie**, [fam.] **mamours** (qui impliquent une affection qui se manifeste aussi bien par des attouchements que par des paroles). Ces derniers termes, de même que **flatterie**, s'emploient aussi pour désigner l'action d'amadouer qqn par des paroles aimables : [souvent péj. dans ce sens] → CONTACT.

◇ **caresser** ① [de caresse] : **étreindre, enlacer*, câliner, cajoler, flatter*** ; → CHATOUILLER, EFFLEURER. ② Au sens plus partic. de caresses sexuelles : ↓ **toucher, peloter** ◆ [fam.] **tripoter, passer la main**. ③ *Nous caressons le projet de vous rendre visite* : **nourrir** ◆ [plus génér.] **entretenir** ◆ [plus partic.] **ressasser** (= ne cesser de penser à qqch, de façon obsessionnelle) ; → PENSER III.

cargaison ① *Ce bateau emporte une cargaison de produits manufacturés* (= marchandises chargées sur un bateau) : **fret** (qui peut s'employer absolt) ◆ [plus génér.] **chargement** ; → CHARGE. ② *Il a chez lui une cargaison de romans policiers* [fam.] : **flopée** ◆ [plus fam.] **tapée** ◆ [cour.] **réserve, provision, masse** ; → QUANTITÉ.

caricatural → CARICATURE.

caricature ① *Vous dites que c'est mon portrait ? C'est une caricature !* : ↓ **charge** ;

→ PORTRAIT, IMITATION. ② *Votre justice n'est qu'une caricature de la justice* : **parodie, simulacre, contrefaçon** ; → IMITATION.

◇ **caricaturer** *Dans cette affaire, la justice a été caricaturée !* : **contrefaire, parodier, tourner en ridicule** ◆ ↑ **bafouer** ; → IMITER. *Vous avez caricaturé l'événement !* : ↓ **déformer**, ↑ **falsifier***.

◇ **caricatural** *Votre attitude est caricaturale !* : **grotesque, ridicule** ◆ ↓ **exagéré*** ◆ **primaire, simpliste*** ; → COMIQUE.

caricaturiste → DESSINATEUR.

carié → GÂTÉ.

carier → ABÎMER.

carillon ① → CLOCHE I. ② → TINTEMENT.

carillonner → SONNER.

caritatif → ASSOCIATIF.

carmin → ROUGE II.

carnage ① *Il reste hanté par les carnages de la guerre* : **boucherie, hécatombe, massacre, tuerie** (qui sont des termes difficiles à distinguer ; signalons que *hécatombe* est d'emploi plus rare et implique l'idée d'un très grand nombre de victimes et que *boucherie, tuerie* sont plus fam. et ne s'emploient guère au pl.). ② → SACCAGE.

carnassier → CARNIVORE.

carnassière → GIBECIÈRE, SAC I.

carnation → COULEUR, TEINT.

carne → CHEVAL.

carnet *Notez cette adresse sur votre carnet !* : **calepin** (= petit carnet de poche) ◆ **bloc-notes** (= carnet à feuilles détachables) ; → BULLETIN, CALENDRIER.

carnier → GIBECIÈRE.

carnivore *L'homme et le chien sont carnivores* (= qui, en plus d'autres aliments, se nourrit de viande crue ou cuite) : **carnassier** (qui se dit de l'animal qui se nourrit exclusivement de viande crue : *le tigre est carnassier*).

carotter → VOLER II.

carpette → TAPIS.

carré

I [n.m.] **1** S'emploie pour désigner qqch qui a la forme d'un carré. *Un carré de tissu* : → FICHU. *Les carrés d'un jeu de dames* : **case.** *Cultiver un carré de radis* : **planche** ♦ [partic.] **couche** (= carré de terre et de fumier destiné à recevoir les semis, ou certaines plantes). **2** → ÉCOLIER.

II [adj.] → LOYAL.

carreau **1** Pavé plat destiné au revêtement des sols ou des murs : **pavé, dalle** (qui ne s'appliquent généralement qu'aux sols) ♦ **carrelage** (qui désigne l'ensemble d'un revêtement de sol ou de mur en carreaux). **2** *Je viens de casser un carreau* : [terme techn.] **vitre** ♦ **glace** (qui désigne une vitre épaisse, qui peut être non de grande surface : *les glaces d'une devanture, d'une automobile*). **3** *Rester sur le carreau* : → ÉLIMINER. **4** *Un tissu à carreaux* : [en partic.] **écossais, vichy.** *Une feuille à petits, à grands carreaux* : **quadrillé** (*une feuille quadrillée*). *Se tenir à carreau* : **sur ses gardes*.**

carrée → PIÈCE I.

carrefour *Les trois routes se croisent au carrefour* : **rond-point** (= carrefour important aménagé de façon circulaire) ♦ **croisement** (= intersection de deux routes, deux rues) ♦ **embranchement** (= point de jonction de deux routes) ♦ **croisée** (qui s'emploie en parlant de l'intersection de deux chemins, au sens concret et abstrait : *nous étions à la croisée des chemins*) ♦ **bifurcation,** [plus fam., vieilli] **fourche** (= endroit où une route se divise en deux) ♦ **patte-d'oie,** [moins employé] **étoile** (qui se disent d'un carrefour d'où partent plusieurs routes) ; → GIRATOIRE.

carrément → FRANCHEMENT, LIBREMENT, SINCÈREMENT.

carrière

I Selon le minéral extrait d'une *carrière*, on parle d'une **sablière,** d'une **ardoisière,** d'une **marbrière.**

II *Quelle carrière envisagez-vous ?* : → AVENIR, PROFESSION. *Une belle carrière* :

→ PARCOURS. *Un militaire de carrière* : **professionnel.** *Il est en fin de carrière* : **recevoir, avoir son bâton de maréchal** (qui se dit de la dernière étape qui consacre une carrière). *Avoir comme but essentiel de réussir sa carrière, c'est être* **carriériste** ; → AMBITIEUX.

carriérisme → AMBITION.

carriériste → CARRIÈRE, AMBITIEUX.

carriole → CHARRETTE.

carrossable *Par ce mauvais temps, le chemin ne sera guère carrossable* (= où l'on peut circuler en voiture) : [plus génér.] **praticable** (qui n'implique pas que l'on se déplace avec un véhicule).

carrure → CLASSE II, TAILLE I.

cartable → SAC I.

carte

I [~ à jouer] *Jouer sa dernière carte* : **atout** ♦ **courir sa chance*** ♦ ↑ **jouer son va-tout, le tout pour le tout.** *Jouer la carte de* : *le ministère joue la carte de l'expansion* : **miser sur, parier sur** ; → CHOISIR. *Brouiller les cartes* : → COMPLIQUER. *Jouer cartes sur table* : → FRANC II. *Avoir carte blanche* : → POUVOIR II.

II [~ de géographie] : **atlas** (= ensemble de cartes) ♦ **mappemonde, planisphère** (= carte universelle, la première sur une sphère, la seconde en projection plane) ; → PLAN V.

III → MENU.

cartel → ASSOCIATION, SOCIÉTÉ II.

cartésien → LOGIQUE.

cartomancie → DIVINATION.

cartomancienne → DEVIN, VOYANT.

carton **1** *Faire un carton* : **cartonner,** [cour.] **réussir*.** **2** → CAISSE, EMBALLAGE. **3** → MODÈLE, PROJET.

cartonner → CARTON.

cartoon [anglic.] : **dessin animé.**

cartouche **1** *Combien vous reste-t-il de cartouches ?* : **balle** (qui ne se dit que d'une cartouche chargée à balle). *Il a tiré sa dernière cartouche* : → RECOURS. ② *Donnez-moi quelques cartouches d'encre* : [plus génér.] **recharge**.

cas ① D'emploi très général, ce terme entre dans un grand nombre de contextes avec lesquels varient ses synonymes. *En pareil cas, je me garderais de prendre parti* : **circonstance**, [rare] **occasion** ; → OCCURRENCE. *Avez-vous envisagé le cas d'une maladie ?* : **hypothèse**, **éventualité**, **possibilité**. *Étudions le cas d'une personne démunie de papiers* : **exemple** ; → SITUATION. *Selon les cas, il faudra sévir ou pardonner* : **circonstances**. *En aucun cas nous ne pourrons répondre à vos exigences* : **en aucune façon, en aucune manière** ♦ **quoi qu'il arrive, sous aucun prétexte*** ; → PRIX I. *En tout cas, nous irons vous voir* : **de toute façon** ♦ [sout.] **quoi qu'il en soit** ; → EN ATTENDANT. *Au cas où vous souhaiteriez nous voir, nous serons là dimanche* : **si jamais** (*si jamais vous souhaitiez...*) ; → SI II. *En ce cas, nous abandonnerons* : **dans ces conditions** ; → ALORS. *Faire grand cas de* : → ESTIMER I. *Faire peu de cas de* : → BON MARCHÉ* II. ② *Cet homme, c'est vraiment un cas !* : **problème**. *Cette affaire, c'est un cas !* : [fam.] **sac de nœuds**. *J'ai exposé mon cas au directeur* : **problème, situation***.

casanier Se dit de celui qui aime rester chez lui [assez péj.] : [génér.] **sédentaire*** (*population sédentaire*, contexte où *casanier* ne convient pas) ♦ [fam., péj.] **pantouflard** ♦ [fam., péj.] **pot-au-feu** (qui se dit d'une femme qui s'enferme dans des habitudes ménagères).

casaque *En dépit de ses promesses, il a tourné casaque* : **retourner sa veste*** ♦ [cour.] **changer d'opinion** ; → CHANGEMENT.

cascade ① → CHUTE II. ② → SÉRIE.

cascatelle → CHUTE II.

case ① → CABANE. ② → COMPARTIMENT. ③ *Il lui manque une case* [fam.] : [cour.] **fou*** (*il est fou*).

casemate → ABRI.

caser ① [~ qqch] → METTRE, NICHER, DISPOSER, PLACER, LOGER II. ② [~ qqn] → ÉTABLIR.

cash *Il m'a payé cash* [fam.] (= payer immédiatement et en argent liquide) : [cour.] **comptant** ♦ **rubis sur l'ongle** (= complètement et au moment précis).

casquer → PAYER.

cassant → ABSOLU II, SEC II, TRANCHANT II.

cassation → ANNULATION.

casse ① → DOMMAGE. ② → VOL II.

cassé → COURBE I.

casse-cou → HARDI, IMPRUDENT.

casse-croûte → EN-CAS, SANDWICH, COLLATION.

casse-gueule → HASARDEUX, DIFFICILE, HARDI.

casse-pieds → COLLANT, GÊNEUR.

casse-pipe → GUERRE.

casser

I ① [qqn ~ qqch] Mettre en morceaux, sous l'action d'un coup ou d'un choc. *Casser une vitre, la glace pour se frayer un chemin* : **briser** ♦ [en partic.] ↑ **fracturer** (*fracturer la porte d'un immeuble*). *La tempête a cassé des arbres* : ↑ **fracasser** ♦ **détruire**, ↑ **mettre en pièces***. *Casser un vase* : ↓ **fêler** ; → ABÎMER, BROYER. *Casser une organisation, un parti* : **disloquer, détruire, démembrer**. ② [fam.] *À tout casser* : → AU MAXIMUM. *Ils ont fait une fête à tout casser* : **du tonnerre de Dieu** ♦ [cour.] **extraordinaire***. *Casser les pieds, la tête* : → ENNUYER. *Casser la croûte* : **graine** ; → MANGER. ③ [~ qqn] *Il a été cassé pour faute professionnelle* : **dégrader, démettre de ses fonctions** ; → DESTITUER. ④ *Le jugement a été cassé en appel* : → ANNULER.

II [v. pr. ou v.i.] *Les branches de prunier cassent, se cassent facilement* : ↓ **céder** ♦ [plus sout.] **se rompre*, se briser** ; → LÂCHER, PÉTER.

◊ **se casser** ① *Se casser la jambe :* [plus sout.] **se fracturer.** *Se casser la figure :* → TOMBER I. *Se casser la tête :* → SE CREUSER. ② *Se casser :* → PARTIR.

casserole → CUISINE.

casse-tête → PROBLÈME.

casseur → DUR.

cassis
① → RIGOLE. ② → TÊTE. ③ → LIQUEUR.

cassure ① *La cassure est nette ; pourtant c'est de l'acier :* **brisure** ♦ ↓ **fêlure, fissure** ♦ ↑ **fracture.** ② *Rien ne va plus entre eux : c'est la cassure :* **rupture, séparation** ♦ ↑ **abîme** (*un abîme les sépare*)*. Cassure sociale :* **fracture** ; → DIVISION.

caste → COTERIE.

castel → CHÂTEAU.

castrat → CASTRER.

castrer : [cour.] **châtrer** ♦ [didact.] **émasculer** (qui ne se dit que pour le mâle), [fam.] **couper** ♦ [par euph.] **mutiler** ♦ [plus génér.] **stériliser.**
◊ **castrat** *Homme castré :* [cour.] **eunuque.**
◊ **castration** [de castrer] : **émasculation, stérilisation.**

casuel → ACCIDENTEL.

casuistique → SUBTILITÉ.

cataclysme → SÉISME.

catacombe → CIMETIÈRE.

catafalque → ESTRADE FUNÈBRE*.

catalepsie → HYPNOSE.

catalogue *Donnez-moi le catalogue de votre librairie :* [emploi plus limité] **répertoire** (= liste où les matières sont classées logiquement, sans accompagnement de détails, d'illustrations) ; → LISTE, DÉNOMBREMENT, NOMENCLATURE.

cataloguer → JUGER II, CLASSER.

cataplasme → SINAPISME.

catapulter ① → LANCER I. ② → PLACER.

cataracte ① → CHUTE II. ② *Tomber des cataractes :* → DILUVIEN.

catarrhe → RHUME.

catastrophe ① *L'épidémie s'étend : elle prend maintenant les proportions d'une véritable catastrophe :* **désastre, calamité, drame, tragédie** (qui se disent du malheur qui s'abat aussi bien sur un individu que sur une population) ♦ ↑ **apocalypse** ♦ **fléau** (qui ne se dit guère qu'en parlant d'un malheur public : *le fléau de la malnutrition*) ♦ [fam.] **cata, tuile*** ; → MALHEUR, SINISTRE II. ② *Une catastrophe aérienne :* → ACCIDENT. ③ *Être au bord de la catastrophe :* → ABÎME. ④ *En catastrophe :* → VITE.
◊ **catastrophique** ① *Une épidémie catastrophique :* **désastreux, dramatique, tragique*,** ↑ **apocalyptique** ; → ABOMINABLE. ② *Ses résultats en classe sont catastrophiques :* **désastreux, lamentable, déplorable,** [sout.] **calamiteux** ♦ ↓ **mauvais** ; → ATTRISTANT.

catastropher → ATTRISTER.

catastrophique → CATASTROPHE.

catastrophisme → PESSIMISME.

catéchèse, catéchiser → CATÉCHISME.

catéchisme ① *Vos enfants vont-ils au catéchisme ?* (= instruction chrétienne des enfants) : [fam.] **caté** ♦ **catéchèse** (= instruction chrétienne en général, dispensée aussi bien à des enfants qu'à des adolescents ou à des adultes) ♦ [plus génér.] **enseignement religieux.** ② *Le catéchisme d'un parti politique :* **article de foi, dogme, évangile.**
◊ **catéchiser** *S'il entre dans ce parti, il va se faire catéchiser* [péj.] : [cour.] **endoctriner*.**

catégorie → CLASSE I, RANG II, SÉRIE.

catégoriel *Des revendications catégorielles :* **corporatif.**

catégorique ① [qqch est ~] *Il a manifesté une opposition catégorique à notre projet* (= qui n'admet aucune équivoque, aucune discussion) : **formel, total** ; → ABSOLU II.

Des paroles, des propos catégoriques :
↓ **net** ◆ **décisif, concluant*, péremptoire** ;
→ TRANCHÉ. ② [qqn est ~] *Il a été catégorique : vous ne devez pas bouger d'ici*
(= dont l'avis est sans appel) : **formel** ;
→ AFFIRMATIF.

catégoriquement → AFFIRMATIVEMENT,
RIGOUREUSEMENT.

cathédrale → ÉGLISE.

cathéter → SONDE.

catholique ① → CHRÉTIEN. ② *Pas catholique :* → AMBIGU.

catimini (en) → SECRÈTEMENT I.

catogan → RUBAN.

cauchemar ① → RÊVE. *Faire des cau-
chemars :* **cauchemarder.** ② → HORREUR,
TOURMENT.

cauchemarder → CAUCHEMAR.

cauchemardesque → EFFRAYANT.

causant → COMMUNICATIF, PARLANT.

cause
I ① *Le surmenage est la cause de sa
maladie* (= ce qui produit qqch) : **ori-
gine*, explication, source** ; → NAÎTRE,
AGENT I. ② *Nous ignorons la cause de son
départ* (= ce qui motive qqch) : **motif, rai-
son*, mobile** ◆ [plus fam.] **le pourquoi** (*le
pourquoi de qqch*) ; → OBJET. *En connaissance de cause :* → CONSCIEMMENT.

◇ **à cause de** *Nous avons échoué à cause
de ta maladresse, de ton frère, du mauvais
temps :* [uniquement pour les personnes] **par la
faute de** (*par la faute de ta maladresse, de
ton frère*) ◆ [pour les choses aussi] **en raison
de** (*en raison du mauvais temps*) ; → À
L'AIDE* DE.

◇ **pour cause de** → POUR.

II ① *L'avocat aura une cause difficile à
plaider* (= affaire pour laquelle qqn doit
paraître en justice) : [plus génér.] **affaire***
◆ [par méton.] **dossier.** ② *Être en cause. Son
honneur est en cause :* **en jeu, en question**
◆ [fam.] **mettre sur le tapis.** *Mettre en
cause :* **suspecter** ; → ACCUSER, PROCÈS.
Mettre hors de cause : → JUSTIFIER.

causer
I → AMENER, MOTIVER, OCCASIONNER,
PRODUIRE I.
II → PARLER.

causerie → CONFÉRENCE.

causette → CONVERSATION.

causeur ① [adj.] *Cet enfant n'est pas très
causeur :* [plus cour.] **bavard*.** ② [n.] *C'est
un brillant causeur :* **orateur*** (le plus
souvent : qui parle en public).

causeuse → TÊTE-À-TÊTE.

causse → PLATEAU.

causticité → MORDANT.

caustique → MORDANT, PIQUANT II, RAIL-
LEUR, SATIRIQUE.

cauteleux → MÉFIANT.

caution ① → APPUI, RÉPONDANT. *Donner
sa caution :* → GARANTIR. ② → DÉPÔT.
③ *Sujet à caution :* → CONTESTABLE.

cautionnement → DÉPÔT.

cautionner → COUVRIR, GARANTIR.

cavalcade → CHEVAUCHÉE.

cavalcader → CAVALER.

cavaler *Les enfants cavalent dans toute
la maison :* **cavalcader** ◆ [moins express.]
courir*.

◇ **se cavaler** → COURIR, FUIR.

cavaleur → COUREUR.

cavalier ① [en partic.] **écuyer** (= cavalier
de cirque), **jockey** (= cavalier de courses
hippiques). ② → DANSEUR, PARTENAIRE.
③ [adj.] → INSOLENT, LESTE, FAMILIER I.

cavalièrement *De façon cavalière :* **avec
insolence*, insolemment.**

cave ① *Il nous a fait visiter sa cave* (= local
souterrain) : **cellier** (local qui se trouve au
rez-de-chaussée) ◆ [techn.] **chai** (= lieu où
sont conservés les vins et les eaux-de-vie
en fûts ; ces termes ne peuvent ainsi s'employer l'un pour l'autre). ② *Ce restaurant
a une excellente cave :* [pl.] **vins.**

caveau → TOMBE.

caverne : grotte (= caverne de moindres dimensions ; ces deux termes se répartissent souvent de manière arbitraire : *les hommes des cavernes*, mais *les grottes de Lascaux*) ◆ [sout.] **antre** (qui comporte une idée de mystère et de danger) ; → EXCAVATION.

caverneux *Il fut impressionné par sa voix caverneuse* (= dont la sonorité est si grave qu'elle paraît sortir d'une caverne) : ↓ **grave** ◆ ↑ **sépulcral** ◆ **sinistre** (qui ajoute aux précédents une idée de terreur).

caviarder → EFFACER, SABRER.

caviste → SOMMELIER.

cavité Ne se dit qu'en parlant de qqch de dur, comme un rocher, un mur, une dent ; on ne parlera pas, par ex., d'une *cavité creusée dans la terre* : [plus génér., cour.] **trou***, **creux** ◆ **anfractuosité** (= cavité longue et sinueuse) ◆ **alvéole** (= cavité, généralement petite, semblable à celles que fait l'abeille) ; → ABÎME, EXCAVATION.

CB → RADIO I.

ceci a pour syn. plus cour. **cela** ; dans le français surveillé, *ceci* désigne l'objet proche, *cela* le plus lointain.

céder

I ① [absolt] *Je le connais : tant que vous ne l'aurez pas convaincu, il ne cédera pas* : ↑ **plier**, **capituler** ◆ **se soumettre** (qui implique que l'on se range à la volonté d'une autorité supérieure) ◆ **se résigner** (= céder à contrecœur) ; → ABANDONNER I, ABDIQUER, DÉSARMER, FLÉCHIR, OBÉIR, METTRE LES POUCES*. ② [~ à] *J'ai cédé à ses prières* : [sout.] **se rendre à** ◆ [sout.] **déférer à** (qui suppose égards et respect). *J'ai cédé à sa volonté* : [rare] ↓ **acquiescer** ; → PASSER II, SATISFAIRE, SUCCOMBER.

II *Céder un commerce* : → VENDRE. *Céder sa place* : → LAISSER.

III [qqch ~] *La douleur cède* : → S'APAISER. *La corde cède* : → CASSER II, LÂCHER, SE ROMPRE. *Le vent, sa colère cède* : → FLÉCHIR.

ceindre → ENTOURER.

ceinture ① → TAILLE I. ② *Se faire ceinture* : → S'ABSTENIR. ③ → ZONE.

ceinturer → ENTOURER.

céladon → VERT.

célébrant → OFFICIANT.

célébration ① Se dit de la **cérémonie** souvent solennelle qui marque une **fête** ◆ **solennité*** ◆ **anniversaire** (pour rappeler une date) ◆ **commémoration** (pour rappeler un événement). ② Terme général pour désigner une **cérémonie** religieuse, notamment la **messe**, où l'on célèbre l'**eucharistie**.

célèbre → ILLUSTRE, FAMEUX, LÉGENDAIRE, NOTOIRE, CONNU, GLORIEUX.

célébrer ① → FÊTER, GLORIFIER. ② → LOUER II, VANTER.

célébrité ① → RÉPUTATION, GLOIRE. ② → PERSONNAGE, SOMMITÉ, VEDETTE.

celer → TAIRE.

célérité → VITESSE.

céleste ① → CIEL I. ② → CIEL II, DIVIN. ③ → AÉRIEN.

célibataire : [péj.] **vieux garçon**, **vieille fille** ; → SEUL.

cellier → CAVE.

cellulaire *Le régime cellulaire* : [plus génér.] **pénitentiaire**.

cellule

I ① *Les cellules d'un gâteau de cire* : **alvéole** ; → COMPARTIMENT. ② *Le détenu a été placé dans une cellule* : [plus génér.] **prison***, [fam.] **tôle**, **taule**, **cabane**, **cabanon** ◆ [vieilli ou très péj.] **geôle** ◆ [fam.] **bloc**, **violon** (qui se disent de la prison contiguë à un poste de police) ◆ **cachot** (= cellule étroite et obscure) ◆ **basse-fosse** (= cachot profond et humide) ◆ [anc.] **cul-de-basse-fosse** ◆ **oubliettes** (= cachot où l'on enfermait les condamnés à la prison perpétuelle).

II → SECTION II.

cénacle → GROUPE.

cendré → GRIS.

cendres → BRÛLER I, MORT II, RESTES.

cène → COMMUNION.

cénobite → ERMITE.

censé *Nous ne sommes pas censés savoir que vous êtes mécanicien* [sout.] : **supposé, tenu de** ◆ [plus cour.] **forcé de.**

censeur → CRITIQUE II.

censure → CONTRÔLE.

censurer → SABRER, COUPURE, REDIRE II, CONTRÔLER.

cent *Multiplier par cent* : **centupler.** [dans des express.] *Aux cent coups* : → INQUIET. *À cent pour cent* : → ABSOLUMENT. *En un mot comme en cent* : → SOMME.

centenaire ① [adj.] → SÉCULAIRE. ② [n.] → VIEILLARD.

centime *Sans un centime* : → DÉSARGENTÉ.

central → CAPITAL, PRINCIPAL.

centralisation → RÉUNION.

centraliser → ACCAPARER I, RÉUNIR.

centre

I *Au centre du parc* : [cour.] **milieu.**

II ① *Le centre des activités commerciales de la ville* (= partie principale d'un organisme ou d'une activité) : **siège, foyer, cœur** ◆ [didact.] **pôle** (souvent complété : *pôle d'attraction, pôle d'intérêt, pôle de développement, pôle technologique* ou **technopôle**) ; → VILLE. ② *Le centre de la démonstration* : **cœur, noyau, pivot, clef de voûte.** ③ *C'est lui, le centre de l'entreprise !* : **cerveau*** (qui insiste sur l'aspect intellectuel) ◆ **animateur*** (qui insiste sur le dynamisme de la personne) ◆ [express.] **cheville ouvrière.** *Il se prend pour le centre du monde* : **nombril** ◆ [cour.] **être centré sur soi,** [didact.] **être égocentrique** ; → ÉGOÏSME.

centrer *La ville centre toute son action sur le tourisme* : ↓ **orienter, diriger, placer** ◆ ↑ **concentrer*.**

centriste → MODÉRÉ.

centupler → CENT.

cep → PIED DE VIGNE*.

cépage → PLANT DE VIGNE*.

cependant ① *Il sait qu'il a peu de chances de triompher ; il tient cependant à relever le défi* (marque une forte opposition avec ce qui vient d'être dit, et joue le rôle d'une conj. de coordination à place variable : *... il tient cependant... ; ... cependant, il tient...*) : **pourtant, néanmoins, toutefois** ◆ **mais*** (qui n'a pas la même mobilité ; il se place en tête de la phrase qu'il introduit et marque une opposition moins forte ; il peut se combiner avec les précédents : *... mais cependant..., mais néanmoins... ;* il peut introduire directement un adj., contrairement aux précédents : *une maison petite mais agréable*) ◆ [fam.] **n'empêche que,** [plus sout.] **toujours est-il que** (qui se trouvent toujours en tête de proposition) ◆ [litt., vx] **nonobstant** ; → ENFIN. ② *Cependant que* : → PENDANT III.

céphalalgie, céphalée → MIGRAINE.

céramique ① [activité] *Il fait de la céramique* : **poterie.** ② [matière, objet] *Une assiette, une statuette en céramique ; exposer des céramiques* : [en partic.] **faïence, porcelaine, biscuit** ; → TERRE III.

cerbère → CHIEN, GARDIEN.

cercle ① → ONDE II, ROND. ② → GROUPE. ③ *Cercle vicieux* : → INSOLUBLE.

cercler → ENTOURER.

cercueil *On portera le cercueil en terre* : **bière** (qui s'emploie surtout dans l'expression *mettre en bière*) ◆ **sarcophage** (= cercueil de pierre utilisé dans certaines civilisations). *Il est dans son cercueil* : [fam.] **dans son manteau de sapin, entre quatre planches** ◆ [sout.] **dans sa dernière demeure.**

cérébral → CERVEAU, INTELLECTUEL.

cérémonial → APPARAT, PROTOCOLE.

cérémonie ① → CÉLÉBRATION, GALA, RITE. ② [surtout pl.] *Pourquoi faites-vous tant de cérémonies pour nous recevoir ?* : **façons, manières** ♦ [fam.] **histoires** ♦ [très fam.] **chichis, chiqué** ; → AFFECTATION II, FORME II, COMPLICATION, EMPHASE. ③ *Avec cérémonie* : **de façon cérémonieuse, cérémonieusement** ; → APPARAT. *Sans cérémonie* : **sans façons, sans manières, sans histoires** ♦ **simplement, en toute simplicité** ♦ [fam.] **sans chichis, à la bonne franquette.**

cérémonieusement → CÉRÉMONIE.

cérémonieux → CÉRÉMONIE, FORMALISTE.

cerne → TACHE II.

cerné → FATIGUÉ.

cerner ① → ENTOURER. ② [~ qqn] *Nous sommes cernés de toutes parts.* ③ [~ qqch] *Les policiers ont cerné le quartier* : **encercler, investir** ♦ [moins sout.] **bloquer, boucler,** ↑ **assiéger*** (qui supposent une forte résistance) ; → ATTAQUER I. ④ [~ qqch] *Vous avez mal cerné le problème* : **délimiter** ♦ [précis] **circonscrire** ♦ [plus génér.] **voir*.**

certain

I [adj.] ① [qqch est ~] *Sa victoire est certaine* (= qui ne peut manquer de se produire) : **assuré, sûr** ♦ ↑ **sûr et certain** ♦ [fam.] **couru,** ↑ **couru d'avance.** *C'est certain* : **cela ne fait pas de doute, ne fait aucun doute, ne fait pas l'ombre d'un doute** ; → INÉVITABLE. ② [qqch est ~] *Il vient d'apporter une preuve certaine de son innocence* (= dont on ne saurait douter) : **évident, manifeste, clair, net, palpable, positif, tangible, visible, flagrant, formel, patent** (qui insistent sur l'évidence de la chose en question) ♦ ↑ **incontestable, indéniable, indiscutable, indubitable, irréfutable, irrécusable** (qui insistent sur le caractère non douteux de la chose en question). ③ [qqn est ~ de] *Il est certain de réussir, de sa réussite* (qui considère qqch comme devant se produire ou comme indiscutable) : **assuré, sûr*, persuadé** ♦ **convaincu** (qui ne peut se construire avec un inf. : *il est certain, convaincu de*

ton innocence ; il est certain, convaincu que tu réussiras) ; → TRANQUILLE.

II [pron. pl.] *Certains pensent que* : → PLUSIEURS.

certainement → D'ACCORD, ASSURÉMENT, COMMENT*, SANS* DOUTE, OUI, SANS PROBLÈME*.

certes → ASSURÉMENT.

certificat ① Acte délivré par une autorité pour attester qqch : **bulletin, attestation*** (*un certificat de travail, une attestation de congé maladie, un bulletin de salaire*) ♦ **recommandation*** (= certificat délivré par un particulier) ♦ [pl.] **références** (= divers certificats dont peut se réclamer un demandeur d'emploi) ; → TÉMOIGNAGE. ② *Cette machine a obtenu un certificat de qualité supérieure* : **brevet, label** ; → TITRE III.

certifier ① → AFFIRMER, CONFIRMER. ② *La signature a été certifiée par un expert* : **authentifier,** [plus génér.] **légaliser.**

certitude ① → CONVICTION. ② → ÉVIDENCE.

cerveau ① *Le développement du cerveau* : **cérébral.** ② *Cette intellectuelle est un cerveau remarquable* : **tête*, tête pensante** ; → ÂME, ESPRIT I, INTELLIGENCE. *La fuite des cerveaux* [pl.] : **matière grise** ♦ [plus neutre] **cadres, intellectuels.** *C'est lui le cerveau de l'organisation* : **tête, chef** ; → CENTRE II. *Lavage de cerveau* : → ENDOCTRINEMENT, CONDITIONNER I.

cervelle → CRÂNE.

cervical → COU.

cessation → ARRÊT, RÉPIT, SUSPENSION II, FIN I.

cesse (sans) → SANS ARRÊT, TOUJOURS.

cesser ① → ARRÊTER I, FINIR, SE PASSER, AVOIR VÉCU, TARIR, TOMBER I. *Faire cesser* : → FAIRE TAIRE*, METTRE UN TERME* I. ② *Ne cesser de* : → CONTINUER.

cessez-le-feu → TRÊVE.

cessible → VENDABLE.

cession → VENTE, TRANSMISSION.

c'est → ÊTRE I.

c'est-à-dire → À SAVOIR I, SOIT.

chacun Dans son emploi à valeur générale : [moins sout.] **tout le monde** (*chacun, tout le monde veut partir en vacances en août*) ; → TOUT HOMME.

chafouin → SOURNOIS.

chagrin ① [adj.] → MAUSSADE, SOMBRE. ② [n.m.] → CAFARD, LARME, PEINE II, SOUFFRANCE, TRISTESSE, DÉCHIREMENT. ③ [n.m.] → CUIR.

chagriner → ATTRISTER, PEINER II, TOURMENTER.

chahut ① → CIRQUE, TAPAGE, TUMULTE. ② *Le chahut des étudiants* : **bizutage** (qui se dit particulièrement du chahut traditionnel organisé dans certaines écoles pour l'accueil d'une nouvelle promotion).

◇ **chahuter** ① **faire du chahut, du tapage, du tumulte*** ◆ [partic.] **bizuter.** ② *Se faire chahuter dans la rue* : **bousculer** ◆ ↑ **malmener*.**

◇ **chahuteur** *Cet enfant est très chahuteur* : **dissipé** ; → TURBULENT.

chai → CAVE.

chaîne ① *Petite chaîne* : **chaînette** ; → LIEN. ② → COLLIER. ③ → CANAL II. ④ *Posséder une chaîne de magasins* : **réseau, circuit.** ⑤ *À la chaîne* : → EN SÉRIE*, EN USINE*.

chaînette → CHAÎNE.

chaînon → MAILLE.

chair ① *La pintade a une chair plus ferme que celle du poulet* : **viande** (qui se dit de la chair des animaux utilisée par l'homme pour sa nourriture, particulièrement des animaux de boucherie) ◆ [péj.] **carne** (qui se dit d'une viande dure) ◆ **charogne** (qui se dit d'une viande pourrie) ◆ [fam.] **barbaque, bidoche.** ② *La chair des fruits* : → PULPE. ③ *En chair et en os* (qui insiste sur le fait que la personne est bien présente, vivante) : **en personne.** ④ → SENS I, CORPS I. *Le domaine de la chair* [terme religieux] : [cour.] **sexualité.** *Le péché de chair* : **luxure.** *Les tentations de la chair* : **concupiscence.** ⑤ *De couleur chair* : [plus génér.] **rose.**

chaise → SIÈGE I.

chaland Bateau à fond plat destiné au transport des marchandises sur les fleuves, canaux et rivières : [cour.] **péniche.**

châle → FICHU.

chalet → VILLA.

chaleur [de chaud] ① *La chaleur d'un liquide* : [plus génér.] **température** ◆ ↓ **tiédeur.** *La chaleur de l'air* : ↓ **tiédeur, douceur** ◆ **moiteur** (qui se dit d'une chaleur humide et pénible) ◆ **canicule*** (qui se dit d'une chaleur excessive). *Quelle chaleur !* : ↑ **fournaise, étuve** (s'il se fait aussi humide) ◆ [fam.] **on cuit, grille, bout** ; → CHAUD, ÉTOUFFER, ÉTOUFFEMENT. ② *Sa chatte est en chaleur* : **en chasse, en rut.** ③ *Vos amis nous ont reçus avec chaleur* : **avec cordialité** ◆ **chaleureusement** ; → FERVEUR. *Parler avec chaleur* : → ANIMATION, PASSION, ÉLOQUENCE, VÉHÉMENCE. *Sans chaleur* : → FROID II. *La chaleur des sentiments* : → ARDEUR. *Dans la chaleur de la conversation* : **feu.**

◇ **chaleureux** ① *C'est un homme chaleureux* : ↓ **cordial** ; → SYMPATHIQUE. *Un chaleureux défenseur* : → CHAUD. ② *Un accueil chaleureux* : → CORDIAL. *Des applaudissements chaleureux* : → VIF.

◇ **chaleureusement** *Il fut chaleureusement applaudi* : **chaudement** ◆ **avec enthousiasme*** ; → CORDIALEMENT, FERVEUR.

challenge → COMPÉTITION.

challenger → CONCURRENT.

chalumeau → FLÛTE I.

chamade *Battre la chamade* : → BATTRE III.

chamailler (se) → SE BATTRE, SE DISPUTER, SE QUERELLER.

chamaillerie → DISPUTE.

chamailleur → QUERELLEUR.

chamarrer → ORNER.

chambard → TAPAGE.

chambardement → DÉRANGEMENT.

chambarder → DÉRANGER, RÉVOLUTIONNER, SACCAGER, METTRE DU DÉSORDRE*.

chambouler → DÉRANGER, SACCAGER, METTRE DU DÉSORDRE*.

chambre ① *Petite chambre* : **chambrette** ; → PIÈCE I. *Garder la chambre* : → LIT I. ② → ASSOCIATION, TRIBUNAL.

chambrer → ENDOCTRINER.

chambrette → CHAMBRE.

chambrière → SERVANTE.

chameau → GARCE, ROSSE II, SORCIER, VACHE II.

chamois : **isard** (= chamois des Pyrénées).

champ

I ① *La vie des champs* : → CAMPAGNE I, TERRE III. ② *Ils ont acheté un champ* : **lopin de terre** (= petit champ) ◆ **quelques arpents de terre** ; → PRÉ, TERRAIN. ③ *Champ de bataille* : → FRONT II. *Champ de courses* : **hippodrome**. *Champ d'aviation* : **terrain**.

II ① *Le champ des activités de la région est très étendu* [le plus souvent avec un compl. de nom] (= domaine d'action) : **domaine***, **sphère** ◆ ÉTENDUE. ② *Laisser le champ à, laisser libre champ à son imagination* : **laisser toute latitude, liberté* à.** ③ *Sur-le-champ* : → IMMÉDIATEMENT, SÉANCE* TENANTE, TOUT DE SUITE*. ④ *À tout bout de champ* [fam.] : [cour.] **à tout instant** ; → CONSTAMMENT, SANS ARRÊT.

champêtre → CAMPAGNARD.

champignon → ACCÉLÉRATEUR.

champion ① → SOLDAT. ② → AS, REINE, VIRTUOSE. ③ → PARTISAN, SOUTIEN, DÉFENSEUR.

championnat → COMPÉTITION.

chance *La chance a tourné* : [sout.] **sort, fortune.** *Ils ne sont pas encore partis, nous avons de la chance* : [fam.] **veine** ◆ [très fam.] **bol, pot** ; → TOMBER III. *C'est quelqu'un qui a de la chance* : [fam.] **avoir la baraka, être né sous une bonne étoile** ; → CHANCEUX, NUMÉRO. *Un jour de chance* : → FAVORABLE. *Tenter sa chance* : → CARTE I. *Avoir la chance de* : [sout.] **bonheur, bonne fortune.** *Il y a des chances que* : [plus sout.] **il est probable que.** *Laisser passer sa chance* : → OCCASION. *Reste-t-il une chance ?* : → ESPOIR. *Pas de chance* : → DOMMAGE, MALCHANCE. *Par chance* : → HEUREUSEMENT. *Dernière chance* : → DÉSESPOIR.

◇ **chanceux** Qui a de la chance : [fam.] **veinard, verni** ◆ [très fam.] **avoir une chance, une veine de cocu ; avoir une chance, une veine de pendu** ; → HEUREUX.

chancelant → FRAGILE, VACILLANT.

chanceler ① *La nouvelle était si terrifiante qu'il en chancela* : **vaciller, tituber** ◆ **flageoler** (= trembler sur ses jambes sous le coup d'une émotion violente ou de la fatigue) ; → TRÉBUCHER. ② *Ma mémoire chancelle* : → HÉSITER.

chancelier En France, le *chancelier* est plus couramment appelé **garde des Sceaux** ou **ministre de la Justice.** En Allemagne et en Autriche, c'est le **Premier ministre.** En France, le *chancelier de l'Université* est le **recteur.**

◇ **chancellerie** est parfois employé pour désigner le **ministère de la Justice.**

chancellerie → CHANCELIER.

chanceux → CHANCE.

chancre → ULCÈRE.

chandail *Il portait un chandail bleu* : [plus rare] **tricot** ◆ [cour.] **pull-over,** [abrév.] **pull** ◆ **débardeur** (= pull sans manches) ◆ [anglic.] **sweat-shirt, sweat** (= pull en coton confortable).

chandelier : **bougeoir** (= chandelier bas à une branche, muni d'un plateau destiné à recevoir la cire et d'un anneau pour le saisir) ◆ **candélabre** (= grand chandelier à plusieurs branches) ◆ **torchère** (= grand chandelier destiné à recevoir de gros flambeaux de cire ou candélabre monumental, applique portant plusieurs sources lumineuses) ◆ [anc.] **flambeau** (= appareil d'éclairage portatif formé de mèches enduites de cire) ◆ **applique** (= appareil d'éclairage fixé au mur).

chandelle ① *À la lueur d'une chandelle* : [en partic.] **bougie, flambeau, cierge.** ② *Devoir une fière chandelle* : → GRATITUDE. *Voir trente-six chandelles* : → ÉTOURDIR. *Brûler la chandelle par les deux bouts* : → DÉPENSER.

change ① → COUCHE I. ② *Donner le change* : → TROMPER.

changeable *Ce rendez-vous n'est pas changeable* : **modifiable.** *Le cours des choses est-il changeable ?* : **réversible.** *Ce pull en solde n'est pas changeable* : **échangeable.**

changeant → CAPRICIEUX, INCERTAIN, MOBILE I.

changement → CHANGER. ① Indique le passage d'un état à un autre totalement nouveau. *Je n'avais pas revu mon village depuis la guerre : quel changement !* : **transformation, évolution** ◆ [surtout au pl.] ↑ **bouleversement** ◆ ↑ **révolution*** ◆ [didact.] **aggiornamento** (qui se dit d'une adaptation au monde moderne) ; → MÉTAMORPHOSE, RÉFORME. ② Indique que qqch a changé de qualité sans changer de nature. *Notre plan a subi quelques changements* : **modification** ; → ALTÉRATION. *Un changement ministériel* : **réorganisation, remaniement.** ③ Indique l'introduction d'un élément nouveau. *Le changement est la clé de sa position commerciale* : **innovation, nouveauté.** ④ Indique le passage d'un état à un autre, d'une chose à une autre. *Il supporte mal ces changements de température* : **différence, fluctuation, variation.** *Changement de place* : → DÉPLACEMENT. *Changement de métier* : **reconversion,** ↓ **recyclage.** *Changement de train* : **correspondance.** ⑤ Indique la succession d'événements malheureux : **vicissitudes.** ⑥ Indique un changement brutal d'opinion : **pirouette, revirement, volte-face** (*supporterons-nous longtemps ces pirouettes, ces revirements agaçants, ces volte-face ?*) ◆ [sout., pl.] **palinodies** ◆ **instabilité** (qui dénote un trait de caractère) ;

→ TOURNER CASAQUE*. ⑦ Indique le passage d'une situation professionnelle à une autre, surtout en parlant des fonctionnaires. *Il vient d'obtenir son changement* : **mutation** ◆ **transfert** (en partic. dans le domaine du sport professionnel). ⑧ *Le changement d'une chose par, contre une autre* : **échange** ; → SUBSTITUTION.

changer

I [~ qqch] ① *Il a changé son ancienne voiture contre une moto* : **échanger** ◆ [fam.] **troquer** ◆ **convertir** (qui ne s'applique qu'à de l'argent ou des métaux précieux) ; → REMPLACER. ② *Depuis son arrivée, il veut tout changer* : [selon le sens] **réformer*, réorganiser, refaire, transformer*,** ↑ **bouleverser** ; → INVENTER, DÉSORDRE. *Il a changé considérablement son plan initial* (= rendre différent) : **modifier** ; → DÉCALER, DÉRANGER. *Changer sa voix* : **altérer, contrefaire, déguiser** (qui sont plus précis). *Changer un texte* : → FALSIFIER. *Changer une peine* : **commuer.** *Changer les idées de qqn* : → DIVERTIR. ③ [~ qqch, qqn] *Il serait capable de changer un vieux grenier en un salon de grand bourgeois* : ↑ **transformer*, métamorphoser** ; → RÉVOLUTIONNER. ④ *Changer l'air, ses meubles* : → RENOUVELER.

II [~ de qqch] Remplacer qqch par autre chose. Les synonymes ou les équivalents varient selon la nature du complément. *Changer d'avis* : → SE DÉDIRE. *Changer de voiture* : **remplacer, renouveler*** (*... sa voiture*). *Changer de place* : → SE DÉPLACER. *Changer de direction* : → TOURNER III. *Changer de couleur* : → PÂLIR. *Changer de camp* : → VESTE. *Changer de chaîne* : **zapper.**

III [qqch, qqn ~] ① *La vie a beaucoup changé depuis dix ans* (= devenir différent) : **évoluer, se modifier, varier.** ② [en parlant de qqn] *Il a beaucoup changé* : [selon le contexte] **grandir, mûrir, vieillir** ◆ ↑ **faire peau neuve,** ↑ **se transformer** (= changer complètement) ; → DIFFÉRENT.

chanson ① *Il connaît toutes les chansons à la mode* : [par méton.] **air, refrain** ◆ [fam.] **rengaine** ; → MUSIQUE, ROMANCE, MÉLODIE. ② *Il répète toujours la même chanson* [fam.]

(= propos rebattus) : **refrain, rengaine ;** → CONTE, COUPLET, PROPOS, SORNETTES.

chant → CHANTER.

chantage → PRESSION, INTIMIDATION.

chantant → MUSICAL.

chanté → VOCAL.

chanter
① *Il chante toujours les mêmes chansons !* : **chantonner, fredonner** (= chanter à mi-voix) ◆ **hurler, gueuler** (= chanter fort, à tue-tête) ; → CRIER. ◆ [péj.] **bramer** ◆ [iron.] **gazouiller, roucouler** (= chanter de manière langoureuse) ◆ **entonner** (= commencer à chanter) ◆ [partic.] **psalmodier** (= chanter des psaumes) ◆ **vocaliser** (= s'entraîner au chant par des exercices spécifiques) ◆ [partic.] **gazouiller, crier, siffler, pépier, roucouler** (qui s'emploient pour les oiseaux, selon les espèces). ② → GLORIFIER. ③ → RACONTER.

◇ **chanteur** *C'est un grand chanteur de variété* : **vedette de la chanson, vedette** (qui se dit seulement en parlant de chanteurs professionnels) ◆ **interprète** (qui implique que le chanteur ne compose pas les chansons qu'il chante) ◆ [partic.] **cantatrice** (= chanteuse de chant classique ou d'opéra) ◆ **diva** (= cantatrice célèbre) ◆ **chantre** (= celui qui chante dans une église) ◆ **choriste** (= celui qui chante dans un chœur) ; → MUSICIEN, EXÉCUTANT.

◇ **chant** ① *Elle pratique l'art du chant* : **art lyrique** ◆ [partic.] **bel canto** (= l'art du chant selon la tradition italienne) ; → VOIX I. ② Toute composition destinée à la voix : **air, aria, ballade, récitatif, sérénade** (qui s'emploient pour le chant classique) ◆ **cantique, litanie, motet, psaume, magnificat, requiem** (qui s'emploient pour le chant religieux) ◆ **berceuse, blues** (qui s'emploient pour le chant populaire) ; → CHANSON. ③ *Le chant des oiseaux* : **gazouillis*, cri, sifflement*, pépiement, roucoulement** (qui s'emploient selon les espèces).

chantier ① → DÉSORDRE. ② *Mettre en chantier* : → METTRE EN TRAIN* II.

chantonner → CHANTER.

chantre → CHANTEUR, POÈTE.

chanvre *Chanvre indien* : → HASCHISCH.

chaos → ANARCHIE, CONFUSION, TUMULTE, MÊLÉE.

chaotique → ANARCHIQUE.

chapardage → VOL II.

chaparder → DÉROBER.

chapardeur → VOLEUR.

chapeau ① → COIFFURE. ② → SE COUVRIR.

chapeauter → COIFFER.

chapelet ① *Réciter le chapelet* : [partic.] **rosaire** (= grand chapelet de quinze dizaines d'Ave Maria, précédées chacune d'un Pater Noster, ou prière qui consiste à le réciter). ② *Le chauffard lui a dévidé un chapelet d'injures* : **bordée ;** → SÉRIE, TAS.

chapelle ① → ÉGLISE. ② → COTERIE, ÉCOLE. ③ *Chapelle ardente* : → ESTRADE FUNÈBRE*.

chaperonner → ACCOMPAGNER.

chapiteau → TENTE, CIRQUE.

chapitre → MATIÈRE II, PARTIE. *Sur ce chapitre* : → QUESTION, TERRAIN.

chapitrer → RÉPRIMANDER.

chaptalisation → SUCRAGE.

chaptaliser → TRAFIQUER.

chaque → TOUT I.

char *Un char d'assaut* : **tank**.

charabia → GALIMATIAS.

charade → ÉNIGME.

charbon *Se chauffer au charbon* : [en partic.] **houille, anthracite**.

charcuter → OPÉRER I.

charcuterie *Servir un plat de charcuterie* : [fam., surtout pl.] **cochonnaille** (= charcuterie abondante et peu élaborée).

charentaise → CHAUSSON.

charge

charge ① *Des caisses de bière ? Mais il est trop jeune pour porter de telles charges !* : ↑ **fardeau ;** → POIDS, CARGAISON, POUSSÉE. *Prendre en charge* : → SE CHARGER. ② [le plus souvent au pl.] *Ses charges de famille lui imposent de travailler durement* : [plus génér.] **obligations* ;** → SOIN I, DEVOIR III. *À charge. Elle a cinq enfants à charge* : [fam.] **sur les bras.** *Se prendre en charge* : → S'ASSUMER. *Être à charge* : → PESER. *Quelles sont les charges de cet appartement ?* : [partic.] **impôt*.** ③ [le plus souvent au pl.] *De lourdes charges pèsent sur lui* (= indice ou présomption de culpabilité) : **accusations** ◆ [plus rare] **griefs ;** → IMPUTATION, PRÉSOMPTION I. ④ → CARICATURE. ⑤ → EMPLOI. ⑥ → ASSAUT.

chargé ① → LOURD II. ② *Chargé d'affaires* : → REPRÉSENTANT.

chargement → CARGAISON.

charger

I ① *Ne chargez pas trop ses fragiles épaules !* : ↑ **surcharger, accabler*** ◆ **lester** (= charger d'un lest, mais ce terme s'emploie plus largement) ; → ALOURDIR. ② *Elle charge ses mains de bijoux* : **couvrir*, recouvrir.** ③ *Charger un accusé* : → ACCABLER I. ④ *L'acteur charge son jeu* : → OUTRER. ⑤ *Le temps se charge* : → SE COUVRIR.

II [~ qqn de qqch] *Nous vous avons chargé de la partie commerciale de l'opération* : [plus partic.] **confier, réserver** (qqch à qqn) ◆ [didact.] **préposer** (qqn à qqch).

III → ATTAQUER.

◇ **se charger** ① *Le temps se charge* : → SE COUVRIR. ② *Se charger de qqn* : **prendre en charge ;** → PRENDRE EN MAIN*, SE RÉSERVER DE, S'OCCUPER II, TÂCHE.

chariot *Un chariot de supermarché* : **Caddie.**

charismatique *Le mouvement charismatique* (chez les catholiques) : **évangélique, pentecôtiste** (chez les protestants). *Un personnage charismatique* : → INFLUENCE.

charisme → DON.

charitable *C'est un homme charitable* : **plein de charité*,** [plus génér.] **bon*** ◆ **altruiste** (= qui se dévoue pour autrui) ; → SECOURABLE. *Un charitable mensonge* : **pieux.**

charité ① *Une œuvre de charité* : **bienfaisance ;** → AUMÔNE. ② *C'est par charité qu'il rend service aux autres* [didact.] : **amour du prochain** (qui fait notamm. référence à des principes religieux) ◆ ↓ **altruisme** (= disposition à s'intéresser à autrui) ◆ [plus génér.] **générosité** ◆ **humanité, bienveillance, pitié** (qui s'emploient plutôt dans le rapport qui nous lie à autrui en tant que personne particulière) ◆ **philanthropie** (qui s'emploie pour désigner le rapport qui nous lie à l'humanité tout entière) ; → CHARITABLE, SECOURS, MANSUÉTUDE, BONTÉ, PITIÉ.

charivari
→ CACOPHONIE, TAPAGE, TUMULTE.

charlatan → IMPOSTEUR, MÉDECIN, GUÉRISSEUR.

charlatanerie, charlatanisme *Ne vous fiez pas à son allure doctorale : c'est du charlatanisme !* : **cabotinage** (qui s'emploie aussi, et seul dans ce contexte, en parlant d'acteurs) ◆ **bluff, esbroufe* ;** → FANFARONNADE, MENSONGE, SUPERCHERIE.

charlot → CLOWN.

charmant → CHARME, COQUET.

charme ① *La campagne en automne a un charme indéfinissable* (= qualité de qqn ou qqch qui plaît sans que l'on puisse toujours en préciser la raison) : ↓ **attrait** ◆ ↓ **agrément** ◆ **ascendant, séduction, magnétisme** (en parlant des personnes) ; → FASCINATION, MAGIE, GRÂCE II, COQUET. ◆ [en partic.] **glamour** (= charme sophistiqué, dans la mode ou le spectacle). ② → SORT II, POUVOIR II, ENCHANTEMENT. ③ *Faire du charme* : **courtiser* ;** → ATTRAIT.

◇ **charmer** ① *Nous avons été charmés par ces paysages d'eau et de verdure* : ↑ **enchanter, ravir** ◆ ↓ **séduire ;** → PLAISIR. *Votre amie nous a charmés !* : ↓ **plaire**

132

◆ **enchanter, séduire ;** → CONQUÉRIR. *Essayez de le charmer, il dira peut-être oui !* : **faire du charme** ◆ ↑ **séduire** ◆ [plus génér.] **amadouer ;** → AFFRIOLER. ② [dans des formules de politesse] **enchanter, ravir** (*j'ai été charmé, enchanté, ravi, heureux de votre visite*).

◊ **charmant** ① [qqch est ~] *Nous avons passé une charmante soirée* (= qui a du charme ; antéposé, l'adj. devient une sorte de superlatif de *bon*) : **délicieux** ◆ ↓ **bon, agréable*** ◆ **excellent** (qui n'apporte pas la pointe de préciosité contenue dans *charmant* et *délicieux*) ; → EXTRAORDINAIRE. ② [qqch est ~] *Cette robe est charmante* (= qui plaît) : ↓ **joli** ◆ ↑ **ravissant, adorable.** *Cette histoire est charmante* : **piquant** (= qui excite la curiosité) ; → BEAU. ③ [qqn est ~] *C'est un charmant garçon* (= qui plaît ; l'adj. antéposé comporte une idée de condescendance de la part de celui qui l'emploie ; postposé, il est toujours laudatif) : ↑ **bon** ◆ [rare] **amène** ◆ [fam.] **épatant** ◆ ↓ **agréable** ◆ **délicieux** (qui s'emploie surtout pour les enfants et les femmes) ; → AIMABLE, BON I, AFFABLE, GENTIL. ④ [qqn est ~] → BEAU, SÉDUISANT.

charmeur → SÉDUCTEUR, SÉDUISANT.

charmille → TONNELLE.

charnel *Le plaisir charnel* : → PHYSIQUE I. *Union charnelle* : → CONSOMMATION I. *Les biens charnels* : **terrestre, de la terre, temporel.**

charnier → CIMETIÈRE.

charnière → JOINTURE.

charnu → GROS I.

charognard → EXPLOITEUR.

c h a r o g n e ① → CHAIR, MORT II. ② → SALAUD.

charpente ① → TOITURE. ② → CARCASSE, OSSATURE, STRUCTURE, PLAN IV.

charpenté → BÂTI.

charpie *Mettre en charpie* : → ÉCHARPER, DÉCHIRER.

charrette *Une charrette chargée de foin* : **carriole** (= petite charrette).

charrier ① → TRANSPORTER I, POUSSER I, ROULER. ② → ABUSER II, POUSSER II. ③ → SE MOQUER, PLAISANTER, RAILLER.

chartreuse ① → CLOÎTRE. ② → LIQUEUR.

chas → TROU.

chasse ① L'art de la *chasse* est la **cynégétique** ◆ [partic.] la **vénerie** est l'art de la *chasse* à courre ◆ la **fauconnerie** est l'art de la *chasse* à l'oiseau de proie. ② Une *chasse* organisée peut comprendre une **battue,** une **traque.** Un *safari* est une *chasse* aux grands animaux en Afrique ; il peut s'agir seulement d'un **safari-photo.** ③ *Chasse sous-marine* : **pêche.** *Avion de chasse* : **chasseur.** ④ *En chasse* : → EN CHALEUR.

chassé-croisé → MIGRATION.

chasser

I ① [qqn ~] *Son père chasse le gibier d'eau* : **braconner** (= chasser dans l'illégalité). ② [qqn ~ qqn] *Je ne veux plus voir cet individu, chassez-le !* : **mettre dehors** ◆ [plus fam.] **jeter, ficher,** [très fam.] **foutre dehors.** *Il s'est fait chasser de son poste* : [fam.] **éjecter, balayer** ◆ **déboulonner** (qui suppose un poste important) ; → CONGÉDIER. *Chasser qqn d'une cachette* : **débusquer** ◆ [fam.] **déloger.** *Chasser qqn d'un immeuble* : **expulser.** *Chasser qqn d'une propriété* : **exproprier.** *Chasser qqn d'une organisation, d'un groupe* : **exclure** ◆ [partic.] **excommunier ;** → ÉCARTER, REPOUSSER, REJETER. *Chasser qqn d'un pays* : **expulser** ◆ **refouler, reconduire à la frontière** (= expulser d'un pays des étrangers considérés comme indésirables) ; → BANNIR. ③ [qqch ~] *Le soleil avait chassé les brumes du matin* : **dissiper.** *Ces comprimés chassent les maux de tête* : **supprimer, faire disparaître ;** → EFFACER. *Le vent chasse les feuilles* : → POUSSER. ④ [qqn ~ qqn ou qqch en groupe] → DISPERSER.

II *La voiture chasse* : → GLISSER I, PATINER.

châsses → ŒIL I.

chasseur

I [de chasse] Un *chasseur* exerce son activité en respectant la légalité en vigueur. Le **braconnier** le fait dans l'illégalité. Selon son rôle dans une chasse, le *chasseur* peut être **rabatteur, pisteur, fauconnier, veneur.** Le **trappeur** pratique la chasse en posant des pièges.

II *Veuillez m'appeler le chasseur de l'hôtel* : **groom** ◆ [partic.] **portier** ; → SERVITEUR.

châssis

① → CADRE, CARCASSE. ② → CORPS I.

chaste

① [qqn est ~] *Il était resté chaste jusqu'à son mariage* (= en morale traditionnelle, se garder des plaisirs de la chair) : **sage, vertueux** ◆ **continent, tempérant** (qui sont de sens particuliers : le premier implique un effort pour résister aux plaisirs, le second suppose seulement que l'on modère ses désirs selon une règle morale que l'on s'impose) ; → PRUDE, VERTUEUX, VIERGE. ② [qqch est ~] *Elle avait gardé un cœur chaste* (= qui fuit les pensées et les propos impurs) : **pur, pudique** ; → CANDIDE, DÉCENT. *Un amour chaste* : → PLATONIQUE.

◇ **chasteté** [de chaste ①] : **sagesse, vertu, continence, tempérance** ; → PRUDERIE, PURETÉ.

chat

I ① *Sa sœur a adopté un joli chat de gouttière* : **matou** (qui ne se dit que d'un chat mâle) ◆ **chaton** (= petit chat) ◆ [fam.] **mistigri** ◆ [langage enfantin] **minet, mimi.** ② *Pas un chat* : → PERSONNE II, DÉSERT. *Un chat dans la gorge* : → ENROUÉ. *Il n'y a pas de quoi fouetter un chat* : → INSIGNIFIANT. *Écrire comme un chat* : → ÉCRITURE. *Être comme chien et chat* : → ENTENDRE III.

II [anglic.] → CONVERSATION.

châtaigne

① Désigne couramment le fruit du châtaignier : **marron** (= fruit du châtaignier cultivé). ② *Il a reçu une châtaigne* [fam.] : [fam.] **pêche, gnon** ◆ [cour.] **coup de poing.** ③ *Prendre une châtaigne* [fam.] : [fam.] **coup de jus** ◆ [cour.] **décharge électrique.**

châtain

Des cheveux châtains : **auburn** (= tirant sur le roux avec des reflets cuivrés).

château

① *Nous avons visité les châteaux de la Loire* (terme général) : [plus partic.] **castel** (= petit château) ◆ **gentilhommière, manoir** (qui s'emploient plutôt pour de petits châteaux campagnards) ◆ ↑ **palais** (qui se dit du château vaste et somptueux où réside une personne de très haut rang) ◆ **bastide, bastille, château fort, fort, forteresse, citadelle** (= types de châteaux de défense selon le lieu et l'importance de la construction). ② → VIGNE.

châtelain

→ SEIGNEUR.

châtié

→ SOIGNÉ, PUR.

châtier

① → PARFAIRE. ② → PUNIR, SÉVIR II, CORRIGER II.

châtiment

→ PEINE III, PUNITION.

chatoiement

→ REFLET.

chaton

① → CHAT. ② → BOURGEON.

chatouille

→ CHATOUILLER.

chatouiller

① *Je n'aime pas qu'on me chatouille !* : [fam.] **faire des chatouilles, des papouilles** ; → CARESSER, EFFLEURER. ② *Ce vin vous chatouille agréablement le palais !* : **flatter, titiller.** *Il faut lui chatouiller l'amour-propre, pour se faire entendre !* : **flatter** ; → PLAIRE.

◇ **chatouillement** ① [surtout pl.] *Je n'aime pas les chatouillements !* : [fam.] **chatouilles** ◆ [plus génér.] **attouchements.** ② *Ces rougeurs s'accompagnent d'un chatouillement désagréable* : **démangeaison, picotement.**

chatouilleux

→ SUSCEPTIBLE II.

chatoyant

→ BRILLANT.

chatoyer

→ BRILLER I.

châtrer

→ CASTRER.

chatte

→ SEXE.

chatter

→ BAVARDER.

chatterie

→ CARESSE.

chaud ① Rendre *chaud*, c'est **chauffer, réchauffer**, [partic.] **porter à ébullition, faire bouillir**. *Attention, c'est chaud !* : **ça brûle, c'est brûlant** ; → ARDENT. ② [qqch est ~] *De l'eau chaude* : ↓ **tiède** ♦ ↑ **brûlant** ♦ ↑ **bouillant**. *Un été chaud* : ↑ **torride, caniculaire*, tropical** ; → CHALEUR. ③ [qqch est ~] *L'affaire a été chaude* (= où se manifeste de l'ardeur, de l'animation) : **vif** ; → ANIMÉ, D'ENFER ♦ [plus génér.] **difficile***. *Quartier chaud* : → DANGEREUX. ④ [qqn est ~] → FIÈVRE. *Un tempérament chaud* : → SENSUEL. ⑤ [qqn est ~] *C'est un chaud défenseur de la non-violence* (= qui se remarque par son zèle, sa passion) : **chaleureux, ardent*** ♦ [postposé] **enthousiaste** ♦ ↑ **bouillant, farouche** ; → CONVAINCU. *Avoir le sang chaud* : → COLÉRIQUE. ⑥ *Être chaud pour* : [fam.] **emballé** (*ne pas être chaud, emballé pour faire qqch*) ♦ [plus neutre] **d'accord** ; → PARTISAN.

chaudement → CHALEUREUSEMENT.

chaude-pisse → MST.

chauffard → CONDUCTEUR.

chauffer ① → CHALEUR, CHAUD. *Chauffer ce qui est refroidi* : **réchauffer**. ② *La terre était chauffée par le soleil* : ↑ **surchauffer** ; → BRÛLER, TIÉDIR. ③ *Chauffer fort* : → TAPER. ④ *Ça va chauffer* : → SE GÂTER. ⑤ *Chauffer un auditoire* : → ENFLAMMER. ⑥ [fam.] → DÉROBER.

chauffeur → CONDUCTEUR.

chaume → PAILLE.

chaumière → MAISON.

chaussée → LEVÉE, ROUTE, VOIE.

chausser *Dépêche-toi de chausser tes bottes, nous partons* : [fam.] **enfiler**. *Chausser ses lunettes* [fam.] : **ajuster**.

chausse-trape, chausse-trappe → PIÈGE.

chaussette → BAS V.

chausseur → CORDONNIER.

chausson *Chaussure d'intérieur souple et légère* : **pantoufle** (= chausson bas, sans talon ; ces deux termes s'emploient souvent l'un pour l'autre) ♦ **charentaise, mule, babouche** (qui désignent des types particuliers de pantoufle) ♦ **savate** (qui se dit d'une pantoufle vieille et usée).

chaussure *Une paire de chaussures* [génér.] : [fam.] **croquenot, pompe, godasse** (qui est très employé), **grolle, tatane** ♦ [arg.] **péniche** ♦ **godillot** (= chaussure grossière et mal faite) ♦ **soulier, sandale, botte, bottine, brodequin** (qui désignent des types particuliers de chaussure) ; → SABOT.

chauve *Son frère est chauve* (= il est atteint de calvitie) : ↓ **dégarni**, [fam.] **déplumé**. *D'un homme chauve*, on dit fam. qu'il **n'a plus un poil sur le caillou**, que sa tête est un **billard** ; → CHEVEU* RARE.

chauvin → PATRIOTE, XÉNOPHOBE.

chauvinisme → NATIONALISME.

chavirer ① *Une risée avait fait chavirer la barque* : ↑ **couler, sombrer** (qui impliquent que l'embarcation disparaît dans l'eau), [jargon des plaisanciers] **dessaler** ; → SE RETOURNER, S'ABÎMER. *La voiture a chaviré* : → CULBUTER. ② *Les effets de l'alcool se faisaient sentir : tout se mettait à chavirer* : **vaciller** ; → CHANCELER. ③ *Quelle histoire, j'en suis encore tout chaviré !* (= qui est sous le coup d'une émotion intense) : **retourné** ; → ÉMU. *L'odeur d'éther, ça me chavire le cœur* : **lever** ♦ **révulser** (qui se dit pour les yeux) ♦ **retourner** (qui se dit pour l'estomac) ; → VOMIR, CŒUR I.

cheap → ORDINAIRE.

check-up → BILAN.

chef ① [sout.] *Il a agi de son propre chef* : [cour.] **autorité, initiative**. *Au premier chef* : → PRINCIPAL II. ② *La décision d'un chef n'est pas toujours facile à prendre* (= toute personne qui exerce une autorité, une direction) : **patron, responsable, dirigeant** (qui s'emploient selon les contextes) ♦ **hiérarchie** (qui désigne parfois l'ensemble des chefs) ♦ [partic.] **leader** (= premier d'une équipe) ♦ **capitaine** (= joueur responsable d'une équipe, qui peut avoir par ailleurs son **entraîneur**) ;

→ **DIRECTEUR, TÊTE, MAÎTRE, CERVEAU, PAPE, SUPÉRIEUR II, COMMANDER.** *Chef de bande :* **meneur.** *Chef de gang :* **parrain ;** → **ROI.** ③ *Chef de l'État :* → **PRÉSIDENT.** *Chef de famille :* → **PÈRE.** ④ → **CUISINIER.** *Comme un chef :* → **ADMIRABLEMENT.**

chef-d'œuvre → **BIJOU, CAPITAL I.** *Le décorateur a accompli des chefs-d'œuvre d'habileté :* **prodige.**

chemin ① *On accède à l'étang par un chemin étroit et sinueux* [génér.] : **allée** (= chemin bordé d'arbres) ◆ **sentier,** [litt.] **sente** (= petit chemin très étroit) ◆ **piste** (= chemin sommairement aménagé dans un pays aux voies de communication peu développées) ◆ **laie, layon** (= sentier de forêt) ; → **VOIE, AVENUE, RUE.** ② *De ma rue au centre, je connais le chemin !* : **parcours*, trajet ;** → **DIRECTION II.** *Il a trouvé son chemin* [pr. et fig.] : **route, voie, orientation.** *Chemin de traverse :* → **RACCOURCI.** *Se frayer un chemin :* → **PASSAGE.** ③ [fig.] *Montrer le chemin :* **voie.** *Il nous a montré le chemin du courage :* **donner l'exemple de.** *Faire du chemin :* → **RÉUSSIR.** *L'affaire est en bon chemin :* **sur la bonne route*, sur la bonne voie*, bien engagé ;** → **MARCHE.** *Sortir des chemins battus :* → **ORNIÈRE.** *Prendre le mauvais chemin :* → **SE PERDRE.**

chemin de fer → **VOIE* FERRÉE.**

cheminée → **FOYER.**

cheminement *Le yoga, c'est tout un cheminement :* **parcours, itinéraire.** *Le cheminement de la pensée :* → **PROGRESSION.**

cheminer → **MARCHER.**

cheminot → **EMPLOYÉ.**

chemise

I ① *Il porte une chemise à carreaux :* **chemisette** (= chemise à manches courtes) ◆ [fam.] **liquette** ◆ [arg.] **limace.** ② *Changer de qqch comme de chemise :* → **CONSTAMMENT.** *Il s'en moque comme de sa première chemise* [fam.] : **comme de l'an quarante** ◆ [cour.] **totalement*.**

II → **DOSSIER.**

chemisier *Chemise* de femme :* **blouse** (= chemisier de forme ample) ◆ **corsage**

(= chemisier de confection traditionnelle) ◆ [plus génér.] **haut** (= partie d'un ensemble portée au-dessus de la taille).

chenal → **CANAL.**

chenapan → **VOYOU, GALOPIN.**

chenille → **VER.**

cheptel → **BÉTAIL.**

chèque → **VIREMENT.**

cher ① [qqn est ~] *Voici ma chère femme :* [postposés] ↑ **aimé, adoré*, chéri.** ② *Votre chère amitié :* → **PRÉCIEUX.** ③ *C'est cher !* : [fam.] **chéro, chiffrer** (*ça chiffre*). *Devenir cher :* → **AUGMENTER, COÛTEUX, INABORDABLE, OR.**

chercher ① [~ qqn ou qqch] *Nous cherchons un bon restaurant :* **rechercher** (= chercher avec soin) ◆ [sout.] **être, se mettre en quête de** ◆ [partic.] **aller, partir à la découverte de ;** → **FOUILLER, S'ENQUÉRIR.** ② *Je cherche la solution sans la trouver :* **réfléchir* à.** *Que vas-tu chercher là ?* : **imaginer*.** *Chercher midi à quatorze heures* (= chercher là où il n'y a en a pas) : **chercher la petite bête, tout compliquer** (*il complique tout*). *Où es-tu allé chercher ça ?* : [fam.] **pêcher*.** ③ [~ à] *Il cherche à vous satisfaire :* ↑ **s'évertuer, s'ingénier ;** → **AMBITIONNER, ESSAYER, TÂCHER DE, VOULOIR.**

chercheur → **SAVANT I.**

chère *Bonne chère :* → **REPAS, TABLE I.**

chèrement → **VAILLAMMENT.**

chéri ① → **CHER, ANGE.** ② *Enfant chéri :* [fam.] **chouchou ;** → **GÂTÉ.**

chérir → **AIMER.**

cherry → **LIQUEUR.**

chérubin ① → **ANGE.** ② → **ENFANT.**

chétif → **FAIBLE, RABOUGRI, RACHITIQUE.**

cheval ① *Quel beau cheval !* : [fam.] **canasson** ◆ [en langage enfantin] **dada** ◆ [fam.] **bique, bourrin, rosse, carne** (qui se disent d'un mauvais cheval) ◆ [péj.] **bidet** ◆ [rare] **haridelle** (= mauvais cheval, maigre et efflanqué) ◆ [partic., anc.] **destrier** (= cheval de bataille), **palefroi** (= cheval de cérémonie), **roussin** (= cheval de guerre et de chasse) ◆ [litt.] **coursier** (= grand et beau cheval de bataille) ; → JUMENT. ② *À cheval* : → À CALIFOURCHON*. *Être à cheval sur. Il est à cheval sur les principes* : **être strict sur, intransigeant***. *Ce weekend est à cheval sur mai et juin* : **chevaucher**. *Une fièvre de cheval* : → FORT II. *Un remède de cheval* : → EFFICACE. *Monter sur ses grands chevaux* : → COLÈRE. *Cheval de retour* : → REPRIS DE JUSTICE. *Cheval de bataille* : → IDÉE.

chevaleresque → GÉNÉREUX.

chevalet → TRÉTEAU.

chevalier ① *Un chevalier du Moyen Âge* : **paladin** (qui se disait spécialement d'un chevalier errant en quête d'aventure). ② *Chevalier d'industrie* : → ESCROC.

chevalière → ANNEAU.

chevauchée Promenade ou course à cheval : **cavalcade** (= défilé de cavaliers qui paradent en exécutant des sauts divers) ; → DÉFILÉ I.

chevaucher ① → S'ACCOUPLER. ② → EMPIÉTER.

chevelure → CHEVEU.

chevet → TABLE I, TÊTE.

cheveu ① *Elle a de beaux cheveux blonds* : **chevelure** (qui ne peut se dire que de l'ensemble des cheveux et implique, le plus souvent, que ceux-ci soient longs et fournis) ◆ [arg.] **plumes** ◆ [fam.] **tifs, tignasse, toison, crinière,** [rare] **perruque** (= chevelure). ② *Couper les cheveux en quatre* : → COMPLIQUER, DISCUTER. *S'arracher les cheveux* : → SE BATTRE. *Faire dresser les cheveux sur la tête* : → EFFROI, PEUR. *Se faire des cheveux* : → SOUCI. *Il s'en est fallu d'un cheveu, il n'a tenu qu'à un cheveu que je manque le but* (= cela a bien manqué d'arriver) : **cela n'a tenu qu'à un fil,** [fam.] **cela n'a tenu qu'à un poil.** *Tiré par les cheveux* : → SUBTIL.

cheville *Cheville ouvrière* : → ÂME, CENTRE II.

cheviller → ATTACHER I, ASSEMBLER, FIXER.

chèvre : [fam.] **bique, biquette** ◆ **chevrette** (= petite chèvre) ◆ **chevreau, cabri,** [fam.] **biquet** (= petit de la chèvre) ◆ **bouc** (qui désigne le mâle). L'adj. correspondant est **caprin.**

chevreau → CHÈVRE.

chevron → POUTRE.

chevronné → ADROIT.

chevrotant → TREMBLANT.

chevroter *Il a la voix qui chevrote* : [plus génér.] **trembler, trembloter.**

chevrotine → BALLE II.

chez → PARMI.

chez-soi → TOIT, FAMILLE, MAISON.

chiader → APPRENDRE.

chialer → PLEURER.

chiant → ENNUYEUX.

chiasse → COLIQUE, EXCRÉMENT, MERDE.

chic

I [n.m.] → ALLURE.

II [adj.] ① *Une femme chic* : **BCBG** (abrév. de *bon chic bon genre*) ; → ALLURE. *Un hôtel chic* : **sélect, de luxe, de grand standing,** [fam.] **classe** ; → COMME IL FAUT, ÉLÉGANT. ② *Un chic type* : → BON II, GENTIL I. ③ *C'est chic !* [fam.] (marque le contentement) : [fam.] **chouette, au poil** ◆ ↑ **du tonnerre, super** ◆ → EXTRAORDINAIRE.

chicane *Il passe son temps à chercher des chicanes aux autres* : **tracasserie** ◆ [rare] **chicanerie** ◆ **bisbille** (qui s'emploie surtout dans l'express. *être en bisbille avec qqn*) ; → DISPUTE, SUBTILITÉ, CONTESTATION.

◇ **chicaner** *Ce qu'elle est agaçante à chicaner ainsi sur le moindre détail !* : **ergoter, chinoiser** ◆ [plus fam.] **chipoter, pinailler** ; → MARCHANDER, CRITIQUER, DISCUTER.

◇ **chicanier** : **ergoteur, chipoteur, pinailleur** ; → EXIGEANT.

chiche ① *Il est trop chiche pour vous acheter un billet de tombola !* [vx] : [litt.] ↑ **ladre, parcimonieux** ◆ [cour.] **avare*, regardant, pingre,** ↓ **mesquin** ◆ [fam.] **chien, radin, rapiat, rat.** *Être chiche de qqch* : → AVARE, ÉCONOME. ② *Être chiche de* [+ inf. ; fam.] : **fichu,** [très fam.] **foutu** ◆ [cour.] **capable,** [abrév. fam.] **cap.**

◇ **chichement** [de chiche ①] *Avec son maigre salaire, il est obligé de vivre chichement* : **petitement, modestement*, parcimonieusement ;** → MAIGREMENT.

chichis → CÉRÉMONIES, MINAUDERIE, SIMAGRÉES, EMBARRAS.

chichiteux → MANIÉRÉ.

chicon → ENDIVE.

chicot → DENT.

chié → INCROYABLE.

chien ① *Un chien méchant* : **chienne** (qui se dit pour la femelle) ◆ **chiot** (qui se dit pour le petit) ◆ **cerbère, molosse** (qui se disent d'un redoutable chien de garde) ◆ **corniaud** (qui se dit d'un chien bâtard) ◆ [langage enfantin] **toutou** ◆ [fam.] **clebs, cabot, clébard, cador** ◆ [péj.] **roquet** (= petit chien aboyeur). ② *Une humeur de chien* : → MASSACRANT. *Un temps de chien* : → MAUVAIS I, SALE. *Avoir un mal de chien* : → MAL I. *Une vie de chien* : → MISÉRABLE. *Avoir du chien* : → ALLURE. *Chienne de* : → GARCE.

chienlit → DÉSORDRE.

chier [vulg.] ① [cour.] **faire ses besoins** ◆ [par euph.] **aller aux toilettes** ◆ [fam.] **poser culotte** ◆ [didact.] **déféquer, aller à la selle** ◆ [enfantin] **faire caca.** ② *Faire chier* : → ENNUYER. *Ça va chier* : → SE GÂTER.

chierie → ENNUYEUX.

chiffe → MOU.

chiffon ① → LINGE. ② *Parler chiffons* : → PARLER TOILETTE*.

chiffonner ① *Tu as chiffonné ta robe neuve* : [plus sout.] **froisser** ◆ [peu employé] ↓ **friper ;** → PLISSER. ② → TOURMENTER.

chiffonnier, chiffonnière → COMMODE I.

chiffrable → APPRÉCIABLE.

chiffre ① → MONOGRAMME. ② → MONTANT I, NOMBRE.

chiffré → SECRET I.

chiffrer ① → ESTIMER II. ② → CHER. ③ → CODER.

chignole → AUTOMOBILE.

chignon *Se crêper le chignon* : → SE BATTRE.

chimère → ILLUSION, MIRAGE, OMBRE.

chimérique ① [qqch est ~] → IDÉALISTE, IRRÉALISABLE, IMAGINAIRE, VAIN I. ② [qqn est ~] → RÊVEUR.

chimique *Se soigner avec des médicaments chimiques* : **de synthèse.**

chiner ① → BARIOLER. ② → TAQUINER.

chinois ① → TAMIS. ② → COMPLIQUÉ.

chinoiser → CHICANER.

chinoiserie → COMPLICATION.

chiot → CHIEN.

chiottes → CABINET II.

chiper → DÉROBER, PIQUER IV, SOUFFLER, VOLER II.

chipie → GARCE, MÉGÈRE.

chipoter ① → CHICANER. ② → MANGER I.

chipoteur → CHICANIER.

chips → FRITE.

chiqué *Tout ça, c'est du chiqué* [fam.] (= manières ou propos trompeurs qui visent à en imposer aux autres) : **bluff, cinéma, esbroufe*.** *Faire du chiqué* : → CÉRÉMONIES, MANIÈRES II.

chiquenaude Petit coup appliqué avec le doigt : [cour.] **pichenette.**

chiromancie → DIVINATION.

chiromancien → DEVIN.

chiure → EXCRÉMENT.

chnoque → FOSSILE.

choc ① → COUP I, HEURT, SECOUSSE. *État de choc* : → COMMOTIONNER. *Argument de choc* : → MASSUE. ② → COMBAT.

chochotte → MANIÉRÉ.

chocolat *Je pensais gagner mais j'ai été chocolat* [fam.] : **refait** ; → PRIVER.

chocottes → PEUR, CRAINTE.

chœur ① Groupe de personnes qui chantent à l'unisson : **chorale** (= société de musique constituée d'un ou plusieurs chœurs). ② *Cette messe comporte de très beaux chœurs* : [partic.] **choral** (qui se dit surtout pour les œuvres musicales protestantes allemandes). ③ *Chanter en chœur* : **à l'unisson** ; → ENSEMBLE.

choir → TOMBER I, S'ÉTALER. *Laisser choir* : → ABANDONNER II, LAISSER EN RADE* II.

choisir *C'est l'un ou l'autre, il faut choisir !* : **s'arrêter à, se fixer sur, décider de,** ↑ **adopter** (qui s'emploient pour les choses seulement) ◆ **retenir, sélectionner** (qui supposent que l'on choisisse une chose parmi un grand nombre d'autres ; s'emploient aussi pour les personnes) ◆ ↑ **jeter son dévolu sur** ◆ **se décider pour, opter pour, se prononcer pour** (qui s'emploient pour les solutions, des idées) ◆ **élire, désigner,** ↑ **plébisciter** (qui s'emploient surtout pour les personnes) ; → PRONONCER, EMBRASSER, CARTE II, PRÉFÉRER. *Mal choisi* : → INOPPORTUN. *Bien choisir* : **avoir la main heureuse.**

◇ **choix** ① Action de choisir ; → ALTERNATIVE. *Le choix d'un métier* : [moins adapté en ce sens] **adoption.** *Nous allons procéder au choix d'un nouveau président* : **élection** (= action de choisir en recourant à un vote) ◆ **cooptation** (= choix d'un membre nouveau dans une assemblée par ceux qui en font déjà partie) ; → VOTE, RÉFÉRENDUM. ② *Résultat de cette action. Il nous a présenté un très beau choix de livres* : **assortiment, sélection** ◆ **collection** (qui implique l'idée d'un très grand nombre de choses) ◆ **panoplie**

(en parlant d'une collection d'armes) ; → RECUEIL, ANTHOLOGIE, SÉRIE. ③ *Possibilité de choisir. Il agira selon son propre choix* : **option** ◆ [plus génér. ; au sing. en ce sens] **volonté.** ④ *C'est un morceau de choix* (= le meilleur d'une marchandise) : **de qualité** ; → BON I. *La couleur du véhicule est au choix du client* : [plus sout.] **au gré de** ; → CONVENANCE, DÉSIR.

chômage : [par euph.] **sous-emploi** ; → EMPLOI.

chômé → FÉRIÉ.

chômer → TARIR.

chômeur est souvent remplacé, par euphémisme, par **sans emploi, sans travail** ou **à la recherche d'un emploi** (souvent en attribut ou après un nom : *personne sans travail, à la recherche d'un emploi*).

chope → VERRE.

choper
① → DÉROBER, VOLER II. ② → ARRÊTER II, PRENDRE I, ATTRAPER. ③ → CONTRACTER I.

chopine → BOUTEILLE.

choquant → MALSÉANT, SCANDALEUX.

choquer ① → COMMOTIONNER. ② → DÉPLAIRE, HEURTER, SCANDALISER, RÉVOLTER.

◇ **se choquer** → S'OFFENSER DE.

choral → CHŒUR.

chorale → CHŒUR, ENSEMBLE II.

choriste → CHANTEUR, EXÉCUTANT.

chorus *Faire chorus* : → APPROUVER.

chose

I Terme très général qui renvoie à un objet ou à un concept ; peut s'employer à la place d'un très grand nombre de substantifs ; entre dans un grand nombre d'expressions. ① [génér.] *Tu as vu cette chose qu'il tient à la main ?* : [fam.] **truc, machin, bidule.** ② *Regardons les choses en face* : [dans ce contexte seulement] **réalité.** ③ *Il ne pense qu'à la chose !* : → GAUDRIOLE. ④ *Avant toute chose* : → ABORD II. *Grand-chose* : → RIEN I. *Une petite chose* : → RIEN II. *Autre chose* : → DIFFÉRENT. *La* *même chose* : → TABAC.

◇ **quelque chose** *Ce petit quelque chose qui change tout* : **rien, je-ne-sais-quoi.** *Vous prendrez bien quelque chose ?* : **boire*, manger*.** *Y être pour quelque chose* : → CONTRIBUER. *C'est quelque chose !* : → GRATINÉ.

II *Être, se sentir tout chose* : → MALADE, PENSIF.

chosifier : [didact.] **réifier.**

chou ① → ANGE, MIGNON. ② *Bête comme chou* : → SIMPLE.

choucas → CORBEAU.

chouchou → CHÉRI, FAVORI I.

chouchouter → SOIGNER II.

chouette → BEAU, BIEN II, CHIC II.

chouia *Un chouia* [fam.] : [cour.] **un peu*.**

chouiner → PLEURER.

choyer → COUVER, DORLOTER, ENTOURER, SOIGNER II.

chrétien [adj. et n.] recouvre **catholique, protestant, orthodoxe.** Souvent syn. en France de **catholique,** pour des raisons historiques. L'**Église** désigne l'ensemble des chrétiens : → FIDÈLE II.

Christ → DIEU.

christianiser → ÉVANGÉLISER.

chronique
I → ENDÉMIQUE, CONTINUEL.
II → MÉMOIRES III, ROMAN, ARTICLE.

chroniqueur ① → HISTORIEN. ② → JOURNALISTE.

chronologie → SUCCESSION.

chronomètre → MONTRE I.

chuchotement → MURMURE.

chuchoter → BRUIRE, MURMURER, SOUFFLER.

chuintement → SIFFLEMENT.

chuinter → SIFFLER.

chut → SILENCE, SE TAIRE.

chute

I Terme général désignant l'action d'une chose ou d'une personne qui tombent. ① *Faire une chute* : [fam.] **prendre une bûche** (si la chute n'est pas grave) ◆ [plus rare] **chuter** ◆ [fam.] ↑ **faire un plongeon ;** → TOMBER. ② *Une chute de pierres* : **éboulement** (*attention aux chutes de pierres, aux éboulements*). *Une chute de pluie, de neige* : [didact., génér.] **précipitation.** *La chute des feuilles* : [didact.] **défoliation.** ③ *La chute du ministère* : ↑ **renversement** ◆ [assez fam.] **culbute.** *La chute d'un empire* : ↑ **ruine ;** → DÉCLIN. *La chute d'un avion* : **crash.** ④ *La chute des prix, de la température* : ↑ **effondrement ;** → ABAISSEMENT I.

II *Une chute d'eau, les chutes du Niagara* : **saut** (qui est restreint à quelques contextes figés : *le saut du Doubs*) ◆ **cascade** (= chute ou succession de chutes d'eau) ◆ [rare] **cascatelle** (= petite cascade) ◆ ↑ **cataracte** (= chute des eaux d'un grand fleuve).

III → DÉCHET.

chuter ① → TOMBER I. ② → DESCENDRE. ③ → ÉCHOUER.

ciao → ADIEU, SALUT.

cibiche → CIGARETTE.

cible → BUT, OBJECTIF I. *Être la cible de* : → BUTTE II.

ciblé → SPÉCIALISÉ.

ciboulot → TÊTE.

cicatrice *Il avait le visage marqué de larges cicatrices* : **balafre** (= cicatrice laissée par une blessure due à une arme tranchante). *La* **cicatrisation** se dit du processus de formation d'une cicatrice ; → BLESSURE, ENTAILLE. *Laisser des cicatrices* : → TRACE.

cicerone → GUIDE.

ci-dessous → PLUS BAS*.

ci-dessus → PLUS HAUT*.

ciel

I ① *Un ciel magnifique* : [litt.] **firmament, azur** (en parlant du jour), **éther** (= ciel le plus pur), **voûte céleste**. *Bleu ciel* : → BLEU I. ② *Tomber du ciel* : → IMPRÉVU. *Ciel de lit* : → DAIS.

II *Le ciel, les cieux. Aller, être au ciel* : **paradis,** [plus génér.] **au-delà**. *Un être du ciel* : **céleste** ; → DIVIN. *Mamie est au ciel* : → MORT. *C'est le ciel qui t'envoie !* : **Dieu, la Providence**.

cierge → CHANDELLE.

cieux → CIEL II.

cigare *Fumez-vous le cigare ?* : ↓ **cigarillo** (= petit cigare) ◆ **havane** (= cigare de La Havane).

cigarette *As-tu des cigarettes ?* : [fam.] **cibiche, clope, sèche, pipe ;** → FUMÉE, MÉGOT.

cil → CILLER.

ciller : *battre des cils. Une lumière trop vive le fait ciller des yeux* : [plus cour.] **cligner**.

cime → POINTE I, SOMMET, TÊTE.

cimenter *D'avoir partagé la même angoisse devant le danger cimenta leur amitié* : **sceller ;** → AFFERMIR.

cimeterre → ÉPÉE.

cimetière Désigne couramment le lieu où l'on enterre les morts : [partic.] **nécropole** (= cimetière antique, orné de monuments, ou, sout., grand cimetière urbain) ◆ **columbarium** (= lieu où l'on place les cendres des personnes incinérées) ◆ **ossuaire** (= lieu où sont conservés les ossements humains) ◆ **catacombes** (= cavité souterraine ayant servi de sépulture) ◆ **crypte** (= caveau situé en dessous d'une église et servant de sépulture) ◆ **charnier** (= lieu où l'on a entassé des cadavres, sans sépulture) ; → TOMBE.

cinéaste Se dit aussi bien du **metteur en scène** que du **réalisateur,** parfois du **dialoguiste**. Le **producteur** n'a lui aucun rôle créatif : il assure le financement du film.

cinéma ① [abrév. cour.] **ciné** ◆ [fam.] **cinoche** ◆ **salles obscures, écran, grand écran** (qui désignent parfois, par méton., le cinéma dans son ensemble, qui fait par ailleurs partie du **monde du spectacle**) ; → FILM. ② *Faire du, son cinéma* : → AGISSEMENT, CHIQUÉ, CIRQUE, NUMÉRO. *Se faire du cinéma* : → RÊVER.

cinglant ① → CRUEL. ② → BATTANT III.

cinglé → FOU, SONNÉ.

cingler → BATTRE I et II. *Cingler vers* : → ROUTE, VOILE III.

cinoque → FOU.

cinq sec (en) → RAPIDEMENT, VITE.

cinquantenaire : [en partic.] **jubilé** (= célébration solennelle de certains cinquantenaires officiels).

cintre *Veuillez mettre votre manteau sur un cintre* : **portemanteau** (parfois employé en ce sens, désigne proprement un dispositif fixé au mur ou reposant sur un pied) ◆ **patère** (= support fixé au mur).

cintrer Rendre **courbe*** : [plus cour.] **courber** ◆ [en partic.] **couder**.

circonférence → ROND, TOUR II.

circonlocution → PÉRIPHRASE. *Sans circonlocution* : → SANS AMBAGES*.

circonscription → DIVISION.

circonscrire ① → LOCALISER. ② → CERNER.

circonspect → PRUDENT, DISCRET, RÉFLÉCHI.

circonspection → DISCRÉTION, MODÉRATION, MESURE II, PRUDENCE, SAGESSE.

circonstance *Quelles ont été les circonstances de cet événement ?* : **condition ;** → CARACTÉRISTIQUE, SITUATION II. *Un concours de circonstances* : → COÏNCIDENCE. *En cette circonstance* : → CAS, OCCASION. *Est-ce bien de circonstance ?* : → OPPORTUN, DE SAISON.

circonstancié *Je voudrais sur cet accident un rapport circonstancié* [didact.] :
[plus cour.] **détaillé** ; → PRÉCIS I.

circonvenir → SÉDUIRE, INFLUENCER.

circuit → TOUR II, VOYAGE. *Circuit de
magasins* : → CHAÎNE. *Circuit fermé* :
→ AUTARCIE.

circulaire → INSOLUBLE.

circulation → CIRCULER.

circulatoire → CIRCULATION.

circuler ① *Il ne circule qu'en voiture*
(= aller et venir, partic. dans un véhicule) : **se déplacer** ; → VOYAGER. *En ville, on
circule mal* : [plus fam.] **rouler.** ② *D'étranges nouvelles circulent en ce moment dans
la ville* : **courir, se répandre, se propager.**

◇ **circulation** ① *Des troubles de la circulation* : **circulatoire** (*des troubles circu-
latoires*). ② *Il y a maintenant dans cette
rue une circulation très dense* : **trafic ;**
→ MOUVEMENT. *Mettre en circulation* :
→ DIFFUSER. *Circulation des capitaux* :
→ ROULEMENT.

cire → ENCAUSTIQUE.

cirer → ENCAUSTIQUER.

cireux → JAUNE, VERDÂTRE.

cirque ① [par méton.] **chapiteau, grand
chapiteau.** *Le cirque fait partie du* **monde
du spectacle.** ② *Qu'est-ce que c'est que ce
cirque ?* [fam.] : **cinéma, bazar** ◆ [cour.]
chahut ; → NUMÉRO, PANTOMIME.

cisailler → COUPER.

ciseler → PARFAIRE, TRAVAILLER I.

citadelle → BASTION, FORTERESSE, CHÂ-
TEAU.

citadin → VILLE.

citation ① → APPEL. ② → EXTRAIT.

cité → VILLE.

citer ① [~ qqn] *Citer qqn en justice* :
→ APPELER I. ② [~ qqn] *Pourriez-vous me
citer quelqu'un qui aurait fait preuve de plus
de courage que lui ?* : **nommer, signaler ;**

→ INDIQUER. ③ [~ qqn] → RÉCOMPENSER.
④ [~ qqch] *Il a cité un fait digne de retenir toute notre attention* : **mentionner*,
faire état de** ◆ **rapporter** (qui implique
l'idée d'un compte rendu détaillé et précis) ◆ [terme juridique] **produire** (= citer
qqch à titre de preuve ou de justification)
◆ **alléguer, invoquer, se prévaloir de** (qui
enchérissent sur *produire*). ⑤ [~ le nom de
qqn, qqch] **nommer** ◆ **énumérer** (qui suppose qu'il y ait plusieurs noms : *citez-moi,
nommez-moi, énumérez les principaux
fleuves russes*). *Citez-moi un exemple de
sa mauvaise foi* : **donner.** *Citer un texte* :
se référer à.

citerne → RÉSERVOIR.

citoyen ① → RESSORTISSANT. ② → INDI-
VIDU. ③ [adj.] *Respecter les espaces publics,
c'est montrer un esprit citoyen* : **citoyenneté**
(*faire preuve de citoyenneté*) ◆ [plus cour.]
civique, civisme (*esprit civique, civisme*).

citoyenneté → CITOYEN, NATIONALITÉ.

citron ① → JAUNE I. ② → TÊTE.

citrouille → TÊTE.

civelle → ANGUILLE.

civière *On emporta le blessé sur une
civière* : **brancard.**

civil → AFFABLE.

civilement → AFFABLEMENT.

civilisation ① Ensemble des caractères
et des techniques des sociétés les plus
développées : **progrès** (qui est parfois
employé en ce sens). ② *Il se passionne
pour la civilisation grecque* (= traits
spécifiques d'une société) : [plus restreint]
culture (qui est parfois employé en ce
sens). *La civilisation des loisirs* : [plus res-
treint] **société.**

civilisé → ÉVOLUÉ.

civiliser ① [~ qqch] *Civiliser un pays* :
[rare, sout.] **policer.** ② [~ qqn] *J'espère que
vous parviendrez à civiliser quelque peu
cet individu bizarre* (= rendre qqn plus
raffiné dans ses manières et dans ses

mœurs) : [assez fam.] **dégrossir** ◆ [sout.] **affiner, polir ; → DÉGOURDIR.**

civilité → AFFABILITÉ, SOCIABILITÉ.
◇ **civilités** → HOMMAGE.

civique → CITOYEN, PATRIOTIQUE.

civisme → CITOYEN, PATRIOTISME.

clabaudage, clabauderie → BAVAR-DAGE.

clabauder → MÉDIRE.

claboter → MOURIR.

clair

I [adj.] ① *Avec ses larges baies, la pièce est très claire :* [moins employé en ce sens] **éclairé** ◆ ↑ **lumineux, ensoleillé** (qui se disent aussi du ciel). ② *L'eau du torrent est très claire :* ↑ **pur, limpide, transparent** ◆ [rare] ↑ **cristallin** ◆ [en partic.] **sain** (= clair et pur). ③ *Il est clair qu'a menti :* **évident, net ; → CERTAIN I, MANIFESTE.** ④ *Une écriture claire :* [en partic.] **lisible.** *Ses explications étaient suffisamment claires pour convaincre tout le monde :* **éclairant, précis, explicite** ◆ ↑ **lumineux* ; → NET, ACCESSIBLE.** ⑤ *Un esprit clair, une intelligence claire :* → **CLAIRVOYANT, SAIN.** ⑥ *Une voix claire :* **distinct, net*.** *Le timbre de sa voix est clair :* **pur*** ◆ [sout.] **argentin, cristallin.**

II [n.m.] ① *Tirer au clair :* → **ÉCLAIRCIR.** ② *Le plus clair de :* → **PARTIE I.**

III [adv.] *Parler clair :* → **FRANCHEMENT.** ⏼ *voir clair :* → **COMPRENDRE, CLAIRVOYANT.**

clairement
① → NETTEMENT, EXPLICITEMENT, LUMI-NEUSEMENT. ② → HAUTEMENT.

claire-voie → CLÔTURE.

clairière *Une clairière aérait un peu ce bois touffu :* ↓ **échappée, trouée** (qui désignent seulement un endroit où la vue se dégage).

clair-obscur → PÉNOMBRE.

clairon → TROMPETTE.

claironner → ANNONCER.

clairsemé → RARE.

clairvoyance *Tout au long de l'enquête, il a fait preuve de beaucoup de clairvoyance :* **discernement, lucidité, perspicacité, sagacité, intelligence** ◆ ↑ **pénétration** ◆ **finesse** (qui fait surtout penser à la subtilité d'un esprit qui saisit rapidement les rapports les plus éloignés des choses entre elles) ◆ [fam.] **flair, nez** (*il a du flair, du nez*) ; → **À BON ESCIENT.**
◇ **clairvoyant** : **lucide, pénétrant, fin, perspicace, intelligent** ◆ **avisé** (en parlant de qqn) ◆ **clair** (en parlant de l'esprit ou de l'intelligence de qqn).

clamer → CRIER.

clameur *Une clameur peut être une* **acclamation*** ou un **tumulte*.**

clamser → MOURIR.

clan → COTERIE, PARTI I.

clandestin → CACHÉ, SECRET I, SOUTERRAIN.

clandestinement
→ IRRÉGULIÈREMENT, SECRÈTEMENT.

clapotis *Le clapotis de l'eau au bord de la plage :* **clapotement** ◆ [express.] **flic-flac.**

claquant → FATIGANT.

claque → GIFLE.

claqué → FATIGUÉ, MOULU.

claquemurer → S'ENFERMER.

claquer ① *Les volets claquent :* → **BATTRE.** *Le drapeau claque au vent :* → **FLOTTER I.** ② *La chaîne a claqué :* → **SE ROMPRE.** *Qqn claque :* → **MOURIR.** ③ *Claquer la porte :* → **FERMER.** ④ → **FATIGUER.** ⑤ *Claquer de l'argent :* → **MANGER.** ⑥ → **GIFLER.**

clarification → ÉCLAIRCISSEMENT.

clarifier ① → DÉCANTER, PURIFIER, SOUTIRER I. ② → ÉCLAIRCIR.

clarine → CLOCHE I.

clarté ① → LUMIÈRE I, LUEUR. ② → ÉCLAT II, LIMPIDITÉ, LUMINOSITÉ, PURETÉ, TRANSPA-

RENCE. ③ → CONNAISSANCE, FLUIDITÉ (de la pensée).

clash → DÉSACCORD.

classe [adj.] → CHIC.

classe [n.f.]

I *Les programmes de télévision s'adressent à différentes classes de téléspectateurs* : **catégorie, couche** (qui s'emploient surtout en ce sens dans l'express. *couches sociales*) ♦ **sorte, espèce*** (qui s'emploie plutôt pour des animaux ou des choses). *Classe laborieuse, ouvrière* : → TRAVAILLEUR II.

II *Cette femme a beaucoup de classe* : **allure*, élégance*, distinction*** ♦ **carrure, envergure** (en parlant de qualités professionnelles) ; → TAILLE I.

III → ÉCOLE.

classement → CLASSER.

classer ① *Il faudra que nous classions tous ces papiers* (= mettre dans un certain ordre) : [plus génér.] **ranger** ♦ **hiérarchiser, sérier** (= ranger des choses selon leur nature et leur importance, pour les examiner les unes après les autres : *nous allons sérier les questions avant d'ouvrir le débat*) ; → PLACER. *Nous allons classer les jours en pairs et impairs* : **diviser, répartir** ; → ORDONNER, TRIER. ② [~ qqn] *Il a été tout de suite classé* [péj.] (= juger qqn immédiatement et définitivement) : **cataloguer**.

◇ **se classer** → SE PLACER.

◇ **classement** ① *Faire un classement* (= ranger dans un certain ordre) : [plus génér.] **rangement** ♦ **hiérarchie** (= classement selon un ordre d'importance) ♦ **classification** (= répartition en classes, en séries ; ce terme est d'emploi plus précis et plus restreint que *classement*) ♦ [didact.] **typologie** (= classification en types : *une typologie des pièces de théâtre*) ; → DISTRIBUTION. ② *Un bon classement* : → PLACE I*.

classification → CLASSEMENT.

classique ① *Les auteurs classiques, la musique classique* : [antéposé] **grand** (*la grande musique*). *Son manuel est devenu classique en ce domaine* : **incontournable**

(qui se dit de ce qu'on ne peut éviter, ici de lire). ② *Sa sœur ne porte que des vêtements classiques* : [plus partic.] **sobre*, de bon goût, BCBG** (abrév. de *bon chic bon genre*). ③ *Le geste classique* : → HABITUEL, TYPE I.

claudication → BOITEMENT.

claudiquer → BOITER.

clause → CONDITION II, DISPOSITION.

claustral → RELIGIEUX.

claustration → ISOLEMENT.

claustrer (se) → S'ENFERMER.

clé, clef ① → PRINCIPAL I. ② → SECRET, SOLUTION, CONDITION II. ③ → PRISE I.

clébard, clebs → CHIEN.

clémence → INDULGENCE.

clément → DÉBONNAIRE, INDULGENT, MAGNANIME.

clerc ① → CLERGÉ. ② → INTELLECTUEL, SAVANT.

clergé : [didact.] **clercs**, [cour.] **ecclésiastiques** (d'une Église ou d'un pays) ♦ [fam., parfois péj.] **curés**. Le *clergé* régulier est formé des **religieux***, dont certains sont **moines** ; → COMMUNAUTÉ, PRÊTRE.

cliché ① → PHOTOGRAPHIE, IMAGE, RADIO. ② → PHRASE, PONCIF, FORMULE.

client → ACHETEUR, CONSOMMATEUR, MALADE.

cligner → PAPILLOTER.

clignotant ① → VACILLANT. ② → SIGNAL.

clignoter → VACILLER.

climat → AMBIANCE, MILIEU II.

clin d'œil → ŒIL I.

clinicien → MÉDECIN.

clinique → HÔPITAL.

clinquant → BRILLANT III.

clip → FILM.

clique → COTERIE, RAMASSIS.

cliquer → APPUYER.

clivage → SÉPARATION.

cloaque ① Lieu destiné à recevoir les immondices et les eaux usées : **égout** (= conduit destiné à l'acheminement des eaux usées vers un lieu propre à les absorber) ◆ **décharge** (= lieu destiné à recevoir les ordures). ② *Par ce temps de pluie, la cour était un vrai cloaque* : [cour.] **bourbier**.

clochard → MENDIANT, VAGABOND II.

cloche

I ① *Il aimait entendre le son de la grosse cloche de la cathédrale* : **bourdon** (*... le son du bourdon de la cathédrale*) ◆ **carillon** (= ensemble de cloches accordées). ② *Pour appeler, elle agitait une petite cloche* : **clochette** ◆ **sonnette*** (= clochette utilisée pour avertir) ◆ **timbre** (= clochette fixe frappée par un marteau) ◆ **grelot** (= sonnette formée d'une boule de métal creuse dans laquelle se trouve un morceau de métal qui la fait résonner quand on l'agite) ◆ **sonnaille**, [région.] **campane**, **clarine** (= clochette attachée au cou du bétail).

II *Quelle cloche !* : → SOT, TARTE.

clocher

I *Le clocher d'une église* : **campanile** (= clocher à jours, parfois isolé de l'église) ; → TOUR I.

II → BOITER, BOITEUX.

clochette → CLOCHE I, SONNETTE.

cloison → SÉPARATION, MUR.

cloisonnement → SÉPARATION.

cloisonner → COMPARTIMENTER, SÉPARER.

cloître Désigne la partie d'un monastère interdite aux profanes ; s'emploie souvent comme syn. exact de **monastère**. Les mots **monastère** et **couvent** s'emploient aussi l'un pour l'autre pour désigner un établissement de religieux ou de religieuses appartenant à un même ordre. Les deux termes se distinguent cependant : le *couvent* implique une vie communautaire commandée par une même règle, le *monastère* une vie de retraite et de solitude. Une **chartreuse** est un couvent de chartreux, une **trappe**, un couvent de trappistes. Une **abbaye** est un monastère dirigé par un prieur. Un **béguinage** est un établissement où vivent ensemble des femmes pieuses qui se soumettent à des règles monastiques sans, cependant, avoir prononcé de vœux.

cloîtrer (se) → S'ENFERMER.

clone → COPIE.

clope → MÉGOT.

clopin-clopant → CAHIN-CAHA.

clopiner → BOITER.

clopinettes → RIEN I.

cloque → AMPOULE.

clore ① → ENCLORE, ENTOURER. ② → FERMER. ③ *Clore une affaire* : → RÉGLER II. *Clore les travaux de l'Assemblée* : **lever*** I.

clos ① → FERMÉ. ② → VIGNE.

clôture ① *Le parc était entouré par une clôture* : [génér.] **grille** (= clôture formée de barreaux de fer) ◆ **palis, palissade** (= clôture formée de pieux et de planches) ◆ **treillage** (= entrecroisement de lattes) ◆ **treillis** (= entrecroisement de fils métalliques ou de lattes) ◆ **claire-voie** (= clôture à jours). Une **haie**, un **mur***, un **grillage** peuvent aussi former clôture. La **barrière** est un assemblage de pièces de bois ou de métal fermant un passage et formant ainsi clôture. ② Action de fermer. *La clôture des magasins* : **fermeture**. *La clôture des travaux de l'Assemblée* : **levée** ◆ [plus génér.] **fin**.

clôturer → ENTOURER, ENCLORE.

clou

I ① → POINTE II. ② *Il faut traverser dans les clous* [vieilli] : **passage clouté** ◆ [cour.] **passage pour piétons, passage protégé**. ③ *Comme un clou* : → MAIGRE. *Pas un clou* : → RIEN I. *Des clous !* : → NON. *Enfoncer le clou* : → INSISTER.

cloué

II → FURONCLE.

III → AUTOMOBILE, BICYCLETTE.

cloué → IMMOBILE.

clouer → ATTACHER I, ASSEMBLER, FIXER.

clown ① *Ce que je préfère au cirque, ce sont les clowns* : [rare] **pitre** (= personnage qui, dans les foires, tente d'attirer l'attention et de divertir le public par ses bouffonneries) ; → BOUFFON. ② *Ne fais pas le clown !* : **pitre, zouave*, singe, guignol, polichinelle** ♦ [fam.] **mariole** ; → IMBÉCILE. *Mais c'est un clown, ce type !* (= personne qui n'a aucune compétence) : [fam.] **charlot, guignol** ; → INCAPABLE, PLAISANTIN.

clownerie → PITRERIE.

club → ASSOCIATION, SOCIÉTÉ II.

coach [anglic.] : **entraîneur.**

coaching → CONSEIL.

coadjuteur → AIDE I.

coaguler (se) *Le sang se coagule* [didact.] : [cour.] **se cailler** (qui se dit aussi pour le lait) ♦ **se figer** (qui se dit pour une sauce) ♦ **se grumeler** (qui se dit du lait quand il tourne) ; → SE SOLIDIFIER.

coaliser → ASSOCIER.

◇ **se coaliser** → S'ASSOCIER, S'UNIR.

coalition Se dit du **groupement**, de la **réunion** ou **alliance** provisoire de partis, puissances, gouvernements pour la poursuite d'intérêts communs. D'autres termes s'emploient dans des contextes précis : **ligue** (qui désigne une coalition d'États : *la ligue d'Augsbourg*, ou une association d'individus réunis pour la défense de mêmes intérêts politiques ou religieux : *la Ligue des droits de l'homme et du citoyen*) ♦ **bloc** (= coalition parlementaire : *le bloc des gauches*) ♦ **phalange** (= organisation paramilitaire inspirée du fascisme italien : *les phalanges fascistes*) ♦ **front** (= union de partis ou d'individus décidés à lutter ouvertement pour des intérêts communs : *le Front de libération nationale*) ; → ASSOCIATION, FÉDÉRATION, SOCIÉTÉ II.

cobaye : [cour.] **cochon d'Inde.** *Servir de cobaye* : [moins express.] **sujet d'expérience** ; → SUJET III.

cocagne → PARADIS.

cocaïne : [fam.] **coke, coco** ; → DROGUE.

cocardier → PATRIOTE.

cocasse → COMIQUE, PITTORESQUE, RISIBLE.

cocasserie → DRÔLERIE.

coche *Rater le coche* : → OCCASION.

cocher ① [v.] → POINTER I. ② [n.m.] → CONDUCTEUR.

côcher → S'ACCOUPLER.

cochon ① → PORC. ② → MALPROPRE, SALEMENT, OBSCÈNE, SALAUD, PAILLARD. *Tête de cochon* : → TÊTU. *Ben mon cochon !* : → FICHTRE.

◇ **cochon d'Inde** : → COBAYE.

cochonnaille → CHARCUTERIE.

cochonner → SABOTER.

cochonnerie ① → CAMELOTE, SALOPERIE, DÉBRIS. ② → IMPURETÉ, OBSCÉNITÉ, ORDURE*, SALETÉ*.

cochonnet → PORC.

cocktail → MÉLANGE.

coco ① → TYPE II. ② → COCAÏNE.

cocoter → PUER.

cocotte

I ① → PROSTITUÉE. ② *Oui, ma cocotte !* : → POULET.

II → MARMITE.

cocu → INFIDÉLITÉ, TROMPER, TRAHIR.

cocufier → INFIDÉLITÉ, TROMPER.

code → RÈGLEMENT I.

coder *Coder un message* : **mettre en code** ♦ [plus rare] **chiffrer, crypter.**

codicille → ADDITION I.

codifier → RÉGLEMENTER.

coefficient → POURCENTAGE, MARGE.

coéquipier → PARTENAIRE.

coercitif → OPPRESSIF.

coercition → CONTRAINTE.

cœur

I ① [organe] : [fam., vieilli] **palpitant.** *Une maladie de cœur* : **cardiaque.** *Les battements du cœur* : **pulsation** ◆ [didact.] **systole** (= contraction), **diastole** (= dilatation) ◆ **palpitations** (= battements accélérés), **arythmie** (= inégalité du rythme cardiaque). ② *Mal au cœur* : **avoir des haut-le-cœur ;** → VOMIR. *Cela me lève le cœur* : **écœurer, dégoûter ;** → CHAVIRER. ③ *Au cœur de* : → CENTRE II, PROFOND I, SEIN, FOND. *Au cœur de l'été* : **au plus fort de.**

II ① [siège des sentiments] → SENSIBILITÉ. *Faire battre le cœur* : **émouvoir*.** *Aimer de tout son cœur* : **âme* ;** → ENTRAILLES, ÊTRE I. *De gaieté de cœur, de bon cœur* : → VOLONTIERS, GAIEMENT. *Avec beaucoup de cœur* : → ENTHOUSIASME. *Tenir à cœur* : → IMPORTANT. *À cœur ouvert* : → FRANCHEMENT. *Cela vient du cœur* : → SPONTANÉ. ② *Un homme* **bon*** *est parfois nommé un cœur d'or, on dit qu'il a bon cœur, qu'il est* **généreux.** ③ *Bourreau des cœurs* : → SÉDUCTEUR. ④ *Mon petit cœur* : → ANGE. ⑤ *Par cœur* : → SUR LE BOUT DES DOIGTS*.

coexistence ① → SIMULTANÉITÉ. ② → ENTENTE.

coffre ① *Petit coffre* : **coffret ;** → BOÎTE I. *Un joli coffre ancien leur sert de meuble de télévision* : [en partic.] **pétrin, huche, maie.** *Le coffre d'une voiture* : **malle arrière.** ② *Avoir du coffre* : → SOUFFLE.

coffrer → EMPRISONNER.

coffret → BOÎTE I, COFFRE.

cogitation → RÉFLEXION.

cogiter → PENSER I.

cogne → POLICIER, GENDARME.

cognée → HACHE.

cogner ① → BATTRE I, FRAPPER, TAPER. ② → TRAVAILLER I.

◇ **se cogner** → SE HEURTER.

cohabitation ① La *cohabitation* à plusieurs personnes dans un logement étroit impose la **promiscuité.** ② Se dit du fait d'habiter ensemble, en partic. pour un couple non marié. Le **concubinage** implique une liaison stable, ce que ne suppose pas forcément le fait de cohabiter ; → COUPLE, UNION ③, ENTENTE.

cohabiter → COHABITATION, EN COMMUN*, VIVRE II, COUPLE.

cohérence, cohésion Ces deux termes ont ce sens général de « force qui unit les parties d'un tout ; résultat de cette union ». Mais l'un s'applique plutôt aux idées, l'autre aux groupements humains (*la cohérence d'un discours, d'une démonstration, d'un exposé ; la cohésion d'une équipe, d'une communauté*) : **homogénéité ;** → LIAISON II, UNITÉ. *La cohérence d'un raisonnement* : **logique* ;** → VALIDITÉ.

cohérent *Un ensemble cohérent* : **homogène ;** → HARMONIEUX, SUIVI.

cohésion → COHÉRENCE.

cohorte → TROUPE I.

cohue → FOULE.

coi → MUET.

coiffer ① *Elle se fait coiffer par sa sœur* (= arranger les cheveux de manière qu'ils soient disposés avec art) : **peigner** (= coiffer avec un peigne). ② *C'est lui qui coiffe toute l'organisation* (= exercer son autorité sur) : **chapeauter** ◆ [cour.] **superviser** ◆ [plus génér.] **diriger*.** ③ → DÉPASSER.

◇ **se coiffer de** → S'AMOURACHER.

◇ **coiffeur** [fam., plais.] coupe-tifs.

coiffure Terme général désignant ce qui sert à couvrir la tête ou à l'orner : [vx, par plais.] **couvre-chef** ◆ [génér.] **chapeau** (= coiffure plutôt rigide) ◆ **bonnet, coiffe** (qui désignent des coiffures souples) ◆ [arg.] **galurin, galure** (= chapeau) ; → TOQUE.

coin ① *Le coin d'un mur* : → ANGLE. *Nous avons visité en vain tous les coins du grenier* : ↑ **recoin** (qui désigne un endroit plus retiré encore, presque introuvable : *les coins et les recoins de*). ② *Lieu retiré* (souvent par oppos. à *ville*). *Nous connaissons un petit coin tranquille au bord de l'Indre* : [moins express.] **endroit ;** → PAYS I, TROU. *Le bistrot du coin* : **quartier ;** → SECTEUR. ③ *Le coin des lèvres* : [plus rare] **commissure.** *Un regard en coin* : **torve.** ④ *Les petits coins* : → CABINET II. ⑤ *En boucher un coin* : → ÉTONNER.

coincé ① → COINCER. ② → RAIDE.

coincer ① *Ils ont coincé la porte avec une cale de bois* : **bloquer, immobiliser ;** → FIXER. *Coincer la queue du chat* : → PINCER. ② *Il y avait tant de monde que j'ai été coincé à la gare* [fam.] : [fam.] **bloquer,** [cour.] **retenir ;** → PLAQUER, SERRER. ③ → PRENDRE I.

coïncidence ① → SIMULTANÉITÉ. ② *Nous nous sommes rencontrés par une coïncidence extraordinaire* : **hasard, concours de circonstances ;** → RENCONTRE.

coïncider → CONCORDER, SE REJOINDRE.

coït → ACTE SEXUEL*.

coke → COCAÏNE.

col

I → COU.

II *Les grands cols des Alpes* : **pas, port** (qui désignent certains cols des Pyrénées) ◆ **défilé** (= couloir montagneux très resserré) ◆ **gorge** (= vallée majestueuse, étroite et encaissée, parcourue par un torrent) ◆ **canyon** (= gorge profonde et creusée dans la montagne : *les canyons du Colorado*).

III *Faux col* : → MOUSSE I.

colère *Il était défiguré par la colère* : [très sout.] **courroux** ◆ ↓ **irritation ;** → FUREUR, MÉCONTENTEMENT, AIGREUR, AGACEMENT.

◇ **être en colère** : [plus sout.] **irrité** ◆ ↑ **en rage,** ↑ **furieux*,** ↑ **hors de soi** ◆ ↑ **fulminer*** ◆ [fam.] **être en rogne, monter sur ses grands chevaux** ◆ [fam.] **bisquer, fumer, maronner ;** → S'IRRITER, ÊTRE EN BOULE*, HUMEUR, S'EMPORTER.

◇ **mettre en colère** : [très sout.] **courroucer ;** → IRRITER.

◇ **se mettre en colère** *Elle se met vite en colère* : **s'enflammer,** [plus sout.] **s'irriter*** ◆ [fam.] **être soupe au lait** ◆ [fam.] **voir rouge** (= se mettre soudain en colère) ; → SE METTRE EN BOULE*, SE CABRER, SE MONTER, S'EMPORTER, S'IMPATIENTER.

◇ **coléreux, colérique** *Il est d'un tempérament très coléreux* : **irritable** ◆ [plus génér.] **agressif** ◆ [plus rare] **irascible, emporté** ◆ ↑ **violent** ◆ [fam.] **être soupe* au lait, avoir la tête près du bonnet*, avoir le sang chaud ;** → ACARIÂTRE, SUSCEPTIBLE, RAGEUR.

colifichet → BABIOLE, FRIVOLITÉS.

colimaçon → ESCARGOT.

colique ① *Il a la colique* : **diarrhée** ◆ [par euph.] **dérangement** (seulement avec l'article indéfini : *il a un dérangement, il est dérangé*) ◆ [très fam.] **chiasse, foire, courante** ◆ **turista** (qui infecte les touristes des pays chauds). ② → PEUR. ③ *Quelle colique !* : → DOMMAGE.

colis → PAQUET.

collaborateur → COLLABORER.

collaboration → ASSOCIATION, PARTICIPATION, SERVICE II.

collaborer *Voici des années qu'il collabore à nos activités* (= travailler de concert avec qqn à qqch) : [plus génér.] **coopérer à, participer à** (que l'on pourra employer dans ce contexte, mais *collaborer* reste le terme propre) ◆ **seconder** (= être le proche collaborateur de qqn) ; → S'ASSOCIER, AIDER, PARTICIPER.

◇ **collaborateur** *Je vous présente notre collaborateur* (= celui qui travaille avec qqn à une entreprise commune) ◆ **associé** (qui implique souvent que l'entreprise est de caractère industriel ou commercial) ◆ **alter ego** (qui se dit du collaborateur le plus proche, considéré comme un « autre soi-même ») ; → SECOND II, COLLÈGUE, AIDE.

collage → UNION LIBRE*.

collant ① *Je voudrais du papier collant* : **adhésif.** *Avoir les mains collantes* : → GLUANT. ② *Elle portait une robe très collante* : **ajusté, moulant.** ③ *Ce qu'il peut être collant !* [fam.] : [fam.] **tannant, poison, crampon, casse-pieds** ♦ [très fam.] **enquiquinant** ♦ [vulg.] **emmerdant** ♦ [cour.] **agaçant, assommant** ♦ [sout.] **importun** ♦ [cour.] ↓ **envahissant.** *Elle est collante* : **toujours pendue à mes basques ;** → SANGSUE, EMPOISONNEUR, GÊNEUR. ④ [n. m.] *Elle portait un collant* : → BAS V.

collatéral → PARENT.

collation *Il est 16 heures : c'est l'heure de la collation* (= léger repas pris dans l'après-midi, généralement par les enfants) : [plus cour.] **goûter** ♦ [fam.] **quatre heures** ♦ [partic., pour les adultes] **thé** ♦ [fam., plus génér.] **casse-croûte ;** → EN-CAS.

collationner → VÉRIFIER.

colle
I *Il me faudrait de la colle pour unir ces morceaux de bois* : **poix, glu** (qui sont des sortes particulières de colle).
II ① *Là, vous me posez une colle !* : **question difficile ;** → ÉNIGME. ② *Il a attrapé deux heures de colle* [arg. scol.] : [cour.] **consigne, retenue.** ⊠

collecte → QUÊTE.

collecter → RAMASSER, RÉCOLTER, RÉUNIR.

collecteur → CONDUITE I.

collectif ① [adj.] → COMMUN I. ② [n.m.] → ASSOCIATION.

collection → CHOIX, SÉRIE.

collectionner → RASSEMBLER.

collectionneur → AMATEUR.

collectivement → COMMUN I.

collectivisme Doctrine selon laquelle les moyens de production d'une société doivent être mis en commun, au profit de la collectivité. Le **communisme** et le **socialisme*** sont des formes partic. et distinctes de *collectivisme* : en France, le premier terme désigne un système social

inspiré de la réflexion marxiste, le second un système social qui n'est ni libéral ni communiste. Le **bolchevisme** désigne la doctrine adoptée en Russie en 1917 par ceux qui étaient partisans du communisme intégral.

collectivité → COMMUNAUTÉ II, SOCIÉTÉ I.

collège ① → ÉCOLE, ÉTABLISSEMENT II. ② → COMPAGNIE I.

collégiale → ÉGLISE.

collégien → ÉCOLIER.

collègue *Je vous présente notre nouveau collègue* : **confrère, consœur** (qui se disent en ce sens en parlant des professions libérales) ; → COLLABORATEUR.

coller ① → ADHÉRER I, ASSEMBLER, PLAQUER, FIXER. ② → AJOURNER, REFUSER. ③ *Ça colle* : → ALLER III. ④ *Coller une gifle* : → ALLONGER, DONNER, METTRE.

collet ① *Collet monté* : **guindé** (*ils sont beaucoup trop collet monté, guindés pour que je les fréquente*) ; → AFFECTÉ, RAIDE. ② *Mettre la main au collet* : → PRENDRE I. ③ *Il allait chaque soir poser des collets à l'orée du bois* : [plus génér.] **piège*** ♦ [plus rare] **lacets, lacs.**

colleter (se) → SE DÉBATTRE.

collier ① *Elle portait un superbe collier de diamants* : [plus partic.] **rivière de diamants** ♦ **sautoir, chaîne, rang de perles** (qui sont des types de colliers). ② → BARBE. ③ *Donner un coup de collier* : → TRAVAILLER I.

collimateur *Avoir qqn dans le collimateur* : → SURVEILLER.

colline Élévation douce de terrain, définie par rapport à une plaine : [plus génér.] **hauteur** (qui se rapporte aussi bien à une région montagneuse) ♦ [rare] **éminence** (= élévation de terrain généralement isolée) ♦ ↓ **coteau** (= petite colline) ♦ **côte, haut** (dont l'emploi est restreint à quelques contextes partic. : *les côtes du Rhône ; les Hauts de Hurlevent*) ; → MONTAGNE, BUTTE I.

collision → ACCIDENT, HEURT.

colloque Assemblée plus restreinte qu'un **congrès,** plus large qu'une **table ronde** ◆ **forum** se dit d'une vaste **réunion*** sur une grande question, avec des **carrefours** ou débats d'idées : *un forum sur les métiers* ◆ [didact.] **symposium** se dit d'une réunion d'experts sur une question scientifique particulière ; → RENCONTRE.

collusion → ACCORD I.

colmater → BOUCHER.

colocation → COMMUN I.

colombe → PIGEON.

colombier → PIGEONNIER.

colonel : [abrév. fam.] **colon.**

colonialisme → COLONISATION, IMPÉRIA-LISME.

colonialiste → IMPÉRIALISTE.

colonie → GROUPE.

colonisation se dit du fait d'occuper un territoire pour son exploitation, **colonialisme,** de la doctrine qui le justifie, de même que [plus génér.] **impérialisme.**

coloniser → OCCUPER I.

colonnade → COLONNE I.

colonne

I *L'édifice était soutenu par de magnifiques colonnes* : **pilier** (ces deux termes s'emploient souvent l'un pour l'autre ; on notera cependant qu'une *colonne* est généralement de forme cylindrique, alors que le *pilier* peut l'être ou non et que certains contextes exigent l'un ou l'autre : *les piliers d'une cathédrale, les colonnes d'un temple grec*) ◆ **pilastre** (= pilier adossé à la façade d'un édifice ou engagé dans un mur) ◆ **contrefort** (= pilier ou mur servant d'appui à un autre mur qui supporte une charge) ◆ **colonnade** (= file de colonnes formant un ensemble architectural).

II → FILE.

III *Colonne vertébrale* peut avoir pour syn. **épine dorsale** (notamment dans les emplois figurés : *cet axiome forme la colonne vertébrale, l'épine dorsale de sa théorie*) ; → BASE I. Au sens propre, *colonne vertébrale* est le plus couramment employé ; *épine dorsale* se dit exactement de la saillie longitudinale que forme, au milieu du dos, la suite des apophyses de la colonne vertébrale. Le mot **échine** ne s'emploie que dans quelques contextes : *courber l'échine.*

colorant, coloration → COULEUR, TEINTURE.

coloré, colorer → COULEUR.

colorier → COLORER.

coloris, colorisation → COULEUR.

coloriser → COLORER.

colossal Cet adj. est d'emploi très général et n'admet guère, comme syn. constants, que **gigantesque,** [de sens très vague] **extraordinaire** et [antéposé] ↓ **grand*.** Ses autres syn. se répartissent selon les contextes. *Des efforts colossaux* : [sout.] **herculéen, titanesque** ◆ [antéposé] ↓ **grand*** *Un édifice colossal* : [sout.] **babylonien.** *Une fortune colossale* : **fabuleux, fantastique, monumental** ◆ ↓ **énorme ;** → DÉMESURÉ, IMMENSE, MONSTRE.

colosse Homme de haute stature : **hercule** ◆ **géant** (qui évoque plutôt la taille que la force apparente).

colporter → PROPAGER, RÉPANDRE.

colporteur → AMBULANT.

colt → REVOLVER.

coltiner → PORTER I.
◇ **se coltiner** → S'ENVOYER, S'ENFILER.

coma → DÉFAILLANCE.

combat, combatif, combativité, combattant → COMBATTRE.

combattre On pourra éventuellement employer **se battre* contre, batailler contre, lutter contre, faire la guerre à** comme syn. de ce verbe, qui reste le plus précis en tous contextes : → GUERROYER.

◇ **combat** ① *Le combat avait été rude* (= en
ce sens, phase d'une bataille) : [arg. mil.]
baroud ◆ [plus génér.] **bataille** (qui suppose
des préparatifs, une action concertée)
◆ **engagement** (= combat localisé et de
courte durée) ◆ [par méton.] **choc, mêlée,
rencontre,** [sout.] **action** ◆ [plus génér.] ↓ **affrontement** ; → ASSAUT, CARNAGE, GUERRE.
Combat de rue : → ÉMEUTE. ② *Certains ont
engagé le combat contre la pornographie* :
lutte* ◆ ↑ **guerre** ; → BAGARRE.

◇ **combatif** *Son tempérament combatif lui a
servi dans son métier* : **batailleur, bagarreur**
◆ [péj.] **agressif, belliqueux** ◆ [arg. mil.]
baroudeur ; → ACCROCHEUR, BATTANT II.

◇ **combattant** ① → SOLDAT. ② *Il tentait vainement de séparer les combattants*
(= personne qui se bat, généralement
à coups de poing) : **adversaire** ◆ [sout.]
antagoniste.

◇ **combativité** ① *Il faudra veiller à entretenir la combativité de notre troupe* : [plus
génér.] **moral.** ② *Les techniques de vente
reposent en partie sur la combativité* :
↓ **émulation*** ◆ ↑ **agressivité.**

combe → VALLÉE.

combien ① *Combien de* : → QUE. ② *Ô
combien* : → TRÈS.

combinaison → COMBINER.

combinard → CALCULATEUR, MALIN.

combine → COMBINAISON, MOYEN II,
COUP III, SYSTÈME, TRUC.

combiner ① Disposer des choses
ensemble afin d'obtenir un certain résultat. *Il a combiné les couleurs de manière
à obtenir un ensemble harmonieux* : **associer, assembler, unir, arranger** ; → MÊLER,
MARIER II. *L'architecte a bien combiné
les pièces de cet appartement* : **disposer.**
*Combiner les idées d'un discours de façon
pertinente* : **distribuer*, ordonner.** ② *Il a
tout combiné pour que nous passions d'ex-
cellentes vacances* (= organiser selon un
plan précis) : **arranger*, calculer, organiser**
◆ [sout.] **concevoir** ◆ [très fam.] **goupiller** ;
→ COORDONNER. *Combiner un complot* :
comploter* ; → MONTER II, PRÉPARER.

Qu'est-ce qu'il a encore combiné ? : [fam.]
manigancer, magouiller*.

◇ **combinaison** ① [de combiner ①] : **association, assemblage, union, arrangement,
disposition, mariage** ; → SYNTHÈSE,
DISTRIBUTION. ② [de combiner ②] : [abrév.
fam.] **combine.** *As-tu une combinaison, une
combine pour sortir de là ?* : → MOYEN II.
*Il trempe dans toutes les combinaisons,
combines politiques* : **manœuvres** ◆ [fam.]
cuisine, manigance, magouille ◆ [en partic.]
copinage ; → AGISSEMENTS. ③ → COTTE.

comble

I [n.m.] ① *Il est au comble de la gloire* :
sommet, faîte ◆ [rare] **summum** ◆ **apogée,
zénith** (qui ne s'emploient guère avec un
compl. de n. : on les emploie seuls, généralement avec un adj. poss., le contexte
précisant ce dont ces termes expriment
le degré : *il est à son apogée, à son zénith*).
Tous les termes précédents ne s'emploient comme syn. de *comble* que dans
l'express. *au comble de* + n., renvoyant à
une abstraction « bénéfique » (*au comble
de la gloire, du triomphe, du bonheur, de
la fortune*). Dans des contextes comme *le
comble du ridicule, de la sottise*, seul **sommet** convient (le plus souvent au pl. : *dans
la sottise, il atteint des sommets !*). ② *C'est
un comble !* : **c'est trop fort** ◆ [fam.] **c'est
le bouquet, on aura tout vu** ◆ [fam.] **c'est
la fin de tout, c'est la fin des haricots** (qui
s'emploient pour marquer l'expression
du désastre) ◆ ↓ **il ne manquait plus que
cela, c'est la meilleure** ; → SUFFIRE, VOIR.

II [n.m.] ① *Les combles* : → GRENIER,
MANSARDE. ② *De fond en comble* : **complè-
tement*, de haut en bas, entièrement.**

III [adj.] ① *Le spectacle est de qualité :
la salle est comble* : ↓ **plein** ◆ **complet,**
[assez fam.] **bondé,** [fam.] **bourré** (qui
s'emploie surtout en parlant des véhicules : *l'autobus est comble, complet, bondé,
bourré*) ; → SURCHARGÉ. ② *La mesure est
comble !* [sout.] : [cour.] **ça suffit, il y en a
assez,** [fam.] **il y en a marre.**

comblé → SATISFAIT.

combler ① [~ qqn] → ACCABLER II,
GÂTER II, PLAIRE I, RASSASIER, SATISFAIRE,
CONTENTER, ENTOURER. ② [~ qqch] *Combler*

une ornière : **boucher*** (qui se dit plutôt d'un trou, d'un orifice). *Combler un retard* : → RATTRAPER II.

combustion Terme courant pour dire que qqch brûle sous l'action du feu. L'**ignition,** ou état des corps en combustion, et la **calcination,** ou destruction totale de qqch que l'on soumet à une très haute température, sont des termes savants.

come-back → RETOUR* EN VOGUE, RETROUVER.

comédie ① *Aimez-vous la comédie ?* : [plus partic.] **comédie de boulevard, vaudeville, farce ;** → PANTOMIME, PIÈCE II, THÉÂTRE. ② *Son chagrin, c'est de la comédie* : **simulation ♦ bluff, frime ♦** [plus sout.] **affectation* ;** → DISSIMULATION, CHIQUÉ, CIRQUE. *Jouer la comédie* : → MENTIR. ③ *Cet enfant fait des comédies pour manger* : **caprice* ♦** [plus neutre] **difficulté.** ④ *Il a fait toute une comédie parce que nous étions en retard* [au sing.] : **histoire, scène, vie, affaire.**

◇ **comédien** ① → ACTEUR. ② *Il a prétendu qu'il n'avait pas d'argent ? Quel comédien !* : [péj.] **hypocrite ♦** [fam.] **farceur ;** → MENTEUR.

comestibles → DENRÉE.

comique

I [adj.] Qui provoque le rire. ① Évoque un rire plein de franche gaieté. *Il avait toujours une histoire comique à vous raconter* : ↓ **plaisant ♦** ↑ **désopilant ♦** [rare] **hilarant, inénarrable ♦** [assez fam.] **impayable ♦ cocasse** (qui évoque en outre l'idée d'étrangeté) ; → AMUSANT. ② Évoque un rire un peu grinçant, critique. *Son attitude est vraiment trop comique* : **risible ♦** ↑ **bouffon, burlesque ;** → CARICATURAL, RIDICULE. ③ Dans son sens général, ce mot a de très nombreux syn. de la langue fam. ou très fam. : **poilant, roulant, tordant ;** → AMUSANT.

II [n.m.] → DRÔLERIE.

comité → ASSOCIATION.

commande (de) *Il avait, comme à l'habitude, un sourire de commande* (= qui n'est pas sincère) : **affecté* ♦** ↑ **faux**

♦ **feint, simulé** (qui ont le même sens, mais ne conviennent pas à tous les contextes et s'adaptent mal à notre ex.) ; → AMBIGU.

commandement → COMMANDER.

commander

I ① [qqn ~ qqn] *Je n'aime pas qu'on me commande !* : **donner des ordres ♦ dire à qqn ce qu'il a à faire.** *Ici, c'est elle qui commande !* : [fam.] **mener la barque, porter la culotte ;** → FAIRE LA LOI*. *Un chef doit commander ses troupes* : **mener* ;** → DIRIGER I, DOMINER, AVOIR LA HAUTE MAIN, CHEF. ② [qqch ~ qqch] *La situation commande une grande prudence* : **exiger, imposer, obliger, contraindre à ;** → APPELER I, INSPIRER II, CONDITIONNER I.

II ① [qqn ~ à qqn de, que] *Il lui a commandé de ne pas sortir* : **ordonner ♦** ↑ **imposer ♦ prescrire** (= donner un ordre précis, détaillé : *le médecin lui a prescrit un régime très strict*) **♦** [sout.] **enjoindre ♦** [sout., langue juridique] ↑ **sommer, mettre en demeure de** (*il l'a sommé de déposer son arme*) ; → DEMANDER. ② [qqn ~ à qqch] *C'est un homme qui sait commander à ses passions* [sout.] : [plus cour., compl. direct] **maîtriser ♦ gouverner,** ↑ **réprimer.**

◇ **commandement** ① [de commander I] *C'est lui qui, depuis deux mois, exerce le commandement* [au sing.] (= droit de commander) : **autorité*, pouvoir ♦** [pl. en ce sens] **responsabilités.** *Le haut commandement* : **état-major.** ② [de commander II, ①] *Vous devez obéir à ses commandements* [sing. ou pl.] : [plus mod.] **ordre, prescription, injonction, mise en demeure, sommation ♦** ↓ **recommandation ;** → DEMANDE. ③ *Il s'agit d'obéir aux commandements de notre morale* (qui s'emploie en parlant d'une règle de conduite morale ou religieuse) : **loi, précepte, règle, prescription ♦** [plus génér.] **devoir.** *Les dix commandements* : → TABLE II.

commanditaire → SPONSOR.

commanditer → FINANCER, SPONSORISER.

commando → DÉTACHEMENT, UNITÉ.

comme

I [~ + phrase ou groupe nominal] Adv. ou

conj. de grande fréquence, de sens et d'emplois divers. La répartition adoptée ici tient compte de l'élément introduit par *comme.* ① *Il nage comme un poisson* : → AINSI QUE, TEL II. ② *La nuit est tombée comme il arrivait au sommet* : → LORSQUE. ③ *Comme tu as été sage, nous irons au cinéma* : → PUISQUE. ④ *Comme il fait beau aujourd'hui !* [adv. exclam.] : **que*, ce que.**

II [~ + n.] ① *Il est entré ici comme chef du personnel* : **en tant que, en qualité de.** *Il vaut mieux l'avoir comme ami que comme ennemi* : **pour.** ② *Nous avons entendu comme un bruit de marteau* : [moins sout.] **une sorte de** ◆ [fam.] **comme qui dirait.**

III [~ + adj. ou participe passé] *Il était comme vexé par son attitude* : **pour ainsi dire.**

◇ **comme ça** *Je n'ai jamais vu une femme comme ça* [assez fam.] : [cour.] **pareil, semblable.** *Alors, comme ça, vous nous quittez ?* : [sout.] **ainsi donc** (*ainsi donc, vous nous quittez ?*). *Il ne faut pas mentir comme ça !* : → AINSI II.

◇ **comme il faut** *Veux-tu manger comme il faut !* : [plus sout.] **convenablement, correctement.** *C'est une femme très comme il faut* : **bien, distingué, respectable** ; → CHIC, CONVENABLE.

◇ **c'est tout comme** : → PAREIL I.

◇ **comme tout** : → TRÈS.

commémoration → CÉLÉBRATION.

commémorer → FÊTER, MARQUER.

commencement → COMMENCER.

commencer ① [~ qqch] *Commencer un travail* : [plus fam.] **se mettre à** ◆ ↓ **ébaucher, amorcer*** ◆ **entreprendre** (qui est soit plus sout., soit de sens plus fort, et s'emploie alors en parlant d'un travail important) ◆ **attaquer, s'attaquer à** (= commencer avec fougue, avec ardeur) ; → SE LANCER* DANS. *Tu vois bien que ce pain est déjà commencé !* [fam.] : **entamer.** *Commencer un sourire* : **ébaucher, esquisser.** *Commencer un débat* : **engager, ouvrir, entamer.** *Commencer le combat* : **engager.** *Commencer les hostilités* : **déclencher.** *Nous commençons aujourd'hui notre nouveau programme* : **inaugurer.** *Commencer à temps* : **s'y prendre** ; → COMMENCEMENT. ② [qqn ~] → APPRENTISSAGE. ③ [qqch ~] *Le spectacle commence à 20 heures* : **débuter** ; → PARTIR II. *Le feu a commencé dans les combles* : → NAISSANCE. *C'est ici que notre bonheur a commencé* : **naître*, voir le jour.** *Une affaire mal commencée* : → PARTIR I. ④ [qqch, qqn ~ à] *Il commence à m'énerver* : → FINIR.

◇ **commencement** ① [en tous contextes] : **début.** *Le commencement du jour* : **aube, aurore** (ces deux termes s'employant par cliché dans d'autres contextes de langue soutenue : *l'aurore d'une nation, l'aube d'un amour*) ; → NAISSANCE. *Le commencement de l'été* : **arrivée*, apparition** ◆ [sout.] **prémices** ; → SEUIL. *Le commencement des pourparlers* : **ouverture*.** *Le commencement d'une bataille* : **déclenchement.** *Le commencement de l'Univers* : → ORIGINE, CRÉATION. *Le commencement d'une fortune* : **départ, démarrage** ; → EMBRYON. *Le commencement d'une crise* : ↓ **signes avant-coureurs** ; → PRÉLIMINAIRE. *Le commencement dans la vie* : **premiers pas.** *Le commencement d'une négociation* : **amorce*, premiers jalons.** ② *Au commencement* : → INITIALEMENT, D'ABORD.

commensal → CONVIVE.

comment ① *Comment vous y prendrez-vous ?* : **de quelle façon, manière** ; → À QUELLE SAUCE*. ② [adv. d'interrogation] *Comment ?* : [fam.] **hein, quoi** ◆ [sout.] **pardon** ◆ [vieilli] **plaît-il ?** ③ [adv. d'exclamation] *Comment ! il a osé te calomnier !* : **quoi.** *Tu lui as dit cela ? - Et comment, mais comment donc !* : [cour.] **bien sûr, cela va de soi, certainement, évidemment, naturellement.**

commentaire → REMARQUE, EXPLICATION, PARAPHRASE.

commentateur → INTERPRÈTE, CRITIQUE II.

commenter → EXPLIQUER, INTERPRÉTER.

commérages → BAVARDAGE, MÉDISANCE.

commerçant Personne qui fait du **commerce*** et qui dispose généralement d'un magasin : [génér.] **négociant** ◆ [plus partic.] **importateur, exportateur, distri-**

buteur ◆ **débitant** (*de boissons, de tabac*) ◆ [péj.] **margoulin, mercanti,** ↑ **trafiquant** (= commerçants malhonnêtes) ◆ **grossiste** (qui s'emploie par opp. à **détaillant**) ◆ **marchand** (qui n'implique pas l'idée de vente en magasin ; souvent précisé par un compl. : *un marchand de légumes*) ; → FOURNISSEUR, VENDEUR.

commerce

I ① *Le commerce des vins est-il rentable ?* : [vieilli] **négoce** (= commerce important de gros ou de demi-gros) ◆ [péj.] **trafic.** Le *commerce* comprend l'**achat** et la **vente.** *Le commerce international* comprend l'**importation** et l'**exportation**, parfois réunies dans l'**import-export.** On distingue encore la **grande distribution** et le **petit commerce.** *Le commerce des esclaves* : → TRAITE. ② Un *fonds de commerce* peut être un **petit commerce,** une **grande surface** : **supermarché** ou **hypermarché,** une **moyenne surface** : **supérette** ; → CENTRE COMMERCIAL*, MAGASIN, AFFAIRE. ③ *Être dans le commerce* : → COMMERÇANT, INTERMÉDIAIRE. *Représentant de commerce* : → REPRÉSENTANT.

II → FRÉQUENTATION, RAPPORT III.

commercial

Qui se rapporte au **commerce***. *Un centre commercial* : [en partic.] **galerie, halle.** *Valeur commerciale* : → MARCHAND.

commercialisation → VENTE.

commercialiser → VENDRE.

commère → BAVARD.

commettre

① → ACCOMPLIR. ② → COMPROMETTRE. ③ → NOMMER II, PRÉPOSER*.

◇ **se commettre** *Elle se commet avec des voisins peu fréquentables* [sout.] : [cour.] **se compromettre** ; → FRÉQUENTER.

comminatoire → MENAÇANT.

commis → EMPLOYÉ.

commisération → PITIÉ.

commission

I *Ce représentant de commerce n'est payé qu'à la commission* (= gain proportionnel aux ventes réalisées) : **courtage** (= commission perçue par un courtier) ◆ **remise** (= commission perçue par un placier). Le **pot-de-vin** est une *commission* secrète, illicite ; → GRATIFICATION, SALAIRE.

II [pl.] *Elle fait des commissions en ville* : **courses** ◆ [anglic., sing.] **shopping** ◆ [fam.] **lèche-vitrines** ◆ [plus rare] **emplettes** ◆ **provisions*** (= courses nécessaires à la vie quotidienne). *Je lui ferai la commission* : → MESSAGE.

III *Commission* et **comité** sont de sens très proches mais se distinguent selon les contextes (*un comité des sages ; une commission parlementaire*). Une *commission* comprend parfois des **sous-commissions.**

commissionnaire → MESSAGER I.

commissure → COIN.

commode

I [n.f.] *Une commode Louis XV* : **chiffonnier, chiffonnière** (= petite commode).

II [adj.] ① *Avez-vous des moyens de transport commodes pour venir jusqu'ici ?* : **pratique.** *Un accès commode* : → AISÉ. *Commode à manier* : **maniable.** *C'est un logement très commode* : [plus précis] **logeable, spacieux, fonctionnel,** ↓ **vivable.** ② *Crois-tu que c'est commode de lui parler ?* : **facile** ; → SIMPLE.

◇ **pas commode** ① [en parlant de qqn] *Son voisin n'est pas commode* : **désagréable*.** *Son père n'est pas commode* : **sévère*.** ② [en parlant de qqch] *Les sujets du concours n'étaient pas commodes cette année* : **difficile*.**

◇ **commodément** *Il était commodément assis dans son fauteuil* [vieilli] : [mod.] **confortablement** ; → À L'AISE*.

◇ **commodité** ① *Pour plus de commodité* : **facilité.** ② [pl.] *Les commodités d'un appartement moderne* : [sing.] **confort** (ces commodités sont à la fois un **avantage** et un **agrément**). *Absence de commodités* : → INCONFORT. ③ *Prendre, avoir ses commodités* : → AISES. ④ *Les commodités* [vieilli] : → CABINET II.

commotion → SECOUSSE.

commotionner [souvent au passif] *Il a été fortement commotionné* : [plus génér.] **choquer, secouer, être en état de choc** ♦ ↑ **traumatiser.**

commuer → CHANGER I, SUBSTITUER.

commun

I [adj.] ① *Ils ont des qualités communes* : **même** (qui ne s'emploie qu'avec l'art. déf. : *les mêmes qualités*), **identique, semblable*.** ② *La situation impose un effort commun* : **collectif** ; → ENSEMBLE I, UNI I. ③ *L'intérêt commun* (= propre à tout le monde) : **public, général.** On distinguera *commun*, qui concerne tout le monde, et **communautaire**, qui concerne les communautés ethniques, religieuses, sexuelles, etc. ♦ **communautariste** (= qui fait passer l'intérêt des communautés avant l'intérêt commun). ④ *D'un commun accord* : **unanimement.** *En commun* : **ensemble*, collectivement.** *Mettre en commun* : → PARTAGER. *Vivre en commun* : **ensemble** ♦ [en partic.] **vivre en colocation, cohabiter*.** *Faire cause commune* : → S'UNIR.

II [adj.] ① *Nous n'avons mangé que des plats très communs* : **ordinaire, banal** ♦ ↑ **quelconque** ♦ [très péj.] ↑ **trivial, vulgaire*,** [sout.] **convenu,** [plus rare] **usuel** (qui se disent le plus souvent des attitudes, des propos que l'on tient, des habitudes que l'on a) ♦ [péj.] **conventionnel,** [fam.] **bateau,** ↑ **rebattu, usé, stéréotypé** (qui se disent surtout des propos que l'on tient, des sujets traités) ; → BOURGEOIS, PROSAÏQUE. *Lieu commun* : → PONCIF. ② *C'est une maladie très commune* : **courant, fréquent, ordinaire, répandu, qui court les rues.** *C'est commun* : → MONNAIE* COURANTE. ③ *Peu commun* : → EXTRAORDINAIRE, HORS-SÉRIE*.

III [n.m. pl.] → DÉPENDANCES.

communal → MUNICIPAL.

communautaire, communautariste → COMMUN I.

communauté

I *Notre communauté de point de vue est connue* : **unité, harmonie** ♦ ↑ **unanimité** (qui suppose une communauté élargie à plusieurs personnes) ; → IDENTITÉ, SIMILITUDE, ACCORD I.

II ① Groupe social ayant des intérêts communs : **corporation*** (= communauté de travail) ; → NATIONALITÉ, SOCIÉTÉ I. ② *La communauté nationale* : **collectivité, État, nation*.** ③ Réunion de personnes soumises à une vie religieuse communautaire : **congrégation** (= communauté où les religieux sont liés par des vœux simples ou par une simple promesse d'obéissance) ♦ **ordre** (= communauté où les religieux sont liés par des vœux solennels) ♦ **confrérie** (= association de laïques qui s'engagent à remplir en commun des pratiques de religion et de charité) ; → COMMUNION.

commune Désigne la plus petite unité administrative française, dirigée par une mairie : [par méton.] **municipalité.** Selon la taille de la *commune*, il s'agit d'un **village,** d'un **bourg*,** d'une **ville*.**

communément [de commun II] *On déclare communément que l'argent ne fait pas le bonheur* : **généralement, habituellement, d'habitude, ordinairement** ♦ **couramment, fréquemment** (qui insistent sur l'idée de répétition d'un événement quelconque) ; → VULGAIREMENT I.

communicable → TRANSMISSIBLE.

communicatif ① *Vous n'êtes pas très communicatif !* : [plus fam.] **causant** ♦ **ouvert** (qui se dit de celui qui est accueillant, accessible et réceptif) ♦ ↑ **expansif** (qui parle et s'épanche facilement, voire avec effusion) ♦ ↑ **exubérant** (= expansif à l'excès) ; → DÉMONSTRATIF, PROLIXE. ② *Un rire communicatif* : → ÉPIDÉMIQUE.

communication ① La *communication* est un **échange,** [didact.] une **interaction,** une **relation*** entre deux ou plusieurs personnes. Son but est souvent l'échange d'**informations,** qui parviennent sous diverses formes : les **nouvelles** à la radio ou à la TV, une **note*** de service, un **avis,** un **coup de téléphone ;** → BULLETIN, CONVERSATION, TRANSMISSION. La *science de la communication* est la **cybernétique.** Les *moyens de communication de masse* sont les **mass media,** auj. dits **médias**

◆ [en partic.] **interactivité** se dit d'un **dialogue** homme-machine. ② Les *moyens de communication* sont aussi les **moyens de transports** : la **route***, le **rail**, l'**avion**.

communier : être en communion*.

communion ① *Les fidèles d'une même Église sont rassemblés dans la communion* ; ils ont la même **confession** : tandis que le premier terme souligne l'unité spirituelle de présence et de participation, le second désigne l'unité des articles de foi. Ces fidèles constituent une **communauté*** ; → ÉGLISE. *Exclusion de la communion* : **excommunication.** ② La *communion* désigne spécifiquement chez les chrétiens le sacrement de l'**eucharistie**, dénommée **cène** chez les protestants. ③ *Elle se sentait vraiment en communion avec lui* : ↓ **accord***, **harmonie**, **union** ◆ ↓ **proche de.**

communiqué → AVIS, BULLETIN.

communiquer ① → FAIRE PART* DE, FAIRE SAVOIR, TRANSMETTRE. ② → CORRESPONDRE. ③ → SE CORRESPONDRE.

◇ **se communiquer** → GAGNER III.

communisme → COLLECTIVISME, EXTRÉMISME.

communiste → ROUGE II, EXTRÉMISTE.

commutateur *Appuie sur le commutateur pour allumer l'électricité* : **interrupteur** ◆ [fam.] **bouton** ◆ **sélecteur** (= commutateur à plusieurs positions).

compact ① [adj.] → DENSE, LOURD II, SERRÉ. ② [n.m.] → DISQUE.

compagne → AMANTE, ÉPOUSE.

compagnie

I ① Ce terme désigne parfois une assemblée savante ou artistique (*la compagnie des académiciens*) ; **collège** s'emploie en parlant d'une assemblée de personnes notables, notamment de dignitaires religieux (*le collège des cardinaux*) ◆ **société*** se dit d'une assemblée de personnes réunies par des intérêts communs, par un même travail (*la Société des gens de lettres*) ◆ **aréopage** se dit d'une assemblée très savante ◆ **corporation** se

dit d'un ensemble de personnes exerçant la même profession (*la corporation des menuisiers*) : → ASSOCIATION. ② *Une compagnie militaire* : → UNITÉ. *Une compagnie théâtrale* : → TROUPE I. *Une compagnie de perdreaux* : [plus génér.] **bande.**

II ① *Pendant toute la soirée, il s'efforça de distraire la compagnie* : **assistance, assemblée.** *C'est quelqu'un qui a besoin de compagnie* : **présence, chaleur humaine.** ② *En compagnie de* : → AVEC. *Fausser compagnie* : → QUITTER. *Être de bonne, de mauvaise compagnie* : → MAL ÉLEVÉ* II.

compagnon ① *Voici mes meilleurs compagnons, mes compagnons d'armes* (qui ne s'emploie qu'en termes sout., ou avec un compl. renvoyant à des activités ou à un état considéré comme noble) ◆ [cour.] **camarade** ◆ **condisciple** (= compagnon d'études) ; → AMI. ② → AMANT, ÉPOUX.

comparable → SEMBLABLE, ÉQUIVALENT, ASSIMILABLE, PARALLÈLE.

comparaison ① [de comparer] : **confrontation, parallèle** ; → ASSIMILATION I. ② En rhétorique, la *comparaison* unit deux termes par *comme* (*le lion, comme un roi de la savane, avançait majestueusement*) ◆ **image** (qui se construit sans conjonction : *le lion, roi de la savane...*) ◆ **métaphore** (dans laquelle le second terme se substitue au premier : *le roi de la savane avançait majestueusement*).

◇ **en comparaison** *Mettre en comparaison avec* : **en parallèle** ◆ [plus fam.] **en balance.** *En comparaison de ses performances habituelles, son résultat n'est guère brillant* : **par rapport à, auprès de, à côté de, relativement à.**

comparaître → SE PRÉSENTER.

comparer *Avant de prendre une décision, il faudra comparer leurs points de vue* : **confronter** (qui ne s'emploie qu'en parlant d'idées, de textes, d'opinions) ◆ **mettre en parallèle** ; → OPPOSER, RAPPROCHER.

comparse → FIGURANT.

compartiment est un terme général ; [en partic.] **alvéole** (d'une ruche), **case** (d'un jeu), **cellule** (d'un gâteau de cire).

compartimenter *Elle vit dans un univers bien compartimenté :* **cloisonner ;** → DIVISER.

compas → BOUSSOLE.

compassé → AFFECTÉ II.

compassion → PITIÉ, SYMPATHIE.

compatibilité → ACCORD I.

compatible *Après tout, leurs avis sont compatibles :* **conciliable ;** → ACCORD.

compatir → S'APITOYER, PLAINDRE I.

compatissant → SENSIBLE I.

compatriote *Quelle ne fut pas ma surprise, en passant dans un village perdu du Niger, de rencontrer un compatriote ! :* [fam., vieilli] **pays** (qui se dit surtout de ceux qui sont du même village ; ne pas confondre avec **concitoyen**, qui se dit d'un citoyen d'un même État ou d'une même ville, et implique donc une relation avec les droits et les devoirs du citoyen).

compenser ① *Ils avaient dû combler un fossé pour compenser la dénivellation de terrain* (= équilibrer un effet par un autre) : **corriger, équilibrer ;** → APLANIR. ② *La qualité de la table compensait la fraîcheur de l'accueil* (= dédommager d'un inconvénient par un avantage) : **faire contrepoids à, racheter** ♦ [moins employé] **balancer, contrebalancer** ♦ **réparer, indemniser** (qui s'emploient pour une faute, un dommage subis) ; → SUPPLÉER, NEUTRALISER.

◇ **compensation** ① *J'ai abîmé votre voiture. À titre de compensation, que demandez-vous ? :* **dédommagement** ♦ [en termes de droit] **indemnité, indemnisation** (qui se disent du paiement d'une somme d'argent considérée comme pouvant dédommager en totalité un préjudice causé à qqn). ② *L'amour dont il jouissait maintenant lui était une compensation à toutes ses souffrances passées :* **consolation, dédommagement** ♦ ↑ **revanche.** *Donner qqch en compensation à qqn :* **contrepartie ;** → PEINE I.

◇ **en compensation** *La récolte n'est pas abondante, mais, en compensation, le vin sera bon :* **par contre, en contrepartie** ♦ [sout.] **en revanche.**

compère → COMPLICE.

compétence ① → CAPACITÉ I, BAGAGE. ② *De la compétence de :* → DOMAINE, DÉPENDRE I.

compétent ① *Dans son atelier, on dit que c'est un homme très compétent :* **capable, qualifié** (seul ce dernier syn. convient dans l'express. *les autorités compétentes*). ② [~ en qqch] *Je ne suis pas très compétent en linguistique :* **averti, connaisseur** ♦ ↑ **expert ;** → SAVANT I, S'Y CONNAÎTRE*.

compétitif *Un prix compétitif :* **concurrentiel.** *Un magasin très compétitif :* **performant.**

compétition ① → ÉMULATION, LUTTE. ② [en termes de sport] *Une compétition sportive :* **match** (pour le football, le basket) ♦ **course** (en cyclisme, hippisme) ♦ **concours** (en gymnastique, en hippisme, suite d'épreuves dotée de prix) ♦ **championnat** (*le championnat de France d'athlétisme*) ♦ **critérium** (= course en circuit fermé) ♦ **tournoi** (= concours comportant plusieurs tours) ♦ **coupe, challenge** (noms donnés à certains tournois sportifs disputés en dehors des championnats) ♦ **épreuve** (qui se dit de certaines compétitions sportives et des différentes phases d'une même compétition : *une épreuve contre la montre ; les différentes épreuves d'une compétition d'athlétisme*) ; → RENCONTRE.

compilation → COPIE II, DISQUE.

complaire (se) → SE PLAIRE.

complaisance → COMPLAISANT.

complaisant ① *C'est un homme très complaisant, il vous rendra ce service :* **obligeant, serviable, attentif** ♦ ↑ **attentionné, prévenant, empressé** ♦ [plus génér.] **gentil** ♦ [plus partic.] **déférent** (qui se dit de celui qui témoigne à qqn une considération respectueuse) ♦ [péj.] **condescendant** (qui se dit de celui qui, par complaisance, accepte de s'abaisser au niveau de qqn) ; → AIMABLE, DE BONNE COMPOSITION*, CONCILIANT, MIGNON, POLI I. ② *Il est beaucoup trop complaisant envers lui-même* : **indulgent.** *Se regarder d'un œil complaisant* : **satisfait.** *Un courtisan complaisant* : ↑ **servile.** *Prêter une oreille complaisante aux ragots du quartier* : ↓ **attentif.**

◇ **complaisance** ① [de complaisant ①] : **serviabilité, prévenance, attention, obligeance, empressement, déférence, condescendance** ; → AFFABILITÉ, ÉGARD II. ② [de complaisant ②] : **indulgence, satisfaction, servilité, attention** ; → ORGUEIL.

complément → APPOINT, SOLDE II, SUPPLÉMENT, DIFFÉRENCE.

complémentaire *Je voudrais quelques renseignements complémentaires* : **supplémentaire** ◆ [rare] **additionnel** ; → AUXILIAIRE, ACCESSOIRE. *Une question complémentaire* : **subsidiaire** ; → MARGINAL.

complet *Un silence complet* : → ABSOLU I, PARFAIT, TOTAL, PROFOND II. *Un autobus complet* : → COMBLE III, PLEIN. *Une série complète, une satisfaction complète* : → ENTIER I. *Un changement complet* : → RADICAL. *Cette énumération n'est pas complète* : [sout.] **exhaustif.** *Un homme complet* : ↑ **parfait** ◆ ↓ **équilibré, harmonieux.** *À temps complet* : → PLEIN. *Au complet* : **en entier*, complètement*.**

complètement *Lire un livre complètement* : **entièrement, de bout en bout** ◆ [plus rare] **in extenso** ; → TOUT AU LONG* III. *Être complètement d'accord* : **absolument*, littéralement*, profondément*, radicalement*, du tout au tout*** ; → TOTALEMENT. *Fouiller complètement une chambre* : → COMBLE II (*de fond en comble*), LIGNE III (*sur toute la ligne*).

compléter → PARFAIRE.

complexe → COMPLIQUÉ, SOPHISTIQUÉ, DÉLICAT.

complexé → TIMIDE.

complexion → NATURE.

complexité → COMPLICATION.

complication → COMPLIQUER.

complice ① [n.] *On a arrêté le voleur et ses complices* : [péj.] **acolyte** (= complice habituel de qqn), [rare] **affidé** ◆ **compère** (= celui qui est de connivence avec qqn dans une supercherie : *le camelot avait dans la foule des compères qui vantaient la qualité de son produit miracle*) ; → AIDE. ② [adj.] *Un sourire complice* : **de connivence.** *Elles sont très complices* : → INSÉPARABLE.

complicité ① [participation à qqch de répréhensible] *On l'accuse de complicité avec les auteurs de l'attentat* : ↓ **connivence** (qui implique un engagement moindre dans une action quelconque : *être complice*, c'est participer, *être de connivence*, c'est plutôt fermer les yeux sur une action coupable) ◆ [fam.] **être de mèche avec qqn** ◆ **intelligence** (qui ne s'emploie en ce sens que dans quelques contextes : *être accusé d'intelligence avec l'ennemi*) ◆ **collusion** (qui se dit d'une entente secrète au préjudice d'autrui : *il y a eu collusion de tous les réactionnaires pour provoquer la chute du gouvernement*). ② [participation à qqch de positif] *Ils partagent une complicité pleine d'affection* : [moins express.] **entente** (*une entente profonde*) ; → ACCORD I, UNION.

compliment → FÉLICITATION, LOUANGE, ÉLOGE. *Faire des compliments* : **féliciter*.**

complimenter → FÉLICITER, LOUER II.

compliqué → COMPLIQUER.

compliquer *Ils ont provoqué des incidents pour compliquer encore une affaire déjà ténébreuse* : **embrouiller, obscurcir** ◆ [fam.] **entortiller** ◆ [sans compl.] : **brouiller les cartes.** *C'est quelqu'un qui complique tout !* : [fam.] **couper les cheveux en quatre, ne pas faciliter la vie.**

◇ **se compliquer** *La maladie se complique* : [plus sout.] **s'aggraver.** *L'affaire se complique* : [assez fam.] **se corser.**

◇ **compliqué** : [plus sout.] **complexe.** *Il s'est lancé dans des explications très compliquées* : **embarrassé*, confus, obscur** ◆ [plus fam.] **fumeux, filandreux** ◆ [rare] **alambiqué, byzantin, chinois** ; → ABSTRAIT,

SAVANT II. *L'affaire est vraiment compliquée :* ↑ **difficile***, [plus fam.] **pas simple.** *Pas compliqué :* → MALIN. *Compliqué à concilier :* → GYMNASTIQUE.

◇ **complication** ① [sing.] *La situation est d'une telle complication que nous hésitons à agir :* **complexité.** ② [souvent pl.] *Nous avons eu quelques complications pendant notre voyage, cela nous a retardés :* **difficultés, ennuis ;** → ACCROC. *On craint des complications :* → ACCIDENT. *La défense a multiplié les complications pendant le procès :* **incidents** ◆ [fam.] **chinoiseries.** ③ [pl.] *Ne faites donc pas tant de complications pour nous dire la vérité ! :* **embarras ;** → CÉRÉMONIE.

complot *Il y a eu un complot pour assassiner le chef de l'État :* [plus partic.] **conspiration** (= complot fomenté pour renverser le pouvoir établi) ◆ **conjuration** (= conspiration dont les participants sont liés par un serment) ; → COUP D'ÉTAT, RÉBELLION, INTRIGUE.

◇ **comploter** ① [qqn ~] *Comploter était chez lui une véritable passion :* ↑ **conspirer.** ② [qqn ~ qqch] *Ils ont encore comploté un mauvais coup :* **tramer ;** → MACHINER. *Qu'est-ce que vous avez encore comploté ? :* [fam.] **manigancer ;** → COMBINER.

◇ **comploteur** [de comploter] : **conspirateur, conjuré ;** → REBELLE, RÉVOLTÉ.

componction
① → REPENTIR. ② → GRAVITÉ.

comportement → CONDUITE II.

comporter → ADMETTRE II, CONTENIR I.
◇ **se comporter** → AGIR I.

composant, composante → CONSTITUANT, PARTIE I.

composé ① [n.m.] → MÉLANGE. ② [adj.] → AFFECTÉ II.

composer *Ce verbe et le nom qui lui correspond fonctionnent de manière parallèle :* → COMPOSITION.

I [qqn ~ qqch] Sens génér. : **faire.** Les synonymes se répartissent selon les contextes. ① *Composer un numéro de téléphone :* **former** ◆ [très génér.] **faire.**

② *Composer un bouquet :* **confectionner, disposer, agencer** ◆ [moins sout.] **arranger** ◆ [très génér.] **faire.** ③ *Composer un remède, un breuvage :* **préparer, fabriquer.** ④ *Composer un livre, un roman :* **écrire*** ◆ **élaborer** (qui insiste sur le travail accompli, notamment sur sa longueur) ; → ACCOUCHER.

II [qqn ~ qqch ; partic.] *Composer son attitude, sa voix, ses gestes :* **étudier ;** → AFFECTER II.

III [qqn, qqch ~ qqch] *De très bons joueurs composent cette équipe ; quatre petites pièces composent cet appartement :* **former, constituer, se composer de** (*cette équipe est constituée, formée, se compose de très bons joueurs*).

◇ **se composer de** → SE DIVISER EN.

IV [qqn ~ avec qqn, qqch] *C'est un homme qui ne compose pas ; il ne compose pas avec ses adversaires :* **transiger ;** → S'ARRANGER. *Il va falloir composer* [sout.] : **venir à composition** ◆ [cour.] **faire des concessions** ◆ [fam.] **couper la poire en deux ;** → PACTISER, BIAISER.

composite → DIVERS.

compositeur → MUSICIEN.

composition

I [de composer I] ① [sens ② du v.] : **disposition, agencement, confection.** ② [sens ③ du v.] : **préparation, fabrication** ◆ **teneur** (*quelle est la composition, la teneur de ce remède ?*) ; → SYNTHÈSE. ③ [sens ④ du v.] : **élaboration, rédaction** ◆ **contexture, organisation, structure ;** → CONSTRUCTION. ④ *Rédiger une composition française :* **rédaction, narration.**

II [de composer III] : **constitution** ◆ [rare, didact.] **structure.**

III [de composer IV] *Être de bonne composition :* [sout.] **être accommodant** ◆ **avoir bon caractère ;** → COMPLAISANT, CONCILIANT, SOUPLE.

compost → FUMIER.

compote ① → MARMELADE. ② *Il lui a mis le nez en compote ; il a les pieds en compote* [fam.] : **en marmelade*** ◆ [assez sout.] **meurtri.**

compréhensible → COMPRENDRE II.

compréhensif → BON II, TOLÉRANT.

compréhension → COMPRENDRE.

comprendre

I ① *Ce devoir comprend trop d'erreurs !* : **comporter, contenir, compter ;** → ENTRER, INCLURE. ② *L'appartement comprend trois pièces :* → SE DIVISER EN.

II ① *Je n'ai pas compris l'énoncé de ce problème :* [assez fam.] **saisir** ♦ [très fam.] **piger, entraver,** [vulg.] **biter ;** → SUIVRE. *Comment le comprenez-vous ?* : [sout.] **entendre.** *Comprendre difficilement :* [fam.] **avoir la tête dure.** ② *As-tu compris maintenant ? ; il a enfin compris que nous courions à l'échec :* **réaliser** ♦ **s'apercevoir que, se rendre compte que** (pour le second ex. seult) ; → CONSCIENCE I. *Maintenant, je comprends !* : **y voir clair.** *Compris ?* : → VU II. ③ *Il dit avoir compris les mystères de la Terre* (= accéder par l'intuition à ce qui est caché) : **pénétrer.** ④ [~ qqn, une attitude] *Je comprends sa colère* (= entrer dans les raisons de qqn) : **admettre*** ♦ ↑ **approuver ;** → INTERPRÉTER, JUSTIFIER, PARDONNER. *Vraiment, je ne vous comprends pas !* : **suivre.** ⑤ *C'est ainsi qu'il comprend la vie* (= se faire de qqch une représentation idéale) : [plus fam.] **voir** ♦ [plus sout.] **concevoir.**

◇ **se comprendre** → S'EXPLIQUER.

◇ **compréhensible** ① → ACCESSIBLE. *Peu compréhensible :* → PÉNÉTRABLE. ② *Sa déception est bien compréhensible :* **explicable, naturel, normal** ♦ ↑ **excusable ;** → CONCEVABLE.

◇ **compréhension** ① [de comprendre II, ③] *Des questions portant sur la compréhension du texte :* **intelligence, sens ;** → CONNAISSANCE I, ASSIMILATION II. ② [de comprendre II, ④] *Il a fait preuve de beaucoup de compréhension à son égard :* **bienveillance, indulgence, largeur d'esprit, d'idées, de vues ;** → SYMPATHIE, TOLÉRANCE.

compresse → LINGE.

compressible : **comprimable.**

compression → RÉDUCTION.

comprimable → COMPRESSIBLE.

comprimé → CACHET III, PILULE.

comprimer → PRESSER I, RÉPRIMER I, SERRER, TASSER, DIMINUER.

compris → COMPRENDRE.

compromettant → COMPROMETTRE.

compromettre ① [en parlant de personnes] *Il a été compromis dans une affaire assez ténébreuse :* ↓ **impliquer ;** → MÊLER, DANS LE BAIN*. ② [en parlant de valeurs abstraites] *Compromettre sa réputation, son honneur, sa santé :* ↓ **exposer, risquer, engager, hasarder** ♦ [vx, sout.] **commettre ;** → ÉBRANLER. *La situation est compromise :* ↑ **désespéré** ♦ [express. fam.] **battre de l'aile, avoir du plomb dans l'aile.** *Compromettre des négociations :* **remettre en question ;** → METTRE EN DANGER*.

◇ **se compromettre** → S'AVANCER I, SE COMMETTRE, SE SALIR LES MAINS*, S'ABAISSER, SE MOUILLER.

◇ **compromettant** *Vous avez des amis un peu compromettants :* [par ext., fam.] **encombrant.** *Des papiers compromettants :* [plus génér.] **dangereux*.**

◇ **compromission** *C'est un homme prêt à toutes les compromissions :* ↓ **arrangement, accommodement** ♦ ↑ **malversation** ♦ [génér., fam.] **saloperie ;** → LÂCHETÉ.

compromis ① [adj.] → COMPROMETTRE, MOUILLÉ. ② [n.m.] → ARRANGEMENT.

compromission → COMPROMETTRE.

comptable → RESPONSABLE I.

comptant → CASH.

compte

I ① [en termes de commerce] *Voici votre compte : je crois n'avoir rien oublié :* **relevé*** (= extrait des articles d'un compte : *j'ai reçu un relevé de la banque*) ♦ **mémoire** (= état des frais à régler à un architecte, à un entrepreneur) ♦ **facture** (= mémoire où sont indiqués le détail de marchandises fournies à qqn et leur prix) ♦ **budget** (= comptes prévisionnels où les sommes à dépenser sont réparties en postes) ;

→ **BULLETIN* DE PAYE, ADDITION II, ÉTAT III.** ② *Il faudrait maintenant faire le compte de nos dépenses* : **faire le calcul, l'addition, le total, la somme** ♦ **calculer.** ③ *Il ne lui a pas payé son compte* (= argent dû) : **dû.**

II [dans des expressions] ① *Cette nuit, il y a eu quelques règlements de compte dans le quartier* : ↓ **explication ;** → **BAGARRE.** ② *Il s'en est tiré à bon compte* : [plus fam.] **sans trop de casse** ♦ [moins express.] **bien** (*il s'en est bien tiré*). *Nous avons eu des chaussures à bon compte* : **marché*** A. *Il semble agir avec générosité, mais finalement il y trouve son compte* : **avantage, bénéfice** ♦ [plus fam.] **ça l'arrange.** ③ *En fin de compte, au bout du compte, tout compte fait* : **finalement ;** → **EN SOMME, AU TOTAL, EN ABRÉGÉ.** ④ *Nous avons entendu d'étranges propos sur le compte de sa sœur* : **au sujet de.** *Nous mettrons cette impertinence sur le compte de sa naïveté* : **attribuer à.** ⑤ *Pour mon compte, je n'y prête pas attention* : **en ce qui me concerne, quant à moi ;** → **DE MON CÔTÉ*.** ⑥ *Il nous a demandé des comptes* : **explication ;** → **JUSTIFICATION.** ⑦ *Se rendre compte de* : → **COMPRENDRE II, VOIR.** ⑧ *Donner son compte à* : → **CONGÉDIER.** *Régler son compte à qqn* : **régler son affaire, faire son affaire.** ⑨ *Rendre compte* : → **JUSTIFIER.** *Tenir compte* : **prendre en considération ;** → **SÉRIEUX, REGARDER, COMPTER II.** *Ne pas tenir compte de* : → **FAIRE ABSTRACTION, FAIRE BON MARCHÉ* II.** *Compte tenu de* : → **FONCTION II, VU.**

compte-gouttes → **ÉCONOMISER, PARCIMONIE.**

compter

I ① *Nombrer ou faire un calcul simple en matière de commerce, de finance* : **calculer** (= faire une opération abstraite de mathématique ou d'algèbre : *calculer la force d'un courant selon l'heure de la marée. Calculer* n'entre donc pas dans les mêmes contextes que *compter*) ♦ **dénombrer** (= faire un recensement très précis : *compter, dénombrer les animaux d'un cheptel*) ♦ **inventorier** (= dénombrer pour inventaire : *inventorier les marchandises d'un magasin*) ♦ **recenser** (*recenser une population*) ; → **ESTIMER II.** ② *Inclure*

dans un compte : [en parlant de personnes] **penser à** (*je n'avais pas compté vos cousines, pensé à vos cousines*), [en parlant de choses] **comprendre** (*je n'ai pas compté, compris le service*). *Votre texte compte trop de fautes* : → **CONTENIR I.** ③ [v.i.] *Elle sait compter* : **calculer.** *Elle dépense sans compter* : **largement.** ④ [~ au nombre de, parmi] *Il compte parmi les meilleurs joueurs de tennis français* : **figurer.** *Compter parmi ses amis* : → **METTRE AU RANG* DE.** ⑤ *À compter de* : **à dater de, à partir de.** ⑥ *Sans compter que. Sans compter que nous voici en hiver !* : [plus sout.] **d'autant que.**

II ① [~ + inf. ou complétive] *Il compte que son oncle arrivera demain* : **estimer, penser ;** → **ESPÉRER, PRÉSUMER.** *Je compte venir demain : cela vous va ?* : **avoir l'intention de ;** → **PROJETER I.** ② *Prendre en considération. Il faudra compter avec son entêtement* : **tenir* compte de** (qui ne s'emploie que pour les choses). ③ [~ sur qqn, qqch] *Nous pouvons compter sur lui* : **faire confiance à ;** → **SE FIER, SE REPOSER* SUR.** *Compter sur qqch* : **tabler sur ;** → **SPÉCULER, ESPÉRER.** ④ *Cela ne comptait pas beaucoup pour elle* : **avoir de l'importance.** *Il ne compte guère* : **c'est la cinquième roue du carrosse ;** → **IMPORTER II.**

compte rendu → **ANALYSE, RAPPORT I.**

comptoir *Il entra dans le café et alla au comptoir* : **bar,** [fam.] **zinc.**

compulser → **CONSULTER.**

con ① → **ABRUTI, SOT.** ② → **SEXE.**

concasser → **BROYER.**

concéder ① *Donner comme avantage* : → **ATTRIBUER.** ② *Je vous concède que je me suis trompé* (= admettre de son propre gré une autre opinion) : **accorder* II, admettre, convenir, reconnaître** (*admettre, reconnaître qqch ; convenir de qqch ; j'admets, je conviens, je reconnais que*) ; → **ADMETTRE II, AVOUER.**

concentration → **CONCENTRER.**

concentré ① → **CONCENTRER.** ② → **EXTRAIT.** *Il ne boit que du lait concentré* : **condensé.** ③ *L'athlète est très concen-*

tré avant le départ : **se concentrer*** ; → ATTENTION.

concentrer ① *L'armée a concentré des troupes autour de la capitale* : **grouper, regrouper, réunir, rassembler***. ② *Pierre concentre tous ses efforts sur ce concours* : **focaliser, polariser** ; → CENTRER.

◇ **se concentrer** → SE RECUEILLIR, RÉFLÉCHIR I.

◇ **concentration** [de concentrer] ① **groupement, regroupement, rassemblement** ♦ **polarisation** ; → TENSION II. ② → RÉFLEXION.

concept → IDÉE, NOTION.

conception → CONCEVOIR.

concernant → CONCERNER.

concerner ① [~ qqn] *Cela ne me concerne pas* : **regarder** (qui est plus ambigu et peut signifier qu'il serait inopportun, voire impertinent de s'occuper de qqch) ♦ [express.] **cela m'est étranger** ; → S'ADRESSER À, VISER, TOUCHER II, VALOIR I. *Il ne se sentait plus concerné* : → DÉCONNECTER. ② [~ qqch] *Cela concerne notre sujet* : → APPARTENIR À, MATIÈRE II, AVOIR TRAIT* (III) À, S'APPLIQUER À. ③ *En ce qui me concerne* : → POUR MON COMPTE. *En ce qui concerne* : **concernant, au sujet* de**.

concert ① *Nous sommes allés à un concert de musique de chambre* : **récital** (= concert donné par un artiste seul : *un récital d'orgue*). *Une* **audition** *est une séance musicale lors de laquelle un artiste donne, pour se faire connaître, pour un enregistrement, une partie de son répertoire* ; → SÉRÉNADE. ② *De concert* : → ENSEMBLE I, EN MÊME TEMPS I.

concerter → PRÉPARER.

◇ **se concerter** → S'ENTENDRE.

concession ① *La concession d'un terrain* : → ATTRIBUTION. ② *Faire des concessions* : → COMPOSER IV. *Sans concession* : → CRU I.

concessionnaire → DÉPOSITAIRE.

concevable *Est-il concevable que sa tentative puisse échouer ?* : **imaginable, pen-**

sable. *Est-il concevable que nous devions payer tant d'impôts ?* : **admissible, supportable** ; → COMPRÉHENSIBLE.

concevoir ① *Connaître la joie de concevoir* : **être fécond** ♦ [didact.] **féconder** ♦ [plus fam.] **faire un enfant** ♦ [pour une femme] **être enceinte** (pendant la grossesse), **enfanter, mettre au monde** (au terme de la grossesse) ; → GESTATION. ♦ [pour l'homme] **engendrer, procréer**. *Ne pas pouvoir concevoir* : **être stérile, infécond**. ② → CRÉER. *Un plan bien conçu* : → PENSER II, COMBINER, ÉLABORER. ③ → COMPRENDRE II, VOIR, IMAGINER, SAISIR I.

◇ **conception** ① [de concevoir ①] : **fécondation** (= action de féconder) ♦ **fécondité** (= pouvoir de féconder) ♦ **procréation**. ② *Il a une curieuse conception de l'existence* : **idée** ♦ **point de vue sur** ; → OPTIQUE, PHILOSOPHIE, VUE III, POSITION, VISION. ③ → STRUCTURE.

concierge ① *Adressez-vous au concierge de l'immeuble* : **gardien** (qui s'emploie parfois exactement en ce sens, mais implique souvent davantage l'idée de surveillance : *le gardien d'une usine*) ♦ **portier** (= celui qui ouvre et ferme la porte d'un établissement important : *le portier d'un hôtel*) ♦ [fam., assez rare] **pipelet**. ② → BAVARD.

concile → RÉUNION.

conciliable a pour syn. **compatible**.

conciliabule → CONVERSATION.

conciliant → CONCILIER.

conciliateur → ARBITRE, MÉDIATEUR.

conciliation → CONCILIER.

concilier ① [~ des personnes] *Son métier lui impose de concilier des gens qui parfois se haïssent* [langue juridique] : [cour.] **accorder*, mettre d'accord** ♦ **réconcilier** (qui suppose un accord antérieur qui avait été rompu) ♦ [fam.] **raccommoder**. ② [~ qqch] → ACCORDER I, UNIR.

◇ **se concilier** *Il est parvenu à se concilier les faveurs de son directeur* : **s'attirer, gagner** ; → S'ASSURER II, FLÉCHIR.

◇ **conciliant** ① [qqn est ~] *Allez le voir sans crainte, il est très conciliant* (= porté à bien s'entendre avec autrui) : **accommodant** ◆ **arrangeant** ◆ [fam.] ↑ **coulant** ; → COMPLAISANT, DIPLOMATE. *Être conciliant,* c'est faire preuve d'**esprit de conciliation.** ② [qqch est ~] *Il le congédia avec des paroles très conciliantes* : **apaisant** ◆ [plus génér.] **doux** ; → LÉNIFIANT.

◇ **conciliation** *Aucune conciliation n'était possible* : [plus génér.] **accord, arrangement** ; → ARBITRAGE. *Par esprit de conciliation* : → CONCILIANT.

concis ① *Une pensée très concise* (= qui s'exprime en peu de mots, mais dit cependant beaucoup) : **dense, ramassé.** ② *Un style concis* (= qui s'exprime en peu de mots et atteint par là une simplicité considérée comme une qualité) : **dépouillé, elliptique, sobre*** ◆ **lapidaire, nerveux** (qui impliquent une idée d'énergie). ③ *Un communiqué très concis* : **bref** ◆ [péj.] **elliptique, laconique** ◆ [plus génér.] **court*** ; → SOMMAIRE, SUCCINCT.

◇ **concision** : **densité, dépouillement, sobriété, nervosité, brièveté, laconisme.**

concitoyen → COMPATRIOTE.

concluant → CONCLURE.

conclure ① *S'il est chez lui et qu'il ne répond pas, j'en conclus qu'il est malade* : [plus rare] **déduire, inférer, induire** ; → PRÉSUMER. *Conclure en généralisant* : **extrapoler.** ② *Conclure une affaire* : → ARRÊTER III, TERMINER, RÉGLER II, SAC I (*dans le sac*). ③ *Conclure un travail* : → FINIR. *Pour conclure, nous remercierons nos hôtes* : **finir*, en conclusion.**

◇ **concluant** *En dépit de tous vos efforts, le résultat n'est guère concluant* : **convaincant, probant** ◆ **décisif*,** ↑ **irrésistible** (qui s'emploient pour un argument).

◇ **conclusion** ① *La conclusion d'une affaire* : → RÈGLEMENT II, TERMINAISON. ② *Ce qui termine un ouvrage. La conclusion d'un discours* : [didact.] **péroraison.** *La conclusion d'une intrigue* : **dénouement.** *La conclusion d'un poème, d'un roman, d'une pièce de théâtre* : [didact.] **épilogue** ; → TERME I. ③ *Jugement que l'on*

tire d'un raisonnement. *Vous avez lu ce roman, quelles conclusions en tirez-vous ?* : **déduction, enseignement, leçon** ; → BILAN, MORALE, SYNTHÈSE. ④ *En conclusion* : **pour conclure*** ; → EN ABRÉGÉ.

concocter → ÉLABORER.

concomitant → SIMULTANÉ.

concordance → RAPPORT II.

concorde → ACCORD I.

concorder ① *Son arrivée à Paris concorde avec la date des grandes vacances* : **coïncider** ◆ [fam.] **tomber.** ② *Son attitude ne concorde pas avec ses paroles* : [moins sout.] **aller* II** ; → CADRER, SE REJOINDRE.

concourir (à) → AIDER À.

concours ① → EXAMEN, COMPÉTITION. ② → APPOINT, APPUI, PARTICIPATION, SERVICE* II, SUFFRAGE*. ③ *Concours de circonstances* : → COÏNCIDENCE.

concret ① *Il faut être concret dans la vie !* [assez fam.] : **réaliste, pratique** (*il faut faire preuve d'esprit pratique*) ; → EMPIRIQUE. *Nous demandons des preuves concrètes de cette accusation* : **palpable, tangible** ; → MATÉRIEL I, RÉEL. ② *Il ne se meut à son aise que dans le concret* : **réel.**

◇ **concrètement** [adv. de phrase] *Concrètement, comment voyez-vous la situation ?* : **pratiquement, en fait.**

concrétiser → SE RÉALISER I.

concubin *Ce terme de droit n'a pas de syn.* : *personnes vivant comme des* **époux*** *sans être mariées. Dans un emploi plus génér. ou approximatif* : → AMI, AMANT, AMANTE.

concubinage → COHABITATION, UNION LIBRE*.

concupiscence → CONVOITISE, SENSUALITÉ I.

concurremment → À LA FOIS*.

concurrence → CONCURRENT.

concurrent ① [en parlant d'un examen, d'un concours] : **candidat** ◆ [en termes de compétition sportive] **challenger, participant, adversaire, rival.** ② [en termes de commerce] *Il cherche à éliminer tous ses concurrents :* **rival.**

◇ **concurrence** ① → ÉMULATION, RIVALITÉ. ② *Des prix sans concurrence, défiant toute concurrence :* [plus fam.] **imbattable ♦ ↓ concurrentiel*.**

◇ **concurrencer** Faire concurrence* : [plus génér.] **menacer.**

◇ **concurrentiel** : **compétitif.**

concussion On accuse un fonctionnaire de *concussion* quand il détourne à son profit des sommes qui ne lui sont pas dues **♦** [plus génér.] **forfaiture, prévarication ♦ exaction, ↑ extorsion,** [plus fam.] **brigandage** (qui se disent quand on exige de qqn des sommes qu'il ne vous doit pas ou ne vous doit plus) ; toutes ces **malversations** sont des faits de **corruption* ♦ déprédation** (qui s'emploie parfois aussi en ce sens, mais en parlant de l'objet du délit : *la concussion d'un fonctionnaire ; la déprédation des biens de l'État due aux malversations d'un fonctionnaire*) ; → TRAHISON.

condamnable → BLÂMABLE.

condamnation → CONDAMNER.

condamné ① → REPRIS DE JUSTICE. ② [en parlant d'un malade] *Le médecin ne nous a pas caché la vérité : Pierre est condamné :* **perdu ♦** [fam.] **fichu ♦** [très fam.] **foutu ;** → INCURABLE, MOURIR.

condamner ① [~ qqn] *Condamner un criminel,* c'est le **frapper** d'une condamnation, d'une peine. ② [~ qqn à] *Nous voici condamnés à supporter les conséquences de sa sottise :* **contraindre de, forcer à, obliger à.** *Condamner à un travail :* **astreindre, contraindre, vouer ;** → ACCULER. ③ [~ les actes, la conduite de qqn] *Je condamne sa faiblesse comme je condamne ta témérité :* **↑ réprouver, ↑ maudire* ;** → CRITIQUER, STIGMATISER, DÉSAPPROUVER. ④ [~ qqch] *La loi condamne l'inceste :* [par méton.] **interdire ♦** [didact.] **prohiber ;** → PUNIR, DÉFENDRE II. ⑤ [~ qqch] *Condamner une porte :* → FERMER, MURER.

◇ **condamnation** ① → SANCTION. ② *De tels propos ne peuvent qu'encourir la condamnation du directeur :* **blâme ♦ ↓ désaveu, réprobation, désapprobation ♦ ↑ anathème ♦** [sout.] **foudres** (= reproches et colère mêlés). *La condamnation de l'inceste :* **interdit, prohibition ;** → DÉFENSE II.

condensation → VAPEUR.

condensé → ABRÉGÉ, CONCENTRÉ.

condenser → ABRÉGER, RESSERRER.

condescendance → COMPLAISANCE, SUPÉRIORITÉ.

condescendant → COMPLAISANT, PROTECTEUR, SUPÉRIEUR I.

condescendre → S'ABAISSER (II) À.

condiment → ASSAISONNEMENT.

condisciple → COMPAGNON.

condition

I ① *Condition sociale :* → POSITION, SITUATION II, QUALITÉ, RANG II. ② *Car telle est notre condition : nous sommes mortels :* **destinée, sort*.** ③ *Mettre en condition :* → CONDITIONNER. *Mettre en condition physique :* **forme ;** → SE DISPOSER À.

II ① [pl.] *Les conditions d'un contrat :* [didact.] **clause, disposition*, modalité ♦** [plus génér.] **base.** ② [pl.] *Je veux acheter : quelles sont vos conditions ? :* **exigences, prétentions,** [plus cour., au sing.] **prix.** ③ [pl.] *Les conditions d'un événement :* → CIRCONSTANCE. *Les conditions météo :* [sing.] **situation.** *Les conditions économiques :* [sing.] **conjoncture.** *Le sommeil est la condition de votre santé :* **↑ clé, secret ♦** [partic.] **passage* obligé** (= situation par laquelle il faut passer : *un ministère est le passage obligé pour l'accès à la présidence*). ④ *Dans ces conditions :* **en ce cas ;** → ALORS. *À la condition que, à condition de :* → SI II. *Je ne vous donne ces prix que sous condition :* **sous réserve.** *Soumis à condition :* → ÉVENTUEL.

conditionnel → ÉVENTUEL.

conditionnement → EMBALLAGE, PRÉSENTATION.

conditionner

I ① [qqch ~ qqch] *L'entraînement qu'il suivra conditionnera sa réussite* : [le plus souvent au passif] **commander.** *Sa réussite est conditionnée par l'entraînement qu'il suivra* : **dépendre de.** ② [qqch ~ qqn, l'attitude de qqn] *Il est conditionné par l'éducation qu'il a reçue* : ↑ **emprisonner,** ↑ **aliéner** ◆ ↓ **influencer*.** ③ [qqn ~ qqn] *C'est un système politique où l'on cherche à vous conditionner* : **mettre en condition** ◆ ↑ **laver le cerveau, aliéner.**

II → EMBALLER I.

condom → PRÉSERVATIF.

conducteur ① *Un conducteur de travaux* est un **contremaître.** ② *C'est un excellent conducteur* : **pilote** (qui se dit pour une voiture rapide) ◆ **chauffeur** (qui se dit pour un bus, un camion ou une voiture ordinaire) ◆ **chauffard** (= mauvais conducteur).

conduire ① *Nous vous conduirons à la gare* : → ACCOMPAGNER, MENER, AMENER. *Il a été conduit par son instinct* : → GUIDER. ② [~ qqn à faire qqch] → AMENER. *C'est l'intérêt qui le conduit* : → AGIR I. *Il a été conduit au suicide* : **acculer, réduire.** *C'est l'amour qui l'a conduit* : **animer, pousser.** ③ [~ qqn, qqch] *Il conduit une administration* : → DIRIGER I. *Il conduit une voiture* : → DIRIGER II. *Conduire ses troupes au combat* : **mener*, emmener.** ④ [~ à] *Ce chemin conduit à la mer* : → ABOUTIR I, ACHEMINER, ALLER I. *Où cela va-t-il nous conduire ?* : **mener, entraîner** ; → DÉBOUCHER.

◇ **se conduire** ① → AGIR I. *Façon de se conduire* : → CONDUITE II. ② *Cette voiture se conduit bien* : → SE MANIER.

conduit → CONDUITE I.

conduite

I *Une conduite d'eau, la conduite est bouchée* : [très génér.] **tuyau*, tuyauterie** ◆ **conduit** (qui se dit plutôt d'un **canal** étroit, *conduite* se disant d'une **canalisation** importante) ◆ [partic.] **collecteur** (= conduite principale d'un égout), **pipeline, oléoduc** (= conduite de pétrole).

II *Votre conduite est vraiment surprenante* : **attitude, comportement** ◆ [pl.] **façons, manières** ; → AGISSEMENTS. *Écart de conduite* : → ÉQUIPÉE.

III *Je vous laisse la conduite des opérations* : **direction** ; → ADMINISTRATION, SOIN I.

confection ① → COMPOSITION I. ② → HABILLEMENT.

confectionner → COMPOSER I, FAÇONNER.

confédération → ASSOCIATION, FÉDÉRATION, UNION.

conférence ① *Assisterez-vous à la conférence des présidents ?* : **assemblée** ; → RÉUNION, RENCONTRE. ② *Le sujet de la conférence était* : « *Les causes de la Seconde Guerre mondiale* » : ↓ **causerie** (= conférence sans prétention). *Dans certaines universités, conférence* peut être syn. de **cours** ; → DISCOURS, LEÇON, SERMON.

conférencier → ORATEUR.

conférer

I *On vient de lui conférer le grade de chevalier de la Légion d'honneur* (qui s'emploie surtout pour un grade, une charge) : **décerner** (qui s'emploie davantage en parlant d'une récompense : *décerner une médaille à qqn*) ◆ [plus génér.] **attribuer, donner** ◆ [en partic.] **administrer** (= conférer un sacrement)

II → PARLER.

confesse (à) → CONFESSION.

confesser ① → ACCORDER II, AVOUER, CONVENIR II. ② → CONFESSION.

confesseur *Un* **directeur de conscience,** plus couramment appelé aujourd'hui **directeur spirituel,** est le *confesseur* habituel de qqn.

confession ① *La confession est l'***aveu des péchés,** dans la religion catholique. *La confession suppose qu'on aille* **se confesser,** [fam., vieilli] **à confesse.** ② → RELIGION, COMMUNION. ③ *Ce terme est parfois employé comme syn. d'***aveux.** *L'***autocritique** *suppose une démarche plus*

intellectuelle : *la confession, les aveux d'un condamné ; l'autocritique d'un homme politique.*

confiance ① *Ce skieur manque de confiance :* ↓ **assurance** ◆ ↑ **hardiesse ;** → OPTIMISME. *Confiance excessive en soi :* [sout.] **outrecuidance ;** → ORGUEIL. *Confiance excessive envers les autres :* **crédulité ;** → CANDEUR. *La confiance en Dieu :* **foi** (ces deux termes étant employés aussi dans la relation d'amour humain : *je lui ai donné ma confiance, ma foi*) ; → ESPÉRANCE. ② *C'est une personne de confiance :* **sûr*** II ; → COMPTER II. *En confiance. Vous pouvez lui laisser les enfants en toute confiance :* [express.] **les yeux fermés, en toute sécurité ;** → ABANDON II. *Avoir confiance :* → CROIRE. *Faire confiance à qqn :* → S'EN RAPPORTER* À, SE REPOSER SUR.

confiant *Il est beaucoup trop confiant !* (= confiance en soi) : **assuré, sûr de soi ;** → HARDI, IMPRUDENT. *C'est un être généreux et très confiant* (= confiance envers les autres) : **ouvert** ◆ [péj.] **crédule, naïf ;** → CANDIDE.

confidence [de confier II] S'emploie parallèlement à **secret** dans des express. comme *il ne vient pas me faire ses confidences, me dire ses secrets :* → AVEU, RÉVÉLATION.
◇ **en confidence** *Je vous le dis en confidence :* **confidentiellement** ◆ ↑ **en secret, sous le sceau du secret.**

confidentialité → SECRET III.

confidentiel → SECRET I.

confidentiellement → SECRÈTEMENT, EN CONFIDENCE*.

confier I ① *Je vous confie ces documents :* [plus génér.] **remettre*, laisser** (qui n'impliquent pas comme **confier** l'idée de bons soins, de garde) ; → ABANDONNER I, DONNER I. ② *Elle confie ses enfants à une gardienne chaque soir :* **donner en garde, laisser à la garde de.** ③ → DÉLÉGUER.
II *Il m'a confié son secret ; il m'a confié qu'il ne l'épouserait pas :* [très génér.] **dire** ◆ [assez fam.] **glisser à l'oreille** ◆ ↓ **faire part de** (qui implique moins l'idée de

secret) ◆ ↑ **livrer.**
◇ **se confier à qqn** *C'est à sa mère qu'il s'est finalement confié* (= faire part à qqn de ses idées, de ses sentiments les plus personnels) : [toujours absolt] **s'épancher** (*il avait besoin de s'épancher*) ◆ **s'ouvrir** (*c'est à sa mère qu'il s'est ouvert de son inquiétude*) ◆ [fam.] **se déboutonner, se déballonner, vider son sac, dire ce qu'on a sur le cœur ;** → SE LIVRER.

configuration → FORME I.

confiné *Air confiné :* [cour., mais moins propre en ce contexte] **renfermé** (qui s'emploie souvent substantivement : *cette chambre sent le renfermé*).

confinement → ENFERMEMENT.

confiner I *Pourquoi l'a-t-il confiné dans cet hospice ? :* **reléguer** (*confiner* évoque surtout une exiguïté pénible à supporter, *reléguer*, la volonté que l'on a d'écarter qqn).
◇ **se confiner dans** → S'ENFERMER.
II *Son attitude confine au grotesque :* **côtoyer, friser** (qui s'emploient sans préposition : *son attitude frise le grotesque*) ; → FRÔLER.

confins → FRONTIÈRE.

confirmation → CONFIRMER.

confirmer ① [~ qqn dans] *Ses récents propos me confirment dans mon scepticisme :* [rare] **conforter, fortifier** ◆ **renforcer** (*ses récents propos renforcent mon scepticisme*) ; → ENCOURAGER. *On l'a confirmé dans son poste :* → MAINTENIR. ② [~ qqch, que] *Je vous confirme l'exactitude de ce fait :* **donner confirmation de** ◆ ↓ **affirmer** ◆ ↑ **certifier, garantir.** *Sa fuite confirme nos soupçons :* **corroborer.** ③ *Confirmer un acte officiellement, confirmer une théorie :* [selon les contextes] **attester, consacrer, homologuer, légaliser*, valider* ;** → SANCTIONNER, SCELLER. ④ [qqch ~ que] *Il est en voie de guérison, ce qui confirme la qualité du traitement :* **attester, démontrer, prouver** ◆ [très génér.] **montrer* ;** → VÉRIFIER.
◇ **confirmation** ① *La suite des événements n'a été qu'une confirmation de mes dires :*

confusion

vérification ; → PREUVE. ② [de confirmer ②] *Nous avons la confirmation de sa
venue* : **assurance**, ↑ **garantie** ; → CERTAIN I
♦ [rare] **corroboration** (= ce qui renforce
une idée, une opinion). ③ [de confirmer ③] :
**attestation, consécration, homologation,
légalisation, validation.**

confiscation → RETRAIT, SAISIE.

confiserie → FRIANDISE.

confisquer → RETIRER, SAISIR II.

confiture → MARMELADE.

conflagration → EMBRASEMENT, GUERRE.

conflictuel Qui est source de **conflit***.

conflit ① → CONTESTATION, DÉSACCORD,
LITIGE, LUTTE, FRICTION II, OPPOSITION,
TIRAILLEMENT. ② → GUERRE.

confluent → JONCTION.

confluer → SE RÉUNIR.

confondant → ACCABLANT.

confondre ① → ASSIMILER I, MÉLANGER,
MÊLER, PRENDRE* POUR. ② → ACCABLER,
DÉMASQUER, ARRACHER LE MASQUE*.
◊ **se confondre** → SE MÊLER.

confondu → DÉCONCERTER.

conformation → FORME I.

conforme ① *Une copie certifiée conforme* :
exact* ; → SEMBLABLE. *Être la copie
conforme de* : → DIGNE. ② *Elle menait une
vie conforme à ses désirs* : [moins approprié à
ce contexte] **adapté, assorti** ; → APPROPRIÉ,
LOGIQUE (*suite logique*). *Sa pensée politique
n'est pas très conforme* : **orthodoxe***.
◊ **conformer** *L'idéal serait de conformer
ses désirs à ses possibilités* : **accorder, adapter** ; → ACCOMMODER, RÉGLER I.
◊ **se conformer** : **s'accorder, s'adapter** ;
→ S'ACCOMMODER. *Vous vous conformerez
strictement à l'ordonnance du médecin* :
respecter, suivre ; → ÉPOUSER, OBÉIR.
◊ **conformiste** ① [adj.] *Il obéissait aux
règles de la morale la plus conformiste* :
traditionaliste ♦ **traditionnel** (qui n'est pas
forcément péj.) ; → BOURGEOIS, ORTHODOXE.

Un style conformiste : **académique.** ② [n.]
Il hait les conformistes : [péj.] **bien-pensant**
(qui s'emploie en matière de morale et de
religion) ; → INTÉGRISTE.
◊ **non conformiste** *Des idées non conformistes* : **indépendant, individualiste** (qui
marquent moins une opposition aux
normes culturelles en cours) ; → AVANCÉ,
BIZARRE.
◊ **conformisme** : **traditionalisme, acadé-
misme** ♦ **orthodoxie** (qui n'est pas forcément péj.) ; → INTÉGRISME.

conformément à → SELON.

conformité ① → ANALOGIE. ② *Mettre en
conformité* : → ACCOMMODER I.

confort → AISE, COMMODITÉ. *Absence de
confort* : → INCONFORT.

confortable Qqch de confortable permet
d'**être à l'aise***. *Un salon confortable* : [angl.] **cosy** ♦ **douillet** (qui évoque douceur
et chaleur ; se dit aussi d'un vêtement).
Une vie confortable : → AISÉ.

confortablement → AISE, COMMODÉ-
MENT.

conforter → CONFIRMER.

confrère → COLLÈGUE.

confrérie → ASSOCIATION, COMMUNAUTÉ II.

confrontation → COMPARAISON.

confronter → COMPARER.

confus

I *Son discours était très confus* :
→ AMBIGU, TROUBLE I, ABSTRAIT, VAGUE III,
BROUILLON I, COMPLIQUÉ, NÉBULEUX.

II ① *Elle était confuse de se sentir ainsi
soupçonnée* : ↓ **embarrassé, gêné** ♦ ↑ **honteux*** ; → SOT. ② [formule de politesse] *Je
suis confus de ce qui vous arrive* : **désolé,
ennuyé** ♦ [sout.] **navré.**

confusément → INDISTINCTEMENT, OBS-
CURÉMENT, VAGUEMENT.

confusion

I ① *Le communiqué du chef de l'État
a semé la confusion dans la population* : **trouble** ♦ ↑ **chaos** ; → ANARCHIE,

167

MÊLÉE, DÉSORDRE ◆ **désarroi** (qui s'emploie surtout en parlant des idées ou des sentiments) ◆ [fam.] **embrouillamini.** ② → ERREUR.

II *Il était rouge de confusion* : → EMBARRAS, TROUBLE II.

congé ① *Quand prenez-vous vos congés ?* : **vacances ;** → PERMISSION. ② *Donner congé* : → CONGÉDIER. *Prendre congé* : **faire ses adieux, dire au revoir ;** → QUITTER, SALUER.

◇ **congédier** ① *Il eut bien du mal, vers 3 heures du matin, à congédier ses derniers invités* : **renvoyer** ◆ [fam.] **expédier** ◆ ↑ **chasser*** ◆ [fam.] ↑ **envoyer paître,** [très fam.] **envoyer dinguer,** [sout.] **éconduire** (qui impliquent un renvoi brutal). ② *Le directeur a congédié deux de ses employés* : [termes vieillis] **donner son congé à, son compte à** ◆ [par euph.] **remercier, se séparer de** ◆ [plus cour.] **renvoyer, licencier, débaucher** ◆ ↑ **chasser, mettre à la porte, se défaire de** ◆ [fam.] ↑ **flanquer, ficher,** [très fam.] **foutre à la porte, dehors** ◆ [fam.] ↑ **balancer, débarquer, balayer, lourder, sacquer ;** → DESTITUER, FAIRE VALSER, SE FAIRE JETER*, VIDER.

congédier → CONGÉ.

congeler (se) *L'eau se congèle à 0 °C* : **geler ;** → RÉFRIGÉRER, SE COAGULER.

congénère *Oh ! vous et vos congénères, vous me dégoûtez !* [péj.] : [non péj.] **pareil, semblable.**

congénital → INNÉ.

congestion ① → ATTAQUE, HÉMORRAGIE. ② → EMBOUTEILLAGE.

congestionné → ROUGE I.

congestionner → EMBOUTEILLER.

congratuler → FÉLICITER.

congrégation → ASSOCIATION, COMMUNAUTÉ II.

congrès → COLLOQUE, RÉUNION.

congruent → ADAPTÉ.

conifère → RÉSINEUX.

conjecture ① → SUPPOSITION, PROBABILITÉ. ② *Se perdre en conjectures* : **être perplexe.**

conjecturer → AUGURER.

conjoint → ÉPOUX.

conjointement → ENSEMBLE I.

conjonction → RÉUNION.

conjoncture → SITUATION II, CONDITION II.

conjoncturel Lié à la conjoncture ; → SITUATION II, ACCIDENTEL.

conjugal : **matrimonial** se dit plutôt de ce qui touche au mariage. *Ils ont des problèmes conjugaux* : [plus génér.] **de couple ;** → MARIAGE.

conjuguer → UNIR, RÉUNIR.

conjuration ① → EXORCISME. ② → COMPLOT.

conjuré → COMPLOTEUR.

conjurer ① → EXORCISER. ② → PRIER II, SUPPLIER.

connaissance

I ① *La connaissance de qqch peut se fonder, selon les cas, sur la* **conscience,** l'**intuition,** l'**intelligence** ou la **compréhension** *des êtres et des choses ;* → POSSESSION. ② *Les diverses branches de la connaissance contemporaine* : **savoir*, science** ◆ **encyclopédie** (= ensemble des connaissances universelles). *Faire étalage de ses connaissances* [pl.] : [sing.] **savoir, science.** ③ [pl.] *Il a des connaissances sur ce sujet* : ↓ **notion ;** → BAGAGE. *De qqn qui a beaucoup de connaissances, on dit qu'il a des* **connaissances encyclopédiques,** *que c'est une* **encyclopédie vivante.** *Avez-vous quelques connaissances là-dessus ?* : **clarté, lumière.** ④ *Avoir connaissance de* : **savoir.** *Avoir sa connaissance* : **lucidité.** *Perdre connaissance* : **s'évanouir** ◆ ↓ **perdre conscience.** *Reprendre connaissance* : [plus rare] **retrouver ses esprits ;** → SENS I. *Sans connaissance* : **inconscient, évanoui.** *En connaissance de cause* : **sciemment ;** → CONSCIEMMENT, SAVAMMENT.

II ① *J'y avais rencontré quelques connais-sances* : → AMI. ② *Faire connaissance* : → CONNAÎTRE, RENCONTRER.

connaisseur → AMATEUR, COMPÉTENT, INITIÉ.

connaître ① [~ qqch] *C'est qqn qui connaît son métier et qui connaît la vie* : **savoir*** (qui s'emploie parfois en ce sens, mais pas dans tous les contextes : *savoir son métier*, mais seulement *connaître la vie*) ◆ **avoir de l'expérience, avoir l'expérience de qqch** (qui suppose à la fois une connaissance et une pratique) ; → COMPÉTENT, POSSÉDER. ② [~ qqch] *Nous avons connu un été magnifique* [sout.] : **bénéficier de, jouir de** ◆ [génér.] **avoir** ; → VOIR. ③ [~ qqn] *Nous nous sommes connus à Saint-Malo* : **se rencontrer, faire connaissance**. *Ne le jugez pas avant de le connaître !* : [plus partic.] **rencontrer, fréquenter**. ④ *Faire connaître* : → FAIRE SAVOIR*, FAIRE PART* DE, MANIFESTER.

◇ **s'y connaître** *Pour ce qui est de la pêche, il s'y connaît !* : [sout.] **s'entendre à** ◆ ↑ **c'est un expert, spécialiste** ◆ [fam.] **c'est dans ses cordes** ; → COMPÉTENT, Y TOUCHER* I.

◇ **connu** ① [qqch est ~] *Sa gentillesse est connue* : ↑ **célèbre, proverbial** ◆ [sout.] **notoire** ◆ [fam.] **archiconnu** ; → ÉVENTÉ, RÉPANDU, RÉPUTÉ, SE SAVOIR. ② [qqn est ~] → RÉPUTÉ. ③ [qqn est ~] → FAMILIER I.

connecter (se) → SE RACCORDER.

connement → SOTTISE.

connerie → BÊTISE, SOTTISE.

connexion → LIAISON II, RACCORDEMENT.

connivence → ACCORD I, MÈCHE I.

connu → CONNAÎTRE.

conquérant → PRÉTENTIEUX.

conquérir ① [~ qqch] *Conquérir un pays* : → SOUMETTRE, VAINCRE. ② [qqch ~ qqn] *Sa gentillesse nous a conquis* : ↓ **séduire** ◆ ↑ **fasciner, ↑ subjuguer** (qui ne se disent que de ce qui est si puissant, si étonnant que nous en perdons tout contrôle ration-nel sur nous-même : *le talent du chef*

d'orchestre les fascinait, les subjuguait) ; → APPRIVOISER, CHARMER, PLAIRE. ③ [qqn ~ qqn] *Il ne savait plus lui-même combien de femmes il avait conquises* : **séduire** (qui, en ce sens, peut être péj. et impliquer l'idée de tromperie ou d'agissements contraires à la morale). Dans tous ses emplois, *conquérir* est un verbe défectif : on lui substituera, dans ses formes inusi-tées, par ex. l'imparfait, soit ses syn., soit plus générale la périphrase **faire la conquête de** ; → APPRIVOISER, CHARMER, PLAIRE. ④ *Conquérir l'attention* : **captiver** ; → CAPTER.

◇ **conquête** ① *La conquête de la ville leur assure la victoire* : **prise** ; → ENLÈVEMENT. *Partir à la conquête de qqch* : ↑ **assaut** ; → CHERCHER. ② *Faire la conquête de qqn* : **séduire** ; → CONQUÉRIR. *L'enfant était assez renfermé : sa conquête n'avait pas été facile !* : ↓ **apprivoisement**. ③ *Voici l'une de ses nombreuses conquêtes !* : [par plais.] **victime** ◆ [moins express.] **liaison** ; → AMANT, AMANTE.

conquête → CONQUÉRIR.

consacré → CONSACRER, SAINT, HABITUEL.

consacrer ① *Consacrer une église* : ↓ **bénir**. *Consacrer un prêtre* : **ordonner**. *Consacrer un évêque* : **sacrer**. *Les Romains avaient consacré ce temple à Jupiter* : **dédier** ; → INAUGURER. *Cette terre a été consacrée par le sang de ceux qui y sont tombés* : **sanctifier**. ② *Consacrer sa vie à Dieu* : **vouer**. *Il a consacré sa vie à la médecine* : **vouer** (le complément implique une idée de grandeur, de noblesse propre à une cause que l'on défend) ; → SACRIFIER. ③ *Il a consacré son samedi à courir les magasins* : **employer** ◆ [moins sout.] **passer** (le complément renvoie à l'idée d'un simple passe-temps ou d'une activité très ordinaire) ; → SE LIVRER, S'EMPLOYER. *Consacrer de l'argent à qqch* : → AFFECTER I. ④ *Consacrer une théorie, une idée* : → CONFIRMER, SANCTIONNER.

◇ **se consacrer à** → S'ADONNER.

consanguinité *Ils sont unis par des liens de consanguinité* (= liens qui unissent les enfants d'un même père) : [plus cour.] **les liens du sang** ◆ [plus génér.] **parenté**.

consciemment [de conscience I] : [cour.] **sciemment, en connaissance de cause ;** → DÉLIBÉRÉMENT.

conscience

I [conscience psychologique] ① *Perdre conscience* : → CONNAISSANCE I. ② *Prendre, avoir conscience de* : **s'apercevoir de, se rendre compte de ;** → SENTIMENT I, COMPRENDRE II. ③ *Faire prendre conscience* : [didact.] **conscientiser** (qui se dit surtout d'une prise de conscience politique).

II [conscience morale] ① *Avoir de la conscience* : **être honnête, avoir du sens moral.** *En conscience* : **honnêtement.** ② *Il met beaucoup de conscience à faire son travail* : **consciencieusement** (*il fait son travail consciencieusement*) ♦ [en partic.] **minutieusement ;** → SOIN I. *Avoir mauvaise conscience* : → COUPABLE I. ③ *Il lui a dit tout ce qu'il avait sur la conscience* : **sur le cœur, toute la vérité, il ne lui a rien caché.** ④ *Directeur de conscience* : → CONFESSEUR.

consciencieusement → CONSCIENCE II.

consciencieux [de conscience II] *C'est un homme consciencieux, il ne donnera pas son avis à la légère* : ↑ **scrupuleux.** *C'est un élève consciencieux* : **sérieux, travailleur** ♦ [péj.] **besogneux.** *C'est un ouvrier consciencieux* : **sérieux** ♦ **minutieux,** ↑ **méticuleux,** [péj.] **tatillon** (qui se disent de celui qui s'attarde au plus petit détail, parfois à l'excès) ; → EXACT, APPLIQUÉ, HONNÊTE, SOIGNEUX.

conscient [de conscience I] ① *La situation exige des hommes conscients* : **responsable, lucide** (qui s'emploient toujours sans compl., *conscient* en exigeant un plus souvent : *conscients de leurs responsabilités*). ② *Elle est très consciente de sa beauté* : **connaître** (*elle connaît très bien...*). *Elle est très consciente de sa faiblesse* : **avoir une conscience, un sentiment aigu de.**

conscientiser → CONSCIENCE I.

conscrit → NOVICE, SOLDAT.

consécration ① [de consacrer ①] : **bénédiction, ordination, sacre, dédicace.**

② → CONFIRMATION. ③ *La consécration d'un mot par l'usage* : **sanction.** ④ → TRIOMPHE.

consécutif *Il a plu pendant cinq jours consécutifs* : **consécutivement, sans interruption, successivement** ♦ [plus cour.] **de suite, à la file** ♦ **coup sur coup, à la suite** (*commettre deux infractions consécutives, à la suite*).

◊ **consécutif à** *Le chagrin qu'il éprouve est consécutif à la mort de sa mère* : **faire suite à, être en relation avec ;** → RÉSULTER DE.

consécutivement → CONSÉCUTIF.

conseil ① → CONSEILLER II, AVERTISSEMENT, SUGGESTION, RECOMMANDATION*, INSPIRATION*. ② → DÉFENSEUR, CONSEILLER* I. *Un avocat-conseil, un médecin-conseil* : **consultant.** *Conseil en accompagnement professionnel des salariés d'une entreprise* : **coaching.** ③ → TRIBUNAL.

conseiller

I [n.] *C'est lui qui a été mon conseiller dans toute cette affaire, et ses avis m'ont été très précieux* : **conseil** (qui s'emploie souvent en apposition, avec ou sans trait d'union : *avocat-, ingénieur-conseil*) ♦ **coach** (= conseiller en accompagnement professionnel des salariés d'une entreprise) ♦ **guide** (= celui qui conduit qqn dans les affaires en partic., dans la vie en général) ♦ ↑ **inspirateur** (= celui qui dirige, qui fait naître une doctrine, une pensée) ♦ [sout., par allusion litt. à *l'Odyssée*] **mentor** (= conseiller sage et expérimenté) ♦ [sout.] **égérie** (= conseillère d'un homme célèbre, d'un homme politique ; inspiratrice d'un artiste), **éminence grise** (= conseiller secret).

II [v.] → RECOMMANDER, GUIDER, PRÊCHER, SUGGÉRER, INFLUENCER.

consentement → APPROBATION, PERMISSION.

consentir ① [~ à] *Ils ont consenti à la venue d'une délégation étrangère, à venir nous voir* : [plus cour.] **accepter** (qui se construit avec un objet direct ou *de* + inf. : *accepter la venue..., accepter de* *venir)* ◆ [rare] **acquiescer à** ◆ **souscrire à** (qui implique l'idée d'un acte officiel ; ces deux termes n'admettent pas de complément à l'inf.) ; → ACCÉDER II, ÊTRE D'ACCORD, MARCHER, SE PRÊTER À, VOULOIR, ADHÉRER II, APPROUVER, ADMETTRE II, LAISSER. ② [~ qqch à qqn] *L'entreprise lui a consenti de gros avantages en nature :* → CONCÉDER.

conséquence ① *Êtes-vous conscient des conséquences de vos actes ? :* **effet***, [sing.] **portée*** ◆ [plus imagé] **retentissement***, **retombées ;** → BILAN, IMPORTANCE. *Être la conséquence de. Son échec est la conséquence de son stress :* **résultante***, **suite logique*, corollaire ;** → FRUIT. *Subir les conséquences :* → INCONVÉNIENT. *Sans conséquence :* **sans lendemain*.** ② *De conséquence :* → D'IMPORTANCE. ③ *En conséquence :* [plus cour.] **par conséquent ;** → AINSI I. ④ *Conséquence nécessaire et évidente :* **corollaire** (qui a le sens partic. en mathématiques de proposition qui se déduit immédiatement d'une proposition déjà démontrée) ◆ **suite logique.**

conséquent → IMPORTANT, RESPECTABLE.

conservateur → MODÉRÉ, RÉACTIONNAIRE, RETARDATAIRE.

conservation → MAINTIEN, GARDE.

conservatisme → RÉACTION.

conservatoire → ÉCOLE.

conserve (de) → ENSEMBLE I, EN MÊME TEMPS* I.

conserver ① *Où conservons-nous ces fruits ? :* **stocker** (qui se dit de marchandises en quantité importante, et n'implique pas la notion de périssable) ; → PROTÉGER. *Comment conserver sa jeunesse ? :* **entretenir*, garder, maintenir, préserver** ◆ ↑ **sauvegarder.** ② *Il faudrait que nous conservions un peu d'argent pour le voyage :* **garder, réserver, mettre de côté ;** → AFFECTER I.

◇ **se conserver** → SUBSISTER.

considérable → GRAND, LARGE I, REMARQUABLE, IMPORTANT.

considérablement → BEAUCOUP.

considération ① *Cette proposition de loi demande une meilleure considération :* **attention, examen ;** → OBSERVATION I. *Prendre en considération :* → PRENDRE EN COMPTE*.* ② → ÉGARD II, RÉPUTATION, RESPECT, ESTIME I, VÉNÉRATION.

considérer ① → REGARDER, VOIR. ② *Avez-vous considéré les conséquences de vos actes ? :* **songer à ;** → ESTIMER II, PRENDRE* EN COMPTE. ③ *Considérer qqn :* → ESTIMER I. *Considéré comme :* → RÉPUTÉ, SE TENIR* POUR.

◇ **se considérer** → SE TENIR IV, SE JUGER.

consigne ① → INSTRUCTION, ORDRE II. ② → COLLE II.

consigner → NOTER I.

consistant ① *Cette sauce est un peu trop consistante :* **épais** ◆ [péj.] **visqueux.** ② *Elle nous a servi un repas consistant :* **solide, substantiel** (qui insistent sur la qualité nutritive du repas) ◆ **copieux** (qui insiste davantage sur son abondance). *Un argument consistant :* **ferme*, solide ;** → VRAI.

◇ **consistance** ① → ÉPAISSEUR. ② *Sans consistance. Un esprit sans consistance :* **irrésolu.** *Une nouvelle sans consistance :* **sans fondement.** *Il restait là, sans consistance :* **sans force.**

consister → RÉSIDER.

consœur → COLLÈGUE.

consolant, consolateur → CONSOLER.

consolation
→ COMPENSATION, RÉCONFORT.

console → TERMINAL* D'ORDINATEUR.

consoler *Vous êtes la seule à pouvoir la consoler :* ↑ **réconforter** (qui implique non seulement l'apaisement, mais encore le retour des forces physiques et morales) ◆ [fam.] **remonter,** [fam.] **mettre du baume au cœur de qqn ;** → APAISER, RASSURER.

◇ **se consoler** *Il a perdu un enfant et ne s'en console pas :* [fam.] **se pas s'en remettre** ◆ ↑ **être inconsolable.**

◇ **consolant** [de consoler] : **réconfortant** ◆ [plus rare] **consolateur** (*des paroles consolantes, consolatrices*) ◆ [plus génér.] **apaisant.**

consolidation → RÉPARATION.

consolider Rendre plus solide. *Consolider un mur* : ↑ **fortifier** ◆ **étayer** (= soutenir à l'aide d'étais) ; → SOUTENIR. *Consolider les moyens de défense d'une ville ; consolider une position* : **affermir*, renforcer** ; → ASSURER II, RAFFERMIR, STABILISER.

consommateur *Le droit des consommateurs* : [plus restreint] **acheteur, client** ◆ **usager** (= celui qui use des services) ◆ **utilisateur** (= celui qui utilise un produit).

consommation

I ① *Faire consommation de* : **consommer.** ② *Qui va régler les consommations ?* : [plus génér.] **boisson*.**

II ① *La consommation d'un forfait* : **accomplissement, perpétration.** ② *La consommation d'un mariage* : **union charnelle.** ③ *Jusqu'à la consommation des siècles* : **fin.**

consommé ① [adj.] → ACCOMPLI, PARFAIT. ② [n.m.] → BOUILLON.

consommer

I ① *Consommer des aliments* : → BOIRE, MANGER, PRENDRE I, PRATIQUER. *Tout a été consommé* : → ÉPUISER. *Les temps sont consommés* : → FINIR. ② *C'est une voiture qui consomme énormément* : [fam., par métaph.] **manger, sucer** ; → POMPER, USER II.

II *Consommer un meurtre* : → ACCOMPLIR.

consomption → AMAIGRISSEMENT.

consortium → SOCIÉTÉ II.

conspirateur → COMPLOTEUR.

conspiration → COMPLOT.

conspirer → COMPLOTER.

conspuer → ACCUEILLIR, HUER, MANIFESTER, SIFFLER.

constamment *Il me répète constamment les mêmes choses* : **sans cesse, perpétuellement** ◆ [fam.] **à tout bout de champ, tout le temps.** *Il change d'avis constamment* : [fam.] **comme de chemise** ; → SANS ARRÊT, TOUJOURS, EN PERMANENCE.

constance → CONSTANT.

constant ① *C'est un homme constant dans ses résolutions* [sout.] : [cour.] **persévérant,** ↑ **obstiné,** ↑ **opiniâtre** ; → INÉBRANLABLE. ② *Il y a dans cette rue une circulation constante* : **incessant, permanent, continuel*** ◆ [plus partic.] **régulier** ; → PERPÉTUEL. *Une attention constante* : → SOUTENU. *Une vitesse constante* : → UNIFORME I. *Un travail constant* : → ACHARNÉ.

◇ **constance** ① [de constant ①] *Travailler avec constance* : **persévérance,** ↑ **obstination,** ↑ **opiniâtreté.** ② [de constant ②] *Vous aurez remarqué la constance du phénomène* (= qualité de ce qui est durable) : **permanence** ◆ **régularité** (= caractère de ce qui se répète de manière durable) ; → CONTINUITÉ. ③ → FIDÉLITÉ.

constante *L'alcool est une constante parmi les causes des accidents de la route* : **invariant** ; → TOUJOURS.

constat → RAPPORT I.

constatation → OBSERVATION I.

constater *Vous constaterez avec moi le bon état de l'appareil* : **prendre acte, reconnaître** ◆ ↓ **noter** ; → ÉPROUVER, OBSERVER, VOIR, REMARQUER.

constellation ① → ÉTOILE. ② *Une constellation de* : → PLEIN DE.

constellé → ÉTOILÉ.

consternant → ATTRISTANT.

consternation → ABATTEMENT.

consterné → STUPÉFAIT, EFFONDRÉ.

consterner → ABATTRE II, ATTRISTER, STUPÉFIER.

constipé → EMBARRASSÉ.

constituant ① [adj.] *Le tanin est un élément constituant du vin* : **constitutif,**

composant ; → COMPOSER III. ② [n.m.] *L'un des constituants d'un médicament* : **établir** ◆ [plus cour.] **rassembler.** ② *Ils ont constitué une société* : **créer, fonder, former** ◆ [assez fam.] **monter, mettre sur pied ;** → COMPOSER III, ORGANISER. ③ *Cela constitue de gros efforts* : → REPRÉSENTER. *Constituer une haie* : → FORMER.

◇ **constitution** ① [de constituer ①] : **établissement*.** ② [de constituer ②] : **création, formation*, fondation, mise sur pied ;** → APPARITION, COMPOSITION, ÉDIFICATION, STRUCTURE. *C'est un homme de forte constitution* : → NATURE.

constitutif → CONSTITUANT.

constitution → CONSTITUER.

constructeur Ce terme général peut désigner aussi bien l'**architecte**, le **maître d'œuvre** que l'**entrepreneur** s'il s'agit d'un bâtiment, l'**ingénieur** s'il s'agit de mécanique ◆ **bâtisseur** ne s'emploie que pour des bâtiments d'importance (*les bâtisseurs de cathédrales*) ◆ **urbaniste** désigne l'architecte spécialisé dans les réalisations urbaines.

constructif → POSITIF III.

construction ① *La construction d'une maison* : → ÉDIFICATION. *La construction d'une automobile* : **fabrication.** ② *Travailler dans la construction* : → BÂTIMENT. ③ *Ce roman a une construction boiteuse* : **composition, structure.**

construire ① → BÂTIR, ÉLEVER I. ② → FORMER.

consul → DIPLOMATE, REPRÉSENTANT.

consultant → CONSEIL.

consultation → CONSULTER.

consulter ① [~ qqn] *Nous l'avons consulté pour lui demander son avis* : [plus génér.] **interroger** (qui ne s'emploie pas dans les sens techn. de *consulter* :

consulter un médecin ; pour ces derniers, on emploie parfois **prendre conseil auprès de**) ; → VOIR. *Consulter l'opinion* : **sonder.** ② [~ qqch] *Vous devriez consulter l'annuaire : l'adresse que vous cherchez y figure peut-être* : [moins précis] **examiner, feuilleter** ◆ ↑ **dépouiller** ◆ [rare] **compulser** (qui se dit surtout d'un traité, d'un ouvrage didactique) ; → REGARDER, SE REPORTER. ③ *Il ne faut consulter que sa conscience* : **suivre, écouter.**

◇ **consultation** ① Une *consultation* d'opinion peut être un simple **sondage** ou une **enquête** s'il s'agit d'un échantillon restreint, un **vote** s'il s'agit de l'ensemble : on parle alors d'une **consultation électorale.** En partic., le **référendum** consiste à se prononcer sur une mesure proposée par le pouvoir exécutif. ② *La consultation du médecin se tient à son cabinet*, contrairement à la **visite.** ③ *La consultation d'un ouvrage* : **examen ;** → LECTURE.

consumer ① → BRÛLER I. ② → MINER.

contact ① *Sa peau était comme électrisée : un simple contact le faisait frémir* : **effleurement** ◆ [rare] **attouchement** (qui ne se dit que de l'action de toucher avec les doigts) ; → TOUCHER, CARESSE. ② *Il a gardé des contacts avec ses anciens camarades de faculté* : **rapport, relation** (*rester en relation*) ; → EN LIAISON*. ③ *De contact facile* : → ABORD I. *Vous prendrez contact avec lui* : **contacter*, entrer en relation, se mettre en rapport ;** → PRENDRE LANGUE*. *En contact direct* : **prise.** *Au contact de ce professeur, il s'est mis à aimer l'anglais* : **sous l'influence de.**

◇ **contacter** *Êtes-vous parvenu à le contacter ?* : **prendre contact*, atteindre, toucher, joindre ;** → RENCONTRER, APPELER I.

contagieux → ÉPIDÉMIE, TRANSMISSIBLE, SE TRANSMETTRE.

contagion *La grippe s'attrape par contagion* : **contamination** (qui est de sens plus large et désigne aussi la **transmission** de germes pathogènes dans un milieu non organique : *la contamination d'une rivière*) ; → PROPAGATION.

container → CONTENEUR.

contamination → CONTAGION.

contaminer → INFECTER, TRANSMETTRE.

conte ① Comme les **histoires**, les *contes* sont des **récits** d'imagination, mais qui mettent en œuvre des faits ou personnages propres à un peuple, à une tradition, à un auteur. Ils font partie du domaine de la **fiction** ; → LÉGENDE, ROMAN. ② *Qu'est-ce que ce conte-là ? Tu l'as inventé de toutes pièces !* [vieilli] : **chanson, fable** ◆ [cour.] **histoire** ◆ [fam.] **bobard, craque** ◆ **racontar, cancan, ragot** (qui impliquent l'idée de commérage malveillant) ; → CANULAR, MENSONGE.

contemplatif → RÊVEUR.

contemplation *La mer le plongeait dans la contemplation* : ↓ **admiration** ◆ ↑ **extase** ; → RAVISSEMENT.

contempler → REGARDER.

contemporain → ACTUEL, MODERNE.

contempteur → CRITIQUE.

contenance

I *À votre avis, quelle est la contenance de ce tonneau ?* : [plus didact.] **capacité** ◆ **jauge, tonnage** (qui se disent de la contenance d'un navire) ; → VOLUME II.

II ① → ALLURE, MAINTIEN. ② *Perdre contenance* : **se décontenancer** ; → DÉCONCERTER.

conteneur est le terme recommandé, **container**, l'anglic. le plus souvent employé ; → EMBALLAGE.

contenir

I ① *Cette valise contient tous mes trésors* : **renfermer**. *Votre devoir contient trop d'erreurs* : **comporter, compter, comprendre** ◆ [sout.] **receler**. *La sociologie est contenue dans les sciences humaines* [rare] : **être englobé dans, être compris dans** ◆ [cour.] **faire partie de**. ② *Combien de personnes cette salle peut-elle contenir ?* : [rare] **tenir** ◆ **recevoir**.

II *Contenir la foule, ses sentiments, une révolte* : → MAINTENIR, RAVALER, RÉPRIMER, ENDIGUER, REFOULER, RETENIR.

◇ **se contenir** → SE MAÎTRISER, SE POSSÉDER, SE MODÉRER.

content ① [suivi ou non d'un compl.] *C'est un homme qui est toujours content* : ↓ **satisfait** (qui implique l'idée d'un contentement relatif) ◆ ↑ **heureux** ; → AISE, GAI. ② [suivi d'un compl. ou le supposant] *Alors, êtes-vous content ?* : **satisfait**. *Je suis content de vous voir* : **heureux**, ↑ **enchanté**, ↑ **ravi*** ◆ [vieilli] **bien aise** ; → SE FÉLICITER, FLATTER. *Je suis content de vous* : **satisfait** ; → FIER. ③ [n.m.] *Tout son content* : *Pierre a eu tout son content de grand air* : **soûl** ; → CONTENTER.

◇ **contentement** ① *Le contentement des sens* : **satisfaction, assouvissement**. ② → JOIE, FIERTÉ, PLAISIR.

◇ **contenter** ① [~ qqn] *Il a obtenu ce qu'il voulait : le voilà contenté* : **satisfaire** ◆ ↑ **combler** ; → RASSASIER. ② [~ qqch] *Cet enfant est insupportable, et vous ne parviendrez pas à contenter ses caprices* : **satisfaire, combler** ◆ **exaucer** (qui ne se dit qu'en parlant d'un vœu ou d'un souhait). *Contenter la faim, le désir sexuel* : **assouvir***, **satisfaire** ◆ ↓ **apaiser***.

◇ **se contenter de** ① → S'ACCOMMODER, SE SATISFAIRE DE. ② *Je me contenterai de vous faire quelques remarques* : **se borner à**.

contentieux → LITIGE.

contention → EFFORT.

contenu

I → CONTENIR I. *Le contenu d'un livre* : [fam.] **ce qu'il y a dans** ; → SUBSTANCE.

II → CONTENIR II.

conter ① *Je vais vous conter une histoire* [vieilli] : [cour.] **raconter*** ◆ [sout.] **narrer**. ② *Qu'est-ce que vous me contez là ?* : → RACONTER.

contestable → CONTESTER.

contestataire → CONTESTER, REBELLE, SÉDITIEUX.

contestation → CONTESTER.

conteste (sans) → ASSURÉMENT.

contesté → CONTESTER.

contester ① Mettre en doute le droit ou les prétentions de qqn. *Je vous conteste le droit de m'assigner à résidence* : ↑ **dénier,** ↑ **récuser** (qui impliquent l'idée d'un refus catégorique, le second se disant surtout des personnes : *récuser un témoin*) ; → **REFUSER, S'OPPOSER, CRITIQUER, CONTREDIRE.** ② *C'est un fait que je conteste* : ↓ **discuter ;** → **NIER.** *Une décision politique contestée* : **impopulaire ;** → **CONTESTABLE, LITIGIEUX.** ③ *Il faut toujours qu'il conteste !* : **argumenter, discuter** ◆ ↑ **chercher querelle ;** → **CHICANER.** De qqn qui *conteste* toujours en politique, on dit qu'il **fait de la contestation,** que c'est un **contestataire.**

◇ **contestation** [en termes de droit] *Il est en contestation avec son frère pour des questions d'héritage* : **litige, différend** ◆ ↑ **conflit** ◆ **démêlé** (qui évoque une affaire compliquée et s'emploie dans le contexte *avoir un démêlé avec qqn*) ; → **CHICANE, DISPUTE.** *Faire de la contestation* : **contester* ;** → **CONTRADICTION.** *Sans contestation* : → **ASSURÉMENT.**

◇ **contestable** [qqch est ~] *L'argumentation de la défense ne repose que sur des affirmations contestables* : **discutable, douteux, sujet à caution, mal fondé** ◆ ↑ **frauduleux ;** → **RÉFUTABLE.**

contexte → **SITUATION II.**

contexture → **COMPOSITION.**

contigu *Être contigu de* : → **TOUCHER I, PROCHE, VOISIN.**

contiguïté → **PROXIMITÉ.**

continence → **CHASTETÉ, TEMPÉRANCE.**

continent
I [adj.] → **CHASTE, TEMPÉRANT.**
II [n.m.] → **MONDE I.**

contingent
I [adj.] → **ÉVENTUEL, ACCESSOIRE I.**
II [n.m.] → **PART I.**

contingentement → **LIMITATION, RÉPARTITION.**

contingenter → **LIMITER.**

continu → **CONTINUER.**

continuateur → **SUCCESSEUR.**

continuation, continuel → **CONTINUER.**

continuellement → **JOUR, DU MATIN* AU SOIR, TOUJOURS, SANS RELÂCHE*.**

continuer ① [~ qqch] *Les fourmis continuent inlassablement leur travail* : **poursuivre** ◆ **perpétuer** (qui ne se dit que de qqch qui dure très longtemps : *perpétuer une tradition*) ; → **MAINTENIR, PROLONGER.** ② [~ à, de + inf.] *Si tu continues à nous ennuyer, tu vas t'en repentir* : [sujet n. de personne] ↑ **persister à, s'entêter à, s'obstiner à** (= continuer à faire qqch malgré l'opposition de qqn, qqch) ; → **PERSÉVÉRER.** [sujet n. de chose] *Le mal continue d'envahir son pauvre corps* : ↑ **ne cesser de ;** → **ENCORE.** ③ [v.i.] *La fête a continué jusqu'à l'aube* : **se poursuivre, se prolonger** (ces trois verbes valant aussi pour l'espace : *le chemin continue, se poursuit, se prolonge jusqu'à la route nationale*) ◆ **durer*** (qui se construit le plus souvent avec un adv. qui le précise : *la fête a continué, duré très longtemps*). ④ [impers.] *Il continue de pleuvoir* : ↑ **ne cesser de** ◆ **sans arrêt** (*il pleut sans arrêt*) ; → **ENCORE.**

◇ **continu, continuel** Un bruit *continu* est un bruit que rien n'interrompt, alors qu'un bruit *continuel* est un bruit qui se répète sans cesse ; autrement dit, *continuel* peut impliquer l'idée d'interruption, contrairement à *continu.* Cette distinction relève de l'usage soutenu, les deux termes étant concurremment employés l'un pour l'autre. *Il aimait le bruit continu des moulins au bord de la rivière* : **ininterrompu, incessant** ◆ ↑ **persistant*** (= qui continue en dépit de tout) ; → **PERMANENT, DURABLE.** *Ses absences continuelles l'agaçaient* : **incessant** ◆ [péj.] **chronique** ◆ ↓ **fréquent ;** → **CONSTANT, SEMPITERNEL, PERPÉTUEL, ÉTERNEL, SUCCESSIF, ENDÉMIQUE.**

◇ **continuation** ① *La continuation de la grève du métro paralyse la capitale* (= fait de continuer) qqch) : **poursuite, prolongation.** ② *Ces nouveaux symptômes ne sont que la continuation de sa terrible maladie*

(= fait que qqch se continue) : **suite, prolongement.**

◇ **continuité** ① *La continuité de son effort est aujourd'hui récompensée* : **persistance, permanence, constance, stabilité.** ② *Assurer la continuité de qqch* : **maintenir ;** → CONTINUER. ③ *Solution de continuité* : → RUPTURE.

continûment → EN PERMANENCE.

contorsion ① *Les contorsions de la douleur* : ↑ **convulsion.** ② *Les contorsions du clown faisaient rire tout le monde* : ↓ **grimace** (qui ne se dit que du visage).

contour ① *Les contours d'une table, d'un livre* : **bord*, bordure ;** → PÉRIPHÉRIE. *Les contours d'un corps humain* : **courbe, forme,** [parfois péj.] **rondeur ;** → COUPE I, SILHOUETTE. *Les contours des seins* : [au sing.] **galbe, dessin ;** → TOUR II. ② *Les contours d'une rivière* : **méandre.** *Les contours d'une route* : ↑ **lacet ;** → VIRAGE.

◇ **contourner** ① → ÉVITER, TOUR I, TOURNER I. *Nous contournerons ce cap largement* : [terme de marine] **arrondir.** ② *Contourner la loi* : **tourner ;** → TRICHER.

contourné → AMPOULÉ.

contraception La *contraception* fait partie du **contrôle des naissances.** Le **planning familial** ([recomm. off.] **planification familiale**) est le contrôle des naissances, appliqué dans une famille.

◇ **contraceptif** Les principaux *contraceptifs* sont la **pilule*** et le **préservatif*.** *Un produit contraceptif* : **anticonceptionnel.**

contracté *À la veille d'un examen, on est souvent très contracté* : **tendu** ◆ ↑ **stressé ;** → ÉNERVÉ, INQUIET.

contracter

I ① *Passant ses journées dans des bars malfamés, il avait contracté de mauvaises habitudes* [sout.] : [cour.] **prendre.** ② *Contracter une maladie, un rhume* : [assez fam.] **attraper** ◆ [fam.] **ramasser, choper.**

II *Ce produit a pour effet de contracter les vaisseaux sanguins* : **resserrer.** *L'effort contracte les muscles* : **bander, raidir, tendre**

◆ ↑ **convulser** (= contracter violemment et par saccades) ; → SERRER. *Contracter le volume de qqch* : → DIMINUER.

◇ **contraction** *Il fut soudain pris de violentes contractions à l'estomac* : **crampe, spasme** ◆ ↓ **crispation** (= contraction légère et passagère), ↑ **contracture** (= contraction prolongée) ; → CONVULSION, TENSION.

contractuel → CONTRAT.

contradicteur, contradiction → CONTREDIRE.

contradictoire → ABSURDE I, OPPOSÉ I, CONTRAIRE.

contraignant → PÉNIBLE.

contraindre *La situation nous contraint à abandonner* : [moins sout.] **forcer ;** → ACCULER, COMMANDER, CONDAMNER, OBLIGER I, RÉDUIRE.

◇ **se contraindre** *Quand on se contraint trop, le naturel résiste* [litt.] : [cour.] **se forcer** ◆ ↓ **se retenir.**

contraint → EMBARRASSÉ, FIGÉ.

contrainte ① *S'il ne cède pas, il faudra user de la contrainte* : **force** ◆ ↑ **violence** ◆ **coercition** (qui implique un droit, un pouvoir permettant d'obliger qqn à faire son devoir et suppose une contrainte légale) ; → MENACE, PRESSION, OBLIGATION. ② *Vivre dans la contrainte* : ↑ **dans un carcan ;** → OPPRESSION, SUJÉTION, SERVITUDE. ③ *La contrainte se lisait sur son visage* : **embarras, gêne.**

contraire ① [adj.] *Les experts nous ont donné des avis contraires* : **opposé*** ◆ **contradictoire** (qui implique une affirmation antérieure, ce que ne signifie pas forcément *contraire*) ◆ [didact.] **antinomique ;** → INVERSE, DIFFÉRENT. ② *Une activité contraire à la santé* : → NUISIBLE. ③ [adj., en termes de marine] *Naviguer vent contraire* : **debout.** *Avoir des vents contraires* : **défavorable*.** ④ [n.m.] *Le contraire d'un mot* : **antonyme.**

◇ **au contraire** *Vous ne me dérangez pas, au contraire !* : ↑ **bien au contraire** ◆ [plus fam.] **loin de là, tant s'en faut.** *Au contraire* *de ce qu'il affirme, nous viendrons* : **à l'opposé de, contrairement à** ◆ [rare] **au rebours de** ◆ ↓ **à la différence de.**

contrairement → AU CONTRAIRE.

contrariant → DÉSAGRÉABLE, VEXANT.

contrarié → MALHEUREUX I.

contrarier ① [~ qqch] *Le mauvais temps a contrarié nos projets* : **contrecarrer, faire obstacle à, entraver** ◆ ↓ **déranger, gêner** ◆ ↑ **détruire** ; → RÉSISTER, METTRE DES BÂTONS* DANS LES ROUES. ② [~ qqn] → FÂCHER, NAVRER.

contrariété → MÉCONTENTEMENT, SOUCI.

contraste *Les contrastes des différentes régions françaises* : **opposition, différence***. *Faire un contraste, mettre en contraste* : **contraster.** *Former contraste* : **être contrasté, différent***. *En contraste* : → DÉSACCORD.

contrasté → CONTRASTE.

contraster → CONTRASTE, TRANCHER III.

contrat ① → ACCORD I. *Stipulé par contrat* : **contractuel.** *Un contrat d'assurance* : **police.** ② *Le gouvernement propose un nouveau contrat social* : **pacte.**

contravention Infraction entraînant une sanction de simple police : [fam.] **contredanse, prune** ◆ **procès-verbal,** [abrév. cour.] **procès, P-V** (= constatation par l'autorité compétente, gendarme, garde champêtre, d'une infraction) ◆ **amende** (= peine pécuniaire en matière civile, pénale ou fiscale). Ces trois termes sont souvent pris l'un pour l'autre dans le langage cour. ; → DÉSOBÉISSANCE.

contre ① Marque la proximité. *S'appuyer contre le mur* : **sur, à.** *Placez ce meuble contre le mur* : **auprès de, près de.** ② Marque l'opposition. *Il est contre nous* : **opposé à.** *Il est contre la peine de mort* : ↑ **ennemi de.** *Pas contre* : → POUR. *Être contre* : → S'OPPOSER. *Aller contre* : **à l'encontre de, contrarier***. *Une voix contre* : → OPPOSITION. ③ → EN ÉCHANGE*.

◇ **par contre** → EN COMPENSATION, MAIS, EN REVANCHE.

contre-attaquer → RIPOSTER.

contrebalancer → ÉQUILIBRER.

contrebande → FRAUDE.

contrecarrer → CONTRARIER, DÉJOUER.

contrecœur (à) → MALGRÉ, REGRET, RÉPUGNANCE.

contrecoup → EFFET I, INDIRECT.

contrecourant → OPPOSÉ II.

contredanse → CONTRAVENTION.

contredire *Je me permettrai de vous contredire sur certains points de votre rapport* : ↑ **démentir, s'inscrire en faux, réfuter** (qui ne se construisent pas tous de la même façon : *contredire qqn, qqch* ; *démentir qqn, qqch* ; *s'inscrire en faux contre qqch* ; *réfuter qqch*) ; → NIER, CONTESTER, CRITIQUER.

◇ **contradiction** ① *Vos amis ne sont pas à une contradiction près !* : [didact.] **illogisme, antinomie** ◆ [plus génér.] **absurdité, inconséquence.** ② *Il ne supporte pas la contradiction* : **opposition, contestation** ; → DÉSACCORD. *Voici la contradiction de vos propos* : **démenti, réfutation.**

◇ **contradicteur** : [plus génér.] **adversaire, opposant.**

contredit *Sans contredit* : → ASSURÉMENT.

contrée → PAYS I.

contrefaçon → CARICATURE, IMITATION.

contrefacteur → IMITATEUR.

contrefaire → CARICATURER, CHANGER I, FALSIFIER, IMITER.

contrefait → DIFFORME.

contre-feu → DIVERSION.

contreficher (se) → SE MOQUER.

contrefort → COLONNE I.

contrefoutre (se) → SE MOQUER.

contre-indiquer → DÉCONSEILLER.

contremaître → CONDUCTEUR.

contrepartie

contrepartie (en) → EN COMPENSATION*, EN ÉCHANGE*, EN REVANCHE*.

contrepet → JEU DE MOTS*.

contrepied → OPPOSÉ II.

contrepoids → COMPENSER.

contrepoison ① [en termes de médecine] **antidote.** ② *Quelques jours de vacances seront un bon contrepoison à votre fatigue :* **antidote, remède ;** → EXUTOIRE.

contrer → S'OPPOSER.

contresens *Faire un contresens sur un texte* (= en donner une interprétation contraire à sa signification véritable) : ↓ **faux-sens** (= seulement s'écarter de cette signification) ♦ ↑ **non-sens** (= propos si absurdes qu'ils défient la raison) ; → ERREUR.

◇ **à contresens** *Il a agi à contresens de ce qu'il fallait faire :* **au rebours** ♦ [plus fam.] **à l'envers ;** → OPPOSÉ.

contretemps *Un contretemps de dernière minute :* **empêchement ;** → ACCROC, ENNUI. *À contretemps. Il est arrivé à contretemps* [sout.] : **inopportunément*** ♦ [cour.] **mal à propos** ♦ **au mauvais moment, hors de saison** (qui ne s'emploient pas en tous contextes) ♦ [fam.] **comme un chien dans un jeu de quilles, comme un cheveu sur la soupe.**

contre-ténor a pour syn. **haute-contre.**

contrevenir → DÉSOBÉIR, TRANSGRESSER.

contrevent → PERSIENNE, VOLET.

contrevérité → MENSONGE.

contribuable → IMPOSABLE.

contribuer *Vous voici guérie : le repos y a contribué :* [fam.] **y être pour quelque chose ;** → AIDER, COLLABORER, PARTICIPER.

contribution
① → PARTICIPATION, APPOINT*. ② → IMPÔT.

contrister → ATTRISTER.

contrit ① *Le pénitent avait le cœur contrit :* [moins sout.] **repentant ;** → REGRETTER. ② *La mine contrite :* → EMBARRASSÉ.

contrition → REPENTIR.

contrôlable a le sens de **vérifiable** ou de **maîtrisable.**

contrôle ① *Il était chargé du contrôle du poste d'aiguillage :* **surveillance.** *Contrôle des comptes :* **audit.** *Le contrôle d'un produit :* → SUIVI. ② *Il a été procédé à un contrôle des pièces d'identité :* **examen, vérification, inspection.** *Un contrôle des absents :* **pointage.** *Contrôle des freins :* → RÉVISION. *Contrôle de vitesse :* → LIMITATION. ③ *Elle exerçait un contrôle sévère sur ses moindres paroles :* ↑ **censure.** *Avoir le contrôle de :* → CONTRÔLER ③. ④ *Prendre le contrôle d'une entreprise :* [en partic.] **racheter, filialiser, lancer une OPA sur.** ⑤ [partic.] *Contrôle des naissances :* [anglic.] **planning familial ;** → CONTRACEPTION. ⑥ *Contrôle de soi :* → CALME, SANG-FROID, MAÎTRISE* DE SOI.

◇ **contrôler** ① [de contrôle ① et ②] : **surveiller, examiner, vérifier, censurer ;** → S'ASSURER DE, POINTER I. ② *Ce bandit contrôlait tout le trafic de la région :* **exercer son contrôle sur, avoir la haute main sur** ♦ ↑ **verrouiller ;** → ARBITRER, AVOIR DROIT DE REGARD*. ③ *Il avait du mal à contrôler ses gestes :* **maîtriser*** ♦ **se contrôler** (... à se contrôler) ♦ [plus rare] **dominer.**

◇ **contrôleur** ① *Personne qui contrôle :* **vérificateur, inspecteur** (selon la place dans la hiérarchie). ② *Appareil de contrôle :* [fam.] **mouchard** (= enregistreur placé sur un camion).

controuvé → MENSONGER.

controverse → DISPUTE, POLÉMIQUE.

controversé → DISCUTÉ.

contumace → DÉFAUT I.

contusion *Il n'a que quelques contusions, mais sa voiture est inutilisable :* **meurtrissure,** [fam.] **bleu,** [didact.] **ecchymose** (= contusion marquée sur la peau par une tache de couleur) ♦ **bosse** (= grosseur

due à un coup sur une région osseuse) ;
→ BLESSURE.

contusionner → BLESSER, MEURTRIR.

convaincant ① [qqch est ~] → BON I,
CONCLUANT, ÉLOQUENT, PROBANT. ② [qqn
est ~] → ÉLOQUENT.

convaincre *Les jurés ne sont pas convaincus de l'innocence de l'accusé* : ↓ **per-
suader*** ; → DÉCIDER, FAIRE CROIRE*,
ENTRAÎNER I.

◇ **se convaincre de** → SE PÉNÉTRER DE.

◇ **convaincu** ① *Je suis convaincu qu'il
échouera* : → CERTAIN I ◆ [fam.] **donner
sa tête à couper.** ② *Un ton convaincu* :
pénétré ◆ ↓ **assuré.** *Être un partisan
convaincu de qqch* : **résolu** ◆ ↑ **farouche** ;
→ FANATIQUE, CHAUD.

◇ **conviction** ① Fait de convaincre. *Il
faisait preuve de tant de conviction qu'on
ne pouvait qu'adhérer à ses propos* : ↓ **persuasion** ; → ÉLOQUENCE. ② Fait d'être
convaincu. *J'ai la conviction qu'il ne viendra pas* : ↓ **pressentiment*** ◆ ↑ **certitude**
◆ [moins sout.] **être certain*, sûr que** (*je
suis certain, sûr que...*) ◆ [fam.] **mettre sa
main au feu, donner sa tête à couper** (*je
mettrais ma main au feu que..., je donnerais ma tête à couper que...*) ; → CROYANCE.
Sans conviction : **sans enthousiasme** ;
→ MOLLEMENT, DU BOUT DES LÈVRES*.

convalescence → REPOS.

convecteur → RADIATEUR.

convenable ① [en tous contextes ; anté-
posé] : **bon.** *Quelle est l'heure convenable
pour sortir ?* : [plus sout.] **opportun, propice, judicieux.** *Quel est le terme convenable ?* : **opportun, pertinent, juste,
adéquat** (qui n'évoquent jamais, contrairement parfois à *convenable*, l'idée de
convenance morale) ◆ [par plais.] **idoine**
◆ [rare] **ad hoc** ; → APPROPRIÉ, JUSTE II.
Un parti convenable : → POSSIBLE. ② *Il
a un salaire convenable* : [antéposé] **bon**
◆ **correct, satisfaisant** ; → RAISONNABLE.
C'est convenable : ↑ **bien*.** ③ *Ces propos
ne sont pas convenables* : → ACCEPTABLE,
BON I, CORRECT, SATISFAISANT, DÉCENT. *C'est*

un homme très convenable : **comme il faut,
bien.** *Une tenue convenable* : → SORTABLE.

◇ **convenablement** [en tous contextes]
bien* (souvent antéposé) ; → COMME
IL FAUT, CORRECTEMENT, PROPREMENT,
RAISONNABLEMENT.

convenance ① [sing.] *Il y a entre eux
une remarquable convenance de carac-
tères* [sout.] : [plus cour.] **analogie, affinité** ;
→ RAPPORT II. ② [pl.] *Elle exigeait un respect absolu des convenances* : [sing. ou pl.]
bienséance ◆ [vieilli] **honnêteté** ◆ [plus
génér.] **conventions, usages** (= ensemble
des habitudes sociales, des façons de faire
et de penser) ; → SAVOIR-VIVRE, DÉCENCE,
MORALE. ③ [précédé d'un poss.] *Ce dîner est-
il à votre convenance ?* [sout.] : **gré** ◆ [cour.]
goût ; → ALLER I, CHOIX, PLAIRE I.

convenir

I [qqch ~] ① *Cette cravate ne me convient
pas, ce rendez-vous convient mal, vos
propos ne conviennent pas du tout !* :
→ ALLER II, ÊTRE DE MISE*, ARRANGER,
S'ADAPTER, BOTTER, MAL III, PLAIRE. ② *Il
convient de* : → S'AGIR, AVOIR LIEU* DE,
FALLOIR.

II [qqn ~ de] ① *Je conviens que j'ai eu tort* :
reconnaître ◆ ↑ **confesser** ; → ACCORDER II,
CONCÉDER. ② *Convenons que nous prendrons le café ensemble !* : [moins sout.] **dire**
◆ ↑ **décider** ; → ARRANGER.

convention ① → ACCORD I. ② *Les
conventions* : → CONVENANCE. *De convention* : **conventionnel** ; → COMMUN II.

conventionnel ① → ARBITRAIRE.
② → CONVENTION, BOURGEOIS, COMMUN II.

conventuel → RELIGIEUX.

convenu ① → COMMUN II. ② → DÉCIDÉ,
FIXÉ.

convergence → ACCORD I.

converger → SE REJOINDRE.

conversation Discours familier qu'é-
changent deux ou plusieurs personnes :
dialogue, tête-à-tête (= conversation de
deux personnes entre elles) ◆ **entretien,** [moins sout.] **échange de vues** (qui

impliquent un sujet important débattu par des personnes de haut rang ou, pour *entretien*, qui sont dans un rapport hiérarchique de supérieur à inférieur) ◆ **pourparlers** (= entretien ayant pour but de régler une affaire, un problème : *les pourparlers sur le désarmement nucléaire*) ◆ **interview** (= conversation d'un journaliste avec son interlocuteur) ◆ **conciliabule** (= conversation secrète de gens à qui l'on prête en général de mauvais desseins) ◆ [anglic.] **talk-show** (= débat-spectacle) ◆ [anglic.] **chat** (= groupe de conversation sur Internet ; terme recommandé : **causette**) ◆ [fam., iron.] **messes basses** (= confidences faites à voix basse : *faire des messes basses*) ◆ [fam.] **causette** (*faire la causette*) ◆ [fam.] **parlote** (= conversation insignifiante) ; → BAVARDAGE, DISCUSSION.

◇ **converser** [de conversation] : **dialoguer, s'entretenir, interviewer** ◆ [fam.] **faire la causette, tailler une bavette** ; → BAVARDER, PARLER.

conversion → CONVERTIR.

converti → SE CONVERTIR. Un nouveau *converti* est un **néophyte**, un **prosélyte** ; en un sens plus génér., le premier mot évoque la maladresse, le second l'excès de zèle ; → NOVICE.

convertible → TRANSFORMABLE.

convertir ① [~ qqch] → TRANSFORMER, CHANGER I. ② [~ qqn] *Je ne sais si vous parviendrez à le convertir !* : **gagner, rallier** (*... le rallier à votre avis, opinion*).

◇ **se convertir** ① *Après de longues rencontres avec un prêtre, il s'est converti* : **rencontrer son chemin de Damas** (par allusion à la conversion de saint Paul) ◆ [plus fam.] **devenir croyant, se mettre à croire**. *Il s'est converti au christianisme* : **↓ opter pour, entrer dans, adhérer à** ; → CONVERTI. ② *Beaucoup d'industries sont amenées à se convertir* : **opérer une conversion, se reconvertir, se transformer***.

◇ **conversion** ① [sens ② du v. avec les mêmes nuances] : **ralliement**. ② [de se convertir ①] : **option, entrée, adhésion**. ③ [de se convertir ②] : **reconversion, transformation***, **mutation**.

convexe → BOMBER.

conviction → CONVAINCRE.

convier → INVITER.

convivance → ENTENTE.

convive *Voici nos convives* : [rare] **commensal** ◆ [plus génér.] **invité** (= personne que l'on a conviée à un repas ou à toute autre cérémonie ; lorsqu'il s'agit du seul repas, le terme implique toujours, contrairement à *convive*, l'idée de gratuité) ◆ [plus sout.] **hôte** (= celui qui vient loger ou seulement manger, en étant invité ou en payant sa part) ◆ [péj.] **parasite**, [péj., fam.] **pique-assiette** (= celui qui a pour habitude de manger chez autrui sans y être forcément invité).

convivial → CORDIAL.

convivialité → ENTENTE, HOSPITALITÉ.

convocation → APPEL.

convoi ① *Un convoi de marchandises est attendu pour 10 heures* [terme techn.] : [cour.] **train***. ② → ENTERREMENT.

convoiter *Il convoite depuis dix ans le poste de directeur* : [sout.] **briguer** ◆ [fam.] **guigner, lorgner*** ; → AMBITIONNER, BRÛLER III, DÉSIRER, SOUHAITER.

◇ **convoitise** : **↑ avidité** ◆ **cupidité, ↑ rapacité** (qui s'emploie en parlant de l'argent) ◆ **concupiscence** (qui s'emploie en parlant du désir sexuel) ; → AMBITION, ENVIE I.

convoler → SE MARIER.

convoquer → APPELER I.

convoyer → ACCOMPAGNER.

convulser → CONTRACTER II.

convulsif → SACCADÉ.

convulsion
① [en termes de médecine] : **spasme** ; → TREMBLEMENT. ② → CONTORSION. ③ *Le pays subissait les convulsions d'une révolution* : **↓ secousse, soubresaut** ; → DÉSORDRE, SURSAUT, TROUBLE II.

cool → À L'AISE, CALME, SE LA COULER* DOUCE.

coopération → SERVICE II.

coopérative → ASSOCIATION.

coopérer → COLLABORER.

cooptation → CHOIX.

coopter → CHOISIR.

coordination ① → ORGANISATION. ② → SYNDICAT.

coordonner *Il faudra coordonner vos activités pour obtenir une efficacité plus grande* : [plus génér.] **arranger***, **agencer**, **combiner*** ; → LIER III. *Coordonner des couleurs* : → ENSEMBLE I.

◇ **coordonnées** *Quelles sont vos coordonnées ?* : → ADRESSE II.

copain → AMANT, AMI.

copeaux → DÉBRIS, DÉCHET.

copernicien → CAPITAL I.

copie

I ① → FEUILLE II. ② *La correction des copies est le cauchemar des professeurs* : [plus partic.] **devoir** ; → FEUILLE I. ③ *L'éditeur me demande ma copie par retour du courrier* : **manuscrit**.

II ① Objet reproduit fidèlement par un procédé mécanique ou artistique. *Je vous donne la copie d'une lettre adressée à mon notaire* : **double** ◆ **duplicata** (= second exemplaire d'une facture, d'une lettre officielle) ◆ **reproduction*** ◆ [partic.] **photocopie, calque** (qui s'emploient selon le procédé utilisé) ◆ **fac-similé** (qui se dit seulement de la reproduction exacte, imprimée, gravée ou photographiée, d'une pièce d'écriture, d'une signature, d'un dessin : *un sculpteur travaille à la reproduction de l'une de ses statues ; un peintre fait la copie d'un tableau du Louvre ; un photographe donne le fac-similé de l'écriture d'un auteur*). La *copie* d'une œuvre d'art est son exacte **imitation* ; faux** suppose qu'on veuille la faire passer pour l'original ; → EMPRUNT, IMITATION. On dit qu'un ouvrage est une **compilation** quand

il est fait d'emprunts. ② [didact.] **clone** s'emploie en biologie et en informatique, et par élargissement familier au fig. : *cet homme est la copie conforme, le double, le clone de son père !*

copier ① *Voulez-vous me copier cette lettre ?* : **recopier** (qui a aussi le sens de : mettre au propre ce qui est au brouillon) ◆ **récrire** (= rédiger de nouveau) ◆ **transcrire** (qui ne s'emploie guère en ce sens qu'à propos de documents importants : *transcrire un contrat*) ◆ **reporter** (= copier sur un autre support) ; → ÉCRIRE, NOTER I. ② *Copier un document* : → IMITER, REPRODUIRE I. *Copier un modèle exactement* : **calquer, décalquer, dupliquer**. ③ *Cet élève copie !* : [plus génér.] **tricher**, [fam.] **pomper**.

copieur → TRICHEUR.

copieusement → BEAUCOUP.

copieux → ABONDANT, CONSISTANT, RICHE.

copinage → COMBINAISON.

copine → AMANT, AMI.

copiner → FRÉQUENTER.

copiste → IMITATEUR.

copulation → SAILLIE II.

copuler → S'ACCOUPLER.

copyright → DROIT III.

coquart → COUP I.

coque ① → CARCASSE. ② → RUBAN.

coquelet → POULET I.

coqueluche → ESTIMER I.

coquet [adj.] ① [qqn est ~] → ÉLÉGANT. ② [qqch est ~] *Un appartement coquet* : **charmant, qui a du charme**, ↑ **un charme fou**. *Une coquette somme d'argent* : → GENTIL I, JOLI I ③.

coquetteries → AGACERIES.

coquille ① → ÉCAILLE. ② → FAUTE.

coquin ① [adj. et n.] *Petit coquin !* (= enfant espiègle) : **fripon** ◆ [toujours

n.m.] **garnement**. *Un sourire coquin* :
→ ESPIÈGLE. ② [adj.] *Il lui adressa un petit
sourire coquin* (qui se dit de paroles ou
d'attitudes allusivement licencieuses) :
↑ **égrillard** ; → GAILLARD I. ③ [n.] *Cet
homme est un coquin* : **mâtin ◆ ↑ joyeux
luron, joyeux drille, drôle de luron.** *Méfie-
toi de cet homme, c'est un véritable coquin*
[vieilli, inj.] : ↑ **fieffé coquin ◆** [mod.] **bandit, canaille, crapule, scélérat,** [fam.] **fripouille** ; → VAURIEN. *Le coquin avait tout
manigancé* [vx] : [vieilli] **gredin ◆** [litt.]
faquin, gueux ◆ [vieilli] **bellâtre,** [fam.]
pendard ◆ [vx] **maraud** ; → ANIMAL, MISÉ-
RABLE, SALAUD.

cor

I *J'aime le son du cor...* : [plus génér.]
trompe ◆ [partic.] **olifant** (= cor taillé
dans une défense d'éléphant). *À cor et à
cri* : → CRI.

II *Les cors d'un cerf* : → CORNE.

III *J'ai un cor au pied* : **durillon, œil-de-
perdrix.**

corbeau ① *La* **corneille,** *le* **choucas,** *le*
freux *sont des sortes de corbeaux répandus en France.* ② *Comme un corbeau* est
un superlatif expressif de **noir*.** ③ *Auteur
de lettres anonymes* [fam.] : **calomniateur.**

corbeille ① → BOURSE II. ② → MASSIF.

corbillard → FUNÈBRE.

cordage ① → CORDE. ② *Avant d'appareiller, vérifiez une dernière fois tous les
cordages* : [en termes de marine] **filin** (= cordage en chanvre), **câble** (= gros cordage
ou amarre en acier) ; → MANŒUVRE III.

corde ① *Les grosses cordes peuvent servir
de* **cordages*.** *De la petite corde,* ou **corde-
lette, ficelle,** *on fait aussi des* **cordons** *destinés à divers usages* : **cordelière** du sac,
ganse à broder, **lacet.** ② *Être condamné
à la corde* : **pendaison, potence.** ③ *Usé
jusqu'à la corde* : → REBATTU. ④ *Jusqu'à
ce que la corde casse* : → EXTRÊME. ⑤ *Ce
n'est pas dans mes cordes, je ne puis vous
répondre* : [fam.] **ce n'est pas mon rayon
◆** [cour.] **ce n'est pas de mon ressort** ;
→ S'Y CONNAÎTRE* EN. *Sur la corde raide* :

→ DÉLICAT. ⑥ *Il tombe des cordes* : ↓ **pleuvoir** ; → BATTANT III.

cordial ① *Une boisson cordiale* :
→ RÉCONFORTANT. ② *Il nous a réservé un
accueil très cordial* : **chaleureux ◆** [fam.]
**sympa ◆ ↓ sympathique ◆ ↑ amical
◆ ↑ enthousiaste ◆ convivial** (qui évoque
la joie d'être ensemble, notamment
en partageant un repas) ; → FAMILIER,
SINCÈRE.

◇ **cordialement** *Il nous a reçus cordialement* : **chaleureusement ◆ ↑ amicalement ◆ ↑ à bras ouverts.**

cordialité → CHALEUR, ENTENTE.

cordon ① → CORDE. ② → LIGNE III.

cordon-bleu → CUISINIER.

cordonnier *Le* **cordonnier,** autrefois
appelé **savetier,** répare les chaussures. Le
bottier ou le **chausseur** les fabriquent sur
mesure ou les vendent.

coresponsable → SOLIDAIRE.

coriace → DUR I, SOLIDE, TENACE.

cornaquer → GUIDER.

corne ① *Les vaches sont des bêtes à cornes* :
[partic.] **bois** (= cornes caduques des cervidés) **◆ andouiller** (= ramification des
bois des cervidés, qui permet de déterminer leur âge) **◆** [pl.] **cors** (= ensemble
des ramifications : *un cerf huit cors*).
② *Le pauvre homme, il porte des cornes !*
[vieilli] : [par euph.] **être trompé ◆** [fam.]
cocu (*il est cocu*).

corneille → CORBEAU.

cornélien → DIFFICILE.

cornemuse : **biniou** (= cornemuse bre-
tonne).

corner → PLIER I.

cornet → TROMPETTE.

corniaud → SOT.

corollaire → CONSÉQUENCE.

corporatif *Leurs revendications sont très
corporatives* : **catégoriel.**

corporation Se dit, comme **corps** et **ordre,** du regroupement de personnes exerçant le même métier ; ces termes ne s'emploient cependant pas dans les mêmes contextes (*la corporation des menuisiers ; le corps enseignant ; l'ordre des médecins*). De même sens, **confrérie** ne s'emploie plus guère aujourd'hui qu'en parlant d'une corporation quelque peu folklorique (*la confrérie des buveurs de bière*) : → ASSOCIATION, COMMUNAUTÉ II, COMPAGNIE I.

corporel → CORPS I, PHYSIQUE I, NATUREL. *Exercices corporels* : → ASSOUPLISSEMENT.

corps

I Partie matérielle de l'être humain : → ORGANISME, SOMATIQUE. ① *Le corps de la victime a été retrouvé dans la Seine* : **cadavre ;** → MORT II, DÉPOUILLE. ② *Les mises en garde de sa famille contre les plaisirs du corps avaient hanté sa jeunesse* : **chair ;** → SEXE, SEXUEL. *Elle avait un corps magnifique* : [fam.] **anatomie** ◆ [très fam.] **châssis ;** → PHYSIQUE II. *Les soins de son corps* : **corporel.** ③ *Corps-à-corps* : → BAGARRE. *Corps et âme* : → ÂME. *Passer sur le corps* : → FOULER. *À son corps défendant* : **malgré*** (+ pron. correspondant : *malgré lui*). *Garde du corps* : [fam.] **gorille.** *Mettez-le à l'épreuve, vous verrez ce qu'il a dans le corps* : [fam.] **ventre** ◆ [très fam.] **tripes.** *Prendre corps* : **forme** ◆ [plus fam.] **tournure** ◆ [fam.] **ressembler à quelque chose.**

II → SUBSTANCE.

III → CORPORATION.

corpulence → GROSSEUR, EMBONPOINT.

corpulent → GRAS, GROS I.

corpus → RECUEIL.

correct ① *La réponse correcte n'était pas difficile à trouver* : [dans ce contexte seulement, où il s'agit de « vrai » et de « faux »] **exact, juste.** ② *Une tenue correcte* : → DÉCENT, SORTABLE. ③ *Cet individu ne me paraît pas très correct* : **régulier** ◆ [plus génér.] **honnête** ◆ → FAIR-PLAY, BIEN II, LOYAL, POLI I. *Un partage correct* : → ÉQUITABLE. ④ *Ce n'est pas un restau-*

rant de grand renom, mais les repas y sont corrects : **convenable*, honnête,** ↑ **bien* ;** → SATISFAISANT, ACCEPTABLE.

◇ **correctement** *Se tenir correctement* : **comme il faut.** Les autres emplois sont parallèles à ceux de l'adj. et ont pour syn. les adv. correspondants : **exactement, justement, régulièrement, honnêtement, convenablement ;** → DÉCEMMENT, PROPREMENT.

correcteur ① Dans un examen, *correcteur* se dit plutôt de celui qui corrige l'écrit, **examinateur** de celui qui interroge à l'oral. ② *Un correcteur d'épreuves typographiques* : **réviseur.**

correctif → RECTIFICATIF.

correction

I ① *Il a été apporté une correction à la loi* : **modification, amendement, ajustement ;** → AMÉLIORER. ② *Il y a beaucoup trop de corrections sur votre manuscrit !* : [plus partic.] **rature, surcharge.**

II → VOLÉE III, PEIGNÉE.

III ① *Nous avons apprécié la correction de votre analyse* : **justesse, exactitude, pertinence.** ② *Veillez à la correction de votre tenue* : **décence* ;** → SAVOIR-VIVRE, POLITESSE, TENUE.

corrélation → DÉPENDANCE I, LIAISON II, RAPPORT II.

correspondance → CORRESPONDRE.

correspondant → JOURNALISTE.

correspondre ① [~ à] Être en conformité avec qqn ou qqch. *Ce contrat ne correspond pas aux exigences que nous avions formulées* : **répondre, être ajusté à ;** → CADRER, CONCORDER. *Cet article correspond aux incidents survenus à Limoges la semaine dernière* : **se rapporter à ;** → S'APPLIQUER. *Je cherche un buffet qui corresponde à celui que vous voyez sur cette photo* : **ressembler ;** → REPRÉSENTER. ② [qqn ~ avec qqn] *Quand avez-vous cessé de correspondre ?* : **s'écrire** (*... de vous écrire ?*) ◆ [selon le contexte] **se téléphoner** ◆ [plus génér.] **être en relation, communiquer ;** → COURRIER, PARLER. ③ [qqch ~]

*Toutes les pièces de cet appartement corres-
pondent, se correspondent* : **communiquer.**

◇ **correspondance** ① → LIAISON II, RAP-
PORT II. ② *Avez-vous terminé d'écrire
votre correspondance ?* : **courrier*** ;
→ LETTRE II. ③ → CHANGEMENT (*changement de train*).

corrida → COURSE II.

corridor → COULOIR.

corrigé → MODÈLE.

corriger

I [~ qqch] ① → AMÉLIORER, RÉPARER.
Corriger un texte : → RÉVISER.
② → COMPENSER.

II [~ qqn] ① [~ qqn de qqch] *Pensez-vous
que vous parviendrez à le corriger de sa
jalousie ?* : **défaire, guérir.** ② *Son père
le corrigeait avec une violence extrême*
(= infliger un châtiment corporel) :
[plus génér.] **châtier** (qui n'indique pas
aussi exactement la nature de la peine) ;
→ BATTRE I, PUNIR, SE PAYER.

◇ **se corriger de** → S'AMÉLIORER, SE
DÉFAIRE DE.

corroboration → CONFIRMATION.

corroborer → CONFIRMER.

corroder → ATTAQUER, RONGER.

corrompre ① [~ qqch] Gâter par putréfaction. *Corrompre des aliments* [sout.] :
[cour.] **abîmer*, avarier*** ; → AVANCÉ,
DÉCOMPOSER. *Corrompre l'air, l'atmosphère, l'eau* : **salir, polluer, vicier, empoisonner, infecter ◆ ↓ altérer** ; → AIGRIR.
② [~ qqn, qqch] Altérer moralement.
Corrompre les mœurs, l'âme, la jeunesse :
dépraver, pervertir*, perdre, séduire*
◆ **débaucher** (qui ne s'emploie qu'avec un
compl. de personne) ◆ [moins sout.] **pourrir, gangrener** ; → ABAISSER II, DÉGÉNÉRER.
Corrompre le jugement de qqn : **↓ vicier** ;
→ SÉDUIRE. ③ [~ qqn] *L'avocat avait visiblement été corrompu* : **soudoyer, suborner** ;
→ ACHETER.

◇ **corrompu** [de corrompre ②] : **dépravé,
dissolu, pervers, immoral ◆** [rare] **faisandé
◆ ↑ pourri,** [arg.] **ripou** ; → VICIEUX I.

◇ **corruptible** ① [de corrompre ① ; qqch
est ~] *Le bois est une matière corruptible* :
putrescible. ② [de corrompre ③ ; qqn est ~]
Un juge corruptible : **vénal.**

◇ **corruption** ① [de corrompre ①]
*La corruption de la viande sous l'effet
de la chaleur* : **décomposition, putréfaction ;** → ALTÉRATION. ② [de corrompre ②] *La corruption des mœurs* :
**dépravation, perversion*, dissolution,
pourrissement, immoralité ◆ ↓ dérèglement ;** → ABAISSEMENT II, POURRITURE.
③ [de corrompre ③ ; rare] : **subornation.**

corrosif → MORDANT.

corrosion → DESTRUCTION.

corrupteur → NUISIBLE.

corruptible, corruption → CORROM-
PRE.

corsage → CHEMISIER.

corsaire → PIRATE.

corsé → SALÉ, SCABREUX. *Un vin corsé* :
→ GÉNÉREUX.

corser (se) → SE COMPLIQUER.

corset *Un corset* est une **gaine** baleinée et
lacée.

corseté → RAIDE.

cortège ① → DÉFILÉ I, FOULE. ② → AC-
COMPAGNEMENT.

corvée → DEVOIR III, TRAVAIL I.

coryza → RHUME.

cosmique → COSMOS.

cosmonaute → ASTRONAUTE.

cosmopolite → ÉTRANGER II.

cosmos Terme didact. venu dans l'usage
cour. par l'intermédiaire de l'astronau-
tique : **espace ;** → MONDE, UNIVERS.

◇ **cosmique** *Un vaisseau cosmique* : **spatial.**

cossard → PARESSEUX.

cosse → PARESSE.

cossu → RICHE.

costaud → FORT I, GROS, ROBUSTE, VIGOUREUX, SOLIDE.

costume → VÊTEMENT, DÉGUISEMENT.

costumer → VÊTIR.

◊ **se costumer** → SE DÉGUISER.

cosy → CONFORTABLE.

cote ① → ESTIME I, VALEUR II, PRIX. *Avoir la cote* : → SUCCÈS, VOGUE. ② → DIMENSION.

coté : qui a la cote*.

côte

I ① *Une côte de bœuf* : **côtelette** (qui s'emploie pour le porc, l'agneau) ◆ **entrecôte** (= pièce de viande de bœuf sans os). ② *Caresser les côtes* : → BATTRE I. *On lui voit les côtes* : → MAIGRE. *Se tenir les côtes* : → RIRE.

II *La course se jouera en haut de la côte* : [plus génér.] **montée** ◆ [fam.] **grimpette, raidillon**. *En bas de la côte* : **descente** ◆ **pente** (qui ne s'emploie guère dans les mêmes contextes que *côte* : *monter une côte* est préférable à *monter une pente* ; dans des contextes comme *escalader les pentes de la montagne, une route en pente, côte* ne peut être employé) ; → COLLINE.

III *Ils ont passé leurs vacances sur la côte méditerranéenne* : [plus sout.] **littoral** ; → BORD, MER.

côté ① Partie latérale du corps humain ou animal. *L'homme gisait, couché sur le côté* : [plus sout.] **flanc**. ② Manière dont une chose, un événement se présente. *Il faudra envisager les différents côtés de la question* : [plus sout.] **aspect** ; → FACE. *Côté pile* : → REVERS II. *Heureusement, il y a de bons côtés !* : **avantage**. *Les mauvais côtés* : **inconvénient**. *Les bons et les mauvais côtés* : **le pour* et le contre**. *Le bon côté* d'un tissu est l'**endroit**, le mauvais, l'**envers**. *Cet homme a quand même de bons côtés* : **qualité*** (*il a des qualités*). *Petits côtés* : → DÉFAUT II. *Sous son bon côté* : → FAVORABLE.

◊ **de côté** [loc. prép. ou adv.] Entre dans toute une série de contextes et d'expressions. *Regarder qqn de côté* : **en biais** ◆ [péj.] **de travers** ; → OBLIQUEMENT. *Mettre qqch de côté* : → ÉCONOMISER, RÉSERVE I, À PART, ENTRE PARENTHÈSES, CONSERVER. *Laisser qqch de côté* : → FAIRE ABSTRACTION DE, NÉGLIGER. *Regarder de tous côtés* : → PARTOUT. *Du côté de* : → VERS I, SENS III. *De mon côté. J'essaierai de mon côté de vous venir en aide* : [plus sout.] **pour ma part, quant à moi** ; → POUR MON COMPTE* II.

◊ **à côté** [loc. prép. ou adv.] Entre dans toute une série de contextes et d'expressions. *La maison d'à côté* : [plus sout.] **voisin** ; → PRÈS I. *À côté de* : → PRÈS* DE, EN COMPARAISON* DE. *À côté de ça, il faudra faire attention au verglas* : **en plus** ◆ [plus sout.] **par ailleurs, en outre** ; → DEHORS III. *Il ne peut s'empêcher de mentir, mais, à côté de ça, c'est un garçon très attachant* : [plus sout.] **par ailleurs, néanmoins** ; → CEPENDANT, AU RESTE*. *À côté ! Décidément, tu ne tires pas mieux qu'avant !* : **manqué !** ◆ [plus fam.] **raté !**

coteau → COLLINE.

côtelette → CÔTE I.

coter → ESTIMER II.

coterie *Sous son apparente uniformité, la bourgeoisie de province était divisée en coteries qui se détestaient les unes les autres* : **clan, caste** ◆ **chapelle** (= coterie d'intellectuels : *les chapelles littéraires*) ◆ **baronnie** (= coterie politique) ◆ **clique, bande** (= coterie d'individus assez louches, peu estimables) ◆ **gang** (= association de malfaiteurs) ◆ **mafia** (qui suppose en outre l'idée d'une organisation secrète) ◆ [rare] **camarilla** (= organisation d'intrigants qui agissent sur le plan politique) ◆ **secte** (= organisation religieuse à caractère spécifique et fermé ; s'emploie aussi comme syn. express. de *coterie*) ; → ÉCOLE, PARTI I.

côtier *La navigation côtière* : **cabotage**.

cotillon *Courir le cotillon* [fam.] : **jupon** ; → FEMME.

cotisation → PARTICIPATION.

cotiser → PARTICIPER.

coton ① *Étoffe de coton* : **cotonnade**. ② *Avoir du coton dans les oreilles* : **être sourd***. *Filer un mauvais coton* : **être sur la mauvaise pente ;** → MALADE. *Élever qqn dans du coton* : → COUVER, SOIGNER II. *C'est coton !* [fam.] : [cour.] **difficile***. ③ *Coton hydrophile, chirurgical* : **ouate**.

cotonnade → COTON.

cotonneux *Les feuilles de certaines plantes sont cotonneuses* : **duveteux ;** → DOUX.

côtoyer ① [~ qqn] → FRÉQUENTER*. ② [~ qqch de concret] *Le chemin côtoyait un précipice* : **longer, border**. ③ [~ qqch d'abstrait] *Cela côtoie le grotesque* : → CONFINER II.

cottage → VILLA.

cotte *Vêtement de travail formé d'un pantalon montant sur la poitrine* : [plus cour.] **salopette, bleu**. *La* **combinaison** *enveloppe tout le corps, de la tête aux pieds*.

cou ① [génér.] : **encolure** (qui ne s'emploie que pour parler de la taille ou de la grosseur du cou : *avoir un cou, une encolure de taureau ;* seul *encolure* convient dans le contexte *avoir une forte encolure*). *Le tour de cou* : **col, encolure**. *Le devant du cou*, c'est la **gorge** et le derrière, la **nuque**. *Du cou* a pour syn. l'adj. **cervical** en anatomie (*des ennuis de cou, cervicaux*). ② *Casser, couper, tordre le cou* : → EXÉCUTER, COUPER. *Serrer le cou* : → ÉTRANGLER. *Prendre ses jambes à son cou* : → FUIR. *Laisser la bride sur le cou* : → LIBERTÉ II. *Sauter au cou* : → EMBRASSER.

couac → FAUX I.

couard → LÂCHE I, PEUREUX.

couardise → LÂCHETÉ, PEUR.

couchant → OCCIDENT.

couche

I ① *As-tu acheté des couches pour le petit ?* : **couche-culotte** (= culotte garnie d'une couche jetable) ◆ [génér.] **change** ◆ [vieilli] **lange** (= carré d'étoffe que l'on mettait par-dessus les couches pour emmailloter un bébé). ② *Être en couches* :

accoucher*. *Avoir des couches difficiles* : [sing.] **accouchement***. *Fausse couche* : → AVORTEMENT.

II → LIT I.

III ① *Combien de couches de peinture doit-on mettre sur les volets ?* : [plus génér.] **épaisseur** ◆ **pellicule** (qui ne saurait être employé dans cet ex., désigne une couche très mince ; ce terme est d'ailleurs souvent renforcé par un adj. : *une fine pellicule de givre recouvrait la végétation*) ◆ **croûte** (= couche épaisse et dure). ② *Couche géologique* : **strate**. ③ *Couches sociales* : → CLASSE I. ④ *En tenir une couche* : → SOT.

IV *Champignon de couche* : → CARRÉ.

coucher

I ① [~ qqn] *Voudriez-vous coucher les enfants ?* : **mettre au lit** (... *mettre les enfants au lit ?*) ◆ **aliter** (qui ne se dit que d'un malade) ; → ÉTENDRE. ② [~ qqch] *Le vent couche les blés* : ↓ **courber, incliner ;** → VERSER I. ③ [~ qqn] *Il l'a couché sur son testament* : [cour. mais très génér.] **porter** ◆ **mettre ;** → INSCRIRE.

II [v.i.] ① *Où couchez-vous ce soir ?* : [par méton.] **dormir** ◆ **découcher** (= coucher hors de chez soi). ② *Coucher avec qqn* : → INTIME.

◇ **se coucher** ① *Ayant sommeil, il alla se coucher* : [moins cour.] **se mettre au lit** ◆ [par méton.] **dormir** ◆ **s'allonger, s'étendre** (qui impliquent seulement le besoin de repos, sans que l'on dorme pour cela) ◆ **s'aliter, prendre le lit** (qui ne se disent que d'un malade) ◆ [très fam.] **se pager, se pieuter, se mettre au pieu**. *De qqn qui se couche tôt, ou tard, on dit que c'est un* **couche-tôt** *ou un* **couche-tard**. ② *Le vélo s'est couché devant la voiture* : **tomber, se renverser**. *Les blés se couchent sous le vent* : ↓ **s'incliner*, se courber**.

coucherie *Vos histoires de coucheries ne m'intéressent pas* : [très fam.] **cul ;** → INTIME, GALANTERIE.

couches → ACCOUCHEMENT.

couchette → CABINE.

coucheur *Mauvais coucheur* : → HUMEUR.

couci-couça → DOUCEMENT, À MOITIÉ.

coucou → AVION.

coude ① S'appuyer sur les *coudes*, c'est **s'accouder**. ② *Au coude à coude* : → ENSEMBLE I. *Se fourrer le doigt dans l'œil jusqu'au coude* : → SE TROMPER. *Ne pas se moucher du coude* : → PRÉTENTIEUX. *Lever le coude* : → S'ENIVRER. *Se tenir les coudes* : → SOLIDAIRE. *Jouer des coudes* : → SE BATTRE I. ③ *Coude* sert de syn. express. à certains objets : → ANGLE, COURBE II, SINUOSITÉ.

couder → CINTRER.

coudoyer → FRÉQUENTER.

coudre → PIQUER I.

couenne → PEAU.

couffin → BERCEAU.

couilles → TESTICULES.

couillon → SOT.

couillonnade → PLAISANTERIE.

couillonner → TROMPER.

couillonnerie → PLAISANTERIE.

couinement → GRINCEMENT.

couiner → GRINCER, SE PLAINDRE II.

coulage Dans une entreprise, pertes dues à la fois au **gaspillage** et au **vol***.

coulant ① *Cette confiture est trop coulante* : [souvent péj.] **baveux** (qui se dit de ce qui coule comme de la bave), **sirupeux** (qui se dit de ce qui ressemble à un sirop). ② → CONCILIANT, TOLÉRANT.

couler

I [qqch ~] ① Se déplacer naturellement, en parlant d'un liquide : **s'écouler** (qui implique, dans le langage soigné, une origine : *l'eau coule dans le lit d'une rivière, elle s'écoule d'un réservoir* ; mais, dans l'usage cour., les deux verbes sont souvent confondus) ◆ **se déverser** (= couler dans) ◆ **se répandre** (= couler en s'étendant) ◆ **courir** (= couler rapidement) ◆ **ruisseler** (= couler abondamment ; ne

s'emploie pas en parlant d'un cours d'eau) ◆ **jaillir** (= couler en sortant avec force) ◆ **dégoutter**, [fam.] **dégouliner** (= couler goutte à goutte : *l'eau lui coulait, dégoulinait sur le visage ; elle dégouttait de partout*) ◆ **circuler** (= couler dans des tuyaux, dans les veines) ; → SUINTER, PISSER. ② *Le robinet coule* : **fuir** ; → PISSER. ③ *Le temps coule* : → PASSER I. *Couler de source* : → ÉVIDENT.

◇ **se couler** → SE GLISSER.

II [~ qqch] ① *Couler de la cire, du plâtre* : [plus partic.] **mouler**. ② *Couler la clé dans la serrure* : **glisser**, **introduire**. ③ *Couler des jours heureux* : [moins express.] **passer** ; → VIVRE II. *Se la couler douce* [fam.] : **ne pas s'en faire, être peinard, cool** ; → SE FATIGUER.

III ① *Le navire coule* : → S'ABÎMER, CHAVIRER, SOMBRER. ② *Couler un navire* : → ENVOYER PAR LE FOND*, SABORDER.

couleur ① *C'est à l'automne que les arbres prennent leurs plus belles couleurs* : **coloris** (= effet qui résulte d'un assortiment de couleurs : *le coloris d'une robe*) ◆ **nuance** (qui se dit des différents degrés que peut prendre une même couleur) ◆ **teinte** (= couleur, nuance obtenue après mélange de diverses couleurs de base) ◆ [plus techn.] **ton** (= couleur quand on la considère selon sa force, son degré : *des tons francs, criards*) ◆ **tonalité** (qui s'emploie parfois, en termes de peinture, pour désigner l'impression générale laissée par un ensemble de tons : *la tonalité de ce tableau tire davantage vers le bleu que vers le vert*) ◆ **coloration** (qui se dit de l'état d'un corps coloré ; ce terme s'emploie surtout en parlant de la peau, du visage, comme **carnation**) ◆ **teint** (qui s'emploie en parlant du visage, mais également dans quelques contextes pour parler des étoffes : *un tissu grand teint et un tissu qui ne déteint pas*) ◆ **colorisation** (= mise en couleurs d'un film en noir et blanc). Selon le nombre des couleurs : **unicolore**, [didact.] **monochrome** ◆ **bicolore** ◆ **multicolore**, [didact.] **polychrome**. Selon la disposition des couleurs : → BARIOLER. ② *Un **colorant** est un produit de base qui donne une couleur. Le marchand de* *couleurs* : [plus cour.] **droguiste**. *Mettre en couleurs* : → COLORER, PEINDRE I, TEINTURE. ③ [pl.] *Hisser les couleurs* : → DRAPEAU. ④ *Couleur locale* : → PITTORESQUE. *La couleur d'un style* : → ÉCLAT II. *Une couleur politique* : → ORIENTATION. *Sous couleur de* : → PRÉTEXTE.

◇ **colorer** *Revêtir d'une couleur*. Les syn. varient selon les contextes et les techniques : **colorier** (= appliquer des couleurs sur qqch : *colorier un dessin*), **coloriser** ◆ **teindre** (= tremper dans une teinture, une peinture) ◆ **teinter** (= colorer légèrement : *teinter des verres, teinter une peinture blanche d'une pointe de bleu*) ; → BARIOLER.

◇ **se colorer** *Au-dessus des hauts-fonds, la mer se colorait de violet* : **se teinter**.

◇ **coloré** ① [en parlant du visage] *Chacun admirait son teint coloré* : [sout.] **vermeil** ◆ [péj.] **rouge***, **rougeaud** ; → VIF I. ② [en parlant d'un style, d'une conversation] **pittoresque** ; → IMAGÉ.

coulisse

I *Le cordon du rideau passe dans une coulisse* : **glissière**, **rainure** (qui s'emploient selon les contextes).

II *Ce journaliste connaît toutes les coulisses de la politique* : **dessous**, **secrets**.

couloir ① *Pour aller du salon à la chambre, il fallait franchir un long couloir* : **corridor** ; → VESTIBULE. ② *On accédait au sommet par un étroit couloir* : **passage***.

coup *Ce terme est si fréquent en français qu'il est impossible d'énumérer tous ses emplois et de les classer de manière totalement satisfaisante. Nous nous en tiendrons à l'essentiel.*

I [suivi ou non d'un compl.] *Heurt.* ① [qqn donne, reçoit un ~] *Recevoir des coups et en donner* : [sout.] **horion** ◆ [très fam.] **coquart** (= trace de coup reçu à l'œil) ◆ [très fam.] **marron**, **jeton**, **gnon** ; → CHÂTAIGNE, VOLÉE III, BATTRE, GIFLE, PEIGNÉE. ② [qqch subit un ~] *La voiture était pleine de coups* : **bosse**, [fam.] **gnon** ◆ [par méton.] **choc**. ③ [qqn donne, reçoit un ~] *La mort de son mari lui avait donné un coup* : **choc** ; → ABATTRE II, ABATTEMENT, PEINE II, SECOUSSE. ④ *Un coup de maître* :

coup d'éclat. *Coup de pompe* : → FATIGUE. *Mauvais coup* : → MÉFAIT. *Avoir un coup dans le nez* : → IVRE. *Sur le coup* : → IMMÉDIATEMENT, NET. *Sur le coup, il n'y prêta pas attention* : → AU PREMIER ABORD II. *Coup de force* : → COUP D'ÉTAT.

II [toujours suivi d'un compl.] *Mouvement.* ① *Renvoie à une partie du corps humain ou animal. L'oiseau s'envola d'un coup d'aile* : **battement**. *Donner un coup de gueule* : → CRIER. *Donner un coup d'œil sur* : → VOIR, REGARD. *Coup de main* : → AIDER, TOUR III, ASSAUT, RAID. *En mettre un coup* : → TRAVAILLER I. *Un coup de sang* : → ATTAQUE. ② *Renvoie à un élément atmosphérique. Attraper un coup de soleil* : ↑ **insolation**. *Un coup de chien* : **coup de tabac** ◆ [cour.] **coup de vent** ; → TEMPÊTE. *Le coup de foudre* : → AFFECTION I. ③ *Renvoie à un objet, un instrument. Donner un coup de fil* : → FIL. *Avoir un bon coup de fourchette* : **bien manger***. *Coup de chapeau* : → SALUER. *D'un seul coup* : → JET I. *Un bon coup* : → ÉNERGIQUEMENT. *Avoir le coup* : → TOUR III.

III [sans compl.] *Action subite et hasardeuse.* ① [plus sout.] **fois** (*réussir du premier coup, dès la première fois* ; *ce coup-ci, cette fois-ci, nous réussirons* ; *il ne peut pas réussir à chaque coup, à chaque fois*). *Cette voiture part du premier coup* : [express.] **au quart de tour**. ② *Être sur un coup* : **affaire***, [fam.] **combine**. ③ *Risquer le coup* : → ESSAYER, JOUER II. *Manquer son coup* : → ÉCHOUER II. *Faire les quatre cents coups* : [fam.] **mener une vie de bâton de chaise**, [plus fam.] **de patachon** ; → FÊTE. *Être aux cent coups* : → INQUIET. *Coup sur coup* : → DE SUITE*, CONSÉCUTIVEMENT. *Être dans le coup* : → BAIN. *À coup sûr* : → ASSURÉMENT, JOUER* (III) SUR LE VELOURS, INFAILLIBLEMENT. *Tout à coup, tout d'un coup* : → SOUDAIN II, SUBITEMENT.

◇ **coup d'État** *Nous ne leur pardonnerons jamais d'avoir pris le pouvoir par un coup d'État* : **coup de force** ◆ **putsch** (= coup d'État militaire). On emploie parfois en ce sens le terme **pronunciamiento**, qui désigne exactement l'acte par lequel les militaires déclarent dans un manifeste leur refus d'obéir au gouvernement ;

→ **COMPLOT, ÉMEUTE, RÉVOLTE, RÉVOLUTION* DE PALAIS.**

coupable

I [adj.] ① [qqn est ~] *L'affaire avait échoué ; il se sentait coupable* : ↓ **fautif** (qui ne s'emploie pas dans les contextes de type juridique : *déclarer coupable, plaider coupable*). *Se sentir coupable*, c'est éprouver de la **culpabilité, avoir mauvaise conscience ;** → RESPONSABLE I. ② [qqch est ~] *Faire preuve d'une négligence coupable* : [plus génér., antéposé] **grave ;** → BLÂMABLE, IMPARDONNABLE. *Des désirs coupables* : → HONTEUX. *Des amours coupables* : **illicite, interdit, illégitime.**
II [n.] ① → INCULPÉ. ② *Si vous recherchez le coupable, c'est moi !* [iron.] : **responsable.**

coupage → MÉLANGE.

coupant → TRANCHANT I et II.

coupe

I ① *La coupe du visage* : **contour.** *Une coupe de tissu* : **coupon.** *Coupe sombre* : → COUPER. ② *La coupe d'une ferrure* : → SECTION I. ③ *Être sous la coupe de qqn* : [moins express., plus sout.] **dépendance ;** → SUBORDINATION.

II ① *Une petite coupe* est une **coupelle** ◆ [en partic.] **calice** (= coupe antique, coupe liturgique chez les catholiques) ; → VERRE. ② → COMPÉTITION.

coupé → AUTOMOBILE.

coupe-file → LAISSEZ-PASSER.

coupelle → COUPE.

couper ① *Couper du papier, de la viande* : **découper*** (= couper en plusieurs morceaux : *découper un canard*) ◆ **hacher** (= couper en menus morceaux : *hacher du persil*) ◆ **tailler** (= couper en donnant une certaine forme ; *couper* convient avec ce sens dans certains contextes : *tailler un crayon ; tailler, couper un costume*) ◆ **trancher** (= couper avec netteté à l'aide d'un instrument acéré : *trancher une corde avec un couteau ; couper*, dans ce contexte, est d'emploi moins sout.) ◆ **taillader** (= faire des coupures, des entailles,

généralement dans des chairs ou dans une étoffe) ◆ **cisailler** (= couper avec une cisaille, ou comme avec une cisaille) ◆ **entailler** (= pénétrer dans qqch à l'aide d'un instrument tranchant : *entailler l'écorce d'un arbre*) ◆ [plus sout. ou techn.] **inciser** (*inciser la peau*) ; → BLESSER. ② Selon le compl. du verbe, on peut utiliser un verbe mieux approprié au contexte. *Couper un arbre* : → ABATTRE I. *Couper un membre* : **sectionner, amputer.** *Couper les branches d'un arbre* : **ébrancher** (= ôter tout ou partie des branches) ◆ **élaguer, émonder** (= ôter seulement les branches mortes ou inutiles). *Couper du bois* : **fendre** (qui se dit pour une bûche). *Couper de l'herbe* : **faucher.** *Couper le blé* : **moissonner.** *Couper la tête de qqn* : **décapiter** ◆ [plus partic.] **guillotiner** ◆ [plus fam. en ce sens] **couper le cou.** *Couper un texte* : [plus péj.] **tronquer ;** → SUPPRIMER, SABRER, ÉPURER. *Couper un animal* : → CASTRER. *Couper à ras* : → TONDRE. ③ Diviser en plusieurs parties. *Couper un arbre en morceaux* : **tronçonner ;** → PARTAGER. *Ce chemin coupe la route nationale* : **traverser, croiser.** *Couper une communication, la parole* : → INTERROMPRE. *Couper un film par la publicité* : [fam.] **saucissonner.** *Couper l'eau* : → FERMER. *Couper le vin avec de l'eau* : → MOUILLER. ④ [dans des express.] *Couper les bras, les jambes* : → DÉCOURAGER. *Couper les cheveux en quatre* : → EXIGEANT. *Couper la poire en deux* : → COMPOSER IV. *Couper l'herbe sous le pied de qqn* : → DEVANCER. *Couper le souffle, le sifflet, la chique* : → ÉTONNER. *À couper au couteau* : → DENSE. *Donner sa tête à couper que* : → CONVAINCU. ⑤ [~ à qqch] → SE DÉROBER.

◇ **coupure** ① *Il s'est fait une coupure au doigt* : **entaille** ◆ **balafre, estafilade** (qui ne s'emploient que pour le visage) ◆ **incision ;** → PLAIE, BLESSURE. ② *Son film a subi de nombreuses coupures* : [moins pr.] **suppression** ◆ ↑ **être censuré.** ③ *Des coupures de cent euros* : → BILLET.

couperose → ROUGEUR.

coupe-tifs → COIFFEUR.

coupeuse → COUTURIÈRE.

couple → DEUX. Se dit de deux personnes mariées ou non et qui vivent ensemble : **ménage** implique une vie domestique établie et partagée. *Se mettre en couple* : **s'installer ensemble, cohabiter ; →** SE MARIER, VIVRE EN COMMUN* I. *Avoir des problèmes de couple* : → CONJUGAL.

coupler → ASSEMBLER.

couplet *Il n'a pu s'empêcher de placer son couplet sur la guerre de 1914* [fam.] : **refrain, rengaine ◆ sortie** (qui suppose de la violence verbale) ; → TIRADE, CHANSON.

coupole ① Partie hémisphérique qui surmonte un édifice ; *coupole* est le terme propre pour désigner l'intérieur ◆ **dôme** ne peut se dire que de l'extérieur. ② [avec une majuscule] *La Coupole* : **l'Académie française.**

coupon ① → COUPE. ② → TITRE* DE TRANSPORT.

coupure → COUPER.

cour ① → TRIBUNAL. ② → COURTISER.

courage *Il fallait avoir du courage pour faire la grève en sachant que l'on jouait sa situation* : [fam.] **cran ; →** STOÏQUE. *Il s'est battu avec courage* : [sout.] **bravoure, vaillance ◆ ↑ héroïsme ; →** ÂME, ÉNERGIE. *Perdre courage* : → DÉCOURAGER. *Ne pas avoir le courage de* : → FLEMME, HARDIESSE.

courageusement → FIÈREMENT, HARDIMENT, VAILLAMMENT, STOÏQUEMENT.

courageux ① → HARDI, VAILLANT, TRAVAILLEUR I. ② *Une décision courageuse* : **plein de courage*, hardi, ↑ héroïque ; →** MÂLE.

couramment ① → COMMUNÉMENT, TOUS LES JOURS*, VULGAIREMENT I. ② → À LIVRE* OUVERT.

courant

I [adj.] → COMMUN II, ORDINAIRE I, EN USAGE* I, RÉPANDU, VULGAIRE I.

II [n.m.] ① *Courant d'air* : → SOUFFLE. ② *Courant d'eau* : → COURS I. ③ → JUS, ÉLECTRICITÉ. *Au courant* : → BRANCHÉ,

INFORMER, RÉVÉLER, SAVOIR I, SECRET III, PARFUM, COURSE II.

courante → COLIQUE.

courbatu Être *courbatu* ou **courbaturé**, c'est avoir des **courbatures ; →** FATIGUÉ.

courbature, courbaturé → COURBATU.

courbe

I [adj.] Qui s'infléchit en forme d'arc, sans angle ni ligne droite : **courbé, recourbé, incurvé ◆ arqué, arrondi, voûté** (*un vieillard au dos courbé, voûté ; courbe* ne conviendrait pas ici) ◆ ↑ **cassé ; →** COUCHER I. *Un nez courbe, des jambes courbes* : ↑ **recourbé, arqué ◆ incurvé** (qui s'emploie généralement dans des contextes plus techn. au sens de « qui a été plié en forme de courbe » ; se dit soit d'une ligne, soit d'une surface : *un virage incurvé, une barre de fer incurvée*) ◆ **arrondi** (qui se dit de ce qui est courbe au point d'épouser la forme d'un rond) ; → BOMBÉ.

II [n.f.] Ligne ou forme courbe : **courbure** (= état de ce qui est courbe) ; → CONTOUR, SINUOSITÉ. *La courbe des reins* : **courbure, cambrure.** *La courbure d'une jambe* : **galbe.** *Les courbes d'une route* : **virage.** *Les courbes d'un fleuve* : **méandre, coude.** *La courbe d'un sourcil* : **arc.** *Les jolies courbes d'une grille en fer forgé* : **arabesque, volute.**

III *La courbe des salaires* : [en partic.] **diagramme, graphique** (= représentations techniques des variations d'un phénomène) ◆ [plus génér.] **évolution*, variation.**

courber ① → BAISSER I, CINTRER, COUCHER I, PLIER I, TORDRE. ② → OPPRIMER.

courbette → FLATTER, SALUTATION.

courbure → COURBE.

coureur ① *Coureur cycliste* : [en partic.] **pistard, routier.** *Un routier peut être* **grimpeur, rouleur ; →** BICYCLETTE. ② *Son mari est un vrai coureur !* : **cavaleur, coureur de jupes, de jupons ◆** [fam.] **dragueur ; →** COURIR, COURTISER, JOUISSEUR.

courir ① [qqn, un animal ~] ↑ **galoper** (qui se dit cour. des animaux et, fam., des personnes) ◆ ↓ **trotter, marcher** ◆ ↑ **bondir, s'élancer** (= se mettre brusquement à courir) ◆ [fam.] ↑ **tracer, cavaler, filer, détaler** (qui sont souvent renforcés par des express. à valeur superlative : *filer comme un lapin, à toutes jambes*) ◆ [express.] ↑ **fendre l'air, voler** ◆ **sprinter, piquer un sprint** (= courir le plus vite possible pendant un court moment) ; → CAVALER, POURSUIVRE I. ② [qqn ~] *Ce n'est pas la peine de courir, le train n'est qu'à 8 heures !* : ↓ **se dépêcher** ; → S'EMPRESSER, ACCÉLÉRER. *Tu peux toujours courir !* [fam.] : → SE FOUILLER. ③ *L'eau court* : → COULER ④. ④ [express.] *Le bruit court que* : → CIRCULER. *Par les temps qui courent* : → ACTUELLEMENT. *Courir les bois* : → BATTRE II. *Courir les rues* : → COMMUN II. *Courir les honneurs* : → RECHERCHER. *Courir les bals* : → FRÉQUENTER. ⑤ [qqn ~ qqn] *Courir les filles* : → COURTISER, COUREUR.

couronne ① *La couronne d'une reine* : **diadème** (qui désignait dans l'Antiquité un riche bandeau, signe du pouvoir monarchique ; se dit aujourd'hui d'une parure féminine en forme de couronne) ◆ **tiare** (qui est portée par le pape). ② → MONARCHIE.

couronnement ① → SACRE. ② *Cette œuvre fut le couronnement de son travail* : [rare] **parachèvement** ; → ACCOMPLISSEMENT.

couronner ① → SACRER I. ② → RÉCOMPENSER. ③ → PARACHEVER.

courriel → COURRIER.

courrier → CORRESPONDANCE, LETTRE II. *Courrier électronique* : **e.mail, mail** ◆ [recomm. off. en France] **mél**, [au Québec] **courriel**.

courroie *Les valises étaient retenues sur le porte-bagages par une courroie* : **sangle** (qui est d'emploi plus précis lorsque le contexte implique, comme ici, l'idée de serrage) ◆ **lanière** (= courroie longue et étroite).

courroucer → IRRITER.

courroux → COLÈRE.

cours
I ① *Au cours de la semaine, dans le cours de la semaine* : → PENDANT III. ② *Le cours d'un événement* : → ÉVOLUTION II, DÉROULEMENT, SUITE. *Donner libre cours à* : → MANIFESTER. ③ → COURS D'EAU. *Le cours rapide d'un torrent* (= écoulement continu des eaux d'un cours d'eau) : **courant** (= mouvement de l'eau considéré relativement à sa force : on opposera ainsi le *cours* du Rhône, qui se rapporte à l'espace parcouru par les eaux du fleuve, et le *courant* du Rhône, qui se rapporte aux eaux vives du fleuve, par opposition à ses zones d'eaux calmes) ; → LIT II. *Le cours des astres* : → MOUVEMENT.

◇ **cours d'eau** Nom génér. de toutes les eaux courantes : [partic.] **ruisseau**, [dimin.] **ru** (= tout petit cours d'eau) ◆ **rivière** (= cours d'eau de moyenne importance) ◆ **fleuve** (= grande rivière ayant beaucoup d'affluents et se jetant dans la mer) ◆ **torrent** (= cours d'eau à forte pente et à débit irrégulier) ◆ **gave** (= torrent pyrénéen) ◆ **affluent** (= cours d'eau qui se jette dans un autre : *le Cher est un affluent de la Loire*) ; → CANAL.

II → PROMENADE.

III → PRIX I, VALEUR II.

IV Leçon donnée par un professeur : **enseignement** (= ensemble de cours) ◆ **séminaire** (= ensemble de cours spécialisés destinés à un auditoire restreint) ; → LEÇON, CONFÉRENCE, ENSEIGNER, ÉCOLE.

course
I ① *Nous avons fait une longue course dans la montagne* [partic.] : [cour.] **randonnée** (*faire une longue randonnée dans la campagne*) ; → PROMENADE. ② *La course du soleil* : → MOUVEMENT. *La course d'un piston* : → VA-ET-VIENT.

II → COMPÉTITION. ① *La course à pied* : **course de vitesse** (qui implique toujours un **sprint**) ◆ [en partic.] **course de relais, course de fond, cross-country,** [abrév. cour.] **cross** ◆ **footing, jogging** (qui sont des courses hygiéniques et de détente, le

second se pratiquant en zone urbaine).
② *La course à cheval* : [en partic.] **course de plat, course d'obstacles, steeple-chase** ◆ **omnium** (qui est ouvert à toutes les catégories) ◆ **critérium** (qui est réservé aux chevaux d'une même catégorie). *Jouer aux courses* : **parier** (*jouer, parier, placé, gagnant, au tiercé, au doublé, au quarté*). *Course de chevaux* : **réunion** (qui se tient sur un hippodrome). *Le monde des courses* : **turf**. ③ *La course à bicyclette* : **cyclisme**. *Course cycliste sur route* : **course de plat, de côte.** *Course cycliste sur piste* : **omnium** (qui rassemble divers types de courses) ◆ **critérium** (qui sert à classer). ④ *La course de taureaux* : **corrida.** ⑤ *Course de bateaux* : **régate.** ⑥ *Course de voitures* : [en partic.] **rallye.** ⑦ *Être dans la course* [fam.] : [fam.] **être branché** ◆ [cour.] **se tenir au courant.** *Ne plus être dans la course* : → DÉPASSÉ.
III → COMMISSION II, PROVISION I.

coursier → CHEVAL.

court

I [adj.] ① Peu étendu en longueur ou en hauteur : ↑ **ras** (qui ne s'emploie que dans quelques contextes : *une herbe courte, rase ; des cheveux courts, ras*) ◆ **courtaud** (qui se dit de qqn qui a les jambes courtes) ; → PETIT. *Avoir la vue courte, les idées courtes* : **être borné*.** *Le plus court chemin* : [postposé] **direct, rapide.** ② Qui dure peu de temps. *Nous n'avons donc passé qu'un court moment ensemble* : **bref** ◆ ↑ [sout., postposé] **éphémère** ; → PASSAGER, MOMENTANÉ. ③ En quantité insuffisante. *Un texte court, mais dense* : **concis*** ; → SUCCINCT, SOMMAIRE. ④ *Il ne me reste que 300 euros ; ce sera un peu court pour vivre pendant un mois* [assez fam.] : [cour.] **juste,** ↑ **insuffisant** (*... ce sera insuffisant...*).
II [adv.] *Pris de court* : → DÉPOURVU II. *À court de* : → MANQUER II, DÉMUNIR.
III [n.m.] → TERRAIN.

courtage → COMMISSION I.

courtaud → COURT, TRAPU.

courtepointe → COUVERTURE.

courtier → INTERMÉDIAIRE.

courtisan → FLATTEUR.

courtisane → PROSTITUÉE.

courtiser ① *Il courtise depuis longtemps la femme de son voisin* : **faire la cour à** ◆ [fam.] **faire du plat, du gringue à** ◆ **courir après** (qui s'emploie avec un compl. dir. dans les express. *courir les filles, les femmes, les jupons, le cotillon*) ◆ [fam., parfois iron.] **conter fleurette, faire les yeux doux, faire du charme*** ◆ [fam.] **baratiner, draguer** ; → COUREUR, GALANTERIE, INTIME, SORTIR AVEC. Les termes précédents n'impliquent pas que les efforts accomplis soient couronnés de succès. Au contraire, **flirter** ne s'emploie que s'il s'établit des relations amoureuses, toujours passagères ; → SORTIR* AVEC. ② *Faut-il vraiment courtiser les notables pour réussir ?* : ↓ **fréquenter*** ◆ [fam.] **lécher les bottes** ; → FLATTER.

courtois → POLI I.

courtoisement → POLIMENT.

courtoisie → AFFABILITÉ, GALANTERIE, RESPECT.

couru → CERTAIN I.

cousette → COUTURIÈRE.

coussin ① *Le pouf, l'oreiller, le* **traversin*** sont des *coussins* à fonction particulière : l'un pour s'asseoir, les autres pour reposer la tête. ② *Des coussins de graisse commençaient à apparaître sur ses hanches* : **bourrelet** ◆ ↓ **coussinet.**

cousu [dans des express.] *Cousu d'or* : → RICHE. *Bouche cousue* : → SE TAIRE. *Cousu de fil blanc* : → GROSSIER.

coût → PRIX I.

couteau ① *Couper de la ficelle avec un couteau* (= arme blanche) : ↑ **coutelas** ◆ **canif** ◆ [partic.] **cran d'arrêt** ; → POIGNARD. ② *Le couteau sous la gorge* : → MENACER.

coutelas → COUTEAU.

coûte que coûte → À TOUT PRIX*.

coûter ① [~ + compl. ou adv.] *Combien coûte cette voiture ?* : **revenir** (qui se dit d'un coût total et suppose diverses sortes de dépenses : *à combien revient cette voiture ?*) ◆ **valoir*** (= avoir une certaine valeur, indépendamment d'un acte commercial immédiat : *ce bijou vaut une fortune*). Dans la langue cour., ces trois verbes s'emploient l'un pour l'autre : → **COÛTEUX, PRIX I.** ② [en ~ à qqn] *Il m'en coûte de vous abandonner* : → **PÉNIBLE.** ③ [~ qqch à qqn] *Ce travail lui a coûté bien des soucis* : **occasionner, causer** ◆ [d'emploi plus restreint] **valoir.** *Cela lui a coûté la vie* : **il l'a payé de sa vie ;** → **MOURIR.** ④ *Coûte que coûte* : **à tout prix*, quoi qu'il arrive.**

◇ **coûteux** *Malgré nos réductions, le voyage sera assez coûteux* [assez sout.] : [cour.] **coûter cher** ◆ ↑ **coûter une fortune,** [fam.] **coûter les yeux de la tête,** [très fam.] **coûter la peau des fesses,** [vulg.] **la peau du cul** ◆ **cher** ◆ [assez sout.] **onéreux*** (qui implique toujours des dépenses assez lourdes) ◆ [sout.] ↑ **dispendieux,** ↑ **ruineux** ◆ ↑ **hors de prix** (*hors de prix* est à *cher*, dans le langage cour., ce que *dispendieux* et *ruineux* sont à *coûteux*, dans le langage sout.) ; → **ÉCORCHER, RICHE, PRIX.**

coûteux → **COÛTER.**

coutume → **HABITUDE, RITE, TRADITION, USAGE II.** *De coutume* : → **D'ORDINAIRE I.**

coutumier → **HABITUEL.**

couture ① → **PIQÛRE.** ② → **COUTURIER, HABILLEMENT.**

couturier Le *couturier* crée les modèles, dirige une maison de **couture,** éventuellement de **haute couture** : ↑ **grand couturier.** La *couturière* exécute ou fabrique à son propre compte des vêtements de femme. L'ouvrière en couture peut être **retoucheuse, finisseuse, coupeuse, essayeuse.** S'il s'agit d'une jeune apprentie, on l'appelle [fam., vx] **cousette, midinette,** [cour.] **petite main.**

couvée → **NICHÉE.**

couvent → **CLOÎTRE.**

couver ① [qqn ~ qqn] *Pauvre garçon ! sa mère l'a toujours couvé !* : ↓ **choyer, dorloter** ◆ [moins express.] **protéger** ◆ [fam.] **élever dans du coton ;** → **DORLOTER.** *Couver des yeux* : → **REGARDER.** ② [qqch ~] *Le feu couve sous la cendre* : [par métaph.] **dormir.** *La révolte couvait parmi l'équipage* : **gronder.**

couvert

I [adj.] ① → **COUVRIR, VÊTU.** *Couvert de* : → **REMPLI.** ② *Le ciel est couvert* : ↓ **nuageux** ◆ ↑ **bouché ;** → **SE COUVRIR.** ③ *À mots couverts* : **en termes voilés.**

II [n.m.] ① *À couvert* : → **ABRI.** ② *Voulez-vous mettre le couvert ?* : [plus cour.] **table.**

couverture ① *Il fait froid : prenez quelques couvertures supplémentaires* : [fam.] **couvrante** ◆ **plaid** (= couverture de voyage) ◆ **couvre-pieds, courtepointe** (= couverture de dessus plus épaisse) ◆ **couvre-lit** (= couverture d'ornement). ② *Il a acheté une vieille maison : toute la couverture est à refaire* : **toiture, toit.** ③ *La couverture d'un livre* : **jaquette** (= couverture mobile à rabats) ◆ **liseuse** (= couverture interchangeable, génér. en cuir) ; → **RELIURE.** *La couverture d'un cahier* : **protège-cahier.** ④ → **PARAVENT.**

couveuse : [didact.] **incubateur.**

couvrante → **COUVERTURE.**

couvre-chef → **COIFFURE.**

couvre-lit, couvre-pieds → **COUVERTURE.**

couvre-livre → **LISEUSE.**

couvrir ① [qqn ~ qqch] *Il faudra couvrir tes cahiers avant la rentrée des classes* : **recouvrir*.** *Couvrir un mur de tissu* : **revêtir.** *Couvrir son visage de ses mains* : **cacher.** *Couvrir d'une bâche* : **bâcher.** *Couvrir d'un dallage* : **daller.** ② [qqch ~ qqn, qqch]. *Son savoir couvre de vastes ensembles* : → **S'ÉTENDRE SUR.** *Le brouillard couvre la ville* : → **ENVELOPPER.** *Le sol était couvert de papiers sales* : [assez sout.] **joncher** (qui ne se dit plus que du sol), ↓ **parsemer** (= couvrir çà et là) ◆ [fam.] **remplir, plein** (*le sol était rempli de, plein de papiers sales*) ;

→ CHARGER I, SEMER II. *Son corps était couvert de boutons* : **cribler** ; → ÉMAILLER, BEAUCOUP. *Couvrir d'injures* : → ACCABLER. ③ *Cela couvre qqch* : → CACHER. *Couvrir une défaillance* : → PALLIER. *Je ne couvrirai pas vos propos !* : **cautionner** ♦ ↓ **approuver** ; → JUSTIFIER. ④ → ACCOMPAGNER, PROTÉGER, DÉFENDRE II. ⑤ [en parlant des animaux] → S'ACCOUPLER, MONTER II, SAILLIR II.

◇ **se couvrir** ① [qqn ~] *Il faudra vous couvrir chaudement* : **se vêtir, s'habiller** ♦ ↑ **s'emmitoufler**. *Je vous en prie, couvrez-vous !* : **mettre son chapeau**. ② *Le temps se couvre* : **s'obscurcir, se charger** ; → SE BROUILLER, SE VOILER I, COUVERT.

cover-girl → MODÈLE.

crachat → SALIVE.

craché → RESSEMBLER, VIVANT.

cracher ① *Il ne cesse de cracher, c'est agaçant !* : [didact.] **expectorer** ♦ **crachoter** (= cracher souvent et peu) ♦ [très fam.] **glavioter, molarder** (= cracher gras) ♦ **recracher** (= cracher ce que l'on vient de mettre en bouche) ♦ ↑ **vomir***. ② [~ sur qqn] → MÉPRISER. *Cracher des injures* : **proférer** ; → INJURE. ③ [qqch ~] *La cheminée crachait une fumée épaisse* : [moins express.] **rejeter, projeter** ♦ ↑ **vomir**. ④ → PAYER.

crachin → PLUIE.

crachiner → PLEUVOIR.

crachoter → CRACHER.

crack → AS.

cracra, crade, crado → SALE.

craignos → CRAINDRE.

craindre ① *Il ne craint ni les choses ni les hommes* : **avoir peur de** ♦ ↑ **redouter** ♦ **appréhender** (qui implique, davantage que les précédents, l'attente d'un événement à venir : *on appréhende d'aller chez le dentiste*). *Craindre pour la vie de qqn* : ↑ **trembler***. *Il craint son père* : **obéir*** à, **respecter** ; → RÉVÉRER. ② *Je crains de vous déranger* : → NE PAS OSER*, HÉSITER. ③ *Si*

elle se met à chanter, ça craint ! [fam.] : **c'est craignos** ♦ [cour.] **c'est redoutable**.

◇ **crainte** *La crainte du danger le rendait maladroit* : **peur, appréhension** ♦ ↑ **phobie** (= peur maladive : *avoir la phobie des ascenseurs*) ♦ **inquiétude** (= état intellectuel et affectif pénible, dû à la crainte d'un danger, à une situation d'incertitude, d'irrésolution) ♦ [fam.] **trac**, ↑ **frousse** ♦ [très fam.] **trouille, chocottes** (*avoir les chocottes*), **pétoche** ♦ **alarme** (qui ne s'emploie guère que dans l'expression sout. *jeter l'alarme dans*) ; → AFFOLEMENT, EFFROI, ANGOISSE, PEUR, SOUCI.

◇ **craintif** *C'est un enfant craintif : un rien l'effraie* : ↓ **timide** (qui implique surtout un manque de confiance en soi) ♦ ↑ **timoré** (qui se dit de celui qui craint les risques, les responsabilités) ♦ [péj.] ↑ **pusillanime** (qui se dit de celui qui est craintif jusqu'à la lâcheté) ; → INQUIET, PEUR, PEUREUX, TREMBLANT. Contrairement à ses syn., *craintif* se dit aussi des animaux et peut avoir pour syn. ↑ **sauvage** ; → FAROUCHE.

◇ **craintivement** : **timidement, peureusement**.

cramer → BRÛLER II.

cramoisi → ROUGE II.

crampe → CONTRACTION, TIRAILLEMENT.

crampon → COLLANT.

cramponner → ENNUYER.

◇ **se cramponner** → ACCROCHER II, SE RETENIR.

cran ① → ENTAILLE. *Cran d'arrêt* : → COUTEAU. ② → ONDULATION. ③ *Avoir du cran* : → COURAGE. *Être à cran* : → ÉNERVÉ.

crâne ① *Il s'est fendu le crâne en tombant de bicyclette* : [plus génér.] **tête***. *Il n'a plus un seul cheveu sur le crâne* : [fam.] **caillou**. ② [par méton.] *Vous pouvez lui répéter cent fois la même chose : il n'a rien dans le crâne !* : **cervelle**. *Bourrage de crâne* : → ENDOCTRINEMENT.

crânement → FIÈREMENT.

crâner → POSER III.

crâneur → VANITEUX, PRÉTENTIEUX, VANTARD.

crapule → COQUIN, MISÉRABLE II, VOYOU, SALAUD, SALE, VAURIEN.

crapulerie → MALHONNÊTETÉ.

craquant ① → CROQUANT. ② → IRRÉSISTIBLE, MIGNON.

craque → CONTE.

craqueler (se) *La terre se craquelait sous l'effet de la chaleur* : **se fendiller, se fissurer** ◆ ↑ **se fendre, s'ouvrir, se crevasser** ◆ ↑ **se lézarder** (qui se dit surtout en parlant d'un mur).

craquer ① [qqch ~] Émettre un bruit sec : **croquer** (*croquer sous la dent*). *Quel coup de tonnerre ! Ça a craqué !* : **claquer** ◆ [fam.] **péter** ◆ **ça a fait un de ces bruits !** *La neige craque sous les pas* : **crisser**. ② [qqch ~] → SE ROMPRE. ③ [qqn ~] *Ses nerfs n'ont pas tenu : il a craqué* [fam.] : [cour.] **flancher**, ↑ **s'effondrer** ; → DÉPRIMER, ABANDONNER, RECULER. ④ *Devant du chocolat, je craque !* : **fondre** ◆ **déclarer forfait** (qui s'emploie dans d'autres contextes). *J'ai craqué pour cette maison au bord de la mer* : **avoir le coup de foudre**. *Avec ses petits-enfants, elle craque* : **fondre, être gaga**.

crash → ACCIDENT.

crasher (se) → TOMBER.

crasse
I [n.f.] ① *Il s'était habitué à vivre dans la crasse* : ↓ **saleté*** ; → ORDURE. ② *Il m'a fait une crasse* [fam.] : **vacherie** ◆ **sale tour, tour de cochon** (*jouer un tour*) ◆ [moins express.] ↓ **méchanceté** ; → TOUR III.
II [adj.] *Il est d'une ignorance crasse* [fam.] : [cour.] **grossier** ; → PROFOND II.

crasseux → MALPROPRE, NOIR I, SALE.

cravache → BAGUETTE, FOUET.

cravacher → TRAVAILLER I.

crayeux → BLANC I.

crayonner → DESSINER.

créance, créancier → DETTE.

créateur → CRÉER.

créatif → INVENTIF.

création → CRÉER.

créativité → INVENTIVITÉ.

créature ① → PERSONNE I, HOMME I. ② → PROTÉGÉ.

crèche → MAISON I, PIÈCE I.

crécher → DEMEURER, LOGER I.

crédence → VAISSELIER.

crédibiliser, c'est **rendre crédible** ; → VRAISEMBLABLE.

crédibilité → CRÉDIT, VRAISEMBLANCE.

crédible → VRAISEMBLABLE.

crédit
I ① Somme mise à disposition de qqn : **prêt** (= crédit à moyen ou long terme). ② *Payer à crédit* : **à tempérament***.
II *Depuis le scandale financier, le ministre a perdu tout crédit* : **crédibilité** ; → RÉPUTATION, INFLUENCE, POUVOIR II, PUISSANCE.

créditer → MÉRITE.

credo → CROIRE.

crédule → CANDIDE, CONFIANT, NAÏF, SIMPLE.

crédulité → CANDEUR, CONFIANCE, NAÏVETÉ.

créer ① [en termes de religion] *Dieu créa le ciel et la terre* : [de sens plus restreint] **former, faire**. ② Se dit des choses auparavant inconnues ; ce verbe suppose à la fois l'invention et la réalisation : **concevoir, imaginer, innover** (qui impliquent seulement l'invention) ; → COMPOSER I, INVENTER. ③ *Créer une école, une usine, une doctrine* : → CONSTITUER, ÉTABLIR. ④ → DONNER LIEU* À, OCCASIONNER, PRODUIRE II.

◇ **créateur** ① [en termes de religion] *Le Créateur* : **Dieu***. ② → AUTEUR, INVENTEUR, PÈRE.

195

◇ **création** ① [en termes de religion] *La Création* : **Genèse** (dans l'Ancien Testament). *Admirer la Création* : [de sens plus restreint] **Univers, monde, nature.** *Le ciel existe depuis la Création* : **origine, commencement.** ② *L'essentiel, dans l'art, reste la création* : [plus restreint] **imagination, invention, innovation.** ③ → CONSTITUTION.

crémation est le terme propre pour les humains ; [plus cour.] **incinération** s'emploie aussi pour les animaux et les choses. Dans beaucoup de contextes, on dira selon le sens **incinérer, se faire incinérer** (*je souhaite l'incinération, me faire incinérer, être incinéré*).

crème
I [n.f.] ① Entremets plus ou moins liquide : [partic.] **flan.** ② *Il y avait là toute la crème de la haute société parisienne* [fam.] : **gratin ;** → ÉLITE, HAUT I, MEILLEUR.
II [adj.] → BLANC I.

crémerie
Changer de crémerie : → AILLEURS.

créneau *Créneau horaire* : → TEMPS I, VIDE II. *Monter au créneau* : → ATTAQUER.

créole ① → MÉTIS. ② → BOUCLE.

crêpe → VOILE I.

crêpelé → CRÉPU.

crêper → FRISER I.

crépiter → PÉTILLER.

crépu a pour syn. moins cour. **crêpelé ;** → FRISÉ I.

crépuscule *Nous partirons au crépuscule* : [plus cour.] **fin, tombée du jour** ◆ [sout.] **déclin du jour** ◆ [peu employé] **à la brune ;** → AUBE, SOIR.

crescendo → AUGMENTER.

crésus → RICHE.

crêt → MONTAGNE.

crête → SOMMET.

crétin → ABRUTI, SOT, STUPIDE.

crétinerie, crétinisme → SOTTISE.

creuser ① [génér.] **faire un trou*** ◆ **fouir, fouiller** (qui s'emploient pour la terre) ◆ [plus partic.] **piocher, évider, forer, excaver.** *L'eau a creusé la terre* : → MINER. ② *Creuser un problème* : → APPROFONDIR. ③ *Ça creuse !* : → FAIM. *Creusé par la fatigue* : → RAVAGÉ.

◇ **se creuser** *Il n'a pas trouvé la solution ; il faut dire qu'il ne s'est guère creusé !* [fam.] : **se creuser la cervelle, se casser la tête ;** → SE FATIGUER.

creux
I [adj.] ① *Le manche de ce couteau est creux* (se dit de ce qui est vide à l'intérieur) : **évidé** (qui signifie qu'on a ôté quelque chose qui existait). ② *Ce discours est creux* : **plat, futile ;** → VIDE I. *Avoir l'estomac creux* : [fam.] **dans les talons ;** → LÉGER, VIDE I.
II [n.m.] *À cet endroit, l'eau s'accumulait dans un creux* : [plus précis] **cuvette ;** → CAVITÉ, VIDE II, TROU.

crevant ① → AMUSANT, COMIQUE. ② → TUANT.

crevasse ① → FENTE, TROU. ② → GERÇURE.

crevasser (se) → SE CRAQUELER.

crève *Avoir la crève* : → MALADE.

crevé → FATIGUÉ.

crève-cœur → SUPPLICE.

crève-la-faim → AFFAMÉ, MISÉRABLE II.

crever ① [v.i. ; qqch ~] *Des bulles venaient crever à la surface de l'eau* : [moins pr.] **éclater.** *L'abcès va crever* : **percer*.** *La digue a crevé sous la poussée des eaux* : [plus sout., moins express.] **se rompre.** ② [v.i. ; qqn ~] → MOURIR, S'ÉTEINDRE. ③ [v.t. ; ~ qqn] → FATIGUER. ④ *Cela crève les yeux* [fam.] : **sauter aux yeux** ◆ [cour.] **être évident ;** → TOMBER* (III) SOUS LE SENS. ⑤ → TUER. *Crever la, de faim* [fam.] : [cour.] **être affamé*** ◆ [fam.] **manger de la vache enragée** (c'est plus généralement connaître une période matériellement difficile). *Crever de soif* : → SOIF.

◇ **se crever** → TRAVAILLER I.

cri ① Pousser un *cri*, c'est **crier***, parfois pour **appeler*** I. Les synonymes se répartissent selon l'émotion, le sentiment que trahit le cri. *Un cri de joie* : ↑ **hurlement.** *Un cri de douleur* : ↓ **gémissement,** ↑ **hurlement** ◆ [fam.] ↑ **braillement, beuglement.** *Un cri d'indignation, de colère* : ↑ **hurlement, vocifération.** *Un cri d'approbation* : → **ACCLAMATION, EXCLAMATION, VOIX** I. *Les cris d'un nouveau-né* : **vagissement.** ② *À grands cris* : *il réclamait à grands cris une modification du règlement* : **à cor et à cri** ◆ [sout.] **véhémentement.** *Du dernier cri* : → **MODE** I.

◇ **crier** Pousser un **cri*** : ↑ **s'époumonner, s'essouffler*** à crier, [fam.] **s'égosiller** ◆ [très fam., génér.] **gueuler.** ① [qqn ~] *Il se mit à crier de douleur* : ↑ **hurler** ◆ [fam.] **brailler** ◆ [fam., péj.] **braire, beugler, bramer** ◆ [plus express.] ↑ **rugir** ; → **SE PLAINDRE** II. *Tu ne peux donc pas parler sans crier ?* : ↑ **hurler** ◆ [fam.] **criailler, piailler, piauler,** ↑ **brailler** ◆ **glapir** (qui évoque une voix aiguë et désagréable). *Il est en colère, alors il crie !* : [fam.] **brailler** ◆ ↑ **hurler, tonner, vociférer,** [rare] **tonitruer** ◆ [très fam.] **donner un coup de gueule, pousser une gueulante** ; → **ABOYER** II, **FORT** III. ② *Les oiseaux crient* : → **CHANTER.** ③ [qqn ~ qqch] *La victime criait son innocence* : **clamer, proclamer.**

◇ **criailler** → **SE PLAINDRE.**

◇ **criant** *L'injustice est criante !* : **évident, flagrant, manifeste** ◆ [plus partic.] **révoltant** ; → **SCANDALEUX.** *Ce film est d'une vérité criante* : **frappant, saisissant** ; → **ÉCLATANT, ÉTONNANT.**

◇ **criard** ① [qqn est ~] *Des enfants criards* : **braillard** ◆ [très fam.] **gueulard.** ② [qqch est ~] *Je trouve que le biniou émet des sons criards* : **aigre*** ◆ **qui écorche les oreilles** ◆ **strident, perçant** (qui se disent de sons qui percent les oreilles) ◆ [non péj.] **aigu** (qui signale seulement la hauteur d'un son) ◆ **discordant, dissonant** (se disent de sons qui ne s'accordent pas entre eux). ③ [qqch est ~] *Des couleurs criardes* (= qui choquent la vue) : ↓ **voyant** ◆ **tapageur** (qui évoque l'idée d'ostentation) ◆ **discordant** (qui se dit de couleurs qui ne s'accordent pas entre elles), **de mauvais goût.**

criblage → **TRIAGE.**

crible → **TAMIS, FOUILLER.**

cribler ① → **TAMISER.** ② → **ACCABLER** I, **PERCER.** ③ → **ÉMAILLER, COUVRIR.**

criée → **ENCHÈRE.**

crier → **CRI.**

crime ① *Crime de sang* : [didact.] **homicide volontaire** ◆ [d'emploi plus restreint] **meurtre** ◆ **assassinat** (qui implique la préméditation). ② *Le viol est un crime* (= grave infraction à la loi morale et à la loi civile) : ↓ **délit** ◆ ↑ **forfait, atrocité** ; → **FAUTE, HORREUR.** *Un crime contre la pudeur* : **attentat*.** *Un crime contre l'État* : → **COMPLOT.** *Les milieux du crime* : **banditisme,** ↑ **grand banditisme** ◆ [partic.] **mafia** ◆ ↓ **délinquance** ; → **INFRACTION.** ③ *Quel crime de servir un champagne chambré !* : → **DOMMAGE.**

criminel → **MEURTRIER** I et II.

crin → **BOURRAGE.**

crinière → **CHEVEU.**

crique → **GOLFE.**

criquet → **SAUTERELLE.**

crise ① *Une crise d'épilepsie* : → **ACCÈS** II. ② Phase de déséquilibre dans la vie d'une personne, d'une société. *Les moments de crise sont toujours difficiles à traverser* : ↓ **déséquilibre, rupture** ◆ ↑ **tension.** *Leur couple traverse une crise* : ↓ **phase critique.** *Une crise économique* : ↓ **récession,** ↑ **marasme.** *Les négociations n'ont pas abouti ; c'est la crise* : ↑ **impasse** ; → **ÉCHEC.** *Une crise morale* : ↓ **malaise*.** *Piquer une crise* : → **S'IRRITER.**

crispant → **ÉNERVANT.**

crispation → **CONTRACTION.**

crisper ① → **SERRER.** ② → **IRRITER, ÉNERVER.**

crissement → **GRINCEMENT, SIFFLEMENT.**

crisser → **CRAQUER, GRINCER.**

cristallerie → **ART DU VERRE*, VERRERIE.**

cristallin → CLAIR I, TRANSPARENT.

critère → RAISON II.

critérium → COMPÉTITION, COURSE II.

critiquable → BLÂMABLE.

critique

I [n. f.] ① *Faire la critique d'un ouvrage* : → ANALYSE. *Son film a eu une bonne critique* : [très génér.] **accueil** ◆ [plus partic.] **presse.** ② *La critique unanime a salué son film* (= ensemble de ceux qui font le métier de juger et de commenter les œuvres nouvelles) : [en partic.] **presse, médias, journalistes.** ③ *Recevoir des critiques* : → ATTAQUE, REMARQUE, OBJECTION, OPPOSITION, REPROCHE.

II [n.m.] Celui dont le métier est de juger des œuvres de l'esprit : [plus génér.] **commentateur** (qui est péj. dans ce sens) ◆ [sout., péj.] **contempteur** (= celui qui critique en dénigrant).

III [adj.] ① *Son fils traverse une période critique* : **difficile** ◆ ↑ **dangereux** ◆ [plus génér.] **décisif*** ; → GRAVE I, SÉRIEUX. *Phase critique* : → CRISE. ② → NÉGATIF.

critiquer [~ qqn, les actes de qqn] *Le gouvernement a été sévèrement critiqué par l'opposition* : ↑ **fustiger, stigmatiser, blâmer** ◆ [fam.] ↓ **chicaner, débiner, esquinter,** ↑ **éreinter, taper sur** ◆ [express.] **casser du sucre sur le dos de qqn, jeter une pierre dans le jardin de qqn** ; → ATTAQUER, CONTESTER, JASER, CONDAMNER, CONTREDIRE, DÉSAPPROUVER, HONNIR, TROUVER À REDIRE*.

croc → DENT.

crochet → DÉTOUR, INCURSION.

crochu *Un nez crochu* : **aquilin*.** *Des doigts crochus* : **griffu.** *Atomes crochus* : → SYMPATHIE.

crocodile → ALLIGATOR.

croire ① [~ qqch] *Il croit tout ce qu'on lui dit* : **admettre** ◆ [fam.] **avaler, gober, prendre pour argent comptant** ◆ [fam.] ↓ **prêter l'oreille à.** *Faire croire. On lui a fait croire que tu ne viendrais pas* : **persuader, convaincre** (qui sont de construc-

tion dir.) ; → TROMPER. ② [~ qqn] *J'ai eu tort de le croire* : **écouter, se fier à, avoir confiance en** ◆ **faire fond sur** (*... ce qu'il disait*) ; → PRENDRE AU SÉRIEUX*. ③ [v.i.] *Ne renoncez pas : il faut croire* : **avoir la foi.** *Se mettre à croire* : → CONVERTIR. *C'est ce qu'il croit !* : **c'est son credo.** ④ [~ qqn + attribut] *Le croyez-vous capable de réussir ?* : **estimer*, juger.** *Je me crois capable de* : → SE VOIR, SE FLATTER DE. *Je crois que* : → SEMBLER. ⑤ [~ + complétive] *Je crois que je ne sortirai pas cette semaine* : **penser** ◆ [plus sout.] **présumer** ; → INCLINER II, ESTIMER III, SUPPOSER. ⑥ [au cond.] *On croirait que c'est un vrai palmier* : [plus cour.] **dire** ; → JURER I. *Si tu crois que je céderai, tu te trompes !* : **s'imaginer** ◆ [plus fam.] **se figurer.**

◇ **croyable** [le plus souvent en phrase interr. ou nég.] *Il a encore perdu ? Ce n'est pas croyable !* : **imaginable, possible** ◆ [en phrase nég.] : [en phrase affirmative] **incroyable, inimaginable, impossible** ; → EXTRAORDINAIRE.

◇ **croyance** [de croire ③] ① *La croyance en Dieu* : ↑ **foi** ; → DOUTE. ② [pl.] *Il était homme à respecter toutes les croyances* : **conviction** ; → DOCTRINE. *La superstition est une croyance aux présages, aux signes.*

◇ **croyant** ① *Êtes-vous croyant ?* : ↑ **pieux** (qui implique non seulement que l'on soit croyant, mais qu'on accorde en outre une grande importance aux pratiques de la religion liées à la ferveur de la foi) ◆ **dévot** (qui est souvent employé péj. pour qualifier qqn qui attache plus d'importance aux pratiques religieuses qu'aux réalités de la foi qu'elles sont censées manifester) ◆ [très péj.] **bigot*** ◆ **mystique** (= qui recherche, au plus profond de lui-même, une union intime avec Dieu) ◆ **pratiquant** (= qui suit régulièrement les pratiques cultuelles de sa religion) ◆ [plus génér.] **religieux** (qui s'emploie dans des contextes comme : *c'est qqn de très croyant, pieux, religieux* et insiste sur la fidélité aux principes et aux pratiques d'une religion). *Être croyant* a pour syn. **avoir la foi, croire en Dieu.** *Devenir croyant* : → SE CONVERTIR. ② [n.] *Un croyant* : → FIDÈLE II.

croisé → MÉTIS.

croisée ① → CARREFOUR. ② → FENÊTRE.

croisement → CARREFOUR, INTERSECTION.

croiser
① → COUPER, TRAVERSER. ② → REN-
CONTRER. ③ → MÊLER.

croisière → VOYAGE.

croisillons → BARRE I.

croissance → DÉVELOPPEMENT I, EXPAN-
SION.

croissant [adj.] *Cette nouvelle mode a un
succès croissant* : **grandissant**.

croître ① → AUGMENTER, POUSSER IV, SE
MULTIPLIER. ② *Faire croître une émotion* :
→ EXCITER.

croix ① Dans les religions chrétiennes,
terme général pour désigner la représentation du gibet sur lequel Jésus-Christ fut
mis à mort : **calvaire** (= représentation
de la scène de la crucifixion) ◆ **crucifix**
(= croix sur laquelle figure Jésus-Christ
crucifié : *adorer la croix, le crucifix ;
admirer un calvaire breton*). *Faire le signe
de croix* : **se signer**. ② *La souffrance l'accable depuis des années, mais elle porte sa
croix avec beaucoup de courage* (= peines,
afflictions que l'on doit supporter) : [plus
cour.] **calvaire** (qui est d'un emploi plus
libre que *croix* : *quel calvaire !, c'est un
véritable calvaire !*) ◆ [plus neutre] **épreuve**
◆ ↑ **martyre** ; → SOUFFRANCE. ③ [partic.]
Croix gammée : **svastika** [n.m.]. ④ *Faire
une croix sur* : → RENONCER.

croquant
I [n.] → PAYSAN.
II [adj.] *Des biscuits croquants* : **craquant,
croustillant**. *Des légumes cuits mais encore
bien croquants* : **al dente**.

croque-mort → SINISTRE I, FUNÈBRE.

croquenot → CHAUSSURE.

croquer
I ① → MORDRE. ② → CRAQUER. ③ → DÉ-
PENSER.
II → DESSINER.

croquis → DESSIN.

cross-country → COURSE II.

crosses → DISPUTE.

crotale → SERPENT À SONNETTE*.

crotte ① → BOUE, EXCRÉMENTS, SALETÉ.
② *Crotte !* : → MERDE.

crotté → SALE.

croulant → VIEUX.

crouler ① [qqch ~] *Cette vieille maison croule* (= tomber de toute sa masse,
s'abattre) : [cour.] **s'écrouler** ◆ ↑ **tomber
en ruine** (qui suppose l'action lente du
temps) ◆ **s'ébouler** (qui se dit de ce qui
a été mis en tas) ◆ **s'effondrer, s'affaisser**
(qui se disent de ce qui croule sous le
poids ou par manque d'appui : *une maison s'écroule, s'effondre ; un tas de terre
s'éboule*) ; → TOMBER. ② [~ sous qqch] *Je
croule sous le travail !* : **ne plus savoir quoi
faire de** ; → ACCABLER I.

croupe → DERRIÈRE II.

croupir ① [qqn ~] *Croupir dans la paresse*
(= se complaire dans un état dégra-
dant) : [fig.] **moisir, pourrir** ◆ **s'enliser**
(qui indique cependant non un état, mais
une action) ◆ **végéter** (qui n'implique pas,
comme *croupir*, l'idée d'une déchéance) ;
→ S'ENCROÛTER, MOISIR. ② [qqch ~] *Les
eaux croupissaient au soleil* : ↓ **stagner**
(qui n'implique pas forcément l'idée de
pourriture) ◆ ↑ **pourrir**.

croustillant
① → CROQUANT. ② → GAILLARD I.

croûte ① *Une croûte de pain rassis* : **croû-
ton**. *Casser la croûte* [fam.] : → POUCE,
MANGER I, NOURRITURE. *Gagner sa croûte* :
→ VIE. ② *La croûte terrestre* : **écorce** ;
→ COUCHE III. ③ → TABLEAU. ④ → CUIR.

croûter → MANGER I.

croûton → CROÛTE, MORCEAU.

croyable, croyance, croyant
→ CROIRE.

CRS → AGENT DE POLICE.

cru

I [adj.] ① *Une lumière crue* : **violent, vif ;** → FORT II. ② *Une histoire crue* : → GAILLARD I, HARDI. *Une peinture très crue du monde moderne* : ↓ **réaliste** ◆ ↑ **sans concession, brutal.** ③ *Vous êtes un imbécile, je vous le dis tout cru !* [fam.] : **tout net** ◆ [cour.] **crûment, comme je le pense, sans mâcher mes mots ;** → FRANCHEMENT, AMBAGES. ④ *Monter à cru* : **sans selle.**

II [n.m.] → VIN.

cruauté → CRUEL.

cruche ① → POT I. ② → NIAIS, SOT.

crucial → DÉCISIF.

crucifier : **mettre en croix ;** → TORTURER.

crucifix → CROIX.

crudité ① *La crudité de ses propos était choquante* : **verdeur ;** → OSÉ. ② [de cru I, ②] : **réalisme, brutalité.**

crue → MONTÉE, DÉBORDEMENT. *Être en crue* : → MONTER I.

cruel ① [qqn est ~] *C'était un homme si cruel que son seul regard vous glaçait d'épouvante* : **barbare, inhumain** ◆ **sadique** (qui insiste sur le plaisir pervers ressenti à la souffrance d'autrui) ◆ **sauvage, ↑ féroce, sanguinaire** (qui conviennent aussi en parlant d'un animal) ; → MAUVAIS I, MÉCHANT II. ② [qqch est ~] *Il était poursuivi par un destin cruel* : ↑ **implacable, inexorable, impitoyable ;** → EFFROYABLE. *La cruelle nécessité de se séparer* : ↓ **dur ;** → AMER. *Un cruel embarras* : **pénible.** *Une réplique cruelle* : **cinglant, féroce.**
◇ **cruauté** ① [~ de qqn] → BRUTALITÉ. ② [~ de qqch] *La cruauté du destin l'accablait* : ↓ **dureté, hostilité** ◆ [sout.] ↓ **rigueur.** ③ *Acte cruel* : **barbarie, inhumanité, sadisme, sauvagerie, férocité, atrocité** ◆ [au pl., actes de cruauté] **exactions** ◆ ↓ **excès, brutalité*.**

cruellement → MÉCHAMMENT, RUDEMENT, SAUVAGEMENT.

crûment → CRU, NÛMENT.

crustacé *Les crustacés* et les coquillages sont des **fruits de mer.**

crypte → CIMETIÈRE.

crypter → CODER.

cubage → VOLUME II.

cube → ÉCOLIER.

cuber → MONTER.

Cubitainer → BONBONNE.

cucul la praline → CUL.

cueillette → RÉCOLTE.

cueillir ① [~ qqch] → RAMASSER, RÉCOLTER. ② [~ qqn] → ARRÊTER II.

cuiller ① → APPÂT. ② → MAIN.

cuir *Aimez-vous porter des vêtements en cuir ?* : **peau** (qui se dit de certains cuirs souples) ◆ **croûte** (= côté chair du cuir) ◆ **fleur** (= côté poil d'un cuir refendu) ◆ [partic.] **box** (= cuir de veau), **maroquin** (= cuir de chèvre ou de mouton tanné spécialement), **basane** (= peau très souple de mouton), **chagrin** (= cuir grenu de chèvre, d'âne ou de mouton).

cuirasse *Son métier l'avait conduite à se cacher derrière une cuirasse de froideur* : **carapace ;** → MASQUE.

cuirasser → ENDURCIR.

cuire ① [qqch ~] *Le rôti cuit doucement* : [plus partic.] **mijoter,** [plus rare] **mitonner** (qui ne se disent que d'un plat qui cuit doucement et, le plus souvent, dans son jus). *Cuit* : → À POINT*. *Trop cuit* : → BRÛLER II. *Du tout cuit* : → TARTE. ② [qqch ~] *Le soleil cuit, ça va cuire !* : → CHALEUR, CHAUFFER. *Qqn est cuit par le soleil* : → BRONZÉ. ③ [~ qqch] Terme génér. auquel on peut substituer, selon le sens du contexte, des termes plus partic. *Cuire, faire cuire des aliments* : **bouillir, braiser, sauter, poêler, rissoler, frire, griller, rôtir ;** → ACCOMMODER I. ④ [qqn est ~] *Cette fois, il est cuit ! il ne pourra pas s'échapper !* [fam.] : → BON I.

cuisant → DÉSAGRÉABLE, DOULOUREUX, MORDANT.

cuisine ① Pièce où l'on prépare les repas : **arrière-cuisine, office** (= pièces attenantes à la cuisine ; *office* ne se dit que pour une grande maison). *Elle est toujours dans sa cuisine !* : [fam.] **casseroles.** ② *Tu aimes faire la cuisine ?* : [fam.] **popote, tambouille, bouffe ;** → ALIMENT, METS. *L'art de la cuisine* : **gastronomie.** *Aimer la bonne cuisine* : [sout.] **bonne chère** ◆ **les bons (petits) plats** ◆ [fam.] **bonne bouffe** ◆ **bien manger.** ③ → AGISSEMENTS, COMBINAISON.

◇ **cuisinier** Personne qui a pour métier de faire la cuisine : [fam.] **cuistot** ◆ [péj., rare] **gâte-sauce, gargotier** ◆ **chef** (= chef cuisinier) ◆ **marmiton** (= aide cuisinier) ◆ [litt.] **maître queux** (= chef cuisinier) ◆ **cordon-bleu** (qui se dit plus souvent pour une femme et désigne une personne qui cuisine à la perfection) ; → SERVITEUR.

cuisiner ① [~ qqch] → ACCOMMODER II. ② [~ qqn] → DEMANDER, INTERROGER.

cuisinier → CUISINE.

cuisse ① La *cuisse* du mouton est le **gigot ;** celle du porc, le **jambon.** ② *Se croire sorti de la cuisse de Jupiter* : **ne pas se prendre pour rien ;** → ORGUEILLEUX.

cuistot → CUISINIER.

cuistre → PÉDANT.

cuit ① → CUIRE. ② *Cette fois, il est cuit* : → PERDU. *Eh bien ! C'est cuit !* : **terminé** ◆ [fam.] **fichu,** [très fam.] **foutu** ◆ [express.] **les carottes sont cuites.** ③ *C'est du tout cuit* : **c'est dans la poche ;** → FACILE.

cuite → IVRESSE.

cuiter (se) → S'ENIVRER.

cuivré → BRONZÉ.

cul ① → DERRIÈRE II. *Le trou du cul* [vulg.] : [cour.] **anus.** *Du papier cul* : → HYGIÉNIQUE. ② *Des histoires de cul* : → SEXE. ③ *En avoir plein le cul* : → ASSEZ. *Tirer au cul* [très fam.] : [fam.] **tirer au flanc** ◆ [cour.] **ne rien faire ;** → PARESSER. *Se taper le cul par terre* : → RIRE. *Lécher le cul* : → FLATTER.

Péter plus haut que son cul : → VANITEUX. ④ *Ce film était un peu cul* [très fam.] : **cucul, cucul la praline** ◆ [fam.] **gnangnan** ◆ [cour.] **idiot ;** → SOT. *Quel cul, ce type !* [très fam.] : [fam.] **abruti*.**

culbute ① → CABRIOLE, CHUTE I. ② *Faire la culbute* : → SE RUINER.

culbuter ① [v.i.] *La voiture a culbuté dans le ravin* : **basculer** (qui évoque, davantage que *culbuter,* la perte d'un équilibre ; ces deux verbes s'emploient aussi en parlant de personnes, contrairement à **capoter** et à **chavirer,** qui ne se disent guère que des véhicules) ◆ **verser* I ;** → TOMBER I. ② [~ qqn, qqch] → RENVERSER, REPOUSSER.

cul-de-lampe → VIGNETTE.

cul-de-sac → IMPASSE, RUE.

culminant *Le point culminant de* : **sommet* ;** → COMBLE I.

culminer *Le prix de l'immobilier a culminé l'an dernier* : **atteindre son sommet, son maximum.**

culot → APLOMB II, OSER, NE PAS MANQUER DE SOUFFLE*.

culotte ① *Des culottes courtes* : **short.** *Des culottes longues* : **pantalon.** *Des culottes mi-longues* : **bermuda.** Le **caleçon** est une *culotte* sous-vêtement ; → SLIP. Dans le langage cour., ce terme est souvent pris comme générique des précédents (*il a fait un trou à sa culotte*). ② *Trembler, chier dans sa culotte* [vulg.] : [cour.] **avoir peur*.** *Poser culotte* : → CHIER. *Porter la culotte* : → COMMANDER I.

culotté *Il refuse de vous obéir ? il est culotté !* [fam.] : [plus fam.] **gonflé ;** → HARDI, ABUSER II, APLOMB II.

culotter → SALIR.

culpabiliser → RESPONSABLE I.

culpabilité → COUPABLE I.

culte ① → RELIGION, RITE. ② → ADORATION, VÉNÉRATION. ③ *Film-culte* : → SUCCÈS.

cul-terreux → PAYSAN.

cultivable → ARABLE.

cultivateur → AGRICULTEUR, PAYSAN.

cultivé → ÉVOLUÉ, INSTRUIT, LETTRÉ.

cultiver ① *Cultiver la terre* : → TRAVAILLER. *En Touraine, on cultive la vigne* : **élever** (qui s'emploie aussi dans ce contexte : plante noble demandant beaucoup de soins, comme *cultiver* pour certains animaux fixés et inférieurs : *cultiver les huîtres*). ② *La fréquentation des bibliothèques cultive l'intelligence* : **éduquer**, **former** ; → DÉVELOPPER II. ③ *Cultiver ses relations* : **soigner** ; → ENTRETENIR.

cultuel → RITUEL.

culture
I ① *La* culture *et l'élevage constituent l'*agriculture*.* Il peut s'agir de *culture* diversifiée, ou **polyculture**, ou de **monoculture**. ② *Les cultures sont belles dans cette région !* : **terres cultivées** ; → CAMPAGNE, PLANTATION, TERRE II.
II ① → SAVOIR II, CIVILISATION. ② *Culture physique* : → SPORT.

culturisme *Musclé comme il est, il doit faire du culturisme* : **musculation**, [anglic.] **body-building** ◆ [fam.] **gonflette**.

cumuler → RÉUNIR.

cupide → AVARE, RAPACE.

cupidité → AVARICE, CONVOITISE.

cure → THÉRAPEUTIQUE. *N'avoir cure de* : → SE SOUCIER.

curé → CLERGÉ, PRÊTRE.

curer → NETTOYER.

cureton → PRÊTRE.

curieusement → BIZARREMENT.

curieux ① *Je suis curieux de voir s'il réussira* : → IMPATIENT. ② *C'est un personnage vraiment très curieux* (= qui attire l'attention et provoque le rire ou la surprise) : → SINGULIER, SURPRENANT, BIZARRE. *C'est curieux, il pleut et il y a du soleil !* : [fam. en ce sens] **amusant** ; → BIZARRE, ÉTONNANT. ③ *Nous détestons les gens curieux, ici !* : [plus rare] **indiscret***. *La police cherchait à éloigner les curieux* : [plus partic.] **badaud**. ④ *Une collection de pièces curieuses* : [plus génér.] **rare*** ; → BIZARRE.

curiosité ① → ATTENTION I, INTÉRÊT. ② → INDISCRÉTION. ③ → RARETÉ.

cursif → RAPIDE.

cuve *Grand récipient à usages multiples* : **cuveau** (= petite cuve) ◆ [vx] **cuvier** (= cuve à lessive) ◆ **bac**, **baquet** (= petites cuves) ◆ **cuvette** (= ustensile de cuisine ou de toilette).

cuvette → CUVE, CREUX.

cybernétique → COMMUNICATION.

cycle → BICYCLETTE.

cyclique *Il fume à nouveau : chez lui, c'est cyclique* : **périodique*** ◆ [fam.] **revenir** (*ça revient*).

cyclisme → COURSE II.

cycliste → BICYCLETTE.

cyclomoteur *En termes techn., le* cyclomoteur*, qui est un* **deux-roues**, a une cylindrée inférieure à 50 cm^3; celle du **vélomoteur** est comprise entre 50 et 125 cm^3; au-dessus, on parle de **motocyclette**. Dans l'usage cour., on oppose simplement **vélomoteur** et **moto**. Le **scooter** (**Vespa**, marque déposée), le **side-car** sont des types partic. de moto.

cyclone → VENT.

cynique → IMPUDENT.

cynisme → IMPUDENCE.

D

d'abord → ABORD.

dactylographier → ÉCRIRE, TAPER.

dada ① → CHEVAL. ② → MANIE.

dadais → NIAIS.

dague → POIGNARD.

daigner → S'ABAISSER (II) À.

dais : **baldaquin** (= dais à colonnes) ◆ **ciel de lit** (= dais placé au-dessus d'un lit).

dalle ① → CARREAU. ② → GOSIER. ③ *Que dalle* : → RIEN I.

daller → COUVRIR.

dame → DEMOISELLE, FEMME, REINE.

dame-jeanne → BONBONNE.

damer → TASSER.

damnation → ENFER.

damné → MAUDIT, RÉPROUVÉ.

damner *Faire damner* : → IMPATIENTER.

dancing → BAL.

dandiner (se) : [plus génér.] **se balancer***.

dandy → ÉLÉGANT.

danger *L'aventure n'était pas sans danger* : ↓ **risque** ◆ ↑ **péril** (ces trois termes entrent chacun dans de nombreux contextes où ils ne peuvent être mis l'un pour l'autre. D'une manière génér., *danger* est le terme le plus cour., *péril*, le plus sout.) ; → DIFFICULTÉ, INCONVÉNIENT, MENACE. *Une zone de danger* : ↓ **insécurité** ◆ [en partic.] **non-droit** (= où le droit n'est pas respecté) ; → DANGEREUX. *Il y a du danger* : **dangereux*** (*c'est dangereux*) ; → MALSAIN. *Mettre en danger* : **compromettre**. *Mettre sa vie en danger* : **risquer sa vie** ◆ [express. sout.] **ouvrir la boîte de Pandore** (= par son action, s'exposer à de graves dangers). *Être hors de danger* : [fam.] **se tirer d'affaire**.

◇ **dangereux** *Un homme dangereux* : **redoutable**. *Un courant dangereux* : → PERFIDE. *Un virage dangereux* : **traître** ◆ [antéposé] **mauvais**. *Une entreprise dangereuse* : ↑ **périlleux**, ↓ **délicat**. *Une banlieue dangereuse* : [euph.] **à risque, difficile, sensible**, [fam.] **chaud** ; → DANGER. *Les sports dangereux* : ↑ **extrême** ; → AVENTUREUX, RISQUÉ. *La situation est dangereuse* : → CRITIQUE III, SÉRIEUX. *Des livres dangereux* : → IMMORAL, SCABREUX. *Un animal dangereux* : → NUISIBLE, MÉCHANT II. *Des documents dangereux* : ↑ **explosif** ; → ACCUSATEUR.

dans ① [avec un compl. de lieu] *Perdu dans la foule* : **parmi, au milieu de** ◆ [plus sout.] **au sein de**. ② [avec un compl. de temps] *Dans quelques jours* : → BIENTÔT, SOUS. ③ [suivi d'un compl. exprimant une approximation chiffrée] *Ce livre coûte dans les douze euros* : **environ, à peu près** (*il coûte environ, à peu près douze euros*) ; → QUELQUE.

danser

danser ① [arg.] **guincher** ; → BAL. *Danser la valse* : → VALSER. ② *Il ne sait sur quel pied danser* : → HÉSITER.

◇ **danse** *Aimer la danse* : [en partic.] **danser** ; → BAL. *Mener la danse. Dans cette affaire, c'est elle qui mène la danse* : **le bal** ◆ [cour.] **diriger* les opérations.**

danseur ① *C'est un excellent danseur* : [partic.] **valseur.** *Madame, vous n'avez pas de danseur ?* : **cavalier.** ② *Sa sœur est danseuse classique* : **ballerine** (= danseuse de ballet) ◆ **rat, petit rat** (= jeune danseuse). ③ *Sa sœur est danseuse dans un cabaret* : **girl, taxi-girl, entraîneuse.** ④ *Le danseur de corde* ou **funambule** *fait partie des* **acrobates*.**

dantesque *La vision dantesque de la mer démontée l'avait bouleversé* [sout.] : **apocalyptique** ◆ [cour.] **extraordinaire** ; → EFFROYABLE.

darbouka → TAMBOUR.

dard *Le dard d'une abeille* : **aiguillon.**

darder → LANCER.

dare-dare → RAPIDEMENT, VITE.

darne → TRANCHE I.

date *Quelle date choisissez-vous ?* : **jour*, mois, année** (qui s'emploient selon le sens) ◆ **quantième** (= indication du jour du mois) ◆ **millésime** (= indication de l'année) ; → TERME I. *De longue date* : → LONGTEMPS. *De fraîche date* : → RÉCENT.

◇ **dater** ① *Il faut dater votre lettre !* (= mettre la date sur) : **antidater** (= mettre une date antérieure à la date réelle), **post-dater** (= mettre une date postérieure). *Ses premiers travaux datent de 1954* : [moins sout.] **remonter à** (qui ne s'emploie pas dans tous les contextes : se dit d'un événement, comme dans notre ex., mais non d'une chose ; on ne dira pas : *ce vin remonte à 1949*). *Cela ne date pas d'hier* : **c'est vieux, archaïque** ; → ANACHRONIQUE. *À dater de* : → COMPTER I. ② *C'est un événement qui datera dans sa vie* : **faire date, marquer.**

dauber → RAILLER.

dauphin → SUCCESSEUR.

davantage → PLUS, LONGTEMPS.

dealer [n.] → DÉLINQUANT, REVENDEUR.

dealer [v.] → REVENDRE.

déambuler → ERRER II, MARCHER.

débâcle
① → DÉFAITE, FAILLITE. ② → DÉGEL.

déballage ① → ÉTALAGE. ② → STRIP-TEASE.

déballer → ÉTALER II, OUVRIR.

déballonner (se) → ABANDONNER I, SE CONFIER.

débandade → DÉFAITE, FUITE, SAUVE-QUI-PEUT.

débander *Sans débander* : → DÉTELER.

débarbouiller → LAVER I.

débarcadère Lieu aménagé pour débarquer ou embarquer personnes ou marchandises : **embarcadère** ◆ [spécialt] **appontement** (= plate-forme sur pilotis à laquelle viennent s'amarrer les bateaux) ; → DIGUE.

débardeur ① Ouvrier employé au chargement et au déchargement d'un véhicule : **docker** (= celui qui charge et décharge les bateaux dans les ports) ◆ **porteur** (= celui qui porte les bagages dans les gares). ② → CHANDAIL.

débarquement → ARRIVÉE.

débarquer ① [~ qqch] → DÉCHARGER. ② [qqn ~] → DESCENDRE. *D'où est-ce qu'il débarque, celui-là ?* [fam.] : [cour.] **arriver, venir.** ③ [~ qqn] → CONGÉDIER.

débarras ① → REMISE II. ② *Bon débarras* : → BON VENT*.

débarrassé → QUITTE.

débarrasser : [génér.] → ENLEVER. *Débarrasser un grenier* : ↑ **nettoyer.** *Débarrasser un chemin* : **déblayer, dégager, désencombrer.** *Veux-tu me débarrasser le plancher !* [fam.] : **nettoyer** ; → PARTIR.

Débarrasser qqn d'une charge, d'un souci : **soulager, décharger, délivrer, libérer,** [en partic.] **guérir ;** → DÉFAIRE, ENLEVER. *Débarrasser la table* : → DESSERVIR.

◇ **se débarrasser** ① [~ de qqch] *Débarrassez-vous de votre manteau !* : **ôter, quitter.** *Se débarrasser de vieux papiers* : → JETER. *Se débarrasser de vieilles habitudes* : → SE DÉFAIRE, OUBLIER, S'AFFRANCHIR DE. ② [~ de qqn] *Il se débarrassa des importuns avec un art consommé* : [compl. direct] **éloigner,** [assez fam.] **expédier** ♦ [plus rare] **se défaire ;** → SEMER III, TUER.

débat ① → DÉLIBÉRATION, SÉANCE. ② → POLÉMIQUE.

débattre *Lors de la prochaine réunion, nous débattrons de cette importante question* : [plus génér. et plus cour.] **discuter*** ♦ **examiner** (qui évoque l'étude approfondie d'une question) ♦ **délibérer** (= débattre, discuter, mais en sachant qu'une décision devra de toute façon être prise à la fin de la discussion) ♦ **parlementer,** [moins sout.] **négocier** (qui s'emploient parfois avec le sens de *discuter,* quand il s'agit d'un adversaire avec lequel il faut trouver un accommodement quelconque : *un officier de police parlementait avec un petit groupe de manifestants*) ; → MARCHANDER.

◇ **se débattre** *Le malfaiteur se débattait pour échapper aux policiers* : ↓ **s'agiter** ♦ [plus fam.] **se démener** ♦ [express.] ↑ **s'agiter comme un beau diable ;** → LUTTER. *Se débattre avec des problèmes, des difficultés* : **se colleter ;** → SE BATTRE.

débauche ① *Une vie de débauche* : [sout.] **luxure** (qui désigne spécifiquement les plaisirs de l'amour recherchés sans retenue) ♦ [assez sout.] **inconduite** ♦ [plus rare] **dévergondage** ♦ [litt.] **libertinage** (= manière de vivre dissolue où l'on prétend allier la licence des mœurs avec l'élégance) ♦ [rare] ↑ **stupre** ♦ ↑ **orgie** (qui ne s'emploie pas dans les mêmes contextes : *on se lance dans la débauche* ; *on participe à une orgie*) ♦ [sout., vieilli] ↓ **incontinence** ♦ [fam.] **bombe, bringue, foire, noce, nouba, ribouldingue** (qui s'emploie surtout avec *faire* : *faire la foire, la noce, la ribouldingue*) ; → LICENCE, LUBRICITÉ,

CORRUPTION, GAUDRIOLE, ÉGAREMENT. ② *Une débauche de* : → PROFUSION.

◇ **débauché** ① [adj.] *Un homme sans scrupule et débauché* : [sout., veilli] ↓ **incontinent** ♦ [sout.] **luxurieux ;** → CORROMPU, JOUISSEUR, VICIEUX I. ② [n.] *Le débauché vit dans la* **débauche* ;** → VICIEUX I.

débaucher

I *Beaucoup d'entreprises textiles ont dû débaucher du personnel* : **licencier** ♦ [fam.] **dégraisser** (*elles ont dégraissé*) ; → CONGÉDIER.

II → CORROMPRE, PERVERTIR, SÉDUIRE.

débecqueter → DÉGOÛTER.

débile ① → ARRIÉRÉ MENTAL, DÉGÉNÉRÉ, RACHITIQUE, RETARDÉ, SIMPLE D'ESPRIT. ② *Quel débile !* : → IMBÉCILE, DÉGÉNÉRÉ. *C'est débile* : **stupide* ;** → ABSURDE I.

débilitant → DÉPRIMANT.

débilité ① [didact.] *Débilité mentale* (= état dû à l'insuffisance du développement intellectuel) : **arriération mentale** (= retard intellectuel par rapport à la norme d'âge ; dans les faits, le premier est plus employé que le second) ♦ [cour.] **faiblesse d'esprit.** ② *Le spectacle était d'une affligeante débilité !* [fam.] : [cour.] **bêtise*.**

débiliter → ABATTRE II.

débinage → MÉDISANCE.

débine → PAUVRETÉ.

débiner → CRITIQUER, DISCRÉDITER, MÉDIRE.

débiner (se) → FUIR, PARTIR I.

débit ① → ÉLOCUTION. ② → TABAC.

débitant → COMMERÇANT.

débiter ① → DÉCOUPER. ② → VENDRE. ③ → DIRE, RACONTER, SORTIR I.

débiteur → DETTE, DEVOIR I, OBLIGER II.

déblai → GRAVATS.

déblatérer → MÉDIRE.

déblayer → DÉBARRASSER.

déblocage [de débloquer I] : **dégrippage, décoinçage, libération** ; → DÉGEL.

débloquer

I [~ qqch] *On pourrait débloquer cette serrure avec de l'huile* : [en partic.] **dégripper, décoincer.** *Débloquer une situation* : → DÉGELER. *Débloquer une somme d'argent* : **dégager, libérer.** *Débloquer qqn*, c'est le **libérer*** d'un **blocage*** ♦ [fam.] **décoincer.**

II [qqn ~] → DÉLIRER, DÉRAISONNER.

déboire → DÉCEPTION.

déboisement → DÉFORESTATION.

déboiser → DÉFRICHER.

déboîtement → DÉBOÎTER.

déboîter (se) *Il s'est déboîté le genou* : **se démettre** ♦ ↑ **se désarticuler, se disloquer** ♦ [didact.] **se luxer** ♦ [fam.] **se démancher, se démantibuler.**

◇ **déboîtement** : [avec les mêmes nuances que le verbe] **désarticulation, dislocation, luxation.**

débonnaire ① *Un prince débonnaire* [vieilli] : **clément** ; → INDULGENT. ② *Il est d'un tempérament débonnaire* : **pacifique, doux** ; → BON II. ③ *Sa mine débonnaire le rend très sympathique* : [fam.] **bon enfant.**

débordant → DÉBORDER.

débordé → OCCUPÉ II, SURCHARGÉ.

débordement → DÉBORDER.

déborder

I [~ qqch] → DÉPASSER.

II [qqn, qqch ~] ① *La rivière déborde* : → SORTIR I, QUITTER SON LIT*. ② *Son cœur déborde de tendresse* : [plus cour.] **être plein*** de. *Déborder de joie* : **éclater.** ③ *Vous débordez de vos attributions !* : **dépasser*** (*Vous dépassez vos attributions*). ④ [pass.] *Il est débordé par le travail* : ↑ **submergé** ♦ ↓ **occupé*** II.

◇ **débordant** *Une joie débordante* : **enthousiaste*, exubérant** ♦ ↑ **délirant.** *Débordant de joie* : → PLEIN.

◇ **débordement** ① *Le débordement d'une rivière* : **crue** ; → MONTÉE. ② *Des débordements de tendresse, de joie* : **effusion** ♦ ↑ **explosion, déferlement, surabondance.** ③ *Ses parents étaient désespérés de le voir sombrer dans de tels débordements* : **excès, dérèglement** ; → ERREUR, DÉBAUCHE.

débouché *L'industrie cherche des débouchés pour ses produits* : **marché.** *Ces études n'offrent guère de débouchés* : **perspective de travail, de carrière.**

déboucher

I *Déboucher une bouteille* : [très génér.] **ouvrir** ♦ [en partic.] **décapsuler.**

II ① [v.i.] *La voiture débouchait du carrefour* : **surgir** (qui insiste sur la rapidité). ② *Cette rue débouche sur le grand boulevard* : **donner sur** ♦ [fam.] **tomber dans.** ③ *Ses études débouchent sur le métier d'ingénieur* : **mener à, conduire à** ; → ABOUTIR II.

débouler → DESCENDRE.

déboulonner → CHASSER.

débours → DÉPENSE.

débourser → DÉPENSER.

déboussoler → DÉCONCERTER.

debout ① *Se mettre debout* (= sur ses pieds) : [plus sout.] **se lever** ♦ ↑ **se dresser.** *Il est si fatigué qu'il ne tient plus debout* : **sur ses jambes** ; → IVRE. ② *Notre malade sera debout dans quelques jours* : [plus sout.] **se lever** ♦ [plus fam.] **être sur pied** ; → GUÉRIR. ③ [en parlant de propos tenus par qqn] *Ce sont des histoires à dormir debout, qui ne tiennent pas debout* [fam.] : [cour.] **absurde*.** ④ [en termes de marine] *Nous avons navigué vent debout* : **contraire.**

déboutonner ① → DÉTACHER I. ② → SE CONFIER.

débraillé ① *Une tenue débraillée* : ↓ **négligé** ♦ ↑ **dépoitraillé.** ② [n.m.] *Il voudrait faire passer son débraillé pour de l'élégance* : **négligé, laisser-aller** ; → NÉGLIGENCE.

débrancher *Débrancher une prise informatique* : **déconnecter.**

débrayage, débrayer → GRÈVE II.

débridé → EFFRÉNÉ.

débrider → OUVRIR.

débris [génér. pl.] Petit bout de chose brisée : **reste***, **fragment**, **morceau***. *Des débris de verre* : **éclat**. *Débris de bouteille* : **tesson**. *Débris de pain, de repas* : **miette**, **reste** ♦ [fam.] **rogaton**. *Débris de bois* : **copeau** (qui sort du rabot), **sciure** (qui sort de la scie). *Il faudra ramasser les débris qui traînent* : **balayure**, **détritus** ♦ [fam.] **cochonnerie** ; → RUINE, DÉCHET, VESTIGE.

débrouiller → ÉCLAIRCIR.

◇ **se débrouiller** ① *Je me débrouillerai pour trouver une voiture* : **s'arranger**, **s'organiser** ♦ [vulg.] **se démerder**. ② *Sans argent, il a dû se débrouiller tout seul* [fam.] : [plus fam.] **se dépatouiller, se dépêtrer, se tirer d'affaire*** ♦ ↑ **s'en sortir*** (qui ne s'emploie pas à l'impér.) ♦ [vulg.] **se démerder**. *Bien se débrouiller* : **s'en sortir**, **tirer son épingle du jeu** ; → NAGER.

◇ **débrouillard** : [vulg.] **démerdard** ; → MALIN, NAGEUR.

débroussaillage → ARRACHAGE.

débroussailler → ARRACHER, DÉFRICHER.

débusquer → CHASSER.

début → AMORCE II, AMORCER, ARRIVÉE, COMMENCEMENT, ORIGINE, OUVERTURE, SEUIL, TÊTE. *Au début* : → ABORD II, INITIALEMENT. *Du début* : **initial**.

débutant → NOVICE.

débuter → COMMENCER.

décacheter → OUVRIR.

décade Au sens pr., période de dix jours ; très souvent employé auj. au sens de « période de dix ans » et confondu avec **décennie** (cette confusion est condamnée par les puristes).

décadence Perte des qualités qui faisaient la réputation de qqch ou qqn : ↓ **déclin** ♦ ↑ **ruine, écroulement, effondrement, agonie** (qui se disent plutôt des choses ou de qualités physiques : *la décadence, le déclin, la ruine d'un empire*) ♦ ↑ **dégénérescence***, **dégradation**, **déchéance** (qui se disent plutôt des qualités morales ou intellectuelles : *la déchéance, la dégradation des mœurs ; la déchéance, la dégénérescence intellectuelle*) ♦ [express.] ↑ **descente aux enfers** ; → ABAISSEMENT II, ABÎME, DÉLIQUESCENCE.

décalage → DISTANCE.

décalé *Il se sentait un peu décalé dans ce monde trop poli* : **déphasé** ♦ ↑ **marginal***, **hors norme**. *Un humour décalé* : **au second degré**.

décaler *Les heures de départ des trains ont été décalées* : **avancer** (= avant le moment prévu) ♦ **retarder** (= après le moment prévu) ♦ [très génér.] **changer**.

Décalogue → TABLE II.

décamper → PRENDRE LE LARGE*, PARTIR I, SORTIR I.

décaniller → PARTIR.

décantation → ÉPURATION.

décanter → ÉPURER.

◇ **se décanter** *Peu à peu, les choses commençaient à se décanter* : **devenir plus clair***, **se clarifier**, **s'éclaircir**.

décapant *Un humour décapant* : ↑ **ravageur** ♦ ↓ **tonique**.

décaper → NETTOYER.

décapiter → COUPER, TÊTE, TRANCHER I, EXÉCUTER.

décapotable → CABRIOLET.

décapoter → DÉCOUVRIR.

décapsuler → DÉBOUCHER.

décarcasser (se) → SE DÉMENER.

décédé ① [n.] *La mère du décédé* [langage administratif] : [cour.] **défunt** ♦ [cour.] **mort*** ♦ [sout.] **trépassé** ♦ **disparu** (= personne morte dont on n'a pas retrouvé le corps, ou syn. sout. de *défunt*) ♦ **victime** (= personne morte par accident) ♦ [très fam.] **macchabée** ② [adj.]

décéder

Voici des photos des personnes décédées [en termes de droit] : [cour.] **mort** ◆ **trépassé, disparu** (qui ont les mêmes nuances que les noms correspondants) ◆ **feu** (qui ne s'emploie que devant le n., dans le style très sout., dans la langue administrative ou avec un effet comique : *feu madame votre sœur*).

décéder → MOURIR.

déceler → PERCER, TROUVER.

décélérer [terme techn.] : [cour.] **ralentir** ◆ **freiner** (qui est cour. pour un véhicule).

décemment ① *Être vêtu décemment* : **de façon décente*, correctement*.** ② [détaché en tête de proposition] *Décemment, je ne peux satisfaire à ce que vous me demandez* : **honnêtement, raisonnablement.**

décence → DÉCENT.

décennie → DÉCADE.

décent ① Conforme aux lois de la pudeur. *Une tenue décente* : **convenable, correct** ◆ ↓ **acceptable.** *Une attitude décente* : ↑ **réservé, digne** ◆ **pudique** (qui exprime la pudeur) ; → AUSTÈRE, PRUDE. ② Conforme aux lois de la politesse. *Est-il décent de le déranger à une heure aussi matinale ?* : **convenable, acceptable*, poli** ◆ ↓ **raisonnable, sage** ◆ [sout.] **bienséant.**
◇ **décence** [avec les mêmes nuances que l'adj.] : **bienséance, correction*, réserve, dignité, pudeur** ; → CONVENANCE, RETENUE I.

décentralisation → RÉGIONALISATION.

décentraliser → RÉGIONALISER.

décentrer → DÉPLACER.

déception → DÉCEVOIR.

décerner → ATTRIBUER, CONFÉRER I.

décès → MORT I.

décevant *Ses notes sont décevantes !* : ↓ **insatisfaisant** ◆ ↑ **décourageant** ◆ **frustrant** (qui insiste sur la privation ressentie) ; → DÉCEVOIR, DÉCEPTION, DÉPRIMANT.

décevoir *Son attitude m'a déçu* : ↓ **désappointer*** ◆ [fam.] **défriser,** ↑ **échauder ;** → TROMPER.

◇ **déception** Sentiment d'une personne déçue : ↑ **déconvenue** (= sentiment que l'on éprouve devant un insuccès humiliant). *Il attendait beaucoup de cet entretien : quelle déception !* : **désillusion.** *Il nous a dit sa déception de ne pas vous avoir rencontré* : **désappointement*.** *Pendant sa vie de militaire, il a essuyé bien des déceptions* : **déboires.** *Elle vivait dans l'univers ouaté des romans roses : quelle déception de revenir soudain à la réalité !* : **désenchantement ;** → DOUCHE, MÉCONTENTEMENT, DÉCHANTER.

déchaîné → EFFRÉNÉ, EN FURIE.

déchaîner → SOULEVER.
◇ **se déchaîner** → FAIRE RAGE*, SÉVIR.

déchanter *Il avait mis beaucoup d'espoir dans cette entreprise, mais il a déchanté* : [plus fam.] **en rabattre, tomber de haut ;** → DÉCEPTION, TOMBER III.

décharge ① → CLOAQUE, DÉPOTOIR. ② → FUSIL, VOLÉE II. *Décharge électrique* : → CHÂTAIGNE.

décharger ① *Décharger des marchandises* : **débarquer** (au sens propre, décharger un bateau) ; → ALLÉGER. *Décharger qqn d'un fardeau* : → DÉBARRASSER, DISPENSER I, LIBÉRER, SOULAGER. ② *Décharger un accusé* : **disculper** ; → LAVER II. ③ → ÉJACULER.
◇ **se décharger** → SE LIBÉRER.

décharné → MAIGRE, SQUELETTIQUE.

dèche → PAUVRETÉ.

déchéance → ABAISSEMENT II, DÉCADENCE.

déchet ① [génér.] Ce qui tombe d'une matière qu'on travaille : **résidu** ◆ [génér. pl.] **chute** (qui s'emploie pour le tissu, le papier peint : *j'ai taillé un habit de poupée dans une chute de tissu*), **copeau** (pour le bois), **épluchure** (pour les légumes), **rognure** (pour le cuir, la viande), **scorie** (pour les métaux) ; → DÉBRIS, REBUT. ② Résidu inutilisable, sale, que l'on jette à la poubelle : **détritus ; → ORDURE.** ③ Personne déchue. *Un déchet de l'humanité :* **loque.**

Déchetterie → DÉPOTOIR.

déchiffrable → LISIBLE.

déchiffrage → LECTURE.

déchiffrer *Déchiffrer un message secret :* **décoder, décrypter ; →** ÉCLAIRCIR, LIRE I.

déchiqueter, déchirant → DÉCHIRER.

déchiré → DÉCHIRER, LOQUETEUX.

déchirement → DÉCHIRER.

déchirer ① *Dans l'accident, ma veste a été déchirée :* ↑ **déchiqueter, mettre en pièces, morceaux, lambeaux, charpie** ◆ ↓ **accrocher** ◆ **lacérer** (= mettre volontairement qqch en lambeaux). *Je me suis déchiré le bras en tombant sur les rochers :* ↓ **écorcher, érafler, égratigner.** ② *Le chat lui a déchiré le visage à coups de griffes :* ↓ **égratigner** ◆ ↑ **labourer*.** ③ *Un cri strident déchira le silence :* **percer** ◆ ↓ **troubler.** ④ *C'était à vous déchirer le cœur :* **fendre** ◆ ↑ **arracher, broyer ; →** ATTRISTER, MEURTRIR. ⑤ *Être déchiré par une décision à prendre :* **→** DIVISER, TIRAILLER.

◇ **déchirement** ① *Déchirement d'un muscle :* **déchirure.** ② *Ils sont partis : quel déchirement !* : **douleur, chagrin ; →** PEINE II. ③ **→** DIVISION, TIRAILLEMENT.

◇ **déchirure** ① *Déchirure musculaire :* **déchirement.** *Son bras porte une belle déchirure !* : ↓ **éraflure, écorchure ; →** PLAIE, BLESSURE. ② *Pourra-t-on réparer cette déchirure à mon pantalon ?* : **accroc*.** ③ **→** RUPTURE.

◇ **déchirant** ① *Un cri déchirant :* **perçant** ◆ [moins express.] **aigu.** ② *Le spectacle déchirant d'un accident :* **bouleversant** ◆ ↓ **douloureux** ◆ ↑ **atroce ; →** PÉNIBLE II, ÉMOUVANT, POIGNANT.

déchoir **→** ABAISSER II, TOMBER III, DESCENDRE, SE RAVALER.

déchu → DÉPOSSÉDER.

décidé ① *C'est une femme très décidée :* **qui a de la décision*, résolu*,** [souv. péj.]

obstiné*, [express.] **que rien n'arrête,** [fam.] **c'est un (vrai) bulldozer, rouleau compresseur ; →** VOLONTAIRE. ② *Quel pas décidé !* : **résolu, ferme* ; →** HARDI. ③ *Bon, eh bien ! la chose est décidée :* **arrêté, conclu, résolu, tranché** ◆ [sout.] **convenu** ◆ [fam.] **O.K. ; →** DIT. *Décidé à partir :* **→** PRÊT. *C'est tout décidé :* **vu.**

décidément *Décidément, il ne fera jamais beau dans ce pays !* : [moins cour.] **vraiment*** (qui exprime qu'une conclusion que l'on va annoncer s'impose).

décider ① [~ qqch] **→** ARRÊTER III, CHOISIR, JUGER I, TRANCHER II. ② [qqn ~ de + inf.] *Ils ont décidé de partir à 8 heures :* **prendre la décision* de, se décider à, se déterminer à** ◆ ↑ **décréter** (= prendre une décision catégorique) ◆ **prendre l'initiative de** (= être le premier à décider de qqch) ; **→** CONVENIR II. ③ [qqn ~ de qqch] *Notre choix décidera de notre avenir :* [construction dir.] **déterminer ; →** DÉCISIF. ④ [~ qqn à] *Parviendrez-vous à le décider à travailler ?* : ↓ **convaincre de, persuader de, faire admettre à ; →** POUSSER III, DISPOSER. ⑤ [qqn est décidé à] *Il est décidé à tout faire pour le sauver :* ↑ **résolu** ◆ ↓ **prêt* ; →** VOLONTAIRE.

◇ **se décider** ① [qqn ~] *Alors, décidez-vous !* : **prendre une décision ; →** SAUTER LE PAS. ② [qqn ~ à] **→** DÉCIDER ②, SE RÉSOUDRE. ③ [qqn ~ pour] **→** CHOISIR. ④ [qqch ~] *C'est pendant la seconde mi-temps que le match va se décider :* **se jouer** (= être résolu dans un sens ou dans l'autre) ; **→** DÉCISIF.

◇ **décision** ① *Nous nous en remettrons à la décision du tribunal :* **→** ARBITRAGE I, VERDICT. ② *J'ai pris la décision de ne plus fumer :* **parti** (qui emporte surtout l'idée d'utilité de la décision à prendre) ◆ ↑ **résolution* ; →** DÉCIDER, MESURE II. ③ *Il a montré beaucoup de décision dans cette affaire difficile :* **assurance, détermination, fermeté ; →** APLOMB II, DÉCIDÉ, HARDIESSE.

décideur → RESPONSABLE.

décimer → DIX, DÉTRUIRE, TUER.

décisif ① *Le moment est décisif : il est temps d'agir :* **crucial, détermi-**

nant ; → CAPITAL, IMPORTANT, PRINCIPAL, CRITIQUE III. ② *Son argument est décisif : faisons-lui confiance ! :* ↑ **péremptoire ;** → CATÉGORIQUE, CONCLUANT.

décision → DÉCIDER.

déclamatoire → AMPOULÉ.

déclamer → DIRE, RÉCITER.

déclaration → DISCOURS, MESSAGE, PAROLE, PROCLAMATION.

déclaré → FRANC II.

déclarer ① *Les représentants syndicaux ont déclaré aux journalistes que la grève se poursuivait :* **annoncer** ♦ **révéler** (qui implique l'idée que l'information donnée était jusque-là inconnue ou secrète) ♦ ↑ **proclamer** (qui évoque la solennité d'un acte public) ; → DIRE, DIVULGUER. ② *Il lui a déclaré son amour :* ↓ **avouer** (qui implique l'idée de timidité) ; → DIRE, JURER I, MANIFESTER. *Déclarer non coupable :* → ACQUITTER.

◇ **se déclarer** ① [qqn ~ pour, sur qqch] *Il s'est déclaré pour l'arrêt immédiat des bombardements :* **se prononcer ;** → SE MANIFESTER. ② [qqch ~] *Un incendie s'est déclaré dans le bâtiment principal :* **éclater, survenir** ♦ [plus fam.] **se déclencher.**

déclenchement → COMMENCEMENT.

déclencher → COMMENCER, LANCER I.
◇ **se déclencher** → SE DÉCLARER.

déclin → DÉCLINER II.

décliner

I ① → REPOUSSER, REFUSER. ② *Décliner ses titres, ses diplômes :* **énumérer, énoncer.**

II ① [qqch ~] *Le jour commence à décliner :* **baisser, décroître, faiblir, diminuer ;** → TOMBER I. ② [qqn, les forces, la santé de qqn ~] → S'AFFAIBLIR, DÉGÉNÉRER, AGONISER.

◇ **déclin** *Un déclin de popularité :* **baisse, diminution, effritement** ♦ ↑ **chute** ♦ [fam.] ↑ **dégringolade.** *Le phénomène est sur son déclin :* **régresser*.** *Le déclin du jour :*

→ CRÉPUSCULE. *Le déclin d'une nation :* → DÉCADENCE, DÉGÉNÉRESCENCE.

déclivité → PENTE.

déclouer → DÉFAIRE.

décocher → ENVOYER.

décoction → TISANE.

décoder → DÉCHIFFRER, LIRE I, TRADUIRE I.

décoiffer ① *Tu m'as décoiffée ! :* **dépeigner.** *Je suis toute décoiffée :* [express.] **ébouriffé,** ↑ **échevelé.** ② *Ça décoiffe !* [fam.] : [cour.] **impressionner*.**

décoinçage → DÉBLOCAGE.

décoincer → DÉBLOQUER.

décollage → DÉCOLLER II.

décoller

I → SÉPARER.

II ① *L'avion décolle à dix heures :* **s'envoler** ♦ [plus génér.] **partir.** ② *On ne parvient pas à faire décoller cette région :* **démarrer.**

◇ **décollage** ① **envol, départ*.** ② **démarrage.**

III → MAIGRIR.

décolleté → BUSTE, ÉCHANCRÉ, ÉCHANCRURE.

décoloré → PÂLE, TERNE.

décolorer (se) → PÂLIR.

décombres → GRAVATS, RUINES.

décommander → ANNULER.

décomposer ① *On décompose l'eau par électrolyse :* [en partic.] **désagréger** (= altérer profondément une substance faite d'éléments agrégés : *l'eau désagrège les roches friables*). *Il faut décomposer cet ensemble en unités plus petites :* **diviser*, scinder, dissocier, séparer*.** ② *Le soleil décompose certains aliments :* ↓ **altérer*** ♦ [plus sout.] **corrompre ;** → POURRIR. ③ [en parlant des traits du visage ; souvent au passif] *Le pauvre homme était tout décomposé :* **défait ;** → TROUBLER. *L'angoisse décomposait les traits de son visage :* → ALTÉRER I.

◇ **se décomposer** a les mêmes syn. que *décomposer. Leur parti politique se décompose* : → SE DÉSAGRÉGER.

décomposition① → DIVISION.② → CORRUPTION, DÉLIQUESCENCE.

décompresser *Après un tel effort nerveux, il faut décompresser* : **se détendre, faire une pause** ; → SE REPOSER.

déconcertant → DÉCONCERTER.

déconcerter *Sa façon de jouer déconcertait ses partenaires* : **décontenancer, désorienter, dérouter,** [plus fam.] **déboussoler** ◆ ↓ **surprendre** ◆ ↑ **démonter, désarçonner, déstabiliser, désemparer** ◆ **interloquer** (= rendre muet de surprise) ◆ **laisser penaud** (qui suppose un certain ridicule chez celui qui a été déconcerté) ◆ **laisser interdit, confondu** (qui implique que l'on est déconcerté au point de ne plus pouvoir dire un seul mot) ◆ **laisser pantois** (qui ajoute une nuance d'ironie : *sa façon de jouer les laissait penauds, interdits, pantois*) ; → SURPRENDRE, DÉPAYSER, TROUBLER, EMBARRASSER.

◇ **déconcertant** *Son attitude est vraiment déconcertante* : **déroutant, incompréhensible** ◆ ↓ **surprenant** ; → IMPRÉVISIBLE, BIZARRE, ACCABLANT, ÉTONNANT, TROUBLANT.

déconfit *Il avait dû reconnaître ses torts et restait là, tout déconfit* : **penaud** ; → DÉCONCERTER.

déconfiture → DÉFAITE, RUINE.

décongestionner → DÉGAGER.

déconnecter ① → DÉBRANCHER. ② *Depuis sa retraite, il est déconnecté* : **ne plus être branché,** [plus cour.] **ne plus être concerné,** [plus fam.] **être hors circuit.**

déconner → DÉRAISONNER.

déconseiller *Nous lui avons déconseillé de partir* : ↑ **dissuader*** (qui implique que l'on a amené qqn à renoncer à ses projets : *dissuader qqn de faire qqch*) ◆ **contre-indiquer** (qui ne s'emploie guère qu'au participe passé : *cette cure lui est déconseillée, contre-indiquée*).

déconsidération → DÉFAVEUR.

déconsidérer → DISCRÉDITER, PERDRE.

décontenancer → CONTENANCE II, DÉCONCERTER.

décontracté → CALME, SOUPLE.

décontracter (se) → SE RELAXER.

décontraction → FLEGME, RELAXATION.

déconvenue → DÉCEPTION.

décor → CADRE, SCÈNE.

décorateur *Pour votre appartement, faites appel à un décorateur* : **ensemblier** (= décorateur qui s'occupe aussi de l'ameublement ; au cinéma et à la télévision, c'est l'adjoint du décorateur).

décoratif → ESTHÉTIQUE, ORNEMENTAL.

décoration ① → ORNEMENTATION. ② → RÉCOMPENSE, RUBAN, INSIGNE II.

décorer → ENJOLIVER, ORNER, ORNEMENTER, PARER II.

décortiquer → ÉPLUCHER.

décorum → FORME II.

décote → DÉPRÉCIATION.

découdre → SE BATTRE I.

découler → PROVENIR, RÉSULTER, VENIR DE.

découpage → DÉCOUPER.

découpé → DENTELÉ, TOURMENTÉ.

découper On *découpe* un rôti avant de le servir à table. Le boucher **débite** un bœuf de manière à obtenir des morceaux de viande propres à la vente. On peut aussi dire qu'il le **détaille,** par opp. au marchand en gros qui le vend en entier. **Dépecer** un animal, c'est le tailler en pièces (*le boucher débite un mouton ; les corbeaux dépècent un mouton mort dans le champ*) ; → COUPER.

◇ **se découper** ① *Voici comment cette volaille se découpe* : **découper*** (*… on découpe cette volaille*). ② *Au soleil couchant, les rochers se découpaient sur la* *mer* : **se détacher** ◆ **se profiler** (qui ne peut se dire que de ce qui présente un profil net, par ex. une tour, une silhouette humaine) ◆ **se dessiner** (qui implique l'idée de formes plus fines, moins géométriques) ; → SE SILHOUETTER, TRANCHER III.

◇ **découpage** ① [de découper] : **débitage, dépeçage.** ② → SCÉNARIO.

décourageant → ACCABLANT, ÉCŒURANT, REBUTANT.

découragement → DÉCOURAGER.

décourager ① *Voici deux mois que nous luttons en vain ; mais on ne nous découragera pas !* : **démobiliser, démotiver** (= ôter les forces et la conviction qui poussent à agir), ↑ **démoraliser** ◆ [plus fam.] ↑ **dégoûter*, écœurer*** ◆ [assez sout.] **perdre courage** ◆ [très fort] ↑ **désespérer** ◆ [fam.] **avoir les bras, les jambes coupées** (= être découragé) ; → DÉPRIMER, ABATTRE II, SAPER* LE MORAL. ② [~ qqn de faire qqch] *Nous avons essayé de le décourager d'entreprendre ce voyage, mais en vain* : **dissuader*** ◆ **rebuter** (qui s'emploie avec un sujet non animé : *la difficulté de l'entreprise l'a rebuté*) ; → REFROIDIR.

◇ **découragement** [de décourager ①] : **démobilisation, démotivation, démoralisation, désespoir*** ; → ABATTEMENT, AMERTUME, LASSITUDE.

décousu → INCOHÉRENT.

découvert (à) ① → FRANCHEMENT. ② *Être à découvert* : → DANS LE ROUGE* II, DÉFICIT.

découverte → INVENTION, TROUVAILLE. *Aller à la découverte* : → CHERCHER.

découvrir ① *Découvrir son corps* : **dénuder** ; → MONTRER. *Découvrir un landau, une voiture* : **décapoter.** *Surtout, ne découvrez pas votre flanc gauche !* : **dégarnir, exposer.** ② *Je ne peux lui découvrir mes sentiments* [sout.] : [cour.] **laisser voir, révéler*** ; → DIVULGUER, OUVRIR. ③ *A-t-on découvert le coupable ?* : **dépister** (= découvrir à la trace d'un animal, de qqn). *J'ai découvert ton secret* : [plus précis] **deviner** (= découvrir par raisonnement ou par intuition) ◆ **surprendre** (= découvrir qqch que qqn tenait

à garder caché). *On a découvert des traces d'arsenic dans le blé* : **repérer, déceler, apercevoir, mettre au jour*, relever** ◆ **détecter, diagnostiquer** (= déceler l'existence de qqch, généralement de manière scientifique) ; → VOIR. *Découvrir un nouveau procédé* : → INVENTER, TROUVER, PÉNÉTRER* LE MYSTÈRE DE.

◇ **se découvrir** ① *Veuillez vous découvrir* [très génér.] : [plus précis] **ôter son chapeau, se déshabiller,** [sout.] **se dévêtir*** (qui s'emploie selon le contexte). ② *Le ciel paraît vouloir se découvrir* : **se dégager, s'éclaircir** ; → S'AMÉLIORER.

décrasser → NETTOYER.

décrépit → DÉLIQUESCENT, VIEUX.

décrépitude → DÉLIQUESCENCE, VIEILLESSE.

décret → LOI.

décréter → DÉCIDER.

décrier → DISCRÉDITER.

décrire → MONTRER, PEINDRE II, RACONTER.

décrispation → DÉGEL.

décrocher ① → DÉTACHER I. ② → OBTENIR. ③ *Sans décrocher* : → DÉTELER.

décroître → DÉCLINER II.

décrypter → LIRE I.

déçu → DÉCEVOIR.

déculottée → RACLÉE.

décupler → AUGMENTER, DIX.

dédaigner → MÉPRISER, REFUSER, REPOUSSER.

dédaigneux → FIER, MÉPRISANT, PROTECTEUR, SUPÉRIEUR I.

dédain → FIERTÉ, MÉPRIS.

dédale → LABYRINTHE.

dedans ① [adv.] *Dedans, c'est assez joli !* : **à l'intérieur, intérieurement.** *Mettre, foutre dedans* [arg. mil.] : [cour.] **mettre en prison.** *Il m'a mis dedans, je me suis mis *dedans* [fam.] : [cour.] **tromper, se tromper***. *Rentrer dedans* [fam.] : [cour.] **heurter*** (qui s'emploie pour des véhicules) ◆ [cour.] **se précipiter sur**, [fam.] **rentrer dans le chou** (qui s'emploient pour des personnes). ② [n.m.] *Le dedans et le dehors* : **l'intérieur**.

dédicace ① → CONSÉCRATION. ② *Le livre portait une dédicace signée de la main de l'auteur* : [plus rare] **envoi** ◆ [plus restreint] **signature**.

dédicacer → DÉDIER.

dédier ① → CONSACRER. ② *Dédier un livre à qqn* (= placer un livre sous le patronage de qqn, par une inscription imprimée en tête de l'ouvrage) : **dédicacer** (= faire l'hommage d'un livre à qqn par une inscription manuscrite).

dédire (se) ① *Savoir se dédire quand on sait que l'on a tort est une marque d'honnêteté* : ↑ **se rétracter, se désavouer** (= se dédire d'un engagement ou de propos importants) ◆ **se déjuger** (= revenir sur un jugement exprimé) ◆ [plus génér.] **changer d'avis, se raviser**. ② *Se dédire d'une promesse* : **manquer à**. *Il devait venir, mais il s'est dédit* : **se décommander**.

dédommagement *Recevoir un dédommagement* : [en partic.] **dommages et intérêts** ; → DÉDOMMAGER, COMPENSATION.

dédommager ① *Les assurances dédommagent ce genre de sinistre* : **verser un dédommagement, indemniser**. ② → REMERCIER I.

dédouaner → RÉHABILITER.

dédoublement → DIVISION.

dédoubler → DIVISER.

dédramatiser *Il faut dédramatiser un peu la situation !* : **dépassionner** (= réduire la tension passionnelle).

déduction

I → SOUSTRACTION.

II → CONCLUSION, RAISONNEMENT, SYNTHÈSE.

déduire

I → RETRANCHER, ÔTER, SOUSTRAIRE.

II → CONCLURE.

déesse → DIEU.

défaillance → DÉFAILLIR.

défaillant → DÉFAILLIR, VACILLANT. *Une mémoire défaillante* : → INFIDÈLE.

défaillir ① *Il avait cru défaillir, tant la douleur avait été violente* [assez sout., génér. à l'inf.] : [plus cour.] **s'évanouir, se trouver mal, perdre connaissance, avoir un malaise*** ◆ [fam.] **tomber dans les pommes, tourner de l'œil** ; → DÉFAILLANCE. ② *Sans défaillir. J'accomplirai mon devoir sans défaillir* : **faiblir***.

◇ **défaillance** ① [de défaillir ①] : **évanouissement** ◆ [techn.] **syncope** ◆ ↑ **coma** ◆ ↓ **malaise**. ② [de défaillir ②] : **faiblesse**. ③ *Une défaillance de mémoire* : → MANQUE. *Qqch a une défaillance* : → DÉFAUT II.

défaire ① [~ qqch] *D'emploi et de sens très général, comme faire dont il est le contraire, ce verbe peut avoir de nombreux synonymes selon les contextes. Défaire un paquet, une caisse* : **détacher, déclouer, dévisser** ; → OUVRIR. *Défaire une installation* : **démonter**. *Défaire un lacet* : **dénouer**. ② [~ qqn de qqn, qqch] *Comment le défaire de l'habitude de fumer ?* : **débarrasser** ◆ ↑ **délivrer** ; → CORRIGER II. ③ → VAINCRE.

◇ **se défaire** ① [~ de qqn] → SE DÉBARRASSER, CONGÉDIER. ② [~ de qqch] *Il est parvenu à se défaire de son habitude de fumer* : **se débarrasser, se délivrer** ◆ **perdre** ◆ [plus sout.] **se corriger** ; → DÉSHABITUER. ③ [~ de qqch] → JETER, VENDRE.

◇ **défaite** [de défaire ③] ① [sens mil. du terme] : **déroute, débâcle** (= défaite totale qui entraîne la panique et la fuite) ◆ **débandade** (= commencement de déroute) ; → FUITE. ② *Jamais notre équipe de football n'avait été battue ainsi : quelle défaite !* : ↑ **déconfiture** ◆ [plus sout.] **revers**, ↑ **déroute** ◆ [fam.] **raclée, pile** ; → ÉCHEC. *Courir à la défaite* : → PERTE.

défait → DÉCOMPOSER.

défaite → DÉFAIRE.

défaitisme → PESSIMISME.

défaitiste → PESSIMISTE.

défalquer → RETRANCHER, SOUSTRAIRE.

défatiguer (se) → SE DÉLASSER.

défausser (se) → SE LIBÉRER.

défaut

I Ce qui manque, et qui est précisé par le complément : *défaut d'attention, de proportion, d'expérience ;* syn. génér. **manque***, ↓ **insuffisance***. Syn. partic. selon le contexte : **inattention, disproportion, inexpérience.** *Faire défaut :* → MANQUER III. *Par défaut. Être condamné par défaut :* **par contumace** (*condamné à mort par contumace*). *À défaut. À défaut de margarine, j'ai utilisé du beurre :* [moins sout.] **faute de, par manque de ;** → AU LIEU* DE.

II ① [qqch a un ~] Anomalie matérielle [génér.] : [plus rare] **défectuosité** (que l'on n'utilise que pour parler de défauts techn. : *les défectuosités d'une pièce de métal*) ◆ ↓ **imperfection** (qui s'emploie rarement en parlant de choses) ◆ ↑ **vice** ◆ **défaillance** (qui se dit parfois d'une chose : *la défaillance d'un moteur*) ◆ **malfaçon** (qui se dit de ce qui présente un défaut pour avoir été mal fait). *Ce raisonnement présente un défaut :* **faille, faiblesse ;** → INCONVÉNIENT. ② [qqch a un ~] *Ses défauts sont l'envers de ses qualités :* ↓ **imperfection, faiblesse** ◆ ↑ **vice** (= grave défaut réprouvé par la morale) ◆ ↑ **tare** (= grave défaut héréditaire) ◆ ↓ **travers** (souvent précédé de *petit*, et au pl.) ◆ [fam.] ↓ **petits côtés ;** → TORT, RIDICULE. ③ *La drogue est peut-être le principal défaut des sociétés modernes :* ↑ **tare, fléau.**

défaveur *Le ministre était en défaveur depuis longtemps :* **discrédit** ◆ ↑ **disgrâce** ◆ [plus rare] **déconsidération.** *Ce produit est en défaveur auprès du public :* **n'a pas la faveur de ;** → HOSTILE, MÉFIANCE.

◇ **défavorable** ① [qqch est ~] *Les conditions atmosphériques sont défavorables :*

les avions ne peuvent décoller : **mauvais*, contraire** ◆ ↑ **exécrable, désastreux** ◆ **désavantageux** (*il a vendu sa maison dans des conditions défavorables, désavantageuses*). ② [qqn est ~ à qqch] *Il s'est montré défavorable à votre proposition :* ↑ **opposé, hostile ;** → FAVORABLE.

◇ **défavoriser** *Les candidats ont été défavorisés par l'épreuve de latin :* **désavantager*, desservir, handicaper ;** → NUIRE.

◇ **défavorisé** ① Mêmes syn. que pour le verbe. ② [adj. et n.] *Venir en aide aux plus défavorisés :* **démuni ;** → PAUVRE II, PETIT.

défection → ABANDON I, TRAHISON.

défectueux → IMPARFAIT, MAUVAIS I, VICIEUX II.

défectuosité → DÉFAUT II, VICE II.

défendable [de défendre I ; surtout en phrase nég. ou restrictive] *Son attitude n'est pas défendable :* **justifiable, excusable** (*son attitude n'est pas justifiable, excusable*) ; → INTENABLE. *Votre thèse n'est pas défendable :* **indéfendable, injustifiable, insoutenable** (*votre thèse est indéfendable, injustifiable, insoutenable*). *Après tout, c'est défendable ! :* **ça se défend.**

défendre

I ① [~ qqn] *Il n'a jamais hésité à défendre ses amis, même au péril de sa vie :* [plus génér.] **porter secours à, secourir** (qui n'impliquent pas forcément que la personne défendue ait été attaquée : *secourir qqn qui est dans la misère*) ◆ **soutenir,** ↓ **plaider pour** (qui s'emploient lorsqu'il s'agit d'une défense verbale) ; → AIDER, JUSTIFIER, PRENDRE PARTI* II. ② [~ qqch] *Seule une maigre garnison était restée pour défendre la ville :* ↓ **garder** ◆ [plus fam.] **couvrir** ◆ ↑ **tenir** (qui suppose un combat où la défense est très difficile). ③ [~ qqn, qqch de qqch] *Un rideau d'arbres défend les cultures du vent :* **protéger* ;** → SAUVEGARDER.

II [~ de ; souvent au pass.] *Il est défendu de fumer :* **interdire** (qui peut prendre une résonance plus juridique ; on l'emploiera de préférence lorsqu'il s'agit de s'adresser au public : *interdit de fumer, de marcher sur les pelouses*) ◆ ↑ **proscrire** ◆ **pro-**

hiber (qui est un terme de législation ou de police : *des armes prohibées par la loi*) ♦ **illicite** (qui se dit de tout ce qui est défendu par la loi ou contraire à la morale) ; → EMPÊCHER, CONDAMNER, NE PAS VOULOIR.

◇ **se défendre** ① *Se défendre contre l'ennemi* : → RÉSISTER, SE PROTÉGER. ② *Cela se défend !* : → DÉFENDABLE, SE SOUTENIR. ③ *Se défendre de fumer* : → S'ABSTENIR.

défenestrer → FENÊTRE.

défense

I [de défendre I] ① *L'arme nucléaire est-elle vraiment une défense efficace ?* : **protection** ; → APPUI. *Opposer une vigoureuse défense* : **résistance** ♦ [en partic.] **autodéfense**. *Notre défense sera l'attaque* : **riposte, sauvegarde** ; → PARADE. *La défense de la nature* : → GARDE. ② [dans le langage mil.] *Les défenses* : [en partic.] **fortifications, retranchements, camps retranchés** ; → PROTECTION, FORTERESSE. ③ *Prendre la défense de qqch* : ↑ **faire l'éloge***. ④ [en termes de droit] *La défense a plaidé coupable* : **défenseurs***.

II [de défendre II] : **interdiction, prohibition** ; → CONDAMNATION.

défenseur [de défendre I] ① *Le défenseur du faible et de l'opprimé* : **protecteur** ♦ ↑ **champion** ; → SOUTIEN, APPUI. ② *C'est un ardent défenseur des idées nouvelles* : → APOLOGISTE, PARTISAN, SOLDAT. ③ [en termes de droit] *L'accusé a été acquitté : il faut dire qu'il avait un bon défenseur* : [plus génér.] **avocat**. *Un conseil défend les intérêts de qqn en dehors de toute action judiciaire*.

défensive → SUR SES GARDES*.

déféquer [didact.] : [cour.] **faire ses besoins** ♦ [par euph.] **aller aux toilettes** ♦ [fam.] **poser culotte** ♦ [didact.] **aller à la selle** ♦ [enfantin] **faire caca** ♦ [vulg.] **chier**.

déférence → COMPLAISANCE, ÉGARDS II, RESPECT.

déférent → COMPLAISANT.

déférer ① → LIVRER II, TRADUIRE EN JUSTICE. ② → CÉDER I.

déferlante → VAGUE I.

déferlement → DÉBORDEMENT.

déferler → SE RÉPANDRE.

défeuillaison → FEUILLE I.

défi *Relever le défi* : [sout.] **gant** ; → BRAVADE. *Des deux protagonistes d'un défi, on dit fam. qu'ils sont engagés dans une* **partie de bras de fer**.

défiance → MÉFIANCE, SOUPÇON.

défiant → MÉFIANT.

déficience → MANQUE.

déficient → FAIBLE.

déficit *L'entreprise annonce un déficit de plusieurs millions* : [plus génér.] **perte** ♦ [fam.] **trou**. *Le déficit budgétaire de l'État* : **découvert**, ↑ **impasse** ; → ROUGE II. *Un déficit de calcium* : **manque***.

défier → BRAVER, PROVOQUER.

défier (se) → SE MÉFIER.

défigurer → ALTÉRER I, FALSIFIER, MASSACRER.

défilé

I ① *Le défilé du 14 Juillet* (= manœuvre par laquelle les troupes défilent en colonnes) : **procession** (= défilé solennel accompagnant une fête religieuse) ♦ **cortège** (= suite de personnes qui en accompagnent une autre pour lui faire honneur) ♦ **file** (= suite de personnes placées les unes derrière les autres : *la procession de la Sainte Vierge, le cortège nuptial, la file des gens qui attendent devant un cinéma* ; ces termes entrent parfois dans le même contexte : *le défilé, le cortège*, [péj.] *la procession, la file des manifestants*) ♦ [rare, sout.] **théorie** ; → REVUE II, CHEVAUCHÉE. ② → SUCCESSION.

II → PASSAGE, COL II.

défiler → PASSER I, SUCCÉDER.

défiler (se) *Il devait assister à la cérémonie, mais il s'est défilé au dernier moment* [fam.] : [cour.] **se dérober, s'esquiver** ◆ ↑ **fuir.**

définir ① → DÉLIMITER. ② *Il ne parvenait pas à définir ce qui l'avait poussé à agir* : **déterminer** ◆ [plus génér.] **préciser.** *Ce qui définit* : → RÉGIR.

définitif N'a de syn. que dans le sens de « à quoi l'on ne peut remédier » : *le mal est fait et il est définitif* : **irrémédiable, irréparable.** *Sa décision est prise, et elle est définitive* (= sur quoi l'on ne peut revenir) : **irrévocable, sans appel** ◆ ↓ **arrêté ;** → IRRÉCUPÉRABLE, IRRÉVERSIBLE.

◇ **définitivement** [avec les mêmes nuances que l'adj.] : **irrémédiablement, irréparablement, irrévocablement.** *Il est parti définitivement* : **pour toujours** ◆ [rare] **à jamais.**

◇ **en définitive** → APRÈS TOUT, FIN I, SOMME I.

définition → CARACTÉRISATION, DÉLIMITATION.

déflagration → DÉTONATION.

défloraison → FLEUR.

déflorer [sout.] *Déflorer une jeune fille* : **faire perdre sa virginité, faire devenir femme** ◆ [cour.] **dépuceler ;** → INTIME.

◇ **défloration** : [plus cour.] **dépucelage.**

défoliation → CHUTE I, FEUILLE I.

défonce → VOYAGE.

défoncé → DROGUÉ.

défoncer ① *La porte était fermée ; nous avons dû la défoncer* (= briser en enfonçant) : **enfoncer** (= faire céder qqch qui résiste par un choc ou une poussée, c'est pourquoi l'on peut dire *défoncer une caisse*, mais non *enfoncer une caisse*) ; → FRACTURER. ② *Le chemin était défoncé par les roues des camions* : [par métaph.] **labourer ;** → CREUSER.

◇ **se défoncer** ① → SE DROGUER. ② → PIED I (*prendre son pied*).

déforestation *La déforestation menace la survie sur la planète* : ↓ **déboisement.**

déformation → ALTÉRATION, DÉVIATION, MUTILATION.

déformé → DÉFORMER, TORDU.

déformer ① [~ qqch de concret ; souvent au pass.] Altérer la forme naturelle : → ALTÉRER I, ABÎMER. *La porte a été déformée par l'humidité* : **gauchir.** *Il ne lui restait plus qu'une paire de chaussures toutes déformées* : ↑ **avachi** ◆ ↓ **fatigué ;** → USÉ. *Un terrain déformé* : [partic.] **bosselé, cahoteux,** [fam.] **cabossé.** *Il avait le visage déformé par la peur* : ↓ **altérer* ;** → TORDRE. *Colonne vertébrale déformée* : → DÉVIER. ② [~ qqch d'abstrait] *Le témoin avait visiblement déformé la vérité* : → FALSIFIER, MUTILER.

défoulement → LIBÉRATION.

défouler (se) → SE LIBÉRER.

défraîchi Qui a perdu sa fraîcheur et son brillant, son éclat : ↑ **fané, flétri** (qui se disent surtout en parlant des fleurs, de l'aspect d'un visage) ; → USÉ, FATIGUÉ.

défrayer → PAYER. *Défrayer la chronique* : **faire parler de soi** (en parlant des personnes), **faire grand bruit** (en parlant des choses).

défricher ① Rendre cultivable une terre qui était couverte par les bois ou la forêt : **déboiser,** ou la broussaille : **débroussailler** ◆ [rare] **essarter.** ② *Défricher un problème difficile* : **démêler, débroussailler ;** → ÉCLAIRCIR.

◇ **défricheur** Celui qui défriche : **pionnier** (= colon qui s'installe dans des contrées jamais encore défrichées pour les mettre en valeur). Les deux se disent au fig. d'un **précurseur** dans un domaine intellectuel ou artistique ; → INVENTEUR.

défricheur → DÉFRICHER.

défriser → DÉCEVOIR.

défroque → VÊTEMENT.

défunt → DÉCÉDÉ, MORT II.

dégagé → DÉGAGER. ① *Une route dégagée* : → LIBRE. ② *Vous connaissez son al-*

lure dégagée ! (= qui fait preuve d'aisance dans la manière d'agir et de s'exprimer) : ↑ **désinvolte** (qui suppose un certain sans-gêne) ; → INSOLENT.

dégager ① *Les pompiers tentaient de dégager les victimes des wagons accidentés :* [plus génér.] **délivrer, libérer** ♦ **ôter, retirer, tirer** (qui se disent plutôt des choses). *Dégager un centre-ville du trop-plein de la circulation :* **désencombrer, désengorger, décongestionner** ; → DÉBARRASSER. ② [en parlant d'un fluide] *Les égouts dégagent une odeur nauséabonde :* [plus sout.] **exhaler** ♦ **répandre** (qui insiste sur le volume occupé par l'odeur) ; → SE DÉGAGER, SENTIR II. ③ *Telle est la morale que dégage le fabuliste :* **tirer, extraire** ; → MONTRER. ④ [~ qqn de qqch] *Il faut maintenant le dégager de sa parole :* **libérer, affranchir, délivrer** ; → DISPENSER.

◇ **se dégager** ① *Il a pu se dégager à temps de sa voiture accidentée :* **se sortir, s'extirper, s'extraire.** ② *Se dégager sur qqn de :* → SE LIBÉRER. ③ *Une odeur nauséabonde se dégageait des égouts :* [plus sout.] **émaner, s'exhaler** ♦ [moins sout.] **sortir.** ④ *Tels sont les faits qui se dégagent de l'enquête :* **ressortir.** *Peu à peu, la vérité se dégage :* **se manifester, se faire jour, apparaître, émerger** ♦ ↑ **jaillir.** ⑤ *Le ciel se dégage :* → SE DÉCOUVRIR, S'AMÉLIORER.

dégaine → ALLURE, TOUCHE II.

dégainer → GAINE, SORTIR I, TIRER II.

déganter (se) → GANT.

dégarni → CHAUVE.

dégarnir → DÉCOUVRIR, DÉMUNIR.

◇ **se dégarnir** → SE VIDER. *Il se dégarnit peu à peu :* **devenir chauve*.**

dégât ① *L'inondation a causé des dégâts importants* (ce terme suppose toujours des pertes matérielles) : [en partic.] **perte*** ♦ [plus sout.] **dommages*** (qui se dit aussi de pertes morales ou financières) ♦ ↑ **faire des ravages** (*ravage* étant de sens très fort, on ne dira pas *d'importants ravages*) ♦ **déprédation** (qui se dit au sens propre de vols et de pillages, mais cour. de dégâts causés aux biens publics ou pri-

vés : *les déprédations subies par les cabines publiques*) ; → SACCAGE, DESTRUCTION, DOMMAGE, MÉFAIT, RUINE. ② *Limiter les dégâts* [fam.] : [cour.] **éviter le pire.**

dégel ① *Voici le printemps, c'est le dégel :* **débâcle** (qui se dit en parlant d'un cours d'eau, lorsque la glace se rompt en morceaux que le courant emporte) ; → GLACE. ② *Entre ces deux États, ce n'est pas encore le dégel mais ça va mieux :* **détente** ♦ [plus rare] **décrispation.** *Le dégel économique :* **reprise.** *Le dégel des salaires :* **déblocage.**

◇ **dégeler** [fig.] ① *Même ce vin capiteux n'avait pas dégelé notre hôte :* **dérider,** [fam.] **décoincer** ♦ [plus génér.] **détendre.** ② *Les négociations n'ont pas dégelé la situation : c'est toujours l'impasse :* **débloquer*, détendre.**

dégelée → VOLÉE III.

dégeler → DÉGEL.

dégénération → DÉGÉNÉRER.

dégénérer ① *Perdre ses qualités d'origine :* **s'abâtardir.** ② *Perdre ses qualités. Son père prétend que les anciennes vertus ont dégénéré dans notre monde contemporain :* ↓ **se dégrader** ♦ ↑ **se pervertir** ♦ [plus neutre] **décliner, se perdre** ; → CORROMPRE. ③ *Se transformer en qqch de mauvais. La discussion a dégénéré, et nous en sommes venus aux mains :* [plus fam.] **mal tourner** ♦ ↓ **s'égarer.**

◇ **dégénéré** [inj.] *Il a une tête de dégénéré :* **taré, débile, idiot, imbécile** ; → ABRUTI.

◇ **dégénération** Terme vieilli. Le syn. courant est **dégénérescence** ou, avec les mêmes nuances que le verbe : **abâtardissement, dégradation, perversion, déclin** ; → DÉCADENCE.

dégénérescence → DÉGÉNÉRER.

dégingandé → GRAND.

déglinguer → ABÎMER.

déglutir → AVALER.

dégobiller → VOMIR.

dégoiser → DIRE.

dégommage → DESTITUTION.

dégommer *Le directeur l'a dégommé : le voici sans travail* [fam.] : [cour.] **limoger** ; → DESTITUER, VIDER, CONGÉDIER.

dégonflé ① → À PLAT* I. ② → LÂCHE, PEUREUX.

dégonfler ① [~ qqch] *Dégonfler une rumeur* : **minimiser.** *Dégonfler les prix* : **diminuer, faire baisser.** ② [qqch ~] *La gorge a bien dégonflé* : **désenfler.**

◇ **se dégonfler** → ABANDONNER I, FLANCHER, MOLLIR, PEUR, RECULER.

dégorger ① *Ce réservoir dégorge dans le caniveau* : [plus génér.] **se déverser** ; → COULER. ② *Dégorger un conduit* : **désengorger, purger.**

dégoter → PÊCHER, TROUVER.

dégoulinant → RUISSELANT.

dégouliner → COULER I, SUINTER, GOUTTE.

dégourdi → DÉGOURDIR.

dégourdir ① *Si nous allions nous dégourdir les jambes ?* : **se dérouiller** (*se dérouiller les jambes*) ◆ [cour.] **marcher, faire quelques pas.** ② *J'espère que son séjour dans la capitale le dégourdira un peu* : [plus rare] **déniaiser, délurer** ◆ **dessaler** (qui s'emploie souvent au sens de « rendre averti des choses de la vie », en partic. des choses de l'amour) ; → CIVILISER.

◇ **dégourdi** *C'est quelqu'un de très dégourdi* : **déluré** ; → MALIN.

dégoût ① [au physique] *Aversion pour certains aliments que l'on a déjà goûtés* : **répugnance** (qui se dit plutôt de ce à quoi l'on n'a pas encore goûté, mais qui inspire un recul instinctif) ◆ ↑ **répulsion** ◆ **écœurement, haut-le-cœur, nausée** (= envie de vomir que provoque un très fort dégoût) ◆ **phobie** (= dégoût maladif de qqch : *la phobie de...*). *Il a mangé des cerises jusqu'au dégoût* : ↓ **satiété** ◆ [fam.] **en avoir une indigestion.** ② [au moral] *Les mêmes syn. peuvent être employés* ; → ANTIPATHIE, RÉVOLTE.

◇ **dégoûter** ① [qqch ~ qqn] *Je suis las de toutes ces machinations politiques : cela me dégoûte* : **écœurer** ◆ ↑ **répugner, révulser, donner envie de vomir** ◆ [très fam.] **débecter, débecqueter** ; → FAIRE MAL* I, FAIRE MAL AU VENTRE*, DÉCOURAGER, VOMIR, CŒUR I, RÉVOLTER, DÉPLAIRE. ② [~ qqn de qqch] *Un mois de pluie ! c'est à vous dégoûter d'aller en vacances !* : **décourager** ◆ [plus sout., moins express.] **ôter l'envie de** ; → DISSUADER.

◇ **dégoûté** ① *Vous allez avaler cette mixture ? il ne faut pas être dégoûté !* [assez fam.] : [cour.] **difficile, exigeant.** ② → RÉVOLTÉ, LAS* DE TOUT, SATURÉ.

◇ **dégoûtant** ① *Des agissements dégoûtants* : → ABJECT, HONTEUX. ② *Une chambre dégoûtante* : → MALPROPRE, SALE, REPOUSSANT, SORDIDE. ③ *Raconter des histoires dégoûtantes* : → OBSCÈNE, SALE.

dégouttant → RUISSELANT.

dégoutter → SUINTER.

dégradant *La pornographie lui paraissait absolument dégradante* : **avilissant** ◆ ↓ **humiliant** ; → ABAISSANT.

dégradation ① *Dégradation morale* : → ABAISSEMENT II, DÉCADENCE, DÉGÉNÉRESCENCE, POURRISSEMENT, PROSTITUTION. ② *La maison est dans un tel état de dégradation qu'elle est irréparable !* : **délabrement** ◆ **effritement** (= dégradation d'une surface, comme celle d'une façade) ◆ **érosion** (= dégradation d'un sol, d'un relief et, par métaph., de la monnaie). *La dégradation d'une chose est souvent due à sa* **vieillesse** *ou, en parlant d'un bâtiment, à sa* **vétusté** ; → ALTÉRATION, DOMMAGE. *La dégradation du petit commerce* : → DÉPÉRISSEMENT.

dégrader ① → SUSPENDRE II, CASSER I. ② → ABAISSER II, DÉGÉNÉRER, RAVALER. ③ → ABÎMER I, PROFANER.

◇ **se dégrader** → DÉPÉRIR.

dégrafer → DÉTACHER I.

dégraissage → LICENCIEMENT.

dégraisser ① → DÉTACHER II, NETTOYER. ② → DÉBAUCHER I.

degré

I [sout.] Marche d'un escalier, le plus souvent monumental : [cour.] **marche.**

II ① *Franchir tous les degrés de la société :* **échelon, niveau ; →** CLASSE I, RANG II. ② *Je veux bien être bon, mais jusqu'à un certain degré seulement :* **point.** ③ *Par degrés. Nous irons doucement, par degrés :* **par étapes ♦** [plus rare] **par paliers ♦** [plus génér.] **peu à peu ; →** PROGRESSIVEMENT. *Au dernier, au plus haut degré :* → TRÈS. ④ *Degré zéro :* → BAS I. *Second degré :* → DÉCALÉ.

dégressif → DIMINUER.

dégrèvement → DIMINUTION.

dégrever → ALLÉGER.

dégriffé → DÉMARQUÉ.

dégringolade → DÉCLIN.

dégringoler → DESCENDRE, ROULER I, TOMBER I.

dégrippage → DÉBLOCAGE.

dégripper → DÉBLOQUER.

dégriser ① Faire sortir de l'ivresse : **désenivrer ♦** [fam.] **dessoûler.** ② *Son échec l'avait brutalement dégrisé :* **faire revenir à la réalité, ramener à la réalité, faire sortir de ses illusions ; →** REFROIDIR.

dégrossi *Mal dégrossi :* → BALOURD.

dégrossir ① → CIVILISER. ② → ÉCLAIRCIR.

dégrouiller (se) → SE DÉPÊCHER.

déguenillé *Il se promenait dans les rues, sale et déguenillé :* **en haillons ♦** [plus fam.] **loqueteux ♦** [rare] **dépenaillé ; →** DÉBRAILLÉ.

déguerpir → FUIR, PLIER* (I) BAGAGE, SE RETIRER, SORTIR I, PARTIR.

dégueulasse ① → MALPROPRE, SALE. ② → ABJECT, HONTEUX, SALAUD.

dégueulasser → SALIR.

dégueuler → VOMIR.

dégueulis → VOMI.

déguiser [~ qqch] *Pourquoi voudriez-vous déguiser la réalité ? :* **travestir ♦** [peu employé] **farder, masquer ♦** [fam.] **camoufler*** (= plutôt cacher que modifier les apparences de qqch, qqn) ; → CHANGER I, MAQUILLER, ENVELOPPER, CACHER, TAIRE.

◇ **se déguiser** *Les enfants aiment se déguiser :* [plus rare] **se costumer ♦ se travestir** (= se déguiser pour une fête, un rôle de théâtre ; c'est aussi prendre les apparences du sexe opposé).

◇ **déguisement** ① *Le fait de se déguiser :* **travestissement.** ② *Son déguisement était très réussi :* [plus génér.] **costume ♦** [partic.] **travesti.** ③ *Le déguisement de la réalité* [sout.] : [cour.] **maquillage, camouflage ♦** [plus neutre] **dissimulation ; →** MENSONGE.

déguster ① → GOÛTER I, SAVOURER. ② → RECEVOIR* (I) DES COUPS.

déhanchement, se déhancher → HANCHE.

dehors

I → EXTÉRIEUR II. *Mettre dehors :* → CONGÉDIER.

II → AIR II, FORME I, MASQUE.

III ① *En dehors. En dehors de lui, personne n'a été informé :* **à part ; →** EXCEPTÉ. *Elle est toujours en dehors de la question :* **à côté de ♦** [sout.] **hors ; →** À L'ÉCART* DE. ② → SAUF.

déifier → GLORIFIER, DIVINISER.

déisme Système de ceux qui, rejetant toute révélation, croient seulement à l'existence de Dieu et à la religion naturelle. Le **théisme** se dit de la croyance en l'existence personnelle de Dieu, mais aussi en son action providentielle dans le monde.

déité → DIEU.

déjanté → FOU.

déjà-vu → ORDINAIRE.

déjection → EXCRÉMENT.

déjeter → DÉVIER.

déjeuner → MANGER I, REPAS.

déjouer ① *L'opposition a déjoué les manœuvres du gouvernement :* **faire échouer, mettre en échec, contrecarrer** ♦ ↓ **éventer** (= découvrir un complot, une intrigue). ② *Déjouer la vigilance de qqn :* **tromper, échapper à.**

déjuger (se) → SE DÉDIRE.

délabrement → DÉGRADATION.

délabrer → ABÎMER.

délai ① *Il a obtenu un délai de huit jours pour payer ses dettes :* **prolongation** ♦ **sursis, répit** (= cessation provisoire d'un état désagréable) ♦ [didact.] **rééchelonnement** (en parlant de la dette d'un pays) ; → TEMPS I, TERME I. *Délai de réflexion :* → MARGE. ② *Sans délai :* → IMMÉDIATEMENT, SANS RETARD*.

délaissement → ABANDON II.

délaisser → ABANDONNER II, BOUDER, OUBLIER.

délassant → REPOSANT.

délassé → DÉLASSER, REPOSÉ.

délassement
→ LOISIR, RÉCRÉATION, REPOS.

délasser ① *Exténué par sa longue marche, il s'assit pour se délasser un peu :* **se reposer*** ♦ [moins employé] **se défatiguer.** ② *Regarder la télévision me délasse :* **détendre** ♦ [plus fam.] **changer les idées** ; → AMUSER.

délateur → ACCUSATEUR, TRAÎTRE.

délation → DÉNONCIATION.

délavé → PÂLE, TERNE.

délayage → DÉLAYER.

délayer ① *On délaie de la farine dans l'eau pour obtenir une pâte :* **dissoudre,** [plus cour.] **faire fondre** (= désagréger un corps solide dans un liquide : *dissoudre, faire fondre du sucre dans de l'eau*) ♦ **diluer** (qui s'emploie tantôt avec le sens de *délayer*, tantôt avec celui de *dissoudre*) ♦ **étendre** (= affaiblir les qualités propres d'un liquide par une addition d'eau : *étendre du vin avec de l'eau*). ② *Il a de bonnes idées mais il les délaie trop :* **diluer, noyer** (qui s'emploieraient avec un complément : *diluer, noyer ses idées dans un flot de paroles*).

◇ **délayage** [de délayer ②] *Son discours n'est qu'un délayage insipide :* **remplissage** (*du remplissage :* propos inutiles) ; → VERBIAGE.

délectable → DÉLICIEUX, SAVOUREUX.

délectation → DÉLICE, PLAISIR, VOLUPTÉ.

délecter (se) → SE GARGARISER, SE LÉCHER* LES BABINES, SE PLAIRE, SAVOURER*.

délégation, délégué → DÉLÉGUER.

déléguer ① [~ qqn] *Je vous délègue mon meilleur collaborateur pour régler cette affaire :* [plus cour. et plus génér.] **envoyer** ♦ **détacher** (= envoyer en mission, généralement pour un temps assez long) ♦ **mandater** (= déléguer qqn avec un mandat qui lui donne tel pouvoir précis pour faire qqch au nom d'autres personnes : *un délégué syndical refuse de voter sur une question pour laquelle il n'a pas été mandaté par son syndicat*) ♦ **députer** (= déléguer qqn comme député) ; → NOMMER II. ② [~ qqch] *Il a délégué tous ses pouvoirs à ses associés :* [plus génér.] **remettre, confier** ; → TRANSMETTRE.

◇ **délégué** *Personne chargée d'agir au nom de plusieurs autres ; elle est soit nommée, soit* **élue.** *Élu d'une assemblée :* **député.** *Élu d'un Parlement :* **parlementaire.** *Le délégué du personnel d'une entreprise :* → DÉLÉGATION. *Paris l'a dépêché comme délégué auprès du Vatican :* **envoyé** (= celui qui n'est chargé que d'une mission précise et temporaire) ♦ **ambassadeur** (= celui qui représente un État auprès d'une puissance étrangère) ♦ **mandataire** (= celui à qui est conféré un mandat : *je peux régler cette affaire pour M. Dupuis : je suis son mandataire*) ♦ **fondé de pouvoir** (s'il s'agit d'une société) ; → DIPLOMATE, REPRÉSENTANT, MESSAGER.

◇ **délégation** ① *Le directeur a-t-il reçu une délégation pour parler à la place du personnel ?* : **mandat** ◆ [plus génér.] **pouvoir** ◆ **procuration** (qui se dit surtout d'une délégation de signature). ② *Le directeur a reçu une délégation du personnel* : ensemble des **délégués*** ◆ [sout.] **ambassade** (= mission délicate confiée à une délégation).

délester ① → ALLÉGER. ② → VOLER II.

délétère → NOCIF, IRRESPIRABLE.

délibération ① → DÉBATTRE. *Le projet sera soumis à la délibération de l'Assemblée* : [plus génér.] **examen, discussion** ◆ **débat** (qui ne s'emploie pas dans les mêmes contextes, quoique de sens proche ; *délibération* implique davantage l'idée d'une discussion aboutissant à une décision, *débat* comporte surtout l'idée d'un échange verbal et de son mode de réalisation : *un débat orageux, passionné*) ; → LECTURE. ② *Sa décision est le fruit d'une longue délibération* : ↓ **réflexion** (qui implique moins l'idée d'hésitation).

délibéré *Il a fait preuve d'une grossièreté délibérée* : **intentionnel, réfléchi, voulu, volontaire** ; → CONSCIENT.

◇ **délibérément** *Il a agi délibérément avec grossièreté* : **de propos délibéré, intentionnellement, volontairement, à dessein** ◆ [plus cour.] **exprès**. Cet adverbe peut prendre aussi le sens de **résolument** ; → CONSCIEMMENT.

délibérer → DÉBATTRE.

délicat ① [qqch est ~] Qui plaît par sa finesse. *Un parfum délicat* : **raffiné** ◆ ↑ **exquis** ; → LÉGER I. *Une cuisine très délicate* : **fin, recherché, raffiné** ◆ ↑ **exquis** ; → DÉLICIEUX, AGRÉABLE. ② [qqch est ~] *Sa situation est vraiment délicate* : ↑ **scabreux** ◆ [plus génér.] **complexe**. *Être dans une situation délicate* : [fam.] **être sur la corde raide** ; → ACROBATIQUE, DANGEREUX, DIFFICILE, ÉPINEUX, SENSIBLE I. ③ [qqn est ~] *C'est un enfant très délicat : il a dû garder la chambre tout l'hiver* : [moins sout.] **fragile** ◆ ↑ **faible*** ; → SENSIBLE I. ④ [qqch est ~] Qui peut apprécier la délicatesse de qqch,

qui manifeste dans ses goûts et ses actions une grande sensibilité. *Un esprit très délicat* : **fin, délié** ◆ ↑ **pénétrant,** ↑ **subtil.** *Avoir un goût délicat* : **fin, raffiné, sûr.** *Avoir des manières délicates* : → DISCRET, PUDIQUE, POLI I. *Avoir les oreilles délicates* : → PRUDE. ⑤ [qqn est ~] *Il est trop délicat pour partager à l'improviste la table d'un ami !* : [plus cour.] **difficile, exigeant.** *Faire le délicat* : **le difficile.**

◇ **délicatement** De façon **délicate***, avec **délicatesse*** : **finement*, élégamment, légèrement, subtilement*.**

◇ **délicatesse** ① *La délicatesse d'un mets, d'une peinture* : [plus cour.] **finesse, recherche** ◆ ↑ **subtilité, raffinement** ; → LÉGÈRETÉ, PURETÉ. ② *La délicatesse des sentiments* : **élégance*, distinction.** *Il lui a parlé avec beaucoup de délicatesse* : **tact** ◆ ↓ **discrétion** (qui implique seulement l'idée d'une réserve dans les propos que l'on tient à autrui) ; → PUDEUR, SAVOIR-VIVRE, SUBTILEMENT. ③ *Elle a aménagé son appartement avec beaucoup de délicatesse* : **goût, finesse.** ④ [pl.] *Elle aimait ses délicatesses* : [plus cour.] **gentillesses** ◆ [sout., au sing.] **prévenance.** ⑤ *Cet objet est fragile : il faut le manier avec délicatesse* : **délicatement** ◆ [plus cour.] **en faisant attention*.**

délice ① [sing.] *Il se laissait aller au délice de longues rêveries au bord de la mer* : **ravissement** ◆ [rare] **délectation** ◆ ↓ **plaisir*.** *Ce coq au vin est vraiment un délice !* : [plus cour.] **régal, extra** (... est extra) ; → DÉLICIEUX. *Quel délice de respirer l'air pur !* : **bonheur, joie*.** ② [pl.] *Il avait connu auprès d'elle les délices d'un amour partagé* : ↓ **charmes** ◆ ↓ **plaisirs*.** *Cette île est un lieu de délices* : **paradis** (... est un paradis) ; → JOUISSANCE.

◇ **délicieux** a pour syn. banal **extraordinaire*.** ① [qqch est ~] *Ces fruits sont délicieux* : [rare] **délectable** ◆ [cour.] **très bon*, excellent** ; → AGRÉABLE, SAVOUREUX, SUCCULENT, DÉLICAT, FIN. ② *Quelle nuit délicieuse !* : **merveilleux** ◆ ↑ **divin.** ③ [qqn est ~] *Votre sœur est vraiment délicieuse !* : **exquis, charmant*** ; → BEAU, IRRÉSISTIBLE.

délicieusement De façon **délicieuse***, avec **délice*.**

délié

délié → DÉLICAT, FIN III, FLUIDE, SOUPLE, SUBTIL.

délier ① → ASSOUPLIR. ② → DÉTACHER I.

délimiter ① *Délimiter un terrain*: → LIMITER. *Il faudra nettement délimiter les prérogatives des propriétaires et celles des locataires*: **définir, fixer.** ② → CERNER.

◇ **délimitation** : définition, fixation.

délinquance → CRIME, INSÉCURITÉ.

délinquant ① [adj.] → DÉVIANT. ② [n.] *De jeunes délinquants*: [fam.] **loubard, loulou** (qui supposent une vie en bande, en grande agglomération) ♦ [fam.] **voyou, frappe** (presque toujours: *une petite frappe*) ♦ [partic.] **dealer** se dit d'un **revendeur* de drogue** ; → MALFAITEUR.

déliquescence → DÉLIQUESCENT.

déliquescent *C'est maintenant un vieillard à l'esprit déliquescent* [rare]: [cour.] **gâteux, ramolli, décrépit** ; → VIEUX.

◇ **déliquescence** *Leurs projets tombaient en déliquescence*: [plus cour.] **poussière, ruine.** *Le pouvoir politique est en déliquescence*: **décomposition, décrépitude** ; → DÉCADENCE.

délirant → DÉBORDANT, EXALTÉ.

délire ① [sens médical du terme] *Un malade en proie au délire*: **hallucination** (= perception éprouvée sans rapport avec les données objectives de la réalité) ♦ **frénésie** (= état d'agitation extrême) ♦ ↓ **divagation** (= état de rêverie désordonnée) ; → FOLIE. ② *Vous sortez par ce temps ? Mais c'est du délire !*: **folie*** ♦ ↓ **ce n'est pas raisonnable.** *Le boxeur redouble d'ardeur, c'est du délire dans la salle !*: ↑ **frénésie, hystérie** ; → ENTHOUSIASME. *En délire*: **en transe, hystérique** ; → ENTHOUSIASME, EXCITATION.

◇ **délirer** *Accablé par la fièvre, il a déliré toute la nuit*: [moins employé] **divaguer** ♦ [fam.] **dérailler, débloquer** ; → DÉRAISONNER, FOU.

délit ① → CRIME, FAUTE. ② *Être pris en flagrant délit*: **sur le fait** ♦ [assez fam.] **la main dans le sac.**

délivrance → DÉLIVRER.

délivrer ① *Tous les prisonniers ont été délivrés*: **libérer** ; → AFFRANCHIR, TIRER II. *Délivrer qqn de sa parole*: → DÉGAGER. *Délivrer d'une charge*: → DÉBARRASSER. ② *La mairie vous délivrera un extrait de naissance*: [très génér.] **donner** ♦ [cour.] **remettre.**

◇ **se délivrer** *Se délivrer de qqch*: → SE DÉFAIRE.

◇ **délivrance** ① → LIBÉRATION. ② *Il est enfin parti ! quelle délivrance !*: **soulagement.** ③ → ACCOUCHEMENT, MISE* BAS.

délocalisation → DÉPLACEMENT.

délocaliser → DÉPLACER.

déloger → CHASSER I, PARTIR.

déloyal *Il n'a pas respecté ses engagements: il est déloyal*: **infidèle** (qui se dit surtout de celui qui ne respecte pas ses engagements d'amitié ou d'amour) ♦ [fam.] **faux frère, judas** (*c'est un faux frère, un judas*) ♦ ↑ **traître*** ♦ [sout.] **perfide, félon, fourbe** ; → FAUX I. *Vous avez fait de la publicité déloyale !*: ↓ **incorrect*** ♦ **malhonnête*.**

◇ **déloyauté** ① [de déloyal]: **infidélité, perfidie, traîtrise** ♦ [sout.] **félonie, scélératesse** ; → INCORRECTION. ② *Une déloyauté*: → TRAHISON.

delta → EMBOUCHURE.

déluge ① → DILUVIEN, PLUIE. ② → ABONDANCE I.

déluré → DÉGOURDI.

délurer → DÉGOURDIR.

démagogie : [plus génér.] opportunisme.
◇ **démagogique** : opportuniste.

demain → FUTUR.

démancher → DÉBOÎTER.

demande → DEMANDER.

demander *Au sens très génér. de faire savoir à qqn ce que l'on souhaite obtenir*: **formuler, présenter, adresser une demande* à qqn.** ① [qqn ~ qqch à qqn] *Nous* *lui avons demandé l'horaire des trains de Paris, quand partaient les trains de Paris* : **interroger, questionner** (*interroger, questionner qqn sur qqch ne se construisent pas avec une complétive, et supposent que l'on sollicite qqn de manière assez pressante*) ◆ [plus fam.] **poser des questions à** ◆ [fam.] **cuisiner** (= interroger avec insistance). ② [qqn ~ qqch à qqn] *Il m'a demandé d'attendre un peu* : [très génér.] **dire** ◆ [sout.] **prier**. *Demander un rendez-vous, un emploi* : [sout.] **solliciter** ◆ [péj.] **quêter*, quémander, mendier** (= demander en implorant et en s'abaissant) ; → VISER II, POSTULER. *Demander qqch avec force* : **exiger** ; → INVITER. *Je vous demande pardon de vous déranger ainsi* : **s'excuser** (*je m'excuse de vous déranger*). ③ [qqn ~ à qqn de faire qqch] *Je te demande de m'accompagner* : [sout.] **prier**. *Je demande que l'on soit à l'heure* : ↑ **ordonner, exiger** ◆ ↓ **désirer, souhaiter** ; → COMMANDER II, VOULOIR. ④ [qqn ~ qqn] → APPELER I. ⑤ [qqch ~ qqch] *C'est une affaire très compliquée qui demande toute notre attention* : **nécessiter** ◆ [sout.] **requérir** ◆ ↑ **exiger, réclamer, commander** ; → APPELER I.

◇ **demande** Terme très génér., qui peut se manifester comme un ↑ **ordre**, un **commandement**, un ↑ **diktat**, une ↑ **sommation**, un ↑ **ultimatum**, si elle est impérative ; une **revendication**, une **réclamation**, une ↑ **exigence**, si elle se fait insistante ; → DÉSIR, PRIÈRE II, REQUÊTE.

demandeur → SOLLICITEUR.

démangeaison → DÉMANGER.

démanger ① *Il a la rougeole ; la peau lui démange* : [fam.] **gratter** (*ça me démange, me gratte*) ; → PIQUER II. ② *Ça le démange de parler, de partir* : [cour.] **avoir envie de** (*il a envie de...*).

◇ **démangeaison** ① *J'ai des démangeaisons* : *ça me démange** ◆ [en partic.] **avoir des fourmis, des fourmillements** ◆ [didact.] **prurit** (*avoir un prurit*). ② → DÉSIR.

démanteler *Le chef des pirates avait ordonné de démanteler les fortifications de la ville* : ↑ **raser** ◆ [plus génér.] **abattre, démolir, détruire***.

◇ **démantèlement** : **démolition, destruction***.

démantibuler → ABÎMER I.

démarcation → LIMITE, SÉPARATION.

démarchage → VENTE.

démarche ① → ALLURE. ② → MÉTHODE. ③ → FORMALITÉ.

démarquage → IMITATION.

démarqué *Des vêtements démarqués* : **dégriffé**.

démarquer → IMITER.

◇ **se démarquer** : **prendre ses distances***.

démarrage → COMMENCEMENT, DÉPART I.

démarrer ① *Sa voiture ne voulait pas démarrer* : [plus génér.] **partir, se mettre en route** ; → S'ÉBRANLER, METTRE EN MARCHE. ② *Ses affaires démarrent lentement* : → DÉCOLLER II.

démasquer *Il avait soigneusement tissé tous ses mensonges, mais nous l'avons finalement démasqué* : [plus sout.] **confondre** (qui implique que l'on mette publiquement qqn devant ses erreurs, au point qu'il doive garder le silence) ; → ÔTER LE MASQUE*.

◇ **se démasquer** *Il s'est démasqué* : [express.] **jeter le masque*, démasquer ses batteries, dévoiler ses plans** ; → SE MONTRER.

démêlé → CONTESTATION, MAILLE* À PARTIR.

démêler → DÉFRICHER, DISTINGUER, ÉCLAIRCIR.

démembrement → DISLOCATION, MORCELLEMENT.

démembrer → CASSER, MORCELER.

◇ **se démembrer** → SE DISLOQUER.

déménagement → TRANSPORT I.

déménager ① → ABANDONNER I, TRANSPORTER I, PARTIR I. ② → DÉRAISONNER.

démence → FOLIE.

démener (se) ① → SE DÉBATTRE. ② *Il se démène pour qu'elle ne manque de rien* : [fam.] **se décarcasser, se mettre en quatre** ♦ [moins fam.] **s'activer, se donner du mal** ♦ [cour.] **se dépenser** ♦ [plus sout.] **s'empresser** ; → PEINER I, SE REMUER, FAIRE DES PIEDS* ET DES MAINS, SE BATTRE.

dément → FOU.

démenti → CONTRADICTION, DÉNÉGATION.

démentiel → INFERNAL.

démentir → CONTREDIRE.

démerdard → DÉBROUILLARD.

démerder (se) → SE DÉBROUILLER.

démesure *Il n'aimait pas la démesure* : **excès, outrance.**

◇ **démesuré** ① [concret] *Il était affligé d'une paire d'oreilles démesurées* : **disproportionné** ♦ **énorme** (qui implique davantage l'idée de volume, *démesuré* impliquant celle de surface ou de longueur) ♦ [très fam.] **maous** ; → COLOSSE, IMMENSE, MONSTRUEUX. ② [abstrait] *Des ambitions démesurées* : **immodéré** ♦ ↓ **excessif** ♦ ↑ **exorbitant** ; → EFFRÉNÉ, EXAGÉRÉ.

◇ **démesurément** Avec démesure*, de façon démesurée* : **énormément, immensément, excessivement, exagérément,** ↑ **monstrueusement.**

démettre ① → DÉBOÎTER. ② → DESTITUER, CASSER I.

◇ **se démettre** → ABANDONNER I, ABDIQUER, RÉSIGNER.

demeurant (au) → D'AILLEURS.

demeure ① *Il aimait visiter les vieilles demeures* [sout.] : [cour.] **maison** ; → HABITATION. ② *Il habitait une grande et belle demeure qui surplombait la Loire* : *demeure* est le terme propre pour désigner une maison d'importance, souvent remplacé aujourd'hui par **résidence** ♦ [plus génér.] **maison** ; → CHÂTEAU. ③ *La dernière demeure* : → TOMBE. ④ *À demeure* : → TOUJOURS. ⑤ *En demeure. Mettre en demeure* : → COMMANDER II. *Mise en demeure* : → COMMANDEMENT.

demeuré → RETARDÉ.

demeurer ① *Demeurer longtemps à table* : [plus cour.] **rester** ♦ **s'attarder** (qui implique que l'on demeure quelque part plus longtemps que prévu ou qu'il ne serait nécessaire) ; → S'ARRÊTER, SÉJOURNER. ② *Où demeurez-vous maintenant ?* : [plus cour.] **habiter** ♦ [plus sout.] **résider** ♦ [très fam.] **crécher** ; → LOGER I, PERCHER. ③ *Que demeure-t-il de notre amitié ?* : → SUBSISTER. *Il demeure que* : **il reste que.** *Nous sommes demeurés bien seuls* : **rester,** ↓ **être** (*continuer à être*).

demi ① → VERRE. ② → SEMI. *À demi* : → À MOITIÉ.

démilitariser → DÉSARMER.

demi-mesure *Une demi-mesure vaut-elle mieux qu'un franc refus ?* : [plus génér.] **compromis** ; → ARRANGEMENT.

demi-mondaine → PROSTITUÉE.

demi-sec → SEC I.

démission → ABANDON I, ABDICATION, DÉPART I, DESTITUTION.

démissionner ① → ABDIQUER, SE RETIRER. ② → SE RÉSIGNER, ABANDONNER I.

demi-teinte → NUANCE.

demi-tour *Faire demi-tour* : → REVENIR.

démobilisation → DÉCOURAGEMENT.

démobiliser → DÉCOURAGER.

démocratique En France, **républicain** peut être un synonyme. *Être attaché aux valeurs démocratiques, républicaines* : → POPULAIRE.

démocratiser *On a démocratisé des sports comme le tennis* : **populariser, vulgariser** (qui peuvent avoir une nuance péjorative).

démodé → ANACHRONIQUE, PASSÉ DE MODE*, VIEUX JEU II, SURANNÉ, VIEUX.

demoiselle ① *Depuis qu'elle est à Paris, c'est une demoiselle !*, s'emploie pour parler d'une jeune fille de modeste condition qui a accédé à un niveau de vie supérieur, et qui passe, aux yeux de son milieu d'origine, pour ce qu'il est convenu d'appeler « une jeune fille de bonne condition » ♦ **dame** est le syn. exact quand il s'agit d'une femme mariée. ② *Il habitait chez une vieille demoiselle* (= femme non mariée et vivant sans concubin) : **célibataire** ♦ [cour., parfois péj.] **vieille fille.**

démolir ① [~ qqch] → ABATTRE I, DÉMANTELER, METTRE EN PIÈCES I, RASER II. ② [~ qqn] → ABÎMER, ENFONCER, MASSACRER.

démolisseur → FOSSOYEUR.

démolition → DÉMANTÈLEMENT, DESTRUCTION.

démon ① → ANGE, DIABLE, DIEU. ② *Vieux démons :* → PENCHANT. *Petit démon !* : → ESPIÈGLE.

démoniaque → DIABOLIQUE.

démonstratif → DÉMONSTRATION.

démonstration

I → PREUVE, RAISONNEMENT.

II → MONTRER. *Quelles démonstrations d'amitié ! Est-il vraiment sincère ?* (= marques extérieures qui annoncent des sentiments sincères ou feints) : **protestations** (= démonstrations purement verbales) ♦ **témoignage** (qui suppose plus de solidité et implique généralement que les sentiments annoncés sont sincères) ♦ [plus cour.] **déploiement, manifestations** ♦ [péj.] **étalage,** [sout.] **affectation** (qui impliquent toujours une conduite ostentatoire et souvent peu sincère) ♦ [fam., langage du sport] **festival** (*ce match, quelle démonstration, quel festival de football !*).

◇ **démonstratif** *Il a toujours été très démonstratif, peut-être en raison de ses origines méridionales :* **expansif** ♦ ↑ **exubérant** ♦ [plus partic.] ↓ **communicatif*** (qui ne se dit que des manifestations verbales) ; → OUVERT.

démonté → EN FURIE.

démonter ① [~ qqch] → DÉFAIRE. ② [~ qqn] → DÉCONCERTER.

◇ **se démonter** → SE TROUBLER.

démontrer → CONFIRMER, MONTRER, PROUVER.

démoralisant → DÉPRIMANT, ÉCŒURANT.

démoralisation → DÉCOURAGEMENT.

démoraliser → ABATTRE II, DÉCOURAGER, SAPER* LE MORAL.

démordre → RENONCER.

démotivation → DÉCOURAGEMENT.

démotiver → DÉCOURAGER.

démunir, c'est **dépouiller** de quelque chose d'essentiel : [plus génér.] **enlever*** ♦ ↓ **dégarnir.** *Être démuni d'argent* : **à court de, sans.**

démystifier, c'est **lever le mystère de.**

dénationaliser une entreprise, c'est la **privatiser.**

dénaturation → ALTÉRATION.

dénaturé → PERVERS.

dénaturer → ALTÉRER I, FALSIFIER, PERVERTIR, TRAFIQUER.

dénégation ① [sing.] *Une dénégation formelle* : **déni** (qui ne se rencontre pratiquement plus, sauf dans l'express. *déni de justice*) ; → CONTREDIRE. ② [pl.]. *Malgré ses dénégations, il était évidemment coupable* : **démenti** ♦ ↓ **protestation** ; → NIER.

déni → DÉNÉGATION.

déniaiser → DÉGOURDIR.

dénicher → DÉTERRER, PÊCHER, TROUVER.

dénier → CONTESTER, NIER.

deniers → FINANCE.

dénigrement → MÉDISANCE.

dénigrer → DIMINUER, DISCRÉDITER, MÉDIRE, ENFONCER.

dénivelé → DÉNIVELLATION.

dénivellation est plus génér. que **déni-velé** (= différence d'altitude entre deux points) ; → INÉGALITÉ.

dénombrable → DISCONTINU.

dénombrement Action de faire le compte des éléments d'un ensemble de choses ou de personnes. [selon les contextes] *Le dénombrement d'une population* : **recensement**. *Le dénombrement des marchandises d'un magasin* : **inventaire**. *Une* **énumération** *est l'action d'énoncer un à un les éléments d'un ensemble de choses ou de personnes.*

dénombrer → COMPTER I.

dénomination → APPELLATION.

dénommer → APPELER II, QUALIFIER.

dénoncer ① *Dénoncer un contrat* : → ROMPRE. ② *Dénoncer qqn* : → ACCUSER, DONNER I, LIVRER II, RAPPORTER IV, SIGNALER, TRAHIR. ③ *Tout, dans son attitude, dénonçait l'orgueil* : **manifester***, **trahir** ; → MARQUER.

◇ **dénonciation** ① [qqch] *La dénonciation d'un contrat* : **annulation, rupture.** ② [qqn] *La dénonciation d'un ami* : **trahison** ◆ **délation** (= dénonciation reposant sur des raisons viles et méprisables : *les régimes fascistes entretiennent la délation*) ; → RAPPORTAGE.

dénonciateur → ACCUSATEUR, TRAÎTRE.

dénonciation → DÉNONCER.

dénoter → SIGNIFIER I.

dénouement → CONCLUSION, FIN I, SOLUTION.

dénouer ① → DÉTACHER. ② → RÉGLER II.

denrée [souvent au pl.] *Les denrées alimentaires* : **vivres** (qui évoque l'idée d'approvisionnements nécessaires pour subsister : *les vivres d'une expédition*) ◆ **comestibles** (qui se dit des denrées alimentaires considérées sous leur aspect commercial : *un marchand de comestibles*) ; → ALIMENT, MARCHANDISE. *Denrée rare* : → RARETÉ.

dense ① *Leur voyage a été perturbé par un brouillard très dense* : **épais** ◆ [fam.] ↑ **à couper au couteau.** *Une forêt dense* : ↑ **impénétrable** ◆ ↓ **compact** ; → TOUFFU. *Une foule très dense* : **compact** ; → SERRÉ. ② *Le plomb est plus dense que le fer* : [plus génér.] **lourd.** ③ → CONCIS.

densité → CONCISION, ÉPAISSEUR.

dent ① *Vous avez de belles dents !* : [fam.] **quenotte** (qui se dit des dents des enfants) ◆ **chicot** (qui se dit d'un reste de dent très abîmée) ◆ **croc** (qui se dit des canines de certains animaux) ◆ **canine, incisive, molaire** (qui désignent les différentes sortes de dents) ◆ **denture, dentition** (qui désignent l'ensemble des dents). ② *Être sur les dents* : → FATIGUÉ. *Avoir une dent contre qqn* : → RESSENTIMENT. *Montrer les dents* : → MENACER. *Être armé jusqu'aux dents* : **de pied en cap.** *Quand les poules auront des dents* : → JAMAIS. *Du bout des dents* : → REGRET. *Ne pas desserrer les dents* : → SE TAIRE. *Se casser les dents* : → ÉCHOUER II. *Avoir la dent* : → FAIM. *Avoir la dent dure* : → SÉVÈRE. *Avoir les dents longues* : → PRÉTENTION. *En dents de scie* : → INÉGAL. ③ → MONTAGNE.

dentelé : [plus génér.] **découpé.**

dentelle → BRODERIE.

dentier → APPAREIL.

dentition, denture → DENT.

dénuder → DÉCOUVRIR, DÉPOUILLER, DÉVÊTIR, MONTRER, RÉVÉLER.

dénué → MISÉRABLE I, PAUVRE II. *Être dénué de* : → MANQUER (II) DE.

dénuement → MISÈRE, NÉCESSITÉ, PAUVRETÉ.

dénutrition → FAIM.

déontologie → MORALE.

dépanner ① *Dépanner un appareil* : [plus génér.] **réparer*.** ② [~ qqn] *Si tu manques d'argent, nous essaierons de te dépanner* : [fam.] ↑ **sortir de là** (qui suppose que l'on soit aux prises avec une grosse difficulté)

♦ [cour.] **aider*** ♦ [assez sout.] **tirer d'embarras.**

dépanneur → MÉCANICIEN.

dépareillé → INCOMPLET.

dépareiller *Tu m'as cassé un verre : voici mon service dépareillé !* : [plus rare] **désassortir** (les deux verbes s'emploient surtout au participe passé).

déparer → ENLAIDIR.

départ ① *Le départ est à quelle heure ?* : **partir*** (*on part à quelle heure ?*) ♦ **décollage*, envol** (qui se disent pour un avion), **appareillage** (qui se dit pour un bateau), [fam.] **démarrage** (qui se dit pour un véhicule à moteur) ♦ **embarquement** (qui désigne seulement le moment où l'on monte à bord d'un avion ou d'un bateau). *Un bateau est au départ* : [sout.] **en partance.** ② *C'est le départ d'une nouvelle aventure* : → COMMENCEMENT. *Prendre un nouveau départ* : [fam.] **redémarrer.** *Le point de départ* : → BASE II. *Au départ* : → À L'ORIGINE*, ABORD II. ③ *Votre frère nous a annoncé son départ* : **partir** (... *qu'il partira*). *On a exigé son départ* : [selon les contextes] **démission, licenciement, exil** : → ABANDON I, ÉMIGRATION, RETRAIT. ④ *Faire le départ entre* : → DIFFÉRENCE.

départager → DISTINGUER.

département → DIVISION, SERVICE I.

départir (se) → RENONCER, SORTIR I.

dépassé → ANACHRONIQUE, VIEUX. *Il est trop vieux, il est dépassé par les événements* : **ne plus être dans la course*** ♦ **ne plus être à la hauteur, débordé.**

dépasser ① *La voiture n° 8 vient de dépasser la voiture n° 3* : **devancer** ♦ ↑ **distancer, laisser loin derrière** ♦ [fam.] **gratter, griller** ♦ [partic.] **doubler** ♦ **coiffer** (= dépasser juste sur la ligne d'arrivée) ; → PRÉCÉDER, PASSER I. ② *Le prix de cette maison dépasse nos possibilités d'investissement* : [plus sout.] **excéder, outrepasser.** ③ *Sa clôture dépasse les limites exactes de son jardin* : **déborder** ; → SAILLIR I. ④ *Il ne parvient pas à dépasser sa déception* : **aller**

au-delà de ♦ [fam.] **passer, doubler le cap.** *Il a dépassé ses droits* : [sout.] **outrepasser.** *Dépasser les bornes* : **franchir, passer** ; → ABUSER II. ⑤ *Être dépassé. Il est dépassé par sa tâche* : **il n'est pas à la hauteur** ; → EN DEHORS DE LA COURSE*.

dépassionner → DÉDRAMATISER.

dépatouiller (se) → SE DÉBROUILLER, S'EN SORTIR.

dépaysement → DÉPAYSER.

dépayser ① *Vivre en Afrique ? Il serait complètement dépaysé !* : ↑ **déraciner.** ② *Lui, le paysan, était dépaysé dans cette grande ville* : **dérouter** ♦ [seulement au p. passé] **perdu** ; → DÉCONCERTER.

◊ **dépaysement** [de dépayser ①] : **déracinement.**

dépecer → DÉCOUPER.

dépêche *Une dépêche d'agence* : **télégramme, télex, télécopie, fax** (qui sont des dépêches transmises par des procédés divers) ; → CÂBLE II, MESSAGE.

dépêcher → ENVOYER.

◊ **se dépêcher** *Allez ! Dépêche-toi un peu !* : **se presser*,** [fam.] **se magner, se dégrouiller, se grouiller** ♦ [très fam.] **se magner le train, le cul** ; → ACCÉLÉRER, COURIR, S'EMPRESSER, SAUTER, VITE.

dépeigner → DÉCOIFFER.

dépeindre → MONTRER, PEINDRE II, RACONTER.

dépenaillé → DÉGUENILLÉ.

dépendance

I [de dépendre I] ① [la ~ de qqch] *Il y a une nécessaire dépendance entre la qualité du vin et celle de l'été* : **corrélation, interdépendance** ; → RAPPORT II. ② [la ~ de qqn] → SERVITUDE, SOLIDARITÉ, SUJÉTION, SUBORDINATION, COUPE I. *Dépendance alcoolique* : → ESCLAVAGE.

II [au pl.] *Leur maison de campagne comprend de nombreuses dépendances* : **annexes** (qui se dit surtout en parlant d'un hôtel) ♦ **communs** (qui se dit en parlant d'un château) ♦ **appentis** (qui désigne un petit bâtiment annexe servant de **remise** ou de **hangar**).

dépendant → TRIBUTAIRE. *Une personne âgée dépendante* : [plus génér.] **impotent.** *Dépendant de la drogue* : [fam.] **accro ;** → ESCLAVE, DÉVIANT.

dépendre

I [~ de] **①** [en termes de logique] *La qualité d'une eau dépend de sa composition* : **être fonction de ;** → RÉSULTER. **②** *Tout dépendra de son attitude* : [plus sout.] **reposer sur, être fonction de ;** → CONDITIONNER I. *Ça dépend* : [moins cour.] **c'est selon ;** → PEUT-ÊTRE. **③** *Ce terrain dépend de la maison voisine* : **appartenir à.** *Cette affaire dépend de nos services* : **relever de, ressortir à, être du ressort de, de la compétence de.** *Ce service dépend de la présidence* : **être sous l'autorité de.** *Un artiste ne doit dépendre de personne* : **être le subordonné de ♦ ↑ se soumettre à.**

II → DÉTACHER I.

dépense ① *Une dépense de 100 euros* : [plus précis] **frais** (qui se dit d'une dépense occasionnée par une action précise : *payer les frais d'un accident*) ♦ [didact.] **dépens** (qui ne s'emploie qu'en termes de droit) ♦ [termes de commerce] **débours ♦ faux frais,** [fam.] **extra** (qui se disent des dépenses que l'on doit effectuer en plus de celles que l'on avait prévues : *le prix de l'hôtel est une chose, les faux frais en sont une autre !*) ; → SORTIE, SACRIFICE II, PARTICIPATION. **②** On parle de **dilapidation,** de **dissipation** quand il s'agit de vaines dépenses d'argent ; → PRODIGALITÉ. *Faire des dépenses* : → DÉPENSER.

◇ **dépenser ①** *Il a dépensé toute sa fortune en jouant aux courses* : [péj.] **↑ dilapider ♦** [sout.] **dissiper ♦** [cour.] **gaspiller ♦** [rare] **↑ prodiguer** (qui se dit, de manière non forcément péj., de celui qui se livre à des dépenses excessives) ; [plus fam.] **↑ engloutir ♦ débourser** (= sortir de l'argent de sa bourse : *ne pas dépenser, débourser un sou*) ♦ [fam.] **croquer ;** → MANGER II, PAYER. *Dépenser beaucoup d'argent* : [fam.] **ne pas regarder à la dépense, jeter l'argent par les fenêtres, brûler la chandelle par les deux bouts ♦** [express. sout.] **jouer**

les grands seigneurs, mener grand train, vivre sur un grand pied ; → FAIRE VALSER* L'ARGENT. **②** *Il a dépensé beaucoup d'efforts pour nous secourir* : **déployer,** [plus sout.] **prodiguer.** **③** *Un moteur qui dépense* : → USER II.

◇ **se dépenser** → SE DÉMENER, SE DONNER DU MAL* I, SE REMUER.

◇ **dépensier** *Il est très dépensier* : [sout.] **prodigue ♦** [fam.] **c'est un gouffre, un panier percé.**

déperdition → PERTE, FUITE.

dépérir ① [qqn ~] → S'AFFAIBLIR. *Sa santé dépérit de jour en jour* : **se détériorer, se dégrader.** *Ses muscles dépérissent peu à peu* : **s'amaigrir, s'atrophier.** Ces syn. conviennent au figuré (*ses bénéfices, son savoir s'amaigrissent, s'atrophient*). **②** [qqch ~] *Faute d'humidité, les géraniums dépérissent* : [rare] **s'étioler ♦ ↑ se faner ;** → SÉCHER II, MOURIR. **③** *Depuis l'installation du supermarché, les petits commerces du quartier dépérissent* ; **↑ péricliter, disparaître, mourir ;** → ALLER MAL*.

◇ **dépérissement ①** [de dépérir **①**] : **détérioration, dégradation, affaiblissement, amaigrissement*, atrophie*.** **②** [de dépérir **③**] : **disparition, mort.**

dépêtrer (se) → SE DÉBROUILLER, S'EN SORTIR.

dépeuplé → VIDE I.

dépeuplement *On assiste au dépeuplement des zones rurales* : **dépopulation.**

déphasé → DÉCALÉ.

dépiauter → DÉPOUILLER.

dépistage → RECHERCHE.

dépister → DÉCOUVRIR.

dépit → DÉSAPPOINTEMENT.
◇ **en dépit** → MALGRÉ.

dépiter → DÉSAPPOINTER.

déplacé ① → INCONVENANT, INOPPORTUN, MALSÉANT. **②** *Les populations déplacées* : [plus génér.] **réfugié.**

déplacer, c'est **changer de place.**
① [~ qqch] *Il faut toujours qu'il déplace mes meubles !* : **déranger*** (= déplacer ce qui était en ordre) ◆ **intervertir** (= déplacer les éléments d'une série en changeant leur ordre) ◆ **inverser** (= intervertir la place de deux objets) ◆ **excentrer** (= placer en dehors du centre) ; → POUSSER I, REMUER. ② [~ qqn] → MUTER, FAIRE VALSER*. *Déplacer un prisonnier* : **transférer.** *Déplacer un service, une entreprise* : **délocaliser, transférer.**

◇ **se déplacer** → SE POUSSER, SE TRANSPORTER, CIRCULER, VOYAGER. *C'est un médecin qui ne se déplace pas* : **aller à domicile.** *À son âge, il ne se déplace plus beaucoup* : **sortir** ◆ [fam.] **bouger.** *Depuis sa chute, il a du mal à se déplacer* : **marcher.**

◇ **déplacement** ① [de déplacer] : **changement de place, interversion, inversion, délocalisation, transfert** ; → MUTATION. ② [de se déplacer] → MIGRATION, VOYAGE. *Des déplacements répétés* : **allées et venues.** *Un moyen de déplacement* : **de locomotion.** *Le déplacement d'un astre* : → MOUVEMENT.

déplaire *L'attitude que vous adoptez me déplaît beaucoup !* : ↑ **choquer,** ↑ **offusquer** ; [sout.] **indisposer** ; → RÉPUGNER, BLESSER, DÉGOÛTER, FROISSER.

déplaisant → DÉSAGRÉABLE.

déplaisir → PLAISIR.

dépliant → PROSPECTUS.

déplier → DÉVELOPPER I, ÉTENDRE.

déploiement ① → OUVERTURE. ② → MANŒUVRE II. ③ → DÉMONSTRATION.

déplorable → CATASTROPHIQUE, LAMENTABLE, MINABLE, PITOYABLE, REGRETTABLE, SCANDALEUX, TRISTE III.

déplorer ① → PLEURER. ② → REGRETTER.

déployer ① → ÉTENDRE, OUVRIR, TENDRE III, DÉVELOPPER I, ÉTALER I. ② *Déployer des efforts pour accueillir ses hôtes* : **prodiguer** ; → DÉPENSER. *Déployer ses richesses* : → ÉTALER I.

déplumé → CHAUVE.

dépoitraillé → DÉBRAILLÉ.

dépopulation → DÉPEUPLEMENT.

déportation → EXIL.

déporté → EXILÉ.

déporter ① → EXILER. ② → DÉVIER.

déposer

I → DESTITUER.

II ① Au sens général de mettre sur le sol ou sur une surface quelconque qqch que l'on portait, *déposer* se confond souvent avec **poser,** mais pas dans tous les contextes (*vous pouvez déposer, poser vos valises sur la table ; déposer des ordures* : dans ce cas, *poser* ne convient pas) ; → METTRE. ② Laisser en dépôt. *Nous déposerons nos bagages à la consigne* : [très génér.] **mettre** ◆ **laisser*** (qui exprime l'idée que l'on se sépare de qqch, provisoirement ou non) ◆ [très fam.] **foutre** ; → ENTREPOSER. *Déposer de l'argent à la banque* : **faire un dépôt*** ◆ [plus génér.] **verser, mettre.**

III → TÉMOIGNER.

dépositaire ① *Le dépositaire d'une marque* : **concessionnaire.** ② *Il se sentait le dépositaire des valeurs de son parti* : **gardien, garant** ◆ [adj. et n.] **responsable*.**

déposition ① → TÉMOIGNAGE. ② → DESTITUTION.

déposséder *Pourquoi est-elle dépossédée de ses biens ?* : [en termes de droit] **dessaisir** ◆ [plus cour.] **dépouiller** ◆ [didact.] **spolier** (= déposséder par ruse ou par force) ◆ **déchoir** (= être dépossédé de son rang) ◆ [fam.] **plumer, tondre** ; → PRIVER, VOLER II, ÉCARTER.

dépôt [de déposer II] ① *Je dois aller à la banque pour y faire un dépôt d'argent* : **versement** ◆ **arrhes, provisions** (qui se disent d'une **avance** sur une somme à payer) ◆ **caution, cautionnement** (qui se disent d'une **garantie** d'un engagement ou de créances éventuelles). ② *Ils n'ont pas beaucoup de marchandises dans ce magasin : l'essentiel de leurs stocks se trouve au dépôt* : **entrepôt** ◆ **dock** (qui se dit d'un entrepôt situé le long du bassin d'un port commercial) ; → RÉSERVE I. ③ *Ce vin est agréable à boire, mais il laisse un léger dépôt* : **lie** (qui ne se dit qu'en parlant du vin ou du cidre). *Les dépôts d'un fleuve* : → LIMON, SÉDIMENT. *Dépôt d'ordures* : → DÉPOTOIR.

dépotoir Dépôt d'ordures : **décharge** ◆ [en partic.] **Déchetterie** (où l'on trie et recycle les déchets).

dépouille ① *On a retrouvé sa dépouille dans la rivière* [sout.] : [cour.] **cadavre, corps.** Seul *dépouille* s'emploie dans les contextes comme *une foule nombreuse a défilé devant la dépouille du président de la République* : → MORT II. ② [pl.] → BUTIN.

dépouillé → CONCIS, SÉVÈRE, SIMPLE, SOBRE.

dépouillement ① *Les moines vivent dans le plus grand dépouillement* : **de façon dépouillée*** ◆ [plus partic.] **privation, renoncement, détachement** ◆ ↓ **sobriété ;** → EFFORT. *Le dépouillement d'un style* : → CONCISION. ② *Le dépouillement d'un livre* : → EXAMEN.

dépouiller ① *Il faudra dépouiller ce lapin cet après-midi* : **écorcher** ◆ [fam.] **dépiauter ;** → SAIGNER. ② *Dépouiller une branche de son écorce, qqn de ses vêtements* : **dénuder ;** → DÉVÊTIR. ③ *Dépouiller qqn de son argent* : → DÉMUNIR, LESSIVER, VOLER II, DÉPOSSÉDER. ④ *Dépouiller un livre* : → CONSULTER.

◇ **se dépouiller** → RENONCER, PERDRE.

dépourvu

I [participe passé] **dépourvu** de : → MANQUER II, PAUVRE II, SANS, VIDE I.

II *Au dépourvu. Son arrivée m'a pris au dépourvu* : **à l'improviste, par surprise** ◆ [plus fam.] **de court ;** → SOUDAIN II.

dépravation → CORRUPTION, PERVERSITÉ.

dépravé → CORROMPU, PERVERS, VICIEUX I.

dépraver → CORROMPRE.

dépréciation → DÉPRÉCIER.

déprécier *Il cherche systématiquement à déprécier les mérites de ses adversaires* : **rabaisser*** ◆ ↓ **mésestimer, sous-estimer** (qui n'impliquent pas que l'on cherche à diminuer la valeur de qqn, qqch, mais que l'on commet une erreur de jugement) ; → DISCRÉDITER.

◇ **se déprécier** *Depuis quelques mois, le dollar ne cesse de se déprécier* : **se dévaloriser, se dévaluer** ◆ [plus génér.] **baisser, être à la baisse.**

◇ **dépréciation** : **dévalorisation, dévaluation, baisse, décote.**

déprédation
① → DÉGÂT. ② → CONCUSSION, RAPINE.

déprendre (se) → SE DÉTACHER.

dépressif, dépression → DÉPRIMER.

déprime → CAFARD III, DÉPRESSION.

déprimé → DÉPRIMER.

déprimer ① *Depuis la mort de son mari, elle déprime* : ↑ **être en dépression, faire une dépression, être déprimé** ◆ **être dépressif** (qui désigne un état pathologique permanent) ; → À PLAT. ② *Tu es trop apathique : ça me déprime !* : **décourager** ◆ [fam.] **ficher en l'air,** [très fam.] **foutre en l'air ;** → ABATTRE II.

◇ **déprimant** *Le temps pluvieux finit par être déprimant* : **débilitant** (qui évoque davantage une action sur le physique) ◆ **démoralisant** (qui évoque davantage le moral) ; → ACCABLANT.

◇ **déprimé** ① → DÉPRIMER. ② *Un marché financier déprimé* : → ABAISSEMENT I.

◇ **dépression** ① *Une dépression nerveuse* : [fam.] ↓ **déprime*** ◆ **mélancolie, neurasthénie** (qui se disent d'un état pathologique installé) ; → CAFARD III, TRISTESSE, ABATTEMENT II. ② *La météo annonce une dépression* : → PERTURBATION.

dépucelage → DÉFLORATION.

dépuceler → DÉFLORER.

depuis Indique le point de départ d'un événement et insiste sur la durée de cet événement ; **dès** insiste exactement sur le point de départ de l'événement et implique l'indication précise d'une date (*depuis qu'il a hérité, sa vie a changé ; dès qu'il eut hérité, il changea de vie*). *Depuis peu* : → RÉCEMMENT.

dépuratif → PURGATIF.

député → DÉLÉGUÉ, PARLEMENTAIRE I.

députer → DÉLÉGUER.

déracinement ① → ARRACHAGE, ARRA-CHEMENT. ② → DÉPAYSEMENT.

déraciner
① → ARRACHER, RETIRER. ② → DÉPAYSER.

dérailler → DÉLIRER, S'ÉGARER.

déraison → ABSURDITÉ.

déraisonnable → ABSURDE I, RIDICULE.

déraisonner *Ne l'écoutez pas ! il déraisonne !* : **divaguer** ◆ **radoter** (qui se dit au propre de celui qui déraisonne par sénilité) ◆ ↑ **perdre l'esprit**, [fam.] **déménager, débloquer** ◆ [très fam.] **déconner** ◆ [vx] **battre la campagne** ; → S'AFFOLER, DÉLIRER, FOU.

dérangeant → TROUBLANT.

dérangement → DÉRANGER.

déranger ① [~ qqch] *Il avait en horreur que l'on dérange ses affaires* : **mettre du désordre*** **dans, mettre en désordre** ◆ [fam.] ↑ **chambarder,** ↑ **chambouler,** ↑ **mettre sens dessus dessous** ; → DÉPLACER. ② [~ qqch] *Cet orage a dérangé nos projets* : ↑ **bouleverser** ◆ [plus précis] **désorganiser** (= détruire l'organisation de qqch) ; → CONTRARIER, CHANGER, PERTURBER. *Déranger le temps* : → DÉRÉGLER. ③ [~ qqn] *Je vous dérange ?* : [sout.] **importuner** ; → GÊNER. *Être dérangé* est un euphémisme pour **avoir la colique*** et pour **être fou***.

◇ **dérangement**
① [de déranger ① et ②] : ↑ **bouleversement** ◆ [fam.] ↑ **chambardement** ◆ **désorganisation** ; → DÉSORDRE. ② [de déranger ③] → DIFFICULTÉ, GÊNE. ③ → MALAISE, COLIQUE.

dérapage → EMBARDÉE. *Le dérapage des prix* : **dérive**.

déraper ① → GLISSER I, PATINER. ② *Les prix dérapent* : **dériver**.

derche → DERRIÈRE II.

dérèglement → CORRUPTION, DÉBORDEMENT, DISSOLUTION, ÉGAREMENT.

dérégler *Le temps est complètement déréglé depuis plus d'une semaine* : **déranger** (qui ne s'emploie pas en parlant d'appareils : *une montre déréglée*, mais non *dérangée*) ◆ ↑ **bouleverser** ◆ [fam.] **détraquer** ; → ABÎMER.

◇ **déréglé** ① → DÉRÉGLER. ② *C'est un noceur, il mène une vie déréglée* : **désordonné** ◆ ↑ **dissolu, libertin** ◆ [fam.] **vie de bâton de chaise** ; → DÉRÈGLEMENT.

dérider → AMUSER, DÉGELER.

◇ **se dérider** → S'ÉPANOUIR, RIRE.

dérision → RAILLERIE, IRONIE.

dérisoire → MINIME, RIDICULE, RÉDUIT I, VAIN I.

dérivatif → EXUTOIRE.

dérive → INCONTRÔLABLE, DÉRAPAGE. *Tout va à la dérive* : **à vau-l'eau** ◆ **péricliter** ; → SE DÉTÉRIORER.

dériver ① → DÉTOURNER, DÉVIER. ② → RÉSULTER, VENIR DE.

derme → PEAU.

dernier ① [qqch est ~] Terme très courant dont les synonymes, souvent plus précis, varient selon les contextes. *La dernière voyelle d'un mot* : [précis] **finale**. *Un dernier effort* : ↑ **ultime,** ↑ **suprême.** *La dernière limite* : ↑ **extrême*.** *La dernière des choses à faire* : **pire.** *Le dernier de mes soucis* : → MOINDRE. *Les derniers films* : → RÉCENT. *Les derniers moments* : → AGONIE. ② [qqn est le ~] *Vous êtes le dernier des paresseux !* : **le pire de, le plus grand de.** *Être le dernier* : → LANTERNE, À LA QUEUE. *Le petit dernier* : → CADET.

dernièrement → RÉCEMMENT.

dernier-né → CADET.

dérobade → FUITE.

dérobé → SECRET I.

dérobée (à la) → DISCRÈTEMENT, SECRÈTEMENT.

dérober ① *On lui a dérobé son portefeuille* [sout.] : [cour.] **voler*** ◆ **subtiliser, soustraire, escamoter** (qui impliquent l'idée d'adresse) ◆ [fam.] **chiper, faucher, piquer, chauffer, barboter, choper** ◆ **chaparder** (= voler de petites choses : *chaparder une orange chez un épicier*) ◆ [vieilli] **marauder** (qui se dit de l'action de voler des fruits, des légumes, des volailles, à la campagne) ; → S'ATTRIBUER, DÉTOURNER, VOLER II. ② *Nous avons dérobé son secret* : **surprendre** ; → DÉCOUVRIR. ③ *Un rideau de peupliers dérobait la maison aux regards indiscrets* [sout.] : [cour.] **cacher*, dissimuler** ; → MASQUER.

◇ **se dérober** ① *Les trafiquants sont parvenus à se dérober aux recherches de la police* : **échapper à, se soustraire à, éviter, fuir** ◆ [fam.] **couper à** ; → SE CACHER, SE DÉFILER. ② *Impossible de savoir ce qu'il pense : il se dérobe à nos questions* : **éluder, esquiver, fuir** ; → RECULER, GLISSER I. *Se dérober à ses promesses* : → MANQUER I, RENIER.

dérogation → DÉSOBÉISSANCE, DISPENSE, INFRACTION.

déroger ① → DÉSOBÉIR, MANQUER I. ② → S'ABAISSER.

dérouillée → PEIGNÉE, VOLÉE III.

dérouiller ① [~ qqn] → BATTRE I. ② [qqn ~] → SOUFFRIR. ③ *Se dérouiller les jambes* : → DÉGOURDIR.

déroulement *Il était captivé par le déroulement de l'action* : [plus rare] **cours, film.** *Le déroulement des faits confirmait son hypothèse : l'homme avait été assassiné* : **succession, enchaînement** ; → MARCHE.

dérouler → DÉVELOPPER I, ÉTALER I.

◇ **se dérouler** → AVOIR LIEU*, SE PASSER.

déroutant → DÉCONCERTANT.

déroute → DÉFAITE, FUITE.

dérouter → DÉCONCERTER, DÉPAYSER.

derrière

I [prép. ou adv.] *Marcher derrière qqn* : **à la suite de.** *L'un derrière l'autre* : **après** ; → À LA FILE*. *Que se cache-t-il derrière cette affaire ?* : → SOUS. *Derrière soi* : → SUR. *Voici la ville ; derrière, la mer* : **en arrière-plan.** *Dommage qu'on ne vous voie que de derrière !* : **de dos, le dos tourné.** *Laisser loin derrière* : → DÉPASSER. *Par-derrière* : → TRAÎTREUSEMENT.

II [n.m.] ① *Le derrière d'un immeuble* : **arrière.** ② *Si tu continues, tu vas prendre mon pied dans le derrière !* : **fesses** ◆ [fam. en ce sens] **fessier** ◆ [par plais.] **postérieur** ◆ [rare] **arrière-train** ◆ [très fam.] **cul, derche, popotin** ◆ **lune** (qui s'emploie surtout dans le langage enfantin) ◆ **croupe** (qui se dit en parlant des animaux) ; → ANUS, PÉTARD.

dès → DEPUIS. *Dès que* : → SITÔT QUE.

désabusé → DÉSABUSER.

désabuser *Il faut vous désabuser ! Ce n'est pas du marbre, mais une imitation !* [sout.] : [cour.] **détromper** ◆ [sout.] **dessiller les yeux** (à, de qqn) ◆ [express.] **revenir sur terre, être réaliste, regarder les choses en face.**

◇ **désabusé** *Depuis son échec électoral, c'est un homme complètement désabusé* : [sout.] **désenchanté** ◆ [fam.] **revenu de tout, qui ne croit plus à rien** ; → DÉCEVOIR, MAUSSADE.

désaccord ① [~ entre personnes] Les synonymes varient selon la nature, le degré et la conséquence possible du désaccord : **désunion** (= état qui résulte d'un désaccord) ◆ ↑ **division, différend,** ↑ **conflit** (*une division s'instaura dans le parti ; un différend, un conflit oppose syndicats et patronat*) ◆ **mésentente, discorde,** [sout.] **mésintelligence, dissentiment** (*le désaccord, la mésentente, la mésintelligence, la discorde règne entre eux ; un dissentiment les oppose*) ◆ [cour.] **brouillerie, froid, brouille, dissension, dispute, rupture** (qui désignent les conséquences possibles du désaccord) ◆ [fam.] **zizanie** (*semer la zizanie*) ◆ [express. fam.] **il y a**

de l'eau dans le gaz ◆ **clash** (= désaccord violent : *il y a eu un clash*), [plus fam.] **ça a pété** ; → INCOMPRÉHENSION, QUERELLE, DISSIDENCE. ② [~ entre choses] *Ses paroles sont en désaccord avec ses actes* : **opposition*** ◆ ↑ **contradiction** ◆ **contraste, faire contraste** ◆ **incompatibilité.**

désaccoutumer → DÉSHABITUER.

désacraliser *On a désacralisé le métier d'enseignant* (= ne plus considérer comme sacré) ◆ **démythifier** (= ne plus considérer comme mythique) ◆ [plus génér.] **banaliser** ; → ORDINAIRE.

désaffection *Elle manifeste de la désaffection à son égard* : **détachement.** *La désaffection pour la politique* : **désintérêt*** ◆ [rare] **désamour** ◆ ↑ **indifférence** ◆ ↑ **mépris.**

désagréable ① [qqn est ~] *C'est une personne désagréable* : ↑ **odieux** ; → ACERBE, PAS COMMODE II, ACARIÂTRE, DÉTESTABLE, SALE. ② [qqch est ~] *Quel événement désagréable* ! : **déplaisant, contrariant, fâcheux, ennuyeux** ; → MALHEUREUX, MOCHE, SAUMÂTRE, REGRETTABLE. *Une odeur désagréable* : **incommodant, nauséabond.** *Des propos désagréables* : ↑ **vexant, fielleux, blessant, cuisant, haineux** ◆ [sout.] **désobligeant** ; → INJURIEUX.

désagrégation → DISLOCATION, SÉPARATION, SE DÉSAGRÉGER.

désagréger → DÉCOMPOSER.

◇ **se désagréger** ① *Cette pierre se désagrège peu à peu* : **tomber en poussière.** ② *Leur parti se désagrège à cause de luttes intestines* (= perdre sa cohésion, son unité) : **se disloquer*** ◆ ↑ **se décomposer,** ↑ **s'écrouler,** ↑ **s'effondrer.**

désagrément → DÉSAVANTAGE, INCOMMODITÉ, MALHEUR, MÉCONTENTEMENT, SOUCI.

désaltérer (se) → BOIRE.

désamorcer → DÉSARMER.

désamour → DÉSAFFECTION.

désappointé, désappointement → DÉSAPPOINTER.

désappointer *Il a été très désappointé de ne pas vous avoir rencontré* : ↑ **dépiter** (qui ajoute au précédent l'idée d'une blessure d'amour-propre, d'une vexation) ; → DÉCEVOIR.

◇ **désappointement** : **dépit.** De qqn qui éprouve beaucoup de *désappointement*, on dit [fam.] **il en fait une jaunisse, une maladie** ; → DÉCEPTION.

désapprobation → DÉSAPPROUVER.

désapprouver *Je désapprouve totalement votre conduite* : ↑ **blâmer** ◆ ↑ **réprouver** (qui implique une condamnation totale d'un acte) ◆ **désavouer** (qui ne se dit en ce sens que des personnes) ◆ **se désolidariser de** (= refuser d'être solidaire de qqn ou de qqch que l'on désapprouve) ; → RÉPRIMANDER, CONDAMNER, CRITIQUER, HONNIR, DONNER TORT*.

◇ **désapprobation** : **blâme, réprobation, désaveu** ; → CONDAMNATION, OBJECTION, REPROCHE.

désarçonner ① → VIDER. ② → DÉCONCERTER, TROUBLER.

désargenté *Voudrais-tu me prêter mille euros ? Je suis un peu désargenté en ce moment* : [fam.] **fauché, sans un sou, sans un centime, sans un rond** ◆ [très fam.] **raide** ◆ [express. fam.] **tirer le diable par la queue, ne pas pouvoir joindre les deux bouts** ◆ **ruiné** (= avoir définitivement perdu sa fortune) ; → PAUVRE II.

désarmant → ACCABLANT, DÉSARMER.

désarmé → FAIBLE I.

désarmer ① [~ qqch] *Les grandes puissances cherchent à désarmer leurs zones d'influence devenues inutiles* : **démilitariser.** ② On *désarme* un fusil, on **désamorce** une bombe. ③ [~ qqn] *Sa candeur me désarme* (= pousser à l'indulgence, faire cesser tout sentiment d'hostilité) : **être désarmant** ◆ ↓ **toucher** ; → ÉMOUVOIR, DÉCONCERTER. ④ [v.i.] *Sa colère ne désarme pas* : **céder, fléchir.** *En dépit de tous nos efforts, il ne désarme pas* : **renoncer.**

désarroi → CONFUSION I, DÉTRESSE, ÉMOTION, TROUBLE II.

désarticulation → DÉBOÎTEMENT.

désarticuler (se) → SE DÉBOÎTER.

désassortir → DÉPAREILLER.

désastre → ABÎME, CATASTROPHE. *Un désastre financier* : → FAILLITE. *Spectacle qui est un désastre* : → ÉCHEC.

désastreux → ABOMINABLE, CATASTROPHIQUE, LAMENTABLE, MALHEUREUX I, MAUVAIS I, MOCHE, NÉFASTE, DÉFAVORABLE.

désavantage ① *C'est une solution qui présente beaucoup de désavantages* : **inconvénient*** ◆ ↓ **désagrément** ◆ [très fam.] **emmerdement, emmerde.** ② *Il part avec un désavantage : son âge !* : **handicap.**

◇ **désavantager** *Son infirmité l'a désavantagé* : **handicaper, tourner au désavantage de** ◆ [plus génér.] **nuire** ; → DÉFAVORISER, LÉSER.

désavantageux → DÉFAVORABLE.

désaveu ① [être désavoué] → CONDAMNATION, DÉSAPPROBATION. ② [désavouer] → RENIEMENT, RÉTRACTATION.

désavouer ① → DÉSAPPROUVER, RENIER. ② → SE DÉDIRE.

désaxé → FOU.

descendance → LIGNÉE, POSTÉRITÉ.

descendant → POSTÉRITÉ.

descendre ① [qqn ~] *Descendre une pente abrupte, descendre un escalier* : ↑ **dévaler, débouler** ◆ [fam.] **dégringoler** ; → SUIVRE. *Descendre une rivière* : → FIL. *Descendre de voiture* : **sortir.** *Descendre de bateau* : **débarquer.** *Descendre du train* : ↑ **sauter.** ② [qqn ~ chez qqn] → LOGER I. ③ [qqn ~] *Comment peut-il descendre aussi bas ?* : **déchoir, s'abaisser*** (*... déchoir, s'abaisser ainsi ?*). ④ [qqn ~ qqn] → TUER, RECTIFIER. ⑤ [qqch ~] *La nuit descend* : **tomber*.** *Le thermomètre descend* : **baisser,** ↑ **chuter.** *Les prix descendent* : **baisser, diminuer,** ↑ **chuter,** ↑ **s'effondrer.** *La mer descend* : **baisser** ◆ [sout.] **se retirer.** *Le*

chemin descend doucement vers la vallée : [sout.] **s'incliner.** *Ce dîner ne descend pas* : → PASSER II.

descente ① → CÔTE II. ② *Descente de lit* : → TAPIS. *Descente de police* : → RAFLE. *Avoir une bonne descente* : → GOSIER.

description → PORTRAIT, SIGNALEMENT, PEINTURE II.

désemparer → DÉCONCERTER.

désenchanté → AIGRIR, DÉSABUSÉ.

désenchantement → DÉCEPTION.

désencombrer → DÉBARRASSER, DÉGAGER.

désencrasser → NETTOYER.

désenfler → DÉGONFLER.

désengagement → RETRAIT.

désengorger ① → DÉGORGER. ② → DÉGAGER.

désenivrer → DÉGRISER.

déséquilibre → CRISE, PERTURBATION, INÉGALITÉ.

déséquilibré → BIZARRE, CARACTÉRIEL, MALADE* MENTAL, FOU.

désert ① *On rencontre dans ces régions des villages totalement déserts* : [moins cour.] **inhabité** ◆ **désolé** (qui ajoute aux précédents l'idée de tristesse) ; → NU, SAUVAGE, SOLITAIRE I. ② *L'été, au début de l'après-midi, les rues sont totalement désertes* : **vide** ◆ **abandonné, déserté** (qui impliquent une action délibérée) ◆ [fam.] **il n'y a pas un chat** ; → MORT.

déserté → DÉSERT.

déserter → ABANDONNER I, TRAHIR.

déserteur Le *déserteur* est celui qui quitte son poste sans nécessairement passer à l'ennemi ; le **transfuge** est un *déserteur* qui passe à l'ennemi, pouvant ainsi être considéré comme un **traître*** ; → INSOUMIS.

désertion → ABANDON I, INSOUMISSION, TRAHISON.

désertique → ARIDE.

désescalade → DIMINUTION.

désespérance → DÉSESPOIR.

désespérant → ACCABLANT, ATTRISTANT, IRRÉCUPÉRABLE.

désespéré ① → TRISTE I. ② → COMPROMETTRE.

désespérément *Elle était désespérément seule* : absolument*.

désespérer ① [~ qqn] → ABATTRE II, DÉCOURAGER, TUER. ② [qqn ~] → DOUTER.

désespoir *Dans son emploi abstrait, ce mot a pour syn. soutenu* **désespérance**. *Elle est plongée dans le plus grand désespoir* : affliction, détresse ; → ABATTEMENT, DÉCOURAGEMENT. *À mon grand désespoir* : désolation. *Faire le désespoir de qqn* : ↓ désoler. *C'est la solution du désespoir* : ↓ c'est la dernière chance.

déshabillé → NÉGLIGÉ, ROBE.

déshabiller → DÉVÊTIR.

◇ **se déshabiller** → SE DÉCOUVRIR.

déshabituer *Il ne parvenait pas à se déshabituer du tabac* : désaccoutumer ; → SE DÉFAIRE.

désherber → SARCLER.

déshérité
→ MISÉRABLE, PAUVRE, MONDE* II.

déshonnête → OBSCÈNE.

déshonneur → HONTE.

déshonorant → DÉSHONORER.

déshonorer ① → DISCRÉDITER, SALIR. ② → ABUSER III, PROSTITUER, SÉDUIRE.

◇ **se déshonorer** *En agissant ainsi, ils se sont déshonorés* : se couvrir de honte, d'opprobre.

◇ **déshonorant** *Leur démarche est déshonorante* : avilissant, honteux* ◆ [plus génér.] abject*.

déshumaniser *Elle se sentait déshumanisée par ses propos injurieux* : chosifier ◆ ↓ rabaisser.

déshydratation → DESSÈCHEMENT.

déshydraté → SEC I.

déshydrater → ALTÉRER II.

desiderata → DÉSIR.

désignation → APPELLATION.

designer → STYLISTE.

désigner ① [~ qqn] → APPELER I, NOMMER II. ② [~ qqch] → CHOISIR, INDIQUER.

désillusion → DÉCEPTION.

désincarné → ABSTRAIT.

désinence → TERMINAISON.

désinfectant ① *Produit pour désinfecter les sanitaires* : [plus partic.] désodorisant. ② *Produit pour désinfecter une plaie* : antiseptique.

désinfecter ① → PURIFIER. ② → SOIGNER I.

désinfection → ASSAINISSEMENT.

désinformation → MENSONGE.

désintégration → DISLOCATION.

désintégrer (se) → SE DISLOQUER.

désintéressé ① [qqn est ~] *Se dit de celui qui n'agit pas par intérêt personnel, notamment financier* : ↑ généreux (= qui implique de grandes qualités de cœur) ◆ altruiste (= qui a le souci des autres) ◆ détaché des choses, des biens de ce monde (se dit, parfois par plais., de celui qui ne se soucie pas des biens matériels). ② [en partic.] *Son geste n'est pas désintéressé* : gratuit ; → PUR. *Peut-on avoir un avis désintéressé sur une telle question ?* : impartial, objectif.

◇ **désintéressement** *Il a agi avec un désintéressement extraordinaire* : ↑ abnégation ◆ [partic.] générosité ◆ altruisme ; → SE DÉVOUER.

◇ **se désintéresser** *Il se désintéresse de nos problèmes* : ↑ **se moquer de** ◆ [fam.] ↑ **se ficher de, se foutre de** ; → SE LAVER* LES MAINS, NÉGLIGER, DÉTACHÉ, OUBLIER.

◇ **désintérêt** *Son désintérêt de, pour nos problèmes me peine* [sout.] : [cour.] **indifférence** ; → DÉTACHEMENT, DÉSAFFECTION, INAPPÉTENCE.

désintoxication *Une personne droguée en désintoxication* : **sevrage**.

désintoxiquer → GUÉRIR.

désinvolte → DÉGAGÉ, SANS GÊNE, LESTE, LIBRE.

désinvolture *Je suis outré par tant de désinvolture !* : **légèreté** (= absence de sérieux) ◆ **sans-gêne, laisser-aller,** ↑ **grossièreté, insolence*, goujaterie** (qui s'emploient lorsqu'il s'agit d'une trop grande liberté de manières avec autrui) ; → FAMILIARITÉ, IMPUDENCE.

désirable ① [que l'on peut désirer] *Il y avait tout le confort désirable* : **souhaitable, voulu, enviable** ; → NÉCESSAIRE I. ② [qui éveille le désir sexuel] → AFFRIOLANT, SÉDUISANT.

désirer ① *Il désire que nous partions de bonne heure* : ↓ **souhaiter** ◆ ↑ **vouloir*** ; → APPELER I, RÊVER, DEMANDER, BRÛLER (III) DE, CONVOITER. ② *Je t'aime et je te désire* : [plus fam.] **avoir envie de** ◆ [rare] **avoir soif de.**

◇ **désir** ① *Éprouvez-vous le désir de le revoir ?* : ↑ **envie** (qui s'emploie le plus souvent dans *avoir envie de*) ◆ ↓ **tentation** (qui se dit de ce qui incite au désir) ; → SOUHAIT. *Il est obnubilé par le désir de partir* : **rêve** ◆ [fam.] ↑ **démangeaison.** *Le désir de l'aventure* : ↑ **soif, appétit** ◆ ↓ **goût** ; → FAIM. *Le désir de bien faire* : ↑ **volonté** ; → AMBITION. ② [au pl.] *Quels sont vos désirs ?* : [plus rare] **desiderata.** *Je ne vais quand même pas satisfaire à tous ses désirs !* : **demandes, volontés** ◆ [fam.] **faire ses quatre volontés** ; → FANTAISIE. ③ *Le désir sexuel* : **appétit** ◆ [didact.] **libido** ; → PENCHANT, PLAISIR, SENSUALITÉ.

désireux → IMPATIENT.

désistement → ABANDON I.

désister (se) *Le candidat du centre s'est désisté en faveur de celui de la droite* : [plus cour.] **se retirer** ; → QUITTER LA PARTIE* IV.

désobéir ① *Désobéir à ses parents* : ↑ **se révolter, se rebeller contre** ◆ ↓ **s'opposer à.** ② *Désobéir à la loi* : ↑ **transgresser, violer** ◆ [didact.] **contrevenir à, enfreindre** ◆ **déroger à** (= ne pas respecter une prescription particulière : *déroger aux clauses d'un traité*) ◆ [sout.] **passer outre** (qui s'emploie souvent sans complément).

◇ **désobéissant** *Ces élèves sont très désobéissants* : [sout.] **indocile** ◆ **indiscipliné, insubordonné** (= qui ne se soumet pas à la discipline collective) ◆ **dissipé** (= qui est distrait quand il faudrait travailler) ; → REBELLE, RÉTIF.

◇ **désobéissance** ① [de désobéir ①] : **révolte*, rébellion, opposition.** ② [de désobéir ②] : **transgression*, violation, contravention, infraction*, dérogation.**

désobligeant → DÉSAGRÉABLE, MALVEILLANT.

désobliger → FROISSER II, VEXER.

désodorisant → DÉSINFECTANT.

désœuvré → INACTIF, OISIF.

désœuvrement → INACTION, OISIVETÉ.

désolant → ATTRISTANT.

désolation → RUINE, DÉSESPOIR.

désolé ① → DÉSERT. ② → LA MORT DANS L'ÂME*, CONFUS II, FÂCHÉ.

désoler ① → RAVAGER. ② → ATTRISTER, DÉSESPOIR, NAVRER.

◇ **se désoler** → S'ATTRISTER.

désolidariser (se) → DÉSAPPROUVER.

désopilant → AMUSANT, COMIQUE.

désordonné → ANARCHIQUE, BROUILLON I.

désordre ① *Quel désordre !* : [fam.] **pagaille, bazar, fourbi, chantier** ◆ [sout.] **chienlit** ◆ **capharnaüm** (qui se dit en parlant d'une pièce où règne le désordre) ◆ **désorganisation, gabegie, gâchis** (qui se disent en parlant du désordre dans la gestion des affaires publiques ou privées) ◆ **fatras, fouillis, bric-à-brac,** ↑ **souk** (qui se disent en parlant du désordre d'un tiroir, d'un logement...) ◆ **confusion*, enchevêtrement,** [fam.] **embrouillamini, cafouillage, cafouillis** (qui se disent en parlant du désordre des idées) ; → ÉPARPILLEMENT, MERDIER, TUMULTE. *En désordre* : → PÊLE-MÊLE, SENS* (III) DESSUS DESSOUS. ② *Mettre du désordre* : [selon le contexte] **déranger*** , **désorganiser, bouleverser, mélanger, brouiller*** ◆ [fam.] **chambouler, chambarder.** ③ *Semer le désordre* : **agitation, trouble** ◆ ↑ **anarchie** ; → CONVULSION, RÉVOLTE. *Il y a eu des désordres sur la voie publique* : → ÉMEUTE. ④ *Désordre intérieur* : → ÉGAREMENT. ⑤ *Désordre moral* : → LICENCE.

désorganisation → DÉRANGEMENT, DÉSORDRE.

désorganiser → DÉRANGER, METTRE DU DÉSORDRE*, TROUBLER.

désorienter → DÉCONCERTER.

désormais → À L'AVENIR, MAINTENANT.

despote → POTENTAT, TYRAN.

despotique → ARBITRAIRE, ABSOLU I, TYRANNIQUE.

despotisme → ABSOLUTISME, TYRANNIE.

dès que → SITÔT QUE.

dessaisir → DÉPOSSÉDER.

◇ **se dessaisir** → ABANDONNER I, RENONCER.

dessaler → DÉGOURDIR.

desséché → RACORNI, SEC I.

dessèchement ① *Le dessèchement de la peau* : **déshydratation.** La **dessiccation** est un procédé de conservation, en partic. des fruits et des légumes, par élimination de l'humidité ; la **lyophilisation** est un procédé de *déshydratation* à basse température, en partic. du café, du thé. ② *Le dessèchement du cœur et de l'esprit* : **endurcissement** ◆ **sécheresse*** (qui est le résultat du dessèchement).

dessécher ① → SÉCHER I. ② → ENDURCIR.

◇ **se dessécher** → MAIGRIR.

dessein → BUT, PLAN IV, PROPOS III, RÉSOLUTION II, VOIE, VOLONTÉ. *À dessein* : → DÉLIBÉRÉMENT.

desserrer → LÂCHER, RELÂCHER I.

desserte → TABLE I, VAISSELIER.

desservir ① *Desservir la table* [sout.] : [cour.] **débarrasser.** ② [~qqn] → DÉFAVORISER, NUIRE.

dessiccation → DESSÈCHEMENT.

dessiller → DÉSABUSER.

dessin ① *Voici le dessin de ma maison* : **croquis, ébauche, esquisse** (qui désignent les premiers jets d'un dessin) ◆ **tracé** (qui en désigne les contours) ; → ILLUSTRATION, PLAN V. *Mauvais dessin* : → BARBOUILLAGE. ② *Le dessin d'un visage* : → CONTOUR. *Le dessin d'un ouvrage, d'un livre* : → PLAN IV. ③ *Dessin animé* : [anglic.] **cartoon.**

◇ **dessiner** ① *Quand il s'ennuie, il passe son temps à dessiner* : **crayonner** (= dessiner avec un crayon de manière sommaire) ◆ **croquer** (= tracer rapidement, sur le vif : *croquer un personnage en deux coups de crayon* ◆ **esquisser, ébaucher** (= tracer les premiers éléments d'un dessin) ◆ [fam.] **gribouiller, griffonner** (= mal dessiner). ② *À cet endroit, la rivière dessine un large cercle dans la campagne* : **former, tracer.** ③ *Des vêtements qui dessinent le corps* : → MOULER.

◇ **se dessiner** ① *L'ombre des nuages se dessinait sur la mer* : → SE DÉCOUPER. ② *Notre affaire commence à se dessiner* : **se préciser** ◆ [plus fam.] **prendre tournure.**

dessinateur Un *dessinateur* peut être **caricaturiste, modéliste** (qui est spécialisé dans les dessins de mode) ; → ILLUSTRATEUR.

dessoûler → DÉGRISER.

dessous ① [adv.] *Mettre sens dessus dessous* : → DÉRANGER. *Agir en dessous* : → SOURNOIS. *Ci-dessous* : → CI-APRÈS. *Il est au-dessous de tout* : → INCAPABLE. *Au-*

dessous de : → MOINS. *En dessous* : → SOUS. ② [n.m. sing.] *Le dessous de qqch* : **la partie inférieure.** *Avoir le dessous* : → ÊTRE VAINCU. *Les voisins du dessous* : [sout.] **de l'étage inférieur** ◆ [moins précis] **d'en bas.** ③ [n.m. pl.] *Les dessous d'une affaire* : → COULISSE II, SECRET I. *Elle portait des dessous en dentelle* : **sous-vêtements** (qui se dit aussi bien de la lingerie masculine) ◆ [plus sout.] **lingerie, linge.**

dessous-de-table → GRATIFICATION.

dessus ① [adv.] *Avoir le nez dessus* : → NEZ. *Mettre la main dessus* : → TROUVER. *Par-dessus tout* : → SURTOUT. *Par-dessus le marché* : → PLUS. *Au-dessus* : → MEILLEUR, SUR I. *Là-dessus* : → ENTREFAITES. *Que voulez-vous que je dise là-dessus* : → SUJET. ② [n.m.] *Les voisins du dessus* : → HAUT II, SUPÉRIEUR I. *Avoir le dessus* : → AVANTAGE. *Le dessus de la hiérarchie* : → SOMMET.

dessus-de-table → TAPIS.

déstabiliser → FRAGILISER, PERTURBER.

destin *Être poursuivi par le destin* : **destinée, sort** ◆ **fatalité** (qui se dit d'une destinée malheureuse). La **providence** se dit d'une destinée heureuse ; **étoile** (qui ne s'emploie que dans l'express. *naître sous une bonne, mauvaise étoile*, c'est-à-dire avoir une bonne, mauvaise destinée) ; → VIE, HASARD, LOT.

destination ① *J'ignore la destination d'une telle somme d'argent* : [plus génér.] **usage, utilisation** ; → AFFECTER I, MISSION. *Quelle est exactement la destination de ces bâtiments ?* : → AFFECTATION I. ② *Ma lettre est-elle arrivée à destination ?* : **à bon port*.**

destiné ① → NÉ POUR. ② → POUR, USAGE I.

destinée → AVENIR, CONDITION I, DESTIN.

destiner ① → GARDER. ② → AFFECTER I.

destituer *Il a été destitué pour insubordination* : **révoquer** ◆ [partic.] **relever*, démettre** (*qqn est relevé, démis de ses fonctions*) ◆ **casser** (qui se dit surtout d'un officier ou d'un fonctionnaire) ◆ [fam.] **dé-**gommer, limoger** ◆ **déposer** (= destituer qqn d'une autorité supérieure : *déposer un évêque*) ◆ **détrôner** (= déposséder un souverain de son trône) ◆ **disgracier** (= priver qqn de la faveur qu'on lui accordait) ; → SUSPENDRE II, CONGÉDIER.

◇ **destitution** : **révocation, démission, dégommage, limogeage, déposition, disgrâce.**

destrier → CHEVAL.

destructeur → MEURTRIER II.

destruction → DÉTRUIRE.

désuet → ANACHRONIQUE, ANCIEN, RETARDATAIRE, SURANNÉ, VIEUX.

désuétude *Tombé en désuétude* : → VIEUX.

désunion → DÉSACCORD.

désunir → BROUILLER II, SÉPARER.

détaché *Il reçut la nouvelle avec un air apparemment détaché : en réalité, il était très affecté* : **froid, indifférent** ; → SE DÉSINTÉRESSER, IMPASSIBLE.

détachement

I [de détaché] *Je ne supporte pas son détachement devant la souffrance humaine* : **indifférence, froideur** ◆ [sout.] **désaffection** (qui se dit exactement de la perte progressive de l'affection que l'on portait à qqn ou qqch) ; → DÉSINTÉRÊT, IMPASSIBILITÉ. *Prendre avec détachement* : → PHILOSOPHIE. *Le détachement des biens matériels* : → DÉPOUILLEMENT.

II Terme général pour désigner un petit groupe de soldats auquel on a confié une mission spéciale ◆ **commando** (= groupe de combat) ◆ **patrouille** (= groupe de surveillance) ◆ **escorte** (= groupe qui accompagne qqn ou qqch pour le surveiller ou le défendre).

détacher

I ① Ôter le lien qui retenait qqch ou qqn. *Détacher une remorque, un lustre, un prisonnier* : [plus précis] **décrocher** (un lustre, une remorque), **dépendre** (un lustre, un jambon), **délier** (un bouquet),

dénouer (un foulard), **déboutonner** (un manteau), **dégrafer** (une robe), **libérer*** (un prisonnier) ; → DÉFAIRE. ② [~ qqch de qqch] *Détacher la chair des os d'un poulet* : → SÉPARER. ③ [~ qqn de qqch] → ARRACHER. ④ [~ qqn] → DÉLÉGUER.

◇ **se détacher** ① *Les fruits mûrs se détachent de l'arbre* : [plus génér.] **tomber.** ② → SE DÉCOUPER, TRANCHER III. ③ → S'ABSTRAIRE, RENONCER. *Se détacher de qqn* : → S'ÉLOIGNER, SE SÉPARER.

II Enlever une tache. *Elle a déjà essayé trois produits à détacher les vêtements* : *en vain !* : [partic.] **dégraisser** ♦ [plus génér.] **nettoyer.**

détail ① → BABIOLE. ② [de détailler] *Connaître en détail* : → COMME SA POCHE*. *Raconter qqch en détail* : [plus rare] **par le menu** ; → DÉVELOPPER III, TOUT AU LONG* III. *Allez à l'essentiel : évitez les détails !* : **à-côté** ♦ [plus génér.] **bavardage** [au sing.], **longueurs** [au pl.]. *Détail vrai* : → NOTE IV, PRÉCISION.

détaillant → COMMERÇANT.

détaillé → CIRCONSTANCIÉ, PRÉCIS I.

détailler ① → DÉCOUPER. ② *Il a fallu qu'il nous détaille tous les plats qui étaient au menu* : **faire le détail* de**, **énumérer** (qui ne peut s'employer qu'en parlant de choses dénombrables) ; → DÉVELOPPER III.

détaler → COURIR, FUIR.

détecter → DÉCOUVRIR, REPÉRER.

détective → POLICIER.

déteindre → INFLUENCER.

dételer *Sans dételer : il a travaillé toute la semaine sans dételer* : **sans décrocher**, [vulg.] **sans débander** ♦ [cour.] **sans s'arrêter** ; → SANS ARRÊT.

détendant → AMUSANT.

détendre ① → RELÂCHER I. ② → DÉLASSER, DÉGELER.

◇ **se détendre** *La situation se détend* : → S'AMÉLIORER. *Ne travaillez pas trop : il faut vous détendre* : [fam.] **décompresser** ; → SE RELAXER.

détendu ① → LÂCHE II. ② → CALME, REPOSÉ.

détenir *Ce coureur détient le record du 100 mètres* : **être le détenteur de** ♦ [plus génér.] **avoir***. *Détenir la vérité* : → POSSÉDER. *Détenir la preuve* : → TENIR I. *Détenir un objet volé* : **receler** ; → TENIR I.

détente ① → REPOS, RÉCRÉATION, SOULAGEMENT. ② → ACCORD I, DÉGEL.

détenteur → DÉTENIR, PORTEUR, POSSESSEUR.

détention → EMPRISONNEMENT.

détenu → PRISONNIER.

détérioration ① → ALTÉRATION, DOMMAGE. ② *Détérioration de la santé* : → DÉPÉRISSEMENT. *Détérioration des relations sociales* : → POURRISSEMENT.

détériorer → ABÎMER, MUTILER, RUINER, SABOTER.

◇ **se détériorer** ① → S'ABÎMER, S'USER II. ② *Le temps, la santé, la situation se détériore* : → DÉPÉRIR, ALLER À LA DÉRIVE*, SE GÂTER, POURRIR.

déterminant → DÉCISIF, DOMINANT, PRINCIPAL I.

détermination → DÉCISION, RÉSOLUTION II.

déterminé → HARDI.

déterminer ① → MOTIVER, OCCASIONNER. ② → DÉCIDER, DÉFINIR, FIXER, RÉGIR, PRÉCISER.

◇ **se déterminer** → SE PRONONCER, DÉCIDER.

déterrer ① *Déterrer un cadavre* : [sout.] **exhumer** ; → RETIRER. ② *Où as-tu été déterrer ce joli bibelot ?* : **dénicher** ; → TROUVER.

détestable → DÉTESTER.

détester ① [~ qqch] *Il déteste les films comiques* : **avoir en horreur** (*il a les films comiques en horreur*) ♦ ↑ **exécrer** ♦ [sout.] ↑ **abominer**, **avoir en abomination**, **en exécration**, **abhorrer** ♦ **réprouver** (qui implique un jugement moral). ② [~ qqn] *Il*

détonation

déteste cette fille : [sout.] **abominer** ◆ ↑ **haïr** ◆ [express. fam.] ↓ **ne pas porter dans son cœur**, **ne pas pouvoir sentir** ◆ [express. très fam.] **ne pas pouvoir blairer, piffer, avoir dans le nez, ne pas pouvoir sacquer ;** → SENTIR I, NE PAS S'ENTENDRE.

◇ **détestable** [qqn, qqch est ~] : **haïssable** ◆ ↑ **odieux** ◆ ↓ **antipathique** ◆ [en partic.] **impopulaire ;** → ABOMINABLE, MAUDIT, DÉSAGRÉABLE. *Une humeur détestable* : → MASSACRANT.

détonation : **explosion** (= fait d'éclater brutalement. La *détonation* est le bruit de l'explosion ou d'une arme à feu.) ◆ **déflagration** (qui se dit au propre d'une violente explosion).

détonner → JURER III, TON.

détour ① Terme général pour désigner l'écart de tracé d'une voie de communication : [en partic.] **angle, coude, courbe*, sinuosité, boucle, méandre.** *Les détours d'un récit* : → MÉANDRE. *Au détour du chemin* : **tournant ;** → VIRAGE, SINUOSITÉ. *Nous ferons un détour pour aller lui dire bonjour* : [fam.] **crochet ;** → INCURSION. ② *Il lui fallait toujours des détours, comme s'il avait peur de regarder la vérité en face* : **biais, louvoiement ;** → RUSE, PÉRIPHRASE. *Sans détour* : → SANS AMBAGES*.

détourné → INDIRECT.

détournement → VOL II.

détourner ① [~ qqch] *Détourner une rivière, une route, la circulation* : **dériver** (qui se dit en parlant précisément d'un cours d'eau) ◆ **dérouter, dévier** (qui se disent en parlant précisément d'une route, de la circulation). ② [~ qqn de qqch] → ARRACHER, DISSUADER. ③ [~ qqch] *L'employé de banque a détourné d'importantes sommes d'argent* : **distraire** (qui est plus général : il peut être le syn. du précédent, mais n'implique pas toujours l'idée de vol : *distraire une somme de ses économies pour acheter un terrain*) ; → S'ATTRIBUER, DÉROBER, SOUSTRAIRE, VOLER II.

◇ **se détourner** → SE TOURNER, S'ÉGARER.

détracteur → ACCUSATEUR.

détraqué → FOU, RAVAGÉ, MALADE* MENTAL.

détraquer → ABÎMER, DÉRÉGLER.

détresse ① *Il est plongé dans une profonde détresse* : **désarroi ;** → ANGOISSE, DÉSESPOIR, MALHEUR, PEINE II. ② *Un navire en détresse* : **en perdition.** *Un appel de détresse* : **SOS.**

détriment → PRÉJUDICE.

détritus → DÉBRIS, DÉCHET, ORDURE.

détroit → CANAL.

détromper → DÉSABUSER.

◇ **se détromper** : **n'en rien croire** (*détrompez-vous ! n'en croyez rien !*).

détrôner → DESTITUER, ÉCLIPSER.

détrousser [vx, par plais.] : [cour.] **voler*.**

détruire ① [~ qqch] *La ville a été détruite par les bombardements* : ↑ **anéantir, pulvériser ;** → MINER, INCENDIER, RASER II, RAVAGER. ② [~ qqch, concret] Selon l'objet détruit et ce qui détruit : → BRÛLER, ABÎMER, CASSER I, ATTAQUER, DÉMANTELER. ③ [~ qqch, abstrait] *La guerre avait détruit en lui tout ressort* : ↑ **annihiler, ruiner** ◆ ↓ **supprimer*.** *Détruire les projets de qqn* : **réduire à néant ;** → CONTRARIER, MINER. *Détruire un sentiment* : → ÉTOUFFER. ④ [~ un être animé] Se dit en parlant des animaux nuisibles ou d'une collectivité humaine : *détruire les chenilles ; population détruite par la guerre* : ↑ **anéantir, exterminer** ◆ ↓ **décimer ;** → TUER. *Détruire un régime* : **abattre, mettre à bas, renverser** ◆ ↑ **anéantir.**

◇ **se détruire** → SE SUICIDER. *En buvant ainsi, il se détruit !* : **se miner** ◆ [fam.] **se bousiller** ◆ ↑ **se tuer.**

◇ **destruction** ① L'action de détruire : [plus partic.] **anéantissement, corrosion, démolition, écrasement, suppression ;** → ATTAQUE. ② Le résultat de la destruction. *Pendant la guerre, la ville a subi de terribles destructions* : ↑ **ravages, dévastation ;** → DÉGÂT, DOMMAGE, CARNAGE.

dette Terme propre pour désigner le fait de **devoir*** à quelqu'un (le **créancier**) dont on est le **débiteur** une somme d'argent (*je suis votre débiteur, mais je vous paierai tout ce que je vous dois !*) ◆ [didact.] **créance** (qui désigne l'acte qui établit ce qu'un débiteur doit à un créancier) ◆ [d'emploi restreint] **dû** ◆ **passif** (qui se dit spécialement de l'ensemble des dettes d'une personne physique ou morale) ; → EMPRUNT.

deuil ① → TRISTESSE. ② *Le deuil d'un enfant est insupportable :* **perte.** ③ *Faire son deuil de :* → SE RÉSIGNER.

deux, deuxième → SECOND I. *Être deux, une relation à deux :* [en partic.] **duo** (*un duo d'acteurs*), **couple*** (*vivre à deux, en couple*), **jumeau** (*des sœurs jumelles*), **paire** (*une paire de bons amis*) ◆ [didact.] **duel** [adj.] (= qui fait partie d'une dualité), **dualité** (= qui comprend deux entités opposées), **binaire** (= qui met en jeu deux éléments).

deuxièmement : **en deuxième lieu,** [latinisme] **secundo** ; → SECOND I.

deux-roues → BICYCLETTE, CYCLOMOTEUR.

dévaler → DESCENDRE.

dévaliser → VOLER II.

dévalorisation → DÉPRÉCIATION.

dévaloriser → DISCRÉDITER.
◇ **se dévaloriser** → SE DÉPRÉCIER.

dévaluation → DÉPRÉCIATION, ABAISSEMENT I.

dévaluer → RABAISSER.
◇ **se dévaluer** → SE DÉPRÉCIER.

devancer ① *Deux coureurs ont devancé le peloton :* → DÉPASSER. ② *Vous avez devancé ma question :* **prévenir, anticiper, aller au devant de** ◆ [fam.] **couper l'herbe sous le pied à qqn.** ③ *L'appel des candidats a été devancé :* **anticiper** ; → PRÉCÉDER.

devancier → PRÉDÉCESSEUR.

devant → AVANT, VIS-À-VIS, SOUS, EN TÊTE*. *Aller au devant :* → DEVANCER, PRÉVENIR III.

devanture → ÉTALAGE.

dévastateur → DÉVORANT.

dévastation → DESTRUCTION, SACCAGE.

dévaster → RAVAGER, RUINER.

déveine → MALCHANCE.

développé → DÉVELOPPER, SE DÉVELOPPER, ÉVOLUÉ.

développement

I [de développer II] ① *Ce pays est en plein développement :* **essor, expansion, croissance** ; → PROGRÈS. *Pays en développement :* → PAUVRE II, EN RETARD*. *Le développement de la fougère demande un terrain spécial :* **croissance.** *Un bon développement :* **épanouissement.** *Un développement trop faible :* **atrophie.** *Un développement excessif :* **hypertrophie** ; → PERCÉE. ② *Nous essaierons de donner à cette affaire un certain développement :* **extension, essor** ; → AMPLIFICATION, SUITE. *Le développement de la médecine préventive :* ↑ **généralisation.** ③ *Le développement de brouillards :* → FORMATION.

II [de développer III] *Son développement était intéressant, mais trop long :* [partic.] **exposé** ; → CONFÉRENCE, DISCOURS. *Ce point mériterait un développement :* **approfondissement.**

développer

I ① *Ôter ce qui enveloppe (un paquet, par ex.) :* [cour.] **déballer.** ② *Développer ce qui est plié :* [plus cour.] **déplier, déployer, dérouler.**

II *Faire croître.* ① *Développer une affaire :* **étendre*, donner de l'extension, de l'importance.** *Ce pays souhaite développer ses échanges commerciaux avec l'extérieur :* **étendre** ◆ [plus génér.] **augmenter*** ; → RENFORCER. ② *C'est un exercice qui développe le sens musical :* **cultiver, éduquer, éveiller, exercer.**

III *Exposer en détail. Vous connaissez maintenant l'essentiel de l'histoire : je crois inutile de développer davantage :* **détailler, entrer dans les détails** ; → EXPLIQUER, PRÉSENTER.

devenir

◇ **se développer** *C'est un enfant qui se développe bien* : → GRANDIR, MÛRIR. *Une affaire qui se développe* : **s'étendre, prendre de l'ampleur, de l'envergure, de l'importance, de l'extension** ; → FLORISSANT, PROGRESSER. *Les incidents se développent* : → SE MULTIPLIER. *Sa poitrine se développe* : **grossir**. *Des brouillards se développent* : → SE FORMER.

devenir ① [v.] *Que devenez-vous, depuis qu'on ne vous a vus ?* : **faire**. *Je ne sais pas ce que ça va devenir* : [plus restreint] **donner** (= quels seront les fruits de...). ② [n.m.] *En devenir. Tout est en devenir* : **en évolution, en mouvement** ; → CHANGER III. Le *devenir* d'une chose est sa transformation progressive, son **avenir**, ce qu'elle sera à un moment donné du temps.

dévergondage → DÉBAUCHE.

dévergondé → VICIEUX I.

déversement → ÉCOULEMENT.

déverser (se) → COULER I, DÉGORGER, RÉPANDRE.

déversoir → TROP-PLEIN.

dévêtir *Dévêtir un blessé pour le soigner* [sout.] : [cour.] **déshabiller, dénuder** (qui ne s'emploie pas dans les mêmes contextes : *une robe qui dénude les épaules*) ; → DÉPOUILLER.

◇ **se dévêtir** *Il fait froid : évitez de vous dévêtir !* : ↓ **se découvrir*** ◆ ↑ **se dénuder** ◆ [plus fam.] **se mettre tout nu**, [très fam.] **à poil**.

déviant *Un comportement déviant* : [en partic.] **délinquant*** (= qui sort de la norme juridique), **pervers** (= qui sort de la norme morale et sociale) ◆ [en partic.] **à risque**, [didact.] **addictif** (*la toxicomanie est une conduite addictive*).

déviation, déviationnisme, déviationniste → DÉVIER.

dévier *Une plaque de verglas a fait dévier la voiture* : **déporter** (qui se dit en parlant d'un véhicule) ◆ **dériver** (qui se dit en parlant d'un bateau). *Dévier la circulation* : → DÉTOURNER. [surtout au passif] *Cette* ligne d'arbres a été déviée par le vent* : **déjeter**. *Une colonne vertébrale déviée* : [plus génér.] **déformer, malformer**.

◇ **déviation** ① *Cet enfant présente une déviation de la colonne vertébrale* : [plus génér.] **déformation, malformation**. ② Se dit d'un **écart** par rapport à l'orthodoxie d'une doctrine. Ceux qui s'écartent ainsi de la doctrine sont des **déviationnistes**, font du **déviationnisme**. Cet écart peut conduire à la rupture, appelée **dissidence** en politique, **schisme** en religion.

devin *Comment voulez-vous que je vous prédise l'avenir, je ne suis pas devin !* : **oracle** ◆ **prophète** (les premiers termes appartiennent à la tradition païenne, le troisième à la tradition monothéiste : ils ne sont donc pas syn. en tous contextes) ◆ **magicien** (= qui pratique la magie) ◆ **voyante, mage** (qui se disent de celle ou celui qui fait profession de deviner l'avenir : **cartomancienne, astrologue, chiromancienne, nécromancienne**, selon le mode de divination) ◆ [fam.] **diseuse de bonne aventure** ◆ **visionnaire** (qui se dit d'une personne qui prétend avoir des intuitions extraordinaires : *pour Hugo, le poète est un visionnaire*) ; → SORCIER, DIVINATION.

deviner ① *Nous avions tous deviné son plan* : ↓ [sout.] **subodorer** ◆ [fam.] **flairer** ; → VOIR LOIN*, DÉCOUVRIR, SENTIR I, PRESSENTIR, PRÉDIRE. ② *Alors, tu ne devines pas ?* : **trouver** (qui se dit en parlant d'une devinette) ◆ [express.] **donner sa langue au chat** (qui signifie que l'on ne devine pas la solution et que l'on renonce à la chercher). ③ *Deviner juste* : → TAPER DANS LE MILLE.

devinette → ÉNIGME.

dévisager → REGARDER.

devise → INSCRIPTION.

deviser → PARLER.

dévisser → DÉFAIRE.

dévoiement → PERVERSION.

dévoiler → DIVULGUER, LIVRER II, METTRE À NU*, RÉVÉLER.

◊ **se dévoiler** → SE MANIFESTER.

devoir

I [v.] ① *Devoir de l'argent* : **avoir des dettes** (= lorsqu'il s'agit de sommes assez importantes et dues depuis assez longtemps) ◆ [didact.] **être débiteur de qqn**. ② *Beethoven doit beaucoup à Mozart* : **être redevable** ; → EMPRUNTER. *Ne rien devoir à qqn* : → MARIER I.

II [v. d'obligation] → AVOIR (III) À, APPARTENIR, FALLOIR, S'IMPOSER.

III [n.m.] ① *L'éducation des enfants est un devoir* : **obligation**, ↓ **responsabilité** (qui impliquent moins que le précédent le respect d'une loi morale) ◆ **charge** (qui implique surtout l'idée de contrainte matérielle) ◆ [péj.] **corvée** ; → COMMANDEMENT, TÂCHE. *Se faire un devoir de* : **se devoir de** ; → LOI. ② [pl.] *Il remplit fidèlement ses devoirs* : **obligations** ; → COMMANDEMENT. *Le devoir conjugal* : → INTIME.

IV [n.m.] *Les devoirs scolaires* : → COPIE I, EXERCICE, TRAVAIL I.

dévolu *Jeter son dévolu* : → CHOISIR.

devon → APPÂT.

dévorer ① → MANGER I. ② *L'incendie a dévoré tout un pâté de maisons* : → RAVAGER. *Dévorer un roman* : → LIRE I. *Dévorer des yeux* : → REGARDER, MANGER III. *Être dévoré de soucis* : → RONGER, TOURMENTER. *Ce métier dévore tout mon temps* : → PRENDRE I.

◊ **dévorant** *Le bridge peut devenir une activité dévorante !* : **insatiable*** ◆ ↓ **accaparant, envahissant**. *Un amour dévorant* : **ardent, brûlant** ◆ ↑ **dévastateur**.

dévot → CROYANT.

dévotion ① → RELIGION, FERVEUR, PIÉTÉ. *La dévotion rendue à un saint* : **vénération**. ② *Être à la dévotion de* : → SE DÉVOUER. *Admirer avec dévotion* : → VÉNÉRER.

dévoué, dévouement → SE DÉVOUER.

dévouer (se) ① *C'est lui qui s'est dévoué pour élever ses jeunes frères* : ↑ **se sacrifier** ;

→ DÉSINTÉRESSEMENT. ② *Être dévoué à qqn. Il lui est dévoué* : ↑ **être à la dévotion de** ; → SERVIR II.

◊ **dévouement** ① *Il fait preuve de beaucoup de dévouement* : **don de soi** ; → SACRIFICE II. ② *Elle travaille avec beaucoup de dévouement* : ↑ **zèle**. *On peut compter sur son dévouement* : [en partic.] **affection*, fidélité, loyalisme**.

◊ **dévoué** *C'est un ami dévoué* : **sûr, fidèle, loyal**. *C'est une secrétaire dévouée* : ↑ **zélé**. *C'est un serviteur dévoué* : **prévenant, empressé** ◆ [fam.] **aux petits soins**.

dévoyé → VAURIEN.

dévoyer → PERVERTIR, ÉGARER.

dextérité → ADRESSE I.

diable ① [dans les traditions chrétiennes] **Satan, le démon, l'esprit du mal, le tentateur** ◆ **prince des ténèbres** (cliché biblique). ② *Ce n'est pas le diable* : → DIFFICILE. *Tirer le diable par la queue* : → DÉSARGENTÉ. *Ce serait bien le diable si* : → ÉTONNANT. *S'agiter comme un beau diable* : → SE DÉBATTRE. *Habiter au diable* : → LOIN. *Envoyer qqn au diable* : → PROMENER, SE FAIRE VOIR. *Un vent du diable* : → FORT II. *Être malin en diable* : → TRÈS. *Travail fait à la diable* : → SABOTER. ③ [qqn] *Le pauvre diable !* : **bougre** ◆ [plus sout.] **malheureux**. *Quel diable, ce garçon !* : → ESPIÈGLE.

◊ **diabolique** *Un sourire diabolique* : **démoniaque**, [plus rare] **satanique** ; → MÉCHANT II. *Avoir une chance diabolique* : **infernal**. *Des tortures diaboliques* : **pervers, satanique, sadique**.

diablement → RUDEMENT.

diablerie → ESPIÈGLERIE.

diabolique → DIABLE.

diadème → COURONNE.

diagnostic → DIAGNOSTIQUER.

diagnostiquer Établir un diagnostic : → DÉCOUVRIR.

diagonale → OBLIQUE.

diagramme → COURBE III.

dialecte → PARLER.

dialogue → COMMUNICATION, CONVERSATION.

dialoguer → CONVERSER.

dialoguiste → CINÉASTE.

diamant *Une bague ornée d'un beau diamant* : **brillant** (qui se dit d'un diamant taillé en facettes), **solitaire** (qui se dit d'un diamant monté seul sur un bijou) ; → PIERRE.

diamétralement → ABSOLUMENT.

diapason *Se mettre au diapason* : → S'ADAPTER, NIVEAU.

diaphane [didact.] Se dit de ce qui laisse passer la lumière sans qu'on puisse distinguer à travers la forme des objets : [cour.] **translucide** ◆ **transparent** (qui se dit de ce qui laisse passer la lumière et qui permet de distinguer la forme des objets : *le verre dépoli est* translucide, *le verre poli est* transparent). Dans la langue littéraire, *diaphane* est parfois employé comme superlatif de *transparent*.

diaphragme → PRÉSERVATIF.

diapositive → PHOTOGRAPHIE.

diaprer → BARIOLER, ÉMAILLER, MARQUETER.

diarrhée → COLIQUE.

diastole → CŒUR I.

diatribe → SATIRE.

dichotomique → BINAIRE.

dictateur → TYRAN.

dictatorial → ABSOLUTISME.

dictature → ABSOLU I, TYRANNIE.

dicter ① → IMPOSER I, RÉGLER I. ② → INSPIRER II, SUGGÉRER.

diction → ÉLOCUTION.

dictionnaire ① *Consulter un dictionnaire.* Les termes suivants sont plus spécialisés : **encyclopédie** (qui rassemble l'ensemble des connaissances humaines) ◆ **lexique** (qui se dit d'un petit dictionnaire, bilingue ou particulier à une science, à un art) ◆ **glossaire** (qui se dit d'un petit dictionnaire où sont expliqués les mots anciens ou mal connus d'une langue). ② *Cette femme, c'est plus qu'une savante : c'est un vrai dictionnaire* : **encyclopédie vivante.**

dicton → PENSÉE II.

didactique ① [adj.] Un emploi *didactique* d'un mot est un emploi **scientifique** ou **technique** de ce mot. ② [n.f.] La *didactique* est la science des démarches d'**enseignement** d'une discipline. Le mot **pédagogie** était classiquement employé en ce sens, mais ce terme évoque moins de technique et plus de philosophie : *une didactique sans pédagogie conduit à une technocratie de l'enseignement.*

diète → JEÛNE, RÉGIME II.

dieu ① [dans les religions monothéistes, et en partic. dans les religions chrétiennes] *Nous nous en remettrons à Dieu.* Le terme de **providence,** qui désigne exactement le sage gouvernement de Dieu, est parfois employé par méton. pour désigner Dieu lui-même. La Bible comprend un grand nombre de noms « synonymes » de Dieu, communs aux juifs et aux chrétiens, en particulier : **Père, Seigneur, Tout-Puissant, Saint des Saints, Roi des rois, Yahvé, Très-Haut, Éternel ;** → CRÉATEUR. *Le royaume de Dieu* : **règne. Le bon Dieu** est une express. populaire ◆ **Allah** (= Dieu en arabe ; terme utilisé par les musulmans et les chrétiens arabophones). ② [dans des express.] *Dieu sait pourquoi* : **allez donc savoir pourquoi.** *Pour l'amour de Dieu, ne partez pas !* : → PRIER II. *Grâce à Dieu !, Dieu merci !, Dieu soit loué !* : → HEUREUSEMENT. *On lui donnerait le bon Dieu sans confession* : → INNOCENT. ③ [jurons] *Nom de Dieu !* : ↑ **sacré nom de Dieu, bon Dieu !,** ↑ **bon Dieu de bon Dieu !, bordel de Dieu !** Les syn. atténuatifs **morbleu, sacrebleu, tudieu,** etc., sont vieux, sauf **parbleu,** encore employé parfois. ④ Dans les religions polythéistes, être surnaturel doué de certains attributs : [fém.] **déesse, divinité** ◆ [sout.] **déité** ◆ [en partic.] **génie, démon.** ⑤ *Beau comme un dieu* : → BEAU. *Cet homme, c'est son dieu !* : **idole.**

diffamateur → MÉDISANT.

diffamation → MÉDISANCE.

diffamatoire → MÉDISANT.

diffamer → DISCRÉDITER, MÉDIRE, SALIR.

différemment → AUTREMENT, DIVERSEMENT.

différence → DIFFÉRER II.

différenciation → DISTINCTION.

différencier (se) → SE DISTINGUER.

différend → CONTESTATION, DÉSACCORD, LITIGE.

différent → DIFFÉRER II.

différer

I *Différer un rendez-vous* : → RECULER, REMETTRE, RETARDER.

II ① [qqch ~] *Ces deux robes ont la même couleur, mais elles diffèrent par la coupe* : **se distinguer*** ◆ [plus cour.] **ne pas être pareil ;** → VARIER. ② [qqn ~] *Nous différons toujours sur la politique* : **diverger** ◆ ↑ **s'opposer.**

◇ **différent** ① [qqn est ~] *Ces deux individus sont très différents l'un de l'autre* : **ne pas se ressembler ;** → AUTRE I. *Des caractères différents* : ↑ **opposé, inconciliable, antinomique ;** → CONTRAIRE. ② [qqch est ~] *Des objets différents par la forme, par la taille* : **dissemblable ;** → DIVERS, INÉGAL. *Prendre deux routes différentes* : **distinct.** *Avoir un avis différent* : **divergent** ◆ ↑ **contraire*, opposé ;** → ÉLOIGNÉ. ③ *Devenir différent* : ↑ **méconnaissable** (qui se construit sans compl., alors que *différent* est souvent suivi d'un compl. introduit par *de*) ; → CHANGER III. ④ *C'est différent. Le jazz, c'est différent !* : **c'est autre chose** ◆ **ce n'est pas pareil,** ↑ **ça n'a rien à voir* ;** → MANCHE I. ⑤ *Vous avez goûté des vins différents, différents vins* : **divers,** [antéposé] **plusieurs*,** [postposé] **varié.**

◇ **différence** ① Terme très général dont les syn. varient selon les contextes. *Il y a entre eux une grande différence d'âge* : [plus rare] **écart** ◆ **diversité** (qui suppose plus de deux personnes) ◆ [rare] **dissemblance.** *Il a essayé d'établir une différence subtile entre la droite et le centre droit* : [plus précis] **distinction** ◆ ↑ **nuance** ◆ **divergence** (*une divergence d'avis, d'opinions*) ◆ **discordance** (qui évoque un défaut d'harmonie). [d'une manière générale, pour une grande différence] → ABÎME, DISTANCE, MONDE, CONTRADICTION, CONTRASTE, DÉSACCORD, INÉGALITÉ, OPPOSITION. *Voici cent euros : je vous paierai la différence demain* : **reste, complément** ◆ **solde** (qui se dit pour une somme importante). *Une différence de température, de prix* : → CHANGEMENT. ② *Faire la différence entre deux choses* : **distinction** ◆ [sout.] **départ.** ③ *Il faut soutenir les philosophies de la différence !* : **altérité.** ④ *À la différence de* [sout.] : [cour.] **contrairement à, au contraire de.**

difficile Adj. très courant, dont les syn. de la conversation ordinaire sont fréquemment : **pas facile, pas simple, pas évident.** ① [qqch est ~] *Nous lui avons confié un travail très difficile* (= qui impose beaucoup d'efforts physiques ou qui est désagréable à accomplir) : **pénible, dur, ingrat** ◆ [fam.] **sale** (antéposé). *Une opération difficile* : **délicat ;** → ÉPINEUX. ② [qqch est ~] *Il trouve que les cours de logique sont difficiles* : **ingrat** ◆ ↑ **ardu** ◆ [plus fam.] **dur** ◆ [fam.] **coton, trapu** ◆ [express. fam.] **c'est du sport, c'est pas du nougat, c'est pas de la tarte ;** → ACROBATIQUE, COMPLIQUÉ, PAS COMMODE II, SAVANT II, LABORIEUX, OBSCUR, PROFOND II. *C'est plus difficile* : [express.] **c'est une autre paire de manche.** ③ [qqch est ~] *Ce chemin de montagne est difficile* : [sout.] **malaisé** ◆ [fam.] **cassegueule ;** → DANGEREUX, IMPRATICABLE. ④ [qqch est ~] *Ne vous inquiétez pas, il y a un moment difficile à passer, mais ensuite tout ira bien* : **ingrat** ◆ **mauvais** (antéposé) ◆ [fam.] **sale** (antéposé) ; → CRITIQUE II, MALHEUREUX. *Un choix difficile* : ↑ **cornélien.** *Des rapports difficiles* : → TENDU. *Une banlieue difficile* : → DANGEREUX. *Un hiver difficile* : → EXTRÊME. ⑤ *Vous n'avez qu'à suivre cette route, ce n'est pas difficile !* :

[fam.] **sorcier, ce n'est pas le diable !** ;
→ COMPLIQUÉ, MALIN. ⑥ [qqn est ~] *Son
mari a un caractère difficile* : [express.]
anguleux ◆ ↑ **pénible** ; → RÉTIF, SÉVÈRE,
PEU CONCILIANT*, ACARIÂTRE. ⑦ [qqn est ~]
*C'est un enfant difficile qui ne mange pas
de tout* : → DÉLICAT, DÉGOÛTÉ. *Faire le difficile* : [fam.] **la fine bouche.**

◇ **difficulté** Dans *il y a une difficulté (à)*,
express. très courante à la forme affirmative comme négative, *difficulté* a pour
syn. constant **problème***. ① *Ce sujet de
philosophie présente une sérieuse difficulté* :
[fam.] **os, pépin** (*il y a un os, un pépin*) ;
→ ENNUI. *La question fait difficulté* : **accrocher** ; → PIERRE D'ACHOPPEMENT*. *Faire
des difficultés* : → COMÉDIE. *La difficulté
d'une situation* : ↓ **inconfort**. *Mettre qqn
en difficulté* : [plus partic.] **dans l'embarras.**
L'avion est en difficulté : ↑ **en danger, dans
une situation dangereuse**. *Avec difficulté* :
→ PEINE I. *Sans difficulté* : → FACILEMENT,
LARGEMENT, AU QUART* DE TOUR, TOUT
SEUL*. ② *Il a de la difficulté à apprendre* :
mal, [plus soutenu] **peine*** ◆ **handicap**
(qui se dit d'une difficulté permanente :
*il a un handicap, il est handicapé pour
apprendre*) ; → GÊNE. [d'une manière générale pour ① et ②] → ACCROC, COMPLICATION,
ENNUI, DÉRANGEMENT, PROBLÈME. ③ *Voyez-
vous une difficulté à mon départ ?* : **empêchement, inconvénient, obstacle, objection, problème.**

difficilement → MAL III, À GRAND
PEINE* I.

difficulté → DIFFICILE.

difforme *Son visage difforme troublait
ceux qui le voyaient* : [plus rare] **contrefait**
◆ ↑ **monstrueux**. *Un corps difforme* : [par-
tic.] **bossu** ◆ ↓ **malbâti** ; → INFIRME, LAID.

difformité → LAIDEUR, MONSTRUOSITÉ.

diffus ① *Il a des idées, mais il s'exprime
d'une manière diffuse* : **prolixe*, verbeux**
◆ **redondant** (qui implique en outre l'idée
d'enflure, d'emphase inutile). ② *Une douleur diffuse* : → SOURD II. *Une lumière diffuse* : → DOUTEUX.

diffuser ① → ÉMETTRE. ② → PROPAGER,
VÉHICULER, RÉPANDRE. ③ *Ce livre vient
d'être diffusé dans les librairies* : **mettre en
circulation, sortir.**

diffusion ① → DISTRIBUTION, PROPAGATION.
② → ÉMISSION.

digérer ① → ASSIMILER II. *Lourd à digérer* : → INDIGESTE. ② → SOUFFRIR,
SUPPORTER.

digest → ABRÉGÉ.

digeste, digestible → LÉGER, ASSIMI-
LABLE II.

digestif → ALCOOL, LIQUEUR.

digital

I *Un enregistrement digital* [anglic.] : [re-
comm. off.] **numérique.**

II → DOIGT.

digne ① [antéposé] *La digne fille de sa
mère* : **copie conforme**. ② → DÉCENT,
GRAVE I, RESPECTABLE, FIER.

◇ **être digne de** → MÉRITER.

dignement → NOBLEMENT, GRAVEMENT.

dignitaire *Il y avait là tous les dignitaires
de l'Université* : **autorité** ◆ [fam.] **grosse
légume** ◆ [plus génér.] **cadre** ; → SOMMITÉ.
Les hauts *dignitaires* de l'Église catholique sont des **prélats.**

dignité
① → DÉCENCE, RETENUE I. ② → FIERTÉ,
GRANDEUR, HONNEUR, NOBLESSE, GRAVITÉ.

digression *Ce professeur est souvent plus
intéressant par ses digressions que par ses
cours* : [plus cour.] **parenthèse.**

digue Se dit d'une construction proté-
geant un port des assauts de la mer :
jetée, môle (qui se disent d'une *digue*
qui s'avance en mer pour protéger l'entrée d'un port et qui se termine généralement par un phare ou un sémaphore)
◆ **estacade** (qui se dit d'une *digue* faite de
pierres, de madriers, de pilotis et qui sert
de brise-lames) ; → LEVÉE, DÉBARCADÈRE.

diktat → DEMANDE.

dilapidation → DÉPENSE.

dilapider → DÉPENSER, JETER, MANGER II, NETTOYER, PRODIGUER, SEMER II.

dilatation → GONFLEMENT.

dilater → GONFLER. *Se dilater la rate* : → RIRE.

dilatoire → ÉVASIF.

dilemme → ALTERNATIVE.

dilettante → AMATEUR.

dilettantisme → AMATEURISME.

diligence → VITESSE.

diligent ① [qqn est ~] *Qui agit avec promptitude et efficacité* : → ACTIF. ② [qqch est ~] *Recevoir les soins diligents de qqn* : **empressé**.

◇ **diligence** *Agir avec diligence* : [plus cour.] **empressement, zèle**.

diluer → DÉLAYER.

diluvien *Les pluies diluviennes d'un orage méditerranéen* : **torrentiel** ◆ **déluge, cataracte** (*le déluge, les cataractes d'un gros orage*) ◆ ↓ **abondant**.

dimension ① *Terme général pour désigner l'étendue d'un corps en tous sens* : **mesure** (qui se dit d'une dimension évaluée : *prendre les dimensions, mesures de qqch*) ◆ [didact.] **mensurations** (= mesures de qqn) ◆ **cote** (qui se dit du chiffre indiquant certaines dimensions, par ex. sur une carte) ◆ **gabarit** (qui se dit d'une forme imposée avec des dimensions données) ◆ [plus précis] **largeur, longueur, hauteur, profondeur, surface, volume, grosseur** ◆ [génér.] **grandeur, taille** ◆ **calibre** (qui se dit en parlant d'un tube, d'un canon), **format** (qui se dit en parlant d'un livre, d'une boîte), **pointure** (qui se dit d'une paire de chaussures) ◆ **proportion** (qui se dit d'une dimension par rapport aux autres : *les proportions du corps ; une statue de proportions colossales*). ② *Commettre une erreur, une faute, une sottise de cette dimension est indigne de lui* : **taille**, [fam.] **calibre** ◆ [cour.] **importance**.

diminuer [d'une manière générale] → ABAISSER I, RESTREINDRE, RÉDUIRE. ① [~ qqch] *Diminuer la vitesse* : **réduire, ralentir**. *Diminuer la longueur* : **raccourcir, rapetisser**. *Diminuer le salaire de qqn, diminuer les prix* : **réduire, abaisser** ◆ [fam.] **rogner** ; → DÉGONFLER. *Diminuer le volume* : **comprimer, contracter** (qui se disent en parlant d'un volume liquide ou gazeux) ◆ **baisser, réduire** (qui se disent en parlant d'un volume sonore) ◆ **rétrécir** (qui se dit en parlant de l'espace). *Diminuer la durée* : → ABRÉGER. *Diminuer les mérites de qqn* : **amoindrir**. *Diminuer l'enthousiasme de qqn* : ↓ **modérer, atténuer, freiner, tempérer** ◆ ↑ **rabattre, laminer*, saper**. *Diminuer la douleur* : **adoucir** ◆ ↑ **soulager***. ② [~ qqn] *La jalousie conduit souvent à diminuer les autres* : **abaisser, rabaisser, dénigrer** ; → DISCRÉDITER. ③ [qqch ~] *Le jour, le vent diminue* : **rapetisser** ; → DÉCLINER, DESCENDRE, MOLLIR, RACCOURCIR. *Les forces de qqn diminuent* : **s'affaiblir, s'amenuiser, faiblir** ; → ABANDONNER III. *Un son diminue* : → MOURIR. *Les espoirs de qqn diminuent* : **s'amenuiser, s'effriter**. *La température, les prix diminuent* : → ABAISSER I. *Un prix qui diminue proportionnellement* : **dégressif**.

◇ **diminution** ① *Diminution de la température, des prix* : → ABAISSEMENT I. *La diminution des horaires de travail* : **réduction** ; → RESTRICTION. *Une diminution des impôts* : **allègement, réduction** ◆ **dégrèvement** (= diminution ou suppression). *La diminution d'un séjour* : **raccourcissement, abrègement**. *La diminution des forces* : **affaiblissement, amenuisement** ; → DÉCLIN. *La diminution de la douleur* : **atténuation** ◆ ↑ **apaisement, soulagement**. *La diminution des jours* : → DÉCLIN. *La diminution de la tension internationale* : **apaisement**, ↑ **désescalade**. ② *C'est trop cher ! Ne pourriez-vous pas me consentir une diminution ?* : **rabais, remise, réduction** ◆ **bonification** (qui se dit de la remise qu'accorde un fournisseur à ses bons clients) ◆ [fam. en ce sens] **ristourne**.

dinde → NIAIS, SOT.

dindon → DUPE.

dîner → MANGER I, REPAS.

dingo → FOU.

dingue → ABSURDE I, FOU, INSENSÉ. *Devenir dingue* : → S'AFFOLER.

dinguer → VALSER.

diocèse → ÉVÊCHÉ.

diplomate ① [n.] Un *diplomate* est le **délégué*** d'un gouvernement auprès d'un gouvernement étranger. Un **envoyé**, un **émissaire** sont chargés d'une mission ponctuelle ◆ [plus partic.] **ambassadeur**, **consul** (= diplomates résidents) ◆ **légat** (= ambassadeur du Saint-Siège) ◆ **nonce** (= légat accrédité comme ambassadeur permanent du Vatican auprès d'un gouvernement étranger) ◆ **plénipotentiaire** (= agent diplomate qui possède les pleins pouvoirs) ; → REPRÉSENTANT. ② [adj.] *Il n'est pas très diplomate : ne comptez pas sur lui pour intervenir judicieusement pendant la réunion* : **adroit, habile, souple, subtil** ; → POLITIQUE, CONCILIANT.

◇ **diplomatie** [de diplomate ②] *Agir avec diplomatie* : **doigté, tact** ◆ [plus génér.] **adresse*, habileté, souplesse** ; → FINESSE.

◇ **diplomatique** : adroit, habile ; → FIN III.

diplôme → PEAU D'ÂNE, TITRE I.

dipsomanie → SOIF.

dire ① [~ qqch] *Il a eu si peur qu'il n'a pas pu dire un mot* : [plus rare] **articuler, émettre, prononcer** ◆ [sout.] **proférer** ◆ [fam.] **sortir** ; → ÉNONCER. ② [~ que] *Il m'a dit que tu te mariais* : **raconter, expliquer** (= dire avec des détails) ◆ **ajouter** (= dire en plus) ; → CONFIER II, DÉCLARER, AFFIRMER, CONVENIR II, JURER I, S'EXCLAMER, ANNONCER, INSINUER. *On dit que* : → PARAÎTRE II. *Que voulez-vous dire ?* : → ENTENDRE III. ③ *Dire des sottises, des mensonges* : [plus fam.] **dégoiser, débiter** ; → RACONTER. ④ [~ à qqn + inf.] *Il m'a dit de venir à 11 heures* : → DEMANDER. ⑤ [qqch ~] *La loi, cet arrêté, le projet dit que* [cour.] : [didact.] **stipuler**. ⑥ [qqch ~] *Tous ses gestes disaient son impatience* : → EXPRIMER. ⑦ *On dirait que ces fleurs sont des fleurs naturelles* : → CROIRE. ⑧ *Ne pas dire* : → TAIRE. ⑨ *J'ai acheté cette maison : que trouvez-vous à dire ?* : **redire, objecter** ; → PROTESTER. ⑩ *Dire de la poésie* : [plus précis] **réciter, déclamer**. ⑪ *Pour tout dire* : **en somme**. *Pour ne rien dire de* : → SANS PARLER* DE. *Cela va sans dire* : **naturellement, cela va de soi**. *À vrai dire* : **pour parler franchement** ◆ [sout.] **en vérité, à dire vrai**. *C'est tout dire !* : **c'est pour vous dire !** *Dit-on* : **paraît-il, à ce que l'on dit**. *Comme qui dirait* : → COMME II et III. *Que veut dire ce mot ?* : → SIGNIFIER I. *Ça ne me dit rien* : → PLAIRE I, TENTER II. *Ça ne vous dit rien ?* : → RAPPELER II. *Dire amen* : → APPROUVER. *Avoir beau dire* : → PROTESTER. *Pour ainsi dire* : → PRATIQUEMENT. *Qu'en dites-vous ?* : → PENSER II.

◇ **dire** [n.m.] ① [au pl.] → PROPOS I. ② [au sing.] *Au dire de qqn* : **d'après** ; → INSINUER.

direct ① [qqch est ~] *Le chemin le plus direct* : **court**. *En ligne directe* : **tout droit** ◆ **directement**. *Vente directe* : **de la main à la main**. ② [qqn est ~] → FRANC II.

directement ① → DIRECT, DROIT I, IMMÉDIATEMENT, DE PREMIÈRE MAIN*. *Directement sur* : → À MÊME* III. ② → SANS AMBAGES.

directeur ① Celui qui dirige, en partic. une entreprise : **administrateur** (= celui qui est chargé de gérer les affaires sociales dans une société) ◆ **président-directeur général**, [abrév.] **P-DG** (= celui qui est à la tête de l'administration d'une société) ◆ **patron** (qui s'emploie pour désigner tout employeur par rapport à ses employés) ◆ **chef** (qui implique des responsabilités particulières : *chef de bureau, de chantier*) ◆ [fam.] **boss**. ② *Il est son directeur de conscience* : [plus génér.] **confesseur** ◆ [plus actuel] **directeur spirituel**.

directif *Sous ses allures libérales, il est très directif !* : **normatif** (qui implique davantage la référence à une norme morale ou sociale) ◆ ↑ **autoritaire**.

direction

I ① → ADMINISTRATION, CONDUITE III.
② *Notre entreprise a pris la direction du marché* : **leadership.**

II ① *Changer de direction* : → CAP I, SENS III, VOIE. *Chercher sa direction* : **route, chemin ◆ s'orienter** (*chercher à s'orienter*) ◆ **voie** (qui s'emploie surtout au fig.). ② *Il est très intéressé par les nouvelles directions de la musique contemporaine* : **orientation, voie ;** → AXE. ③ *Pour convaincre, il faudra taper dans toutes les directions* : [plus fam.] **tous azimuts.** ④ *Sa démonstration va dans la même direction que la mienne* : [express.] **être dans le droit fil de.** *En direction de* : → VERS I.

directive
→ INDICATION, INSTRUCTION, ORDRE II.

dirigeable
Mon rêve ? Voyager en dirigeable ! (abrév. de **ballon dirigeable**). Le *dirigeable* est, comme la **montgolfière,** un **aérostat,** mais il est en outre doté d'un moteur permettant de le diriger.

dirigeant
→ CHEF, MAÎTRE, RESPONSABLE II, SUPÉRIEUR I.

diriger

I *Depuis la mort de son père, c'est lui qui dirige l'entreprise* : [anglic.] **manager ◆ encadrer** (au propre, direction à la charge d'un cadre) ◆ **commander** (qui implique davantage l'idée d'autorité que celle d'orientation ; le complément renvoie d'ailleurs de préférence à une personne : *diriger qqch, commander qqn*) ◆ ↑ **régenter** (qui implique une autorité excessive) ◆ [express.] **tenir la barre** ◆ **conduire** (qui s'emploie parfois avec le sens de *diriger*) ◆ **administrer** (qui se dit surtout en parlant des affaires publiques ou des grandes entreprises commerciales ou industrielles) ◆ **gouverner** (= diriger les affaires politiques d'un pays) ◆ **gérer** (= administrer pour le compte de qqn) ; → COIFFER, AVOIR LA HAUTE MAIN*, MENER I, PRÉSIDER I, ADMINISTRATION, ANIMER.

II ① *Êtes-vous capable de diriger ce bateau ?* : [plus cour.] **conduire ◆ piloter** (qui se dit surtout d'une voiture de sport ou d'un avion). ② *L'ennemi a dirigé des troupes vers Paris* : → ENVOYER. ③ *Voici des années qu'il dirige tous ses travaux vers la biochimie* : **axer ;** → ORIENTER, BRANCHER, CENTRER. ④ *Diriger son regard vers* : → REGARDER, BRAQUER. *Diriger une arme* : → POINTER II.

◇ **se diriger** → ALLER I, S'ACHEMINER, METTRE LE CAP, MARCHER.

dirigisme → ÉTATISME.

discernement
→ CLAIRVOYANCE, À BON ESCIENT*, COUP D'ŒIL*, BON SENS* II.

discerner
① → PERCEVOIR I, SAISIR I, SENTIR I. ② → DISTINGUER, SÉPARER.

disciple
① Dans les religions chrétiennes, les **apôtres** sont les douze *disciples* privilégiés de Jésus. ② *Je suis fier d'avoir été le disciple de ce grand universitaire* : ↓ **élève** (qui ne suppose pas de relations privilégiées), ↑ **fils spirituel ;** → PARTISAN.

discipline

I *Être puni pour avoir enfreint la discipline* : la *discipline* est une règle de conduite d'une collectivité (armée, école, syndicat) à laquelle on obéit par devoir moral ; un **règlement** est plus extérieur : généralement établi par un législateur et entièrement écrit, il s'impose comme une loi ; → RÈGLE.

II → BRANCHE, MATIÈRE II, SPÉCIALITÉ.

discipliné → OBÉISSANT.

discipliner → ASSOUPLIR, DOMINER.

disc-jockey → ANIMATEUR.

discontinu
① *Un bruit discontinu* : **intermittent** (qui souligne davantage la régularité des intervalles : *feu intermittent,* et non pas *discontinu*) ; → IRRÉGULIER, SACCADÉ. ② [didact.] *Une quantité discontinue* est une quantité **discrète, dénombrable.**

discontinuer
Sans discontinuer : → D'AFFILÉE.

disconvenir
Ne pas disconvenir : → NIER.

discordance → DIFFÉRENCE.

discordant → CRIARD.

discorde → DÉSACCORD.

discothèque *On va danser à la disco-thèque* : [en partic.] **boîte de nuit, night-club,** [fam.] **boîte** ; → BAL.

discount → RABAIS.

discours ① *Le Premier ministre doit prononcer un discours important* : **allocution** (qui se dit d'un discours assez bref, fait par un personnage important : *l'allocution du chef de l'État sera diffusée à 20 heures*) ◆ **déclaration** (qui se dit d'un discours fait à la presse écrite ou parlée par un personnage annonçant officiellement qqch à faire connaître au public : *une déclaration du secrétaire du Parti communiste*) ◆ **toast** (qui se dit d'un bref discours par lequel on propose de boire à la santé de qqn) ◆ [fam.] **speech** (= petit discours de circonstance) ◆ [fam.] **laïus, topo** ◆ **harangue** (qui se dit d'un discours solennel prononcé devant une assemblée ; qui se dit aussi péj. d'un discours pompeux) ◆ **réquisitoire,** [sout.] ↑ **philippique** (= discours accusateur) ; → CONFÉRENCE, DÉVELOPPEMENT II, PLAIDOYER, ÉLOGE, SERMON, TIRADE. ② → PROPOS I. *Assez de discours !* : → MOT, PHRASE. ③ *Discours direct* : → STYLE.

◇ **discourir** *Cela m'agace de l'entendre discourir sur des sujets qu'il ne connaît pas !* : [souvent péj.] **disserter** (= discourir méthodiquement sur un sujet précis) ◆ [péj.] **pérorer,** [rare] **palabrer** ◆ **pontifier** (= discourir de manière prétentieuse) ◆ **épiloguer** (= faire de longs commentaires sur qqch, qqn : *il ne sert à rien d'épiloguer, de discourir longtemps sur*) ◆ [fam.] **baratiner, tartiner, laïusser** ; → PARLER, BAVARDER.

discourtois → IMPOLI.

discourtoisie → IMPOLITESSE, INCONVENANCE.

discrédit → DÉFAVEUR.

discréditer ① [qqch ~ qqn] *Cette intervention l'a complètement discrédité auprès du public* : **faire perdre son crédit à, déconsidérer** ◆ [plus rare] **disqualifier** ◆ ↑ **déshonorer.** ② [qqn ~ qqn] **décrier, dénigrer,** [fam.] **débiner** (= attaquer qqn par des critiques telles qu'on puisse être amené à le mépriser) ◆ [dans le même sens] **dévaloriser, noircir,** ↓ **diminuer*,** ↑ **vilipender** ◆ **salir, calomnier, diffamer** (= porter injustement atteinte à la réputation de qqn) ; → ABAISSER II, DÉPRÉCIER, ENFONCER, MALMENER, MÉDIRE.

discret ① [qqn est ~] *Il se manifeste peu en public : il a toujours été très discret* : **réservé, circonspect** (qui impliquent parfois l'idée de froideur et peuvent être pris péj., contrairement à *discret*, qui, employé seul, est toujours laudatif) ; → MODESTE, SE TAIRE, PUDIQUE, SILENCIEUX, POLI I. ② [qqn est ~] *Il agira avec tact : il est très discret* : **délicat.** ③ [qqch est ~] *Elle porte toujours des vêtements très discrets* : **sobre** ◆ **neutre** (qui peut être péj., au contraire de **distingué**) ; → ÉLÉGANT. *Attendez-moi dans un endroit discret* : ↑ **secret** ; → ÉCARTÉ, INTIME. *Une discrète ironie* : → VOILÉ. ④ [didact.] → DISCONTINU.

◇ **discrétion** ① [de discret ①] : **réserve, circonspection, retenue** ; → SILENCE, PUDEUR. ② [de discret ②] → DÉLICATESSE. ③ [de discret ③] : **sobriété*** ; → ÉLÉGANCE.

◇ **discrètement** ① *Agir discrètement* : **avec discrétion*.** ② *Il regardait discrètement la copie de son voisin* : **à la dérobée** ◆ [fam.] **en douce, à la sauvette** ; → EN SOURDINE, INCOGNITO, SANS TAMBOUR* NI TROMPETTE. ③ *Être vêtu discrètement* : **sobrement** ; → MODESTEMENT.

discrétion

I → DISCRET.

II ① → À LA MERCI*. ② *Il y avait du vin à discrétion* [sout.] : **à loisir, à souhait** ◆ [cour.] **à volonté** ◆ [fam.] **à gogo, en veux-tu, en voilà** ; → BEAUCOUP.

discrétionnaire → ARBITRAIRE.

discrimination
① → DISTINCTION. ② → SÉGRÉGATION. *Discrimination raciale* : → RACISME. *Discrimination sexuelle* : **sexisme** ◆ [en partic.] **homophobie** ; → RACISME.

discriminer → DISTINGUER.

disculper → JUSTIFIER, LAVER II, RÉHA-BILITER, DÉCHARGER.

discussion, discutable, discutailler, discuté → DISCUTER.

discuter ① *Il faudra que nous discutions de vos projets !* : ↓ **parler***, ↑ **débattre*** ◆ **argumenter**, ↑ **polémiquer** (qui s'emploient sans complément, comme parfois **discuter**, et évoquent un vif échange d'arguments. Leur complément éventuel est génér. introduit par *sur* ou *contre*). ② *Discuterez-vous l'existence même des faits ?* : → CONTESTER. ③ *Cesserez-vous bientôt de discuter ainsi ?* : **ergoter** (= discuter longuement et âprement de choses sans valeur) ◆ [fam.] **discutailler, couper les cheveux en quatre, pinailler** ◆ [sout.] **ratiociner** ; → RAISONNER II, CHICANER. ④ → NÉGOCIER II.

◇ **se discuter** → DISCUTABLE.

◇ **discuté** *C'est une question très discutée* : **débattu** ◆ [plus rare] **controversé** ; → ÉPINEUX.

◇ **discutable** ① → CONTESTABLE. ② *Vous dites que ce film ne vaut rien ? C'est discutable !* : **cela se discute**.

◇ **discussion** ① → DÉLIBÉRATION, NÉGOCIATION. ② → DISPUTE, LITIGE, POLÉMIQUE. ③ *Pas de discussion !* : **histoires** ; → RÉPLIQUE II. ④ Parfois pris au sens de **conversation***.

disert → ÉLOQUENT.

disette ① *Des mois de sécheresse ont provoqué la disette* : [plus cour.] **famine** ; → FAIM. ② → RARETÉ.

diseuse *Diseuse de bonne aventure* : → DEVIN.

disgrâce → DÉFAVEUR, DESTITUTION, MALHEUR.

disgracié → LAID.

disgracier → DESTITUER.

disgracieux → LAID.

disjoindre → SÉPARER, DISSOCIER.

disjoncter → PERDRE LA BOUSSOLE*, LA TÊTE*.

disjonction → SÉPARATION.

dislocation → DISLOQUER.

disloquer ① → CASSER. ② *La police a disloqué le cortège des manifestants* : **disperser**.

◇ **se disloquer** ① *Il s'est disloqué le genou* : → SE DÉBOÎTER. ② *Sous l'effet de l'explosion, les maisons se sont complètement disloquées* : **désintégrer** ; → CASSER I. *Qui aurait pu penser que cet empire se serait disloqué ?* : **se démembrer, imploser** ; → SE DÉSAGRÉGER.

◇ **dislocation** ① → DÉBOÎTEMENT. ② *La dislocation d'un immeuble* : **désintégration**. *La dislocation d'un cortège* : **dispersion**. *La dislocation d'un empire* : **démembrement, implosion, désagrégation** ; → DISSOLUTION, SÉPARATION.

disparaître Ce verbe a deux sens généraux : « n'être plus visible » et « cesser d'exister ». Dans les deux cas, il est susceptible d'être remplacé par des syn. qui varient considérablement selon les contextes ; nous ne signalerons que les principaux. ① [qqn ~] *Se sentant suivi, il disparut dans la foule* : **se fondre, se perdre** ◆ [plus rare] **s'évanouir** ◆ [assez fam.] **s'éclipser** ; → SE RETIRER, TOMBER II, PARTIR, S'ABSENTER, FUIR. ② [qqn ~] → MOURIR. ③ [qqch ~] *Mon argent a disparu !* : [fam.] **s'envoler, se volatiliser, s'évaporer**. *Le petit commerce disparaît* : → DÉPÉRIR. *Un bateau a disparu dans la tempête* : **se perdre** ; → SOMBRER. En parlant de phénomènes passagers (émotion, sentiments, brume, brouillard, bruit, couleur du visage) : **se dissiper** ◆ ↓ **s'atténuer** ◆ ↑ **s'envoler, s'évanouir** ; → S'EFFACER, SE LEVER, TOMBER. *Les taches ont disparu au nettoyage* : → S'EN ALLER, ENLEVER. *Nos forces disparaissent peu à peu* : **s'en aller, se tarir, s'épuiser** ; → DIMINUER, S'ÉTEINDRE, PASSER I. ④ *Faire disparaître qqch* : → CHASSER I, ENLEVER. *Faire disparaître qqn* : → SUPPRIMER, TUER.

◇ **disparition** ① *Il ne souhaitait qu'une chose : la disparition de tous ces gens*

disparate

qui l'importunaient de leur pitié : ↓ **départ** ; → FUITE, ABSENCE. *La disparition des brouillards matinaux :* **dissipation** ; → DÉPÉRISSEMENT. ② → MORT I. *En voie de disparition :* → EXTINCTION.

disparate → DIVERS.

disparité → DIVERSITÉ, INÉGALITÉ.

disparition → DISPARAÎTRE.

disparu → DÉCÉDÉ, MORT II.

dispatcher → DISTRIBUER.

dispatching → RÉPARTITION.

dispendieux → COÛTEUX.

dispense *Pour bâtir sur ce terrain, il faut une dispense :* [plus génér.] **autorisation, permission*** ◆ [didact.] **exemption** (qui se dit de la dispense d'une charge commune : *une exemption d'impôts*) ◆ [didact.] **exonération** (qui se dit, en matière fiscale, d'une décharge d'impôts totale ou partielle), **diminution** ◆ [didact.] **dérogation, immunité** (qui se disent d'une exemption accordée par la loi à certaines personnes : *être inscrit en faculté par dérogation* ; *immunité diplomatique*).

dispensé → QUITTE.

dispenser

I ① [~ qqn de qqch] *Dispenser qqn de ses obligations militaires :* **dégager*** (qui se dit en parlant d'une tâche ou d'une charge morale). *Dispenser qqn d'impôts :* **décharger** (qui se dit en parlant d'une charge matérielle) ◆ [didact.] **exempter, exonérer** ; → EXEMPT, LIBÉRER. ② *Dispensez-moi de vos conseils !* : **épargner** (qqch à qqn), **faire grâce de.**

◇ **se dispenser** → S'ABSTENIR, SE PASSER DE.

II *De puissants mécènes dispensaient leurs bienfaits aux peintres et aux poètes :* **accorder** ◆ [en partic.] **répartir** ; → RÉPANDRE, DISTRIBUER, GRATIFIER.

disperser ① *Le vent a dispersé tous les papiers qui étaient sur le bureau :* **éparpiller, disséminer** (qui se disent surtout d'objets légers, alors que *disperser* est

d'emploi plus général) ◆ **épars** (qui ne peut s'employer que comme adj.) ; → SEMER II. ② *Le capitaine avait dispersé ses soldats de manière que toutes les routes soient bloquées :* **répartir** ◆ [plus génér.] **diviser, séparer.** *Tu disperses trop tes efforts, tu n'arriveras jamais à rien !* : **éparpiller.** ③ *Disperser une manifestation :* [plus génér.] **chasser** ◆ ↑ **réprimer** ; → DISLOQUER. *Disperser des oiseaux :* ↑ **chasser.**

◇ **se disperser** ① *Les mêmes correspondances existent à la forme pronominale.* ② *La foule se dispersait : la fête était finie :* [rare] **s'égailler** ; → PARTIR. *Cette population s'est dispersée et a émigré :* **essaimer.**

dispersion → DISLOCATION, SÉPARATION, ÉPARPILLEMENT.

disponibilité → DISPONIBLE, LIBERTÉ II.

◇ **disponibilités** → ARGENT.

disponible ① [qqch est ~] → LIBRE, VIDE I, EN MAGASIN*. ② [qqn est ~] **avoir de la disponibilité, du temps libre.** *C'est quelqu'un de très attentif et disponible :* **à l'écoute des autres.**

dispos *Après une bonne nuit, il se sentait dispos* (qui se dit souvent dans l'express. **frais et dispos,** [fam.] **frais comme un gardon**) : [plus fam.] **gaillard, en forme** (qui peut être renforcé par les adj. *plein, grand : en pleine, grande forme*) ; → AGILE, LÉGER.

disposé → PRÊT I.

disposer ① [~ qqch] *Elle avait disposé des bibelots sur tous les meubles de son nouvel appartement :* **placer** ◆ [très génér.] **mettre, installer** (qui se dit d'objets d'une certaine importance : *installer un meuble*) ◆ [fam.] **caser** ; → COMBINER, COMPOSER I, PLACER. ② [~ qqn à] *Disposons-le au mieux à accepter son échec :* **préparer*.** *Pouvez-vous le disposer à investir dans l'immobilier ?* : **inciter** ◆ [plus fam.] **pousser** ; → DÉCIDER. ③ [~ de qqch] → AVOIR I. *Vous pouvez disposer de ma voiture :* [plus cour.] **prendre.** *Disposer de son temps :* → ÊTRE MAÎTRE* I. ④ [~ de qqn] *Croyez-vous pouvoir disposer des gens à votre convenance ?* : [plus cour.]

utiliser, **se servir de** ; → AVOIR DANS SA MANCHE I.

◇ **se disposer à** *Nager ? Soit ! Mais il faut s'y disposer !* : **se mettre en condition** (qui s'emploie sans complément) ; → SE PRÉPARER À.

◇ **disposition** ① → COMPOSITION. *La disposition des pièces d'un appartement* : **distribution** ; → ORDONNANCE, PLACE I, POSITION, RÉPARTITION, COMBINAISON. ② [au pl.] *Prendre des dispositions pour qqch* : **mesures***, **moyens**. ③ *L'une des dispositions du contrat ne me convient pas* : **clause, stipulation** ; → CONDITION II. ④ *Être à la disposition de qqn* : **ordres** (*je suis à vos ordres* : implique l'idée d'autorité, de distance hiérarchique). ⑤ *Avoir à disposition. Je n'ai pas de papier à ma disposition : pouvez-vous m'en prêter ?* : [fam.] **sous la main.** *Laisser qqch à disposition* [sout.] : [cour.] **prêter** ; → OFFRIR. ⑥ *Avoir des dispositions pour qqch* : → FACILITÉ. *Il a une disposition à contracter les angines* : **prédisposition** ◆ [plus génér.] **nature** ◆ **penchant*** (qui implique une inclination, un goût) ; → TENDANCE. ⑦ *Être de bonne disposition* : → HUMEUR.

dispositif → APPAREIL, SYSTÈME.

disposition → DISPOSER.

disproportion → INÉGALITÉ.

disproportionné → HORS DE PROPORTION*, DÉMESURÉ, INÉGAL.

dispute → DISPUTER.

disputer ① [le ~ en] *C'était à qui le disputerait en courage et en ténacité* [sout.] : **rivaliser de** (*c'était à qui rivaliserait de courage*) ◆ [plus cour.] **avoir** (*avoir le plus de courage*). ② [~ qqn] → RÉPRIMANDER.

◇ **se disputer** ① *Ils se disputaient, mais ils s'aimaient bien* : [plus sout.] **se quereller** ◆ [plus fam.] **se chamailler, se chicaner** ◆ [fam.] **s'engueuler, s'accrocher** ◆ [fam.] **avoir un accroc** (qui se dit surtout d'une querelle passagère) ; → DISPUTE, SE BATTRE, SE HEURTER. ② [~ qqch] → S'ARRACHER.

◇ **dispute** ① *Avoir une dispute* : [plus sout.] **querelle*** ◆ [plus fam.] **chamaillerie** ◆ [fam.] **engueulade, accroc, accrochage** ◆ **explica-**

tion [fam.], **prise de bec** (qui se disent surtout d'un simple et vif échange verbal) ◆ [plus sout.] **altercation ◆ algarade** (qui se dit d'une brusque et éphémère dispute) ◆ **scène** (qui s'emploie spécialement en parlant d'un couple) ◆ ↓ **discussion, controverse** (= échange verbal assez vif, sans être cependant violent). ② *Chercher la dispute* : [plus sout.] **chicane** (*chercher chicane*) ◆ [fam.] **crosses** (*chercher des crosses*) ; → BAGARRE, DÉSACCORD, LITIGE, CONTESTATION.

disqualification → ÉLIMINATION.

disqualifier → DISCRÉDITER, ÉLIMINER.

disque ① *Je viens d'acheter un nouveau disque* : [par méton.] **enregistrement** ◆ [partic.] **microsillon, single, Compact Disc** (abrégé en **CD**) ◆ **album** (= disque rassemblant les morceaux d'un même auteur-compositeur ou chanteur) ◆ [techn.] **gravure ◆ compilation** (= choix de succès rassemblés) ; → REPIQUAGE. ② *Change de disque !* : → MUSIQUE.

dissemblable → DIFFÉRENT.

dissemblance → DIFFÉRENCE.

dissémination → ÉPARPILLEMENT.

disséminer → DISPERSER.

dissension, dissentiment → DÉSACCORD.

disséquer → ÉPLUCHER.

dissertation → RÉDACTION.

disserter → DISCOURIR, TRAITER II.

dissidence ① *Leur parti politique va éclater : ils ne pourront éviter la dissidence* : **scission** ◆ **schisme** (qui se dit surtout d'une religion) ◆ **sécession** (qui se dit de l'éclatement d'un État en fractions indépendantes et souvent rivales) ◆ **séparatisme, autonomisme, indépendantisme** (qui se disent d'une dissidence régionale ou ethnique par rapport au pouvoir central) ; → DÉVIATION, RÉVOLTE. ② *De graves dissidences d'opinion les séparent désormais* : [plus cour.] **divergence** ; → DÉSACCORD.

◇ **dissident** Celui qui entre en dissidence, en partic. politique, et qui est appelé **rebelle, transfuge** par le parti qu'il quitte. ◆ [avec les mêmes nuances que pour *dissidence*] **schismatique, sécessionniste, séparatiste*, autonomiste, indépendantiste** ; → APOSTAT, DÉVIATION.

dissimulation → DISSIMULER.

dissimulé → SECRET II, SOURNOIS.

dissimuler ① → CACHER, MASQUER, TAIRE, DÉROBER. *Ne rien dissimuler* : → JOUER CARTES SUR TABLE* I. ② *C'était un homme habile à dissimuler* : **feindre.**

◇ **dissimulation** ① *La dissimulation d'un scandale* : → ÉTOUFFEMENT. ② *Il dit qu'il est malade, mais c'est de la dissimulation !* : [plus fam.] **comédie** ; → DÉGUISEMENT, SOURNOISERIE, FAUSSETÉ.

dissipation → DISSIPER.

dissipé → DÉSOBÉISSANT, CHAHUTEUR, TURBULENT.

dissiper ① *Dissiper les nuages* : → CHASSER I. ② *Cet élève dissipe l'attention de la classe* [vieilli] : [cour.] **distraire.** ③ *Dissiper sa fortune* : → PRODIGUER, DÉPENSER.

◇ **se dissiper** *Le brouillard se dissipe* : → DISPARAÎTRE, SE LEVER.

◇ **dissipation** ① → DISPARITION. ② *La dissipation d'un élève* : [plus cour.] **indiscipline, turbulence.** ③ → DÉPENSE.

dissociable → SÉPARABLE.

dissociation → SÉPARATION.

dissocier ① → DÉCOMPOSER. ② *Il faut nettement dissocier ces deux idées* : **distinguer, disjoindre** ◆ [plus génér.] **séparer*** ; → ISOLER.

dissolu → CORROMPU, RELÂCHÉ, DÉRÉGLÉ.

dissolution ① *La dissolution d'un mariage* : → ANNULATION. *Il assistait, impuissant, à la dissolution de son parti* : **écroulement, ruine, dislocation*.** ② *Dissolution des mœurs* [sout.] : [plus cour.] **dérèglement** ; → CORRUPTION.

dissolvant a pour syn. **solvant.**

dissonance → CACOPHONIE.

dissonant → CRIARD.

dissoudre ① → ANNULER. ② *Dissoudre du sucre dans de l'eau* : [plus cour.] **faire fondre** ; → DÉLAYER.

dissuader *Nous l'avons dissuadé de poursuivre ses études* (qui s'emploie généralement avec un infinitif) : **détourner,** ↑ **dégoûter*** (le plus souvent suivis d'un groupe nominal) ; → DÉCONSEILLER, DÉCOURAGER, DISSUASIF.

dissuasif *Une attitude dissuasive* : ↓ **intimidant** ; → IMPOSANT. *Des prix dissuasifs* : **rebutant*** ; → DISSUADER.

◇ **dissuasion** : ↓ **intimidation*.**

dissymétrie → IRRÉGULARITÉ.

dissymétrique → IRRÉGULIER.

distance ① S'emploie le plus souvent en parlant de l'**espace*.** *La distance les empêche de se rendre facilement à Paris* : **éloignement.** *Parcourir de longues distances dans la journée* : **trajet, parcours.** *À une grande distance de* : **loin de** ◆ [express.] **à des kilomètres de,** ↑ **à des années-lumière de** ; → DISTANT. *À une faible distance de* : **près* de.** *Planter des arbres à distances régulières* : **intervalle.** *Suivre qqn à distance* : → LOIN. ② *Le voilà riche maintenant : la vie a creusé entre nous une distance considérable* : **décalage, écart** ◆ ↑ **fossé, abîme, gouffre.** *Tenir qqn à distance* : **écart** ; → ÉCARTER. *Il faut savoir tenir ses distances* : **ne pas sombrer dans la familiarité** ; → DISTANT. *Prendre ses distances avec un parti, des idées* : **se démarquer de.**

◇ **distant** ① *Nos deux villages ne sont distants que de quelques kilomètres* : **éloigné.** ② *C'est un personnage assez antipathique, très distant* : **froid, réservé** ; → CALME, FIER, HOSTILE.

distancer → DÉPASSER, SEMER III, S'ÉCHAPPER.

distant → DISTANCE.

distendre → TENDRE.

distiller ① → ÉPURER. ② → SÉCRÉTER.

distinct ① → CLAIR I, NET I. ② → DIF-FÉRENT, INDÉPENDANT.

distinctif → CARACTÉRISTIQUE.

distinction → DISTINGUER.

distingué → BIEN II, COMME* (III) IL FAUT, ÉLÉGANT, DISCRET.

distinguer ① *Ce qui distingue l'homme de l'animal, c'est principalement le langage* : **différencier, séparer* ◆ caractériser** (qui se construit avec un seul compl. : *ce qui caractérise l'homme, c'est...*) ; → INDIVIDUALISER. ② *Comment, dans ses propos confus, distinguer le vrai du faux ?* : **discerner, reconnaître, départager, démêler ◆** [rare, sout.] **discriminer ;** → DISSOCIER, SÉPARER. ③ *On distingue mieux le paysage* : → VOIR. ④ → RÉCOMPENSER.

◇ **se distinguer** ① *C'est par le langage que l'homme se distingue de l'animal* : **se différencier ;** → DIFFÉRER. ② *Un soldat qui s'est distingué par sa bravoure* : **s'illustrer, se signaler ◆** [parfois péj.] **se singulariser, se faire remarquer ;** → BRILLER, EXCELLER.

◇ **distinction** ① [de distinguer ① et ②] : **différenciation, caractéristique, séparation ◆** [en partic.] **distinguo** (= distinction subtile dans une argumentation), **discrimination ;** → DIFFÉRENCE, INDIVIDUALISATION. *Sans distinction* : → INDISTINCTEMENT. ② *Sa femme a beaucoup de distinction* (qui peut impliquer à la fois des qualités physiques et morales) : [cour.] **classe ◆ ↓ élégance** (qui ne s'applique qu'au physique : *elle s'habille avec distinction, élégance*), **↓ goût ;** → ALLURE, DÉLICATESSE. *C'est un personnage de la plus haute distinction* : **éminent.** *On connaît la distinction de sa naissance* [vx] : **éclat, grandeur.** ③ *Cet artiste a reçu les plus hautes distinctions* : **honneur** (*... les plus grands honneurs*), **récompense*.**

distinguo → DISTINCTION.

distraction ① [de distraire ②] *La belote est sa distraction favorite* : **passe-temps ◆ jeu** (qui est plus concret et implique une activité précise, comme dans notre ex.)

◆ [fam.] **dada ◆** [plus sout.] **divertissement ◆** [plus génér.] **plaisir ◆** [d'emploi plus restreint] **évasion** (*un besoin de distraction, d'évasion*) ; → EXUTOIRE, LOISIR. ② [de distrait] *Je vous ai envoyé cette lettre par distraction* : **par mégarde, par inadvertance ◆** [plus fam.] **sans faire attention.** *Elle est âgée, il faut excuser ses distractions* : **absence ;** → OUBLI, ÉTOURDERIE. *Une seconde de distraction, et c'est l'accident* : **inattention.**

distraire ① → DÉTOURNER. ② → AMUSER, DISSIPER, S'ÉTOURDIR, OCCUPER II.

distrait *Il a toujours l'air distrait quand on lui parle* : **↑ absent ◆** [express. fam.] **être dans la lune ◆ absorbé** (qui précise qu'on a l'esprit occupé) ; → ÉTOURDI I. *Écouter d'une oreille distraite* : [moins pr.] **inattentif ;** → VAGUE III.

distrayant → AMUSANT.

distribuer ① *Distribuer des prix, des bienfaits, de l'argent* : [plus sout.] **dispenser ◆ répartir, partager*** (= distribuer qqch d'après des conventions précises) ; → DONNER, SERVIR I, ATTRIBUER. ② *Tout le trafic est distribué à partir de ce centre* : **répartir, ventiler,** [anglic. déconseillé] **dispatcher.** ③ *Le plan de votre dissertation est mal distribué* : **répartir, organiser ◆** [fam.] **combiner*.** *Vous distribuerez les adjectifs en deux groupes !* : **classer*.**

◇ **distribution** ① [selon les sens de distribuer] : **partage, répartition, organisation, combinaison, classement.** ② *Une distribution de prix* : **remise.** *La distribution des pièces d'un appartement* : → DISPOSITION. *Ses produits ont un bon circuit de distribution* : **diffusion.** *La grande distribution* : → COMMERCE I. *La distribution d'un film* : → INTERPRÉTATION.

distributeur → COMMERÇANT.

distribution → DISTRIBUER.

dit → DÉCIDÉ, FIXÉ.

dithyrambe → ÉLOGE.

dithyrambique → ÉLOGIEUX.

diurne → JOUR.

diva

diva → CHANTEUSE.

divagation → DÉLIRE, ÉGAREMENT.

divaguer → DÉLIRER, DÉRAISONNER.

divan → CANAPÉ.

divergence → DIFFÉRENCE, DIVERSITÉ, DISSIDENCE.

divergent → DIFFÉRENT.

diverger → DIFFÉRER II.

divers ① *Un public très divers* : **varié**
♦ [avec une nuance péj.] **composite**, ↑ **dispa-rate, hétéroclite, hétérogène ;** → MULTIPLE, PARTAGÉ. ② *Les divers vins servis, servir divers vins* : → DIFFÉRENT.

◇ **diversement** *Le spectacle a été diver-sement apprécié* : **différemment, inéga-lement.**

◇ **diversité** ① [de *divers*] *La grande ville offre une diversité de distractions* : **variété**
♦ **multiplicité** (qui insiste sur le nombre) ;
→ BEAUCOUP ♦ [souvent péj.] **disparité, hétérogénéité ;** → DIFFÉRENT. ② *J'admets parfaitement la diversité des opinions* : **pluralité** ♦ [souvent au pl.] ↑ **divergence ;**
→ DIFFÉRENCE.

diversification → VARIATION.

diversifier → VARIER.

diversion ① → EXUTOIRE. ② *L'attaque de l'opposition se précise, il faut faire diver-sion* : **trouver une parade*** ♦ [néol.] **établir un contre-feu* ;** → TROMPER.

diversité → DIVERS.

divertir *Emmenez-le à la campagne, cela le divertira* : [plus fam.] **changer les idées ;**
→ AMUSER. *Se divertir* : → S'AMUSER.

divertissant → AMUSANT, PLAISANT II.

divertissement → DISTRACTION, PLAISIR.

dividendes → BÉNÉFICE.

divin *Il était sous le charme de cette mu-sique divine* : [sout.] **céleste ;** → AÉRIEN, DÉLICIEUX, SUBLIME, DOUX. *La justice di-vine* : → ÉTERNEL I.

divination ① De nos jours encore, beaucoup de communautés pratiquent la *divination ;* ce terme désigne l'art de découvrir ce qui est caché, surtout l'ave-nir. La **magie** implique davantage l'idée d'une pratique : c'est l'art de produire des phénomènes qui paraissent inexplicables selon les lois de la nature. L'**occultisme,** ou **sciences occultes,** est un ensemble de sciences, connues des seuls initiés, par lesquelles il serait possible d'atteindre aux phénomènes suprasensibles. Les termes suivants désignent des techniques particulières de la divination : **astrologie, cartomancie, chiromancie, nécromancie, spiritisme.** ② *Vous aviez trouvé ? mais c'est de la divination !* : **magie** (qui se dit pour exprimer hyperboliquement admiration ou surprise) ; → PRESSENTIMENT.

divinement → EXCELLEMMENT.

diviniser Mettre au rang des dieux : **déi-fier.** Revêtir du caractère des dieux : **sa-craliser.** *Diviniser la richesse* : **sacraliser, idôlatrer ;** → GLORIFIER.

divinité → DIEU.

diviser ① *Cette classe est trop nombreuse, il faudra la diviser* : **dédoubler** (= diviser en deux) ♦ **subdiviser** (= diviser qqch qui est déjà divisé : *diviser une page en co-lonnes, puis subdiviser les colonnes*) ♦ **dé-composer*** (= ramener à des unités plus simples ce qui était composé) ♦ **graduer** (= diviser une longueur en unités de mesure égales) ♦ **segmenter** (= diviser en segments) ♦ [souvent péj.] **atomiser** (= diviser en de multiples parties) ;
→ CLASSER, DISPERSER, SECTIONNER, PAR-TAGER, SCINDER, SÉPARER, COMPARTIMENTER. ② *Leurs opinions les divisent* : **opposer***
♦ ↑ **déchirer ;** → BROUILLER II.

◇ **se diviser en** ① [outre les pronominaux des syn. de *diviser*] → SE SÉPARER. ② *Ce roman se divise en quatre parties* : **comprendre, se composer de ;** → SEGMENTER.

◇ **division** ① [de diviser ①] : **dédoublement, subdivision, décomposition, graduation, segmentation*, atomisation* ;** → PARTAGE, SÉPARATION. ② [de diviser ②] : **opposition*,**
↑ **déchirement ;** → CASSURE, DÉSACCORD.

256

③ Au sens de « partie d'un tout », les syn. varient considérablement selon le *tout* en question. *Les divisions administratives* : **circonscription, arrondissement, département,** etc. Les *divisions* des sciences naturelles comprennent **règne, embranchement, classe,** etc. *Les divisions du savoir* : **branche***. *Jouer en première division* : → SÉRIE.

divorce ① [en termes de droit] Le *divorce* désigne la dissolution légale du mariage civil. La **séparation de corps** désigne la dispense de la vie commune accordée à chacun des époux, sans pour autant qu'ils soient déchargés de tous les liens qui les unissaient. Les termes courants **rupture, séparation** se disent d'un couple de personnes, mariées ou non. Le terme **répudiation** se dit, dans certaines cultures, du renvoi légal par le mari de la femme à laquelle il était uni. ② *Un divorce s'est établi entre les deux tendances du syndicat* : **opposition** (qui peut être renforcé par *grave* ou *radicale*) ; → DÉSACCORD.

◊ **divorcer** Hors du contexte légal où le terme n'a pas de syn. : **se séparer, rompre.**

divulgation → RÉVÉLATION.

divulguer *La nouvelle a été divulguée par la presse* : **révéler** ♦ **dévoiler** (qui est plutôt **découvrir** que publier qqch de secret) ♦ **publier** (= porter à la connaissance du public qqch qui ne devait pas forcément rester secret) ♦ **ébruiter, faire courir le bruit de** (= divulguer qqch de manière confuse, imprécise) ♦ **répandre** (qui s'emploie parfois avec le même sens que *ébruiter*) ♦ [express.] **crier sur les toits, étaler au grand jour** ; → DÉCLARER, PROCLAMER, DÉCOUVRIR, TOIT, TRAHIR.

dix Cet adj. numéral est en rapport avec **décupler** (= multiplier par dix), **décimer** (= diviser par dix), **dizaine** (= groupe de dix).

dizaine → DIX.

djinn → LUTIN.

do Première note de la gamme, autrefois appelée **ut** : [dans la notation allemande] **C** (*ut* désigne encore couramment aujourd'hui une musique composée dans un ton de *do* : *un quatuor en ut majeur*).

docile ① *Il vous écoutera : c'est un enfant très docile* : **obéissant*, soumis** ♦ [plus génér.] **sage.** ② *Elle était d'un caractère très docile* : **facile, souple** ♦ **maniable, malléable,** ↑ **manipulable** (qui soulignent plutôt une faiblesse qu'une qualité).

◊ **docilement** Avec docilité. *Il faudra suivre docilement les prescriptions du médecin* : **fidèlement** ♦ **scrupuleusement** (qui insiste davantage sur la rigueur et l'exactitude avec laquelle on fait qqch) ; → OBÉIR.

◊ **docilité** ① [de docile ①] : **obéissance, soumission, sagesse.** ② [de docile ②] : **souplesse, facilité, malléabilité.**

dock → DÉPÔT.

docker → DÉBARDEUR.

docte → SAVANT I.

doctement → SAVAMMENT.

docteur → MÉDECIN.

doctoral *Son ton doctoral cache mal le vide de sa pensée* : [moins employé] **pontifiant** ; → MAGISTRAL, PÉDANT, PROFESSORAL, PRÉTENTIEUX.

doctrinaire → DOCTRINE.

doctrine ① *Telles sont les bases de la doctrine chrétienne* : **dogme** ; → CROYANCE. *Les doctrines philosophiques* : **système*, théorie** ; → PHILOSOPHIE. ② *Se faire une doctrine sur* : **opinion*.**

◊ **doctrinaire** *Qu'il défende ses idées, soit ! mais pourquoi se montrer aussi doctrinaire ?* : **dogmatique** ♦ ↑ **sectaire** ; → SYSTÉMATIQUE, FANATIQUE.

document ① *Ce manuscrit est un document de grande valeur* : [plus génér.] **pièce** ; → PAPIER. Un ensemble de *documents* constitue selon les cas des **archives** (s'il s'agit de documents anciens et nombreux), un **dossier** (s'il s'agit de documents divers relatifs à une même affaire ou question), une **documentation** (s'il s'agit de documents destinés à éclairer qqn) ; → INFORMATION. ② *Vous verserez ce document au dossier de l'enquête* : **pièce à conviction.**

◇ **documenter** : [plus génér.] **informer.**

◇ **se documenter** : [plus génér.] **s'informer*.**

documentaire → FILM.

documentation → DOCUMENT, INFORMATION.

documenter → DOCUMENT.

dodeliner → BALANCER I, REMUER.

dodo → LIT I, SOMMEIL.

dodu → GRAS, REBONDI.

dogmatique → ABSOLU II, DOCTRINAIRE, MAGISTRAL, SYSTÉMATIQUE.

dogme → CATÉCHISME, DOCTRINE.

dogue → MAUVAISE HUMEUR*.

doigt ① Ce mot est en rapport avec **digital** (*empreinte du doigt, digitale*) et **doigté*** (= agilité des doigts, notamment au piano). ② [dans des express.] *Savoir qqch sur le bout des doigts* : **par cœur** ◆ [fam.] **à fond.** *Mettre le doigt sur la difficulté* : → TROUVER. *Toucher du doigt* : → PRÈS II. *À deux doigts de...* : → PRÈS II. *Se mordre les doigts* : → REGRETTER. *Se mettre le doigt dans l'œil* : → SE TROMPER. *Au doigt et à l'œil* : → EXACTEMENT. *Ne pas lever, remuer le petit doigt* : → EFFORT. *Taper sur les doigts de qqn* : → PUNIR. *Un doigt de vin* : → PEU II.

doigté ① → DOIGT, TOUCHER IV. ② → DIPLOMATIE, SAVOIR-VIVRE.

doléance → PLAINTE.

dolent → PLAINTIF.

domaine ① *Acheter un grand domaine* : → BIEN IV. ② *Le domaine des activités d'une région* : → CHAMP II, PAYS I. *La question que vous me posez n'est pas de mon domaine* : **compétence, ressort** ◆ **partie** (*ce n'est pas ma partie*) ◆ [fam.] **rayon.** *Elle travaille dans le domaine de la neu-*

rologie : **secteur ;** → BRANCHE, PLAN III, SPÉCIALITÉ, SPHÈRE.

dôme → COUPOLE.

domestique ① [adj.] → FAMILIAL. ② [n.] → HOMME II, SERVANTE, SERVITEUR, GENS.

domestiquer → APPRIVOISER.

domicile → HABITATION, MAISON, TOIT, RÉSIDENCE. *À domicile* : → SE DÉPLACER.

dominant, dominateur → DOMINER.

domination ① *Domination politique, militaire* : → AUTORITÉ, IMPÉRIALISME, MAÎTRISE, RÈGNE, OBÉDIENCE, SUPRÉMATIE. ② *Domination morale, spirituelle* : → INFLUENCE.

dominer ① [qqn, qqch ~] Être dominant. *Le dépouillement du vote n'est pas terminé, mais pour le moment ce sont les* non *qui dominent* : **l'emporter** ◆ ↑ **prédominer, prévaloir** ◆ **être le plus nombreux, majoritaire** (qui ne s'emploient que pour ce qui se compte). ② [qqn ~ qqn, qqch] Exercer sa domination. *Charlemagne a dominé un vaste empire* : **soumettre** (= mettre par la force dans un état de dépendance) ◆ **avoir barre sur** (= prendre l'avantage et dominer) ; → RÉGNER, COMMANDER I, ARBITRE, OPPRIMER. ③ [qqn ~ qqn] *Ce coureur a nettement dominé ses concurrents* : **prendre l'avantage sur** ◆ ↑ **surclasser, surpasser.** ④ [qqn ~ qqch] *Il domine parfaitement la situation* : **maîtriser ;** → CONTRÔLER. *Il faut savoir dominer ses instincts* : **discipliner, dompter ;** → RAVALER III, COMMANDER II, VAINCRE, TRIOMPHER. ⑤ [qqch ~ qqch] *Cette tour domine la ville* : **surplomber.**

◇ **se dominer** → SE POSSÉDER, SE REPRENDRE, RESTER MAÎTRE* DE SOI.

◇ **dominant** ① *Le rôle de l'artillerie a été dominant dans le sort de cette bataille* : **déterminant, essentiel, prépondérant ;** → PRINCIPAL. ② *Son mari occupe dans l'usine une position dominante* : **élevé** ◆ [express.] **une position clé.** *Les classes dominantes* : → SUPÉRIEUR I. ③ *La pratique dominante* : → GÉNÉRAL.

◇ **dominateur** ① [n.] *Napoléon, dominateur d'un immense empire* [sout.] : [cour.]

maître, vainqueur ; → TYRAN. ② [adj.] *Une politique dominatrice* : → IMPÉRIALISTE. *Il parcourut son public d'un regard dominateur* : **impérieux***.

dommage ① [génér. pl.] *Des dommages considérables ont été causés aux récoltes* : **pertes, dégâts*** ◆ **avarie** (qui se dit seulement en parlant de dommages survenus à un bateau et, par extension, à des marchandises transportées) ◆ **dégradations, détériorations** (qui s'emploient pour un édifice). *Causer des dommages à qqn* : **torts** ; → PRÉJUDICE. *Il y a eu des dommages* : [fam.] **de la casse** ; → DÉGÂT, SINISTRE, DESTRUCTION, PRÉJUDICE, ABÎMER. *Sans dommage* : → IMPUNÉMENT. *Réparer un dommage* : → DÉDOMMAGEMENT, DÉDOMMAGER. ② *Il ne pourra pas venir, c'est dommage !* : [plus sout.] **triste, regrettable** ◆ [sout.] **fâcheux** ◆ [fam.] **c'est pas de chance*** ! *Mon pneu est encore crevé : quel dommage !* : [fam.] **barbe**, [plus fam.] **colique, vacherie.** ③ *Vous mettez de la glace dans le porto ? Quel dommage !* : ↑ **crime** ◆ [très péj.] **sottise** ; → BÊTISE.

◇ **dommageable** *L'ingestion d'alcool est dommageable à votre santé* [sout.] : [cour.] **nuisible, préjudiciable** ◆ [sout.] ↑ **attentatoire** (= qui porte atteinte à : *un acte attentatoire à la justice*) ◆ [très génér.] **mauvais*** ; → FATAL.

dompter① → APPRIVOISER. ② → DOMINER, SOUMETTRE.

dompteur Se dit plutôt pour les animaux sauvages qu'il s'agit de rendre dociles ; **dresseur** se dit pour les animaux, souvent domestiques, auxquels on souhaite apprendre des conduites (*un dompteur de fauves, un dresseur de chiens*).

don ① *Prenez ce livre, je vous en fais don* [sout.] : [cour.] **cadeau.** *Faire don* : **donner*** ◆ [en partic.] **offrande** (= don pour une église) ; → SECOURS, AUMÔNE, PRÉSENT IV, GRATIFICATION. *Don de ses biens* : → DONATION, LÉGUER. ② *Le don de soi* : → DÉVOUEMENT. ③ *Disposition particulière à qqn considérée comme innée ou reçue d'une puissance supérieure. La nature l'a comblé de ses dons* : **bienfait, faveur.** *Dieu l'a comblé de ses dons* : [sing. ou pl.]

grâce. Dieu lui a donné le don de la parole : [didact.] **charisme.** *Ses dons de conteur sont extraordinaires* : [au sing.] **talent** ◆ [plus génér.] **qualités.** *Il a le don du conte* : ↑ **génie,** ↓ **sens.** *Le don des mathématiques* : [fam.] **bosse** ; → CAPACITÉ I, POUVOIR II.

donation Don fait par acte public et solennel à une personne ou à un établissement : **legs** (= donation faite par testament) ◆ **fondation** (= donation faite à une œuvre, avec une destination particulière) ◆ [plus génér.] **abandon** (*l'abandon de ses biens*).

donc → AINSI I et II.

don Juan → BOURREAU* DES CŒURS, SÉDUCTEUR.

donne → DONNÉE.

donné → DONNER I. *C'est donné, à ce prix !* : → POUR RIEN* I.

◇ **étant donné** ① *Étant donné sa maladie, il ne viendra pas* : **vu** ; → À CAUSE* DE. ② *Étant donné que* : → PARCE QUE, PUISQUE, VU I.

◇ **donnée** *L'heure à laquelle le crime a été commis est l'une des données essentielles de l'enquête* : **élément, précision, renseignement** ◇ **donne** [express.] **nouvelle donne** (= ensemble de données qui entraînent une nouvelle situation sociale ou politique).

donner

I [v.t.] ① [qqn ~ qqch à qqn] *Il n'avait plus un sou : je lui ai donné cent euros* : [fam.] **filer** ◆ [très fam.] **abouler, fourguer** ◆ **remettre*** (qui implique que l'on avait la charge de donner qqch à qqn) ◆ **offrir** (qui se dit d'un cadeau) ◆ **proposer** (= demander d'accepter). *Dans l'équipe, on m'a donné la place d'avant-centre* : **proposer** ◆ [plus sout.] **attribuer*** ; → ACCORDER II, CONFÉRER I, GRATIFIER. ② [qqn ~ qqch à qqn, en parlant de ce qui ne nous appartient pas] *Donnez-moi le sel !* : [fam.] **passer.** *Donnez-lui un siège* : [sout.] **offrir, avancer.** *C'est à vous de donner les cartes* : **distribuer, faire** (*c'est à vous de faire*) ; → SERVIR I. ③ [qqn ~ qqch à qqn, en parlant de qqch de verbal] *Voudriez-vous me donner*

l'heure ? : [plus sout.] **indiquer** ; → DIRE.
Donner un ordre : → NOTIFIER. *Donner un
rendez-vous* : **proposer, fixer.** *Donner un
papier* : → DÉLIVRER. *Donner une punition* : [fam.] **coller, flanquer.** ④ [qqn ~ qqn]
Il a été donné à la police : **dénoncer, livrer**
◆ [fam.] **balancer** ; → VENDRE. ⑤ [qqch ~]
La vigne a bien donné cette année : **produire, rapporter** ; → PORTER I, RENDRE. *Ne
rien donner de bon* : → PRODUIRE II. *Ce
soir, la télévision donne un bon film ; on
donne un bon film à la télévision* : **jouer,
passer** ; → REPRÉSENTER. ⑥ [qqch est donné à qqn] *S'il m'était donné de l'épouser, je
serais la plus heureuse des femmes* : **accorder** ; → PERMETTRE. ⑦ *Donner du souci* :
[plus sout.] **occasionner.** *Donner une maladie* : → TRANSMETTRE. *Donner du plaisir* :
→ PROCURER. *Donner un coup de poing* :
→ ALLONGER, APPLIQUER, PORTER. *Donner un coup de main* : → AIDER, SOUTENIR,
PRÊTER II. *Donner raison* : → APPROUVER.
Donner l'assaut : → ATTAQUER. *Donner un
coup de gueule* : → CRIER. *Donner congé* :
→ CONGÉDIER. *Donner sa démission* :
→ ABANDONNER I. *Donner un exemple* :
→ CITER. *Donner sa parole* : → ENGAGER.
Donner sa langue au chat : → DEVINER.
II [v.i.] ① *Donner sur* : → DÉBOUCHER II,
OUVRIR. ② *Donner dans* : → VERSER III.
③ *Aller donner contre un mur* :
→ HEURTER.
◇ **se donner** ① *Elle voulait se donner à
Dieu* : **se consacrer, se vouer.** *Elle s'était
donnée à lui dans un élan de tendresse* :
[plus génér.] **s'abandonner** ◆ ↑ **s'offrir** ;
→ FAVEUR. ② *Se donner aux mathéma-
tiques* : → S'ADONNER, VERSER III. *Se don-
ner du mal* : → SE DÉMENER.

donneur → MOUCHARD.

donzelle → FILLE.

dopant → TONIQUE.

doper *Doper les rendements d'un commerce* : ↓ **stimuler** ; → AUGMENTER. *Doper
un auditoire* : → ENFLAMMER.
◇ **se doper** → SE DROGUER.

doré → AMBRÉ, BLOND.

dorénavant → À L'AVENIR.

dorer *Faire dorer les oignons à la poêle* :
revenir ; → FAIRE SAUTER*. *Se dorer au soleil* : → BRONZER.

dorloter *Elle dorlote un peu trop son fils,
comment voulez-vous qu'il soit dégourdi ?* :
[plus sout.] **choyer** ◆ **cajoler** (qui implique
surtout l'idée de caresses) ; → COUVER,
SOIGNER II.

dormant → DORMIR.

dormir ① *Ne faites pas de bruit : il dort !* :
[très fam.] **pioncer, roupiller** ◆ [très fam.]
↑ **en écraser, ronfler** ◆ [fam.] ↑ **dormir
comme une souche, comme un loir, à poings
fermés** ◆ ↓ **sommeiller** ◆ **faire un somme,**
[fam.] **faire une pioncette** (= dormir un
court moment) ◆ **somnoler** (= être dans
un état de demi-sommeil) ◆ **s'endormir**
(= commencer à dormir) ◆ **s'assoupir**
(= s'endormir à demi) ◆ [sout.] **reposer,**
[cour.] **se reposer*** ; → SE COUCHER, SOMMEIL.
Produit pour dormir : → HYPNOTIQUE.
② *On a laissé dormir ce dossier* : **traîner** ;
→ NÉGLIGER. ③ → COUVER. ④ *Ne dormir
que d'un œil* : → GARDE. *Sans dormir* :
→ ÉVEILLÉ. *Une histoire à dormir debout* :
→ INVRAISEMBLABLE.
◇ **dormant** *Il aimait ces paysages d'étangs
aux eaux dormantes* : [plus génér.] **calme,
tranquille** ◆ [péj.] **stagnant** (qui implique
l'idée de pourrissement) ; → IMMOBILE.

dormitif → ENNUYEUX.

dos ① → RÂBLE. ② *En avoir plein le
dos* : → ASSEZ. *L'avoir dans le dos* :
→ ÉCHOUER II. *De dos, le dos tourné* :
→ DERRIÈRE I. *Passer la main dans le
dos* : → FLATTER. *Mettre qqch sur le dos
de qqn* : → ACCUSER. *Tourner le dos à* :
→ ABANDONNER II. *Tomber sur le dos de
qqn* : → RÂBLE. *Se mettre qqn à dos* : **se
faire un ennemi** ; → S'ALIÉNER. ③ *Veuillez
indiquer votre réponse au dos de la lettre* :
verso, revers.

dose → MESURE I. *Une dose excessive* :
surdose, overdose ; → SHOOT. *Il lui faut sa
dose d'alcool* : **ration.**

doser → MESURER.

260

dossier ① *Dossier* est employé parfois, par méton., comme syn. de **chemise.** ② → CAUSE II, DOCUMENT.

dotation → ATTRIBUTION.

doter ① → ATTRIBUER, ÉQUIPER. ② *Être doté de courage, d'intelligence :* → ARMER I, GRATIFIER.

◊ **se doter** → S'ARMER.

douairière → VIEUX.

douanier : [fam., péj.] **gabelou.**

double

I [adj.] ① *Il a été victime d'un double accident :* **deux** (*... de deux accidents).* *Une étoffe double face :* **réversible.** *Le don de double vue :* **voyance** (*don de voyance). Mettre les bouchées doubles :* → TRAVAILLER I. *Faire coup double :* **doublé** (*réussir un joli doublé).* ② *C'est un personnage double :* **qui joue double jeu, plein de duplicité** ◆ [plus génér.] **faux*.**

II [n.m.] ① [le ~ de qqch] → COPIE II. ② [le ~ de qqn] *À vivre constamment à ses côtés, il était devenu comme son double :* **alter ego** ◆ **sosie** (= celui qui ressemble physiquement à qqn).

doublé → DOUBLE. *Un bijou doublé or :* **plaqué.**

doubler

I [~ qqn, qqch] ① **Augmenter*** du double : ↑ **multiplier.** ② *Doubler une classe :* **redoubler, recommencer.** ③ → DÉPASSER. ④ *Doubler un acteur :* → REMPLACER. ⑤ *Doubler qqn :* → TRAHIR.

◊ **se doubler de** → S'ACCOMPAGNER.

II [qqch ~] *Leur fortune a doublé en peu de temps :* [plus génér.] **augmenter, être en augmentation*, grossir,** ↑ **se multiplier** (qui s'emploient selon le contexte).

double-rideau → RIDEAU.

doublure → REMPLAÇANT.

douce ① → DOUX. ② *En douce :* → DISCRÈTEMENT, SECRÈTEMENT.

douceâtre → DOUCEREUX, DOUX.

doucement, doucereux, doucette-ment, douceur → DOUX.

douche ① *Prendre une douche, sa douche :* **se doucher.** *Donner une douche :* **doucher.** ② *J'ai pris la douche juste après la sortie du village* [fam.] (= averse que l'on reçoit) : [fam.] **sauce, saucée.** *Prendre la douche :* **se faire doucher, saucer, rincer** ◆ [cour.] **se faire tremper.** ③ *Pierre a raté son bac. Quelle douche !* [fam.] : [cour.] **déception*.**

doucher ① → ARROSER, DOUCHE, SE FAIRE MOUILLER. ② → REFROIDIR.

doué → BON I, GRATIFIER.

douer → GRATIFIER.

douillet → CONFORTABLE, SENSIBLE I.

douleur ① *La brûlure provoquait des douleurs insupportables :* **souffrance, élancement** (= douleur brève et intense). *Éprouver une douleur :* **avoir mal** ◆ [en partic.] **brûlure, crampe, migraine** (qui s'emploient selon l'origine de la douleur) ; → RHUMATISME, MALADE. *Un cri de douleur :* **plainte*.** ② → PEINE II, DÉCHIREMENT.

◊ **douloureux** ① *J'ai les pieds douloureux d'avoir tant marché :* **endolori** ◆ [fam.] **qui fait mal** ◆ [express. fam.] **en compote*.** *J'ai un point douloureux dans le dos :* ↓ **sensible*.** *Une blessure douloureuse :* ↑ **atroce,** ↑ **abominable** (*qui fait un mal atroce, abominable)* ◆ **cuisant** (qui se dit surtout d'une douleur qui brûle ou d'une blessure morale qui pique l'amour-propre) ; → PÉNIBLE. ② *Douleur morale :* → AMER, DÉCHIRANT, POIGNANT.

◊ **douloureuse** *Demander la douloureuse :* → ADDITION II.

douter ① [~ de qqch] : **mettre en doute*, ne pas être sûr*, certain de.** *Douter d'une prochaine guérison, d'un rapide succès :* ↑ **désespérer.** ② [~ que] *Je doute qu'il arrive à temps :* **penser** (+ nég.), **étonner** (+ pass. et cond. : *je ne pense pas, je serais étonné que...).* ③ [~ de qqn] → SE MÉFIER.

◊ **se douter** ① *Prenez garde ! je crois qu'il se doute de qqch :* [syn. de construction directe] **soupçonner** ◆ [fam.] **flairer** ◆ [rare, iron.]

subodorer ◆ **pressentir** (qui n'implique pas l'idée de méfiance, mais plutôt celle de l'aptitude à concevoir par avance les choses futures). ② *Je ne me doutais pas que vous étiez marié !* : **penser*** ◆ [sout.] **s'attendre.**

◇ **doute** ① *Elle ne supportait plus de vivre ainsi dans le doute* : **incertitude, indécision*.** *Avoir un doute, être dans le doute* : **douter*, être dubitatif, sceptique ;** → INCRÉDULE. *Mettre en doute* : → NIER, SE MÉFIER. *C'est hors de doute, il n'y a pas de doute* : **c'est indubitable ;** → CERTAIN. ② *Sans doute* : → ASSURÉMENT, VRAISEMBLABLEMENT, PROBABLE, PEUT-ÊTRE, SÛREMENT. ③ Attitude philosophique et spirituelle : le *doute* se situe entre l'**incroyance** et la **foi** ◆ [en partic.] **scepticisme ;** → ATHÉISME, CROYANCE.

◇ **douteux** ① *Vous croyez qu'il réussira ? Son succès me paraît douteux !* : **aléatoire, hypothétique, improbable, peu probable, indécis, incertain, problématique** (qui mettent moins l'accent sur la pensée de celui qui parle ; ils sont plus impersonnels). ② *La réponse à ce problème est douteuse* : **incertain, problématique ;** → DIFFICILE. ③ *Nous avancions à travers bois dans une lumière douteuse* : [antéposé] **mauvais** ◆ ↓ **diffus.** ④ *Un regard douteux* : → AMBIGU. *Un avis douteux* : → CONTESTABLE. *L'affaire est vraiment douteuse* : ↑ **véreux ;** → SUSPECT.

douve → FOSSÉ.

doux ① Agréable au goût. *Une tisane douce* : [par opp. à *forte*] **fade*** ◆ [par opp. à *salé, fade, amer*] **sucré** ◆ [péj.] **douceâtre** (= doux et fade), ↑ **écœurant** (= doux à lever le cœur) ; → SIRUPEUX. ② Agréable au toucher. *Un matelas très doux* : **moelleux** ◆ [péj.] **mou.** *Une peau douce* : **satiné, fin, velouté** (ce dernier surtout en parlant de la peau d'un fruit). *Des cheveux doux* : **soyeux, souple.** ③ Agréable à l'ouïe. *Les sons doux du hautbois, une voix douce* : **harmonieux, mélodieux** ◆ [très génér.] ↑ **suave** (qui se disent aussi pour le goût) ; → DIVIN. ④ Qui n'a rien d'intense ni de violent. *Écouter de la musique douce* : **d'ambiance.** *Une lumière douce* : **tamisé.** *Une température douce* :

agréable ; → TIÈDE I. *Un doux rythme de vie* : **sans excès ;** → FACILE I. *La punition a été douce* : **raisonnable, modéré*.** *Monter une pente douce* : [antéposé] **faible.** ⑤ *Les médecines douces* : → NATUREL. ⑥ [qqn est ~] → BON I, MOU, SAGE. *Des yeux doux* : → TENDRE II.

◇ **doucement** ① *Rouler doucement* : → LENTEMENT. *Parler, jouer doucement* : **piano ;** → EN SOURDINE. *Allez-y doucement* : **en douceur** ◆ [plus sout.] **avec modération.** ◆ [fam.] **mollo.** *Remontez doucement votre levier* : **légèrement.** *Avancez doucement vers le bord !* : **calmement, posément.** *Elle dormait doucement* : **calmement, paisiblement.** ② *Comment allez-vous ? Tout doucement !* : [fam.] **tout doucettement, couci-couça.** ③ *Doucement ! je n'ai pas dit mon dernier mot !* : **tout doux** ◆ [fam.] **doucement les basses, mollo ;** → MINUTE.

◇ **doucereux** D'une douceur fade : **douceâtre** (qui s'emploie plutôt pour la saveur de qqch). *Je n'aime pas son ton doucereux* : **mielleux, sucré** ◆ [plus rare] **benoît, patelin, papelard** ◆ **paterne** (qui se dit de celui qui affecte une bonhomie doucereuse) ; → ONCTUEUX, SOURNOIS.

◇ **douceur** ① [selon les emplois] **moelleux** (*le moelleux d'un matelas*), **finesse** (*la finesse d'une peau*), **souplesse** (*la souplesse d'une chevelure*). ② *Il connaissait enfin la douceur de vivre* : → BONHEUR, JOIE. ③ *C'est un homme d'une rare douceur* : ↑ **mansuétude** (qui implique le plus souvent l'idée d'indulgence) ; → BONTÉ, CHARITÉ. ④ [pl.] → FRIANDISES. *Dire des douceurs* : → GALANTERIE.

doyen → ÂGÉ.

draconien
→ ÉNERGIQUE, RIGOUREUX, SÉVÈRE.

dragon → FEMME, VIRAGO, FURIE.

drag-queen → TRAVESTI.

draguer → COURTISER, RACOLER.

dragueur → COUREUR.

drain → SONDE.

drainage → ASSAINISSEMENT.

drainer → ASSÉCHER.

dramatique ① → THÉÂTRAL. ② → CATAS-
TROPHIQUE, ÉMOUVANT, TRAGIQUE, GRAVE I.

dramatisation → EXAGÉRATION.

dramatiser → DRAME, EXAGÉRER.

dramaturge → AUTEUR.

drame ① → PIÈCE II, THÉÂTRE. ②
→ CATASTROPHE. *Faire un drame de* : **dramatiser.**

drap *Dans de beaux draps* : → SITUATION II,
FRAIS II, PROPRE I.

drapeau *Hisser le drapeau* : [pl. dans le
langage de la marine et de l'armée] **couleurs**
(*hisser le drapeau, les couleurs*) ◆ [terme
de marine] **pavillon** (= drapeau indiquant
la nationalité et désignant la compagnie à laquelle il appartient) ◆ **étendard**
(= drapeau de guerre) ◆ **bannière** (qui
désignait, dans le monde féodal, l'enseigne du seigneur à la guerre et désigne
aujourd'hui le signe de ralliement de
certaines confréries ou de groupes religieux) ; → BANDEROLE.

draper → ENVELOPPER.

drastique → ÉNERGIQUE.

dressage → ÉDUCATION.

dresser

I ① [~ qqch] *Dresser la tête* : ↑ **redresser.**
Dresser l'oreille : → PRÊTER II. *Dresser un
monument à la gloire d'un héros* : **élever** ;
→ MONTER II, LEVER I, PLANTER. *Dresser
la table* [sout.] : [cour.] **mettre, préparer,
installer.** *Dresser une tente* : → PLANTER.
Dresser un plan : **établir, préparer** ;
→ ÉLABORER. ② [~ qqn contre] → BRAQUER,
MONTER I, OPPOSER.

◇ **se dresser** ① → DEBOUT, SE CAMPER,
S'ÉLANCER. ② → SE RÉVOLTER.

II ① *Dresser un animal* : → APPRIVOISER,
ENTRAÎNER II. ② [~ qqn] *Il est révolté, mais
on le dressera* : [plus sout.] **mater** ◆ **édu-
quer*** (qui suppose qu'on recoure non à
la contrainte systématique mais à l'intelligence et à la participation). *Laissez-
le se débrouiller tout seul, cela le dressera*

[fam.] : *ça lui fera les pieds, ça lui apprendra à vivre.*

dresseur → DOMPTEUR.

dressoir → VAISSELIER.

drille *Joyeux drille* : → COQUIN, LURON,
GAI.

drink → VERRE.

drogue ① → CALMANT, MÉDICAMENT.
② Terme courant pour désigner les **stupéfiants** ou, fam., les **stups** comme la **cocaïne*,**
la **morphine** ◆ **hallucinogène** (= drogue
qui provoque des hallucinations) ◆ **narcotique** s'emploie aussi, abusivement,
pour désigner les stupéfiants. Une série
de termes arg. sont syn. de *drogue* : **came,
dope, schnouf...** ; → HASCHICH. *Effets de
la drogue* : → VOYAGE. *Vendeur de drogue* :
→ REVENDEUR.

◇ **se droguer** ① [fam.] **prendre des médicaments.** ② Prendre de la drogue : [plus
génér.] **s'intoxiquer,** [en partic.] **se doper**
(= prendre un produit stimulant, par-
fois illicite) ◆ [arg.] **se défoncer, se camer**
◆ [en partic.] **fumer, se shooter** (selon le
type de drogue) ; → SE PIQUER.

drogué [n.] *Le monde des drogués* ◆ [di-
dact.] **toxicomane,** [abrév. fam.] **toxico**
◆ [fam.] **camé** ◆ [anglic., fam.] **junkie**
(= consommateur de drogues dures).

droguiste → MARCHAND DE COULEURS*.

droit

I [adj. et adv.] ① *La station droite lui est
pénible* : **vertical, debout.** *Se tenir droit* :
↑ **droit comme un i.** *Remettre droit*, c'est
redresser. ② *Il nous mène tout droit à
la catastrophe* : **directement.** *Aller tout
droit* : **droit devant soi.** *En ligne droite, il
n'y a que vingt kilomètres* : **à vol d'oiseau.**
③ [qqn est ~] → BIEN II, LOYAL.

II [adj. et n. ; en termes de marine] **tribord.**

III ① [n.m.] *Avoir un droit, des droits.*
Plus qu'une ↓ **permission,** une **autorisation** (qui impliquent l'assentiment d'un
tiers), un *droit* est moins qu'un ↑ **pri-
vilège*.** Un *droit* exclusif est un **monopole.** Le *droit* exclusif d'un auteur : **copyright.** *Outrepasser ses droits* : → ABUSER I.

À bon droit : **légitimement, à juste titre** ; → LÉGITIMITÉ. *Y avoir droit* [fam.] : → BON I. ② *Avoir le droit de. Sa sœur n'a pas le droit de sortir seule* : [plus sout.] **permission** ♦ **autorisation** (qui s'emploie parfois en ce sens) ; → LIBRE. ③ *Les droits de l'amitié me permettent de vous demander ce service* : **privilège, prérogative.** ④ *Payer des droits* : → IMPÔT.

IV [n.m.]. *Le droit.* ① Ensemble des règles définies par une communauté humaine pour son harmonieux fonctionnement, le *droit* repose à la fois sur la **justice*** et la **morale*** ; → LOI, LÉGITIMITÉ. ② *Le monde du droit* : **le monde juridique.** *Professeur de droit* : **juriste.**

droite → RÉACTION.

droit-fil → LOGIQUE.

droiture ① → ÉQUITÉ, LOYAUTÉ. ② *La droiture de son regard* : → PURETÉ.

drolatique → AMUSANT.

drôle

I [n.m.] → ANIMAL.

II [adj.] ① → AMUSANT, GAI, PLAISANT II, PIQUANT II, AU POIL, RISIBLE. ② → BIZARRE. ③ *Pas drôle* : → ROSE II. ④ *Se sentir tout drôle* : **chose** ; → BIZARRE. ⑤ *Un drôle de* : → BON I, SINGULIER.

drôlement ① → BIZARREMENT. ② *C'est drôlement bon !* : → JOLIMENT, RUDEMENT, TRÈS.

drôlerie *La drôlerie d'une situation* : **cocasserie, comique** (*la cocasserie, le comique de...*).

dru ① → SERRÉ, TOUFFU. ② → FORT III.

drugstore → MAGASIN.

dry → SEC I.

dû → COMPTE I, DETTE.

dualisme → DUALITÉ.

dualité → DEUX. Dans certains de leurs emplois, *dualité* et **dualisme** sont confondus : *le dualisme, la dualité de la vie politique américaine.*

dubitatif → DOUTE.

duel

I [adj.] → DEUX.

II [n.m.] *Un duel oratoire* : **joute.** *On a assisté à un duel entre les deux supermarchés* : **lutte** ♦ [fam.] **bagarre** ; → RIVALITÉ.

dulcinée → AMANTE.

duo → DEUX.

dupe ① *Être la dupe de qqn* [génér.] : [fam.] **dindon** (*c'est moi qui ai été le dindon*), **pigeon** (= celui qui est attiré dans une affaire où on le dépouille de ses biens) ♦ [fam.] **gogo** ♦ [plus sout.] **victime.** ② *Ne pas être dupe de qqch* : **ne pas se laisser prendre à, par qqch** ; → NAÏF.

duper → JOUER IV, LEURRER, MYSTIFIER, ROULER II, TROMPER.

duperie → LEURRE, MYSTIFICATION, TROMPERIE.

duplex → APPARTEMENT.

duplicata → COPIE.

duplicité → AMBIGUÏTÉ, DOUBLE I, FAUSSETÉ.

dupliquer → COPIER.

dur

I [adj.] ① *Le bois est un corps dur* : **solide, résistant.** *Du pain dur* : ↓ **rassis.** *Cette eau est dure* : **calcaire.** *De la viande dure* : ↑ **coriace** ♦ ↓ **ferme** ♦ [express. fam.] **de la semelle** ; → RACORNIR. *Une barbe dure* : → RUDE. ② *Un travail dur* : → DIFFICILE. *Un climat très dur* : → RIGOUREUX. ③ [qqn est ~] *Son père était très dur avec lui* : **sévère*** ; → INFLEXIBLE, STRICT. *Un ton dur* : **rogue** ; → TRANCHANT II, VIF I. *La critique a été dure pour son dernier roman* : ↑ **impitoyable** ♦ [fam.] **vache, vachard** ; → ACERBE, ROSSE, MÉCHANT. *Être dur en affaires* : [fam.] **coriace** ; → RETORS. *La perte de sa sœur est pour lui très dure* : ↑ **cruel*.** ④ *La tête dure* : → TÊTU. *L'oreille dure* : → SOURD I. *Le cœur dur* : → DE PIERRE*. *Un visage dur* : → FERMÉ. *Coup dur* : → INCIDENT I. *Dur à cuire* : → RÉSISTANT.

II [adv.] *Taper dur* : → FORT III.

III [n.m.] ① *Prendre le dur* [fam.] : [cour.] **train.** ② *Ce gars-là, c'est un vrai dur* [fam.] : **dur à cuire ◆ ↑ dur de dur, casseur ; →** TERREUR.

durable → DURER.

durant → D'AFFILÉE, PENDANT III.

durcir ① [de dur I ①] **→** PRENDRE II, SE SOLIDIFIER. ② *L'eau a durci les cordages* : **raidir.** *L'infection a durci les tissus* : [didact.] **indurer.** ③ *Durcir un caractère* : **endurcir ;** → AIGRIR, RAFFERMIR. ④ *Durcir ses positions* : **↑ radicaliser ; →** INTRANSIGEANT.

◇ **durcissement** ① [de durcir ②] : **raideur, induration.** ② *Le durcissement de la tension internationale est inquiétant* : **montée, renforcement, intensification ◆** [plus génér.] **augmentation*.**

durée → DURER.

durement [de dur I] ① *Défendre durement sa vie* : **âprement, farouchement.** ② *Frapper durement* : → RUDEMENT. ③ *Être élevé durement* : [fam.] **à la dure ; →** SÉVÈREMENT.

durer ① Occuper un trop long espace de temps : **n'en plus finir, s'éterniser, traîner en longueur ; →** PIÉTINER. *Faire durer* : → PROLONGER. ② *Si notre amitié dure, ce sera formidable !* : **se maintenir*, se prolonger ; →** CONTINUER, VIVRE I. *Avec du charbon, le feu dure plus longtemps* : **te-**nir*. *Durer longtemps* : → SERVIR III, FAIRE DE L'USAGE* I, DU PROFIT*. *Ce livre durera* : **subsister, rester.** *Son souvenir durera* : **rester, se perpétuer.**

◇ **durable** *Avoir une situation durable* : **stable.** *Un sentiment durable* : **profond, solide.** *Un souvenir durable* : **vivace ◆ ↑ impérissable ; →** VIVANT, PERMANENT, TENACE, CONTINU, ÉTERNEL I.

◇ **durée** ① **→** TEMPS I. ② *Pendant une durée de quinze jours* : **période.** *De courte durée* : → PASSAGER.

dureté [de dur I] ① *La dureté de la viande* : **↓ fermeté.** ② *La dureté d'un travail* : [didact.] **pénibilité.** *La dureté d'un climat* : **rudesse ; →** RIGUEUR. ③ *La dureté de son caractère est pénible à supporter* : **âpreté ; →** AUSTÉRITÉ, CRUAUTÉ, SÉCHERESSE II, BRUTALITÉ, SÉVÉRITÉ.

durillon → COR III.

duvet ① **→** POIL. ② **→** SAC.

duveteux → COTONNEUX.

dynamique ① [adj.] **→** ACTIF, TONIQUE. ② [n.f.] **→** PROCESSUS.

dynamisant → TONIQUE.

dynamiser → TONIFIER.

dynamisme → VITALITÉ, ACTIVITÉ, VIE.

dynastie → FAMILLE.

dysfonctionnement → PERTURBATION.

E

eau ① A pour syn. fam. **flotte** ; → JUS.
Qui contient de l'eau : [didact.] **aqueux,
hydraté.**Qui a rapport à l'eau : **hydrique,
hydraulique** (*un liquide aqueux, une
mixture hydratée, un produit hydrique,
une conduite hydraulique*). *Sans eau* :
→ SEC II. ② *Il tombe de l'eau* : → PLUIE.
Aller sur l'eau : → ONDE I. *Aller à l'eau* :
[arg.] **baille** ; → NAGER. *Sous les eaux* :
→ INONDER. ③ *L'eau d'un diamant* :
→ BRILLANT III. ④ *Mettre de l'eau dans son
vin* : → S'ADOUCIR. *Être en eau* : → SUEUR.
Un coup d'épée dans l'eau : → INEFFICACE.
Tomber à l'eau : → ÉCHOUER II. *Avoir l'eau
à la bouche* : → SALIVER. ⑤ [au pl.] *Ville
d'eaux* : [plus cour.] **station thermale.**

eau-de-vie → ALCOOL.

eau-forte → GRAVURE.

ébahi, ébahir *C'est lui qui a gagné la
course ? j'en suis ébahi !* : **éberlué, étourdi,
médusé** ◆ ↑ **abasourdi, sidéré, ahuri,
ébaubi** ◆ ↑ **pétrifié** (qui s'emploie surtout
en parlant de qqch d'effrayant) ◆ **interloqué** (qui implique que l'on ne sait que dire
tant l'on est ébahi) ◆ [fam.] **estomaqué,
soufflé, époustouflé, scié** ◆ **baba, bouche
bée** (*en rester baba, bouche bée*) ◆ [fam.]
↓ **épaté** ; → DÉCONCERTER, SURPRIS.

ébahissement → ÉTONNEMENT, STUPÉ-
FACTION.

ébats → JEU I.

ébattre (s') → FOLÂTRER, JOUER.

ébaubi → ÉBAHI.

ébauche ① → CANEVAS, DESSIN, JET,
MODÈLE, PLAN IV. ② → AMORCE II, PROJET.

ébaucher → AMORCER, COMMENCER.

éberlué → ÉBAHI.

éblouir ① *La lumière des phares
nous éblouit* : **aveugler** ; → BRILLER.
② → ÉMERVEILLER, EN METTRE PLEIN LA
VUE* I.

éblouissant → BRILLANT I et II, FLASHANT,
SPLENDIDE.

éblouissement① → VERTIGE.② → ÉMER-
VEILLEMENT.

ébouillanter *Ébouillanter des légumes* :
blanchir. *Ébouillanter une volaille avant
de la faire cuire* : **échauder.**

◇ **s'ébouillanter,** c'est **se brûler** avec de
l'eau bouillante.

éboulement → CHUTE I.

ébouler (s') → CROULER.

ébouriffant → ÉTONNANT.

ébouriffer → DÉCOIFFER, HÉRISSER.

ébrancher → COUPER.

ébranlement → SECOUSSE.

ébranler ① [~ qqch] *L'explosion a ébranlé
tout l'immeuble* : [moins pr.] **secouer** ;
→ FAIRE TREMBLER*. ② [~ qqch] *Ébranler
des certitudes, des convictions, le moral de
qqn* : **entamer** ◆ ↑ **saper** (qui se dit surtout en parlant du moral). *Ébranler la*

santé de qqn : **compromettre** ◆ ↓ **affaiblir.**
3 [~ qqn] → FLÉCHIR.

◇ **s'ébranler** *Le cortège de chars s'ébran-
lait lentement* (verbes **se mettre en branle**
rarement employés aujourd'hui et ne se
disant, le plus souvent, que d'une foule ou
d'un ensemble de véhicules lents à partir) ; → DÉMARRER, MARCHE.

ébrécher → ABÎMER.

ébriété → IVRESSE.

ébrouer (s') → SE SECOUER.

ébruiter → BRUIT II, DIVULGUER, RÉPANDRE.

ébullition① → BOUILLIR. **②** → RÉVOLUTION,
EXCITATION.

écaille *Des écailles d'huître :* [moins précis
mais cour.] **coquille.**

◇ **s'écailler** *La peinture commençait
à s'écailler* (= se détacher en minces
plaques) : **s'effriter** (qui ne se dit que de
ce qui tombe en poussière, par ex. l'enduit
d'un mur).

écaler → ÉPLUCHER.

écarlate → ROUGE I.

écarquiller → OUVRIR.

écart, à l'écart, écarté → ÉCARTER.

écarteler → PARTAGER, TIRAILLER.

écarter ① [~ qqch] *Écarter le buffet d'un
mur :* ↑ **éloigner*** ; → SOULEVER. *Écarter
la foule pour passer :* **fendre.** *Écarter une
idée, une objection :* **repousser** ; → FAIRE
ABSTRACTION* DE, LEVER I, NÉGLIGER,
SÉPARER. **②** [~ qqn] *On l'a écarté de la
discussion :* **évincer** ◆ **mettre à l'écart,**
↑ **mettre en quarantaine** (qui s'emploient
génér. sans compl.). *On l'a écarté de la
place qu'il devait avoir :* **évincer** ◆ ↑ **déposséder,** ↑ **spolier** ◆ [sans compl.] **marginaliser,** [fam.] **mettre au placard, placardiser,** c'est placer qqn dans une position
de second ordre ; → REJETER, DISTANCE,
CHASSER, ÉLIMINER, ÉPURER.

◇ **s'écarter** → SORTIR I, S'ÔTER, SE
POUSSER I.

◇ **écart ①** → DIFFÉRENCE, DISTANCE. *Se tenir
à l'écart :* → SE FROTTER. **②** → EMBARDÉE.
③ → INCARTADE.

◇ **à l'écart de** *On m'a tenu à l'écart de
ce projet :* **en dehors** (qui se construit
souvent avec *laisser*) ◆ ↑ **loin, éloigné** ;
→ EN MARGE* DE.

◇ **écarté** *Il habite un hameau très écarté :*
isolé, retiré ; → SOLITAIRE I, DISCRET.

ecchymose → CONTUSION, TACHE II.

ecclésiastique → HOMME* D'ÉGLISE,
PRÊTRE, CLERGÉ.

écervelé → ÉTOURDI I, NE PAS AVOIR DE
TÊTE*.

échafaud a pour syn. **guillotine.**

échafauder → BÂTIR, PROJETER I, PRÉ-
PARER.

échalas ① → BÂTON I, TUTEUR. **②** → HOM-
ME II, GRAND, PERCHE.

échancré *Un corsage échancré :* **décolleté**
(qui peut aussi s'employer comme n.) ;
→ ÉCHANCRURE.

échancrure *L'échancrure du corsage :* **décolleté** [sans compl.].

échange ① *Nos échanges se sont développés avec les pays du Sud :* [partic.]
transaction, [au sing.] **commerce** ◆ **troc**
(= échange d'objets ou de marchandises).
② → SUBSTITUTION. **③** *Échange de vues :*
→ CONVERSATION, COMMUNICATION.

◇ **en échange ①** [sans compl.] *En échange,
je garde son bébé :* [sout.] **en retour** ◆ [moins
cour.] **en contrepartie. ②** [avec compl.] *En
échange de ses services :* [sout.] **pour prix de**
◆ [cour.] **contre.**

échangeable → CHANGEABLE.

échanger → CHANGER I.

échantillon ① *Un échantillon* est une petite fraction d'un produit (*le coiffeur m'a
donné un échantillon de parfum*). *Un spécimen* est un exemplaire d'un livre, d'une
revue. *Un échantillon d'une population :*
panel (= échantillon permanent pour des
enquêtes d'opinion). **②** → EXEMPLE, IDÉE.

échappatoire → EXPÉDIENT, FUITE, PRÉTEXTE, PORTE* DE SORTIE.

échappée → CLAIRIÈRE, TROUÉE.

échapper ① [~ à qqch] : *Échapper à la grippe* : [compl. direct] **éviter** ♦ **réchapper** (qui est plutôt affronter qqch de dangereux et en sortir ; qqn qui *échappe* à la grippe ne l'a pas ; qqn qui *réchappe* de la grippe l'a eue et ne l'a plus) ; → SAUF I, ÉVITER, PASSER III, DÉJOUER, SE SOUSTRAIRE, SE DÉROBER. ② *La casserole m'a échappé des mains* : **glisser, tomber.** ③ *Laisser échapper son outil* : **lâcher.** *Laisser échapper sa colère* : **donner libre cours à.** *Laisser échapper une occasion* : → MANQUER I.

◊ **s'échapper** ① → FUIR. ② *Pourrez-vous vous échapper un moment du congrès ?* : [plus fam.] **s'éclipser.** ③ [sports] *Un coureur qui s'échappe* **distance** ses concurrents ; il **fait une échappée.** ④ *De la fumée s'échappait de la cuisine* : [très génér.] **sortir*.**

écharpe a pour syn. **cache-nez, cache-col** ; → FICHU II.

écharper *Sans la protection de la police, l'assassin aurait été écharpé par la foule* : **mettre en charpie** ♦ ↑ **lyncher** ; → TUER.

◊ **s'écharper** *Séparez-les ! Ils vont s'écharper* : ↑ **s'entre-tuer.**

échasse → JAMBE.

échauder ① → ÉBOUILLANTER. ② → DÉCEVOIR.

échauffant → IRRITANT.

échauffer → ENFLAMMER.

échauffourée → BAGARRE.

échéance → TERME I.

échéant *Le cas échéant. Le cas échéant, je passerai chez vous* : **éventuellement, à l'occasion, si l'occasion se présente.**

échec *Subir un échec,* c'est **échouer*.** *Dans une bataille, on peut subir des échecs sans pour autant courir à la défaite* : **revers.** *Son entreprise s'est soldée par un échec* : [moins employé] **insuccès.** *Sa nouvelle pièce de théâtre est un échec* : ↑ **désastre** ♦ [fam.] **four, fiasco** ; [fam.] **ratage, bide, loupé,**
flop, ↑ **bérézina** (*ça a été la bérézina*) ♦ [fam.] **ramasser, prendre une veste** (se disent en parlant d'un échec à un examen ou à des élections) ; → ÉCHOUER, CRISE, ÉLIMINATION, DÉFAITE, FAILLITE. *Mettre en échec* : → DÉJOUER. *Tenir en échec* : → ARRÊTER I.

échelle *L'échelle sociale repose sur la* **hiérarchie** *des emplois. L'échelle des sons* constitue la **gamme.** *Une échelle de notes* : **barème.** *Être à l'échelle de qqn* : **mesure*.**

échelon → DEGRÉ II, NIVEAU, RANG II.

échelonnement → ÉTALEMENT.

échelonner → ESPACER, ÉTALER III.

écheveau → LABYRINTHE.

échevelé → DÉCOIFFÉ, HIRSUTE.

échine → COLONNE VERTÉBRALE.

échiner (s') → SE FATIGUER.

écho → ANECDOTE, BRUIT. *Se faire l'écho de* : → RÉPÉTER. *Sans écho. Ma demande est restée sans écho* : [plus fam.] **tomber à l'eau** ♦ [cour.] **sans réponse.**

échoir ① → ARRIVER À TERME* I. ② → REVENIR.

échoppe → BOUTIQUE.

échouer

I *Je ne sais comment ce dossier est venu échouer sur mon bureau* : [plus fam.] **atterrir.**

◊ **s'échouer** *La barque s'est échouée sur la grève* : **s'enliser, s'envaser, s'ensabler** (qui s'emploient selon le contexte).

II ① [qqn ~] *Nous devions arriver au sommet les premiers, mais nous avons échoué* : [fam.] **manquer, rater son coup, se casser les dents** ♦ [fam.] **faire chou blanc** ♦ [très fam.] **l'avoir dans le dos** ♦ [vulg.] **l'avoir dans le cul** ; → ACHOPPER, PERDRE LA PARTIE* IV, SE CASSER LE NEZ*, TAPER* À CÔTÉ. *Il a échoué à son examen* : [fam.] **chuter, être recalé, se faire étendre, ramasser une veste, une pelle, une gamelle.** ② [qqn fait ~ qqch] → DÉJOUER. ③ [qqch ~] *Sa tentative a échoué* : [rare] **avorter, faire long feu** ♦ [fam.] **rater, tomber à l'eau.** *La pièce* *a échoué* : [fam.] **faire un bide** ; → ÉCHEC. *Notre calcul a échoué* : [fam.] **tomber dans le lac, vasouiller, rater** ♦ [fam.] **foirer** (= rater lamentablement) ; → MERDER.

éclabousser ① → MOUILLER. ② → REJAILLIR.

éclaboussure → TACHE I.

éclair ① → FOUDRE. ② *Un éclair de raison* : → ÉTINCELLE. *Comme un éclair* : → RAPIDEMENT.

éclairage [de éclairer ③] ① **illumination**. ② *Il nous a fait voir ce roman sous un nouvel éclairage* : **angle, jour** ♦ [plus plat] **aspect**.

éclairant → CLAIR I, ÉCLAIRER.

éclaircie a pour syn. plus rare **embellie**.

éclaircir *Aidez-moi à éclaircir ce problème* : **clarifier, élucider, tirer au clair** ♦ **démêler**, [moins employé] **débrouiller** (qui insistent davantage sur la complexité de la question à éclaircir : *on éclaircit un problème, on démêle une affaire compliquée*) ♦ ↓ **dégrossir** (= mettre au clair le plus gros d'une question) ; → DÉFRICHER, EXPLIQUER.
◊ **s'éclaircir** ① → SE DÉCANTER. ② *Le ciel s'éclaircit* : → SE DÉCOUVRIR.

éclaircissement *La situation implique quelques éclaircissements* : **clarification** ; → EXPLICATION.

éclairé ① → CLAIR. ② → INSTRUIT, SAVANT I, ÉVOLUÉ.

éclairer ① [~ qqch] *Le plan d'eau était éclairé par de puissants projecteurs* : ↑ **illuminer** ; → ÉTINCELER, FLAMBOYER. *Leur vie était éclairée par leur amour* : ↑ **ensoleiller, illuminer**. ② [~ qqn] *Il faudra nous éclairer un peu plus sur vos intentions* : **renseigner, informer** (ce dernier plutôt construit avec *de*). *Ce livre nous a éclairés sur la vie de Van Gogh* : **être éclairant** ♦ [express.] **ouvrir des horizons, donner des lumières** ♦ [plus plat] **instruire**.

éclaireur → SCOUT.

éclat

I [de éclater I] *Un éclat de bois* : [plus précis] **éclisse**. *Un éclat de verre* : [plus génér.] **morceau**. *Un éclat d'os* : [plus précis] **esquille** ; → DÉBRIS. *Voler en éclats* : → SAUTER.

II [de éclater II] ① *L'éclat du soleil* : ↓ **clarté, lumière** ; → LUMINOSITÉ, SPLENDEUR. *L'éclat d'un diamant* : → BRILLANT III. ② *Éclat de rire* : → RIRE. ③ *L'éclat d'un spectacle* : → BRILLANT III, BEAUTÉ. *L'éclat d'un style* : **couleur** (qui insiste davantage sur le caractère propre). *L'éclat d'une fête* : → MAGNIFICENCE. *Il a joué cette sonate avec éclat* : **brio**. *L'éclat d'un coloris* : → VIVACITÉ. ④ *À trente ans, elle était dans tout son éclat* : **splendeur*** ; → ÉPANOUISSEMENT, FRAÎCHEUR, BEAUTÉ. *L'éclat de sa naissance* : → DISTINCTION. ⑤ *Faire un éclat* : ↑ **scandale**. *Un coup d'éclat* : → COUP I.

éclatant → ÉCLATER II.

éclatement *L'éclatement d'un obus* : **explosion**.

éclater

I [qqch ~] *Un obus a éclaté* : **exploser** ♦ [plus fam.] **sauter** ♦ [fam.] **péter**. *Une bulle éclate* : → CREVER.

II [sujets abstraits ou humains] ① *Le bruit de la fanfare éclatait dans toute la ville* : **retentir**. ② *Qqn éclate de rire* : **pouffer**. ③ *Qqn éclate de joie, de santé* : → DÉBORDER II, PÉTILLER. *Éclater de colère, de rage* : → FULMINER. ④ [qqch ~] → SE DÉCLARER, SE MANIFESTER.
◊ **s'éclater** → S'ACCOMPLIR, AVOIR DU PLAISIR*.
◊ **éclatant** [selon les contextes] *Une voix éclatante* : → SONORE. *Une vérité éclatante* : **aveuglant** ♦ [moins express.] **manifeste*** ; → CRIANT. *Une lumière, une couleur éclatante* : **vif*** ; → BRILLANT I, RUTILANT. *Une beauté éclatante* : **radieux*, resplendissant** ; → FRAIS II. *Un succès éclatant* : **retentissant, triomphal** ♦ ↓ **remarquable*** ; → FRACASSANT.

éclectisme → FUSION.

éclipse *Connaître une éclipse* : → S'ESSOUFFLER. *À éclipses* : → IRRÉGULIER.

éclipser

éclipser ① → VOILER I. ② *Elle a éclipsé toutes ses rivales par son style* : **effacer, surclasser, surpasser** ◆ **détrôner** (qui implique que l'on occupe la place qui était celle d'un rival).

◇ **s'éclipser** → DISPARAÎTRE, SE RETIRER, SORTIR I, S'ÉCHAPPER.

éclisse → ÉCLAT I.

éclopé → BOITEUX.

éclore → ÉPANOUIR.

éclosion → ÉPANOUISSEMENT, NAISSANCE.

écluser → BOIRE.

écœurant → ÉCŒURER.

écœurement → DÉGOÛT.

écœurer ① *Ce genre de pâtisseries m'écœure* : **lever, soulever le cœur** ; → CŒUR I. ② → DÉCOURAGER, DÉGOÛTER, VOMIR, RÉVOLTER, VENTRE.

◇ **écœurant** ① *Une odeur écœurante* : **infect, nauséabond** ◆ ↑ **fétide, puant** ◆ ↑ **immonde** ; → DOUX. ② *Il gagne toujours : c'est écœurant de jouer avec lui !* : **décourageant, démoralisant.** *Les manœuvres écœurantes de la basse politique* : **répugnant** ◆ ↑ **révoltant** ◆ [en partic.] **démobilisateur, démotivant.**

école ① *Depuis quand va-t-il à l'école ?* : [par méton.] **en classe** ◆ **scolaire** (= qui concerne l'école), **scolarité** (= ensemble des études scolaires en général ou, pour un élève, fait de fréquenter l'école). ② Selon le type d'établissement scolaire et son public, on parle, en France, d'**école maternelle,** d'**école primaire,** de **collège d'enseignement secondaire,** de **lycée** ◆ **cours, institution** se disent de certains établissements d'enseignement privé ◆ **conservatoire** se dit d'une école de musique ou de comédie ◆ **académie** se dit de certaines écoles supérieures ◆ **bahut, bazar, boîte** désignent dans l'arg. scol. un collège ou un lycée ; → ÉTABLISSEMENT II, PENSION I. ③ En France, les *grandes écoles* et certains **instituts** se distinguent des **universités** ; les uns et les autres constituent l'**enseignement supérieur.** ④ *Ces deux auteurs sont-ils de la même école ?* : **mou-**

vement, [plus génér.] **tendance** ◆ [plus péj.] **chapelle** ; → COTERIE.

◇ **écolier** Ne se dit que d'enfants jeunes, fréquentant l'école maternelle ou primaire ; ce terme n'est plus guère employé que dans certains contextes (*cahier d'écolier* ; *chemin des écoliers*) : **élève** (qui s'emploie couramment en tous contextes, sauf figés, pour désigner un enfant ou un adolescent scolarisés, de l'école maternelle aux classes terminales des lycées) ◆ **étudiant** (= celui qui fréquente l'Université) ◆ **collégien** (= celui qui fréquente un collège) ◆ **lycéen** (= celui qui fréquente un lycée) ◆ [didact.] **apprenant** (= celui qui apprend quels que soient son âge et l'école qu'il fréquente) ◆ [fam.] **potache** (= collégien ou lycéen) ◆ **bizut, bleu** (= celui qui est nouveau dans une école, surtout dans les classes supérieures des lycées et collèges) ◆ [arg. des grandes écoles] **carré** (= élève de 2ᵉ année) ◆ **cube** (= élève de 3ᵉ année) ; → SCOLAIRE.

écologie *Les jeunes sont sensibles aux problèmes de l'écologie* : [partic.] **défense de l'environnement.**

◇ **écologique** *Avoir des préoccupations écologiques* : **environnemental.**

◇ **écologiste** a pour abrév. fam. **écolo.** *Les écologistes sont souvent appelés les* **verts.**

éconduire → BOULER, CONGÉDIER.

économe → ÉCONOMIE.

économie ① *Ayant toujours vécu avec peu d'argent, il se sentait naturellement porté à l'économie* : **épargne** (le premier est d'emploi beaucoup plus général que le second ; ils se trouvent rarement dans les mêmes contextes) ; → PARCIMONIE. ② *Une économie de temps, de papier* : **gain.** *Faire l'économie de* : → SE PASSER DE. ③ *Faire, avoir des économies* : **mettre, avoir de l'argent de côté** ◆ [express.] **pécule, bas de laine, magot*.** ④ *L'économie d'un roman* : **structure** ; → ORGANISATION.

◇ **économe** : ↑ **parcimonieux,** [fam.] **chiche** ; → REGARDANT, AVARE, SOBRE.

◇ **économique** *Je fais des courses au marché : c'est une solution plus économique* : **avantageux** ◆ [fam.] **meilleur marché.**

◇ **économiser** ① *Économiser de l'argent :* **épargner** ◆ **thésauriser** (= épargner sans que l'argent circule), [fam.] **entasser*** ◆ [plus fam.] **mettre de côté ;** → AMASSER. ② *Économiser son temps, ses forces :* **ménager, réserver** ◆ [express. assez fam.] **dépenser au compte-gouttes.** *Vous n'allez pas économiser sur le beurre !* : **lésiner** ◆ [fam.] **regarder, rogner, mégoter.**

écoper ① → VIDER. ② → PUNIR, RECEVOIR I.

écorce → CROÛTE.

écorché → ÉCORCHER. *Écorché vif :* → SENSIBLE I.

écorcher ① → DÉPOUILLER. ② *Il s'est écorché le genou en tombant :* ↓ **érafler, égratigner ;** → DÉCHIRER, BLESSER. ③ *Il ne peut prononcer une phrase anglaise sans en écorcher tous les mots :* **estropier.** *Écorcher les oreilles :* → CRIARD. ④ *Évitez cette auberge : on s'y fait écorcher !* [fam.] : **assommer** ◆ ↓ **estamper** ◆ ↑ **égorger** ◆ **c'est le coup de fusil, le coup de barre** (la phrase courante pourrait être : *les prix y sont exorbitants*) ; → COÛTEUX, ASSAISONNÉ.

◇ **écorchure** [de écorcher ②] : ↓ **éraflure, égratignure ;** → DÉCHIRURE.

écorner *Mes économies sont écornées :* **entamer.**

écossais → À CARREAUX*.

écosser → ÉPLUCHER.

écot → PART I.

écoulement → ÉCOULER.

écouler → VENDRE.

◇ **s'écouler** ① [en parlant d'un liquide] → COULER I, SE VIDER. ② *Le temps s'écoule :* **passer ;** → FUIR.

◇ **écoulement** ① *L'écoulement d'un liquide peut être dû à son* **déversement** ou à son **évacuation.** *L'écoulement des pluies :* ↑ **ruissellement.** En partic., s'il s'agit d'un liquide organique, on parlera de **sécrétion** (par ex., de pus) ou d'**excrétion** (par ex., d'urine). ② → VENTE.

écourter → ABRÉGER, RÉDUIRE, RACCOURCIR.

écoute ① [concernant la télévision] **audience** (= taux d'écoute d'une émission), **Audimat** (= indice d'écoute), **prime time** (= heures de plus grande écoute). ② *Être à l'écoute :* → DISPONIBLE. ③ *L'écoute téléphonique :* [plus génér.] **surveillance.**

écouter ① → ENTENDRE II, BOIRE* LES PAROLES, ÊTRE ATTENTIF. ② → CROIRE, OBÉIR.

◇ **s'écouter** → HYPOCONDRIAQUE.

écrabouiller → ÉCRASER.

écran ① *Un écran de cheminée :* **pare-feu.** *Un écran d'arbres :* **rideau.** *Faire écran :* → MASQUER. ② [par méton.] **cinéma*** (*les grandes vedettes de l'écran, du cinéma*) ; → TÉLÉVISEUR.

écrasant → ACCABLANT, LOURD II.

écrasé → ÉCRASER.

écrasement → DESTRUCTION.

écraser ① [~ qqch] → BROYER, PILONNER, PILER. ② *Il lui a écrasé le nez d'un coup de poing :* [fam.] **aplatir, écrabouiller** ◆ ↑ **mettre, réduire en bouillie.** ③ *Le nez écrasé :* → CAMUS. ④ *Écraser de dettes, de travail, de soucis :* → ACCABLER I et II, ABRUTIR. ⑤ *Écraser un adversaire :* → VAINCRE, OPPRIMER, PULVÉRISER, PASSER SUR LE VENTRE*. ⑥ *Se faire écraser par une voiture* [assez fam.] : [plus sout.] **renverser.** ⑦ → DORMIR. ⑧ *Oh ! ça va ! écrase !* [très fam.] : **laisse tomber !** ◆ [cour.] **n'insiste pas !**

◇ **s'écraser** ① → S'ENTASSER. ② → TOMBER I.

écrémage → TRI.

écrémer → TRIER.

écrier (s') → S'EXCLAMER.

écrin → BOÎTE I.

écrire ① → ÉNONCER, ÉCRIT. *Ce texte est bizarrement écrit* (= tracer des signes d'écriture) : **griffonner, gribouiller** (lorsque les signes sont mal tracés) ◆ **calligraphier** (lorsque les signes sont excellemment tracés), **rédiger** (lorsque *écrire* renvoie au style) ◆ **orthographier** (qui se rapporte au bon usage de l'orthographe) ◆ **libeller** (= rédiger dans la forme légale : *libeller une lettre, un contrat*) ; → JETER* SUR LE PAPIER, PRENDRE LA PLUME* I. *Écrire à la main* : [fam.] **gratter** ; → COPIER. *Écrire à la machine* : **dactylographier,** [fam.] **taper.** *Écrire sur ordinateur* : **saisir.** ② *Veuillez écrire ici vos nom et prénoms* : **inscrire** ◆ [plus fam.] **marquer** ◆ **noter** (= écrire qqch pour mémoire : *noter le titre d'un roman*). ③ *Il a écrit ce roman en deux mois* : **composer*** ◆ [fam.] **pondre** ; → ACCOUCHER. *C'est quelqu'un qui écrit beaucoup* : [par méton.] **publier** ; → AUTEUR. *Écrire des pages de dissertation, de rapport* : [fam., péj.] **tartiner.**

◇ **s'écrire** ① [de écrire ①] *Comment s'écrit ce mot ?* : **s'orthographier.** ② → CORRESPONDRE.

◇ **écrit** ① [adj.] *Nous devions nous rencontrer, c'était écrit !* : **fatal** ◆ [plus génér.] **inévitable, obligatoire** ; → FORCÉ, FATALEMENT. *Non écrit* : → VIERGE. ② [n.m.] Terme d'emploi très génér. : → ÉCRITURE, COPIE, PARCHEMIN, LIVRE, PAPIER. *Mettre par écrit* : **écrire,** [express.] **coucher sur le papier.**

◇ **écriteau** : **pancarte** (dans certains contextes seult : *un écriteau, une pancarte indiquait* : « *chambre à louer* ») ; → AFFICHE.

◇ **écriture** ① *L'histoire, le monde de l'écriture* : **écrit.** *Les différentes écritures* : [en partic.] **alphabet.** ② *Avoir une mauvaise écriture* : [fam.] **écrire comme un chat.** La **calligraphie** est l'art de bien former les lettres ; → BARBOUILLAGE, HIÉROGLYPHE. ③ *L'écriture de Proust est fascinante* : **style*.** ④ *L'Écriture, l'Écriture sainte, la sainte Écriture* [aussi au pl.] : **la Bible, l'Ancien, le Nouveau Testament** ; → PAROLE.

écritoire → SECRÉTAIRE.

écrivain → AUTEUR.

écrouer → EMPRISONNER.

écroulement ① *L'écroulement du mur n'a fait aucune victime* : **effondrement** ◆ [partic.] **affaissement** (= écroulement dû à une faiblesse de la base). ② *L'écroulement d'un parti, d'un empire* : → DISSOLUTION, DÉCADENCE. ③ *Cet échec, c'était*

l'écroulement de toutes ses certitudes : **effondrement, anéantissement** ; → FIN I.

écrouler (s') ① [qqch ~] → CROULER, SE DÉSAGRÉGER, TOMBER I. ② [qqn ~] *S'écrouler de fatigue* : **tomber*.** *S'écrouler de rire* : → RIRE.

écru → BRUT.

écueil ① **Banc de sable** ou **rochers*** à fleur d'eau qui rendent la navigation dangereuse ◆ [souvent pl.] **récif** (qui ne s'emploie qu'en parlant de rochers) ◆ **brisant** (= rocher sur lequel la houle vient se briser). ② → PIERRE D'ACHOPPEMENT*.

éculé → USÉ, REBATTU.

écume → MOUSSE I, SALIVE.

écumer ① → RAGER. ② → PILLER.

écumeux → MOUSSEUX.

écurie ① *Un garçon d'écurie* : **palefrenier** ◆ **lad** (qui se dit surtout à propos des écuries de course). *Ces deux coureurs font partie de la même écurie* : [plus génér.] **équipe.** ② *Sa chambre est une véritable écurie !* [très péj.] : **porcherie, soue à cochons** ◆ ↓ **taudis** (qui est moins insultant).

écuyer → CAVALIER.

éden → PARADIS.

édénique → PARADISIAQUE.

édicule Petit établissement élevé sur la voie publique et servant à différents usages. Un **kiosque** est un *édicule* servant à la vente des journaux ; → URINOIR.

édifiant → INSTRUCTIF, MORAL, MORALISATEUR, VERTUEUX.

édification ① Se dit de la **construction** d'un bâtiment important ; [rare] **élévation, érection** (qui s'emploient en parlant d'un monument en hauteur, par ex. d'une statue). ② *L'édification de la linguistique en une discipline autonome* : **constitution.** ③ → INSTRUCTION.

édifice → BÂTIMENT. *Édifice social* : → ORGANISATION.

édifier

I → BÂTIR, ÉTABLIR.

II *Vous l'avez entendu ? Eh bien ! Vous voici édifié !* : ↓ **renseigner***.

édit → LOI.

éditer *Cette maison n'édite que des ouvrages scientifiques* : **publier** (qui se dit aussi bien de l'auteur que de l'éditeur ; *éditer* se dit seulement de l'éditeur) ; → PARAÎTRE III.

◇ **édition** *La deuxième édition de son roman vient de paraître* ; contrairement à un nouveau **tirage**, terme qui désigne l'ensemble des exemplaires d'une publication sortant des presses en une seule fois, une nouvelle *édition* peut subir des modifications importantes, tant dans la présentation que dans le texte ◆ **impression** désigne seulement le fait de reproduire un texte par le moyen de l'imprimerie ; → SORTIE.

éditorial → ARTICLE.

éducateur → ÉDUQUER.

éducatif → ÉDUCATEUR.

éducation → ÉDUQUER.

édulcoration → ADOUCISSEMENT.

édulcorer → ADOUCIR.

éduquer ① [~ qqn] *Éduquer un enfant* : **élever**. Ces deux verbes se différencient de deux manières ; *éduquer* ne se dit que des personnes, alors qu'*élever* se dit aussi bien des animaux ; *éduquer* implique toujours une référence à des normes précises et se dit d'une bonne formation physique, intellectuelle et morale, alors qu'*élever* est plus neutre (*éduquer* un enfant, c'est *bien l'élever*). Dans le langage courant, ces deux verbes se rejoignent parfois, en dépit des condamnations des puristes (*un enfant bien élevé, éduqué*) ◆ **former, façonner** (= développer telle ou telle aptitude particulière, ou un ensemble d'aptitudes selon des normes précises) ◆ **instruire** (= munir de connaissances particulières). ② *Éduquer une faculté, éduquer à* : → CULTIVER, HABITUER.

◇ **éducation** ① [de éduquer ①] : **formation, instruction**. La **pédagogie** est la science qui a pour objet l'*éducation* des enfants. L'*éducation* s'oppose au **dressage** ; → DRESSER II. ② *Éducation physique* : → SPORT. *Éducation nationale* : → ENSEIGNEMENT. *L'éducation permanente* : **formation permanente** ; elle repose sur des actions de **recyclage**. ③ → SAVOIR-VIVRE, MANIÈRE II.

◇ **éducateur** ① [n.] *Ce père de famille est un bon éducateur* : **pédagogue**. ② [adj.] *Nous affirmons les vertus éducatrices des mouvements de jeunesse* : **éducatif, formateur, pédagogique** (*éducateur* et *éducatif* ne s'emploient pas toujours dans les mêmes contextes : *éducateur* sera préféré pour les personnes ou les qualités morales et intellectuelles, *éducatif* pour les choses : *des qualités éducatrices, des jouets éducatifs*).

effacé ① [qqch est ~] → TERNE. ② [qqn est ~] *Elle est très effacée* : → MODESTE. *Il a mené une vie très effacée* : **obscur, ignoré**.

effacement → MODESTIE.

effacer ① *Effacer dans un texte un mot mal orthographié* (= faire disparaître complètement) : **gommer** (si l'on utilise une gomme) ◆ **rayer, barrer** (= retrancher d'un texte par un trait de crayon ou de plume) ◆ **biffer** (= rayer par un acte d'autorité) ◆ **raturer** (= apporter des corrections en rayant des mots, des phrases) ◆ [didact.] **caviarder** (= supprimer un passage dans un manuscrit ou une publication) ; → OBLITÉRER, RAYER, SUPPRIMER. ② *Le temps parviendra-t-il à effacer son chagrin ?* : **faire disparaître** ◆ **faire oublier** (*faire oublier qqch à qqn*) ◆ ↑ **abolir** ◆ **éteindre** (qui ne se dit qu'en parlant d'un souvenir) ; → LAVER II, RÉPARER, CHASSER. ③ → ÉCLIPSER.

◇ **s'effacer** ① [qqch ~] *Les ravages de la maladie s'effacent peu à peu* : **s'estomper** ◆ ↑ **disparaître** ◆ **s'éteindre**, ↓ **s'obscurcir** (qui s'emploient pour un souvenir, un sentiment : *son amour, sa colère se sont éteints, obscurcis*). ② [qqn ~] *Il faut savoir s'effacer devant plus talentueux que soi* : **céder la place à**.

effarant → EFFRAYANT, STUPÉFIANT.

effarement → STUPÉFACTION.

effarer → EFFRAYER, STUPÉFIER.

effaroucher → EFFRAYER.

effectif ① *Il parle beaucoup, mais son action effective se limite à peu de chose* : **réel**. ② *Ce remède m'a apporté un soulagement effectif* : [antéposé] **réel** ◆ **indiscutable** ◆ [rare] **tangible**.

◇ **effectivement** ① *Il est effectivement allé à Paris* : **réellement***, **vraiment**. ② *Je savais qu'il serait chez lui ; effectivement, il y était* : **en effet** ◆ [rare] **de fait** (après *oui*, ou employés absolt comme réponse, seuls *effectivement* et *en effet* conviennent : *(oui) effectivement !, en effet !*).

effectuer → MENER, PROCÉDER III.

efféminé → EFFÉMINER, FÉMININ.

efféminer *La vie parisienne paraissait l'avoir efféminé* : ↓ **amollir** ◆ [rare] ↑ **émasculer**.

effervescence → EXCITATION, FERMENTATION, AGITATION, TROUBLE II, TUMULTE, EN RÉVOLUTION*.

effervescent → GAZEUX.

effet

I [sing. ou pl.] Terme très général pour désigner le résultat d'une cause. Tous les syn. que nous citons sont d'un emploi beaucoup plus restreint. ① *Le gouvernement pense que l'allocation du chef de l'État aura un effet bénéfique* : **influence, résultat** ◆ [pl.] **conséquences**. *Cette intervention ne restera pas sans effet* : **suite** ◆ [plus didact.] **incidence** (qui appelle génér. un compl. : *sans incidence sur qqch*) ; → CONSÉQUENCE. *Ce sont les effets de sa maladie* : **séquelle** ◆ [plus génér.] **atteinte, conséquence** ◆ **contrecoup** (qui se dit d'un effet indirect) ◆ **impact** (qui se dit d'un effet brutal) ; → PORTÉE, SIGNE. ② [avec des compl. partic.] *Prendre effet* [didact.] : [plus cour.] **entrer en application, en vigueur**. *Le remède commence à faire son effet, à faire de l'effet* : **agir** ; → OPÉRER II. *La mesure adoptée commence à faire effet* : **porter ses fruits**. *Sans effet* : → INEFFICACE, LETTRE* (I) MORTE. ③ *Il est content de lui* :

il a fait son effet, son petit effet : ↑ **faire sensation** ; → ÉTONNER. ④ *À cet effet* : **dans cette intention**. *Sous l'effet de. Il est encore sous l'effet de l'anesthésie* : **influence** (qui se dit plutôt de qqn, ou d'idées et de sentiments) ◆ ↑ **empire, emprise** (qui ne se disent que de causes très fortes : *sous l'empire, l'emprise de la colère, de la drogue*).

◇ **en effet** → EFFECTIVEMENT, PARCE QUE.

II [pl.] → VÊTEMENT, AFFAIRES.

III *Effet de commerce* : → TRAITE.

effeuillage → STRIP-TEASE.

efficace ① [qqch est ~] → BON I. *Un remède efficace* : ↑ **puissant, souverain, radical*, infaillible** ◆ [fam.] ↑ **de cheval**. ② [qqn est ~] → ACTIF.

◇ **efficacement** ① ↑ **puissamment, souverainement, radicalement**. ② *Il est intervenu efficacement* : ↓ **activement** ; → SÉRIEUSEMENT.

◇ **efficacité** ① [~ de qqch] *L'efficacité de ce remède ne se fera sentir que dans deux jours* : **action**. *L'efficacité de ce remède est indiscutable* : **pouvoir** ◆ [sout.] **vertu**. *Sans efficacité* : → INEFFICACE. ② [~ de qqn] *Un chef d'entreprise ne connaît qu'une règle : l'efficacité* : **rendement** (qui se dit plus partic. des fruits d'un travail plus que de l'énergie déployée pour l'accomplir).

efficient → ACTIF.

effigie → PORTRAIT.

effilé → MINCE I, POINTU, FUSELÉ.

effiler (s') ① *De l'étoffe qui s'effile* : **s'effilocher**. ② *Son nez s'effilait* [sout.] : [cour.] **s'allonger**. *Des nuages qui s'effilent* : **s'étirer**.

effilocher → S'EFFILER.

efflanqué → MAIGRE.

effleurement → CONTACT, FRÔLEMENT.

effleurer ① *Sa main avait effleuré la mienne* (qui n'implique pas forcément un acte intentionnel) : **caresser*** (qui est intentionnel) ◆ [fam.] **peloter** (= caresser de manière sensuelle) ; → CHATOUILLER, TOUCHER I. ② *La chauve-souris nous a* *effleurés !* : **frôler*** ; → LÉCHER. ③ *Cette pensée ne l'a même pas effleuré* : [moins sout.] **penser** (*il n'y a même pas pensé*) ; → ÉVOQUER. *Effleurer un sujet, une question* : **survoler** ; → EXAMINER.

efflorescence → FLORAISON.

effluve *Après la pluie, le foin fraîchement coupé dégage des effluves capiteux* [sout.] : **exhalaison** ◆ [cour.] **parfum*** ◆ **émanation,** [plus rare] **exhalation** (qui renvoient davantage à l'action d'émettre des odeurs, des vapeurs ; on parle ainsi d'une *émanation de gaz,* non d'un *effluve*) ◆ [pl.] **miasmes** (= émanations pestilentielles).

effondré *Il restait là, effondré : il venait d'apprendre la mort de son fils* : ↓ **consterné** ◆ ↑ **anéanti** ◆ ↑ **prostré** ; → ABATTRE II.

effondrement
① → ÉCROULEMENT. ② *L'effondrement des prix* : → CHUTE I. ③ *L'effondrement d'un empire* : → DÉCADENCE, RUINE. *L'effondrement des illusions* : → ÉCROULEMENT.

effondrer (s') ① [qqch ~] → CROULER, SE DÉSAGRÉGER, TOMBER* EN RUINE, TOMBER I. ② [qqn ~] → CRAQUER, SOMBRER.

efforcer (s') → EFFORT, ESSAYER, TÂCHER DE, TRAVAILLER* (I) À.

effort ① *Suivre un régime demande un effort de tous les jours* : **application, attention** ◆ ↑ **ascèse** (qui implique un effort moral) ◆ [rare] **contention** (= effort tendu des facultés intellectuelles) ; → DÉPOUILLEMENT. ② *Nous avons fait l'effort nécessaire pour qu'il ne manque de rien* : ↑ **sacrifice*.** *Il ne fera pas le plus petit effort pour nous aider* : [fam.] **il ne lèvera, ne remuera même pas le petit doigt pour.** *Un dernier effort* : → SURSAUT. *Faire tous ses efforts pour atteindre son but* : **s'efforcer de, faire tout son possible pour** ◆ [anglic.] ↑ **faire le forcing.** *Il fait des efforts* : [fam.] **il s'arrache.** *Sans effort* : → FACILEMENT. *Avec effort* : → AVEC PEINE* I.

effrayant → EFFRAYER.

effrayer *L'évolution de la maladie effrayait les médecins* : ↓ **alarmer** (= causer du souci en faisant pressentir un danger) ◆ ↑ **affoler, effarer, épouvanter, terrifier, glacer d'effroi** (qui impliquent à la fois sensations et impressions : la peur est alors vécue intérieurement et physiquement) ◆ **faire peur, apeurer,** ↓ **effaroucher** (qui n'impliquent au contraire, le plus souvent, qu'une peur physique, plus superficielle : il est d'ailleurs à noter qu'on les emploie, dans la plupart des cas, en parlant des animaux) ; → INQUIÉTER, AGITER, EFFROI, INTIMIDER.

◇ **effrayant** ① [de effrayer] : **alarmant, affolant, épouvantable, terrifiant** ◆ ↑ **cauchemardesque** ; → INQUIÉTANT, SINISTRE I, REDOUTABLE. ② [assez fam.] *Sa stupidité est effrayante* : **effarant, affolant*.** *Il fait une chaleur effrayante* : **horrible, terrible, épouvantable.**

effréné *Une course effrénée* : **fou.** *Des désirs, des appétits effrénés, un orgueil effréné* : **débridé, déchaîné,** ↓ **exagéré, excessif** ◆ [sout.] **immodéré** ; → DÉMESURÉ.

effritement ① → DÉGRADATION. ② → DÉCLIN.

effriter (s') ① → S'ÉCAILLER. ② → DIMINUER.

effroi *L'idée de traverser seule la forêt la remplissait d'effroi* [sout.] : [plus cour.] **angoisse*** ◆ ↓ **crainte*, peur*** ◆ ↑ **frayeur** ◆ ↑ **épouvante, terreur** ◆ **affolement*** (qui implique que l'on perde totalement le contrôle de soi-même) ◆ **horreur** (qui implique l'idée de répulsion) ; → PANIQUE. *Remplir d'effroi* [sout.] : [cour.] **effrayer*** ◆ [fam.] **faire dresser les cheveux sur la tête, donner la chair de poule, faire froid dans le dos** ; → PEUR.

◇ **effroyable** ① [de effroi] : **angoissant, épouvantable, terrifiant, affolant, horrible, terrible.** *Une histoire effroyable* : **à faire dresser les cheveux sur la tête** ; → ABOMINABLE, CRUEL, DANTESQUE. ② *Nous avons eu un temps effroyable* : **affreux** ; → ABOMINABLE.

effronté → IMPUDENT, SANS GÊNE*.

effrontément → IMPUDEMMENT.

effronterie → IMPUDENCE.

effroyable

effroyable → EFFROI.

effroyablement → TRÈS.

effusion → DÉBORDEMENT, ÉPANCHEMENT, TRANSPORT.

égailler (s') → SE DISPERSER.

égal ① Qui a la même valeur, dimension. Employé en mathématiques, ce terme n'a pas de syn. (*les deux côtés d'un triangle isocèle sont égaux*). *Couper un gâteau en parts égales* : [rare] **équivalent**. *Il nous a reçus avec une égale gentillesse* : **même*** (*avec la même gentillesse*) ; → SEMBLABLE. ② *Le bruit égal de l'horloge* : **régulier** ; → MONOCORDE. ③ *Un terrain égal* : **uni** ◆ [plus génér.] **plat** ; → LISSE, PLAN I. ④ *Être d'une humeur égale* : [rare] **constant**. *Être égal à soi-même* : [plus cour.] **comme d'habitude**. ⑤ *Cela m'est égal* : [sout.] **indifférent*** ◆ **cela m'importe peu, cela n'a pas d'importance** ◆ ↑ **je m'en moque**, [fam.] **je m'en fiche**, [très fam.] **je m'en fous**. ⑥ [n.] *Sans égal. Une beauté sans égale* : **inégalable, inimitable, incomparable, unique** ◆ [sout.] **sans pareil**.

également → AUSSI, PAREILLEMENT.

égaler → APPROCHER, VALOIR I.

égaliser → APLANIR, NIVELER.

égalité → PARITÉ.

égard
I *À l'égard de* : → AVEC, VIS-À-VIS DE. *À cet égard, à tous les égards* : **de ce point de vue, à tous points de vue** ◆ **sous ce rapport, sous tous les rapports**. *Eu égard à* : → EN PROPORTION* DE, EN RAISON* (II) DE, VU I.
II ① [pl.] *Avoir des égards pour qqn* (= avoir des marques d'estime pour qqn) : **considération, respect** ◆ ↑ **déférence** ◆ **ménagement** (qui ne s'emploie que dans quelques contextes : *traiter qqn avec ménagement, sans ménagement*) ◆ **attention** (qui implique surtout l'idée d'obligeance ou d'affection : *être plein d'attention pour qqn*) ; → HONNEUR, PRÉVENANCE. *Parler à qqn sans égards* : → PARLER. ② [sing.] *Si j'ai agi ainsi, c'est par égard pour votre frère, et non pour vous* : **consi-**

dération (= estime d'ordre moral) ◆ **respect** (= considération mêlée d'admiration) ◆ ↑ **déférence** (= considération très respectueuse) ; → COMPLAISANCE.

égaré → ÉGARER, FOU.

égarement *L'égarement conduit à l'écart de la raison* : ↓ **désordre, erreur*** ◆ ↑ **aveuglement, divagation** ; → FOLIE, VERTIGE. *L'égarement peut aussi conduire à l'écart de la morale* : ↑ **perversion** ◆ ↓ **dérèglement** (*dérèglement des mœurs*) ; → DÉBAUCHE.

égarer ① [~ qqn] *Nos indications étaient fausses : nous l'avons égaré !* : **fourvoyer**. ② [~ qqn] *La passion l'égare* : **aveugler**. *Ses lectures l'égarent* : **pervertir, dévoyer**. ③ [~ qqch] → PERDRE.
◇ **s'égarer** ① [qqn ~] *Elle s'est égarée dans la campagne* : [plus express.] **faire fausse route** ◆ **se fourvoyer** (qui implique étourderie ou irréflexion de la part du sujet) ◆ ↑ **se perdre** ◆ [en partic.] **se détourner**. ② [qqn ~] *La défense s'égare totalement en plaidant non coupable* : **se tromper, faire fausse route** ◆ ↑ **divaguer** ◆ [express.] **se mettre dans une impasse, un cul-de-sac** ◆ [fam.] **dérailler**. ③ [qqch ~] *La soirée s'avançant, la discussion s'égarait* : **s'éparpiller** (= aller dans tous les sens).

égayer → AMUSER, ANIMER, ORNER.

égérie → CONSEILLER I, INSPIRATEUR.

égide → AUSPICES.

église ① Communauté chrétienne. S'emploie parfois comme syn. de **religion**. *Ils appartiennent à la même Église* [majuscule obligatoire], *religion* : **paroisse** [qui peut être fam., parfois péj.] ; → CHRÉTIEN, COMMUNION. *Homme d'Église* : → CLERGÉ. ② Un catholique va à l'*église*, un protestant, au **temple**, un musulman, à la **mosquée**, un israélite, à la **synagogue**. ③ *Visiter une église* (= édifice consacré au culte de la religion chrétienne, plus partic. catholique) : **sanctuaire** (qui se dit de tout lieu saint, chrétien ou non) ◆ **chapelle** (= petite église à un seul autel) ◆ **abbatiale** (= église d'une abbaye) ◆ **collégiale** (= église possédant une assemblée de chanoines) ◆ **cathé-**

drale (= église épiscopale d'un diocèse) ◆ **basilique** (qui se dit de certains sanctuaires spécialement désignés par le pape) ◆ **prieuré** (= église d'un couvent dirigé par un prieur) ◆ **oratoire** (= autel privé, destiné à l'exercice du culte dans une maison particulière). ④ *Ces politiques appartiennent à la même église* : **chapelle** ; → COTERIE.

églogue → PASTORALE.

ego → MOI.

égocentrique → CENTRE.

égocentrisme → ÉGOÏSME.

égoïne → SCIE.

égoïsme L'*égoïsme* est un **amour de soi** excessif ; il peut s'agir de la tendance à se centrer sur soi-même et à considérer le monde à partir de là, ou **égocentrisme**, dont l'excès est le **narcissisme** ; du seul souci de ses intérêts propres dans ses conduites sociales, ou **individualisme** ; du goût de parler de soi-même appelé [sout.] **égotisme**. Alors que tous les termes précédents prennent généralement une valeur négative dans leur emploi courant, **amour-propre** désigne une qualité : celle du respect de soi-même qui conduit au désir d'être reconnu par autrui.

égoïste → PERSONNEL.

égorger → ÉCORCHER, SAIGNER, TRANCHER I, TUER.

égosiller (s') → CRIER.

égotisme → ÉGOÏSME.

égout → CANALISATION, CLOAQUE.

égratigner ① → DÉCHIRER, ÉCORCHER. ② → BLESSER.

égratignure → ÉCORCHURE.

égrillard → COQUIN, GAILLARD I.

eh → HÉ.

éhonté → IMPUDENT.

éjaculer : [fam.] **décharger**.

éjecter → CHASSER I.

élaboration → COMPOSITION I.

élaborer *Avec quoi ce succulent dessert a-t-il été élaboré ?* : **préparer**, **réaliser** ◆ [souvent iron.] **concocter** ◆ [très génér.] **faire**. *Votre plan est-il bien élaboré maintenant ?* : **être, mettre au point, concevoir** ◆ [fam.] **ficeler** ; → DRESSER.

élagage → TAILLE II.

élaguer → COUPER, TAILLER I.

élan → S'ÉLANCER.

élancé → MINCE I, SVELTE.

élancement → DOULEUR.

élancer (s') ① [qqn, un animal ~] *Il s'élança pour sauter* : **prendre son élan**. *Quand il vit l'enfant tomber à l'eau, il s'élança pour le sauver* : **se précipiter, bondir** ◆ ↑ **se ruer** ◆ [fam.] **foncer** ; → COURIR. ② [qqch ~] *La tour Eiffel s'élance vers le ciel* : **se dresser, s'élever** ◆ ↑ **jaillir** ◆ [d'emploi plus restreint] **pointer**.

◇ **élan** ① → S'ÉLANCER. ② *Un homme plein d'élan* : → ARDEUR, FOUGUE. ③ *Un élan de tendresse* : → ACCÈS II, MOUVEMENT, TRANSPORT II. ④ *Donner de l'élan à une industrie* : → IMPULSION.

élargir

I ① *Élargir un trottoir* : **augmenter* la largeur de** ◆ [plus génér.] **agrandir**. ② Accroître l'importance de. *Aux dernières élections, le gouvernement a élargi sa majorité* : **accroître, augmenter*** ◆ [fam.] **arrondir**.

◇ **s'élargir** *Il a besoin de s'élargir un peu, mais il n'a pas terminé sa croissance* : **s'étoffer**.

II [~ qqn] → RELÂCHER II.

élargissement → LIBÉRATION, LIBERTÉ I.

élasticité ① *À cet âge, les muscles ont perdu de leur élasticité* : **souplesse, ressort**. ② *L'élasticité d'un horaire* : **souplesse** ◆ [didact.] **flexibilité**.

élastique [adj.] ① *Une genouillère est taillée dans un tissu élastique* : ↓ **extensible**. ② *Un pas élastique* : → SOUPLE. *Un horaire élastique* : **souple**, [didact.] **flexible**.

eldorado → PARADIS.

électeur *L'ensemble des électeurs* : **électorat.** *Électeur prenant part au vote* : **votant*.** *Électeur n'y prenant pas part* : **abstentionniste.**

élection → CHOIX, VOTE.

électorat → ÉLECTEUR.

électricité *Allumer, éteindre l'électricité* : **courant, lumière.** *Une panne d'électricité* : [plus génér.] **secteur.**

électriser → ENFLAMMER.

électrochoc → SECOUER.

électrocuter → EXÉCUTER.

électrophone → TOURNE-DISQUE.

élégamment → DÉLICATEMENT.

élégance → ÉLÉGANT.

élégant Syn. général : **plein d'élégance, avec élégance.** ① [qqn est ~] *C'est une femme très élégante* (= qui a de la grâce dans son comportement et sa façon de s'habiller) : ↓ **joli** (qui se dit surtout de la grâce naturelle de qqn, de sa beauté physique, génér. d'une femme) ◆ ↑ **distingué** ◆ [assez fam.] **chic*, bien mis** ◆ [parfois péj.] **coquet** (= qui met de la recherche dans sa façon de se vêtir) ◆ **dandy** (= homme d'une élégance extrême) ; → SOIGNÉ, GALANT. ② *Vous êtes élégant aujourd'hui !* : **bien habillé,** [fam.] **sapé, fringué** ◆ ↑ **tiré à quatre épingles** ◆ [parfois iron.] **endimanché** (= qui a ses habits du dimanche) ◆ [fam.] **pimpant** (qui se dit d'une élégance un peu voyante). ③ [qqch est ~] *Une jupe très élégante* : **habillé, chic** ◆ **seyant** (qui se dit seulement de ce qui va bien à qqn). *Un intérieur élégant* : **chic, recherché** ; → AGRÉABLE, BEAU. ④ [qqch est ~] *Une solution élégante* : **habile** ; → DISCRET. *Un procédé peu élégant* : → GROSSIER. *Un style élégant* : **recherché** ◆ [péj.] **affecté*, maniéré*.**

◇ **élégance** ① [~ de qqn] → DISTINCTION. ② [~ de qqch] *Élégance d'un vêtement* : **chic, classe.** *Élégance d'un geste* : **grâce** (= élégance physique), **délicatesse*** (= élégance morale) ; → DISCRÉTION. *Élégance d'une*

solution : **finesse, habileté** *Ce texte n'est qu'un amas d'élégances de style* : **fioritures, ornements** ; → ENJOLIVURE.

élégiaque → MÉLANCOLIQUE.

élément ① [sing. ou pl.] *Les éléments d'un mobilier* ; *les éléments qui entrent dans la composition d'un mets* : [rare] **composant** ; → PARTIE II. *Élément chimique* : → CORPS SIMPLE*. *Les éléments d'une enquête, d'une réussite* : → DONNÉE, FACTEUR. ② [sing. ou pl.] *Ils ont dans leur chorale quelques éléments de valeur* : **sujet.** ③ [pl.] *Il a quelques éléments de physique* : **notion, principe** ◆ ↓ **rudiment** (= connaissances très grossières) ; → ABC. ④ [sing.] *Quand il fait des mathématiques, il est dans son élément* : [assez fam.] **il est comme un poisson dans l'eau** ◆ [cour.] **être à l'aise.**

◇ **élémentaire** ① *Les principes élémentaires d'une discipline* : **fondamental, essentiel** ; → PRINCIPAL. ② *Ce problème est vraiment élémentaire* : → SIMPLE, ENFANCE. ③ *Il n'a que des connaissances élémentaires* : ↑ **grossier, rudimentaire.** ④ *La politesse la plus élémentaire aurait été de le voir* : **la moindre des politesses.**

éléphantesque → GROS.

élévateur → MONTE-CHARGE.

élévation ① → ÉDIFICATION. ② *L'élévation du coût de la vie* : **hausse** ; → AUGMENTATION. ③ *L'élévation au rang, grade de colonel* : **accession*.** ④ *Une élévation de sentiments* : **noblesse, grandeur, hauteur** ; → BEAUTÉ.

élève → APPRENTI, ÉCOLIER.

élevé ① [qqch est ~] *Une montagne élevée* : [antéposé] **haut.** *Un salaire élevé* : [antéposé] **haut** ◆ [plus fam., antéposé] **gros.** *Une facture élevée* : [plus fam., antéposé] **gros** ◆ [fam.] **salé** ; → SÉVÈRE. *Occuper une position élevée* : → DOMINANT. ② *Écrire dans un style élevé* : [plus cour.] **relevé, soutenu, soigné** ◆ ↑ **grand** (*le grand style*), **noble*** ◆ ↑ **sublime** ; → BEAU. ③ [qqn est ~] *Bien élevé* : → POLI I. *Mal élevé* : → IMPOLI. *Un homme très bien, très mal élevé* : **de bonne, de mauvaise compagnie.** *Un caractère élevé* : → NOBLE.

élever

I ① [~ qqch] *Élever les bras* : **lever.** *Élever un bâtiment* : **construire ;** → DRESSER I, BÂTIR. *Élever une maison d'un étage* : [termes pr.] **hausser, exhausser, rehausser, surélever.** *Élever une digue* : → OPPOSER. *Élever le niveau de vie de qqn* : **hausser, relever ;** → AUGMENTER. *Élever sa fortune* : → ÉTABLIR. ② [~ qqch] *Élever une protestation* : **émettre.** *Élever une objection, une critique* : **soulever.** ③ [~ qqch] *La méditation élève l'esprit* : **grandir, ennoblir.** ④ [~ qqn] *Il a été élevé au grade de grand officier de la Légion d'honneur* : **promouvoir.**

II ① → ÉDUQUER. ② → CULTIVER.

◇ **s'élever**
① [qqch ~] → ARRIVER I, SE MONTER I, JAILLIR, S'ÉLANCER. ② [qqn ~] → SE HISSER. ③ [qqn ~ contre] → PROTESTER.

elfe → LUTIN.

élimer → USER II.

élimination → ÉLIMINER.

éliminer ① [~ qqn] *Beaucoup de candidats ont été éliminés* : [moins employé] **refuser** ◆ [fam.] **recaler** ◆ [très fam.] **rester sur le carreau** (*beaucoup de candidats sont restés sur le carreau*) ◆ [en partic.] **disqualifier** (= éliminer pour infraction au règlement) ; → ÉCARTER. ② [~ qqn] → LIQUIDER, TUER. ③ [~ qqch] → REPOUSSER, SUPPRIMER, ENLEVER, PROSCRIRE.

◇ **élimination** ① [~ de qqn] *L'élimination d'un candidat* : **refus** ◆ **recalage** ◆ [en partic.] **disqualification ;** → ÉCHEC. *L'élimination des plus faibles* : [plus génér.] **suppression.** ② [~ de qqch] *L'élimination de quelques chapitres dans un livre* : **suppression.** *L'élimination des déchets* : ↓ **évacuation** ◆ [didact.] **excrétion** (= rejet au dehors des déchets toxiques de l'organisme). *L'élimination de l'alcoolisme* : **éradication.**

élire → CHOISIR.

élite ① *D'après le proviseur, cette classe représente l'élite du lycée* : [rare] **fine fleur** ◆ [fam.] **crème, dessus du panier** ◆ **gratin** (qui évoque plutôt l'idée d'un ensemble

de personnes devant leur notoriété à leur fortune ou à leurs titres) ; → MEILLEUR, NOTABLE. ② → ADROIT, EXCELLER.

élitiste *Un recrutement élitiste* : [plus génér.] **sélectif.**

ellipse → OMISSION.

elliptique → CONCIS.

élocution L'*élocution*, ou façon de s'exprimer oralement, désigne à la fois le **débit** et l'**articulation** : chacun de ces termes est donc de sens plus restreint. *Avoir une élocution très aisée* : **parole** (*la parole aisée*). *Une élocution très lente* : **débit** ◆ **diction** (= art de bien dire, de parler avec attention et soin).

éloge ① [sing.] Discours de circonstance, prononcé pour célébrer qqn ou qqch : **panégyrique** (= discours prononcé à la louange d'une personne illustre) ◆ [rare] **dithyrambe** (= éloge enthousiaste, au style enflé) ◆ **apologie** (= discours visant à défendre, à justifier qqch et, par ext., à en faire l'éloge) ; → PLAIDOYER, DÉFENSE I. ② [sing.] *Faire l'éloge de qqch* : ↑ **apologie** ◆ [rare] **louange ;** → GLORIFIER, LOUER II. ③ [pl.] *Voici qqn qui mérite beaucoup d'éloges* : **compliments ;** → FÉLICITATIONS, MÉRITE.

◇ **élogieux** *On m'a fait de lui un portrait élogieux* : ↓ **avantageux*, flatteur** ◆ ↑ **dithyrambique, lyrique ;** → LAUDATIF.

éloigné, éloignement → ÉLOIGNER.

éloigner ① [~ qqn] → SÉPARER, SE DÉBARRASSER. ② [~ qqch] *Je préférerais que nous éloignions un peu nos rendez-vous* : **espacer ;** → RETARDER. *Éloigner sa main, un meuble* : → ÉCARTER, RETIRER.

◇ **s'éloigner** ① *Ne vous éloignez pas trop !* : **aller trop loin.** *S'éloigner d'un lieu* : **quitter*, s'écarter ;** → PARTIR. ② *L'orage, le bruit s'éloigne* : **diminuer* ;** → MOURIR. ③ *Je sens bien qu'elle s'éloigne* : **se détacher*,** ↑ **abandonner*** (*abandonner qqn*). ④ *Ne nous éloignons pas du sujet !* : **s'écarter** ◆ ↑ **sortir ;** → S'ABSTRAIRE.

◇ **éloigné** ① Se dit de ce qui a été placé ou se trouve loin : **lointain** (qui implique une distance vague : *un village éloigné* *de vingt kilomètres ; la Chine est un pays lointain)* ◆ **reculé** (qui implique en plus l'idée d'isolement) ; → **DISTANT, À L'ÉCART***. ② [dans le temps] *Une époque éloignée :* **lointain, reculé, ancien***. ③ *Leurs points de vue sont très éloignés :* [plus génér.] **différent*** ◆ [express.] **à des années-lumière.** *Je suis éloigné de penser que... :* **loin** (*loin de moi la pensée que...*).

◇ **éloignement** ① → **DISTANCE.** ② *Il supporte mal l'éloignement :* **solitude, séparation ;** → **ABSENCE.**

éloquence → **ÉLOQUENT.**

éloquent ① *On aime l'écouter : il est éloquent !* : [rare] **disert ;** → **BAVARD.** ② *L'avocat a été très éloquent :* **convaincant, persuasif.** ③ *À eux seuls, les chiffres sont éloquents : nous allons faire faillite ! :* **parlant, probant, expressif ;** → **SIGNIFICATIF.**

◇ **éloquence** ① *L'éloquence est l'art de bien parler,* la **rhétorique** est l'ensemble des préceptes qui régissent cet art, qui permettent de l'acquérir ; [péj.] **loquacité,** [fam.] **bagou** se disent d'une disposition à parler beaucoup, le plus souvent à parler trop ; → **VERBIAGE.** ② *Il m'a parlé de vous avec beaucoup d'éloquence :* **chaleur** (qui renvoie surtout aux sentiments qui animent le parleur), **verve** (qui renvoie à l'imagination, au brio du locuteur) ◆ ↑ **véhémence ;** → **CONVICTION.**

élu ① → **SAINT.** ② → **DÉLÉGUÉ, REPRÉSENTANT.**

élucidation → **EXPLICATION.**

élucider → **ÉCLAIRCIR.**

élucubration → **RÉFLEXION.**

éluder → **ÉVITER, SE DÉROBER.**

émacié → **MAIGRE, SQUELETTIQUE.**

e-mail → **COURRIER.**

émailler ① [cliché poétique] *Un champ émaillé de fleurs :* **diaprer** ◆ [cour.] **parsemer ;** → **ORNER.** ② *Sa lettre est émaillée de fautes* [assez sout.] : **parsemer** ◆ [cour.] **plein de** ◆ ↑ **cribler** ◆ [fam.] ↑ **truffer.** *Sa copie est émaillée de citations intéressantes :* **enrichir, orner*.**

◇ **s'émailler** → **S'ACCOMPAGNER.**

émanation ① → **EFFLUVE, VAPEUR.** ② → **EXPRESSION.**

émancipation → **LIBERTÉ I.**

émanciper (s') → **S'AFFRANCHIR I.**

émaner ① → **SE DÉGAGER.** ② → **PROVENIR.**

émargement → **SIGNATURE.**

émarger ① → **SIGNER.** ② → **TOUCHER III.**

émasculation → **CASTRATION.**

émasculer → **CASTRER, EFFÉMINER.**

emballage ① [de emballer I] : **conditionnement, empaquetage.** ② *Ce qui sert à emballer* [génér.] : [partic.] **caisse, carton, container, sac, sachet.**

emballant → **ENTHOUSIASMANT.**

emballé → **S'EMBALLER, CHAUD, PARTISAN.**

emballement → **ENTHOUSIASME, MOUVEMENT, ENGOUEMENT.**

emballer

I [~ qqch] *Vous emballerez la verrerie :* [techn.] **conditionner** (= préparer pour l'expédition et la vente) ◆ [plus partic.] **empaqueter ;** → **ENVELOPPER.**

II [~ qqn] ① → **RÉPRIMANDER.** ② → **ARRÊTER II.** ③ → **SÉDUIRE.**

◇ **s'emballer** ① → **S'EMPORTER.** ② → **S'ENGOUER, SE PASSIONNER, S'ENTHOUSIASMER.**

embarbouiller (s') → **S'EMBARRASSER.**

embarcadère → **DÉBARCADÈRE.**

embarcation *Tout bateau de petites dimensions :* **bateau*** ◆ **barque, canot** (= embarcations non pontées) ◆ [très sout.] **esquif** (= embarcation petite et fragile). *Embarcation ne s'emploie que dans certains contextes, souvent techn. ; barque, canot et bateau sont les termes les plus courants.*

embardée *La voiture fit une embardée pour éviter la collision :* ↓ **écart** (qui n'implique pas l'idée d'une manœuvre dangereuse) ◆ [partic.] **dérapage.**

embargo Sanctions prises à l'égard d'un pays et interdisant un échange commercial : *un embargo pétrolier* ; on emploie couramment ce sens les périphrases : **sanctions économiques, commerciales.** Le **boycottage** ou **boycott** peut être de nature commerciale ou morale, et s'appliquer aussi bien à un pays qu'à un groupe ou des particuliers : *le boycott d'une épreuve sportive par des athlètes étrangers.*

embarqué → EMBARQUER.

embarquement → DÉPART I.

embarquer ① [~ qqn en voiture] → MONTER I. ② [~ qqn] → ARRÊTER II. ③ [~ qqn] *On l'a embarqué dans une affaire assez louche* [fam.] : [cour.] **entraîner,** ↑ **engager** ; [très fam.] **embringuer.** ④ *L'eau embarque* : → PÉNÉTRER.

◊ **s'embarquer** ① **monter à bord** (pour un avion, un bateau). ② [de embarquer ③] : [fam.] **se laisser embringuer** ◆ [cour.] **se laisser entraîner, s'aventurer*.** *Il va s'embarquer dans le commerce* [fam.] : [cour.] **se lancer.**

◊ **embarqué** *Une affaire bien, mal embarquée* [fam.] : [cour.] **parti, engagé.**

embarras, embarrassant, embarrassé → EMBARRASSER.

embarrasser ① [~ qqch] *Ces livres embarrassent la chambre !* : **encombrer.** ② [~ qqn] *Je n'aime pas ces lourds vêtements qui vous embarrassent* : [plus génér.] **gêner.** ③ [~ qqn] *Votre question m'embarrasse !* : **gêner** ◆ [fam.] **gêner aux entournures** ; → DÉCONCERTER, ENNUYER, TROUBLER.

◊ **s'embarrasser** ① *Il s'est encore embarrassé dans ses explications* : **s'empêtrer** ◆ [assez fam.] **s'embarbouiller, s'embrouiller, s'entortiller, s'emberlificoter.** ② *Ne pas s'embarrasser pour, de. Il ne s'embarrasse pas pour si peu* : **s'encombrer, se soucier, s'inquiéter, s'ennuyer*** ; → S'ÉMOUVOIR.

◊ **embarrassé** ① [qqn est ~] *Je suis bien embarrassé pour dire la vérité* : **être dans l'embarras** ◆ [plus fam.] **être embêté** ; → ENNUYÉ. *Il venait tout embarrassé nous annoncer son échec* : **penaud** ◆ [sout.] **la mine contrite** ◆ [express. fam.] **la tête, l'oreille basse** ; → ENNUYÉ, INDÉCIS. *Avoir*

un air embarrassé : **contraint, emprunté** ◆ [fam.] **constipé** ; → CONFUS II. *Qu'il est embarrassé ! Il fait tout de travers !* : **gauche.** ② [qqch est ~] *Voici des discours bien embarrassés pour dire des choses si simples !* : **compliqué*** ◆ [fam.] **emberlificoté, entortillé** ; → LABORIEUX, LOURD, OBSCUR.

◊ **embarrassant** ① *Des bagages embarrassants* : **encombrant** (qui se dit aussi de qqn dont on supporte mal la présence) ; → VOLUMINEUX. ② *Une question embarrassante* : **gênant** ; → ÉPINEUX.

◊ **embarras** ① [vx] Désigne les obstacles à la circulation des gens ou des véhicules : [cour.] **encombrement, embouteillage.** ② *Pourquoi lui créerait-on des embarras ?* : → ENNUI. *Mettre dans l'embarras* : **créer des difficultés,** [fam.] **donner du fil à retordre.** *Il faut l'aider : le voici dans l'embarras* : [fam.] **pétrin.** *Tirer d'embarras* : → ÉPINE. ③ *Elle ne savait que répondre : l'embarras se lisait sur son visage* : **gêne** ◆ ↑ **confusion, trouble** ; → EMBARRASSÉ, CONTRAINTE, TIMIDITÉ. ④ *Soyez simple ! ne faites pas d'embarras !* : **manières** ◆ [fam.] **chichis, fla-flas** ; → COMPLICATION.

embauche → ENGAGEMENT.

embaucher → ENGAGER, PRENDRE I.

embaumer → PARFUMER, SENTIR II.

embellie → ÉCLAIRCIE.

embellir → AMÉLIORER, AVANTAGER, ENJOLIVER, IDÉALISER, PARER.

embellissement → AMÉLIORATION, ENJOLIVEMENT, IDÉALISATION.

emberlificoter → EMBOBINER.

◊ **s'emberlificoter** → S'EMBARRASSER.

embêtant → ENNUYEUX.

embêté → EMBARRASSÉ, ENNUYÉ.

embêtement → ENNUI, SOUCI.

embêter → ENNUYER, TAQUINER.

emblée (d') → D'ENTRÉE, IMMÉDIATEMENT.

emblématique → SYMBOLIQUE.

emblème → SIGNE, SYMBOLE.

embobiner ① → ENDOCTRINER. ② *Elle s'est laissé embobiner par un charlatan à qui elle a acheté une amulette* : [plus fam.] **emberlificoter, entortiller** ; → TROMPER.

emboîtement → ENCASTREMENT.

emboîter *Emboîter le pas* : → IMITER, SUIVRE.

◇ **s'emboîter** → S'ENCASTRER.

embonpoint La **corpulence** est un terme plus général qui se rapporte à la fois à la taille et à la grosseur. *Prendre de l'embonpoint* : **grossir*** (qui est psychologiquement plus brutal) ; → RONDEUR.

embouché *Mal embouché* : → IMPOLI.

embouchure Endroit où un fleuve se jette dans une mer ou dans un lac : **estuaire** (= embouchure qui forme golfe) ◆ **bouches, delta** (= embouchure multiple : *l'embouchure de la Seine, l'estuaire de la Garonne, les bouches du Rhône*).

embourber (s') → S'ENLISER.

embourgeoiser (s') → S'INSTALLER.

embouteillage → EMBOUTEILLER.

embouteiller ① *Des camions embouteillaient le passage* : **boucher, obstruer** (qui ne se disent génér. qu'en parlant d'une voie étroite) ◆ ↓ **encombrer** ◆ [v.i.] **bouchonner** (= créer un bouchon par suite d'embouteillage) ; → ENGORGER. ② [pass.] *Le réseau téléphonique est complètement embouteillé* : ↑ **congestionné, saturé, paralysé** ◆ ↓ **encombré**.

◇ **embouteillage** ① *Nous passerons par les petites routes pour éviter les embouteillages* : [plus fam.] **bouchon** ◆ ↓ **encombrement** ; → EMBARRAS, BOUCHER. ② *L'embouteillage d'un réseau* : ↑ **congestion, paralysie, saturation**.

emboutir → HEURTER.

embranchement ① → FOURCHE. ② → DIVISION.

embrasé → ARDENT.

embrasement *Si le conflit s'internationalise, on risque un embrasement général* : **conflagration** ; → ÉMEUTE, GUERRE.

embraser → ENFLAMMER.

embrassade → EMBRASSER.

embrasser ① [~ qqn] Donner des baisers : [sout.] **baiser** (qui s'emploie généralement dans des contextes bien précis : *baiser qqn au front ; baiser la main de qqn ; baiser une médaille*) ◆ [plus fam.] **faire la bise, un bisou** (ce dernier, considéré comme enfantin, sert souvent à clore une lettre ou un courriel : *bises, bisous !*). ② Prendre dans ses bras. *Les deux hommes d'État s'embrassèrent* : **serrer dans ses bras, étreindre** ◆ [plus fam.] **sauter au cou** ◆ **enlacer** (qui ne se dit guère qu'en parlant d'un couple). ③ [~ qqch] *Il a embrassé une carrière difficile* [sout.] : [cour.] **choisir***. *Embrasser une opinion* : → ÉPOUSER, PARTAGER. *D'ici, on embrasse le paysage* : → VOIR. ④ [qqch ~] *Son savoir embrasse de vastes domaines* : → S'ÉTENDRE.

◇ **s'embrasser** ① → SE JETER* DANS LES BRAS. ② *Deux amoureux s'embrassaient sur un banc public* : ↑ **s'étreindre** ◆ [fam.] **se bécoter** ◆ [plus génér.] **s'enlacer**.

◇ **embrassade** [de embrasser et s'embrasser] : **accolade, étreinte, enlacement**.

embrasure → OUVERTURE, RENFONCEMENT.

embrayer ① *Puis il a embrayé sur les grèves actuelles* : **se mettre à parler de, attaquer**. ② → ÊTRE EN PRISE I.

embrigadement → ENRÉGIMENTEMENT.

embrigader → ENRÉGIMENTER.

embringuer → EMBARQUER.

embrouillamini → DÉSORDRE, CONFUSION.

embrouille → TROMPERIE.

embrouillé → OBSCUR.

embrouiller → BROUILLER I, COMPLIQUER, ENCHEVÊTRER.

◇ **s'embrouiller** → S'EMBARRASSER, SE PERDRE, VASOUILLER.

embryon ① [en termes de biologie] Se dit, en parlant de l'homme et des animaux vivipares, de l'œuf depuis sa segmentation jusqu'à l'étape du **fœtus ;** on emploie ce dernier terme lorsque, la vie intra-utérine étant plus avancée, le produit de la conception commence à présenter les caractéristiques de l'espèce. ② *Ce petit commerce a été l'embryon d'une immense fortune* : **germe** (qui s'emploie surtout avec des compléments se rapportant à la vie intellectuelle) ◆ [plus génér.] **commencement*.**

embryonnaire → IMPARFAIT.

embûche → PIÈGE.

embuer → MOUILLER.

embuscade → PIÈGE.

embusqué → PLANQUÉ.

embusquer (s') → SE CACHER.

éméché → IVRE.

émeraude → VERT.

émergence → APPARITION I.

émerger ① → SORTIR I. ② → SE DÉGAGER.

émérite *Son frère était un virtuose émérite* : **éminent** ◆ [plus génér.] **exceptionnel ;** → ADROIT, ACCOMPLI.

émerveillement → ÉMERVEILLER.

émerveiller *Nous avons été émerveillés par le talent de ce jeune pianiste* : ↑ **fasciner*** ◆ **éblouir** (qui implique davantage l'idée de surprise devant qqch de brillant) ; → ÉTONNER, ADMIRER.

◇ **émerveillement** *Quel pianiste ! c'est toujours un émerveillement de l'entendre* : **enchantement, ravissement** ◆ **éblouissement.** *Le jeu du pianiste les laissait pleins d'émerveillement* : ↓ **admiration.** *Sous la neige, le paysage était un émerveillement* : **féerie, fantasmagorie.**

émetteur → RADIO.

émettre ① *Émettre un vœu* : **formuler, former ;** → ÉNONCER. *Émettre une protestation* : → ÉLEVER I, DIRE. *Émettre un son* : → PRONONCER. *Émettre un cri* : → POUSSER II. ② *Émettre de la musique, de la lumière* : **répandre** ◆ **diffuser,** [par-

tic.] **radiodiffuser** (qui s'emploient pour une émission transmise par la radio). ③ *Émettre un emprunt* : [plus fam.] **lancer ;** → TIRER II.

◇ **émission** ① [de émettre ②] : **diffusion, radiodiffusion ;** → PROGRAMME, TRANSMISSION. ② [de émettre ③] : **lancement.**

émeute Soulèvement populaire spontané, dû à un profond mécontentement : ↓ **agitation, désordres, troubles** (*une période d'émeutes, d'agitation, de troubles ; l'agitation populaire avait déclenché des émeutes, des désordres, des troubles*) ◆ **sédition** (= révolte concertée, organisée contre l'autorité publique) ◆ **mutinerie** (= sédition de prisonniers qui se révoltent contre leurs gardiens, de soldats contre leurs officiers) ; → RÉVOLTE, BARRICADE, COUP D'ÉTAT.

émeutier → SÉDITIEUX.

émigrant → MIGRANT.

émigration → ÉMIGRER.

émigré → MIGRANT.

émigrer *Depuis le putsch, de nombreux partisans ont dû émigrer pour éviter la prison* : **s'expatrier ;** → PARTIR.

◇ **émigration** : ↑ **exode** se dit d'un **départ** en masse prenant souvent l'allure d'une **fuite ;** → MIGRATION.

éminemment → SUPRÊMEMENT.

éminence ① → COLLINE. ② *Éminence grise* : **conseiller.**

éminent → ÉMÉRITE, DISTINCTION, SUPÉRIEUR I.

émissaire → MESSAGER I, DIPLOMATE.

émission → ÉMETTRE.

emmagasiner → ENTREPOSER, STOCKER.

emmailloter → ENVELOPPER.

emmanché *Mal emmanché* : → ENGAGER.

emmêler (s') → ENCHEVÊTRER, S'ENTRELACER, SE MÊLER.

emménagement → INSTALLATION.

emménager → S'INSTALLER.

emmener ① [~ qqn] → AMENER, CONDUIRE, MENER, TRAÎNER. ② [~ qqch] → EMPORTER.

emmerdant → COLLANT, ENNUYEUX.

emmerdement → ENNUI, SOUCI.

emmerder → ENNUYER.

emmerdeur → EMPOISONNEUR, IMPORTUN, GÊNEUR.

emmieller S'emploie par euphémisme pour [vulg.] **emmerder** ; → ENNUYER.

emmitoufler → ENVELOPPER.
◊ **s'emmitoufler** → SE COUVRIR.

emmouscailler → ENNUYER.

emmurer → MURER.

émoi → ÉMOTION, TROUBLE II. *Mettre en émoi* : → AGITER.

émollient → MOU.

émoluments → RÉTRIBUTION, SALAIRE.

émondage → TAILLE II.

émonder → COUPER, TAILLER I.

émotif → CARACTÉRIEL, SENSIBLE I.

émotion → ÉMOUVOIR.

émotionnel → AFFECTIF.

émotionner → ÉMOUVOIR.

émotivité → AFFECTIVITÉ, SENSIBILITÉ.

émoussé → USÉ.

émousser

I [concret] *C'est rendre moins coupant ou moins aigu* : **épointer** (= casser ou user la pointe de qqch).

II [abstrait] *Le temps avait émoussé sa rage de vivre* : **affaiblir***.
◊ **s'émousser** *Sa rage de vivre s'émoussait* : **s'affaiblir***, perdre de sa force, de sa vigueur.

émoustiller → EXCITER.

émouvant → ÉMOUVOIR.

émouvoir *Le spectacle d'une telle misère les avait profondément émus* (= agir sur la sensibilité de) : **remuer, atteindre** ◆ ↓ **toucher** ◆ ↑ **impressionner, bouleverser** ◆ [fam.] **retourner, empoigner** ◆ **déchirer** (= toucher cruellement) ◆ **attendrir** (= remplir de compassion, de tendresse) ◆ **apitoyer*** (= remplir de pitié) ◆ **attrister*** (= remplir de tristesse) ◆ [fam.] **émotionner** (qui est de plus en plus employé dans la conversation cour.) ; → SAISIR I, RÉVOLUTIONNER, CŒUR, CHAVIRER.

◊ **s'émouvoir** *Il avait dit la brutale vérité sans s'émouvoir le moins du monde* : **se troubler, s'attendrir** ◆ [plus fam.] **se frapper** (qui s'emploie absolt : *sans s'émouvoir le moins du monde, sans se frapper*) ◆ [seult avec *sans*] **sans sourciller, sans tiquer** ; → S'EMBARRASSER.

◊ **émouvant** *Un spectacle émouvant* : **attendrissant, touchant** (qui impliquent une émotion douce et tendre) ◆ **bouleversant, saisissant** (qui impliquent une émotion violente où perce l'effroi) ◆ **poignant, ↑ déchirant** (qui impliquent une grande émotion où domine la pitié et mettent l'accent sur celui qui est ému) ◆ **pathétique, ↑ dramatique, ↑ tragique** (qui font davantage référence à ce qui émeut) ; → PALPITANT, VIBRANT.

◊ **ému** *Il revenait visiblement très ému de son premier rendez-vous* : **troublé** (qui insiste sur un désordre intérieur provoqué par l'émotion) ◆ **agité** (qui insiste davantage sur les signes extérieurs qui la trahissent) ; → ÉMOUVOIR.

◊ **émotion** *Être saisi d'une grande émotion* : [plus partic.] **attendrissement** ◆ ↑ **bouleversement** ◆ [sout.] **émoi** ◆ **trouble** (qui se dit généralement d'un état intérieur pénible) ◆ **agitation, ↑ désarroi, affolement*** (qui indiquent une émotion de plus en plus forte) ◆ ↑ **saisissement** (= émotion violente et soudaine). *Avec émotion* : [express.] **le cœur battant** ; → MOUVEMENT, SENSATION, SENSIBILITÉ, SENTIMENT II, ANGOISSE, CRAINTE, PEUR, TRANSPORT II, VERTIGE.

empailler → NATURALISER.

empaquetage → EMBALLAGE.

empaqueter → EMBALLER I.

emparer(s') ① [~ de qqch] → ACCAPARER I, PRENDRE I, PRENDRE POSSESSION*, USURPER, S'ATTRIBUER, ENLEVER. ② [qqn ~ de qqn] → ARRÊTER II. ③ [qqch ~ de qqn] *Un violent besoin de solitude et de campagne s'était emparé de lui* : **saisir, envahir** ♦ ↓ **gagner** (*un besoin de solitude l'avait saisi, envahi, gagné*).

empâter (s') → S'ALOURDIR, GROSSIR.

empêchement → CONTRETEMPS, DIFFICULTÉ.

empêcher Rendre impossible. *Sa religion l'empêchait de manger de la viande le vendredi* : ↑ **interdire** (*... lui interdisait de...*) ; → S'OPPOSER. *L'intervention des pompiers empêcha l'extension de l'incendie* : ↓ **faire obstacle à** ♦ ↑ **stopper** ; → ENRAYER.

◇ **s'empêcher** *Il ne pouvait s'empêcher de plaisanter* : **se retenir, se défendre** ; → SE PRIVER.

empêcheur *Empêcheur de tourner en rond* : → RABAT-JOIE.

empereur → MONARQUE.

empesé → AFFECTÉ II.

empeser → AMIDONNER.

empester → EMPUANTIR, PUER.

empêtrer (s') → S'EMBARRASSER, PATAUGER.

emphase *Il parle toujours avec emphase* : **grandiloquence** ♦ [vieilli] **enflure** ♦ [plus génér.] **exagération** ♦ [express.] **grands airs** (qui se rapporte davantage à l'attitude de la personne concernée) ; → SOLENNITÉ, CÉRÉMONIE. *Parler avec emphase* : [express.] **pontifier** ; → DISCOURIR. *Avoir de l'emphase* : **être emphatique***.

emphatique → EMPHASE, AMPOULÉ, SOLENNEL, SONORE.

empiètement → ENTREPRISE, USURPATION.

empiéter ① → USURPER. ② *Le domaine de la pharmacie empiète sur celui de la*

chimie : [moins employé] **chevaucher** ♦ [plus fam.] **mordre**.

empiffrer (s') → MANGER I.

empilement → ENTASSEMENT.

empiler → AMASSER, ENTASSER, SUPERPOSER.

◇ **s'empiler** → S'AMASSER.

empire ① → MONARCHIE. ② → AUTORITÉ. ③ *Sous l'empire de* : → EFFET I, IMPULSION. ④ *Pour un empire* : **pour rien au monde**.

empirer → AUGMENTER, PROGRESSER.

empirique *N'attendez pas de lui de grandes théories : il n'aime que les solutions empiriques* : **pragmatique** ; → CONCRET.

emplacement → PLACE I, POSITION, SITE.

emplettes → ACHAT, COMMISSIONS II. *Faire des emplettes* : → ACHETER.

emplir *Ils avaient empli leurs poches de bonbons* [sout.] : [cour.] **remplir** ♦ [plus fam.] ↑ **bourrer** ; → PLEIN, ENVAHIR.

◇ **s'emplir** *La salle s'emplissait peu à peu* : **se garnir** (qui se dit surtout en parlant des bancs, des gradins).

emploi, employé → EMPLOYER.

employer ① [~ qqch] *Elle emploie maintenant une lessive sans détergent* : **utiliser, se servir de** ♦ [sout., vieilli] **user de** ; → APPLIQUER, RECOURIR. ② [~ qqch] *Le voici à la retraite : à quoi emploie-t-il son temps ?* : **occuper, passer** ; → CONSACRER, REMPLIR II. ③ [~ qqn] → OCCUPER II, FAIRE TRAVAILLER* II.

◇ **s'employer** ① [qqch ~, de employer ①] *Outil qui ne s'emploie plus* : **s'utiliser**. ② [qqn ~ à] *Il s'emploie maintenant à lutter contre la dégradation des sites* : **se consacrer à** ♦ ↓ **essayer de**.

◇ **emploi** ① [~ de qqch] *À quel emploi destinez-vous ce produit ?* : **usage** ♦ [rare] **utilisation** ; → MANIEMENT. *Emploi du temps* : → CALENDRIER, PROGRAMME. *Mode d'emploi* : [plus génér.] **notice** (abrév. de *notice explicative*) ♦ **règle** (qui se dit spécialement des jeux). ② [~ de qqn] *Il a enfin trouvé un emploi* : **travail*** ♦ **situation**

(= emploi stable et rémunéré). *Il cherche un emploi* : [plus fam.] **place**. *Sans-emploi* : → CHÔMEUR. *L'emploi qu'il occupe requiert beaucoup de résistance physique* : **poste, place, situation** ◆ **charge** (qui se dit d'une fonction publique où l'on assume des responsabilités importantes : *une charge de notaire* ; *occuper de hautes charges*) ◆ **fonction, attribution** (qui ne s'emploient que dans quelques contextes, au pl., pour désigner certaines des occupations qu'un emploi comporte : *il a des fonctions importantes dans l'usine*) ; → PROFESSION, RÔLE. ③ Selon la situation générale de l'emploi dans un pays, on oppose le **plein-emploi** et le **sous-emploi** ou **chômage***.

◇ **employé** *Elle a épousé un employé de La Poste* : **agent** (qui se dit spécialement d'employés des secteurs public et privé qui servent d'intermédiaires entre la direction et la clientèle) ◆ **commis** (= agent subalterne) ◆ **fonctionnaire** (qui désigne d'une manière générale tout employé d'une administration publique) ◆ **préposé** (qui est un terme administratif pour désigner soit le facteur, soit certains agents subalternes : *un préposé des douanes*) ; → TRAVAILLEUR II, BUREAUCRATE, SALARIÉ. *Employé de maison* : → SERVITEUR, SERVANTE. *Employé des chemins de fer* : **cheminot**.

◇ **employeur** [didact.] : [cour.] **patron**.

empocher → PERCEVOIR II, RECEVOIR I, GAGNER I.

empoignade → BAGARRE.

empoigner ① → ATTRAPER, PRENDRE I, SAISIR I, SERRER. ② → ÉMOUVOIR.

empoisonnant → ENNUYEUX.

empoisonné → PERFIDE.

empoisonnement → EMPOISONNER.

empoisonner ① *Il a été empoisonné par des champignons* : [didact.] **intoxiquer**. ② → TUER. ③ → CORROMPRE. ④ → PUER. ⑤ → ENNUYER, TOURMENTER.

◇ **empoisonneur** *Il faut qu'il embête tout le monde. Quel empoisonneur !* [fam.] : **poison** ◆ ↑ **peste**, ↑ **empoisonneur public** ◆ [très fam.] **emmerdeur** ; → COLLANT, GÊNEUR.

◇ **empoisonnement** ① [de empoisonner] : **intoxication**. ② → SOUCI.

empoissonner → REPEUPLER.

emporté ① *Être emporté* : → MOURIR. ② *Il est très emporté* : → BRUTAL, COLÉREUX, FOUGUEUX, IMPULSIF, VIF I.

emportement → FOUGUE, FUREUR, VÉHÉMENCE.

emporter ① [~ qqch] *Emporter des médicaments* : [tour critiqué] **emmener** ◆ [fam.] **embarquer** (*on a tout emmené, embarqué*). ② [~ qqch] *L'orage a emporté une partie de la toiture* (= enlever de façon violente) : **arracher, balayer** ◆ **s'en aller avec** (*la toiture s'en est allée avec l'orage*). *Être emporté par le courant* : **entraîner**. ③ [~ qqn] → MORT I, TUER. ④ [~ qqch] *Emporter une position ennemie, la victoire* : → ENLEVER. *L'emporter* : **vaincre** ; → DOMINER, AVOIR LE DERNIER MOT*, TRIOMPHER, PRIMER I.

◇ **s'emporter** [qqn ~] *Écoutez-le calmement au lieu de vous emporter !* [assez sout.] : [plus cour.] **se mettre en colère***, [fam.] **s'emballer, sortir de ses gonds, prendre la mouche** ◆ [litt.] **se piquer** ; → SE FÂCHER*, FULMINER.

empoté → MALADROIT.

empourprer (s') → ROUGIR.

empreindre (s') *Son visage s'était empreint de colère* [sout.] : [plus cour.] **porter l'empreinte de** (*... portait l'empreinte de la colère*) ; → TRACE.

empreinte ① → S'EMPREINDRE, TRACE. ② → MOULAGE, SCEAU.

empressé, empressement → S'EMPRESSER.

empresser (s') ① [~ de] *Il s'est empressé de venir nous annoncer la nouvelle* : ↓ **se hâter de** ◆ [moins sout.] **se dépêcher** ◆ [plus express.] **courir** (*courir nous annoncer...*), **se précipiter** (*se précipiter pour nous annoncer...*) ; → SE PRESSER II. ② [~ auprès, autour de qqn] **s'affairer** ◆ [fam.] **se mettre en quatre pour qqn** (= faire tout son possible pour le satisfaire).

◇ **empressé** → COMPLAISANT, DILIGENT.

◇ **empressement**
① → COMPLAISANCE. ② *Faire un travail avec empressement* : **ardeur*** ♦ [sout.] **diligence*** ♦ ↑ **enthousiasme** ♦ ↓ **hâte** (qui implique seulement l'idée de promptitude).

emprise → EFFET I, IMPULSION, INFLUENCE.

emprisonnement → EMPRISONNER.

emprisonner ① *Le malfaiteur a été emprisonné* : [plus cour.] **mettre en prison** ♦ [plus génér.] **enfermer** ♦ [didact.] **incarcérer, interner** ♦ [didact.] **écrouer** (= inscrire sur le registre d'écrou la date et les motifs de l'emprisonnement) ♦ [très fam.] **coffrer, boucler, mettre en tôle** ; → INTERNER, ISOLER. ② *Elle se sentait emprisonnée par ses préjugés* : **être prisonnier de** ; → CONDITIONNER I. *Emprisonnée par un vêtement* : → SERRER.

◇ **emprisonnement** *Son emprisonnement a duré deux ans* : [plus génér.] **enfermement** ♦ [didact.] **incarcération, internement** ♦ [didact.] **détention** (qui s'emploie surtout pour désigner une peine infamante ou un emprisonnement qui suit l'arrestation et précède le jugement : *détention provisoire*) ♦ **réclusion** (qui se dit d'une peine afflictive et infamante consistant en une privation de liberté et un assujettissement au travail). *Quatre mois, deux ans d'emprisonnement* : **prison*** ♦ [très fam.] **taule, tôle, cabane*** ♦ **captivité** (qui se dit pour un prisonnier de guerre) ; → SÉQUESTRATION.

emprunt ① *Lorsqu'on a fait un emprunt, on jouit d'un prêt*, on a désormais une **dette** à rembourser. ② *L'emprunt à Mozart semble ici évident* (= ce qu'un auteur prend à un autre pour élaborer sa propre œuvre) : [avec la prép. *de*] ↑ **imitation***, ↑ **plagiat** (où l'auteur donne pour siennes les parties copiées) ; → COPIE. *Un nom d'emprunt* : **emprunté, faux nom.**

emprunté ① → EMPRUNT, EMPRUNTER. ② → EMBARRASSÉ, AVOIR BONNE MINE* I.

emprunter ① → S'ENDETTER, TAPER. ② *Les premières œuvres de Beethoven empruntent beaucoup à Mozart* : **devoir** ; → EMPRUNT, IMITER, PUISER, TIRER II. ③ *Il*

est toujours agréable d'emprunter les routes secondaires : [plus cour.] **prendre** ; → SUIVRE.

empuantir *L'odeur des toilettes empuantissait tout l'appartement* [sout.] : [cour.] **empester** ; → PUER.

ému → ÉMOUVOIR.

émulation *Une saine émulation régnait dans sa classe* (= ce qui pousse à égaler ou surpasser qqn en bien) : **concurrence, esprit de compétition** (qui impliquent davantage l'idée de rivalité) ; → RIVALITÉ, COMBATIVITÉ.

émule → RIVAL.

en [prép.] N'a de syn. que dans quelques contextes restreints. *Des chaussures en cuir, un pull en coton* : **de.** *Partir en train* : **par, avec** (... *le train*). *En la matière* : → MATIÈRE II.

encadrement ① → CADRE. ② *Encadrement du crédit* : → BLOCAGE.

encadrer ① → ENTOURER. ② → DIRIGER. ③ *Ne pas encadrer* : → SENTIR I.

encaisser ① → RECEVOIR, GAGNER, TOUCHER III. ② *Encaisser des coups* [fam.] : [cour.] **recevoir*** ; → SUPPORTER. *Ne pas encaisser qqn* : → SENTIR I. *Ne pas encaisser qqch* : → ACCEPTER.

encan → ENCHÈRES.

encanailler → PERVERTIR.

en-cas Repas léger que l'on tient prêt au cas où l'on aurait faim en dehors des repas principaux : **casse-croûte** (qui se prend davantage à heure fixe, dans la matinée et l'après-midi) ♦ **amuse-gueule** (qui se prend à l'apéritif) ; → COLLATION.

encastrement → ENCASTRER.

encastrer *Encastrer un tube dans un autre* : **emboîter, insérer.**

◇ **s'encastrer** *Ces deux tubes s'encastrent parfaitement l'un dans l'autre* : **s'emboîter, s'insérer.** *Dans l'accident, les deux véhicules se sont encastrés l'un dans l'autre* : **s'enchevêtrer** (qui s'emploie de préférence s'il y a plusieurs véhicules). *Leur terrain* *vient s'encastrer dans notre propriété* : **former une enclave, s'enclaver.**

◇ **encastrement** : emboîtement, insertion.

encaustique a pour syn. **cire.**

◇ **encaustiquer** : **cirer.**

enceindre → ENTOURER.

enceinte

I [n.f.] → MUR, REMPART.

II [adj. f.] *Sa femme est enceinte* : **attendre un enfant, un bébé, un heureux événement** ♦ [vx, région.] **grosse ;** → GESTATION, CONCEVOIR. *Mettre enceinte* : **faire un enfant à** ♦ [vieilli, très fam.] **engrosser.**

III [n.f.] *Enceinte acoustique* : [cour., anglic.] **baffle** ♦ [plus génér.] **haut-parleur.**

encens → FLATTERIE.

encenser → FLATTER.

encensoir *Coup d'encensoir* : → FLATTERIE.

encercler → ATTAQUER, CERNER, TOUR I, TOURNER II.

enchaînement → ENCHAÎNER.

enchaîner ① Attacher avec une chaîne : **mettre aux fers** (qui s'emploie en parlant d'un prisonnier) ; → ATTACHER I. ② → OPPRIMER. ③ *Bien, mal enchaîner ses idées* : **lier ;** → COORDONNER.

◇ **s'enchaîner** → SE SUIVRE.

◇ **enchaînement** ① *L'accident s'est produit après un enchaînement de circonstances vraiment curieux* : [moins pr.] **suite, succession** ♦ **engrenage** (qui se dit plutôt en contexte négatif : *un engrenage de circonstances dramatiques*) ; → DÉROULEMENT. ② *L'enchaînement des idées* : → ORDRE I, LIAISON II.

enchanté, enchantement → ENCHANTER.

enchanter ① *Elle était comme enchantée par le mystère de la forêt* : **ensorceler, envoûter** (qui ne s'emploient qu'en parlant de qqn ; ne conviendraient donc pas dans *une maison enchantée* : on emploiera **hanté** au sens de « visité par des esprits, des fan-

tômes »). ② → CHARMER, RAVIR I. ③ *Cela ne m'enchante pas* : → ARRANGER, RÉJOUIR.

◇ **enchanté** ① → MAGIQUE. ② → CONTENT, RAVIR I.

◇ **enchantement** ① *Seule une fée peut faire cesser l'enchantement* : **sortilège** (= artifice d'un sorcier) ♦ **maléfice** (= sortilège visant à nuire) ♦ **sort** (qui s'emploie surtout dans le contexte *jeter un sort à qqn*) ♦ **envoûtement** (= opération magique où l'on essaie d'atteindre une personne en lui substituant une figure de cire) ♦ **incantation** (= paroles magiques qui servent à opérer un sortilège) ♦ [moins cour. auj.] **charme** (= ce qui permet d'exercer un effet magique). Ces termes n'entrent pas tous dans les mêmes contextes : *le magicien, par des incantations, m'avait jeté un sort ; j'étais victime d'un sortilège, d'un maléfice ; il prétendait me tenir sous son charme aussi longtemps qu'il le voudrait ; j'étais pris dans un enchantement ;* → MAGIE. ② → ÉMERVEILLEMENT, RAVISSEMENT. ③ *Le conflit ne s'apaisera pas comme par enchantement !* : **par miracle, par un coup de baguette magique.**

◇ **enchanteur** ① [n.] → MAGICIEN. ② [adj.] *Nous avons passé en Auvergne un séjour enchanteur* : **merveilleux ;** → CHARMANT, PARADISIAQUE. *Le rythme enchanteur de la vague* : ↓ **berceur** ♦ ↑ **ensorcelant, envoûtant.**

enchâsser → SERTIR.

enchère ① *Une vente aux enchères* : **criée** (qui se dit surtout en parlant de certaines denrées : *vendre de la viande, du poisson à la criée*) ♦ [en termes de droit] **licitation** (= vente aux enchères d'un bien qui appartient à plusieurs copropriétaires) ♦ [rare] **encan** (qui s'emploie parfois pour désigner les enchères publiques : *vendre à l'encan*) ; → PRIX I, VENTE. ② *Faire monter les enchères* : **faire de la surenchère** ♦ [en partic.] **bluffer** (= proposer une surenchère que l'on n'a pas les moyens de suivre) ; → ENCHÉRIR. ③ [au bridge] *Le système des enchères* : **annonce.**

◇ **enchérir** *Vous pouvez lui raconter les histoires les plus extraordinaires, il enchérira toujours sur vos propos* : **renchérir** ♦ ↑ **su-**

renchérir ◆ [fam., absolt] **en remettre, en rajouter.**

enchevêtré → IMBRIQUÉ.

enchevêtrement → DÉSORDRE, TISSU, ENTRELACEMENT, IMBRICATION.

enchevêtrer *Le chat avait enchevêtré, en jouant, tous les brins de laine* : **embrouiller** ◆ [d'emploi plus restreint] **emmêler ;** → S'ENTRELACER. *Un amas de voitures enchevêtrées* : → S'ENCASTRER.

enclave, s'enclaver → S'ENCASTRER.

enclin *Être enclin à* : [plus sout.] **incliner à*.** *Il est assez enclin à la paresse* : **porté* à** ◆ **sujet, prédisposé à** (qui se disent davantage en parlant de ce que l'on subit, malaises, maladies, et à quoi l'on ne peut rien : *être sujet, prédisposé au mal de mer, aux crises de foie*) ; → HUMEUR.

enclore *Enclore un terrain* : **clore** ◆ [plus cour.] **clôturer ;** → ENTOURER.

enclos → TERRE III.

encoche → ENTAILLE.

encoignure → ANGLE.

encolure → COU.

encombrant① → EMBARRASSANT, VOLUMINEUX, VOLUME II. ② → COMPROMETTANT.

encombre (sans) *Nous avons fait un voyage sans encombre* : **sans ennui, incident, obstacle.**

encombré → SATURÉ.

encombrement → EMBARRAS.

encombrer ① [~ qqch] → EMBARRASSER, MEUBLER, OBSTRUER, EMBOUTEILLER. *Encombrer la mémoire* : → SURCHARGER. ② [~ qqn] → GÊNER.

◇ **s'encombrer** → S'EMBARRASSER.

encontre (à l') → CONTRE.

encore ① → AUSSI, AUTRE. ② *Il pleut encore !* (qui marque l'idée de répétition) : **de nouveau** ◆ [préf.] **re-** (qui peut s'ajouter à certains v. : *il repleut !*) ◆ **continuer de** (+ v. : *il continue de pleuvoir*) ;

→ TOUJOURS. ③ *Si encore il était sage !* : **si seulement.**

◇ **encore que** [sout.] : [cour.] **bien que, quoique*.**

encornet → SEICHE.

encourageant → OPTIMISTE.

encouragement → ENCOURAGER.

encourager ① *Encouragé par ce premier succès, il décide de persévérer* : **stimuler** ◆ ↑ **enhardir** ◆ [moins employé] **aiguillonner ;** → AGIR I, ANIMER, ENFLAMMER, CONFIRMER. ② [~ qqn à] *Il encourageait chacun à donner le maximum de soi-même* : **inciter** ◆ [moins sout.] **pousser à** ◆ **exhorter** (= encourager par de véhémentes paroles) ; → SOUTENIR, PRESSER II. ③ [~ qqch] → APPROUVER.

◇ **encouragement** ① [de encourager ①] : **stimulation, enhardissement.** ② [de encourager ②] : **incitation, exhortation** ◆ ↓ **aide, appui, soutien.**

encourir → S'EXPOSER À, MÉRITER.

encrasser → SALIR.

encroûter (s') *Il ne voulait pas s'encroûter en province* : **végéter** ◆ ↑ **croupir*, s'enterrer ;** → SE SCLÉROSER.

enculer → SODOMISER.

encyclopédie ① → CONNAISSANCE I. ② → DICTIONNAIRE.

encyclopédique → ÉTENDU, UNIVERSEL.

endémique *Un malaise social endémique* : [plus cour.] **chronique ;** → CONTINUEL.

endetter (s') *Je vais encore m'endetter* : [plus génér.] **emprunter.** *Il est endetté* : ↑ **surendetter** ◆ ↑ **insolvable** (= qui ne peut payer ses dettes).

◇ **endettement** : ↑ **surendettement.**

endeuiller → ATTRISTER.

endiablé → ACHARNÉ, INFERNAL.

endiguer *Le service d'ordre avait bien du mal à endiguer la foule qui se pressait aux portes du stade* : **contenir, canaliser ;** → ARRÊTER I, ENRAYER.

endimanché → ÉLÉGANT.

endive : [syn. région.] chicon.

endoctrinement → ENDOCTRINER.

endoctriner *La tâche du militant est d'endoctriner les néophytes* : [péj.] **catéchiser*** ♦ [fam.] **chambrer** ♦ [péj., fam.] **embobiner** ; → ENRÉGIMENTER.

◇ **endoctrinement** : [fam.] **bourrage de crâne,** ↑ **lavage de cerveau** ♦ **propagande,** ↑ **intoxication,** [abrév. fam.] **intox** (qui impliquent une action collective).

endolori → DOULOUREUX.

endommager → ABÎMER I, AVARIER, MUTILER.

endormi → INACTIF, LENT, MOU, SOMNOLENT.

endormir ① *C'était une opération bénigne, mais on l'a quand même endormi* : [didact.] **anesthésier** ♦ **insensibiliser** (qui ne se dit que d'une anesthésie locale) ♦ [partic.] **hypnotiser.** ② → ENNUYER. ③ → TROMPER.

◇ **s'endormir** ① → DORMIR, SE FERMER. ② *Allez ! Au travail ! Il ne s'agit pas de s'endormir* : **s'engourdir.**

endosser ① → REVÊTIR II. ② → ASSUMER.

endroit

I → COIN, CÔTÉ, OÙ, PLACE I. *Par endroits* : **çà et là.** *À l'endroit de* : → AVEC.

II *Mettez ces photos à l'endroit !* : [plus génér.] **dans le bon sens.**

enduire → RECOUVRIR, FROTTER.

enduit → VERNIS.

endurable → SUPPORTABLE.

endurance → RÉSISTANCE, ENDURCISSEMENT.

endurant → RÉSISTANT.

endurci [de endurcir] *Avoir le cœur endurci* : [fam.] **blindé** ; → DUR. *C'est un combattant endurci* : **aguerri.** *Un joueur endurci* : → IMPÉNITENT, VIEUX.

endurcir ① *Ces années difficiles lui avaient endurci le caractère* : **fortifier** ♦ [assez sout.] **armer, tremper** ♦ [fam.] **blinder** ♦ [absolt]

aguerrir (*... l'avaient aguerri*) ; → DURCIR. ② *Il a le cœur tellement endurci que plus rien ne le touche* : **desséché** ♦ **sec** (*il a le cœur sec*). ③ *Il ne craint pas la contestation : des années de militantisme l'ont endurci* : **blinder, cuirasser.**

◇ **s'endurcir** *Laissez-le se débrouiller tout seul, il faut qu'il s'endurcisse le caractère* : **se fortifier** ♦ [assez sout.] **s'armer, se tremper,** [fam.] **se blinder** ♦ [absolt] **s'aguerrir.**

◇ **endurcissement** ① [rare] : [cour.] **endurance*, résistance*** ; → ACCOUTUMANCE. ② → DESSÈCHEMENT.

endurcissement → ENDURCIR.

endurer → SOUFFRIR, SUBIR, SUPPORTER, TOLÉRER.

énergétique Sert d'adj. à **énergie I** : *ressources en énergie, dépenses d'énergie,* etc.

énergie

I *Les dépenses d'énergie électrique* : → ÉNERGÉTIQUE.

II *C'est une femme qui a beaucoup d'énergie* : cette qualité, qui permet d'agir efficacement en toutes circonstances, suppose à la fois de la **volonté,** du **courage** et de la **fermeté** ♦ **poigne** (qui souligne la force) ♦ **ressort,** [fam.] **punch** (qui soulignent le dynamisme interne) ♦ **résolution** (= ce qui permet d'entreprendre qqch avec fermeté et hardiesse : *faire qqch avec résolution*) ♦ **caractère, force de caractère** (*un homme, une femme de caractère, qui a du caractère, sans caractère ; avoir de la force de caractère,* pour parler de qqn qui a des idées bien arrêtées et la volonté de les défendre) ; → ÂME, RESSOURCE. *Avec énergie* : → ÉNERGIQUE, ÉNERGIQUEMENT. *Sans énergie* : → MOU.

◇ **énergique** ① [qqn est ~] Qui a de l'**énergie*.** Si **ferme** et **résolu** évoquent surtout la volonté et la constance de l'individu, *énergique* dit plus en évoquant aussi la rapidité à agir, à décider ; → ACTIF. ♦ [plus génér.] **fort** (*être fort dans le malheur*). ② [qqch est ~] *Une protestation énergique* [antéposé et postposé] : [génér. antéposé] **vif, vigoureux** ♦ ↑ **véhément, violent.** *Un remède énergique* : → ACTIF. *Prendre des*

mesures énergiques : **rigoureux ♦ ↑ draconien,** [sout.] **drastique ; → MÂLE, MUSCLÉ.**

◊ **énergiquement** : **avec énergie,** [express.]
↑ **avec la dernière énergie.** *Protester énergiquement* : **fermement, vigoureusement
♦ ↑ véhémentement, violemment.** *Frotter
qqch énergiquement* : **avec force ♦** [fam.]
un bon coup.

énergisant → TONIQUE.

énergumène ① *Il se mit à hurler comme
un énergumène* : **forcené ♦ ↑ excité
♦ ↑ fou* furieux, possédé.** ② → INDIVIDU.

énervant, énervé → ÉNERVER.

énervement → AGACEMENT, NERVOSITÉ.

énerver *Il m'énerve : je ne peux plus le supporter !* : **agacer, crisper ♦ ↑ exaspérer, excéder, horripiler ♦ ↓ impatienter ♦** [fam.]
**taper sur les nerfs, sur le système, ↑ tuer
♦** [fam.] **gonfler ; → ABRUTIR, BOUILLIR,
ENNUYER, IRRITER.**

◊ **s'énerver** *Les coureurs tardaient à arriver : la foule commençait à s'énerver* :
↓ **s'impatienter ; → BOUILLIR.**

◊ **énervant** : **agaçant, crispant, irritant
♦ ↑ exaspérant, horripilant ♦** [fam.] **gonflant ; → TUANT, PÉNIBLE.**

◊ **énervé** ① Aux participes passés des
syn. précédents, on ajoutera les familiers
↑ **à cran, à bout de nerfs.** ② *Énervé* peut
dénoter un état passager, tandis que **nerveux** indique souvent un état constitutif.

enfance → ENFANT.

enfant ① *Ce n'est encore qu'un enfant !* :
bambin, [fam.] **loupiot, mouflet, pitchoun**
(qui se disent avec affection d'un petit
enfant) ♦ [fam.] **marmot** (qui se dit d'un
enfant très jeune) ♦ [très fam., souvent péj.] **mioche,
morpion, morveux ♦** [très fam.] **merdaillon,
merdeux ♦ chérubin** (qui s'emploie parfois, avec quelque niaiserie, pour désigner
un enfant très jeune) ♦ [fam.] **marmaille**
(= groupe d'enfants) ; → BÉBÉ, PETIT I,
GALOPIN, GAMIN, FAMILLE, PROGÉNITURE,
POSTÉRITÉ. *Mon enfant. Voici mes en-
fants* : [fam.] **rejeton ♦ fils*, fille*.** *L'enfant de vos entrailles* : → FRUIT. ② *Allons !*

*ne faites pas l'enfant : vous savez bien ce
que je veux dire !* : [fam.] **idiot, imbécile,
innocent.** ③ *Vous nous prenez pour des
enfants !* : **enfant de chœur ♦** [fam.] **idiot,
imbécile ; → PETIT SAINT*.** ④ *Avoir un
enfant* : → ACCOUCHER. *Faire un enfant* :
→ ENGROSSER. *Enfant naturel* : → BÂTARD.
⑤ *Bon enfant* : → DÉBONNAIRE.

◊ **enfance** ① → ÂGE* TENDRE. ② *Retomber
en enfance* : **devenir gâteux ♦** [fam.] **devenir
gaga.** *C'est l'enfance de l'art* : **c'est élémentaire.** *L'enfance de l'univers* : → ORIGINE.

◊ **enfantillage** ① *Ne prenez donc pas au
sérieux ce qui n'est qu'un enfantillage* :
[plus péj.] **puérilité.** ② [pl.] *Ils perdent leur
temps à des enfantillages* : **gamineries, pué-
rilités, bagatelles, niaiseries ; → BABIOLE.**

◊ **enfantin** ① *Il y avait chez lui quelque
chose d'enfantin qui séduisait* : **naïf
♦** [péj.] **infantile, puéril.** ② *La solution est
enfantine* : **simple* ♦** [express. fam.] **simple
comme bonjour.**

enfantement → ACCOUCHEMENT.

enfanter → ACCOUCHER, DONNER LE JOUR*,
DONNER LA VIE*, CONCEVOIR.

enfantillage, enfantin → ENFANT.

enfariné → FARINE.

enfer ① *Dans certaines religions, séjour
des damnés après la mort* : [plus restreint]
damnation éternelle ♦ [didact.] **géhenne,**
[dans le monde juif] **schéol.** ② *D'enfer* : **in-
fernal* ; → ACCÉLÉRÉ, FORT, TERRIBLE.** *C'est
l'enfer* : → BAGNE, HORREUR. *Descente aux
enfers* : → DÉCADENCE.

enfermement → ENFERMER.

enfermer ① [~ qqn] *On l'a enfermé
dans la cave* : **séquestrer** (= maintenir
enfermé de façon illégale) ♦ [fam.] **boucler ; → EMPRISONNER, PARQUER, INTERNER.**
② [~ qqch] *Tout, dans cette maison, est enfermé : depuis la confiture jusqu'au bas de
laine* : **sous clé.** ③ → ENTOURER.

◊ **s'enfermer** ① → SE BARRICADER. *Voici
plus de deux mois qu'elle s'enferme chez
elle* : ↑ **se cloîtrer, se claquemurer, se calfeutrer ♦** [rare] **se claustrer.** ② *Elle s'enferme dans son silence* : **se confiner.** *Voici*

une actrice qui s'enferme dans un seul rôle :
↓ **se confiner, se cantonner.**

◇ **enfermement** ① → EMPRISONNEMENT.
② [de s'enfermer ②] : **confinement.**

enferrer (s') [qqn ~] *Plus il essaie de se justifier et plus il s'enferre :* [plus fam.] **s'enfoncer.**

enfiévrer → ENFLAMMER.

enfilade → FILE.

enfiler ① → CHAUSSER, PASSER II, METTRE. ② *Enfiler une rue :* [plus génér.] **prendre.**

◇ **s'enfiler** ① *S'enfiler un verre de vin, un bon repas :* [fam.] : **s'envoyer*, se taper** (qui se disent aussi au sens sexuel) ; → BOIRE, MANGER. ② *Je me suis enfilé tout le travail* [fam.] : [fam.] **se coltiner, s'envoyer, se taper** ◆ [cour.] **faire.**

enfin ① *Il est menteur, buveur, coureur : enfin, il a quelques défauts, quoi ! :* **bref** ◆ [fam.] **enfin bref ;** → SOMME* (I) TOUTE. ② *Mais enfin. Nous n'avons guère progressé dans nos démarches, mais enfin il ne faut pas désespérer :* **cependant*** (qui peut s'employer seul et a un caractère plus objectif ; *enfin* introduit le plus souvent une nuance affective). ③ → CE N'EST PAS TROP TÔT*.

enflammé → ARDENT, BRÛLANT, ROUGE, VÉHÉMENT.

enflammer ① *On enflamme du papier, on* **allume*** *le feu.* ② *Tout un pâté de maisons était maintenant enflammé par l'incendie :* ↑ **embraser ;** → BRÛLER I. ③ *L'orateur avait enflammé son auditoire :* **embraser, électriser** ◆ [plus rare] **enfiévrer** ◆ ↓ **échauffer** ◆ [fam.] ↓ **chauffer** (= mettre progressivement en état de réceptivité) ◆ **galvaniser,** [fam.] **doper** (= provoquer chez qqn une énergie soudaine mais souvent factice) ; → ANIMER, ENTRAÎNER I, ENCOURAGER, FANATISER. ④ *Sa blessure est enflammée :* **envenimer** ◆ ↑ **infecter** ◆ ↓ **irriter.**

◇ **s'enflammer** ① [qqn ~] *Il s'enflamme pour une peccadille :* [exprime l'irritation] **se mettre en colère,** [fam.] **prendre la mouche, monter sur ses grands chevaux ;** → S'IRRITER ◆ [exprime l'exaltation] **s'animer, s'exal-**

ter, ↑ **s'embraser ;** → S'ENTHOUSIASMER. ② [qqch ~] *Avec cette sécheresse, la forêt peut s'enflammer soudainement :* **prendre feu** ◆ ↑ **flamber ;** → BRÛLER. ③ *Sa blessure s'est enflammée :* **envenimé,** ↑ **infecté,** ↓ **irrité.**

enflé ① *Avoir le ventre, les pieds enflés :* **gonflé*** ◆ **ballonné** (qui s'emploie pour le ventre seulement) ◆ **tuméfié** (quand l'enflure est provoquée par un coup). ② → REMPLI. ③ → ABRUTI.

◇ **enflure** ① [de enflé] : **gonflement** ◆ **ballonnement** ◆ **tuméfaction.** ② → ABRUTI. ③ → EMPHASE.

enfler → GROSSIR.

enflure → EMPHASE.

enfoiré → ABRUTI.

enfoncer ① *Enfoncer la clé dans la serrure :* [sout.] **engager, introduire.** *Enfoncer un clou :* **planter.** *Enfoncer un couteau :* **planter, ficher** ◆ **plonger*** (*un couteau dans le cœur de qqn*). ② *Enfoncer une porte :* **forcer ;** → DÉFONCER, ROMPRE. ③ [~ qqn] *Il cherche toujours à nous enfoncer :* ↑ **démolir** ◆ [cour.] **dénigrer ;** → DISCRÉDITER. [en termes de sport] → PILER. ④ *Enfonce-toi bien ça dans la tête :* **mettre** ◆ [fam.] **ficher, fourrer,** [très fam.] **foutre ;** → APPRENDRE. *Il enfonce des portes ouvertes :* **il énonce des évidences.**

◇ **s'enfoncer** ① [qqch ~] → S'ABÎMER, PLONGER I. ② [qqn ~] *S'enfoncer dans la vase :* **enfoncer, s'enliser*.** *S'enfoncer dans le sommeil, dans la solitude :* → S'ENLISER, ENTRER, SOMBRER. *Plus il se reprend et plus il s'enfonce :* → S'ENFERRER.

enfouir → ENTERRER.

◇ **s'enfouir** → SE BLOTTIR.

enfourner → AVALER.

enfreindre → DÉSOBÉIR, OUTREPASSER, TRANSGRESSER, VIOLER.

enfuir (s') → FUIR, METTRE* LES VOILES, PRENDRE LE LARGE*, RECULER, SE RETIRER, SE SAUVER II.

enfumé → FUMÉE.

engagé → ENGAGER. ① [adj.] → EMBARQUÉ, MILITANT. ② [n.] → SOLDAT.

engageant → AFFABLE, AFFRIOLANT.

engagement → ENGAGER.

engager ① [~ qqn] *Je suis chargé d'engager de nouvelles secrétaires* : **embaucher** (qui se dit, partic., en parlant d'ouvriers) ◆ **enrôler, recruter** (qui s'emploient en parlant de militaires et aussi de personnes que l'on essaie de rallier à un parti, à une organisation) ◆ [fam., péj.] **racoler** (qui implique que l'on engage qqn par des moyens plus ou moins honnêtes) ; → ATTACHER III, ENRÉGIMENTER, PRENDRE I. ② [~ qqn à] → INVITER, POUSSER II. ③ [~ qqn dans] → EMBARQUER. ④ [~ qqch] *Engager le combat* : → COMMENCER, LIVRER II. [au tennis] *Engager un service* : → SERVIR I. *Il a engagé d'importants capitaux dans cette affaire* : **investir** ◆ ↑ **engloutir** (qui implique parfois que c'est à fonds perdus). *Engager sa parole* : **donner** ; → COMPROMETTRE, LIER III. *Engager la conversation* : → NOUER. ⑤ [~ qqch dans] → ENFONCER. ⑥ [pass.] *Nous courons à l'échec : l'affaire est mal engagée* : [fam.] **barré, emmanché** ; → EMBARQUER, CHEMIN.

◇ **s'engager** ① [~ à] → ADHÉRER II, PRENDRE PARTI* II, PROMETTRE. ② *S'engager dans une route* : → OUVRIR, PRENDRE I. *S'engager dans un lieu, une situation* : → ENTRER, S'AVENTURER.

◇ **engagement** ① [de engager ①] : **embauche, enrôlement, recrutement.** ② *Ne tiendriez-vous pas vos engagements ?* : **promesse,** [sing.] **parole** ; → SIGNATURE, SERMENT. *Sans engagement* : → OBLIGATION. ③ [au tennis] → SERVICE I. ④ → ASSAUT, COMBAT.

engeance → RACE.

engelure → GELURE.

engendrer ① *Qui a engendré cet enfant insupportable ?* [sout.] : **procréer** ◆ [cour.] **faire** ; → CONCEVOIR, SE REPRODUIRE. ② *Ce film engendre la mélancolie* : **faire naître** ; → OCCASIONNER, PRODUIRE II.

engin → APPAREIL, USTENSILE.

englober → CONTENIR I, GLOBAL.

engloutir ① → ABSORBER II, AVALER. ② → DÉPENSER, ENGAGER.

◇ **s'engloutir** → S'ABÎMER, SOMBRER.

engoncer → SERRER.

engorgement → ENGORGER.

engorger *Dès 8 heures du matin, l'autoroute était engorgée* : ↑ **bloquer, saturer** ; → EMBOUTEILLER, BOUCHER I.

◇ **engorgement** [de engorger] : **blocage, saturation** ; → EMBARRAS.

engouement → S'ENGOUER.

engouer (s') *Elle s'engoue de tout ce qui est à la mode* : **s'enticher, s'emballer pour, se toquer** ; → SE PASSIONNER, S'ENTHOUSIASMER, S'ATTACHER.

◇ **engouement** [de s'engouer] : **emballement, toquade** ; → ENTHOUSIASME.

engouffrer (s') → ENTRER.

engourdi → ENGOURDIR.

engourdir *La bise glacée lui engourdissait les doigts* : **ankyloser** ◆ ↑ **paralyser.**

◇ **s'engourdir** : **s'ankyloser,** ↑ **se paralyser** ; → S'ENDORMIR.

◇ **engourdi** ① *J'ai les doigts engourdis* : **gourd** (qui ne se dit que des mains et des doigts) ◆ ↑ **paralysé** ; → RAIDE. ② *Après de longs mois d'inactivité, on a les muscles un peu engourdis* : **rouillé** ; → LENT. *Être engourdi* : → ALOURDIR.

engourdissement ① → ASSOUPISSEMENT. ② → RAIDEUR.

engrais *Un engrais est un* **amendement,** c'est-à-dire un apport chimique ou organique destiné à la **fertilisation** du sol. Le **fumier** est un *engrais* parmi d'autres, mais pas la chaux ; les deux sont des *amendements* possibles.

engraisser ① *Engraisser un animal* : **gaver, gorger** (qui ne se disent que des volailles, en partic. des oies). ② *Engraisser un sol* : → AMÉLIORER. ③ [qqn ~] → GROSSIR.

engranger → AMASSER, STOCKER.

293

engrenage → ENCHAÎNEMENT.

engrosser → ENCEINTE.

engueulade → DISPUTE, SAVON, SÉRÉNADE.

engueuler *Il est rentré très tard, son père l'a engueulé* [très fam.] : ↑ **engueuler comme du poisson pourri** ◆ [fam.] **enguirlander, passer un savon** ◆ [fam.] **se faire bénir, remonter les bretelles,** ↑ **botter le derrière** ◆ [fam.] ↓ **attraper** ◆ [sout.] **admonester, tancer** ◆ [cour.] ↓ **réprimander*** ; → SAVONNER.

◇ **s'engueuler** → SE DISPUTER.

enhardir → ENCOURAGER.

enhardissement → ENCOURAGEMENT.

énigmatique → ÉNIGME.

énigme ① *Poser et résoudre des énigmes était l'un de ses jeux favoris* : [plus cour.] **devinette** ◆ **charade** (= forme particulière d'énigme) ; → COLLE II. ② *Nous ne comprenons rien à sa disparition : c'est une véritable énigme !* : **mystère** ; → BIZARRE. *Résoudre une énigme difficile* : **problème**.

◇ **énigmatique** ① [qqch est ~] → AMBIGU. ② [qqn est ~] *C'est une personne très énigmatique* : ↑ **mystérieux,** ↑ **étrange** ◆ **impénétrable** (qui n'admet pas d'intensif comme *très* ; n'a pas le caractère subjectif des précédents) ◆ [express.] **c'est un sphinx.**

enivrant → S'ENIVRER.

enivrement → IVRESSE.

enivrer [qqch ~ qqn] *La vitesse l'enivre* : **griser, étourdir** ◆ ↑ **soûler*** ; → TRANSPORTER II, MONTER* À LA TÊTE, EXALTER.

◇ **s'enivrer** → IVRE. ① *Il s'enivre régulièrement, hélas !* : [plus cour.] **se soûler, boire** ◆ [fam.] **se noircir, se cuiter, se mettre la cuite,** ↓ **lever le coude.** ② [fig.] *S'enivrer de vitesse* : **se griser, s'étourdir, s'exalter.**

◇ **enivrant** *La vitesse a quelque chose d'enivrant qui vous met la tête à l'envers* : **capiteux, grisant.** *Un parfum enivrant* : **capiteux, grisant, entêtant** ; → FORT II, EXCITANT, ENTÊTER.

enjambée → PAS III.

enjamber → TRAVERSER.

enjeu → MISE I, PARI.

enjoindre → COMMANDER II, ORDONNER II.

enjôler → SÉDUIRE, TROMPER.

enjôleur → SÉDUCTEUR.

enjolivement → ENJOLIVER.

enjoliver ① *De vieilles poutres enjolivaient le plafond* : **décorer, embellir** ; → ORNER. ② *Son récit est vraiment trop beau : je crois qu'il enjolive un peu les choses* : **broder,** [fam.] **en rajouter** (qui s'emploient absolt) ; → EXAGÉRER.

◇ **enjolivement** [de enjoliver ①] : **embellissement.** [de enjoliver ②] : **broderie** ; → ÉLÉGANCE.

enjolivure → ORNEMENT.

enjoué → GAI.

enjouement → GAIETÉ.

enlacement → EMBRASSADE.

enlacer → EMBRASSER.

enlaidir ① *Rendre* **laid*** : *Ce hangar enlaidit le quartier* : **déparer** ; → MASSACRER. ② *Devenir* **laid*.** *Il a beaucoup enlaidi* : [euph. fam.] **ne pas s'arranger** ; → LAID.

enlèvement → ENLEVER.

enlever ① [~ qqch] Verbe de sens très général ; ses syn. sont d'emploi plus restreint et varient selon les contextes. *Veuillez enlever votre chapeau* : **ôter, retirer** ◆ [fam.] **tomber** (*tomber la veste*). *Je ne parviens pas à enlever cette tache sur ma veste* : **faire disparaître** ; → S'EN ALLER, LAVER I, PARTIR I. *Enlever les ordures* : → RAMASSER, LEVER I. *Quand vous aurez enlevé les petits nerfs, cette viande sera délicieuse* : **supprimer, ôter, retirer, éliminer, débarrasser de.** *Enlever un avantage à qqn* : **faire perdre** ; → PRIVER. *Vous lui avez enlevé une bonne part de ses scrupules* : **ôter** ◆ **débarrasser, soulager** (qqn de qqch). *Enlever de l'esprit* : → BALAYER. *Enlever une insulte* : → PROSCRIRE. *On vient de* *lui enlever une dent* : **arracher*** ◆ [plus sout.] **extraire** ; → DÉMUNIR, SOUSTRAIRE. ② [~ qqch] *L'ennemi vient d'enlever l'une de nos bases stratégiques* : **emporter, prendre, s'emparer de.** *Il a enlevé la victoire dans le Tour de France* : **emporter, gagner** ; → OBTENIR, REMPORTER. ③ [~ qqn] *Un enfant a été enlevé à la sortie de l'école* : [rare, vieilli] **ravir** ◆ [anglic. cour.] **kidnapper** ; → VOLER II.

◊ **enlèvement** ① *L'enlèvement des ordures* : **ramassage.** ② *L'enlèvement d'une place forte* : **prise, conquête.** ③ *La femme du directeur a été victime d'un enlèvement* : **rapt** ◆ [en partic.] **prise d'otage** ◆ **kidnapping** (= enlèvement d'une personne mineure). *Auteur d'un enlèvement* : → RAVISSEUR.

enliser (s') ① *La voiture s'est enlisée dans le sable* : **s'embourber** (qui s'emploie lorsqu'il s'agit d'un terrain boueux) ◆ [plus génér.] **s'enfoncer** ; → ÉCHOUER. ② *On ne le voit plus : il s'enlise dans sa solitude* : **s'enfoncer, sombrer** ; → CROUPIR, S'ENTERRER. ③ → PIÉTINER.

enluminer → ORNER.

enluminure → MINIATURE.

ennemi ① *Celui qui est opposé à qqn et cherche à lui nuire* : **adversaire** (qui n'implique pas cette volonté de nuire : *faire la guerre contre des ennemis, rencontrer ses adversaires lors d'une compétition sportive*) ◆ [sout.] **antagoniste** ◆ **belligérant** (= celui qui prend part à une guerre) ; → RIVAL. *Se faire un ennemi* : → DOS. *Passer à l'ennemi* : → TRAHIR. ② → CONTRE.

ennoblir → ANOBLIR, ÉLEVER I.

ennui, ennuyé → ENNUYER.

ennuyer ① *Mon fils est encore fiévreux, cela m'ennuie* : [fam.] **embêter** ◆ ↑ **préoccuper, tracasser** ; → PESER, SOUCI. *Je ne sais comment lui répondre, cela m'ennuie* : **embarrasser*** ; → ENNUYÉ. *Ça vous ennuie si je fume ?* : **déranger*** ; → GÊNER. ② *Il m'ennuie avec ses éternels discours sur la morale* : **fatiguer, lasser** ◆ [sout.] **importuner** ◆ ↑ **assommer, faire mourir d'ennui** ◆ [fam.] **embêter, empoisonner, barber,**

casser les pieds, la tête ◆ [plus fam.] **faire suer, tanner, canuler, cramponner, bassiner, casser les pieds, enquiquiner, gonfler** ◆ [très fam. ou vulg.] **courir sur le haricot, faire chier** (*faire chier le monde*), **emmouscailler, emmerder** ; → ACCROCHER II, ÉNERVER. ③ *Son exposé a ennuyé tout le monde* : **endormir, lasser** ◆ [fam.] **raser,** ↑ **soûler** (outre les syn. de ennuyer ②) ; → ABRUTIR, INCOMMODER.

◊ **s'ennuyer** *Ce que l'on peut s'ennuyer dans ce pays !* : [fam.] **s'embêter, s'empoisonner, s'enquiquiner, se casser les pieds, se barber, se faire suer,** ↑ **à cent sous de l'heure** ◆ [très fam. ou vulg.] **se faire chier, s'emmerder.**

◊ **ennui** ① *Il ne parvenait pas à chasser l'ennui qui l'envahissait* : [fam.] **cafard*.** ② *Il n'a pas ses papiers, il risque d'avoir des ennuis* : **désagrément** ◆ **tracas** (qui implique davantage l'idée de souci) ◆ [fam.] **histoires, enquiquinement, embêtement** ◆ [vulg.] **emmerdement, des emmerdes** ; → COMPLICATIONS. *Il y a un ennui : la voiture ne veut pas démarrer* : [fam.] **tuile, os, pépin** ◆ [néol. en ce sens] **souci** ; → DIFFICULTÉ. *Sans ennui* : → ENCOMBRE. ③ *Il faut l'aider : on ne peut le laisser dans l'ennui* : **embarras*** ; → SOUCI. ④ → INCOMMODITÉ.

◊ **ennuyé** *Je suis ennuyé de vous déranger ainsi* : [fam.] **embêté** ◆ [très fam.] **emmerdé** ; → CONFUS II, EMBARRASSÉ.

◊ **ennuyeux** ① *Il ne pourra pas venir ? C'est très ennuyeux !* : [fam.] **embêtant** ◆ [vulg.] **emmerdant,** [express.] **quelle chierie !** ; → DÉSAGRÉABLE. ② *Il a fait un discours très ennuyeux* : [fam.] **barbant, rasoir, rasant, soûlant, empoisonnant, suant, enquiquinant** ◆ ↑ **assommant** ◆ [en partic.] **insipide, soporifique, dormitif** ; → SINISTRE I, MORTEL. *Ce travail est ennuyeux* : ↑ **fastidieux** ; → RÉBARBATIF. ③ *C'est quelqu'un de très ennuyeux* : [fam.] **barbant, rasoir, assommant** ◆ [n.] **raseur** (*c'est un raseur*) ◆ [fam.] **gonflant, tannant** ◆ [très fam.] **chiant.**

◊ **énoncé** → TEXTE.

énoncer *Il a énoncé ses propos de manière on ne peut plus nette* : **dire, écrire** (selon qu'on se situe à l'oral ou à l'écrit)

◆ **formuler** (qui insiste surtout sur la netteté de l'expression orale ou écrite). Contrairement aux v. précédents, qui ont un contenu exclusivement intellectuel, **exprimer** peut avoir un contenu affectif (*on énonce une vérité, on exprime un désir*) ◆ **former** (*former, formuler un vœu*) ◆ [rare] **émettre** (*émettre un souhait*) ◆ **exposer** (qui suppose des développements plus détaillés qu'*énoncer* : *toutes les conditions sont exposées dans le contrat*) ◆ [didact.] **stipuler*** (= énoncer comme condition dans un contrat) ; → DÉCLINER.

enorgueillir (s') *Il s'enorgueillit de posséder l'une des plus belles propriétés du pays* : **se glorifier** ◆ [sout.] **se prévaloir** ; → SE FLATTER DE, S'HONORER.

énorme → COLOSSAL, MONUMENTAL, MONSTRUEUX, DÉMESURE. *Une faute énorme* : → GROS. *Faire un effet énorme* : [fam.] **bœuf.** *Avoir un succès énorme* : ↑ **monstre*, fou** ◆ [antéposé] ↓ **gros.**

◇ **énormité** ① *Il venait de prendre conscience de l'énormité du travail à accomplir* : **immensité** ; → AMPLEUR. ② *Il ne dit que des énormités* : **sottises** ; → BÊTISE. *L'énormité de son histoire a frappé tout le monde* : **invraisemblance.**

énormément → BEAUCOUP, DÉMESURÉMENT, TERRIBLEMENT.

énormité → ÉNORME.

enquérir (s') *Il faudra que je m'enquière des habitudes de mes nouveaux concitoyens* [sout.] : [rare] **s'inquiéter** ◆ [cour.] **s'informer, se renseigner** ◆ [très fam.] **aller aux rencards** (= demander des renseignements). Contrairement aux autres verbes, *s'enquérir* et *s'inquiéter* de ne peuvent s'employer sans compl. ; → CHERCHER.

enquête ① *Les mobiles du crime ne sont pas encore connus : l'enquête se poursuit* : [en termes de droit] **instruction** (= tout ce qui doit être mis en œuvre pour qu'une cause puisse être jugée) ◆ **information** (= instruction préparatoire, actes destinés à établir la preuve d'une infraction et à en découvrir les auteurs) ; → RECHERCHE. ② *Avant de lancer un nouveau produit, le directeur souhaite que l'on procède à une* *enquête auprès du public* : **sondage** ◆ **étude de marché** (dans un contexte commercial) ; → CONSULTATION.

enquêteur → SONDEUR.

enquiquinant → COLLANT, ENNUYEUX.

enquiquinement → ENNUI.

enquiquiner → ENNUYER.

enraciné → TENACE.

enracinement → ÉTABLISSEMENT.

enraciner → ÉTABLIR.

enragé ① → ACHARNÉ. ② → FURIEUX. ③ → EXTRÉMISTE.

enrager → RAGER.

enrayer *Le gouvernement parviendra-t-il à enrayer la hausse des prix de la viande ?* : **juguler, endiguer** ◆ ↓ **freiner** ◆ ↑ **stopper** ; → ARRÊTER I, EMPÊCHER.

enrégimenter *Il s'était laissé enrégimenter dans un groupuscule d'extrême droite* : **embrigader, enrôler** ; → ENDOCTRINER, ENGAGER.

◇ **enrégimentement** [de enrégimenter] : **embrigadement, enrôlement.**

enregistrement ① → PRISE* (III) DE SON. ② → DISQUE.

enregistrer ① *Avez-vous enregistré ce terme dans votre dictionnaire ?* : **mentionner** ◆ [plus techn.] **répertorier** ◆ [plus cour.] **noter.** ② *On a enregistré une hausse des températures* : **observer** ◆ [plus cour.] **noter.** *Les températures enregistrées sont en hausse* : **recueillir, relever.** *Veuillez enregistrer ma demande !* : **noter, prendre bonne note de.** ③ *Enregistrer un disque à partir d'un autre enregistrement* : **repiquer.**

enrhumé, s'enrhumer → RHUME.

enrichir, s'enrichir ① → RICHE, FAIRE FORTUNE. ② → ÉMAILLER, ORNER.

enrichissant → PROFITABLE.

enrichissement → RICHESSE.

enrobé → ÉPAIS.

enrober ① → ENVELOPPER, ROULER I. ② *C'est agaçant : il vous parle toujours en termes enrobés !* : **voiler** ; → ENVELOPPER, OBSCUR.

enrôlement → ENGAGEMENT.

enrôler → ASSOCIER, ENGAGER, MOBILISER.
◇ **s'enrôler** → ADHÉRER II.

enroué *Être enroué. Je suis enroué depuis hier, on m'entend à peine* : [fam.] **avoir un chat dans la gorge** ; → RAUQUE, VOILÉ.
◇ **enrouement** : ↑ extinction de voix.

enrouler (s') → SE ROULER I, TORDRE.

ensabler (s') → ÉCHOUER I.

ensanglanté *Le fermier avait les mains tout ensanglantées d'avoir tué le cochon* : **sanglant** (confondus dans cet ex., ces deux termes se distinguent dans la langue sout. ; *ensanglanté* se dit de ce, de celui qui est recouvert de sang, d'un sang étranger, *sanglant* de celui qui est recouvert de son propre sang) ◆ **saignant** (qui ne s'emploie plus qu'en parlant d'une viande peu cuite ou d'une blessure) ◆ **sanguinolent** (qui ne se dit que d'humeurs ou de matières mêlées de sang : *des crachats sanguinolents*).

enseignant → ENSEIGNER.

enseigne
I ① → DRAPEAU. ② *Une enseigne lumineuse signale son magasin* : [d'emploi plus restreint] **panonceau**.
II *À telle enseigne. Cette eau est polluée : à telle enseigne que la truite y a disparu* [sout.] : [cour.] **à ce point que, c'est si vrai que** ◆ [plus cour.] **la preuve** (*la preuve : la truite...*) ◆ ↓ **si bien que**.

enseignement → ENSEIGNER.

enseigner ① [qqn ~] → APPRENDRE. *Son frère enseigne au lycée* : **donner des cours** (qui s'emploie lorsque l'on n'exerce pas à plein temps dans l'établissement dont on parle) ; → PROFESSER II. *Enseigner le catéchisme* : → ANNONCER. ② [qqch ~] *La nature nous enseigne que ce que l'on appelle le progrès a des limites* [sout.] : [cour.] **montrer***, **révéler**. *Il a eu un accident, cela lui enseignera peut-être la prudence* : **inciter à** (*inciter qqn à*) ◆ [moins sout.] **apprendre**.

◇ **enseignant** Ce terme à valeur générale peut remplacer des syn. à valeur partic. : **instituteur***, **professeur***.

◇ **enseignement** ① *Il travaille dans l'enseignement* : **Éducation nationale** (qui ne s'applique qu'au secteur public) ◆ **enseignement privé**, [abrév.] **privé** (qui désigne l'autre secteur) ; → INSTRUCTION, LEÇON. *Les méthodes d'enseignement* : → DIDACTIQUE. *Enseignement religieux* : → CATÉCHISME. ② → CONCLUSION, MORALE.

ensemble
I [adv.] ① *Ils ont travaillé ensemble à la réalisation de ce projet* : [sout.] **de concert, de conserve, conjointement** ◆ [fam.] **au coude-à-coude** (qui implique l'idée d'efforts intenses) ◆ **la main dans la main** (qui implique l'idée d'union totale) ◆ [didact.] **en synergie** (= mise en commun des énergies potentielles) ◆ **en chœur** (qui suppose une intervention de la voix : *ils sont venus se plaindre ensemble, en chœur*) ; → EN COMMUN* I, EN MÊME TEMPS* I. ② *Nos deux trains sont arrivés ensemble* : **simultanément, en même temps**. ③ *Aller ensemble. Son chapeau et sa robe vont bien ensemble* : **s'harmoniser, être coordonné** ; → ACCORD II. *Ces couleurs vont mal ensemble, ne vont pas ensemble* : **jurer** ◆ ↑ **hurler**.
II [n.m.] ① *Un ensemble de couleurs* : → ACCORD II. *Un ensemble de preuves. Je vous laisse l'ensemble pour cent euros* : **le tout, la totalité** ; → INTÉGRALEMENT, PAQUET. ② *Avoir une vue d'ensemble sur* : **général, global**. ③ *Dans l'ensemble, je ne suis pas mécontent de notre performance* : **en gros, grosso modo, au total** ◆ **finalement** ; → GROSSIÈREMENT, EN FIN* (I) DE COMPTE. ④ *Ensemble vocal* : **chorale**. *Ensemble instrumental* : **orchestre** (les périphrases avec *ensemble* étant d'emploi moins souple et appartenant au vocabulaire technique). ⑤ *Vivre dans un grand ensemble* : **HLM** (= habitation à loyer modéré) ◆ **ZUP** (= zone à urbaniser par priorité) ; → IMMEUBLE.

ensemblier → DÉCORATEUR.

ensemencement → SEMAILLES.

ensemencer → PLANTER, SEMER I.

enserrer → SERRER.

ensevelir → ENTERRER.

ensoleillé → CLAIR.

ensoleiller → ÉCLAIRER.

ensorcelant → ENCHANTEUR, MAGIQUE, FASCINANT.

ensorceler → ENCHANTER.

ensorcellement → SORCELLERIE.

ensuite ① *Nous visiterons Azay-le-Rideau et ensuite nous irons à Langeais* : **puis*** (qui a davantage valeur de conj. de coordination ; s'emploie ici sans *et*, contrairement à *ensuite*, et de manière plus souple : *ce fut au tour de M. Durand, puis de M. Dupont* ; *il entra, vérifia son costume, puis nous salua* ; *ensuite* ne conviendrait guère ici, ou marquerait une rupture très forte. En revanche, *ensuite* est d'emploi beaucoup plus souple quant à la place qu'il occupe dans la phrase ; dans notre ex., il peut aussi bien se placer à la fin) ; → APRÈS I, DANS UN SECOND TEMPS* I, EN SECOND* (I) LIEU. ② *Il s'est marié il y a trois ans ; ensuite, je l'ai perdu de vue* : **par la suite** ; → APRÈS II.

ensuivre (s') ① → RÉSULTER. ② *Il y avait un dessert, du café, du champagne et tout ce qui s'ensuit* : **etc.** ◆ [fam.] **et tout le reste** ◆ [fam.] **et tout le bastringue** ◆ [arg.] **et le toutim.**

entacher → SALIR, SOUILLER.

entaille ① *Faire une entaille dans une pièce de bois* : [cour.] **encoche** (= petite entaille) ◆ **rainure** (= entaille longue et étroite) ◆ **rayure** (= légère entaille en long) ◆ **cran** (= entaille faite sur un corps dur pour en accrocher un autre). ② *Il s'est fait une belle entaille* : [plus rare] **taillade** ◆ [partic.] **estafilade** (= entaille faite au visage par une arme tranchante) ◆ [en termes de chirurgie] **incision, boutonnière** (= incision en longueur), **scarification** (= incision superficielle) ; → COUPURE, CICATRICE.

entailler → COUPER.

entamer ① *Entamer l'autorité de qqn* ; *entamer des économies* : → AFFAIBLIR, ÉCORNER, ÉBRANLER. *Entamer le bois, la falaise* : → MORDRE, RONGER, USER II. ② → COMMENCER, SE LANCER, OUVRIR.

entasser ① Mettre en tas : **empiler** (= mettre en pile) ◆ **amonceler** (= réunir en monceau : *entasser des pommes de terre* ; *empiler des assiettes* ; *le vent amoncelle les nuages*) ; → SUPERPOSER, TASSER. ② Réunir en grande quantité : **accumuler, amonceler** (*accumuler, entasser, amonceler des richesses, des livres* ; dans ces contextes, *empiler* ne s'utilise généralement que lorsque demeure l'idée de *pile*, de groupement en hauteur, tandis qu'*entasser* et *amonceler* enchérissent sur *accumuler*) ; → AMASSER. *Entasser des personnes* : → PARQUER.

◇ **s'entasser** ① [de entasser] *Les glaçons s'entassent contre les piles du pont* : **s'agglomérer, s'agglutiner.** ② *Aux heures de pointe, les Parisiens s'entassent dans les autobus* : **se presser*, s'amasser** ◆ ↑ **s'écraser** ; → S'ASSEMBLER.

◇ **entassement** *Un entassement d'objets divers* : **accumulation, amoncellement** ; → AMAS.

entendement → PENSÉE I.

entendre

I → VOULOIR.

II *Avez-vous entendu ce qu'il vous a dit ?* : **écouter** (qui suppose que l'on prête attention à ce que l'on dit) ◆ [vx ; seult à l'inf. et aux temps composés] **ouïr** (*j'ai ouï dire*) ; → PERCEVOIR I. *Faire entendre* : → DIRE. *Ne pas entendre* : **être sourd*.** *Je ne vous entends pas* : → RECEVOIR.

III *Je n'entends pas bien ce que vous dites* [sout.] : [cour.] **saisir, comprendre*.** *Qu'entendez-vous par là ?* : **que voulez-vous dire ?** *Donner à entendre que* : → INSINUER.

◇ **s'entendre** ① [~ avec qqn] *Ils se sont toujours bien entendus* : [moins cour.] **s'accorder, se comprendre, sympathiser**

◆ ↑ **fraterniser.** [ne pas ~ avec qqn] *Ils ne s'entendent pas* : [fam.] ↑ **être comme chien et chat** ◆ **ne pas faire bon ménage** (qui s'emploie plutôt en parlant d'un couple) ◆ ↑ **se détester cordialement ;** → SENTIR I. ② [~ avec qqn sur, pour]. *Nous nous sommes entendus sur le prix* : ↓ **se concerter ;** → D'ACCORD, COMPOSER IV. ③ *S'y entendre* : → S'Y CONNAÎTRE. ④ *Je viendrai, cela s'entend* : **cela va* de soi, c'est évident ;** → BIEN ENTENDU*.

◇ **entendu** ① → D'ACCORD I, SOIT. *Si vous pouvez venir à la maison ? mais bien entendu !* : **évidemment, naturellement ;** → S'ENTENDRE ④, ASSURÉMENT. ② *Elle nous a regardés avec un petit air entendu* : [moins pr.] **malin** ◆ [fam.] **finaud.**

◇ **entente** ① *Entente dans une collectivité ; une bonne entente entre les groupes religieux d'une nation* : **convivance** (néol. pour désigner l'art de vivre ensemble dans une communauté aux groupes diversifiés), **convivialité** (qui s'emploie aussi en ce sens) ◆ ↓ **coexistence, cohabitation** sont plus neutres ◆ [plus génér.] **harmonie** ◆ [express.] **vivre ensemble.** ② *L'entente ne règne pas dans le ménage !* : **harmonie, union* ;** → ACCORD, LUNE* DE MIEL. *L'entente entre deux personnes peut aller de la simple* **cordialité** *à la* ↑ **camaraderie** ou à l'↑ **amitié,** voire à l'↑ **affection*.** ③ *Trouver un terrain d'entente* : **accord*.** *Entente illicite* : → COMPLICITÉ. *Entente entre États* : → ACCORD I.

entériner → ACTER, RATIFIER, SANCTIONNER, VALIDER.

enterrement → ENTERRER.

enterrer ① [~ qqn] *Son frère a été enterré hier* : [sout.] **inhumer, ensevelir** ◆ [rare] **porter en terre ;** → TERRE III. ② [~ qqch] *Enterrer un trésor* : **enfouir** ◆ [plus génér.] **cacher.** *Le scandale a été enterré* : **étouffer.** *Le projet a été enterré* : **abandonner.**

◇ **s'enterrer** *Quelle idée d'aller s'enterrer dans ce trou perdu de province !* : ↓ **se retirer ;** → S'ENCROÛTER, CROUPIR, S'ENLISER.

◇ **enterrement** ① *Il y avait peu de monde à l'enterrement de mon cousin* [cour.] : au sens de *mise en terre,* a pour syn. sout. **inhumation.** Au sens plus fréquent d'*en-semble des cérémonies funèbres,* a pour syn. sout. **funérailles** et pour syn. didact. **obsèques** ◆ **convoi funèbre** (= cortège de personnes). ② *Avoir une tête d'enter-rement* : → TRISTE I. ③ *Cette défaite, c'est l'enterrement de toutes ses illusions* : **mort** ◆ ↓ **fin ;** → GLAS.

entêtant → ENIVRANT.

entêté → TENACE, TÊTU, VOLONTAIRE.

entêter *Un vin qui entête* : [plus cour.] **monter à la tête ;** → ENIVRANT.

◇ **s'entêter** ① → CONTINUER. ② *Plus vous lui demandez d'agir autrement, plus il s'entête* : **se buter ;** → S'OBSTINER.

◇ **entêtement** ① [péj.] **obstination** ◆ ↑ **aveuglement*.** ② [non péj.] **opiniâ-treté, persévérance, ténacité.**

enthousiasmant → ENTHOUSIASME.

enthousiasme ① *Le spectacle sou-levait l'enthousiasme* : ↓ **admiration ;** → ÉMERVEILLEMENT. ② *Le spectacle a dé-chaîné l'enthousiasme* : **passion** ◆ ↑ **fré-nésie ;** → DÉLIRE, ANIMATION. ③ *Il est pris d'un nouvel enthousiasme pour son travail* : **engouement** (qui se dit surtout d'un mou-vement exagéré et passager) ◆ [plus fam.] **emballement ;** → EMPRESSEMENT. *Applaudir avec enthousiasme* : → CHALEUREUSEMENT. *Il travaille avec enthousiasme* : **avec cœur, beaucoup de cœur** ◆ ↓ **entrain ;** → ZÈLE.

◇ **enthousiasmer** [de enthousiasme] *Le spectacle nous a enthousiasmés* : **remplir d'admiration** ◆ **passionner** ◆ [plus fam.] **emballer ;** → ENFLAMMER, EXALTER.

◇ **s'enthousiasmer** ① *Il s'enthousiasme pour toutes les nouvelles formes d'art* : ↓ **se passionner** ◆ [plus fam.] **s'emballer ;** → S'ENGOUER, ADMIRER. ② *C'est qqn qui s'enthousiasme facilement* : **s'enflammer, s'exalter** ◆ [plus fam.] **s'emballer.**

◇ **enthousiasmant** : **exaltant, emballant, passionnant.**

◇ **enthousiaste** ① [qqch est ~] *Des applau-dissements enthousiastes* : ↑ **frénétique, à tout rompre.** *Un accueil enthousiaste* : → CORDIAL, DÉBORDANT. ② [qqn est ~] *Une foule enthousiaste* : ↑ **en délire*, exalté.** *Un admirateur enthousiaste de*

299

Mozart : **passionné**, [antéposé] **fervent** ;
→ BOUILLONNANT, CHAUD, FANATIQUE.

enticher (s') → S'AMOURACHER, S'ATTA-
CHER, S'ENGOUER.

entier

I Se dit de ce qui est considéré dans sa
totalité, dans son intégralité. Un livre
entier de recettes de cuisine est un livre
qui ne comporte que des recettes de cuisine ◆ **complet** implique l'idée de multiplicité et se dit d'un ensemble qui
comprend tous les éléments nécessaires
à sa constitution. Un livre de recettes
de cuisine *complet* est un livre auquel ne
manque aucune des recettes fondamen-
tales. Dans certains contextes, les deux
adjectifs se rejoignent. *Ma satisfaction
est entière* [sout.] : [cour.] **complet, total** ;
→ PARFAIT, PLEIN. *Il a lu l'œuvre entière
de Balzac* : **complet, intégral** ; → GLOBAL,
TOUT I. *Dans cette affaire, sa bonne foi est
entière* : **intact** ; → ABSOLU.

II [qqn est ~]. → TÊTU, TOUT D'UNE
PIÈCE* I.

◇ **entièrement** [de entier I] ① → ABSO-
LUMENT, PLEINEMENT, SANS RESTRICTION*,
PARFAITEMENT. *Se donner entièrement* :
→ CORPS ET ÂME*. ② *J'ai lu ce livre
presque entièrement* : [plus rare] **dans sa
totalité** ◆ [sout.] **dans son entier** ◆ [cour.]
en entier ; → COMPLÈTEMENT, DE FOND EN
COMBLE* II, INTÉGRALEMENT.

entonner
① → AVALER, BOIRE. ② → CHANTER.

entorse → FOULURE. *Faire une entorse à
qqch* : → NE PAS RESPECTER*.

entortillé → EMBARRASSÉ.

entortiller
① → ENVELOPPER, NOUER. ② → COMP-
LIQUER, S'EMBARRASSER. ③ → EMBOBINER,
SÉDUIRE.

entourage ① → CADRE. ② → VOISINAGE.

entouré *Être très entouré* : → ENTOURER ④
.

entourer ① [~ qqch] *Entourer une ville de
remparts* : **ceindre, enceindre** ◆ [express.]
cercler. *Entourer un jardin d'une haie* :

clore, clôturer ◆ [rare] **fermer** ; → ENCLORE.
Entourer de dentelle : → BORDER. *Entourer
de papier* : → ENVELOPPER. ② [qqch ~ qqch]
Les remparts qui entourent une ville : **ceinturer, cerner**. *La haie qui entoure le jardin* :
[rare] **fermer**, ↑ **enfermer**. *La forêt qui entoure le village* : **encadrer, environner**. *La
mer qui entoure l'île* : → BAIGNER I. ③ [qqn
~ qqn] *Ils se sentaient entourés de tous côtés par l'ennemi* : **cerner***. ④ [~ qqn] *Les
gens qui nous entourent* : **entourage** (*notre
entourage*) ; → VOISINAGE. ⑤ [~ qqn] *Il a
besoin d'être beaucoup entouré* : ↓ **s'occuper de** (*qu'on s'occupe beaucoup de
lui*) ◆ ↑ **choyer**. *Entourer qqn d'égards* :
↑ **combler**.

◇ **s'entourer** *S'entourer de toutes les précautions nécessaires* : [plus génér.] **prendre**
(*prendre toutes les précautions...*).

entourloupette → TOUR III.

entournures *Gêner aux entournures* :
→ EMBARRASSER.

entracte → PAUSE.

entraide → SOLIDARITÉ, SECOURS.

entraider (s') → SE SERRER* LES COUDES,
SE SOUTENIR.

entrailles ① [cour.] **viscères*** ◆ [plus fam.]
boyaux, ↑ **tripes**. ② Lieu de la gestation
d'un enfant [litt.] : **sein** (*Jésus, le fruit
de vos entrailles*). ③ *Cette musique vous
touche jusqu'aux entrailles !* : **âme, cœur**
◆ [fam.] **tripes**.

entrain ① *C'est un garçon plein d'entrain* : **allant** ◆ ↑ **joie de vivre** ; → ALLÈGRE,
ENTHOUSIASME, JUVÉNILE, ARDEUR, GAIETÉ,
ACTIVITÉ. *Avec entrain* : → GAIEMENT. *Sans
entrain* : → TIÈDEMENT. ② *La conversation
manque d'entrain* : **vivacité, animation*** ;
→ CHALEUR.

entraînant → RYTHMÉ.

entraîné → ENTRAÎNER II.

entraînement

I [de entraîner I] *Céder à l'entraînement
d'une passion* : **force, pente**. *Céder à ses
entraînements* [sout.] : → PASSION.

II [de entraîner **II**] *La réussite de cet orateur est le fruit d'un long entraînement* : **pratique** ; → EXERCICE, HABITUDE. *Entraînement sportif* : [anglic.] **training** ; → PRÉPARATION.

entraîner

I ① [qqch ~ qqch] *Le vent a entraîné les feuilles dans la piscine* : **charrier** (qui implique des objets lourds ou volumineux) ; → EMPORTER. ② [qqn, qqch ~ qqn à] *Son amour de l'argent l'a entraîné à s'associer à des gens douteux* : **pousser** ; → AMENER, CONDUIRE, EMBARQUER, MENER I. ③ *Entraîner un accident* : → OCCASIONNER. ④ [qqn ~] *C'est quelqu'un qui sait entraîner les foules par sa ferveur* : ↓ **convaincre** ; → ENFLAMMER.

II [~ qqn, un animal] *Entraîner une équipe de basket* : **préparer, former** ; → POUSSER I. *Ce chien est entraîné à effectuer de longs parcours* : **exercer à, dresser pour**.

◊ **s'entraîner** *Il s'entraîne au maniement d'une carabine de chasse* : **s'exercer** ◆ ↓ **se familiariser** (avec) ◆ [plus génér.] **s'habituer**.

◊ **entraîné** *Il est entraîné à ce genre d'exercice* : ↓ **familiarisé avec** ◆ ↑ **rompu**.

◊ **entraîneur** ① Selon le sport considéré, on parle d' **entraîneur** (ex. : d'une équipe de football), de **manager** (ex. : de boxe) ◆ **moniteur** désigne plutôt celui qui enseigne les éléments d'un sport ; → COACH. ② *Un entraîneur d'hommes* : → ANIMATEUR, CHEF.

entraîneuse → DANSEUSE.

entrave → OBSTACLE.

entraver ① → CONTRARIER, GÊNER. ② → COMPRENDRE II.

entre → INTERCALER, INTERMÉDIAIRE, PARMI.

entrebâiller → OUVRIR.

entrechoquer (s') → SE HEURTER.

entrecôte → CÔTE I.

entrecoupé → SACCADÉ.

entrecouper *L'orateur entrecoupait habilement son discours de moments de si-* lence : **entremêler** ◆ [plus génér.] **parsemer, interrompre par**.

entrecroisement → ENTRELACEMENT.

entrecroiser → ENTRELACER.

entrée → ENTRER.

entrefaites (sur ces) *Sur ces entrefaites, le directeur entra dans le bureau* : **là-dessus, sur ce, c'est alors que** ◆ [plus cour.] **mais voilà que** ◆ [fam.] **voilà-t-il pas que** ; → ALORS.

entrefilet → ARTICLE.

entregent → ADRESSE I.

entrelacement → ENTRELACER.

entrelacer *Entrelacer des fils* : [plus génér.] **entrecroiser** ◆ [plus partic.] **tresser, tisser, natter**.

◊ **s'entrelacer** *Les vrilles de la vigne s'entrelacent* : **s'enchevêtrer, s'emmêler, s'entremêler** ◆ [fam.] **s'embrouiller**.

◊ **entrelacement** [de entrelacer et s'entrelacer] : **entrecroisement** ◆ [plus rare] **lacis, entrelacs** ◆ **enchevêtrement**.

entrelardé *Une viande entrelardée* : [en partic.] **persillé** (qui se dit d'une entrecôte de qualité). *Un récit entrelardé de bons mots* : **entremêlé** ◆ [d'emploi terne dans ce contexte] **avec** ; → PLEIN.

entremêlé ① → IMBRIQUÉ. ② → ENTRELARDÉ.

entremêlement → IMBRICATION.

entremêler → ENTRECOUPER.

◊ **s'entremêler** → S'ENTRELACER.

entremettre (s') *Fallait-il s'entremettre dans leur querelle ?* : [plus cour.] **intervenir** ◆ ↑ **s'interposer** ; → S'INGÉRER.

◊ **entremise** ① *La France a proposé son entremise dans cette affaire* : **médiation** ◆ **bons offices** ; → ARBITRAGE. ② *Par l'entremise de* : → CANAL.

◊ **entremetteur** S'emploie presque exclusivement au féminin, contrairement à **proxénète** ; *l'entremetteuse* sert d'intermédiaire dans les intrigues galantes ; le *proxénète* vit de la prostitution d'autrui :

on l'appelle alors [très fam.] **maquereau, maquerelle ; → SOUTENEUR.**

entremise → ENTREMETTRE.

entreposer *Cet épicier entrepose ses marchandises dans son garage :* **emmagasiner, stocker** ◆ [plus génér.] **déposer.**

entrepôt → DÉPÔT, MAGASIN II.

entreprenant → ENTREPRENDRE.

entreprendre ① → COMMENCER, SE METTRE* À, TÂCHER, S'ATTELER À. ② [~ de] *Il a entrepris de montrer qu'il y avait un rapport entre le temps qu'il fait et l'humeur des gens :* [plus cour.] **essayer*, tenter.**

◇ **entreprenant** ① → ACTIF, BOUILLONNANT. ② *Elle déteste les messieurs trop entreprenants :* **hardi, osé, audacieux.**

◇ **entreprise** ① → ŒUVRE. ② *Ils ont décidé d'escalader les Grandes Jorasses : ce n'est pas une petite entreprise !* : **opération, aventure, affaire.** *Il a échoué dans son entreprise :* **tentative ;** → PLAN IV. *Esprit d'entreprise :* → ACTIVITÉ. ③ → ÉTABLISSEMENT II, USINE. ④ *Il faut dénoncer cette entreprise contre le libre exercice du droit syndical* [sout.] : [cour.] **atteinte à ◆ ↑ attaque, ↑ attentat ◆ ↓ empiétement sur.**

entrepreneur → CONSTRUCTEUR, PATRON, INDUSTRIEL.

entrer ① [qqn ~ dans qqch] *Il est entré dans la maison par la fenêtre :* **rentrer ◆ pénétrer** (qui implique souvent l'idée d'obstacle) ◆ **s'introduire, se glisser*** (= entrer subrepticement ou sans raison) ◆ **faire irruption,** [assez fam.] **s'engouffrer** (qui impliquent un mouvement rapide et violent) ◆ **s'enfoncer** (qui implique une entrée en profondeur) ◆ **accéder** (= pouvoir entrer) ; → S'INFILTRER. *Entrer et sortir. Je ne fais qu'entrer et sortir :* **passer.** *Les troupes ennemies sont entrées sur le territoire :* **↑ envahir** (*envahir qqch*) ◆ **↓ prendre position.** *Nous sommes entrés dans cette rue par hasard :* **s'engager** ◆ [plus cour.] **prendre ;** → S'INFILTRER, S'INSINUER. ② [qqch, qqn ~ dans qqch, qqn] *La voiture est entrée dans un arbre :* **rentrer ◆ ↑ percuter** (*... a percuté un arbre*). ③ [qqn ~ dans, à]. → ADHÉRER II, CONVERTIR. *Entrer en relation :* → CONTACT.

④ [qqch ~ dans qqch] *Cette valise est trop petite : tout n'entrera pas !* : **rentrer, tenir.** ⑤ [qqch ~ dans qqch] *Les frais de mise à disposition entrent dans le prix de la voiture :* **faire partie de, être compris dans ;** → S'INSCRIRE.

◇ **entrée** ① *Le fait ou la possibilité d'entrer. Faire son entrée :* → APPARITION I, INTRODUCTION. *Entrée et sortie :* → MOUVEMENT. *La possibilité d'entrer :* → ACCÈS. *Entrée dans un parti, une religion :* → ADMISSION, CONVERSION. ② *Ce qui permet d'entrer. Elle se tenait à l'entrée du magasin :* [plus précis] **porte, seuil ;** → BOUCHE, VESTIBULE. ③ *Ce qui commence. Entrée en matière :* → INTRODUCTION. *À l'entrée de cette année, recevez mes meilleurs vœux* [sout.] : **seuil ◆** [cour.] **commencement*.** *D'entrée. Il nous a dit d'entrée que notre travail était excellent :* **d'entrée de jeu, d'emblée ;** → IMMÉDIATEMENT.

entre-temps → DANS L'INTERVALLE.

entretenir ① *Sa grand-mère est très malade ; on essaie de l'entretenir, mais pour combien de temps ? :* **maintenir, prolonger.** *Ces murs entretiennent la fraîcheur :* **garder ;** → CONSERVER. ② *Ils entretiennent de bons rapports :* **conserver* ◆** [cour.] **avoir.** *Il entretient ses relations :* **cultiver, soigner.** *Entretenir une illusion :* → CARESSER. *Bien, mal entretenir sa maison :* **tenir.** *Bien entretenir sa voiture :* **soigner.** *Entretenir sa mémoire :* **exercer* ◆ ↑ sauvegarder.** ③ *Il touche un petit salaire mais est entretenu par ses patrons :* **être nourri*, logé et blanchi.**

◇ **s'entretenir** → CONVERSER, PARLER.

entretien

I → AUDIENCE, CONVERSATION.

II *Produit d'entretien :* → MÉNAGE.

entre-tuer (s') → S'ÉCHARPER.

entrevoir ① → VOIR. ② → PRESSENTIR.

entrevue → RENCONTRE, TÊTE-À-TÊTE.

entrisme → INFILTRATION.

entrouvrir → OUVRIR.

entuber → TROMPER.

énumération → DÉNOMBREMENT, LISTE.

énumérer *On lui a demandé d'énumérer la liste des fleuves russes* : [plus génér.] **citer*** ; → DÉTAILLER, DÉCLINER I.

envahir ① → S'EMPARER, ENTRER, PÉNÉTRER, OCCUPER I. ② *Le trèfle envahit la pelouse* : ↑ **infester** ◆ [v.i.] ↑ **proliférer** ◆ **pulluler** (qui s'emploie en parlant des animaux). *Les touristes envahissent les plages* : → INONDER, SE RÉPANDRE, EMPLIR. ③ *Être envahi par une pensée, un sentiment* : → GAGNER III, RAVAGER, SUBMERGER, S'INSINUER.

◇ **envahissant** → COLLANT, EXIGEANT.

◇ **envahisseur** *La population manifestait sa haine contre l'envahisseur* : **occupant**.

◇ **envahissement** Action d'envahir ; son résultat : **invasion** (qui se dit surtout d'un mouvement brutal et belliqueux d'une population conquérante : *les grandes invasions ont été un envahissement sans précédent*. Les deux termes deviennent syn. dans certains contextes, *invasion* restant plus fort : *l'envahissement, l'invasion des touristes*) ; → INCURSION. L'**occupation** d'un territoire est le résultat de son *envahissement*.

envahissant, envahissement, envahisseur → ENVAHIR.

envaser (s') → ÉCHOUER.

enveloppant → SÉDUISANT.

enveloppe *Entourer qqch d'une enveloppe de papier, de tissu* [très génér.] : [plus précis] **étui** (= enveloppe souvent rigide et épousant les formes de l'objet enveloppé : *l'étui d'un cigare, d'une paire de lunettes*) ◆ **fourreau, gaine** (= étui allongé : *le fourreau d'un parapluie ; le fourreau, la gaine d'une épée*) ◆ **housse** (= enveloppe légère, utilisée notamm., pour les meubles ou les vêtements).

enveloppé → ENVELOPPER, ÉPAIS.

envelopper ① *Envelopper un colis dans du papier* : **emballer, empaqueter, enrober**. *Envelopper une pièce de monnaie dans du papier* : **entortiller**. *Envelopper un bébé dans ses langes* : **emmailloter** ◆ **emmi-**

toufler (= envelopper de vêtements très chauds) ◆ **draper** (= envelopper dans une pièce de tissu). ② *Le brouillard enveloppait la ville* [sout.] : [cour.] **couvrir, recouvrir** ◆ ↓ **entourer** ; → CACHER. ③ [qqn ~ qqn] → ATTAQUER. ④ *Il faut toujours qu'il enveloppe ses attaques dans des paroles sucrées* : **déguiser*** ◆ [plus fam.] **emballer** ; → ENROBER.

envenimé → MALVEILLANT.

envenimer ① *Une blessure envenimée* : → ENFLAMMER. ② *Envenimer des relations. L'opposition cherche visiblement à envenimer la situation* : ↑ **pourrir** ; → ATTISER.

◇ **s'envenimer** → SE GÂTER.

envergure ① Se dit de la plus grande **largeur** d'un avion. ② *Une personne d'envergure* : → DE HAUT VOL* I, CLASSE II, TAILLE I. ③ *Un projet d'envergure* : → IMPORTANT, VASTE. *Prendre de l'envergure* : → SE DÉVELOPPER.

envers

I → CÔTÉ, REVERS II. *À l'envers* : → CONTRESENS, SENS III.

II → POUR, VIS-À-VIS. *Envers et contre tout* : → CONTRE VENTS* ET MARÉES.

enviable → ENVIE I.

envie

I ① En termes sout., c'est par *envie* que l'on ne peut supporter le bonheur des autres, c'est par **jalousie** que l'on ne peut supporter de perdre ce que l'on possède. Dans l'usage cour., les deux termes se rejoignent dans des contextes comme *c'est l'envie, la jalousie qui le conduit à dénigrer ses voisins* ; → CONVOITISE, DÉSIR. ② *Avoir envie de* : → DÉMANGER, DÉSIRER, SOUHAIT, HUMEUR. *Quel beau fruit : j'en ai envie !* : **en avoir l'eau à la bouche**. *Ôter l'envie* : → DÉGOÛTER. *Une envie subite* : **lubie**. *Faire envie* : → EXCITER.

II → TACHE* (II) DE VIN.

◇ **envieux** [de envie I ①] : **jaloux**.

◇ **envier** [de envie I ①] : **jalouser**.

◇ **enviable** *Leur sort n'est guère enviable* : **tentant** ; → DÉSIRABLE.

environ ① *Environ une heure, soixante ans environ :* → DANS, PRÈS I et II, QUELQUE, VERS I. ② [au pl.] *Les environs :* → ABORD, AUTOUR, PARAGES, VOISINAGE. *Aux environs de :* → AUTOUR DE.

environnant → PROCHE.

environnement → MILIEU II, ÉCOLOGIE, SITUATION I et II.

environnemental → ÉCOLOGIQUE.

environner → ENTOURER.

envisageable → POSSIBLE.

envisager ① → REGARDER. ② → PENSER III, SONGER. ③ → PRÉVOIR, FIXER* DES CONDITIONS.

envoi [de envoyer] ① *L'envoi d'un colis par la poste :* **expédition.** ② → DÉDICACE.

envol → DÉCOLLAGE, DÉPART I, ESSOR.

envolée → ESSOR.

envoler (s') ① → DÉCOLLER II, ESSOR, PARTIR I. ② → DISPARAÎTRE I.

envoûtant → ENCHANTEUR, PRENANT, FASCINANT, MAGIQUE.

envoûtement → ENCHANTEMENT, SORCELLERIE, FASCINATION.

envoûter → ENCHANTER, FASCINER.

envoûteur → SORCIER.

envoyé ① → DÉLÉGUÉ, MESSAGER, DIPLOMATE, REPRÉSENTANT. ② → ANGE.

envoyer ① [~ qqn] ↑ **dépêcher** (= envoyer en hâte avec un message) ◆ **diriger** (= envoyer dans une direction précise : *nous l'avons dirigé vers un bureau de renseignements*) ; → DÉLÉGUER. ② [~ qqn à terre] → ÉTENDRE. *Envoyer dinguer, paître :* → CONGÉDIER. ③ [~ qqch] *Envoyer une lettre par la poste :* **expédier** ; → POSTER. *Envoyer une lettre à qqn :* **adresser.** *Envoyer un câble :* **câbler.** *Envoyer un télégramme :* **télégraphier.** *Envoyer un coup de téléphone :* **téléphoner.** *Envoyer une flèche :* **décocher.** *Envoyer une balle :* **lancer.** *Envoyer une gifle :* → ALLONGER. *Envoyer*

une pierre : **jeter.** *Envoyer un drapeau :* → HISSER.

◇ **s'envoyer** ① *C'est lui qui s'envoie tout le travail* [fam.] : **se farcir, se taper** ◆ [cour.] **faire** ; → S'ENFILER, SE COLTINER. ② [~ qqn] → AVOIR DES RELATIONS INTIMES*, SAUTER.

éolien → VENT.

épais ① [qqch est ~] *Du papier épais :* **fort** ◆ [partic.] **kraft** (qui se dit d'un papier d'emballage très résistant). *Une chevelure épaisse :* → ABONDANT. *Un liquide épais :* → CONSISTANT, SIRUPEUX. *Des lèvres épaisses :* → GROS I. *Un brouillard épais :* → DENSE. *Une foule épaisse :* → SERRÉ. ② [qqn est ~] *Il est bel homme, mais un peu épais :* ↓ **enveloppé, enrobé,** ↑ **lourd** ◆ [plus péj.] **gras, gros*** ◆ **trapu, ramassé, massif** (= court et large). *Pas épais :* → MAIGRE. ③ *Un esprit épais :* **lourd, obtus** ; → BALOURD.

◇ **épaisseur** ① *Une épaisseur :* → COUCHE III. ② *L'épaisseur de la brume, des ténèbres :* **densité** ◆ ↑ **opacité** (qui implique l'idée d'obscurité). *L'épaisseur d'une chevelure :* **abondance.** *L'épaisseur d'un liquide :* **consistance.** *L'épaisseur des lèvres :* **grosseur.**

◇ **épaissir** Rendre, devenir plus **épais*** ; prendre de l'**épaisseur*.** *La sauce épaissit :* → PRENDRE II.

◇ **s'épaissir** → GROSSIR, S'ALOURDIR.

épancher → ABANDONNER II, CONFIER II.

◇ **épanchement** *C'est un homme assez froid, qui déteste les épanchements :* **effusion** ◆ [rare] **abandon** ◆ [plus cour.] **s'épancher, s'abandonner** (... *qui déteste s'abandonner*).

épandre → ÉTALER I, VERSER II.

épanoui → S'ÉPANOUIR.

épanouir (s') ① *Les roses s'épanouissent au soleil :* ↓ **éclore, fleurir** ; → S'OUVRIR. ② *À cette bonne nouvelle, son visage s'est épanoui :* ↓ **se dérider** ◆ **s'illuminer.** *S'épanouir dans son métier :* → S'ACCOMPLIR, SE RÉALISER.

◇ **épanoui** *Un visage épanoui :* ↑ **radieux*,** ↓ **réjoui** ; → JOYEUX.

◊ **épanouissement** ① *L'épanouissement des roses* : ↓ **éclosion, floraison.** ② *À trente ans, elle apparaissait dans tout son épanouissement* : **éclat, plénitude, splendeur ;** → ACCOMPLISSEMENT.

épargne → ÉCONOMIE.

épargner ① → ÉCONOMISER. ② *Épargner sa santé* : **ménager*.** ③ *Épargner qqch à qqn* : → DISPENSER I. ④ *Épargner une vie* : → VIE* SAUVE.

éparpillement évoque aussi bien l'idée de **dispersion,** de **dissémination** que celle de **désordre*.**

éparpiller → DISPERSER, RÉPANDRE.
◊ **s'éparpiller** → S'ÉGARER.

épars → DISPERSER.

épatamment → ADMIRABLEMENT.

épatant → CHARMANT, EXTRAORDINAIRE, REMARQUABLE.

épaté ① → CAMUS. ② → ÉBAHI, SURPRIS.

épatement → SURPRISE.

épater → ÉTONNER.

épauler ① → AIDER, SOUTENIR. ② → METTRE EN JOUE*.

épave → LOQUE.

épée *Préférez-vous l'épée ou le pistolet ?* : [plus précis] **sabre** (qui a une lame plus large, recourbée et qui ne tranche que d'un côté) ◆ **fleuret** (= épée de salle d'armes, sans tranchant et mouchetée) ◆ [très sout. ; terme de littérature classique] **glaive** ◆ **cimeterre** (= sabre oriental à lame large et recourbée) ◆ **yatagan** (= sabre turc de même forme) ; → POIGNARD.

éperdu, éperdument → FOU.

éperonner → EXCITER, PIQUER.

éphèbe Se dit par ironie, comme **adonis** ou **apollon,** d'un très beau **jeune homme ;** → GARÇON.

éphélide → TACHE II.

éphémère → COURT, MORTEL, PASSAGER, PRÉCAIRE.

éphéméride → CALENDRIER.

épi → TOUFFE.

épice → ASSAISONNEMENT.

épicé ① → FORT II. ② *Une plaisanterie épicée* : → GAILLARD. *Une note épicée* : → ASSAISONNÉ.

épicer → PIMENTER, RELEVER I.

épicier → BOURGEOIS.

épicurien → JOUISSEUR, SENSUEL.

épicurisme *L'épicurisme ambiant des sociétés de consommation* : **hédonisme.**

épidémie
① **pandémie** (= épidémie de très vaste extension) ◆ **épizootie** (= épidémie qui touche les animaux). ② → MODE I.
◊ **épidémique** *Le fou rire est épidémique* : [plus cour.] **contagieux, communicatif.**

épiderme → PEAU.

épidermique → SUPERFICIEL.

épier *Il passe son temps à épier ses voisins* : [plus péj.] ↑ **espionner** ◆ **guetter** (qui s'emploie surtout en parlant des animaux : *un fauve qui guette, épie sa proie* ; mais on dit aussi *épier, guetter les réactions de qqn*) ; → OBSERVER I, SURVEILLER, AUX AGUETS.

épigone → SUCCESSEUR.

épigramme → SATIRE.

épigraphe → INSCRIPTION.

épilogue → CONCLUSION.

épiloguer → DISCOURIR.

épine ① *Le rosier est couvert d'épines* : [fam.] **piquant.** ② *Il m'a tiré une belle épine du pied* : [cour.] **tirer d'embarras.** ③ *Épine dorsale* : → COLONNE VERTÉBRALE.
◊ **épineux** *La question est bien épineuse* : **délicat, difficile*, embarrassant* ;** → DISCUTÉ.

épingle → PINCE* À LINGE. *Épingle à cheveux* : → VIRAGE. *Tiré à quatre épingles* : → ÉLÉGANT. *Tirer son épingle du jeu* : → S'EN SORTIR. *Monter qqch en épingle* : → FAIRE VALOIR* I.

épingler ① [~ qqch] → ATTACHER I. ② [~ qqn] → PINCER, PRENDRE I.

épique *Le débat sur la laïcité nous a valu des discussions épiques* : [plus rare] **homérique** ◆ ↓ **animé**.

épisode → ACTE II, PÉRIPÉTIE.

épisodique → PASSAGER, RARE.

épisodiquement → RAREMENT.

épitaphe → INSCRIPTION.

épithète *Selon les contextes, ce mot peut être un syn. expressif de* **louange** *ou d'*in-jure.

épitoge → ROBE.

épître → LETTRE II.

épizootie → ÉPIDÉMIE.

éploré → LARME, TRISTE*.

épluchage → EXAMEN.

éplucher ① *Je n'aime pas éplucher les pommes de terre* [cour.] : [sout.] **peler** (*peler ne peut se dire que de ce qui a une peau : on épluche de la salade, on ne le pèle pas* ; *en outre, on emploie plus fréquemment l'un ou l'autre verbe selon les contextes : éplucher des pommes de terre crues ; peler des pommes de terre en robe des champs, peler une orange ; ôter, enlever la peau d'une banane*) ◆ **écosser** (*qui s'emploie pour ce qui a une cosse : écosser des haricots, des petits pois*) ◆ **décortiquer** (*qui s'emploie pour ce qui a une écorce, une enveloppe : décortiquer des amandes*) ◆ **écaler** (*qui s'emploie pour ce qui a une écale : écaler des noix*). ② *Sa lettre a été soigneusement épluchée* [assez fam.] : **passer au crible** ◆ [cour.] **disséquer** ◆ ↓ **étudier**.

épluchure → DÉCHET.

épointé → USÉ.

épointer → ÉMOUSSER.

éponge *Passer l'éponge* : → PARDONNER, FERMER* LES YEUX.

éponger ① → ESSUYER. ② *Éponger ses dettes* : **payer***.

époque *C'est l'époque de la moisson* : **moment, temps** ; → SAISON. *La Révolution a été une époque très troublée* : **période**. *L'époque industrielle* : **ère**. *À notre époque* : **aujourd'hui** ; → ACTUELLEMENT. *Vivre avec son époque* : **temps** ◆ [sout.] **siècle**. *Un meuble d'époque* : [plus génér.] **ancien***. *Les différentes époques de la vie* : **âge, étape**.

époumoner (s') → S'ESSOUFFLER, SE FATIGUER.

épouser → ÉPOUX.

épousseter → NETTOYER.

époustouflant → ÉTONNANT, SUFFOCANT.

époustouflé → ÉBAHI.

époustoufler → ÉTONNER.

épouvantable → EFFROYABLE, SCANDALEUX, ABOMINABLE, AFFOLANT.

épouvantablement → ABOMINABLEMENT.

épouvantail → MENACE.

épouvante → EFFROI, HORREUR, TERREUR.

épouvanter → EFFRAYER, FAIRE PEUR, AFFOLER, TERREUR.

époux, épouse *S'emploient dans le style soutenu ou en termes de droit ou de religion* (*prendre pour époux, épouse*) ; *épouse s'emploie cependant dans le langage courant dans un contexte où* **femme** *serait ambigu* (*Hélène est une épouse remarquable*) : [cour.] **mari, femme** ◆ [en termes de droit] **conjoint, conjointe** ◆ [sout.] **compagnon, compagne** (*qui évoquent tendresse et affection* ; *termes courants en parlant de personnes en couple et non mariées*) ◆ [fam.] **homme, bourgeoise, bergère** ◆ [par plais.] **moitié**. *Les futurs époux* : **fiancé**.

◇ **épouser** ① *Elle a épousé mon cousin* : [plus cour.] **se marier avec** ◆ [par plais.] **convoler** (*convoler en justes noces avec...*) ◆ [sout.] **s'unir** (*mon cousin et elle se sont unis*). ② *Ce n'est pas parce que c'est mon mari que je dois épouser toutes ses opi-*

nions ! : **embrasser,** [plus cour.] **partager*** ;
→ SE CONFORMER À. ③ → MOULER, SERRER.

éprendre (s') → AIMER.

épreuve

I ① → CROIX, MALHEUR. ② → TEST.
Mettre à l'épreuve : → ÉPROUVER, ESSAYER.
À toute épreuve : → SOLIDE, INÉBRANLABLE.
Être à l'épreuve de : **pouvant résister*** à.
Faire l'épreuve de : → APPRENTISSAGE.
③ → COMPÉTITION, INTERROGATION.

II → PHOTOGRAPHIE.

épris → MORDU.

éprouvant → PÉNIBLE II.

éprouvé → ÉPROUVER.

éprouver ① *En te demandant cet effort,
il a voulu éprouver ton courage :* **mettre
à l'épreuve, prendre la mesure de, tester** ;
→ ESSAYER, VÉRIFIER. ② [souvent au pass.]
*Il a été durement éprouvé par la mort de
son frère :* **atteindre, toucher** ; → PEINER II.
③ *C'est en se heurtant à l'expérience qu'il
a éprouvé combien la vie est difficile parfois :* **constater, se rendre compte, réaliser.** *Éprouver des difficultés :* **rencontrer.**
④ *Éprouver un sentiment :* → RESSENTIR,
SENTIR I, VIVRE II.

◇ **éprouvé** ① *C'est un ami éprouvé* [rare] :
[cour.] **sûr, fidèle.** *Un artisan éprouvé :*
→ ADROIT. ② → MALHEUREUX.

éprouvette → TUBE* À ESSAI.

épuisant → FATIGANT, PÉNIBLE, TUANT.

épuisé → MORT II, SAIGNER, FINI, USÉ. *Un
livre épuisé :* → INDISPONIBLE.

épuisement ① → APPAUVRISSEMENT, TA-
RISSEMENT. ② → ABATTEMENT, FATIGUE.

épuiser ① [le plus souvent au pass.] *La
rivière est épuisée :* **assécher, à sec.** *La
source est épuisée :* **tarir.** *Une terre épuisée :* → APPAUVRIR. ② *Nous avons épuisé
toutes nos provisions :* ↓ **consommer*.**
Épuiser les stocks : **vendre*.** ③ [très souvent
au pass.] *Le pays sort épuisé de la guerre :*
exsangue, saigné à blanc. *Être épuisé de
fatigue :* → ABATTRE II, ÊTRE À BOUT*,
FATIGUER, USER II, VIDER, POMPER, N'EN

PLUS POUVOIR* I. *Il m'épuise avec son bavardage :* → FATIGUER.

◇ **s'épuiser** → SE FATIGUER, S'ESSOUFFLER.
Nos forces s'épuisent : → DISPARAÎTRE,
S'USER. *Son père s'épuise à lui dire :* ↓ **se
fatiguer,** ↑ **se tuer.**

épuration → ÉPURER.

épurer ① *Épurer un liquide :* **purifier**
◆ [partic.] **distiller, raffiner, rectifier** (qui
s'emploient selon le procédé utilisé) ◆ **assainir** (qui implique que le produit est
considéré comme malsain) ◆ **décanter**
(= épurer en laissant se déposer les impuretés que contenait le liquide) ◆ **filtrer**
(= faire passer un liquide au travers d'un
filtre). ② *Il faudra épurer ce texte avant
de l'imprimer :* **affiner** ◆ [fam.] **nettoyer,
toiletter** ; → PARFAIRE. ③ *Épurer un auteur, un texte* [rare] : [cour.] **expurger** ;
→ COUPER, COUPURE. ④ *Épurer un parti,
une assemblée :* **procéder à une épuration,** ↑ **à une purge, purger** ; → ÉCARTER,
ASSAINISSEMENT.

◇ **épuration** [de épurer] ① **purification,
assainissement, décantation, filtrage.** ② **affinage, nettoyage, toilettage.** ③ [de épurer ④] : **purge** ; → EXPULSION.

équarrir → TAILLER II.

équerre *À l'équerre, en équerre :* **à angle
droit, en angle droit.**

équestre *Les sports équestres :* **l'équitation**
◆ **hippique** (= qui concerne l'**hippisme*,**
équitation sportive et de compétition).

équilibre ① → APLOMB I. *Mettre en équilibre :* **équilibrer*.** *Rétablir l'équilibre entre
deux forces :* **contrebalancer** (contrebalancer deux forces). *Perdre l'équilibre :* ↓ **être
en déséquilibre** ; → TOMBER. ② *Rechercher
l'équilibre budgétaire :* ↑ **stabilité.** ③ *Son
équilibre mental est assez précaire :* [moins
pr.] **santé.**

◇ **équilibrer** ① *Il faut équilibrer ce surplus
de poids :* **contrebalancer** ; → COMPENSER.
② *Équilibrer un budget* (= répartir les
masses des dépenses et des recettes de
manière qu'elles se compensent) : ↓ **stabiliser** (qui peut impliquer qu'on le laisse
en état, empêchant les dépenses de croître
par rapport aux recettes). ③ *Il faut*

savoir équilibrer la douceur et la fermeté : **tenir la balance, la juste mesure entre ;** → BALANCER I.

◇ **équilibré** ① [rare] Se dit en parlant du physique, musculature, taille : **proportionné** ◆ [fam.] **balancé ;** → BÂTI, HARMONIEUX. ② Se dit en parlant de la santé nerveuse, du caractère, en ce cas, avec ou sans adv. antéposé : **pondéré** (qui se dit surtout en parlant du caractère) ◆ ↑ **sain d'esprit** (qui se dit en parlant de la santé mentale) ◆ **mesuré, raisonnable*,** [assez fam.] **qui a la tête sur les épaules, qui a les pieds sur terre ;** → COMPLET. ③ [qqch est ~] → HARMONIEUX.

équilibriste → ACROBATE.

équipage → ACCOMPAGNEMENT.

équipe → ÉCURIE.

équipée ① → RANDONNÉE. ② [surtout au pl.] *Il parlait encore avec attendrissement des équipées de sa jeunesse* (= folie de jeunesse) : **fredaine** ◆ ↑ **frasque** ◆ [plus génér., sing. ou pl.] **écart de conduite ;** → ESCAPADE.

équipement → ÉQUIPER.

équiper ① [en termes de marine] *Équiper un bateau* [génér.] : **armer** ◆ [plus partic.] **gréer** (qui se dit surtout des voiles, poulies et cordages sur un voilier). ② *Équiper un hôpital d'un matériel ultramoderne* : **munir, doter** ◆ [partic.] **appareiller** (= équiper d'appareils) ◆ **outiller** (= équiper d'outils) ◆ [génér.] **garnir ;** → MONTER II. ③ *Équiper un cheval* : → HARNACHER.

◇ **s'équiper** *Il faut s'équiper pour l'hiver* : **avoir un (bon) équipement.**

◇ **équipement** → S'ÉQUIPER. *L'opération nécessitait un équipement que l'hôpital ne possédait pas* : **appareillage** ◆ [souvent au pl.] **installation.** *L'équipement d'un atelier* : **outillage ;** → MATÉRIEL II. *L'équipement d'un cheval* : **harnachement.**

équipier Être *équipier* ou **coéquipier,** c'est faire partie des **joueurs** d'une équipe.

équitable ① *Vous pouvez vous fier à son jugement, c'est un homme équitable* (ce terme renvoie toujours à une justice su-

périeure, dont on a conscience naturellement) : **juste** (qui peut avoir ce sens, mais aussi ne renvoyer qu'à ce qui est conforme aux lois écrites en usage) ◆ **impartial** (qui se dit de celui qui est sans parti pris, qui ne se laisse pas influencer lors d'un jugement à rendre, d'un avis à donner) ◆ **droit** (qui se dit de celui qui ne s'écarte pas de la loi morale) ◆ **neutre, objectif** (*un juge impartial, un observateur neutre, objectif*) ; → LOYAL. ② *Le partage me semble équitable !* : **juste, honnête, correct.**

◇ **équitablement** → LOYALEMENT.

◇ **équité** [de équitable ①] : **justice*, impartialité, droiture, neutralité, objectivité ;** → LOYAUTÉ.

équitation → ÉQUESTRE.

équivalence, équivalent → ÉQUIVALOIR.

équivaloir ① Être de même valeur, importance : **valoir* autant, être équivalent*.** ② *Abandonner, cela équivalait à faire preuve de lâcheté* : **revenir à** (qui, contrairement au précédent, s'emploie cour. au subj. et au p. passé) ◆ [plus génér.] **signifier ;** → REPRÉSENTER.

◇ **s'équivaloir** → ÉQUIVALENT.

◇ **équivalent** ① *Être équivalent* : **s'équivaloir* ;** → ÉGAL. ② *Ces deux termes sont équivalents* : **synonyme.** *Nos expériences de la vie sont équivalentes* : **comparable ;** → SEMBLABLE. *Partir ou rester, pour moi c'est équivalent* : **cela revient au même, c'est la même chose** ◆ [fam.] **c'est kif-kif, c'est du kif, c'est du pareil au même.**

◇ **équivalence** *Une équivalence de sens* : **synonymie.** *Une équivalence de points de vue* : [plus cour.] **similarité.**

équivoque → AMBIGUÏTÉ, SUSPECT, FAUX I.

éradication ① → ARRACHAGE. ② → SUPPRESSION.

éradiquer → ARRACHER.

érafler → DÉCHIRER, ÉCORCHER.

éraflure → DÉCHIRURE, ÉCORCHURE.

éraillé → RAUQUE.

ère → ÉPOQUE.

érection ① → ÉDIFICATION. ② *Être, entrer en érection* (en parlant du pénis) : [vulg., mais le plus employé] **bander.**

éreintant → FATIGANT.

éreinté → FATIGUÉ, RECRU.

éreintement → FATIGUE.

éreinter ① → FATIGUER, TUER. ② → CRITIQUER, MALMENER, MASSACRER, TOMBER* (III) SUR.

érémitique ① → ERMITE. ② → AUSTÈRE.

ergoter → CHICANER, DISCUTER.

ergoteur → CHICANIER.

ériger ① → BÂTIR. ② → ÉTABLIR.
◇ **s'ériger** *Il faut toujours qu'il s'érige en moraliste : c'est agaçant !* : [moins pr.] **se poser, se présenter comme** ♦ ↓ **se conduire comme, en.**

ermite ① Religieux retiré dans un lieu absolument désert : **solitaire** (qui peut se dire aussi d'un moine ayant décidé de vivre à l'écart dans sa cellule) ♦ [didact.] **anachorète** (qui ne se comprend que par opp. à **cénobite** : l'*anachorète* se retire dans une solitude contemplative, le *cénobite* vit dans une communauté religieuse). *Une vie d'ermite* : [sout.] **érémitique.** ② → SEUL.

éroder → RONGER, USER II.

érosion → DÉGRADATION, USURE.

érotique *Les plaisirs érotiques* : **sexuel*, sensuel*, des sens*, du sexe*.** *Une atmosphère érotique* : ↓ **voluptueux** ♦ [fam.] **torride ;** → AFFRIOLANT, EXCITANT. *Un livre érotique* : [péj.] ↑ **pornographique,** [abrév.] **porno** ♦ **classé X** (pour les films et les sites Internet à caractère pornographique) ♦ [vieilli] ↑ **licencieux ;** → GAILLARD I, OBSCÈNE, OSÉ, VICIEUX.
◇ **érotisme** *Une atmosphère pleine d'érotisme* : **sensualité** ♦ ↓ **volupté** ♦ ↑ **pornographie.**

errant → ERRER.

errement → ERREUR.

errer
I → SE TROMPER.
II ① *Il rentrait chez lui après avoir longtemps erré dans la campagne* : **vagabonder** ♦ [fam.] **vadrouiller** ♦ [souvent péj.] **rôder, traîner.** *Il avait longtemps erré dans les rues de la capitale* : [fam.] **déambuler ;** → FLÂNER, MARCHER. ② *Il laissait sa pensée errer au hasard* : **vagabonder, aller.** ③ *Une lueur d'amusement erra sur son visage* : **flotter, passer.**
◇ **errant** *Un chien errant* : **abandonné, perdu ;** → VAGABOND*. *Un regard errant* : **vague.** *Un sourire errant sur ses lèvres* : **fugitif, furtif.**

erreur D'une manière génér. : → FAUTE. Ces deux termes sont proches en tous emplois ; mais *erreur* se rapporte à la vie intellectuelle et psychologique, tandis que *faute* implique le plus souvent la vie morale. ① *Il doit y avoir une erreur, je ne m'appelle pas Dupont* : **malentendu, confusion, méprise, quiproquo.** *Commettre une erreur* : **se tromper*.** *Une erreur de conduite* : → MALADRESSE. *Je vous ai dit cela par erreur* : **par inadvertance, par mégarde.** ② [~ de jugement] *Ils espèrent qu'il cédera ? quelle erreur !* : **faute de jugement, illusion*** ♦ ↑ **aberration ;** → ABSURDE, ABSURDITÉ. *Vivre dans l'erreur* : ↑ **mensonge* ;** → ILLUSION. *Entaché d'erreur* : → ERRONÉ. ③ *J'ai relevé plusieurs erreurs dans sa copie* : **faute** ♦ ↓ **inexactitude ;** → PERLE II. *Une erreur d'interprétation* : **faux-sens,** ↑ **contresens,** ↑ **non-sens.** *Une erreur répandue* : **préjugé* ;** → MENSONGE. ④ [pl., péj.] *Il faut lui pardonner ses erreurs de jeunesse* : ↓ **péchés** (*ses petits péchés de jeunesse*) ♦ ↑ **égarements*** ♦ [sout.] **errements ;** → DÉBORDEMENT.
◇ **erroné** *Ses affirmations sont parfaitement erronées* : **entaché d'erreur, faux** ♦ ↓ **inexact** ♦ **mal fondé** (= qui n'a pas lieu d'être) ♦ [d'emploi plus restreint] **fautif** (*une cotation, une orthographe fautive*) ; → ABSURDE, INCORRECT.

ersatz → SUCCÉDANÉ.

éructation → ÉRUCTER.

éructer

éructer [sout.] : [cour.] **roter.**
◇ **éructation** : [cour.] **renvoi, rot.**

érudit → LETTRÉ, SAVANT I et II.

érudition → SAVOIR II.

érythème → ROUGEUR.

esbroufe *Il cherche à faire de l'esbroufe :
en réalité, il n'est pas rassuré :* **jeter de la
poudre aux yeux ;** → CHIQUÉ, PARADE.

escadre → FLOTTE.

escadron → TROUPE II.

escalade ① *Nous comptons aller dans
les Alpes pour y faire quelques escalades :*
↑ **ascension** ◆ **varappe** (= escalade le
long d'une paroi rocheuse) ; → MONTÉE.
② *L'escalade de la violence :* → MONTÉE.

escalader → GRAVIR.

Escalator → ESCALIER.

escale → ARRÊT. *Faire escale :* → MOUILLER,
RELÂCHER III.

escalier → ÉTAGE. *Un escalier roulant :*
Escalator.

escamoter ① → DÉROBER, VOLER II.
② *Escamoter la vérité :* → TAIRE, TOURNER.
Escamoter les difficultés : → ÉVITER.

escamoteur → PRESTIDIGITATEUR.

escampette → FUIR.

escapade *Pierre n'est pas chez lui ? Il
a encore fait une escapade !* : ↑ **fugue ;**
→ ÉQUIPÉE.

escarcelle → BOURSE.

escargot ① *On dit plus rarement* **colimaçon** ou **limaçon,** mais seulement *un
escalier en colimaçon, une douzaine d'es-
cargots.* ② *Marcher comme un escargot :*
très lentement*.

escarmouche → ASSAUT.

escarpé *Un rocher escarpé :* **abrupt** ◆ ↑ **à
pic.** *Un chemin escarpé :* **raide** ◆ ↓ **montant.**

escarpement → PENTE.

escarpolette : [plus cour. et génér.] **balançoire.**

esche → APPÂT.

escient (à bon) *Il ne parle jamais qu'à
bon escient* (le plus souvent derrière *parler* et *agir*) : [d'emploi plus libre] **judicieusement** ◆ **avec discernement** (qui implique
moins l'idée que l'on agisse à propos) ;
→ CLAIRVOYANCE.

esclaffer (s') → RIRE.

esclandre → SCANDALE, SCÈNE.

esclave ① *Les tyrans traitent les populations comme des esclaves :* **serf** ◆ ↓ **serviteur.** *Certains ont parmi vous de lâches
conduites d'esclave :* **valet.** ② [être l' ~ de
qqn] *Il l'aimait au point qu'elle avait fait
de lui son esclave :* [plus péj.] ↑ **jouet, pantin, chose** (qui impliquent une idée de ridicule). ③ [être ~ de qqch] *Il ne faut pas
être esclave de son travail :* **prisonnier*,
asservi à.**
◇ **esclavage** ① → SERVITUDE, SUBORDI-
NATION. ② *Son travail est pour lui un
véritable esclavage :* ↓ **sujétion** (qui n'est
pas forcément péj., alors que le précédent
l'est presque toujours) ◆ [fam.] **carcan.**
L'esclavage de l'alcool : **tyrannie** ◆ [plus
neutre] **dépendance** ◆ [didact.] **addiction.**

escogriffe → GRAND.

escompte → REMISE I.

escompter → ESPÉRER.

escorte → DÉTACHEMENT, SUITE.

escorter → ACCOMPAGNER.

escouade → TROUPE II.

escrimer (s') → ESSAYER.

escroc *N'allez pas chez lui : c'est un escroc !* : [fam.] **filou, arnaqueur** ◆ ↑ **voleur***
◆ **aigrefin, aventurier*, chevalier d'industrie** (qui se disent de celui qui pratique
l'escroquerie à grande échelle) ; → PIRATE,
MALFAITEUR.
◇ **escroquerie** ① → VOL II. ② *Il considère les horoscopes comme une véritable
escroquerie :* **abus de confiance** ◆ [fam.]
arnaque ; → MALHONNÊTETÉ, TROMPERIE.

310

escroquer → VOLER II, SOIGNER II, SOUTIRER II, TROMPER, REFAIRE.

escroquerie → ESCROC.

esgourdes → OREILLE.

ésotérique → CACHÉ, OBSCUR, SECRET I.

ésotérisme *L'ésotérisme a pu séduire ceux qui ne voulaient pas d'une poésie directement accessible :* **hermétisme.** *L'ésotérisme, l'hermétisme, érigés en doctrine spiritualiste et magique, font partie de l'occultisme ;* → DIVINATION.

espace ① *Il aimait laisser son regard se perdre dans l'espace :* **immensité, infini** ◆ ↓ **ciel** ◆ [très sout.] **éther.** ② → COSMOS. ③ → ÉTENDUE, PLACE I, SURFACE. ④ → INTERVALLE, BLANC II. ⑤ *En quelques minutes, l'avion avait parcouru un espace considérable :* **trajet, distance*.**

◇ **espacer** *Il avait espacé ses rendez-vous de manière à ne pas se surmener :* **échelonner, répartir ;** → ÉLOIGNER.

espagnol *La cuisine espagnole :* [didact.] **hispanique** (*les études hispaniques*) ◆ **ibérique** (qui inclut ce qui concerne le Portugal).

espagnolette → POIGNÉE.

espèce

I ① *Des espèces animales et végétales :* [plus génér.] **catégorie, sorte** ◆ **genre** (*l'espèce humaine, le genre humain*). *Diverses espèces de fruits, d'arbres, de fleurs :* **variété** ◆ **essence** (qui s'emploie seult pour les arbres) ; → CLASSE I, GROUPE. ② *Quelles sont les différentes espèces de légumes que l'on cultive ici ? :* **sorte.** *Voici différentes espèces de tabac :* **sorte, qualité.** *Voici différentes espèces de chaussures :* **sorte, genre** ◆ [péj.] **acabit** (qui ne se dit que des personnes : *deux individus de même espèce, acabit*) ; → NATURE, RACE. ③ *Il portait une espèce d'épée courte et massive :* **une sorte de, un genre de.** *Espèce de cochon ! :* **bougre de, sale, pauvre.**

II [pl.] → ARGENT, LIQUIDE, NUMÉRAIRE.

espérance → ESPÉRER.

espérer ① [~ + groupe nominal] *J'espère une lettre pour demain :* **attendre,** ↑ **compter sur** (qui impliquent plus de certitude) ◆ [fam.] **tabler sur** (qui implique l'idée de calcul : *tabler sur une rentrée d'argent*) ◆ **escompter** (= prévoir qqch et agir en conséquence) ◆ **se promettre de** (qui ne s'emploie qu'en parlant de choses favorables, dont on se persuade qu'elles arriveront) ; → SOUHAITER, VOULOIR. ② [~ + inf.] *Il espère réussir :* **se promettre de, compter, penser*** ◆ **se flatter de** (= s'entretenir dans l'espérance illusoire de qqch) ◆ **aspirer à** (= attendre avec un grand désir) ; → CROIRE. ③ [~ + que] → SOUHAITER.

◇ **espérance, espoir** ① [au sing., avec l'art. déf.] *L'espérance fait vivre :* **espoir** (ces deux termes ont aujourd'hui le même sens, *espoir* étant plus fréquemment employé ; le premier s'emploie seul dans certains contextes : *l'espérance chrétienne*). *Il faut vivre dans l'espérance :* ↑ **confiance*.** [en termes de foi] *Le monde de l'espérance :* **attente, promesse.** *Sans espoir :* **désespéré.** ② [avec l'art. indéf.] *Reste-t-il un espoir de sauver ? :* **chance, possibilité.** *De vains espoirs, une vaine espérance :* → ILLUSION. *Dépasser tous les espoirs de qqn :* → ESTIMATION.

espiègle ① *Cet enfant est un petit espiègle :* [fam.] **coquin*, fripon** ◆ **diable, polisson,** ↑ **démon** (qui sont plus péj.). ② *Un regard espiègle :* **malicieux** ◆ **gamin, mutin** (qui se disent surtout en parlant de l'air que l'on a, du sourire ou du visage tout entier) ; → BADIN.

◇ **espièglerie** *À cinquante ans, il se plaisait encore à de telles espiègleries :* **gaminerie, diablerie ;** → MALICE, ENFANTILLAGE.

espion ① *La police a des espions* [vx] : [cour.] **indicateur,** [abrév. fam.] **indic** ◆ [fam.] **mouchard ;** → ACCUSATEUR. ② *La plupart des États ont des espions à l'étranger :* **agent secret** ◆ [fam.] **barbouze** ◆ [fam.] **taupe, sous-marin** (= espion infiltré dans le milieu qu'on surveille).

espionnage → RENSEIGNEMENT.

espionner → ÉPIER.

esplanade → PLACE II.

espoir → ESPÉRER.

esprit

I ① *La vie de l'esprit* : **spirituel** (*la vie spirituelle*). [dans la religion chrétienne] *L'Esprit de Dieu* : **Esprit-Saint, Saint-Esprit**, appelé encore **Paraclet** ; → ÂME. ② *Principe de la vie. Rendre l'esprit* : → MOURIR. *Perdre, retrouver ses esprits* : → CONNAISSANCE I. ③ *Principe de la vie intellectuelle* : **intellect** ; → IDÉE, PENSÉE I. *Esprit fort* : → IRRÉLIGIEUX. Ce mot s'emploie dans de nombreux contextes courants en fonction desquels varient ses syn. *Avoir l'esprit vif* : **intelligence**. *C'est un grand esprit* : **cerveau** ◆ [fam.] **tête** (*c'est une tête*) ; → GÉNIAL. *Ne pas trop se fatiguer l'esprit* : **tête, cerveau** ◆ [fam.] **méninges**. *Avoir de la présence d'esprit* : → À-PROPOS. *Avoir l'esprit large* : **idées**. *Cette idée m'est venue à l'esprit soudainement* : [fam.] **passer par la tête** ; → PENSER. *Perdre l'esprit* : **tête** ◆ [fam.] **boule** ◆ ↑ **devenir fou***. *Reprendre ses esprits* : → REVENIR* À SOI. ④ *Il a beaucoup d'esprit* : **spirituel** (*être très spirituel*) ◆ **spirituellement** (*répondre avec esprit, spirituellement*) ◆ **finesse d'esprit, finesse** ◆ **verve, brio** (qui évoquent surtout vivacité et imagination dans la parole) ◆ **humour** (qui se manifeste par le contraste entre la froideur apparente de celui qui parle et l'ironie de ce qu'il dit ; *humour* et *esprit* sont pris l'un pour l'autre en langue courante, mais ne peuvent pas toujours s'employer dans les mêmes contextes) ; → MOT* D'ESPRIT, PLAISANTERIE, RAILLERIE, SEL. ⑤ *Esprit de. L'esprit d'entreprise* : → ACTIVITÉ. *L'esprit d'invention* : → IMAGINATION. *L'esprit des affaires* : **sens** ◆ [fam.] **bosse** ; → DON. *Dans un esprit de, sans esprit de vengeance, dénigrement* : **intention, volonté** ; → BUT. *Sans esprit de retour* : **désir, idée**.

II Être immatériel. ① → ANGE, DIABLE, LUTIN. ② → FANTÔME.

esquif → EMBARCATION.

esquille → ÉCLAT I.

esquimau *L'art esquimau* : **inuit** (seul terme admis au Canada, où *esquimau* est souvent considéré comme péj.).

esquinter → ABÎMER, CRITIQUER, FATIGUER, MALMENER, MASSACRER.

esquisse → CANEVAS, JET, PLAN IV, PROJET.

esquisser ① → DESSINER. ② → AMORCER, COMMENCER.

esquiver → ÉVITER, SE DÉROBER.

◇ **s'esquiver** → FILER À L'ANGLAISE*, SE DÉFILER, SORTIR I.

essai → ESSAYER.

essaim → VOLÉE I.

essaimer → SE DISPERSER.

essartage → ARRACHAGE.

essarter → ARRACHER, DÉFRICHER.

essayer ① [~ qqch] *On essaie en ce moment un nouveau prototype de moteur* : **mettre à l'épreuve, à l'essai, expérimenter** ; → ÉPROUVER. *Voulez-vous essayer ce pull ?* : [fam.] **passer**. *Essayer un vin* : → GOÛTER. *Avez-vous essayé la natation ?* : → TÂTER DE. ② [~ de] *Il a essayé de s'enfuir, mais nous l'avons rattrapé* : [sout.] **chercher à, tenter de** ◆ [absolt, fam.] **tenter, risquer le coup**. *Il a essayé de le convaincre, mais en vain* : **s'efforcer de** ◆ ↑ **s'évertuer à, faire l'impossible pour**, [fam.] **s'escrimer à** ; → S'EMPLOYER À, ENTREPRENDRE, CHERCHER À, OSER. *C'est en essayant qu'on y arrive* : **tâtonner** ; → CHERCHER. *Tu essaieras d'être à l'heure !* : **tâcher de, s'efforcer de**.

◇ **s'essayer à** *S'essaierait-il maintenant à traverser le fleuve à la nage ?* [sout.] : [cour.] **se hasarder, se risquer**.

◇ **essai** ① *Avant de commercialiser le produit, il faudra procéder à des essais en laboratoire* : [d'emploi plus restreint] **expérimentation, expérience, test*** ; → ESSAYER. *À titre d'essai* : **expérimental** (*à titre expérimental*). D'un artiste qui passe une séance d'*essai*, on dit qu'il passe une **audition**. *Ballon d'essai* : → SONDE. *Il a travaillé pour vaincre le record, mais ses essais ont échoué* : **tentative** ; → EFFORT. ② → TRAITÉ I. ③ → BUT.

essayeuse → COUTURIÈRE.

essence

I *Acheter de l'essence* : [didact.] **carburant** ◆ [fam.] **jus** ◆ [partic.] **ordinaire, super-carburant,** [abrév. fam.] **super.** *Tomber en panne d'essence* : → PANNE.

II ① → ESPÈCE, SUBSTANCE. ② *Les essences* extraites de certaines plantes aromatiques sont aussi appelées **huiles essentielles** ; → EXTRAIT.

essentiel → DOMINANT, PREMIER II, ÉLÉMENTAIRE, INDISPENSABLE, NÉCESSAIRE, PRIMORDIAL, PRINCIPAL.

essentiellement → SURTOUT.

esseulé → SEUL, SOLITAIRE I.

essieu → AXE.

essor ① *En parlant d'un oiseau* : **envol, vol** ◆ [rare] **envolée, volée.** *Prendre son essor* : [cour.] **s'envoler.** ② → DÉVELOPPEMENT I, ACTIVITÉ. ③ → IMPULSION.

essorer → PRESSER I, TORDRE.

essoufflement → ESSOUFFLER.

essouffler [souvent au pass., au p. passé]. *En haut de la côte, on arrive tout essoufflé* : **haleter, être hors d'haleine** (*on arrive haletant, hors d'haleine*) ◆ ↑ **suffoquer.**

◇ **s'essouffler** ① *Inutile de t'essouffler ainsi : j'ai entendu !* : **s'époumoner, crier*.** ② *Le tourisme dans cette région semble s'essouffler* : **baisser,** ↑ **s'épuiser** ◆ [fam.] **être en roue libre** ◆ [express.] **connaître une éclipse, un passage à vide.**

◇ **essoufflement** [de *essouffler*] ① **halè-tement, suffocation.** ② **baisse, éclipse, passage à vide.**

essuie-mains → SERVIETTE I.

essuyer ① → ÉPONGER, NETTOYER, TORCHER. ② → RECEVOIR I, SOUFFRIR, SUBIR. *Essuyer une perte* : → PLUME I.

est → ORIENT.

establishment → ORDRE* ÉTABLI.

estacade → DIGUE.

estafette → MESSAGER.

estafilade → COUPURE, ENTAILLE.

estaminet → CABARET.

estampe → GRAVURE, PLANCHE.

estamper → ÉCORCHER, VOLER II.

estampille → MARQUE.

estampiller → TIMBRER.

esthétique ① [n.f.] → PHILOSOPHIE. ② [n. f.] *On admire l'esthétique du geste chez cette danseuse* : [plus génér.] **beauté*.** ③ [adj.] *Cette tour, dans un paysage de montagne, n'est pas très esthétique* : **décoratif, harmonieux** ◆ [plus génér.] **beau*.**

estimable ① → APPRÉCIABLE. ② → HONORABLE, LOUABLE, RECOMMANDABLE.

estimation [de *estimer* II] ① **expertise.** ② **évaluation ;** → APPRÉCIATION. ③ *Dépasser toutes les estimations* : **prévisions** ◆ **espoirs** (qui exige un renvoi personnel : *dépasser tous nos, ses espoirs, tous les espoirs de qqn*).

estime

I [de *estimer* I] ① *Son dévouement lui a valu l'estime de tous ses collègues* : [sout.] **considération** ◆ ↑ **respect** (qui implique l'admiration, mais aussi de la retenue dans les rapports que l'on a avec qqn, contrairement au précédent). *Les marques de l'estime* sont les **égards*.** *Il jouit de l'estime de tous* : [fam.] **avoir la cote.** ② *Qqch est en estime* : → EN FAVEUR*.

II [pr. et fig.] *À l'estime. Naviguer à l'estime* : **par approximation, approximativement.**

estimer

I [~ qqn] ① *C'est un excellent collaborateur, que nous estimons beaucoup* : **apprécier** ◆ [sout.] **tenir* en (haute) estime** ◆ ↑ **surestimer,** ↓ **sous-estimer** ◆ [sout.] **priser** ◆ **aimer** (qui est plus fort, ou de niveau plus fam. si on l'emploie exactement au sens d'*estimer*) ◆ **considérer** (qui ne s'emploie en ce sens qu'au passif : *être bien, mal considéré, être très considéré*) ◆ [assez fam.] ↑ **faire grand cas de.** *Il est très estimé* : [fam.] **être la coqueluche de ;** → ENGOUEMENT. ② [~ qqn comme] : → REGARDER. ③ *S'estimer capable* : → SE

SENTIR. *S'estimer responsable* : → **SE TENIR.**

II ① *Faire estimer un objet d'art par un spécialiste* : **expertiser, évaluer, apprécier** ♦ [partic.] **coter** (= estimer le cours d'une marchandise ou d'une valeur) ♦ [plus génér.] **examiner.** ② *On estime à une centaine le nombre des victimes* : **évaluer, chiffrer.** *Il a mal estimé la distance et a manqué son but* : **calculer, évaluer, apprécier** ; → **MESURER.**

III [~ + complétive, inf. ou adj.] *J'estime indispensable d'agir au plus vite* : **juger, penser.** *J'estime qu'il faut agir au plus vite* : **juger, penser, considérer** ♦ [plus fam.] **trouver.** *J'estime avoir mérité la victoire* : **croire, penser** ♦ ↑ **être sûr de** ; → **CERTAIN I, CROIRE, PENSER I.**

estival → ÉTÉ.

estivant Vacancier de l'été : [plus génér.] **vacancier, touriste** ♦ [partic.] **juillettiste** (= estivant du mois de juillet), **aoûtien** (= estivant du mois d'août).

estomac → VENTRE. *Estomac creux* : → FAIM. *Avoir de l'estomac* : → APLOMB II.

estomaqué → ÉBAHI.

estomaquer → ÉTONNER, SUFFOQUER.

estompé → VOILÉ.

estomper → EFFACER.

estourbir → BATTRE I, SONNER, TUER.

estrade *Monter sur une estrade* : **tribune** (= estrade d'où un orateur s'adresse à une assemblée), **podium** (= estrade destinée à accueillir les vainqueurs d'une épreuve sportive ou les concurrents d'un jeu).

estropié → INFIRME.

estropier → BLESSER, ÉCORCHER, MUTILER.

estuaire → EMBOUCHURE.

estudiantin *La vie estudiantine* : [plus cour.] **étudiant** (*la vie étudiante, des étudiants*).

et ① Cette conjonction de valeur très générale peut avoir le sens de **alors*** et de **puis***, avec lesquels elle se combine fré-

quemment : *et alors, et puis, ils sont entrés dans la ville.* ② → **AINSI QUE.**

étable On emploie parfois les termes plus spécifiques de **bouverie** (= étable à bœufs), **vacherie** (= étable à vaches).

établi → RECONNU, RÉEL, SÛR I.

établir ① [~ qqch] : [génér.] **mettre en place.** *On vient d'établir une nouvelle usine dans la région* : **installer** ♦ [partic.] **bâtir*** ; → **ÉLEVER I.** *Établir son domicile quelque part* : **fixer** ♦ **s'établir, s'installer.** ② [~ qqch] *Établir une doctrine, une politique* : **créer, instaurer, instituer, fonder.** *Établir de nouveaux usages* : **instaurer, instituer, implanter, enraciner** ; → **ACCLIMATER.** *Établir un plan* : → **DRESSER I.** *Établir une fortune sur qqch* : **bâtir, asseoir, édifier.** *Établir une démonstration sur qqch* : **asseoir, appuyer, baser** ; → **PROUVER.** *Établir un programme* : → **RÉGLER I.** *Établir un dossier* : → **CONSTITUER.** *Établir des relations* : **nouer, créer.** *Établir un tribunal* : **ériger.** ③ [~ qqn] *Il est difficile de bien établir ses enfants* : [fam.] **caser** ; → **MARIER I.** ④ [~ qqn] *Il a établi son frère à la tête de son entreprise* : **placer, installer** ♦ **accréditer** (= établir officiellement avec une autorité reconnue) ; → **AFFECTER I.** *Établir une garde* : → **POSTER.**

◊ **s'établir** ① [qqn ~] → **ÉTABLIR** ①. ② [qqn ~] *S'établir en expert dans les affaires d'autrui* : **s'instaurer, se poser en.** ③ [qqch ~] *Les bonnes habitudes s'établissent lentement* : **s'instaurer** ♦ **se mettre en place, naître**, selon le sens.

établissement

I ① [de établir ①] *L'établissement d'une usine* : **installation.** ② [de établir ②] *L'établissement d'une doctrine, d'une politique* : **instauration, institution** ♦ [moins employé] **fondation.** *L'établissement de nouveaux usages* : **instauration, institution, implantation, mise en place, enracinement.** *L'établissement d'un dossier* : **constitution.** *L'établissement d'un procès-verbal* : **rédaction.**

II ① *Travaillez-vous depuis longtemps dans cet établissement ?* : [selon le sens] **entreprise, maison de commerce, firme, société, exploitation*** ♦ [fam.]

maison, boîte, boutique ; → USINE.
② *Établissement scolaire* : **collège, lycée** ;
→ ÉCOLE. *Établissement hospitalier* :
→ HÔPITAL.

étage ① *Étage inférieur* : → DESSOUS.
Les voisins de l'étage supérieur : [fam.]
du dessus. *Monter et descendre les étages* :
escalier. *L'ascenseur ne dessert pas tous les
étages* : **niveau.** ② *La vigne s'étend par
étages* : **s'étager** (*la vigne s'étage*). ③ *De
bas étage* : → INCONVENANT.

étager → SUPERPOSER.

◇ **s'étager** : → ÉTAGE.

étagère → RAYONNAGE, TABLETTE.

étai Pièce de charpente destinée à soutenir provisoirement une construction :
[très génér.] **appui** ◆ **étançon** (= gros étai)
◆ **arc-boutant** (= terme d'architecture qui
désigne une maçonnerie en forme d'arc,
construite en dehors d'un édifice pour
soutenir une voûte ou une muraille).

étalage [de étaler II] ① *Un étalage d'objets divers* : **déballage.** ② *Je voudrais essayer une paire de chaussures que j'ai vue
à l'étalage* (= exposition de marchandises
proposées à la vente) : **vitrine, devanture**
◆ **éventaire** (qui se dit d'étalages extérieurs). ③ *Tout un étalage d'objets divers* :
↑ **une profusion de*** ; → BEAUCOUP. *Faire
étalage de* : → ÉTALER II, DÉMONSTRATION,
PARADE.

étalement [de étaler III] *L'étalement des
départs* : [moins employé] **échelonnement.**
L'étalement des vacances : **décalage** (*le décalage des dates de congés*).

étaler [génér.] : **mettre à plat, étendre.**

I ① *Chacun étalait sa serviette par
terre pour s'asseoir dessus* : **déployer** (qui
implique que l'objet était plié) ◆ **dérouler** (qui implique qu'il était enroulé) ;
→ ÉTENDRE. *Étaler du beurre, de la confiture sur du pain* : **tartiner**, [en partic.] **beur-
rer** ; → APPLIQUER. *Étaler du sel sur une
chaussée verglacée* : **épandre** ; → RÉPANDRE.
Étaler son journal : → OUVRIR. Dans tous
ces emplois, **mettre** est de sens très
génér. ② *Il étala son adversaire d'un coup*

de poing [fam.] : [cour.] **faire tomber** ;
→ ÉTENDRE.

II ① [génér.] : **montrer.** *Le camelot avait
étalé sur un tapis les objets les plus divers* :
déballer ◆ [très génér.] **mettre, poser** ;
→ EXPOSER II. *Étaler ses cartes sur la
table* : **abattre.** ② *Ils étalaient leur richesse
avec insolence* : **exhiber, faire étalage, exhibition de** ◆ ↓ **montrer** ◆ [sans complément]
en étaler ; → PARADE, AFFECTER II.

III *Il faudra étaler les départs des concurrents* : **échelonner.**

◇ **s'étaler** ① [de étaler I] → TOMBER. *Rompu
de fatigue, il s'étala dans le fauteuil* : **se
laisser choir, se laisser tomber** ◆ [fam.]
s'affaler. ② [de étaler II] *Ils s'étalaient sans
pudeur avec toute leur richesse et toute leur
morgue* : **s'afficher, parader.** ③ [de étaler
III] *Les départs se sont étalés sur plusieurs
jours* : **s'échelonner, se répartir.**

étalon

I → REPRODUCTEUR.

II → TYPE I.

étanche → HERMÉTIQUE, IMPERMÉABLE.

étanchéité → IMPERMÉABILITÉ.

étancher ① → SÉCHER I. ② → ASSOUVIR,
SATISFAIRE.

étançon → ÉTAI.

étang *Étang* et *lac* se différencient fondamentalement par la superficie : un *étang*
est une étendue d'eau généralement
moins vaste et moins profonde qu'un *lac*,
qui peut atteindre les dimensions d'une
mer fermée ◆ **lagune** est une étendue
d'eau saumâtre, séparée de la mer par un
cordon de terre ◆ **marais** est une étendue
d'eaux stagnantes, de faible épaisseur
et envahie par une végétation spéciale
◆ **bassin** est un *étang* artificiel pour la
pisciculture ; → MARE.

étant donné → SOIT.

étape ① *Nous couperons sans doute ce long
voyage par quelques étapes* : **halte** (= étape
de courte durée) ◆ **escale** (qui ne se dit
qu'en parlant des voyages par air ou par
mer). ② *Avec une bonne voiture, on peut*

état

faire de longues étapes sans fatigue : **route, trajet.** ③ → PHASE, ÉPOQUE, DEGRÉ II.

état

I [dans des locutions] *État de choses. Cet état de choses ne peut durer longtemps* : **situation.** *Faire état de* : → CITER, ARGUER. *Remettre en état* : → RÉPARER, RÉPARATION. *En mauvais état* : → ABÎMÉ. *Remettre en l'état* : → RÉTABLIR. *En l'état* : → TEL* QUEL. *Être en état de faire qqch* : **en mesure** ◆ **à même** (qui ne s'emploie guère qu'en phrase négative) ; → POUVOIR I, CAPABLE. *Être hors d'état de faire qqch* : **ne pas être en mesure, à même de** ; → INCAPABLE. *État d'esprit* : → MENTALITÉ. *État d'âme* : → ÂME.

II ① → RANG II. ② → MÉTIER, PROFESSION.

III Description d'une situation, d'un état des choses. *Un état des sommes dues* : **mémoire** ; → DÉNOMBREMENT, LISTE. *Un état des éléments qui forment l'actif et le passif* : **inventaire** ; → COMPTE, BILAN.

IV [avec une majuscule] ① → NATION, COMMUNAUTÉ II. *De l'État* : **étatique.** ② *L'État n'a pas à intervenir dans cette affaire : c'est au maire et à lui seul de prendre une décision* : [par méton.] **gouvernement, administration** ◆ [pour la France] **Paris, le pouvoir central.** *C'est une école d'État* : **public** (par oppos. à *privé*), **laïque** (par oppos. à *confessionnel*). ③ *Coup d'État* : → COUP.

◇ **étatisme** : [plus génér.] **dirigisme.**

étatique → ÉTAT IV.

étatisation → NATIONALISATION.

étatiser → NATIONALISER.

étatisme → ÉTAT IV.

état-major → COMMANDEMENT.

étau → PIÈGE.

étayer → APPUYER I, CONSOLIDER, SOUTENIR.

etc. → S'ENSUIVRE, ET LE RESTE*.

été *Une tenue d'été, les plaisirs de l'été* : [sout.] **estival.** *Les vacanciers de l'été sont les* **estivants*.**

éteindre ① *Pourront-ils éteindre l'incendie ?* : ↓ **étouffer** (qui ne peut se dire que d'un feu à ses débuts) ◆ [très génér.] **arrêter** ◆ [en partic.] **écraser** (*... une cigarette*), **souffler*** (*... une bougie*) ; → EXTINCTION. ② *Veux-tu éteindre la radio ?* : **fermer.** *Éteindre les bougies* : → SOUFFLER. ③ *Éteindre la soif* : → ASSOUVIR. *Éteindre un chagrin* : ↓ **adoucir*** ; → EFFACER. *Éteindre une dette* : → ANNULER. *Le soleil a éteint toute la couleur de ce tapis* : **faire passer, fâner.**

◇ **s'éteindre** ① [qqch ~] *Le feu va s'éteindre* : **mourir** ◆ [fam.] **crever.** *Avec ce brouillard, tous les bruits s'éteignent* : ↓ **s'estomper** ◆ ↑ **mourir** ; → DISPARAÎTRE. ② [qqn ~] → S'AFFAIBLIR, AGONISER, MOURIR.

éteint ① → ÉTEINDRE, MORT II. ② → TRISTE I. ③ → TERNE.

étendard → DRAPEAU.

étendre ① *Qqn étend le bras* : **tendre, déplier** (qui peut s'employer expressivement en parlant de grandes jambes). *Étendre les jambes* : **étirer** (= les étendre au maximum) ; → ALLONGER. *Un oiseau étend ses ailes* : **déployer.** ② *Il faut étendre le linge* : [fam.] **pendre** ; → ÉTALER I. ③ *Étendre de la peinture* : → APPLIQUER. *Étendre une couche de sable* : → RÉPANDRE. ④ *Étendre un liquide* : → DÉLAYER, AJOUTER. ⑤ [~ qqn] *Il a eu un malaise, étendez-le sur ce canapé* : **allonger, coucher** ◆ [très génér.] **mettre.** ⑥ *Se faire étendre. Le boxeur se fit étendre par un magistral crochet du gauche* : **étaler, mettre knock-out** ◆ ↓ **envoyer à terre, au tapis.** ⑦ *Se faire étendre à l'examen* [fam.] : → ÉCHOUER II. ⑧ *Étendre ses activités* : → AUGMENTER, AJOUTER À, DÉVELOPPER.

◇ **s'étendre** ① [qqn ~] → SE COUCHER, RESTER À PLAT I. ② [qqch ~] *Un tissu qui s'étend au lavage* : **s'allonger, s'agrandir, s'élargir** ◆ **s'étirer** (qui se dit plutôt des métaux). ③ [qqch ~] *L'épidémie ne cesse de s'étendre* : **prendre de l'étendue, se généraliser, gagner du terrain, se propager** ; → DÉVELOPPER III. ④ [qqch ~] *La vigne s'étendait sur des dizaines d'hectares* : [avec un compl. dir.] **couvrir** ◆ **border, longer.**

La vue s'étendait jusqu'à des kilomètres : **porter,** [plus cour.] **aller.** [qqch ~] *Son savoir s'étend de la philosophie aux sciences de la Terre :* [sout.] **embrasser,** [cour.] **aller, couvrir.** *L'influence du romantisme s'est étendue sur toute l'Europe :* **se répandre, s'exercer, gagner.**

◇ **étendu** [de étendre et s'étendre] ① → GRAND, VASTE. ② *Il avait des connaissances étendues :* [antéposés] **vaste, ample, riche** ◆ ↑ **encyclopédique,** [plus génér.] **varié*.**

◇ **étendue** ① *De grandes étendues de landes s'offraient à la vue :* **espace** ◆ [plus didact.] **superficie ;** → LONGUEUR, LARGEUR, SURFACE. ② *L'étendue de ses connaissances est impressionnante* (qui se rapporte davantage à l'idée de surface) : **ampleur*** (qui se dit en parlant du volume) ◆ **champ*, domaine** (qui sont plus qualitatifs). ③ *L'étendue des dégâts est considérable :* → AMPLEUR, PROPORTION. *Prendre de l'étendue :* → AMPLEUR.

éternel

I [adj.] ① *La vie éternelle :* ↓ **futur** ◆ **l'éternité.** *La justice éternelle :* **divin.** ② *Des vérités éternelles :* **intemporel.** *Des remords, regrets, sentiments éternels :* **impérissable** ◆ **indestructible, indéfectible, indissoluble, immortel ;** → DURABLE. ③ *Je ne supporte plus ses éternels gémissements, ses éternelles plaintes :* **perpétuel** ◆ ↑ **sempiternel,** ↓ **continuel*.** ④ *Son éternel petit sourire :* **habituel ;** → INALTÉRABLE.

II [n.m.] *L'Éternel :* **le Père éternel, le Tout-Puissant, le Créateur ;** → DIEU.

◇ **éternellement** ① *Je ne puis vous attendre éternellement :* **indéfiniment.** ② → TOUJOURS.

◇ **éternité** ① → ÉTERNEL I, IMMORTALITÉ. ② *Pour l'éternité :* **pour toujours, à jamais.** *De toute éternité :* **depuis toujours.** *Ça a duré une éternité :* **un temps fou.**

éterniser → IMMORTALISER.

◇ **s'éterniser** → DURER, RESTER II, TRAÎNER.

éteule → PAILLE.

éther → ESPACE.

éthéré ① → AÉRIEN. ② → PLATONIQUE, SUBLIME.

éthique ① [adj.] → MORAL. ② [n.f.] → MORALE, PHILOSOPHIE.

ethnie → PEUPLE I, TRIBU, RACE.

ethnique On oppose ordinairement le mot *ethnique,* qui évoque un ensemble de caractères de nature culturelle, économique et sociale, et le terme **racial,** qui évoque la notion de nature anthropobiologique et génétique.

ethnocide → GÉNOCIDE.

éthylique → IVROGNE.

étiage → BAS I.

étincelant → ÉTINCELER.

étinceler ① [sout.] *Les étoiles étincelaient dans une nuit très pure :* **scintiller,** [cour.] **briller* ;** → ÉCLAIRER, FLAMBOYER. ② *La mer étincelait sous la lune :* **scintiller** ◆ [rare] **brasiller.** ③ *Ses yeux étincelaient de plaisir, de haine :* **briller, pétiller** (de plaisir, de joie) ◆ [express.] **lancer des éclairs** (de haine, de colère) ; → FEU.

◇ **étincelant** [de étinceler ①] : **scintillant, brillant.** [de étinceler ②] : **scintillant.** *Un ciel étincelant :* **lumineux, radieux*.** *Des cuivres étincelants :* → RUTILANT. [de étinceler ③] : **brillant, pétillant.**

étincelle ① *Lorsqu'on brûle des résineux, il y a beaucoup d'étincelles :* **flammèche** (qui se dit d'une parcelle de matière enflammée, parfois importante, contrairement à l'étincelle, qui se détache d'un brasier). ② *Il a eu soudain une étincelle de raison :* **éclair, lueur*.** ③ *Faire des étincelles :* → BRILLANT II.

étiolement → DÉPÉRISSEMENT.

étioler (s') → DÉPÉRIR.

étique → MAIGRE.

étiqueter ① *Étiqueter,* c'est **mettre une étiquette.** ② → JUGER II.

étiquette

I → ÉTIQUETER.

II → FORME II, PROTOCOLE.

étirement *Exercices d'étirement :* [anglic.] **stretching.**

étirer → ÉTENDRE.

◇ **s'étirer** → S'ÉTENDRE, S'EFFILER.

étoffe → TISSU. *Avoir de l'étoffe* : → VALEUR I.

étoffé ① → RICHE. ② → GRAS.

étoffer → NOURRIR.

◇ **s'étoffer** → S'ÉLARGIR.

étoile ① Désigne tout corps céleste visible, excepté le Soleil et la Lune : [sout.] **astre** (qui désigne tout corps céleste visible, Lune et Soleil compris, et convient mieux lorsqu'il s'agit d'astrologie : *lire dans les astres*). Dans leurs emplois courants, *astre* est souvent un syn. soutenu d'*étoile*. En termes plus savants, on distingue les *étoiles*, qui émettent leur propre énergie, et les **planètes**, qui sont des corps du Système solaire, sans lumière propre. Une **constellation** est un ensemble d'*étoiles* regroupable dans une figure géométrique remarquable : *la constellation de la Grande Ourse.* Une **nébuleuse** est un immense ensemble d'*étoiles* : *notre nébuleuse s'appelle Voie lactée ou Galaxie.* Par extension, **galaxie** se dit aussi de toute nébuleuse spirale. ② *Bonne étoile* : → CHANCE, DESTIN. ③ → VEDETTE. ④ → CARREFOUR.

◇ **étoilé** *Une nuit étoilée* : [plus fam.] **plein d'étoiles**, [plus sout.] **constellé d'étoiles**.

étonnamment, étonnant, étonnement → ÉTONNER.

étonner ① *Son départ les avait étonnés* : **surprendre** ◆ ↑ **stupéfier, méduser*, ahurir, ébahir,** [fam.] **épater** ◆ [fam.] **bluffer,** ↑ **couper le souffle, le sifflet, la chique** (à qqn), **en boucher un coin** (à qqn), **asseoir, époustoufler, estomaquer, souffler.** *Être étonné* : [fam.] **tomber de la lune*** ; → ADMIRER, FAIRE SON EFFET*, ÉMERVEILLER, RENVERSER, FAIRE SENSATION*. ② *Il va pleuvoir ? cela m'étonnerait !* : → DOUTER.

◇ **s'étonner que** → BIZARRE, SURPRIS.

◇ **étonné** → ÉTONNER, SURPRIS.

◇ **étonnant** ① Se dit de ce qui surprend par un côté inattendu, extraordinaire. *C'est étonnant : Jean est reçu à son examen !* : **surprenant,** ↑ **ahurissant, stupéfiant, renversant, soufflant, suffocant,** époustouflant, [fam.] **sciant, bluffant** ◆ ↑ **sensationnel, prodigieux, formidable, phénoménal, faramineux, énorme,** [rare] ↑ **ébouriffant** (qui se disent en parlant de qqch qui provoque l'intérêt) ◆ ↑ **mirobolant** (qui se dit de ce qui est trop beau pour être vrai : *un projet mirobolant*) ; → RAIDE, SUFFOCANT, DÉCONCERTANT, INCROYABLE, MIRACULEUX. ② Se dit de ce qui surprend par sa qualité. *Je viens de lire un livre étonnant* : **remarquable, exceptionnel** ◆ [plus fam.] **époustouflant, stupéfiant, formidable, terrible, fantastique ;** → RARE, CRIANT, EXTRAORDINAIRE, SINGULIER. ③ → BIZARRE, INCONCEVABLE. *Ce serait bien étonnant que nous ne trouvions pas une chambre libre* : [plus fam.] **ce serait bien le diable si.**

◇ **étonnamment** [de étonnant ②] : **remarquablement, singulièrement, formidablement, terriblement ;** → TRÈS.

◇ **étonnement** *Quel ne fut pas son étonnement de l'apercevoir dans le jardin !* : **surprise** ◆ ↑ **stupéfaction, ahurissement,** [rare] **ébahissement** ◆ ↑ **stupeur.** *Son arrivée a causé de l'étonnement* : ↑ **faire sensation.**

étouffant → ÉTOUFFER.

étouffé → SOURD II.

étouffement → ÉTOUFFER.

étouffer ① [~ qqn] *L'air pollué de la grande ville l'étouffait* : ↓ **oppresser,** ↑ **suffoquer*,** ↑ **asphyxier** ; → INCOMMODER. ② [qqn ~] *On étouffe, dans cette chambre !* : ↑ **suffoquer** ◆ ↓ **mal respirer, il fait étouffant*.** ③ *Étouffer une révolte* : → MATER, OPPRIMER, RÉPRIMER I. *Étouffer une affaire* : → ENTERRER, NOYER. *L'arrivisme étouffait en lui toute disponibilité* : **détruire*.** ④ [~ qqch] *Étouffer un incendie* : → ÉTEINDRE. *La brume du matin étouffait tous les bruits* : ↓ **amortir, assourdir.** ⑤ [~ qqch] *Il étouffa un sanglot et sortit* : **réprimer, retenir, refouler*.**

◇ **s'étouffer** : **s'étrangler** (en mangeant, en buvant).

◇ **étouffant** ① → ACCABLANT, IRRESPIRABLE, SUFFOCANT. ② *Il règne parmi nous une atmosphère étouffante* : **oppressant** ◆ ↓ **pesant, malsain.**

◇ **étouffement** ① *Mourir d'étouffement :* **asphyxie, suffocation.** ② *L'étouffement d'un scandale :* **dissimulation.** ③ *L'étouffement de l'orage pesait sur la ville engourdie :* [sout.] **touffeur** ◆ ↓ **moiteur.**

étourderie → ÉTOURDI.

étourdi

I [adj. et n.] *Que tu es étourdi ! tu es encore oublié ta montre :* **distrait*,** [plus rare] **écervelé** ◆ **évaporé** (= léger et frivole) ◆ ↓ **inattentif** (qui se dit d'un manque d'attention à propos d'une activité précise) ; → **FRIVOLE, LE NEZ AU VENT*.** *C'est un étourdi ! :* **écervelé, évaporé** ◆ [fam.] **étourneau, tête de linotte, tête en l'air** ◆ ↑ **hurluberlu** (qui implique l'idée d'extravagance) ; → **IMPRÉVOYANT.**

II → ÉTOURDIR.

◇ **étourderie** ① *Son étourderie est légendaire :* → **DISTRACTION.** *Il a agi avec une étourderie inconcevable :* **légèreté** ◆ ↑ **imprudence ;** → **DISTRACTION, IMPRÉVOYANCE.** ② *Commettre une étourderie :* ↑ **imprudence ;** → **MALADRESSE.** ③ *Une faute d'étourderie :* **inattention.** *C'est une petite étourderie :* **oubli.**

◇ **étourdiment** *Répondre étourdiment :* **sans réfléchir** ◆ **imprudemment** (qui implique l'idée de danger) ◆ [plus rare] **inconsidérément** ◆ **à la légère** (qui s'emploie dans quelques contextes négatifs : *ne pas agir, répondre, parler à la légère*).

étourdir ① *Ce choc sur la tête l'a étourdi :* ↑ **assommer** ◆ [fam.] **sonner,** ↑ **mettre K-O.** *Être étourdi :* [fam.] **groggy,** [express.] **voir trente-six chandelles.** ② *La vitesse l'étourdit :* → **ENIVRER, SOÛLER.** ③ *Vous m'étourdissez avec votre bavardage incessant :* ↑ **assommer, abrutir,** [fam.] **casser la tête, les oreilles,** [plus génér.] **fatiguer.**

◇ **s'étourdir** *Depuis son échec, elle essaie de s'étourdir en faisant mille choses :* ↓ **se distraire, oublier.** *S'étourdir de paroles, de vitesse :* **se griser, se soûler*.**

◇ **étourdissant** ① *Un bruit étourdissant :* **assourdissant,** [plus génér.] **épouvantable ;** → **ABRUTISSANT.** ② → **BRILLANT II.**

étourdissement → VERTIGE.

étourneau → ÉTOURDI I.

étrange → BIZARRE, ÉNIGMATIQUE, SINGULIER.

étrangement → BIZARREMENT.

étranger

I [adj.] *Ce dont vous me parlez m'est totalement étranger :* **ne me concerne pas.** *Voici des notions qui me sont étrangères :* **inconnu.** *Ce sont des apports étrangers au texte original :* **extérieur, hétérogène.**

II [n.] ① *La France a toujours accueilli des étrangers :* [d'emploi plus restreint] **immigré, réfugié** (selon le sens) ◆ **sans-papiers** (= étranger en situation administrative irrégulière) ; → **MIGRANT.** ◆ **résident** (= personne qui réside ailleurs que dans son pays d'origine) ; → **RESSORTISSANT.** *Une ville pleine d'étrangers de nationalités différentes est une ville* **cosmopolite.** ② *Un étranger à la réunion :* → **TIERS.** ③ [n.m.] *Commercer avec l'étranger :* **importer, exporter.** *S'installer à l'étranger :* → **ÉMIGRER.**

étrangeté → BIZARRERIE, SINGULARITÉ.

étranglement → ÉTRANGLER.

étrangler ① *Si tu bouges, je t'étrangle ! :* [fam.] **serrer le kiki ;** → **TUER.** ② *Les nouveaux impôts vont étrangler le commerce :* **ruiner** ◆ ↓ **mettre à mal ;** → **NUIRE.** *Étrangler toute opposition :* → **OPPRIMER.**

◇ **s'étrangler** ① *S'étrangler en mangeant, s'étrangler de colère :* → **S'ÉTOUFFER.** ② → **SE RESSERRER.**

◇ **étranglement** ① *La victime a été tuée par étranglement :* [didact.] **strangulation.** ② *Cette route subit des étranglements qui provoquent des bouchons :* ↓ **rétrécissement.**

être

I [v.] ① *Je pense, donc je suis :* **exister** ◆ **subsister** (= continuer d'exister) ; → **VIVRE I, VIE.** ② *Et notre malade, comment est-il ce matin ? :* → **ALLER II.** *Être en jeu :* → **ALLER III.** *Être à la gare :* → **SE TROUVER.** *Je suis à vous tout de suite ! :* **s'occuper de.** *Je suis à votre disposition :* **demeurer, rester.** *Ne plus savoir où l'on est :* **être perdu, en perdre la tête.** *Être pour :* → **PARTISAN.** *Cette maison est*

étreindre

à moi : → APPARTENIR. *Je suis grippé* :
→ AVOIR II. ③ *C'est. C'est un gros sacrifice !* : → REPRÉSENTER. *Si ce n'est* :
→ SINON. *Si ce n'était par affection pour
vous* : **s'il n'y avait** (... *notre affection, l'affection qui nous unit*).
II [n.m.] ① → PERSONNE I. ② *Il souhaitait de tout son être qu'elle l'aimât encore*
[sout.] : [cour.] **de toutes ses forces, de
toute son âme, de tout son cœur.**

étreindre ① → CARESSER, EMBRASSER.
② → PRESSER I, SERRER.

étreinte → CARESSE, EMBRASSADE.

étrenner ① → ÊTRE LE PREMIER* À.
② *Il n'était pas coupable, mais c'est lui
qui a étrenné* [fam.] : **prendre, écoper ;**
→ RECEVOIR.

étrennes → GRATIFICATION.

étriller → MALMENER.

étriper → VIDER.

étriqué → ÉTROIT, MÉDIOCRE, MESQUIN,
RÉTRÉCI.

étroit ① *Des vêtements trop étroits* : **juste,
serré** ◆ ↑ **étriqué.** *Une ruelle étroite* : [plus
rare] **resserré, encaissé.** *Un appartement
trop étroit* : [plus génér.] **petit** ◆ ↑ **exigu,**
[fam.] **riquiqui.** ② *Un mot pris dans un
sens étroit* : **restreint** ◆ **à la lettre, stricto
sensu.** *Les liens étroits de l'amitié* : **intime.**
Se faire une étroite obligation de : **strict,
rigoureux, scrupuleux.** ③ *Avoir l'esprit
étroit* : → BORNÉ, PETIT, MESQUIN.
◇ **étroitement** *Être étroitement lié avec
qqn* : **intimement.** *Suivre étroitement son
devoir, une indication* : **rigoureusement,
scrupuleusement, strictement.** *Surveiller
qqn, qqch étroitement* : **de près, de très
près.**
◇ **étroitesse** ① *L'étroitesse d'un appartement* : ↑ **exiguïté.** ② *Étroitesse d'esprit* :
→ PETITESSE, FANATISME.

étron → MERDE.

étude ① *Aimer l'étude ; travailler à ses
études* : **être studieux ;** → APPRENTISSAGE,
TRAVAIL I. ② → ANALYSE, EXAMEN. ③ → AR-
TICLE, TRAITÉ I.

étudiant → ÉCOLIER, ESTUDIANTIN.

étudié → AFFECTÉ, SOPHISTIQUÉ.

étudier ① *Jeanne étudie le piano* : [plus
cour.] **apprendre*,** [mot passe-partout] **faire**
(*apprendre*, c'est acquérir la connaissance
de qqch ; *étudier*, c'est chercher, par divers moyens, à acquérir la connaissance
de qqch) ◆ **travailler*,** [fam.] **bûcher, potasser** (qui insistent sur l'effort accompli)
◆ [très fam.] **chiader** ◆ **s'instruire** (= enrichir ses connaissances) ; → APPROFONDIR.
② *Avez-vous étudié toutes les possibilités de négocier ?* : **examiner*** ◆ **explorer**
(qui implique l'idée d'une recherche) ;
→ APPROFONDIR. *Étudier un dossier* :
→ ANALYSER, ÉPLUCHER, PRÉPARER, SE
PENCHER SUR, VOIR. *Étudier son attitude* :
→ COMPOSER II.
◇ **s'étudier** ① *Il s'étudie, tout en lui est
étudié* : → ÉTUDIÉ. ② *L'un et l'autre s'étu-
dient avec obstination* : **s'observer,** [express.
fam.] **s'observer du coin de l'œil** ◆ **se jauger** (= mesurer ses forces respectives).

étui → BOÎTE I.

étuve ① → BAIN DE VAPEUR*. ② → CHA-
LEUR.

étymologie → ORIGINE.

eucharistie → CÉLÉBRATION, COMMUNION.

eunuque → CASTRAT, HOMME, IMPUISSANT.

euphémisme Figure de rhétorique par
laquelle on déguise, pour l'adoucir, ce qu'il
serait trop pénible de dire directement
(par ex., *il a vécu* pour *il est mort*) ; la
litote est une figure de rhétorique par laquelle on suggère beaucoup en disant peu
(par ex., *il ne fait pas chaud* pour *il fait
très froid*) ; → PÉRIPHRASE. *C'est un euphémisme !* : [plus fam.] **c'est peu dire.**

euphorie *Depuis son triomphe, il
nage dans l'euphorie !* : ↓ **bien-être ;**
→ BONHEUR, JOIE.

eurasien → MÉTIS.

évacuation ① → ÉCOULEMENT, ÉLIMINA-
TION. ② → RETRAIT.

évacuer ① → VIDER. ② → QUITTER.

évader (s') → FUIR, SE SAUVER.

évaluable → APPRÉCIABLE.

évaluation → APPRÉCIATION, APPROXIMATION, ESTIMATION, MESURE I.

évaluer *Notre maison a été évaluée* : ↑ **surévaluer,** ↓ **sous-évaluer** ◆ [en partic.] **expertiser** (= évaluer par un expert) ; → ESTIMER II, MESURER, PESER.

évanescent → FUGACE.

évangélique → CHARISMATIQUE.

évangile ① *Évangile selon saint Marc* : [plus rare] **bonne nouvelle** (qui est la traduction exacte du terme grec) ◆ **synoptiques** (qui se dit des Évangiles synoptiques, à savoir ceux de Marc, Matthieu et Luc). *Connaissez-vous l'Évangile ?* : **le Nouveau Testament.** ② → CATÉCHISME.

◇ **évangéliser** *Qui a évangélisé la Touraine ?* : **christianiser** (= annoncer l'Évangile pour convertir une population à la religion chrétienne) ; → PRÊCHER.

évanouir (s')
① → PERDRE CONNAISSANCE* I, DÉFAILLIR, MAL II, TOURNER DE L'ŒIL* I, TOMBER DANS LES POMMES. ② → DISPARAÎTRE, MOURIR.

évanouissement → DÉFAILLANCE, MALAISE.

évaporé → ÉTOURDI I.

évaporer (s') → DISPARAÎTRE.

évasif *Il lui a fait une réponse évasive* : **vague** ◆ [partic.] **dilatoire** (qui se dit de ce qu'on fait pour gagner du temps, retarder une décision à prendre) ; → AMBIGU. *Elle a été très évasive* : ↑ **fuyant** ; → FUIR.

évasion ① → FUITE. ② → DISTRACTION.

évêché Désigne la partie du territoire soumise à l'autorité spirituelle d'un évêque : **diocèse** (terme d'administration ecclésiastique qui s'applique à la circonscription territoriale administrée par un évêque).

éveil peut être le syn. soutenu de **réveil** dans certains contextes (*l'éveil, le réveil de la nature*), ou de **veille** (*être en état d'éveil, de veille*). *Donner l'éveil* : [plus cour.] **alerter ;** → ALARME.

éveillé ① *C'est très pénible de rester éveillé toute la nuit !* : [plus fam.] **sans dormir.** *Rester éveillé la nuit contre son gré* : **être insomniaque, avoir des insomnies.** ② *C'est un enfant très éveillé* : **vif** (qui se dit autant des qualités physiques qu'intellectuelles) ; → DÉGOURDI, ESPIÈGLE, INTELLIGENT, MALIN.

éveiller ① *Le moindre bruit l'éveille* [sout.] : [cour.] **réveiller.** ② *Éveiller la jalousie, la sympathie* : → ANIMER, SUSCITER. *Éveiller les soupçons* : [fam.] **mettre la puce à l'oreille.** *Éveiller la curiosité* : [plus rare] **piquer.** *Éveiller l'esprit* : → DÉVELOPPER II, OUVRIR. ③ *Ces photos éveillent en moi des souvenirs de bonheur* [sout.] : [cour.] **rappeler** (*ces photos me rappellent des souvenirs*), **évoquer** (*ces photos évoquent pour moi des souvenirs*) ◆ **faire naître*** (qui convient dans la plupart des emplois de ② et ③).

◇ **s'éveiller** ① → SE RÉVEILLER. ② *Peu à peu la tendresse s'éveillait dans leur cœur* : **naître** ◆ ↑ **grandir** ◆ [en contexte péj.] **s'insinuer*.**

événement ① *Il lui racontait les principaux événements de l'histoire de France* : **faits*, épisodes ;** → ACTUALITÉ. *Événement extraordinaire* : → AVENTURE. *Événement malheureux* : → CATASTROPHE, MALHEUR. *Événement heureux* : → CHANCE. *Événement choquant* : → ÉCLAT II, SCANDALE. ② *Elle attend un heureux événement* : **être enceinte*.** ③ *Un crime avait été commis : tout le quartier commentait l'événement* : **affaire, nouvelle.** ④ *Il part en voyage : quel événement !* : [plus fam.] **affaire, histoire.**

éventail → GAMME.

éventaire → ÉTALAGE.

éventé *C'était un piètre magicien : tous ses trucs étaient éventés* : ↓ **connu** ◆ ↑ **archiconnu.**

éventer → DÉJOUER.

éventrer *Éventrer un poisson* : **étriper.**

éventuel ① *En prévision d'un orage éventuel, prenez un ciré* : **possible.** ② *Sa venue* *me paraît bien éventuelle* : **hypothétique, incertain, soumis à condition** ◆ [plus didact.] **conditionnel, contingent** (= qui peut se produire ou non) ; → DOUTEUX.

◊ **éventualité** ① → CAS, PERSPECTIVE. ② *Il faut parer à toute éventualité* : [plus cour.] **prendre toutes ses précautions.**

éventuellement → ACCESSOIREMENT, LE CAS ÉCHÉANT*.

évêque → DIGNITAIRE.

évertuer (s') → S'APPLIQUER, CHERCHER, ESSAYER.

éviction → EXPULSION.

évidé → CREUX I.

évidemment → COMMENT, ENTENDU, ÉVIDENCE, NATURELLEMENT, SÛR I.

évidence ① *Il ne viendra pas : c'est une évidence !* : **certitude** (la *certitude* s'acquiert, contrairement à l'*évidence* qui s'impose d'elle-même) ; → VÉRITÉ, TRANSPARENCE. *Mettre en évidence* : **souligner*, mettre en vedette*** ; → METTRE L'ACCENT*, MARQUER, METTRE EN LUMIÈRE* II, MONTRER. ② *S'il pleut, il fera pas beau : voilà un exemple des évidences dont il nous accable !* : **lapalissade,** [plus rare] **truisme** ; → GÉNÉRALITÉ. ③ *De toute évidence, à l'évidence* : **évidemment, il est évident* que** ; → ASSURÉMENT. *C'est une évidence que* : **il est clair, évident* que.** ④ *Mettre en évidence* : → RESSORTIR II, EN VUE*, EN VEDETTE*. *Se mettre en évidence* : **se mettre en avant, se faire remarquer.**

◊ **évident** Ce qui est *évident* est **clair, clair comme le jour*, visible, coule* de source,** [fam.] ↑ **crève* les yeux,** peut être ↑ **flagrant, criant, notoire,** si l'évidence est connue, **publique** ; → MANIFESTE, APPARENT, SENSIBLE II, POSITIF, CERTAIN I, TRANSPARENT. *Pas évident* : → DIFFICILE. *C'est évident !* : **cela va de soi** ; → ÉVIDEMMENT, S'ENTENDRE.

évider → CREUSER.

évincement → EXPULSION.

évincer → ÉCARTER, SUPPLANTER.

éviter ① [~ qqch] *Éviter un coup* : **parer, esquiver** ◆ ↓ **détourner.** *Éviter un obstacle* : **contourner** ; → FAIRE ATTENTION* I. ② [~ qqch] *Éviter une maladie* : **échapper à** ; PASSER* (III) AU TRAVERS, PRÉVENIR II. *Éviter un danger* : **écarter,** [sout.] **conjurer.** *Éviter une corvée* : → SE DÉROBER. *Éviter les choses difficiles à dire* : **éluder,** ↑ **escamoter.** *Éviter le pire* : **limiter les dégâts.** ③ [~ qqn] *Je l'évite, tant ses bavardages sont insupportables* : ↑ **fuir** ; → NE PAS S'APPROCHER*. ④ [~ de] → S'ABSTENIR. ⑤ [~ qqch à qqn] *Évitez-lui ce dérangement* : [plus sout.] **épargner** ; → DISPENSER I.

évocateur → ÉVOQUER.

évocation → RAPPEL.

évolué ① [qqch] *Nous sommes à un stade très évolué de la maladie* : **avancé** ; → GRAVE. ② [qqch] *De telles cruautés sont-elles donc possibles dans un pays évolué ?* : **civilisé, développé.** ③ *Qqn d'évolué est généralement* **cultivé, éclairé,** il manifeste de la **largeur de vues, d'esprit,** on dit [fam.] qu'il **a les idées larges.**

évoluer ① → MANŒUVRER, VIVRE II. ② → CHANGER III, SE TRANSFORMER.

évolution

I → MANŒUVRE II.

II ① *Ce pays est en pleine évolution* : ↑ **transformation, bouleversement** ; → CHANGEMENT*, MÉTAMORPHOSE*, DÉVELOPPEMENT I. ② *Selon l'évolution des événements, nous déciderons de partir ou de rester* : **tournure.** ③ *Le médecin suivait, impuissant, l'évolution de la maladie* : **progrès, progression, cours** ; → AVANCEMENT*, PROCESSUS. *L'évolution des prix* : → VARIATION, COURBE III.

évoquer ① *Évoquer les morts, c'est les appeler par des cérémonies magiques* : **invoquer** (= appeler à son secours par des prières). ② *Évoquer une région* : → MONTRER. *Évoquer un souvenir* : → ÉVEILLER, RAPPELER II, SUGGÉRER, FAIRE REVIVRE*. ③ *Le problème n'a même pas été évoqué* : **aborder*** ◆ ↑ **poser,** ↓ **effleurer.**

◇ **évocateur** ① *Un tableau, un film évoca-teur* : **suggestif***. ② *Un geste, un regard évocateur* : **significatif**.

exacerber *La chaleur ambiante exacer-bait sa douleur* : **porter à son comble, à son paroxysme ♦ aggraver, ↓ exciter.**

◇ **exacerbation** [didact.] L'*exacerbation* d'une douleur se produit quand cette douleur devient passagèrement plus aiguë ; son **paroxysme** est le degré le plus aigu qu'elle puisse atteindre ; on parle de **redoublement** lorsque la douleur reprend après une accalmie ♦ **recrudescence** a le même sens que *redoublement*, mais se dira plutôt de la fièvre, d'une épidémie ♦ [plus génér. et cour.] **aggravation.**

exact ① [qqch est ~] *Une reprise exacte, le mot exact* : → CORRECT, LITTÉRAL, PROPRE II, VRAI. *Le sens exact* : → STRICT, MÊME I. *Il faut des dimensions exactes* : **précis** ; → JUSTE II, RIGOUREUX. *Il faut des données exactes* : **sûr, solide, fiable** ; → IRRÉPROCHABLE. *La reproduction est si exacte qu'on ne la distingue pas de l'original* : **fidèle** ; → CONFORME*. ② [qqn est ~] *C'est un homme très exact : il sera à l'heure au rendez-vous* : **ponctuel** ; → CONSCIENCIEUX.

◇ **exactement** ① *Il faut obéir exac-tement au règlement* : **rigoureusement, scrupuleusement, à la lettre*, au pied* de la lettre ♦ ↑ religieusement,** [fam.] **au doigt et à l'œil** (qui ne se dit que dans le contexte : *obéir à qqn*) ; → EN TOUT POINT* IV. ② *Reproduire qqch exactement* : **fidèlement** ; [partic.] **littéralement, tex-tuellement** ; → CORRECTEMENT. ③ *Quel est exactement votre avis sur la question ?* : **au juste** ; → PRÉCISÉMENT. ④ *Deux objets exactement semblables* : **parfaitement, rigoureusement, tout à fait** ; → EN PLEIN*. ⑤ *Exactement !* : **absolument, tout à fait** ; → OUI.

◇ **exactitude** ① *Il est toujours à l'heure : son exactitude est presque proverbiale !* : **ponctualité** ; → RÉGULARITÉ. ② *L'exacti-tude de son raisonnement est indéniable* : **justesse, rectitude** ; → CORRECTION* III. ③ *Je ne crois pas beaucoup en l'exactitude de ses propos* : **vérité, véracité.** *L'exactitude d'un portrait* : **fidélité** ; → RESSEMBLANCE*.

④ *Calculer qqch avec exactitude* : **préci-sion, rigueur ♦** [très génér.] **parfaitement*** ; → EXACTEMENT. ⑤ *Faire qqch avec exacti-tude* : → SOIN I.

exaction ① → CONCUSSION. ② [au pl.] → CRUAUTÉ.

exagérer ① [~ qqch] *Les caricaturistes exagèrent les traits de leurs personnages* : **grossir, forcer.** *Exagérer une attitude* : **forcer, outrer.** *La presse d'opposition a vi-siblement exagéré le nombre des manifes-tants* : **gonfler, grossir, amplifier, majorer*** ; → ENJOLIVER, MENTIR. ② [sans compl.] *Il ne faut pas exagérer : la situation n'est pas désespérée* : **dramatiser.** *Des injures, main-tenant ? Là, vous exagérez !* : **aller trop loin, abuser*,** [fam.] **attiger, en remettre** ; → TIRER* (I) SUR LA FICELLE, DÉPASSER LA MESURE* I, POUSSER II.

◇ **s'exagérer** *Il a tendance à s'exagérer les difficultés de tout ce qu'il entreprend* : **sur-estimer ♦** [assez fam.] **se faire un monde, une montagne de.**

◇ **exagéré** *Des prix exagérés* : → INA-BORDABLE. *On lui impose à l'entraînement des efforts exagérés* : **abusif, excessif.** *Des louanges exagérées* : **excessif ♦** [rare] **hyperbolique, idolâtre ♦ ↑ caricatural*** ; → EFFRÉNÉ, GRAND, FORT II, OUTRÉ.

◇ **exagération** ① [de exagérer ①] : **grossis-sement, gonflement, amplification, drama-tisation** ; → ABUS, MAJORATION. ② [de exa-gérer ③] : **surestimation.** ③ [souvent au pl.] *Ses exagérations m'exaspèrent* : ↑ **outrance ♦** [plus rare] **fanfaronnade*** ; → MENSONGE.

◇ **exagérément** *Sa critique est exagérément négative* : **abusivement** ; → DÉMESURÉMENT, TROP.

exaltant → ENTHOUSIASMANT.

exaltation [de exalter] ① → GLORIFICATION. ② → ANIMATION, BOUILLONNEMENT, IVRESSE, VERTIGE.

exalter ① *Exalter Dieu, un héros* : → GLORIFIER, VANTER, LOUER II. ② *Exalter un sentiment* : → RÉVEILLER. *Exalter la vanité de qqn* : → FLATTER. *Exalter une foule* : → FANATISER. ③ *Tous étaient exaltés par l'aventure qu'ils vivaient* : **enthousias-mer* ♦ exciter*** (qui implique un sentiment plus superficiel) ◆ ↓ **passionner** ◆ ↑ **transporter** ; → ENIVRER.

◇ **s'exalter** : s'enthousiasmer* ; → S'EN-FLAMMER.

◇ **exalté** ① [adj.] *Des esprits exaltés par un orateur* : **excité** ◆ ↑ **surexcité**, ↑ **survolté**, [fam.] **allumé**. *Une imagination exaltée* : ↑ **délirant** ; → BOUILLONNANT, ENTHOUSIASTE, ARDENT. ② [n.] *La politique connaît ses exaltés* : ↑ **fanatique**.

examen ① *Il s'est livré à un examen attentif des documents que nous lui avons remis* : **analyse***, **étude** ◆ ↑ **exploration**, **dépouillement**, [fam.] **épluchage** ; → ESTIMATION, APPRÉCIATION, VÉRIFICATION. *Le laboratoire ne se prononce pas encore sur la nature de la tumeur : il faut poursuivre les examens* : **recherches**, **investigations** ◆ **analyses** (de sang, d'urine, etc.), **explorations** (avec radios, scanner, etc.) ; → BILAN. Pour d'autres emplois : → CONTRÔLE, CONSIDÉRATION, DÉLIBÉRATION, CONSULTATION, VISITE, FOUILLE. ② On réussit à un *examen* si l'on obtient ou dépasse la note exigée (généralement la moyenne) ; on réussit à un **concours** si la note que l'on obtient permet d'être classé dans la limite des places disponibles. Un *examen* peut être constitué d'un ensemble de **tests** (= questionnaires à compléter) ; → INTERROGATION. ③ *Examen de conscience* : → INTROSPECTION.

◇ **examiner** ① [génér.] **regarder***, **observer***, **étudier***. ② *Examiner un objet* : → VOIR, CONTRÔLER, CONSULTER, FOUILLER, VÉRIFIER. ③ *Examiner une question* : → ANALYSER, ESTIMER II, SERRER* DE PRÈS, SE PENCHER SUR, DÉBATTRE, RÉFLÉCHIR I. *Examiner une question sans l'approfondir* : [partic.] **effleurer***. ④ [partic.] *Examiner un malade* : **ausculter**. *Examiner ses chances de réussite* : [plus rare] **supputer** ◆ ↑ **apprécier, juger de.**

examinateur → CORRECTEUR.

exaspérant → ÉNERVANT, RAGEANT.

exaspération → AGACEMENT.

exaspérer → BOUILLIR, POUSSER À BOUT*, ÉNERVER, NERF.

exaucer
→ S'ACCOMPLIR, CONTENTER, SATISFAIRE.

excavation → TROU. *Excavation naturelle* : → CAVITÉ, CAVERNE.

excédent → EXCÉDER.

excéder
I → DÉPASSER.
II → ÉNERVER, EN AVOIR ASSEZ*.

◇ **excédent** [de excéder I] *La récolte est si abondante cette année que l'on ne sait que faire des excédents* : **surplus***. *Un excédent de bagages* : **surcharge** ; → TROP-PLEIN. *En excédent* : → TROP.

excellemment *Il se porte excellemment* : **très bien***. *Elle joue excellemment du violon* : **remarquablement**, ↑ **divinement**. *Excellemment accueilli* : → FAVORABLEMENT.

excellent ① [qqn est ~] → ACCOMPLI. ② [qqch est ~] → BON I, CHARMANT, DÉLICIEUX, MERVEILLEUX, SUCCULENT, SUPÉRIEUR I.

exceller *Quelqu'un qui excelle dans un domaine y est* **excellent***, **supérieur***, **indépassable** ; il y est très **fort***, très **bon***, s'y **distingue***, il y **brille*** et fait partie des **meilleurs***, de l'**élite*** ◆ [express.] **être l'un des plus beaux fleurons de** ; → ACCOMPLI.

excentrer → DÉPLACER.

excentricité → EXTRAVAGANCE, ORIGINALITÉ, SINGULARITÉ.

excentrique
① → PÉRIPHÉRIQUE. ② → ORIGINAL II.

excepté *Tous les candidats ont été reçus, excepté ceux qui n'ont pas satisfait à l'examen médical* : **à l'exception de, abstraction faite de, à part, sauf** ◆ [sout.] **hormis, hors.**

◇ **excepté que** *Tout s'est bien passé, excepté que nous avons un peu souffert de la chaleur* : **si ce n'est que, sinon que*** ; → SAUF* QUE.

excepter *Si l'on excepte la première semaine de juillet, nous aurons connu un été catastrophique* : **exclure** ◆ **à part** (*à part* *la première semaine...*) ; → EXCEPTÉ. *Tous viendront, sans excepter les enfants* : [plus génér.] **oublier.**

◊ **exception** ① *La loi sera appliquée sans aucune exception* (ce terme désigne ce à quoi ou ceux à qui une règle, un principe ne s'applique pas) : **sans dérogation,** [fam.] **entorse** (= fait de s'écarter d'une règle, d'un principe). ② *Cet élève est une exception : à quatre ans, il savait lire !* : [fam.] **phénomène.** *Une exception* est toujours un **cas*** à **part** et peut être une **anomalie,** s'il y a écart et défaut par rapport à une norme, une **singularité,** si l'exception se signale par des caractéristiques étonnantes ; → UNIQUE. ③ *À l'exception de* : → EXCEPTÉ, SAUF II. *D'exception* : → EXCEPTIONNEL. ④ *Nous périrons tous, sans exception* : **tous tant que nous sommes.**

◊ **exceptionnel** [d'une manière génér.] → ÉTONNANT, EXTRAORDINAIRE, RARE. *Réserver à qqn un traitement exceptionnel* : **d'exception, spécial.** *Avoir une chance exceptionnelle* : → EXTRAORDINAIRE, UNIQUE. *Un tireur exceptionnel* : **d'exception, émérite*, hors ligne*** ♦ ↓ **adroit*.**

exceptionnellement → EXTRAORDINAIREMENT.

excès ① → ABUS, CRUAUTÉ, DÉBORDEMENT, DÉMESURE, EXTRÉMISME, OUTRANCE. ② *Sans excès* : → DOUX.

excessif → DÉMESURÉ, EFFRÉNÉ, EXAGÉRÉ, INABORDABLE, OUTRÉ, EXTRÊME, VERTIGINEUX, VIOLENT, RIDICULE, SALÉ.

excessivement → BEAUCOUP, MONSTRUEUSEMENT, DÉMESURÉMENT, TROP, OUTRAGEUSEMENT.

excitabilité → SENSIBILITÉ.

excitant, excitation → EXCITER.

excité → ÉNERGUMÈNE, EXALTÉ, SPEED, SPEEDÉ.

exciter ① [~ un sentiment] *Les nuits étouffantes des tropiques excitaient en lui les passions les plus troubles* : ce terme de grande fréquence peut avoir le sens de **faire naître** ou de **faire croître** ; on en tiendra compte dans la recherche des synonymes : **soulever,** [rare] **éperonner** ♦ ↓ **agiter** ♦ ↑ **sur-**

exciter, embraser ; → ANIMER, EXACERBER, EXALTER, ATTISER, RÉVEILLER, SOLLICITER, PIQUER II. ② [~ qqn] *Elle savait exciter les hommes* : **aguicher,** [fam.] **allumer, donner envie à** ; → PLAIRE, AFFRIOLER. *L'orateur les avait excités* : → MONTER* LA TÊTE. ③ [qqch ~ qqn] *La boisson les avait excités : ils commençaient à débiter des plaisanteries de corps de garde* : **émoustiller, mettre en verve** ; ↑ **échauffer** ; → ÉNERVER. ④ [~ un animal] *Cesse d'exciter le chien : il va te mordre !* : **agacer** ♦ ↓ **taquiner*** ; → ÉNERVER. ⑤ [~ qqn contre qqn] *Pourquoi l'exciter ainsi contre sa mère ?* : **dresser, monter** ; → SOULEVER.

◊ **s'exciter** → SE MONTER LA TÊTE*, SE PASSIONNER.

◊ **excitant** ① [adj.] *Il a vécu une aventure excitante* : **enivrant, passionnant** ; → PALPITANT. *Un livre, une atmosphère excitants* : **troublant,** [en partic.] **voluptueux*,** [vulg.] **bandant** ; → ÉROTIQUE. *Un livre excitant peut aussi être* **passionnant*.** *Une femme très excitante* : **affriolant*, aguichant.** ② [n.m.] *Prendre des excitants* : **stimulant,** [fam.] ↓ **remontant** ♦ ↓ **tonique** ; → RÉCONFORTANT.

◊ **excitation** ① *L'excitation de la victoire se lisait sur son visage* : **exaltation** ; → ANIMATION, DÉLIRE, FIÈVRE. *La foule était en pleine excitation : les coureurs arrivaient !* : **effervescence, ébullition,** ↑ **surexcitation** ; → BOUILLONNEMENT, FERMENTATION. ② → APPEL.

exclamer (s') *Quelle chance ! s'exclama-t-il* : **s'écrier,** [sout.] **se récrier** (= s'écrier sous l'effet d'une forte émotion) ♦ ↓ **dire.**

◊ **exclamation** *Une exclamation de rage* : **cri*.**

exclu → PARIA, PAUVRE II.

exclure ① [~ qqn] → CHASSER, RENVOYER, RAYER, REJETER. ② [qqn ~ qqch] → FAIRE ABSTRACTION DE, S'ABSTRAIRE, METTRE ENTRE PARENTHÈSES*, EXCEPTER. ③ [qqch ~] *Son attitude exclut que nous l'admettions parmi nous* : **s'opposer** (à ce que), **interdire** ; → INCOMPATIBLE.

◊ **exclusion** ① *Les membres de son parti l'ont frappé d'exclusion* : [sout.] **ostracisme** ; → EXPULSION. ② *Cette loi vise* *à réduire l'exclusion des plus démunis :* ↓ **marginalisation.** ③ *À l'exclusion de. Vous avez le droit de manger normalement, à l'exclusion des mets épicés :* **à l'exception de ;** → EXCEPTÉ, SAUF II.

exclusif ① *Un droit exclusif :* ↓ **particulier, propre, spécial.** ② *Un souci exclusif :* → UNIQUE. ③ [qqn est ~] → ABSOLU II.

exclusive → INTERDIT II.

exclusivement → SEULEMENT, UNIQUEMENT.

exclusivité
① → APANAGE. ② → NOUVELLE.

excommunication → COMMUNION.

excommunier → CHASSER.

excréments ① *Les excréments humains* [sout.] : **déjections, matières fécales, fèces, selles ◆** [fam.] **crotte, caca ◆** [vulg.] **merde ;** → SALETÉ. ② [en parlant d'animaux] **fiente** (d'oiseaux), **crotte** (de chien, de lapin, de chèvre), **crottin** (de cheval), **bouse** (de vache), **chiasse, chiure** (d'insectes).

excrétion → ÉCOULEMENT, ÉLIMINATION.

excroissance → SAILLIE.

excursion → PROMENADE, CAMPAGNE I.

excusable → COMPRÉHENSIBLE, DÉFENDABLE, PARDONNABLE, SUPPORTABLE, TOLÉRABLE.

excuse ① → PRÉTEXTE, RAISON II. ② → REGRET. *Présenter ses excuses :* **s'excuser*.**

excuser → JUSTIFIER, PARDONNER, TOLÉRER.

◇ **s'excuser** → EXCUSE, DEMANDER PARDON*, REGRETTER.

exécrable → ABOMINABLE, DÉFAVORABLE, MAUDIT, VILAIN.

exécration → DÉTESTER.

exécrer → DÉTESTER, MAUDIRE, VOMIR.

exécutable → RÉALISABLE.

exécutant Dans un ensemble musical (chorale, orchestre), *exécutant* est un terme générique pour **musicien, choriste, chanteur** et même parfois **soliste.**

exécuter
I ① → ACCOMPLIR, PROCÉDER III, RÉALISER I, SATISFAIRE. ② → INTERPRÉTER.

II *Le prisonnier a été exécuté à l'aube* (= mettre à mort un ennemi ou un condamné selon la loi, dans les pays où la peine de mort existe) : [en partic.] **décapiter,** [fam.] **couper le cou ◆ lapider, fusiller, électrocuter ◆ achever** (= donner le coup de grâce) ; → RECTIFIER, SUPPLICIER.

exécuteur → BOURREAU.

exécution
I *Les beaux principes sont séduisants : encore faut-il les mettre à exécution :* **mettre en pratique, en application ;** → ACCOMPLISSEMENT*.

II → INTERPRÉTATION.

III [~ de qqn] → MISE À MORT*.

exégèse → INTERPRÉTATION.

exégète → INTERPRÈTE.

exemplaire
I [n.m.] ① → COPIE II, NUMÉRO. ② *Voici un bel exemplaire d'amanite phalloïde :* **spécimen ;** → ÉCHANTILLON.

II [adj.] *Il a été d'une sagesse exemplaire :* **parfait*, remarquable ◆ un exemple de** (être un exemple de sagesse) ; → IRRÉPROCHABLE. *C'est un élève exemplaire :* **modèle.**

exemple ① *Ce garçon est un exemple de courage :* **modèle ;** → EXEMPLAIRE. *C'est l'exemple même du garçon courageux :* **image, type.** ② *Cette église est le seul exemple de style roman que je connaisse dans la région :* **spécimen ;** → CAS. *Voici un bel exemple de son idiotie :* **échantillon, aperçu ;** → IDÉE. *Donner l'exemple :* → MONTRER LE CHEMIN*. *À l'exemple de. Il sera marin, à l'exemple de son grand-père :* **image,** [rare] **à l'instar,** [plus cour.] **comme.** *Sans exemple. Il a été d'une grossièreté sans exemple :* **sans précédent, inouï ;** → EXTRAORDINAIRE. ③ *Par exemple. J'aime sortir avec vous ; par exemple, dans* *la campagne* : **ainsi**. *Çà par exemple !* : **çà alors !** ; → MAIS I.

exempt ① *Il est exempt du service militaire* : [plus cour.] **dispensé**. ② → NET DE.

exempter → ALLÉGER, DISPENSER I.

exemption → DISPENSE.

exercé → EXERCER.

exercer ① → ENTRAÎNER II. *Avant les vacances, il faut exercer ses muscles aux efforts physiques* : [plus génér.] **habituer**. *Exercer sa mémoire* : → ENTRETENIR. ② *Trouvera-t-il un métier où exercer son talent ?* : [plus génér.] **occuper** ; → REMPLIR. *Exerce-t-il encore ?* (qui se dit en parlant de professions libérales) : [plus génér.] **travailler** ; → PRATIQUER.

◇ **s'exercer** ① → S'ENTRAÎNER. ② *Il s'exerce autour de nous de pernicieuses influences* [sout.] : [plus cour.] **se manifester**, [plus fam.] **sentir** (*on sent...*) ; → S'ÉTENDRE*.

◇ **exercé** → ADROIT. *Il a l'oreille très exercée* : **fin** (qui n'implique pas qu'il s'agisse du résultat d'une longue pratique). *Regarder d'un œil exercé* : **averti**.

◇ **exercice** ① *Son habileté est le fruit d'un long exercice* : **pratique, travail** (*le fruit de beaucoup de travail*) ◆ [plus génér.] **expérience, habitude** ; → ENTRAÎNEMENT II. ② *Il déteste les exercices de mathématiques* : **devoir** (qui désigne une tâche souvent plus importante et construite). *Prendre de l'exercice* : → MOUVEMENT. *Exercice militaire* : → MANŒUVRE II. *Exercice physique* : → SPORT. ③ *Ce médecin est-il encore en exercice ?* : **activité** ; → EXERCER.

exergue → INSCRIPTION.

exhalaison, exhalation → EFFLUVE.

exhaler → DÉGAGER, RÉPANDRE, SUER.
◇ **s'exhaler** → SORTIR I.

exhausser → ÉLEVER I.

exhaustif → COMPLET.

exhiber
① → MONTRER, PRÉSENTER. ② → ÉTALER II.
◇ **s'exhiber** → SE DONNER EN SPECTACLE*.

exhibition ① → PRÉSENTATION. ② → ÉTALAGE.

exhibitionniste → SATYRE.

exhortation → ENCOURAGEMENT.

exhorter → ENCOURAGER, POUSSER III, PRESSER II.

exhumer → DÉTERRER, RETIRER.

exigé → OBLIGATOIRE.

exiger ① [qqn ~] : *Il exige ton départ, que tu partes* : → DEMANDER, RÉCLAMER, VOULOIR. ② [qqch ~] *La tempête exige que nous nous arrêtions* : → REQUÉRIR. *La situation exige notre attention* : → MÉRITER, COMMANDER I, APPELER I.

◇ **exigeant** ① *Avoir un caractère exigeant* : **difficile**. *Un homme exigeant* : **sévère***, [péj.] ↑ **pointilleux, sourcilleux** (qui se disent en parlant des qualités morales). *De qqn qui est pointilleux*, on dit : [fam.] **il coupe, il fend les cheveux en quatre** ; → DÉLICAT, INTRANSIGEANT, STRICT. *Un enfant exigeant* : [express.] **enfant roi** ◆ ↑ **tyrannique**. ② *Médecin ? C'est un métier très exigeant !* : ce mot recoupe les divers sens de **absorbant, accaparant,** ↑ **envahissant, délicat, pénible***.

◇ **exigence** ① → DEMANDE. ② *Il faut accepter les exigences de la situation* : **impératif** ; → DEMANDE, OBLIGATION. *Exigences de prix* : → CONDITION II. ③ *Dans le domaine de la morale, elle est d'une grande exigence* : **exigeant*** (*très...*) ◆ **rigueur** ◆ [péj.] ↑ **rigorisme***.

exigu → ÉTROIT, MINUSCULE, PETIT.

exiguïté → ÉTROITESSE, PETITESSE.

exil ① *Être condamné à l'exil* : **bannissement** ◆ **déportation** ; *exil et déportation* s'appliquent, en droit, à la peine infamante de ne plus pouvoir séjourner sur le sol natal ; mais le second s'emploie en outre couramment au sens d'internement dans un camp à l'étranger (*la déportation des Juifs par les nazis*) ; → DÉPART I, RELÉGATION. ② [au fig., soutenu] ↓ **séparation***.

◇ **exiler** [de exil] : **déporter** ; → BANNIR.
◇ **s'exiler** → FUIR.

exil

327

◇ **exilé** : banni, déporté ; → ÉTRANGER II.

existant

I → EN VIGUEUR II.

II → STOCK.

existence ① → PRÉSENCE. ② → VIE.

exister ① *Il existe de nombreuses sortes de sapins* : [en partic.] **on rencontre, on observe, on trouve ;** → AVOIR III, ÊTRE I. ② → SUBSISTER, VIVRE. ③ → SE POSER.

exode → ÉMIGRATION.

exonération → DISPENSE.

exonérer → ALLÉGER, DISPENSER I.

exorbitant → INABORDABLE, DÉMESURÉ, ÉCORCHER, À PRIX D'OR*.

exorbité → OUVERT.

exorciser *Il s'efforce d'exorciser le mauvais sort qui le poursuit* : **conjurer.**

◇ **exorcisme** Se dit d'une pratique religieuse par laquelle on chasse les démons : **conjuration** (qui peut, en outre, désigner une pratique magique).

exorde → PRÉLIMINAIRE.

exotique ① *Une fleur exotique* : [en partic.] **tropical.** ② *Il a des habitudes assez exotiques* : **bizarre*.**

expansif → COMMUNICATIF, DÉMONSTRATIF, EXPANSION.

expansion ① *L'expansion coloniale* est le résultat de l'**expansionnisme** (= politique visant à l'expansion sur d'autres territoires). ② *L'expansion de la culture américaine* : → DÉVELOPPEMENT I. *L'expansion de la vente de produits biologiques* : **croissance,** ↑ **explosion ;** → FLORISSANT. ③ *L'expansion des sentiments* est le propre de celui qui est **expansif* ;** → DÉMONSTRATIF, DÉBORDEMENT.

expansionnisme → IMPÉRIALISME.

expansionniste → IMPÉRIALISTE.

expatrier (s') → ÉMIGRER.

expectorer → CRACHER.

expédié → MAL FINI*.

expédient *Il cherche vainement un expédient pour sortir de cette impasse* : [n.f.] **échappatoire ;** → PALLIATIF, RESSOURCE, MOYEN II, ACROBATIE.

expédier ① → ENVOYER. ② → CONGÉDIER, SE DÉBARRASSER.

expéditif ① → PROMPT. ② → SOMMAIRE.

expédition

I → CAMPAGNE II, MISSION, VOYAGE.

II → ENVOI, TRANSPORT I.

expérience ① *Faire des expériences* : → OBSERVATION I, COBAYE, ESSAI. ② *Faire, avoir l'expérience de* : **expérimenter ;** → APPRENTISSAGE, CONNAÎTRE, GOÛTER I. ③ *Avoir de l'expérience* : → HABITUDE, MÉTIER, EXERCICE.

expérimental, expérimentation → ESSAI.

expérimenté → ADROIT.

expérimenter ① → ESSAYER, TÂTER, EXPÉRIENCE, GOÛTER. ② → VÉRIFIER.

expert

I [adj.] → ACCOMPLI, COMPÉTENT.

II [n.] → MAÎTRE III, SAVANT I, SPÉCIALISTE.

expertise → ESTIMATION, VÉRIFICATION.

expertiser → ESTIMER II.

expiation → EXPIER.

expier ① *On lui a fait durement expier son imprudence* : **payer* ;** → PUNIR. ② [partic. aux religions chrétiennes] *Jésus est venu pour expier le péché des hommes* : **racheter ;** → RÉPARER*.

◇ **expiation** *Il a décidé de partir en pèlerinage pour l'expiation de ses péchés* : **rachat, réparation.** On ne confondra pas l'*expiation*, peine imposée et généralement acceptée comme remède à une faute, et le **châtiment,** peine imposée comme sanction d'une faute.

expirant → MOURANT.

expiration → FIN.

expirer

I *Inspirez, puis expirez !* [didact.] : [cour.]
souffler ; → ASPIRER I, RESPIRER.
II ① → MOURIR, RENDRE LE DERNIER
SOUFFLE*. ② → SE TERMINER.

explicable → COMPRÉHENSIBLE.

explication → EXPLIQUER.

explicitation → EXPLICATION.

explicite ① [en termes de droit] *Les deux
sociétés sont liées par une convention explicite* : **exprès* ;** → PRÉCIS I. ② → CLAIR,
NET.

◇ **explicitement** *Le texte dit explicitement
que nous sommes en droit de revendiquer cet
héritage* : **en toutes lettres, formellement**
(on dirait aussi : *le texte est formel sur ce
point : nous sommes...*), ↓ **clairement.**

◇ **expliciter** *Cette clause est parfaitement
explicitée* : ↓ **formulée.**

expliquer ① *Il nous a expliqué ses intentions* : **exposer** ◆ ↑ **expliciter** (= rendre
explicite, c'est-à-dire clair et net) ;
→ DIRE, DÉVELOPPER III. ② *Explique-nous
comment cet appareil fonctionne* : **montrer ;** → APPRENDRE. *Comment allez-vous
expliquer cette absence de plusieurs jours ?* :
↑ **justifier ;** → MOTIVER. *Expliquer un
texte* : **commenter** (en emploi didact.,
expliquer c'est suivre le texte dans son
ordre et son détail, *commenter* c'est en
donner une interprétation plus synthé-
tique) ; → ÉCLAIRCIR, INTERPRÉTER.

◇ **s'expliquer** ① *Elle tentait vainement
de s'expliquer : tout l'accablait* : ↑ **se
justifier* ;** → SE DÉFENDRE. ② *Ils se sont
expliqués pendant une heure : il y avait de
l'orage dans l'air !* : **avoir une explication ;**
→ DISPUTE. ③ *Il a perdu, mais cela s'explique !* : **se comprendre.**

◇ **explication** ① **exposition, explicitation.**
② *Ce dessin aurait besoin de quelques
explications* : **commentaire,** [dans ce
contexte] **légende ;** → NOTE. *L'explication
d'un texte* : **commentaire** ◆ [partic.] **éclaircissement, élucidation** (qui se disent généralement d'explications ponctuelles, particulières) ; → INTERPRÉTATION, PARAPHRASE.
③ → CAUSE I, RAISON II. ④ → DISPUTE,

RÈGLEMENT DE COMPTE* II. *Demander des
explications* : → COMPTE II.

exploit ① *Comme tous les chasseurs, il
aimait raconter ses exploits* : **prouesse**
◆ **haut fait** (qui ne se dit qu'en parlant de
choses de la guerre). ② *Les championnats
d'Europe d'athlétisme ont été marqués par
une série d'exploits* : ↓ **performance** (même
sens qu'*exploit* : *brillante performance*),
record (qui implique une constatation
officielle enregistrant la performance
accomplie) ; → SUCCÈS. ③ *Être à l'heure,
c'est un exploit !* : **prouesse, performance,
tour de force ;** → EXTRAORDINAIRE.

exploitable ① *Une terre exploitable* : que
l'on peut **exploiter* I.** ② *Un document exploitable* : **exploiter* II.**

exploitant → AGRICULTEUR.

exploiter

I *Il savait l'art d'exploiter une terre
pour en tirer le meilleur rendement* : **faire
valoir ;** → TIRER PROFIT*.

◇ **exploitation** *Il est à la tête d'une très
belle exploitation* : **ferme** (qui se dit d'une
exploitation agricole), **plantation** (qui se
dit de l'exploitation agricole des pays tro-
picaux) ; → ÉTABLISSEMENT.

II ① *Il ne sait pas exploiter ses documents* : **utiliser, tirer parti de.** ② *Il faut
exploiter la situation* : **tirer parti de, profiter.** ③ *Exploiter qqn, c'est* **abuser** de
ses forces, de son travail pour en tirer
profit ; → SOUS-PAYER, VOLER II, FAIRE
TRAVAILLER* II.

◇ **exploiteur** *Il disait que tous les intermédiaires étaient des exploiteurs* : ↓ **profiteur,**
↑ **spoliateur** ◆ [fam.] **chacal, charognard,
sangsue, vampire, vautour.**

explorateur → VOYAGEUR.

exploration ① → VOYAGE. ② *Exploration
d'une question, exploration médicale* :
→ EXAMEN.

exploratoire → PRÉALABLE.

explorer → ÉTUDIER, PROSPECTER, RECON-
NAÎTRE.

exploser ① → ÉCLATER I, PÉTER, SAUTER.
② → FULMINER. ③ → AUGMENTER.

329

explosif ① [n.m.] → POUDRE. ② [adj.] → TENDU.

explosion ① → DÉTONATION, ÉCLATEMENT. ② → DÉBORDEMENT, JAILLISSEMENT. ③ → AUGMENTATION.

exponentiel → RAPIDE.

exportateur → COMMERÇANT, INTERMÉDIAIRE.

exportation → COMMERCE I.

exporter → ÉTRANGER II.

exposé → DÉVELOPPEMENT II, JUS.

exposer

I [~ qqch] → ÉNONCER.

II [~ qqch] ① *Exposer la marchandise à vendre*, c'est à la fois **montrer, étaler** et **placer** ; → PRÉSENTER. ② *Exposer une maison au sud* : **orienter**, [plus génér.] **placer**. *Bien exposé* : → SITUÉ. *Exposer un métal à la chaleur* : **soumettre**.

III [~ qqn] → COMPROMETTRE, DÉCOUVRIR, JOUER II.

◇ **s'exposer (à)** *En ne lui obéissant pas, il s'expose à des représailles* : [constr. dir.] **encourir, risquer** ; → BRAVER, PRÊTER LE FLANC À, ÊTRE EN BUTTE À, DONNER PRISE À.

◇ **exposition** ① → PRÉSENTATION. ② *Une exposition industrielle, agricole, commerciale* : **foire-exposition,** [abrév.] **foire**. *Une exposition périodique de peintures* : **salon**. *L'inauguration d'une exposition* : **vernissage** ; → RÉTROSPECTIVE. ③ *Cette maison jouit d'une bonne exposition* : → SITUATION I. *Exposition au soleil* : → BRONZAGE.

exprès [adv.] ① *Le faire exprès* : → DÉLIBÉRÉMENT, VOLONTAIREMENT. *Sans le faire exprès* : → PAR MÉGARDE*. ② → SPÉCIALEMENT.

exprès [adj.] *Une interdiction expresse de faire qqch* : **absolu, formel**. *Une convention expresse* : → EXPLICITE.

express → CAFÉ II.

expressif, expression → EXPRIMER.

exprimable → FORMULABLE.

exprimer ① → ÉNONCER. ② *Il ne savait comment exprimer sa joie* : **dire*** (qui ne se rapporte qu'aux paroles) ◆ **manifester, extérioriser** (qui impliquent une expression plus visible, publique) ◆ **traduire** (qui rend visible le sentiment par une expression particulière) ; → REPRÉSENTER.

◇ **s'exprimer** ① *Il a beaucoup de mal à s'exprimer en public* : [plus cour.] **parler***. *C'est un homme discret qui aime peu s'exprimer* : **s'extérioriser** ; → SE MANIFESTER. ② → S'ACCOMPLIR.

◇ **expressif** *Un geste expressif* : **significatif** ; → ÉLOQUENT, PARLANT. *Un visage expressif* : → VIVANT, PITTORESQUE. *Avoir un langage expressif* : **coloré** ◆ ↑ **haut en couleur** ; → MOBILE I.

◇ **expression** ① *Voici une expression que je ne connaissais pas : appartient-elle au français courant ?* : **tour, tournure, locution** ; → FORMULE. *Expression particulière à une langue* : **idiotisme** ◆ **gallicisme** (= propre au français). ② *On devinait à son expression que son moral était au plus bas* : **mine, figure, visage, mimique** ; → MASQUE, AIR III, TON. *Une musique, une poésie pleine d'expression* : **chaleur, vie** ; → FERVEUR. *Sans expression* : → TERNE. ③ *La loi est-elle l'expression du peuple ?* : [didact.] **émanation** ◆ ↑ **incarnation**. *Son attitude est l'expression d'un profond désarroi* : **manifestation** ; → EXPRIMER.

exproprier → CHASSER.

expulser → BANNIR, CHASSER, REFOULER, SORTIR I.

expulsion *Leur organisation a décidé de mettre de l'ordre : on ne compte plus les expulsions* : [rare] **éviction** ◆ ↓ **exclusion** (qui n'implique pas l'idée de violence comprise dans les précédents) ◆ **évincement** (qui se dit du fait d'être chassé d'une place convoitée par un autre) ◆ **renvoi, mise à la porte** (qui se disent souvent en parlant d'un employé à qui l'on donne son congé, d'un élève chassé d'un établissement scolaire) ; → ÉPURATION. *L'expulsion d'un étranger* : [en partic.] **reconduite à la frontière**.

expurger → ÉPURER.

exquis ① [qqch est ~] → AGRÉABLE, DÉLICAT, SAVOUREUX. ② [qqn est ~] → DÉLICIEUX, AIMABLE.

exsangue ① → LIVIDE. ② → ÉPUISER, SAIGNER.

exsuder → SUINTER.

extase → IVRESSE, RAVISSEMENT. *Être en extase* : → ADMIRER.

extasié : être en extase* ; → S'EXTASIER, EXTATIQUE.

extasier (s') *Chacun s'extasiait devant tant de splendeur* : [sout.] **se pâmer d'admiration ; → ADMIRER.

extatique (= qui a les caractères de l'extase) s'emploie aussi comme syn. de **extasié**, au fig. : *Il la regardait d'un air extatique, extasié.*

extensible → ÉLASTIQUE.

extension → AMPLIFICATION, DÉVELOPPEMENT.

extenso (in) → COMPLÈTEMENT, INTÉGRALEMENT.

exténuer → FATIGUER, TUER.
◇ **s'exténuer** → SUER* SANG ET EAU.

extérieur

I [adj.] ① *La partie extérieure d'un objet* : **externe**. *Une aide extérieure* : → ÉTRANGER I. ② *Ne vous y trompez pas : son affabilité n'est qu'extérieure* : **superficiel, de façade ; → APPARENT.**

II [n.m.] ① *C'est un enfant qui aime courir et sauter : il ne se plaît qu'à l'extérieur* : **dehors** ; → PLEIN* AIR. ② *Il est superficiel et ne regarde que l'extérieur des choses* : **apparence** (au pl. s'emploie sans compl. : *les apparences*), **surface.**

extérioriser → EXPRIMER, MANIFESTER.

extermination *L'extermination d'une population* : **massacre, ↓ destruction* ; → GÉNOCIDE.**

exterminer → MASSACRER, TUER.

externe ① [adj.] → EXTÉRIEUR. ② [n.] → MÉDECIN.

extinction ① *L'extinction d'un incendie est le fait de l'éteindre*. ② *Une espèce en voie d'extinction* : **disparition.** ③ → ANNULATION.

extirpation → ARRACHAGE.

extirper → ARRACHER, SORTIR I.
◇ **s'extirper** → SE DÉGAGER.

extorquer
→ ARRACHER, SOUTIRER, VOLER II.

extorsion → CONCUSSION.

extra

I [adj.] ① → EXTRAORDINAIRE, SUPÉRIEUR I. ② → À L'AISE*, BIEN II.

II [n.m.] ① → SERVITEUR. ② → DÉPENSE.

extraction → NAISSANCE, ORIGINE.

extra-dry → SEC I.

extraire ① *Extraire d'un lieu* : → ARRACHER, BANNIR, ENLEVER, TIRER II, SÉPARER. ② *Extraire les idées d'un texte* : → DÉGAGER.

◇ **s'extraire** → SE DÉGAGER.

extrait ① *Il nous a lu des extraits de son dernier roman* : **passage**, [plus rare] **fragment ◆ citation** (qui se dit d'un extrait placé dans un autre texte) ; → MORCEAU* CHOISI, ABRÉGÉ. ② *Voici de l'extrait de lavande* : **essence.** *De l'extrait de café, de bouillon* : **concentré.**

extraordinaire : [abrév. fam.] **extra.** Cet adjectif sert de superlatif passe-partout à ce qui exprime l'étonnement, la grandeur, la rareté... *Il est d'une force extraordinaire* : **peu commun, exceptionnel.** *Vous venez avec nous ! çà c'est extraordinaire !* : **formidable, sensationnel,** [fam.] **au poil, extra, épatant, super.** *Elle a un courage extraordinaire* : **étonnant,** [fam., antéposé] **sacré ; → BEAUCOUP, ADMIRABLE, BIZARRE, COLOSSAL, DANTESQUE, DÉLICIEUX, TERRIBLE, SANS PRÉCÉDENT*, SURPRENANT, SINGULIER, SUBLIME, À TOUT CASSER*, PRESTIGIEUX, FASCINANT, FORT II, ÉTONNANT, SANS EXEMPLE*, INCROYABLE, INCONCEVABLE, MERVEILLEUX, SPÉCIAL, STUPÉFIANT.**

◇ **extraordinairement** *C'est un homme extraordinairement fort* : **exceptionnellement, extrêmement** ; → TRÈS.

extrapolation → EXTRAPOLER.

extrapoler *Faut-il extrapoler les résultats de notre économie à ceux de toute l'Europe ?* : **généraliser, transposer** ; → CONCLURE.

◇ **extrapolation** : **généralisation, transposition.**

extravagant → BIZARRE, ABSURDE I. *Une aventure extravagante* : **rocambolesque.** *Des prix extravagants* : → INABORDABLE.

◇ **extravagance** *Elle est connue pour son extravagance* : **excentricité** (qui implique qqch de plus ostentatoire dans la conduite) ; → BIZARRERIE, CAPRICE, FOLIE, LOUFOQUERIE. *Dire des extravagances* : → ABSURDITÉ.

extrême ① *Une solitude extrême, des moyens extrêmes* : → DERNIER, SUPRÊME, GRAND, LIMITE, PROFOND II. ② *C'est un pays aux hivers extrêmes* : ↓ **très rigoureux** ◆ [plus génér.] ↓ **difficile, excessif.** *Sport extrême* : → DANGEREUX. ③ [n.m.] *Son frère et lui sont vraiment les deux extrêmes !* : ↓ **opposé** (qui s'emploie plutôt comme adj. : *deux caractères opposés*) ◆ [express.] ↓ **être à l'opposé de,** ↑ **aux antipodes de** (*son frère et lui sont à l'opposé, aux antipodes l'un de l'autre*). *Les extrêmes en politique* : → EXTRÉMISTE. ④ [loc. adv.] *À l'extrême. Pousser les choses à l'extrême* : **à la dernière extrémité, à la dernière limite** (sing. ou pl.) ◆ [express.] **jusqu'à ce que la corde* casse** ; → DERNIER.

extrêmement → ON NE PEUT PLUS*, AU POSSIBLE, SUPRÊMEMENT, TERRIBLEMENT, TRÈS, TOUT IV.

extrême-onction On dit aussi par euphémisme **derniers sacrements** ; le sa-

crement **des malades** est administré aux malades qui le demandent sans pour autant être en péril de mort.

extrémiste *Les extrémistes de la politique.* Selon les partis et les époques, et selon les mentalités des locuteurs, ce terme peut désigner aussi bien un **anarchiste,** un **communiste,** un **révolutionnaire,** un **gauchiste,** un **réactionnaire** ; → AVANCÉ. Les termes **maximaliste, ultra, jusqu'au-boutiste,** [très péj.] **enragé, fanatique,** [rare] **boutefeu** sont de valeur plus générale ; → INTRANSIGEANT.

◇ **extrémisme** ① [selon les époques et les partis politiques] **anarchie, communisme, révolution, gauchisme, réaction, jusqu'au-boutisme** ◆ [plus génér.] **maximalisme** ; → FANATISME. ② *Il faut en tout fuir les extrémismes* : **excès.**

extrémité ① → BOUT, POINTE I. ② → AGONIE. ③ *La dernière extrémité* : → RETRANCHEMENT, EXTRÊME.

exubérant ① *La flore exubérante des tropiques* : → LUXURIANT. *Une imagination exubérante* : → DÉBORDANT, LUXURIANT. ② *C'est quelqu'un d'assez exubérant* : → COMMUNICATIF, DÉMONSTRATIF.

◇ **exubérance** ① → ABONDANCE, LUXURIANCE. ② *Comme beaucoup de Méridionaux, c'est un homme qui vous étonne par son exubérance* : **volubilité,** ↑ **truculence** (qui se rapportent aux manifestations verbales) ◆ [sout., souvent péj.] **faconde.**

exultation → JOIE.

exulter → SE RÉJOUIR, ÊTRE FOU DE JOIE*.

exutoire *Le sport est un bon exutoire pour les gens surmenés* : [fam.] **soupape de sécurité** ◆ ↓ **dérivatif, diversion** ; → DISTRACTION.

eye-liner → FARD.

F

fable ① **apologue** (= petite fable visant toujours à une conclusion morale) ; → CONTE, LÉGENDE, ROMAN. ② → MENSONGE. ③ *Être la fable de :* **être la risée.**

fablier → RECUEIL.

fabricant : [selon les contextes] **industriel, manufacturier, artisan** ; → CONSTRUCTEUR.

fabrication → COMPOSITION, CONSTRUCTION.

fabrique → USINE.

fabriquer ① → PRODUIRE I, COMPOSER I, FAÇONNER. ② *Qu'est-ce qu'il fabrique donc ?* : → FAIRE, TRAFIQUER. ③ *Fabriqué de toutes pièces :* → INVENTER.

fabulateur, fabulation → FABULER.

fabuler : **affabuler** ◆ [plus génér.] **inventer, imaginer** ; → MENTIR.

◇ **fabulation** : **affabulation** ◆ ↑ **mythomanie** (qui se dit d'une fabulation pathologique) ; → MENSONGE.

◇ **fabulateur** [de fabulation] : **affabulateur, mythomane** ; → MENTEUR.

fabuleusement → TRÈS.

fabuleux ① → IMAGINAIRE, LÉGENDAIRE. ② → COLOSSAL.

façade ① *La façade d'un magasin :* **devanture.** ② *De façade :* → EXTÉRIEUR I.

face ① → FIGURE I, VISAGE. ② *Envisager un problème sous toutes ses faces :* **aspects** (*envisager tous les aspects d'un problème*), [fam.] **sous toutes les coutures** ; → CÔTÉ. *Sauvez la face :* **apparences.** *Regarder qqn en face :* ↑ **droit dans les yeux** ◆ [fam.] **dans le blanc des yeux** ; → REGARD*. *Regarder les choses en face :* → ÊTRE DÉSABUSÉ*. *Faire face :* **faire front** ; → RÉSISTER. *Faire face aux dépenses nécessaires :* → SUBVENIR. *Faire face à l'imprévu :* → IMPROVISER. *Se faire face :* → S'OPPOSER. *Mettre en face :* → OPPOSER. *En face, face à face :* → TÊTE-À-TÊTE, VIS-À-VIS, EN PRÉSENCE*. *Changer de face :* **prendre une autre tournure, allure.**

facétie → PITRERIE, PLAISANTERIE.

facétieux → FARCEUR, MOQUEUR.

fâché → FÂCHER.

fâcher *Il m'a fâché par sa désinvolture :* [cour.] **contrarier, mécontenter** ; → ATTRISTER, IRRITER.

◇ **se fâcher** ① [~ avec qqn] → PRENDRE MAL* III, SE BROUILLER. ② *Si tu continues, je vais me fâcher !* : **se mettre en colère*** ◆ [en partic.] **se vexer*** ; → S'IRRITER.

◇ **fâché** ① *Ils sont fâchés (ensemble)* : **brouillé** ; → EN FROID*. ② *Je suis fâché de ce qui vous arrive :* **désolé, navré** ; → MÉCONTENT.

◇ **fâcherie** *Ils sont très amoureux : leur fâcherie ne durera pas !* : **brouille** ; → BOUDERIE.

fâcherie → FÂCHER.

fâcheux

fâcheux ① [adj.] → DÉSAGRÉABLE, DOM-
MAGE, REGRETTABLE, MALENCONTREUX, TRIS-
TE II, MALHEUREUX. ② [n.] → IMPORTUN.

faciès → FIGURE I.

facile

I [qqch est ~] *Aller au sommet de la montagne, par ce temps c'est facile !* : [fam.]
fastoche ♦ [express. fam.] **c'est du billard,
du gâteau ; →** AISÉ, JEU II, DU TOUT CUIT*,
POSSIBLE. *Une question facile* : **simple***
♦ ↓ **abordable***. *Mener une vie facile* :
doux, tranquille, [fam.] **se la couler douce.**
Pas facile : → DIFFICILE.
II [qqn est ~] ① → DOCILE, SOCIABLE.
② *C'est une femme facile* : **légère.**

facilement *Vous y arriverez facilement* :
[plus sout.] **aisément, sans difficulté, sans
effort** ♦ [plus fam.] **comme une fleur, les
doigts dans le nez, comme dans du beurre**
(*ça rentre comme dans du beurre*) ; → AU
MOINS*, COMME UNE LETTRE* À LA POSTE,
SANS PEINE*, SANS PROBLÈME, AISE, COMME
DES PETITS PAINS*.

facilité ① [de facile I] *Le problème était
d'une facilité surprenante* : **simplicité.**
② *Pour plus de facilité* : → COMMODITÉ.
Avoir la facilité de : → LATITUDE. ③ *Il a
écrit avec beaucoup de facilité* : **aisance ;**
→ NATUREL. [pl.] *Il a beaucoup de facilités
pour écrire* : **aptitude, disposition, prédisposition ; →** CAPACITÉ I. ④ → DOCILITÉ.

faciliter → AIDER, MÂCHER* LE TRAVAIL,
SIMPLIFIER.

façon

I Dans tous les contextes qui suivent,
manière est un syn. exact de *façon.* ① *De
quelle façon ?* : → COMMENT, À QUELLE SAU-
CE*, MOYEN II. *De cette façon* : → AINSI II.
*De telle façon que. Il faut vous habiller de
telle façon que vous ne craigniez ni le froid
ni la pluie* : **de sorte que, de manière que.**
La façon de vivre : → GENRE. *En aucune
façon* : **jamais ; →** CAS. *Vous ne me dérangez en aucune façon* : **nullement.** *À la façon
de. Il se conduit à la façon d'un novice* :
[plus cour.] **comme*.** *De la même façon* :
→ PAREILLEMENT, AINSI QUE. ② *Sans façon* :
→ SIMPLE. *Faire des façons* : → SIMAGRÉE,

MANIÈRE II, MINAUDERIE, CÉRÉMONIE. *Avoir
de drôles de façons* : → AIR, CONDUITE II.
II [de façonner] *La façon de cette jupe ne me
plaît pas beaucoup* : **coupe, forme** ♦ [rare]
facture ; → MAIN-D'ŒUVRE, TRAVAIL I.

faconde → EXUBÉRANCE.

façonner ① *Il passait son temps à façonner des branches de noisetier pour en faire
des cannes* : **travailler ; →** PÉTRIR, MOULER,
SCULPTER. ② *Cette pièce n'a pas été façonnée
dans nos ateliers* : **confectionner, fabriquer**
♦ [génér.] **faire** ♦ **usiner** (= façonner une
pièce sur une machine-outil). ③ *Façonner
qqn, un caractère* : → ASSOUPLIR, ÉDUQUER.

façonnier → FORMALISTE.

fac-similé → COPIE.

facteur *Son dynamisme est un des facteurs
importants de sa réussite* : [plus génér.] **élément, cause* ; →** AGENT I.

factice ① *Ne vous y trompez pas, toutes
ces moulures sont factices* : **postiche,** [plus
cour.] **faux, artificiel.** ② *Sa gaieté n'est
qu'une gaieté factice* : **artificiel** ♦ [antéposé]
faux ♦ [sout.] **feint** ♦ ↑ **forcé ; →** AFFECTÉ.

factieux → RÉVOLTÉ, SÉDITIEUX.

faction ① → PARTI I. ② *En faction* :
→ SENTINELLE, GARDE.

factionnaire → SENTINELLE.

facture ① → COMPTE. ② → STYLE, TRA-
VAIL I, FAÇON.

facultatif *Les matières facultatives sont
celles qui ne sont pas obligatoires* : **option-
nel.**

faculté

I ① *Vous avez échoué, mais vous avez la
faculté de vous présenter à la prochaine
session* [sout.] : [cour.] **possibilité ; →** POU-
VOIR I. ② *Faculté de produire, de nui-
re* : → CAPACITÉ I, PUISSANCE, POUVOIR II.
③ [pl.] *Elle est vieille et n'a plus toutes ses
facultés* : [assez fam.] **elle n'a plus sa tête
à elle** ♦ [fam.] **elle n'y est plus ; →** FOU.
Ses facultés de travail sont intactes : **forces,** [sing.] **potentiel, capacités*.**

334

II Une *faculté* (abrév. fam. : **fac**) est l'une des cellules de base d'une **université**.

fada → FOU.

fadaise → BÊTISE, FADEUR, GALANTERIE, PLATITUDE.

fadasse → FADE.

fade ① *Un mets fade* (= qui manque de piquant et dont la saveur déplaît ainsi au goût) : ↑ **insipide** (se dit de ce qui n'a aucune saveur) ◆ [fam.] **fadasse** ; → DOUX. *Rendre fade* : **affadir** ; *devenir fade* : **s'affadir** ; le résultat est un **affadissement**. ② *Son poème est assez fade* : ↑ **insipide** ; → PLAT **II**. *Une couleur fade* : → TERNE. *Un spectacle fade* : **ennuyeux*** ◆ ↑ **insipide**. *Une fade imitation* : → PÂLE.

◇ **fadeurs** *Il veut plaire, mais il ne dit que des fadeurs* : [plus cour.] **fadaises** ; → GALANTERIE.

fado → MÉLODIE.

fafiot → BILLET.

fagot ① *Je ferai rentrer quelques fagots avant l'hiver* : **bourrée, javelle** (qui ne s'emploient que dans certaines régions) ◆ **fascine** (= fagot serré servant à combler un fossé, à empêcher un éboulement) ; → BOTTE **I**. ② *Une bouteille de derrière les fagots*, c'est une **bonne, vieille** bouteille.

fagoté → VÊTU.

fagoter → VÊTIR.

faible

I [adj.] ① [physiquement] *Depuis sa maladie, il est resté très faible* : **affaibli** ◆ **fragile*** (qui se dit de celui qui, en raison de sa faiblesse, se défend mal contre la maladie : *cet enfant est fragile*) ◆ **convalescent** (= qui relève d'une maladie) ◆ ↑ **débile** (qui se dit de celui qui a une faiblesse congénitale) ◆ **chétif** (qui se dit de celui dont la constitution est restée faible par manque de développement) ◆ ↑ **malingre, rachitique** enchérissent sur *chétif* ◆ [didact.] **asthénique** (qui se dit de celui qui est affaibli pour des raisons neuropsychiques) ◆ **anémi-**

que (qui se dit de celui qui est habituellement affaibli par appauvrissement du sang) ◆ **anémié** (qui se dit de celui qui a été rendu anémique) ◆ **déficient** (qui se dit de celui qui est atteint d'une insuffisance physique ou mentale) ; → DÉLICAT. ② *D'un individu faible, manquant de force physique, on dit* [fam.] **gringalet, freluquet,** ↑ **mauviette,** ↑ **avorton ;** → DEMI-PORTION. *Je me sens faible, ce matin !* : ↑ **mal** ◆ [fam.] **avoir les jambes comme du coton ;** → MALADE, FATIGUÉ. ③ [moralement ou intellectuellement] *Il se sentait faible pour lutter contre tant de mauvaise foi* : **désarmé, impuissant**. *Cet élève reste faible en dépit de ses efforts* : [plus péj.] ↑ **médiocre** ◆ ↑ **mauvais* I** (*mauvais en mathématiques*). *Un caractère faible* : **mou*, lâche***. ④ [qqch est ~] *Une voix faible* : → BAS **I**, FLUET, MOURANT. *Une faible protestation* : → MOU. *Une lumière trop faible* : **insuffisant ;** → PÂLE, VAGUE **III**. *Une faible pente* : → DOUX. *Un faible bruit* : [postposé] ↑ **imperceptible ;** → INSENSIBLE. *À faible vitesse* : → RÉDUIT. *Une faible quantité d'eau* : [plus cour.] **petit ;** → MAIGRE. *Le point faible de qqn* : → FAIBLESSE.

II [n.] ① *Son idéal était de défendre les faibles* : **petit** ◆ [partic.] **opprimé*, pauvre***. *Faible d'esprit* : → SIMPLE, DÉBILE. ② *Avoir un faible pour* : → PENCHANT, PRÉFÉRENCE.

◇ **faiblement** ① *Il a protesté beaucoup trop faiblement pour obtenir gain de cause* : **mollement**. ② *La lumière éclairait trop faiblement la pièce pour qu'on puisse lire* : **peu*, insuffisamment**.

◇ **faiblesse** [de faible **I**] ① **affaiblissement, fragilité, débilité, déficience, anémie, asthénie**. *Avoir une faiblesse* : → DÉFAILLANCE. *Faiblesse d'esprit* : → DÉBILITÉ. ② [de faible **I** ③] **impuissance, médiocrité**. *Il est bon grimpeur, mais mauvais contre la montre : c'est sa faiblesse* : **point faible**, [express.] **talon d'Achille ;** → INFÉRIORITÉ. *Les faiblesses de qqn* : → DÉFAUT **II**. *Faiblesse de caractère* : → MOLLESSE, LÂCHETÉ. ③ *La faiblesse de ce roman est consternante* : **pauvreté, médiocrité*, indigence** ◆ ↑ **insignifiance**. *Son argumentation est pleine de faiblesses* : ↑ **lacune** ◆ [fam.] **trou ;** → MANQUE. ④ *La faiblesse de ses revenus*

ne lui permet pas de partir en vacances :
[plus rare] **indigence, petitesse, médiocrité.**
La faiblesse d'un raisonnement : **fragilité,**
↓ **point faible.** *Avoir une faiblesse pour :* **un**
faible pour ; → PENCHANT, PRÉFÉRENCE.

faiblir ① [qqch ~] → DÉCLINER II, DIMINUER,
TOMBER, LÂCHER, MOLLIR, SE RELÂCHER.
② [qqn ~] → DÉFAILLIR, FLÉCHIR.

faïence → CÉRAMIQUE.

faille ① → DÉFAUT II. ② *Une faille dans*
notre amitié : → FISSURE.

faillible → SE TROMPER.

faillir *Faillir à ses obligations, faillir tom-*
ber : → MANQUER II.

faillite ① *En période de crise économi-*
que, on assiste à des faillites spectaculai-
res : **banqueroute** (qui se dit d'une faillite
frauduleuse) ◆ **liquidation judiciaire** (qui
n'implique pas que l'on soit dessaisi de
son patrimoine, contrairement à ce qui
se passe dans une *faillite*) ◆ **krach** (qui se
dit d'un grand désastre financier). *Faire*
faillite : **déposer le bilan** ◆ [fam.] **boire le**
bouillon. *Il est au bord de la faillite :* [fam.]
déconfiture, débâcle ; → RUINE. ② *Sa ten-*
tative de conciliation s'est soldée par la
faillite : **déconfiture ;** → ÉCHEC.

faim ① **fringale** (qui se dit d'une faim
subite et pressante), **boulimie** (qui se
dit d'une faim continuelle). *Avoir faim :*
↑ **être affamé** ◆ [fam.] **avoir la dent**
◆ [fam.] ↑ **avoir l'estomac dans les talons,**
avoir l'estomac creux ◆ [fam.] ↑ **crever**
de faim ◆ ↑ [fam.] **avoir très faim, avoir**
une faim de loup ◆ ↑ [sout.] **avoir grand**
faim ; → MANGER DE LA VACHE* (I) EN-
RAGÉE. *Cela donne faim :* [fam.] **creuser.**
② *Ce pays souffre de la faim :* [didact.]
sous-alimentation ◆ ↑ **famine** ◆ **disette,**
[didact.] **pénurie alimentaire** (se disent
d'une insuffisance de vivres) ◆ [didact.]
dénutrition, malnutrition (se disent d'une
nourriture insuffisante ou mal équili-
brée) ; → INSUFFISANCE. *Mourir de faim :*
d'inanition. ③ *Avoir faim de culture, de*
tendresse : **soif** ◆ ↑ **être affamé ;** → DÉSIR.

fainéant → PARESSEUX.

fainéantise → PARESSE.

faire Ce verbe est, avec *être*, le verbe par
excellence : il peut remplacer, étant de
sens très général, un très grand nombre
de verbes français (*faire, construire une*
maison ; faire, allumer du feu, etc.) ; il joue
le rôle de pro-verbe (*c'est lui qui élève ses*
enfants, et il le fait bien) ; il sert à former
des périphrases verbales (*faire de la pein-*
ture, peindre ; faire du dessin, dessiner) ;
il entre dans un nombre considérable de
locutions (*faire état de, faire semblant de,*
etc.). C'est dire qu'il est impossible de
recenser ses syn., qui varient considérablement selon les contextes. ① *Faire un*
bouquet, un livre, un numéro, une tarte,
etc. : → COMPOSER, FAÇONNER, ÉLABORER,
PRÉPARER, CRÉER, BÂTIR, PRODUIRE I. *Faire*
du russe : → APPRENDRE. *Faire un enfant :*
→ CONCEVOIR. *Faire naître :* → ENGEN-
DRER. *Faire carrière, faire son chemin :*
→ RÉUSSIR. ② *Faire les vitres, la chambre :*
→ NETTOYER. *C'est lui qui fait le travail :*
→ S'ENVOYER, TRAVAILLER I, ACCOMPLIR,
S'ENFILER. *Qu'est-ce que tu fais en ce mo-*
ment ? : [fam.] **fabriquer, ficher, foutre ;**
→ FRICOTER. *Ne rien faire :* → PARESSER.
C'est mon collègue qui fait la campagne :
visiter. ③ *Faire les cartes :* → DONNER.
④ *Faire ses besoins :* → DÉFÉQUER, URINER.
⑤ *Il n'a pas pu venir, mais cela ne fait*
rien : [plus sout.] **ne pas avoir d'importance,**
n'avoir aucune importance, [fam.] **qu'est-**
ce que ça fait ? ; → IMPORTER. *Ça me fait*
quelque chose : → TOUCHER II. ⑥ *Il y a de*
quoi faire : → S'OCCUPER. ⑦ *Ils sont faits*
l'un pour l'autre : → NAÎTRE. ⑧ *Faire deux*
kilos, cent euros, etc. : → PESER, VALOIR I.
⑨ *Faire le clown :* → CLOWN. *Il sait bien*
faire le politicien : **imiter*.**

◇ **se faire** ① → ACCLIMATER, S'ACCOMMO-
DER. ② *Il se fait vieux :* **devenir.** *Il se fait*
tard, je me sauve : **être.** ③ *Cela se fera :*
→ SE RÉALISER. *Cela se fait :* → SE PRATI-
QUER. ④ *Le silence se fait :* → RÉGNER.

◇ **s'en faire** ① → SOUCI, SE GÊNER. ② *Ne*
pas s'en faire. Il ne s'en fait pas, celui-là ! :
[fam.] **il ne se casse pas la tête, ne se fait**
pas de bile ◆ [très fam.] **il ne se casse pas**
la nénette, le cul ; → SE LA COULER* (II)
DOUCE.

faire-part → INVITATION.

fair-play [anglic.] Recomm. off. : **franc-jeu** ; → FRANC. *Faire preuve de fair-play* : **sportivité, esprit sportif.** *C'est un joueur très fair-play* : **sport***, [plus génér.] **correct.**

faisabilité → VIABILITÉ.

faisable → POSSIBLE, RÉALISABLE, VIABLE.

faisandé → AVANCÉ, CORROMPU.

faisceau → ENSEMBLE.

faiseur → FANFARON.

fait

I [adj.] ① *Il a quarante ans : c'est un homme fait* : **mûr, dans la force de l'âge.** ② *Un homme bien fait* : → BÂTI. *Une femme bien faite* : [fam.] **balancé** ; → BEAU. ③ *Te voilà fait !* : → BON I. ④ *Il a été puni ? c'est bien fait !* : **tant mieux !** ◆ [fam.] **tant pis pour lui !** ⑤ *Les couturières sont très chères : je n'achète que du tout fait* : [plus sout.] **prêt-à-porter.** ⑥ *Il a des idées toutes faites sur la question* : **préconçu, préjugé** ; → PONCIF.

II [n.m.] ① *Un cambriolage ? C'est un fait banal dans le quartier* : **événement, incident** (= fait d'ordre mineur). *Un fait observable* : → PHÉNOMÈNE. *Se heurter aux faits* : **réel, réalité** ; → CONCRET. *La chronique des faits divers* : [fam., péj.] **chiens écrasés.** ② *Hauts faits* : → EXPLOIT. *Faits marquants* : → ÉVÉNEMENT. ③ *Au fait* : → À PROPOS* II. *En fait* : → PRATIQUEMENT, RÉELLEMENT, CONCRÈTEMENT, OU PLUTÔT*, VÉRITABLEMENT, VRAI (*à dire vrai*). *En fait de* : → MATIÈRE II. *De fait* : → EFFECTIVEMENT. *Tout à fait* : → ABSOLUMENT, PARFAITEMENT, EXACTEMENT. *Sur le fait* : → DÉLIT (*en flagrant délit*). *Du fait de* : → VU I.

faite → COMBLE I, SOMMET.

fait-tout → MARMITE.

falbala → VOLANT II.

fallacieux → TROMPEUR.

falloir ① *Il faudrait que nous allions le voir* : [moins cour.] **être nécessaire,** [sout.] **convenir** (qui implique l'idée de bienséance) ◆ **devoir** (qui implique souvent l'idée d'obligation morale : *nous devrions aller le voir*) ◆ [rare] **il y a lieu de** ; → IL EST TEMPS* DE, S'AGIR. ② *Peu s'en faut* : → PRESQUE, MANQUER I. *Il faut que. Il faut qu'il y ait de la mer pour qu'il soit heureux* : ↓ **suffire.**

falot → INSIGNIFIANT.

falsificateur → FAUSSAIRE.

falsification → ALTÉRATION.

falsifié → FAUX I.

falsifier En tous emplois, [fam.] **truquer, trafiquer.** ① [concret] *Falsifier un vin* : **frelater.** *Falsifier un texte* : **altérer*** I, **déformer, maquiller,** [plus génér.] **changer.** *Falsifier une signature* : **contrefaire.** ② [abstrait] *Falsifier des faits, la vérité* : **altérer** ◆ [plus cour.] **fausser, dénaturer, maquiller, travestir** ◆ ↑ **défigurer** ; → CARICATURER.

falun → SABLE.

falzar → PANTALON.

famé (mal) → LOUCHE I.

famélique → AFFAMÉ.

fameux ① *Des exploits fameux* : → GLORIEUX. ② *Un vin fameux* : → SUPÉRIEUR I. *La Bourgogne est une région fameuse pour ses vins* : **célèbre, renommé, réputé.** ③ *Je lui ai donné un fameux coup de pied au derrière !* : [fam.] **sacré, méchant, un de ces** ; → BON I, MÉMORABLE, RUDE, GRAND.

familial → FAMILLE.

familiariser, familiarité → FAMILIER.

familier

I [adj.] ① *Il reconnaissait avec plaisir des visages familiers* : [plus cour.] **connu.** ② → HABITUEL. ③ *C'est un homme froid et pourtant il aimerait se montrer plus familier !* : **cordial***, **proche** ; → ABORDABLE, FIER (*pas fier*). ④ → SIMPLE. [péj.] *Avoir des gestes, des propos familiers, une attitude familière* : [le plus souvent précédé d'un adv. comme *trop, très, bien*] **libre*** ◆ ↑ **cavalier, sans-gêne, grossier** ; → INSOLENT.

II [n.m.] *C'est un familier de la maison* : **fidèle, habitué** ; → AMI.

◇ **familièrement** *Il aimait à s'entretenir ainsi, familièrement, avec les gens du village* : simplement ♦ ↑ **librement, à bâtons rompus** ; → INFORMEL.

◇ **familiarité** ① [sing.] *Il vit avec eux dans la plus grande familiarité* : ↑ **intimité** ; → SIMPLICITÉ. ② [sing., parfois péj.] *Il a traité la question avec une familiarité déconcertante* : ↑ **liberté** ♦ [péj.] ↑ **désinvolture***. ③ [pl.] *Je vous prierai de m'épargner vos familiarités* : ↑ **grossièretés**. ④ [pl.] *Avoir des familiarités avec une femme* : [sout.] **libertés, privautés** ; → INTIME.

◇ **familiariser** ① *Il faudra le familiariser avec ce nouvel ordinateur* : **habituer, accoutumer** ; → ENTRAÎNER II. ② *Se familiariser. Ils se sont familiarisés avec leur nouvelle maison* : **s'habituer, s'accoutumer** ; → S'ENTRAÎNER.

famille ① *Retourner dans sa famille une fois par mois* : [plus cour.] **chez soi, à la maison** ♦ [fam.] **au bercail** ; → LES SIENS*. ② *Famille se dit en parlant des parents et des enfants* ; **ménage, foyer** *se disent surtout en parlant du couple que forment les parents. La vie de famille* : **familial.** *Le nom de famille* : [didact.] **patronyme** ; → LIGNÉE. ③ *Alors, comment va la petite famille ?* [fam.] : [cour.] **enfants*** ♦ [sout. ou par plais.] **progéniture.** *Ah ! voici Dupont et toute sa famille* : [outre les syn. précédents, péj. et fam.] **tribu, smala.** ④ *François Ier appartenait à la famille des Valois* : **maison, branche** ♦ **dynastie** (qui désigne la succession des souverains d'une même famille ou une famille connue, célèbre). ⑤ *Clytemnestre portait en elle toutes les passions de la famille des Atrides* : **sang, race** ♦ **lignée** (qui désigne la descendance, les enfants d'une même famille) ; → CONSANGUINITÉ, HÉRÉDITÉ. ⑥ *Avoir un air de famille* : → SE RESSEMBLER. ⑦ *La famille des liliacées, une famille politique* : → GROUPE.

◇ **familial** ① [adj.] *Il supporte de plus en plus mal ses ennuis familiaux* : [sout.] **domestique.** *Planning familial* : → CONTRACEPTION. *La vie familiale* : **de famille.** ② [n.f.] *Une familiale* : → AUTOMOBILE.

famine → DISETTE, FAIM, RARETÉ. *Un salaire de famine* : [plus cour.] **misère.**

fanal → LANTERNE, FEU II.

fanatique ① [adj.] *On peut être un partisan sans être un partisan fanatique !* (qui se dit de celui qui est animé d'une foi aveugle dans une religion ou une doctrine) : ↓ **intolérant** (qui ne supporte pas que l'on pense autrement que lui), ↑ **sectaire** (qui insiste sur l'idée d'étroitesse d'esprit) ; → DOCTRINAIRE, EXALTÉ, BORNÉ. ② [adj.] *C'est un adepte fanatique du nudisme* : **inconditionnel** ♦ ↓ **fervent, passionné, enthousiaste, convaincu.** ③ [n.] *Un fanatique religieux* : [sout.] **séide** ; → EXALTÉ, INTÉGRISTE, EXTRÉMISTE. ④ [n.] *C'est un fanatique de la pop music* : **inconditionnel** ♦ [abrév. fam.] **fan, fana** ♦ [fam.] **accro** ♦ **groupie** (= admirateur fervent d'un artiste ou de qqn de connu) ♦ ↓ **passionné.**

◇ **fanatiser** : **rendre fanatique*** ♦ ↓ **exalter*, enflammer.**

◇ **fanatisme** ① [de fanatique ①] : **intolérance, sectarisme** ♦ ↓ **étroitesse de vue.** ② → EXTRÉMISME, INTÉGRISME.

fané → DÉFRAÎCHI.

faner ① → FOIN. ② → FLÉTRIR I, SÉCHER I, ÉTEINDRE.

◇ **se faner** → DÉPÉRIR, PÂLIR, SÉCHER I.

fanfare → HARMONIE, MUSIQUE.

fanfaron *Ne l'écoutez pas : c'est un fanfaron !* : **faiseur** ♦ **vantard, hâbleur** (= qqn qui aime parler beaucoup, en exagérant les choses) ; → BRAVACHE, FIER.

◇ **fanfaronnade** *Il parle beaucoup, mais ce n'est que pure fanfaronnade* : **forfanterie** ♦ **hâblerie, vantardise** ; → EXAGÉRATION, BRAVADE, CHARLATANISME.

fanfaronner → FAIRE LE MALIN*.

fanfreluche → ORNEMENT, FRIVOLITÉ.

fange → BOUE, ORDURE.

fangeux → BOUEUX.

fantaisie ① *Il lui passe toutes ses fantaisies* : **caprice** ♦ → DÉSIR. *Elle collectionne les chapeaux : c'est sa nouvelle fantaisie !* : ↑ **lubie, folie** ; → MANIE. ② *La fantaisie* suppose à la fois l'**imagination***, l'**origina-lité*** et le goût de la **drôlerie**. *Sans fantaisie* : → TRISTE, SANS ORNEMENT*. ③ *Vous êtes libre d'agir à votre fantaisie* : **gré, goût, guise** ◆ [plus cour.] **comme vous le voulez, l'entendez** ◆ [plus génér.] **librement**. ④ *Un magasin de fantaisies* : → FRIVOLITÉ.

◇ **fantaisiste** ① [n.] *C'est une fantaisiste : elle agit toujours autrement que les autres* : **original**, [partic.] **bohème**. *Sérieux, cet étudiant ? vous voulez dire que c'est un fantaisiste !* : [plus fam.] **fumiste** ; → AMATEUR. ② [adj.] *Une idée fantaisiste* : → ARBITRAIRE.

fantasmagorie → ENCHANTEMENT.

fantasmagorique → FANTASTIQUE.

fantasme → ILLUSION, VISION.

fantasmer → RÊVER.

fantasque → BIZARRE, CAPRICIEUX.

fantastique ① *Sous la lune, le paysage avait quelque chose de fantastique* : **fantasmagorique, surnaturel, irréel, féerique** ; → FANTOMATIQUE. *Avoir une passion pour le fantastique* : **surnaturel** ; → IMAGINAIRE, MERVEILLEUX. ② *Un succès fantastique* : → COLOSSAL, MONSTRE. ③ [qqn ~] *C'est une amie fantastique* : **merveilleux** ; → EXTRAORDINAIRE, GÉNIAL.

fantoche → PANTIN.

fantomatique → FANTÔME.

fantôme ① *Croyez-vous aux fantômes ?* [cour.] : [de même sens, moins employés] **revenant, apparition** ◆ **spectre** (qui entraîne toujours l'idée d'effroi) ◆ **esprit** (qui se dit, dans les sciences occultes, de l'âme d'un défunt) ◆ **zombi** (syn. créole de *fantôme*) ; → VISION. ② *Je ne le reconnais pas : ce n'est plus que le fantôme de lui-même !* : **ombre**. *C'était un fantôme de discussion !* : **simulacre***. *Les fantômes de l'imagination* : → ILLUSION.

◇ **fantomatique** *Elle avait, dans cette lumière indécise, quelque chose de fantomatique* : **spectral** ; → FANTASTIQUE.

fanzine → REVUE.

faquin → COQUIN.

faramineux → ÉTONNANT, PRODIGIEUX.

faraud → MALIN.

farce ① → ATTRAPE, TOUR III. ② → COMÉDIE. ③ → PLAISANTERIE.

farceur ① → BOUFFON, COMÉDIEN, LOUSTIC. ② *Il a l'esprit farceur* : [plus sout.] **facétieux**.

farci → PLEIN, FARCIR.

farcir *Farcir de citations* : → LARDER.

◇ **se farcir** ① *Se farcir le travail* : → SE TAPER. ② *Se farcir qqn* : → SAUTER, S'ENVOYER.

fard ① *Un fard est un produit que l'on s'applique sur le visage pour en modifier l'aspect* : [partic.] **Rimmel, khôl, eye-liner** (= fards pour les yeux), **fond de teint, poudre** (= fards pour le visage), **brillant, rouge** (= fards pour les lèvres) ; le **maquillage** est l'ensemble de ces produits. ② *Piquer un fard* [fam.] : → ROUGIR. *Parler sans fard* [litt.] : → SANS AMBAGES*.

◇ **farder** ① → MAQUILLER. ② *Farder la vérité* : → DÉGUISER, MAQUILLER, PARER.

◇ **se farder** *Elle se farde outrageusement* : [plus cour.] **se maquiller** ◆ **se grimer** (qui se dit en parlant d'un acteur).

fardeau → CHARGE, POIDS.

farder → FARD.

farfelu → BIZARRE.

farfouiller → FOUILLER.

faribole → SORNETTE.

farine *Couvert de farine* : **enfariné**. *Rouler dans la farine* : → TROMPER. *De la même farine* : → PAREIL.

farniente → OISIVETÉ.

farouche ① [animal ~] *Ce chat n'est pas farouche* : **sauvage** (s'emploie moins en ce sens, notamment parce qu'il tend à former des noms composés avec le substantif qu'il accompagne : *une bête sauvage, un chat sauvage*, etc.) ◆ **indompté** (se dit exactement d'un animal qui n'a pas été dompté) ; → CRAINTIF. ② [personne ~] *C'est un homme farouche, qui fuit les rapports sociaux* : **sauvage ◆** [rare] **insociable ◆** [fam.] **ours** (*c'est un ours !*). ③ *Un farouche défenseur de la libre pensée* : → CHAUD, SOLIDE, CONVAINCU. *Son ennemi le plus farouche* : → ACHARNÉ. ④ *Une haine farouche* : → VIOLENT. *Un combat farouche* : → ACHARNÉ.

◇ **farouchement** → DUREMENT, FORTEMENT.

fascicule → LIVRET.

fascinant, fascination → FASCINER.

fascine → FAGOT.

fasciner ① *Il était fasciné par la puissance de son regard* : **captiver, ↑ envoûter ◆** [didact.] **hypnotiser.** ② → CONQUÉRIR, ÉMERVEILLER.

◇ **fascinant** *Elle était d'une beauté fascinante* : **↓ troublant ◆ ↑ ensorcelant, envoûtant ◆ magique** (qui évoque en outre l'idée de surprise) ; → SURPRENANT. *Des termes comme* **merveilleux, extraordinaire** *sont plus plats, bien que de sens plus fort.*

◇ **fascination** *Il subissait peu à peu la fascination de cette nature étrange* : **↑ envoûtement ◆ ↓ charme*.** *La fascination du pouvoir* : → SÉDUCTION.

fascisme → NATIONAL-SOCIALISME.

fasciste *C'est un fasciste !* : [abrév. fam.] **facho ◆ ↓ réactionnaire,** [abrév. fam.] **réac.**

faste ① [adj.] → FAVORABLE. ② [n.m.] → BRILLANT III, LUXE, MAGNIFICENCE.

fast-food → RESTAURANT.

fastidieux → ENNUYEUX.

fastoche → FACILE.

fastueusement → SOMPTUEUSEMENT.

fastueux → LUXUEUX, RICHE, SOMPTUEUX.

fat → VANITEUX.

fatal ① *Voici l'heure fatale qui approche* : **fatidique.** ② *Il a reçu un coup fatal* : [plus

cour.] **mortel ;** → MEURTRIER. *Il a commis une erreur qui risque de lui être fatale* : **funeste ◆ ↓ néfaste, nuisible, dommageable.** ③ *C'était fatal !* : [fam.] **forcé* ;** → FATALEMENT, ÉCRIT. ④ *Femme fatale* : → FEMME.

◇ **fatalement** *Ils devaient fatalement se rencontrer : leurs routes se croisaient* : **forcément, inévitablement, inéluctablement, obligatoirement, nécessairement.**

◇ **fataliste** *Après tant de déceptions éprouvées en si peu de temps, il était devenu fataliste* : **philosophe, résigné.**

◇ **fatalisme** *Avec fatalisme* : **philosophie, résignation.**

fatalité → DESTIN.

fatidique → FATAL.

fatiguer ① [~ qqn] *Cette longue marche nous avait fatigués* : **↑ épuiser*, exténuer, briser ◆ ↑ harasser** (qui ne s'emploie guère qu'aux temps composés) **◆ ↑ éreinter ◆** [fam.] **claquer, crever, esquinter, lessiver, pomper, vider ;** → USER II. ② [~ qqn] *Vous me fatiguez avec vos bavardages* : → ÉTOURDIR, ENNUYER. ③ [v.i.] *Le moteur fatigue anormalement dans les côtes* : **peiner ◆ ↓ donner des signes de fatigue.**

◇ **se fatiguer** ① *C'est un homme qui se fatigue beaucoup trop* : **↑ se surmener** (qui se dit surtout de la fatigue nerveuse) **◆** [fam.] **se claquer, se crever ◆ ↑ se tuer au travail ;** → S'USER. ② *Voilà quelqu'un qui ne se fatigue pas pour vous rendre service* : [fam.] **se casser, se fouler ;** → SE LA COULER* DOUCE, SE CREUSER. ③ [~ à] *Voilà deux heures que je me fatigue à lui répéter que je ne m'appelle pas Dupont !* : **s'échiner, s'épuiser ◆** [en partic.] **s'époumoner.** ④ [~ de qqch] *On se fatigue vite de la solitude* : **se lasser ;** → EN AVOIR ASSEZ*.

◇ **fatigué** ① *Je me sens assez fatigué en ce moment* : [sout.] **las ◆ ↑ harassé, brisé, broyé, fourbu, rompu, rendu, éreinté,** [fam.] **flagada, raplapla, flapi, vanné** (qui évoquent la fatigue physique). **◆ ↑ épuisé, exténué, surmené, anéanti,** [fam.] **claqué, crevé, lessivé, pompé** (qui évoquent aussi bien la fatigue physique que la fatigue nerveuse et morale) ; → KNOCK-OUT. *Être fatigué* : [fam.] **être sur le flanc, sur les genoux, sur les dents, sur les rotules, avoir le **coup de barre** (= atteint d'une fatigue brutale). *Il est fatigué d'avoir marché* : [fam.] **il ne sent plus ses jambes, n'a plus de jambes, en a plein les jambes, a les jambes comme du coton, est vidé.** Des yeux *fatigués* sont souvent **cernés**, les traits du visage sont **tirés ;** → À PLAT*, ABATTRE II, MOULU, À BOUT*, MALADE. ② *Des vêtements fatigués* : **défraîchi***, ↑ **usé ;** → VIEUX. *Des chaussures fatiguées* : ↑ **usé** ♦ ↓ **usagé** (qui convient dans les deux exemples) ; → DÉFORMER. ③ *Je suis fatigué de la ville et du travail !* : [sout.] **las ;** → SATURÉ, DÉGOÛTER, EN AVOIR ASSEZ*.

◇ **fatigant** ① : ↑ **épuisant, tuant** ♦ [fam.] **claquant, éreintant ;** → DIFFICILE, LABORIEUX, PÉNIBLE. *C'est pas fatigant !* : [fam.] **foulant.** ② *Ses discours sont fatigants* : ↑ **assommant ;** → ENNUYEUX.

◇ **fatigue** *Elle redoutait la fatigue du voyage* [génér.] : [sout.] **lassitude** (qui implique autant la fatigue physique que la fatigue morale) ♦ **épuisement, éreintement** (qui impliquent une grande fatigue physique) ♦ **surmenage** (qui se dit d'une grande fatigue intellectuelle) ♦ [fam.] **coup de pompe** (qui désigne une fatigue physique soudaine et brutale). *Tomber de fatigue* : ↑ **être mort de fatigue** ♦ [fam.] **avoir le coup de barre ;** → FATIGUÉ, RECRU. *La fatigue nerveuse* : → ABATTEMENT, USURE, APATHIE.

fatras → AMAS, DÉSORDRE, PÊLE-MÊLE, TAS.

fatuité → PRÉTENTION, VANITÉ II.

faubourg → BANLIEUE.

fauche → VOL.

fauché → DÉSARGENTÉ, PAUVRE II, À SEC II.

faucher ① → COUPER. ② → DÉROBER, PIQUER IV, VOLER II, REFAIRE.

faucon *Les faucons sont ceux qui ne trouvent de solution que dans la guerre* : **va-t-en-guerre.**

fauconnerie → CHASSE.

fauconnier → CHASSEUR I.

faufiler *On faufile un ourlet* : **coudre** (= à grands points avant la couture définitive)

♦ **bâtir** (= assembler à grands points les pièces d'un vêtement ; on peut employer *faufiler* pour *bâtir*, l'inverse n'étant pas toujours vrai : *on faufile un ourlet ; on bâtit, faufile un manteau*).

◇ **se faufiler** → SE GLISSER.

faune

I [n.m.] → SATYRE.

II [n.f.] → MILIEU.

faussaire : [moins employé] **falsificateur ;** → IMITATEUR.

fausse-couche → AVORTEMENT.

fausser ① → ABÎMER, TORDRE, VOILER II. ② → FALSIFIER. ③ *Fausser la politesse* : → QUITTER.

fausset *Voix de fausset* : → TÊTE.

fausseté → FAUX.

faute ① [en termes de religion] *Confesser ses fautes* : **péché ;** → OFFENSE. [en termes de morale] *Commettre une faute contre la morale* : [sout.] **délit** (qui s'emploie aussi en termes de droit) ♦ **peccadille** (qui se dit d'une faute légère) ; → ATTENTAT, CRIME, SOUILLURE. *Commettre une faute* : **être fautif ;** → COUPABLE I. *Par la faute de* : → À CAUSE* I. ② → ERREUR, SE TROMPER. *Une faute bête* : → BÊTISE. *Une faute d'expression* : → IMPROPRIÉTÉ. *Une faute de raisonnement* : → ERREUR. *Une faute typographique* : **coquille.** *Sans faute* : → PARFAIT. ③ *Faute de* : → À DÉFAUT*, MANQUE, AU LIEU* DE, SANS. *Se faire faute de* : → MANQUER II.

fauter : [plus cour.] **faire une faute*.**

fauteuil ① → VIS-À-VIS, SIÈGE I. *Fauteuil à bascule* : → ROCKING-CHAIR. ② → PLACE I.

fauteur → INSTIGATEUR, RESPONSABLE II.

fautif ① [adj.] → ERRONÉ, VICIEUX II. ② [adj. et n.] → COUPABLE I, FAUTE.

fauve ① [adj.] → JAUNE. ② [s'emploie comme n.m. ou adj.] *Un fauve, une bête fauve* : **féroce, sauvage** (qui s'emploient comme adj., avec *bête*).

faux

I [adj.] **①** Ce qui n'est qu'une copie, une imitation de la réalité : → APPARENT, FACTICE, PRÉTENDU. *De faux papiers, de fausses cartes* : [postposé] **falsifié**, [fam.] **truqué** ◆ [didact.] **apocryphe** (qui se dit d'un document douteux, suspect) ◆ [rare] **inauthentique** ; → FALSIFIER, MENSONGER. *Faux nom* : → SURNOM. **②** Ce qui est contraire à la vérité : → ERRONÉ, FICTIF, MENSONGER, TROMPEUR. *Faire courir de faux bruits* : [postposé] **mensonger**. *Entretenir de fausses espérances* : **vain** ◆ [postposé] **mal fondé**. **③** Ce qui est contraire à telle ou telle norme. *Être dans une situation fausse* : **équivoque**. *Faire fausse route* : → SE TROMPER. *Un raisonnement faux* : ↓ **boiteux*** ; → INCORRECT, ABSURDE. *Faux bond* : → RENDEZ-VOUS. *Faux sens* : → CONTRESENS, ERREUR. *Faux pas* : → MALADRESSE. *Faux frais* : → DÉPENSE. *Faire une fausse note* : → NOTE IV. **④** [qqn est ~] *C'est un homme faux : ne vous fiez pas à son apparente cordialité* : **fourbe, sournois***, **hypocrite** (qui s'emploient aussi comme noms) ◆ [n., fam.] **faux-jeton** ; → DOUBLE I, DÉLOYAL, AFFECTÉ.

II [n.m.] → COPIE II.

◇ **fausseté** *On lit la fausseté sur son visage* : **hypocrisie, duplicité** (qui se dit exactement de celui qui joue double jeu) ◆ **fourberie** (qui allie la ruse à la fausseté) ◆ **tartufferie** (= hypocrisie religieuse) ◆ **pharisaïsme** (= ostentation de la dévotion) ◆ **jésuitisme** (= recours systématique à des astuces hypocrites en matière de religion) ; → TROMPERIE, AMBIGUÏTÉ, DISSIMULATION.

faux-fuyant → FUITE.

faux-semblant → SIMULACRE.

faveur

I **①** *Vous pouvez compter sur la faveur de votre directeur* : **appui*** ; → HONNEUR, PRIVILÈGE, SERVICE II. *Excès de faveur* : **favoritisme** ; → PISTON, NÉPOTISME. **②** *Il a gagné la faveur de tout son entourage* : **estime***. *C'est un chanteur qui a gagné la faveur du grand public* : **popularité** (... *qui a gagné la popularité*) ◆ → VOGUE. *Ne pas avoir la faveur de* : → DÉFAVEUR. **③** [pl.] *Elle lui a accordé les dernières faveurs* : [plus cour.] **elle s'est donnée*** *à lui*. **④** *En faveur de* : → POUR.

II → RUBAN.

◇ **favorable** **①** [qqn est ~] *Sera-t-il favorable au projet que nous lui avons soumis ?* : [plus cour.] **d'accord avec** ◆ [fam.] **voir d'un bon œil** ; → APPROBATEUR, BON II. **②** [qqch est ~] Syn. à valeur générale : **bon** [antéposé]. *Voici un terrain favorable pour planter notre tente* : **propice**. *Attendre le moment favorable* : **propice, opportun**. *Vous le voyez ici sous son aspect favorable* : [plus cour.] **sous son bon côté**. *Il n'est pas dans un jour favorable* : **faste, heureux** ◆ [en partic.] **de chance**. *Parler de qqn en termes favorables* : → AVANTAGEUX. *Un regard favorable sur un dossier* : **positif** ◆ **bienveillant**, ↑ **indulgent*** (avec une nuance condescendante).

◇ **favorablement** *Son discours a été favorablement accueilli* : **bien**, ↑ **très bien, excellemment** ◆ **avec bienveillance** (qui peut avoir une valeur condescendante) ◆ **positivement** (= avec une réponse positive). *Voici une affaire qui se termine favorablement pour vous* : **heureusement** ◆ ↑ **avantageusement**.

favori

I **①** [adj.] *La pêche est son passe-temps favori* : **préféré** ◆ [plus sout.] **de prédilection**. **②** [n.] *Pierre est le favori de la classe* : **préféré** ◆ [fam.] **chouchou, chéri** ; → PROTÉGÉ.

II [n.m. pl.] *Il a les cheveux longs et porte des favoris* : [plus fam.] **pattes, rouflaquettes** ; → MOUSTACHE.

favorisé → LOTI, PARTAGER, PRIVILÉGIÉ.

favoriser **①** [~ qqn] → AIDER, AVANTAGER, SECONDER. **②** [~ qqch] → PROTÉGER, PROMOUVOIR.

favoritisme → FAVEUR I, NÉPOTISME.

fax → DÉPÊCHE.

fayot **①** [n.m.] → HARICOT. **②** [n.] → FLATTEUR.

fébrile → BOUILLONNANT, FIÉVREUX, NERVEUX.

fébrilement → NERVEUSEMENT.

fébrilité → AGITATION.

fèces → EXCRÉMENT.

fécond En tous emplois : → ABONDER. ① *Les cobayes sont des animaux très fé-conds* : **prolifique.** *Être fécond* : → CONCE-VOIR. ② *La Beauce est une région très féconde* : **fertile** ◆ [plus génér.] **riche, géné-reux, productif ;** → ARABLE. ③ *Il travaille sur un sujet fécond* : **riche,** ↑ **inépuisable.** ④ *Les pourparlers entre les deux déléga-tions ont été très féconds* : **fructueux,** ↓ **en-courageant.** ⑤ [~ en qqch] *La journée a été féconde en rebondissements* : **riche, abonder** (*la journée a abondé en...*) ◆ [plus cour.] **plein de.**

◇ **féconder** ① → CONCEVOIR. ② *Toute cet-te région est fécondée par les alluvions du fleuve* [sout.] : [cour.] **fertiliser ;** → AMÉLIO-RER.

◇ **fécondité** : **fertilité** (qui se dit d'un sol) ◆ [plus génér.] **richesse.**

fécondation → CONCEPTION.

féconder, fécondité → FÉCOND.

fédérateur *C'est un projet nouveau et fé-dérateur* : **rassembleur.**

fédération Union de plusieurs États en un État fédéral détenant un pouvoir cen-tral : **confédération ;** → COALITION, UNION, SOCIÉTÉ II.

fédérer → ASSOCIER, RÉUNIR.

◇ **se fédérer** → SE RÉUNIR.

feed-back → RÉTROACTION.

feeling → SENTIR I.

féerie → ÉMERVEILLEMENT.

féerique → FANTASTIQUE, MERVEILLEUX.

feignant → PARESSEUX.

feindre
→ AFFECTER II, DISSIMULER, JOUER III, FAIRE SEMBLANT*, SIMULER.

feint → DE COMMANDE, FACTICE, SIMULÉ.

feinte → RUSE, TROMPERIE.

feinter → BIAISER, TROMPER.

fêlé → FOU.

fêler → CASSER.

félicitations → FÉLICITER.

félicité → BONHEUR.

féliciter ① *Nous irons féliciter les jeunes époux* : **faire des compliments à, compli-menter** ◆ [sout.] **congratuler.** ② → AP-PROUVER, LOUER II, TRIOMPHER.

◇ **se féliciter** ① *Nous nous félicitons de la tournure que prennent les événements* : **se réjouir de,** [plus cour.] ↓ **être content de*.** ② → SE VANTER.

◇ **félicitations** ① *Nous lui avons pré-senté nos félicitations à l'occasion de son mariage* : **compliments,** ↓ **hommages** (qui se disent aussi de simples paroles de poli-tesse) ◆ [sout.] **congratulations.** ② *Il a eu les félicitations de ses supérieurs* : **éloges*,** ↓ **compliments.**

fellation *Faire une fellation* : [vulg.] **tailler une pipe.**

félon → DÉLOYAL.

félonie → DÉLOYAUTÉ.

fêlure → CASSURE.

femelle [péj.] → FEMME.

féminin ① *Le charme féminin, les caracté-ristiques féminines* : **la féminité.** *Les reven-dications proprement féminines* : **féministe, le féminisme.** ② *Cet homme a quelque chose de féminin* : [péj.] **il est efféminé ;** → HOMOSEXUEL.

féminisme, féminité → FÉMININ.

femme ① *La femme et son statut, l'homme et la femme* : → PERSONNE. *Le monde de la femme* : → FÉMININ. *Les femmes* : [par plais.] **la gent féminine.** *Le mépris des femmes* : → MACHISME. ② *Femme mariée* : → ÉPOUSE, MOITIÉ. *Femme célibataire* : → DEMOISELLE, JEUNE FILLE*. *Femme homosexuelle* : → HOMOSEXUEL. *Femme aimée* : → AMANTE. *Devenir femme* : → DÉ-

FLORER, RÉGLÉE. ③ [désignées par les hommes, ou entre elles] [langage des jeunes] **meuf**, [fam.] **nana, gonzesse** ♦ [fam.] **minette, nénette** (pour des femmes jeunes), **bonne femme** (pour des femmes plus âgées), **mamie, mémé** (pour des femmes plus âgées encore) ; → GRAND-MÈRE ♦ [fam., péj.] **femelle**. *Une belle femme* : [fam.] **beauté, poupée, canon**. *Une femme fatale* : **vamp**. *Femme vulgaire et désagréable* : → [fam., inj.] GROGNASSE. ④ *Une femme énergique* : **maîtresse femme, forte femme, femme à poigne** ♦ [péj.] **dragon, gendarme** (= autoritaire et bourrue) ; → VIRAGO. *Une femme de la bourgeoisie* : **bourgeoise**. *Une femme ouvrière* : → OUVRIER. *Une femme de la terre* : → PAYSAN. *Une femme de haut rang social* : **dame, grande dame**. ⑤ *Courir les femmes* : **courir le cotillon, les jupons, être un homme à femmes, être porté sur le sexe**, [par euph.] **être porté sur la question** ; → COURTISER. ⑥ *Femme prostituée* : → PROSTITUÉE. ⑦ *Femme de ménage, femme de chambre* : → SERVICE I.

femmelette → HOMME.

fenaison → FOIN, RÉCOLTE.

fendiller (se) → SE CRAQUELER.

fendre ① → COUPER. ② *Fendre la foule* : → ÉCARTER. *Fendre le cœur* : → DÉCHIRER. *Fendre l'air* : → COURIR.

◇ **se fendre** ① → SE CRAQUELER. ② *Se fendre de* : → PAYER.

◇ **fente** ① *Un mur avec des fentes* : ↓ **fissure** ♦ ↑ **crevasse** ♦ ↓ **faille** ♦ ↑ **lézarde** (qui ne s'emploie, contrairement aux précédents, qu'à propos d'ouvrages de maçonnerie). ② *La vieille porte de bois avait une fente par laquelle on pouvait apercevoir le jardin* : **jour** ♦ [plus génér.] **trou** ; → VIDE II.

fenêtre *Je voudrais une maison avec de grandes fenêtres* : [vx] **croisée** ♦ **baie** (qui se dit d'une grande et large fenêtre) ♦ **porte-fenêtre** (qui se dit d'une fenêtre qui sert aussi de porte) ♦ [anglic.] **bow-window** [didact., recomm. off.] **oriel** (= fenêtre en saillie sur un mur) ; → LUCARNE. *Jeter qqn par la fenêtre* : **défenestrer**. *Jeter*

de l'argent par les fenêtres : → DÉPENSER, SEMER II.

fente → FENDRE.

féodal → RETARDATAIRE.

fer

I ① *L'industrie du fer* : → MÉTALLURGIE. *Des débris de fer* : **ferraille**. *Du fer étamé* : **fer-blanc**. *Une garniture de fer* : **ferrure**. ② *Une volonté de fer* : → DE BRONZE*, INFLEXIBLE. *Une santé de fer* : → ROBUSTE.

II *Croiser le fer* : → ÉPÉE. *Mettre aux fers* : → ENCHAÎNER.

férié se dit d'un jour où l'on ne travaille pas parce qu'il y a fête ♦ **chômé** se dit plus généralement d'un jour sans travail.

ferme

I [n.f.] → EXPLOITATION. *Ils ont rénové une ferme pour leur retraite* : ↓ **fermette**.

II [adj.] ① *De la viande ferme* : → DUR. *Rendre ferme* : → RAFFERMIR. ② *Marcher d'un pas ferme* : **assuré, décidé, résolu**. *De pied ferme* : **résolument**. *Être ferme sur ses jambes* : **solide**. ③ *Un homme ferme* : → ÉNERGIQUE, IMPASSIBLE. *Il a toujours été ferme avec le règlement* : ↑ **rigoureux, inflexible***. *Avoir la ferme intention de* : **être bien décidé à** ; → RÉSOLU. *Un argument ferme* : → CONSISTANT. *Rendre ferme* : → AFFERMIR. ④ *Les traits fermes d'un dessin* : → VIGOUREUX. ⑤ *Ces actions minières sont des valeurs fermes* : **sûr, solide, stable**.

III [adv.] *Travailler, taper ferme* : → FORT III. *Tenir ferme* : → RÉSISTER. *S'ennuyer ferme* : **beaucoup***.

fermé → FERMER.

fermement → ÉNERGIQUEMENT.

ferment ① Désigne une substance qui provoque la fermentation d'une autre : **levain** (qui se dit particulièrement d'une pâte de farine qui a suffisamment fermenté pour faire lever le pain) ♦ **levure** (qui se dit d'une substance utilisée pour faire lever la pâte). ② *Ce garçon est un ferment de rébellion dans notre groupe* : [plus cour.] **agent**.

◇ **fermentation** ① *La fermentation du vin* : **travail.** ② *De fausses nouvelles habilement répandues entretenaient la fermentation des esprits* [sout.] : [plus cour.] **agitation, effervescence ;** → EXCITATION, FIÈVRE.

fermenter → BOUILLONNER.

fermer ① *Il faudra fermer cette porte* : [sout.] **clore** ◆ [partic.] **cadenasser, verrouiller.** *Fermer une porte brutalement* : **claquer ;** → POUSSER, TIRER. ② *Le chemin était fermé par une barrière* : **barrer ;** → BOUCHER. *Cette pièce est fermée* : **condamner** (qui implique que l'on ne peut plus y accéder) ◆ ↑ **interdire, interdire l'accès de** (qui enchérit sur le précédent : [cour.] *une route fermée, interdite à la circulation*). ③ *Fermer la radio* : → ÉTEINDRE. *Fermer l'eau, le gaz* : **couper** (qui s'emploie lorsqu'il s'agit de toute l'installation d'une maison, d'un réseau). *Fermer une ceinture* : → BOUCLER. *Fermer les rideaux* : **tirer.** *Fermer son manteau* : **boutonner.** *Fermer un jardin* : → ENTOURER. *Fermer une lettre* : **cacheter ;** → SCELLER. *Fermer le théâtre* : → RELÂCHE. *Fermer un compte* : **clore.** ④ *Il a décidé de fermer les yeux sur leur négligence* (qui se dit lorsqu'on fait comme si l'on n'avait rien vu) : [fam.] **passer l'éponge** (= ne pas tenir compte de ce qui aurait pu entraîner une sanction). *Fermer sa gueule* : → SE TAIRE, SILENCE.

◇ **se fermer** ① *La porte se ferme mal* : **fermer.** ② *Mes yeux se ferment tout seuls !* : [moins express.] **s'endormir** (*je m'endors*). ③ → SE REPLIER.

◇ **fermé** ① *Il fréquente un milieu très fermé* : **clos** ◆ [partic.] **snob,** [fam.] **sélect** (qui impliquent une idée de mondanité et de raffinement). ② *Un visage fermé* : **dur** ◆ ↑ **hostile ;** → ÉNIGMATIQUE. ③ *Il est complètement fermé à la musique* : **insensible ;** → REBELLE.

◇ **fermeture** ① *La fermeture de la porte ne fonctionne plus* : **cadenas, verrou, loquet, serrure** (qui sont des systèmes particuliers de fermeture). *La fermeture d'un sac* : **fermoir.** *Fermeture à glissière* : [marque déposée] **fermeture Éclair** ◆ [anglic., marque déposée] **Zip.** ② *Veillez à la fermeture de vos ceintures !* : **bouclage.** ③ *La fermeture d'un théâtre* : → RELÂCHE. *La fermeture*

des *magasins, d'un compte* : → CLÔTURE. ④ *Fermeture d'esprit* : → INACCESSIBILITÉ.

fermeté [de ferme II] ① *Fermeté de la viande* : → DURETÉ. *Fermeté d'un trait de crayon* : → VIGUEUR I. *Fermeté d'une argumentation* : → SOLIDITÉ. ② *Fermeté de qqn* : → DÉCISION, IMPASSIBILITÉ, ÉNERGIE, RÉSOLUTION II, VOLONTÉ.

fermette → FERME I.

fermeture → FERMER.

fermier *Le fermier* exploite un domaine agricole dont il est, ou non, propriétaire ; le **métayer** fait valoir un domaine qui ne lui appartient pas et partage fruits et récoltes avec le propriétaire ; → AGRICULTEUR, PAYSAN.

fermoir → FERMETURE.

féroce ① → FAUVE. ② → CRUEL, SAUVAGE I.

férocité → BRUTALITÉ, CRUAUTÉ, SAUVAGERIE.

ferraille ① → FER. ② → MONNAIE.

ferrailler → SE BATTRE.

ferrailleur → BRETTEUR.

ferré → SAVANT I.

ferrure → FER.

ferry-boat : [abrév. cour.] **ferry,** [recomm. off.] **transbordeur,** [régional] **traversier.**

fertile → FÉCOND, RICHE.

fertilisation → ENGRAIS.

fertiliser → AMÉLIORER, FÉCONDER.

fertilité → FÉCONDITÉ.

féru → PASSIONNÉ.

férule → AUTORITÉ.

fervent ① [adj.] → ENTHOUSIASTE, FANATIQUE, ARDENT. ② [n.] → MORDU.

ferveur ① *Prier avec ferveur* : **dévotion** (qui évoque davantage l'attachement aux pratiques d'une religion) ◆ [plus génér.] **amour** ; → PIÉTÉ. ② *Applaudir avec ferveur* : **chaleureusement, avec force.** *La ferveur de leur accueil nous a étonnés* : **chaleur** ; → ARDEUR, EXPRESSION.

fessée → VOLÉE.

fesser → BATTRE I.

fesses, fessier → DERRIÈRE. *Une histoire de fesses* : → SEXE.

festif → FÊTE.

festin *Je vous conseille ce restaurant : j'y ai fait un de ces festins !* : ↓ **repas*** ◆ [fam.] **gueuleton** ◆ [sout.] **agapes** (*participer à des agapes*). *Faire un festin* : ↑ **faire ripaille, bombance** ◆ ↑ **orgie** (*participer à une orgie*) ◆ **soûlerie, beuverie** (qui se dit d'une réunion où l'on boit beaucoup) ; → DÉBAUCHE, MANGER.

festival → DÉMONSTRATION.

festivité → FÊTE.

feston → BRODERIE.

festoyer → REPAS.

fêtard → FÊTE.

fête ① → KERMESSE, BAL, CÉLÉBRATION, PARDON, SOLENNITÉ. *Jour de fête* : → FÉRIÉ. *Un repas de fête* : [sout.] **festif** ◆ **festivités, réjouissances** (= les diverses manifestations d'une fête). ② *Aller à une fête* : [langage des jeunes] **teuf** ◆ [fam.] **fiesta**. *Faire la fête. Ils passent leur temps à faire la fête !* : [fam.] **faire la foire, noce, vie, bombe, java***, **nouba, ribouldingue**. ③ *Se faire une fête de* : → SE RÉJOUIR.

◇ **fêtard** *C'est un fêtard* : **noceur, viveur** ; → JOUISSEUR, NOCTAMBULE.

◇ **fêter** *Nous fêterons joyeusement son anniversaire* : **célébrer** (qui implique une cérémonie assez importante, parfois solennelle) ◆ **commémorer** (= rappeler par une cérémonie le souvenir d'un fait ou d'une personne : *commémorer la mort de Molière*) ◆ **sanctifier** (qui ne se dit qu'en termes de religion : *sanctifier le jour du Seigneur*) ◆ **honorer** (= fêter en l'honneur de) ◆ [fam.] **arroser** (= fêter

en buvant ensemble). ◆ [en partic.] *Fêter Noël, la nouvelle année* : **réveillonner**.

fétiche → AMULETTE.

fétichisme → VÉNÉRATION.

fétide → ÉCŒURANT.

feu

I ① Une **flambée** est un *feu* vif allumé dans une cheminée, un **brasier** est un *feu* incandescent où tout est détruit ; **fournaise** peut aussi se dire d'un *feu* ardent ; → INCENDIE, SINISTRE. *Mettre le feu, mise à feu* : → ALLUMER, ALLUMAGE. *Être en feu* : **être en flammes, flamber** ; → INCENDIE, BRÛLER, BRÛLURE. *Prendre feu* : → S'ENFLAMMER, ARDENT. ② → FUSIL, REVOLVER. *Faire feu* : → TIRER III. ③ *Avoir le feu au derrière* : → PRESSÉ. *Faire long feu* : → ÉCHOUER. *La part du feu* : → SACRIFIER. *Jouer avec le feu* : → RISQUE. *À feu et à sang* : → RAVAGER.

II ① Source de chaleur ou de lumière. *Les feux d'une voiture* : **phares,** [rare] **lanternes** ◆ [en partic.] **veilleuses, codes, feux arrière.** *Feux de détresse* : [anglic.] **warning.** ② *Les feux de navigation* : **phare, balise lumineuse** ◆ **fanal** (qui se dit d'une lanterne, par exemple en haut d'un mât, servant à signaler sa position). ③ *Feu rouge* : → SIGNAL. *Donner son feu vert* : → ACCORD. ④ *Le feu d'un diamant* : → BRILLANT. ⑤ *Le feu du regard* : **flamme**.

III Ce qui brûle, qui est chaud comme le feu. ① *Être en feu* : → FIÈVRE. *Le feu du rasoir, la peau en feu* : → IRRITATION. ② *Répondre avec feu* : → VÉHÉMENCE, PASSION. *Un tempérament de feu* : **volcanique*.** *Un soleil de feu* : → ARDENT. *Dans le feu de la conversation* : → ENTRAÎNEMENT.

IV [adj.] → DÉCÉDÉ.

feuillage *Le feuillage d'un arbre* : **feuilles,** [très sout.] **frondaison** ◆ **feuillée** (qui se dit de l'abri naturel que forme le feuillage des arbres) ◆ **ramure** (= ensemble des branches et des rameaux d'un arbre). *Allons sous les feuillages* : **ombrages.**

◇ **feuillu** *Un arbre très feuillu* : **touffu** (qui se dit d'un arbre dont les feuilles et les branches sont très serrées).

feuillaison → FEUILLE I.

feuille

I → FEUILLAGE. **foliation** (= développement des feuilles) ◆ **feuillaison** (= renouvellement annuel des feuilles) ◆ [nég.] **défoliation, défeuillaison** (= perte des feuilles).

II ① *Une feuille de papier* : la langue fam. confond parfois, à tort, ce terme avec **page** (la page est l'un des côtés, **recto** ou **verso**, d'une feuille). ② **copie** (qui se dit d'une feuille d'écolier) ◆ **rame** (= paquet de 500 feuilles) ◆ **ramette** (= paquet de 500 petites feuilles) ◆ **feuillet** (= ensemble d'une feuille repliée sur elle-même en deux ou plusieurs fois). ③ → BULLETIN.

feuillée → FEUILLAGE.

feuillet → FEUILLE.

feuilleter → CONSULTER, TOURNER* LES PAGES, PARCOURIR.

feuilleton → ROMAN, SÉRIE.

feuillu → FEUILLAGE.

feutre *Un feutre pour écrire* : [en partic.] **marqueur** (= gros feutre), **surligneur**.

feutré *Marcher à pas feutrés* : [moins express.] **silencieux*** ◆ **silencieusement** (*marcher silencieusement*).

fi *Faire fi de* : → MÉPRISER, PROVOQUER.

fiabiliser → SÉCURISER.

fiabilité → SÉCURITÉ.

fiable → SÛR I, EXACT.

fiancé *Elle nous a présenté son fiancé* : [vx] **promis, futur** ; ◆ → ÉPOUX, AMANT.

fiasco → ÉCHEC.

fibre *La fibre patriotique* : → RACINE III, SENTIMENT II.

fibreux *Cette orange a une chair très fibreuse* : **filamenteux**.

fibrome → TUMEUR.

ficelé est un syn. fam. de **ligoté** ; → ATTACHER I. *Bizarrement ficelé* : → VÊTU. *Un projet bien ficelé* : → ÉLABORER.

ficeler ① → ATTACHER I. ② → VÊTIR.

ficelle ① → CORDE. ② *Il connaît toutes les ficelles de son métier* : **astuce, truc*** ; → RUSE. *Faire ficelle* : → ACCÉLÉRER. ③ → GALON.

fiche → SIGNALEMENT.

ficher

I → ENFONCER.

II [fam.] ① *Qu'est-ce qu'il fiche ?* : → FAIRE. *Où a-t-il fichu les clés ?* : → METTRE. ② *Ficher le camp* : → FUIR, SE PROMENER, PARTIR I. *Ficher dehors* : → CONGÉDIER. *En ficher un coup* : → TRAVAILLER. *Ficher par terre* : → RENVERSER. *Ficher en l'air* : → DÉPRIMER. *Ficher son billet* : → PARIER.

◇ **se ficher** : → SE MOQUER, NÉGLIGER. *Se ficher dedans* : → SE TROMPER.

fichtre *Mille euros pour une montre ? Fichtre !* [vieilli] : **bigre** ◆ [plus actuels, fam.] **la vache !, dis-donc !, purée !,** [grossier] **putain !,** [cour.] **eh bien dites-donc !,** [fam.] **ben dis-donc !, ben mon vieux !,** [très fam.] **ben mon cochon, mon salaud !**

fichtrement [vieilli] → TRÈS.

fichu

I [adj.] En tous emplois, son syn. très fam. est **foutu**. ① → CONDAMNÉ, CUIT, FINI, PERDU, USÉ. ② *Il a un fichu caractère !* : **sacré** ; → MAUDIT, MAUVAIS. ③ *Mal fichu* : → BÂTI, FOUTU, MALADE. ④ *Être fichu de* : → CHICHE. *Ne pas être fichu de* : [cour.] **être capable***.

II [n.m.] *Il fait frais, prends ton fichu* [vx] : [partic.] **carré** (le *fichu* et le *carré* couvrent la tête et la gorge) ◆ **châle** (qui est plus grand, destiné à couvrir les épaules) ◆ **écharpe** (= longue bande d'étoffe qui se porte sur les épaules) ◆ **pointe** (= petit fichu triangulaire) ◆ [plus cour.] **foulard** (qui se dit d'un fichu ou d'une écharpe en soie ou en coton léger de couleurs vives).

fictif ① *Des personnages fictifs* : **de fic-tion, imaginaire***. *Ses craintes sont pure-ment fictives* : **imaginaire**. ② *Des promes-ses fictives* : **trompeur*** ♦ [antéposé] **faux**. ③ → ARBITRAIRE.

fiction ① → CONTE. ② *C'est de la fiction !* : → ROMAN.

fidèle

I [adj.] ① [qqn est ~] → LOYAL, ÉPROU-VÉ, SOLIDE, DÉVOUÉ, SÛR I. *Être fidèle à ses engagements* : → REMPLIR II. ② [qqch est ~] → EXACT.

II [n.] ① *La foule des fidèles se rendait à Lourdes* : au contraire de **croyant***, qui désigne celui qui a une foi religieuse, quelle qu'elle soit, *fidèle* implique tou-jours la relation à une Église particuliè-re (catholique, protestante, etc.). On dira ainsi qu'une paroisse a tant de *fidèles*, et qu'une population a tant de *croyants* ; ② → FAMILIER II.

fidèlement ① *Suivre qqn fidèlement* : → LOYALEMENT. ② *Faire qqch fidèlement* : → DOCILEMENT, EXACTEMENT, SCRUPULEU-SEMENT.

fidélité ① [de qqn] *C'est un homme qui est connu pour sa fidélité* : **constance** (qui se dit plutôt de la persévérance avec laquelle on demeure dans certains sentiments, certaines affections : ce terme implique l'idée d'opiniâtreté, et *fidélité*, celle d'en-gagement) ; → DÉVOUEMENT, HONNÊTETÉ. ② [de qqch] → EXACTITUDE, RESSEMBLANCE.

fief → SEIGNEURIAL.

fieffé → FINI, PARFAIT.

fiel *Des propos pleins de fiel* : **bile,** [plus cour.] **haine** ; → VENIN, AMERTUME.

fielleux → AMER, DÉSAGRÉABLE, VENIMEUX.

fiente → EXCRÉMENT.

fier ① *Qui a le respect de soi-même et de son honneur. J'aime les hommes fiers* : **digne, noble*** ♦ ↑ **indomptable**. ② *Qui se croit supérieur aux autres et le montre. Il est un peu trop fier* : ↑ **méprisant, dédai-gneux** ♦ **hautain,** [sout.] **altier,** qui se di-sent surtout des manières, des habitudes

arrogantes de gens **orgueilleux*** ; → FAN-FARON, INSOLENT. *Monsieur fait son fier ?* : **important** ♦ **parader*** ♦ [express.] **se don-ner de grands airs, ne pas se prendre pour rien** ; → SUPÉRIEUR, VANITEUX. ♦ *Ne pas être fier* : **être simple,** [en un autre sens, litote pour] **avoir peur*** (*il fait noir : je ne suis pas fier*). ③ *Fier de. Il est fier des performances de son fils* : ↓ **satisfait,** [rares] **se rengorger, tirer vanité de** ; → CONTENT, SE FLATTER DE. *Il n'y a pas de quoi être fier !* : → SE VAN-TER. ④ *Un fier coquin !* : → FINI.

◇ **fièrement** ① [de fier ①] : **dignement, noblement**. ② [de fier ②] : **dédaigneuse-ment, orgueilleusement**. ③ *Malgré sa peur, il marchait fièrement à la tête du com-mando* : **bravement** (qui insiste moins sur la noblesse de l'attitude). *Il lui répondit fièrement que ses insultes ne le touchaient pas* : **crânement,** ↓ **courageusement**. *Moi, monsieur, je peux marcher fièrement dans la rue !* : **le front haut**.

◇ **fierté** ① [de fier ①] : **dignité, noblesse, amour-propre**. ② [de fier ②] : **mépris, dédain, orgueil*, hauteur**. ③ *Son fils a eu son concours, elle en tire quelque fierté* : ↓ **contentement, satisfaction** ; → VANITÉ.

fier (se) ① [~ à qqn] → CROIRE. *Vous pou-vez vous fier à lui* : **s'en remettre à,** [sout.] **avoir foi en** ; → RAPPORTER. ② [~ à qqch] *Il se fie beaucoup trop à son talent et oublie de travailler* : **compter sur,** [fam.] **tabler sur**.

fier-à-bras → BRAVACHE.

fièrement, fierté → FIER.

fiesta → FÊTE.

fièvre ① *Cet enfant a de la fièvre* : **tempé-rature** ♦ **être fiévreux*** ♦ [express.] **être en feu, être chaud, avoir le front en feu**. ② *Il aimait la fièvre qui régnait dans le port avant le départ des bateaux* : **bouillonne-ment*** ♦ ↓ **agitation**. *Parler avec fièvre* : **fougue, passion*** ; → EXCITATION, FERMEN-TATION. *Fièvre de. La fièvre de l'argent le dévore* : **soif** ♦ ↑ **rage, folie,** [plus cour.] **passion**.

◇ **fiévreux** ① *Cet enfant est fiévreux* : [didact.] **fébrile** ; → AGITÉ. ② → BOUILLON-NANT. ③ → INQUIET.

fiévreux → FIÈVRE.

fifre → FLÛTE I.

fifty-fifty → MOITIÉ.

figé → FIGER.

figer ① *L'air fige le sang :* **coaguler, cailler.**
② *Il restait là, figé par la peur :* **paralyser,
pétrifier,** ↓ **immobiliser.** *Cela vous fige le
sang ! :* **glacer ;** → PEUR.

◇ **se figer** [outre les pronominaux des verbes
précédents] → SE SOLIDIFIER. *Se figer dans
ses habitudes :* → SE SCLÉROSER.

◇ **figé** *Un sourire figé :* ↓ **contraint ;**
→ EMBARRASSÉ. *Il reste complètement figé
dans ses vieilles habitudes :* ↑ **sclérosé.**
Demeurer figé : → IMMOBILE, STATIQUE.

fignolé → FINI, FIGNOLER.

fignoler → LÉCHER, PARACHEVER, PARFAIRE,
SOIGNER II, TRAVAILLER I.

figurant ① *Avoir un rôle de figurant :*
faire de la figuration. ② *Il se vante beaucoup, mais il n'était dans cette affaire qu'un
figurant :* **comparse ◆** [fam.] **potiche.**

figuration → FIGURANT.

figure

I ① *Il avait une figure ronde et bouf-
fie :* [plus sout.] **visage ◆ minois,** [fam.] **frimousse** (qui impliquent jeunesse et fraîcheur) **◆ face** (qui s'emploie surtout
dans des contextes descriptifs : *une face
ronde, large*) **◆ physionomie** (qui se dit
de l'**expression*** du visage : *juger qqn sur
sa physionomie*) **◆** [didact.] **faciès** (= terme de médecine qui désigne l'aspect du
visage d'un malade) **◆** [par méton. ; souvent
péj.] **tête*.** ② *Napoléon est l'une des grandes figures de l'histoire :* [plus cour.] **personnage, personnalité,** [génér.] **nom.** ③ *Faire
figure de :* → PARAÎTRE I.

II *Un livre avec des figures :* → ILLUSTRA-
TION.

III *Une figure de style :* [didact.] **trope.**

figurer ① → REPRÉSENTER. ② → IMAGINER.
③ → COMPTER II, SE TROUVER.

◇ **se figurer** → CROIRE, SE REPRÉSENTER.

figurine → SCULPTURE, VIGNETTE.

fil

I *Cela ne tient qu'à un fil :* → CHEVEU. *Fil
à couper le beurre :* → INTELLIGENT, SOT.
Dans le droit-fil : → DIRECTION. *De fil en
aiguille :* **peu à peu.** *Donner du fil à retordre :* → EMBARRAS.

II [fam.] *Passer un coup de fil :* [plus fam.]
bigophone, [cour.] **téléphone ;** → COMMU-
NICATION.

III *Suivre le fil de la rivière :* **descendre**
(*descendre la rivière*). *Le fil des idées :*
→ SUITE.

IV *Le fil d'une épée :* → TRANCHANT I.

filamenteux → FIBREUX.

filandreux → COMPLIQUÉ.

filasse → BLOND.

file ① *Une file de manifestants :* **colonne,**
[souvent avec une nuance péj.] **procession ;**
→ RANG, DÉFILÉ, SUCCESSION. *Une file de
clients :* **queue.** *Une file de voitures :* [rare]
noria (qui implique des allées et venues
incessantes). *Changer de file :* **déboîter.**
Des objets en file : **enfilade.** ② *À la file, à
la file indienne :* **les uns derrière les autres,**
[fam.] **à la queue leu leu.** *Cinq jours à la
file :* **d'affilée* ;** → CONSÉCUTIF, SE SUCCÉ-
DER.

filer

I [v.t.] ① *Filer qqn :* → SUIVRE. ② *File-
moi de l'argent ! :* → DONNER I.

II [v.i.] ① *Je file ! :* → PARTIR I, FUIR, SE
SAUVER. ② *Filer à toute vitesse :* → COU-
RIR, ALLER VITE*. ③ *Le temps file :* → PAS-
SER.

filet ① *Attraper des animaux avec un filet :*
panneau (qui ne s'emploie que dans le vocabulaire de la chasse) ; → APPÂT, PIÈGE.
② *Prendre qqn dans ses filets :* [sout.] **rets.**
Il est tombé dans le filet : [fam.] **tomber
dans le panneau ;** → APPÂT, PIÈGE.

filial → FILLE, FILS.

filiale → SUCCURSALE.

filiation → LIGNÉE.

filière *Une filière de narcotrafiquants* : **réseau** ; → VOIE.

filiforme → MINCE I.

filigrane *Lire en filigrane* : [plus cour.] **entre les lignes.**

filin → CORDAGE.

fille ① *Voici ma fille* : **fillette** (= fille très jeune), [fam.] **gamine**, [fam., vieilli] **môme** ; → ENFANT. *L'amour d'une fille pour ses parents* : **filial** (*amour filial*). ② *Il sort avec une fille épatante* : [plus sout.] **jeune fille** ◆ [vieilli ou iron.] **demoiselle*** ◆ **nymphette**, [fam.] **lolita** (= très jeunes filles aguicheuses) ◆ [fam.] **minette, nana, gonzesse, nénette**, [langage des jeunes] **meuf** ◆ [péj.] **donzelle** (= jeune fille prétentieuse). *Être belle fille* : [fam.] **gosse** ; → PETITE AMIE*, AMANTE, FEMME ③ *Fille, fille publique, de joie* [fam.] : → PROSTITUÉE. ④ *Fille de salle* : → SERVICE I.

fillette ① → FILLE. ② → BOUTEILLE.

film ① [partic.] **long-, court-métrage** ; → CINÉMA. *Un film d'action, d'aventures, d'amour* : **fiction** ◆ [en partic.] **western, péplum**. *Un film pornographique* : → PORNOGRAPHIQUE. *Un film documentaire* : [cour.] **documentaire**. *Un film pour la télévision* : **téléfilm**. *Un film en vidéo* : **vidéo**. *Un film publicitaire* : [fam.] **pub**. *Un mauvais film* : [fam.] **navet**. Un **clip** est un film vidéo conçu pour promouvoir une chanson. ② *Le film des événements* : → DÉROULEMENT. ③ *Les couvertures sont protégées par un film de plastique* : **pellicule**.

◇ **filmer** : **tourner** (*cette scène a été tournée, filmée en extérieur*).

filon ① En général, *filon* se dit des minerais et **veine**, des roches (*un filon d'étain, une veine de charbon*). ② *La vie des stars est un filon inépuisable pour les journalistes !* : **mine** ◆ **aubaine, bonne aubaine**. *Il a trouvé le filon !* (qui se dit surtout d'une situation lucrative) : [fam.] **planque** (= situation tranquille, où l'on est à l'abri des ennuis et du travail) ◆ [cour.] **bonne place** ; → SINÉCURE, TRUC.

filou → ESCROC, PIRATE, VOLEUR.

filouter → TROMPER.

filouterie → TROMPERIE.

fils ① *Je vous présente mon fils* : [fam.] **fiston** (qui ne se dit que d'un fils enfant ou adolescent) ◆ [fam.] **rejeton** (qui s'emploie par plais.) ◆ **petit** (qui ne convient que pour un enfant). *Elle a trois filles et un fils* : **garçon** ◆ **garçonnet** (= petit garçon), [fam.] **gars** ; → ENFANT. *Voici Legrand fils* : → JEUNE I. ② *L'amour d'un fils pour ses parents* : **filial** (*amour filial*). *C'est ton fils spirituel* : **disciple**.

filtrage → ÉPURATION.

filtrer ① → ÉPURER. *Filtrer le café* : → PASSER II. ② [qqch ~] → PERCER.

fin

I [n.f.] ① Arrêt d'un phénomène dans le temps ou dans l'espace : → TERME I. *La fin du jour* : → CRÉPUSCULE. *Cette rivière marque la fin de sa propriété* : **limite***. *La fin des travaux d'une assemblée* : **achèvement** ; → CLÔTURE, SUSPENSION II. *La fin d'un bail* : **expiration**. *La fin de ce roman est assez imprévisible* : **dénouement**. *Une fin heureuse* : [anglic.] **happy end**. *Fin de semaine* : [anglic.] **week-end**. *La fin de son discours est déconcertante* : **conclusion**. *C'est la fin de ses illusions* : → ENTERREMENT, GLAS, MORT, ÉCROULEMENT. *C'est la fin de ses ennuis* : [express.] **bout du tunnel** (*il a atteint le bout du tunnel*). *La fin des activités d'une entreprise* : **cessation**, ↓ **déclin**. *La fin du monde* : **apocalypse** ; → FINIR. *La fin d'un mot* : **terminaison**. ② [loc. et express.] *Mettre fin à* : → FINIR. *Prendre fin* : → FINIR. *Sans fin* : → TOUJOURS, INTERMINABLEMENT, INFINI. *Jusqu'à la fin* : → BOUT. *En fin de compte, que peut-on faire ?* : **au bout du compte, finalement, en définitive** ; → EN FIN DE COMPTE*, APRÈS, AU TOTAL*. *Garder pour la fin* : [fam.] **pour la bonne bouche**.

II [n.f.] ① *La fin poursuivie* : → BUT. ② *Quelle est la fin de notre vie ?* : → BUT.

III [adj.] ① [qqch est ~] *De l'or fin* : ↑ **pur**. *Métal fin, pierres fines* : **précieux**. *L'épicerie fine* : ↑ **de luxe**. *Un repas fin* : **pour les gourmets, de gourmets** ; → DÉLICIEUX. *De la cuisine fine* : → DÉLICAT. *C'est la fine* *fleur de la société parisienne* : [fam.] **crème, dessus du panier.** *Le fin du fin* : **nec plus ultra** ◆ [anglic.] **top ;** → MIEUX. ② [qqch est ~] *Il a l'art de discerner les nuances les plus fines* : **ténu, subtil, impalpable** ◆ [rare] **arachnéen.** ③ [qqch est ~] *Une fine couche de peinture* : → LÉGER. *Avoir la taille fine* : [rare] **délié,** [assez fam.] **avoir une taille de guêpe ;** → MENU I, LÉGER, MINCE. *La peau fine* : → DOUX. *Avoir l'oreille fine* : → EXERCÉ. *Les chiens ont un odorat très fin* : **subtil ;** → DÉLICAT. ④ [qqn est ~] → CLAIRVOYANT. *C'est un esprit très fin* : **délié, subtil, perspicace,** [en partic.] **astucieux ;** → AIGU, DIPLOMATIQUE, SPIRITUEL II, SAGACE. *Une fine gueule* : **bec fin ;** → GOURMAND. *Une fine mouche* : → MALIN. *Avoir le nez fin* : → CLAIRVOYANCE. *L'oreille fine* : → SENSIBLE.

◇ **finement** *Voilà qui est finement joué !* : **astucieusement** (qui se réfère à la finesse intellectuelle) ◆ **adroitement, délicatement, habilement** (qui conviennent aussi à la finesse physique) ; → SUBTILEMENT, INTELLIGEMMENT.

◇ **finesse** ① [de fin III, ①] : **pureté.** ② [de fin III, ②] : **ténuité, subtilité.** ③ [de fin III, ③] : **acuité** (de l'ouïe), **subtilité** (de l'odorat) ; → DOUCEUR, LÉGÈRETÉ I. ④ [de fin III, ④] : **subtilité, perspicacité ;** → CLAIRVOYANCE, ESPRIT, DIPLOMATIE, ÉLÉGANCE, SAGACITÉ, DÉLICATESSE, SEL.

final → DERNIER. *Mettre un point final à* : → FINIR. *Phase finale* : → TERMINAL.

finalement [de fin I, ②] : **en fin de compte ;** → DANS L'ENSEMBLE*, APRÈS* TOUT, AU TOTAL*, À LA LONGUE*.

finalité → BUT.

finance ① [sing.] *Il est dans la finance* : [génér.] **affaires.** ② [pl.] *Les finances publiques* : **deniers** (qui désigne les revenus de l'État) ◆ **fonds** (qui désigne le capital des sommes empruntées par l'État). *L'état de mes finances ne me permet pas d'aller au restaurant tous les dimanches* : [plus fam.] **bourse, porte-monnaie.**

◇ **financer** ① *C'est la mairie qui finance le club sportif* : [didact.] **commanditer** (qui suppose qu'on ne participe pas à la gestion de la société financière) ◆ **sponsoriser** (= financer à des fins publicitaires) ; → SOUTENIR. ② *Je veux bien aller au restaurant, mais qui est-ce qui finance ?* [fam.] : [cour.] **payer*.**

◇ **financier** [adj.] *Il a des ennuis financiers en ce moment* : **pécuniaire,** [cour.] **d'argent ;** → MATÉRIEL.

◇ **financier** [n.m.] *Il savait bien que le pouvoir était finalement aux mains des financiers* : [en partic.] **banquier, capitaliste.**

◇ **financièrement** *Je vous aiderai financièrement* : **pécuniairement** ◆ [plus génér.] **matériellement.**

financement → ARGENT.

finasser → RUSER.

finaud → ENTENDU, MALIN.

fine → ALCOOL.

finement, finesse → FIN III.

fini → FINIR.

finir ① [~ qqch] *Quand pensez-vous finir ce travail ?* : **terminer** ◆ **achever, conclure** (qui impliquent davantage l'idée de perfection : c'est mener un travail à bien) ◆ [péj.] **bâcler** ◆ [fam.] **boucler ;** → PARFAIRE, TORCHER, ACCOMPLIR, AMÉLIORER, LÉCHER, METTRE LA DERNIÈRE MAIN*. *Finir son verre* : → VIDER. ② [~ de, ~ qqch] *Quand finiront-ils de nous ennuyer ?* : **cesser,** [fam.] **arrêter.** *Finissons cette discussion, s'il vous plaît !* : **mettre fin* à, mettre un terme à** ◆ ↑ **mettre un point final à.** *Ne pas en finir* : → PIÉTINER. *En finir* : → CONCLURE. *Tu finis par m'ennuyer avec ton cinéma !* : **commencer à** ◆ **à la fin, tu m'ennuies.** *Il se lance toujours dans des explications à n'en plus finir* : [fam.] **à rallonges.** ③ [v.i.] *Les vacances finissent le 15 septembre* : **se terminer,** [plus sout.] **prendre fin, s'achever.** *Cette pluie va-t-elle enfin finir ?* : **s'arrêter, cesser ;** → SE PASSER. ④ [v.i.] *Quand les temps seront finis...* : [sout.] **être consommé, accompli** ◆ **à la fin* (I) des temps.** *Le chemin finit ici* : → ABOUTIR. *Tout cela va mal finir* : **se terminer** ◆ [plus fam.] **mal tourner.**

◇ **fini** [outre les emplois précédents] ① *Voici du travail bien fini* : [rare] **poli**, [fam.] **fignolé, léché ;** → PARFAIT. *Du travail mal fini* : ↑ **bâclé,** [fam.] **expédié ; ni fait ni à faire.** ② *C'est un menteur fini !* : **fieffé,** [fam.] **sacré, fichu, méchant** (qui s'emploient devant le nom). ③ *Le calme, l'eau, la pêche, c'est fini tout ça !* : [sout.] **révolu ◆** [fam.] **fichu,** [plus rare, fam.] **flambé,** ↑ **mort,** [très fam.] **foutu.** ④ *Après quarante années de travail, vous retrouvez un homme fini !* : **usé, épuisé,** [fam.] **fichu,** [très fam.] **foutu ;** → FATIGUÉ. ⑤ *Allez, c'est fini !* : → TOUT II.

finish → USURE.

finisseuse → COUTURIÈRE.

fiole ① → BOUTEILLE. ② → TÊTE, FIGURE I.

fioriture → ÉLÉGANCE. *Sans fioritures* : → BRUT.

fioul → MAZOUT.

firmament → CIEL.

firme → ÉTABLISSEMENT II.

fisc, fiscal, fiscaliser, fiscalité → IMPÔT.

fissure ① → CASSURE, FENTE. ② *Une fissure dans notre amitié, ce serait dommage !* : ↑ **brèche, faille ;** → RUPTURE.

fissurer (se) → SE CRAQUELER.

fiston → FILS.

fixe ① [adj.] *Il restait là, fixe et muet* : → IMMOBILE. *Il venait à heure fixe, le jour dit* : **même** (*à la même heure*). *Un horaire fixe* : **régulier, stable ◆** ↑ **invariable, immuable** (= qui ne peut changer). *Le baromètre est au beau fixe* : **grand beau temps.** *Idée fixe* : → IDÉE. ② [n.m.] → SALAIRE.

fixé → FIXER.

fixer ① *Où comptez-vous fixer cette applique ?* : [partic.] **visser, river, clouer, lier, sceller, coller, amarrer, cheviller, punaiser, scotcher ;** → ACCROCHER, SUSPENDRE, COINCER, ATTACHER. *Fixer un bateau par une amarre* : **amarrer.** *Fixer un bateau par une*

ancre : **ancrer.** *Il faudrait fixer cette poutre plus solidement* : [rare] **assujettir ;** → ATTACHER. *Fixer un diamant sur une bague* : **sertir.** ② *Fixer ses regards sur* : → ARRÊTER I, REGARDER. ③ *Fixer son domicile* : → ÉTABLIR. *Fixer des nomades* : → SÉDENTARISER. *Il reste là, fixé sur sa chaise* : → IMMOBILE. ④ *Fixer une date* : → ARRÊTER III, PRÉCISER. *Fixer un rendez-vous* : → DONNER I. *Ce souvenir reste fixé* : → IMPRIMER. *Fixer les prérogatives de qqn* : → DÉLIMITER. *Nous avons fixé ensemble un certain nombre de conditions* : **formuler, poser, déterminer, définir ◆** ↓ **envisager,** [assez fam.] **se mettre d'accord sur ;** → IMPOSER. *Le gouvernement tente de fixer le prix des denrées alimentaires* : **réglementer ◆** [en partic.] **limiter, contenir** *Vous a-t-il fixé sur ses intentions ?* : **renseigner* ◆** [sout.] **mettre au fait de ;** → FIXÉ.

◇ **se fixer** ① *Il s'est fixé ici voici déjà huit ans* : **s'établir*.** ② [~ sur] → CHOISIR.

◇ **fixé** [outre les participes passés des précédents] *Nous irons peut-être en Corse, mais nous ne sommes pas encore très fixés* : **décidé ◆** [plus sout.] **nous n'avons pas encore arrêté notre décision.** *Nous sommes maintenant fixés sur sa franchise !* : **savoir à quoi s'en tenir sur.** *Au jour fixé* : **dit, convenu.**

◇ **fixation** ① [de fixer ①] : **vissage, rivetage, cloutage, scellement, collage, amarrage, accrochage, suspension, ancrage, sertissage.** ② [de fixer ③ et ④] *La fixation d'un emploi du temps* : ↓ **établissement, mise au point,** ↑ **arrêt.** *La fixation de certaines conditions* : **formulation, détermination, définition, délimitation.** *La fixation des prix* : **réglementation*.**

fixité → IMMOBILITÉ.

fjord → GOLFE.

flacon → BOUTEILLE.

fla-fla → EMBARRAS.

flagada → FATIGUÉ.

flagellation → FOUET.

flageller → BATTRE I.

flageolant → MOU, TREMBLANT.

flageoler → CHANCELER, VACILLER.

flageolet → FLÛTE I.

flagorner, flagornerie, flagorneur → FLATTER.

flagrant → CERTAIN I, CRIANT, ÉVIDENT, MANIFESTE.

flair ① → ODORAT. ② → CLAIRVOYANCE, INSTINCT, AVOIR DU NEZ*.

flairer → DEVINER, SE DOUTER, PRESSENTIR, SENTIR I, PRENDRE LE VENT*.

flambé → FINI.

flambeau → CHANDELIER, CHANDELLE, TORCHE.

flambée ① → FEU I. ② → AUGMENTATION.

flamber ① → BRÛLER I, S'ENFLAMMER, FEU I. ② *Les prix flambent* : → AUGMENTER.

flambeur → JOUEUR.

flamboyant → BRILLANT, FLAMBOYER.

flamboyer *Le feu flamboie dans la cheminée* : **rougeoyer** (qui insiste sur la couleur) ; → BRILLER I, BRILLANT I, ÉCLAIRER, ÉTINCELER.

flamme ① → FEU I. *Une flamme de colère, la flamme du regard* : → FEU II, LUEUR. ② *Avec flamme* : → VÉHÉMENCE, ANIMATION, ARDEUR. ③ → BANDEROLE.

flan ① → CRÈME. ② → À LA MANQUE*.

flanc ① → CÔTÉ. ② *Le général voulait renforcer le flanc droit de son armée* : **aile**. *Le bateau a été accroché par le flanc* : **travers**. *Prêter le flanc à. Il prête vraiment le flanc à la critique* : **donner prise à** ; → S'EXPOSER À. *Tirer au flanc* : → CUL, PARESSER. *Être sur le flanc* : → FATIGUÉ.

flancher → ABANDONNER I, CRAQUER, MOLLIR, RECULER.

flâner *Il en avait assez de flâner ainsi* : [litt.] **muser**, [fam.] **baguenauder**, [péj.] **battre le pavé** ♦ [plus génér.] **se promener*** ; → S'AMUSER, TRAÎNER, ERRER.

◇ **flânerie** : [génér.] **promenade***.

◇ **flâneur** Se dit de celui qui aime se promener au hasard des rues en prenant son temps : **badaud** (qui se dit de celui que captivent les divers spectacles de la rue : *les soirs de printemps, les boulevards attirent les flâneurs ; un accident de voiture attroupe les badauds*) ♦ [plus génér.] **promeneur**.

flanquer ① → ACCOMPAGNER. ② → APPLIQUER, METTRE, DONNER. ③ *Flanquer à la porte* : → CONGÉDIER.

◇ **se flanquer** *Se flanquer par terre* : → TOMBER I.

flapi → FATIGUÉ.

flaque → MARE.

flash → INFORMATION.

flashant *Elle portait une robe flashante* : **éblouissant** ; → BEAU.

flash-back → RETOUR* EN ARRIÈRE.

flasher → INTÉRESSER.

flasque *Son corps flasque, envahi par la graisse, la dégoûtait* : ↓ **mou*** (qui n'est pas forcément péj.).

flatter ① [qqn ~ qqn] *Flattez-le un peu et vous verrez comme sa modestie disparaîtra !* : [vx] **caresser, cajoler** (= séduire qqn par des manières doucereuses) ♦ [rare] ↑ **louanger** ♦ ↑ **encenser** (= accabler qqn, souvent publiquement, de louanges excessives) ♦ **amadouer** (= flatter qqn pour le fléchir et l'amener à ses fins) ♦ ↑ **flagorner** (= flatter qqn outrageusement et avec bassesse) ♦ [fam.] **faire des courbettes, lécher les bottes, passer la main dans le dos**, [très fam.] **peloter**, [vulg.] **lécher le cul** ; → COURTISER, CHATOUILLER, DORLOTER. ② [qqch ~ qqn] *Cette nouvelle robe la flatte beaucoup* : **être très flatteur, faire paraître à son avantage, avantager*** ③ [qqch ~ qqn] *Je serai très flatté de vous accueillir dans mon établissement* : **honorer, avoir grand plaisir à** ♦ [en partic.] **être fier** ♦ [plus génér.] **content*** ; → RAVIR I. ④ [qqch ~ qqch] *Voici une tapisserie qui flatte le regard* : [moins cour.] **plaire à** ; → CHARMANT.

◇ **se flatter** ① *Il se flatte de parcourir cette distance en moins d'une heure* [sout.] : **se faire fort de, se piquer de** ◆ ↑ **se targuer, se vanter.** Les syn. les plus courants sont soit **croire,** soit **parier*,** suivis d'une complétive (*il croit, parie que*) ; → ESPÉRER, S'ENORGUEILLIR. ② → S'HONORER.

◇ **flatterie** ① *Je déteste la flatterie* : ↑ **flagornerie** ◆ [par métaph.] **encens,** [fam.] **pommade.** ② *Toutes ces flatteries nous donnent envie de rire* : [fam.] **courbette, coup d'encensoir,** [au sing.] **pommade,** [fam.] **lèche** ; → CARESSE.

◇ **flatteur** ① [n.] *Je déteste tous ces flatteurs et leur bassesse* : ↑ **flagorneur,** ↓ **adulateur** ◆ [sout.] **courtisan, thuriféraire** ◆ [fam.] **faiseur de courbettes** ◆ [fam.] **fayot, lèche-bottes,** [très fam.] **lèche-cul** ◆ [génér.] **hypocrite*.** ② [adj.] → ÉLOGIEUX, LAUDATIF. *Une robe flatteuse* : → AVANTAGEUX.

flatulence → BORBORYGME, VENT.

flatuosité → PET.

fléau → CATASTROPHE, DÉFAUT.

fléchage → FLÉCHER.

flèche ① *L'arc se détendit violemment et la flèche fila vers le but* : **carreau** (= flèche de l'arbalète) ◆ [litt.] **trait** ◆ **fléchette** (= petite flèche). ② *Partir comme une flèche* : → RAPIDEMENT. *La flèche du clocher* : → POINTE I. *En flèche* : → AUGMENTER.

flécher *Flécher un parcours de chasse* : [plus génér.] **baliser.**

◇ **fléchage** : **balisage.**

fléchette → FLÈCHE.

fléchir ① [~ qqch] *Fléchir le genou* : [cour.] **plier*.** *Le genou fléchi* : **en flexion,** [partic.] **génuflexion** (qui se dit d'une attitude de prière) ; → S'AGENOUILLER. ② [~ qqn] *Parviendra-t-il à fléchir ses juges ?* : ↓ **ébranler, toucher** ◆ ↑ **gagner à sa cause** ; → SE CONCILIER. ③ [qqch ~] → PLIER II. ④ [v.i.] *Sa colère ne fléchissait pas* : [cour.] **céder** ◆ → DÉSARMER. *Il ne fléchira pas, je m'en porte garant !* : [cour.] **céder** (qui est de sens plus étroit : il n'engage que le domaine moral, alors que *fléchir* comme **fai-**

blir supposent un renoncement de toute la personne) ; → MOLLIR.

◇ **fléchissement** ① *Le fléchissement du genou* : **flexion** ; → FLÉCHIR. ② → ABAISSEMENT I.

flegmatique → IMPASSIBLE.

flegme *Il agissait toujours avec un flegme surprenant* : **décontraction** (qui implique quelque insouciance) ; → IMPASSIBILITÉ, SANG-FROID, CALME.

flémingite → FLEMME.

flemmard → PARESSEUX.

flemmarder → PARESSER.

flemme *J'ai la flemme de me mettre à mon boulot* [fam.] : [iron.] **flémingite aiguë** ◆ [cour.] **ne pas avoir le courage de.** *Il a la flemme !* : → PARESSE, PARESSEUX.

flétri → DÉFRAÎCHI.

flétrir

I [~ qqch] ① *Les chaleurs de juillet ont flétri les fleurs les plus fragiles* : **faner** ; → SÉCHER. ② *Le chagrin a prématurément flétri son visage* : ↓ **marquer, rider, friper** ◆ ↑ **ravager.**

◇ **se flétrir** → SÉCHER.

II [~ qqn] *De tels propos flétrissent la mémoire de notre famille* : ↓ **salir, souiller** ; → TERNIR. *Flétrir la conduite de qqn* : **vouer à l'opprobre** ; → STIGMATISER.

flétrissement → FLÉTRISSURE.

flétrissure ① *La flétrissure d'une peau usée* : **flétrissement.** ② → SOUILLURE.

fleur ① *En fleur* : **fleuri.** *Le moment des fleurs d'un arbre, d'une plante* : **floraison.** *La fin, la mort des fleurs* : **défloraison.** *Le marchand de fleurs* : **fleuriste.** *Fête des fleurs* : **floralies.** *L'art des fleurs* : **floral** (*l'art floral*). ② *Comme une fleur* : → FACILEMENT. *Faire une fleur* : → FAIRE PLAISIR*. *Couvrir de fleurs* : → LOUER II. *Être fleur bleue* : → SENTIMENTAL. ③ → ÉLITE. ④ → CUIR.

◇ **à fleur** ① *Être à fleur d'eau* : **affleurer.** ② *Avoir les nerfs à fleur de peau* : **à vif.**

◇ **fleurir** ① → S'ÉPANOUIR. ② *C'est une époque où la peinture florissait* : **être florissant***, **briller, rayonner** ◆ **prospérer** (qui évoque la réussite matérielle).

◇ **florissant** ① → FLEURIR. *Leur entreprise est florissante : elle a doublé son chiffre d'affaires* : **prospère** ◆ ↑ **en pleine expansion** ◆ ↓ **se développer***. ② *Jouir d'une santé florissante* : [moins express., antéposé] **très bon**. *Un teint florissant* : ↑ **resplendissant, splendide*** ; → ÉCLATANT.

◇ **floraison** ① → FLEUR, ÉPANOUISSEMENT. ② *Quelle floraison d'œuvres magnifiques !* : ↑ **luxuriance** ◆ [rare, sout.] **efflorescence** ; → ABONDANCE.

fleurer → SENTIR II.

fleuret → ÉPÉE.

fleurette *Conter fleurette* : → COURTISER.

fleuri ① → FLEUR, FLEURIR. ② *Un style fleuri* : → BRILLANT.

fleurir, fleuriste → FLEUR.

fleuron → EXCELLENT.

fleuve → COURS D'EAU. *Un fleuve de* : → FLOT.

flexibilité → ÉLASTICITÉ (*élasticité des horaires*).

flexible ① → MOU, SOUPLE. ② *Un caractère flexible* : **souple***. *Horaires flexibles* : → ÉLASTIQUE.

flexion → FLÉCHIR.

flibustier → PIRATE.

flic → AGENT DE POLICE, POLICIER, VACHE II.

flicage → SURVEILLANCE.

flicaille → POLICIER.

flic-flac → CLAPOTIS.

flingot → FUSIL.

flingue → FUSIL, REVOLVER.

flinguer → TUER.

flipper → ÉTAT SECOND* I, AVOIR PEUR*.

flirt → AMANT, CAPRICE.

flirter → COURTISER.

flop → ÉCHEC.

flopée → CARGAISON, MASSE I.

floraison, floral, floralies → FLEUR.

flore → PLANTE.

florilège → ANTHOLOGIE, RECUEIL.

florissant → FLEUR.

flot ① [pl.] *Les flots* : → MER, VAGUE I. ② *Des pêcheurs se sont laissé prendre par le flot* : **flux, marée** (*marée montante*). ③ → BEAUCOUP. *Verser des flots de larmes* : **ruisseaux, torrents**. *Un flot d'injures* : **fleuve, torrent**. *Un flot de touristes* : → MULTITUDE. ④ *À flots. Le sang coulait à flots par sa blessure béante* : ↓ **abondamment**. ⑤ *Mettre, remettre à flot* : **renflouer**.

flottant ① *Les cheveux flottants* : → LIBRE. *Un cours flottant des monnaies* : → INCERTAIN. ② *Un caractère flottant* : → INDÉCIS.

flotte

I Désigne un ensemble de navires concourant à une même activité, surtout militaire : [génér.] **forces navales, marine** ◆ **escadre** (= force autonome composée de plusieurs bâtiments) ◆ **flottille** (= petite flotte).
II → EAU, PLUIE.

flottement → HÉSITATION.

flotter

I ① *Son gilet de sauvetage lui permettra de flotter en cas d'accident* : **surnager** (qui implique un effort pour éviter la noyade). ② *Le drapeau de la balise flotte dans une brise assez forte* : ↑ **claquer** ; → VOLER I. *Sa chevelure flotte dans le vent* : [sout.] **ondoyer**. ③ *Il flotte dans ses habits trop grands* : **nager***. ④ *Un sourire flotte sur ses lèvres* : → ERRER.
II → PLEUVOIR.

flotteur *Le flotteur d'une canne à pêche* : [en partic.] **bouchon, plume**.

flottille → FLOTTE I.

flou ① [adj.] → VAGUE III et IV, INCERTAIN, TROUBLE I, NÉBULEUX. ② [n.m.] → NÉBULOSITÉ.

flouer → TROMPER.

fluctuant → INCERTAIN.

fluctuation → CHANGEMENT, MOUVEMENT, VARIATION.

fluctuer → INCERTAIN, VARIER.

fluet ① *C'est un enfant très pâle, aux jambes fluettes* : **frêle, grêle ;** → MENU I, MAIGRE, MINCE, FAIBLE. ② *Une voix fluette* : [plus génér.] **faible** ◆ [antéposé] **petit.**

fluide ① → LIQUIDE. ② *Sa pensée est si fluide qu'on ne peut la saisir* [péj.] : **inconsistant, insaisissable ;** → INCERTAIN. *Sa pensée est très fluide, on le suit facilement* : **souple, délié ;** → CLAIR.

◇ **fluidité** [de fluide ②] : **inconsistance, incertitude** ◆ **souplesse, clarté.**

flûte

I ① *Son frère joue de la flûte* : **piccolo** (= petite flûte traversière) ◆ **fifre** (= petite flûte en bois, utilisée dans la musique militaire) ◆ **chalumeau, pipeau** (= flûte champêtre ; le *pipeau* est encore couramment utilisé, notamment par les enfants) ◆ **flageolet** (= flûte à bec percée de trous, généralement en buis et munie de clés). ② → JAMBE.

II → ZUT.

III → VERRE.

fluvial *Transport fluvial* : → BATELLERIE.

flux ① *Flux de paroles* : → ABONDANCE. ② → FLOT, MOUVEMENT.

focaliser → CONCENTRER.

fœtus → EMBRYON.

foi ① → CROIRE, CROYANCE, DOUTE, CONFIANCE. *Article de foi* : → CATÉCHISME. ② *La foi chrétienne, la foi juive* : **religion*** (qui se manifeste dans une institution, des rites, une histoire, contrairement à la foi, qui est une affirmation personnelle). ③ *Sur la foi de* : → TÉMOIGNAGE. *Avoir foi en* : → SE FIER. *Profession de foi* : → MA- NIFESTE. *De bonne foi* : → LOYAL, SINCÈREMENT. *De mauvaise foi* : → ARBITRAIRE.

foie ① Adj. correspondant : **hépatique.** ② *Avoir les foies* : → PEUR.

foin ① **fourrage.** *Faire les foins* : **faner, fenaison.** ② *Foin d'artichaut* : → POIL. ③ *Faire du foin* : → TUMULTE, SCANDALE, PÉTARD.

foire ① → DÉBAUCHE, FESTIN, FÊTE. ② → FÊTE FORAINE*, MARCHÉ I, EXPOSITION. ③ → COLIQUE.

foirer → ÉCHOUER, MERDER.

foireux → PEUREUX, LÂCHE I.

fois ① *La première fois* : → COUP III. ② *Chaque fois que* : → QUAND, SI II. *Bien des fois, plusieurs fois, cent fois* : → SOUVENT. *Une fois* : → JOUR. *Mille fois* : → BIEN I. *Dire deux fois* : **à deux reprises** (*trois, quatre...*) ; → RÉPÉTER. *Si, des fois* : → QUELQUEFOIS. *Non mais, des fois, vous ne vous payez pas ma tête ?* [fam.] : **non mais, sans blague !** ; **non mais, dites donc !** *À la fois. Vous êtes capable de faire tout cela à la fois ?* : **en même temps,** [sout.] **concurremment, simultanément,** [plus cour.] **mener de front.**

foison (à) *Des champignons, il y en a ici à foison* : **à profusion,** [plus fam.] **en masse** ◆ [plus sout.] ↓ **abondamment, en abondance ;** → BEAUCOUP.

foisonnant → ABONDANT.

foisonnement → ABONDANCE I.

foisonner → ABONDER I.

folâtre *Il est d'humeur folâtre* : **guilleret.** *Il a l'esprit folâtre* : **vagabond ;** → GAI.

◇ **folâtrer** *Son grand plaisir était de voir ses enfants folâtrer dans l'herbe* : **batifoler, s'ébattre.** *Folâtrer avec les femmes* : **papillonner.**

foldingue → FOU.

foliation → FEUILLE I.

folichon → GAI.

folie → FOU.

foliotage → NUMÉROTAGE.

folioter → NUMÉROTER.

folklore → TRADITION.

folklorique → POPULAIRE.

follement → FOU.

fomenter → ALLUMER.

foncé → SOMBRE.

foncer ① → S'ÉLANCER, SE PRÉCIPITER SUR. ② *L'ambulance fonçait vers l'hôpital.* Considéré comme fam., ce terme n'a pas de syn. courant ; il équivaut, selon les contextes, à **rouler vite, aller vite, marcher vite,** etc. ; → VITE. ③ *Il fonce dans le brouillard sans se préoccuper du qu'en-dira-t-on* [fam.] : [cour.] **aller de l'avant.**

fonceur → BATTANT II.

foncier ① → FONDAMENTAL. ② → TERRIEN.

foncièrement → FONDAMENTALEMENT.

fonction

I ① → EMPLOI, MÉTIER, SERVICE II, PLACE I. *Relever qqn de ses fonctions :* → DESTITUER. ② → UTILITÉ, MISSION. *Faire fonction de. Il manque des pièces à ce jeu de dames : mais ces boutons pourront faire fonction de pions :* **faire office de, tenir lieu de** ◆ [plus cour.] **servir de** (seuls *faire fonction de, faire office de* s'emploient en parlant de qqn) ; → USAGE.

II *Être fonction de :* → DÉPENDRE I. *En fonction de. Le prix de vente est calculé en fonction du prix de revient :* **par rapport à, compte tenu de.**

fonctionnaire
→ EMPLOYÉ, TRAVAILLEUR II.

fonctionnel → COMMODE II, PRATIQUE I.

fonctionnement → FONCTIONNER, TRAVAIL I.

fonctionner ① [qqch~] *Je vous montre comment ça fonctionne :* **le fonctionnement, le mode d'emploi ;** → ALLER II, TOURNER II. *Faire fonctionner :* → ACTIONNER, MOUVOIR. ② [qqn ~] *Avez-vous compris comment fonctionne la directrice ? :* **système** (*quel est son système ?*), **marcher.** *Il fonctionne à la vitamine C :* [plus express.] **carburer.**

fond ① *Le fond de la mer :* on oppose le **bas-fond,** où la **profondeur** d'eau est importante, et le **haut-fond.** *Envoyer un bateau par le fond :* **couler ;** → SABORDER, S'ABÎMER. *Les grands fonds marins :* **abysses.** ② *Le fond d'un roman, d'un discours :* → MATIÈRE II, SUBSTANCE. *Nous sommes au fond du problème :* **cœur** ◆ **nœud** (*c'est le nœud du problème*) ; → PRIMORDIAL. *De fond :* → FONDAMENTAL. *Faire fond sur :* → CROIRE I. ③ *Fond de teint :* → FARD. ④ *Du fond du cœur :* → SINCÈREMENT. *Au fond. Au fond, il n'avait pas tort :* → APRÈS* (I) TOUT. ⑤ *À fond. Il faut serrer les freins à fond :* [fam.] **à mort, à bloc.** *Je le défendrai à fond dans cette affaire :* **jusqu'au bout ;** → ABSOLUMENT. *Il connaît le sujet à fond :* [fam.] **sur le bout des doigts*, comme sa poche*.**

fondamental ① → BASIQUE, THÉORIQUE. ② *Il y a une différence fondamentale entre ce qu'il dit et ce qu'il fait :* **de fond, foncier, radical* ;** → ÉLÉMENTAIRE, PREMIER II, CAPITAL I, PRINCIPAL, PRIMORDIAL.

◇ **fondamentaux** [n.m.pl.] *Les fondamentaux :* → BASE II.

◇ **fondamentalement** *Leurs thèses sont fondamentalement opposées :* **foncièrement, radicalement*, totalement.**

fondamentalisme → INTÉGRISME.

fondamentaliste → INTÉGRISTE.

fondateur → PÈRE.

fondation ① → BASE I, CONSTITUTION, ÉTABLISSEMENT I. ② → DONATION.

fondé → FONDER.

fondement

I → ANUS.

II → BASE II. *Sans fondement :* → ERRONÉ, SANS CONSISTANCE*.

fonder ① → ÉTABLIR, CONSTITUER, OUVRIR. ② *Fonder qqch sur :* → APPUYER I. *Qqch est fondé sur :* → SE FONDER, REPOSER.

◊ **se fonder** *Sur quoi vous fondez-vous pour lancer de telles accusations ?* : [plus cour., fam.] **se baser, s'appuyer.**

◊ **fondé** ① *Ses plaintes me paraissent fondées* : **légitime** ; → JUSTE, JUSTIFIER, SÉRIEUX, SOLIDE. *Mal fondé* : → ERRONÉ, CONTESTABLE, FAUX I, INJUSTE. ② *Être fondé sur* : → SE FONDER, REPOSER. ③ *Je suis fondé à dire que votre projet ne sera pas accepté* [sout.] : [cour.] **j'ai de bonnes raisons pour.**

fondre

I [v.t.] ① → LIQUÉFIER. ② → SCULPTER. *Fondre des couleurs* : → MÉLANGER.

II [v.i.] ① *Faire fondre qqch* : → DÉLAYER, DISSOUDRE. ② *Il a beaucoup fondu* : → MAIGRIR. ③ *Fondre d'attendrissement, en larmes* : → CRAQUER, PLEURER. ④ *Fondre sur* : → S'ABATTRE, SE JETER SUR.

◊ **se fondre** → S'ASSIMILER I, DISPARAÎTRE.

fondrière → TROU.

fonds ① → ARGENT. ② → MAGASIN I.

fondu *Le joli fondu des verts au printemps* : **dégradé.**

fongicide a pour syn. **antifongique.**

fontaine → SOURCE.

fonte → FUSION.

fonts baptismaux : [en partic.] **baptistère** (= chapelle des fonts baptismaux).

footing → COURSE.

forage → SONDAGE.

forain → TSIGANE.

forban → PIRATE.

forçat ① [pr.] **bagnard.** ② [fig.] *Il travaille comme un forçat* : **nègre, galérien ♦** [plus cour.] **malade, fou ♦ ↓ beaucoup*.** *Un travail de forçat* : ↓ **pénible*.**

force → FORT. ① *Il faut être d'une force extraordinaire pour soulever de telles barres d'acier* : **vigueur, vitalité** (qui impliquent que l'on soit en pleine santé, au mieux de son développement physique) **♦ robustesse** (qui fait penser à la solidité de la constitution physique) **♦ résistance** (= l'ensemble des qualités physiques et morales qui permettent de surmonter aisément un obstacle comme la fatigue, les privations). *Avoir la force de* : → POUVOIR I. ② *Force de caractère* : → ÉNERGIE. *Forces de travail* : → FACULTÉ I. ③ *De même force. Deux joueurs de même force* : **niveau.** *Sans force* : → CONSISTANCE. *De toutes ses forces. Il tapait de toutes ses forces* : **à coups redoublés, comme un fou*** ; → FORT III. *Il l'aimait de toutes ses forces* : → ÊTRE II. *Avec force* : → ÉNERGIQUEMENT, FERVEUR. ④ *La force d'une passion, d'un sentiment* : ↑ **violence** ; → ENTRAÎNEMENT I, INTENSITÉ, PROFONDEUR, VIVACITÉ. *Méfiez-vous de la force du vent !* : ↑ **violence.** En termes techn., *force* et **vitesse** sont syn. quand on parle de vent, sauf dans le contexte : *un vent de force 4. Force de production* : → CAPACITÉ I. *Perdre sa force* : → S'ÉMOUSSER. *Tour de force* : → EXPLOIT. *La force de l'âge* : → MATURITÉ. ⑤ *Recourir à la force* : → CONTRAINTE. *Coup de force* : → COUP D'ÉTAT. *Il le fera, de gré ou de force* : **qu'il le veuille ou non.** *Il voulait à toute force quitter Paris* : **à tout prix, absolument*.** *En force* : → EN NOMBRE*. ⑥ *Forces de l'ordre* : → AGENT* DE POLICE.

◊ **forcer** ① [~ qqn] → VIOLER. ② *Forcer un cerf* : → TRAQUER. *Forcer un cheval* : **crever.** *Forcer un moteur* : **pousser.** ③ *Forcer une attitude* : → EXAGÉRER, OUTRER. ④ *Forcer une porte* : → ENFONCER. ⑤ [~ qqn à] → ACCULER, CONTRAINDRE, OBLIGER, FAIRE PRESSION SUR, CONDAMNER. *Forcer la résistance de* : → VAINCRE.

◊ **se forcer (à)** → SE CONTRAINDRE.

◊ **forcé** ① *Faire un atterrissage forcé* : ↓ **involontaire.** ② *Un sourire forcé* : → FACTICE. *Je ne suis pas forcé de* : → CENSÉ. ③ *Il lui arrivera malheur, c'est forcé* [fam.] : [cour.] **forcément** (*il lui arrivera forcément malheur*) **♦ c'est inévitable* ♦ c'était écrit** (qui implique l'idée de fatalité) ; → FATALEMENT.

◊ **forcément** → FORCÉ, NÉCESSAIREMENT.

forcené ① → ÉNERGUMÈNE, FURIEUX. ② → ACHARNÉ, INFERNAL, PASSIONNÉ.

forceps (au) → PEINE I.

forcer → FORCE.

forcing → PRESSION.

forcir ① → GROSSIR. ② En termes de marine, *forcir* se dit du vent, *grossir*, de la mer.

forer → CREUSER, PERCER, SONDER.

foret → VRILLE.

forêt ① → BOIS I. ② *Une forêt de mains levées* : **multitude***.

forfait → CRIME. *Déclarer forfait* : → ABANDON I, ABANDONNER I, CRAQUER, RENONCER.

forfaiture → CONCUSSION.

forfanterie → FANFARONNADE, VANTARDISE.

forger → INVENTER.

formaliser (se) → S'OFFENSER, SE SCANDALISER, SE VEXER.

formalisme → FORMALITÉ.

formaliste *C'est une femme intelligente, mais trop formaliste* (= qui se soucie exagérément des formes à respecter dans les rapports sociaux) : **cérémonieux, protocolaire** ◆ **tatillon** (= trop attaché au respect des détails) ; → FORME II, EXIGEANT.

formalité Les *formalités* font partie des **démarches** administratives, de la **procédure** à suivre. Le **formalisme** est un attachement excessif aux formalités, un abus des formalités ; → FORME II. *Ce n'est qu'une simple formalité. Pour vous, cet examen n'est qu'une formalité !* [fam.] : **promenade, partie de plaisir** ◆ [plus fam.] **c'est dans la poche**. *Il m'a dit sans autre formalité que* : **sans autre forme de procès*, sans plus de façons** ◆ [cour.] **sans se gêner*** ; → METTRE DES GANTS*.

format → DIMENSION, TAILLE I.

formateur, formation → FORMER.

forme

I ① *La forme de ces montagnes correspond bien à l'allure des reliefs anciens* : [didact.] **configuration** (qui se dit des plantes, des minéraux, des sols) ◆ **conformation, morphologie** (qui se disent de l'anatomie d'un corps humain ou animal) ◆ **aspect, apparence, dehors** (= ce qui apparaît immédiatement à la vue). *Qui a plusieurs formes* : **multiforme, varié*** ; → CONTOUR, SILHOUETTE. ② *La forme d'une jupe* : → FAÇON. ③ *Un dessin aux formes très pures* : [sing.] **tracé**. *La beauté des formes* : **plastique** (*la plastique d'un danseur*). ④ *Nous étudierons différentes formes de sociétés humaines* : **type** ; → STRUCTURE, SORTE. ⑤ *Prendre forme* : → CORPS I. ⑥ *Les formes féminines* : → RONDEUR. *Une belle forme féminine* : **ligne** ; → SILHOUETTE.

II [pl.] *Il tient absolument à ce que l'on respecte les formes* : **usages, bonnes manières** ◆ [rare en ce sens] **protocole, étiquette, décorum** (qui se disent des règles à observer dans les cérémonies officielles) ; → METTRE DES GANTS*, CÉRÉMONIE, FORMALITÉ, FORMULE.

III Condition physique. *En forme* : → CONDITION I, REPOSÉ, DISPOS, VALIDE I.

IV Ce qui sert à donner une forme : → MOULE.

formée → RÉGLÉE.

formel ① → CATÉGORIQUE, CERTAIN I, EXPRÈS, NET I. ② → SYMBOLIQUE, THÉORIQUE.

formellement → EXPLICITEMENT, RIGOUREUSEMENT.

former : [génér.] **faire***. ① [Dieu, qqn ~] → CRÉER. ② [qqn ~] *Former une société* : → CONSTITUER, ORGANISER. *Bien, mal former ses phrases* : **bâtir, construire**. *Former un numéro* : → COMPOSER. *Former un vœu, un désir* : → ÉMETTRE, ÉNONCER. ③ [~ qqn] → CULTIVER. *Former qqn à* : → PRÉPARER. *Former le caractère* : → ASSOUPLIR. *Former l'esprit* : → ÉDUQUER, NOURRIR. ④ [qqn, qqch ~] *Ces arbres forment un bon coupevent* : **constituer**. *La rivière forme un coude* : → DESSINER, COMPOSER III.

◇ **se former** ① *Des brouillards se formeront dans les vallées* : **se constituer,** ↑ **se développer** ◆ ↓ **apparaître** ◆ [plus rare] **naître**. *Des relations durables se sont formées entre eux* : **naître, se nouer**. ② *Il* continue à se former en suivant des stages : **apprendre son métier, s'instruire.**

◇ **formation** ① → CONSTITUTION. *La formation des mots* : → ORIGINE. ② *Formation permanente* : → ÉDUCATION. *Un jeune sans formation* : **qualification.** ③ *Elle arrive à l'âge de la formation* : [didact.] **puberté.** ④ *La France compte de nombreuses formations politiques* : **parti ♦ groupe, groupement** (selon la taille et l'organisation) **♦ ↑ groupuscule** (= petit groupe, souvent très actif). *Voici une très bonne formation de jazz* : **orchestre ;** → ENSEMBLE. ⑤ *On assistera à la formation de nombreux brouillards* : **apparition, naissance, constitution, développement ;** → PRODUCTION.

◇ **formateur** ① [n.] → ÉDUCATEUR. ② [adj.] *Ce séjour en Angleterre aura été très formateur pour ces jeunes élèves* : [plus génér.] **utile, profitable.**

formidable → ÉTONNANT, EXTRAORDINAIRE, TERRIBLE, FUMANT. *Qqn est formidable* : → GÉNIAL.

formidablement → ÉTONNAMMENT, TRÈS.

formulable *De tels sentiments sont difficilement formulables* : **exprimable ;** → DIRE.

formule ① *Le prêtre prononçait les formules rituelles* : **parole.** *Les formules de politesse font partie des* **formes*** II. *Une formule publicitaire* : **slogan.** *C'est sa formule habituelle pour dire merci* : **expression*.** *Une formule toute faite* : **cliché ;** → PHRASE. ② *On vient de mettre au point une nouvelle formule pour la décantation des eaux usées* : **méthode, procédé.** *Formule de paiement* : → MODE II. *Il a trouvé la formule pour ne rien faire !* : [plus fam.] **truc, joint.**

◇ **formulaire** *Voudriez-vous remplir ce formulaire ?* : [plus génér.] **questionnaire.**

formuler → ÉMETTRE, ÉNONCER, EXPLICITER, FIXER.

fornication, forniquer → RAPPORT* SEXUEL.

fort

I [qqn est ~] ① *Pierre est assez fort pour porter à lui seul cette armoire norman-*

de ! : [rare] **puissant** (qui évoque une force potentielle permanente et importante) **♦ robuste, solide** (qui évoquent surtout la constitution d'une personne) **♦ vigoureux** (qui évoque la force, alliée à la vivacité, chez une personne en très bonne santé) **♦** [fam.] **costaud ♦** [plus fam.] **balèze, baraqué.** *C'est un homme très fort* : **↑ fort comme un Turc ♦** [fam.] **malabar, balèze, baraque, hercule, armoire à glace** (qui sont des noms : *c'est un malabar...*) ; → AVOIR DU MUSCLE*, FORCE. ② [qqn est ~] → GROS. ③ [qqn est ~ en qqch] *Être fort en maths* : → EXCELLER, BON I, SAVANT I. ④ *Rester forte dans le malheur* : → ÉNERGIQUE. ⑤ *Se faire fort de* : → SE FLATTER DE, SE VANTER*.

II ① [qqch est ~] *Un vent très fort* : **↑ violent* ♦** [fam.] **↑ du diable ;** → EN TEMPÊTE*. *Une forte fièvre* : [postposé] **↑ violent ♦** [fam., postposé] **↑ carabiné, de cheval.** *Un médicament fort* : **actif.** *Une lumière forte* : **vif*, intense ;** → CRU. *Une voix forte* : → VIBRANT. *Un bruit très fort* : **retentissant ♦ ↓ sonore ;** → D'ENFER, ABRUTISSANT. *Du papier fort* : → ÉPAIS. *Une terre forte* : → LOURD II. *Une sauce très forte* : **épicé, relevé ;** → PIQUANT II. *Un café très fort* : [fam.] **serré ;** → TASSÉ. *Une odeur forte* : → PÉNÉTRANT, À PLEIN NEZ*, ENIVRANT. *Une haleine forte* : [antéposé] **↑ mauvaise.** ② [un sentiment est ~] → GRAND. ③ [qqch est ~] *Une forte somme d'argent* : **gros ♦** [postposé s'il n'y a pas de compl. de n.] **important.** *De fortes chutes de neige* : **abondant, important.** ④ [qqch est ~] *Je trouve la plaisanterie un peu forte !* : **↑ inouï ♦** [fam.] **costaud, raide, fort de café ;** → COMBLE I. ⑤ [express.] *À plus forte raison* : **a fortiori.** ⑥ [n.m.] *Au plus fort de* : → CŒUR I. *Le plus fort, c'est qu'il m'accuse de mentir !* : [plus sout.] **extraordinaire, incroyable, invraisemblable.**

III [adv.] → FORTEMENT, BEAUCOUP. ① *Taper fort sur qqn* : [plus fam.] **dur, ferme ;** → AVEC FORCE*. *Pleuvoir fort* : [rare] **dru.** *Frapper, serrer fort* : → FORTEMENT. *Applaudir fort* : → À TOUT ROMPRE*. *Le vent souffle fort, ce matin* : **↑ violemment ;** → FORT II. *Pourquoi cries-tu si fort ?* : [fam.] **comme un sourd ;** → CRIER. *Parlez plus fort !* : **haut.** *Sentir fort* : → SENTIR À

PLEIN NEZ*, MAUVAIS, PUER. ② *Y aller un peu fort* : → ABUSER II.

IV [n.m.] → FORTERESSE.

fortement [de fort II] → AVEC FORCE*, FORT III, TROP, BEAUCOUP, TRÈS. *Serrer fortement* : **vigoureusement, fort** ◆ ↑ **violemment.** *Aider fortement à* : → PUISSAMMENT. *Ce papier adhère fortement au mur* : **solidement.** *Il a été fortement commotionné* : ↑ **violemment.** *Être fortement pénalisé* : → LOURDEMENT. *Il est fortement attaché à sa terre* : ↑ **farouchement.** *J'espère fortement que vous réussirez* : **vivement,** ↑ **profondément.** *Il a des traits fortement accusés* : ↓ **nettement.**

forteresse ① Lieu fortifié destiné à défendre une ville, une région : **place forte** ◆ **citadelle** (= forteresse qui protège une ville) ◆ **fort** (= ouvrage isolé destiné à protéger un endroit stratégique) ◆ **fortin** (= petit fort) ◆ **blockhaus** (= petit ouvrage militaire défensif, abritant généralement des pièces d'artillerie) ; → CHÂTEAU, PLACE II, DÉFENSE I, REMPART. ② *Je déteste les gens qui s'abritent derrière la forteresse de leurs bonnes raisons* : **rempart** ◆ ↓ **mur** ; → BASTION.

fortiche → BON I.

fortifiant ① [adj.] *Un produit fortifiant* : [sout.] **roboratif** ; → TONIQUE. ② [n.m.] *Si vous êtes affaibli, prenez des fortifiants* : **reconstituant, tonique** ◆ [fam.] **remontant** ◆ [moins employé] **tonique** ; → EXCITANT, RÉCONFORTANT.

fortification → BASTION, DÉFENSE I, REMPART.

fortifier ① *Fortifier un mur* : → CONSOLIDER. ② *Fortifier qqn, les sentiments* : → AFFERMIR, CONFIRMER.

◇ **se fortifier** → S'ENDURCIR.

fortin → FORTERESSE.

fortuit → ACCIDENTEL, DE RENCONTRE*.

fortuitement → ACCIDENTELLEMENT.

fortune ① → CAPITAL II, TRÉSOR, RESSOURCES, RICHESSE. *Coûter une fortune* : → COÛTEUX. *Gagner une fortune* : → ARGENT.

Faire fortune : ↓ **s'enrichir** ; → AFFAIRE. *Grande fortune* : → RICHE. ② → CHANCE, HASARD. *Moyen de fortune. Nous nous débrouillerons avec des moyens de fortune* : **les moyens du bord** ; → IMPROMPTU. *À la fortune du pot* : **à la bonne franquette.** *Avoir la bonne fortune de* : → CHANCE.

fortuné ① → HEUREUX. ② → RICHE.

forum → COLLOQUE.

fosse ① → ABÎME. ② → TOMBE, TROU.

fossé ① → RIGOLE, TRANCHÉE. ② Tranchée qui entourait une ville, un château, pour les protéger ; rempli d'eau, ce *fossé* s'appelait **douve.** ③ *Un fossé les sépare* : → DISTANCE.

fossile *Il ne pouvait plus supporter l'entourage de tous ces vieux fossiles* : **barbe** ◆ [très fam.] **baderne, chnoque** (qui sont obligatoirement accompagnés de l'adj. *vieux*) ; → VIEUX.

fossilisé → VIEUX.

fossoyeur [au fig.] *Rimbaud est-il le fossoyeur du romantisme ?* : **naufrageur** ◆ [plus génér.] **démolisseur.**

fou ① [n.] [ce terme n'est plus en usage en psychiatrie] *On ne peut lui en vouloir, c'est un fou* : [en termes de droit, ou sout.] **dément** ◆ [en termes de médecine ou droit] **aliéné, malade* mental** ◆ ↓ **déséquilibré** ◆ **inconscient** (= qui ne se rend pas compte de la portée de ses actes) ◆ [très fam.] **désaxé, braque, détraqué, cinglé, fada, dingue.** *Fou furieux* : → ÉNERGUMÈNE, FURIEUX, OBSÉDÉ, MANIAQUE. ② [adj.] *Devenir fou* : → PERDRE L'ESPRIT*, ÊTRE DÉRANGÉ*, PERDRE LA BOUSSOLE*, DÉRAISONNER, DÉLIRER, PERDRE SES FACULTÉS*. *Il est devenu complètement fou* : [génér.] **inconscient, malade** ◆ **insensé,** [fam.] **loufoque** (= qui agit contrairement au bon sens) ◆ [très fam.] **azimuté, allumé, barge, barjo, fêlé, fada, cinglé, frappé, déjanté, foldingue, louf, louftingue, marteau, piqué, sonné, tapé, timbré, toc-toc, toqué, maboul, sinoque, dingo, dingue.** ③ [adj. et n.] Qui agit sans aucune mesure, sans bon sens. *Taper comme un fou* : → FORCE. *Courir comme* *un fou* : → COMME UN PERDU*. *Vous sortez par ce temps ? mais vous êtes fou !* : [outre les précédents, fam.] ↓ **idiot ;** → ABSURDE II, ORIGINAL. *Vous êtes fou !* : **c'est de la folie*.** ④ *Votre refus l'a rendu fou de rage* : **ivre ;** → FUREUR. ⑤ [adj.] *Être fou de qqn, de qqch* : → OBSÉDÉ, RAFFOLER, GOÛTER I, AIMER. *Elle est folle de joie* : [sout.] **éperdu, transporté.** ⑥ [adj., qqch est ~] *Elle a un regard fou* : ↓ **hagard, égaré** ♦ ↑ **halluciné ;** → BIZARRE. *Ce projet est fou !* : [plus sout.] **insensé ;** → ABSURDE, HASARDEUX. ⑦ [adj., qqch est ~] *Une course folle* : → EFFRÉNÉ, VERTIGINEUX. ⑧ [adj. à valeur superlative, qqch est ~] *Un succès fou* : → ÉNORME. *Un chagrin fou* : → BEAUCOUP, GRAND, TERRIBLE. *Il y avait un monde fou !* : ↓ **beaucoup*** (*il y avait beaucoup de monde*).

◇ **folie** ① [de fou ①] : **aliénation, démence, maladie* mentale ;** → DÉLIRE. ② *Vous allez sortir dans cet état ? mais c'est de la folie !* : **vous êtes fou !** ♦ [express.] **c'est de la pure folie, de la folie douce** ♦ ↓ **inconscience ;** → DÉLIRE. *La passion l'a plongé dans une sorte de folie* : ↓ **égarement* ;** → ABSURDITÉ, DÉLIRE, EXTRAVAGANCE, AVEUGLEMENT. ③ *Les petites folies de qqn* : → FANTAISIE. *Dire des folies* : ↓ **bêtise*.** ④ *Avoir la folie de qqch* : → FIÈVRE, VERTIGE. *Le jardinage, c'est sa folie !* : → PASSION, ÊTRE FOU* DE. *À la folie* : → FOLLEMENT.

◇ **follement** *Elle l'aime follement* : **à la folie, passionnément** ♦ [plus rare] **à la fureur** ♦ [sout.] **éperdument ;** → BEAUCOUP, TRÈS.

foucade → CAPRICE, LUBIE.

foudre ① La *foudre* se manifeste par une vive lumière, ou **éclair,** et une violente détonation, ou **tonnerre.** *Frappé par la foudre* : **foudroyé.** ② *Rapide comme la foudre* : **éclair.** *Coup de foudre pour qqn* : → AMOUR. *Le coup de foudre pour qqch* : → CRAQUER. ③ [pl.] *Les foudres* : → CONDAMNATION.

◇ **foudroyer** ① [au pass.] *Être foudroyé,* c'est être frappé par la foudre. ② *Foudroyer du regard* : → REGARDER. *Il a été foudroyé par un infarctus* : **terrasser.**

foudroyant → FULGURANT, SOUDAIN I, TERRIBLE.

fouet ① Le *fouet* est formé d'un manche et d'une corde assez longue. La **cravache** est une badine flexible, le plus souvent terminée par une mèche. Le **knout,** le **martinet** sont des sortes partic. de fouets. ② *Battre de coups de fouet* : **flageller.** *Le supplice du fouet* : **flagellation.** *Il faudra mener tous ces gaillards-là à coups de fouet* : **cravache** ♦ ↓ **fouetter à la baguette.** ③ *Battez les œufs avec un fouet* : **batteur.** ④ *Un petit coup de fouet* : → REMONTER.

fouetter ① → BATTRE I, FOUET. ② *La pluie fouette* : → GIFLER. ③ → PEUR. ④ → PUER.

fougue *Il y avait dans ses paroles toute la fougue du militant* : [par ordre croissant] ↑ **impétuosité, emportement, véhémence, violence ;** → FIÈVRE, MORDANT, ARDEUR, PASSION.

◇ **fougueux** *Il a le tempérament fougueux de la jeunesse* : ↑ **bouillant, impétueux, emporté, véhément*, violent ;** → ARDENT.

fouille → FOUILLER.

fouillé → SOIGNEUX.

fouille-merde → INDISCRET.

fouiller ① [~ qqch] *Après l'attentat, la police a fouillé l'aéroport* : ↓ **inspecter** ♦ [didact.] **perquisitionner** (qui ne se dit que de la visite d'un domicile) ♦ [fam.] **passer au peigne fin, au crible.** *Fouiller l'obscurité* : **balayer.** *Fouiller les bois* : → BATTRE II. *Fouiller les bagages* : [plus didact.] ↓ **examiner, visiter ;** → CHERCHER. *Il faudra fouiller la question* : **creuser* ;** → APPROFONDIR. ② [~ qqch] *Fouiller ses sentiments* : → INTERROGER. ② [~ qqch] *Fouiller la terre* (= creuser pour y chercher qqch) : **fouir** (qui s'emploie en parlant des animaux : *le cochon fouit la terre*) ; → GRATTER I. *Fouiller la terre* (= creuser une terre que l'on cultive) : **retourner.** ③ [v.i.] *Je n'aime pas qu'on fouille ainsi dans mes affaires* : [fam.] **fouiner, farfouiller, trifouiller, fourrager, fureter.**

◇ **se fouiller** *Tu penses que je te donnerai de l'argent ? tu peux toujours te fouiller !* [très fam.] : **se brosser, se gratter** ♦ [fam.] **courir** ♦ [cour.] **il ne faut pas y compter ;** → S'ABSTENIR.

◇ **fouille** [de fouiller ①] **①** inspection, perquisition, examen ; → VISITE. **②** *Des fouilles archéologiques* : [plus génér.] **recherches ;** → SITE.

fouillis → DÉSORDRE, PÊLE-MÊLE.

fouinard → INDISCRET.

fouiner → FOUILLER.

fouineur → INDISCRET.

fouir → FOUILLER.

foulant → FATIGANT.

foulard → FICHU II.

foule ① *C'était la foule du samedi soir :* **affluence** (qui ne se dit que s'il y a convergence de la foule en un même point) ◆ ↑ **cohue** (qui se dit d'une foule où règnent le désordre et la confusion) ◆ **bousculade** (de même sens que *cohue*, mais qui peut se dire aussi d'un groupe moins nombreux) ◆ **cortège** (= foule en marche) ; → MONDE II, AGITATION. ② *Les coureurs furent longtemps applaudis par la foule :* **assistance, public.** ③ *Il flatte la foule par des propos démagogiques :* [sout.] **multitude*** ◆ **masse, peuple** (qui ont davantage une résonance politique) ◆ [fam., péj.] **populo, populace** (qui indiquent du mépris). ④ *En foule. On venait en foule pour s'y baigner :* **en masse** ◆ ↓ **en grand nombre.** *Une foule de. Il y avait là une foule de livres :* **amas*, masse** ◆ [fam.] **foultitude ;** → PLEIN DE, UN TAS* DE. On notera que *foule* se dit plus proprement des personnes, et *amas* des choses.

fouler ① *Il était tout ému de fouler le sol de son pays natal* [sout.] : [cour.] **marcher sur.** ② *Fouler aux pieds. Si je n'y prenais pas garde, il me foulerait aux pieds pour prendre ma place :* **piétiner, passer sur le corps.** *Peut-on ainsi fouler aux pieds les règlements ? :* **bafouer** ◆ ↓ **braver ;** → MÉPRISER.
◇ **se fouler** ① [~ le pied] → SE TORDRE. ② *Ne pas se fouler :* → SE FATIGUER.

foulure *La foulure est une légère* **entorse.**

four → ÉCHEC.

fourbe ① [adj.] → DÉLOYAL, FAUX I, RUSÉ, SOURNOIS. ② [n.] → PERFIDE.

fourberie → FAUSSETÉ, RUSE, SOURNOISERIE, TRAHISON, TROMPERIE.

fourbi → DÉSORDRE.

fourbir → FROTTER, NETTOYER, POLIR II.

fourbissage → NETTOYAGE.

fourbu → FATIGUÉ, MOULU.

fourche *Quand vous arrivez à la fourche, vous prenez la première route sur votre droite* [vieilli] : [cour.] **bifurcation, embranchement ;** → CARREFOUR.

fourcher → LAPSUS.

fourchette *Coup de fourchette :* → MANGER.

fourgon *Fourgon à bestiaux :* **bétaillère ;** → WAGON. *Fourgon funéraire :* → FUNÈBRE.

fourguer : **refiler.** Les deux verbes sont syn. soit de **donner*,** soit de **vendre*.**

fouriérisme → SOCIALISME.

fourmi *Avoir des fourmis :* → DÉMANGEAISON.

fourmilière → MULTITUDE.

fourmillement ① *Un fourmillement d'insectes :* **grouillement*, pullulement.** *Un fourmillement d'idées :* **multitude* de,** ↓ **abondance*.** ② *Avoir des fourmillements :* → DÉMANGEAISON.

fourmiller → ABONDER I.

fournaise → CHALEUR, FEU I.

fourneau *Un petit fourneau à gaz :* **réchaud.** *Être aux fourneaux :* → CUISINE.

fournée → LOT.

fourni ① → ACHALANDÉ. ② → ABONDANT.

fournir ① *C'est lui qui fournit notre magasin en légumes :* [moins employé] **alimenter, approvisionner** ◆ **livrer** (qui s'emploie sans compl. ind. : *... qui livre notre*

magasin) ; → PROCURER. *Un commerçant,*
un magasin fournit de la marchandise à
un client : **livrer, vendre ;** → PROCURER.
② *Fournir des efforts* : → ACCOMPLIR.
③ *Fournir à la dépense* : → SUBVENIR.

◇ **se fournir** *C'est dans cette épicerie que*
nous nous fournissons habituellement :
s'approvisionner ♦ [plus cour.] **se ravitailler,**
faire ses courses.

◇ **fournisseur** : [cour.] **commerçant, mar-**
chand (s'il s'agit d'approvisionner un
simple client) **♦ grossiste** (s'il s'agit du
fournisseur d'un détaillant) **♦** [rare]
approvisionneur, ravitailleur.

◇ **fourniture** *La fourniture d'un magasin* :
approvisionnement, livraison.

fourrager → FOUILLER.

fourré → BUISSON.

fourreau ① → ENVELOPPE. ② → ROBE.

fourrer → METTRE, PLONGER II. *Fourrer*
dans le crâne : → ENFONCER.

◇ **se fourrer** *Se fourrer qqch dans le crâne* :
[cour.] **se mettre.** *Ne plus savoir où se four-*
rer : [cour.] **se mettre.**

fourrure → POIL, TOISON.

fourvoyer (se) → S'ÉGARER.

foutre [très fam.] ① *Foutre ses affai-*
res sur la chaise : → METTRE, DÉPOSER II.
② *Qu'est-ce que tu fous ?* : → FAIRE, FI-
CHER I. ③ *Foutre à la porte* : → CONGÉDIER.
Foutre par terre : → RENVERSER. *Foutre le*
camp : → PARTIR I. *Foutre en l'air* : → JE-
TER, DÉPRIMER. *Foutre son billet* : → PARIER.
Aller se faire foutre : → VOIR.

◇ **se foutre de** → SE MOQUER, ÉGAL, NÉGLI-
GER. *Se foutre dedans* : → SE TROMPER.

foutu [très fam.] → FICHU I. ① [qqn est ~]
→ CONDAMNÉ, FINI, PERDU, USÉ. *Mal foutu* :
→ BÂTI. *Je suis mal foutu depuis hier* :
[moins fam.] **mal fichu ♦** [cour.] **pas bien,**
ne pas se sentir d'aplomb* ♦ ↑ malade*.
② *Cette pince est foutue !* : **nase ♦** [fam.]
fichu ♦ bon à jeter à la poubelle ♦ [cour.]
↓ **abîmé, usé.** ③ [antéposé] *Un foutu carac-*
tère : → FICHU I, MAUDIT.

foyer

I ① *Il aimait passer la soirée près du*
foyer où flambait un bon feu [sout.] : [litt.]
âtre ♦ [cour.] **cheminée.** ② → CENTRE II,
SOURCE.

II → FAMILLE, INTÉRIEUR II, MAISON I.

fracas → TAPAGE.

fracassant *Ce chanteur a fait une rentrée*
fracassante : ↓ **éclatant ♦** [fam.] **faire du**
bruit (*sa rentrée a fait du bruit*) ; → RE-
TENTISSANT, EXTRAORDINAIRE.

fracasser → CASSER I.

◇ **se fracasser** *La voiture s'est fracassée*
contre un mur : ↓ **se briser.**

fraction → PARTIE I, PORTION.

fractionnement → MORCELLEMENT, SEG-
MENTATION.

fractionner → SECTIONNER, SEGMENTER.

fracture → CASSURE.

fracturer ① *Fracturer une jambe* : **casser.**
② *Fracturer une porte* : → DÉFONCER.

◇ **se fracturer** → SE CASSER.

fragile ① [qqn est ~] *Comment parvenait-*
elle à trouver tant d'énergie dans ce corps
si fragile ? : **frêle, vulnérable ♦ ↑ rachiti-**
que ; → DÉLICAT, FAIBLE. *Des pieds fragiles* :
→ SENSIBLE I. *L'adolescence est une période*
fragile : **vulnérable.** ② [qqch est ~] *Un*
échafaudage fragile : → TREMBLANT. *Son*
pouvoir me paraît bien fragile : **précaire,**
menacé ♦ ↑ chancelant.

◇ **fragiliser** : **rendre fragile*.** *Cet accident a*
fragilisé leur couple : ↑ **déstabiliser.**

◇ **fragilité** ① [génér.] **vulnérabilité ;** → FAIB-
LESSE. ② *Il était conscient de la fragilité de*
son bonheur : [sout.] **précarité.**

fragment ① → DÉBRIS, MORCEAU, PAR-
CELLE, PARTIE I. ② *Fragment de discours* :
→ EXTRAIT.

fragmentaire → PARTIEL.

fragmentation → SEGMENTATION.

fragmenter → PARTAGER.

fragrance → ODEUR.

fraîchement
① → FROIDEMENT. ② → RÉCEMMENT.

fraîcheur ① → FRAIS I. *La fraîcheur du matin se fait sentir* : ↑ **froid***.② → FRAIS II. *Elle a un teint d'une fraîcheur extraordinaire* : ↑ **éclat** ; → ÉPANOUISSEMENT. *La fraîcheur d'un sentiment* : → PURETÉ. *Un texte plein de fraîcheur* : → NATUREL.

fraîchir → FRAIS I. *Le temps a bien fraîchi depuis la semaine dernière* : **se rafraîchir,** ↑ **se refroidir.**

frais

I ① [adv.] *Il fait un peu frais ce matin* : [fam.] **frisquet** ; → FRAÎCHIR, FROID I. ② [n. m.] *Sortons de cette salle enfumée et prenons le frais* : **respirer** (*... et respirons un peu*).

II [adj.] ① → RÉCENT. *Voici des œufs frais* : ↑ **du jour.** *Du pain frais* : → TENDRE I. ② *Elle a un teint très frais* : ↑ **éclatant, florissant*** ; → REPOSÉ. *Frais et dispos* : → DISPOS. ③ *Ce souvenir est encore frais à ma mémoire* : **vivant, présent.** ④ *Te voilà frais, maintenant que tu es renvoyé !* : → PROPRE I.

III [n.m.pl.] ① → PAYER, DÉPENSE. *Les frais d'autoroute* : **péage.** ② *À peu de frais* : → SANS MAL* I. *Aux frais de la princesse* : → GRATUITEMENT, À L'ŒIL. ③ *Faire les frais de* : → INCONVÉNIENT. ④ *Se mettre en frais. Elle tenait à en imposer à ses invités : elle s'est donc mise en frais* : [fam.] **sortir le grand jeu, tout le tralala** ◆ [en partic.] **mettre les petits plats dans les grands** ◆ [cour.] **faire de son mieux*.**

fraise ① *Sucrer les fraises* : → ÂGÉ. ② → TÊTE.

franc

I [n.m.] *Remplacé par l'euro et donc sorti d'usage. Voici mille francs* : [fam.] **balle** ; → ARGENT.

II [adj.] ① [qqn est ~] *C'est un homme très franc qui dira ce qu'il pense* : ↑ **sincère,** [assez fam.] **direct.** *Franc comme l'or* : → SPONTANÉ. *Un visage franc* : **ouvert.** ② *Jouer franc jeu* : **loyalement*, cartes sur table** ; → FAIR-PLAY. *Franc-parler* :

→ LIBERTÉ II. ③ *Des couleurs franches* : → TRANCHÉ. ④ *Une franche crapule* : → VÉRITABLE, VRAI. ⑤ [qqch est ~, antéposé] *Il y a entre nous une franche inimitié* : **réel** ◆ [moins employé] **net** ◆ [postposé] **déclaré** ; → NET.

◇ **franchement** ① *Pouvons-nous parler franchement ?* : **en toute franchise, à découvert** ◆ [plus rare] **parler clair** ◆ ↑ **sincèrement, à cœur ouvert** ; → OUVERTEMENT. *Je vous le dis franchement, votre travail est mauvais* : **tout net** ◆ ↓ **honnêtement** ◆ [assez fam.] **carrément** ; → SANS AMBAGES*, NETTEMENT, TOUT CRU. ② *Allez-y franchement, vous n'avez pas à avoir peur* : **sans hésiter** ◆ [plus fam.] **carrément, franco** ; → LIBREMENT, SIMPLEMENT. ③ *Franchement mauvais* : → RÉELLEMENT, VRAIMENT.

◇ **franchise** ① *J'aime sa franchise* : **parler-vrai** (*qui s'emploie surtout dans le domaine politique ou public*) ◆ ↑ **sincérité** ; → SPONTANÉITÉ, LOYAUTÉ. *La franchise du regard* : → PURETÉ. ② *En toute franchise* : → FRANCHEMENT, LIBERTÉ II.

français ① [adj.] *Les habitudes françaises* : [par méton.] **hexagonal** ◆ [assez péj.] ↑ **franco-français** (= typique de la France) ◆ **tricolore** (*surtout dans le vocabulaire du sport*). ② [n.] *Aimer la France et les Français* : **être francophile.** *Les détester* : **être francophobe.** *Le Français moyen* : **homme* de la rue** ◆ [fam., péj.] **beauf, franchouillard.** ③ [n.m.] *Elle est professeur de français* : **lettres.** *Parler le français* : **être francophone.**

franchement → FRANC II.

franchir → DÉPASSER, PARCOURIR, PASSER I, SAUTER, TRAVERSER.

franchise → FRANC II.

franchissable → TRAVERSABLE.

franchissement → PASSAGE.

franchouillard → FRANÇAIS.

franc-jeu → FRANC II.

franco → FRANC II.

franco-français → FRANÇAIS.

**francophile, francophobe, franco-
phone** → FRANÇAIS.

franc-parler → FRANC II.

franc-tireur ① *Les francs-tireurs étaient
abattus comme des chiens* : **maquisard, partisan, résistant.** ② → INDÉPENDANT.

frange → MINORITÉ.

frangin → FRÈRE.

franquette *À la bonne franquette* : → SIM-
PLE, À LA FORTUNE* DU POT.

frappant → CRIANT, PERCUTANT, SAILLANT,
SPECTACULAIRE.

frappe ① → ALLONGE. ② → DÉLINQUANT.

frappé → FOU.

frapper ① [~ sur, à, contre qqch] *Cessez de
frapper sur la table, cela m'agace !* : [fam.]
taper ◆ tapoter (= frapper à petits coups)
◆ tambouriner (= frapper en produisant un bruit pareil à celui du tambour)
◆ ↑ cogner (= frapper violemment) ;
→ MARTELER. *Frapper à la porte* : [fam.]
cogner. *Frapper un ballon avec le pied* :
→ BOTTER. ② [~ qqch] *Frapper un texte* :
→ TAPER. ③ [~ qqn] → PORTER* LA MAIN
SUR, PASSER À TABAC*, BATTRE I. *Frapper
d'une peine* : → CONDAMNER. ④ [~ qqn]
→ IMPRESSIONNER, SAISIR I.

◇ **se frapper** → S'ÉMOUVOIR.

frasque → ÉQUIPÉE.

fraternel → FRÈRE.

fraterniser → S'ENTENDRE.

fraternité → SOLIDARITÉ.

fratrie → SŒUR.

fraude ① → SUPERCHERIE. *La fraude électorale* : → MANŒUVRE I. *La fraude dans les
examens* : **tricherie.** ② *Commis en fraude* :
frauduleusement ; → IRRÉGULIÈREMENT. *Produit passé en fraude* : **de contrebande.**

frauder → TRICHER.

fraudeur → RESQUILLEUR, TRICHEUR.

frauduleusement → FRAUDE.

frauduleux *Fait* **en fraude*** ; → CONTES-
TABLE.

frayer → FRÉQUENTER, PRATIQUER II.

frayeur → EFFROI, PEUR, TERREUR.

fredaine → ÉQUIPÉE, GALANTERIE.

fredonner → CHANTER.

free-lance → INDÉPENDANT.

frein ① *Il faudra mettre un frein à toutes
ces dépenses* : **freiner ◆** [plus cour.] **modé-
rer* ◆** [peu employé] **ralentir ;** → ARRÊTER,
MODÉRER, LIMITE, OBSTACLE. ② *Ronger son
frein. Il restait là, à attendre et à ronger son
frein* : **bouillir, ↑ trépigner d'impatience.**

◇ **freiner** ① → DÉCÉLÉRER. ② *Freiner un
sentiment* : → DIMINUER, MODÉRER. *Freiner
la hausse des prix* : → ENRAYER.

frelater → FALSIFIER, TRAFIQUER.

frêle → FRAGILE, FLUET.

freluquet → FAIBLE.

frémir ① [qqn ~] → TRESSAILLIR, PALPITER,
TREMBLER, FRISSONNER. *À faire frémir* :
repoussant, horrible ; → EFFRAYANT. *Frémir d'impatience, de colère* : → BOUILLIR.
② [qqch ~] *Les arbres frémissaient sous
la légère brise* : [sout.] **frissonner ◆ bruire**
(= faire entendre un bruit confus). *L'eau
frissonne* : → BOUILLIR.

◇ **frémissant** *C'était un être frémissant,
que la moindre émotion faisait vibrer* :
↑ ardent, passionné. *Être d'une sensibilité
frémissante* : [plus cour.] **à fleur de peau.**

◇ **frémissement** ① → BATTEMENT, BRUIS-
SEMENT, VIBRATION. ② *Un frémissement
d'horreur parcourut la foule* : **frisson.** *Un
frémissement économique* : → REPRISE.

frénésie → DÉLIRE, ENTHOUSIASME. *La frénésie du jeu* : → PASSION.

frénétique → ENTHOUSIASTE, PASSIONNÉ.

fréquemment → BEAUCOUP, COMMUNÉ-
MENT, SOUVENT, TEMPS I.

fréquence → RÉPÉTITION, RYTHME.

fréquent ① → COMMUN II. ② → CONTINU, PERPÉTUEL.

fréquentable → RECOMMANDABLE.

fréquentation, fréquenté → FRÉ-QUENTER.

fréquenter ① [~ qqch] *Il ne fréquentait que les vieux quartiers de la ville* : [très sout.] **hanter**. *Fréquenter les bals, les magasins* : ↑ **courir**. ② [~ qqn] *C'étaient de ces gens que l'on ne fréquente que par politesse* : ↓ **approcher, côtoyer, coudoyer** (qui ne supposent qu'une brève rencontre ou des rencontres épisodiques) ◆ ↑ **frayer avec,** [fam.] **copiner avec,** [péj.] **s'acoquiner avec** (qui supposent au contraire des relations assidues) ◆ **courtiser*** (= fréquenter ou chercher à fréquenter qqn en le flattant) ◆ [vieilli] **voisiner*** (= fréquenter ses voisins) ; → CONNAÎTRE, SORTIR I, SE MOUVOIR, SE COMMETTRE. ③ *Qqn à fréquenter* : → RECOMMANDABLE. ④ *Fréquenter les meilleurs auteurs* : → LIRE I.

◇ **fréquenté** *Une rue fréquentée* : **passant**. *Des lieux mal fréquentés* : **malfamé, louche**.

◇ **fréquentation** ① [sing.] *La fréquentation de certains intellectuels l'avait beaucoup déçu* : [très sout.] **commerce** (*son commerce avec certains...*). ② [pl.] → RELATION II, SOCIÉTÉ I, LIAISON I.

frère ① *Voici mon frère* : [fam.] **frangin** ◆ [fam., plus rare] **frérot**. *Le demi-frère* issu du même père : [didact.] **frère consanguin**, ou de la même mère : [didact.] **frère utérin**. *Avoir des relations de frère* : **fraternel**. *Les frères et sœurs* : **fratrie**. *Comme un frère* : → RESSEMBLER. ② *Aimer ses frères* : → SEMBLABLE. *Faux frère* : → DÉLOYAL.

frérot → FRÈRE.

fresque *Le professeur nous traça une vaste fresque de l'histoire romaine* : **tableau, panorama**.

frêt → CARGAISON.

frétillant → VIF.

frétiller *À ces mots, il se mit à frétiller de plaisir* : **se trémousser**.

fretin ① *Je n'ai pris que du fretin : quelques goujons et des ablettes* : [plus cour.] **blanchaille, petit poisson,** [abrév.] **petit**. ② *Il n'y avait personne d'important, que du menu fretin* : **le dessous du panier**.

freux → CORBEAU.

friable → MEUBLE II, TENDRE I.

friand *Il est très friand de ce genre de spectacle* : **amateur** ◆ ↑ **gourmand**. *Être friand de poésie* : ↑ **avide** (qui évoque celui qui dévore, *friand* celui qui se délecte).

friandises *Je vous ai acheté quelques friandises* : **gourmandises, gâteries** ◆ [rare] **douceurs** ◆ [plus restreint] **sucreries, confiseries**.

fric → ARGENT.

friche Se dit d'une terre non cultivée. [plus partic. à une région ou à un type de terrain, de végétation] **brande, lande, maquis, garrigue, gâtine** ◆ **jachère** (qui se dit d'une terre labourable laissée provisoirement au repos). *Pourquoi laisser toutes ces terres en friche ?* : **inculte** ◆ [plus génér.] **à l'abandon**.

frichti, fricot → REPAS.

fricoter *Je ne sais ce qu'il fricote en ce moment, mais il a des attitudes bizarres* [fam.] : **mijoter, tramer, manigancer, trafiquer** ; → TRIPOTER, FAIRE.

friction

I *Cette poussière noire est due à la friction du pneu sur le garde-boue* [didact.] : [cour.] **frottement**.

II *Le moindre incident devenait une cause de friction* : [plus fam.] **accrochage** ◆ [plus sout.] **heurt*** ◆ ↑ **conflit** ; → DISPUTE.

frictionner *Son bébé n'aime pas qu'on lui frictionne la peau* : [fam.] **frotter**.

Frigidaire → GLACIÈRE.

frigide → FROID II.

frigidité → FROIDEUR.

frigo → GLACIÈRE, RÉFRIGÉRATEUR.

frigorifié

frigorifié → FROID I.

frigorifier ① → RÉFRIGÉRER. ② → INTIMI-
DER.

frileux → TIMIDE.

frilosité → TIMIDITÉ.

frimas → BROUILLARD.

frime → COMÉDIE, PARADE.

frimer → PARADER.

frimeur → VANTARD.

frimousse → FIGURE I, VISAGE.

fringale → FAIM.

fringant → AGILE.

fringue → VÊTEMENT.

fringué → VÊTU, ÉLÉGANT.

fringuer → NIPPER, VÊTIR.
◇ **se fringuer** → SE SAPER, SE VÊTIR.

friper ① → CHIFFONNER. ② → FLÉTRIR I.

fripier → BROCANTEUR.

fripon → COQUIN, ESPIÈGLE.

fripouille → COQUIN.

friqué → RICHE.

frire → CUIRE.

frisé → FRISER.

friser

I *Vous avez trop frisé vos cheveux* : ↑ **crêper**, ↓ **boucler** (selon la dimension des
boucles) ; → ONDULER. *Elle avait des cheveux frisés* : ↓ **bouclé** ◆ ↑ **crépu**.

II → APPROCHER, CONFINER II, FRÔLER.

frisette → BOUCLE.

frisquet → FRAIS I.

frisson *Frisson de fièvre* : → TREMBLEMENT.
Frisson de peur : → FRÉMISSEMENT. *Donner
le frisson* : → FROID* (I) DANS LE DOS. *Frisson sonore* : → BRUISSEMENT.

◇ **frissonner** ① *La fièvre le faisait frissonner* : ↑ **grelotter** ; → TREMBLER. ② *La peur
le fit soudain frissonner* : ↑ **frémir, tressaillir**. ③ [qqch ~] → FRÉMIR.

◇ **frissonnement** *Le frissonnement* est un
léger **frisson***.

frite ① *Les* **chips** *sont une variété de
frites, ainsi que les* **pommes pailles**.
② *Avoir la frite* : → PÊCHE II.

friture → PARASITE ②.

frivole ① [qqch est ~] *Comment peut-on
attacher de l'importance à des choses aussi
frivoles ?* : **futile, insignifiant, superficiel**
◆ ↑ **vain**. ② [qqn est ~] *C'est un esprit frivole* : **futile, superficiel** (= qui ne s'attache
qu'à la surface des choses) ◆ **insouciant,
léger**, [très fam.] **je-m'en-foutiste** (= qui
manque de sérieux) ◆ **inconsistant** (= qui
manque de solidité) ; → ÉTOURDI. *C'est une
femme, un homme frivole* : **volage** ◆ ↑ **léger** ; → INFIDÈLE.

◇ **frivolité** ① [de frivole ①] : **futilité, insignifiance** ◆ [rare] **inanité** ; → VANITÉ I. ②
[de frivole ②] : **légèreté, insouciance**, [fam.]
je-m'en-foutisme.

◇ **frivolités** *Un magasin de frivolités* : **fan-
freluches, colifichets** ◆ [plus cour.] **fantaisies**.

froc ① → PANTALON. *Baisser son froc* :
→ SE RENDRE. ② → ROBE.

froid

I [adj. et adv.] ① *Il fait froid ce matin !* :
↓ **frais*** ◆ ↑ **glacial** ◆ [fam.] **frisquet**
◆ [très fam.] **ça caille !** ◆ [express.] ↑ **un
froid de loup, un froid hivernal, polaire** ;
→ FRAÎCHEUR. ② *De l'eau froide* : ↓ **frais**
◆ ↑ **glacé**. *Avoir les mains, les pieds
froids* : ↑ **gelé**. ③ *J'ai froid !* : ↑ **être
transi** ◆ [fam.] ↑ **être gelé, glacé, frigorifié** ◆ [très fam.] **se cailler, se peler**. ④ *Un
film qui donne froid dans le dos* : **glacer le
sang, donner le frisson** ; → PEUR.

◇ [n.m.] : [sout.] **froidure** (qui se dit du froid
de l'hiver). *Prendre un coup de froid* :
refroidissement.

II ① [qqn est ~] → DISTANT, DÉTACHÉ,
IMPASSIBLE, RÉFRIGÉRANT, SEC II, SÉRIEUX.
Laisser froid : → INDIFFÉRENT. ② [qqn

est ~] *Une femme froide* : [péj.] ↑ **frigide** (qui se dit d'une femme qui n'éprouve pas de plaisir lors des rapports sexuels) ◆ [plus génér.] **inhibé** ◆ [express.] **c'est un glaçon.** ③ [qqch est ~] *Ces peintures froides et abstraites le glaçaient* : ↓ **sans chaleur, terne.**

◇ [n.m.] → DÉSACCORD. *Être en froid avec qqn* : **en mauvais termes** ; → FÂCHÉ.

◇ **froidement** *La nouvelle de son arrivée a été accueillie assez froidement* : **fraîchement** ◆ ↓ **avec indifférence** ; → FROIDEUR.

◇ **froideur** ① → IMPASSIBILITÉ, INDIFFÉ-RENCE, TIÉDEUR, DÉTACHEMENT. ② *Pourquoi montre-t-il tant de froideur envers nous ?* : ↓ **réserve** ◆ ↑ **hostilité** ; → SÉCHERESSE II. ③ *Sa froideur empêchait leur harmonie sexuelle* : ↑ **frigidité** ◆ [plus génér.] **inhibition.** ④ *La froideur d'un style* : → SÉVÉ-RITÉ.

froidure → GELURE.

froissé → OFFENSÉ.

froissement → HEURT.

froisser

I → CHIFFONNER, PLISSER.

II *Ne lui demandez pas son âge, vous allez la froisser* : [sout.] **désobliger** ◆ ↑ **blesser, vexer*, heurter** ; → MEURTRIR, OFFENSER, DÉPLAIRE, BRAQUER, ABAISSER II.

◇ **se froisser** → SE VEXER, S'OFFENSER.

frôlement → FRÔLER.

frôler ① *Ses mains qui la frôlaient la fai-saient frissonner* : **effleurer*** ◆ ↑ **toucher** ; → CARESSER. ② *Il frôlait les murs pour qu'on ne le voie pas* : **effleurer** ◆ ↑ **raser.** ③ *Nous avons frôlé la catastrophe* : **friser** ◆ **passer bien près de** ; → TUTOYER. ④ *Son entêtement frôle le ridicule* : **friser** ◆ **être à la limite, frontière de** ; → CONFINER À.

◇ **frôlement** [de frôler ①] : **effleurement, attouchement** ; → CARESSE.

fromage ① [fig.] → SINÉCURE. ② *En faire un fromage* : → AFFAIRE.

froment est un terme d'agriculture pour désigner le **blé** tendre.

froncement → PLISSEMENT.

froncer → PLISSER.

frondaison → FEUILLAGE.

fronde → RÉVOLTE.

frondeur → MOQUEUR.

front

I *Faire front* : → FACE. *Le front haut* : → FIÈREMENT. *Avoir le front de* : → IMPU-DENCE. *De front* : → À LA FOIS*. *De front. Un choc de front* : **frontal.** *Relever le front* : → RÉSISTER.

II ① *Le front de mer. Avoir une maison en front de mer* : [plus génér.] **en bordure de, face à.** ② *Mourir au front* : **champ de bataille, d'honneur.** ③ → COALITION.

frontal → FRONT I.

frontalier → LIMITROPHE.

frontière ① *Il habite à la frontière de l'Allemagne et de la France* : **confins** (*... aux confins de...*, qui ne s'emploie que dans ce contexte et n'a pas le sens politi-que et juridique de *frontière*). *Reconduire à la frontière* : → REFOULER. ② → LIMITE, LIGNE I. *Être à la frontière de* : → FRÔLER.

frontispice → VIGNETTE.

frottement → FRICTION I.

frotter ① *Frotter le parquet* : **astiquer** ◆ **lustrer** (= rendre brillant, notamment en frottant) ◆ [assez fam.] **briquer** ◆ [rare] **fourbir** (qui ne se dit que d'un objet en métal) ; → POLIR II, NETTOYER. ② → FRIC-TIONNER. ③ *Frotter qqch de* : **enduire** (*frot-ter, enduire un rôti de beurre*).

◇ **se frotter** ① *Il faut qu'il se frotte un peu aux difficultés* : [plus sout.] **s'affronter** ; → SE HEURTER. ② *Il a mauvais caractère, ne vous y frottez pas !* : **se tenir à l'écart, ne pas s'en approcher.** ③ *Se frotter les mains* : → SE RÉJOUIR. ④ *Se frotter contre qqn de façon érotique* : [fam.] **faire du frotti-frotta.**

frotti-frotta → SE FROTTER.

froufrou → BRUISSEMENT.

froussard → PEUREUX.

frousse → CRAINTE, PEUR.

fructifier → FRUIT.

fructueux → BON I, FÉCOND, PRODUCTIF, AVANTAGEUX, RENTABLE.

frugal → SOBRE, TEMPÉRANT.

frugalité → SOBRIÉTÉ, TEMPÉRANCE.

fruit ① La **baie** est un *fruit* charnu à pépins, comme la groseille ; un *fruit* composé est une **grappe**, par ex. de raisin, ou un **régime**, par ex. de bananes. *À fruits* : **fruitier.** ② [litt.] *Jésus, le fruit de vos entrailles* : **enfant.** *Le fruit défendu* : [selon la Bible interprétée à la lettre] **pomme.** ③ *Ce résultat est le fruit d'un long travail* : [moins pr.] **produit, résultat ;** → CONSÉQUENCE. *Acceptez-vous de perdre ainsi le fruit de tant d'années de travail ?* : **bénéfice.** *Il a suivi avec fruit l'enseignement que vous lui avez donné* : **avec profit.** *Porter ses fruits* : → EFFET.

◇ **fructifier** *Voici de l'argent qui fructifie, au moins !* : **rapporter** ◆ [fam.] **rendre.**

fruitier → FRUIT.

frusques → VÊTEMENT.

fruste → GROSSIER, SAUVAGE.

frustrant → DÉCEVANT.

frustration *Être en état de frustration sexuelle* : [plus rare] **inassouvissement** ◆ ↓ **insatisfaction ;** → PRIVATION.

frustrer → PRIVER, TROMPER.

fuchsia → ROSE II.

fugace → PASSAGER ①. *Un sourire fugace* : **furtif** ◆ [sout.] **évanescent.**

fugitif ① [n.] → FUYARD. ② [adj.] → ERRANT, PASSAGER.

fugitivement → PASSAGÈREMENT.

fugue → ESCAPADE.

fuguer → SE SAUVER.

fuir ① [qqn ~] *Il a fui en trompant la surveillance de ses gardiens* : **s'enfuir, prendre la fuite** ◆ [plus génér.] **s'en aller ;** → PARTIR ◆ **s'échapper, s'évader** (qui insistent sur le fait de briser les liens qui retenaient prisonnier) ◆ [plus fam.] **se sauver*** ◆ [fam.] **se barrer, prendre la poudre d'escampette, la clé des champs** ◆ [fam.] **jouer la fille de l'air, prendre la tangente, prendre ses jambes à son cou, déguerpir, détaler, filer** (qui insistent sur la rapidité du fuyard) ◆ [très fam.] **ficher, foutre le camp, se trisser, se débiner** ◆ [très fam.] **se calter, se cavaler, se carapater** (qui insistent aussi sur la rapidité du fuyard) ; → DISPARAÎTRE, COURIR, FILER À L'ANGLAISE*. *Des soldats qui fuient* : → SE RETIRER. ② [~ qqn] → ÉVITER, NE PAS APPROCHER*. ③ [~ qqch] → ABANDONNER I, SE DÉROBER. *Il est parti là-bas pour fuir le monde* : ↑ **s'exiler ;** → SEUL. ④ [qqch ~] *Le temps fuyait à une vitesse folle* [sout.] : [cour.] **passer, s'en aller** ◆ ↓ **s'écouler.** ⑤ [qqch ~] *La barrique fuit* : ↓ **perdre* ;** → COULER I, PISSER. *Ne pas fuir* : → TENIR I.

◇ **fuite** ① *Ils se sont aperçus un peu tard de la fuite du prisonnier* : **fuir*** (... *que le prisonnier avait fui*), **évasion** ◆ [plus génér.] **disparition.** *La police chargea, et ce fut la fuite générale des manifestants* : **débandade,** ↑ **sauve-qui-peut, déroute** (qui impliquent une fuite désordonnée) ◆ ↑ **panique** (qui implique en outre la peur) ; → DÉFAITE, ÉMIGRATION. ② *C'est une fuite des autorités pour échapper à leurs responsabilités* : **dérobade, reculade, recul, faux-fuyant, tergiversation** ◆ **subterfuge** (qui implique adresse et ruse) ◆ [sout.] **échappatoire.** ③ *Fuite de capitaux* : → HÉMORRAGIE. *Une fuite de courant* : **déperdition.** *Une fuite de liquide* : ↓ **perte ;** → TROU.

◇ **fuyant** *Je déteste les hommes fuyants qui ne vous regardent jamais en face* : [moins péj.] **insaisissable** ◆ [express.] **fuyant comme une anguille ;** → ÉVASIF.

◇ **fuyard** Se confond en tous contextes avec **fugitif** ; l'usage semble néanmoins privilégier l'emploi de *fuyard* pour des soldats qui abandonnent leur poste, et celui de *fugitif* quand il s'agit de hors-la-loi en fuite.

fulgurant *La vague arrivait sur eux à une vitesse fulgurante* : **foudroyant** ; → RAPIDE.

fulminer *Il fulminait contre tant d'injustice* : **tonner** ◆ [sout.] ↓ **pester** ◆ [moins sout.] **tempêter** ◆ **éclater, exploser** (qui se disent d'une protestation violente mais très brève) ; → S'EMPORTER, COLÈRE, S'IRRITER.

fumant ① *Une soupe fumante* : ↓ **bouillant** (qui est moins imagé). ② *Il était fumant de colère* : **bouillonnant** ; → COLÈRE. ③ *Il a réussi un coup fumant* [fam.] : [cour.] **formidable, sensationnel, incroyable** ; → EXTRAORDINAIRE.

fumée ① *Rempli par la fumée* : **enfumé**. *La fumée ne vous gêne pas ?* : [par méton.] **cigarette.** ② → VAPEUR.

fumer
I *Tu viens fumer une cigarette ?* : [fam.] **griller.** *Fumer beaucoup* : [fam.] **fumer comme un sapeur.**
II → ÊTRE EN COLÈRE*.
III → FUMIER.

fumet → ODEUR, PARFUM, SAVEUR.

fumeux → ABSTRAIT, COMPLIQUÉ, NÉBULEUX, OBSCUR.

fumier ① *Le fumier est d'origine végétale et animale, tandis que le **compost** est formé uniquement de végétaux.* **Fumer,** c'est épandre du fumier ; **fumure** se dit de la quantité de fumier épandue ; → ENGRAIS, AMÉLIORER. ② → ORDURE, SALAUD.

fumiste → AMATEUR, FANTAISISTE, PLAISANTIN.

fumisterie → AMATEURISME, PLAISANTERIE.

fumure → FUMIER.

fun → PLAISIR.

funambule → ACROBATE, DANSEUR.

funèbre ① *Un chant, une cérémonie, une veillée funèbre* : **funéraire** (*funèbre* s'emploie de préférence avec un substantif abstrait, et *funéraire* avec un substantif concret renvoyant aux usages et aux cérémonies matérielles qui accompagnent les funérailles : *une couronne, un monument funéraire*) ◆ **mortuaire** (qui ne s'applique qu'à ce qui appartient au service funèbre : *maison, drap, chapelle mortuaire*). ② *Un employé des pompes funèbres* : [fam.] **croque-mort.** *La voiture funèbre* : **convoi funéraire, corbillard.** *Cloche funèbre* : **glas.** *L'office funèbre* catholique ou messe de **funérailles** est souvent suivi d'une *prière funèbre*, ou **absoute**, dite autour du cercueil. *L'estrade funèbre*, ou **catafalque**, devient **chapelle ardente** quand s'y trouve le cercueil, entouré de cierges allumés. ③ *Un ton funèbre* : [litt.] ↑ **sépulcral.** *Il avait une mine funèbre* : [fam.] **tête d'enterrement** ; → LUGUBRE, TRISTE I.

funérailles → ENTERREMENT, FUNÈBRE.

funéraire → FUNÈBRE.

funeste → FATAL, NÉFASTE, SINISTRE I, SOMBRE.

furax → FURIEUX.

fureter → FOUILLER.

fureur ① *La lenteur des services administratifs l'a mis dans une fureur extraordinaire* : ↑ **rage** ◆ ↓ **colère*** ◆ [rare] ↑ **furie** ◆ **emportement** (qui se dit d'un brusque accès de fureur). ② *Il travaille avec fureur à ce projet insensé* : ↓ **acharnement** ◆ [plus fam.] **comme un fou*.** *Il est gagné par la fureur du jeu* : → PASSION. *À la fureur* : → FOLLEMENT. *Faire fureur* : → VOGUE. ③ *La fureur du vent* : → VIOLENCE.

◇ **furie** ① → FUREUR. ② → PASSION, ARDEUR. ③ *Il regardait, fasciné, la mer en furie* : **démonté, déchaîné** ; → TEMPÊTE. ④ *Vous connaissez sa voisine ? une vraie furie !* : **harpie, mégère, dragon** ◆ ↓ **gendarme.**

◇ **furieux** ① [adj.] *Nous lui avons annoncé ton absence : il est furieux !* : ↑ **furibond** ◆ [fam.] **furax, furibard** ; → COLÈRE, RAGE. ② [n.] *Il se démène comme un furieux pour te sortir de là* : [plus cour.] **enragé, forcené** ◆ ↑ **possédé** (ces trois termes désignant, au sens pr., celui qui ne se maîtrise plus et laisse apparaître les signes de la folie) ;

→ FOU, ÉNERGUMÈNE. ③ [adj.] *Une lutte furieuse* : → ACHARNÉ. *Un vent furieux* : → VIOLENT.

furibard, furibond → FURIEUX.

furie → FUREUR.

furieusement *Elle est furieusement tendance !* [par plais.] : [cour.] **très***.

furieux → FUREUR.

furoncle [cour.] : [didact.] **anthrax** ◆ [fam.] **clou**.

furtif *Un regard, un sourire furtif* : **discret** ◆ **rapide** ; → ERRANT, FUGACE, SUBREPTICE.

furtivement *S'échapper furtivement* : **en cachette** ◆ **à la dérobée** ; → SECRÈTEMENT, SUBREPTICEMENT.

fusée → MISSILE. *Partir comme une fusée* : **fuser***.

fuselé *Le corps fuselé de la truite* : [plus techn.] **fusiforme** ◆ [plus génér.] **allongé, oblong, effilé**.

fuser → FUSÉE, JAILLIR, SORTIR I.

fusiforme → FUSELÉ.

fusil ① *Quel beau fusil de chasse !* : **carabine** (= fusil léger à canon court) ◆ [fam.] **flingue, flingot, pétoire** ◆ [fam., par méton.] **calibre** (= toute arme à feu). *Un coup de fusil* : [plus génér.] **feu**. Une **fusillade** est la **décharge** simultanée de plusieurs fusils. ② *Un bon fusil* : → TIREUR. ③ *C'est le coup de fusil, ici !* : → ÉCORCHER, COUP DE BARRE* I.

fusillade → FUSIL.

fusiller ① → EXÉCUTER, PASSER* (III) PAR LES ARMES. ② → ABÎMER I. *Fusiller du regard* : → REGARDER.

fusion ① *Ce n'est qu'à cette température que vous observerez la fusion de ce métal* [techn.] : [plus cour.] **fonte**. ② La *fusion* de deux partis politiques est leur **union*** si intime qu'on ne distingue plus l'un de l'autre. En ce même sens, la *fusion* de plusieurs systèmes de pensée dont on puise le meilleur est [didact.] l'**éclectisme ;** le **syncrétisme** évoque plutôt un mélange peu cohérent d'idées diverses. ③ *La fusion de différentes ethnies dans une même communauté* : **assimilation** ◆ ↓ **intégration**. ④ *La fusion de deux entreprises* : **fusionnement ;** → FUSIONNER, ABSORPTION.

◇ **fusionner** *Ces deux entreprises viennent de fusionner* : **faire fusion** ◆ [plus génér.] **s'unir, se réunir ;** → SE MÉLANGER, UNIFIER.

fusionnement, fusionner → FUSION.

fustiger ① → BATTRE I. ② → CRITIQUER.

fût ① → TRONC. ② → TONNEAU.

futaie → BOIS I.

futaille → TONNEAU.

futal → PANTALON.

futé → MALIN, RUSÉ.

futile → CREUX I, FRIVOLE, INSIGNIFIANT, LÉGER III, SUPERFICIEL, VAIN I.

futilité → FRIVOLITÉ, VANITÉ I.

futur ① [adj.] *Pensez-vous que vos futures commandes seront aussi importantes ?* : [postposé] **ultérieur** ◆ **prochain ;** → POSTÉRIEUR. *La vie future* : → ÉTERNEL I. ② *Mon fils ne s'intéresse qu'aux outils et aux machines : c'est un futur mécanicien* : [postposé] **en herbe** (*un mécanicien en herbe*) ◆ **avoir la graine de** (*il a la graine d'un mécanicien*). ③ [n.] → FIANCÉ. ④ [n. m.] *Dans le futur* : **plus tard** ◆ [en partic.] **demain ;** → AVENIR.

futuriste *Une architecture, un mobilier, une voiture futuriste* : **avant-gardiste, d'avant-garde**.

fuyant, fuyard → FUIR.

G

gabardine → IMPERMÉABLE.

gabarit ① → DIMENSION, TAILLE I. ② → MODÈLE.

gabegie → DÉSORDRE.

gabelou → DOUANIER.

gâcher ① *Gâcher le travail* : → SABOTER. ② *Il a gâché tout son argent à acheter des babioles* : **gaspiller**. *Gâcher son talent* : **galvauder**. *Gâcher une occasion* : → MANQUER I, PERDRE.

◇ **gâchis** ① *Il y avait à boire et à manger pour douze, ils étaient trois ! quel gâchis !* : **gaspillage**. *Ce n'est pas du travail : c'est du gâchis !* : ↑ **sabotage** ; → MASSACRE. ② → DÉSORDRE.

◇ **gâcheur** : **gaspilleur**.

gâchette → TIREUR.

gadoue, gadouille → BOUE.

gadouilleux → BOUEUX.

gaffe → MALADRESSE. *Faire gaffe* : → ATTENTION I.

◇ **gaffer,** c'est commettre une **gaffe***.

gaffeur → MALADROIT.

gag → INCROYABLE.

gaga → ENFANCE, CRAQUER.

gage ① → GARANTIE. ② *Il vient de nous porter secours : n'est-ce pas un gage de sa fidélité ?* : [plus génér.] **preuve, témoignage**. ③ [pl.] → RÉTRIBUTION, SALAIRE.

gager → PARIER.

gageure → PARI.

gagnant ① [n.] : **vainqueur** (qui s'emploie en parlant d'une course, d'un combat : *le vainqueur du Tour de France* ; *le gagnant, le vainqueur d'un tournoi de bridge*) ; → PREMIER I. ② [adj.] → VICTORIEUX. *Le numéro gagnant* : **sortant**.

gagne-pain → TRAVAIL II.

gagne-petit *Les gagne-petit de tous les petits boulots* : **besogneux** ◆ [plus cour.] **bas salaire** ◆ [en partic.] **smicard** (= qui gagne le SMIC, en France).

gagner

I [qqn ~ qqch] ① → TOUCHER III. *Gagner sa vie* : **travailler** ; → VIE. ② *Il a gagné le gros lot* : [fam.] **décrocher la timbale**. *Il a gagné de grosses sommes d'argent au jeu* : [plus fam.] **encaisser, empocher, ramasser*** ◆ [fam.] **palper, rafler**. ③ *Gagner la victoire* : → ENLEVER, REMPORTER, VAINCRE. *Un repos bien gagné* : **mérité**. ④ *Il a gagné tout le bénéfice de l'affaire* : **recueillir** ◆ [fam.] **ramasser, récolter**. ⑤ *N'hésitez pas à accepter cette situation : vous y gagnerez* : **vous gagnerez au change, vous ne le regretterez pas** ; → BÉNÉFICE, RÉCOLTER.

II [qqn ~ qqn] *Gagner à sa cause, gagner les faveurs de qqn* : → S'ASSURER, CONVERTIR,

SE CONCILIER, FLÉCHIR, RALLIER. *Gagner l'attention* : → CAPTER.

III ① [qqn ~ un lieu] *Il voulait gagner la frontière le plus vite possible* : **atteindre ♦ rejoindre, regagner** (qui impliquent que l'on revienne à son point de départ). ② [qqch ~ qqn] *Il se sentait peu à peu gagné par le sommeil* : ↑ **envahir** ; → S'EMPARER. *La grippe gagne du terrain* : **se répandre** ; → S'ÉTENDRE, SE PROPAGER. *Le rire gagnait peu à peu toute la salle* : **se communiquer à.**

gagneur → BATTANT.

gai ① [qqn est ~] *Il chante et rit du matin au soir : c'est un homme très gai* : [plus sout.] **allègre ♦ ↓ enjoué ♦ ↑ joyeux*** (qui implique un sentiment plus profond), **souriant ♦ hilare** (= qui montre une gaieté franche et béate) ♦ [plus partic.] **rieur ♦ ↑ jovial** (qui se dit d'une gaieté très franche et communicative) ♦ **guilleret** (qui implique une gaieté franche et vive, est restreint à quelques contextes), [rare] **réjoui** ; → AMUSANT, BADIN, CONTENT. *C'est un homme gai* : **bon vivant, boute-en-train, qui aime rire ♦ joyeux luron, joyeux drille** (qui évoquent en outre une conduite légère). ② *Le vin le rend gai* : ↑ **ivre*** ; → SOÛL. ③ [qqch est ~] *La voici seule, avouez que ce n'est pas gai !* : [plus sout.] **réjouissant ♦** [plus fam.] **drôle ♦** [fam.] **folichon, marrant ♦** [fam.] **sympa** s'emploie parfois en ce sens ; → ROSE II. *Son appartement est peint de couleurs très gaies* : [sout.] **riant** ; → VIF.

◇ **gaiement** [de gai ①] : **joyeusement, allègrement.** *Le travail, il vaut mieux le faire gaiement* : **de bon cœur, avec entrain.**

◇ **gaieté** [de gai ①] : **enjouement, allégresse, joie*, jovialité** ; → ENTRAIN. *De gaieté de cœur* : → VOLONTIERS. *Une franche gaieté* : ↑ **une folle ambiance.**

gaillard

I [adj.] ① *Nos propos un peu gaillards la faisaient rougir, mais rire aussi !* : ↓ **libre, léger ♦** [plus sout.] **leste*, épicé ♦ ↑ cru, grivois, gaulois, égrillard, croustillant** ; → ÉROTIQUE, COQUIN, OBSCÈNE. ② *C'est un vieillard encore très gaillard* : **vert** ; → DISPOS, VIGOUREUX. ③ → ANIMAL.

II [n.] ① *C'est un drôle de gaillard* : **lascar, bougre, luron** ; → COQUIN, HOMME. ② *Dis donc, mon gaillard, tu veux que je te tire les oreilles ?* : **gars, petit gars, bonhomme.**

gaillardise [de gaillard ①] : [assez fam.] **gaudriole ♦ ↑ grivoiserie, gauloiserie.**

gain ① *Les intermédiaires réalisent souvent des gains considérables* : **bénéfice, profit* ♦** [fam.] **boni** ; → AVANTAGE, REVENU, GRATIFICATION, COMMISSION I, SALAIRE. *L'appât du gain* : **lucre.** ② *Un gain de temps* : → ÉCONOMIE. ③ *Gain de cause* : → SATISFACTION.

gaine ① → ENVELOPPE. *Sortir de sa gaine* : **dégainer.** *Rentrer dans sa gaine* : **rengainer.** ② → CORSET.

gala → SPECTACLE. *Un gala de bienfaisance* : [plus génér.] **cérémonie.** *Une tenue de gala* : **soirée.**

galant ① [n.m.] → AMANT. ② [adj.] → SENTIMENTAL, GALANTERIE. *Femme galante* : **entretenue.** *Conte galant* : **libertin** ; → ÉROTIQUE. ③ *Me refuser votre place assise n'est pas très galant* : **élégant** ; → POLI. *Un galant homme* : **gentleman.**

galanterie ① *Il connaissait toutes les règles de la galanterie* : [plus génér.] **courtoisie** (qui se dit seulement d'une politesse raffinée) ; → POLITESSE, AFFABILITÉ. ② *Il savait développer tout le langage d'une galanterie raffinée* : **séduction ♦** [en partic.] **badinage, marivaudage** (= galanterie légère et raffinée dans son langage) ; → COURTISER. ③ *C'est toute une vie cachée de galanterie qu'elle découvrait soudain* : **aventures galantes, histoires d'alcôve ♦ ↓ fredaines ♦** [fam.] **coucheries** ; → AVENTURE. ④ *Elle écoutait distraitement ses galanteries* : **douceurs ♦** [très fam., sing.] **baratin ♦** [très péj.] **fadaises.**

galantine et **ballottine** sont souvent employés l'un pour l'autre ; le second désigne aussi une pièce de viande froide désossée et prise dans la gelée, mais roulée et farcie.

galaxie → ÉTOILE.

galbe → COURBE, CONTOUR.

gale *Il est mauvais comme la gale* : **teigne, peste** ; → MAUVAIS.

galéjade → PLAISANTERIE.

galéjer → PLAISANTER.

galère → BAGNE.

galérer → PEINER I.

galerie ① → PASSAGE, SOUTERRAIN, VESTIBULE. *Galerie commerciale* : → COMMERCIAL. ② → MUSÉE. ③ *Amuser la galerie* : → AUDITOIRE, PUBLIC II.

galérien → FORÇAT.

galet → CAILLOU.

galette → ARGENT.

galimatias *Je ne comprends décidément rien à tout ce galimatias* : **charabia, jargon, sabir** ◆ [fam.] **baragouin**.

galipette → CABRIOLE, ROULADE.

gallicisme → EXPRESSION.

galoche → SABOT.

galon ① → RUBAN. ② *Il n'est qu'adjudant, mais il les montre, ses galons !* : [arg. mil.] **ficelle, sardine.** *Depuis qu'il a gagné des galons, il se prend pour un monsieur* : [plus cour.] **monter en grade.**

galop → ALLURE. *Au galop* : → VITE.

galoper → COURIR.

galopin *Cet enfant ? mais c'est un galopin de la pire espèce !* : **garnement, chenapan** ◆ [péj.] ↑ **vaurien** (qui ne s'emploie pas, contrairement aux précédents, sur le mode de l'humour : *attends, petit galopin, que je te tire les oreilles !*) ; → ENFANT.

galure, galurin → COIFFURE.

galvaniser → ENFLAMMER.

galvauder → GÂCHER.

gambade → CABRIOLE, SAUT.

gambader → SAUTER.

gambette → JAMBE.

gamelle *Ramasser une gamelle* : → ÉCHOUER, TOMBER I.

gamin ① [n.] *On ne peut demander l'impossible à une gamine de huit ans !* : **gosse ;** → ENFANT, FILLE. *Un gamin de Paris* : [fam.] **titi.** ② *Elle a deux gamins d'un premier mariage* [fam.] : [cour.] **enfant*.** ③ [adj.] → ESPIÈGLE.

gaminerie → ESPIÈGLERIE.

gamme *Nous tenons à votre disposition toute une gamme de téléviseurs* : **éventail, palette, panoplie** (qui évoquent aussi la **multiplicité** des choses mais sont d'emploi plus restreint) ◆ **ligne** (qui se dit de produits constituant un ensemble cohérent, partic. en parfumerie).

◇ **haut de gamme** *Nous ne vendons que des produits haut de gamme* (qui se dit de la qualité technologique) : [plus génér.] **supérieur, de luxe** (qui évoquent le raffinement).

gang → COTERIE.

gangrener → CORROMPRE.

gangster → MALFAITEUR, VOLEUR.

ganse → CORDE.

gant ① *Il vient de s'acheter une paire de gants* : **moufle** (= gant sans séparation pour les doigts, sauf pour le pouce) ◆ **mitaine** (= gant qui ne couvre que la première phalange des doigts). *Mettre, enlever ses gants* : [rare] **se ganter, se déganter.** ② *Souple comme un gant* : → SOUPLE. *Aller comme un gant* : → ALLER II. *On peut le retourner comme un gant, cet homme-là !* : [moins express.] **on peut facilement le faire changer d'avis.** *Relever le gant* : → DÉFI. *Avec lui, il faut mettre des gants !* : **respecter les formes** ◆ [non express.] **agir avec ménagement ;** → FORMALITÉ.

ganter (se) → GANT.

garage → REMISE. *Mettre la voiture au garage* : **rentrer** (*rentrer la voiture*) ; → GARER. *Voie de garage* : → IMPASSE.

garant → DÉPOSITAIRE, RÉPONDANT, RESPONSABLE I. *Se porter garant* : → GARANTIR, RÉPONDRE DE.

garantie ① → DÉPÔT. ② *Vous comprendrez que nous demandions des garanties de votre bonne foi* : **assurance ;** → GARANTIR. *Il nous a donné là une garantie d'amitié* : **gage*.** *Avez-vous pris toutes les garanties nécessaires ?* : **précaution.** *Défendre la garantie de l'emploi* : **sécurité.**

◇ **garantir** ① **donner sa garantie, se porter garant** ◆ **avaliser, cautionner** (= garantir en donnant **son aval, sa caution,** c'est-à-dire s'engager à payer pour qqn en cas de défaillance de sa part ; tous ces termes s'emploient comme syn. au fig.) ; → RÉPONDRE DE. *Garantir sa maison* : → ASSURER III. ② *Je vous garantis que* : → AFFIRMER, CONFIRMER. ③ *Garantir contre* : → IMMUNISER, PROTÉGER.

◇ **se garantir** : **prendre des garanties* ;** → S'ASSURER.

garce ① *Ah ! la vieille garce ! elle a encore fait des siennes* ! [fam., péj.] : **chipie, chameau, bique** ◆ [vulg.] **salope ;** → MÉGÈRE. ② *Que voulez-vous faire de cette garce de vie ?* : **chienne.**

garçon ① *Voici mon garçon* : → FILS. ② *Elle sort avec un garçon épatant* : [vieilli, assez sout.] **jeune homme** (pl. *jeunes gens*) ◆ [plus fam.] **gars** ◆ [fam.] **mec ;** → TYPE II. *Il est vraiment beau garçon* : [fam.] **gosse, gars.** ③ *Rester garçon* : → CÉLIBATAIRE. ④ *Garçon de café* : → SERVEUR. *Garçon de cabine* : → STEWARD.

garçonnet → FILS.

garçonnière → APPARTEMENT.

garde

I [n.f.] → GARDER I. ① *Il est chargé de la garde des aiguillages* : ↓ **surveillance.** *Qui est le médecin de garde ?* : **de service*** ◆ **d'astreinte** (= qui assure les urgences d'un service). *La garde de la nature* : [plus précis et mod.] **préservation, conservation, protection, défense.** *La garde d'enfants* : [en partic.] **baby-sitting.** *Vos bagages sont sous bonne garde* : **en sûreté.** ② [mil.] *Être de garde* : **en faction** ◆ [fam.] **plan-**

quer (surtout en parlant de policiers) ; → SERVICE I. *Un poste de garde* : **guérite.** ③ *Mettre en garde* : *Je vous avais pourtant mis en garde !* : **avertir, prévenir* ;** → REPRÉSENTER. *Être sur ses gardes. Soyez sûr qu'il est sur ses gardes !* : ↑ **être sur le qui-vive** ◆ [fam.] **ne dormir que d'un œil ;** → AGUETS, SE MÉFIER. *Prendre garde* : → FAIRE ATTENTION I, PENSER III, VEILLER À.

II [n.m.] ① Ce terme n'est plus employé que dans certains contextes comme *garde champêtre, garde forestier, garde du corps.* Se dit aussi d'un gendarme de la Garde républicaine ou d'un soldat affecté au service d'un souverain ; ailleurs, le terme courant est **gardien*.** ② *Il était accompagné de ses gardes du corps* : [fam.] **gorille** ◆ [à valeur collective] **protection rapprochée** ◆ [plus génér.] **agent de sécurité.**

garde-corps, garde-fou → BALUSTRADE.

garde-malade → INFIRMIER.

garder

I ① [~ qqn] *Garder un prisonnier* : ↓ **surveiller.** *Garder les enfants* : → VEILLER. ② [~ qqn de] *Dieu vous garde des accidents !* : **protéger.** ③ *Garder la maison* : → DÉFENDRE I.

II ① → CONSERVER, ENTRETENIR. ② *Je vous ai gardé les meilleures bouteilles de ma cave* : **réserver*** ◆ ↑ **destiner ;** → AFFECTER I. ③ *Garder au chaud* : → LAISSER, TENIR I. ④ *Garder le silence* : **observer.** *Elle garde tout, ne dit rien et un jour ça explose* : **se renfermer*.** ⑤ *Il m'a gardé à dîner* : [plus sout.] **retenir.** ⑥ *Il faut savoir garder ses distances* : [moins employé] **maintenir, tenir.**

◇ **se garder (de)** → S'ABSTENIR, SE MÉFIER.

garderie → JARDIN* D'ENFANTS.

garde-robe → VÊTEMENT.

gardien ① Ce terme s'emploie aujourd'hui de façon plus courante que **garde** ◆ [rare] ↑ **cerbère.** ② [plus partic.] *Gardien de troupeau* : → BERGER. *Gardien de prison* : **surveillant** ◆ [vieilli ou péj.] **geôlier** ◆ [arg.] **maton.** *Gardien de la paix* : → AGENT DE

POLICE, POLICIER. *Gardien d'immeuble* : → CONCIERGE. *Gardien de but* : **goal.** ③ *Être le gardien de* : → DÉPOSITAIRE.

gare *Sans crier gare* : → SOUDAIN II.

garer *Il a mal garé sa voiture* : [plus génér.] **ranger** ; → GARAGE, REMISER, PARQUER.

◇ **se garer** ① *Il est difficile de se garer dans le quartier* : **stationner.** ② *Se garer de* : → SE PROTÉGER.

gargantuesque → REPAS.

gargariser (se) *Les sots se gargarisent souvent de belles paroles* : [plus sout., moins express.] **se délecter** ; → SAVOURER.

gargote → RESTAURANT.

gargotier → CUISINIER.

gargouillement : **gargouillis** ◆ [rare] **borborygme*** (qui se dit des gargouillements intestinaux).

gargouiller *J'ai l'intestin qui gargouille* : **avoir des gargouillements***, [express.] **avoir des grenouilles dans le ventre.**

gargouillis → BORBORYGME, GARGOUILLEMENT.

garnement → COQUIN, GALOPIN, VAURIEN, VOYOU.

garni

I → GARNIR.

II [n.m.] *Ils sont à la recherche d'un garni* : [plus cour. auj.] **meublé** ; → APPARTEMENT.

garnir ① *Il faudra garnir la cuisine de tout le nécessaire* : [plus cour. auj.] **équiper*.** ② *Elle compte garnir cette table d'un velours vert* : **revêtir** ; → BORDER, ORNER. ③ *Un panier bien garni* : → PLEIN. *Des dictionnaires garnissaient toute l'étagère* : **remplir, occuper.**

◇ **se garnir** → S'EMPLIR.

garniture ① → ORNEMENT. ② → ACCOMPAGNEMENT.

garrigue → FRICHE.

garrotter → LIER II.

gars → FILS, GAILLARD II, HOMME, TYPE II.

gaspillage → COULAGE, GÂCHIS.

gaspiller → DÉPENSER, GÂCHER, JETER, PERDRE.

gaspilleur → GÂCHEUR.

gastrique → STOMACAL.

gastronome → GOURMAND.

gastronomie → CUISINE.

gâté [de gâter I] ① *Il faut faire soigner ces dents gâtées* : [didact.] **carié** ◆ [plus génér.] **abîmé** ; → MALADE. ② *Enfant gâté. Il est l'enfant gâté du patron* : **enfant chéri.** *Se conduire comme un(e) enfant gâté(e)* est un syn. expressif de **être capricieux*** ; → FAVORI I.

gâteau ① *Les gâteaux de pâtisserie ou* **pâtisseries** (*chou, vacherin*) *se distinguent des gâteaux secs ou* **biscuits** (*boudoir, gaufrette*). ② → PROFIT. ③ *C'est du gâteau* : → NANAN. *C'est pas du gâteau* : → TARTE.

gâter

I ① → ABÎMER, AVARIER, AIGRIR, POURRIR. ② *Gâter un paysage* : → MASSACRER.

II [~ qqn] *Tout cela pour nous ? vous nous gâtez !* : ↑ **combler** ; → POURRIR.

◇ **se gâter** ① *Les fruits se gâtent* : → SE PERDRE, MOISIR. *Le temps se gâte* : [sout.] **se détériorer** ; → SE BROUILLER I. ② *Il prend son air mauvais, ça va se gâter* : [fam.] **barder, chauffer, cuire** ◆ [moins express.] **mal tourner** ◆ [vulg.] **chier** ; → MAUVAIS II. *Ne laissez pas les choses se gâter ainsi* : **s'envenimer.**

gâterie → FRIANDISE.

gâte-sauce → CUISINIER.

gâteux → ÂGÉ, DÉLIQUESCENT, ENFANCE.

gâtine → FRICHE.

gâtisme → VIEILLESSE.

gauche

I *Le côté gauche* : [en termes de marine] **bâbord.** *Passer l'arme à gauche* :

→ MOURIR. *Se lever du pied gauche* : → DE MAUVAISE HUMEUR*.

II ① *Une planche gauche* : **tordu.** *Une phrase gauche* : → LOURD. ② [qqn est ~] → EMBARRASSÉ, LOURDAUD, MALADROIT, TIMIDE.

gauchement → MALADROITEMENT.

gaucherie → LOURDEUR, MALADRESSE, TIMIDITÉ.

gauchir → DÉFORMER, TRAVAILLER III, SE VOILER.

gauchisme → EXTRÉMISME.

gauchissement → TRAVAIL III.

gauchiste → EXTRÉMISTE.

gaudriole ① *Dire des gaudrioles* : → GAILLARDISE. ② *C'est un obsédé ! il ne songe qu'à la gaudriole !* [fam.] : ↓ **bagatelle, chose** ◆ [plus direct] **coucher** (*... qu'à coucher*) ; → RELATION INTIME*.

gaule [vieilli] : [cour.] **canne à pêche** ; → PERCHE.

gaulois → GAILLARD I.

gauloiserie → GAILLARDISE.

gausser (se) → SE MOQUER.

gave → COURS* D'EAU.

gavé → RASSASIÉ.

gaver ① → ENGRAISSER. ② *On le gave de bonbons : comment aurait-il de l'appétit ?* : **gorger** ◆ [fam.] **bourrer**.

gay → HOMOSEXUEL.

gaz ① → BORBORYGME. ② *Intoxiquer volontairement par un gaz nocif* : **gazer**. ③ *Mettre les gaz* [fam.] : **la gomme** ; → ACCÉLÉRER. ④ *Ça ne va pas dans le ménage : il y a de l'eau dans le gaz* [fam.] : **il y a du tirage, de l'orage dans l'air** ; → DÉSACCORD.

gaze → PANSEMENT.

gazer ① → GAZ. ② → ALLER III.

gazette → JOURNAL.

gazeux *De l'eau gazeuse* : **pétillant** ◆ ↑ **effervescent** (seuls les deux premiers sont courants pour l'eau minérale en bouteille).

gazon *Il a choisi pour son jardin un gazon très fin* : [plus génér.] **herbe**. *Ne marchez pas sur le gazon !* : **pelouse**.

gazouillement *Il aime entendre le gazouillement des oiseaux* : **gazouillis** ◆ [terme pr.] **ramage**. *Le gazouillement d'une source* : **murmure**. *Les gazouillements d'un bébé* : **gazouillis** ◆ [sing.] **babil** ; → CHANT.

gazouiller → CHANTER, JASER II.

gazouillis → GAZOUILLEMENT.

géant → COLOSSE, HOMME.

géhenne → ENFER.

geignard → PLAINTIF, PLEURNICHEUR.

geindre → SE PLAINDRE, PLEURER.

gel ① *Des plantes qui craignent le gel* : **gelée** (*ce sont des plantes qui craignent le gel, la gelée*). ② [didact.] **gélif** (se dit d'une pierre ou d'un arbre qui se fend sous l'action du gel) ; → GLACE.

◇ **geler** ① → SE CONGELER, SE SOLIDIFIER. ② *Je gèle !* : ↓ **avoir froid***. ③ *Geler des capitaux* : **bloquer, immobiliser**.

gelé → FROID I, PRIS.

gelée ① → GLACE I, GEL. ② → MARMELADE.

geler, gélif → GEL.

gélule → CACHET.

gelure *La gelure est une atteinte grave de la peau due au froid* : ↓ **froidure** ◆ ↓ **engelure** (= atteintes légères aux extrémités).

gémir → SE PLAINDRE, PLEURER.

gémissant → PLAINTIF.

gémissement → CRI, PLAINTE, PLEUR.

gemme → PIERRE.

gémonies *Vouer aux gémonies* : → HONNIR.

gênant → EMBARRASSANT, ACCUSATEUR.

gendarme ① → POLICIER. ② → VIRAGO, FURIE. ③ → HARENG SAUR.

gendre a pour syn. **beau-fils.**

gêne ① *L'angine provoque une certaine gêne à avaler :* **difficulté.** ② *Ils vivent dans la gêne depuis toujours :* **besoin** ◆ [pl.] **privations ;** → PAUVRETÉ, MISÈRE, NÉCESSITÉ. ③ *Je crains de vous mettre dans la gêne !* [sout.] : [cour.] **dérangement** ◆ **gêner** (*je crains de vous gêner*). *La gêne se lit sur son visage :* → EMBARRAS, CONTRAINTE. ④ [adj.] *Sans gêne. Je trouve qu'il est un peu trop sans gêne, ce petit monsieur !* : ↓ **désinvolte** ◆ ↑ **effronté ;** → FAMILIER, IMPOLI. [n.m.] *Sans-gêne. Quel sans-gêne !* : → DÉSINVOLTURE.

◇ **gêner** ① [~ qqn] *Des vêtements qui gênent :* → EMBARRASSER, SERRER I. *La fumée vous gêne-t-elle ? :* → INCOMMODER. *Dormir chez vous ? je crains de vous gêner !* : **encombrer** ◆ ↑ **envahir** ◆ [plus génér.] **ennuyer*, déranger*.** ② [~ qqn] *Le mauvais temps nous a gênés :* → CONTRARIER. *Pourquoi cherche-t-il ainsi à me gêner ? :* **faire obstacle** ◆ [fam.] **mettre des bâtons dans les roues ;** → NUIRE. ③ *Ses plaisanteries douteuses me gênent horriblement :* **mettre dans la gêne*, mettre mal à l'aise ;** → EMBARRASSER, SCANDALISER, TROUBLER, GÊNÉ. ④ [qqn ~] → ÊTRE DE TROP*. ⑤ [qqch ~] *La voiture gêne la circulation :* [plus sout.] **entraver** ◆ ↑ **bloquer.**

◇ **se gêner** *C'est quelqu'un qui se gêne pour aider les autres :* **se priver.**

◇ **gêné** *Tout ce monde l'intimidait : il se sentait gêné :* [assez fam.] **mal dans sa peau ;** → MAL À L'AISE*, CONFUS II, EMBARRASSÉ.

◇ **gêneur** *Nous n'avons pas besoin de gêneurs ici !* : [plus sout.] **importun** ◆ [fam.] **empêcheur de tourner en rond, casse-pieds** ◆ [très fam.] **emmerdeur ;** → COLLANT, EMPOISONNEUR.

gêné → GÊNE.

généalogie → LIGNÉE.

gêner → GÊNE.

général ① *C'est la pratique générale :* **commun*, ordinaire*, habituel*** ◆ **dominant** (= la plus répandue). *En général :* → GÉNÉRALEMENT, D'ORDINAIRE, TOUJOURS. *Un avis général :* ↑ **unanime.** *Le bien général :* → COMMUN I, PUBLIC I. *D'une manière générale :* → GLOBAL, ENSEMBLE II. ② *Vos remarques sont un peu générales :* ↑ **vague*.** ③ *Répétition générale :* → RÉPÉTITION.

◇ **généralement** *Dans cette région, les étés sont généralement très beaux :* **en règle générale, en général** (qui se placent de préférence en tête de phrase) ; → COMMUNÉMENT, D'ORDINAIRE, SOUVENT, TOUJOURS.

◇ **généralité** ① *Dans la généralité des cas :* → LA PLUPART*. ② *Le porte-parole du gouvernement s'en est tenu à des généralités :* [plus péj.] ↑ **banalité, lieu commun ;** → ÉVIDENCE.

générale → RÉPÉTITION.

généralement → GÉNÉRAL.

généralisation → DÉVELOPPEMENT, EXTRAPOLATION.

généraliser ① *Généraliser la vaccination à toute la population :* **étendre.** ② → EXTRAPOLER.

◇ **se généraliser** → S'ÉTENDRE.

généraliste → MÉDECIN.

généralité → GÉNÉRAL.

générateur → PILE I.

génération ① → REPRODUCTION. ② → NOUVELLE VAGUE* II.

générer → PRODUIRE.

généreusement → GÉNÉREUX.

généreux ① *C'est une femme de caractère généreux :* → BON II. ② *Donnez beaucoup, soyez généreux !* : **large** ◆ [rare] **libéral ;** → DÉSINTÉRESSÉ, BON CŒUR* II, PRODIGUE. ③ *Des sentiments généreux :* [plus partic.] **chevaleresque ;** → MAGNANIME, BEAU, NOBLE. ④ *Un sol généreux :* → FÉCOND.

Une poitrine généreuse : **opulent***, **plantureux** ♦ [antéposé, souvent péj.] **gros ;** → ABONDANT. *Une part généreuse* : [antéposé] **large, gros*.** *Un vin généreux* : **corsé** ♦ [techn.] **qui a du montant.**

◇ **générosité** ① → CHARITÉ. ② *La générosité d'un capitaine ne compense pas les atrocités de la guerre* : **grandeur d'âme*** ♦ ↑ **magnanimité** (qui ne s'emploie généralement qu'en parlant de hauts personnages) ; → NOBLESSE. *La générosité d'un geste* : → BEAUTÉ, DÉSINTÉRESSEMENT. ③ *Demandez-lui un peu d'argent : sa générosité est connue* : [plus rare] **largesse** ♦ [péj.] ↑ **prodigalité.** [pl.] *Ses générosités finissent par lui coûter cher !* : **largesses** ♦ [plus rare] **bontés, libéralités.** ④ *La générosité d'une poitrine* : → GROSSEUR.

◇ **généreusement** : **avec générosité*.** *Payer qqn généreusement* : [fam.] **grassement** ♦ [plus génér., antéposé] **bien** ♦ **largement.** *Puiser généreusement dans la caisse* : **à pleines mains.** *Donner généreusement* : **en abondance ;** → BEAUCOUP.

genèse ① → CRÉATION. ② → ORIGINE, APPARITION I.

génétique → HÉRÉDITÉ, HÉRÉDITAIRE.

gêneur → GÊNE.

génial → GÉNIE.

génie ① → DIEU. ② → GÉNIAL. ③ *Avoir le génie des affaires* : [fam.] **bosse.** ④ *Dans sa classe, c'est un génie* : **petit génie** ♦ [fam.] **tête ;** → CAPACITÉ I, DON, ÊTRE UN AS*, GÉNIAL. ⑤ *Le génie d'un peuple* : → CARACTÈRE.

◇ **génial** ① *Un être génial* : **de génie*, un grand esprit.** ② *Ta sœur, elle est géniale !* : **formidable, fantastique ;** → EXTRAORDINAIRE. ③ *Une invention géniale* : **de génie,** ↓ **ingénieux.** *Une idée géniale* : **lumineux** ♦ ↓ **astucieux.** *C'est génial !* : **super.**

genièvre → ALCOOL.

génisse → VACHE I.

génital → SEXUEL.

géniteur → REPRODUCTEUR.

génocide *Un génocide est l'***extermination** systématique d'un peuple, un **ethnocide,** celle d'une ethnie ♦ ↓ **purification ethnique** (= maltraitance et déplacement de population pour des raisons ethniques). *Le génocide des Juifs par les nazis* : l'**Holocauste** ♦ [plus cour. et approprié] la **Shoah.**

genou *Tomber à genoux* : → S'AGENOUILLER. *Être sur les genoux* : → FATIGUÉ.

genre ① → ESPÈCE. *Le genre humain* : → HUMANITÉ. ② *Un drôle de genre* : → AIR. ③ *Je n'aime pas leur genre de vie* : [plus rare] **mode** ♦ **façon** (... *leur façon de vivre*). *Un genre de, de ce genre* : → ORDRE I, NATURE, TYPE I, SORTE.

gens ① *La plupart des gens regardent la télévision* (qui est un terme collectif et indéfini) : **personne*** (qui est distributif et relatif aux individus ; on emploiera ainsi *gens* dans notre ex., mais *personne* dans : *quelles sont ici les personnes au régime ?*) ; → MONDE II. ② *Jeunes gens. Les jeunes gens d'aujourd'hui* : [plus cour.] **jeunes*.** *Les jeunes gens et les jeunes filles* : [plus cour.] **garçons*.** ③ *Gens de lettres* : → AUTEUR. *Les gens de maison* : **domestiques ;** → SERVITEUR, SERVANTE, PERSONNEL. *Gens du voyage* : → TSIGANE.

gent → HOMME, FEMME.

gentil ① [qqn est ~] *Une auxiliaire de vie gentille et compétente* : **sympathique,** [abrév. fam.] **sympa** ♦ [fam.] **chic, chouette** ♦ [express.] ↑ **gentil comme un cœur ;** → AIMABLE. ② [qqn est ~] *Et vos élèves, sont-ils gentils au moins ?* : [plus restreint] **sage, obéissant, mignon.** ③ [qqch est ~] *C'est gentil chez vous !* : **coquet** ♦ [sout.] **charmant** ♦ [fam.] **gentil comme tout** ♦ [assez péj.] **gentillet ;** → MIGNON. ④ [qqch est ~] *Dites, cela fait une gentille somme d'argent !* : **coquet** ♦ [postposé] **rondelet.**

◇ **gentillesse** ① *Vous êtes vraiment d'une gentillesse extraordinaire !* : **obligeance** (qui caractérise celui qui rend facilement service et aime faire plaisir) ; → AFFABILITÉ, PRÉVENANCE, BONTÉ. ② [pl.] → DÉLICATESSE.

gentilhomme ① → NOBLE. ② *Il affecte des manières de gentilhomme, mais c'est un rustre !* : **grand seigneur, gentleman.**

gentilhommière → CHÂTEAU.

gentillesse, gentillet → GENTIL.

gentiment → AIMABLEMENT, SAGEMENT.

gentleman → GENTILHOMME, GALANT.

génuflexion → FLÉCHIR, S'AGENOUILLER.

geôle → CELLULE.

geôlier → GARDIEN.

géométrique → RÉGULIER I.

gérable → GÉRER.

gérant → RÉGISSEUR, SYNDIC.

gerbe → BOTTE I.

gerber → VOMIR.

gercer *À force de travailler dans l'eau froide, ses mains sont gercées* : [plus génér.] **crevasser.**

◇ **gerçure** : **crevasse.**

gérer ① → DIRIGER I, TENIR I. *L'acte de gérer* est la **gestion***. *Ce qui peut être géré* : **gérable.** ② → MANIER.

germanique *La culture germanique* : **allemand** (qui peut être restreint à la seule Allemagne dans certains emplois).

germe → EMBRYON, ORIGINE.

germer → NAÎTRE.

gestation Ce terme s'applique à toute femelle vivipare ; **grossesse** ne s'applique qu'à la femme et est, dans cet emploi, plus courant que le précédent ; → ENCEINTE.

geste ① *Dans son état, le moindre geste lui est pénible. En guise d'adieu, il lui fit un geste de la main* : **signe.** *Faire beaucoup de gestes* : **gesticuler.** ② *Allons, soyez généreux ! faites un geste !* : **un bon mouvement** (*allons, un bon mouvement !*) ; → ACTE I.

gesticulation → MANŒUVRE.

gesticuler → REMUER.

gestion → ADMINISTRATION, GÉRER.

gestualité a pour syn. **gestuelle.**

gibecière Sac pour transporter le gibier : **carnier, carnassière ;** → SAC I.

gibet Instrument de supplice pour un condamné à la pendaison : **potence.**

gibier *Gibier de potence* : → MAUVAIS SUJET* III.

giboulée → PLUIE.

gicler → JAILLIR, REJAILLIR.

gifle ① *Il a reçu une gifle dont il porte encore les marques sur la figure* : [sout.] **soufflet** (qui implique davantage l'idée d'affront que celle de violence) ♦ ↓ **tape** ♦ [plus fam.] **claque** ♦ [fam.] **baffe, calotte, torgnole, taloche, beigne, mornifle, tarte** ♦ [arg.] **mandale.** ② → OFFENSE.

◇ **gifler** ① [de gifle ①] : **souffleter, claquer, calotter.** ② *Avoir le visage giflé par la pluie* : **fouetter ;** → BATTRE.

gigantesque → COLOSSAL, MONSTRUEUX. *Le développement gigantesque de Mexico* : **gigantisme** (*le gigantisme de Mexico*).

gigantisme → GIGANTESQUE.

gigolo → AMANT, HOMME, PROSTITUÉ.

gigot → CUISSE.

gigoter → REMUER.

gilet *Pleurer dans le gilet* : → SE PLAINDRE II.

gin → ALCOOL.

girafe → PERCHE.

giratoire *Un giratoire* est un **rond-point** où la priorité est à gauche ; → CARREFOUR.

giron → SEIN.

girouette → PANTIN.

gisement → MINE II.

gitan → TSIGANE.

gîte ① → HABITATION. *Un gîte de montagne* : [en partic.] **halte, refuge.** ② Lieu où s'abrite le gibier et, notamment, le lièvre : **terrier** (= gîte du lapin) ◆ **tanière** (= lieu obscur, souterrain ou au moins abrité où se retirent certains animaux sauvages) ◆ **bauge** (= gîte du sanglier) ◆ **antre** (= caverne servant de gîte à un fauve) ◆ [génér.] **repaire** (= lieu, quel qu'il soit, où se retire une bête féroce) ; → ABRI.

givrant *Le brouillard givrant* : **frimas** ; → BROUILLARD.

givre → GLACE.

givré → IVRE.

glabre *Un visage glabre* : **imberbe** (= qui n'a pas encore de duvet, de barbe) ◆ **rasé** (= qu'on a débarrassé de sa barbe) ; → NU.

glaçant → GLACE I.

glace

I ① La *glace* est de l'eau congelée, la **gelée,** le phénomène atmosphérique qui déclenche ce processus ◆ [partic.] **gelée blanche, givre, verglas.** *Fonte de la glace* : **dégel.** ② *Voulez-vous de la glace dans votre whisky ?* : **glaçon** (*un, des glaçons*). ③ *J'adore la glace !* : **sorbet** (= glace légère, généralement aux fruits), **granité** (= sorbet granuleux). ④ *Un visage de glace* : → IMPASSIBLE. *Un accueil de glace* : **glacé, glacial, glaçant** ; → FROID II, RÉFRIGÉRANT.

II ① → CARREAU, VITRE. ② *Se regarder dans la glace* : [sout.] **miroir** (qui se dit de toute surface polie réfléchissant la lumière, alors qu'une *glace* est toujours en verre) ◆ **psyché** (= grande glace mobile articulée sur un axe).

glacé ① → FROID I. ② → HOSTILE, GLACE I.

glacer ① *Je suis glacé !* : → FROID I. ② *Ça me glace !* : → FROID I, EFFRAYER, FIGER* LE SANG, INTIMIDER. *Il me glace !* : → RÉFRIGÉRER.

glacial ① → FROID I, VIF I. ② → HOSTILE, RÉFRIGÉRANT, GLACE I. ③ → SEC I.

glacière Appareil aménagé de façon à conserver de la glace qui permet d'y maintenir une basse température. Dans un **réfrigérateur,** la basse température est obtenue artificiellement (gaz ou électricité). Nom d'une marque, **Frigidaire,** [abrév. fam.] **frigo,** est entré dans la langue courante comme syn. de *réfrigérateur.*

glacis → TALUS.

glaçon ① → GLACE I. ② *Cette personne est un glaçon* : → FROID II.

glaise → ARGILE.

glaive → ÉPÉE.

glamour → CHARME.

glander → PARESSER.

glandeur → PARESSEUX.

glaner → RAMASSER, RECUEILLIR.

glapir → CRIER, JAPPER.

glas *Voilà qui sonne le glas de notre belle aventure !* : **mettre un point final,** [moins express.] **marquer la fin** ; → ENTERREMENT.

glass → VERRE.

glauque ① → VERDÂTRE. ② → MALSAIN, LUGUBRE.

glaviotter → CRACHER.

glèbe → TERRE III.

glissant *En abordant ce sujet, vous êtes sur un terrain glissant !* : **risqué*, scabreux** ◆ [express.] **savonneux** ; → HASARDEUX.

glissement [de glisser ③] *On sent dans ses propos un glissement vers le libéralisme* : **évolution.**

glisser

I [qqn, qqch ~] ① *La voiture a glissé sur une plaque de verglas* : **déraper, chasser.** ② *Cela m'a glissé des mains* : → ÉCHAPPER. *C'est un individu insaisissable : il vous glisse entre les mains comme une anguille* : **filer** ; → SE DÉROBER. ③ *Glisser vers l'alcoolisme* : → SOMBRER. ④ *Inutile d'insis-*

ter : glissons sur cette question ! : **passer.**
⑤ → **INSENSIBLE.**

II [qqn ~ qqch] ① *Il nous a glissé cette lettre pendant que le professeur avait le dos tourné :* [fam.] **filer, passer** ◆ [cour.] **donner,** [sout.] **remettre** (qui n'impliquent pas l'idée d'une action adroite et furtive) ; → **COULER II.** ② *Glisser à l'oreille :* → **CONFIER II, SOUFFLER.**

◇ **se glisser** ① [qqn ~] *Il est parvenu à se glisser dans la foule et à entrer dans le stade sans payer :* [rare] **se couler** ◆ [plus cour.] **se faufiler.** ② [qqch ~] *Une erreur s'est glissée dans notre édition d'hier :* **s'insinuer, s'introduire.**

glissière → **COULISSE.**

global *Être global, c'est* **englober.** *Nous voulons une vue globale de la situation :* **général ;** → **ENSEMBLE II.** *Le montant global de la facture :* **total** ◆ **dans son entier** (*dans son entier, la facture...*).

◇ **globalement** *Le Parlement a rejeté globalement toutes les propositions d'amendement de l'opposition :* **en bloc, l'ensemble de.** *C'est globalement positif :* **dans l'ensemble*.**

◇ **globalité** *Dans sa globalité :* **globalement* ;** → **INTÉGRALEMENT.**

globalisation → **MONDIALISATION.**

globe → **MONDE I, SPHÈRE.**

globe-trotteur → **VOYAGEUR.**

globuleux → **GROS, SAILLANT.**

gloire ① *Cet homme politique recherche la gloire :* ↓ **célébrité ;** → **NOTORIÉTÉ, RÉPUTATION.** *La gloire de la France :* → **GRANDEUR.** *C'est l'une des gloires du pays :* **célébrité, grand nom ;** → **ILLUSTRE.** ② *Les États honorent la gloire des soldats morts :* ↓ **mérite.** *Son père s'est couvert de gloire à Verdun :* [cliché] **lauriers.** ③ [religion] *Contempler Dieu dans sa gloire :* **majesté.** *Rendre gloire à Dieu :* **glorification ;** → **GLORIFIER.**

◇ **glorieux** ① *Il ne se lasse pas de relire les glorieux exploits de Napoléon :* **illustre** ◆ [sout., postposé en ce sens] **fameux** ◆ ↓ **célèbre ;** → **ÉCLATANT.** *Des résultats*

pas très glorieux : **brillant,** ↑ **mauvais*.**
② → **VANITEUX, VAIN II.**

◇ **glorifier** ① *Chaque pays glorifie ses héros :* **honorer** ◆ ↓ **rendre hommage à** ◆ ↑ **déifier** ◆ **magnifier,** ↓ **célébrer** (qui se disent plutôt pour une qualité : *magnifier la mémoire de qqn*) ; → **DIVINISER.** ② *Certains poèmes de Victor Hugo glorifient l'épopée napoléonienne :* **exalter** ◆ ↓ **chanter ;** → **ÉLOGE.** ③ [religion] *Glorifier le Seigneur :* **bénir, exalter*, magnifier, louer, rendre gloire à.**

◇ **se glorifier de** → **S'ENORGUEILLIR, SE VANTER.**

◇ **glorification** *Fait de chanter la* **gloire*,** *de* **glorifier*.** *La glorification du progrès :* **exaltation, apothéose, célébration, apologie** ◆ [péj.] **idolâtrie.** *La glorification de Dieu :* **exaltation, louange, célébration.**

gloriette → **TONNELLE.**

glorification → **GLOIRE.**

gloriole → **OSTENTATION.**

glose → **NOTE I.**

gloser → **INTERPRÉTER.**

glossaire → **DICTIONNAIRE.**

gloussement → **RIRE** [n.m.].

glousser → **RIRE** [v.i.].

glouton *Vous mangez comme un glouton ! :* [péj.] **vorace, goinfre, goulu** ◆ [non forcément péj.] ↓ **gourmand* ;** → **MANGEUR, INTEMPÉRANT.**

◇ **gloutonnerie :** **voracité, goinfrerie** ◆ ↓ **gourmandise ;** → **INTEMPÉRANCE.**

gloutonnerie → **GLOUTON.**

glu → **COLLE I.**

gluant *La colle est un liquide gluant :* **visqueux, poisseux.** *Quand on épluche du poisson, on a les mains gluantes :* **collant, poisseux.**

gnangnan → **MOU, CUL.**

gnognote → **VALOIR.**

gnôle → **ALCOOL.**

gnome → NAIN.

gnon → COUP.

go (tout de) → SANS AMBAGES*.

goal → GARDIEN.

gobelet *Les enfants boivent parfois dans un gobelet* : **timbale** ◆ ↓ **godet** ◆ **quart** (= gobelet en aluminium utilisé, notamment, dans l'armée) ; → VERRE.

gobe-mouches → NAÏF.

gober ① → AVALER. ② → CROIRE.

godailler → PLI I.

godasse → CHAUSSURE.

goder → PLI I.

godet → GOBELET, VERRE.

godiche → MALADROIT, NIAIS.

godillot → CHAUSSURE.

goémon → ALGUE.

gogo → DUPE, NIAIS, NAÏF.

gogo (à) → À DISCRÉTION*.

goguenard → RAILLEUR.

gogues → CABINET II.

goinfre → GLOUTON.

goinfrer (se) → MANGER I.

goinfrerie → GLOUTONNERIE.

golfe *Le golfe du Lion est dangereux pour la navigation* : **baie** (= petit golfe abrité) ◆ **anse** (= petite baie) ◆ **crique** (= évoque surtout un refuge naturel où peuvent s'abriter les petits bateaux) ◆ **calanque** (= crique provençale ou corse) ◆ **fjord** (= golfe profond de Scandinavie).

gommage *Procéder à un gommage de peau* : [anglic.] **peeling**.

gomme ① *C'est encore une de ces inventions à la gomme qui ne marchent que dans les mains du démonstrateur !* [fam.] : **à la noix, tordu**. ◆ [cour.] **bizarre***, **inutile**. ② *Mettre la gomme* : → VITE, GAZ.

gommer → EFFACER.

gond *Sortir de ses gonds* : → S'EMPORTER, S'IRRITER.

gondolant → COMIQUE.

gondole → PRÉSENTOIR.

gondoler (se) ① → TRAVAILLER III, SE VOILER. ② → RIRE.

gonflable *Un matelas gonflable* : **pneumatique**.

gonflant → ÉNERVANT.

gonflé → GONFLER.

gonfler ① *Regarde-le gonfler le torse !* : **bomber***, **dilater**. *Avoir le visage gonflé* : ↑ **boursouflé** ◆ ↑ **bouffi***, **soufflé** (qui impliquent très souvent un excès de graisse) ◆ [didact.] **tuméfié**. *Avoir le ventre gonflé* : **ballonné** ◆ [express.] ↑ **prêt à éclater** ; → ENFLER. *Un genou gonflé* : **enflé**, [didact.] **hypertrophié**. ② *Gonfler un chiffre, un prix* : → EXAGÉRER, MAJORER, MONTER I. *Gonfler la vanité de qqn* : → EXALTER. ③ *Qqn est gonflé de vanité* : **rempli***, ↑ **bouffi**. *Il est gonflé, prêt à se battre* : ↑ **gonflé à bloc, remonté**. *Il est gonflé !* : → CULOTTÉ. ④ *Tu me gonfles !* : → ENNUYER. ⑤ [v.i.] *Le ruisseau a brutalement gonflé* : **grossir** ; → MONTER I. *La pâte a gonflé* : [pr.] **lever** ◆ [didact.] **fermenter**. *Le vent fait gonfler sa robe* : [rare] **bouffer**. *La pluie fait gonfler le bois* : [plus génér.] **travailler***.

◊ **gonflement** ① [de gonfler ①] : **dilatation, boursouflure, bouffissure, tuméfaction, ballonnement, hypertrophie** ; → ENFLURE. ② [de gonfler ②] : **exagération***. ③ [de gonfler ⑤] : **grossissement, montée** ◆ **travail** ◆ **levée** ◆ **bouffant** (qui s'emploie pour une robe). *Le gonflement artificiel des prix* : **augmentation***.

gonflette → MUSCULATION.

gonzesse → FEMME, FILLE.

gore → HORREUR.

goret → PORC.

gorge

I ① *Cette injure lui est restée en travers de la gorge* : [fam.] **gosier, kiki ;** → AVALER. ② *Mettre le couteau sous la gorge* : → ACCULER. *À gorge déployée* : → RIRE. *Crier à pleine gorge* : **à plein gosier ;** → CRIER. *Prendre à la gorge* : → SUFFOQUER. *Faire des gorges chaudes* : **se moquer** (de façon malveillante).

II → BUSTE.

III → COL, VALLÉE.

gorgé → PLEIN, REMPLI, SATURÉ.

gorgée *Il buvait à grandes gorgées* : **trait** ◆ [fam.] **lampée.**

gorger
① → ENGRAISSER. ② [~ qqn] → GAVER, RASSASIER.

gorille → GARDE II.

gosier ① → GORGE. ② *Il a le gosier en pente : il a liquidé toute la bouteille de vin !* [fam.] : [très fam.] **dalle** (*la dalle en pente*) ◆ **avoir une bonne descente ;** → SOIF.

gosse ① → ENFANT, GAMIN. ② → GARÇON, FILLE.

gouailleur → MOQUEUR.

gouape → VOYOU.

goudron → BITUME.

goudronner → BITUMER.

gouffre ① → ABÎME. ② → DÉPENSIER.

gouine → HOMOSEXUEL.

goujat → GROSSIER.

goujaterie → DÉSINVOLTURE.

goulag → CAMP.

goulet, goulot → PASSAGE.

goulu → GLOUTON.

goulûment *Manger goulûment* : **avidement ;** → GLOUTON.

goupiller → COMBINER.

goupillon *Un goupillon pour nettoyer les bouteilles* : **écouvillon.**

gourbi → BARAQUE I.

gourd → ENGOURDI.

gourde → MALADROIT, NIAIS, SOT.

gourdin → BÂTON.

gourer (se) → SE TROMPER.

gourmand

I ① *Le gourmand est celui qui aime la bonne chère avec excès et manque de sobriété. Le gourmet est celui qui apprécie la bonne chère et la goûte avec délicatesse et raffinement* : [fam.] **bec fin, fine bouche,** [très fam.] **fine gueule** ◆ **gastronome** (qui implique non seulement le goût, mais l'art de faire bonne chère) ; → GLOUTON. ② [adj.] → FRIAND.

II [n.m.] → BRANCHE.

gourmander → RÉPRIMANDER.

gourmandise
① → GLOUTONNERIE. ② → FRIANDISES.

gourmé → AFFECTÉ II, RAIDE.

gourmet → GOURMAND, REPAS FIN*.

gourmette → BRACELET.

gourou → MAÎTRE III.

gousset → POCHE.

goût

I [de qqch] ① *Ce bonbon a un goût de violette* : [souvent péj.] **arrière-goût** (= goût qui reste dans la bouche) ◆ **être goûteux** (= avoir du goût). *Avoir bon goût* : → DÉLICIEUX. *Avoir mauvais goût* : → MAUVAIS. *Qui n'a pas de goût* : → FADE. ② → SAVEUR.

II [de qqn] *Avoir du goût pour* : → APPÉTIT, DÉSIR, MORDRE. *Avoir beaucoup de goût* : → DISTINCTION, TON. *De bon goût* : → CLASSIQUE. *De mauvais goût* : → CRIARD, DE BAS ÉTAGE*. *Suivre ses goûts* : → PENCHANT. *Au goût de* : → CONVENANCE, FANTAISIE. *Au goût du* *jour* : → D'ACTUALITÉ*. *Le goût du jour* : → MODE I. *Avec goût* : → DÉLICATESSE. *Dans le goût de* : → STYLE.

goûter

I [v.] **①** [~ qqch] *Goûter un bon vin est pour lui un plaisir incomparable* : **déguster** ◆ ↑ **savourer** ◆ [plus génér.] **essayer.** **②** [~ qqch] *Je goûte assez peu la peinture moderne* [sout.] : [cour.] **aimer, apprécier** ◆ ↑ **raffoler de, être fou de** ; → APPÉTIT, SENTIR I. *Goûter les plaisirs de la vie* : → JOUIR. **③** [~ à qqch] *Reprenez donc de cette tarte, vous y avez à peine goûté !* : [plus fam.] **toucher.** **④** [~ de qqch] *Quand on a goûté du pouvoir, il est difficile de s'en passer* [sout.] : **tâter* de** ◆ [cour.] **faire l'expérience de, expérimenter.**

II [n.m.] → COLLATION.

goûteux → SAVOUREUX, GOÛT.

goutte **①** *Petite goutte* : **gouttelette.** *L'eau tombe en gouttes du réservoir* : **dégouliner, goutter, s'égoutter.** *Faire couler goutte à goutte* : **instiller.** **②** *Une goutte de* : → PEU II, LARME. **③** → ALCOOL.

gouttelette, goutter → GOUTTE.

gouvernail → BARRE II.

gouvernant → RESPONSABLE.

gouvernante **①** *Dans les familles riches, l'éducation des enfants est parfois confiée à une gouvernante* : **nurse, bonne d'enfant** (qui ne s'occupe que des enfants en bas âge). **②** *La gouvernante du curé était charmante* : [plus fam., péj.] **bonne.**

gouvernement **①** *Fait de gouverner. Le gouvernement d'un État, d'une entreprise* : **gouvernance** (= art de gouverner un État, un ensemble politique ou économique) ; → AUTORITÉ. **②** *Quel est le type de gouvernement en Australie ?* : **régime politique** ; → ÉTAT IV, POUVOIR II, CABINET I, MINISTÈRE II.

gouvernemental → MINISTÉRIEL.

gouverner

I *Gouverner un bateau* : → BARRE II.

II *Gouverner un pays* : → DIRIGER I, RÉGNER.

III *Gouverner ses passions* : → COMMANDER II. *Se laisser gouverner par qqch* : **mener*.**

grabat → LIT I.

grabataire → INFIRME.

grabuge → BAGARRE, VILAIN.

grâce

I **①** *Je vous demande une grâce, celle de me garder près de vous* : **faveur** ; → SERVICE. *Faire la grâce de* : → PLAISIR, HONNEUR. *De grâce. De grâce, laissez-moi tranquille !* [sout.] : [cour.] **je vous en prie, s'il vous plaît.** **②** *La grâce de Dieu* : → DON. *Rendre grâce* : → BÉNIR, REMERCIER. *Avoir la grâce. Pour jouer ainsi du violon, il a la grâce !* : **inspiration*** ◆ **être en état de grâce.** **③** → AMNISTIE. *Faire grâce* : → PARDONNER. *Crier grâce* : → SUPPLIER. *Faire grâce de* : → DISPENSER. **④** *Donner le coup de grâce* : **achever.**

◇ **grâce à** implique une cause heureuse, contrairement à **par, à cause de,** qui sont neutres ; → À L'AIDE DE.

II **①** *Il se dégage des gens et des paysages de ce pays une grâce indéniable* : **charme*** ; → BEAUTÉ, ÉLÉGANCE, LÉGÈRETÉ. **②** *Il a accepté de bonne grâce votre invitation* [sout.] : [cour.] **volontiers, de bon gré** ; → AVEC GENTILLESSE*. *Vous auriez mauvaise grâce à refuser son invitation !* [sout.] : **être mal venu de** ◆ [plus cour.] **être mal placé pour.**

gracier → PARDONNER.

gracieusement
① → AIMABLEMENT. **②** → GRATUITEMENT.

gracieusetés *Il m'a fait mille gracieusetés mais ne m'a rien donné !* [sout.] : **amabilités** ◆ [plus cour.] **politesses** ◆ [souvent péj.] **salamalecs** ◆ [fam., péj.] **ronds de jambe.**

gracieux
① → AIMABLE, BEAU. **②** → GRATUIT.

gracile → MENU I, MINCE I.

gradation → PROGRESSION.

grade ① → AVANCEMENT, GALON. ② *Il vient d'obtenir le grade de docteur ès sciences :* **titre** (qui évoque davantage le diplôme, *grade*, la situation sociale à laquelle on accède). ③ *En prendre pour son grade :* → RÉPRIMANDER.

gradin *Cultures en gradins :* **palier, terrasse.**

graduation → DIVISION.

gradué, graduel → PROGRESSIF.

graduellement → PEU À PEU I, PROGRESSIVEMENT.

graduer ① → AUGMENTER. ② → DIVISER.

graffiter a pour syn. **taguer** ◆ [plus génér.] **bomber.**

graffiti → INSCRIPTION.

graillon → GRAISSE.

grain
I ① *Un* grain *est une* **graine** *comestible, comme le grain de blé ou de maïs.* ② *Grain de grêle :* → GRÊLE. ③ *Un grain :* → PEU II, PARCELLE.
II → BOURRASQUE, TEMPÊTE, PLUIE.

graine → GRAIN, SEMENCE. *De la graine de :* → HERBE, FUTUR. *En prendre de la graine :* → IMITER. *Casser la graine :* → CASSER.

graisse ① → GRAS, MATIÈRE* (I) GRASSE, GROS. *Graisse de porc :* **lard** ◆ **saindoux** (= lard fondu). ② *Sans graisse. Une viande sans graisse :* **maigre.** *Qqn est sans graisse :* → ÊTRE TOUT EN MUSCLE*.

graisser ① → LUBRIFIER. ② → SALIR.

graisseux → GRAS.

grammairien est parfois employé avec le sens général de **linguiste** (= qui s'occupe des problèmes de langue et de langage).

gramme *Pas un gramme :* → POIL.

grand
I [adj.] ① Qui est de taille élevée. *D'un homme ou d'une femme* grands, on dira, fam., que ce sont des **asperges,**

perches, sauterelles, échalas ◆ (**grand**) **escogriffe** ne se dit que de l'homme, **grande bringue** d'une femme ou d'une fille ; **dégingandé** se dit de qqn à la fois très grand et d'allure non harmonieuse. *Devenir grand :* → GRANDIR. ② Qui a atteint un certain âge : **grande personne, adulte** (qui s'emploient quand on parle à des enfants). ③ Qui est de grandes dimensions. *Rendre plus grand :* **agrandir ;** → AUGMENTER. *Une grande plaine :* ↑ **vaste** ◆ [postposé] **étendu ;** → AMPLE. ④ Qui a une importance ou une intensité supérieure à la moyenne. *Attendre deux grandes heures :* **long, bon.** *Une grande vitesse :* → VERTIGINEUX. *De grands progrès :* → IMPORTANT. *Employer les grands remèdes :* [postposé] **extrême.** *Faire de grandes dépenses :* [postposé] **important, considérable ;** → COLOSSAL, EXAGÉRÉ, FOU, DÉMESURÉ. ⑤ *Un grand cœur, une grande âme, une grande action :* → BEAU, NOBLE. *Un grand style :* → ÉLEVÉ I. *Un grand choix :* → VARIÉ. *Elle n'aime que les grandes émotions :* [postposé] **fort.** *Un grand chagrin :* ↑ **immense** ◆ [postposé] **infini, fou** ◆ [partic.] **incoercible** (qui se dit de ce qui a une si grande force qu'on ne peut le contenir). *Un grand vin :* [postposé] **noble ;** → FAMEUX. *Un grand nom, un grand homme :* → ILLUSTRE. *Un grand auteur :* → CLASSIQUE. *C'est du plus grand comique ! :* **haut*.** *Le plus grand des paresseux :* → DERNIER, ROI. *Un si grand spectacle :* → TEL II.
II [n.m.] *Les Grands :* → PUISSANCE.
III [adv.] *Voir grand :* **avoir de l'ambition.**

◇ **grandement** *Avec cet argent, vous avez grandement de quoi vivre :* **amplement, largement** ◆ ↓ **bien.**

◇ **grandeur** ① → DIMENSION, TAILLE I. ② → BEAUTÉ, NOBLESSE. *Grandeur d'âme :* → GÉNÉROSITÉ. *Grandeur des pensées, des sentiments :* → DISTINCTION, ÉLÉVATION. ③ *Travailler pour la grandeur de son pays :* **gloire ;** → PUISSANCE, SPLENDEUR. *Elle court après les grandeurs :* **dignités, honneurs.** *Avoir la folie des grandeurs :* [didact.] **mégalomanie** (qui implique un comportement pathologique).

◇ **grandiose** *Un spectacle grandiose* : **majestueux, imposant*** ◆ [moins express.] **magnifique ;** → BEAU, ROYAL.

◇ **grandir** ① *À cet âge-là, on grandit beaucoup* : [assez fam.] **s'allonger** ◆ [plus génér.] **se développer** ◆ [fam.] **pousser ;** → PROFITER, CHANGER III. ② → AUGMENTER. ③ [~ qqn, qqch] *Son désintéressement la grandit encore à mes yeux* : → ÉLEVER I.

grand-chose → CHOSE.

grandeur → GRAND.

grandiloquence → EMPHASE.

grandiloquent → AMPOULÉ.

grandiose, grandir → GRAND.

grandissant → CROISSANT.

grand-mère, grand-père : [fam., employé par les enfants] **pépé, pépère, papi, bon-papa, mémé, mémère, mamie, bonne-maman** ◆ [sout., vieilli] **aïeule, aïeul.** *Arrière-grand-père, arrière-grand-mère* : → BISAÏEUL.

grand-peine → PEINE I.

grands-parents : [sout.] **aïeuls ;** → GRAND-MÈRE.

granité → GLACE.

granulé → PILULE.

graphie *Une graphie* d'un mot est une façon de l'écrire ; son **orthographe** est sa graphie officiellement reconnue.

graphique
I [adj.] *Les arts graphiques* comprennent le **dessin** et la **peinture.**
II [n.m.] → COURBE III.

grappe → FRUIT.

grappiller → RECUEILLIR.

grappin *Mettre le grappin* : → HARPONNER.

gras ① Se dit de ce qui est formé de **graisse,** de ce qui en contient. *Un corps gras* : [didact.] **lipide.** ② *Il est encore bel homme, mais il est devenu un peu gras* :

↑ **obèse** ◆ [plus péj.] **pansu, ventru** (qui se disent seulement du ventre) ◆ **replet,** [plus cour.] **dodu** (qui se disent de qqn qui est bien en chair) ◆ **plantureux** (qui ne se dit par litote que d'une femme ou d'une poitrine féminine) ◆ **potelé** (qui se dit surtout en parlant des jeunes enfants qui ont les membres bien pleins) ◆ **rebondi** (qui se dit en parlant des joues ou du ventre) ◆ **plein** (qui se dit pour les joues) ◆ **grassouillet** (qui se dit souvent des enfants ou des personnes de petite taille) ◆ [péj.] **rondouillard** ◆ **adipeux** (qui ne s'emploie guère qu'en parlant des tissus humains) ◆ **bouffi** (qui se dit du visage) ◆ **étoffé** (qui s'emploie souvent par litote : *il s'est un peu étoffé*) ◆ **corpulent** (qui se dit de l'ensemble du corps, chairs et ossature) ; → ÉPAIS, GROSSIR. *Il est très gras* : [fam., péj.] **gras comme un moine,** ↑ **comme un cochon ;** → GROS. ③ *Des plaisanteries grasses* : [plus mod.] **grossier** ◆ ↑ **obscène.** ④ *Avoir les mains grasses* : ↑ **graisseux, poisseux.** ⑤ *Des terres grasses* : → RICHE.

grassement → GÉNÉREUSEMENT.

grassouillet → GRAS.

gratifiant *Un travail gratifiant* est un travail **valorisant,** que l'on fait avec **profit*.**

gratification → GRATIFIER.

gratifier *Il a gratifié le garçon d'un large pourboire* : [plus génér.] **donner*** (qqch à qqn) ; → DISPENSER I, HONORER. *On a gratifié le personnel de nouveaux bureaux* : ↓ **doter, allouer à** (qui n'impliquent pas l'idée de faveurs généreusement attribuées). *La nature l'a gratifié d'un nez trop long* : [plus neutre] **doter** ◆ **douer** (qui s'emploie pour une qualité) ; → NANTIR. *Gratifier de pensées bizarres* : → IMPUTER.

◇ **gratification** Somme d'argent remise à qqn en plus de ses **gains.** ◆ [par méton.] **enveloppe** ◆ [très génér.] **don*** ◆ **étrennes** (du facteur), **prime** (d'un ouvrier) ◆ **dessous-de-table** et **pot-de-vin** désignent des gratifications illicites remises à qqn dont on achète les services : dans le même sens, assez cour. auj., **bakchich ;** → COMMISSION I, RÉCOMPENSE.

gratin → CRÈME, ÉLITE, HAUT I, LE MEILLEUR, SOCIÉTÉ I.

gratiné *Cette pièce de théâtre, c'était gratiné !* : **fadé, tartiné, quelque chose** (*c'était quelque chose !*) ◆ [cour.] **réussi** (par antiphrase) ◆ [vulg.] **chié** ; → PAS CROYABLE*.

gratis → GRATUITEMENT.

gratitude *Permettez-moi de vous manifester ma gratitude* [assez sout.] : [cour.] **reconnaissance.**

gratte-ciel → IMMEUBLE, TOUR I.

gratte-papier → BUREAUCRATE.

gratter

I [qqn ~ qqch] ① *Il faudra gratter cette table pleine de taches* : ↑ **racler.** ② *Ce ratier gratte la terre du jardin* : ↑ **fouiller.** ③ *Lui, musicien ? il gratte du violon, c'est tout !* : [plus péj.] **racler.** ④ *Il n'arrête pas de gratter du papier* : **noircir** ; → ÉCRIRE, TRAVAILLER II.

II [qqch ~] → DÉMANGER.

III [qqn ~ qqn] → DÉPASSER.

◇ **se gratter** → SE FOUILLER.

gratuit ① *Je vous ai rendu ce service à titre gratuit* : **bénévole** ◆ [sout.] **gracieux** (ces deux adj. étant d'emploi beaucoup plus restreint que *gratuit*) ; → DÉSINTÉRESSÉ. ② *N'hésitez pas ! l'entrée est gratuite !* : **libre** (qui se dit aussi, contrairement à *gratuit*, de l'entrée d'un magasin). ③ *Sur quels éléments vous fondez-vous pour lancer des affirmations aussi gratuites ?* : **injustifié, infondé** ; → ARBITRAIRE.

◇ **gratuitement** ① [de gratuit ①] : **gracieusement, bénévolement.** ② *En achetant deux paquets de gâteaux, on a le troisième gratuitement* : [sout.] **gracieusement** ◆ [fam.] **gratis, pour rien** ◆ [très fam.] **à l'œil** ◆ [express., vieilli] **sans bourse délier.** *Se faire héberger gratuitement* : [fam.] **aux frais de la princesse.** ③ → PAR JEU* II.

gravats *De ce bel immeuble, il ne reste après l'explosion que des gravats* : **décombres, plâtras, déblais.**

grave

I ① *La situation est grave* : ↓ **inquiétant, sérieux** ◆ ↑ **dramatique, tragique, gravissime** ; → CRITIQUE III. *La question est grave !* : **sérieux, important.** *Une grave négligence* : → COUPABLE. *Cette décision aura de graves conséquences* : [postposé] ↑ **incalculable.** *Une blessure grave* : ↓ **sérieux** ◆ [fam.] **méchant*** ; → GROS, LOURD II. ② *Lui fallait-il cet air grave pour nous annoncer sa nomination ?* : **solennel** ; → AFFECTÉ II, SÉVÈRE. *Cet homme si grave est en fait un joyeux drille !* : **digne** ◆ ↓ **sérieux*.** *Ces graves demoiselles de la paroisse m'ennuient à mourir* : **digne** ◆ ↑ **austère*** ; → POSÉ.

II *Une voix grave* : → CAVERNEUX, PROFOND I.

◇ **gravement** ① *Il est gravement blessé, malade* : **grièvement** (qui ne se dit que d'une atteinte physique : *grièvement blessé*) ◆ ↓ **sérieusement** ; → SÉVÈREMENT. ② [de grave ②] : **dignement, solennellement.**

◇ **gravité** ① *La question présente un caractère de gravité* : **urgence.** *La gravité de la situation ne fait aucun doute* : ↓ **sérieux*** ; → SÉVÉRITÉ. ② [de grave ②] : **solennité, dignité, austérité** ◆ **componction** (qui s'emploie le plus souvent avec une nuance iron. : *parler avec componction*).

graveleux → OBSCÈNE.

gravement → GRAVE.

graver → IMPRIMER.

graveur → ILLUSTRATEUR.

gravier : **gravillon** (= gravier fin) ; → CAILLOU, SABLE.

gravir *Ce matin, nous gravirons cette petite colline* : ↑ **escalader** (qui implique des efforts physiques plus importants) ◆ [plus fam.] **grimper** ◆ [plus cour.] **monter*** II.

gravissime → GRAVE I.

gravité → GRAVE I.

graviter → TOURNER II.

gravure ① L'**eau-forte**, la **lithographie** sont des techniques de *gravure.* ② L'**estampe** est une reproduction d'une *gravure* ; → ILLUSTRATION, PLANCHE. ③ *Écouter une vieille gravure* : → DISQUE.

gré *À son gré* : → CONVENANCE, MANCHE I, FANTAISIE. *De bon gré* : → GRÂCE II. *Au gré de* : → CHOIX. *On l'a fait agir contre son gré* : **contre sa volonté, malgré lui.** *De son plein gré* : → LIBREMENT, DE SOI-MÊME* II, VOLONTAIREMENT. *De gré ou de force* : → FORCE. *Savoir gré* : → OBLIGÉ, REMERCIER I.

grec *Le peuple grec* : **hellénique.**

gredin → COQUIN.

gréer → ÉQUIPER.

greffage, greffe → GREFFER.

greffer, c'est faire une **greffe,** un **greffage,** c'est-à-dire insérer une **greffe** ou un **greffon** sur un végétal. Chez l'homme, on parle de **transplantation** lorsqu'il s'agit d'un organe avec ses vaisseaux.

◇ **se greffer** *De nouveaux ennuis sont venus se greffer sur ceux qu'il avait déjà* : [plus cour.] **s'ajouter à, augmenter.**

greffon → GREFFER.

grégaire a pour syn. assez fam. et péj. **moutonnier.**

grège → BRUT.

grêle
I [n.f.] *Il est tombé de la grêle* : **grêlon** (= un grain de grêle) ♦ **grésil** (= grêle fine et dure) ; → PLUIE, PRÉCIPITATION II.
II [adj.] → FLUET, MENU I.

grêlon → GRÊLE I.

grelot → CLOCHETTE.

grelotter → FRISSONNER, TREMBLER.

grenat → ROUGE.

grenier *Notre maison a un vaste grenier* : [toujours pl.] **combles** (= partie supérieure d'une maison, aménageable éventuel-lement en grenier ou en **mansarde*, pièce mansardée**).

grenouiller → INTRIGUER II.

grésil → GRÊLE I.

grève
I → BORD, RIVAGE.
II *Il y a eu des grèves* : ↓ **journée d'action, débrayage** ♦ [plus génér.] **mouvements sociaux** ; → ARRÊT* DE TRAVAIL. *Les ouvriers de l'usine se sont mis en grève* : **débrayer** (qui marque généralement le début d'une grève) ♦ ↓ **cesser le travail** (qui s'emploie par euph. pour éviter la résonance politique du mot *grève*).

grever → OBÉRER, HYPOTHÉQUER. *Grever d'impôts* : → SURCHARGER.

gribouillage → BARBOUILLAGE.

gribouiller → DESSINER, ÉCRIRE.

gribouillis → BARBOUILLAGE.

grief → CHARGE. *Faire grief* : → REPROCHER, TENIR RIGUEUR*.

grièvement → GRAVEMENT, SÉRIEUSEMENT, SÉVÈREMENT.

griffe
I ① **serre** (qui se dit surtout en parlant des griffes des rapaces). *Donner un coup de griffe* : **griffer.** ② *Sa peinture a quelques griffes* [fam.] : [cour.] **griffure** ; → ACCROC. ③ *Tomber dans les griffes de qqn* : → POUVOIR II, COUPE II. *Montrer les griffes* : → MENACER.
II *C'est bien la griffe de mon frère* [fam.] : [cour.] **signature** ; → MARQUE.

griffer → GRIFFE.

griffonnage → BARBOUILLAGE.

griffonner → DESSINER, ÉCRIRE.

griffu → CROCHU.

griffure → GRIFFE.

grignoter → MANGER I, RONGER.

grigou → AVARE.

grigri → AMULETTE.

gril *Sur le gril* : → IMPATIENT.

grill → RESTAURANT.

grillage, grille → CLAIE, CLÔTURE.

grillé → BON I.

grille-pain → TOASTEUR.

griller ① → CUIRE, RÔTIR. *Le soleil nous grille* : → CHALEUR. *Griller un feu rouge* : → BRÛLER. *Griller une cigarette* : → FUMER I. ② *Griller un concurrent* : → DÉPASSER. ③ [~ de] *Nous grillons d'aller à la montagne !* : brûler ; → ENVIE.

grill-room → RESTAURANT.

grimace ① *Une affreuse grimace lui déformait le visage* : **rictus** (= grimace qui donne au visage l'aspect d'un rire forcé). *Faire des grimaces* : **grimacer** ; → CONTORSION. ② *Quand je lui ai annoncé son échec, il a fait la grimace* : **faire grise mine** ◆ **faire la moue** (qui se dit surtout en parlant de qqn qui boude) ; → BOUDERIE. ③ [pl.] *En voilà des grimaces pour nous recevoir !* : [plus fam.] **singeries** ; → CÉRÉMONIE, AFFECTER II.

grimacer → GRIMACE.

grimage → MAQUILLAGE.

grimer → MAQUILLER.

◇ **se grimer** → FARDER, SE MAQUILLER.

grimpant → PANTALON.

grimpée → GRIMPETTE.

grimper ① → MONTER I et II, GRAVIR. ② → AUGMENTER.

grimpette *Une grimpette est une petite grimpée* ; → CÔTE II, MONTÉE.

grimpeur → COUREUR, MONTAGNARD.

grinçant ① → CRIARD. ② → AIGRE.

grincer *Les roues de la charrette grinçaient* : [fam.] **couiner** ◆ [plus restreint] **crisser** (qui se dit par ex. des dents).

◇ **grincement** : couinement, crissement.

grincheux → ACARIÂTRE.

gringalet *Que nous veut ce petit gringalet ?* : [cliché fam.] **moustique** ; → FAIBLE.

gringue → COURTISER.

grippe → RHUME. *Prendre en grippe* : → ANTIPATHIE.

gripper *La serrure est grippée* : [plus génér.] **bloqué**.

◇ **se gripper** *Elle se grippe sous l'effet de la rouille* : **se bloquer**.

grippe-sou → AVARE.

gris ① *Elle a des cheveux gris* : [fam.] **poivre et sel** (qui se dit d'une chevelure où le blanc et la couleur naturelle s'équilibrent) ◆ ↓ **grisonnant** (= devenant peu à peu gris) ◆ **argenté, cendré** (= nuances de gris). ② → TERNE. ③ → IVRE, SOÛL.

grisaille → TRISTESSE, MONOTONIE.

grisant → ENIVRANT.

griser → ENIVRER, MONTER* À LA TÊTE I, SOÛLER.

◇ **se griser** → S'ÉTOURDIR.

griserie → IVRESSE.

grisonnant → GRIS.

grivois → GAILLARD I, LÉGER, LIBRE, SALÉ, PAILLARD.

grivoiserie → GAILLARDISE.

groggy → ÉTOURDIR.

grognasse [vulg., péj.] *Femme laide et désagréable* : **poufiasse, pétasse** (termes d'injure).

grognasser → GROGNER.

grogne → MÉCONTENTEMENT.

grogner ① *Il passe sa vie à grogner !* : [fam., péj.] **grognasser** (= grogner constamment) ; → MURMURER. ② *Grogner contre* : → JURER II.

grognon → BOUGON, PLEURNICHEUR.

groin → MUSEAU.

grolle → CHAUSSURE.

grommeler → MARMONNER, MURMURER.

gronder ① *L'orage gronde :* → TONNER. *Gronder entre ses dents :* → MURMURER. *La colère gronde :* → COUVER. ② *Gronder qqn :* → RÉPRIMANDER, RUDOYER, SECOUER.

grondement *Le grondement de l'orage :* [très génér.] **bruit** ◆ ↑ **vacarme**. *Le grondement des moteurs :* **vrombissement***.

groom → CHASSEUR II.

gros

I [adj.] ① [qqn est ~] → ÉPAIS, EMBONPOINT, GROS II. *S'il n'était pas aussi gros, il serait bel homme* (évoque l'idée de volume, d'épaisseur) : **gras*, adipeux** (qui évoquent l'idée de tissus envahis par la graisse) ◆ **corpulent** (qui s'emploie le plus souvent dans des contextes sout. ou techn. : *une maison spécialisée en vêtements pour personnes corpulentes*) ◆ ↑ **obèse** ◆ ↑ **énorme, éléphantesque** ◆ [fam.] ↑ **maous** ◆ [par euphém.] **fort, costaud, massif** ◆ [très péj.] **pansu, ventru, bedonnant, ventripotent** (qui insistent sur la grosseur du ventre) ◆ [fam.] ↓ **rond** ◆ **boulot** (qui se dit d'une personne grosse et petite). ② [une partie du corps est ~] *Avoir de gros yeux :* [postposé] **globuleux, saillant**. *De grosses joues :* → BOUFFI. *Cette femme a une grosse poitrine :* **GÉNÉREUX**. *De grosses lèvres :* [postposé] **épais*, charnu**. *Un gros ventre :* **avoir du ventre***. *Le ventre gros :* → ENFLÉ I. ③ *Une femme grosse* [vieilli] : [cour.] **enceinte*** ◆ **grossesse** (= état correspondant). *La jument est grosse :* → PLEIN. ④ [qqch est ~] → ÉNORME, VOLUMINEUX. *Une grosse fortune :* → IMPORTANT. *Une grosse somme :* → FORT II, ÉLEVÉ, SUBSTANTIEL, ABONDANT. *Un gros appétit :* → SOLIDE. *Une grosse part :* → GÉNÉREUX. *Un gros rhume :* → BON I. *Une grosse faute :* [postposé] ↑ **grave, énorme**. *Un gros soupir :* → GRAND, PROFOND I. *Une mer grosse :* → AGITÉ. *De gros soucis :* → SÉRIEUX. *La grosse industrie :* [postposé] **lourd**. ⑤ [qqch est ~] *Une plaisanterie un peu grosse :* → GROSSIER, LOURD I, VULGAIRE II.

II [n.] De qqn qui est *gros*, on dit péj. qu'il est **gros comme une vache, un cochon**, que c'est un **boudin**, un **tonneau**, un **poussah** si cette personne est, en outre, mal bâtie, un **mastodonte** si sa taille et sa grosseur sont extraordinaires ◆ [fam.] **patapouf, gros patapouf** (qui se disent d'un enfant).

III [n.m.] *Le plus gros est fait maintenant :* **essentiel, principal** ; → INDISPENSABLE. *Le gros de :* → MASSE II.

IV [adv.] *En gros :* → DANS L'ENSEMBLE*, DANS LES GRANDES LIGNES III, EN SUBSTANCE.

◇ **grossir** ① [qqn ~] *Il a beaucoup grossi ces derniers temps :* [plus péj.] **engraisser**, [fam.] **faire du lard** ◆ [plus express.] **s'empâter** ◆ ↑ **enfler** ◆ **bouffir** (qui se dit d'une enflure maladive) ◆ **forcir** (qui s'applique au développement général du corps) ◆ [par litote] **prendre du poids, des kilos, s'épaissir, s'arrondir** ; → SE DÉVELOPPER II, PROFITER, S'ALOURDIR, EMBONPOINT, GRAS, GROS. ② [qqch ~] *Avec ces pluies torrentielles, les eaux du fleuve vont grossir :* **monter** ◆ [très génér.] **augmenter** ; → DOUBLER II, GONFLER, FORCIR. ③ [~ qqch] → EXAGÉRER, AJOUTER.

◇ **grosseur** ① [de gros ①] : **corpulence, adiposité, obésité, rondeur** ; → EMBONPOINT. ② [de gros ②] *Grosseur des joues :* ↑ **bouffissure**. *Grosseur des lèvres :* → ÉPAISSEUR. *Grosseur d'une poitrine :* **générosité, opulence**. ③ *Avoir des grosseurs autour de la taille :* **bourrelet**. *Une grosseur sur le front :* **bosse**. ④ *La grosseur de qqch fait partie de ses* **dimensions***.

grossesse → ACCOUCHEMENT, GESTATION. *Grossesse interrompue :* → AVORTEMENT.

grosseur → GROS.

grossier ① [qqn est ~] *Il est grossier :* **mufle, goujat, malotru** (= personne qui manque de savoir-vivre et commet des indélicatesses) ◆ **rustre, rustaud** (= personne dont la grossièreté s'accompagne de brutalité) ◆ **butor** (= personne grossière et stupide) ◆ **beauf** (= Français moyen stupide et grossier) ◆ [sout.] **béotien** (= personne qui ignore tout des lettres, des arts et de la culture) ◆ [fam.] **pignouf** (= personne mal élevée et sans-gêne) ◆ **ostrogoth** (= personne qui ignore les bienséances) ◆ [express.] **ne pas faire dans la dentelle, être mal dégrossi** (qui se disent par euph.) ; → BALOURD, MATÉRIEL. ② [qqch est ~] *Voici des manières bien grossières !* : **fruste** (qui implique une grossièreté naturelle, un manque d'éducation et de culture) ◆ ↑ **barbare** ◆ [par euph.] **peu élégant** ; → IMPOLI, FAMILIER. ③ [qqch est ~] *Des connaissances grossières* : → ÉLÉMENTAIRE. *Une ignorance grossière* : → CRASSE II. *Avouez que le mensonge est tout de même un peu grossier !* : **gros** ◆ [fam.] **cousu de fil blanc** ; → MALADROIT. *Ces artisans travaillent encore avec des instruments grossiers* : **rudimentaire, primitif.** *Une ébauche grossière d'une maison* : **rapide, rudimentaire** ◆ ↑ **informe.** ④ [qqn, qqch est ~] *Je ne suis pas prude, mais il est si grossier que c'en est révoltant !* : ↑ **ordurier** ; → VULGAIRE III. *Des mots grossiers* : [antéposé] **gros** ; → BLASPHÈME, INCONVENANT, MALPROPRE, POIVRÉ, VILAIN, SALÉ.

◇ **grossièrement** ① *Ce meuble est assez grossièrement fabriqué* : **sommairement** ◆ [express.] **taillé à la hache.** ② *Voici grossièrement le plan de mon discours* : **sommairement, grosso modo, approximativement** ◆ [fam.] **à la va-vite** ; → DANS L'ENSEMBLE* II. ③ *S'il croit que je céderai, il se trompe grossièrement !* : **lourdement** ◆ [très fam.] **sacrément** ; → BEAUCOUP. ④ *Parler grossièrement* : → VULGAIREMENT II, IMPOLIMENT.

grossièreté ① *La grossièreté de votre conduite* : → DÉSINVOLTURE, FAMILIARITÉ, IMPOLITESSE, INCONVENANCE, VULGARITÉ. ② *Dire des grossièretés* : → BLASPHÈME, MALPROPRETÉ, OBSCÉNITÉ, ORDURE, SALETÉ.

grossir → GROS.

grossissement → AUGMENTATION, EXAGÉRATION, GONFLEMENT.

grossiste → COMMERÇANT, FOURNISSEUR, INTERMÉDIAIRE.

grosso modo → ENSEMBLE II, GROSSIÈREMENT, SENSIBLEMENT.

grotesque *On dit que je n'aime pas la musique ? Mais c'est grotesque !* : **ridicule** ◆ [rare] **bouffon** ; → ABSURDE I, CARICATURAL.

grotte → CAVERNE.

grouillement → FOURMILLEMENT.

grouiller → ABONDER I.

◇ **se grouiller** → ACCÉLÉRER, SE DÉPÊCHER, SE MANIER, SE PRESSER II.

groupe ① → ATTROUPEMENT, SOCIÉTÉ I. *Un groupe de coureurs* : **peloton.** ② *Cet arbre fait partie du groupe des arbres à feuilles caduques* : [au sens cour., et non didact., des termes] **famille** ; → CLASSE I, ESPÈCE. ③ → GROUPEMENT. *Un groupe d'écrivains* : **cercle, cénacle** (qui se disent d'un groupe restreint, parfois fermé) ◆ **colonie** (= groupe vivant en communauté) ◆ **pléiade** (qui se dit plus partic. d'un groupe de personnes remarquables) ◆ ↓ **groupuscule** ; → FORMATION, SOCIÉTÉ, SECTION II. *Un groupe ethnique* : **communauté*** ; → PEUPLE, RACE. ④ *Un groupe d'enfants* : → VOLÉE I.

◇ **grouper** *Nous grouperons les questions importantes* : **regrouper, rassembler, réunir** ◆ [fam.] **bloquer** ; → MASSER.

◇ **se grouper** → S'ASSOCIER.

◇ **groupement** ① *Il faudra procéder au groupement des divers matériaux* : **assemblage** ◆ **rassemblement, réunion** (qui impliquent l'idée d'une recherche en vue de réunir des choses éparses) ; → AMAS, CONCENTRATION. ② *Groupement* et **groupe*** sont de sens proche, s'agissant d'ensembles humains : *un groupe, un groupement politique, associatif, culturel* ; mais **groupe** suppose une plus grande stabilité et une meilleure visibilité extérieure : *les groupes politiques de l'Assemblée nationale* ◆ **regroupement** (= réunion de ce qui était dispersé) ; → ASSOCIATION, FORMATION, COALITION.

groupie → ADMIRATEUR, FANATIQUE.

groupuscule → FORMATION, GROUPE.

grue → PROSTITUÉE.

gruger → VOLER II.

grumeau *Qui a des grumeaux* : **grumeleux.**

grumeler → COAGULER.

grumeleux → GRUMEAU.

gué → PASSAGE.

guéguerre → LUTTE.

guenille *Un mendiant habillé de guenilles* : **hardes, haillons** ◆ [plus cour.] **loques** ◆ [rare] **oripeaux** (= vieux vêtements usés, qui portent encore quelques marques de leur ancienne splendeur).

guêpe *Taille de guêpe* : → FIN III.

guêpier → PIÈGE.

guère *Ne... guère* : → AUTREMENT, JAMAIS, PEU I.

guéridon → TABLE I.

guérilla → GUERRE.

guérillero → REBELLE.

guérir ① [qqn ~] *Il a été très malade, mais il est presque guéri* : **se rétablir, se remettre** (= retrouver, en guérissant, ses forces physiques et morales) ; → RECOUVRER LA SANTÉ*, SORTIR* DE MALADIE, ÊTRE DEBOUT, EN RÉCHAPPER. *La plaie guérit* : **se refermer, cicatriser.** ② [~ qqn] *Allons, ne vous faites pas de souci, nous le guérirons !* : [fam.] **tirer de là** ◆ ↑ **sauver** (qui implique une grave maladie). *Guérir qqn de l'alcool, de la drogue* : **désintoxiquer.** ③ [~ qqn de] *Guérir d'un souci* : → DÉBARRASSER. *Guérir d'un défaut* : → CORRIGER II.

◇ **guérison** [de guérir ①] : **rétablissement, cicatrisation.**

◇ **guérisseur** *Personne qui pratique la médecine sans avoir les titres et qualités de médecin* : **rebouteux** (= guérisseur qui s'occupe surtout de luxations, de fractures, de membres démis) ◆ [péj.] **charlatan** ; → MÉDECIN.

guérite → POSTE DE GARDE*.

guerre ① → LUTTE. *Une grave crise économique peut provoquer une guerre* : contrairement à **conflagration,** qui suppose un **embrasement** général dû à la guerre, **conflit** (abrév. de **conflit armé**) se dit d'une guerre limitée ou s'emploie, par euph., avec le sens de *guerre* ◆ **hostilités** (= l'ensemble des actes de guerre : *ouvrir, déclencher, cesser les hostilités*) ◆ **guérilla** (= guerre de partisans). *Guerre de position* : → TRANCHÉE. *Faire la guerre* : → GUERROYER. *Aller à la guerre* : [fam., péj.] **casse-pipe, casse-gueule,** ↑ **boucherie ;** → CARNAGE. **Belligérance** se dit de l'état de guerre, **bellicisme** du culte et de la recherche de la guerre ; → LUTTE, COMBAT. *Prise de guerre* : → BUTIN. ② *Guerre civile* : → RÉVOLTE. ③ *Entre leurs deux familles, c'est vraiment la guerre !* : ↓ **conflit*** ◆ [express.] **être à couteaux tirés ;** → LUTTE. *Faire la guerre à* : → COMBATTRE. *De bonne guerre* : → LOYALEMENT. *De guerre lasse* : → LASSITUDE.

◇ **guerrier** [adj.] ① *Entonner un chant guerrier* : **militaire.** ② *Croyez-vous qu'il existe des nations guerrières ?* : **belliciste** ◆ **belliqueux** (qui se dit, plus génér., de celui qui aime se battre). *Un militaire essayant de se donner une allure guerrière* : **martial.** ③ [n.m., rare auj.] → MILITAIRE, SOLDAT. *De qqn qui est partisan de la guerre pour régler les conflits, on dit que c'est un* **belliciste,** [fam.] un **va-t-en-guerre.**

◇ **guerroyer** *L'art de guerroyer était enseigné très tôt aux jeunes princes* [vieilli ou litt.] : [cour.] **faire la guerre** ◆ [plus génér.] **se battre, combattre.**

guet → GUETTER.

guet-apens → PIÈGE.

guetter ① *C'est faire le guet ;* → SURVEILLER, ÉPIER. ② *Il guette une bonne occasion pour s'échapper* : **être à l'affût de** ◆ ↓ **attendre ;** → AGUETS.

gueulante *Pousser une gueulante* : → CRIER.

gueulard → BRUYANT, CRIARD.

gueule ① Selon l'animal, on emploie *gueule* ou **bouche.** ② [~ de qqn, pop.] → FIGURE I, TÊTE. ③ [toujours fam. dans ces express.] *Une grande gueule* : **gueulard, fort en gueule** ; → RÂLEUR. *Une fine gueule* : → GOURMAND. *Avoir de la gueule* : → ALLURE, CARACTÈRE I. *Ta gueule !* : → SILENCE. *Faire la gueule* : [cour.] **faire la tête, bouder.** *Casser la gueule à qqn* : **mettre son poing sur la gueule de qqn.** *Je vais lui casser la gueule* : [cour.] **corriger** ; → BATTRE I.

gueuler → ABOYER I et II, CRIER, CHANTER, TEMPÊTER.

gueuleton → FESTIN, REPAS.

gueux → COQUIN, MISÉRABLE II.

guibole → JAMBE.

guichet *Il y avait dans la porte un petit guichet grillagé* : **judas.**

guidage → GUIDER.

guide

I → RÊNE.

II ① *Je ne connais pas Tours, vous y serez mon guide* : [plus partic.] **accompagnateur** ♦ **sherpa** (= dans certains pays, guide ou porteur de montagne) ♦ [rare, par plais.] **cicérone.** ② → CONSEILLER I. ③ → SCOUT.

◇ **guider** ① *Nous ne connaissions pas Paris, mais nous avions quelqu'un pour nous y guider* : [assez fam.] **piloter, cornaquer.** *Guider une voiture* : **téléguider** (= guider à distance), **radioguider** (= guider par radio). ② *Voici un élève qui aurait besoin d'être guidé : quelle voie doit-il suivre ?* : ↓ **conseiller** ♦ ↑ **orienter** ; → BRANCHER. ③ *Un bon chien est guidé par son instinct* : [plus génér.] **conduire** ; → MENER I.

◇ **se guider** *Se guider sur qqch* : **prendre pour repère.** *Se guider sur qqn* : **prendre pour exemple.**

◇ **guidage** [de guider ①] : **pilotage, téléguidage, radioguidage.**

guigne → MALCHANCE.

guigner → CONVOITER, LOUCHER.

guignol ① → MARIONNETTE. ② → CLOWN, PANTIN.

guilleret → FOLÂTRE, GAI.

guillotine → ÉCHAFAUD.

guillotiner → COUPER, TRANCHER I, TÊTE.

guimbarde → AUTOMOBILE.

guinche → BAL.

guincher → DANSER.

guindé → AFFECTÉ, COLLET* MONTÉ, MANIÉRÉ, RAIDE.

guindeau → TREUIL.

guingois → TRAVERS I.

guinguette → BAL.

guipure → BRODERIE.

guise *À sa guise* : → FANTAISIE. *En guise de* : → TITRE I.

guitare a pour syn. fam. **gratte.**

guitoune → TENTE.

gus → TYPE.

guttural → RAUQUE.

gymnastique ① *Il fait de la gymnastique* : [fam.] **gym** ♦ [en partic.] **aérobic** (= gymnastique rythmique) ; → SPORT. ② *Concilier le travail et la famille, c'est de la gymnastique !* : **du sport** ♦ [express.] **il faut jongler** ; → DIFFICILE, COMPLIQUÉ.

gynécée Se dit de l'appartement des femmes dans l'Antiquité : **harem,** chez les musulmans ♦ en ce sens, **sérail** est vieilli.

gynécologue → ACCOUCHEUR.

H

habile → ADROIT, DIPLOMATE, ÉLÉGANT, SOUPLE, SUBTIL, RUSÉ.

habilement → FINEMENT, SAVAMMENT, SUBTILEMENT.

habileté ① → ADRESSE I, CAPACITÉ I, MAÎTRISE. ② → DIPLOMATIE. *L'habileté d'une solution :* **élégance***.

habiliter [didact.], c'est **donner l'habilitation à, donner qualité pour** ; → AUTORISER.

habillage → PRÉSENTATION.

habillé → ÉLÉGANT, VÊTU.

habillement ① → HABIT. ② *Son frère travaille dans l'habillement :* [en partic.] **confection, prêt-à-porter** (qui concernent les vêtements fabriqués en série) ◆ **couture** (qui concerne les vêtements féminins) ◆ **haute couture** (qui concerne les créations des grands couturiers).

habiller → VÊTIR.

◇ **s'habiller** → SE COUVRIR, SE PRÉPARER, SE SAPER, SE NIPPER, SE VÊTIR.

habit ① → VÊTEMENT. *L'ensemble des habits que l'on porte :* **habillement**. ② → TENUE* DE SOIRÉE.

habitacle → POSTE III.

habitant → ÂME.

habitat → MILIEU II.

habitation ① *Il nous a fait visiter sa nouvelle habitation* [génér.] : [plus cour.] **logement** ◆ [vieilli ou sout.] **logis** ◆ de-

meure, domicile (= lieu principal d'habitation) ◆ **maison, appartement*** (qui précisent le type d'habitation) ◆ **baraque***, [très fam.] **cambuse, turne, taule** (qui se disent d'une habitation précaire ou mal tenue) ◆ [très sout.] **gîte** (qui s'emploie couramment dans quelques express. : *le gîte et le couvert, revenir au gîte...*) ; → IMMEUBLE, VILLA, BÂTIMENT. ② *Groupe d'habitations :* → ENSEMBLE II.

habité → OCCUPÉ I.

habiter ① *Où habitez-vous ? :* → ADRESSE I, DEMEURER, LOGER I, NICHER, SÉJOURNER, VIVRE II. ② *Habiter un espace :* → OCCUPER I, PEUPLER. ③ *Cette idée l'habite :* → OBSÉDER.

habitude ① *Il ignorait tout encore des habitudes de ce pays :* **coutume, usage** ◆ [pl.] **mœurs, pratiques** (qui s'emploient aussi parfois en ce sens). ② *Il a ses petites habitudes :* **manie*** ; → RITE, ROUTINE. *De qqn qui tient à ses habitudes, on dit qu'il est* **routinier**, ↑ **maniaque**. ③ *Il avait une longue habitude de ce genre de travaux :* **expérience** ; → ENTRAÎNEMENT, EXERCICE, PRATIQUE II. *Une mauvaise habitude :* → PLI III, MANIE, ACCOUTUMANCE. *Perdre l'habitude :* → MAIN. ④ *Il ne réfléchissait pas et agissait par habitude :* **machinalement** ◆ ↑ **instinctivement** ; → AUTOMATISME. ⑤ *D'habitude :* → COMMUNÉMENT, À L'ORDINAIRE*, RÉGULIÈREMENT II. *Comme d'habitude :* → ÉGAL.

◇ **habituel** *Ce sont des faits habituels dans*

ce pays : **coutumier** ◆ [en partic.] **tradition-nel** ◆ [plus génér.] **courant ;** → GÉNÉRAL, ORDINAIRE, PERPÉTUEL. *La pêche est sa distraction habituelle* : **familier.** *Il faisait comme chaque matin sa petite promenade habituelle* : [rare] **accoutumé** ◆ [en partic.] **quotidien, hebdomadaire, mensuel, annuel** (si l'habitude est rythmée par une chronologie précise) ; → ÉTERNEL, RITUEL. *C'est le geste habituel en pareille circonstance* : **classique, normal*** ◆ **d'usage, usuel** ◆ ↑ **consacré, systématique*.** *Voici son fournisseur habituel* : ↑ **attitré*.**

habitué → FAMILIER, PILIER.

habituel → HABITUDE.

habituellement → COMMUNÉMENT, NOR-MALEMENT, ORDINAIRE, RÉGULIÈREMENT II, LA PLUPART DU TEMPS* I, TOUJOURS.

habituer *Habituer à un pays* : → ACCLIMATER. *Habituer à l'exercice physique* : → EXERCER. *Il faut habituer les enfants à la politesse* : **éduquer*.**

◊ **s'habituer** → S'ACCOMMODER, SE FAMILIARISER, S'ENTRAÎNER.

hâblerie → FANFARONNADE, VANTARDISE.

hâbleur → FANFARON, MENTEUR, VANTARD.

hache *J'ai besoin d'une hache pour couper le bois* : **cognée** (= grosse hache pour abattre les arbres, fendre le bois) ◆ **hachette** (= petite hache).

haché → HEURTÉ, SACCADÉ.

hacher → COUPER.

hachisch → HASCHISCH.

hachure, hachurer → RAIE, RAYURE.

hagard → FOU.

hagiographe → HISTORIEN.

hagiographie → HISTOIRE.

haie ① Une *haie* peut servir de **brise-vent ;** → CLÔTURE. ② → RANG.

haillon → GUENILLE, DÉGUENILLÉ.

haine Éprouver de la *haine*, c'est **haïr*,** éprouver des sentiments **haineux* ;** → HOSTILITÉ, RESSENTIMENT, FIEL, VENIN.

haineux → HAINE, DÉSAGRÉABLE, VENI-MEUX.

haïr Éprouver de la **haine* ;** → DÉTESTER, NE PAS POUVOIR SENTIR I, MAUDIRE.

haïssable → DÉTESTABLE.

hâle → BRONZAGE.

hâlé → BRONZÉ.

haleine Ce terme et **souffle** sont syn. dans quelques contextes seulement (*retenir son haleine, son souffle pour ne pas faire de bruit ; courir à perdre haleine, le souffle*). *Reprendre haleine* : → SOUFFLER. *Hors d'haleine* : → ESSOUFFLER. *À perdre haleine* : → VITE. *Avoir mauvaise haleine* : [très fam., péj.] **puer de la gueule.**

haler → TIRER I.

hâler *Le soleil hâle la peau* : **bronzer ;** → BRONZÉ.

haletant *Il rentrait haletant de ses courses dans la montagne* : ↓ **essoufflé** ◆ [rare] **pantelant ;** → FATIGUÉ.

halètement → ESSOUFFLEMENT.

haleter → S'ESSOUFFLER, RESPIRER, SOUFFLER.

hall → VESTIBULE.

halle → MARCHÉ I, CENTRE COMMERCIAL*.

hallebardes *Tomber des hallebardes* : → BATTANT III.

hallier → BUISSON.

hallucinant est un syn. expressif de **extraordinaire*, étonnant*.**

hallucination → DÉLIRE, VISION.

halluciné → FOU, VISIONNAIRE.

hallucinogène → DROGUE.

halo → NIMBE.

halte ① → ÉTAPE, STATION. ② *Faire une halte* : → ARRÊT. ③ → GÎTE.

hameau → BOURG.

hameçon *Mordre à l'hameçon* : → PIÈGE.

hammam → BAIN.

hampe → TIGE.

hanche *Un mouvement des hanches* : **déhanchement.** *Faire ce déhanchement* : **se déhancher.**

handicap ① → HANDICAPÉ, INFIRMITÉ, INAPTITUDE. ② → DIFFICULTÉ, INFÉRIORITÉ.

handicapant *L'aphasie est handicapante* : **invalidant.**

handicapé *Il faut veiller à la bonne insertion des handicapés* : **porteur d'un handicap** ◆ [partic.] **handicapé moteur, handicapé mental** ◆ **inadapté** (qui se dit partic. des enfants présentant des déficiences physiques et mentales) ; → ARRIÉRÉ* MENTAL, AVEUGLE, INFIRME, SOURD.

handicaper → DÉFAVORISER, DÉSAVANTAGER.

hangar → DÉPENDANCES, REMISE II.

hanté → ENCHANTÉ.

hanter ① → FRÉQUENTER, PEUPLER. ② → POURSUIVRE I.

hantise → OBSESSION, VISION.

happer → ATTRAPER I.

happy end → FIN I.

hara-kiri → SE SUICIDER.

harangue → DISCOURS.

haranguer → PARLER.

harassant → PÉNIBLE.

harassé → FATIGUÉ.

harasser → FATIGUER.

harceler → ÊTRE APRÈS* I, PERSÉCUTER, POURSUIVRE I, PRESSER II, RELANCER, TALONNER, TOURMENTER, TRACASSER.

hard → PORNOGRAPHIQUE.

hardes → GUENILLE, VÊTEMENT.

hardi ① [qqn est ~] *Un pilote d'essai doit être hardi sans être téméraire* (= qui se lance sans timidité ni crainte dans une entreprise assez risquée) : ↑ **audacieux,**

intrépide, téméraire (qui impliquent une hardiesse excessive) ◆ [fam.] ↑ **casse-cou** ◆ [très fam.] ↑ **culotté*** ◆ [sout.] **impavide** (qui se dit de celui qui ignore la peur) ◆ **décidé, résolu,** ↑ **déterminé** (qui se disent surtout de celui qui n'hésite pas à prendre parti, à affirmer une opinion et à agir en conséquence) ◆ **entreprenant** (qui se dit de celui qui entreprend qqch facilement, avec hardiesse : *pour réussir dans les affaires, il faut être entreprenant*) ◆ **courageux** (qui renvoie plutôt à une qualité morale) ; → VIGOUREUX, CONFIANT, DÉCIDÉ, AMBITIEUX. ② [qqn est ~] *Hardi avec les femmes* : → ENTREPRENANT. ③ [qqch est ~] *Votre projet me semble trop hardi pour qu'on le retienne* : **audacieux, osé,** [plus cour.] **risqué** ◆ ↑ **aventureux** ◆ **casse-cou** ◆ [très fam.] **casse-gueule** ; → COURAGEUX, MÂLE, HASARDEUX. ④ [qqch est ~] *Ce roman est un peu hardi, ne trouvez-vous pas ?* : **osé** ◆ ↑ **cru** ; → LIBRE, RAIDE, GAILLARD. *Son décolleté est vraiment hardi !* : **provocant** ◆ ↑ **impudique** ; → INDÉCENT. *Une réponse trop hardie* : → IMPUDENT.

◇ **hardiesse** ① [de hardi ①] : **intrépidité, audace, témérité, courage*** ; → CONFIANCE, APLOMB, DÉCISION. ② → IMPUDENCE. ③ [de hardi ③] : **audace** ; → NOUVEAUTÉ. ④ [de hardi ④] *La hardiesse d'un roman* : **audace** ; → OBSCÉNITÉ. *La hardiesse d'un décolleté* : **audace,** ↑ **impudicité** ; → INDÉCENCE.

◇ **hardiment** : **avec hardiesse*, audacieusement, témérairement, courageusement.** *Il m'a répondu hardiment, pour ne pas dire impoliment* : → IMPUDEMMENT.

hardiesse, hardiment → HARDI.

harem → GYNÉCÉE, SÉRAIL.

hareng *Hareng saur* : [fam.] **gendarme** ◆ **bouffi** (= hareng saur légèrement fumé).

hargne → AIGREUR.

hargneux → ACARIÂTRE, QUERELLEUR, RAGEUR, ROGUE.

haricot *J'aime les haricots secs* : [fam.] **fayot.** *Courir sur le haricot* : → ENNUYER. *La fin des haricots* : → COMBLE I.

haridelle → CHEVAL.

harmonie ① → MÉLODIE. [en partic.] *Harmonie municipale* : **fanfare, orphéon.** ② *Harmonie de couleurs* : → ACCORD II. *Harmonie d'un vers* : → MUSIQUE. *Harmonie d'une phrase* : → RYTHME. *Mettre en harmonie* : **harmoniser*.** *Être en harmonie* : **s'harmoniser*.** ③ *Harmonie de pensée* : → COMMUNAUTÉ I. *Vivre en harmonie* : → COMMUNION, ENTENTE.

harmonieux ① → DOUX, MUSICAL, ESTHÉTIQUE, RYTHMÉ. ② *Elle a un corps très harmonieux* : **bien fait, proportionné ;** → BÂTI. *Un esprit harmonieux* : → COMPLET. *Nous souhaiterions un développement harmonieux de nos deux entreprises* : **équilibré, cohérent.**

harmonisation *se dit du fait d'*harmoniser* *ou d'être harmonisé.* [en partic.] *Harmonisation musicale* : **arrangement** (= adaptation d'un morceau musical à un autre instrument ou à un autre ensemble que celui auquel il était destiné) ♦ **orchestration** (= adaptation pour orchestre).

harmoniser → HARMONIE, ACCORDER I, ENSEMBLE.

◇ **s'harmoniser** → HARMONIE, ALLER II, S'ASSOCIER.

harnachement → ÉQUIPEMENT.

harnacher → ÉQUIPER, VÊTIR.

harpagon → AVARE.

harpie → FURIE, SORCIÈRE.

harponner ① → PINCER. ② *Je me suis fait harponner à la sortie du bureau* [fam.] : **mettre le grappin dessus ;** → ACCROCHER II.

hasard ① *Il disait que tout, dans la vie, était conduit par le hasard* : [vieilli] **fortune** ♦ **destin*** (qui implique l'idée d'une loi suprême et entre plus que *hasard* dans le cadre d'une métaphysique) ; → LOTERIE. *Heureux hasard* : → CHANCE. *Malheureux hasard* : → MALCHANCE. *Au hasard* : [fam.] **au petit bonheur la chance ;** → À TORT* ET À TRAVERS. ② → COÏNCIDENCE, RENCONTRE. *Par hasard* : → ACCIDENTELLEMENT, AVENTURE.

◇ **hasarder** ① *Il hasarda une réponse approximative à la question posée* : **se hasarder* à, risquer** ♦ ↓ **avancer.** *Hasarder une démarche auprès de qqn* : **tenter.** ② *Il n'hésita pas à hasarder sa vie pour la sauver* : [plus cour.] **risquer ;** → COMPROMETTRE.

◇ **se hasarder** ① → S'AVANCER. ② *Je ne me hasarderais pas à sortir le soir dans ce quartier* : **se risquer, s'aventurer ;** → ESSAYER.

◇ **hasardeux** *L'entreprise me semble bien hasardeuse !* : **risqué, imprudent** ♦ [très fam.] **casse-gueule ;** → AVENTUREUX, AVENTURÉ, FOU, HARDI.

hasarder, hasardeux → HASARD.

haschisch *Le haschisch, comme la* **marijuana,** *provient du* **chanvre indien.** *Ce mot a pour syn. fam. l'abrév.* **hasch** *et* **herbe** ♦ **kif** *se dit d'un mélange de chanvre indien et de tabac* ♦ **fumette** *se dit d'une drogue à fumer ;* → DROGUE. *Une cigarette de haschisch* : [fam.] **joint, pétard.**

hâte ① → EMPRESSEMENT, PRÉCIPITATION I. *En hâte, en toute hâte* : → VITE. *À la hâte* : → HÂTIF. ② *Avoir hâte de* : → IMPATIENT.

◇ **hâter** → AVANCER II, ACCÉLÉRER. *Hâter le pas* : **presser.** *Hâter son départ* : ↑ **brusquer ;** → PRÉCIPITER.

◇ **se hâter** → SE PRESSER II, VITE.

◇ **hâtif** ① *Des légumes hâtifs viennent à maturité plus vite que les autres* : **précoce.** ② *Ce travail me paraît un peu hâtif* : **fait à la hâte** ♦ [péj.] ↑ **bâclé ;** → IMPROMPTU, RAPIDE. *Une décision un peu hâtive* : **prématuré ;** → RAPIDE.

hâter, hâtif → HÂTE.

hâtivement *De façon hâtive* : → HÂTIF, RAPIDEMENT, VITE.

hausse → AUGMENTATION, ÉLÉVATION, MAJORATION, MONTÉE, POUSSER.

hausser ① *Donner plus de hauteur* : → ÉLEVER I. ② *Hausser les prix* : → AUGMENTER, ÉLEVER I.

◇ **se hausser** → SE HISSER.

haussier → SPÉCULATEUR.

haut

I [adj.] **1** → ÉLEVÉ. **2** *Les heures de haute mer* : **plein** (*la mer est haute, bat son plein*). *Parler à voix haute* : [plus fam.] **tout haut** ; → FORT II. *Les notes les plus hautes* : **aigu**. **3** [valeur intensive ; toujours antéposé] *Il fait partie de la haute société* : [fam.] **la haute, le gratin, la crème**. *Un objet de la plus haute valeur, avoir une haute estime de* : [plus cour.] **grand***. *De hauts faits* : → EXPLOIT. *La haute couture* : → MODE I.

II [n.m.] **1** *De haut. Mesurer deux mètres de haut* : **de hauteur*** ; → SOMMET. **2** → COLLINE. **3** *Tomber de haut* : → SURPRENDRE. *Les voisins du haut* : **dessus**. *De haut en bas* : → DE FOND EN COMBLE* II. **4** *Un joli haut* : → CORSAGE.

III [adv.] **1** *Comme ce livre l'indique plus haut...* : **supra ♦ ci-dessus** (qui implique que l'on fasse référence à ce qui précède immédiatement). *La difficulté est située plus haut* : [rare] **en amont**. **2** *Parler haut* : → FORT III. **3** *Je vous le dis bien haut : ne comptez pas sur moi !* : [plus fam.] **tout net** ♦ SANS AMBAGES*. **4** *Le prendre de haut* : **avec arrogance** ; → MÉPRISER.

◇ **hautement** *Il affiche hautement ses choix politiques* : **ouvertement ♦** [plus génér.] **nettement, clairement** ; → VIOLEMMENT.

◇ **hauteur 1** *De hauteur* : → HAUT III, DIMENSION. *La hauteur* [en géographie] : **altitude**. *Une montagne dont les sommets ont 4 000 m de hauteur, d'altitude, de haut* (théoriquement, *hauteur* se dit de la dimension verticale : *la hauteur d'une montagne*, altitude de l'élévation au-dessus du niveau de la mer : *un plateau situé à 2 000 m d'altitude* ; pratiquement, les deux termes s'emploient souvent l'un pour l'autre). **2** *Une hauteur* : → COLLINE. **3** *À la hauteur* [pr. et fig.] : → NIVEAU. *Se montrer à la hauteur* : **compétent***. *Ne pas être à la hauteur* : → DÉPASSER. *Nous consentirons un apport à (la) hauteur de quelques milliers d'euros* : **au niveau de, limité à**. **4** *Hauteur de la pensée* : → ÉLÉVATION. **5** *Avec hauteur* : → FIERTÉ, MÉPRIS.

hautain → FIER, MÉPRISANT.

haute-contre → CONTRE-TÉNOR.

haute couture → MODE I.

hautement, hauteur → HAUT III.

haut-le-cœur → DÉGOÛT.

haut-parleur → ENCEINTE III.

havane → CIGARE.

hâve → MAIGRE, PÂLE.

havre → REFUGE.

hé 1 *Hé toi ! viens voir !* : **hep**. **2** *Hé non, c'est faux !* : **eh ♦** [plus fam.] **ben** (les deux sont souvent liés : *eh ben*).

hebdomadaire → PÉRIODIQUE.

hébergement → LOGEMENT.

héberger → ACCUEILLIR, LOGER I.

hébété → ABRUTI, STUPIDE.

hébétement → ABRUTISSEMENT.

hébéter → ABRUTIR.

hébétude → ABRUTISSEMENT.

hébreu

1 [n.] → JUIF. **2** *De l'hébreu* : → INCOMPRÉHENSIBLE. **3** [adj.] *L'État hébreu* : **Israël, État d'Israël**. *L'alphabet hébreu* : **hébraïque** (qui s'emploie aux deux genres, *hébreu* étant du genre masc.).

hécatombe → CARNAGE.

hédonisme → ÉPICURISME.

hédoniste → JOUISSEUR.

hégémonie → SUPÉRIORITÉ, SUPRÉMATIE.

hein → COMMENT.

hélas → MALHEUREUSEMENT.

héler → APPELER I.

hélice → VRILLE.

hellénique → GREC.

helvète, helvétique → SUISSE.

hémorragie 1 → SAIGNER. *Hémorragie cérébrale* [didact.] : [plus cour.] **congestion**. **2** *Qui sont les vrais responsables de l'hémorragie de capitaux ?* : ↓ **fuite**.

hep → HÉ.

hépatique → FOIE.

herbage → PACAGE.

herbe ① → GAZON. ② *Allez ! tous ces garnements, c'est de la mauvaise herbe !* : **graine**. ③ *En herbe* : → FUTUR. ④ → HASCHISCH.

herbeux *Un talus herbeux* (= où pousse de l'herbe) : ↑ **herbu** (= où l'herbe pousse à foison).

hercule → COLOSSE, FORT I, HOMME.

herculéen → COLOSSAL.

hère → MALHEUREUX II.

héréditaire → HÉRÉDITÉ.

hérédité En biologie, transmission de certains caractères d'un être vivant à ses descendants ; **atavisme** se dit d'une *hérédité* discontinue, ou apparition chez un être vivant de caractères qui ne s'étaient pas manifestés chez ses parents et qui remontent à une ou plusieurs générations antérieures. La **génétique** est la science de l'*hérédité* ; → INNÉ.
◇ **héréditaire** : [didact.] **atavique, génétique**.

hérésiarque → APOSTAT.

hérésie *Il boit du vin en mangeant une glace au chocolat, quelle hérésie !* : **sacrilège** ◆ ↓ **faute de goût**.

hérétique → APOSTAT.

hérisser ① [le plus souvent au participe passé] *Les cheveux, les poils hérissés* : **ébouriffer** (qui implique l'idée de désordre) ◆ **hirsute**. ② [~ qqn] → IRRITER.
◇ **se hérisser** → SE RAIDIR.

héritage → BIEN II, LEGS, SUCCESSION.

hériter ① → SUCCÉDER. ② *Il a hérité de sa mère le goût de l'argent* : **tenir* de**.

héritier ① *Les enfants sont les héritiers de leurs parents* : [en partic.] **légataire** (= bénéficiaire d'un legs) ; → POSTÉRITÉ. ② → FILS.

hermétique ① Ce terme implique, comme **étanche**, l'idée d'imperméabilité et en outre, contrairement à *étanche*, celle de fermeture : un bateau est *étanche*, mais non *hermétique* ; une bouteille est *étanche* si elle a une fermeture bien *hermétique*. ② → CACHÉ, SECRET I. *Un texte hermétique* : → OPAQUE.

hermétisme ① → ÉSOTÉRISME. ② → OBSCURITÉ.

héroïne → PERSONNAGE.

héroïque → BRAVE, STOÏQUE. *Une décision héroïque* : → COURAGEUX.

héroïquement → STOÏQUEMENT, VAILLAMMENT.

héroïsme → COURAGE.

héros ① → BRAVE. ② → PERSONNAGE.

hésitant → INDÉCIS, VACILLANT.

hésitation → HÉSITER.

hésiter ① *Il hésite toujours avant de prendre une décision* : [assez fam.] **flotter, se tâter** ◆ **tergiverser, atermoyer** (= user de détours, de faux-fuyants pour retarder une décision) ◆ [express.] **peser le pour et le contre** ; → RECULER. *Il n'y a pas à hésiter, il faut y aller !* : [fam.] **tortiller, tourner autour du pot**. *Que faire ? J'hésite !* : [fam.] **ne pas savoir sur quel pied danser**. *Sans hésiter* : → FRANCHEMENT. ② [~ entre] *J'hésite entre deux solutions* : [plus rare] **balancer, être en balance, osciller, flotter**. ③ [~ à] *J'hésite à le déranger pour si peu* : ↑ **avoir scrupule à** ; → CRAINDRE. ④ *Cet enfant hésite vraiment sur beaucoup de mots* : ↑ **trébucher**. *Il commença à parler en hésitant, puis se lança* : **chercher ses mots**. *J'ai beaucoup hésité avant de trouver la bonne solution* : [plus fam.] **tâtonner**. *Ma mémoire hésite tout à coup* : ↑ **chanceler, vaciller**.
◇ **hésitation** : **tâtonnement, flottement, tergiversation, atermoiement, scrupule** ; → RÉTICENCE, CRAINTE, INDÉCISION.

hétéroclite → DIVERS.

hétérodoxe → APOSTAT.

hétérogène → DIVERS.

heure *À l'heure* : → PONCTUEL. *C'est l'heure* : → IL EST TEMPS*. *De l'heure* : → ACTUEL. *De bonne heure* : → TÔT. *À une heure avancée* : → TARD. *Sur l'heure* : → IMMÉDIATEMENT. *Tout à l'heure* : → BIENTÔT. *La dernière heure* : → AGONIE. *Quatre heures* : → COLLATION. *À l'heure qu'il est* : → MAINTENANT, ACTUELLEMENT. *Il a réussi son concours ? À la bonne heure !* : **tant mieux, c'est très bien.**

heureusement → HEUREUX.

heureux → BONHEUR. ① [qqn est ~] *« Heureux au jeu, malheureux en amour », dit le proverbe* : [sout.] **fortuné ;** → CHANCEUX. ② [qqn est ~] *Heureux les pauvres d'esprit !* : **bienheureux.** ③ *Je suis heureux de son retour* : → CHARMER, RAVI, SE RÉJOUIR, SATISFAIT, BONHEUR. *C'est à la plage que les enfants sont heureux !* : [fam.] ↓ **être à son affaire ♦** ↓ **content*.** *Un visage heureux* : ↑ **radieux.** ④ [qqch est ~] *Un jour heureux* : → FAVORABLE. *Quelle heureuse nouvelle* : **bon.** *Heureux anniversaire !* : **joyeux.** *Une expression heureuse* : → JUSTE. *Une mise en scène heureuse* : → RÉUSSI. ⑤ *Il est heureux que* : → HEUREUSEMENT QUE.

◇ **heureusement** ① → FAVORABLEMENT. ② *Ils ont eu un accident, heureusement ce n'est pas grave !* : ↑ **Dieu soit loué, grâce à Dieu, Dieu merci** (qui ne s'emploient généralement que par ceux qui croient en Dieu) **♦** ↓ **par bonheur.** ③ *Heureusement que. Heureusement que vous êtes arrivés !* : **par chance,** [plus sout.] **il est heureux que** (*par chance, vous êtes arrivés ; il est heureux que vous soyez arrivés*).

heurt, heurté → HEURTER.

heurter ① [~ qqch] *Il a heurté une voiture de plein fouet* : ↑ **emboutir, percuter, tamponner, télescoper ♦** [fam.] **rentrer dans ;** → DEDANS. ② [~ contre qqch] *Sa tête est venue heurter contre le mur* [sout.] : **donner ♦** [cour.] **cogner.** ③ [~ qqn] *Votre remarque l'a visiblement heurté* : [plus cour.] **choquer ;** → BLESSER, FROISSER II. *Heurter qqn de front* : → SE HEURTER. ④ [~ à] → FRAPPER.

◇ **se heurter** ① [de heurter ①] : **s'emboutir ♦ se caramboler** (qui se dit généralement en parlant de plusieurs véhicules). ② *Il s'est heurté à la porte en voulant sortir* [sout.] : [cour.] **se cogner.** ③ *Nous nous sommes heurtés à de très vives réticences de sa part* : ↓ **rencontrer** (*rencontrer des réticences*) **♦** [plus fam.] **buter sur ;** → ACHOPPER, SE FROTTER. ④ *Hier soir encore, ils se sont très violemment heurtés à propos de questions politiques* : [express.] **se heurter de front ♦** ↓ **s'affronter ♦** [fam.] **se rentrer dedans ;** → SE DISPUTER.

◇ **heurt** ① *Le heurt a été si violent que l'une des deux voitures a littéralement éclaté* [sout.] : [cour.] **choc ♦ collision, télescopage** (qui ne peuvent se dire que de deux corps en mouvement qui se heurtent) ; → ACCIDENT. ② *La vie devient impossible dans leur ménage : les heurts succèdent aux heurts !* : ↓ **affrontement, accrochage** (qui se disent aussi des heurts avec les forces de l'ordre) **♦** [plus fam.] **friction* ;** → DÉSACCORD. ③ *Sans heurt* : → À-COUP.

◇ **heurté** *Sa voix avait quelque chose de heurté qui vous tirait des larmes* : **haché, saccadé ;** → ROCAILLEUX.

hexagonal → FRANÇAIS.

hiatus → SOLUTION* DE CONTINUITÉ.

hiberner → HIVER.

hic *Le hic* : → PIERRE D'ACHOPPEMENT*.

hideur → LAIDEUR.

hideux → IGNOBLE, LAID.

hier → LA VEILLE*.

hiérarchie ① *Établir une hiérarchie, c'est* **hiérarchiser ;** → CLASSEMENT. *La hiérarchie sociale* : → ÉCHELLE. ② → CHEF, SUPÉRIEUR II.

hiérarchiser → HIÉRARCHIE, CLASSER.

hiératique → IMMOBILE.

hiéroglyphe [au fig.] *Parvenez-vous à déchiffrer ces hiéroglyphes ?* : **signe cabalistique ;** → ÉCRITURE.

high-tech → DE POINTE* III.

hilarant → COMIQUE.

hilare → GAI.

hilarité → RIRE.

hippique, hippisme → ÉQUESTRE.

hippodrome : [plus fam.] **champ de courses.**

hirsute Se dit aussi bien de la barbe que des cheveux : **échevelé** (qui ne se dit que d'une chevelure abondante) ; → HÉRISSER.

hisser *Hisser un drapeau, un pavillon* : **envoyer.**
◇ **se hisser** ① → MONTER I. ② *Il était parvenu à se hisser jusqu'à cette situation* : **se hausser** ◆ [plus génér.] **s'élever.**

histoire
I ① → PASSÉ. Ce qui concerne l'*histoire* est **historique.** La **préhistoire** est l'*histoire* non attestée par des documents écrits. ② L'*histoire* rapportée année par année : **annales,** rapportée dans l'ordre de sa succession : **chroniques,** rapportée par quelqu'un qui en fut participant et témoin : **Mémoires*.** *L'histoire d'un personnage* : **biographie.** *L'histoire des saints* : **hagiographie.**
II ① *J'aime beaucoup cette histoire* : [en partic.] **roman, récit, saga, conte*, légende** ; → AVENTURE, ANECDOTE, ÉVÉNEMENT. ② *Tu nous racontes des histoires !* : → MENSONGE. ③ *Tu vas avoir des histoires !* : **ennui*.** *En faire toute une histoire* : → AFFAIRE. *Faire des histoires* : → COMÉDIE, MANIÈRE II. *Pas d'histoire !* : → DISCUSSION. *La même histoire* : → TABAC.

historien [avec les mêmes nuances que *histoire* I ②] : **annaliste, chroniqueur, mémorialiste, biographe, hagiographe.**

historiette → ANECDOTE.

historique → HISTOIRE, RÉEL.

histrion → ACTEUR.

hiver a pour adj. **hivernal** (*les soirées d'hiver, hivernales*) et [rare ou didact.] **hiémal** (*les plantes hiémales poussent en hiver*). *Passer l'hiver* : **hiberner, hiverner** (surtout en parlant des animaux).

hivernal → HIVER, FROID I.

hiverner → HIVER.

HLM → APPARTEMENT, ENSEMBLE II.

hobereau → SEIGNEUR.

hocher → BALANCER I, REMUER, SECOUER.

holà *Mettre le holà* : → ORDRE I.

holding → SOCIÉTÉ II.

hold-up → VOL II.

hollandais De Hollande ◆ **néerlandais** (= des Pays-Bas). Les deux adj. sont souvent confondus.

holocauste
① → SACRIFICE I. ② → GÉNOCIDE.

homélie → SERMON.

homérique → ÉPIQUE.

homicide ① [n.m.] → CRIME. ② [adj.] → MEURTRIER II.

hommage ① *Rendre hommage* : → GLORIFIER. *Nous rendons hommage ici au talent de l'artiste !* : **saluer*** (... *saluons le talent...*). ② *Voici ce livre, comme hommage de notre amitié* : **témoignage, expression*.** ③ [pl.] *Vous présenterez mes hommages à madame votre épouse* [très sout.] : **respects** ◆ [rare] **civilités** ; → FÉLICITATIONS, SALUER.

hommasse → MASCULIN.

homme
I [être humain] *L'homme est ainsi* : **être humain, les hommes, l'humanité.** *Tous les hommes aspirent à la liberté* : **tout le monde, chacun.** *Aucun homme* : **personne.** *Le commun des hommes* : → MORTEL, INDIVIDU. *Tout homme a besoin de tendresse* : **individu*, personne*, homme, femme*.** [religion] *Dieu aime les hommes* : **ses créatures.** *Se faire homme* : **s'incarner.**
II [individu de sexe masculin] → MÂLE. ① *Jeune homme* : → ADOLESCENT, GARÇON. *Vieil homme* : → VIEILLARD. ② *Mon voisin ? C'est vraiment un drôle d'homme !* : **individu** ◆ [fam.] **bonhomme, gars, type*** ◆ [très fam.] **pistolet** ; → GAILLARD II, LOUSTIC. ③ *« Ce gars-là, c'est mon homme »*, *dit-elle* [fam.] : [cour.] **amant*,**

403

compagnon, mari (selon le contexte) ; → ÉPOUX ◆ [très fam.] **mec, jules** ◆ **gigolo** (= jeune amant entretenu par une femme plus âgée que lui) ; → PROSTITUÉ. *Homme à femmes* : **coureur de jupons** ; → FEMME, SÉDUCTEUR. ④ *Un homme gros* : → GROS. *Un homme grand* : → GRAND. D'un homme grand et fort, on dit que c'est un **hercule**, [fam.] une **armoire à glace**, [fam.] une **baraque** ; → FORT I. D'un homme faible et sans courage, on dit que c'est une **femmelette** ; on dit aussi très péj., en alliant l'idée de faiblesse à celle de déficience sexuelle, que c'est un **eunuque**, un **puceau** ou [très fam.] qu'il **n'a rien dans le pantalon, dans la culotte**, [vulg.] qu'il **n'a pas de couilles (au cul).** ⑤ *Il est homme à faire n'importe quoi* : **capable de***. *Devant une telle insulte, ils se levèrent comme un seul homme* : [cour.] ↓ **tous.** ⑥ [express.] *Homme de la rue* : **Français moyen** ; → MONDE. *Homme de lettres, de plume* : → AUTEUR. *Homme de troupe* : → SOLDAT. *Homme de peine* : **domestique** (= personnel de maison), [rare] **homme de ménage** ◆ **manœuvre** (= personnel d'une entreprise privée ou publique) ; → SERVITEUR. *Homme d'Église* : **ecclésiastique** ; → PRÊTRE. *Homme de paille* : **intermédiaire***. *Homme de main* : **sbire**.

homme-grenouille → PLONGEUR.

homo → HOMOSEXUEL.

homogène → COHÉRENT, UNI.

homogénéité → COHÉRENCE, UNITÉ.

homologation → CONFIRMATION.

homologuer → CONFIRMER, VALIDER.

homophile → HOMOSEXUEL.

homophobie → DISCRIMINATION.

homosexualité → HOMOSEXUEL.

homosexuel ① [n.] *Les homosexuels revendiquent leur droit à vivre comme les autres* : [abrév. fam.] **homo** ◆ [didact.] **homophile, inverti** (= qui éprouve une attirance homosexuelle ; *homophile* ne se dit que de l'homme) ◆ **pédéraste** (= homosexuel masculin), **lesbienne** (= femme homosexuelle) ◆ [très fam., inj.] **pédé,**

pédale, tante, tantouse (qui ne se disent que de l'homme), **gouine** (qui se dit de la femme) ; → TRAVESTI. ② [adj.] *La littérature homosexuelle* : [abrév. fam.] **homo** ◆ [seult pour les hommes] **pédérastique, gay.**

◇ **homosexualité** : **inversion, pédérastie** ◆ [rare] **lesbianisme, saphisme** (qui s'emploient pour les femmes).

honnête ① [qqn est ~] *C'est un commerçant très honnête* : [sout.] **probe** ; → SCRUPULEUX. *C'est un magistrat très honnête* : **intègre** ◆ [sans adv. d'intensité] ↑ **incorruptible** ; → BIEN II, CORRECT, LOYAL, MORAL, CONSCIENCIEUX. ② [qqn est ~] *Elle se dit honnête, mais elle trompe son mari* : **fidèle, vertueux** ; → CHASTE. ③ *Le partage est-il honnête ?* : **juste** ; → ÉQUITABLE. ④ *Le repas était honnête* : → CORRECT, SATISFAISANT, ACCEPTABLE.

◇ **honnêteté** ① [de honnête ①] : **probité, intégrité** ; → LOYAUTÉ. ② [de honnête ②] : **fidélité, vertu** ; → CHASTETÉ. ③ → CONVENANCE.

honnêtement ① → CONSCIENCE II, LOYALEMENT, PROPREMENT, SCRUPULEUSEMENT. ② → CORRECTEMENT, DÉCEMMENT.

honnêteté → HONNÊTE.

honneur ① *Pensez-vous que je vais engager mon honneur à la légère ?* : ↓ **dignité** ; → RÉPUTATION. ② *À son honneur* : → MÉRITE. *Il fera honneur à ses engagements, soyez-en sûr !* : [constr. dir.] **honorer, respecter.** *Il lui avait accordé l'honneur d'être accueilli parmi son entourage* : **faveur, grâce, privilège.** ③ *Le champ d'honneur* : → FRONT II. *Être en honneur* : → MODE I. *En l'honneur de* : → LOUANGE, POUR.* ④ *D'honneur. Un titre d'honneur* : **honorifique.** *Un membre d'honneur* : **honoraire.** ⑤ [pl.] *Nous le recevrons avec tous les honneurs dus à son rang* : **égards*** ; → GRANDEUR, DISTINCTION.

◇ **honorer** ① → GLORIFIER, SALUER, FÊTER. ② *La générosité est sans doute la qualité que j'honore le plus* : **respecter** ◆ ↑ **révérer, vénérer** ; → HONNEUR. ③ [~ qqn de qqch] *Il m'a quand même honoré d'un sourire* : **gratifier.** *Être honoré de* : → FLATTER.

◇ **s'honorer** *Nous nous honorons d'avoir dans notre équipe un médaillé des jeux Olympiques* : **se flatter, s'enorgueillir***.

◇ **honorable** ① *Ils font partie des familles honorables de la ville* : **respectable, estimable ;** → HONNÊTE. ② *Un salaire honorable* : → ACCEPTABLE, SATISFAISANT.

honnir *Nous honnissons cette basse démagogie* [vx, sout.] : [cour.] **mépriser ◆ ↑ vomir ◆** [sout.] **↑ vilipender, vouer aux gémonies ;** → MÉPRISER, CRITIQUER, DÉSAPPROUVER.

honorable → HONNEUR.

honorablement → AVANTAGEUSEMENT.

honoraire → D'HONNEUR*.

honoraires → SALAIRE.

honorer → HONNEUR.

honorifique → D'HONNEUR*.

honte ① *La honte que lui avait injustement infligée le public lui était insupportable* : **↓ déshonneur, humiliation ◆ ↑ ignominie, opprobre,** [vx] **infamie.** *Se couvrir de honte* : → SE DÉSHONORER. *Comment peut-on ainsi vivre dans la honte ?* : [outre les précédents] **↑ turpitude, abomination ;** → BASSESSE. ② *Sentiment pénible d'infériorité et d'abaissement* : **↓ confusion.** *Avoir honte de* : **être honteux* de ;** → REGRETTER, ROUGIR. ③ *Toutes ces fausses hontes ne sont que des sentiments hypocrites* : **fausse pudeur.** *Il étalait sans honte ses fantaisies de nouveau riche* : **pudeur, scrupule, vergogne ◆ ↓ retenue, réserve.**

◇ **honteux** ① [qqch est ~] *Quel acte honteux !* : **humiliant, ignominieux, infamant, déshonorant* ;** → ABJECT. *Les prix augmentent tous les jours ; c'est honteux !* : **scandaleux ◆ c'est un scandale* ◆ c'est une honte ◆** [fam.] **dégoûtant ◆** [très fam.] **dégueulasse.** *Les maladies honteuses* [vx] : [pr.] **vénérien ◆ sexuel,** [didact] **MST*** (*maladies sexuellement transmissibles*). *Avoir des désirs honteux* : **coupable, inavouable.** ② [qqn est ~] *Il restait là, dans son coin, tout honteux* : **penaud ;** → EMBARRASSÉ. *Je suis honteux d'avoir menti si lâchement* : **avoir honte de ;** → REGRETTER, ROUGIR. *Je suis honteux de vous déranger ainsi* [formule de politesse] : **↓ confus*.**

honteusement → ABJECTEMENT, RIDICULEMENT.

honteux → HONTE.

hôpital *L'hôpital* est un établissement public : [abrév. fam.] **hosto,** tandis que la **clinique** est un établissement privé **◆** [sigle] **CHU, CHR** (*centre hospitalo-universitaire, centre hospitalier régional*). *Faire entrer à l'hôpital* : **hospitaliser.** *De l'hôpital* : **hospitalier.**

horaire ① *Quel est le prix horaire du stationnement ?* : **à l'heure.** ② → INDICATEUR.

horde *Une horde d'animaux* : → BANDE. *Une horde d'enfants* : → TROUPE I.

horion → COUP I.

horizon ① → LOIN, LOINTAIN. ② → PERSPECTIVE.

horizontal, horizontalement → PLAT I.

horloge ① *La pendule* est une petite *horloge* destinée à être posée, appliquée, encastrée, etc. Le **carillon** est une *horloge* ou une *pendule* dont la sonnerie est particulière. ② *Comme une horloge* : → RÉGLÉ.

hormis → SAUF II.

horreur ① → EFFROI. *Un film d'horreur* : **épouvante ◆** [anglic.] **gore.** *Faire horreur* : **horrifier, être horrifiant ;** → DÉGOÛTER. *Avoir horreur, avoir en horreur* : → DÉTESTER, RÉPUGNER. *Les grands embouteillages, c'est l'horreur* : **↑ enfer, cauchemar ;** → ABOMINABLE. ② *Un crime dans toute son horreur* : **laideur ◆ ↑ abjection, infamie, abomination, ignominie ;** → BASSESSE, MONSTRUOSITÉ. *Les horreurs de la guerre* : **atrocité ;** → CRIME. ③ [pl.] *Il me dit des horreurs !* : **atrocités ◆** [moins express.] **obscénités*.**

horrible ① → LAID, VILAIN. ② → ABOMINABLE, EFFRAYANT, EFFROYABLE, FRÉMIR.

horriblement → ABOMINABLEMENT.

horrifiant, horrifier → HORREUR.

horripilant → ÉNERVANT, RAGEANT.

horripiler → ÉNERVER.

hors → EN DEHORS III, EXCEPTÉ. *Hors de soi* : → COLÈRE.

◊ **hors d'usage** → HORS SERVICE*.

◊ **hors service** → SERVICE.

hors-la-loi → RÉPROUVÉ.

horticulteur → JARDINIER.

horticulture → JARDINAGE.

hospice *L'hospice accueille des vieillards en fin de vie et sans ressources* : [vieilli] **asile** ◆ **service long séjour** (d'un hôpital) ◆ [péj.] **mouroir** ◆ **maison de retraite** (établissement moderne spécialisé).

hospitalier

I → HÔPITAL.

II ① [qqn est ~] *Des amis hospitaliers* : [plus génér.] **accueillant** ◆ [partic.] **convivial** (qui se dit du goût des réunions joyeuses) ; → AFFABLE. ② *Une côte peu hospitalière* : → ABORDABLE I.

◊ **hospitalité** [de hospitalier II] : **accueil, convivialité.** *Il m'a donné l'hospitalité* : [plus cour.] **recevoir chez soi, héberger** ; → LOGER.

hospitaliser → HÔPITAL.

hospitalité → HOSPITALIER.

hostellerie → HÔTEL, RESTAURANT.

hostile ① [qqn est ~] *Ce pays est entouré de populations hostiles* : ↑ **ennemi*.** *Être hostile à* : → DÉFAVORABLE, S'OPPOSER. ② [qqch est ~] *Une région hostile* : → INGRAT. *Un visage hostile* : → FERMÉ. *Il nous a réservé un accueil hostile* : ↑ **glacé, glacial** ◆ [souvent par litote] ↓ **inamical** ; → MALVEILLANT, DISTANT, RÉFRIGÉRANT.

◊ **hostilité** ① → GUERRE. *Suspension des hostilités* : → TRÊVE. ② *Leur hostilité envers nous ne fait pas de doute* : ↓ **opposition** ◆ ↑ **haine** ◆ [partic.] **ostracisme** (qui se dit de l'hostilité d'une collectivité envers un ou plusieurs de ses membres) ; → CRUAUTÉ, FROIDEUR, MALVEILLANCE, DÉFAVEUR.

hostilité → HOSTILE.

hosto → HÔPITAL.

hôte ① *Nous devons bien des remerciements à notre hôte* : [avec l'art. déf.] **maître, maîtresse de maison** (... *au maître de maison*) ◆ [sout.] **amphitryon** (= hôte qui offre le repas). ② → CONVIVE. ③ *Les murs portent les traces des différents hôtes de cet appartement* [sout.] : [cour.] **occupant** ◆ **locataire** (= celui qui loue).

hôtel *Dans quelle catégorie d'hôtel souhaitez-vous descendre ?* : **palace** (= hôtel de luxe) ◆ **hostellerie, hôtellerie, château hôtel, relais de campagne** (= hôtel-restaurant luxueux situé à la campagne) ◆ **auberge** (= hôtel-restaurant simple situé à la campagne) ◆ **pension de famille** (= hôtel-restaurant où les services ont la simplicité de la vie familiale) ◆ **motel** (= hôtel spécialement aménagé pour recevoir les automobilistes).

◊ **hôtelier** ① [n.] *L'hôtelier tient un hôtel,* l'**aubergiste** une auberge. ② [adj.] *Les activités hôtelières* : **de l'hôtellerie.**

hôtel de ville → MAIRIE.

hôtelier, hôtellerie → HÔTEL.

houille → CHARBON.

houle *Il y a de la houle, ce matin* : **mer** (qui s'emploie dans le langage des marins) ; → VAGUE I.

◊ **houleux** ① → AGITÉ. ② *Un débat houleux* : **orageux** ◆ ↓ **mouvementé** ; → AGITÉ, PASSIONNÉ, TUMULTUEUX.

houleux → HOULE.

houppe → TOUFFE.

hourra → ACCLAMATION.

hourvari → TAPAGE.

houspiller → MALMENER, QUERELLER, RÉPRIMANDER, RUDOYER.

housse → ENVELOPPE.

hovercraft → AÉROGLISSEUR.

HS → HORS SERVICE*.

hublot → FENÊTRE.

huée → HUER.

huche → COFFRE.

huer *L'orateur s'est fait huer :* [sout.]
conspuer ◆ **siffler** (= marquer sa désapprobation non par des cris mais en sifflant) ◆ [plus génér.] **malmener*, railler***.

◇ **huée** *Il se souvenait encore des huées qui avaient accompagné son premier discours :* [sing.] **tollé** (*un tollé général*) ; → CHAHUT, TAPAGE.

huguenot → PROTESTANT.

huile
I ① *Qui est comme de l'huile :* **huileux** ; → GRAS. *Huile essentielle :* → ESSENCE II. *Les saintes huiles :* le **saint chrême**. ② *Faire tache d'huile :* → SE PROPAGER. *Mettre de l'huile sur le feu :* → ATTISER. *Mer d'huile :* **calme**.
II → PERSONNAGE.

huiler → LUBRIFIER.

huileux → HUILE.

huissier *Dans les ministères, les huissiers introduisent les visiteurs auprès des hauts fonctionnaires :* **appariteur** (qui se dit surtout d'un huissier exerçant dans une université).

huit *Nous nous verrons dans huit jours :* **une semaine** ◆ **une huitaine** (= approximativement huit jours, une semaine).

huitaine → HUIT.

humain ① *Être humain :* → HOMME, INDIVIDU. ② *Plus qu'humain :* **surhumain**. ③ *Céder à la tentation, c'est humain !* : **pardonnable***. ④ *C'est quelqu'un de très humain :* → BON II, SENSIBLE I.

humaniser → POLIR I.

◇ **s'humaniser** *Il faudra qu'il s'humanise un peu !* : **devenir un peu plus sociable***.

humanitaire *Organisation humanitaire :* **ONG**.

humanité
I *L'avenir de l'humanité :* **genre humain** ; → HOMME, MONDE II.
II → BONTÉ, CHARITÉ, SENSIBILITÉ.

humble
① [qqn est ~] → OBSCUR, PAUVRE II, POPULAIRE, TIMIDE. ② [qqch est ~] → MODESTE.

humblement → MODESTEMENT, PAUVREMENT.

humecté → HUMIDE.

humecter → ARROSER, BAIGNER I, IMPRÉGNER, MOUILLER.

humer → ASPIRER, RESPIRER I, SENTIR I.

humeur ① *Je déteste les gens d'humeur belliqueuse :* **caractère, tempérament***. ② *Être d'humeur à plaisanter :* **avoir envie de** ; → ENCLIN. ③ *Saute d'humeur :* → CAPRICE. *Mauvaise humeur. Il est de mauvaise humeur :* ↓ **dans un mauvais jour** ◆ [fam.] **mal luné** ◆ [fam.] **il s'est levé du pied gauche** ◆ ↑ **d'une humeur de dogue, d'une humeur noire, massacrante** ◆ **en colère*** ; → MAUVAIS POIL*. Employé seul, *humeur* est syn. de *mauvaise humeur* dans le langage soutenu (*des mouvements d'humeur*) ; → COLÈRE. De qqn pour qui c'est l'habitude d'être de *mauvaise humeur*, on dit [fam.] qu'il est **mauvais coucheur**. *Bonne humeur. Il est de bonne humeur :* ↓ **dans un bon jour, dans de bonnes dispositions** ◆ [fam.] **bien luné** ; → GAI, GAIETÉ.

humide ① *Ce mouchoir est encore tout humide de ses larmes :* **humecté** ◆ ↑ **mouillé, trempé** ; → TREMPER I. ② *Le temps est très humide :* [partic.] **brumeux, pluvieux** ; → POURRI.

◇ **humidifier,** c'est rendre humide ; → MOUILLER.

◇ **humidité** *Il y a beaucoup d'humidité en ce moment :* ce terme est employé comme syn. génér. de **pluie, brouillard, bruine, brume**. *Le degré d'humidité :* [didact.] **hygrométrique**.

humidifier, humidité → HUMIDE.

humiliant → DÉGRADANT, VEXANT.

humiliation → HONTE, OFFENSE, VEXATION.

humilié → HUMILIER, OFFENSÉ.

humilier → ABAISSER II, OFFENSER, VEXER.

◇ **s'humilier** → S'ABAISSER, SE METTRE À PLAT VENTRE*.

humilité → MODESTIE.

humour → ESPRIT, IRONIE.

humus → TERRE III.

huppé → RICHE.

hurlement → CRI.

hurler ① → ABOYER II, CHANTER, CRIER. ② → NE PAS ALLER ENSEMBLE* I.

hurluberlu → ÉTOURDI I.

hussarde *À la hussarde* : → SANS MÉNAGEMENT*.

hutte → CABANE.

hybridation → MÉTISSAGE.

hybride ① → MÉTIS. ② → DIVERS, BOITEUX.

hydraté, hydraulique, hydrique → EAU.

hygiène *L'hygiène corporelle* : [plus génér., pl.] **soin.** *Le gouvernement a dû prendre de nouvelles mesures d'hygiène publique* : **salubrité, santé.**

◇ **hygiénique** ① *Cette promiscuité n'a évidemment rien d'hygiénique* : **sain.** ② *Une serviette hygiénique* : **périodique.** *Du papier hygiénique* : [fam.] **à waters** ◆ [vulg.] **à cul** ◆ [fam.] **PQ.** *Une promenade hygiénique* : **de santé.**

hygiénique → HYGIÈNE.

hygrométrique → HUMIDITÉ.

hymen → MARIAGE I.

hymne → CANTIQUE.

hyper est le syn. de **super** dans de nombreux mots composés de la conversation familière : *hyper-, super-sympa, hyper-, super-intéressant,* etc.

hyperactif → ACTIF.

hyperbolique → EXAGÉRÉ.

hyperesthésie → SENSIBILITÉ.

hypermarché → MAGASIN I.

hypertension → TENSION I.

hypertrophie → DÉVELOPPEMENT I.

hypertrophié → GONFLÉ, GONFLEMENT.

hypnose Sommeil artificiel provoqué par **hypnotisme** ou par des médicaments **hypnotiques.** *L'hypnose* peut entraîner un état de **catalepsie,** de **somnambulisme.**

◇ **hypnotique** *Médicament hypnotique* : **narcotique** ◆ [fam.] **pour dormir** ; → CALMANT, SOMNIFÈRE.

hypnotique → HYPNOSE.

hypnotiser → ENDORMIR, FASCINER.

hypnotisme → HYPNOSE.

hypocalorique *Un aliment hypocalorique* [didact.] : [cour.] **allégé.**

hypocondriaque : [plus génér.] **neurasthénique** ◆ [plus cour.] **malade imaginaire** ; → ACARIÂTRE.

hypocrisie ① *Faire preuve d'hypocrisie* : → FAUSSETÉ. ② [souvent au pl.] *Pourquoi vous laisser séduire par de telles hypocrisies ?* : **mensonge*, simagrée.**

◇ **hypocrite** ① [n.] *Quel hypocrite !* : [péj.] **jésuite** (qui se dit, par allusion à la casuistique, de celui qui use de ruses hypocrites pour se tirer d'embarras) ◆ **pharisien, tartufe** (= dont la conduite n'est pas en rapport avec les propos) ; → BIGOT ◆ [plus génér.] **comédien*** ; → SAINTE-NITOUCHE, FAUX-JETON*. ② [adj.] → FAUX, TROMPEUR, SOURNOIS.

hypocrite → HYPOCRISIE.

hypocritement → SOURNOISEMENT.

hypogée → TOMBE.

hypotension → TENSION I.

hypothéquer *L'avenir est lourdement hypothéqué par la chute de nos ventes* : **grever** ◆ [plus génér.] **menacer.**

hypothèse → CAS, PRINCIPE, SUPPOSITION, THÉORIE.

hypothétique *Un fait hypothétique n'existe qu'à titre d'hypothèse* : **supposé** ; → DOUTEUX, ÉVENTUEL.

hystérie, hystérique → DÉLIRE.

I

ici *Jusqu'ici :* → À PRÉSENT* III.

ici-bas → TERRE II.

iconographie → ILLUSTRATION.

idéal

I [adj.] ① → IMAGINAIRE, THÉORIQUE, IDYL-
LIQUE. ② → ACCOMPLI, MEILLEUR, PARFAIT.

II [n.m.] ① → ABSOLU III, BIEN III,
VALEUR III. ② *Ce n'est pas mon idéal de
mari :* → TYPE I. *Avoir pour idéal de :*
→ AMBITION. *L'idéal serait de... :* **la meilleure solution** ♦ [plus fam.] **le mieux.**

◇ **idéaliser** *Ce tableau idéalise un peu trop
la réalité :* **magnifier,** [plus cour.] **embellir**
♦ ↑ **sublimer, transcender ;** → FLATTER.

◇ **idéalisation** : **embellissement, sublima-
tion.**

◇ **idéaliste** ① [adj.] *Son projet est parfaitement idéaliste !* : **chimérique, irréaliste,
utopique.** ② [n.] *C'est un idéaliste :* **utopiste.**

idéalisation, idéaliser, idéaliste
→ IDÉAL.

idée ① *Il aime vivre dans le monde des
idées :* **abstraction, concept** ♦ **le monde
de l'esprit, de la vie intellectuelle ;**
→ PENSÉE I, NOTION. ② *Quelle idée vous
faites-vous de la ville ? :* **opinion** ♦ ↑ **théorie ;** → CONCEPTION, OPTIQUE, AVIS, VUE III.
③ *Je ne suis pas d'accord avec ses idées :*
[didact.] **idéologie** (= système d'idées) ;
→ DOCTRINE. ④ *Lisez cela, vous aurez
une idée de son orientation politique :*
avant-goût, aperçu ♦ [souvent péj.] **échan-**

tillon ; → ABRÉGÉ, EXEMPLE. ⑤ *L'idée
de me trouver seul dans cette ville ne me
fait pas sourire :* **pensée** ♦ **perspective**
(qui ne s'emploie que dans un contexte
tourné vers le futur). *Se faire des idées :*
→ SE TROMPER. *Pour les vacances, j'ai
mon idée :* [fam.] **petite idée, plan.** *Quelle
est l'idée maîtresse de son discours ? :* [plus
génér.] **thème.** *Idées noires :* → CAFARD III.
Quitter la capitale, voici son idée fixe :
[plus sout.] **obsession, cheval de bataille**
(s'il s'agit d'un enjeu pour lequel on se
bat). *Idée toute faite :* **idée reçue ;** → A
PRIORI. *Idées larges :* → ESPRIT I. *Avoir des
idées :* → IMAGINATION. *Changer les idées :*
→ DIVERTIR.

identifier → IDENTITÉ, RECONNAÎTRE I.

◇ **s'identifier** → ÊTRE DANS LA PEAU*.

identique → COMMUN I, MÊME I, PAREIL I,
SEMBLABLE.

identité ① *L'identité de deux objets :*
↓ **similitude*.** *Ils sont unis par une profonde identité de pensée :* **communauté*.**
② *Établir l'identité de qqn :* **identifier*.**

idéologie → IDÉE, MENTALITÉ.

idiome → LANGUE II, PARLER.

idiot ① [n.] *L'idiot du village :*
→ DÉGÉNÉRÉ, INNOCENT. ② [n.] *Pauvre
idiot ! Faire l'idiot :* → ABRUTI, CUL,
IMBÉCILE, FOU, FAIRE L'ENFANT*, MANCHE II,
SOT. ③ [adj. ; qqn est ~] → STUPIDE. [qqch
est ~] → ABSURDE I.

idiotie → ABSURDITÉ, BÊTISE, SOTTISE, STUPIDITÉ.

idiotisme → EXPRESSION.

idoine → APPROPRIÉ, CONVENABLE.

idolâtre → EXAGÉRÉ.

idolâtrer → AIMER, DIVINISER.

idolâtrie → VÉNÉRATION.

idole → DIEU.

idylle ① → PASTORALE. ② *Elle a l'âge des idylles, non celui de l'amour* : [moins sout.] **amourette** ; → CAPRICE.

idyllique ① Relatif aux idylles. ② *Les citadins ont une vue idyllique de la campagne* : **idéal** ◆ [péj. dans ce contexte] **naïf***.

ignare → IGNORANT.

ignition → COMBUSTION.

ignoble ① *Trahir un ami, c'est ignoble !* : → ABJECT, RÉPUGNANT, ODIEUX, LAID, VIL. ② *Il était descendu dans un de ces hôtels ignobles que l'on trouve près de la gare* : **sordide*** ◆ **hideux** (qui est aussi de sens fort, mais ne se rapporterait ici qu'à la laideur physique) ◆ [antéposé] **affreux** ◆ [postposé] **innommable**.

ignoblement → ABJECTEMENT.

ignominie → BASSESSE, HONTE, HORREUR, LAIDEUR.

ignominieusement → ABJECTEMENT.

ignominieux → ABJECT, HONTEUX.

ignorance, ignorant, ignoré → IGNORER.

ignorer ① [~ qqch] : [cour.] **ne pas savoir** (*j'ignore, je ne sais pas si je pourrai venir*). *Ne pas ignorer* : → SAVOIR I, IGNORÉ. ② [~ qqn] *Il ignore superbement ses collègues dans la rue* : [fam.] **faire mine de ne pas voir** ◆ ↑ **mépriser*** ◆ ↓ **bouder** ◆ **méconnaître** (*mal connaître*).

◇ **ignorance** ① *Son ignorance des choses de la navigation est évidente* : ↓ **méconnaissance, lacunes**, ↑ **nullité** (*nullité en matière de, dans le domaine de*). ② *Elle supporte mal l'ignorance des gens qui travaillent avec elle* : [didact.] **inculture** ◆ [en partic.] ↑ **analphabétisme, illettrisme** (= absence ou grave insuffisance d'accès à la culture écrite) ◆ [partic.] **obscurantisme** (qui se dit d'une opposition à la diffusion du savoir). ③ Insuffisance de savoir : **incompétence** (= insuffisance de savoir-faire ; les deux termes se recouvrent dans certains contextes : *son ignorance, son incompétence se manifeste dans ses moindres gestes* : *il ne connaît pas son métier*) ◆ ↓ **inexpérience** ; → INAPTITUDE.

◇ **ignorant** ① [adj.] *Je n'ai autour de moi que des êtres ignorants et grossiers* : **inculte** ◆ [plus péj.] ↑ **ignare** ◆ **incompétent** (= qui manque de savoir-faire) ◆ ↓ **inexpérimenté** ; → NUL, PROFANE. ② [n.] *Décidément, cette classe est le rendez-vous des ignorants !* : **illettré*, analphabète*** ◆ [très péj., fam.] **âne** ; → NUL.

◇ **ignoré** *Que de faits ignorés par l'histoire et qui sont pourtant significatifs !* : ↓ **négligé**, ↑ **passé sous silence**. *Il vivait parmi eux, ignoré, totalement seul* : **inconnu** (s'il s'agit d'une ignorance involontaire) ◆ **méconnu** (s'il s'agit d'une ignorance volontaire, due à ce que qqn n'est pas estimé à sa juste valeur) ; → EFFACÉ. *Atteindre des terres ignorées* : **inexploré, vierge**.

île *Habitant d'une île* : **insulaire**. *Les îles bretonnes* : [en partic.] **archipel** (= ensemble d'îles disposées en groupe), **atoll** (= île coralienne). *Une petite île* : **îlot**.

illégal Qui est défendu par la loi : **illicite, illégitime** (= qui enfreint la morale ou la loi) ◆ **irrégulier** (= qui n'est pas conforme à un règlement donné) ; → COUPABLE, INCORRECT.

◇ **illégalité** : **illégitimité, irrégularité**.

illégalement → IRRÉGULIÈREMENT.

illégalité → ILLÉGAL.

illégitime ① → BÂTARD. ② → ILLÉGAL, COUPABLE I.

illettré Dans l'usage, on tend à employer *illettré* en parlant des sociétés développées, dans lesquelles une partie de la population est illettrée parce qu'elle a été peu ou mal scolarisée, ou qu'elle a perdu l'usage des savoirs acquis ; **analphabète** se dit de la population non scolarisée des pays pauvres ; → IGNORANT.

◇ **illettrisme** : **analphabétisme** ; → IGNO-RANCE.

illicite → COUPABLE I, DÉFENDRE II, ILLÉ-GAL.

illicitement → IRRÉGULIÈREMENT.

illico → IMMÉDIATEMENT.

illimité ① *J'ai en lui une confiance illimitée* : **sans bornes, infini** ◆ [antéposé] **immense, total** ; → GRAND. *Un pouvoir illimité* : → ARBITRAIRE. ② *La SNCF est en grève pour une durée illimitée* : **indéterminé**.

illisible *Son écriture est illisible* : [plus didact.] **indéchiffrable** ; → MAL ÉCRIRE*.

illogique → ABSURDE I.

illogisme → ABSURDITÉ, CONTRADICTION.

illumination ① → ÉCLAIRAGE. ② → INSPIRATION, TRAIT* (III) DE GÉNIE.

illuminé ① → ILLUMINER. ② → INSPIRÉ, VISIONNAIRE.

illuminer ① → ÉCLAIRER. ② *Un regard illuminé d'intelligence* : → BRILLER II.

illusion ① *Il crut apercevoir un bateau au loin, mais ce n'était qu'une illusion* : **mirage, vision***. ② *Elle vivait depuis toujours dans ses illusions* : **chimère, rêve, fantasme** ◆ [express.] **les fantômes de son imagination**. *Tout cela n'aura été qu'une belle illusion* : **rêve** ◆ [rare] **songe** ◆ ↑ **utopie** ◆ **espérance** (*... qu'une vaine espérance*). *Il ne faut pas se laisser dans une telle illusion : il se trompe !* : **erreur** ; → MENSONGE. *Se faire des illusions* : **s'illusionner** ; → SE TROMPER. *Faire sortir de ses illusions* : → DÉGRISER. ③ *Faire illusion. Il a pu faire illusion, mais cela n'a duré qu'un temps* : **en imposer**.

illusionner (s') → ILLUSION, SE LEURRER, SE TROMPER.

illusionniste → PRESTIDIGITATEUR.

illusoire → APPARENT, VAIN I.

illustrateur → ILLUSTRATION.

illustration Les *illustrations* d'un livre peuvent être faites de **dessins, figures, gravures, images, photographies, planches** ◆ **iconographie** (= ensemble des illustrations d'un ouvrage).

◇ **illustrateur** Un *illustrateur* peut être **dessinateur, graveur, photographe**.

illustre *L'histoire se réduit-elle vraiment à la vie des hommes illustres ?* : [antéposé] **grand** ◆ ↓ **célèbre** (qui n'implique pas forcément l'idée de dignité ou d'éclat). *Il fait partie d'une famille illustre* : **de grand renom**. *Des exploits illustres* : → GLORIEUX, LÉGENDAIRE.

illustrer ① → ORNER. ② → MONTRER. ③ → ILLUSTRATION, ILLUSTRATEUR.

◇ **s'illustrer** → SE DISTINGUER.

îlot → ÎLE.

îlotier → AGENT* DE POLICE.

image ① → ILLUSTRATION. ② Le monde de l'*image* fait partie du monde des **médias***. ③ *Ce n'est pas une image fidèle de la réalité* : **tableau***, **reflet, reproduction, description** ◆ [moins employé] **portrait** ; → VUE III. *À l'image de* : → EXEMPLE. ④ *La mer, lion furieux, se lançait à l'assaut des rochers* comprend une *image* ; *la mer se lançait comme un lion furieux...* comprend une **comparaison*** ; *le lion furieux se lançait...*, où il est sous-entendu qu'il s'agit de la mer, comprend une **métaphore** ; → FIGURE III, SYMBOLE. Un **cliché** est une image, une comparaison ou une métaphore usée, banale ; → PONCIF. ⑤ *Image visuelle* : → SOUVENIR. ⑥ *C'est une boutique qui soigne son image* : **image de marque** ; → NOTORIÉTÉ.

◇ **imagé** [de image ③] : **métaphorique** (qui s'emploie en parlant d'un style) ◆ [plus génér.] **coloré***, **riche**.

imaginable → CONCEVABLE, CROYABLE, IMAGINER, POSSIBLE.

imaginaire, imagination, imaginé → IMAGINER.

imaginer ① *Vous ne pouvez imaginer combien les gens sont malheureux dans ce pays* : [rare] **concevoir** ♦ [plus fam.] **se figurer ;** → JUGER II, SE REPRÉSENTER. *Qu'on ne peut imaginer* : **inimaginable ;** → INCONCEVABLE, INCROYABLE. *Imaginons que...* : → ADMETTRE II. *Qu'a-t-il encore imaginé comme bêtise ?* : **inventer, trouver** ♦ **manigancer** (qui implique des manœuvres obscures et suspectes). *Je vous veux du mal ? Qu'allez-vous imaginer là !* : **supposer** ♦ [fam.] **chercher ;** → PENSER II, FABULER, RÊVER, VOIR. ② → CRÉER.

◇ **s'imaginer** ① *Votre maison, je me l'imaginais plus petite* : **se représenter** ♦ [plus fam.] **se figurer.** ② *Qu'est-il allé s'imaginer ?* : [fam.] **se mettre dans la tête ;** → CROIRE. *S'imaginer vainqueur* : → SE VOIR.

◇ **imaginable** → CONCEVABLE. *Pas imaginable* : → INCROYABLE.

◇ **imaginé** *Ce sont des calomnies, des propos totalement imaginés* : **inventé ;** → INVENTER. Très proche de **imaginaire*** (= produit de l'imagination de qqn), *imaginé* (du verbe **imaginer***) a un sens plus actif.

◇ **imaginaire** *C'était un monde imaginaire où tout se pliait à son désir* : **irréel** ♦ **chimérique, idéal, utopique** (qui insistent sur l'irréalité d'un univers conçu comme parfait) ♦ ↑ **fabuleux, fantastique, mythique, magique*** (qui impliquent davantage l'idée de bizarrerie, d'étrangeté) ; → FICTIF, IMAGINÉ.

◇ **imagination** ① *Plus que des diplômes, nous demandons surtout d'avoir de l'imagination* : [moins employé] **esprit d'invention*, inventivité, créativité ;** → IMPROVISER. ② *Il m'accuse de vol : tout cela n'est que pure imagination !* : **invention** ♦ [sout.] **relever de la plus haute fantaisie*** (*... tout cela relève de la plus haute fantaisie*) ; → BRODERIE, MENSONGE.

imbattable ① En parlant de qqn, *imbattable* est plus courant qu'**invincible** (*une équipe de football imbattable, une armée invincible*) : ↓ **fort* ;** → INCOLLABLE. ② *Des prix imbattables* : → SANS CONCURRENCE*.

imbécile ① *Il n'y a vraiment rien à attendre de lui ; quel imbécile !* : **idiot** ♦ [fam.] **débile, croûte ;** → ABRUTI, MANCHE II, NOIX, SOT, STUPIDE. ② *Cesse de gesticuler ainsi et de faire l'imbécile* : **clown, pitre, idiot ;** → FAIRE L'ENFANT*.

imbécillité → BÊTISE, SOTTISE.

imberbe → GLABRE.

imbibé → IVRE.

imbiber → ABSORBER I, IMPRÉGNER, MOUILLER, TREMPER I.

imbitable → INCOMPRÉHENSIBLE.

imbrication, imbriqué → S'IMBRIQUER.

imbriquer (s') *Ces deux questions s'imbriquent naturellement* : **s'interpénétrer, être lié.** *Ces deux sujets sont tellement imbriqués que je ne puis traiter l'un sans traiter l'autre* : **entremêlé** ♦ [plus péj.] **enchevêtré** ♦ ↓ **lié.**

◇ **imbrication** : **entremêlement, enchevêtrement, liaison, interpénétration.**

imbroglio → MÉLANGE.

imbu → PLEIN, PÉNÉTRÉ, VANITEUX.

imbuvable → INSUPPORTABLE.

imitateur, imitation → IMITER.

imiter ① [~ qqn] *Tu es agaçant à toujours m'imiter ainsi !* : [fam.] **singer, faire pareil** (*faire pareil que moi*) ; → MIMER. ② [~ qqn] *Regarde comme il a progressé : tu ferais bien de l'imiter !* : **prendre pour modèle,** [fam.] **en prendre de la graine,** [fam.] **emboîter le pas à** ♦ [plus génér.] **suivre, s'inspirer de ;** → SE RÉGLER SUR, MARCHER* SUR LES PAS DE. ③ [~ qqn, qqch] *L'auteur a visiblement imité Corneille* : ↑ **copier** ♦ **s'inspirer de, démarquer,** ↑ **plagier,** ↑ **piller** (= emprunter sans le dire des morceaux entiers de l'œuvre d'un autre) ♦ **pasticher** (= écrire ou peindre avec la manière, le style de son modèle) ♦ **parodier** (= imiter de manière burlesque, avec une intention de dérision). *Il sait parfaitement imiter votre signature* : [didact.] **contrefaire ;** → COPIER, CARICATURER, EMPRUNTER, REPRODUIRE I. ④ [qqch ~] → RESSEMBLER.

◇ **imitation** [de imiter ③] : **copie, démarquage, plagiat, pastiche, parodie, contrefaçon ;** → COPIE, EMPRUNT, REPRODUCTION, CARICATURE, ALTÉRATION.

◇ **imitateur** ① [de imiter ③] : [rare en ce sens] **copiste ♦ plagiaire, pasticheur ♦** [plus partic.] **faussaire, contrefacteur** (= imitateurs frauduleux, coupables de faux) ; → SUCCESSEUR. ② → MIME.

immaculé → BLANC I, PROPRE I, VIERGE.

immangeable → MAUVAIS.

immanquable → INÉVITABLE.

immanquablement → INFAILLIBLEMENT, À COUP SÛR* I.

immatériel → AÉRIEN, SPIRITUEL I.

immatriculation *Plaque d'immatriculation* : **minéralogique.**

immature → ENFANTIN.

immédiat ① *Sa réaction a été immédiate : il a téléphoné à la police* : **instantané.** *Le danger est immédiat* : **imminent ♦ ↓ proche ;** → ACTUEL. ② *Dans l'immédiat, je n'ai pas de travail à vous donner* : **pour l'instant, le moment.**

◇ **immédiatement** ① *Les pompiers sont intervenus immédiatement* : **aussitôt, tout de suite ♦** [très sout.] **incontinent ♦ séance tenante, sans délai, sur l'heure ♦** [plus sout.] **sur-le-champ ♦** [fam.] **illico ♦ ↓ sans tarder.** *Le choc a été très violent, votre frère est mort immédiatement* : **sur le coup.** *Il est arrivé ce matin, nous déclarant immédiatement que l'on se mettrait au travail cet après-midi* : **d'emblée ;** → AUSSI SEC*, D'ENTRÉE. ② *Voici mon frère aîné, qui me précède immédiatement* : **directement.**

immédiatement → IMMÉDIAT.

immémorial → LOINTAIN.

immense *Il a acquis au jeu une immense fortune* : [postposé] **colossal* ;** → DÉMESURÉ. *Des espaces immenses s'offrirent à son regard ; une immense joie l'envahit* : **sans bornes, infini ♦** [rare] **incommensurable ;** → GRAND, ILLIMITÉ,

PROFOND II, INFINI, VASTE. *Une œuvre immense* : → MONUMENTAL.

immensément → DÉMESURÉMENT, TRÈS.

immensité ① → ESPACE. ② → ÉNORMITÉ.

immergé → SOUS-MARIN.

immerger → BAIGNER I, PLONGER II.

immérité → INJUSTE.

immeuble *Ils habitent dans un immeuble très moderne* : **building** (= immeuble moderne de vastes proportions) ♦ [vieilli] **gratte-ciel** (= immeuble très haut), **tour** (qui est le terme courant en France) ♦ **barre** (= grand immeuble plus long que haut) ♦ **résidence** (= ensemble souvent luxueux de villas ou d'immeubles) ; → ENSEMBLE, BÂTIMENT, HABITATION, APPARTEMENT.

immigrant → MIGRANT.

immigration → MIGRATION.

immigré → ÉTRANGER II, MIGRANT.

imminence → PROXIMITÉ.

imminent → MENAÇANT, SE PRÉPARER, PROCHE.

immiscer (s') → S'INGÉRER, SE MÊLER.

immixtion → INGÉRENCE.

immobile *Immobile se dit de ce qui ne bouge pas,* **immobilisé** *de ce que l'on rend immobile.* ① [qqn est ~] *Elle restait là, immobile et muette* : **figé*, pétrifié ♦** [fam.] **cloué sur place ♦** [fam., assez péj.] **rivé, planté, fixé, scotché** (qui sont souvent suivis d'un compl. : *immobile, rivé devant la télé*). *Immobile comme une statue* : **figé,** [sout.] **hiératique** (= immobile et solennel). *Un enfant ne reste pas facilement immobile* : [plus partic.] **inactif ♦** [plus fam.] **sans bouger.** ② [qqch est ~] *L'eau immobile des étangs* : **dormant*.** *Son emploi du temps est immobile* : [plus pr.] **fixe, immuable, invariable ;** → STATIQUE.

◇ **immobilité** : **immobilisation, inactivité, fixité, immuabilité, invariabilité ;** → REPOS.

immobilisation → ARRÊT, IMMOBILITÉ.

413

immobiliser → ARRÊTER I, COINCER, FIGER, MAINTENIR, SUSPENDRE, GELER.

◊ **s'immobiliser** → S'ARRÊTER.

immobilisme
→ INERTIE, SCLÉROSE, S'INSTALLER.

immobilité → IMMOBILE.

immodéré → DÉMESURÉ, EFFRÉNÉ.

immolation → SACRIFICE I.

immoler → SACRIFIER.

immonde → ÉCŒURANT, SORDIDE.

immondices → ORDURE, SALETÉ.

immoral → AMORAL. *Un individu immoral* : ↑ **corrompu***. *On lui interdisait les lectures immorales* : ↓ **dangereux** ; → MAUVAIS I, INDÉCENT, OBSCÈNE.

immoralité → AMORALITÉ, CORRUPTION.

immortaliser, immortalité → IMMORTEL.

immortel ① [adj.] *La poésie est immortelle ; des sentiments immortels* : → ÉTERNEL. ② [n.] *Les Immortels* : [cour.] **académicien** (de l'Académie française).

◊ **immortaliser** *La Joconde immortalise Léonard de Vinci* : ↓ **perpétuer**, [didact.] **pérenniser** (qui supposent pour compl. *le souvenir, la mémoire de...*) ◆ [rare] **éterniser**.

◊ **immortalité** *Croyez-vous en l'immortalité ?* : **la vie future, l'éternité**.

immotivé → ARBITRAIRE.

immuabilité → IMMOBILITÉ.

immuable → DURABLE, IMMOBILE, FIXE, IMPRESCRIPTIBLE.

immuablement → TOUJOURS.

immunisation → IMMUNISER.

immuniser ① *Il est immunisé contre la variole* : **vacciner** (= immuniser par le vaccin). ② *Cette aventure l'immunisera peut-être contre son habituelle légèreté* : [plus fam.] **vacciner** ◆ [moins express.] **mettre à l'abri, garantir, protéger**.

◊ **immunisation** [de immuniser ① et ②] : **vaccination** ; → ACCOUTUMANCE.

immunité → DISPENSE.

impact → EFFET, PORTÉE.

impair → MALADRESSE.

impalpable → FIN III.

impardonnable ① *Une faute impardonnable* : [didact.] **irrémissible** ; → PARDONNER. ② *Sa maladresse est impardonnable* : **inexcusable, injustifiable** ◆ ↓ **grave** ; → COUPABLE, PARDONNER.

imparfait *Ce travail est imparfait* : [plus cour.] **n'être pas parfait*** ◆ [plus partic.] **approximatif** (= qui manque de précision), **défectueux** (= qui présente des défauts), **insuffisant, lacunaire** (= qui présente des manques), **rudimentaire** (= qui manque de finesse), **embryonnaire** (= qui n'en est qu'à ses débuts) ◆ ↑ **mauvais*** ; → FAIBLE.

◊ **imparfaitement** : **approximativement, insuffisamment, rudimentairement**.

impartial → DÉSINTÉRESSÉ, ÉQUITABLE, OBJECTIF II.

impartialement → OBJECTIVEMENT.

impartialité → ÉQUITÉ, OBJECTIVITÉ.

impartir ① *Les talents qui nous sont impartis doivent fructifier* : **donner, accorder en partage** ◆ [plus cour.] **donner*, attribuer** ; → AVOIR I, OCTROYER. ② *Le temps qui vous est imparti suffit-il ?* : [plus cour.] **attribuer.**

impasse ① *Cette rue est une impasse* : **cul-de-sac** (qui ne peut avoir la valeur administrative précédente : *il habite impasse des Pavillons*) ; → RUE. ② → CRISE. *Impasse budgétaire* : → DÉFICIT. *Se mettre dans une impasse* : → S'ÉGARER.

impassibilité → IMPASSIBLE.

impassible *Il attendait, impassible, le verdict des juges* : ↓ **ferme** ◆ [moins employé] **imperturbable** ◆ [rare] **impavide** (qui se dit exactement de celui que la peur n'atteint pas) ◆ **flegmatique, indifférent** (qui impliquent moins l'idée d'un contrôle de soi et davantage celle d'une qualité de détachement inhérente à un caractère). *Un visage impassible* : **impénétrable, de glace, de marbre ♦ ↓ froid** ; → STOÏQUE, CALME, DÉTACHÉ.

◇ **impassibilité** : **flegme, indifférence, ↓ fermeté, froideur, sang-froid** ; → INSENSIBILITÉ.

impatience → IMPATIENT, AGACEMENT, RONGER SON FREIN*.

impatient ① Qui manifeste de l'**impatience***, qui manque de **patience***. *C'est un homme impatient qui ne supporte pas d'attendre* : [rare] **nerveux** ; → ARDENT. ② *Je suis impatient de connaître le résultat de la course* : [plus cour.] **avoir hâte de ♦ ↓ curieux, désireux ♦ ↑ avide ♦** [fam.] **être sur le gril** (qui s'emploie sans compl.) ; → BRÛLER (III) DE.

◇ **impatienter** : **faire perdre patience***, **énerver*** ♦ [fam.] **faire damner**.

◇ **s'impatienter** : **perdre patience***, **s'énerver*** ♦ [sout.] **se départir de son calme ♦** [fam.] **↑ sortir de ses gonds, se mettre hors de soi** ; → COLÈRE.

impatienter → IMPATIENT.

impavide → HARDI, IMPASSIBLE.

impayable → COMIQUE.

impeccable → IRRÉPROCHABLE, NET, PARFAIT, BIEN TENU*.

impeccablement → PARFAITEMENT.

impénétrable ① *Une région impénétrable* : → DENSE, INABORDABLE. ② *Un texte impénétrable* : → INCOMPRÉHENSIBLE, OBSCUR, OPAQUE. ③ *Un visage impénétrable* : → ÉNIGMATIQUE, IMPASSIBLE.

impénitent ① *Un pécheur impénitent* : **endurci**. ② *C'est un joueur impénitent* : **invétéré, incorrigible**.

impensable → INCROYABLE, IMPOSSIBLE.

imper → IMPERMÉABLE.

impératif → EXIGENCE, IMPÉRIEUX.

impérativement *Avant de pouvoir le soigner, il faut impérativement le calmer* : **obligatoirement** ; → ABSOLUMENT.

imperceptible → FAIBLE, LÉGER, INSENSIBLE, MINUSCULE.

imperceptiblement → SUBTILEMENT.

imperfection → DÉFAUT II, MÉDIOCRITÉ.

impérial → IMPOSANT.

impérialement → ROYALEMENT.

impérialisme → IMPÉRIALISTE.

impérialiste *Ce pays conduit sans le dire une politique impérialiste* : **expansionniste, colonialiste ♦** [plus génér.] **dominateur, de domination**.

◇ **impérialisme** : **expansionnisme, colonialisme** ; → COLONISATION.

impérieux ① *Il est trop impérieux pour qu'on lui résiste* : **↓ autoritaire ♦ ↑ tyrannique** ; → ABSOLU II. ② *D'une voix impérieuse, il lui dit de se rasseoir* : **↓ impératif, autoritaire** ; → DOMINATEUR, TRANCHANT II. ③ *J'ai un impérieux besoin de solitude* : **↓ urgent, pressant** ; → INCOERCIBLE.

impérissable → DURABLE, ÉTERNEL I.

impéritie → INAPTITUDE.

imperméabilité → IMPERMÉABLE.

imperméable ① [adj.] Qui ne laisse pas passer l'eau, le plus souvent naturellement : **étanche** (= qui ne laisse pas passer l'eau ou qui ne fuit pas, le plus souvent artificiellement : *un sol imperméable, une cloison étanche* ; il est rare que ces deux adj. puissent s'employer l'un pour l'autre). ② [adj.] → INACCESSIBLE. ③ [n.m.] *Il va pleuvoir, prends ton imperméable* : [abrév. fam.] **imper**. Le **ciré**, le **trench-coat** et la **gabardine** sont des types particuliers d'*imperméables*.

◇ **imperméabilité**
① **étanchéité**. ② → INACCESSIBILITÉ.

impersonnalité → NEUTRALITÉ.

impersonnel → NEUTRE, UNIFORME.

impertinence → INSOLENCE.

415

impertinent → INSOLENT.

imperturbable → IMPASSIBLE, STOÏQUE.

impétrant → BÉNÉFICIAIRE.

impétueux → FOUGUEUX, VÉHÉMENT.

impétuosité → ARDEUR, FOUGUE, VÉHÉMENCE.

impie ① [n.] → ATHÉE. ② [adj.] *Nous avons été blessés par ce geste impie* [sout.] : [cour.] **sacrilège** ; → BLASPHÉMATOIRE, INFIDÈLE.

impiété → ATHÉISME, BLASPHÈME.

impitoyable → CRUEL, DUR, SANS MERCI*, SÉVÈRE.

implacable → CRUEL, INFLEXIBLE, RIGOUREUX, SÉVÈRE.

implantation → ÉTABLISSEMENT I.

implanter → ACCLIMATER, ÉTABLIR.

implicite → TACITE.

implicitement → TACITEMENT.

impliquer ① → COMPROMETTRE, MÊLER. ② → SIGNIFIER I, SUPPOSER.

implorant → SUPPLIANT.

imploration → SUPPLICATION.

implorer → PLEURER, PRIER II, SUPPLIER.

imploser → DISLOQUER.

implosion → DISLOCATION.

impoli ① [adj.] *C'est un individu impoli* : [sout., rare] **incivil** ◆ [plus cour.] **malpoli, mal élevé** ◆ [fam.] **mal embouché** (= qui dit des grossièretés) ◆ [en partic.] **irrespectueux** ◆ [très sout.] **discourtois** ; → SANS-GÊNE*. *Des paroles impolies* : → INCONVENANT, MALHONNÊTE, GROSSIER. ② [n.] *Monsieur, vous n'êtes qu'un impoli !* : ↑ **malappris, goujat, grossier* personnage**.

◇ **impolitesse** : **discourtoisie, irrespect** ◆ [plus cour.] **grossièreté, sans-gêne** ; → INCONVENANCE.

◇ **impoliment** : **irrespectueusement, grossièrement, incorrectement**.

impoliment, impolitesse → IMPOLI.

impondérable → IMPRÉVU.

impopulaire ① [qqn est ~] **mal aimé, mal vu** ; → DÉTESTABLE, DÉTESTER. ② [qqch est ~] → CONTESTÉ.

importance, important → IMPORTER.

importateur → COMMERÇANT.

importation → COMMERCE I, INTRODUCTION.

importer

I [~ qqch] → ACCLIMATER, ÉTRANGER II.

II [~ qqn, qqch] ① *Ce n'est pas ce qu'il dit qui importe, mais ce qu'il fera* : **important** (*l'important n'est pas ce qu'il dit, mais...*) ◆ **importance** (*... qui a de l'importance...*) ◆ [plus cour.] **compter*** ; → FAIRE. *Ce n'est pas ce qu'il dit qui m'importe, mais ce qu'il fera* : [plus cour.] **intéresser**. *Il importe de* : → AGIR I. ② *Que m'importe son avis ?* : [fam.] **qu'est-ce que j'ai à faire de** ; → ÉGAL. ③ *N'importe qui. On ne parle pas ainsi à n'importe qui* : **le premier venu**. *N'importe qui le sait bien* : **tout un chacun, tout le monde**. *Il ne se prend pas pour n'importe qui* : [très fam.] **de la crotte,** [vulg.] **de la merde** ; → IMPORTANT ④, PERSONNE II. *N'importe comment. Ce travail est fait n'importe comment !* : [fam.] **à la va-comme-je-te-pousse** ◆ **ni fait ni à faire** (*ce travail n'est ni fait ni à faire*). *N'importe où* : → PARTOUT. *N'importe quand* : → À TOUT MOMENT*.

◇ **important** Qui a de l'**importance***. ① *C'est une affaire importante* : [plus partic.] **sérieux** ◆ [fam., antéposé] **gros** ◆ [sout.] **conséquent, de conséquence** ; → CAPITAL I, GRAVE I, MÉMORABLE. *C'est important pour moi* : **y attacher de l'importance** ◆ [fam.] **tenir à cœur** (*c'est important pour moi, j'y attache de l'importance, cela me tient à cœur*). *L'armée a entrepris des manœuvres importantes* : **d'envergure**. *Un avis, un rôle important* : ↑ **décisif, capital** ; → MAJEUR, MAÎTRE, PRIMORDIAL. ② *Il a fait des bénéfices importants* : ↓ **appréciable, respectable*** ◆ [plus fam., antéposé] **gros** ; → JOLI I, IMPOSANT, SUBSTANTIEL, LARGE, FORT II. *Des progrès importants* : **net,** considérable ; → GRAND, SENSIBLE II. *Des efforts importants* : → INTENSIF. ③ *C'est un personnage important* : **influent** ; → DE MARQUE, ILLUSTRE, POTENTAT, ROI. ④ *Alors, monsieur fait son important ?* : **jouer au grand seigneur** ; → IMPORTER II ③, FIER, VANITEUX.

◇ **importance** ① *Avoir de l'importance* : **importer, être important*** ; → COMPTER II. *Son avis est sans importance* : **sans intérêt** ; → RIEN I. *Vous rendez-vous compte de l'importance de vos affirmations ?* : **portée, poids.** *De cette importance* : → DIMENSION. *Prendre de l'importance* : → AMPLEUR, SE DÉVELOPPER, PRIX I. *Cela n'a pas d'importance* : → ÉGAL. *Heureusement, l'incident est sans importance* : [sout.] **conséquence.** ② *D'importance. Sa maladresse est d'importance* [sout.] : **de conséquence** ◆ [cour.] **quelle maladresse, c'est une belle maladresse !** ◆ [fam.] **de taille.** *De première importance* : → DE PREMIER PLAN*. ③ *Un homme d'importance* : **important*** ; → INFLUENCE.

import-export → COMMERCE I.

importun ① [adj. ; qqn est ~] *Je ne voudrais pas être importun* [sout.] : **importuner*** ◆ [cour.] **gêner*** ; → DE TROP*, COLLANT, INSISTER. ② [n.] *Quel importun !* [sout.] : [fam.] **pot de colle** ◆ [très fam.] **emmerdeur** ; → GÊNEUR. ③ [qqch est ~] *Votre présence est importune !* [sout.] : [plus cour.] **indésirable** ◆ ↓ **gênant** ◆ [plus neutre] **inopportun*** ; → PESANT.

importuner → IMPORTUN, ASSIÉGER, DÉRANGER, ENNUYER.

imposable, imposé *Les personnes imposables, imposées* : **soumis à l'impôt*** ◆ **les contribuables.**

imposant → IMPOSER.

imposer

I ① *Il nous a imposé ses conditions* : ↓ **fixer** ◆ ↑ **dicter** ◆ **prescrire** (= établir avec précision ce que l'on impose). *Il nous impose sa présence tous les matins* : ↑ **infliger.** ② *Imposer à qqn de* : → COMMANDER II, OBLIGER. *Imposé* : → OBLIGÉ. ③ *C'est un personnage qui en impose* : [construction

directe] **impressionner** ◆ **inspirer** (+ un groupe nominal exprimant le sentiment éprouvé : *inspirer le respect, l'admiration*) ; → FAIRE ILLUSION*.

II *Avez-vous été imposé cette année ?* : **taxer** (qui se dit plutôt des choses sur lesquelles on prélève un impôt : *imposer, taxer les produits de parfumerie*).

◇ **s'imposer** ① [qqn ~ de] *Je m'impose de lui faire une visite chaque semaine* : **se faire un devoir, une obligation de** ◆ [express.] **se faire une religion de.** ② [qqch ~] *Dans ces conditions, la plus grande prudence s'impose* : **être nécessaire, indispensable.**

◇ **imposant** [de imposer I ③] ① *Il avait été impressionné par la mise en scène imposante* : **grandiose*.** *Son air imposant nous intimidait* : ↑ **majestueux, solennel, impérial** ; → NOBLE. ② *La foule était canalisée par un imposant service d'ordre* : **impressionnant** ◆ ↓ **important** ; → DISSUASIF.

imposition → IMPÔT.

impossible La formule négative **pas possible** est souvent employée pour *impossible*. ① *Ce projet est impossible* : [en partic.] **inenvisageable** ; → IRRÉALISABLE, IL N'Y A PAS MÈCHE*, PAS MOYEN*. *Ce contrat est impossible* : [plus précis] **impraticable, inapplicable.** *Une question impossible* : → INSOLUBLE. *Promettre l'impossible* : → LUNE. *Faire l'impossible* : → ESSAYER. ② *Il est impossible de ne pas aimer la mer* ; *des projets impossibles* : **impensable** ; → PAS CROYABLE*, POSSIBLE. *Une heure impossible* : → INDU. ③ *Pierre est impossible !* : → INSUPPORTABLE.

imposteur : **charlatan** (qui se dit surtout de celui qui exploite la crédulité des gens par une fausse science : *le faux dévot et le faux médecin sont des imposteurs, mais seul le second peut être appelé charlatan*) ; → MENTEUR, TRICHEUR.

imposture → MENSONGE, SUPERCHERIE.

impôt ① **imposition** (= fait d'imposer ; les deux mots se recouvrent parfois). *Soumis à l'impôt* : → IMPOSABLE. *Soumettre à l'impôt* : **imposer*** ◆ [didact.] **fiscaliser** (*fiscaliser un produit d'épargne*). ② Sommes prélevées sur les revenus des particuliers pour subvenir aux dépenses de l'État : **taxe, surtaxe** (= impôts particuliers prélevés sur certains produits) ◆ **droit** (= impôt prélevé par la douane sur des produits importés) ◆ **contribution** (les *contributions directes* sont directement prélevées par l'État sur le revenu des particuliers, les *contributions indirectes* sont prélevées sur les produits achetés par les particuliers). Dans la langue fam., on dit parfois *payer ses contributions* pour *payer ses impôts :* **prélèvements obligatoires** (= ensemble des impôts et des charges sociales) ; → CHARGE. ③ [pl.] *Les impôts* [fam.] : [didact.] **le Trésor** (*le Trésor public*), [cour.] **fisc.** *Je trouve les impôts complexes et pesants :* **fiscalité, système fiscal.**

impotence → INFIRMITÉ.

impotent → INFIRME.

impraticable ① *Avec cette pluie, le chemin est impraticable :* ↓ **malaisé,** [plus cour.] ↓ **difficile.** ② → IMPOSSIBLE.

imprécation → MALÉDICTION.

imprécis → INDISTINCT, VAGUE III.

imprécision → VAGUE IV.

imprégner ① *Un tissu imprégné d'eau :* **imbiber** ◆ ↓ **humecter ;** → TREMPER. *Imprégner de parfum :* → PARFUMER. *Imprégner de musique :* → BERCER. ② *Il était imprégné de la noblesse que l'on accordait à sa fonction :* **pénétrer ;** → MARQUER.

◇ **s'imprégner de** ① [qqch ~] → ABSORBER I. ② [qqn ~] *Je me suis imprégné de la beauté des lieux :* **se pénétrer de.**

imprenable *L'ennemi occupe une position imprenable :* [sout.] **inexpugnable** ◆ ↓ **inattaquable.**

imprescriptible *Un droit imprescriptible :* **inaliénable** ◆ [plus génér.] **immuable.**

impression

I → ÉDITION.

II → ÉTAT D'ÂME*, PERCEPTION I. *Ce pianiste a fait grosse impression :* ↑ **sensation** *(... a fait sensation)* ◆ **impressionner* ;** → ÉMOUVOIR. *Vous avez lu son livre : quelle est votre impression ? :* [plus sout.] **sen-**timent*** (= qu'en pensez-vous ?). *Suivre sa première impression :* **intuition,** [fam.] **feeling** (*suivre son intuition, y aller au feeling*). *Avoir l'impression. J'ai l'impression que vous souffrez :* **sembler** (*il me semble que...*) ◆ ↑ **penser*** II (qui est plus affirmatif) ; → PRESSENTIMENT, SENTIMENT I. *Donner l'impression. Il donne l'impression de souffrir :* **sembler, paraître.**

◇ **impressionner,** c'est **faire impression*, être impressionnant*.** *Sa maigreur nous a beaucoup impressionnés :* [plus fam.] **frapper ;** → SAISIR I. *C'est un film qui impressionne :* [fam.] **décoiffer.** *Ils essaiaient de l'impressionner, mais il ne se laissera pas faire :* **intimider* ;** → ÉMOUVOIR, IMPOSER I, TROUBLER.

impressionnable → SENSIBLE I.

impressionnant → IMPRESSIONNER, IMPOSANT, INTIMIDANT, SPECTACULAIRE.

impressionner → IMPRESSION II.

imprévisible Que l'on ne peut prévoir : **imprévu*** (= qui arrive alors qu'on ne l'attendait pas) ◆ **inattendu** (= à quoi l'on ne s'attendait pas) ◆ **soudain*, déconcertant*** (qui sont de sens assez proche).

imprévoyance *Comme à l'habitude, il a été victime de son imprévoyance :* [plus génér.] **insouciance ;** → ÉTOURDERIE.

◇ **imprévoyant :** **insouciant, étourdi*.**

imprévu ① [adj.] *Le succès de ce nouveau modèle était totalement imprévu :* **inattendu** ◆ **inespéré, tomber du ciel** (= que l'on n'espérait pas) ; → IMPRÉVISIBLE. *Son arrivée imprévue a complètement désorganisé nos projets :* **inopiné, à l'improviste** ◆ [rare] **impromptu** ◆ **soudain** (qui n'insiste que sur la rapidité de l'événement) ; → ACCIDENTEL. *De façon imprévue :* **à l'improviste, inopinément.** ② [n.m.] *Il faut tenir compte de l'imprévu :* [au pl.] **impondérables ;** → ACCIDENT.

imprimé *Document imprimé :* **brochure*** ◆ **tract** (= imprimé de propagande).

imprimer ① *Le souvenir de ce voyage restera à jamais imprimé dans ma mémoire :*

graver, fixer. ② S'emploie parfois abusivement avec le sens d'**éditer**.

improbable → DOUTEUX.

improbité → MALHONNÊTETÉ.

improductif → STÉRILE.

impromptu ① → IMPRÉVU. ② *Nous ne lui avons pas laissé le temps de la réflexion : il nous a donné une réponse impromptue* [rare] : [cour.] **au pied levé** ◆ **improvisé** (qui peut impliquer un jugement péj.) ◆ **hâtif, à la hâte** (= fait trop vite) ◆ **de fortune** (qui signifie que l'on essaie de faire au mieux avec le peu qu'on a) ; → IMPROVISER.

impropre ① *Une expression impropre* (= qui ne convient pas à son contexte ou n'a pas le sens que l'on voulait lui donner) : **inadéquat** ◆ **incorrect**, ↑ **vicieux** (= qui ne correspond pas à la grammaire de la langue concernée). ② *Impropre à...* s'emploie plutôt en parlant des choses, tandis que **inapte** s'emploie en parlant des personnes ; **inadapté** convient aux deux ; → INAPPROPRIÉ.

◇ **impropriété** : **incorrection** ◆ ↑ **barbarisme** (= emploi d'un mot ou d'une tournure qui n'existe pas, ou de façon grossièrement erronée) ; → ERREUR.

impropriété → IMPROPRE.

improvisation → IMPROVISER.

improvisé → IMPROMPTU.

improviser *Nous n'attendions pas ce rendez-vous : il faudra improviser !* : [plus partic.] **faire face, avoir de l'imagination** ; → IMPROMPTU, IMAGINER.

◇ **s'improviser** *Croyez-vous que l'on s'improvise chef de bord ?* : **s'inventer**.

◇ **improvisation** *Le discours du ministre était vraiment de l'improvisation* [péj. dans ce sens] : [fam.] ↑ **du n'importe quoi** ; → APPROXIMATION.

improviste (à l') → DÉPOURVU II, IMPRÉVU.

imprudemment → ÉTOURDIMENT.

imprudence → IMPRUDENT.

imprudent ① [qqn est ~] *Il est trop imprudent pour que je monte dans sa voiture* : ↑ **téméraire** ◆ [fam.] ↑ **casse-cou** ◆ [fam., plus rare] ↑ **risque-tout** ; → LÉGER I, ÉTOURDI I, HARDI. ② [qqch est ~] → HASARDEUX, AVENTUREUX. ③ [n.] *Un imprudent en voiture* : [fam.] ↑ **casse-cou**, ↑ **fou du volant**.

◇ **imprudence** ① [de imprudent ①] : **témérité** ; → ÉTOURDERIE, LÉGÈRETÉ. ② [de imprudent ②] *Commettre des imprudences au volant* : **prendre des risques**.

impudemment, impudence → IMPUDENT.

impudent ① [adj.] *Comment a-t-il osé vous faire une réponse aussi impudente ?* : [plus cour.] **effronté, insolent*** ◆ [de sens plus restreint] **cynique** (= qui heurte volontairement les idées reçues, les valeurs morales courantes) ◆ ↓ **hardi** ◆ **éhonté** (qui s'emploie pour des personnes ou leurs attitudes). ② [n., avec les mêmes nuances] **effronté, insolent** ◆ [rare] **cynique**.

◇ **impudence** [de impudent] : **effronterie, insolence*, cynisme, hardiesse** ◆ [plus rare] **impudeur**. *Avoir l'impudence de* : **avoir le front de** ; → APLOMB.

◇ **impudemment** : **effrontément, insolemment*, cyniquement** ◆ ↓ **hardiment**.

impudeur → IMPUDENCE, INDÉCENCE.

impudicité → INDÉCENCE, IMPURETÉ, HARDIESSE.

impudique → HARDI, INDÉCENT, OBSCÈNE.

impuissance → FAIBLESSE, INAPTITUDE.

impuissant ① → FAIBLE. ② *Un homme impuissant* (= celui qui ne peut accomplir l'acte sexuel) : [très péj.] **eunuque**.

impulser [anglic.] Donner une **impulsion*** ① ; → LANCER.

impulsif → IMPULSION.

impulsion ① *Le TGV a donné une nouvelle impulsion à certaines régions* : **élan, essor** ◆ [anglic.] **impulser** ; → LANCER. ② *Sous l'impulsion de la colère, il ne par-*

vient pas à se contrôler : **mouvement*** (*dans un mouvement de colère*) ◆ **emprise, empire** (qui indiquent une idée de domination) ; → EFFET. *Il cède trop facilement à ses impulsions* : → PENCHANT.

◇ **impulsif** [de impulsion ②] *C'est un garçon impulsif, mais franc et sans rancune* : [fam.] **soupe au lait** ◆ **emporté,** ↑ **violent** (qui se disent surtout en parlant d'un caractère coléreux) ; → SPONTANÉ, COLÉREUX.

impunément *On ne saurait frauder impunément* : **en toute impunité** ◆ [plus cour.] **sans risque, sans dommage.**

impunité → IMPUNÉMENT.

impur ① → MALSAIN. ② → OBSCÈNE.

impureté ① [souvent pl.] *Il faudra filtrer ce liquide pour le débarrasser de ses impuretés* : [fam.] **saleté** ◆ [très fam.] **cochonnerie, saloperie.** *L'impureté de l'air des grandes villes* : **insalubrité** ◆ **pollution** (qui en est la cause). ② [au sens moral, sing.] *Messaline vivait dans l'impureté* : **impudicité** ◆ [plus cour.] **luxure** ; → DÉBAUCHE.

imputable, imputation → IMPUTER.

imputer ① *On m'impute décidément bien des choses : sur quoi fonde-t-on de telles accusations ?* : [plus neutre] ↓ **attribuer** (qui ne suppose pas l'idée de blâme) ◆ **gratifier de, prêter*** (qui se disent aussi bien des bonnes que des mauvaises choses) ; → ACCUSER. ② → AFFECTER I.

◇ **imputable** : **attribuable.**

◇ **imputation** ① *Ces imputations sont fausses* : ↓ **allégation** ◆ ↑ **accusation** ; → CHARGE. ② → AFFECTATION I.

imputrescible → INALTÉRABLE.

inabordable ① [un lieu est ~] *En hiver, ce sommet est inabordable* (= que l'on ne peut atteindre en raison d'un obstacle matériel) : **inaccessible** (= à quoi l'on ne peut accéder faute de voie de communication praticable) ◆ **impénétrable** (qui ne peut se dire que d'un lieu où l'on ne peut pénétrer, une forêt, par ex.). ② [qqn est ~] *Le nouveau directeur est inabordable* : **inaccessible** (= difficile à aborder en raison de son rang, de son travail). ③ [qqch est ~]

Les oranges sont inabordables cette année : **très cher, hors de prix** ◆ [fam.] **on ne peut pas y toucher** ◆ ↓ **excessif, exagéré** ◆ ↑ **prohibitif, exorbitant, astronomique, extravagant** (qui s'emploient pour qualifier un prix : *le prix des oranges est excessif, astronomique...*) ; → APPROCHER, COUP DE BARRE*.

inacceptable *Sa conduite est vraiment inacceptable* : **inadmissible** ◆ ↑ **intolérable,** ↑ **scandaleux** ; → INCONCEVABLE. *Une telle demande est absolument inacceptable de votre part !* : **inadmissible.** *Votre demande est inacceptable : elle est contraire à la législation en vigueur* : **irrecevable.**

inaccessibilité → INACCESSIBLE.

inaccessible ① → INABORDABLE. ② *Il est inaccessible à tout sentiment de pitié* : **insensible, fermé, imperméable** ; → FIERTÉ.

◇ **inaccessibilité** [de inaccessible ②] : **insensibilité, fermeture, imperméabilité.**

inaccoutumé → INHABITUEL.

inachevé *Un travail inachevé* (= travail que son auteur peut envisager d'achever) : **en suspens** ; → ARRÊTER I ◆ **incomplet,** [sout.] **lacunaire** (qui se disent d'un travail qui présente des lacunes, bien que son auteur puisse le considérer comme achevé) ; → IMPARFAIT.

inactif *Il est inactif* (par opp. à *actif*) : **désœuvré** ◆ [sout.] **oisif** ◆ [péj.] ↑ **apathique, endormi, mou, indolent, paresseux** ; → IMMOBILE, FATIGUÉ.

◇ **inaction** *Il reste dans l'inaction la plus totale* (= absence de toute action, de tout travail) : **désœuvrement, oisiveté** ◆ ↑ **léthargie.**

inaction → INACTIF.

inactivité → IMMOBILITÉ.

inactuel *Qui n'est plus actuel* : **anachronique*** (*tenir des propos inactuels, anachroniques*) ; → ANCIEN.

inadaptation → INAPTITUDE.

inadapté ① [qqn est ~] → HANDICAPÉ, CA-RACTÉRIEL. ② [qqch est ~] → IMPROPRE, INAPPROPRIÉ.

inadéquat → IMPROPRE, INAPPROPRIÉ.

inadmissible → INACCEPTABLE, INCONCE-VABLE.

inadvertance → DISTRACTION, ERREUR.

inaliénable → IMPRESCRIPTIBLE.

inaltérable ① *Presque tous les matériaux employés par la marine sont inaltérables* : [plus partic.] **inoxydable** (= qui ne s'oxyde pas) ◆ **imputrescible** (= qui ne se putréfie pas). *Une couleur inaltérable* : **grand teint** (qui s'emploie pour les tissus). ② *Le voici avec son inaltérable bonne humeur* : **éternel*** ◆ **qu'on lui connaît** (*la bonne humeur qu'on lui connaît*).

inamical → HOSTILE.

inamovible → INDÉBOULONNABLE.

inanimé *Elle gisait sur la route, inanimée* : **inerte** ◆ ↑ **sans vie** ; → MORT II.

inanité → FRIVOLITÉ, INUTILITÉ, VIDE II.

inanition *Mourir d'inanition* : → FAIM.

inappétence ① Perte de l'appétit : [di-dact.] **anorexie** ◆ [cour.] **défaut, manque, absence d'appétit** (qui s'emploient aussi pour le domaine sexuel). ② [fig.] *Une certaine inappétence pour le travail* : **dés-intérêt, indifférence, absence de motiva-tion pour**.

inapplicable → IMPOSSIBLE.

inappliqué → NÉGLIGENT.

inappréciable *Votre appui nous a été d'un secours inappréciable* : **inestimable** ◆ [anté-posé] **grand***. *L'amitié est quelque chose d'inappréciable* : **inestimable** ◆ [plus fam.] **qui n'a pas de prix** ; → PRÉCIEUX I.

inapprivoisé → SAUVAGE I.

inapprochable → ABORDABLE I.

inapproprié *Cette décision est inappro-priée* : **inadapté, inadéquat, non pertinent** ◆ ↑ **malheureux***.

inapte *Il est inapte à accomplir de tels ef-forts physiques* [rare] : [cour.] **incapable de** ◆ [partic.] **inadapté***. *Inapte à diriger une équipe* : **incompétent** (*incompétent pour...*)

◇ **inaptitude** *Son inaptitude est flagrante, il faut le renvoyer !* : **incapacité, incom-pétence** ◆ ↓ **insuffisance** ◆ **impuissance** (= impossibilité de faire face à une situa-tion), [très sout.] **impéritie** (qui ne s'em-ploie qu'en parlant d'un défaut de capa-cité dans l'exercice d'une profession) ; → IGNORANCE. ◆ [partic.] **handicap, inadap-tation** ; → HANDICAPÉ.

inaptitude → INAPTE.

inassouvi → INSATISFAIT.

inassouvissable → INSATIABLE.

inassouvissement → FRUSTRATION.

inattaquable
① → IMPRENABLE. ② → IRRÉPROCHABLE.

inattendu → ACCIDENTEL, IMPRÉVISIBLE, IMPRÉVU, INSOUPÇONNÉ, SURPRENANT.

inattentif → DISTRAIT, ÉTOURDI I, NÉGLI-GENT.

inattention → DISTRACTION, ÉTOURDERIE, NÉGLIGENCE.

inauguration → INAUGURER.

inaugurer ① Se dit pour tout bâtiment ou monument public : **consacrer*** (qui ne se dit que pour des bâtiments ou monuments religieux). *Inaugurer un nouveau magasin* : [plus génér.] **ouvrir**. ② → COMMENCER.

◇ **inauguration** [de inaugurer ①] : **ouverture** ◆ **vernissage** (qui se dit en parlant d'une exposition de peinture).

inauthentique → FAUX.

inavouable → HONTEUX.

incalculable → GRAVE I.

incandescent *Du métal incandescent* : [plus fam.] **chauffé à blanc** ; → ARDENT.

incantation → ENCHANTEMENT.

incantatoire → MAGIQUE.

incapable ① [adj.] A pour syn. [fam.] **infichu de,** [très fam.] **infoutu de.** *Elle est trop petite, elle est incapable de porter ce paquet :* **ne pas pouvoir, être hors d'état de ;** → INAPTE. ② [n.] *C'est un incapable : il ne fera jamais rien de ses dix doigts :* [fam.] **bon à rien** ◆ [péj.] ↓ **médiocre** ◆ ↑ **nullité** ◆ [fam.] ↑ **zéro** ◆ [fam.] **être en dessous de tout ;** → CLOWN, PROPRE À RIEN.

incapacité → INAPTITUDE.

incarcération → EMPRISONNEMENT.

incarcérer → EMPRISONNER, METTRE EN PRISON*.

incarnat → ROUGE.

incarnation → EXPRESSION, SYMBOLE.

incarner ① → JOUER III. ② Être l'**incarnation*** de ; → REPRÉSENTER.

◇ **s'incarner** → SE FAIRE HOMME*, SE MÉTAMORPHOSER.

incartade *Je ne peux plus supporter ses continuelles incartades :* **écart de conduite ;** → EXTRAVAGANCE. *À la moindre incartade :* **faute*.**

incassable → SOLIDE.

incendiaire → INCENDIE.

incendie *Un incendie a ravagé un pétrolier :* **feu** (qui ne s'emploie guère en ce sens qu'avec l'art. déf. ; avec l'art. indéf., *feu* est de sens moins fort qu'*incendie : un feu de forêt*) ◆ [plus génér.] **sinistre*** (= toute catastrophe naturelle, dont les incendies de grande importance ; ce terme est surtout du langage administratif) ◆ **brasier,** [plus rare] **embrasement** (qui insistent sur la violence des flammes).

◇ **incendier** ① *On a incendié le village :* **brûler*** ◆ ↓ **mettre le feu à** ◆ [plus génér.] **détruire par le feu.** ② → INJURIER. ③ → PROVOCANT.

◇ **incendiaire** ① [n.] : [didact.] **pyromane** (= qui met le feu par impulsion obsédante : *l'incendiaire est un criminel, le pyromane est un malade*). ② [adj.] → SÉDITIEUX.

incendier → INCENDIE.

incertain ① [qqch est ~] *Sa venue est incertaine :* → DOUTEUX, ÉVENTUEL. ② [qqch est ~] *Dans la brume, la côte prenait des formes incertaines :* **flou, indécis, indistinct, vague** ◆ [moins employé] **indéterminé.** *L'interprétation du texte est incertaine :* → AMBIGU. ③ [qqch est ~] *Le cours de la livre est assez incertain en ce moment :* **fluctuant, flottant, variable** ◆ [moins employé] **mouvant.** *Le temps est incertain :* **changeant, variable** ◆ ↑ **menaçant.** ④ [qqn est ~] → INDÉCIS.

incertitude État de ce qui est **incertain*.** → DOUTE, INDÉCISION. *Laisser dans l'incertitude :* → OMBRE. *L'incertitude de la pensée :* → FLUIDITÉ.

incessamment → BIENTÔT, JOUR.

incessant → CONSTANT, CONTINU.

inchangé → STATIONNAIRE.

incidemment → ACCESSOIREMENT.

incidence → EFFET.

incident

I [n.m.] *Il y a eu un incident à la cité universitaire :* [fam.] ↑ **coup dur ;** → ACCROC, FAIT II, COMPLICATION. *Sans incident :* → SANS ENCOMBRE*. *L'incident est clos :* **n'en parlons plus, passons à autre chose.**

II [adj.] → ACCESSOIRE.

incinération → CRÉMATION.

incinérer → BRÛLER I, CRÉMATION.

inciser → COUPER.

incisif → MORDANT.

incision → COUPURE, ENTAILLE.

incisive → DENT.

incitatif → MOTIVANT.

incitation → APPEL, ENCOURAGEMENT, INVITATION, PROVOCATION.

inciter → DISPOSER, ENCOURAGER, ENSEIGNER, INVITER, MOTIVER, PORTER I, POUSSER III, PRESSER II, PROVOQUER I.

incivil → IMPOLI.

incivilité → INCIVISME.

incivisme [toujours au sing.] Manque de respect du bien public ◆ **incivilité** [sing. ou pl.] se dit d'un manque de respect public des règles de la vie sociale, sans qu'il s'agisse de crime ou de délit ◆ ↓ **inconvenance*** ; → CRIME, INSÉCURITÉ.

inclassable → UNIQUE.

inclémence → RIGUEUR.

inclinaison → PENTE.

inclination ① → APPÉTIT, MOUVEMENT, PENTE, PROPENSION, TENDANCE. *Suivre son inclination* : → PENCHANT I. ② → AFFECTION I.

incliné → INCLINER, S'INCLINER. *Des toits très inclinés* : **pentu.**

incliner

I [~ qqch] *Inclinez la tête vers le sol* : ↑ **pencher.** *Le vent incline les blés* : → COUCHER I.

II ① [qqch ~ qqn à] *Sa gentillesse m'incline à lui pardonner cette peccadille* : [plus cour.] **porter, inciter, pousser.** ② [qqn ~ à, pour] *J'incline à penser que nous ne le verrons pas aujourd'hui* [sout.] : **être enclin à** ◆ [cour.] **être tenté de** ◆ **croire,** ↑ **être sûr, certain** (*je crois, je suis sûr que...*). *J'inclinerais plutôt pour la sévérité* : **pencher.**

◇ **s'incliner** ① [qqch ~] *Le bateau s'inclinait dangereusement* : ↑ **pencher.** *Le chemin s'incline* : → DESCENDRE. *Les blés s'inclinent* : → SE COUCHER. ② [qqn ~] *Nous irons nous incliner sur sa tombe* : ↑ **se prosterner** ◆ [plus génér.] **se recueillir ;** → S'AGENOUILLER. ③ [qqn ~] *Vous êtes le plus fort, je m'incline* : **se soumettre.** *Soit ! je m'inclinerai, mais à contrecœur* : **obéir.** *Il faut savoir s'incliner devant le mauvais sort* : **se résigner ;** → CÉDER I.

inclure ① *Inclure de l'argent dans une lettre* : **insérer** ◆ [plus génér.] **mettre.** *Inclure un joueur dans une équipe* : **introduire, intégrer à, incorporer ;** → AJOUTER. ② *Notre prix inclut la TVA* : [plus cour.] **comprendre ;** → CONTENIR I.

◇ **inclus** → INCLURE. *Taxes incluses* : **compris.** *Ci-inclus* : → JOINT I.

incoercible *Un désir incoercible de solitude l'avait envahi* : **irrépressible** ◆ [plus cour.] **irrésistible, invincible** ◆ [antéposé] ↓ **grand* ;** → INCONTRÔLÉ, IMPÉRIEUX.

incognito ① [adv.] *Je souhaite voyager incognito* : **de façon anonyme, anonymement** ◆ [plus génér.] **discrètement,** ↑ **secrètement.** ② [n.m.] *Je souhaite garder l'incognito* : **anonymat.**

incohérence → INCOHÉRENT.

incohérent *Des propos incohérents* : [fam.] **sans queue ni tête ;** → ABSURDE. *L'intrigue de ce film est assez incohérente* : **décousu, brouillon*.**

◇ **incohérence** *L'incohérence d'une décision* : **absurdité*.** *L'incohérence d'une intrigue* : **décousu, manque d'unité.**

incolore → TERNE.

incollable → IMBATTABLE.

incomber → REVENIR.

incommensurable → IMMENSE.

incommodant → DÉSAGRÉABLE.

incommode *Qui n'est pas d'usage facile* : **pas commode*.** *Cette position incommode finit par la gêner* : **inconfortable.**

incommodé → INCOMMODER.

incommoder ① [qqch ~] *Le bruit et les vapeurs d'essence l'incommodent* : **gêner, indisposer** (qui rendent moins l'idée de malaise physique) ; → ÉTOUFFER, FATIGUER. ② [qqn ~ qqn] *À la fin, tu nous incommodes !* [sout.] : [cour.] **ennuyer*.**

◇ **incommodé** *Il est incommodé* : **indisposé** ◆ [plus cour.] **malade* ;** → AVOIR UN MALAISE*.

◇ **incommodité** *Le voisinage d'un aéroport ne va pas sans incommodité* [sout.] : [cour.] **inconvénient, gêne, désagrément, désavantage** ◆ [cour., plus génér. ; au pl. en ce sens] **ennui*** ◆ ↑ **sujétion** (= obligation pénible).

incommodité → INCOMMODER.

incommunicable *Un sentiment in-communicable* : **inexprimable ;** → INDÉFINISSABLE.

incomparable → SANS ÉGAL*, UNIQUE, SUPÉRIEUR I.

incomparablement → BEAUCOUP.

incompatibilité → DÉSACCORD.

incompatible *Votre goût de l'argent est incompatible avec vos fonctions* : **inconciliable ;** → EXCLURE. *Des caractères incompatibles* : → OPPOSÉ.

incompétence → IGNORANCE, INAPTITUDE.

incompétent → IGNORANT, INAPTE.

incomplet ① → INACHEVÉ, LACUNAIRE, PARTIEL. ② *Une série de casseroles incomplète* : [pr.] **dépareillé.**

incomplètement → MAL II.

incompréhensibilité → OBSCURITÉ.

incompréhensible ① *Pour moi, les mathématiques, c'est incompréhensible* : [fam.] **de l'hébreu** ◆ [très fam.] **imbitable ;** → NE PAS COMPRENDRE*, OBSCUR, OPAQUE. ② → DÉCONCERTANT. ③ *Nous nous heurtons parfois à des phénomènes incompréhensibles qui déroutent les esprits les plus rationalistes* : **inexplicable, mystérieux** ◆ [sout.] **inintelligible.** *Le mystère incompréhensible de Dieu* : **insondable, impénétrable ;** → INCONCEVABLE.

incompréhension *Leur incompréhension est notoire dans leur parti politique* : **inintelligence ;** → DÉSACCORD.

incompressible → IRRÉDUCTIBLE.

incompris *Dans son parti politique, il est mal reconnu, c'est un grand incompris* : ↑ **mal-aimé.**

inconcevable *Ce qu'on ne peut admettre* : **inadmissible ;** → INACCEPTABLE. *Ce qu'on ne peut imaginer* : **inimaginable.** *Ce qu'on ne peut croire* : **incroyable*** ◆ **étonnant, surprenant,** ↑ **stupéfiant** (qui conviennent dans tous les sens);

→ EXTRAORDINAIRE. *Ce qu'on ne peut comprendre* : → INCOMPRÉHENSIBLE.

inconciliable → DIFFÉRENT, INCOMPATIBLE, OPPOSÉ.

inconditionnel ① → ABSOLU II. ② → FANATIQUE.

inconditionnellement → SANS RESTRICTION*.

inconduite → DÉBAUCHE.

inconfort *L'inconfort d'un logement* : [plus cour.] **absence de confort, de commodités** ◆ [plus rare] **incommodité.** *L'inconfort d'une situation* : → DIFFICULTÉ.

inconfortable → INCOMMODE.

incongru → INCONVENANT.

inconnu

I [adj.] ① [qqn est ~] → IGNORÉ, OBSCUR, INCOGNITO. *Un auteur inconnu* : [plus partic.] **anonyme.** ② [qqch est ~] *Des notions inconnues* : → ÉTRANGER. *J'ai découvert dans la musique des joies inconnues* : **nouveau, inédit, neuf** ◆ ↑ **inouï.**
II [n.] ① [en parlant de personnes] → TIERS. ② *Être habité par le besoin d'inconnu* : **neuf, nouveau.**

inconsciemment ① *Il a fait ce geste inconsciemment* : **sans en avoir conscience** ◆ [moins employé] **à son insu** ◆ [plus fam.] **sans s'en apercevoir ;** → INSTINCTIVEMENT, CONSCIEMMENT. ② *Il est trop prudent pour agir inconsciemment* : [plus cour.] **à la légère.**

inconscience → FOLIE, IRRESPONSABLE, IRRESPONSABILITÉ.

inconscient ① → DÉFAILLIR. ② → INSTINCTIF. ③ → LÉGER III. ④ [n.] → FOU, IRRESPONSABLE.

inconséquence
① → CONTRADICTION. ② → LÉGÈRETÉ.

inconséquent → ABSURDE I, INCONSIDÉRÉ.

inconsidéré *Sa démarche est totalement inconsidérée : il échouera !* : **irréfléchi, in-**

conséquent ◆ [didact.] **non pertinent ;** → ABSURDE, STUPIDE.

inconsidérément
→ ÉTOURDIMENT, LÉGER III, À TORT* ET À TRAVERS.

inconsistance → INCONSISTANT.

inconsistant ① [qqn est ~] *Ne vous appuyez pas sur lui, c'est quelqu'un d'inconsistant :* **mou, amorphe ;** → LÉGER, INDÉCIS, FRIVOLE. ② [qqch est ~] *Une pâte inconsistante :* **mou*** ◆ [plus cour.] **sans consistance ;** → FLUIDE. *Un raisonnement inconsistant :* → LÉGER, VIDE I.
◇ **inconsistance** Absence de **consistance :** **mollesse*.** *L'inconsistance d'un caractère :* **insignifiance*.** *L'inconsistance de la pensée :* → FLUIDITÉ.

inconstance ① → INFIDÉLITÉ. ② *L'inconstance de son humeur est parfois difficile à supporter* [sout.] : **versatilité** ◆ [cour.] **instabilité, le caractère changeant de... ;** → MOBILITÉ.

inconstant ① → INFIDÈLE. ② → CAPRICIEUX, CHANGEANT.

incontestable → CERTAIN I, MANIFESTE I, RECONNU, POSITIF I, RIGOUREUX, VRAI.

incontestablement → ASSURÉMENT.

incontesté → RECONNU.

incontinence → DÉBAUCHE.

incontinent
I [adj.] → DÉBAUCHÉ.
II [adv.] → IMMÉDIATEMENT.

incontournable → CLASSIQUE, INFLEXIBLE, PRIMORDIAL.

incontrôlable ① *Des affirmations incontrôlables :* **invérifiable** ◆ ↓ **peu sûr*.** ② *Une situation incontrôlable :* **non maîtrisable, ingouvernable** ◆ **dérive** (qui peut se dire d'une telle situation : *la dérive des charges sociales*) ; → ÊTRE DÉPASSÉ.

incontrôlé *Une peur incontrôlée* (= qui échappe au contrôle de soi, en partic. à la raison) : **irraisonné,** et qui entraîne des réactions **incoercibles*.**

inconvenance → INCONVENANT.

inconvenant *Il cherchera à vous choquer par des propos inconvenants* [sout.] : **malséant, malsonnant, malhonnête*** ◆ [cour.] **malvenu, déplacé, incorrect, de mauvais goût, de bas étage** ◆ ↑ **grossier*** ◆ ↓ **incongru** (= qui ne convient pas à une situation donnée) ◆ **indiscret** (= qui manque de retenue) ; → IMPOLI, INOPPORTUN, LIBRE. *Une tenue inconvenante :* → INDÉCENT. *Une histoire inconvenante :* → LIBRE, SALE.
◇ **inconvenance** ① *Il s'est conduit avec une rare inconvenance* [sout.] : **discourtoisie** ◆ [cour.] **sans-gêne, impolitesse, incorrection,** ↑ **grossièreté, muflerie ;** → FAMILIARITÉ, INCIVISME. ② *Vous pourriez éviter de nous accabler de telles inconvenances !* [sout.] : [cour.] **grossièreté,** ↑ **propos ordurier,** ↓ **écart de langage ;** → OBSCÉNITÉ, MALPROPRETÉ.

inconvénient *Cette solution n'a qu'un inconvénient : elle est coûteuse !* : **défaut*** ◆ [assez fam.] **mauvais côté ;** → DÉSAVANTAGE, INCOMMODITÉ, OMBRE* AU TABLEAU, PETIT MALHEUR*. *Je ne vois aucun inconvénient à son départ :* **obstacle ;** → DIFFICULTÉ. *Y a-t-il un inconvénient à le laisser jouer avec des allumettes ? :* ↑ **danger, risque.** *Y voyez-vous un inconvénient ? :* → OBJECTION. *Faites comme vous voulez : c'est vous qui en subirez les inconvénients :* **conséquence** ◆ [fam.] **trinquer, faire les frais de, subir le revers de la médaille, payer les pots cassés.**

incorporation → INCORPORER.

incorporer ① *Dans le granit, le quartz et le mica sont incorporés :* **agréger,** [plus génér.] **mélanger ;** → MÊLER. *Incorporer un pays à un autre :* → RATTACHER. *Incorporer une pièce dans un dossier :* → AJOUTER. ② *Incorporer qqn :* → APPELER I, VERSER. *Incorporer dans une équipe :* **intégrer.**
◇ **s'incorporer** ① [qqch ~] **se mélanger, s'insérer, se rattacher, s'ajouter.** ② [qqn ~] → S'ASSIMILER.
◇ **incorporation** ① [~ de qqch] **mélange, mixtion, rattachement, ajout, insertion.** ② [~ de qqn] **appel** (*appel sous les drapeaux*), **assimilation*.**

incorrect ① → IMPROPRE. ② *Votre réponse est incorrecte : vous n'avez pas compris le problème* : **inexact, faux ;** → MAUVAIS I, ERRONÉ. ③ → INCONVENANT, MALSÉANT, INDÉCENT. ④ *Ce boxeur est incorrect : il cherche visiblement les coups bas* : **irrégulier ◆** [plus sout.] **déloyal*.**

◇ **incorrection** ① → IMPROPRIÉTÉ. ② → IN-CONVENANCE, INDÉCENCE. ③ [de incorrect ④] : **irrégularité, déloyauté.**

incorrectement → IMPOLIMENT, MAL.

incorrection → INCORRECT.

incorrigible → IMPÉNITENT, IRRÉCU-PÉRABLE.

incorruptible → HONNÊTE.

incrédule ① [adj.] *Un air incrédule* : **sceptique.** ② [n.] → ATHÉE.

incrédulité ① → ATHÉISME. ② → SCEPTI-CISME.

increvable → INFATIGABLE, SOLIDE.

incriminer → ACCUSER.

incroyable ① *Il est d'une incroyable maladresse* : → ÉTONNANT, PAS CROYABLE*, PRODIGIEUX, SACRÉ II. *Un coup incroyable* : → FUMANT. *C'est quand même incroyable que vous ne puissiez pas faire valoir vos droits !* : **impensable, inconcevable, inimaginable, invraisemblable, ubuesque ◆ ↓ surprenant ;** → FORT II. *De qqch d'incroyable*, on dit [fam.] **c'est un gag !** ② [qqn est ~] *Il est incroyable, ce type !* : [fam.] **trop ◆** [vulg.] **chié ;** → UNIQUE.

incroyance → ATHÉISME, DOUTE.

incroyant → ATHÉE.

incruster (s') → PRENDRE RACINE* I.

incubateur → COUVEUSE.

inculpé En termes de droit, celui qui est soupçonné d'un délit ou d'un crime : **pré-venu** (= personne poursuivie pour une infraction et qui n'a pas encore été jugée) **◆ accusé** (= personne à qui est imputé un crime ; syn. de **prévenu,** en cour d'assises) **◆** [plus génér.] **coupable.**

inculper → ACCUSER.

inculquer → APPRENDRE.

inculte ① → EN FRICHE*, SAUVAGE. ② → IGNORANT.

inculture → IGNORANCE.

incurable ① *Il est atteint d'une maladie incurable* : [rare] **inguérissable ;** → CONDAMNÉ. ② *Il est d'une bêtise incurable* : **indécrottable, insondable.**

incurie → NÉGLIGENCE.

incursion ① *Des troupes ennemies ont fait une incursion sur notre territoire* : **raid ◆ razzia** (qui suppose le pillage) ; → ENVAHISSEMENT. ② *Et si nous faisions une incursion en Espagne ?* : **détour,** [fam.] **crochet** (*... un détour, un crochet par...*).

incurvé → COURBE.

indéboulonnable *Cela fait trente ans qu'il est à son poste : il est indéboulonnable !* : **indétrônable, intouchable, inamovible, invulnérable ◆** [plus neutre] **irremplaçable ;** → UNIQUE.

indécelable *Un produit présent dans l'eau mais indécelable* : **indétectable.**

indécence → INDÉCENT.

indécent ① *Votre tenue est vraiment indécente* : **↓ incorrect ◆** [sout.] **↓ inconvenant* ◆ ↑ impudique ;** → DÉBRAILLÉ. *Vous n'avez pas honte de ces propos indécents ?* : **↑ licencieux ;** → MALHONNÊTE, MALPROPRE, SALE, SCANDALE, HARDI, GROSSIER, OBSCÈNE. ② → INSOLENT.

◇ **indécence** *Votre tenue est d'une rare indécence* : **↓ incorrection ◆ ↑ impudeur ◆** [rare] **↑ impudicité ;** → OBSCÉNITÉ.

indéchiffrable → ILLISIBLE.

indécis ① [qqn est ~] *Nous avons voulu savoir quel parti il prendrait, mais il reste indécis* : [moins employé] **irrésolu ◆ ↓ hésitant, flottant ◆ perplexe, embarrassé** (qui se disent exactement de celui qui ne sait que penser devant une situation embarrassante). *C'est un esprit indécis* : **irrésolu, velléitaire ◆** [plus partic.] **frivole, vacillant,**

↑ **timoré.** ② [n.] *Les indécis ne savent jamais ce qu'ils veulent* : **hésitant, velléitaire.** ③ [qqch est ~] *Sa venue est indécise* : → DOUTEUX. *Sa réponse est indécise* : → VAGUE III. *Dans le brouillard, le paysage est indécis* : → INCERTAIN.

◊ **indécision** ① *Nous sommes dans l'indécision la plus totale quant à l'accueil qui nous sera réservé* : **incertitude** ♦ [plus fam.] **flou, vague.** ② *Son attitude me plonge dans l'indécision* : **perplexité** ♦ [peu employé] **irrésolution ;** → DOUTE, HÉSITATION.

indécision → INDÉCIS.

indécrottable → INCURABLE.

indéfectible → ÉTERNEL I, SOLIDE.

indéfendable → DÉFENDABLE.

indéfini → VAGUE III.

indéfiniment → ÉTERNELLEMENT.

indéfinissable *La nature automnale avait un charme indéfinissable* : [sout.] ↑ **indicible, ineffable** ♦ [cour.] ↑ **inexprimable** ♦ **indescriptible, indéterminable** (qui ont une résonance plus rationnelle que les précédents) ; → VAGUE III.

indélébile *Je garderai un souvenir indélébile de ce séjour* : [plus cour.] **ineffaçable, inoubliable, indestructible** ♦ ↓ **mémorable** (= qui est digne d'être retenu dans la mémoire des hommes) ; → ÉTERNEL I, EXTRAORDINAIRE.

indélicat → MALHONNÊTE, INÉLÉGANT.

indélicatesse
① → INDISCRÉTION. ② → MALHONNÊTETÉ.

indemne → SAIN, SAUF I, SANS MAL* I.

indemnisation → COMPENSATION.

indemniser → DÉDOMMAGER.

indemnité → COMPENSATION.
◊ **indemnités** → SALAIRE.

indéniable → CERTAIN I.

indéniablement → ASSURÉMENT.

indépassable → INFRANCHISSABLE.

indépendamment ① *Indépendamment de son mauvais caractère, j'apprécie en lui sa franchise* : **abstraction faite de** ♦ [plus cour.] **mis à part,** [abrév. fam.] **à part.** ② *Indépendamment de son salaire, il reçoit quelques indemnités* : **outre** (*outre son salaire*) ♦ [plus cour.] **en plus de, sans parler* de.**

indépendance ① *Conquérir son indépendance* : → LIBERTÉ I. ② *Avoir de l'indépendance* : → LIBERTÉ II. *Tenir à son indépendance* : ↑ **être individualiste ;** → NON-CONFORMISME.

indépendant ① → LIBRE, MAÎTRE I, NON-CONFORMISME. *Il a l'âge d'être indépendant* : [express.] **voler de ses propres ailes.** ② *Un photographe indépendant* : [anglic.] **free-lance.** ③ *Le conférencier traita successivement de deux questions indépendantes* : **distinct, séparé.** *Le pouvoir judiciaire doit rester indépendant* : **autonome.**

indépendantisme → DISSIDENCE.

indépendantiste → DISSIDENT.

indéracinable → TENACE.

indescriptible → INDÉFINISSABLE.

indésirable ① [adj.] *Je me sens indésirable, je m'en vais donc* : [plus cour.] **de trop*.** ② [n.] *Chassez-moi d'ici cet indésirable !* : **intrus ;** → IMPORTUN.

indestructible → ÉTERNEL I, INDÉLÉBILE, INÉBRANLABLE.

indétectable → INDÉCELABLE.

indéterminable → INDÉFINISSABLE.

indétermination
① → VAGUE IV. ② → INDÉCISION.

indéterminé
→ ILLIMITÉ, INCERTAIN, VAGUE III.

indétrônable → INDÉBOULONNABLE.

index *Mettre à l'index* : → REJETER.

indicateur ① → ESPION, MOUCHARD. ② *Il me faut consulter l'indicateur des chemins de fer* : [par méton.] **horaire.**

indicatif → INFORMATION.

indication → INDIQUER.

indice → INDICATION, MARQUE, PRÉSOMPTION I, PREUVE, SIGNE, SYMPTÔME.

indicible → INDÉFINISSABLE.

indien *Ils sont allés voir un film d'Indiens :* [vieilli] **Peau-Rouge.**

indifféremment → INDISTINCTEMENT.

indifférence → INDIFFÉRENT.

indifférent ① *C'est indifférent :* → ÉGAL. *Qu'il m'aime ou non, cela m'est indifférent :* **indifférer** (*cela m'indiffère*) ♦ [plus cour.] **être égal*,** [express.] **laisser froid** (*ça m'est égal, ça me laisse froid*). ② *Un indifférent :* → ATHÉE. ③ *À force de déboires, il est devenu indifférent :* **blasé, résigné ;** → IMPASSIBLE, DÉTACHÉ, MÉPRISER, PASSIF I, INSENSIBLE. *Ne comptez pas sur sa sympathie : il est très indifférent :* **froid ;** → SEC II, TIÈDE II.

◇ **indifférence** ① → ATHÉISME. ② *Avec indifférence :* → FROIDEMENT, MÉPRIS, DÉTACHEMENT, TIÈDEMENT, AVEC PHILOSOPHIE*. *Ce qui me déconcerte le plus chez mes élèves, c'est leur indifférence :* → APATHIE, PASSIVITÉ, INAPPÉTENCE, DÉSINTÉRÊT. *Son indifférence me glace :* ↑ **froideur,** ↓ **tiédeur ;** → IMPASSIBILITÉ.

indifférer → INDIFFÉRENT.

indigence → FAIBLESSE, MISÈRE, PAUVRETÉ.

indigène [adj. et n.] *Un Breton indigène ; un indigène de Bretagne* [rare en ce sens] : [cour.] **natif, autochtone** ♦ **aborigène** (qui ne se dit plus aujourd'hui, avec une majuscule, que des indigènes d'Australie) ; → NATUREL.

indigent ① → MENDIANT, MISÉRABLE, NÉCESSITEUX, PAUVRE II. ② *Une argumentation indigente :* → PAUVRE II.

indigeste
① Difficile à **digérer ;** → LOURD II.
② *Pour lui, la physique est assez indigeste :* **difficile à assimiler* II,** [plus fam.] **lourd à digérer ;** → OBSCUR.

indigestion → DÉGOÛT.

indignation → RÉVOLTE.

indigne ① [~ de] *Cet individu est indigne de ton amitié :* **ne pas mériter.** ② [qqn est ~] *C'est un homme indigne :* **méprisable** ♦ **vil,** ↑ **abject*, infâme.** ③ [qqch est ~] → ODIEUX.

indigné → OUTRÉ, RÉVOLTÉ.

indignement → BASSEMENT.

indigner → OUTRER, SCANDALISER, RÉVOLTER.

◇ **s'indigner** → SE RÉVOLTER.

indignité → BASSESSE.

indigo → BLEU.

indiqué → INDIQUER, OPPORTUN.

indiquer ① [qqn ~ qqch] *Pourriez-vous m'indiquer l'adresse d'un bon médecin ? :* **signaler ;** → DONNER, CITER, RECOMMANDER. *Indiquez-moi la direction à suivre :* [plus cour.] **montrer** ♦ **désigner** (= montrer du doigt, par ex. sur une carte). *Toutes les directives sont indiquées sur ce papier :* **mentionner, spécifier ;** → SIGNALER. ② [qqch ~ qqch] *La pendule indique 10 heures :* **marquer.** *La piste à suivre est indiquée par le panneau :* **signaler.** *Ces traces indiquent que le fugitif est passé par là :* **laisser supposer*** ♦ ↑ **prouver ;** → MANIFESTER, TÉMOIGNER, SIGNIFIER I.

◇ **indication** *Nous n'avons pas la moindre indication pour retrouver le fugitif :* ↓ **indice** ♦ [plus fam.] **piste ;** → SIGNE. *Les indications que nous a données la SNCF étaient fausses :* **renseignement** ♦ [fam.] **tuyau** (qui implique l'idée de complicité, d'indication à caractère presque secret) ; → INFORMATION. *Il faut vous soumettre aux indications qui vous ont été données par votre chef :* **directive ;** → ORDRE II. *Les indications du médecin :* [didact.] ↑ **prescription** ♦ ↓ **recommandation.**

indirect ① → LATÉRAL. *Je n'aime pas cette façon indirecte de nous répondre :* **détourné ;** → SOURNOIS. *Il y a toujours dans ses propos quelque chose d'indirect et de faux :* **allusif, insinuant ;** → ALLUSION.

② *La crise des institutions a été une cause indirecte du marasme actuel* : [didact.] **médiat ♦ contrecoup** (*le marasme actuel est le contrecoup de...*) ; → **LOINTAIN**.

◇ **indirectement** ① *En accusant mon frère, il était sûr de m'atteindre indirectement* : [plus fam.] **par ricochet ;** → **SOURNOISEMENT**. ② → **DE SECONDE MAIN***.

indiscernable → **INSENSIBLE**.

indiscipline → **DISSIPATION, INSOUMISSION**.

indiscipliné → **DÉSOBÉISSANT**.

indiscret ① [adj.] ↓ **peu discret**. *Une personne indiscrète* : → **BAVARD**. *Une remarque indiscrète* : → **INCONVENANT, INOPPORTUN**. ② [n.] *Je déteste les indiscrets qui viennent fouiller dans nos affaires* : [fam.] **fouineur, fouinard ♦** [très fam.] **fouille-merde ;** → **BAVARD, CURIEUX**.

◇ **indiscrétion** ① [sing.] *Son indiscrétion frise l'impolitesse* : [en partic.] **insistance, indélicatesse ♦ curiosité ;** → **DÉSINVOLTURE**. ② [pl.] *Être victime d'indiscrétions* : → **BAVARDAGE**.

indiscrétion → **INDISCRET**.

indiscutable → **CERTAIN I, EFFECTIF, RECONNU**.

indiscutablement → **ASSURÉMENT**.

indiscuté → **RECONNU**.

indispensable *Nous ferons d'abord les travaux indispensables pour que cette maison soit habitable* : **de première urgence ♦ ↓ nécessaire, essentiel ;** → **NÉCESSITÉ, UTILE**. *Son rôle dans notre équipe est indispensable* : **essentiel ♦ ↑ vital ;** → **IMPORTANT, UNIQUE**. *Il est indispensable de...* : → **S'IMPOSER, PRIMORDIAL**.

indisponible ① *Un appartement indisponible* : → **OCCUPÉ I**. *Un livre indisponible* : [en partic.] **épuisé**. ② *Ce soir-là, je suis indisponible* : [en partic.] **retenu ;** → **OCCUPÉ II**.

indisposé ① → **INCOMMODÉ**. ② *Une femme indisposée* : [terme pr.] **réglée**.

indisposer ① → **INCOMMODER**. ② → **ACCABLER I, DÉPLAIRE**.

indisposition → **MALAISE**.

indissociable → **INSÉPARABLE**.

indissoluble → **ÉTERNEL**.

indistinct → **INCERTAIN**.

indistinctement ① *Il n'entend qu'indistinctement ce que vous dites* : **confusément, de façon confuse**. ② *Nous accueillons indistinctement dans notre établissement les garçons et les filles* : **sans distinction, indifféremment**.

individu ① *Voici de très beaux individus de champignons* : **exemplaire***. ② *Chaque individu a droit au respect de tous* : **homme*, être humain** (sens générique : la distinction homme-femme n'est pas ici pertinente) ; → **FEMME**. *Notre parti défend les droits de l'individu* : **personne*** (= individu en tant qu'il a claire conscience de lui-même). ③ *Qu'est-ce que c'est que cet individu ?* : [plus fam.] **énergumène ♦** [très fam.] **mec, type ♦** [fam. et humoristique] **citoyen,** [vieilli] **paroissien, particulier, personnage, zouave ;** → **HOMME, TYPE II**. *Quel triste individu !* : **sire**. *Un dangereux individu* : → **DÉLINQUANT, MALFAITEUR**.

◇ **individualisation** : **particularisation, distinction, personnalisation**.

◇ **individualiser** ① *Nous sommes tous semblables : qu'est-ce donc qui nous individualise ?* : **particulariser, distinguer***. ② *Les nouvelles pédagogies proposent d'individualiser l'enseignement* : **personnaliser, particulariser**.

◇ **individualité** ① *L'individualité d'un artiste* : **originalité***. ② *Nous avons quelques amis doués d'une forte individualité* : **personnalité ;** → **CARACTÈRE I**.

◇ **individuel** ① *Les caractères individuels* : **particulier ;** → **PROPRE II**. *Chacun peut avoir sa façon individuelle d'intervenir* : **personnel, propre**. *La propriété individuelle* : **privé**. ② *Examinons maintenant les cas individuels* : **particulier ♦ ↑ spécial ;** → **RARE**.

individualisation, individualiser → INDIVIDU.

individualisme ① → ÉGOÏSME. ② *L'individualisme que développent les sociétés occidentales* : **goût de l'indépendance*** ; → NON-CONFORMISME.

individualiste → INDÉPENDANT, NON-CONFORMISTE.

individualité, individuel → INDIVIDU.

individuellement → EN PARTICULIER*.

indocile → DÉSOBÉISSANT, RÉCALCITRANT, REBELLE, RÉTIF.

indolence → APATHIE, MOLLESSE, PARESSE.

indolent → INACTIF, MOU.

indolore → INSENSIBLE.

indomptable → FIER, INÉBRANLABLE.

indompté → FAROUCHE.

indu ① → INJUSTE. ② *Il rentre chez lui à des heures indues* : [assez fam.] **impossible** ◆ **tardif.**

indubitable → CERTAIN I, DOUTE, SÛR I.

indubitablement → ASSURÉMENT.

induire → CONCLURE.

indulgence → INDULGENT.

indulgent Qui pardonne facilement ou qui se montre **compréhensif** : [sout.] **clément** (qui ne se dit que de celui qui, possédant une autorité, pardonne une faute ou atténue un châtiment) ; → BON II, BIENVEILLANT, TOLÉRANT. *Être indulgent* : **faire preuve d'indulgence*.**
◇ **indulgence** : **clémence** ; → BONTÉ, COMPLAISANCE, COMPRÉHENSION, MANSUÉTUDE, TOLÉRANCE.

indûment → À TORT*.

induration → DURCISSEMENT.

indurer → DURCIR.

industrie → USINE. *Chevalier d'industrie* : → ESCROC.

industriel : [en partic.] **entrepreneur, chef* d'entreprise** (= dirigeant d'une entreprise industrielle), **fabricant** (= celui qui fabrique, en l'occurrence celui qui dirige une industrie de fabrication) ◆ ↑ **capitaine d'industrie.**

industriellement → EN SÉRIE*, EN USINE*.

industrieux → ADROIT.

inébranlable ① *Des fortifications inébranlables* : **indestructible** ◆ ↓ **solide*.** ② *Un courage inébranlable* : **à toute épreuve, indomptable** ◆ [antéposé] ↓ **solide*** ; → CONSTANT. ③ *Malgré vos menaces, il restera inébranlable* : **inflexible** ; → IMPASSIBLE, INTRANSIGEANT.

inédit → NOUVEAU, INCONNU, ORIGINAL II.

ineffable → INDÉFINISSABLE.

ineffaçable → INDÉLÉBILE.

inefficace ① *Les mesures prises sont inefficaces* : **sans efficacité, sans effet,** [rare] **inopérant** ◆ [plus fam.] **ne rien donner.** *Une démarche inefficace* : **infructueux, vain** ◆ [fam.] **un coup d'épée dans l'eau*** ; → STÉRILE, INUTILE. ② [qqn est ~] → NUL II.

inégal ① *Les héritiers ont touché des parts vraiment trop inégales* : ↑ **disproportionné** ◆ [plus génér.] **différent.** *Une société inégale* : → INJUSTE. ② *Un terrain inégal* : → RABOTEUX. ③ *Un moral inégal* : [fam.] **en dents de scie** ; → IRRÉGULIER, CAPRICIEUX.
◇ **inégalité** ① *En France, l'inégalité des salaires est importante* : **disparité, déséquilibre** ◆ ↑ **disproportion** (*disproportion entre les salaires...*). *Inégalité d'humeur, de température* : → VARIATION. ② *Les inégalités d'une surface* : **aspérité.** *Inégalité d'un terrain* : [plus partic.] **dénivellation, cahot, accident** ; → IRRÉGULARITÉ.

inégalable, inégalé → SANS ÉGAL*.

inégalement → DIVERSEMENT.

inégalitaire → INJUSTE.

inégalité → INÉGAL.

inélégant *Quel geste inélégant !* : ↑ **grossier*** ◆ **indélicat** (qui porte exclusivement sur le jugement moral).

inéluctable → INÉVITABLE.

inéluctablement → FATALEMENT.

inemployé → INUTILISÉ.

inénarrable → COMIQUE.

inentamé *Ses convictions demeurent inentamées* : [plus cour.] **intact.**

inenvisageable → IMPOSSIBLE.

inepte → ABSURDE I, SOT, STUPIDE.

ineptie → ABSURDITÉ, BÊTISE, STUPIDITÉ.

inépuisable ① → FÉCOND. ② *Sur ce sujet, son père est inépuisable* : **intarissable ;** → ABONDANCE.

inéquitable → INJUSTE.

inerte → INANIMÉ, PASSIF I.

inertie *Les syndicats protestent contre l'inertie gouvernementale* : **immobilisme ;** → APATHIE, PASSIVITÉ.

inespéré → IMPRÉVU.

inesthétique → LAID.

inestimable → INAPPRÉCIABLE.

inévitable ① *La mort est inévitable* : [sout.] **inéluctable** ◆ ↓ **certain*.** ② *C'est une conséquence inévitable de ce traitement* : **obligé, immanquable ;** → LOGIQUE, NÉCESSAIRE. *C'est inévitable* : → ÉCRIT, FORCÉ.

inévitablement → FATALEMENT, MATHÉMATIQUEMENT, NÉCESSAIREMENT, TÔT OU TARD*.

inexact → ERRONÉ, INCORRECT, MAUVAIS I.

inexactitude → ERREUR.

inexcusable → IMPARDONNABLE.

inexistant → NUL II.

inexorable → CRUEL, INFLEXIBLE.

inexpérience *L'accident est dû à son inexpérience* : **manque d'expérience.** *C'est une enfant : n'abusez pas de son inexpérience* : **naïveté.**

inexpérimenté → JEUNE I, NAÏF, IGNORANT, NOVICE.

inexpiable → SANS MERCI*.

inexplicable → INCOMPRÉHENSIBLE, MYSTÉRIEUX, OBSCUR.

inexplicablement → MYSTÉRIEUSEMENT.

inexploité → INUTILISÉ.

inexploré → IGNORÉ.

inexpressif → TERNE.

inexprimable → INCOMMUNICABLE, INDÉFINISSABLE.

inexpugnable → IMPRENABLE.

in extenso → COMPLÈTEMENT, INTÉGRALEMENT.

inextinguible → INSATIABLE.

in extremis → DE JUSTESSE*.

infaillible *Un procédé infaillible* : → EFFICACE, PARFAIT, RADICAL. *Une mémoire infaillible* : → SÛR I.

infailliblement *Sans technique, au bridge, vous perdez infailliblement* : **immanquablement** ◆ [plus cour.] **à coup sûr ;** → ASSURÉMENT.

infaisable → IRRÉALISABLE, TRAPU.

infamant → HONTEUX.

infâme → ABJECT, BASSEMENT, SORDIDE.

infamie → BASSESSE, HONTE, HORREUR, SCANDALE.

infantile → ENFANTIN.

infatigable ① *C'est un coureur infatigable* : [fam.] **increvable** ◆ ↓ **résistant ;** → ACTIF. ② [souvent antéposé] *Il l'encourage avec une infatigable bonne volonté* : **inlassable ;** → GRAND.

infatigablement → TOUJOURS.

infatué → VANITEUX.

infatuer (s') → FIER.

infécond → CONCEVOIR, STÉRILE.

infécondité → CONCEPTION.

infect → ÉCŒURANT, SORDIDE.

infecter
① → CORROMPRE, POURRIR, SOUILLER. *La plaie est infectée* : → ENFLAMMER. ② *Le malade va infecter toute la classe* : **contaminer.**

◇ **infection** ① *Une infection généralisée* : **septicémie.** ② [de infecter ②] : **contamination ;** → ÉPIDÉMIE. ③ → PUANTEUR.

infectieux → TRANSMISSIBLE.

infection → INFECTER.

inféoder (s') → SE SOUMETTRE.

inférer → CONCLURE.

inférieur
I [adj.] ① *La partie inférieure* : → BAS I, DESSOUS II. ② *Il occupe une situation inférieure* : ↑ **subalterne.** *Une somme inférieure* : → MOINDRE. *Les classes inférieures d'une société* : → BAS I, POPULAIRE.

II [n.] *Est-ce une façon de parler à vos inférieurs ?* : ↑ **subalterne** ◆ **subordonné** (qui implique l'idée de dépendance directe dans un système hiérarchique : *le caporal est le subordonné du capitaine*) ◆ [péj.] **sous-ordre,** [arg. mil.] **sous-verge, sous-fifre.**

◇ **infériorité** *Il ne faut pas les attaquer en situation d'infériorité* : **faiblesse.** *Notre infériorité en ce domaine est indiscutable* : **handicap.** *Maintenir du personnel en situation d'infériorité* : **de subordination, subalterne.**

inférioriser → ABAISSER II.

infériorité → INFÉRIEUR.

infernal ① → DIABOLIQUE. ② *Ils dansaient sur un rythme infernal, dans un bruit infernal* : **endiablé, démentiel, forcené ;** → ACCÉLÉRÉ, D'ENFER. ③ *Cet enfant est infernal !* : **insupportable, terrible.**

infertile → STÉRILE.

infester → ENVAHIR, RAVAGER.

infichu → INCAPABLE.

infidèle ① *Sa femme est infidèle* : [plus didact.] **adultère** ◆ [express. cour.] **tromper** (*sa femme le trompe*) ◆ [sout.] ↓ **inconstant ;** → TRAHIR. ② → DÉLOYAL, TRAÎTRE. ③ *Sa mémoire est infidèle* : **défaillant, trahir** (*sa mémoire le trahit*) ; → MAUVAIS I. ④ [religion] *Les peuples infidèles* : **impie.**

◇ **infidélité** ① *Il déplorait l'infidélité de sa maîtresse* : [sout.] ↓ **inconstance.** *Il a fait des infidélités à sa femme* : [plus cour.] **tromper** ◆ [très fam.] **faire cocu, cocufier.** ② → DÉLOYAUTÉ.

infidélité → INFIDÈLE.

infiltration → S'INFILTRER.

infiltrer (s') ① *En dépit des précautions prises, le vent parvient à s'infiltrer sous les portes* : [plus cour.] **passer, pénétrer.** *Un doute s'infiltre* : → S'INSINUER. ② *Parviendra-t-il à s'infiltrer dans les lignes ennemies ?* : **pénétrer** ◆ [fam.] **passer** ◆ **s'introduire** (qui rend moins l'idée d'un passage furtif). *Il cherche à s'infiltrer dans leur parti* : ↓ **entrer** ◆ ↑ **noyauter** (*noyauter leur parti*).

◇ **infiltration** [de s'infiltrer ②] : **pénétration, passage, introduction, entrisme, noyautage.**

infime → MINIME, PETIT, MINUSCULE.

infini ① [adj.] → GRAND, ILLIMITÉ, IMMENSE, VASTE. *Il s'est lancé dans une discussion infinie* : **à l'infini** ◆ [plus cour.] **interminable, sans fin.** *Une patience infinie* : [antéposé] **immense ;** → GRAND. *Il est d'une infinie stupidité* : **immense, insondable.** ② [n.m.] → ESPACE. ③ [n.m.] *Un besoin d'infini et de silence* : **absolu.** ④ *À l'infini. La plaine s'étendait à l'infini* : **à perte de vue.** *Des discussions à l'infini* : → INFINI ①.

infiniment → BEAUCOUP.

infinité → QUANTITÉ.

infinitésimal → PETIT.

infirmation → ANNULATION.

infirme *Il a eu un grave accident et restera infirme toute sa vie* : **impotent** (= qui ne peut se mouvoir) ◆ **invalide** (= qui, en raison de son infirmité, ne peut accomplir normalement son travail) ◆ **grabataire** (= qui ne peut plus se lever) ◆ [didact.] **personne dépendante** (= qui ne peut plus subvenir seule aux actes de la vie courante) ◆ [didact.] **handicapé physique, handicapé mental** ◆ [terme le plus cour. pour tous les précédents] **handicapé** ◆ [plus partic.] ↓ **estropié** (qui se dit de celui qui est atteint à un membre) ; → DIFFORME.

◇ **infirmité** : **impotence, invalidité** (qui ne s'emploient qu'au sing., contrairement à *infirmité*) ◆ **handicap** (qui est le terme le plus cour. auj.) ◆ **malformation** (= infirmité congénitale).

infirmer → ANNULER.

infirmier Celui, celle qui soigne les malades après avoir obtenu certains diplômes. Il est aidé par l'**aide-soignant**. Un **garde-malade** n'a généralement pas de connaissances médicales précises et ne s'occupe que d'un seul malade à la fois ◆ **surveillant** (= infirmier en chef dans un service hospitalier).

infirmité → INFIRME.

inflammation → IRRITATION, S'ENFLAMMER.

inflation → MULTIPLICATION.

inflexible ① *Il est d'une sévérité inflexible* : **inexorable, implacable** ; → ABSOLU I, STRICT. *Une volonté inflexible* : [plus express.] **de fer** ; → FERME II, INÉBRANLABLE. ② *Cette règle est inflexible* : **incontournable, absolu** ◆ [express. cour.] **n'admettre aucune exception** ◆ [péj.] **implacable** ; → STRICT.

inflexion → ACCENT, INTONATION, TON, VOIX I.

infliger → APPLIQUER, IMPOSER I.

influençable → INFLUENCER.

influence ① [~ de qqch] → EFFET I. ② *Sous l'influence de* : → SIGNE, AU CONTACT* DE.

③ [~ de qqn] *C'est un homme qui a de l'influence* : **être influent, avoir du crédit, de l'importance** ◆ ↑ **important*** ◆ [fam.] **avoir le bras long** ◆ [en partic.] ↑ **charismatique** (= à l'ascendant exceptionnel) ; → POUVOIR II, AUDIENCE, PUISSANCE, PRESTIGE, PERSONNAGE, RAYONNEMENT. *Il exerce son influence sur tous ceux qui le rencontrent* : ↑ **ascendant, emprise, domination** ; → AUTORITÉ, PRESSION.

◇ **influencer** *Un vendeur cherche toujours à influencer son client* : [sout.] **orienter la décision de, peser sur la décision de** ◆ ↓ **conseiller** ◆ ↑ **manipuler**, [sout.] **circonvenir**, [fam.] **embobiner** (qui impliquent la ruse) ; → AGIR I, CONDITIONNER, TRAVAILLER I. *Son goût pour la musique a influencé son entourage* : **influer sur, déteindre sur** ; → AGIR II. *Il se laisse facilement influencer* : **influençable, malléable**, ↑ **manipulable** (*il est influençable, malléable...*) ◆ [fam.] ↑ **c'est une marionnette**.

influencer → INFLUENCE.

influent → IMPORTANT, PUISSANT.

influer → AGIR II, INFLUENCER.

infondé → GRATUIT.

informateur → MOUCHARD.

information → INFORMER.

informatique → MÉDIA.

informe ① → GROSSIER. ② → LAID.

informé → INFORMER. *Être informé de* : → BRANCHÉ, SAVOIR I.

informel *Des contacts informels ont été établis entre les deux pays* : **non officiel**. *De façon informelle* : → FAMILIÈREMENT.

informer ① *Il faudra l'informer de votre décision* : [plus cour.] **mettre au courant de** ◆ [fam.] **affranchir, mettre au parfum** ; → ANNONCER, PRÉVENIR, FAIRE SAVOIR*, FAIRE PART* I, SIGNIFIER II. ② *Informer qqn sur qqch* : → DOCUMENTER, ÉCLAIRER, RENSEIGNER.

◇ **s'informer** ① *S'informer de* : → S'ENQUÉRIR. ② *S'informer sur* : → SE DOCUMENTER, SE RENSEIGNER.

◇ **information** ① *Si mes informations sont bonnes, le train part à 20 heures* : **renseignement** ◆ [fam.] **tuyau** ◆ [plus partic.] **documentation** (= informations reposant sur un ensemble de documents). ② → COMMUNICATION. ③ *Nous vivons à l'heure de l'information* : ↑ **surinformation**. *Je regarde les informations à la télé* [pl.] : **journal télévisé**. *J'écoute les informations à la radio* : [plus fam.] **nouvelles** ◆ [abrév. fam.] **infos** ◆ **flash** (= informations rapides entre d'autres émissions) ; → ACTUALITÉS, NOUVELLE. ④ *Ouvrir une information* : → ENQUÊTE.

infortune → MALHEUR.

infortuné → MALHEUREUX.

infos → INFORMATION, ACTUALITÉ.

infoutu → INCAPABLE.

infra → APRÈS II, PLUS LOIN*.

infraction *Être en infraction avec qqch* : → DÉSOBÉISSANCE, TRANSGRESSION, TRANSGRESSER. *Ce règlement ne souffre aucune infraction* : **violation, manquement, dérogation** ; → INOBSERVATION.

infranchissable *Vos difficultés sont grandes, mais non infranchissables* : **insurmontable, irréductible, invincible**. *Une limite infranchissable* : **indépassable**.

infréquentable *Il a quelques collègues infréquentables* : ↑ **à fuir** ; → PEU ABORDABLE* I.

infructueux → INEFFICACE.

infusion → TISANE.

ingambe → AGILE.

ingénier (s') → CHERCHER.

ingénieur → CONSTRUCTEUR.

ingénieusement → SUBTILEMENT.

ingénieux → ADROIT, GÉNIAL, INVENTIF, SUBTIL.

ingéniosité → ADRESSE I.

ingénu → CANDIDE, NAÏF.

ingénuité → CANDEUR, NAÏVETÉ.

ingénument → NAÏVEMENT.

ingérence → S'INGÉRER.

ingérer → AVALER.

ingérer (s') *S'ingérer dans les affaires intérieures d'un pays étranger* : **s'immiscer** ◆ [plus cour.] **intervenir** ◆ [plus génér.] **se mêler de, s'occuper de** ; → S'ENTREMETTRE.

◇ **ingérence** : **immixtion, intervention, intrusion**.

ingestion → ABSORPTION.

ingouvernable → INCONTRÔLABLE.

ingrat ① *Un homme ingrat* : **sans reconnaissance***. ② *Une terre ingrate* : → ARIDE, STÉRILE. *Une région ingrate* : **inhospitalier, hostile** ◆ ↑ **inhabitable**. ③ *Un travail ingrat* : → DIFFICILE. ④ *Un visage ingrat* : → LAID.

◇ **ingratitude** *Faire preuve d'ingratitude* : **être ingrat***.

ingrédient → CONSTITUANT.

inguérissable → INCURABLE.

ingurgiter → AVALER, BOIRE.

inhabile → MALADROIT.

inhabileté → MALADRESSE.

inhabitable → INGRAT.

inhabité → DÉSERT, SAUVAGE, VIDE I.

inhabituel *Une odeur inhabituelle* : [moins employé] **inaccoutumé** ◆ [plus génér.] **anormal, rare*** ◆ ↓ **peu habituel** ; → ACCIDENTEL.

inhaler → ASPIRER, RESPIRER I.

inhérent → INTRINSÈQUE.

inhibé → MAL À L'AISE*, FROID II, TIMIDE.

inhiber → INTIMIDER.

inhibition → BLOCAGE, FROIDEUR.

inhospitalier → INGRAT.

inhumain ① → CRUEL, BRUTAL. ② *Ce travail a quelque chose d'inhumain* : ↑ **monstrueux** ◆ ↑ **surhumain** (qui n'est pas péj. : *des efforts surhumains*).

inhumanité → BRUTALITÉ, CRUAUTÉ.

inhumation → ENTERREMENT.

inhumer → ENTERRER.

inimaginable → CROYABLE, INCONCEVABLE, INCROYABLE.

inimitable → SANS ÉGAL*.

inimitié → ANTIPATHIE.

inintelligence → INCOMPRÉHENSION.

inintelligent → SOT.

inintelligible → INCOMPRÉHENSIBLE.

inintéressant → SANS INTÉRÊT*.

ininterrompu → CONTINU, PERMANENT.

inique → INJUSTE.

iniquité → INJUSTICE.

initial → DÉBUT, ORIGINEL, PREMIER I.

initialement *Initialement, nous pensions nous installer en Normandie* : [plus cour.] **au début, au commencement** ; → À L'ORIGINE*, ORIGINELLEMENT, AU PREMIER ABORD*.

initiateur → INSPIRATEUR, INSTIGATEUR.

initiation ① *Un rite d'initiation* : **initiatique.** ② → APPRENTISSAGE.

initiatique → INITIATION.

initiative *Prendre une initiative* : → DÉCIDER, MESURE II. *Prendre l'initiative de* : **initier** ◆ ↑ **provoquer.** *À l'initiative de* : → INSPIRATION, MOUVEMENT, DE SON PROPRE CHEF*.

initié ① *Les initiés d'une secte* : **adepte.** ② *Cette mise en scène est vraiment pour les initiés* : **connaisseur, spécialiste*.**

initier → INITIATIVE, APPRENDRE.

injecter *Injecter dans une entreprise un dynamisme nouveau* : **insuffler** (*insuffler à...*) ◆ [plus cour.] ↓ **introduire.**

injection Terme médical dont les syn. cour. sont soit **lavement,** soit **piqûre** ; → SHOOT ◆ [en partic.] **perfusion, transfusion.**

injonction → COMMANDEMENT.

injure ① *Accabler d'injures* : → INJURIER ◆ **insulte** (qui n'implique pas forcément l'idée de grossièreté) ◆ [moins employé] **invective** (qui fait surtout penser à l'idée de violence dans la parole) ; → ÉPITHÈTE, OFFENSE, BLASPHÈME. ② *Faire injure à* : → INJURIER ②.

◇ **injurier** ① [de injure ①] : **insulter, invectiver** ◆ ↑ **agonir d'injures** ◆ [fam.] ↑ **incendier, traiter de tous les noms** ◆ [iron.] ↓ **baptiser** (*ils m'ont baptisé de tous les noms*). ② *Votre méfiance nous injurie* : **faire injure à** ; → OFFENSER, OUTRAGER.

◇ **injurieux** *Des propos injurieux* : [moins employé] **insultant** ◆ ↓ **grossier*** ; → OFFENSANT, DÉSAGRÉABLE.

injurier, injurieux → INJURE.

injuste ① *Une loi injuste* : ↑ **inique** ◆ ↓ **arbitraire*.** *Une société injuste* : **inégal** ◆ [plus didact.] **inégalitaire** ◆ [express.] **à deux vitesses** ; → ARBITRAIRE. ② *La répartition de l'impôt est injuste* : **inéquitable** ◆ [didact.] **léonin** (qui se dit d'un partage où qqn se réserve la plus grosse part) ◆ **anormal,** [fam.] **pas normal** (= qui ne correspond pas à ce qui est attendu). ③ *Il a été injuste envers vous* : **partial** (= qui marque une préférence injuste pour qqn ou qqch). ④ *Ce reproche est vraiment injuste* : **immérité** ◆ [plus didact.] **non fondé, indu.**

injustement : **de façon injuste*** ; → À TORT*.

injustice [de injuste ①] : **partialité, iniquité, arbitraire** ◆ [plus génér.] **abus.**

injustifiable → INDÉFENDABLE.

injustifié → ARBITRAIRE, GRATUIT.

inlassable → INFATIGABLE.

inlassablement → TOUJOURS.

inné *Il a un penchant inné pour la peinture* : **naturel** ◆ [didact.] **congénital** (qui se dit surtout des défauts physiques ou mentaux) ; → DE NAISSANCE*, NATIF, HÉRÉDITÉ.

innocemment → SANS SONGER* À MAL.

innocence → CANDEUR.

innocent ① [qqn est ~] *Un homme innocent* : **non coupable***. ② [qqn est ~] *Elle a un petit air innocent* : **angélique** ; → CANDIDE, NIAIS, NAÏF, VIERGE. *On le prend pour un petit innocent, mais il est retors* : [fam.] **on lui donnerait le bon Dieu sans confession.** *L'innocent du village* : **idiot** ; → SIMPLE D'ESPRIT. *Faire l'innocent* : → ENFANT. ③ [qqch est ~] → INOFFENSIF.

innocenter → JUSTIFIER, RÉHABILITER.

innombrable → NOMBREUX. *Une quantité innombrable* : → QUANTITÉ.

innommable → IGNOBLE.

innovant → RÉVOLUTIONNAIRE.

innovateur → INVENTEUR.

innovation → CHANGEMENT, CRÉATION, INVENTION.

innover → CRÉER, INVENTER.

inobservance, inobservation *L'inobservance de la loi morale, l'inobservation d'un règlement* (les deux emplois se confondent assez souvent dans l'usage) : **non-respect, non-observation** ; → INFRACTION, TRANSGRESSION.

inoccupé ① [qqn est ~] → OISIF. ② [qqch est ~] *Ce fauteuil est inoccupé* : [plus cour.] **libre.** *Ce poste est inoccupé* : **vacant.** *Une maison inoccupée* : → VIDE I.

inoculer → TRANSMETTRE.

inodore : **sans odeur.** *Inodore, incolore et sans saveur* : **plat*** II, **terne***.

inoffensif *Ces jeux sont bien inoffensifs, pourquoi vous inquiéter ?* : **innocent, anodin** ◆ [rare] **bénin** ◆ [fam.] **pas méchant.**

inondation → SINISTRE II.

inondé → INONDER, RUISSELANT.

inonder ① *La Loire a inondé le village* : ↑ **submerger, noyer.** *Le village est inondé* : **sous les eaux.** ② → MOUILLER, TREMPER I. ③ *En août, les touristes inondent les terrains de camping* : [pr.] **envahir, déferler sur** ◆ ↑ **submerger, prendre d'assaut.**

inopérant → INEFFICACE.

inopiné → IMPRÉVU, SURPRENANT.

inopinément → IMPRÉVU.

inopportun *Nous arrivons à un moment inopportun* : [plus cour.] **mal choisi.** *Votre suggestion est assez inopportune* : **déplacé, malvenu** ◆ [sout.] **intempestif** ◆ [en partic.] **indiscret** ; → IMPORTUN, REGRETTABLE, HORS DE PROPOS, INCONVENANT.

◊ **inopportunément** *Il intervient toujours inopportunément* : **à contretemps** ◆ [plus cour.] **mal à propos, au mauvais moment** ◆ [express. fam.] **comme un cheveu sur la soupe.**

inoubliable → INDÉLÉBILE, MÉMORABLE.

inouï ① → INCONNU. ② *Le succès de ce livre est inouï* : **prodigieux*** ; → EXTRAORDINAIRE, SANS EXEMPLE*, FORT II. *Cet homme est vraiment inouï !* : → UNIQUE.

inoxydable → INALTÉRABLE.

in petto → SECRÈTEMENT.

inqualifiable → ODIEUX.

inquiet ① [qqn est ~] *C'est un homme inquiet de nature* : ↑ **anxieux, angoissé** ◆ [peu employé] **bilieux** ; → CONTRACTÉ, PESSIMISTE, TOURMENTÉ. *Il est inquiet : son fils n'est pas rentré depuis deux jours* : ↑ **anxieux** ◆ [plus fam.] ↑ **affolé** ◆ ↓ **soucieux** ◆ [fam.] ↑ **aux cent coups** ◆ [en partic.] **apeuré, en proie à la peur***. ② *Il vit depuis ce matin dans l'attente inquiète de ses résultats* : **anxieux, fiévreux.**

◊ **inquiéter** *Sa maigreur m'inquiète* : **remplir d'inquiétude*** ◆ ↑ **angoisser,** ↑ **affoler*** ; → S'INQUIÉTER, TROUBLER, AGITER, EFFRAYER.

◊ **s'inquiéter** ① *Il ne faut pas s'inquiéter pour si peu !* : [plus sout.] **s'alarmer**

♦ ↑ **s'angoisser** ♦ [plus fam.] **se faire du souci** ♦ [très fam.] **se faire du mouron** ♦ [fam.] **se faire de la bile, du mauvais sang,** ↑ **se ronger les sangs** ; → S'AFFOLER, SE TRACASSER. ② *S'inquiéter de. Qui s'inquiète de ma santé, ici ?* : **se préoccuper de** ; → S'ENQUÉRIR, S'EMBARRASSER, SE METTRE EN PEINE*, SE SOUCIER.

◇ **inquiétant** ① *Il a reçu des nouvelles inquiétantes de son père* : [plus sout.] **alarmant,** ↑ **angoissant** ♦ **stressant** (= qui provoque la tension, le stress) ♦ [souvent par euph.] **préoccupant** ♦ **alarmiste** (= qui répand volontairement l'inquiétude) ; → GRAVE, SÉRIEUX, MENAÇANT, SOMBRE, TROUBLANT. ② *On rencontre parfois dans cette rue des individus inquiétants* : ↑ **louche** (qui se dit de qqn que son allure bizarre rend suspect de mauvaises intentions) ♦ ↑ **sinistre***. *Une mine inquiétante* : **patibulaire***.

◇ **inquiétude** *Vivre dans l'inquiétude n'est pas une solution* : ↑ **anxiété, angoisse*** ♦ ↓ **souci** ; → CRAINTE, ALARME, MALAISE, TROUBLE II, AFFOLEMENT.

inquiétant, inquiéter, inquiétude → INQUIET.

inquisiteur → SOUPÇONNEUX, SCRUTATEUR.

insaisissable ① *Un homme insaisissable* : → FUYANT. ② *Une pensée insaisissable* : → FLUIDE, OBSCUR. ③ *Des nuances, des progrès insaisissables* : → INSENSIBLE.

insalubre → MALSAIN.

insalubrité → IMPURETÉ.

insane → ABSURDE.

insanité → SOTTISE.

insatiable *Ses besoins d'argent sont insatiables* : [peu employé] **inassouvissable.** *Il est d'une insatiable curiosité* : [postposé] ↓ **avide, dévorant***. *Une soif insatiable* : [peu employé] **inextinguible.** *Une faim insatiable* : **vorace.**

insatisfaction → FRUSTRATION, MÉCONTENTEMENT.

insatisfaisant → DÉCEVANT.

insatisfait ① *Il souffre de désirs insatisfaits* : **inassouvi.** ② → MÉCONTENT, RÂLEUR.

inscription → INSCRIRE.

inscrire *Inscrire son nom sur un registre* : **porter** ♦ [rare, langage administratif] **coucher** ; → ÉCRIRE, NOTER I, MARQUER, RELEVER II.

◇ **s'inscrire** ① *S'inscrire à un syndicat* : → ADHÉRER II. ② *S'inscrire en faux* : → CONTREDIRE. ③ *Ce sujet s'inscrit parfaitement dans notre plan général* : **s'insérer, entrer** ♦ **cadrer*** avec.

◇ **inscription** ① Ensemble de caractères écrits, gravés ou peints : [plus précis et partic.] **exergue, devise, épigraphe, épitaphe, légende.** *Les inscriptions fleurissent sur les murs* : **graffiti** (qui se dit aussi bien d'inscriptions que de dessins) ♦ **tag** (= à la fois une inscription et un signe de reconnaissance) ♦ [génér., mais souvent de même sens que les précédents] **bombage.** ② *Je certifie son inscription au Parti socialiste* : **adhésion.**

insécurité *L'insécurité naît du cumul d'actes d'***incivilité** et de **délinquance** commis en un même lieu ♦ [plus génér.] ↑ **danger*** ; → INCIVISME.

insensé ① [qqn est ~] → FOU. ② [qqch est ~] → ABSURDE I, FOU, STUPIDE, IRRESPONSABLE. ③ *Aux soldes, il y avait un monde insensé* : **fou** ♦ [fam.] **dingue** ; → SACRÉ II.

insensibilisation se dit d'une **anesthésie partielle, locale.**

insensibiliser → ENDORMIR.

insensibilité → INSENSIBLE.

insensible ① → INACCESSIBLE, BRUTAL, IMPASSIBLE. *Il est resté insensible à nos arguments* : **sourd, indifférent** ; → FERMÉ. ② On dit d'une personne qu'elle est *insensible* à la douleur, et d'une blessure, d'une piqûre, qu'elle est **indolore,** si elle ne cause aucune douleur. *Être insensible à* : **ne pas craindre.** ③ [qqch est ~] *Des progrès insensibles* : **imperceptible** ♦ [moins employé] **insaisissable, indiscernable** ; → FAIBLE, LÉGER.

◇ **insensibilité** ① → ACCOUTUMANCE. ② *Son insensibilité n'est qu'apparente* : **impassibilité*** ; → INACCESSIBILITÉ.

insensiblement → LENTEMENT, PEU À PEU I.

inséparable ① *Sa jalousie est inséparable d'un grand sentiment de souffrance* : **indissociable** ◆ ↓ **lié à.** ② *Les deux frères ont toujours été inséparables* : **très uni, très complice** ; → NE PAS SE QUITTER*.

insérer ① → ENCASTRER. ② → AJOUTER, INCLURE, METTRE.

◇ **s'insérer** ① → S'ENCASTRER. ② *Ce sujet s'insère dans vos préoccupations* : → S'INCORPORER, SE PLACER, S'INSCRIRE. ③ [qqn ~] → S'ASSIMILER.

◇ **insertion** ① → INCORPORATION. ② *L'insertion des populations migrantes* : **réinsertion** (= insertion renouvelée) ; → ASSIMILATION.

insertion → INSÉRER.

insidieusement → SOURNOISEMENT.

insidieux → SOURNOIS, TROMPEUR.

insigne

I [adj.] → REMARQUABLE.

II [n.m.] ① **Marque** honorifique, un *insigne* peut être une **médaille,** une **décoration** ; → RUBAN. ② **Signe** distinctif : [en partic.] **badge** (= insigne portant une inscription ou un logo) ◆ **macaron** (= insigne de forme ronde).

insignifiance → INSIGNIFIANT.

insignifiant ① [qqn est ~] *C'était un de ces êtres insignifiants que l'on croise sans les voir* : **quelconque, médiocre** ◆ ↑ **terne, falot, anodin** ; → OBSCUR. ② [qqch est ~] *Ne vous attachez pas aux choses insignifiantes !* : **futile** ; → ACCESSOIRE, FRIVOLE, LÉGER, RIEN I, VAIN. *Tout ceci est insignifiant* : **sans intérêt** ◆ [fam.] **il n'y a pas de quoi fouetter un chat*.** ③ [qqch est ~] *Les grévistes n'ont obtenu qu'une augmentation insignifiante* : [antéposé] ↓ **petit*, médiocre*** ; → MINIME. *Un prétexte insignifiant* : → MINCE I, MALHEUREUX. *Une faute*

insignifiante : [didact.] **véniel** ◆ **peccadille** (= faute sans gravité).

◇ **insignifiance** ① [~ de qqn] **médiocrité, inconsistance.** ② [~ de qqch] → FAIBLESSE, FRIVOLITÉ.

insinuant → INDIRECT.

insinuation → ALLUSION.

insinuer *On a insinué que vous vous droguiez* : ↓ **laisser entendre, sous-entendre** ◆ [rare] **donner à entendre** ◆ ↑ **prétendre** ; → SOUFFLER, DIRE, SUGGÉRER. *Qu'insinuez-vous par là ?* : ↓ **entendre** ◆ [plus cour.] **vouloir dire.**

◇ **s'insinuer** *Un doute s'insinue dans mon esprit* : **s'infiltrer** ◆ [plus génér.] **s'introduire** ◆ ↑ **envahir** ; → ENTRER, S'ÉVEILLER, PÉNÉTRER.

insipide → ENNUYEUX, PLAT II.

insistance → INSISTER.

insistant → APPUYÉ, PRESSANT.

insister ① [~ sur qqch] *Il faut insister davantage sur chaque mot* : **appuyer.** *Il insiste grossièrement sur sa supériorité* : **s'appesantir** ; → METTRE L'ACCENT* SUR, SOULIGNER. ② *Ne vous découragez pas : il faut insister* : [plus sout.] **s'obstiner, persévérer.** *Trop insister, c'est devenir importun*.* *Ne pas insister, c'est* **abandonner*.** *N'insiste pas !* : [fam.] **écraser.** *Voici une preuve accablante : faut-il insister ?* : [fam.] **mettre les points* sur les « i », enfoncer le clou*.**

◇ **insistance** [de insister ②] : **obstination, persévérance** ; → INDISCRÉTION. *Regarder qqn avec insistance* : **dévisager** ; → REGARDER. *Demander avec insistance* : **insister*** ◆ **demander instamment.**

insociabilité → SAUVAGERIE.

insociable → FAROUCHE, SAUVAGE.

insolation → COUP* (II) DE SOLEIL.

insolemment, insolence → INSOLENT.

insolent ① *Une allure insolente* : **arrogant** ◆ ↓ **désinvolte.** *Une réponse insolente* : **impertinent** ◆ ↓ **cavalier** ◆ [sout.] **irrévé-**

rencieux ; → IMPUDENT, DÉGAGÉ, FAMILIER, FIER, LESTE. ② *Avoir une chance insolente* : indécent ; → INCROYABLE, INOUÏ.

◇ **insolemment** : avec insolence*, impertinemment, cavalièrement, irrévérencieusement ; → IMPUDEMMENT.

◇ **insolence** : arrogance, désinvolture*, morgue ◆ impertinence, irrévérence ; → IMPUDENCE. *Avec insolence* : **insolemment***.

insolite → BIZARRE.

insoluble : sans solution ◆ [plus génér.] impossible. Quand on ne peut sortir d'un problème *insoluble*, on dit qu'on est enfermé dans un **cercle vicieux**, [sout.] qu'on s'attaque à la **quadrature du cercle**, [fam.] **qu'on tourne en rond** ◆ **circulaire** (qui se dit surtout d'un raisonnement).

insolvable → ENDETTÉ.

insomniaque → INSOMNIE, ÉVEILLÉ.

insomnie *Avoir des insomnies* : **être insomniaque** ◆ [cour.] **mal dormir**, ↑ **passer des nuits blanches**.

insondable ① *Un mystère insondable* : → OBSCUR, INCOMPRÉHENSIBLE. ② *Une stupidité insondable* : → INFINI.

insonoriser → ISOLER.

insouciance → FRIVOLITÉ, IMPRÉVOYANCE.

insouciant ① *Il est trop insouciant du lendemain pour avoir un projet d'avenir* : [sout.] **insoucieux de, oublieux de** ◆ [cour.] **ne pas avoir le souci* de** ◆ ↑ **se moquer* de**. ② *Un être insouciant* : → FRIVOLE.

insoucieux → INSOUCIANT.

insoumis ① [adj.] → REBELLE. ② [n.m.] Soldat qui n'a pas rejoint la destination fixée par son ordre de route : ↑ **déserteur** (qui implique en outre l'idée d'abandon de son poste, voire de trahison).

◇ **insoumission** ① *Un acte d'insoumission* (qui s'emploie surtout à propos des rapports hiérarchiques non respectés) : [plus génér.] **désobéissance, indiscipline** ; → RÉBELLION. ② [de insoumis ②] : **désertion**.

insoumission → INSOUMIS.

insoupçonnable : au-dessus, à l'abri de tout soupçon.

insoupçonné *Il cache sous son allure bourrue une tendresse insoupçonnée* : [plus cour.] **inattendu, secret***.

insoutenable ① → NON DÉFENDABLE*. ② → INSUPPORTABLE.

inspecter ① *Quand il arrive chez quelqu'un, il faut qu'il inspecte tout* : ↓ **regarder** ; → FOUILLER, SCRUTER. ② *C'est lui qui est chargé d'inspecter les travaux* : ↓ **surveiller** ; → CONTRÔLER.

◇ **inspection** : ↓ **surveillance** ; → CONTRÔLE, FOUILLE, REVUE, VISITE.

inspection → INSPECTER.

inspirant, inspirateur, inspiration, inspiré → INSPIRER II.

inspirer

I → ASPIRER I.

II ① [qqch ~ qqch à qqn] *Cela ne m'inspire pas* : **inspirant** (*ce n'est pas très inspirant*). *Cela ne m'inspire pas confiance* : [plus fam.] **ne dire rien de bon, rien qui vaille** ; → PLAIRE I. *C'est la pitié qui lui a inspiré ce comportement* : ↑ **dicter, commander** ; → SUGGÉRER, AMENER. ② [qqn ~ qqch à qqn] *Un bon médecin doit inspirer la confiance à son malade* : [plus cour.] **donner** (*confiance à...*). *Inspirer le respect* : → IMPOSER I.

◇ **s'inspirer** → IMITER.

◇ **inspiré** ① [adj.] *Je ne sais si j'ai été bien inspirée de m'adresser à lui* : **avisé** ; → AVOIR RAISON* II. ② [n.] *Il passe pour un inspiré* : ↑ **illuminé** ◆ [plus partic.] **mystique** (= qui a une intuition et une expérience intenses de Dieu).

◇ **inspiration** ① *Il attendait l'inspiration divine* : ↑ **illumination**. *Ce livre manque vraiment d'inspiration !* : [plus fam.] **souffle** ◆ [plus génér.] **originalité, talent** ; → GRÂCE. *Ces livres sont de la même inspiration* : **veine**. ② *Ces travaux ont été entrepris sous son inspiration* : à l'**instigation de** ◆ [plus cour.] **à l'initiative de, sur le conseil de** ; → SUGGESTION.

◇ **inspirateur** ① [au fém.] *L'inspiratrice d'un poète* : **muse, égérie.** ② [de inspiration ②] : **instigateur, conseiller*.**

instabilité *L'instabilité d'une situation* : → PRÉCARITÉ. *L'instabilité des sentiments* : → CHANGEMENT, MOBILITÉ. *L'instabilité d'un caractère* : [sout.] **inconstance, versatilité.**

instable
① → BOITEUX, MOBILE I. ② → CAPRICIEUX, PRÉCAIRE. ③ → CARACTÉRIEL.

installation → INSTALLER.

installer ① [~ qqn] *Installer solennellement un maire dans sa fonction* : **introniser.** ② [~ qqn] *Installer dans un logement* : → ÉTABLIR, LOGER I. ③ [~ qqch] *Installer un appartement* : → ARRANGER, MEUBLER. *Installer qqch dans* : → LOGER I, PLACER, MONTER II, PLANTER, POSER.

◇ **s'installer** ① *S'installer dans un appartement* : **emménager ;** → SE LOGER, S'ÉTABLIR. *S'installer ensemble* : → COUPLE. *S'installer à table* : → TABLE. *S'installer pour longtemps* : → PRENDRE RACINE* I. *S'installer à une place* : → SE PLACER. *S'installer dans un fauteuil* : → SE CALER. ② Se satisfaire d'une situation. *Le danger, c'est de s'installer* : **immobilisme** *(... c'est l'immobilisme)* ◆ [fam.] **ne plus bouger** ◆ [en partic.] **s'embourgeoiser.** ③ [qqch ~] → S'ANCRER, RÉGNER.

◇ **installation** ① [de installer ①] : **intronisation.** ② [de installer ② et s'installer] : **emménagement ;** → ÉTABLISSEMENT. ③ [de installer ③] → ARRANGEMENT, ÉQUIPEMENT, PLANTATION, POSE.

instamment → AVEC INSISTANCE*.

instance → REQUÊTE. *En instance* : → PENDANT I.

instant

I [adj.] → PRESSANT.

II [n.m.] *Un instant* : → MINUTE. *Dans un instant* : → BIENTÔT. *Pour l'instant* : → ACTUELLEMENT, PRÉSENTEMENT, DANS L'IMMÉDIAT*. *À tout instant* : → À TOUT BOUT DE CHAMP*. *À l'instant* : → TOUT DE SUITE*. *À l'instant où il arrivait, je*

me préparais à sortir : **juste au moment, au moment même.** *En un instant* : → RAPIDEMENT.

instantané → IMMÉDIAT, SUBIT.

instantanément → IMMÉDIATEMENT.

instar de (à l') → AINSI* QUE, EXEMPLE.

instauration → ÉTABLISSEMENT I.

instaurer → ÉTABLIR.

instigateur → INSPIRATEUR, MOTEUR. *L'instigateur d'un complot* : **initiateur** ◆ [plus cour.] **meneur** ◆ **fauteur de troubles ;** → ÂME.

instigation → INSPIRATION.

instiller → GOUTTE.

instinct ① *Faut-il suivre ou dominer ses instincts ?* [pl.] : [sing.] **nature ;** → PENCHANT. ② *On peut se fier à son instinct pour trouver les bons coins de pêche* : [fam.] **flair** ◆ [très fam.] **pif.** *Un secret instinct lui fit pressentir le danger* : **intuition.** *D'instinct* : **instinctivement.** ③ *Il a l'instinct des affaires* : **sens*** ◆ [fam.] **bosse ;** → DON.

◇ **instinctif** *Sa réaction est instinctive ; elle n'en est que plus révélatrice* : **irréfléchi, involontaire,** ↑ **inconscient.** *Une peur instinctive* : ↑ **animal.** *D'un geste instinctif, il poussa la porte* : **machinal** ◆ ↓ **naturel ;** → SPONTANÉ.

◇ **instinctivement** *Il a agi instinctivement, comme dans un rêve* : **d'instinct, machinalement** ◆ ↑ **inconsciemment ;** → PAR HABITUDE*.

instinctif, instinctivement → INSTINCT.

instit → INSTITUTEUR.

instituer → ÉTABLIR.

institut → ÉCOLE.

instituteur : [abrév. fam.] **instit** ◆ [plus génér.] **maître, maîtresse** (qui sont cour. employés par les enfants et les parents) ◆ [en France] **professeur des écoles ;** → ENSEIGNANT.

institution

I Fait d'instituer. → ÉTABLISSEMENT I.

II → ÉCOLE.

instructif → INSTRUIRE.

instruction

I [sing.] ① [sout.] *Cet exemple servira à votre instruction* : **édification** ◆ **éclairer*** (*cet exemple vous éclairera*). ② *Il a de l'instruction* : [fam.] **un certain bagage*** ; → INSTRUIT. *Les problèmes de l'instruction publique* : **enseignement*** ; → ÉDUCATION, SAVOIR II.

II [sing. ou pl.] *Les instructions que j'ai reçues sont impératives* : **directives** ◆ **consigne** (qui implique généralement un domaine d'application plus limité) ◆ ↑ **ordre**.

III [droit] → ENQUÊTE.

instruire

① [~ qqn sur] → ÉCLAIRER. ② [~ qqn] → APPRENDRE, ÉDUQUER. ③ [~ qqn de] → ANNONCER.

◇ **s'instruire** → ÉTUDIER.

◇ **instruit** *C'est quelqu'un d'instruit* : **qui a de l'instruction** ◆ [fam.] **calé** ◆ **cultivé** (= qui a une bonne instruction générale) ◆ **éclairé** (qui implique à la fois instruction et esprit critique) ; → SAVANT I.

◇ **instructif** Qui instruit. *Cet exemple est très instructif* : [express.] **plein d'enseignement** ◆ **édifiant** (= qui porte à la vertu) ; → MORAL.

instrument ① Objet servant à exécuter un travail ou une opération [génér.] : **outil** (= objet qui sert à effectuer une opération déterminée : *les instruments du chirurgien, les outils du cordonnier*). ② *Un instrument de travail* : **moyen, outil**. ③ *Il a été l'instrument de vos calculs politiques* : **agent** ◆ [très péj.] **âme damnée**. *Faire de qqn ou de qqch un instrument* : **instrumentaliser** (*on a instrumentalisé le mécontentement étudiant*).

instrumentaliser → INSTRUMENT.

instrumentiste → MUSICIEN.

insu de (à l') → INCONSCIEMMENT, SECRÈTEMENT.

insubordination → RÉBELLION.

insubordonné → DÉSOBÉISSANT, REBELLE.

insuccès → ÉCHEC.

insuffisamment *Il travaille insuffisamment* : [plus cour.] **pas assez** (*il ne travaille pas assez*) ; → IMPARFAITEMENT, FAIBLEMENT.

insuffisance ① *L'insuffisance de leur alimentation risque de leur nuire* : **pauvreté** ◆ [didact.] **carence** ; → FAIM, MANQUE. *Une insuffisance hépatique* : **déficience** ; → TROUBLE II. *Insuffisance en* : **sous-** (*sous-alimentation, sous-équipement, etc.*). ② → INAPTITUDE.

insuffisant → FAIBLE, IMPARFAIT, MAUVAIS I, COURT, JEUNE.

insuffler → INJECTER.

insulaire → ÎLE.

insultant → INJURIEUX.

insulte → INJURE, OUTRAGE.

insulter → INJURIER, OUTRAGER.

insupportable ① [qqn est ~] *Cet individu est vraiment insupportable* : ↑ **invivable** ◆ [fam.] **impossible, imbuvable** ; → ODIEUX. *Des enfants insupportables* : → INFERNAL, VILAIN, PÉNIBLE, MÉCHANT, TURBULENT. ② [qqch est ~] *Cela m'est insupportable* : [fam., par plais.] **insupporter** ◆ ↑ **exaspérer** ; → DÉPLAIRE, ÉNERVER. *Un spectacle insupportable* : **insoutenable**. *Une chaleur insupportable* : **intenable** ; → ACCABLANT, INTOLÉRABLE.

insupporter → INSUPPORTABLE.

insurgé → REBELLE, RÉVOLTÉ.

insurger (s') → SE CABRER, SE RÉVOLTER.

insurmontable
→ INFRANCHISSABLE, MAJEUR.

insurpassable → EXCELLER.

insurrection → TROUBLE II, RÉVOLTE.

insurrectionnel → RÉVOLUTIONNAIRE.

intact → SAUF I, INENTAMÉ.

intangible *Le droit des peuples à disposer d'eux-mêmes est intangible* : [moins employé] **inviolable ♦ ↑ sacré.**

intarissable → INÉPUISABLE.

intarissablement → TOUJOURS.

intégrable → ASSIMILABLE.

intégral → ABSOLU I, ENTIER I.

◊ **intégralement** *Son discours a été cité intégralement* : **en entier, in extenso, dans son intégralité, sa totalité.**

intégralité → INTÉGRALEMENT.

intégration *L'intégration des réfugiés s'effectue lentement* : **unification ;** → ABSORPTION, ASSIMILATION I, FUSION.

intègre → HONNÊTE, PROBE.

intégrer → INCLURE, ASSIMILER I et II, INCORPORER.

◊ **s'intégrer** → S'ASSIMILER.

intégrisme, intégriste *Les intégrismes et les intégristes de tout bord* : **fondamentalisme, fondamentaliste ;** → FANATISME, FANATIQUE. Lorsque *intégriste* s'applique aux catholiques, il a pour syn. **↓ traditionaliste,** de même qu'*intégrisme* a pour syn. **↓ traditionalisme.** Dans les deux cas, il s'agit d'un **conservatisme** religieux ; mais les *traditionalistes* demeurent fidèles aux évêques et au pape, ce qui n'est pas forcément le cas des *intégristes* ; → CONFORMISTE, CONFORMISME.

intégrité → HONNÊTETÉ, PROBITÉ.

intellect → ESPRIT.

intellectuel ① [adj.] *Vie intellectuelle* : → IDÉE, MORAL, SPIRITUEL. ② [adj.] *Ce film est très intellectuel* : [fam.] **intello ♦** [plus rare] **cérébral ♦** [plus génér.] **abstrait*, savant*.** ③ [n.] Les *intellectuels* forment **l'intelligentsia** d'un pays : [plus rare, fam.] **cerveau*** (*la fuite des cerveaux*) **♦** [fam., péj.] **intello.** *Le pouvoir des intellectuels* : **clerc, mandarin.**

intelligence ① → ESPRIT, MATIÈRE* (I) GRISE, PENSÉE I. *C'est vraiment une grande intelligence* : [fam.] **tête, cerveau** (*c'est une tête, un cerveau*) ; → INTELLIGENT. ② *Avoir l'intelligence de qqch* : → CLAIRVOYANCE, COMPRÉHENSION, CONNAISSANCE I. *Avec intelligence* : **intelligemment ;** → FINEMENT. ③ *D'intelligence* : → COMPLICITÉ. *Vivre en bonne intelligence* : → ENTENTE.

intelligent → INTELLIGENCE. *C'est quelqu'un de très intelligent* : [fam.] **c'est une tête* ♦** [fam.] **astucieux, plein d'astuce ♦ ↑ surdoué ;** → CLAIRVOYANT, ADROIT, ÉVEILLÉ. *Il n'est pas très intelligent* : [fam.] **il n'a pas inventé la poudre, le fil à couper le beurre ;** → SOT.

intelligentsia → INTELLECTUEL.

intelligible → ACCESSIBLE.

intelligiblement *Écrivez intelligiblement !* : **clairement.**

intello → INTELLECTUEL.

intempérance *Abus des plaisirs de la table* : **gloutonnerie*, ivrognerie*.** *Abus des plaisirs sexuels* : **luxure.**

◊ **intempérant** : **glouton, ivrogne, luxurieux.**

intempérie *a pour syn. cour.* **mauvais temps* ♦** [sout.] **rigueur du climat.**

intempestif → INOPPORTUN.

intemporel → ÉTERNEL.

intenable ① → NON DÉFENDABLE*. ② → INSUPPORTABLE.

intendant → RÉGISSEUR.

intense → FORT II, MORTEL, VIOLENT.

intensément → BEAUCOUP.

intensif *Ce sport demande un entraînement intensif* : [plus génér.] **important.**

intensification → AUGMENTATION, DURCISSEMENT.

intensifier → AUGMENTER.

◊ **s'intensifier** → AUGMENTER, S'ACCEN-TUER.

intensité *L'intensité d'une douleur* : [rare] **acuité ◆ ↑ violence.** *L'intensité d'un sentiment* : **↓ force ◆ ↑ véhémence, violence.** *L'intensité d'un son* : → VOLUME II.

intenter → ATTAQUER.

intention *Je ne sais quelles sont ses intentions* : **vouloir** *(je ne sais ce qu'il veut)* **◆** [en partic.] **arrière-pensée** (= intention cachée) **◆** [express. fam.] **ce que qqn a dans la tête ;** → PLAN IV, BUT, PROPOS III, VUE III. *Dans l'intention de* : → ESPRIT, POUR, POURQUOI, À CET EFFET*. *Avoir l'intention de* : → COMPTER I, PROJETER I.

intentionné *Bien intentionné* : **bienveillant.** *Mal intentionné* : **malveillant.**

intentionnel → DÉLIBÉRÉ, PRÉMÉDITÉ, VOLONTAIRE.

intentionnellement
→ DÉLIBÉRÉMENT, VOLONTAIREMENT.

interaction → SOLIDARITÉ.

interactivité → COMMUNICATION.

intercaler *Nous avons intercalé une page blanche entre chaque chapitre* : **mettre, placer entre ;** → INSÉRER.

intercéder → INTERVENIR, PARLER.

intercepter → ARRÊTER II, CAPTER.

intercession → INTERVENTION.

interdépendance → DÉPENDANCE, SOLIDARITÉ.

interdépendant → SOLIDAIRE.

interdiction → INTERDIRE, DÉFENSE II.

interdire ① *Je vous interdis d'entrer* : **défendre* ◆ ↓ ne pas vouloir*** *(je ne veux pas que vous entriez)* **;** → EMPÊCHER. *C'est interdit* : **défendu ;** → EXCLURE. *Mon amitié envers vous m'interdit de poursuivre* : **exclure*** *(... exclut que je poursuive).* ② *Interdire sa porte* : → FERMER. *Interdire un roman* : **frapper d'interdit, condamner ◆ ↓ censurer** (qui peut se réduire

à opérer des coupures) ; → PROSCRIRE. *Interdire quelqu'un* : **frapper d'interdiction** (dans l'exercice de ses fonctions), **suspendre ◆ frapper d'interdiction de séjour ;** → BANNIR, REPRIS DE JUSTICE. ③ *Il n'est pas interdit de penser que* : **on peut** *(on peut penser que...).*

◊ **s'interdire de** → S'ABSTENIR.

interdit

I [adj.] → INTERDIRE, COUPABLE I, TABOU.

II [n.m.] ① *Pourquoi a-t-on jeté l'interdit contre lui ?* : **exclusive ;** → CONDAMNATION. ② *Interdit de séjour* : → REPRIS DE JUSTICE.

III [adj.] → DÉCONCERTER, STUPÉFAIT.

intéressant → INTÉRÊT.

intéressé ① → INTÉRESSER, S'INTÉRESSER, BRANCHÉ. ② → AVARE.

intéressement → PARTICIPATION.

intéresser → INTÉRÊT.

intérêt ① → REVENU. ② *Sans intérêt* : **inintéressant ;** → SANS IMPORTANCE*, INSIGNIFIANT, VIDE I. *Avoir intérêt à* : → AVANTAGE, POUR. *Servir les intérêts de qqn* : **faire le jeu de qqn.** *L'intérêt général* : → BIEN III. *Présenter de l'intérêt* : **être intéressant* ◆** [emploi critiqué] **être attractif.** *L'intérêt d'un produit* : [emploi critiqué] **attractivité.** ③ *Il nous a écoutés avec beaucoup d'intérêt* : **↑ sollicitude** (= intérêt empreint d'affection) ; → COMPRÉHENSION. ④ *C'est un professeur qui sait éveiller l'intérêt de ses élèves* : [plus partic.] **curiosité** (qui se dit seulement de ce qui pousse qqn à connaître qqch) ; → ATTENTION, PENCHANT.

◊ **intéresser** ① → ASSOCIER, FAIRE PARTICIPER* À. ② *Ce livre m'a beaucoup intéressé* : [plus génér.] **plaire ◆ ↑ captiver, passionner* ◆** [fam.] **flasher sur** *(j'ai flashé sur ce livre).* *Intéresser les enfants* : → OCCUPER II. *Ce qui m'intéresse, c'est de savoir la vérité* : → IMPORTER II, TOUCHER II. ③ *Cette loi intéresse tout le domaine bancaire* : → S'APPLIQUER, REGARDER, VALOIR I.

◊ **s'intéresser à** → SUIVRE, SE PENCHER SUR, SE PASSIONNER POUR, S'OCCUPER DE.

◇ **intéressant** ① Présenter de l'**intérêt***, **intéresser***. *Un livre intéressant* : ↑ **captivant, passionnant ;** → **ATTRAYANT**. *Ce n'est pas très intéressant* : → **PALPITANT**. *Une course intéressante* : → **BEAU**. ② *Elle n'est pas belle, mais elle a des traits intéressants* : ↑ **attachant ;** → **AVOIR DU CHARME***. *Faire l'intéressant* : → **FAIRE LE MALIN***. ③ *Je me suis fait consentir des prix intéressants* : **attractif** (qui s'emploie davantage en parlant d'une clientèle que d'une personne) ; → **AVANTAGEUX, BON I, JOLI I**.

intérieur

I [adj.] *La paroi intérieure de l'intestin* : [didact.] **interne**. *Ne vous mêlez pas de mes problèmes intérieurs* : [plus sout.] **intime ;** → **PERSONNEL**.

II [n.m.] ① *À l'intérieur* : **dedans**. *À l'intérieur de* : **dans**. ② *En Bretagne, l'intérieur est également plein d'intérêt* : **arrière-pays**. ③ *Avoir un intérieur, quel bonheur !* : **foyer ;** → **MAISON I**.

intérieurement① → **DEDANS**.② → **MENTALEMENT, SECRÈTEMENT**.

intérim *Assurer un intérim* [didact.] : [cour.] **remplacement***.

◇ **intérimaire** [adj. et n.] : **remplaçant***. *Du personnel intérimaire* : **temporaire**.

interligne → **BLANC II**.

interlocuteur → **PARTENAIRE**.

interlope → **LOUCHE I**.

interloqué → **ÉBAHI**.

interloquer → **DÉCONCERTER**.

interlude Ce mot et **intermède** ont le même sens, mais le premier s'emploie surtout pour la télévision.

intermède → **INTERLUDE**.

intermédiaire ① [adj.] *Cette robe est trop grande, celle-ci est trop petite : vous n'auriez pas la taille intermédiaire ?* : [fam.] **entre les deux ;** → **MOYEN I**. *Nous sommes dans une époque intermédiaire* : **transitoire**. ② [n.] *Il a servi d'intermédiaire dans la négociation* : **négociateur, médiateur** ◆ [fam.] **boîte aux lettres** ◆ [péj.] **homme de paille,**

prête-nom (= personne qui trempe dans une affaire malhonnête) ; → **INTERPRÈTE I, ENTREMETTEUR, LIEN II**. *Sans intermédiaire* : → **DE PREMIÈRE MAIN***. ③ [n., en termes de commerce] : [plus partic.] **courtier, représentant, voyageur de commerce, exportateur, grossiste, mandataire, transitaire**. ④ *Par l'intermédiaire de* : [sout.] **par le truchement de ;** → **CANAL**.

interminable → **INFINI, LONG I**.

interminablement → **SANS FIN**.

intermittence → **PAR À-COUPS*, INTERVALLE**.

intermittent → **DISCONTINU**.

internat → **PENSION I**.

international → **MONDIAL**.

interne ① [adj.] → **INTÉRIEUR**. ② [n.] → **PENSIONNAIRE, MÉDECIN**.

internement → **EMPRISONNEMENT, ISOLEMENT**.

interner *On a dû l'interner* [didact.] : [plus cour.] **emprisonner*** ◆ **enfermer** (*enfermer dans un asile*).

Internet : [abrév. fam.] **Net** ◆ **Web** s'emploie parfois en ce sens ◆ [terme français plus rare] **la Toile**.

interpeller → **APPELER I, ATTENTION**.

interpénétration → **IMBRICATION**.

interpénétrer (s') → **S'IMBRIQUER**.

interposer (s') → **S'ENTREMETTRE, INTERVENIR**.

interposition → **INTERVENTION**.

interprétable, interprétation → **INTERPRÈTE**.

interprète ① *Il s'est fait l'interprète de vos idées auprès du directeur* : **porte-parole ;** → **TRADUCTEUR, INTERMÉDIAIRE**. ② *C'est un texte difficile qui a besoin d'être commenté : voulez-vous servir d'interprète ?* : **commentateur** ◆ [didact.] **exégète** (qui se dit surtout en parlant des textes bibliques). ③ *Personne qui inter-*

prête une œuvre musicale : **pianiste, flûtiste, violoniste...** Personne qui interprète une œuvre vocale, un rôle : → **ACTEUR, MUSICIEN, CHANTEUR.**

◇ **interpréter** ① [de interprète ②] : **commenter ♦** [didact.]**gloser ;** → ÉCLAIRCIR. *Comment interprétez-vous son refus ?* : **comprendre*, expliquer*.** ② *Il a interprété cette sonate avec talent* : **exécuter ♦** [plus cour.] **jouer.**

◇ **interprétation** ① [de interprète ②] : **explication, commentaire, exégèse, glose.** *Quelle interprétation donner ?* : → SENS II, VERSION. ② [de interprète ③] : **exécution** (qui se dit seulement pour la musique) **♦ jeu** (qui se dit aussi du cinéma ou du théâtre ; *jeu* insiste surtout sur la maîtrise technique d'un acteur ou d'un interprète) **♦ distribution** (qui se dit de la répartition des rôles entre les interprètes d'un film, d'une pièce).

◇ **interprétable** *Le message est-il interprétable ?* : [plus génér.] **clair*, compréhensible*, accessible*.**

interpréter → INTERPRÈTE.

interrogation, interrogatoire
→ INTERROGER.

interroger ① [~ qqn] *La police l'a interrogé* : **faire subir un interrogatoire ♦ poser* des questions ♦ ↑ questionner ♦** [fam.] **↑ cuisiner.** *Un journaliste a interrogé le Premier ministre* : **interviewer ♦ sonder** (= tenter de connaître par des questions la véritable pensée de qqn) **♦** [express.] **↑ presser de questions,** [fam.] **mettre sur la sellette, ↑ sur le gril ;** → CONSULTER, DEMANDER. ② [~ qqch] *Le marin interroge l'horizon pour savoir s'il peut prendre la mer* : [plus pr.] **scruter.** *Interroger ses sentiments* : **sonder, fouiller.**

◇ **s'interroger** → SE TÂTER.

◇ **interrogation** ① → QUESTION I. ② *Il a réussi son interrogation de mathématiques* : [abrév. fam.] **interro ♦** [arg. scol.] **colle ♦** [plus génér.] **épreuve ;** → EXAMEN.

interrompre ① [~ qqch] → ARRÊTER, ENTRECOUPER, SUSPENDRE II, ROMPRE, TROUBLER. *Être interrompu* : → VAQUER. ② [~ qqn] *Vous m'interrompez sans cesse : c'est agaçant !* : **couper la parole.**

◇ **s'interrompre** : **s'arrêter.**

interrupteur → COMMUTATEUR.

interruption → ARRÊT, PAUSE, SUSPENSION, SOLUTION* DE CONTINUITÉ. *Sans interruption* : → CONSÉCUTIF, D'UNE SEULE TRAITE*. *Interruption volontaire de grossesse* : → AVORTEMENT.

intersaison Toute période entre deux saisons marquantes. Lorsqu'il s'agit d'une période située hors de la saison touristique : **morte-saison, basse saison.**

intersection a pour syn. cour. **croisement ;** → CARREFOUR.

interstice → INTERVALLE.

intervalle ① Se dit en parlant du lieu ou du temps : **espace** (qui se dit surtout du lieu et n'implique pas forcément, comme *intervalle*, l'idée d'une distance relative : *de grands espaces de pelouse étaient disposés à des intervalles réguliers*) **♦ interstice** (= très petit intervalle, espace entre des pleins : *des interstices entre les lattes du plancher*) ; → DISTANCE. ② *Dans l'intervalle, il était sorti* : **entre-temps.** *On entendait par intervalles le bruit du tonnerre* : **par moments, par intermittence, de temps en temps, de temps à autre, de loin* en loin ;** → À-COUP.

intervenir ① *Il est intervenu en votre faveur* : **↑ intercéder ♦** [très génér.] **agir* ;** → PRENDRE POSITION*. *Intervenir dans les affaires d'autrui* : → S'ENTREMETTRE, S'INGÉRER. ② *L'armée est prête à intervenir* : **↓ s'interposer.** ③ *Le chirurgien a décidé d'intervenir* [didact.] : [cour.] **opérer.**

◇ **intervention** ① [de intervenir ①] : **↑ intercession ;** → APPUI, ENTREMISE, INGÉRENCE. ② *Forces d'intervention* : **↓ interposition.** ③ *Intervention chirurgicale* [didact.] : [cour.] **opération.**

intervention → INTERVENIR.

interversion → DÉPLACEMENT.

intervertir → DÉPLACER, PERMUTER.

interview → ARTICLE, CONVERSATION.

interviewer → CONVERSER, INTERROGER.

intestin *J'ai mal aux intestins* : [plus cour.] **ventre** ◆ [très fam.] **boyaux, tripes** ◆ [plus génér., didact.] **viscères**.

intime ① *Sa vie intime ne regarde que lui* : **personnel***, **privé** ; → PARTICULIER I, SECRET I, INTÉRIEUR. ② *Placez-nous dans un endroit intime* : **discret*** ◆ [express.] **à l'abri des regards**. ③ *Il a avec elle des relations intimes* : **sexuel** ◆ [cour.] **coucher avec** (*il couche avec elle*) ◆ [plus sout.] **faire l'amour** ◆ [vulg.] **baiser, s'envoyer** ◆ [en partic.] **faire son devoir conjugal** (qui est auj. souvent employé par plais.). ④ *Être en relation intime avec qqn* : → ÉTROIT. *Un ami intime, un intime* : → AMI, PROCHE. *Ils sont très intimes* : ↓ **proche*** ◆ [express. fam.] **comme cul et chemise** ; → AMI.

◇ **intimement** *Il est intimement convaincu de votre échec* : **profondément**. *Intimement lié* : → ÉTROITEMENT.

◇ **intimité** *Elle tient à préserver soigneusement son intimité* : **vie personnelle, privée**. *Ne craignez rien : nous serons dans l'intimité* : **entre amis*** ; → FAMILIARITÉ, AFFECTION.

intimement → INTIME.

intimer → NOTIFIER.

intimidant, intimidation → INTIMIDER.

intimider → TIMIDE, INTIMIDANT. *Cette femme l'intimidait* : ↑ **troubler, impressionner*** ◆ ↑ **inhiber, faire perdre ses moyens à qqn**, ↑ **paralyser, glacer** (qui impliquent un trouble profond qui frise l'angoisse) ◆ [plus fam.] **frigorifier** ; → EFFRAYER.

◇ **intimidant** *Quelle femme intimidante !* : ↑ **troublant** (qui porte davantage sur le charme physique) ◆ ↑ **impressionnant** (qui porte davantage sur les qualités morales ou intellectuelles) ; → IMPOSANT.

◇ **intimidation** *Des manœuvres d'intimidation* peuvent être des **menaces** et se confondent souvent avec le **chantage** ; → DISSUASION.

intimité → INTIME.

intitulé, intituler → TITRE II.

◇ **s'intituler** → S'APPELER II.

intolérable *Une douleur intolérable* : **insupportable** ◆ ↓ **aigu** ◆ ↑ **atroce**. *Une décision, une remarque intolérable* : ↑ **scandaleux*** ; → INACCEPTABLE. *Une chaleur intolérable* : **accablant*** ; → ABOMINABLE.

intolérance ① → ALLERGIE. ② → FANATISME, INTRANSIGEANCE.

intolérant → FANATIQUE, SYSTÉMATIQUE.

intonation *Il était sensible aux douces intonations de sa voix* : **inflexion, accent** ; → MÉLODIE, TON.

intouchable ① [qqn est ~] → INDÉBOULONNABLE. ② [qqch est ~] *Cette heure est intouchable : c'est celle de mon tennis !* : **sacro-saint**. *C'est mon domaine intouchable* : **c'est mon jardin secret**.

intoxication ① → EMPOISONNEMENT. ② → ENDOCTRINEMENT, MATRAQUAGE.

intoxiquer → EMPOISONNER.

◇ **s'intoxiquer** → SE DROGUER.

intraitable, intransigeance → INTRANSIGEANT.

intransigeant *Je n'ai pu le fléchir : il est encore plus intransigeant qu'à l'habitude* : **intraitable, irréductible, inébranlable** ◆ [en partic.] **intolérant, rigoriste** (= intransigeant dans les domaines de la morale, de la religion ou des idées) ◆ **durcir ses positions** (= augmenter son intransigeance) ◆ [express.] **pur et dur** ; → ABSOLU II, EXIGEANT, EXTRÉMISTE, TOUT D'UNE PIÈCE*I, NE RIEN VOULOIR SAVOIR* I.

◇ **intransigeance** : **rigorisme, intolérance** ◆ ↓ **manque de souplesse** ; → SÉVÉRITÉ.

intrépide → HARDI.

intrépidité → HARDIESSE.

intrigant → INTRIGUER II.

intrigue ① *Saura-t-il déjouer les intrigues de ses adversaires ?* : **cabale** (= manœuvres concertées contre qqn), [rare] **brigue** (qui fait supposer, en outre, que l'on agit par ambition) ; → AGISSEMENTS, COMPLOT, MACHINATION. ② → SCÉNARIO.

intriguer

I *Il n'est pas venu ? Cela m'intrigue* : **sembler, paraître bizarre*** ; → TROUBLER. *Sa conduite avait intrigué ses parents* : ↓ **attirer, appeler* l'attention de.**

II *Il intrigue depuis des semaines pour se faire élire* : **manœuvrer** ♦ [fam.] **magouiller, grenouiller** ; → FRICOTER.

◇ **intrigant** *Les coulisses de la politique regorgent d'intrigants* : **arriviste** (qui se dit d'un intrigant prêt à tout pour réussir dans les affaires, la politique) ♦ [fam.] **magouilleur.**

intrinsèque *Ces quelques bévues n'enlèvent rien à ses qualités intrinsèques* : **propre** ♦ ↑ **inhérent** (*les qualités inhérentes à la personne*).

introductif → PRÉLIMINAIRE.

introduction → INTRODUIRE.

introduire ① [~ qqn] *Il m'a introduit auprès du directeur* : **présenter à.** *Nous l'introduirons dans l'équipe* : **inclure*.** ② [~ qqch] *Introduire des usages nouveaux* : [plus rare] **acclimater*** ; → ÉTABLIR. *Introduire du dynamisme dans une équipe* : [plus express.] **injecter*.** ③ [~ une chose dans] → METTRE, COULER II, PLONGER II.

◇ **s'introduire** → ENTRER, SE GLISSER III, S'INFILTRER, S'INSINUER.

◇ **introduction** ① *L'introduction sur le marché de produits étrangers peut stimuler l'économie* : **entrée** ♦ [en partic.] **importation** ♦ **infiltration** (qui implique qqch de caché ou d'illicite) ♦ [didact.] **intromission** (terme souvent réservé aux contextes médicaux : *intromission du pénis dans le vagin*). ② *Une lettre d'introduction auprès de qqn* : ↑ **recommandation.** ③ *Voilà une heure qu'il parle, et il n'en est encore qu'à l'introduction !* : **préambule, entrée en matière** ; → PRÉFACE.

intromission → INTRODUCTION.

intronisation → INSTALLATION, SACRE.

introniser → INSTALLER, BÉNIR, SACRER.

introspection a un sens psychologique ; **examen de conscience** un sens moral, **retour sur soi** aussi bien l'un que l'autre.

introuvable → RARE.

intrus → INDÉSIRABLE.

intrusion → INGÉRENCE.

intuitif → INTUITION.

intuition *Faire preuve d'intuition* : **être intuitif** ; → CONNAISSANCE I, INSTINCT, IMPRESSION, PRESSENTIMENT, SAGACITÉ, SENS II, SENTIMENT I.

inuit → ESQUIMAU.

inusable → SOLIDE.

inusité → RARE.

inutile ① *Ses beaux discours sont inutiles, qu'il agisse !* : ↑ **vain** ♦ **superflu** (qui se dit de ce dont on aurait pu se passer) ♦ [rare] **oiseux** ♦ [fam.] **ça nous fait une belle jambe** ; → ACCESSOIRE, INEFFICACE, VIDE I, SERVIR III. ② *C'est inutile* : **ce n'est pas la peine** ♦ [plus fam.] **ça ne sert à rien*.**

◇ **inutilement** *Il parle inutilement : je ne l'écoute même pas !* : **en vain** ♦ [fam.] **pour rien*** ♦ [sout.] **en pure perte*** ; → SANS NÉCESSITÉ*.

◇ **inutilisé** *Tous ces appareils sont aujourd'hui inutilisés* : **inemployé** ♦ **inexploité** (en parlant de ressources, de talents).

◇ **inutilité** *Il se rendait compte de l'inutilité de ses protestations* : ↑ **vanité*** ♦ [rare] **inanité.**

inutilement, inutilisé, inutilité → INUTILE.

invalidant → HANDICAPANT.

invalidation → ANNULATION.

invalide → INFIRME, MUTILÉ.

invalider → ANNULER.

invalidité → INFIRMITÉ.

invariable → IMMOBILE, PERMANENT, RÉGULIER I, FIXE.

invariablement → RITUELLEMENT, TOUJOURS.

invariant → CONSTANT.

invasion → ENVAHISSEMENT.

invective → INJURE.

invectiver → INJURIER.

inventaire → DÉNOMBREMENT, ÉTAT III, LISTE, REVUE II.

inventer ① *Qui a inventé l'imprimerie ?* : [plus restreint] **découvrir** (= arriver à connaître ce qui était inconnu ou ignoré : *découvrir l'Amérique, découvrir un nouveau matériau*) ; → CRÉER. *Il nous faut inventer à tout prix, sinon la concurrence va nous couler* : ↓ **innover** ◆ **faire preuve d'inventivité***. ② *Il a inventé ce prétexte pour ne pas travailler* : **forger, fabriquer**. *Ne l'écoutez pas, il invente beaucoup* : **broder** ; → IMAGINER, FABULER, RÊVER. *Inventer une bêtise* : → TROUVER.

◇ **inventeur** *Il est l'inventeur de cette machine* : [moins employé] **créateur** (*l'inventeur donne naissance à des objets nouveaux, le créateur à des univers nouveaux, un art, une mode, une science, par ex.*) ◆ [par métaph.] **père, mère** ◆ ↓ **innovateur** ; → AUTEUR, DÉFRICHEUR.

◇ **inventif** *Un architecte, un ingénieur inventif.* Être *inventif, c'est avoir l'**esprit d'invention***. ◆ ↑ **créatif,** ↓ **imaginatif** ; → CRÉATION. *C'est un bricoleur très inventif* : [plus cour.] **ingénieux** ◆ [fam.] **astucieux.**

◇ **invention** ① [de inventer ①] : **découverte, innovation.** *Faire preuve d'esprit d'invention* : **inventivité*** ◆ ↑ **esprit de création*, créativité** ◆ ↓ **imagination*** ; → ORIGINALITÉ. ② *Cet enfant me tuera ! Connaissez-vous ses dernières inventions ?* : **trouvaille.** ③ *C'est faux ! tout cela est de la pure invention !* : [sout.] **affabulation** ; → MENSONGE, ROMAN, BRODERIE.

◇ **inventivité** : **créativité, imagination*** ◆ **ingéniosité, astuce** ; → ORIGINALITÉ.

inventeur, inventif, invention, inventivité → INVENTER.

inventorier → COMPTER.

invérifiable → INCONTRÔLABLE.

inverse ① [adj.] *Aller dans une direction inverse* : [moins employé] **opposé** (qui ne s'emploie pas dans les contextes les plus habituels d'*inverse,* comme *en sens inverse des aiguilles d'une montre*) ; → CONTRAIRE. ② [n.m.] *Sa démonstration va à l'inverse de ce qu'il voulait prouver* : **à l'opposé*** ; → OPPOSÉ II. *Mais non ! c'est l'inverse que je voulais dire* : **le contraire.**

◇ **inversement** *Et inversement* : **vice versa.**

inverser → DÉPLACER, RENVERSER.

inversion ① → DÉPLACEMENT. ② → HOMOSEXUALITÉ.

inverti → HOMOSEXUEL.

investigation → EXAMEN, RECHERCHE.

investir ① → CERNER, ATTAQUER. ② → ENGAGER, PLACER.

◇ **s'investir** → DONNER* DE SOI-MÊME.

investissement → PLACEMENT.

invétéré → IMPÉNITENT.

invincible ① → IMBATTABLE. ② → INCOERCIBLE, INFRANCHISSABLE.

invinciblement → IRRÉSISTIBLEMENT.

inviolable → INTANGIBLE, SACRÉ I.

invisible n'a pas de syn. exact. *Presque invisible* : → MINUSCULE, PETIT.

invitation → INVITER.

invité → CONVIVE, VISITEUR.

inviter ① [~ qqn] *Nous sommes invités à son repas de mariage* : [sout.] **convier** ◆ [très sout.] **prier** (qui implique une invitation à caractère officiel). ② [~ qqn à faire qqch] *Je vous invite à modérer vos expressions* : **engager, appeler** ; → DEMANDER, POUSSER III, RECOMMANDER. ③ *Ces paysages invitent à la rêverie* : **inciter, engager** ; → PORTER I.

◇ **invitation** ① *Je n'ai pas reçu d'invitation pour son mariage* : [en partic.] **faire-part** (= lettre qui fait part d'une nouvelle, d'une cérémonie à laquelle on n'est pas forcément invité). ② *Je n'ai agi que sur son invitation* : ↑ **prière** ◆ [plus cour.] **appel*** (*... à son appel*). ③ *Une invitation à la rêverie* : **incitation**.

invivable → INSUPPORTABLE.

invocation ① → PRIÈRE. ② → PROTECTION.

involontaire → FORCÉ, INSTINCTIF, SPONTANÉ.

involontairement → PAR MÉGARDE*, SANS LE VOULOIR*.

invoquer ① → APPELER I, PRIER I. ② → CITER, ÉVOQUER, OBJECTER.

invraisemblable *Il nous raconte des histoires invraisemblables* : [fam.] **à dormir debout, qui ne tient pas debout** ◆ [en partic.] **rocambolesque** (qui se dit d'aventures pleines de péripéties étonnantes). *Il a un aplomb invraisemblable* : → INCROYABLE, EXTRAORDINAIRE. *Le plus invraisemblable* : → FORT II.

invraisemblance → ÉNORMITÉ.

invulnérable → INDÉBOULONNABLE.

irascibilité → IRRITABILITÉ.

irascible → COLÉREUX.

ironie ① *Une ironie légère* : **moquerie***. *Une ironie amère et mordante* : **dérision** ; → RAILLERIE, SARCASME. ② [express.] *Ça ne manque pas d'ironie !* : **humour** ; → PIQUANT II.

◇ **ironique** *Je n'aime pas ses petits sourires ironiques* : **moqueur, narquois** ; → RAILLEUR, SARCASTIQUE.

ironique → IRONIE.

ironiser → RAILLER.

irradier → RAYONNER.

irraisonné → INCONTRÔLÉ.

irrationnel → ABSURDE I.

irrattrapable → IRRÉCUPÉRABLE.

irréalisable *Pourquoi se nourrir de projets irréalisables ?* : **impossible, infaisable** ◆ ↑ **chimérique, utopique**.

irréaliste → IDÉALISTE.

irrecevable → INACCEPTABLE.

irrécupérable ① → USÉ. ② *L'échec est total : c'est irrécupérable* : **irrattrapable, irréparable** ; → DÉFINITIF. ③ *Ton frère a encore bu ? Il est vraiment irrécupérable* : [plus génér.] **désespérant** ◆ ↓ **incorrigible**.

irrécusable *Un témoignage irrécusable* : ◆ [didact.] **irréfragable** ; → CERTAIN I.

irréductible ① [qqch est ~] *Nos besoins exprimés ici sont irréductibles* : **incompressible**. *La distance d'opinion qui les sépare est irréductible* : **infranchissable***. ② [qqn est ~] → INTRANSIGEANT.

irréel → FANTASTIQUE, IMAGINAIRE.

irréfléchi → INCONSIDÉRÉ, INSTINCTIF.

irréflexion → PRÉCIPITATION I.

irréfragable → IRRÉCUSABLE.

irréfutable → ACCABLANT, CERTAIN I.

irrégularité → IRRÉGULIER.

irrégulier ① *Un objet aux formes irrégulières* : [plus express.] **biscornu** ◆ [plus partic.] **dissymétrique, asymétrique** ; → INÉGAL. *Un mouvement irrégulier* : [plus partic.] **saccadé***. *Des pluies irrégulières* : **sporadique, discontinu***. *Une humeur irrégulière* : **capricieux***. *Un joueur irrégulier* : **inégal*** ◆ [express.] **à éclipses**. ② *Non conforme au règlement* : → ARBITRAIRE, ILLÉGAL, INCORRECT.

◇ **irrégulièrement** ① → À-COUP. ② *Il a obtenu ses papiers irrégulièrement* : **illégalement, frauduleusement** ◆ [plus rare] **illicitement** ◆ [fam.] **par la bande, en sous-main**.

◇ **irrégularité** ① [de irrégulier ①] : **asymétrie, dissymétrie, inégalité**. ② → ILLÉGALITÉ, INCORRECTION.

irrégulièrement → IRRÉGULIER.

irréligieux

irréligieux D'un individu *irréligieux*, on peut dire qu'il est un **libre-penseur** (en insistant sur l'affranchissement par rapport au dogme) et, dans le même sens, [vieilli] un **esprit fort** ou [péj.] **mécréant** ; → ATHÉE.

irreligion → ATHÉISME.

irrémédiable → DÉFINITIF.

irrémédiablement → DÉFINITIVEMENT.

irrémissible → IMPARDONNABLE.

irremplaçable → UNIQUE.

irréparable ① → USÉ. ② → DÉFINITIF, IRRÉCUPÉRABLE.

irréparablement → DÉFINITIVEMENT.

irrépréhensible → IRRÉPROCHABLE.

irrépressible → INCOERCIBLE.

irréprochable *Sa conduite a été irréprochable* : **exemplaire***, **inattaquable** ◆ [sout.] **irrépréhensible** ◆ ↑ **parfait***. *Il s'habille toujours de manière irréprochable* : **impeccable**.

irrésistible ① [qqch est ~] → CONCLUANT, INCOERCIBLE. ② [qqn est ~] *C'est un homme irrésistible* : ↓ **séduisant***. *Cette enfant est irrésistible* : (fam.) **craquant** ◆ [néol. en ce sens] **trop** ◆ ↓ **adorable**, **délicieux** ; → CHARMANT.

irrésistiblement → INVINCIBLEMENT.

irrésolu → CONSISTANCE (*sans consistance*), INDÉCIS.

irrésolution → INDÉCISION.

irrespect → IMPOLITESSE.

irrespectueusement → IMPOLIMENT.

irrespectueux → IMPOLI, LESTE.

irrespirable *L'atmosphère est irrespirable* : **étouffant***, **accablant*** (qui s'emploient s'il fait trop chaud, ou au sens fig.) ◆ **délétère** (qui s'emploie s'il s'agit de qqch de toxique) ◆ [partic.] **pollué**, **vicié**.

irresponsabilité : **inconscience** ; → LÉGÈRETÉ.

irresponsable ① [adj.] *Une attitude irresponsable* : [plus génér.] **insensé** ◆ ↑ **stupide**. *C'est irresponsable* : **c'est de l'inconscience** ; → STUPIDE. ② [n.] *C'est un irresponsable* : **inconscient**.

irrévérence → INSOLENCE.

irrévérencieusement → INSOLEMMENT.

irrévérencieux → INSOLENT.

irréversible *Il s'est engagé dans un processus irréversible* : **sans retour** ; → DÉFINITIF.

irrévocable → DÉFINITIF.

irrévocablement → DÉFINITIVEMENT.

irrigation → ARROSAGE.

irriguer → ARROSER.

irritabilité : [plus rare] **irascibilité** ◆ [plus génér.] **violence*** ; → SUSCEPTIBILITÉ.

irritable → COLÉREUX, SUSCEPTIBLE.

irritant ① → ÉNERVANT, RAGEANT, VEXANT. ② *Un gaz irritant* : ↑ **suffocant**. *Un aliment irritant* : **échauffant** ◆ [didact.] **allergisant**.

irritation ① → COLÈRE, AGACEMENT. ② *L'irritation du rasoir sur la peau* : **feu** ◆ ↑ **inflammation**. *Ce bébé a de l'irritation* : [plus fam.] **rougeur*** (*a des rougeurs*).

irrité → IRRITER, COLÈRE.

irriter ① *Pourquoi chercher à l'irriter ?* : [plus cour.] **mettre en colère*** ◆ [sout.] **courroucer** ◆ ↑ **exacerber** ◆ [fam.] ↑ **faire sortir de ses gonds** ◆ ↓ **hérisser**, **crisper** ; → AIGRIR, BOUILLIR, PORTER* SUR LES NERFS, ÉNERVER, FÂCHER, METTRE EN BOULE*. ② *Ce tissu m'irrite la peau* : [plus fam.] **donner des rougeurs** (*... me donne des rougeurs*) ; → ENFLAMMER.

◇ **s'irriter** : [plus cour.] **se mettre en colère** ◆ [fam.] **piquer une crise*** ◆ ↑ **fulminer*** ; → S'ENFLAMMER, SE FÂCHER, BOULE, BOUILLIR.

irruption → ENTRER.

isard → CHAMOIS.

islam *Le monde de l'Islam :* **islamique, musulman.** *Un adepte de l'islam :* **musulman** ◆ [partic.] **islamiste** (= qui milite à la promotion de l'islam par les moyens les plus radicaux).

islamique, islamiste → ISLAM.

isolable → SÉPARABLE.

isolation, isolé → ISOLER.

isolement ① [de isoler ①] : **quarantaine, internement ;** → EMPRISONNEMENT. ② → SOLITUDE.

isolément → SÉPARÉMENT.

isoler ① [~ qqn] *On a dû isoler ce malade :* [partic.] **mettre en quarantaine** (= isoler en raison d'une maladie contagieuse) ◆ ↑ **séquestrer** (= isoler et enfermer) ; → ÉCARTER, INTERNER. ② *On ne peut isoler la pollution de l'industrialisation :* **dissocier*, considérer à part** (*... considérer qqch à part de qqch*) ◆ [didact.] **abstraire ;** → SÉPARER. ③ *Isoler une pièce, une maison :* [partic.] **insonoriser.**

◇ **isolé** ① [qqn est ~] *Je me sens isolé dans ce village :* [plus génér.] **seul*.** ② [qqch est ~] → ÉCARTÉ, SOLITAIRE I, PERDU, UNIQUE.

◇ **s'isoler** ① → SE BARRICADER. ② → S'ABSTRAIRE DE.

◇ **isolation** [de isoler ③] : **insonorisation.**

israélite → JUIF.

issu → SORTIR I.

issue ① → PORTE, SORTIE. ② → ABOUTISSEMENT, RÉSULTAT. ③ → SOLUTION.

itinéraire ① → PARCOURS, ROUTE. ② → CHEMINEMENT.

itinérant → AMBULANT.

itou → AUSSI.

IVG → AVORTEMENT.

ivoire → BLANC I.

ivre ① → S'ENIVRER. *Quand on a trop bu, on est ivre :* ↑ **ivre mort** ◆ [fam.] ↑ **soûl** (qui peut être renforcé par des comparaisons : *soûl comme une bourrique, comme un Polonais, comme un cochon*) ◆ **aviné** (qui se dit de celui qui a bu trop de vin) ◆ [euphém. fam.] **imbibé,** [euphém. sout.] **pris de boisson** ◆ [très fam.] ↑ **bourré, plein, noir, rond, paf, schlass, givré, beurré, pinté, torché** ◆ [express.] **rond comme une queue de pelle.** *Être ivre :* ↑ **ne plus tenir debout** ◆ ↓ **gris, éméché** ◆ [plus fam.] **parti, pompette** ◆ [express. fam.] **avoir un coup, un verre dans le nez ;** → GAI. ② [~ de qqch] → FOU.

◇ **ivresse** ① *Bon ou non, le vin mène à l'ivresse :* ↓ **ébriété.** L'alcoolisme ou [didact.] **éthylisme,** [péj.] **ivrognerie** désignent plus exactement la **dépendance alcoolique, éthylique** (= consommation excessive et régulière d'alcool). *État d'ivresse :* [très fam.] **beurrée, cuite, biture.** ② *Cette musique l'avait plongé dans une ivresse délicieuse :* **enivrement, griserie, exaltation** ◆ ↑ **extase, ravissement ;** → EUPHORIE, ÉMERVEILLEMENT.

◇ **ivrogne** *Elle a épousé un ivrogne :* [moins péj.] **buveur** ◆ **alcoolique,** [fam.] **alcoolo,** [didact.] **éthylique** ◆ [très fam.] **pochard, poivrot, soûlaud, soûlard** ◆ [fam.] **boit-sans-soif, pilier de cabaret, sac à vin, soif-fard,** [rare] **soûlographe ;** → INTEMPÉRANT.

◇ **ivrognerie** → IVRESSE, INTEMPÉRANCE.

ivresse, ivrogne, ivrognerie → IVRE.

JK

jacasser ① *La pie jacasse* : [moins cour.] **jaser.** ② *Les enfants jacassaient dans la cour* [fam.] : **bavarder*.**

jachère *Un terrain en jachère* : **friche*.**

jacquerie *Les anciennes jacqueries des paysans* : **révolte*.**

jactance *Faire preuve de jactance* [litt.] : [cour.] **vanité*.**

jadis *Au temps jadis* : → ANCIENNEMENT, AVANT.

jaillir ① *Le sang a jailli de la blessure* : **gicler** ; → COULER. ② *Les bourgeons jaillissent de la branche* : [plus cour.] **sortir.** *Le clocher jaillit au-dessus des toits* : [sout.] **pointer** ◆ [moins express.] **s'élever** ; → S'ÉLANCER. ③ *Des cris jaillissaient de la foule* : **fuser** ; → MONTER I. ④ *La vérité jaillit parfois de la bouche des enfants* : **surgir** ◆ [plus cour.] **↓ sortir*.** *La vérité a jailli et l'affaire est maintenant claire* : **se dégager*** (qui n'implique pas la soudaineté) ; → JOUR.

◇ **jaillissement** ① *On voyait des jaillissements de vapeur* : [plus cour.] **jet, projection.** ② *La discussion a entraîné un jaillissement d'idées* : **explosion.**

jaillissement → JAILLIR.

jalon ① [pl.] *Planter des jalons pour indiquer un trajet* : [plus génér.] **marque** ◆ [partic.] **balise, repère.** *Nous avons posé, planté des jalons pour rapprocher les points de vue* : **préparer le terrain.** ② [sing.] *Ce n'est que le premier jalon* : **commencement*.**

◇ **jalonner** ① *Jalonner un chemin pour les marcheurs* : [partic.] **baliser.** ② *Les succès jalonnent sa carrière* : **↓ marquer.**

jalonner → JALON.

jalousement → JALOUX.

jalouser → ENVIER.

jalousie ① *Éprouver de la jalousie* : **envie.** ② *Fermer une jalousie* : → PERSIENNE, STORE, VOLET.

jaloux ① *Être jaloux du succès de quelqu'un* : **envieux*.** ② *Un mari jaloux* : **↓ soupçonneux*** ; → AIMANT. ③ *Être jaloux de son indépendance* [litt.] : [plus cour.] **soucieux*.**

◇ **jalousement** : **précieusement.**

jamais *Riches ? Nous ne le serons jamais !* : **en aucune façon*,** [express. fam.] **quand les poules auront des dents, à la saint-glinglin*.** *Si jamais* : → CAS. *À jamais. Partir à jamais* [sout.] : [plus cour.] **définitivement*, sans retour, pour toujours*** ; → ÉTERNITÉ. *On ne le voit presque jamais* : **rarement** (*on le voit rarement*), [moins cour.] **guère** (*on ne le voit guère*).

jambage → MONTANT I.

jambe ① *Il est paralysé des deux jambes* : [didact.] **membre* inférieur.** *J'ai mal à la jambe* : [fam.] **patte, guibolle** ◆ [pl., fam.] **flûtes, quilles, échasses** (qui ne se dit que de très grandes jambes). *Elle a de belles jambes* : [fam.] *Il m'a félicité, cela me fait une belle jambe !* [fam.] : [cour.] **cela ne sert à rien ;** → INUTILE. *Prendre ses jambes à son cou* : → PARTIR I. *S'en aller à toutes jambes* : **très vite***. *Prendre les choses par-dessus la jambe* : avec mépris* ; → NÉGLIGER, SABOTER. *Ne plus sentir ses jambes*, [fam.] *en avoir plein les jambes* : **être très fatigué***. *Avoir les jambes comme du coton, qui flageolent* [fam.] : [cour.] **être faible**. *Traîner la jambe* : [fam.] **traîner la patte**. *Tirer dans les jambes* : → NUIRE. *Tenir la jambe à qqn* [fam.] : → RETENIR. *Faire des ronds de jambe* : **faire des manières***.

jambon → CUISSE.

japper *Le petit chien jappait* : **glapir** (qui indique la brièveté du cri) ; → ABOYER.

jaquette → COUVERTURE.

jardin ① *Il entretient son jardin* : [plus précis] **potager** (= culture des légumes), **verger** (= culture des arbres). *Abriter des plantes dans le jardin d'hiver* : [plus génér.] **serre**. *On donnait des concerts dans le jardin public* : ↑ **parc** (= grand jardin privé ou public). ◆ **square** (= jardin toujours public). ② *Jardin d'enfants* : **école maternelle** (qui succède au jardin d'enfants) ◆ **garderie** (qui implique seulement l'idée de surveillance et non celle d'éducation). ③ *Les animaux du jardin zoologique* : [plus cour.] **zoo**. ④ *Jeter une pierre dans le jardin de qqn* : **attaquer***.

◇ **jardinage** *Le jardinage occupait ses loisirs* : [didact.] **horticulture**.

◇ **jardinier** *Le jardinier taillait ses arbres* : [partic.] **arboriculteur, horticulteur, maraîcher, pépiniériste** ; → AGRICULTEUR.

jardinage, jardinier → JARDIN.

jardinière → MACÉDOINE.

jargon ① *Les jargons ne sont pas compris des non-initiés* : [partic.] **argot, langue verte*** (= jargon des malfaiteurs) ◆ **javanais** (qui désigne un argot où l'on intercale *va* ou *av* dans les mots : *mavariave* pour *mari*) ◆ **verlan** (qui désigne un argot

où l'on inverse les syllabes dans certains mots : *ripou* pour *pourri*). ② *La médecine, comme toute profession constituée, a aussi son jargon* : [plus péj.] **argot** ◆ [plus génér., péj.] **langue de bois**. ③ → GALIMATIAS.

jaser

I ① *Interrogez-le discrètement pour le faire jaser* [fam., vieilli] : [plus cour.] **bavarder***. ② *Les gens jasent de votre conduite* : **médire**, [plus génér.] **critiquer**.

II *Les moineaux jasaient dans la haie* : [plus cour.] **gazouiller**. *La pie et le geai jasent* : [plus cour.] **jacasser***.

jasper → BARIOLER.

jauge *La jauge d'un navire* : **contenance***.

jauger ① *Jauger qqn d'un coup d'œil* : **évaluer, juger***. ② → MESURER.

◇ **se jauger** → S'ÉTUDIER.

jaune

I ① [adj. et n.m.] *Pouvez-vous distinguer ces différentes sortes de jaune ?* : **jaune d'or, jaune citron, coing, miel, mirabelle, safran, soufre** ◆ **fauve** (qui se dit d'une couleur tirant sur le roux). *Être jaune comme un citron* : **très jaune**. *Devenir jaune* : **jaunir***. ② *Votre plaisanterie l'a fait rire jaune* : **d'un rire forcé**.

II [n.] *Les jaunes ont forcé les portes de l'usine* [péj.] : [cour.] **briseur de grève**.

jaunir *Le papier avait jauni avec le temps* : **devenir jaune*** ◆ ↓ **pâlir**.

jaunisse *Faire une jaunisse* : → DÉSAPPOINTEMENT.

java *Faire la java* [fam.] : [cour.] **fête*** ; → NOCE.

javelle → BOTTE, FAGOT.

javelot *Être armé d'un javelot* : **pique***.

jean *Porter des jeans, être en jean(s)* : → PANTALON.

jean-foutre → JE-M'EN-FOUTISTE.

je-m'en-foutisme → FRIVOLITÉ.

je-m'en-foutiste *Ne comptez pas sur lui, c'est un je-m'en-foutiste* [fam.] : **jean-foutre** ; → FRIVOLE.

jérémiade *Cessez vos jérémiades* [fam.] : [plus cour.] **pleurnicherie***, [plus génér.] **plainte***.

jéroboam → BOUTEILLE.

jésuitisme → FAUSSETÉ.

jet

I ① *Un jet de vapeur* : **jaillissement***. ② *Le lanceur de disque a réussi un jet magnifique* : **lancer**. *Il a écrit son texte d'un jet, d'un seul jet* : **d'un coup, sans retouches**. *Il faut améliorer ce premier jet* : **ébauche, esquisse ♦** [partic.] **amorce** (= manière de commencer qqch). *Il débitait ses plaisanteries à jet continu* : **sans s'arrêter**.

II [anglic.] → RÉACTION.

jetée → DIGUE.

jeter ① [~ qqch] *Il m'a jeté un verre d'eau à la figure* : **lancer, envoyer***, [fam.] **balancer**. *La mer a jeté les navires sur les rochers* : **précipiter ♦ ↓ pousser, ↓ rejeter ♦ ↑ projeter**. *Jeter quelques mots sur le papier* : **noter** ; → ÉCRIRE. *Jeter une lettre à la boîte* : **mettre*** ; → ADRESSER*. *Jeter un pont sur une rivière* : **construire**. ② [~ qqch] *Il faut jeter tous les vieux papiers* : **se débarrasser de, se défaire de** (qui impliquent que la chose à jeter est encombrante) **♦** [fam.] **balancer, bazarder**. *Il jette l'argent par les fenêtres* : **dilapider, gaspiller** (*il dilapide, gaspille l'argent*). ③ [~ qqn] *Jeter qqn à terre* : [plus sout.] **terrasser**. ④ *C'est trop difficile, je jette l'éponge* : **abandonner, renoncer**. *Jeter dans l'embarras* : → PLONGER II. *Jeter un cri* : → POUSSER II. *Jeter à la tête* : → REPROCHER. *Jeter le trouble dans l'esprit de qqn* : **provoquer, semer***. *Jeter un œil par la fenêtre* : **regarder***. *Jeter à bas* : → RENVERSER. *Jeter dehors* : [fam.] **mettre, flanquer à la porte, vider ♦** [cour.] **renvoyer* ♦** [sout.] **congédier*** ; → CHASSER. *En jeter* : → ALLURE. *Jeter son dévolu* : → CHOISIR. *Jeter la lumière sur une affaire* : → RÉPANDRE.

◊ **se jeter** ① [~ dans qqch] *Se jeter dans une affaire* : **↓ s'engager***. *Il s'est jeté à corps perdu dans les affaires* : **se lancer**. ② [qqch ~ dans qqch] *Le fleuve se jette dans la mer* : → ABOUTIR. ③ [~ sur qqn, qqch] *Le chien s'est jeté sur lui* : **attaquer ♦ ↓ sauter**. *Se jeter sur sa proie* : **↑ fondre** ; → S'ABATTRE. *Se jeter sur son adversaire* : **↓ tomber**, [fam.] **voler dans les plumes*** ; → SE RUER. ④ *Il s'est jeté à ses genoux en le suppliant* : **se précipiter ♦ ↓ tomber ♦** [plus génér.] **↓ se mettre** ; → S'AGENOUILLER. *Ils se jetèrent dans les bras l'un de l'autre* : **tomber ♦** [sout.] **s'embrasser**.

jeteur *Jeteur de sorts* : → SORCIER.

jeton ① *Faux jeton* : → FAUX I. ② *Avoir les jetons* : → PEUR.

jet-set → SOCIÉTÉ I.

jeu → JOUER.

I ① *Il se livre à son jeu favori* : [plus génér.] **distraction*, passe-temps ♦** [partic., fam.] **batifolage**. *Les jeux des enfants dans le jardin* : [sout.] **ébats**. ② *Des jeux scientifiques* : **jouet**. *Il aime les jeux de mots* : **calembour** ; → PLAISANTERIE*.

II *Pour lui, trouver la solution ne fut qu'un jeu, un jeu d'enfant* : **être facile**. *Gagner le jeu* : → PARTIE IV. *Ses intérêts entrent en jeu* : → JOUER. *Mettre sa réputation en jeu* : **risquer*** ; → MISER. *Se piquer au jeu* : → SE PASSIONNER. *Être en jeu* : → Y ALLER* (IV) DE. *D'entrée de jeu* : → D'ENTRÉE. *Il a fait cela par jeu* : **gratuitement**.

III *Le jeu d'un acteur* : → INTERPRÉTATION, MANIÈRE I. *C'est un peu vieux jeu* : **démodé**. *Jouer double jeu* : → DOUBLE. *Faire le jeu de qqn* : → INTÉRÊT. *On comprend bien son jeu* : **manège, manœuvre** (qui impliquent la tromperie, la ruse).

IV *Laissez-moi un peu plus de jeu pour agir comme je l'entends* : **marge***, [moins express.] **liberté**.

jeun (à) *Être à jeun*, c'est **ne pas avoir mangé*** ; *rester à jeun*, c'est **ne pas manger***. *Il est à jeun depuis hier* : [fam.] **avoir le ventre* creux, vide**. *Il reste à jeun pour une prise de sang* : **jeûner**.

◊ **jeûne** *Ces jeûnes répétés l'ont exténué :* **diète** (= privation de nourriture par nécessité médicale) ◆ **abstinence** (= privation volontaire de nourriture par soumission à une règle religieuse) ; → ASCÈSE.

jeune

I [adj.] ① [qqn est ~] *Il est un peu jeune pour se marier :* [péj. ou iron.] **jeunet, jeunot.** *Rester jeune :* → RIDE. *Vous êtes bien jeune pour avaler ça !* [fam.] : [cour.] **candide, naïf.** *Il est jeune dans le métier :* **inexpérimenté, novice ;** → TENDRE I. *Un jeune homme :* → ADOLESCENT, GARÇON. *Une jeune fille :* → ADOLESCENT, FILLE. ② [qqn est~ jeune :* [partic.] *Dupont jeune :* [partic.] **fils, junior.** *C'est le plus jeune des deux :* **benjamin, cadet.** ③ [qqch est ~] *Un air jeune :* → JUVÉNILE. ④ [qqch est ~] *Cette industrie est encore jeune :* **nouveau*.** *Des montagnes jeunes :* **récent.** *Un vin jeune :* **vert*.** ⑤ [qqch est ~] *C'est un peu jeune comme argument* [fam.] : **court*, maigre** ◆ [cour.] **insuffisant, juste, léger.**

II [n. pl.] *Les jeunes d'aujourd'hui :* **jeunes gens, jeunesse ;** → ADOLESCENT*, GENS.

◊ **jeunesse** ① → JEUNE II. ② *Mes jambes ont perdu de leur jeunesse :* **vigueur.** *Cet homme a encore beaucoup de jeunesse pour son âge :* [plus sout.] **verdeur,** ↓ **fraîcheur.** *En pleine jeunesse :* → ÂGE. *Donner un air de jeunesse :* **renouveler.**

jeûne, jeûner → JEUN (À).

jeunesse, jeunet, jeunot → JEUNE.

joaillerie → BIJOUTERIE.

joaillier → BIJOUTIER.

job *Trouver un job :* → MÉTIER, TRAVAIL II.

jobard → NAÏF, NIAIS.

jockey → CAVALIER.

jogging ① *Faire son jogging :* → COURSE. ② *Enfiler un jogging :* **survêtement.**

joie ① *Éprouver une joie intense, profonde :* ↓ **contentement, plaisir, satisfaction** ◆ ↑ **allégresse, jubilation,** [litt.] **exultation.** *Quelle joie d'être ensemble !* : **délice*.** *La joie des retrouvailles :* → GAIETÉ. ② *Tout*

le monde était dans la joie : **liesse** (qui se dit d'une joie collective : *en liesse*). ③ [pl.] *Elle se contentait des petites joies de la vie :* **plaisirs, satisfactions,** [plus rare] **douceurs** ◆ **agréments** (qui rendent la vie plus agréable). ④ *Être fou de joie :* ↑ **exulter, jubiler.** *Il fut transporté de joie par la nouvelle :* **être aux anges ;** → BONHEUR. *Votre réussite me met en joie :* **réjouir.** *Joie de vivre :* → ENTRAIN. *Quand aurons-nous la joie de vous revoir ? :* [plus cour.] **plaisir.** *Rayonnant de joie :* → RADIEUX. *Fille de joie* [vx] : → PROSTITUÉE.

◊ **joyeux** ① [adj.] *Se sentir joyeux :* [fam.] **jouasse ;** → GAI*. *Sa mine joyeuse nous détend :* **réjoui** ◆ ↑ **radieux.** *Une humeur joyeuse :* **allègre, jovial.** *Joyeux anniversaire !* : **heureux.** *C'est un compagnon toujours joyeux :* **enjoué** ◆ ↓ **agréable.** ② [n.f. pl.] → TESTICULE.

joindre ① [~ qqch à qqch] *Joindre deux initiales sur une bague :* **unir** ◆ **accoler** (qui implique seulement qu'elles se touchent). *Un pont joint l'île à la côte :* **réunir** ◆ [plus cour.] **relier.** *Joindre un tuyau à un autre :* **raccorder** ◆ [plus précis] **aboucher.** ② [qqn ~ qqch] *Joignons nos efforts pour réussir :* **conjuguer, unir.** *Joindre ses lettres :* → LIER. ③ [~ qqch à qqch] *Veuillez joindre cette pièce à mon dossier :* **annexer ;** → AJOUTER. *Joindre l'imagination à l'intelligence :* **allier, associer ;** → MARIER II, MÊLER.** ④ *Joindre les deux bouts. Ils ne parviennent pas à joindre les deux bouts :* **boucler le mois, s'en sortir, s'en tirer** ◆ ↑ **tirer le diable par la queue.** ⑤ [~ qqn] → CONTACTER, TOUCHER I, RENCONTRER.

◊ **se joindre** ① *Il s'est joint au cortège :* **se mêler, rejoindre.** *Se joindre à une conversation :* **participer ;** → S'ASSOCIER. *Il s'est joint à l'association :* [plus cour.] **adhérer.** ② → SE RACCORDER.

◊ **jointure** *Faire craquer ses jointures :* **articulation.** *La jointure des deux pièces est parfaite :* **charnière** (qui se dit d'une attache articulée).

◊ **jonction** *Le point de jonction des deux routes* [sout.] : **point de rencontre.** *La jonction entre deux villes :* **liaison.** *Les troupes ont opéré leur jonction :* → SE REJOINDRE.

joint

La jonction de deux rivières : [plus cour.] **confluent.**

joint

I ① [adj. et adv.] *Vous trouverez ci-joint une copie du document* : **ci-inclus.** ② [adj.] *Des éléments bien joints* : **uni.** *Une explication jointe à la demande* : **ajouté.** ③ [n.m.] *Trouver le joint* : → **FORMULE.**

II [n.m.] *Fumer un joint* : → **HASCHISCH.**

jointure → JOINDRE.

joli

I [adj.] ① [qqn, qqch est ~] *Une jolie femme, une jolie maison* : → **BEAU, ÉLÉGANT.** *Un joli nez, un joli bébé* : → **MIGNON.** ② [qqch est ~] *C'est une bien jolie robe* : ↑ **ravissant.** *Une jolie ville* : → **CHARMANT.** ③ [qqch est ~] *Il a une jolie situation* : [postposé] **avantageux, intéressant.** *Il a réalisé de jolis bénéfices* : [fam.] **coquet, sacré.** ◆ [cour.] **important.** ④ [adv.] *Ces fleurs font joli sur le balcon* : **bien.**

◇ **joliment** *Il s'est joliment trompé* : [fam.] **drôlement,** [cour.] **bien ;** → **BEAUCOUP, TRÈS.**

II [n.m.] *Eh bien ! c'est du joli !* : **propre.** *Ça risque de faire du joli* : **vilain.**

joliesse → BEAUTÉ.

joliment → JOLI I.

jonc → BRACELET.

joncher → COUVRIR, SEMER II.

jonction → JOINDRE.

jongler → JOUER I.

joue (en) *Il mit en joue son fusil* : [plus cour.] **épauler.** *Il tenait, mettait en joue la cible* : **viser.**

jouer → JEU.

I [v.i.] ① [qqn ~] *Les enfants jouent dans la cour* : **s'amuser*.** ② [qqn ~] *Elle a joué dans une pièce de théâtre* : **interpréter, tenir un rôle ;** → **ACTEUR.** *La troupe joue à Lyon* : → **SE PRODUIRE.** ③ [qqch ~] *Les questions d'argent ne jouent pas entre eux* : **intervenir, entrer en jeu.** *Sa gen-*

tillesse joue en sa faveur : **agir.** *Le bois a joué* : → **TRAVAILLER.**

II [v.t.] ① [qqn ~ qqch] *Il a joué cent euros sans rien gagner* : **miser ;** → **PARIER.** ② [qqn ~ qqch] *Il joue sa réputation* : **exposer, risquer.** *Jouer son va-tout* : → **SE DÉCIDER.** ③ [qqn ~ qqch] *Elle a su jouer ce personnage* : **incarner.** *Jouer une sonate* : **interpréter ;** → **SONNER** ②. *La troupe a joué la pièce hier* : **représenter.** *Jouer la douleur* : [plus cour.] **feindre, simuler ;** → **MIMER.** ④ [qqn ~ qqn] *Il ne s'est pas méfié et on l'a joué* : [sout.] **berner, duper** ◆ [plus cour.] **tromper*** ◆ [fam.] **rouler ;** → **LEURRER.**

III [v.t. ind.] ① [~ à qqch] *Jouer au football* : **pratiquer** (*pratiquer le football*). *Jouer à la Bourse* : → **SPÉCULER.** *Jouer au savant* : → **POSER III.** ② [~ avec] *Elle joue avec sa poupée* : [langage enfantin] **faire joujou.** *Jouer avec sa santé* : **risquer*.** *Il joue avec les chiffres* : **jongler.** ③ [~ sur qqch] *Jouer sur un cheval* : **miser, parier.** ④ [~ de qqch] *Il a joué de son influence pour obtenir une place* : **user** (qui n'implique pas l'idée d'habileté contenue dans *jouer*). ⑤ *Jouer sur le velours* [fam.] : [cour.] **à coup sûr.**

◇ **se jouer** ① *Il s'est joué de nous* : **abuser, tromper ;** → **S'AMUSER.** ② *Il a réussi ses examens en se jouant* : [plus cour.] **aisément, facilement.**

jouet ① *Elle a reçu beaucoup de jouets à Noël* : [langage enfantin] **joujou.** *Des jouets éducatifs* : **jeu*.** ② *Être le jouet de qqn* : → **ESCLAVE.**

joueur → ÉQUIPIER.

joufflu → BOUFFI.

joug → OPPRESSION.

jouir ① *Jouir de la vie* : **profiter de, goûter, savourer.** ② *Cette région jouit d'un ciel très lumineux* [sout.] : **bénéficier de** ◆ [cour.] **avoir ;** → **CONNAÎTRE.** *Jouir d'une santé de fer, d'un bien* : **posséder*.** ③ *Éprouver un plaisir sexuel* : **avoir, prendre du plaisir.**

◇ **jouissance** ① *Les jouissances de la vie* : **délices** ◆ ↑ **volupté** ◆ ↓ **satisfaction ;** → **PLAISIR.** ② *Avez-vous la jouissance de la totalité de cette maison ?* : **usage ;** → **POSSESSION.**

◇ **jouisseur** *C'est un jouisseur* : [sout.] **épicurien, hédoniste** ◆ [cour.] **viveur, bon vivant, noceur, fêtard,** [vieilli] **bambocheur** (qui évoquent le goût de la fête) ◆ [péj.] **paillard, libertin, débauché** (qui évoquent le goût des plaisirs sexuels).

jouissance, jouisseur → JOUIR.

joujou *Faire joujou* : → JOUER I. *Un joujou* : → JOUET.

jour ① *Je l'ai attendu tout le jour ; passer des jours entiers à attendre* : **journée** (qui se dit d'une durée de 24 heures remplie par diverses activités : *on compte les jours, mais on occupe ses journées*). *Le lever du jour* : → SOLEIL. ② *Les températures du jour* : [partic.] **diurne** (*des rapaces diurnes*). ③ *C'était le jour où j'étais malade* : **fois.** *Je vais noter le jour* : [plus précis] **date*.** ④ [sing.] *C'est clair comme le jour, votre explication* : **évident*.** *Mettre, montrer qqch au grand jour* : **découvrir ;** → LUMIÈRE*. *La vérité commence à se faire jour* : **apparaître, se dégager,** [sout.] **transparaître ;** → SE MANIFESTER. *Voir les choses sous un jour nouveau* : → ÉCLAIRAGE. *Être dans un bon, mauvais jour* : → HUMEUR. *Des œufs du jour* : → FRAIS. *Il doit venir d'un jour à l'autre* : **bientôt, incessamment.** *On met régulièrement à jour cette encyclopédie* : **actualiser ;** → MODERNISER, REFAIRE, RÉFORMER. *Mise à jour* : → MODERNISATION. *Elle a donné le jour à des jumeaux* [sout.] : **enfanter ;** → DONNER LA VIE* À, ACCOUCHER. *Cela ne durera qu'un jour* : **moment.** *Il a changé d'avis du jour au lendemain* : **brusquement ;** → SOUDAIN II. *Les camions roulaient nuit et jour* : **continuellement, sans cesse ;** → SANS ARRÊT*. *Voir le jour* : → COMMENCER. *Vivre au jour le jour* : **à la petite semaine.** *Si un jour…* : → D'AVENTURE. *Un jour ou l'autre* : → TÔT OU TARD. *Voilà des choses qui arrivent tous les jours* [pl.] : **couramment.** *De nos jours* : **aujourd'hui, au jour d'aujourd'hui ;** → ACTUELLEMENT. ⑤ *Un jour dans un mur* : → FENTE, VIDE II.

◇ **journellement** *Il étudie journellement les cours de la Bourse* : [plus cour.] **quotidiennement** ◆ **toute la journée, à longueur de jour** (qui insistent sur la durée de l'action).

◇ **journalier** ① *Le travail journalier, les tâches journalières* [rare] : [cour.] **quotidien.** ② → TRAVAILLEUR II.

journal ① *Il lit un journal chaque matin* : **quotidien** (qui s'oppose à *hebdomadaire*) ◆ [vx] **gazette** ◆ [fam.] **canard** ◆ [didact.] **organe** (qui se dit d'un journal d'un parti politique) ; → PÉRIODIQUE. *Lire les journaux* : **la presse.** *Le journal télévisé* : → ACTUALITÉ*, INFORMATION. *C'est l'heure du journal* : **nouvelles.** ② *Écrire un journal* : [anglic.] **blog** (= journal tenu sur Internet). *Journal de bord* : → LIVRE.

◇ **journaliste** : **reporter** (qui se dit de celui qui recueille à l'extérieur des informations pour son journal) ◆ **chroniqueur** (qui se dit de celui qui tient régulièrement une chronique particulière : mode, littérature) ◆ **échotier** (qui désigne le journaliste chargé des nouvelles mondaines ou locales) ◆ **rédacteur** (qui est attaché à la **rédaction*** d'un journal) ◆ **pigiste** (qui s'applique à un journaliste rétribué à la ligne) ◆ **correspondant** (qui désigne un journaliste qui transmet au siège du journal des articles du lieu où il se trouve : *un article de notre correspondant à Tokyo*) ◆ **localier** (qui se dit d'un correspondant local du journal).

journalier → JOUR.

journaliste → JOURNAL.

journée → JOUR, JOURNELLEMENT, DU MATIN AU SOIR*.

journellement → JOUR.

joute *Des joutes politiques* : → DUEL, LUTTE.

jouxter → VOISIN.

jovial *Une humeur joviale* : **gai*, joyeux*.** ◇ **jovialement** : **gaiement, joyeusement.**

jovialité → GAIETÉ.

joyau → BIJOU.

joyeusement → GAIEMENT, JOVIALEMENT.

joyeux, jubilation → JOIE.

jubilé → CINQUANTENAIRE.

jubiler ① *Il jubile à l'idée de partir en vacances* [fam.] : [cour.] **être fou de joie***, **se réjouir***. ② → TRIOMPHER.

jucher (se) → MONTER I, SE PERCHER.

judas → DÉLOYAL, TRAÎTRE.

judicieusement → À BON ESCIENT*, SAINEMENT.

judicieux *Des conseils judicieux* : [plus cour.] **sage** ; → BON I, PERTINENT. *Choisir le moment le plus judicieux* : [plus cour.] **convenable***.

juge ① *Le juge d'un tribunal administratif* : [génér.] **magistrat.** *Aller devant le juge pour régler un différend* : **tribunal.** ② *Prenez-le pour juge, il est impartial* : **arbitre.**

jugement → JUGER I.

jugeotte → JUGEMENT.

juger

I [v.i.] ① *Il appartiendra au tribunal de juger* : **rendre justice, rendre un jugement, une sentence, un verdict** ♦ **statuer** (= prendre une décision sur une affaire en vertu de l'autorité que l'on a : *on statue sur qqch*) ♦ **arbitrer** (= régler une affaire à la demande des parties en conflit). ② *C'est un cas bien difficile à juger* : ↑ **trancher** ; → RÉSOUDRE*. *C'est à lui de juger ce qu'il faut faire* : **décider*.**

◇ **jugement** ① *Le tribunal a rendu son jugement* : **verdict, sentence** ; → ARBITRAGE. ② *Je m'en remets à votre jugement* : **avis*** ; → APPRÉCIATION, IDÉE. ③ *C'est quelqu'un qui ne manque pas de jugement* : [fam.] **jugeote** ; → ESPRIT, FINESSE, CLAIRVOYANCE, BON SENS*.

II [v.t.] ① [~ qqn] *Je n'admets pas qu'on me juge au premier coup d'œil, sans me connaître* : **jauger** ♦ [plus péj.] **cataloguer, étiqueter** ♦ [partic.] **toiser** (= regarder avec mépris) ; → REGARDER*. *Vous êtes bien obligé de juger cet élève* : **estimer la valeur de, évaluer** ; → EXAMINER*, CRITIQUER.

② [~ qqn + adj.] *Je ne le juge pas capable d'une telle action* : → CROIRE, ESTIMER III. *Juger qqn prétentieux* : → TROUVER. ③ [~ de qqch] *Jugez de mon étonnement !* : **imaginer***, [plus cour.] **se rendre compte de.** ④ *Juger bon de* [+ inf.] → PLAIRE.

◇ **se juger** *Il se jugea humilié* : [plus cour.] **se considérer, s'estimer** ; → SE SENTIR.

juguler *Juguler une épidémie* : → ARRÊTER I, ENRAYER.

juif Se dit de celui qui appartient à la communauté religieuse professant la religion judaïque : **israélite** (à distinguer d'*Israélien*, qui désigne l'habitant de l'État d'Israël) ♦ **hébreu*** (= nom biblique du peuple juif) ♦ [cour., mais abusif] **sémite** (qui désigne aussi bien des Arabes ou des Éthiopiens que des Juifs) ♦ **sabra** (= Juif né en Israël) ♦ **ashkénaze** (= Juif issu d'une communauté hors de l'Europe méridionale) ♦ **séfarade** (= Juif issu d'une communauté d'un pays méditerranéen). *La haine des Juifs* : **antisémitisme** ; → RACISME.

jules *Elle est venue avec son jules* [fam.] : **mec** ♦ [plus précis, selon le contexte] **amant, mari.**

jument *Le fermier élevait des juments* : le mot désigne la femelle du **cheval ; pouliche** se dit d'une *jument* qui, tout en n'étant plus un **poulain**, n'est pas encore adulte.

junior → CADET, JEUNE.

junkie → DROGUÉ.

jupon *Un coureur de jupons* : → FEMME.

jurement → BLASPHÈME.

jurer

I [qqn ~ qqch] ① *Je te jure que c'est vrai* : ↓ **assurer,** ↓ **déclarer** ; → AFFIRMER*. *Jurer de bien se tenir* : **s'engager à** ; → PROMETTRE. ② *Dites : je le jure* : → PRÊTER* SERMENT. ③ *On jurerait un tableau de Cézanne* : ↓ **croire, dire.**

II [qqn ~] ① *Il jurait contre le retard du train* : **pester** ♦ ↓ **grogner,** [sout.] **maugréer,** [fam.] **râler.** ② *Qu'il est grossier ! Il jure sans cesse* : **blasphémer** ; → SACRER*.

III [qqch ~ avec] *Ton pantalon jure avec ta veste* : **détonner** ◆ [litt.] **dissoner** ; → ALLER ENSEMBLE*.

juridiction → TRIBUNAL.

juridique, juriste → DROIT IV.

juron → BLASPHÈME.

jus [fam.] ① *Tomber au jus* : **eau**. ② *Boire un jus* : **café**. ③ *Il n'y a plus de jus* : **courant** ; → ESSENCE. ④ *Son jus était un peu long* [vieilli] : [fam.] **topo** ◆ [cour.] **exposé** ; → DISCOURS. ⑤ *Ça ne vaut pas le jus* : → PEINE.

jusant → REFLUX.

jusqu'au bout → À FOND.

jusqu'au-boutisme, jusqu'au-boutiste → EXTRÉMISME, EXTRÉMISTE.

juste

I [qqn, qqch est ~] Conforme à la justice : → ÉQUITABLE, HONNÊTE. *Vous avez là une juste raison de vous alarmer* [sout.] : [plus cour., postposé] **fondé, légitime** ; → VRAI.

II [qqch est ~] Conforme à une norme. *Une réponse juste* : **adéquat, approprié, exact*** ◆ ↓ **convenable*** ; → CORRECT. *Une expression juste* : ↑ **heureux**, ↑ **réussi** ; → PERTINENT. *Le mot juste* : → PROPRE II. *L'heure juste* : **exact** ; → PRÉCIS I. *Estimer les gens à leur juste valeur* : **vrai, véritable, réel**.

III [adv.] *Que voulez-vous dire au juste ?* : → EXACTEMENT. *Juste au moment où je partais* : → À L'INSTANT* OÙ. *Il est arrivé juste* : → PILE, POINT IV. *Répète cela juste une fois* : **rien que**. *Juste dans* : → EN PLEIN*. *Il sait tout juste lire* : **à peine** ; → MODESTEMENT. *Il a tout juste vingt ans* : **à peine** ; → SEULEMENT.

IV [qqch est ~] *Vous n'avez rien à ajouter ? C'est un peu juste* : → COURT, JEUNE. *Un vêtement trop juste* : → ÉTROIT. *Il a réussi, mais c'était juste !* [fam.] : **de justesse, tangent**.

justement

I *Vous avez apprécié le problème justement* : **correctement, avec justesse** ; → CONVENABLEMENT*. *Il répondait justement à toutes les objections* : **avec pertinence, avec à-propos** ; → RAISON. *C'est justement ce qu'il a prétendu* : **exactement**.

II [en tête de phrase] *Justement, il me disait que vous seriez en retard* : [moins cour.] **précisément**.

justesse ① *La justesse d'un raisonnement* : → EXACTITUDE. *Reconnaissons la justesse de ses reproches* : **bien-fondé** ; → CORRECTION*, VÉRITÉ*. ② *La collision a été évitée de justesse* : **de peu, in extremis, au dernier moment** ◆ [fam.] **d'un cheveu**. *Il a gagné de justesse* : [fam.] **à l'arraché, ric-rac** ; → JUSTE IV. *Avec justesse* : → JUSTEMENT.

justice [de juste I] *Vous avez agi avec justice* : **équité** ; → DROIT*, PROBITÉ. *Aimer la justice* : → BIEN III. *Rendons-lui cette justice qu'il a fait ce qu'il a pu* : **avouer, reconnaître**. *Il a fait justice de cette erreur* [sout.] : [plus cour.] **récuser, réfuter**. *Se faire justice* : [en partic.] **se suicider** ; → SE VENGER.

justifiable → DÉFENDABLE.

justification ① *Quelle justification donnez-vous de votre conduite ?* : ↓ **excuse** ◆ **explication** (qui éclaire sur la conduite) ; → PLAIDOYER, RAISON II. ② *Demander, donner des justifications à qqn* : **compte**.

justifié → LÉGITIME.

justifier ① [~ qqn] *Nous avons en vain tenté de le justifier* : **défendre** ◆ ↑ **disculper**, ↑ **innocenter**, ↑ **mettre hors de cause** ◆ [fam.] **blanchir, couvrir** ; → ACQUITTER, LAVER. ② [qqn ~ qqch] *N'essayez pas de justifier ses sottises* : ↓ **excuser**. *Justifiez vos critiques* : **fonder, motiver** ; → EXPLIQUER*. ③ [qqch ~ qqch] *Nos craintes étaient justifiées* : **fonder**. *Le temps a justifié nos espoirs* : **vérifier**. ④ [qqch ~ qqch] *La force de la loi justifie tous les abus !* : **légitimer, rendre légitime**.

◇ **se justifier** ① [qqn ~] *Se justifier d'une accusation* : **se laver**. ② [qqch ~] *Ses craintes se justifient* : → S'EXPLIQUER.

juteux ① *Une pêche très juteuse* : ↓ **fondant.** ② *C'est une affaire très juteuse* [fam.] : **payant** ♦ [cour.] **avantageux*, lucratif, rémunérateur.**

juvénile ① [qqch est ~] *Tous appréciaient son caractère juvénile* [sout.] : [cour.] **plein d'ardeur*, d'entrain** ♦ [plus génér.] **jeune.** *Lutter contre la délinquance juvénile* : **mineur** (*... la délinquance des mineurs*). ② [qqn est ~] *Malgré le temps, cet homme reste très juvénile* [sout.] : [plus cour.] **jeune, vert*, vigoureux*.**

kapok → BOURRAGE.

kermesse *C'est la kermesse annuelle à l'école laïque* : [plus génér.] **fête.**

keuf → POLICIER.

khôl → FARD.

kidnapper *Kidnapper un enfant* : **enlever** ; → VOLER II.

kidnappeur → VOLEUR.

kidnapping → ENLÈVEMENT.

kif → HASCHISCH.

kif, kif-kif *C'est du kif, c'est kif-kif* : → ÉQUIVALOIR, MÊME I et II.

kiki → GORGE I.

kilomètre *À des kilomètres* : → DISTANCE.

kinésithérapeute → SOIGNEUR.

kiosque → ÉDICULE.

kitsch → RÉTRO.

Klaxon → AVERTISSEUR.

klaxonner → AVERTIR.

knock-out ① *Le boxeur a gagné le combat par knock-out* : [cour.] **K.-O.** *Mettre qqn knock-out* : → ASSOMMER, ÉTENDRE, VAINCRE. ② *Trois heures de marche et il était knock-out* [fam.] : **K.-O., lessivé, mort, vanné** ♦ [cour.] **épuisé, très fatigué.**

knout → FOUET.

K.-O. → KNOCK-OUT.

krach → FAILLITE.

kraft → PAPIER ÉPAIS*.

kyrielle *Une kyrielle de voitures* : → QUANTITÉ, SUCCESSION, SUITE.

L

là ① *Là où* : → OÙ. ② *D'ici là* : → EN ATTENDANT. ③ *Il est trop rapide, de là ses erreurs* : **d'où.**

label *Obtenir un label* : → CERTIFICAT. *Un label écologique* : **écolabel.**

labeur → TRAVAIL.

laborieusement → LABORIEUX.

laborieux ① *C'était un artisan très laborieux* : [plus cour.] **travailleur.** *La classe laborieuse* : → OUVRIER, POPULAIRE, TRAVAILLEUR II. ② *Des recherches laborieuses* [litt.] : [cour.] **difficile, fatigant, pénible.** *On sentait que son style resterait laborieux* [péj.] : [cour.] **lourd.**

◇ **laborieusement** : **difficilement, lourdement, péniblement.**

labourable → ARABLE.

labourer *Labourer un champ* : **ameublir*, retourner.** *Un chemin labouré* : → DÉFONCER.

◇ **se labourer** *Se labourer le visage de ses ongles* : **déchirer*** ♦ ↓ **écorcher** ♦ ↑ **lacérer.**

labyrinthe *Le labyrinthe des textes juridiques* : **dédale, forêt** ♦ [péj.] **maquis ;** → DÉSORDRE. *Le labyrinthe de ses raisonnements* : **enchevêtrement.** *Un labyrinthe de ruelles* : **dédale,** [sout.] **écheveau, lacis.**

lac ① → ÉTANG. ② *Tous ses projets sont dans le lac* [fam.] : **tomber à l'eau** ♦ [cour.] **échouer*.**

◇ **lac-réservoir** → RETENUE II.

lacer → ATTACHER.

lacérer → DÉCHIRER, LABOURER.

lacet ① → CORDE. ② *Braconner en posant des lacets* : [plus cour.] **collet*** ♦ [génér.] **piège*.** ③ *Les lacets de la route* : **virage.** *Les lacets d'une rivière* : **contour ;** → MÉANDRE, SINUOSITÉ.

lâchage → ABANDON.

lâche

I ① [qqn est ~] *Faut-il qu'il soit lâche pour avoir ainsi abandonné son poste* : [sout.] **poltron, veule, couard** ♦ ↓ **faible** ♦ [fam.] **dégonflé, foireux, qui n'a rien dans le ventre** ♦ [très fam.] **péteux ;** → PEUREUX. ② [qqch est ~] *Il use des procédés les plus lâches pour asseoir son autorité* : **bas** ♦ ↓ **laid,** ↑ **abject** ♦ [sout.] **vil.**

◇ **lâcheté** ① *On cède à tous ses caprices par lâcheté* : [sout.] **veulerie** ♦ ↓ **faiblesse,** ↓ **mollesse*.** *Être prêt à toutes les lâchetés* : ↓ **compromission*.** *Avec lâcheté* : **lâchement.** ② *Les troupes ont fui par lâcheté* : [sout.] **couardise, poltronnerie ;** → PEUR. ③ *Une lâcheté* : → BASSESSE.

II [qqch est ~] *La corde restait lâche* : **détendu ;** → MOU. *Porter une veste lâche* : **flottant.**

lâchement → LÂCHE I.

lâcher ① [~ qqch] *Il faut lâcher un peu d'amarre pour que le bateau ne heurte pas le quai* : **donner du mou à.** *Lâcher les amarres* : **larguer.** *Lâcher sa ceinture d'un cran* : [plus cour.] **desserrer, relâcher.**

②[qqch ~] *Attention ! la corde commence à lâcher* : **céder** ◆ [plus génér.] **casser, se casser** ◆ [sout.] **se rompre*** ◆ ↓ **faiblir.** ③[~ qqch] *Il a lâché la pile d'assiettes* : **laisser tomber** ; → LAISSER ÉCHAPPER*. *Il a lâché une parole malheureuse* : **laisser échapper** ◆ [plus génér.] **dire.** ④[~ qqch] *Lâcher des bombes sur une ville* : → LARGUER. ⑤[~ qqn] *Elle a lâché son mari* [fam.] : **plaquer** ◆ [cour.] **abandonner*, laisser, quitter.** *Lâcher un concurrent* : → SEMER III. *Lâchez-le avant dix heures, il se lève tôt* [fam.] : [cour.] **laisser partir.** ⑥ *Lâcher pied* : → RECULER.

lâcheté → LÂCHE I.

lacis → ENTRELACEMENT, LABYRINTHE.

laconique *Un rapport laconique* : ↓ **bref, concis*** ; → RAMASSÉ. *Une réponse laconique* : → SUCCINCT.

laconisme → CONCISION.

lacs → COLLET, PIÈGE.

lacunaire *Sa documentation est lacunaire* : **incomplet** ; → IMPARFAIT, INACHEVÉ.

lacune *Des lacunes dans les connaissances* : → IGNORANCE. *Des lacunes de mémoire* : → TROU. *Une lacune dans un récit* : → MANQUE, OMISSION, VIDE II.

lad → GARÇON D'ÉCURIE*.

ladrerie → AVARICE.

lagune → ÉTANG.

laid ①[qqn est ~] *Il est très laid, laid comme un pou, laid à faire peur, à faire fuir* : ↑ **hideux, affreux, horrible, monstrueux** ◆ [fam.] **moche** ◆ ↑ **repoussant, répugnant** ◆ [sout.] ↓ **disgracié** (*disgracié par la nature*). ②[qqch est ~] *Un visage laid* : **vilain,** ↓ **disgracieux, ingrat.** ③[qqch est ~] *Ces maisons sont laides dans le paysage* : ↑ **hideux, horrible** ◆ [fam.] **moche** ◆ [rare] ↓ **inesthétique.** *C'est un assemblage assez laid de matériaux* : **informe** (qui insiste plutôt sur le caractère inachevé de qqch). ④[qqch est ~] *Il a commis les actions les plus laides sans remords* : **bas, lâche** ◆ ↑ **ignoble** ◆ [sout.] **vil, mépri-**

sable ; → ABJECT. ⑤[qqch est ~] *Que c'est laid de sucer son pouce !* : **vilain.**

◇ **laideur** ①*La laideur d'un homme* : [sout.] **hideur** ◆ [partic.] **difformité** (qui insiste sur l'absence de proportions naturelles). ②*La laideur d'une mauvaise action* : **bassesse** ◆ ↑ **ignominie,** ↑ **vilenie** ◆ [fam.] **mocheté** ; → HORREUR.

laidement → VILAINEMENT.

laideur → LAID.

laine → TOISON.

laïque ①*Une juridiction laïque* : → SÉCULIER. ②*L'enseignement laïque* : → D'ÉTAT, PUBLIC I.

laisser ①[~ qqn, qqch + inf.] *Maintenant, laissez-le partir* : **permettre de,** [sout.] **consentir** (*consentez à ce qu'il parte*). *Elle laissait voir sa gêne* : **manifester, montrer.** *Laisser tomber qqn* : → ABANDONNER. ②[qqn ~ qqch] *J'ai laissé mes clefs chez moi* : **oublier.** *Laissez le plat au chaud !* : **garder, maintenir** ◆ [moins cour.] **tenir.** *Laissez votre sac sur la table* : → DÉPOSER. ③[qqn ~ à qqn] *Il me l'a laissé à bas prix* : **céder** ; → VENDRE. *Je vous laisse une part de gâteau* : [plus précis] **réserver.** *Il a laissé tous ses biens à son neveu* : **léguer** ; → ABANDONNER, CONFIER, REMETTRE, TRANSMETTRE. *Je lui laisse encore une chance* : **accorder, donner*.** ④[qqn ~ qqn] *Il les a laissés sur le bord de la route* : [fam.] **planter** ; → LÂCHER. ⑤[qqch ~ qqch] *La crue avait laissé de la boue dans les prés* : [plus cour.] **déposer.** *Il y a laissé la vie* : [plus cour.] **perdre.** *Se laisser prendre* : → DUPE. *Laissons cela* : → PARLER. *Ne rien laisser passer à qqn* : **tolérer.** *Il s'est laissé aller* : → SE RELÂCHER, NE PLUS SE SENTIR*.

laisser-aller *Le laisser-aller de la tenue* : **négligence*, relâchement** ◆ ↑ **débraillé*.** *Le laisser-aller dans les manières* : → DÉSINVOLTURE, LIBERTÉ II. *Le laisser-aller dans le travail* : **négligence*** ◆ ↑ **incurie.**

laissez-passer : [plus partic.] **coupe-file** (= carte officielle de libre circulation) ◆ **sauf-conduit** (= carte délivrée généralement par l'autorité militaire en temps de guerre ou de troubles) ◆ **passeport** (= pièce qui certifie l'identité et permet de se rendre à l'étranger).

laiteux *Une lumière laiteuse* : **opalin ;** → BLANC I.

laïus → DISCOURS, VERBIAGE.

laïusser → DISCOURIR.

lama → PRÊTRE.

lambeau ① *Un lambeau de tissu* : → MORCEAU. ② *En lambeaux. Il rentra avec ses vêtements en lambeaux* : **en guenilles** ◆ ↓ **déchiré.** *Mettre en lambeaux* : **en pièces ;** → DÉCHIRER.

lambin → LENT, TRAÎNARD.

lambiner → S'AMUSER, TRAÎNER.

lame → VAGUE I. *Lame de fond* : → RAZ-DE-MARÉE.

lamentable *Une existence lamentable* : **déplorable* ;** → MISÉRABLE, PITOYABLE. *Quel lamentable imbécile !* : → SINISTRE, TRISTE III. *Des résultats lamentables* : ↑ **catastrophique*, désastreux ;** → MINABLE, NAVRANT, PITEUX.

◇ **lamentablement** *Échouer lamentablement* : **piteusement.**

lamentablement → LAMENTABLE.

lamentation → PLEURS.

lamenter (se) → SE PLAINDRE, PLEURER.

lampe ① → TORCHE. ② *Plein la lampe* : → MANGER I.

lampée → GORGÉE.

lamper → BOIRE.

lampiste → PETIT II.

lance → PIQUE I.

lancement → LANCER I.

lancer

I [v.] ① [~ qqch] *Lancer la balle* : → ENVOYER. *Lancer des projectiles* : [partic.] **catapulter ;** → JETER, LÂCHER. *Le soleil lance ses rayons* : **darder.** *Lancer un appel* : → ÉMETTRE. ② [~ qqch] *On a lancé le navire cette semaine* : [plus cour.] **mettre**

à l'eau. *La troupe lança brutalement une attaque* : **déclencher.** *Lancer une machine* : → METTRE EN TRAIN* II. ③ [~ qqn] *Il ne fallait pas le lancer sur ce sujet* [fam.] : [cour.] **engager.** ④ [~ qqn, qqch] *Les producteurs ont lancé ce chanteur à coups de publicité* : ↓ **pousser ;** → PATRONNER. *Lancer un nouveau produit* : [moins cour.] **promouvoir ;** → IMPULSER.

◇ **se lancer** ① *Se lancer dans une affaire* : → S'EMBARQUER, SE JETER. ② *Elle se lança dans des explications peu convaincantes* : **commencer*, entamer.**

◇ **lancement** ① *Le lancement du film ne fut pas une réussite* : **promotion.** ② *Le lancement d'un livre* : **publication.** *Le lancement d'un emprunt* : → ÉMISSION.

II [n.m.] → JET.

lancinant *Des regrets lancinants* : → OBSÉDANT.

landau *Pousser un landau* : → VOITURE.

lande *Il aimait les landes de Bretagne* : [région. ou didact.] **brande ;** → FRICHE.

langage ① *Ils ne parlent pas le même langage* : **langue ;** → PARLER. ② *Un écart de langage* : → INCONVENANCE. *Le pouvoir du langage* : **verbe.** *Il va falloir changer de langage* : **ton, en rabattre** (*il va falloir en rabattre*).

lange → COUCHE I.

langoureux *Un air langoureux* : → LANGUISSANT, TENDRE II.

langue

I *Tirer la langue* : → SOIF. *C'est une mauvaise, méchante langue* : **médisant*.** *Tenir sa langue* : → SE TAIRE. *Ne pas savoir tenir sa langue, avoir la langue bien pendue* : → BAVARD. *Je n'ai pas encore pris langue avec lui* [rare] : [très sout.] **s'aboucher** ◆ [cour.] **prendre contact.** *Langue de bois* : → JARGON.

II ① *Le basque n'est pas un dialecte, mais une langue* : **idiome** (qui se dit de la langue d'une communauté, envisagée dans ses particularités) ; → PARLER [n.m.]. ② *La langue littéraire* : **style* ;** → LANGAGE.

langueur → APATHIE.

languide *Des yeux languides* : → LANGUISSANT.

languir ① [qqn ~] *Ce vieillard languit dans sa solitude* [sout.] : **se morfondre.** ② *Il languit depuis des heures* : → ATTENDRE, MOISIR, SÉCHER. ③ [qqch ~] *La conversation languissait* [sout.] : [cour.] **traîner en longueur.**

◇ **languissant** ① *Avoir un regard languissant* : **alangui, langoureux** ◆ [très sout.] **languide** ◆ [péj.] ↑ **mourant.** *Des gestes languissants* : [plus cour.] **nonchalant.** ② *Il essayait de ranimer une conversation languissante* : ↑ **morne** (qui marque le manque d'intérêt) ; → ENNUYEUX.

languissant → LANGUIR.

lanière → COURROIE.

lanterne ① *La nuit tombait et le conducteur mit ses lanternes* [vx] : [cour.] **veilleuse** ◆ **fanal** (= grosse lanterne servant de signal lumineux) ; → FEU. ② *Éclairer la lanterne de qqn* : → RENSEIGNER. *C'est la lanterne rouge de la classe* : [plus génér.] **dernier.**

lanterner *Il lanterne en revenant de l'école* [fam.] : [cour.] **traîner*** ; → S'AMUSER. *Faire lanterner qqn* : → ATTENDRE.

lapalissade → ÉVIDENCE.

laper → BOIRE.

lapidaire *Une formule lapidaire* : **concis*** ; → COURT, SUCCINCT.

lapider → EXÉCUTER.

lapin *Poser un lapin à qqn* : → RENDEZ-VOUS.

laquais → SERVITEUR.

laque → VERNIS.

laquer *Laquer un meuble* : → PEINDRE I.

larbin → SERVITEUR.

lard ① → GRAISSE. *Faire du lard* : → GROSSIR. ② *Tête de lard* : → TÊTU.

larder ① *Larder qqn de coups* : → PERCER. ② *L'orateur a lardé son discours de cita-*tions [fam.] : **bourrer** ◆ [cour.] **émailler*, farcir, truffer** ◆ ↓ **semer.**

lardon → BÉBÉ.

largage → LARGUER.

large

I ① [adj.] *Elle portait une robe large* : **ample, vague** ◆ [plus précis] **évasé.** ② *Le directeur nous a fait de larges concessions* : **important** ◆ [postposé] ↑ **considérable.** ③ *Avoir l'esprit large* (= ouvert aux idées nouvelles) : **souple** (= esprit alerte), **tolérant*** ; → ÉVOLUÉ. ④ *Un large pourboire* : [moins cour.] **copieux** ; → ABONDANT. *Il sait être large* : → GÉNÉREUX, PRODIGUE. *Une large part* : → GÉNÉREUX.

◇ **largement** ① *Il est largement midi* : **bien, depuis longtemps** ◆ ↓ **au moins.** ② *J'ai été largement reçu à l'examen* : **sans difficulté.** ③ *Il sait donner largement* : **beaucoup*, grassement** ; → SANS COMPTER*, GÉNÉREUSEMENT, LIBÉRALEMENT. ④ *Il est largement temps* : → GRANDEMENT.

II [n.m.] ① *Le navire était au large* : **en haute, pleine mer*.** ② *Il a pris le large* [fam.] : **décamper** ◆ [cour.] **s'enfuir.**

largement → LARGE I.

largesse → GÉNÉROSITÉ, LIBÉRALITÉ, PRODIGALITÉ.

largeur ① *La longueur et la largeur* : → DIMENSION, ENVERGURE. ② *Faire preuve de largeur d'esprit* : **ouverture, tolérance** ; → COMPRÉHENSION, ÉVOLUÉ.

larguer ① [~ qqch] *L'avion a largué ses bombes* : [moins précis] **lâcher*.** *Larguer du ravitaillement* : **parachuter.** ② [~ qqn] *Il a largué ses amis* [fam.] : **lâcher, plaquer** ◆ [cour.] **quitter** ◆ [anglic., fam.] **droper** ; → ABANDONNER, LAISSER TOMBER* I.

◇ **largage** : parachutage.

larme ① *Un visage baigné de larmes* : [très sout.] **pleur** ; → PLEURER. *L'enfant fut retrouvé en larmes* : [moins cour., péj.] **larmoyant** ◆ [sout.] **éploré.** *Cette épreuve lui a coûté bien des larmes* [sout.] : [cour., au pl.] **souffrances** ◆ ↓ **chagrin.** *Rire aux larmes* : → RIRE. ② *Donnez-moi une larme* *de calvados* : [plus cour.] **doigt, goutte, un peu de.**

larmoiement → PLEURNICHERIE.

larmoyant → LARME.

larmoyer → PLEURER.

larvé → LATENT.

las ① *Se sentir un peu las* : → FATIGUÉ. ② *Être las de tout* [sout.] : [cour.] **blasé, dégoûté.** *De guerre lasse* : → LASSITUDE.

lascar → GAILLARD II, LOUSTIC.

lascif *Un tempérament lascif* : → SENSUEL. *Des poses lascives* : ↑ **érotique** ; → SUGGESTIF, VOLUPTUEUX.

lascivité → SENSUALITÉ.

lassant *Vous êtes lassant avec vos remarques* : ↓ **fatigant** ◆ [fam.] **assommant.**

lasser → ENNUYER.

◇ **se lasser** → SE FATIGUER.

lassitude ① *Par lassitude, j'ai cédé à ses caprices* : **de guerre lasse.** *Il abandonna par lassitude* : [plus cour.] **découragement.** ② → FATIGUE.

latent *Cette région du monde est un foyer de troubles latents* : **larvé** ; → CACHÉ.

latitude *Il a toute latitude pour organiser ses loisirs* : **facilité, liberté** ; → MARGE. *Laisser toute latitude à qqn* : → CHAMP.

latrines → CABINET II.

latte → PLANCHE.

laudatif *Les critiques ont accueilli son film en termes laudatifs* : [plus cour.] **élogieux, flatteur.**

laurier *Se couvrir de lauriers* : → GLOIRE.

lavable *Un papier peint lavable* : **lessivable.**

lavage → LAVER I.

lavandière → LAVEUSE.

lavement → INJECTION.

laver

I ① [qqn ~ qqch] *Elle a lavé la tache de café* : [plus génér.] **enlever, ôter.** *Elle lavait le linge de la maison chaque samedi* : [plus génér.] **nettoyer** ◆ [partic.] **savonner** (= nettoyer avec du savon), **blanchir** (qui s'emploie pour le linge blanc : *blanchir les draps*). *Laver un mur* : [plus précis] **lessiver.** ② [qqn ~ qqch] *Le garçon de café lave les verres* : **rincer.** *Laver la vaisselle dans un restaurant* : **faire la plonge***. *La mère lave la figure du jeune enfant* : [fam.] **débarbouiller** ; → BAIGNER. *Laver les cheveux* : **shampouiner.** ③ *Tu vas te faire laver la tête* [fam.] : **engueuler*** ◆ [cour.] **réprimander*.**

◇ **se laver** ① *Il se lave soigneusement en rentrant de son travail* : **se nettoyer, faire sa toilette*** ◆ [fam.] **se décrasser.** ② *Se laver les mains de qqch. Il se lave les mains de tout ce qui peut arriver* : **se désintéresser.**

◇ **lavage** *Le lavage du linge, du sol* : **nettoyage** ◆ **blanchissage** (pour le linge), **lessivage** (pour les murs).

◇ **laverie** *Porter son linge dans une laverie* : **blanchisserie** (qui ne comporte pas de machines à laver individuelles).

◇ **laveuse** [vx] : [vx] **lavandière,** [cour.] **blanchisseuse.**

◇ **lavoir** *L'ancien lavoir était au bord de la rivière* : **buanderie** (= local réservé au lavage).

II ① [qqn ~ qqch] *Laver une injure dans le sang* : **effacer.** ② [qqn ~ qqch] *Les trafiquants lavaient l'argent de la drogue* : **blanchir.** ③ [~ qqn de qqch] *L'enquête a lavé le prévenu de tout soupçon* : **disculper** ; → JUSTIFIER. ④ [qqch ~ qqch] *Pour les croyants, la confession lave les péchés* : **effacer.**

◇ **se laver** *Se laver d'une accusation* : **se disculper** ; → JUSTIFIER. *Se laver d'une injure* : → VENGER.

laverie → LAVER I.

lavette *Cet homme est une lavette* [fam.] : [cour.] ↓ **mou*.**

laveuse, lavoir → LAVER I.

laxatif → PURGATIF.

laxisme → LIBERTÉ.

laxiste → LIBERTÉ, TOLÉRANT.

layon → CHEMIN.

lazzi → MOQUERIE, POINTE IV.

leader *Être le leader dans la production du sucre* : **numéro un** ; → TÊTE.

leadership → DIRECTION I.

lèche → FLATTERIE.

léché → FINI.

lèche-bottes, lèche-cul → FLATTEUR.

lécher ① *Les flammes de l'incendie léchaient déjà les murs de la maison* : [plus génér.] **atteindre** ◆ ↓ **effleurer.** ② *Ce peintre lèche trop ses tableaux* : **fignoler** ; → PARFAIRE. ③ *Lécher les bottes*, [vulg.] *le cul* : → FLATTER. ④ *Les badauds léchaient les vitrines* : **regarder avec plaisir.** *S'en lécher les babines, les doigts* : **se délecter, savourer.**

lèche-vitrines → SHOPPING.

leçon ① *L'étudiant apprécie les leçons du nouveau professeur* : ↓ **cours** ; → CONFÉRENCE. *Il prend des leçons particulières* : [rare] **répétition.** ② *Les fables s'achèvent souvent par une leçon* : [plus cour.] **morale** ◆ [sout.] **précepte.** ③ *Il tire la leçon des événements* : **enseignement** ; → CONCLURE, MESSAGE. ④ *Sa mauvaise conduite méritait une leçon sévère* : [sout.] **admonestation** ◆ ↓ **avertissement,** ↓ **réprimande.** ⑤ *Les leçons d'un texte* : → VERSION.

lecteur, lecture → LIRE I.

légal → LÉGITIME, PERMIS, RÉGLEMENTAIRE.

légalisation → CONFIRMATION.

légaliser *Légaliser une signature* : **certifier, confirmer** ◆ [partic.] **authentifier** (= assurer l'authenticité).

légalité → RÉGULARITÉ.

légat → DIPLOMATE, REPRÉSENTANT.

légendaire → LÉGENDE I.

légende

I *La légende de Napoléon, de saint Nicolas* (= récit de faits réels déformés par l'imagination, ou récit de faits imaginés) : **mythe** (= récit mettant en scène des personnages qui représentent symboliquement divers aspects de la vie humaine ou les forces de la nature : *le mythe de Sisyphe*) ; → CONTE.

◇ **légendaire** *Certains faits historiques sont devenus légendaires* : [vx] **fabuleux.** *Jeanne d'Arc est l'exemple type du personnage légendaire* : ↓ **célèbre** ; → ILLUSTRE.

II → INSCRIPTION.

léger

I ① [qqch est ~] *Une légère couche de vernis sur un meuble* : **faible, fin, mince*.** ② [qqch est ~] *Le coureur garde l'estomac léger pendant l'épreuve* : ↑ **creux,** ↑ **vide.** ③ [qqch est ~] *Par forte chaleur, il est préférable de prendre des repas légers* : **digeste** ◆ [rare] **digestible** ; → SOMMAIRE. *Préférer la cuisine légère* : [partic.] **allégé** (= qui ne contient que peu, ou pas, de graisse) ◆ [anglic.] **light** ; → MAIGRE. ④ *Après la promenade, il se sentit plus léger* : ↑ **alerte,** ↑ **dispos.** *Des mouvements légers* : ↑ **leste,** ↑ **vif*.**

II [qqch est ~] *Il a approuvé d'un léger signe de tête* : **petit** ◆ ↑ **imperceptible** ; → INSENSIBLE. *La blessure était légère* : **sans gravité, superficiel.** *Commettre une faute légère* : **insignifiant** ◆ [sout.] **véniel.** *Des dépenses légères* : → MENU I.

III ① [qqch est ~] *Fuir les conversations légères* : ↑ **grivois** ; → BADIN, LIBRE. ② [qqn est ~] *C'est quelqu'un d'un peu léger* : **futile, inconsistant, superficiel.** *Cet homme léger refuse une union stable* : ↑ **volage** ; → CAPRICIEUX, FRIVOLE. *Une femme légère* : → FACILE. ③ [loc. adv.] *À la légère* : **légèrement, étourdiment** ◆ [moins cour.] **inconsidérément.**

légèrement ① *Parler légèrement* : → LÉGER III. ② → DOUCEMENT.

légèreté

I ① *La légèreté des mouvements* : **aisance** ; → AGILITÉ. ② *La légèreté d'une étoffe* : **finesse.** *La légèreté d'un tableau* : **délicatesse.**

II ① *Il parle avec une grande légè-reté* : **inconséquence ;** → DÉSINVOLTURE. ② *La légèreté des mœurs* : **inconstance ;** → FRIVOLITÉ. ③ *La légèreté du style* [vieilli] : [cour.] **aisance, grâce.** ④ *Voilà une légèreté qui prouve le manque de réflexion* [vx] : [cour.] **bêtise, sottise.**

légion → MULTITUDE.

légitime ① *Les droits légitimes d'un héri-tier* : **légal.** ② *Votre demande est tout à fait légitime* : **fondé*** ◆ ↓ **normal,** ↓ **raison-nable ;** → JUSTE, PERMIS. ③ *Son père a fait preuve d'une sévérité légitime* : [plus cour.] **justifié.**

◇ **légitimer** *Légitimer la conduite de qqn* : **justifier*.**

◇ **légitimité** *Contester la légitimité d'une réclamation* : **bien-fondé, bon droit.**

légitimement → DROIT III.

légitimer, légitimité → LÉGITIME.

legs ① *Faire un legs à qqn* : **léguer ;** → DONATION, SUCCESSION. ② *Certains conservent à tout prix le legs du passé* [rare] : [plus cour.] **héritage, tradition.**

◇ **léguer** ① *Léguer ses biens* : **faire don de, donner ;** → LAISSER, LEGS. ② *Léguer un tour de main* : [plus cour.] **transmettre** ◆ [plus génér.] **donner.**

léguer → LEGS.

légume *Une grosse légume* [fam.] : → PERSONNAGE.

leitmotiv → REFRAIN.

lendemain ① *La peur du lendemain* : → AVENIR. ② *Ces décisions seront sans len-demain* : **conséquence, suite*.** *Il a changé d'avis du jour au lendemain* : **subitement ;** → SOUDAIN.

lénifiant → LÉNIFIER.

lénifier *Lénifier l'aigreur de son esprit* [très sout.] : [cour.] **apaiser, calmer** ◆ ↓ **at-ténuer.**

◇ **lénifiant** *Ses paroles lénifiantes ont apaisé le chagrin de l'enfant* [sout.] : [plus cour.] **apaisant, conciliant* ;** → OPTIMISTE. *Un climat lénifiant* : → MOU.

léninisme → SOCIALISME.

lent ① *Il est lent dans tout ce qu'il fait* : [fam.] **lambin, traînard.** *Il parlait d'une voix lente* : ↑ **traînant.** ② *Il est lent à comprendre* : **long.** *Il a l'esprit lent* : **apa-thique, endormi, engourdi** ◆ ↑ **paresseux ;** → MOU.

◇ **lentement** ① *L'eau s'écoulait len-tement* : **doucement** ◆ ↑ **insensiblement.** *Les voitures avancent très lentement* : **avec lenteur ;** → PAS III, ESCARGOT. *La situa-tion s'améliore lentement* : **petit à petit*, peu à peu, progressivement.** ② *L'acteur disait lentement sa tirade* : **posément.** ③ → MOLLEMENT.

◇ **lenteur** ① *Comment vaincre sa len-teur ?* : **apathie ;** → PARESSE. ② *Avec len-teur* : → LENTEMENT. ③ [au pl.] *Les lenteurs de l'Administration suscitent la verve des chansonniers* : [plus cour.] **retard.**

lentement, lenteur → LENT.

lèpre *La corruption s'étend comme une lèpre* : **cancer, peste** (*comme la peste*).

lesbianisme → HOMOSEXUALITÉ.

lesbienne → HOMOSEXUEL.

léser ① *Le passage de l'autoroute lésait les commerçants du village* : ↓ **désavantager ;** → NUIRE. ② → BLESSER.

◇ **lésion** ① *Il y a eu lésion dans ce partage* [terme de droit] : [cour.] **préjudice, tort.** ② → PLAIE.

lésiner *Lésiner sur tout* : → ÉCONOMISER, REGARDER.

lésion → LÉSER.

lessivage → LAVAGE.

lessivé → LESSIVER.

lessiver ① *Lessiver un mur* : → LAVER I. ② *Se faire lessiver. Il a perdu la partie et s'est fait lessiver* [fam.] : [cour.] **dépouiller ;** → NETTOYER. ③ *Lessiver qqn* : → TUER.

◇ **lessivé** *Après cette marche, je suis complè-tement lessivé* [fam.] : **vidé** ◆ [cour.] **épuisé ;** → FATIGUÉ, KNOCK-OUT.

leste ① *Il vous a répondu d'un ton un peu leste* : **cavalier, désinvolte** ◆ ↑ **irrespec-**

tueux. ② *Se sentir encore leste* : **alerte, fringant** ◆ [sout.] **preste ;** → AGILE. ③ *Ce sont des propos un peu lestes* : [sout.] **libertin ;** → GAILLARD I, LIBRE, OSÉ, SALÉ.

◇ **lestement** *Il a réglé lestement cette affaire* [sout.] : [plus cour.] **rondement ;** → PROMPTEMENT, RAPIDEMENT.

lestement → LESTE.

lester → CHARGER I.

léthargie → ASSOUPISSEMENT, INACTION.

lettre

I ① *Les lettres de l'alphabet* : → CARACTÈRE I. ② *En toutes lettres* : → EXPLICITEMENT. *Ne suivez pas le règlement à la lettre, au pied de la lettre* : **littéralement, rigoureusement, scrupuleusement ;** → AU SENS ÉTROIT*. *Ce conseil est resté lettre morte* : **sans effet.** *Les cinq lettres* : [fam.] **merde.** *Homme, femme de lettres* : → AUTEUR.

II ① *Mon voisin reçoit des lettres de tous les pays* : [plus génér.] **courrier** ◆ [très fam.] **babillarde, bafouille** ◆ [très sout.] **missive** ◆ **message** (= nouvelle transmise à qqn, mais pas obligatoirement sous forme écrite) ◆ **pli** (= feuille de papier repliée et formant enveloppe) ◆ [sout.] **épître** (qui ne s'emploie qu'ironiquement) ; → CORRESPONDRE. *Il écrit toujours des lettres très courtes* : **billet, mot.** ② *Il n'a pas protesté, c'est passé comme une lettre à la poste* [fam.] : [cour.] **facilement.** ③ *Une lettre de change* : → TRAITE.

III [au pl.] *Des études de lettres* : → LITTÉRATURE. *Professeur de lettres* : → FRANÇAIS.

lettré [de lettre III] *C'est un homme fort lettré* : **cultivé** ◆ ↑ **érudit ;** → SAVANT I.

leurre ① → APPÂT. ② *Cette publicité prometteuse n'est qu'un leurre* : [plus cour.] **duperie, tromperie.**

◇ **leurrer** *Le pauvre homme a été bien leurré par de belles promesses* : [sout.] **berner, duper, jouer*** ◆ [cour.] **abuser, tromper** ◆ [fam.] **bluffer, pigeonner, rouler.**

◇ **se leurrer** *Elle se leurre sur la durée de leur accord* [sout.] : **s'illusionner** ◆ [plus cour.] **s'abuser, se tromper*.**

leurrer → LEURRE.

levain → FERMENT.

levant → ORIENT.

levée

I ① *Les élèves demandaient la levée de la punition* : [plus cour.] **suppression.** ② *La levée de la séance* : → CLÔTURE. *La levée d'un blocus* : **arrêt, cessation, fin.** ③ *La levée des impôts* : [plus cour.] **perception*.** ④ *Le joueur a gagné la partie en faisant toutes les levées* : **pli.** ⑤ *Une levée de boucliers* : → PROTESTATION.

II *Le long du fleuve, la levée préserve le pré des inondations* : **chaussée** ◆ [plus partic.] **digue** (qui ne sert pas de chaussée) ; → TALUS.

lever

I [~ qqch, qqn] ① *On levait les caisses avec une grue* : **enlever.** ② *Il leva facilement la barrique* : **soulever ;** → ÉLEVER. *Lever le coude* : → ENIVRER. ③ *Lever le masque* : → MASQUE. ④ *Lever l'échelle contre un mur* : **dresser** ◆ [moins cour.] **planter** ◆ [plus génér.] **poser.** *Il lève la tête* : **redresser, relever*.** ⑤ *Lever l'ancre* : **appareiller.** *Lever les scrupules de qqn* : **écarter.** *Lever la séance* : **clore.** *Lever des difficultés* : **supprimer* ;** → APLANIR. *Lever le cœur* : → CHAVIRER, CŒUR, ÉCŒURER. ⑥ *Lever des troupes* : → MOBILISER. *Lever les impôts* : [plus cour.] **percevoir ;** → PRÉLEVER. ⑦ *Lever un lièvre* : [plus génér.] **faire partir.** *Lever une fille* [fam.] : [cour.] **séduire* ;** → COURTISER.

◇ **se lever** ① → SE METTRE DEBOUT*. ② *Il s'est levé de table* : **quitter*** (*il a quitté la table*). ③ *Il se lève tôt* : → LIT. ④ *Le brouillard se lève* : ↑ **disparaître*,** ↑ **se dissiper.** ⑤ *Le jour se lève* : **naître*.** *Le vent s'est levé* : ↑ **souffler.**

II [qqch ~] ① *Le blé d'hiver lève en mars* : [plus génér.] **pousser ;** → SORTIR. ② *La pâte lève* : → GONFLER.

III [n.m.] *Le lever du jour* : **aube*.**

lève-tôt → MATINAL.

lèvre ① *Elle se léchait les lèvres de plaisir* : [fam., pl.] **babines** ◆ **lippe** (= lèvre inférieure épaisse et proéminente). ② *Il* *approuve du bout des lèvres* : **sans convic-tion** ; → À REGRET*, **MOLLEMENT**. *Il se mord les lèvres d'avoir parlé* : **se repentir***.

levure → FERMENT.

lexique *Le lexique de l'informatique se développe* : **vocabulaire*** ; → DICTIONNAIRE.

lézarde → FENTE.

lézarder → PARESSER.

◊ **se lézarder** → SE CRAQUELER.

liaison

I ① *Leur liaison était très sérieuse* : → AVENTURE. *Sa nouvelle liaison* : → CONQUÊTE. *Avoir beaucoup de liaisons d'affaires* [vx] : [cour.] **relation** ; → LIEN. ② *Il a des liaisons peu recommandables* : ↓ **fréquentation**. ③ *Travailler en liaison avec qqn* : **accord**. *Entrer, rester en liaison avec qqn* : **contact**. ④ *Une liaison maritime* : **ligne***.

II ① *Établir une liaison entre deux faits* : **corrélation, lien** ◆ ↓ **correspon-dance** ; → IMBRICATION, RAPPORT II. ② *On comprend la liaison des idées* : **enchaî-nement, lien, suite** ◆ [moins cour.] **connexion** ◆ **transition** (qui se dit plutôt de la manière de lier les parties d'un discours : *la transition entre deux para-graphes*). ③ *Une liaison incorrecte entre deux mots* (ex. : *des z-haricots*) : [fam.] **cuir** ◆ **pataquès** (quand une lettre se substitue à une autre ; ex. : *c'est pas à toi* prononcé *c'est pas-t-à toi*).

liant → AFFABLE, SOCIABLE.

liasse *Une liasse de journaux* : → TAS.

libation → SACRIFICE I.

libelle [rare] *Des libelles ont ridiculisé les autorités* : **pamphlet** (= écrit aussi violent que le *libelle*, mais qui n'a pas, comme lui, un caractère diffamatoire) ◆ **satire*** (qui attaque qqn ou qqch en s'en moquant).

libellé *Le libellé d'un acte* : → RÉDACTION.

libeller → ÉCRIRE.

libéral ① *Il est libéral et donne sans comp-ter* [vieilli] : [plus cour.] **prodigue*** ◆ [génér.]

généreux. ② *Des idées libérales* : **tolé-rant***.

◊ **libéralement** *Donner libéralement* : [plus cour.] **largement** ; → BEAUCOUP.

◊ **libéralisme** *Faire preuve de beaucoup de libéralisme* : **tolérance**.

libéralement, libéralisme → LIBÉRAL.

libéralité [sout.] ① [sing.] *Il aide ses amis avec libéralité* : [plus cour.] **générosité** ◆ ↑ **largesse** ; → CHARITÉ, PRODIGALITÉ. ② [pl.] *Il vit des libéralités de sa famille* : [plus cour.] **largesses,** ↓ **don** ◆ **aumône** (= don charitable fait à un pauvre) ; → GÉNÉROSITÉ.

libérateur → SAUVEUR.

libération → LIBÉRER.

libérer ① *Le prisonnier a été libéré aujour-d'hui* : **relâcher***, [didact.] **élargir,** [abusif] **relaxer** ; → AFFRANCHIR, AMNISTIER, TIRER DE PRISON*. *Libérer un otage* : **délivrer** ; → DÉTACHER. ② *Cette réaction chimique libère un gaz rare* : [plus génér.] **dégager***. ③ *Il a été libéré de ses tâches* : **déchar-ger, dispenser*** ; → DÉBARRASSER. *Libérer les prix* : → DÉBLOQUER. ④ *Il a libéré sa conscience* : [plus cour.] **soulager**. *Libérer son cœur* : [plus cour.] **s'épancher**.

◊ **se libérer** ① [~ de qqch] *Il s'est libéré de toutes ses dettes* : **s'acquitter** ◆ [plus génér.] **payer** ; → LIQUIDER. *Il se libérait de quelques tâches sur son adjoint* : **se décharger, se défausser**. ② *Je vais me libérer pour vous voir* : [plus fam.] **se dégager**. ③ *Se libérer des traditions* : → S'AFFRANCHIR, SECOUER. ④ *Se libérer en faisant du cross* : [plus cour.] **se défouler**.

◊ **libération** ① *La libération des pri-sonniers* : **délivrance,** [didact.] **élargis-sement** ; → AMNISTIE. *La libération d'un prévenu* : → ACQUITTEMENT. ② *La libé-ration des esclaves* : [didact.] **affranchis-sement**. ③ *Lutter pour la libération d'un pays* : → LIBERTÉ. ④ *La libération des contraintes* : [plus cour.] **défoulement**.

libertaire → LIBERTÉ II.

liberté

I ① *Le prisonnier a obtenu sa liberté* : [didact.] **élargissement, relaxe**. ② *Des* libertin

organisations militent pour la liberté de la femme : ↓ **émancipation.** ③ *Les résistants ont lutté pour la liberté de leur pays* : **libération ◆ ↑ indépendance.**

II ① [sing.] *Il laisse beaucoup de liberté à ses enfants* : **autonomie, indépendance ◆ laisser la bride sur le cou, laisser le champ libre.** *Garder une grande liberté d'esprit* : **disponibilité.** *Avoir toute liberté pour agir* : → AVOIR TOUTE LATITUDE*, AVOIR LES MAINS* LIBRES, ÊTRE MAÎTRE* DE. *Avoir la liberté de s'absenter* : **permission*.** *Liberté de manœuvre* : → BLANC-SEING. *Il parle avec une grande liberté* : **franchise.** ② *Il n'a pas renoncé à sa liberté de langage* : **franc-parler,** [partic.] **franchise** ; → FAMILIARITÉ. *Liberté à l'égard des règles* : → LICENCE. *Il prônait la liberté des mœurs* : **laisser-aller ◆** [didact.] **laxisme** (= tendance estimée excessive à la tolérance), **être laxiste** (*être laxiste en matière de...*) **◆ permissivité, être permissif.** ③ [pl.] *Prendre des libertés avec une femme* : [moins cour.] **privauté** ; → FAMILIARITÉ.

◇ **libertaire** *Les groupes libertaires se sont développés à la fin du XIXᵉ siècle* : **anarchiste ◆** [partic.] **anticonformiste** (= qui refuse les normes et les usages admis) **◆ non-conformiste** (= qui ne suit pas les normes sociales établies).

III *Vouloir la liberté du commerce* : [pr.] **libre-échange.**

libertin ① [n.] → JOUISSEUR. ② [adj.] *Ses mœurs libertines ont provoqué le scandale* [sout.] : **dissolu ◆** [litt.] **licencieux** ; → DÉRÉGLÉ. *Des propos libertins* : → GAILLARD, LESTE, OSÉ.

libertinage → DÉBAUCHE, LICENCE.

libre ① [qqn est ~] *Dans l'Antiquité, les hommes libres étaient rares* [partic.] : **affranchi.** ② [qqn est ~] *Il se sentait tout à fait libre* : **indépendant.** *L'enfant était libre de faire ce qu'il voulait* : **avoir le droit** ; → LIBERTÉ II, MAÎTRE I. ③ [qqch est ~] *Des manières trop libres* : **désinvolte, familier* ◆ ↑ hardi*.** *Des propos un peu libres* : **grivois, inconvenant,** ↓ **léger, leste** ; → FAMILIER, GAILLARD*, LICENCIEUX. ④ [qqch est ~] *Cet appartement sera libre le mois prochain* : **disponible, vacant** ;

→ VIDE I. *Une ville libre* : **autonome.** *La route était libre* : **dégagé.** *Une place libre* : → INOCCUPÉ. *Entrée libre* : → GRATUIT. *Elle laissait ses cheveux libres* : **flottant.** ⑤ *L'union libre est reconnue par la loi* : **concubinage ◆** [très fam.] **collage.** *Donner libre cours à son chagrin* : **laisser échapper*.** *Avoir le champ libre* : → LIBERTÉ. *En chute libre* : → ABAISSEMENT I.

◇ **librement** ① *S'expliquer librement avec qqn* : [plus cour.] **carrément, franchement*.** ② *La meilleure discipline est celle que l'on accepte librement* : **de (son) plein gré.** ③ *Parler librement avec qqn* : → FAMILIÈREMENT.

libre-échange → LIBERTÉ III.

librement → LIBRE.

libre-pensée → ATHÉISME.

libre-penseur → ATHÉE.

libre-service → MAGASIN I.

licence

I ① *Vivre dans la licence* [sout., vieilli] : [sout.] **libertinage ◆** [plus cour.] **débauche ◆** [plus génér., sout.] **désordre** ; → VICE I. ② *Une licence orthographique* : ↑ **liberté.**

II *Une licence d'exportation* : [plus génér.] **autorisation** ; → PERMIS.

licenciement *Le licenciement d'un ouvrier, d'un employé* : [plus génér.] **renvoi** ; → DÉPART I. *Un licenciement économique* : [fam.] **dégraissage.**

licencier *Licencier un ouvrier, un employé* : → CONGÉDIER, DÉBAUCHER I, LOURDER, METTRE À PIED* I, METTRE À LA PORTE*, RENVOYER, VIDER. *Licencier un fonctionnaire* : → RELEVER III.

licencieux *Un film licencieux* : → ÉROTIQUE. *Des propos licencieux* : INDÉCENT, LIBRE, RAIDE, SALÉ, SCABREUX.

licher → BOIRE.

lichette → MORCEAU.

licitation → ENCHÈRE.

licite → PERMIS, POSSIBLE.

lie ① *De la lie de vin* : → DÉPÔT. ② → REBUT.

lié *Ces deux événements sont liés* : ↑ imbriqué* ; → SOLIDAIRE, UNI I.

lied → MÉLODIE.

lie-de-vin → VIOLET.

lien

I ① *La ficelle, le raphia servent à faire des liens* : **attache** ◆ [en partic.] **ligature** (en chirurgie notamment). ② [pl.] *L'otage ne pouvait rompre ses liens* (qui se dit de tout ce qui sert à attacher, en particulier à retenir captif) : **chaînes** (qui évoque des liens solides, métalliques).

II ① *Un lien solide unissait les deux amis* : **attachement.** ② *Les liens du mariage* : [moins cour.] **nœud** ◆ ↓ **engagement** ; → UNION. *Un lien de parenté* : **relation.** ③ *Il a servi de lien entre eux* : **trait d'union** ◆ ↓ **intermédiaire*.** *Un lien entre deux faits* : → LIAISON II, RAPPORT II.

lier

I *Leurs habitudes semblables les avaient vite liés* : ↓ **rapprocher*** ; → ATTACHER III.

◇ **se lier** [~ avec qqn] *L'adolescent s'était lié avec le vieux paysan* : ↓ **s'attacher à,** ↓ **s'entendre.**

II ① [~ qqn] *Lier qqn avec une corde* : **attacher*** I ◆ [plus précis] **ligoter** ; → ENCHAÎNER, GAROTTER. ② [~ qqch] *Elle lie ses cheveux avec de jolis rubans* : **nouer*,** **attacher** ; → FIXER. *Bien lier ses lettres* : **joindre.** *Lier des gerbes* : [plus précis] **botteler.** ③ [~ qqch] *Lier une sauce* : **épaissir.**

III ① *Voilà un texte où les idées sont bien liées* : **enchaîner,** [moins cour.] **coordonner** ; → UNIR. *Lier les épisodes d'un roman* : [moins cour.] **agencer.** ② *Cette histoire est liée à son passé* : **rattacher.** ③ *Lier qqn par une promesse* : [plus sout.] **obliger** ◆ ↓ **engager.**

liesse → JOIE, RÉJOUISSANCE.

lieu

I ① *Sa présence dans ce lieu ne s'explique pas* : **endroit** ; → PLACE I, SCÈNE. *Aller sur les lieux* [pl.] : **sur place.** ② *Avoir lieu. La fête annuelle a lieu sur la place du vil-*lage : **se passer, se tenir*** ; → S'ACCOMPLIR, AVOIR. *L'accident a eu lieu devant moi* : → ARRIVER, SE PRODUIRE. *Le tournage du film avait eu lieu à Paris* : **se dérouler ;** → S'OPÉRER.

II ① *Avoir lieu de. Il a lieu de se plaindre* : **avoir sujet*, avoir l'occasion.** *Il y a lieu de* : **il convient, il est opportun ;** → FALLOIR. *Vous ferez de nouvelles démarches s'il y a lieu* : **le cas échéant.** *Donner lieu à. La fête donnait lieu à des encombrements importants* : [plus cour.] **créer, occasionner, provoquer ;** → DONNER MATIÈRE* (II) À. *Donner lieu de. Cette décision ne vous donne pas lieu de vous réjouir* : **permettre ;** → DONNER MATIÈRE* (II) À. *Tenir lieu de. Une photocopie ne peut tenir lieu d'original* : **remplacer, servir ;** → FAIRE FONCTION. ② *En dernier lieu* : **enfin.** *En premier lieu* : → ABORD. ③ *Au lieu de. Employer un mot au lieu d'un autre* : **pour.** *Au lieu d'un gâteau, prends des fruits* (marque le choix) : **à défaut* de, faute de** (indiquent l'absence). ④ *Au lieu que. Il ne pense qu'à se distraire au lieu qu'il devrait préparer son examen* [très sout.] : [cour.] **au lieu de, alors que.**

III *Ce sont des lieux communs* : [plus génér.] **banalité ;** → GÉNÉRALITÉ, PHRASE, PONCIF.

lieutenant → SECOND II.

lifting *Elle s'est fait faire un lifting* [anglic.] : [recomm. off.] **lissage.** *On a entrepris le lifting de l'entreprise* : ↓ **toilettage.**

ligature → LIEN.

light → ALLÉGÉ, LÉGER I.

ligne

I ① *Tracer une ligne pour séparer deux terrains* : [plus précis] **limite** ◆ [partic.] **frontière** (= ligne qui sépare deux pays). ② *Améliorer la ligne d'une voiture* : **profil.** *On admirait sa ligne* : [plus génér.] **silhouette*** ; → FORME. *Garder la ligne* : **rester mince ;** → SILHOUETTE. ③ *En ligne droite* : → À VOL* D'OISEAU.

II ① *Une nouvelle ligne a été ouverte entre Paris et Berlin* : [plus génér.] **voie.** *Une ligne aérienne* : **liaison.** ② *Sa ligne de conduite ne varie pas* : **règle ;** → AXE.

lignée

III ① *Il y a trois lignes de pommiers dans le verger* : [plus cour.] **rang***, **rangée ;** → FILE. ② *Tracer une ligne* : → TRAIT II. ③ *Ils se sont repliés sur leur ligne* : [plus précis] **base*.** ④ *Mettre la dernière ligne à qqch* : **terminer.** *De la première à la dernière ligne, sur toute la ligne* : **complètement, entièrement.** *Entre les lignes* : → FILIGRANE. *Monter en ligne* : **à l'assaut.** *Exposer ses idées dans les grandes lignes* : **en gros.** *C'est un joueur hors ligne* : **de grande valeur, exceptionnel*.**

IV *Une ligne de produits* : → GAMME.

lignée [sout.] *Il est mort sans laisser de lignée* : [cour.] **descendance*, postérité*.** *Sa lignée s'est éteinte* : [sout.] **souche** (qui évoque l'origine dans quelques express. : *être de vieille souche, de bonne souche*) ♦ [cour.] **filiation ;** → FAMILLE. *La lignée des Valois* : [litt.] **sang** ♦ **race, maison** (qui ne se disent qu'en parlant de familles nobles, régnantes, etc.) ♦ **généalogie** (= suite des ancêtres qui établit une lignée : *faire la généalogie d'une famille*).

ligoter *Ligoter qqn avec une corde* : → ATTACHER I, LIER II, SAUCISSONNER.

ligue → ASSOCIATION, COALITION.

liguer → ASSOCIER.

◇ **se liguer** → S'ASSOCIER, S'UNIR.

lilas → ROSE II, VIOLET.

limace → CHEMISE.

limitation → LIMITE.

limite ① *Les Alpes sont une limite naturelle entre la France et l'Italie* : **démarcation** ♦ [pr.] **frontière ;** → LIGNE. *Autrefois, des pierres servaient de limite entre deux propriétés* : [plus précis] **borne.** *Les limites de l'Empire romain* [pl.] : **confins ;** → FIN I, BORD. ② *La limite d'un mandat électoral* : **terme*.** ③ *Rester dans les limites du sujet* : **cadre ;** → MESURE. ④ *Le gouvernement usait de son pouvoir sans limites* : **frein, restriction.** ⑤ *Connaître ses limites* : → MOYEN II. *Être à la limite de la crise de larmes* : **au bord de ;** → FRÔLER. *Dans certaines limites* : **dans une certaine mesure*.** ⑥ *Il a atteint la vitesse limite* : **maximum*.**

L'opération était nécessaire dans ce cas limite : **extrême.**

◇ **limiter** ① *Une ligne de peupliers limite la propriété* : **borner, délimiter.** ② *Nous avons pu limiter les dégâts* : [sout.] **circonscrire.** *Limiter des investissements* : → RÉDUIRE, RESTREINDRE. *Limiter les prix* : → FIXER. *Limiter ses efforts* : → MESURER I, MODÉRER. *Limiter des importations* : **contingenter.**

◇ **se limiter** *L'orateur s'était limité à rappeler les faits* : **se borner, se cantonner.**

◇ **limité** ① *Ce livre a eu un tirage limité* : **réduit, restreint.** ② *C'est un homme limité* : → BORNÉ.

◇ **limitation** ① *La limitation des naissances* : [plus précis] **contrôle*.** ② *La limitation d'un droit* : **réduction, restriction.** *La limitation des importations* : **contingentement.**

limité, limiter → LIMITE.

limitrophe *Le Bas-Rhin est un département limitrophe de l'Allemagne* : **proche** (qui n'implique pas une frontière commune) ♦ **frontalier** (qui ne vaut que pour la limite entre deux pays) ; → PÉRIPHÉRIQUE, VOISIN.

limogeage → LIMOGER.

limoger *Limoger un chef de cabinet* [fam.] : [cour., plus génér.] **révoquer ;** → DÉGOMMER, DESTITUER, RELEVER III.

◇ **limogeage** → DESTITUTION.

limon ① *Le limon se dépose après une crue* : [plus génér.] **dépôt** ♦ [au pl.] **alluvions** (qui implique que le débit du cours d'eau est devenu insuffisant) ♦ [génér.] **boue** ; → VASE II. ② *Être pétri du même limon* [litt.] : → ARGILE.

limpide ① *Une eau limpide* : → CLAIR, PUR I, TRANSPARENT. ② *Une explication limpide* : **clair, compréhensible ;** → ACCESSIBLE. ③ → AÉRIEN.

limpidité *La limpidité de l'eau* : **clarté ;** → PURETÉ, TRANSPARENCE.

linceul → SUAIRE.

linéaments → ABC.

linge ① → DESSOUS. ② *Appliquer un linge humide sur le front d'un malade* : [plus précis] **compresse.** *Essuyer un meuble avec un linge* : [plus cour.] **chiffon.** *Blanc comme un linge* : → LIVIDE.

lingerie → DESSOUS.

lingot *Un lingot d'or* : → BARRE I.

linotte → ÉTOURDI.

lipide → GRAS.

lippe *Avancer la lippe* : → LÈVRE.

liquéfier *La chaleur a liquéfié le goudron* : **fondre ♦ ↓ amollir.**

◇ **se liquéfier** *Il travaille trop et se liquéfie* : **↓ s'amollir.**

liquette → CHEMISE.

liqueur *Voulez-vous une liqueur, des liqueurs ?* : [sing., génér.] **alcool ♦** [sing., plus précis] **digestif.**

liquidation → LIQUIDER.

liquide [adj.] ① *La sauce était trop liquide* : **fluide.** ② *Chaque semaine, il sortait de l'argent liquide de la banque* : **espèces ♦** [didact.] **liquidités ♦** [fam.] **du liquide ; → ARGENT.**

liquider ① *Ils ont liquidé leurs biens* : [partic.] **réaliser ♦** [plus génér.] **vendre*.** ② *Il a rapidement liquidé l'affaire* [fam.] : [cour.] **régler.** ③ *Le magasin a liquidé ses invendus* : [partic.] **solder*.** ④ *Il a liquidé tous les restes* [fam.] : [cour.] **finir, terminer ; → FAIRE UN SORT* À.** ⑤ [~ qqn] *Les services secrets liquidaient discrètement des espions* [fam.] : **se débarrasser, éliminer ♦** [cour.] **tuer.**

◇ **liquidation** ① *La liquidation des actions* : **réalisation, vente.** *La liquidation d'un impôt* : **règlement.** *La liquidation d'un stock* : **solde.** ② *La liquidation d'un complice* [fam.] : [cour.] **meurtre.**

liquidités → LIQUIDE.

lire

I ① [qqn ~] *Il aime bien lire* : [fam.] **bouquiner.** *Elle lit beaucoup* : **dévorer** (*elle dévore les livres*). ② [qqn ~ qqch] *Champollion a été le premier à lire les hié-*

roglyphes : [plus précis] **déchiffrer, décrypter.** *Il a fini par lire le message chiffré* : [pr.] **décoder.** *L'acteur lisait le poème d'une voix passionnée* : **dire*** (qui implique que le texte a été appris au préalable) ; → RÉCITER. *Il lisait régulièrement les auteurs classiques* : [sout.] **fréquenter.** ③ [qqn ~ qqch] *Elle avait appris à lire la musique* : [partic.] **solfier** (= chanter en nommant les notes). *Il ne sait ni lire ni écrire* : **être ignorant.** *Lire un livre en diagonale* [fam.] : [cour.] **parcourir, survoler.**

◇ **lecteur** *C'est un lecteur de romans* : **liseur** (qui désigne qqn qui lit beaucoup) **♦** [fam.] **papivore** (*c'est un papivore*).

◇ **lecture** ① *La lecture d'une carte d'état-major n'est pas facile* : ↑ **déchiffrage.** ② *Le texte de loi a été refusé en première lecture* : ↑ **délibération.** ③ *Ce livre est en lecture* : **emprunté.**

◇ **liseuse** *Pour ne pas abîmer ses livres, il utilise une liseuse* : **couvre-livre ; → COUVERTURE.**

◇ **lisible** *Sa signature n'est pas du tout lisible* : [plus précis] ↑ **déchiffrable.**

II ① *L'astrologue prétendait lire l'avenir dans les étoiles* : [cour.] **découvrir, deviner ♦** [plus précis] **prédire.** ② *Il a su lire les intentions de son adversaire* : ↑ **déchiffrer, ↑ pénétrer, ↑ percer.**

liseur, lisible → LIRE I.

lisière *La lisière d'un bois* : → BORD II.

lissage → LIFTING.

lisse ① *La surface lisse d'un lac* : **égal, uni*.** ② *La mer rejette des galets tout lisses* : **poli.** ③ → SATINÉ.

liste ① *Le bibliothécaire a dressé une liste des ouvrages d'histoire* : **catalogue*** (qui implique un classement) ; → NOMENCLATURE. ② *L'horaire était accompagné d'une liste d'abréviations* : **tableau.** ③ *La liste de ses défauts serait interminable* : **énumération, inventaire ; → DÉNOMBREMENT.** ④ *La dévaluation a grossi la liste des mécontents* : [pl.] **rang.**

◇ **lister** *Il liste les informations disponibles* : **répertorier.**

lister → LISTE.

lit

I Meuble destiné au repos ou au sommeil : [litt.] **couche** (*partager la couche de qqn*) ◆ [très sout.] **grabat** (= lit très misérable : *le grabat du prisonnier*) ◆ **couchette** (= lit étroit dans un train ou un bateau) ◆ **dodo** (qui s'emploie pour parler aux enfants : *au dodo, mes petits !*) ◆ [très fam.] **paddock, page, pageot, pieu, plumard, plume, pucier.** *Mettre les enfants au lit* : **coucher***. *Il se met au lit très tôt* : **se coucher***. *Il a du mal à sortir du lit* : **se lever.** *Il est de mauvaise humeur au saut du lit* : **au réveil.** *Le malade a gardé le lit pendant six semaines* : **garder la chambre,** [plus génér.] **rester couché.** *Les enfants d'un premier lit* : **mariage.** *Faire le lit de* : → PRÉPARER. *Une descente de lit* : **tapis*.**
II ① *Un lit de mousse* : **tapis.** *Un lit de sable, d'argile* : **couche, dépôt.** ② *Les eaux du fleuve ont quitté leur lit* : **déborder.** *Le lit de la rivière* : [partic.] **cours** (= mouvement de l'eau).

litanies *Les litanies de la Vierge* : → CHANT, PRIÈRE I.

lithographie → GRAVURE.

litière *Faire litière de* : → MÉPRISER.

litige ① *Le tribunal a réglé le litige* : [génér.] **affaire** ◆ [partic.] ↑ **conflit,** ↑ **différend** (qui ne donnent pas forcément matière à procès) ; → PROCÈS. *Un litige commercial* : [pr.] **contentieux.** ② *Voulez-vous me rappeler les points en litige ?* : **dispute,** ↓ **discussion.**

◇ **litigieux** *L'affaire litigieuse n'a pu être réglée* : **contesté ;** → CONTESTABLE.

litote *Parler par litotes* : → EUPHÉMISME.

litre, litron → BOUTEILLE.

littéral ① *La traduction littérale était très satisfaisante* : [plus génér.] **exact** ◆ [plus cour.] **mot à mot* ;** → TEXTUEL. ② *Il avait compris le mot dans son sens littéral* : **propre ;** → AU SENS STRICT*.

◇ **littéralement** ① *Répéter littéralement une conversation* : → EXACTEMENT, LETTRE I, MOT À MOT*. ② *La nouvelle l'avait littéralement assommé* : **absolument, complètement.**

littéralement → LITTÉRAL.

littérateur → AUTEUR.

littérature ① *Il commence des études de littérature* : [plus cour.] **lettres** ◆ [vx] **belles-lettres.** ② *La littérature économique est très abondante* : **bibliographie.**

littoral *Le littoral atlantique* : → BORD, CÔTE III, RIVAGE.

liturgie → RITE.

liturgique → SACRÉ I.

livide *La maladie lui donnait un teint livide* : **blafard,** ↑ **cadavérique** ◆ [litt.] **cadavéreux.** *Un visage livide* : **blême,** ↓ **blanc,** ↓ **pâle** ◆ **hâve** (qui implique aussi la maigreur). *Un ciel livide* : **plombé.**

living, living-room → PIÈCE I.

livraison → TRANSPORT I, FOURNITURE.

livre ① Tout assemblage de feuilles reliées ou brochées, sans périodicité : [fam.] **bouquin** ◆ **écrit** (= texte litt. ou scientifique : *les écrits de Rousseau*) ◆ **manuel** (= ouvrage didact. présentant des notions, en partic. celles apprises à l'école : *un manuel scolaire, un manuel de chimie*). ◆ [génér.] **ouvrage** (*les ouvrages publiés sur les États-Unis*) ◆ **volume** (= division matérielle du livre : *un dictionnaire en trois volumes*) ◆ **album** (qui implique la présence d'illustrations) ; → BROCHURE, TOME. *Un livre de prières* : **bréviaire ;** → LIVRE DE MESSE*. ② *Le commerçant tient à jour son livre de comptes* : **registre.** ③ *Elle traduisait le latin à livre ouvert* : **couramment.** *Parler comme un livre* : → SAVAMMENT. *Il tenait chaque jour son livre de bord* : [plus cour.] **journal.**

◇ **livret** ① *Il a perdu son livret militaire* : **fascicule.** ② *Le livret d'un opéra* : → TEXTE.

livrer

I [~ qqch] *Le traiteur livre à domicile tous ses produits* : [plus génér.] **porter ;** → FOURNIR.

II [~ à, par] ① *Le pyromane a été livré à la justice* : [didact.] **déférer ;** → REMETTRE. ② *Il a été livré par ses amis* : ↓ **dénon-**

cer, [plus génér.] **trahir** ; → ABANDONNER, DONNER, VENDRE. *Livrer un secret à qqn* : **dévoiler, révéler*** ; → CONFIER. ③ *Les douaniers livraient passage après avoir vérifié les bagages* : [plus cour.] **laisser passer.** *Ils livrèrent combat* : [plus cour.] **engager** (*ils engagèrent le combat*).

◇ **se livrer** ① *Il se livrait sans retenue* [sout.] : **s'épancher** ◆ [cour.] **se confier** ; → S'ABANDONNER, SE LAISSER ALLER. *Se livrer aux excès* : → SE PORTER. ② *Les soldats se livrèrent après une nuit de combats* : **se soumettre,** [plus cour.] **se rendre.** ③ *Il se livre à l'étude des serpents* : **s'appliquer à, se consacrer à** ; → S'ADONNER À, PRATIQUER. *La police s'est livrée à l'interrogatoire du suspect* : **procéder* à.**

livret → LIVRE.

lobby → GROUPE DE PRESSION*.

local ① [adj.] *Une douleur locale* : **localisé** (qui est plus actif : *bien, mal localisé*). ② *Restituer la couleur locale d'une région* : ↓ **pittoresque.** ③ [n.m.] *S'installer dans un grand local* : **bâtiment*** ; → PIÈCE.

◇ **localiser** ① *Localiser un incendie en forêt* : **repérer.** *Localiser les malfaiteurs* : [fam.] **loger.** *Localiser une scène* : **situer** ; → PLACER. ② *Localiser un conflit* : **circonscrire.**

localier → JOURNALISTE.

localisé, localiser → LOCAL.

localité → BOURG.

locataire → HÔTE.

location *Donner en location* : → LOUER I.

locomotion *Moyen de locomotion* : → DÉPLACEMENT.

locuste → SAUTERELLE.

loden → MANTEAU.

loge → LOGER I.

logeable → COMMODE II.

logement → LOGER I.

loger

I ① [qqn ~] *Sa famille logeait dans un vieux quartier* : **demeurer, habiter, vivre***

◆ [fam.] **crécher*, percher** ; → NICHER, OCCUPER, RÉSIDER. *Il logeait toujours à l'hôtel* : **descendre** ; → SÉJOURNER. ② [qqn ~ qqn] *Il fallait loger les nouveaux clients* : **installer, héberger,** [fam.] **caser** ; → METTRE. *Être logé. Il était logé et blanchi par ses parents* : → ENTRETENIR. ③ [qqch ~ qqn] *L'internat loge une centaine d'élèves* : **recevoir*.**

◇ **loge** *Au théâtre, il loue toujours une loge* : [plus précis] **avant-scène** (= loge située au balcon, des galeries de part et d'autre de la scène), **baignoire** (= loge de rez-de-chaussée).

◇ **se loger** *Il est difficile de trouver à se loger dans Paris* : [plus génér.] **s'installer.**

◇ **logement** ① *Le prix des logements augmente sans cesse* : [plus précis] **appartement*** ; → HABITATION, LOGIS, RÉDUIT. *Être sans logement* : → TOIT. ② *Ouvrir un centre pour le logement des réfugiés* : **hébergement.**

◇ **logis** Syn. vieilli de **logement.** *Rentrer au logis* : [fam.] **chez soi.**

II [~ qqch] ① *Comment loger ce canapé dans le salon ?* : **installer** ◆ [fam.] **caser,** [très génér.] **mettre** ; → PLACER. ② [~ qqn] → LOCALISER.

◇ **se loger** *Maladroit, il s'est logé une balle dans le pied* : [plus cour.] **tirer.**

logique ① [n.f.] *Ce raisonnement manque tout à fait de logique* : **cohérence, méthode*.** ② [n.f.] → PHILOSOPHIE. ③ [adj.] *Je ne trouve pas sa réaction très logique* : **naturel, normal*.** *Son comportement est la suite logique de ses déclarations* (*... est conforme à...*), **dans le droit-fil** ◆ ↑ **nécessaire,** ↑ **inévitable*.** *Un raisonnement logique* : ↑ **serré*, suivi*, systématique*.** *Un esprit logique* : **cartésien, rationnel.**

logiquement → NORMALEMENT.

logis → LOGER I.

logo, logotype → MARQUE, SYMBOLE.

loi ① *Nul n'est censé ignorer la loi* : la **loi** désigne une prescription d'ordre juridique qui régit les rapports entre les citoyens d'un pays ; le **décret** est un texte émis par le pouvoir exécutif pour faire exécuter une *loi*; l'**arrêté** est une décision écrite issue d'une autorité administrative; l'**édit** désignait une *loi* royale d'application limitée. ② *Dans ce différend, il avait la loi pour lui*: **droit.** ③ *Il se fait une loi de ne rien imposer à ses enfants*: [plus cour.] **devoir, règle*.** *Il ne fera pas la loi ici*: **commander.** *Une loi morale*: → COMMANDEMENT. *Exercer sa loi*: → AUTORITÉ. ④ *Les nobles obéissaient aux lois de l'honneur*: [pr.] **code.**

loin ① *Le temps n'est pas loin où toute la Terre sera polluée*: **éloigné*.** ② *Il est trop exténué pour aller plus loin*: [sout.] **avant** (*aller plus avant*). ③ *La maison se trouvait vraiment loin*: [fam.] **au diable ; →** À L'ÉCART*, ÉLOIGNÉ. *Loin de*: → À DISTANCE. *Partir très loin*: **aux antipodes.** ④ *Voir plus loin* (indication donnée dans un ouvrage): **ci-dessous, infra, plus bas, ci-après.** ⑤ *Cet enfant ira loin*: **réussir*.** *Aller trop loin*: → EXAGÉRER, S'ÉLOIGNER. *Il réussira parce qu'il voit loin*: **prévoir qqch.** *Voir de loin ce qui se prépare*: **deviner.** ⑥ *On voyait au loin de gros nuages*: **à l'horizon, dans le lointain.** *Elle était restée longtemps au loin*: [plus cour.] **absent.** *Quelques arbres se dressaient de loin en loin*: **par intervalles*, de place en place.** *On ne le voyait que de loin en loin*: **de temps* en temps.** *Loin de là* (qui renforce une négation): → AU CONTRAIRE*, À BEAUCOUP PRÈS*, TANT* S'EN FAUT. *Je ne le connais ni de près ni de loin*: **pas du tout.** *Suivre qqn de loin*: **à distance.** ⑦ *Il n'est pas loin de midi*: **à peu près, presque.** *De loin*: **de beaucoup.**

lointain ① [adj.] *Il part pour un pays lointain*: [plus cour.] **éloigné*.** *Une époque lointaine*: **reculé, immémorial** (= d'une origine si lointaine qu'il n'en reste aucun souvenir). ② [adj.] *Une ressemblance entre deux cousins*: **vague*.** *Un rapport lointain entre deux faits*: ↓ **indirect.** ③ [n.m.] *La côte disparaît dans le lointain*: **à l'horizon, au loin*** ♦ [partic.] **à l'arrière-plan** (qui n'implique pas une grande distance).

loisible *Il est loisible de*: → PERMIS.

loisir ① *Il a besoin d'un peu de loisir*: [plus cour.] **délassement ; →** DISTRACTION. ② [pl.] *Son travail lui laisse beaucoup de loisirs*: **temps libre, temps à soi.** *À loisir. Se servir à loisir*: → DISCRÉTION. *Réfléchir à loisir*: → À TÊTE* REPOSÉE.

lolita → FILLE.

lombes → REIN.

lombric → VER.

long

I [adj.] ① *Une longue allée*: **grand*.** *Une longue file de voitures*: ↑ **interminable.** ② *Être long à comprendre*: → LENT. *Avoir une longue habitude des exercices périlleux*: **vieux.** *Le coureur buvait à longs traits après l'épreuve*: **grand.** *Votre histoire est un peu longue, non ?*: [fam.] **longuet** ♦ ↑ **interminable.** *Être trop long dans un discours*: **prolixe*, bavard*.** ③ *Il a le bras long*: → INFLUENCE. *Nous nous connaissons de longue date*: → LONGTEMPS.

II [n.] ① *De long. Le champ a quatre cents mètres de long*: **longueur.** ② *Tomber de tout son long*: [fam.] **s'étaler.** ③ *À la longue, il s'est habitué*: **finalement, avec le temps*.**

III [adv. et loc. adv.] *Il en savait long sur l'affaire*: **beaucoup*.** *Tout au long* [sout.]: [cour.] **en détail.** *Tout du long*: **complètement.**

longer *Longer un ravin*: → BORDER, CÔTOYER. *Longer un mur*: → RASER III. *Longer la rivière*: → SUIVRE.

longiligne → MINCE I.

longtemps ① *Étudier longtemps un problème*: **longuement** (= durée continue). ② *Pas plus longtemps. Il ne restera pas plus longtemps*: **davantage.** *Vous n'attendrez pas longtemps*: **beaucoup.** ③ *Il y a bien longtemps*: [fam.] **belle lurette, un sacré bout de temps.** *C'était il y a longtemps*: **autrefois.** ④ *Ils sont amis depuis longtemps*: ↑ **de toujours** ♦ [sout.] **de longue date ; →** DEPUIS DES LUSTRES*, DE LONGUE MAIN*. *Il est midi depuis longtemps*: → LARGEMENT. ⑤ *Avant longtemps*: → DE SITÔT. *Aussi longtemps*: → TANT QUE.

longuement → LONGTEMPS.

longuet → LONG.

longueur ① → LONG II. *Une table de bonne longueur :* **taille.** ② *La longueur des négociations exaspérait les ouvriers :* **lenteur.** ③ *Il s'ennuie à longueur de journée :* **tout le temps ;** → DURÉE.

look → ALLURE.

looping *Les loopings d'un avion :* → BOUCLE, ACROBATIE.

lopin → CHAMP I.

loquace → BAVARD.

loquacité → ÉLOQUENCE.

loque ① *Il n'était plus qu'une loque :* **épave ;** → DÉCHET. ② *Porter des loques :* → GUENILLE, LOQUETEUX.

◇ **loqueteux** *Des vêtements loqueteux* [sout.] : **en loques, en haillons** ◆ ↓ **déchiré ;** → DÉGUENILLÉ.

loquet → FERMETURE.

loqueteux → LOQUE.

lorgner ① *Lorgner une place :* → CONVOITER, LOUCHER SUR, VISER II. ② *Il lorgnait les femmes qui passaient :* [plus génér.] **regarder*** ◆ [fam.] **reluquer.**

lorgnon → LUNETTES.

lorsque ① → ALORS QUE. ② *L'homme traversait la route lorsque la voiture est arrivée :* **au moment où,** [plus cour.] **quand,** [moins cour.] **comme.** *Lorsque vous viendrez nous rendre visite, nous visiterons la région :* [plus cour.] **quand.** ③ → SI II.

loser → MINABLE.

lot ① *Souffrir est le lot de tous les hommes* [sout.] : [plus cour.] **sort ;** → APANAGE, CONDITION, PARTAGE. ② *La ferme avait été divisée en trois lots égaux :* [plus cour.] **part.** *Il avait acheté un lot de vieux livres :* **stock** ◆ [moins cour.] **assortiment.** *Avoir son lot d'ennuis :* → PART. ③ *Gagner le gros lot :* **jackpot, décrocher la timbale.**

loterie ① *L'association avait organisé une loterie :* **tombola** (= lots en nature) ◆ **loto** (= jeu de hasard où le joueur remplit des cases avec des numéros). ② *La vie est une loterie :* **jeu de hasard, roulette russe.**

loti *La nature ne l'a pas bien loti* [fam.] : [cour.] **favorisé.**

lotir → MORCELER.

loto → LOTERIE.

louable, louange → LOUER II.

louanger → FLATTER.

loubard → DÉLINQUANT.

louche

I [adj.] ① *Il avait vécu longtemps dans un milieu louche :* **interlope, suspect*, trouble*.** ② *Des manières louches :* → AMBIGU, INQUIÉTANT. *Un hôtel louche :* **borgne, malfamé ;** → MAL FRÉQUENTÉ*.

II [n.f.] → MAIN.

loucher ① *Dès qu'elle ôtait ses lunettes, elle louchait :* [fam.] **bigler.** ② *Le promoteur louchait sur des terrains bien situés* [fam.] : **lorgner qqch** ◆ [cour.] **convoiter*, guigner qqch.**

louer

I ① *La société louait des chambres aux étudiants :* **donner en location** ◆ [didact.] **donner à loyer** ◆ [partic.] **affermer** (= donner à loyer des terres ou des bois). ② *Louer une place pour un concert :* [plus cour.] **réserver.**

II ① *Il le louait chaleureusement des résultats obtenus :* [cour.] **estimable** ◆ [génér.] **bon.** *Il a fait de louables efforts :* **méritoire.**

◇ **se louer de** *Il ne pouvait que se louer de sa prévoyance :* **se féliciter,** [plus sout.] **s'applaudir.**

◇ **louable** *C'est un vin louable, trop mal connu :* [plus cour.] **estimable** ◆ [génér.] **bon.** *Il a fait de louables efforts :* **méritoire.**

◇ **louange** ① *Être sensible à la louange :* → ÉLOGE. ② [pl.] *Après son succès, il fut couvert de louanges :* **compliment** ◆ **encenser** (… *il fut encensé*) ; → ACCLAMATION,

ÉPITHÈTE. ③ *Le ministre prononça un discours à la louange du savant :* en l'honneur de.

louf → FOU.

loufoque *Un homme un peu loufoque* [fam.] : dingue ◆ [cour.] bizarre*, farfelu, ↑ fou*.

◇ **loufoquerie** *Sa conversation était pleine de loufoquerie :* extravagance.

loufoquerie → LOUFOQUE.

louftingue → FOU.

loulou → DÉLINQUANT.

loup

I ① *Porter un loup :* → MASQUE. ② *Un jeune loup :* → AMBITIEUX. ③ *Avoir une faim de loup :* être vorace. *Un froid de loup :* rigoureux. ④ *Loup de mer :* → MARIN.

II *Pêcher un loup :* bar II.

loupe *À la loupe. Relire un texte à la loupe :* avec minutie, avec soin, minutieusement, soigneusement.

loupé → ÉCHEC.

louper *Louper la cible :* → MANQUER I.

loupiot → BÉBÉ, ENFANT.

loupiote → LUMIÈRE.

lourd ① *Ses plaisanteries étaient toujours un peu lourdes :* ↓ gros ◆ [fam.] lourdingue ; → GROSSIER. *On reconnaît cet écrivain à ses phrases lourdes :* embarrassé, gauche, laborieux*. *Un esprit lourd :* → ÉPAIS. *Des formes lourdes :* → ÉPAIS, MASSIF. *Une silhouette lourde :* ↑ corpulent ◆ ramassé*, trapu* (qui impliquent une idée de force). *Une chaleur lourde :* accablant*. *Il avait une démarche lourde :* pataud ◆ [fam.] lourdaud. ② *La malle était trop lourde :* pesant. *Les terres lourdes se cultivent mal :* compact, fort ; → DENSE. *De lourds impôts frappaient les revenus :* [postposé] ↑ écrasant. *De lourdes charges pèsent sur l'accusé :* [postposé] ↑ accablant ◆ [antéposé] ↓ grave, ↓ important ◆ [postposé] ↓ sévère. *Déconseiller toute alimentation un peu lourde :* ↑ indigeste, pesant,

[fam.] bourratif. ③ *Ce qu'il disait était lourd de menaces :* chargé, plein. ④ [adv.] *Votre intervention ne pèsera pas lourd :* beaucoup.

◇ **lourdaud** ① [adj.] *Il était un peu lourdaud :* gauche, ↓ maladroit. ② [n.] *C'est un lourdaud, il manque de délicatesse :* ↑ balourd, ↑ rustre ◆ [fam.] lourdingue ◆ ↓ maladroit ; → LOURD.

◇ **lourdement** ① *Les frais de chauffage grèvent lourdement son budget :* fortement. ② *Se tromper lourdement :* grossièrement*. ③ *Il marchait lourdement :* pesamment.

◇ **lourdeur** ① → ALOURDISSEMENT. ② *La lourdeur de sa démarche prêtait à rire :* pesanteur ◆ ↓ gaucherie, ↓ maladresse, ↓ balourdise. ③ *Avec lourdeur :* → LOURDEMENT.

lourdaud, lourdement → LOURD.

lourder → CONGÉDIER, RENVOYER.

lourdeur → LOURD, LOURDEMENT.

lourdingue → LOURD, LOURDAUD.

loustic ① *Ce loustic m'a encore joué un sale tour* [fam., vieilli] : [plus cour.] farceur, plaisantin ; → BOUFFON. ② *C'est un drôle de loustic* [fam.] : lascar, type* ◆ [cour.] homme ; → INDIVIDU.

louveteau → SCOUT.

louvoiement → DÉTOUR.

louvoyer → BIAISER.

lover (se) → SE BLOTTIR.

loyal ① *C'est un homme loyal :* équitable (qui fait référence à l'idée de justice, *loyal* à celle de fidélité). *Il avait toujours été un ami loyal :* fidèle, dévoué*, sincère*. *Rester loyal dans une négociation :* droit ◆ ↓ correct. ② *L'homme était un adversaire redoutable, mais loyal :* régulier* ◆ [anglic.] fair-play ◆ ↓ honnête, de bonne foi. *Se battre à la loyale :* loyalement.

◇ **loyalement** ① honnêtement, équitablement, fidèlement, sincèrement*. ② *Il acceptait loyalement son échec :* de bonne guerre, honnêtement ; → DE FAÇON LOYALE*.

◇ **loyauté** *Tous ceux qui le connaissaient apprécaient sa loyauté* : **droiture***, **franchise***, **honnêteté**.

loyalement → LOYAL.

loyalisme → DÉVOUEMENT.

loyauté → LOYAL.

loyer *Donner à loyer* : → LOUER I.

lubie *Sa lubie ne durera pas* : [litt.] **foucade** ◆ [fam.] **tocade** ; → CAPRICE, ENVIE I, FANTAISIE.

lubricité → DÉBAUCHE, SENSUALITÉ.

lubrifier *Le moteur avait été correctement lubrifié* : [plus génér.] **graisser, huiler**.

lubrique → SENSUEL.

lucarne Petite fenêtre qui donne du jour dans les combles : **œil-de-bœuf** (= lucarne ovale ou ronde) ◆ **tabatière, lucarne à tabatière** (= lucarne dont une partie est fixe tandis que l'autre peut être relevée) ◆ [nom déposé] **Velux** (= fenêtre de toit) ; → FENÊTRE.

lucide → CLAIRVOYANT, CONSCIENT.

lucidité → CONNAISSANCE I, CLAIRVOYANCE.

lucratif *Une activité lucrative* : → JUTEUX, PAYANT, PRODUCTIF.

lucre → GAIN.

lueur ① *On voyait au loin une faible lueur* : ↑ **clarté**. ② *Une lueur de. Il y avait une lueur d'espoir* : **rayon** ; → UN PEU* DE. *Une lueur de colère a passé dans son regard* : **éclair**, [moins cour.] **étincelle***, **flamme**.

lugubre ① *Le glas lugubre annonçait un décès* [litt.] : [plus cour.] **funèbre**. ② *Le paysage lugubre mettait mal à l'aise* : **sinistre** ◆ ↓ **triste**. *Une scène lugubre* : **macabre***. *Une journée lugubre* : [fam.] **glauque** ; → MORTEL.

luire *Les eaux du lac luisent au soleil* : ↑ **briller*** ◆ [partic.] **reluire** (qui implique que la lumière est réfléchie).

◇ **luisant** *Le meuble bien ciré était luisant* : **brillant***. *Des vêtements luisants* : **lustré**.

luisant → LUIRE.

lumière

I [sing.] ① *Cette pièce manque de lumière* : **clarté**. *La lumière convenait pour la photographie* : **éclairage**. ② *Allumer la lumière* : → ÉLECTRICITÉ. *Allumer une lumière* : [fam.] **loupiote**. ③ *La lumière d'une pierre précieuse* : ↑ **brillant***, ↑ **éclat*** ; → FEU III.

II ① [pl.] *Il va nous apporter ses lumières sur la question* : [sing.] **savoir**, [pl.] **connaissances***. ② *Les essais ont mis en lumière les défauts du modèle* : **mettre en évidence, au grand jour**. *Les travaux du savant ont jeté quelque lumière sur le phénomène* : **clarté, éclaircissement**. *Il faut faire la lumière sur cette affaire* : **élucider** (*élucider cette affaire*). ③ *C'est une lumière de la physique* : [sout.] **sommité***. *Ce garçon n'est pas une lumière* : **sot** (*c'est un sot*).

lumineusement → LUMINEUX II.

lumineux

I [de lumière I] ① *Les boutiques portaient des enseignes lumineuses* : ↓ **brillant**. *Il lut l'heure au cadran lumineux du réveil* : [moins cour.] **phosphorescent**. ② *Une pièce lumineuse* : ↓ **clair***. *Un sourire lumineux* : **radieux***.

◇ **luminosité** *La luminosité du ciel de Provence a inspiré les peintres* : [didact.] **brillance** ◆ [plus cour.] ↓ **clarté, éclat**.

II [de lumière II] ① *Le raisonnement suivi était tout à fait lumineux* : ↓ **clair*** ; → NET I. ② *Il a fait une intervention lumineuse* : **brillant** ; → GÉNIAL.

◇ **lumineusement** : **clairement**.

luminosité → LUMINEUX I.

lunaire → LUNE.

lunatique → CAPRICIEUX.

lune ① *Montrer sa lune* [langage enfantin] : [cour.] **derrière***. ② *Il est dans la lune* : **être distrait*** ; → RÊVER. *Ce garçon tombe de la lune* : **tomber des nues** ◆ ↓ **être étonné**. ③ *Passer la lune de miel à Venise* : → MARIAGE. *Leur lune de miel n'aura pas duré longtemps* : **bonne entente** ; → ACCORD.

◇ **lunaire** *Le sol lunaire* : [didact.] **sélénite**.

luné *Être bien, mal luné* : → HUMEUR.

lunettes *Il porte des lunettes* : [plus rare] **verres** ◆ [par plais.] **lorgnon** (= lunettes sans branches : *ajuster son lorgnon*), **binocle**.

lupanar → MAISON* CLOSE.

lurette *Il y a belle lurette* : → LONGTEMPS.

luron *C'est un joyeux, un gai luron, il aime s'amuser de tout* : **drille**, [fam.] **coquin***, **gaillard*** ; → GAI.

lustre

I ① *La rénovation des vieux quartiers avait rendu son lustre à la ville* [très sout.] : [plus cour.] **éclat, brillant***. ② *Accrocher un lustre* : **suspension***.

II *Depuis des lustres* [sout.] : [cour.] **depuis longtemps**.

lustré → LUISANT.

lustrer → FROTTER.

luthérien → PROTESTANT.

lutin Dans les légendes, nom d'un esprit malicieux qui apparaît la nuit : **farfadet** ◆ **elfe** (= esprit de l'air dans les légendes écossaises et allemandes), **djinn** (chez les Arabes), **troll** (dans les pays scandinaves) ◆ [génér.] **esprit**.

lutte ① *La paix fut signée après des années de lutte armée* : **combat, guerre** ◆ [génér.] **affrontement, conflit**. *Les armées défaites abandonnèrent la lutte* : **bataille**. ② *Une lutte entre deux équipes* : **compétition** ◆ [partic.] **match**. ③ *Une lutte oratoire sans merci* : [très sout.] **joute, duel***. ④ *Le débat politique devenait le lieu de luttes personnelles* : **rivalité** ◆ [fam.] **guéguerre**. *Une lutte d'intérêts* : **opposition**. *Il était en lutte contre son propriétaire* : **en conflit avec, aux prises* avec**.

◇ **lutter** ① *Il luttait pour se dégager* : **se débattre**. *Le brochet avait cessé de lutter* : **résister** ; → RÉAGIR. ② *Ils luttèrent sans merci* : → SE BATTRE, COMBATTRE. *Les coureurs luttaient de vitesse* : **rivaliser de** ; → DISPUTER. ③ *Lutter pour la paix* : [plus génér.] **agir** ◆ [plus précis] **militer**.

◇ **lutteur** *Avoir un caractère de lutteur* : **battant**.

lutter, lutteur → LUTTE.

luxation *Luxation de l'épaule* : → DÉBOÎTEMENT.

luxe ① *Étaler un luxe choquant* : **faste** ; → APPARAT, MAGNIFICENCE, RICHESSE. *Avoir le goût du luxe* : [partic.] **superflu** (= ce qui n'est pas nécessaire, sans être un bien coûteux). ② *De luxe. Une voiture de luxe* : **luxueux, de prix**. *Un objet de luxe* : **chic***, **fin***, **haut de gamme***. ③ *Un luxe. L'article relate les faits avec un luxe de détails* : **abondance, profusion de** ◆ ↓ **beaucoup de**. ④ *Se donner, se payer le luxe de dire, de faire qqch* : **se permettre de**.

◇ **luxueux** *Le caractère luxueux de l'ameublement* : ↑ **fastueux**, ↑ **somptueux** ; → DE LUXE, MAGNIFIQUE, RICHE.

luxer (se) → SE DÉBOÎTER.

luxueusement → RICHEMENT, SOMPTUEUSEMENT.

luxueux → LUXE.

luxure *Vivre dans la luxure* : **débauche** ; → IMPURETÉ, INTEMPÉRANCE, VICE I.

luxuriance *La luxuriance de la végétation* : → ABONDANCE, EXUBÉRANCE, FLORAISON.

luxuriant ① *À la saison des pluies, la végétation devenait luxuriante* : **exubérant, surabondant** ; → TOUFFU. ② *Il faisait preuve d'une imagination luxuriante* [sout.] : [plus cour.] **exubérant**.

luxurieux → DÉBAUCHÉ, INTEMPÉRANT.

lycée *Il a quitté le lycée pour l'université* : [génér.] **école***, **établissement*** ◆ [fam.] **bahut, boîte**.

◇ **lycéen** *Les lycéens parlaient de leur examen* : [fam.] **potache** ; → ÉCOLIER.

lycéen → LYCÉE.

lymphatique → MOU.

lyncher → ÉCHARPER.

lyophilisation → DESSÈCHEMENT.

lyrique *Style lyrique* : → BRILLANT II.

M

maboul → FOU.

mac → SOUTENEUR.

macabre ① *Appréciez-vous l'humour macabre de ce dessinateur ?* : [plus cour.] **noir.** ② *Le paysage désolé avait un caractère macabre* : **lugubre, sinistre ;** → TRISTE.

macadam → BITUME.

macadamiser → BITUMER.

macchabée → DÉCÉDÉ, MORT II.

macédoine *Préparer une macédoine de légumes* : **jardinière.** *Le dessert était une macédoine de fruits* : [plus cour.] **salade.**

macérer

I [dans certaines pratiques religieuses] *Macérer son corps* : **mortifier** (qui s'applique aussi aux sentiments) ◆ **mater** (qui est employé plus spécialt quand il s'agit de réprimer les désirs charnels : *mater sa chair*).

II [~ qqch] ① [surtout au pass.] *Elle offrit des cerises macérées dans de l'eau-de-vie* : [moins précis] ↓ **tremper.** ② *Faire macérer une viande* : → MARINER, BAIGNER II.

mâchefer → SCORIE.

mâcher ① *Il mâchait du chewing-gum* : **mastiquer.** *Nerveux, il mâchait son crayon* : **mâchonner, mordiller** ◆ [fam.] **mâchouiller.** ② *Le candidat mâchait son échec* : [plus cour.] **remâcher, ruminer.** ③ *Mâcher le travail de qqn* : **préparer** ◆ ↓ **faciliter.** *Parler sans mâcher ses mots* : → CRU I.

machiavélique → PERFIDE, RUSÉ.

machiavélisme → PERFIDIE, RUSE.

machin → AFFAIRE, CHOSE I, TRUC.

machinal → MACHINE.

machinalement *Répondre machinalement* : → AUTOMATE, PAR HABITUDE*, INSTINCTIVEMENT, DE MANIÈRE MACHINALE*, MÉCANIQUEMENT.

machination → MACHINER.

machine ① [génér.] **bicyclette, automobile de course, moto,** [vieilli] **locomotive** (qui s'emploient selon le contexte : *le cycliste s'élança sur sa machine*). ② *Une machine compliquée* : → APPAREIL. *Agir comme une machine* : → AUTOMATE. ③ *Nous vivons dans le siècle de la machine* : **machinisme.** ④ *Une machine infernale* : [plus cour.] **bombe.**

◇ **machinal** *Il attacha sa ceinture de sécurité d'un geste machinal* : **automatique, machinalement** (*il attacha machinalement...*) ; → INSTINCTIF, MÉCANIQUE I.

machiner [~ qqch] *Les militaires avaient machiné la perte du gouvernement* [vieilli] : [cour.] **comploter, manigancer*** ◆ [sout.] **ourdir, tramer.**

◇ **machination** *Prévoir les machinations de ses adversaires* [pl.] : [plus génér.] **manœuvre, intrigue ;** → AGISSEMENTS, COMPLOT, RUSE.

machinisme → MACHINE.

machisme *Le machisme est aujourd'hui combattu* : [moins cour.] **phallocratie** ◆ [plus génér.] **sexisme** ◆ **misogynie** (= mépris ou haine des femmes qui caractérisent le machisme).

◇ **machiste** [n. et adj.] *Ce machiste laisse tous les travaux ménagers à son épouse* : [moins cour.] **phallocrate** ◆ [fam.] **macho** ◆ [plus génér.] **sexiste***.

machiste → MACHISME.

mâchonner, mâchouiller → MÂCHER.

mâchurer → MACULER.

maculé → MACULER.

maculer ① *On avait maculé d'encre la première page du livre* : [cour.] **noircir** ◆ [plus génér.] **barbouiller** ◆ [vieilli] **mâchurer**. ② *L'enfant a maculé son manteau de boue* : [cour.] **souiller, tacher** ; → SALIR.

◇ **maculé** : **souillé, taché**.

madone → VIERGE.

madrier → POUTRE.

maestria → ADRESSE I, VIRTUOSITÉ.

mafia ① → COTERIE. ② → MILIEUX DU CRIME*.

magasin

I ① *Il a repris le magasin de ses parents* : **commerce, fonds (de commerce)** ◆ [plus génér.] **affaire*** ; → BOUTIQUE. *Acheter des souvenirs dans un magasin du Caire* : [partic.] **souk** (= marché des pays arabes). ② *Les grands magasins se multiplient* : **grande surface** (qui implique la vente en libre-service) ◆ [spécialt] **supermarché** (d'une surface de 400 à 2 500 m^2) ◆ **supérette** (qui désigne un magasin plus petit que le supermarché) ◆ **hypermarché** (qui désigne une surface plus grande), [abrév. fam.] **hyper** ◆ [anc.] **bazar** ◆ [anglic.] **drugstore** (= centre commercial où l'on trouve des produits d'hygiène, des journaux et des marchandises diverses).

II ① *L'usine garde des pièces détachées en magasin* : **entrepôt**. *Il n'y a plus de marchandises en magasin* : **en stock, disponible**. ② *Magasin à blé* : [plus cour.] **silo**. ③ *Le magasin d'une boutique, d'un musée* : **réserve***.

magazine → PÉRIODIQUE, REVUE I.

mage ① → DEVIN. ② → PRÊTRE.

maghrébin → ARABE.

magicien → MAGIE.

magie ① → DIVINATION. ② *Il a fait disparaître le verre comme par magie* : **enchantement, tour de passe-passe, de prestidigitation** (*... le verre par un tour...*) ; → SORCELLERIE. *Les beaux spectacles exercent toujours leur magie* : [plus cour.] ↓ **charme,** ↓ **séduction**.

◇ **magicien** *Le magicien, personnage commun dans les contes* : **enchanteur** ◆ [didact., partic.] **thaumaturge** (= personne qui fait des miracles) ; → SORCIER, DEVIN.

◇ **magique** ① *La baguette magique était un attribut des fées* : **enchanté**. *Un charme magique* : **envoûtant, ensorcelant**. ② *Employer une formule magique* : **incantatoire** ◆ [moins cour.] **cabalistique**. *Un spectacle magique* : [plus génér.] **merveilleux** ; → ENCHANTEUR.

magique → MAGIE.

magistral ① *Parler d'un ton magistral* [sout.] : [cour., péj.] **doctoral** ◆ **dogmatique** (qui ajoute un caractère péremptoire) ; → PROFESSORAL. ② *Un coup magistral* : → MAGNIFIQUE, COUP DE MAÎTRE* III.

magistralement → MAIN* DE MAÎTRE.

magistrat → JUGE.

magma → MÉLANGE.

magnanime *Il s'est montré magnanime envers son adversaire* [litt.] : [plus cour.] **clément, généreux***.

magnanimité → GÉNÉROSITÉ.

magnat *Un magnat de la sidérurgie* : → POTENTAT, ROI.

magner (se) → SE DÉPÊCHER.

magnétisme → CHARME.

magnificat → CHANT.

magnificence → MAGNIFIER.

magnifier ① *Magnifier la mémoire d'un grand homme* : → GLORIFIER, LOUER II. ② *On magnifie souvent les souvenirs d'enfance* : **idéaliser** ◆ ↓ **embellir**.

◇ **magnifique** ① *Un monument magnifique* : **merveilleux*** ; → ADMIRABLE, GRANDIOSE, SPLENDIDE. *Une demeure magnifique* : → RICHE, SOMPTUEUX, SEIGNEURIAL. *Un ameublement magnifique* : ↑ **luxueux***. *Une magnifique improvisation* : → BRILLANT II. *C'est une invention magnifique* : **remarquable**. *Une offre magnifique* : → ROYAL. ② *Un magnifique revers lui a permis de gagner la partie* : **magistral**.

◇ **magnificence** [sout.] ① *Les journaux ont rapporté la magnificence des fêtes* : **somptuosité** ◆ ↓ **éclat, faste** ; → BEAUTÉ, SPLENDEUR. ② *Il avait été reçu avec magnificence* : [très sout.] **munificence** ◆ [plus cour.] **royalement** ; → AVEC FASTE*.

◇ **magnifiquement** ① *Le livre était magnifiquement relié* : **somptueusement, superbement**. ② *Traiter qqn magnifiquement* : **princièrement** ; → RICHEMENT, ROYALEMENT.

magnifique, magnifiquement
→ MAGNIFIER.

magnum *Un magnum de champagne* : → BOUTEILLE.

magot *Le vieillard est mort sans avoir touché à son magot* [fam.] : **bas de laine** ◆ [cour., pl.] **économies** ; → TRÉSOR.

magouillage → AGISSEMENTS.

magouille [fam., péj.] *Se livrer à des magouilles* : → AGISSEMENTS. *Une magouille financière* : **combine, cuisine** ; → COMBINAISON, MANŒUVRE I.

◇ **magouiller** [fam., péj.] *Il magouille pour avoir de l'avancement* : **grenouiller** ◆ [cour.] **intriguer*** ; → RUSER. *On se demande ce qu'il magouille* : [fam.] **combiner** ◆ [cour.] **manigancer** ; → TRAFIQUER.

magouiller → MAGOUILLE.

magouilleur → INTRIGANT.

maie → COFFRE.

maigre ① [postposé] *Sa longue maladie l'a rendu très maigre* : **amaigri** (… *l'a amaigri*) ◆ ↑ **squelettique**. *Avoir un visage très maigre* : ↑ **décharné** ◆ [sout.] **hâve, émacié** ; → ANGULEUX. *Être maigre* : ↑ **desséché** ; → SEC. *Des jambes maigres* : **fluet*, grêle** ; → FIN. *Il est très maigre* : **on lui voit les côtes** ◆ [fam.] **n'être pas épais, être maigre comme un clou, être sec comme un coup de trique, comme un hareng saur, être un sac d'os, être une grande bringue, n'avoir que la peau et les os**. *C'était un chien maigre* : [plus précis] **efflanqué**, [partic.] **famélique** (= qui ne mange pas à sa faim) ◆ [rare] ↑ **étique**. *Il est un peu trop maigre* : **maigrelet** (*il est maigrelet*) ◆ [plus fam.] **maigrichon, maigriot**. ② [antéposé ou postposé] *Recevoir un maigre salaire* : **médiocre** ◆ ↓ **mince, ↓ petit** ; → RÉDUIT I. *Un fromage maigre* : **allégé**. *Une viande maigre* : → SANS GRAISSE*. *Une terre maigre* : ↑ **aride*, stérile** ◆ [génér.] **pauvre**. *Voilà bien des efforts pour de maigres résultats !* : **faible** ◆ [plus sout.] **piètre**. *C'est (bien) maigre* [fam.] : **court, léger** ◆ [cour.] **c'est (bien) peu** ; → JEUNE I.

◇ **maigrement** *Être maigrement rémunéré* : **peu** ◆ [moins cour.] **chichement**.

◇ **maigreur** ① → AMAIGRISSEMENT. ② *La maigreur d'un salaire* : **minceur, médiocrité** ; → PAUVRETÉ.

◇ **maigrir** ① *Il a beaucoup maigri ces derniers temps* : **s'amincir, perdre du poids** ◆ [fam.] **décoller** ◆ ↑ **fondre**. *Les privations l'ont maigri* [sout.] : [cour.] **amaigrir**. ② *Porter un pantalon ne la maigrit pas !* : **mincir, amincir**.

maigrelet, maigrement, maigreur, maigrichon, maigriot, maigrir
→ MAIGRE.

mail

I → PROMENADE.

II → COURRIER.

maille

I [n.f.] ① *Une des mailles de la chaîne s'est rompue* : [plus cour.] **chaînon, maillon**. ② *C'est simple : une maille à l'envers, une maille à l'endroit* : **point**.

maillon

II *Avoir maille à partir avec qqn :* **avoir des démêlés avec qqn.**

maillon → MAILLE.

maillot *Maillot de bain :* → PIÈCE I, SLIP.

main ① [~ + adj. antéposé]. *Il a appris cela de première main :* **directement, sans intermédiaire.** *Savoir qqch de seconde main :* **indirectement.** *Une voiture de seconde main :* **d'occasion.** *Le coup a été préparé de longue main :* [plus cour.] **depuis longtemps.** *J'approuve votre idée des deux mains :* **entièrement.** *Il avait la haute main sur l'entreprise :* **commander, diriger ;** → CONTRÔLER. *Mettre la dernière main à un travail :* **achever, finir*, terminer*.** *Donner à pleines mains :* **abondamment ;** → GÉNÉREUSEMENT, POIGNÉE. *Petite main :* → COUTURIÈRE. ② [~ + adj. postposé] *Avoir la main heureuse :* **bien choisir.** *Avoir la main légère :* **agir avec douceur.** *Avoir la main dure, lourde :* **être brutal.** *Je veux avoir les mains libres pour vous aider :* **avoir toute liberté.** *Remettre une lettre en main propre :* **en personne.** *Faire main basse sur qqch :* **voler.** ③ [~ comme compl. d'un v.] *Je déteste qu'on me force la main :* **contraindre.** *Ils en viennent aux mains :* **se battre.** *Il porta la main sur le gamin :* **frapper.** *Il n'a plus le temps et perd la main :* **perdre l'habitude.** *S'en laver les mains :* **dégager sa responsabilité.** *Se salir les mains dans une affaire :* **se compromettre.** *Marcher la main dans la main :* → ENSEMBLE I. *Il a passé la main* [fam.] : [cour.] **renoncer ;** → ABANDONNER I. *Passer la main sur qqch :* → CARESSER. *On reconnaît bien sa main dans ce tableau :* **touche*** ♦ [plus cour.] **griffe, patte.** *Avoir la main :* → TOUR III. *Serrer la main à qqn :* [fam.] **cuiller, louche, patte, pince** ♦ [très fam.] **paluche.** ④ [~ précédé d'une prép.] *Il est tombé entre ses mains :* **en son pouvoir ;** → POSSESSION. *Il a agi en sous-main :* → SECRÈTEMENT I. *Je n'ai pas eu en main, entre les mains ces documents :* **en la possession de.** *Sous la main :* → DISPOSITION. *Il sait travailler de ses mains :* **manuellement.** *L'avocat a pris en main ses intérêts :* **se charger* de.** *Une vente de la main à la main :* **direct, sans intermédiaire.** ⑤ [~ comme compl. d'un n.] *Donner un coup de main :* → AIDER, SOU-

TENIR. *Il acheva le pot en un tour de main :* **très vite.** ⑥ [~ + compl.] *Conduire des travaux de main de maître :* **d'une façon remarquable, magistralement.** *Être pris la main dans le sac :* → DÉLIT.

main-d'œuvre ① → PERSONNEL. ② *Il faut compter le prix de la main-d'œuvre :* [partic.] **façon.**

main-forte *Prêter main-forte à qqn :* → AIDER.

maint *À maintes reprises :* → PLUSIEURS.

maintenant ① *Maintenant, il sait à quoi s'en tenir :* **à présent ;** → ACTUELLEMENT. ② [avec le passé composé] *Maintenant, il a passé la frontière :* **à l'heure qu'il est.** ③ [avec le futur] *Maintenant, vous devrez manger sans sel :* **désormais ;** → À L'AVENIR*. ④ *Maintenant que :* → PUISQUE.

maintenir ① [qqch ~ qqch] *Maintenir un mur :* → APPUYER I. *Un barrage maintient les eaux du lac artificiel :* **retenir.** ② *Maintenir au chaud :* → LAISSER, TENIR. ③ [qqn ~ qqn] *Maintenir un malade :* → ENTRETENIR. ④ [qqn ~ qqn] *Maintenir un patient :* **tenir** ♦ ↑ **immobiliser.** *Les policiers maintenaient la foule :* **contenir.** ⑤ [qqn ~ qqch] *L'Académie française essaie de maintenir ses traditions :* **continuer** ♦ ↑ **sauvegarder ;** → CONSERVER, CONTINUITÉ, POURSUIVRE II. ⑥ [qqn ~ qqch] *Il a maintenu sa position pendant les négociations :* **soutenir.** *Le témoin maintenait ses accusations :* **confirmer** ♦ ↑ **répéter.**

◇ **se maintenir** *L'armistice se maintient depuis quelques mois :* **durer ;** → SUBSISTER.

◇ **maintien** ① *Le maintien de la paix suppose des concessions :* [moins cour.] **conservation.** ② *En toute situation, il gardait le même maintien :* [plus cour.] **attitude ;** → TENUE. *Il fume pour se donner un maintien :* [plus cour.] **contenance.** *On lui reproche son maintien désinvolte :* [plus cour.] **allure* ;** → AIR.

maintien → MAINTENIR.

mairie *Vous obtiendrez une fiche d'état civil à la mairie :* **hôtel de ville*** (= mairie d'une ville importante).

mais

I [conj.] **①** [introduit une restriction] *Il n'était pas d'accord avec son ami, mais il s'est tu* : **pourtant, cependant, toutefois** ♦ [moins cour.] **néanmoins. ②** [marque une oppos.] *Il parle peu, mais ce qu'il dit compte* : **par contre** ♦ [plus sout.] **en revanche ;** → EN ATTENDANT, SEULEMENT. **③** [avec une valeur exclam.] *Mais c'est donc vrai !* : **par exemple. ④** [dans une réponse, précédant *oui*] *Mais oui, mais bien sûr* : → ASSURÉMENT. **⑤** [n.m.] *Le ministre avait ajouté un mais* : **objection.**

II [adv.] *Que voulez-vous que j'y fasse, je n'en peux mais* [sout.] : [plus cour.] **je n'y peux rien.**

maison

I ① *Il n'a jamais voulu quitter sa maison* : [très fam.] **crèche** ♦ [partic., fam.] **chez-soi,** [anglic., vieilli] **home** (= le domicile personnel) ♦ **foyer** (= lieu où habite la famille) ♦ **chaumière** (= maison couverte de chaume) ; → BARAQUE, DEMEURE, HABITATION, TOIT, VILLA. *Après des années de voyage, il a regagné sa maison* : [plus cour.] **bercail** ♦ [sout.] **pénates.** *Une maison de campagne* : **résidence secondaire.** *Elle a abandonné la maison paternelle* : [plus cour.] **domicile. ②** *Cette femme sait tenir sa maison* : [plus précis.] **intérieur, ménage. ③** *Les dépenses de maison* : **domestique.**

II ① *L'employé ne pouvait plus travailler dans cette maison* : [fam.] **boîte, boutique ;** → ÉTABLISSEMENT II. **②** *Maison close* [vieilli] : **maison de tolérance** ♦ [litt.] **lupanar** ♦ [fam.] **maison de passe** ♦ [très fam.] **bordel.** *Maison de jeu* : → TRIPOT. *Maison d'arrêt* : → PRISON. **③** *Une maison de repos* : [moins cour.] **maison de santé*.** *Maison de retraite* : → HOSPICE.

III *La maison d'un noble* : → FAMILLE, LIGNÉE.

maître

I [n.] **①** *Il est le maître d'un important domaine* : **possesseur, propriétaire. ②** *Le président était le maître du pays* : [moins express.] **chef, dirigeant. ③** *Maître, maîtresse de maison* : → HÔTE. *Maître de chai* : → SOMMELIER. **④** *Ce travail me permet d'être mon maître* : **être indépen-**dant, libre.** *Être maître du sort de qqn* : → ARBITRE. *Les maîtres et les esclaves* : → DOMINATEUR. *Malgré la panne, le pilote restait maître de lui* : **se dominer, se maîtriser, garder son sang-froid*, la maîtrise de soi ;** → S'APPARTENIR. *Il est maître de son temps* : **disposer. ⑤** *Vous êtes maître d'accepter cette proposition* [sout.] : [plus cour.] **avoir toute liberté de, être libre de. ⑥** *Se rendre maître de qqn* : **maîtriser qqn.** *Se rendre maître de qqch* : **s'approprier qqch.**

II [adj.] **①** [masc.] *C'est un maître coquin* [sout.] : **fieffé** ♦ [plus cour.] **sacré ;** → FINI, PARFAIT. **②** [fém.] *Exposer les idées maîtresses d'un projet* [sout.] : [plus cour.] **essentiel,** ↓ **important ;** → PRINCIPAL. **③** [fém., antéposé] *C'était une maîtresse femme* : [postposé] ↓ **énergique.**

III [n.] **①** → INSTITUTEUR, ENSEIGNANT. **②** *Ce philosophe a été le maître de toute une génération* (qui évoque l'idée d'enseignement) : **modèle** (qui évoque l'idée d'imitation) ♦ **gourou** (qui se dit d'un maître spirituel mais n'implique pas une relation d'enseignement). *C'est l'un des grands maîtres du violon* : **virtuose** (qui n'évoque pas l'idée d'enseignement contenue dans *maître*). *Être passé maître dans qqch. Il est passé maître dans l'art du vitrail* : [moins cour.] **expert** (*il est expert...*) ; → COMPÉTENT. *Il a réussi un coup de maître* : **magistral.** *De main de maître* : → MAIN.

maître-queux → CUISINIER.

maîtresse

① → MAÎTRE I, II et III. **②** → AMANTE.

maîtrisable → CONTRÔLABLE. *Non maîtrisable* : → INCONTRÔLABLE.

maîtrise [de maître I] **①** *Les sauveteurs n'ont jamais perdu la maîtrise d'eux-mêmes* : **contrôle, sang-froid** ♦ [anglic.] **self-control ;** → CALME. **②** *Avoir la maîtrise des mers* : **domination, empire.** *La maîtrise d'une langue* : → POSSESSION. **③** *Le pianiste prouvait sa maîtrise* : **métier,** ↑ **virtuosité,** ↓ **habileté ;** → CAPACITÉ I.

maîtriser *Maîtriser ses désirs* : → COMMANDER II. *Maîtriser une situa-*

tion : → CONTRÔLER, DOMINER. *Maîtriser son agresseur* : **immobiliser ;** → MAÎTRE I. *Maîtriser sa colère* : → RAVALER III, SURMONTER.

◇ **se maîtriser** *Il faut vous maîtriser et ne pas vous emporter à tout propos* : **se contenir, se dominer ;** → SE POSSÉDER.

majesté ① *La majesté du ciel* : → BEAUTÉ. ② → SIRE.

majestueux *Un paysage majestueux* : → GRANDIOSE. *Une allure majestueuse* : → IMPOSANT, ROYAL.

majeur ① *Un empêchement majeur a retardé son voyage* : **insurmontable.** *Il a eu un rôle majeur* : **primordial ◆ ↓ important ;** → CAPITAL. ② *La récolte était en majeure partie perdue* : **pour la plus grande partie,** [plus fam.] **presque tout** (*presque toute la récolte était perdue*). *La majeure partie des spectateurs est sortie avant la fin* : **le plus grand nombre, la majorité, la plupart.** ③ *Être majeur* : → ADULTE, MAJORITÉ.

major ① → MÉDECIN. ② *Le major de la promotion* : → PREMIER.

majoration → MAJORER.

majorer ① *Le prix du lait a été majoré* : [plus cour.] **augmenter*, gonfler.** *Les salaires ont été un peu majorés* : **relever.** ② *Vous avez majoré les inconvénients* [fam.] : [cour.] **exagérer*, ↑ surestimer ◆** [sout.] **surfaire.**

◇ **majoration** ① *La majoration du tarif des transports* : [plus cour.] **hausse, augmentation* ;** → RELÈVEMENT. ② *La majoration des frais* : ↑ **surestimation, surévaluation.**

majoritairement → MAJORITÉ.

majorité ① *Il a atteint sa majorité* : **être majeur.** ② *La majorité des présents* : → MAJEUR, MASSE II, LA PLUPART. *L'assemblée a approuvé en majorité le projet* : **majoritairement.**

mal

I [n.m.] ① *Souffrir d'un mal* : → MALADIE. *Avoir mal* : → DOULEUR, SOUFFRIR. *Avoir très mal* : → DE CHIEN. *Il s'est fait mal en tombant* : **se blesser.** *Il était peu couvert et il a pris mal* : **tomber malade.** *Un mal de*

tête : → MIGRAINE. *Il s'en est tiré sans mal* : **indemne, à peu de frais.** ② *Il ne fait de mal à personne* : **tort ;** → PRÉJUDICE. *Vos remarques lui font du mal* : **peine ◆ blesser, peiner** (*vos remarques le blessent, le peinent*). *Il n'y a pas de mal* : [fam.] **bobo.** *Ça me fait mal de voir ça* [fam.] : [cour.] **dégoûter, écœurer.** *Ça me ferait mal !* [fam., seult au cond.] : [cour.] **je ne supporterais pas cela.** *Il ne vous fera pas de mal* : → MANGER III. *Mettre à mal* : **abîmer*.** *Mettre à mal les libertés* : → ÉTRANGLER. *Son mauvais caractère explique tous ses maux* : [plus cour.] **malheur.** *Les maux s'abattaient sur le pays* : ↑ **calamité, ↓ épreuve.** ③ *Avoir du mal à faire qqch* : **difficulté*.** *L'enfant se donnait un mal de chien pour réussir* : **se dépenser beaucoup ;** → SE DÉMENER.

II *Le mal. La force du mal, le bien et le mal* : [sans syn. général ; en termes religieux] **péché.**

III [adv.] ① *La couleur choisie lui allait mal* : **ne pas convenir ;** → ABOMINABLEMENT, PEU. ② *On explique mal les causes du conflit* : **difficilement ;** → DE TRAVERS*. *Vous vous y prenez mal* : **maladroitement.** *Il réussit mal* : **médiocrement.** *Il est mal remis de son opération* : **incomplètement.** *Mal éclairé* : → PEU I. *Il travaille très mal* : **incorrectement ◆** [fam.] **comme un pied.** ③ *L'affaire va mal* : [sout.] **dépérir, péricliter.** *Prendre mal une remarque* : **se fâcher.** *Elle a failli se trouver mal* : **s'évanouir ;** → DÉFAILLIR. ④ [loc. adv.] *Il avait pas mal d'argent* : → BEAUCOUP. *Cette maison n'est pas mal* [fam.] : [cour.] **assez bien.**

malabar → FORT I.

malade ① *Il est malade cette semaine* : **↓ souffrant ◆** [fam.] **avoir la crève ;** → MAL I, DOULEUR, SANTÉ. *Je me sens un peu malade ce matin* : **indisposé, se sentir tout chose ◆** [fam.] **mal fichu, patraque,** [très fam.] **mal foutu ;** → INCOMMODÉ, MAL EN POINT* IV, FATIGUÉ, INDISPOSÉ. *Être très malade* : [fam.] **être malade comme un chien, une bête, à crever.** *Devenir malade* : **filer un mauvais coton.** *Travailler comme un malade* : → FORÇAT. *Se rendre malade* : → SE TUER. *Cette histoire m'a rendu malade* : **bouleversé ◆ ↓ remué.** ② *Il est* malade, ce type [fam.] : → FOU. ③ *Il fait soigner ses dents malades* [génér.] : [plus précis] **carié, gâté.** ④ [n.] *Le médecin reçoit les malades l'après-midi* : **patient** ◆ [plus génér.] **client.** *Un malade imaginaire* : → HYPOCONDRIAQUE. *C'est vraiment un malade* : → OBSÉDÉ. *Cet établissement accueille les malades mentaux* : [plus génér.] **déséquilibré, détraqué** ◆ [didact.] **névrosé, psychotique** ◆ [didact., partic.] **psychopathe** (= personne atteinte d'une déficience mentale constitutionnelle) ; → FOU.

◇ **maladie** ① *Cette maladie incurable finira par l'emporter* : **affection, mal*** ◆ [partic.] **pathologie** (= ensemble des manifestations d'une maladie). *Maladie mentale* : **névrose, psychopathie, psychose.** ② *Cet homme a la maladie de la nouveauté* : **manie.** ③ *Faire une maladie de qqch* : → DÉSAPPOINTEMENT.

◇ **maladif** ① *Le vieillard était maladif* : [vx] **cacochyme** ◆ [litt.] **valétudinaire.** ② *Malgré les soins, l'enfant restait maladif* : **souffreteux.** ③ *Une curiosité maladive* : ◆ ↑ **malsain,** ↑ **morbide** ◆ [plus génér.] **anormal.**

maladie, maladif → MALADE.

maladresse → MALADROIT.

maladroit ① *Il est si maladroit qu'il casse tout ce qu'il touche* : **gauche, pataud** ◆ [fam.] **empoté, manchot** ◆ [très sout.] **inhabile** ◆ ↓ **malhabile** ; → LOURDAUD. ② *Il est un peu maladroit en public* : [fam.] **godiche, gourde, empoté.** *Un mensonge maladroit* : ↑ **grossier*.** *Vos reproches sont vraiment maladroits* : [sout.] **malavisé.** ③ [n.] *Il ne fallait pas confier cette tâche à un pareil maladroit* : **balourd** ◆ [fam.] **ballot** ; → LOURDAUD.

◇ **maladresse** ① → LOURDEUR. ② *Sa maladresse lui interdit un travail précis* : **gaucherie** ◆ [moins cour.] **inhabileté.** ③ *C'était une maladresse de faire cette remarque* : **erreur, faux pas, gaffe** ◆ ↓ **bévue,** ↓ **impair** ◆ [fam.] **bourde, boulette,** ↑ **balourdise** ; → BÊTISE, SOTTISE. *Commettre une maladresse* : [fam.] **cafouiller.**

◇ **maladroitement** *Intervenir maladroitement dans une discussion* : **gauchement**

◆ [rare] **malhabilement** ; → S'Y PRENDRE MAL* II.

maladroitement → MALADROIT.

malaise ① *Il souffrait d'un léger malaise* : **indisposition** ; → SE SENTIR BIZARRE*. *Ça n'est pas un petit malaise* : **dérangement.** *Il a eu un malaise* : [plus précis] **évanouissement** ; → CRISE, DÉFAILLANCE, MAL I, VERTIGE. ② *La violence des images provoquait le malaise* : ↑ **inquiétude, trouble.** ③ *Éprouver un profond malaise* : → MALÊTRE. *Le malaise du monde agricole* : ↑ **crise.**

malaisé [sout.] ① *C'est une tâche malaisée que de régler cette affaire* : **ardu** ; → DIFFICILE. ② *Le chemin devenait malaisé* [vieilli] : [cour.] **pénible** ; → DIFFICILE, IMPRATICABLE.

malandrin → BANDIT.

malappris → IMPOLI.

malavisé → MALADROIT.

malaxer ① *Malaxer une pâte* : → PÉTRIR. ② *Malaxer de la mie de pain* : → TRIPOTER, TRITURER.

malbouffe → NOURRITURE.

malchance ① [sing.] *Nous avons eu la malchance de tomber dans un embouteillage* : ↑ **malheur** ◆ [fam.] **déveine, manque de chance** ◆ [très fam.] **manque de pot** ◆ [très fam.] **guigne, poisse** (qui s'emploient sans compl. : *quelle guigne, quelle poisse !*). ② [sing.] *La malchance s'acharne sur lui* : **malheur** ◆ [sout.] ↑ **adversité** ; → MALÉDICTION. ③ [pl.] *Ils ont essuyé une série de malchances* : **mésaventure** ◆ [fam., sing. ou pl.] **tuile.**

malchanceux → MALHEUREUX I.

maldonne → MALENTENDU.

mâle ① *Un enfant de sexe mâle* : **masculin.** ② [antéposé] *Il avait pris une mâle résolution* : **courageux, énergique** ◆ [postposé] **hardi.** *Sa mâle assurance entraînait les plus hésitants* : [postposé] **viril.** ③ [n.m.] *C'est vraiment un beau mâle* [fam.] : [cour.] **homme.**

mâle

malédiction ① *Il s'est attiré la malédiction paternelle* [sout.] : ↓ **réprobation**
♦ [très sout.] **imprécation** (qui suppose
l'appel à une divinité pour qu'elle envoie
tous les maux à qqn). ② *Quelle malédiction ! je n'arrive à rien* : [plus cour.] ↓ **malchance ;** → MALHEUR.

maléfice → ENCHANTEMENT, SORT II.

malencontreusement
→ MALHEUREUSEMENT.

malencontreux *Son retard malencontreux l'a obligé à abandonner la course* : **fâcheux.** *Vous auriez dû éviter cette remarque
malencontreuse* : [plus cour.] **malheureux* ;**
→ INOPPORTUN.

malentendant → SOURD.

malentendu *Il a fallu du temps pour
que cesse le malentendu* (= paroles, actions prises dans un autre sens que celui
où elles ont été dites, faites) : **méprise**
♦ **quiproquo** (qui se dit quand on prend
une personne, une chose pour une autre)
♦ [fam.] **maldonne** (*il y a maldonne*).

mal-être → MALAISE.

malfaçon → DÉFAUT, VICE II.

malfaisant ① *Lutter contre les idées
malfaisantes* : **malsain, pernicieux.** ② *Peu
d'animaux sont réellement malfaisants* :
[pr.] **nuisible.** *Cet individu est malfaisant* :
↓ **mauvais,** ↓ **méchant*.**

malfaiteur *Tous les malfaiteurs avaient
été mis sous les verrous* : [vieilli] **bandit***
♦ [très fam.] **malfrat** ♦ **escroc** (= celui qui
vole en trompant la confiance des gens)
♦ **gangster** (= membre d'une bande organisée) ; → DÉLINQUANT, MILIEU II, VOLEUR.

malformation *Une malformation cardiaque* : → INFIRMITÉ, MONSTRUOSITÉ,
VICE II.

malformer → DÉVIER.

malgré ① *Il a pris cette décision malgré lui* : **à contrecœur** ♦ [plus sout.] **à
son corps* défendant ;** → LA MORT DANS
L'ÂME*, CONTRE SON GRÉ*. ② *Il a continué
malgré tous les conseils* : **en dépit de, au**

mépris de ♦ [vieilli] **nonobstant.** ③ *Malgré
tout* : → MÊME III. ④ *Malgré que* [+ subj.].
*Malgré que cela soit inutile, il lui raconte
toute l'histoire* [tour critiqué] : [sout.] **bien
que** ♦ [plus cour.] **quoique.**

malhabile → MALADROIT.

malhabilement → MALADROITEMENT.

malheur ① *Dans le malheur, il est resté
digne* : **adversité.** *Le malheur le poursuit* :
[sout.] ↑ **malédiction ;** → MALCHANCE,
DESTIN. *Quel malheur !* : → PITIÉ. ② [pl.]
*Tous ces malheurs l'ont profondément mar-
qué* : [sing. ou pl.] **épreuve** ♦ [sout., pl.] **revers ;** → MAL I, PEINE II, TRIBULATION. ③ *Il
a mal supporté ce grand malheur* : ↓ **infortune, coup du sort ;** → CATASTROPHE.
Ce n'est qu'un petit malheur : **accident,
désagrément, inconvénient.** ④ *Le malheur des sinistrés était poignant* : [plus
cour.] **détresse.** ⑤ *Pour comble de malheur,
on l'avait chassé de sa maison* : [vieilli]
disgrâce. *Par malheur* : **hélas, malheureusement.** *Ce numéro porte malheur* :
être néfaste ♦ [fam.] **porter la poisse.** *De
malheur. Voilà cette pluie de malheur qui
recommence !* [fam.] : [antéposé] **maudit*,
sacré, satané.**

malheureusement
→ MALENCONTREUSEMENT, PAR MALHEUR*.

malheureux

I [adj.] ① *Il est moins malheureux qu'il
ne le dit* : **éprouvé** ♦ ↓ **contrarié** ♦ [sout.]
infortuné. *Il est malheureux dans tout ce
qu'il entreprend* : [plus cour.] **malchanceux.**
Le malheureux garçon ! : → PAUVRE I.
② *L'enfant était tout malheureux d'avoir
été grondé* : **peiné, triste** ♦ ↑ **affligé.**
③ *Son intervention malheureuse avait
irrité tout le monde* : ↓ **fâcheux, malencon-
treux*** ♦ ↑ **désastreux ;** → INAPPROPRIÉ,
REGRETTABLE, MALADROIT. *L'affaire a eu
des conséquences malheureuses* : ↓ **désagréable,** ↓ **regrettable.** ④ *Toute sa vie
avait été malheureuse* : **misérable, pénible,
pitoyable.** *Connaître des années malheureuses* : [plus génér.] **difficile, dur.** ⑤ *Vous
n'allez pas vous fâcher pour un malheureux bout de papier !* : **insignifiant,
misérable* ;** → MÉCHANT I. ⑥ *C'est mal-*

heureux d'entendre des choses pareilles !
[fam.] : [cour.] **lamentable.** *C'est vraiment*
malheureux : **regrettable, triste.**

II [n.] *Le malheureux, en haillons, inspi-*
rait de la pitié : **misérable** ◆ [vieilli] **pauvre**
hère ; → DIABLE, PAUVRE I.

malhonnête ① *Le financier malhonnête*
a été arrêté : [plus express.] **véreux.** *Un as-*
socié malhonnête : [moins cour.] **indélicat ;**
→ DÉLOYAL, MISÉRABLE. *Une affaire mal-*
honnête : → MALPROPRE. ② *Il est malhon-*
nête de répondre sur ce ton [vx] : [cour.]
impoli, malpoli ◆ ↑ **grossier.** ③ *Vos paroles*
malhonnêtes feraient rougir n'importe
qui [vx] : [cour.] **inconvenant, indécent ;**
→ SALE.

◇ **malhonnêteté** *La malhonnêteté d'un*
homme d'affaires : [très sout.] **improbité**
◆ ↑ **canaillerie,** ↑ **crapulerie** (qui ajoutent
une idée de bassesse). *Des malhonnêtetés*
punies par la loi [rare] : [plus cour.] **indé-**
licatesse ◆ **escroquerie** (qui implique la
tromperie).

malhonnêteté → MALHONNÊTE.

malice ① *Cet enfant est sans malice* : **mé-**
chanceté. ② *Une réponse pleine de malice* :
esprit, moquerie ◆ ↑ **raillerie.** ③ *Ses ma-*
lices n'étaient pas méchantes [vieilli] : [plus
cour.] **espièglerie, taquinerie** ◆ [plus génér.]
tour.

◇ **malicieux** *Voilà une réponse bien mali-*
cieuse ! : [moins cour.] **narquois ;** → ESPIÈGLE.
Avoir l'esprit malicieux : **taquin** ◆ ↑ **rail-**
leur ; → MOQUEUR.

malicieux → MALICE.

malignité → MÉCHANCETÉ.

malin ① [adj.] *Malin comme il est, il*
se tirera d'affaire : **fin, finaud, futé**
◆ [fam.] **combinard, mariole, roublard ;**
→ DÉBROUILLARD, DÉGOURDI, ÉVEILLÉ, RUSÉ.
Un sourire malin : → ENTENDU. ② [n.]
C'est un malin qui saura quoi répondre :
fine mouche. ③ *Faire le malin* [fam.] :
crâner, faire le zigoto, faire le mariole
◆ [vieilli] **faire le faraud** ◆ [cour.] **faire l'in-**
téressant ◆ [sout., vieilli] **fanfaronner.** *Ne te*
vante pas d'avoir réussi ta sauce, ce n'est

pas (bien) malin [fam.] : **sorcier** ◆ [cour.]
compliqué, difficile.

malingre → FAIBLE, RACHITIQUE.

malintentionné → MÉCHANT II.

malle ① Coffre où l'on range les objets
qu'on emporte en voyage : **valise** (= malle
légère, tenue à la main par une poignée)
◆ **mallette** (= petite valise) ◆ **cantine**
(= malle de soldat) ; → BAGAGE. ② *La*
malle arrière de cette voiture est très vaste :
[plus cour.] **coffre.** ③ *Tu n'as plus qu'à te*
faire la malle [fam.] : [cour.] **partir*.**

malléabilité → DOCILITÉ.

malléable ① *L'enfant avait un caractère*
très malléable : **influençable, maniable ;**
→ DOCILE, SOUPLE. ② → PLASTIQUE I.

mallette → MALLE, VALISE.

malmener ① *La foule a malmené le pré-*
venu : ↑ **battre,** ↑ **brutaliser,** ↑ **maltraiter,**
↑ **molester** (qui impliquent que l'on donne
des coups ; *malmener* suppose seulement
que l'on bouscule qqn) ; → RUDOYER. ② *La*
critique a malmené l'auteur de la comédie :
↑ **éreinter,** ↑ **étriller,** ↑ **maltraiter** ◆ [fam.]
arranger, ↑ **esquinter.** ③ *Chaque fois qu'il*
voulait parler, tout le monde le malme-
nait durement : **houspiller ;** → CHAHUTER,
DISCRÉDITER, HUER.

malnutrition *La malnutrition provoque*
l'obésité ou de graves carences [didact.] :
[partic.] **dénutrition** (= troubles qui caractérisent une insuffisance d'apports nutri-
tifs) ; → FAIM.

malodorant *Une haleine malodorante* :
fétide ; → PUANT.

malotru → GROSSIER.

malpoli → IMPOLI, MALHONNÊTE.

malpropre ① [adj.] *Il portait des vête-*
ments malpropres : **sale** ◆ ↑ **crasseux.** *Un*
logement malpropre : ↑ **dégoûtant** ◆ [très
fam.] ↑ **dégueulasse.** *C'est vraiment un*
travail malpropre [fam.] : **de sagouin.**
② [adj.] *Elle raconte toujours des histoires*
malpropres [vieilli] : [plus cour.] **grossier, in-**
convenant, indécent ◆ ↑ **obscène.** ③ [adj.]

Une affaire malpropre [vieilli] : **malhonnête***. ④ [n.] *C'est un malpropre qui a de mauvais procédés* [vieilli] : [fam.] **cochon** ♦ [vulg.] **salaud, saligaud**. *Se faire renvoyer comme un malpropre* : **sans ménagement**.

◊ **malpropreté** ① *Il vit dans la malpropreté* : **saleté***. ② [pl.] *Dire des malpropretés* [vx] : **inconvenance** ♦ [cour.] **grossièreté** ♦ [très fam.] **saloperie** ; → ORDURE.

malproprement → SALEMENT.

malpropreté → MALPROPRE.

malsain ① *Rénover des logements malsains* : **insalubre**. *Un climat malsain* : → POURRI. *Purifier des eaux malsaines* : [plus cour.] **pollué** ♦ ↓ **impur**. ② *Le coin est malsain* [fam.] : [cour.] **il y a du danger**. ③ *Une curiosité malsaine* : [plus sout.] **morbide** ; → MALADIF. *Une atmosphère malsaine* : [fam.] **glauque** ♦ [sout.] **pernicieux** ; → ÉTOUFFANT. *Un esprit malsain* : ↑ **pervers** ; → MALFAISANT. *Des gestes malsains* : → AMBIGU. *Être malsain pour* : → MAUVAIS I, NUISIBLE.

malséant *Vos propos sont malséants dans ce lieu* [sout.] : [plus cour.] **choquant, déplacé, incorrect** ; → INCONVENANT.

malsonnant → INCONVENANT.

maltaise → ORANGE.

maltraitance → SÉVICES, VIOLENCE.

maltraiter → MALMENER, MARTYRISER, TRAITER I.

malveillance → MALVEILLANT.

malveillant *Ces propos malveillants lui ont fait mal* : [postposé] **méchant** ♦ [plus sout.] **hostile** ♦ ↑ **assassin, envenimé** ♦ ↓ **désobligeant** ; → AIGRE, MAL INTENTIONNÉ*, MAUVAIS.

◊ **malveillance** *La malveillance d'un propos* : **méchanceté***. *Il regardait avec malveillance tous ceux qui ne l'approuvaient pas* : **animosité, hostilité** ♦ [fam.] **l'œil mauvais** (*il regardait, l'œil mauvais...*), **avec un œil mauvais**.

malvenu → INCONVENANT.

malversation → COMPROMISSION, CONCUSSION.

malvoyant → AVEUGLE.

maman → MÈRE.

mamelle → SEIN.

mamelon → BUTTE.

mamie → FEMME, GRAND-MÈRE.

mamours *Faire des mamours* : → CARESSE.

management → ADMINISTRATION.

manager [v.] → DIRIGER.

manager, manageur [n.] → ENTRAÎNEUR.

manche

I [n.f.] *Avoir qqn dans sa manche* [vieilli] : [fam.] **l'avoir dans sa poche** ♦ [cour.] **en disposer à son gré**. *C'est une autre paire de manches* [fam.] : [cour.] **c'est différent, c'est plus difficile**. *Il se fait un peu tirer la manche pour venir* [fam.] : [cour.] **prier***. *Faire la manche* : → MENDIER.

II [n.m.] *Quel manche !* [fam.] : [cour.] **idiot**. *Être, se mettre du côté du manche* : **être, se mettre du bon côté**.

III [n.f.] *Gagner la première manche* : → PARTIE IV, SET.

manchette → TITRE II.

manchot → MALADROIT.

mandarin → INTELLECTUEL, PATRON I.

mandat *Avoir pour mandat* : → MISSION. *Donner, recevoir un mandat* : → POUVOIR II, PROCURATION.

mandataire → DÉLÉGUÉ, INTERMÉDIAIRE.

mandater → DÉLÉGUER.

manège → AGISSEMENTS.

mangé *Mangé aux vers* : → VERMOULU. *Mangé aux mites* : **mité**.

mangeaille → VIVRES.

mangeotter → MANGER.

manger

I ① Mâcher et avaler des aliments : [fam.] **casser la croûte, la graine, se caler l'estomac** ◆ [très fam.] **becqueter, boulotter, croûter** ◆ **chipoter** (= faire le difficile pour manger), [vieilli] **pignocher**, [rare] **mangeotter** (= manger sans appétit) ◆ **grignoter** (= manger lentement, très peu : *grignoter un gâteau*) ◆ **dévorer** (= manger avidement) ◆ [fam.] **bouffer, s'empiffrer, avoir un solide coup de fourchette, se gaver, s'en mettre plein la lampe, manger comme quatre** (qui supposent que l'on se bourre de nourriture) ◆ [fam.] **se goinfrer**, [très fam.] **se bâfrer** (= manger gloutonnement et de façon répugnante) ; → APPÉTIT, CONSOMMER, COUP II, AVALER, S'ENFILER, FESTIN, SUCER, SE METTRE À TABLE* I. *Bien manger* : → CUISINE. ② *Il m'a invité à manger* : [plus précis] **déjeuner, dîner**. ③ *Il faut que vous mangiez après cette marche* : **se restaurer**, [très sout.] **se sustenter** ; → PRENDRE QUELQUE CHOSE*. *Il faut manger pour vivre* : **s'alimenter, se nourrir**. ④ *Les vaches mangeaient dans le pré* : [plus précis] **paître, brouter**. *Les souris ont mangé les livres* : [plus précis] **ronger**.

◇ **mangeur** *Un gros, grand mangeur* : **glouton, goinfre** ◆ [très fam.] **bouffeur**.

II ① *Manger toutes ses économies* : [moins express.] **dépenser** ◆ [plus précis] **dilapider** ◆ [fam.] **claquer**. ② *Il a mangé la consigne* [fam.] : [cour.] **oublier**. ③ *Tous ces appareils mangent trop d'électricité* [fam.] : [cour.] **consommer***. ④ *La voiture mangeait les kilomètres* : [plus cour.] **avaler**. ⑤ [qqch est ~] *La grille était mangée par la rouille* : ↓ **attaquer**.

III *Manger qqn des yeux* : **dévorer, regarder*** avidement. *Il ne vous mangera pas !* : **il ne vous fera pas de mal**. *Manger le morceau* : → AVOUER. *On en mangerait !* [seult au cond. ; fam.] : [cour.] **c'est attrayant**. *Dans son projet, il y a à boire et à manger* : **du bon et du mauvais**.

mangeur → MANGER I.

maniable → MANIER.

maniaque → MANIE.

manie

① *C'est une manie qu'il a de contredire tout le monde* : ↓ **habitude** ; → MALADIE. ② *Il a sa manie, il cultive toutes sortes de rosiers* : [fam.] **dada, marotte** ◆ ↑ **passion** ; → MALADIE, FANTAISIE. ③ *Il tousse continuellement ; c'est une manie* : **tic**.

◇ **maniaque** ① [adj.] *Être maniaque* : → HABITUDE. *Il apporte un soin maniaque à tous ses rangements* : [sout.] **vétilleux** ◆ ↑ **méticuleux**. *Un esprit maniaque* : **pointilleux, tatillon*** ; → STRICT. ② [n.] *Ce vieux maniaque ne veut voir personne* : ↓ **original**. ③ [n.] *Un maniaque incendiait les voitures* : **fou***. *Un maniaque de la pêche* : → OBSÉDÉ.

maniement → MANIER.

manier

① *L'antiquaire maniait l'objet avec précaution* : **manipuler** ; → TÂTER, TOUCHER I. ② *L'animateur savait manier son public* : [plus cour.] **manœuvrer, manipuler**. ③ *Le potier commença à manier la terre* : [plus précis] **modeler, pétrir***. ④ *La banque maniait de grosses sommes* : [plus précis] **brasser**. *Il manie les fonds des épargnants* : [plus précis] **gérer**. ⑤ *Manier aisément les mots* : **user de**.

◇ **se manier** ① [qqn ~] *Allons, manie-toi !* [très fam.] : **se magner, se magner le train, le cul, se grouiller** ◆ [cour.] **se presser** ; → ACCÉLÉRER, SE DÉPÊCHER. ② [qqch ~] *Cette voiture se manie facilement* : [plus précis] **se conduire**.

◇ **maniement** *Le maniement d'un outil, d'une machine* : **usage***. *Le maniement de la langue* : **emploi**. *Le maniement des affaires* : **gestion**.

◇ **maniable** ① *Un appareil maniable* : **manœuvrable** ; → COMMODE II. ② *Un homme maniable* : **souple*** ; → MALLÉABLE.

manière

I [sing. ou pl.] Dans la plupart des contextes suivants, **façon** est un synonyme possible de *manière*. ① *La manière d'un peintre* [au sing.] : **genre, style***. *Ce cinéaste a eu plusieurs manières* : [plus cour.] **période**. *Les critiques louaient la manière de l'acteur* [rare] : [cour.] **jeu**. *Manière d'un auteur* : → TOUCHE I. ② *Trouver* *la manière de résoudre un problème* : **méthode* pour.** *Apprendre différentes manières de préparer le lapin* : **procédé.** *Une manière sûre* : → MOYEN **II.** ③ *C'est sa manière d'agir* : **habitude.** ④ *Leur amitié est une manière d'amour* [très sout.] : [cour.] **espèce, sorte.** ⑤ *En aucune manière* : → CAS. ⑥ *De cette manière* : → AINSI **II.** *D'une autre manière* : → AUTREMENT. *De quelle manière voyez-vous les choses ?* : → COMMENT. ⑦ *De manière à. Il travaillait de manière à ne pas être à la charge de ses parents* : **afin de, pour.** ⑧ *De (telle) manière que. Il a agi de (telle) manière qu'il a déplu* : **au point que, de (telle) sorte que ;** → AINSI QUE, RÉSULTAT.

II [pl.] ① *Ses manières ne m'impressionnent pas* : [sing.] **attitude ;** → AIR, CONDUITE **II.** ② *Il ne connaît pas les bonnes manières* : [pl.] **usages,** [sing.] **savoir-vivre ;** → FORME **II.** *Il manque de manières* : [sing.] **éducation.** ③ *Il en fait des manières, celui-là !* : [pl.] **façons** ◆ [moins cour.] **mignardises** ◆ [fam.] **chichis** ◆ [sing.] **chiqué** ◆ [sout.] **embarras* ;** → CÉRÉMONIE, FAIRE DES RONDS DE JAMBE*. *Ne faites pas tant de manières pour accepter* : [pl.] **histoires** ◆ ↑ **simagrées.** *Quelle recherche dans les manières !* : → MINAUDERIE.

◇ **maniéré** ① *Le genre maniéré en peinture* [didact.] : **apprêté, précieux.** ② *Un ton maniéré* : **guindé, poseur** ◆ [fam.] **chichiteux** ◆ [péj.] **chochotte ;** → AFFECTÉ, PRÉTENTIEUX.

maniéré → MANIÈRE.

manifestation → MANIFESTER.

manifeste

I [adj.] *Donner des preuves manifestes de sa bonne foi* : **clair, éclatant, incontestable ;** → APPARENT, CERTAIN **I.** *Une injustice manifeste* : **flagrant ;** → CRIANT, NOTOIRE. *Son plaisir était manifeste* : **évident ;** → VISIBLE.

II [n.m.] *Un manifeste pour l'égalité des hommes et des femmes* : **profession de foi** ◆ [plus génér.] **proclamation.**

manifestement → ASSURÉMENT, NOTOIREMENT, VISIBLEMENT.

manifester ① [qqn ~] *Elle a manifesté sa douleur* : **extérioriser** ◆ [plus génér.] **montrer*** ◆ ↑ **donner libre cours à ;** → FAIRE, LAISSER PARAÎTRE*, EXPRIMER. ② [qqn ~] *Il manifeste sans ambiguïté ses opinions* : **affirmer, déclarer, faire connaître** ◆ ↑ **proclamer ;** → EXPRIMER, TÉMOIGNER. ③ [qqn ~ contre] *La foule manifeste contre les dirigeants* : ↑ **conspuer** (... *conspue les dirigeants*). ④ [qqch ~] *Ses gestes brusques manifestent sa colère* : **révéler, traduire** ◆ [plus génér.] **indiquer ;** → DÉNONCER, TRAHIR, LAISSER VOIR*.

◇ **se manifester** [qqch ~] *La crise se manifeste dans toute son ampleur* : **se déclarer, se révéler, se faire sentir.** *Des désaccords se manifestèrent* : **s'exprimer, se faire jour, survenir** ◆ ↑ **surgir ;** → SE DÉGAGER. *La vérité s'est enfin manifestée* : **éclater** ◆ ↓ **se dévoiler ;** → SE DÉGAGER. *Son pouvoir s'est manifesté dans ce domaine* : [sout.] **s'exercer.**

◇ **manifestation** *Des manifestations de sympathie* : [moins précis] **marque, témoignage** (qui impliquent qqch de plus discret et, souvent, de plus intime) ; → DÉMONSTRATION **II,** MARQUE. *La manifestation d'un changement* : → APPARITION **I,** EXPRESSION, SIGNE.

manigancer *Qu'est-ce qu'il manigance ?* : → COMBINER, FRICOTER, IMAGINER, MAGOUILLER. *Manigancer un coup d'État* : **comploter*** ◆ [sout.] **ourdir** ◆ [vieilli] **machiner.**

manigances → AGISSEMENTS, COMBINAISONS, MANŒUVRE **I.**

manipulable → DOCILE, INFLUENÇABLE.

manipulation → MANŒUVRE **I,** MENSONGE.

manipuler ① *Manipuler les résultats d'une élection* : **trafiquer** ◆ [fam.] **tripatouiller.** ② *Manipuler l'opinion* : **manœuvrer ;** → INFLUENCER. ③ *Manipuler un objet précieux* : → MANIER.

manitou → PERSONNAGE.

mannequin → MODÈLE.

manœuvrable → MANIABLE.

manœuvre

I [n.f.] *Des manœuvres électorales* : **manipulation, trafic** ◆ [partic.] **fraude,** [fam.] **magouille, tripatouillage, tripotage** (qui impliquent la falsification) ◆ **manigances** (qui n'implique pas la gravité d'une manœuvre) ; → COMBINAISON. *Des manœuvres politiques* : [péj.] **gesticulation.** *Les manœuvres d'un adversaire* : → AGISSEMENTS, MACHINATION.

II [n.f.] *Le régiment commence ses manœuvres* [pl.] : [plus génér.] **exercice** ◆ **déploiement, évolution** (qui n'impliquent pas seulement des mouvements en temps de paix) ; → MOUVEMENT.

III [n.f.] *Le marin fixa la manœuvre* [techn.] : [cour.] **câble, cordage.**

IV [n.m.] → HOMME* DE PEINE, OUVRIER.

manœuvrer

① *La troupe manœuvre* : **évoluer.** ② *Manœuvrer pour garer sa voiture* : [selon le contexte] **braquer, reculer.** ③ *Manœuvrer pour obtenir une place* : → INTRIGUER II, RUSER. *Savoir manœuvrer* : → NAGER ⑥. *Manœuvrer les ficelles* : → TIRER. *Manœuvrer une foule* : → MANIER, MANIPULER.

manoir → CHÂTEAU.

manouche → TSIGANE.

manque

I [n.m.] ① *Le manque de vitamines entraîne des maladies graves* : **carence** ◆ [didact.] ↓ **déficience** ◆ [moins cour.] **défaut** ◆ [partic.] **disette** (qui concerne aujourd'hui seulement les vivres) ; → DÉFICIT, PRIVATION. ② *Le manque de main-d'œuvre ralentit les travaux* : ↓ **insuffisance** ◆ ↑ **pénurie.** ③ *L'acteur a eu un manque de mémoire* : [plus cour.] **absence** (qui peut aussi être employé seul), **défaillance, trou.** ④ [pl.] *Il y a beaucoup de manques dans son récit* : **lacune, trou, vide** ; → OMISSION. *Les manques d'un raisonnement* : → FAIBLESSE. ⑤ *Manque de chance* : → MALCHANCE. *Mourir par manque de soins* : **faute de.**

II [loc. adj.] *À la manque. C'est un acteur à la manque* [fam.] : **à la gomme, à la noix** ◆ [fam., vieilli] **à la flan** ◆ [cour.] **manqué, raté.**

manqué → MANQUE II.

manquement

Un manquement au règlement : **entorse** ; → INFRACTION, RESPECTER.

manquer

I [qqn ~ qqn, qqch] ① *Manquer la cible* : **rater** ◆ [fam.] **louper** ; → CÔTÉ. ② *Il a manqué sa vie* : [plus cour.] **gâcher.** *Il a tout manqué* : → ÉCHOUER. ③ *Il a manqué tous ses cours* : **être absent, s'absenter*** ◆ [fam.] **sécher.** ④ *Manquer une occasion* : **laisser échapper, perdre, rater** ◆ [fam.] **louper.** ⑤ *Il manquait un point pour que je sois reçu* : [sout.] **s'en falloir de** (*il s'en fallait d'un point...*).

II [qqn, qqch ~ + prép.] ① [qqch, qqn ~ à qqch, à qqn] *Il m'a manqué en cette occasion* [sout.] : **offenser.** ② *Il a manqué à ses obligations* : **se dérober, faillir à, se soustraire** ◆ [didact.] **déroger à.** *Manquer à une promesse* : → SE DÉDIRE. *Manquer aux règles de la politesse* [sout.] : **pécher contre** ; → ROMPRE. *Vous pouvez être sûr que je n'y manquerai pas* [toujours nég.] : **je le ferai sûrement.** ② [qqn ~ de qqch] *Il manquait d'idées* : **ne pas avoir, être à court de, être dépourvu** ; → ÊTRE EN PANNE*. *Manquer de tout* : **être dénué de.** ③ [qqn ~ (de) + inf.] *Il avait manqué (de) réussir* : [sout.] **faillir** (+ inf.) ◆ [plus cour.] **être sur le point de.** *Il n'a pas manqué de faire remarquer* [toujours nég.] : [plus sout.] **ne pas se faire faute de, ne pas oublier.**

III [qqn, qqch ~] ① *Depuis plusieurs mois, l'eau manquait* : **faire défaut.** *Votre fils manque trop souvent* : **être absent.** *Il ne manquait plus que cela, ça* : **c'est le comble*.** ② *L'opération a manqué* : **échouer*, rater.**

mansarde → GRENIER.

mansuétude

Il a jugé le fait avec mansuétude [sout.] : [didact.] **charité** ◆ [plus cour.] **indulgence.** *Faire preuve de mansuétude* : → DOUCEUR.

manteau

① *Il gèle ce matin, n'oublie pas de mettre ton manteau* : [fam.] **pelure** ◆ [vieilli] **paletot** (= veste ample qui arrive à mi-cuisse) ◆ **pardessus** (= manteau d'homme) ◆ **cape** (= vêtement de dessus, sans manches, qui protège le corps et les bras) ◆ **caban** (= capote à manches et à capuchon, propre aux marins) ◆ **capote** (= manteau militaire) ◆ **loden** (= manteau de laine épaisse) ◆ **poncho** (= manteau fait d'une pièce rectangulaire de laine, avec une ouverture pour passer la tête). ② *Sous le manteau. Vendre des livres sous le manteau* : **clandestinement.**

manuel → ABRÉGÉ, LIVRE.

manuellement *Travailler manuellement* : → MAIN.

manufacture → USINE.

manufacturier → FABRICANT.

manuscrit → COPIE I.

maous → DÉMESURÉ, GROS.

mappemonde → CARTE II, SPHÈRE.

maquereau → ENTREMETTEUR, SOUTENEUR.

maquerelle → ENTREMETTEUSE.

maquette → MODÈLE I.

maquettisme → MODÉLISME.

maquillage → MAQUILLER.

maquiller ① *Elle maquilla sa fille pour le bal* : **farder.** *Il fallait maquiller l'acteur pour ce rôle* : **grimer.** ② *Maquiller un passeport* : → FALSIFIER. *Maquiller la vérité* : **déguiser*, farder.** *On avait maquillé les résultats* : **truquer** ; → TRAFIQUER. *Maquiller une faute* : **camoufler.**

◇ **se maquiller** *Une femme se maquille* : **se farder.** *Une actrice se maquille* : **se grimer.**

◇ **maquillage** : **fard*, grimage*** ; → DÉGUISEMENT.

maquis ① → FRICHE. ② *Un maquis de textes* : → LABYRINTHE.

maquisard → FRANC-TIREUR.

marais ① *Assécher des marais* : **marécage** (qui désigne les lieux où s'étendent les marais) ; → ÉTANG. *Un marais salant* : → SALINE. ② *La vie politique était devenue un véritable marais* [sout.] : **marécage** ; → BOUE.

marasme *Le marasme économique* : → CRISE.

marathon → NÉGOCIATION.

maraud → COQUIN.

maraudage, maraude → VOL II.

marauder → DÉROBER, VOLER II.

maraudeur → VOLEUR.

marbre *Un visage de marbre* : → IMPASSIBLE.

marbrer → BARIOLER.

marbrière → CARRIÈRE I.

marc → ALCOOL.

marchand ① [n.] *Le marchand agrandit son magasin* : [souvent péj.] **boutiquier** ; → AMBULANT, COMMERÇANT, FOURNISSEUR. *Un marchand de vin* [vieilli] : [fam.] **bistrot** ; → VENDEUR. ② [adj.] *La valeur marchande d'un produit* : **commercial.**

◇ **marchander** ① *Il marchandait les vieux meubles qu'il achetait* : **débattre le prix de.** ② *Marchander son appui à qqn* : [vieilli] **chicaner.**

◇ **marchandise** *Vendre diverses marchandises* : **produit** ◆ [partic.] **denrées** (= produits alimentaires) ◆ **pacotille,** [fam.] **camelote** (= marchandise de peu de valeur ou de mauvaise qualité).

marchandage → NÉGOCIATION, TRACTATION.

marchander → MARCHAND.

marchandisage → VENTE.

marchandise → MARCHAND.

marche

I ① *La marche rapide de la colonne* : **pas, train.** *Ralentir la marche* : → ALLURE. ② *Malgré la pluie, il poursuivait sa marche* : **chemin** ; → RANDONNÉE. ③ *Les voitures officielles ouvrent la marche* : **venir en tête.** ④ *Surveiller la marche d'une administration* : **fonctionnement.** *En marche. Mettre une voiture en marche* : **démarrer, mettre en route** ; → ACTIONNER. *Le convoi se mit en marche* : **s'ébranler** ;

→ PARTIR, SE METTRE EN ROUTE*. *Être en marche* : → TRAIN II. ⑤ *Les mesures prises ont arrêté la marche de cette épidémie* : **progression, propagation** ; → AVANCEMENT. *Nous agirons selon la marche des événements* : **déroulement.** ⑥ *Quelle est la marche à suivre ?* : [moins cour.] **voie** ♦ [plus précis] **méthode.**

II → DEGRÉ I.

marché

I *Vendre des légumes au marché* : **foire** (= grand marché qui se tient à des lieux et à des dates fixes, spécialement en milieu rural ; il désigne souvent un *marché* où l'on vend des bestiaux ou des marchandises précises : *la foire à la ferraille*) ♦ [sing.] **halle** (= marché couvert) ♦ **braderie** (= foire annuelle où les marchandises sont vendues à bas prix) ; → COMMERCE.

II ① *Chercher de nouveaux marchés* : → DÉBOUCHÉ. *Le marché du sucre* : → BOURSE II. ② *Les deux États ont conclu un marché important* : **affaire.** ③ *Le constructeur lançait sur le marché un nouveau modèle* : **en vente.** *Bon marché. Les magasins vendaient des tissus à bon marché* : **à bas prix ;** → POUR RIEN* I, SACRIFIER. *Il s'en tire à bon marché* : **à bon compte.** *Faire bon marché de qqch* : **en tenir peu de compte, faire peu de cas.** *Meilleur marché* : → ÉCONOMIQUE. *Par-dessus le marché* : [plus sout.] **outre, de plus.** *Rompre un marché* : **accord*** ♦ ↑ **pacte.** ④ *Étude de marché* : → ENQUÊTE.

marcher ① [qqn ~] *Nous avons marché longtemps et avec peine* : [moins cour.] **cheminer ;** → AVANCER I. *Venez donc marcher un peu* : → DÉGOURDIR, TOUR II. *Marcher vite, à petits pas* : **trotter, trottiner ;** → COURIR. *Il marchait à grands pas dans la cour* : **arpenter** (*il arpentait la cour*). *Épuisé, il ne pouvait plus marcher* : [très fam.] **arquer ;** → SE DÉPLACER. ② [qqn ~] *La troupe marchait vers la ville* : **se diriger ;** → FAIRE ROUTE*, ALLER I. *Les promeneurs marchaient à l'aventure* : **errer*** ♦ [partic.] **déambuler** (= marcher sans but précis) ; → FLÂNER. ③ [qqn, qqch ~] *Après cette réprimande, il marche droit* : [moins express.] **obéir.** *L'idée me séduit, je marche*

avec lui [fam.] : [cour.] **être d'accord.** ④ *Je ne marche pas, ce n'est pas possible !* [fam.] : [cour.] **accepter** ♦ [plus sout.] **consentir.** *La blague a marché* : → PRENDRE II. ⑤ [qqn ~ sur] *L'acteur marchait sur les pas de ses aînés* : **imiter*.** *Marcher sur le sol natal* : → FOULER. *Il a marché sur la punaise pour l'écraser* : [plus précis] ↑ **piétiner.** *Marcher sur les autres* : → SE BATTRE. ⑥ [qqn, qqch ~] *Les affaires marchent bien* : [plus précis] **prospérer.** *Ma montre ne marche plus* : [plus précis] **fonctionner ;** → ALLER II. *On ne sait jamais comment il marche* : → FONCTIONNER. *Rien ne marche en ce moment* [fam.] : **tourner rond.** *Ça marche ?* : → ALLER IV, BAIGNER, ROULER I. ⑦ *Le TGV marche à 300 kilomètres à l'heure* : [plus précis] **rouler.** ⑧ *Faire marcher. Il faisait marcher son monde à la baguette, au doigt et à l'œil* : **mener.** *Il me fait marcher, ce sont des histoires !* [fam.] : [cour.] **tromper*.**

mare Petite étendue d'eau stagnante : **flaque** (= petite mare, souvent d'eau de pluie : *il a marché dans une flaque*) ; → ÉTANG.

marécage → MARAIS.

marée → FLOT, REFLUX.

marge ① *N'écrivez pas dans la marge* : [moins précis] **bord** (*sur le bord*). ② *Accordez-lui une marge de réflexion* : **délai.** *La marge de sécurité était réduite* : **volant.** *Avec un peu de marge, il réussira* : **latitude ;** → JEU IV. *Prévoir une marge suffisante pour manœuvrer* : **coefficient d'erreur.** *Travailler avec une faible marge* : [partic.] **pourcentage.** ③ *Être en marge de la société. Il vivait en marge de la société* : **à l'écart de ;** → MARGINAL.

margelle → BORD.

marginal ① [adj.] *Son rôle est resté tout à fait marginal* : **secondaire ;** → ACCESSOIRE. ② [n.] *Il refuse la société de consommation et devient un marginal* : **décalé** ♦ **asocial** (qui désigne celui qui, en outre, s'oppose à la société) ♦ **baba, baba cool** (qui, choisissant d'être marginal, prône la non-violence et l'écologie) ♦ [péj.] **zonard** (surtout en parlant des jeunes des banlieues) ; → NON-CONFORMISTE, PARIA, PAUVRE II, VAGABOND.

marginalisation → EXCLUSION.

marginaliser → EXCLURE.

margoulin → COMMERÇANT.

mari → ÉPOUX, HOMME, JULES.

mariage

I ① *Ils ont fini par célébrer leur mariage* : [vx] **hymen.** *Souhaitons que leur mariage soit heureux* : **union.** *Les liens du mariage* : **conjugal, matrimonial.** ② *Leur mariage a eu lieu dans l'intimité* : [pl.] **noces ♦ lune de miel** (qui se dit des premiers temps du mariage). ③ *Enfant d'un premier mariage* : → LIT I.

II *Le mariage de deux parfums* : **alliance, association, union** ; → COMBINAISON.

marial → VIERGE ③.

marié → UNI I.

marier

I [~ qqn] ① *Il a encore une fille à marier* : **établir.** ② *Ils ne sont pas mariés ensemble !* [fam.] : **ne rien se devoir** (*ils ne se doivent rien*).

◇ **se marier** *Ils se sont mariés hier* : [vieilli, souvent par plais.] **convoler** ; → ÉPOUSER, S'UNIR.

II ① [~ qqch] *Apprendre à bien marier les couleurs* [sout.] : [plus cour.] **assortir** ; → MÉLANGER. ② [~ qqch à qqch] *Elle mariait la gentillesse à la fermeté* : **allier, joindre** ; → ASSOCIER, UNIR.

◇ **se marier** *Les couleurs se mariaient bien* : **s'accorder, s'associer, se combiner.**

marijuana → HASCHISCH.

marin *Il veut être marin pour naviguer* : [sout.] **navigateur ♦ loup de mer** (= vieux marin plein d'expérience) **♦ matelot** (= homme d'équipage sur un navire) **♦ mousse,** [fam.] **moussaillon** (= celui qui fait son apprentissage de marin).

marine ① → FLOTTE. ② *Bleu marine* : → BLEU I.

mariner ① *Le lièvre a mariné toute la nuit* : [moins cour.] **macérer** ; → TREMPER, BAIGNER II. ② *L'homme a mariné en prison* [fam.] : [cour.] **rester longtemps** ; → ATTENDRE.

mariole → CLOWN, MALIN.

marionnette ① *Un spectacle de marionnettes* : [partic.] **fantoche** (= marionnette à fils) **♦ guignol** (= marionnette ancienne de grande taille). ② *Il est trop influençable, c'est une vraie marionnette* : → AUTOMATE, INFLUENCEUR, PANTIN.

marivaudage → GALANTERIE.

marketing → VENTE.

marlou → SOUTENEUR.

marmaille *Il vient avec toute sa marmaille* : → ENFANT.

marmelade ① *Préparer une marmelade d'oranges* : [partic.] **confiture** (où les fruits sont cuits dans le sucre) **♦ compote** (où les fruits sont cuits avec un peu d'eau) **♦ gelée** (où seul le jus des fruits est cuit). ② *Il est sorti du combat avec la figure en marmelade* [fam.] : **en compote ♦** [moins cour.] **en capilotade.**

marmite *Faire cuire la soupe dans une marmite* : **cocotte** (= marmite aux parois épaisses, pour les cuissons lentes) **♦ faittout** (d'utilisation plus large que la marmite).

marmiton → CUISINIER.

marmonnement → BALBUTIEMENT, MURMURE.

marmonner ① *Le moine marmonnait ses prières* : [fam.] **marmotter** ; → MURMURER, BALBUTIER. ② *Marmonner des menaces entre ses dents* : **grommeler.**

marmot → ENFANT.

marmotter → MARMONNER, MURMURER.

marner → TRAVAILLER.

maronner → ÊTRE EN COLÈRE*.

maroquin → CUIR.

marotte → MANIE.

marquant → MARQUE.

marque ① *Le produit porte la marque du fabricant :* [plus précis] **cachet, estampille** ◆ [rare] **logotype,** [abrév., plus cour.] **logo** (= représentation graphique d'une marque) ◆ **griffe** (= morceau de tissu cousu sur un vêtement et portant la marque du fabricant) ; → TAMPON, APPELLATION, VIGNETTE. *Une marque personnelle :* → MONOGRAMME. ② *La marque d'une fonction :* → INSIGNE. *Laisser une marque sur les arbres à abattre :* **signe.** *Une marque d'orfèvre :* [plus précis] **poinçon.** *Le renard laisse des marques de son passage* [didact.] : **indice** ◆ [cour.] **trace.** *Une marque pour se repérer :* **repère ;** → JALON. *Une marque sur un meuble :* → TACHE I. ③ *C'est une marque de bon sens :* **preuve ;** → MANIFESTATION, TÉMOIGNAGE. *Des marques de sympathie :* → DÉMONSTRATION II. *La marque du génie :* → SCEAU. *La marque du vice :* → STIGMATE. ④ *Une marque dans un livre :* → SIGNET. ⑤ *De marque. Un produit de marque :* **de grande qualité.** *Des personnages de marque :* **important** ◆ → PERSONNAGE. ⑥ *À dix minutes de la fin, la marque était de deux à zéro :* **score.**

◇ **marquant** *La mort du président fut un événement marquant :* [plus précis] **mémorable ;** → MARQUER, SAILLANT.

◇ **marquer** ① *Marquer d'une croix un détail à retenir :* **indiquer, signaler.** *Marquer une adresse dans un carnet* [fam.] : [cour.] **inscrire, noter ;** → ÉCRIRE. ② *Le peintre avait marqué de son influence ses élèves :* **imprégner.** ③ *Il a marqué un but :* [peu employé] **réussir.** ④ *Des arbres marquaient la limite de la propriété :* **signaler ;** → INDIQUER, JALONNER, LIMITER, MONTRER. ⑤ *Marquer un anniversaire par une cérémonie :* [plus précis] **commémorer.** ⑥ *Il marquait son discours de grands gestes :* [plus précis] **ponctuer.** *Il faut marquer notre différence :* **mettre en évidence, faire ressortir.** ⑦ *C'est un événement qui marque dans une vie :* **marquant ;** → DATER. ⑧ *Sa réponse marque bien son caractère* [sout.] : **dénoncer** ◆ [cour.] **révéler.** *L'âge avait marqué son visage :* ↑ **buriner ;** → FLÉTRIR I. *Cela*

l'a marqué : → AFFECTER. ⑨ *Marquer le pas :* → PIÉTINER. *Marquer sa sympathie :* → MONTRER, TÉMOIGNER.

marqué ① *Un visage marqué* → MEURTRI. *Des rides marquées :* → PROFOND. ② *Une différence marquée :* → NET I. ③ *Un intérêt marqué :* → VIF I.

marque-page → SIGNET.

marquer → MARQUE.

marqueter *Leur chat était marqueté de noir :* [sout.] **diaprer** (= marquer de couleurs) ◆ **barioler*** (= marquer de couleurs vives et assorties de façon inhabituelle) ◆ **tacheter** (= marquer de taches).

marqueur → FEUTRE.

marrant → AMUSANT, COMIQUE, GAI.

marre → ASSEZ, COMBLE III.

marrer (se) → AMUSER, RIRE.

marron

I [n.m] ① *Manger des marrons grillés :* **châtaigne*.** ② *Recevoir un marron dans la figure :* → CHÂTAIGNE, COUP I.

II [adj. et n.] *Il ne portait que des costumes marron, que du marron :* [plus génér.] **brun** ◆ **beige** (= brun clair).

marteau ① *Être un peu marteau :* → FOU. ② → BATTANT I.

martel *Se mettre martel en tête :* → SOUCI.

martèlement → BATTEMENT.

marteler ① *La pluie martelait les vitres :* ↓ **frapper ;** → BATTRE II. *Les canons martelaient les lignes ennemies :* **pilonner.** ② *Ces mauvais souvenirs lui martelaient la tête :* [plus cour.] **obséder** (... *l'obsédaient*). ③ *Il voulait convaincre et martelait ses mots :* ↓ **accentuer.**

martial → GUERRIER, MILITAIRE I.

martinet → FOUET.

martyr *Ce chien était le martyr des enfants :* [plus cour.] ↓ **souffre-douleur** ◆ [fam.] **tête de turc** ◆ [génér.] **victime.**

martyre → CROIX, SUPPLICE.

martyriser *Martyriser un condamné* : → FAIRE SOUFFRIR*, SUPPLICIER, TOURMENTER, TORTURER. *Il martyrise ses enfants* : [plus cour.] ↓ **maltraiter.**

marxisme → SOCIALISME.

mascotte → AMULETTE.

masculin ① *Cette jeune femme a une silhouette un peu masculine* : [péj.] **hommasse.** ② → MÂLE.

masque ① *Un masque lui couvrait le visage* : **loup** (qui couvre seult le pourtour des yeux). ② *Il cache sa méchanceté sous un masque affable* [sout.] : [plus cour.] **apparence, dehors*, façade** ; → CUIRASSE, VOILE I. ③ *Il aimait prendre un masque impénétrable* [sout.] : [cour.] **air*, expression.** ④ *Arracher, ôter le masque à qqn* : **démasquer** ◆ [sout.] **confondre.**

◇ **masquer** *Son discours masquait les problèmes* : **camoufler, dissimuler** ; → DÉGUISER, VOILER I. *Un grand mur masquait la vue* : **cacher*,** [plus sout.] **dérober, occulter** ◆ **faire écran** (= s'interposer entre deux choses : *le mur faisait écran entre la maison et la rivière*).

masquer → MASQUE.

massacrant, massacre → MASSACRER.

massacrer ① [~ qqn] *La troupe a massacré les habitants* : **exterminer** ◆ ↓ **tuer*** (qui n'implique pas un nombre élevé). *Le boxeur a massacré son adversaire* [fam.] : ↓ **amocher, démolir, esquinter** ; → ABÎMER. ② [~ qqch] *Les acteurs ont massacré la pièce* : ↓ **défigurer.** *Les critiques ont massacré le film* : [plus sout.] **éreinter.** *Le paysage a été massacré par les constructions* : ↓ **abîmer,** ↓ **enlaidir,** ↓ **gâter** ◆ [fam.] **bousiller.** *Les garnements ont massacré le verger* [fam.] : [cour.] **saccager.**

◇ **se massacrer** *Les deux armées se sont massacrées* : **s'anéantir, se détruire.**

◇ **massacre** ① *Le massacre d'une population* : → EXTERMINATION. *Le massacre d'une famille* : **tuerie** ; → CARNAGE. ② *Ils ont sali toute la maison, quel massacre !* [fam.] : [plus cour.] **gâchis.**

◇ **massacrant** *Être d'une humeur massacrante* : **détestable, de chien** ; → DÉSAGRÉABLE.

masse

I ① *Déplacer une masse de rochers* : ↓ **bloc.** ② *La masse d'un bâtiment* : → POIDS. *Une masse d'air chaud se dirigeait vers le nord* : [moins cour.] **volume.** ③ *Il avait transporté la masse de cailloux avec une brouette* : ↓ **tas** ; → AMAS. *La secrétaire triait une masse de documents* : ↑ **monceau.** *Il répond à une masse de lettres* [fam.] : **flopée, tas** ◆ [cour.] **beaucoup de, quantité de** ; → CARGAISON. ④ *Il n'y en a pas des masses* [fam.] : [cour.] **pas beaucoup.** *Il s'est écroulé comme une masse* : **pesamment** ; → LOURDEMENT. *En masse* : → À FOISON*. *Répondre en masse à une demande de l'ONU* : **massivement** ; → EN FOULE, EN NOMBRE.

II ① *La masse des électeurs s'était abstenue* : **le gros, la majorité.** ② *Les compétitions sportives plaisent à la masse* : **grand public** ; → FOULE. ③ [pl.] *Les masses exigeaient des changements profonds* : **les couches populaires.**

◇ **masser** *Les hommes étaient massés dans la cour* : **rassembler, réunir** ; → GROUPER.

masser → MASSE II.

masseur → SOIGNEUR.

massif

I [adj.] *Un bâtiment massif déparait le site* : **lourd, pesant** ◆ [péj.] **mastoc** ; → GROS.

II [n.m.] *Le parc était orné de massifs de fleurs* : **corbeille, parterre.**

III [n.m.] → MONTAGNE.

massivement → MASSE I.

massue ① *Un coup de massue* : → BÂTON. ② *Donner un argument massue* : **choc.**

mastiquer → MÂCHER.

mastoc → MASSIF I.

mastodonte → GROS.

masturbation → SE MASTURBER.

masturber (se) ① *Ses parents le surveillaient pour l'empêcher de se masturber* : [fam.] ↓ **se toucher** ◆ [très fam.] **se branler.** ② *Il avait beau se masturber le cerveau, il ne trouvait pas de solution* [fam.] : [cour.] **se triturer.**

◇ **masturbation** *Les médecins prétendaient autrefois que la masturbation rend sourd* : [didact.] **onanisme** ◆ [très fam.] **branlette.**

m'as-tu-vu → PRÉTENTIEUX.

masure → BARAQUE I.

mat ① *Un son mat* : → SOURD II. ② *De l'argent mat* : → TERNE.

matamore → BRAVACHE.

match → COMPÉTITION, RENCONTRE.

matelasser → REMBOURRER.

matelot → MARIN.

mater [n.f.] → MÈRE.

mater [v.]

I ① [~ qqn] *On va te mater !* : [fam.] **visser** ; → ASSOUPLIR, DRESSER II. *Mater un adversaire* : → RÉDUIRE, TERRASSER. ② [~ qqch] *L'armée mata violemment le soulèvement* : **réprimer** ◆ ↓ **étouffer.** ③ *Avec effort, il mata sa fureur* [sout.] : [cour.] ↓ **calmer*.** *Mater sa chair* : → MACÉRER I.

II → REGARDER.

matérialiser (se) ① *Son rêve se matérialise* : → SE RÉALISER. ② → SIGNALISER.

matérialisme → ATHÉISME.

matérialiste → ATHÉE.

matériau ① *Vous avez tous les matériaux pour résoudre le problème* : **donnée, élément** ; → MATÉRIEL II. ② *Les propriétés élastiques d'un matériau* : **matière.**

matériel

I [adj.] ① *Il n'avait pas le temps matériel de venir chez ses parents* : **nécessaire*** (*... nécessaire pour*). ② *La police avait des preuves matérielles de sa culpabilité* : **concret** ◆ ↓ **palpable, tangible*.** ③ *Il a reçu une aide matérielle importante* :

financier, pécuniaire ; → ARGENT. ④ *C'est un esprit trop matériel* : ↑ **grossier*.** ⑤ *Le monde matériel* : → PHYSIQUE I, SENSIBLE II.

II [n.m.] ① *La coopérative a renouvelé son matériel* : **équipement, outillage.** ② *Les mots constituent le matériel du discours* [didact.] : **matériau.**

matériellement ① → FINANCIÈREMENT. ② → PHYSIQUEMENT I.

maternelle *École maternelle* : → JARDIN* D'ENFANTS.

maternité → ACCOUCHEMENT.

mathématique ① *Il raisonnait de façon mathématique* : ↓ **précis,** ↓ **rigoureux.** ② *Vous ne pouvez pas vous tromper, c'est mathématique* [fam.] : [cour.] **automatique.**

◇ **mathématiquement** : **automatiquement, inévitablement.**

matière

I ① *La matière vivante* : → SUBSTANCE. ② *Les matières fécales* : → EXCRÉMENT. *Le médecin lui interdit les matières grasses* : [pl.] **graisses.** *La matière grise* : → CERVEAU. *Il manque de matière grise* [fam.] : [cour.] **intelligence.**

II ① *La matière d'une intervention* : [plus précis] **sujet** ; → SUBSTANCE. *Le latin est une matière à option* : **discipline.** *Nous n'avions pu discuter (de) cette matière* : **question** ◆ [plus restreint] **point, article** ◆ [moins cour.] **chapitre.** *Le critique attaquait la matière même du roman* : [plus cour.] **fond, sujet.** ② *En matière de cuisine, vous n'y connaissez rien* : **en ce qui concerne** (*en ce qui concerne la cuisine...*), **en** ◆ [plus rare] **en fait de.** *Je ne suis guère compétent dans cette matière* : **domaine.** ③ *Cela donne matière à réflexion* : **donner lieu à.** ④ *Matière plastique* : → PLASTIQUE II.

matin ① *La lumière du matin* : **matinal.** ② *Il ne reçoit que le matin* : **dans la matinée.** ③ *Il parle du matin au soir* : **sans arrêt, continuellement.** *Il se lève de bon, de grand matin* : **très tôt*, être matinal** ◆ [fam.] **c'est un lève-tôt.**

matinal → MATIN.

mâtiné → MÊLÉ.

matinée ① → MATIN. ② *Une matinée ré-créative* : → SÉANCE.

mâtiner → MÊLER.

matois → RUSÉ.

maton → GARDIEN.

matou → CHAT.

matraquage → MATRAQUER.

matraque → BÂTON.

matraquer ① *Les policiers matraquèrent les manifestants* : [plus génér.] **frapper***. ② *La critique a matraqué les acteurs* : [moins express.] **accabler** ◆ [plus génér.] **attaquer**. *Matraquer l'opinion* : → PILONNER.
◇ **matraquage** *Le matraquage publicitaire* : ↑ **intoxication**.

matrice → MOULE.

matrimonial → MARIAGE.

matrone → MÈRE.

maturation *La chaleur hâte la maturation des fruits* : [moins cour.] **mûrissement**.

maturité ① *Il a atteint la pleine maturité* : **force de l'âge** ; → ADULTE. *Un projet à maturité* : → PLÉNITUDE. ② *Malgré son âge, il manque de maturité* : ↑ **sagesse**.

maudire ① *Il maudissait la guerre* : **haïr** ◆ [sout.] **exécrer** ; → CONDAMNER. ② *Il maudit sa naïveté* : [plus cour.] **pester contre**.
◇ **maudit** ① [adj.] *Cette maudite affaire lui donnait des soucis* : **détestable** ◆ [sout.] **exécrable** ◆ [fam.] **damné, sale, sacré, satané** ◆ [très fam.] **fichu, foutu** ; → MALHEUR. ② [n.] → RÉPROUVÉ.

maudit → MAUDIRE.

maugréer *Il maugréait contre la terre entière* : **pester** ◆ [fam.] **râler, ronchonner, rouspéter** ; → JURER II, SE PLAINDRE.

maussade ① *Un aspect, un air maussade* : **bourru** (qui implique l'absence d'amabilité) ◆ [très sout.] **chagrin** ◆ ↑ **boudeur**, ↑ **renfrogné** ◆ [vx] **rechigné** ◆ [sout.] **morose** (qui se rapporte plus précisément à l'air du visage) ◆ [plus génér.] **désagréable**. ② *Ses propos maussades m'avaient surpris* : **désabusé** ◆ ↑ **pessimiste**. ③ *Un temps maussade* : **morose, triste**. *Une couleur maussade* : **terne, triste**.

mauvais

I ① [qqch, qqn est ~] *La récolte a été mauvaise* : ↓ **insuffisant**, ↑ **médiocre** ◆ [fam.] **moche***. *Les travaux étaient vraiment mauvais* : **défectueux** ◆ [fam.] ↑ **raté**. *Le touriste parlait un mauvais français* : [postposé] **incorrect**. *Sa mauvaise mémoire le gênait* : [postposé] **infidèle** ; → IMPARFAIT. *Il avait effectué un mauvais calcul* : [postposé] **faux, inexact**. *Une mauvaise affaire* : → VILAIN. *Une mauvaise prononciation* : [postposé] **incorrect** ; → VICIEUX II. *Un mauvais temps* : **un temps de chien** ; → ABOMINABLE, DE MERDE*, SALE, VILAIN. *Une mauvaise lumière* : → DOUTEUX. *De mauvaises conditions* : → DÉFAVORABLE. *Votre idée est très mauvaise* : **ne rien valoir** ; → FAIBLE, ABOMINABLE. *Un mauvais spectacle* : [postposé] **affligeant**. *Cet élève est mauvais en maths* : **faible** ◆ ↑ **nul**. *Un mauvais présage* : → SINISTRE I. ② [qqch, qqn est ~] *Ces repas copieux sont mauvais pour votre santé* : **malsain** ◆ [moins sout.] **nuisible à** ; → DOMMAGEABLE, DANGEREUX. *C'était vraiment un mauvais repas* : [postposé] ↑ **immangeable**. *Être dans une mauvaise situation* : [postposé] ↑ **catastrophique**, ↑ **désastreux** ; → MÉCHANT. *Il n'est pas mauvais, ce vin* : **assez bon, très bon**. *Il est toujours de mauvaise humeur en se levant* : **méchant** ◆ [postposé] ↑ **détestable**, ↑ **odieux** ◆ [fam.] **fichu** ; → DE MAUVAIS POIL*, DÉSAGRÉABLE. *Passer un mauvais moment* : → DIFFICILE. *Trouver mauvais* : → SAUMÂTRE. *En mauvais état* : → PITEUX. ③ [qqch, qqn est ~] *Sa mauvaise conduite soulevait la réprobation* : **immoral** ; → BAS I, MALFAISANT. *Être mauvais* : → GALE. *Un sourire mauvais* : ↑ **cruel**. *Regarder qqn avec un regard mauvais* : → MALVEILLANCE. *Un mauvais tour* : → PENDABLE.

II [adv.] ① *Cet homme sent mauvais* : **puer**. ② *Il faut partir d'ici, ça sent mauvais* [fam.] : **se gâter**.

mauve → VIOLET.

mauviette → FAIBLE.

maximal → MAXIMUM, PLAFOND.

maximalisme → EXTRÉMISME.

maximaliste → EXTRÉMISTE.

maxime → PENSÉE II.

maximum ① [adj. ; emploi critiqué] *L'usine tournait avec un rendement maximum* : **maximal**. *Atteindre la vitesse maximum* : **maximal** ; → DE POINTE* III. *Le prix maximum* : → PLAFOND. ② [n.m.] *Vous avez le maximum de chances* : **le plus grand nombre**. *Cela vaut cent euros au maximum* : **au plus** ◆ [fam.] **à tout casser.**

mazout *Installer une chaudière à mazout* : **fioul** ◆ [anglic.] **fuel.**

méandre ① *Les méandres d'une rivière* : → BOUCLE, CONTOUR, COURBE. *Les méandres d'une route* : [plus cour.] **lacet***, **zigzag.** ② *Les méandres d'un récit* : **détour.**

mec ① *Elle est venue avec son mec* : → AMANT, HOMME, JULES. *Sortir avec un mec* : → GARÇON. ② *Un mec bizarre* : → INDIVIDU, TYPE II.

mécanicien → MÉCANIQUE II.

mécanique

I [adj.] ① *L'ouvrier reposait la pièce d'un geste mécanique* : **automatique, machinal***. ② *Je suis en retard, j'ai eu des ennuis mécaniques* [fam.] : **de moteur.**

◇ **mécaniquement** : **automatiquement, machinalement.**

II [n.f.] *La mécanique de cette nouvelle voiture surprend par sa simplicité* : [plus cour.] **mécanisme.**

◇ **mécanicien** *Le mécanicien a trouvé la cause de la panne* : [fam.] **mécano** ◆ [plus génér.] **dépanneur.**

◇ **mécanisme** ① → MÉCANIQUE II, SYSTÈME. ② *La science a découvert la complexité des mécanismes biologiques* : [didact.] **processus** (qui insiste sur l'aspect dynamique des phénomènes). ③ *Le mécanisme d'une horloge* : → MOUVEMENT.

mécaniquement → MÉCANIQUE I.

mécanisé → MOTORISÉ.

mécanisme → MÉCANIQUE II.

mécano → MÉCANICIEN.

mécénat → MÉCÈNE.

mécène *Le mécène a financé l'activité d'un peintre* : [plus génér.] **bienfaiteur** ◆ [partic.] **parraineur** ◆ [anglic.] **sponsor** (dont le financement a un but publicitaire) ; → PROTECTEUR.

◇ **mécénat** : **parrainage, protection** ◆ [anglic.] **sponsorisation.**

méchamment, méchanceté → MÉCHANT II.

méchant

I [antéposé] ① *Il s'est attiré une méchante affaire* [sout.] : [cour.] **mauvais** ; → MOCHE, VILAIN. ② *Il se promenait avec un méchant pardessus, tout râpé* [vieilli] : **malheureux, misérable** ◆ [cour.] **pauvre,** [postposé] **miteux.** ③ *Un méchant coup* : → FAMEUX. *Un méchant menteur* : → FINI. *Il a acheté une méchante voiture* [fam.] : [cour., postposé] **remarquable.** *Un méchant écrit* : → BAS I. ④ *Être de méchante humeur* : → MAUVAIS.

II [antéposé ou postposé] ① *C'est un homme méchant* : [postposé] **cruel, dur, sans-cœur** ; → BAS I, MALFAISANT, MAUVAIS. ② *Cet enfant est méchant avec ses camarades* : [plus précis] **brutal** ; → VACHE II, VILAIN, DÉSAGRÉABLE. [en parlant à un enfant] *Tu as été trop méchant !* : **insupportable.** ③ *La pancarte portait : chien méchant* : **dangereux.** ④ *Il éclata d'un rire méchant* : ↑ **diabolique.** *Des propos méchants* : **mal-intentionné** ; → MALVEILLANT, ROSSE II, VENIMEUX. *C'est une méchante langue* : **médisant***. *Être de méchante humeur* : → MAUVAIS. ⑤ *Ne vous fâchez pas, ce n'est pas bien méchant* : **grave.** *Il n'est pas méchant* : → INOFFENSIF.

◇ **méchamment** : **cruellement***, **durement***.

◇ **méchanceté** ① *Être sans méchanceté* : [sout.] ↑ **malignité** ; → MALICE. *Un discours plein de méchanceté* : → MALVEILLANCE, VENIN. ② *Dire des méchancetés* : [très fam.] **vacherie** ◆ ↓ **pique** (*envoyer, lancer des*

piques) ; → ROSSERIE. *Faire des méchancetés* : **misère** ◆ [fam.] **crasse*** ◆ [très fam.]
saloperie* ; → PERFIDIE.

mèche

I ① → TOUFFE. ② *Être de mèche avec
qqn* : **de connivence** ; → ACCORD I,
COMPLICITÉ. *Tu n'y arriveras pas, il n'y a
pas mèche* [fam.] : [cour.] **c'est impossible.**
*Il n'a pas su tenir sa langue, il a vendu la
mèche* : **trahir** (*trahir un secret*).

II → VRILLE.

méconnaissable → DIFFÉRENT.

méconnaissance → IGNORANCE.

méconnaître ① *Il méconnaît les règles
élémentaires de la politesse* [sout.] : [plus
cour.] **ignorer** ◆ ↓ **négliger.** ② *On avait
méconnu ses qualités* : **mésestimer***
◆ [sout.] **méjuger.**

méconnu → IGNORÉ.

mécontent ① [adj.] *Il a l'air mécontent* :
fâché. *Le candidat est mécontent de ses résultats* : ↓ **insatisfait.** ② [n.] *Satisfaire les
mécontents* : → RÂLEUR.

◇ **mécontentement** ① *Un sujet de
mécontentement* : **contrariété, désagrément**
◆ [fam.] **rouspétance.** ② *Provoquer le
mécontentement général* : ↓ **insatisfaction** ◆ [fam.] **grogne** ; → DÉCEPTION. ③ *Il
exprima nettement son mécontentement* :
↑ **colère*.**

mécontentement → MÉCONTENT.

mécontenter → FÂCHER.

mécréant → IRRÉLIGIEUX.

médaille → INSIGNE.

médecin ① *Pour l'otite de leur fils, ils ont
appelé le médecin* [sout.] : [cour.] **docteur**
◆ **généraliste**, [didact.] **omnipraticien, praticien** (= celui qui pratique la médecine
générale) ◆ **spécialiste** (= médecin spécialisé) ◆ [fam.] **toubib** ◆ **major** (= médecin de l'armée) ◆ [didact.] **clinicien**
(= médecin qui étudie les maladies par
observation des malades) ◆ **chirurgien,
neurologue, pédiatre** (= spécialistes possédant le titre de docteur en médecine).

L'ensemble des médecins : **le corps médical.**
Ce médecin tue ses malades : [péj.] **charlatan.** ② *Un futur médecin* (= étudiant en
médecine) : **externe, interne** (*externe, interne des hôpitaux*) ◆ [fam.] **carabin.**

média ① *Une campagne publicitaire assurée par plusieurs médias* : **multimédia**
(*une campagne publicitaire multimédia*) ;
→ VÉHICULE*(de l'information). ② *Les
médias ont grossi l'affaire* : [partic.] **la télévision, la presse, la radio*, les journaux*** ;
→ CRITIQUE I. *Les nouveaux médias* : [par-
tic.] **informatique, Bureautique.**

médiat → INDIRECT.

médiateur *L'intervention d'un médiateur pour régler un conflit* : **conciliateur**
◆ [partic.] **monsieur bons offices** ◆ [génér.]
arbitre ; → INTERMÉDIAIRE.

médiation → ARBITRAGE, ENTREMISE,
OFFICE I.

médical → CORPS* MÉDICAL, PERSONNEL
SOIGNANT*.

médicament ① *Un médicament très efficace* : [génér.] **remède** (qui s'applique à
tout moyen curatif) ; → SPÉCIALITÉ. ② *Le
tabac, c'est mon seul médicament* : [péj.]
drogue.

médication → THÉRAPEUTIQUE.

médiocre ① [qqn est ~] *Un élève médiocre* : → FAIBLE I, INCAPABLE. *Un homme
médiocre* : → INSIGNIFIANT. ② [qqch est ~]
Il reçoit un salaire médiocre : **modeste,
modique** ; → MAIGRE, MISÉRABLE, MINIME,
PAUVRE II. *La pièce était de dimensions
médiocres* : [antéposé] **petit.** *Le film était
vraiment médiocre* : **insignifiant, plat** ;
→ MAUVAIS I. ③ [qqch est ~] *Il mène une
vie médiocre* : **étriqué** ; → PITOYABLE,
TRISTE III.

◇ **médiocrité** ① *Il vit dans la médiocrité* :
[plus génér.] **pauvreté.** ② *La médiocrité
d'une œuvre* : **faiblesse*, imperfection** ;
→ INSIGNIFIANCE. *La médiocrité d'un
salaire* : → MAIGREUR, MODESTIE.

médiocrement → MAL II, MODESTEMENT,
MOYENNEMENT.

médiocrité → MÉDIOCRE.

médire *Il médit de,* [vx] *sur tout le monde : voisins, collègues, amis et ennemis :* [fam.] **baver (sur), débiner** ◆ ↑ **déblatérer (contre), dénigrer** ◆ ↓ **cancaner (sur)** ◆ [vieilli, litt.] **clabauder (sur)** ◆ [fam.] **taper sur** (qui ne suppose pas forcément l'intention de nuire) ◆ ↑ **calomnier, diffamer** (= mentir pour nuire à qqn) ; → BAVARDER, JASER I, DISCRÉDITER.

◇ **médisance** ① *Personne n'est à l'abri des médisances :* ↑ **calomnie, cancan, commérage, dénigrement, racontar, ragot** ◆ [fam.] **commérage, débinage.** ② *Craindre la médisance :* ↑ **diffamation.**

◇ **médisant** ① [n.] *Les médisants font la pluie et le beau temps dans le village :* **mauvaise, méchante langue** ◆ ↑ **calomniateur,** ↑ **diffamateur.** ② [adj.] *Des propos médisants :* ↑ **calomnieux,** ↑ **diffamatoire.**

médisance, médisant → MÉDIRE.

méditatif → PENSIF.

méditation → PENSÉE I, RÉFLEXION.

méditer ① *Méditer un projet :* → MÛRIR, PROJETER I. ② *Méditer sur la vie :* → RÉFLÉCHIR I, SPÉCULER.

médusé → ÉBAHI, STUPÉFAIT.

méduser → STUPÉFIER.

meeting → RÉUNION.

méfait ① *Il a été condamné pour ses méfaits :* **mauvais coup** ◆ ↑ **crime** ◆ [litt.] ↑ **forfait** (qui renchérit sur *crime*). ② *Les méfaits du tabac :* **dégât, ravage.**

méfiance, méfiant → SE MÉFIER.

méfier (se) ① *Se méfier de ses premières impressions :* **se défier de** ◆ [sout.] **se garder de.** *Se méfier des belles promesses :* **mettre en doute, douter.** ② *Méfie-toi, tu pourrais tomber :* → ATTENTION I.

◇ **méfiance** ① *Sa méfiance est constante :* **défiance ;** → SCEPTICISME. ② *Son attitude équivoque a éveillé la méfiance de son entourage :* [pl.] **soupçons** ◆ [plus sout.] **suspicion ;** → ATTENTION I.

◇ **méfiant** *Il est d'un naturel méfiant :* **défiant, soupçonneux*** ◆ [sout.] **suspicieux** ◆ [sout., péj.] **cauteleux** (qui implique l'hypocrisie).

méga → SOIGNÉ.

mégalomanie → GRANDEUR.

mégalopole *Vivre dans une mégalopole :* → VILLE.

mégaphone → PORTE-VOIX.

mégapole → VILLE.

mégarde (par) *Il a cassé son verre par mégarde :* **sans le faire exprès, involontairement ;** → DISTRACTION, ERREUR.

mégère *Il supporte mal sa femme, une vraie mégère :* [fam.] **chipie** ◆ [fam., péj.] **garce** (qui s'applique aussi à une femme méprisable) ; → FURIE, VIRAGO.

mégot *Il a éteint son mégot sur sa semelle :* [très fam.] **clope.**

mégoter → ÉCONOMISER.

meilleur ① [adj., comparatif de *bon*] *Qu'y a-t-il de meilleur ? :* **au-dessus.** *Être meilleur :* → SUPÉRIEUR I. ② *Il est meilleur de ne rien dire :* [plus cour.] **préférable, mieux vaut** (*mieux vaut ne rien dire*). [superlatif de *bon*] *Le meilleur, la meilleure. Il agit de la meilleure façon possible :* **au mieux.** *Voyager dans les meilleures conditions :* ↑ **idéal,** ↑ **parfait** ◆ [postposé, didact.] **optimal.** ④ *C'est la meilleure ! :* → COMBLE I. *Être le meilleur :* → EXCELLER. *Le meilleur de la classe :* → PREMIER III. *Les meilleurs ont fini par l'emporter* [pl.] : [sing.] **élite*.** *Il fréquente le meilleur de la société :* [fam.] **crème, gratin** ◆ [fam.] **top ;** → HAUT.

méjuger → MÉCONNAÎTRE, MÉSESTIMER.

mél → COURRIER.

mélancolie ① *Il a des accès de mélancolie* [didact.] : **vague à l'âme** ◆ [litt.] **spleen** ◆ [didact.] **neurasthénie** ◆ [fam.] **blues ;** → CAFARD, DÉPRESSION, TRISTESSE. ② *Il considère son passé avec mélancolie :* **nostalgie ;** → REGRET.

◇ **mélancolique** ① [n.] *C'est un mélancolique* [didact.] : **neurasthénique ;** → PES-

mélancolique

SIMISTE. ② [adj.] *Il est souvent d'humeur mélancolique* : **triste, sombre** ◆ [fam.] **cafardeux.** *Des vers mélancoliques* : [didact.] **élégiaque.** *Un refrain mélancolique* : **nostalgique.**

mélancolique → MÉLANCOLIE.

mélange ① *Ce produit est obtenu par mélange* : **brassage, coupage** (qui impliquent une altération du liquide) ◆ **amalgame** (qui désigne un alliage de mercure et d'un autre métal) ◆ **magma** (qui s'emploie pour un mélange formant une masse épaisse et pâteuse) ; → COMBINAISON. *Le laiton est un mélange de cuivre et de zinc* : **alliage.** *Le mélange de populations* : → MÉTISSAGE. ② *Le confiseur prépare un mélange de bonbons* : **assortiment.** *Le barman confectionne un mélange à base de rhum blanc* : **cocktail** ◆ [souvent péj.] **mixture.** ③ *Son histoire était un mélange de mensonges et de vérités* : **amalgame, assemblage, composé, tissu** ◆ **imbroglio** (qui ne s'emploie que pour une affaire ou une situation embrouillées). ④ *Cette œuvre est un curieux mélange* : **salmigondis** ◆ [fam.] **méli-mélo, salade** (qui impliquent le caractère confus du mélange). *Un mélange de couleurs* : **bariolage** (qui implique souvent l'absence d'harmonie). *L'orchestre joua un mélange de thèmes* : [plus précis] **pot-pourri.** ⑤ *Il éprouvait une joie sans mélange* : **pur.** ⑥ [pl., dans des titres] *Publier des mélanges* : [didact.] **miscellanées** (= mélanges littéraires ou scientifiques) ◆ [dans des titres] **variétés** (= mélanges sur des sujets variés).

◇ **mélanger** ① *Mélanger les cartes* : → BROUILLER I. ② *Mélanger des œufs et de la farine* : **amalgamer, incorporer** ; → MÊLER. *Mélanger des sons* : [plus précis] **mixer.** *Mélanger des couleurs* : **marier** ◆ ↑ **fondre.** *Vous mélangez tout* [fam.] : [cour.] **confondre.** *Mélanger des papiers* : → METTRE DU DÉSORDRE*.

◇ **se mélanger** *Les populations s'étaient mélangées* : **se mêler*** ◆ ↑ **fusionner.**

mélanger → MÉLANGE.

mélasse → MISÈRE.

mêlé, mêlée → MÊLER.

mêler ① [qqn ~ qqch à] *Mêler le beurre à la farine* : **mélanger*** ◆ [plus précis] **amalgamer, incorporer** ; → COMBINER. ② [qqn ~ qqch à] *Il mêle la gentillesse à la brusquerie* : **allier** ; → MARIER II, UNIR. ③ [qqch ~ qqch] *Au confluent, les deux fleuves mêlent leurs eaux* : **confondre, joindre.** ④ [~ qqn à] *La police l'a mêlé à une affaire de mœurs* : **compromettre dans, impliquer dans.** ⑤ [~ qqch] *Il mêle les cartes* : → BATTRE II, BROUILLER I. *Mêler deux races de chiens* : **croiser** ◆ [plus précis] **mâtiner.**

◇ **se mêler** ① *Les laines se sont mêlées* : [plus cour.] **s'emmêler, se mélanger** ; → S'UNIR. *Les peuples se sont mêlés au cours de leur histoire* : **se confondre.** ② *Il s'est mêlé à notre conversation* : **participer*.** ③ *Ne vous mêlez pas de mes affaires* : [sout.] **s'immiscer (dans)** ; → S'INGÉRER, S'OCCUPER. ④ *Je souhaite qu'il se mêle d'être plus sérieux* [sout.] : [plus cour.] **s'aviser.**

◇ **mêlé** ① *Ce chien n'est pas de race, il est mêlé* : **mâtiné.** ② *Lors de l'inauguration, l'assistance était mêlée* : **composite** (qui insiste sur le caractère disparate).

◇ **mêlée** ① *Il a reçu un mauvais coup dans la mêlée* : **rixe** ; → LUTTE. *Une mêlée sanglante* : → COMBAT. ② *On ne distinguait plus rien dans cette mêlée* : [plus cour.] **confusion** ◆ ↑ **chaos.**

méli-mélo → MÉLANGE.

mélo → MÉLODRAME.

mélodie ① *Elle fredonnait une mélodie ancienne* : [plus cour.] **air** ◆ [partic.] **aria, ariette, blues, cantilène, fado, lied** ; → CHANSON. ② *Cette musique manque de mélodie* : **harmonie** (= combinaison des parties dans un morceau) ◆ **rythme** (= disposition des sons). ③ *Mélodie de la voix* : [didact.] **intonation.**

mélodieux → DOUX, MUSICAL.

mélodrame *À la télévision, c'est la vogue du mélodrame* : [abrév. fam.] **mélo** ; → THÉÂTRE.

membre

I ① *Le cheval s'est fracturé un membre* : **patte** ◆ **abattis** (qui sert à désigner les quatre membres des volailles). *Tendre*

les membres : [plus précis] **bras, jambe.**
② → SEXE.

II *C'est un membre influent de l'association* : [plus partic.] **adhérent, sociétaire ;**
→ ADHÉRER II. *Les membres d'une société commerciale* : [plus précis] **associé.** *Les membres du Pacte atlantique* : [plus précis] **allié*** *(les Alliés).*

même

I [adj.] ① *Ils ont la même cravate* : [postposé] **identique, semblable** *(une cravate identique, semblable)* ◆ **pareil*** *(leurs cravates sont pareilles).* ② *Ils ne touchent pas tous le même salaire* : **égal*, identique** *(... un salaire égal, identique). Il vient toujours à la même heure* : **à heure fixe.** ③ *Ils ont un même but* : [postposé] **commun*.** *Cet universitaire est en même temps brillant et profond* : **à la fois*.** ④ *C'est la vérité même* : **exact, strict.** *Je vous rapporte les paroles mêmes du prisonnier* : [antéposé] **propre.** ⑤ *Il est venu lui-même pour l'inauguration* : **en personne.** ⑥ *Elle a avoué d'elle-même* : **de son plein gré, spontanément, volontairement.**

II [pron. indéf.] ① [attribut] *Il n'est plus le même depuis son accident* : **pareil.** *Ce n'est pas le même* : → AUTRE I. ② *Cela revient au même* : **c'est pareil, c'est tout un** ◆ [fam.] **c'est kif-kif, c'est du kif.**

III ① [adv.] *Ce terrain est ouvert aux campeurs et même aux nomades* : **aussi** ◆ [plus sout.] **qui plus est.** *Même si* : → QUAND* MÊME.* ② *La fête, c'est aujourd'hui même* : **précisément.** ③ *De même* : → AUSSI, PAREILLEMENT. *Il en va de même pour lui* : **c'est aussi son cas.** *Il a tout de même répondu* : **néanmoins, pourtant.** *Quand même. On s'aime quand même* : **malgré tout.** ④ *À même. Il porte son chandail à même la peau* : **directement sur.** ⑤ [loc. prép.] *À même de* : → CAPABLE, ÉTAT I, EN MESURE (I) DE.* ⑥ [loc. conj.] *De même que* : → AINSI* QUE.

mémé, mémère → GRAND-MÈRE.

mémoire

I [n.f., toujours sing.] ① *Il perd la mémoire* : **devenir amnésique ;** → SOUVENIR. ② *De mémoire. Il connaissait ce texte de mémoire* : [plus cour.] **par cœur.** ③ *Cela a*

suffi pour ternir sa mémoire : [plus cour.] **réputation** (qui s'emploie à propos d'un vivant ou d'un mort). ④ *Pour mémoire. Je te signale, pour mémoire, un bon film sur le sujet* : **à titre de renseignement.**

II [n.m., sing. ou pl.] *Remettre un mémoire à un client* : → COMPTE, ÉTAT III. *Un mémoire de physique* : → TRAITÉ I.

III [n.m., toujours pl. et avec une majuscule] ① *Les Mémoires du président se sont bien vendus* : [pl.] **souvenirs** (qui implique un ouvrage moins étendu) ◆ [sens restreint] **autobiographie** (qui désigne le récit de la vie de l'auteur) ; → JOURNAL. ② *Les historiens trouvent une riche documentation dans les Mémoires* : **annales, chroniques** (qui insistent sur l'énumération des faits dans l'ordre chronologique) ◆ **Mémorial** (qui n'apparaît que dans des titres : *le Mémorial de Sainte-Hélène*) ; → TÉMOIGNAGE.

mémorable ① *Un jour, un événement mémorable* : ↓ **important** ◆ ↑ **inoubliable ;** → INDÉLÉBILE, MARQUANT. ② *Ce combat restera mémorable dans les annales de la boxe* : **fameux** ◆ ↓ **remarquable.**

Mémorial → MÉMOIRE III.

mémorialiste → HISTORIEN.

mémoriser → APPRENDRE, RETENIR.

menaçant → MENACE.

menace ① *Les menaces du proviseur sont restées sans effet sur les lycéens* : ↓ **avertissement ;** → INTIMIDATION. *Agir sous la menace* : **contrainte.** ② *La menace d'un conflit s'est accrue ces derniers mois* : **danger, risque** ◆ ↑ **spectre.** *Agiter la menace d'une grève* : [plus express.] **épouvantail.**

◇ **menaçant** ① *L'orage était menaçant* : ↑ **imminent.** *Un avenir menaçant* : **sombre*.** *Un temps menaçant* : → INCERTAIN. ② *Son ton menaçant n'intimida personne* : [sout.] **comminatoire.** ③ *Des nouvelles menaçantes pour la paix* : ↓ **inquiétant.**

◇ **menacer** ① [qqn ~] *Fou de rage, il hurla, menaça* : [plus fam. et express.] **montrer les dents, les griffes.** *Le créancier menace ses débiteurs* : [plus fam. et express.] **mettre le couteau sous la gorge à ;** → BRAVER. ②[qqch ~] *Un orage menace* : → SE PRÉPARER. ③[qqch ~ qqch] *La mauvaise gestion menaçait l'avenir* : → HYPOTHÉQUER. ④[impers.] *Cela menaçait d'être long* : [plus cour.] **risquer*.**

menacé → FRAGILE.

menacer → MENACE.

ménage ①*Les besoins du ménage* : → FAMILLE. *Faire bon, mauvais ménage avec* : [plus cour.] **s'entendre bien, mal.** *Être en ménage* : → COUPLE. ② *Tenir son ménage* : → MAISON I. *Faire le ménage* : → NETTOYER. *Les produits de ménage* : **entretien.**

ménagement → MÉNAGER I.

ménager

I ①[~ qqch] *Ménager ses biens* : → ÉCONOMISER. *Il faut ménager vos forces* : **épargner, mesurer** ; → ÉCONOMISER. *Vous n'avez pas ménagé le poivre !* [fam.] : [cour.] **mettre trop, beaucoup.** *Ménagez vos expressions, s'il vous plaît !* : **mesurer*, modérer*.** ②[~ qqch à qqn] *Il va vous ménager un rendez-vous* : [plus cour.] **arranger.** *Ménager une surprise à qqn* : **préparer** ; → RÉSERVER.

◇ **ménagement** *Avec ménagement. Agir avec ménagement* : → GANT. *Il faut lui apprendre la nouvelle avec ménagement* : **précaution,** → ÉGARD II. *Sans ménagement. Être traité sans ménagement* : **brutalement*** ◆ [plus express.] **à la hussarde** ; → COMME UN MALPROPRE*.

II *Ménager une ouverture* : [plus cour.] **aménager** ; → PRATIQUER.

ménager (se) → S'ASSURER.

mendiant → MENDIER.

mendier ①*Il mendie dans la rue* : **faire l'aumône** ◆ [express.] **faire la manche, tendre la main** ◆ [fam.] **mendigoter.** ②*Il est encore à mendier des compliments* : **quémander,** ↑ **implorer** ; → DEMANDER, QUÊTER, SOLLICITER.

◇ **mendiant** *La crise économique a accru le nombre des mendiants* : [fam., vieilli] **mendigot** ◆ [fam.] **clochard** (= qqn qui vit sans domicile fixe ni travail, en ville) ◆ **indigent** (= personne qui n'a pas de ressources suffisantes) ◆ [plus génér.] **pauvre** ; → VAGABOND II.

mendigot → MENDIANT.

mendigoter → MENDIER.

menée → AGISSEMENT.

mener ①[qqn ~ qqn] *Chaque dimanche, ils menaient leurs enfants au zoo* : **conduire** ◆ **amener*** (= faire venir avec soi) ◆ **emmener*** (= faire partir avec soi). ②[qqn ~ qqn] *Mener une troupe* : **commander*.** *Mener son monde* : → MANIER, FAIRE MARCHER*. *Mener en bateau* : **tromper.** ③[qqn ~ qqch] *Le commissaire a mené l'enquête* : **diriger, conduire*** (qui insistent sur l'activité de commandement) ◆ **effectuer** (qui est plus neutre). ④[qqn ~ qqch] *Mener à bien un travail* : → ACCOMPLIR, TERMINER. *Mener la course* : → ÊTRE EN TÊTE*. *Mener la barque* [fam.] : [cour.] **commander*.** *Mener le jeu* : **dominer, être en tête.** ⑤[qqn ~ qqch] *Nous mènerons la négociation jusqu'au bout* : **poursuivre.** ⑥[qqch ~ qqn] *C'est l'amitié qui te mène dans cette affaire* : **animer** ◆ [plus cour.] **guider** ; → FAIRE AGIR*, GOUVERNER. ⑦[qqch ~ à qqch] *Cette politique risque de mener l'économie au désastre* : **entraîner.** *Ce chemin mène à la ville* : **conduire*** ; → ABOUTIR I, ALLER I, DÉBOUCHER II.

ménestrel → TROUBADOUR.

meneur ①→ TÊTE. ②*Meneur de jeu* : → ANIMATEUR.

méninges → ESPRIT I.

ménopause → RETOUR.

mensonge ①*L'affirmation « la Terre est plate » est un mensonge* : **contrevérité** (qui insiste sur la fausseté de l'affirmation). *Prétendre que les hommes sont égaux devant la loi est un mensonge* : [sout.] **imposture, tromperie** (qui impliquent l'intention de tromper) ◆ **désinformation** (= fait de donner une image mensongère ou déformée de la réalité, surtout en parlant des moyens de communication de masse) ◆ **manipulation** (= manœuvre destinée à tromper) ; → **ENDOCTRINEMENT, FABULATION, HYPOCRISIE.** ② *Il ne raconte que des mensonges* [pl.] : **histoire** ◆ [fam.] **blague, bobard,** [toujours pl.] **salades** ◆ [sout.] **fable,** [fam.] **craque** (qui se disent plutôt de fictions plaisantes) ◆ [fam., vieilli] **menterie** ; → **AMBIGUÏTÉ, CONTE, IMAGINATION, INVENTION.** ③ *Beaucoup d'hommes ont prétendu que le bonheur est un mensonge* [sing.] : [plus cour.] **illusion, mirage.** ④ *Vivre dans le mensonge* : → **ERREUR.** *Sa vie est construite sur le mensonge* : **artifice** ; → **DÉGUISEMENT, SUPERCHERIE.**

◇ **mensonger** *L'annonce du débarquement des Martiens à Paris est une nouvelle mensongère* : [rare] **controuvé** ; → **FAUX, ERREUR.** *Des propos mensongers* : [sout.] **menteur** ; → **TROMPEUR.**

mensonger → MENSONGE.

menstrues → RÈGLES.

mensualité → SALAIRE.

mensuel *S'abonner à un mensuel* : → PÉRIODIQUE.

mensuration → DIMENSION, MESURE I.

mental ① [adj.] *Son équilibre mental est menacé* : [didact.] **psychique.** ② [n.m.] *Gagner une course grâce à un bon mental* : [plus génér.] **moral.**

◇ **mentalement** *Le comédien répète mentalement son rôle* : [plus génér.] **intérieurement** ; → DE TÊTE*.

◇ **mentalité** ① *Étudier la mentalité des années 1900* : [plus génér.] **état d'esprit** ◆ [cour.] **psychologie, idéologie** (qui peuvent être employés ici indifféremment). ② *Sa mentalité n'est pas irréprochable* [fam.] : [cour.] **moralité** ; → MORALE.

mentalement, mentalité → MENTAL.

menterie → MENSONGE.

menteur → MENTIR.

mention → MENTIONNER.

mentionner ① *On a mentionné tous les gagnants* : **faire mention de, nommer** ; → CITER, ENREGISTRER. ② *Il a mentionné son absence* : → INDIQUER, SIGNALER. ③ *Mentionner une clause* : → STIPULER.

mentir ① [absolt] *Cet enfant ment par plaisir* : ↓ **jouer la comédie** ; → VÉRITÉ. ② [~ à qqn] *Il vous ment pour se sortir de cette situation* : **tromper** (*tromper qqn*) ◆ [très sout.] **en faire accroire** ◆ [fam.] **bourrer le crâne, la caisse, le mou** ; → LEURRER, MYSTIFIER.

◇ **menteur** ① *C'est un menteur-né* : **comédien***. ② [adj.] *Il est menteur au point de ne plus savoir quand il dit vrai* : [didact.] **mythomane** (= personne qui recourt au mensonge par déséquilibre psychique) ◆ **bluffeur** (= celui qui ment pour impressionner qqn) ◆ [sout.] **hâbleur** (= qqn qui se vante) ◆ **simulateur** (= personne qui feint une maladie, un trouble) ; → TROMPEUR, IMPOSTEUR. ③ [adj.] → MENSONGER.

mentor → CONSEILLER I.

menu

I ① [adj.] *Cette fillette a le poignet menu* : **mince** ◆ **fin** (qui implique l'idée d'élégance) ◆ **fluet, grêle** (qui comportent un trait maladif). *Elle a la taille menue* : [sout.] **gracile** (qui implique grâce et délicatesse) ; → MINCE. *Son écriture trop menue est illisible* : **petit, fin.** ② [adj.] *Menue monnaie* : **petit.** *Menus frais* : [plus cour.] **léger** ◆ [postposé] **négligeable.** ③ [n. m.] *Par le menu* : → EN DÉTAIL.

II [n.m.] *Garçon ! apportez-moi le menu* : **carte** (*menu* et *carte* sont en opposition dans *manger au menu*, le repas étant alors à prix fixe, et *manger à la carte*, où le prix est déterminé par le choix des plats).

méprendre (se) → SE TROMPER.

mépris ① *Il traite ses subordonnés avec mépris* : ↓ **dédain,** ↓ **hauteur,** ↑ **morgue** ◆ [sout.] **mésestime** ; → FIERTÉ. *Ce cascadeur considère le danger avec mépris* : ↓ **indifférence.** *Il traite son travail avec mépris* : [fam.] **par-dessus la jambe.** *Le mépris pour qqch* : → DÉSAFFECTION. ② *Au mépris de* : → MALGRÉ.

◇ **mépriser** ① [~ qqn] *Mépriser ses subordonnés* : ↓ **dédaigner,** ↓ **snober** ; → FOULER* AUX PIEDS. ② [~ qqch] *Il se*

méprisable

satisfait de mépriser les règles communes :
fouler* aux pieds ◆ [sout.] **faire litière de.**
Il méprise les honneurs : [fam.] **cracher sur**
◆ ↓ **être indifférent à** ◆ [vieilli] **faire fi
de** ; → HONNIR, SE MOQUER. *Il méprise mes
observations :* **prendre de haut, ne faire
aucun cas** ; → IGNORER.

◇ **méprisable** *Son attitude est méprisable :*
[sout.] **vil** ; → ABJECT, INDIGNE, LAID.

◇ **méprisant** *Il affiche sa supériorité avec
des airs méprisants :* ↓ **dédaigneux,** ↓ **hautain** ◆ ↓ **fier*** (qui n'implique pas une
idée de supériorité affichée).

méprisable, méprisant → MÉPRIS.

méprise → ERREUR, MALENTENDU.

mépriser → MÉPRIS.

mer ① *Les mers couvrent une grande
partie de la Terre :* [plus partic.] **océan**
(= étendue d'eau salée non isolée géogra-
phiquement). ② *Le bateau navigue sur la
mer :* [très sout.] **flots.** *La mer est forte :*
→ HOULE. *Une station de bord de mer :* [plus
cour.] **balnéaire.** *En pleine mer :* **au large.**
③ *Ce n'est pas la mer à boire* [fam.] : [cour.]
insurmontable. ④ *Il était découragé devant
la mer de documents à dépouiller :* **océan**
◆ [plus cour.] **abondance, quantité.**

mercanti → COMMERÇANT.

mercatique → VENTE.

mercenaire → SOLDAT.

merci

I [n.m.] *N'oubliez pas de lui dire un grand
merci !* : **remerciement** ; → REMERCIER.

II [n.f.] ① *C'est un homme sans merci :*
[plus cour.] **impitoyable, sans pitié.** *Une
lutte sans merci :* **inexpiable.** *Dieu merci !* :
→ HEUREUSEMENT. ② *Il est à la merci du
moindre incident :* **à la discrétion.**

merdaillon → ENFANT.

merde [vulg.] ① → EXCRÉMENTS. *Une
merde :* [sout.] **étron** ◆ [fam., vieilli] **sentinelle.** ② *Il nous a vendu de la merde :* **caca**
◆ [plus cour.] **camelote** ; → SALETÉ. ③ *Nous
sommes coincés, c'est la merde :* [très fam.]
chiasse, merdier. *Il ne se prend pas pour
de la merde :* [cour.] **il est très content de**

lui. Ah ! quel temps de merde ! : **merdeux,
merdique** ◆ [cour.] **mauvais.** *Semer la
merde :* [fam.] **pagaille.** ④ *Merde alors !* :
[fam.] **crotte** ◆ [cour.] **mince, zut** ◆ [par
euph., rare] **miel.** *Je vous dis merde !* :
→ LETTRE I.

◇ **merder** [vulg.] *Tout ce qu'il projetait a
merdé :* **foirer** ◆ [cour.] **échouer.** *C'était
trop dur, j'ai merdé en physique :* **merdoyer** ; → VASOUILLER.

◇ **merdier** [vulg.] *Les gamins ont laissé un
de ces merdiers !* : ↓ **désordre** ; → MERDE.

**merder, merdeux, merdier, mer-
dique, merdoyer** → MERDE.

mère ① *La mère parle doucement à son
enfant :* [fam.] **maman** (qui supplante *mère*
dans le discours familial, de la part des
enfants, voire de l'ensemble de la famille,
en partic. comme appellatif) ◆ [fam., rare]
mater ◆ [sout.] **matrone** (qui se dit d'une
femme portant les caractères extérieurs
de nombreuses maternités) ◆ [vx] **ma-
râtre** (qui se dit d'une mère qui traite mal
ses enfants ou bien de la seconde épouse
du père) ; → PARENT. ② → TUTEUR* LÉGAL.
③ → INVENTEUR.

méridional → MIDI, DU SUD.

mérite ① *Le jury apprécie les mérites du
candidat :* **qualité*** ◆ [sing.] **valeur.** ② *Il
faut bien du mérite pour supporter toutes
ces difficultés :* [sout.] **vertu.** *Il a réussi et
c'est tout à son mérite :* **éloge, honneur.**
Usurper le mérite de qqn : → GLOIRE.
Porter au mérite de qqn : **créditer, porter
à l'actif de.** ③ *Un acteur de grand mérite :*
[plus cour.] **talent.** ④ *Il faudra comparer
les mérites de chaque méthode :* [plus cour.]
avantage.

◇ **mériter** ① [qqn ~ qqch] *Il mériterait des
coups :* [sout.] **encourir** (qui implique l'idée
de subir un inconvénient). *Cet homme
mérite les plus grands honneurs :* **être
digne de.** *Ne pas mériter :* **être indigne* de.**
② [qqch ~ qqch] *Cette nouvelle mérite notre
attention :* ↑ **exiger, réclamer** ; → VALOIR I.

mérité *Un repos bien mérité :* → GAGNER I.

mériter → MÉRITE.

méritoire → LOUABLE, VERTUEUX.

merveille ① *Ce décor est une merveille de goût* : [plus sout.] **miracle** ♦ ↑ **prodige** (qui exprime un caractère plus spectaculaire encore) ; → BIJOU. ② *À merveille* : **parfaitement**. *Il se porte à merveille* : **très bien, à ravir**.

◇ **merveilleux** ① [adj. et n.m.] *Il aime le merveilleux, les récits merveilleux* : **fantastique, féerique, surnaturel**. ② [adj.] *Sa réussite est merveilleuse* : **extraordinaire**, ↓ **remarquable** ♦ [fam.] **mirobolant**. *Un homme merveilleux* : → FANTASTIQUE. *Un chant merveilleux* : → DÉLICIEUX. *Un séjour merveilleux* : → ENCHANTEUR, PARADISIAQUE. *Une beauté merveilleuse* : → FASCINANT. *C'était un repas merveilleux* : ↓ **très bon, excellent**. *Un spectacle merveilleux* : → ADMIRABLE, MAGIQUE. *Il avait toujours des projets merveilleux* : [fam.] **mirifique** ; → BEAU, MAGNIFIQUE.

merveilleusement
→ ADMIRABLEMENT, PARFAITEMENT.

merveilleux → MERVEILLE.

mésaventure *Les mésaventures d'un voyage* : → AVENTURE, TRIBULATIONS. *Une série de mésaventures* : → MALCHANCE.

mésentente *La mésentente entre voisins* : → DÉSACCORD.

mésestime → MÉPRIS.

mésestimer *Vous auriez tort de mésestimer votre adversaire* : [cour., mais plus restreint] **sous-estimer** ♦ [rare] **méjuger de** ; → DÉPRÉCIER, MÉCONNAÎTRE.

mésintelligence → DÉSACCORD.

mesquin *C'est un esprit mesquin, sans générosité* : **étriqué, étroit** ; → PETIT. *Il ne gagne rien à ses calculs mesquins* : ↑ **sordide*** ; → MOCHE. *Être mesquin* : → CHICHE.

mesquinerie ① *Des mesquineries désagréables* : → PETITESSE. ② → AVARICE.

mess → RÉFECTOIRE.

message ① *Votre ami a laissé un message à la gardienne* : **commission** (qui peut être orale ou écrite). *Le télégraphiste est porteur d'un message pour vous* : **dépêche** (qui se présente sous forme écrite) ; → LETTRE II. *Un message télévisé du Premier ministre* : **déclaration** (qui est toujours écrite et lue) ; → DISCOURS. ② *Message publicitaire* : → SPOT. ③ *Mettre en évidence le message d'un film* : ↓ **leçon**.

messager ① *Le ministre de l'Intérieur a dépêché un messager* : **envoyé** ♦ **émissaire** (= celui qui est envoyé à des fins tenues secrètes) ♦ **estafette** (qui est réservé aux emplois mil.) ♦ **porteur, commissionnaire** (= messagers chargés de missions plus modestes, domestiques ou commerciales) ; → DÉLÉGUÉ. ② *Les premiers bourgeois, messagers du printemps* [litt.] : **avant-coureur** ♦ [plus cour.] **précurseur** ; → ANNONCIATEUR.

messe ① *Assister à la messe* : → CÉLÉBRATION, OFFICE II. ② *Messe basse* : → APARTÉ, CONVERSATION.

Messie → SAUVEUR.

mesure

I ① *La précision de cette mesure est au micromètre* : ↓ **évaluation** (qui indique une estimation moins précise). ② *Le tailleur prend les mesures de son client* : [didact.] **mensuration** ; → DIMENSION, TAILLE I. ③ *Versez une mesure de farine* : **dose** (= quantité requise) ♦ **ration** (qui est un terme réservé à la nourriture). ④ *Le métronome donne la mesure* : **cadence** ; → RYTHME. ⑤ *Sa réussite est à la mesure de son ambition* : **à l'échelle* de**. *Il est en mesure de vous rendre ce service* : **à même de** ; → ÉTAT I, SAVOIR I. *Vous pouvez lui faire confiance dans une certaine mesure* : **limite**. *Il n'y a pas de commune mesure entre ces deux spectacles* : **rapport**. *Garder la mesure* : → ÉQUILIBRER. *Par ses propos, il passe, dépasse la mesure* : **exagérer***. *Il a pris la mesure de son adversaire* : → ÉPROUVER. *Une demi-mesure* : → TERME III. *Dans la mesure où* : → PUISQUE.

◇ **mesurer** ① *Les astronomes ont mesuré la distance de la Terre au Soleil* : [plus précis] **calculer** ♦ [moins précis] **évaluer**. *Mesurer les dimensions d'un champ* : [pr.] **métrer** (*métrer un champ*) ♦ [partic.] **arpenter** (= mesurer la superficie). *Mesurer la* *capacité d'une barrique* : [techn.] **jauger** (*jauger la barrique*). *Mesurer la longueur d'un texte* : [techn.] **calibrer** (= évaluer le nombre de signes d'un texte). ② *Le pharmacien a mesuré les ingrédients de cette potion* : **doser.** ③ *Le coureur mesure ses efforts en début de course* : **limiter, proportionner ;** → MÉNAGER. ④ *Mesurer les difficultés d'une entreprise* : **estimer** ◆ [moins cour.] **appréhender.** *Mesurer les risques* : → PESER. ⑤ *Se mesurer. Il n'a pas hésité à se mesurer à, avec son cousin* : **se battre, lutter.**

II ① *Il agit toujours avec mesure* : **modération, retenue** ◆ **précaution, prudence** (qui impliquent l'idée de crainte) ◆ **circonspection** (qui implique l'idée de méfiance) ; → PONDÉRATION, SOBRIÉTÉ. *L'insolence de ce garçon passe la mesure* : **passer, dépasser les bornes, les limites ;** → ABUSER II. ② *Le général a pris ses mesures pour garder l'avantage* : **précaution** (qui implique une attitude défensive) ◆ **initiative** (= choix non imposé de l'extérieur) ; → DISPOSITION. ③ *Le couvre-feu est une mesure impopulaire* : [plus partic.] **acte, décision** (qui se disent pour insister sur un fait ou sur son origine).

mesuré ① *Le cascadeur a pris un risque mesuré* : **calculé.** ② → RYTHMIQUE. ③ *Parler d'un ton mesuré* : **modéré*.** *Un geste mesuré* : → SOBRE.

mesurer → MESURE I.

métallurgie La *métallurgie* est l'ensemble des techniques d'extraction et de traitement des métaux. La **sidérurgie** est l'ensemble des techniques d'élaboration et de mise en forme du fer, de la fonte et de l'acier.
◇ **métallurgiste** *Les métallurgistes lorrains sont en grève* : [fam.] **métallo** ◆ [plus partic.] **sidérurgiste.** *Les ouvriers métallurgistes sont distingués d'après leur spécialité* : **ajusteur, chaudronnier, fondeur, forgeron, fraiseur, riveteur.**

métallurgiste → MÉTALLURGIE.

métamorphose ① *Les métamorphoses successives de Jupiter* (= passage d'un état à un autre) : **avatar** (qui se dit plutôt des états intermédiaires), **incarnation.** ② *La métamorphose du têtard en grenouille* : **transformation** (qui insiste sur la différence radicale entre les deux états) ◆ **évolution** (qui insiste sur le caractère progressif du passage) ; → CHANGEMENT. *Les alchimistes ont cherché la métamorphose des métaux vils en or* : [pr.] **transmutation.** ③ *L'amour a opéré en lui une métamorphose* : [plus génér.] **changement*.**

métamorphoser → CHANGER I, TRANSFORMER.

◇ **se métamorphoser** → S'INCARNER.

métaphore → COMPARAISON, IMAGE.

métaphorique → IMAGÉ.

métayer → FERMIER.

méthode ① *La méthode expérimentale a triomphé au XIXᵉ siècle* : [plus génér.] **démarche** (qui implique moins l'idée d'un caractère réglé) ◆ [partic.] **technique** (qui se dit des applications de la connaissance théorique). ② *Il manque de méthode* : **logique ;** → ORDRE I. *Trouver une méthode* : **marche* à suivre ;** → FORMULE, RECETTE. *Ce n'est sûrement pas la bonne méthode pour le convaincre* : **façon, manière*.** *Une méthode de défense* : → SYSTÈME.

méthodique → ORGANISÉ, SYSTÉMATIQUE.

méticuleusement → AVEC SOIN I.

méticuleux → CONSCIENCIEUX, MANIAQUE, SCRUPULEUX.

métier ① *Notre société distingue métiers manuels et intellectuels* : **profession** (*avoir un bon métier ; les petits métiers ; une femme sans profession*). *Mon voisin est maçon de son métier* : [vx] **état** (qui s'applique plutôt à la situation de l'ecclésiastique). *Actuellement, beaucoup de travailleurs sont obligés de changer de métier* : [fam.] **boulot, job** ◆ [plus génér.] **travail*.** ② *Il n'a pas assez de métier pour réaliser ses idées* : **technique** ◆ [plus génér.] **expérience ;** → MAÎTRISE, SAVOIR-FAIRE III. ③ *Ce n'est pas son métier de tout vous expliquer* : [plus cour.] **fonction, rôle.**

métis ① [en parlant des végétaux] *Le jardinier soigne ses œillets métis* : [plus cour.] **hybride.** ② [en parlant des animaux] *Nous avons un chien métis* [rare] : [plus cour.] **croisé, métissé** ◆ [très cour.] **bâtard.** ③ [en parlant des humains] *Alexandre Dumas était un métis* : [rare] **sang-mêlé** ◆ **mulâtre** (= métis né d'un parent noir et d'un parent blanc) ◆ **eurasien** (= qui est né d'un parent européen et d'un parent asiatique) ◆ **créole** (= personne de race blanche née dans les colonies intertropicales).

métissage *Le métissage des populations par les invasions* : [plus cour.] **croisement, mélange.** *Le métissage de deux variétés de fleurs* : [plus précis] **hybridation.**

métissé → MÉTIS.

métrage *Long-, court-métrage* : → FILM.

métrique → VERSIFICATION.

métropole → VILLE.

mets *Le lièvre à la royale est un mets succulent* [sout.] : [cour.] **plat** (qui, comme *mets*, implique une élaboration culinaire) ◆ **aliment** (qui se dit de toute nourriture) ; → SPÉCIALITÉ, CUISINE.

metteur *Metteur en scène* → CINÉASTE, RÉALISATEUR.

mettre Ce verbe, de sens très général, peut être remplacé par de très nombreux verbes ; il entre dans beaucoup de locutions, que l'on trouvera au second terme ; ex. : *mettre le feu* est traité à *feu*. ① [qqn ~ qqch] *Il met sa chemise* : **passer, enfiler** ; → PRENDRE, REVÊTIR II. *Je mets le verrou pour être tranquille* : **pousser** (qui précise la direction du geste). ② [qqn ~ qqn, qqch + indication de lieu] *Où a-t-il mis ses clés ?* : **placer, ranger** (qui impliquent un choix délibéré) ◆ [fam.] **coller, ficher, flanquer, fourrer,** [très fam.] **foutre.** *Il a mis son livre sur la table* : **poser** ◆ **déposer*** (qui se dit d'un acte intentionnel) ◆ **jeter** (qui implique un geste rapide) ; → PORTER. ③ [~ qqn, qqch dans, sur qqch] *Nous mettrons tes amis dans la chambre du fond* : **installer** ◆ [plus génér.] **loger** ◆ [fam.] **caser.** *Mettre des fleurs dans un vase* : → DISPOSER. *La secrétaire a mis son nom sur la liste* : [plus

précis] **inclure*, insérer, introduire** ◆ [sout.] **coucher.** *Mettre la main dans sa poche* : → PLONGER II. ④ [~ qqch quelque part] → RÉPANDRE. *Mettre à l'eau un navire* : → LANCER. ⑤ [~ qqch contre, sur, le long de qqch] *J'ai mis le râteau sur la pelouse* : **coucher** (qui s'applique qu'à un objet long) ; → APPUYER, DRESSER. ⑥ *Mettre qqn à la porte* : **licencier** ; → CONGÉDIER, SUSPENDRE II. ⑦ [~ qqch + indication d'un nouvel état] *L'écolier met en hectares la superficie du champ* : [pr.] **convertir.** *Ce texte est à mettre en français* : **traduire*** (qui implique que le texte original était en langue étrangère). *Cet élève a mis son devoir au propre* : **copier.** *Il a mis de l'argent sur son compte bancaire* : **déposer.** ⑧ *Mettons que je sois président* : [plus sout.] **supposer*.** *Mettre au fait de* : → FIXER. *Mettre en avant* : → ARGUER.

◇ **se mettre** ① [~ qqch] *Le marié s'était mis une queue-de-pie* : **enfiler, passer.** ② [~ en] *Le pompier se met en uniforme quand il est de service* : [sout.] **revêtir.** ③ [~ + indication de lieu] *Il est l'heure de se mettre à table* : [moins cour.] **s'installer** ◆ [plus sout.] **prendre place.** ④ [~ + indication de lieu] *Le truand s'est mis à table* [fam.] : → AVOUER. *Mettez-vous ça dans la tête* : **enfoncer*** ◆ [fam.] **fourrer.** ⑤ [~ à, ~ + inf.] *Le plombier s'est mis à ce travail, à travailler lundi* : **commencer** ◆ [plus sout.] **entreprendre** ; → S'ATTELER. *Cet enfant s'est mis aux mathématiques* : ↑ **attaquer** ◆ [plus génér.] **apprendre*.** *Se mettre à genoux* : → S'AGENOUILLER, SE JETER.

meuble

I [n.m.] *Le nouveau locataire a acheté ses meubles à crédit* : [rare] **mobilier** (qui est un collectif) ◆ **ameublement*** (= ensemble des meubles et objets qui garnissent un logement).

◇ **meubler** ① [qqn ~ qqch] *Il a meublé son appartement avec goût* : [plus génér.] **installer** (qui se dit aussi bien des meubles que des agencements fixes). ② [qqch ~ qqch] *Un grand lit meublait la chambre à lui seul* : **occuper** ◆ ↑ **encombrer.** ③ *Il sait meubler sa solitude* [fam.] : [cour.] **occuper.**

II [adj.] *La terre était suffisamment meuble* : **friable** (qui s'applique à ce qui se réduit facilement en fragments, en poussière : *une roche, une craie friable*).

meublé → APPARTEMENT, GARNI.

meubler → MEUBLE I.

meuf → FEMME, FILLE.

meuglement → MUGISSEMENT.

meugler *Le bœuf meugle* : → MUGIR.

meule *Une meule de foin* : → TAS.

meurt-de-faim → MISÉRABLE.

meurtre → CRIME, LIQUIDATION.

meurtri → MEURTRIR.

meurtrier

I [n.] *Le meurtrier est en fuite* : **assassin** (qui implique la préméditation du meurtre) ♦ **criminel** (qui se dit non seult de l'auteur d'un meurtre mais, plus génér., d'un individu coupable d'un grave délit) ♦ **tueur** (qui se dit d'un assassin professionnel ou récidiviste) ; → BOURREAU.

II [adj.] ① *Le mari jaloux avait des intentions meurtrières* : [plus génér.] **criminel** ♦ [didact.] **homicide**. ② *Le combat fut meurtrier* : **sanglant**. *Les guerres modernes sont meurtrières* : **destructeur**. *Porter des coups meurtriers* : **mortel** ♦ [moins cour.] **fatal**.

meurtrir ① *Il s'était meurtri les muscles du bras en tombant* : [rare] **contusionner, froisser** ; → METTRE EN COMPOTE*. *Meurtrir des pommes en les rangeant* : [pr.] **taler**. ② *Vos réflexions désagréables l'ont profondément meurtri* : ↓ **blesser*, froisser***. *Meurtrir le cœur de qqn* : **déchirer** ; → PEINER.

◇ **meurtri** ① *Le boxeur a le visage meurtri* : ↓ **marqué**. ② *Les fruits ont été meurtris pendant le voyage* : [rare] **talé**.

meurtrissure → CONTUSION, PLAIE.

meute → BANDE II.

mi- *À mi-pente* : → MOITIÉ.

miaou → MIAULEMENT.

miasme → EFFLUVE.

miaulement *On entend un miaulement dans la rue* : [langage enfantin] **miaou**.

miauler → PLEURER.

micheline → AUTOMOTRICE.

micmac → AGISSEMENT.

microbe ① *On étudie les microbes développés dans un bouillon de culture* (= être unicellulaire pathogène) : **micro-organisme** ♦ [techn.] **bactérie** (qui se dit de l'ensemble des organismes unicellulaires) ♦ **bacille** (= bactérie en forme de bâtonnet) ♦ **virus** (= micro-organisme infectieux qui ne se reproduit qu'en parasitant les cellules : *le virus du sida*). ② *Sois sage, microbe !* [fam.] : [très péj.] **avorton** ♦ [cour.] **petit** (qui s'adresse généralement à un enfant).

◇ **microbien** *La défense naturelle contre les affections microbiennes* [didact.] : [plus génér.] **bactérien**.

microbien → MICROBE.

microphone *Parlez dans le microphone* : [abrév. cour.] **micro**.

micropilule → PILULE.

microscopique *Des insectes microscopiques* : → MINUSCULE, PETIT I.

microsillon → DISQUE.

midi ① *Le midi de la France* : → SUD. *Avoir l'accent du Midi* : **méridional**. ② *Midi à quatorze heures* : → CHERCHER.

midinette → COUTURIÈRE.

miel [par euphém.] → MERDE.

mielleusement → SOURNOISEMENT.

mielleux *Un ton mielleux* : → DOUCEREUX, ONCTUEUX, SOURNOIS.

miette *Réduire qqch en miettes* : → DÉBRIS, MORCEAU. *Gardez-m'en une miette* : **un peu***. *Une miette de bon sens* : → PARCELLE.

mieux ① [adv., comparatif de *bien*] *Aller mieux. Notre malade va mieux aujourd'hui* : **être en meilleure santé, se remettre** ; → S'AMÉLIORER. ② [adj.] *Vous ne* *trouverez rien de mieux* : **meilleur.** *Ne rien dire est mieux* : **préférable ;** → MEILLEUR. ③ [n.m., superlatif de *bien*] *Le mieux, c'est qu'il ne savait pas ce qu'il disait* : **le plus beau** ◆ [fam.] **bouquet ;** → COMBLE. *Il y a du mieux depuis qu'il se repose un peu* : **progrès*.** *Le médecin a constaté un léger mieux chez ce malade* : **amélioration*.** *Il change plutôt en mieux* : **à son avantage.** *Le mieux serait que...* : → IDÉAL. *C'est le mieux* : **le fin du fin.** ④ *De mon, ton, son mieux. Il fait de son mieux* : **son possible, se mettre en frais*** III.

mièvre → AFFECTÉ, SIRUPEUX.

mièvrerie → AFFECTATION II.

mignard *Un ton mignard* : → AFFECTÉ. *Un enfant mignard* : → MIGNON.

mignardise → MANIÈRE II.

mignon ① [qqn ou qqch est ~] *Elle avait un mignon petit nez* : **gentil, joli** ◆ [litt.] **mignard ;** → CHARMANT. *Elle est très mignonne* : [fam.] **craquant, mimi, trop** (*elle est trop*). ② [qqn est ~] *Sois mignon, apporte-moi mon verre* : **gentil*** ◆ [sout.] **complaisant ;** → CHIC II. *Oh ! que tu es mignon !* : **chou** ◆ [fam., rare] **trognon.**

migraine *Avoir une migraine* (= dans le langage de la médecine, forte douleur qui affecte un côté de la tête) : [cour.] **mal de tête** ◆ **céphalalgie, céphalée** (qui sont des termes médicaux pour désigner le mal de tête) ◆ **névralgie** (= douleur ressentie sur le trajet des nerfs, qui peut accompagner un mal de tête).

migrant *L'Australie a accueilli beaucoup de migrants* [didact.] : [cour.] **émigrant, émigré, immigrant, immigré** (qui sont équivalents dans l'usage cour., *immigré* étant le plus fréquent) ; → ÉTRANGER II.

migration ① *Les migrations du XIXe siècle ont peuplé les États-Unis* : [plus cour.] **émigration** (qui désigne le fait de quitter son pays pour s'établir dans un autre) ◆ **immigration** (qui désigne l'entrée dans un pays de personnes qui viennent s'y établir). ② *On arrivait à la saison de la migration des moutons* : [plus cour.] **transhumance.** ③ *Les migrations saisonnières*

des vacances : [plus génér.] **déplacement** ◆ [partic.] **chassé-croisé** (qui implique que des personnes échangent leur place).

mijaurée → PRÉTENTIEUX.

mijoter ① *Mijoter un plat* : **mitonner ;** → CUIRE. ② *Qu'est-ce que tu mijotes ?* : → FRICOTER. *Mijoter un mauvais coup* : → MÛRIR, PRÉPARER.

milieu

I ① *Le milieu du terrain* : → CENTRE I. ② *Au milieu de. Il s'est arrêté au milieu du chemin* : **à la moitié.** *Au milieu du bois* : → DANS, À TRAVERS. *Au milieu des champs* : → PARMI. *Au milieu du voyage* : **pendant.** ③ *Il est arrivé au beau milieu de notre discussion* : **en plein dans.** *Il faut garder un juste milieu* : **moyenne.**

II ① *L'influence du milieu* : **environnement** ◆ [didact.] **habitat.** ② *C'est un milieu favorable au repos* : **ambiance, atmosphère** ◆ [sout.] **climat ;** → CADRE. ③ *Les policiers ont des indicateurs dans le milieu* [fam.] : **truand** (*chez les truands*) ◆ [cour.] **pègre.** ④ *Il n'est pas de notre milieu* : → MONDE II, SÉRAIL, SOCIÉTÉ I. *Le milieu de la finance* : → SPHÈRE. *Le milieu des cafés à la mode* : [péj.] **faune.**

militaire

I [adj.] ① → GUERRIER. ② *Les camions empruntent une route militaire* : [techn.] **stratégique.** *Une allure militaire* : **martial.**

II [n.] *Les militaires en permission sortent de la caserne* : [cour.] **soldat*** (qui se dit des hommes de troupe, à l'exclusion des gradés) ◆ [techn.] **appelé** (qui se disait de celui qui accomplit son service militaire sans s'être engagé).

militant ① [adj.] *Cet ouvrier est un syndicaliste militant* : **engagé** ◆ [plus génér.] **actif.** ② [n.] *Un militant d'un parti politique, d'un syndicat, d'une association* : **sympathisant** (= partisan qui n'est pas inscrit au mouvement auquel appartient le militant) ◆ **prosélyte** (= militant nouveau dans un parti) ◆ **permanent** (= personne rémunérée pour se consacrer uniquement à des activités politiques ou syndicales) ; → PARTISAN.

milliter

militer ① *Militer pour la paix :* → LUTTER.
② → PARLER.

mille *Taper dans le mille :* → BUT.

millénaire → ANCIEN, VIEUX.

millésime → DATE.

mime ① *Transmettre la tradition du mime :* [rare] **pantomime.** ② *C'est un mime de talent :* [plus cour.] **imitateur.**
◇ **mimer** ① [~ qqch] *La fillette mima la peur :* **jouer.** ② [~ qqn] *Les enfants miment les adultes :* **imiter*** ◆ [fam.] ↑ **singer** (qui implique une intention de moquerie et une exagération des gestes).

mimer → MIME.

mimi ① → CHAT. ② *Il est vraiment mimi :* → MIGNON.

mimique → EXPRESSION.

mimodrame → PANTOMIME.

minable ① [adj.] *Il a obtenu des résultats minables* [fam.] : [cour.] **déplorable, lamentable, pitoyable*** ◆ ↑ **désastreux,** ↑ **nul** ◆ [sout.] **piteux.** *Un logement minable :* → MISÉRABLE I. ② [n.] *Ce sont tous des minables* [fam.] : **minus, paumé, ringard** ◆ [anglic.] **loser ;** → INCAPABLE, NUL.

minaret → TOUR I.

minauderie *Elle fait des minauderies avant d'accepter* [souvent pl.] : [fam.] **chichis** ◆ [plus génér.] **façons, manières** ◆ [sout.] ↑ **mines,** ↑ **simagrées ;** → AGACERIES.

mince

I [adj.] ① [qqn est ~] *Cette jeune fille est mince et élégante :* **élancé, svelte*** ◆ [didact.] **longiligne** ◆ [péj.] **fluet, filiforme, gracile ;** → FIN III, MENU I. ② [qqch est ~] *La lame mince de ce sabre est coupante :* **effilé.** *Une mince couche de vernis :* → LÉGER. ③ [qqch est ~] *C'était un prétexte bien mince :* **insignifiant ;** → MAIGRE, LÉGER.

II [interj.] → MERDE.

minceur → MAIGREUR.

mincir → MAIGRIR.

mine

I ① *Avoir une mine dépitée :* → AIR II, ALLURE, EXPRESSION, VISAGE. ② *Il fait mine de s'intéresser à mes problèmes :* **faire semblant.** *Tu lui en diras deux mots, mine de rien* [fam.] : [cour.] **sans en avoir l'air.** *Tu as bonne mine avec ce chapeau !* [fam.] : [cour.] **emprunté, ridicule.** *Faire grise mine :* → GRIMACE. *Une drôle de mine :* → TÊTE. ③ [pl.] → MINAUDERIE, SIMAGRÉE.

II ① *On exploitait la mine de charbon depuis un siècle :* **gisement.** ② *Les archives des notaires représentent une mine importante de documents :* [pr.] **fonds.**

miner ① [qqch ~ qqch] *Le sol est miné par des galeries :* **ronger, saper** ◆ ↓ **creuser.** *Les idées libertaires minent les fondements de la société* [sout.] : ↓ **affaiblir** ◆ ↑ **détruire.** ② [qqch ~ qqn] *La fièvre le mine* [sout.] : **consumer** ◆ [génér., cour.] ↓ **affaiblir ;** → USER II. *Le chagrin mine sa belle assurance :* **attaquer** ◆ ↑ **détruire.**
◇ **se miner** → DÉTRUIRE, RAVAGER.

minet → CHAT.

minette → FEMME, FILLE.

mineur ① *Un peintre mineur :* → PETIT I, DE SECOND* (I) ORDRE. ② *La délinquance des mineurs :* → JUVÉNILE. *Il est encore mineur :* → ADOLESCENT.

miniature ① *Des miniatures ornaient les livres d'heures :* **enluminure** (qui se dit plus partic. des lettres ornées). ② *En miniature. Ce jouet représente le Concorde en miniature :* **réduction, modèle réduit ;** → EN PETIT I.

miniaturisé → RÉDUIT I.

minimal → MINIMUM.

minime *Il n'y a qu'une différence d'âge minime entre eux :* **négligeable** ◆ [plus sout.] **infime ;** → MINUSCULE, PETIT. *Les gains ont été minimes dans cette partie :* [péj.] **médiocre** ◆ [plus cour.] ↑ **insignifiant,** ↑ **dérisoire** ◆ [rare] ↓ **modique** (qui ne se dit que d'une somme d'argent : *un prix modique*) ◆ [sout.] **piètre ;** → MISÉRABLE I.
◇ **minimiser** *Vous minimisez votre rôle dans cette affaire :* **réduire** (qui est le plus

514

souvent suivi de *à peu de chose*), **sous-évaluer** ♦ [didact.] **minorer** ; → ABAISSER I, DÉGONFLER.

minimiser → MINIME.

minimum *Le minimum* : → MOINS. *Minimum vital* : → SALAIRE. *Au minimum* : → AU BAS* (I) MOT, MOINS. *La température minimum de l'hiver* [emploi critiqué] : [plus cour.] **minimal.**

minipilule → PILULE.

ministère

I *Le prêtre-ouvrier exerçait son ministère à l'usine* : **sacerdoce** (qui insiste sur la dignité et la vocation de l'ecclésiastique) ♦ [génér.] **mission** ♦ [plus partic.] **apostolat** (qui se dit des tâches de propagation de la foi).

II *Le Premier ministre a formé le ministère* : **gouvernement** ; → CABINET I. *Obtenir le ministère de la Santé* : **portefeuille.**

◇ **ministériel** *Une crise ministérielle* : **gouvernemental.**

ministériel → MINISTÈRE II.

ministre *Ministre de la Justice* : → CHANCELIER.

minois → FIGURE I, VISAGE.

minorer → MINIMISER.

minorité *Seule une minorité de l'assemblée a refusé le projet* : ↑ **frange.**

minot → ENFANT.

minoterie → USINE.

minuit → ZÉRO* HEURE.

minuscule *Elle avait une minuscule verrue sur le bout du nez* : [postposé] ↑ **microscopique.** *Des changements minuscules* : **minime** ♦ ↑ **imperceptible**, ↑ **infime.** *Leur appartement était minuscule* : ↓ **exigu** (qui ne se dit que d'un lieu fermé) ♦ [fam., péj.] **riquiqui, rikiki** ; → PETIT I.

minute ① [n.f.] *J'en ai pour une minute* : **instant.** *Il arrive dans une minute, deux minutes* : **seconde.** *D'une minute à l'autre* : → BIENTÔT. ② [interj.] *Minute papillon !*

J'arrive ! [fam.] : [cour.] **doucement, un moment, une seconde.**

minutie → SOIN I.

minutieusement → MINUTIEUX.

minutieux *Un homme très minutieux* : → CONSCIENCIEUX. *Une esquisse minutieuse* : → SOIGNÉ. *Un travail minutieux* : → SOIGNEUX.

◇ **minutieusement** : **consciencieusement, soigneusement.**

mioche → BÉBÉ, ENFANT.

miracle ① *Un miracle d'intelligence* : → MERVEILLE. ② *Ne pas croire aux miracles* : → PRODIGE, VISION.

miraculeux ① *Une apparition miraculeuse* : **surnaturel.** ② *Il s'est remis de son accident de manière miraculeuse* : **prodigieux** ♦ ↓ **étonnant** ; → EXTRAORDINAIRE, MERVEILLEUX.

mirage *Ce n'est qu'un mirage* : → ILLUSION, VISION. *Le bonheur est-il un mirage ?* : **chimère** ; → MENSONGE.

mirettes → ŒIL I.

mirifique *Des projets mirifiques* : → MERVEILLEUX.

miro → MYOPE.

mirobolant → ÉTONNANT, MERVEILLEUX.

miroir ① *Se regarder dans un miroir* : → GLACE. ② → REFLET.

miroitement *Le miroitement de l'eau* : → REFLET.

miroiter → BRILLER I.

miroiterie → VERRERIE.

mis *Être bien mis* : → VÊTU, ÉLÉGANT.

misanthrope *Un caractère misanthrope* : → SAUVAGE I.

misanthropie → SAUVAGERIE.

miscellanées → MÉLANGE.

mise

I ① *Pour le tiercé, on a fixé un pla-fond aux mises* : **enjeu.** ② *Avec le krach, les épargnants ont perdu leur mise (de fonds)* : [plus génér.] **placement.** ③ *Soigner sa mise* : → **TENUE, TOILETTE I, VÊTEMENT.** ④ *Ne pas être de mise. Cette façon de par-ler n'est pas de mise ici* : [plus cour.] **conve-nir** (*... ne convient pas ici*).

II ① *La mise bas des chattes* [rare] : [di-dact.] **parturition, délivrance** ◆ **accou-chement*** (qui s'est étendu aux animaux) ◆ [plus partic.] **agnelage, poulinement, vêlage** (qui se disent, respectivement, de la *parturition* de la brebis, de la jument et de la vache). ② *Mise sur pied* : → **CONSTITUTION.** ③ *Mise en images, en ondes, en scène* : → **RÉALISATION.**

miser *Il a misé une grosse somme* : **mettre en jeu** ◆ [moins cour.] **ponter** ◆ [partic.] **caver** (= miser, au poker), **blinder** (= mi-ser sans avoir vu ses cartes, au poker) ; → **CARTE I, JOUER II, PARIER.**

misérable

I [adj.] ① [qqch est ~, postposé] *La concierge vivait dans une loge misé-rable* [sout.] : ↓ **pauvre** ◆ [fam.] **minable, miteux.** *Le retraité menait une existence misérable* : **lamentable** ◆ ↓ **médiocre***, **pitoyable** ◆ [péj.] **une vie de chien*** ◆ **besogneux** (qui s'applique à qqn qui travaille beaucoup pour un très bas salaire) ; → **MALHEUREUX I.** ② [qqch est ~ ; antéposé] *Le tribunal l'a condamné pour un misérable vol à la tire* : ↓ **petit, pauvre ;** → **MALHEUREUX I.** *Un misérable pardessus* : **minable ;** → **MÉCHANT I.** ③ [qqn est ~ ; postposé] *Des enfants misérables traînent dans le ruisseau* [vieilli] : [cour.] ↓ **pauvre** ◆ [rare] **indigent** ◆ [sout.] **dénué de tout, déshérité.** ④ [qqn est ~ ; antéposé] *Votre ami est un misérable individu* : ↓ **malhonnête,** ↓ **triste***, ↓ **sale*** (qui ne s'appliquent qu'à de très rares substantifs).

II [n.] ① [de misérable I, ③] *Des misé-rables mendiaient près du porche de l'église* [vieilli] : **va-nu-pieds** ◆ [vieilli, sout.] **gueux** ◆ [fam.] **paumé, pouilleux, crève-la-faim, fauché, meurt-de-faim** ◆ [sout.] **miséreux, traîne-misère** ◆ [génér.] ↓ **pauvre** ◆ **traîne-savates** (qui implique la paresse) ; → **MALHEUREUX II, AFFAMÉ.** ② [de misé-rable I, ④] *Ce misérable m'a escroqué* : [vx] **coquin** ◆ [fam.] **crapule** ◆ [vieilli, sout.] **gueux.** [interj.] *Misérable ! tu m'as trompé* : **bandit.**

misérablement → **PAUVREMENT.**

misère ① *Avoir connu bien des misères* [sout.] : [cour.] **malheur, peine.** *Faire des misères à qqn* : → **MÉCHANCETÉ, TAQUINERIE.** *Les misères de l'âge* : → **PEINE II.** *Quelle misère de voir cela !* : → **PITIÉ.** ② *Vivre dans la misère* : **dénuement, indigence** ◆ ↓ **besoin,** ↓ **gêne ;** → **PAUVRETÉ.** *Être dans la misère* : [fam.] **mouise, panade, pu-rée ;** → **ÊTRE SUR LA PAILLE.** *Un salaire de misère* : → **FAMINE.**

miséreux → **MISÉRABLE I, PAUVRE II.**

miséricorde → **BONTÉ.**

miséricordieux → **BON II.**

miss → **REINE.**

missel → **SERVICE I.**

missile *Les grandes puissances disposent de missiles nucléaires intercontinentaux* (= projectile militaire porteur d'une charge explosive) : [partic.] **fusée** (qui se dit de tout projectile porteur de son combustible).

mission ① *Ils avaient pour mission de défendre nos intérêts* : [plus partic.] **mandat** (qui implique le caractère officiel de la charge) ; → **TÂCHE.** ② *Une mission scien-tifique russe a débarqué sur l'Antarctique* : **expédition.** ③ *La mission de l'école répu-blicaine* : **fonction, rôle***. *La mission de la musique* : **but, destination** (qui se disent plutôt de la fonction des choses). *L'ensei-gnement représentait pour lui une mission* : [plus partic.] **apostolat** (qui suppose éner-gie et désintéressement) ◆ **vocation** (qui désigne seulement l'inclination pour une profession). ④ → **MINISTÈRE I.**

missive → **LETTRE II.**

mistigri → **CHAT.**

mistral *Un fort mistral* : → **VENT.**

mitaine → GANT.

mité *Un manteau mité :* → USÉ.

mi-temps → PAUSE.

miteux *Des vêtements miteux :* → MÉCHANT I, MISÉRABLE I.

mithridatisation → ACCOUTUMANCE.

mitonner *Mitonner un ragoût :* → MIJOTER.

mitoyen → TOUCHER I.

mitraille → ARGENT.

mitraillette *Le policier portait une mitraillette à la bretelle :* [techn.] **pistolet-mitrailleur** ◆ [partic.] **kalachnikov** (= pistolet-mitrailleur russe).

mixer → MÉLANGER.

mixte *Préparer une salade mixte :* [plus cour.] **composé**.

mixture → MÉLANGE.

mobile

I [adj.] ① *Un calendrier à feuillets mobiles :* [moins cour.] **amovible**. *Un camp mobile :* → VOLANT II. *Un téléphone mobile, un mobile :* [plus cour.] **portable**. ② *L'actrice avait une physionomie très mobile :* **animé** (qui insiste sur le changement) ◆ **expressif** (qui implique un rapport du visage aux sentiments, par définition changeants). *Cet écolier a l'esprit mobile :* **vif** (qui se dit de la facilité d'adaptation) ◆ **changeant, instable** (qui se disent de la versatilité du sujet) ; → CAPRICIEUX. ③ *Une population très mobile :* **nomade**.

◇ **mobilité** *La mobilité des membres :* [didact.] **motilité**. *La mobilité des sentiments :* **inconstance, instabilité** ; → CAPRICE. *La mobilité d'un fonctionnaire :* [didact.] **amovibilité**.

II [n.m.] *Le mobile d'un acte :* → CAUSE I, MOTIF, RAISON II.

mobile home → ROULOTTE.

mobilier → AMEUBLEMENT, MEUBLE I.

mobilisation *La mobilisation des officiers de réserve :* → RAPPEL.

mobilisé → MOBILISER.

mobiliser ① *Tous les citoyens valides ont été mobilisés :* [génér.] **appeler*** ◆ **rappeler*** (qui implique que les mobilisés sont des réservistes) ◆ **lever** (qui ne se dit que d'un collectif) ◆ **enrôler, recruter** (qui se disent des volontaires ou du processus administratif d'intégration dans les troupes). ② *Les syndicats ont mobilisé les travailleurs :* **alerter** (qui implique l'information et non l'action) ; → BATTRE LE RAPPEL*, ASSOCIER.

◇ **mobilisé** [de mobiliser ①] *Les mobilisés :* **appelé, rappelé, enrôlé**.

mobilité → MOBILE I.

moche [fam.] ① → LAID, TARTE. ② *Il a été moche avec sa femme :* **méchant*** (qui implique un comportement agressif) ◆ **mesquin** (qui indique une absence de générosité). ③ *C'est moche pour lui, cette histoire :* [cour.] **désagréable** ◆ [sout.] ↑ **désastreux** ; → MAUVAIS I.

mocheté → LAIDEUR.

modalité → CONDITION II, MODE II.

mode

I [n.f.] ① *Cette élégante suit la mode du jour :* **goût**. *Le jean, c'est une mode persistante :* **vogue** ◆ ↑ **épidémie**. *La décoration était à la mode de 1920 :* **dans le style**. ② *À la mode. Ce genre de coiffure est à la mode :* [sout.] **en honneur** ◆ [fam.] **c'est le dernier cri*** ◆ [anglic.] **c'est le must** (= ce qui est fait pour être à la mode) ; → D'ACTUALITÉ*, BRANCHÉ, RÉPANDU, DANS LE VENT*.

II [n.m.] *Un mode de vie :* → GENRE. *Quel mode de paiement avez-vous choisi ? :* **formule** ◆ [moins cour.] **modalité**. *Un mode d'emploi :* → FONCTIONNER.

modèle ① *Des modèles de conjugaison sous forme de tableaux :* [génér.] **type** ◆ **exemple*** (qui se dit au contraire d'un cas particulier illustrant un type). *Le modèle d'un nouvel appareil :* **prototype** (qui se dit du premier modèle). ② *Sa manière d'agir est un modèle pour tous :* **référence** ; → EXEMPLE, MAÎTRE III. *Cette femme passe pour un modèle de vertu :* [vieilli, très sout.]

parangon. *C'est le modèle même du bon goût* : **type.** *Un citoyen modèle* : **exemplaire, parfait** ; → ACCOMPLI. *Être fait sur le même modèle* : → MOULE. *Une classe modèle, une usine modèle* : **pilote.** *Prendre pour modèle* : → IMITER. ③ *L'ouvrière reproduit le modèle* : [didact.] **patron** (= modèle de vêtement) ♦ **carton** (= modèle de tapisserie et de vitrail) ♦ **maquette** (= original d'une production plastique modèle réduit reproduisant à l'échelle un appareil, un véhicule ou une architecture) ♦ **gabarit** (= modèle qui permet de contrôler les dimensions d'un objet). ④ *Ce peintre travaille devant le modèle* : **motif** (*... sur le motif*). *Le modèle d'un tableau* : → ORIGINAL I, SUJET III. ⑤ *Proposer un modèle de discours* : **canevas, ébauche, plan** (= modèle inachevé) ♦ **corrigé** (= modèle imposé après coup) ♦ [didact.] **archétype** (= modèle proche de la perfection). ⑥ *Il, elle était modèle chez un couturier* : **mannequin** ♦ [anglic.] **top-modèle,** [abrév.] **top** (= mannequin de renommée internationale). *Être modèle pour une revue* : [anglic.] **cover-girl.**

◇ **modélisme** [de modèle ③] : **maquettisme.**

modeler *Modeler des poteries* : **façonner.** *Modeler de la terre* : → MANIER, PÉTRIR, SCULPTER.

◇ **se modeler** → SE RÉGLER.

modélisme → MODÈLE.

modéliste → DESSINATEUR.

modération, modéré → MODÉRER.

modérément → MOITIÉ, RAISONNABLEMENT, SOBREMENT.

modérer *Il faudrait modérer vos sentiments* : **mettre un frein* à, freiner, réfréner, tempérer** ♦ ↑ **réprimer** ♦ **apaiser** (qui se dit surtout de la colère) ♦ **retenir,** ↑ **dominer*** (qui évoquent la maîtrise de soi). *Il a su modérer ses reproches* : **adoucir, atténuer** ♦ [partic.] **nuancer** (qui implique que l'on tient compte des circonstances) ♦ [fam.] **mettre une sourdine* à.** *Pour suivre son régime, il a dû modérer son appétit* : **réprimer** (qui implique un effort plus marqué). *Il faut modérer la vitesse dans les agglomérations* : **ralentir** (*... ralentir dans...*).

Modérer des dépenses : **limiter, réduire** ; → DIMINUER.

◇ **se modérer** *Modérez-vous, vous n'avez plus tous vos esprits* [sout.] : **se contenir** ♦ [cour.] **se calmer** ♦ **se retenir** (qui se dit plus des actes que des sentiments eux-mêmes) ; → S'ADOUCIR.

◇ **modération** *Faire preuve de modération* : [sout.] **circonspection, retenue** (qui impliquent un choix délibéré) ♦ **sagesse, réserve** (qui impliquent une disposition naturelle) ; → MESURE II, PONDÉRATION. *Avec modération* : → DOUCEMENT.

◇ **modéré** ① [adj.] *Une température modérée* : **doux*, tempéré.** *Ce magasin pratique des prix modérés* : → BAS I, RAISONNABLE. *Un garçon modéré dans ses ambitions* : **mesuré*.** *La majorité des Français manifeste des opinions modérées* : ↑ **conservateur.** *Un jugement modéré* : **nuancé.** *Un ton modéré* : → SOBRE. ② [n.] *En politique, c'est un modéré* : **centriste** ♦ ↑ **conservateur.**

moderne ① *S'adapter à la vie moderne* : **actuel.** *L'époque moderne* : → PRÉSENT II. *L'abstraction est bien antérieure à la peinture moderne* : **contemporain.** *Le béton précontraint est un matériau moderne* : **nouveau, récent** (qui se disent de ce qui est apparu depuis peu). ② [didact.] On distingue l'histoire *moderne* (= du milieu du XVᵉ siècle à la Révolution française) de l'histoire **contemporaine** (= de la Révolution à nos jours).

◇ **moderniser** *Moderniser les structures administratives* : [plus génér.] **adapter** ♦ **réformer, rénover*** (= améliorer qqch en le modifiant ou en le remettant à neuf) ♦ **rajeunir** (= donner une apparence nouvelle à qqch) ; → TRANSFORMER. *Moderniser une encyclopédie* : **actualiser, mettre à jour*, réactualiser** ♦ [fam., anglic.] **relooker.**

◇ **modernisation** *La modernisation d'un magasin* : → RÉNOVATION. *La modernisation d'une encyclopédie* : **actualisation, mise à jour*, réactualisation.**

modernisation, moderniser → MODERNE.

modeste ① [qqn est ~ ; postposé] *Cet homme modeste n'est pas un timide* :

humble ◆ **discret, réservé** (qui se disent de celui qui fait volontairement preuve de retenue) ◆ [péj.] ↑ **effacé.** ② [qqch est ~ ; postposé ou antéposé] *Son modeste salaire lui permet à peine de vivre* : **modique** ◆ ↑ **bas ;** → MÉDIOCRE, PAUVRE II. *Il est d'un milieu modeste* : **humble ;** → SIMPLE. ③ [qqn est ~ ; antéposé] *C'est un modeste épicier* : **petit.**

◇ **modestement** ① *Il est entré modestement dans le salon* : [plus cour.] **discrètement** ◆ [sout.] ↑ **humblement.** ② *Vivre modestement* : **médiocrement** ◆ ↑ **chichement,** [plus fam.] **tout juste*.**

◇ **modestie** ① *Une modestie naturelle* : **effacement** ◆ ↑ **humilité** ◆ **réserve, retenue** (qui n'impliquent que la discrétion de l'attitude) ◆ [plus génér.] **simplicité ;** → TIMIDITÉ. ② *La modestie des revenus* : **médiocrité, modicité ;** → PETITESSE.

modestement, modestie → MODESTE.

modicité → MODESTIE, PETITESSE.

modifiable → CHANGEABLE, CONVERTIBLE, TRANSFORMABLE.

modification → ALTÉRATION, CHANGEMENT, CORRECTION I, RÉVISION, VARIATION.

modifier *Vous pouvez encore modifier votre article* : **corriger, remanier, retoucher ;** → RECTIFIER, RÉVISER. *Modifier ses plans* : → CHANGER I, TRANSFORMER.

◇ **se modifier** *Les opinions se modifient* : → CHANGER III, VARIER.

modique *Un salaire modique* : → BAS I, MÉDIOCRE, MINIME, MODESTE.

modulable → FLEXIBLE.

moduler *Moduler des horaires* : → ADAPTER.

modus vivendi → ARRANGEMENT.

moelleux ① *Un matelas moelleux* : → DOUX, MOU. *Le moelleux d'un matelas* : → DOUCEUR. *Une étoffe moelleuse* : → SOUPLE. ② *Un potage moelleux* : → ONCTUEUX. *Une viande moelleuse* : → TENDRE I.

mœurs *Les mœurs d'un pays* : → CARACTÈRE I, HABITUDE, USAGE II, VIE. *Les mœurs de la jeunesse* : → MORALE.

moi ① *Ce n'est pas pour moi* : [fam.] **bibi ;** → POUR MA POMME*. ② *Quant à moi, pour moi* : **personnellement, pour ma part.** *De vous à moi* : **entre nous.** ③ [n.m.] *Peut-on connaître son moi ?* [didact.] : **ego** (qui appartient au langage philosophique) ◆ [cour.] **personnalité.**

moindre ① [adj., comparatif de *petit*] *Faire des bénéfices moindres* [rare] : [cour.] **inférieur, moins de** (*... moins de bénéfices*). ② [n., superlatif de *petit*] *Le moindre. C'est le moindre de mes soucis* : **cadet, dernier.** *Sans le, la moindre* : **aucun** (*sans la moindre, sans aucune preuve*). *La moindre des politesses* : → ÉLÉMENTAIRE. *Le moindre de ses gestes* : **le plus petit.**

moine ① → CLERGÉ, RELIGIEUX. ② *Gras comme un moine* : → GRAS.

moineau ① *Le bruit fit s'envoler tous les moineaux* : [fam.] **pierrot, piaf.** ② *Manger comme un moineau* : **très peu.** *Un drôle de moineau* [fam.] : **oiseau** ◆ [cour.] **type*.**

moins ① [adv., comparatif de *peu*] *Plus ou moins* : → PLUS. ② *Moins de* : → MOINDRE. ③ *Au moins. Si au moins il nous avait prévenus !* : **seulement.** *Il a au moins dix ans de plus* : **bien, au minimum** ◆ [fam.] **facilement.** *Du moins. Il n'a rien gagné dans cette affaire ; du moins le prétend-il* : **ou plutôt** (*... ou plutôt il le prétend*). *À moins de...* : → SAUF II. *Vous ne l'obtiendrez pas à moins de cent euros* : **au-dessous de.** ④ [n.m., superlatif de *peu*] *C'est le moins qu'on puisse faire pour lui* : **minimum.**

mois ① → DATE. ② → PAYE, SALAIRE.

moïse → BERCEAU.

moisir ① *Le pain a moisi à l'humidité* : [plus génér.] **se gâter ;** → POURRIR. ② *Faire moisir qqn. Il m'a fait moisir toute la matinée* [fam.] : [sout.] **languir,** [fam.] **poireauter ;** → ATTENDRE, RESTER II. *Moisir dans l'oisiveté* : ↑ **croupir ;** → S'ENCROÛTER.

moisson *Rentrer la moisson* : → RÉCOLTE.

moissonner *Moissonner le blé* : → COUPER, RÉCOLTER.

moiteur → CHALEUR, ÉTOUFFEMENT.

moitié ① [selon les contextes] **demi-** (*la moitié d'un gâteau, un demi-gâteau*). *À moitié* : **à demi ;** → EN PARTIE*. ② *À la moitié du chemin* : **à mi-, au milieu de.** ③ *Moitié-moitié* (sous forme de réponse à une question) : **couci-couça** ◆ [plus sout.] **modérément.** *Partager moitié-moitié* [fam.] : [anglic., fam.] **fifty-fifty** ◆ [cour.] **en deux.** ④ *Je vous présente ma moitié* [fam.] : [cour.] **épouse, femme.**

molaire → DENT.

molarder → CRACHER.

môle → DIGUE.

molester *Se faire molester* : → MALMENER.

mollasse, mollasson, mollement, mollesse, mollir → MOU.

mollo → DOUCEMENT.

molosse → CHIEN.

môme ① *Surveiller les mômes* : → BÉBÉ, ENFANT. ② *Sortir avec sa môme* : → AMANTE. *Une jolie môme* : → FILLE.

moment *Le moment des vendanges* : → ÉPOQUE, SAISON. *Ne durer qu'un moment* : → JOUR. *Un moment, s'il vous plaît !* : → MINUTE. *Les différents moments de l'expérience* : → PHASE. *C'est le moment de lui dire tout* : → TEMPS I. *Attendre un moment favorable* : → OCCASION. *Au même moment* : → INSTANT II. *Par moments* : → INTERVALLE. *En ce moment* : → ACTUELLEMENT. *Pour le moment* : → IMMÉDIAT. *Sur le moment* : → ABORD II. *À ce moment-là* : → ALORS. *À quel moment ?* : → QUAND. *Vous pouvez le joindre à tout moment* : **n'importe quand.**

momentané *L'effort du sprinteur est momentané* : **bref ;** → COURT, PASSAGER. *C'est un arrêt de travail momentané* : **temporaire ;** → PROVISOIRE.

◇ **momentanément** *L'ascenseur est momentanément hors service* : **provisoirement, temporairement.**

momentanément → MOMENTANÉ.

mômerie → SIMAGRÉE.

momifier ① *Les anciens Égyptiens momifiaient les chats* : **embaumer.** ② *L'oisiveté le momifie* [sout.] : [plus cour.] **dessécher.**

◇ **se momifier** : **se scléroser.**

monacal ① *La vie monacale est soumise à la règle* : **monastique** (qui se dit aussi de la discipline, de la règle, des vœux) ; → RELIGIEUX. ② *Il mène une vie monacale* : **ascétique ;** → AUSTÈRE.

monarchie, monarchiste → MONARQUE.

monarque *Tous les monarques d'Europe assistaient au couronnement* : **souverain** ◆ **autocrate** (= détenteur du pouvoir absolu) ◆ [cour., plus partic.] **empereur, roi** (qui sont des titres) ◆ [plus génér.] **prince** (= celui qui appartient à une famille souveraine) ◆ [vieilli] **potentat** (= celui qui use de son pouvoir de façon despotique) ; → TYRAN.

◇ **monarchie** *La monarchie a été élective avant d'être héréditaire* : **couronne, royaume** ◆ [partic.] **trône** (qui est le symbole du pouvoir). *La France a connu la monarchie de droit divin* : **royauté** ◆ **empire** (= régime dans lequel l'autorité politique souveraine est exercée par un empereur).

◇ **monarchiste** *Personne favorable au régime et aux principes de la monarchie* : **royaliste,** [fam.] **camelot du roi** (= partisan d'un roi).

monastère → CLOÎTRE.

monastique → MONACAL, RELIGIEUX.

monceau → AMAS, MASSE I, TAS.

monde

I ① *La Terre a longtemps été considérée comme le centre du monde* : **Univers** ◆ **cosmos** (= espace intersidéral). ② *Il a fait trois fois le tour du monde* : **Terre*** ◆ [moins cour.] **globe.** ③ *Le Nouveau Monde* : **le continent américain, les Amériques** (par opp. à l'*Ancien*, le *Vieux Monde* qui désignent les continents européen, africain et asiatique, c'est-à-dire le monde tel que les Anciens le connaissaient). *Pays du tiers-monde* : on tend à remplacer cette expression par **pays en**

développement, [par méton.] **pays du Sud.**
Tiers-monde, quart-monde : → **PAUVRE II.**
④ *Les beautés du monde* : → **CRÉATION.**
⑤ *Fin du monde* : **apocalypse.**

II ① *Les révolutionnaires veulent transformer le monde* : [moins génér.] **humanité, société.** *Le monde socialiste est né dans le premier quart du* XXᵉ *siècle* : [plus partic.] **régime, société.** ② *Le monde de. Le monde du théâtre est en crise* : **milieu.** ③ [+ adj. antéposé désignant des groupes sociaux] *Le grand monde s'ennuie* : **haute, bonne société*.** *Il n'est pas de notre monde* : **milieu ;** → **SOCIÉTÉ I.** *Le pauvre monde crève la faim* : **les déshérités ;** → **MISÉRABLE, PAUVRE.** ④ *Après son malheur, elle a renoncé au monde* : [vieilli] **siècle** (qui s'emploie dans un contexte religieux). ⑤ *Le monde est impitoyable* : **les gens.** ⑥ [précédé d'un adv. ou d'un partitif] *Il y avait beaucoup de monde à la manifestation* : **foule** (*il y avait foule...*) ♦ [plus fam.] **peuple** (*... du peuple*). *Il y a du monde ?* : **quelqu'un.** *Il ne fait jamais comme tout le monde* : **les autres.** *Tout le monde* : → **HOMME.** ⑦ *Venir au monde* : **naître.** *Mettre au monde* : **accoucher* de ;** → **DONNER LA VIE*.** *Passer dans l'autre monde* : **mourir*.** ⑧ *Se faire un monde de* : → **EXAGÉRER.** *Il y a un monde entre vos désirs et la réalité* : **abîme.**

◇ **mondial** *L'actualité mondiale* : **international.** *Cette organisation lutte pour la paix mondiale* : **planétaire, universel.**

◇ **mondialement** : **universellement.**

◇ **mondialisation** *La mondialisation de l'économie* : [anglic.] **globalisation*.**

mondial, mondialement, mondialisation → **MONDE II.**

moniale → **RELIGIEUX.**

moniteur → **ENTRAÎNEUR.**

monnaie ① *Le numismate s'intéresse aux monnaies* : **pièce.** ② *Il avait toujours les poches pleines de monnaie* : [fam.] **ferraille ;** → **ARGENT.** ③ *C'est monnaie courante* : **fréquent, commun*** (*c'est fréquent, commun*). *Rendre à qqn la monnaie de sa pièce* : → **SE VENGER.**

◇ **monnayer** *L'intermédiaire monnayait chèrement ses services* : **faire payer.**

monnayable → **VENDABLE.**

monnayer → **MONNAIE.**

monochrome → **COULEUR.**

monocle → **LUNETTE.**

monocorde *Lire un discours d'une voix monocorde* [sout.] : [plus génér., moins péj.] **égal** ♦ [partic.] **monotone, uniforme** (qui ne s'appliquent pas qu'aux sons).

monoculture → **CULTURE I.**

monogramme *Il avait un mouchoir brodé à son monogramme* : **chiffre** ♦ [plus génér.] **marque.**

monokini → **SLIP.**

monolingue *Se servir d'un dictionnaire monolingue* : **unilingue.**

monologue *Sa participation à la conversation tourna bientôt au monologue* : [sout.] **soliloque** (qui se dit aussi du *monologue intérieur*) ♦ [sout.] **aparté** (qui suppose qu'un auditeur au moins, au théâtre le public, en dehors de l'interlocuteur, écoute celui qui parle) ; → **TIRADE.**

◇ **monologuer** *Il ne nous causait plus mais monologuait* : [sout.] **soliloquer** (= se parler à soi-même).

monologuer → **MONOLOGUE.**

monopole
① → **APANAGE, DROIT III.** ② **SOCIÉTÉ II.**

monopoliser → **ACCAPARER I.**

monospace → **AUTOMOBILE.**

monotone *Un paysage monotone* : → **BORNÉ.** *Une voix monotone* : → **MONOCORDE.** *Une vie monotone* : → **UNI II, UNIFORME.**

monotonie *La monotonie de la vie quotidienne* : **grisaille, uniformité ;** → **TRISTESSE.**

monsieur [qualifié] *C'était un vieux monsieur* : [plus génér.] **homme.** *Un monsieur, un grand monsieur* : **personna-**

monstre

lité ; → FIGURE I. *Monsieur bons offices* :
→ MÉDIATEUR.

monstre ① [n.m.] *Le forain exhibait des
monstres* : **phénomène.** ② [adj.] *Son discours a eu un succès monstre* [fam.] : [vieilli]
bœuf ◆ [cour.] **énorme*, fantastique, pro-
digieux*.**

◇ **monstrueux** ① *Un corps monstrueux* :
→ DIFFORME, LAID. ② *Les promoteurs ont
fait construire des tours monstrueuses* :
colossal, démesuré, énorme*, gigantesque.
Une tâche monstrueuse : → INHUMAIN. ③ *Un
individu monstrueux* : → ABOMINABLE.

◇ **monstrueusement** : **démesurément,
excessivement, prodigieusement.**

◇ **monstruosité** ① *L'hermaphrodisme est
considéré comme une monstruosité* : ↓ **difformité,** ↓ **malformation.** ② *Le génocide
des tribus indiennes est une monstruosité* :
atrocité, horreur.

**monstrueusement, monstrueux,
monstruosité** → MONSTRE.

mont → MONTAGNE.

montage → MONTER II.

montagnard → MONTAGNE.

montagne ① *Nous avons atteint le sommet de la montagne* : **aiguille, dent, pic, piton** (= cimes aiguës) ◆ **ballon** (= sommet
arrondi) ◆ **crêt, puy** (qui sont propres à
des formes et à des régions différentes)
◆ **massif** (= ensemble montagneux
comportant plusieurs sommets) ◆ **mont**
(= élévation importante : *le mont Blanc*)
◆ **colline, rocher** (qui se disent d'émi-
nences moins importantes). ② *Nous
avons couché en montagne* : **en altitude.**
Une région de montagnes : **montagneux.**
③ *Une montagne de. Derrière la maison,
il y a une montagne d'immondices* : [vieilli]
amas ◆ [sout.] **amoncellement** ◆ [cour.,
moins express.] **tas.** *Il a acheté une montagne
de victuailles* : **grande quantité.** *Se faire
une montagne de qqch* : → EXAGÉRER.

◇ **montagnard** *L'étape, avec ses trois cols,
favorisait les montagnards* : [plus cour.]
grimpeur.

montagneux → MONTAGNE.

montant

I [n.m.] ① *Le montant de la dette s'évalue
en milliards* : [moins précis] **chiffre, somme,
total.** ② *Les montants de la porte sont
vermoulus* : [moins cour.] **jambage, portant.**
③ *Ce vin a du montant* : → GÉNÉREUX.

II [adj.] *Pour atteindre le belvédère, il
faut emprunter ce chemin montant* : ↑ **es-
carpé*.**

mont-de-piété → TANTE.

monte → MONTER II.

monte-charge *On livra les paquets par le
monte-charge* : **ascenseur** (qui est destiné
aux personnes) ◆ [plus génér.] **élévateur**
(= engin pour transporter des charges).

montée → MONTER I.

monter

I [v.i.] ① [qqn ~] *Les gamins sont montés
dans le cerisier* : ↑ **grimper** (qui implique
que l'ascension s'est effectuée avec l'aide
des mains). *Le petit est monté sur la
pointe des pieds* : [plus sout.] **se dresser, se
hisser** ; → S'ÉLEVER. *Monter sur une chaise
pour nettoyer les vitres* : [rare] **se jucher.**
Les voyageurs sont montés dans le train :
prendre (qui se dit aussi bien du choix
d'un mode de transport que de l'action).
Voulez-vous monter dans notre voiture ? :
[fam.] **embarquer.** ② *Ce cadre a monté dans
la hiérarchie* : **progresser** ; → AVANCEMENT.
Monter dans les sondages : → AVOIR LE
VENT* EN POUPE. ③ *La Loire monte à la
fonte des neiges* : ↑ **être en crue** ◆ [plus
express.] **gonfler** ; → GROSSIR. *L'eau monte
dans le bassin* : **s'élever** ; → ARRIVER I,
JAILLIR. *Le sentier monte jusqu'aux
alpages* : **grimper.** ④ *Le prix des carbu-
rants a monté ce mois-ci* : **augmenter*.** *La
facture monte* : [fam.] **cuber.** ⑤ *Le vin lui
est monté à la tête* : [plus sout.] ↑ **enivrer*,
griser** ◆ [fam.] ↑ **soûler*.** ⑥ *Des cris
montent* : → JAILLIR.

◇ **montée** ① *La montée est dure pour
atteindre le col* : ↑ **ascension** ◆ ↑ **escal-
lade, grimpée.** ② *Gravir la montée* : **pente**
◆ ↑ **raidillon** ◆ **rampe** (= partie inclinée
d'une rue) ◆ [fam.] **grimpette** ; → CÔTE.
③ *La rapide montée des eaux* : ↑ **crue** ;
→ GONFLEMENT, DÉBORDEMENT. ④ *La mon-*

tée des prix : **augmentation*, hausse.** *La montée de la violence* : **escalade.**

◊ **se monter** ① *L'addition se montait à trente euros* : [moins cour.] **s'élever, atteindre.** ② *Il se monte facilement quand on le contrarie* [fam.] : [cour.] **se mettre en colère, s'irriter*.**

II [v.t.] ① *Les cyclistes ont monté la côte* : [plus fam.] **grimper ;** → GRAVIR. ② *L'étalon a monté la jument* : **couvrir ;** → S'ACCOUPLER. ③ *Les campeurs montent leur tente* : **dresser, planter.** ④ *L'armurier a monté la culasse du fusil* : **ajuster.** *Monter une pierre précieuse* : → SERTIR. ⑤ *On a fini de monter la bibliothèque* : [plus sout.] **équiper, installer, poser.** *Les ouvriers montaient l'échafaudage* : **assembler.** ⑥ *Il a monté une entreprise* : → CONSTITUER. *Monter une affaire* : **organiser, combiner*.** ⑦ *Monter les vitesses* : **passer.** ⑧ *L'acteur a monté une pièce contemporaine* : **mettre en scène.** ⑨ *Monter le chauffage* : → POUSSER II. ⑩ [loc.] *Monter la tête de qqn* : **braquer, exciter.**

◊ **montage** *Le montage d'un appareil par un spécialiste* : **assemblage*** (qui s'emploie plutôt à propos des pièces d'un appareil) ; → POSE.

◊ **monte** *Ce haras loue des étalons pour la monte* : **saillie.**

montgolfière → DIRIGEABLE.

monticule → BUTTE I.

montre

I *J'ai cassé le remontoir de ma montre* : **chronomètre** (= montre de précision) ◆ **montre-bracelet, bracelet-montre** (= montre à porter au poignet, par opp. à **montre de gousset, de gilet**) ◆ [vieilli] **oignon** (= grosse montre de gousset) ◆ [fam., plus génér.] **tocante.**

II *Faire montre de qqch* : → PARADE.

montrer ① [qqn ~ qqch] *Le vendeur montre ses tapis à la lumière du jour* : **présenter ;** → EXPOSER II. *Il montra son arme et se mit à crier* : ↑ **brandir** (qui implique la menace). *À la frontière, il faut montrer son passeport ou sa carte d'identité* : [moins cour.] **exhiber.** *Montrer son amitié* : **manifester*** ◆ [sout.] **marquer, témoigner*.** *Montrer sa naïveté* :

→ FAIRE PREUVE* DE. *Montrer sa personnalité* : ↑ **affirmer ;** → LAISSER PARAÎTRE*. *Cette coquette montre ses jambes* : **découvrir, mettre en évidence** ◆ **exhiber** (qui se dit d'un acte délibéré et ostentatoire). *Il vaut mieux montrer sa force que s'en servir* : [sout.] **arborer, afficher ;** → ÉTALER II. ② *Le romancier montre les défauts de la société* : **représenter** ◆ **décrire, dépeindre** (qui impliquent la représentation précise d'un ensemble) ◆ **évoquer** (qui implique la recréation d'une impression générale) ◆ **dégager** (qui implique que des éléments sont isolés d'un ensemble). ③ *Le professeur montre les mathématiques à ses élèves* : [plus cour.] **apprendre, enseigner*** ◆ **expliquer*** (qui se dit plutôt d'un point particulier du développement) ; → FAIRE VOIR*. *Le résultat montre l'efficacité de cette méthode* : **démontrer, prouver** (qui se dit de ce qui établit la certitude) ◆ **confirmer** (qui se dit de ce qui la redouble) ◆ **vérifier*** (qui se dit quand on examine une certitude) ◆ **illustrer** (qui implique l'apport d'un exemple supplémentaire) ; → DÉGAGER. ④ [qqn, qqch ~ qqch] *Un panneau montrait la direction de la ville* : **signaler, indiquer*.** *Son décolleté montrait sa gorge* : **découvrir, dégager** ◆ ↑ **dénuder** ◆ [moins cour.] **révéler.** *Les cernes de ses yeux montrent sa fatigue* : → ACCUSER. *Ce travail montre une grande habileté* : **prouver.**

◊ **se montrer** ① [absolt] *Il suffit à ce clown de se montrer pour provoquer les rires* : **apparaître ;** → PARAÎTRE I. ② [~ + adj.] *L'orateur s'est montré convaincant* : [moins cour.] **se révéler.** ③ *Il s'est montré tel qu'il était, sous son vrai jour* : [plus partic.] **se démasquer ;** → ÔTER LE MASQUE*.

monument → BÂTIMENT.

monumental *Une œuvre monumentale* : **immense.** *Une sottise monumentale* : **énorme ;** → COLOSSAL, PRODIGIEUX.

moquer (se) ① [~ de qqn, qqch] *Cet enfant s'est moqué de vous* : [fam.] **charrier, se ficher de** ◆ [très fam.] **se foutre de** ◆ [sout., vieilli] **se gausser de** ◆ **narguer** (qui implique un défi) ◆ **se jouer de** (qui évoque l'idée de tromperie) ◆ **ridiculiser,** ↓ **rire de** (qui se disent d'un affront public) ◆ [loc.] **faire des gorges chaudes de, faire la nique à,**

se payer la tête de, [fam.] **mettre en boîte ;** → S'AMUSER, RIRE AU NEZ*. *Il se moque des on-dit* : ↓ **se désintéresser*** ◆ [fam.] **se ficher** ◆ [très fam.] **se foutre de** ◆ [sout.] ↑ **mépriser* ;** → BRAVER, ÊTRE INSOUCIANT DE. ② [absolt] *Moi, vous comprenez, je m'en moque !* : [fam.] **s'en balancer, s'en ficher** ◆ [très fam.] **s'en foutre ;** → CELA M'EST ÉGAL*, S'EN BATTRE L'ŒIL*.

◇ **moquerie** ① [sing.] *La moquerie ne l'affecte pas* : → MALICE. ② [pl.] *Cet excentrique n'est pas sensible aux moqueries de ses voisins* : **plaisanterie** ◆ [sout.] **brocard, lazzi, raillerie*** ◆ [sout.] **risée** (qui ne se dit que d'une moquerie collective, surtout dans *être la risée de*).

◇ **moqueur** ① [adj.] *Cette fillette est moqueuse et taquine* : [rare] **facétieux.** *Il nous a regardés d'un air moqueur* : [moins cour.] **narquois, railleur ;** → IRONIQUE. *Ce garçon est d'un tempérament moqueur* : [fam.] **blagueur** ◆ [plus rare] **frondeur** (qui implique plus d'impertinence, voire d'insolence) ◆ ↑ **gouailleur.** ② [n.] *C'est un moqueur* : [fam.] ↑ **blagueur** ◆ ↑ **pince-sans-rire.**

moquerie → SE MOQUER.

moquette → TAPIS.

moqueur → SE MOQUER.

moral ① *Chaque religion a ses valeurs morales* : [didact.] **éthique.** *Le sens moral* : → CONSCIENCE II. ② *Les histoires morales sont rarement drôles* : **édifiant** ◆ [plus génér.] **instructif.** *Il ne se comporte pas de façon très morale* : [plus partic.] **honnête.** ③ *Faire preuve de courage moral* : [plus partic.] **intellectuel, spirituel.** ④ [n.m.] *Il n'a pas le moral* : → CAFARD, COMBATIVITÉ, AVOIR LA PÊCHE*. *Avoir un bon moral* : → MENTAL.

morale ① *Nous vivons sous l'influence de la morale chrétienne* : [pl.] **valeurs*** ◆ [partic.] **éthique** (= étude philosophique des conditions de la morale) ◆ **déontologie** (= devoirs qu'impose l'exercice d'un métier) ; → PHILOSOPHIE, DROIT IV, MORAL. ② *On parle beaucoup de la morale des jeunes* : **mœurs** (= usages communs à un groupe) ◆ **mentalité, moralité** (= atti-

tude morale, principes). ③ *Faire la morale à qqn* : [sout.] **réprimander*** ◆ [rare] **sermonner.** ④ *Quelle morale tirez-vous de cette histoire ?* : [plus sout.] **enseignement, leçon* ;** → CONCLUSION. *La morale des fables* : **moralité.**

◇ **moralisateur** *Les discours moralisateurs sont aussi vains qu'ennuyeux* : **édifiant** ◆ [fam.] **prêchi-prêcha.**

moralisateur → MORALE.

moraliser → PRÊCHER.

moralité → MENTALITÉ, MORALE.

morbide *Une curiosité morbide* : → MALADIF, MALSAIN.

morceau ① *Il ne reste qu'un morceau de pain rassis* : **bout,** [plus partic.] **croûton** (= extrémité d'un pain long) ◆ **tranche** (= morceau de peu d'épaisseur) ◆ [sout.] **quignon** (= gros morceau de pain) ◆ **miette** (= fragment minuscule) ◆ **bouchée,** [fam.] **lichette** (= petite quantité : *une bouchée, une lichette de pain ; une lichette de vin*) ◆ **brin** (qui ne s'emploie que pour une chose mince et allongée : *un brin de laine*). *La fillette habillait sa poupée avec des morceaux de tissu* : [rare, pl.] **bribes** ◆ **fragment, lambeau** (qui impliquent que qqch a été déchiré, brisé). *Des morceaux de verre* : **débris*, éclat*.** ② *Mettre en morceaux* : → DÉCHIRER, PIÈCE I. *Casser, lâcher, manger le morceau* [fam.] : → AVOUER. *Manger un morceau* : **faire un petit repas.** ③ *L'élève feuillette son recueil de morceaux choisis* : **extrait, texte ;** → ANTHOLOGIE, RECUEIL. *Exécuter un morceau de musique* : **pièce.**

◇ **morceler** *Le domaine a été morcelé* : **démembrer, partager.** *Les promoteurs ont morcelé le terrain à bâtir* : [plus partic.] **lotir.**

◇ **morcellement** *Le morcellement d'une propriété* : **démembrement, fractionnement ;** → DIVISION, PARTAGE. *Le morcellement d'un pays* : **balkanisation.**

morceler, morcellement → MORCEAU.

mordant → MORDRE.

mordiller → MÂCHER, MORDRE.

mordre ① *Le chien mord son os* : **mordiller** (qui implique la répétition et la légèreté de la morsure) ◆ **croquer** (qui se dit lorsque l'objet est broyé entre les dents) ; → MÂCHER. *Il a été mordu par une vipère* : [cour., mais abusif] **piquer.** ② *La scie mord le bois* : **attaquer***, **entamer.** ③ → EMPIÉTER. ④ *S'en mordre les doigts, la langue* [fam.] : [cour.] **regretter***, **se repentir.** *Mordre aux mathématiques* [fam.] : [cour.] **prendre goût à.** ⑤ *Le froid mord* : → PINCER.

◇ **mordant** ① [n.m] *Un pamphlet plein de mordant* : **vivacité** ◆ ↑ **agressivité**, ↑ **fougue** ◆ [fam.] **punch.** *Le mordant d'une réplique* : **causticité.** ② [adj.] *Il faisait un froid mordant* : **cuisant, vif** ; → PÉNÉTRANT. ③ [adj.] *Il répondit d'un ton mordant* : **acide, aigre, âpre** ◆ ↓ **vif** ◆ ↑ **acerbe*.** *Sa réponse fut d'une ironie mordante* : **acéré, caustique, corrosif, incisif, piquant** ; → SATIRIQUE.

◇ **mordu** ① [adj.] *On ne le voit plus, il est mordu* [fam.] : [cour.] **amoureux** ◆ [sout.] **épris de.** ② [n.] *C'est une mordue de ski* [fam.] : **toqué** ◆ [cour.] **fervent, passionné.**

mordu → MORDRE.

morfondre (se) → ATTENDRE, LANGUIR.

morgue *Une morgue insupportable* : → MÉPRIS, ORGUEIL.

moribond → MOURANT.

morigéner → RÉPRIMANDER.

morne *Une conversation morne* : → LANGUISSANT, TERNE. *Un air morne* : → TRISTE I.

mornifle → GIFLE.

morose *Un caractère morose* : → MAUSSADE, SOMBRE, TACITURNE, TRISTE I.

morosité → TRISTESSE.

morphine → DROGUE.

morphologie *La morphologie du cheval* : → FORME I.

morpion → ENFANT.

morsure ① → PIQÛRE. ② → BRÛLURE.

mort

I [n.f.] ① *Il pleurait la mort de son père* : [sout.] **décès** ◆ [très sout.] **trépas** ◆ [par euphém.] **disparition, perte** ; → AGONIE, SOMMEIL. ② *Cette nouvelle est la mort de nos espérances* : **fin, ruine** ; → ENTERREMENT. *La mort lente du petit commerce* : → DÉPÉRISSEMENT. ③ *À mort. Il a été blessé à mort* : **mortellement.** *À mort !* : → À BAS* III. *Freiner à mort* : → À FOND*. *La mise à mort d'un condamné* : **exécution.** *La mort dans l'âme* : → ÂME. ④ *Se donner la mort* : **se suicider.** *Entraîner la mort de qqn* : **emporter qqn.** *La peine de mort* : **capital.**

II ① [n.] *Les sauveteurs ont retiré trois morts des décombres* : **cadavre** (qui se dit aussi bien des animaux que des humains) ◆ [sout.] **dépouille** ◆ [très fam.] **macchabée** (qui ne s'applique qu'aux personnes) ◆ **charogne** (qui se dit des cadavres des animaux et, péj., de ceux des humains). *Le mort a été enterré, la morte a été enterrée religieusement* : [sout.] **cendres, décédé*, défunt, restes*** ◆ **regretté** (qui implique le souvenir de la personne) ◆ **disparu** (personne dont la mort n'a pas été officiellement établie ; ce terme s'est étendu à tous les morts : *nos chers disparus*) ◆ **victime*** (qui se dit des personnes qui ont eu une mort violente). ② [n.m.] *La religion des morts n'est pas disparue* : **ancêtres.** *Le jour des Morts* : **la Toussaint.** ③ [adj. ; qqn est ~] *Être mort* : → DÉCÉDÉ, VIVRE I (*avoir vécu*). *Il est mort* : [vieilli] **il est au ciel.** ④ [adj. ; qqn est ~] *Être mort de fatigue* : → FATIGUE, KNOCK-OUT, RECRU. *Ivre mort* : → IVRE. ⑤ [adj., qqch est ~] *Les eaux mortes sont malsaines* : **stagnant.** *Des pneus complètement morts* [fam.] : [cour.] **usé** ; → FICHU, FOUTU. *La ville semblait morte* : **désert.** *Le feu était mort* : **éteint.** *Tout est mort entre eux* : → FINI. ⑥ *Faire le mort* : → SE FAIRE OUBLIER*.

mortel ① [n.] *Le commun des mortels* : **homme** ; → PERSONNE. ② [adj.] *Sa blessure n'est pas mortelle* : → FATAL. *Un coup mortel* : → MEURTRIER. ③ [adj.] *Tous les empires sont mortels* : **périssable** ◆ [didact.] **temporel** ◆ **éphémère** (= qui est de courte durée). ④ [adj.] *Nous avons passé une* *après-midi mortelle* [fam.] : [cour.] ↓ **en-nuyeux*** ◆ ↑ **lugubre, ↑ sinistre.** *Il fait un froid mortel* : ↓ **intense.**

mortellement ① → MORT I. ② *S'ennuyer mortellement* : → MOURIR.

mortifiant → VEXANT.

mortification
① → VEXATION. ② → ASCÈSE.

mortifier
① *Mortifier qqn* : → ABAISSER II, VEXER.
② *Mortifier son corps* : → MACÉRER.

mortuaire → FUNÈBRE.

morveux → ENFANT.

mosquée → ÉGLISE.

mot ① *Il a bien choisi ses mots* : **terme.** *Ce dictionnaire recense environ cinquante mille mots* : [didact.] **vocable.** ② *Assez de mots ! des actes !* : **discours ;** → PHRASE. *Ce sont des mots en l'air* : **parole.** ③ *Il m'a envoyé un mot* : → BILLET, LETTRE. ④ *Avoir le dernier mot* : **l'emporter ;** → AVOIR RAISON***. *Toucher un mot* : → PARLER. *Chercher ses mots* : → HÉSITER. *En un mot* : → ABRÉGÉ. ⑤ *Nous rions parce que notre ami a fait un mot* : **mot d'esprit, bon mot ;** → PLAISANTERIE, SAILLIE, TRAIT II. *Cet almanach recueille les jeux de mots* : [plus partic.] **calembour** (= combinaison de sons ambi-gus) ◆ **contrepet, contrepèterie** (= effet de sens obtenu par interversion des sons ou des syllabes). ⑥ *Il a répété mot à mot notre conversation* : **littéralement, textuel-lement.** *Une traduction mot à mot* : [plus sout.] **textuel ;** → LITTÉRAL.

motel → HÔTEL.

motet → CANTIQUE, CHANT.

moteur ① *Des ennuis de moteur* : → MÉCANIQUE. ② *Ce personnage est le mo-teur de l'affaire* : [plus sout.] **âme, instiga-teur.** *Le moteur d'une action* : → MOTIF.

◇ **motorisé** *L'agriculture moderne est for-tement motorisée* : [plus génér.] **mécanisé.**

motif ① *Connaissez-vous les motifs de son départ ?* : **mobile, raison** ◆ [moins cour.] **moteur ;** → CAUSE I, POURQUOI. ② *Il*

n'y avait aucun motif de plainte : **sujet ;** → OCCASION. ③ *Reproduire un motif* : → MODÈLE. *Le tissu portait de nombreux motifs* : **ornement.** ④ *Un motif musical* : → THÈME.

◇ **motiver** *Votre attitude a motivé notre colère* : **causer, déterminer** ◆ ↓ **expli-quer.** *Motiver une décision* : → JUSTIFIER. *Motiver qqn à apprendre une langue* : [sout.] **inciter.**

◇ **motivant** *Une récompense motivante* : **stimulant** ◆ [plus sout.] **incitatif.**

motilité → MOBILITÉ.

motivant, motiver → MOTIF.

moto, motocyclette → CYCLOMOTEUR.

motocycliste *Le motocycliste a pris son virage un peu vite* : [fam.] **motard** (= mo-tocycliste de profession, agent de police, porteur, coursier ou, plus génér., posses-seur d'une moto, par opp. au possesseur d'un vélomoteur).

motorisé → MOTEUR.

motus → SILENCE.

mou ① [adj. ; qqch est ~] *Le crémier vend des fromages à pâte molle* : **tendre.** *C'est la mode des cols mous pour les chemises* : **souple.** *Les osiers ont des tiges molles* : [plus précis] **flexible.** *Sous le coup de la peur, je me sens les jambes molles* : **flageo-lant.** *Depuis qu'il a maigri, il a les joues molles* : → FLASQUE. *Un climat mou* : [moins cour.] **lénifiant** ◆ [didact.] **émollient ;** → DOUX. *Un sol mou* : [partic.] **spongieux** (= qui s'imbibe facilement). ② [adj. ; qqch est ~] *Il n'aime pas les oreillers trop mous* : **moelleux.** *Les molles inflexions de sa voix charmaient l'auditoire* [sout.] : [plus cour.] **doux, souple.** *L'accusé n'éleva que de molles protestations* : **faible, tiède.** ③ [adj. ; qqn est ~] *On ne peut compter sur lui : il est trop mou* : **sans énergie, indolent, lymphatique, nonchalant** ◆ ↑ **amorphe, ↑ apathique, ↑ atone, ↑ avachi, ↑ endormi** ◆ [fam.] **gnangnan, mollasse, mollasson ;** → INACTIF, INCONSISTANT. ④ [n.] *C'est un mou* : [fam.] **chiffe, moule, nouille** ◆ [sout.] **velléitaire** (qui se dit de qqn qui n'a pas la volonté d'agir selon ses décisions) ◆ **lâche** (qui se dit de qqn qui refuse d'affronter un danger). **5** [n.m.] *Donner du mou à* : → LÂCHER.

◇ **mollement** **1** *Il cherchait mollement ses notes* : **sans ardeur, sans conviction, nonchalamment.** *Il protesta mollement* : **faiblement*, timidement ;** → TIÈDEMENT. **2** *La rivière s'étirait mollement dans la plaine* [sout.] : [plus cour.] **lentement, paresseusement.**

◇ **mollesse** *Il a cédé par mollesse* : **faiblesse** ◆ [moins cour.] **indolence, nonchalance** ◆ [péj.] ↑ **avachissement** ◆ **lâcheté** (qui implique un jugement moral) ; → APATHIE.

◇ **mollir** **1** *Le vent mollit au coucher du soleil* : **diminuer, faiblir** ◆ ↑ **tomber***. **2** *Devant les attaques de son adversaire, sa fermeté mollit* : **s'amollir, fléchir** ◆ [plus cour., plus fam.] **flancher** ◆ [plus fam.] **se dégonfler** (qui implique un jugement moral).

mouchard **1** *Toutes les polices emploient des mouchards* : **indicateur** ◆ [fam., vieilli] **mouche** ◆ [fam.] **donneur, mouton** (= indicateur aposté en prison) ; → SOUS-MARIN. **2** *Les écoliers n'aiment pas les mouchards* : [fam.] **cafard ;** → RAPPORTEUR. **3** → CONTRÔLEUR.

mouchardage → RAPPORTAGE.

moucharder → RAPPORTER II.

mouche **1** → MOUCHARD. **2** *Pêcher à la mouche* : → APPÂT. *Fine mouche* : → MALIN. *Prendre la mouche* : → S'EMPORTER.

moucher → RABATTRE LE CAQUET*.

moucheté → TACHETÉ.

moudre → BROYER.

moue *Faire la moue* : → GRIMACE.

moufle → GANT.

mouflet → ENFANT.

mouillé → MOUILLER.

mouiller **1** [v.i.] *Le tanker a mouillé au Havre* : **faire escale, faire relâche, jeter l'ancre** ◆ [didact.] **ancrer.** **2** [v.t.] *La repasseuse mouille son linge* : **humec-**

ter (= mouiller très peu) ◆ **asperger** (= projeter de l'eau en pluie) ◆ **imbiber** (= faire pénétrer le liquide dans un objet). *Il a mouillé le sol de la cuisine* : **éclabousser** (= mouiller indirectement et plutôt par accident) ◆ **inonder** (qui implique qu'une grande quantité de liquide recouvre l'objet mouillé) ; → ARROSER, TREMPER, BAIGNER. *Les larmes mouillaient ses yeux* : [plus précis] **embuer.** *Vous feriez mieux de mouiller votre vin* : **couper.** **3** *Se faire mouiller. Il pleut, vous allez vous faire mouiller* : **tremper** ◆ ↑ **doucher** ◆ [fam.] **saucer.**

◇ **se mouiller** *Il s'est mouillé en rentrant sous la pluie* : ↑ **se tremper.** *Dans cette histoire, il s'est mouillé* [fam.] : [cour.] **se compromettre ;** → PARTI II, TREMPER.

◇ **mouillé** **1** *Des vêtements mouillés* : ↑ **trempé ;** → HUMIDE. **2** *Il est mouillé dans le scandale* [fam.] : [cour.] **compromis ;** → BAIN, PARTICIPER.

mouise → MISÈRE, PAUVRETÉ.

moulage → MOULE I.

moulant → COLLANT.

moule

I [n.m.] *Certains objets de verre sont fabriqués dans un moule* : [moins cour.] **forme** ◆ [didact.] **matrice.** *Tous ces films sont faits sur le même moule* : **modèle, type.**

◇ **moulage** *Prendre le moulage d'une main* : **empreinte.** *On exposait des moulages et non les originaux* : [plus génér.] **reproduction.**

◇ **mouler** **1** *Un maillot blanc moulait le corps de la trapéziste* : **s'ajuster à** ◆ [moins cour.] ↓ **dessiner, épouser** ◆ [plus cour.] **serrer I.** **2** *On avait fini de mouler la statue* : **façonner** (= travailler une matière solide pour lui donner une forme : *façonner un bloc de marbre*) ; → COULER, SCULPTER.

II [n.f.] → MOU **4**.

mouler → MOULE I.

moulu → FATIGUÉ.

moumoute → PERRUQUE.

mourant ① [n. et adj.] *Le mourant était dans le coma* (qui implique la perte de conscience) : **moribond** ◆ **agonisant** (surtout comme nom, par ex. dans *la prière des agonisants*). ② [adj.] *Elle m'a parlé d'une voix mourante* : **expirant** ◆ ↓ **faible** ; → LANGUISSANT.

mourir ① *Sa femme est morte dans ses bras* : **agoniser** (qui évoque les souffrances qui précèdent immédiatement la mort) ◆ **s'éteindre*** (qui se dit d'une mort calme) ◆ [plus sout.] **expirer, rendre l'âme*, rendre l'esprit, rendre le dernier soupir** ◆ [vieilli] **passer** ◆ [par euph.] **s'en aller.** ② *Il est mort dans un accident de voiture* : **décéder, disparaître** (qui ont des emplois administratifs) ◆ [sout.] **être emporté, périr, succomber** (*il a succombé à ses blessures*) ◆ [vieilli] **trépasser, passer de vie à trépas** ◆ [fam.] **y rester, passer l'arme à gauche, avaler son extrait de naissance** ; → COÛTER* LA VIE. *Le pauvre vieux est allé mourir à l'hôpital* : [fam.] **casser sa pipe, claquer** (qui implique une mort rapide), **crever** (qui se dit des animaux ou des plantes et, très fam., des humains) ◆ [très fam.] **claboter, clamser** ; → VIVRE. *Ce soldat est mort au combat* : **tomber** ◆ [plus sout.] **perdre la vie** ; → TUER. *J'ai cru que j'allais mourir* : → PASSER II. ③ *Il meurt d'amour pour une femme qui l'ignore* [sout.] : [plus cour.] **dépérir.** *Nous nous sommes ennuyés à mourir* : [fam.] **mortellement** ◆ [fam.] **à crever.** ④ [qqch ~] *Le petit commerce meurt peu à peu* : **disparaître** ; → DÉPÉRIR. *Le feu est en train de mourir* : [plus cour.] **s'éteindre.** *Les bruits mouraient dans le lointain* [sout.] : **s'évanouir** ◆ [plus cour.] **diminuer** ; → S'ATTÉNUER. ⑤ *Mourir au monde et prendre le voile* [très sout.] : [cour.] **renoncer.**

mouron *Se faire du mouron* : → S'INQUIÉTER.

mouscaille → PAUVRETÉ.

moussaillon → MARIN.

mousse

I [n.f.] *Faire tomber la mousse d'un verre de bière* : [génér.] **écume** ◆ [fam.] **faux col** (qui ne se dit que de la mousse de bière dans un verre).

◇ **mousseux** *L'eau du torrent était mousseuse* : **écumeux.**

II [n.m.] → MARIN.

mousser *Se faire mousser* : → SE VANTER, SE FAIRE VALOIR* I.

mousseux → MOUSSE I.

moustache *Se raser la moustache* : [fam., le plus souvent pl.] **bacchantes** ◆ **favoris** (= touffe de barbe laissée sur chaque côté du visage) ; → POIL.

moustique → GRINGALET.

moutard → BÉBÉ.

mouton

I *Les moutons restaient dans les prés une bonne partie de l'année* [génér.] : [spécialt] **bélier** (= mouton mâle) ◆ **brebis** (= mouton femelle) ◆ **agneau** (= jeune mouton).

II → MOUCHARD.

mouvance → TENDANCE.

mouvant → INCERTAIN.

mouvement ① *L'astronome étudie le mouvement des corps célestes* : **cours** (= mouvement prévisible et régulier) ◆ **déplacement** (qui insiste sur les positions initiales et finales du mobile) ◆ **trajectoire** (qui insiste sur la courbe décrite entre ces positions) ; → COURSE. *Le mouvement des pions sur l'échiquier* : **avance, progression, recul** (qui spécifient l'orientation du mouvement). *Les mouvements de l'eau, de la foule* : **flux, reflux*** (qui indiquent aussi le sens du mouvement). *Le mouvement des feuilles* : **agitation.** ② *Le capitaine du port dirige le mouvement des bateaux* : **circulation, trafic** ◆ **entrée, sortie** (qui spécifient le sens des déplacements). *Un véhicule en mouvement* : **mobile.** *Mettre en mouvement* : **actionner, mettre en route.** *Les mouvements des troupes* [pl.] : **manœuvres.** *Une rue sans mouvement* : **vie** ; → ANIMATION. ③ *Je remonte le mouvement de l'horloge* : **mécanisme.** ④ *La carte montre les mouvements de terrain* : → ACCIDENT. ⑤ *Les* *mouvements d'un joueur de ping-pong* : **réaction** (= geste déterminé par une action extérieure) ◆ **réflexe** (= mouvement échappant à l'action de la volonté) ; → GESTE, ACTE. *Il devrait prendre du mouvement* : **exercice.** ⑥ *Il se laisse aller à son mouvement naturel* : **élan, impulsion, inclination, penchant** ◆ ↑ **émotion, sentiment** (= mouvements intérieurs) ◆ **passion** (qui indique la persistance d'un désir, par opp. à **emballement**) ◆ **tendance** (qui se dit de ce qui oriente constamment la vie d'un être). *Il ne se fie qu'à son propre mouvement* : **initiative, inspiration.** *Avoir un bon mouvement* : → GESTE. ⑦ *Le mouvement de cette page entraîne le lecteur* : **vie, vivacité ;** → RYTHME. ⑧ *Des peintres du même mouvement* : → ÉCOLE. *Un mouvement politique* : → ORGANISATION. ⑨ *Le mouvement des prix est inquiétant* : **variation** ◆ **fluctuation** (= variation continuelle) ◆ **hausse, baisse** (qui spécifient le sens de l'évolution). ⑩ *Le monde en mouvement* : → DEVENIR ②.

mouvementé ① *Un débat mouvementé* : → AGITÉ, ANIMÉ, HOULEUX, ORAGEUX, TUMULTUEUX. ② *Un récit mouvementé* : → VIVANT. ③ *Un terrain mouvementé* : **accidenté** ◆ ↑ **tourmenté.**

mouvoir [sout.] ① *Mouvoir ses bras* : → REMUER. *Mouvoir une machine* : [cour.] **faire fonctionner.** ② *Quel motif le meut ?* : [cour.] **faire agir ;** → POUSSER III.

◇ **se mouvoir** [sout.] *Il se meut difficilement* : [cour.] **bouger, se déplacer ;** → SE REMUER. *Il se meut dans un milieu favorable* : [plus cour.] **évoluer, fréquenter** ◆ [génér.] **vivre.**

moyen

I [adj.] ① *Choisir une solution moyenne* : **intermédiaire.** *La partie moyenne du cerveau* : **médian.** ② *C'est un élève moyen* : ↑ **médiocre.** *Il a obtenu des résultats moyens* : **acceptable, passable.** *Un prix moyen* : **modéré.** ③ *Des produits pour le consommateur moyen* : **courant, ordinaire** ◆ [fam.] **lambda.**

II [n.m.] ① *Trouver le moyen de contrôler la fission de l'atome* : **procédé** (= moyen complexe). ② *Trouve un moyen pour*

réparer la fuite : **solution*** ◆ [fam.] **truc** (= solution astucieuse), **recette** (= SYSTÈME. *Un moyen pour se sortir d'affaire* : **expédient** ◆ [fam.] **combine, biais** (= moyen détourné) ; → COMBINAISON, VOIE. *Un moyen de sélection* : → INSTRUMENT. *Il n'y a pas moyen de l'arrêter* [fam.] : **il n'y a pas mèche** ◆ [plus cour.] **il est impossible.** ③ *Un moyen de réussir* : **façon, manière, possibilité ;** → SYSTÈME. ④ [pl.] *Elle ne manque pas de moyens* : → CAPACITÉ. *Il connaît ses moyens* : **limites.** *Faire perdre ses moyens à qqn* : → INTIMIDER. *Ce luxe est au-dessus de nos moyens* : → RESSOURCE. *Je n'ai pas les moyens de vous tirer d'affaire* : [sing.] **pouvoir.** ⑤ *Au moyen de* : **à l'aide* de, avec, moyennant.**

moyennant → MOYEN II, POUR.

moyenne *Garder une moyenne* : → MILIEU I. *La moyenne* : → NORMALE.

moyennement → MOYEN I. ① *Il travaille moyennement* : **médiocrement, passablement.** ② *Comment allez-vous ? – Moyennement* : **couci-couça.**

MST Sigle de *maladie sexuellement transmissible* : **maladie vénérienne** (qui est transmise par les rapports sexuels et dont les conséquences sont diverses) ◆ [partic.] **blennorragie,** [vulg.] **chaude-pisse** ◆ **syphilis,** [fam.] **vérole** ◆ **sida** (= acronyme de *syndrome d'immunodéficience acquise,* qui désigne une maladie grave transmise aussi par voie sanguine).

mue → CHANGEMENT.

muet ① *Brutalement interrompu, l'orateur resta muet* : [sout.] **coi.** *Il est resté muet toute la soirée* : **silencieux*.** *Son angine l'a rendu muet* : [plus précis] **aphone ;** → SANS VOIX*. ② *L'« e » muet est caractéristique de la langue française* : [didact.] **caduc** (qui indique qu'il peut ne pas être prononcé) ◆ **sourd** (qui se dit de sa substance sonore).

mufle ① → GROSSIER. ② → MUSEAU.

muflerie → INCONVENANCE.

mugir *Le taureau mugit avec force* : **beugler, meugler.**

◇ **mugissement** : beuglement, meuglement.

mulâtre → MÉTIS.

mule

I → CHAUSSON.

II *Tête de mule* : → TÊTU.

multicolore → COULEUR.

multiforme → FORME I.

multimédia → MÉDIA.

multiple ① *Les occasions de se réjouir sont multiples* : **nombreux** ; → VARIÉ. ② *À de multiples reprises* [antéposé] : **divers** (*à diverses reprises*), **nombreux**, **plusieurs** ◆ [litt.] **maint.**

◇ **multiplication** *La multiplication des maladies cardiaques inquiète les médecins* : ↓ **accroissement, augmentation*** ◆ ↑ **prolifération** ◆ [partic.] **inflation** (= augmentation excessive : *inflation d'informations*) ◆ **recrudescence** (= réapparition soudaine et importante). *La multiplication des espèces* : → REPRODUCTION.

◇ **multiplier** *Multiplier les vérifications* : **répéter** (qui implique la similitude des phénomènes ou des actions). *Multiplier ses chances* : → AUGMENTER, DOUBLER.

◇ **se multiplier** *Les moyens de transport se sont multipliés* : [plus partic.] **s'accroître, augmenter, se développer** ◆ [sout.] ↑ **proliférer** ◆ [rare] **croître** ; → DOUBLER. *Les espèces animales ont la capacité de se multiplier* : [plus partic.] **se reproduire.**

multiplication → MULTIPLE.

multiplicité → GAMME, MULTITUDE.

multiplier → MULTIPLE.

multiracial → RACE.

multitude ① *Paris reçoit une multitude de touristes* : **une foule de, un flot de** ◆ ↓ **une (grande) quantité de** ◆ **affluence** (*une grande affluence de...*). *Une multitude d'étoiles* : ↑ **myriade.** *Une multitude de documents* : **amas** ; → TAS. ② *Certains s'efforcent de n'avoir rien de commun avec la multitude* [péj.] : **populace** ◆ [plus cour.] **masse** ; → FOULE. ③ *La multitude des faits*

empêche d'y voir clair : **abondance** ◆ **multiplicité** (qui implique dans ce contexte le désordre). *Une multitude de sauterelles* : [pr.] **nuée** ◆ **armée** (qui implique plus ou moins l'agression) ◆ **légion** ; → FOURMILLEMENT.

municipal *Les bâtiments municipaux ont été agrandis* : **communal.**

municipalité → COMMUNE, VILLE.

munificence
→ MAGNIFICENCE, PRODIGALITÉ.

munificent → PRODIGUE.

munir → ARMER, ÉQUIPER, NANTIR.

mur ① *Monter un mur de briques* : **cloison** (= mur intérieur et de faible épaisseur) ◆ **paroi** (= mur intérieur, face du mur) ◆ **séparation** (qui peut être un mur, un rideau, un paravent, etc.). *Des murs de pierres délimitent les parcelles* : **muret, murette** ◆ **clôture*** (= ce qui délimite un espace, qu'il s'agisse d'un mur ou d'une barrière). ② *Les murs de la vieille ville sont en ruine* : **muraille, rempart** ◆ **enceinte** (= mur fermé). *Le ministre est dans nos murs* : **en ville.** ③ *On l'avait mis au pied du mur* : [plus sout.] **acculer.** *Il se heurte à un mur* : ↑ **obstacle.** ④ *Un mur de bonnes raisons* : → FORTERESSE.

◇ **murer** *Murer une fenêtre* : [rare] **aveugler** ◆ [plus génér.] **boucher*** ◆ **condamner** (qui implique seulement que l'on rend l'usage d'une ouverture impossible). *L'éboulement avait muré les alpinistes* : [plus cour.] **emmurer.**

◇ **se murer** *La veuve s'est murée dans sa solitude* : ↓ **s'enfermer,** ↓ **se renfermer.**

mûr ① *Une femme mûre* : → FAIT I. ② *C'est une jeune fille très mûre* : **posé, réfléchi.** ③ *Il est mûr pour partir loin* : **prêt.**

◇ **mûrement** → LONGUEMENT.

muraille → MUR, REMPART.

murer, muret, murette → MUR.

mûri → PRÉMÉDITÉ.

mûrir ① *Il a longuement mûri son affaire* : [sout.] **méditer** ◆ [fam.] **mijoter** ; → PRÉPARER, PRÉMÉDITER. ② *Ses aptitudes* *mûrissaient rapidement* : [plus cour.] **se développer.** *Il a mûri* : → CHANGER.

mûrissement → MATURATION.

murmure → MURMURER.

murmurer ① [v.t. ; qqn ~ qqch] *Murmurer qqch à qqn* : **chuchoter** ◆ [rare] **susurrer** ◆ **parler bas, à voix basse** (s'emploient sans compl.) ; → SOUFFLER. *On ne le comprend pas, il murmure dans sa barbe* : **marmonner, marmotter** ; → BALBUTIER. ② [v.i. ; qqch ~] *On entend le vent murmurer dans les roseaux* : [sout.] **bruire*.** ③ [v.i. ; qqn ~] *Accepter une punition sans murmurer* ◆ [fam.] **broncher** ◆ [fam.] **bougonner, grogner, grommeler, râler, ronchonner** ◆ [plus génér.] ↑ **protester** (qui se dit aussi d'une expression plus vive du mécontentement) ; → MARMONNER.
◇ **murmure** ① *Les murmures des spectateurs troublèrent le spectacle* : ↓ **chuchotement** ◆ **marmonnement** (= murmure sourd) ◆ [sing.] **bourdonnement.** *Un murmure indistinct* : → BALBUTIEMENT. ② *Le murmure des feuilles* : → BRUISSEMENT. *Le murmure de l'eau* : → GAZOUILLEMENT. ③ *Les murmures des mécontents* : **plainte** ◆ ↑ **protestation,** ↓ **bougonnement.**

musarder → S'AMUSER, AVOIR LE NEZ AU VENT*.

muscle ① *La natation développe les muscles* : [sing.] **musculature.** ② *Être tout en muscles* : **sans graisse.** *Avoir des muscles,* [fam.] *du muscle* : **être musclé** ◆ [fam.] **avoir des biceps** ◆ [plus génér.] **être fort*.**
◇ **musclé** ① → ATHLÉTIQUE, MUSCLE. ② *La réponse est arrivée, précise et musclée* : **énergique, solide.** ③ *Pratiquer une politique musclée* [fam.] : [cour.] **autoritaire.**
◇ **muscler** → RENFORCER.

musclé, muscler → MUSCLE.

musculation → CULTURISME.

musculature → MUSCLE.

muse → INSPIRATEUR.

museau ① *Cet animal s'est blessé le museau* : [plus partic.] **mufle** (qui se dit pour les ruminants) ◆ **groin** (qui se dit pour

les porcs) ◆ **truffe** (qui se dit pour les chiens). ② *Va te laver le museau* [fam.] : [cour.] **figure** ; → VISAGE.

musée *Les touristes ont visité les musées de la ville* : [plus partic.] **muséum** (= musée consacré aux sciences naturelles) ◆ **pinacothèque** (= musée de peinture) ◆ **galerie** (= salle ou collection du musée, ou encore établissement privé exposant des œuvres d'art pour la vente) ◆ [seult dans des loc.] **cabinet** (*cabinet d'objets d'art, cabinet des médailles,* etc.).

museler → RÉDUIRE AU SILENCE*, FAIRE TAIRE*.

muser → FLÂNER.

musette → SAC I.

muséum → MUSÉE.

musical, musicien → MUSIQUE.

musique ① *La musique du régiment joue dans le jardin public* : **fanfare, clique** (qui ne désignent que l'ensemble des cuivres et des percussions d'un orchestre). ② *Goûtez-vous la musique de ce vers ?* [sout.] : [plus cour.] **harmonie.** ③ *Ne me raconte pas de blagues, je connais la musique* [fam.] : **chanson.** *Encore cette histoire ! Change un peu de musique !* [fam.] : **disque, refrain, rengaine.**
◇ **musical** ① *Le son de sa voix était musical* : **chantant, harmonieux, mélodieux.** ② → MUSICIEN.
◇ **musicien** ① *Musiciens et musiciennes exercent une profession artistique* : [plus partic.] **compositeur** (= auteur d'une musique) ◆ **interprète, exécutant*, instrumentiste** (= musicien qui joue d'un instrument) ◆ **chanteur*, cantatrice** (= exécutant de la musique vocale) ◆ **chanteuse** (qui est réservé au domaine de la musique dite « de variétés ») ; → AUTEUR. ② *Il a l'oreille musicienne* : **musical.**

must *C'est le must* : → MODE I.

musulman → ISLAM.

mutation → MUTER.

muter *L'Administration a muté ce fonctionnaire pour raison de service* : **déplacer** ; → AFFECTER.

◇ **mutation** ① *La mutation d'un employé* : **déplacement** ; → AFFECTATION, CHANGEMENT. ② *La mutation des techniques* : **transformation** ; → CONVERSION, RÉVOLUTION.

mutilation, mutilé → MUTILER.

mutiler ① [qqn est ~] *Il a été mutilé d'une jambe dans l'accident* : **estropier**. ② [qqch est ~] *Le texte a été fortement mutilé par la censure* : **amputer, tronquer** ◆ [partic.] **abréger** (qui n'implique pas une altération) ; → CASTRER. *Mutiler la vérité* [sout.] : [cour.] **déformer**. *Des vandales avaient mutilé les statues du parc* : **dégrader** ◆ ↓ **détériorer**, ↓ **endommager**.

◇ **mutilé** *Les mutilés de guerre* : **blessé, invalide** ; → INFIRME.

◇ **mutilation** *La mutilation d'un membre* : **amputation**. *La mutilation des faits* [sout.] : [cour.] **altération, déformation**.

mutin

I → ESPIÈGLE.

II *Les mutins se barricadèrent dans un bâtiment* : **mutiné, révolté**.

◇ **se mutiner** *Des soldats se mutinèrent pendant la Première Guerre mondiale* : **se révolter**.

◇ **mutinerie** *La mutinerie des prisonniers fut provoquée par les mauvais traitements* : **révolte** ; → ÉMEUTE, RÉBELLION.

mutiné, se mutiner, mutinerie → MUTIN II.

mutisme → SILENCE.

mutuel *Le tribunal avait conclu à des torts mutuels* : [plus cour.] **partagé, réciproque**.

◇ **mutuellement** *S'aider mutuellement* : **réciproquement**.

myope *Mais vous êtes myope ! c'est juste devant vous* : [fam.] **bigleux, miro**.

myosotis → BLEU I.

myriade → MULTITUDE.

myrmidon → NAIN.

mystère ① *Les mathématiques n'ont plus de mystère pour lui* : **secret**. ② *Ne faites donc pas tant de mystère !* : [pl.] **cachotteries**. ③ *Il fait grand mystère de ce qu'il entreprend* : [cour.] ↓ **cacher***. *Lever le mystère* : → DÉMYSTIFIER. ④ → ÉNIGME.

◇ **mystérieux** ① *Personne ne connaissait vraiment cet homme mystérieux* : **secret** ; → ÉNIGMATIQUE. ② *Malgré les efforts des enquêteurs, le crime restait mystérieux* : **inexplicable** ; → INCOMPRÉHENSIBLE, TÉNÉBREUX. ③ *Des motifs mystérieux* : → CACHÉ, OBSCUR.

◇ **mystérieusement** : **inexplicablement** ; → ÉNIGMATIQUEMENT.

mystérieusement, mystérieux → MYSTÈRE.

mystification → MYSTIFIER.

mystifier *Les enfants avaient mystifié leur camarade avec leur histoire de trésor caché* : [plus cour.] **tromper** ◆ ↓ **duper** ◆ [sout.] **berner** ◆ [fam.] **faire marcher** ; → JOUER IV.

◇ **mystification** ① *Les discours sur la supériorité de la race blanche sont une mystification* : ↓ **imposture**, ↓ **tromperie**. ② *Préparer une mystification* : → ATTRAPE, CANULAR, PLAISANTERIE.

mystique → CROYANT, INSPIRÉ.

mythe → LÉGENDE, TRADITION.

mythique → IMAGINAIRE.

mythomane → FABULATEUR, MENTEUR.

mythomanie → FABULATION.

N

nabab → RICHE.

nabot → NAIN.

nævus → TACHE II.

nage → NAGER.

nager ① *Les enfants nageaient dans la piscine* : **se baigner.** ② [qqch ~] *Quelques légumes nageaient dans le bouillon* : **baigner, flotter.** ③ → RAMER. ④ *Nager dans ses vêtements* : → FLOTTER. ⑤ *Elle nageait dans la joie* : **baigner.** ⑥ *Savoir nager. Il a toujours su nager comme il le fallait* : **manœuvrer** ◆ [fam.] **se débrouiller.** ⑦ *L'épreuve était difficile, les candidats nageaient* [fam.] : **patauger** ◆ [cour.] **perdre pied*** ; → ÊTRE DANS LE BROUILLARD*.

◇ **nage** ① *Une épreuve de nage* : **natation.** ② *Être en nage* : → SUEUR.

◇ **nageur** *Il s'en tire toujours, c'est un nageur* [fam.] : **débrouillard.**

nageur → NAGER.

naguère ① → ANCIENNEMENT. ② → AVANT.

naïf ① *Elle est encore naïve* : ↑ **innocent,** ↑ **inexpérimenté** ◆ [sout.] **ingénu.** *Le procédé est un peu naïf* : **enfantin*, simple*.** *Une vision naïve des choses* : → IDYLLIQUE. ② *Vous êtes naïf de croire à ses promesses* : **crédule, niais** ◆ ↑ **nigaud** ◆ [fam.] **jobard, poire** ◆ [fam, vieilli] **gobe-mouches, gogo** ; → CANDIDE, CONFIANT. *Ne pas être naïf* : → DUPE. ③ *Une gaieté naïve* : → NATUREL.

◇ **naïveté** ① *Profiter de la naïveté du public* : **crédulité** ; → BÊTISE. ② *Faire preuve de naïveté* : **candeur*, inexpérience*** ◆ [sout.] **ingénuité** ; → SIMPLICITÉ.

◇ **naïvement** : **candidement, ingénument.**

nain Désigne une personne dont la taille est anormalement petite : [fam., péj.] **nabot** ◆ [péj.] **avorton, gnome** (qui évoquent, en plus de la petitesse, une mauvaise conformation) ◆ [sout., vx et péj.] **myrmidon, pygmée** (qui désignent un petit homme chétif et insignifiant).

naissance → NAÎTRE.

naître ① → VENIR AU MONDE* II. ② *Être né pour. Il est né pour peindre* : **destiné à.** *Ils sont nés l'un pour l'autre* : **fait pour.** *Naître à. Il a fini par naître à l'amour* [sout.] : [plus cour.] **s'éveiller.** ③ *La coopération entre les deux pays est née de longues négociations* [sout.] : [cour.] **résulter.** *L'industrie française est née au XVIIIᵉ siècle* : **commencer*.** *L'idée est née lentement* : **germer.** ④ *Le jour naît* : **apparaître, se lever, paraître.** *Le blé naît* : **percer, pointer.** ⑤ *Leur brouille naquit d'une équivoque* : **être causé par, provenir** ; → SURGIR. ⑥ *Faire naître. Faire naître la crainte* : **éveiller.** *L'explosion fit naître la panique* : **provoquer, susciter** ; → ENGENDRER. *Faire naître des troubles* : → EXCITER, PRODUIRE.

◇ **naissance** ① *La naissance de jumeaux* : **accouchement, mise au monde.** *Donner naissance* : → ACCOUCHER. *Lieu de naissance* : → BERCEAU. *De naissance* : **inné.**

② *Être de bonne naissance* : **extraction, origine.** ③ *Prendre naissance* : **commencer.** *La naissance de la grande industrie* : **commencement** ; → ORIGINE, DÉBUT. *La naissance du jour* : **apparition, lever.** *La naissance d'une idée* : [sout.] **éclosion.** *La naissance d'une rivière* : [plus cour.] **source.** ④ *Contrôle des naissances* : → CONTRACEPTION.

naïvement, naïveté → NAÏF.

nana → FEMME.

nanan *C'est du nanan* [fam.] : **c'est du gâteau, de la tarte** ◆ [cour.] **très agréable*** ; → DÉLICIEUX.

nanar → FILM.

nanti → BOURGEOISIE, RICHE.

nantir *Ses parents l'ont nanti d'argent de poche* [très sout.] : [cour.] **munir, pourvoir.**

napperon → SET.

narcissique → ÉGOTISTE.

narcissisme → ÉGOÏSME.

narcotique → DROGUE, HYPNOTIQUE.

narguer → SE MOQUER.

narine → TROU* DE NEZ.

narquois
→ IRONIQUE, MALICIEUX, MOQUEUR, RAILLEUR.

narration → NARRER.

narrer *Il a narré son voyage en détail* [sout.] : [cour.] **raconter*, relater** ◆ [partic.] **rapporter** (= narrer ce que l'on a appris) ; → CONTER.

◇ **narration** ① *Une narration coupée d'anecdotes* : **récit, relation.** ② → RÉDACTION.

narthex → PORTIQUE.

nase ① [n.m.] → NEZ. ② [adj.] → FOUTU.

natation → NAGER.

natif ① *Il est natif de Lyon* [vieilli] : [cour.] **originaire** ; → AUTOCHTONE, NATUREL. ② *Elle avait une peur native de l'eau* [sout.] : [cour.] **inné, naturel.**

nation *L'idée de nation s'est construite au cours des siècles* : **pays** (= territoire d'une nation et ensemble de ses habitants) ◆ **État** (qui renvoie à la forme d'organisation d'un territoire et de ceux qui l'occupent) ◆ **patrie** (qui implique l'idée d'attachement au territoire habité) ◆ **peuple** (ensemble des individus qui appartiennent à une même communauté : *s'adresser au peuple français, à la nation française*) ; → PUISSANCE.

◇ **national** *Service national* : → SERVICE.

◇ **nationaliser** *Les chemins de fer ont été nationalisés après 1945* : **étatiser.**

◇ **nationalisation** : **étatisation.**

◇ **nationalisme** *Le nationalisme revendique la prééminence des intérêts nationaux sur tous les autres* : [péj.] ↑ **chauvinisme** ◆ [cour. au Québec, néol. en France] **souverainisme** (= qui défend les intérêts souverains d'un État dans une fédération) ; → DISSIDENCE, PATRIOTISME.

◇ **nationaliste** [avec les mêmes nuances] : ↑ **chauvin, souverainiste** ; → XÉNOPHOBE.

◇ **national-socialisme** a pour syn. courant **nazisme** ◆ [plus génér.] **fascisme** ◆ **néonazisme** (= mouvement inspiré du nazisme) ; → ABSOLUTISME, EXTRÉMISME.

◇ **national-socialiste** : **nazi** ◆ **nazillon** (= jeune nazi) ◆ [plus génér.] **fasciste,** [fam.] **facho** ◆ **néonazi** ; → ABSOLU I, EXTRÉMISTE.

◇ **nationalité** *Acquérir la nationalité française* : **citoyenneté** (qui concerne les droits et les devoirs civils et politiques).

national, nationalisation, nationaliser, nationalisme, nationaliste, nationalité, national-socialisme, national-socialiste → NATION.

Nativité *Le 25 décembre est, pour les chrétiens, le jour de la Nativité* [didact.] : [cour.] **Noël.**

natte ① → TRESSE. ② → TAPIS.

natter → ENTRELACER.

nature [n.f.] ① *L'homme et la nature* : → CRÉATION, UNIVERS. ② *Un enfant de nature délicate* : **constitution ◆** [sout.] **complexion ◆** [partic.] **santé ;** → DISPOSITION. ③ *Avoir une nature romanesque* : **caractère ◆** [plus précis] **tempérament ;** → NATUREL. *C'est une forte nature* : **personnalité.** ④ *Ce n'est pas avec ces arguments de cette nature que vous convaincrez* : **espèce, genre, ordre, sorte ◆** [fam.] **acabit, calibre.** ⑤ *De nature à. La décision était de nature à mécontenter tout le monde* : **propre à, susceptible de.** *Par nature. Il est par nature plutôt discret* : **naturellement, spontanément.** ⑥ [adj.] *C'est un homme très nature* [fam.] : [cour.] **naturel, spontané.**

◇ **naturel** [n.m.] ① *On s'extasie souvent sur le naturel des remarques enfantines* : **fraîcheur, spontanéité* ;** → NAÏF. ② *Il jouait avec beaucoup de naturel un rôle difficile* : **aisance, facilité ;** → AISE, RONDEUR, ABANDON II. *Être plein de naturel* : → VÉRITÉ. ③ *Il est d'un naturel enjoué* : **caractère, nature, tempérament* ;** → INSTINCT. ④ *Les naturels d'un pays* [vieilli, rare] : **indigène ◆** [plus cour.] **natif.**

◇ **naturel** [adj.] ① *Céder sa place à une personne âgée est tout à fait naturel* : **normal ;** → COMPRÉHENSIBLE, LOGIQUE, RAISONNABLE, CELA VA DE SOI*. ② *Les besoins naturels* : **de la nature, physiologique ◆** [moins cour.] **corporel.** *Un style naturel* : → AISÉ. *Un homme naturel* : → VRAI. *Un talent naturel* : → INNÉ, NATIF. *De la soie naturelle* : → BRUT. *Une gaieté naturelle* : **naïf, spontané.** ③ *C'est un enfant naturel* : **illégitime ;** → BÂTARD.

◇ **naturellement** ① **spontanément.** ② *Naturellement, tu as déchiré ton pantalon !* : **bien entendu, bien sûr, évidemment.** ③ *Vous venez, naturellement* : → DIRE (*cela va sans dire*), ENTENDU (*c'est entendu*). *Vous venez ? – Naturellement !* : **et comment*, évidemment.**

◇ **naturaliser** ① *Il avait appris à naturaliser les oiseaux* : [partic.] **empailler** (qui ne s'emploie que pour les animaux). ② *Naturaliser des arbres exotiques* : → ACCLIMATER.

◇ **naturalisation** ① *La naturalisation d'un oiseau* : **empaillage ◆** [didact.] **taxi-dermie.** ② *La naturalisation d'un arbre* : → ACCLIMATATION.

◇ **naturaliste** : **empailleur ◆** [didact.] **taxi-dermiste.**

naturalisation, naturaliser, naturaliste, naturel, naturellement → NATURE.

naturisme *Être un adepte du naturisme* : [partic.] **nudisme.**

◇ **naturiste** : **nudiste.**

naturiste → NATURISME.

naufrage *Faire naufrage* : → SOMBRER.

naufrageur → FOSSOYEUR.

nauséabond → DÉSAGRÉABLE, ÉCŒURANT, PUANT.

nausée ① → DÉGOÛT. ② *Avoir la nausée* : → ENVIE DE VOMIR*.

navel → ORANGE.

navet → FILM.

navette → VA-ET-VIENT.

navigant → VOLANT I.

navigateur ① → MARIN. ② → AVIATEUR.

navigation *La Marine nationale contrôlait la navigation* : **cabotage** (= navigation marchande le long des côtes, en particulier entre les ports d'un même pays).

naviguer → FAIRE VOILE* III.

navire → BATEAU I.

navrant, navré → NAVRER.

navrer ① *Sa profonde peine me navre* [sout.] : **affecter ◆** [cour.] **affliger ◆ ↓ chagriner, ↓ désoler ;** → ATTRISTER. ② *Leur indifférence me navre* [sout.] : **consterner ◆** [cour.] **↓ contrarier.**

◇ **navré** *Un air navré* : **désolé ◆ ↑ contrarié ;** → CONFUS II, FÂCHÉ. *Il est navré* : → LA MORT DANS L'ÂME*, REGRETTER.

◇ **navrant** *Un échec navrant* : **affligeant, consternant, désolant, pénible ;** → TRIS-

TE **II.** *Ce film est tout à fait navrant* : **lamentable ; → ATTRISTANT.**

nazi, nazillon → NATIONAL-SOCIALISTE.

nazisme → NATIONAL-SOCIALISME.

néanmoins *Néanmoins, vous devriez venir* : **toutefois ; → CEPENDANT, MAIS I.**

néant → VANITÉ I, VIDE II. *Réduire à néant* : → ANNULER.

nébuleuse → ÉTOILE.

nébuleux *Il essayait de suivre cette conversation nébuleuse* : **confus, obscur ♦** [fam.] **fumeux ; → NUAGEUX.** *Des idées nébuleuses* : **flou, vague.**

◇ **nébulosité** *La nébulosité d'une explication* : [plus cour.] **confusion, flou ♦ ↑ obscurité.**

nébulisateur → VAPORISATEUR.

nébulosité → NÉBULEUX.

nécessaire

I [adj.] **①** *Il a toutes les qualités nécessaires* : **requis ♦ ↓ désirable ; → UTILE.** **②** *Les survivants manquaient de ce qui était nécessaire* : **essentiel ; → INDISPENSABLE.** **③** *Être la suite nécessaire de qqch* : **inévitable, obligatoire, obligé ; → LOGIQUE.** *Il est nécessaire que* : → FALLOIR. *Son intervention est nécessaire* : → S'IMPOSER. **④** *Avoir le temps nécessaire pour* : **matériel*** (*avoir le temps matériel de*).

◇ **nécessairement①** *Il doit nécessairement partir avant les grandes chaleurs* : **absolument.** **②** *Ils se rencontreront nécessairement* : **forcément, inévitablement, obligatoirement ; → FATALEMENT.** **③** *Pensez-vous qu'il acceptera ? – Pas nécessairement* : **ce n'est pas certain, pas sûr.**

II [n.m.] *Un nécessaire de voyage* : **trousse.**

nécessairement → NÉCESSAIRE I.

nécessité ① *Elle ne croit pas à la nécessité de prendre des sanctions* : **obligation.** *Quelle nécessité y a-t-il de retarder le départ ?* : **besoin.** **②** *Vous le choquez sans nécessité* : **inutilement.** **③** *La population*

était dans la nécessité [sout., vieilli] : [cour.] **besoin, dénuement ♦ ↑ détresse, ↓ gêne ; → PAUVRETÉ.** **④** *Des produits de première nécessité* : **indispensable.** **⑤** [souvent au pl.] *Les nécessités de la concurrence* : **contrainte, exigence.**

nécessiter → DEMANDER, RÉCLAMER, REQUÉRIR.

nécessiteux *L'organisation charitable aidait les familles nécessiteuses, les nécessiteux* : **indigent ; → MALHEUREUX II, PAUVRE II.**

nec plus ultra → FIN III.

nécromancie → DIVINATION.

nécromancien → DEVIN.

nécropole → CIMETIÈRE.

nectarine → PÊCHE I.

néerlandais → HOLLANDAIS.

nef → VAISSEAU II.

néfaste *L'extrême sécheresse fut néfaste pour les récoltes* : [sout.] **↑ funeste ♦** [cour.] **désastreux ♦ ↓ défavorable ; → FATAL.** *Être néfaste* : → PORTER MALHEUR*. *Avoir une influence néfaste* : **nuisible ; → MAUVAIS.**

nèfle *Des nèfles* : → RIEN I.

négatif ① [qqn est ~] *La réunion n'avançait pas, il était trop négatif* : **↓ critique.** **②** [qqch est ~] *Les résultats restaient malheureusement négatifs* : **nul.**

◇ **négative** *Il a répondu par la négative à toutes les propositions* : **par non, par un refus, refuser** (*il a refusé...*). *Dans la négative, prévenez-moi* : **si c'est non.**

négation *Votre point de vue constitue une négation du progrès* : **condamnation, rejet.**

négationnisme *Le négationnisme nie l'existence des chambres à gaz nazies* : **révisionnisme.**

◇ **négationniste** : **révisionniste.**

négative → NÉGATIF.

négligé → NÉGLIGER.

négligeable → MENU I, MINIME, RIDICULE.

négligence, négligent → NÉGLIGER.

négliger ① [~ qqch] *Il néglige sa santé* : ↓ **se désintéresser de** ◆ [fam.] **se ficher de** ◆ [très fam.] **se foutre de.** *Négliger sa maison* : **laisser à l'abandon*, de côté, laisser aller*** ◆ [fam.] **laisser tomber.** *Négliger son intérêt* : **sacrifier.** ② *Il néglige tous les avertissements* : ↑ **passer outre.** *Vous n'avez pas à négliger cette proposition* : **écarter.** *Négliger un point* : **faire abstraction*, méconnaître*.** *Négliger un dossier* : **laisser dormir.** ③ [~ de faire qqch] *Négliger de prendre des précautions élémentaires* : ↓ **omettre,** ↓ **oublier.** ④ [~ qqn] *Il néglige ses amis* : **laisser de côté, délaisser** ◆ [fam.] **laisser tomber ;** → ABANDONNER.

◇ **négligé** ① [adj.] *Une tenue négligée* : → DÉBRAILLÉ, SALE. *Un fait négligé* : ↑ **ignoré*.** ② [n.m.] *Elle portait des négligés transparents* [sout.] : **déshabillé.**

◇ **négligence** ① *Cette négligence dans votre travail est impardonnable* : ↑ **paresse** ◆ ↓ **inattention ;** → OUBLI, RELÂCHEMENT. ② *La négligence des services de sécurité* : ↑ **incurie,** ↑ **carence.** ③ *La négligence d'une tenue* : **laisser-aller.**

◇ **négligent** *Un élève négligent* : ↓ **inattentif, inappliqué** (qui n'impliquent qu'un manque d'attention), **sans soin.**

négoce → COMMERCE I.

négociable → VENDABLE.

négociant → COMMERÇANT.

négociateur → INTERMÉDIAIRE.

négociation → NÉGOCIER II.

négocier

I → ABORDER II.

II *Négocier habilement une affaire* : **discuter, traiter ;** → DÉBATTRE.

◇ **négociation** *Les négociations ont permis un accord* : [surtout au pl.] **pourparlers** ◆ [plus génér.] **discussion** ◆ **tractation** (souvent péj. au pl.) ◆ **marchandage** (= négociation pour obtenir un avantage) ◆ **marathon** (= négociation longue et laborieuse) ; → CONVERSATION.

nègre *Un nègre* [péj., souvent raciste] : → NOIR. *Travailler comme un nègre* : → FORÇAT.

neige *Un temps de neige* : **neigeux.** *Des pistes couvertes de neige* : **enneigé ;** → PRÉCIPITATION.

neigeux → NEIGE.

néné → SEIN.

nénette → FILLE, FEMME.

néologisme → MOT NOUVEAU*.

néonazi → NATIONAL-SOCIALISTE.

néonazisme → NATIONAL-SOCIALISME.

néophyte → NOVICE.

népotisme [très sout.] Ce terme s'emploie pour désigner l'attitude d'un homme en place qui, par son influence, donne des avantages aux membres de sa famille, à ses amis : [plus génér.] **favoritisme** (= tendance à attribuer des avantages sans souci du mérite, quel qu'en soit le bénéficiaire).

nerf ① [sing.] *Un peu de courage, ça manque de nerf !* [fam.] : [cour.] **vigueur.** ② [pl.] *Porter, taper sur les nerfs* : **agacer, énerver*, irriter** ◆ ↑ **exaspérer** ◆ [fam.] **mettre en boule.** *Avoir les nerfs en boule, en pelote* [fam.] : [cour.] **être irrité.** *Je ne sais ce qu'il a aujourd'hui, il a ses nerfs* [fam.] : [cour.] **être irritable.** *Être à bout de nerfs* : **énervé*.**

◇ **nerveusement** : **fébrilement, impatiemment.**

◇ **nerveux** ① *Son retard me rend nerveux* : **fébrile ;** → AGITÉ, ÉNERVÉ, IMPATIENT, TENDU. ② *Vous n'avez pas l'air très nerveux ce matin !* : ↑ **vigoureux.** ③ *Un style nerveux* : **concis*** ◆ [partic.] **énergique.**

◇ **nervosité** ① *L'absence de nouvelles expliquait sa nervosité* : [plus génér.] **agitation.** *Être dans un état de grande nervosité* : **énervement, irritation** ◆ ↓ **agacement,** ↑ **exaspération.** ② → CONCISION.

nerveusement, nerveux → NERF.

nervi *Des nervis étaient au service du dictateur* : [péj.] **sbire.**

nervosité → NERF.

n'est-ce pas → NON I.

net

I [adj.] ① *Une maison très nette* : **bien tenu, propre** ◆ ↑ **impeccable** ◆ [fam.] **briqué, nickel** ; → ORDONNÉ, SOIGNÉ. ② *Il avait une écriture nette* : **clair.** *Parler d'une voix nette* : **distinct.** ③ *Il réaffirma sa position en termes nets* : **clair*, explicite, formel** ; → TRANCHÉ. ④ *Il y a une différence très nette entre les deux frères* : **marqué, prononcé, significatif** ; → SENSIBLE II. ⑤ *C'était une explication très nette* : **lumineux.** *Il a un esprit net* : **lucide.** *Une opposition nette* : **franc*, tranché.** *La conscience nette* : **pur*.** *Une réponse nette* : **catégorique*, affirmatif*.** *Des preuves nettes* : **certain*.** *Des progrès très nets* : **important*.** *Des images nettes* : **distinct, précis.** ⑥ *Les revenus étaient nets de tout impôt* : **exempt.** ⑦ *Après l'avis d'expulsion, les locataires ont dû faire place nette* : [plus cour.] **vider les lieux.**

◇ **net** [adv.] ① *Le conducteur a été tué net* : **sur le coup, brutalement.** ② *Parler net* : **franchement** ; → FRANC II. *Dire tout net* : **nettement** ; → CRU I, HAUT III.

◇ **net** [n.m.] *Il a mis sa copie au net* : **au propre.**

◇ **nettement** ① *Il est nettement plus adroit que son père* : **beaucoup.** *Il est nettement le plus fort* : **de beaucoup.** ② *Des contours nettement marqués* : **distinctement, fortement*** ; → SENSIBLEMENT. ③ *Affirmer nettement une opinion* : **hautement*.** *Dites nettement ce que vous pensez* : **clairement, franchement** ; → AFFIRMATIVEMENT, NET I.

◇ **netteté** ① *La maison était d'une netteté irréprochable* : **propreté.** ② *La netteté des images* : **clarté, précision*.**

II [n.m.] → INTERNET.

nettement, netteté → NET I.

nettoiement, nettoyage → NETTOYER.

nettoyer Verbe de sens général (= rendre net) qui accepte des syn. variés et plus précis. ① [~ qqch] *Elle nettoyait sa maison du matin au soir* : **faire le ménage** ◆ **balayer** (= nettoyer avec un balai) ◆ **laver** (= nettoyer à l'eau) ◆ [fam.] **briquer** ◆ **épousseter, essuyer** (*elle essuie les meubles avec un chiffon de laine*) ◆ **décaper, décrasser, désencrasser** (*décaper, décrasser, désencrasser un parquet*) ◆ **dégraisser, détacher** (*dégraisser des vêtements*) ◆ **astiquer, fourbir** (*astiquer des cuivres*) ◆ **récurer** (*récurer des casseroles*) ◆ **rincer** (*rincer des bouteilles*) ◆ [didact.] **curer** (*le cantonnier cure le fossé*) ◆ **ratisser** (*ratisser une allée*) ; → DÉTACHER, ÉPURER, FROTTER. ② [~ qqch] *Nettoyer un grenier* : **vider** ; → DÉBARRASSER. ③ [~ qqn, qqch] *Il a été complètement nettoyé au casino* [fam.] : **lessiver** ◆ [cour.] **ruiner.** *Il a nettoyé son héritage en trois mois* [fam.] : [cour.] **dilapider.** ④ [~ qqn] *Cette marche trop longue m'a nettoyé* [fam.] : **vider** ◆ [cour.] **épuiser, éreinter** ; → SE TUER.

◇ **se nettoyer** ① → S'AMÉLIORER. ② → SE LAVER.

◇ **nettoyage** ① *Le nettoyage de la maison* : **entretien, nettoiement** ◆ [plus partic.] **balayage** ◆ [plus précis] **astiquage, décrassage, dégraissage, détachage, époussetage, essuyage, fourbissage, récurage** ; → LAVAGE. *Le nettoyage du linge* : **blanchissage.** *Le nettoyage d'une façade* : [plus précis] **ravalement.** *La direction prépare le nettoyage du personnel* [fam.] : [cour.] **licenciement** ; → COUP DE BALAI*.

neuf

I [adj.] ① *Proposer des idées neuves* : **nouveau** ◆ ↑ **original.** *Des sentiments neufs* : → INCONNU I. ② *Il était neuf dans ce métier* : **inexpérimenté, novice.** ③ *Il me reste des cartouches neuves* : **non utilisé*.**

II [n.m.] ① *Il y a du neuf dans les négociations* : **nouveau*.** ② *Remettre à neuf* : **rénover, restaurer.**

neuneu → NIAIS.

neurasthénie → DÉPRESSION, MÉLANCOLIE, TRISTESSE.

neurasthénique → HYPOCONDRIAQUE, MÉLANCOLIQUE.

neutralisation → ANNULATION.

neutraliser, neutralité → NEUTRE.

neutre ① *Rester neutre dans une querelle* : **impartial ;** → **ÉQUITABLE, S'ABSTENIR.** *Il relata les faits d'une façon neutre* : ↑ **impartial,** ↑ **objectif.** *Un ton neutre* : **impersonnel.** ② *Une couleur neutre* : **discret*.**

◇ **neutraliser** *Les médicaments neutralisèrent le mal* : ↓ **enrayer.** *Son intervention neutralisa les mots très durs déjà employés* : [sout.] **annihiler, compenser.** *Neutraliser un conflit* : **désamorcer.**

◇ **se neutraliser** *Les deux forces se neutralisaient* : **s'annuler.**

◇ **neutralité** ① *La politique de neutralité d'un État* : **abstention, non-engagement.** ② *La neutralité d'une expérience* : **impersonnalité ;** → **OBJECTIVITÉ.**

névralgie → **MIGRAINE.**

névralgique *Un point névralgique* : → **SENSIBLE I.**

névropathe → **CARACTÉRIEL.**

névrosé → **CARACTÉRIEL.**

nez ① [très fam.] **blair, blase, nase, pif, tarin.** ② *Au nez de. L'élève a copié au nez du professeur* : [cour.] **devant.** *À vue de nez. L'expert estima les dégâts à vue de nez* : **approximativement.** ③ *À plein nez. Ça sentait le fumier à plein nez* [fam.] : [cour.] **sentir très fort.** *Au nez. Il m'a fermé la porte au nez* : **ne pas recevoir, rebuter.** *Se manger* [fam.], *se bouffer* [très fam.] *le nez* : → **SE BATTRE, SE QUERELLER.** *Avoir un verre dans le nez* : → **IVRE, SOÛL.** *À cause de la pluie, il ne mettait pas le nez dehors* : **sortir.** *Se trouver nez à nez avec qqn* : → **SE RENCONTRER.** *Ne cherche pas tes lunettes, tu as le nez dessus, tu las as sous le nez* : **avoir près* de soi.** *Malgré tous ses efforts, il s'est encore cassé le nez* [fam.] : [cour.] **échouer.** *Se casser le nez à la porte de qqn* : → **TROUVER.** *Il nous a ri au nez* : **se moquer** (*il s'est moqué de nous*). *Il a eu du nez, le nez creux, fin* : **flair, intuition, perspicacité.**

niais ① [adj.] *Ce garçon un peu niais n'a rien compris* : **nigaud ♦ benêt** (= qui fait preuve d'un excès de simplicité) ♦ [fam.] **dadais, gourde, nouille ;** → **SIMPLE.** *Prendre un air niais* : [fam.] **bébête ♦** ↑ **innocent ;**

→ **CANDIDE.** *Une émission un peu niaise* : [fam.] **neuneu, nunuche ♦** ↑ **nul.** ② [n.] *C'est un niais qui se laisse aisément tromper* : **nigaud ♦** [fam.] **andouille, cornichon, cruche, godiche, serin ♦** [très fam.] **gogo, jobard** (= celui qui se laisse aisément dépouiller de son argent) ♦ [très fam.] **couenne ;** → **NAÏF, BALOURD, SOT.** *Quelle niaise !* [seult au fém.] : **dinde, oie.**

niaiserie → **BÊTISE, ENFANTILLAGE, SOTTISE.**

niche → **ATTRAPE, TOUR III.**

nichée → **NICHER.**

nicher ① *Les oiseaux nichaient dans la grange* : [didact.] **nidifier.** ② *Je me demande où il niche maintenant* [fam.] : **crécher, percher ♦** [cour.] **habiter, loger ;** → **DEMEURER.** ③ *Où as-tu encore niché tes affaires ?* [fam.] : **caser ♦** [génér.] **mettre.**

◇ **se nicher** *Le chaton s'était niché sous le lit* : **se cacher, se réfugier ;** → **SE BLOTTIR.**

◇ **nichée** *L'hirondelle nourrit sa nichée* : **nid, couvée.**

nichon → **SEIN.**

nickel → **NET I.**

nicotinisme → **TABAC.**

nid ① *Un nid de brigands* : → **REPAIRE.** ② *Nourrir le nid* : → **NICHÉE.** ③ *Nid-de-poule* : → **TROU.**

nidifier → **NICHER.**

nier ① *L'accusé a nié tous les faits* : **dénier** (= refuser de reconnaître qqch comme sien : *l'automobiliste dénia toute responsabilité dans l'accident*) ♦ **contester, mettre en doute*** (= nier la justesse d'un fait, d'un principe : *il conteste tous les témoignages*) ; → **CONTREDIRE.** ② *Je ne nie pas votre bonne volonté* : [sout.] **disconvenir de ;** → **DÉNÉGATION.**

nigaud → **NIAIS.**

night-club → **BAL, DISCOTHÈQUE.**

nimbe *Le peintre a représenté un nimbe autour de la tête des personnages* [didact.] :

n'importe

[cour.] **auréole, couronne de gloire** ◆ [plus génér.] **halo.**

n'importe *N'importe qui, n'importe comment, n'importe quand* → IMPORTER. *Du n'importe quoi :* → IMPROVISATION.

nipper → NIPPES.

nippes *Être couvert de nippes :* → VÊTEMENT.

◇ **nipper** *Être nippé. Il est toujours mal nippé* [fam.] : **fringuer** ◆ [cour.] **habiller** ; → VÊTIR. *Se nipper* [fam.] : [cour.] **s'habiller** ; → SE SAPER.

nique *Faire la nique :* → SE MOQUER.

niquer ① → BAISER I. ② *Niquer l'administration :* → TROMPER.

nitouche → SAINTE-NITOUCHE.

niveau ① *L'eau arrivait au niveau du premier étage :* **hauteur.** *Le deuxième niveau d'un magasin :* → ÉTAGE. ② *Il ne sait pas se mettre au niveau de ses collaborateurs :* [moins cour.] **au diapason de, à la hauteur de** ; → PORTÉE. *C'est au niveau de la Région que les décisions sont prises :* **à l'échelon de.** *Être de même niveau :* → FORCE, RANG II. *Des niveaux différents :* → DEGRÉ II.

◇ **niveler** ① *Niveler un terrain :* **aplanir*.** ② *La crise économique n'avait pas nivelé les revenus :* **égaliser.**

◇ **nivellement** : **aplanissement, égalisation.**

niveler, nivellement → NIVEAU.

noble

I [n.] *Autrefois les nobles possédaient des droits exorbitants :* **aristocrate, grand** ◆ **gentilhomme** (= noble attaché à la maison du roi) ◆ [péj.] **nobliau** (= qqn de petite noblesse).

II [adj.] ① *Il prétend être issu d'une famille noble :* **aristocratique.** ② *Toute sa vie fut emplie d'actions nobles :* [plus génér.] **grand** ; → SUBLIME. ③ *Ses ennemis lui reconnaissaient un caractère noble :* **élevé*** ◆ [plus cour.] **généreux.** ④ *Les comédiens avaient une noble allure dans leurs costumes anciens :* ↑ **imposant,** ↑ **majestueux** ; → BEAU. ⑤ *Un style noble :* → ÉLEVÉ, RELEVÉ.

◇ **noblement** *Il refusa noblement toute aide* [sout.] : [cour.] **dignement.**

◇ **noblesse** ① *La noblesse refusait les institutions de la république :* **aristocratie.** ② *La noblesse d'un caractère :* **générosité.** *La noblesse d'une action :* **grandeur** ; → BEAUTÉ. *La noblesse d'une réponse :* **dignité,** ↑ **élévation*.**

noblement, noblesse, nobliau → NOBLE.

noce ① *Il a été invité à la noce, aux noces :* **mariage*.** ② *Ces jeunes gens passent leurs soirées à faire la noce* [fam.] : **nocer** ◆ [fam.] **faire la bombe*, la fête*, la java, la nouba** ; → DÉBAUCHE.

nocer → NOCE.

noceur → FÊTARD, JOUISSEUR, NOCTAMBULE.

nocif ① *L'influence nocive de la télévision sur les jeunes enfants :* **nuisible.** ② *L'utilisation de gaz nocifs au cours d'une guerre :* **toxique** ◆ [didact.] **délétère.**

noctambule *Les noctambules fréquentent les boîtes de nuit :* [fam. ou péj.] **fêtard, noceur** ◆ [fam.] **couche-tard, nuitard.**

nocturne → NUIT.

Noël → NATIVITÉ.

nœud ① → LIEN. ② *Les deux parties s'attaquaient au nœud du problème :* **point* principal** ; → FOND, MATIÈRE. *Le nœud d'un débat :* **centre.** ③ *C'est un sac de nœuds :* → CAS.

◇ **nouer** ① *Nouer ses cheveux avec un élastique :* **attacher, lier.** *Nouer une ficelle autour d'un paquet :* [partic.] **entortiller** (= tordre plusieurs tours pour attacher). ② *Il nouait la conversation avec le premier venu :* **engager** ; → LIER. *Nouer des relations :* → ÉTABLIR. ③ *Bien nouer l'intrigue d'un roman :* **organiser.** *Nouer un complot* [vieilli] : [vieilli, sout.] **ourdir** ◆ [cour.] **organiser.** ④ *L'âge lui avait noué les articulations :* **raidir.**

noir

I [adj.] ① *Cet enfant a encore les mains noires* : **sale*** ◆ ↑ **crasseux.** ② *Il revenait tout noir d'un séjour au bord de la mer* : ↓ **bronzé*.** *Des cheveux très noirs* : **noir aile de corbeau*, de jais.** ③ *Les rues noires étaient dangereuses* : **obscur.** *L'orage s'approchait et le ciel devenait tout noir* : **sombre** ◆ ↓ **couvert.** ④ *Aimer l'humour noir* : **macabre*.** ⑤ *Il est complètement noir* [fam.] : **ivre*, soûl*.** ⑥ *Une place noire de monde* : **plein*.** ⑦ *Acheter des objets au marché noir* : **clandestin.** [par ellipse] *Au noir. Le travail au noir* : **non déclaré.**

II [n.m.] ① *Avoir peur dans le noir* : **obscurité.** ② *Il passe sans cesse du blanc au noir* : [plus sout.] **être versatile.** *Depuis la mort de sa femme, il broie du noir* : ↓ **être triste.** *Voir tout en noir* : **être pessimiste.** ③ *Un noir, un petit noir* : → CAFÉ II.

III [n., avec une majuscule] *L'Europe s'est enrichie avec la traite des Noirs* : [péj., souvent raciste] **nègre** ◆ [anglic., fam.] **black.**

◇ **noirceur** *La noirceur du crime suscitait l'horreur* : [très sout.] **perfidie.**

◇ **noircir** ① [qqch ~] *Le travail à la mine lui noircissait le visage* : **charbonner** ◆ ↓ **salir.** ② [~ qqn, qqch] : → DISCRÉDITER. *Noircir une situation* : **dramatiser.** ③ [~ qqch] *Noircir du papier* : **gratter*.** *Noircir une feuille* : → MACULER. ④ [qqch ~] *Sa peau a noirci* : **brunir** ◆ ↑ **BRONZER.** *Le ciel noircit* : **se noircir, s'assombrir.**

◇ **se noircir** ① → NOIRCIR. ② *Il s'est noirci au vin rouge* [fam., vieilli] : [cour.] **s'enivrer ;** → SOÛLER.

noirceur, noircir → NOIR.

noise *Chercher noise* : → QUERELLER.

noisette → NOIX.

noix ① *Donnez-moi une noix de beurre, s'il vous plaît* : **noisette** ◆ [moins express.] **un peu.** ② *Quelle noix, c'est une noix !* [fam., vieilli] : [cour.] **imbécile.** ③ *Un acteur à la noix* : → GOMME, MANQUE. ④ *Une coquille de noix* : → BATEAU.

noliser *Le voyagiste a nolisé plusieurs avions* : **affréter, chartériser.**

◇ **nolisé** *Un avion nolisé* : [anglic. cour.] **charter.**

nom ① *Il a mis son nom au bas de l'acte* : **signature.** ② *Le nom de « sage » ne s'applique pas à lui* [sout.] : [plus cour.] **qualification.** ③ *Il a su se faire un nom* : **réputation ;** → RÉUSSIR. ④ *Un grand nom* : → FIGURE, GLOIRE. *On a mis longtemps à savoir qui se cachait sous ce nom de guerre* : **appellation** ◆ [plus cour.] **pseudonyme ;** → SURNOM. *Traiter qqn de tous les noms* : **injurier*.** ⑤ *Petit nom* : → PRÉNOM.

nomade ① → MOBILE, TSIGANE, VAGABOND. ② → VOYAGE.

nombre ① Désigne un symbole qui caractérise une unité ou un ensemble d'unités : **chiffre** (qui désigne les signes qui représentent les nombres : *12 est un nombre de deux chiffres*). ② *Il a obtenu le suffrage du plus grand nombre des électeurs* : **majorité ;** → LA MAJEURE* PARTIE, MAXIMUM, LA PLUPART*. *Les assaillants l'ont emporté par le nombre* : **masse.** *Un petit nombre de* : → PEU. *Un grand nombre de* : **beaucoup.** *En trop grand nombre* : **en surnombre.** ③ *Il n'était pas au, du nombre des reçus* [sout.] : **entre** ◆ [cour.] **parmi.** *Il n'était pas du nombre de ceux qui se soumettent* : **faire partie.** ④ *Ils étaient venus en nombre* : **nombreux** ◆ ↑ **en foule, en force, en masse.** ⑤ *Ce n'est pas le nombre qui importe* : **quantité*.**

◇ **nombreux** ① [au sing.] *Une foule nombreuse avait suivi les obsèques* : **dense, important** ◆ ↑ **innombrable,** ↑ **sans nombre ;** → ABONDANT, VASTE. *Peu nombreux* : → SQUELETTIQUE. ② [au pl.] *De nombreux spectateurs encourageaient les coureurs* : **beaucoup de.** *De nombreuses tentatives* : **multiple.** ③ *Plus nombreux* : → SUPÉRIEUR. *Être les plus nombreux* : → DOMINER. *Trop nombreux* : → SURCHARGÉ.

nombreux → NOMBRE.

nomenclature ① *La nomenclature des églises romanes françaises* (= énumération méthodique des éléments d'une collection, des objets d'un ensemble) : **liste** (= suite de noms : *la liste de ses amis n'était pas très longue*). ② → VOCABULAIRE.

nomination *La nomination d'un délégué* : **désignation.** *La nomination à un grade supérieur* : **promotion ;** → AFFECTATION.

nominé *Le film a été nominé pour le grand prix* [anglic.] : [recomm. off.] **sélectionné.**

nommé *À point nommé. Il est arrivé à point nommé pour séparer les adversaires* [sout.] : [cour.] **à propos, à point ;** → OPPORTUNÉMENT.

nommer
I ① *Il a voulu nommer son fils Alexandre* [sout.] : **prénommer** ◆ [cour.] **appeler*** II. ② *Le malfaiteur a fini par nommer ses complices* [sout.] : [cour.] **dénoncer** ◆ [fam.] **donner.** ③ *Nommer qqn* : → CITER, MENTIONNER. ④ *Nommer un navire* : **baptiser.**
◇ **se nommer** → S'APPELER.

II ① *Nommer qqn à un poste* : → AFFECTER I, APPELER. ② *Être nommé. L'avocat avait été nommé d'office* : **désigner** ◆ [didact.] **commettre ;** → DÉLÉGUER. *Il a été nommé chef de bureau* : [fam.] **bombarder, parachuter** (qui impliquent une nomination inattendue) ; → DÉLÉGUER, PASSER III.

non
I [adv.] ① *Il faudra bien que vous cédiez ! — Non !* : [fam.] **des clous.** ② [élément de renforcement] *C'est incroyable, non, de se conduire de cette façon ?* [fam.] : [cour.] **n'est-ce pas.** *Tu as fini tes caprices, non ?* : **oui.** ③ *Il répond non à tout ce qu'on lui propose* : **refuser.** *Je ne dis pas non* : **je veux bien.** *Faute d'éléments suffisants pour me décider, je ne dis ni oui ni non* : **ne pas prendre parti.** *Dites-moi si c'est non* : → NÉGATIVE.

II [n.m.] ① *Il opposa un non très ferme à toutes les demandes* : **refus.** ② *Ils se brouillent pour un oui ou pour un non* : **pour un rien.** *Mais non !* : **pensez*-vous !**

nonagénaire → VIEILLARD.

nonce → DIPLOMATE, REPRÉSENTANT.

nonchalamment → LANGUISSAMMENT, MOLLEMENT.

nonchalance → APATHIE, MOLLESSE, PARESSE.

nonchalant → LANGUISSANT, MOU.

non(-)conformiste ① [adj.] *Des idées non conformistes* : **indépendant, individualiste ;** → LIBERTAIRE. ② [n.] *Elle passe pour une non-conformiste* : **anticonformiste** ◆ [partic.] **marginal, original.**
◇ **non-conformisme** : **anticonformisme, individualisme.**

non(-)croyant → ATHÉE.

non-dit → ALLUSION.

non-droit *Zone de non-droit* : → DANGER.

non-engagement → NEUTRALITÉ.

non(-)initié → PROFANE.

nonne → RELIGIEUSE.

nonobstant → CEPENDANT, MALGRÉ.

non-sens → CONTRESENS, ERREUR.

nord ① *Du nord* : → SEPTENTRIONAL. *Perdre le nord* : → PERDRE LA BOULE*, PERDRE LA TÊTE*. ② *Le pôle Nord* : **arctique.**
◇ **nordique** *Nous avons visité les régions nordiques du Canada* : **boréal ;** → SEPTENTRIONAL.

nordique → NORD.

noria → FILE.

normal ① *Il a dû se passer quelque chose, ce n'est pas très normal, tout cela* : **habituel ;** → NATUREL. *Une erreur normale* : → COMPRÉHENSIBLE, LOGIQUE. *Une demande normale* : → LÉGITIME. ② *Un changement normal* : → RAISONNABLE. *En temps normal, le marché occupe toute la place* : **ordinaire.**
◇ **normale** *Les performances du sportif sont au-dessus de la normale* : **moyenne, norme.**
◇ **normalement** *Normalement, il déjeune près de son bureau* : **habituellement, d'or-**

dinaire ; → RÉGULIÈREMENT I. *Cela devrait s'arranger, normalement :* **logiquement.**

◊ **normaliser** ① *Les relations entre les deux pays sont normalisées :* ↓ **régulariser,** ↓ **rétablir.** ② *Les industriels ont normalisé la production :* **rationaliser, standardiser, unifier.**

◊ **normalisation** ① **régulation, rétablissement.** ② **rationalisation, standardisation, unification.**

normale, normalement, normalisation, normaliser → NORMAL.

normatif → DIRECTIF.

norme ① *Se soumettre aux normes morales* [sout.] : [partic.] **loi** (= règle exprimant une norme) ; → PRINCIPE, RÈGLE I. ② *Il ne s'éloigne pas trop de la norme :* **moyenne** ; → NORMALE.

nostalgie → MÉLANCOLIE, REGRET.

nostalgique → MÉLANCOLIQUE.

notabilité → NOTABLE, PERSONNAGE.

notable ① [adj.] *Un changement notable :* **appréciable, important, sensible** ◆ ↑ **remarquable** ; → CARACTÉRISTIQUE. *Un fait notable :* **saillant.** ② [n.m.] *Tous les notables de la ville avaient contribué au projet :* **notabilité** ◆ [plus génér.] **personnalité** ; → AUTORITÉ, PERSONNAGE.

notablement → SENSIBLEMENT.

notamment → EN PARTICULIER, SINGULIÈREMENT.

notation → NOTE I.

note

I ① *Il faut lire les notes pour comprendre ce texte ancien* (= commentaire destiné à éclairer un texte, explication en bas de page) : **annotation** ◆ **remarque** (= commentaire pour attirer l'attention du lecteur) ◆ [vieilli] **apostille** (= observation en marge d'un texte, plus qu'un éclaircissement) ◆ **notule** (= courte annotation) ◆ **glose** (= note qui explique les mots d'un texte) ◆ **notice** (= bref écrit qui apporte des indications sommaires sur un

sujet : *une notice biographique*). ② *Insérer une note dans les journaux :* [plus partic.] **avis, communication*** ◆ **communiqué** (= note d'un service compétent). ③ *Prendre bonne note de. J'ai pris bonne note de votre persévérance :* **se souvenir** (*je me souviendrai de...*) ; → ENREGISTRER. *Prendre note de :* → TABLETTE. *Prendre en note :* → NOTER I. ④ *Les notes d'un élève :* **notation.** *Des notes très critiques :* → APPRÉCIATION. ⑤ *Demander la note :* → ADDITION II.

II *Forcer la note. Il a forcé la note, on ne peut pas se moquer de tout* [sout.] : [cour.] **exagérer.** *Il sait observer et relever la note juste :* **détail exact.** *Ses remarques étaient tout à fait dans la note :* **être adéquat, être approprié.** *Personne n'entendit la fausse note :* [fam.] **canard, couac.** *Apporter une note de fraîcheur :* **touche.**

noter

I ① *Je note qu'il écoute attentivement votre explication :* **constater, remarquer** ; → OBSERVER. ② *Il nota l'adresse dans son agenda :* **marquer*** ◆ [moins cour.] **consigner, inscrire** ; → ENREGISTRER, RELEVER II. *Noter des références :* **prendre en note** ; → ÉCRIRE. *Le plus simple est de noter en marge vos observations :* **annoter.** *Noter rapidement qqch :* → JETER. *Vous noterez les passages intéressants :* [plus cour.] **copier, relever*.** ③ *Notez les absents :* → POINTER I. ④ *Noter un devoir :* [plus génér.] **apprécier** (qui n'implique pas une note chiffrée).

II *Le musicien composait le morceau en jouant et le notait ensuite :* [didact.] **transcrire.**

notice ① → NOTE I. ② → MODE D'EMPLOI*.

notification → NOTIFIER.

notifier *La compagnie notifia un ordre de renvoi à l'équipage* [didact.] : [cour.] **donner** ◆ ↑ **signifier** ◆ **intimer** (= notifier légalement ou avec autorité) ; → ANNONCER.

◊ **notification** *Il attendait la notification du jugement* [didact.] : [plus cour.] **annonce, avis** ; → SIGNIFICATION II.

notion ① *Il a des notions de grammaire* : **rudiment ;** → ÉLÉMENT, CONNAISSANCE. ② *Cette notion a été introduite par les philosophes matérialistes* : **concept, idée.**

notionnel → CONCEPTUEL.

notoire ① *Sa mauvaise foi dans la discussion est notoire* : **incontestable, manifeste** ◆ [moins cour.] **flagrant ;** → ÉVIDENT. ② *Le fait est notoire* : **public ;** → CONNU. ③ *C'est aujourd'hui un écrivain notoire* : [cour.] **reconnu*,** ↑ **célèbre.**

◇ **notoriété** *Ses travaux sur le cancer lui ont donné une notoriété internationale* : **renom, renommée, réputation.** *La notoriété d'un produit* : **image de marque.**

notoirement → MANIFESTEMENT.

notoriété → NOTOIRE.

notule → NOTE I.

nouba → DÉBAUCHE, NOCE.

nouer → NŒUD.

nougat *Ce n'est pas du nougat* : → DIFFICILE.

nouille ① → MOU. ② → NIAIS, SOT.

nounou → NOURRICE.

nourri, nourrice → NOURRIR.

nourrir ① *On nourrissait le convalescent avec du bouillon* : [plus précis] **alimenter.** *Elle avait nourri tous ses enfants* : [plus précis] **allaiter.** ② *Il doit beaucoup travailler pour nourrir toute sa famille* : **entretenir.** ③ *Cette plaine nourrit toute la capitale* [sout.] : [cour.] **approvisionner.** ④ *Les taillis très secs nourrissaient l'incendie* [sout.] : [cour.] **alimenter.** ⑤ *Ce conteur sait nourrir ses histoires de petites anecdotes* : **étoffer.** *On a souvent dit que la lecture nourrissait l'esprit* : [plus génér.] **former.** ⑥ *Nourrir un projet* : → CARESSER.

◇ **se nourrir** ① *Se nourrir de légumes* : **s'alimenter ;** → MANGER. ② *Il se nourrissait de rêves* [sout.] : **se repaître ;** → BERCER.

◇ **nourri** ① *Être logé et bien nourri* : **alimenté.** ② *Une fusillade nourrie* : **dense.**

◇ **nourrissant** *Son alimentation était trop nourrissante* : [didact.] **nutritif.** *C'est un plat nourrissant* : **riche ;** → SUBSTANTIEL.

◇ **nourrice** ① *Confier ses enfants à une nourrice* : **nounou** ◆ [vieilli] **bonne* d'enfant, nurse.** ② *Par prudence, emportez une nourrice d'essence* : **bidon.**

◇ **nourriture** ① *Comment est la nourriture à la cantine ?* (= ce que l'on mange ordinairement) : [fam., vieilli] **manger** ◆ [fam., péj.] **mangeaille** ◆ [vieilli, péj.] **pitance** ◆ [fam.] **malbouffe** (= nourriture de mauvaise qualité) ◆ [très fam.] **becquetance, bouffe, bouffetance, boustifaille, croûte.** *Apprécier la nourriture* : → TABLE I. ② *Une nourriture saine* : → ALIMENT, VIVRES. ③ *L'oiseau donne leur nourriture à ses petits* : **becquée** (= quantité de nourriture qu'un oiseau prend dans son bec).

nourrissant → NOURRIR.

nourrisson → BÉBÉ.

nourriture → NOURRIR.

nous *Entre nous* : → DE VOUS À MOI*.

nouveau

I [adj.] ① *C'est une invention nouvelle* : **récent ;** → MODERNE. *De nouvelles pousses* : → JEUNE I. *Un mot nouveau* : [didact.] **néologisme.** ② *La commission a apporté un point de vue nouveau sur le problème* : **inédit** ◆ ↑ **original ;** → NEUF. *Un nouvel essai* : → AUTRE. *Un nouveau souffle* : → SECOND I. *Être nouveau dans le métier* : **novice.** ③ *Des plaisirs nouveaux* : **inhabituel ;** → INCONNU. ④ *C'est nouveau, ça !* [fam.] : [cour.] **surprenant.** ⑤ *À nouveau, de nouveau* : → ENCORE.

II ① [n.m.] *Y a-t-il du nouveau ?* : → NEUF. *Apprécier le nouveau* : [plus cour.] **nouveauté.** ② [n.] *Le nouveau a été bien accueilli* : [arg. scol.] **bizut** ◆ [fam., génér.] **bleu.**

◇ **nouveauté** ① *Tous ces problèmes n'ont pas perdu de leur nouveauté* : [cour.] **actualité.** ② *Être contre la nouveauté* : **innovation ;** → CHANGEMENT, NOUVEAU II. ③ *Le film avait séduit par la nouveauté de son style* : **originalité** ◆ ↑ **hardiesse.**

nouveau-né → BÉBÉ.

nouveauté → NOUVEAU II.

nouvelle ① *La situation est confuse et chacun commente la moindre nouvelle :* ↓ **bruit,** ↓ **rumeur** (= nouvelle non vérifiée) ; → COMMUNICATION, ÉVÉNEMENT. *Suivre les nouvelles :* → ACTUALITÉ, INFORMATION. *Lire les nouvelles* [pl.] : [génér.] **information ;** → JOURNAL. *Fausse nouvelle :* → CANULAR. *Le journal a publié une nouvelle sensationnelle :* **exclusivité** ♦ [anglic.] **scoop ;** → PÉTARD. *La bonne nouvelle :* → ÉVANGILE. ② *Écrire une nouvelle :* → ROMAN. ③ [pl.] *Il n'a pas donné de nouvelles :* **signe de vie** (*il n'a pas donné signe de vie*).

nouvellement → RÉCEMMENT.

novateur → RÉVOLUTIONNAIRE.

novice ① [n.] *Il agissait en vrai novice qui ignorait tout de la vie :* [sout.] **néophyte** ♦ [fam.] **blanc-bec, bleu ;** → PROFANE. *S'y prendre comme un novice :* **apprenti.** ② [adj.] *Le jeune homme était novice dans son métier :* **débutant** ♦ ↑ **inexpérimenté ;** → JEUNE I, NEUF, NOUVEAU I.

noyau → CENTRE II.

noyautage → INFILTRATION.

noyauter → S'INFILTRER.

noyer ① → INONDER. ② *Ses protestations furent noyées par les sifflets :* **étouffer.** *La révolte a été noyée dans le sang :* **réprimer.** ③ *Noyer un problème :* → DÉLAYER. ④ *Être noyé. Il faut l'aider, il est noyé en anglais :* **être perdu.**

◇ **se noyer** ① *Il se noyait dans ses raisonnements :* **se perdre, sombrer ;** → PATAUGER. ② → SE SUICIDER.

nu ① [qqn est ~] *Elle est nue :* [fam.] **à poil.** *Un visage nu :* **glabre.** ② [qqch est ~] *Tout le pays était nu :* **désert.** *Un mur nu :* → VIDE I. ③ [qqch est ~] *Croyez-moi, c'est la vérité nue :* **pur.** ④ *Se battre à mains nues :* **sans armes.** ⑤ *Mettre à nu :* **dénuder.** *Se mettre à nu :* **se dévêtir.** *Mettre à nu*

les agissements de qqn : **dévoiler.** ⑥ [n.m.] *Admirer un beau nu :* **nudité.**

◇ **nûment** *Il écrivait nûment ce qu'il pensait* [très sout.] : [cour.] **crûment.**

nuage ① *De gros nuages se formaient :* [sout., souvent pl.] **nuée** ♦ [sout., vieilli] **nue ;** → VAPEUR. ② *Je prends toujours un nuage de lait dans mon thé :* **un peu, un soupçon.** ③ *Leur bonheur est resté longtemps sans nuages :* **sans soucis, sans trouble.** ④ *Un nuage d'oiseaux :* → VOL I. *Un nuage de sauterelles :* **nuée.**

◇ **nuageux** ① *Votre théorie est un peu nuageuse* [sout.] : [plus cour.] **nébuleux** ♦ ↑ **obscur.** ② *Un ciel nuageux :* → COUVERT.

nuageux → NUAGE.

nuance ① → COULEUR, TEINTE, TON. ② *Les nuances entre deux opinions :* → DIFFÉRENCE. *Un portrait tout en nuances :* → DEMI-TEINTE*.

nuancé → MODÉRÉ, DEMI-TEINTE*.

nuancer → MODÉRER.

nubile ① *Une jeune fille nubile :* → RÉGLÉE. ② *En France, un garçon est nubile à 18 ans* [didact.] : [plus cour.] **mariable.**

nucléaire *Les puissances nucléaires :* **atomique*** ♦ [moins cour.] **nucléarisé.**

nucléarisé → NUCLÉAIRE.

nudité → NU.

nue ① → NUAGE. ② *Porter aux nues. Les critiques portaient aux nues la nouvelle mise en scène :* ↓ **louer.** *Tomber des nues :* → SURPRENDRE, TOMBER DE LA LUNE*.

nuée ① → MULTITUDE. ② → NUAGE.

nuire ① [~ à qqch] *Son bégaiement nuisait à sa carrière :* **desservir** ♦ → DÉSAVANTAGER, FAIRE TORT*. *Cet empêchement va nuire à notre projet :* [plus cour.] **gêner, contrarier ;** → DÉFAVORISER. *Tous ces ragots nuisent à sa réputation :* ↑ **ruiner.** ② [~ à qqn] *Il nuit à ses collègues pour obtenir le poste :* **discréditer qqn** ♦ [fam.] **savonner la planche, tirer dans les jambes ;** → FAIRE DU TORT*. *Nuire aux intérêts de qqn :* **léser.**

◇ **nuisible** ① *Un animal nuisible* (= parasite, destructeur) : [plus partic.] **dangereux** (= qui constitue un danger pour l'homme) ; → MALFAISANT. ② *Les excès sont nuisibles à sa santé* : [vieilli] **contraire** ◆ ↑ **fatal ;** → DOMMAGEABLE, MALSAIN, MAUVAIS. *Une influence nuisible* : → NOCIF.

nuisible → NUIRE.

nuit ① *La venue de la nuit* : → OBSCURITÉ, SOIR. *Il fait nuit* : → NOIR. ② *Bonne nuit* : **bonsoir ;** → ADIEU. *Un oiseau de nuit* : **nocturne.**

nuitard → NOCTAMBULE.

nul

I ① [adj. indéf.] *Nous n'avions nulle envie de retourner dans ce pays* : [cour.] **aucun, pas.** ② [pron. indéf.] *Nul n'est censé ignorer la loi* : [cour.] **personne.**

◇ **nullement** *La solution ne le satisfaisait nullement* : **aucunement ;** → EN AUCUNE FAÇON*, POINT V, EN RIEN*I, PAS DU TOUT* III.

II ① [adj.] *Malgré ses efforts, il est nul dans tous les domaines* : **incompétent, inefficace, inexistant** ◆ [fam.] **nullard, minable ;** → IGNORANT, MAUVAIS I, NÉGATIF. *Une émission nulle* : → NIAIS. ② *Rendre nul. La loi avait rendu nuls les privilèges du passé* : **annuler, périmer** (*la loi avait annulé, périmé...*) ◆ [didact.] **caduc.** ③ [n.] *C'est un nul dont on ne peut rien faire* : **incapable, nullité, raté** ◆ [fam.] **nullard, tocard, zéro ;** → IGNORANT.

◇ **nullité** ① → INCAPABLE, NUL II. ② *La nullité d'un acte juridique* : [didact.] **caducité.** ③ *Il a prouvé sa nullité* : **incapacité, incompétence ;** → IGNORANCE.

nullard, nullement, nullité → NUL I et II.

nûment → NU.

numéraire *Le paiement peut se faire par chèque ou en numéraire* [didact.] : [cour.] **espèces,** [fam.] **en liquide** ◆ [anglic., fam.] **cash** ◆ [plus génér.] **argent*.**

numériser *Numériser des images* : [anglic.] **digitaliser.**

◇ **numérisé** : [anglic.] **digitalisé.**

numéro ① *Il a acheté trois numéros de la revue* : **exemplaire** ◆ [moins cour.] **livraison.** ② *Cet homme est vraiment un numéro !* [fam.] : **phénomène** ◆ [cour.] **original.** *C'est un drôle de numéro* [fam.] : **spécimen ;** → LOUSTIC. ③ *Tirer le bon numéro* : **avoir de la chance.** ④ *Numéro un. Augmenter la production doit être notre objectif numéro un* : **principal** (*... notre principal objectif*). *Le numéro un de l'agroalimentaire* : [anglic.] **leader.** ⑤ *Un numéro de cirque* : → TOUR III. *Vous feriez mieux d'arrêter votre numéro* [fam.] : **cinéma, cirque.**

◇ **numéroter** *Numéroter les pages d'un livre* : **paginer** ◆ [techn.] **folioter.**

◇ **numérotation** : **foliotation, pagination.**

numérotation, numéroter → NUMÉRO.

nu-pieds → SANDALE.

nuque → COU.

nurse → BONNE* D'ENFANT, GOUVERNANTE, NOURRICE.

nutritif → NOURRISSANT.

nymphette → FILLE.

O

oasis *Une oasis de silence* : → REFUGE.

obédience ① *Exiger une totale obédience de qqn* [litt.] : [cour. ; selon le contexte] **obéissance, soumission.** ② *Peu de pays sont aujourd'hui d'obédience communiste* : ↓ **sous la domination.**

obéir ① [~ à qqch] *Il obéissait à sa passion du jeu* : **céder à, suivre.** *La troupe a obéi à l'ordre reçu* : **suivre** ◆ [didact.] **obtempérer à** ; → RESPECTER, SE CONFORMER. *Obéir à son devoir* : **observer** ; → ACCOMPLIR, SACRIFIER. ② [~ à qqn] *Vous n'avez pas obéi à vos parents* : ↓ **écouter.** *Il obéit aveuglément à son parti* : [sout.] **s'inféoder.** ③ [qqn ~] *Il est bien obligé d'obéir* : ↑ **se soumettre, s'incliner** ; → CRAINDRE, MARCHER DROIT*. ④ [qqch ~ à] → RÉPONDRE.

◇ **obéissant** *Un enfant obéissant* : ↑ **discipliné,** ↑ **soumis** ; → DOCILE, GENTIL, SAGE.

◇ **obéissance** ① *Pour certains, la première qualité des enfants est l'obéissance* : **docilité*** ◆ ↓ **soumission,** ↑ **sujétion.** *L'obéissance aux règles* : **observation*.** *L'obéissance à la hiérarchie* : **subordination** ; → OBÉDIENCE. ② *Le vassal, dans l'ordre féodal, devait obéissance à son suzerain* : [didact.] **allégeance** (= soumission et fidélité).

obéissance, obéissant → OBÉIR.

obérer → HYPOTHÉQUER.

obèse → GRAS, GROS.

obésité → GROSSEUR.

objecter ① [~ qqch] *Il objectait sa récente maladie pour ne pas sortir* : [plus cour.] **invoquer** ◆ ↓ **prétexter.** *On lui objectait son inexpérience* : **alléguer.** ② [~ que] *Il a objecté que l'entreprise était trop difficile* [plus cour.] : ↓ **répliquer,** ↓ **répondre,** ↓ **rétorquer** ◆ [sout.] **arguer** ; → DIRE, OPPOSER.

◇ **objection** ① *Il n'accepte aucune objection* : ↓ **critique,** ↓ **remarque*** ◆ ↑ **opposition*** ; → DÉSAPPROBATION, MAIS I. *Vos objections sont lassantes* : → RAISONNEMENT. ② *Le projet n'a pas soulevé d'objection* : **contestation, difficulté*** ◆ ↑ **obstacle.** *Y a-t-il une objection ?* : ↓ **observation.** *Je vous accompagne, si vous n'y voyez pas d'objection* : **inconvénient.**

objectif

I [n.m.] ① *Un objectif bien défini* : → BUT, OBJET. ② *L'artillerie avait pris pour objectif le centre de la ville* : **cible** ; → BUT.

II [adj.] *Le journaliste s'était efforcé de demeurer objectif* : **neutre*** ; → DÉSINTÉRESSÉ, ÉQUITABLE. *Un jugement objectif* : **impartial.**

◇ **objectivité** *Le manque d'objectivité d'un rapport* : **impartialité, neutralité** ; → ÉQUITÉ.

◇ **objectivement** : **impartialement, sans parti pris.**

◇ **objectiver** *Objectiver ses sentiments* [didact.] : [cour.] **exprimer, extérioriser, manifester.**

objection → OBJECTER.

**objectivement, objectiver, objecti-
vité** → OBJECTIF.

objet ① *Il expliqua brièvement l'objet de
sa visite* : **but.** *L'objet d'un ouvrage* : **objectif.** ② *Quel est l'objet de votre dispute ?* :
[plus cour.] **cause, motif.** ③ *On attendait de
connaître l'objet de son intervention* : **sujet,
thème** ; → SUBSTANCE. ④ *Faire l'objet
d'une surveillance attentive* : **subir.** *Avoir
pour objet* : → PORTER II.

objurgation → REMONTRANCE.

obligation, obligatoire → OBLIGER.

obligatoirement → FATALEMENT, IMPÉRA-
TIVEMENT, NÉCESSAIREMENT.

obligé → OBLIGER. ① *Être obligé par un
contrat* : → LIER. *Se sentir obligé de faire
qqch* : → ÊTRE TENU* DE. ② *Je vous serais
très obligé de me recevoir* [sout.] : **redevable, savoir gré** *(je sous saurais gré...)*
◆ [cour.] **reconnaissant.** ③ *C'était obligé* :
→ INÉVITABLE, NÉCESSAIRE. ④ [n.] *Être
l'obligé de qqn* : **débiteur.**

obligeance → COMPLAISANCE. *Remercier
qqn de son obligeance* : → GENTILLESSE.

obligeant → COMPLAISANT, SECOURABLE.

obliger ① [~ qqn à] *Son infirmité l'avait
obligé à se retirer* : **contraindre à*, forcer.**
*Le tribunal l'a obligé à verser une pen-
sion* : **astreindre à** ◆ [partic.] **condamner*,
réduire*.** *Personne ne vous oblige à venir* :
imposer de ; → COMMANDER. ② [qqch ~
qqn] *Votre contrat vous oblige* : → LIER.
③ [qqn ~ qqn] *Vous m'obligerez en venant
rapidement* [sout.] : [cour.] **rendre service,**
↓ **aider.**

◇ **s'obliger à** → S'ASTREINDRE.

◇ **obligation**

I ① *Vous n'avez aucune obligation
d'achat* : **engagement, promesse.** ② [au
pl.] *Le poste comportait des obligations* : **contrainte, corvée** ◆ ↑ **servitude** ;
→ CHARGE, DEVOIR. ③ *Se faire une obligation de* : **s'imposer*** ; → RELIGION. ④ *L'obligation d'une réponse* : → NÉCESSITÉ.

II *Acheter des obligations* : → VALEUR II.

◇ **obligatoire** ① *Une tenue décente est
obligatoire* : **exigé, de rigueur*,** ↑ **imposé.**
② → ÉCRIT. ③ *Être la suite obligatoire de
qqch* : → NÉCESSAIRE.

oblique [loc. adv.] *En oblique. Le fort courant le contraignit à traverser la rivière en
oblique* : **de biais, en diagonale** ◆ [sout.]
obliquement.

◇ **obliquement** *Il regardait son voisin
obliquement* [sout.] : [cour.] **de biais, de
côté, de travers*.**

◇ **obliquer** *Vous obliquerez à gauche pour
trouver la mairie* [sout.] : [plus cour.] **tourner.**

obliquement, obliquer → OBLIQUE.

oblitérer → EFFACER.

oblong → FUSELÉ.

obnubiler → OBSÉDER.

obole → DON.

obscène *Il tenait des propos obscènes* :
↓ **dégoûtant,** ↓ **déshonnête,** ↓ **immoral**
◆ [fam.] **cochon** ◆ [sout.] **licencieux** ◆ [très
sout.] **salace** ◆ **ordurier** (qui suppose de la
vulgarité dans le langage) ◆ **impudique,
impur** (= qui blesse la chasteté : *l'homme,
impudique, se promenait nu sur la plage,
des mœurs impures*) ◆ **graveleux** (qui
suppose des détails grossiers : *des propos
graveleux*) ; → ÉROTIQUE, GAILLARD, HARDI,
INDÉCENT, MALPROPRE, SALACE, SALE. *Un
film obscène* : → PORNOGRAPHIQUE.

◇ **obscénité** ① *La censure avait argué de
l'obscénité du film pour l'interdire* : ↓ **inconvenance,** ↓ **indécence** ; → HARDIESSE.
② *Il se plaisait à dire des obscénités* :
↓ **grossièreté,** [fam.] **cochonnerie** ; → HOR-
REUR, ORDURE, SALETÉ.

obscénité → OBSCÈNE.

obscur ① *Les motifs de son acte restent
obscurs* : **inexplicable, mystérieux** ◆ **embrouillé** (qui indique qu'on ne trouve
aucun fil conducteur) ◆ **caché** (qui
indique qu'on ignore tout de qqch) ;
→ AMBIGU, NÉBULEUX, VOILÉ, VAGUE III.
Un raisonnement obscur : [fam.] **brumeux,
fumeux, vaseux.** ② *Il écrivait des textes*

obscurs : ↓ **difficile** ◆ [sout.] **abstrus, ésotérique, sibyllin** ◆ [très sout.] **amphigourique, abscons** ◆ [péj.] **jargonneux ;** → ABSTRAIT, COMPLIQUÉ, INCOMPRÉHENSIBLE. ③ *Esprit religieux, il croyait aux mystères obscurs de la Providence* : **impénétrable, insaisissable** ◆ ↑ **insondable.** ④ *Toute sa vie, il occupa un poste obscur* : ↓ **insignifiant ;** → EFFACÉ. *Un écrivain obscur a remporté le prix* : **inconnu.** *Il mettait en avant son origine obscure* : **humble.** ⑤ *Une nuit obscure* : **noir*, opaque ;** → PROFOND. *Un ciel obscur* : **nuageux*, sombre*** ◆ [litt.] **ténébreux.**

◇ **obscurément** *Il sentait obscurément qu'il approchait de la solution* : **confusément, vaguement.**

◇ **obscurité** ① *Une obscurité totale* : **nuit** ◆ [sout.] **ténèbres ;** → NOIR. ② *Plusieurs points restent dans l'obscurité* : ↓ **brouillard ;** → AMBIGUÏTÉ, VAGUE IV. *L'obscurité d'un écrivain* : **hermétisme ;** → NÉBULOSITÉ. *L'obscurité d'un texte* : [moins cour.] **incompréhensibilité.**

◇ **obscurcir** ① *La fumée des aciéries obscurcissait la vallée* : **assombrir** ◆ [litt.] **enténébrer.** ② *L'abus de l'alcool obscurcit les idées* : **brouiller.** ③ *Obscurcir une affaire* : → COMPLIQUER. ④ *S'obscurcir* : → SE COUVRIR, SE VOILER.

◇ **obscurcissement** : **assombrissement.**

obscurantisme → IGNORANCE.

obscurcir, obscurcissement, obscurément, obscurité → OBSCUR.

obsédant, obsédé → OBSÉDER.

obséder ① [qqn ~ qqn] *Il obsédait la jeune fille de ses assiduités* [très sout., vieilli] : [cour.] ↓ **poursuivre** ◆ [fam.] **cramponner.** ② [qqch ~] *La crainte d'échouer l'obsédait* : **hanter, obnubiler** ◆ [plus cour.] ↓ **tracasser,** ↓ **travailler** ◆ [fam.] ↓ **turlupiner,** ↓ **trotter dans la tête ;** → MARTELER.

◇ **obsédant** *Un rythme obsédant* : ↑ **lancinant.**

◇ **obsédé** *C'est un obsédé de la chasse* : **fou, maniaque** ◆ [fam.] **malade.** *C'est réellement un obsédé sexuel* : **maniaque sexuel.**

◇ **obsession** ① *Elle avait l'obsession de ne plus plaire* : **hantise.** *C'est vraiment une obsession !* : **idée* fixe.** ② → VISION.

obsèques → ENTERREMENT.

obséquieusement → OBSÉQUIEUX.

obséquieux *Obséquieux, il guettait le moindre geste de son chef de service* : **plat, rampant, servile** ◆ [très sout.] **adulateur ;** → À PLAT VENTRE*.

◇ **obséquieusement** : **platement, servilement.**

◇ **obséquiosité** *Faire preuve d'obséquiosité* : **platitude, servilité.**

obséquiosité → OBSÉQUIEUX.

observable → VISIBLE.

observance → OBSERVER II.

observateur → OBSERVER I.

observation

I ① *Le naturaliste a poursuivi son observation des orchidées* : **examen** ◆ **expérience** (= essais pour étudier un phénomène). ② *Rester en observation* : **aux aguets*.** ③ [pl.] *Toutes les observations avaient été réunies en un volume* : ↓ **considérations, remarques ;** → RÉFLEXION. ④ [pl.] *Les policiers procédèrent aux observations d'usage* : **constatations.** ⑤ *L'adolescent supportait mal toute observation* : **réprimande, reproche*** ◆ ↓ **remarque ;** → APPRÉCIATION, OBJECTION, REMONTRANCE.

II *L'observation stricte du Code de la route est exigée* : **obéissance* à, respect de.** *La non-observation du Code* : → INOBSERVATION.

observer

I ① *Chaque soir, il observait les étoiles* : ↓ **regarder.** *Le médecin observait les plaques rouges sur la peau du malade* : **examiner.** ② *Il observait la jeune fille dans son rétroviseur* : **épier ;** → SCRUTER, VOIR. ③ *Vous observerez que je n'ai pas pris part à ce débat* [sout.] : [cour.] **constater*, noter, remarquer ;** → ENREGISTRER. ④ *On observe dans la nature* : → EXISTER.

◇ **s'observer** *Il s'observe dès qu'on le regarde* : **se surveiller.** *S'observer sans cesse* : → S'ÉTUDIER. *S'observer dans une glace* : → SE VOIR.

◇ **observateur** ① [n.] *Il y avait plus d'observateurs que de manifestants dans la rue* : [plus cour.] **spectateur.** ② [adj.] *Il avait l'esprit observateur* : ↓ **attentif.**

II *Observer les habitudes d'un groupe* : [cour.] **adopter** ◆ ↑ **se plier à** ◆ ↓ **suivre** ; → RESPECTER. *Observer un rite* : **accomplir*** ; → OBÉIR. *Observer le silence* : **garder*.**

◇ **observance** *Les fidèles vivaient dans l'observance des lois de la Bible* [didact.] : [cour.] **soumission** ; → RÈGLE.

obsession → OBSÉDER.

obsolète → ANACHRONIQUE, VIEUX.

obstacle ① *Aucun obstacle ne l'a gêné* : **barrage, barrière, empêchement** ; → DIFFICULTÉ, INCONVÉNIENT. *Rencontrer un obstacle* : **opposition** ; → OBJECTION. *Se heurter à un obstacle* : → MUR. ② *L'opposition de ses parents était un obstacle sérieux* : **écueil, entrave** ◆ ↓ **frein** ; → PIERRE D'ACHOPPEMENT*. ③ *Faire obstacle à qqch* : → CONTRARIER, EMPÊCHER. *Sans rencontrer d'obstacle* : → SANS ENCOMBRE*.

obstétricien → ACCOUCHEUR.

obstination, obstiné, obstinément → S'OBSTINER.

obstiner (s') ① *Il s'obstine à vouloir tout faire lui-même* : **s'entêter, persister** ; → S'ACHARNER, CONTINUER. ② *Il faut vous obstiner* : ↓ **insister,** ↓ **persévérer*.**

◇ **obstination** *Montrer de l'obstination* : **acharnement*, opiniâtreté, persévérance, ténacité** ; → CONSTANCE, INSISTANCE, OBSTINÉMENT. *L'obstination dans l'erreur* : **persistance** ; → ENTÊTEMENT.

◇ **obstiné** ① *Un travail obstiné* : **acharné, opiniâtre** ; → CONSTANT. ② *C'est un homme obstiné qui ne veut écouter personne* [souvent péj.] : **entêté, têtu** ◆ [cour.] **persévérant, tenace** ; → DÉCIDÉ.

◇ **obstinément** : **avec obstination.**

obstruer *Le camion obstrue la rue* : ↓ **encombrer, boucher*** ; → EMBOUTEILLER.

obtempérer → OBÉIR, SE SOUMETTRE.

obtenir ① *Il a obtenu son brevet de pilote* : **acquérir** ◆ [génér.] **avoir** ◆ [fam.] **décrocher, enlever.** ② *Obtenir de l'avancement* : → RECEVOIR I. ③ *Par des croisements, l'horticulteur obtenait des plantes plus résistantes* : **parvenir à.** ④ *Obtenir qqch de qqn* : → ARRACHER, TIRER II. *Obtenir qqch à qqn* : → PROCURER.

obturer → BOUCHER I.

obtus *Un esprit obtus* : → BORNÉ, ÉPAIS.

obvier → PALLIER, REMÉDIER.

occasion ① *Cette maison est une occasion à ne pas manquer* : **aubaine** ◆ [critiqué] **opportunité.** *Une voiture d'occasion* : → DE SECONDE MAIN* I. *Manquer une occasion* : **rater le coche*.** *Laisser passer une occasion* : **chance.** *Vous aurez bien l'occasion de venir nous voir* : **possibilité.** *Avoir l'occasion de se plaindre* : → AVOIR LIEU* DE. ② *Toutes les occasions lui sont bonnes pour rire* : **circonstance, motif, prétexte, raison** ; → SUJET II. *Une occasion favorable* : → MOMENT. *À l'occasion de. Je l'ai rencontré à l'occasion d'une réunion de famille* : **lors de.** ③ *En pareille occasion* : **en pareil cas*.** *À l'occasion* : **le cas échéant*.**

occasionnel → ACCIDENTEL.

occasionnellement → ACCIDENTELLEMENT.

occasionner ① *La perte du passeport occasionne des difficultés aux touristes* : **causer, créer, déterminer, susciter** ◆ ↓ **attirer** ; → AMENER, ENGENDRER, DONNER LIEU* À. ② *Les orages violents occasionnèrent des dégâts importants* : **entraîner, produire, provoquer.**

occident *La maison était exposée à l'occident* [très sout.] : [cour.] **couchant, ouest.** *Les pays de l'Occident* : **Ouest** ◆ [adj.] **occidental** (*les pays occidentaux*).

occidental → OCCIDENT.

occulte → CACHÉ. *Sciences occultes* : → DIVINATION.

occulter → CACHER, MASQUER.

occultisme → DIVINATION.

occupant ① → ENVAHISSEUR. ② HÔTE.

occupation

I [sing.] → ENVAHISSEMENT.

II [pl.] *Avec son grand jardin, il ne manque pas d'occupations* : **travail** ; → ACTIVITÉ.

occupé

I ① *Le poste qu'on lui avait promis était déjà occupé* : **pris** ◆ [moins cour.] **indisponible.** *Un logement occupé* : **habité.** ② *Les journalistes ont été expulsés des régions occupées* : **envahi.**

II ① *J'ai été très occupé et n'ai pu venir vous voir* : **pris** ◆ ↑ **accaparé** ◆ [fam.] **bousculé,** ↑ **débordé** ◆ [partic.] **surmené** (qui implique que l'occupation fatigue excessivement). ② *Il a l'allure de quelqu'un de très occupé* : **actif*, affairé.**

occuper

I [qqn ~] ① *Les pays européens ont occupé une partie de l'Afrique* : [partic.] **envahir** (qui n'implique pas une occupation) ◆ **coloniser*** (qui implique une transformation politique, économique du pays occupé : *la France avait colonisé Madagascar*) ; → PRENDRE POSSESSION*. ② *Il occupait cette maison depuis toujours* : **habiter, loger dans.** *Occuper illégalement une maison* : **squatter*.** ③ *Occuper ses loisirs* : → MEUBLER.

II [~ qqn, qqch] ① *On ne savait plus comment occuper les enfants* : [plus précis] **distraire, intéresser.** ② *Ses fonctions l'occupent entièrement* : **prendre** ; → ABSORBER, TENIR I. *La nouvelle usine occupait cinq cents personnes* : [plus cour.] **employer.** ③ *Occuper une fonction* : **exercer*.** ④ *Les livres occupent toute l'étagère* : [plus cour.] **garnir.**

◇ **s'occuper** ① [qqn ~] *Cet enfant s'occupe* : **trouver qqch à faire** ◆ [plus précis] **se distraire.** *Sa maison est en ruine, il a de quoi s'occuper* : [très génér.] **faire.** ② [qqn ~ de] *Ne t'occupe pas de lui, il s'en tirera tout*

seul : **se soucier.** *Il s'occupait de politique depuis sa sortie de l'école* : **se mêler de, s'intéresser à.** *Il n'a jamais eu le temps de s'occuper de ses vieux jours* : **penser à, se préoccuper de, songer*.** *Le député a promis de s'occuper de l'affaire* : **se charger de.** *S'occuper d'un enfant* : → ENTOURER, VEILLER. *S'occuper de qqch* : **vaquer à.** ③ *S'occuper des affaires de qqn* : **s'ingérer*.**

occurrence *En l'occurrence. En l'occurrence, personne ne sait quoi faire* [sout.] : [cour.] **dans le cas présent.**

océan → MER.

ocellé → TACHETÉ.

octogénaire → VIEILLARD.

octroi → ATTRIBUTION.

octroyer → ACCORDER II, CONCÉDER, IMPARTIR.

oculus → LUCARNE.

odeur ① *Odeur agréable. Les violettes exhalaient une odeur fraîche* : [litt.] **senteur.** *L'odeur des roses* : **parfum*,** [sout.] **senteur** ◆ [très sout., rare] **fragrance.** *On apprécie toujours l'odeur d'un bon rôti* : [pr.] **fumet.** *L'odeur du café* : [plus précis] **arôme.** *L'odeur du vin* : [pr.] **bouquet.** ② *Odeur désagréable. Des odeurs de graisse froide* : [plus précis] **relent** ; → SENTIR. *Une odeur de vieux tabac* : [très sout., vx] **remugle.** *Une odeur infecte* : **puanteur.**

◇ **odorat** ① *Le tabac lui a fait perdre son odorat* : [partic.] **flair** (= odorat du chien). ② → SENS.

odieusement → ABJECTEMENT.

odieux ① *Rien ne pouvait justifier sa conduite odieuse* : ↓ **indigne,** ↓ **détestable*,** ↓ **inqualifiable** ; → ABJECT. *Un crime odieux* : **ignoble.** ② *Cet enfant a été odieux avec sa grand-mère* : ↓ **désagréable*,** ↓ **insupportable** ; → MAUVAIS I.

odorant → PARFUMÉ.

odorat → ODEUR.

œcuménique → UNIVERSEL.

œil

œil

I ① [sing.] *Du coin de l'œil* : **discrètement**. *À vue d'œil* : **approximativement**. *Tape-à-l'œil* : **voyant***. *Coup d'œil* : → VUE. *Il lui fit un clin d'œil de connivence* : **œillade**. ② [sing.] *Avoir qqn à l'œil* : **surveiller***. *Jeter un œil* : → VOIR. *Il avait un vrai coup d'œil dans ce genre d'affaires* : **discernement**. *Avoir qqch à l'œil* [fam.] : [cour.] **à peu de frais** ; → GRATUITEMENT, POUR RIEN*. *Je n'ai pas fermé l'œil de la nuit* : **dormir** (*je n'ai pas dormi*). *Avoir l'œil à tout, avoir l'œil* [fam.] : [cour.] **veiller à tout**. *Taper dans l'œil* [fam.] : [cour.] **plaire***. *Tourner de l'œil* : **s'évanouir**. *Ouvrir l'œil, ouvrir l'œil et le bon, ne dormir que d'un œil* : **être attentif, vigilant, tout yeux** ; → ÊTRE SUR SES GARDES*. *S'en battre l'œil* [fam.] : [cour.] **s'en moquer**. *Se rincer l'œil* [fam.] : [cour.] **regarder avec plaisir**. *Obéir au doigt et à l'œil* : **exactement***. ③ [pl.] *Je ne ferai pas cela pour vos beaux yeux* [fam.] : [cour.] **pour rien**. *Je lui ai dit ce que je pensais entre quatre yeux* : **en tête à tête** ◆ [fam.] **entre quat'z-yeux**. *Ne cherchez pas votre crayon, vous l'avez sous les yeux* : **devant vous**. ④ [pl.] *La raison de son départ crève les yeux, saute aux yeux* : **être évident**. *Il peut acheter cette voiture les yeux fermés* : **en toute confiance, sans vérification**. *Je l'ai regardé dans les yeux, dans le blanc des yeux* : **en face***. *Il lui faisait les yeux doux* : **regarder tendrement** (*il la regardait tendrement*) ; → COURTISER. ⑤ *Ouvrez vos yeux pour voir cela* : [fam.] **châsses, mirettes**, [vieilli, très fam.] **quinquets**.

II [pl.] *Tailler la vigne à deux yeux* : **bourgeon**.

œil-de-bœuf → LUCARNE.

œil-de-perdrix → COR III.

œillade → CLIN D'ŒIL* I.

œillère *Avoir des œillères* : → BORNÉ.

œuf ① *Il a repris de tous les plats et il est plein comme un œuf* [fam.] : [cour.] **repu**. *Avec ce qu'il a bu, il doit être plein comme un œuf* [fam.] : [cour.] **ivre**. ② *Dans l'œuf* : → NAISSANCE.

œuvre ① *Le fermier est à l'œuvre dès l'aube* [sout.] : [cour.] **au travail, travailler* I** ◆ [génér.] **en activité**. *Mettre en œuvre* : → APPLIQUER. *L'éducation des sourds-muets est une œuvre difficile* : **entreprise**. ② *Tu peux être fier de ton œuvre !* [iron.] : [cour.] **travail** ◆ [génér.] **résultat**. ③ *L'œuvre capitale de Beethoven est sa neuvième symphonie* : **ouvrage, chef-d'œuvre** (*le chef-d'œuvre de Beethoven...*) ; → PIÈCE II. ④ *L'organisation s'occupait d'œuvres charitables* : [plus génér.] **action**.

◇ **œuvrer** *Il avait œuvré pour réussir* [sout.] : [cour.] **travailler**.

œuvrer → ŒUVRE.

offensant → OFFENSE.

offense ① *Il était difficile d'oublier cette offense* : **camouflet, gifle** (= parole ou action humiliante) ◆ **injure** (= parole offensante) ◆ **affront** (= offense publique) ◆ ↑ **humiliation** (= offense publique pour atteindre qqn dans sa dignité ou sa fierté) ◆ **brimade**, [sout., vieilli] **avanie** (= offense qui expose au mépris public) ◆ **outrage** (= offense très grave). ② *Mon Dieu, pardonnez-nous nos offenses* [terme de religion] : **faute, péché**.

◇ **offenser** ① *Des graffitis offensaient la mémoire des déportés* : ↑ **injurier, outrager**. *Je n'ai pas voulu l'offenser* : **blesser** ◆ ↑ **humilier** ◆ ↓ **vexer**, ↓ **froisser** (qui impliquent une indignation passagère) ; → MANQUER* À , OUTRAGER. ② *Offenser Dieu* : **pécher**. ③ *Offenser la pudeur* : → BRAVER*. ④ *S'offenser. Il s'est offensé de mots qu'il n'a pas compris* : **se blesser, se vexer*** (= se croire offensé ou l'être à juste titre) ◆ **se formaliser, se froisser, se choquer** (= s'offenser de qqch fait contre les règles) ; → SE SCANDALISER.

◇ **offensé** *Être offensé* : ↑ **humilié** ◆ ↓ **froissé**.

◇ **offensant** *Il choisissait des mots offensants* : **blessant** ◆ ↑ **injurieux**, ↑ **insultant**.

offensé, offenser → OFFENSE.

offensif *Le retour offensif des gelées gâta les récoltes* : **brutal** ◆ [moins cour.] ↑ **violent**.

◇ **offensive** *L'armée de libération est passée à l'offensive* : **attaque** ; → ASSAUT.

offensive → OFFENSIF.

office

I ① → FONCTION. ② *Prendre des dépliants à l'office de tourisme* : [partic.] **agence, bureau**. ③ [pl.] *Bons offices. Les pays neutres ont proposé leurs bons offices pour régler le litige* [didact.] : [cour.] **médiation, entremise***. ④ *Vous recevrez d'office les formulaires nécessaires* : **automatiquement**.

II *Il a assisté à l'office funèbre* : **service** ◆ [partic.] **messe**.

◇ **officiant** *L'officiant se tourna vers les fidèles* [didact.] : **célébrant** ◆ [cour.] **prêtre**.

III → CUISINE.

officiant → OFFICE II.

officiel ① [adj.] *C'est la tournure officielle qu'il faut employer* : **consacré**. *Prendre un ton officiel* : **solennel***. ② *Notre club a gagné, c'est officiel* [fam.] : [cour.] **certain** ; → SÛR. ③ [n.m.] *On attend les officiels* : [pl.] **autorités**.

◇ **officiellement** *Témoigner officiellement son soutien* : [partic.] **publiquement**.

officiellement → OFFICIEL.

offrande → DON, SACRIFICE.

offre → OFFRIR.

offrir ① [qqn, qqch ~ qqch] *Le directeur lui offrait un salaire important* : **proposer** ; → PAYER. *Offrir un cadeau* : **donner***. ② [qqn, qqch ~ qqch] *La boutique offrait quelques occasions* : [plus cour.] **vendre**. ③ [qqn ~ qqch] *Permettez-moi d'offrir ce problème à votre réflexion* [sout.] : [plus cour.] **proposer, soumettre**. ④ [qqch ~ qqch] *Cet hôtel n'offre aucun confort* : **présenter, procurer**. ⑤ *Ils offraient l'image du couple idéal* : [moins express.] **montrer**.

◇ **s'offrir** ① [qqn ~ qqch] *Cette année, je vais m'offrir des vacances* : **s'accorder** ◆ [fam.] **se payer** ; → ACHETER. ② [qqch ~] *Il profi-*

tait de tous les plaisirs qui s'offraient à lui : **se présenter à, se rencontrer**.

◇ **offre** *C'était une offre avantageuse* : **proposition**. *Une offre de négociation* : → OUVERTURE.

offusquer → DÉPLAIRE.

◇ **s'offusquer** → PRENDRE OMBRAGE, SE SCANDALISER.

ogival → OGIVE.

ogive *Une ogive nucléaire* : **tête**. *Une voûte d'ogives* : **ogival** ; → VOÛTE.

oie → NIAIS, SOT.

oignon ① → BULBE. ② → MONTRE. ③ *C'est aux oignons* : → POMME I. *Ce sont mes oignons* : → AFFAIRE.

oindre ① → GRAISSER. ② → SACRER I.

oiseau ① *Oiseau de proie* : → RAPACE. ② *Un drôle d'oiseau* : → MOINEAU, TYPE II. *C'est un oiseau rare* : → PERLE II.

oiseux → INUTILE, STÉRILE, SUPERFLU.

oisif *Des gens oisifs participaient aux croisières* : [plus cour.] **désœuvré, inoccupé** ; → INACTIF.

◇ **oisiveté** *Cette oisiveté finissait par lui peser* : **désœuvrement** ◆ [fam.] **farniente** (= oisiveté agréable) ; → INACTION, PARESSE.

oisiveté → OISIF.

O.K. → ACCORD I, ALLER III, C'EST DÉCIDÉ, OUI.

oléoduc → CONDUITE I.

olfaction → ODORAT.

olifant → COR I.

olivâtre → VERDÂTRE.

ombrage

I ① *Il passait ses après-midi sous l'ombrage du tilleul* : [plus cour.] **ombre**. ② → FEUILLAGE.

II *Prendre ombrage de qqch. Il a pris ombrage de ce que je lui ai dit* [sout.] : **s'offusquer** ◆ [cour.] **se vexer**.

◇ **ombrager** *Les grands arbres ombragent la maison* : **faire de l'ombre à.**

◇ **ombrageux** ① *Un caractère ombrageux* : [plus cour.] **difficile, susceptible*.** ② *Il regardait l'assistance d'un air ombrageux* : [plus cour.] **défiant, soupçonneux.**

ombrager, ombrageux → OMBRAGE.

ombre ① → OMBRAGE I, OMBRAGER. ② *L'adolescent portait une ombre de moustache* : **soupçon, semblant*.** ③ *Vous courez après des ombres* : ↑ **chimère, fantôme*.** ④ *Cet homme est devenu l'ombre de son père* : **reflet.** ⑤ *Quelque chose se trame dans l'ombre* : **obscurité, secret** ◆ **secrètement** *(... se trame secrètement). L'œuvre de ce peintre est enfin sortie de l'ombre* : **sortir de l'oubli.** *Il vivait à l'ombre de ses parents* : ↓ **sous la protection.** *Laisser dans l'ombre le problème le plus important* : **incertitude.** *Votre proposition est séduisante, mais il y a une ombre au tableau* : **inconvénient.** *Il a peur de son ombre* : → PEUR. ⑥ *Mettre qqn à l'ombre* : **emprisonner.** *Être à l'ombre* : → PRISON.

omettre [~ qqch] *Il a omis quelques détails dans son exposé* : [plus cour.] **oublier** ◆ **passer*, taire** (= omettre volontairement) ; → FAIRE ABSTRACTION* DE, LAISSER, NÉGLIGER, SAUTER.

◇ **omission** *L'omission de ce détail a sûrement une signification* : **absence, oubli.** *On relevait des omissions gênantes dans le compte rendu* : **lacune, manque, oubli** ; → RÉTICENCE. *L'omission d'un mot dans une phrase* : [pr.] **ellipse.**

omission → OMETTRE.

omnipotence → ABSOLUTISME, PUISSANCE, TOUTE-PUISSANCE.

omnipotent *Un pouvoir omnipotent* : → ABSOLU I. *Un tyran omnipotent* : → TOUT-PUISSANT.

omniscient → UNIVERSEL.

omnium → COURSE II.

on → QUELQU'UN, TOUT* (I) LE MONDE.

onanisme → MASTURBATION.

oncle *Se promener avec son oncle* : [fam.] **tonton.**

onction → SACRE.

onctueux ① *La cuisinière préparait des potages onctueux* : **moelleux, velouté.** ② *Ses manières onctueuses cachaient un cœur froid* [sout.] : [litt.] **patelin** ◆ [vieilli] **doucereux** ◆ [cour.] **mielleux.**

onde

I *Le navire voguait sur l'onde* [sout., vieilli] : [cour.] **eau** ; → VAGUE I.

II ① *L'enfant jetait des pierres dans l'eau pour y faire naître des ondes* [didact.] : [cour.] **cercle, rond.** ② *Onde de choc* : → RETENTISSEMENT. ③ [au pl.] *L'entrevue passera bientôt sur les ondes* : **radio** (*à la radio*).

◇ **ondoyant** ① *Une démarche ondoyante* : **ondulant** ◆ ↓ **souple,** [sout.] **onduleux.** ② *Un caractère ondoyant* : **capricieux*.**

◇ **onduler** *Ses cheveux ondulaient légèrement* : ↓ **friser.**

◇ **ondulation** ① *L'ondulation des vagues* : [sout.] **ondoiement** ◆ **remous** (= vagues produites par un navire en marche). ② *Les ondulations des cheveux* : [partic.] **cran.**

ondée → PLUIE.

on-dit *Tous ces on-dit sans fondement lui causent du tort* : **ouï-dire, racontar** ◆ [fam.] **ragot** ; → BAVARDAGE, RUMEUR.

ondoiement, ondoyant, ondulation, onduler → ONDE II.

one-man-show → SPECTACLE.

onéreux → COÛTEUX.

ONG → HUMANITAIRE.

onguent *La brûlure n'était pas profonde, un onguent suffirait à la cicatriser* [didact.] : [cour.] **pommade.**

OPA *Mener une OPA* : → PRENDRE LE CONTRÔLE*.

opacité → ÉPAISSEUR.

opalin → BLANC I, LAITEUX.

opaque ① *Une nuit opaque* : **impéné-trable** ; → OBSCUR. ② *Un texte au sens opaque* : ↑ **incompréhensible**, ↑ **hermé-tique** ; → OBSCUR.

opération

I *Subir une opération* : [didact.] **interven-tion***. *Table d'opération* : [fam.] **billard***.
II ① *Une importante opération de publicité* : [plus cour.] **campagne**. ② *Se lancer dans des opérations boursières* : **spéculation**. *Faire une belle opération* [fam.] : [cour.] **transaction** ; → AFFAIRE. ③ → ENTREPRISE.
III [pl.] *Il faisait toutes ses opérations de tête* : [plus génér.] **calcul**.

opérer

I ① [qqn ~] *Le chirurgien a opéré* : → INTERVENIR. ② [qqn ~ qqn] *Le chirur-gien a opéré maladroitement le blessé* : [fam.] **charcuter**.
II Accomplir une action. ① [qqn ~] *Il faut opérer avec douceur* : **procéder, s'y prendre**. ② [qqch ~] *Vos paroles rassurantes ont opéré* : [plus cour.] **faire son effet, faire de l'effet**. [~ sur qqn, qqch] → AGIR. ③ [qqch ~ qqch] *Cette longue convalescence a opéré un grand changement sur le malade* : **pro-duire, provoquer**.
◇ **s'opérer** *Cela s'opéra très lentement* : **se faire, avoir lieu, se produire**.

ophidien → SERPENT.

opiner *Opiner à une décision* : → ADHÉRER À.

opiniâtre *Un travail opiniâtre* : → ACHAR-NÉ, OBSTINÉ. *Un homme opiniâtre* : → CONSTANT, TENACE, VOLONTAIRE.

opiniâtrement → OBSTINÉMENT.

opiniâtreté → CARACTÈRE I, CONSTANCE, ENTÊTEMENT, RÉSOLUTION II, VOLONTÉ.

opinion ① *Avoir son opinion sur une question* : **avis***, **idée***, **point de vue** ; → OPTIQUE, SENTIMENT. *Se faire une opi-nion* : → RELIGION. *Défendre une opi-nion* : [plus précis] **doctrine***, **thèse**. ② *Les journaux d'opinion ont des difficultés à survivre* : [moins cour.] **tendance**. *Le gou-*vernement avait su agir sur l'opinion publique* : [fam.] **public**.

opportun ① *Ce n'est pas un discours opportun* : **de circonstance**. *Son interven-tion était tout à fait opportune* : **bienvenu, indiqué**. ② *Attendre le moment opportun* : **approprié, convenable***, **favorable***, **pro-pice** ; → EN TEMPS UTILE*. *Il est opportun de* : **d'actualité** ; → IL Y A LIEU* DE.
◇ **opportunément** *Vous êtes arrivé oppor-tunément pour me tirer de ce guêpier* : **à propos, à point nommé, pile, en temps utile*** ◆ [fam.] **à pic**.
◇ **opportunité** ① *Il hésitait sur l'oppor-tunité des mesures à prendre* : **bien-fondé**. *L'opportunité d'une intervention* : **à-propos**. ② *Profiter d'une opportunité* : **occasion***.

opportunément → OPPORTUN.

opportunisme → AMBITION, RÉALISME.

opportuniste → AMBITIEUX, CALCULA-TEUR.

opportunité → OPPORTUN.

opposant, opposé → OPPOSER.

opposer ① [qqch ~ qqn à qqn] *Une vieille histoire de famille les oppose* : **dresser l'un contre l'autre, diviser***, **séparer**. ② [~ qqch] *Opposer des arguments à qqn* : **alléguer**. *Je ne vois pas ce que vous pouvez lui oppo-ser* : **objecter*** ◆ ↓ **répondre, rétorquer**. ③ *Opposer la comédie et la tragédie* : **comparer, mettre en face**. ④ [~ qqch à qqch] *Il fallut opposer une digue aux crues du fleuve* : [plus cour.] **élever contre**.
◇ **s'opposer** ① [~ à qqch] *Le propriétaire s'oppose au projet* : **être hostile à, contes-ter***, **réagir*** **contre** ; → RÉSISTER. *Leurs habitudes s'opposent à tout changement* : **aller contre, empêcher, exclure***, **interdire**. *Ce parti s'oppose à la réforme* : **contrer, être contre**. ② [qqn ~ à qqn] *Ils se sont opposés au cours d'un débat télévisé* : **s'af-fronter**. *Il s'opposait à ses parents* : **tenir tête à** ◆ ↓ **désobéir**. ③ → DIFFÉRER. ④ *Les deux tableaux s'opposaient dans la grande salle* : [plus cour.] **se faire face**.

◇ **opposant** *C'est un opposant résolu à la dictature* : ↑ **adversaire**. *Un opposant dans un débat* : **contradicteur***.

◇ **opposé**

I [adj.] ① *Ils ont des opinions opposées sur tous les sujets* : **contraire*** ◆ ↑ **incompatible, ↑ inconciliable** ◆ [partic.] **contradictoire** ◆ **ambivalent** (qui se dit de ce qui comporte deux éléments opposés) ; → DIFFÉRENT, INVERSE, INCOMPATIBLE. *Des caractères opposés* : **antagoniste** ◆ [moins cour.] **antagonique**. ② *L'Église est opposée à la libéralisation du divorce* : **hostile à, contre*, défavorable* à**. ③ *Il a accroché son tableau sur le mur opposé à la porte* : **vis-à-vis de**. *Sur le trottoir opposé* : **autre** (*sur l'autre trottoir*). ④ *Cherchez tous les mots de sens opposé* : **contraire** ◆ [didact.] **antonyme** (... *tous les antonymes*). ⑤ *Le pays semblait coupé en deux parties opposées* : **adverse**.

II [n.m.] ① *Il défendait l'opposé de l'opinion admise* : **contre-pied** (*prendre l'opinion admise à contre-pied*), ↑ **inverse***. *Les deux opposés* : → EXTRÊME. ② *C'est tout l'opposé de son frère* : **tout le contraire***. ③ *Il va à l'opposé des opinions reçues* : **à contre-courant, à l'encontre** ◆ [moins cour.] **à rebours**.

◇ **opposite** *À l'opposite. Des bâtiments à l'opposite l'un de l'autre* : [plus cour.] **face à face, vis-à-vis**.

◇ **opposition** ① *Cet enfant est en opposition avec ses parents* : **conflit** ◆ ↑ **rébellion** ; → DÉSOBÉISSANCE, LUTTE. *J'irai malgré votre opposition* : **veto** ; → HOSTILITÉ. ② *Le conférencier ne tenait aucun compte des oppositions* : ↓ **critique**, ↓ **objection**. ③ *Ces deux discours sont en opposition* : [sout.] **antithèse, contradiction*** ; → CONTRASTE. ④ *Je n'ai pas compris leur opposition sur ce film* : **antagonisme, désaccord** ; → DIVORCE. *L'opposition entre deux manières d'interpréter* : ↓ **contraste**, ↓ **différence**. ⑤ *L'opposition au changement* : **résistance***. *Faire opposition à un projet* : **barrage, obstruction** ; → OBSTACLE.

opposite, opposition → OPPOSÉ II.

oppressant ① *Une atmosphère oppressante* : → SUFFOCANT. ② *Une présence oppressante* : → PESANT.

oppresser → ACCABLER I, ÉTOUFFER.

oppresseur → TYRAN.

oppressif, oppression → OPPRIMER.

opprimé → FAIBLE I.

opprimer ① *Les pays occidentaux ont longtemps opprimé les peuples de l'Afrique* : **assujettir** (= soumettre par la force) ◆ ↑ **tyranniser** ◆ [partic.] **asservir, enchaîner, écraser** (= réduire abusivement à un état de dépendance extrême) ◆ **soumettre** (qui suggère une domination vague) ◆ [partic.] **courber** (*courber qqn sous sa volonté*) ◆ **brimer** (= soumettre à des mesures vexatoires) ; → DOMINER. ② *L'armée opprimait la liberté* : [plus cour.] **étouffer**. *Opprimer l'opposition* : **étouffer** ◆ [partic.] **bâillonner** (= ôter la liberté de s'exprimer).

◇ **oppression** *Les Français ont vécu des années sous l'oppression nazie* : [très sout.] **joug**. *Résister à l'oppression* : **asservissement** ◆ ↓ **contrainte** ; → AUTORITÉ.

◇ **oppressif** *Une censure oppressive* : [didact.] **coercitif** ◆ ↑ **tyrannique**.

opprobre → HONTE. *Se couvrir d'opprobre* : → SE DÉSHONORER. *Vivre dans l'opprobre* : → ABAISSEMENT II. *Vouer à l'opprobre* : → FLÉTRIR.

opter *Opter pour la paix* : → CHOISIR, SE PRONONCER. *Opter pour* : → SE CONVERTIR.

optimal → PARFAIT.

optimiser → PERFECTIONNER.

optimisme *Voir l'avenir avec optimisme* : ↓ **confiance**.

◇ **optimiste** *Des propos optimistes* : ↓ **encourageant** ◆ **lénifiant, rassurant** (qui impliquent que l'on cherche à rendre la confiance).

optimiste → OPTIMISME.

option → CHOIX, CONVERSION.

optique *Dans l'optique d'un changement* : **perspective.** *Il avait su changer d'optique le moment voulu* : **conception** ◆ [génér., plus cour.] **avis, idée, opinion, point de vue.**

opulence → OPULENT.

opulent ① *Ce pays jadis opulent a été ruiné par la sécheresse* : ↓ **riche***. ② *Elle avait une poitrine opulente* : **généreux*, plantureux.**

◇ **opulence** ① *Grâce à son héritage, il vit dans l'opulence* : **abondance** ◆ ↓ **aisance,** ↓ **richesse*** ; → AISE. ② *L'opulence d'une poitrine* : **ampleur, grosseur*.**

opuscule → BROCHURE.

or ① *Des cheveux d'or* : **blond***. *Jaune d'or* : **jaune***. ② *Cette femme est cousue d'or, roule sur l'or* [fam.] : [cour.] **richissime** ; → RICHE. *Il a acheté cette maison à prix d'or* : **exorbitant, très cher** (... *cette maison très cher*). *C'est un homme en or* : **parfait.** *Une partie du Moyen-Orient tient sa richesse de l'or noir* : **pétrole.** *Je n'aurais pas accepté pour tout l'or du monde* : **à aucun prix.**

oracle → DEVIN.

orageux ① *Le temps était orageux* : **lourd.** ② *La séance devenait orageuse, on en venait aux insultes* : **mouvementé, houleux*, tumultueux*** ◆ ↓ **agité,** ↓ **animé.**

oraison → PRIÈRE I.

oral ① *Il avait respecté son engagement oral* : **verbal.** ② *Médicament à prendre par voie orale* : **buccal** ◆ [plus cour.] **par la bouche.**

◇ **oralement** *Répondre oralement à une demande* : **verbalement.**

oralement → ORAL.

orange ① [n.f.] *Manger des oranges* : [partic.] **maltaise, navel.** *Une confiture d'oranges amères* : **bigarade.** ② [adj.] *Un tissu orange* : **orangé.**

orangé → ORANGE.

orateur *L'orateur attendait le silence pour parler* : **conférencier** (= orateur traitant d'un sujet qu'il pense être propre à intéresser ses auditeurs) ◆ **tribun** (= orateur qui défend les intérêts des couches sociales exploitées) ◆ **débatteur** (= orateur à l'aise dans les débats publics).

oratoire → ÉGLISE.

orbite → SPHÈRE.

orchestration → HARMONISATION.

orchestre → ENSEMBLE II, FORMATION.

orchestrer → ORGANISER.

ordi → ORDINATEUR.

ordinaire

I [adj.] ① [qqch ~] *On a l'impression que rien ne dérangera l'ordre ordinaire* : **habituel, normal*.** ② [qqch est ~] *Le mur était tapissé d'un papier ordinaire* : **courant, banal, commun*, passe-partout, de série, standard** ◆ [anglic.] **cheap.** *Ce sont des façons de faire tout à fait ordinaires* : **usuel** ; → GÉNÉRAL. ③ [qqn est ~] *C'est un homme très ordinaire* : **quelconque** ; → COMMUN*, MOYEN I. *C'est un spectacle très ordinaire* : **déjà-vu** (*ce spectacle, c'est du déjà-vu*). ④ *À l'ordinaire. Ils passent leurs vacances à l'étranger, comme à l'ordinaire* : **d'habitude,** [rare] **de coutume** ◆ **ordinairement, habituellement** (*ils passent ordinairement, habituellement leurs vacances...*) ; → RÉGULIÈREMENT, COMMUNÉMENT. ⑤ *D'ordinaire. L'été est moins ensoleillé que d'ordinaire* : **généralement, en général, habituellement** ; → NORMALEMENT, RÉGULIÈREMENT, LA PLUPART DU TEMPS*.

II [n.] *Acheter de l'ordinaire* : **essence*.**

ordinairement → ORDINAIRE, TOUJOURS.

ordinateur *Le clavier d'un ordinateur* : [par abrév.] **ordi** ◆ [partic.] **micro-ordinateur, PC** (= ordinateur individuel).

ordination → CONSÉCRATION.

ordonnance ① *L'ordonnance des cérémonies avait été troublée par l'orage* : [plus cour.] **organisation** ◆ [litt.] **ordonnancement.** ② *L'ordonnance des mots* : **agencement.** ③ *L'ordonnance d'un appar-*

tement : [plus cour.] **aménagement, disposition.** *L'ordonnance d'un bouquet* : [plus cour.] **arrangement.** ④ *Le médecin lui donna une ordonnance* : [plus génér.] **prescription.**

ordonné → ORDONNER I.

ordonner

I [~ qqch] *Le libraire ordonna les livres de façon plus attrayante* : **classer** ◆ [plus génér.] ↓ **arranger, disposer, ranger.**

◇ **ordonné** ① *La maison était toujours bien ordonnée* : **net** (qui implique la propreté). ② *C'était une femme très ordonnée* : [plus génér.] **soigneux ;** → SOIGNÉ.

II [~ qqch à qqn] *Il avait ordonné aux élèves de se lever* : [sout.] **enjoindre, sommer ;** → COMMANDER, VOULOIR, DEMANDER. *Le médecin ordonna un régime sans sel* : **prescrire.**

III [~ qqn] → CONSACRER.

ordre

I ① *Dans un autre ordre d'idées, j'aurais beaucoup à vous dire* : **genre.** *Du même ordre* : **de même nature*.** ② *Il travaille sans ordre et n'arrive à rien* : ↓ **méthode.** *Il a de bonnes idées mais les présente sans ordre* : **organisation.** ③ *Assurer l'ordre public* : **sécurité.** *La presse défendait l'ordre établi* : **en place** ◆ [anglic.] **establishment.** ④ *Ces termes sont volontairement mis dans un certain ordre* : **enchaînement.** *L'ordre des mots* : **disposition.** ⑤ *Le chahut devenait constant, les surveillants y mirent bon ordre* : [plus fam.] **mettre le holà.** *L'élève a été rappelé à l'ordre* : **réprimander.** *Voilà un homme d'ordre* : **ordonné.** *Vous admettrez que c'est une question à l'ordre du jour* : **d'actualité.** ⑥ *C'est une œuvre de premier ordre* : **de premier plan, de qualité ;** → SUPÉRIEUR I. *Une œuvre de second ordre* : → SECOND I.

II ① *Il est préférable d'obtenir un ordre écrit* : ↓ **directive ;** → DEMANDE. ② *Les manifestants n'avaient pas suivi les mots d'ordre des organisateurs* : **consigne ;** → INSTRUCTION, COMMANDEMENT, RECOMMANDATION. *Donner des ordres* : **commander*.**

III → COMMUNAUTÉ II, CORPORATION.

ordure ① [pl.] *Des usines spécialisées traitent presque toutes les ordures* : **déchet, détritus** (= matériaux de rebut dont on se débarrasse) ◆ **immondices** (= rebut de l'industrie, des déchets de la vie humaine). ② [sing. ou pl.] *Son livre n'était qu'un amas d'ordures* : ↓ **grossièreté*,** ↑ **obscénité*,** ↑ **saleté*** ◆ [fam.] **cochonnerie.** ③ [sing.] *L'ordure de cet endroit* : **crasse, saleté** ◆ [fam.] **saloperie.** *Il vivait dans l'ordure* [sout.] : **boue, fange ;** → DÉBAUCHE. ④ *Tais-toi donc, ordure !* [vulg.] : [très fam.] **fumier, salaud*.**

ordurier → GROSSIER, OBSCÈNE, SALE.

orée → BORD II.

oreille ① [pl.] *Ouvrez donc vos oreilles* : [très fam.] **esgourdes, portugaises.** ② [sing.] *Il n'a pas l'oreille très fine* : **ouïe.** ③ *Se faire tirer l'oreille* : [selon le contexte] → PRIER II, RÉPRIMANDER. *Casser les oreilles* : **étourdir*.** *Prêter l'oreille* : **croire*.** *Rougir jusqu'aux oreilles* : **comme une pivoine.** *Être dur d'oreille* : → SOURD.

oreiller → COUSSIN.

orfèvre, orfèvrerie → BIJOUTIER.

organe

I ① [au pl.] *Il reçut un coup dans les organes génitaux* : **parties.** ② *Cet orateur a un organe un peu faible* : [plus cour.] **voix*.**

◇ **organisme** ① *L'usage de la drogue détruit l'organisme* [didact.] : [cour.] **corps humain.** ② → ORGANISATION.

II *L'organe d'un parti* : **journal*.**

organique → SOMATIQUE.

organisation, organisé → ORGANISER.

organiser ① *Organiser un travail* : ↑ **planifier, préparer*.** *L'administrateur fut chargé d'organiser les nouveaux services* : **constituer, structurer** ◆ ↓ **former,** ↓ **mettre sur pied ;** → ARRANGER, DISTRIBUER, PRÉVOIR. ② *Organiser une affaire* : **combiner*, monter.** ③ *Organiser une intrigue* : **nouer*.** ④ *Organiser la lutte contre le tabagisme* : **orchestrer** (= qui implique une organisation sérieuse pour donner le maximum de retentissement).

◇ **s'organiser** *S'organiser pour* : → SE DÉB-ROUILLER.

◇ **organisé** ① *C'est un esprit très organisé* : **méthodique.** ② *C'est du vol organisé !* : → SYSTÉMATIQUE.

◇ **organisation** ① *L'organisation des travaux a exigé beaucoup d'imagination* : **mise sur pied** (= idée de démarrage) ◆ **programme,** [anglic.] **planning** (= idée de déroulement dans le temps) ◆ **planification** (= organisation selon un plan) ; → DISTRIBUTION, PRÉPARATION. *Sans organisation* : **sans ordre*.** ② *Militer dans une organisation politique* : **mouvement, parti.** *Une organisation de voyages* : **agence, organisme.** ③ *Étudier l'organisation du corps humain* : [sout.] **économie ;** → STRUCTURE. ④ *L'organisation d'un tableau* : **composition*.** *L'organisation de sons* : **arrangement.** ⑤ *Transformer l'organisation sociale* : **édifice, société** (*transformer la société*).

organisme → ORGANE.

orgie ① → DÉBAUCHE. ② *Une orgie de nourriture* : → FESTIN.

orgueil *Il aime ce qui flatte son orgueil* (= opinion exagérée que l'on a de sa propre valeur, accompagnée de dédain à l'égard d'autrui) : [sout.] **superbe** ◆ [sout.] **outrecuidance** (= confiance excessive en soi) ◆ **amour-propre** (= susceptibilité, crainte des comparaisons avec autrui) ◆ **morgue** (= sentiment de supériorité exprimé par la froideur de l'attitude ou de l'expression) ◆ **présomption, prétention** (= opinion beaucoup trop avantageuse de ses possibilités) ◆ **complaisance** (= sentiment de vanité : *s'écouter avec complaisance*, être satisfait de soi) ; → FIERTÉ, ORGUEILLEUX, VANITÉ, AFFECTATION, AMBITION, CONFIANCE.

◇ **orgueilleux** *Un homme orgueilleux* : **bouffi d'orgueil,** ↓ **fier** ◆ [sout.] **outrecuidant** ◆ ↑ **présomptueux, prétentieux** ◆ [fam.] **se croire sorti de la cuisse* de Jupiter ;** → AMBITIEUX.

orgueilleux → ORGUEIL.

oriel → FENÊTRE.

orient *L'escadre se dirigeait vers l'orient* [sout.] : **levant** ◆ [cour.] **est.**

orientation, orienté → ORIENTER.

orienter ① *Orienter un promeneur égaré dans la bonne direction* : [cour.] **diriger, guider*.** *Orienter son regard* : → TOURNER IV. ② *Orienter un bâtiment au sud* : → CENTRER, EXPOSER. ③ *Orienter une décision* : ↑ **infléchir,** ↑ **peser sur ;** → INFLUENCER. *Orienter la conversation sur* : → BRANCHER. *Orienter une action* : → CENTRER. ④ *Le train a été orienté sur une voie de garage* : [plus précis] **aiguiller.**

◇ **s'orienter** *Il savait s'orienter au milieu d'une forêt* : **se repérer** ◆ [moins précis] **se retrouver.**

◇ **orienté** ① *Un journal très orienté* : **tendancieux.** ② *Une maison bien orientée* : → SITUÉ.

◇ **orientation** ① *Je n'ai pas compris l'orientation de l'orateur* : **tendance*** ◆ [plus précis] **couleur politique ;** → ATTITUDE. ② *C'est une erreur d'orientation* : **aiguillage.** ③ *Changer d'orientation* [pr. et fig.] : → CHEMIN, DIRECTION. *L'orientation d'un bâtiment* : **exposition** ◆ [plus génér.] **position, situation*.**

orifice → OUVERTURE, TROU.

oriflamme → BANDEROLE.

originaire → NATIF.

original

I [n.m.] ① *Ce peintre travaillait rarement à partir de l'original* : **modèle.** ② *Lire Virgile dans l'original* : **texte*.**

II ① [n.] *Il ne fait rien comme les autres, c'est un original* : **excentrique, fantaisiste*** ◆ [fam.] **numéro, phénomène ;** → DÉJANTÉ, FOU, MANIAQUE. ② [adj.] *Une tenue originale* : ↑ **bizarre* ;** → PITTORESQUE, SINGULIER. ③ [adj.] *Une idée originale* : **inédit, neuf*, nouveau*.** *Un avis original sur qqch* : **personnel*, particulier* ;** → NON CONFORMISTE. ④ [adj.] *Une édition originale* : → PREMIER I.

◇ **originalité** ① *L'originalité d'un jeune écrivain* : **personnalité, caractère*** ◆ [sout.]

originalité

individualité* ; → CARACTÉRISTIQUE, SINGU-
LARITÉ. *Cela manque d'originalité* : inspiration*, invention, inventivité, nouveauté*.
L'originalité d'un nouveau produit :
→ CARACTÉRISTIQUE. ② [au pl.] *Cette vedette
a défrayé la chronique par ses originalités* :
↑ bizarrerie, ↑ excentricité, fantaisie*.

originalité → ORIGINAL II.

origine ① *L'origine de quelqu'un importe
peu* : ascendance (= générations dont est
issue une personne) ◆ [partic.] extraction
(= origine sociale) ; → NAISSANCE. ② *D'innombrables légendes relatent l'origine
de l'univers* : commencement, naissance
◆ [sout.] genèse, enfance (qui s'appliquent
aux débuts) ; → CRÉATION. ③ *On a beaucoup disputé sur l'origine de la Révolution
française* : source ; → CAUSE. *L'origine de
la dispute est un banal malentendu* : cause
◆ [sout.] germe ; → BASE. *L'origine d'un
mal* : racine* ; → AGENT. *On distingue les
mots d'origine savante de ceux d'origine
populaire. L'origine d'un mot* :
étymologie*. ④ *Avez-vous repéré l'origine
de cet appel ?* : provenance*. *À l'origine,
dès l'origine* : au début, dès le début, au
départ, initialement.

◇ **originel** *Le sens originel d'une expression* : initial, premier*, primitif.

◇ **originellement** : initialement, primitive-
ment.

originel, originellement → ORIGINE.

oripeaux → GUENILLE.

orné → OUVRAGÉ.

**ornement, ornemental, ornemen-
tation, ornementer** → ORNER.

orner *Le salon était orné de bouquets
variés* : agrémenter, décorer, ornementer.
Ce vêtement était orné de décorations :
[partic.] chamarrer. *Des pots de géranium
ornaient les fenêtres* : garnir, parer*. *Orner
son discours de citations* : enjoliver ◆ [plus
génér.] enrichir ; → ÉMAILLER. *Plusieurs
peintres avaient orné le recueil de poèmes* :
[plus cour.] illustrer. *Au Moyen Âge, les
moines ornaient les manuscrits* : [pr.]

enluminer. *Une vieille carte ornait le mur
blanc* : [partic.] égayer.

◇ **ornement** ① *La cheminée était couverte
d'ornements* : garniture. *Les ornements
d'un vêtement* : [partic.] broderie* ◆ [péj.]
fanfreluche. *Les ornements d'un tissu* :
motif*. *S'habiller sans ornement* : sans
fantaisie, sobrement. *Des plantes d'ornement* : → ORNEMENTAL. ② *Les ornements
du style* : enjolivure ; → ÉLÉGANCE.

◇ **ornemental** *Des plantes ornementales* :
décoratif, d'ornement.

◇ **ornementer** *Les chapiteaux sont orne-
mentés de feuillages* : décorer ; → ORNER.

◇ **ornementation** *L'ornementation d'une
maison* : décoration.

ornière ① → TROU. ② *Sortir de l'ornière.
Cet homme dynamique sort de l'ornière* :
chemins battus, routine. *Je ne sais si on
pourra le sortir de l'ornière* : de ce mauvais
pas ; → DIFFICULTÉ.

orphéon → HARMONIE.

orteil *Gros orteil* : → POUCE.

orthodoxe ① *C'est un historien
orthodoxe* : conformiste*, traditionnel ;
→ CONFORME. ② → CHRÉTIEN.

orthodoxie → CONFORMISME.

orthogonal → PERPENDICULAIRE.

orthographe → GRAPHIE.

orthographier → ÉCRIRE.

os ① → PIERRE D'ACHOPPEMENT*, DIFFI-
CULTÉ, ENNUI. ② *Sac d'os* : → MAIGRE,
SQUELETTIQUE.

oscillation → VACILLATION, VA-ET-VIENT.

osciller ① → SE BALANCER. ② *Osciller
entre deux solutions* : → HÉSITER.

osé → OSER.

oseille → ARGENT.

oser ① *Il a osé me frapper !* : se permettre
de ◆ [fam.] avoir le culot de. ② *Le chirurgien osa l'opération* [sout.] : [cour.] essayer,

risquer, tenter*. ③ [nég.] *Vous n'osez pas le répéter* : **craindre de** (*vous craignez de...*).

◇ **osé** ① *Le film devait son succès à ses scènes osées* : **hardi*, libertin, scabreux ♦ ↓ libre, ↓ leste** ; → CRU, ÉROTIQUE, LÉGER, LICENCIEUX, RAIDE. ② *C'est une démarche un peu osée* : **↑ audacieux, ↑ téméraire** ; → ENTREPRENANT, HARDI.

ossature ① *Avoir une forte ossature* : **charpente, squelette*** ; → CARCASSE. ② *Quelques idées claires formaient l'ossature de son discours* : [sout.] **armature ♦** [plus cour.] **charpente, structure.**

ossements → SQUELETTE.

osseux → MAIGRE.

ossuaire → CIMETIÈRE.

ostensible → APPARENT.

ostensiblement → OUVERTEMENT.

ostentation *Il avait étalé ses connaissances par ostentation* : **affectation, gloriole** ; → PARADE.

ostentatoire → AFFECTÉ, APPARENT.

ostracisme → EXCLUSION, HOSTILITÉ.

ostrogoth → GROSSIER.

otage *Prise d'otage* : → ENLÈVEMENT.

ôter ① *Si j'ôte 5 de 12, il reste 7* : **déduire, retrancher, soustraire** ; [plus génér.] **enlever*** ; → PRENDRE, SUPPRIMER. ② *Il a ôté son manteau humide* : **retirer, quitter** ; → TOMBER IV. *Ôter son chapeau* : → SE DÉCOUVRIR. ③ *Il faut ôter du texte toute allusion blessante* : **proscrire, bannir*, supprimer.** ④ *Ôtez les mains de vos poches !* : **sortir.** *Il ôte les mauvaises herbes du jardin* : → ARRACHER, DÉGAGER. *Elle parvint à ôter les obstacles* : **balayer*.** *Ôter la peau d'un fruit* : **peler*.** ⑤ *Cette aventure m'a ôté mes illusions* : **enlever, faire perdre.**

◇ **s'ôter** *Ôtez-vous de là !* : [fam.] **se pousser ♦** [très fam.] **se barrer, se tailler** ; [plus sout.] **se retirer.** *Ôtez-vous de mon chemin* : **s'écarter.**

ou [conj.] *Dites-moi tout ou je ne vous parle plus* : **sinon.** *Je viendrai lundi ou mardi* : **soit, soit** (qui souligne davantage les deux termes d'une alternative : *soit lundi, soit mardi*) ; **tantôt, tantôt** (qui marque fortement l'alternance d'états différents : *tantôt il est calme, tantôt il s'agite*).

où [adv.] *Où avez-vous trouvé ce bibelot ?* : **à quel endroit.** *Par où ?* : → SENS. *Vous irez où vous voudrez* : [moins cour.] **là.**

ouais → OUI.

ouate → COTON.

ouaté → FEUTRÉ.

oubli ① *L'acteur a eu un oubli au milieu de sa scène* : **absence ♦** [fam.] **trou ♦ amnésie** (= perte pathologique de la mémoire) ; → MANQUE. ② *C'est un oubli inadmissible de ses devoirs* : **abandon.** ③ *Il a vite réparé cet oubli* : [partic.] **distraction, étourderie*, négligence, omission*.** *Son histoire comporte trop d'oublis* : **lacune, manque.** ④ *Laisser dans l'oubli* : → OMBRE. ⑤ *Ce n'est pas facile de pratiquer l'oubli des injures* : **↑ pardon.**

◇ **oublier** ① [~ qqch] *Il oublie les convenances* : [sout.] **manquer* à, négliger*.** ② [~ qqch] *Essayez d'oublier vos soucis* : **se débarrasser.** *Oublier son ressentiment* : **faire abstraction* de.** *Oublier les erreurs de qqn* : **pardonner*.** ③ [~ qqch] *Il oublie tout !* : **↓ se désintéresser de.** *Oublier la consigne* : → MANGER III. *Oublier ses clés* : **laisser*** ; → PERDRE. *Oublier un paragraphe* : **omettre*, passer*, sauter*.** *N'oubliez pas d'être là* : [plus sout.] **manquer.** ④ *Faire oublier qqch* : → EFFACER. ⑤ [~ qqn] *Il n'a oublié personne* : → EXCEPTER. *Depuis qu'elle s'est mariée, elle a oublié ses amis* : **délaisser, négliger ♦** [fam.] **laisser tomber.** ⑥ *Faire oublier* : → RACHETER. *Se faire oublier. Vous avez été désagréable et gagneriez certainement à vous faire oublier* : [fam.] **faire le mort.** ⑦ → S'ÉTOURDIR.

oublier → OUBLI.

oubliettes → CELLULE.

oublieux → INSOUCIANT.

ouest → OCCIDENT.

oui ① [adv.] *Viendrez-vous ?* — *Oui* : **absolument, assurément, certainement, bien entendu, bien sûr, sûrement** (qui peuvent renforcer *oui* : *oui, sûrement*, ou se substituer à lui) ◆ [fam.] **O.K., ouais ;** → PARFAITEMENT, PRÉCISÉMENT, VOLONTIERS, D'ACCORD*, EXACTEMENT, NON, SI I. *Je lui ai dit oui* : **accepter** (*j'ai accepté*). ② [n.m.] *Un oui sans réticence* : **acceptation, accord, acquiescement.**

ouï-dire → ON-DIT.

ouïe ① [sing.] *Les organes de l'ouïe* : **audition ;** → SENS. *Avoir l'ouïe fine* : → OREILLE. ② [pl.] *La couleur des ouïes indique la fraîcheur du poisson* : **branchies** (= appareil respiratoire de beaucoup d'animaux aquatiques, les *ouïes* étant les orifices externes des branchies).

ouïr → ENTENDRE.

ouragan → VENT.

ourdir → MACHINER, NOUER, PRÉPARER.

ours → SAUVAGE I, SOLITAIRE II.

outil → USTENSILE.

outillage → MATÉRIEL II.

outiller → ÉQUIPER.

outrage ① *Je ne supporterai pas un tel outrage* [sout.] : [cour.] ↓ **affront,** ↓ **offense*** ◆ ↓ **injure, insulte** (= outrages en paroles) ◆ [litt.] **camouflet.** ② *C'est un outrage au bon sens* : **violation** (*violation du bon sens*). *Il a été poursuivi pour outrage à la pudeur* : **attentat,** ↓ **offense.** ③ *Outrage à Dieu* : **blasphème*, sacrilège.**

◇ **outrager** *Il m'a outragé par ses paroles blessantes* [sout.] : ↓ **offenser** ◆ [plus cour.] ↓ **injurier,** ↓ **insulter.**

◇ **outrageusement** *Elle était outrageusement fardée* : **excessivement, très*.**

outrager, outrageusement → OUTRAGE.

outrance, outrancier → OUTRER.

outre ① [prép.] *Outre cette propriété, il possède un immeuble* : [sout.] **en sus de** ◆ [plus cour.] **en plus de, sans parler de ;** → AUSSI, ACCESSOIREMENT, INDÉPENDAMMENT. ② [loc. adv.] *Outre mesure. Il ne s'est pas inquiété outre mesure* : [plus cour.] **trop*.** ③ [loc. adv.] *En outre. Il n'avait pas de permis de conduire et, en outre, il a insulté le gendarme* [sout.] : [plus cour.] **de plus ;** → PAR AILLEURS, PAR-DESSUS LE MARCHÉ II. *Je ne pourrai pas venir ; en outre, j'ai trop de travail* [sout.] : **au reste*, au surplus*** ◆ [plus cour.] **d'autre part ;** → À CÔTÉ* DE ÇA, D'AILLEURS. ④ *Passer outre* : → DÉSOBÉIR, NÉGLIGER, TRANSGRESSER.

outré → OUTRER.

outrecuidance → CONFIANCE* EXCESSIVE, ORGUEIL.

outrecuidant → ORGUEILLEUX.

outrepasser *Il n'avait pas hésité à outrepasser les ordres* : [partic.] **enfreindre** (= ne pas respecter les ordres) ; → DÉPASSER, TRANSGRESSER. *Outrepasser ses droits* : **abuser*.**

outrer ① *L'actrice croyait satisfaire le public en outrant son jeu* : **charger*, exagérer*, forcer, surjouer.** ② *Votre désinvolture l'a outré* : [plus cour.] ↓ **indigner, révolter, scandaliser*.**

◇ **outrance** ① → DÉMESURE, EXAGÉRATION. ② *Il était méticuleux à outrance* : **à l'excès.** *Une guerre à outrance* [sout.] : [cour.] **total*.**

◇ **outrancier** *Des propos outranciers* : **excessif, outré.**

◇ **outré** ① *Des compliments outrés* : **exagéré, excessif, outrancié.** ② *Un air outré* : **indigné, révolté, scandalisé.**

ouvert, ouvertement, ouverture → OUVRIR.

ouvrage ① *Il se mit à l'ouvrage avec ardeur* : **travail*, tâche*.** *Mettre la main à l'ouvrage* : [fam.] **à la pâte.** ② *Publier un ouvrage sur l'histoire romaine* : → LIVRE, ŒUVRE.

◇ **ouvragé** ① *Une grille très ouvragée :* **travaillé*.** ② *Un style ouvragé :* [plus cour.] **orné.**

ouvragé → OUVRAGE.

ouvrier *Les ouvriers ne voteront pas pour ce candidat :* **classe ouvrière, salarié*, travailleur*** ◆ [moins cour.] **classe laborieuse** ◆ [partic.] **manœuvre** (= ouvrier sans spécialisation) ◆ **prolétaire,** [fam.] **prolo** (= travailleur manuel dans la grande industrie).

ouvrir Verbe de sens général, qui a de nombreux synonymes selon le contexte. ① [qqn ~ qqch] *L'enfant a ouvert fébrilement le paquet :* **déballer, défaire.** *Ouvrir une lettre :* **décacheter.** *Il ouvrait son journal sur la table :* **étaler.** *Le chirurgien a ouvert l'abcès :* **percer** ◆ [didact.] **débrider.** *La congrégation a ouvert plusieurs écoles à l'étranger :* **fonder.** *L'aigle ouvrit ses ailes :* **déployer.** *Elle ouvrait les yeux, surprise :* **écarquiller.** *Ouvrir la bouche :* [partic.] **bâiller** (qui s'emploie quand l'ouverture est involontaire : *bâiller d'ennui, de sommeil*). *Ouvrir une brèche dans un mur :* **percer, pratiquer*.** *Veux-tu ouvrir le chauffage ?* [fam.] : [cour.] **allumer, mettre en marche.** ② [qqch ~ qqch] *La lecture lui ouvre l'esprit :* **éveiller.** ③ [qqn ~ qqch] *Ouvrir une discussion :* **commencer*, entamer, lancer.** *Ouvrir la séance :* **inaugurer*.** *Je vous ai ouvert ma pensée :* **découvrir.** ④ [qqch ~ sur qqch] *La fenêtre ouvrait sur un vaste jardin :* **donner sur, s'ouvrir.** ⑤ *Elle a ouvert à demi sa fenêtre :* **entrouvrir, entrebâiller.** *Ouvrir le feu :* **tirer*.** *Le motard ouvrit la route :* **s'engager le premier.** *Vous êtes prié de ne pas l'ouvrir* [fam.] : [cour.] **parler.**

◇ **s'ouvrir** ① [qqn ~ à qqn] **se confier*.** ② [qqch ~] *Les roses s'ouvraient par milliers :* **s'épanouir.** *La terre s'ouvre :* → SE CRAQUELER. ③ *Le procès s'ouvre bientôt :* **commencer.** ④ *S'ouvrir sur.* → OUVRIR ④.

◇ **ouvert** ① [qqn est ~] : **bon*, communicatif*, confiant*, franc*, tolérant*.** *Un homme ouvert :* **sans préjugé.** *Un esprit ouvert :* → VIF. *Être ouvert aux suggestions :* → PERMÉABLE. ② [qqch est ~] *Tout étonné, l'enfant restait la bouche ouverte :* ↑ **béant.** *Les yeux grands ouverts :* ↑ **exorbité.** *Un chemin ouvert :* **accessible.** *La chasse est ouverte :* **permis.**

◇ **ouvertement** *Agir ouvertement :* **au grand jour, simplement*, au vu* et au su de tous** ◆ [moins cour.] **ostensiblement.** *Afficher ouvertement ses opinions :* **publiquement ;** → HAUTEMENT. *Dire ouvertement ce que l'on pense :* **franchement*, nettement, sans détour.**

◇ **ouverture** ① *L'ouverture d'un débat :* **commencement*, début.** *L'ouverture d'une exposition :* **inauguration*.** ② *Le renard entrait dans le poulailler par une large ouverture :* **brèche, trou ;** → VIDE II. *L'ouverture d'un tuyau :* **orifice.** *L'ouverture des ailes :* **déploiement.** ③ *On perça une ouverture dans le mur :* [plus précis] **embrasure.** ④ *Faire preuve d'ouverture :* → LARGEUR* D'ESPRIT. ⑤ [pl.] *Les ouvertures de l'ONU ont permis l'arrêt des combats :* **offre, proposition.**

ovation → ACCLAMATION. *Faire une ovation à :* → ACCLAMER.

ovationner → ACCLAMER.

overdose → DOSE.

ovni → SOUCOUPE.

oxygéner (s') → S'AÉRER.

P

---

pacage *Les vaches restaient au pacage tout l'été* [vieilli] : [plus cour.] **pâturage** ♦ **pâture** (= terre qui donne de l'herbe sans culture) ♦ **prairie, pré** (= terrains de pâturage, la prairie étant plus grande que le pré) ♦ **pâtis** (= lieu qui fournit une nourriture aux animaux, constitué de friches ou de landes) ♦ **herbage** (= parcelle pâturée par le bétail) ♦ **alpage** (= pâturage situé en haute montagne).

pacifier → APAISER.

pacifique → CALME, DÉBONNAIRE, PAISIBLE.

pack → PAQUET.

pacotille → MARCHANDISE, SALOPERIE. *De pacotille* : → SANS VALEUR* III.

pacte *Les deux pays ont signé un pacte de non-agression* : **traité ;** → ACCORD. *Rompre un pacte* : → MARCHÉ II.

◊ **pactiser** [~ avec qqch] *Pour mieux le combattre, les policiers pactisaient avec le crime* : **composer*, transiger.**

pactiser → PACTE.

paddock → LIT I.

paf → IVRE.

pagaille ① → ANARCHIE, DÉSORDRE. *Semer la pagaille* : → MERDE. ② *En pagaille* : → QUANTITÉ.

page ① [n.f.] *Tourner les pages* : → FEUILLE II. ② [n.m.] *Se mettre au page* : → LIT I.

pageot → LIT I.

pager (se) → COUCHER II.

pagination → NUMÉROTATION.

paginer → NUMÉROTER.

paie → PAYER.

paiement → RÈGLEMENT II, VERSEMENT, VIREMENT.

païen → INFIDÈLE II.

paillard ① [n.] → JOUISSEUR. ② [adj.] *Des chansons paillardes* : ↓ **grivois,** ↓ **polisson** ♦ [très fam.] **cochon.**

paillasson → TAPIS.

paille ① *La paille servait de litière au bétail* : **chaume, éteule** (qui ne s'emploient que pour la paille restée sur pied) ; → TIGE. ② *Nous allons tirer à la courte paille* : **au sort*.** *Une paille. Ça coûte trois millions : une paille, quoi !* [fam.] : [cour.] **une bagatelle, un rien.** *Mettre qqn sur la paille* : → APPAUVRIR. *Être sur la paille* : **dans la misère.** ③ *Des pommes paille* : → FRITE.

pain *Pour une bouchée de pain* : → À BAS PRIX* I.

pair *Hors pair* : → SANS PAREIL* II.

paire → DEUX.

paisible ① [qqn est ~] *On n'avait jamais vu cet homme paisible se mettre en colère* : **calme*, placide** ♦ [fam.] **peinard, pépère** ♦ [partic.] **serein** (= qui connaît la paix

564

intérieure). ② [qqch est ~] *C'était un hameau paisible au milieu des champs* : **tranquille** ◆ [fam.] **peinard** ; → CALME. *Avoir des mœurs paisibles* : **pacifique.**

◇ **paisiblement** : calmement, sereinement, tranquillement ; → DOUCEMENT.

paisiblement → PAISIBLE.

paître ① *Les moutons paissaient l'herbe rare* : **pâturer** ◆ [plus cour.] **brouter** ; → MANGER. ② *Envoyer paître qqn, qqch* : → ENVOYER BOULER*, ENVOYER PROMENER*.

paix ① *Il appréciait la paix de la montagne* : **tranquillité** ; → CALME. *La paix des sentiments* : **apaisement.** ② *Les belligérants ont fait la paix* : **poser les armes.** ③ *La paix, s'il vous plaît !* : **silence !** *Faire la paix* : **se réconcilier** ; → SE METTRE D'ACCORD*. *Avoir l'esprit en paix* : → REPOS, TRANQUILLE.

palabrer → DISCOURIR.

palace → HÔTEL.

paladin → CHEVALIER.

palais → CHÂTEAU.

pâle ① *Après son long séjour à l'hôpital, le malade restait pâle* : **blafard** (*un teint blafard*) ◆ ↑ **blême** (qui s'applique au visage) ◆ **hâve** (qui ajoute l'idée de maigreur : *un visage hâve*) ◆ **pâlichon, pâlot** (qui s'emploient surtout en parlant des enfants) ; → BLANC I, LIVIDE. ② *On voyait au loin une lueur pâle* : **faible.** ③ *À la lessive, mon pull est devenu tout pâle* : **décoloré, délavé** ; → TERNE. ④ *Quelle pâle imitation de Rubens !* : **fade, terne.**

◇ **pâlir** ① *La colère le fit pâlir* : **blêmir** ◆ **changer de couleur** (qui est aussi **blanchir** ou **verdir**, quand le changement est dû à la peur). ② *Le soir, la lumière pâlissait* : **s'affaiblir.** ③ *Le papier peint a pâli au soleil* : **se décolorer, se faner** ; → JAUNIR. *Des couleurs qui pâlissent* : **passer.**

palefrenier → GARÇON D'ÉCURIE*.

palefroi → CHEVAL.

paletot → MANTEAU.

palette → GAMME.

pâlichon → PÂLE.

palier ① *Par paliers* : → DEGRÉ II, PROGRESSIVEMENT. ② *Une culture en paliers* : → GRADIN.

palinodie → CHANGEMENT.

pâlir → PÂLE.

palis, palissade → CLÔTURE.

palliatif → PALLIER.

pallier ① *Il faudrait pallier cette défaillance* [très sout.] : [cour.] ↓ **cacher, couvrir.** ② *Les secours internationaux n'ont pu pallier les effets de la sécheresse* [très sout.] : **obvier à** ◆ [cour.] **atténuer** ; → REMÉDIER, SAUVER.

◇ **palliatif** *Le soutien des cours du blé n'était qu'un palliatif* : **expédient*.**

palmarès *Son livre est bien classé dans le palmarès* : [anglic., plus restreint] **hit-parade** (qui concerne surtout les disques) ; → PLACE I.

palombe → PIGEON.

pâlot → PÂLE.

palpable ① *Des avantages palpables* : → CONCRET, RÉEL, TANGIBLE. ② *Des preuves palpables* : → CERTAIN I, MATÉRIEL I.

palpation → TOUCHER IV.

palper ① *Le médecin a longuement palpé le ventre du malade* : [plus génér.] **toucher** ; → TÂTER. ② *Il a palpé une grosse somme dans cette affaire* [fam.] : [cour.] **recevoir, toucher** ; → GAGNER.

palpitant → PALPITER.

palpitation → BATTEMENT* DE CŒUR, CŒUR I.

palpiter ① [qqch ~] *Le cœur palpite* : → BATTRE III. ② *Le film le faisait palpiter de peur* : **frémir.**

◇ **palpitant** ① [adj.] *Les élèves suivaient avec passion le récit palpitant* : ↑ **émouvant, prenant.** *Votre histoire n'est pas très palpitante* : **excitant, intéressant.** ② [adj.] *Les chasseurs emportent le cerf palpitant* [sout.] : **pantelant.** ③ [n.m.] *J'ai le palpi-*

tant qui bat trop vite [fam., vieilli] : [cour.] **cœur***.

paluche → MAIN.

paludier → SALINIER.

pâmer (se) *Se pâmer d'admiration* : → S'EXTASIER.

pamphlet *Publier un pamphlet* : → LIBELLE, SATIRE.

panacée → REMÈDE.

panache → PLUME I.

panacher → BARIOLER.

panade *Être dans la panade* : → MISÈRE.

panard → PIED I.

pancarte → ÉCRITEAU.

pandémie → ÉPIDÉMIE.

panégyrique → ÉLOGE.

panel → ÉCHANTILLON.

panier ① → BUT. ② *Le haut du panier* : → ÉLITE, FIN III. *Le fond du panier* : → REBUT. *Panier percé* : → DÉPENSIER.

panique *La population prise de panique fuyait l'inondation* : ↓ **effroi***, ↓ **peur*** ◆ [partic.] **terreur** (qui ne suppose pas le caractère irraisonné et le plus souvent collectif de la panique) ; → FUITE. *Rien n'est prêt, c'est la panique !* [fam.] : → AFFOLEMENT.

paniquer → S'AFFOLER, AVOIR PEUR*.

panne ① *Il est tombé en panne en pleine nuit* : [fam.] **en carafe, en rade** ; → EN PLAN* IV. *Une panne sèche* : **d'essence**. ② *Être en panne de qqch* [fam.] : [cour.] **manquer**.

panneau ① → PIÈGE. ② → SIGNAL.

panonceau → ENSEIGNE I.

panoplie → CHOIX.

panorama ① *Du haut de la tour, on avait un beau panorama* : ↓ **vue***. ② *Le panorama d'une société* : → FRESQUE.

panse *Les invités se sont rempli la panse* [fam.] : [cour.] **ventre**.

◇ **pansu** ① [qqn est ~] *Un homme pansu* : **ventru** ; → GRAS, GROS. ② [qqch est ~] *Un vase pansu* : **renflé**.

pansement → PANSER.

panser *Le médecin pansa soigneusement le bras blessé* : [plus partic.] **bander** ; → SOIGNER.

◇ **pansement** *Le blessé était couvert de pansements* [génér.] : [plus partic.] **bande, bandage, bandelette, gaze**.

pansu → PANSE.

pantalon ① *Il ôta la ceinture de son pantalon* : **blue-jean, jean(s)** (= pantalon en toile bleue) ◆ [rare] **knickers** (= pantalon utilisé en alpinisme) ◆ [très fam.] **falzar, froc, futal, grimpant** ; → CULOTTE. ② *Il n'a rien dans le pantalon* : → HOMME II.

pantelant → HALETANT, PALPITANT.

pantin *Personne qui gesticule de façon excessive et paraît de ce fait ridicule* : **girouette, marionnette** (= personne versatile) ◆ **fantoche** (qui insiste sur l'absence de sérieux) ◆ **guignol, polichinelle** (qui comportent en plus une idée de ridicule marqué) ; → AUTOMATE, BOUFFON, ESCLAVE.

pantois *Laisser pantois* : → DÉCONCERTER.

pantomime ① *La troupe s'était spécialisée dans les pantomimes* : [didact.] **mimodrame** ; → MIME. ② *Vous n'avez pas fini votre pantomime !* [péj.] : [plus cour.] **cirque, comédie**.

pantouflard → BOURGEOIS, CASANIER.

pantoufle → CHAUSSON.

papa ① → PÈRE. ② *À la papa. Faire son travail à la papa* [fam.] : **en pépère** ◆ [cour.] **sans hâte, tranquillement**. *De papa. Ce genre de pièces, c'est le théâtre de papa* [fam.] : [cour.] **périmé** (... *c'est un théâtre périmé*).

papal, papauté → PAPE.

pape ① *Le pape est le chef suprême de l'Église catholique romaine* : **souverain**

pontife ◆ [terme de religion] **saint-père.**
② *X... est le pape de cette école de peinture* :
↓ **chef (de file)** ◆ [rare] **pontife.**

◇ **papal** *Accéder au trône papal* [didact.] :
pontifical.

◇ **papauté** *La papauté a perdu de son pouvoir au cours des siècles* : **Saint-Siège, Vatican.**

papelard ① [adj.] *Un ton papelard* :
→ **DOUCEREUX.** ② [n.m.] *Montrer ses papelards* : → **PAPIER.**

papi → GRAND-PÈRE.

papier ① *Écrire un papier* : → **ARTICLE.**
② *L'escroc avait fait disparaître tous les papiers compromettants* : [plus partic.] **écrit.** *Il avait légué tous ses papiers au musée* : [plus partic.] **document.** ③ [pl.] *Le gendarme examinait ses papiers, ses papiers d'identité* : **pièce** ◆ [fam.] **papelard.** ④ *Sur le papier* : **théoriquement, en théorie.** ⑤ *Papier peint* : → **TAPISSERIE.** *Papier hygiénique* : [fam.] **PQ** ◆ [très fam.] **papier cul.**

papillonner → FOLÂTRER.

papilloter *Ses yeux papillotaient, éblouis par les phares* : **cligner.**

papivore → LECTEUR.

papotage → BAVARDAGE.

papoter → BAVARDER.

papouille → CARESSE. *Faire des papouilles* : → CHATOUILLER.

paquebot → BATEAU I.

paquet ① Réunion de plusieurs objets enveloppés ensemble. *Un paquet de livres* : **colis** (= paquet qui est expédié : *envoyer un colis par la poste*), **ballot** (= petit paquet de marchandises ou de vêtements) ◆ [fam.] **balluchon** (= petit paquet de vêtements enveloppés dans un carré d'étoffe) ◆ [anglic.] **pack** (*un pack de bières*). ② *L'opération a rapporté un paquet d'actions* [fam.] : [cour.] **une grande quantité de ;** → BEAUCOUP. *Des paquets de mer gênaient le départ du voilier* : **de grosses vagues.** ③ *Lâcher le paquet* : → AVOUER.

paquetage → BAGAGE.

par → POUR.

parachèvement → COURONNEMENT.

parachever *Le menuisier parachevait son travail* : [sout.] **couronner** ◆ [fam.] **fignoler** (qui implique l'idée d'un soin excessif) ◆ ↓ **parfaire*** (= achever qqch en sorte qu'il ne manque rien) ; → ACCOMPLIR, FINIR.

parachutage → LARGAGE.

parachuter ① *Parachuter des vivres* :
→ LARGUER. ② → NOMMER II.

Paraclet → ESPRIT.

parade ① → REVUE. ② *Sa vanité n'était satisfaite que par la parade* : **ostentation** ◆ [litt.] **montre** ◆ [fam.] **esbroufe, frime.** *Faire parade de qqch. Il faisait sans cesse parade de ses voyages* : **faire étalage, étaler** ◆ [sout.] **faire montre de.** ③ *Il cherchait une parade pour se tirer de ce mauvais pas* : **défense ;** → DIVERSION.

◇ **parader** *Il paradait avec suffisance auprès des jeunes femmes* : **se pavaner, faire la roue, le fier*** ◆ [sout.] **plastronner** ◆ [fam.] **frimer ;** → S'ÉTALER.

parader → PARADE.

paradis ① *Aller au paradis* : → CIEL.
② *Un vrai paradis* : → DÉLICE. *Au milieu du désert, l'oasis était un paradis de verdure* : [moins cour.] **éden.** ③ *Les immigrés avaient cru trouver le paradis dans ce pays neuf* : [moins cour.] **eldorado, pays de cocagne.** ④ *Des places de théâtre au paradis* : → POULAILLER.

◇ **paradisiaque** *L'agence de voyages promettait un séjour paradisiaque* : **enchanteur** ◆ [sout.] **édénique** ◆ [très génér.] **merveilleux.**

paradisiaque → PARADIS.

parages *Vous avez donc une maison dans les parages ?* : [sing.] **voisinage*** ◆ [pl.] **alentours, environs.**

paragraphe → ALINÉA, SECTION II.

paraître

I ① [avec l'auxil. *avoir* ; qqn ~] *Elle parut et se jeta dans ses bras* : **apparaître** ◆ [plus génér.] **se montrer.** *Il n'a pas paru depuis trois jours* : **venir.** ② [avec l'auxil. *avoir* ; qqn ~] *Elle paraissait sur scène depuis dix ans* : **se produire*.** ③ *Il paraît un homme bien doux* [sout.] : **faire figure de** ◆ [cour.] **passer pour ;** → IMPRESSION, SEMBLER. ④ *Le désir de paraître* : → BRILLER. ⑤ [avec l'auxil. *avoir* ; qqch ~] *Peu à peu, le jour parut* : [sout.] **naître, poindre, pointer.** ⑥ [avec l'auxil. *avoir* ; qqch ~] *Le poison paraissait plus nocif que prévu* : **s'avérer, se révéler.** ⑦ *Faire, laisser paraître. Il laissait paraître sa colère* : **manifester, montrer** (*il manifestait, montrait...*) ◆ [moins cour.] **transparaître.**

II ① [~ + attribut] *Il paraît très sûr de lui* : **sembler*, avoir l'air.** ② *Il paraît que. Il paraît que l'on va manquer de fuel cet hiver* : **on dit que, on prétend que.** *Paraît-il* : → DIRE. ③ [~ + inf.] *Il paraît bien avoir quarante ans* : [fam.] **faire** (*il fait bien...*).

III [avec l'auxil. *avoir* ou *être*] *L'ouvrage devait paraître au mois d'octobre* : **être publié, être édité ;** → SORTIR I. *L'éditeur fait paraître l'ouvrage le mois prochain* : **éditer.**

◇ **parution** *La parution du rapport est attendue* : **publication ;** → SORTIE.

IV [n.m.] *Préférer l'être au paraître* : **apparence.**

parallèle ① [n.m.] *Établir un parallèle entre deux faits* : ↑ **rapprochement.** *Mettre qqch en parallèle avec qqch* : → COMPARER. ② [adj.] *Ils ont vécu des histoires parallèles* : **comparable** ◆ ↓ **proche,** ↓ **ressemblant.**

◇ **parallélisme** *Il y avait un parallélisme frappant entre les deux interventions* : ↑ **accord ;** → COMPARAISON.

◇ **parallèlement** : **corrélativement.**

parallèlement, parallélisme → PARALLÈLE.

paralogisme → SOPHISME.

paralysé ① *Paralysé par le froid* : → ENGOURDI. ② → BLOCAGE (*faire un blocage*). ③ *Trafic paralysé* : → EMBOUTEILLER.

paralyser ① → ARRÊTER I, FIGER, INTIMIDER. ② → ENGOURDIR.

paralysie *La crise entraînait la paralysie des entreprises* : ↑ **asphyxie ;** → ARRÊT. *La paralysie de la circulation* : **blocage ;** → EMBOUTEILLAGE.

parangon → MODÈLE I.

parapet → BALUSTRADE.

paraphe → SIGNATURE.

paraphrase *Il entreprit une paraphrase du texte* [didact.] : [partic.] **commentaire, explication.**

parapluie ① *Il a perdu son parapluie dans le métro* : [fam.] **pébroc, pépin** ◆ [fam., vieilli] **riflard.** ② *Les opinions divergent sur l'efficacité du parapluie nucléaire* : **protection.**

parasite ① *Il se faisait inviter chez les uns et les autres, satisfait de sa vie de parasite* : [fam.] **pique-assiette ;** → CONVIVE. ② [pl.] *Des parasites empêchaient de suivre correctement l'émission* : [génér.] **bruit** ◆ [fam.] **friture** ◆ [partic.] **brouillage** (= perturbations provoquées volontairement).

parasiter → BROUILLER.

paravent *Le trafiquant avait un paravent pour dissimuler ses activités* : **couverture.**

parbleu → NOM DE DIEU*.

parc

I *Garer sa voiture dans un parc de stationnement* : **parking** ◆ [rare] **parcage** ◆ [partic.] **garage.**

◇ **parquer** ① *L'armée avait parqué tous les suspects dans un stade* : **entasser.** ② *Parquer sa voiture* : **garer** ◆ [moins cour.] **se parquer** (*il se parque*) ; → REMISER.

II ① → JARDIN. ② *Un parc naturel a été établi pour protéger la flore* : **réserve.**

parcage → PARC I.

parcelle ① *La mine ne livrait plus que des parcelles d'or* : **paillette.** *Les parcelles d'une histoire* : **bribe** ◆ [plus cour.] **fragment ;** → MORCEAU. ② *Vous n'avez pas la moindre parcelle de bon sens* : **atome,**

grain, miette, soupçon. ③ *Il a acheté une parcelle* : → TERRAIN, TERRE III.

parce que *Nous sommes sortis parce que nous avions trop chaud* : **car** ◆ **en effet**, (*... nous avions, en effet, trop chaud*) ; → PRÉTEXTE. *Il ne voulait rien dire parce qu'il craignait de la blesser* : **étant donné que**, **attendu que** (qui insistent sur la dépendance causale) ◆ [emploi critiqué] **vu que** ; → PUISQUE.

parchemin ① *Déchiffrer de vieux parchemins* : [plus génér.] **écrit.** ② → PEAU* D'ÂNE.

parcimonie *Il leur donna des fruits avec parcimonie* : ↓ **avec économie, parcimonieusement** ◆ [fam.] **au compte-gouttes.**

parcimonieusement → CHICHEMENT, PARCIMONIE.

parcimonieux → CHICHE.

parcourir ① *L'avion a parcouru la distance en un temps record* : **franchir** ; → TRAVERSER. ② *Parcourir la campagne* : → BATTRE II. ③ *L'armée parcourait les rues* : [plus précis] **patrouiller.** ④ *Parcourir le journal* : **feuilleter** ; → LIRE II.

◇ **parcours** ① → DISTANCE. ② *Le parcours prévu comptait de nombreuses difficultés* : **itinéraire** (qui implique davantage l'idée de haltes) ◆ **trajet*** (qui se dit plutôt du fait de parcourir un certain espace et convient mieux que les deux autres pour parler d'un parcours urbain : *un trajet d'autobus*) ; → CHEMIN, ROUTE. ③ *Son parcours dans l'entreprise a été remarquable* : **carrière.**

parcours → PARCOURIR.

pardessus → MANTEAU.

pardon ① [adv. interr.] → COMMENT, PLAIRE. ② [n.m.] Grâce accordée après une offense, une faute : **absolution** (= rémission des fautes [terme religieux] ou jugement qui rend libre un individu tout en le déclarant coupable [terme juridique]) ; → AMNISTIE. ③ *La Bretagne a conservé la tradition des pardons* [seult en Bretagne] : [génér.] **fête religieuse** ◆ [cour.] **pèlerinage.** ④ *Pardon, je vous demande pardon, voulez-vous répéter ?* : **s'excuser** ; → PLAIRE (*s'il vous plaît*), REGRET.

◇ **pardonner** ① [~ à qqn] *L'empereur pardonna aux officiers traîtres* : **faire grâce, gracier.** *Il faut lui pardonner* : **absoudre** (qui est plutôt un terme de religion). ② [~ qqch à qqn] *Je te pardonne cette incartade* : [fam.] **passer l'éponge sur** ◆ [plus génér.] **oublier** ; → TOLÉRER, PASSER II. ③ [~ qqch] *Vous pardonnerez cette intervention, mais je ne suis pas d'accord avec vous* : ↓ **excuser.** ④ *Une erreur qui ne se pardonne pas* [fam.] : [cour.] **impardonnable, inexcusable** ◆ ↑ **irréparable.**

◇ **pardonnable** *Vous êtes pardonnable de ne pas l'avoir cru* : **excusable** ; → HUMAIN.

pardonnable, pardonner → PARDON.

paré → PRÊT I.

pare-brise → VITRE.

pare-feu → ÉCRAN.

pareil

I [adj.] ① *Il portait une veste pareille à la mienne* : **comme** (*comme la mienne*), **identique à, semblable à** ; → MÊME I. ② *Je n'ai jamais vu un paresseux pareil* : **tel*.** *C'est pareil* : **c'est tout comme, de la même farine** ◆ [fam.] **kif-kif** ; → MÊME I. *Ce n'est pas pareil* : → DIFFÉRENT. *Faire pareil* : → IMITER.

◇ **pareillement** ① *Tous les voiliers étaient pareillement équipés* : **de la même façon, semblablement.** ② *Le ciel était bleu et la mer pareillement* : **à l'avenant, aussi, également, de même.**

II [n.] ① *C'est un homme sans pareil, une femme sans pareille* : **hors de pair** ◆ [plus cour.] **hors pair, supérieur** ; → SANS ÉGAL*. *C'est du pareil au même* [fam.] : **kif-kif** (*c'est kif-kif*) ; → ÉQUIVALENT. ② → CONGÉNÈRE. ③ *La pareille. Je lui ai dit ses quatre vérités, mais il m'a bien rendu la pareille* : **payer de retour** ; → RÉCIPROQUE, REMERCIER.

pareillement → PAREIL I.

parent ① [pl.] *La maison appartient à un de mes parents* (= personne avec qui on a un lien de parenté) : **père, mère**

◆ [très fam.] **les vieux*** (= le père et la mère). ② *L'histoire de tous mes parents* : [sout.] **ascendant** ; → AÏEUX. ③ *Des parents proches* : [didact.] **collatéral** ◆ [selon le contexte] **frère, sœur, oncle, tante,** etc. ; → PROCHE, SIEN. *Des parents en ligne directe* : **ascendant, descendant.** ④ *Ce sont des esprits parents* : [plus cour.] **analogue, apparenté.**

parenté ① *Des liens de parenté* : → CONSANGUINITÉ. *La parenté* : → PROCHE. ② *Une parenté de goûts* : → ANALOGIE.

parenthèse ① → DIGRESSION. ② [loc. adv.] *Entre parenthèses. Mettez ce problème entre parenthèses* : **mettre de côté,** ↑ **exclure.**

parer

I ① *Parer un coup* : → ÉVITER. ② *Il faut parer à ce danger* : **se protéger de.**

II ① [~ qqch] *À la veille de Noël, les enfants avaient paré toute la maison de guirlandes* [sout.] : [plus cour.] **décorer, orner*.** ② [~ qqn de] *Elle parait son mari de toutes les qualités* [sout.] : **orner** ◆ ↓ **attribuer.** ③ [~ qqch] *Vous avez l'art de parer la réalité* [sout.] : [plus cour.] **embellir** ◆ [péj.] ↑ **farder.** ④ [~ qqch] *Le boucher a soigneusement paré la viande* : [plus cour.] **préparer*.**

◇ **se parer** *Passer du temps à se parer* : **se bichonner, s'endimancher** ◆ [fam.] **se pomponner** ◆ [fam.] **s'attifer** (= s'habiller avec mauvais goût) ; → ARRANGER.

◇ **parure** *La vieille dame avait sorti ses plus belles parures* [sout.] : [pl., sout.] **atours.**

paresse *Sa paresse le portait à vivre en parasite* : **fainéantise** ◆ [fam.] **flemme** ◆ [très fam., vieilli] **cosse.** *La fortune de ses parents justifiait, disait-il, sa paresse* : ↓ **indolence,** ↓ **mollesse** ; → APATHIE. *Il n'achevait jamais un livre, par paresse* : ↓ **négligence*,** ↓ **nonchalance.**

◇ **paresser** *Il paresse toute la journée dans un hamac* [sout.] : [cour.] **ne rien faire, traîner** ◆ [fam.] **buller, flemmarder, lézarder, se tourner les pouces, tirer au flanc** ◆ [très fam.] **glander, ne pas en ficher une rame*, se les rouler** ; → CUL.

◇ **paresseux** ① [adj.] *Il était si paresseux qu'il ne faisait jamais son lit* : **fainéant**

◆ [fam.] **flemmard** ◆ [très fam.] **cossard, glandeur** ; → AVOIR UN POIL* DANS LA MAIN. *Avoir l'esprit paresseux* : → INACTIF, LENT. ② [n.] *Ce paresseux n'arrive à rien dans son travail* : [fam.] **tire-au-flanc** ◆ [très fam.] **tire-au-cul** ◆ [partic.] **cancre** (qui s'emploie pour un écolier).

paresser → PARESSE.

paresseusement → MOLLEMENT.

paresseux → PARESSE.

parfaire ① *L'artisan s'appliquait à parfaire son ouvrage* : **peaufiner** ◆ [fam.] **fignoler, lécher** ◆ ↓ **perfectionner** ◆ **ciseler** (qui suppose que l'ouvrage est repris plusieurs fois afin d'être rendu irréprochable) ◆ **châtier** (qui s'applique à un texte dont on rend le style le plus correct possible) ◆ **polir** (= donner de l'élégance, mettre la dernière main) ◆ **ajouter à** (qui ne suppose pas que l'on conduit qqch à la perfection) ; → PARACHEVER, AMÉLIORER, ÉPURER, FINIR. ② *Il espère parfaire la somme dans quelques jours* [rare] : [plus cour.] **compléter.**

parfait ① [qqn est ~] *C'est un parfait menteur* : **sacré** ◆ [sout.] **accompli** (*c'est un menteur accompli*), **consommé, fieffé.** ② [qqn est ~] *Un homme parfait* : → MODÈLE II, EN OR*. *Une femme d'une beauté parfaite* : [sout.] **angélique.** *C'est l'époux parfait* : **rêvé.** ③ [qqch est ~] *La réparation avait été exécutée de façon parfaite* : **impeccable** ; → IRRÉPROCHABLE. *Leur union était parfaite* : **exemplaire*, idéal** ; → RÉUSSI, ROYAL. *Des conditions parfaites pour réussir* : [didact.] **optimal** ; → MEILLEUR. *Le calme parfait de la campagne fut pour beaucoup dans sa guérison* : **complet*, total.** *J'ai une parfaite confiance en lui* : **entier** ◆ **absolu.** ④ *Vous avez été sages, c'est parfait* : **très bien** ; → AU POIL*. *Ce repas était parfait* : **très bon** ◆ ↑ **sublime.** *C'est une pommade parfaite contre les moustiques* : **infaillible.** *Un style parfait* : → PUR I. *Votre devoir est parfait* : [plus partic.] **sans faute** ; → FINI.

◇ **parfaitement** ① *Le décor choisi s'accordait parfaitement au ton de la comédie* : **impeccablement, merveilleusement, tout** à fait, à la perfection ; → ADMIRABLEMENT, EXACTEMENT, À MERVEILLE*, PLEINEMENT. ② *C'est parfaitement exact* : **absolument***, **tout à fait** ; → TOTALEMENT. *Être parfaitement satisfait* : **entièrement, très.** ③ *Tu voudrais l'épouser ? – Parfaitement, il est très distingué* : **bien sûr, oui.**

parfaitement → PARFAIT.

parfois *Son frère venait parfois le voir* : **quelquefois, de temps en temps, de temps à autre.**

parfum Odeur agréable. ① *Les différents parfums se mêlaient agréablement* : **arôme, senteur** ; → ODEUR, EFFLUVE. *Se mettre du parfum* : [fam.] **sent-bon.** ② *Le civet de lièvre a un parfum très caractéristique* : [plus précis] **fumet.** *Le parfum d'un vin* : [plus précis] **bouquet.** ③ *Maintenant, il faut le mettre au parfum* [très fam.] : [cour.] **au courant** ; → INFORMER.

◇ **parfumer** ① *Des fleurs parfumaient toujours la chambre* : **embaumer.** ② *Sa peau était toute parfumée de sel et d'iode* : ↑ **imprégner.**

◇ **parfumé** *Des fleurs parfumées* : **odorant.**

parfumé, parfumer → PARFUM.

pari ① *C'était un pari impossible à tenir* : [sout.] **gageure.** ② *Il a touché un pari important* : **enjeu.**

◇ **parier** ① *Il avait parié une fortune et avait tout perdu* : [plus génér.] **jouer** ◆ [vx] **gager** ; → CARTE I, MISER. ② *Je parie qu'il a oublié son rendez-vous* : **mettre sa main au feu, être sûr** ◆ [très fam.] **ficher, foutre son billet.** ③ → SE FLATTER* DE.

◇ **parieur** *Un parieur pense toujours gagner une fortune* : [spécialt] **turfiste** (= personne qui parie régulièrement aux courses).

paria *Il a perdu son travail et est devenu peu à peu un paria* : [plus cour.] **exclu** ◆ **marginal** (qui se dit plutôt de celui qui vit volontairement à l'écart de la société) ; → DÉFAVORISÉ, PAUVRE II.

parier → PARI.

pariétal → RUPESTRE.

parieur → PARI.

Paris → ÉTAT IV.

parité *Il y avait entre eux une parfaite parité de pensées* [sout.] : [plus cour.] **égalité** ; → RESSEMBLANCE.

parjure
① → FAUX SERMENT*. ② → TRAÎTRE.

parking → PARC I.

parlant → PARLER I.

parlementaire
I ① [n.] *Le parlementaire est intervenu en faveur de ses administrés* : **député** (= membre de l'Assemblée nationale) ◆ **sénateur** (= membre du Sénat) ; → REPRÉSENTANT. ② [adj.] → REPRÉSENTATIF.
II → DÉLÉGUÉ.

parlementer → DÉBATTRE, TRAITER III.

parler
I [v.i.] ① [qqn ~] *Il parle beaucoup, mais ce qu'il dit n'est pas très intéressant* : **bavarder*** ◆ [fam.] **tchatcher** ; → DISCOURIR. *Faire parler de soi* : → DÉFRAYER* LA CHRONIQUE. *Arrêtez de parler !* : → OUVRIR. ② [qqn ~] *Le chef de bande a fini par parler* : **avouer** ◆ [fam.] **se mettre à table** ◆ [très fam.] **vider son sac.** *Ne vous inquiétez pas, nous saurons bien le faire parler* : [fam.] **tirer* les vers du nez.** *Le mime parle avec son corps* : **s'exprimer.** ③ [qqn ~, au jeu de cartes] *Il n'a pas de jeu pour parler et passe son tour* : **annoncer.** ④ [~ à qqn] *Il évitait toujours de lui parler* : **adresser la parole, s'adresser à.** *Le délégué syndical parlait avec fougue aux ouvriers de l'atelier* : ↑ **haranguer.** *Je voulais vous en parler* : **toucher un mot.** ⑤ [~ avec qqn] *Quand il retrouvait son ami, il n'avait jamais fini de parler avec lui* : **causer, discuter*, s'entretenir** ◆ **conférer** (qui implique l'examen de questions souvent importantes) ◆ [sout.] **deviser** (qui suppose une conversation familière d'une certaine durée) ; → CONVERSER. ⑥ [~ de qqch] *Il est temps de parler de cette affaire* : **aborder*, en venir* à, traiter*.** ⑦ *Les faits parlent en sa faveur* : **plaider** ◆ ↑ **militer.** *Parler d'or* : **sagement.** *Parler bas* : → BAS. *Parler à qqn comme à un chien* : **sans égards.** *On parle*

parler-vrai

de : → IL EST QUESTION* DE. *Parler pour qqn* : ↑ **plaider** ◆ [sout.] **intercéder.** *Tu parles !* : → PENSER II. *Parler net* : ↑ **trancher.** *Sans parler de sa mauvaise volonté* : **indépendamment de, pour ne rien dire de** ; → OUTRE. *Je vous en prie, n'en parlons plus* : **laissons cela** ; → L'INCIDENT* EST CLOS. *Pour parler franchement* : → DIRE.

◇ **se parler** *Ils ne se parlent plus* : → SE BROUILLER.

◇ **parlant** ① *L'enfant attira son attention avec des gestes très parlants* : **expressif, vivant** ; → ÉLOQUENT. *C'était un portrait très parlant* : [plus cour.] **ressemblant.** ② *Il n'est pas très parlant* [nég., fam.] : **causant** ◆ [plus génér.] **bavard*.**

II [n.m.] ① *Ce sont les mots du parler quotidien* : [plus cour.] **langage.** ② *Dans le midi de la France, le parler change d'un village à l'autre* : [plus précis.] **dialecte** ◆ [sout.] **idiome** ◆ [partic., souvent péj.] **patois** (= parler local).

parler-vrai → FRANCHISE.

parlote → APARTÉ, CONVERSATION.

parloter → BAVARDER.

parmi ① *Parmi toutes ces fleurs, laquelle choisir ?* (suivi d'un pl. ou d'un collectif, indique que qqn ou qqch est distingué d'un ensemble dont il fait partie) : **entre.** ② *On remarquait beaucoup d'enfants parmi la foule* : [plus cour.] **au milieu de** ; → DANS. ③ *Nous espérons que vous vous trouverez bientôt parmi nous* : **avec** ; → AU NOMBRE* DE. ④ *Cette qualité n'est pas commune parmi les hommes* : **chez.** ⑤ *On a constaté une rechute parmi cent cas traités* : [plus cour.] **sur.**

parodie → CARICATURE, IMITATION.

parodier → CARICATURER.

paroi → MUR.

paroisse → ÉGLISE. *Prêcher pour sa paroisse* : → SAINT.

paroissien → INDIVIDU.

parole ① [précédé de *la*] *L'homme se distingue des autres animaux par la parole* : [plus génér.] **langage.** [chez les chrétiens]

La parole de Dieu : **l'Écriture sainte.** ② *Il avait toujours des paroles aimables pour chacun* : **propos** ; → MOT. ③ *Avoir la parole aisée* : → ÉLOCUTION. ④ *Des paroles de politesse* : → FORMULE. ⑤ *Je ne fais que rapporter ses (propres) paroles* : **déclaration.** ⑥ *De parole. On peut compter sur lui, il est de parole* : **sûr.** *Parole !* [fam.] : [cour.] **je le jure.** ⑦ *Couper la parole* : → INTERROMPRE. *Donner sa parole* : **jurer, promettre** ; → SERMENT. *Reprendre sa parole* : **se rétracter.**

paroxysme → EXACERBATION. *Porter à son paroxysme* : → EXACERBER.

parpaillot → PROTESTANT.

parpaing → AGGLOMÉRÉ, PIERRE.

parquer → PARC I.

parquet ① → TRIBUNAL. ② *Frotter le parquet* : → PLANCHER, SOL.

parrain ① → SPONSOR. ② → CHEF* DE GANG.

parrainage → PATRONAGE I, SPONSORISATION.

parrainer → PATRONNER, SPONSORISER.

parraineur → SPONSOR.

parsemer *Le conférencier parsemait ses exposés de citations latines* : **émailler, saupoudrer** ; → ENTRECOUPER, SEMER II. *Pelouse parsemée de papiers gras* : → COUVRIR.

part

I ① *Cette pauvre femme a eu sa part de malheurs* : [sout.] **lot*** ◆ **contingent** (= part reçue ou fournie par qqn : *chaque pays a apporté son contingent pour lutter contre la famine*). ② *Il épargnait une part de son traitement* : **partie** ; → PORTION. *Une part de gâteau* : [plus génér.] **morceau** ; → TRANCHE. ③ *Chacun avait payé sa part* : **quote-part** ◆ [vieilli] **écot.** ④ *Faire part de qqch* : **communiquer, faire connaître, informer** ; → CONFIER. *Faire part à deux* : **partager.** *Prendre part à qqch* : **participer, jouer son rôle** ; → S'ASSOCIER. *Pour ma*

part : **personnellement** ; → DE MON CÔTÉ*, QUANT À MOI*.
II ① *Il vient de la part de son frère* : [plus sout.] **au nom de.** ② *Autre part. J'achèterai un vase autre part* : → AILLEURS. *D'autre part* : **par ailleurs** ; → EN OUTRE*. *De toute(s) part(s). Les appels venaient de toutes parts* : **de partout** ; → DE TOUS CÔTÉS*.
III *À part. Elle est un peu à part* : **spécial.** *Il prit à part son garçon* : **en particulier** ; → SÉPARÉMENT. *Le moniteur mit à part les garçons et les filles* : **séparer*** ; → DE CÔTÉ*. *À part vous, je n'en ai parlé à personne* : **sauf*** (*je n'en ai parlé à personne, sauf à vous*) ; → EN DEHORS* DE, EXCEPTÉ. *À part cela* : → INDÉPENDAMMENT DE. *Se mettre à part* : → S'ABSTRAIRE.

partage ① *Le partage d'un domaine* : **division en parts, morcellement** ; → DISTRIBUTION. *Accorder en partage* : → IMPARTIR. ② *La longue attente était le partage des femmes de marins* [sout.] : **lot** ◆ [cour.] **sort.**
◇ **partager** ① *Elle a partagé le gâteau en trois* : **diviser** ◆ **fragmenter** (qui suppose des parts petites et souvent inégales) ◆ [très génér.] **couper** ; → DISTRIBUER, MORCELER, SÉPARER. ② *Les associés partageaient les bénéfices* : **mettre en commun** ; → FAIRE PART* À DEUX. ③ *L'adolescent ne partageait pas les idées de sa famille* : [sout.] **embrasser, épouser*.** *Partager la douleur de qqn* : → S'ASSOCIER, VIVRE II. ④ *Être partagé entre le rire et la colère* : ↑ **écarteler.** *Elle a été bien, mal partagée pour ce qui est de la beauté* : **être favorisé, défavorisé.** ⑤ [qqch est ~] *Un amour partagé, des torts partagés* : **réciproque** ; → MUTUEL. *Les opinions sont partagées* : **divers.**

partagé → MUTUEL.

partager → PARTAGE.

partance (en) → DÉPART.

partant → ÊTRE VOLONTAIRE*.

partenaire ① *Je joue toujours avec le même partenaire* : **coéquipier** (qui s'emploie en parlant d'une course, d'un ral-

lye). ② *Pour danser la valse, elle changea de partenaire* : [plus précis] **cavalier.** ③ → ALLIÉ. ④ *Les différents partenaires d'une négociation* : **interlocuteur.**

parterre → MASSIF II.

parti

I Ensemble de personnes défendant les mêmes opinions, souvent politiques. *La plupart des partis ont leur journal* : [sout.] **faction, clan, tendance** (= groupe qui se livre à des activités fractionnelles ou subversives dans un groupe plus important) ◆ **camp** (qui s'emploie pour parler de groupes qui se combattent : *l'assemblée est partagée en deux camps*) ◆ **bord*** (qui s'emploie surtout dans *être du bord de qqn, il n'est pas de notre bord*) ; → ASSOCIATION, COTERIE, FORMATION, MOUVEMENT, ORGANISATION.
◇ **partisan** [n.] ① *Les partisans de la monarchie tenaient leur congrès* : **adepte** ◆ [sout.] **tenant** ◆ **adhérent** (qui donne l'idée d'une adhésion à un parti, mais sans qu'une action dans ce parti soit impliquée) ◆ **affilié** (qui introduit une nuance péj.) ◆ **défenseur,** [vieilli] **champion** (= défenseur d'une cause, politique ou non) ◆ **militant** (qui implique que le partisan lutte activement pour le triomphe de ses opinions) ◆ [sout., péj.] **sectateur** (= personne qui soutient sans réserve les opinions d'un groupe) ◆ **supporteur,** [anglic.] **supporter** (= qui soutient une équipe, un sportif) ; → APOLOGISTE. *Rompre avec ses partisans* : → SIEN. ② → FRANC-TIREUR. ③ *Être partisan de. Je ne suis pas partisan de partir si tôt* : [fam.] **chaud pour, emballé pour, être pour** ; → D'ACCORD.

II *Prendre parti. Prendre parti en faveur des opprimés* : **s'engager, prendre position** ◆ [fam.] **se mouiller.** *Ne pas prendre parti* : → NE DIRE NI OUI NI NON*. *Savoir quel parti prendre* : → DÉCISION. *Prendre le parti de qqn* : **défendre** ; → SOUTENIR. *Prendre son parti de qqch* : **se résigner, se faire une raison*.** *Parti pris. Il a beaucoup de parti pris quand il parle de vous* : **a priori, partialité** ; → PRÉVENTION, PRÉJUGÉ. *Sans parti pris* : → OBJECTIVEMENT. *Choisir le meilleur parti* : **solution** ; → RÉSOLUTION.

partial

III *Tirer parti de* : → TIRER PROFIT* DE, UTILISER.

IV *Être un peu parti* [fam.] : → IVRE, SOÛL.

partial → INJUSTE, SUBJECTIF.

partialité → INJUSTICE, PARTI II.

participant → CONCURRENT.

participation → PARTICIPER.

participer ① *Participer à une réunion* : **assister** (qui implique une attitude plus passive) ; → S'ASSOCIER, PRENDRE PART* À. *Participer à une activité* : **collaborer.** *Participer à une conversation* : → SE MÊLER. ② *Il a participé à des affaires douteuses* : **tremper dans** ◆ [fam.] **être mouillé dans.** ③ *Avez-vous participé aux dépenses ?* : **contribuer** ◆ **cotiser** (= verser régulièrement une somme à une organisation). ④ *Faire participer. L'industriel a fait participer les salariés aux bénéfices de l'entreprise* : [plus précis] **intéresser.** ⑤ → PROCÉDER I.

◇ **participation** ① *Il faut la participation de tous* : **collaboration, concours.** ② *La participation aux frais* : **contribution, quote-part, cotisation ;** → DÉPENSE. *Le capital fut constitué avec la participation de la famille* : **apport.** *La participation aux bénéfices* : **intéressement.**

particularisation → INDIVIDUALISATION.

particulariser → INDIVIDUALISER.

particularisme → CARACTÈRE I.

particularité → CARACTÉRISTIQUE.

particule

I Toute partie infime d'un corps : **atome** (= plus petite particule d'un élément chimique susceptible de se combiner : *le gaz carbonique comprend un atome de carbone pour deux d'oxygène*).

II *Un nom à particule* : [fam.] **à rallonge, à tiroirs.**

particulier

I [adj.] ① *La jeune fille avait une façon particulière de se coiffer* : **original*, personnel ;** → SINGULIER. ② *Le directeur fit*

appeler sa secrétaire particulière : **privé.** ③ *Des habitudes particulières à une population* : **caractéristique de, propre à, spécial à, spécifique à.** ④ *Un cas particulier* : → INDIVIDUEL. *On a retrouvé la correspondance particulière de ce peintre* : [plus cour.] **intime.** ⑤ *L'examinateur interrogea le candidat sur un point particulier* : **précis.** ⑥ [loc. adv.] *En particulier. Voulez-vous que nous nous rencontrions en particulier ?* : **en privé ;** → INDIVIDUELLEMENT, À PART III, SÉPARÉMENT, SEUL. *Il aimait en particulier les vins de Bourgogne* : **notamment, particulièrement, spécialement, surtout.**

II [n.m.] *C'est un drôle de particulier, ton ami* [fam.] : **individu*, type.**

particulièrement → EN PARTICULIER* I, SPÉCIALEMENT.

partie

I ① *Il recolla les différentes parties de la lettre* : **fragment** ◆ [plus fam.] **morceau, bout.** ② *Il reçut l'appui d'une partie de ses confrères* : **fraction ;** → PART I, PORTION. *Il a recueilli une partie de la conversation* : [pl.] **bribes.** ③ *Le technicien classait toutes les parties de l'appareil* : [plus précis] **composant.** ④ *La dernière partie d'un exposé* : **point.** *La dernière partie d'un opéra* : [plus précis] **acte.** *Les parties d'un livre* : → CHAPITRE. ⑤ *Les différentes parties d'une négociation* : **phase, stade.** *Les parties d'une théorie* : **composante.** ⑥ *Un chant à plusieurs parties* : → VOIX. ⑦ *Faire partie de* : → ENTRER, CONTENIR, ÊTRE DU NOMBRE* DE. *Il passe la plus grande partie de son temps à écrire* : **le plus clair de.** ⑧ [loc. adv.] *En partie. Vous avez en partie raison* : **partiellement** ◆ [fam.] **à moitié.**

II ① *Cet artisan est inégalable dans sa partie* : **spécialité** ◆ [fam.] **rayon ;** → DOMAINE. ② *Le conférencier présenta les différentes parties de la botanique* : **branche.**

III *Prendre qqn à partie. Ne sachant comment se justifier, il prit à partie l'humanité entière* : **attaquer*, s'en prendre à.**

IV ① *Vous n'avez pas encore gagné la partie* : **jeu, manche** ◆ [au tennis] **set.** ② *Quitter la partie. Il n'était pas de taille,* *il quitta la partie* : **se désister, renoncer***. *Gagner, perdre la partie. Il a surmonté, n'a pas surmonté toutes les difficultés et a gagné, perdu la partie* : **réussir*, échouer.** **V** [pl.] → ORGANE I.

partiel [de partie I] ① *Votre relation des faits est partielle* : **fragmentaire, incomplet.** ② *Bénéficier d'une autonomie partielle* : → RELATIF. ③ *Temps partiel* : → À MI-TEMPS* I.

partiellement → EN PARTIE* I.

partir

I Verbe de sens général qui a des syn. très variés selon les contextes. ① [qqn ~] *Il faut que nous partions maintenant* : **s'en aller*** ◆ [sout.] **se retirer** ; → SE METTRE EN ROUTE*, QUITTER, RETOURNER, ÉMIGRER. *Partir pour* : → ALLER. ② [qqn ~] *Cet endroit est interdit au public, partez vite !* : [fam.] **changer d'air, décamper, déguerpir, ficher le camp, filer** ◆ [très fam.] **se barrer, calter, se carapater, se casser, se débiner, décaniller, se tailler, se tirer, se trisser, foutre le camp, mettre les voiles** ; → ABANDONNER, S'ABSENTER, DISPARAÎTRE, FUIR, PLIER* (I) BAGAGE, SORTIR I, SE FAIRE LA MALLE*, FAIRE SES VALISES*, TOURNER LES TALONS*. *Il fut prié de partir* : [plus sout.] **déloger.** *Il est parti sans laisser d'adresse* : [plus partic.] **déménager.** ③ [qqn ~] *Les manifestants sont partis tranquillement* : [plus précis] **se disperser.** *Il n'a pas demandé son reste et est parti* : **prendre ses jambes à son cou** (qui implique une idée de rapidité) ◆ [fam.] **débarrasser le plancher** ◆ **battre en retraite** (qui implique l'idée de recul, de défaite). ④ [qqch ~] *Sa voiture part difficilement l'hiver* : **se mettre en marche** ; → DÉMARRER. *Tenez bon la bouteille, le bouchon va partir* : **sauter.** *L'enfant regardait les avions partir* : [plus précis] **décoller*.** ⑤ [qqch ~] *Cette histoire est bien mal partie* : **commencer** ; → EMBARQUÉ. ⑥ [qqch ~] *La tache ne part pas facilement* : **s'enlever.** ⑦ *Faire partir. Le bruit fit partir tous les oiseaux* : [plus précis] **s'envoler** ; → LEVER I.

II *Partir de.* ① *Son congé de maternité part du début des vacances* : **commencer.** ② *Il faudrait savoir d'où partent tous ces fils* : **provenir, sortir.** ③ *Ce geste part d'une bonne intention* : [plus sout.] **procéder de.** ④ *À partir de* : → À COMPTER* DE.

partisan → PARTI I, SIEN.

partout *Les sauterelles arrivaient de partout* : **de tous côtés** ; → DE TOUTE PART* II, TERRE I. *Ça se trouve partout* : **à tous les coins de rue, à chaque coin de rue, n'importe où.**

parturition → ACCOUCHEMENT, MISE* BAS.

parure → PARER II.

parution → PARAÎTRE III.

parvenir ① *Parvenir au sommet* : → ACCÉDER I, ARRIVER I. ② *Parvenir à un résultat* : → OBTENIR, RÉUSSIR. *Parvenir à décourager qqn* : → SAVOIR I.

parvenu → RICHE.

pas

I [adv.] ① *Il est bavard comme pas un* [fam.] : [cour.] **extrêmement** (*il est extrêmement bavard*), **très.** *Je ne lui ai pas parlé* : [litt.] **point.** *Je ne cherche pas votre soutien* : **aucunement, pas un brin, pas du tout** ; → POINT* DU TOUT. ② [sans *ne*] *L'un aime la musique, l'autre pas* : **non** ; → NUL. ③ *Pas un. Pas un n'est venu* : **aucun.** *Il connaît cette ville comme pas un* : **personne.** ④ *Pas assez* : → INSUFFISAMMENT.

II [n.m.] ① [terme de géographie] → COL. ② *Ils bavardaient sur le pas de la porte* : **seuil*.** ③ *Prendre le pas sur qqn* : **précéder.** *Céder le pas à qqn* : **laisser passer devant soi.**

III [n.m.] ① *Il marchait à grands pas* : **enjambée** ; → ALLURE, MARCHE. ② *Marcher à pas comptés* : **prudemment.** *Marcher d'un bon pas* : **vite.** *Avancer pas à pas* : **avec précaution, prudemment.** *Rouler au pas* : **lentement.** *Marquer le pas* : → PIÉTINER. *L'enquête avance à grands pas* : **faire de grands progrès*.** *Les premiers pas* : → COMMENCEMENT. *À deux pas* : → PRÈS. *Emboîter le pas de qqn* : → IMITER. *Un mauvais pas* : → ORNIÈRE.

passable → ACCEPTABLE, POTABLE, SUPPORTABLE.

passablement → ASSEZ, MOYENNEMENT, RELATIVEMENT.

passade → CAPRICE.

passage → PASSER I. ① [génér.] : **boyau** (= passage long et étroit : *les spéléologues ont réussi à franchir le boyau qui ouvre sur la grande grotte*) ◆ **galerie** (= lieu de passage : *une galerie desservait toutes les pièces de l'appartement*) ◆ **défilé** (= passage naturel, étroit et encaissé entre deux montagnes) ◆ **goulet** (= passage étroit entre deux montagnes) ; → COL, GORGE. *Les explorateurs durent se frayer un passage dans la forêt* : **chemin** ; → VOIE. ② *Le passage d'un fleuve* : **franchissement, traversée.** *Chercher un passage pour traverser la rivière à pied* : [plus précis] **gué.** ③ *C'est un passage difficile pour les exportations* : ↑ **goulet, goulot d'étranglement** (*c'est un goulet, un goulot d'étranglement pour...*). ④ *La censure condamna plusieurs passages du livre* : → EXTRAIT. ⑤ *Un voyageur de passage* : [plus précis] **en transit.** ⑥ *Passage clouté* : → CLOU I. ⑦ *Il y a beaucoup de passage* : → VA-ET-VIENT. *Saisir au passage* : → VOL I. *Passage obligé* : → CONDITION.

passager → PASSER I. ① [adj.] *Son bonheur fut passager* : **de courte durée** ◆ [sout.] ↑ **éphémère,** ↑ **fugace,** ↑ **fugitif** ◆ [partic.] ↓ **épisodique** (= qui se produit de temps en temps) ; → COURT, PRÉCAIRE. *Le mauvais temps sera passager* : **momentané, provisoire.** ② [adj.] → PASSANT. ③ [n.] → VOYAGEUR.

◇ **passagèrement** : **fugitivement.**

passant → PASSER I. ① [adj.] *Il habitait un quartier très passant* : **passager** ; → FRÉQUENTÉ. ② [n.] *À la tombée de la nuit, on ne rencontrait plus de passants* : **promeneur.**

passation → TRANSMISSION.

passe → PASSER I. ① *Une maison de passe* : → MAISON* CLOSE. ② [terme de géographie] → CANAL. ③ *Être en passe de. Ses efforts ont abouti, il est en passe de réussir* : **sur le point de** ; → EN VOIE* DE.

passé [de passer I] ① [prép.] *Passé 6 heures, la circulation devenait intense* : **après.** ② [adj.] *Il est 6 heures passées* : **plus de** (*il est plus de 6 heures*) ◆ [fam.] **bien sonnées.** ③ [adj.] *Des couleurs passées* : → TERNE. ④ [adj.] *Passé de mode* : **démodé.** ⑤ [n.m.] *L'étude du passé* : **histoire.** *Le vieil homme aimait raconter son passé* : [pl.] **souvenirs.** *Il l'apprécie mieux que par le passé* : **autrefois** (*... mieux qu'autrefois*).

passe-droit → PRIVILÈGE.

passe-partout → ORDINAIRE.

passe-passe *Tour de passe-passe* : → MAGIE.

passer

I ① [mouvement dans l'espace ; qqn ou qqch ~] *La voiture m'est passée devant très vite* : **dépasser.** *Les soldats passaient devant la tribune* : [plus précis] **défiler.** ② [qqn ~ qqch] *Le nageur a passé la rivière* : [plus précis] **franchir, traverser.** *Passer un obstacle* : [plus précis] **sauter.** *Passer un relais* : → TRANSMETTRE. ③ [qqn ~ qqch à qqn] → GLISSER II. ④ *Passer ses doigts sur des touches* : → PROMENER. ⑤ *Laisser passer* : → LIVRER* (II) PASSAGE, CÉDER LE PAS* II. *Passer très près de* : → FRÔLER. *Il passe par Londres pour aller au Canada* : [plus précis] **transiter.** *Passer sur, dessus* : → FOULER. *Je ne fais que passer* : → ENTRER* ET SORTIR. ⑥ [mouvement dans le temps] *Le temps passe vite* : **s'écouler*** ◆ [sout.] **couler,** ↑ **s'envoler** ◆ [fam.] **filer** ; → FUIR. *Passer des jours heureux* : → COULER. *Les jours passent* : → SE SUCCÉDER. *Un sourire passa sur ses lèvres* : → ERRER. *La douleur est passée avec le sommeil* : **disparaître.** *Qqn passe* : → MOURIR. *Passer du temps à faire qqch* : **consacrer*** ; → EMPLOYER.

◇ **se passer** ① *L'action se passait en 24 heures* : **se dérouler.** *La scène se passait à Paris* : → AVOIR LIEU*. ② *Sa migraine ne se passait pas* : **cesser, finir.** ③ *Un accident se passe* : → ARRIVER II. ④ *Ce qui se passe* : → ACTUALITÉ. ⑤ *Se passer une douceur* : → SE PERMETTRE. ⑥ *On se passerait de cette corvée* : **se dispenser** ◆ [sout.] **faire l'économie de** ; → S'ABSTENIR, SE PRIVER.

II ① [~ qqch] *On passe un film comique :*
projeter. *Passer un concert à la radio :*
→ TRANSMETTRE. *Elle passe le café :* **filtrer.**
Le candidat passe sa dernière épreuve :
subir. *Elle a passé sa robe :* **enfiler ;**
→ ESSAYER, METTRE. *Reprends ta lecture,*
tu as passé une ligne ! : **oublier, sauter ;**
→ OMETTRE. ② [~ qqch à qqn] *Je voudrais*
que tu me passes ce livre : **prêter.** *Passe-*
moi le plat : **donner.** ③ [~ sur qqch] *Passons*
sur cette faute : **oublier** ◆ ↑ **pardonner ;**
→ GLISSER I. ④ [~ qqch à qqn] → SUPPOR-
TER. ⑤ [~ par qqn, qqch] *Vous serez obligé*
de passer par lui : [plus sout.] **recourir à.**
Passer par les exigences de qqn : **céder à.**
⑥ [qqch ~] *La douleur a passé :* **s'en aller*,**
disparaître. *La loi n'a pas passé :* **être voté.**
Les couleurs ont passé : → ÉTEINDRE, PÂLIR,
TERNIR. *Son déjeuner n'a pas bien passé :*
[fam.] **descendre.** ⑦ *Y passer. J'ai bien*
cru que nous allions tous y passer [fam.] :
[cour.] **mourir** ◆ [sout.] **trépasser.**

III *Après deux jours d'interrogatoire, il*
est passé aux aveux : **avouer*.** *Le traître*
a été passé par les armes : **fusiller.** *Passer*
à tabac : → BATTRE. *Passer de la pein-*
ture : → APPLIQUER. *Passer qqch au*
crible : → ÉPLUCHER. *Passer pour un sot :*
→ PARAÎTRE I, RÉPUTATION. *Passer chef de*
bureau : **être nommé.** *Passer l'éponge :*
→ FERMER* LES YEUX, PARDONNER. *Il a*
passé au travers de la punition : **échapper**
à, éviter. *Passer outre :* → TRANSGRESSER.

passerelle → PONT.

passe-temps → DISTRACTION, JEU I.

passeur *Les touristes étaient nombreux et*
le passeur dut traverser deux fois la rivière :
batelier (= celui qui conduit un bateau sur
une rivière ou un canal).

passible *Être passible de. Vous avez fran-*
chi la ligne blanche et êtes passible d'une
amende : [sout.] **encourir ;** → TOMBER* (III)
SOUS LE COUP DE.

passif

I [adj.] *Ne restez pas passif, réveillez-*
vous ! : **indifférent** ◆ ↑ **apathique,**
↑ **inerte.**

◇ **passivité** : **indifférence** ◆ ↑ **apathie,**
↑ **inertie.**

II [n.m.] → DETTE.

passion ① *La passion du jeu lui a fait*
tout abandonner : **fureur** (= passion sans
mesure) ◆ ↑ **frénésie,** ↑ **folie** ◆ **furie**
(= fureur qui se manifeste) ; → FIÈVRE.
② *Il s'exprimait avec passion, cherchant à*
convaincre : ↓ **chaleur,** ↓ **feu,** ↓ **fougue ;**
→ ANIMATION, ENTHOUSIASME, ARDEUR,
VÉHÉMENCE. ③ *Il lui témoignait sa passion*
en lui envoyant des orchidées : ↓ **amour* ;**
→ AFFECTION, MOUVEMENT*, SENTIMENT.
④ *Il avait cédé à ses passions :* [sout.]
entraînement ; → MANIE.

◇ **passionner** *L'histoire des Indiens pas-*
sionne toujours les enfants : **captiver.**
Le match n'a pas beaucoup passionné
les amateurs : **exciter** ◆ ↓ **intéresser* ;**
→ ENTHOUSIASMER, EXALTER.

◇ **se passionner** *Au bout de quelque*
temps, il se passionna : ↓ **se piquer au**
jeu ; → S'ENTHOUSIASMER. *Il s'est passionné*
pour la philatélie : [fam.] **s'emballer** ◆ [très
sout.] **s'engouer de** ◆ ↓ **s'intéresser ;** → SE
TOQUER.

◇ **passionné** ① [adj.] *Elle est passionnée*
par l'occultisme : **féru de ;** → ENTHOUSIASTE,
FANATIQUE. *Il s'était livré de façon passion-*
née à l'étude des insectes : ↑ **forcené, fré-**
nétique ; → AFFAMÉ. *Un baiser passionné :*
brûlant ; → ARDENT, FRÉMISSANT. *Un ton*
passionné : → VÉHÉMENT, BOUILLONNANT.
Une réunion passionnée : **houleux*, tumul-**
tueux. ② [n.] *Un passionné de maths :*
→ MORDU.

◇ **passionnant** *Je n'ai pas trouvé ce livre*
très passionnant : **captivant** ◆ ↓ **atta-**
chant ; → ENTHOUSIASMANT, EXCITANT, INTÉ-
RESSANT.

passionnant, passionné → PASSION.

passionnel → AFFECTIF.

passionnément → FOLLEMENT, VIOLEM-
MENT.

passionner → PASSION.

passivité → PASSIF I.

passoire → TAMIS.

pastel → TENDRE II.

pasteur ① *Le pasteur et ses moutons :* → BERGER. ② *Le pasteur dans le temple :* → PRÊTRE.

pasteurisation → STÉRILISATION.

pasteurisé → STÉRILISÉ.

pasteuriser → STÉRILISER.

pastiche → IMITATION.

pasticher → IMITER.

pasticheur → IMITATEUR.

pastoral ① [adj.] → CAMPAGNARD. ② [n.f.] *Les pastorales furent très appréciées au* XVIIIe *siècle* (= ouvrages qui mettent en scène des bergers et des bergères, représentés de façon conventionnelle) : [didact.] **églogue, idylle** (= poèmes dont le sujet est pastoral) ◆ **bergerie** (= poème, récit ou pièce de théâtre).

patapouf ① → PATATRAS. ② → GROS.

patate → POMME DE TERRE.

patatras *Il a voulu grimper dans l'arbre et patatras ! le voilà par terre !* : **pouf** ◆ [moins cour.] **patapouf**.

pataud → LOURD I, MALADROIT.

patauger ① *Les enfants pataugeaient dans le ruisseau :* **barboter** ◆ [fam.] **patouiller.** ② *L'élève pataugeait dans son explication* [fam.] : [cour.] **s'empêtrer, se perdre** ◆ ↑ **se noyer ;** → NAGER, VASOUILLER.

pâte *À la pâte :* → À L'OUVRAGE.

pâté

I *Elle servit d'abord un beau pâté de canard :* **terrine.**

II *Il commence à écrire et fait beaucoup de pâtés :* **tache d'encre.**

pâtée → PEIGNÉE.

patelin ① [n.m.] *Il reste dans son patelin :* → PAYS I, TROU. ② [adj.] *Un ton patelin :* → DOUCEREUX, ONCTUEUX.

patent → CERTAIN I, MANIFESTE I, RÉEL.

patère → CINTRE.

paterne → DOUCEREUX.

paternel → PÈRE.

pathétique *Une pièce pathétique :* → ÉMOUVANT, TRAGIQUE. *Un ton pathétique :* → VIBRANT.

pathologie → MALADIE.

pathologique *Un état pathologique :* → MALADIF, ÉTAT SECOND*.

patibulaire → INQUIÉTANT, SINISTRE I.

patience ① *Le malade supportait avec patience son traitement :* ↑ **résignation.** ② *La patience de la dentellière :* **persévérance** (qui implique une volonté à toute épreuve). ③ *Prendre patience :* **patienter.** *Perdre patience :* **s'impatienter.** *Sans patience :* → IMPATIENT. ④ *Elle passa la soirée devant un jeu de patience :* [plus partic.] **casse-tête, puzzle.**

◇ **patient** ① [adj.] *Être patient dans son travail :* **persévérant ;** → CONSTANT. ② [n.] → MALADE, SUJET III.

◇ **patienter** *Vous croyez qu'il va patienter jusqu'à midi ? :* [fam.] **poireauter ;** → ATTENDRE, PATIENCE.

patient, patienter → PATIENCE.

patiner ① *La voiture patinait sur le gravier :* **chasser, déraper, riper.** ② *La négociation patinait :* **piétiner.**

pâtir → SOUFFRIR.

pâtis → PACAGE.

pâtisserie → GÂTEAU.

patois → PARLER II.

patouiller ① → PATAUGER. ② → TRIPOTER.

patraque → MALADE.

pâtre → BERGER.

patriarche → VIEILLARD.

patrie ① → NATION, PAYS I, SOL* NATAL. ② *Sans patrie :* **apatride.**

◇ **patriote** *Celui qui aime sa patrie. Les patriotes chassèrent les occupants :* [partic.] **chauvin** (qui suppose toujours une exaltation exagérée de sa patrie et une partialité marquée à l'égard des autres nations) ♦ **cocardier** (= celui qui exprime son patriotisme par l'amour de l'armée) ♦ [péj.] **patriotard** (= celui qui affiche un patriotisme chauvin).

◊ **patriotisme** *Pendant la Seconde Guerre mondiale, la Résistance était un fait de patriotisme* : [partic.] **civisme** (qui concerne le respect du bien public) ♦ **nationalisme*** (qui implique un culte excessif de la nation).

◊ **patriotique** : **civique, nationaliste.**

patrimoine → BIEN IV, CAPITAL II.

patriotard → PATRIOTE.

patriote, patriotique, patriotisme → PATRIE.

patron

I ① *Le patron d'une usine* : **directeur, entrepreneur, P-DG** ♦ [fam.] **boss, singe** ; → CHEF, SUPÉRIEUR II. *Demander une augmentation à son patron* [fam.] : [cour.] **employeur.** ② *Le patron d'un café* : → CAFETIER. ③ *Le patron d'un service hospitalier* : [fam.] **mandarin** ♦ [fam., iron.] **pontife.**

II → MODÈLE.

patronage

I ① *Le directeur lui accorda son patronage* : [plus cour.] **protection** ♦ ↓ **appui.** ② *L'exposition est placée sous le patronage de personnalités* : **parrainage** ; → AUSPICES.

II → ASSOCIATION.

patronner *Ce jeune homme a été patronné par son oncle* : [plus cour.] **protéger, recommander** ♦ [fam.] **pistonner.** *Patronner un festival* : **parrainer** ; → SPONSORISER.

patronyme → NOM DE FAMILLE*.

patrouille → DÉTACHEMENT.

patrouiller → PARCOURIR.

patte ① *Les pattes d'un animal* : → MEMBRE I. ② *Retire tes pattes !* [fam.] : [cour.] **main.** ③ *Se laisser pousser des pattes* [pl.] : → FAVORI II. ④ *Il va à pattes*

à l'usine [fam.] : [cour.] **à pied.** *Traîner la patte* : → JAMBE. *Graisser la patte* : → ACHETER. ⑤ *La patte d'un peintre* : → MAIN, TOUCHE I.

patte-d'oie ① → CARREFOUR. ② → RIDE.

pâturage, pâture → PACAGE.

pâturer → PAÎTRE.

paumé ① → MISÉRABLE II. ② *Être paumé* : → ÊTRE DANS LE BROUILLARD*, PERDU.

paumer → PERDRE.

◊ **se paumer** → SE PERDRE.

paupérisation, paupérisme → PAUVRETÉ.

pause ① *L'orateur marqua une longue pause* : **interruption** ♦ [anglic.] **break** ♦ [dans ce contexte et en musique] **silence** ; → TEMPS* D'ARRÊT, SOLUTION* DE CONTINUITÉ. *Faire une pause* : → ARRÊT, DÉCOMPRESSER, STATION. ② [après la première partie d'un match] **mi-temps** ♦ [au cours d'un spectacle] **entracte** ; → RÉCRÉATION.

pauvre

I ① [seult antéposé] *Le pauvre garçon avait supporté sans broncher les railleries* : **malheureux.** *Un pauvre vêtement* : → MÉCHANT I, MISÉRABLE I. ② *Pauvre idiot !* : → ESPÈCE* DE.

II ① *C'était une famille de paysans pauvres* : [moins cour.] **indigent, nécessiteux** ♦ **humble** (qui évoque une condition sociale inférieure) ; → POPULAIRE. *Cet homme vit de peu, il est très pauvre* : **miséreux** ; → MISÉRABLE I, CLOCHARD. *Les pays pauvres* : [en partic.] **tiers-monde, quart-monde.** ② *Il a beau gagner sa vie, il est toujours pauvre* : [plus cour.] **sans le sou** (*être sans le sou*) ♦ [fam.] **fauché, n'avoir jamais un rond** ; → DÉSARGENTÉ. ③ *Une terre pauvre* : → MAIGRE, STÉRILE. *Une pauvre récolte* : **médiocre*** ♦ ↓ **modeste.** ④ *Être pauvre d'imagination* [litt.] : [cour.] **dénué, dépourvu.** *Une argumentation pauvre* : **faible** ♦ ↑ **indigent.** ⑤ [n.] *Prendre le parti des pauvres* : **défavorisé** ; → FAIBLE II. *Pauvre qui mendie* : → MENDIANT. *Les sociétés industrielles fabriquent de plus en plus de pauvres* :

[plus précis] **nouveau pauvre** (= personne sans emploi qui ne peut subvenir à ses besoins) ◆ **assisté** (= personne qui bénéficie d'aides) ◆ [plus génér.] **exclu** ◆ [collectif] **quart-monde** (= partie la plus pauvre de la population) ◆ [partic.] **sous-prolétariat** (= partie la plus exploitée de la population) ; → MARGINAL.

◇ **pauvrement** *Ils vivaient pauvrement* : ↑ **misérablement** ◆ [partic.] **humblement** (qui implique une pauvreté vécue discrètement).

◇ **pauvreté** ① *La pauvreté de ses parents l'avait obligé à quitter l'école* : ↑ **misère** ◆ **indigence, dénuement** (= absence des choses les plus nécessaires) ◆ **gêne** (= absence de choses utiles) ◆ **besoin** (= absence de ce qui est nécessaire : *il est dans le besoin*) ◆ [très fam.] **débine, dèche, mouscaille, mouise, purée.** *La pauvreté d'une partie du monde s'est accrue au cours du temps* : **appauvrissement,** [didact.] **paupérisation** ◆ [didact.] **paupérisme** (= état de grande indigence). ② *La pauvreté du sol rendait nécessaire l'utilisation d'engrais* : ↑ **stérilité** ; → INSUFFISANCE. ③ *Son intervention est d'une pauvreté affligeante* : **banalité** ; → FAIBLESSE, MÉDIOCRITÉ.

pauvrement, pauvreté → PAUVRE.

pavaner (se) → PARADER, POSER III.

pavé → CARREAU. *Battre le pavé* : → FLÂNER.

pavillon ① → DRAPEAU. ② *Le pavillon d'une automobile* : → TOIT. ③ *Un pavillon de banlieue* : → VILLA.

pavoiser → SE VANTER, CRIER VICTOIRE*.

payant → PAYER.

payer ① [~ qqch] *Le locataire payait son loyer* : [didact.] **acquitter.** *Il vous faut payer* : → METTRE LA MAIN À LA POCHE*. *Il a fini par payer toutes ses dettes* : **régler, rembourser** ; → ÉPONGER, SE LIBÉRER, LIQUIDER. *La banque lui payait des intérêts* : **servir.** ② [~ qqch] *Il lui a payé tous ses frais* : [didact.] **défrayer qqn.** *Il n'est pas très bien payé pour ce travail* : **rémunérer, rétribuer.** *Être mal payé de ses efforts* : **récompenser.** ③ [~ qqch] *J'ai payé cinquante*

euros pour dîner médiocrement* : **dépenser** ◆ [très fam.] **se fendre de.** ④ [~ qqch] *On a bien mal payé votre dévouement* : **récompenser*.** ⑤ [qqn ~] *Buvez ce que vous voulez, c'est lui qui paie* : [fam.] **régaler** ◆ [très fam.] **casquer, cracher, raquer** ; → BANQUER, FINANCER. *Vous me payez un verre ?* [fam.] : **offrir.** ⑥ [qqn ~] *Payer une faute* : → EXPIER. *Dans cette affaire, c'est moi qui ai payé* : **faire les frais de** (*c'est moi qui ai fait les frais de cette affaire*) ◆ **payer les pots cassés** ; → INCONVÉNIENT. ⑦ [qqch ~] *C'est une opération immobilière qui paie* : **rapporter.** ⑧ *Payer de retour* : → RENDRE LA PAREILLE*, RÉCIPROQUE. ⑨ *Se faire payer* : → MONNAYER, RECEVOIR.

◇ **se payer** ① *Il se paie la tête des gens* [fam.] : [cour.] **se moquer de.** ② *Tout finit par se payer* : **s'expier.** ③ *Se payer une voiture* : → ACHETER, S'OFFRIR. ④ *Il m'énerve, je vais me le payer* [très fam.] : [cour.] **corriger** (*je vais le corriger*).

◇ **payant** *Ses activités n'étaient pas très payantes* [fam.] : [cour.] **lucratif, rémunérateur, rentable** ; → PROFITABLE.

◇ **paie** *Il a touché sa paie samedi dernier* : [fam.] **mois** (= paie reçue chaque mois) ◆ **rémunération** (= argent reçu pour tout travail) ; → SALAIRE.

pays

I ① *Les pays d'Europe* : → NATION, PUISSANCE. ② *Le pays a clairement exprimé sa volonté* : **peuple.** ③ *Village, région. Il est du même pays que moi* [vieilli] : [fam.] **bled, coin, patelin** ◆ [cour.] **village.** *Des produits du pays* : **terroir** ; → SOL. ④ *L'Italie est le pays du bel canto* : **patrie.** ⑤ *La Bretagne est un pays de bocage* : [vieilli] **contrée** (= étendue de pays : *une contrée fertile*) ◆ **région** (qui est un terme géographique ou économique : *une région d'élevage*) ◆ **province** (qui s'emploie quand on veut insister sur les coutumes particulières d'une région) ; → TERRITOIRE, ZONE. ⑥ *Chaque jour la science explore des pays nouveaux* : [plus cour.] **domaine.** ⑦ *Voir du pays* : **voyager.**

II → COMPATRIOTE.

paysage ① *Du sommet, on découvrait un paysage inattendu* : **vue** ; → PANORAMA,

SITE. ② *Le paysage politique n'a pas changé depuis vingt ans* : [plus partic.] **situation***.

paysagiste → PEINTRE.

paysan ① *Beaucoup de paysans quittent la terre pour travailler à la ville* : **agriculteur*, cultivateur** ◆ **campagnard*** (qui indique la vie à la campagne, mais n'implique pas le travail de la terre) ◆ [très fam., péj. et souvent inj.] **bouseux, croquant, cul-terreux, pedzouille, péquenot, plouc** ; → FERMIER. ② *Quel paysan !* [péj.] : **rustre**. ③ [adj.] *Des origines paysannes* : → TERRIEN. *Les revendications des syndicats paysans* : **agricole**.

péage → FRAIS III.

PC Sigle de l'angl. *personal computer*, ordinateur personnel ; → ORDINATEUR.

P-DG Sigle de *président-directeur général* ; au fém. **pédégère**. → DIRECTEUR, PATRON, PRÉSIDENT.

peau ① Couche de tissu qui recouvre le corps des vertébrés : **épiderme** (= couche superficielle) ◆ **derme** (= partie profonde) ◆ **couenne** (qui désigne la peau du porc, est un syn. très fam. pour la peau de l'homme) ; → CUIR. ② *Il a glissé sur une peau de banane* : **pelure**. ③ *À fleur de peau* : → FRÉMISSANT. *La peau !, peau de balle !* [très fam.] : [cour.] **rien***. *Être mal dans sa peau* : → GÊNÉ. *Peau d'âne* [fam.] : [cour.] **diplôme**. *Avoir qqn dans la peau* [fam.] : [cour.] **aimer passionnément qqn**. *Se mettre dans la peau de qqn* : **s'identifier**. *Être dans la peau de qqn* : **être à sa place***. *Faire peau neuve* : → CHANGER. *Être bien, mal dans sa peau* : **pouvoir, ne pas pouvoir se supporter**. *Faire la peau à qqn* [fam.] : [cour.] **tuer***. *Jouer, risquer sa peau* : **vie**.

peaufiner → PARFAIRE.

peau-rouge → INDIEN.

pébroc → PARAPLUIE.

peccadille → FAUTE.

pêche

I *Voulez-vous des abricots ou des pêches ?* : [plus partic.] **brugnon, nectarine**.

II ① *Recevoir une pêche* : → CHÂTAIGNE. ② *Se fendre la pêche* [fam.] : **se fendre la pipe** ◆ [cour.] **rire très fort**. ③ *Avoir la pêche* [fam.] : [fam.] **avoir la frite** ◆ [cour.] **avoir le moral**.

III *Canne à pêche* : → GAULE. *Pêche sous-marine* : → CHASSE.

péché ① → FAUTE, MAL II, OFFENSE. ② → ERREUR.

pécher *Pécher contre* : → MANQUER II.

pêcher ① *Mon voisin a pêché une belle tanche* : [plus génér.] **prendre**. ② *Je me demande où il est allé pêcher ce qu'il raconte* [fam.] : **dénicher** ◆ [très fam.] **dégoter** ◆ [cour.] **chercher*, prendre**.

pécuniaire → FINANCIER, MATÉRIEL I.

pécuniairement → FINANCIÈREMENT.

pédagogie → DIDACTIQUE, ÉDUCATION.

pédagogique, pédagogue → ÉDUCATEUR.

pédale

I [très fam., inj.] : → HOMOSEXUEL.

II *Perdre les pédales* : → SE TROUBLER.

pédaler → AVANCER I.

pédant ① [n.] *C'est un pédant ennuyeux* : **cuistre**. ② [adj.] *Il prit un ton pédant pour ne dire que des banalités* : **doctoral, suffisant** ◆ [sout.] **pédantesque** ; → PROFESSORAL.

pédantesque → PÉDANT.

pédantisme → PRÉTENTION.

pédé, pédéraste → HOMOSEXUEL.

pédérastie → HOMOSEXUALITÉ.

pedzouille → PAYSAN.

pègre → MILIEU II.

peigne *Passer au peigne fin* : → FOUILLER.

peignée *Ses camarades lui ont flanqué une drôle de peignée* [fam.] : [fam.] **dégelée, pâtée, pile, piquette, raclée, rossée, tannée, tournée, trempe, volée*** ◆ [très fam.] **dérouillée, tripotée** ◆ [sout.] **correction** ; → COUP, DÉFAITE.

peigner

peigner → COIFFER.

peignoir → ROBE.

peinard → CALME, PAISIBLE, TRANQUILLE.
En père peinard : → BOURGEOISEMENT. *Être peinard* : → SE LA COULER* (II) DOUCE.

peindre

I ① *Il faut peindre les volets pour les protéger* [génér.] : [partic.] **badigeonner, laquer, ripoliner.** *Les propriétaires ont fait peindre à neuf tout l'immeuble* : **repeindre** (*repeindre tout l'immeuble*). ② *Il peint à la brosse de très grandes toiles* : **brosser** (*il brosse...*). *Peindre maladroitement* : **barbouiller, peinturer, peinturlurer.**

◊ **peintre** *Ce grand peintre a eu beaucoup de disciples* : [plus génér.] **artiste.** *La galerie ne présentait que des tableaux de mauvais peintres* : **barbouilleur** ◆ **rapin** (qui ajoute l'idée d'une vie de bohème). *Un peintre figuratif* : [selon les sujets] **portraitiste, animalier, paysagiste.**

II ① *Cet écrivain a su peindre la vie à la campagne* : **décrire, dépeindre, représenter.** ② *Son attitude peint bien son caractère* : **traduire.**

peine

I ① → MAL I. ② *Pour votre peine, la peine* : **en compensation.** *Avec peine, à grand-peine* : **difficilement, avec difficulté*, avec effort, péniblement.** *Grand-peine. Un poste obtenu à grand-peine* : **à l'arraché, au forceps.** *Ça n'en vaut pas la peine* : [fam.] **le jus.** *Ce n'est pas la peine* : → UTILE. *Sans peine* : **aisément, facilement.**

II ① *Ses amis essayaient de lui faire oublier sa peine* : **chagrin.** *Je ferai tout pour soulager votre peine* : **tristesse, détresse** ◆ [fig.] **blessure** ; → AMERTUME, CAFARD, MISÈRE. *Sa mort soudaine nous a plongés dans une peine profonde* : **douleur** ◆ **affliction** (= peine importante) ; → DÉSOLATION. *Ils ont connu la peine des longues séparations* : **déchirement, douleur** ; → SOUFFRANCE. ② *Il est un âge où les peines s'accumulent* : **malheur, misère.** ③ *En peine. Être, errer comme une âme en peine* : **être très triste.** *Je vous en prie, ne*

vous mettez pas en peine pour moi : **s'inquiéter de.**

III ① *La sévérité de la peine répondait à l'horreur du crime* : [sout.] **châtiment** ; → PUNITION, SANCTION. ② *Pour ta peine, tu resteras là* : **pour te punir.**

IV *À peine* : → JUSTE III, PEU, PRESQUE, VAGUEMENT.

peiné → MALHEUREUX.

peiner

I ① *Il a peiné pour obtenir son diplôme* : **se démener*** ◆ [fam.] **en baver, galérer, ramer** ; → SUER, SE TUER À. ② *Le moteur peine* : → FATIGUER.

II [~ qqn] *Cette nouvelle nous a beaucoup peinés* : **chagriner** ◆ ↑ **affliger,** ↑ **éprouver** ; → ATTRISTER, NAVRER.

peintre → PEINDRE I.

peinture

I ① → TABLEAU, TOILE. ② *La peinture s'était abîmée avec le temps* : **badigeon** (= couleur en détrempe employée pour peindre les murs : *passer un coup de badigeon*), **badigeonnage.** ③ *Je ne peux pas le voir en peinture* : **supporter** (*je ne le supporte pas*).

II *C'est une peinture très réaliste de la société* : [plus cour.] **description, représentation.**

peinturer, peinturlurer → PEINDRE I.

pelage → POIL, ROBE, TOISON.

pêle-mêle ① [adv.] *L'écolier jeta pêle-mêle ses cahiers sur la table* : **en désordre.** *Il présentait ses idées pêle-mêle* : **en vrac.** ② [n.m.] *La cuisine offrait un pêle-mêle invraisemblable* [sout.] : [cour.] **fatras, fouillis** ◆ [vulg.] **bordel*** ; → DÉSORDRE.

peler → ÉPLUCHER, ÔTER.
◊ **se peler** → AVOIR FROID I.

pèlerinage → PARDON.

pelle ① *Creuser avec une pelle* (= outil formé d'une plaque ajustée à un manche, dont on se sert pour enlever la terre, déplacer du sable, etc.) : **bêche** (= pelle de jardinier). ② *À la pelle. On en trouve à la* *pelle* : **en grande quantité.** *Remuer l'argent à la pelle* : → RICHE. *Ramasser une pelle.* → ÉCHOUER, TOMBER.

pellicule ① *Pellicule de poussière* : → COUCHE III. ② *Pellicule couleur* : → FILM.

pelotage → CARESSE.

peloter ① → CARESSER, EFFLEURER. ② *Peloter l'opinion* : → FLATTER.

peloton → GROUPE.

pelotonner (se) → SE BLOTTIR.

pelouse → GAZON.

pelure ① *Pelure d'orange* : → PEAU. ② *Enlever sa pelure* : → MANTEAU, VÊTEMENT.

pénalité, penalty → RÉPARATION.

pénates → MAISON I.

penaud → DÉCONFIT, EMBARRASSÉ, HONTEUX, SOT. *Laisser penaud* : → DÉCONCERTER.

penchant ① *Il a un penchant marqué pour le cinéma américain* : **goût** ♦ **faible** (seult dans l'express. *avoir un faible pour qqch, qqn*) ; → INTÉRÊT, PRÉFÉRENCE. ② *Son penchant à boire lui a fait perdre son travail* : [sout.] **inclination, propension** ; → TENDANCE. *Il a peu de penchant pour ce métier* : **disposition,** ↑ **vocation.** ③ *Il cède facilement à ses penchants* : **impulsion** ♦ [pl., sout.] **appétits** (= besoins organiques : *céder à des appétits naturels*) ♦ [pl., sout.] **vieux démons** (= tendances négatives qu'on croyait disparues : *réveiller ses vieux démons*) ; → DÉSIR, MOUVEMENT.

pencher ① → BAISSER, INCLINER I. ② *Il pencha pour la première solution* : ↑ **se prononcer pour ;** → INCLINER II, PRÉFÉRER.

◇ **se pencher** ① *Il se pencha pour ramasser une noix* : ↑ **se baisser.** ② *Il se penchait sérieusement sur le problème* : [plus cour.] **étudier, examiner, s'intéresser à.**

pendable *Ce garçon ne cesse de jouer des tours pendables à ses camarades* : [antéposé] **mauvais, vilain*.**

pendaison → CORDE.

pendant

I [adj.] → PENDRE.

II [n.m.] ① *Ce grand vase est le pendant de celui qui est dans le salon* : **réplique.** ② *Se faire pendant. Les deux tableaux de l'entrée se font pendant* : [didact.] **être symétrique.** ③ → PENDENTIF.

III ① [prép.] *Je l'ai rencontré pendant son dernier voyage à Paris* : **au cours de** ♦ [sout.] **durant** (qui indique la simultanéité) ; → AU MILIEU* (I) DE. *Pendant le règne de Napoléon* : → SOUS. ② [loc. conj.] *Pendant que les diplomates négociaient, la guerre se poursuivait* : **alors que** ♦ [sout.] **tandis que** ♦ [très sout.] **cependant que.** *Pendant que vous y êtes, prenez donc des cigarettes* : **puisque ;** → TANT* QUE.

pendard → COQUIN.

pendeloque → PENDENTIF.

pendentif *Elle portait des pendentifs de nacre* : **boucle, pendant** ♦ [parfois péj.] **pendeloque.**

pendiller, pendouiller → PENDRE.

pendre ① [qqch ~] *Ses cheveux longs pendaient dans son dos* : **retomber** ♦ [génér.] **tomber.** *Sa jupe pend* : [partic.] **pendiller** (qui implique le balancement) ♦ [fam.] **pendouiller** (qui implique le ridicule ou la mollesse). ② [qqn ~ qqch] *Le charcutier pendait les jambons dans le fumoir* : **suspendre* ;** → ACCROCHER. *Pendre le linge* : → ÉTENDRE. ③ *Ça lui pend au nez* [fam.] : [cour.] **c'est un risque*.**

◇ **se pendre** ① *Se pendre à une branche* : **se suspendre.** ② → SE SUICIDER.

◇ **pendant** ① *Être assis les jambes pendantes* : **ballant.** *Les épaules pendantes* : [plus cour.] **tombant.** ② *C'était une affaire pendante* : **en instance.**

pendule ① [n.m.] → BALANCIER. ② [n.f.] → HORLOGE.

pénétrable, pénétrant → PÉNÉTRER.

pénétration → CLAIRVOYANCE, SAGACITÉ.

pénétré → PÉNÉTRER.

pénétrer

pénétrer ① [qqch ~] *Le liquide pénétrait dans toutes les fissures* : **s'infiltrer***, **s'insinuer** ◆ [très génér.] **entrer*** ◆ **imprégner*** (qui se dit d'un liquide qui pénètre un corps complètement). *Les eaux ont pénétré peu à peu dans le sol* : **imbiber** (*imbiber qqch*). *Des paquets d'eau pénétraient dans le navire* : [pr.] **embarquer**. ② [qqch ~ qqn] *Le froid nous pénétrait* : **transpercer** ◆ [sout.] ↑ **transir**. ③ [qqn ~] *La foule pénétrait dans la salle* : ↑ **envahir**. ④ [qqn ~ qqch] *Nous avons pénétré ses intentions* : [plus cour.] **percevoir**, **saisir** ; → COMPRENDRE, LIRE, PERCER, SONDER. *Après des années de recherche, les savants avaient pénétré le mystère de cette écriture* : **découvrir**, **mettre à jour**, **percer**.

◊ **se pénétrer** [qqn ~ de qqch] *Il s'est bien pénétré de ses obligations envers sa famille* : **se convaincre** ; → S'IMPRÉGNER.

◊ **pénétrant** ① *On louait son esprit pénétrant* : **profond***, **subtil*** ; → DÉLICAT, CLAIRVOYANT, VIF I. ② *Un regard pénétrant* : → PERÇANT. *Une odeur pénétrante* : [génér.] **fort**. ③ *Un froid pénétrant* : **mordant** ; → VIF I.

◊ **pénétrable** [dans des phrases restrictives ou nég.] *Ses intentions restaient peu pénétrables* : **compréhensible**, **saisissable**.

◊ **pénétré** ① *Un ton pénétré* [iron.] : [cour.] **convaincu***. ② *Être pénétré de soi-même* : **imbu**.

pénible ① *Les travaux de la moisson sont pénibles* : **dur**, **fatigant** ◆ ↑ **épuisant**, ↑ **harassant** ◆ [fam.] **tuant** ; → DIFFICILE, RUDE, MALAISÉ. *Un travail très pénible* : → DE FORÇAT*, LABORIEUX. *Une occupation pénible, qui prend du temps* : **astreignant** ; → CONTRAIGNANT, EXIGEANT. ② *Il se remettait d'une maladie pénible* : **douloureux**. *Supporter des moments pénibles* : **éprouvant** ◆ ↓ **désagréable** ; → CRUEL. *Les adieux furent pénibles* : ↑ **déchirant**. ③ *Un événement pénible* : → NAVRANT, MALHEUREUX, TRISTE. *Une réalité pénible* : → AMER, BRUTAL. ④ *Cela m'est pénible de vous décourager, croyez-le* : **coûter** (*il m'en coûte*). ⑤ *Ce sont des enfants pénibles* : **difficile**, **insupportable**. *Qu'est-ce que tu peux être pénible !* : **agaçant**, **énervant** ; → TUANT.

◊ **péniblement** : ① **difficilement** ; → PEINE I. ② **cruellement**, **douloureusement**.

péniche ① *Vivre sur une péniche* : → CHALAND. ② → CHAUSSURE.

pénis → SEXE.

pénitence → ASCÈSE, PUNITION. *Sacrement de pénitence* : → CONFESSION.

pénitencier → BAGNE, PRISON.

pénombre *Lire dans la pénombre* : **clair-obscur**, **demi-jour**.

pensable → CONCEVABLE.

pensant *Bien-pensant* : → CONFORMISTE.

pensée

I ① *C'est par la pensée que l'homme se distingue des animaux* : [plus partic.] **esprit***, **intelligence***, **raison*** ◆ [didact.] **entendement**. ② [pl.] *Il était perdu dans ses pensées* : [pl.] **méditations**, **réflexions** ◆ [vieilli] **rêveries**. ③ *L'étude de la pensée de Kant, de Sartre* : [plus précis] **philosophie**. ④ *Nous ne partageons pas votre pensée sur ce sujet* [sout.] : [cour.] **opinion**, **point de vue** ; → IDÉE, VUE III. *Il ne pouvait se sortir cette pensée de la tête* : [plus cour.] ↑ **préoccupation**.

II *Vérité morale, exprimée de façon précise et brève. Lire une pensée de La Rochefoucauld* : **maxime** ◆ **adage** (= maxime pratique, ancienne et populaire) ◆ **aphorisme** (= formule résumant un point de morale ou de science) ◆ **apophtegme** (= parole mémorable tirée d'un auteur ancien et ayant valeur de maxime) ◆ **axiome** (= proposition admise par tout le monde) ◆ **proverbe** (= vérité d'expérience, exprimée en une formule brève) ◆ [vieilli] **sentence** (= pensée morale exprimée de façon littéraire) ◆ **dicton** (= sentence passée en proverbe).

penser

I [qqn ~] *Ce philosophe a appris à toute une génération à penser* : **raisonner**. *Tous ces faits lui donnèrent à penser* : **réfléchir**

(= penser longuement à qqch de précis) ◆ [iron.] **cogiter.**

II [qqn ~ qqch] ① *Il pense que je ne vous aime pas* : **imaginer ;** → CROIRE, DOUTER, AVOIR L'IMPRESSION, SE DOUTER. ② *Que penses-tu de ma sœur ?* : **dire.** ③ *Il pense que tu as raison* : → ESTIMER, PRÉSUMER, TROUVER. ④ *Je pensais bien aller à Londres* : **projeter de ;** → CARESSER, COMPTER, ESPÉRER. ⑤ *L'architecte a pensé l'ensemble du projet* : **concevoir ;** → CRÉER. ⑥ *Tu penses !, vous pensez ! Je savais bien que cette voiture ne valait rien, tu penses !* [fam.] : **tu parles !** *Penses-tu !, pensez-vous ! Pensez-vous ! nous étions sûrs qu'il n'oserait pas revenir !* [fam.] : [cour.] **allons* donc !, mais non* !**

III [qqn ~ à] ① *À quoi penses-tu donc ?* : **réfléchir** ◆ [plus sout.] **rêver, songer.** ② *Je n'avais pas pensé à toutes les conséquences* : **envisager.** *Je n'avais pas pensé à ça* : **faire attention, prendre garde ;** → EFFLEURER. *Mais non, vous n'avez pas pensé à tout !* : **prévoir** (*vous n'avez pas tout prévu*). ③ *Avez-vous pensé à votre frère ?* : → COMPTER, SE SOUVENIR. ④ *Penser à son avenir* : **se préoccuper de ;** → S'OCCUPER. *Il pense à autre chose* : **être ailleurs** (*il est ailleurs*) ; → DISTRAIT. ⑤ *Faire penser à qqch* : → RAPPELER, SUGGÉRER.

penseur ① *Un grand penseur* : → PHILOSOPHE. ② *Libre-penseur* : → IRRÉLIGIEUX.

pensif *Il regardait la ville d'un air pensif* : **méditatif, songeur** ◆ [fam.] **tout chose** (qui implique l'idée de gêne) ; → SOUCIEUX.

pension

I ① *Les enfants font leurs études dans une pension* : **pensionnat** ◆ [partic.] **internat** (qui n'implique pas que l'école soit un établissement privé) ; → ÉCOLE. ② *Une pension de famille* : → HÔTEL.

◇ **pensionnaire** *Il est pensionnaire au lycée* : **interne.**

II *L'État lui verse une petite pension* : **allocation** ◆ [partic.] **retraite** (= pension reçue en fin d'activité).

◇ **pensionné** : **retraité.**

pensionnaire, pensionnat, pensionné → PENSION I et II.

pensum → TRAVAIL.

pente ① *Un chemin à forte pente* : [didact.] **déclivité, escarpement** (= versant en pente raide) ; → CÔTE, MONTÉE. *La pente d'un toit* : **inclinaison.** ② *Les pentes de la colline étaient des pâtures* : **versant.** ③ *Une rue en pente* : **pentu.** ④ *Suivre sa pente* [litt.] : [plus cour., pl.] **inclinations ;** → ENTRAÎNEMENT, PENCHANT. *Être sur la mauvaise pente* : **filer un mauvais coton*.**

pentecôtiste → PROTESTANT.

Penthotal → SÉRUM* DE VÉRITÉ.

pentu → INCLINÉ, PENTE.

pénurie → MANQUE, RARETÉ, VACHES* MAIGRES. *Pénurie alimentaire* : → FAIM.

pépé → GRAND-PÈRE.

pépère ① [n.m.] → GRAND-PÈRE. ② [adj.] → CALME, PAISIBLE. [loc. adj.] *En pépère* : → PAPA.

pépie → SOIF.

pépiement → CHANT.

pépier → CHANTER.

pépin ① *Un pépin inattendu* : → DIFFICULTÉ, ENNUI. ② *Sortir son pépin* : → PARAPLUIE.

pépinière → ÉCOLE.

pépiniériste → ARBORICULTEUR, JARDINIER.

péplum → FILM.

péquenot → PAYSAN.

perçant, percée → PERCER.

perceptible → PERCEVOIR I.

perception

I ① *La perception des couleurs* : [génér.] **représentation.** ② *Quelle perception avez-vous de son action ?* [litt.] : [cour.] **impression*.**

II *L'informatique a amélioré la perception des impôts* : **recouvrement ;** → LEVÉE.

percer

percer ① [~ qqch] *Il a percé le papier avec son crayon* : **perforer, trouer.** *Le mécanicien a percé un trou dans la tôle* : **forer.** *Percer un pneu* : [plus cour.] **crever*** ; → PIQUER. *Percer le mur d'une baie* : **ajourer** ; → PRATIQUER II. *Percer une voie* : → OUVRIR. ② *Le malheureux avait été percé de coups de couteau* : [plus précis] **cribler, larder.** ③ *Le cri lui perça les oreilles* : **transpercer** ; → DÉCHIRER. ④ *Un tel spectacle vous perce le cœur* [sout.] : [plus cour.] **crever.** ⑤ [qqch ~] *Le secret a été bien gardé, rien n'a percé de leur projet* : **filtrer, transpirer.** *L'enquête n'a pas suffi pour percer le mystère* [sout.] : **déceler, pénétrer** ; → COMPRENDRE. *Percer les intentions de qqn* : → LIRE, PÉNÉTRER. ⑥ *L'abcès perce* : **crever*.** ⑦ *Le jour perce* [sout.] : **poindre** ; → NAÎTRE, SORTIR. ⑧ *Cet écrivain a percé* : ↑ **réussir** ; → ARRIVER.

◇ **perçant** ① *Un regard perçant* : **pénétrant** ◆ [partic.] **perspicace** (qui se rapporte plutôt aux qualités de l'esprit). ② *Des sons perçants* : **strident** ; → CRIARD, DÉCHIRANT.

◇ **percée** ① *Une percée dans la forêt* : **trouée** ; → CHEMIN. ② *La crise pétrolière explique la percée du nucléaire* : ↑ **développement.**

percevoir

I *Elle savait percevoir les nuances les plus fines* : **discerner, saisir** ; → PÉNÉTRER, SENTIR I. *On percevait des premières lueurs du jour* : **apercevoir.** *Percevoir le moindre bruit* : [plus génér.] **entendre.**

◇ **perceptible** *Les bactéries ne sont pas perceptibles à l'œil nu* : **visible** ; → APPARENT. *Des sons perceptibles par l'oreille humaine* : **audible** ; → SENSIBLE II.

II ① *Percevoir des impôts* : → LEVER I. ② *Elle perçoit plusieurs loyers* : [plus cour.] **toucher** III ◆ [fam.] **empocher, ramasser** ; → RECEVOIR I.

perche ① Longue et mince pièce de bois ou de fer, utilisée pour atteindre un objet éloigné : **gaule** (= perche utilisée pour faire tomber des fruits qu'on ne peut atteindre à la main). ② *Quelle grande perche, ce garçon !* [fam.] : **échalas, girafe** ; → GRAND. ③ *Tendre la perche à qqn* : [plus génér.] **aider*.**

percher → LOGER.

◇ **se percher** *Les moineaux se sont perchés sur les hautes branches du cerisier* : [sout.] **se jucher.**

perchiste → SAUTEUR.

percussion *Il était devenu un virtuose de la percussion* : [plus partic.] **batterie.**

◇ **percussionniste** : **batteur.**

percutant *Le candidat a réussi à convaincre l'assemblée avec des formules percutantes* : ↓ **frappant.**

percuter → ENTRER, HEURTER, RENTRER.

perdant → VAINCU.

perdre ① [qqn ~ qqch] *J'ai perdu son adresse, voulez-vous me la rappeler ?* : **oublier** (qui n'implique pas la perte). *Il a perdu le livre que je lui avais prêté* : ↓ **égarer** ◆ [fam.] **paumer.** ② [qqn ~ qqch] *Il a perdu son temps* : **gâcher, gaspiller.** ③ [qqn ~ qqch] *Perdre une mauvaise habitude* : → SE DÉFAIRE. *Perdre une occasion* : → MANQUER I. ④ [qqn ~ qqn] *Il a tout fait pour perdre ses ennemis* : ↓ **déconsidérer** ◆ [fig.] **ruiner.** ⑤ *Perdre les mœurs de qqn* : → CORROMPRE. ⑥ [qqch ~ qqch] *L'automne est précoce et les arbres perdent déjà leurs feuilles* : [plus sout.] **se dépouiller de.** ⑦ [qqch ~] *Ce tonneau perd* : **fuir*.** ⑧ *Faire perdre qqch à qqn* : *Vos remarques désagréables m'ont fait perdre mes moyens* : **enlever** ; → ÔTER. *Faire perdre son crédit à qqn* : → DISCRÉDITER. ⑨ *Perdre le nord, la tête* : → S'AFFOLER. *Perdre connaissance* : → DÉFAILLIR. *Perdre l'esprit* : → DÉRAISONNER. *Perdre du poids* : → MAIGRIR. *Perdre la vie* : → MOURIR. *Cette équipe n'aime pas perdre* : **se faire battre** ; → SE FAIRE SORTIR*.

◇ **se perdre** ① [qqn ~] *Il s'est perdu en forêt* : **prendre le mauvais chemin** ◆ [fam.] **se paumer** ; → S'ÉGARER. ② [qqn ~] *Elle se perdait dans ses rêveries* : [sout.] **s'abîmer.** *Il se perd dans les détails* : **s'embrouiller** ; → SE NOYER, PATAUGER. ③ [qqn ~] *Se perdre dans la foule* : → DISPARAÎTRE. ④ [qqch ~] *Les cerises sont en train de se perdre* : **s'avarier, se gâter*.** *Son talent s'est perdu* : → DÉGÉNÉRER.

◇ **perdu** [adj. et n.] ① [qqn est ~] → ÊTRE DANS LE BROUILLARD*, ERRANT, NOYÉ, NE PLUS SAVOIR OÙ ON EN EST*. ② *Ce malade est perdu* : [fam.] **fichu** ♦ [très fam.] **foutu** ; → CONDAMNÉ. ③ *Il court comme un perdu* : [plus cour.] **fou.** ④ [qqch est ~] *C'est un hameau perdu* : **isolé** ♦ [fam.] **paumé.**

◇ **perte** ① [~ de qqn] *La mère pleure la perte de son enfant* : **mort ;** → DEUIL. *L'ennemi court à sa perte* : **anéantissement** ♦ ↓ **défaite, ruine.** ② [~ de qqch] *Une perte d'énergie* : **déperdition.** *Une perte d'argent* : → DÉFICIT. *La grêle a causé des pertes* : **dégât ;** → DOMMAGE. *Les fruits sont trop mûrs, il y aura de la perte* : **gaspillage.** *Subir une perte* : → PRENDRE UNE VESTE*. *La perte d'un membre* : → PRIVATION. *La perte d'un bien* : → SINISTRE II. *Une perte d'eau* : → FUITE. ③ [loc. adv.] *En pure perte* : **inutilement ;** → STÉRILEMENT.

perdu → PERDRE.

perdurer → SUBSISTER.

père ① *Appeler son père* : **papa** ♦ [fam.] **paternel, vieux ;** → PARENT. ② *Cette société donne au père de famille beaucoup d'autorité* : **chef de famille ;** → TUTEUR* LÉGAL. ③ *Le docteur Freud est le père de la psychanalyse* : **créateur, fondateur, inventeur*.** ④ [pl.] *Il ne faut pas oublier l'expérience de nos pères* [sout.] : [plus cour.] **ancêtre ;** → AÏEUX.

pérégrinations → VOYAGE.

péremptoire *Des arguments péremptoires* : **tranchant** ♦ [partic.] **absolu** (qui exclut la critique ou la contradiction) ; → CATÉGORIQUE, DÉCISIF.

pérenniser → IMMORTALISER.

perfectible → AMÉLIORABLE.

perfection ① *Rechercher la perfection* : **excellence ;** → BIEN II. *À la perfection* : → PARFAITEMENT. ② *Cette jeune cuisinière est une perfection* : → PERLE II.

perfectionnement
→ AMÉLIORATION, PROGRÈS.

perfectionner ① *Perfectionner un ouvrage* : → AMÉLIORER, PARFAIRE. ② *Perfectionner un procédé de fabrication* : **optimiser.**

◇ **se perfectionner** : **s'améliorer.**

perfide ① [qqn est ~] → DÉLOYAL. ② [n.] *C'est un perfide* [vx] : [peu cour.] **fourbe, traître ;** → RUSÉ. ③ [qqch est ~] *Dans la baie, les courants sont perfides* [sout.] : [cour.] **dangereux.** ④ [qqch est ~] *Le jaloux a lancé des propos perfides* [sout.] : [plus cour.] ↑ **empoisonné** ♦ ↓ **venimeux** ♦ ↑ **machiavélique** (qui s'applique au comportement) ; → MÉCHANT.

◇ **perfidement** : **déloyalement ;** → TRAÎTREUSEMENT.

◇ **perfidie** ① *Dire des perfidies* : ↓ **méchanceté.** ② *Agir avec perfidie* : **machiavélisme ;** → DÉLOYAUTÉ, NOIRCEUR.

perfidement, perfidie → PERFIDE.

perforer → PERCER.

performance → EXPLOIT, SUCCÈS.

performant → COMPÉTITIF.

perfusion → INJECTION.

pergola → TONNELLE.

péricliter → DÉPÉRIR, ALLER À LA DÉRIVE*, ALLER MAL* III.

péril → DANGER, RISQUE.

périlleux → ACROBATIQUE, DANGEREUX, RISQUÉ.

périmé → ANACHRONIQUE, DE PAPA*.

périmer → RENDRE NUL* II.

périmètre → TOUR II.

période ① *Une brève période* : → DURÉE. *Une période troublée* : → ÉPOQUE. ② *La période d'incubation de la scarlatine est de quarante jours* : **phase.** ③ *La période bleue de Picasso* : **manière*.**

◇ **périodique** ① [n.m.] *Les bibliothèques ont souvent un service des périodiques* : **magazine** (= publication illustrée), **revue** (= publication plus spécialisée) ♦ **journal*** (= toute publication périodique, que l'on distingue d'après les rythmes de publication), **quotidien, hebdomadaire,**

périodique

mensuel. ② [adj.] *Le retour périodique des ouragans* : **cyclique**. ③ [adj.] *Une serviette périodique* : **hygiénique***.

périodique → PÉRIODE.

péripatéticienne → PROSTITUÉE.

péripétie ① *Les péripéties de la dernière guerre sont maintenant des sujets de littérature* : **épisode** (qui insiste moins sur l'aspect inattendu des incidents survenus). ② *Un roman plein de péripéties* : → COUP DE THÉÂTRE*.

périphérie ① *L'écolier trace la périphérie d'une figure géométrique* [didact.] : [plus cour.] **contour, pourtour**. ② *La périphérie d'une ville* : **banlieue***.

◇ **périphérique** ① [adj.] *Les zones périphériques des grandes villes* : **excentrique** (qui marque l'éloignement par rapport au centre urbain) ◆ **limitrophe** (qui souligne la proximité des limites de la ville proprement dite). ② [n.m.] *Installer un périphérique* : → TERMINAL. ③ [n.m.] → ROUTE.

périphérique → PÉRIPHÉRIE.

périphrase *Que de périphrases pour présenter ses excuses !* : [sout.] **circonlocution** ◆ [plus cour.] **détour**. *Affirmer que l'on n'est pas tout à fait innocent est une périphrase pour avouer sa culpabilité* : **euphémisme** (= adoucissement d'une expression trop dure).

périple → VOYAGE.

périr → MOURIR, TOMBER I. *Faire périr* : → TUER. *Périr corps et biens* : → SOMBRER.

périssable → MORTEL.

péristyle → PORTIQUE.

perle

I ① *Un rang de perles* : → COLLIER. ② *Des perles de rosée* : [plus cour.] **goutte**.

II ① [qqn est une ~] *Mon secrétaire est une perle* [fam.] : [cour.] **perfection, trésor** ◆ [fam.] **oiseau rare** ; → BIJOU. ② [qqch est une ~] *Relever les perles dans un discours* : **bévue, bourde, erreur***.

permanence ① → CONSTANCE, CONTINUITÉ. ② [loc. adv.] *En permanence* :

constamment*, continûment, sans interruption.

permanent ① [adj.] *Le thermostat maintient une température permanente* : **stable, invariable** ; → CONSTANT. ② [adj.] *La surveillance des prix était devenue permanente* : **continu, ininterrompu**. *Notre collaboration pour ce projet devrait être permanente* : **durable** (qui insiste sur la durée). ③ [n.] → MILITANT.

perméable ① *La craie est une matière perméable* : **poreux**. ② *Il est perméable à l'influence de ses parents* : **ouvert, sensible**.

permettre ① [qqn, qqch ~ de + inf., complétive ou n. abstrait] *Il a permis à ses enfants de sortir jusqu'à 6 heures* : **autoriser** (... *a autorisé ses enfants à sortir*) ◆ ↑ **approuver** (qui manifeste un accord : *il approuve ses enfants de sortir*) ; → ADMETTRE, LAISSER, TOLÉRER, DONNER LE FEU VERT*. *Son intervention a permis d'avancer les travaux* : → AIDER. *Cela permet de* : → DONNER LIEU* À. ② [qqn ~ qqch] *Vous permettez un tel bruit ?* : **supporter***. ③ [pass.] *Il n'est pas permis à tout le monde d'être un artiste* : **être donné**. ④ [dans des formules de politesse] *Si vous le permettez, nous partirons ce soir* : → PERMISSION, VOULOIR.

◇ **se permettre** ① [se + de + inf.] : **se payer le luxe* de** ; → OSER. ② [~ qqch] *Il s'est permis de petits écarts de régime* : **se passer, s'autoriser**.

◇ **permis** ① [n.m.] *Il a reçu le permis de construire* (= acte officiel écrit) : [génér.] **autorisation** ◆ **licence** (qui s'applique plutôt à l'exercice d'une activité commerciale ou industrielle). ② [adj.] *Cette activité est permise* : **autorisé** ◆ **licite** (= autorisé par la loi ou la morale) ◆ **légal** (= autorisé plus partic. par la loi) ◆ **légitime** (= autorisé plus spécialt par la morale) ◆ [sout.] **loisible** (*il vous est loisible de...*) ; → POSSIBLE. *La chasse est permise* : → OUVERT.

◇ **permission** ① *Le patron ne m'a pas accordé la permission de m'absenter* : **autorisation** ◆ [plus génér.] ↑ **liberté** ◆ **consentement, approbation*** (qui ne peuvent se construire avec l'inf.) ; → DROIT, DISPENSE. *Avoir la permission de* : → POUVOIR I. ② *Avec votre permission, je souhaiterais*

588

dire quelque chose : **agrément, accord, si vous le permettez.** ③ *Ce soldat passe sa permission chez ses parents* : **congé.**

permis → PERMETTRE.

permissif → LIBERTÉ II.

permission → PERMETTRE.

permissivité → LIBERTÉ II.

permuter *Si vous permutez les deux mots, vous obtiendrez une phrase plus claire* : **intervertir.**

pernicieux → MALFAISANT, MALSAIN, NUISIBLE.

péroraison → CONCLUSION.

pérorer → DISCOURIR.

perpendiculaire *Tracez deux plans perpendiculaires* : [didact.] **orthogonal.**

perpétration → CONSOMMATION.

perpétrer → ACCOMPLIR.

perpétuel *Son entourage ne supporte plus ses lamentations perpétuelles* : **incessant** ◆ ↓ **continuel,** ↓ **fréquent,** ↓ **habituel ;** → CONSTANT, ÉTERNEL, SEMPITERNEL.

perpétuellement → CONSTAMMENT.

perpétuer *Son œuvre perpétue son souvenir* : → CONTINUER, IMMORTALISER. *Perpétuer un nom* : **transmettre.**
◇ **se perpétuer** *Son souvenir se perpétue* : → DURER. *Se perpétuer dans ses descendants* : **se survivre ;** → SE REPRODUIRE.

perpétuité *À perpétuité* : → TOUJOURS.

perplexe → INDÉCIS, RÊVEUR. *Être perplexe* : → SE PERDRE EN CONJECTURES*.

perplexité → INDÉCISION.

perquisition → FOUILLE.

perquisitionner → FOUILLER.

perroquet → BAVARD.

perruque ① *Porter une perruque* : [fam.] **moumoute.** ② → CHEVEU.

persécuter ① → ÊTRE APRÈS* I, TORTU-RER. ② *Il est persécuté par son percepteur* [fam.] : [cour.] **harceler ;** → S'ACHARNER, PRESSER II, TOURMENTER.

persévérance → PERSÉVÉRER.

persévérant → CONSTANT, OBSTINÉ, PATIENT.

persévérer *L'inspecteur devait persévérer dans sa recherche* : **persister** ◆ ↑ **s'acharner,** ↑ **s'obstiner** (qui marquent l'entêtement plus que la volonté) ; → INSISTER.
◇ **persévérance** *Sa persévérance a été récompensée* : **acharnement*,** ↑ **ténacité*** ◆ [plus péj.] **entêtement* ;** → CONSTANCE, INSISTANCE, OBSTINATION, PATIENCE.

persienne *Il faut fermer les persiennes pour se protéger des papillons de nuit* : **volet*** ◆ [moins cour.] **contrevent, jalousie ;** → STORE.

persifler → RAILLER.

persistance ① → OBSTINATION. ② *La persistance de la crise économique* : → CONTINUITÉ.

persistant → VIVACE.

persister ① *Persister dans son point de vue* : → S'OBSTINER, PERSÉVÉRER. *Le froid persiste* : → SE PROLONGER. ② *Des traditions qui persistent* : → CONTINUER, SUBSISTER.

personnage ① *C'est un curieux personnage* : **individu*.** *Un grossier personnage* : → IMPOLI. ② *Voici un comédien fait pour ce genre de personnage* : **rôle*** (qui s'applique dans ce sens partic. au personnage de la scène). *Le personnage principal d'un film* : **héros, héroïne.** *Le personnage principal d'un drame* : **protagoniste** (*le protagoniste d'un drame*). ③ *Dans sa ville, c'est un personnage* : [plus partic.] **notable, notabilité** (qui impliquent que la situation sociale détermine l'influence) ◆ **personnalité** (qui insiste sur la représentativité) ◆ ↑ **célébrité, figure*** (qui insistent sur la notoriété) ◆ **ténor** (qui s'emploie en politique : *un ténor de l'opposition*) ◆ [fam.] **bonze, huile, grosse légume, mani-**

tou, ponte. ④ *Soigner son personnage* :
→ PERSONNE I.

personnalisation → INDIVIDUALISATION.

personnaliser → INDIVIDUALISER.

personnalité ① → LE MOI*. **②** *Une forte personnalité* : → CARACTÈRE I, INDIVIDUALITÉ, NATURE, ORIGINALITÉ, TEMPÉRAMENT II. *Une personnalité reconnue* : → MONSIEUR, NOTABLE, PERSONNAGE. *Une personnalité célèbre* : → FIGURE I, SOMMITÉ. **③** *Personnalité morale* : → PERSONNE I.

personne

I ① *Ce genre de personne m'intéresse* : [sout., plus génér.] **créature** ♦ [moins cour., parfois péj.] **individu*** ♦ **femme, homme*** (qui spécifient le sexe), **homme** (qui peut valoir pour les êtres humains en génér.) ♦ [pl.] **gens*** (qui se substitue à *personne* derrière les articles déf. ou indéf. : *des, les gens racontent que...* ; *plusieurs, quelques, de nombreuses, deux personnes m'ont raconté que...*) ♦ [vieilli] **(être) humain, mortel. ②** *Il prend soin de sa personne* : **apparence** ♦ [plus génér.] **personnage** (qui inclut l'effet moral et physique). **③** *Un village de cinq cents personnes* : [sout.] **âme. ④** *Il viendra en personne* : **lui-même*** ; → EN CHAIR* ET EN OS. *Remettre qqch en personne* : **en main* propre.** *Une grande personne* : → GRAND. *Comme personne* : → COMME PAS* UN. **⑤** *Les droits de la personne sont imprescriptibles* : **homme** ♦ **individu** (qui peut s'employer ici sans valeur péj.). **⑥** *La personne morale est reconnue par la loi* [didact.] : [moins cour.] **personnalité.**

◇ **personnel** [adj.] **①** *Disposer d'une fortune personnelle* : [antéposé] **propre***. *Il a des idées personnelles sur le mariage* : **original** ; → PARTICULIER I. *Une appréciation personnelle* : **individuel** ; → RELATIF, SUBJECTIF. **②** *Respecter la vie personnelle de qqn* : **intime***, **privé** ; → PROPRE. **③** *Ce garçon est très personnel* : **égoïste. ④** [n. m.] *Le bureau du personnel m'a convoqué* : [plus partic.] **main-d'œuvre** (d'une entreprise industrielle ou commerciale) ; → SALARIÉ. *La baronne a congédié son personnel* : [pl.] **domestique** ♦ [sout.] **domesticité** ♦ [vieilli] **gens.**

II [pron.] → QUELQU'UN. **①** *Il le sait mieux que personne* : **n'importe qui, quiconque. ②** *Personne d'autre que lui ne peut le dire* : **aucun autre** ; → NUL I. *Par personne* : → TÊTE. **③** *Dans la rue, personne !* : **pas un chat** ; → AUCUN HOMME*.

personnel → PERSONNE I.

personnellement → QUANT À MOI*, POUR MA PART I.

personnification → SYMBOLE.

personnifier → REPRÉSENTER.

perspective ① *La grande allée offre une belle perspective* : **vue***. **②** *Dans cette perspective, nous pouvons nous entendre* : **optique, point de vue** (*de ce point de vue...*). *Des choix sans perspective* : **horizon.** *La perspective d'une crise* : → IDÉE. *C'est une perspective inquiétante* : **éventualité. ③** → DÉBOUCHÉ.

perspicace → CLAIRVOYANT, FIN III, PERÇANT, SAGACE.

perspicacité *Faire preuve de perspicacité* : → CLAIRVOYANCE, FINESSE, AVOIR DU NEZ*, SAGACITÉ.

persuadé → CERTAIN I.

persuader *Saurez-vous les persuader de notre bonne foi ?* : **convaincre.** *Il m'a persuadé de venir* : **décider* à.**

persuasif → ÉLOQUENT.

persuasion → CONVICTION.

perte → PERDRE.

pertinence → PERTINENT.

pertinent *Voilà un argument pertinent* : **judicieux, juste** ; → D'ACTUALITÉ, APPROPRIÉ, CONVENABLE. *Une remarque non pertinente* : → INCONSIDÉRÉ.

◇ **pertinence** *Cette analyse est caractérisée par sa pertinence* [sout.] : **à-propos** (qui implique plutôt le choix du bon moment) ♦ **bien-fondé** (qui indique la justesse de la démarche) ; → CORRECTION, OPPORTUNITÉ.

perturbateur → SUBVERSIF.

perturbation → PERTURBER.

perturber ① *Cette scène pénible l'a profondément perturbé* : ↑ **bouleverser,** ↑ **déstabiliser** ♦ ↓ **troubler*** ; → SECOUER. ② *Des orages très violents perturbaient la circulation* : ↓ **déranger, gêner.**

◇ **perturbation** ① *Des perturbations empêchaient de suivre l'émission* : → PARA-SITE. *Perturbation dans la circulation du sang* : [didact.] **dysfonctionnement.** ② *La crise économique entraîna d'importantes perturbations dans la vie sociale* : **bouleversement, déséquilibre** ♦ ↓ **trouble ;** → CRISE. ③ *La météo annonce une perturbation* : [didact.] **dépression.**

pervers ① [adj. et n.] *C'est un être pervers, un pervers* [sout.] : **dépravé** ♦ [plus cour.] **vicieux* ;** → CORROMPU, DÉVIANT, MALSAIN, SATYRE. ② [adj.] *Des tortures perverses* : → DIABOLIQUE, SADIQUE.

◇ **perversion** ① *La perversion des mœurs a marqué la Régence* : **corruption* ;** → ÉGAREMENT. ② *Certains prétendent que l'alimentation carnée est une perversion du goût* [sout.] : **dévoiement** ♦ [didact.] **anomalie ;** → DÉGÉNÉRESCENCE.

◇ **perversité** *La perversité des mœurs* : **dépravation.**

◇ **pervertir** ① *La fréquentation de ce milieu l'a perverti* : **corrompre*** ♦ **débaucher, dévoyer, encanailler** (qui impliquent un relâchement des mœurs) ; → ÉGARER. ② *L'habitude d'une cuisine très épicée peut pervertir le goût* : **altérer, dénaturer.** ③ *Se pervertir* : → DÉGÉNÉRER.

perversion, perversité, pervertir → PERVERS.

pesamment → LOURDEMENT, COMME UNE MASSE* I.

pesant → PESER.

pesanteur → LOURDEUR.

peser ① [qqch ~] *Ce poulet pèse deux kilos* : [très génér., fam.] **faire.** ② [qqn ~ qqch] *Pesez-moi cette énorme poire* : **soupeser** (= pesée approximative et manuelle). ③ *Il n'a pas bien pesé les conséquences de son geste* : **apprécier, calculer, évaluer, mesurer.** *Peser le pour et le contre* : → SE TÂTER. ④ [qqn ~ sur qqch] *Peser sur un*

levier : → APPUYER. *Peser sur une décision* : → INFLUENCER. ⑤ [qqch ~ à qqn] *L'incertitude me pèse* : ↑ **accabler** ♦ ↓ **ennuyer.** ⑥ [qqch ~ sur qqn] *Toutes ces responsabilités pèsent lourdement sur lui* : **être à charge** ♦ ↓ **retomber.**

◇ **pesant** ① *Une malle pesante* : **lourd*.** ② *Une atmosphère pesante* : **étouffant*.** ③ *Un bâtiment pesant* : → LOURD, MASSIF. ④ *Sa présence devient pesante* : **importun** ♦ ↑ **oppressant.**

pessaire → PRÉSERVATIF.

pessimisme → PESSIMISTE.

pessimiste [adj. et n.] ① *Depuis son échec, il est pessimiste* : [plus restreint] **inquiet, mélancolique** (qui se disent plutôt de l'humeur ou du caractère) ; → MAUSSADE, NOIR. ② *Des propos pessimistes courent sur l'issue de la crise* : ↑ **défaitiste** ♦ **alarmiste** (qui insiste sur l'effet du discours plus que sur son contenu) ; → SOMBRE.

◇ **pessimisme** *Votre pessimisme vous rend la vie malheureuse* : **défaitisme** ♦ ↑ **catastrophisme,** ↑ **sinistrose.**

peste *Quelle peste !* : → EMPOISONNEUR, PLAIE. *Être méchant comme la peste* : → GALE, TEIGNE. *S'étendre comme la peste* : → LÈPRE.

pester *Pester contre le retard* : → FULMINER, JURER II, MAUDIRE, MAUGRÉER. *Il pestait quand on se moquait de lui* : → ENTRER DANS UNE RAGE* FOLLE.

pestilentiel → PUANT.

pet ① *Il a lâché un pet* [fam.] : [langage enfantin] **prout** ♦ [sout.] **flatuosité, vent.** ② *Pas un pet de* : → POIL.

◇ **péter** [fam.] ① *Ça va péter !* : [cour.] **exploser ;** → CRAQUER, ÉCLATER. *Si je serre trop ce boulon, il va péter* : [cour.] **casser ;** → SE ROMPRE. ② *Envoyer tout péter* : → PROMENER. *Péter les plombs* : → PERDRE LA RAISON I.

pétant → PRÉCIS I, SONNANT.

pétard [fam.] ① *Le journal lança un pétard le jour de la rentrée parlementaire* : **bombe** ♦ [cour.] **nouvelle sensationnelle.**

② *Cette histoire va faire du pétard* : **foin** ◆ [cour.] **bruit** ◆ ↑ **scandale*** ; → POTIN II, TAPAGE. **③** *Sortir son pétard* : [cour.] **revolver***. **④** *Être en pétard* : **boule*** ; → COLÈRE. **⑤** *Un gros pétard* : **derrière**. **⑥** → HASCHISCH.

pétasse → GROGNASSE.

pété → SOÛL.

péter → PET.

pète-sec → SEC II.

péteux → LÂCHE I, PEUREUX.

pétillant **①** *Un esprit pétillant* : → BRILLANT II, ÉTINCELANT. **②** *Une eau pétillante* : → GAZEUX.

pétiller **①** *Les bûches pétillaient dans la cheminée* : **crépiter**. **②** *La malice pétille dans son regard* : ↑ **briller***, ↑ **éclater**.

petit

I [adj.] **①** [antéposé] *Il a une petite verrue sur le nez* : [postposé] ↑ **microscopique, minuscule***. *Il habite un petit appartement* : [moins cour.] **exigu** ◆ [fam.] **riquiqui, rikiki** ; → ÉTROIT. *Entre ces deux prix, il n'y a qu'une petite différence* : [postposé] **minime** ◆ ↑ **infime** ◆ [postposé] ↑ **infinitésimal** ; → FAIBLE I, LÉGER. *Une petite écriture* : → MENU I. *Après un petit instant d'hésitation, il prit une décision* : **court**. *Il touche un petit salaire* : **bas, maigre*** ; → MÉDIOCRE, MISÉRABLE, MODESTE. *Ce n'est qu'un petit écrivain* : [plus cour., postposé] **mineur** ; → INSIGNIFIANT. *Rouler à petite vitesse* : → RÉDUIT I. **②** [antéposé ou postposé] *C'était un homme petit* : → FLUET. *C'est un esprit petit, sans indulgence* : **étroit, mesquin** ; → BORNÉ. **③** [antéposé] *Les petits Dupont ont encore fait des sottises* [fam.] : [cour.] **enfant** ; → FILS. *La petite enfance* : → PREMIER I. **④** [antéposé] *Il s'est fait construire un petit Louvre* : **en miniature, au petit pied** (*un Louvre en miniature, au petit pied*). **⑤** *Le plus petit écart* : **moindre***. **⑥** *Petite amie* : **maîtresse**. *Petit ami* : **amant**. **⑦** [loc. adv.] *Petit à petit* : **progressivement***.

◇ **petitesse** **①** *La petitesse de ses revenus* : [sout.] **modestie, modicité** ; → FAIBLESSE.

La petitesse d'un logement : **exiguïté**. **②** *Petitesse d'esprit* : **étroitesse d'esprit, mesquinerie**.

II [n.] **①** *C'est un petit très difficile* : **enfant**. *La chatte et ses petits* : **jeune***. **②** *Ce sont toujours les petits qui trinquent* [fam.] : **lampiste** ◆ [didact.] **défavorisé** ◆ **couches populaires*** (qui appartient plutôt au vocabulaire politique) ; → FAIBLE II. **③** [en appellatif] → MICROBE.

petitement → CHICHEMENT.

petitesse → PETIT I.

pétition → REQUÊTE.

pétochard → PEUREUX.

pétoche → CRAINTE, PEUR.

pétoire → FUSIL.

peton → PIED.

pétrifié → ÉBAHI.

pétrifier → FIGER.

pétrin **①** *Être dans le pétrin* : → EMBARRAS. **②** → COFFRE.

pétrir **①** *Le boulanger pétrit la pâte à pain* : **malaxer**. *Le sculpteur pétrit l'argile humide* : **façonner, modeler** (qui impliquent une mise en forme) ◆ [plus génér.] **travailler*** ; → MANIER. *Il pétrissait de la mie de pain pour occuper ses mains* : [plus fam.] **tripoter** ; → TRITURER. **②** *Être pétri de. C'est un homme pétri de prétention* : **plein de** ; → TRÈS.

pétrole → OR* NOIR.

pétrolier *La pollution des côtes par le naufrage d'un pétrolier* : [anglic.] **tanker, supertanker** (= pétrolier de très grande capacité).

pétulance → VIVACITÉ.

pétulant → VIF I.

peu

I [adv.] **①** [avec un v.] *Il vient très peu à son bureau* : **rarement, ne... pas beaucoup** ◆ [plus sout.] **ne... guère**. *Le lampadaire éclairait peu la pièce* : **à peine, ne... presque**

pas ◆ ↑ **mal** (qui ne se dit pas seulement de l'intensité) ; → FAIBLEMENT. *Être peu rémunéré* : → MAIGREMENT. *Manger peu* : → COMME UN MOINEAU, SOBREMENT. *C'est peu* : → MAIGRE. *J'ai manqué la cible de peu* : **de justesse***. *Il viendra sous peu, avant peu, d'ici peu* : **bientôt*** ; → VITE. *Il est arrivé depuis peu* : **récemment***. ② *Peu à peu. Le bruit montait peu à peu* : **graduellement, insensiblement, progressivement*** ; → DEGRÉ II, LENTEMENT. ③ *Votre ami est peu bavard* : **ne... pas très** (*... n'est pas très...*). *Être un peu triste* : → VAGUEMENT. *Vous ne pensez pas que c'est un peu simpliste ?* [iron.] : [cour.] **trop** ◆ [fam.] **un tantinet.**

II [déterminant ou substitut du n.] ① *Il reste peu de jours avant l'échéance* : [avec une formule restrictive comme ne... que] **quelques, un petit nombre de** (*il ne reste que quelques, un petit nombre de jours...*). ② *Il manque d'un peu de bon sens* : **un brin, un grain, une miette.** *Je prendrais bien un peu de porto* : [plus précis, plus sout.] **un doigt de, une goutte de, un soupçon de** ◆ [fam.] **un chouia** ; → LARME, POIGNÉE, POINTE, POIL. *Un peu de beurre* : **une noix de.** *Un peu de lait* : → NUAGE.

peuplade → PEUPLE.

peuple

I ① → NATION. ② *Les musicologues ont enregistré les chants des peuples berbères* : [didact.] **ethnie** ◆ [péj.] **peuplade** ; → RACE. ③ *On a recensé le peuple français* : [plus cour.] **population.**

II ① *Le peuple de Paris a refusé la défaite de 1870* : **masses*, couches populaires** ◆ [péj.] **populace.** *La volonté du peuple* : → PAYS. ② *Il y a du peuple dans la rue* [fam.] : [plus cour.] **monde*** ◆ [fam., péj.] **populo** ; → FOULE.

◇ **peuplé** [adj.] *Cette région est très peuplée* : **populeux.**

◇ **peupler** ① *Les colons romains ont peuplé le sud de la France* : ↓ **habiter** (qui n'implique pas l'idée d'installation définitive ni de nombre). ② *Le jour de la première, une foule de journalistes peuplait le théâtre* [litt.] : [cour.] **remplir.** ③ [surtout au

pass.] *Mes rêves étaient peuplés de visions étranges* [sout.] : **hanter.**

◇ **populaire** ① *Un gouvernement populaire a succédé à la royauté* : [plus génér.] **démocratique.** ② *Les couches populaires sont les premières touchées par les hausses de prix* : [plus précis] **laborieux** ◆ [plus génér.] **pauvre*, petit*** II ; → MASSE II, PEUPLE II. ③ *Il est d'origine populaire* : [vx] **simple** ◆ [sout., vieilli] **plébéien.** ④ *Des danses populaires* : **folklorique.**

peuplé, peupler → PEUPLE II.

peur ① *Devant le danger, la peur le paralyse* : [plus sout.] **crainte*** ◆ ↑ **effroi,** ↑ **frayeur,** ↑ **terreur*** ◆ **angoisse** (qui est plutôt l'effet de la peur) ◆ **appréhension** (qui se dit d'une peur anticipant sur sa cause) ◆ [sout.] **couardise** ◆ [fam.] **frousse, trouille** ; → LÂCHETÉ. *La peur s'est emparée de la foule* : ↑ **panique** (qui implique l'affolement : *la panique..., une peur panique...*) ◆ **trac** (= peur passagère ressentie avant de subir un examen, d'affronter un public). *Je ne comprends pas sa peur des lézards* : [plus partic.] **phobie.** ② *Avoir peur. Il a peur de tout : de son père, de ses professeurs, de ses camarades* : [sout.] **craindre*** ◆ ↑ **redouter.** *Avoir peur pour qqn* : **trembler*.** *Quand on le menace, il a peur* : ↑ **avoir une peur bleue, avoir peur de son ombre** ◆ [fam.] **baliser, avoir la colique, les jetons, flipper, se dégonfler** ◆ [très fam.] **avoir les chocottes, les foies, la pétoche, fouetter** ; → S'AFFOLER*, NE PAS ÊTRE FIER*. *Le camion a failli m'écraser : j'ai eu peur !* : [plus express.] **ça m'a donné froid dans le dos, mes cheveux se sont dressés sur ma tête** ; → CULOTTE, FIGER* LE SANG. *Je ne peux m'empêcher d'avoir peur pour lui* : **trembler.** *Elle avait peur de ce premier examen* : [plus sout.] ↑ **redouter.** ③ *Faire peur. Son ombre lui fait peur* : [moins cour.] **effrayer** ◆ ↑ **terroriser** ◆ [plus sout.] ↑ **épouvanter.** *À faire peur. Elle est laide à faire peur* : **très** (*elle est très laide*).

◇ **peureux** [adj. et n.] ① [qqn est ~] *Tout le monde est peureux dans certaines situations* : [fam.] **dégonflé, froussard, pétochard, trouillard** ◆ [très fam.] **foireux, péteux** ◆ [vieilli] **poltron, couard** ;

peureusement

→ LÂCHE. ② *Il est d'un naturel peureux :*
craintif ◆ [très sout.] **pusillanime.**

◊ **peureusement** : **craintivement.**

peureusement, peureux → PEUR.

peut-être [adv.] *Il déjeunera peut-être*
avec nous : ↑ **probablement,** ↑ **sans doute**
(qui peuvent s'employer fam. en tête de
phrase : *peut-être, probablement qu'il vien-*
dra la semaine prochaine).

pèze → ARGENT.

phalange → COALITION.

phallo, phallocrate → MACHISTE,
SEXISTE.

phallus → SEXE.

phare → FEU II.

pharisaïsme → FAUSSETÉ.

phase *Les différentes phases du dévelop-*
pement économique : **étape** ◆ **moment** (qui
évoque davantage l'idée de ponctualité) ;
→ PÉRIODE. *La dernière phase des négo-*
ciations : → PARTIE I, TEMPS. *Une phase*
critique : → CRISE.

phénoménal → ÉTONNANT, PRODIGIEUX.

phénomène ① *La cause de ce phénomène*
n'a pu être établie [didact.] : [plus cour.] **fait.**
② *Un phénomène de foire :* → MONSTRE.
C'est un phénomène : → EXCEPTION,
NUMÉRO, ORIGINAL II.

philanthropie → CHARITÉ.

philatéliste → TIMBRE I.

philosophe → PHILOSOPHIE.

philosophie ① *Chaque philosophie s'éla-*
bore contre les conceptions du monde qui
l'ont précédée : [plus génér.] **doctrine, sys-**
tème ; → PENSÉE I. *La philosophie se divise*
en nombreuses disciplines scientifiques
ou universitaires : [plus partic.] **éthique,**
esthétique, logique. ② *Hegel a posé les*
principes d'une philosophie du droit : [plus
génér.] **théorie.** ③ *Mon fils vient de faire sa*
philosophie [anc.] : **classe de philosophie**
◆ [fam.] **philo.** ④ *Cet orateur a exposé sa*
philosophie : **conception, vision du monde**

◆ [plus restreint] **morale** (qui se dit plus
partic. des principes de conduite). ⑤ *Il*
a pris sa mésaventure avec philosophie :
détachement ◆ **indifférence** (= absence de
réaction) ◆ **résignation** (= acceptation du
fait) ; → FATALISME, SAGESSE.

◊ **philosophe** ① *Socrate était un philo-*
sophe grec : [plus génér.] **penseur.** ② [n. et
adj.] *Il est bien philosophe dans cette situa-*
tion difficile : **calme** (qui se dit de l'attitude) ◆ **sage** (qui se dit du jugement fondant l'attitude) ; → FATALISTE.

phobie → CRAINTE, DÉGOÛT, PEUR.

phosphorescent → LUMINEUX.

photo → PHOTOGRAPHIE, PORTRAIT.

photocopie → COPIE.

photographe → ILLUSTRATEUR.

photographie ① *Il a appris la photo-*
graphie : **photo.** ② *Cette photographie est*
nette : [plus cour.] **photo** ◆ [didact.] **cliché,**
épreuve (= tirages sur papier) ◆ **diapo,**
diapositive (= copie positive à projeter) ;
→ ILLUSTRATION. *Faire, prendre une photo-*
graphie, une photo : **photographier.**

photographier → PHOTOGRAPHIE.

phrase ① *La phrase de Rabelais est foison-*
nante [didact.] : [plus cour.] **style.** ② *Aucune*
idée dans ce texte, rien que des phrases :
[plus cour.] **banalité, cliché, lieu commun ;**
→ FORMULE (*formule toute faite*). ③ *Nous*
avons besoin d'actes, non de phrases ! : [plus
cour.] **discours, mot.**

phraséologie → STYLE.

phraseur → BAVARD.

phtisique → TUBERCULEUX.

physiologique ① → SOMATIQUE. ② *Un*
besoin physiologique : → NATUREL.

physionomie ① → FIGURE, VISAGE.
② *La physionomie de nos villes a beau-*
coup changé depuis vingt ans : **apparence,**
aspect, caractère. ③ → PHYSIQUE.

physique

I [adj.] ① *Les corps ont des propriétés*
physiques : [plus génér.] **matériel.** ② *Le*

plaisir physique a sa place dans l'amour : [cour.] **sexuel.** ◆ [sout.] **charnel, corporel.**

II [n.m.] *Cette fille a un physique agréable* : **physionomie.** *Au physique* : → **PHYSIQUEMENT.**

physiquement

I *Il est physiquement possible de se poser sur Mars* : **matériellement.**

II *Physiquement, ce garçon est très bien* : **au physique.**

piaf → MOINEAU.

piaffer → PIÉTINER.

piailler → CRIER.

piano → DOUCEMENT.

pianoter → TAPER.

piapiater → BAVARDER.

piaule → PIÈCE I.

piauler → CRIER.

pibale → ANGUILLE.

pic ① [n.m.] → MONTAGNE, SOMMET. *Pic de pollution* : → SOMMET. ② [loc. adj.] *Une côte à pic* : → ESCARPÉ*. ③ [loc. adv.] *Arriver à pic* : → À PROPOS, OPPORTUNÉMENT, PILE III, BIEN TOMBER* III.

picaillons → ARGENT.

piccolo → FLÛTE I.

pichenette → CHIQUENAUDE.

pickpocket → VOLEUR.

picoler → BOIRE.

picorer *La volaille picorait les vers sur le tas de fumier* : [plus sout.] **becqueter.**

picotement → CHATOUILLEMENT.

picoter → PIQUER II.

picrate → VIN.

pie → BAVARD.

pièce

I ① *Ce gamin met tout en pièces* : **morceau.** *Mettre en pièces* : **briser, démolir** ;

→ CASSER, DÉCHIRER. ② *Cela coûte deux euros (la) pièce* : **l'un, l'unité.** *L'éleveur a vendu dix pièces de bétail* : [plus cour.] **tête.** *Sur la plage, elle portait un très joli deux-pièces* : [plus génér.] **maillot (de bain).** ③ *Les pièces d'un jeu* : **pion*.** ④ *Les pièces d'identité* : **papier* d'identité.** *Pièce à conviction* : → DOCUMENT. ⑤ *Chercher une pièce* : → MONNAIE. ⑥ Partie distincte de l'appartement, destinée à l'habitation, à l'exclusion des espaces de service, entrée, cuisine : **chambre, salle à manger, (salle de) séjour, salon** ◆ [anglic.] **living-room.** *Un trois pièces* : **F 3** (F, abrév. de *familial*). *Il a rangé sa pièce* : [plus précis] **chambre** ◆ [fam.] **carrée** ◆ [très fam.] **crèche, piaule, turne** ; → APPARTEMENT. ⑦ *Ce garçon est tout d'une pièce* : [plus sout.] **intransigeant, entier.**

II *Sa pièce a eu un grand succès* : [plus génér., sout.] **œuvre** ◆ [partic.] **comédie, drame, tragédie.** *Une pièce de musique* : → MORCEAU.

pied

I ① *À force de marcher dans les éboulis, les promeneurs ont mal aux pieds* : [fam.] **peton** (= petit pied) ◆ [vulg.] **arpion, panard, paturon, pinceau** ; → **PATTE.** *Ils y sont allés à pied* : [fam.] **à pattes, à pinces.** ② [sing.] *Au pied levé* : → IMPROMPTU. *Mettre sur pied* : → CONSTITUER, ORGANISER. *Sur pied* : → DEBOUT. *Sur quel pied danser* : → HÉSITER. *De pied en cap* : **jusqu'aux dents*.** *Travailler comme un pied* : → MAL III, SAVATE. *Se lever du pied gauche* : → HUMEUR. *Mettre à pied* : **licencier** ◆ [moins précis] **renvoyer*** ; → SUSPENDRE. ③ [pl.] *Faire des pieds et des mains* : [plus sout.] **se démener** ◆ [fam.] **se défoncer.** *Un casse-pieds* : → GÊNEUR. *Casser les pieds à qqn* [fam.] : [cour.] **ennuyer*.** *Des pieds à la tête* : → CAP. *Avoir les pieds sur terre* : → ÉQUILIBRÉ. *Cela lui fera les pieds* : → DRESSER.

II *Le pied du mur est humide* : → BASE I. *Au pied de* : → SOUS.

III *Les premiers textes de la langue française sont en vers de dix pieds* [abusif] : **syllabe** (qui est plus exact, *pied* renvoyant à l'unité métrique du vers grec ou latin).

IV *Au petit pied* : → PETIT I. *Prendre son pied* : → PLAISIR. *Vivre sur un grand pied* : → DÉPENSER. *Au pied de la lettre* : **exactement.**

pied-à-terre → APPARTEMENT.

piédestal → BASE I, SOCLE.

piège ① *Le braconnier a posé ses pièges dans la forêt* : [plus spécial] **collet, lacet** ◆ [rare] **lacs** ; → APPÂT, FILET. *Un piège à rats* : **ratière, souricière** ; → TAPETTE. *Prendre le gibier au piège* : **piéger.** *Il est interdit de poser des pièges* : [plus génér.] **braconner.** ② *Le naïf est tombé dans le piège* : **panneau, traquenard** ◆ [plus sout.] **chausse-trape, embuscade, guêpier, guet-apens** ◆ **attrape-nigaud,** [très fam.] **attrape-couillon, piège à cons** (= pièges grossiers) ; → RUSE. *Il est pris comme dans un piège* : **étau.** *Il ne craint pas les pièges qu'on a dressés pour lui* : [sout.] **embûche.** *Il s'est laissé prendre au piège* : **mordre à l'appât, à l'hameçon, piéger** (*il s'est laissé piéger*). *La police a monté un piège* : **souricière.**

piéger → PIÈGE.

pierraille → CAILLOU, ROCAILLE.

pierre ① *C'est une pierre calcaire* : [didact.] **roche.** *On creusa la pierre pour tracer la route* : **roc, rocher.** *Les maçons placèrent les pierres de taille* : [techn.] **parpaing.** *Ils ont jeté des pierres sur les voitures* : [fam.] **caillasser** ; → CAILLOU, PROJECTILE. *Jeter des pierres sur qqn pour le tuer* : **lapider** (*lapider qqn*). ② *Le joaillier a monté ces pierres à l'ancienne* : **diamant, pierre précieuse** ◆ [plus sout.] **gemme, pierrerie.** ③ *Cet homme a un cœur de pierre* : [moins express.] **dur, insensible.**

◇ **pierreux** *Le lit pierreux du torrent est à sec* : **rocailleux.**

pierreux → PIERRE.

pierrot → MOINEAU.

piété → PIEUX. ① *Sa piété est édifiante pour les paroissiens* : **dévotion, ferveur** ◆ [partic.] **bigoterie** (= piété excessive) ; → RELIGION. *Derrière l'église, il y a un magasin d'objets de piété* : [péj.] **bondieu-**serie. ② *La piété filiale* [sout.] : [plus cour.] **respect, amour.**

piétiner ① *Cet enfant piétine de rage* : **piaffer** ◆ ↑ **trépigner.** ② *Les soldats piétinent en suivant le défilé* : **marquer le pas.** ③ *Les négociations piétinent* : **traîner (en longueur), ne pas en finir** ◆ ↑ **s'enliser** ; → PATINER, DURER. ④ [v.t.] *Piétiner qqch* : → MARCHER. *Piétiner qqn* : → FOULER* AUX PIEDS.

piètre *De la piètre littérature* : → BAS I. *Un piètre salaire* : → MAIGRE, MINIME. *De piètre qualité* : → SANS VALEUR* III.

pieu

I *Il plante des pieux pour mettre un grillage* : **piquet** (= petit pieu) ◆ **poteau** (= gros pieu) ◆ **pilotis** (= pieu qui soutient une construction sur l'eau : *maison sur pilotis*) ; → TUTEUR.

II *Se mettre au pieu* : **se coucher*** ; → LIT I.

pieusement → PRÉCIEUSEMENT.

pieuter (se) → SE COUCHER.

pieux ① [souvent postposé] *Un homme pieux* : → CROYANT, RELIGIEUX. ② [antéposé] *Ne pas révéler au mourant son état était un pieux mensonge* : [postposé] **charitable.**

pif → NEZ.

pifer *Ne pas pifer* : → SENTIR.

pige → AN.

pigeon ① *Les pigeons roucoulent sur l'appui de la fenêtre* : [sout.] **colombe** ◆ [région.] **palombe** (= pigeon ramier) ◆ **ramier, tourterelle** (= espèces différentes de pigeons). ② → DUPE.

◇ **pigeonnier** *Cette tour ronde est un pigeonnier* : **colombier.**

pigeonner → LEURRER.

pigeonnier → PIGEON.

piger → COMPRENDRE II, SAISIR I.

pigiste → JOURNALISTE.

pignocher → MANGER I.

pignouf → GROSSIER, SALE TYPE* III.

pilastre → COLONNE I.

pile

I [n.f.] **1** *Il retira un livre de la pile* : **tas** ;
→ AMAS. **2** *L'eau monte autour de la pile
du pont* : [moins précis] **pilier**. **3** *On calcule
en volts la force d'une pile* : **générateur**. *Les
écologistes refusent l'énergie obtenue par
les piles atomiques* : **réacteur nucléaire**.

II [n.f.] → PEIGNÉE, DÉFAITE.

III [n.f. et adv.] **1** *Ils ont tiré à pile ou
face* : **au sort***. **2** [adv.] *Elle est arrivée
pile* [fam.] : [cour.] **juste à temps, à pic** ;
→ OPPORTUNÉMENT. *À deux heures pile* :
→ PRÉCIS I. *La voiture s'est arrêtée pile au
feu rouge* : **brusquement**.

piler **1** *Piler de l'ail dans un mortier* :
[plus génér.] **broyer, écraser** ; → TRITURER.
2 → PERDRE.

pilier **1** → COLONNE, PILE I. **2** *Ce député
est l'un des piliers de la majorité gouvernementale* : ↓ **appui*, soutien**. *C'est un
pilier de bistrot* : **habitué** (*un habitué des
bistrots*) ; → FAMILIER, IVROGNE.

pillage → PILLER.

pillard → VOLEUR.

piller **1** [~ qqch] *La troupe a pillé la
région* : ↑ **saccager** (qui insiste davantage sur la destruction que sur le vol)
♦ **écumer** (qui ne s'emploie qu'en parlant
d'opérations de grande envergure : *piller
un tronc, écumer une région*) ; → VOLER II.
2 *Elle a pillé un roman ancien* : ↓ **plagier** ; → IMITER.

◊ **pillage** *Le pillage d'une ville* : [sout.] **sac**
♦ ↑ **saccage** (qui insiste sur la violence
de l'action et la gravité de ses effets) ;
→ RAPINE, VOL II.

pilonnage → CANONNAGE.

pilonner **1** *Le cuisinier pilonna les
légumes* : [plus génér.] **écraser**. **2** *Le gouvernement pilonnait l'opinion par la propagande* : [plus cour.] **matraquer**. **3** *Pilonner
une position* : **canonner*** ; → MARTELER.

pilotage → GUIDAGE.

pilote **1** → AVIATEUR, CONDUCTEUR.
2 *Classe pilote* : → MODÈLE.

piloter → DIRIGER II, GUIDER.

pilotis → PIEU I.

pilule **1** Médicament de forme sphérique :
comprimé ♦ **granulé** (= médicament en
forme de grain) ; → CACHET. **2** *A-t-elle
pris sa pilule ?* : [plus précis] **pilule contra-
ceptive, contraceptif** ♦ [spécialt] **minipilule**
(qui est faiblement dosée en hormones),
micropilule (qui ne contient que des pro-
gestatifs) ; → PRÉSERVATIF. **3** *Avaler la
pilule* : **se résigner***.

pimbêche → PRÉTENTIEUX.

piment **1** *Piment doux. Cuire des
piments doux* : **poivron**. **2** *Une situation
qui ne manque pas de piment* : **piquant** ;
→ SAVEUR, SEL.

◊ **pimenté** *Un plat très pimenté* : **relevé**.

◊ **pimenter** *Pimenter une sauce* : **épicer,
relever**.

pimenté, pimenter → PIMENT.

pimpant → ÉLÉGANT.

pinacothèque → MUSÉE.

pinailler → CHICANER.

pinailleur → CHICANEUR.

pinard → VIN.

pince **1** *Passe-moi la pince pour tenir le
fil de fer* : [plus génér., sing. ou pl.] **tenaille**
(*la tenaille, la pince, les tenailles, la paire
de tenailles*). *Pince à linge* : **épingle**.
2 → MAIN, PIED I.

pinceau **1** *Le peintre prend son pinceau* : [partic.] **brosse** (= pinceau à poils
raides). *Un coup de pinceau* : → TOUCHE.
2 → PIED I.

pincer **1** *Vexée, elle pinça les lèvres* : **serrer**. *Le chat s'est fait pincer la queue dans
la porte* : **coincer**. **2** *Il gèle ; ça pince*
[fam.] : [cour.] **piquer, mordre** ; → FROID.
3 *Les gendarmes ont pincé un cambrioleur* [fam.] : **coincer, épingler, harponner,
piquer** ♦ [sout.] ↓ **surprendre** ♦ [cour.]

arrêter ; → PRENDRE. ④ *En pincer pour qqn :* → AIMER.

pince-sans-rire → MOQUEUR.

pine → SEXE.

pingouin → TYPE II.

ping-pong → TENNIS.

pingre → AVARE, CHICHE, RADIN, REGARDANT.

pingrerie → AVARICE.

pinté → IVRE.

pin-up → FEMME.

piocher ① → CREUSER. ② *Piocher un examen :* → TRAVAILLER I.

pion

I *Le joueur avance un pion sur l'échiquier :* [plus génér.] **pièce** (qui se dit au jeu de dames).

II *Le pion a fait monter les lycéens au dortoir* [fam.] : [plus génér.] **surveillant** (qui ne s'applique pas seult, comme *pion*, aux établissements d'enseignement).

pioncer → DORMIR.

pioncette *Faire une pioncette :* → DORMIR.

pionnier → DÉFRICHEUR.

pipe ① *Il bourra sa pipe de tabac blond :* [partic.] **bouffarde** (= grosse pipe) ◆ **brûle-gueule** (= pipe à tuyau court). ② → CIGARETTE. ③ *Par tête de pipe :* → TÊTE. *Casser sa pipe :* **mourir***. *Se fendre la pipe :* → PÊCHE II. *Faire une pipe :* → FELLATION.

pipeau → FLÛTE I.

pipelet → CONCIERGE.

pipeline, pipe-line → CANALISATION, CONDUITE I.

pipette → TUBE.

pipi → URINE.

piquant

I [n.m.] *Enlevez donc les piquants de cette rose :* **épine**.

II ① [adj.] *Cette sauce aux piments est piquante :* **fort**. ② *Le chansonnier avait trouvé des mots piquants :* ↑ **caustique** ◆ ↓ **drôle** ; → MORDANT, SATIRIQUE, SPIRITUEL. ③ *Un froid piquant :* → VIF I. ④ [n.m.] *Cette situation ne manque pas de piquant :* **sel** ; → PIMENT, SAVEUR.

pique

I *Autrefois, certains soldats étaient armés d'une pique :* **lance** (= longue pique) ◆ **javelot, sagaie** (= armes de jet, plus courtes que la lance).

II → MÉCHANCETÉ, POINTE IV.

piqué ① *Cet homme est complètement piqué :* → FOU. ② *Bois piqué aux vers :* → VERMOULU.

pique-assiette → CONVIVE, PARASITE.

pique-feu → TISONNIER.

pique-nique → CAMPAGNE.

pique-niquer → SAUCISSONNER.

piquer

I ① *Piquer des saucisses avant de les faire cuire :* **percer**. ② *Le moissonneur a été piqué par un serpent :* **mordre***. ③ *Le cavalier piqua son cheval des éperons :* **éperonner** (*le cavalier éperonna son cheval*). ④ *Piquer un couteau dans le sol :* **planter**. ⑤ *La couturière a piqué l'ourlet de la robe :* **coudre**. ⑥ *Faire piquer. Il faut faire piquer votre fils contre la variole* [fam.] : [cour.] **vacciner**. *Le chien était malade, on a dû le faire piquer* [fam.] : [cour.] **tuer**. ⑦ [v.i.] → PLONGER.

◇ **se piquer** ① *Il se pique* [fam.] : [anglic.] **se shooter** ◆ [cour.] **se droguer***. ② → S'EMPORTER. ③ *Se piquer d'avoir bon goût* [sout.] : [litt.] **se targuer** ◆ [cour.] **se vanter** ; → SE FLATTER DE, AVOIR LA PRÉTENTION DE.

◇ **piqûre** ① *C'est une piqûre de vipère :* [pr.] **morsure***. ② → INJECTION. ③ *Ce soulier a des piqûres apparentes :* **coutures**. ④ *Un papier plein de piqûres :* **rousseur**.

II ① *J'ai dû mettre la main dans les orties : ça me pique :* ↓ **démanger,** ↓ **picoter.** *Le froid pique :* → PINCER. ② *Cette histoire avait piqué ma curiosité :* **exciter ;** → ÉVEILLER.

III *Il a piqué une colère* [fam.] : [cour.] **se mettre en colère.** *Piquer un fard :* → ROUGIR.

IV ① → PINCER. ② *Il s'est fait piquer son portefeuille dans le métro* [fam.] : **barboter, chiper, faucher ;** → DÉROBER, VOLER II.

piquet → PIEU I.

piquette ① *Prendre une piquette :* → PEIGNÉE. ② *Boire de la piquette :* → VIN.

piqûre → PIQUER I.

pirate ① [n.m.] *Les pirates ont abordé et pillé le navire amiral* (= marin qui pratiquait le brigandage) : **forban** ♦ **corsaire** (= marin qui courait les mers avec l'autorisation de son gouvernement) ♦ [vieilli] **flibustier, boucanier** (= pirates des Antilles). ② [adj.] *Un bateau pirate :* **corsaire.** *La radio pirate émettait depuis un bateau :* [moins cour.] **illicite.** ③ [n.m.] *Les pirates de l'immobilier ont fait des fortunes depuis la dernière guerre* [fam.] : **filou, forban, requin** ♦ [cour.] **escroc ;** → BANDIT, VOLEUR.

pirater → VOLER.

pire → DERNIER.

pirouette ① *Faire des pirouettes :* → CABRIOLE. ② → CHANGEMENT. *Pirouette verbale :* → ACROBATIE, DÉROBADE.

pis *Au pis aller :* → À LA RIGUEUR.

pisse → URINE.

pisser [très fam., considéré comme vulg.] ① → URINER. ② *Le robinet pisse sans arrêt :* [cour.] **fuir, couler.** *Il a le nez qui pisse :* [cour.] **saigner.** ③ → PLEUVOIR.

pissoir, pissotière → URINOIR.

pistard → COUREUR.

piste ① → CHEMIN. ② *Perdre la piste de qqn :* → INDICATION, TRACE. *La piste d'un cerf :* → VOIE.

pister → SUIVRE.

pisteur → CHASSEUR.

pistolet ① → PISTOLET-MITRAILLEUR*, REVOLVER. ② → HOMME.

piston *Sans piston, il n'aurait pas obtenu son poste* [fam.] : [cour.] **appui*, protection, recommandation*.**

pistonner → PATRONNER, DONNER UN COUP DE POUCE*, POUSSER III.

pitance → NOURRITURE.

pitchoun → ENFANT.

piteusement → LAMENTABLEMENT.

piteux ① [antéposé] *Après sa chute, sa veste était en piteux état :* ↓ **mauvais.** *Il fait piteuse mine :* **triste.** ② [postposé] *Il a obtenu des résultats piteux :* **pitoyable** ♦ ↑ **lamentable** ♦ [fam.] **minable ;** → MAUVAIS.

pitié *La pitié des autres l'incommode :* ↓ **compassion** ♦ **commisération** (qui implique une certaine supériorité de celui qui s'apitoie) ♦ [moins cour.] **apitoiement ;** → CHARITÉ, SENSIBILITÉ. *Avoir pitié de qqn :* → PLAINDRE. *Un homme sans pitié :* **impitoyable ;** → CRUEL, DUR. *Quelle pitié de voir une chose pareille ! :* **misère** ♦ ↑ **malheur.**

piton → VIS.

pitoyable ① *Sa situation est pitoyable :* [plus précis] **misérable** ♦ **lamentable** (qui se dit du fait en lui-même) ♦ **déplorable** (qui se dit plutôt des sentiments qu'il inspire) ; → MALHEUREUX I, TRISTE III. ② *La diction de ce comédien est pitoyable :* [fam.] **minable** ♦ ↓ **médiocre ;** → PITEUX.

pitre → CLOWN.

pitrerie *Les pitreries de ce personnage ne font plus rire personne* [péj.] : **clownerie** ♦ [sout.] **facétie ;** → PLAISANTERIE.

pittoresque ① [adj.] *Sa tenue est pour le moins pittoresque :* [partic.] **bizarre** (qui implique l'étrangeté) ♦ **cocasse** (qui se dit de ce qui est étrange et fait rire) ♦ ↓ **original.** *Son visage est d'une laideur pittoresque :* **expressif** (qui se dit plutôt de l'intérêt qu'inspire le spectacle que pivoine

de l'amusement qu'il provoque). ② [adj.]
Une expression pittoresque : → COLORÉ.
③ [n.m.] *Le pittoresque d'une région* : **couleur locale***.

pivoine *Rougir comme une pivoine* :
→ OREILLE.

pivot → AXE.

pivoter → TOURNER I.

placage → PLAQUER.

placard *Mettre au placard* : → ÉCARTER.

placardiser → ÉCARTER.

place

I ① *Vous trouverez le marchand de journaux à la même place* : **endroit** ♦ [sout.]
emplacement. *L'assassin a été pris sur place* : [sout.] **sur les lieux*.** *Faire du surplace* : → NE PAS AVANCER*. *La place des meubles ne me satisfait pas* : **position** ♦ **disposition** (qui se dit plutôt de la place des objets les uns par rapport aux autres).
Vous ne manquez pas de place chez vous :
espace. ② *Avez-vous eu des places à l'orchestre ou au balcon ?* : [plus précis] **fauteuil, strapontin.** *Payer demi-place* : **demi-tarif.**
Céder sa place : → S'EFFACER. ③ *Au lycée, mon fils a une bonne place ce trimestre* :
classement, rang. ④ *Ce chômeur a perdu sa place il y a six mois* : **situation*** ♦ [plus partic.] **fonction** ; → EMPLOI. *Une bonne place* : → FILON, PROFESSION. ⑤ *À la place de* : → POUR, SUBSTITUER. *Se mettre à la place de qqn* : **remplacer** ; → DANS LA PEAU* DE. *Remettre à sa place* : → REPRENDRE.
Être à sa place : → ACTUALITÉ. *Être bien à sa place* : → DANS LE BAIN*. *De place en place* : **de loin* en loin.** *Prendre place* :
→ SE METTRE. *Mettre en place* : → ÉTABLIR.
Se mettre en place : → S'ÉTABLIR. *Mise en place* : → ÉTABLISSEMENT. *Les gens en place* : → ORDRE I. *Ne pas tenir en place* :
avoir la bougeotte*.

◇ **placer** ① *Placez donc les coussins sur le divan* : **disposer*** ♦ [plus génér.] **poser** (qui n'implique pas l'idée de choix comme les précédents) ♦ [plus spécialt] **appuyer*, appliquer*.** *Placer des marchandises en vitrine* : → EXPOSER. *Comment placer tous les livres sur une seule étagère ?* : [plus

précis] **loger, ranger** ♦ **faire tenir,** [fam.]
caser (qui insistent sur la difficulté du placement) ; → METTRE. *Pourquoi l'architecte a-t-il placé la cuisine sur la façade ?* :
installer. ② *L'auteur a placé l'action de son roman en province* : **situer** ; → CENTRER.
③ *Cet employé est arrivé à placer sa femme au secrétariat du patron* : [fam.] **caser**
♦ [fam.] **bombarder, catapulter, propulser**
(= placer qqn à un poste sans qu'il ait rien fait pour l'obtenir). *Placer à la tête de* : → ÉTABLIR. ④ *Placer une sentinelle* :
→ POSTER. ⑤ *Le démarcheur a placé trois postes de télévision aujourd'hui* : [plus précis] **vendre*.** ⑥ *La société a placé une partie des bénéfices dans une nouvelle affaire* :
investir. *Cette famille place ses économies à la caisse d'épargne* : **déposer** (qui n'implique pas que les fonds déposés portent intérêt).

◇ **se placer** ① *Les invités se sont placés au hasard* : **s'installer.** ② *Cette mesure se place dans une politique d'ensemble* : [sout.]
s'insérer, se situer. ③ *Il ne s'est placé que deuxième à l'arrivée* : **se classer.**

◇ **placement** *Son patron a fait un excellent placement* : **investissement** ; → MISE I.

II ① *L'agrément de cette ville tient à ses grandes places ombragées* : [sout.] **esplanade** ♦ **rond-point** (= place circulaire dont les abords ne sont pas forcément construits). *Une petite place* : **placette.**
② *Place forte. Les bastides du Sud-Ouest sont d'anciennes places fortes* : **ville* forte, forteresse*.**

placé *Être mal placé pour* : → GRÂCE II.

placement, placer, placette → PLACE I et II.

placide → CALME, PAISIBLE, TRANQUILLE.

placier → REPRÉSENTANT.

plafond [n.m. et adj.] *Le prix plafond va être dépassé* [didact.] : [plus cour.] **maximum, maximal.**

plafonner → NE PAS PROGRESSER.

plafonnier → SUSPENSION I.

plage → BORD II, RIVAGE.

plagiaire → IMITATEUR.

plagiat → COPIE II, EMPRUNT, IMITATION.

plagier → IMITER, PILLER.

plaid → COUVERTURE.

plaider *Plaider pour qqn* : → DÉFENDRE I, PARLER.

plaidoirie → PLAIDOYER.

plaidoyer ① *L'avocat a prononcé un plaidoyer en faveur de son client* : [didact., plus précis] **plaidoirie** (= acte juridique). ② *Un long plaidoyer* : **justification** ◆ ↑ **éloge**, ↑ **apologie** (qui n'impliquent pas l'idée de défense).

plaie ① *À l'hôpital, ses plaies ont été pansées* : [plus génér.] **lésion** ◆ [plus partic.] **brûlure, coupure, déchirure, morsure** ; → BLESSURE, CONTUSION. ② *Les plaies d'un cœur blessé* [sout.] : [plus cour.] **meurtrissure**. ③ [qqch, qqn est une ~] *Quelle plaie !* : ↓ **souci, tracas**. *C'est une plaie* [fam.] : **peste**.

plaindre *Je ne plains pas l'auteur de cet accident* : ↑ **avoir pitié (de)** ◆ [sout.] **compatir (à)** ; → S'APITOYER* SUR.

◇ **se plaindre** ① *Le blessé se plaint sur la civière* : **gémir** ◆ ↑ **se lamenter**. *Il ne cesse de se plaindre* : **criailler** (qui implique une manière désagréable de se plaindre) ◆ [fam.] **geindre** (= se lamenter à tout propos) ◆ [fam.] **bêler** (= parler en geignant) ◆ [fam.] **couiner** (= pousser de petits cris) ; → PLEURER. *Comme il avait des ennuis, il est venu se plaindre à moi* : [fam.] **pleurer dans le gilet**. ② *Devant la montée des prix, les consommateurs se plaignent* : **protester** ◆ [fam.] **râler, rouspéter**. *La cliente s'est plainte auprès du chef de rayon* : **réclamer***.

◇ **plainte** ① *Les plaintes du malade* : **gémissement** ◆ ↑ **cri de douleur***. ② *Les plaintes des voisins l'importunaient* : ↓ **réclamation** ◆ [sout.] **doléance** ◆ **jérémiade** (= plaintes non fondées ou incessantes) ◆ [didact.] **revendication** (= réclamation portant sur un droit politique, syndical ou social) ; → MURMURE, PLEUR. ③ *Porter plainte* : **accuser**.

◇ **plaintif** *Elle ne supportait plus le ton plaintif de son mari* : ↑ **gémissant** ◆ [très sout., souvent péj.] **dolent** ◆ [péj.] **pleurard, geignard**. *Le chant plaintif du violon* : **triste***.

plain-pied (de) → AU MÊME NIVEAU*.

plainte, plaintif → PLAINDRE.

plaire ① *Voilà une maison qui me plaît* : ↓ **convenir, être à la convenance de** (qui se disent de ce qui répond à une attente) ◆ [fam.] **botter*** ; → ALLER II, INTÉRESSER. *Cette situation vous plaît-elle ?* : ↓ **satisfaire** ◆ [sout.] **agréer**, ↑ **combler**. *Ce cadeau lui plaira sûrement* : **faire plaisir, ravir, réjouir**. *Votre projet ne me plaît pas* : ↓ **convenir**, ↓ **ne dire rien qui vaille** ◆ [sout.] **sourire** ; → INSPIRER, REVENIR, TENTER II, AMUSER, ARRANGER. *Un spectacle qui plaît à l'œil* : → FLATTER. ② *Cette fille lui a plu au premier regard* : ↑ **charmer***, ↑ **exciter**, ↑ **séduire** ◆ [fam.] **taper dans l'œil*** ; → CONQUÉRIR. ③ *Il y a toutes les chances que ce spectacle plaise* : **réussir, avoir du succès**. ④ [impers.] *Il me plaît de garder mes illusions* : ↓ **convenir** ◆ ↑ **vouloir**, [sout.] **juger, trouver bon** (qui se construisent à la forme personnelle : *je veux, je juge bon, trouve bon...*). *Comme il vous plaira* : → COMME BON VOUS SEMBLE*. ⑤ *S'il vous plaît.* [formule de politesse] *S'il vous plaît, donnez-moi du feu* : [sout.] **je vous prie.** [demande d'information] *S'il vous plaît, je vous ai mal entendu* : [sout.] **pardon** ◆ [sout., vieilli] **plaît-il ?** (qui suffit pour demander l'information) ; → COMMENT.

◇ **se plaire** ① [pron. réciproque] *Ces jeunes gens se plaisent* : ↑ **s'aimer***. ② *Il se plaît à lire* : [plus cour.] **aimer***. *Il se plaît à inventer des mensonges* : [plus précis] **se complaire** ◆ [sout.] ↑ **se délecter**.

plaisant

I → PLAIRE. [adj.] *Cet hôtel est très plaisant* : **agréable***. *Un homme plaisant* : → AIMABLE. *Un livre plaisant* : → ATTRAYANT.

II → PLAISANTER. ① [adj.] *Il nous a raconté une histoire plaisante* : **divertissant** ◆ [plus cour.] **amusant, comique***, **drôle** ;

plaisanter

→ RISIBLE. ② [n.m.] *C'est un mauvais plaisant* : **plaisantin.**

plaisanter ① [v.i.] *Ils ont plaisanté toute la soirée* : [fam.] **blaguer** ◆ [plus génér.] **s'amuser** ◆ [région.] **galéjer** ◆ [très sout.] **bouffonner** ; → RIRE. ② [v.i.] *Il ne plaisante pas là-dessus* : **badiner** ◆ [fam.] **rigoler.** ③ [v.t.] *Ses amis l'ont plaisanté sur sa cravate* : **taquiner** ◆ [sout.] ↑ **railler*** ◆ [fam.] **blaguer, charrier** ; → SE MOQUER.

◇ **plaisanterie** ① *Vos plaisanteries ne font pas toujours rire* : [fam.] **blague** ◆ [fam., partic.] **vanne** (qui implique toujours qqch de désobligeant) ◆ [sout.] **boutade, saillie, badinage** ◆ [péj.] **pitrerie** ◆ [plus précis] **jeu de mots, mot, trait d'esprit** ◆ [très sout.] **bouffonnerie** (qui se dit aussi bien des actes que des mots) ◆ **galéjade** (qui s'emploie, plutôt dans le Midi, pour une histoire inventée ou déformée) ; → MOQUERIE, POINTE, RAILLERIE. ② *Il a été victime d'une plaisanterie de mauvais goût* : **farce, canular, mystification, tour** ◆ [fam.] **blague** ◆ ↓ **taquinerie** ◆ **facétie** (qui implique l'extravagance) ◆ **attrape** (qui se dit de l'instrument d'une plaisanterie et ne peut s'employer dans ce contexte) ; → MOQUERIE. ③ *Il est si fort en calcul que de faire cette opération sera pour lui une plaisanterie* : **bagatelle** ◆ [fam.] **rigolade.** ④ *Eux, vivre à la campagne ? quelle plaisanterie !* : [fam.] **blague** ◆ [très fam.] **couillonnade.**

◇ **plaisantin** ① → BOUFFON, PLAISANT II. ② *Vous n'allez pas confier cette responsabilité à un plaisantin* : [fam.] **fumiste** ◆ [très fam.] **rigolo** ; → AMATEUR, CLOWN.

plaisanterie, plaisantin → PLAISANTER.

plaisir ① *Certains éprouvent du plaisir à travailler* : ↓ **contentement*,** ↓ **satisfaction*** ◆ ↑ **joie*,** ↑ **bonheur*** ◆ [sout.] ↑ **délectation,** ↑ **jouissance** ; → SATISFACTION. ② *Une partie de plaisir* : **simple formalité*.** *Avoir grand plaisir à* : [fam.] **s'éclater** ; → JOUIR. *C'est pour le plaisir* : [anglic.] **fun.** *Faire plaisir* : [plus génér.] **du bien** ; → PLAIRE. *Faire plaisir à qqn* : [fam.] **faire une fleur, une grâce** (qui se disent aussi bien d'un service rendu, d'un geste

d'indulgence que d'un acte destiné à produire du plaisir) ; → RÉJOUIR, RAVIR. *Faire le plaisir de* : → FAIRE L'AUMÔNE*. *Prendre plaisir à* : **aimer*** ◆ [fam.] **prendre son pied.** *Quel plaisir, cette musique !* : [fam.] **pied.** *Avec plaisir* : **volontiers*** ◆ ↓ **sans déplaisir.** *Le bon plaisir de qqn* : → CAPRICE. ③ *Il ne faut pas confondre l'amour et le plaisir* : **volupté*.** ④ [pl.] *La ville a ses plaisirs* : **distraction*** ◆ [plus sout.] **divertissement** ◆ ↓ **agrément** ◆ ↑ **délice*.**

plan

I [adj.] *Cette surface plane convient au patinage* : [plus partic.] **uni, égal** (qui indiquent l'absence d'aspérités) ◆ **plat** (qui indique l'absence de courbure de l'ensemble de la surface).

II [n.m.] ① *C'est un comédien de premier plan* : [moins cour.] **importance** ; → ORDRE I. ② *Faire un gros plan sur un visage* : [anglic., plus partic.] **faire un zoom sur, zoomer sur** (qui impliquent un effet de rapprochements ou d'éloignements successifs).

III [n.m.] *Sur le plan théorique, votre idée est satisfaisante* : **dans le domaine.**

IV [n.m.] ① *L'état-major avait gardé son plan secret* : **projet** ◆ **intention,** [plus sout.] **dessein** (= projet non encore élaboré) ; → IDÉE. *Un plan de défense* : **stratégie** ; → SYSTÈME. *Son plan a échoué* : → ENTREPRISE. ② *Il a préparé le plan de son exposé* (= projet élaboré avant une réalisation) : [moins cour.] **bâti, charpente** ◆ **ébauche, esquisse** (= premières étapes de la préparation) ◆ **canevas*** (= support d'une improvisation) ; → MODÈLE. ③ *Un plan financier* : **programme.** *Un plan de travail* : **planning.**

V [n.m.] ① *Montrez-moi le plan de votre ville* (= représentation à différentes échelles) : **carte.** ② *L'architecte trace les plans de notre future maison* : [didact.] **bleu** (= tirage des plans). *Faites-moi le plan de votre installation* : [plus génér.] **dessin, schéma.** ③ *Laisser qqn en plan. La voiture nous a laissés en plan* [fam.] : **en rade, en carafe** ◆ [cour.] **en panne, abandonner*** ; → PLANTER.

planche ① *La scierie prépare des planches de toutes dimensions* [génér.] : [plus partic.]

planchette (= petite planche) ♦ **latte** (= pièce de bois longue et mince) ♦ [techn., en reliure] **ais.** *Le bricoleur a posé des planches dans son placard :* [plus précis] **rayon*, tablette.** ② *Les planches de ce traité de médecine sont passionnantes :* [plus restreint] **estampe, gravure** ♦ [génér.] **illustration.** ③ *Une planche de salades :* → **CARRÉ.** ④ [toujours pl.] *Il a toujours rêvé de monter sur les planches :* **faire du théâtre.** ⑤ *Planche à roulettes :* [anglic.] **skateboard, skate.**

plancher ① *La femme de ménage a ciré le plancher* (= sol d'une pièce qui peut être constitué d'un assemblage assez rudimentaire) : **parquet** (= assemblage soigné de lattes ou de lames de bois) ; → **SOL.** ② *Débarrasser le plancher :* → **PARTIR I.** *Mettre le pied au plancher :* → **ACCÉLÉRER.**

planchette → PLANCHE, TABLETTE.

planer ① *Planer dans les airs :* → **VOLER I.** ② → **RÊVER.**

planétaire → MONDIAL.

planète → ÉTOILE. *Faire le tour de la planète :* → **TERRE.**

planification → ORGANISATION. *Planification familiale :* → **CONTRACEPTION.**

planifier → ORGANISER.

planisphère → CARTE II.

planning → CALENDRIER, ORGANISATION, PLAN IV. *Planning familial :* → **CONTRÔLE.**

planque → FILON, SINÉCURE.

planqué [fam.] ① [n.] *Il ne prend pas de risque : c'est un planqué :* [cour.] **embusqué.** ② [adj.] *Un trésor bien planqué :* [cour.] **caché.**

planquer ① → CACHER. ② → ÊTRE DE GARDE I.

plantation → PLANTER.

plante ① *La botanique étudie les plantes :* [plus didact.] **végétal** ♦ **flore, végétation** (= ensemble des espèces végétales d'une région : *la flore méditerranéenne*). ② *Il se*

soigne avec des plantes : [plus sout.] **simples** (= plantes médicinales).

planté *Bien planté :* → **SOLIDE.**

planter ① *Le jardinier a planté ses pommes de terre en mars :* → **SEMER.** *Il plante des salades pour l'été :* [plus précis] **repiquer** ♦ **transplanter** (qui s'applique aux arbres que l'on déplace) ♦ **rempoter** (= changer une plante de pot). ② *Les Eaux et Forêts ont planté la colline de sapins :* [plus précis] **boiser.** *Mon voisin a planté un carré de son jardin :* [plus précis] **ensemencer.** ③ *Planter des piquets :* → **ENFONCER.** *Planter un couteau dans :* → **PIQUER.** ④ *Les campeurs ont planté leur tente près de la rivière :* [moins cour.] **dresser ;** → **MONTER II.** *Planter une échelle :* → **POSER.** ⑤ *Son amie l'a planté là :* **abandonner** ♦ [fam.] **plaquer, laisser en plan, laisser tomber.**

◇ **se planter** ① *Il s'était planté au milieu de la rue pour arrêter les voitures :* **se poster ;** → **SE CAMPER, SE METTRE.** ② *L'élève s'était planté dans ses calculs* [fam.] : [cour.] **se tromper*.**

◇ **plantation** ① *Les plantations ont souffert du gel tardif :* **culture ;** → **EXPLOITATION.** *La plantation d'arbres :* **boisement.** ② *La plantation du décor a pris une journée :* [plus génér.] **installation, pose.**

planton → SENTINELLE.

plantureusement → BEAUCOUP.

plantureux ① *Une nourriture plantureuse :* → **ABONDANT.** ② *Une poitrine plantureuse :* → **GÉNÉREUX, GRAS, OPULENT.**

plaquage → PLAQUER.

plaque → TABLETTE.

plaqué *Plaqué or :* → **DOUBLÉ.**

plaquer ① *L'ébéniste plaque un panneau avec du chêne :* [plus génér.] **coller.** ② *Il plaqua son adversaire contre un arbre :* [fam.] **coincer.** ③ → **ABANDONNER, PLANTER, LAISSER TOMBER* I, EN RADE II.**

◇ **placage** *Le placage de la table est en acajou :* [plus génér.] **revêtement.**

◇ **plaquage, placage** → ABANDON II.

plaquette → LIVRE.

plasma → SÉRUM.

plastique

I [adj.] *Le mastic est plastique* : **malléable.**

II [n.m.] *Il y a des plastiques de belle apparence* : **matière plastique** ◆ [fam.] **plastoc.**

III [n.f.] *Une belle plastique* : → FORME I.

plastoc → PLASTIQUE II.

plastronner → PARADER.

plat

I [adj., le plus souvent postposé] ① *Le sol était parfaitement plat* : [plus précis] **horizontal** ; → PLAN, ÉGAL. ② *Il a les cheveux plats* : ↑ **raide.** ③ *Être à plat ventre devant qqn* : → VENTRE. ④ [qqn est à ~] *Il est à plat* [fam.] : [cour.] **fatigué** (qui se dit surtout d'un épuisement physique) ◆ **déprimé** (qui se dit d'une lassitude morale). ⑤ [qqch est à ~] *Son pneu est à plat* : **dégonflé.** *Poser qqch à plat* : **horizontalement.** ⑥ *C'est un poème en rimes plates* [didact.] : **suivi.**

II [adj., peut être antéposé] *Ce discours est bien plat* : **fade** ◆ [sout.] **insipide** ; → CREUX, MÉDIOCRE. *Une vie plate* : **prosaïque***.

◇ **platitude** ① *Il a aligné des platitudes* : **banalité, fadaise** ; → TRIVIALITÉ. ② *Elle ne supporte plus la platitude de ce garçon* (= attitude empreinte de servilité) : ↑ **obséquiosité*** ◆ ↑ **bassesse** (= absence de dignité).

III [n.m.] *Il fait du plat à sa voisine* [fam.] : **baratiner** ; → COURTISER.

IV [n.m.] ① → METS, SPÉCIALITÉ. *De bons petits plats* : → BONNE CUISINE*. ② *En faire un plat* : → AFFAIRE.

plateau ① *Nous avons longtemps marché sur le plateau* : [plus partic.] **causse** (= plateau calcaire). ② *Posez les ballots sur le plateau du camion* : **plate-forme** ; → WAGON. *Le plateau d'un théâtre* : **scène.**

plate-forme

I ① *Un jardin en plate-forme entoure la maison* : **terrasse.** ② → PLATEAU, WAGON.

II *Le candidat a présenté la plate-forme électorale de son parti* : **programme.**

platement *Remercier platement* : → OBSÉQUIEUSEMENT. *S'exprimer platement* : → PROSAÏQUEMENT.

platine
① → TOURNE-DISQUE. ② → BLANC I.

platiné → BLOND.

platitude → PLAT II.

platonique *Les amours platoniques ne sont pas de son genre* : **chaste** ◆ [plus sout.] **éthéré.**

plâtras → GRAVATS.

plausible *Une excuse plausible* : **admissible, vraisemblable*** ; → BON I. *Le motif plausible de son absence est un accident* : ↑ **probable***.

plébéien → POPULAIRE.

plébiscite → RÉFÉRENDUM.

plébisciter → CHOISIR.

pléiade → PLEIN.

plein ① [qqch est ~, plutôt postposé] *Faites attention, la carafe est pleine de vin* : [moins cour.] **rempli.** *À 18 heures, les voitures du métro sont pleines* : [moins cour.] **comble*** ◆ ↑ **bondé** ◆ [fam.] **bourré** ◆ ↑ **complet** (qui se dit d'un espace où il ne reste plus de place disponible) ; → EMPLIR. *Son panier est bien plein* : **garni.** ② [qqch est ~] *Il a les joues bien pleines* : [moins cour.] **rebondi*** ◆ [plus génér.] **potelé** (qui se dit aussi des membres et du corps) ; → GRAS. *Il appréciait les formes pleines* : **ample***. ③ [qqch est ~ de] *Son rapport est plein d'inexactitudes* : **rempli** ◆ [fam.] **bourré** ◆ [très fam.] **pourri** ; → ÉMAILLÉ. *Il a la figure pleine de boutons* : → COUVRIR. *La pelouse est pleine d'eau* : [moins cour.] **gorgé.** *Des trottoirs pleins de monde* : → NOIR I. *Son silence était plein de menaces* : → LOURD II. *Plein de surprises* : → FÉCOND. ④ [qqn est ~ de] *L'homme est plein de bons sentiments* : **rempli** ◆ ↑ **débordant** ◆ [fam.] **bourré, farci** ; → DÉBORDER II, PÉTRIR. *Être plein de remords* : [moins cour.] **bourrelé.** *C'est un homme plein de lui-même* : [moins cour.] **imbu, infatué** ; → SATISFAIT. ⑤ [qqch est ~, antéposé ou postposé suivant les contextes] *Il a* donné pleine satisfaction à ses employeurs : **complet, entier, total** ; → ABSOLU, AMPLE, TOUT. *Il travaille à plein-temps :* **à temps complet.** *La pleine mer :* → HAUTE* MER, LARGE II. *J'aime la vie en plein air :* **à l'extérieur.** ⑥ [qqn est ~] *Il était plein en sortant du bistrot* [très fam.] : **ivre*, soûl*.** ⑦ [loc. adv.] *En plein, à plein. Il est tombé en plein sur notre problème :* **exactement, juste.** *Ce que vous avez dit a porté à plein :* **pleinement.** ⑧ *Être plein aux as :* → RICHE. *En avoir plein le dos* [fam.]*, le cul* [vulg.] : → ASSEZ. ⑨ *Plein de. Il y avait plein d'artistes à cette soirée* [fam.] : [cour.] **beaucoup,** ↑ **une foule de** ◆ [sout.] **constellation, pléiade.**

◇ **pleinement** *Il est pleinement responsable de ses actes* [sout.] : [cour.] **totalement, entièrement.** *Il est pleinement conscient de sa responsabilité :* **parfaitement, très ;** → PLEIN.

◇ **plénitude** [sout.] ① *L'artiste était dans la plénitude de son talent :* [plus cour.] **maturité ;** → ÉPANOUISSEMENT. ② *Après le procès, il avait recouvré la plénitude de ses droits :* [plus cour.] **totalité, tout** (*recouvré tous ses droits*).

pleinement → PLEIN.

plénipotentiaire → DIPLOMATE.

plénitude → PLEIN.

pléonasme *C'est un pléonasme que de dire : il recule en arrière* [didact.] : [plus rare] **redondance** ◆ **tautologie** (= répétition d'une même idée en termes différents).

pléthore → ABONDANCE.

pléthorique → SURABONDANT.

pleur → PLEURER.

pleurard → PLAINTIF, PLEURNICHEUR.

pleurer ① [v.i.] *Pourquoi cet enfant pleure-t-il ? :* [fam.] **chialer, chouiner, miauler** (= pleurnicher, en parlant d'un enfant) ◆ **pleurnicher** (= pleurer sans raison ou pour se faire plaindre) ◆ ↓ **larmoyer** (= avoir les larmes aux yeux continuellement) ◆ ↑ **sangloter** (= pleurer bruyamment, avec des spasmes) ◆ **fondre en larmes** (= pleurer abondamment)

◆ [fam.] ↑ **brailler, geindre ;** → VERSER* DES LARMES. *Il pleure sur sa jeunesse perdue :* **se lamenter, gémir.** ② [v.i.] *Il pleure auprès de votre patron pour une augmentation :* [sout.] **implorer.** *Il pleure après sa mère* [fam.] : ↓ **réclamer.** *Il est toujours à pleurer :* → SE PLAINDRE. ③ [v.t.] *Il pleure ses erreurs passées :* [plus sout.] **déplorer ;** → REGRETTER. *Faire pleurer qqn :* → TIRER* DES LARMES.

◇ **pleur** [pl. dans son emploi cour.] *Ses pleurs continuels fatiguent son entourage :* [plus sout.] **larme** ◆ [plus génér.] **gémissement, lamentation, plainte*** (qui n'impliquent pas l'acte de pleurer) ◆ [souvent pl.] **sanglot** (= respiration bruyante provoquée par des contractions du diaphragme et liée à une crise de larmes : *éclater en sanglots*).

◇ **pleurnicherie** *A-t-il bientôt fini ses pleurnicheries ? :* [moins cour.] **larmoiement, jérémiade.**

◇ **pleurnicheur** [n. et adj.] *C'est un pleurnicheur, toujours à se plaindre ; un ton pleurnicheur :* **pleurard, pleurnichard** ◆ ↑ **grognon,** ↓ **geignard.**

pleurnichard → PLEURNICHEUR.

pleurnicherie, pleurnicheur → PLEURER.

pleuvasser, pleuviner → PLEUVOIR.

pleuvoir ① [v. impers.] *Il pleut depuis 6 heures du matin :* [fam.] **flotter** ◆ [vulg.] **pisser** ◆ ↓ **pleuvasser** (= pleuvoir légèrement) ◆ [moins cour.] ↓ **pleuviner,** ↓ **pleuvoter,** ↓ **bruiner** (qui se disent des petites pluies fines et légères) ◆ ↓ **crachiner** (qui s'emploie dans les régions maritimes). ② [v.i.] *Les coups pleuvaient sur mon visage :* ↓ **tomber ;** → ABATTRE. *Le sang pleut de sa blessure* [sout.] : [cour.] **couler.**

pleuvoter → PLEUVOIR.

pli

I ① *Porter un pli :* **lettre*.** ② *Faire des plis à un vêtement :* → PLISSER. *Sa robe fait de faux plis :* [en couture] **goder** ◆ [fam.] **godailler.** ③ [fam.] *Ça ne fait pas un pli* [fam.] : **c'est sûr*.**

plier

II *Faire le dernier pli* : → LEVÉE I.

III *Ce garçon a pris le pli de mentir* : **habitude.** *C'est un mauvais pli* : **une mauvaise habitude.**

plier

I [v.t.] **1** [~ qqch] *Pliez la feuille de papier* : [partic.] **replier** (= plier ce qui avait été déplié) ◆ **corner** (= plier le coin d'une feuille). **2** *Il a plié la tente* : [plus génér.] **ranger.** **3** *Plier bagage* : [plus cour.] **partir** ◆ [moins cour.] ↑ **déguerpir.** *Plier l'échine* : **se soumettre.** **4** *L'enfant a plié une branche de frêne pour se faire un arc* : [moins cour.] **courber.** *Plier le genou* : **fléchir.** **5** [~ qqn] *Elle plie son mari à ses volontés* : [moins cour.] **assujettir, soumettre.**

II [v.i.] **1** [qqch ~] *Les arbres plient sous le vent* : **se courber, fléchir** ◆ [plus sout.] **ployer.** **2** [qqn ~] *Il a plié devant votre opposition* : **reculer** ; → CÉDER I.

◇ **se plier** *Se plier à son devoir* : → ACCOMPLIR. *Se plier aux désirs de son entourage* : **se soumettre** ◆ ↓ **s'adapter, suivre.**

plissé → RIDÉ.

plissement → PLISSER.

plisser **1** *Elle a donné à sa jupe à plisser* : **froncer.** *En dormant dans le train, il a plissé ses vêtements* : [plus cour.] **froisser, faire des plis à** ; → CHIFFONNER. **2** *Il a plissé le nez de dégoût* : [plus cour.] **froncer.**

◇ **plissement** : **froncement.**

plomb **1** → SCEAU. **2** *Un soleil de plomb* : → ARDENT. **3** *Péter les plombs* : → PERDRE LA TÊTE.

plombé → LIVIDE.

plomber → SCELLER.

plonge → PLONGER I.

plongeoir → TREMPLIN.

plongeon → CHUTE I.

plonger

I [v.i.] **1** [qqn ~] → SAUTER. **2** [qqch ~] *L'avion a plongé pour larguer ses bombes* :

piquer. **3** *Les racines de pivoine plongent profondément dans le sol* : **s'enfoncer.**

II [v.t.] **1** [qqn ~ qqch] *Elle plonge sa poupée dans la bassine* : [didact.] **immerger ;** → BAIGNER I. *Le chat a plongé sa patte dans la crème* : **tremper.** *Elle a plongé la main dans son sac* : **enfoncer*** ◆ [fam.] **fourrer** ◆ [plus sout.] **introduire** ◆ [très génér.] **mettre.** **2** [qqch ~ qqn] *Son intervention m'a plongée dans le découragement* : **jeter** ◆ ↑ **précipiter ;** → SOMBRER. **3** *Être plongé dans qqch* : → VIVRE II.

◇ **plonge** *Il faisait la plonge dans un restaurant* : [plus génér.] **vaisselle* ;** → LAVER I.

◇ **se plonger** *Il s'est plongé dans l'étude du sanskrit* : **s'absorber.** *Se plonger dans ses rêveries* : → S'ABANDONNER, S'ABÎMER.

◇ **plongeur** *Le plongeur resta longtemps sous l'eau* : [spécialt] **scaphandrier** (= plongeur qui, grâce à un dispositif, peut séjourner sous l'eau).

plongeur → PLONGER I.

ploutocrate → RICHE.

ployer → PLIER II.

pluie **1** *La pluie a détrempé le sol* : [génér.] **eau*** ◆ [fam.] **flotte** ◆ **ondée** (= pluie de peu de durée) ◆ **giboulée** (= pluie passagère, du printemps et de l'automne surtout) ◆ **bruine** (= petite pluie fine) ◆ **crachin** (= pluie fine et pénétrante) ; → PRÉCIPITATION, BROUILLARD. *Une grosse pluie* : **averse,** ↑ **grain** (= pluie brève et forte) ◆ [fam.] **saucée.** **2** [~ de qqch] *Le bal masqué s'est terminé sous une pluie de confettis* : ↑ **avalanche.** *Une pluie de coups s'est abattue sur lui* : **grêle** ◆ [moins cour.] ↑ **déluge ;** → ABONDANCE.

plumage → PLUME I.

plumard → LIT I.

plume

I [n.f.] **1** *Le canard lisse ses plumes* : **plumage.** **2** *Elle portait un chapeau à plumes un peu vieillot* : **aigrette** ◆ **panache, plumet** (= touffe de plumes plus ou moins fournie, surtout sur les coiffures militaires) ; → TOUFFE. **3** → FLOTTEUR. **4** [pl.] *Perdre ses plumes* [fam.] : → CHEVEU. **5** ϒ

laisser des plumes [fam.] : [cour.] **essuyer une perte.** *Voler dans les plumes à qqn* [fam.] : [cour.] **se jeter sur, attaquer.**
II [n.f.] *Il n'a pas la plume épique* [sout.] : **style.** *Prendre la plume* : **écrire.**
III [n.m.] → LIT I.

plumer → DÉPOSSÉDER, VOLER II.

plumet → PLUME I, TOUFFE.

plumitif → AUTEUR.

plupart (la) ① [suivi du pl.] *La plupart des électeurs ont approuvé la réforme* : **presque tous, la majorité de, le plus grand nombre* de ;** → LA MAJEURE* PARTIE. *Dans la plupart des cas* : **la généralité.** ② *La plupart du temps* : **ordinairement, le plus souvent.**

pluralité → DIVERSITÉ.

pluriannuel → VIVACE.

pluriethnique → RACIAL.

plurilingue → POLYGLOTTE.

plus

I [adv.] ① *Il en savait assez, et ne voulait pas l'écouter plus* : **davantage.** ② *Plus de. Il avait été prévenu plus d'une fois* : ↑ **plusieurs.** *Il était plus de 2 heures quand il est arrivé* : [antéposé ou postposé] **passé.** ③ *Beaucoup plus* : → AUTREMENT. ④ *Au plus* : → MAXIMUM. *De plus* : → EN OUTRE. *Qui plus est* : → MÊME III. *En plus* : → À CÔTÉ* DE ÇA. *En plus de son salaire, il reçoit souvent des invitations* : [très sout.] **en sus de ;** → INDÉPENDAMMENT, OUTRE. *Et vous voudriez en plus que je vous fasse confiance ?* : **par-dessus le marché*.** *Voir plus bas* : → CI-APRÈS*. *Êtes-vous satisfait ?* – *Plus ou moins* : **si on veut.** *Il approuve plus ou moins votre démarche* : [litt.] **peu ou prou.** *Il est on ne peut plus bavard* : [plus cour.] **extrêmement.** *Plus que. Il se moque de vous, il ricane plus qu'il ne rit* : **plutôt que.**
II [n.m.] *C'est un plus pour vous* : → AVANTAGE. *Cette voiture offre tous les plus dont vous rêvez* : **amélioration*.**

plusieurs ① [adj.] *Je l'ai rencontré plusieurs fois cette année* : ↓ **quelques** ◆ [sout.] **maint, bon nombre de** ◆ [fam.]

pas mal de ; → BEAUCOUP, MULTIPLE, PLUS I. *Plusieurs plats* : → DIFFÉRENT. ② [pron.] *Plusieurs parmi vous ont avancé une hypothèse contraire à la mienne* : ↓ **certains, quelques-uns** ◆ [sout.] **d'aucuns.**

plutôt ① *C'est plutôt bien* : → ASSEZ. ② *Il ne comprenait pas ou plutôt il ne voulait pas comprendre* : **en fait, en réalité ;** → DU MOINS*. ③ *Plutôt que* : → PLUS* QUE. ④ → DE PRÉFÉRENCE. ⑤ *Ce film est plutôt ennuyeux* : [cour.] **très*.**

pneumatique → GONFLABLE.

pochard → IVROGNE.

poche ① → SAC I. ② *Il prit un mouchoir dans sa poche* : [partic.] **gousset** (= petite poche de gilet) ◆ **pochette** (= petite poche d'un veston, en haut et à gauche). ③ *Connaître qqch comme sa poche* [fam.] : [cour.] **en détail, à fond*.** *Mettre la main à la poche* [fam.] : [cour.] **payer.** *Avoir qqn dans la poche* : → MANCHE I. *C'est dans la poche* : → FORMALITÉ. *Avoir des poches sous les yeux* : [fam.] **valise.**

poché *Œil poché* : **au beurre* noir.**

pochette → POCHE.

pochon → SAC I.

podium → ESTRADE.

poêle *Faire sauter des légumes dans une poêle* : [partic.] **wok** (= poêle profonde utilisée dans la cuisine asiatique) ◆ **sauteuse** (= casserole à bords peu élevés).

poêler → CUIRE.

poème → POÈTE.

poésie → POÈME, VERS.

poète ① → AUTEUR. *Il voulait devenir poète* : [vieilli] **rimailleur, rimeur, versificateur** (= mauvais poète). ② *Victor Hugo a été un grand poète de l'amour* : [vx] **chantre ;** → TROUBADOUR.

◇ **poétique** *Les femmes aimaient son caractère poétique* : **rêveur, romantique.**

◇ **poème** *On ne lit plus beaucoup les poèmes du Moyen Âge* : [plus cour.] **poésie** (qui

poétique

s'applique plutôt à des œuvres moins longues que le poème).

poétique → POÈTE.

pognon → ARGENT.

poids ① *Une grande partie du poids de l'édifice est supportée par les arcs-boutants* : **charge, masse ;** → POUSSÉE. ② *Le poids des redevances est devenu insupportable* : **fardeau.** *Il supporte tout le poids des opérations* : **responsabilité.** ③ *Ces arguments n'ont aucun poids* : **valeur ;** → IMPORTANCE. ④ *Prendre du poids* : **grossir*.** *Perdre du poids* : **maigrir*.** *Vendre au poids* : **en vrac.**

poids lourd → CAMION.

poignant ① *Il ressentit une douleur poignante dans le côté* : [plus cour.] **aigu.** ② *C'est un moment poignant que celui d'une séparation* : **douloureux** ♦ ↓ **émouvant*** (qui n'implique pas la souffrance) ♦ ↑ **atroce,** ↑ **déchirant.**

poignard *Il a frappé la victime de son poignard* [génér.] : [vx] **dague** ♦ [partic.] **stylet** (= poignard à lame fine) ; → COUTEAU, ÉPÉE.

poigne → ÉNERGIE.

poignée ① *Il n'avait qu'une poignée d'amis* : [plus cour.] **peu de.** ② *Il lançait l'argent à, par poignées* : **à pleines mains.** ③ *Tournez la poignée de la fenêtre* : [plus précis] **espagnolette.** *La poignée d'une porte* : **bouton.**

poil ① [pour les animaux] *Le chat lustre son poil* : **fourrure** ♦ [sout.] **pelage** ♦ [partic.] **soie** (= poils du porc) ; → ROBE, TOISON. [pour les humains] *Il a la figure mangée par le poil* [génér.] : [plus précis] **barbe** ♦ **duvet** (= poil fin et doux). ② *Il faut enlever les poils du fond d'artichaut* : [pr.] **foin.** ③ *À poil* : → NU. *Être de mauvais, de bon poil* [fam.] : [cour.] **de mauvaise, de bonne humeur.** *Avoir un poil dans la main* : **être paresseux.** *Un poil de qqch. Il manque un poil de piment dans votre ragoût* [fam.] : [plus cour.] **un tout petit peu de ;** → CHEVEU. *Il n'y en a pas un poil* : **atome, gramme** ♦ [fam.] **pet.** *Au poil !* [fam.] : [plus cour.] **parfait ;** → CHIC, EXTRAORDINAIRE. *C'est*

au poil [fam.] : [plus cour.] **agréable, drôle, satisfaisant.** *À un poil près* : → PRESQUE.

◇ **poilu** *Elle n'aime pas les hommes poilus* : [plus partic.] **velu.** *Il a le menton poilu* : [plus précis] **barbu.**

poilant → COMIQUE.

poiler (se) → RIRE.

poilu → POIL.

poinçon → MARQUE.

poindre → PARAÎTRE I, PERCER, SORTIR I.

poing *À poings fermés* : → PROFONDÉMENT. *Coup de poing* : → ALLONGE.

point

I *Les différents points d'un exposé* : **partie*.** *Cette loi comporte douze points* : [plus précis] **article.** *Sur ce point, le règlement est formel* : **question*, à ce propos** (*à ce propos, le règlement est formel*) ; → MATIÈRE II, SUJET. *Voilà le point principal* : → NŒUD.

II *Les points d'un pull* : → MAILLE.

III ① *Point de départ* : → PRÉTEXTE. *Point de rencontre* : → JONCTION. *Point d'eau* : → SOURCE. *Point culminant* : → SOMMET. *Point du jour* : **aube*.** *Point faible* : **faiblesse*.** ② *Mettre les points sur les « i »* : **insister.** *Mettre un point final à qqch* : **terminer.** *Être au point mort* : **stopper.** *Faire le point sur* : → BILAN. *Être, mettre au point* : → ÉLABORER.

IV *Le poulet est à point* : **(bien) cuit.** *Il est arrivé à point nommé* : **juste, bien tomber** (*il est bien tombé*) ; → OPPORTUNÉMENT, À PROPOS* II. *Le moteur est au point* : **réglé*.** *L'homme était mal en point* : **malade.** *Qu'il suive en tous points les instructions* : **exactement.** *À un certain point* : → DEGRÉ. *Sur le point de* : → BORD, MANQUER, EN PASSE* DE, PRÈS* DE, À LA VEILLE* DE.

V ① *Ne... point. Ne l'écoutez point* [litt.] : [cour.] **pas.** ② [dans des réponses] *L'avez-vous rencontré ? – Point du tout* [sout.] : **nullement** ♦ [cour.] **pas* du tout.**

pointage → CONTRÔLE.

point de vue ① *Jouir d'un beau point de vue* : **panorama** ♦ [génér.] **vue ;** → BELVÉDÈRE. ② *Donnez-moi un autre point de vue* :

vue ; → AVIS, CONCEPTION, OPTIQUE, PEN-
SÉE I, POSITION, SENTIMENT I. *Sous ce point
de vue :* **aspect ;** → OPTIQUE, PERSPECTIVE.
De ce point de vue : → ÉGARD, RAPPORT.

pointe

I ① *Nous sommes allés jusqu'à la pointe
de l'île :* [plus cour.] **extrémité ;** → BOUT,
CAP. *Il est monté jusqu'à la pointe de
l'arbre :* [sout.] **cime.** *La pointe d'un clocher :* [pr.] **flèche.** ② *La pointe du jour :*
aube*.

II ① *Il fixe les lattes avec des pointes :*
clou (dont la grosseur reste constante)
♦ **semence** (= clou à tête plate et à tige
courte). ② → FICHU II.

III ① *L'automobile avait atteint sa vitesse
de pointe :* **maximum.** ② *Votre journal
n'est pas à la pointe de l'actualité :* **avant-
garde.** ③ *Une chirurgie de pointe :* **pointu**
♦ [anglic.] **high-tech.**

IV *Il supporte mal les pointes de ses amis*
[vieilli] : [cour.] **pique, raillerie** ♦ [sout.]
lazzi ; → MOQUERIE, PLAISANTERIE.

V *De son origine, il gardait une pointe
d'accent :* **un soupçon* de, un peu* de,
une trace de.**

pointer

I [qqn ~ qqch ou qqn] *Il faut pointer les
absents sur la liste :* **cocher** ♦ **relever, noter**
(qui supposent que l'on extraie des éléments d'un premier ensemble) ♦ [plus
génér.] **contrôler ;** → SIGNALER.

◊ **se pointer** *Il s'est pointé sur le coup de
15 heures* [fam.] : **s'amener** ♦ [cour.] **arriver.**

II *Pointer une arme vers qqn :* **diriger ;**
→ BRAQUER, VISER I.

III *Le clocher pointait vers le ciel :*
→ S'ÉLANCER, JAILLIR. *Le jour pointe :*
paraître*. *Le blé pointe :* → NAÎTRE,
POUSSER IV.

pointilleux → EXIGEANT, MANIAQUE.

pointu ① *Attention ! ce couteau est pointu :*
[plus sout.] **acéré** (qui ajoute l'idée de tranchant) ♦ **effilé** (qui s'applique à ce qui va
en s'amincissant). *Un bec pointu :* **aigu.**
② *Il parlait d'une voix pointue* [péj.] : [plus
neutre] **aigu.** ③ → POINTE III.

pointure → DIMENSION.

poire ① *Être un peu poire :* → NAÏF. ② *Se
fendre la poire :* → RIRE. *En pleine poire :*
→ TÊTE.

poireauter → ATTENDRE, MOISIR.

poison ① *Les drogues sont des poi-
sons :* [didact.] **toxique.** ② *Quel poison ! :*
→ COLLANT, EMPOISONNEUR, TEIGNE.

poisse → MALCHANCE. *Porter la poisse :*
→ MALHEUR.

poisser → SALIR.

poisseux → GLUANT, GRAS.

poisson *Petit poisson :* → FRETIN. *Être
comme un poisson dans l'eau :* → ÉLÉMENT.

poitrinaire → TUBERCULEUX.

poitrine *Serrer contre sa poitrine :* → SEIN.
Une poitrine puissante : → TORSE.

poivre *Poivre et sel :* → GRIS.

poivré *Ce comique a dû son succès à ses
plaisanteries poivrées :* **grossier*, salé.**

poivron → PIMENT.

poivrot → IVROGNE.

poix → COLLE I.

polaire ① *L'expédition s'installait pour un
an dans les régions polaires :* **arctique** (qui
s'applique aux zones polaires du Nord)
♦ **antarctique** (qui s'applique aux zones
polaires du Sud). ② *Un froid polaire :* **glacial ;** → FROID.

polar → POLICIER.

polarisation → CONCENTRATION.

polariser → CONCENTRER.

pôle → CENTRE.

polémique *La polémique à propos de
l'avortement emplissait les colonnes des
journaux :* **controverse** (qui n'implique pas
obligatoirement l'agressivité) ♦ ↓ **débat,
↓ discussion.**

polémiquer → DISCUTER.

poli

I *L'enfant, très poli, céda sa place à la jeune femme* : **bien élevé.** *Il est toujours poli avec les clients* : **aimable** ◆ [moins cour.] **affable, urbain ;** → COMPLAISANT. *Vous pourriez au moins rester poli !* : **courtois.** *Ses manières ne sont pas suffisamment polies* : ↓ **correct** ◆ ↑ **délicat ;** → DÉCENT, DISCRET.

◇ **poliment** *Répondre poliment* : **courtoisement.**

◇ **politesse** *Les règles de la politesse* : **courtoisie** ◆ [moins cour.] **bienséance** ◆ [partic.] **savoir-vivre** (= connaissance des règles de politesse) ◆ **correction** (= respect des convenances) ; → RESPECT, USAGE II, AFFABILITÉ, GALANTERIE. *Faire des politesses* [pl.] : → GRACIEUSETÉ.

II *Un galet bien poli* : **lisse*.**

III *Du travail poli* : **fini*.**

policer → CIVILISER.

polichinelle → BOUFFON, CLOWN, PANTIN.

policier ① *Deux policiers surveillaient l'immeuble* [génér.] : [fam.] **flic, keuf, poulet** ◆ [très fam., vieilli] **bourre, roussin** ◆ [très fam.] **cogne** ◆ [partic.] **détective, détective privé** (= personne qui se charge d'enquêtes policières privées) ◆ [partic.] **gendarme** (= militaire chargé du maintien de l'ordre et du constat de certaines infractions). ② *Les policiers avaient dévié la circulation* → AGENT* DE POLICE. ③ *Il ne lisait que des policiers* : **roman policier** ◆ [fam.] **polar** ◆ [anglic.] **thriller** ◆ [partic.] **roman noir.**

poliment → POLI I.

polir

I *Personne n'avait pu polir cet homme aux manières brusques* [vx] : [plus cour.] **humaniser ;** → CIVILISER.

II ① *Elle avait poli toutes ses casseroles en cuivre* : [plus cour.] **astiquer, fourbir** ◆ [plus génér.] **frotter.** ② *Polir un diamant* : → TAILLER.

III *Polir un texte* : → PARFAIRE.

polisson ① → ESPIÈGLE. ② → PAILLARD.

politesse → POLI I.

politicien → POLITIQUE.

politique ① [adj.] *Il a été très politique en acceptant de partager ses responsabilités* [vieilli] : [plus cour.] **diplomate.** ② [n.f..] *Vous avez adopté dans cette affaire une mauvaise politique* : **tactique** (qui implique la même idée d'habileté et de clairvoyance, mais se rapporte à des affaires moins importantes ou à plus court terme). ③ [n.m.] *Ce politique travaille pour le bien public* : [souvent péj.] **politicien.**

pollen → POUSSIÈRE.

pollué → IRRESPIRABLE, MALSAIN.

polluer → CORROMPRE, SALIR, SOUILLER.

polochon → TRAVERSIN.

poltron → LÂCHE, PEUREUX.

poltronnerie → LÂCHETÉ.

polychrome → COULEUR.

polyculture → CULTURE I.

polyglotte *Un dictionnaire polyglotte* : [didact.] **multilingue, plurilingue.**

polyphonie → VOIX I.

pommade ① → ONGUENT. ② → FLATTERIE.

pomme ① → FRUIT. ② *C'est aux pommes* [fam., vieilli] : [fam.] **aux petits oignons** ◆ [plus cour.] **c'est bien*.** *Tomber dans les pommes* : → TOMBER III. ③ *C'est à ma pomme* [fam.] : [cour.] **moi.**

pomme de terre *Éplucher des pommes de terre* : [fam.] **patate.**

pommelé → TACHETÉ.

pompe

I ① *Il vaut mieux s'arrêter à une pompe avant d'être en panne* : **poste d'essence, station-service.** ② *Faire des pompes* : [didact.] **traction ;** → ASSOUPLISSEMENT.

II → APPARAT, SOLENNITÉ.

III ① [pl.] → CHAUSSURE. ② *Avoir un coup de pompe* : → FATIGUE. *À toute pompe* : → VITE.

pompé → FATIGUÉ.

pomper ① *L'opération consistait à pomper l'air pour obtenir le vide :* **aspirer* ;** → ABSORBER. ② *Sa voiture pompe un peu trop* [fam.] : [cour.] **consommer.** *Quelqu'un pompe :* → BOIRE. ③ *Cette course l'a pompé* [fam.] : [cour.] **épuiser ;** → FATIGUER, VIDER. ④ *Pomper un devoir* [fam.] : → COPIER.

pompette → IVRE.

pompeux → AMPOULÉ, SOLENNEL.

pomponner (se) → SE PARER.

poncho → MANTEAU.

poncif *Son discours n'était qu'un assemblage de poncifs :* **banalité, cliché, lieu commun, stéréotype ;** → FAIT I (*idées toutes faites*).

ponctualité → PONCTUEL.

ponctuel ① *C'est un homme très ponctuel* [vieilli] : [cour.] **régulier*.** ② *Son retard est étonnant ; il est toujours ponctuel :* **à l'heure ;** → EXACT.
◇ **ponctualité** ① *Il accomplit sa tâche avec ponctualité :* **scrupule ;** → RÉGULARITÉ. ② → EXACTITUDE.

ponctuellement → RÉGULIÈREMENT I.

ponctuer *Le candidat ponctuait son discours de gestes sobres :* **souligner ;** → MARQUER, SCANDER.

pondération → PONDÉRÉ.

pondéré *Les partis d'opposition avaient choisi un homme pondéré pour les représenter :* ↓ **calme ;** → ÉQUILIBRÉ, RÉFLÉCHI, SOBRE.
◇ **pondération** *Seule sa pondération avait permis un accord :* **modération, prudence.** *Il avait agi avec une grande pondération :* ↓ **calme ;** → SOBRIÉTÉ.

pondre → ÉCRIRE. *Pondre un roman :* → ACCOUCHER DE.

pont *Un pont permettait de traverser la rivière :* **passerelle** (qui est souvent étroite et réservée aux piétons) ◆ **viaduc** (qui est de grande longueur et permet de franchir une vallée par une route ou une voie ferrée).

ponte → PERSONNAGE.

ponter → MISER.

pontife ① *Souverain pontife :* → PAPE. ② *Pontife de la politique :* → MANDARIN.

pontifiant → DOCTORAL, SOLENNEL.

pontifical → PAPAL.

pontifier → DISCOURIR.

pope → PRÊTRE.

popote → CUISINE, RÉFECTOIRE.

popotin → DERRIÈRE II.

populace → MULTITUDE, PEUPLE II.

populaire → PEUPLE II.

populariser → DÉMOCRATISER, RÉPANDRE.

popularité → FAVEUR, RÉPUTATION, VOGUE.

population → PEUPLE I.

populeux → PEUPLÉ.

populo → FOULE, PEUPLE II.

porc ① *Ce fermier breton élève des porcs :* [plus restreint] **cochon** (*élever des cochons ; un rôti de porc*) ◆ [vieilli] **pourceau** (qui ne s'emploie que dans des locutions figées : *des perles aux pourceaux*) ◆ [plus spécialt] **verrat** (= porc mâle) ◆ **truie** (= porc femelle) ◆ **cochonnet, porcelet, goret** (= jeune porc). ② *Comme un porc :* → SALEMENT.
◇ **porcherie** *Les porcs étaient engraissés dans la porcherie :* [vx] **soue ;** → ÉCURIE.

porcelaine → CÉRAMIQUE.

porcelet → PORC.

porche → PORTIQUE.

porcherie → PORC.

poreux → PERMÉABLE.

porno [adj. et n.m.] → PORNOGRAPHIQUE.

pornographique *La diffusion des films pornographiques est strictement réglementée :* **X** ◆ [abrév. fam.] **porno** ◆ [anglic.] **hard** ◆ [plus génér.] **obscène ;** → ÉROTIQUE.

port

I ① *Le navire pénétra dans le port* : [partic.] **rade** (= bassin naturel). ② *Nous sommes arrivés à bon port* : **à destination***.

II → COL II.

III *Elle avait un port très élégant* : [plus cour.] **allure**.

IV *Des frais de port* : **transport**.

portable → MOBILE I.

portail → PORTE.

portant ① → MONTANT I. ② *Bien portant* : → SAIN.

porte ① *Le cortège arrivait devant la porte du parc* : **portail** (= grande porte) ; → ENTRÉE. ② *Avez-vous fermé la porte de la voiture ?* : **portière**. ③ *Il a su se réserver une porte de sortie* : **échappatoire, issue** ; → SORTIE. *Mettre à la porte. Si vous continuez, vous allez vous faire mettre à la porte* : **chasser, expulser** ◆ [partic.] **licencier**. *Mise à la porte* : → EXPULSION. *Prendre la porte* : → SORTIR.

porté → ENCLIN.

porte-bonheur → AMULETTE.

porte-bouquet → VASE I.

porte-documents → SERVIETTE.

portée ① *Ce problème est à la portée d'une intelligence moyenne* : **niveau**. ② *Vous ne mesurez pas la portée de votre choix* : **effet, conséquence*** ◆ **impact** (qui implique un effet brutal) ; → IMPORTANCE. ③ *Hors de portée. Il est hors de portée de voix* : **atteinte**.

porte-fenêtre → FENÊTRE.

portefeuille → MINISTÈRE.

portemanteau → CINTRE.

porte-monnaie → BOURSE, FINANCE.

porte-parole → INTERPRÈTE I.

porter

I ① [qqn ~ qqch] *Le voyageur portait sa valise à la main* : **tenir** ◆ [fam.] **coltiner, trimbaler** (qui impliquent un déplacement et un effort prolongé). *Porter une lettre à son destinataire* : [plus précis] **apporter** ; → LIVRER. ② [qqn ~ qqch] *Elle portait une robe d'été* : [très génér.] **avoir***. *Il portait ses décorations avec ostentation* : [plus sout.] **arborer**. ③ [qqch ~ qqch] *Cette étagère peut porter une centaine de livres* : **supporter**. ④ [qqn ~ qqch + circonstance] *Il a porté la main à sa bouche pour étouffer un bâillement* : **mettre***. *Portez son nom sur votre liste* : [plus cour.] **inscrire*** ; → COUCHER. *Il ne faut pas porter la main sur un enfant* : **frapper**. *Porter un roman à l'écran* : **adapter***. ⑤ [qqch ~ qqch] *Cet arbre porte des fruits délicieux* : [plus cour.] **donner, produire**. ⑥ [qqn, qqch ~ qqn, qqch à] *De mauvais conseils l'ont porté à commettre une faute grave* : **inciter** ◆ [plus sout.] **incliner***. *Une parole irréfléchie a porté sa colère au maximum* : **amener**. *Son adversaire lui a porté un coup bas* : **donner***. *Tout porte à penser que vous avez raison* : **inviter**. *Je suis porté à penser que vous vous trompez* : **être enclin**. ⑦ *Porter intérêt* : **rapporter**. *Porter tort à qqn* [sout.] : [plus cour.] **faire tort*** ◆ ↑ **nuire**. *Porter secours* : [plus génér.] **aider** ; → SECOURIR. *Ne pas porter qqn dans son cœur* : → DÉTESTER. *Porter atteinte à la réputation de qqn* : [plus sout.] **attenter à**. *Porter sur les nerfs de qqn* : **agacer, énerver, irriter** ◆ [fam.] **taper** (*taper sur les nerfs*).

◇ **porteur** ① → DÉBARDEUR. ② *Cet individu était porteur de fausses pièces d'identité* : **détenteur**. ③ → MESSAGER.

II ① *Le tablier du pont porte sur deux piles* : **reposer**. ② *La conversation a porté sur le nouveau cinéma* : [sout.] **avoir pour objet**. *La réforme portera sur l'ensemble des structures* : → S'ÉTENDRE.

◇ **se porter** ① *Se porter bien, mal* : → ALLER III. ② *Se porter candidat à une élection* : **se présenter**. ③ *Il s'est porté à tous les excès* [sout.] : [plus cour.] **se livrer**.

porteur → PORTER I.

porte-voix *Le camelot parlait dans un porte-voix* : [moins cour.] **mégaphone**.

portier → CONCIERGE.

portière → PORTE, RIDEAU.

portion ① *Il a fallu dévier la circulation de cette portion de route en réfection* : **section, tronçon** ◆ [moins cour.] **segment.** *Une portion importante de son revenu est consacrée au logement* : **fraction, part, partie.** ② *Chaque soldat a reçu sa portion de nourriture* : [plus cour.] **ration.** *Une portion de gâteau* : [plus cour.] **part, tranche*.**

portique *Les colonnes du portique étaient couronnées de chapiteaux ornés* : [plus précis] **porche** (= portique situé à l'entrée d'une construction) ◆ [didact.] **narthex** (= portique fermé à l'entrée des anciennes églises) ◆ **péristyle** (= colonnade entourant un édifice ou une cour).

portrait ① *Dans toutes les vitrines, on voyait le portrait du chef de l'État* : [moins cour.] **effigie** ◆ **caricature** (= portrait-charge, soulignant ironiquement les traits caractéristiques du modèle). *Le journal publiait en première page le portrait des négociateurs* : [plus cour.] **photo.** *Un portrait-robot* : → SIGNALEMENT. ② *Cet enfant est tout le portrait de son père* : **ressembler à.** ③ *Se faire abîmer le portrait* : → FIGURE. ④ *Dans cette page, le romancier donne le portrait de son héroïne* : [plus génér.] **description.** *Un portrait de la réalité* : → IMAGE.

portraitiste → PEINTRE.

portugaises → OREILLE.

pose, posé, posément → POSER I et II.

poser

I [v.t. ; qqn ~ qqch] ① *Le voyageur a posé sa valise dans le porte-bagages* : **déposer*** ◆ **placer*** (qui implique le choix du lieu) ; → METTRE, APPUYER, APPLIQUER, ACCROCHER. *Poser ses cartes* : → ÉTALER. *Poser une échelle* : **planter*.** ② *Un spécialiste a posé la bibliothèque* : [plus précis] **installer, monter.** ③ *Posons d'abord que vous avez raison* : **supposer** (qui, comme *poser*, se construit avec une complétive, au subj. ou à l'ind., ou un compl. nominal : *posons votre bonne foi*) ◆ ↑ **affirmer ;** → POSTULER. ④ *Poser des questions* : **interroger ;** → QUESTION. ⑤ [qqn, qqch ~ qqch]

Cela pose des problèmes : **soulever.** *Poser un problème* : → ÉVOQUER. *Poser ses conditions* : → FIXER. ⑥ *Poser les armes* : **capituler, se rendre ;** → PAIX.

◇ **se poser** ① *L'hélicoptère s'est posé* : **atterrir.** ② *Vous admettrez que le problème se pose* : **exister.**

◇ **pose** *La pose de cet appareil n'a demandé qu'une heure* : **installation** ◆ [plus précis] **montage** (qui ne se dit que d'une opération complexe) ; → PLANTATION.

II [v.t. ; qqch ~ qqn] *Sa nomination l'a posé auprès de ses amis* : **mettre en valeur.**

◇ **se poser** *Se poser en. Il se pose en justicier* : [plus sout.] **s'ériger* ;** → S'ÉTABLIR.

◇ **posé** *Ce garçon est bien posé pour son âge !* : **sérieux*, calme ;** → MÛR. *Il avait une expression posée* : **réfléchi*** ◆ ↑ **grave.**

◇ **posément** *Il parle toujours posément* : **calmement ;** → DOUCEMENT, LENTEMENT.

III [v.i. ; qqn ~] *Pourquoi pose-t-il dès qu'il est en présence d'une femme ?* : **faire le beau** ◆ [plus sout.] **se pavaner** ◆ [fam.] **crâner.** *Ne posez pas à l'homme de génie* : **jouer.**

poseur → MANIÉRÉ, PRÉTENTIEUX.

positif

I ① *C'est un fait positif* : **certain, sûr** ◆ ↑ **incontestable,** ↑ **évident** (qui impliquent l'impossibilité d'une controverse sur la réalité du phénomène) ; → TANGIBLE. ② *C'est un esprit positif* : **réaliste.**

II *J'ai reçu une réponse positive à ma question* : **affirmatif.** *Un accueil positif* : → FAVORABLE.

III *Ses critiques ne sont pas toujours positives* : **constructif.**

position ① [en parlant de personnes] → ATTITUDE, STATION. ② [en parlant de choses ou de personnes] *La position des radiateurs dans une pièce* : **emplacement** ◆ **disposition** (= position des objets les uns par rapport aux autres) ; → PLACE I. *La position d'un bâtiment* : → ORIENTATION, SITE, SITUATION. ③ *La position d'un coureur au classement général* : **place.** ④ *Il est très conscient de sa position sociale* : **condition, situation** ◆ [moins cour.] **rang** (qui insiste sur une conception hiérarchisée de la société) ◆ **standing** (= position aux yeux de l'opinion). *Ce fonctionnaire est en position de détachement* : [plus cour.] **situation.** ⑤ *Le Sénat a exprimé sa position sur les problèmes du désarmement* : **vue*, point de vue** ◆ **conception** (= position fondée sur une idée générale) ; → **ATTITUDE.** *Prendre position dans un débat* : **se positionner** ◆ ↓ **intervenir** ; → **ENTRER, PRENDRE PARTI II.** *Durcir ses positions* : → **INTRANSIGEANT.** ⑥ *Se livrer à une guerre de positions* : → **TRANCHÉE.** *L'armée a pris position sur le territoire* : → **ENTRER.** *Une position clé* : → **DOMINANT.**

positionner (se) → POSITION.

positivement → AFFIRMATIVEMENT, FAVORABLEMENT.

possédant → SUPÉRIEUR I.

possédé → ÉNERGUMÈNE, FURIEUX.

posséder ① *Posséder des biens* : → **AVOIR.** ② *Le moribond possédait encore toute sa lucidité* : **jouir de, être en possession de.** *Il croit posséder la clé de ce problème* : **détenir** ; → **TENIR I.** *Cet ébéniste possède son métier* : ↓ **connaître,** ↓ **savoir.** ③ *Je me suis fait posséder en achetant cette commode en mauvais état* [fam.] : **avoir, rouler*.**

◇ **se posséder** *Quand on me trompe, je ne me possède plus* : **se contenir, se dominer, se maîtriser.**

◇ **possesseur** ① *Le possesseur d'un diplôme* : **détenteur.** ② → **MAÎTRE I.**

◇ **possession** ① *La possession de ces terrains fait de lui un notable* : [plus partic.] **jouissance** (= droit d'usage) ◆ [plus didact.] **usufruit** ◆ **propriété** (= possession confirmée par la loi, la *possession* n'indiquant qu'un état de fait). ② *La possession d'une seconde langue lui sera utile* : [plus cour.] **connaissance, maîtrise.** ③ *Prendre possession. L'armée prit brutalement possession du pays* : **s'emparer** ◆ [plus partic.] **occuper.** *En la possession de* : **entre les mains* de.** *Être en possession de* : → **POSSÉDER.**

possesseur → POSSÉDER.

possessif → AIMANT.

possession → POSSÉDER.

possibilité ① *La possibilité de recommencer* : → **FACULTÉ, OCCASION, POUVOIR I.** *Une possibilité de réussir* : → **MOYEN II.** *Cette possibilité est envisagée* : → **CAS.** *La possibilité d'une guérison* : **éventualité** ; → **ESPOIR.** ② [pl.] *Ses possibilités sont importantes* : → **RESSOURCE.** *Ne doutez pas de ses possibilités* : → **CAPACITÉ.** ③ → **POSSIBLE.**

possible ① [qqch est ~] *Votre projet est possible. Vous parviendrez au sommet, c'est possible* : **faisable** ◆ ↑ **facile.** *Il est possible d'acheter de l'or* : [plus partic.] **permis, licite.** ② [qqch est ~] *Il avait pris toutes les précautions possibles* : **imaginable** ; → **CROYABLE.** ③ [qqn est ~] *C'est un vainqueur possible* : **éventuel*** ◆ ↑ **probable*, vraisemblable** (qui renchérissent sur les chances) ; → **POTENTIEL, VIRTUEL.** ④ [qqch est ~] *Ça n'est pas un parti possible* : **acceptable, convenable, envisageable.** ⑤ [impers.] *Il est possible, c'est possible* : → **POUVOIR I.** ⑥ [n.m.] *Il fait son possible* : → **MIEUX.** *Explorer tous les possibles* [pl.] : [plus cour.] **possibilité.** ⑦ [loc. adv.] *Au possible. Il est gentil au possible* : **extrêmement** (... *extrêmement gentil*) ; → **TRÈS.**

poste

I *Avoir un poste important* : → **EMPLOI.**

II *Le voisin n'a pas baissé le son de son poste à 22 heures* : [plus précis] **radio** ◆ **transistor** (= récepteur radio portatif équipé de transistors) ◆ **tuner** (= récepteur radio sans amplificateur ni haut-parleur) ◆ [plus génér.] **appareil** ◆ [didact.] **récepteur** ; → **ANTENNE, TÉLÉVISEUR.**

III *Poste d'essence* : **pompe*.**

IV *L'équipage entra dans le poste de pilotage* : [plus techn.] **habitacle.**

poster [v.]

I *Le chef de section a posté des sentinelles* : [plus génér.] **placer, établir.**

◇ **se poster** → SE PLANTER.

II *J'ai posté ma lettre hier* : [plus génér.] **envoyer*** ◆ **adresser** (qui ne peut s'employer dans le même contexte et insiste sur la destination de l'envoi).

poster [n.m.] → AFFICHE.

postérieur

I [adj.] ① *Il a remis sa décision à une date postérieure* : **ultérieur** ◆ [moins cour.] **futur, à venir** ◆ **prochain** (qui précise que le délai sera court). ② *Partie postérieure* : → ARRIÈRE.

II [n.m.] → DERRIÈRE II.

postérité ① *Cet homme est mort sans postérité* : **descendance, descendant, enfant** ◆ [fam.] **progéniture** ; → LIGNÉE. *La postérité d'un peintre* : **héritier, successeur.** ② → AVENIR.

postiche → FACTICE.

postillon → SALIVE.

postulant → POSTULER I.

postulat → POSTULER II.

postuler

I *Il postule un emploi à la Poste* : **solliciter*** ◆ [plus génér.] **demander.**

◇ **postulant** *De nombreux postulants se sont présentés pour ce poste* : **candidat** ◆ [rare] **aspirant, prétendant.**

II *Ce philosophe postule le libre arbitre de l'homme* : [plus génér.] ↓ **supposer,** ↓ **poser.**

◇ **postulat** *Ce postulat est nécessaire à la théorie* : **axiome** ; → PRINCIPE.

posture ① → ATTITUDE, TENUE. ② *L'alpiniste était en mauvaise posture* : **situation.**

pot

I ① *Elle enleva les fleurs du pot* : [partic.] **broc** (= récipient à anse et à bec évasé) ◆ **pichet** (= petit broc) ◆ **cruche** (= récipient à col étroit et à large panse) ◆ **bocal** (= récipient à col très court et à large ouverture). ② [dans des loc.] *Boire un pot* : → VERRE. *Offrir un pot* : → TOURNÉE. *C'est un (vrai) pot de colle !* [fam.] : [cour.] **importun** ; → COLLANT, SANGSUE. *Pot de chambre* ; → VASE I. *Pot aux roses* : → SECRET III. *Plein pot. Payer plein pot* [fam.] : [cour.] **plein tarif.** *Rouler plein pot* : → TUBE.

II *Avoir du pot* : → CHANCE. *Manque de pot* : → MALCHANCE.

potable ① *Pensez-vous que l'eau soit potable ?* : **buvable** (qui peut s'employer en parlant d'autres boissons). ② *Nous avons eu un temps potable pendant nos vacances* [fam.] : [cour.] **acceptable***, **passable.**

potache → ÉCOLIER, LYCÉEN.

potage → BOUILLON.

potager → JARDIN.

potasser → APPRENDRE, ÉTUDIER, TRAVAILLER I.

pot-au-feu ① [adj.] *Un esprit très pot-au-feu* : → BOURGEOIS, CASANIER, SÉDENTAIRE. ② [n.m.] → BŒUF GROS SEL*.

pot-de-vin → GRATIFICATION.

pote → AMI, VIEUX.

poteau ① → AMI. ② → PIEU I.

potelé → GRAS, PLEIN, REBONDI.

potence → CORDE, GIBET.

potentat ① *Il n'existe plus de potentat dans les régimes européens* : **despote** ◆ [sout.] **tyran** ; → MONARQUE. ② *Les potentats des industries textiles possédaient leurs propres organes de presse* : **magnat.**

potentialité → VIRTUALITÉ.

potentiel

I [adj.] *La puissance potentielle d'un appareil* [didact.] : [plus cour.] **possible, virtuel***.

II [n.m.] ① *Le courant a subi une forte chute de potentiel* : **tension***. ② *Un potentiel énergétique important* : **puissance** (qui se dit moins des capacités futures que de l'état présent). *Potentiel de travail* : → FACULTÉ.

poterie → CÉRAMIQUE.

potiche → VASE I.

potin

I *Vos enfants font un potin épouvantable*
[fam.] : **boucan, ramdam, raffut** ◆ [cour.]
bruit ◆ [plus sout.] **vacarme ;** → TAPAGE.

II [souvent au pl.] *Avez-vous entendu les
potins qui courent sur son compte ?* [fam.] :
cancan, ragot ◆ [cour.] **bruit*.**

potomanie → SOIF.

pot-pourri → MÉLANGE.

poubelle → BOÎTE I. *Bon à jeter à la pou-
belle :* → FOUTU.

pouce ① *On voyait son pouce à travers
sa chaussette* (qui désigne aussi bien le
plus gros des doigts de la main que celui
du pied) : **gros orteil.** ② *Manger sur le
pouce :* [plus fam.] **casser la croûte.** *Mettre
les pouces :* [plus cour.] **céder.** *Se tourner les
pouces :* → PARESSER. *Donner un coup de
pouce à qqn* [fam.] : **pistonner** ◆ ↓ **aider.**
*Vous avez donné un coup de pouce à votre
histoire* [fam.] : [plus cour.] **arranger.**

poudre ① *La poudre conservée à l'arsenal
risque de sauter :* [plus génér.] **explosif** (qui
se dit aussi des mélanges détonants qui
ne sont pas en poudre). ② *Se mettre de
la poudre :* → FARD. *Il n'a pas inventé la
poudre :* **sot*** (*il est sot*). *Jeter de la poudre
aux yeux :* → ESBROUFE.

pouf ① *S'asseoir sur un pouf :* → COUSSIN.
② *Il est tombé ! pouf !* : → PATATRAS.

pouffer → ÉCLATER II, RIRE.

poufiasse → GROGNASSE.

pouilleux → MISÉRABLE II.

poulailler ① *La volaille rentra au pou-
lailler :* **basse-cour** (= espace réservé à
l'élevage de la volaille) ; → CAGE. ② *Les
places de théâtre sont chères, même au poulailler* [fam.] : [plus rare] **paradis.**

poulain → JUMENT.

poularde → POULE.

poule

I ① *Préparer une poule au riz :* [partic.]
poularde (= jeune poule engraissée pour
la cuisine). ② *Quand les poules auront

des dents [fam.] : → JAMAIS, À LA SAINT-
GLINGLIN. *Se coucher avec les poules* [fam.] :
[cour.] **très tôt.**

II ① *Sortir avec sa poule* [fam., vieilli et
souvent péj.] : → AMANTE. ② → PROSTITUÉE.

III → POULET II.

poulet

I *Le chef avait préparé un jeune poulet
aux herbes :* [plus précis] **coquelet** (= jeune
coq destiné à l'alimentation).

II *Tu viens, mon poulet ?* [fam.] : **cocotte,
poule, poulette** (qui se disent, par affection, exclusivement à une personne du
sexe féminin) ◆ **poussin, poussinet** (qui
s'emploient surtout en s'adressant à des
enfants).

III → POLICIER.

poulette → POULET II.

pouliche → JUMENT.

poulinement → MISE* BAS.

poupard → BÉBÉ.

poupée ① *La fillette jouait avec sa pou-
pée :* [partic.] **baigneur** (= poupée représentant un bébé). ② *Une belle poupée*
[fam.] : → FEMME.

poupon → BÉBÉ.

pour [prép.] ① [suivi d'un n. de lieu] *Il est
parti pour Paris sans prévenir :* **à** (dans ce
contexte, *partir pour* est d'un emploi plus
cour.). ② [suivi d'un n. animé] *Ce livre n'est
pas pour les enfants :* [moins cour.] **destiné
à ;** → À L'USAGE* DE. *Sa haine pour son
oncle est inexplicable :* **envers.** *Les électeurs
se sont prononcés pour le candidat de la
gauche :* **en faveur de.** *Pour vous, avait-il
raison ? :* **selon ;** → APRÈS I. *Il a fait tout
cela pour vous :* **dans votre intérêt.** ③ [suivi
d'un n. de chose et pouvant marquer le but] *Je
ne travaille pas pour le plaisir :* **par** (... *par
plaisir*). *Ses parents ont organisé une fête
pour son anniversaire* [cour.] : [plus sout.]
en l'honneur de. *Il prend un sirop pour la
toux* [fam.] : [plus cour.] **contre.** *La blanchisserie est fermée pour réparations, décès,
travaux :* **pour cause de.** *Je ne suis pas
pour, pour cela :* → PARTISAN II. ④ [suivi
d'un n. animé] *Il a été puni pour son frère :*

à la place de ; → AU LIEU* DE. ⑤ *Il est trop lourd pour sa taille :* **par rapport* à.** *J'ai eu ce bibelot pour dix euros :* [moins cour.] **moyennant.** ⑥ [suivi d'un n. sans détermination] *Il a eu pour professeur un jésuite :* → COMME II. ⑦ [en tête de phrase, suivi d'un n. ou d'un pron.] → QUANT* À. ⑧ [suivi d'un inf.] *J'ai rentré mon bois pour le faire sécher :* [plus sout.] **afin de, dans l'intention de** ◆ [sout.] **en vue* de.** *J'ai rentré mon bois pour qu'il sèche :* [plus sout.] **afin que.** ⑨ [~ + adj. + que] *Pour distrait qu'il soit... :* → QUELQUE... QUE, SI I. ⑩ [n.m.] *Le pour et le contre :* → CÔTÉ.

pourboire → SERVICE I.

pourceau → PORC.

pourcentage *Il faut prévoir un pourcentage d'erreurs :* **coefficient, taux.** *Le pourcentage des réussites :* → PROPORTION.

pourchasser → POURSUIVRE I.

pourparlers → CONVERSATION, NÉGOCIATION.

pourpre → ROUGE II.

pourquoi ① [adv. et conj.] *Mais pourquoi est-il venu me voir ? :* **pour quelle(s) raison(s)** ◆ [plus sout., plus restreint] **dans quelle intention ;** → QUE* NE. *Pourquoi a-t-il changé ? :* → VENIR (*d'où vient qu'il...*). ② *C'est pourquoi :* → AINSI I. ③ [n.m. inv.] *Enfin tu me diras-tu le pourquoi de ta colère ? :* **motif, raison ,** → CAUSE. *Les pourquoi des enfants :* **question.**

pourri → POURRIR.

pourrir ① [v.i.] *Les fruits tombés sous l'arbre ont pourri :* ↓ **moisir,** ↓ **s'avarier,** ↓ **se gâter.** *Une charogne pourrit au bord du fossé* [cour.] : [plus didact.] **se putréfier** ◆ **se décompose*** (qui implique une apparence répugnante). ② [v.i.] *Le gouvernement a laissé pourrir la situation sociale :* ↓ **se détériorer ;** → S'ENVENIMER. *L'innocent a pourri en prison :* → CROUPIR. ③ [v.t. ; ~ qqch] *Sous les tuiles cassées, l'humidité avait pourri les chevrons :* [plus génér.] **détériorer, abîmer*.** *La pluie a pourri la paille :* **gâter* ;** → AVARIER. *La gangrène lui a pourri le doigt sous le pansement :*

↓ **infecter.** ④ [v.t. ; ~ qqn] *L'argent a pourri ce garçon :* [plus sout.] **corrompre*.** *Elle ne devrait pas pourrir son fils* [fam.] : [plus cour.] ↓ **gâter*.**

◇ **pourri** ① [qqch est ~] *Le service des fraudes a détruit la viande pourrie :* ↓ **avarié ;** → CORROMPU. *Une poire pourrie :* [partic.] **blet** (qui se dit d'un fruit trop mûr). *C'est un climat pourri :* **malsain** ◆ [plus partic.] **humide.** ② *Une copie pourrie d'erreurs* [fam.] : [cour.] **plein*.** ③ *C'est un homme pourri :* **corrompu*** ◆ [partic.] **ripou** (qui se dit notamm. d'un policier). ④ [n.] → POURRITURE, VENDU.

◇ **pourrissement** *Le pourrissement d'une situation :* **dégradation, détérioration.**

◇ **pourriture** ① *Une odeur de pourriture :* **putréfaction.** ② *La pourriture du régime provoquera sa chute :* **corruption*.** ③ *Vous êtes une pourriture, monsieur !* [inj.] : **ordure, pourri.**

pourrissement, pourriture → POURRIR.

poursuite → CONTINUATION.

poursuivre

I ① [qqn ~ qqn] *La police poursuit les malfaiteurs :* [moins cour.] ↑ **pourchasser,** ↑ **traquer*.** *Ses créanciers le poursuivent :* **presser** ◆ ↑ **harceler ;** → SERRER* DE PRÈS, SUIVRE, ASSIÉGER. *Il poursuit cette jeune fille :* [fam.] **courir après.** ② [qqch ~ qqn] *Cette idée fixe le poursuit :* **obséder, hanter ;** → TOURMENTER. ③ [qqn ~ qqch] *Il ne faisait que poursuivre son intérêt :* ↓ **rechercher.**

II ① *Le coureur poursuit son effort dans la ligne droite :* **maintenir.** *Le conteur poursuit son récit :* **continuer* ;** → PROLONGER II. ② *Poursuivre une négociation :* → MENER. *Poursuivre une enquête :* → POUSSER III.

◇ **se poursuivre** → SE PROLONGER.

pourtant → EN ATTENDANT*, CEPENDANT, MAIS I.

pourtour → PÉRIPHÉRIE, TOUR II.

pourvoi → APPEL.

pourvoir ① *Pourvoir un navire :* → ARMER, APPROVISIONNER, NANTIR.

Pourvoir en armes : → PROCURER.
② *Pourvoir à* : → SUBVENIR. *Se pourvoir de* : → S'ASSURER.

pourvu → ACHALANDÉ.

pourvu que → SI II.

poussah → GROS II.

pousse → POUSSER IV.

poussée → POUSSER I.

pousser

I [v.t. ; ~ qqn, qqch] *Ne me poussez pas ! il y a de la place pour tout le monde* : **bousculer**. *Le courant d'air pousse la poussière sous les meubles* : ↑ **chasser**. *La rivière pousse les bois flottés le long de la rive* : **charrier, entraîner***. *Pousser les meubles* : [plus génér.] **déplacer**. *Poussez la porte* : [plus génér.] **ouvrir, fermer** (qui indiquent le sens du déplacement et le résultat de l'action). *Pousser le verrou* : → METTRE.

◇ **se pousser** *Pouvez-vous vous pousser un peu ?* : **se déplacer** ◆ [plus précis] **s'écarter, se retirer, se reculer** (qui indiquent le sens du déplacement, de côté ou en arrière) ; → S'ÔTER.

◇ **poussée** [n.f.] ① *Une bonne poussée l'a projeté en avant* : [plus rare] **bourrade**. *La poussée de la foule* : ↓ **pression**. *La poussée des bourgeons* : → POUSSE. ② *Une poussée de fièvre* : **accès***. ③ *Les arcs-boutants s'opposent à la poussée de la voûte* : **poids, charge**. ④ *La poussée des prix* : **augmentation, hausse**.

II [v.t. ; ~ qqch] ① *Avec ce froid, il faut pousser la chaudière* : **activer**. *Pousser le chauffage* : **monter**. ② *Vous poussez un peu loin la plaisanterie* : [absolt] **exagérer** ◆ [fam.] **charrier** (*vous exagérez, charriez*). ③ *La jeune fille poussa un cri de surprise* : **jeter** ◆ [plus sout.] **émettre** ; → LANCER.

III [v.t. ; ~ qqn] ① *Il a poussé son frère dans son affaire* [fam.] : **pistonner** ◆ [plus génér.] ↓ **aider***, ↓ **soutenir***. ② [~ qqn + inf. ou n.] *La faim l'avait poussé à voler* : **inciter, amener*** ; → ENTRAÎNER I, PROVOQUER I. *Ses imprudences l'ont poussé à la ruine* : **acculer*** ; → CONDUIRE. *Ce n'est pas cette raison qui me pousse* : **faire agir** ◆ [rare] **mouvoir**.

Ses amis l'avaient poussé à poser sa candidature : ↓ **engager** ◆ [plus sout.] **inviter, exhorter** ◆ ↑ **décider** ; → PROVOQUER, PRESSER II, ENCOURAGER, TRAVAILLER. ③ *Le juge poussa l'enquête jusqu'au bout* : **poursuivre, prolonger**. ④ *Pousser qqn à bout* : **exaspérer** ; → METTRE EN COLÈRE*.

IV [v.i.] ① *Les blés poussent vite cette année* : **venir*** ◆ [plus partic.] **pointer, lever*, sortir** (qui se disent des premiers moments de la croissance de la plante au-dessus du sol) ◆ [plus sout.] **croître**. ② *Le petit a bien poussé depuis l'an dernier* [fam.] : [plus cour.] **grandir***.

◇ **pousse** ① *Les premières pousses des hortensias* : [plus précis] **bourgeon**. ② *La pousse des feuilles est précoce* : **poussée**.

poussette → VOITURE.

poussier → POUSSIÈRE.

poussière ① *La poussière vole dans un rayon de soleil* : [plus partic.] **poussier** (= poussière de charbon) ◆ [didact.] **pollen** (= poussière fécondante des fleurs). ② *Réduire en poussière* : **pulvériser***. *Tomber en poussière* : → DÉLIQUESCENCE. ③ *La boulangère m'a rendu quatre euros et des poussières* [fam.] : [cour.] **et quelques**.

poussiéreux ① → SALE. ② → VIEUX.

poussin, poussinet → POULET II.

poutre *Le charpentier a utilisé des poutres de chêne* (= grosse pièce de bois équarrie servant de support dans une construction) : [plus génér.] **madrier** (= planche très épaisse et à usages divers) ◆ **bastaing** (= madrier de sapin) ◆ **chevron** (= pièce de bois équarri sur laquelle sont fixées des lattes) ◆ [par ext.] **solive**.

pouvoir

I [v.i.] ① [qqn, qqch ~] *Pouvez-vous accomplir cette tâche ?* : [moins cour.] **être capable, être en état de, avoir la possibilité, avoir la capacité, avoir la force** ; → SAVOIR I, ÊTRE SUSCEPTIBLE* DE. ② [qqn ~] *Votre fils peut-il sortir ce soir ?* : **avoir l'autorisation, la permission de**. ③ [qqn, qqch ~] *Il peut avoir eu un accident de voiture* : **risquer de**. ④ *N'en plus pouvoir. Continuez sans moi, je n'en peux plus* : **être épuisé**.

◇ **se pouvoir** *Il se peut que vous ayez raison* : **il est possible**. *Savez-vous s'il viendra ? Cela, ça se peut* : **c'est possible**.

II [n.m.] ① *Je n'ai pas le pouvoir de prédire l'avenir* : **faculté, capacité** ◆ ↑ **don** (= capacité innée). ② *Il ne manque pas de pouvoir auprès des autorités locales* : **influence** ◆ ↓ **crédit** (= confiance qu'on inspire) ; → **AUTORITÉ**. *Il a succombé au pouvoir de la musique* : [plus sout.] **charme*** (= pouvoir magique ou pour le moins mystérieux). *Le pouvoir d'un remède* : → **VERTU II, EFFICACITÉ**. *Il est tombé au pouvoir de son pire ennemi* : **dans les griffes*** ; → **MAIN, PUISSANCE**. ③ *Une nouvelle majorité a accédé au pouvoir* [génér.] : [plus partic.] **gouvernement** ; → **ÉTAT**. *Exercer le pouvoir* : → **COMMANDEMENT**. ④ *Il m'a donné pouvoir, un pouvoir pour décider en ses lieu et place* [sout.] : **procuration, mandat** ; → **DÉLÉGATION**. ⑤ [pl.] *Le préfet a excédé ses pouvoirs* : **attribution**. *Vous avez pleins pouvoirs pour mener l'opération* : **carte blanche** (*vous avez carte blanche...*).

pragmatique → **EMPIRIQUE, RÉALISTE**.

pragmatisme → **RÉALISME**.

prairie → **PACAGE**.

praticable → **PRATIQUER II**.

pratique

I [adj.] ① *C'est une invention pratique* : **utilitaire**. ② *Un moyen pratique* : **fonctionnel** ; → **COMMODE II**. ③ *Un esprit pratique* : → **CONCRET**.

◇ **pratiquement** ① *Théoriquement, vous avez raison, mais pratiquement vous échouerez* : **en fait, en pratique** ; → **CONCRÈTEMENT**. ② *Ce travail est pratiquement achevé* : **à peu près*, presque, pour ainsi dire*** ◆ [plus sout.] **quasiment, virtuellement**.

II [n.f.] ① *Faut-il opposer la théorie et la pratique ?* : **action** ◆ [didact.] **praxis** (qui appartient au vocabulaire philosophique). *C'est une pratique répandue* : **en usage**. ② *Avoir une longue pratique* : → **ENTRAÎNEMENT II, EXERCICE, HABITUDE**. ③ *Mettre en pratique* : **pratiquer** ; → **APPLIQUER, METTRE À EXÉCUTION***. *En pratique* : **pratiquement***.

pratiquement → **PRATIQUE I et II**.

pratiquer

I ① *Il pratique son métier depuis vingt ans* : **exercer** ; → **SAVOIR I**. *Mon fils pratique le football* : [plus cour.] **jouer à**. *Quand il est en vacances, il peut pratiquer ses activités favorites* : **se livrer à** ; → **S'ADONNER**. ② *Il ne pratique guère ses principes* : [plus cour.] **appliquer** ; → **PRATIQUE II**. ③ *Non, merci, je ne pratique pas l'alcool* [fam.] : [cour.] **consommer**.

◇ **se pratiquer** *Cela se pratique encore* : **se faire**.

II *Le maçon a pratiqué une ouverture dans le pignon* : **percer** ◆ [plus sout.] **ménager**. *On a pratiqué un chemin de la route à la maison* : **frayer, ouvrir*, tracer** ; → **PERCER**.

◇ **praticable** *Un chemin praticable* (= que l'on peut emprunter) : **accessible** (= que l'on peut atteindre) ; → **CARROSSABLE**.

praxis → **PRATIQUE II**.

pré → **PACAGE**.

préalable ① [adj.] *Cette question préalable doit être réglée* : **préliminaire**. *Des entretiens préalables* : **exploratoire**. ② [n.m.] *C'est un préalable à toute discussion* : [génér.] **condition**. ③ [loc. adv.] *Au préalable* : **préalablement, d'abord*** ; → **AVANT**.

préalablement → **AVANT, AU PRÉALABLE***.

préambule → **INTRODUCTION, PRÉFACE, PRÉLIMINAIRE**.

précaire *Cette pile de livres est dans un équilibre précaire* [sout.] : [plus cour.] **instable**. *Il bénéficie d'un calme précaire* [sout.] : **éphémère**, [plus cour.] **passager** (qui insistent sur la brièveté de l'état). *Il est d'une santé précaire* : **fragile***.

◇ **précarité** *La précarité d'une situation* [sout.] : [plus cour.] **instabilité** ; → **FRAGILITÉ**.

précarité → **PRÉCAIRE**.

précaution ① *Prendre des précautions* : → **GARANTIE**. *Sans précaution* : → **PRÉPARATION**. ② → **MESURE II, PAS III, PRUDENCE**.

précédemment → PRÉCÉDENT I.

précédent

I [adj.] *Dans un chapitre précédent, l'auteur avait expliqué son projet* : [moins cour.] **antérieur**. *Le jour précédent* : **la veille**. *La procédure précédente* : **d'avant** ♦ [sout.] **antécédent, préexistant.**

◇ **précédemment** *Nous en avons parlé précédemment* : **antérieurement, auparavant** ; → AVANT.

◇ **précéder** *Précéder qqn* : **passer devant**. *Il l'a précédé dans la carrière diplomatique* : **devancer** ; → AVANT, PRENDRE LE PAS* I. *Précéder qqn en âge* : **dépasser.**

II ① [n.m., surtout au pl.] *Il n'y a pas de précédents à cette situation* : **antécédents** (= actes appartenant au passé d'une personne : *cet individu a de fâcheux antécédents*). ② [loc. adj.] *Sans précédent. Cet exploit est sans précédent* : **unique** ♦ ↑ **extraordinaire** ; → SANS EXEMPLE*.

précéder → PRÉCÉDENT I.

précepte → COMMANDEMENT, LEÇON.

précepteur → PROFESSEUR.

prêche → PRÊCHER.

prêcher ① [v.t. ; ~ qqch] *Ce diplomate prêche la prudence* [sout.] : [cour.] **conseiller, préconiser** ♦ ↓ **recommander.** ② [~ qqn] *C'est un père blanc qui est parti prêcher les incroyants* [terme de religion] : **évangéliser** ; → ANNONCER. ③ [v.i.] *Il ne parle pas, il prêche* [vieilli] **moraliser.**

◇ **prêche** *La famille avait assisté au prêche du dimanche* (= surtout discours religieux protestant) : **sermon** ♦ [didact.] **prône** (= allocution d'un prédicateur catholique).

◇ **prêcheur** ① *Le prêcheur descend de la chaire* [vx] : [cour.] **prédicateur.** ② *C'est un vrai prêcheur* [vieilli, péj.] : [sout.] **sermonneur** ♦ [plus fam.] **radoteur, raseur.**

prêcheur → PRÊCHER.

prêchi-prêcha → MORALISATEUR.

précieusement → PRÉCIEUX I.

précieux

I [adj. ; qqn, qqch est ~] ① *Les objets précieux ne peuvent être déposés au vestiaire* : **de (grand) prix, de valeur** ; → FIN III. ② *Ses services sont précieux* : **d'un grand secours** ♦ ↓ **appréciable** ♦ ↑ **inappréciable** ; → UTILE. *Son amitié m'est précieuse* : [plus précis] **cher** (= qui tient à cœur).

◇ **précieusement** *Je garde précieusement son souvenir* : **jalousement, pieusement** (selon la nature des sentiments éprouvés).

II [adj. et n. ; qqch est ~] → AFFECTÉ, MANIÉRÉ.

◇ **préciosité** *Il parlait avec une préciosité qui prêtait à rire* : **affectation** ♦ ↓ **recherche** ; → RAFFINEMENT.

préciosité → PRÉCIEUX II.

précipice → ABÎME.

précipitamment → VITE.

précipitation

I *Agir avec précipitation* : **hâte** ♦ [plus partic.] **irréflexion.**

II [surtout au pl.] *On annonce des précipitations pour la nuit* [didact.] : [plus cour. et plus partic.] **pluie, neige, grêle** (*de la pluie, de la neige, de la grêle, des pluies*) ; → CHUTE.

précipiter ① *Le mauvais temps a précipité son retour* : **brusquer, hâter** ; → ACCÉLÉRER, AVANCER II. *Précipiter la cadence* : → PRESSER II. ② *Précipiter par-dessus bord* : → JETER. *Précipiter dans le découragement* : → PLONGER II.

◇ **se précipiter** ① *Les événements se précipitent* : **s'accélérer.** ② *Se précipiter dans les bras de sa mère* : → SE JETER. *Se précipiter sur son adversaire* : **foncer** ; → S'ÉLANCER, SE RUER. *Se précipiter au-devant d'un ami* : **accourir** ; → S'EMPRESSER.

précis

I [adj.] ① *Il a des idées précises sur la question* : **clair*, exact*** ; → NET I. *Il avait reçu des consignes précises* : **détaillé, explicite** ; → STRICT, CIRCONSTANCIÉ. *Avoir une raison précise* : → PARTICULIER. *C'est* *un esprit clair et précis* : **rigoureux*** ; → MATHÉMATIQUE. ② *Nous avions rendez-vous à 10 heures précises* : **juste** ◆ [fam.] **pile, sonnant, tapant** ◆ [très fam.] **pétant.**

◇ **précisément**① *Vous devez répondre précisément à ce questionnaire* : **exactement.** ② *C'est précisément ici* : → MÊME III. ③ → JUSTEMENT II. *C'est lui qui vous a écrit ? − Précisément* : **oui** (*précisément* renforce l'affirmation).

◇ **préciser** *Le contrat précise le montant des frais* : **déterminer, spécifier** ; → DÉFINIR, STIPULER. *Préciser l'heure d'un rendez-vous* : **fixer.**

◇ **se préciser** *Ses sentiments se précisaient* : → SE DESSINER.

◇ **précision** ① *Ces calculs valent par leur précision* : **exactitude*.** *La précision de ses arguments m'a convaincu* : **rigueur*** ; → SÛRETÉ. *Cette photographie est remarquable par sa précision* : **netteté*.** ② *Son étude apporte des précisions sur la vie des ours* : **détail** ; → DONNÉE.

II [n.m.] → ABRÉGÉ.

précisément, préciser, précision → PRÉCIS I.

précoce → HÂTIF.

précocement → TÔT.

préconçu → FAIT I.

préconiser *Préconiser la modération* : **recommander** ◆ ↑ **prôner** ; → PRÊCHER.

précurseur ① [adj.] *Des signes précurseurs du printemps* : → ANNONCIATEUR. ② [n.m.] *Un précurseur de la chimie moderne* : → ANCÊTRE, DÉFRICHEUR, VISIONNAIRE.

prédécesseur ① *Le ministre a hérité de son prédécesseur une situation difficile* : **devancier.** ② [pl.] → AÏEUX.

prédicant → PRÊTRE.

prédicateur → PRÊCHEUR.

prédiction → PRÉDIRE.

prédilection → PRÉFÉRENCE. *De prédilection* : → FAVORI I.

prédire *La voyante avait prédit la mort du président* : **deviner** (qui n'implique pas la communication de l'information) ◆ **annoncer** (qui se dit indifféremment, que la nouvelle soit sûre ou improbable, qu'elle concerne le présent ou le futur) ◆ **augurer** (qui s'emploie avec un compl. introduit par *de* : *j'augure mal de son silence*) ◆ **prophétiser** (= prédire par divination ou par pressentiment, par conjecture). *Prédire l'avenir* : → LIRE II. *On peut prédire une crise politique prochaine* : **pronostiquer** (qui se dit d'une prévision établie sur des données statistiques).

◇ **prédiction** *Verrons-nous s'accomplir vos prédictions ?* : **pronostic** (= prévision fondée) ◆ [partic.] ↑ **prophétie** (= prédiction des prophètes).

prédisposé → ENCLIN.

prédisposer → PRÉPARER.

prédisposition → DISPOSITION, FACILITÉ, TENDANCE.

prédominance → RÈGNE.

prédominant → PRIMORDIAL, PRINCIPAL.

prédominer → DOMINER, RÉGNER.

prééminence → PRIMAUTÉ, SUPRÉMATIE.

préexistant → PRÉCÉDENT.

préface *La préface précisait les objectifs de l'auteur* : **avant-propos** (= préface brève) ◆ **préambule** (= entrée en matière appartenant au corps même de l'œuvre) ◆ **prologue** (= première partie d'une œuvre qui présente des faits antérieurs à l'action principale) ◆ **introduction*** (qui implique un contenu didactique) ; → AVERTISSEMENT.

préférable → MEILLEUR, MIEUX, VALOIR I (*il vaut mieux*).

préféré → FAVORI I.

préférence → PRÉFÉRER.

préférer ① *Le père préférait son fils cadet* : **aimer mieux.** *Le jury a préféré votre version des faits* : ↓ **pencher pour** ◆ ↑ **adop-**

préhistoire

ter ; → CHOISIR. ② *Les oliviers préfèrent un climat chaud* : **aimer**.

◇ **préférence** ① *Elle avait une petite préférence pour moi* : **faible, faiblesse** ◆ [partic.] **penchant*** (qui évoque une inclination naturelle). *Il affiche sa préférence pour les films d'horreur* : ↑ **prédilection**. ② *De préférence. Adressez-vous de préférence aux personnes autorisées* : **plutôt**.

préhistoire → HISTOIRE I.

préjudice ① *Cette affaire lui a porté préjudice* [sout.] : [cour.] **tort** ; → DOMMAGE, LÉSION. *Une injustice a été commise à son préjudice* : **détriment**. ② *Il a été condamné, mais sans préjudice de ses intérêts* : [plus cour.] **réserve faite de**.

préjudiciable → DOMMAGEABLE.

préjugé *Nous n'avons aucun préjugé pour ou contre cette idée* : **prévention, parti pris** ; → A PRIORI. *Des préjugés tenaces* : → FAIT I (*des idées toutes faites*), ERREUR.

prélat → DIGNITAIRE.

prélèvement → PRISE* (III) DE SANG.

prélever *Prélever un échantillon pour analyse* : [moins précis] **retirer, retenir**. *Prélever un impôt* [rare] : [plus cour.] **lever**.

préliminaire ① [n.m. sing.] *L'orateur se lança dans un long préliminaire* : **exorde**. ② [n.m. pl.] *Ces événements sont les préliminaires d'une crise politique grave* : [sing.] **préambule, prélude** ◆ [plus cour.] **commencement** ◆ [rare] **prodrome**. ③ [adj.] → INTRODUCTIF, PRÉALABLE.

prélude → PRÉLIMINAIRE.

préluder → ANNONCER.

prématuré ① *Une décision prématurée* : → HÂTIF. ② *Une naissance prématurée* : → AVANT TERME* I.

prématurément → AVANT TERME* I.

prémédité → PRÉMÉDITER.

préméditer ① *Le cambrioleur avait longuement prémédité son coup* : [plus génér.] **calculer, préparer, mûrir** (qui ne supposent pas l'intention de mal faire). ② *Nous avions*

prémédité de venir vous surprendre : [plus cour., génér.] **projeter**.

◇ **prémédité** *C'est un acte prémédité* : **calculé, mûri, préparé** ◆ ↑ **intentionnel**.

prémices → COMMENCEMENT.

premier

I [adj., le plus souvent antéposé] ① *Son premier mouvement fut de crainte* [cour.] : [moins cour., postposé] **initial**. *Sa première enfance fut heureuse* : [rare] **prime** ◆ [plus cour.] **petit**. *La première édition d'un roman* : [postposé] **original** (qui se dit de la première édition d'un texte inédit) ◆ [didact.] **princeps** (qui se dit de la première édition d'un ouvrage ancien et rare). *À la première occasion, il recommencera* : **prochain**. *L'enseignement du premier degré* : **primaire**. ② *Dans le premier tome, dans le tome premier, l'auteur a traité cette question* : [postposé] **un** (*dans le tome un...*). *Le journal a mis la nouvelle en première page* : **à la une**. ③ *Les arts premiers* : [considéré comme péj.] **primitif**. *Ce cheval est arrivé premier dans la troisième course* : **en tête** ◆ **gagnant**. *Les premiers signes du printemps* : **annonciateur***. ④ *Le premier venu* : **n'importe qui**.

II [adj., antéposé ou postposé] ① *Voici l'idée première de cette théorie* : **fondamental** ◆ ↓ **capital** (qui se dit de l'importance du fait considéré et non de sa valeur de principe). *Il faut d'abord satisfaire les besoins premiers de l'individu* : **fondamental, primordial, essentiel, vital**. ② *Dans son sens premier, arène a signifié sable* : **primitif** ◆ [plus sout.] **originel**.

III [n.] ① *Son fils est le premier de la classe* : [plus génér.] **le meilleur** ◆ [partic.] **major** (= premier au concours d'une grande école) ◆ **cacique** (= premier au concours de l'École normale supérieure). ② *Vous marcherez le premier* : **ouvrir la marche**. *Être le premier à avoir une nouvelle* : **étrenner, avoir la primeur de** (*étrenner, avoir la primeur d'une nouvelle*). *Nous attendons le premier de l'An* : **le Nouvel An**. *Un physique de jeune premier* : **séducteur**.

IV [loc. adv.] *En premier* : **d'abord***.

première [n.f.] ① *La première d'une pièce, d'un film* : **première représentation.** ② *Il voyage toujours en première* : **première classe.**

premièrement → D'ABORD II.

prémonition → PRESSENTIMENT.

prémonitoire → ANNONCIATEUR.

prémunir (se) → S'ASSURER, PRÉVENIR II.

prenant → PRENDRE I.

prendre

I [v.t.] ① [avec un sujet n. de personne] *Le boucher prend son couteau* : **saisir*** ◆ ↑ **empoigner.** *Il m'a pris l'outil des mains* : **ôter, retirer, enlever*** ◆ ↑ **arracher*.** *Un voleur lui a pris son portefeuille* : [fam.] **barboter ;** → VOLER. *Ce gourmand a pris la plus grosse part* : [moins cour.] **s'attribuer* ;** → DISPOSER, TOUCHER I. *Prendre ses sources* : → PUISER. ② *L'armée ennemie prit la ville* : **s'emparer de.** *Prendre le pouvoir* : → ACCAPARER. *Mon voleur s'est fait prendre* : **attraper, arrêter** ◆ [plus sout.] **appréhender, capturer, mettre la main au collet** ◆ [fam.] **épingler, coincer** ◆ [très fam.] **choper ;** → PINCER. *Je me suis laissé prendre* : **tromper*** ◆ [fam.] **avoir.** ③ *Le garagiste me prend cinq euros pour recharger ma batterie* : **demander.** ④ *Il a pris son manteau* : [plus précis] **mettre** (qui implique l'utilisation du vêtement) ; → ENFILER. *Prendre un mouchoir dans sa poche* : → TIRER II. ⑤ *Nous avons pris un verre au café d'en face* : [plus sout.] **consommer ;** → BOIRE. *Prendre un remède* : → ABSORBER II. ⑥ *Prendre sa viande chez un boucher* : **acheter ;** → SE SERVIR. ⑦ *Le conducteur a pris un sens interdit* : [moins cour.] **s'engager dans ;** → ENTRER. *Prendre un chemin* : → EMPRUNTER, SUIVRE. *Nous avons pris le virage trop vite* : **aborder*.** ⑧ *Le patron a pris un collaborateur* : **embaucher, engager** ◆ [plus sout.] **s'adjoindre ;** → ATTACHER III. ⑨ [qqn ~ qqn, qqch pour] *Je vous ai pris pour mon frère* : **confondre avec.** *Ce prétentieux prend les gens pour des imbéciles* : **considérer comme ;** → TENIR* (I)

POUR. ⑩ *Prendre le train* : → MONTER I. *Prendre l'autoroute* : → EMPRUNTER. *Prendre le bateau* : **s'embarquer.** *Prendre la mouche* : → S'ENFLAMMER. *Prendre des précautions* : → S'ENTOURER. *Prendre un rhume* : **s'enrhumer ;** → CONTRACTER. *Prendre un bain* : → SE BAIGNER. *Prendre le lit* : → SE COUCHER. *Prendre la clé des champs, ses jambes à son cou, la tangente* : → FUIR. *Prendre la fuite* : **s'enfuir.** *Prendre en photo, une photo* : **photographier.** *Prendre l'air* : → S'AÉRER. [avec un compl. circonstanciel ou un adv.] *Prendre en compte* : **considérer.** *Prendre à charge* : **se charger de.** *Prendre d'assaut une position ennemie* : → ASSIÉGER. *Prendre d'assaut un terrain de camping* : → INONDER. *Prendre garde à* : → SE DESSINER. *Prendre garde à* : → ATTENTION. *Prendre conseil* : → CONSULTER. *Prendre des coups* : → RECEVOIR. *Prendre des poissons* : → PÊCHER. ⑪ *Où a-t-il été prendre cela ?* [fam.] : **pêcher*** ◆ [plus cour.] **trouver.** *Prendre son autorité* : → TIRER II. ⑫ [avec un sujet n. de personne ou de chose] *Cet enfant a dû prendre du poids* : [moins cour.] **gagner ;** → GROSSIR. *Cette vieille maison prendra de la valeur après sa restauration* : [plus sout.] **acquérir.** ⑬ *Prendre de court* : **surprendre.** ⑭ [sujet n. de chose] *La rage l'a pris devant mon ignorance* : **saisir, s'emparer de.** ⑮ *L'averse nous a pris sur le chemin du retour* : [plus cour.] ↑ **surprendre.** ⑯ *Son travail lui prend tout son temps* : ↑ **absorber, dévorer ;** → OCCUPER.

◇ **se prendre** ① *Le gamin s'était pris dans les ronces* : **s'accrocher.** ② *S'y prendre. Il s'y prend mal* : [moins cour.] **procéder ;** → OPÉRER. *Il vaut mieux s'y prendre à temps* : **commencer.** ③ *S'en prendre à. Le chef de service s'en est pris à ses subordonnés* : [plus sout.] ↑ **incriminer ;** → S'ACHARNER, ATTAQUER, PARTIE.

◇ **prenant** *C'est une mélodie prenante* : ↑ **envoûtant ;** → PALPITANT.

◇ **preneur** *L'antiquaire n'a pas trouvé preneur pour ce fauteuil* : **amateur ;** → ACHETEUR.

II [v.i. ; sujet n. de chose] ① *La mayonnaise commence à prendre* : **épaissir.** *Le ciment prend vite* : **durcir ;** → SE SOLIDIFIER.

② *On lui a raconté une blague ; ça a pris :* [fam.] **marcher.** ③ *Le jeune arbre a fini par prendre :* **reprendre.**

preneur → PRENDRE I.

prénom *Pourquoi m'appelle-t-il par mon prénom ? :* [plus fam.] **petit nom.**

prénommer → APPELER II, NOMMER I.

préoccupant → INQUIÉTANT.

préoccupation → PENSÉE I, SOUCI.

préoccupé → RÊVEUR, SOUCIEUX.

préoccuper → AGITER, ENNUYER, TOURMENTER, TRAVAILLER I.

◊ **se préoccuper** *Il se préoccupe de son avenir :* → S'OCCUPER, SONGER, SE SOUCIER.

préparatif, préparation → PRÉPARER.

préparé → PRÉMÉDITÉ.

préparer ① [qqn ~ qqch] *Préparer une chambre :* [plus sout.] **apprêter.** *Les enfants peuvent préparer la table :* [plus cour.] **mettre** ◆ [plus sout.] **dresser*, disposer*.** *Nous avons préparé un bon repas :* **faire** ◆ [plus précis] **mijoter ;** → ACCOMMODER, ARRANGER, COMPOSER. *Il nous a préparé la route :* [plus sout.] **frayer.** ② [qqn ~ qqch] *Le professeur prépare son cours :* **travailler* à.** *Préparer le travail :* → MÂCHER. *Le prisonnier a préparé un plan d'évasion :* [plus précis] **combiner, échafauder** (qui soulignent la difficulté du projet) ◆ **étudier,** [plus sout.] **élaborer** (qui se disent d'une préparation rationnelle) ◆ **mûrir** (qui insiste sur la durée de l'élaboration du plan) ◆ **organiser** (qui se dit de la préparation concrète du projet) ; → PRÉMÉDITER. *Préparer un complot :* [péj.] **machiner** ◆ [plus sout.] **concerter** ◆ [rare] **ourdir.** *Ses collègues lui avaient préparé une surprise :* **réserver.** *On lui avait préparé un piège :* [plus sout.] **dresser*.** ③ [qqn ~ qqch] *Le boucher préparait rapidement le rôti :* [plus précis] **apprêter, parer*.** ④ [qqch ~ qqch] *Ce grand vent prépare la tempête :* **annoncer** ◆ [plus sout.] **présager.** *Son erreur a préparé sa chute :* **provoquer** (qui implique l'idée de soudaineté). *Ses erreurs ont préparé la venue de l'opposition :* **faire le lit de** (*ses erreurs ont*

fait le lit de l'opposition). ⑤ [~ qqn] *L'école prépare ses élèves aux carrières commerciales :* **former.** *Sa formation le préparait à une vie active :* **prédisposer.**

◊ **se préparer** ① [qqn ~] *Prépare-toi pour le départ :* **s'apprêter** ◆ [plus partic.] **s'habiller ;** → VÊTIR. *Je me préparais à vous répondre :* [plus sout.] **se disposer.** ② [qqch ~] *Un orage se prépare :* ↑ **être imminent** ◆ [plus partic.] **menacer** (qui se dit de l'approche d'un danger).

◊ **préparatif** *Nous avons fait nos préparatifs pour le voyage* [surtout au pl.] : [sout., vieilli] **apprêts.**

◊ **préparation** ① *La préparation d'une fête, d'un travail :* **organisation*.** ② *La préparation des athlètes :* **entraînement*.** ③ *Annoncer un décès à qqn sans préparation :* **sans précaution.**

prépondérance → PRIMAUTÉ.

prépondérant → DOMINANT.

préposé → EMPLOYÉ.

préposer *Le nouvel employé fut préposé à la tenue des livres de comptes :* **charger* de** ◆ [plus sout.] **affecter, commettre.**

prérogative → APANAGE, DROIT III, PRIVILÈGE.

près

I [adv.] ① *Venez donc nous voir ; nous habitons tout près :* **à deux pas, à quatre pas** ◆ [plus fam.] **à côté.** ② *Il est à peu près certain qu'il viendra :* **presque.** *Il y a à peu près une heure que je l'attends :* **environ ;** → PRATIQUEMENT, SENSIBLEMENT. *Il me doit à peu près cent euros :* **dans* les, autour* de.** *Elle ne paraît pas son âge, à beaucoup près :* [plus cour.] **loin de là.** *La police surveille de près ses activités :* **étroitement*.**

II [loc. prép.] *Près de.* ① *Elle s'est assise près de son mari :* **à côté de** ◆ ↑ **contre*** ◆ [plus sout.] **auprès de ;** → DISTANCE. *La forêt était près de la ville :* **proche de** ◆ [sout., vieilli] **avoisiner** (*la forêt avoisinait...*) ; → PROXIMITÉ. *La balle est passée très près du but :* **à deux doigts de.** *Il est près de la solution :* **toucher du doigt.** *On est près des vacances :* ↑ **à la veille* de.** *Avoir près de soi :* **sous le nez*.** ② *Il* *est près de 1 heure* : **presque, bientôt.** *Il y avait près de dix mille manifestants* : **presque, environ.** ③ [~ + inf.] *Les négociations sont près d'aboutir* : **sur le point de.**

présage *Voilà un signe de mauvais présage* : **augure.** *Les présages d'une crise* : → SIGNE, SYMPTÔME.

présager ① → ANNONCER, AUGURER, PRÉPARER. ② *Laisser présager* : PROMETTRE.

prescience → PRESSENTIMENT.

prescription ① *Observer les prescriptions* : → COMMANDEMENT. ② *Les prescriptions du médecin* : → INDICATION. ③ *Il y a prescription pour ces infractions* : → AMNISTIE.

prescrire → COMMANDER II, IMPOSER, ORDONNER II, VOULOIR.

présence → PRÉSENT I.

présent

I [adj., postposé] *Être présent. Nous étions présents à l'inauguration* : **assister à** ♦ [plus partic.] **être témoin de, spectateur de** (qui excluent toute intervention active dans l'action).

◇ **présence** ① *Les physiciens ont constaté la présence d'une nouvelle particule dans le noyau* : [plus génér.] **existence** (qui n'implique pas le fait d'exister, sans préciser le lieu). ② *Apprécier la présence de qqn* : → COMPAGNIE. ③ *Les deux adversaires se sont retrouvés en présence* : **face à face.** *Avoir de la présence d'esprit* : **à-propos** ♦ [plus génér.] **vivacité.**

II [adj.] ① [postposé] *C'est un souvenir encore présent dans toutes les mémoires* : → FRAIS. ② [postposé] *Les temps présents ne favorisent pas l'optimisme* : **moderne.** ③ [antéposé ou postposé] *Les difficultés présentes de l'économie* : **actuel*.** *Le présent règlement modifie les dispositions antérieures* : [postposé] ↑ **en vigueur** (qui se dit d'une loi ou d'un règlement actuellement en application).

◇ **présentement** *Présentement, le malade n'est pas en état de recevoir des visites* [vieilli] : [plus cour.] **actuellement, pour l'instant.**

III [loc. adv.] *À présent. À présent, il sait tenir sa langue* : **maintenant*** ; → ACTUELLEMENT. *Il ne nous a rien dit jusqu'à présent* : **jusqu'ici.**

IV [n.m.] *Les présents qu'il a reçus pour son anniversaire l'ont comblé* : [plus cour.] **cadeau** ; → DON.

présentateur → ANIMATEUR, SPEAKER.

présentation → PRÉSENTER.

présentement → PRÉSENT II.

présenter ① [qqn ~ qqch] *Le bijoutier présente sa collection de pierres à une cliente* : [plus cour.] **montrer*** ♦ **proposer** (= faire connaître en vue d'un choix) ; → SOUMETTRE. *Il a fallu présenter ses papiers à la frontière* : [didact.] **exhiber** ; → PRODUIRE III. *La galerie présente de nouvelles toiles, un jeune peintre* : **exposer.** *Un comique présentait l'émission de jeux* : **animer*.** ② [qqn ~ qqch] *Présenter ses idées au cours d'un débat* : **développer.** ③ [qqn ~ qqn] *Présenter qqn au propriétaire d'un logement* : → INTRODUIRE* AUPRÈS. ④ [qqch ~ qqch] *Votre suggestion présente des avantages* : **offrir** ♦ [très génér.] **avoir.**

◇ **se présenter** ① [qqn ~] *Le témoin devait se présenter devant le tribunal* : **comparaître.** *Se présenter aux élections* : **se porter candidat.** *Il se présentait comme un juge suprême* : **s'ériger* en.** ② [qqch ~] *Une autre occasion se présentera bien* : **s'offrir*** ♦ [plus sout.] **survenir.** *Cela ne se présente pas tous les jours* : [plus cour.] **se produire, se voir.** *La première idée qui se présente* : **traverser*** (... qui traverse l'esprit) ; → VENIR.

◇ **présentation** ① *La présentation des grands fauves a réjoui les spectateurs* : **exhibition.** *La présentation des nouveaux modèles de voitures* : **exposition.** ② *La présentation d'un produit contribue à son succès* : **habillage** ♦ [plus génér.] **conditionnement.**

◇ **présentoir** *Garnir un présentoir de marchandises* : [partic.] **gondole** (= présentoir dans un magasin à libre-service).

présentoir → PRÉSENTER.

préservatif *Encourager l'usage des préservatifs pour éviter les maladies vénériennes* : [didact.] **condom** ◆ [fam.] **capote (anglaise)** ◆ [génér.] contraceptif* ◆ [partic.] **diaphragme, pessaire, stérilet*** (= contraceptifs féminins) ; → PILULE.

préservation → GARDE.

préserver ① *Préserver d'un danger* : → ASSURER, PROTÉGER, SAUVER. ② *Préserver sa jeunesse* : → CONSERVER. *Préserver ses intérêts* : → SAUVEGARDER.

président → PRÉSIDER.

présider

I [v.t. ; qqn ~] *Le maire a présidé la réunion* : [partic.] diriger* (*diriger les débats de*) ; → ANIMER.

◇ **président** ① *Le président du Conseil* [anc.] : [auj.] **Premier ministre, chef du gouvernement.** *Le président de la République* : [génér.] **chef de l'État** (qui s'applique quel que soit le régime du pays considéré). ② *Président-directeur général* : [sigle] **P-DG.**

II [v.t. ind. ; qqch ~] *Un esprit de franche cordialité a présidé à la rencontre* : **régner sur.**

présomption

I *La police a quelques présomptions contre cet individu* [sout.] : [plus cour.] **soupçon*** ◆ **indice** (qui se dit de signes concrets) ◆ ↑ **charge** (qui se dit d'un fait certain).

II *Agir par présomption* : → ORGUEIL, PRÉTENTION.

présomptueux → AMBITIEUX, ORGUEILLEUX, PRÉTENTIEUX.

presque ① *Le pilote était presque sorti d'affaire, quand la voiture a pris feu* : [moins cour.] **quasi** ◆ [fam., vieilli] **quasiment** ; → À PEU PRÈS, PAS LOIN* DE, PRATIQUEMENT. *Ces deux melons ont presque le même poids* : → SENSIBLEMENT. ② *Ce livre ancien n'est presque pas abîmé* : **très peu, à peine** (... *est à peine abîmé*). *Il a presque réussi* : [fam.] **à un poil près** (*à un poil près, il réussissait*) ◆ **il s'en est fallu d'un rien** (*il s'en est fallu d'un rien pour qu'il réussisse*).

pressant → PRESSER II.

presse → JOURNAL.

pressé → PRESSER II.

pressentiment → PRESSENTIR.

pressentir ① [~ qqch] *Nous avions pressenti les difficultés de l'entreprise* : **entrevoir** ◆ [plus précis] **prévoir** (qui se dit d'une connaissance plus rationnelle) ◆ [plus génér.] **deviner** ◆ **se douter de,** [fam.] **flairer** (qui se disent aussi bien d'une prévision pour le futur que de la connaissance d'un événement présent) ; → SENTIR I. ② [~ qqn] → SONDER.

◇ **pressentiment** *Il avait eu le pressentiment d'une catastrophe* : [moins cour.] **prémonition, prescience** ◆ [plus génér.] **intuition** (qui se dit aussi bien du sentiment que l'on a de ce qui existe, mais n'est pas vérifiable, que de la prévision du futur) ◆ [partic.] **avoir des antennes** (= avoir de l'intuition : *il a tout compris, il a des antennes*) ; → CONVICTION.

presser

I *Le liftier a pressé sur le bouton du troisième étage* : **appuyer***. *Il faut presser l'artère pour arrêter l'hémorragie* : **comprimer.** *La ménagère pressait son linge à la main avant de l'étendre* : **tordre** ◆ [plus partic.] **essorer** (qui indique que la pression est exercée pour exprimer le liquide du tissu). *La mère pressa son enfant contre elle* : **serrer** ◆ [plus sout.] **étreindre ;** → EMBRASSER.

◇ **se presser** ① *Les voyageurs se pressent dans le couloir du wagon* : ↑ **se tasser,** ↑ **s'entasser*** ◆ **se bousculer** (qui implique de plus un mouvement de la foule). *Se presser devant un guichet* : → ASSIÉGER. ② *Les oisillons se pressent contre la mère* : **se blottir.**

II [v.t. et v.i.] ① [qqn ~ qqn] *Son père le pressait de poursuivre ses études* : **pousser à, encourager à** ◆ [plus sout.] **exhorter à,** ↓ **inciter à.** ② *Il était pressé par ses débiteurs* : ↑ **harceler,** ↑ **persécuter ;** → POURSUIVRE I. *Presser qqn de questions* : ↑ **accabler.** ③ [qqn ~ qqch] *Le marcheur pressa la cadence, le pas* : **accélérer*, hâter** ◆ ↑ **précipiter, activer ;** → ALLONGER. ④ [qqch ~] *Ça presse* : **être urgent** ◆ [fam.] **urger.**

◇ **se presser** ① *Il se pressait pour attraper son train* : **se dépêcher*** ◆ [plus sout.] **se hâter, allonger le pas*** ◆ [très fam.] **se grouiller, se manier*** (*se manier, se manier le train, le popotin, le cul*) ; → ACCÉLÉRER, VITE. *Ne pas se presser* : **prendre son temps*.** ② → BOUILLONNER, S'EMPRESSER.

◇ **pressant** ① *Il avait un besoin pressant de sortir* : **pressé, urgent** ◆ [plus sout.] **impérieux*.** ② *Ses démarches pressantes ont abouti* : **insistant** ◆ [rare] **instant.**

◇ **pressé** ① [qqch est ~] *Dépêchez-vous, c'est pressé* : **urgent** ; → PRESSANT. ② [qqn est ~] *Il n'a fait que passer ; il était pressé* : [fam.] **avoir le feu au derrière,** [très fam.] **au cul.** *Il n'est pas pressé* : → TEMPS I.

◇ **pression** ① *Il n'aurait pas dû céder à la pression de son entourage* : ↑ **chantage** ◆ ↓ **influence*** (qui n'implique pas le dessein déterminé de l'agent). *Faire pression sur qqn* : ↑ **forcer** ◆ [anglic.] **forcing** (*faire du forcing*). *La pression sociale s'est exercée sur lui* : **contrainte.** *Des groupes de pression ont obtenu des mesures en leur faveur* : [anglic.] **lobby.** ② → POUSSÉE. ③ *Pression artérielle* : → TENSION.

pression → PRESSER II.

pressurer *Les vainqueurs ont pressuré les vaincus* : ↑ **saigner (à blanc).**

◇ **se pressurer** *J'ai beau me pressurer la cervelle, je ne trouve pas d'idée* [fam.] : **se torturer (les méninges)** ◆ [cour.] ↓ **réfléchir.**

prestance → ALLURE.

preste → AGILE.

prestement → VIVEMENT.

prestidigitateur *Le prestidigitateur a fait son tour au music-hall* : **illusionniste** ◆ [moins cour.] **escamoteur.**

prestidigitation → MAGIE, TOUR III.

prestige ① *Ce professeur a un certain prestige auprès de ses élèves* : ↑ **autorité*,** ↓ **influence** (qui évoquent moins l'idée d'admiration, et davantage celle de respect pour une position sociale). *Le prestige des vins français* : **renom, renommée** ◆ [plus génér.] **réputation.** ② *Les prestiges*

de l'Orient ne se sont pas évanouis, bien au contraire : **attrait.**

◇ **prestigieux** *Le public attendait dans le silence l'entrée de ce prestigieux pianiste* : [plus cour.] **extraordinaire.**

prestigieux → PRESTIGE.

presto → VITE.

présumer *Je présume que vous êtes de mon avis* : [plus cour.] **supposer** ◆ [plus génér.] **penser** ; → CROIRE. *Cela ne présume rien de bon* : **augurer*.**

présupposer → SUPPOSER.

prêt

I [adj.] *Il était prêt à vous aider* : [moins cour.] **disposé** ◆ **décidé** (qui insiste sur la résolution plus sur la disposition) ; → RÉSOLU. *Êtes-vous prêt pour le départ ?* : [moins cour.] **paré** (= prêt à faire face à une difficulté : *le bois est rentré ; nous voilà parés pour l'hiver*).

II [n.m.] → EMPRUNT.

prêt-à-porter → FAIT I (*du tout fait*), HABILLEMENT.

prétendant → POSTULANT.

prétendre

I [v.t.] ① → AFFIRMER, INSINUER, SOUTENIR. *Il prétend tout savoir* : → SE VANTER. *On prétend que* : → PARAÎTRE II. ② *Prétendre plaire à tous* : → AVOIR LA PRÉTENTION*, VOULOIR.

◇ **prétendu** *La prétendue crise économique est une crise financière* : **faux** ◆ **supposé** (qui n'implique pas l'inexactitude du fait comme les précédents) ◆ [inv.] **soi-disant** (qui ne s'applique qu'aux personnes) ; → APPARENT.

◇ **prétention** ① [le plus souvent au pl.] *De nombreux États ont des prétentions sur ce territoire* : **visée.** *Ce garçon a des prétentions* : [fam.] **avoir les dents longues ;** → AMBITION. *Donner ses prétentions* : → CONDITION. ② [sing.] *La prétention de ce personnage est exaspérante* : [plus sout.] **fatuité, présomption** ◆ [plus partic.] **pédantisme** (= prétention d'ordre intellectuel) ; → ORGUEIL. *Avoir la prétention de savoir* *tout faire* : **se piquer de, prétendre.** *Un homme sans prétention* : **simple.**

II [v.t. ind.] *Il prétend à la députation* [sout.] : [plus cour.] **aspirer à ;** → AMBITIONNER.

prétendu → PRÉTENDRE I.

prête-nom → INTERMÉDIAIRE.

prétentieux ① [qqn est ~] *Pourquoi est-il si prétentieux ?* : **vaniteux, poseur** ♦ [fam.] **bêcheur, crâneur, m'as-tu-vu** ♦ [plus sout.] **présomptueux** (qui se dit d'un personnage qui surestime ses possibilités) ♦ [au fém., fam.] **faire sa princesse, prendre des airs de princesse ;** → ORGUEILLEUX, AMBITIEUX. *Pour avoir de telles exigences, il est bien prétentieux* : [sout.] **présomptueux** ♦ [fam.] **ne pas se moucher du coude, avoir la grosse tête*.** ② [qqch est ~] *Ce conférencier parle d'un ton prétentieux* : **maniéré, affecté* ;** → DOCTORAL. *Un air prétentieux* : [fam.] **conquérant.** ③ *Cette jeune prétentieuse ne me dit plus bonjour* : [fam.] **bêcheuse** ♦ [vieilli] **pimbêche, mijaurée.**

prétention → PRÉTENDRE I.

prêter

I *Prêter qqch* : → AVANCER II, LAISSER À DISPOSITION*, PASSER II.

II ① [avec des n. sans art.] *Prêter asile, assistance* : **donner.** *Prêter serment* : **jurer.** *Prêter attention* : **faire attention.** ② [avec des n. déterminés] *Prêter la main* : → SOUTENIR. *Prêter l'oreille* : **tendre, dresser l'oreille.** *Prêter le flanc à la critique* : **s'exposer.**

◇ **se prêter** ① *Il se prête à tous ses caprices* : **consentir.** ② *Se prêter assistance* : → SE SOUTENIR. *Se prêter la main* : **se serrer* les coudes.**

III *Ses ennemis lui prêtent des intentions qu'il n'a jamais eues* : **attribuer, supposer ;** → IMPUTER.

prétexte ① *Vous n'avez pas besoin de prétextes pour vous absenter* : [rare] **échappatoire** ♦ [plus génér.] **excuse** (= justification qui peut être vraie ou non). *Sa migraine n'est qu'un mauvais prétexte* : **alibi ;** → RAISON II. ② *Ce fait divers a servi de prétexte au romancier* : **point de départ ;** → OCCA-

SION. ③ *Sous prétexte de* : [sout.] **sous couleur de.** *Sous (le) prétexte que* : [plus génér.] **parce que** (qui s'emploie pour introduire une cause effective). *Sous aucun prétexte* : **en aucun cas*.**

◇ **prétexter** *Elle prétexta une migraine pour justifier son absence* : [plus sout.] **alléguer ;** → OBJECTER. *Prétexter de* : → ARGUER.

prétexter → PRÉTEXTE.

prêtre ① Ministre d'une religion. *Le prêtre a célébré le culte* [génér.] : [plus partic.] **ecclésiastique** (qui ne se dit que dans le cadre de la religion chrétienne) ♦ **aumônier** (= ecclésiastique chargé de l'instruction religieuse ou de la direction spirituelle d'une communauté ou d'un établissement : *aumônier militaire*) ♦ **curé, abbé, vicaire** (qui se disent de fonctions particulières dans la religion catholique romaine) ♦ **pasteur** (qui est soit un terme génér. pour désigner la fonction du prêtre auprès de ses ouailles dans un langage religieux ou sout., soit le terme désignant communément les ministres des religions réformées) ♦ **pope** (= ministre de la religion orthodoxe) ♦ [fam., péj.] **ratichon, cureton ;** → OFFICIANT. ② Ministre et célébrant de cultes particuliers, modernes ou antiques : **augure, mage, rabbin, imam, bonze, lama ;** → CLERGÉ.

prêtrise → SACERDOCE.

preuve → PROUVER.

preux → VAILLANT.

prévaloir → DOMINER.

◇ **se prévaloir** → ARGUER, CITER, S'ENORGUEILLIR.

prévarication → CONCUSSION.

prévenance → PRÉVENIR III.

prévenant → AIMABLE, COMPLAISANT, DÉVOUÉ.

prévenir

I [qqn ~ qqn] ① *La banque a prévenu ses clients des jours de fermeture* : **avertir** ♦ [plus sout.] **aviser ;** → SIGNALER. *Si vous ne pouvez pas venir, prévenez le secré-*

tariat : **informer, faire savoir** (*faites-le savoir au...*). ② *Le président du tribunal a prévenu l'assistance trop bruyante* : **mettre en garde***.

II [qqch ~ qqch] *De nouveaux vaccins doivent prévenir la grippe* : **prémunir contre** ◆ [génér.] **éviter.**

III *Il m'est agréable de prévenir tous ses désirs* : **aller au-devant de ;** → DEVANCER.

◇ **prévenance** [souvent pl.] *Il avait pour son amie toutes les prévenances* : **attention(s), égards ;** → DÉLICATESSE, COMPLAISANCE, GENTILLESSE, SOIN I.

prévention

I *La prévention des épidémies* : [didact.] **prophylaxie.**

II *Voyez d'abord les faits et jugez sans prévention* : [plus cour.] **parti pris, préjugé.**

préventorium → SANATORIUM.

prévenu → INCULPÉ.

prévisible *Être prévisible* : → SE SENTIR.

prévision → CALCUL, ESTIMATION, PRONOSTIC.

prévoir ① *Nous n'avions pas prévu la catastrophe* : **anticiper, pressentir*** (= prévoir vaguement). *On pouvait prévoir l'augmentation des prix* : **s'attendre à** ◆ [partic.] **pronostiquer*** (qui implique l'annonce de la prévision) ◆ ↑ **calculer** (qui suppose une évaluation du phénomène) ◆ ↓ **envisager** (= faire une hypothèse) ; → VOIR, LOIN. ② *L'État n'a pas prévu le financement de la réforme* : **programmer** ◆ [plus génér.] **organiser** (qui ne s'applique pas seulement à l'avenir). ③ *Laisser prévoir* : → PENSER III, PROMETTRE.

prévoyance → PRUDENCE.

prévoyant → PRUDENT.

prier

I ① [v.t.] *Il prie Dieu en toute occasion* : [plus partic.] **invoquer** (= appeler à l'aide par des prières). ② [v.i.] *Il priait avec ferveur* : [plus génér.] **se recueillir** (= se concentrer sur la vie intérieure en

s'isolant du monde extérieur, dans une attitude de prière ou non).

II [v.t.] ① [~ qqn de faire qqch] *Je vous prie de répondre favorablement à mon appel* : ↓ **demander*** ◆ ↑ **supplier** ◆ [plus sout.] ↑ **conjurer,** ↑ **implorer** ◆ ↑ **adjurer** (qui renchérit encore sur les précédents). ② [~ qqn à, de] *Vous êtes priés de vous faire connaître* : **inviter*** à. ③ *Je vous prie, je vous en prie* (= formules de politesse ou injonctions d'autorité) : [plus cour.] **s'il vous plaît*** ◆ [plus sout.] **pour l'amour de Dieu ;** → GRÂCE. ④ *Se faire prier. Il ne s'est pas fait prier pour s'en aller* : [fam.] **tirer l'oreille, ne pas attendre son reste ;** → SE FAIRE TIRER LA MANCHE* I.

prière

I [de prier I] *Elle allait suivre les prières aux vêpres du dimanche* : [sout.] **patenôtre** ◆ [plus partic.] **oraison** (= terme de liturgie) ◆ [vieilli] **litanies** (= courtes invocations) ◆ [plus partic.] **invocation** (qui implique une demande).

II [de prier II] ① *Il céda aux prières de ses amis* : **sollicitation** ◆ ↓ **demande** ◆ ↑ **adjuration, supplication** ◆ **requête, supplique** (qui s'adressent plutôt à des autorités ou des personnages officiels). ② *À la prière de ses parents, il renonça à interrompre ses études* : → INVITATION, VŒU. *Prière de faire silence* : **vous êtes prié de, on vous demande de.**

prieur → SUPÉRIEUR II.

prieuré → ÉGLISE.

primaire ① *Un raisonnement très primaire* : → SIMPLISTE, SCOLAIRE. *Un antimilitarisme primaire* : → CARICATURAL. ② *Enseignement primaire* : → PREMIER* (I) DEGRÉ.

primat → PRIMAUTÉ.

primauté *La primauté de l'esprit sur la matière n'est pas une idée nouvelle* [didact.] : **primat, prééminence ;** → SUPRÉMATIE. *Perdre la primauté* : [partic.] **prépondérance** (qui se dit de ce qui est dominant sans être premier).

prime

I → GRATIFICATION, SALAIRE.

primer

II ① → PREMIER I. ② *De prime abord* :
→ D'ABORD II.

primer

I *La force prime toujours le droit* : [plus
cour.] **l'emporter sur.**

II *Primer un animal* : → RÉCOMPENSER.

primesautier → SPONTANÉ.

primeur *Avoir la primeur de qqch* :
→ PREMIER III.

primitif ① → SAUVAGE. ② *Le sens primitif
d'un mot* : → ORIGINEL, PREMIER II. ③ *Un
outillage primitif* : → GROSSIER. ④ *Les
arts primitifs* : → PREMIER I.

primitivement → ORIGINELLEMENT.

primo → D'ABORD II.

primordial ① *Le rôle de l'armée a été
primordial dans la préparation du coup
d'État* : **capital*, essentiel, fondamental*,
prédominant** ; → MAJEUR. *Il est primordial
que vous veniez à la réunion* : **indispen-
sable*.** ② *Réduire les inégalités sociales
est une tâche primordiale* : **incontournable,
principal** ; → PREMIER II.

prince → SEIGNEUR.

princeps → PREMIER I.

princesse → PRÉTENTIEUX.

princier → SEIGNEURIAL.

princièrement
→ MAGNIFIQUEMENT, ROYALEMENT.

principal

I [adj., antéposé ou postposé] *Il détient le
poste principal dans son administration* :
essentiel ◆ ↑ **clé.** *Le thème principal de
son discours ne vous a pas échappé* : **dominant, fondamental, prédominant** ◆ ↑ **capital** ◆ [très sout.] **cardinal** (*les quatre vertus
cardinales*) ; → PRIMORDIAL, ÉLÉMENTAIRE.
Le personnage principal d'un roman :
central. *Le principal facteur de sa réussite
est connu* : [postposé] **déterminant, décisif.**

II [n.m.] ① *Le principal est que vous ayez
compris le problème* : **essentiel** ◆ [sout.] **il
importe au premier chef.** ② *Vous avez fait
le principal du travail* : **le plus gros*.**

principalement
→ SINGULIÈREMENT, SURTOUT.

principe ① *Toute sa théorie repose sur un
principe inacceptable* : **postulat** ◆ **hypothèse** (qui peut n'être que secondaire) ;
→ BASE II. ② [pl.] *Les principes de la physique* : [plus cour., pl.] **élément, rudiment**
◆ [sing.] **ABC.** ③ [pl.] *Cet individu ne
respecte pas les principes élémentaires de
la politesse* : **règle.** *Il refuse de manquer
à ses principes* : [sing.] **morale** ◆ [moins
cour.] **norme.** ④ *En principe. En principe, il sait conduire, mais pratiquement
il ne prend jamais le volant* : **théoriquement** ; → RÉGULIÈREMENT. *De principe* :
→ THÉORIQUE.

printemps ① *Fêter ses quarante prin-
temps* : → AN. ② *Un vrai printemps* :
→ RENOUVEAU.

priorité *En priorité* : → D'ABORD II.

pris ① → OCCUPÉ. ② *Être pris de boisson* :
→ IVRE. ③ *L'étang était pris une partie de
l'hiver* : **gelé.**

prise

I ① *Le judoka place une prise à son
adversaire* : [plus partic.] **clé.** ② *Donner
prise à* : **s'exposer, prêter le flanc* à.** *Être
aux prises avec qqn, qqch* : **être en lutte
contre.** *Être aux prises avec des difficultés* : **être en butte à.** *Être en prise avec
qqn* : → CONTACT.

II ① *La prise de la ville s'opéra dans
la violence* : → CONQUÊTE, ENLÈVEMENT.
Les prises des pirates : **butin*.** *Une prise
d'otages* : **enlèvement*.** ② *Une belle prise,
ce poisson !* : → CAPTURE.

III *Une prise de bec* : **dispute*.** *Une prise
de sang* : **prélèvement.** *La prise d'un
médicament* : → ABSORPTION. *Une prise de
son* : **enregistrement.** *Une prise de vues* :
tournage.

priser → ESTIMER I.

prison *Son mari est en prison depuis six
mois* : [très fam.] **cabane*, taule** ◆ [plus
partic.] **maison d'arrêt** (= prison pour les
prévenus et les courtes peines) ◆ **pénitencier** (= prison où se purgent les
peines de réclusion, autrefois de travaux

forcés) ◆ [anc.] **bagne** ◆ [anc.] **bastille**
(= lieu où l'on était enfermé pour ses opinions) ; → **CELLULE**. *Être en prison* : [fam.]
à l'ombre, [très fam.] **au bloc, au trou***. *Il
a été mis en prison pour une peccadille* :
emprisonner*, incarcérer ; → **DEDANS**. *Une
peine de prison* : → **EMPRISONNEMENT**.

◇ **prisonnier** ① [n.] *Les prisonniers ont
droit à la promenade* : [partic.] **détenu**
(qui se dit uniquement des personnes
en prison) ◆ **captif** (qui se dit aussi des
prisonniers de guerre) ◆ [très fam.] **taulard** ◆ **bagnard** (qui se disait de qqn qui
purgeait une peine de bagne). ② [adj.] *Il
est prisonnier de ses principes* : ↓ **soumis à,**
↑ **esclave* de ;** → **EMPRISONNER**.

prisonnier → **PRISON**.

privation → **PRIVER**.

privatiser → **DÉNATIONALISER**.

privauté → **FAMILIARITÉ, LIBERTÉ II**.

privé ① *Les intérêts privés* : → **INDIVIDUEL**.
② *Préserver sa vie privée* : → **PERSONNEL,
INTIME**. ③ *On le sait de source privée* : **offi-
cieux**. ④ *École privée* : → **ENSEIGNEMENT**.
⑤ *Privé de* : → **SANS**. ⑥ [n.m.] *La sphère
du privé* : **intimité**.

priver *Pourquoi priver cet enfant de son
plaisir ?* : [plus sout.] **frustrer**. *Priver d'alcool, de drogue* : **sevrer**. *Priver qqn de
nourriture* : ↑ **affamer** (*affamer qqn*). *La
crainte de ne pas réussir le prive de tous ses
moyens* : **enlever** (*... lui enlève*). *Priver qqn
de ses biens* : [partic.] **déposséder, spolier**
(qui impliquent la fraude ou la violence).

◇ **se priver** *On ne peut pas se priver de tous
ses plaisirs* : **se refuser ;** → **RENONCER**. *Se
priver de qqch* : **se serrer* la ceinture ;**
→ **SE GÊNER**. *Je ne peux me priver de ses
services* : **se passer**. *Il pourrait se priver
de faire des réflexions désagréables* : [plus
cour.] **s'empêcher de** ◆ ↓ **se retenir de ;**
→ **S'ABSTENIR**.

◇ **privation** ① *La privation de la vue* :
perte. *La privation d'air* : **manque***.
② [pl.] *Il s'est imposé de sévères privations* : [sing.] **abstinence ;** → **FRUSTRATION,
SACRIFICE**. *Vivre dans les privations* :
→ **DÉPOUILLEMENT, GÊNE**.

privilège ① *Nul ne doit avoir de privilège
devant la loi* : **passe-droit, faveur, prérogative ;** → **DROIT III**. ② *J'ai le privilège de
vous voir souvent* : **avantage ;** → **APANAGE**.
Le privilège de l'âge : → **BÉNÉFICE**. *Je n'ai
pas eu le privilège de lui être présenté* : **hon-
neur***.

◇ **privilégié** [adj. et n.] *Les privilégiés de la
société* : **favorisé, nanti**.

privilégié → **PRIVILÈGE**.

privilégier → **AVANTAGER**.

prix

I ① *Quel est le prix du mètre de tissu ?* :
[plus sout.] **coût** (qui se dit du point de vue
de l'acheteur) ◆ [plus génér.] **valeur*** (qui
dépend à la fois de l'utilité de la marchandise, du travail qu'elle nécessite et du
rapport entre l'offre et la demande). *Le
prix des céréales a encore monté* : **cours,
cote** (qui se disent aussi bien des marchandises négociées que des titres cotés
en Bourse ou des monnaies). *À quel prix
avez-vous obtenu ce meuble ?* : **condition***.
② *Pourquoi attachez-vous tant de prix
à la toilette ?* : **importance**. ③ *C'est un
cadeau de prix* : [plus partic.] **coûteux*** (qui
se dit de la dépense engagée et non de la
valeur de l'objet). *À tout prix. Il me faut
cette place à tout prix* : **coûte que coûte,
absolument** (*il me faut absolument...*) ;
→ **FORCE**. *Je ne ferai cela à aucun prix* : **en
aucun cas*** ◆ **pour tout l'or* du monde**. *À
bas prix* : **bon marché*, pour une bouchée
de pain**. *De (grand) prix* : **précieux***. *Pour
prix de* : **en échange*, moyennant**. *Mettre
à prix* : **aux enchères**. *Hors de prix* : **coû-
teux*, inabordable***. *Casser les prix* : **brader**. *Cela n'a pas de prix, c'est sans prix* :
inappréciable*.

II *Recevoir un prix* : → **RÉCOMPENSE**.

probabilité → **PROBABLE**.

probable ① [adj.] *Il est probable que l'on
parvienne maintenant à un accord* : **vraisemblable** ◆ ↓ **possible*** ◆ [plus sout.] **plausible ;** → **CHANCE**. *Cela est peu probable* :
→ **DOUTEUX**. *Le caractère probable d'un
événement* : → **VIRTUEL**. ② [adv.] *Tu iras à
cette réunion ? – Probable* [fam.] : **possible**

probablement

◆ [cour.] **probablement, sans doute, vraisemblablement** ; → ATTENDRE.

◇ **probabilité** ① *La probabilité de cette hypothèse est discutée :* **vraisemblance.** ② [pl.] *Vous raisonnez à partir de probabilités :* **conjecture** (= supposition fondée sur des probabilités).

probablement → PEUT-ÊTRE, PROBABLE, VRAISEMBLABLEMENT.

probant *Les raisons qu'il a données n'ont pas paru très probantes :* **concluant*, convaincant.** *Les chiffres sont probants :* **éloquent*.**

probe → PROBITÉ.

probité *Il est d'une probité exemplaire :* **intégrité** ; → HONNÊTETÉ.

◇ **probe** *Un homme probe* [très sout.] : [plus cour.] **intègre** ; → HONNÊTE.

problématique *L'existence de la ville de Troie a longtemps été problématique :* **incertain*** ; → DOUTEUX.

problème ① *Vous aurez quelques problèmes avant d'obtenir un résultat :* **difficulté.** ② *Vous pourrez vraiment le décider ? – Il n'y a pas de problème* [fam.] : [cour.] **certainement.** *Sans problème :* **facilement.** ③ *Exposer son problème :* → CAS. ④ *Cerner le problème :* → QUESTION II, SUJET. ⑤ *Cette affaire est un problème :* **casse-tête** ; → ÉNIGME.

procédé ① *Un procédé pour réussir :* **recette, truc*.** *Un procédé pour faire qqch :* **système** ; → MANIÈRE I, MOYEN II, SECRET III. *Proposer un nouveau procédé :* → FORMULE. ② [pl.] *Des procédés condamnables :* **agissement*.**

procéder

I [v.i.] *Les thèmes de la littérature classique procèdent de l'Antiquité* [sout.] : **participer** ◆ [plus cour.] **provenir, venir** ; → PARTIR II, RÉSULTER.

II [v.i.] *Procéder méthodiquement :* → OPÉRER, S'Y PRENDRE.

III [~ à] *L'entreprise procéda à de longs travaux préparatoires :* **effectuer, exécuter** ; → SE LIVRER.

procédure → FORMALITÉ.

procès ① *L'avocat suivait le procès :* [plus génér.] **affaire** ◆ **litige** (qui n'implique pas qu'une juridiction intervienne). ② *Faire le procès de qqn :* **attaquer, mettre en cause.** *Sans autre forme de procès :* **sans formalité*.**

procession *Suivre une procession :* → DÉFILÉ I. *Une procession de mécontents :* → FILE, SUCCESSION.

processus *Le processus économique n'est pas toujours bien analysé :* [plus génér.] **développement, évolution** ; → MÉCANISME.

procès-verbal ① *Procès-verbal d'une infraction :* → CONTRAVENTION ② *Procès-verbal d'une réunion :* → RAPPORT I.

prochain

I [adj.] ① *Vous trouverez un garage au prochain bourg* [vieilli] : [plus cour., postposé] **voisin.** ② *À la prochaine occasion :* → PREMIER I. ③ *Les jours prochains :* **suivant, à venir*.**

II [n.m.] *Médire de son prochain :* → AUTRUI, SEMBLABLE, VOISIN.

prochainement → BIENTÔT, DANS QUELQUE TEMPS* I.

proche ① [proximité dans le temps] *L'arrivée du navigateur était maintenant proche :* **imminent.** ② [proximité dans l'espace] *Il avait acheté une maison proche de celle de ses parents :* **voisin de** ◆ [plus sout.] **avoisinant** ◆ [partic.] **adjacent à, attenant à, contigu à** (qui impliquent que les deux objets se touchent) ; → LIMITROPHE, PRÈS II, PROXIMITÉ. *Le paysan ramassait des champignons dans les prairies proches de sa ferme :* **environnant** (... *dans les prairies environnantes*). *Être proche de qqn :* → FAMILIER. ③ *Ce que vous racontez est proche de ce que j'ai appris hier :* **approchant, voisin** ; → PARALLÈLE À. ④ *Il a perdu un ami très proche :* ↑ **intime.** ⑤ [n., souvent pl.] *Il a perdu tous ses proches dans la catastrophe :* **parent, parenté, les siens** ; → VOISINAGE.

proclamation → PROCLAMER.

proclamer *Sachez que la vérité sur cette affaire sera proclamée* : **divulguer** (qui n'implique pas la solennité liée à *proclamer*) ; → ANNONCER, DÉCLARER. *Proclamer son innocence* : **crier***. *Proclamer ses opinions* : → MANIFESTER. *Nous ne cesserons pas de proclamer que la paix est possible* : [sout.] **professer ;** → DIRE. *Proclamer les résultats d'un examen* : **publier ;** → ANNONCER.

◇ **proclamation** *Lire une proclamation* : [plus génér.] **déclaration** ◆ **appel** (qui implique que l'on exhorte le public concerné à faire qqch) ; → MANIFESTE II. *La proclamation des résultats* : **annonce, publication.**

procréation → CONCEPTION.

procréer → CONCEVOIR, ENGENDRER.

procuration *La procuration donnée à un délégué* : **mandat ;** → DÉLÉGATION, POUVOIR II.

procurer ① *Les pays occidentaux procuraient des armes aux belligérants* : **fournir** ◆ **approvisionner, pourvoir** (... *approvisionnaient, pourvoyaient les belligérants en armes*). *Il lui a procuré un emploi* : **obtenir, trouver.** ② *Ce spectacle nous a procuré beaucoup de plaisir* : [plus génér.] **apporter, donner ;** → ASSURER, OFFRIR.

◇ **se procurer** ① *Il a réussi à se procurer un carton d'invitation* : [plus génér.] **trouver.** ② *Je me suis procuré un buffet ancien chez un brocanteur* : **acheter, acquérir** (*j'ai acheté..., j'ai acquis...,* qui n'impliquent pas la même idée d'effort pour obtenir qqch).

prodigalité → PRODIGUE.

prodige ① *Autrefois, beaucoup de faits inexplicables étaient considérés comme des prodiges* [sout.] : [cour.] **miracle.** ② → MERVEILLE. *Un prodige de* : → CHEF-D'ŒUVRE. ③ *Ce pianiste est un prodige* : → VIRTUOSE.

◇ **prodigieux** ① *Ce livre atteint des chiffres de vente prodigieux* : **inouï, incroyable ;** → ÉTONNANT. *Un succès prodigieux* : [fam.] **monstre* ;** → MIRACULEUX. ② *Un courage prodigieux* : → ADMIRABLE. *Il est d'une sottise prodigieuse* : **monumental, phénoménal, incroyable** ◆ [fam.] **faramineux.**

prodigieusement → ADMIRABLEMENT.

prodigieux → PRODIGE.

prodigue ① *Il a toujours été prodigue avec ses amis* : ↓ **généreux,** ↓ **large** (qui n'impliquent pas que les dépenses soient injustifiées) ◆ [vieilli] **libéral** ◆ [litt.] **munificent ;** → DÉPENSIER. ② *Être prodigue de* : → ABONDER III.

◇ **prodigalité** ① *Sa prodigalité a fini par le ruiner* : [partic.] **largesse** (qui n'implique pas la dilapidation) ◆ [litt.] **munificence ;** → LIBÉRALITÉ. ② *Quelle prodigalité de couleurs chez ce peintre !* [très sout.] : [cour.] **profusion, surabondance.**

◇ **prodiguer** ① *Il a prodigué une fortune* [sout.] : [cour.] **dilapider, dissiper ;** → DÉPENSER. ② *Savoir prodiguer ses bienfaits* : → RÉPANDRE. *Prodiguer des efforts* : → DÉPLOYER.

prodiguer → PRODIGUE.

prodrome → PRÉLIMINAIRE, SYMPTÔME.

producteur → CINÉASTE, RÉALISATEUR.

productif, production → PRODUIRE I.

productivité → TRAVAIL II.

produire

I ① *La firme produit une large gamme de camions* : **fabriquer.** *Il a produit beaucoup de vin cette année* : [plus génér.] **faire*.** ② *Faire produire un capital* : [plus express.] **fructifier.** *Ces terres ne produisent pas* : **rendre, rapporter* ;** → DONNER I, PORTER I. *Les activités humaines produisent des pollutions* : **générer.** *Produire une œuvre* : → ACCOUCHER (DE). ③ *Le bouleversement de l'économie a produit des troubles sociaux* : **causer, faire naître** ◆ [plus génér.] **apporter ;** → OCCASIONNER.

◇ **produit** ① *Le produit de ses immeubles lui suffit pour vivre* : **profit, rapport*.** *C'est le produit d'un travail important* : → FRUIT. ② *Le produit d'une opération* : → RÉSULTAT. ③ *Le commerce des produits de luxe* : **article.**

◇ **production** ① *Il observait avec intérêt la production du gaz dans l'éprouvette* : **formation.** ② *Ces terres ont une produc-*

tion médiocre : [plus partic.] **rendement.** *Production industrielle* : → USINE.

◇ **productif** *Les investissements s'étaient révélés productifs* : **fructueux, lucratif ;** → PAYANT.

II *Le chanteur a produit une forte impression sur les spectateurs* : **créer, provoquer ;** → OPÉRER II. *Votre intervention ne produira rien de bon* : [plus génér.] **donner*** ♦ [sout.] **engendrer.**

◇ **se produire** ① *L'accident s'est produit de façon imprévisible* : **avoir lieu ;** → ARRIVER II. ② *La troupe se produit en ce moment à Lyon* : **jouer.** ③ *Se produire lentement* : → S'OPÉRER.

III ① *Produire son permis de conduire* [didact.] : [plus cour.] **présenter** ♦ [plus génér.] **apporter.** ② *Produire des témoins* [didact.] : **citer*.**

produit → PRODUIRE I.

proéminent → SAILLANT.

prof → PROFESSEUR.

profanation → SACRILÈGE I.

profane *Je suis tout à fait profane en cette matière* : **ignorant ;** → NOVICE. *Un profane en art* : **non-initié.**

profaner ① *Il a profané son talent en écrivant ce livre* : ↑ **avilir,** ↑ **dégrader,** ↑ **souiller.** ② *Profaner une sépulture* : **violer*.**

proférer → DIRE, PRONONCER I.

professer

I ① *Professer partout ses opinions* [très sout.] : [plus cour.] **afficher.** ② [~ que] → PROCLAMER.

II *Il professait l'anglais depuis vingt ans* [sout.] : [cour.] **enseigner, apprendre*.**

professeur *Nous avons changé de professeur cette année* : [abrév. fam.] **prof** ♦ **répétiteur** (= personne qui donne des leçons particulières) ♦ **précepteur** (= professeur privé) ; → ENSEIGNANT.

◇ **professoral** *Son ton professoral amusait l'assemblée* [iron.] : ↑ **doctoral, pédant** ♦ [sout.] **magistral.**

profession *L'adolescent hésitait à choisir une profession* (= profession qui présente des étapes) ♦ [vieilli] **état** ♦ **situation, place** (= emplois stables et rémunérateurs) ; → MÉTIER, EMPLOI.

professionnel

I [adj.] *Un militaire professionnel* : → CARRIÈRE II.

II [n.] ① *L'avis d'un professionnel* : → SPÉCIALISTE. ② [n.f.] → PROSTITUÉE.

professoral → PROFESSEUR.

profil ① → LIGNE I, SILHOUETTE. ② → SECTION I.

profiler (se) → SE DÉCOUPER, SE SILHOUETTER.

profit ① *Il faudra que chacun ait sa part du profit* : **bénéfice*** ♦ [fam.] **gâteau ;** → AVANTAGE. ② *Accumuler des profits importants* : **gain*** ♦ [loc. fam.] **faire son beurre*.** *Le profit d'une terre* : → FRUIT, PRODUIT, REVENU. ③ *Tirer profit de. Elle a su tirer profit de sa silhouette* : **profiter** ♦ ↑ **exploiter.** *Tirer profit d'une situation* : **tirer parti de.** *Verser de l'argent au profit de l'Unesco* : **au bénéfice de.** *Les vêtements qu'elle cousait faisaient beaucoup de profit* : **durer, servir longtemps.** *Avec profit* : → AVANTAGEUSEMENT, FRUIT.

◇ **profiter** ① [qqn ~ de] → EXPLOITER, TIRER PROFIT* DE. ② [qqn ~ de] *J'ai profité de l'occasion* : **saisir** ♦ → JOUIR. *Profiter de ses relations* : → S'ABRITER. ③ [qqch ~ à qqn] *Vos leçons ont profité aux élèves* : **bénéficier, servir, être utile.** ④ [qqn ~ bien] *Vraiment, votre fils a bien profité !* [fam.] : [cour., selon le contexte] **grandir, grossir.**

◇ **profitable** ① *Des remarques profitables* : **utile ;** → SALUTAIRE. *C'est une discussion très profitable* : **enrichissant ;** → GRATIFIANT. *Un séjour profitable* : → FORMATEUR. ② *Ce placement est très profitable* : **avantageux*, payant ;** → PRODUCTIF.

profitable, profiter → PROFIT.

profiteur → EXPLOITEUR.

profond

I [n.m.] *Le hameau avait été construit au plus profond de la forêt* : **au cœur de.**

II [adj., antéposé ou postposé] ① *C'est trop profond pour lui, parle plus simplement* : **difficile.** *Une intelligence profonde* : **pénétrant*, subtil.** ② *Il vivait dans une profonde solitude* : **absolu, complet, extrême, total*.** ③ *En dehors de sa spécialité, il était d'une ignorance profonde* : [fam.] **crasse ;** → GROSSIER. ④ *Sa foi profonde l'aidait à supporter tous les maux* : **ardent*.** *J'ai une profonde admiration pour ce savant* : **immense** ♦ ↓ **vif ;** → GRAND. ⑤ *Des sentiments profonds* : → DURABLE. ⑥ *Elle poussa un profond soupir* : ↓ **gros.** *Sa voix profonde résonnait sous les voûtes* : **grave.** ⑦ *Des rides profondes* : **marqué.** ⑧ *Une nuit profonde* : → OBSCUR.

◇ **profondément** ① *Je suis profondément écœuré par toutes ces manœuvres* : **complètement ;** → FORTEMENT. *Il espérait profondément que son ami surmonterait cette épreuve* : **ardemment ;** → VIVEMENT. ② *Dormir profondément* : [fam.] **à poings fermés.** ③ *Être profondément convaincu* : → INTIMEMENT.

◇ **profondeur** ① → DIMENSION, FOND. ② *On ne pouvait nier la profondeur de ses sentiments* : **force.**

profondément, profondeur
→ PROFOND II.

profusion
① *À la veille de Noël, une profusion de couleurs égaie les vitrines* : **débauche ;** → ABONDANCE, ÉTALAGE, LUXE DE, PRODIGALITÉ II. ② [loc. adv.] *À profusion. Le jardin offrait au visiteur des fleurs à profusion* : **abondamment, à foison* ;** → BEAUCOUP.

progéniture
Il se déplaçait toujours avec toute sa progéniture [fam., iron.] : [pl.] **enfants ;** → FAMILLE, POSTÉRITÉ.

programme
① *Exposer un programme politique* : **plate-forme*.** *Un programme de travaux* : → ORGANISATION, PLAN IV, PROJET. ② *Avez-vous regardé le programme, hier soir ?* : **émission.** ③ *Le programme est un peu lourd cette semaine* : **emploi du temps*.** ④ *Un programme de traitement des données* : **système*.**

programmer
→ PRÉVOIR.

progrès
① *Cette voiture bénéficie des derniers progrès de la technique* : **perfectionnement ;** → AMÉLIORATION. *Faire des progrès. La lutte contre le cancer fait des progrès* : **avancer, progresser.** *Il y a eu des progrès, mais le conflit n'est pas réglé* : **avancée** (*une avancée, des avancées*) ♦ [dans un contexte plus large] **mieux*** (*du mieux*). ② *Les progrès d'une épidémie* : [sing.] **propagation.** ③ *Les progrès de la maladie* : [sing.] **développement, progression** ♦ ↑ **aggravation ;** → ÉVOLUTION. ④ *Croire au progrès* [sing.] : → CIVILISATION.

◇ **progression** ① *Le musicien vous conduisait par une lente progression à un plaisir extrême* : **gradation.** ② *La progression des idées* : **cheminement.** ③ *La progression d'un mal* : → ÉVOLUTION, PROGRÈS, PROPAGATION. ④ *La progression des travaux* : → AVANCEMENT. *La progression des troupes* : **avancée ;** → MARCHE I, MOUVEMENT.

◇ **progresser** ① *La maladie progressait très vite* : **se développer** ♦ ↑ **s'aggraver,** ↑ **empirer ;** → PROGRÈS. ② *Les travaux progressent* : → AVANCER, FAIRE DES PROGRÈS*. *Il travaille et ses résultats progressent* : **s'améliorer*.** ③ [qqn ~] *Il fait ce qu'il peut mais il ne progresse plus* : **plafonner** (*il plafonne*) ; → MONTER I.

◇ **progressif** *Des difficultés progressives* : [moins cour.] **gradué, graduel.**

◇ **progressivement** : **graduellement, petit* à petit, peu* à peu** ♦ [plus rare] **par degrés, par paliers.**

progresser, progressif, progression
→ PROGRÈS.

progressiste
→ AVANCÉ.

progressivement
→ PROGRÈS.

prohiber
→ CONDAMNER, DÉFENDRE II, PROSCRIRE.

prohibitif
→ INABORDABLE.

prohibition
→ CONDAMNATION, DÉFENSE II.

proie
① *Être la proie d'un escroc* : → VICTIME. ② *Être en proie à la rêverie* :

projecteur

→ **S'ABANDONNER.** *En proie au chagrin* :
→ **TOURMENTÉ.**

projecteur → SPOT.

projectile *Le projectile atteignit sa cible*
(= corps lancé à la main ou au moyen
d'une arme) : [spécialt] **balle, bombe,
pierre.**

projection → JAILLISSEMENT.

projet → PROJETER.

projeter

I *Il était toujours à projeter mille entreprises* : **échafauder** (qui se dit de projets hâtifs et fragiles) ◆ **méditer** (qui
implique une longue réflexion). *Nous
avons projeté de partir pour l'étranger* :
[plus génér.] ↓ **avoir l'intention de, se
proposer de ;** → AMBITIONNER, COMPTER,
SONGER, PENSER II, PRÉMÉDITER.

◇ **projet** ① *Les projets de travaux prévoient
l'aménagement du fleuve* : **programme**
(= projet arrêté) ; → PLAN IV. *Un projet de
mise en scène* : **canevas, ébauche, esquisse.**
② *Faire le projet de* : **se promettre*.**
Ce n'est pas dans mes projets : **intention**
◆ [fam.] **dans mes cartons ;** → VUE III.

II ① *Projeter de la fumée* : → CRACHER,
JETER. ② *Projeter un film* : → PASSER II.

prolétaire → OUVRIER, TRAVAILLEUR II.

prolétariat → TRAVAILLEUR II.

prolifération → ABONDANCE I, MULTI-
PLICATION, REPRODUCTION.

proliférer → SE MULTIPLIER, SE
REPRODUIRE.

prolifique → FÉCOND.

prolixe *Vous êtes trop prolixe, il faut
réduire cet article* : [plus cour.] **bavard*,
long*** ◆ [péj.] **verbeux ;** → DIFFUS.

prolo → OUVRIER.

prologue → PRÉFACE.

prolongation ① *La prolongation des
soldes* : → CONTINUATION. ② *Obtenir une
prolongation* : → DÉLAI.

prolongement → PROLONGER.

prolonger ① *Ne prolongez pas son
attente* : **faire durer.** *Prolonger une rue* :
allonger. ② *Nous avons prolongé la discussion une partie de la nuit* : **continuer,
poursuivre.** *Prolonger une enquête* :
→ POUSSER III. ③ *Prolonger un malade* :
→ ENTRETENIR.

◇ **se prolonger** *Les conséquences de la
crise économique se prolongent* : **persister,
se poursuivre ;** → CONTINUER, DURER. *Le
discours se prolongeait* : → TRAÎNER.

◇ **prolongement** *Le prolongement d'une
voie ferrée* : **allongement.** *Son erreur eut
des prolongements* : **suite*.** *Le prolongement d'une maladie* : → CONTINUATION.

promenade → PROMENER.

promener ① *Il promenait ses doigts sur la
statuette d'ivoire* : **passer.** ② *Envoyer promener qqn* [fam.] : [sout.] **rabrouer.** *Tout
envoyer promener* [fam.] : **envoyer tout au
diable, sur les roses, paître, valser** ◆ [très
fam.] **envoyer péter** ◆ [cour.] **renoncer ;**
→ ENVOYER BOULER*.

◇ **se promener** ① *Il est parti se promener
en forêt* : [fam.] **se balader, vadrouiller ;**
→ SORTIR I. ② *Cela suffit maintenant, va
te promener !* [fam.] : **va au diable, fiche le
camp** ◆ [cour.] **va-t'en.**

◇ **promenade** ① *La promenade était bordée de vieux platanes* [vieilli] : [plus génér.]
avenue (= voie bordée d'arbres) ◆ **cours,
mail** (= avenue qui sert de promenade).
② *Ils sont partis faire une promenade* :
[fam.] **balade, vadrouille** (... *partis en
vadrouille*), **virée ;** → SORTIE, TOUR II.
*Ils passent leurs vacances en promenades
dans la région* : [plus précis] **excursion ;**
→ TOUR II, COURSE I. ③ *Ce travail, c'est
une promenade !* : **une simple formalité*.**

promeneur → FLÂNEUR, PASSANT.

promesse, prometteur → PROMETTRE.

promettre ① *Il faut me promettre de ne
plus recommencer, que tu ne recommenceras
plus* : **jurer** (= promettre par un serment)
◆ ↓ **assurer ;** → PAROLE. ② *L'entrepreneur a promis de terminer les travaux cette
semaine* : **s'engager à.** ③ *Ces gros nuages
ne promettent rien de bon* : **augurer, laisser**

présager, laisser prévoir. *La météo a promis du beau temps pour dimanche :* **annoncer.**

◇ **se promettre** [~ de + inf.] *Le marin s'était promis de finir ses jours dans son village :* ↓ **faire le projet de ;** → ESPÉRER.

◇ **promesse** ① [surtout au pl.] *Peut-on se fier à vos grandes promesses ? :* **serment** (= promesse solennelle). *Tenir ses promesses :* → ENGAGEMENT. *Une promesse d'achat :* → OBLIGATION. ② [terme de religion] → ESPÉRANCE. ③ *Ce premier roman est plein de promesses :* **prometteur.**

◇ **promis** ① [adj.] *Il était promis à un grand avenir :* **voué à.** ② [n.] → FIANCÉ.

promis → PROMETTRE.

promiscuité → COHABITATION.

promontoire → CAP.

promotion ① *Promotion à un poste intéressant :* → ACCESSION, AVANCEMENT, NOMINATION. ② *Promotion d'un film :* → LANCEMENT.

promouvoir ① [~ qqn] → ÉLEVER I. ② *Promouvoir la recherche :* **favoriser, soutenir ;** → PROTÉGER. *Promouvoir un produit :* **lancer*.**

prompt ① *Les commentateurs s'interrogeaient sur ce prompt changement de politique :* [plus cour.] **brusque, soudain.** *Une prompte guérison :* [plus cour.] **rapide.** ② *L'affaire traînait, notre ami a été prompt à tout achever :* **expéditif** (*... a été expéditif*).

◇ **promptement** *Il a agi promptement :* [plus cour.] **rapidement, vite** ◆ [plus rare] **rondement** ◆ **en un rien* de temps, en peu de temps* ;** → VIVEMENT.

◇ **promptitude** *La promptitude de son rétablissement :* [plus cour.] **rapidité, vitesse.** *La promptitude d'un geste :* **vivacité ;** → AGILITÉ, SOUDAINETÉ.

promptement, promptitude → PROMPT.

promu *Être promu à :* → ACCÉDER I.

promulguer *La loi d'aide aux chômeurs avait été promulguée* [didact.] : [cour.] **publier.**

prône → PRÊCHE.

prôner → LOUER II, PRÉCONISER.

prononcé *Un accent prononcé :* → ACCUSÉ, APPUYÉ, NET I.

prononcer

I ① [v.t.] *Devant la foule qui l'acclamait, il ne pouvait plus prononcer un mot :* **articuler, émettre** ◆ [sout.] **proférer ;** → DIRE. ② *Prononcer une sentence :* → RENDRE I.

◇ **prononciation** *L'acteur avait conservé la prononciation de sa province :* [plus cour.] **accent.** *Il avait une excellente prononciation :* [plus partic.] **articulation.**

II [v.i.] *Je ne peux vraiment pas prononcer entre vous deux* [très sout.] : [cour.] **choisir.**

◇ **se prononcer** *La population s'est prononcée pour la monarchie :* **se déterminer, opter ;** → CHOISIR, SE DÉCLARER, SE PENCHER.

prononciation → PRONONCER I.

pronostic *Les économistes avaient fait des pronostics démentis par les faits :* [plus génér., souvent pl.] **prévision ;** → PRÉDICTION.

◇ **pronostiquer** *Pronostiquer la défaite du favori :* [plus génér.] **prévoir ;** → PRÉDIRE.

pronostiquer → PRONOSTIC.

pronunciamiento → COUP D'ÉTAT.

propagande *Toute la propagande visait à tromper la population :* [fam.] ↑ **bourrage de crâne ;** → ENDOCTRINEMENT.

propagation → PROPAGER.

propager ① *Les organisations féminines avaient propagé des idées nouvelles :* **diffuser ;** → RÉPANDRE, SEMER II, VULGARISER. ② *Après la réunion, les délégués propagèrent la nouvelle :* [souvent péj.] **colporter ;** → ACCRÉDITER.

◇ **se propager** *La nouvelle s'est vite propagée :* **se répandre*, faire tache d'huile ;** → CIRCULER. *L'incendie se propage :* **s'étendre*, gagner.** *Les ondes se propagent :* → SE TRANSMETTRE. *Une culture se propage :* → RAYONNER.

◇ **propagation** *La propagation des nouvelles :* **diffusion.** *La propagation d'une maladie :* **progression ;** → MARCHE I, PROG-

RÈS, CONTAGION. *La propagation d'une espèce* : → REPRODUCTION. *La propagation d'une onde* : → TRANSMISSION.

propension *Votre propension à l'indulgence n'aidera pas cet enfant à se corriger* [sout.] : **inclination** ♦ [plus cour.] **tendance** ; → PENCHANT.

prophète → DEVIN, VOYANT.

prophétie → PRÉDICTION.

prophétiser → PRÉDIRE.

prophylaxie → PRÉVENTION.

propice → CONVENABLE, FAVORABLE, OPPORTUN.

proportion ① [pl.] *On a mal apprécié les proportions des dégâts* : [sing.] **étendue**. *Les proportions d'un monument* : → DIMENSION. ② *La proportion des pièces défectueuses est trop élevée* : [plus précis] **pourcentage, taux**. ③ *En proportion de. Le salaire était faible en proportion du risque encouru* : **en raison de, relativement à, proportionnellement à** ♦ [très sout.] **eu égard à** ; → VU I. *Le partage des bénéfices s'est fait en proportion du capital investi* : **au prorata de**. *Hors de proportion. Les compliments étaient hors de proportion avec la qualité de l'ouvrage* : **disproportionné**.

proportionné → ÉQUILIBRÉ, HARMONIEUX.

proportionnellement → PROPORTION.

proportionner → MESURER.

propos

I ① *Ce sont là des propos que je préfère oublier* [sout.] : [vieilli] **discours** ♦ [plus cour., pl.] **paroles*** ; → AFFIRMATION. *Ne vous fiez pas à ses propos* : [rare, pl.] **dires** ♦ [très péj.] **boniment** (qui implique l'idée de tromperie). ② *Des propos orduriers* : → INCONVENANCE.

II ① *Arriver à propos* : [fam.] **à pic** ♦ **à point nommé**. *Mal à propos* : → CONTRETEMPS. *Hors de propos* : **inopportun***. *De propos délibéré* : → DÉLIBÉRÉMENT. ② *À propos, serez-vous absent demain ?* (marque une transition ou introduit une idée nouvelle) : **au fait**.

③ [n.m.] *L'à-propos d'une demande* : **pertinence*** ; → OPPORTUNITÉ. *Son à-propos lui a sauvé la vie* : [plus cour.] **présence d'esprit**. ④ *À ce propos* : → POINT I. *À propos de* : → SUR.

III *Il n'est pas dans mon propos de vous convaincre* : **intention** ♦ [sout.] **dessein**.

proposer ① *J'ignore si le projet qu'il va me proposer me conviendra* : **soumettre** ; → PRÉSENTER, SUGGÉRER. ② *Proposer une récompense* : → DONNER, OFFRIR. ③ *Se proposer de* : → PROJETER I.

proposition ① *Faire plusieurs propositions* : → OFFRE. *Des propositions de paix* : → OUVERTURE. *Refuser une propositon* : → SUGGESTION. ② *C'est sur la proposition d'un député que le projet de loi fut discuté* : **initiative**.

propre

I [postposé] ① *Du linge très propre* : ↑ **immaculé** (= sans une tache) ; → NET I. *Un petit jardin bien propre* : **propret**. *Être très propre* : → SOIGNÉ. *Une maison propre* : **bien tenu***. ② *C'est du propre !* : → JOLI II. ③ *Une panne au milieu de la nuit ! nous voilà propres !* : [fam.] **frais, dans de beaux draps**.

◇ **propreté** ① *Manger avec propreté* : **proprement**. ② → NETTETÉ.

II ① [antéposé] *Les propres paroles* : → MÊME I. ② [postposé] *Il a des qualités propres qu'on ne peut lui dénier* : **personnel*** ; → INDIVIDUEL, INTRINSÈQUE. *Être propre à qqn* : → PARTICULIER. ③ *Vous avez trouvé le mot propre* : **exact, juste**. *Le sens propre* : → LITTÉRAL. ④ *Un propre-à-rien* [vieilli] : [cour.] **incapable***. ⑤ *Un homme propre* : **honnête**.

III *Propre à* [+ inf.] *Cela est propre à vous plaire* : **de nature* à** ; → CAPABLE.

IV [n.m.] → APANAGE.

proprement

I → PROPRETÉ.

II ① *C'était proprement une faute impardonnable* : [plus cour.] **véritablement**. ② *Vous le lui avez proprement dit* [sout.] : [cour.] **bien**. ③ *Un travail proprement présenté* : **convenablement, correctement**. ④ *À proprement parler, je ne m'y attendais* *pas* : **à vrai* dire.** ⑤ *Agir proprement* : **honnêtement.**

propret, propreté → PROPRE I.

propriétaire ① *Le propriétaire refuse de faire réparer le toit* : [fam.] **proprio.** ② → MAÎTRE I. *Être propriétaire de* : → AVOIR.

propriété ① *Avoir des propriétés* : → BIEN IV. ② *La propriété d'une tisane* : → VERTU II.

proprio → PROPRIÉTAIRE.

propulser *Propulser qqn à un poste* : → PLACER.

prorata *Au prorata de* : → EN PROPORTION* DE.

prorogation → RENOUVELLEMENT.

proroger → RENOUVELER.

prosaïque *Vous vous satisfaisiez aisément de votre vie prosaïque* : **commun** ; → BOURGEOIS. *Des remarques prosaïques* : **plat.** *Une réalité bien prosaïque* : **vulgaire*.**

◊ **prosaïquement** *Il parlait bien prosaïquement* [sout.] : [cour.] **platement.**

prosateur → AUTEUR.

proscrire ① *Proscrire qqn* : → BANNIR. ② *Il faut proscrire toute allusion blessante pour nos invités* [sout.] : [plus cour.] **éliminer, enlever.** *Les autorités ont longtemps proscrit certains livres* [sout.] : [cour.] **interdire** ; → CONDAMNER. *Proscrire le tabac des lieux publics* : **prohiber.**

prosélyte → MILITANT.

prosodie → VERSIFICATION.

prospecter *Les ingénieurs prospectaient la région pour découvrir de l'uranium* : [plus génér.] **examiner, explorer** ; → RECONNAÎTRE.

prospection → RECHERCHE.

prospectus *Rédiger des prospectus pour un magasin* : [plus précis] **publicité** ◆ [vieilli] **réclame** ◆ **dépliant** (= prospectus plié plusieurs fois) ; → BROCHURE.

prospère *Avoir une mine prospère* : **resplendissant** ; → FLORISSANT.

◊ **prospérité** *J'espère que vous connaîtrez longtemps cette prospérité* : **richesse** (= état favorable quant à la fortune) ◆ **succès** (= état favorable quant à l'ensemble de la vie) ; → BIEN III, SPLENDEUR. *Une industrie en pleine prospérité* : → ACTIVITÉ. *Des années de prospérité* : **de vaches* grasses.**

prospérer → MARCHER, RÉUSSIR.

prospérité → PROSPÈRE.

prosterner (se) → S'AGENOUILLER.

prostitué, e → PROSTITUER.

prostituer *Vous prostituez votre art en exposant de telles toiles* [très sout.] : [sout.] **avilir** ◆ [plus cour.] **déshonorer.**

◊ **se prostituer** *Cette femme, cet homme se prostitue* : [fam.] **faire le trottoir** ◆ [arg.] **faire le tapin, tapiner.**

◊ **prostitué, prostituée** Le masculin n'a pour synonyme relativement courant que [fam.] **gigolo** (qui a par ailleurs un autre sens). Les synonymes de *prostituée* ont été très nombreux. La plupart sont sortis de l'usage ou sont peu en usage ; certains renvoient à des pratiques que l'on a assimilées à la prostitution. Presque tous sont employés, ou l'ont été, comme injures sexistes. Parmi d'autres : [litt., souvent par plais.] **péripatéticienne** ◆ [fam.] **professionnelle** ◆ [fam.] **fille** (*aller voir les filles*), [fam., vieilli] **fille de joie, fille publique** ◆ [fam., toujours inj.] **roulure, traînée** ◆ [vulg., cour.] **putain, pute** ◆ [fam., vx] **catin** ◆ [arg.] **tapineuse** ◆ [anglic.] **call-girl** (= prostituée jointe chez elle par téléphone) ◆ **amazone** (= prostituée qui racole en voiture) ◆ [litt., vieilli] **courtisane, demi-mondaine,** [fam., vieilli] **cocotte,** [vx] **gourgandine** (qui se disent d'une femme de mœurs légères, non prostituée) ◆ [fam., vieilli] **poule (de luxe)** (qui se dit d'une femme entretenue, le plus souvent d'un rang social élevé).

◊ **prostitution** ① *Maison de prostitution* : → MAISON* CLOSE. ② *La prostitution des* prostitution

valeurs [litt.] : [plus cour.] **dégradation** ;
→ DÉCADENCE.

prostitution → PROSTITUER.

prostration → ABATTEMENT.

prostré → EFFONDRÉ.

protagoniste → ACTEUR, PERSONNAGE.

protecteur, protection, protégé
→ PROTÉGER.

protège-cahier → COUVERTURE.

protéger ① [~ qqn] *Sa famille le proté-
gea très longtemps* : [plus express.] **cou-
ver*, mettre sous son aile** ; → VEILLER. *Un
garde le protégeait* : → ACCOMPAGNER. *Que
Dieu vous protège !* : → BÉNIR, GARDER.
*On l'a protégé pour qu'il réussisse si rapi-
dement* : **appuyer, recommander** ; → AIDER,
PATRONNER*. ② [~ qqn] *Les mesures prises
protégeaient les épargnants contre une dévaluation* : **garantir** ; → DÉFENDRE. ③ [~ qqn,
qqch de] *Protéger d'un danger* : **préserver
◆ soustraire*** (*soustraire à*). *Protéger de
la sottise* : → IMMUNISER. *Protéger ses frontières* : → ASSURER. ④ [~ qqch] *Des mécènes
protégeaient le théâtre* : [plus cour.] **favoriser, promouvoir.** ⑤ [~ qqch] *L'obscurité
permet de protéger certains produits* : [plus
précis] **conserver.** *Protéger ses intérêts* : **préserver** ; → S'ASSURER, SAUVEGARDER.

◇ **se protéger** *Il n'a pas su se protéger
contre les coups* : **se défendre, se garer de** ;
→ PARER I.

◇ **protégé** *On s'adressait au protégé du
ministre pour obtenir des renseignements* :
favori ◆ [sout.] ↑ **créature.**

◇ **protecteur** ① [n.] *Être le protecteur
de la musique* : **mécène.** *Un protecteur
des faibles* : → DÉFENSEUR. *Le protecteur
de qqn* : → ANGE* GARDIEN. ② [adj.] *Un
air protecteur* : **condescendant ◆** ↑ **dédaigneux.**

◇ **protection** ① *Il demanda la protection de la police* : ↓ **aide, assistance.**
Protection rapprochée : → GARDE II. ② *La
protection d'un mécène* : **appui*, mécénat,
patronage*.** *Se chercher des protections* :
→ PISTON, RECOMMANDATION. *Être sous
la protection de* : → AUSPICES, OMBRE.
③ *Beaucoup d'églises sont sous la protec-*

tion de la Vierge : [plus précis] **invocation.**
④ *La protection des chars avait été amé-
liorée* : [plus précis] **blindage.** *La protection
nucléaire* : → PARAPLUIE. *Beaucoup d'animaux ont une protection efficace contre
leurs prédateurs* : **défense* ◆** [plus partic.]
armure, carapace. ⑤ *La protection de la
nature* : → GARDE.

protestant Chrétien qui appartient à une
Église issue de la Réforme : **réformé** (parfois appelé **calviniste,** du nom du fondateur de cette Église), **luthérien, baptiste,
pentecôtiste ◆** [anc.] **huguenot ◆** [vx, péj.
ou par plais. auj.] **parpaillot** ; → CHRÉTIEN.

protestation → PROTESTER.

protester ① *La presse a protesté contre le
verdict trop sévère* : **se récrier ◆** ↑ **s'élever** ;
→ MURMURER, RÉAGIR, SE RÉVOLTER. *Cela ne
sert à rien de protester* : **réclamer ◆** [fam.]
râler, rouspéter ◆ [très fam.] **la ramener** ;
→ SE CABRER, SE PLAINDRE. *Protester
contre la vitesse excessive des voitures* :
[emploi critiqué] **vitupérer contre.** ② *Vous
avez beau protester, vous avez mal agi* :
↓ **dire ◆** [fam.] ↑ **ruer dans les brancards.**
③ *Protester de sa bonne foi* : → AFFIRMER.

◇ **protestation** ① *Une protestation unanime* : **levée* de boucliers** ; → MURMURE,
TEMPÊTE. *Leurs protestations n'empê-
chèrent rien* : → DÉNÉGATION. ② *Cette
belle protestation d'honnêteté nous a
convaincus* [sout.] : [cour.] **témoignage** ;
→ DÉMONSTRATION, SERMENT.

protocolaire → FORMALISTE.

protocole *Il abandonne une partie du protocole* : **étiquette, cérémonial** ; → APPARAT,
CÉRÉMONIE, FORME II.

prototype → MODÈLE.

protubérance → SAILLIE I.

prou *Peu ou prou* : → PLUS* OU MOINS.

prouesse → EXPLOIT.

prout → PET.

prouver ① [qqn ~] *Il faudrait quand même
prouver ce que tu affirmes !* : **démontrer,
établir ◆** [très génér.] **montrer.** *L'existence
des soucoupes volantes n'a pas été prou-*

vée : **vérifier.** ② [qqn ~] *Elle s'ingéniait à lui prouver sa reconnaissance* : **témoigner** ♦ ↓ **faire voir ;** → AFFIRMER. ③ [qqch ~] *Ces marques prouvent l'ancienneté de l'habitation* : **témoigner** ♦ [sout.] **attester ;** → CONFIRMER, INDIQUER.

◇ **preuve** ① *Le physicien étayait son hypothèse de plusieurs preuves* : **démonstration.** *C'est une preuve qui ébranle mes convictions* : **argument.** ② *Ses paroles étaient une preuve de sa culpabilité* : **confirmation** ♦ **indice** (qui indique seulement la probabilité) ; → SIGNE. ③ *C'est une preuve d'amitié* : → GAGE, MARQUE, TÉMOIGNAGE. ④ *Ils ont fait preuve d'une singulière naïveté* : **montrer.** *À preuve* : → TÉMOIN. *La preuve* : **à telle enseigne*** II.

provenance → PROVENIR.

provenir ① *Les rois prétendent souvent que leur autorité provient de Dieu* : [sout.] **émaner ;** → PROCÉDER, TIRER II. ② *Ses craintes proviennent d'une enfance difficile* : **découler, résulter ;** → NAÎTRE, TENIR II, VENIR. *L'idée provient de lui* : → PARTIR II.

◇ **provenance** *On ignorait la provenance de cette coutume* : **origine*.** *En provenance* : → ARRIVER I.

proverbe → PENSÉE II.

proverbial → CONNU.

providence → DESTIN, DIEU.

provision
I ① *Il a rentré une grande provision de bois* : **réserve ;** → CARGAISON, STOCK. ② *Les paysans tuent encore un cochon pour avoir des provisions* [pl.] : **vivres*, ravitaillement** ♦ **aliment** (= toute substance susceptible de servir de nourriture aux êtres vivants). *Elle est partie au marché faire ses provisions* [pl.] : **commissions, courses.**

II *L'avocat demanda une provision pour s'occuper de l'affaire* : [plus cour.] **avance ;** → ACOMPTE, DÉPÔT.

provisoire *Les dispositions prises ne sont que provisoires* : **momentané, transitoire ;** → PASSAGER. *Être provisoire* : **n'avoir qu'un temps*.**

provisoirement → EN ATTENDANT, MOMENTANÉMENT.

provocant → PROVOQUER I.

provocateur → AGENT II.

provocation → PROVOQUER I.

provoquer
I [~ qqn] ① *On l'a provoqué à la désobéissance* : **pousser** ♦ ↓ **inciter ;** → AMENER. ② *Ne le provoquez pas, il est trop irritable* : [moins cour.] **braver, défier.** *Elle provoque les hommes* : → ALLUMER. ③ *Provoquer une réunion* : → PRENDRE L'INITIATIVE* DE.

◇ **provocant** *Comment expliquer son attitude provocante en de telles circonstances ?* : **agressif.** *Une pose provocante* : **aguichant ;** → HARDI, SUGGESTIF. *Des œillades provocantes* : ↑ **incendiaire.**

◇ **provocation** *Nous punirons toute provocation à la désobéissance* : ↓ **appel,** ↓ **incitation.**

II [~ qqch] *La sécheresse prolongée a provoqué des troubles* : **occasionner, susciter** ♦ **donner lieu*** à ; → AMENER. *Provoquer l'enthousiasme* : **enthousiasmer ;** → FAIRE NAÎTRE*, PRODUIRE II, SOULEVER. *Provoquer la chute* : → PRÉPARER. *Provoquer un changement* : → OPÉRER. *Provoquer la passion* : → ALLUMER.

proxénète → ENTREMETTEUR, SOUTENEUR.

proximité ① *La proximité de l'orage énervait les animaux* : **approche** ♦ ↑ **imminence.** ② *La proximité de la ville convenait aux jeunes mariés* : **voisinage*.** *La proximité de deux maisons* : **contiguïté** (qui implique que deux choses se touchent). ③ [loc. prép.] *À proximité de.* *L'école était à proximité du parc* : **proche de, tout près de.**

prude *Cette femme prude détonnait dans le quartier* [vieilli] : **pudibond** (= qui a une pudeur exagérée mais sans ostentation) ♦ **puritain** (= qui montre un strict respect des principes moraux pour soi et les autres) ♦ **austère** (= qui vit de façon très sévère) ♦ **délicat** (= qui montre une grande sensibilité) ; → CHASTE, DÉCENT.

Il n'est pas si prude qu'il le paraît [sout.] : [cour.] **bégueule.**

◇ **pruderie** *La pruderie dissimule parfois des désirs non satisfaits* : ↑ **pudibonderie ;** → CHASTETÉ.

prudemment, prudence → PRUDENT.

prudent ① *Il reste prudent, en attendant de recevoir d'autres renseignements* : ↑ **circonspect.** *Vous n'avez pas été très prudent de lui confier votre secret* : **avisé, prévoyant.** ② *Ce n'est pas très prudent de sortir torse nu* : **sage.** *Il faut être prudent, la route est dangereuse* : [plus fam.] **faire attention.**

◇ **prudemment** ① *J'ai prudemment retenu ma place* : **sagement.** ② *Avancer prudemment* : **à pas* comptés, pas* à pas.**

◇ **prudence** ① *Sa prudence lui permit d'éviter la faillite* : **prévoyance** ◆ ↑ **circonspection ;** → PONDÉRATION, SAGESSE. ② *La nouvelle pourrait lui être fatale, parlez-lui avec prudence* : **précaution ;** → MÉNAGEMENT, MESURE II.

pruderie → PRUDE.

pruneau → BALLE II.

prune ① *Pour des prunes* : → VAIN I. ② *Payer une prune* : → CONTRAVENTION.

prurit → DÉMANGEAISON.

psalmodier → CHANTER.

psaume → CANTIQUE.

pseudo → SURNOM.

pseudonyme → NOM, SURNOM.

psyché → GLACE II.

psychique → MENTAL.

psychologie → MENTALITÉ.

psychosomatique → SOMATIQUE.

puant, puanteur → PUER.

pub → FILM, PUBLICITÉ, SPOT.

puberté → ÂGE, FORMATION.

public

I [adj.] ① *Il vous faut un acte public pour prouver votre droit de propriété* [didact.] : [plus cour.] **authentique.** ② *L'intérêt public* : **général ;** → COMMUN I. ③ *Un fait public* : → ÉVIDENT, NOTOIRE. *Un hommage public* : → SOLENNEL. ④ *École publique* : → ÉTAT, LAÏQUE.

II [n.m.] ① → OPINION. ② *Passionner son public* : **auditoire* ;** → SPECTATEUR. *Il fait cela pour amuser le public* : **galerie** (*il fait cela pour la galerie*). ③ *Le grand public* : → FOULE, MASSE II. ④ → SERVICE I.

III [loc. adv.] *En public. Il a dû s'expliquer en public* : **publiquement.**

publication → LANCEMENT, PARUTION, SORTIE.

publiciste → ANNONCEUR.

publicitaire → AFFICHE.

publicité ① *C'était l'heure de la publicité et il changea de chaîne* : [moins cour.] **message publicitaire** ◆ [fam.] **pub ;** → PROSPECTUS, RÉCLAME, SPOT. *Les murs étaient couverts de publicités* [pl.] : [moins cour.] **placard publicitaire** ◆ [génér.] **affiche.** *On a fait beaucoup de publicité autour de ce film* : [fam.] **battage ;** → PROPAGANDE. ② *Vous n'avez pas donné une publicité suffisante à votre décision* [sout.] : [plus cour.] **retentissement.**

publier ① *Publier la parole divine* [sens religieux] : → ANNONCER. ② *Publier une nouvelle* : → DIVULGUER, PROMULGUER. ③ *Publier un roman* : → ACCOUCHER, ÉCRIRE, ÉDITER, SORTIR I. *Être publié* : → PARAÎTRE III.

publiquement → PUBLIC III.

puceau → HOMME, VIERGE.

pucelage → VIRGINITÉ.

pucelle → VIERGE.

pucier → LIT I.

pudeur ① *Faire preuve de pudeur* : → DÉCENCE. *Sans pudeur* (*sans scrupule*) ; → HONTE. ② *Ayez au moins la pudeur de ne pas montrer votre triomphe* : [partic.] **délicatesse, discrétion** (qui témoignent de retenue, de sensibilité morale).

◇ **pudique** ① *Il employait des termes pudiques pour ne gêner personne* : **décent*** ; → CHASTE. ② *Il évoqua de façon pudique sa gêne matérielle* [sout.] : [plus cour.] **délicat, discret.**

pudibond → PRUDE.

pudibonderie → PRUDERIE.

pudique → PUDEUR.

puer [qqn, qqch ~ ; toujours péj.] *Vous puez, vous ne vous lavez donc jamais !* : [plus sout.] **empester** ◆ [fam.] **ne pas sentir la rose** ◆ [très fam.] **cocotter, fouetter.** *L'hôpital puait l'éther* : [cour.] **sentir mauvais*** ◆ [sout.] **empoisonner** ; → SENTIR II. *Le tabac pue* : [v.t.] **empuantir** (*le tabac empuantit la pièce*).

◇ **puanteur** *La puanteur des poubelles accumulées* : **infection** ; → ODEUR.

◇ **puant** ① *On trouvait encore dans la cour des fermes un fumier puant* : [plus sout.] **nauséabond** ◆ ↓ **malodorant** ◆ ↑ **pestilentiel** ; → ÉCŒURANT. ② *C'est un homme puant* : → VANITEUX. *Les chemins puants de la corruption* : → BOUEUX.

puéril → ENFANTIN.

puérilité → ENFANTILLAGE.

pugilat → BAGARRE.

pugiliste → BOXEUR.

puîné → CADET.

puis ① *L'enfant a bien réfléchi, puis il a demandé une grenadine* [en tête de proposition] : **ensuite.** ② *Je n'ai pas le temps d'y aller, et puis, je n'en ai pas très envie* : **au reste, d'ailleurs*.**

puiser ① *Puiser de l'eau* : → TIRER II. ② *Il a puisé ses sources sur les lieux mêmes de l'histoire* [sout.] : [plus cour.] **emprunter*** ◆ [plus génér.] **prendre.**

puisque ① *Puisque vous êtes là, vous allez couper les bûches* (qui introduit la cause expliquant l'énonciation de la principale) : **étant donné que, dans la mesure où, comme.** ② *Puisque vous êtes heureux d'être revenu, pourquoi voulez-vous repartir ?* [valeur causale] : [valeur temporelle]

maintenant que. ③ *Je ne vous dirai plus rien puisque vous ne savez pas tenir votre langue* (qui insiste sur la relation causale) : **parce que.** ④ → PENDANT* QUE.

puissamment, puissance → PUISSANT.

puissant ① *Il s'était adressé à un homme puissant pour obtenir gain de cause* : ↑ **tout-puissant** ◆ ↓ **influent.** ② *Un vent puissant arracha les tuiles* : **violent** ; → FORT. *Un corps puissant* : → VIGOUREUX. ③ *Un remède puissant* : → EFFICACE.

◇ **puissamment** *Cet État a puissamment contribué à maintenir la paix* : **fortement** ; → BEAUCOUP, EFFICACEMENT.

◇ **puissance** ① *L'argent donne aujourd'hui la puissance* : **pouvoir.** *La puissance économique* : → POTENTIEL. *La puissance divine* : ↑ **toute-puissance** [didact.] **omnipotence.** *Votre puissance ne suffira pas à le tirer de ce mauvais pas* : ↓ **influence,** ↓ **crédit** ; → GRANDEUR, POUVOIR. ② *La puissance de faire qqch* : → CAPACITÉ I, FACULTÉ I. ③ *Grande puissance. Les grandes puissances décident pour les pays pauvres* : **les grands** ◆ **nation, pays** (qui n'évoquent pas forcément l'idée de puissance économique) ◆ ↑ **hyperpuissance,** ↑ **superpuissance.**

pull-over → CHANDAIL.

pullulement → FOURMILLEMENT.

pulluler → ABONDER, ENVAHIR.

pulpe *Elle épluchait la figue pour n'en manger que la pulpe* : **chair** (qui n'implique pas un caractère moelleux).

pulsation → BATTEMENT, CŒUR I.

pulsion → TENDANCE.

pulvérisateur → VAPORISATEUR.

pulvériser ① *Il fallait pulvériser le liquide dans toutes les fentes pour se débarrasser des insectes* : **vaporiser.** ② *Les lignes arrière ont été pulvérisées* : [plus sout.] **anéantir, écraser** ; → DÉTRUIRE. ③ *Pulvériser une pierre* : → BROYER, MOUDRE, RÉDUIRE EN POUSSIÈRE*.

punaiser → FIXER.

punch ① → ALLONGE. ② → ÉNERGIE, MORDANT.

punir ① [~ qqn] *L'enfant était puni pour la moindre vétille* : [sout.] **châtier ;** → CORRIGER II. *Le criminel doit être puni* : [plus sout.] **expier** (*le criminel doit expier*). *Ne continue pas à m'agacer, tu vas te faire punir !* : [fam.] **taper sur les doigts ♦** [fam.] **écoper, trinquer** (*tu vas écoper, trinquer*). ② [~ qqn] *Le tribunal a durement puni le meurtrier* : **condamner*.** ③ [~ qqch] *Les gendarmes punissaient toute infraction* : **sanctionner, réprimer ;** → SÉVIR. ④ *Pour te punir* : **pour ta peine*.**

◇ **punition** *Les punitions sont trop sévères dans cet établissement* : **sanction.** *La punition est-elle proportionnée au délit ?* : **peine ♦ ↑ châtiment.** *Pour ta punition, tu ne regarderas pas la télévision* : [partic.] **pour ta pénitence.**

punition → PUNIR.

pupitre → TABLE I.

pur ① [qqn, qqch est ~] *Ses intentions sont pures* : **désintéressé.** *J'ai la conscience pure* : **net, blanc comme neige, sans tache.** *Peut-on dire qu'il a l'âme pure ?* : [sout.] **angélique.** ② [qqch est ~] *Une eau pure* : **clair*, limpide.** *De l'or pur* : **sans mélange* ;** → FIN III. *La vérité pure* : → NU. *Le texte était écrit dans un style pur* : **châtié, parfait.** *Des sons très purs* : → AÉRIEN. ③ [qqn est ~] *Une jeune femme pure* : → CHASTE, SAGE, VERTUEUX, VIERGE. ④ [qqch est ~] *Les mathématiques pures* : → THÉORIQUE. ⑤ [antéposé] *C'était par pur hasard qu'ils s'étaient rencontrés* : **simple*.** *C'est la pure vérité* : **strict ;** → VRAI.

◇ **pureté** *La pureté du regard* : **franchise, droiture.** *La pureté d'une jeune fille* : **chasteté ;** → VIRGINITÉ. *La pureté d'un sentiment* : **fraîcheur.** *La pureté d'un dessin* : **délicatesse ;** → FINESSE. *La pureté de l'air* : **clarté, limpidité.**

◇ **purifier** *Ouvrir les fenêtres pour purifier l'air* : **assainir.** *L'eau avait été purifiée* : **cla-**rifier ♦** [partic.] **désinfecter** (= détruire les germes infectieux) ; → ÉPURER.

◇ **purement** *Son intervention était purement opportuniste* : **simplement, uniquement.**

purée ① *Être dans la purée* : → MISÈRE, PAUVRETÉ. ② [exclam.] *Purée !* : → FICHTRE.

purement, pureté → PUR.

purgatif *L'abus du chocolat l'obligeait à prendre des purgatifs* (= toute substance qui stimule les évacuations intestinales) : **purge ♦ dépuratif** (= ce qui purifie l'organisme de ses toxines) **♦ laxatif** (= purgatif léger).

purge ① → PURGATIF. ② → ÉPURATION.

purger → DÉGORGER.

purification → ÉPURATION.

purifier → PUR.

puritain → PRUDE, SÉVÈRE.

pusillanime → CRAINTIF, PEUREUX, TIMIDE.

pusillanimité → TIMIDITÉ.

putain ① → PROSTITUÉE. ② [exclam.] *Putain !* : → FICHTRE.

pute → PROSTITUÉE.

putréfaction
→ CORRUPTION, POURRITURE.

putréfier (se) → POURRIR.

putrescible → CORRUPTIBLE.

putsch → COUP D'ÉTAT.

puy → MONTAGNE.

puzzle → JEU DE PATIENCE*.

P-V → CONTRAVENTION.

pygmée → NAIN.

pyromane → INCENDIAIRE.

Q

quadrature *Quadrature du cercle* : → INSOLUBLE.

quadrillé → À CARREAUX*.

qualification ① → NOM, TITRE. ② *Sans qualification* : → FORMATION.

qualifié → COMPÉTENT, VALABLE.

qualifier *Faut-il qualifier de bureau ce lieu vétuste et poussiéreux ?* : **appeler, dénommer, nommer.** *Je ne vais pas me laisser qualifier d'incapable* : **traiter.**

qualité ① *Voulez-vous que je vous énumère ses qualités ?* : **capacité, mérite, vertu** (qui se disent pour les personnes). *De nombreuses qualités naturelles* : **attribut, caractère ;** → BONS CÔTÉS*, DON. ② *Un produit de qualité* : **de choix, de premier choix*, de marque*, de valeur*, supérieur*.** ③ *Il ne supportait pas sa qualité de fonctionnaire* : [plus cour.] **condition.** *Étant donné sa qualité* : **rang*.** ④ *Deux qualités de café* : **espèce*.** ⑤ *En qualité de* : **comme*, en tant* que.**

quand

I ① [conj.] *Quand tu nous rends visite, les enfants sont joyeux* : **chaque fois* que, lorsque*.** ② [introduisant une opposition ou une hypothèse] *Vous vous amusez bien quand vous devriez vous préoccuper de votre sort* : [plus cour.] **alors que.** *Quand bien même tu me dirais le contraire, je ne te croirais pas* : **même si, si*.** ③ [loc. adv.] *Quand même* : → MÊME.

II [adv. interr.] *Quand viendrez-vous ?* : **à quel moment*.**

quant à ① [~ qqch] *Quant à ses résultats, nous n'en parlerons pas* : **pour*** ce qui est de. ② [~ qqn] *Quant à moi, je refuse ce marché* : **de mon côté*, pour mon compte*.**

quantième → DATE.

quantité ① *À la suite de son appel, il a reçu une quantité d'offres* : **kyrielle** (= suite interminable) ◆ **avalanche, infinité** (= quantité considérable) ◆ [fam.] **cargaison, ribambelle, tas, tripotée ;** → MASSE I, MER, MONTAGNE, MULTITUDE, PAQUET, RÉGIMENT. ② *En grande quantité* : **abondant** ◆ [fam.] **en pagaille ;** → À LA PELLE*. *Prenez-en beaucoup : dans la quantité, il y en aura bien qui iront* : **nombre*.** *Une quantité d'argent* : → SOMME I.

quarantaine *Mettre en quarantaine. Mettre un pays en quarantaine* : **boycotter ;** → REJETER. *Mettre un malade en quarantaine* : **écarter*, isoler*.**

quart

I ① *L'officier de quart descendit sur le pont* : **service*.** ② *Les trois quarts du temps, sa voiture ne démarre pas* : **le plus souvent*.** *Au moins, il comprend au quart de tour* : [cour.] **du premier coup, sans difficulté.**

II → GOBELET.

quartaut → TONNEAU.

quarté → COURSE II.

quartier ① *Il habitait dans un quartier central de Paris* : **arrondissement** (= division administrative, en parlant de Paris, Lyon et Marseille). *La crèmerie du quartier* : **coin***, **voisinage***. ② [au pl.] *Les quartiers d'une troupe* : **camp***.

quart-monde → PAUVRE II.

quasi → PRESQUE, SEMI.

quasiment → PRATIQUEMENT, PRESQUE.

quatre *Manger comme quatre* : → MANGER I. *Se mettre en quatre* : → SE DÉMENER, S'EMPRESSER. *Fort comme quatre* : → TRÈS. *À quatre pas d'ici* : → PRÈS I.

quatre-heures → COLLATION.

que [adv.] ① *Que tu es maladroit !* : **comme***. ② [~ de + nom] *Que de longues journées nous avons passées ici !* : **combien de.** ③ [~ ne] *Que ne m'avez-vous rien demandé ?* [sout.] : [cour.] **pourquoi***.

quelconque → COMMUN II, INSIGNIFIANT, ORDINAIRE.

quelque ① *Elle avait alors quelque soixante ans* [sout.] : [cour.] **dans les, environ.** ② *Quelque... que. Quelque adroit que tu sois, tu ignores tout du métier* [litt.] : **si... que, pour... que** ◆ [plus cour.] **bien que** (*bien que tu sois adroit...*).

quelque chose → CHOSE.

quelquefois *Il y avait quelquefois motif à s'emporter* : **parfois*** ◆ [fam.] **des fois.** *La vieille dame évoquait quelquefois son enfance* : **de temps* à autre.**

quelques → BEAUCOUP, PLUSIEURS, POUSSIÈRE, PEU II. *Quelques-uns* : → PLUSIEURS.

quelqu'un ① *Je crois que quelqu'un a frappé* : **on.** *Il y a quelqu'un* : **du monde*** ; → PERSONNE II. ② *Il ne nous a même pas avertis, c'est quelqu'un !* [fam.] : [cour.] **c'est extraordinaire.**

quémander → DEMANDER, MENDIER, RÉCLAMER.

quémandeur → SOLLICITEUR.

quenotte → DENT.

quéquette → SEXE.

querelle *La querelle conduisit vite à un violent conflit* : **différend, dispute*** ; → SCANDALE, SCÈNE. *Chercher querelle* : → CONTESTER.

◇ **quereller** *Il querelle ses voisins au moindre prétexte* [vx] : [cour.] **chercher noise* à** ◆ [plus fam.] **faire la vie à qqn** (= se conduire avec lui de façon insupportable). *Ne querellez pas votre fils, il n'y est pour rien* [sout.] : [cour.] **gronder, houspiller, réprimander*.**

◇ **se quereller** *Ces deux frères se querellent pour un oui ou pour un non* : [plus cour.] **se disputer*** ◆ [fam.] **se chamailler** ; → SE MANGER LE NEZ*.

◇ **querelleur** *Rien n'y faisait, le garçon restait toujours querelleur* : ↑ **batailleur** ◆ [fam.] **chamailleur** ◆ **hargneux** (qui implique surtout une mauvaise humeur constante, plus ou moins teintée de méchanceté) ; → ACARIÂTRE.

quereller, querelleur → QUERELLE.

question

I *Son silence prolongé valait une question* : ↑ **interrogation.** *Une question difficile* : → COLLE II. *Il n'arrête pas de me poser des questions* : **questionner** (*de me questionner*). *Les questions des enfants* : → POURQUOI. *Mettre à la question* [vx] : **torturer*.**

II ① *Les journalistes ont essayé de cerner la question* : **affaire*, problème*, point*, sujet*.** *Discuter une question* : **matière*.** ② *Il est question de le limoger* : **on parle de, s'agir* de.** *Votre intervention remet en question notre décision* : **remettre en cause*, compromettre.** *Sur cette question* : → CHAPITRE. *Être porté sur la question* [par euph.] : → COURIR LES FEMMES*.

questionnaire → FORMULAIRE.

questionner → DEMANDER, POSER DES QUESTIONS* I, TIRER* (II) LES VERS DU NEZ.

quête *Le produit de la quête est destiné aux sinistrés* : [pr.] **collecte.** *En quête de* : **recherche*.** *Se mettre en quête* : **chercher*.**

◇ **quêter** *Il quêtait le soutien de ses parents* : **demander*, mendier, solliciter.**

quêter → QUÊTE.

queue ① *Queue d'une fleur* : → TIGE. ② → SEXE. ③ *Être à la queue d'un classement* : **dernier** (*être le dernier, dans les derniers*). ④ *Faire la queue devant un cinéma* : **attendre*.** *Il y a une bonne heure de queue* : **attente.** ⑤ *Arriver en queue* : **fin** (*à la fin*). *Sans queue ni tête* : → TÊTE. ⑥ *À la queue leu leu* : → FILE.

quiconque → PERSONNE II.

quiétude → CALME, TRANQUILLITÉ.

quignon → MORCEAU.

quille → JAMBE.

quinquets → ŒIL I.

quinteux *Cheval quinteux* : → RÉTIF.

quinzaine → SALAIRE.

quiproquo → ERREUR, MALENTENDU.

quitte ① *N'imaginez pas que vous êtes quitte de ce travail* : **dispensé, débarrassé, libéré.** ② *Quitte à vous décevoir* : **au risque* de.** *Dans cette affaire, je joue à quitte ou double* : **risquer* le tout pour le tout.**

quitter ① *Nos amis nous ont quittés assez tard hier soir* : **partir, prendre congé*.** *Il nous a quittés sans nous prévenir* : **fausser compagnie*, fausser la politesse, lâcher*, laisser tomber*.** ② *Tous les passagers durent quitter l'avion* : [plus précis] **abandonner*, évacuer ;** → SORTIR. ③ *Quitte donc ton manteau !* : [plus cour.] **se débarrasser ;** → ENLEVER, ÔTER, RETIRER. ④ *Quitter la table* : **se lever*.** *Ne pas quitter la chambre* : **tenir.** ⑤ *Quitter un emploi* : → RÉSIGNER.

◇ **se quitter** *Depuis trois mois, ils ne se quittent plus* : **être inséparables ;** → SE SÉPARER.

qui-vive *Être sur le qui-vive* : → GARDE.

quoi ① *Sans quoi. Suivez ses directives, sans quoi il se fâchera* : **autrement, sinon.** ② *Quoi !* : **comment.** ③ *Après quoi* : → APRÈS. ④ *Quoi qu'il arrive* : **coûte que coûte ;** → COÛTER.

quoique *On dirait un vieillard, quoiqu'il n'ait pas cinquante ans* : **bien que, encore que*, malgré que*.**

quolibet → RAILLERIE.

quote-part → PARTICIPATION.

quotidien ① [adj.] *Les activités quotidiennes* : → HABITUEL, JOURNALIER. ② [n.m.] *Lire un quotidien* : → JOURNAL, PÉRIODIQUE.

quotidiennement → JOURNELLEMENT.

quotient → RÉSULTAT.

R

---

rab → RALLONGE, SUPPLÉMENT.

rabâchage → RABÂCHER.

rabâché → REBATTU.

rabâcher ① [qqn ~] *Le pauvre homme rabâche, on ne l'écoute plus* : **radoter.** ② [qqn ~ qqch] *Il rabâche toujours la même histoire* : **ressasser** ♦ ↓ **redire,** ↓ **répéter*.** ③ → APPRENDRE.
◇ **rabâchage** : radotage, répétition.
◇ **rabâcheur** : radoteur.

rabâcheur → RABÂCHER.

rabais *Le soldeur fait des rabais intéressants* : **réduction, remise, ristourne** ♦ [anglic.] **discount** ; → DIMINUTION.

rabaisser ① *Il ne faut pas rabaisser les mérites des absents* : **déprécier*, dévaluer** ♦ ↓ **diminuer ;** → RAVALER II. *La presse à scandale l'a rabaissé* : ↑ **avilir ;** → ABAISSER II, DISCRÉDITER. ② *Rabaisser ses exigences* : → RABATTRE.

rabat-joie [adj. et n. inv.] *Ne les invitez pas, ce sont des rabat-joie* : **trouble-fête** (= personne importune qui gâche le plaisir des autres) ♦ ↑ **empêcheur de tourner en rond ;** → TRISTE I.

rabatteur → CHASSEUR I.

rabattre ① *Rabattre le capot de sa voiture* : **refermer ;** → RAMENER. ② *Il faudra bien que vous rabattiez vos exigences* [sout.] : [plus cour.] **diminuer*, rabaisser.**

En rabattre : → S'ADOUCIR, DÉCHANTER, CHANGER DE LANGAGE*, RABAISSER.

rabbin → PRÊTRE.

rabelaisien *La verve rabelaisienne* : **truculent ;** → GAILLARD.

rabibocher → RÉCONCILIER, RÉPARER.

rabiot → SUPPLÉMENT.

râble *J'ai gardé le râble du lapin pour en faire un pâté* : [plus génér.] **dos.** *Tomber sur le râble de quelqu'un* [fam.] : **dos** ♦ [cour.] **attaquer.**

râblé → TRAPU.

raboteux ① *Une surface raboteuse* : **rugueux** ♦ ↓ **inégal** ♦ **rêche** (qui ne s'emploie qu'à propos de choses souples : *une laine rêche*). ② *Les critiques jugeaient son style trop raboteux* [très sout.] : **rocailleux** ♦ [cour.] **rude.**

rabougri *Rien d'autre ne poussait que des arbres rabougris* : **rachitique** ♦ [sout.] **chétif.** *L'âge l'avait rendu tout rabougri* : **ratatiné ;** → SE TASSER.

rabrouer → REMISER, ENVOYER PROMENER*, REPOUSSER.

racaille → VAURIEN, VOYOU, REBUT.

raccommodage → RÉPARATION.

raccommodement → RÉCONCILIATION.

raccommoder ① *Elle raccommoda soigneusement le blouson déchiré :* **repriser,** [rare] **ravauder,** [fam.] **rapetasser** (= raccommoder sommairement) ◆ **rapiécer** (= coudre une pièce : *rapiécer un pantalon*) ◆ **recoudre** (= coudre ce qui est décousu ou déchiré). ② *Raccommoder des personnes :* [plus sout.] **réconcilier*** ; → CONCILIER.

raccompagner → RAMENER.

raccordement *Le raccordement au réseau :* **connexion, branchement** (surtout en informatique).

raccorder *Le chemin a été raccordé à la route :* **rattacher, relier.** *Le passage souterrain raccordait les deux magasins :* [plus cour.] **réunir** ; → JOINDRE.

◇ **se raccorder** ① *Ce que vous me dites ne se raccorde pas à l'histoire :* **se raccrocher, se relier.** *Les deux bouts ne se raccordent pas :* **se joindre.** ② *Se raccorder au réseau :* **se connecter.**

raccourci ① *Prendre un raccourci :* **chemin de traverse.** ② *En raccourci. Le film présente en raccourci l'histoire du pays :* **en abrégé*** ; → EN RÉSUMÉ.

raccourcir *Essayez de raccourcir un peu votre exposé :* **réduire** ◆ [plus sout.] **abréger*, écourter.** *Raccourcir la longueur :* → DIMINUER. *Dès juillet les jours raccourcissent :* **diminuer** ; → ABAISSER I.

raccourcissement → DIMINUTION.

raccrocher ① → RACOLER. ② *Il faut maintenant raccrocher ces idées à votre projet :* **rattacher.**

◇ **se raccrocher** ① *Vos idées se raccrochent mal au sujet :* **se rattacher** ; → SE RACCORDER. ② *Heureusement, il a pu se raccrocher à une branche :* **se rattraper, se retenir.**

race ① *La race des Capétiens s'est éteinte :* [sout., rare] **sang** ; → FAMILLE, LIGNÉE. ② *La race blanche, la race jaune, la race noire* (ce terme suppose une distinction des groupes humains selon des critères anatomiques héréditaires qui n'ont rien de scientifique) : **ethnie*** (qui distingue les groupes humains selon des critères culturels, économiques et sociaux) ; → PEUPLE. ③ *Les mouchards, quelle sale race !* [fam.] : [sout.] **engeance.** *Quelle race d'homme êtes-vous donc ?* : [plus cour.] **espèce*.**

◇ **racial** → ETHNIQUE. Les adjectifs composés **multiracial** et **pluriethnique** s'appliquent aux sociétés et aux groupes comportant des origines ethniques différentes.

◇ **racisme** ① *Le racisme n'a jamais pu trouver de bases scientifiques.* L'**antisémitisme** désigne le racisme dirigé contre les Juifs ; l'**apartheid,** autrefois en Afrique du Sud, désignait la ségrégation des gens de couleur. ② *Le racisme vis-à-vis du sexe opposé :* [abusif] **sexisme.**

◇ **raciste** adj. et n. *La propagande raciste est punie par la loi :* [partic.] **antisémite, sexiste** ; → XÉNOPHOBE.

rachat → SALUT II.

racheter ① *Racheter une entreprise :* **absorber** ◆ [terme de finance] **filialiser** ; → PRENDRE LE CONTRÔLE*, REPRENDRE I. ② *La qualité de l'emballage ne rachète pas le produit :* **faire oublier** ; → COMPENSER.

◇ **se racheter** → EXPIER, SE RÉHABILITER, SE SAUVER.

rachitique ① *Un enfant rachitique :* **chétif** ◆ ↑ **débile** ◆ ↓ **malingre** (qui se dit de celui qui a une constitution faible) ; → FAIBLE, FRAGILE. ② *Un arbre rachitique :* → RABOUGRI.

racial → RACE.

racine

I ① *Cet homme n'a de racine nulle part* [sout.] : [plus cour.] **attache.** *Il faut découvrir les racines du mal :* **origine.** ② *Prendre racine. Ces gens-là vont prendre racine chez vous :* **s'incruster** ◆ ↑ **s'installer.**

II → BASE.

III *Il convainquait son auditoire en jouant sur la racine patriotique* [sout.] : [plus cour.] **fibre.**

racisme, raciste → RACE.

raclée ① *Il a ramassé une raclée* [fam.] : **tannée, tisane, tournée, trempe, volée**

racler

◆ [cour.] **correction** ; → PEIGNÉE. ② *Notre équipe de football a pris une raclée* [fam.] : [moins cour., fam.] **déculottée, pile** ; → DÉFAITE, VOLÉE III.

racler → GRATTER I.

racolage → RACOLER.

racoler ① → ENGAGER. ② *Elle racolait près du métro* : [fam.] **draguer** (qui n'implique pas la vénalité) ◆ [vieilli] **raccrocher** (*elle raccrochait les passants*) ; → ABORDER.

◇ **racolage** *Le racolage est légalement réprimé* : [très fam.] **retape.**

racoleur → ACCROCHEUR.

racontar → RACONTER.

raconter ① *On m'a raconté votre aventure* : [plus sout.] **conter*, rapporter** ◆ [sout., plus précis] **relater,** [sout.] **narrer** ◆ **retracer** (= raconter de façon imagée) ; → DIRE ② *Vous ne pouvez pas imaginer ce que l'on nous a raconté sur son compte* : **débiter** (= dire des choses incertaines), [plus génér.] **dire** ; → RÉPÉTER, SERVIR, SORTIR I. *Qu'est-ce que tu racontes ! ce sont des histoires !* : [fam.] **chanter,** [plus sout.] **conter.** ③ *Balzac a raconté toute une société* : [plus cour.] **décrire, dépeindre.**

◇ **racontar** *Il passait son temps à colporter des racontars* : **cancans, ragot** ; → BAVARDAGE, CONTE, MÉDISANCE, ON-DIT.

racorni *Un cuir racorni* : **desséché, dur.**

racornir (se) → SÉCHER I.

rade

I → PORT I.

II *Il m'a laissé en rade au beau milieu de la réunion* [fam.] : **laisser choir, laisser tomber, plaquer** ; → ABANDONNER II, LAISSER EN PLAN* II, EN PANNE.

radiateur *Radiateur électrique* : **convecteur.**

radical ① *Un changement radical* : **complet, fondamental*, total.** ② *Je connais un moyen radical pour nous en débarrasser* : **infaillible.** *Un remède radical* : → ACTIF.

◇ **radicalement** *Vous serez convaincu radicalement du bien-fondé de ses dires* : **absolument, fondamentalement*, totalement.** *Les bains de mer l'ont guéri radicalement* : **complètement*** ; → EFFICACEMENT.

◇ **radicaliser** → DURCIR.

radicalement, radicaliser → RADICAL.

radier → BANNIR, RAYER.

radiesthésiste → SOURCIER.

radieux ① [qqch est ~] *Un soleil radieux* : **éclatant*** ; → ÉTINCELANT. *Une journée radieuse* : **lumineux*, splendide.** ② [qqn est ~] *L'enfant, radieux, contemplait le sapin décoré* : **rayonnant** ◆ ↓ **ravi,** ↓ **plein de joie, épanoui*** ; → GAI, HEUREUX, JOYEUX. *Un air radieux* : → TRIOMPHANT.

radin [adj. et n.] *C'est un radin, il est radin* [fam.] : **pingre, rapiat, rat,** [cour.] **avare*.**

radinerie → AVARICE.

radio

I ① *Il écoute la radio tous les matins* : [génér.] **poste*,** [précis] **tuner** (= récepteur à modulation de fréquence), **autoradio** (installé dans une automobile) désignent des (appareils) récepteurs. ② *Les radios, publiques ou privées, locales, régionales ou nationales* sont des **émetteurs radiophoniques.**

II *Faire une radio des poumons* : La **radioscopie** est un examen de l'image aux rayons X ; la **radiographie** est un **cliché radiographique.**

radiodiffuser → ÉMETTRE.

radiodiffusion → ÉMISSION.

radiographie → RADIO II.

radioguidage → GUIDAGE.

radioscopie → RADIO II.

radotage → RABÂCHAGE.

radoter ① → DÉRAISONNER. ② → RABÂCHER, SE RÉPÉTER.

radoteur → PRÊCHEUR, RABÂCHEUR.

radoucir (se) → S'ADOUCIR.

rafale ① *Une rafale d'armes automatiques* : **salve, tir.** ② → BOURRASQUE.

raffermir ① *Les exercices quotidiens raffermissaient ses muscles* : **affermir*, tonifier ♦ ↑ durcir ;** → FERME. ② *La situation du gouvernement était raffermie* : **consolider, renforcer.**

raffiné → DÉLICAT, DE BON TON*.

raffinement *Le raffinement de son argumentation* : → SUBTILITÉ. *Le raffinement de ses manières était agaçant* : **↑ affectation, délicatesse*, ↑ préciosité ;** → RECHERCHE.

raffiner → ÉPURER.

raffinerie → USINE.

raffoler *Elles raffolent de ce don Juan* : **↓ adorer, être fou de.** *Raffoler d'un plat* : → AIMER, GOÛTER I.

raffut → POTIN I, TAPAGE.

rafiot → BATEAU I.

rafistoler → RÉPARER.

rafle *Des revendeurs de drogue ont été pris dans une rafle* : **descente de police ♦ arrestation** (qui n'implique pas une opération d'envergure).

rafler → ACCAPARER I, S'ATTRIBUER, GAGNER I, VOLER II.

rafraîchir → REFROIDIR.

◇ **se rafraîchir** → FRAÎCHIR.

rafraîchissement → BOISSON.

ragaillardir → REMONTER.

rage ① *Un cri de rage* : → FUREUR. ② *Être dans une rage folle* : **écumer de rage, être furieux ♦** [sout.] **↓ pester ♦** [fam.] **fumer de rage, être en rogne ;** → COLÈRE. *Sur la mer, la tempête fait rage* : **se déchaîner ;** → SÉVIR. ③ *La rage de* : → FIÈVRE.

◇ **rager** *Son indolence m'a fait rager* : [fam.] **bisquer, râler ♦** [très fam.] **rogner ♦** [cour.] **enrager.**

◇ **rageant** *Il me manquait un point pour réussir ; c'est rageant !* : [plus sout.] **exaspérant, horripilant, ↓ irritant ;** → VEXANT.

◇ **rageur** *Un gamin rageur* : **coléreux*.** *Il répondit d'un ton rageur* : **hargneux.**

rageant, rager, rageur → RAGE.

ragot → BAVARDAGE, CONTE, MÉDISANCE, ON-DIT, POTIN II, RACONTAR.

ragoûtant → APPÉTISSANT.

raid *Un raid de troupes parachutées* : **coup de main ;** → ASSAUT, INCURSION.

raide ① *Il restait les membres raides de fatigue* : **↑ engourdi,** [didact.] **ankylosé.** ② *Il fallait que les fils soient bien tendus, raides* : **rigide.** *Des cheveux raides* : → PLAT I. ③ *On accédait au château par un sentier très raide* : **abrupt, rude ;** → ESCARPÉ. ④ *Ne soyez donc pas si raide !* : **coincé,** [sout.] **collet monté, corseté, gourmé, guindé ♦** [partic.] **rigide, austère*** (qui se disent d'une personne sévère). ⑤ *Le ton raide du contremaître exaspérait les ouvriers* : **autoritaire ;** → ABSOLU II. ⑥ *Nous ne demandons qu'à vous croire, mais avouez que c'est quand même un peu raide* [fam.] : [cour.] **étonnant, fort*, surprenant.** ⑦ *Une farce un peu raide* [fam.] : [plus cour.] **hardi*, ↑ licencieux, osé ;** → CRU I. ⑧ *Être raide* : [fam.] **fauché, à sec*,** [plus sout.] **désargenté*.**

◇ **raideur** ① *La raideur des membres* : **ankylose ♦ ↑ engourdissement.** *La raideur d'un cadavre* : **rigidité** (*rigidité cadavérique*). ② → AUSTÉRITÉ, SÉVÉRITÉ.

◇ **raidir** *Il a raidi tous ses muscles* : **bander, tendre, contracter ;** → DURCIR, NOUER.

◇ **se raidir** *Parlez-lui gentiment, sinon il va se raidir* : **se vexer*, ↑ se hérisser.**

raideur → RAIDE.

raidillon → CÔTE II, MONTÉE.

raidir → RAIDE.

raie *Elle portait une robe bleue à raies blanches* : les **rayures** d'un tissu se détachent plus nettement sur le fond que les *raies*. *Le maçon traça des raies sur le sol* : [plus cour.] **trait.**

rail → COMMUNICATION, VOIE.

railler ① *Le journal raillait avec talent les hommes politiques* [sout.] : **persifler**, [très sout., rare] **satiriser**, [très sout., vieilli] **brocarder, dauber sur**, [fam.] **mettre en boîte.** ② *Vous raillez tout le monde sans beaucoup d'esprit* : **ridiculiser** ♦ ↓ **se moquer de***, ↓ **plaisanter**, ↓ **ironiser sur** ♦ ↑ **bafouer** (= tourner en ridicule) ♦ [fam.] ↓ **blaguer, charrier ;** → HUER.

raillerie *Vous n'apprécierez pas la raillerie* [vx] : [cour.] **ironie*** (= manière de railler qui consiste à dire le contraire de ce qu'on veut faire entendre) ♦ ↓ **esprit***. *Les railleries de l'humoriste ont atteint leur cible* : **trait** ♦ [très sout., vieilli] **brocard.** *Je n'aime pas vos railleries* : **moquerie*** ♦ [sout.] **quolibet ;** → POINTE. *Il a dit cela par raillerie* : **dérision** (qui implique le mépris) ; → MALICE, PLAISANTERIE, SARCASME.

railleur [de railler] *Votre ton railleur irrite plus qu'il n'amuse* : **ironique, goguenard, narquois** ♦ ↑ **caustique**, ↑ **sarcastique ;** → MALICIEUX, MOQUEUR.

rainure *La cloison mobile glissait facilement dans la rainure* : **coulisse** (= pièce comportant une rainure). *Le fût de la colonne présentait des rainures* : [didact.] **cannelure** ♦ [moins précis] **entaille*.**

raison

I ① *Faire appel à la raison* : **bon sens ;** → SENS II. *En abandonnant la partie, vous suivez la voie de la raison* : **sagesse.** ② → PENSÉE I. *Perdre la raison* : **tête**, [fam.] **péter les plombs.** *Ramener à la raison :* → RAISONNER.

II ① *Les raisons politiques de son refus ne sont pas claires* : **cause*, mobile, motif*, sujet*.** *Personne ne pouvait expliquer la raison de l'accident* : **cause, pourquoi.** *Pour quelle raison partez-vous ?* : **pourquoi.** ② *Les raisons que vous invoquez pour justifier votre absence me semblent un peu légères* : **explication** ♦ **excuse** (qui implique la reconnaissance d'une faute) ♦ [péj.] **prétexte*.** *Voilà une bonne raison de vous taire :* → OCCASION. ③ *Il a de bonnes raisons pour ne pas se lancer à la légère* : **argument.** *Vous avez beau dire, ce*

n'est pas une raison pour refuser : [moins cour.] **critère.** *À plus forte raison :* **a posteriori ;** → D'AUTANT PLUS. ④ *Il veut toujours avoir raison* : **avoir le dernier mot.** *Il a eu raison de toutes les difficultés* : **venir à bout de.** *Il a raison* : **être dans le vrai*, être bien inspiré*.** *C'est avec raison qu'il a réduit ses activités* : **à juste titre.** *Il fait toutes les bêtises, mais on lui donne toujours raison* : **soutenir.** *Raison de vivre :* → BUT. *Se faire une raison* : **en prendre son parti*.** ⑤ *En raison des circonstances, nous interrompons l'émission* : **vu**, [sout.] **eu égard à, à cause de*.** *En raison de :* → EN PROPORTION* DE.

raisonnable ① *C'est une personne raisonnable* : **sensé, équilibré.** *Une décision raisonnable* : **judicieux, sage, rationnel** (= qui est conforme à la logique), **raisonné, réfléchi** (= qui a été examiné par la raison). ② *Est-il raisonnable de souhaiter un monde meilleur ?* : **légitime, naturel, normal, sain*.** ③ *Une offre raisonnable* : **acceptable*, convenable.** *Un prix raisonnable* : **décent, modéré.**

◇ **raisonnablement** *Agir raisonnablement* : **convenablement, bien ;** → DÉCEMMENT. *Il boit raisonnablement* : **modérément.** *Vivre raisonnablement* : **sainement*.**

raisonnablement, raisonné
→ RAISONNABLE.

raisonnement → RAISONNER.

raisonner [de raison I] ① *Il faut raisonner avant de vous engager* : **calculer, réfléchir ;** → PENSER I. ② *Il se trompe, il faut le raisonner* : **ramener à la raison.** *Elle n'est jamais d'accord, elle passe son temps à raisonner* : **discuter.**

◇ **raisonnement** ① [sing.] *Je comprends votre raisonnement* : **argumentation** (= ensemble d'arguments pour défendre une idée, un projet) ♦ [partic.] **démonstration** (qui implique qu'on établisse une affirmation par un raisonnement), **déduction, syllogisme** (qui impliquent qu'on tire une conclusion à partir de prémisses). ② [pl.] *Cessez de me contredire, j'en ai assez de tous vos raisonnements* : **réplique, objection** ♦ [fam.] **rouspétance.**

rajeunir → MODERNISER.

rajouter → AJOUTER, ENJOLIVER, EN RE-METTRE*.

ralentir ① *Ralentir son effort :* → METTRE UN FREIN* À, MODÉRER. ② *Il faut ralentir avant le virage :* **diminuer*** (*sa vitesse*) ◆ [didact.] **décélérer.** ③ *La saison des pluies ralentissait l'avance de l'expédition :* ↑ **retarder*.**

râler *Son échec l'a fait râler :* **enrager** ◆ [cour.] ↑ **rager*** ◆ ↓ **grogner ;** → JURER. *On l'entend toujours râler* [fam.] : **rous-péter** ◆ [sout.] **récriminer ;** → MURMURER, SE PLAINDRE, PROTESTER, MAUGRÉER, TEMPÊTER.

◇ **râleur** *L'Administration n'aime pas les râleurs* [fam.] : **rouspéteur** ◆ [plus sout.] **insatisfait** ◆ **mécontent** (qui n'im-plique pas l'expression du désaccord) ; → BOUGON, COLÉREUX, GRANDE GUEULE*, RAGEUR.

râleur → RÂLER.

ralliement → CONVERSION.

rallier ① *Rallier ses troupes :* **rassembler ;** → MOBILISER, BATTRE LE RAPPEL*. ② *Le projet rallia l'ensemble du conseil d'admi-nistration :* **gagner ;** → CONVERTIR. *Rallier un parti :* **adhérer*** à. ③ *Les avions ral-lièrent leur base après l'attaque :* **regagner, rejoindre.**

◇ **se rallier** *Je me rallie aux décisions de la majorité :* **adhérer*, se ranger.**

rallonge *Il a obtenu une rallonge de crédits* [fam.] : **rab** ◆ [cour.] **augmentation, sup-plément.** *Un nom à rallonge :* **particule ;** → À N'EN PLUS FINIR*.

rallonger *Les jours rallongent :* **s'allonger, allonger*.**

rallumer → RANIMER.

rallye → COURSE.

ramage → GAZOUILLEMENT.

ramassage → ENLÈVEMENT.

ramassé ① *Il était assez petit, mais très ramassé ; tout en muscles !* : **trapu, épais*.**

② *Il résuma la situation en quelques for-mules ramassées :* **concis*,** [sout.] **laco-nique ;** → SUCCINCT.

ramasser ① *Les éboueurs ramassent les ordures ménagères :* [plus précis] **enlever.** ② *Les gamins ramassaient les épis oubliés :* [plus précis] **glaner.** *Elle mettait en conserve les cèpes qu'elle avait ramassés :* **cueillir.** ③ *Il a ramassé pas mal de preuves :* **amas-ser, recueillir, assembler*.** *Ramasser de l'argent :* **gagner** (au jeu ou en travail-lant), **collecter** (des dons) ; → PERCEVOIR. ④ *La police a ramassé tous les clients de ce bar* [fam.] : **cueillir** ◆ [cour.] **arrêter*.** ⑤ *Ramasser une bûche* [fam.] : **se ramas-ser** ◆ [cour.] **tomber.** *Ramasser une veste :* **échouer*.** *Ramasser une sale maladie* [fam.] : **contracter*.**

ramassis ① *Le brocanteur vendait un ramassis de vieux objets :* [péj.] **bric-à-brac, tas, amas*.** ② → TISSU.

rambarde → BALUSTRADE.

ramdam → POTIN I, TAPAGE.

rame

I ① *L'adolescent maniait les rames avec adresse :* [didact.] **aviron** ◆ [partic.] **pagaie.** ② *Ne pas en fiche une rame* [fam.] : [sout.] **paresser*.**

II ① *Une rame de papier :* → FEUILLE. ② *J'ai manqué la dernière rame :* **métro, train ;** → CONVOI.

III *Mettre des rames à ses haricots :* **tuteur*.**

rameau → BRANCHE.

ramener ① *Vous n'avez pas de voiture, nous vous ramènerons chez vous :* **recon-duire, raccompagner, remmener.** ② *La jeune femme ramena sur ses jambes les pans de sa robe de chambre :* **rabattre, tirer.** ③ *On lui fit respirer des sels ; cela le ramena à la vie :* **ranimer, rappeler à la vie.** *Il ne veut rien entendre, aidez-moi à le ramener à la raison :* **raisonner, rappeler qqn à la raison, faire entendre raison à qqn.** ④ *L'armée a ramené l'ordre en ordonnant le couvre-feu :* **rétablir, restaurer.** ⑤ *La ramener* [très fam.] : → PROTESTER. ⑥ *Ramener qqch à* *qqch* : → ASSIMILER, RAPPORTER. ⑦ *Vous pouvez ramener les deux projets à un seul* : **réduire à.**

◊ **se ramener** ① [qqch ~] *Tous leurs discours se ramènent à la même chose* : **se réduire.** ② [qqn ~] *Tu te ramènes, oui ou non ?* [fam.] : [fam.] **rappliquer** ♦ [cour.] **venir*, rentrer, revenir.**

ramer [de rame I] ① *Il va falloir ramer jusqu'à la côte* : [partic.] **godiller, pagayer** ♦ [didact. en ce sens] **nager.** ② → PEINER I.

ramette → FEUILLE II.

ramier → PIGEON.

ramolli → DÉLIQUESCENT.

ramollir → AMOLLIR.

rampant → OBSÉQUIEUX.

rampe ① → BALUSTRADE ② → MONTÉE.

ramper ① → SE TRAÎNER. ② → SE METTRE À PLAT VENTRE*.

ramure → BRANCHE, FEUILLAGE.

rancard, rancart, rencard
① → RENDEZ-VOUS. ② → RENSEIGNEMENT.

rancarder → RENSEIGNER.

rancart → REBUT, MUSÉE.

rancœur *Ce qu'il a dit ne me dispose pas à oublier ma rancœur* : ↑ **rancune** (qui implique un désir de vengeance) ♦ [très sout.] ↑ **ressentiment ;** → AIGREUR, AMERTUME. *Remplir de rancœur* : → AIGRIR.

rancune → RANCŒUR, RESSENTIMENT.

rancunier *Un tempérament rancunier* : **vindicatif.**

randonnée *Ils profitèrent du beau temps pour entreprendre des randonnées dans la région* : [plus génér.] **promenade*** ♦ [précis] **excursion** (= promenade ayant pour but la visite ou la découverte), **marche** (= randonnée pédestre) ♦ **équipée** (souvent iron., désigne une sortie en toute liberté) ♦ **trekking** (= randonnée sportive en montagne) ; → COURSE, TOUR.

◊ **randonner** : **promener, marcher, excursionner.**

randonner → RANDONNÉE.

rang

I ① [sing.] *Tout le rang de fauteuils d'orchestre avait été loué* : **rangée** (= suite en largeur) ; → LIGNE III. *Placez-vous en un seul rang* : **file** (= suite en longueur). *Le service d'ordre formait un rang qui protégeait le cortège* : **haie.** ② [pl.] *Pour rentrer dans nos rangs, il faudra faire vos preuves* : **groupe*, organisation*, société* ;** → LISTE.

II ① *Un officier de haut rang* : **grade** ♦ **échelon** (qui désigne des rangs à l'intérieur d'un grade). *Un homme de son rang doit-il vraiment afficher tant de vanité ?* : **condition, qualité** ♦ [rare] **état,** [génér.] **catégorie** ♦ **place*, position*, situation.** ② *Vous confondez tout en mettant cela au même rang* : **niveau.** *Ces élèves sont de même rang* : **valeur ;** → DEGRÉ. ③ *Mettre au rang. Je vous mets, bien sûr, au rang de mes amis* : **compter parmi, ranger parmi.**

rangé → RÉGLÉ, SÉRIEUX, BIEN TENU*.

rangée → LIGNE III, RANG I.

rangement → CLASSEMENT.

ranger

I *Le sous-officier range ses hommes* : [plus cour.] **aligner, mettre en rang.**

II ① *Vous rangerez ces ouvrages par ordre chronologique* : **placer*, replacer** (qui implique un déplacement antérieur) ♦ [plus précis] **classer*, mettre* en ordre, ordonner* ;** → ARRANGER, GROUPER. ② *Ranger sa voiture* : [en partic.] **garer** ♦ **remiser, rentrer** (= mettre à l'abri). *Ranger ses affaires* : **plier.** ③ *Ranger parmi* : → RANG II.

◊ **se ranger** ① [~ à] → SE RALLIER. ② *Il se rangera après son mariage* : **s'assagir, se calmer.**

ranimer ① → RAMENER* À LA VIE. ② *Tout semblait oublié quand un mot malheureux ranima sa haine* : **réveiller, rallumer.** *Les vieilles photographies ranimaient ses sou-*

venirs : **raviver, vivifier***. ③ *Elle soufflait sur les braises pour ranimer le feu* : **raviver, attiser.** ④ *Le succès ranima le courage des troupes* : **raviver, redonner** ◆ [plus sout.] **revigorer** ◆ [fam.] **ravigoter** (*ravigoter les troupes*) ; → ANIMER.

rapace ① [n.m.] *Les rapaces sont des espèces protégées* : **oiseau de proie** ◆ [génér.] **prédateur.** ② [adj.] *Un usurier rapace* : **âpre** (*âpre au gain*), **avide, cupide.**

rapacité → AVARICE, CONVOITISE.

râpé → USÉ.

rapetasser → RACCOMMODER.

rapetisser → DIMINUER.

râpeux → ÂPRE, RAUQUE, RUDE, RUGUEUX.

rapiat → CHICHE, RADIN.

rapide ① *C'est un des coureurs les plus rapides de sa génération* : [rare] **véloce** ; → AGILE. *Il est rapide dans son travail* : **actif***. ② *La descente était très rapide* : **raide, sec***. *La voie la plus rapide* : → DIRECT. ③ *La décision a été trop rapide* : **hâtif*, précipité,** [sout.] **prompt*, soudain** ; → FULGURANT. *Un jugement rapide* : **expéditif, sommaire***. *Une ébauche rapide* : **grossier*** (qui implique moins la rapidité que le caractère inachevé ou maladroit). *Un développement rapide* : **exponentiel** ; → ACCÉLÉRÉ. ④ *Il jeta un coup d'œil rapide dans le magasin* : **furtif.**

◇ **rapidement** *Il a expédié rapidement toutes les affaires courantes* : **promptement*, en moins de rien*, en peu de temps*, rondement, vivement** ; → VITE, LESTEMENT, TAMBOUR BATTANT***.** *Ils ont été pris au dépourvu et ont déménagé rapidement* : **hâtivement.** *Ils marchaient rapidement pour éviter l'orage* : **bon train, vite.** *Il est parti très rapidement* : **comme une flèche, comme l'éclair** ◆ [fam.] **dare-dare, en cinq sec.** *Il trouva rapidement la réponse* : **vite*,** ↑ **en un instant,** [fam.] **en moins de deux.** *Passer rapidement* : **en coup de vent*.** *Il arrivera rapidement* : **bientôt*.**

rapidement → RAPIDE.

rapidité ① *La rapidité du lévrier* : **vitesse*** ◆ [rare] **vélocité.** ② *La rapidité est la principale qualité exigée du garçon de courses* : [plus rare] **célérité, diligence** (qui indiquent en outre de l'empressement) ; → PROMPTITUDE. *La rapidité de sa réaction m'a surpris* : **vivacité** (qui marque en plus la violence) ; → SOUDAINETÉ. ③ → AGILITÉ.

rapiécer → RACCOMMODER.

rapière *L'antiquaire vendait de vieilles rapières* : [plus génér.] **épée.**

rapin → PEINTRE.

rapine *Les rapines des soldats affamaient la population* : [plus génér.] **vol*** ◆ **brigandage** (qui s'applique plutôt aux bandes de malfaiteurs) ◆ **déprédation** (qui implique que le vol s'accompagne de dégâts) ; → PILLAGE.

raplapla → FATIGUÉ.

rappel ① *La loi prévoit le rappel de la réserve en cas de guerre* : **mobilisation.** *Battre le rappel. Le candidat a battu le rappel de ses partisans* : **rallier, regrouper** ◆ **mobiliser** (qui implique un projet d'action) ; → APPELER. ② *Le rappel du passé* : **évocation*** ; → SOUVENIR. *Un rappel à l'ordre* : → AVERTISSEMENT.

rappeler

I *Rappeler quelqu'un à la vie* : **ramener*, ressusciter** (sans complément). *Rappeler un acteur en scène* : **acclamer*, bisser** (qui signifie aussi bien faire répéter que répéter). *Rappeler les réservistes* : **mobiliser*.**

II ① *Tous ces vieux jouets ne me rappellent rien* : **évoquer** ◆ ↓ **dire** ; → ÉVEILLER, RÉVEILLER. *Votre histoire me rappelle un roman* : **faire penser à, ressembler à.** *Il lui rappelait leurs longues promenades* : [sout.] **remémorer.** ② *Il lui rappelle sa promesse* : **redire*, répéter*.**

◇ **se rappeler** *Je ne me rappelle pas l'avoir vu avec vous* : **se souvenir de*** ◆ [sout.] **se remémorer.** *Je ne me rappelle pas du tout cet endroit* : **reconnaître** ; → SE REMETTRE, RETENIR.

rappliquer → VENIR, SE RAMENER.

rapport

I [de rapporter **II**] *Vous nous ferez un rapport après la réunion* : **compte rendu** ♦ **procès-verbal** (= rapport officiel écrit) ♦ [partic.] **constat** (= enregistrement d'un fait, d'une situation, à des fins juridiques ou administratives). *Le rapport des voisins était accablant pour l'accusé* : [plus précis] **témoignage.**

II [de rapporter **III**] ① *La police a établi le rapport entre les deux faits* : **liaison, lien, relation** ♦ [sout.] **concordance, corrélation.** *Expliquez-moi quels rapports vous établissez entre ces deux périodes* : ↑ **correspondance, rapprochement, analogie*** ; → ACCORD*, COMMUNE MESURE*, CONVENANCE*, DÉPENDANCE*. *Mettre en rapport* : → RAPPROCHER. *Avoir des rapports avec qqch* : → SE RAPPROCHER. ② *Je n'ai pas étudié la question sous ce rapport* : **aspect, angle, point de vue** (*de ce point de vue*) ; → À CET ÉGARD*. *Par rapport à* : → COMPARAISON, POUR, COMPARER, AU REGARD* DE, PAR RÉFÉRENCE* À, FONCTION.

III ① *Se mettre en rapport avec quelqu'un* : **en relation** ♦ [moins cour.] **s'aboucher** ; → CONTACT. *Je préfère ignorer vos rapports avec lui* [pl.] : **relations** ♦ [très sout.] **commerce.** ② *Avoir des rapports sexuels avec quelqu'un* : **relation** ♦ [didact.] **forniquer.**

IV *C'est une terre d'un bon rapport* : **rendement** ; → PRODUIT.

rapportage [de rapporter **II**] *Les rapportages d'un élève au professeur* [vx] : [fam.] **cafardage, mouchardage** ; → DÉNONCIATION.

◊ **rapporteur** : [fam.] **mouchard, cafard, cafteur.**

rapporter

I [qqn ~ qqch] *Vous devez rapporter ce livre à la bibliothèque dans quinze jours* : **rendre** ♦ [fam.] **ramener** ; → REMETTRE.

II [qqn ~ qqch] *Le journaliste avait rapporté en détail les épisodes du coup d'État* : [sout.] **relater** ♦ [fam.] **raconter*.** *Rapporter les paroles de qqn. Vous lui rapporterez mes paroles sans rien y changer* : **redire, répéter** ; → CITER. *Ses camarades ne lui parlent plus, il est toujours à rap-*porter : [fam.] **cafarder, moucharder, cafter** ♦ ↑ **dénoncer** (*il est toujours à dénoncer ses camarades*).

III [de rapport **II** ; qqn ~ qqch à] *L'historien rapportait la décadence de l'empire à la dissolution des mœurs* : **attribuer, mettre en relation.**

◊ **se rapporter** ① [~ à qqch] → S'APPLIQUER, CORRESPONDRE. ② *Je m'en rapporte à vous pour régler les détails* : **se fier, s'en remettre** ♦ **faire confiance** (*je vous fais confiance*).

IV *Rapporter une mesure* : → ANNULER.

V [de rapport **IV**] *Une terre rapporte* : [rare] **porter* intérêt, fructifier*, produire*, avoir du rendement** ; → DONNER.

rapporteur → RAPPORTER.

rapprochement → RAPPROCHER.

rapprocher ① *Vous rapprocherez ces deux opinions* : **mettre en rapport, lier*** ♦ ↑ **comparer** ; → ASSIMILER. ② → RÉCONCILIER.

◊ **se rapprocher** ① *L'alpiniste se rapprochait du sommet* : **approcher, s'approcher** ; → VENIR. ② *Après une longue brouille, il se rapprocha de son ex-compagne* : ↑ **se réconcilier avec, renouer avec,** ↑ **se remettre avec** (*qui implique une reprise de la vie commune*). ③ *Sa peinture se rapproche de celle des impressionnistes* : **avoir des rapports avec, s'apparenter à** ♦ ↑ **ressembler à** ; → TIRER I (*tirer sur*). ④ → SE SERRER.

◊ **rapprochement** ① *Il faut travailler au rapprochement des communautés* : ↑ **réconciliation.** ② *Faire un rapprochement entre deux situations* : → PARALLÈLE, ASSIMILABLE I, RAPPORT II.

rapt → ENLÈVEMENT.

raquer → PAYER.

rare ① *J'ai découvert cette édition rare* : **recherché** (*qui s'emploie de préférence avec un adv. d'intensité* : *très, assez*) ♦ ↑ **introuvable,** ↑ **rarissime.** *L'expression était rare et appelait des commentaires* : **inusité, inhabituel*, singulier*.** ② *C'est un cas rare* : **exceptionnel, étonnant, surprenant, curieux*,** ↑ **sans précédent.** *L'ébéniste avait prouvé une rare adresse dans la restauration des meubles* : **remarquable.**

③ *Il a le cheveu rare* : ↓ **clairsemé** ♦ ↑ **être chauve***.

◇ **rareté** *La rareté du papier explique le prix élevé des livres* : ↑ **manque* de,** ↑ **pénurie de.** *La rareté des vivres* : **disette** ♦ ↑ **famine.** *Une (des) rareté(s)* : **curiosité(s).**

rarement *Nous nous voyons rarement* : **pas souvent** (*nous ne nous voyons pas souvent*) ♦ [sout.] **épisodiquement** ; → PEU I.

rareté → RARE.

ras → COURT.

rasant → ENNUYEUX.

rasé → GLABRE.

raser

I ① → TONDRE. ② [fig.] → ENNUYER. *Je me rase à l'attendre* : **s'ennuyer***.

II *D'énormes bulldozers rasaient tout le quartier* : ↓ **abattre,** ↓ **démolir, démanteler*** ; → DÉTRUIRE.

III *Il s'éloigna en rasant les murs* : **longer, frôler*, serrer*.**

raseur → ENNUYEUX, PRÊCHEUR.

ras-le-bol → ASSEZ.

rasoir → ENNUYEUX.

rassasié → RASSASIER.

rassasier *Il a mangé du foie gras jusqu'à en être rassasié* : **avoir assez, trop mangé** ♦ [sout.] **gorger** ♦ [fam.] **gaver*.** *Vous qui aimez les vieilles pierres, voilà de quoi vous rassasier !* : **combler, assouvir*** ♦ ↓ **contenter.**

◇ **rassasié** *Les convives étaient rassasiés* : **repu** ♦ [fam.] **bourré, calé, gavé.**

rassemblement
→ ATTROUPEMENT, CONCENTRATION, GROUPEMENT, RÉUNION.

rassembler → ASSEMBLER. ① *Les invités étaient rassemblés dans le jardin* : **réunir, grouper*, regrouper*, masser*** ; → CONCENTRER, RALLIER. ② *L'inspecteur rassemblait tous les témoignages* : **réunir** ♦ ↓ **recueillir** ♦ ↑ **accumuler** ; → CONSTI-

TUER. *Il rassemble tous les bibelots possibles* : **collectionner.**

rassembleur → FÉDÉRATEUR.

rasséréner → APAISER, TRANQUILLISER.

rassis ① → DUR, SEC I. ② → RÉFLÉCHI.

rassurant → OPTIMISTE, SÉCURISANT.

rassurer *Il parla très doucement pour rassurer le malade* : **apaiser, tranquilliser*** ♦ [sout.] **sécuriser** ; → CONSOLER.

rat ① [adj. et n.m.] *C'est un rat ! Ce qu'il peut être rat !* : **avare*** ; → CHICHE, RADIN. ② *Petit rat* : → DANSEUR.

ratage → ÉCHEC.

ratatiné → RABOUGRI.

ratatiner → TUER.

◇ **se ratatiner** → SE TASSER.

raté ① → À CÔTÉ*. ② → À-COUP. ③ → À LA MANQUE*, MAUVAIS I. ④ → NUL II.

râteler → RATISSER.

rater → ÉCHOUER, MANQUER I et III.

ratiboiser → S'ATTRIBUER, VOLER II, RATISSER.

ratière → PIÈGE.

ratification → RATIFIER.

ratifier *Les députés ratifièrent la proposition de loi* : **adopter, approuver** ♦ [didact.] **acter, entériner, sanctionner** ; → VOTER.

◇ **ratification** : **approbation, adoption.**

ratiociner → DISCUTER.

ration → DOSE, MESURE I, PORTION.

rationalisation, rationaliser
→ NORMALISATION, NORMALISER.

rationnel → LOGIQUE, RAISONNABLE.

rationner ① → RÉDUIRE.

ratisser ① *Le jardinier ratisse les allées* : **nettoyer*, aplanir** ♦ **râteler** (= ramasser l'herbe à l'aide d'un râteau). ② *Il s'est fait* *ratisser au casino* [fam.] : **nettoyer, ratiboiser.**

rattachement → RÉUNION.

rattacher ① *La Savoie a été rattachée à la France en 1860* : ↑ **incorporer ;** → RÉUNIR. ② → LIER III, RACCORDER, RACCROCHER.

◇ **se rattacher** → SE RACCROCHER.

rattrapage *Le rattrapage des salaires* : **réajustement.** *Un cours de rattrapage* : **repêchage, soutien, remise à niveau.**

rattraper

I ① *Il court trop vite, je ne pourrai plus le rattraper* : **rejoindre, atteindre.** ② *Rattraper le temps perdu* : → REGAGNER. ③ *Rattraper un candidat* : → REPÊCHER.

II ① *Il est temps de rattraper vos erreurs* : ↑ **réparer** ◆ [très sout.] **combler.** ② *Comment rattraper la maille de mon chandail ?* : **reprendre.**

◇ **se rattraper** ① *Se rattraper à quelque chose* : → SE RACCROCHER, SE RETENIR. ② *Il a fait une bourde, mais il a su se rattraper à temps* : **se reprendre.** *Je me rattraperai* : **prendre sa revanche.**

rature → CORRECTION.

raturer → EFFACER, RAYER.

rauque *Il avait la voix rauque* : [plus partic.] **éraillé, râpeux, rocailleux** ◆ ↓ **voilé** ◆ **enroué** (qui implique le plus souvent un défaut accidentel et passager) ◆ **guttural** (qui s'applique à une voix qui vient du fond de la gorge).

ravage → DÉGÂT, DESTRUCTION, MÉFAIT, SACCAGE.

ravagé → RAVAGER.

ravager ① *Le feu ravageait la forêt* : **dévorer.** *La guerre durait et ravageait le pays* : **dévaster, faire des ravages, mettre à feu et à sang** ◆ ↓ **désoler ;** → APPAUVRIR. *Les doryphores ont ravagé les pommes de terre* : **infester** ◆ ↓ **envahir.** *Les pluies torrentielles ont ravagé les récoltes* : ↑ **anéantir** ◆ [sout.] **ruiner, abîmer*, saccager* ;** → FAIRE DES DÉGÂTS*, DÉTRUIRE.** ② *Elle est ravagée par le chagrin* : → FLÉTRIR, MINER.

◇ **ravagé** ① *C'est une région ravagée par le chômage* : **sinistré.** ② *Un visage ravagé par la maladie* : **torturé*** ◆ ↓ **tourmenté.** ③ *Ce type est complètement ravagé* [fam.] : **cinglé, détraqué ;** → FOU.

ravageur → DÉCAPANT.

ravalement [de ravaler I] *Le ravalement des façades* : [partic.] **blanchiment, recrépissage, sablage** (= opérations de ravalement) ; → NETTOYAGE, RESTAURATION.

ravaler

I *Il a fallu ravaler ce mur lézardé* : **restaurer, mettre à neuf* ;** → NETTOYER.

II *Les tortionnaires voulaient ravaler leur victime* : **dégrader, rabaisser** ◆ ↓ **diminuer ;** → ABAISSER II.

III *Ravaler ses larmes* : **contenir, refouler*, retenir*.** *Ravaler sa colère* : **dominer, maîtriser, réprimer.**

◇ **se ravaler** *Ce n'est pas se ravaler que de travailler de ses mains* [sout.] : **déchoir, s'abaisser*, s'avilir.**

ravauder → RACCOMMODER.

rave → BAL.

ravi → CONTENT, HEUREUX, RADIEUX. *Être ravi* : → RAVIR.

ravigoter → RANIMER, REMONTER.

raviné → RIDÉ.

ravir

I *Ce spectacle m'a ravi* : **enchanter, charmer*, captiver* ;** → PLAIRE. *Être ravi de. Je suis ravi de vous revoir ici* : **enchanté** ◆ ↓ **heureux ;** → CONTENT, FLATTER, AVOIR DU PLAISIR* À.

II → ARRACHER, S'ATTRIBUER, ENLEVER.

raviser (se) → SE DÉDIRE.

ravissant → BEAU, CHARMANT, JOLI I.

ravissement [de ravir I] *Il espérait que ce ravissement ne cesserait jamais* [sout.] : **enchantement** ◆ [plus cour.] **extase, délice*, ivresse*.**

ravisseur *Les ravisseurs exigeaient une rançon* : **auteur d'un enlèvement, kidnappeur, preneur d'otages.**

ravitaillement → PROVISION I.

ravitailler
→ APPROVISIONNER, SE FOURNIR.

ravitailleur → FOURNISSEUR.

raviver → RANIMER, RENOUVELER.

rayer [de raie] *Tu peux rayer la phrase et recommencer* : **barrer, biffer, raturer** ; → SUPPRIMER, EFFACER. *Cet homme a été rayé des cadres* : **exclure, radier** ; → BANNIR.

◊ **rayure** ① → RAIE. ② *On reconnaissait l'animal à la disposition des rayures sur le pelage* : **zébrure.** *La surface du mur était marquée de rayures* : **strie, hachure** (= marques parallèles) ; → ACCROC, ENTAILLE.

rayon① → PLANCHE, TABLETTE. ② → CORDE, DOMAINE, PARTIE II. ③ → LUEUR.

rayonnage *Les livres étaient rangés sur les rayonnages* : [plus génér.] **étagère** ; → TABLETTE.

rayonnant
→ BRILLANT II, JOYEUX, RADIEUX.

rayonnement → RAYONNER.

rayonner
I *Le soleil rayonne* : **irradier, briller*.**
II *La culture française a autrefois rayonné dans le monde entier* : **se propager.**

◊ **rayonnement** *Le rayonnement de la culture italienne renaissante* : **prestige** ◆ **influence** (qui implique un rôle actif).

rayure → ENTAILLE, RAIE, RAYER.

raz de marée *Le raz de marée a ravagé la côte* : ↓ **lame de fond** ◆ [spécialt] **tsunami** (sur les côtes du Pacifique et de l'océan Indien).

razzia → INCURSION.

réacteur → PILE.

réaction ① *Quelle a été sa première réaction ?* : **réflexe, mouvement*, façon de réa-**

gir, réponse. *Un avion à réaction* : [anglic.] **jet.** ② *La réaction s'oppose à ces mesures sociales* : **droite,** [moins cour.] **conservatisme ;** → EXTRÉMISME.

◊ **réactionnaire** [adj. et n.] *Un réactionnaire. Un programme réactionnaire* : ↓ **conservateur** ◆ ↓ **rétrograde** (toujours adjectif) ◆ [abrév. fam.] **réac ;** → EXTRÉMISTE, FASCISTE.

réactionnaire → RÉACTION.

réactiver → RELANCER.

réactualisation → MODERNISATION.

réactualiser → MODERNISER.

réadaptation *La réadaptation d'un muscle atrophié* : **rééducation.** *La réadaptation d'un ancien détenu à la vie active* : [plus précis] **réinsertion.**

réagir ① *Les ouvriers ont réagi contre les mesures de licenciement* : **s'opposer à** ◆ ↑ **résister à,** ↑ **lutter contre ;** → PROTESTER. *Bien réagir à un médicament* : → TOLÉRER. ② *Réagissez donc ! vous avez toute la vie pour vous consoler* : **reprendre le dessus, se reprendre,** [plus fam.] **se secouer.** ③ *Son angoisse a réagi sur son état de santé* : **se répercuter ;** → RÉPONDRE. *Il a réagi vivement quand je l'ai appelé* : **bondir, sursauter.**

réajustement → RATTRAPAGE.

réalisable [de réaliser I] *La réforme est réalisable dans les prochaines années* : **exécutable, possible*, faisable.**

réalisateur *Le réalisateur d'un film ou d'un téléfilm* : **metteur en scène** ◆ [plus précis] **cinéaste*, vidéaste.** *Le réalisateur d'une émission radiophonique* : **producteur,** [rare] **metteur en ondes.**

réalisation
I ① *La réalisation du projet intéresse tout le village* : **exécution, accomplissement*.** *Les réalisations de la technologie* : **application, création.** ② *La réalisation d'un film, d'un téléfilm, d'un programme radiophonique* : **mise en scène, en images, en ondes.**

II *La réalisation de ses biens* : → LIQUI-
DATION.

réaliser

I *Les insurgés ont réalisé leurs projets* :
exécuter, accomplir*.

◇ **se réaliser** ① *Je ferai tout pour que ce
rêve se réalise* : **se concrétiser, se matérialiser, s'accomplir***. *J'ai confiance, ça se
réalisera peut-être* : **arriver, se faire, se produire.** ② *Il s'est réalisé dans son nouveau
métier* : **s'épanouir** ; → ARRIVER I.

II *Je n'ai pas réalisé que l'épreuve serait
si longue* [anglic. parfois critiqué] : [cour.]
se rendre compte, saisir, comprendre* ;
→ ÉPROUVER.

III *Réaliser des biens* : → LIQUIDER.

réalisme ① *Envisageons la situation avec
réalisme* : **pragmatisme** ◆ ↑ **opportunisme.**
Manque de réalisme : → AVEUGLEMENT.
② → CRUDITÉ.

réaliste ① *Les journaux donnent des
détails réalistes* : ↑ **cru,** ↑ **grossier** ;
→ BRUTAL. *Être réaliste* : → CONCRET II.
② *Dans la vie, il faut être réaliste* :
**concret*, positif*, pragmatique, avoir le
sens* des réalités, avoir les pieds sur terre**
◆ ↑ **opportuniste** (qui implique l'abandon
des principes). ③ → DÉSABUSÉ.

réalité → RÉEL.

réaménager → RESTRUCTURER.

réapparaître *Il n'est pas réapparu* :
↓ **reparaître,** ↓ **revenir.**

réapparition → RETOUR.

rébarbatif ① *L'épicier avait une mine
si rébarbative qu'il perdait sa clientèle* :
revêche ; → ACARIÂTRE, REBUTANT. ② *C'est
un travail rébarbatif que je ne parviens
pas à commencer* : **ennuyeux*, aride*** ;
→ REBUTANT.

rebâtir → REFAIRE, RELEVER.

rebattre *Rebattre les oreilles* : → RÉPÉTER.

rebattu *Ces arguments rebattus ne
convainquent plus personne* : **banal, éculé,
commun*, usé* jusqu'à la corde** ◆ [fam.]
réchauffé.

rebelle ① [adj. et n.] *Les rebelles, les forces
rebelles s'étaient emparé(e)s de la radio* :
insoumis, insurgé, mutin (dont l'action
est collective), **guérillero** (qui prend part
à une guerre civile ou de résistance) ;
→ COMPLOTEUR, RÉVOLTÉ, FRANC-TIREUR,
SÉDITIEUX. ② [adj.] *Les parents voulaient
mater leur fils rebelle* [sout.] : ↓ **indocile**
◆ ↓ [plus cour.] **désobéissant.** *Son caractère
rebelle lui vaudra des ennuis* : ↓ **contestataire** ◆ ↓ **récalcitrant, rétif*.** ③ *Quoi
qu'on fasse, il est rebelle à toute observation* : **fermé, réfractaire** ; → SOURD I.

◇ **rébellion** *Le gouvernement a puni la
rébellion des généraux* : **insubordination, insoumission, mutinerie, insurrection** (= action violente d'un groupe qui
refuse l'autorité légale) ◆ **révolte, sédition** (= intention de détruire l'autorité)
◆ **soulèvement** (qui suppose un mouvement massif) ; → OPPOSITION, COMPLOT,
DÉSOBÉISSANCE.

rebeller (se) → DÉSOBÉIR, SE RÉVOLTER.

rébellion → REBELLE.

rebiffer (se) → SE CABRER, RÉSISTER.

reboisement *Le reboisement après les
incendies* : **reforestation.**

reboiser → REPEUPLER.

rebondi *La jeune femme avait des fesses bien rebondies* : **dodu, plein*, potelé,
rond*.** *Un ventre rebondi* : → GRAS.

rebondir
① → RICOCHER. ② → REPRENDRE I.

rebondissement → COUP DE THÉÂTRE*.

rebord → BORD.

rebours (à, au) → CONTRESENS, CONT-
RAIRE, OPPOSÉ.

rebouteux → GUÉRISSEUR.

rebrousser *Rebrousser chemin* : → REVE-
NIR* SUR SES PAS.

rebuffade → VEXATION.

rebut ① *Vous ne me proposez que le rebut* :
fond du panier ; → DÉCHET. *Le rebut de la*

société [sout.] : **lie, racaille.** ② *Mettre au rebut* : **jeter à la poubelle,** [fam.] **mettre au rancart.**

rebutant → REBUTER.

rebuter *Sa brusquerie rebutait les timides :* ↓ **déplaire à, arrêter*, décourager*, fermer la porte au nez ;** → DÉGOÛTER.

◊ **rebutant** *Ne soyez pas trop surpris par ses manières rebutantes :* **désagréable, décourageant.** *L'aspect rebutant d'un personnage :* ↑ **répugnant,** ↑ **repoussant.** *Une tâche rebutante :* **rébarbatif.**

recadrage *Le recadrage de notre politique sociale :* **recentrage, restructuration*.**

recalage → ÉLIMINATION.

récalcitrant ① *L'âne récalcitrant refusait d'avancer d'un pas :* **rétif*, indocile.** ② → REBELLE.

recalé *Être recalé :* → ÉCHOUER.

recaler → AJOURNER, ÉLIMINER, REFUSER.

récapituler → RÉSUMER, PASSER EN REVUE*.

receler ① *Ce bijoutier recelait des joyaux volés :* ↓ **détenir** (qui n'implique pas, comme *receler,* l'illégalité de l'acte). ② *La maison recelait un mystère* [sout.] : [cour.] **renfermer, cacher*, contenir*.**

récemment → RÉCENT.

recensement
→ DÉNOMBREMENT, REVUE II.

recenser → COMPTER.

récent *Une nouvelle toute récente :* **frais.** *C'est une connaissance récente :* **nouveau** (qui peut être antéposé en ce sens), **de fraîche date.** *L'architecte utilise des matériaux récents :* **nouveau*, moderne.** *Des montagnes récentes :* **jeune.** *Notre acquisition la plus récente :* [antéposé] **dernier.**

◊ **récemment** *J'ai appris votre départ récemment :* [plus précis] **dernièrement ;** → AVANT, TEMPS (*il y a peu de temps*). *L'élève était récemment inscrit dans l'établissement :* [sout.] **fraîchement, nouvellement.**

recentrage → RECADRAGE.

récépissé → REÇU.

récepteur → POSTE II.

réception → RECEVOIR II. ① *Tout est prêt pour la réception des touristes :* **accueil*.** ② *La réception de l'hôtel :* **accueil, bureau de renseignement.** ③ → SOIRÉE. ④ *Accusé de réception :* → REÇU.

réceptionner → RECEVOIR.

réceptivité → SENSIBILITÉ.

récession → CRISE.

recette ① *Les recettes de la journée :* **rentrée** (d'argent). ② *Ah ! si je connaissais la recette pour réussir :* **méthode** (qui décrit l'ensemble des opérations en vue d'un résultat), **procédé** (manière d'appliquer la méthode) ♦ ↑ **secret** ♦ [fam.] **truc ;** → MOYEN II.

recevable *Je suis désolé pour vous, votre demande n'est pas recevable :* **admissible** (qui implique souvent un jugement moral) ; → ACCEPTABLE, VALABLE.

recevoir

I [qqn ~ qqch] ① *Les ouvriers faisaient grève pour recevoir une prime de risque :* [plus fam.] **se faire payer, toucher** ♦ [plus génér.] **obtenir.** *La propriétaire voulait recevoir le montant du loyer :* **percevoir, encaisser.** *Dans cette affaire, il a reçu la forte somme :* [fam.] **empocher, palper*.** *Recevoir une livraison :* **réceptionner.** ② *J'ai voulu les séparer et j'ai reçu des coups :* [fam.] **déguster,** [avec ou sans compl.] **écoper, encaisser, prendre*.** ③ *Vous ne voudriez pas que je reçoive des injures sans rien dire ? :* [sout.] **essuyer.** ④ *Il ne m'est pas possible de recevoir vos excuses :* [plus cour.] **accepter*.**

II [qqn ~ qqn] ① *Aux vacances scolaires, je reçois mes neveux :* [plus précis] **donner l'hospitalité à, accueillir*, loger.** ② *Allô, je ne vous reçois plus :* **entendre.** *Je ne le reçois plus :* → VOIR. *Ne pas recevoir :* → FERMER LA PORTE AU NEZ*. ③ *Être reçu au concours :* **admettre*.**

III [qqch ~ qqch] → CONTENIR.

◇ **se recevoir** → RETOMBER.

rechange *De rechange* : → DE SECOURS*.

réchapper ① → ÉCHAPPER. ② *En réchapper. Personne ne croyait qu'il en réchapperait* : [plus génér.] **guérir, survivre.** *Non, je sais bien que je n'ai aucune chance d'en réchapper* : [fam.] **s'en sortir** (*à bon compte*), **s'en tirer***.

recharge → CARTOUCHE.

réchauffé → REBATTU.

réchauffement → SERRE (*effet de*), ADOUCISSEMENT.

réchauffer → CHAUD, CHAUFFER.
◇ **se réchauffer** → S'ADOUCIR.

rêche → RABOTEUX, RUDE.

recherche, recherché → RECHERCHER.

rechercher ① *Rechercher la vérité* : → CHERCHER. *Rechercher qqn* : → POURSUIVRE. ② *Cet acteur recherche les applaudissements* [péj.] : [plus sout.] **solliciter** ◆ [plus fam.] ↑ **courir après.** ③ *Que recherchez-vous en racontant toutes ces histoires ?* : ↑ **viser.** ④ *Rechercher son intérêt* : → REGARDER.

◇ **recherché** ① *Voici une édition très recherchée que je vous recommande* : ↑ **rare***. ② *La marqueterie de cette bonnetière est très recherchée* : **travaillé** ◆ ↓ **soigné** ; → DÉLICAT, ÉLÉGANT, SOPHISTIQUÉ.

◇ **recherche** ① *Les inspecteurs commencèrent leurs recherches* : [plus précis, au sing.] **enquête** ◆ ↑ **investigation** ; → EXAMEN, FOUILLE. ② *La recherche des maladies nouvelles* : **dépistage.** ③ *La recherche de gisements pétrolifères en mer se développe* : **prospection.** ④ *Être habillé avec recherche* : **sophistication, raffinement, de façon recherchée** ; → DÉLICATESSE, AFFECTATION. *Les marchands d'armes sont toujours à la recherche de nouveaux clients* : **en quête*** de.

rechigné → MAUSSADE.

rechigner *Cet enfant est toujours à rechigner sans motif* [vieilli] : [plus cour.] **bouder** (qui indique le mécontentement marqué par l'expression du visage ou le silence). *Rechigner à faire quelque chose* : **renâcler à, répugner à***, **mettre de la mauvaise volonté*** à ; → PROTESTER.

rechute Une *rechute* est une nouvelle **chute*** ; → RÉPÉTITION.

récidive → RÉPÉTITION.

récidiver → RECOMMENCER.

récidiviste → REPRIS DE JUSTICE.

récif → ÉCUEIL, ROCHER.

récipient → BOÎTE I, USTENSILE, VAISSELLE.

réciproque ① [adj.] *La convention réciproque mettait fin au conflit* : **bilatéral.** ② [adj.] *Des sentiments réciproques* : **mutuel** ; → PARTAGER. ③ [n.f.] *Vous êtes désagréable avec moi, je vous rendrai la réciproque* : [plus cour.] **la pareille.**

◇ **réciproquement** ① → MUTUELLEMENT. ② *Il passait sans arrêt de la plus grande indulgence à l'extrême sévérité, et réciproquement* : **vice versa.**

réciproquement → RÉCIPROQUE.

récit → CONTE, HISTOIRE, NARRATION, ROMAN, TABLEAU.

récital → CONCERT.

récitatif → CHANT.

réciter *L'adolescent aimait réciter des vers* : **déclamer** (qui implique parfois de la grandiloquence) ; → DIRE, LIRE.

réclamation → DEMANDE, PLAINTE.

réclame Cette revue contient trop de *réclame* [vieilli] : [cour.] **publicité** ; → PROSPECTUS.

réclamer ① [qqn ~ qqch] *Je me borne à réclamer ce qui me revient* : ↑ **revendiquer,** ↑ **exiger** ; → DEMANDER. *L'avocat général a réclamé la peine de mort* : **requérir.** ② [qqch ~ qqch] *La situation réclame votre intervention* : **nécessiter** ; → MÉRITER, APPELER. ③ [qqn ~] *Vous n'êtes jamais satisfait, toujours à réclamer !* : **se plaindre*, solliciter*,** [fam.] **rouscailler** ◆ **pleurer*** après, **quémander** ; → PROTESTER.

◇ **se réclamer de** *Ne vous réclamez pas de lui pour obtenir une audience :* [plus cour.] **se recommander de.**

reclassement → RECONVERSION.

réclusion → EMPRISONNEMENT.

recoin → COIN, REPLI, RENFONCEMENT.

récolte Syn. variés selon les contextes. *La récolte du blé :* **moisson.** *La récolte du foin :* **fenaison.** *La récolte des fruits :* **cueillette.** *La récolte du raisin :* **vendange.** *La récolte des pommes de terre :* **arrachage.**

◇ **récolter** ① **cueillir, vendanger, moissonner, arracher*.** ② *Ne vous mêlez pas de ses affaires, vous ne récolterez que des ennuis* [assez fam.] : [cour.] **avoir, y gagner.** ③ *Récolter des fonds pour une œuvre :* **collecter** ◆ [plus sout.] **recueillir.** ④ *L'abeille récoltait le pollen :* [plus précis] **butiner.**

récolter → RÉCOLTE.

recommandable, recommandation → RECOMMANDER.

recommander ① *Je vous recommande cette plage très isolée :* ↓ **conseiller ;** → PRÉCONISER. ② *Son beau-père l'a recommandé auprès du directeur :* **appuyer,** [fam.] **pistonner ;** → PATRONNER, PROTÉGER, SERVIR II. ③ *Je vous recommande le silence :* **exhorter à, demander ;** → PRÊCHER. *Je vous recommande de vous taire :* **dire* ;** → INVITER (*inviter à*).

◇ **recommandation** ① *Les enfants n'ont pas écouté les recommandations de leur maman :* ↓ **conseil,** ↓ **avis** ◆ ↑ **commandement*,** ↑ **ordre,** ↑ **avertissement*.** ② *Vous ne pouvez visiter ce château que si vous avez une recommandation :* **appui, protection,** [fam.] **piston** (*si vous avez du piston*) ; → CERTIFICAT, INTRODUCTION.

◇ **recommandable** *Ce n'est pas un homme, un endroit recommandable :* **fréquentable, à fréquenter** ◆ **estimable** (qui ne convient que pour les personnes) ; → RESPECTABLE.

◇ **se recommander** → SE RÉCLAMER.

recommencement → RECOMMENCER.

recommencer *Vous n'avez pas compris ? Je recommence tout depuis le début :*

reprendre. *Encore la même erreur ! Vous avez recommencé :* **récidiver.** *Pour obtenir un résultat, il fallait recommencer plusieurs fois les essais :* **répéter,** [plus génér.] **refaire*.** *Recommencer une classe :* **redoubler, doubler*.** *Voilà que ça recommence :* **se reproduire,** [fam.] **ça remet ça, c'est reparti** (*pour un tour*). *La même scène recommence :* **se renouveler*.** *La douleur recommence :* **se réveiller* ;** → REPRENDRE I.

◇ **recommencement** *Malgré la signature du traité, on assistait au recommencement des hostilités :* **relance, reprise, retour, réveil.**

récompense *Le lauréat a reçu une récompense :* [plus précis] **prix, accessit** ◆ **décoration** (= insigne d'un ordre honorifique), **gratification*** (= somme d'argent) ; → DISTINCTION. *La récompense d'un travail :* → SALAIRE.

récompenser *Être récompensé de ses efforts :* → PAYER. *Les vaches du fermier ont encore été récompensées :* [plus cour.] **primer** ◆ ↑ **couronner,** ↓ **distinguer,** ↓ **citer.**

recomposer → RECONSTITUER.

recomposition → RESTRUCTURATION.

réconciliation → RÉCONCILIER.

réconcilier *Nous avons réconcilié les deux frères :* **remettre d'accord, rapprocher, réunir,** [plus fam.] **raccommoder*,** [fam.] **rabibocher ;** → CONCILIER.

◇ **réconciliation** *Je fais tout pour que la réconciliation soit complète :* [assez fam.] **raccommodement** ◆ **replâtrage** (qui s'emploie pour une réconciliation jugée éphémère) ; → RAPPROCHEMENT. *Le sacrement de réconciliation :* → CONFESSION.

◇ **se réconcilier** *Les amis se sont réconciliés :* **renouer** ◆ [fam.] **se rabibocher ;** → FAIRE LA PAIX*.

reconductible → RENOUVELABLE.

reconduction → RENOUVELLEMENT.

reconduire → RAMENER, RENOUVELER. *Reconduire à la frontière :* → CHASSER.

réconfort

réconfort *Vos visites sont un grand réconfort pour cette malade :* **consolation** ♦ ↑ **secours.**

◊ **réconfortant** ① [n.m. et adj.] *Prenez ce remède ; c'est un réconfortant :* **stimulant, remontant** ♦ ↑ **excitant,** [vx] **cordial ;** → **TONIQUE, FORTIFIANT.** ② [adj.] *C'est une pensée réconfortante :* ↓ **apaisant ;** → **CONSOLANT.**

réconfortant → RÉCONFORT.

réconforter → CONSOLER, REMONTER, SOUTENIR.

reconnaissance → GRATITUDE.

reconnaissant → OBLIGER II.

reconnaître

I [~ qqn] *Je l'ai reconnu à sa cicatrice sur le front :* [plus didact.] **identifier.** *Je ne vous avais pas reconnu, vous avez tellement changé ! :* [fam.] **remettre ;** → SE RAPPELER, SE SOUVENIR.

◊ **se reconnaître** *Le quartier avait été reconstruit, on ne s'y reconnaissait plus :* **se retrouver.**

II ① [~ qqch] *Reconnaître un délit :* **avouer*.** *Reconnaître les mérites de qqn :* **rendre justice*** à. ② *Je reconnais que je m'étais trompé :* **avouer, admettre*, convenir*** II ; → **CONSTATER*, CONCÉDER*, JUSTICE, ACCORDER.** ③ *La petite troupe a reconnu les abords du fleuve :* ↑ **explorer** (qui ne se dit que pour la découverte d'une région peu ou mal connue) ♦ [précis] **prospecter** (qui se dit de la recherche des richesses naturelles).

reconnu ① *C'est un auteur reconnu :* ↓ **connu** ♦ ↑ **renommé,** ↑ **notoire*.** ② *Un fait reconnu :* **acquis** ♦ **établi** (= qui a été prouvé) ♦ [sout.] **avéré** (= établi comme vrai) ♦ ↑ **incontestable,** ↑ **indiscutable** (= qu'on ne peut mettre en doute) ♦ **incontesté, indiscuté** (= qui n'a pas été remis en cause) ; → **CERTAIN I.**

reconsidérer ① *Le conseil d'administration a reconsidéré la question :* **réexaminer, réétudier, revoir, repenser.** ② *Nous avons reconsidéré notre décision :* **revenir sur, réviser.**

reconstituant → FORTIFIANT.

reconstituer *Les archéologues ont pu reconstituer l'original du monument à partir d'un fragment :* **recomposer.**

reconstruction *Après la dernière guerre, la reconstruction des monuments fut entreprise :* **réédification** (la **réfection** n'implique pas une destruction préalable) ; → **RÉNOVATION.**

reconstruire *Le mur a été reconstruit :* **rebâtir, relever*** ♦ [plus génér.] **refaire, réparer.**

reconversion *La reconversion des licenciés économiques* (= changement d'activité professionnelle) : **reclassement** ♦ **recyclage** (= formation pour permettre l'adaptation à de nouvelles conditions de travail) ; → **CHANGEMENT, CONVERSION, RÉADAPTATION.**

reconvertir (se) → S'ADAPTER.

recopier → COPIER.

record → EXPLOIT.

recoudre → RACCOMMODER, SUTURER.

recouper (se) → SE REJOINDRE.

recourbé → COURBE, AQUILIN.

recourir *Il a recouru à des amis pour louer sa maison :* **s'adresser à, avoir recours à, faire appel à.** *J'ai dû recourir à un ouvrage spécialisé pour me mettre au fait :* **se référer ;** → **EMPLOYER.**

◊ **recours** ① → APPEL, RECOURIR. ② *Je n'ai plus aucun recours, tous m'abandonnent :* **ressource, appui, refuge.** *C'était son dernier recours :* [fam.] **atout, cartouche.**

recours → RECOURIR.

recouvert → VÊTU.

recouvrement → PERCEPTION.

recouvrer → REGAGNER, REPRENDRE I, RETROUVER.

recouvrir ① → CHARGER, COUVRIR. ② *Recouvrir un mur de papier :* [plus précis] **tapisser.** *Recouvrir une façade de crépi :*

[plus précis] **enduire.** *La brume recouvre le paysage* : → ENVELOPPER. ③ *Un tissu indien recouvrait le divan défraîchi* : **masquer*** ; → CACHER. ④ *Son étude recouvrait l'ensemble de la question* : **embrasser.**

récré → RÉCRÉATION.

récréation *Vous prenez vraiment la culture comme une récréation* : **amusement, délassement** (qui n'implique pas le divertissement) ; → DISTRACTION. *Nous avons besoin d'un moment de récréation* : ↓ **pause,** ↓ **repos,** ↓ **détente.** *La cour de récréation de l'école* : [abrév. fam.] **récré.**

◇ **se récréer** *Se récréer au cirque* [très sout.] : [plus cour.] **s'amuser.**

récréer (se) → RÉCRÉATION.

récrier (se) → S'EXCLAMER, PROTESTER.

récrimination → PROTESTATION.

récriminer → PROTESTER, RÂLER.

récrire → COPIER.

recroqueviller (se) → SE TASSER.

recru *Recru de fatigue. Les enfants, recrus de fatigue, s'endormaient debout* [sout.] : **harassé, mort de fatigue** ◆ [fam.] **éreinté, vanné** ; → FATIGUÉ.

recrudescence → EXACERBATION, MULTIPLICATION.

recrue ① → SOLDAT. ② *Les nouvelles recrues de l'association sont enthousiastes* : **adhérent** ; → MILITANT.

recrutement → ENGAGEMENT.

recruter → ENGAGER, MOBILISER.

recteur → CHANCELIER.

rectificatif, rectification → RECTIFIER.

rectifier ① *La caissière rectifia son opération* : **corriger** ; → RÉVISER. *Rectifier une erreur* : **redresser.** ② *Un alcool rectifié* : → ÉPURER. *Il a fallu rectifier le tracé de la voie* : **modifier** (qui se dit d'un simple changement). ③ *Il s'est fait rectifier dans un règlement de comptes* [fam.] : **descendre** ; → TUER.

◇ **rectificatif** [n.m.] *Le journal publia un rectificatif* : **correctif, rectification.**

rectitude → EXACTITUDE, RIGUEUR.

reçu [de recevoir I] *Le caissier m'a donné un reçu* : **acquit, récépissé** ◆ **quittance** (pour le règlement d'une dette) ◆ **accusé de réception** (pour un message ou un objet).

recueil *Un recueil de poèmes choisis* : **anthologie, morceaux choisis.** *Un recueil de fables* : **fablier** ◆ **choix, florilège,** [didact.] **spicilège** (= recueil de documents) ; → LIVRE. *Le recueil des sujets du baccalauréat* : **annales** (= recueil périodique d'articles, de sujets d'examen). *Un recueil de sottises* : **sottisier, bêtisier.** *Un recueil de données* : **corpus.**

recueillir ① → ASSEMBLER, RAMASSER, RASSEMBLER, RÉCOLTER, RÉUNIR. ② *Il interrogeait tout le monde pour recueillir des renseignements* : **glaner, grappiller** (qui indiquent que l'on ne recueille que des bribes dont on compte tirer parti) ; → ENREGISTRER. ③ *Il a recueilli tout le bénéfice de l'affaire* : **retirer,** ↑ **tirer,** [fam.] **ramasser*** ; → GAGNER*.

◇ **se recueillir** ① *Si je parviens à me recueillir, je trouverai une solution* : **se concentrer.** ② → S'INCLINER, PRIER I.

recul → RECULER.

reculade → FUITE.

reculé → ÉLOIGNÉ, LOINTAIN.

reculer ① [v.i.] *L'armée recula* : **battre en retraite, décrocher, se replier*, se retirer** ; → PERDRE DU TERRAIN*. ② *J'ai reculé devant toutes les difficultés* : **se dérober** ◆ ↑ **renoncer,** [fam.] **flancher, caler, se dégonfler, faire machine arrière, lâcher pied,** ↑ **craquer** ◆ [très fam.] **caner** ; → ABANDONNER I, PLIER II. ③ *Les dialectes reculent en France depuis un siècle* : **être en recul, régresser** ; → RÉTROGRADER. ④ [v.t.] *Vous ne pouvez pas reculer toujours la décision* : **ajourner, différer, retarder, remettre.** *Reculer la main* : → RETIRER.

◇ **se reculer** → SE POUSSER.

◇ **recul** ① *Le recul de l'armée* : [plus précis] **repli** (qui implique un recul sur des positions précises) ◆ **retraite** (qui indique le départ d'une position où l'on ne peut se maintenir) ; → MOUVEMENT. ② *Être en recul* : **régression** ; → RECULER.

récupération *La récupération des vieux papiers* : **recyclage**.

récupérer → REGAGNER, SE REPRENDRE, SE REFAIRE, RETROUVER.

récurage → NETTOYAGE.

récurer → NETTOYER.

récuser → CONTESTER, FAIRE JUSTICE* DE.

recyclage → ÉDUCATION, RECONVERSION, RÉCUPÉRATION.

rédacteur → JOURNALISTE.

rédaction ① *L'exercice scolaire de la rédaction* : **narration, dissertation, composition***. *La rédaction d'un acte juridique* : **libellé**. *La rédaction de ce compte rendu ne me satisfait pas* : **formulation** ◆ [plus génér.] **texte**. ② *La rédaction d'un procès-verbal* : → ÉTABLISSEMENT. ③ *La rédaction du magazine* : **journaliste** (*les journalistes*).

reddition → CAPITULATION.

redémarrage → REPRISE.

redémarrer → DÉPART, REPRENDRE I.

rédempteur → SAUVEUR.

rédemption → SALUT II.

redevable → OBLIGÉ, DEVOIR.

rédiger → ÉCRIRE.

redire

I ① *Il redit toujours la même chose* : → RABÂCHER. ② *Redites-lui cela* : **rapporter*, dire*, rappeler, répéter**.

◇ **redite** *Il y a trop de redites dans cet article* : [plus cour.] **répétition** ◆ **redondance** (qui n'implique pas une reprise littérale). **II** *Vous allez sans doute trouver à redire* : **critiquer***, ↑ **censurer, répliquer***.

redite → REDIRE.

redondance → REDITE, PLÉONASME.

redondant → DIFFUS, SUPERFLU.

redonner → RANIMER, RENDRE I.

redoublement → AUGMENTATION, EXACERBATION.

redoubler → ACCÉLÉRER, AUGMENTER, DOUBLER I.

redoutable ① *C'est une arme redoutable* : **effrayant*** ◆ ↓ **inquiétant**, ↓ **sérieux** ◆ ↑ **terrible**, ↑ **terrifiant** ; → DANGEREUX. ② *Un adversaire redoutable* : → RUDE.

redouter → CRAINDRE, S'EFFRAYER, AVOIR PEUR.

redoux → ADOUCISSEMENT.

redressement → ASSAINISSEMENT, RELÈVEMENT.

redresser → DRESSER I, LEVER I, RECTIFIER, RELEVER I.

◇ **se redresser** → SE RELEVER.

réducteur → SIMPLISTE.

réduction → RÉDUIRE.

réduire ① *Réduire un texte* : **abréger*, raccourcir*** ◆ **résumer** (= réduire un texte à ses idées essentielles). *Réduire un discours, un exposé* : **écourter**. *Il faut réduire votre vitesse* : **diminuer*, limiter, modérer**. *Réduire ses dépenses* : **se restreindre**. ② *Vous réduisez le résultat de mes travaux* : **amoindrir, minimiser***. *Cette entreprise a réduit ses activités* : **restreindre**. *Par temps de sécheresse, nous réduisons la consommation d'eau* : **rationner**. *L'inflation a réduit ses revenus* : [sout.] ↑ **laminer**. ③ *Réduire à. Sa position le réduisait au silence* : **contraindre, obliger*, acculer***. ④ *L'incendie avait réduit à rien tous ses efforts* : **anéantir**, [sout.] **annihiler**. *Réduire en bouillie, en miettes* : → ÉCRASER. ⑤ *Réduire un ennemi* : **mater, vaincre**.

◇ **se réduire** → SE RAMENER.

◇ **réduction** ① *La réduction des taux d'escompte* : **diminution***. *La maison consent des réductions* : **rabais***. *La réduction de la vitesse* : → LIMITATION. ② *Une réduction des effectifs* : **compression, allègement**. ③ *En réduction* : → MINIATURE.

réduit

I [adj.]. ① *Un effectif réduit* : **limité***, **modeste** ◆ [antéposé] ↑ **maigre**, [péj.] ↑ **dérisoire** ; → SQUELETTIQUE. *Un modèle réduit* : **miniaturisé.** ② *Nous roulions à vitesse réduite* : [antéposés] **petit*, faible.**
II [n.m.]. *Cette villa possède un réduit qui peut servir de débarras* : **cabinet** (= pièce réservée à des usages particuliers : *cabinet de toilette*) ◆ [plus précis] **soupente** (= espace ménagé sous un escalier ou sous la pente du toit), **appentis** (= petit bâtiment ajouté au corps principal de la maison) ◆ [fam.] **cagibi.**

rééchelonnement → DÉLAI.

réédification → RÉNOVATION, RECONSTRUCTION.

réédifier → RECONSTRUIRE.

réédition *La réédition des œuvres de Hugo* : **réimpression, republication** (qui ne comportent pas obligatoirement de modification du texte), **reprint** (= réimpression en fac-similé).

rééducation → ADAPTATION.

réel ① [adj.] *Vous ne nierez pas que ces faits sont réels* : **authentique** ◆ **établi** (qui implique un examen des faits), **patent** (qui implique l'évidence des faits), **historique** (qui implique que ces faits ne relèvent pas d'une légende) ; → RECONNU, VRAI. ② [adj.] *Il a tiré de la situation de réels avantages* : [toujours postposés] **tangible, effectif*, concret, palpable.** *Une amitié réelle* : **sincère*** ; → FRANC II. ③ *La valeur réelle* : → JUSTE. ④ [n.m.] *Elle vit dans le réel et non dans vos chimères* : **réalité** ; → CONCRET, SE HEURTER AUX FAITS*.
◇ **réellement** ① *Ces vieilles images me convainquent que cela s'est réellement passé* : **bien, bel et bien, effectivement, vraiment*.** ② *Réellement, je ne croyais pas vous gêner* : **en fait, vraiment** ◆ **sincèrement, franchement** (qui impliquent un engagement personnel) ; → VÉRITABLEMENT.
◇ **réalité** ① → RÉEL. *Ramener à la réalité* : → DÉGRISER. ② → CHOSE. ③ *En réalité. Il plaisante souvent, mais en réalité il n'est pas très heureux* : **en fait** ; → PLUTÔT.

réellement → RÉEL.

réémetteur → RELAIS.

réétudier, réexaminer → RECONSIDÉRER.

réexpédier → RETOURNER.

refaire ① *Il a trouvé des chaises anciennes qu'il a fait refaire* : [plus précis] **réparer*.** *C'est une vieille maison, tout est à refaire* : [plus précis] **restaurer, retaper** ◆ ↑ **rebâtir** (qui implique une reprise du gros œuvre). *La dernière édition de l'atlas est entièrement refaite* : **refondre** ◆ ↓ **mettre à jour** ◆ [plus partic.] **renouveler*.** ② *Tout est à refaire* : **recommencer.** *Refaire les mêmes erreurs* : **retomber dans.** ③ *C'était un marché de dupes, notre ami a été refait* [fam.] : [cour.] **tromper*, escroquer** ◆ [sout.] **duper.** *On lui a refait sa montre* [fam.] : **faucher,** [cour.] **voler*.**
◇ **se refaire** ① *Ce n'est pas une semaine de repos qui lui permettra de se refaire (une santé)* [fam.] : **se retaper, se remplumer** (qui indique que l'on reprend du poids) ◆ [cour.] **se rétablir, récupérer.** ② *Je sais bien qu'on ne se refait pas* : **changer, se transformer*** ◆ [fam.] **s'arranger.**

réfection → RÉPARATION.

réfectoire *Le réfectoire de l'école* : **cantine** (qui désigne, outre le lieu, le service chargé de la préparation des repas) ◆ [fam., péj.] **popote** ◆ **mess** (qui désigne un réfectoire militaire pour les officiers et sous-officiers) ; → RESTAURANT.

refendre → SCIER.

référence [sing. ou pl.] ① *Avez-vous lu la référence bibliographique qui figure en bas de page ?* : **renvoi.** *Une augmentation des salaires a été consentie par référence à la hausse des prix* : **par rapport.** ② → MODÈLE. ③ [au pl.] *Une lettre de références* : **recommandations*, certificat*.**

référendum ① *Les Français ont rejeté ce projet par référendum. Le référendum* (pour approuver ou rejeter une mesure proposée par l'exécutif) et le **plébiscite** (= vote direct destiné à accorder ou

refuser la confiance à un homme pour la direction de l'État) sont des **consultations*** de l'ensemble du corps électoral. ② *Ce magazine a organisé un référendum auprès de son public* : **sondage d'opinion ;** → ENQUÊTE.

référer (se) → RECOURIR, CITER, REGARDER.

refermer → RABATTRE, REPOUSSER.
◊ **se refermer** → GUÉRIR.

refiler → FOURGUER.

réfléchi → RÉFLÉCHIR I.

réfléchir

I ① *Il a longuement réfléchi* : ↑ **se concentrer,** [fam.] **carburer.** *Il ne pouvait réfléchir que dans le silence* : ↑ **méditer** (qui suppose une longue réflexion) ; → PENSER, SE PRESSURER* LE CERVEAU, SPÉCULER. *Sans réfléchir* : → ÉTOURDIMENT, TÊTE* BAISSÉE. ② *Le conseil municipal a sérieusement réfléchi au projet* : **étudier, examiner** (*étudier, examiner le projet*) ; → AVISER, MÛRIR. *Réfléchissez à ce que vous faites* : [moins cour.] **songer*, penser*.** *Réfléchir à une solution* : → CHERCHER.

◊ **réfléchi** ① *C'est un garçon réfléchi pour son âge* : **posé, pondéré, mûr*** ◆ [souvent péj.] **rassis, responsable*, sérieux*** ◆ [sout.] ↑ **circonspect.** ② *Un acte réfléchi* : **calculé, délibéré* ;** → PRÉMÉDITÉ, VOLONTAIRE.

◊ **réflexion** ① *Il était perdu dans ses réflexions* : [plus précis] **méditation** ◆ [iron.] **cogitation, élucubration ;** → PENSÉE, DÉLIBÉRATION. *Il était en pleine réflexion* : **concentration.** ② *Faites-moi toutes les réflexions qui vous viennent à l'esprit* : **observation** ◆ ↓ **remarque.**

II *Réfléchir une image* : **renvoyer*.** *Réfléchir la lumière* : **réverbérer.**

reflet ① *À cet endroit, on venait admirer le reflet des eaux* : **miroitement, scintillement** (qui impliquent une variation des lumières) ◆ **chatoiement** (qui implique que les reflets sont changeants). ② *La façon de vivre est souvent le reflet de l'éducation* : **miroir, image* ;** → OMBRE.

◊ **refléter** ① *Le miroir reflétait son image* : **renvoyer.** ② *Le compte rendu ne reflète pas les débats* : **reproduire** ◆ ↑ **traduire.** *La rougeur de son visage reflète une émotion violente* : **exprimer, être le signe de** ◆ ↑ **trahir.**

refléter → REFLET.

réflexe → AUTOMATISME, MOUVEMENT, RÉACTION.

réflexion → RÉFLÉCHIR I.

refluer → SE RETIRER.

reflux *Veux-tu que je t'explique les causes du flux et du reflux des eaux ?* : **marée** (*montante* pour le flux, *descendante* pour le reflux), **ressac** (= retour violent des vagues sur les brisants) ◆ [didact.] **jusant** ◆ [plus génér.] **mouvement*.**

refondation → RÉNOVATION.

refondre → REFAIRE.

refonte → RÉFORME.

reforester → REPEUPLER.

réformateur → RÉFORME.

réforme *La réforme du calendrier scolaire est à l'ordre du jour* : **remaniement** ◆ ↑ **refonte** ◆ ↓ **amélioration** ◆ [iron.] ↓ **réformette** ◆ [plus génér.] ↓ **changement* ;** → RÉVOLUTION.

◊ **réformer** *Les changements de mœurs obligent à réformer la législation* : **amender, mettre à jour, revoir, moderniser*, remanier ;** → CHANGER.

◊ **réformateur** *Un réformateur de la société* : **rénovateur** ◆ ↑ **révolutionnaire** (= celui qui veut changer de société plutôt que la modifier).

◊ **réformiste** [adj. et n.] Le *réformiste* est partisan de changements politiques et sociaux, le **révisionniste,** de modifications de doctrines ou d'institutions.

réformer, réformiste → RÉFORME.

refouler ① *L'armée a refoulé les envahisseurs* : **repousser** ◆ ↓ → CHASSER I. *Le gouvernement cherche à refouler les migrants* : **reconduire à la frontière, expulser ;** → BANNIR. ② *Il s'appliquait à refouler tous* *ses désirs* : **étouffer***, **réprimer**. *L'enfant refoulait difficilement ses larmes* : **contenir**, **retenir** ; → **RENTRER, REPOUSSER**.

réfractaire → **REBELLE, SOURD**.

refrain ① *Ils ont repris en chœur le refrain* : → **CHANSON, COUPLET**. ② *Encore ce commentateur ! avec lui, c'est toujours le même refrain* : **chanson***, **rengaine, ritournelle, scie, disque** ◆ **leitmotiv** (qui indique qu'une formule revient sans cesse : *c'est un leitmotiv chez lui*) ; → **CHANGER DE MUSIQUE***.

réfréner → **MODÉRER, RÉPRIMER**.

réfrigérant, réfrigérateur
→ **RÉFRIGÉRER**.

réfrigérer ① *Chaque année, la fermière réfrigérait un cochon entier* : [plus cour.] **congeler, frigorifier** ◆ ↑ **surgeler** (= congeler à très basse température). ② *Il choisissait les mots qu'il fallait pour vous réfrigérer* : **glacer** ◆ ↓ **refroidir***.
◊ **réfrigérateur** *On vend des réfrigérateurs en solde dans ce magasin* : [fam., cour.] **frigo, Frigidaire** (nom de marque) ; → **GLACIÈRE**.
◊ **réfrigérant** *Un accueil réfrigérant comme celui-là, je ne suis pas près de l'oublier !* : **froid, glacial** ; → **HOSTILE**.

refroidir ① *Laissez refroidir la soupe* : ↓ **tiédir**. *Faites refroidir ce vin* : [plus précis] **rafraîchir**. ② *Leur façon de nous parler de haut nous a refroidis* : ↓ **décourager**, ↓ **doucher** ◆ ↑ **réfrigérer*** ; → **REBUTER, DÉGRISER**. ③ *Refroidir quelqu'un* : → **TUER**.

refroidissement → **RHUME**.

refuge *Il avait trouvé dans cette vallée un refuge pour méditer* : **abri*, asile, gîte, retraite** ◆ [sout.] **havre, oasis**. *La prière est son dernier refuge* : **recours, ressource*** ; → **SANCTUAIRE**.

réfugié → **DÉPLACÉ, ÉTRANGER II**.

réfugier (se) → **SE METTRE À L'ABRI*, S'ABRITER, SE BLOTTIR, SE NICHER, SE RETIRER**.

refus → **AJOURNEMENT, ÉLIMINATION, RÉPONSE NÉGATIVE*, NON II, REJET***.

refuser ① *Il a refusé mon offre* : [sout.] **décliner, dédaigner** ◆ **rejeter***, **répondre non***, **répondre par la négative**. *Il refuse de venir* : → **NE PAS VOULOIR**. *L'intéressé refusa la décision* : **repousser** ; → **CONTESTER**. ② *C'est la première fois qu'il est refusé à un examen* : [fam.] **blackbouler, coller** ◆ **recaler, ajourner*, éliminer*** ; → **SABRER**.
◊ **se refuser** → **S'ABSTENIR, SE PRIVER**.

réfutable → **CONTESTABLE**.

réfutation → **CONTRADICTION**.

réfuter ① → **CONTREDIRE**. ② → **FAIRE JUSTICE* DE**.

regagner

I *Le coureur a réussi à regagner le temps perdu* : **rattraper**. *Je n'ai pas regagné ma mise de fonds* : **récupérer** ◆ [moins cour.] **recouvrer**.

II *Regagner sa place* : → **GAGNER III, RALLIER, RETOURNER, REVENIR**.

regain → **RENOUVEAU**.

régal → **DÉLICE**.

régaler ① → **PAYER**. ② → **TRAITER**.
◊ **se régaler** → **SAVOURER**.

regard, regardant → **REGARDER**.

regarder ① *Amateur d'armes anciennes, il regardait de près l'étrange épée* : **considérer, examiner, inspecter*, observer***. *Pourquoi me regardez-vous de cette façon ?* : [plus précis] **dévisager** ◆ ↑ **fixer** ◆ **toiser** (= regarder de haut en bas pour évaluer). *Regarder la cible* : [plus précis] **viser** (= fixer comme un but). *Il regarda autour de lui pour s'assurer que personne ne le voyait* : **jeter un coup d'œil**. *La vendeuse regarda le catalogue pour renseigner le client* : [plus précis] **consulter, se référer à**. *Il regarda enfin la pierre qu'on lui montrait* : **diriger son attention sur** ; → **ATTENTIF**. *Regarder une émission* : ↓ **voir***. *Regarder la mer* : ↑ **contempler** (qui implique une participation affective). *Sans regarder* : **tête baissée***. ② *Pourquoi voudriez-vous* *que je ne regarde pas mon intérêt ? :* **considérer, envisager ♦ ↑ rechercher.** ③ *Une fois pour toutes, occupez-vous de ce qui vous regarde ! :* **toucher*, concerner*, intéresser.** *Cette remarque regarde tout le monde :* [plus cour.] **viser.** ④ *Je le regarde sans prévention :* **juger.** ⑤ *Regarder comme. Peut-on le regarder comme un honnête homme ?* [sout.] : [plus cour.] **estimer, tenir* pour.** *Regarder du coin de l'œil sa voisine :* [fam.] **bigler, lorgner, mater, reluquer ; → LOUCHER.** *Regarder avec envie la tarte aux pommes :* ↑ **dévorer des yeux, manger* des yeux, couver des yeux, guigner,** [fam.] **zieuter** (= regarder avec envie mais à la dérobée) ; → LÉCHER (*lécher les vitrines*). *Regarder avec plaisir :* **se rincer l'œil.** *Regarder avec haine :* **fusiller, foudroyer du regard.** *Regarder avec mépris :* **toiser.** ⑥ *Regarder à. Vous regardez un peu trop à vos intérêts pour être objectif :* [plus cour.] **tenir compte de.** *À votre place, j'y regarderais à deux fois avant de dire oui :* **faire très attention ; → SE TÂTER.** *Regarder à la dépense :* **lésiner ; → ÉCONOMISER.**

◇ **regard** ① *J'estime avoir droit de regard sur ce que vous faites :* **pouvoir contrôler.** *Elle jeta un regard sur l'album :* [plus fam.] **jeter un œil ♦ regarder*.** *Elle le jugea au premier regard :* **au premier coup d'œil.** ② *En regard. La traduction de Freud était publiée avec le texte original en regard :* **en face, vis-à-vis.** ③ *Au regard de. Vous êtes en défaut au regard de la morale commune :* **par rapport à.** ④ *S'offrir au regard :* → VUE.

◇ **regardant** *C'était un homme regardant, toujours à économiser :* **pingre ♦ ↓ économe,** [rare] **chiche* ; → AVARE, RADIN.**

régate → COURSE.

régenter → DIRIGER, RÉGNER.

regimber → RÉSISTER.

régime

I → GOUVERNEMENT, MONDE II, SYSTÈME.

II *Son médecin l'a mis au régime :* ↑ **diète** (= privation presque totale de nourriture : *être à la diète, mettre à la diète*).

III *Le régime d'un moteur :* → VITESSE.

IV *Un régime de bananes :* → FRUIT.

régiment ① *Il a fait son régiment :* [cour.] **service militaire. Être au régiment :** à **l'armée.** ② *Dans la cuisine, il y avait tout un régiment de casseroles* [fam.] : **armée, ribambelle, kyrielle ♦** [cour.] **beaucoup* de ; → QUANTITÉ.**

région → PAYS I, ZONE.

régionalisation *Une politique de régionalisation :* [plus génér.] **décentralisation.**

régionaliser *Le gouvernement a régionalisé la gestion des fonctionnaires territoriaux :* **décentraliser.**

régir *Les lois régissent l'organisation de la société :* **déterminer, définir ; → RÈGLEMENT.**

régisseur *Le propriétaire de ce domaine cherche un régisseur :* **administrateur, intendant** (= employé qui administre la maison) **♦ gérant** (= celui qui tient un commerce).

registre ① *Le registre des entrées et des sorties :* **cahier ; → LIVRE.** ② *Le registre de ce baryton est très étendu :* [didact.] **tessiture.** *Le registre de ses compétences est vaste :* **champ* ; → ÉTENDUE.**

règle ① *Il observait scrupuleusement les règles de sa religion :* **commandement*, loi*, principe*, précepte** (= formule qui traduit une règle), [sout.] **norme,** [didact.] **canon ; → RÈGLEMENT.** *S'imposer une règle morale :* **discipline.** *Avoir une règle de conduite :* → LIGNE II. *La règle d'un jeu :* → MODE D'EMPLOI*. ② *La règle des bénédictins a été plusieurs fois réformée :* [didact.] **observance.** ③ *En règle générale :* **généralement*.** *Un examen en règle de la question :* **systématique*.** *Dans les règles :* → RÉGULIÈREMENT II.

◇ **règles** [pl.] *Elle a ses règles :* [didact.] **menstrues ; → INDISPOSÉ.**

réglé [de régler I] ① *Il mène une vie bien réglée :* **rangé, réglé comme une horloge, ↓ organisé, sérieux*.** ② *Un moteur réglé :* **au point*.**

◇ **réglée** [adj. f.] *Elle a été réglée très jeune :* **formée ♦** [didact.] **nubile.**

règlement

I [pl.] *L'association s'était formée en adoptant les règlements habituels* : **statuts ♦ code** (= ensemble de règles et de prescriptions : *le code moral*) ; → DISCIPLINE.

◇ **réglementaire** *Les dispositions réglementaires* : **légal** (= conforme à la loi), ↓ **autorisé** (par un règlement).

◇ **réglementation** *Le gouvernement avait décidé d'imposer la réglementation des prix alimentaires* : **fixation, taxation.**

◇ **réglementer** *Il faut réglementer la circulation* : **codifier,** [plus génér.] **fixer*.**

II [sing.] ① *Le règlement de l'affaire a été satisfaisant pour les deux parties* : **conclusion** ; → SOLUTION. ② *Le règlement d'une somme due* : **acquittement, paiement, remboursement** ; → LIQUIDATION.

◇ **réglementairement**
→ RÉGULIÈREMENT II.

réglementaire, réglementairement, réglementer → RÈGLEMENT.

régler

I ① *Ses parents avaient réglé le programme de chaque journée* : **arrêter,** [plus cour.] **établir** ; → FIXER. ② *Il réglait sa vie sur les hasards des jours* : **conformer à.** ③ *Les circonstances ont réglé son choix* : **dicter.**

◇ **se régler** *Il se réglait sur son frère* : **imiter*, suivre ♦** [sout.] ↑ **se modeler sur.**

II ① *L'avocat a réglé l'affaire en faisant triompher les droits de son client* : **clore, conclure, dénouer, résoudre** (qui impliquent des difficultés rencontrées) ; → TRANCHER II, VIDER SON SAC*. ② *Vous réglerez votre loyer chaque trimestre* : **acquitter, payer*,** [sout.] **s'acquitter de.** ③ *Je ne sais comment ils régleront leur querelle* : **vider.** ④ *Régler un compte* : **liquider*.**

règles → RÈGLE.

règne ① *Nous assistons au règne des intérêts les plus sordides* : **domination, prédominance.** ② *Les règnes de la nature* [didact.] : → DIVISION.

◇ **régner** ① *Le vieil homme régnait sur toute la maisonnée* : **dominer, régenter**

(*dominer, régenter la maisonnée*), [fam.] **mener à la baguette ♦** ↑ **tyranniser.** *Il a régné sans partage pendant trente ans* : ↓ **gouverner.** ② *C'est la mode écossaise qui règne en ce moment* : **prédominer.** *Régner sur* : → PRÉSIDER II. ③ *Le silence règne* : **se faire, s'installer** (qui impliquent plutôt un processus qu'un état).

régner → RÈGNE.

regonfler → REMONTER.

regorger → ABONDER II.

régresser → DÉCLIN, RECULER.

régression → RECUL.

regret ① *Son dernier roman a pour thème le regret de son île natale* : **nostalgie.** ② *Vos regrets sont tardifs, vous l'avez profondément offensé* : ↑ **repentir,** ↑ **remords.** ③ *Je vous exprime mes regrets* : ↓ **excuses ♦** ↑ **pardon** (*je vous demande pardon*) ; → REGRETTER. ④ *À regret. Elle accepta à regret l'invitation* : [plus fam.] **du bout des dents, des lèvres ♦** ↑ **à contrecœur.**

◇ **regretter** ① [~ de] *Je regrette de m'être déplacé pour un si mauvais spectacle* : **s'en vouloir,** [fam.] **se mordre les doigts ♦** ↑ **se repentir de.** *Elle regrettait d'accueillir ses invités au milieu des travaux* : **être navré, au regret,** ↑ **avoir honte** ; → HONTEUX. ② [~ qqch] *Tous ses collègues regrettaient son départ* : ↑ **déplorer** ; → PLEURER. *Je regrette, mais je ne peux vous recevoir* : **excusez-moi.**

◇ **regrettable** *Cet incident regrettable gâcha la soirée* : **désagréable, fâcheux ♦** ↑ **déplorable** ; → DOMMAGE, MALHEUREUX I, NAVRANT.

regrettable → REGRET.

regretté → MORT II.

regretter → REGRET.

regroupement → CONCENTRATION.

regrouper
→ ASSEMBLER, ASSOCIER, CONCENTRER, GROUPER, BATTRE LE RAPPEL*, RASSEMBLER.

régularisation → NORMALISATION.

régulariser → NORMALISER.

régularité ① → RÉGULIER. *On a toujours vanté la régularité dont il a fait preuve dans son travail* : **assiduité, ponctualité ;** → CONSTANCE, EXACTITUDE. ② *La régularité des opérations électorales* : **légalité.**

régulier

I ① *Il essayait de maintenir une vitesse régulière* : ↑ **uniforme, égal*, constant*, invariable.** *Un effort régulier* : **suivi*.** ② *Je n'aime pas ces façades régulières, comme figées dans la pierre* : **géométrique** ◆ [partic.] **symétrique** (= qui oppose deux objets semblables autour d'un axe). ③ *Il a été si régulier dans son travail qu'il a reçu une médaille* : **assidu** (= qui est régulièrement présent) ◆ **ponctuel*** (= qui est à l'heure). ④ → FIXE.

II *Être régulier en affaires* : [abrév. fam.] **réglo,** [anglic.] **fair-play*,** [cour.] **correct*, loyal*.**

◇ **régulièrement**

I ① *Le carreleur a posé son mortier très régulièrement* : **uniformément.** ② *Il se rendait régulièrement au bureau* : **assidûment, ponctuellement, rituellement*.**

II ① *Régulièrement, l'équipe de France devrait l'emporter* : **normalement, en principe, théoriquement.** *Régulièrement, il paie ce qu'il doit* : **d'habitude, habituellement, traditionnellement, d'ordinaire*.** ② *Il a été nommé régulièrement* : **dans les règles, réglementairement, dans les formes** ◆ ↑ **légalement** (qui implique la conformité à une loi).

régurgiter → VOMIR.

réhabilitation → RÉNOVATION.

réhabiliter ① *Victime d'une erreur judiciaire, il a été réhabilité* : [fam.] **blanchir, dédouaner** ◆ **innocenter, disculper** (qui n'impliquent pas qu'une condamnation a été prononcée) ; → LAVER II. ② *Le vieux quartier a été réhabilité* : **rénover.**

◇ **se réhabiliter** *Il s'est maintenant réhabilité aux yeux de tous* : **se racheter.**

rehausser → RELEVER I, FAIRE RESSORTIR*.

réifier → CHOSIFIER.

réimpression → RÉÉDITION.

rein *Avoir mal aux reins* : [didact.] **lombes.**

reine ① *Le couronnement de la reine* : **souveraine.** ② *Une reine de beauté* : **miss.** *Voici la reine des circuits automobiles* : **championne.** ③ *Un carré de reines* : **dame** (aux jeux de cartes, d'échecs, etc.). ④ *Petite reine* : → BICYCLETTE.

réinsertion → RÉADAPTATION.

réintégrer → RÉTABLIR, RETOURNER.

réitérer → RENOUVELER, RÉPÉTER.

reître → SOLDAT.

rejaillir ① *La boue rejaillit sur les promeneurs* : **gicler, éclabousser** (*la boue éclaboussa les promeneurs*). ② *Le scandale a fini par rejaillir sur tous les collaborateurs du négociant* : **éclabousser** (*éclabousser les collaborateurs...*) ◆ ↓ **retomber sur.**

rejet → REJETER.

rejeter ① *L'enfant rejetait dans l'eau les petits crabes* : **relancer*, renvoyer ;** → JETER. ② *Il n'a pas digéré et a rejeté tout son repas* : **rendre, vomir* ;** → CRACHER. ③ *Rejetons à la fin de la réunion les questions diverses* : [plus cour.] **reporter ;** → REMETTRE. ④ *L'amendement au projet a été rejeté* : **écarter, repousser** ◆ [fam.] **retoquer ;** → REFUSER. *Ce pays a été rejeté des organisations internationales* : **chasser, écarter, exclure, boycotter, mettre en quarantaine** ◆ [plus sout.] **mettre à l'index, bannir*.** ⑤ *Les vieux meubles avaient été rejetés au grenier* : **reléguer.**

◇ **rejet** ① *Le rejet d'une proposition* : **refus** ◆ ↓ **abandon ;** → NÉGATION. ② → TIGE.

rejeton → FILS.

rejoindre ① *Rejoindre sa base* : **regagner ;** → GAGNER III, RALLIER. *Il a rejoint le parti* : → ADHÉRER. ② *Rejoindre à la course* : **rattraper*.** ③ *Rejoindre qqn quelque part* : **retrouver*.**

◇ **se rejoindre** ① *Les deux divisions se rejoindront à l'endroit prévu* : [moins cour.] **converger vers,** [didact.] **opérer une jonction ;** → SE RÉUNIR. ② *Nos avis se* rejoignent sur ce point : **coïncider, concorder, se recouper.**

réjoui → ÉPANOUI, JOYEUX.

réjouir *Voilà une rencontre qui me réjouit !* : **faire plaisir, remplir de joie*** ; → PLAIRE.

◇ **se réjouir** *Il se réjouissait à l'idée de retrouver sa famille* : **se faire une fête, se frotter les mains** ♦ ↑ **jubiler.** *Je me réjouis de votre nomination* : **être heureux** ; → SE FÉLICITER. *Il se réjouissait de vous voir enfin réconciliés* : ↑ **exulter** (qui implique une joie extrême qui ne peut être dissimulée) ♦ [fam.] **pavoiser** (= manifester sa joie).

◇ **réjouissances** *La fin de la sécheresse fut une occasion de réjouissances* : [sout.] **liesse** (qui implique une joie collective) ; → FÊTE.

réjouissances → RÉJOUIR.

relâche

I ① *Un moment de relâche* : [cour.] **repos*.** *Le théâtre fait relâche le dimanche soir* : **fermer.** *C'est jour de relâche* : **fermeture.** ② *Il travaille sans relâche à restaurer sa maison* : **sans trêve,** [plus cour.] **continuellement, sans répit, sans repos, sans arrêt*, tout le temps** ; → CONSTAMMENT.

II *Faire relâche* : → MOUILLER.

relâché *Des mœurs relâchées* : **dissolu** ; → CORROMPU.

relâchement → SE RELÂCHER. *Elle déplorait le relâchement de ma tenue* : **laisser-aller, négligence.**

relâcher

I *Il relâcha un peu le lien qui immobilisait l'animal* : **détendre, desserrer, lâcher*.**

◇ **se relâcher** *Avec la fatigue, son attention se relâchait* : **faiblir.** *Se relâcher dans son travail* : **se laisser aller.**

II *Le détenu a été relâché avant le terme de sa peine* : **libérer*** ♦ [didact.] **élargir, relaxer** (qui implique un abandon des poursuites) ; → ACQUITTER.

III *Le navire doit relâcher dans ce port* : **faire escale, mouiller*.**

relais ① → COURSE II. *Prendre le relais* : → RELEVER III. ② *Relais de campagne* : → HÔTEL. *Un relais de télévision* : **réémetteur.**

relance → RECOMMENCEMENT, REPRISE.

relancer ① *Il relance la balle* : **renvoyer, rejeter*.** ② *L'emprunt de l'État devait relancer l'économie* : **faire repartir, réactiver, revivifier.** ③ *Elle n'arrêtait pas de le relancer* [fam.] : ↑ **harceler** ; → POURSUIVRE, TALONNER.

relater → RACONTER, RAPPORTER II.

relatif ① *Cette opinion n'a qu'une valeur relative* : **limité*,** ↑ **subjectif** ♦ **personnel** (qui insiste sur l'aspect individuel). ② *Depuis son accident, il n'a qu'une autonomie relative* : **partiel.**

◇ **relativement** ① *L'objection est relativement fondée* : **passablement.** ② *C'est un objet relativement rare* : **assez*.** ③ *Relativement à* : **en comparaison* de, en proportion de.**

relation

I → NARRATION, RAPPORT I.

II ① *Il tire profit de ses relations* [au pl.] : **accointances, attaches** ; → APPUI. *Il a des relations peu recommandables* : **fréquentation, ami*, contact*** ; → LIAISON*. *Être en relation* : **communication*** ; → CORRESPONDRE. ② *Ces deux familles ne sont plus en bonnes relations* : **termes.** *Relation de parenté* : → LIEN II. ③ *Relations sexuelles* : → RAPPORT III. ④ *La relation entre deux faits* : **rapport*, liaison** ; → ANALOGIE.

relativement → RELATIF.

relax → AISE.

relaxant → REPOSANT.

relaxation → REPOS, RELAXER.

relaxe [n.f.] → LIBERTÉ I.

relaxé → CALME.

relaxer → LIBÉRER, RELÂCHER II.

◇ **se relaxer** *Il se relaxe sur le sable de la plage* : **se détendre, se décontracter, décompresser** ; → SE REPOSER.

◇ **relaxation** : **décontraction**.

relayer → RELEVER III.

◇ **se relayer** → ALTERNER.

relégation *Il a été condamné à la relégation. L'interdit de séjour* est **banni*** de certains lieux ou du territoire national, le **condamné** à la *relégation* est interné ou obligé de résider hors de la métropole ; → EXIL, REPRIS* DE JUSTICE.

reléguer → CONFINER, REJETER.

relent → ODEUR.

relève → REMPLACEMENT.

relevé

I [adj. ; de relever I] **1** *Il aimait le style relevé de ces tragédies* [vieilli] : [plus cour.] **noble** ; → ÉLEVÉ. **2** *Une sauce relevée* : **fort*** ; → PIMENTÉ. **3** *La jupe relevée* : **retroussé**.

II [n.m. ; de relever II] *Un relevé de banque* : → COMPTE. *Un relevé d'opérations commerciales, administratives* : **bordereau**.

relèvement [de relever I] **1** *Toute la population participa au relèvement de l'économie* : **redressement, rétablissement**. **2** *Les syndicats exigeaient le relèvement des salaires* : **augmentation*, majoration***.

relever

I **1** *Le mur fut relevé d'un mètre* : **rehausser, surélever** ; → ÉLEVER. *La maison en ruine a été relevée* : **rebâtir, reconstruire** ; → RÉPARER. *Relève la vitre, s'il te plaît* : **remonter*** ; → SOULEVER. *Il releva ses manches et se saisit de la pioche* : **retrousser***. *Quand il entendit son nom, il releva la tête* : **redresser** ; → LEVER. **2** *Le taux de l'escompte a été relevé* : **rehausser**. *Relever les salaires* : [moins cour.] **revaloriser** ; → MAJORER, AUGMENTER. **3** *Le cuisinier releva la sauce* : **épicer** ; → PIMENTER. **4** *Relever de maladie* : → SE RÉTABLIR, SORTIR I.

◇ **se relever** *Il s'est vite relevé après sa chute* : **se redresser, se remettre debout***. *Elle s'est lentement relevée de son immense chagrin* : ↓ **se remettre** ; → SE RÉTABLIR.

II **1** *On a relevé des traces d'habitation dans cette vallée perdue* : **découvrir***. **2** *Avez-vous relevé tous les renseignements utiles ?* : **enregistrer*, inscrire, noter*** ; → POINTER.

III **1** *Les mineurs attendaient pour relever leurs camarades* : **prendre le relais de, relayer, remplacer**. **2** *Il a immédiatement été relevé de ses fonctions* : **licencier, limoger, révoquer** (*il a été licencié, limogé, révoqué*) ; → DESTITUER, VIDER.

IV **1** *Votre demande ne relève pas de ce tribunal* : [didact.] **ressortir à, être du ressort de** ; → DÉPENDRE. **2** → APPARTENIR.

relief **1** *Les reliefs d'un repas* [vx] : [cour.] **restes***. **2** *La lumière s'accrochait aux reliefs de la paroi* : **aspérité, bosse, saillie***. **3** *Mettre en relief* : **faire valoir, faire ressortir*, souligner** ; → ACCENT.

relier → JOINDRE, RACCORDER.

◇ **se relier** → SE RACCORDER.

religieusement → EXACTEMENT.

religieux → RELIGION.

religion **1** *Il a toujours eu beaucoup de religion* : **dévotion** (= attachement que l'on a à la religion) ◆ **piété** (= attachement très fort à la religion et à ses pratiques) ; → FOI. **2** *Il respecte toutes les religions* : **confession, culte** ; → ÉGLISE, RITE. **3** *Se faire une religion de* [sout.] : [plus cour.] **s'imposer, se faire une obligation absolue**. *Se faire une religion sur* : **opinion**.

◇ **religieux** **1** *La musique religieuse* : → RITUEL, SACRÉ. *La vie religieuse* : [plus partic.] **claustral, conventuel, monacal, monastique** (qui impliquent l'appartenance à une communauté religieuse). *Un édifice religieux* : → ÉGLISE. *Le pouvoir religieux* : **spirituel**. **2** *Il est très religieux* : **pieux** ; → CROYANT. **3** [n.] *Une communauté de religieux* : **moine** (= religieux vivant dans un monastère). *Une communauté de religieuses* : **sœur, nonne** ◆ [fam.]

bonne sœur ◆ **moniale** (= religieuse vivant dans un couvent) ; → CLERGÉ. *Se faire religieuse* : **prendre le voile***. ④ [adj.] *Il apporte un soin religieux à tout ce qu'il fait* : **scrupuleux.** *Un silence religieux* : → ABSOLU.

reliquat → RESTE.

relire → REVOIR.

reliure → COUVERTURE.

relooker → MODERNISER.

reluire → BRILLER I, LUIRE.

reluisant → BRILLANT II.

reluquer → LORGNER, REGARDER.

remâcher → MÂCHER, RETOURNER.

remake → VERSION.

remaniement → RÉFORME.

remanier → RÉFORMER, REPRENDRE.

remarquable, remarque
→ REMARQUER.

remarquer ① [~ qqch, que + ind.]. *Vous remarquerez le bon état de la charpente* : ↓ **constater*** ; → NOTER I, OBSERVER. *Avez-vous remarqué qu'il critiquait tout sans en avoir l'air ?* : **s'apercevoir, s'aviser** ; → VOIR. ② *Faire remarquer qqch* : → SOULIGNER. *Se faire remarquer* : **se singulariser** ◆ ↓ **se signaler** ; → SE METTRE EN ÉVIDENCE*.

◇ **remarque** ① *Faire une remarque à qqn* : ↑ **objection,** ↑ **critique** ; → OBSERVATION, RÉFLEXION, REPROCHE. ② *Le texte était accompagné de nombreuses remarques* : **commentaire** ; → NOTE.

◇ **remarquable** ① *Quelque chose de remarquable* : → ÉCLATANT, ÉTONNANT, MAGNIFIQUE, MERVEILLEUX, SÉRIE (*hors série*), MÉMORABLE. *Un fait remarquable* : → EXEMPLAIRE, NOTABLE. *Une édition remarquable* : → RARE. *Une faveur remarquable* : [rare] ↑ **insigne** ; → EXTRAORDINAIRE. *Une idée remarquable* : → MÉCHANT I. *D'une façon remarquable* : **de main* de maître**. ② *Un homme remarquable* : [vieilli] **consi-**

dérable ◆ [fam.] **épatant** ; → ACCOMPLI, BON, BRILLANT, ADMIRABLE, ÉMÉRITE.

rembarrer
→ REMISER, REPOUSSER, REPRENDRE I.

remblai *Le remblai de la voie ferrée* : [plus précis] **ballast** (qui est fait de pierres concassées) ; → TALUS.

rembourrage *Le rembourrage du canapé est fatigué* : **capiton, capitonnage.** *La* **bourre** *est la matière servant au rembourrage*.

rembourrer *Elle démonta le fauteuil pour le rembourrer* : **matelasser** (= rembourrer à la manière d'un matelas) ◆ **capitonner** (= rembourrer en pratiquant des piqûres régulières et apparentes).

remboursement → RÈGLEMENT II.

rembourser → S'ACQUITTER DE, PAYER, RENDRE I.

remède ① *Le médecin a donné un remède* : **médicament*** ◆ **soins** (= traitement d'une maladie) ◆ [spécialt] **antidote, contrepoison*** ; → SPÉCIALITÉ, THÉRAPEUTIQUE. *Remède universel* : **panacée.** ② *Il faut trouver un remède à la crise* : **solution.**

remédier *Il faut remédier à cette situation* : [très sout.] **obvier à** ◆ **pallier qqch** (= apporter une solution boiteuse ou provisoire) ; → RÉPARER.

remémorer (se) → RAPPELER II, SE RAPPELER, SE SOUVENIR.

remerciement → MERCI I.

remercier

I ① [~ qqn de qqch] *Elle remerciait Dieu de l'avoir guérie* : **rendre grâce(s) à.** *Soyez remerciée ! vous m'avez exaucé !* : **bénir.** *Je vous remercie d'être intervenu* : [sout.] **savoir gré** ◆ [plus fam.] **merci.** ② *Ce verbe peut aussi avoir le sens de* **dédommager** ◆ [fam.] **rendre la pareille.** ③ *Ne vous dérangez pas, je vous remercie* : **non, merci** (formule polie de refus).

II *Remercier un employé* [par euph.] : **donner (son) congé* à, mettre à la porte** ; → CONGÉDIER, RENVOYER, VIDER.

remettre ① *J'ai remis vos papiers sur le bureau* : [plus précis] **reposer, replacer.** *Remettre quelqu'un à sa place* [fig.] : → REPRENDRE II, REMISER. ② *Il faut remettre vos livres au jour dit* : **rapporter, redonner, rendre, restituer.** *Je vous remets mon chat pendant les vacances* : **laisser** ◆ [plus cour.] **confier.** *Il a remis un billet doux à sa petite amie* : **glisser*** ; → DONNER. *Remettre son pouvoir* : → DÉLÉGUER. *Se faire remettre un acte* : **délivrer*.** *Les déserteurs ont été remis aux autorités* : **livrer.** ③ *Il faut remettre notre rendez-vous* : **ajourner, différer, renvoyer, reporter, retarder*** ◆ [sout.] **surseoir à** ; → RECULER. ④ *Remettre ça* [fam.] : **recommencer*.** ⑤ *Remettre qqn* : **reconnaître*** ; → SE SOUVENIR. ⑥ *Vous en remettez !* : **en rajouter** ; → ENCHÉRIR, EXAGÉRER.

◇ **se remettre** ① *Maintenant, je me remets très bien l'allure qu'il avait* [sout.] : [cour.] **se rappeler** ; → SE SOUVENIR. ② *Il est long à se remettre* : → GUÉRIR, SE RÉTABLIR, MIEUX. ③ *Remettez-vous !* : **reprendre* ses esprits.** *Se remettre d'une peine* : → SE CONSOLER, SE RELEVER. ④ *Se remettre à qqch* : → SE REPRENDRE. ⑤ *S'en remettre à qqn* : → APPELER I, SE FIER, SE RAPPORTER.

réminiscence → SOUVENIR.

remis → VALIDE I.

remise

I ① *La remise des débats* : **renvoi** ◆ **suspension** (= interruption momentanée) ; → AJOURNEMENT. ② *Une remise sur un article* : **escompte** (= prime accordée à un acheteur payant au comptant ou avant terme) ; → COMMISSION, DIMINUTION, RABAIS. ③ *Une remise de prix* : **distribution*.**

II *Il a fait bâtir une remise pour les tracteurs* : [plus génér.] **hangar** ◆ [plus partic.] **garage.** *Ranger la bicyclette dans la remise* : **débarras, resserre** ; → DÉPENDANCES.

◇ **remiser** ① *Toutes les machines agricoles étaient remisées dans un vaste hangar* : **garer, ranger.** ② *S'il insiste encore pour venir ici, je vais le remiser* [fam.] : **rembarrer** ◆ [cour.] **rabrouer, remettre à sa place.**

remiser → REMISE II.

rémission → CALME, RÉPIT.

remmener → RAMENER.

remodeler → RESTRUCTURER.

remontant → EXCITANT, RÉCONFORTANT.

remonté → GONFLER.

remonte-pente → TÉLÉSKI.

remonter ① *Les faits remontent à deux ans* : **dater*.** ② *Remonter la vitre* : **relever*.** ③ *Ses paroles apaisantes m'ont bien remonté* : **réconforter** ◆ [fam.] **regonfler, retaper** ; → SOUTENIR, CONSOLER, AIDER. *Il a su remonter mon courage* [sout.] : [plus cour.] **affermir.** *Ce petit verre va me remonter* : **ragaillardir, remettre, revigorer** ◆ [fam.] **requinquer, donner un coup de fouet.** ④ *Remonter une rivière* : → SUIVRE.

remontrance *Cet enfant n'accepte aucune remontrance* : **réprimande, reproche*** ◆ ↓ **observation** ◆ ↑ **semonce** (= reproche assorti d'un avertissement) ◆ [très sout.] **objurgation** ; → SERMON.

remords → REGRET, REPENTIR.

remorquer → TIRER I.

remous ① *Les barques étaient agitées par les remous* : ↑ **tourbillon** ◆ **sillage** (= remous créé par la trace de l'arrière du bateau en marche) ; → AGITATION, ONDULATION. ② *Ce scandale va provoquer des remous dans la société* : [fam.] **faire des vagues** ; → TROUBLE.

rempart ① *La ville était autrefois protégée par un épais rempart* : **enceinte** (qui entoure un espace fermé) ◆ [pl.] **fortifications** ◆ ↓ **muraille** ; → BASTION, FORTERESSE, MUR. ② *Faire à qqn un rempart de son corps* [sout.] : [plus cour.] **bouclier.**

remplaçant, remplacement → REMPLACER.

remplacer ① *Il faudra remplacer toutes les vitres* : **changer*, renouveler.** ② *L'acteur a dû être remplacé au dernier moment* : [plus précis] **doubler.** *C'est assez fatigant, voulez-vous que je vous remplace ?* : **relayer** ; → SUCCÉDER. *Il remplacera le directeur pendant un mois* : **suppléer, tenir lieu* de** ; → RELEVER, PLACE. *Pendant*

longtemps, la chicorée a remplacé le café :
[fam.] **servir de** ; → SUBSTITUER À, SUP-
PLANTER, ÉCARTER.

◊ **se remplacer** → ALTERNER.

◊ **remplacement** *Comment assurer le remplacement de cet homme exceptionnel ?* :
relève ; → INTÉRIM. *Ce professeur a effectué
un remplacement* : [didact.] **suppléance**. *Un
produit de remplacement* : **succédané***,
ersatz. *Le remplacement d'une chose par
une autre* : → SUBSTITUTION.

◊ **remplaçant** *Le député, nommé ministre,
céda la place à son remplaçant* : **suppléant** ;
→ SUCCESSEUR. *Le remplaçant d'un comédien* : [spécialt] **doublure** ◆ [didact.] **substitut** (= magistrat suppléant) ◆ [fam.,
génér.] **bouche-trou** ; → INTÉRIMAIRE.

rempli ① *La salle de spectacle est remplie* :
plein*. *Les arbres du square sont remplis
d'oiseaux* : **couvert** ◆ [moins cour.] **peuplé**.
② *Un homme rempli de son importance* :
enflé, gonflé ; → PLEIN.

remplir

I ① → EMPLIR, PLEIN. ② *Les demandes
d'emploi remplissent les colonnes des petites
annonces* : ↓ **abonder dans** ; → COUVRIR,
PEUPLER. *Les murs sont remplis d'affiches* :
couvrir. ③ [~ qqn de qqch] *Remplir d'enthousiasme* : **enthousiasmer***. *Remplir de
joie* : **réjouir***. ④ *Sa copie est remplie de
ratures* : ↑ **surcharger**. ⑤ *J'ai bien rempli
mon temps* : **employer***.

II [qqn ~ qqch] *Avez-vous rempli vos
obligations militaires ?* : **s'acquitter de** ;
→ ACCOMPLIR. *Il faut d'abord que vous
remplissiez vos engagements* : **tenir, être
fidèle à**. *Il remplit parfaitement ses fonctions* : **exercer**. *Je ne remplis pas les conditions exigées pour ce travail* : **satisfaire à**.

remplissage → DÉLAYAGE.

remplumer (se) → SE REFAIRE.

remporter ① *Remportez tout cela, c'est
trop cher pour moi* : **reprendre**. ② *L'équipe
de France a-t-elle remporté le match ?* :
gagner (gagner, remporter une coupe, un
match, un trophée ; remporter une victoire)
◆ **vaincre** (*l'équipe de France a vaincu*).

rempoter → PLANTER.

remuant *Les parents n'aiment pas les
enfants remuants* : ↑ **turbulent** ; → VIF,
AGITÉ.

remue-ménage *Au printemps, on nettoie
toute la maison ; quel remue-ménage !* :
[moins cour.] **branle-bas** ; → TROUBLE,
CONFUSION.

remue-méninges [recomm. off.] : [anglic.]
brainstorming.

remuer ① *Cesse donc de remuer les bras
quand tu parles !* : [plus fam.] **bouger** ◆ **agi-
ter*** (= remuer vivement) ; → BALANCER,
SECOUER. ② *Ils ne réussirent pas à remuer
la vieille armoire* : **bouger, déplacer**. ③ *Il
remue les braises pour ranimer le feu* :
retourner. *Remuer la sauce* : [fam.] **touiller** ; → TOURNER I. ④ *C'est un homme
qui remue des millions* : **brasser**. ⑤ *La
scène des retrouvailles remuait toujours
les spectateurs* : **toucher** ◆ ↑ **bouleverser** ; → ÉMOUVOIR, RENDRE MALADE***. ⑥ *Il
ne reste pas en place, il faut qu'il remue* :
bouger ◆ [plus sout.] **s'agiter** ◆ **gesticuler**
(= faire de grands gestes désordonnés)
◆ [fam.] **gigoter** (= agiter tout son corps),
avoir la bougeotte. ⑦ *Les feuilles remuent* :
→ TREMBLER.

◊ **se remuer** ① *Je suis si fatigué que je ne
peux même plus me remuer* : [sout.] **se mouvoir** ◆ [plus fam.] **bouger**. ② *Il s'est beaucoup remué pour lui trouver cette situation* : **se démener*, se dépenser** ; → AGIR.
③ → SE RÉVEILLER.

remugle → ODEUR.

rémunérateur → JUTEUX, PAYANT.

rémunération → RÉMUNÉRER.

rémunérer *L'entrepreneur au bord de la
faillite ne rémunérait plus les ouvriers* :
rétribuer ; → PAYER.

◊ **rémunération** *Toucher une forte rémunération* : **rétribution*** ; → SALAIRE.

renâcler → RECHIGNER, RÉPUGNER.

renaissance → RENOUVELLEMENT, RENOU-
VEAU.

renaître → SE RÉVEILLER, REVIVRE.

rencard ① → RENDEZ-VOUS. ② → S'EN-QUÉRIR, RENSEIGNEMENT.

rencarder → RENSEIGNER.

renchérir → ENCHÉRIR.

rencontre → RENCONTRER.

rencontrer ① *Vous avez dû le rencontrer, il sort d'ici* : **croiser ♦ ↓ apercevoir**. *Je l'ai rencontré par hasard* : [fam.] **tomber sur, se trouver nez* à nez avec** ; → TROUVER, VOIR. *J'essaie de le rencontrer pour régler cette affaire* : **contacter, toucher ♦ ↓ joindre** ; → TROUVER. *J'aimerais le rencontrer* : **connaître, faire connaissance**. *Notre équipe doit rencontrer la vôtre* : **affronter**. ② *Rencontrer un obstacle* : → SE HEURTER. *Rencontrer des difficultés* : → ÉPROUVER. *On rencontre de tels cas* : **trouver, exister*** (*il se trouve, il existe...*).

◇ **se rencontrer** ① *Les deux automobiles se sont rencontrées à un carrefour* : [plus précis] **se heurter**. ② → S'OFFRIR, SE VOIR. ③ *Nous nous sommes rencontrés il y a long-temps* : **se connaître**. *Les deux cours d'eau se rencontrent près d'ici* : **se rejoindre***.

◇ **rencontre** ① *C'était une rencontre pour le moins surprenante* [sout., vieilli] : [plus cour.] **coïncidence**. *Une amitié de ren-contre* : **hasard, fortuit** (*une amitié for-tuite*). ② *La rencontre des deux ambassa-deurs dura toute la matinée* : **entrevue**. *Une rencontre internationale* : [plus précis] **réu-nion***. *Une rencontre au sommet* : **sommet** ; → CONFÉRENCE. ③ *Un point de rencontre* : → JONCTION. ④ *On attendait la rencontre des deux équipes* : [plus précis] **match**. *Une rencontre de boxe* : **combat***. ⑤ *À la ren-contre de* : → VERS.

rendement → EFFICACITÉ, PRODUCTION, RENTABILITÉ, RAPPORT IV, RAPPORTER V, TRAVAIL I et II.

rendez-vous *Elle m'a donné rendez-vous devant la gare* : [très fam.] **rancard** ; → AUDIENCE. *Un rendez-vous manqué* : [fam.] **lapin ♦ faux bond** (*faire faux bond*). *Le printemps est au rendez-vous* : **arriver**.

rendre ① *Vous me rendrez ce que vous n'utiliserez pas* : **redonner** ; → REN-VOYER. *Les bagues volées ont été rendues au joaillier* : **restituer** ; → REMETTRE. *Je te rendrai tes cent euros la semaine pro-chaine* : **rembourser**. ② *La cour d'appel a confirmé le jugement que le tribunal avait rendu* : **prononcer**. ③ *Rendre (un repas)* : → REJETER, VOMIR. ④ *Ces oranges rendent beaucoup de jus* : **donner** ; → PRODUIRE. *Une terre qui rend* : **fructifier, rapporter***. ⑤ *Le peintre avait su rendre toute l'horreur de la scène* : **traduire, représenter** ; → REPRO-DUIRE I. ⑥ *Rendre un salut* : → RÉPONDRE. ⑦ *Rendre l'âme* : → MOURIR. ⑧ *Rendre compte de* : → ANALYSER.

◇ **se rendre** ① *Les terroristes ont refusé de se rendre* : **capituler ♦** [très fam.] **baisser son froc** ; → CÉDER, SE LIVRER, SE SOUMET-TRE, POSER* LES ARMES. ② *Se rendre quel-que part* : → ALLER, SE TRANSPORTER. ③ *Se rendre compte* : **prendre conscience*** ; → COMPRENDRE II, JUGER.

rendu → FATIGUÉ.

rêne *Le cavalier tira sur les rênes pour ralentir l'allure du cheval* [pl.] : **bride, guides**.

renégat → APOSTAT, TRAÎTRE.

renfermé ① [n.m.] → CONFINÉ. ② [adj.] → SECRET II, TACITURNE.

renfermer (se) → SE MURER, SE REPLIER.

renflé → BOMBÉ, PANSU, VENTRU.

renflouer → REMETTRE À FLOT*.

renfoncement *Un renfoncement dans le mur de la chambre* : **recoin**, [précis] **alcôve** (= espace pour placer un lit), **embrasure** (pratiquée pour l'ouverture des portes et fenêtres).

renforcement → DURCISSEMENT, AFFER-MISSEMENT.

renforcer ① *Renforcer une construction* : **consolider, étayer, soutenir***. ② *Renforcer son pouvoir* : ↑ **muscler** ; → AFFERMIR, RAFFERMIR. *Ce geste a renforcé notre amitié* : **fortifier, confirmer** ; → CIMENTER. *Renforcer l'aide humanitaire* : **accroître, développer**. *Renforcer son argumentation* :

bétonner ; → SOLIDE. ③ *Renforcer les noirs d'une gravure* : → ACCENTUER.

renfort → SECOURS.

renfrogné → MAUSSADE.

rengaine → CHANSON, COUPLET, MUSIQUE, REFRAIN, SCIE.

rengorger (se) → FIER (*faire le fier*).

reniement → RENIER.

renier ① *Après deux ans de séminaire, il a renié sa foi* : [avec ou sans compl.] **abjurer** (= renoncer solennellement à sa foi) ♦ [v. i. ; didact., rare] **apostasier** (= renier sa foi) ♦ [plus génér.] ↓ **renoncer à** ♦ [plus sout.] **répudier**. ② *Il a renié sa signature* [sout.] : [plus cour.] **désavouer**. *Au dernier moment, il a renié ses promesses* : **se dérober à**.

◇ **reniement** *Le reniement de la foi* : **abjuration** ♦ [didact.] **apostasie**. *Le reniement d'une promesse* : **désaveu** ; → ABANDON, RÉTRACTATION.

renifler ① → ASPIRER. ② → SENTIR I.

renom → ILLUSTRE, NOTORIÉTÉ, PRESTIGE, RÉPUTATION.

renommé → FAMEUX, RECONNU, RÉPUTÉ.

renommée → NOTORIÉTÉ, PRESTIGE, RÉPUTATION.

renoncement → DÉPOUILLEMENT.

renoncer ① *Renoncer à un bien* : **se priver de** (qui souligne le caractère volontaire de la renonciation) ♦ [sout.] ↑ **se dépouiller**, ↑ **se dessaisir**. *Renoncer à un droit* : [sout.] **se départir de**. *Le roi de Grèce a renoncé au pouvoir* : **abdiquer** (*il a abdiqué le pouvoir*). *Je ne parviendrai pas à lui faire entendre raison, j'y renonce* : **déclarer forfait** ♦ **jeter* l'éponge, passer la main, quitter la partie** ; → ABANDONNER I, SE RÉSIGNER. ② *Il ne veut pas renoncer à ses idées* : [plus express.] **démordre de** (qui implique de l'entêtement), **dire adieu à, faire son deuil de, faire une croix sur** ; → RENIER, DÉSARMER. ③ *Ces moines ont renoncé à la vie dans le monde* [didact.] : [plus cour.] **se détacher de** ♦ [sout.] ↑ **répu-**

dier qqch ; → MOURIR (*mourir au monde*). ④ *Renoncer devant une difficulté* : [fam.] **envoyer tout promener*** ; → RECULER. ⑤ *Je n'y arriverai jamais : je renonce !* [absolt] : **abandonner*, capituler** ♦ [fam.] **baisser les bras** ; → S'ABSTENIR.

renonciation → ABANDON I.

renouer → SE RAPPROCHER, RETROUVER, SE RÉCONCILIER.

renouveau *Le renouveau de doctrines dépassées* : **résurgence, regain, réapparition, renaissance** ; → RENOUVELLEMENT. *Le renouveau* : **printemps, retour du printemps**.

renouvelable → RENOUVELER.

renouveler ① *Si vous n'avez pas de réponse, renouvelez votre demande* : [plus génér.] **refaire*** ♦ [sout.] **réitérer**. ② *Ces jeunes auteurs ont renouvelé le théâtre de boulevard* : ↓ **rajeunir** ♦ → MODERNISER, AMÉLIORER. ③ *La pluie renouvelait ses vieilles douleurs* [sout.] : [plus cour.] **raviver, réactiver, réveiller***. ④ *Votre bail peut être renouvelé pour trois ans* : **reconduire** ♦ **proroger** (= faire durer au-delà de la date d'expiration). ⑤ *Elle a renouvelé son mobilier* : **changer***.

◇ **se renouveler** *Les mêmes scènes de violence se renouvelaient* : **recommencer, se répéter, se reproduire**.

◇ **renouvelable** *Un bail renouvelable* : **reconductible**.

◇ **renouvellement** ① *Il a obtenu le renouvellement de sa carte de séjour* : **reconduction, prorogation**. ② *On assiste au renouvellement des travaux sur la préhistoire* : **renaissance, renouveau**.

renouvellement → RENOUVELER.

rénovateur → RÉFORMATEUR.

rénovation *La rénovation d'un immeuble ancien* : **réhabilitation, restauration** (qui supposent le respect de la forme originelle) ♦ **reconstruction** (qui implique une destruction antérieure). *La rénovation d'un parti* : **refondation, modernisation** ♦ [plus génér.] **transformation*** ; → AMÉLIORATION.

rénover → AMÉLIORER, MODERNISER, RE-METTRE À NEUF*, RÉHABILITER.

renseignement → RENSEIGNER.

renseigner *Renseignez-moi là-dessus* : **informer***, **éclairer** ◆ [sout.] **édifier** ◆ [plus fam.] **éclairer sa lanterne** ◆ [fam.] **tuyauter** ◆ [très fam.] **rancarder, rencarder** ; → FIXER.

◇ **se renseigner** : s'informer de.

◇ **renseignement** ① *La police recherche des renseignements* : [fam.] **tuyau** ◆ [très fam.] **rancard** ; → INDICATION, INFORMATION, DONNÉE. *À titre de renseignement* : **pour mémoire.** ② *Le bureau des renseignements, les renseignements* : **réception***, **accueil.** ③ *Service des Renseignements* : **espionnage.**

rentabilité *La rentabilité d'un placement* : **rendement.**

rentable → PAYANT.

rente → REVENU.

rentrée → RETOUR, RECETTE.

rentrer ① *Rentrer dans une pièce* : **entrer*** ; → SE RAMENER. ② *Le camion est rentré dans le mur* : **percuter** (= heurter violemment) ; → HEURTER. *Rentrer dans le chou* [fam.] : **rentrer dedans*.** ③ *L'automne venant, il rentrait son bois* : **mettre à l'abri** ◆ [plus génér.] **ranger.** ④ *Il rentra ses larmes* : **refouler.** ⑤ *Rentrer chez soi* : → RETOURNER, REVENIR. ⑥ *Croyez-vous que cette clé rentrera dans la serrure ?* : [très génér.] **aller*.**

renversant *La nouvelle était si renversante que personne ne voulait y croire* [assez fam.] : [cour.] **stupéfiant** ; → ÉTONNANT.

renversé *Je ne sais quoi vous dire, je suis renversé* [fam.] : [cour.] **stupéfait, retourné** ◆ ↓ **surpris*** ; → ÉMU.

renversement ① *Le renversement des valeurs en place* : **bouleversement** ; → CHUTE. ② *Comment expliquez-vous ce brusque renversement de la situation ?* : **retournement.**

renverser ① *Son adversaire le renversa d'un seul coup de poing* : [plus sout.] **terrasser** ◆ [fam.] **ficher, foutre par terre.** *Le gouvernement a été renversé* : [fam.] **culbuter.** *Les bulldozers renversaient les vieilles maisons* : **abattre, jeter à bas.** *Il a renversé son café sur la table* : [plus sout.] **répandre** ; → FAIRE TOMBER*. *Se faire renverser par une voiture* : → ÉCRASER. *Être renversé* : → TOMBER I. ② *Ce que vous me dites me renverse* [fam.] : [cour.] **étonner*, surprendre.** *Avez-vous appris la nouvelle de son accident ? j'en suis encore tout renversé* [fam.] : [cour.] **bouleverser.** ③ *Tout va mal, il est temps de renverser la vapeur* : **inverser.**

◇ **se renverser** *La barque s'est renversée au milieu du lac* : **chavirer, se retourner.** *Une voiture s'est renversée* : **se retourner** ◆ [moins cour.] **capoter** ; → SE COUCHER, VERSER I.

renvoi ① → ÉRUCTATION. ② → AJOURNEMENT, REMISE I. ③ → EXPULSION. ④ → LICENCIEMENT.

renvoyer ① [~ qqn] *L'usine a fermé ses portes et les ouvriers ont été renvoyés* : **licencier, mettre à pied*** ◆ [très fam.] **lourder, sacquer, vider** ; → CONGÉDIER, SE FAIRE JETER*. *Le chauffeur a été renvoyé* : [par euph.] **remercier*.** *Les deux élèves furent renvoyés du lycée pour avoir distribué des tracts* : **exclure.** ② *Renvoyer qqch* : → REJETER, RELANCER. *Je n'accepte pas son cadeau, je vais le lui renvoyer* : [plus génér.] **rendre** ; → RETOURNER. ③ *Le miroir lui renvoyait une image floue* : **réfléchir, refléter** (*le miroir réfléchissait, reflétait une image floue*). *La vallée était très étroite et l'écho renvoyait longtemps les sons* : **répercuter** ; → REMETTRE. ④ *Renvoyer un rendez-vous* : → REMETTRE.

réorganisation → RESTRUCTURATION.

réorganiser → CHANGER, RESTRUCTURER.

repaire ① *L'animal s'enfuit pour rejoindre son repaire* : **antre, tanière, gîte*** ; → ABRI. ② *La police prétend que ce quartier est un repaire de brigands* : **nid.**

repaître (se) → SE NOURRIR.

répandre ① *Répandre un liquide* : **renverser*** ; → VERSER. *Tu peux manger de la confiture sans en répandre partout !* : [plus fam.] **mettre**. *Des pétales répandus par le vent* : **éparpiller**. *Répandre une couche de sable sur l'allée* : **étaler, étendre** ; → SEMER. ② *Le parterre d'œillets répandait une forte senteur* : **exhaler** ; → DÉGAGER, ÉMETTRE. *Répandre une lumière* : → JETER. ③ *Il répandait ses bienfaits sans compter* : **prodiguer** ◆ ↓ **dispenser** ; → DISTRIBUER. *L'épidémie soudaine a répandu la terreur* : **jeter** ; → SEMER. *Répandre une rumeur* : [sout.] **ébruiter, colporter**. *La télévision pourrait répandre ces idées nouvelles* : **diffuser, populariser, propager** ; → DIVULGUER, VULGARISER.

◇ **se répandre** ① *L'eau s'est répandue sur le sol* : **couler, courir** ◆ [moins cour.] **ruisseler** ; → SORTIR I. *Le lait s'est répandu sur la plaque chauffante* : **déborder, se déverser.** ② *Des bruits se répandent* : **circuler*, se propager***. *Se répandre largement* : **gagner* du terrain, faire tache* d'huile** ; → S'ÉTENDRE. ③ *Il claqua la porte et se répandit en injures* [sout.] : **déverser** (*déverser des injures*). ④ *Après le match, la foule se répandit sur le terrain* : **envahir** (*... envahit le terrain*) ◆ ↑ **déferler.**

répandu *C'est un milieu où les idées d'extrême droite sont assez répandues* : **courant** ◆ [assez péj.] **à la mode** ; → COMMUN. *C'est un procédé répandu* : **connu.**

reparaître → RÉAPPARAÎTRE.

réparation → RÉPARER.

réparer ① *Il a réparé lui-même son ordinateur* : **remettre en état** ◆ [fam.] **bricoler** ; → ARRANGER, DÉPANNER. *Il a fallu réparer le mur de la grange qui s'écroulait* : **relever** ◆ [génér.] **refaire** ◆ [fam.] **rafistoler, rabibocher** (= réparer de façon sommaire) ◆ [fam.] **retaper** ; → AMÉLIORER, RESTAURER. *Réparer une montre* : [didact.] **rhabiller**. *Réparer des chaussures* : [plus précis] **ressemeler** ; → RACCOMMODER. ② *Il fit son procédé pour son erreur* : **corriger** ◆ [plus sout.] **remédier à** ; → RATTRAPER, SUPPLÉER. *Il se confessait afin de réparer ses fautes* : **effacer** ◆ **expier*** (= réparer

une faute en subissant un châtiment, une peine) ; → COMPENSER.

◇ **réparation** ① *La réparation du mur avait demandé une semaine* : **réfection, remise en état** ◆ **consolidation** (qui signifie qu'on rend plus solide) ◆ **rafistolage** (= réparation grossière). *Faire des réparations* : → AMÉLIORATION. *La réparation d'une paire de chaussures, d'un vêtement* : [plus spécialt] **ressemelage, raccommodage, reprise.** ② *Donner, obtenir réparation* : → SATISFACTION. *La réparation d'une faute* : → EXPIATION. ③ *Un coup de pied de réparation* : [précis] **pénalité** (au rugby), [anglic.] **penalty** (au football).

reparler *Nous en reparlerons plus tard* : → VOIR.

reparti *C'est reparti* : → RECOMMENCER, REPRENDRE I.

repartie → RÉPLIQUE II, RIPOSTE.

repartir → RECOMMENCER, REPRENDRE I, S'EN RETOURNER. *Faire repartir* : → RELANCER.

répartir → BALANCER, CLASSER, ÉCHELONNER, DISPENSER, DISTRIBUER, TRIER.

◇ **se répartir** → S'ÉTALER III.

répartition ① *Un service avait été créé pour assurer la répartition des vivres* : [didact.] **ventilation** ◆ [anglic.] **dispatching** (= distribution) ◆ **contingentement** (= limitation des parts) ; → DISTRIBUTION. ② *La répartition des arbres dans le parc* : **disposition, ordonnance.**

repas ① *Je prends mes repas à l'hôtel* : [plus spécialt] **déjeuner** (= repas du midi) ◆ **dîner** (= repas du soir) ◆ **souper** (qui se prend après le spectacle, tard le soir). ② *Un repas copieux* : [fam.] **bouffe, gueuleton** (qui implique l'abondance des mets). *Un repas de fête, de cérémonie* : **banquet** ◆ **réveillon** (= repas pris la nuit de Noël, du jour de l'an) ; → FESTIN. *Un repas froid* : **buffet**. *On nous servit les restes d'un repas* : **relief** ◆ [fam., péj., surtout pl.] **rogatons**. *Faire un repas* : **manger un morceau***. *Faire un bon repas* : **banqueter, faire bonne chère** ◆ [moins précis] **festoyer.** ③ *Il pré-*

pare rapidement un repas : [fam.] **frichti, fricot** (= plat rapidement cuisiné).

repasser ① → AFFILER. ② → INITIER À. ③ → APPRENDRE, REVENIR, REVOIR.

repêchage → RATTRAPAGE.

repêcher → RETIRER, RATTRAPER.

repeindre → PEINDRE I.

repenser → RECONSIDÉRER.

repentance → REPENTIR [n.m.].

repentant → CONTRIT.

repentir (se) *Je me repens bien de ne pas vous avoir accompagnés :* **s'en vouloir** ♦ ↓ **se reprocher ;** → REGRETTER, SE MORDRE (*se mordre les doigts*).
◇ **repentir** [n.m.] *Je ne sais pas si votre repentir est sincère :* ↑ **remords** (qui implique un sentiment de honte) ♦ [didact.] **componction, repentance,** [plus cour.] **contrition** (qui se disent du regret et de la crainte d'avoir offensé Dieu) ; → REGRET.

répercussion → RETENTISSEMENT.

répercuter → RENVOYER.
◇ **se répercuter** → RÉAGIR SUR.

repère ① → AMER II, MARQUE, JALON. ② → VALEUR III.

repérer *L'avez-vous repéré dans la foule ?:* **apercevoir ;** → VOIR. *Le radar a repéré un ovni :* **détecter** (= découvrir l'existence de qqch ou qqn), **localiser** (= découvrir sa position).
◇ **se repérer** → DÉCOUVRIR, LOCALISER, S'ORIENTER.

répertoire → CATALOGUE.

répertorier → ENREGISTRER, LISTER.

répéter ① *Il ennuie ses élèves à toujours répéter la même chose :* [péj.] **rabâcher, ressasser, seriner** ♦ **rebattre** (*il nous rebat les oreilles de cette histoire*). ② *Il ne sera pas nécessaire de lui répéter de venir :* **dire deux fois, redire ;** → RAPPELER. *Le chansonnier voulut bien répéter son couplet :* **bisser, reprendre.** ③ *Il répète tout*

ce qu'on lui dit : **raconter, rapporter*, se faire l'écho de.** ④ *Vous êtes obligé de répéter votre demande :* [sout.] **réitérer ;** → MAINTENIR, RENOUVELER. ⑤ *Il faut répéter les expériences :* **refaire,** ↑ **multiplier ;** → RECOMMENCER.
◇ **se répéter** ① *Il restait près de la cheminée, à se répéter sans cesse :* [fam.] **radoter.** ② → SE RENOUVELER.
◇ **répétition**① → REDITE.② → LEÇON.③ *Ce qui se passe, c'est la répétition de ce que nous avons connu l'an dernier :* **reproduction** ♦ [sout.] **antienne, refrain*** (= chose répétée : *ce sera encore la même antienne, le même refrain : il va nous répéter que nous ne sommes pas assez patients*). ④ *La répétition d'un phénomène :* **fréquence.** *La sécheresse va provoquer la répétition du désastre :* **retour.** *La répétition d'une maladie :* **rechute.** ⑤ *La répétition d'une pièce, d'un spectacle :* **générale** (= dernière répétition).

répétiteur → PROFESSEUR.

répétition → RÉPÉTER.

repeuplement : empoissonnement, reboisement, reforestation.

repeupler *On a repeuplé l'étang :* [didact.] **empoissonner.** *Repeupler une forêt :* [plus précis] **reboiser, reforester.**

repiquer → ENREGISTRER, PLANTER.

répit ① *La malade espérait le répit de ses douleurs :* **rémission, apaisement** ♦ [plus génér.] **cessation ;** → FIN I. ② *Demander un répit pour payer ses dettes :* **sursis ;** → DÉLAI, TEMPS I. ③ *Sans répit :* **sans relâche*, sans arrêt* ;** → TOUJOURS.

replacer → RANGER II, REMETTRE.

replâtrage → RÉCONCILIATION.

replet → GRAS.

repli ① → RECUL. ②[pl.] *Il tentait de décrire les replis du cœur de l'homme :* **recoin, tréfonds ;** → SECRET.

replier *Repliez vos manches pour ne pas salir votre chemise :* **retrousser*, rouler ;** → PLIER.

◇ **se replier** ① *Les troupes se repliaient en bon ordre* : [moins précis] **reculer***. ② *Il ne voit plus personne et se replie sur lui-même* : **se renfermer** (= ne rien livrer de soi).

réplique

I *C'est une réplique du Scribe accroupi* : **copie, reproduction*** ; → PENDANT II.

II ① *Il trouvait des répliques qui laissaient muet son interlocuteur* : **riposte, repartie** ♦ [plus génér.] **réponse** (qui n'implique pas d'opposition à l'autre). ② *Faites ce qu'il veut, et pas de réplique pour une fois !* : ↓ **discussion** ; → RAISONNEMENT.

◇ **répliquer** [de réplique II] *Vous avez entièrement raison, je n'ai rien à répliquer* : ↓ **redire**, ↓ **répondre** ♦ ↑ **riposter**, ↑ **rétorquer** (= retourner des arguments contre qqn) ; → OBJECTER.

répliquer → RÉPLIQUE.

répondant → RÉPONDRE.

répondre ① *Je ne répondrai pas à vos arguments* : **donner une réponse** ; → OPPOSER, RÉPLIQUER II. *Je n'aime pas les enfants qui répondent* : [plus rare] **raisonner** ; → RÂLER. ② [qqn ~ à qqch] *Il a répondu à mon salut* : **rendre** (*il m'a rendu mon salut*). ③ [qqch ~ à qqch] *Les muscles de l'animal répondaient aux excitations électriques* : **réagir à, obéir à**. ④ *Répondre à une demande* : **donner suite* à**. *Ces nouvelles constructions ne répondent pas aux besoins de la population* : **satisfaire*, correspondre** ; → CADRER. ⑤ [qqn ~ de qqch] *Je réponds de cette voiture : je l'ai fait entièrement réviser* : **garantir*** (*je garantis cette voiture*). *Ses parents ont répondu de sa bonne foi* : **se porter garant**. ⑥ *Je vous en réponds* : → AFFIRMER.

◇ **répondant** *Servir de répondant à quelqu'un* : **caution, garant** ; → APPUI.

réponse → RÉPLIQUE II, RÉPONDRE, RÉACTION. *Sans réponse* : → SANS ÉCHO*.

report → AJOURNEMENT.

reportage → ARTICLE.

reporter [n.] → JOURNALISTE.

reporter [v.] ① → REJETER. ② → REMETTRE, SUSPENDRE II.

repos ① *Il ne savait pas s'arrêter et prendre un moment de repos* : **détente, délassement** ; → RÉCRÉATION, RELÂCHE, RELAXATION, SE METTRE AU VERT*. *Après son opération, elle a eu droit à une semaine de repos* : [plus précis] **convalescence**. *Le repos de fin de semaine* : **week-end** ; → VACANCES. ② *Ces coups de téléphone troublent sans cesse mon repos* : **tranquillité***. ③ *Sans repos* : **sans relâche***. *Avoir l'esprit en repos* : **en paix, tranquille**. ④ *Une affaire de tout repos* : **sûr*, sinécure***.

reposant, reposé → REPOSER.

reposer ① → DORMIR. ② [qqch ~] *J'ai reposé l'échelle contre le mur* : **remettre**. *L'échelle repose contre le mur* : → APPUYER. ③ *Toute l'argumentation repose sur des données inexactes* : **être fondé** ♦ ↓ **s'appuyer** ; → PORTER II. *Tout repose maintenant sur votre décision* : **dépendre de**.

◇ **se reposer** ① *Après ce long effort, il se repose dans le jardin* : **se relaxer*, faire une pause** ; → SE DÉLASSER, SOUFFLER, DORMIR. ② *Je me repose sur vous pour régler ces détails* : [plus cour.] **compter sur, faire confiance à**.

◇ **reposant** *Un séjour reposant à la campagne* : [moins cour.] **délassant, relaxant** ♦ **apaisant** (qui indique un retour au calme après une période de tension).

◇ **reposé** *Après cette sieste, je me sens reposé* : **frais, en forme** ♦ [sout.] **délassé**.

repoussant ① *Les murs étaient d'une saleté repoussante* : **dégoûtant*, répugnant** ; → SORDIDE. ② *Un visage repoussant* : → LAID, REBUTANT.

repousser ① *L'ennemi fut repoussé* : [moins cour.] **refouler, chasser*** ♦ ↑ **culbuter**. *Elle repousse toutes les offres de mariage* : **dédaigner** (= repousser avec mépris) ; → ÉCARTER. *J'ai repoussé toutes les invitations* : **décliner** ; → REFUSER, REJETER. *Repousser les avances de quelqu'un* : → RÉSISTER. ② *Elle voulait l'aider, mais il l'a repoussée méchamment* : **rabrouer** ♦ [fam.] **envoyer promener*, rembarrer** ♦ [sout.] **éconduire** (= repousser

qqn qui demande qqch). ③ *Repoussez ces idées sombres* : **chasser** ◆ **éliminer** (= faire disparaître) ; → REFOULER. ④ *Repousser à plus tard* : → RETARDER. ⑤ *Repousser qqch loin de soi* : **éloigner**. *Repousser une fenêtre, un tiroir* : **refermer**.

répréhensible → BLÂMABLE.

reprendre

I ① *Ils ont repris ·le fuyard* : **rattraper***. ② *Laissez-moi reprendre mon souffle* : **retrouver** ◆ [litt.] **recouvrer**. ③ *Reprendre ses esprits* : **revenir à soi**. *Eh bien ! reprenez vos esprits !* : **remettez-vous**. *Reprendre des forces* : **se rétablir** ; → RÉCUPÉRER. ④ *Reprenez votre marchandise* : → REMPORTER. ⑤ *Cet arbre a bien repris* : → PRENDRE. *La guerre reprend* : **recommencer***. *Sa douleur le reprend* : → SE RÉVEILLER. ⑥ *Il faut reprendre votre article* : **corriger, remanier, retoucher, réviser, revoir**. ⑦ *L'activité économique reprend* : **repartir, redémarrer**. *La discussion a repris* : ↑ **rebondir**. ⑧ → RÉPÉTER. ⑨ *Reprendre une entreprise* : **racheter**.

II [qqn ~ qqn] ① *On doit le reprendre sans arrêt* : ↑ **blâmer**, ↑ **réprimander***. ② *Il l'a repris sèchement* : **remettre à sa place** ◆ [fam.] **rembarrer**.

◇ **se reprendre** [de reprendre I] ① *Il a su se reprendre* : **se dominer** ; → SE RATTRAPER, SE MAÎTRISER. ② *Il a failli perdre contenance, mais il s'est repris* : **se ressaisir**. ③ *Il se reprit à évoquer ses souvenirs* : [plus cour.] **se remettre** ; → RECOMMENCER.

représailles → RÉPRESSION, RIPOSTE, VENGEANCE.

représentant → REPRÉSENTER.

représentatif *Voici un individu représentatif de sa classe* : **caractéristique***. *Un système représentatif* : **parlementaire**.

représentation ① → PEINTURE II, SYMBOLE. ② → SPECTACLE. ③ → VISION.

représenter ① *La croix représente la rédemption* : **symboliser**. *Cet instituteur représente bien les classes moyennes* : **incarner, personnifier**. ② *Le tableau représentait une fête villageoise* : **reproduire***. *Le*

peintre l'avait représentée avec un costume de bergère* : **figurer** ; → PEINDRE II, RENDRE I. *Comment représenter ces passions mêlées ?* : **évoquer, exprimer**. ③ *Je suis obligé de vous représenter tous les inconvénients de votre décision* [sout., vieilli] : [cour.] **mettre en garde contre** ◆ ↓ **avertir de**. ④ *Cet achat représente pour moi un gros sacrifice* : **constituer, correspondre à, être** ◆ [moins cour.] **équivaloir à**. ⑤ *La Comédie-Française représentait une pièce de Marivaux* : [plus génér.] **donner** ; → JOUER, INTERPRÉTER.

◇ **se représenter** ① *Je ne me représente pas ce que sont ces pays* : **s'imaginer** ◆ [plus génér.] **voir**. ② *Représentez-vous ma joie de les retrouver sains et saufs* [sout.] : **juger* de** ◆ [plus cour.] **se figurer, imaginer**.

◇ **représentant** ① *Le gouvernement a rappelé ses représentants* : **envoyé** ◆ **délégué*** ◆ [plus partic.] **diplomate*, ambassadeur, chargé d'affaires, consul, attaché** (= envoyés du gouvernement à l'étranger, de différents grades). *Les représentants du Saint-Siège* : **nonce, légat**. ② *Les représentants du peuple* : **parlementaire*, élu**. ③ *Son mari est représentant pour une grosse firme* : **voyageur de commerce** ◆ [moins cour.] **placier** ◆ **voyageur-représentant-placier**, [abrév.] **VRP** ◆ [néol.] **agent technico-commercial** ; → INTERMÉDIAIRE.

répressif → TYRANNIQUE.

répression → RÉPRIMER II.

réprimande → LEÇON, OBSERVATION I, REMONTRANCE, REPROCHE, SAVON.

réprimander *L'enfant avait arraché toutes les fleurs, ses parents l'ont réprimandé* : **gronder** ◆ [sout.] **blâmer, chapitrer, morigéner, quereller, sermonner** ◆ [très sout.] **tancer** ◆ [fam.] **attraper, disputer** ◆ **admonester** (= réprimer sévèrement) ◆ [sout.] **gourmander** (= adresser des reproches sévères) ◆ **houspiller** (= maltraiter en paroles) ◆ **faire la morale* à, rappeler à l'ordre*** ; → DÉSAPPROUVER, ENGUEULER, REPRENDRE. *L'enfant s'est fait réprimander* : [fam.] **en prendre pour son grade, se faire tirer les oreilles, se faire laver la tête**.

réprimer

I *Il réprima difficilement sa colère :* **contenir, réfréner** ◆ [rare] **comprimer.** *Réprimer ses sentiments :* → COMMANDER, RÉSISTER. *Réprimer ses larmes :* **retenir ;** → ÉTOUFFER, MODÉRER, REFOULER.

II *Réprimer une rébellion, une révolte :* ↑ **noyer dans le sang ;** → DISPERSER, MATER I, PUNIR, SANCTIONNER, SÉVIR, TERRASSER.

◇ **répression** [de réprimer II] *La répression du crime :* [plus cour.] ↓ **punition ;** → SANCTION.

reprint → RÉÉDITION.

repris *Un repris de justice :* **récidiviste** ◆ [fam.] **cheval de retour** ◆ [plus génér.] **condamné** ◆ **interdit de séjour** (= condamné libéré banni temporairement de certains lieux).

reprise [de reprendre I] **①** *La reprise des affaires :* ↑ **relance, redémarrage ;** → DÉGEL. *La reprise de l'économie :* **rebond, sursaut** ◆ ↓ **frémissement.** **②** *Le boxeur tomba à la troisième reprise :* **round.** **③** *La reprise des combats :* → RECOMMENCEMENT. *À de nombreuses reprises :* **souvent* ;** → FOIS. **④** → RÉPARATION.

repriser → RACCOMMODER.

réprobation → CONDAMNATION, DÉSAPPROBATION, MALÉDICTION.

reproche *Si c'est un reproche que tu veux me faire, sois clair :* **critique, observation*, remarque, remontrance*, réprimande** ◆ ↑ **blâme** (qui est plus moral) ; → ATTAQUE. *Vos reproches ne sont pas justifiés :* ↑ **accusation.** *Un regard de reproche :* **accusateur ;** → DÉSAPPROBATION.

◇ **reprocher** [~ qqch à qqn] *Il lui reproche sa négligence :* **accuser de** (*il l'accuse d'être négligent*). *Elle lui a reproché son passé :* ↑ **jeter à la tête** ◆ [sout.] **faire grief de.**

◇ **se reprocher** *Je me reproche d'avoir négligé vos avertissements :* [fam.] **s'en vouloir de ;** → REGRETTER, SE REPENTIR.

reprocher → REPROCHE.

reproducteur [de se reproduire] *Un cheval reproducteur :* **étalon** ◆ [plus génér.] **géniteur** (= mâle destiné à la reproduction).

reproduction

I [de reproduire I] *C'est une assez pâle reproduction de l'original :* **copie, imitation* ;** → IMAGE, MOULAGE, RÉPÉTITION, RÉPLIQUE.

II [de se reproduire] *La reproduction d'une espèce :* [didact.] **génération** ◆ **prolifération, propagation** (qui impliquent une augmentation en nombre) ◆ [plus génér.] **multiplication.**

reproduire

I *Le tableau reproduit fidèlement l'original :* **copier, imiter ;** → REPRÉSENTER, REFLÉTER.

II *Chaque couple peut reproduire un être de la même espèce :* **engendrer.**

◇ **se reproduire** **①** → RECOMMENCER, SE RENOUVELER. **②** → REPRODUIRE II. *Cette espèce se reproduit facilement :* **se multiplier*, proliférer** ◆ [sout.] **se perpétuer ;** → S'ACCOUPLER.

réprouvé **①** *Selon beaucoup de religions, les hommes se partagent en élus et en réprouvés* [didact.] : [plus cour.] **damné, maudit.** **②** *Vivre en réprouvé :* **hors-la-loi.**

réprouver → CONDAMNER, DÉSAPPROUVER, DÉTESTER.

repu → PLEIN COMME UN ŒUF*, RASSASIÉ.

republication → RÉÉDITION.

répudiation → DIVORCE.

répudier → RENIER, RENONCER.

répugnance **①** *Il ne put dissimuler sa répugnance :* **aversion, répulsion ;** → DÉGOÛT, ANTIPATHIE. *Avoir de la répugnance pour :* **être allergique à.** **②** *L'avocat accepta avec répugnance de défendre l'accusé :* **à contrecœur.**

répugnant *Monsieur, sortez ! vous êtes répugnant :* **abject, ignoble* ;** → ÉCŒURANT, LAID, REBUTANT, REPOUSSANT, SALE, SORDIDE.

répugner

répugner *Cet homme me répugne* : ↓ **dé-plaire*** ; → DÉGOÛTER. *Il répugne à user de sa force* : **avoir horreur de** ◆ [moins cour.] **rechigner, renâcler.**

répulsion → DÉGOÛT, RÉPUGNANCE.

réputation ① *Il ne tenait pas à perdre sa réputation* : **crédit*** ◆ [plus partic.] **honneur*** ◆ **considération** (= estime qu'on a pour qqn de bonne réputation) ; → MÉMOIRE. *Se faire une réputation* : **nom***. ② *Ses nouvelles expériences ont confirmé sa réputation* : **célébrité, popularité** ; → NOTORIÉTÉ, GLOIRE. ③ *Avoir la réputation de* : **passer pour**. ④ *Une réputation internationale* : **renommée** ; → PRESTIGE. *Ce cognac mérite sa réputation* : **renom**.

réputé *C'est un médecin réputé* : ↑ **célèbre**. *Voilà un fromage réputé depuis des siècles* : **renommé** ◆ ↓ **connu*** ; → FAMEUX. *C'est un homme réputé honnête* : **considéré comme**.

requérir ① *La situation requiert des mesures d'urgence* [sout.] : [plus cour.] **exiger, nécessiter** ; → APPELER I, DEMANDER, RÉCLAMER. *Requérir une aide* : **solliciter**. ② *Requérir des civils* : **réquisitionner** ◆ [plus partic.] **mobiliser***.

requête *Le prévenu adressa une requête au juge* [didact.] : [cour.] **demande*** ◆ ↑ **sollicitation** (= demande instante) ◆ **pétition** (= demande écrite généralement collective) ◆ **supplique** (= demande pour obtenir une grâce) ◆ [génér. pl.] **instance** (= demande pressante : *sur, devant les instances de qqn*) ; → PRIÈRE.

requiem → CHANT.

requin → PIRATE, VOLEUR.

requinquer → REMONTER.

requis → NÉCESSAIRE.

réquisitionner → REQUÉRIR.

rescapé *Les rescapés du naufrage* : **survivant** ◆ ↑ **miraculé**.

rescousse *À la rescousse* : → AIDE, SECOURS.

réseau ① *Un réseau de ruelles* : **labyrinthe***. ② *Un réseau de résistance* : **organisation*** ; → FILIÈRE. ③ *Un réseau de magasins* : → CHAÎNE.

réserve

I ① *Dans une cache, les gendarmes trouvèrent une réserve d'armes* : **stock*** ◆ [plus partic.] **arsenal** ; → CARGAISON, PROVISION. ② *Je n'ai plus cet article en boutique : je vais aller voir à la réserve* : **magasin*** ◆ **dépôt** (= réserve importante comme celle d'un grand magasin). ③ *Une réserve naturelle* : → PARC, TERRITOIRE. ④ *En réserve. Il a toujours une bonne bouteille en réserve* : **de côté**. *Réserve faite de* : **sans préjudice de**.

II ① *Montrer de la réserve* : → DÉCENCE, DISCRÉTION, FROIDEUR, HONTE, MODÉRATION, MODESTIE, SOBRIÉTÉ, RETENUE. ② *Sous réserve* : → CONDITION, SAUF II. *Sans réserve. Vous pouvez compter sur un appui sans réserve* : **total** ; → SANS RESTRICTION*.

réservé

I [de réserver] *Des pancartes indiquaient que c'était une pêche réservée* : **gardé**. *Réservé à* : **à l'usage* de**.

II [de réserve II] *Un homme réservé* : → DÉCENT, DISCRET, DISTANT, MODESTE, RÉTICENT, SECRET II.

réserver ① *Réserver une place* : → GARDER II, LAISSER. *L'agence se charge de réserver votre chambre d'hôtel* : **retenir** ; → LOUER. ② *Elle nous a réservé une surprise pour la fin du repas* : **ménager** ; → PRÉPARER. ③ *Réserver ses forces* : **économiser** ◆ [plus sout.] **épargner**.

◇ **se réserver** ① *Elle se réserve les tâches les plus fastidieuses* : **se charger de**. ② *Se réserver pour une meilleure occasion* : **attendre**.

réservoir *Un réservoir recueillait les eaux de pluie* : **citerne** ; → RETENUE* D'EAU. *Un réservoir à grains* : **silo**. *Il élevait des tanches dans un réservoir* : [plus précis] **vivier**.

résidence → RÉSIDER.

résident → ÉTRANGER II.

résider ① *Résider dans une grande ville* : **demeurer*** ; → SE TROUVER, VIVRE II, LOGER. ② *Toute la difficulté réside dans la lecture correcte de l'énoncé* : **consister** (*... consiste à lire correctement...*) ◆ **se trouver.**

◇ **résidence** ① → IMMEUBLE. ② *Il a fixé sa résidence près de l'autoroute* [didact.] : [cour.] **domicile** ; → DEMEURE, HABITATION. *Une résidence secondaire* : → MAISON* DE CAMPAGNE.

résidu → DÉCHET.

résignation → RÉSIGNER.

résigné → FATALISTE.

résigner *Il a été obligé de résigner son emploi* [sout.] : **se démettre de** ◆ [cour.] **démissionner de, quitter, renoncer à** ; → ABANDONNER.

◇ **se résigner** *Il faut bien se résigner quand on ne peut plus rien faire* : **subir** ◆ **faire son deuil* de** ◆ **prendre son parti* de** ; → ABDIQUER, AVALER LA PILULE*, S'INCLINER, CÉDER, RENONCER. *Se résigner à son sort* : ↑ **se soumettre** ◆ ↓ **s'accommoder de** ; → ACCEPTER, SE RÉSOUDRE.

◇ **résignation** [de se résigner] *Fallait-il attendre avec résignation qu'ils nous volent ?* : ↑ **soumission** ; → FATALISME, PHILOSOPHIE, PATIENCE.

résiliation *La résiliation d'un contrat* [didact.] : [cour.] **rupture** ; → ANNULATION, RÉSOLUTION.

résilier → ANNULER I, ROMPRE, RÉSOUDRE I.

résineux *Une forêt de résineux* : [plus partic.] **conifère.**

résistance, résistant → RÉSISTER.

résister ① *Il résistait à son adversaire* : **tenir ferme, tenir bon, se défendre contre, faire front à, faire face à** ; → LUTTER, SOUTENIR* UN ASSAUT. ② *Je résisterai aux pressions* : **ne pas céder, se rebiffer, regimber** (= résister par le refus : *je ne céderai pas à, je me rebifferai, je regimberai contre*) ; → RÉAGIR, SOUTENIR. *Résister aux volontés de quelqu'un* : [plus cour.] **s'opposer, contrarier*** (*contrarier qqn, ses volontés*). ③ *Cette morale apprend à résister à*

ses désirs : **repousser, réprimer** (*cette morale apprend à repousser, réprimer ses désirs*). ④ *L'hiver a été rude, mais les jeunes arbres ont bien résisté* : **tenir** ◆ [fam.] **tenir le coup, tenir le choc.** *Ce métal résiste aux chocs* : **être à l'épreuve de.** ⑤ [qqn ~ à qqch] → SUPPORTER.

◇ **résistance** ① *Malgré son âge, il avait prouvé sa résistance* : **endurance** ; → FORCE, ENDURCISSEMENT. ② [pl.] *Il avait patiemment vaincu toutes les résistances* : **opposition** ◆ [plus génér.] **difficultés*, obstacle.** ③ *La résistance d'un matériau* : → SOLIDITÉ. ④ *Le pays a organisé la résistance à l'invasion* : → DÉFENSE.

◇ **résistant** ① *Le vieil homme était aussi résistant qu'à cinquante ans* : **robuste, solide, vert** ◆ [plus génér.] **vigoureux** ◆ **endurant** (= qui résiste à la fatigue) ◆ [fam.] **dur* à cuire** (qui s'emploie plutôt comme n. : *c'est un dur à cuire*) ; → FORT, INFATIGABLE, SOLIDE. ② *Sous ce climat, il faut des plantes résistantes* : **robuste, rustique** ; → VIVACE. ③ [n.] *Un résistant* : → FRANC-TIREUR.

résolu *Un homme résolu à lutter* : ↓ **prêt** ; → DÉCIDÉ. *Quelqu'un de résolu* : **énergique*** ; → HARDI. *Un ton résolu* : **ferme** ◆ [péj., en ce sens] ↑ **tranchant** ; → CONVAINCU.

résolument → DÉLIBÉRÉMENT, DE PIED FERME*.

résolution

I [de résoudre I] ① *La résolution d'un abcès* [didact.] : **résorption.** ② *La résolution d'un bail* [didact.] : **résiliation** ; → ANNULATION. ③ *La résolution d'un problème* (= opération par laquelle on le résout) : **solution** (= résultat atteint).

II [de résoudre II] ① *Sa résolution était prise* : **décision, parti** ◆ [sout.] **dessein, détermination** ; → PLAN. ② *L'assemblée a voté une résolution* : **motion** ; → VŒU. ③ *Il a agi avec résolution* : **décision, détermination, fermeté** ◆ **opiniâtreté** ◆ **audace** (qui implique de la hardiesse) ; → ÉNERGIE, VOLONTÉ.

résonance → RÉSONNER.

résonner

résonner ① *Le bruit des marteaux résonnait* : **retentir.** ② → SONNER, VIBRER, TINTER.

◇ **résonance** *L'intervention du président eut une forte résonance parmi les délégués* [sout.] : [plus cour.] **retentissement** ◆ ↓ **écho.**

résorption → RÉSOLUTION I.

résoudre

I ① *L'entreprise a résolu ses difficultés* : **régler** II, **trancher.** ② *Les héritiers firent résoudre la vente* [didact.] : [plus cour.] **résilier ;** → ANNULER.

II *Il a résolu d'aller travailler à la ville* : [plus cour.] **décider.**

◇ **se résoudre** *Se résoudre à la moins mauvaise des solutions* : **se résigner** ◆ **se décider, accepter, consentir** (qui impliquent moins de résignation).

respect ① *Cette personne inspire du respect* : ↓ **considération** ◆ ↑ **déférence ;** → ESTIME. *Inspirer le respect* : **en imposer*.** ② *Un manque de respect* : **politesse, courtoisie, égard.** *Par respect pour...* : → ÉGARD. ③ *Le respect filial* : → PIÉTÉ. *Par respect de soi-même* : **amour-propre.** ④ *Le respect de l'étiquette* : → OBSERVATION. ⑤ [pl.] *Présenter ses respects à quelqu'un* : **hommages*.**

◇ **respecter** ① *Respecter ses parents* : [sout.] **honorer** ◆ ↑ **vénérer ;** → CRAINDRE. ② *Respecter sa promesse* : **honorer*.** *Respecter la consigne* : **obéir à.** ③ *Ne pas respecter qqch. Vous ne respectez pas le règlement* : **faire une entorse à, observer ;** → SE CONFORMER, SUIVRE.

◇ **respectable** ① *C'est un personnage respectable* : **estimable*, honorable*** ◆ **comme* il faut ;** → RECOMMANDABLE, SAINT, VÉNÉRABLE. *Un respectable vieillard* : **digne** ◆ [plus sout., vieilli] **auguste.** *Un âge respectable* : **canonique.** ② *Il a touché une somme respectable* : **conséquent** ◆ **important.**

◇ **respectueux** *Elle est assez peu respectueuse vis-à-vis de ses aînés* : [sout.] **révérencieux** ◆ [cour.] ↓ **poli ;** → DOCILE.

respectable, respecter, respectueux → RESPECT.

respiration → SOUFFLE.

respirer ① *En sortant de l'eau, il respira profondément* : **aspirer** (= faire entrer l'air dans ses poumons) ◆ **haleter, souffler** (= respirer avec difficulté et bruyamment) ; → REVIVRE, EXPIRER. ② → S'AÉRER, PRENDRE LE FRAIS. ③ *Il a respiré des vapeurs de soufre* : [didact.] **inhaler** ◆ ↓ **humer.**

resplendir → BRILLER I.

resplendissant → BRILLANT, ÉCLATANT, FLORISSANT, PROSPÈRE.

responsabilité
→ COMMANDEMENT, DEVOIR III, S'EN LAVER LES MAINS*, POIDS, SOIN I.

responsable

I [adj.] ① *Être responsable de ses actes* : **comptable** ◆ **garant** (qui ne s'applique qu'aux choses ou aux actes d'autrui : *être garant des avaries ; se porter garant de la solvabilité de qqn*). ② *Je ne suis pas responsable de cette faute* : **coupable*.** *Il se sent responsable* : **culpabiliser.** ③ *C'est un garçon très responsable* : **réfléchi, sérieux* ;** → CONSCIENT.

II [n.] ① *Connaissez-vous le responsable des dégâts ?* : **auteur,** ↑ **coupable*.** *Le responsable des troubles* : **fauteur** (*fauteur de troubles*). ② *Les responsables politiques du pays* : **gouvernant.** *Les responsables d'une organisation* : **dirigeant ;** → CHEF, DÉCIDEUR. *Le responsable des fonds* : **dépositaire*.**

resquiller → TRICHER.

resquilleur *Le contrôleur a repéré un resquilleur* [fam.] : **fraudeur** ◆ **tricheur** (qui se dit de celui qui enfreint les règles du jeu).

ressac → REFLUX.

ressaisir (se) → SE REPRENDRE.

ressasser → RABÂCHER, RÉPÉTER.

ressemblance → RESSEMBLER.

ressemblant → PARALLÈLE, SEMBLABLE, VIVANT, VOISIN.

ressembler ① *Son jardin ressemble au parterre d'un château* : **imiter** (*... imite le parterre...*) ; → RAPPELER, SE RAPPROCHER. *Cela commence à ressembler à qqch* : **prendre corps***. ② *Le suspect ne ressemble pas au portrait-robot* : → CORRESPONDRE. ③ *Ne pas ressembler* : **différer**. ④ *Il ressemble à son oncle* : ↓ **tenir de.** *Il lui ressemble énormément* : [fam.] **comme un frère, comme deux gouttes d'eau, tout craché, c'est le portrait de** (*c'est son frère tout craché, c'est le portrait de son frère*).

◇ **se ressembler** *Elles se ressemblent* : **avoir un air de famille.**

◇ **ressemblance** ① [entre des personnes ou des objets] *Il y a entre le frère et la sœur une ressemblance parfaite* : **similitude**. ② [entre un modèle et sa représentation] *Un portrait d'une grande ressemblance* : **exactitude, fidélité, vérité** (*d'une vérité criante*). ③ → ANALOGIE.

ressemelage → RÉPARATION.

ressemeler → RÉPARER.

ressentiment ① *Je garde de ses procédés un ressentiment profond* [sout.] : [plus cour.] **rancœur** ◆ ↑ **rancune** (qui implique un désir de vengeance) ◆ [fam.] **avoir une dent** (*j'ai une dent contre lui*). ② *Je n'ai pas voulu l'écouter et me suis attiré son ressentiment* : **animosité** (qui désigne un sentiment de malveillance) ◆ ↑ **haine** (= sentiment d'hostilité profonde).

ressentir *Il ne ressentait qu'un peu d'amour pour elle* : **éprouver** ◆ [très génér.] **avoir** ; → SENTIR I.

resserre → REMISE II.

resserré → ÉTROIT.

resserrer ① *Cette lotion resserre les pores de la peau* : **contracter***. ② *Resserrez le développement de votre récit* : **condenser** ; → ABRÉGER. ③ *Resserrer les liens* : **renforcer*, raffermir.**

◇ **se resserrer** *En amont du fleuve, la vallée se resserre* : ↑ **s'étrangler.**

ressort ① → ÉLASTICITÉ, ÉNERGIE. ② *Être du ressort de* : → CORDE, DÉPENDRE, DOMAINE, RELEVER IV. *En dernier ressort* : → RESSOURCE.

ressortir

I [de ressort] *Ressortir à* : **relever* de** ; → DÉPENDRE.

II [de sortir] ① *La gravure ressortait bien sur le mur blanc* : **se détacher, trancher***. *Il ressort de l'examen de votre affaire que vous avez eu tort* : → SE DÉGAGER. ② *Faire ressortir. L'absence de bijoux faisait ressortir sa beauté* : **rehausser, faire valoir, mettre en évidence, mettre en relief*** ; → MARQUER, METTRE L'ACCENT*. *La sauce faisait agréablement ressortir le fumet propre du gibier* : **mettre en valeur** ◆ ↓ **souligner.**

ressortissant [de ressortir I] *Le consul américain a fait évacuer ses ressortissants* : **citoyen** ; → ÉTRANGER II.

ressource ① → ÉNERGIE. ② *La prière était devenue sa seule ressource* : **secours*** ◆ [plus express.] **refuge** ◆ ↓ **soutien** ; → RECOURS. *Je n'ai que cette ressource pour éviter la faillite* : **moyen** ◆ **expédient** (= moyen peu sûr ou douteux). ③ *Nous l'appellerons en dernière ressource* : **recours, ressort.** ④ [pl.] *Mes ressources ne me permettent pas un autre train de vie* : **possibilités, moyens** ◆ [plus précis] **argent*,** ↑ **fortune** ; → RICHESSE. *Sans ressources* : **à la rue*, sans-le-sou** ; → PAUVRE. ⑤ [pl.] *Les ressources naturelles d'un pays, d'un continent* : **richesses.**

◇ **se ressourcer** → SOURCE.

ressusciter → RÉVEILLER, REVIVRE, RAPPELER I.

restant → RESTE.

restau → RESTAURANT.

restaurant *Il déjeune dans un restaurant près de son bureau* : [abrév. fam.] **resto, restau** ◆ **brasserie** (= grand café-restaurant) ◆ **buffet** (= café-restaurant installé dans une gare), **cafétéria** (établissement de restauration rapide ouvert dans un espace public ou privé) ◆ **gargote** (= restaurant bon marché où la cuisine est médiocre) ◆ **grill,** [moins cour.] **grill-room** (= restaurant qui sert des grillades) ◆ **auberge, hostellerie, rôtisserie, taverne** (= restaurants dans le style traditionnel ou rustique) ◆ **cantine** (= restaurant d'une école, d'une usine), **réfectoire*** (= salle de repas d'un couvent, d'une école) ◆ [anglic.] **snack, snack-bar, fast-food** (= établissements de restauration rapide) ◆ [plus génér.] **self, self-service** (= établissement où le client se sert lui-même) ; → CAFÉ, CABARET, TABLE I.

restauration
→ AMÉLIORATION, RÉNOVATION.

restaurer ① *Les monuments historiques ont fait restaurer cette chapelle romane* : [plus génér.] **refaire, réparer** (qui ne supposent pas le respect des formes anciennes) ◆ **ravaler** (= nettoyer ou réparer sans toucher le gros œuvre) ; → AMÉLIORER, REMETTRE À NEUF*. ② *La politique de désarmement devrait restaurer la paix* : **ramener, rétablir.**

restaurer (se) → MANGER I.

reste ① *Vous me réglerez le reste la prochaine fois* : **restant** ◆ [didact.] **reliquat, solde** ; → EXCÉDENT, DIFFÉRENCE. ② *Il a mangé un potage, du pâté, du ragoût, et le reste* : **et cetera** ◆ [fam.] **et tout le bazar, et tout le saint-frusquin** ; → S'ENSUIVRE. ③ [pl.] *Des restes de monument* : **vestige*, trace.** ④ *Au reste* : **à côté* de ça, en outre*** ; → PUIS. *Du reste* : **d'ailleurs*.** *Ne pas attendre son reste* : → NE PAS SE FAIRE PRIER*. ⑤ *Le reste d'une soustraction* : → RÉSULTAT. ⑥ [pl.] *Les restes du repas de la veille* : **miette** ◆ [moins cour.] **reliefs, débris.** ⑦ [pl.] *La famille s'est recueillie devant les restes du défunt* : **cendres** ; → DÉPOUILLE, MORT II.

rester

I *Voilà ce qui reste de sa fortune* : **subsister*.**

II ① *Je ne peux pas rester plus longtemps* : **s'attarder** ◆ **attendre*** ◆ [fam.] **s'éterniser, moisir** ; → DURER, MARINER. ② *Rester dans un lieu* : → DEMEURER, SÉJOURNER. *La voiture est restée trois jours dans la rue* : **stationner.** ③ [~ + adj.] *Il reste immobile* :

→ SE TENIR. ④ *Il vaut mieux en rester là* : **s'en tenir.** ⑤ *Y rester* : **mourir*.**

restituer → REMETTRE, RENDRE I.

resto → RESTAURANT.

restreindre *La crise économique a obligé l'État à restreindre les investissements* : **diminuer, limiter, réduire** ; → MODÉRER.

◇ **restriction** ① *La restriction des investissements* : **diminution, réduction** ; → LIMITE, LIMITATION. ② *Je vous approuve sans restriction* : **entièrement, sans réserve*** ; → RÉTICENCE.

◇ **se restreindre** → RÉDUIRE.

restreint → ÉTROIT, LIMITÉ.

restriction → RESTREINDRE.

restructuration → RESTRUCTURER.

restructurer *Il a fallu restructurer cette administration* : **réorganiser.** *Le centre-ville a été restructuré* : **réaménager, remodeler.**

◇ **restructuration** *La restructuration d'un secteur industriel* : **recomposition, réorganisation.**

résultante → RÉSULTAT.

résultat ① *Quel sera le résultat de cette affaire ?* : **issue** (qui se dit souvent de la façon dont qqn se sort d'affaire) ; → EFFET, FRUIT. *Il est fier de ce brillant résultat* : [plus précis] **réussite, succès** (= résultats positifs) ; → ŒUVRE. ② *Il a voulu partir seul ; résultat, il s'est perdu* [fam.] : **total*** ◆ [sout.] **si bien que, de telle manière que.** ③ *Cela a eu pour résultat de le fâcher* : **aboutir à** ; → ABOUTISSEMENT. ④ *Calculer le résultat d'une opération* : **somme** (qui s'emploie pour une addition) ◆ **reste** (pour une soustraction) ◆ **produit** (pour une multiplication) ◆ **quotient** (pour une division).

◇ **résulter** *Il résulte de cela que l'on obtient un accroissement de chaleur* : **s'ensuivre** ◆ **découler** (qui indique que le résultat vient par développement naturel). *Qu'est-il résulté de vos recherches ?* : **advenir.** *La conclusion résulte des prémisses* : **dériver de** ◆ [didact.] **procéder de** ; → DÉPENDRE. *Son* *épuisement résulte de son travail excessif* : **être consécutif à, venir de ;** → **NAÎTRE, PROVENIR, SORTIR I, TENIR II.**

◇ **résultante** *Ce succès est la résultante de nos efforts* : **conséquence, produit.**

résulter → RÉSULTAT.

résumé → RÉSUMER.

résumer ① *Résumer un texte* (= n'en retenir que l'essentiel) : **abréger*** (= rendre plus court) ; → RÉDUIRE. ② *Résumons tout ce qui a été proposé* : **récapituler, synthétiser.**

◇ **se résumer** *Cela se résume en peu de mots* : **tenir.**

◇ **résumé** ① *Il vous faut un bon résumé de géographie pour vos révisions* : **aide-mémoire, précis ;** → ABRÉGÉ, SOMMAIRE, SYNTHÈSE. ② *En résumé, nous souhaitons que vous partiez* : **en bref ;** → SUBSTANCE.

résurgence → RENOUVEAU.

retable → TABLEAU.

rétablir ① *Après le passage du cyclone, les communications n'ont pu être rétablies* : **arranger*, remettre en l'état ;** → RÉPARER. ② *Rétablir l'ordre* : **ramener l'ordre.** ③ *Le syndicaliste a été rétabli dans son emploi* : **réintégrer.** ④ *Il faut rétablir nos relations* : **restaurer ;** → NORMALISER.

◇ **se rétablir** ① *Peu à peu, le silence s'est rétabli* : **revenir.** ② *Il se rétablit à la campagne* : **se remettre, reprendre des forces** ◆ [fam.] **se refaire ;** → GUÉRIR, SE RELEVER.

rétablissement → GUÉRISON, NORMALISATION.

retape → RACOLAGE.

retaper → REMONTER, RÉPARER.

◇ **se retaper** → SE REFAIRE.

retard, retardataire → RETARDER.

retardé ① → RETARDER. ② *Un adolescent retardé dans son développement* ◆ [moins employé] **attardé** ◆ [fam., péj.] **demeuré** (qui suggère une déficience intellectuelle) ◆ [plus génér.] **handicapé** (qui s'applique à toute déficience, motrice

aussi bien que mentale) ; → ARRIÉRÉ (MENTAL), SIMPLE.

retarder ① *Retarder une décision* : **ajourner, différer, repousser** ◆ **atermoyer, tergiverser** (= rechercher des faux-fuyants pour retarder qqch : *cessez d'atermoyer*) ; → RECULER, ÉLOIGNER, REMETTRE. ② *La date de la rentrée a été retardée* : → DÉCALER. ③ *De nombreux appels téléphoniques ont retardé ce travail* : **ralentir, faire traîner.**

◇ **retard** ① *Répondez-nous sans retard* : **délai** ◆ [sout.] **atermoiement.** ② *Un pays en retard* : [péj.] **arriéré.** Différents euphémismes sont en usage pour caractériser l'adaptation économique au monde actuel : **émergent, en voie de développement, en développement** (abrév. **PVD, PED**). ③ → RETARDÉ.

◇ **retardataire** ① [n.] *Les retardataires n'ont pas eu de place* : [péj.] **traînard,** [moins cour.] **attardé.** ② [adj.] *Des méthodes retardataires* : **ancien, désuet, conservateur** ◆ ↑ **archaïque,** [par plais.] **féodal.**

retenir ① *L'espagnolette retient le battant* : **maintenir.** *Elle m'a retenu tout l'après-midi avec ses histoires* : [fam.] **tenir* la jambe ;** → ARRÊTER, GARDER II, ACCAPARER. ② *L'enfant retenait ses larmes* : **contenir, ravaler ;** → ÉTOUFFER, REFOULER, RÉPRIMER, MODÉRER. ③ *Retenir l'attention* : **accrocher* ;** → ABSORBER. ④ *Retenir sa place* : **réserver*.** ⑤ *Retenir un échantillon* : → CHOISIR, PRÉLEVER. ⑥ *Il retient tout ce qu'on lui apprend* : **mémoriser,** ↓ **se rappeler* ;** → APPRENDRE.

◇ **se retenir** ① *Il s'est retenu à une branche* : **se rattraper** ◆ ↑ **s'agripper,** ↑ **se cramponner ;** → SE TENIR. ② → S'ABSTENIR, SE CONTRAINDRE, SE MODÉRER, SE PRIVER.

retentir → ÉCLATER, RÉSONNER.

retentissant ① *La tournée a eu un succès retentissant* : **éclatant** ◆ [antéposé] **ample** ◆ ↑ **fracassant.** ② *Une voix retentissante* : **sonore, tonnant, vibrant** ◆ ↑ **assourdissant,** ↑ **tonitruant.**

◇ **retentissement** ① *Les résultats de la réunion auront un grand retentissement* : **répercussion ;** → CONSÉQUENCE. ② *Cette* *affaire a eu un grand retentissement dans l'opinion* : **provoquer une onde de choc** ; → AUDIENCE, PUBLICITÉ, RÉSONANCE.

retentissement → RETENTIR.

retenue

I *Il conservait son calme et sa retenue* : **réserve** ◆ ↑ **dignité ;** → DISCRÉTION, MESURE II, MODESTIE, MODÉRATION, SOBRIÉTÉ. *N'avoir aucune retenue* : → HONTE, DÉCENCE.

II ① *Deux heures de retenue* : **colle***, [vx] **consigne.** ② *Une retenue d'eau* : **réservoir, lac-réservoir.**

réticence *Les réticences de l'orateur n'ont échappé à personne* : **omission, silence, hésitation, restriction, arrière-pensée, sous-entendu** (= ce qu'on laisse à entendre sans le dire).

◊ **réticent** *Le public était réticent* : **réservé** ◆ ↑ **froid.**

réticent → RÉTICENCE.

rétif *Un caractère rétif* : **difficile, indocile, récalcitrant** ◆ **capricieux, vicieux** (qui se disent d'une bête dont le comportement est imprévisible). *Un enfant rétif* : **désobéissant, rebelle*,** ↓ **capricieux.**

retiré → ÉCARTÉ, SAUVAGE, SOLITAIRE I.

retirer ① [~ qqch] *Il a retiré sa veste* : **ôter*, quitter ;** → ENLEVER. *Pourquoi retirer son jouet à cet enfant ?* : **confisquer ;** → PRENDRE. ② [~ qqch ou qqn d'un lieu] *Retirer son porte-monnaie de sa poche* : **tirer*.** *Retirer de l'argent de son compte bancaire* : → PRÉLEVER. *Retirer un objet ou une personne de l'eau* : **repêcher.** *Retirer de la terre* : **déterrer** ◆ [didact.] **exhumer.** *Retirer une plante du sol* : **arracher, déraciner.** *Retirer pour libérer* : → DÉGAGER. ③ *Retirer sa main* : **reculer,** ↑ **éloigner.** ④ *J'ai retiré ma plainte* : **annuler ;** → SUPPRIMER. *Il a retiré ses aveux* : **rétracter*.** *Retirer ce qu'on a dit* : **se rétracter ;** → SE DÉDIRE. ⑤ *Retirer un bénéfice* : **recueillir* ;** → GAGNER.

◊ **se retirer** ① [~ d'un lieu] *Les invités se sont retirés les uns après les autres de la fête* : **partir, s'en aller** ◆ ↑ **disparaître**

◆ [sout.] **s'éclipser** (qui se dit d'un départ discret). *Retirez-vous de là* [sout.] : [plus cour.] **partir** ◆ [fam.] **s'ôter** (*ôtez-vous de là*), **se pousser*** (*pousse-toi de là*). *Les combattants se retirent en désordre* : ↑ **fuir*,** ↑ **s'enfuir.** ② [~ d'une activité] *Les membres du conseil se sont tous retirés* : **démissionner.** *Le candidat s'est retiré* : **se désister* ;** → ABANDONNER. *Après une longue carrière, il s'est retiré* : **prendre sa retraite.** ③ [~ dans un lieu] *Ce retraité s'est retiré à la campagne* : ↑ **se réfugier,** ↑ **s'enterrer.** ④ [en parlant des eaux] *La mer se retire* : **refluer ;** → DESCENDRE.

retombée → CONSÉQUENCE, SUITE.

retomber ① [qqn ~] *Il est mal retombé sur le dos* : **se recevoir, tomber.** ② [qqn ~] *Nous retombons toujours sur le même problème* : **revenir.** *Retomber dans l'erreur* : → REFAIRE. ③ [qqch ~] → PENDRE. ④ [qqch ~] *Le scandale retombe sur lui* : **rejaillir* ;** → PESER.

retoquer → REJETER.

rétorquer → OBJECTER, RÉPLIQUER.

retors *C'est un maquignon retors qui sait marchander* : **rusé* ;** → SINUEUX, DUR* EN AFFAIRES.

rétorsion → VENGEANCE.

retoucher → REPRENDRE I, RÉVISER.

retoucheuse → COUTURIÈRE.

retour ① *Le retour des mêmes faits* : **réapparition, périodicité ;** → RECOMMENCEMENT, RÉPÉTITION, ALTERNANCE. ② *Sans retour* : → IRRÉVERSIBLE, À JAMAIS. *En retour* : **en échange*, en revanche*.** *Retour en arrière* : [anglic.] **flash-back.** ③ *Faire son retour sur la scène* : **rentrée** ◆ [anglic.] **come-back.** ④ *Être sur le retour* : → VIEUX. *Retour d'âge* : **ménopause, andropause.** *Un retour sur soi-même* : **introspection*.**

retourné → RENVERSÉ.

retournement → RENVERSEMENT.

retourner ① [~ qqch] *Elle retourne son matelas tous les matins* : **tourner.** *Retourner la salade* : **tourner, brasser, remuer,** [fam.] **touiller** ◆ [fam., vieilli] **fatiguer.**

Retourner des braises : → REMUER. *Retourner la terre* : **bêcher** (avec une bêche), **labourer** (avec une charrue) ◆ [plus génér.] **cultiver** ; → AMEUBLIR, FOUILLER. *La Poste a retourné la lettre à l'expéditeur* : **réexpédier, renvoyer.** ② [~ qqn] *Cette histoire m'a retourné* : **boulverser** ◆ ↑ **renverser,** ↑ **révulser** ; → CHAVIRER, ÉMOUVOIR, TROUBLER. ③ *Il retourne chez ses parents pour déjeuner* : **rentrer, revenir.** *Il retourne à un projet qu'il avait abandonné* : **revenir.** *Retournons à notre cachette* : **regagner, réintégrer** (*regagnons, réintégrons notre cachette*). ④ *Il retourne longuement son échec dans sa tête* : **remâcher, ruminer.**

◇ **se retourner** ① *Une voiture se retourne* : **capoter** ; → SE RENVERSER. ② *Il s'est retourné pour regarder derrière lui* : → SE TOURNER. ③ *S'en retourner. Je n'ai plus rien à faire ici, je m'en retourne* : **s'en aller, repartir.**

retracer → RACONTER.

rétractation → RÉTRACTER.

rétracter *L'accusé a rétracté tout ce qu'il avait dit* : **retirer, revenir sur.**

◇ **se rétracter** *Devant le juge, il s'est rétracté* : **se dédire*** ; → RETIRER.

◇ **rétractation** *Il en est arrivé à la rétractation de ses promesses* : **désaveu, reniement*.**

retrait ① *La signature des accords permit le retrait de l'armée étrangère* : **départ** ◆ **évacuation** (= départ en nombre) ◆ **désengagement** (qui n'implique que la cessation des actions, et non le déplacement des troupes). ② *Le retrait du permis* (*de conduire, de chasse, etc.*) : **confiscation.**

retraite ① → ABRI, REFUGE, REPLI. ② *Battre en retraite* : → PARTIR I, PERDRE DU TERRAIN*, RECULER. ③ → PENSION II. *Prendre sa retraite* : → SE RETIRER.

retraité → PENSIONNÉ.

retranché *Camp retranché* : → BASTION, DÉFENSE I.

retranchement ① *Pousser qqn dans ses derniers retranchements* : **à la dernière extrémité.** ② *La brigade a été attaquée*

dans ses retranchements : → DÉFENSE, TRANCHÉE.

retrancher *L'employé retrancha de la somme tous ses frais de transport* : **déduire, défalquer** ; → ÔTER, SOUSTRAIRE, SUPPRIMER.

◇ **se retrancher** *Se retrancher dans une maison* : **se barricader*** ; → S'ABRITER.

retransmission → TRANSMISSION.

rétréci *Une intelligence rétrécie* : **borné*, étriqué.**

rétrécir *Sa jupe a rétréci* : **raccourcir** ; → DIMINUER.

rétrécissement → ÉTRANGLEMENT.

rétribuer → PAYER, RÉMUNÉRER.

rétribution → COMMISSION, GAIN, SALAIRE, SOLDE.

rétro ① [adj.] *La mode rétro* : [moins cour.] **kitsch.** ② [n.m.] *Le rétro de la voiture* : **rétroviseur.**

rétroaction *Le système nerveux contrôle les mouvements qu'il produit par rétroaction* : [anglic.] **feed-back** ◆ **autorégulation** (dont les effets sont toujours positifs).

rétrocéder *Il a rétrocédé le terrain acheté par son père* : **redonner, rendre, revendre** (en échange d'une contrepartie).

rétrograde → RÉACTIONNAIRE.

rétrograder ① *Il a rétrogradé dans le classement* : **reculer.** ② *Rétrograder de quatrième en troisième* : **changer de vitesse** (en passant la vitesse inférieure).

rétrospective → EXPOSITION.

retroussé *Elle a le nez retroussé* : **relevé, en trompette.**

retrousser *Il a retroussé ses manches* : **relever, rouler*** ; → REPLIER.

retrouvailles → RÉUNION.

retrouver ① *Le convalescent a retrouvé toutes ses forces* : [sout.] **recouvrer.** *La police a retrouvé les tableaux chez un rece-*

rétroviseur

leur : **récupérer.** ② *Je vous retrouve dans le hall tout à l'heure :* **rejoindre.** ③ *Retrouver son souffle :* → REPRENDRE. *Retrouver le succès :* **renouer avec.**

◇ **se retrouver** ① *Quand se retrouve-t-on ?* : **se revoir.** *Se retrouver entre amis :* → SE RÉUNIR. ② *S'y retrouver :* → S'ORIENTER, SE RECONNAÎTRE.

rétroviseur → RÉTRO.

rets → FILET.

réunion → RÉUNIR. ① *Le président souhaitait la réunion de la population autour de lui :* **rassemblement.** ② *Le secrétariat a assuré la réunion des pièces de ce dossier :* **centralisation.** *La réunion de nos efforts :* **conjonction ;** → COALITION. ③ *La métropole avait obtenu la réunion des deux îles à son territoire :* **annexion, rattachement.** ④ *Le parti de l'opposition organisa une importante réunion :* **assemblée,** [anglic.] **meeting ♦ congrès, colloque*, séminaire** (= réunions où l'on se communique des résultats de travaux : *les spécialistes des maladies cardiaques ont tenu leur congrès, un colloque*) **♦ concile, synode** (= assemblées de dignitaires religieux) ; → CONFÉRENCE, RENCONTRE. ⑤ *Après une longue séparation, les amoureux fêtèrent leur réunion :* **retrouvailles.** ⑥ *Une réunion hippique :* **course*.**

réunir

① *La France s'est constituée en réunissant plusieurs provinces :* **annexer ;** → ASSEMBLER, FÉDÉRER, RASSEMBLER. ② *L'état-major réunit toutes ses réserves :* **concentrer.** *Tous les renseignements étaient réunis au ministère :* [plus précis] **centraliser ;** → GROUPER. *L'organisation réunissait des fonds :* **collecter, recueillir.** *Ce personnage réunit en lui-même des caractères opposés :* **cumuler, conjuguer.** ③ *Réunir des personnes fâchées :* → RÉCONCILIER. *Réunir des personnes pour faire qqch :* **fédérer ;** → ASSOCIER, UNIR. ④ *Réunir deux réseaux :* **connecter ;** → JOINDRE, RACCORDER.** ⑤ *Réunir des gens :* **rassembler* ;** → MASSER.

◇ **se réunir** ① *La Seine et l'Oise se réunissent à Conflans :* **se rejoindre ♦** [didact.]

confluer. ② *Les deux sociétés industrielles se sont réunies :* **fusionner.** ③ *Il est agréable de se réunir entre amis :* **se retrouver ;** → S'ASSEMBLER.

réussi *C'est une mise en scène réussie :* **bien venu, brillant*, parfait ;** → JUSTE. *Un mariage réussi :* **heureux.**

réussir ① *L'affaire a réussi :* (**bien**) **marcher ;** → ABOUTIR. ② *Ce livre réussit :* **avoir du succès ;** → PLAIRE. ③ *Son commerce réussit :* **prospérer.** ④ *C'est un auteur qui réussira :* **avoir de l'avenir,** ↑ **se faire un nom.** *Comment réussir ?* : **faire du chemin, faire son chemin, aller loin*, faire carrière ♦** ↑ **gagner la partie* ♦** ↓ **s'en tirer* ♦** [fam.] **faire un carton ;** → ARRIVER, MARQUER, PERCER. ⑤ *Réussir en dessin :* **être bon* en.** ⑥ *Il a réussi à parler au chef :* **parvenir, arriver.**

réussite *Tous ses amis étaient fiers de sa réussite :* **succès ♦** ↑ **triomphe,** ↑ **victoire ;** → RÉSULTAT.

revaloriser → RELEVER I.

revanche *Une belle revanche* (= avantage repris) : **vengeance*** (= punition ou réparation à la suite d'une offense). *Prendre sa revanche :* **se rattraper*.** *À charge de revanche :* **en contrepartie, en retour ;** → COMPENSATION. *En revanche. J'ai beaucoup aimé la pièce, en revanche certains acteurs sont médiocres :* [plus cour., tour parfois critiqué] **par contre.**

rêvasser → RÊVER.

rêvasseur → RÊVEUR.

rêve → RÊVER.

rêvé → PARFAIT.

revêche → ACARIÂTRE, RÉBARBATIF, RUDE.

réveil → LIT I, RECOMMENCEMENT, RÉVEILLE-MATIN.

réveille-matin *Mon réveille-matin ne sonne pas assez fort* [vieilli] : [cour.] **réveil ;** → HORLOGE.

réveiller ① → ÉVEILLER. ② *Ce film a réveillé en moi de tristes souvenirs :* **rap-**

peler (... *m'a rappelé...*) ♦ ↑ **ressusciter** ;
→ RANIMER, RENOUVELER. ③ *Il prétendait
qu'un verre de whisky réveille l'appé-
tit* : ↑ **exciter**, ↑ **stimuler**. ④ *Le général
essayait de réveiller le courage des troupes* :
↑ **exalter**.

◊ **se réveiller** ① *Allez, réveille-toi, c'est
presque fini !* : **s'éveiller**, ↑ **se secouer**, ↑ **se
remuer**. ② *Dès qu'il pleut, ses douleurs se
réveillent* : **recommencer, renaître, revenir**
♦ **reprendre** (... *le reprennent*).

réveillon → REPAS.

réveillonner → FÊTER.

révélateur → SIGNIFICATIF, SYMPTOMA-
TIQUE.

révélation → RÉVÉLER.

révéler ① *Le conspirateur a tout révélé* :
[fam.] **vendre la mèche*** ; → DIVULGUER,
LIVRER III, TRAHIR. ② *Le ministre ne
voulait pas révéler ses projets* : **dévoiler** ; → DÉCLARER. ③ *Sa démarche révèle
son épuisement* : **indiquer*** ; → ACCUSER,
MARQUER, MANIFESTER, SENTIR II. ④ *Révéler
qqch à qqn* : → ENSEIGNER. *Son grand
décolleté révélait un dos superbe* : **dénuder** ;
→ DÉCOUVRIR, MONTRER, SENTIR II.

◊ **se révéler** ① → SE MANIFESTER, SE
MONTRER, PARAÎTRE I. ② *Cela se révèle
plus difficile qu'on ne l'imaginait* : [sout.]
s'avérer.

◊ **révélation** *La révélation d'un secret* :
divulgation. *Faire une révélation à quelqu'un* : **aveu** ♦ **mettre dans la confidence,
au courant**. *Les révélations miraculeuses* :
→ VISION.

revenant → FANTÔME.

revendeur → REVENDRE.

revendication → PLAINTE, DEMANDE.

revendiquer → RÉCLAMER.

revendre → VENDRE. *La police l'a surpris
à revendre* : [anglic.] **dealer** (qui s'utilise
pour le trafic de drogue).

◊ **revendeur** ① → BROCANTEUR. ② *Revendeur de drogue* : **dealer, narcotrafi-
quant** ; → DÉLINQUANT.

revenir ① *Il n'est pas là ? Je reviendrai
demain* : **repasser**. *Revenir chez soi* : **rentrer, retourner**. *Revenir à sa place* : **regagner** (*regagner sa place*). ② *Il revint à son
sujet* : → RETOURNER. *Nous revenons sur le
même problème* : → RETOMBER. *Revenir sur
une décision* : → RECONSIDÉRER. ③ *Revenir
sur ses pas* : **rebrousser chemin, tourner
bride, faire demi-tour**. ④ *Le calme est
revenu* : → SE RÉTABLIR. ⑤ *La charge de
prévenir ses parents vous revient* : **incomber**, [rare] **échoir**. *Ce repas au restaurant
me revient cher* : **coûter***. ⑥ *Cela revient
au même* : → ÉQUIVALOIR. ⑦ *Revenir sur sa
parole* : → SE RÉTRACTER. ⑧ *Revenir à soi* :
reprendre ses esprits. ⑨ *Sa peine revient* :
→ SE RÉVEILLER. ⑩ *Vraiment, ses manières
ne me reviennent pas* [fam.] : [cour.] **plaire**.
⑪ *Il fait comme s'il était revenu de tout* :
être blasé, désabusé. *Je n'en reviens pas !* :
être surpris. ⑫ *Faire revenir de la viande* :
→ SAUTER.

revenu *Ses revenus sont peu élevés* : **gain*** ;
→ PROFIT. *Les revenus d'un capital* : **intérêt,
rente**. *Le revenu du travail* : → SALAIRE. *Le
revenu minimum d'insertion* : **RMI** (= allocation garantie aux personnes dému-
nies, en France).

rêver ① [qqn ~] *Cette nuit, j'ai rêvé* : **faire
un rêve**. *Cet élève passe son temps à rêver au
lieu de travailler* : **rêvasser**. *Il rêve, comme
d'habitude !* : [fam.] **être dans la lune,
bayer aux corneilles, planer**. ② *Que je te
donne mille euros ? Non mais, tu rêves !* :
ne pas songer* à (*tu n'y songes pas*), **se
faire son cinéma**. ③ [qqn ~ qqch] *Vous avez
rêvé cela* : **imaginer, inventer**. ④ [qqn ~
de] *Le couple rêvait d'une petite maison* :
désirer ♦ ↓ **souhaiter** ♦ ↑ **fantasmer sur** ;
→ BRÛLER* DE. ⑤ [qqn ~ à] *Laissez-moi un
peu rêver à votre affaire* [sout.] : [plus cour.]
songer ; → PENSER III.

◊ **rêve** ① *L'enfant s'est réveillé, il faisait
un mauvais rêve* : ↑ **cauchemar** ♦ [vieilli]
songe ; → RÊVER. ② *Son rêve est d'être
aviateur* : → AMBITION, DÉSIR. ③ *Ce ne
sont que des rêves* : **songerie, rêverie** ;
→ ILLUSION.

◊ **rêveur** ① [n.] *Le rêveur est soit celui
qui rêve, soit celui qui se laisse aller à
la rêverie comme le* **rêvasseur**. *L'utopiste*

est celui qui rêve d'un système politique ou social idéal ; le **contemplatif,** celui qui s'absorbe dans l'observation ou la méditation ◆ [péj.] **songe-creux.** ② [adj.] *C'est un garçon à l'esprit rêveur* : [plus précis] **romanesque, chimérique** (qui se disent de celui qui imagine la vie comme dans les romans) ; → POÉTIQUE. *J'en reste rêveur* : **perplexe, songeur, préoccupé.**

réverbérer → RÉFLÉCHIR II.

révérence → SALUTATION, VÉNÉRATION.

révérencieux → RESPECTUEUX.

révérer → HONORER, VÉNÉRER.

rêverie → PENSÉE, RÊVE.

revers

I *Les troupes avaient essuyé de graves revers* : [sing.] **défaite*** ; → ÉCHEC. *Les revers de la vie* : → ACCIDENT, MALHEUR. *Le revers de la médaille* : → INCONVÉNIENT.

II ① *N'écrivez pas au revers de la feuille* [rare] : [plus cour.] **dos, verso.** *Elle examina avec attention le revers de la tapisserie* : **envers.** ② *Le revers de la pièce portait des inscriptions bizarres* : **côté pile.**

réversible → DOUBLE I.

revêtement → PLACAGE.

revêtir

I *Revêtir un siège* : → COUVRIR, GARNIR.

II ① *Le professeur a revêtu son habit de cérémonie* [sout.] : **endosser** ◆ [moins précis] **mettre*** ; → SE VÊTIR. ② *La discussion revêt un caractère désagréable* [sout.] : [cour.] **prendre.**

rêveur → RÊVER.

revigorant → TONIQUE.

revigorer → REMONTER.

revirement → CHANGEMENT.

réviser ① *Il faudrait réviser cet article de la Constitution* : **modifier** ; → REPRENDRE. *Réviser un procès* : **rouvrir.** *Réviser un texte* : **vérifier, corriger, rectifier, retoucher** (qui impliquent une modification du texte) ; → AMÉLIORER, REVOIR. *Réviser sa*

position : → RECONSIDÉRER. ② *Il révisait ses cours d'histoire* : **repasser** ; → APPRENDRE, REVOIR.

◇ **révision** *La révision du statut des fonctionnaires* : **modification,** ↑ **réforme** ; → AMÉLIORATION. *Le garagiste a effectué la révision de notre voiture* : **vérification, contrôle.**

réviseur → CORRECTEUR.

révision → RÉVISER.

révisionnisme → NÉGATIONNISME.

révisionniste → RÉFORMISTE, NÉGATIONNISTE.

revitaliser → FAIRE REVIVRE.

revivifier → RELANCER.

revivre ① *Certaines personnes pensent revivre après leur mort* : **ressusciter** (= reprendre vie). *Après toutes ces émotions, je revis* : **respirer.** ② *Comment voulez-vous que l'artisanat revive si l'on n'aide pas les artisans ?* : **renaître.** ③ *Faire revivre. la vue de ce ruban lui faisait revivre tout son passé* : **évoquer.** *Faire revivre un secteur économique* : **revitaliser.**

révocation → ANNULATION, DESTITUTION.

revoir

I ① *Le texte d'un livre est revu avant d'être imprimé* : **réviser** ◆ ↓ **relire** ; → AMÉLIORER, REPRENDRE, RÉFORMER. ② *Revois donc ta leçon, tu ne la sais pas !* : **repasser, réviser** ; → APPRENDRE. ③ *On se revoit demain* : **se retrouver*.**

II *Au revoir* : → ADIEU, PRENDRE CONGÉ*, SALUER.

révoltant → CRIANT, SCANDALEUX.

révolte, révolté → RÉVOLTER.

révolter *L'injustice me révolte* : **indigner, scandaliser** ◆ ↓ **choquer, outrer** ◆ [fam.] **dégoûter, écœurer.**

◇ **se révolter** ① *Cet enfant se révolte contre ses parents* : **s'insurger, se rebeller** ◆ ↓ **se dresser,** ↓ **s'indigner** ; → SE CABRER. ② *Les troupes se révoltaient contre le* *commandement* : **s'insurger, se soulever ;** → DÉSOBÉIR, SE MUTINER.

◇ **révolte** ① *J'éprouve un sentiment de révolte devant tant d'injustice* : ↓ **indignation, dégoût.** ② *La révolte avait gagné les campagnes* : **soulèvement, émeute** (= soulèvement populaire) ◆ **jacquerie** (= soulèvement paysan) ◆ **insurrection** (= tentative de destruction du pouvoir établi) ◆ **guerre civile** (= lutte armée entre citoyens du même pays) ; → MUTINERIE, RÉBELLION, COUP D'ÉTAT, DÉSOBÉISSANCE, DÉSORDRE, DISSIDENCE.

◇ **révolté** ① [adj.] *Il est révolté* : ↓ **indigné, dégoûté.** ② [n.] *Les révoltés se sont emparés des bâtiments de la radio* : **insurgé** ◆ **émeutier** (qui est aussi bien celui qui participe à la révolte que celui qui la suscite) ◆ **factieux** (= celui qui tente de provoquer des troubles contre un pouvoir établi) ◆ **révolutionnaire** (= celui qui veut changer le pouvoir) ; → COMPLOTEUR, MUTIN, REBELLE.

révolu → ACCOMPLI, FINI, SONNÉ.

révolution ① Une *révolution* est le changement radical d'un régime, d'une institution, des mœurs ; une **réforme,** leur modification sans remise en cause de leurs principes. *Une révolution de palais* : ↑ **coup d'État*.** ② *L'industrie a subi une véritable révolution avec l'introduction des ordinateurs* : [didact.] **mutation** ◆ ↓ **bouleversement,** ↑ **séisme ;** → CHANGEMENT. ③ *Toute l'usine est en révolution à l'annonce des licenciements* : **ébullition** ◆ ↓ **effervescence ;** → BARRICADE. ④ → TOUR II.

◇ **révolutionnaire** ① [n.] *Les révolutionnaires se sont emparés du siège du gouvernement* : [souvent péj.] **agitateur** (= celui qui entretient une agitation politique) ; → EXTRÉMISTE, RÉFORMATEUR, RÉVOLTÉ. ② [adj.] *C'est une technique révolutionnaire* : **novateur, d'avant-garde.** *Un discours révolutionnaire* : → SÉDITIEUX.

◇ **révolutionner** ① *La transformation du quartier a révolutionné les habitants* : ↓ **émouvoir,** ↓ **troubler*.** ② *Cette innovation va révolutionner l'entreprise* : ↓ **transformer** ◆ **bouleverser,** [fam.] **chambarder** (qui n'impliquent que le trouble de l'ordre existant) ; → CHANGER.

révolutionnaire, révolutionner → RÉVOLUTION.

revolver *Le gangster a brandi son revolver sous le nez du caissier* : [plus génér.] **arme,** [fam.] **calibre** (= toute arme à feu) ◆ **pistolet** (= arme à feu qui n'est pas à répétition), **browning** (= pistolet automatique à chargeur) ◆ **colt** (= pistolet à barillet ou à chargeur) ◆ [fam.] **feu, flingue, pétard.**

révoquer → ANNULER, DESTITUER, LIMOGER, RELEVER III.

revue

I *Le résultat du sondage avait été publié dans une grande revue* : **magazine ;** → PÉRIODIQUE. *Une petite revue pour initiés* : **fanzine.**

II ① *Beaucoup de badauds regardent la revue du 14 Juillet* : **défilé*, parade.** ② *Faire la revue de ses erreurs* : **inventaire** ◆ **recensement** (qui se dit plutôt pour les êtres ou les choses). *Passer en revue* : **récapituler.** *Le contrôleur a passé en revue tous nos services* : **faire l'inspection de ;** → CONTRÔLER, ÉPLUCHER.

révulser → CHAVIRER, DÉGOÛTER, RETOURNER.

rhabdomancien → SOURCIER.

rhabiller → RÉPARER.

rhétorique → ÉLOQUENCE, STYLE.

rhinite, rhino-pharyngite → RHUME.

rhum → ALCOOL.

rhumatisme *Ce vieillard est perclus de rhumatismes* : [abusif, cour.] **douleurs** ◆ [didact.] **arthrite, arthrose** (= formes de rhumatismes les plus connues).

rhume *Avec cette pluie, j'ai attrapé un rhume* : [didact.] **rhinite, rhino-pharyngite,** [plus rare] **coryza** ◆ [plus génér.] **catarrhe** (= inflammation aiguë ou chronique des muqueuses) ◆ **grippe** (qui est souvent accompagnée d'un rhume). *Attraper un rhume* : **s'enrhumer, être enrhumé.**

riant → AIMABLE, GAI.

ribambelle → QUANTITÉ, RÉGIMENT, SUITE.

ricain

ricain → AMÉRICAIN.

ricaner → RIRE.

richard → RICHE.

riche ① [qqn est ~] *Sa famille a spéculé en Bourse et il est riche* [génér.] : [sout.] **fortuné** ♦ ↓ **aisé** (qui indique que la fortune suffit pour vivre sans gêne) ♦ **cossu, nanti** (qui indiquent une large aisance) ♦ ↑ **richissime** ♦ [fam.] **argenté, rupin, friqué, plein aux as, remuer l'argent à la pelle*** ; → OPULENT. *C'est un armateur très riche* : **riche comme Crésus** (*un crésus*) ♦ **nabab** (*cet armateur est un nabab*) ♦ [fam.] **capitaliste** (*cet armateur est un capitaliste*) ♦ [moins cour.] **ploutocrate** ; → GROS, OR. *Devenir riche. Il est devenu riche en vendant des canons* : **s'enrichir.** *Il était reçu par les familles les plus riches de la ville* : [plus génér.] **bourgeois, huppé** ♦ **de la haute***. ② [qqch est ~] *Le château renfermait de riches tapisseries* : **luxueux** ♦ ↑ **magnifique,** ↑ **somptueux*** ♦ **coûteux** (qui ne porte que sur les prix). *La riche mise en scène de l'opéra fut fort applaudie* : **fastueux.** *Un style riche* : **imagé***, [rare] **étoffé.** *Un repas riche* : **copieux** ; → NOURRISSANT, SUBSTANTIEL. ③ [qqch est ~] *La Beauce est une plaine riche* : **fertile.** *Une terre riche* : **grasse.** *Riche en sucre* : → ABONDANT. *Un voyage riche en surprises* : → FÉCOND. *Une riche moisson d'histoires* : → AMPLE. ④ [n.] *Il n'aime pas les riches* : **grande fortune** ♦ [fam., péj.] **richard** ♦ [péj.] **nanti, parvenu** (= nouveau riche).

◇ **richement** *L'appartement était richement décoré* : ↑ **luxueusement,** ↑ **somptueusement*.**

◇ **richesse** ① *Il vit dans la richesse* : ↓ **aisance,** ↓ **abondance** ; → OPULENCE, PROSPÉRITÉ. *Il ignorait le montant de ses richesses* [pl.] : **biens, fortune, avoir*.** *Les richesses d'un pays* : **enrichissement** (= acquisition ou augmentation des biens) ; → RESSOURCES, CAPITAL. ② *La richesse d'un procédé* : **fécondité*.** *La richesse du mobilier* : **luxe.**

richement, richesse, richissime → RICHE.

ricocher *La pierre ricocha sur l'eau* : [moins précis] **rebondir.**

ricochet *Par ricochet* : → INDIRECTEMENT.

ric-rac → DE JUSTESSE.

rictus → GRIMACE.

ride *Avec l'âge, les rides s'accumulent sous ses yeux* : [fam.] **patte-d'oie** (= rides qui se forment à l'angle externe de l'œil). *Ne pas avoir pris une ride* : **ne pas vieillir*.**

◇ **ridé** *Son visage était tout ridé* : **plissé** (qui s'applique aux rides d'expression) ♦ **raviné** (qui se dit de rides profondes).

ridé → RIDE.

rideau ① *Voulez-vous tirer les rideaux ?* : **voilage** (= rideau de fenêtre transparent) ♦ **double-rideau** (= tissu épais pardessus le voilage) ♦ **portière** (= tenture masquant une porte) ; → STORE. ② *Le magasin avait abaissé son rideau (de fer)* : **tablier.** *C'est fini, rideau !* : → SUFFIRE. ③ *Un rideau d'arbres* : → ÉCRAN.

rider → FLÉTRIR.

ridicule ① *Ses grimaces ridicules amusaient les enfants* : **bouffon** ♦ **comique*** (qui n'implique pas l'idée de moquerie) ; → GROTESQUE. *Ce personnage est ridicule* : **risible** ; → MINE, CARICATURAL. ② *C'est une idée tout à fait ridicule !* : **sot** ♦ ↑ **absurde*** ♦ **saugrenu** (qui dénote le caractère inattendu) ♦ ↑ **burlesque** (qui implique une idée de comique). *Vos prétentions sont ridicules* : **déraisonnable** ♦ **excessif** (= ridiculement élevé). ③ *Les dons étaient ridicules* : **négligeable, dérisoire** (= ridiculement insuffisant). ④ [n.m.] *La comédie fustigeait les ridicules des hommes* [sout., vieilli] : [plus cour.] ↓ **défaut*** ♦ [sout.] **travers** ♦ ↑ **absurdité*.** *Tourner en ridicule* : **ridiculiser** ; → CARICATURER.

◇ **ridiculement** *De manière ridicule* : **risiblement, sottement.** *C'est une offre ridiculement basse* : ↑ **honteusement.**

ridiculement → RIDICULE.

ridiculiser → SE MOQUER, RAILLER, RIDICULE.

rien

I [pron. indéf.] **①** *Il est resté debout, sans rien dire* : **quoi que ce soit** (*... sans dire quoi que ce soit*). *Tu peux toujours attendre, tu n'auras rien* : [fam.] **des clous, des nèfles, des clopinettes** (*... tu auras des clous, des nèfles, des clopinettes*), **tintin** (*tu feras tintin*) ; → PEAU* DE BALLE. *N'achète pas cette voiture, elle ne vaut rien* : ↓ **pas grand-chose** ◆ [fam.] **pas un clou** (*elle ne vaut pas un clou*) ◆ [très fam.] **que dalle** (*ça vaut que dalle*). *Je n'y peux rien* : [plus sout.] **n'en pouvoir mais***. *Il ne voulait rien qu'un peu d'argent* : → SEULEMENT, JUSTE. **②** *Elle n'était rien moins que satisfaite* [sout., vieilli] : [plus cour.] **pas du tout, aucunement, nullement**. *Cela ne fait rien* : **cela n'a aucune importance, tant pis.** *Votre travail est plus que médiocre, c'est moins que rien* : **c'est nul.** *Ce n'est rien* : **du vent.** *Ce n'est pas rien* : **appréciable** (*c'est appréciable*). *Elle acheva les préparatifs en moins de rien, en un rien de temps* : **très rapidement, très vite.** *Pour rien* : **pour un oui ou pour un non*** ; → VAIN. *Il est venu pour rien* : **inutilement** ◆ [fam.] **pour des prunes.** *Travailler pour rien* : **à l'œil*** ; → GRATUIT. *Il a obtenu le reste pour rien* : **gratuitement, bon marché.** *Pour rien au monde* : **pas pour un empire*.** *C'est un bon à rien* : → INCAPABLE. *Réduire à rien* : → ZÉRO. *Un bobo de rien du tout* : **insignifiant, sans importance.**

II [n.m.] **①** *Il se vexe vraiment pour un rien* : **bagatelle, bricole, broutille, vétille** ; → PAILLE. *Ce sont ces riens que l'on offre qui font plaisir* : **petite chose** ; → BABIOLE. *Il passe son temps à des riens* [pl.] : **bêtise.** **②** *Il arriva en un rien de temps* : [sout.] **promptement** ; → TEMPS.

rieur → GAI.

riflard → PARAPLUIE.

rigide
→ AUSTÈRE, RAIDE, RIGOUREUX, SÉVÈRE.

rigidité → RAIDEUR, AUSTÉRITÉ, RIGORISME.

rigolade → PLAISANTERIE.

rigole
Le jardinier aménagea une rigole pour évacuer l'eau de pluie : **caniveau,** [anc.] **ruisseau** (= canal d'évacuation des eaux le long d'une chaussée) ◆ **cassis** (= rigole creusée en travers d'une route) ◆ **fossé, tranchée** (qui supposent que l'on a creusé assez profondément).

rigoler → PLAISANTER, RIRE. *Faire rigoler* : → AMUSER.

rigolo **①** [adj.] → AMUSANT. **②** [n.] → PLAISANTIN.

rigorisme
Le rigorisme de ses principes : **austérité, intransigeance, rigidité** ◆ ↓ **rigueur** ; → EXIGENCE.

◇ **rigoriste** *C'est par son attitude rigoriste qu'il s'est fait remarquer* : ↓ **rigoureux, sévère*** ; → AUSTÈRE, INTRANSIGEANT.

rigoriste → RIGORISME.

rigoureusement, rigoureux
→ RIGUEUR.

rigueur **①** *Après un automne trop tiède, on craignait la rigueur de l'hiver* : **rudesse, dureté** ◆ [sout.] **âpreté, inclémence.** **②** *Tenir rigueur de qqch à qqn* : **faire grief** ◆ [fam.] **en vouloir à** (*on lui en voulait de*). **③** *Les rigueurs de la destinée* [pl., vieilli] : → CRUAUTÉ. *Les rigueurs de la loi* : → EXIGENCE. **④** *C'est par la rigueur du raisonnement qu'il est parvenu à un résultat* : **précision, rectitude** ; → EXACTITUDE, VALIDITÉ. *Avec rigueur* : → SCRUPULEUSEMENT. **⑤** → RIGORISME. **⑥** *À la rigueur, à l'extrême rigueur* : ↑ **au pis aller** ◆ ↓ **en cas de besoin*.** *De rigueur* : **obligatoire*.**

◇ **rigoureux** **①** *Des principes moraux rigoureux* : **rigide** ; → AUSTÈRE, FERME, RIGORISTE. *Les mutins subirent des sanctions rigoureuses* : **draconien** ; → ÉNERGIQUE, SÉVÈRE. **②** *Un hiver rigoureux* : **rude** ; → DUR, FROID DE LOUP*. *Un climat rigoureux* : → EXTRÊME. **③** *Le respect rigoureux des règlements est exigé* : **strict** ; → ÉTROIT. **④** *L'opposition a fait une analyse rigoureuse de la situation économique* : **serré** ◆ ↓ **précis** ◆ ↑ **incontestable,** ↑ **implacable** ; → EXACT. *Un esprit rigoureux* : → MATHÉMATIQUE.

◇ **rigoureusement** **①** *L'accès des bâtiments est rigoureusement interdit à tout* rikiki

civil: **formellement, catégoriquement, strictement.** *C'est rigoureusement vrai*: → ABSOLUMENT. ② *Suivre rigoureusement le mode d'emploi*: **scrupuleusement ;** → ÉTROITEMENT, EXACTEMENT, À LA LETTRE.

rikiki → MINUSCULE, PETIT.

rimailleur → POÈTE.

rimer → VERSIFIER, SENS II.

rimeur → POÈTE.

Rimmel → FARD.

rincer → LAVER, NETTOYER. *Se faire rincer*: → DOUCHER.

ringard ① [adj.] → ANACHRONIQUE. ② [n.m.] → TISONNIER.

ripaille → FESTIN.

riper → PATINER.

ripoliner → PEINDRE I.

riposte ① *Il n'attendit pas longtemps la riposte*: [pl.] **représailles ;** → DÉFENSE. ② *Une riposte cinglante*: **repartie ;** → RÉPLIQUE.

◇ **riposter** ① *Les maquisards ripostèrent*: **contre-attaquer** (= opérer un mouvement offensif soudain). ② → RÉPLIQUER.

riposter → RIPOSTE.

ripou → CORROMPU.

riquiqui → MINUSCULE, PETIT.

rire [v.] ① *La moindre plaisanterie le fait rire*: **s'esclaffer** (= éclater de rire) ◆ **glousser** (= rire en poussant de petits cris) ◆ ↓ **pouffer** (= rire en se contenant ou en se cachant) ◆ ↓ **se dérider** (= se laisser aller à manifester sa joie) ◆ ↓ **sourire** (= prendre une expression rieuse) ◆ ↓ **ricaner** (= rire de façon méprisante) ◆ [fam.] ↑ **se marrer,** [fam.] **rigoler, s'écrouler de rire** ◆ [très fam.] **se bidonner** ◆ **rire à gorge déployée, aux éclats, aux larmes, à s'en tenir les côtes*** (= rire très fort) ◆ [fam.] **se gondoler, se poiler, se tordre, se dilater* la rate, s'en payer une tranche, se fendre la pêche, la pipe, la poire** ◆ [très fam.] **se taper le cul*** par terre. *Faire rire*: → AMUSER. ② *J'espère que tout ceci n'est pas sérieux. – Vous voulez rire ?*: **plaisanter*** ◆ [sout., rare] **badiner.** ③ *Rire de*: → SE MOQUER. ④ *Sans rire*: **sérieusement*.**

◇ **rire** [n.m.] *Les mimiques du clown provoquaient le rire du public*: [moins cour.] **hilarité** ◆ ↓ **sourire** (= rire silencieux), **gloussement** (= petit rire étouffé).

◇ **risible** ① [qqch est ~] *La situation est plutôt risible*: **drôle** ◆ ↑ **cocasse** (= qui surprend), ↓ **amusant*,** ↓ **plaisant* ;** → COMIQUE. ② [qqn est ~] → RIDICULE.

risée ① → MOQUERIE. ② → VENT.

risible → RIRE.

risque, risqué → RISQUER.

risquer ① *Risquer sa vie*: **aventurer** ◆ **mettre ses jours en danger* ;** → S'EXPOSER, HASARDER. *Il a risqué tout ce qu'il avait dans cette affaire*: **jouer*, mettre en jeu** ◆ **jouer à quitte* ou double ;** → OSER. *Risquer le tout pour le tout*: → TENTER II. ② *Risquer sa réputation*: → COMPROMETTRE. *Cet arbre risque de tomber*: **menacer* ;** → POUVOIR I.

◇ **se risquer** → S'AVANCER, S'AVENTURER, SE HASARDER.

◇ **risque** ① *Le projet était intéressant mais plein de risques*: [sout.] **péril** ◆ [sout.] **aléa** (= inconvénient non prévisible) ; → DANGER, MENACE, INCONVÉNIENT. *Sans risque*: → IMPUNÉMENT. *À risque. C'est un poste à (haut) risque*: **exposé** ; → DANGEREUX. ② *Il prend des risques*: **jouer avec le feu* ;** → S'AVANCER. ③ *C'est un risque*: **ça lui pend* au nez.** ④ *Au risque de*: **quitte* à.**

◇ **risqué** *Cette escalade est vraiment trop risquée*: **dangereux*, périlleux** ◆ ↓ **aléatoire** ◆ [très sout.] **scabreux ;** → AVENTURÉ, HARDI, HASARDEUX. *C'est un sujet risqué*: **brûlant* ;** → GLISSANT.

risque-tout → IMPRUDENT.

rissoler → CUIRE, FAIRE SAUTER*.

ristourne → DIMINUTION, RABAIS.

rite ① [au sing.] Le *rite* désigne la nature et l'organisation de l'ensemble des **cérémonies** en usage dans un **culte** religieux : dans le culte catholique, le rite n'est pas le même que dans le culte orthodoxe. Le **rituel** est un livre où est récapitulé le *rite* : les deux mots sont souvent pris l'un pour l'autre. La **liturgie** désigne, dans les religions chrétiennes, l'organisation particulière des cérémonies : la liturgie du baptême catholique ; → RELIGION, CÉLÉBRATION. ② [sing. ou pl.] *Toute religion a ses rites* : [sing.] **rituel** ◆ [plus génér.] **cérémonie.** ③ *C'est devenu un rite, ces promenades dominicales* : **coutume, habitude*, routine.**

◇ **rituel** ① [n.m.] *Un rituel* : **rite*.** ② [adj.] *Les cérémonies rituelles* : [plus partic.] **religieux** ◆ [rare] **cultuel.** *Il se prépare avec les gestes rituels* : **habituel, accoutumé.**

◇ **rituellement** *Il partait rituellement de chez lui à huit heures* : **invariablement, traditionnellement** ◆ ↓ **régulièrement.**

ritournelle → REFRAIN.

rituel, rituellement → RITE.

rivage *Le voilier quitta rapidement le rivage* : [didact.] **littoral** ◆ **rive** (qui s'emploie pour une rivière ou pour la mer : *la rive droite de la Loire, les rives de la Méditerranée*) ◆ **plage,** [rare] **grève** (= rivages presque plats, couverts de sable ou de galets) ; → BORD, CÔTE.

rival ① *Il a éliminé ses rivaux* : **adversaire, concurrent*** ; → ENNEMI. ② *Il a été mon rival, il est resté mon ami* : [sout.] **émule** (= celui qui cherche à surpasser qqn en bien).

◇ **rivalité** ① *La rivalité entre les grandes puissances* : ↑ **antagonisme** ; → LUTTE, DUEL. *La rivalité entre sportifs* : → COMPÉTITION. ② *Les grands magasins entraient en rivalité avec le petit commerce* : **concurrence** ; → ÉMULATION.

◇ **rivaliser** [~ de qqch avec qqn] *Il rivalisait d'esprit avec son ami pour séduire la jeune fille* : **faire assaut de** ◆ [sout.] **marcher sur les brisées de** ; → APPROCHER, DISPUTER, LUTTER.

rivaliser, rivalité → RIVAL.

rive → BORD, RIVAGE.

rivé → IMMOBILE.

river → ATTACHER I, FIXER.

riverain → VOISIN.

rivière → COURS D'EAU.

rixe → BAGARRE, MÊLÉE, SCANDALE.

RMI → REVENU.

robe ① Vêtement féminin. *Elle portait une robe étroite* : **fourreau.** *Une robe du soir* : → TENUE* DE SOIRÉE. ② Vêtement distinctif de certaines professions. *La robe du prêtre* : [plus précis] **soutane** ◆ **aube** (= vêtement ecclésiastique de cérémonie). *La robe du moine* : [vieilli] **froc.** *La robe d'un professeur d'université* : [plus précis] **épitoge** ◆ [plus cour.] **toge.** ③ *Robe de chambre. Il, elle restait en robe de chambre longtemps* : **peignoir** ◆ **déshabillé** (= vêtement féminin porté à la sortie du lit) ◆ [moins cour.] **saut-de-lit, négligé.** ④ *Ce chien de race est réputé pour la couleur fauve de sa robe* : [plus cour.] **pelage, toison*.** ⑤ *La robe d'un cigare* : **cape.**

robert → SEIN.

roboratif → FORTIFIANT.

robot → AUTOMATE.

robuste ① [qqn est ~] *Il fallait être très robuste pour faire ce travail* : **vigoureux, solide*** ◆ [fam.] **costaud** ; → FORT, RÉSISTANT. *Une santé robuste* : **de fer.** ② [qqch est ~] *On a besoin de machines agricoles robustes dans ce pays au climat rude* : **solide*.** *Une plante robuste* : → VIVACE.

◇ **robustesse** ① *La vie au grand air lui avait donné une robustesse peu commune* : **vigueur** ; → FORCE, RÉSISTANCE. ② *La robustesse d'un moteur* : → SOLIDITÉ.

robustesse → ROBUSTE.

roc → PIERRE.

rocade → ROUTE.

rocaille

rocaille ① *C'était une région au sol pauvre : partout de la rocaille :* **pierraille.** ② [adj.] *Style rocaille :* [plus génér.] **rococo.**

◇ **rocailleux** ① → PIERREUX, RABOTEUX. ② *L'acteur prit une voix rocailleuse :* **rauque*.** *Les critiques s'attaquaient au style rocailleux de l'écrivain* [sout.] : **heurté, rude.**

rocailleux → ROCAILLE.

rocambolesque → EXTRAVAGANT, INVRAISEMBLABLE.

roche → PIERRE, TERRAIN.

rocher ① → PIERRE. ② *Le navire s'est échoué sur les rochers qui affleuraient :* [plus précis] **brisant, écueil*, récif** ◆ [didact., en termes de marine] **caillou.**

rocking-chair *Grand-père se balançait dans son rocking-chair :* **fauteuil à bascule.**

rococo → ROCAILLE.

rôder *Ils rôdaient toute la journée dans les rues :* **traîner*, vagabonder** ◆ [fam.] **traînailler, traînasser ;** → ERRER.

◇ **rôdeur** *La presse attribuait le crime à des rôdeurs :* **vagabond*** (= personne qui n'a pas de domicile fixe ; le mot n'implique plus d'intentions louches).

rôdeur → RÔDER.

rodomontade → VANTARDISE.

rogaton → DÉBRIS, REPAS.

rogne → ÊTRE EN BOULE*, COLÈRE, RAGE.

rogner → DIMINUER, ÉCONOMISER.

rognure → DÉCHET.

rogue *Un ton rogue :* **arrogant, hargneux ;** → RAGEUR.

roi ① → MONARQUE, ROYAL, SIRE. ② *Vous êtes vraiment le roi des imbéciles :* **le plus grand.** *Un roi du pétrole :* **magnat.** *Un roi du milieu :* **caïd.** *Un petit roi :* [péj.] **roitelet.** *Le Roi des rois :* → DIEU.

◇ **royal** ① *Le palais royal :* **du roi.** *Il s'est fait construire une demeure royale :* **grandiose, majestueux, somptueux*.** *C'était une offre royale :* **magnifique.** ② *Il manifestait une indifférence royale à tout ce qui pouvait arriver :* **parfait, total*.**

◇ **royalement** *Il nous a reçus royalement :* **magnifiquement, somptueusement.**

roitelet → ROI.

rôle ① *Cette actrice excellait dans les rôles de soubrette :* **emploi, personnage*.** ② *Le missionnaire considérait que son rôle était d'aider les plus démunis :* ↑ **vocation ;** → MISSION. ③ *Jouer son rôle dans qqch :* **prendre part*** à. ④ *Ce n'est pas mon rôle de... :* **dans mes attributions ;** → MÉTIER, TÂCHE. ⑤ *À tour de rôle :* **successivement*.**

roller → PATIN À ROULETTES.

rom → TSIGANE.

roman ① *Œuvre littéraire de fiction, généralement en prose ; la* **nouvelle** *est un récit de moindre ampleur ;* → CONTE. *Un roman-feuilleton :* **feuilleton** (= roman qui paraît par fragments et, par extension, histoire à rebondissements). *Un roman policier :* → POLICIER. ② *Votre vie, c'est du roman :* **histoire invraisemblable, de la fiction ;** → INVENTION.

romance *La romance est une* **chanson*** *sentimentale. La* **cantilène** *et la* **ballade** *sont des chants narratifs.*

romancier → AUTEUR.

romanesque ① [qqn est ~] *Ce jeune homme romanesque ne voit rien de la vie telle qu'elle est :* **rêveur*** (qui indique que l'on se complaît dans l'imaginaire) ◆ **sentimental*** (qui indique que l'on accorde beaucoup d'importance aux sentiments). ② [qqch est ~] *Il a eu une vie tout à fait romanesque :* [plus génér.] **extraordinaire*** ◆ **aventureux** (qui implique des risques).

romani, romano → TSIGANE.

romantique → POÉTIQUE.

rombière → GROGNASSE, VIEUX.

rompre ① [v.t.] *D'un coup sec, il a rompu la branche* : [cour.] **casser.** *Le flot a rompu les digues* : [sout.] **enfoncer.** ② *Ils ont rompu la semaine dernière* : **se séparer** ♦ ↓ **se brouiller** ♦ **briser ses liens*** ; → DIVORCER. *Elle a rompu avec lui* : → ABANDONNER II, QUITTER. ③ *Quelqu'un a rompu le silence* : **interrompre.** *Sans que rien ne le laisse prévoir, les deux pays ont rompu le traité* : **dénoncer.** *Le négociant a rompu le contrat* : **résilier.** *Rompre un serment* : **manquer à.** *Rompre le silence* : **briser.** ④ *À tout rompre. Les spectateurs applaudissaient à tout rompre* : **très fort** ; → AVEC ENTHOUSIASME*.

◇ **se rompre** ① *La digue s'est rompue* : → CREVER. ② *Le chien a tellement tiré sur sa chaîne qu'elle s'est rompue* [sout.] : [plus cour.] **céder, lâcher*** ♦ [fam.] **claquer** ♦ [très fam.] **péter** ; → SE CASSER. *Attention, la branche va se rompre !* : **craquer*** ; → CASSER II.

◇ **rupture** ① *La rupture d'un tendon* : [plus précis] **déchirure** ; → ARRACHEMENT, CASSURE. ② *Ils en sont venus à la rupture, ils ne s'entendaient plus* : **séparation** ; → CRISE, DÉSACCORD, DIVORCE. ③ *Il a été condamné pour cette rupture de contrat* : **dénonciation*, résiliation.** ④ *Le présent est une rupture entre le passé et l'avenir* : **solution* de continuité** ; → FISSURE.

rompu ① → ENTRAÎNÉ. ② → FATIGUÉ.

ronce → BUISSON.

ronchon → BOUGON.

ronchonner → MAUGRÉER, MURMURER.

ronchonneur → BOUGON.

roncier → BUISSON.

rond

I [adj.] ① *Le banquier était un petit homme tout rond* : [fam.] **rondouillard.** *Des joues bien rondes* : **rebondi*.** *C'est une femme un peu trop ronde* : [fam.] **boulot, rondelet.** ② *Être rond* : **ivre*.** ③ [adv.] *Tourner rond* : → MARCHER.

I [n.m.] ① *Il traça plusieurs ronds sur le tableau* : [plus cour.] **cercle** ♦ **circonférence** (= limite extérieure d'un cercle). ② *Des ronds dans l'eau* : → ONDE II. ③ *Avoir des ronds* : → ARGENT. *N'avoir jamais un rond* : → DÉSARGENTÉ, SEC II (à sec), PAUVRE II. *Tourner en rond* : → INSOLUBLE. *Un empêcheur de tourner en rond* : **gêneur*.** ④ *Faire des ronds-de-jambe* : **gracieuseté** ; → SIMAGRÉE.

rond-de-cuir → BUREAUCRATE.

ronde *À la ronde* : → AUTOUR.

rondelet → ROND. *Une somme rondelette* : → GENTIL.

rondement → TAMBOUR BATTANT* II, LESTEMENT, PROMPTEMENT, RAPIDEMENT.

rondeur ① *Elle a des rondeurs* : **embonpoint, des formes, des rotondités** ; → CONTOUR, GROSSEUR. ② *Il a parlé avec beaucoup de rondeur* : **bonhomie, simplicité, naturel*.**

rondouillard → GRAS, ROND.

rond-point → CARREFOUR, PLACE II.

ronflant → AMPOULÉ, SONORE.

ronflement → VROMBISSEMENT.

ronfler ① → DORMIR. ② → VROMBIR.

ronger ① [~ qqch] *Les souris avaient rongé quelques livres* : **grignoter, mordiller** ; → MANGER I. ② [~ qqch] *Les acides rongent le métal* : [didact.] **corroder** ♦ ↓ **entamer** ; → ATTAQUER, MORDRE. *Le vent avait rongé la falaise* : **éroder** ; → SAPER, USER. ③ [~ qqn] *Le remords le rongeait* : **dévorer, tourmenter*** ; → MINER.

◇ **se ronger** *Se ronger les sangs* : **s'inquiéter*.**

ronron → ROUTINE.

ronronnement → VROMBISSEMENT.

roquet → CHIEN.

rosace → ROSE.

rosaire → CHAPELET.

rose

I [n.f.] ① *Les grandes roses de la cathédrale* : [plus cour.] **rosace.** ② *Envoyer*

qqn sur les roses : **envoyer qqn bouler*** ;
→ ENVOYER PROMENER*. *Ne pas sentir la
rose* : → PUER.

II [adj.] **1** *La mode était aux chemises
de couleur rose* : [adj. inv.] **chair, saumon**
(= rose tendre) ◆ **fuchsia** (= rose vif)
◆ **lilas** (= couleur violette tirant sur le
rose). **2** *La vie n'est pas toujours très
rose* : **gai** ◆ ↑ **drôle**. *Voir la vie en rose* :
être optimiste.

rosette → RUBAN.

rosse

I → CHEVAL.

II **1** [adj.] *Il a été rosse avec moi en me
laissant revenir à pied* [fam.] : [cour.]
méchant*, dur ◆ [très fam.] **vache**. **2** [n.f.]
Tu es une sale rosse ! [fam.] : ↓ **chameau**.

◇ **rosserie** *Il dit des rosseries de se sourire*
[fam.] : [cour.] **méchanceté** ◆ [très fam.]
↑ **vacherie**.

rossée → PEIGNÉE.

rosser → BATTRE.

rosserie → ROSSE II.

rot → ÉRUCTATION.

rotation → ROULEMENT, TOUR II.

roter → ÉRUCTER.

rôtir *Rôtir de la viande* : → CUIRE. *Rôtir du
pain* [didact.] : [cour.] **griller**.

rôtisserie → RESTAURANT.

rotondité → RONDEUR.

rotule *Sur les rotules* : → FATIGUÉ.

roubignole → TESTICULE.

roublard → MALIN, RUSÉ.

roublardise → RUSE.

roucoulement → CHANT.

roucouler → CHANTER.

roue *Faire la roue* : → PARADER.

roué → RUSÉ.

rouer *Rouer de coups* : → BATTRE, PASSER
À TABAC*.

rouerie → RUSE.

rouflaquette → FAVORI II.

rouge

I [adj.] **1** *Il avait le visage tout rouge
d'avoir couru si vite* : **enflammé** ◆ **congestionné** (qui indique qu'il y a un afflux de
sang important) ◆ ↓ **coloré** ◆ ↑ **écarlate**
(qui désigne un rouge éclatant) ◆ [plus
précis] **rougeaud, rubicond** (qui ne se
disent que du teint du visage). **2** *Vin
rouge. Il aimait bien boire un petit verre de
vin rouge* : [fam.] **rouge** (*un petit rouge*).
3 *J'aime la viande rouge* : **saignant***.

II [n.] **1** *Le rouge convenait fort bien
à son teint* : **bordeaux, grenat, cramoisi,
pourpre** (= rouges qui tirent sur le violet) ◆ **incarnat** (= rouge clair et vif)
◆ **rubis** (= rouge brillant) ◆ **vermillon**
(= rouge tirant sur l'orange) ◆ **carmin**
(= rouge vif). **2** *Un bon coup de rouge* :
vin rouge. *Elle avait mis du rouge pour la
soirée* : → FARD. **3** *Le ministre disait qu'il
lutterait contre les rouges* [péj.] : [cour.]
communiste. **4** *Être dans le rouge* : **être
à découvert.**

◇ **rougir** *Il rougissait de sa maladresse* :
s'empourprer ◆ [fam.] **piquer un fard, un
soleil** ◆ ↑ **avoir honte.**

◇ **rougeur** *Elle a des rougeurs sur le visage*
[cour.] : [didact.] **érythème** ◆ ↓ **couperose** ;
→ BRÛLURE, IRRITER.

rougeaud → ROUGE.

rougeoyer → FLAMBOYER.

rougeur, rougir → ROUGE.

rouille → ROUX.

rouillé → ENGOURDI.

roulade [de rouler I] *Il a fait une roulade
sur le tapis* : **galipette, roulé-boulé**.

roulant **1** → AMBULANT. **2** → COMIQUE.

rouleau **1** *Un rouleau de pellicule* : **bobine**.
2 *Rouleau compresseur* : → DÉCIDÉ.

roulé-boulé → ROULADE.

roulement [de rouler I] ① *Un roulement de tambour* : **battement**. ② *Le roulement des capitaux* : **circulation**. ③ *Le roulement du personnel* : **rotation** ; → ALTERNER.

rouler

I ① [qqch ~] *Une voiture roule vite* : **aller*** ; → AVANCER, FONCER, MARCHER. *Ça roule bien sur le périphérique* : **circuler***. ② [qqn ~] *Il trébucha et roula dans l'escalier* : **dégringoler** (*dégringoler l'escalier*) ; → TOMBER. ③ [~ qqch] *La cuisinière roule les quartiers de pomme dans la farine* : **enrober de** (*... enrobe les quartiers... de farine*). *Rouler ses manches* : **retrousser***, **replier**. *Le torrent roule les galets* : **charrier**. ④ *Ça roule !* [fam.] : [cour.] **ça va, ça marche**. *Rouler sur l'or* : **être riche***. *Rouler sa bosse* : [fam.] **bourlinguer** ; → VOYAGER. *Se les rouler* : → PARESSER.

◇ **se rouler** *Il se roula dans son duvet et s'endormit* : **s'enrouler**.

II *Je me suis fait rouler* [fam.] : **avoir, posséder***, **voler***. *On la roule comme on veut* [fam.] : [cour.] **tromper*** ◆ [sout.] **duper** ; → LEURRER, JOUER IV.

roulette *Jouer à la roulette russe* : → LOTERIE.

rouleur → COUREUR.

roulotte *On loue aujourd'hui des roulottes pour le tourisme* : [plus restreint] **caravane** (qui est tractée par une automobile) ◆ [anglic.] **mobile home**, [recomm. off.] **autocaravane, camping-car** (= fourgonnette aménagée pour s'y loger).

roulure → PROSTITUÉE.

round → REPRISE.

roupette → TESTICULE.

roupiller → DORMIR.

roupillon → SOMMEIL.

rouquin → ROUX.

rouscailler → RÉCLAMER.

rouspétance → MÉCONTENTEMENT, RAISONNEMENT.

rouspéter → MAUGRÉER, SE PLAINDRE, PROTESTER, RÂLER.

rouspéteur → RÂLEUR.

roussin ① → CHEVAL. ② → POLICIER.

roussir → BRÛLER.

roussure → PIQÛRE.

rouste → VOLÉE III.

routard → VOYAGEUR.

route ① *Demain, la route sera longue* : **parcours, trajet** ; → ÉTAPE. *Il ne reste plus qu'à vous souhaiter une bonne route* : **voyage**. *Chercher sa route* : **chemin** ; → DIRECTION. *Préparer sa route* : **itinéraire**. *Se mettre en route* : **se mettre en marche***, **partir*** ; → DÉMARRER, SE METTRE EN MOUVEMENT*. *Faire route. Le paquebot faisait route vers le Brésil* : [didact.] **cingler** ◆ **faire voile*** ; → ALLER. ② *La route a été goudronnée* : **chaussée**. *L'autoroute est une **voie*** de communication rapide dont chaque chaussée est à sens unique et ses accès (bretelles) sont protégés. Les **rocades** et **périphériques** (*boulevards périphériques*) sont des routes de contournement autour des agglomérations ; → COMMUNICATION, RUE. *Je vous donne la route à suivre* : [plus cour.] **marche**. *Être sur la bonne route* : **en bonne voie**. *La feuille de route* : **itinéraire**. *Faire fausse route* : **s'égarer***.

routier ① → CAMIONNEUR. ② → SCOUT. ③ → COUREUR.

routine *La routine quotidienne* : **traintrain, ronron**. *Sortir de la routine* : → ORNIÈRE.

routinier *Un travail routinier* : **monotone** ; → HABITUEL, HABITUDE.

rouvrir → RÉVISER.

roux ① [n.] *C'était un grand roux à la peau très blanche* : [fam.] **rouquin**. ② [adj.] *Des cheveux châtain roux* : **auburn** ◆ **rouille, brique** (qui s'emploient pour qualifier un tissu).

royal, royalement → ROI, MAGNIFICENCE.

royaliste → MONARCHISTE.

royaume, royauté → MONARCHIE.

ru → RUISSEAU, COURS D'EAU.

ruban ① *Le paquet était orné d'un ruban* : **faveur, bolduc.** *Elle retenait ses cheveux par un nœud de ruban* : **catogan** ♦ [moins cour.] **coque.** *Une robe agrémentée de rubans* : **galon.** ② *Il arborait le ruban de la Légion d'honneur* : **décoration, rosette.**

rubicond → ROUGE.

rubis ① → ROUGE. ② *Rubis sur l'ongle* : → CASH.

rubrique → ARTICLE.

rude ① *Cette toile neuve est un peu rude* : **râpeux, rêche, rugueux.** *Une barbe rude* : [plus cour.] **dur*.** ② *Les travaux de la moisson étaient très rudes* : **pénible.** *La côte est rude* : **abrupt, raide*.** *Un hiver rude* : → RIGOUREUX. *Un coup rude* : → BRUTAL. *Il avait un caractère rude, peu conciliant* : **bourru, revêche.** *Une rude semonce* : → VERT. ③ *Une voix rude* : **rocailleux*** ; → RAUQUE, RABOTEUX. *Il était en colère et parlait d'une voix rude* : **âpre.** ④ *C'est un rude négociateur* [antéposé] : **redoutable.** ⑤ *Vous avez eu une rude chance de vous en tirer sans plus de mal !* [antéposé] : **fameux, sacré** ; → BEAUCOUP.

◇ **rudement** ① *Elle le frappa rudement* : **brutalement, durement** ♦ ↑ **violemment.** ② *La mort de ses parents l'a touchée rudement* : **cruellement** ♦ [fam.] **salement.** *Ne lui parlez pas si rudement* : **abruptement, sèchement** ; → VERTEMENT. ③ *J'étais rudement content que vous arriviez* [antéposé, fam.] : **drôlement** ♦ [cour.] **très** ♦ [rare] **diablement.**

◇ **rudoyer** *Ce n'est pas en rudoyant cet enfant que vous réglerez les difficultés* : **brusquer, gronder, houspiller, malmener** ♦ ↑ **brutaliser** ♦ [fam.] ↓ **tarabuster.**

rudement → RUDE.

rudesse → AIGREUR, AMÉNITÉ (*sans aménité*), RIGUEUR.

rudiment → ÉLÉMENT, NOTION, PRINCIPES, ABC.

rudimentaire → ÉLÉMENTAIRE, GROSSIER, IMPARFAIT.

rudoyer → RUDE.

rue ① *Toute la rue avait été interdite à la circulation automobile* : [plus génér.] **artère** ♦ **avenue** (= voie urbaine large : *l'avenue des Champs-Élysées*) ♦ **boulevard** (qui est génér. construit sur l'emplacement d'anciens remparts) ♦ **ruelle,** [vieilli] **venelle** (= petite rue) ♦ **impasse, cul-de-sac** (= rue sans issue) ; → VOIE. ② *Être à la rue* : **sans abri*, sans ressources.** *À tous les coins de rue, à chaque coin de rue* : → PARTOUT.

ruée → RUER.

ruer *Ruer dans les brancards* : → PROTESTER.

◇ **se ruer** *Les spectateurs se ruèrent vers le terrain pour embrasser les joueurs* : **se précipiter** ; → S'ÉLANCER. *Il se rua sur son adversaire* : ↓ **se jeter sur** ; → S'ABATTRE.

◇ **ruée** *La ruée des vacanciers sur les plages* : **afflux** ♦ [anglic.] **rush.**

rugir → CRIER, VROMBIR.

rugissement → VROMBISSEMENT.

rugueux *Le chat le léchait de sa langue rugueuse* : **râpeux** ; → RUDE, RABOTEUX. *Des mains rugueuses* : **calleux.**

ruine ① *On trouvait des cadavres dans les ruines de la ville* [plus cour. au pl.] : **décombres** ; → VESTIGES, DÉBRIS, DÉGÂT. ② *La ruine du pays* : **désolation.** *La ruine des valeurs morales* : **effondrement,** ↓ **déclin*** ; → CHUTE, DÉCADENCE, DÉLIQUESCENCE, DISSOLUTION. ③ *La ruine du banquier n'a surpris que les naïfs* : **déconfiture** ; → FAILLITE, APPAUVRISSEMENT. *Être au bord de la ruine* : → ABÎME, PERTE. *La ruine du négoce* : → MORT. ④ *La maison tombait en ruine* : **s'effondrer** ; → CROULER.

◇ **ruiner** ① [~ qqch] *La grêle a ruiné les récoltes* [sout.] : **dévaster, ravager** ♦ ↑ **détruire,** ↑ **anéantir.** *Le temps a ruiné ce* *monument* : **détériorer** ; → ABATTRE, NUIRE* À, SABORDER. ② *Sa réputation a été ruinée par ce scandale* : **saper.** *La crise avait ruiné les rentiers* : **appauvrir** ◆ [fam.] **nettoyer*** ; → DÉSARGENTÉ, ÉTRANGLER, PERDRE.

◇ **se ruiner** *Il s'est ruiné au jeu* : **se mettre sur la paille, faire la culbute** ; → PERDRE. *Je me ruinerais pour vous* : **se dépouiller.**

ruiner → RUINE.

ruineux → COÛTEUX, INABORDABLE.

ruisseau *Un ruisseau court au bas de la prairie* : **ruisselet** ◆ [vx] **ru** ; → COURS D'EAU, RIGOLE. *C'était des ruisseaux de larmes, des pleurs à n'en plus finir* : ↑ **torrent** ; → FLOT.

ruisselant *Tous les murs étaient ruisselants d'eau* : ↓ **dégouttant,** ↓ **dégoulinant.** *Il avait travaillé au soleil et revenait ruisselant de sueur* : **inondé, trempé.**

ruisseler → COULER, SUINTER, SUER.

ruisselet → RUISSEAU.

ruissellement → ÉCOULEMENT.

rumeur → BRUIT II, ON-DIT, NOUVELLE.

ruminer → MÂCHER, RETOURNER.

rupestre *La grotte est couverte de peintures rupestres* : [didact.] **pariétal.**

rupin → RICHE.

rupture → ROMPRE.

rural → CAMPAGNARD.

ruse ① *Toutes vos ruses ont été découvertes* : [sout.] **feinte** ◆ ↑ **subterfuge** ◆ [fam.] **ficelle*,** ↓ **truc** ◆ **artifice** (= moyen trompeur utilisé pour déguiser la vérité) ◆ [vieilli] **astuce** (= moyen pour tromper) ◆ [sout.] **stratagème** (= ruse adroite) ; → DÉTOUR, MANŒUVRE. ② *Il prétendait que la ruse est une qualité en politique* : **fourberie, rouerie** (= habileté sans scrupule) ◆ [fam.] **roublardise** ; → ADRESSE, MACHIAVÉLISME.

◇ **ruser** *Il rusa et obtint ce qu'il désirait* : **finasser** ◆ ↓ **manœuvrer** ◆ [fam., péj.] **magouiller.**

◇ **rusé** *C'est un homme rusé qui sait tromper son monde* : **habile, adroit*, malin*, futé, subtil,** ↑ **roué** (qui n'impliquent pas l'idée de tromperie) ◆ **fourbe, perfide** (qui insistent sur l'intention de nuire) ◆ [sout.] **matois** ◆ [fam.] **roublard** ; → RETORS, MACHIAVÉLIQUE.

rusé, ruser → RUSE.

rush → RUÉE.

rustaud → BALOURD, GROSSIER.

rustique ① → CAMPAGNARD. ② → RÉSISTANT.

rustre ① → BALOURD, GROSSIER, LOURDAUD. ② → PAYSAN.

rut *En rut* : → CHALEUR.

rutilant *Les cuivres bien fourbis étaient rutilants* : **éclatant, étincelant** ; → BRILLANT I.

rutiler → BRILLER I.

rye → WHISKY.

rythme *Le rythme de la prose de Chateaubriand est très caractéristique* : **cadence, mesure** ◆ [plus génér.] **mouvement** ◆ **balancement** (qui indique qu'il y a équilibre entre les parties d'une période) ; → HARMONIE, MÉLODIE. *J'aime bien le rythme de ce blues* : **tempo.** *Le rythme des saisons* : **alternance*.** *Le rythme des réformes* : **fréquence.** *Au rythme de* : → SON.

◇ **rythmé** *Une diction bien rythmée* : **harmonieux.** *Une musique rythmée* : **entraînant.**

◇ **rythmique** *Une prose rythmique* : **mesuré, cadencé, balancé.** *Le mouvement rythmique de la houle* : **alternatif, régulier.**

rythmé → RYTHME.

rythmer → BERCER, SCANDER.

rythmique → RYTHME.

S

sabir → GALIMATIAS.

sable ① [n.m.] *Le jardinier a couvert ses allées de sable* : [plus partic.] **falun** (= sable coquillier) ◆ **gravier** (qui est composé de petits cailloux et non de grains). ② [adj. inv.] **beige**.

◇ **sableux** *Ce sol est sableux* : **sablonneux** (qui qualifie aussi bien un terrain couvert de sable qu'une terre mêlée de sable).

sableux → SABLE.

sablonneux → SABLEUX.

saborder ① *La flotte avait sabordé ses vaisseaux* : **couler, envoyer par le fond***. ② *Le patron a sabordé cette entreprise* : **couler, torpiller** ; → RUINER.

sabot *Il fait sonner ses sabots sur les cailloux du chemin* : **galoche** (= sabot à dessus de cuir).

sabotage → GÂCHIS.

saboter ① *Il avait saboté son travail* : **bâcler** ◆ **gâcher** (qui se dit plutôt de la mauvaise utilisation des matières premières) ◆ [fam.] **faire à la diable, par-dessus la jambe, cochonner, torcher** ; → MASSACRER. ② *Les partisans avaient saboté la voie ferrée* : **détériorer volontairement** ; → DÉTRUIRE.

sabra → JUIF.

sabre ① → ÉPÉE. ② *Traîneur de sabre* : [fam., vx] **bravache*** ; → FANFARON.

sabrer ① *Le rédacteur en chef avait sabré ce long article* : **caviarder,** [plus cour.] **couper, censurer.** ② *Le jury a sabré les candidats* : [fam.] **sacquer** ; → REFUSER.

sac

I ① *L'épicier met les légumes en petits sacs* : **sachet** ◆ **poche,** [région.] **pochon** (= petits sacs génér. en papier) ; → EMBALLAGE. *L'ouvrier emportait sa gamelle dans son sac* : **musette, sacoche** (qui sont munies d'une bretelle). *L'enfant a préparé son sac pour l'école* : [plus partic.] **cartable, serviette***. *Le chasseur a rangé le gibier dans son sac* : [plus précis] **gibecière, carnassière** (qui se portent en bandoulière). ② *Sacs de voyage* : → BAGAGE. *Sac à provisions* : **cabas** (= sac à provisions ou panier souple). *Un sac de couchage* : **duvet.** *Sac à vin* : → IVROGNE. ③ *Cul-de-sac* : → IMPASSE. ④ *Il aurait mieux fait de vider son sac que de se taire* [fam.] : **mettre à table** ◆ [cour.] **avouer*** ; → SE CONFIER, PARLER. *L'affaire est dans le sac* : **réglé, conclu.**

II → PILLAGE, SACCAGER.

saccade *À certains moments, le moteur toussait et la voiture avançait alors par saccades* : **à-coup, soubresaut** ; → SECOUSSE.

◇ **saccadé** *Des mouvements saccadés* : **brusque, irrégulier, discontinu** ◆ [plus partic.] **convulsif, spasmodique** (provenant de la contraction involontaire des muscles ou des viscères) ; → HEURTÉ. *Sous le coup* *de la colère, il parle d'une voix saccadée* : **entrecoupé, haché.**

saccage → SACCAGER.

saccager ① → PILLER. ② *Les cambrioleurs ont saccagé l'appartement de fond en comble* : **ravager, mettre à sac ◆ ↓ bouleverser ◆** [fam.] **↓ chambarder, ↓ chambouler ; →** ABÎMER, MASSACRER.

◇ **saccage** ① → CARNAGE, PILLAGE. ② *Quel saccage dans le champ après le passage des chasseurs !* : **dévastation, ravage ◆ ↓ dégât*.**

sacerdoce *Exercer un sacerdoce* : → MINISTÈRE. *La vocation du sacerdoce devient rare* : [plus partic.] **prêtrise** (qui s'applique uniquement au clergé catholique, est d'emploi plus cour. pour désigner plus génér. la fonction du prêtre).

sachet, sacoche → SAC.

sacquer ① → CONGÉDIER, RENVOYER, VIDER. ② → SABRER.

sacraliser → DIVINISER.

sacre → SACRER. *Le sacre de Charles VII* : [plus cour.] **couronnement, bénédiction, onction, intronisation ; →** CONSÉCRATION.

sacré

I [postposé] ① *Un festival d'art sacré a été organisé* : **religieux.** *Le calice est un vase sacré* : **liturgique** (qui se dit partic. de ce qui a rapport au culte) ; → SAINT. ② *Le secret professionnel est sacré* : **inviolable ◆** [par plais.] **sacro-saint, tabou ◆** [plus sout.] **intangible ; →** VÉNÉRABLE.

II [antéposé] *Il a un sacré toupet* [fam.] : [cour.] **incroyable, extraordinaire* ; →** MALHEUR, MAUDIT, FINI, FAMEUX, FICHU, JOLI, RUDE, VACHE. *Un sacré menteur* : → MAÎTRE II, PARFAIT.

sacrebleu → NOM DE DIEU.

sacrement *Derniers sacrements* : → EXTRÊME-ONCTION.

sacrément [de sacré **II**]→ BEAUCOUP, GROSSIÈREMENT.

sacrer

I *Les rois de France étaient sacrés à Reims* : [plus partic.] **couronner** (qui se dit de la proclamation du souverain) **◆ bénir, oindre** (qui se disent des actes religieux qui accomplissaient le sacre) **◆ introniser** (qui se dit de l'installation sur le trône royal ou épiscopal) ; → CONSACRER.

II *Écumant de rage, il sacrait comme un charretier* : **jurer* ◆ blasphémer** (= jurer en insultant la divinité ou la religion).

sacrifice → SACRIFIER.

I *Le sacrifice est une très ancienne pratique religieuse* : [plus génér.] **offrande** (qui n'implique pas la destruction ou l'abandon de la chose offerte) **◆** [plus partic.] **immolation, holocauste** (qui impliquent le sacrifice d'une ou plusieurs vies) **◆ libation** (= geste symbolique de verser le lait ou l'alcool en offrande).

II ① *Ils ont accepté beaucoup de sacrifices pour l'éducation de leurs enfants* : **↓ privations ◆ dépenses** (= sacrifices exclusivement financiers) ; → EFFORT. ② *L'esprit de sacrifice* : **↑ abnégation ◆ ↓ dévouement.**

sacrifié → SACRIFIER.

sacrifier ① [~ qqn ou qqch] *Cet homme sacrifie les siens* : **↓ abandonner* II.** *Le metteur en scène a sacrifié le rôle du jeune premier* : **↓ négliger.** *Sacrifier un article* : **brader, vendre* à bon marché ; →** SOLDER. *Sacrifier qqch pour sauver le reste* : **renoncer à, faire le sacrifice de, faire la part du feu.** ② [~ à qqch] *Il sacrifie ses loisirs à la philatélie* : **↓ consacrer.** *Nous sacrifions tous à la mode* : **se soumettre ◆ ↑ obéir.**

◇ **se sacrifier** *Il s'est sacrifié au bonheur des siens* : **se dévouer ◆ ↑ s'immoler.**

◇ **sacrifié** *Marchandises sacrifiées* : **bradé, vendu à perte, à bas prix* ◆ ↓ soldé.**

sacrilège

I [n.m.] *Les vols d'objets sacrés sont des sacrilèges* : **profanation ◆ blasphème** (= sacrilège par la parole) **◆ outrage** (à Dieu) ; → HÉRÉSIE.

II [n. et adj.] *Des propos sacrilèges :* → BLASPHÉMATOIRE, IMPIE. *Un sacrilège :* blasphémateur, impie.

sacripant → VAURIEN.

sacristain *Le sacristain ouvrit les portes de l'église :* bedeau, suisse (qui sont plus spécialement chargés du bon déroulement des offices).

sacristie *Punaise de sacristie :* → BIGOT.

sacro-saint → INTOUCHABLE, SACRÉ I, TABOU.

sadique *Cet homme est sadique* [cour.] : cruel*. *Un plaisir sadique :* [plus génér.] pervers ; → DIABOLIQUE.

◇ **sadisme** *Son sadisme me révolte :* [plus génér.] cruauté*.

sadisme → SADIQUE.

safari → CHASSE.

safran → JAUNE I.

saga → HISTOIRE.

sagace *C'est un esprit sagace :* perspicace ◆ ↓ fin*, ↓ subtil ; → CLAIRVOYANT.

◇ **sagacité** *Il a fait preuve de sagacité devant cette énigme :* perspicacité ◆ ↓ intuition, ↓ finesse*, ↓ pénétration ; → CLAIRVOYANCE.

sagacité → SAGACE.

sagaie → PIQUE I.

sage ① [adj., antéposé] *C'est une sage décision :* [postposé] avisé, judicieux, sensé ◆ ↓ prudent* ◆ [plus génér.] bon ; → RAISONNABLE. *Un discours sage :* → DÉCENT. ② [adj., postposé] *Cet enfant est presque trop sage :* docile*, obéissant, tranquille, doux ◆ ↑ gentil* (qui implique en plus une conduite agréable). ③ [n.] *Votre décision est celle d'un sage :* → PHILOSOPHE. ④ *Elle a été sage jusqu'à son mariage :* chaste ◆ ↑ pur (qui implique que même les intentions étaient sages) ; → SÉRIEUX.

◇ **sagement** *Les enfants attendent sagement dans la cour de l'école :* tranquillement, ↑ gentiment, calmement. *Vous avez parlé*

sagement : raisonnablement, avec sagesse, parler d'or ; → PRUDEMMENT.

◇ **sagesse** ① *Il a manœuvré avec sagesse :* circonspection, prudence ; → MODÉRATION. *Il a accepté cette perte avec beaucoup de sagesse :* philosophie, bon sens ; → RAISON, SAGEMENT. ② *Cet enfant est d'une sagesse rare :* → DOCILITÉ. ③ *Nous avons été surpris de la sagesse de ses prétentions :* modestie.

sage-femme → ACCOUCHEUR.

sagement, sagesse → SAGE.

sagouin → MALPROPRE.

saignant → SAIGNER.

saigner ① [v.i. ; qqn ~] *Le blessé saigne :* être en sang, [didact.] ↑ avoir une hémorragie. *Ça saigne :* → PISSER. ② [v.t.] *On a saigné le porc :* égorger (qui s'emploie plutôt pour un acte criminel que pour l'abattage d'un animal) ; → TUER. *La guerre a laissé vainqueurs et vaincus saignés à blanc :* [plus génér.] ↓ épuisé ◆ [rare] exsangue. *L'usurier saignait à blanc ses créanciers :* dépouiller ; → PRESSURER.

◇ **saignant** ① → ENSANGLANTÉ. ② *J'aime la viande saignante :* ↑ bleu ◆ [plus génér.] rouge (qui se dit aussi bien de la nature de la viande, bœuf, mouton, par opp. aux viandes blanches, veau, que de son degré de cuisson).

saillant [de saillir I] ① *Les parties saillantes de la façade sont dégradées :* proéminent. *Il a les yeux saillants :* [moins cour.] globuleux ◆ gros* (*de gros yeux*). ② *Un fait saillant :* marquant*, notable. *Le trait saillant de son caractère est sa gentillesse :* frappant, remarquable ◆ ↑ saisissant.

saillie

I [de saillir I] ① *L'écorce de ce chêne présente des saillies bizarres :* relief* ◆ [didact.] protubérance, excroissance. *Faire saillie :* saillir* ; → SORTIR I. ② *Sa conversation est riche en saillies :* boutade, mot, trait d'esprit ; → PLAISANTERIE.

II [de saillir II] *La saillie de la jument par un étalon :* [plus génér.] accouplement ◆ [plus génér., didact.] copulation ; → MONTE.

saillir

I *Une corniche saillait à la hauteur du premier étage* : **faire saillie** ♦ [plus cour. et plus génér.] **dépasser, avancer** ; → SORTIR I.

II *L'éleveur a fait saillir sa jument par l'étalon* : **couvrir** ; → S'ACCOUPLER.

sain ① [en parlant d'une personne ou d'un animal] *Parmi ces éclopés, un seul homme sain !* : **en bonne santé*, bien portant** ♦ **valide** (qui se dit des personnes qui peuvent exercer leur activité). *Ce garçon est parfaitement sain d'esprit* : → ÉQUILIBRÉ. *Sain et sauf* : [moins cour.] **indemne** (= qui a échappé à un danger). ② [en parlant de qqch] *Une maladie des bronches l'oblige à vivre sous un climat sain* : ↑ **tonique** ♦ [moins cour.] **salubre** ; → SALUTAIRE. *Une nourriture saine* : → HYGIÉNIQUE. ③ *Voilà de saines idées sur la mode* : **raisonnable**. *Un jugement sain* : **clair**.

◇ **sainement** *Il juge sainement de ses expériences passées* : **raisonnablement, judicieusement** ; → À BON ESCIENT*.

saindoux → GRAISSE.

sainement → SAIN.

saint ① [adj.] *Aujourd'hui, les choses les plus saintes sont bafouées* : **sacré*, vénérable** ♦ ↓ **respectable.** ② [n.] *Les saints du paradis* : [plus génér.] **élu** (= celui qui jouit de la félicité éternelle, que l'Église lui rende ou non les honneurs publics) ♦ [plus partic.] **bienheureux** (= celui qui a été béatifié, sans qu'un culte lui soit dédié). *Prêcher pour son saint* : **pour sa paroisse**. ③ *Ce n'est pas un petit saint* : **un enfant* de chœur**. *Le saint des saints* : **sanctuaire**. *Le saint-père* : → PAPE. *Le Saint-Siège* : → PAPAUTÉ. *Le Saint des Saints* : → DIEU. *Le Saint-Esprit* : → ESPRIT.

sainte-nitouche *Cette petite sainte-nitouche a trompé tout le monde* : **hypocrite*, nitouche**.

sainteté → BIEN III.

saint-frusquin → RESTE.

saint-glinglin (à la) *Il reviendra à la saint-glinglin* : **la semaine des quatre jeudis, ne... jamais** (*il ne reviendra jamais*)

♦ [fam.] **quand les poules auront des dents**
♦ [moins cour.] **aux calendes grecques**.

saint-père → PAPE.

saint-simonisme → SOCIALISME.

saisie → SAISIR II.

saisir

I ① [~ qqn ou qqch] *Il saisit une branche à deux mains pour grimper à l'arbre* : **s'accrocher à, s'agripper à, attraper*** ♦ [moins cour.] **empoigner** ; → S'EMPARER, PRENDRE. ② [qqn ~ qqch] *J'ai bien saisi votre idée* : **comprendre*** ♦ [fam.] **piger** ; → ENTENDRE, PÉNÉTRER. *Il n'est pas facile de saisir les intentions de ce personnage silencieux* : **discerner** ; → PERCEVOIR, VOIR. *Saisir un texte* : → ÉCRIRE. *Saisissez-vous ce qu'il veut faire ?* : [plus sout.] **concevoir**. *Avez-vous saisi votre rôle ?* : → RÉALISER II. *Saisir une occasion* : → PROFITER. ③ [qqch ~ qqn] *Le froid a saisi le baigneur à la sortie de l'eau* : ↓ **surprendre**. *Le spectateur a été saisi par la puissance des images* : **frapper, transporter** ♦ [moins cour.] **captiver** ♦ ↓ **impressionner,** ↓ **émouvoir***.

◇ **se saisir** ① [~ de qqn] *Les policiers se sont saisis du perturbateur* : **arrêter, attraper** ♦ [moins cour.] **appréhender, empoigner** ; → S'EMPARER. ② [~ de qqch] *Se saisir d'un bien* : **s'emparer de, mettre la main* sur** ; → VOLER.

II *On a saisi ses meubles* : [plus génér.] **confisquer** (= déposséder qqn par un acte d'autorité quelconque, alors que *saisir* est un acte juridique).

◇ **saisie** *La saisie des marchandises entrées en fraude est opérée par les douaniers* : **confiscation** ♦ [didact.] **séquestre** (= mise en dépôt provisoire auprès d'un tiers).

saisissable → PÉNÉTRABLE.

saisissant → CRIANT, ÉMOUVANT, SAILLANT, SURPRENANT.

saisissement → ÉMOTION, SECOUSSE.

saison *La saison a été belle* : **arrière-saison** (= fin de l'automne ou de la belle saison). *Ce n'est pas encore la saison des vacances* : **moment** ; → ÉPOQUE. *Ce langage n'est plus*

salace

de saison : **de circonstance.** *La morte-saison, la basse saison* : → INTERSAISON.

salace → OBSCÈNE.

salade ① → MÉLANGE. *Une salade de fruits* : → MACÉDOINE. ②→ AGISSEMENTS. ③ → MENSONGE.

salaire *Les salaires n'ont pas augmenté aussi vite que les prix* (= somme perçue régulièrement par un employé) : [moins cour.] **rétribution, appointements** (= rétribution pour un emploi régulier), **fixe** (pour distinguer la part invariable du salaire des primes, commissions...) ◆ [plus génér.] **gain** (= toute sorte de profit : *gain d'un ouvrier, d'un patron, au jeu*) ◆ **rémunération*** (= tout argent reçu en échange d'un service ou d'un travail) ◆ [plus partic.] **émoluments** (= rétribution variable ou fixe des employés d'administration) ◆ **honoraires** (= sommes perçues par les membres des professions libérales : médecins, avocats) ◆ **indemnités** (= compensation des frais) ◆ **traitement** (= rémunération mensuelle d'un fonctionnaire) ◆ **cachet** (= rétribution d'un acteur pour un spectacle) ◆ [vx] **gages** (= salaire d'un domestique) ◆ **solde** (= allocation des militaires) ◆ **commission, prime*** (= gratifications constituant un supplément de salaire ou une rémunération irrégulière pour les employés de commerce) ; → PAIE. *As-tu touché ton salaire ?* : [par méton., plus fam.] **mois, quinzaine, semaine** (selon le mode de paiement) ◆ **mensualité** (= toute somme perçue mensuellement, dont le salaire mensuel). *Le salaire minimum interprofessionnel de croissance est indexé sur les prix* : **SMIC.** *Toute peine mérite salaire* : **récompense*.**

◇ **salarié** [n.] *Les salariés de cette entreprise ont posé leurs revendications* : [sing. collectif] **personnel, employés** ◆ **ouvrier** (= celui qui effectue un travail manuel) ◆ **smicard** (= celui qui perçoit le SMIC).

◇ **salarier** *Salarier un domestique* : **appointer** ; → PAYER, RÉMUNÉRER.

salaison → SALÉ.

salamalecs → SALUTATION, GRACIEUSETÉ.

salarié, salarier → SALAIRE.

salaud ① Terme injurieux et vulgaire. *Le dénonciateur est un salaud* : **charogne, crapule, fumier, salopard, salope, saligaud** ◆ **sale* type** ; → ANIMAL, ORDURE. *Quel est le salaud qui a laissé les lieux dans cet état ?* : **cochon** ◆ [très fam.] **dégueulasse** ; → MALPROPRE. ② Sans valeur injurieuse *Ben, mon salaud !* [fam.] : **mon cochon** ; → FICHTRE.

sale ① [postposé] *Il ne se lave jamais, il est sale* : **dégoûtant** ◆ ↓ **négligé** ◆ ↑ **répugnant** (qui implique l'effet produit sur les autres) ◆ [très fam.] **dégueulasse, crasseux, crado, crade, cracra** ; → MALPROPRE, SORDIDE. *En rentrant du jardin, enlève tes chaussures sales* : [plus partic.] **poussiéreux, boueux, crotté, terreux** ◆ [plus sout., plus génér.] **souillé.** *Il a les mains toutes sales* : → NOIR. *Des eaux sales* : **usé*.** ② [postposé] *Ses histoires ne sont pas toujours drôles* : ↓ **grivois,** ↓ **salé,** ↓ **corsé** ◆ ↑ **obscène,** ↑ **ordurier** (qui impliquent une condamnation) ◆ [par euph.] **malhonnête** ◆ [sout.] **inconvenant*, indécent*** ; → SCABREUX. ③ [antéposé] *Votre voisin a vraiment une sale tête* : [postposé] **antipathique, désagréable.** *Quel sale individu, type !* : [fam.] **salaud*, crapule** ; → MISÉRABLE, TRISTE. ④ [antéposé] *Voilà un sale travail* : [postposé] **désagréable,** [plus partic.] **difficile** ; → MAUDIT. *Quel sale temps ! il pleut depuis huit jours* : ↓ **mauvais** ◆ [fam., postposé] **de chien, dégueulasse** ; → VILAIN.

◇ **salement** ① *Cet enfant mange salement* : **malproprement, mal** ◆ [fam.] ↑ **comme un cochon,** ↑ **comme un porc.** ② *J'ai été salement surpris* [fam.] : **vachement** ; → RUDEMENT, TRÈS.

◇ **saleté** ① *La saleté de ce logement me répugne* : **crasse** ; → MALPROPRETÉ. ② *Ce liquide est plein de saletés* : → IMPURETÉ. *Cette cave est pleine de saletés* : → ORDURE. ③ *Ne laissez pas votre chien faire ses saletés dans cet escalier* : **crotte** ◆ [plus sout.] **excrément*** ◆ ↑ **immondices** ◆ [grossier] **merde*.** ④ *Il raconte toujours des saletés* : **grossièreté** ◆ [fam.] **cochonnerie, saloperie** ; → ORDURE, OBSCÉNITÉ. ⑤ *Il m'a fait une saleté* [fam.] : **crasse*, saloperie, vache-**

rie* ◆ [plus cour.] ↓ **tour*** (*il m'a joué un tour*).

salé → SEL. ① *Cette eau a un goût légèrement salé* : [moins cour.] **salin, saumâtre.** *Viandes, conserves salées* : **salaisons.** ② *Les plaisanteries salées ne nous choquent pas* : **corsé, grivois** ◆ [plus sout.] **licencieux** ◆ ↑ **grossier*** ; → POIVRÉ, SALE, VULGAIRE. ③ *L'inculpé a écopé d'une condamnation salée* [fam.] : [plus cour.] **sévère*, corsé** ◆ ↑ **excessif** (= qui passe la mesure) ; → SOIGNÉ.

salement → SALE.

saler → SEL.

saleté → SALE.

sali → SALIR.

saligaud ① → MALPROPRE. ② → SALAUD.

saline *Les salines de Provence* : **marais salant.**
◇ **salinier** Producteur de sel. *Le métier de salinier se perd* : [plus cour.] **paludier, saunier** (qui désignent ceux qui travaillent à la production du sel).

salinier → SALINE.

salir ① [~ qqch] *En ramonant la cheminée, il a sali son visage et ses mains* : [plus sout.] **souiller** ◆ **tacher,** [sout.] **maculer** (= salir par places) ◆ **barbouiller** (= enduire largement, surtout le visage, d'une substance salissante) ◆ [plus partic.] **poisser, graisser.** *La suie a sali les conduits* : ↓ **culotter** ◆ ↑ **encrasser** (= salir au point d'empêcher le fonctionnement) ◆ [fam.] **dégueulasser ;** → NOIRCIR. *Le mazout a sali les plages* : [moins cour.] **polluer*.** ② [~ qqch, qqn] *Pourquoi salir le souvenir de cette heureuse époque ?* : **abîmer*, ternir ;** → CORROMPRE. *Sa réputation a été salie par cette regrettable histoire* : **entacher.** *On a sali cet homme* : **calomnier, déshonorer, diffamer ;** → DISCRÉDITER, FLÉTRIR.
◇ **sali** ① **souillé, taché, maculé, encrassé, noirci.** ② **terni, entaché, déshonoré.**

salissure → TACHE I.

salive *La salive lui coulait du coin de la bouche* : **bave, écume** (= salive mousseuse de certains animaux). *Jet de salive* : **crachat, postillon.**
◇ **saliver** *Ce chien salive devant sa pâtée* : **baver.** *Je salive au souvenir de cette blanquette de veau* : **avoir l'eau à la bouche.**

saliver → SALIVE.

salle ① → PIÈCE. ② → AUDITOIRE. *Salle obscure* : → CINÉMA.

salmigondis → MÉLANGE.

salon ① → PIÈCE. ② → EXPOSITION.

salopard → SALAUD.

salope → GARCE, SALAUD.

saloperie [fam.] ① *L'eau est pleine de saloperies* : **saleté*** ◆ [sout.] **impureté ;** → MALPROPRETÉ, ORDURE. ② *Cet outil, c'est une saloperie, de la saloperie* : **camelote, cochonnerie, pacotille** (*de la pacotille*) ; → SALETÉ, ACTION. ③ *Il m'a fait une saloperie* : **vacherie** ◆ [cour.] **méchanceté ;** → SALETÉ. *Faire des saloperies auprès du chef* : → BASSESSE, COMPROMISSION.

salopette → COTTE.

saltimbanque *Des saltimbanques ont monté leur baraque sur le boulevard* : **baladin, bateleur ;** → ACROBATE.

salubre → SAIN, SALUTAIRE.

salubrité → HYGIÈNE.

saluer → SALUT I. ① *Il a salué ses amis* : **dire bonjour** (à l'arrivée) ◆ **au revoir, adieu** (au départ) ; → CONGÉ (*prendre congé*). *Je vous salue* : **faire ses amitiés.** *Le ministre a été salué à son arrivée par les notables* : → ACCUEILLIR. ② *Nous saluons son grand dévouement* : **honorer, rendre hommage** ◆ **donner un coup de chapeau à, tirer son chapeau à** (qqn pour son dévouement).
◇ **salutation** *Sa fille nous fait toujours de grandes salutations* : ↑ **révérence** (= mouvement cérémonieux et conventionnel de respect) ◆ ↑ **courbette** (qui implique une certaine obséquiosité) ◆ [fam.] **salamalecs** (= salutations exagérées).

salut

I Formule de politesse. *Salut aux amis !*
[fam.] : **bonjour, bonsoir, au revoir, adieu***
(suivant l'heure ou la situation). En guise
d'adieu sont utilisés des emprunts aux
langues étrangères, à l'anglais : **bye-bye**
ou **bye** ; à l'italien **tchao** ou **ciao**.

II ① *Il a cherché son salut dans la fuite* :
sauvegarde. *Planche de salut* : → APPUI.
② [dans la religion chrétienne] *Le mystère du
salut* : **Rédemption ◆** [plus rare] **rachat.**

salutaire [de salut **II**] *Le grand air lui sera
salutaire* : **sain ◆** [moins cour.] **salubre** ;
→ SANTÉ. *Ses conseils vous seront salu-
taires* : **profitable, utile*** ; → BIEN **III** (*faire
du bien*).

salutation → SALUER.

salve → RAFALE, TEMPÊTE, VAGUE **II**,
VOLÉE **II**.

sana → SANATORIUM.

sanatorium *Les sanatoriums sont des
établissements de cure pour les tuberculeux* : [abrév.] **sana ◆ préventorium** (qui
accueille des patients au premier stade de
la maladie).

sanctifier → FÊTER, CONSACRER.

sanction ① *Le projet a reçu la sanction des autorités scientifiques* : **approba-
tion*, validation.** ② *De sévères sanctions
ont frappé les coupables* : **condamnation**
(= jugement qui décide de la punition)
◆ amende, peine (= modalités d'application) ; → PUNITION. *La sanction du crime* :
répression. ③ *Sanctions commerciales,
économiques* : → EMBARGO.

◇ **sanctionner** ① *L'usage a sanctionné
l'emploi de ce mot* : **consacrer** ; → RATIFIER,
CONFIRMER. *Cette décision a été sanction-
née par un décret ministériel* : **entériner.**
② *La loi sanctionne les délits* : **réprimer** ;
→ PUNIR, SÉVIR.

sanctionner → SANCTION.

sanctuaire → ÉGLISE, REFUGE, SAINT* DES
SAINTS.

sandale *L'été, il ne porte que des sandales* :
sandalette, spartiate, nu-pieds ; → CHAUS-
SURE.

sandalette → SANDALE.

Sandow [nom déposé] → TENDEUR.

sandwich *Un sandwich au jambon* : [plus
génér., fam.] **casse-croûte, casse-graine
◆** [très fam.] **casse-dalle.**

sang ① *Être en sang* : → SAIGNER. *Payer de
son sang* : → VIE. ② *Être du même sang* :
→ CONSANGUINITÉ, FAMILLE, LIGNÉE, RACE.
Se faire du mauvais sang : → S'INQUIÉTER.

sang-froid *Il ne perd jamais son sang-
froid* : **maîtrise* de soi, contrôle,** [moins
cour.] **flegme ◆ aplomb** (qui se dit des
marques extérieures du sang-froid) ;
→ CALME, IMPASSIBILITÉ. *De sang-froid* :
délibérément*.

sanglant → ENSANGLANTÉ, MEURTRIER **II**.

sangle → COURROIE.

sangler → SERRER.

sanglier → SOLITAIRE **II**.

sanglot → PLEURS.

sangloter → PLEURER.

sang-mêlé → MÉTIS.

sangsue ① → EXPLOITEUR. ② *Il est du
genre sangsue* [fam.] : **collant*, pot* de
colle** ; → IMPORTUN.

sanguinaire → CRUEL.

sanguinolent → ENSANGLANTÉ.

sans ① Exprime la privation. *Il était
sans argent* : **manquer de ◆** [moins cour.]
dépourvu de ; → DÉMUNIR. Exprime l'absence. *Sans faucille, il n'a pu couper
l'herbe* : [moins cour.] **faute de, privé de.**
Des rues sans voitures : → VIDE **I**. ② Peut
introduire une condition négative sous
la forme d'un groupe nominal. *Sans cet
heureux hasard...* : **s'il n'y avait pas eu...**
③ *Sans quoi* : **autrement.** *Sans doute* :
sûrement*, certainement. *Sans cesse* :

constamment*. *Sans cela* [fam.] : [plus cour.] **sinon***.

sans-abri *On manque de structures d'accueil pour les sans-abri* : **sans-logis** ◆ [abrév.] **SDF** (= *sans domicile fixe*) ; → SINISTRÉ, PAUVRE.

sans-cœur → MÉCHANT II.

sans-emploi → CHÔMEUR, SANS-TRAVAIL.

sans-gêne 1 [n.m.] → DÉSINVOLTURE, INCONVENANCE. 2 [adj.] *Il est vraiment trop sans-gêne* : **impoli***, ↑ **goujat** ; → GROSSIER, FAMILIER.

sans-le-sou → PAUVRE.

sans-logis → SANS-ABRI.

sans-papiers → ÉTRANGER II.

sans-patrie *C'est un sans-patrie* : **apatride** (qui désigne un statut plutôt qu'un état).

sans-souci → TRANQUILLE.

sans-travail *Le nombre de sans-travail a largement dépassé trois millions dans le pays* : **sans-emploi** ◆ [plus cour.] **chômeur***.

santé *Il est plein de santé* : ↑ **vitalité** ; → VIE. *La santé mentale* : → ÉQUILIBRE. *C'est bon pour la santé* : **sain, salutaire**. *Être en bonne santé* : **valide, se porter comme un charme, péter la santé**. *Mauvais pour la santé* : **malsain**. *Être en mauvaise santé* : **malade***. *Recouvrer la santé* : **guérir, aller mieux, se remettre** ; → SE REFAIRE. *Boire à la santé de qqn, à qqch* : **porter un toast***. *À ta santé* : **à la tienne**, [fam.] **tchin(-tchin)**. *Une maison de santé* : [plus cour.] **maison de repos**.

saoul, saouler → SOÛL.

sape → VÊTEMENT.

sapé → ÉLÉGANT.

saper 1 *Les vagues sapent la falaise* : **attaquer, ronger** ; → DIMINUER, MINER, ÉBRANLER. 2 *Saper le moral de qqn* : **démoraliser** ; → DÉCOURAGER, ABATTRE II, DIMINUER.

saper (se) *Se saper bien* [fam.] : **se fringuer** ◆ [plus cour.] **s'habiller** ; → SE VÊTIR.

saphir → BLEU I.

saphisme → HOMOSEXUALITÉ.

saquer → SACQUER.

sarabande → SÉRÉNADE, TAPAGE.

sarcasme *Il répondit à la critique par des sarcasmes* [surtout pl.] : [plus cour.] ↓ **moquerie** ; → IRONIE.

◇ **sarcastique** *Un sourire sarcastique* : **sardonique** ◆ ↓ **ironique** ; → ACERBE, RAILLEUR.

sarcastique → SARCASME.

sarcler *Il faudra sarcler le jardin au printemps* : [plus génér.] **désherber** (= enlever l'herbe avec ou sans outil) ◆ **biner** (= désherber et ameublir le sol).

sarcophage → TOMBE.

sardine → GALON.

sardonique → SARCASTIQUE.

sarrasin *Des galettes de sarrasin* : **blé noir**.

sarrau → BLOUSE.

sas → TAMIS.

sasser → TAMISER.

satan → DIABLE.

satané → MAUDIT, DE MALHEUR*.

satanique → DIABOLIQUE.

satellite → ALLIÉ.

satin → SATINÉ.

satiné 1 *Ce tissu satiné fera très bien pour les rideaux* : **lustré** ◆ ↑ **brillant***. 2 *Une peau satinée* : **doux*, lisse, de satin**.

satire *Ce polémiste a fait une satire violente contre un politicien* : **pamphlet** ◆ ↑ **diatribe** ◆ **épigramme** (= trait satirique très bref) ; ◆ [plus rare] **libelle***.

◇ **satirique** *Une verve satirique* : **mordant*, caustique*** ◆ ↓ **piquant***.

satirique → SATIRE.

satiriser → RAILLER.

satisfaction → SATISFAIRE.

satisfaire ① [~ qqn] *Le service de cet hôtel m'a satisfait :* ↑ **combler,** ↑ **exaucer ;** → CONTENTER, PLAIRE. ② [~ qqch] *L'automobiliste a dû s'arrêter pour satisfaire sa soif :* ↓ **calmer** ◆ [moins cour.] **apaiser, étancher ;** → ASSOUVIR. ③ [~ à qqch] *Le candidat a satisfait aux épreuves :* ↓ **exécuter** (... *a exécuté les épreuves*) ; → ACCOMPLIR. *La maison ne peut plus satisfaire à la demande :* **répondre, suffire** ◆ **donner suite* à.** *Le patron a dû satisfaire aux revendications :* **céder*.** *Satisfaire à une condition :* **remplir.**

◇ **se satisfaire** *Elle sait se satisfaire de peu :* **se contenter** ◆ **s'accommoder* de.**

◇ **satisfaction** ① *Après son succès, il laissa éclater sa satisfaction :* **contentement, plaisir** ◆ ↑ **bonheur,** ↑ **joie* ;** → JOUISSANCE. *Il ne se préoccupe que de la satisfaction de ses désirs :* [plus sout.] **assouvissement.** ② *Grâce à leur grève, les ouvriers ont obtenu satisfaction :* **gain de cause.** *J'ai obtenu satisfaction :* **réparation*** (qui suppose qu'on a subi un préjudice) ; → COMPENSATION. ③ *Il se regarde dans la glace avec satisfaction :* **complaisance*.**

◇ **satisfaisant** *Le travail de cet élève est satisfaisant :* ↓ **acceptable** ◆ ↓ **convenable*,** ↓ **correct,** ↓ **honnête,** ↓ **suffisant.** *C'est un résultat satisfaisant :* ↓ **honorable ;** → AU POIL*.

◇ **satisfait** ① *Je suis très satisfait de votre succès :* **content*** ◆ ↑ **heureux.** *Un air satisfait :* ↑ **béat ;** → FIER. *Être satisfait de soi :* **plein de soi-même ;** → COMPLAISANT, VANITEUX.** ② *Voici votre demande satisfaite :* ↑ **comblé, exaucé.**

satisfaisant, satisfait → SATISFAIRE.

satisfecit → APPROBATION.

saturation → EMBOUTEILLAGE, ENGORGEMENT.

saturé ① *Le marché est saturé de nouveaux produits :* ↓ **encombré, gorgé.** ② *Ce*

sportif est saturé de compétitions : **dégoûté, fatigué.**

saturer → EMBOUTEILLER, ENGORGER.

satyre ① *Les satyres poursuivaient la nymphe* [litt.] : **faune, silène.** ② *La police a arrêté un satyre :* [partic.] **exhibitionniste, voyeur** ◆ [plus génér.] **pervers.**

sauce ① *À quelle sauce va-t-on l'arranger ? :* **comment, de quelle façon.** ② → DOUCHE, PLUIE, SAUCER.

saucée ① → SAUCE. ② → DOUCHE, PLUIE, SAUCER.

saucer *Se faire saucer :* **prendre la sauce, la saucée, une douche*, se faire tremper ;** → MOUILLER.

sauciflard → SAUCISSON.

saucisse *Saucisse sèche :* → SAUCISSON.

saucisson *Une rondelle de saucisson :* **saucisse sèche,** [fam.] **sauciflard.**

◇ **saucissonner** ① *Nous pourrons aller saucissonner au bois* [fam.] : [plus cour.] **pique-niquer.** ② → COUPER. ③ *Les cambrioleurs ont saucissonné leur victime* [fam.] : [cour.] **ligoter ;** → ATTACHER.

saucissonner → SAUCISSON.

sauf

I [adj.] *Sain et sauf :* **indemne ;** → ÉCHAPPER. *L'honneur est sauf :* **intact.**

II [prép.] ① *Tous mes amis sont venus, sauf Paul :* **excepté*, à l'exception de, en dehors de, à part** ◆ [plus sout.] **hormis, à l'exclusion* de.** ② *Sauf avis contraire, votre demande sera satisfaite :* **à moins de, sous réserve de** (*à moins, sous réserve d'un avis contraire...*). ③ *Sauf que :* **si* ce n'est que, excepté que ;** → SINON.

sauf-conduit → LAISSEZ-PASSER.

saugrenu → ABSURDE I, RIDICULE.

saulaie *Une saulaie près de la rivière :* [moins cour.] **saussaie.**

saumâtre ① *J'en garde un souvenir saumâtre :* **amer, désagréable*.** *C'était une* *plaisanterie, mais il l'a trouvée saumâtre :* **mauvais ;** → FORT. ② → SALÉ.

saumon → ROSE II.

sauna → BAIN DE VAPEUR.

saunier → SALINIER.

saupoudrer → PARSEMER.

saussaie → SAULAIE.

saut → SAUTER.

saut-de-lit → ROBE.

saute *Saute d'humeur :* → VARIATION.

sauter ① [v.i. ; qqn ~] *Il a sauté sur une chaise en jouant à chat :* [moins cour.] **bondir.** *Il est tout le temps à sauter d'une jambe sur l'autre :* **sautiller** (qui implique la répétition de l'acte) ♦ **gambader, cabrioler** (= sauter pour s'ébattre ou manifester sa joie). *J'ai sauté du train dès son arrivée :* **descendre*.** *Le clown a sauté dans l'eau tout habillé :* [plus partic.] **plonger.** *Sauter sur :* **se jeter* sur.** ② [qqn ~] *Sauter à la gorge de qqn :* **agresser, attaquer.** *Sauter au cou :* → EMBRASSER. *Sauter d'un sujet à l'autre :* **passer du coq à l'âne.** ③ [v.i. ; qqch ~] *La grenade va sauter d'un instant à l'autre :* **exploser, voler en éclats ;** → PÉTER, ÉCLATER. *Et que ça saute !* [fam.] : [plus cour.] **dépêchez-vous, vite.** *Sauter aux yeux :* → CREVER. ④ *Faire sauter qqch. Faites sauter le poulet à la cocotte :* **revenir, rissoler ;** → CUIRE. *Faites sauter le bouchon de cette bouteille de champagne :* → PARTIR I. ⑤ [v.t.] *Le coureur a sauté les premiers obstacles :* [plus génér.] **franchir ;** → PASSER I. ⑥ [v.t.] *Il a sauté sa petite collègue* [fam.] : [très fam.] **s'envoyer, se farcir** ♦ [sout.] **séduire ;** → PASSER II. ⑦ [v.t.] *Le comédien a sauté une réplique :* **oublier** ♦ [moins cour.] **omettre** ♦ [fam.] **avaler, manger ;** → PASSER II. ⑧ *On n'a pas mangé ; on la saute* [fam.] : **crever*** (*la crever, crever la faim*) ♦ [plus cour.] **avoir faim*.** ⑨ *Il faudra bien qu'il saute le pas :* [plus cour.] **se décider, prendre une décision.**

◇ **saut** ① *D'un saut prodigieux, il a franchi le fossé :* **bond.** *Dans sa joie, l'enfant fit de petits sauts :* **cabriole*, gambade** (= saut désordonné) ♦ **sautillement** (= suite de petits sauts). *Saut périlleux :* → ACROBATIE. *La moto a fait un saut dans le ravin :* **chute*.** ② *L'économie nationale a fait un saut dans les dernières années :* [plus cour.] **bond, boom.** ③ *Le saut du Doubs :* → CHUTE. ④ *Le grand saut :* [moins express.] **la mort.**

sauterelle ① *Des sauterelles vertes ont envahi notre jardin :* [moins cour.] **locuste** ♦ [abusif] **criquet** (qui, génér. gris ou brun, n'a jamais de tarière comme la *sauterelle*). ② → GRAND.

sauterie → BAL.

sauteur → SAUTER. *Un sauteur à la perche :* **perchiste.**

sauteuse → POÊLE.

sautillement → SAUT.

sautiller → SAUTER.

sautoir → COLLIER.

sauvage

I ① [adj. ; en parlant des bêtes] *Les animaux sauvages vivent en liberté :* [moins cour., didact.] **inapprivoisé ;** → FAUVE. ② [adj. ; en parlant d'un lieu] *Un coin sauvage :* [moins cour.] ↑ **désert*,** ↑ **inhabité,** ↑ **abandonné** ♦ ↓ **retiré ;** → SOLITAIRE. *Camping sauvage :* **non autorisé,** ↑ **illégal*.** ③ [en parlant des humains] *Les peuples sauvages, les sauvages* [vieilli] : **primitif** (ce terme, comme le précédent, implique un jugement ethnocentrique : *les sauvages, les primitifs*) ♦ [vx] **barbare.** ④ *Ce personnage est d'un caractère sauvage :* **insociable** ♦ **craintif*, agressif** (qui indiquent des sources opposées à l'insociabilité, respectivement la peur et l'hostilité) ; → FAROUCHE. *Un enfant sauvage :* **sauvageon ;** → SOLITAIRE. ⑤ *Il me regarda d'un air sauvage :* ↑ **bestial,** ↑ **féroce ;** → CRUEL. *Ses manières sont restées sauvages :* **barbare, grossier*, inculte** ♦ [moins cour.] **fruste ;** → BRUT.

II [n.] *Mon mari est un sauvage :* **ours** ♦ [plus sout.] **misanthrope** (= qui déteste toute compagnie) ♦ **brute** (qui se dit d'un homme violent, brutal : *... une brute*).

◇ **sauvagement** *Son adversaire le frappa sauvagement* : ↑ **cruellement** ◆ **brutalement***.

◇ **sauvagerie** ① *La sauvagerie de nos mœurs surprendra peut-être nos descendants* : **barbarie** ◆ ↑ **cruauté***, ↑ **férocité** ; → **BRUTALITÉ**. ② *C'est par sauvagerie qu'il n'adresse la parole à personne* : **misanthropie, insociabilité** ◆ **timidité** (qui implique en outre le manque d'assurance).

sauvagement, sauvageon, sauvagerie → SAUVAGE.

sauvegarde → AUSPICE, DÉFENSE I, SALUT, SAUVEGARDER.

sauvegarder ① *Il faut sauvegarder les intérêts de la communauté* : **préserver, protéger** ◆ **défendre** (qui implique une intervention plus active) ; → SAUVER. *Sauvegarder l'ordre* : → **CONSERVER, MAINTENIR**. *Sauvegarder la mémoire* : **entretenir**. ② *Sauvegarder un dossier informatique* : **faire une sauvegarde**.

sauve-qui-peut *L'incendie a provoqué un sauve-qui-peut général* : **débandade** ; → PANIQUE, FUITE.

sauver ① [~ qqn] → GUÉRIR. ② *Les pompiers ont sauvé plusieurs personnes en danger* : [moins cour.] **préserver** (*préserver qqn d'un danger*). *Ses amis l'ont sauvé de la misère* : **tirer de** ◆ [sout.] **soustraire, arracher*** (*soustraire, arracher à la misère*). ③ [~ qqn] *Les hommes ont été sauvés par le Rédempteur* [dans la religion chrétienne] : **racheter**. ④ [~ qqch] *Il ne pensait qu'à sauver sa fortune* : [moins cour.] **sauvegarder, mettre en sûreté***. *Dans ce discours, la forme sauve le fond* : **racheter** ◆ [sout.] **pallier**.

◇ **sauveur** ① [dans la religion chrétienne] *Le Sauveur a racheté l'humanité* : **Rédempteur, Messie** ; → ANGE. ② *Un peuple qui a besoin de sauveur n'est pas un peuple libre* : ↓ **bienfaiteur** (= celui qui fournit une aide) ◆ ↑ **libérateur** (= celui qui délivre).

◇ **se sauver** *L'enfant s'est sauvé de chez lui* : [plus sout.] **s'enfuir** ◆ [fam.] **se tirer** ◆ [plus partic.] **s'évader** (qui ne se dit que de celui qui recouvre sa liberté) ; → FUIR.

Il est tard, je me sauve [fam.] : **filer** ◆ [plus cour.] **partir***.

sauvetage → SECOURS.

sauvette (à la) → DISCRÈTEMENT.

sauveur → SAUVER.

savamment [de savant I] ① *Notre confrère a savamment parlé* : [plus sout.] **doctement, de façon savante** ◆ [plus fam.] **comme un livre**. ② *Je vous en parle savamment, moi qui étais présent* : **en connaissance de cause**. ③ *L'avocat a savamment utilisé les témoignages* : **habilement** ; → FINEMENT.

savant

I [adj. et n. ; qqn est ~] ① *C'est un savant personnage* : [moins cour.] **docte** (qui introduit souvent une nuance péj. de pédantisme) ◆ [postposé] **érudit, lettré** (qui se disent surtout des personnes témoignant de connaissances encyclopédiques) ◆ ↓ **instruit**. *Un congrès de savants s'est réuni pour faire l'état de la question* : [plus partic.] **scientifique** (qui se dit des spécialistes des sciences humaines ou exactes) ◆ **spécialiste*** (qui n'a pas la même nuance laudative que *savant*) ◆ [plus génér.] **chercheur** (qui se dit de celui qui se consacre à la recherche scientifique). ② *Notre ami est savant en géographie* : **fort** ◆ [fam.] **calé, ferré, trapu** ◆ ↓ **compétent*** ◆ [plus sout.] **éclairé, versé dans, expert** ; → BON, SAVAMMENT.

II [adj. ; qqch est ~] ① *Cette revue savante est d'une haute tenue* : [plus partic.] **scientifique**. ② *Votre discussion est trop savante pour moi* : [plus génér.] **difficile, compliqué** ◆ [plus sout.] **ardu** ◆ [plus partic.] **érudit** (= qui fait appel à de vastes connaissances) ; → ABSTRAIT.

savate ① → CHAUSSON. ② *Votre ami danse comme une savate* [fam.] : **pied** ; → MAL II. ③ *Pour me défendre, je pratique la savate* : **boxe française**.

savetier → CORDONNIER.

saveur ① *Certains apéritifs ont une saveur amère* : **goût** ◆ [plus partic.] **fumet** (qui se dit surtout de l'arôme des viandes et des vins) ◆ **bouquet** (= parfum des vins).

Un plat sans saveur : **fade***. ② *Notre ami a fait une remarque pleine de saveur* : **piment, piquant, sel** ; → AMUSANT.

◇ **savourer** ① *Le buveur savourait son vin* : [plus partic.] **déguster, goûter***. ② *Il savourait les paroles élogieuses de son chef* : **se délecter de** ◆ [moins cour.] **se gargariser de** ; → BOIRE, JOUIR. *Le connaisseur savoura son foie gras* : [plus cour.] **se régaler de** ◆ **se lécher* les babines, les doigts** ; → MANGER I.

◇ **savoureux** [antéposé ou postposé] ① *Le repas se termina par une savoureuse tarte au citron* : **succulent*, délicieux, exquis** ◆ ↓ **agréable***, ↓ **goûteux** ◆ [plus sout.] **délectable** ◆ ↓ **appétissant** (= qui donne envie de manger). ② *Une histoire savoureuse* : **piquant** ; → SAVEUR.

savoir

I [v.] ① [~ qqch ou que + complétive] *Nous savons vos difficultés à trouver du travail* : **être informé de, être au courant de, ne pas ignorer** ◆ **connaître*** (*nous savons que vous avez du mal à trouver du travail ; nous connaissons vos difficultés...*) ; → VOIR. *À savoir* : → SOIT. ② [~ qqch ou inf.] *Notre ami sait plusieurs langues* : ↑ **pratiquer** (qui implique un usage et non une simple connaissance) ◆ **connaître** (*notre ami sait parler plusieurs langues, pratique, connaît plusieurs langues*) ; → POSSÉDER. *Ne pas savoir* : → IGNORER. ③ [~ + inf.] *Il faut savoir se défendre* : **être capable de, être en mesure de**. ④ *Faire savoir. La direction fait savoir qu'une nouvelle succursale sera ouverte* : **annoncer, informer** (... *informe sa clientèle que...*) ; → PRÉVENIR, SIGNALER II. *On nous a fait savoir la date du concours* : **faire connaître** ◆ **apprendre*, aviser de, communiquer** ; → SIGNIFIER II. *À savoir. Il n'aime que deux choses, à savoir sa pipe et ses pantoufles* : **c'est-à-dire**. ⑤ *Le directeur m'a refusé un congé, il ne veut rien savoir* : **être intransigeant**. ⑥ *Je ne saurais vous dire quand il viendra* : ↑ **pouvoir** (*je ne peux vous dire...*). *Les contretemps ne sauraient le décourager* : **parvenir à** (... *ne parviendront pas à...*).

◇ **se savoir** *Un tel scandale se saura bien vite* : **être connu, s'ébruiter**.

II [n.m.] *Le savoir a des limites* : **connaissance*** (*nos connaissances ont...*) ◆ **science** (= domaines du savoir, limités et constitués) ◆ **érudition** (= accumulation de connaissances acquises) ◆ **culture, culture générale** (= formation intellectuelle, artistique ou scientifique) ◆ **instruction** (= savoir acquis dans le cadre d'un apprentissage) ; → LUMIÈRE II.

savoir-faire → ADRESSE I, TOUR* (III) DE MAIN.

savoir-vivre *Ce garçon n'a pas de savoir-vivre* : **éducation** ◆ [plus partic.] **correction** (= respect des convenances) ◆ **tact, délicatesse** (= sentiment des convenances dans les rapports avec autrui) ◆ **doigté** (= habileté, savoir-faire) ; → MANIÈRE, POLITESSE, CONVENANCE.

savon ① *Se laver les mains avec du savon* : **savonnette** (= petit savon de toilette). ② *Il s'est fait passer un bon savon par son père* [fam.] : **engueulade** ◆ [plus sout.] **réprimande** (*recevoir une réprimande*) ; → ENGUEULER, REMONTRANCE.

◇ **savonner** ① → LAVER I. ② *Savonner la tête à qqn* [fam.] : [plus vulg.] **engueuler** (*engueuler qqn*). *Savonner la planche à qqn* : → NUIRE.

savonner, savonnette → SAVON.

savonneux → GLISSANT.

savourer, savoureux → SAVEUR.

sbire → HOMME* DE MAIN, NERVI.

scabreux ① *Vous vous engagez dans une entreprise scabreuse* : **dangereux*, hasardeux*** ; → RISQUÉ, DÉLICAT. *Un terrain scabreux* : → GLISSANT. ② *Des histoires scabreuses* : **licencieux** ◆ ↓ **corsé** ; → OSÉ, SALE.

scalpel *Une incision au scalpel* : **bistouri**.

scandale ① *Son discours provoqua un scandale sans précédent* : **esclandre, éclat** ◆ [fam.] **tapage, barouf, foin** (... *fit du tapage, du barouf, du foin*) ; → PÉTARD. *Un tel luxe est un scandale* : **être indécent, scandaleux***. ② *Il a été poursuivi pour scandale sur la voie publique* : [formule admi-

scandaleux

nistrative] ↓ **tapage** ◆ ↑ **querelle*** ◆ ↑ **rixe**
(qui implique un affrontement entre
individus). *Faire un scandale* : → SCÈNE.
③ *Cette nomination est un scandale* :
honte* ◆ [sout.] **infamie**. *Le scandale des
fausses factures* : **affaire***.

◇ **scandaleux** ① *Ce garçon a des mœurs
scandaleuses* : ↓ **choquant**, ↓ **déplorable**,
indécent* ◆ ↑ **révoltant**, ↑ **épouvantable**.
② *Une scandaleuse décision* : **honteux***,
inacceptable* ; → CRIANT.

◇ **scandaliser** *Il eut un geste qui scandalisa
tout le monde* : ↓ **choquer**, ↓ **gêner** ◆ [moins
cour.] **offusquer, outrer**. *La condamnation
trop sévère de l'inculpé n'a scandalisé personne* : **indigner** ; → RÉVOLTER.

◇ **se scandaliser** : ↓ **s'offenser, se formaliser**.

scandaleux, scandaliser → SCANDALE.

scander ① *Le marcheur scandait son pas
d'un air entraînant* : **rythmer**. ② *L'orateur
scandait ses mots d'une voix forte* : **ponctuer, souligner**.

scaphandrier → PLONGEUR.

scarification → ENTAILLE.

sceau ① *La secrétaire apposa le sceau de
l'administration sur le certificat* : [plus
génér.] **cachet** (qui ne comporte pas forcément les armes, la devise ou l'effigie
qui caractérisent le sceau) ◆ [pl.] **scel-
lés** (= ensemble formé par une bande
de papier ou d'étoffe et le sceau qu'elle
porte) ◆ **plomb** (= sceau fait de ce métal).
② *Son œuvre porte le sceau du génie* : [plus
cour.] **marque*, empreinte**.

scélérat → COQUIN.

scélératesse → DÉLOYAUTÉ.

scellement → FIXATION.

sceller [de sceau] ① *Cette lettre a été scellée* :
fermer ◆ [plus partic.] **cacheter**. *La douane
a scellé un wagon* : **plomber**. ② *Sceller un
barreau* : → CIMENTER, FIXER. ③ *Sceller un
accord* : [moins express.] **confirmer**. *Sceller
une amitié* : **cimenter** ; → AFFERMIR.

scellés → SCEAU.

scénarimage → SCÉNARIO.

scénario ① *Le scénario d'une comédie
lyrique* : **canevas** ◆ **intrigue** (= enchaînement des situations dramatiques).
② *Le scénario d'un film* : [didact.] **script**
◆ **synopsis** (= ébauche de scénario) ◆ **découpage** (= présentation des séquences
à filmer avec les indications techniques)
◆ [anglic.] **story-board**, [recomm. off.] **scénarimage** (= suite des dessins représentant les plans d'un film).

scène ① *L'actrice traversa la scène* : **pla-
teau***. *C'est la première fois qu'elle montait sur la scène* : [fam.] **planches** ◆ [vieilli]
tréteaux. *La scène représente une forêt* :
décor. *Quitter la scène* : **abandonner le
théâtre***. *Mettre en scène* : → MONTER.
② *L'acte II comportait six scènes* (= subdivision d'une pièce de théâtre correspondant aux entrées et sorties des
personnages) : **tableau** (= subdivision
d'un acte marqué par un changement
de décor) ; → SCÉNIQUE. ③ *La télévision
nous a montré une scène émouvante* : **spectacle** ; → TABLEAU. ④ *Il ne supporte plus
ces scènes épouvantables* : [plus sout.] **querelle, algarade** ◆ **esclandre** (= scène faite
en public) ; → COMÉDIE, DISPUTE, SÉANCE.
⑤ *La scène du crime* : **lieu**.

◇ **scénique** *L'auteur avait un sens assuré
des effets scéniques* : **de scène, de théâtre,
théâtral** ◆ [plus partic.] **comique, dramatique, tragique**.

scénique → SCÈNE.

scepticisme ① *Il considérait les idées
reçues avec scepticisme* : **méfiance**, ↑ **incrédulité** ; → DOUTE. ② → ATHÉISME.

sceptique
① → DOUTE, INCRÉDULE. ② → ATHÉE.

schéma → ABRÉGÉ, PLAN V.

schématique → SIMPLIFIÉ, SIMPLISTE,
SOMMAIRE I, SUCCINCT.

schématiser → SIMPLIFIER.

schéol → ENFER.

schismatique ① [n.] → APOSTAT. ② [adj.
et n.] → DISSIDENT.

schisme → DÉVIATION, DISSIDENCE.

schlass → IVRE.

schnaps → ALCOOL.

schnouf → DROGUE.

sciant → ÉTONNANT.

scie ① *Il me faut une scie pour découper cette planche* : [plus partic.] **égoïne** (= scie à poignée), **tronçonneuse** (scie électrique ou thermique à chaîne). ② *Cette chanson est la scie à la mode* : **rengaine, tube ;** → REFRAIN.

◇ **scier** ① *Cette machine sert à scier les troncs* : [plus précis] **tronçonner** (= scier à la tronçonneuse) ◆ **refendre** (= scier en long). *Scier un arbre sur pied* : → ABATTRE. ② *Votre histoire m'a scié* [fam.] : [cour.] **suffoquer** ◆ ↓ **surprendre*.**

scié → SURPRIS.

sciemment → CONSCIEMMENT.

science → CONNAISSANCE, SAVOIR II.

scientifique ① → DIDACTIQUE, SAVANT II. ② → SAVANT I.

scier → SCIE.

scinder (se) *Ce mouvement s'est scindé en groupuscules* : **diviser** ◆ **faire scission** (*... a fait scission*) ; → DÉCOMPOSER.

scintillant → ÉTINCELANT.

scintillement → REFLET.

scintiller → ÉTINCELER, BRILLER.

scission → DISSIDENCE. *Faire scission* : → SE SCINDER.

sciure → DÉBRIS.

sclérose *La sclérose de ce parti limite ses initiatives* : [plus partic.] **immobilisme** (= résultat de la sclérose d'un mouvement politique) ◆ **vieillissement** (qui passe pour l'une des causes de sclérose).

◇ **se scléroser** *Ce vieux garçon s'est sclérosé dans ses habitudes* : **se figer** ◆ [fam.] **s'encroûter.**

sclérosé → FIGÉ.

scléroser (se) → SCLÉROSE.

scolaire ① Qui se rapporte à l'**école*.** *Les enfants d'âge scolaire* : [didact.] **les scolaires** ◆ [cour.] **écolier*.** ② *Les références de son exposé sont très scolaires* : **primaire.** *Un esprit scolaire* : → SIMPLISTE.

scolarité → ÉCOLE.

scoop → NOUVELLE.

scooter → CYCLOMOTEUR.

score → MARQUE.

scorie *Le paysage était défiguré par les amas de scories* : **mâchefer ;** → DÉCHET.

scotch → WHISKY.

scotché → ACCRO.

scotcher → FIXER.

scout *Une troupe de scouts* : [vieilli et souvent péj.] **boy-scout** ◆ [plus partic.] **louveteau, routier, guide** (pour les filles) ◆ **éclaireur** (= membre d'associations scoutes d'obédiences diverses : laïque, catholique, israélite, protestante).

scriban, scribanne → SECRÉTAIRE I.

scribouillard → BUREAUCRATE.

script → SCÉNARIO.

scrotum → TESTICULE.

scrupule ① → DÉCENCE, PUDEUR. ② → HÉSITATION, PONCTUALITÉ.

scrupuleusement → SCRUPULEUX.

scrupuleux ① [qqn est ~] *Cet employé est trop scrupuleux pour voler le moindre objet* : ↓ **honnête ;** → CONSCIENCIEUX. ② *Un soin scrupuleux* : **méticuleux** ◆ [sout.] **religieux* ;** → ÉTROIT.

◇ **scrupuleusement** ① *Agir scrupuleusement* : **honnêtement, avec rigueur.** ② *Le directeur applique scrupuleusement le règlement* : **strictement** ◆ **à la lettre* ;** → DOCILEMENT, RIGOUREUSEMENT. *Il suivit scrupuleusement le mode d'emploi* : **fidèlement ;** → EXACTEMENT.

scrutateur → SCRUTER.

scruter ① [~ qqch de concret] *Le chasseur scruta le sous-bois du regard* : [plus génér.] **inspecter** ◆ ↓ **observer** ; → REGARDER. ② [~ qqch d'abstrait] *Scruter les intentions de vote* : **sonder** ; → INTERROGER.

◇ **scrutateur** *Un air scrutateur* [sout.] : [plus cour.] ↑ **inquisiteur** ; → MÉFIANT.

scrutin → SUFFRAGE, VOTE.

sculpter ① *L'artiste sculptait un buste* : [plus partic.] **tailler** (qui se dit du travail direct de la pierre, du bois ou d'une matière solide, souvent effectué non par le sculpteur mais par un praticien reproduisant la figure modelée) ◆ **fondre, mouler** (qui renvoient non à sa conception, mais à sa réalisation à l'aide d'un moule) ◆ **modeler** (qui se dit du travail sur une substance molle). ② *La mer a sculpté la falaise* : **façonner**.

◇ **sculpteur** *Le* **statuaire** *ne fait que des statues.*

◇ **sculpture** *Avez-vous vu la sculpture qui orne la façade de l'hôtel de ville ?* : [plus partic.] **bas-relief** (qui est fixé à un fond sur lequel il ne fait qu'une faible saillie) ◆ **statue*** (= ouvrage en ronde bosse figurant un être vivant) ◆ **statuette, figurine** (= représentations de petite dimension).

sculpteur, sculpture → SCULPTER.

SDF *Sigle de* sans domicile fixe : **sans-abri*** ; → PAUVRE.

séance ① *La dernière séance du Sénat a été houleuse* : **débats** ◆ **session** (= ensemble des séances pour une durée déterminée). *Le tribunal a suspendu sa séance* : [plus pr.] **audience**. *Tenir séance* : → SIÉGER. ② *Une séance récréative* : **spectacle*** ◆ [plus partic.] **matinée** (pour un spectacle l'après-midi), **soirée**. ③ *Il nous a fait une belle colère : quelle séance !* : **scène**. ④ *Séance tenante* : **sur-le-champ, immédiatement***.

seau *Il pleut à seaux* : → BATTANT III.

sec

I [adj. ; qqch est ~] ① [en parlant du sol] *Ce sont des terrains secs et pauvres* : ↑ **aride** ;

→ STÉRILE. ② [en parlant d'un organe] *Quand il voulut parler, il avait la gorge sèche* : **desséché, asséché**. ③ [en parlant des aliments] *Les légumes et les fruits secs* : **séché** ◆ [moins cour.] **déshydraté**. *Je n'aime pas le pain sec* : **rassis** (qui ne se dit que du pain qui n'est plus frais). *On avait mis cet enfant au pain sec* : **sans accompagnement**. *Un vin blanc sec* : **demi-sec, brut**, [anglic.] **dry, extra-dry** (qui se disent des champagnes et de certains alcools, selon qu'ils sont plus ou moins secs). ④ *Une panne sèche* : [plus cour.] **d'essence**. ⑤ *Ce boxeur donnait de petits coups secs* : ↓ **rapide**, ↓ **vif** (qui n'impliquent pas, comme *sec*, la force du coup). ⑥ *Le puits est à sec à la fin de l'été* : **sans eau** ◆ [plus sout.] **tari**. *Mettre à sec* : **assécher, vider** ; → ÉPUISER, VIDE. *Répondre aussi sec* [fam.] : [plus cour.] **immédiatement**. *Démarrer sec* [fam.] : [plus cour.] **brutalement*** ◆ ↓ **rapidement***. *En cinq sec* : → VITE.

II [adj. et n. ; qqn, son comportement est ~] ① *C'est un grand sec comme un coup de trique* : **maigre***. ② *Le chef de service était un homme sec dans ses rapports avec ses subordonnés* : **froid**, ↑ **glacial** ◆ ↓ **indifférent** ◆ [fam.] ↑ **pète-sec** ◆ ↑ **dur** (qui implique non seulement une attitude, mais aussi une action) ; → ENDURCIR. *Le policier s'adressa à lui d'une voix sèche* : **cassant, autoritaire**. *Une réplique très sèche* : → VIF. ③ *En fin de mois, il est toujours à sec* [fam.] : **fauché, sans un** (**sou, rond**) ◆ [plus cour.] **sans argent**. *Rester sec* : **silencieux, muet***, **n'avoir rien à dire** ; → SÉCHER. ④ [adv.] *Je bois mon whisky sec* : **sans eau**. *Il boit sec* : **beaucoup**. *L'avoir sec* [fam.] : [plus cour.] ↓ **être déçu**.

sécession → DISSIDENCE.

sécessionniste
→ DISSIDENT, SÉPARATISTE.

sèche → CIGARETTE.

séché → SEC I.

sèche-cheveux, sèche-linge
→ SÉCHOIR.

sèchement → BRUTALEMENT, AFFIRMATIVEMENT, RUDEMENT, VIVEMENT.

sécher

I [de sec I] **①** [v.t.] *Le vent m'a séché la gorge* : **assécher, dessécher.** *L'été a séché l'herbe de la pelouse* : **flétrir, faner.** *La chaleur a séché les puits du désert* : **assécher, tarir. ②** [v.t.] *Le gamin était triste ; son père a séché ses larmes* : [très sout.] **étancher. ③** [v.i.] *Les fleurs ont séché sur pied* : **se flétrir, se faner.** *La viande a séché* : **se racornir.**

II [de sec II] **①** [v.t.] *Ce cancre a séché le lycée depuis un mois* [fam.] : [plus cour.] **manquer*. ②** [v.i.] *En mathématiques, le candidat a séché* : **rester sec*. ③** [v.i.] *Abandonnée par son fiancé, cette jeune fille sèche sur pied* [fam.] : **languir, dépérir.**

sécheresse

I [de sec I] *La sécheresse du sol interdit toute culture* : ↑ **aridité.**

II [de sec II] *Il a répondu avec sécheresse* : **froideur, dureté ;** → **SÉVÉRITÉ, BRUTALITÉ.**

séchoir [de sécher I] *Le séchoir de la salle de bains* : **sèche-linge.** *Un séchoir électrique* : **sèche-cheveux.**

second

I [adj., génér. antéposé] **①** *C'est la seconde fois* : **deuxième** (on emploie génér. *second* quand il n'y a que deux éléments : *le premier, le second Empire ; prenez la deuxième ou la troisième rue à droite). Le bibliophile recherche le second tome, le tome second de cet ouvrage* : [toujours postposé] **deux. ②** *Le coureur a trouvé un second souffle* : **nouveau.** *Il rêve de vivre une seconde vie* : **autre. ③** *De second ordre* : **mineur.** *De seconde main* : **d'occasion.** *En second lieu* : **deuxièmement** ◆ [plus génér.] **ensuite, après.** *Être dans un état second* : **pathologique** ◆ [plus génér.] **anormal** ◆ [fam.] **flipper. ④** *Le second des frères* : → **CADET.**

II [n.m.] *C'est un excellent second pour le patron* : **adjoint, assistant, bras droit, lieutenant** ◆ [plus génér.] ↓ **collaborateur,** ↓ **auxiliaire.**

secondaire [de second I] **①** [adj. et n.] *Le professeur enseigne dans le secondaire, l'enseignement secondaire* : **second degré. ②** [adj.] → **ACCESSOIRE, MARGINAL.**

seconde → MINUTE.

secondement → DEUXIÈMEMENT.

seconder [de second II] **①** *Le chirurgien est secondé par son équipe* : **aider, assister** (qui s'emploient avec des compl. désignant des personnes) ◆ **collaborer*** (*le chirurgien et son équipe collaborent ; collaborer avec qqn, à qqch*). **②** *La chance a secondé ses désirs* : **favoriser.**

secoué → SECOUER.

secouer **①** [~ qqn, qqch] *Le vent secoue les feuilles des arbres* : **agiter.** *La détonation secoua la maison* : **ébranler.** *Les voyageurs sont secoués* : **ballotter, cahoter, bringuebaler.** *Il secoua la tête vivement* : [moins cour.] **hocher** (qui se dit plutôt d'un mouvement vertical de la tête). **②** [~ qqch] *Il nous faut secouer cette autorité trop pesante* : **se libérer* de, s'affranchir de. ③** [~ qqn] *La nouvelle de l'accident l'a secoué* : **bouleverser, perturber,** ↑ **traumatiser ;** → **COMMOTIONNER. ④** [~ qqn] *Son père l'a un peu secoué* : ↓ **gronder** ◆ ↑ **bousculer.**

◇ **se secouer ①** *Le cheval se secoue pour se débarrasser des mouches* : **s'ébrouer** (qui implique en outre que la bête souffle bruyamment). **②** → **RÉAGIR, SE RÉVEILLER.**

◇ **secoué** *Il a été très secoué par cette nouvelle* : **bouleversé** ◆ ↓ **troublé** ◆ → **ÉMU.**

◇ **secousse ①** *Une violente secousse ébranla les passagers* : **choc** ◆ **ébranlement** (= vibration produite par un choc) ◆ ↓ **cahot, saccade*** (= secousse répétée et de faible amplitude). *La voiture est partie sans secousse* : **à-coup*.** *Une secousse sismique ou tellurique* : **séisme*. ②** *Le départ de sa femme fut pour lui une vraie secousse* : **choc, saisissement** ◆ ↑ **commotion,** ↑ **électrochoc ;** → **CONVULSION, ÉMOTION. ③** *Tu n'en fiches pas une secousse* [fam.] : [plus cour.] **ne rien faire.**

secourable, secourir → SECOURS.

secours **①** [sing.] *Il a fallu apporter un secours aux sinistrés* : **aide, assistance, soutien* ;** → **RÉCONFORT, SOINS II.** *Au secours !* : **à l'aide*, SOS.** *Porter secours* : → **DÉFENDRE, SECOURIR.** *Les premiers secours* : → **SOIN II. ②** [pl.] *Des secours ont*

été distribués aux sans-abri : **dons** ◆ **subvention, subside*, allocation** (= secours d'origine publique) ; → AUMÔNE. ③ *Une œuvre de secours* : **bienfaisance, charité***. *Une caisse de secours mutuel* : **entraide, solidarité***. ④ *La troupe en ligne attendait des secours* : **renforts.** ⑤ *Le secours en mer* : **sauvetage.** *D'un grand secours* : **précieux** ◆ ↓ **utile, d'une grande utilité.** *Une roue de secours* : **de rechange.**

◇ **secourable** *Un homme secourable* : **charitable** ◆ ↓ **obligeant** ◆ **un bon samaritain** ; → BON.

◇ **secourir** *Les premiers venus ont secouru les blessés* : **porter secours à, assister.** *Comment secourir les déshérités ?* : **aider*, venir en aide** ; → DÉFENDRE, SERVIR II, SOULAGER.

secousse → SECOUER.

secret

I [adj. ; qqch est ~] ① *Des menées secrètes menacent l'ordre de la société* : **clandestin** ; → SOURD, SUBREPTICE. *Des mémoires secrets* : **intime.** *Le cabinet du ministre a reçu des renseignements secrets* : **confidentiel.** ② *Certaines sectes procèdent à des rites secrets* : **ésotérique.** *C'est un langage secret* : **hermétique** ◆ **chiffré** (qui suppose qu'il s'agit d'un code). *Il prend des airs secrets* : **mystérieux*, ténébreux.** *J'ignore le motif secret de sa démarche* : **caché*, sous-jacent.** *Les causes secrètes d'une affaire* : **dessous.** ③ *Un passage secret* : **dérobé.**

II [adj. ; qqn est ~] *Mon mari est trop secret : il ne se confie jamais* : **renfermé** ◆ ↓ **cachottier** (= qui cache les choses par jeu) ◆ ↓ **réservé** ◆ [péj.] ↓ **dissimulé** (qui se dit d'une personne ou d'un comportement **sournois**) ; → DISCRET.

III [n.m.] ① *Il fait de petits secrets de tout* : **cachotterie** ; → MYSTÈRE. *L'agent immobilier trompait ses clients : ils ont découvert le secret* : **pot aux roses.** *A-t-il découvert le secret de fabrication de ce produit ?* : **procédé** ◆ [fam.] **truc** ◆ [vieilli, surtout pl.] **arcane** ; → RECETTE. ② *Quel est le secret de sa réussite ?* : **clé** ; → CONDITION. ③ *Je n'ai pas su lire dans le secret de sa conscience* : [sout.] **replis, tréfonds** ; → OMBRE. *Le secret est de règle* : **confidentialité** ; → SILENCE.

④ *En secret* : → CONFIDENCE, COULISSE, SECRÈTEMENT I. *Tout le monde était dans le secret* : **au courant** ◆ [fam.] **au parfum.**

secrétaire

I *Elle s'assit à son secrétaire pour ranger ses papiers et répondre au courrier* : **bureau** (= table pour écrire, munie ou non de tiroirs) ◆ **bonheur-du-jour** (= petit bureau de dame, à tiroirs) ◆ **scriban, scribanne** (= secrétaire surmonté d'un corps d'armoire) ◆ **écritoire** (= nécessaire contenant ce qu'il faut pour écrire).

II → SERPENTAIRE.

secrétariat

Prière de s'adresser au secrétariat pour les inscriptions : **bureau** ; → ADMINISTRATION.

secrètement

I [de secret I] *Certains organismes financent secrètement le candidat aux élections* : **en sous-main, clandestinement** ; → DANS L'OMBRE*. *Il m'a prévenu secrètement de l'imminence de sa nomination* : **confidentiellement.** *Il s'est introduit secrètement dans la maison* : **en cachette, furtivement, en catimini, à la dérobée, en secret, subrepticement** ◆ [sout.] **à mon, ton, son insu** ◆ [fam.] **en douce** ; → INCOGNITO, DISCRÈTEMENT.

II [de secret II] *Il ruminait secrètement sa rancune* : **intérieurement, en lui-même.**

sécréter

Ce personnage sécrète l'ennui : **distiller.**

sécrétion

→ ÉCOULEMENT.

sectaire

→ DOCTRINAIRE, FANATIQUE.

sectarisme

→ FANATISME.

sectateur

→ PARTISAN.

secte

→ COTERIE.

secteur

① → BRANCHE, DOMAINE, ZONE. ② → ÉLECTRICITÉ.

section

I ① *Cette ferrure présente une section en T* : **coupe, profil.** ② → PORTION.

II ① *La section d'un syndicat, d'un parti, d'un mouvement politique* : **cellule, groupe**

(suivant les conventions en usage dans chaque organisation). ② *Les sections d'un chapitre* : **paragraphe**. *Les sections d'un livre* : **partie**. ③ [en termes militaires] *Une section du bataillon* : → UNITÉ, TROUPE.

sectionner ① *L'Administration a sectionné le département en circonscriptions* : **diviser***, **fractionner** ; → SEGMENTER. ② → COUPER, TRANCHER I.

séculaire *Le chemin passe près d'un chêne séculaire* : [plus cour.] **centenaire** ; → ANCIEN.

séculier *L'Église a longtemps gardé une certaine autorité face au pouvoir séculier* : **laïque, temporel**.

secundo → DEUXIÈMEMENT.

sécurisant, sécuriser, sécuritaire → SÉCURITÉ.

sécurité ① *J'éprouve un sentiment de grande sécurité dans mon refuge* : **confiance, tranquillité, sérénité, sûreté** ; → CALME. *En voiture, je ne me sens jamais en sécurité* : **en sûreté, à l'abri, en confiance** ; → SÛR. ② *La sécurité intérieure de l'État* : → ORDRE. *La demande de sécurité* : **sécuritaire**. ③ *La Sécurité sociale* : [anc.] **assurances sociales**. ④ *Le cran de sécurité d'une arme* : **sûreté**.

◇ **sécuriser** *Notre voisinage le sécurise* : **rassurer** ◆ [didact.] **fiabiliser** ; → APAISER.

◇ **sécurisant** *La confiance de ses proches est sécurisante* : **apaisant, rassurant**.

sédatif → CALMANT.

sédentaire *Marié, il est devenu bien sédentaire* [péj.] : **casanier***.

sédentariser *Le gouvernement voulait sédentariser les nomades* : **fixer**.

sédiment *Le sol de cette vallée est constitué de sédiments fluviaux* : **alluvion** ◆ [plus génér.] **dépôt**.

séditieux ① [adj. et n.] *Le gouvernement pourchassera les séditieux* : **factieux, agitateur, rebelle*** ◆ ↑ **émeutier** ; → RÉVOLUTIONNAIRE. ② [adj.] *Le jeune homme tenait des propos séditieux au*

milieu de l'attroupement : **incendiaire, subversif** ◆ ↓ **contestataire**.

sédition → ÉMEUTE, RÉBELLION.

séducteur, séduction → SÉDUIRE.

séduire ① [qqn ~ qqn] *Son passe-temps, c'est de séduire les filles* : [fam.] **emballer, lever*, tomber** ◆ [sout.] ↑ **abuser de,** ↑ **débaucher,** ↑ **déshonorer,** ↑ **suborner** (qui impliquent une condamnation morale des relations sexuelles hors du mariage) ; → SAUTER, VIOLER. ② [qqn, qqch ~ qqn] *Le sourire de cette jeune femme l'avait séduit* : [rare] **enjôler** ; → AFFRIOLER, CHARMER, CONQUÉRIR, CONQUÊTE, PLAIRE. *Il s'est laissé séduire par la promesse d'un gain important* : [moins cour.] **circonvenir** ◆ ↓ **tenter** ◆ [fam.] **entortiller** ; → APPÂTER, CORROMPRE.

◇ **séducteur** ① [adj. et n.] *Méfiez-vous de notre ami ; c'est un séducteur* : **charmeur, don Juan, enjôleur, homme à femmes** ◆ [fam.] **baratineur, tombeur** ◆ [par plais.] **bourreau des cœurs** ◆ [sout.] **suborneur** (qui induit l'idée de corruption). *Une séductrice* : **vamp, enjôleuse** ◆ ↓ **aguicheuse** ◆ **allumeuse** (= femme qui excite le désir sans vouloir le satisfaire). ② [adj.] *Elle avait un sourire séducteur* : **cajoleur, tentateur** ; → SÉDUISANT.

◇ **séduction** *Je suis sensible à sa séduction* : **charme*** ◆ ↓ **agrément** ; → GALANTERIE. *La séduction du pouvoir* : **fascination, tentation** ; → MAGIE.

◇ **séduisant** ① *Je n'ai jamais connu d'être aussi séduisant* : **charmant** ◆ ↑ **séducteur,** ↑ **désirable, charmeur** ◆ **beau** (qui ne se dit que des qualités physiques) ; → IRRÉSISTIBLE. ② *Voilà une proposition séduisante* : **alléchant** ◆ ↓ **tentant** ; → ATTRAYANT, AFFRIOLANT. *Un raisonnement séduisant* : **captieux, spécieux, trompeur*** ; → ENVELOPPANT.

séduisant → SÉDUIRE.

séfarade → JUIF.

segment → PORTION.

segmentation → SEGMENTER.

segmenter *La machine segmentait la tige de métal en portions égales* : **fractionner, diviser, sectionner** ; → COUPER.

◇ **segmentation** *On a obtenu ces échantillons par segmentation* : **division, fractionnement, fragmentation.**

ségrégation *Certains États pratiquent une politique de ségrégation raciale* : **discrimination*** ◆ **apartheid** (qui est un mot afrikaans).

seiche : **calmar, encornet** (qui sont des mollusques voisins).

séide → FANATIQUE, SERVITEUR.

seigneur ① *Au Moyen Âge, le seigneur et son vassal étaient liés par le pacte féodal* : [moins cour.] **suzerain** ◆ **châtelain** (= seigneur d'un château) ◆ [péj.] **hobereau** (= petit noble campagnard) ; → MAÎTRE. *Le Seigneur* : → DIEU. ② *Un grand seigneur* : **prince** ◆ → GENTILHOMME. *Jouer au grand seigneur* : → DÉPENSER, IMPORTANT.

◇ **seigneurial** *Le repas fut un festin seigneurial* : **princier, magnifique.** *Une terre seigneuriale* : **fief, seigneurie.**

seigneurial, seigneurie → SEIGNEUR.

sein ① *Elle montre ses très jolis seins quand elle se penche* : [sing.] **gorge** ◆ [fam.] **téton, nichon, néné, robert** ◆ **mamelle** (qui ne s'emploie que pour les femelles animales) ; → BUSTE. *Donner le sein* : **allaiter, nourrir.** ② *Elle serra son enfant contre son sein* [vieilli] : [plus cour.] **poitrine** ◆ [vieilli] **giron.** ③ *Au sein de* : **au cœur de, dans*.**

séisme ① *Le séisme a atteint sa pleine amplitude dans cette région* : [plus cour.] **tremblement de terre** ◆ [didact.] **secousse tellurique, sismique** ◆ [plus génér.] **cataclysme** (= tout bouleversement de la surface terrestre : inondation, cyclone...). ② → RÉVOLUTION.

séjour ① *Notre séjour dans cet hôtel a été bien agréable* : [moins cour.] **villégiature** (= séjour de repos). ② *Salle de séjour, séjour* : → PIÈCE. ③ *Interdit de séjour* : **interdit de résidence** ; → REPRIS DE JUSTICE.

◇ **séjourner** ① [qqn ~] *Nous comptons séjourner dans cette ville* : [plus cour.] **rester, vivre*** ◆ **habiter, demeurer*** (qui impliquent qu'on s'installe durablement dans un lieu) ◆ **camper*** (qui implique qu'il s'agit d'une installation provisoire de camping) ; → LOGER, S'ARRÊTER. ② [qqch ~] *N'utilisez pas cette eau qui a séjourné dans la mare* : **stagner** ◆ ↑ **croupir** (qui implique de plus la décomposition de la matière immobilisée).

séjourner → SÉJOUR.

sel ① *Bœuf gros sel* : **bouilli, pot-au-feu.** *Mettre du sel* : **saler.** ② *Voici une plaisanterie qui ne manque pas de sel* : **piment** ◆ **finesse, esprit** (qui insistent moins sur l'effet produit que sur la qualité intrinsèque du propos) ; → PIQUANT, SAVEUR.

sélect → CHIC, FERMÉ.

sélecteur → COMMUTATEUR.

sélectif *Un recrutement sélectif* : ↑ **élitiste.**

sélection → CHOIX.

sélectionner → CHOISIR, TRIER.

sélénite → LUNE.

self → RESTAURANT.

self-control → MAÎTRISE.

self-service → RESTAURANT.

selle ① *Sans selle* : → CRU I (*à cru*). ② *Aller à la selle* : → CHIER.

sellerie → SELLIER.

selles → EXCRÉMENT.

sellette *Mettre sur la sellette* : → INTERROGER.

sellier [de selle] *Le sellier fabrique les selles et les harnais* : [plus génér.] **bourrelier** (= artisan qui travaille le cuir).

◇ **sellerie** *Des articles de sellerie* : [plus génér.] **bourrellerie.**

selon ① *Le carreleur a fait son travail selon nos désirs* : **suivant** ◆ [moins cour.]

conformément à. ② *Selon moi, vous auriez dû accepter* : **d'après*** ; → POUR. *C'est selon* : → DÉPENDRE.

semailles → SEMER I. *C'est la saison des semailles* : [pl.] **semis** ◆ [plus didact., sing.] **ensemencement.**

semaine → AU JOUR* LE JOUR, SALAIRE.

semblable ① [adj., postposé] *J'ai eu une veste tout à fait semblable à la vôtre* : **identique à** ◆ ↓ **ressemblant à** ◆ **même*** *(j'ai eu la même veste que vous)* ; → PAREIL, COMME. *Les laitages et produits semblables* : **assimilé.** *Dans des circonstances semblables, j'aurais eu très peur* : [moins cour.] **similaire** ◆ ↓ **analogue** *(qui n'implique qu'une similitude de détail)* ; → MÊME, VOISIN. *Ils ont des goûts semblables* : **commun** ; → MÊME. *Il ne retrouvera jamais une situation semblable* : ↓ **comparable,** ↓ **approchant** ; → ÉQUIVALENT, ASSIMILABLE. *Votre signature n'est pas semblable au modèle déposé* : **conforme*.** ② [adj., antéposé] *On n'a pas idée de tenir de semblables propos* : **tel.** ③ [n.] *La religion et la morale nous disent l'une et l'autre d'aimer nos semblables* : **prochain, autrui** *(... aimer autrui, aimer son prochain)* ◆ ↑ **frère** *(... aimer ses frères)* ; → CONGÉNÈRE, PARENT I.

semblablement → PAREILLEMENT.

semblant → SEMBLER.

sembler ① [v.i. ; qqn, qqch ~ + attribut] *Vous semblez en pleine forme* : **avoir l'air, paraître, donner l'impression* d'être.** *Arrivé au sommet, l'air lui sembla plus léger* : **paraître*.** ② [v. impers.] *Il me semble inutile de vous dire mon avis* : **paraître*.** *Vous vous êtes trompé, me semble-t-il, il me semble* : **à mon avis.** *Comme bon vous semblera* : **comme il vous plaira.** *Il m'a semblé que nous étions dans la bonne voie* : **croire, avoir l'impression** *(j'ai cru, j'ai eu l'impression...).*

◇ **semblant** ① *Faire semblant. Il a fait semblant de ne pas nous connaître* : [moins cour.] **feindre, faire mine* de** ; → AFFECTER. ② *Il n'y a pas un semblant de vrai là-dedans* : **ombre, soupçon.** *Un faux-semblant* : **apparence, simulacre*, trompe-l'œil.**

semelle → BIFTECK, DUR.

semence [de semer I] ① *J'ai acheté de la semence de laitue* : **graine** *(de la graine, des graines).* ② *Le laboratoire recueille la semence des espèces animales rares* : [plus partic.] **sperme.** ③ *De la semence de tapissier* : → POINTE II.

semer

I *Le jardinier avait semé son persil trop tôt* : **planter*** *(impropre dans ce contexte : se dit non des graines, mais des plants que l'on repique)* ◆ **ensemencer** *(ensemencer la terre, le champ)*.

II ① *Le garçon de café avait semé de la sciure sur le carrelage* : **répandre*** ; → DISPERSER. *Le sol était semé de débris de verre* : **parsemer, couvrir, joncher.** ② *Il sème son argent* : **jeter par les fenêtres, dilapider.** ③ *Son intervention sema le trouble* : **jeter.** *Les mauvaises langues avaient semé de fausses nouvelles* : **répandre, propager*.**

III [fam.] *C'est un casse-pieds, il faut que je le sème* : [cour.] **se débarrasser de.** *Le maillot jaune avait semé ses principaux adversaires* [fam.] : **lâcher** ◆ [cour.] **distancer** ; → DÉPASSER.

semi ① *Ce n'est pas une réussite, c'est un semi-échec* : **quasi** ◆ **demi** *(qui signifie plus précisément la moitié de).* ② *Semi* et **demi** forment des composés qui se répartissent dans différents domaines spécialisés : *un camion semi-remorque, un demi-cercle.*

sémillant → AGILE, VIF.

séminaire → COURS, RÉUNION.

semi-remorque → CAMION.

semis → SEMAILLES.

sémite → JUIF.

semonce → REMONTRANCE.

sempiternel *Ses sempiternelles jérémiades me fatiguent* [péj.] : **continuel, perpétuel** ; → ÉTERNEL.

sénateur → PARLEMENTAIRE.

sénescence → VIEILLISSEMENT.

sénile → ÂGÉ.

sénilité → VIEILLESSE.

sens

I ① *Il a perdu l'usage de ses sens* : [plus partic.] **goût, odorat, ouïe, toucher, vue** (considérés comme les cinq sens de l'homme). *Reprendre ses sens* : **reprendre connaissance***. ② *Il n'a pas le sens du rythme* : → INSTINCT. *Avoir le sens des réalités* : **être réaliste.** ③ [toujours pl.] *Il n'apprécie que les plaisirs des sens* : **chair** (*les plaisirs de la chair,* qui s'applique surtout au plaisir sexuel) ; → ÉROTIQUE, SENSUEL, SENSUALITÉ.

II ① *Le sens des affaires* : **don*, intuition ;** → ESPRIT. *Avoir du bon sens* : [moins cour.] **discernement, jugement ;** → RAISON I, SAGESSE. *Cela tombe sous le sens* : **c'est évident*, cela va sans dire.** ② *À mon sens, il a eu tort de rester* : **d'après* moi, avis*, sentiment, point de vue.** ③ *Vos paroles n'ont aucun sens pour moi* : **signification, ne rimer à rien ◆ valeur** (qui renvoie davantage à un contenu moral qu'intellectuel). *Le sens du texte* : **interprétation* ;** → COMPRÉHENSION. *Ce mot a plusieurs sens* : [plus didact.] **acception ◆ signifié** (qui ne s'utilise que dans le cadre de certaines théories du signe).

III *Dans quel sens est-il parti ?* : **direction, côté** (*de quel côté ?*) ; → BUT. *Sens dessus dessous, sens devant derrière* : **à l'envers, en désordre.** *Dans le bon sens* : → À L'ENDROIT. *Dans quel sens est-il parti ?* : **par où.**

sensation ① *Ce garçon aime les sensations fortes* : **émotion ;** → IMPRESSION, SENTIMENT I. ② *Faire sensation* : **faire son effet* ◆ ↓ étonner* ◆ avoir de l'audience*.**

sensationnel → ÉTONNANT, EXTRAORDINAIRE, FUMANT, SPECTACULAIRE, TERRIBLE.

sensé → RAISONNABLE, SAGE.

sensibilité ① *La sensibilité d'un organe* [didact.] : **excitabilité, réceptivité ◆** [didact.] **↑ hyperesthésie** (qui est pathologique). ② *Un cri a trahi sa vive sensibilité* : **émotivité.** *Ce garçon n'a aucune sensibilité* : **humanité ◆ cœur** (*... n'a pas de cœur*) **◆ tendresse, pitié** (= dispositions plus particulières à l'affection ou à la compas-

sion) ; → BONTÉ. *Voici des pages pleines de sensibilité* : **émotion, sentiment* ◆** [péj.] **sentimentalité, sensiblerie** (qui marquent l'excès). ③ *Des sensibilités politiques* : → TENDANCE.

sensible

I [sens actif] ① *Avoir l'oreille sensible* : **fin.** *Il a les pieds si sensibles qu'il ne porte que des espadrilles* : **fragile, délicat.** ② *Un point sensible* : **↑ douloureux*.** *C'est le point sensible de la situation* : **névralgique.** *Un dossier sensible* : **délicat*, chaud ;** → DANGEREUX. ③ *Ce garçon est trop sensible ; il crie dès qu'on le touche* : **douillet.** ④ *Certains êtres sont trop sensibles* : **impressionnable, émotif ◆ ↑ écorché* vif.** *Un cœur sensible* : **tendre ◆ ↑ vulnérable.** *Quelqu'un de sensible* : **compatissant, humain, accessible ◆ ↑ BON.** *Mon patron n'a pas été sensible à mes doléances* : **accessible ◆ ↑ attentif ;** → PERMÉABLE.

II [sens passif] ① *Nous vivons dans un univers sensible* : **matériel.** *Les ultrasons ne sont pas sensibles à l'oreille humaine* : **perceptible par.** ② *Il n'y a pas de différence sensible entre ces deux parfums* : **appréciable, net, marqué, tangible ◆ ↑ évident ;** → APPARENT. *Les prix ont subi une hausse sensible* : **notable ◆ ↑ important*.**

◇ **sensiblement** ① *La température n'a pas sensiblement varié* : **notablement, nettement.** ② *Ils avaient sensiblement le même poids* : **à peu près*, presque, grosso modo.**

sensiblement → SENSIBLE.

sensualité [de sens I] *Sa sensualité n'est jamais satisfaite* : [plus partic., péj.] **concupiscence, lasciveté, lubricité** (qui appartiennent uniquement au domaine sexuel) ; → ÉROTISME, TEMPÉRAMENT, DÉSIR.

sensuel [de sens I] ① [adj.] *Elle avait une voix sensuelle qui me troubla* : **chaud ◆** [péj.] **lascif ◆** [péj.] **↑ lubrique** (*un regard lubrique*) ; → ÉROTIQUE. ② [adj. et n.] *Mon beau-frère est un sensuel* : **voluptueux ◆ épicurien** (qui se dit improprement de ceux qui pratiquent une morale du plaisir) ; → JOUISSEUR.

sensuellement → AMOUREUSEMENT.

sent-bon → PARFUM.

sente → CHEMIN.

sentence ① *La sentence de la cour* : **verdict** ◆ **arrêt** (qui est fixé par une haute juridiction) ; → ARBITRAGE, JUGEMENT. ② *Les sentences d'un moraliste* : → PENSÉE.

sentencieux → SOLENNEL.

senteur [de sentir II] *La senteur de ce bouquet est exquise* : [plus cour.] **parfum*** ; → ODEUR.

sentier → CHEMIN.

sentiment

I ① *Le sentiment de mon impuissance était insupportable* : **conscience**. *J'ai le sentiment d'avoir été trompé* : **impression***, **intuition**, **sensation** ; → CONSCIENT. ② *Voulez-vous mon sentiment ?* [sout.] : [plus cour.] **opinion**, **point de vue** ; → AVIS, SENS II.

II ① *Il éprouvait vivement certains sentiments* : ↑ **passion** ◆ **émotion** (qui est plus physiologique qu'affectif) ; → ÉTAT D'ÂME*, MOUVEMENT. *Le général avait des sentiments patriotiques* : **fibre** (*la fibre patriotique*), **sens** (*le sens de la patrie*). ② *Je lui ai déclaré mes sentiments, et elle les partageait* : **amour*** ◆ ↓ **affection**, ↓ **attachement**, ↓ **tendresse**.

sentimental [de sentiment II] ① *La vie sentimentale des vedettes m'intéresse peu* : [plus génér.] **affectif** ◆ [plus partic.] **amoureux**, **galant**. ② *Il est plus sentimental que sensuel* : **fleur bleue**, **romanesque**, **tendre**.

sentimentalité → SENSIBILITÉ.

sentinelle *Le lieutenant avait posté deux sentinelles devant la porte* : [plus rare] **factionnaire**, **planton** ; → GARDE II. *Être en sentinelle* : **en faction**.

sentir

I [v.t.] *qqn ~ qqch ou que + complétive, ou qqch + inf.*] ① *Torse nu, il sentait le vent sur son dos* : **percevoir***. ② *Dans la cuisine, on sentait l'odeur d'un bon pot-au-feu* : **renifler** (= aspirer bruyamment par le nez) ◆ **flairer** (qui se dit de celui, animal ou humain, qui cherche à distinguer une odeur d'une autre) ◆ [sout.] **humer** (= aspirer l'air ou un liquide pour sentir). Tous ces verbes supposent une insistance, un effort dans l'acte de sentir. ③ *Il sentit l'hostilité de son auditoire* : **deviner**, **discerner** (= sentir quelque chose de caché ou de peu distinct) ◆ **pressentir**, [plus sout.] **subodorer** (= prévoir quelque chose sans indice net) ◆ ↑ **éprouver**, ↑ **ressentir** (= recevoir des marques tangibles de l'existence d'un phénomène) ; → FEELING. ④ *Avez-vous bien senti le sel de cette plaisanterie ?* : **apprécier**, **goûter**. ⑤ *Je ne peux pas sentir mon beau-frère* : **détester** (*je déteste…*) ◆ [fam.] **ne pas encadrer**, **ne pas encaisser** ◆ [très fam.] **ne pas blairer**, **ne pas pifer** ◆ [cour.] **ne pas supporter**, **ne pas pouvoir souffrir** ◆ [sout.] **haïr** (*je hais…*) ; → VOIR.

◇ **se sentir** ① *Il se sent capable de venir à bout de ce travail* : **s'estimer**, **se juger**. ② *Mon beau-frère et moi, on ne peut pas se sentir* : ↓ **ne pas s'entendre*** (qui marque un simple désaccord et n'implique pas d'hostilité). ③ *Ne plus se sentir* : **perdre la tête**, **se laisser aller**. *Il va faire de l'orage : ça se sent* : [moins cour.] **être perceptible**, **être prévisible**. *Qqch se fait sentir* : → SE MANIFESTER.

II [v.t.] ① [avec compl. ou en emploi absolu] *Votre cave sent (le moisi)* : [toujours péj.] **puer**. *Les draps sentent la lavande* : [toujours en bonne part] **embaumer** ◆ [plus rare] **fleurer** ; → DÉGAGER, SENTEUR. *Ce fromage sent fort* : **avoir de l'odeur**, **une forte odeur** ; → À PLEIN NEZ*. ② *Sa plaisanterie sent le pédant* : **révéler**. ③ *Ça sent le roussi* [fam.] : **ça tourne mal**.

seoir → ALLER II.

séparation → SÉPARER.

séparatisme → DISSIDENCE.

séparatiste → DISSIDENT.

séparé → INDÉPENDANT.

séparément *Il m'a pris séparément pour me confier ses ennuis* : **à part**, **en particulier**. *Les deux corps de troupes ont attaqué séparément l'ennemi* : **isolément**.

séparer ① [qqn ~ des êtres ou des choses] *Il faut séparer les mâles du troupeau* : **isoler** ◆ **mettre à part***. *Le coiffeur sépare les cheveux par une raie* : [plus partic.] **partager** (= répartir en parts égales) ; → DIVISER. *À l'aide d'un crible, il a séparé le grain et la balle* : **trier***. *Vous devez séparer ces deux problèmes pour les résoudre* : **disjoindre, dissocier, distinguer*** ; → DISPERSER, OPPOSER. ② [qqn ~ qqch de qqch ou d'avec qqch] *Pour l'utiliser, il a fallu séparer le minerai de sa gangue* : **extraire, tirer**. *Pour préparer un pâté de lapin, il faut séparer la chair d'avec les os* : **détacher, décoller** (*détacher, décoller la chair des os*). *Il faut séparer les éléments pertinents de ce problème complexe* : **abstraire, analyser, distinguer, discerner**. ③ [qqch ~ des personnes] *Une grande différence de goûts a séparé le mari et la femme* : **diviser** ◆ ↑ **désunir** ◆ ↑ **brouiller*** (qui implique l'hostilité, mais pas forcément l'éloignement des deux membres du couple) ◆ ↓ **éloigner** ; → ÉCARTER.

◇ **se séparer** ① [qqn ~] *Nous nous sommes séparés bons amis* : **se quitter**. *Je me suis séparé de mon chien* : ↑ **abandonner*** (= se séparer de quelqu'un ou de quelque chose sans plus s'en préoccuper). *Se séparer d'un employé* : **congédier***. ② [des personnes, un couple ~] *Les époux se sont séparés* : ↑ **divorcer*** (qui se dit de l'acte légal par lequel la séparation est juridiquement reconnue) ; → ROMPRE. ③ [qqch ~] *Une branche s'est séparée du tronc* : **se détacher**. *Le chemin se sépare en deux sentiers* : **se diviser**.

◇ **séparation** ① [~ des choses] *La séparation des éléments constituant un ensemble* : **désagrégation, dislocation, dispersion** ◆ [didact.] **disjonction, dissociation**. ② [~ de l'espace] *Une séparation entre la salle à manger et la salle de séjour* : **cloison** ; → MUR. *Une ligne de séparation signale la zone interdite* : **démarcation**. ③ *Ce débat a provoqué une séparation de la majorité en deux clans* : **division** ◆ [moins cour.] **clivage** ; → DISTINCTION, CASSURE. *Leur séparation a surpris tout le monde* : **rupture*** ◆ ↓ **brouille** (qui peut désigner une simple dispute). *La séparation de corps* : → DIVORCE. *Il supportait mal la séparation* : → ABSENCE, EXIL, ÉLOIGNEMENT.

septentrional *Une vague de froid vient d'atteindre l'Europe septentrionale* [didact.] : [plus cour.] **du nord** ◆ **nordique** (qui s'emploie plutôt pour qualifier les ensembles de géographie humaine : *les pays, les peuples, les langues nordiques*).

septicémie → INFECTION.

sépulcral → CAVERNEUX, FUNÈBRE.

sépulcre, sépulture → TOMBE.

séquelle → EFFET, SUITE.

séquestration *La séquestration à vie est une peine inhumaine* : **emprisonnement*** (qui ne se dit que de la séquestration des personnes par les voies juridiques).

séquestre → SAISIE.

séquestrer → ENFERMER, VOLER II.

sérail ① *Le sérail du sultan* : [plus génér.] **palais** ◆ [par méton.] **harem** (= appartement des femmes). ② *Appartenir au sérail, être du sérail* : **milieu** ; → SOCIÉTÉ, MONDE.

séraphin → ANGE.

serein
→ CALME, CLAIR, PAISIBLE, TRANQUILLE.

sereinement → PAISIBLEMENT.

sérénade ① *Donner une sérénade à sa belle* (= concert donné la nuit sous les fenêtres de qqn) : **aubade** (= concert du matin) ; → CHANT. ② *Rentré chez lui en retard, il a eu droit à une belle sérénade* [fam.] : [très fam.] **engueulade**. ③ *Les chats du voisinage ont mené une belle sérénade cette nuit* : **tapage*** ◆ [vieilli] **sarabande**.

sérénité → CALME, SÉCURITÉ.

serf → ESCLAVE.

serial → SÉRIE.

série ① *Une série d'incidents a troublé la séance* : **chapelet** ◆ ↑ **cascade** ; → SUITE, SUCCESSION, VAGUE. ② *Une série de tabatières anciennes* : **collection** ; → CHOIX.

Il a acheté toute une série de casseroles : **assortiment.** *Une fin de série :* → SOLDE II. ③ *Joueur classé en première série :* **catégorie, division.** *C'est un personnage hors série :* **hors du commun, peu commun ;** → REMARQUABLE. *C'est de la céramique de série, faite en série :* **industriellement ;** → ORDINAIRE ◆ [plus partic.] **à la chaîne.** ④ *Une série télévisée, radiodiffusée :* **feuilleton,** [anglic.] **serial** [n.m.].

sérier → CLASSER.

sérieusement → SÉRIEUX.

sérieux

I [adj.] ① [postposé] *Cette affaire est sérieuse :* **important*.** *Une situation sérieuse :* **critique.** *Le malade a fait une rechute sérieuse :* **dangereux, inquiétant ;** → GRAVE. ② [postposé] *C'est un homme sérieux :* **réfléchi*, posé* ;** → ADULTE, RESPONSABLE. *Mon fils est un élève sérieux :* **appliqué*, consciencieux.** ③ [postposé] *Voici un travail sérieux :* **solide, sûr ;** → SOIGNEUX. *Une vie sérieuse :* **réglé*.** ④ [postposé] *Je connais une jeune fille sérieuse :* **sage, rangé ;** → BIEN II. ⑤ [postposé] *A-t-il toujours cet air sérieux et distant ? :* **grave*** ◆ ↑ **froid,** ↑ **sévère.** ⑥ [antéposé ou postposé] *Il a eu de sérieux ennuis avec la police :* **grave*** ◆ [toujours antéposé] **gros ;** → REDOUTABLE. *Avez-vous de sérieux motifs d'absence ? :* [postposé] **valable, fondé ;** → BON.

II [n.m.] ① *Le sérieux de ce garçon n'est pas feint :* **application,** [moins cour.] **zèle, gravité.** ② *Le sérieux de ce projet m'a rassuré :* **solidité.** *Un travail effectué avec sérieux :* → SOIN. ③ *Il n'a pas pris au sérieux mes avertissements :* **croire à, tenir compte de.**

◇ **sérieusement** ① *Il a raconté sérieusement une histoire drôle :* **sans rire ;** → GRAVEMENT. ② *A-t-il pensé sérieusement à la quitter ? :* **pour de bon, vraiment.** ③ *Son frère a été sérieusement blessé dans l'accident :* ↑ **grièvement ;** → GRAVEMENT. *Il va falloir intervenir sérieusement dans cette affaire :* **activement, vigoureusement.**

serin ① *Le serin chante dans sa cage :* **canari** (= serin des îles Canaries). ② → NIAIS.

seriner → RÉPÉTER.

serment ① *Je n'ai pas confiance dans son serment* (= affirmation solennelle) : **parole** ◆ **engagement, promesse** (qui n'ont pas le même caractère solennel). *Un faux serment :* **parjure.** ② *Ces serments n'ont convaincu personne :* **protestation** (qui est génér. suivi d'un compl. : *protestations d'innocence*).

sermon ① [dans la religion chrétienne] *Le prêtre avait soigneusement choisi le sujet de son sermon :* **prédication** ◆ **homélie** (= sermon de ton familier) ◆ **prône** (= discours de piété ou annonce faite à la messe paroissiale) ◆ **prêche** (= discours religieux prononcé par un pasteur protestant ou un prêtre catholique) ; → DISCOURS, CONFÉRENCE. ② *Les sermons de ma mère ne m'ont pas corrigé* [vieilli] : **remontrance.**

◇ **sermonnaire** *Les grands sermonnaires des siècles classiques* (= auteur de sermons) : **prédicateur** (= celui qui les prêche en chaire) ; → PRÊCHEUR.

sermonnaire → SERMON.

sermonner → FAIRE LA MORALE*, PRÊCHER, RÉPRIMANDER, RAISONNER.

sermonneur → PRÊCHEUR.

séropositif → VIH.

serpent *Les serpents sont nombreux sur ce coteau :* [didact.] **ophidien.**

◇ **serpentaire** *Le serpentaire se nourrit de serpents* (= oiseau d'Afrique) : **secrétaire.**

◇ **serpenter** *Le ruisseau serpente au pied de la colline :* **zigzaguer** ◆ [rare] **sinuer.**

serpentaire, serpenter → SERPENT.

serpillière *Passez la serpillière sur le sol de la cuisine :* [région.] **wassingue ;** → TOILE.

serre ① → GRIFFE I. ② *Effet de serre :* **réchauffement.** *Une serre :* → JARDIN.

serré → SERRER.

serrer ① *Il serra le marteau dans sa main* : **empoigner** ; → TENIR. ② *Cette vis doit être serrée* : ↑ **bloquer** (= serrer à fond). *Les deux tuyaux auraient dû être serrés* : [didact.] **brider.** ③ *Il serra son fils dans ses bras* : **étreindre** ; → EMBRASSER, PRESSER. *Il serrait son adversaire dans les cordes* : **coincer***. *Serrer le kiki* : → ÉTRANGLER. ④ [qqch ~] *Le chagrin lui serra la gorge* : **angoisser.** ⑤ [qqn ~ une partie du corps] *Il serra les lèvres* : **pincer***. *Il serrait les mâchoires pour résister à la souffrance* : **contracter*, crisper.** ⑥ [qqch ~ qqn] *Sa cravate le serre* : ↓ **gêner.** *Sa ceinture lui serrait la taille* : **comprimer, enserrer.** *Sa robe serre ses formes généreuses* : **épouser, mouler** ◆ [péj.] ↑ **boudiner,** ↑ **engoncer,** ↑ **emprisonner,** ↑ **sangler.** ⑦ *Serrer le trottoir* : **raser.** *Serrer qqn de près* : **poursuivre** ; → TALONNER. *Serrer de près une question* : [plus génér.] **examiner.** *Serrer un texte* : **abréger*.**

◇ **se serrer** ① *L'enfant se serra contre sa mère* : **se blottir*.** *Les occupants de l'ascenseur durent se serrer* : **se tasser** ◆ ↓ **se rapprocher.** ② *Il n'est pas habitué à se serrer la ceinture* [fam.] : [plus cour.] **se priver.** *Dans l'adversité, ils durent se serrer les coudes* : **s'entraider, se prêter la main.**

◇ **serré** ① *Votre col est trop serré* : **ajusté** ; → ÉTROIT ② *Cette année, les blés seront serrés* : **dru.** *Une foule serrée attendait le passage des coureurs* : **compact, épais** ◆ [moins cour.] **dense.** *Il prend son café serré, à l'italienne* : **fort*, tassé*.** ③ *Un raisonnement serré* : ↓ **logique** ; → RIGOUREUX.

serre-tête → BANDEAU.

serrure → FERMETURE.

serrurier *Il est serrurier* (= artisan qui fabrique et pose des clefs, serrures et ouvrages en fer forgé) : [plus génér., didact.] **métallier.**

◇ **serrurerie** : **métallerie.**

sertir *L'orfèvre sertissait une pierre dans le chaton de la bague* : **enchâsser, monter** ◆ [moins partic.] **fixer.**

sérum ① *Le sérum est le liquide qui se sépare du caillot après coagulation du* sang. *Le* **plasma** *est du sérum sans fibrine.* ② *Sérum de vérité* : [n. déposé] **Penthotal.**

servage → SERVITUDE.

servante Terme aujourd'hui vieilli, le statut des personnels domestiques ayant changé. *La servante prépara le lit de ses patrons* : [plus cour.] **bonne, bonne à tout faire** ◆ [fam., péj.] **bonniche** (exclusivement comme insulte : *je ne suis pas ta bonniche*) ◆ [plus génér.] **domestique,** [vx, pl.] **gens de maison,** termes auxquels on préfère maintenant **employés de maison** (qui se dit aussi bien du personnel masculin) ◆ [plus partic.] **femme de chambre,** [vx] **chambrière,** [rare] **caمériste** ◆ **soubrette** (= femme de chambre de comédie) → SERVICE I.

serveur *Le serveur a apporté les demis sur un plateau* : [plus cour.] **garçon** ◆ [anglic., plus partic.] **barman, barmaid** (= employés d'hôtellerie chargés du bar).

servi *Bien servi* : → TASSÉ.

serviabilité → COMPLAISANCE.

serviable → COMPLAISANT.

service

I ① *Le service des eaux est installé à la mairie* : **département** ◆ [plus génér.] **administration** (qui peut comprendre plusieurs services). *Les services de la préfecture sont fermés* : **bureau.** *Les sociétés de services, les services* : **secteur tertiaire, tertiaire.** *Le service public* : **le public** (par opp. au *privé*). *Les personnels de service* : ensemble des **agents de service** chargés des tâches de nettoyage ou de maintenance dans les entreprises ou les établissements collectifs (privés ou publics) : [plus partic.] **femme de ménage, fille de salle** (dans les hôpitaux) ; → SERVANTE, SERVITEUR. *Être au service de qqn* : → SERVIR I. ② *Faire son service* : **service militaire,** [vx] **régiment.** ③ *Le pompier de service était à son poste* : **de garde*** ◆ **de quart*** (terme en usage dans la marine). *Ce médecin est de service* : [moins cour.] **d'astreinte.** ④ *Le service divin* [vieilli] : **office** ◆ [dans la religion catholique] **messe** ◆ [chez les protestants] **culte** ⑤ *Le service est compris dans* *la note* : le **pourboire** est toujours en sus. ⑥ *Ce joueur a un excellent service* : **engagement** ◆ [plus partic., au tennis] **première, seconde balle.**

II ① *Cet engin rend de grands services* : **fonction** (*... a de multiples fonctions*) ; → SERVIR III. *Cette machine est hors service* : [plus cour.] **HS, hors d'usage,** [fam.] **fichu*** ◆ [en partic.] **usé*** ◆ ↓ **en panne.** ② *Ce n'est pas toujours agréable de demander un service* : [plus partic.] **aide, appui*, soutien** (qui peuvent être d'ordre matériel ou moral) ◆ ↑ **faveur** (qui s'entend comme une préférence accordée) ◆ **concours, collaboration, coopération** (= participation à une entreprise commune). *Rendre service à quelqu'un* : **obliger** (*obliger qqn*). *Un service n'est jamais perdu* : **bienfait** ; → SERVIR II.

serviette

I *Les serviettes sont accrochées à côté du lavabo* : [plus partic.] **essuie-mains.**

II *Sa serviette était pleine de dossiers* : **porte-documents** (= serviette très plate) ◆ **attaché-case** (= mallette rigide pour le même usage) ; → SAC.

servile
→ COMPLAISANT, OBSÉQUIEUX, PLAT I.

servilement
→ BASSEMENT, OBSÉQUIEUSEMENT.

servilité
→ BASSESSE, OBSÉQUIOSITÉ, COMPLAISANCE.

servir

I [v.t.] ① *Il a servi le baron comme valet de chambre* : **être au service de.** ② *Voulez-vous me servir à boire ?* : **donner, verser*.** *À qui de servir (les cartes) ?* : **distribuer*, donner.** *Il sert régulièrement une rente à ses parents* : [plus cour.] **verser.** *Servir des intérêts à qqn* : → PAYER. ③ *C'est toujours la même histoire qu'il nous sert* [fam.] : [plus cour. et plus précis] **raconter.** ④ *Le champion a servi (la balle) le long de la ligne* : [absolt] **engager.**

II [v.t.] ① [qqn ~] *Servir ses amis est un plaisir* : **rendre service à,** ↑ **se dévouer à** ◆ **aider, secourir** (qui supposent que le bénéficiaire est en difficulté). *Il a servi*

son cousin auprès du patron : [plus cour.] **appuyer, soutenir** ; → RECOMMANDER. ② [qqch ~] *Sa ténacité l'a bien servi dans sa carrière* : **être utile à.**

III [v.t. ind. ; ~ à qqn de qqch] ① *Cette pièce me servira de cabinet de travail* : [plus sout.] **tenir lieu de ;** → FONCTION, REMPLACER. *Il a servi de prête-nom à un escroc* : **être utilisé par** (*il a été utilisé comme prête-nom par un escroc*). ② *Ce vêtement lui a beaucoup servi* : **faire de l'usage** (*... lui a fait beaucoup d'usage*) ; → PROFIT. ③ *Ça ne lui sert à rien de se mettre en colère* : **c'est inutile*, ça lui fait une belle jambe.**

◇ **se servir de** ① *Je me sers toujours d'un crayon pour écrire* : **utiliser, prendre ;** → EMPLOYER. *Se servir d'un parapluie* : **utiliser* ;** → S'ABRITER. ② *Il s'est trop servi de son influence* : **user de ;** → DISPOSER DE.

serviteur ① *La marquise a du mal à garder ses serviteurs* [sout.] : [plus cour.] **domestique** ◆ **employé de maison** (qui se dit dans le langage administratif) ◆ [fam., péj.] **larbin** ◆ [plus partic.] **valet, valet de chambre, homme de peine, femme de chambre, cuisinière** (qui précisent la fonction de l'employé et sont d'un usage plus répandu que les termes génériques) ◆ **extra** (= domestique engagé temporairement pour compléter le personnel de service) ◆ [anglic.] **boy** (= serviteur homme dans les pays coloniaux ou les anciennes colonies) ; → ESCLAVE, CHASSEUR. ② *Un vil serviteur du pouvoir* : [péj.] **valet, laquais** (= ceux qui prêtent leurs services à mauvais escient) ◆ **séide** (= homme d'un dévouement fanatique) ◆ **suppôt** (= complice des mauvais desseins de qqn : *valet, laquais de l'impérialisme ; suppôt du diable*).

servitude ① *Certaines sociétés tiennent la femme dans un état de servitude* : **sujétion** ◆ ↑ **soumission** (qui implique le consentement ou au moins la résignation de la victime). *Ce peuple a mis des années à sortir de la servitude* : **esclavage** ◆ ↓ **assujettissement,** ↓ **dépendance.** ② *Il n'a pas voulu supporter plus longtemps les servitudes de sa charge* : **contrainte ;** → OBLIGATION.

session → SÉANCE.

set ① *Il a gagné la partie en trois sets* [au tennis] : **manche ;** → PARTIE IV. ② *Un set de table* [cour.] : **napperon.**

seuil ① *Il franchit le seuil de la porte* : **pas* ;** → ENTRÉE. ② *Au seuil de cette année nouvelle, je vous présente mes vœux* [sout.] : [plus cour.] **début, commencement.** ③ *Dépasser le seuil critique* : **point.**

seul ① [épithète, antéposé] *La bibliothèque conserve le seul exemplaire de ce texte* (= dont il n'existe plus d'autre modèle) : **unique*** (qui peut être postposé et implique qu'il n'a jamais existé qu'un seul objet). *Il ne reste plus une seule place à l'orchestre* : **aucun.** *Un seul mot de sa part aurait pu me faire renoncer à mon projet* : **simple, rien qu'un.** *Pas un seul mot* : → TRAÎTRE. ② [épithète, postposé] *C'est un homme seul* : **isolé*** ◆ [rare] **esseulé** ◆ [plus partic.] **abandonné** (qui implique qu'il n'a pas toujours été seul) ; → CÉLIBATAIRE. ③ [attribut] *Depuis que ses parents sont morts, il vit (tout) seul* : **solitaire*** (qui peut impliquer un goût de la solitude) ◆ [moins cour.] **en ermite.** *Il aime boire seul* : **en suisse.** *Je voulais lui parler seul à seul* : **en tête à tête, en particulier.** ④ [à valeur adv., en tête de phrase ou après un n. ou un pron. accentué] *Seule la chance peut le tirer de là* : **il n'y a que** (*il n'y a que la chance qui peut, puisse le tirer de là*). *Lui seul peut réussir* : **seulement, uniquement.** *Maintenant, ça va marcher tout seul* : **sans difficulté.**

◇ **seulement** ① *Le charcutier vend seulement du porc* : **uniquement** ◆ **ne... rien que** (*... ne vend rien que du porc*), **ne... que, exclusivement.** *Il n'a pas de mal ; il est seulement étourdi* : **ne... que, simplement.** ② *Nous commençons seulement à manger* : **juste.** *Il arrive seulement demain* : **ne... que, ne... pas avant.** ③ *Si seulement* : **si encore*** ◆ **si au moins*.** ④ [en tête de proposition] *Il est venu, seulement je n'étais pas là* : **mais.**

seulement → SEUL.

sève → VITALITÉ.

sévère ① [qqn est ~] *Son père était sévère* : **strict, ↓ exigeant* ;** → VACHE, DUR. *Le juge était sévère pour les uns, indulgent pour les*

autres : **↑ impitoyable, ↑ implacable.** *Être sévère* : **n'être pas commode*** ◆ [fam.] **avoir la dent dure.** *Un visage sévère* : → AUSTÈRE. ② [qqch est ~] *Le gouvernement a pris des mesures sévères* : **rigoureux, sérieux** ◆ **↑ draconien.** *Les pertes de l'ennemi ont été sévères* : **lourd** ◆ [moins express.] **élevé** ◆ [fam.] **salé.** ③ [qqch est ~] *Les palais florentins ont une architecture sévère* : **dépouillé ;** → AUSTÈRE, TRISTE II. *C'est une œuvre sévère* : **ardu, difficile, grave.** *Une morale sévère* : **rigide** ◆ **↑ puritain ;** → RIGORISTE.

◇ **sévèrement** ① *Il a été élevé sévèrement* : **↑ durement** ◆ [fam., postposé] **à la baguette.** ② *Il a été sévèrement blessé dans la bagarre* : **gravement, grièvement.**

◇ **sévérité** ① *Sa sévérité n'était pas comprise* : **dureté** ◆ **↑ intransigeance ;** → RAIDEUR. ② *La sévérité de la condamnation indigna la foule* : **gravité.** ③ *La sévérité de son style ne facilite pas la lecture* : **austérité, sécheresse, froideur.**

sévèrement, sévérité → SÉVÈRE.

sévices *Les sévices exercés sur un enfant* : **maltraitance ;** → VIOLENCE.

sévir ① *Le professeur menaça de sévir* [sout.] : **châtier** ◆ [plus cour.] **punir.** *Le gouvernement devrait sévir contre la fraude* : **réprimer, sanctionner** (*réprimer, sanctionner la fraude*). ② *La tempête sévit sur nos côtes* : **faire rage, se déchaîner.**

sevrage → DÉSINTOXICATION.

sevrer → PRIVER.

sex-appeal → ATTRAITS.

sexe ① *Le sexe est l'objet de nombreux débats* : **sexualité.** *Leur problème, c'est une histoire de sexe* : [très fam.] **cul*, fesse.** *Les plaisirs du sexe* : → CORPS, ÉROTIQUE. ② *On lui voyait le sexe* : [didact.] **organes génitaux** ◆ **parties sexuelles.** Alors que le tabou sexuel impose au langage cour. des termes métaphoriques de faible usage, **membre, verge,** [didact.] **pénis, phallus,** pour les organes masculins (il n'y a pas de terme général cour. pour le sexe de la femme), il existe de nombreuses dénominations fam. : **zizi, quéquette** ◆ [très fam.

ou arg.] **bite, pine, queue** (pour le sexe de l'homme) ◆ [vulg.] **con, chatte** (pour le sexe de la femme).

◇ **sexisme** *Dans la plupart des sociétés actuelles, le sexisme limite le rôle politique des femmes* : **phallocentrisme, machisme** (qui précisent l'orientation dominante des idéologies sexistes) ; → RACISME.

◇ **sexiste** : **phallocrate,** [abrév. fam.] **phallo, machiste,** [fam.] **macho.**

◇ **sexuel** ① *Les organes sexuels* : **génital** ; → HONTEUX, SEXE. ② *L'acte sexuel* : **coït, copulation.** *Les pratiques sexuelles* : → ÉROTIQUE. *Ils ont eu des rapports sexuels* : → INTIME. *Le plaisir sexuel* : **physique** ; → CORPS, SENS I.

sexisme, sexiste, sexualité, sexuel
→ SEXE.

sexy → AFFRIOLANT.

seyant → ÉLÉGANT.

sherpa → GUIDE.

sherry → XÉRÈS.

shit → HASCHISCH.

Shoah → GÉNOCIDE.

shoot ① *Un shoot détourné par le gardien de but* [anglic.] : **tir** ◆ [fam.] **boulet.** ② *Un shoot d'héroïne* [arg.] : [cour.] **injection** ◆ [plus génér.] **dose** ; → DROGUE.

◇ **shooter** *Shooter au but* : → BOTTER, TIRER II.

◇ **se shooter** → SE DROGUER, SE PIQUER.

shooter → SHOOT.

shopping → ACHAT, COMMISSION II.

short *Elle portait un short pour la randonnée* : **culotte*** ◆ **bermuda** (qui est plus long qu'un short).

show, show-biz, show-business
→ SPECTACLE.

si

I [adv.] ① [adv. d'affirmation] *Il ne t'a rien dit ? – Si, mais je ne l'ai pas écouté* (= réponse positive à une question ou à un énoncé nég.) : **oui** (= réponse positive à

une question de forme positive). ② [adv. de quantité, marquant l'intensité sans corrélation] *Il est devenu si prétentieux depuis sa réussite* : **tellement.** *Jamais je n'ai vu une fille si belle* : **aussi*.** ③ [adv. de quantité en corrélation avec un *que* consécutif introduisant une proposition à l'ind.] *Il est si rusé qu'il a trompé tout le monde* : **tellement.** ④ [adv. de quantité en proposition interr. ou nég., en corrélation avec un *que* compar.] *Il n'est pas si bête qu'on le dit* : **aussi.** ⑤ [en relation avec un *que*, *si* peut introduire une subordonnée concessive au subj.] *Si malin qu'il soit, il ne se tirera pas de cette situation* : **aussi** ◆ [plus sout.] **pour... que, quelque... que** ; → TOUT IV.

II [conj.] ① [dans un système hypothétique au présent ou au passé] *Si le facteur passe, donnez-lui une pièce* : **au cas où** (suivi d'un cond.) ◆ **à supposer que** (qui est suivi d'un subj.) *Il peut encore gagner s'il ne se décourage pas* : **à condition que** (qui est suivi d'un subj.) ◆ **à condition de** (qui est suivi d'un inf. : *à condition de ne pas se décourager*). ② [introduisant une hypothèse à l'imparfait ou au plus-que-parfait] *S'il était venu, il ne m'aurait pas trouvé* : **au cas où** (suivi d'un cond.). ③ [dans un système hypothétique de valeur temporelle à l'imparfait ou au plus-que-parfait] *S'il n'avait pas compris, le précepteur reprenait son explication* : **à chaque fois que, toutes les fois que** ◆ [plus cour.] **quand, lorsque.** ④ [en système non hypothétique au présent ou au passé, exprimant la concession] *S'il n'a pas eu d'ennuis, moi je m'en suis tiré moins facilement.* Une tournure équivalente serait deux propositions coordonnées par **mais** (*il n'a pas eu d'ennuis, mais moi je m'en suis tiré...*). ⑤ [en indépendante exclam.] *Si je pouvais me reposer !* (qui exprime un souhait) : **pourvu que** (suivi d'un subj. qui indique la crainte qu'il n'arrive le contraire : *pourvu que je puisse me reposer !*). ⑥ *Il ne m'a rien dit, si ce n'est que vous aviez tort* : **sinon que** ◆ [plus fam.] **sauf que, excepté que.** *Je n'avais voulu le dire à personne, si ce n'est à ma femme* : **sinon, sauf, excepté.** *Il ne vous en voudra pas, si tant est qu'il l'apprenne* : **en admettant que.**

sibyllin → AMBIGU, OBSCUR.

sida → MST.

side-car → CYCLOMOTEUR.

sidéral *Des observations sidérales* [didact.] : **astral** (qui est plutôt un terme d'astrologie et n'est syn. de *sidéral* que dans des emplois litt. : *une lumière sidérale, astrale*).

sidérant → STUPÉFIANT.

sidéré → ÉBAHI, STUPÉFAIT.

sidérer → STUPÉFIER.

sidérurgie → MÉTALLURGIE.

sidérurgiste → MÉTALLURGISTE.

siècle → ÉPOQUE, MONDE II.

siège

I *Prenez un siège confortable* [génér.] : [plus partic.] **chaise, fauteuil, tabouret.** *Il faudrait nettoyer le siège arrière de la voiture* : **banquette** (= siège d'un seul tenant offrant deux places ou plus).

II *Le siège de la maladie* : → CENTRE.

III *Mettre le siège* : **assiéger*.** *Lever le siège d'une ville* : **blocus** (qui a pour but d'interdire les communications avec l'extérieur).

siéger *Les députés ont siégé tard dans la nuit* : **tenir séance.**

sien ① *S'il y avait mis du sien, on l'aurait accepté* : **bonne volonté*.** ② [pl.] *Il avait quitté les siens dès sa majorité* : **famille, parents, proches ◆ amis, partisans.** ③ [n.f. pl.] *Faire des siennes* : **bêtises*, sottises.**

sieste → SOMMEIL.

sifflement → SIFFLER.

siffler ① [v.t.] *Siffler un air* : **siffloter ;** → CHANTER. ② [v.t.] *Le chasseur siffle son chien* : [plus génér.] **appeler.** ③ [v.t.] *Les spectateurs, déçus, sifflèrent les comédiens* : [plus sout., plus génér.] **conspuer ; ◆** HUER. ④ [v.t.] *Siffler un verre* [fam.] : **boire*.** ⑤ [v.i.] *Le gaz sifflait en s'échappant* : [plus sout.] **chuinter.** *La bouilloire siffle* : **chanter.**

◇ **sifflement** ① *Le sifflement du merle* : **chant ◆** [didact.] **stridulation** (qui s'emploie pour les insectes : criquets, grillons...). ② *Le sifflement des pneus sur la chaussée* : **chuintement, crissement.**

siffloter → SIFFLER.

sigle → ABRÉVIATION.

signal ① → SIGNE. ② *Les signaux routiers* : **panneau ◆** [plus partic.] **feu.** *Avez-vous fait vérifier les signaux de votre voiture ?* : [plus partic.] **stop** (qui indique le freinage de l'automobile) **◆ feux de position** (qui indique la présence du véhicule la nuit) **◆ clignotant** (qui indique les changements de direction) **◆ feux de détresse,** [anglic.] **warning** (qui indiquent que le véhicule est en difficulté). *Les signaux de l'entrée du port* : [plus partic.] **balise** (qui signale le trajet à suivre par des moyens optiques, sonores, radioélectriques).

◇ **signaler** ① [qqn ou qqch ~] *Une plaque signalait la sortie de l'autoroute* : **indiquer* ;** → ANNONCER. *Une borne signale la limite de son champ* : **marquer*.** ② [qqn ~] *Il faut signaler l'intérêt de cet ouvrage* : ↑ **souligner ;** → MONTRER. *Quelqu'un a signalé une faute dans le texte* : **pointer.** *Il faut signaler ici le nom de l'auteur* : **mentionner ;** → CITER. *L'indicateur a signalé un truand à la police* : **dénoncer.** ③ [qqn ~] *Je vous signale que vous avez été dénoncé* : **faire savoir, avertir, prévenir.**

◇ **se signaler** → SE DISTINGUER, REMARQUER (*se faire remarquer*).

◇ **signalement** *La police dispose du signalement d'un suspect* : **description ◆** [didact.] **fiche signalétique, fiche anthropométrique** (= documents administratifs) **◆ portrait-robot** (= représentation reconstituée d'après des témoignages).

signalement, signaler → SIGNAL.

signalétique *Fiche signalétique* : → SIGNALEMENT.

signaliser *La sécurité routière a fait signaliser cette route* : [plus partic.] **baliser** (= marquer le tracé d'une voie). *Signaliser une piste cyclable* : **matérialiser** (par des lignes tracées sur le sol).

◇ **signalisation** : balisage, matérialisation.

signature → SIGNER.

signe ① *Voici les hirondelles : c'est le signe que le printemps arrive* : **indice** ◆ ↑ **preuve** (= signe considéré ou présenté comme certain). *Cette lettre est le signe d'un changement dans son attitude* : **indication, manifestation** ; → MARQUE, SYMBOLE, SYMPTÔME, REFLÉTER. *Cet objet ne présente aucun signe distinctif* : **trait, caractère** ; → CARACTÉRISTIQUE. *Cette chaleur étouffante est le signe d'un orage* : **annonce, présage.** *C'est un signe inquiétant de l'aggravation de son état* : **symptôme.** ② *Il a fait un signe affirmatif* : **geste*.** *Il donne le signe du départ* : **signal.** *Donner signe de vie* : **donner des nouvelles.** ③ *Des signes algébriques* : **symbole.** *L'équerre est un signe maçonnique* : **emblème.** ④ *Sous le signe de Saturne* : **sous l'influence de.**

signer *Le directeur a signé le courrier du matin* : **parapher** (= signer en abrégé) ◆ **émarger** (= signer en marge d'un acte ou d'un compte).

◇ **se signer** → FAIRE LE SIGNE DE CROIX*.

◇ **signature** ① *Votre signature est illisible* : [plus sout.] **paraphe** (= signature abrégée ou ornement accompagnant l'écriture du nom) ; → NOM, GRIFFE II. *Cette lettre doit être proposée à la signature* : [moins cour.] **émargement** (= signature officielle ou autorisée). ② *Il a honoré sa signature* [terme administratif ou juridique] : **engagement.**

signet *J'ai laissé un signet entre les pages du livre* : **marque-page.**

significatif *Son silence était significatif* : **expressif*** ◆ ↑ **éloquent** ; → ÉVOCATEUR. *Une marque significative de votre estime* : → TANGIBLE. *Voilà un trait significatif de son caractère* : **révélateur, typique** ; → SYMPTOMATIQUE.

signification

I *Ce mot a une signification précise* : **sens*** ◆ **acception** (= sens d'un terme dans un emploi donné).

II *Le propriétaire a reçu signification de notre congé* : **notification.**

signifié → SENS II.

signifier

I [qqch ~] ① *Je ne sais pas ce que signifie ce mot* : **vouloir dire*** ◆ [didact.] **dénoter** ; → EXPRIMER. *Son choix signifie-t-il qu'il exclut une autre possibilité ?* : [plus sout.] **impliquer** ; → ÉQUIVALOIR. ② *L'arrivée des hirondelles signifie que le printemps est proche* : **indiquer, annoncer** (*annonce le printemps*).

II [qqn ~] *L'huissier nous a signifié notre expulsion* [en termes juridiques] : **notifier*.** *On m'a signifié que vous vouliez me voir* : [plus cour.] **faire savoir, avertir, informer** (qui n'ont pas le même caractère impératif).

silence ① *Le silence de mon voisin de table est gênant* : ↑ **mutisme.** *Je dois faire silence sur cette affaire* : **se taire, faire le black-out.** *J'ai du mal à interpréter ses silences* : → RÉTICENCE. *En silence* : **silencieusement*.** ② *Le silence est de règle dans cette profession* : **secret, discrétion*.** *Passer qqch sous silence* : **taire** ; → FAIRE ABSTRACTION* DE, OMETTRE. *Réduire au silence* : ↑ **bâillonner,** ↑ **museler.** ③ [interj.] *Silence ! j'aimerais entendre les informations* : **chut** ◆ [fam.] **ta bouche, motus** ◆ [très fam.] **ta gueule, la ferme** ; → LA PAIX*, SE TAIRE. ④ *Il y a eu un silence dans la conversation* : → PAUSE. *J'aime le silence de cette campagne* : [plus génér.] **calme, paix** ; → TRANQUILLITÉ. *En silence* : → SILENCIEUSEMENT.

◇ **silencieux** *Notre ami a été silencieux toute la soirée* : **muet.** *C'est un garçon silencieux* : [moins cour.] **taciturne** (= qui aime peu parler) ◆ ↓ **discret** (= qui observe à bon escient une certaine retenue) ; → TRANQUILLE, RÉSERVÉ, SECRET II. *Rester silencieux sur une question* : → SEC.

◇ **silencieusement** *Il nous observait silencieusement* : **en silence.** *Il marchait silencieusement* : **à pas feutrés.**

silencieusement, silencieux → SILENCE.

silène → SATYRE.

silhouette ① *J'aime la silhouette élégante de cette femme* : **ligne*** ◆ [plus génér.] **allure**

(qui se dit aussi bien de la forme du corps que de ses mouvements). ② *On ne voyait que la silhouette du clocher dans le brouillard* : **profil** ◆ [plus génér.] **forme.**

◇ **se silhouetter** *Les pins se silhouettaient sur l'horizon* [rare] : [plus cour.] **se découper, se profiler.**

sillage → REMOUS.

sillonner → PARCOURIR.

silo → MAGASIN II, RÉSERVOIR.

simagrée *Ses simagrées pour nous séduire ne m'amusent pas* : **chichis, mômeries ;** → HYPOCRISIE. *Faire des simagrées* : **mine, façon ;** → MANIÈRE II, MINAUDERIE, GRIMACE, THÉÂTRE.

similaire → SEMBLABLE.

similarité → ÉQUIVALENCE.

similitude *Leurs comportements présentent certaines similitudes* : **analogie* ;** → RESSEMBLANCE. *Une similitude de goûts* : **communauté*, identité.**

simple ① *Connaissez-vous le tableau des corps simples ?* : **élémentaire, élément chimique.** ② [qqch est ~] *Ce problème est trop simple pour vous* : **facile** ◆ [fam.] **bête comme chou, bête comme bonjour ;** → ENFANTIN. *Il y a un moyen bien simple de savoir s'il dit la vérité* : **commode.** ③ [qqch est ~] *Il fit un discours très simple, sans effets de style* : **dépouillé** ◆ ↑ **familier.** *Les origines de ce garçon sont très simples* : → POPULAIRE. *Ce sera un repas très simple* : **sans façon** ◆ [fam.] **à la bonne franquette.** ④ [antéposé] *Ce n'est pas un simple hasard si je suis ici* : **pur*, vulgaire.** *Un simple geste aurait suffi* : → SEUL. ⑤ [qqn est ~] *C'est un garçon très simple : il ne fait pas de manières* : ↑ **sans façon** ◆ [fam.] **pas fier** (*il n'est pas fier*) ; → SANS PRÉTENTION*. *Il est resté très simple après son succès* : **modeste ;** → ABORDABLE. ⑥ *Vous êtes un peu trop simple d'accepter ses excuses* : **crédule, naïf*** ◆ ↑ **niais,** ↑ **simplet ;** → CANDIDE. ⑦ [n.] *C'est un simple d'esprit* : **innocent, débile, faible** (*faible d'esprit*) ◆ ↑ **arriéré (mental).**

◇ **simplement** *Pourquoi ne pas nous dire simplement de quoi il est question ?* : **franchement, tout bonnement, ouvertement** ◆ [plus sout.] **tout uniment, sans ambages*.** *Il a simplement oublié ce qu'on lui avait dit* : → PUREMENT. *Il nous a reçus simplement* : **sans cérémonie* ;** → SOBREMENT. *Il parla simplement* : **familièrement*.**

◇ **simplicité** ① *La simplicité d'un problème* : **facilité ;** → FACILE. ② *Le président a entretenu ses invités avec beaucoup de simplicité* : **bonhomie*** (qui implique parfois une fausse simplicité) ◆ **rondeur** (qui implique un bon naturel) ; → MODESTIE, SOBRIÉTÉ. ③ *Vous n'aurez pas la simplicité de le croire* : **naïveté*.**

◇ **simplifier** *Vos scrupules ne vous simplifient pas l'existence* : **faciliter ;** → APLANIR. *Vous simplifiez la situation* : **schématiser.** *Nous simplifierons la cérémonie* : **abréger*** (= diminuer la durée).

◇ **simplifié** *Des figures simplifiées* : **schématique.** *On a distribué des questionnaires simplifiés* : **abrégé** ◆ [souvent péj.] **sommaire*.**

◇ **simpliste** [péj.] *C'est un esprit simpliste* : **schématique, primaire, réducteur** ◆ **scolaire** (qui insiste plutôt sur l'absence d'originalité).

simplement → SIMPLE.

simples → PLANTE.

simplet → SIMPLE.

simplicité, simplifié, simplifier, simpliste → SIMPLE.

simulacre [de simuler] *Ce match de catch n'est qu'un simulacre de combat* : **semblant, faux-semblant ;** → CARICATURE. *Un simulacre de débat* : **fantôme.**

simulateur → MENTEUR.

simulation, simulé → SIMULER.

simuler *J'ai simulé l'ivresse pour ne pas être pris au sérieux* : **feindre** ◆ **jouer** (qui ne peut entrer que dans certains contextes : *j'ai joué l'étonnement*) ◆ **singer** (= feindre grossièrement) ; → AFFECTER, SEMBLANT.

◇ **simulé** *Un enthousiasme simulé* : **feint, de commande***.

◇ **simulation** *Son chagrin, c'est de la simulation* : **comédie*** ◆ [fam.] **singerie** (qui implique une outrance due à la maladresse ou à une intention de caricaturer).

simultané *Des événements simultanés* : [rare] **concomitant**. *Des mouvements simultanés* : [didact.] **synchrone**.

◇ **simultanéité** *La simultanéité de deux événements* : **coïncidence**, [didact.] **concomitance**. *La simultanéité de deux gestes* : **synchronisme**.

simultanéité → SIMULTANÉ.

simultanément → ENSEMBLE, À LA FOIS*, EN MÊME TEMPS* I.

sinapisme *Poser un sinapisme à un malade* [vx] : [plus génér.] **cataplasme** (qui ne comporte pas obligatoirement de farine de moutarde).

sincère ① [qqn est ~] *Il a été sincère en m'avouant son antipathie* : **franc*** ◆ **loyal*** (qui implique l'idée d'un honneur auquel on est fidèle) ; → SPONTANÉ. *Je le crois sincère* : **de bonne foi**. ② [qqch est ~] *C'est une opinion sincère* : **authentique**. *Il avait pour moi une amitié sincère* : **véritable, réel, vrai**.

◇ **sincèrement** *Je lui ai parlé sincèrement* : **loyalement, carrément** ; → FRANCHEMENT. *Je partage sincèrement votre peine* : **du fond du cœur, vraiment**. *Sincèrement, je ne crois pas un mot de ce que vous dites* : **à dire vrai, franchement*, à franchement parler** ; → EN RÉALITÉ*, RÉELLEMENT.

sincèrement → SINCÈRE.

sincérité → FRANCHISE, VÉRITÉ, SPONTANÉITÉ.

sinécure *Il a trouvé une sinécure dans une agence de publicité* : [fam.] **fromage**. *Ce travail, ce n'est pas une sinécure* [fam.] : **cadeau** ◆ [plus cour.] **de tout repos**.

singe ① *Faire le singe* : → CLOWN. ② → PATRON.

singer → IMITER, MIMER, SIMULER.

singerie → GRIMACE, SIMULATION.

singulariser (se) → SE DISTINGUER, SE FAIRE REMARQUER*.

singularité → SINGULIER.

singulier *Ce voyage est une aventure singulière* : **unique, particulier** ◆ [assez sout.] **rare** ; → ORIGINAL. *Sa réaction a été singulière* : [didact.] **atypique** ◆ [plus cour.] ↑ **extraordinaire**. *Votre histoire est bien singulière* : **bizarre*, curieux, étrange, étonnant***. *Une affaire singulière* : [fam.] **drôle de**.

◇ **singularité** *La singularité de cette pendule tient à la forme de son cadran* : **originalité, étrangeté** ◆ ↑ **excentricité** (qui ne se dit que d'une personne ou de ce qui se rapporte à une personne, un projet, par ex.) ; → BIZARRERIE, AFFECTATION, EXCEPTION.

◇ **singulièrement** *C'est un parfum singulièrement entêtant* : → TRÈS. *Il s'est conduit singulièrement* [rare] : **étonnamment** ◆ [plus cour.] **bizarrement***. *Tout a augmenté, et singulièrement les produits alimentaires* : **particulièrement, principalement, spécialement** ◆ ↓ **notamment**, ↓ **entre autres**.

singulièrement → SINGULIER.

sinisant → SINOLOGUE.

sinistre **I** [adj.] ① *Un sinistre présage précéda la catastrophe* : **funeste** ◆ [antéposé] ↓ **mauvais**. *Les planchers vermoulus avaient des craquements sinistres* : ↓ **inquiétant*** ◆ ↑ **effrayant**. ② [postposé] *Le quartier avait, la nuit, un air sinistre* : **LUGUBRE, AUSTÈRE**. *Cette soirée-là fut sinistre* : ↓ **ennuyeux**, ↓ **triste** ; → MORTEL. ③ [postposé] *Il avait une tête sinistre* : [fam.] **de croque-mort** ; → MACABRE. *Un individu à mine sinistre* : **patibulaire**. *Un rire sinistre* : → CAVERNEUX. ④ [antéposé] *Où et quand avez-vous connu ce sinistre crétin ?* : **sombre, lamentable** ; → TRISTE.

II [n.m.] ① *Combien le sinistre a-t-il fait de victimes ?* : ↑ **catastrophe**, ↑ **cataclysme** ◆ [plus partic.] **feu, incendie*, inon-**

dation, séisme. ② *Le remboursement des sinistres* : **dommage, perte.**

sinistré [de sinistre II] ① [adj.] *Une ville sinistrée* : → RAVAGÉ. ② [n.] *Il a fallu héberger les sinistrés* : [plus génér.] **sans-abri*** (= ceux qui ont perdu leur habitation dans un sinistre) ; → TOIT.

sinistrose → PESSIMISME.

sinologue *Un congrès de sinologues* : **sinisant** (qui n'est pas réservé aux seuls spécialistes de la Chine, mais aussi à ceux qui pratiquent la langue).

sinon ① *Je ne veux rien, sinon un verre d'eau* : **sauf, excepté, si* ce n'est.** ② *Un personnage inquiétant sinon dangereux* : [sout. ou iron.] **voire.** ③ *Ferme la porte, sinon je vais attraper froid* : **autrement, sans cela, ou, ou bien*** ; → SANS QUOI*.

sinoque → FOU.

sinuer → SERPENTER.

sinueux *Je n'aime guère ses manœuvres sinueuses* : **retors, tortueux** ; → AMBIGU, LOUCHE.

◇ **sinuosité** *La rivière déroule ses sinuosités* : **détour*, méandre.** *Les sinuosités de la route* : [plus partic.] **lacet, coude, zigzag** ; → VIRAGE.

sinuosité → SINUEUX.

siphonner → TRANSVASER.

sire ① [en appellatif] **Votre Majesté.** ② *Triste sire* : → INDIVIDU.

siroter → BOIRE.

sirupeux ① *La consistance sirupeuse de cette liqueur* : **épais, visqueux** (qui portent uniquement sur la consistance) ; → GLUANT. ② *Une musique sirupeuse* : **trop doux, mièvre.**

sis → SITUÉ.

sismique → SÉISME.

site ① *Les touristes admirent le site* : [plus cour., plus partic.] **paysage** ; → VUE II. ② *Le site du barrage a été mal choisi* : **position, emplacement** ; → SITUATION. *Un site industriel* : **zone.** *Un site archéologique* : **fouilles.**

sitôt ① *Sitôt dit, sitôt fait* : **aussitôt.** *Il ne reviendra pas de sitôt* : **avant longtemps** ◆ ↑ **pas tout de suite.** ② *Sitôt que. Vous fermerez la boutique sitôt que tout sera rangé* : **dès que, aussitôt que.**

situation

I *La situation de votre maison est bien choisie* : **environnement** (par rapport au milieu voisin), [plus partic.] **orientation** (= position par rapport aux points cardinaux) ◆ **exposition** (= position par rapport à la lumière) ; → POSITION.

II ① *La situation internationale est mauvaise* : **conjoncture, contexte, circonstances, environnement** ; → ACTUALITÉ, PAYSAGE* POLITIQUE. *Il s'est trouvé dans une situation difficile* : [fam.] **dans de beaux draps** ; → MAUVAISE POSTURE*. *La situation de cette famille est difficile* : **cas** ; → ÉTAT. *La situation des ventes du mois* : → BILAN, SOLDE II. ② *Son beau-frère lui a trouvé une bonne situation* : **emploi*, place*, position*** ; → PROFESSION. *Il est satisfait de sa situation sociale* : **position, condition*, statut** ; → RANG II.

situé → SITUATION I, ORIENTÉ, EXPOSÉ, SIS.

situer → PLACER, LOCALISER.

◇ **se situer** → SE PLACER.

skate, skateboard → PLANCHE.

skipper → BARREUR.

sleeping-car → WAGON-LIT.

slip ① Sous-vêtement masculin ou féminin : **culotte** (= slip pour femme ou pour enfant) ◆ **caleçon** (qui comporte des jambes plus ou moins longues) ◆ **cache-sexe, string** (= slip réduit au minimum). ② *Un slip de bain* : **maillot (de bain)** ◆ [vieilli] **monokini** (= maillot de bain féminin sans soutien-gorge).

slogan → FORMULE.

smala → FAMILLE, TRIBU.

SMIC, smicard → SALAIRE, SALARIÉ.

SMS [abrév. de l'angl. *short message service*] : **texto.**

snack-bar → RESTAURANT.

snob → FERMÉ.

snober → MÉPRISER.

snobisme → AFFECTATION.

sobre ① [qqn est ~] *Son mari est sobre* : **frugal** (= qui se contente de nourritures simples) ◆ [moins cour.] **tempérant***, ↑ **abstinent** (qui se disent plutôt de celui qui boit peu ou ne boit pas du tout d'alcool). ② [qqn est ~] *L'auteur a été sobre dans son exposé* : **concis***. *Il est sobre de compliments pour ses subordonnés* : **avare.** ③ [qqch est ~] *Son discours fut sobre et sans fioritures* : **dépouillé ;** → CONCIS. *Les gestes de l'orateur étaient sobres* : **économe, mesuré, modéré, pondéré.** *C'est un costume très sobre* : **classique*, discret*** ◆ ↑ **austère, strict ;** → SIMPLE.

◇ **sobrement** ① *Il boit sobrement depuis son mariage* : **modérément, peu.** ② *La pièce était sobrement décorée* : **simplement ;** → SANS ORNEMENT, DISCRÈTEMENT.

◇ **sobriété** ① *La sobriété de mon frère est surprenante* : **frugalité** ◆ **abstinence** (= fait de ne pas boire d'alcool) ; → TEMPÉRANCE. ② *La sobriété de sa tenue tend à l'austérité* : **discrétion*.** *Il parla avec sobriété* : **mesure, pondération, réserve, retenue, simplicité ;** → CONCISION, DÉPOUILLEMENT.

sobrement, sobriété → SOBRE.

sobriquet → SURNOM.

sociabilité → SOCIABLE.

sociable ① *L'homme n'est pas le seul animal sociable* [didact.] : **social.** ② *Plus sociable, ce serait un bon compagnon* : **accommodant, aimable, liant ;** → AFFABLE. *Il est devenu sociable* : **vivable ;** → S'HUMANISER. *Un caractère sociable* : **facile ;** → FAMILIER.

◇ **sociabilité** *La sociabilité, comme toute qualité, peut être une faiblesse* : **amabilité** ◆ [plus sout.] **civilité ;** → POLITESSE.

social ① → SOCIABLE. ② → SOCIOLOGIQUE.

social-démocratie → SOCIALISME.

socialisme Les théoriciens et les dirigeants socialistes ont donné leur nom à différents courants : le **saint-simonisme,** le **fouriérisme,** le **marxisme,** le **léninisme,** le **trotskisme,** etc. ; deux grandes tendances, la **social-démocratie** et le **travaillisme** (qui est d'origine anglo-saxonne), développent une politique réformiste ; → COLLECTIVISME.

sociétaire → MEMBRE.

société

I ① *La vie en société impose des contraintes* : **communauté.** *La société des loisirs* : → CIVILISATION. *L'étude des sociétés humaines n'est encore qu'à ses débuts* : **collectivité, communauté, groupe.** *Un problème de société* : **social** ◆ [didact.] **sociétal.** ② *Je me retire en saluant l'aimable société* : **assemblée, compagnie.** *Nous avons accueilli un nouveau dans notre société* : → RANG (*dans nos rangs*). ③ *Ce garçon n'appartient pas à notre société* : **milieu, monde* ;** → SÉRAIL. *Il a voulu frayer avec la (bonne) société* : **le beau, grand monde** ◆ [fam.] **le gratin** → HAUT I (*la haute*). ④ *J'apprécie la société des femmes* : **compagnie, fréquentation.**

II ① *L'organisation des sociétés est régie par la loi* : **compagnie, groupe, firme** (= société commerciale ou industrielle) ◆ **cartel, consortium** (= entente momentanée entre sociétés financières) ◆ **trust,** ↑ **monopole** (= produit de la fusion de plusieurs sociétés, pour obtenir une influence prépondérante) ◆ [moins cour.] **holding** (= trust possédant les actions de plusieurs sociétés et dirigeant leurs activités), **start-up** (= jeune entreprise innovante) ; → ÉTABLISSEMENT, COALITION. ② *Une société de défense des usagers* : **association* ;** → FÉDÉRATION. *La société sportive du village est très active* : **club.**

socio-économique → SOCIOPROFESSIONNEL.

sociologique Les *phénomènes sociologiques* : **social.**

socioprofessionnel *Les catégories socioprofessionnelles* : **socio-économique.**

socle *Sur le socle de la statue, on peut lire une inscription* : **piédestal** ◆ [didact.] **acrotère** (= socle situé sur un fronton) ; → BASE I.

socquette → BAS.

sodomiser Ce terme didactique a pour synonyme vulg. **enculer.**

sœur → RELIGIEUX.

sofa → CANAPÉ.

soft → ADOUCIR.

soi *Hors de soi* : → EN COLÈRE. *De soi-même* : **spontanément.** *Chez-soi* : → LOGIS.

soi-disant → PRÉTENDU.

soie → POIL.

soif ① *Il souffre de la soif* : [didact.] **potomanie** (= besoin permanent de boire), **dipsomanie** (= besoin intermittent d'alcool). *Avoir soif* : ↑ **être assoiffé, mourir de soif** ◆ [fam.] **avoir la pépie, tirer la langue,** ↑ **crever** (*crever la, de soif*). *Donner soif* : → ALTÉRER. *Étancher sa soif* [sout.] : [cour.] **boire*.** ② *Sa soif de vengeance n'a pas été satisfaite* : → DÉSIR. *La soif de l'or* : → FIÈVRE. *La soif de culture* : → FAIM.

soiffard → IVROGNE.

soignant → SOIGNER I. *Dans les campagnes, on manque de personnel soignant* : **médical.**

soigné → SOIN I. ① *C'est une fille très soignée (de sa personne)* : **net, propre** ◆ ↑ **élégant*** ◆ [fam.] **tiré à quatre épingles ;** → ORDONNÉ. ② *J'aimerais un travail plus soigné* : **appliqué, consciencieux** ◆ ↑ **minutieux, fouillé ;** → SOIGNEUX. *Une toilette soignée* : → RECHERCHÉ. *Un langage soigné* : ↑ **châtié.** ③ *Je tiens une grippe soignée* [fam.] : [fam.] **carabiné, méga-** (... *une méga-grippe*) ◆ [antéposé] **sale.** ④ *La note du restaurant était soignée* : **salé.**

soigner

I → SOIN II. *L'alcoolique fut soigné à l'hôpital de jour* : **traiter ;** → GUÉRIR. *Il faudrait soigner cette plaie* : [plus partic.] **panser, désinfecter.**

II ① [~ qqn] *Il avait été soigné avec amour par ses parents* : ↑ **choyer** ◆ [fam.] ↑ **bichonner,** ↑ **chouchouter,** ↑ **élever dans du coton ;** → DORLOTER. ② [~ qqch] *Soigner l'ouvrage* : ↑ **fignoler,** [fam.] ↑ **lécher ;** → PARACHEVER, PARFAIRE. *Le jardinier soignait ses fleurs* : → CULTIVER, ENTRETENIR. ③ [~ qqn] *L'antiquaire nous a soignés ; quel requin !* [fam.] : **arranger** ◆ ↑ **escroquer.**

soigneur [de soigner I] *Le soigneur d'une équipe de basket-ball* : [plus partic.] **masseur, kinésithérapeute.**

soigneusement → SOIGNEUX.

soigneux → SOIN I. ① [qqn est ~] *Il n'est pas très soigneux dans son travail* : **appliqué, consciencieux** ◆ ↑ **minutieux ;** → ORDONNÉ. *Je l'aurais cru plus soigneux de ses affaires* : **attentif à, soucieux de.** ② [qqch est ~] *Il a procédé à une étude soigneuse du projet* : **fouillé, sérieux** ◆ ↑ **minutieux,** ↑ **approfondi.** *Un travail soigneux* : **soigné.**

◇ **soigneusement** *Il travaille soigneusement* : **bien, avec soin, avec application, consciencieusement** ◆ ↑ **minutieusement.**

soin

I ① *Il a mis beaucoup de soin à ce travail* : [moins cour.] **application, exactitude*, sérieux** ◆ [plus sout.] **minutie ;** → ATTENTION. *Avec soin* : **soigneusement** ◆ ↑ **méticuleusement ;** → AMOUREUSEMENT. *Sans soin* : → NÉGLIGENT. ② *Je ne laisserai à personne le soin de cette affaire* : **charge, conduite, responsabilité.** *Veuillez prendre soin de refermer la porte, que la porte soit fermée* : → SONGER À, VEILLER* À CE QUE. ③ [pl.] *Il était plein de soins pour ses proches* [rare] : **attention, prévenance, sollicitude.** *Être aux petits soins pour qqn* : **attentionné** ◆ **dévoué*.**

II [pl.] *Le blessé a reçu les premiers soins* : **premiers secours.** *L'infirmière était chargée des soins au malade* : **traitement.** *Les* *soins corporels* : → HYGIÈNE, THÉRAPEU-TIQUE.

soir ① *Le soir tombait vite dans ces régions tropicales* : **crépuscule** (qui ne se dit plus du lever du jour), **tombée de la nuit**. *La clarté du soir* : **vespéral**. ② *Le soir, nous nous promenions sous les arbres du mail* : **dans la soirée** (qui indique ce moment de la journée comme une durée, alors que *soir* est un repère par rapport aux autres moments du temps). *Du matin au soir* : **toute la journée**. *L'office du soir* : **vêpres**. *Le soir de la vie* [par métaph.] : **vieillesse***.

soirée ① *En soirée* : → SOIR. ② *Le châtelain avait donné une soirée* : **réception** (qui peut avoir lieu de jour). *Une soirée dansante* : [plus génér.] **bal***. *Au village, on prolongeait la soirée en chantant* : **veillée** ; → SÉANCE.

soit ① [conj.] *Soit... soit...* : **ou***. ② *Soit un triangle rectangle* : **étant donné** (*soit* est génér. invariable en nombre dans ce contexte : *soit deux droites*). *Je vous ai versé le montant du loyer, soit six cents euros* : **à savoir, c'est-à-dire**. ③ [adv.] *Nous ne pourrons venir qu'en fin de soirée. — Soit, nous vous attendrons* [sout.] : [plus cour.] **bien, bon, d'accord, entendu, admettons, si vous voulez** ◆ **va pour** (suivi d'un complément, marque la concession : *va pour la fin de soirée*).

soixante-dix : **septante** (en Belgique et en Suisse).

sol ① *Les feuilles mortes jonchaient le sol* : **terre***. *La femme de ménage a lavé le sol* : [plus partic.] **carreau, plancher, parquet** (qui se disent selon le matériau revêtant le sol). ② *C'est un sol sablonneux* : **terrain** ◆ **terroir** (= sol considéré sous l'angle de la production agricole, plus particulièrement viticole). ③ *Il est très attaché au sol natal* : **patrie, pays** ◆ [plus partic.] **terroir** (= région rurale dont on est originaire). ④ *Envoyer au sol* : **tapis***.

solaire → SOLEIL.

soldat ① *Les soldats montaient au front* : **militaire** (= celui qui appartient à une armée régulière) ◆ **engagé** (= volontaire)

◆ **conscrit, appelé** (qui se disaient des soldats accomplissant leur service militaire obligatoire) ◆ [plus génér.] **combattant** (= celui qui prend part à un combat ou à une guerre) ◆ **mercenaire** (= soldat appointé dans une armée étrangère) ◆ [coll.] **troupe** ◆ [péj.] **soudard**, [vx] **reître** (= individu grossier ou brutal comme un homme de guerre) ◆ [coll.] **soldatesque** (= soldats considérés comme brutaux et indisciplinés). ② *Officiers, sous-officiers, soldats, la victoire dépend de vous* : **homme de troupe, simple soldat** (qui s'opposent aux militaires gradés des armées de terre et de l'air) ◆ [fam.] **troufion, bidasse** ; → MARIN. ③ *Les soldats de la foi* : **champion, défenseur, serviteur**.

soldatesque → SOLDAT.

solde

I [n.f.] *L'assassin était à la solde d'un gang* : **être payé par**.

II [n.m.] ① *Le solde de votre compte est débiteur* : [plus génér.] **balance, situation**. *Solde créditeur* : **avoir***. *Vous verserez le solde à la livraison* : **complément** ; → DIFFÉRENCE, RESTE. ② [pl.] *Il y a des soldes au rayon de la chemiserie* : **fin de série** ; → LIQUIDATION.

soldé → SACRIFIÉ.

solder [de solde II] *Ce magasin solde les invendus en fin de saison* : **brader** ◆ ↑ **sacrifier**, ↑ **liquider***, ↑ **casser les prix*** ; → VENDRE.

◇ **se solder** *La tentative se solda par un échec* : **aboutir à**.

soleil ① *Le soleil se lève* : **jour, aube*, aurore**, [rare] **astre solaire** (qui ne désigne pas la lumière, ni l'heure, mais l'étoile elle-même). ② *Piquer un soleil* : **rougir***. ③ *De grands soleils fleurissent au fond du jardin* : **tournesol**.

solennel ① *Il s'est engagé par un serment solennel* : ↓ **officiel**, ↓ **public**. ② *C'est un personnage solennel et insupportable* [péj.] : **pontifiant, sentencieux** ; → IMPOSANT. *Un discours solennel* : [péj.] **emphatique, pompeux** ; → AMPOULÉ, PÉDANT, GRAVE.

◇ **solennité** ① *Les solennités sont bien ennuyeuses* : **célébration** ◆ [plus génér.] **fête** (*fête solennelle*). ② *C'est avec solennité que le maire ouvrit la séance* : **apparat*, pompe** ◆ **emphase** (qui ne s'applique qu'aux discours) ; → GRAVITÉ.

solennellement → GRAVEMENT.

solennité → SOLENNEL.

solfier → LIRE I.

solidaire ① *Le régime de la communauté des biens rend solidaires les époux* : **coresponsable.** *Les grévistes étaient solidaires* : **uni.** ② *Ces deux phénomènes sont solidaires* : **lié, interdépendant.**

◇ **solidarité** ① *Dans le danger, il y avait entre eux une grande solidarité* : [fam.] **se tenir les coudes.** *Un sentiment de solidarité* : **camaraderie, fraternité.** *Une organisation de solidarité* : **entraide** ; → SECOURS. ② *La solidarité entre ces deux faits est évidente* : **dépendance, interaction, interdépendance.**

solidariser (se) → S'UNIR.

solidarité → SOLIDAIRE.

solide ① [qqch est ~] *Cet appareil est solide et vous fera bon usage* : **résistant, robuste*** ◆ [plus partic.] **incassable,** ↑ **inusable.** ② [qqch est ~] *Un roc solide* : → DUR. *Leur amitié est solide* : **durable*, inébranlable** ◆ ↑ **à toute épreuve** ◆ [sout.] ↑ **indéfectible** ◆ [fam.] **c'est du béton.** *Des arguments solides* : **fondé, sûr, sérieux*** ; → CONSISTANT, EXACT. ③ [qqn est ~] *Le pilier de notre équipe de rugby est solide gaillard* : **robuste, vigoureux** ◆ [postposé] **bien planté, résistant*** ◆ [fam., toujours postposé] **costaud, coriace, increvable** ; → VALIDE. *Un ami solide* : **fidèle.** ④ [épithète antéposé] *Ce qu'il lui faut, c'est une solide engueulade* [fam.] : [plus cour.] **bon** ; → MUSCLÉ. *Un solide appétit* : **gros*.** *C'est un solide partisan de la contraception* : ↑ **farouche** ; → FERME.

◇ **solidité** ① *La solidité du matériel agricole est mise à rude épreuve* : **résistance, robustesse.** ② *La solidité de votre argumentation m'a convaincu* : **fermeté, sérieux*** ; → RIGUEUR.

solidement → FORTEMENT.

solidifier (se) *C'est un ciment à prise rapide qui se solidifie en quelques minutes* : **devenir solide, durcir, prendre.** *Cette substance se solidifie par refroidissement* : **coaguler, se figer, geler.**

solidité → SOLIDE.

soliloque → MONOLOGUE.

soliloquer → MONOLOGUER.

soliste → EXÉCUTANT.

solitaire
I [adj.] ① *C'est un être solitaire, sans parents et sans amis* : **seul** ◆ [moins cour.] **esseulé.** ② *Dans ce lieu solitaire, vous connaîtrez le calme* : **retiré, écarté*, perdu, isolé** ◆ ↑ **abandonné,** ↑ **désert*** ; → SAUVAGE.
II [n.] ① → ERMITE. ② *Mon oncle n'aime pas recevoir, c'est un solitaire* : **ours,** ↑ **sauvage.** ③ [n.m.] *Le vieux solitaire se retournait dans sa bauge* : **sanglier.** ④ → DIAMANT.

solitude → SOLITAIRE. *Ce veuf supporte mal la solitude* : **isolement** ; → ÉLOIGNEMENT.

solive → POUTRE.

sollicitation
→ APPEL, PRIÈRE II, REQUÊTE.

solliciter ① *Il a sollicité un emploi* : [plus cour.] **rechercher** ◆ [plus sout.] **postuler** ; → DEMANDER, QUÊTER. *Puis-je solliciter votre aide ?* [sout.] : [rare] **requérir.** ② *Ce livre a sollicité ma curiosité* [sout.] : [plus cour.] **attirer** ◆ ↑ **exciter.**

◇ **solliciteur** *Mieux vaut éconduire les solliciteurs importuns* : **demandeur** ◆ [péj.] **quémandeur.**

solliciteur → SOLLICITER.

sollicitude → INTÉRÊT, SOIN I.

solution ① *Avez-vous trouvé la solution de l'énigme ?* : **clé** ; → RÉSOLUTION. *Souhaitons que la solution de la crise soit heureuse* : **dénouement, issue** ; → CONCLUSION, FIN I. *Il doit bien y avoir une solution pour le faire venir à Paris* :

moyen. *La meilleure solution* : → IDÉAL II, PARTI II, REMÈDE. ② *Solution de continuité* : **hiatus, interruption, pause, rupture.**

somatique *Les aspects somatiques de l'angoisse* : **organique, physiologique, psychosomatique.**

sombre ① [plutôt postposé] *La nuit sombre angoisse les enfants* : **obscur ;** → NOIR. *Des vêtements de couleur sombre* : **foncé.** ② [postposé] *Il est souvent d'humeur sombre* : **chagrin, morose, pessimiste** (qui se dit de celui qui est inquiet pour l'avenir) ; → MÉLANCOLIQUE, TACITURNE, TRISTE. *Il est sombre depuis son échec* : **amer ;** → AIGRI. ③ [antéposé] *C'est un sombre crétin* : → SINISTRE I. ④ [plutôt postposé] *L'avenir est sombre pour la jeunesse* : **inquiétant, menaçant*.** *Les heures sombres de la dernière guerre* : **tragique ◆ ↑ funeste.**

sombrer ① [en parlant d'un bateau] *Le navire a sombré au large* : **s'engloutir, périr corps et biens, faire naufrage ◆ couler** (qui se dit aussi bien des personnes) ; → CHAVIRER, S'ABÎMER, SE NOYER. ② [qqn, qqch ~] *J'ai sombré d'un seul coup dans un sommeil lourd* : **s'enfoncer, glisser, plonger, tomber.** *Sa fortune a sombré dans le grand krach* : **disparaître, s'effondrer.** ③ *Ne pas sombrer dans la familiarité* : → DISTANCE (*tenir, garder ses distances*).

sommaire

I [adj.] ① *Une introduction sommaire aurait suffi pour poser le problème* : **bref, concis*, succinct ;** → COURT. ② *Il fallait être moins sommaire dans l'exposé des faits* : **expéditif, rapide, schématique*, superficiel.** *Un repas sommaire* : **léger.**

II [n.m.] ① *Vous trouverez le sommaire page deux* : **table* des matières** (qui recense les parties d'un ouvrage). ② *Le sommaire d'un ouvrage* : **abrégé, résumé ◆ analyse** (qui vise plutôt à éclairer qu'à abréger).

sommairement → EN ABRÉGÉ*, GROSSIÈREMENT, SUCCINCTEMENT, EN SUBSTANCE*.

sommation → COMMANDEMENT, DEMANDE.

somme

I [n.f.] ① *Quelle est la somme de ces trois nombres ?* : **total ;** → RÉSULTAT. *Faire la somme de nos dépenses* : → COMPTE I. *Une somme importante de travail* : **quantité.** ② *Une somme de trois cents euros* : → ARGENT, MONTANT. ③ *En somme* : **bref, tout compte fait ◆ pour tout dire*.** *Somme toute* : **en définitive, après tout, en un mot comme en cent ;** → ENFIN, TOTAL.

II [n.m.] *Faire un somme* : → DORMIR, SOMMEIL.

sommeil ① *Il avait besoin d'une heure de sommeil* : **sieste** (= sommeil diurne, après le repas de midi) ◆ [fam.] **roupillon** (*un roupillon d'une heure*) ◆ [langage enfantin] **dodo.** *Il céda quelques minutes au sommeil* : ↓ **assoupissement*,** ↓ **somnolence,** ↓ **torpeur** (= états de demi-sommeil). *Avoir sommeil* : **avoir envie de dormir, tomber de sommeil.** *Manquer de sommeil* : **avoir des insomnies*.** *Le sommeil de la grand-mère ne dura pas longtemps* : [fam.] ↓ **somme** (= sommeil très court). *Le sommeil de la nature* : [fig.] **tranquillité ;** → CALME, PAIX. ② *Le sommeil éternel* : **mort.** *Laisser une affaire en sommeil* : **en suspens.**

◇ **sommeiller** *Il sommeillait, les yeux mi-clos* : **somnoler, être assoupi ;** → DORMIR.

sommeiller → SOMMEIL.

sommelier *Le sommelier a servi le vin à la bonne température* : **caviste, maître de chai** (qui ont la charge de la conservation des vins).

sommer → ORDONNER II, COMMANDER II.

sommet ① *Le sommet du toit* : **faîte.** *Au sommet de la côte, nous étions épuisés* : **haut.** ② *Les alpinistes ont atteint le sommet* : [plus sout.] **cime ◆** [didact.] **point culminant** (= sommet d'un massif) ◆ **aiguille, crête, pic** (= sommet des montagnes) ; → TÊTE. ③ *Le petit s'est fait une bosse sur le sommet de la tête* : **dessus.** ④ *Il est au sommet de sa carrière* : **apogée ;** → COMBLE, CULMINER. *Un sommet de pollution* : **pic.** ⑤ *Une conférence au sommet, un sommet* : **rencontre*.**

sommité *Cet avocat est une des sommités du barreau* : **célébrité** ♦ ↓ **personnalité** ♦ **lumière** (= personne rayonnant par son intelligence) ; → FIGURE.

somnambulisme → HYPNOSE.

somnifère *En cas d'insomnie, prendre un somnifère* : **soporifique, hypnotique*** ♦ [plus partic.] **barbiturique** ; → CALMANT.

somnolence
→ ASSOUPISSEMENT, SOMMEIL.

somnolent *Après le dîner, tous les convives étaient somnolents* : **assoupi** ♦ ↑ **endormi** ; → INACTIF.

somnoler → DORMIR, SOMMEILLER.

somptueusement → SOMPTUEUX.

somptueux *Une somptueuse automobile* : [antéposé ou postposé] **magnifique, superbe** ; → LUXUEUX, SPLENDIDE. *Un somptueux palais* : [antéposé] **riche***. *Un repas somptueux* : **fastueux** ; → ROYAL.

◊ **somptueusement** *Nous avons été reçus somptueusement* : **fastueusement, luxueusement** ; → MAGNIFIQUEMENT, RICHEMENT, ROYALEMENT.

somptuosité → MAGNIFICENCE.

son ① *Le choc des boules produisit un son métallique* : **bruit** (= son ou ensemble de sons sans harmonie). *Baisser le son* : → VOLUME II. ② *Le son grave de cette cloche me plaît* : **sonorité** ♦ **timbre** (qui se dit partic. des qualités propres aux sons émis par la voix ou par un instrument) ; → VOIX, TINTEMENT. *Au son du tambour* : **rythme**.

sondage ① *Un sondage pour rechercher du pétrole* : **forage**. ② *Un institut d'opinion a fait un sondage* : → CONSULTATION, ENQUÊTE, RÉFÉRENDUM.

◊ **sondeur** *Les sondeurs interrogeaient les passants* : [plus génér.] **enquêteur**.

sonde → SONDER.

sonder ① [~ qqch] *La compagnie pétrolière fait sonder les terrains* : [plus génér.] **prospecter, forer** (= percer un trou de sonde). ② [~ qqn ou qqch] *Il faudrait sonder les intentions de votre interlocuteur* : ↑ **pénétrer** ♦ **scruter*, voir ce qu'il a dans le ventre***. *Avez-vous sondé votre père sur ses intentions ?* : [rare] **pressentir** ; → CONSULTER, INTERROGER. *Notre enquêteur a sondé le terrain* : **tâter*** ; → SONDE.

◊ **sonde** ① *Le chirurgien a posé une sonde* : **drain** ♦ [didact.] **cathéter**. ② *La sonde d'un appareil de forage* : **tarière, trépan**. *Donner un coup de sonde dans l'opinion* : **sonder, lancer un ballon d'essai**.

sondeur → SONDAGE.

songe → ILLUSION, RÊVE.

songe-creux → VISIONNAIRE, RÊVEUR.

songer ① [~ à qqch] *Il songe à sa retraite* : **penser*, rêver***. *Avez-vous songé aux conséquences de vos actes ?* : **calculer, considérer** (*calculer, considérer les conséquences...*) ; → RÉFLÉCHIR* A. *Sans songer à mal* : **innocemment**. ② [~ à qqn ou qqch] *Songez un peu aux autres* : **tenir compte de, se préoccuper de**. *Il songe à l'avenir des siens* : [plus partic.] **prendre soin de, s'occuper de** (qui impliquent une attitude plus active). ③ [~ à + inf.] *Nous songeons à nous retirer* : **projeter de** ♦ ↓ **envisager de**. ④ [~ + complétive] *Songez que vous n'avez plus de temps à perdre* : **réfléchir, se rendre compte** ♦ [moins cour.] **s'aviser**.

songerie → RÊVE.

songeur
① → PENSIF, RÊVEUR. ② → SOUCIEUX.

sonnaille → CLOCHE I.

sonnant *À neuf heures sonnantes, il arrive à son bureau* : [plus cour.] **précis*** ♦ [fam.] **pétant, tapant**.

◊ **sonné** ① *Il a quarante ans sonnés* [fam.] : [plus sout.] **accompli, révolu** ; → PASSÉ. ② *Ce type est complètement sonné* [fam.] : **cinglé, tapé, timbré** ; → FOU.

sonné → SONNANT.

sonner ① [v.i.] *Quelqu'un sonne à la porte* : ↑ **carillonner**. *La clochette sonne à la porte du jardin* : **résonner, tinter**. *Minuit a sonné* : **il est minuit**. ② [v.t. ind.] *Le musi-*

cien sonnait du cor avec émotion : [plus cour.] **jouer de.** ③ [v.t. ; ~ qqn] *La baronne a sonné la femme de chambre* : [plus génér.] **appeler.** *On ne vous a pas sonné* [fam.] : [plus cour.] **mêlez-vous, occupez-vous de ce qui vous regarde.** ④ [v.t. ; ~ qqch] *On a sonné la cloche à toute volée* : **faire résonner.** ⑤ [v.t. ; ~ qqn] *Dans la bagarre, il s'est fait sonner* [fam.] : **estourbir** ◆ [plus cour.] **assommer ;** → ÉTOURDIR.

◇ **sonnette** ① *Le président agitait sa sonnette* : **clochette ;** → CLOCHE. ② *Au bruit de la sonnette, tout le monde se tut* : **sonnerie.** ③ *Un serpent à sonnette* : **crotale.**

sonnerie, sonnette → SONNER.

sono → SONORISATION.

sonore ① *Il avait une voix sonore, à vous casser les oreilles* : **fort*, vibrant** ◆ ↑ **éclatant, ↑ tonitruant ;** → RETENTISSANT. *Elle fit à son fils un gros baiser sonore* : **bruyant*.** ② *Des phrases sonores et creuses* : **emphatique** ◆ [fam.] **ronflant ;** → AMPOULÉ.

sonorisation *La sonorisation d'un lieu* : [abrév.] **sono.**

sophisme *Un sophisme est un raisonnement faux qui a l'apparence de la vérité, le* **paralogisme** *un faux raisonnement fait de bonne foi.*

sophistication → RECHERCHE.

sophistiqué *C'est un matériel très sophistiqué* : **complexe.** *Un style sophistiqué* : **étudié, recherché** ◆ [péj.] **alambiqué ;** → AFFECTÉ. *Une élégance sophistiquée* : **artificiel** ◆ ↑ **MANIÉRÉ.**

soporifique ① → ENNUYEUX. ② → SOMNIFÈRE.

sorbet → GLACE II.

sorcellerie → SORCIÈRE.

sorcier ① *On trouve encore des sorciers* : **jeteur de sorts, envoûteur** ◆ **magicien*, devin*, devineresse** (= ceux qui pratiquent la magie ou la divination). ② [n. f.] *Sa femme est une véritable sorcière* : **harpie, mégère*** ◆ [fam.] **chameau ;** → FURIE.

③ [adj.] *Ce n'était tout de même pas sorcier* : **difficile* ;** → MALIN.

◇ **sorcellerie** *Des pratiques de sorcellerie* : **ensorcellement** ◆ [plus partic.] **envoûtement.** *C'est de la sorcellerie* : **magie*.**

sordide ① *L'appartement était sordide, noir de crasse* : [plus cour.] **dégoûtant, infect, repoussant, répugnant** ◆ ↓ **sale*** ◆ [sout.] **immonde.** ② *C'est une sordide question de gros sous* : ↓ **mesquin.** ③ *Un crime sordide* : **ignoble, infâme ;** → ABJECT.

sornette *Ne l'écoutez pas ! il ne débite que des sornettes* : **baliverne, billevesée, calembredaine, faribole ;** → BÊTISE, SOTTISE.

sort

I ① *Les coups du sort ne l'ont pas abattu* : **destin* ;** → CHANCE, MALHEUR. ② *Le sort des femmes de marin n'est pas enviable* : **condition*, partage ;** → LOT. ③ *Faire un sort à une bouteille, à un gâteau* [fam.] : **achever** ◆ [fam.] **liquider.** ④ *Tirer au sort* : [plus partic.] **tirer à la courte paille, à pile* ou face.**

II *Il est soumis au sort qu'on lui a jeté* : **charme, maléfice, sortilège ;** → ENCHANTEMENT.

sortable → SORTIR. *Mes filles ne sont pas sortables* [fam.] : [plus neutre] **correct, convenable.**

sorte ① *Vous trouverez dans ce magasin toutes sortes de boutons* : **espèce*** (qui est moins usité en parlant des choses). *Il existe une sorte de pivoine en arbuste* : **variété ;** → CLASSE, FORME, NATURE, ORDRE. ② [une ~ de] *C'est une sorte d'homme d'affaires* [péj.] : **espèce** ◆ **genre** (qui ne se dit guère que des choses, en ce sens) ; → COMME. *Un individu de cette sorte* : **acabit.** ③ *De sorte que* : → FAÇON, AINSI. *De (telle) sorte que* : → MANIÈRE I. *Faire en sorte* : → TÂCHER.

sortie → SORTIR.

sortilège → ENCHANTEMENT, SORT II.

sortir

I [v.] ① [v.i. ; qqn ~] *Nous venons de sortir de la ville* : **quitter.** *Il sortit de sa voiture* : **descendre*.** *Il est sorti pour prendre* *l'air* : **aller dehors, aller se promener ;** → S'ABSENTER, AIR, S'AÉRER. *Il ne peut plus sortir* : → SE DÉPLACER, METTRE LE NEZ* DEHORS. *Me sentant de trop, je suis sorti très vite* : **prendre la porte** ◆ [plus génér.] **partir*** ◆ [plus sout.] **se retirer, s'éclipser, s'esquiver** (qui impliquent plus de discrétion) ◆ [fam.] **décamper, déguerpir** (qui supposent plus de précipitation) ; → FILER. *Tous les soirs, elle sortait avec des amies* : **aller en ville, au spectacle.** *Elle sort avec un garçon* : **fréquenter, voir** (*elle fréquente, elle voit un garçon*) ; → COURTISER. ② [v.i. ; qqn ~] *Ma femme sort d'une longue maladie* : **relever, guérir** (*... est guérie*). *Nous sommes sortis sains et saufs de cet accident* : [sout.] **réchapper de.** *Il est enfin sorti de sa réserve* : [plus sout.] **se départir de.** *Sortir de son rôle* : **outrepasser*.** *Faire sortir de ses gonds* : → IRRITER. *Vous êtes sortis du sujet* : **s'écarter ;** → S'ÉLOIGNER. *Il sort d'une famille très bourgeoise* : **descendre** ◆ [plus sout.] **être issu.** *D'où sort-il ?* : **d'où vient-il ?** ④ [v.i. ; qqch ~] *L'eau sort du robinet* : **jaillir*** (= sortir avec violence) ◆ [rare] ↓ **sourdre** (qui ne s'emploie qu'à l'inf. et à l'ind. présent et imparfait, 3e personne). *Les eaux du fleuve sortent par les égouts* : **se répandre** ◆ ↓ **affleurer** (qui se dit d'un liquide qui apparaît en surface) ◆ ↑ **déborder** (= passer par-dessus les bords). *Le submersible sort de l'eau* : **émerger** ◆ ↑ **surgir.** ⑤ [v.i. ; qqch ~] *De la vapeur sortait de la soupape* : ↑ **s'échapper** ◆ ↓ **fuser.** *Un parfum sort de ces touffes de jacinthes* : [plus sout.] **s'exhaler ;** → SE DÉGAGER. ⑥ [v.i. ; qqch ~] *Une pierre sort du mur* : [moins cour.] **saillir, faire saillie.** ⑦ [v.i. ; qqch ~] *Les blés sortent tôt cette année* : **lever** ◆ [plus sout.] **poindre ;** → POUSSER IV. ⑧ [v.i. ; qqch ~] *Le dernier numéro de cette revue vient de sortir* : **paraître.** ⑨ [v. impers.] *Qu'est-il sorti de votre travail ?* : [plus sout.] **résulter ;** → ABOUTIR III. ⑩ [v.t. ; qqn ~] *Tous les soirs, il sort son chien* : [plus partic.] **promener*** ◆ [fam.] **balader.** *Il s'est fait sortir en demi-finale* : **battre*, éliminer*, perdre** (*perdre un match*). ⑪ [v.t. ; qqn ~ qqn] *Le service d'ordre a sorti les perturbateurs* [fam.] : **vider** ◆ [plus cour.] **expul-**

ser ◆ ↓ **faire sortir.** ⑫ [v.t. ; qqn ~ qqn] *Nos amis nous ont sortis de là* : **tirer ;** → DÉPANNER. ⑬ [v.t. ; qqn ~ qqch] *Il a sorti toute cette monnaie de sa poche* : [plus sout.] **extraire,** ↑ **extirper ;** → ÔTER. *L'entreprise vient de sortir un nouveau produit* : **commercialiser.** *Le romancier vient de sortir un tout nouvel ouvrage* : **faire paraître, publier ;** → DIFFUSER. *Qu'a-t-il encore sorti comme sornette ?* [fam.] : [plus cour.] **débiter, raconter.** *L'homme sortit son revolver* : **dégainer.** *Il a sorti le grand jeu* : **faire des frais*.** ⑭ *Cet entêté ne veut pas sortir de là* : **en démordre.** *Nous ne sommes pas sortis de l'auberge* : **s'en tirer.**

◇ **se sortir** *Se sortir d'une voiture* : → SE DÉGAGER. *S'en sortir. Il ne s'en est pas sorti sans y laisser des plumes* [fam.] : **s'en tirer*, se dépêtrer, se dépatouiller, se débrouiller*, tirer son épingle du jeu** ◆ **se tirer d'affaire*, en réchapper* ;** → JOINDRE* LES DEUX BOUTS.

II [n.m.] *Au sortir de. Au sortir des faubourgs se dressent les fortifications* : **à la sortie de.** *Au sortir de la jeunesse, il était encore bien naïf* : **à la fin de.**

◇ **sortie** ① [~ de qqn] *C'est sa première sortie depuis sa convalescence* : [plus partic.] **promenade** ◆ [fam.] **balade.** *Il vient de faire une petite sortie* : **tour** ◆ [fam.] **virée.** ② [~ de qqch] *Il n'existe pas de sortie de secours* : **porte** ◆ [plus sout.] **issue.** ③ *Sous le coup de la colère, il nous a fait une sortie sanglante* : [plus sout.] **algarade ;** → SCÈNE. ④ *La sortie de ce nouveau roman a produit quelque émotion* : **parution, publication** ◆ **lancement** (qui désigne plutôt l'opération commerciale) ; → ÉDITION. ⑤ *Au mois de janvier, nous avons eu de nombreuses sorties (d'argent)* : **dépenses.** ⑥ *À la sortie de...* : → SORTIR II.

SOS → À L'AIDE*, APPEL DE DÉTRESSE*, AU SECOURS*.

sosie → DOUBLE.

sot ① [adj. et n.] *Ce garçon est un sot* : [plus cour.] **âne, benêt, buse, bêta, bêtasse, idiot, nouille** ◆ [fam.] **con, crétin, corniaud, couillon, cloche** ◆ [fam.] **andouille, bourrique** (qui s'emploient uniquement comme n.) ◆ [fam.] **en tenir une couche** ◆ **ne pas avoir**

inventé la poudre*, le fil à couper le beurre ;
→ ABRUTI, BALOURD, NIAIS. *Cette fille est une
sotte* : **oie**, [fam.] **bécasse, dinde, cruche,
gourde**. ② [adj.] *Voilà une sotte réplique*
[sout.] : [postposé] **inintelligent, inepte**
◆ ↑ STUPIDE. *C'est un esprit
sot* : **borné**. *Il s'est retrouvé tout sot après
sa sortie* : **confus, penaud** ◆ [fam.] **con**.

◇ **sottise** ① *Sa sottise ne lui a pas permis
de comprendre* : **idiotie, imbécillité, stupidité** ◆ [fam.] **crétinisme** ; → BÊTISE. ② *Il
nous a raconté les pires sottises* : **ânerie,
baliverne** ◆ [plus sout.] **insanité, niaiserie,
ineptie** ; → ÉNORMITÉ, LÉGÈRETÉ, SORNETTE.
Il a commis les pires sottises : **bévue,
bourde, crétinerie**, [très fam.] **connerie** ;
→ MALADRESSE, SIENNES (*faire des siennes*).
Quelle sottise ! : → DOMMAGE.

◇ **sottement** *Il a sottement perdu la tête* :
bêtement, ridiculement ◆ [très fam.]
connement.

sottement, sottise → SOT.

sottisier → RECUEIL.

sou *Sans un sou* : → DÉSARGENTÉ, SEC II (*à
sec*). *Des sous* : → ARGENT. *Près de ses sous* :
→ AVARE.

soubassement → BASE I.

soubresaut → CONVULSION, SACCADE, SURSAUT.

soubrette → SERVANTE.

souche ① → LIGNÉE. ② *Avez-vous gardé
les souches de votre chéquier ?* : **talon**.
③ *Dormir comme une souche* : → DORMIR.

souci ① *Ils ont eu bien des soucis avec
leur déménagement* : **contrariété, désagrément, tracas** ◆ [fam.] **embêtement,
empoisonnement, du tintouin** ◆ [très fam.]
emmerdement ; → ENNUI. *Les soucis au
sujet de notre fils ne nous manquent pas* :
↓ **préoccupation** ; → INQUIÉTUDE, CRAINTE,
AFFOLEMENT. *Mieux vaut ne pas se faire de
soucis, avant que les ennuis n'arrivent* : **se
mettre martel en tête** ◆ [fam.] **se faire des
cheveux, de la bile, s'en faire** ; → S'AFFOLER,
S'INQUIÉTER, SE TRACASSER. *Un bonheur
sans souci* : **sans nuages*** ; → TRANQUILLE.
② *Quel souci, cet enfant !* : ↑ **plaie***.

◇ **se soucier** *Il ne se soucie guère de la
retraite* : **s'inquiéter, se préoccuper** ◆ ↑ **se
tourmenter** ◆ [sout.] **n'avoir cure de** ;
→ S'OCCUPER, S'EMBARRASSER.

◇ **soucieux** ① *Il est très soucieux depuis
quelques jours* : **préoccupé** ; → INQUIET. *Un
air soucieux* : ↓ **pensif**, ↓ **songeur**. ② *Il
est soucieux de sa réputation* : ↓ **attentif à**
◆ ↑ **jaloux de** ; → SOIGNEUX.

soucier (se), soucieux → SOUCI.

soucoupe ① *La tasse était posée sur la
soucoupe* : [cour. en Belgique et en Suisse]
sous-tasse. ② *Les soucoupes volantes* : **ovni**
(= objet volant non identifié).

soudain

I [adj.] *J'ai ressenti une douleur soudaine au foie* : **brutal** ◆ ↑ **foudroyant**. *Son
arrivée soudaine nous a surpris* : **subit*** ;
→ PROMPT, RAPIDE, IMPRÉVISIBLE, IMPRÉVU.

II [adv.] *Nous parlions tranquillement,
et soudain elle s'est mise en colère* : **brusquement, subitement, tout d'un coup,
de but en blanc, sans crier gare** ◆ [moins
cour.] **soudainement** ; → BRUTALEMENT,
AU DÉPOURVU. *Soudain il m'a adressé la
parole* : **à brûle-pourpoint** (qui s'emploie
uniquement avec les verbes de déclaration) ; → DU JOUR AU LENDEMAIN*.

soudainement → SOUDAIN.

soudaineté [de soudain I] *La soudaineté de son geste m'a surpris* : **rapidité**
◆ ↑ **brusquerie**, ↑ **brutalité** ◆ [didact.]
promptitude.

soudard → SOLDAT.

souder → UNIR.

soudoyer → ACHETER, CORROMPRE.

soue → ÉCURIE, PORCHERIE.

soufflant → ÉTONNANT.

souffle → SOUFFLER.

soufflé ① → GONFLER. ② → ÉBAHI.

souffler ① [qqch ~] *Le vent souffle depuis
hier soir* : **il y a** (*il y a du vent*) ; → SE LEVER.
② [qqn ~] *Il souffle doucement dans le ballon* : → EXPIRER. *Dans l'effort, il souffle*

soufflet

comme un bœuf : **haleter**. *Après avoir couru, il souffle un peu* ◆ [plus génér.] **se reposer ;** → RESPIRER. ③ [v.t.] *Il a soufflé la bougie :* **éteindre.** ④ [v.t.] *Son toupet nous a soufflés* [fam.] : **asseoir** ◆ [plus cour.] **étonner*** ◆ **couper le souffle* ;** → SUFFOQUER. ⑤ *Je lui ai soufflé à l'oreille la bonne réponse :* **chuchoter, glisser ;** → MURMURER. *On m'a soufflé que je ne lui plaisais pas :* ↑ **insinuer* ;** → SUGGÉRER. ⑥ *Il lui a soufflé une bonne affaire* [fam.] : **chiper ;** → S'ATTRIBUER, PIQUER IV.

◇ **souffle** ① *Un souffle d'air nous ferait du bien :* **bouffée, courant ;** → AIR. ② *Il avait le souffle bruyant après sa course :* **respiration, haleine.** *Manquer de souffle :* **être essoufflé*, perdre haleine.** *Rendre le dernier souffle :* **expirer, rendre le dernier soupir ;** → MOURIR. ③ *Il ne manque pas de souffle !* [fam.] : **culot, toupet** ◆ [plus sout.] **aplomb.** *Ce ténor a du souffle :* [fam.] **coffre.** *La nouvelle nous a coupé le souffle :* **souffler ;** → ÉTONNER, SUFFOQUER. ④ *Le souffle épique de ce poème :* → INSPIRATION.

soufflet → GIFLE.

souffleter → GIFLER.

souffrance → SOUFFRIR.

souffrant → MALADE.

souffre-douleur → MARTYR, TÊTE* DE TURC.

souffreteux → MALADIF.

souffrir ① [qqn ~] *Pendant sa maladie, il a souffert le martyre :* **endurer ;** → SUPPORTER. ② [v.t. ind. ; qqn, qqch ~ de qqch] *Depuis une semaine, je souffre de la tête :* **avoir mal à** ◆ [fam.] **dérouiller.** *Il n'a pas trop souffert du qu'en-dira-t-on :* [plus sout.] **pâtir de.** *La ville a souffert de nombreux bombardements :* **être victime de, essuyer, subir.** ③ [qqn, qqch fait ~] *Sa sciatique la fait souffrir affreusement :* [plus sout.] **tourmenter** ◆ ↑ **torturer ;** → EN FAIRE VOIR*. *Pourquoi faites-vous souffrir cette pauvre bête ? :* ↑ **martyriser.** ④ [v.t. ; qqn ~] *Je ne peux plus souffrir cette personne, cette ville :* **supporter** ◆ [plus fam.] **sentir* ;** → VOIR. ⑤ [qqn ~] *Je ne souffrirai pas que cet escroc vienne chez moi :* **accep-**

ter, tolérer ◆ [fam.] **digérer ;** → ADMETTRE. ⑥ [qqch ~] *Cette affaire ne souffre aucun délai* [sout.] : **admettre** ◆ [plus cour.] **être urgent** (*cette affaire est urgente*).

◇ **souffrance** ① *Il garde de sa maladie le souvenir de terribles souffrances :* **douleur*** ◆ [par métaph.] ↑ **torture,** ↑ **supplice.** Tous ces termes s'emploient aussi bien pour les souffrances morales que physiques. *Son succès lui a coûté bien des souffrances :* **larme.** *Rien n'a pu soulager sa souffrance :* ↓ **peine*** ◆ **affliction, chagrin** (qui s'emploient uniquement pour une souffrance morale) ; → CROIX. ② *En souffrance. Des colis sont restés en souffrance :* **en attente.**

soufre → JAUNE I.

soufrer → TRAITER I.

souhait → SOUHAITER.

souhaitable → DÉSIRABLE.

souhaiter ① *Il souhaite revenir dans son pays :* **espérer ;** → DÉSIRER, RÊVER* DE, VOULOIR. *Toute sa vie, il a souhaité le repos :* **aspirer à** ◆ **convoiter** (qui se dit assez rarement d'un terme abstrait) ; → APPELER, DEMANDER. *Il est à souhaiter que le temps se maintienne :* **souhaitable.** ② *Souhaiter le bonjour :* [plus cour.] **dire bonjour.** *Souhaiter la bonne année :* **offrir ses vœux.**

◇ **souhait** ① *Tous ses souhaits sont comblés :* **attente, désir, envie** ◆ [sout.] **aspiration, vœu ;** → AMBITION. *Voici un soufflé léger à souhait :* [antéposé] **bien.** ② *Les souhaits de bonne année :* **vœux.**

souillé → SALE.

souiller ① *Les draps du malade étaient souillés de sueur et de sang* [sout.] : **maculer** ◆ [plus cour.] **tacher, salir*** ◆ **infecter, polluer** (qui impliquent un caractère malsain, nocif). ② *Le vice n'avait pas souillé cette âme pure* [sout.] : **avilir, entacher ;** → FLÉTRIR.

◇ **souillure** *Une souillure morale :* **flétrissure, tare ;** → FAUTE, TACHE I.

souillure → SOUILLER.

souk ① → MAGASIN I. ② → DÉSORDRE.

soûl *Il a trop bu, il est soûl :* **ivre*** ◆ ↑ **ivre mort** ◆ ↓ **gris, gai,** ↓ **parti** ◆ [fam.] **avoir un verre dans le nez*** ◆ [très fam.] **être noir, pété, plein (comme une huître), beurré, bourré.**

◇ **soûler** *Le dernier verre a soûlé les invités :* [plus sout.] **enivrer** ◆ [fam.] **noircir.** *L'air du large nous a soûlés :* [cour.] ↓ **étourdir*** ◆ [sout.] ↓ **griser** ◆ **monter* à la tête.**

◇ **se soûler** [fam.] : [plus sout.] **s'enivrer, se griser** ◆ [fam.] **prendre une cuite, se bourrer ;** → BOIRE.

soulagement → SOULAGER.

soulager ① [~ qqn] *Soulagez-moi car je ne peux plus tenir ce meuble trop lourd :* **décharger ;** → DÉBARRASSER. *On m'a soulagé de mon portefeuille* [fam.] : → ENLEVER, VOLER. ② [~ qqch] *Il fallait soulager sa peine :* **alléger ;** → DIMINUER. *La morphine a soulagé sa douleur :* **adoucir, apaiser, calmer.** *Il a soulagé sa conscience :* → LIBÉRER. ③ [~ qqn] *Il souhaite pouvoir soulager les malheureux :* **aider*, faire du bien*, secourir*.**

◇ **soulagement** ① *Il faut trouver un soulagement à cette douleur :* **adoucissement, apaisement ;** → DIMINUTION. ② *Quel soulagement de vous savoir arrivés sains et saufs :* ↓ **détente ;** → CALME, DÉLIVRANCE.

soûlant → ENNUYEUX.

soûlard, soûlaud → IVROGNE.

soûler → SOÛL.

soûlerie → FESTIN.

soulèvement → RÉVOLTE.

soulever ① [~ qqn, qqch] *Sans cric, il est difficile de soulever la voiture :* → LEVER. ② [~ qqch] *On m'a soulevé mon portemonnaie* [fam.] : → VOLER II. ③ [~ qqch] *La voisine a doucement soulevé le coin du rideau :* **relever** ◆ **écarter** (= pousser vers les côtés). ④ [~ qqch] *Le vent soulevait les vagues :* ↑ **agiter*.** ⑤ [~ qqn] *La colère a soulevé la population :* **ameuter, déchaîner** ◆ ↓ **exciter* ;** → TRANSPORTER. ⑥ [~ qqch] *Sa proposition n'a pas soulevé l'enthousiasme :* **provoquer.** *Soulever le cœur :* → ÉCŒURER. ⑦ [~ qqch] *Soulever*

une objection : → ÉLEVER. *Soulever un problème :* → POSER.

◇ **se soulever** : **se révolter*.**

soulier → CHAUSSURE.

souligner ① *Le bustier soulignait la finesse de sa taille :* **accentuer, faire valoir, mettre en valeur ;** → FAIRE RESSORTIR*. ② *Nous soulignons l'importance de cette découverte :* **faire remarquer, mettre en évidence, insister sur ;** → METTRE L'ACCENT* SUR, METTRE EN RELIEF*. *Souligner l'intérêt de qqch :* → SIGNALER. ③ → PONCTUER, SCANDER.

soûlographe, soûlot → IVROGNE.

soumettre ① *L'empire avait soumis les pays voisins :* **conquérir** ◆ ↑ **asservir** (= réduire en esclavage, en servitude) ; → DOMINER, OPPRIMER, PLIER. *Soumettre des mutins :* **dompter** ◆ [rare] **subjuguer.** ② *Soumettre le commerce des alcools à des règles :* **assujettir, astreindre.** ③ *L'architecte a soumis son projet à une commission :* **présenter, proposer*.** *Soumettre qqch à la critique :* **exposer*.**

◇ **se soumettre** ① *Les rebelles se sont soumis :* **se rendre, capituler, abandonner** (… *abandonné la lutte*) ; → CÉDER, SE LIVRER. ② *Se soumettre aux injonctions de qqn :* [moins cour.] **obtempérer ;** → S'INCLINER, OBÉIR. *Se soumettre à qqn :* → DÉPENDRE. *Lorsqu'on s'oppose à lui, il se soumet :* **se résigner*, plier* l'échine.** ③ *Il s'est soumis à la mode nouvelle :* [sout.] **sacrifier à, se plier.**

◇ **soumission** ① *Ces tribus vivaient dans la soumission :* **sujétion ;** → SERVITUDE. ② *La soumission aux coutumes :* ↓ **observance** (*l'observance des coutumes*) ; → OBÉISSANCE. *Sa soumission est totale :* → DOCILITÉ, RÉSIGNATION.

soumis ① → DOCILE, OBÉISSANT. ② → PRISONNIER.

soumission → SOUMETTRE.

soupape → EXUTOIRE.

soupçon ① *L'ère du soupçon :* [plus rare] **défiance, suspicion ;** → MÉFIANCE, DOUTE. ② *Je n'ai pas de soupçons contre lui :* **pré-**

soupçonner

somption*. *Avoir des soupçons sur qqch* :
→ ATTENTION. *Au-dessus de tout soupçon* :
insoupçonnable*. ③ *Il y avait un soupçon
d'ironie dans son regard* : **brin, pointe*** ;
→ NUAGE, PARCELLE, OMBRE, SEMBLANT.

soupçonner ① [~ qqn] *La police le soupçonne d'avoir déposé une bombe* : **suspecter.** ② [~ qqch, ~ que]. *Je ne soupçonnais pas
que vous étiez au courant* : ↓ **se douter***.

soupçonneux ① *Il est très soupçonneux
depuis qu'on l'a cambriolé* : **méfiant***. *Un
mari soupçonneux* : **jaloux.** ② *Pourquoi ces
regards soupçonneux ?* : [moins cour.] **suspicieux** ◆ ↑ **inquisiteur** ; → OMBRAGEUX.

soupe ① → BOUILLON. ② *Soupe au lait* :
→ COLÉREUX, IMPULSIF.

soupente → RÉDUIT II.

souper → REPAS.

soupeser → PESER.

soupir *Rendre le dernier soupir* : → MOURIR,
SOUFFLE.

soupirant → AMANT.

souple ① [qqch est ~] *Cette lame de fleuret est très souple* : **flexible.** *Voici une étoffe
souple* : **moelleux** ; → MOU. *Un vin souple* :
→ DOUX. *Un horaire souple* : **élastique,
flexible.** ② [qqn est ~] *Il est encore très
souple pour son âge* : **agile***. *La danseuse
avait la taille souple* : **délié.** *Le sportif courait d'une longue foulée souple* :
décontracté, élastique ; → AISÉ, ONDOYANT.
③ [qqn est ~] *Il a su rester souple devant
nos revendications* : **adroit*, flexible,
habile, diplomate*** ◆ [péj.] **souple comme
un gant, docile*** ; → ADAPTABLE, MANIABLE,
MALLÉABLE, COMPLAISANT.

souplesse ① → AGILITÉ, FLUIDITÉ.
② → DIPLOMATIE, DOUCEUR, PLASTICITÉ.

source ① *L'eau de la source était toute
fraîche* : **fontaine** (= construction abritant un dispositif de distribution d'eau)
◆ **point d'eau** (= endroit où se trouve un
puits, une source, dans une région aride).
② *Revenir aux sources* : **se ressourcer.**
Remonter à la source d'un phénomène :

→ BASE, NAISSANCE, ORIGINE. ③ *Il faudrait
une source lumineuse plus puissante* : **foyer.**

◇ **sourcier** *Le sourcier a détecté une source* :
[didact.] **radiesthésiste** ◆ [plus partic., rare]
rhabdomancien (= celui qui pratique la
radiesthésie avec une baguette de cou-
drier).

sourcier → SOURCE.

sourcil → POIL.

sourciller *Sans sourciller* : → S'ÉMOUVOIR.

sourcilleux → EXIGEANT.

sourd

I ① [qqn est ~] *Il n'entend rien, il est sourd* :
[fam.] ↑ **sourd comme un pot** ◆ ↓ **dur
d'oreille,** ↓ **malentendant** ; → COTON.
② *Elle resta sourde à mes arguments* :
insensible*, fermé.

II [qqch est ~] ① *Quand il tomba, cela fit
un bruit sourd* : **assourdi, mat, amorti.** *Il
parlait d'une voix sourde* : **étouffé, voilé.**
Un « e » sourd : → MUET. ② *Une haine
sourde* : **secret** ; → CACHÉ. *Une douleur
sourde* : **diffus** ; → VAGUE.

sourdine *L'orchestre jouait en sourdine* :
discrètement, doucement. *Mettez une
sourdine à votre enthousiasme* : **modérer***.

sourdre → SORTIR I.

souriant → GAI.

souricière → PIÈGE.

sourire ① → AMUSER, PLAIRE I. ② → RIRE.

souris → FEMME.

sournois [adj. et n.] *C'est un petit sournois* :
dissimulé (= qui cache ses sentiments)
◆ **hypocrite** (= qui affecte des sentiments
qu'il n'éprouve pas) ◆ [rare] ↑ **fourbe** ;
→ DOUCEREUX. *Il avait un visage sournois* :
chafouin, faux. *Ses propos sournois ne me
trompent pas* : **insidieux** (= qui cherche à
induire en erreur) ◆ **mielleux** (= d'une
douceur affectée) ; → SUBREPTICE. *Agir en
sournois* : **en dessous, en tapinois** ◆ [fam.]
faire ses coups en douce.

◇ **sournoisement** hypocritement, insidieusement, mielleusement, benoîtement, traîtreusement.

◇ **sournoiserie** : dissimulation, fourberie ; → FAUSSETÉ.

sournoisement, sournoiserie
→ SOURNOIS.

SOUS [prép.] **1** [dans l'espace] *Sous la table* : **en dessous de.** *Sous son masque* : **derrière.** *Sous les remparts* : **au pied de.** *Sous les yeux de qqn* : **devant.** **2** [dans le temps] *Sous le règne de* : **pendant.** *Votre commande sera livrée sous trois jours* : [plus cour.] **dans.**

sous-alimentation
→ FAIM, INSUFFISANCE* ALIMENTAIRE.

souscrire
→ ADHÉRER, APPROUVER, CONSENTIR.

sous-emploi → CHÔMAGE.

sous-entendre → INSINUER.

sous-entendu **1** [n.m.] → ALLUSION, RÉTICENCE. **2** [adj.] → TACITE.

sous-équipement → INSUFFISANCE.

sous-estimer → DÉPRÉCIER, ESTIMER I, MÉSESTIMER.

sous-évaluer → DÉPRÉCIER.

sous-fifre → INFÉRIEUR.

sous-jacent → SECRET.

sous-main *En sous-main* : → IRRÉGULIÈREMENT, SECRÈTEMENT.

sous-marin **1** [adj.] *Des roches sous-marines* : **immergé.** **2** [n.m.] *Le sous-marin atomique partait en manœuvre* : **submersible.** **3** [n.m.] *La police a introduit des sous-marins dans ce groupe extrémiste* : **taupe** ◆ [plus cour.] **mouchard** ; → ESPION.

sous-ordre → INFÉRIEUR.

sous-payer → EXPLOITER.

sous-prolétariat → PAUVRE II.

sous-sol → CAVE.

sous-tasse → SOUCOUPE.

soustraction → SOUSTRAIRE.

soustraire **1** [~ qqch] *On a soustrait les plans du sous-marin atomique* : **détourner** ; → DÉROBER, VOLER. **2** [~ qqn à qqch] *Pendant la guerre, elle a soustrait des partisans à la répression* : **protéger de, sauver de*** ; → ARRACHER. **3** [~ qqch de qqch] *Il a soustrait 60 de 130* : **enlever, retrancher.** *Il a soustrait ses frais de la facture* : **déduire, défalquer** ; → ÔTER.

◇ **se soustraire** *Se soustraire à son destin* : **échapper à** ◆ **fuir** (qui implique la volonté du sujet). *Se soustraire à son devoir* : **manquer à.**

◇ **soustraction** : déduction.

sous-vêtement → DESSOUS II.

soutane → ROBE.

soute → CALE.

soutènement → APPUI.

souteneur *C'est un souteneur qui vit du travail de plusieurs prostituées* : [plus sout.] **proxénète** ◆ [fam.] **maquereau, mac** ◆ [très fam.] **marlou** ; → ENTREMETTEUR.

soutenir **1** [qqn, qqch ~ qqch] *Soutenez bien l'échelle pendant que j'y grimpe* : **maintenir*, tenir.** *La charpente fléchit et ne soutient plus le toit* : **supporter.** *Posez donc une console pour soutenir votre étagère* : **caler*, consolider** ◆ [plus partic.] **étayer** (= soutenir avec une pièce de charpente, dite *étai*) ; → RENFORCER. **2** [qqn, qqch ~ qqn] *Vous êtes épuisé : un repas léger vous soutiendra* : **réconforter** ◆ [plus fam.] **remonter.** **3** [qqn ~ qqn] *De bons amis l'ont soutenu pour obtenir ce poste* : **aider, épauler, prêter assistance à, prêter la main à, donner un coup de main à** ; → APPUYER, SERVIR II, POUSSER III. *La banque l'a soutenu pour monter son entreprise* : [plus précis] **financer** (= fournir des fonds) ◆ **subventionner** (qui ne s'applique qu'aux aides accordées par l'État ou des associations à but non lucratif). *Soutenir la recherche* : → PROMOUVOIR. *Soutenir un club sportif* : → SUPPORTER. *Il soutient toujours sa fille contre sa femme* : **prendre le parti de** ; → DÉFENDRE, ENCOURAGER, DONNER RAISON* II. **4** [qqn ~ qqch] *Le boxeur a bien* soutenu l'attaque de son adversaire : **résister à***. ⑤ [qqn ~ que] *Il a soutenu que vous étiez d'accord avec lui* : **prétendre** (= donner pour certain ce que d'autres considèrent comme faux) ◆ **assurer** (= certifier qqch sans rencontrer de résistance et sans avoir à argumenter) ; → AFFIRMER. *Soutenir une thèse* : **défendre**.

◇ **se soutenir** ① [qqn ~] *Il se soutient à peine sur ses jambes* : [plus cour.] **se tenir debout, droit**. ② *Les deux frères se soutiennent toujours* : [plus sout.] **s'entraider, se prêter assistance**. ③ [qqch ~] *Votre position ne se soutient pas* : **se défendre**.

soutenu ① *Un intérêt soutenu* : [antéposé] **vif**. *Vous avez prêté une attention soutenue à son cours* : **constant***. ② → ÉLEVÉ.

souterrain ① [n.m.] *On avait étayé le souterrain* : **tunnel** (qui sert aux voies de communication) ◆ **galerie** (= lieu de passage qui n'est pas forcément souterrain). ② [adj.] *Des menées souterraines inquiétaient la police* : **clandestin** ; → SUBREPTICE, CACHÉ.

soutien ① *Ce parti apporte son soutien au gouvernement* : **aide** ◆ **secours*** (= soutien défensif) ; → ACCORD, APPUI, ENCOURAGEMENT, RESSOURCE, SERVICE II. *Le dernier soutien* : **bastion**. ② *Il s'est fait le soutien d'une mauvaise cause* : **champion, défenseur** ; → PILIER. ③ *Cet homme cherche un soutien* : **bâton de vieillesse**, [fig.] **béquille**. *Un enseignement de soutien* : → RATTRAPAGE*.

soutirer

I *Il est temps de soutirer le vin* : **transvaser** ◆ **clarifier** (= débarrasser le vin de sa lie en le transvasant).

II *J'ai rencontré un tapeur qui m'a soutiré cent euros* : **extorquer**, [fam.] **taper de** ◆ ↑ **escroquer** ; → TIRER II.

souvenance *Avoir souvenance de* : → SOUVENIR.

souvenir

I [v.pr.] ① *Se souvenir de. Je me souviens de vous* : ↑ **reconnaître**, [fam.] **remettre** (*je vous reconnais ; je vous remets*) ◆ [sout.] **se remémorer, avoir souvenance de** ◆ **se**

rappeler (*je me souviens de notre rencontre, de vous avoir rencontré, que je vous ai rencontré ; je me rappelle notre rencontre, vous avoir rencontré, que je...*). ② *Souviens-toi de cet avertissement* : **penser à** ◆ **prendre bonne note* de**.

II [n.m.] ① *Un souvenir des dernières vacances me revient* : [plus sout.] **réminiscence** (= souvenir vague) ◆ **image** (= souvenir visuel). *J'ai perdu le souvenir de cet épisode* : **mémoire** (= faculté de se souvenir) ; → RAPPEL. ② *Écrire ses souvenirs* : → MÉMOIRES, PASSÉ.

souvent *Les deux amis sortent souvent ensemble* : **fréquemment** (qui implique plus ou moins la régularité du phénomène) ◆ ↑ **généralement** (qui implique une idée de règle) ; → BEAUCOUP, LA PLUPART* DU TEMPS. *On les a vus se disputer souvent* : [moins cour.] **cent fois, de nombreuses fois*** ◆ ↓ **plusieurs fois**, ↓ **à plusieurs reprises**. *Très souvent* : **les trois quarts* du temps** ; → TOUJOURS.

souverain ① [adj.] *Un remède souverain* : → EFFICACE. ② [adj.] *Le pouvoir souverain* : → ABSOLU, SUPRÊME. ③ [n.] → MONARQUE, REINE.

souverainement → EFFICACEMENT, TERRIBLEMENT.

souveraineté → AUTORITÉ.

souverainisme → NATIONALISME.

souverainiste → NATIONALISTE.

soyeux → DOUX.

spacieux → COMMODE II, VASTE.

spartiate ① → AUSTÈRE. ② → SANDALE.

spasme → CONTRACTION, CONVULSION, TREMBLEMENT.

spasmodique → SACCADÉ.

spatial → COSMIQUE.

spationaute → ASTRONAUTE.

spécial ① *C'est un trait spécial à la nouvelle génération* : **particulier*** ; → CARACTÉRISTIQUE. *Un cas spécial* : → INDIVIDUEL.

Des mœurs spéciales : → PARTICULIER. ② *Sa conception de la politique est spéciale* : **à part*, singulier*** ♦ **bizarre*** (qui se dit de l'étrangeté du cas plus que de sa singularité) ♦ ↑ **extraordinaire** ; → EXCEPTIONNEL.

◇ **spécialement** *Il est spécialement attentif à ce problème* : **particulièrement** ; → EN PARTICULIER*, SINGULIÈREMENT, SURTOUT. *Ne vous dérangez pas spécialement pour nous* : **exprès.**

spécialement → SPÉCIAL.

spécialisé *Une chaîne de télévision spécialisée* : **ciblé.** *Un traitement spécialisé* : **adapté** (qui implique l'idée d'appropriation à un usage particulier).

spécialiste ① *Mieux vaut l'avis d'un spécialiste* : **expert** ♦ **professionnel**, [abrév. fam.] **pro** (= celui qui connaît les problèmes par profession) ♦ **technicien** (= personne qualifiée par sa maîtrise d'une technique) ; → SAVANT. *C'est un spécialiste de la politique* : → ACROBATE. ② → MÉDECIN.

spécialité ① *La spécialité d'un savant* : **discipline, domaine, partie*** ; → BRANCHE. ② *Ce restaurant a des spécialités alléchantes* : **plat,** [sout.] **mets*.** ③ *Une spécialité pharmaceutique* (= préparation industrielle, enregistrée par le ministère de la Santé) : [plus génér.] **médicament** ; → REMÈDE.

spécieux → APPARENT, SÉDUISANT.

spécifier → INDIQUER, STIPULER.

spécifique → CARACTÉRISTIQUE, PARTICULIER.

spécimen → EXEMPLE, EXEMPLAIRE, ÉCHANTILLON, NUMÉRO.

spectacle ① *Assisterez-vous au spectacle en matinée ou en soirée ?* : **représentation** (théâtrale, cinématographique), [anglic.] **show** (= spectacle centré autour d'une vedette) ♦ [plus partic.] **one-man-show** (= spectacle avec un seul comédien) ♦ **gala** (de bienfaisance, de boxe) ; → SÉANCE, THÉÂTRE. *Le monde du spectacle* : [anglic.] **show-business,** [abrév. fam.]

show-biz ; → CINÉMA, CIRQUE. ② *Leur scène de ménage, quel spectacle pour les voisins !* : **tableau** ; → SCÈNE. *Se donner en spectacle* : **s'exhiber** ; → VUE.

◇ **spectaculaire** *La rencontre a été spectaculaire* : **impressionnant** ♦ ↑ **sensationnel** ♦ **théâtral** (qui insiste sur le caractère artificiel de la scène). *Le côté spectaculaire de l'histoire* : **frappant.**

◇ **spectateur** ① *Les spectateurs ont applaudi* : [coll.] **assistance, public** (= ensemble des spectateurs) ; → AUDITOIRE, AUDIENCE. ② *Il y a eu beaucoup de spectateurs de la bagarre* : ↑ **témoin** ; → OBSERVATEUR. *Être spectateur* : → ÊTRE PRÉSENT*.

spectaculaire, spectateur → SPECTACLE.

spectral → FANTOMATIQUE.

spectre → FANTÔME, MENACE.

spéculateur → SPÉCULER.

spéculatif → THÉORIQUE.

spéculation → SPÉCULER.

spéculer ① *Il ne faut pas trop spéculer sur la bêtise des autres* : ↓ **compter sur, tabler sur** ♦ **jouer sur** (qui implique la notion de pari). ② *Le notaire spéculait avec les dépôts de ses clients* : → BOURSE II. ③ *Spéculer sur le monde* : **réfléchir à, méditer sur.**

◇ **spéculation** ① → CALCUL. ② *Des spéculations sur les valeurs boursières* : **agiotage** (= spéculation frauduleuse) ♦ **boursicotage** (= petites opérations en Bourse) ♦ [plus génér.] **affairisme** (= recherche du profit) ; → OPÉRATION II. ③ → THÉORIE I.

◇ **spéculateur** *À la Bourse, les spéculateurs attendent les premières cotations* : [péj., fam.] **boursicoteur** (= petit porteur) ♦ [plus rare] **agioteur** ♦ **baissier, haussier** (qui précisent l'orientation de la spéculation) ♦ [plus génér.] **affairiste** (= homme d'affaires peu scrupuleux), **boursier** (= toute personne qui intervient à la Bourse).

speech → DISCOURS.

speed

speed, speedé *Il est speed, speedé, ce type*
[anglic. fam.] : [plus cour.] **excité,** ↑ **surex-**
cité.

sperme → SEMENCE.

sphère ① *Le Soleil a la forme d'une grosse
sphère* : [plus cour.] **boule.** *La sphère terrestre* : **globe, Terre** ◆ **mappemonde** (= représentation du globe terrestre). ② *Dans les
sphères de la grande finance* : **domaine,
milieu, orbite.** *Une sphère d'influence* :
zone ; → CHAMP.

sphinx → ÉNIGMATIQUE.

spicilège → RECUEIL.

spirale → VRILLE.

spiritisme → DIVINATION.

spirituel

I ① *Il y a pour certains des réalités spi-
rituelles* : **immatériel.** ② *Les valeurs spi-
rituelles varient suivant les sociétés* : [plus
partic.] **religieux ;** → ESPRIT, MORAL. *Un
directeur spirituel* : **confesseur.** ③ *La lecture est un plaisir spirituel* : **intellectuel.**

II *C'est un garçon très spirituel* : ↓ **amu-
sant*** (qui se dit de l'effet produit)
◆ **brillant, vif** (qui se disent des qualités
d'esprit). *Ses propos sont toujours spiri-
tuels* : **fin*, piquant.** *Être spirituel* : **avoir
de l'esprit*.**

spirituellement [de spirituel II] → ESPRIT.

spiritueux → ALCOOL.

spleen → CAFARD, MÉLANCOLIE.

splendeur ① *Le soleil brille enfin dans
toute sa splendeur* : **éclat* ;** → BRILLANT.
② *Nous étions éblouis par la splendeur
du spectacle* : **magnificence*** ◆ ↓ **beauté*.**
③ *Au temps de sa splendeur, il était prodigue* : ↓ **prospérité ;** → GRANDEUR.

◇ **splendide** ① *Aujourd'hui, il fait un temps
splendide* : **admirable*, radieux* ;** → BEAU.
② *Ce fut une fête splendide* : **magnifique,
somptueux ;** → BRILLANT. ③ *C'est une fille
splendide, physiquement parfaite* : **éblouissant, superbe.**

splendide → SPLENDEUR.

spoliateur → EXPLOITEUR.

spolier → DÉPOSSÉDER, ÉCARTER, PRIVER.

spongieux → MOU.

sponsor *L'émission recherchait un sponsor* [anglic.] : **parrain, commanditaire**
◆ [recomm. off.] **parraineur.** Le *mécène*
apporte son soutien à une activité artistique sans contrepartie directe, le *sponsor*
est souvent un **annonceur,** qui apporte son
parrainage à des fins publicitaires.

◇ **sponsoriser** [anglic.] : [recomm. off.]
**commanditer, parrainer, patronner, finan-
cer.**

◇ **sponsorisation** : **parrainage, mécénat,
patronage.**

sponsorisation, sponsoriser
→ SPONSOR.

spontané *D'un geste spontané, il me tendit la main* : **impulsif, involontaire, instinctif** (qui s'opposent à l'idée de détermination volontaire) ◆ **naturel*** (qui s'oppose
à l'idée d'artifice) ◆ [moins cour.] **primesau-
tier.** *Son amabilité est spontanée* : **venir du
cœur.** *C'est un être spontané, sans détours* :
↓ **franc,** ↓ **sincère** ◆ ↑ **naïf* ;** → NATURE.

◇ **spontanéité** *Sa spontanéité m'a surpris* :
franchise, sincérité ; → NATUREL.

spontanéité → SPONTANÉ.

spontanément → DE SOI-MÊME, NATURE,
NATURELLEMENT.

sporadique → IRRÉGULIER.

sport ① *Il fait du sport pour garder la
forme* : [plus restreint] **culture physique,
gymnastique** (qui ont longtemps servi à
désigner l'ensemble des activités physiques destinées à maintenir en forme).
Le sport est aussi une discipline scolaire :
éducation physique, gymnastique* ◆ **éducation physique et sportive,** [abrév.] **EPS.**
C'est du sport [fam.] : **sportif** ◆ [cour.]
difficile. ② [adj. inv.]. *Il a été très sport et
a convenu qu'il avait tort* : [anglic.] **fair-
play* ;** → CORRECT, LOYAL.

sportif ① [n.] *Un sportif amateur* : [plus
partic.] **athlète** (qui désigne les prati-
quants de l'athlétisme, s'applique aussi à

l'ensemble des sportifs). ② [adj.] → SPORT. *Une épreuve sportive* : → COMPÉTITION.

sportivité → FAIR-PLAY.

spot ① *Des spots éclairaient la scène* : **projecteur.** ② *Un spot publicitaire* [anglic.] : **message publicitaire** ◆ [abrév. fam.] **pub.**

spray → VAPORISATEUR.

sprint → COURSE II, COURIR.

sprinter → COURIR.

square → JARDIN.

squatter → OCCUPER I.

squelette ① *Les fouilles ont permis de retrouver des squelettes d'anthropoïdes* : [pl.] **ossements** (qui peut ne désigner qu'une partie du squelette). *Un squelette de chameau* : → CARCASSE. *Le pithécanthrope avait un squelette lourd* : **ossature*.** ② *Le squelette d'une œuvre* : → STRUCTURE.

◇ **squelettique** ① *Un homme squelettique* : **décharné, émacié, maigre*, un sac d'os.** ② [fig.] *Un état-major squelettique* : **peu nombreux, réduit, restreint.**

squelettique → SQUELETTE.

stabiliser → ÉQUILIBRER.

stabilité
→ APLOMB I, ÉQUILIBRE, CONTINUITÉ.

stable → DURABLE, FERME, FIXE, PERMANENT, STATIONNAIRE.

stade ① → PARTIE I. ② → TERRAIN.

stagnant → DORMANT, MORT II.

stagnation → CALME, PARALYSIE.

stagner → CROUPIR, SÉJOURNER, PARALYSER, VÉGÉTER.

stalle → BOX.

standard → TYPE I.

standardisation
→ NORMALISATION, UNIFORMISATION.

standardiser
→ NORMALISER, UNIFORMISER.

standing → POSITION, NIVEAU DE VIE*. *De grand standing* : → CHIC.

star → ACTEUR, VEDETTE.

start-up → SOCIÉTÉ.

station ① *Nous avons fait une courte station devant la vitrine* : [moins cour.] **halte** ◆ **pause** (qui introduit l'idée d'un repos en cours d'activité). *La station de bus* : → ARRÊT. ② *La station debout* : **position ;** → ATTITUDE. ③ *Une station-service* : **pompe*.**

stationnaire *L'état du malade est stationnaire* : **stable, inchangé.**

stationner → ARRÊTER I, RESTER II.

statique *Il reste là, dans une position statique* : **figé, immobile*.**

statuaire → SCULPTEUR.

statue → SCULPTURE.

statuer → JUGER.

statuette → SCULPTURE.

stature → TAILLE I.

statut ① → RÈGLEMENT. ② → SITUATION II.

steak → BIFTECK.

steeple-chase → COURSE II.

stéréotype → PONCIF.

stéréotypé → COMMUN II.

stérile ① [une terre ou un végétal est ~] *C'est un sol stérile* : [plus sout.] **ingrat, infécond** ◆ ↓ **pauvre ;** → ARIDE, SEC I, MAIGRE. *Nous allons couper ce cerisier stérile* : **improductif.** ② [un être vivant est ~] → CONCEVOIR. ③ [qqch est ~] *Des efforts stériles* : **inefficace, vain.** *Des propos stériles* : **oiseux ;** → VIDE.

stérilement : **inutilement*, vainement, en vain*.**

stérilet → PRÉSERVATIF.

stérilisation
① → APPAUVRISSEMENT. ② → CASTRATION. ③ → ASSAINISSEMENT.

stériliser ① → APPAUVRIR. ② → CASTRER.

stérilité ① → PAUVRETÉ. ② → CONCEPTION, IMPUISSANCE.

stick → BÂTON.

stigmate *Il porte les stigmates de son vice sur sa face* : [plus cour.] **marque ;** → TRACE.

stigmatiser *Ses amis eux-mêmes ont stigmatisé sa mauvaise conduite* : [plus cour.] **condamner*** (= blâmer publiquement) ◆ [sout.] **flétrir** (= dénoncer avec indignation qqn ou son comportement) ; → CRITIQUER.

stimulant → AUXILIAIRE II, EXCITANT, MOTIVANT, RÉCONFORTANT, TONIQUE, VIVIFIANT.

stimulation → ENCOURAGEMENT.

stimuler → ACCÉLÉRER, ANIMER, ENCOURAGER, RÉVEILLER.

stipulation → DISPOSITION.

stipuler *Il est stipulé dans le contrat que la caution vous sera reversée* [didact.] : **spécifier*** ◆ [plus génér.] **préciser** ◆ ↓ **mentionner ;** → DIRE, ÉNONCER.

stock *Un stock de pièces de rechange* : **assortiment, provision, réserve*** ◆ [techn.] **existant** ◆ **approvisionnement** (= fourniture du matériel nécessaire) ; → LOT, MAGASIN II.
◇ **stocker** *Stocker des marchandises* : **emmagasiner, engranger ;** → CONSERVER, ENTREPOSER.

stocker → STOCK.

stock-option → VALEUR II.

stoïcisme → AUSTÉRITÉ.

stoïque ① *L'acteur est resté stoïque sous les sifflets* : **impassible, imperturbable.** *Il a fait un effort stoïque* : ↑ **héroïque.** ② *Une vie stoïque* : → AUSTÈRE.
◇ **stoïquement** *Il résistait stoïquement à la douleur* : ↑ **héroïquement** ◆ ↓ **courageusement.**

stoïquement → STOÏQUE.

stomacal *Une inflammation stomacale* : **gastrique.**

stop → SIGNAL.

stopper → ARRÊTER I, S'ARRÊTER, ENRAYER, ÊTRE AU POINT* MORT III.

store *Voulez-vous baisser le store, le soleil m'éblouit* : [plus génér.] **rideau** ◆ **jalousie** (= treillis de bois mobile).

story-board → SCÉNARIO.

strangulation → ÉTRANGLEMENT.

strapontin → PLACE I.

stratagème → RUSE.

strate → COUCHE III.

stratégie → TACTIQUE, PLAN I.

stratégique → MILITAIRE, TACTIQUE.

stress → TENSION II.

stressant *Une situation stressante* : **angoissant** ◆ ↓ **inquiétant*.**

stressé → CONTRACTÉ.

stretching → ÉTIREMENT.

strict ① [qqch est ~] *Les consignes sont très strictes en cas d'incendie* : **précis ;** → RIGOUREUX. *C'est la stricte vérité* : → MÊME I, PUR. *Au sens strict du terme* : **exact, littéral ;** → ÉTROIT. ② [qqch est ~] *Sa morale est très stricte* : **sévère.** *Une tenue très stricte* : → SOBRE. ③ [qqn est ~] *Le directeur est très strict sur la tenue* : **exigeant, maniaque** ◆ ↑ **dur,** ↑ **inflexible*** ◆ [fam.] **à cheval*.**

strictement → ÉTROITEMENT, RIGOUREUSEMENT, SCRUPULEUSEMENT, UNIQUEMENT.

stricto sensu → ÉTROIT.

strident → CRIARD, PERÇANT.

stridulation → SIFFLEMENT.

strie → RAYURE.

strier → RAYER.

string → SLIP.

strip-tease ① *Un numéro de strip-tease* : [moins cour.] **effeuillage** ◆ [plus génér.] **déshabillage** (qui n'implique pas d'exhibition). ② *Parfois la confidence tourne au strip-tease* [fig.] : **déballage**.

structure *La structure du sol ne se prête pas à la construction d'une tour* : **composition*, constitution, texture**. *La structure des pyramides égyptiennes* : **architecture** ◆ [plus abstrait] **conception**. *La structure d'une œuvre littéraire* : **construction** ; → ÉCONOMIE. *La structure de cette administration est archaïque* : **forme, organisation*** ; → OSSATURE.

structurer → ORGANISER, FORMER.

studieux → APPLIQUÉ, ÉTUDE.

studio → APPARTEMENT.

stupéfaction *À ce spectacle inhabituel, la surprise fit place à la stupéfaction* : **ébahissement, effarement, stupeur** ; → ÉTONNEMENT.

◇ **stupéfait** *Il est resté stupéfait* : **abasourdi, sidéré, ébahi*, tomber des nues** ◆ ↓ **surpris*** ◆ ↑ **interdit, ↑ médusé** (= réduit au silence) ◆ **consterné** (= désagréablement surpris) ; → RENVERSÉ.

◇ **stupéfier** *Son aplomb nous a tous stupéfiés* : **effarer** ◆ ↓ **surprendre** ◆ ↑ **sidérer, ↑ consterner, ↑ méduser** ; → ÉTONNER.

◇ **stupéfiant** ① [adj.] *C'est une nouvelle stupéfiante* : **effarant** ◆ ↑ **sidérant** ◆ [plus génér.] **extraordinaire** ; → ÉTONNANT, RENVERSANT, INCONCEVABLE, SURPRENANT. ② [n.m.] *Un stupéfiant* : [plus génér.] **drogue***.

stupéfait, stupéfiant, stupéfié → STUPÉFACTION.

stupeur → ÉTONNEMENT, STUPÉFACTION.

stupide ① *Il est trop stupide pour comprendre la situation* : **bête, idiot, imbécile** ◆ **abruti*, hébété** (qui supposent plutôt l'effet d'une circonstance que d'un état naturel) ◆ [fam.] **crétin** ; → SOT. ② *C'est un pari stupide* : **absurde*** ◆ ↑ **insensé** ◆ [plus sout.] **inepte**.

◇ **stupidité** ① *La grossièreté de cet individu n'a d'égale que sa stupidité* : **bêtise*,** idiotie, ineptie. *La stupidité de son comportement jaloux* : **idiotie, absurdité*** ; → BÊTISE, SOTTISE. ② *Quelle stupidité ai-je encore commise ?* : **ânerie** ◆ [plus rare] **balourdise** (qui suppose plus de maladresse que de bêtise).

stupidité → STUPIDE.

stupre → DÉBAUCHE.

style ① *Nous reconnaissons le romancier à son style* : **écriture*** ◆ **langue** (qui renvoie plutôt dans ce contexte à la forme de l'expression, indépendamment du sujet et du genre de l'œuvre en question) ◆ **rhétorique** (qui ne s'applique qu'aux procédés considérés comme des moyens techniques). ② [didact.] *Étudier le style d'un auteur* : [péj.] **phraséologie** (= agencement convenu des mots) ; → PHRASE, PLUME. [en grammaire] *Style direct, indirect* : **discours**. ③ *Le style d'un artiste* : **facture, manière** ◆ [plus partic.] **touche*** (= manière d'un peintre). ④ *Dans le style victorien* : **goût, à la mode**. *Un meuble de style* : → CARACTÈRE.

stylet → POIGNARD.

styliste *Ce siège est l'œuvre d'un styliste* : [anglic.] **designer**.

suaire *Le suaire est, avec les chaînes, l'attribut du fantôme* [litt.] : [cour.] **linceul**.

suant → ENNUYEUX.

suave → AGRÉABLE, DOUX.

subalterne → INFÉRIEUR.

subdiviser → DIVISER.

subdivision → DIVISION.

subir ① *Subir un interrogatoire serré* : **endurer, faire l'objet* de**. *Subir une averse terrible* : **essuyer**. *Mieux vaut réagir que subir* : → SE RÉSIGNER. ② → PASSER II. ③ *Il a fallu que je subisse ce casse-pieds* : **supporter***.

subit *Un changement subit s'est produit* : **brusque, instantané, soudain**.

◇ **subitement** *Subitement, il a changé d'attitude à mon égard* : **brusquement,**

tout d'un coup, du jour au lendemain*, soudain* ♦ [fam.] **subito.**

subitement, subito → SUBIT.

subjectif *Votre appréciation est trop subjective* : **personnel, partial, relatif*.**

◇ **subjectivement** : **personnellement, d'une façon subjective.**

subjectivement → SUBJECTIF.

subjuguer → CONQUÉRIR, SOUMETTRE.

sublime ① *Les accords sublimes de la symphonie ont retenti* : **divin.** *Un style sublime* : **élevé*, noble, éthéré.** ② *Il a été sublime d'abnégation* : **extraordinaire, admirable*.** *C'est une âme sublime* : **noble** ♦ [antéposé] **beau** ; → TRANSCENDANT.

sublimer → IDÉALISER.

submerger ① *Un liquide submerge un lieu* : → INONDER. ② *Submerger quelqu'un* : → ACCABLER, ENVAHIR, TÊTE I.

submersible → SOUS-MARIN.

subodorer
→ DEVINER, SE DOUTER, SENTIR I.

subordination *Vivre dans une telle subordination est impossible* : **dépendance*, esclavage, tutelle** (*sous cette tutelle*) ♦ ↑ **sujétion,** ↑ **assujettissement** ; → OBÉISSANCE, SOUS LA COUPE* DE, INFÉRIORITÉ.

subordonné ① → INFÉRIEUR. ② → DÉPENDRE I.

subornation → CORRUPTION.

suborner → CORROMPRE, SÉDUIRE.

subreptice *Des manœuvres subreptices* [sout.] : **furtif, souterrain, sournois** ; → SECRET.

◇ **subrepticement** *Il a quitté subrepticement la cérémonie* : **furtivement, en cachette** ; → SECRÈTEMENT.

subrepticement → SUBREPTICE.

subside *L'État a accordé des subsides aux sinistrés* : [plus cour.] **aide, secours*** ♦ **subvention** (= aide plus importante et plutôt accordée à un groupe, à une organisation) ♦ **allocation** (= aide administrative).

subsidiaire → COMPLÉMENTAIRE.

subsister ① *Ces coutumes ancestrales ont subsisté* : **se conserver, se maintenir, persister** ♦ [sout.] **perdurer.** *Il ne subsiste à peu près rien de la fortune familiale* : **demeurer, rester.** ② *Sa maigre pension lui permet tout juste de subsister* : **exister, survivre, vivoter** ; → VIVRE I, ÊTRE.

substance ① *C'est une substance vivante* : **corps, matière.** ② *Je vous résume la substance de son discours* : **contenu, essentiel, fond, objet, sujet** ♦ [partic.] **essence, suc.** *En substance, voici l'affaire* : **en gros, en résumé, sommairement.**

◇ **substantiel** ① *Un repas substantiel* : **riche, nourrissant** ; → CONSISTANT. ② *Une avance substantielle me serait utile pour finir le mois* : **important** ; → GROS, SOLIDE.

substantiel → SUBSTANCE.

substituer *Vous avez substitué une copie à l'original* : **remplacer par, mettre à la place de.** *Le président a substitué une peine de dix ans à la réclusion perpétuelle* : **commuer en.**

◇ **substitution** *Une substitution de produit* : **échange.** *Une peine de substitution* : **remplacement** ; → SUCCÉDANÉ.

substitut → REMPLAÇANT.

substitution → SUBSTITUER.

subterfuge → FUITE, RUSE.

subtil ① [qqn est ~] *Vous êtes trop subtil pour ne pas saisir la nuance* : **perspicace, sagace** ♦ [plus génér.] **fin*.** *Il faudrait un négociateur très subtil* : **adroit, habile, diplomate*, rusé*.** *Un esprit subtil* : **délié, fin*, pénétrant*, vif*** ; → AIGU, PROFOND III. ② [qqch est ~] *Une idée subtile* : **délicat*, ingénieux, astucieux.** *Un raisonnement subtil* : [péj.] **alambiqué, tiré par les cheveux** ; → ABSTRAIT, SOPHISTIQUÉ. *Une nuance subtile* : **ténu, léger** ♦ ↑ **imperceptible.**

◇ **subtilement** ① finement, adroitement, habilement. ② délicatement, ingénieusement, imperceptiblement.

◇ **subtilité** ① *La subtilité de ce garçon est surprenante* : finesse*. *La subtilité d'une argumentation* : raffinement ◆ [péj.] casuistique. *La subtilité de son goût m'étonne* : délicatesse*. ② [pl.] *L'avocat a multiplié les subtilités* : [plus sout.] argutie ◆ [rare] chicane ◆ [plus génér.] artifice.

subtilement → SUBTIL.

subtiliser → DÉROBER, VOLER II.

subtilité → SUBTIL.

suburbain → BANLIEUE.

subvenir *Subvenir à ses besoins* : pourvoir, faire face à, fournir à.

subvention → SECOURS, SUBSIDE.

subventionner → SOUTENIR.

subversif *Des théories subversives* : séditieux ◆ ↓ perturbateur.

suc → SUBSTANCE.

succédané *Le malt a servi de succédané au café* : ersatz, produit de remplacement, de substitution.

succéder ① [qqn ~ à qqn] *Il a succédé à son père à la direction de l'entreprise* : hériter *(... hérité de son père la direction...)*, relayer, remplacer *(... relayé, remplacé son père à la direction...)* ; → PRENDRE LA SUITE*. ② [qqch ~ à qqch] *L'inquiétude a succédé à la tranquillité* : suivre *(... suivi la tranquillité)*.

◇ **se succéder** *Le jour et la nuit se succèdent* : alterner*. *Les heures se succèdent, monotones* : se suivre, passer* ◆ ↑ défiler. *Les équipes se succèdent* : → SE RELAYER.

◇ **successeur** *Le patron a désigné son successeur* : remplaçant (qui peut être un successeur provisoire) ◆ **continuateur** (= qui poursuit l'ouvrage entrepris) ◆ [péj.] **épigone** (= imitateur d'un artiste ou d'un courant artistique reconnu : *un épigone du nouveau roman*) ◆ **dauphin** (= successeur prévu) ; → POSTÉRITÉ.

◇ **succession** ① *Les successions sont soumises à des droits* : héritage ; → LEGS. ② *La succession des rois de France n'a pas été en ligne directe* : suite. *C'est une succession ininterrompue de solliciteurs* : défilé, procession ; → FILE. ③ *La succession des faits* : chronologie, déroulement* ◆ enchaînement (qui implique une dépendance logique dans la suite ou une succession très rapide). *La succession des saisons* : alternance*. *Une succession d'ennuis invraisemblables* : série, kyrielle.

◇ **successif** *Des revendications successives ont abouti à une amélioration des conditions de travail* : continuel (qui présente les événements comme très rapprochés dans le temps) ; → CONTINU.

◇ **successivement** *Nous sommes successivement passés dans le cabinet de consultation* : à tour de rôle, l'un après l'autre ◆ [moins cour.] consécutivement. *Il est successivement bavard et silencieux* : alternativement*, tour à tour.

succès ① *Le succès d'un plan* : résultat heureux, réussite*. *Il a passé ses épreuves avec succès* : ↑ bonheur. *Le succès des bars à vin* : vogue ; → MODE. *Un succès sportif* : ↓ performance ◆ ↑ exploit, ↑ triomphe*, ↑ victoire*. ② *Ce roman est un succès* : best-seller ; → FAIRE UN TABAC*, SE VENDRE* BIEN. *Cette chanson est le succès de l'été* : [fam.] tube*. *Ce cinéma ne passe que des succès* : ↑ film culte* (= qui sert de signe de reconnaissance pour un public d'adeptes). ③ *Son succès nous fait plaisir* : prospérité*, réussite*. *Il a du succès auprès des femmes* : → PLAIRE, RÉUSSIR. *Votre démarche a été couronnée de succès* : aboutir.

successeur, successif, succession, successivement → SUCCÉDER.

succinct ① *Un exposé succinct* : concis ◆ bref, court ◆ [péj.] schématique, sommaire. ② *C'est un orateur succinct* : concis, laconique.

◇ **succinctement** *Je vous rappelle succinctement les événements* : [plus cour.] brièvement, sommairement, en abrégé*.

succinctement → SUCCINCT.

succomber ① *Le blessé a succombé au cours du transport* : **mourir*** ; → TOMBER I. ② *Il succombe sous la charge* : **céder.** ③ *Il a succombé au charme de cette femme* : **céder, s'abandonner*.**

succulent *Cet entremets est succulent* : **délicieux, savoureux*** ◆ [plus génér.] **excellent** ; → AGRÉABLE.

succursale *Il ne travaille pas à la banque centrale, mais dans l'une de ses succursales* : **agence** ◆ **annexe** (= partie moins importante, sans autonomie, d'un magasin ou d'un service) ◆ **filiale** (= établissement plus autonome qu'une succursale).

sucer *L'enfant suçait une orange, une glace* : **manger** (= consommer un aliment solide), **boire, téter** (= avaler un liquide) ; → CONSOMMER, POMPER.

sucrage *Le sucrage des moûts* : **chaptalisation.**

sucré ① → DOUX, SIRUPEUX. ② → DOUCEREUX.

sucrerie → BONBON, FRIANDISE.

sud ① [n.m.] *Notre fenêtre est exposée au sud* : **midi.** ② [adj.] *Il a fait un long voyage dans l'hémisphère Sud* : **austral.** *Le pôle Sud* : **l'Antarctique.** ③ *Un climat du sud* : **méridional.**

sudation → SUEUR.

suée → SUER.

suer ① [qqn ~] *Il faisait chaud et j'ai beaucoup sué* : **transpirer** ; → SUEUR. *Suer sang et eau* : **s'exténuer** ◆ [plus cour.] **peiner,** [fam.] **en suer.** *Ce travail me fait suer* [fam.] : **ennuyer*.** *Se faire suer* [fam.] : **s'ennuyer*.** ② [qqch ~] *Les plâtres suent* : **suinter*** ◆ ↑ **ruisseler.** *Cette ville sue l'ennui* : **exhaler.**

◇ **sueur** *Le malade dégageait une odeur de sueur* : **transpiration** ◆ [didact.] ↑ **sudation** (= transpiration abondante) ◆ [fam.] **suée** (*prendre une bonne suée*). *Être en sueur* : **en nage, en eau, suer.**

sueur → SUER.

suffire ① *Suffire à un besoin* : → SATISFAIRE. *Mille euros me suffiraient* : → FALLOIR (*il me faudrait mille euros*). ② *Ça suffit !* : **c'est un comble, c'est assez*,** [fam.] **rideau !** ③ *Il suffit de* : → AVOIR III (*il n'y a qu'à*).

suffisamment → ASSEZ.

suffisance → VANITÉ II.

suffisant ① → ASSEZ, SATISFAISANT. ② → PÉDANT, VANITEUX.

suffixe → TERMINAISON.

suffocant → SUFFOQUER.

suffocation → ÉTOUFFEMENT.

suffoquer ① [v.t. ; qqch ~ qqn] *La fumée nous a suffoqués* : **prendre à la gorge** ◆ ↑ **étouffer.** *La nouvelle m'a littéralement suffoqué* : [fam.] **estomaquer, souffler, couper le souffle*** ; → SCIER, STUPÉFIER. ② [v.i. ; qqn ~] *Le coureur suffoquait à l'arrivée* : **étouffer, être à bout de souffle** ◆ ↓ **haleter** ; → S'ESSOUFFLER.

◇ **suffocant** ① *Dans le souterrain, l'atmosphère était suffocante* : **étouffant, oppressant** ; → ACCABLANT. ② *Il est d'un toupet suffocant* : [fam.] **époustouflant** ◆ ↓ **étonnant** ; → STUPÉFIANT.

suffrage ① *La majorité relative des suffrages suffit à son élection* : **vote** ; → VOIX III. ② *Les sénateurs sont élus au suffrage indirect* : **scrutin.** ③ *Votre projet a recueilli nos suffrages* : **adhésion** ◆ ↑ **concours** (qui implique une participation active) ; → APPROBATION.

suggérer ① [qqn ~ qqch à qqn] *Ses amis lui ont suggéré cette réponse* : **conseiller, inspirer, souffler, proposer** ◆ ↑ **dicter** (= exiger de qqn un certain comportement) ; → INSINUER. ② [qqch ~ qqch à qqn] *Ce mot m'en suggère un autre* : **évoquer, faire penser à.**

◇ **suggestif** ① *Cette musique est suggestive* : **évocateur.** ② *Elle prend des poses suggestives* : **provocant** ◆ ↑ **lascif** ; → EXCITANT.

sujet

◇ **suggestion** *Votre suggestion sera prise en considération* : **conseil, proposition** ; → AVERTISSEMENT.

suggestif, suggestion → SUGGÉRER.

suicider (se) *Beaucoup de boursiers se sont suicidés lors du grand krach* : **se tuer*** ♦ [moins cour.] **se détruire*, se supprimer** ♦ [plus partic.] **se pendre, se noyer** ♦ [fam.] **se faire sauter le caisson, se faire hara-kiri** ; → ATTENTER* À SA VIE, SE DONNER LA MORT.

suintant → SUINTER.

suinter ① [un liquide ~] *L'eau suinte des murs* : ↑ **couler,** ↑ **dégoutter,** ↑ **ruisseler** ♦ [fam.] ↑ **dégouliner** ♦ [didact.] **exsuder.** ② [un solide ~] *Dans cette maison humide, le plâtre suinte* : **suer.**

◇ **suintant** : **dégouttant, ruisselant,** [fam.] **dégoulinant.**

suisse ① → SACRISTAIN. ② *En suisse* : → SEUL. ③ *L'hymne suisse* : **helvétique, helvète.**

suite ① *J'ai perdu la suite de mes idées* : **cours, développement, fil** ; → ENCHAÎNEMENT, LIAISON, TENACE. ② *Prendre la suite de qqn* : **succéder à*** ; → SUCCESSION. ③ *Il a plu cinq jours de suite* : **consécutif*, d'affilée*.** *Il a bu trois apéritifs de suite* : **coup sur coup.** *Mettre des choses à la suite (les unes des autres)* : **bout à bout** ♦ **derrière*** (*l'une derrière l'autre*). *J'arrive tout de suite* : **sur-le-champ, à l'instant** ♦ **sans tarder*** ; → IMMÉDIATEMENT. *Par la suite, nous verrons à vous augmenter* : **plus tard** ; → ENSUITE, À L'AVENIR*. ④ *La suite du ministre était nombreuse* : **escorte.** *Toute une suite de visiteurs attendaient* : **kyrielle, ribambelle*** ; → FILE. ⑤ *Une bizarre suite d'incidents s'est produite* : **série.** ⑥ *Les suites de cette décision peuvent être graves* : **conséquence, retombée** ; → ABOUTISSEMENT, ACCOMPAGNEMENT, EFFET. *Espérons que cette erreur n'aura pas de suite* : **développement, prolongement*** ; → LENDEMAIN. *Il souffre des suites de sa jaunisse* : **séquelles.** *Donner suite à une requête* : **satisfaire** ♦ ↓ **répondre à, prendre en considération*.**

suivant ① [adj.] → PROCHAIN. ② [prép.] → D'APRÈS*, SELON.

suivi ① [adj.] *Le cours de l'or est très suivi* : **régulier.** *C'est un raisonnement suivi* : **cohérent, logique.** ② [adj.] *Rime suivie* : → PLAT. ③ [n.m.] *Le suivi d'une affaire* : **surveillance.** *Le suivi d'un produit* : **contrôle.**

suivre ① [qqn ~ qqn, un animal] *Les chasseurs suivent le sanglier* : **pister** ♦ ↑ **poursuivre,** ↑ **talonner*.** *L'inspecteur suit le suspect* : [plus partic.] **filer.** ② [qqn ~ qqn] *Il sortit ; je le suivis* : **emboîter le pas** ; → ACCOMPAGNER, TALON (*être sur les talons de*). ③ [qqn ~ qqch] *Il a suivi le raccourci pour venir à la maison* : **emprunter, prendre.** *Le promeneur suit la rivière* : **longer** ♦ **descendre, remonter** (qui précisent le sens du mouvement). ④ [qqn ~ qqch] *Vous devriez suivre l'exemple de votre frère* : → IMITER, SE RÉGLER SUR. *Il vaudrait mieux suivre les ordres* : → SE CONFORMER, OBÉIR À, SE PLIER À, OBSERVER. *La consigne a été suivie* : **respecter.** *Il a suivi son impulsion* : **s'abandonner à.** *Je suis de près le développement de la situation* : **s'intéresser à, surveiller.** *Suivre la mode* : **être à** ♦ [plus sout.] **sacrifier* à.** ⑤ [qqn ~ qqch] *Il suit votre raisonnement* : **comprendre*.** *Suivre sa conscience* : → CONSULTER. ⑥ [qqch ~ qqch] *Le printemps suit l'hiver* : **succéder à*.**

◇ **se suivre** *Les jours se suivent et ne se ressemblent pas* : **se succéder*, s'enchaîner.**

sujet

I [adj.] → ENCLIN.

II [n.m.] *Le sujet de votre exposé est passionnant* : **objet*** ; → MATIÈRE II, TEXTE, SUBSTANCE. *Le sujet d'un tableau* : **motif, thème.** *Il n'y a pas d'autre sujet à l'ordre du jour* : **affaire, problème, question*.** *Nous ne manquons pas de sujets de dispute* : **motif, occasion, raison** ; → TERRAIN. *À ce sujet, vous n'avez pas tort* : **sur ce point, sur cet article, là-dessus** ; → SUR LE COMPTE* DE.

III [n.m.] ① *Le sujet du peintre* : → MODÈLE. *Docteur, avez-vous examiné le sujet ?* : **patient.** *Un sujet d'expérience* : **cobaye.** *C'est un excellent sujet dans l'équipe* : **élé-**

763

sujétion

ment*. ② *Avoir sujet de se plaindre* : **avoir lieu de.** *Un mauvais sujet* : ↑ **voyou.**

sujétion ① *Ce peuple a été réduit à la sujétion* : **servitude*.** *En état de sujétion* : **dépendance ;** → SOUMISSION, SUBORDINATION. ② *Les sujétions d'une profession* : **contrainte ;** → INCOMMODITÉ.

sulfater → TRAITER I.

summum → COMBLE I.

super ① [adj.] → À L'AISE*, CHIC II, BIEN II, EXTRAORDINAIRE. ② [n.m.] → ESSENCE.

superbe ① [adj.] → ADMIRABLE, SPLENDIDE, SOMPTUEUX. ② [n.f.] → ORGUEIL.

superbement → MAGNIFIQUEMENT.

supercherie *Il a vite découvert la supercherie* : **imposture, tromperie ◆ fraude** (= acte illégal accompli volontairement) ; → MENSONGE.

supérette → MAGASIN I.

superfétatoire → SUPERFLU.

superficie → ÉTENDUE, SURFACE.

superficiel ① *Il ne souffre que de blessures superficielles* : **léger*.** ② *Leur amitié est très superficielle* : → EXTÉRIEUR. *Une amabilité superficielle* : → APPARENT. *Ses réactions sont toujours superficielles* : **épidermique.** *Sous son air superficiel, il cache ses sentiments* : **futile ;** → FRIVOLE. *Un ouvrage superficiel* : → SOMMAIRE.

superficiellement → SURFACE.

superflu ① [adj.] *Il faudrait perdre vos kilos superflus* : [fam.] **en trop.** ② [adj.] *Des paroles superflues* : **oiseux ◆** [sout.] **superfétatoire ◆** [didact.] **redondant ;** → INUTILE. ③ [n.m.] *Le superflu* : → LUXE.

supérieur

I [adj.] ① [dans l'espace] *À l'étage supérieur, les voisins font beaucoup de bruit* : [plus fam.] **du dessus.** ② [en nombre] *Les ennemis étaient supérieurs en nombre* : **plus nombreux.** ③ [dans un jugement de valeur] *L'équipe adverse était supérieure* : **meilleur ;** → EXCELLER. *Il m'est supérieur à*

la course : **battre ◆** [sout.] **surpasser.** *C'est un vin supérieur* : **de qualité ◆** [fam.] **extra ◆** ↑ **excellent,** ↑ **fameux,** ↑ **incomparable, de premier ordre ;** → SANS PAREIL*, HAUT DE GAMME*. ④ [en parlant du comportement de qqn] *Il prend des airs supérieurs* : **arrogant, condescendant, dédaigneux, fier.** *C'est une intelligence supérieure* : [plus sout.] **éminent ;** → TRANSCENDANT. ⑤ [en parlant d'une couche sociale] *Les classes supérieures de la société* : **dirigeant, dominant, possédant.**

II [n.] *L'obéissance aux supérieurs est une vertu appréciée* : **hiérarchie ◆ chef** (= celui qui, en plus de sa prééminence dans la hiérarchie, a un poste de commandement). *Le supérieur d'un monastère* : **prieur.** *La supérieure d'un couvent* : **abbesse.**

supériorité ① *La supériorité de l'ennemi* : **suprématie* ;** → AVANTAGE, HÉGÉMONIE. ② *Il a pris un air de supériorité* : **condescendance ;** → INSOLENCE.

superman *Il joue au superman* [anglic.] : **surhomme.**

supermarché → MAGASIN I.

superposer *Dans cette bibliothèque trop étroite, on est obligé de superposer les livres* : **empiler, entasser, étager ;** → AMASSER.

superpuissance → PUISSANCE.

superstar → VEDETTE.

supertanker → PÉTROLIER.

superviser → COIFFER.

supplanter *Il a supplanté son rival* : ↑ **évincer** (qui implique l'élimination complète du concurrent) ; → ÉCLIPSER.

suppléance → REMPLACEMENT.

suppléant → SUPPLÉER.

suppléer ① [qqch ~ à qqch] *Son intelligence suppléera à son absence de formation* : **réparer ◆ compenser** (... compensera son absence...). ② [qqn ~ qqch ou qqn] *Il faudra suppléer ce professeur absent* : → REMPLACER.

◊ **suppléant** [adj. et n.] *Mon fils a obtenu un poste d'instituteur suppléant* : **remplaçant*** (ces termes distinguent deux situations administratives). *Le suppléant d'un magistrat* : **assesseur**.

supplément → SUPPLÉER. *Le juge d'instruction a demandé un supplément d'information* (= ce que l'on ajoute à qqch) : **complément** (= ce que l'on apporte pour compléter qqch) ; → SURPLUS. *Un supplément de légumes* : [fam.] **rabiot, rab, rabe** ; → RALLONGE. *Ce VRP a eu droit à un supplément sur sa commission* : **bonus**. *Cet ouvrage comporte plusieurs suppléments* : [plus précis] **appendice** (qui se dit à propos de documents) ◆ **addenda** (= notes, hors texte).

supplémentaire → ACCESSOIRE, COMPLÉMENTAIRE.

supplication → SUPPLIER.

supplice ① *Il a résisté aux supplices qu'on lui infligeait* : **torture**. *Mettre au supplice* : **torturer, mettre à la question**. ② *Vous avez surmonté le plus dur, votre supplice est fini* : **calvaire, martyre, tourment** ◆ ↓ **crève-cœur** (= souffrance morale) ; → SOUFFRANCE.

◊ **supplicier** *Le condamné avait été atrocement supplicié* : **martyriser, torturer*** ◆ ↑ **exécuter** (= mettre à mort, avec ou sans torture) ; → PERSÉCUTER.

supplicier → SUPPLICE.

supplier *Je vous supplie de ne pas révéler ce secret* : [plus sout.] **adjurer, conjurer** ; → PRIER II. *Il suppliait son bourreau* : [plus sout.] **implorer** ◆ [absolt] **crier grâce**.

◊ **supplication** *Il a été puni malgré ses supplications* : **imploration** ; → PRIÈRE II.

supplique → PRIÈRE II, REQUÊTE.

support → APPUI, BASE I. *Support d'une idée* : → VÉHICULE.

supportable → SUPPORTER.

supporter ① [qqn, qqch ~ qqch] → PORTER, SOUTENIR. ② *Il a parfaitement supporté cette épreuve* : **endurer** ◆ [fam.] **digérer, encaisser**. *Je ne supporte pas la boisson* : **résister mal à** ◆ [fam.] **tenir**. *Il ne supporte*

pas l'injustice : **accepter*** ; → ADMETTRE II, SOUFFRIR. *Allez-vous supporter longtemps qu'on vous marche sur les pieds ?* : **permettre, tolérer**. *Pourquoi supportez-vous cela de ce personnage ?* : **passer** (*passer qqch à qqn*). *Supporterez-vous les conséquences de vos actes ?* : **assumer*, subir**. ③ [qqn ~ qqn] *Je ne peux plus supporter cet individu* : **sentir*, voir*** ◆ [fam.] **voir en peinture** (*je ne peux plus le voir en peinture*). ④ [anglic.] *Supporter une équipe sportive* : **soutenir**.

◊ **se supporter** *Il ne peut plus se supporter* : **se sentir, être mal dans sa peau***.

◊ **supportable** *La douleur est encore supportable* : **tolérable, tenable, endurable**. *Son erreur n'est pas supportable* : **excusable** ; → CONCEVABLE. *La mise en scène était supportable* : **passable** ◆ [fam.] **buvable**.

supporter [anglic.], **supporteur** → PARTISAN.

supposé → CENSÉ, PRÉTENDU.

supposer ① [qqn ~ qqch] *Supposez que j'aie besoin de vous* : **mettre** (*mettons que...*) ; → IMAGINER, ADMETTRE II, POSER, POSTULER. *Je suppose que vous êtes fatigués* : **présumer*, croire***. ② [qqn ~ qqch à qqn] *On lui suppose une fortune personnelle* : ↑ **attribuer** (qui implique une croyance plus ferme) ; → PRÊTER. ③ [qqch ~ qqch] *La réussite suppose un effort personnel* : **impliquer, présupposer**. *Son échec laisse supposer une mauvaise préparation* : ↑ **indiquer** (= révéler). ④ *À supposer que* : → SI II, TANT.

◊ **supposition** *Vos suppositions ne sont pas fondées* : **conjecture, hypothèse** ◆ [didact.] **supputation** ; → PRÉSOMPTION.

supposition → SUPPOSER.

suppôt → SERVITEUR.

suppression → ANNULATION, COUPURE, ÉLIMINATION, LEVÉE.

supprimer ① [~ qqch] *On a supprimé les preuves de sa culpabilité* : **détruire***. *Un article de la loi a été supprimé* : **abolir, abroger**. *Supprimer la douleur* : → CHASSER. *Supprimer un rendez-vous* :

annuler*. *Supprimer un obstacle* : **éliminer ;** → APLANIR, LEVER. ② *La commission lui a supprimé son permis de chasse* : **retirer ;** → ENLEVER. ③ *Supprimez ce paragraphe de votre article* : **couper, ôter, retrancher.** *Supprimez ce mot* : **barrer, rayer*** ◆ [moins cour.] **biffer ;** → EFFACER. *Supprimer une coutume* : **bannir*.** ④ [~ qqn] *On a voulu supprimer ce témoin gênant* : **faire disparaître ;** → TUER.

◊ **se supprimer** : se suicider*, se tuer*.

supputation → CALCUL, SUPPOSITION.

supputer → EXAMINER.

supra → HAUT.

suprématie *Cette grande puissance a établi sa suprématie* : **domination, hégémonie ;** → SUPÉRIORITÉ. *La suprématie de l'idée sur la matière, du faible sur le fort* : **prééminence, primauté, supériorité.**

suprême ① [antéposé ou, plus souvent, postposé] *Le pouvoir suprême est à la nation* : **souverain.** ② [antéposé ou postposé] *Sa suprême habileté l'a sauvé* : **extrême** ◆ ↓ **très grand.** ③ [antéposé] *Le suprême recours* : **dernier*, ultime.** *Au suprême degré* : → SUPRÊMEMENT.

◊ **suprêmement** *Il est suprêmement ambitieux* : **extrêmement, au suprême degré.** *Il est suprêmement intelligent* : **éminemment ;** → TRÈS.

suprêmement → SUPRÊME.

sur Ⅰ [prép.] ① [dans l'espace] *Il s'appuie sur le mur* : → CONTRE. *Les nuages passent sur la ville* : **au-dessus de.** *Il a refermé la porte sur lui* : **derrière.** *Le boxeur marche sur son adversaire* : **vers*.** *Il dort sur le sol* : **à même*** (*à même le sol*). ② [dans le temps] *Il passera sur les 2 heures* : **aux environs de ;** → VERS. ③ [marquant l'extraction] *Pas un homme sur cent n'est capable de cet exploit* : [plus sout.] **entre ;** → PARMI*. ④ [marquant la cause] *On ne juge pas les gens sur leur tenue* : **d'après.** ⑤ [marquant la matière] *Sur ce sujet, vous disposez d'une excellente bibliographie* : **à.** *J'ai appris*

quelque chose sur lui : **de, à propos de, au sujet de.** *Sur ce* : **sur ces entrefaites*.**

Ⅱ [adj.] *Je n'aime pas les pommes sures* : **acide** ◆ [moins cour.] **suret ;** → AIGRE.

sûr Ⅰ ① [qqn est ~] *Le malfaiteur était sûr de son coup* : → CERTAIN. *Le mulet a le pied sûr* : **assuré.** ② *C'est un ami sûr* : **fidèle, de confiance*, de parole* ;** → DÉVOUÉ, ÉPROUVÉ, SOLIDE. *Être sûr de qqn* : **avoir confiance en ;** → CONFIANT. *Sa mémoire est sûre* : **infaillible.** *Un goût sûr* : → DÉLICAT. ③ [qqch est ~] *C'est une chose sûre* : **assuré, authentique, certain, établi** ◆ ↑ **indubitable ;** → EXACT, POSITIF, VISIBLE. *Une information peu sûre* : **peu fiable** ◆ ↑ **peu crédible,** ↑ **incontrôlable.** *Ces obligations du Trésor sont des valeurs sûres* : **fiable, solide, de tout repos ;** → FERME, SÉRIEUX. ④ *Être sûr du fait* : → PARIER. *C'est sûr* : **ça ne fait pas un pli*.** *C'est tout à fait, absolument sûr* : **officiel.** *Ce n'est pas sûr* : → DOUTER. *Pas sûr* : **pas nécessairement*.** *À coup sûr* : **sûrement, immanquablement, infailliblement.** *Bien sûr !* : **évidemment, naturellement** ◆ **et comment* ;** → OUI, PARFAITEMENT. *Pour sûr !* : **certainement.**

Ⅱ *Les rues ne sont pas sûres le soir dans ce quartier* : **tranquille*, paisible** (qui impliquent une idée de calme). *Il a mis l'argent en lieu sûr* : **à l'abri, en sûreté** ◆ [fam.] **de côté.**

surabondance → PRODIGALITÉ, DÉBORDEMENT.

surabondant *Des effectifs surabondants* : **pléthorique ;** → LUXURIANT, SURCHARGÉ.

suranné *Sa famille avait des idées surannées* : **démodé, désuet, vieillot** ◆ [vieilli] **antique** ◆ ↑ **périmé ;** → VIEUX, ANCIEN.

surboum → BAL.

surcharge ① *Pour lui, ce sera une surcharge de travail* : **surcroît, surplus.** ② *Une surcharge de bagages* : **excédent*.** ③ *Un timbre avec surcharge* : → CORRECTION.

◊ **surchargé** ① *Il est surchargé de travail* : **débordé ;** → OCCUPÉ Ⅱ. ② *Une classe surchargée* : **bourré, trop nombreux ;** → COMBLE Ⅲ.

◇ **surcharger** ①️ *La voiture était surchargée de bagages* : ↓ **charger*** ; → ALOURDIR. ②️ *Il avait surchargé sa mémoire de souvenirs inutiles* : **encombrer** ; → REMPLIR. ③️ *La nouvelle loi fiscale nous a surchargés d'impôts* : **grever** ; → ACCABLER.

surchargé, surcharger → SURCHARGE.

surchauffer → CHAUFFER.

surclasser → DOMINER.

surcroît → SURPLUS.

surdose → DOSE.

surélever → ÉLEVER I, RELEVER I.

sûrement *Viendra-t-il demain ? – Sûrement* : **sans doute** (qui est moins affirmatif) ; → OUI, SÛR I.

surenchère → ENCHÈRE.

surenchérir → ENCHÉRIR.

surendettement → ENDETTEMENT.

surestimation
→ EXAGÉRATION, MAJORATION.

surestimer → ESTIMER, MAJORER.

suret → SUR II.

sûreté ①️ [de sûr II] *Son argent est en sûreté* : **à l'abri, en sécurité** ◆ [sout.] **sous bonne garde***. *Mettre qqch, qqn en sûreté* : **à l'abri, en sécurité** ; → SAUVER. *Ici, je me sens en sûreté* : **sécurité***. *La sûreté publique n'est pas menacée* : **ordre***. ②️ [de sûr I] *Le pilote avait une grande sûreté du coup d'œil* : **précision**.

surévaluation → MAJORATION.

surexcitation → EXCITATION.

surexcité → EXALTÉ, SPEED.

surexciter → EXCITER.

surexploiter → EXPLOITER.

surface ①️ *La plage offrait une grande surface de sable lisse* : **espace** ; → ÉTENDUE. *Calculez la surface de ce champ en ares* : [moins cour.] **superficie, aire** ; → DIMENSION. ②️ *Grande surface* : → COMMERCE, MAGA-

SIN I. ③️ *La surface des choses* : → EXTÉRIEUR. *En surface* : **superficiellement**.

surfaire → MAJORER.

surgeler → RÉFRIGÉRER.

surgir ①️ *Le soleil semble surgir de la mer* : **sortir, jaillir***. *À la sortie du virage, un cycliste a surgi* : → DÉBOUCHER. ②️ *De nombreux obstacles ont surgi dans mon esprit* : **naître** ; → SE MANIFESTER.

surhomme → SUPERMAN.

surinformation → INFORMATION.

surir → AIGRIR.

surjouer → OUTRER.

sur-le-champ → SÉANCE* TENANTE.

surligneur → FEUTRE.

surmenage → ABRUTISSEMENT, FATIGUE, TENSION II.

surmené → OCCUPÉ II, FATIGUÉ.

surmener (se) → S'ABRUTIR, SE FATIGUER.

surmonter *Surmonter un obstacle* : **franchir, triompher de**. *Il a surmonté sa peur* : **maîtriser** ; → VAINCRE, DOMINER.

surnager → FLOTTER I.

surnaturel → FANTASTIQUE, MERVEILLEUX, MIRACULEUX.

surnom *Le sobriquet* est un *surnom* donné par dérision. *Le clandestin avait pris un surnom* : **pseudonyme, faux nom** ◆ [abrév. fam.] **pseudo** ◆ [plus sout.] **nom de guerre**.

surnommer → APPELER II.

surpasser → DOMINER, ÉCLIPSER, SUPÉRIEUR.

◇ **se surpasser** → SE TRANSCENDER.

surplomber → AVANCER I, DOMINER.

surplus ①️ *Les surplus agricoles* : **excédent** ◆ **surproduction** (qui précise la source du surplus). *Les fêtes occasionnent un surplus de travail pour les postiers* : **supplément**, surcroît ; → SURCHARGE. ② *Au surplus* : par ailleurs*, en outre*.

surprenant → SURPRENDRE.

surprendre ① [qqn ~ qqn, qqch] *L'agent avait surpris un voleur sur le fait* : → AVOIR I, PINCER. *J'ai surpris un coup d'œil entre eux* : → CAPTER. *Ils ne surprendront pas mon secret* : → DÉCOUVRIR, DÉROBER. ② [qqn, qqch ~ qqn] *L'événement a surpris tout le monde* : [fam.] **renverser** ◆ **prendre* de court ;** → DÉCONCERTER, ÉTONNER, SAISIR I, SCIER, STUPÉFIER.

◇ **surpris** *Nous étions tous surpris en apprenant son aventure* : **déconcerté, étonné*** ◆ [fam.] **baba, épaté, scié** ◆ **ne pas en revenir*, tomber des nues*, tomber* de haut, s'étonner que ;** → ÉBAHI, RENVERSÉ, STUPÉFAIT, SAISIR I.

◇ **surprenant** *Une arrivée surprenante* : **inattendu, inopiné.** *Il nous a raconté une histoire surprenante* : ↓ **curieux** ◆ ↑ **saisissant, extraordinaire ;** → BIZARRE, DÉCONCERTANT, ÉTONNANT. *Un cas surprenant* : **nouveau ;** → RARE. *C'est surprenant* : **c'est un peu raide ;** → INCONCEVABLE.

surpris → SURPRENDRE.

surprise → ÉPATEMENT, ÉTONNEMENT. *Par surprise* : → AU DÉPOURVU II.

surprise-partie → BAL.

surproduction → SURPLUS.

surréaliste → BIZARRE.

sursaut *Son corps fut agité d'un violent sursaut* : **convulsion*, soubresaut** ◆ ↓ **frisson,** ↓ **tressaillement.** *Un dernier sursaut de volonté* : **effort.**

sursauter → RÉAGIR, TRESSAILLIR.

sursis → DÉLAI, RÉPIT.

surtaxe → IMPÔT.

surtout *Le gouvernement s'efforce surtout d'empêcher la contestation* : **principalement, particulièrement, spécialement, essentiellement*** ◆ ↑ **par-dessus* tout ;** → EN PARTICULIER*.

surveillance → CONTRÔLE, ÉCOUTE, GARDE, INSPECTION, SUIVI.

surveillant ① → GARDIEN. ② → PION II. ③ → INFIRMIER.

surveiller ① *La police surveillait ses allées et venues* : **épier, suivre*, avoir à l'œil*, avoir dans le collimateur.** *Les prisonniers étaient étroitement surveillés* : **garder*.** *Surveiller les enfants* : **veiller* sur.** ② *Le chef de chantier surveille attentivement les travaux* : → CONTRÔLER, INSPECTER. ③ *Les éclaireurs surveillaient les mouvements de l'ennemi* : **guetter.**

survenir → ARRIVER I et II, SE DÉCLARER, SE MANIFESTER, SE PRÉSENTER, VENIR.

survêtement → JOGGING.

survivant → RESCAPÉ.

survivre ① → EN RÉCHAPPER*. ② → SUBSISTER.

◇ **se survivre** → SE PERPÉTUER.

survol → VOL I.

survoler ① → VOLER I. ② → EFFLEURER.

survolté → EXALTÉ.

sus (en) → EN OUTRE*, EN PLUS*.

susceptibilité *Il est d'une grande susceptibilité* : **irritabilité ;** → SENSIBILITÉ.

susceptible

I *Cette proposition est susceptible de vous intéresser* : **de nature* à, pouvoir* ;** → CAPABLE.

II *Mon père était très susceptible* : **irritable** ◆ ↓ **chatouilleux ;** → OMBRAGEUX, COLÉREUX.

susciter ① *Son attitude provocante lui a suscité des haines* : **attirer ;** → AMENER, OCCASIONNER. ② *Le jeu de cet acteur a suscité l'enthousiasme* : **éveiller, exciter, faire naître* ;** → ALLUMER, PROVOQUER II, ANIMER.

suspect *Il a des fréquentations suspectes* : **douteux, équivoque, louche ;** → INQUIÉTANT, TROUBLE. *Un témoignage suspect* : **peu sûr.**

suspecter → METTRE EN CAUSE* II, SOUPÇONNER.

suspendre

I [~ qqch] *Nous avons suspendu un lustre au plafond* : **pendre*** ◆ **fixer** (qui implique l'immobilité de l'objet suspendu) ; → ACCROCHER.

II ① [~ qqch] *Le général a suspendu les manœuvres* : **interrompre***. *Suspendre son geste* : **s'immobiliser** ; → ARRÊTER I. *Suspendre ses activités* : **cesser** (pour un arrêt définitif), **reporter** (pour une pause momentanée). ② [~ qqn] *Le ministre a suspendu le général* : **mettre à pied** ◆ ↑ **destituer*** (= priver définitivement qqn de son emploi) ◆ ↓ **dégrader** (= rétrograder à un rang inférieur) ; → INTERDIRE.

◇ **se suspendre** [de suspendre I] → SE PENDRE.

suspens *En suspens* : → EN SOMMEIL*, INACHEVÉ.

suspension

I *La suspension se balançait au plafond* : **lustre, plafonnier** (= systèmes d'éclairage fixés au plafond).

II *La suspension des hostilités a arrêté l'effusion de sang* : **arrêt***, **cessation**, **interruption** ◆ **trêve** (= suspension d'hostilités provisoire qui peut être locale) ; → FIN I. *La suspension des poursuites judiciaires* : **abandon** (qui est définitif) ; → REMISE.

suspicieux → SOUPÇONNEUX.

suspicion → MÉFIANCE, SOUPÇON.

sustenter (se) → MANGER I.

susurrer → MURMURER.

suturer *Le chirurgien a dû suturer la plaie* : **recoudre**.

suzerain → SEIGNEUR.

svastika → CROIX* GAMMÉE.

svelte *Il est encore très svelte, d'allure très jeune pour son âge* : **élancé** ; → MINCE.

sweat-shirt → CHANDAIL.

syllabaire → ALPHABET.

syllabe → PIED III. *Syllabe finale* : → TERMINAISON.

syllogisme → RAISONNEMENT.

sylviculteur → ARBORICULTEUR.

symbole ① *La balance est le symbole de la justice* : [génér.] **représentation** ◆ [partic.] **logo** (= symbole graphique d'une marque, d'une institution) ◆ **emblème** (= symbole d'une entité abstraite) ◆ **attribut** (= objet caractéristique accompagnant une figure symbolique) ◆ **allégorie** (= représentation d'une idée par une figure ou par une métaphore) ; → SIGNE, IMAGE. ② *Gandhi a été le symbole de la non-violence* : **incarnation, personnification**.

◇ **symbolique** ① *Une figure symbolique* : **allégorique, emblématique**. ② *Un geste purement symbolique* : **formel** ; → THÉORIQUE.

symbolique → SYMBOLE.

symboliser → REPRÉSENTER.

symétrique → RÉGULIER I. *Être symétrique* : → SE FAIRE PENDANT*.

sympa → ACCUEILLANT, AIMABLE, SYMPATHIQUE.

sympathie *Nous éprouvons beaucoup de sympathie pour ce charmant garçon* : ↑ **attirance, avoir des atomes crochus** ; → AIMER. *J'aimerais lui témoigner ma sympathie* : ↑ **amitié** ; → AFFECTION. *Des témoignages de sympathie* : **compassion, compréhension**.

◇ **sympathique** *C'est une personne sympathique* : **agréable*** ◆ [abrév. fam.] **sympa** ; → CHALEUREUX, CORDIAL, GENTIL, AFFABLE.

sympathique → SYMPATHIE.

sympathisant → MILITANT.

sympathiser → S'ENTENDRE.

symposium → COLLOQUE.

symptomatique *Son silence est symptomatique* : **caractéristique, révélateur, significatif**.

symptôme ① *Vos maux de tête sont les symptômes d'une maladie de foie* : [plus génér.] **indice, signe** ◆ [didact.] **syndrome** (= ensemble de symptômes convergents). ② *Les symptômes d'une grave crise politique* : **présage** ◆ [didact.] **prodrome.**

synagogue → ÉGLISE.

synchrone, synchronique → SIMULTANÉ.

synchronisme → SIMULTANÉITÉ.

syncope → DÉFAILLANCE.

syncrétisme → FUSION* D'IDÉES.

syndic *Le syndic de copropriété* : **gérant.**

syndicat *Nous appartenons au même syndicat* : [plus génér.] **association***. Le *syndicat* a pour objet la défense des intérêts d'individus et de catégories (*syndicats ouvrier, patronal, de fonctionnaires...*) ou de communautés (*syndicat intercommunal des eaux, de l'assainissement*) ; une **coordination** est une association temporaire visant des objectifs à plus ou moins court terme ou défendant des intérêts catégoriels.

syndrome → SYMPTÔME.

synergie → ENSEMBLE I.

synode → RÉUNION.

synonyme, synonymie → ÉQUIVALENT, ÉQUIVALENCE.

synopsis → SCÉNARIO.

synoptique → ÉVANGILE.

synthèse ① *La synthèse est l'opération inverse de l'analyse* [dans le domaine des activités de l'esprit] : **association** (qui s'emploie pour des concepts) ◆ **déduction** (= raisonnement qui conduit à des propositions générales à partir de propositions particulières) ◆ [dans le domaine concret] **combinaison, composition** (= assemblage d'éléments simples ou déjà complexes en un composé). ② *Le rapporteur a présenté une synthèse des travaux de la commission* : **résumé ;** → CONCLUSION. ③ *Des images de synthèse* : **virtuel.**

synthétiser → RÉSUMER.

syphilis → MST (*maladie sexuellement transmissible*).

systématique, systématiquement → SYSTÈME.

système ① *L'idéalisme est un système fondé sur la prééminence du sujet pensant* : **doctrine*** ◆ **philosophie*** ; → THÉORIE. *Un système politique* : **régime.** ② *Un système de défense* : **méthode*, plan.** *Un système de traitement des données* : **programme.** *J'ai un système pour arrêter de fumer* : **moyen** ◆ [fam.] **combine ;** → TRUC, PROCÉDÉ. ③ *Le système de fermeture automatique de la porte est déréglé* : **dispositif, mécanisme ;** → APPAREIL. ④ *Taper sur le système* [fam.] : **énerver*.**

◇ **systématique** ① *Nous avons procédé à un examen systématique de la question* : **en règle, méthodique.** *L'usure, c'est du vol systématique* : **organisé.** ② *Quand il a tort, il se met en colère ; c'est systématique* : **automatique, habituel.** *Un silence systématique* : **têtu.** ③ *C'est un esprit systématique* : **logique, méthodique** ◆ [péj.] **doctrinaire, dogmatique** ◆ ↑ **intolérant.**

◇ **systématiquement** ① **méthodiquement.** ② **automatiquement, régulièrement.**

systole → CŒUR I.

T

tabac ① *L'intoxication par le tabac* : **tabagisme** ◆ [didact.] **nicotinisme.** ② *Le tabac du village* [fam.] : [cour.] **bureau, débit de tabac.** ③ *C'est toujours le même tabac* [fam.] : [cour.] **c'est toujours la même chose, la même histoire.** *Passer à tabac* [fam.] : **tabasser** ◆ [cour.] **frapper, rouer de coups ;** → BATTRE. *Un coup de tabac* : **tempête.** *Cette pièce a fait un tabac* [fam.] : **boum ;** → SUCCÈS.

tabagisme → TABAC.

tabassée → VOLÉE.

tabasser → BATTRE, TABAC.
◇ **se tabasser** → SE BATTRE.

tabatière → LUCARNE.

table

I ① *Il savait apprécier la bonne table* : [sout.] **chère.** *On lui offrait le logement et la table* : **nourriture ;** → ALIMENT. *Une bonne table* : **restaurant** (*un bon restaurant*). ② *Toute la table félicita la maîtresse de maison* : [moins cour.] **tablée.** ③ *Se mettre à table* : **s'attabler, s'installer** (pour manger). *Être à table* : **être en train de manger.** *Mettre la table* : **mettre le couvert*.** *Recevoir un dessous-de-table* : **gratification*.** *Jouer cartes sur table* : **ne rien dissimuler.** *Se mettre à table* : **parler* ;** → AVOUER. ④ *Chaque type de table* reçoit un nom partic. : **guéridon** (= petite table ronde à pied central unique) ◆ **chevet** (= table de nuit ou de chevet) ◆ **toilette** (= coiffeuse) ◆ **desserte** (= table, rou-

lante ou non, sur laquelle les plats ôtés de table sont déposés) ◆ **bureau** (= table dont on se sert pour écrire) ◆ **pupitre** (= table inclinée pour écrire). ⑤ *Table ronde* : → COLLOQUE.

II *La table des matières* : **sommaire** (= liste des chapitres placée en début d'ouvrage). *Les Tables de la Loi* : **Décalogue, les dix commandements.**

tableau ① *L'exposition présentait de mauvais tableaux* : **peinture,** [péj., fam.] **croûte** ◆ **tableautin** (= petit tableau) ◆ **retable** (= tableau d'autel) ; → TOILE. ② *Le journaliste retraça en un tableau évocateur la conquête de la ville* : **récit ;** → IMAGE. *Un tableau sombre de la société* : → VUE III. *Vous voyez le tableau !* [fam.] : [cour.] **scène ;** → SPECTACLE. ③ *Un tableau d'horaires* : → LISTE.

tableautin → TABLEAU.

tablée → TABLE I.

tabler *Tabler sur* : → ESPÉRER, SE FIER* À, COMPTER* SUR, SPÉCULER SUR.

tablette ① *J'ai posé des tablettes supplémentaires dans ma bibliothèque* : **rayon, planchette** ◆ **étagère** (qui peut être une tablette isolée contre un mur, sur un radiateur, ou un meuble comportant plusieurs tablettes) ; → PLANCHE, RAYONNAGE. ② *Une tablette de chocolat* : **plaque.** ③ *Mettre qqch sur ses tablettes* : **prendre note* de.**

tablier

tablier ① → BLOUSE. ② → RIDEAU* DE FER.

tabou [adj.] *La politique chez eux, c'est vraiment un sujet tabou !* [fam.] : [cour.] **interdit** ♦ [souvent iron.] **sacro-saint** ; → SACRÉ.

tabouret → SIÈGE.

tac *Répondre du tac au tac* : → VIVEMENT.

tache

I ① *Ses vêtements étaient couverts de taches* [génér.] : **salissure** ♦ [sout.] **souillure** ♦ **éclaboussure** (= goutte d'un liquide qui a rejailli : *des éclaboussures de café*). *Une tache de graisse* : **marque** ♦ **auréole** (= trace laissée autour d'une tache mal effacée) ; → TRACE. *Une tache d'encre* : **bavure** ; → PÂTÉ. *Sans tache* : → PUR. ② *Faire tache d'huile* : **se répandre largement** ; → SE PROPAGER.

◇ **se tacher** *C'est un tissu fragile qui se tache facilement* : [plus génér.] **se salir.**

II *Marque sur la peau* : **bleu, ecchymose** (= marque qui reste sur la peau quand on reçoit un coup) ♦ **cerne** (= cercle bleuâtre qui demeure autour d'une contusion) ♦ **grain de beauté**, [didact.] **nævus** (= malformation de la peau, plane ou saillante). *Une tache de vin* : **envie** (= angiome). *Des taches de son, de rousseur* : [didact.] **éphélide.**

tâche ① *Il s'est tué à la tâche* : **ouvrage*** ♦ [plus cour.] **travail*.** ② *Les bénévoles s'étaient donné pour tâche de lutter contre la misère* : **mission** ♦ ↓ **rôle** ; → DEVOIR. ③ *Prendre à tâche de faire qqch* [sout.] : [cour.] **s'efforcer de.**

◇ **tâcher** ① [~ de] *Il tâchait de persuader son ami* : **se charger de, s'efforcer de** ♦ ↓ **entreprendre** ; → CHERCHER À, ESSAYER, TENTER, TRAVAILLER. *Tâchez de ne rien oublier* : **veiller à, faire en sorte de.** ② [~ que + subj.] *Vous tâcherez qu'elle ne sache rien* : **faire en sorte que.**

tacher
→ ABÎMER, MACULER, SALIR, SOUILLER.
◇ **se tacher** → TACHE I.

tâcher → TÂCHE.

tacheté → TACHE I. *La robe tachetée d'un animal* : **moucheté** ♦ **rayé, tigré, zébré** (= qui a des taches allongées) ♦ **ocellé, pommelé** (= qui a des taches arrondies). *Un fruit tacheté* : **tavelé** (= marqué de taches et de crevasses) ; → BARIOLER.

tacheter [de tacher] → MARQUETER.

tacite *Son silence était une approbation tacite* : **implicite, sous-entendu** ; → ALLUSION.
◇ **tacitement** : **implicitement.**

tacitement → TACITE.

taciturne *Il est toujours d'humeur taciturne* : **renfermé** ♦ [en Belgique] **taiseux** ♦ **morose, sombre** (= qui a une humeur chagrine) ; → SILENCIEUX.

tacot → AUTOMOBILE.

tact → DÉLICATESSE, DIPLOMATIE, SAVOIR-VIVRE.

tactique ① [n.f.] *La tactique électorale de ce candidat était mauvaise* : **stratégie** (qui implique des vues plus générales, plus théoriques) ; → PLAN IV, POLITIQUE. ② [adj.] *Les moyens tactiques* : **stratégique.**

tag → INSCRIPTION.

taguer *On a tagué le mur de graffitis* : **bomber** ; → GRAFFITER.

taillader → COUPER.

taille

I ① *Un homme de grande taille* : **stature** (*de haute stature*), **carrure** (qui désigne la largeur d'épaules : *de forte carrure*). ② *Le quai était encombré de caisses de toutes tailles* : **grandeur** ♦ **gabarit** (qui implique que l'objet a une dimension déterminée à l'avance) ; → DIMENSION. *La taille d'une photographie* : **format.** *Un costume à sa taille* : **mesure.** ③ *Il avait de l'eau jusqu'à la taille* : **ceinture.** *Une taille de guêpe* : → FIN* III. ④ *On rencontre peu de conquérants de la taille de Napoléon* : **envergure** ; → CLASSE II. *Une erreur de cette taille* : **dimension*, importance*.** *Il est de taille à réussir* : **être capable de.**

II *Les ouvriers terminaient la taille des arbres* : [plus précis] **élagage, émondage.**

taillé → BÂTI.

tailler ① *Le jardinier taillait les pommiers* : **élaguer, émonder** (= couper les branches inutiles) ; → COUPER. ② *Tailler une pièce de bois* : **équarrir** (= donner une forme carrée, souvent pour dégrossir). *Tailler un bloc de marbre* : → SCULPTER. *Tailler un diamant* : **polir***. *Tailler un costume* : **couper**. ③ *Tailler une bavette* : **converser***. ④ → TONDRE.

◇ **se tailler** → S'ÔTER, PARTIR I.

taire *Il a tu ce qu'il savait* : [plus cour.] **ne pas dire, cacher, passer sous silence, dissimuler** ◆ [rare] **celer** ◆ **escamoter** (= éluder qqch de façon malhonnête : *il a escamoté les difficultés de l'entreprise*) ; → DÉGUISER, OMETTRE.

◇ **se taire** ① [qqn ~] *On vous a assez entendu, taisez-vous !* : **chut, silence*** ◆ [très fam.] **fermer sa gueule, la fermer, la boucler** (*ferme-la !, boucle-la !*). *Il écoute les autres et se tait* : **rester bouche cousue** ◆ **tenir* sa langue, ne pas desserrer les dents.** *Comptez sur lui, il sait se taire* : **être discret.** ② [qqch ~] *La tempête cessa, les vents se turent* [sout.] : [plus cour.] **se calmer.** ③ [avec ellipse de *se*] *Faire taire. Le gouvernement a fait taire les opposants* : [moins cour.] **museler.** *Il fit taire ses plaintes* : **faire cesser.** *Il n'y a pas moyen de le faire taire* : [fam.] **rabattre le caquet** (... *de lui rabattre le caquet*).

taiseux → TACITURNE.

talé → MEURTRI.

talent → CAPACITÉ I, DON, INSPIRATION, MÉRITE.

talentueux → BON I.

taler → MEURTRIR.

talisman → AMULETTE.

talk-show → CONVERSATION.

taloche → GIFLE.

talon ① *Être toujours sur les talons de qqn* : **suivre de près.** *Tourner les talons* : **s'en aller*, partir.** *Le talon d'Achille de qqn* : → FAIBLESSE. *Avoir l'estomac dans les talons* [fam.] : **avoir très faim, avoir un petit creux*.** ② *Un talon de chèque* : → SOUCHE.

◇ **talonner** ① *Les chiens talonnent le cerf* : **serrer de près** ; → SUIVRE. ② *Ses créanciers le talonnent* : **harceler, relancer, poursuivre.**

talonner → TALON.

talus *Devant les fossés du château, il y avait un talus* : [didact.] **glacis** (= talus au pied des fortifications) ◆ **remblai, levée** (= masse de terre rapportée) ◆ **butte** (= petite hauteur de terre, d'origine naturelle ou non).

tambouille → CUISINE.

tambour *Le percussionniste battait le tambour* (= instrument à percussion) : **tambourin, tambour de basque** (= petit tambour) ◆ **timbale** (= demi-sphère en cuivre recouverte d'une peau tendue), ◆ **tam-tam** (= tambour de bois africain). *Sans tambour ni trompette* : **discrètement.**

tambourin → TAMBOUR.

tambouriner *Tambouriner sur* : → BATTRE II, FRAPPER.

tamis ① *Elle passait la farine au tamis* : [didact.] **blutoir, sas** ◆ **crible** (qui a de gros trous) ◆ **passoire, chinois** (= tamis de cuisine). ② *Passer au tamis* [fig.] : **trier.**

◇ **tamiser** ① *La machine tamisait le sable* : [moins cour.] **cribler** ◆ [didact.] **sasser.** *Tamiser de la farine* : [didact.] **bluter.** ② *Une lumière tamisée* : **doux*.**

tamisé → DOUX.

tamiser → TAMIS.

tampon ① *Fermez l'orifice avec un tampon d'étoffe* : **bouchon.** *Il froissa son mouchoir en tampon* : [fam., vieilli] **tapon.** *Faire tampon* : **amortir.** ② *Cet emballage porte le tampon de l'expéditeur* : **cachet** ◆ [plus génér.] **marque** ; → TIMBRE.

tamponner ① → HEURTER. ② → TIMBRER.

tam-tam → TAMBOUR.

tan → TANIN.

tancer → ENGUEULER, RÉPRIMANDER.

tandis que → ALORS QUE, PENDANT (III) QUE.

tangent → JUSTE IV.

tangente *Prendre la tangente* : → FUIR.

tangible ① *La réalité tangible* : **concret***, **matériel***, **sensible***. ② *Un fait tangible* : **avéré, positif*** ; → CERTAIN. *Un avantage tangible* : **significatif** ; → EFFECTIF.

tanguer → SE BALANCER IV.

tanière → GÎTE, REPAIRE.

tanin, tannin *Le tanin est utilisé pour préparer les peaux* : **tan** (= tanin de chêne).

tank → CHAR.

tanker → PÉTROLIER.

tannant → ENNUYEUX, COLLANT.

tanné *Il a vécu dans les îles et en est revenu le visage tanné* : **basané** ◆ ↑ **bistré** ; → BRONZÉ.

tannée → RACLÉE.

tanner ① → ENNUYER. ② *Tanner le cuir* : → BATTRE I.

tannin → TANIN.

tant ① [adv.] [~ de + n. sing. ou pl.] *Il me reste tant de travail à faire !* : **tellement**. ② [~ + adj.] *Ses vertus tant célébrées ne lui servent plus maintenant* [sout.] : [plus cour.] **si, tellement**. ③ *Tous tant que nous sommes* : **tous sans exception**. ④ *Tant s'en faut* [sout.] : [plus cour.] **loin de là** ; → CONTRAIRE. *Tant pis* : → RIEN I. *Tant mieux* : **bien fait*** ; → À LA BONNE HEURE*. ⑤ [~ que + ind.] *Tant que tu seras là, je serai heureux* : **aussi longtemps que.** *Vous devriez profiter de son offre tant qu'il est temps* : **pendant que.** ⑥ *Si tant est que. Nous avons deux heures d'avance, si tant est que je ne me trompe pas* [sout.] : [plus

cour.] **à supposer que.** ⑦ *Il a parlé en tant que délégué syndical* : **en qualité de, à titre de** ; → COMME.

tante ① *Il aimait beaucoup sa tante maternelle* : [fam.] **tata, tantine** (dans le langage enfantin). ② → HOMOSEXUEL. ③ *Ma tante* : **mont-de-piété** (= organisme de crédit).

tantine → TANTE.

tantinet → UN PEU* I.

tantôt ① → BIENTÔT. ② → OU. ③ → APRÈS-MIDI.

tapage ① *On arrivait près de la fête foraine, où régnait un grand tapage* : **vacarme** ◆ [fam.] **bousin, potin, raffut, ramdam, tintouin** ◆ [génér.] **bruit** (= tout ce que perçoit l'ouïe) ◆ **brouhaha** (= bruit confus d'une foule : *les haut-parleurs étaient nécessaires pour dominer le brouhaha*) ◆ **charivari,** [litt.] **hourvari,** [fam. en ce sens] **sérénade*** (= grands bruits accompagnés de cris) ◆ **fracas** (= bruit violent provoqué par des chocs : *on entendit le crissement des freins, puis le fracas des tôles*) ◆ **cacophonie*, tintamarre** (= bruit de voix ou sons mêlés de façon confuse : *tous parlaient en même temps, c'était une belle cacophonie*) ◆ [fam.] **chahut, chambard** (= agitation bruyante d'écoliers dans une classe) ◆ [fam.] **barouf, boucan** (= très grand bruit) ; → TUMULTE. *Faire du tapage* : [vieilli] **faire la sarabande.** *Vous avez fini de faire tant de tapage !* : [fam.] **pétard.** ② *L'affaire fit grand tapage* : **scandale*.**

tapageur → CRIARD, VOYANT.

tapant → PRÉCIS I, SONNANT.

tape → GIFLE.

tapé → FOU, SONNÉ, TASSÉ.

tape-à-l'œil → VOYANT.

tapée → CARGAISON.

taper ① [~ qqn] *Elle le tape sur la tête* : **frapper*, cogner** ; → BATTRE I. ② *Elle tapait le texte* : [moins cour.] **dactylographier, frapper** ; → ÉCRIRE. ③ *Il tapait un ragtime*

sur le piano du salon [péj.] : → **tapoter**
◆ [cour.] **pianoter.** ④ *Taper sur ses amis* :
critiquer*, médire*. *Taper à côté* [fam.] :
échouer, se tromper*. *Taper dans l'œil* :
plaire. *Taper sur les nerfs* : **énerver*.** *Taper*
dans le mille : **deviner juste.** *Le soleil tape*
(dur) aujourd'hui [fam.] : [cour.] **chauffer**
fort. *Taper de l'argent à qqn* [fam.] : **em-**
prunter ; → SOUTIRER.

◇ **se taper** ① *La nourrice a interdit aux*
enfants de se taper : **se battre*.** ② *Je me*
suis tapé une bonne bouteille, un bon repas
[fam.] : **se tasser ;** → S'ENFILER, S'ENVOYER.
Se taper tout le travail [fam.] : **se farcir,**
[cour.] **faire.**

tapette → PIÈGE.

tapin *Faire le tapin* : → SE PROSTITUER.

tapiner → SE PROSTITUER.

tapineuse → PROSTITUÉE.

tapinois (en) → SOURNOIS.

tapir → ÉCOLIER.

tapir (se) → SE BLOTTIR, SE CACHER.

tapis ① *Elle avait acheté un petit tapis*
pour son salon : **carpette.** *Un tapis épais*
couvrait le sol : **moquette** (= tapis que
l'on fixe en le collant sur toute la surface
d'une pièce) ◆ **descente de lit** (= petit
tapis qu'on place auprès du lit). *Essuyez*
vos pieds sur le tapis de l'entrée : **tapis-**
brosse, paillasson. *Un tapis de sisal* : **natte.**
Un tapis de table : **dessus.** ② *Expédier qqn*
au tapis : **au sol.** *Sur le tapis* : → CAUSE II.

tapis-brosse → TAPIS.

tapissé → VÊTU.

tapisser → RECOUVRIR, TENDRE II.

tapisserie ① *Il faudra changer la tapisse-*
rie de la chambre : **tenture** (= tissu tendu)
◆ [par ext.] **papier peint.** ② → BRODERIE.

tapon → TAMPON.

tapoter → FRAPPER, TAPER.

taquin → MALICIEUX.

taquiner *Il taquinait sa sœur, en lui*
affirmant que son dessin n'était pas
réussi : [fam.] **asticoter, embêter** ◆ ↑ **aga-**
cer ◆ **chiner** (= critiquer avec ironie) ;
→ PLAISANTER, EXCITER.

◇ **taquinerie** *Toutes ces petites taquineries*
finissaient par énerver la fillette : [pl.] **mi-**
sères ; → MALICE, PLAISANTERIE.

taquinerie → TAQUINER.

tarabiscoté → AFFECTÉ, TOURMENTÉ.

tarabuster → RUDOYER, TRACASSER.

tarauder → TOURMENTER.

tard ① *Elle y pense bien tard* : **tardivement.**
Il était retenu, il viendrait plus tard :
[moins cour.] **ultérieurement ;** → APRÈS II, À
L'AVENIR, PAR LA SUITE. *Tard dans la jour-*
née, la nuit : **à une heure avancée.** ② *Vous*
comprendrez tôt ou tard que je voulais vous
aider : **un jour ou l'autre** ◆ [moins cour.]
inévitablement.

tarder → TRAÎNER. *Sans tarder. Il faut*
le rejoindre sans tarder : **tout de suite ;**
→ IMMÉDIATEMENT, TRAÎNER.

tardif → BAS I. *Heure tardive* : → AVANCÉ.

tardivement → TARD.

tare → DÉFAUT II, SOUILLURE.

taré → ARRIÉRÉ, DÉGÉNÉRÉ.

targette → VERROU.

targuer (se) → SE FLATTER, SE PIQUER, SE
VANTER.

tari → SEC I (*à sec*).

tarière → SONDE, VRILLE.

tarif *Demi-tarif* : → PLACE I. *Plein tarif* :
→ POT (*plein pot*).

tarin → NEZ.

tarir ① *Tarir une source* : → ÉPUISER,
SÉCHER. ② *Ce soir la conversation ne tarit*
pas : **cesser** ◆ [plus express.] **chômer.**

◇ **tarissement** : **assèchement, épuisement.**

◇ **se tarir** → DISPARAÎTRE.

tarissement → TARIR.

tarte ① [n.f.] *C'est la saison de la tarte aux abricots* : **tourte** (= tarte dont la garniture est couverte de pâte). ② [n.f.] → GIFLE. ③ [n.f.] *C'est de la tarte* [fam.] : **du gâteau, du tout cuit** ; → NANAN. *C'est pas de la tarte* [fam.] : **facile** (*ce n'est pas facile*) ◆ **difficile*** (*c'est difficile*). ④ [adj.] *Je le trouve un peu tarte* [fam.] : **moche** ◆ [cour.] **laid, ridicule** ◆ [très fam.] **tartignolle, cloche**. *Votre projet est un peu tarte* : → SOT.

tartignolle → TARTE.

tartine ① → TOAST, TRANCHE. ② *Écrire des tartines* : → VOLUME I.

tartiner ① → ÉTALER I. ② → DISCOURIR, ÉCRIRE.

tartufe → BIGOT, HYPOCRITE.

tartuferie → FAUSSETÉ.

tas ① *Le bureau était couvert d'un tas de papiers* : **monceau** ; → AMAS, MONTAGNE, PILE. *Un tas de vieilleries* : [péj.] **fatras, ramassis**. *Il sortit de sa poche un tas de billets* : [plus précis] **liasse**. ② *Les ouvriers agricoles mettaient le foin en tas* : [plus précis] **meule**. ③ *Un tas de gens se pressait sur le quai* [fam.] : [cour.] **multitude*, beaucoup de** ; → ABONDER, BANDE II, QUANTITÉ, MASSE. *Un tas d'injures* : **bordée** ; → CHAPELET.

tasse *Il a été surpris par la vague et a bu une, la tasse* : **boire un bouillon**.

tassé → TASSER.

tasser *Il tassait soigneusement le tabac dans sa vieille pipe* : **bourrer**. *Tasser une balle de foin* : **comprimer**. *Tasser la terre à l'aide d'une dame* : **damer**.
◇ **tassé** *Le garçon lui apporta un demi bien tassé* [fam.] : **tapé** ◆ [cour.] **servi**. *Un café bien tassé* : **fort, serré**.
◇ **se tasser** ① [qqn ~] *Les voyageurs se tassaient* : **se serrer*** ; → S'ENTASSER, SE PRESSER. ② [qqn ~] *Il se tassait avec l'âge* [fam.] : **se recroqueviller** (= se replier sur soi-même) ◆ **se ratatiner** (= se rapetisser en se déformant). ③ [qqch ~] *La route s'était tassée* : **s'affaisser**. ④ [qqch ~] *Les*

choses se tasseront d'elles-mêmes [fam.] : [cour.] **s'arranger**. ⑤ *Se tasser tout le boulot* [fam.] : **se taper***.

tata → TANTE.

tatane → CHAUSSURE.

tâter ① [~ qqch] *Le marchand tâtait les fourrures* : **manier*, palper** ; → TOUCHER I. ② [~ qqn] *Il faut le tâter pour être sûr qu'il sera de notre côté* [fam.] : [cour.] **sonder**. ③ *Tâter de. Il a tâté de tout* [fam.] : [cour.] **essayer, expérimenter** ; → GOÛTER.
◇ **se tâter** *Ils se sont longuement tâtés avant de se décider* [fam.] : **hésiter, s'interroger** ◆ [sout.] **tergiverser** ◆ [fam.] **peser le pour et le contre, y regarder à deux fois**.

tatillon → CONSCIENCIEUX, MANIAQUE, FORMALISTE.

tâtonnement → HÉSITATION.

tâtonner → HÉSITER.

tâtons (à) *La lumière s'éteignit et l'on dut avancer à tâtons* : **à l'aveuglette**.

taud → TENTE.

taudis → BARAQUE I, ÉCURIE.

taulard → PRISONNIER.

taule ① → EMPRISONNEMENT, PRISON. ② → HABITATION.

taupe → ESPION, SOUS-MARIN.

tautologie → PLÉONASME.

taux → POURCENTAGE, PROPORTION.

tavelé → TACHETÉ.

taverne → CABARET, CAFÉ, RESTAURANT.

taxation → RÉGLEMENTATION.

taxe → IMPÔT.

taxer ① → ACCUSER. ② → IMPOSER II. ③ → VOLER II.

taxi ① → AUTOMOBILE. ② → AVION.

tchador → VOILE I.

tchao → ADIEU, SALUT.

tchatche *Un champion de la tchatche* : **baratin, bagou ;** → BAVARDAGE.

tchatcher : **bavarder*, baratiner ;** → PARLER.

tchatcheur → BAVARD.

technicien ①→ SPÉCIALISTE. ② *Technicien de surface* : → SERVICE I.

technique ①[adj.] → DIDACTIQUE. ②[n.f.] → MÉTHODE. ③ [n.f.] → MÉTIER, TOUR* III (*tour de main*).

technocrate → BUREAUCRATE.

technocratie → BUREAUCRATIE.

technopôle → CENTRE II.

teigne *Mais c'est une vraie teigne, ce garçon-là !* : **gale*, peste, poison.**

teigneux → ACARIÂTRE.

teindre → COLORER.

teint *La jeune fille avait le teint doré des blondes* : [moins cour.] **carnation ;** → COULEUR.

teinte ①→ COULEUR, TON. ② *Il y avait dans sa remarque une teinte de moquerie* : [plus cour.] **nuance.** *Une appréciation en demi-teinte* : **atténué, nuancé.**

◇ **teinture** ① *Elle s'est fait faire une teinture (des cheveux)* : **coloration, couleur.** ② *On use de teintures spéciales pour les cuirs* : **colorant.** ③ *Il a une vague teinture en la matière* : **vernis*** (*un vernis de connaissances*).

teinter → COLORER.

teinture → TEINTE.

tel

I ① *As-tu vu un tel toupet ?* : **pareil** ◆ **autant** (*as-tu vu autant de toupet ?*) ; → SEMBLABLE.② *C'est un tel menteur* : **si grand, à tel point** (*... être menteur à tel point*) ; → PAREIL.

II *Tel que. Il est tel que je l'avais imaginé* : [plus cour.] **comme ;** → AINSI QUE. *Tel quel. Je vous rends votre texte tel quel* (= sans changement) : **en l'état.** *Comme tel* : **en qualité de.**

◇ **tellement** ① *Il est tellement aimable qu'on lui pardonne tout* : **si*.** ② *Tu n'es pas tellement beau, tu sais* [fam.] : [cour.] **très.** *Tout cela ne me surprend pas tellement* : → AUTREMENT.

télé → TÉLÉVISEUR.

télécabine → TÉLÉSKI.

télécopie → DÉPÊCHE.

téléfilm → FILM.

télégramme → CÂBLE II, DÉPÊCHE.

télégraphier → ENVOYER* UN TÉLÉGRAMME.

téléguidage → GUIDAGE.

téléphone → COMMUNICATION, FIL II.

téléphoner → APPELER I, ENVOYER* UN COUP DE FIL*.

◇ **se téléphoner** → CORRESPONDRE.

télescopage → HEURT.

télescoper → HEURTER.

télésiège → TÉLÉSKI.

téléski *Les skieurs attendaient le téléski* : **remonte-pente, télécabine, télésiège** ◆ [fam.] **tire-fesses.**

téléviseur *La famille était regroupée devant le téléviseur* : [plus cour.] **télévision,** [abrév.] **télé, TV** ◆ [express.] **petit écran** ◆ [plus génér.] **poste*** (qui désigne aussi bien un récepteur radiophonique).

télévision → TÉLÉVISEUR.

télex → DÉPÊCHE.

tellement → TEL II.

tellurique *Secousse tellurique* : → SÉISME.

téméraire ① → AVENTUREUX, IMPRUDENT. ② → OSÉ.

témérairement → HARDIMENT.

témérité → HARDIESSE.

témoignage, témoigner → TÉMOIN.

témoin ① *Être témoin d'une querelle* :
→ SPECTATEUR, PRÉSENT I. ② *Il est maintenant possible de guérir cette maladie,
témoin la réussite des expériences de cette
année* [en tête de proposition] : [plus cour.] **à
preuve.** ③ *Une lampe témoin* : **voyant.**

◇ **témoigner** ① [qqn ~] *Ses voisins ont
témoigné en sa faveur* : **déposer.** ② [qqn ~
qqch] *Tous ses amis lui témoignaient leur
soutien* : **marquer ;** → MONTRER, PROUVER.
③ [qqch ~ de] *Leur attitude témoignait de
leur bonne foi* : **attester, indiquer, manifester, montrer** (*... attestait, indiquait, manifestait, montrait leur bonne foi*).

◇ **témoignage** ① *Un témoignage indiscutable* : → RAPPORT, MÉMOIRES. *Un témoignage de bonne conduite* : **attestation,
certificat** (= documents valant pour
témoignage) ; → GARANTIE. *Il avait été
condamné sur le témoignage de son patron* :
[moins cour.] **sur la foi de.** ② *Il relut son témoignage et le signa* : **déposition.** ③ *Tous
ces témoignages d'amitié l'ont réconforté* :
marque, preuve ; → DÉMONSTRATION, GAGE,
MANIFESTATION, PROTESTATION.

tempérament

I *Des achats à tempérament* : **crédit.**

II ① *Il est de tempérament lymphatique* :
naturel ◆ humeur (= disposition affective
momentanée) ; → CARACTÈRE, NATURE.
② *Il a du tempérament* : **caractère ◆** [plus
restreint] **sensualité** (= appétit sexuel).
③ *C'est un tempérament* [fam.] : **personnalité.**

tempérance ① *La fragilité de son foie
l'obligeait à une stricte tempérance* : **frugalité** (= modération dans l'usage des aliments) **◆ sobriété** (= modération dans la
consommation des boissons alcoolisées).
② *La tempérance est une vertu cardinale*
[didact.] : [plus cour.] **mesure* ◆ continence**
(= abstention des plaisirs charnels) ;
→ CHASTETÉ.

◇ **tempérant** ① *Bien que tempérant, il
est mort jeune* : **continent, frugal, sobre.**
② → CHASTE.

tempérant → TEMPÉRANCE.

température ① → CHALEUR. ② → FIÈVRE.

tempéré → MODÉRÉ.

tempérer → ADOUCIR, DIMINUER, MODÉ-
RER.

tempête ① *La tempête était immi-
nente* : [didact.] **coup de chien, de tabac,
de vent** (= tempête subite) **◆** [didact.]
gros temps (*les bateaux restaient au port
par gros temps*) **◆** [vieilli, sout.] **tourmente** (= tempête violente et subite qui n'a pas forcément lieu
sur la mer) **◆ trombe, tornade** (= colonne
d'eau ou de nuages mue en tourbillon)
◆ typhon (= cyclone tropical) ; → VENT,
BOURRASQUE, FURIE. ② [fig.] *Cette mesure
va déchaîner la tempête* : ↓ **protestation.**
Une tempête d'applaudissements : **tonnerre
◆ ↓ salve.**

tempêter *L'homme tempêtait à côté de
sa voiture en panne* [sout.] : **tonitruer, tonner** (= parler d'une voix forte) **◆ ↓ râler
◆** [très fam.] **gueuler ;** → CRIER, FULMINER.

tempétueux → AGITÉ.

temple → ÉGLISE.

tempo → RYTHME.

temporaire ① → MOMENTANÉ. ② → INTÉ-
RIMAIRE.

temporairement → MOMENTANÉMENT.

temporel ① → SÉCULIER. ② → MORTEL.

temporisation → AJOURNEMENT.

temporiser → BIAISER, GAGNER DU
TEMPS*.

temps

I ① *Il y a peu de temps* : **récemment.** *En
peu de temps* : **rapidement* ◆ ↑ en un
rien* de temps.** *Avec le temps* : **à la longue.**
Dans quelque temps : ↑ **prochainement ;**
→ BIENTÔT. ② *Les différents temps d'une
opération* : **phase*, moment.** *Dans un
premier temps* : **d'abord*.** *Dans un second
temps* : **ensuite.** *Il marqua un temps d'arrêt puis reprit la parole* : **pause.** *Un emploi*

du temps : → CALENDRIER, PROGRAMME. *Un travail à mi-temps* : [plus génér.] **à temps partiel**. *Chaque parti aura un temps réservé pour sa campagne à la télévision* : **créneau (horaire)**. *N'avoir qu'un temps* : **être provisoire***. *Avoir tout son temps* : **ne pas être pressé**. *Prendre son temps* : **ne pas se presser**. *Du temps libre* : ↓ **LOISIR**. *Se donner du bon temps* : ↓ **s'amuser**. ③ *Je vous donne encore un peu de temps* : **délai**, **répit** (*je vous donne un délai, un répit*). *Il est temps* : **c'est l'heure**. *Il est temps de vous décider* : **c'est le moment de, il faut**. *En peu de temps* : → PROMPTEMENT. *Gagner du temps* : **temporiser**. *Un temps fou* : → ÉTERNITÉ. *Arriver à temps* : → PILE. *Vous avez bien failli manquer votre train, il était temps* : **il s'en est fallu de peu**. ④ *De notre temps* : **à notre époque*, aujourd'hui**. *Les idées de notre temps* : → ACTUEL. *Dans le temps* [fam.] : [cour.] **autrefois**. *Par les temps qui courent* : **actuellement***. ⑤ *En ce temps-là* : → ALORS. *De tout temps, il y a eu des guerres* : **toujours** (*il y a a toujours eu...*). *Tout le temps* : **constamment*** ; → SANS RELÂCHE*, À LONGUEUR* DE JOURNÉE. *En même temps* : **ensemble***. *Ils sont arrivés en même temps* : **simultanément, de concert, de conserve** ; → À LA FOIS*. *De temps en temps, de temps à autre* : **par intervalles*, de loin* en loin** ; → PARFOIS, QUELQUEFOIS. *La plupart du temps* : **fréquemment, habituellement, d'ordinaire, souvent**. ⑥ *Le temps de la traversée nous a paru très court* : **durée**.

II *Un temps de chien* : **mauvais temps** ; → INTEMPÉRIE. *Gros temps* : → TEMPÊTE.

tenable *Il faut rompre ce silence, ce n'est plus tenable* [en emploi nég.] : **supportable, vivable**.

tenace ① *C'est un caractère tenace* : **coriace** ; → OBSTINÉ. *Un homme tenace* : **entêté, opiniâtre, têtu** ♦ [péj.] **buté** ; → ACCROCHEUR. ② *L'odeur était tenace* : ↓ **durable**. ③ *Leur superstition tenace s'appuyait sur de vieilles traditions* : **enraciné, ancré, indéracinable** ; → VIVACE.

ténacité → CARACTÈRE I, ENTÊTEMENT, OBSTINATION, PERSÉVÉRANCE.

tenaille → PINCE.

tenailler → TORTURER.

tenancier → CAFETIER.

tenant → PARTISAN.

tendance ① *Le professeur avait une certaine tendance à l'indulgence* : **inclination*** (*... une inclination pour*), **penchant** (*... un penchant à, pour*) ; → PROPENSION. *J'ai des tendances à la paresse* : **prédisposition** ; → DISPOSITION. *Il a des tendances sadiques* : **pulsion**. *Avoir tendance à faire qqch* : **tendre à**. ② *Les tendances actuelles du roman anglais* : **orientation**. ③ *Différentes tendances politiques* : **sensibilité** ♦ [didact.] **mouvance** ; → OPINION, PARTI I. *Une tendance artistique* : **mouvement** ♦ **école*** (= ensemble d'artistes, de savants, de philosophes se réclamant d'une même doctrine). ④ [adj., fam.] → BRANCHÉ.

tendancieux → ORIENTÉ, ARBITRAIRE.

tendeur *Il a fixé son panier avec un tendeur sur le porte-bagages* : [nom déposé] **Sandow**.

tendre

I [adj., postposé] ① *La pierre était trop tendre pour faire un bon matériau* : **friable** (= qui se réduit aisément en fragments). ② *Du pain tendre* : **frais**. *Une pâte tendre* : → MOU. *Ce quasi de veau est bien tendre* : **moelleux**. ③ *L'âge tendre* : [antéposé] **jeune**.

II [adj., antéposé ou postposé] ① *Elle était très tendre avec les enfants* : **affectueux, doux*** ; → AIMANT. *Un cœur tendre* : → SENSIBLE I. *La fillette se montrait très tendre* : **câlin**. ② *Elle le regardait avec des yeux tendres* : **caressant, doux*** ♦ ↑ **langoureux**, ↑ **sentimental**. ③ *Pour les chambres d'enfant, on préfère les coloris tendres* : **pastel, doux**.

III [v.] ① *Il tendit ses muscles pour soulever l'arbre* : [sout.] **bander** ♦ **distendre** (= tendre au-delà de sa capacité de résistance) ; → CONTRACTER, RAIDIR. ② *Le marin tendit les voiles du yacht* : **déployer**. *Tendre un piège* : → PRÉPARER. ③ *Il avait achevé de tendre toutes les pièces* [vieilli] : [cour.] **tapisser**. ④ *Tendre le bras* : **allonger*, étendre***. *Tendre l'oreille* : **prê-**

ter*. ⑤ *Tendre à.* → S'ACHEMINER, AVOIR TENDANCE* À, VISER* À.

tendrement [de tendre II] : **affectueusement ;** → AMOUREUSEMENT.

tendresse → AFFECTION I, SENSIBILITÉ, SENTIMENT II.

tendu [de tendre III] *Une situation tendue :* **difficile ♦ ↑ explosif ;** → DÉLICAT. *Quelqu'un est tendu :* **contracté*.**

ténèbres → OBSCURITÉ.

ténébreux *L'enquête piétinait, l'affaire restait ténébreuse* [sout.] : [plus cour.] **mystérieux ;** → OBSCUR, SECRET.

teneur ① → COMPOSITION. ② → TEXTE.

ténia → VER* SOLITAIRE.

tenir

I [v.t.] ① [qqn ~ qqn] *La mère tenait son enfant dans ses bras :* → PORTER. ② [qqn ~ qqn + prép.] *Je le tiens en grande estime :* → ESTIME, ESTIMER. *On le tient pour un honnête homme* [sout.] : [plus cour.] **considérer, prendre, regarder comme.** ③ [qqn ~ qqch] *Tenez bien l'échelle :* → SOUTENIR. *Il tient son livre contre lui :* ↑ **serrer.** *Faire tenir quelque chose :* → PLACER. *Il tient une épicerie :* **gérer.** *Il tient la chambre depuis huit jours* [vx] : **garder, ne pas quitter.** *Tenir une permanence :* **assurer*.** ④ [qqn ~ qqch de qqn] *Je tiens ces indications d'une personne bien informée :* **avoir reçu.** *Cet enfant tient ses yeux bleus de sa grand-mère :* **hériter*** (*cet enfant a hérité...*). ⑤ [qqn ~ qqch + circonstanciel] *Il faut tenir la boisson au frais :* **garder.** *Tenir au chaud :* **maintenir* ;** → LAISSER. ⑥ [qqch ~ qqch] *L'amarre tient le bateau le long du quai :* **retenir.** ⑦ [qqch ~ qqn] *Le déménagement m'a tenu toute la journée :* **occuper.** *Une salle qui tient beaucoup de personnes :* → CONTENIR. ⑧ [qqch ~ qqch] *Prenez donc ce seau, il tient l'eau :* **ne pas fuir.** ⑨ *Tenir compte de :* **compter avec, regarder à ;** → COMPTE II. *Tenir la barre :* → BARRE. *Tenir sa langue :* **se taire*.** *Nous tenons la preuve de sa culpabilité :* **détenir, posséder ♦** [plus génér.] **avoir.** *Tenir ses promesses, sa parole :* → REMPLIR II. *Tenir le vin :*

supporter*. *Tenez votre droite ! :* **garder.** *Tenir lieu :* **remplacer*, servir* de.**

II [v.t. ind.] ① [qqn ~ à qqn] *Il tient à cette fille :* **s'attacher à*** (*il s'est attaché à cette fille*) ♦ ↑ **aimer.** ② [qqn ~ à qqch] *Je tiens à ce qu'il vienne :* **vouloir*.** ③ [qqch ~ à qqch] *L'étiquette tient à la bouteille :* → ADHÉRER. ④ *Cet accident tient à l'imprudence du conducteur :* **provenir de, résulter* de.** ⑤ [qqn ~ de qqn] *Il tient de son grand-père :* **ressembler* à.**

III [v.i.] ① [qqn ~] *Les soldats tiennent :* → DÉFENDRE. *Tenir ferme :* **tenir le coup ;** → RÉSISTER. ② [qqch ~] *Ils sont trop jeunes, leur mariage ne tiendra pas :* **durer*.** *Une colle qui tient (bien) :* **adhérer* ♦** + circonstanciel] *Ce qui est à retenir tient en peu de mots :* **se résumer.** *Tout ne tiendra pas dans la valise :* → ENTRER*. ④ *Cette histoire ne tient pas debout :* **être invraisemblable.** *Il n'y a pas de cinéma, de gâteau qui tienne :* **il ne saurait être question de** (= *tu n'iras pas au cinéma, tu n'auras pas de gâteau*).

◇ **se tenir** ① [qqn ~ + circonstanciel ou adv.] *Le gamin se tenait à une branche :* **s'accrocher* ;** → SE RETENIR. *Il se tient debout :* → SE SOUTENIR. ② *S'en tenir. Je m'en tiens à ce qui a été convenu :* [plus sout.] **se borner.** *S'en tenir là :* → RESTER II. *Savoir à quoi s'en tenir :* **être fixé*.** ③ [qqch ~] *La réunion se tient ici :* **avoir lieu*.** ④ *Se tenir bien, se tenir tranquille :* **rester sage.** *Se tenir pour battu :* **se considérer comme, s'estimer.**

tennis *Tennis de table* a pour synonyme plus courant **ping-pong.**

ténor → PERSONNAGE.

tension

I ① *La tension du biceps :* **contraction.** *La tension artérielle :* [moins cour.] **pression ♦ hypertension** (qui est plus élevée que la normale) ♦ **hypotension** (qui est plus basse que la normale). ② *La tension d'un courant électrique :* [didact.] **différence de potentiel*, voltage.**

II ① *La tension d'esprit :* **concentration ;** → ATTENTION. ② *La tension est montée entre les deux communautés :* → CRISE. ③ *Tension nerveuse :* **stress, surmenage.**

tentant ① → AFFRIOLANT, SÉDUISANT. ② → ENVIABLE.

tentateur → DIABLE, SÉDUCTEUR.

tentation → DÉSIR, SÉDUCTION.

tentative → ENTREPRISE, ESSAI.

tente *Coucher sous la tente* : [fam.] **guitoune** ◆ **chapiteau** (= tente d'un cirque) ◆ **taud** (= abri de toile sur le pont supérieur d'un bateau).

tenter

I *Tenter qqch* : **entreprendre*, hasarder***. *Tenter de faire qqch* : **essayer*** ; → TÂCHER, CHERCHER À. *Tenter le tout pour le tout* : **risquer*, oser.**

II ① *C'est une bonne affaire qui l'a tenté* : **allécher** ; → SÉDUIRE. ② *Cela ne me tente pas du tout* : **dire, plaire.** ③ *Être tenté de faire qqch* : → INCLINER À.

tenture → TAPISSERIE.

tenu [adj.] ① *Sa maison est toujours bien tenue* : **entretenu** ◆ [plus partic.] **propre, rangé** ◆ ↑ **impeccable.** ② *Être tenu de. Vous êtes tenu de répondre à la convocation* : [plus cour.] **être obligé de.** *Être tenu à. Être tenu au secret professionnel* : **astreint.**

ténu → FIN III, SUBTIL.

tenue ① *Ce garçon manque de tenue* : **correction*, savoir-vivre*.** ② *Un peu de gymnastique permettra de corriger cette mauvaise tenue du corps* : **attitude, maintien, posture.** ③ *Une tenue bien soignée* : **mise** ; → TOILETTE, VÊTEMENT. *Une tenue de soirée* : **habit, robe du soir.** *Une tenue militaire* : **uniforme.** *Une tenue de combat* : **treillis.** *Une tenue de travail* : **cotte, bleu** (*un bleu, des bleus de travail*). ④ *Une bonne tenue de route* : **adhérence.**

ténuité → FINESSE.

tergiversation → FUITE, HÉSITATION.

tergiverser → BIAISER, HÉSITER, RETARDER, TÂTER, TOURNER* (II) AUTOUR.

terme

I ① *Il n'y a pas de termes à la connaissance humaine* [vieilli] : [plus cour.] **borne ;** → LIMITE. *Le terme d'une affaire* : **aboutissement, conclusion.** ② *Il arrive au terme de ses souffrances* [sout.] : [plus cour.] **bout, fin*.** *Mettre un terme à qqch* : **faire cesser ;** → ARRÊTER. *Arriver à terme* : **échoir.** *Passé ce terme, vous devez avoir payé* : **date, délai.** ③ *Achat, vente à terme* : → CRÉDIT. *Le jour du terme* (généralement trois mois pour les loyers) : **échéance, annuité** (pour une période d'un an). ④ *Avant terme* : **prématurément.** *Un enfant né avant terme* : **prématuré.**

II *Il a parlé en termes voilés* : **à mots* couverts.**

III *Vous ne trouverez pas de moyen terme qui soit satisfaisant* : **demi-mesure.**

IV *Être en bons termes* : **relation*.** *Être en mauvais termes* : **être en froid*.**

terminaison ① *La terminaison d'un procès* [rare] : [cour.] **conclusion ;** → FIN. ② *La terminaison d'un mot* : **lettre finale, syllabe finale** ◆ [didact.] **désinence** (= finale de mot à valeur grammaticale : *les désinences d'un verbe*) ◆ **suffixe** (= élément ajouté à la fin d'un mot pour créer un mot nouveau : *le suffixe* -eur *dans* mangeur).

terminal → TERMINER.

terminer *Le gros œuvre a été terminé il y a huit jours* : **achever, finir, mener à bien.** *Il termine sa symphonie* : **mettre la dernière main* à, mettre le point* final à.** *On a terminé l'affaire* : → LIQUIDER, METTRE LA DERNIÈRE LIGNE*. *La morale termine la fable* : **conclure.**

◇ **se terminer** *Ma rue se termine au boulevard* : **aboutir*.** *Votre bail se termine le mois prochain* : **expirer ;** → FINIR.

◇ **terminal** ① [adj.] *La phase terminale d'un chantier* : **final.** *La classe de terminale, la terminale du lycée* : **classe de baccalauréat.** ② [n.m.] *Un terminal d'ordinateur* : **console, périphérique.**

terminologie → VOCABULAIRE.

terminus → BOUT.

terne ① *La couleur avait passé au soleil et le tissu était devenu d'un rouge terne* : **décoloré, effacé, passé** (= qui a perdu en partie sa couleur) ◆ **pâle*** (qui se

ternir

dit d'une couleur éteinte) ◆ **fade** (qui
se dit d'une couleur sans éclat) ◆ **délavé** (= décoloré par les lavages) ◆ **mat**
(= dépoli : *un plat en argent mat*). ② *Il
nous regardait, les yeux ternes* : **inexpressif,
sans expression** ◆ ↑ **éteint.** *Un style bien
terne* : **incolore ;** → FROID. *Tous les jours
se ressemblaient, sans intérêt, ternes* : **gris.**
Pendant le mois d'août, le ciel resta terne :
maussade, morne ; → TRISTE II. *Un homme
terne* : **insignifiant*, effacé.** *Un esprit
terne* : → BORNÉ.
◇ **ternir** *L'article injurieux avait terni la
réputation du ministre* [sout.] : **altérer*,
flétrir** ◆ [cour.] **salir ;** → PASSER II.

ternir → TERNE.

terrain ① *À perte de vue, le terrain était
plat* : **sol* ;** → TERRE. *Un terrain primaire* : **roche.** ② *Un terrain à bâtir* : **parcelle** (= espace délimité et enregistré au
cadastre). *Un terrain de tir* : **champ de tir.**
Un terrain d'aviation : → CHAMP. *Un terrain de sports* : **stade.** *Terrain de tennis* :
[anglic.] **court.** ③ *Céder, perdre du terrain* :
↑ **battre en retraite, reculer.** *Gagner du
terrain* : **avancer.** *En une nuit, les maquisards ont regagné le terrain perdu* :
reprendre l'avantage. *Je ne vous suivrai pas
sur ce terrain* : **chapitre, sujet.**

terrasse → BELVÉDÈRE, GRADIN, PLATE-
FORME, TOIT I.

terrasser ① *La rébellion des militaires
a été terrassée* : **réprimer, écraser** ◆ [plus
cour.] **mater.** ② → ACCABLER, JETER* À
TERRE, FOUDROYER, RENVERSER.

terre

I *Faire le tour de la Terre* : **monde*,
planète, globe terrestre ;** → SPHÈRE. *Aux
quatre coins de la terre* : **partout.**

II *Le bonheur existe-t-il sur la terre ?* :
ici-bas ; → CHARNEL. *Avoir les pieds sur
terre* : → RÉALISTE. *Faire revenir quelqu'un
sur terre* : **désabuser*, détromper.**

III ① *L'avion piqua vers la terre* : **sol*.**
La terre ferme : **le plancher des vaches*.**
② *Il possède des terres près de la rivière* :
terrain, parcelle, propriété ; → BIEN IV. *Il
vit en cultivant ses terres* : **champ** (= terre
cultivable) ◆ **enclos** (= terrain entouré

de murs ou de haies) ◆ [sout., vieilli] **glèbe**
(= terre cultivée). *Un homme de la terre* :
campagne* ; → CULTURE. ③ *La terre d'une
plate-bande* : **humus, terreau** (= terre
noire issue de la décomposition des végétaux). ④ *Il a acquis quelques jolies terres
cuites* : **céramique.** ⑤ *Poser qqch à terre* :
[plus cour.] **par terre.** *Porter qqn en terre* :
enterrer*.
◇ **terrien** [de terre III] ① *Il aimait faire état
de son ascendance terrienne* : [plus cour.]
paysan. ② *Le maire était le plus important
propriétaire terrien du village* : **foncier.**

terre à terre → VULGAIRE II.

terreau → TERRE III.

terrer (se) → SE CACHER.

terrestre ① → TERRE I. ② → CHARNEL.

terreur ① *L'otage avait éprouvé une
grande terreur* : **effroi, épouvante**
◆ ↓ **frayeur,** ↓ **peur*** ◆ ↑ **panique.** *Inspirer
de la terreur* : **épouvanter, terrifier, terroriser.** ② *La terreur peut être un moyen d'oppression des peuples* : **terrorisme** (= emploi
systématique de la violence par un État
ou une organisation politique). ③ *Ce type,
c'est une terreur* : **brute, dur** (... *un dur*)
◆ [fam.] **vache.**

terreux → SALE.

terrible ① *Une maladie terrible décimait
la population* : **effrayant*, terrifiant ;**
→ EFFROYABLE, REDOUTABLE. ② *Il est d'une
humeur terrible* : **massacrant.** *Un choc
terrible* : ↓ **brutal*,** ↓ **violent*.** *Un bruit
terrible* : **d'enfer* ;** → INFERNAL. *Tous
ces accidents, c'est terrible !* : **affolant* ;**
→ VERTIGINEUX. *Il lui porta un coup terrible au menton* : **foudroyant.** ③ *C'est terrible ce que tu peux être menteur !* [fam.] :
[cour.] **fou.** *Il a fait un froid terrible* [fam.] :
extraordinaire. ④ *C'est un enfant vraiment
terrible* : **turbulent ;** → ABRUTISSANT.
⑤ *Écoute ça ! le refrain est terrible* [fam.] :
formidable, du tonnerre ◆ [cour.] **sensationnel.** *C'est une fille terrible* : **très beau.**
◇ **terriblement** *Ce conférencier est terriblement ennuyeux* : **énormément, étonnamment, prodigieusement, extrêmement**

◆ [sout.] **souverainement** ◆ [fam.] **vachement** ; → TRÈS.

terriblement → TERRIBLE.

terrien → TERRE III.

terrier → GÎTE, TROU.

terrifiant → EFFRAYANT, EFFROYABLE, REDOUTABLE, TERRIBLE.

terrifier → AFFOLER, EFFRAYER, TERRORISER, INSPIRER LA TERREUR*.

terrine ① → PÂTÉ. ② → TÊTE.

territoire ① *La défense du territoire* : **pays.** ② *Un territoire protégé, interdit* : **zone.** *Les territoires indigènes* : **réserve.**

terroir → PAYS I, SOL.

terroriser *Des groupes de pillards terrorisaient toute la région* : ↓ **terrifier** (= frapper d'une forte crainte) ; → PEUR, TERREUR.

terrorisme → TERREUR.

tertiaire *Secteur tertiaire* : → SERVICE I.

tertre → BUTTE.

tessiture → REGISTRE.

tesson → DÉBRIS.

test *Il a passé des tests pour obtenir cet emploi* [anglic.] : **épreuve** ; → ESSAI, EXAMEN.

testament ① → DERNIÈRES VOLONTÉS*. ② *Nouveau Testament* : → ÉVANGILE.

tester → ÉPROUVER.

testicule Glande génitale mâle. *Inflammation des testicules* : **bourses** ◆ [didact.] **scrotum** (qui désigne plus spécialement l'enveloppe des glandes) ◆ [vulg.] **couilles** ◆ [très fam.] **burettes, joyeuses, roubignoles, roupettes, valseuses.**

tête ① *Il a une blessure à la tête* : **crâne*** (qui désigne plus spécialement la boîte osseuse de la tête). *Il l'a frappé sur la tête* : [fam.] **caboche, cafetière, carafe, carafon, cassis, citron, ciboulot, citrouille.** *En France, la peine de mort était exécutée en*

tranchant la tête du condamné : **décapiter, guillotiner** (... *en décapitant, guillotinant le condamné*). ② *Elle a une belle tête* : [fam.] **gueule*** ; → FIGURE. ③ *L'avion rase la tête des arbres* : **sommet*** ◆ [terme pr.] **cime.** *Il gardait près de la tête du lit une bouteille d'eau* : **chevet.** *Le missile était armé d'une tête nucléaire* : **ogive.** ④ *Il était la véritable tête du mouvement* : **chef*** ◆ **meneur,** [anglic.] **leader.** *C'est une tête* : **cerveau*.** *Ce parti prétendait être à la tête du mouvement revendicatif* : **avant-garde.** ⑤ *Se mettre dans la tête, en tête de réussir* : **s'imaginer** ; → ESPRIT. *Ne pas avoir de tête* : **être écervelé.** *Avoir la tête ailleurs* : **être dans la lune.** *Avoir la tête sur les épaules* : **être équilibré*.** ⑥ *Une tête de chapitre* : **début.** ⑦ *Un troupeau de plusieurs centaines de têtes* : **bête** ; → PIÈCE I. ⑧ [prép. + ~] *C'est vingt euros par tête,* [fam.] *par tête de pipe* : [cour.] **par personne.** *Il calcule très vite de tête* : **mentalement.** *Il marche en tête* : **le premier*, devant** ; → EN AVANT*. *Le favori est maintenant en tête du peloton* : **mener la course** ; → OUVRIR LA MARCHE*. ⑨ *Examiner qqn des pieds à la tête* : **de bas en haut.** *Donner tête baissée dans un piège* : **sans regarder, sans réfléchir.** *Étudier un dossier à tête reposée* : **à loisir.** *Le côté tête d'une médaille* : **avers, face** (par opp. à pile). *Une histoire sans queue ni tête* : **incohérent.** ⑩ *Avoir des maux de tête* : **névralgie** ; → MIGRAINE. *Il a une voix de tête* : **fausset.** ⑪ [~ + adj., ~ + n., n. + ~] *Quelle mauvaise tête !* : **caractère.** *C'est une grosse tête, une tête* : **intelligence** (*c'est une intelligence supérieure*). *Avoir la grosse tête* [fam.] : [cour.] **être prétentieux.** *Il faut garder la tête froide* : **rester calme.** *Je vous assure qu'il a la tête dure* : **être borné, buté.** *Vous avez une tête à claques, à gifles* : **être irritant.** *C'est la tête de Turc* : **souffre-douleur.** *Reconnaissez qu'il a une tête de cochon, de mule, de bois, de lard, de pioche* [fam.] : [cour.] **être têtu.** *Mon Dieu ! quelle tête de linotte, quelle tête en l'air* : **étourdi*.** *Vous avez une sale tête* : **mine.** *Il a une drôle de tête ce matin* : [fam.] **bille, binette, bobine, fiole, poire, terrine, tronche, trombine.** *Il a une bonne tête* : [fam.] **bouille.** ⑫ [v. + ~ + compl.] *Il lui tient tête depuis une heure* : **s'opposer à*.**

J'en donnerais ma tête à couper : **jurer** (*je le jurerais*). ⑬ [v. + art., poss. + ~] *Cessez de me casser la tête* : **étourdir***. *Il a risqué, sauvé sa tête* : **vie** ◆ [fam.] **peau.** *Pourquoi faites-vous la tête ?* : **bouder.** *Elle se monte facilement la tête* [fam.] : **bourrichon** ◆ [cour.] **s'exciter, ne plus se sentir.** *Sa douleur lui avait fait perdre la tête* : **raison.** *Restez calme, ne perdez pas la tête* : **s'affoler, perdre le nord** ◆ [fam.] **perdre la boule, la boussole, disjoncter, péter les plombs ;** → **FOU.** *Se payer la tête de qqn* : [fam.] **fiole, fraise** ◆ **se moquer de.** ⑭ [v. + prép. + ~] *J'en ai par-dessus la tête* : **assez*.** *Le champagne lui monte à la tête* : **griser, entêter.** *Je ne sais plus où donner de la tête* : **être submergé.** ⑮ [v. + n. + prép. + ~] *Ce qu'il a dans la tête* : → **ESPRIT.** *Se mettre martel en tête* [sout.] : [cour.] **se faire du souci*.** *Il n'arrive pas à se mettre sa leçon dans la tête* : **apprendre.** ⑯ *Tête à tête* : **vis-à-vis.** *Nous avons parlé en tête à tête* : **aparté** (*nous avons eu un aparté*) ◆ [fam.] **entre quat'z-yeux ;** → **SEUL* À SEUL.**

tête-à-tête ① *J'ai obtenu d'elle un tête-à-tête* : [plus sout.] **entrevue ;** → **CONVERSATION.** ② *Un tête-à-tête second Empire en noyer* : **causeuse ;** → **CANAPÉ.**

téter → **SUCER.**

téton → **SEIN.**

têtu *Il ne veut pas comprendre : quel (homme) têtu !* : **entêté** ◆ [fam.] **cabochard** ◆ [toujours adj.] **entier** (= qui n'admet pas d'accommodements : *un homme entier*) ◆ [toujours n.] **tête de mule,** [fam.] **tête de cochon, de lard.** *Il est têtu* : **buté, tête dure** (*il a la tête dure*) ; → **OBSTINÉ, TENACE.** *Un esprit têtu* : → **SYSTÉMATIQUE.**

texte ① *Il lisait les auteurs grecs dans le texte* : **original.** *Lire attentivement le contrat pour en comprendre le texte* [par méton.] : **teneur ;** → **RÉDACTION, SUBSTANCE.** ② *Le mélomane écoutait l'opéra avec le texte sous les yeux* : [plus précis] **livret.** ③ *Des textes choisis* : → **MORCEAU.** ④ *Il a oublié de recopier le texte de son devoir* : **énoncé, sujet.**

◇ **textuel** *Une traduction textuelle de la page* : **littéral*, mot à mot*.**

textile → **TISSU.**

texto → **SMS.**

textuel → **TEXTE.**

textuellement → **EXACTEMENT, MOT* À MOT.**

texture → **STRUCTURE, TRAME.**

TGV → **TRAIN I.**

thaumaturge → **MAGICIEN.**

thé ① → **COLLATION.** ② *Thé dansant* : → **BAL.**

théâtral → **THÉÂTRE.**

théâtre ① *Il va au théâtre deux fois par semaine* : [plus génér.] **spectacle.** ② *Il fait encore du, son théâtre !* : **simagrées.** ③ *Il écrit des pièces de théâtre* [génér.] : **comédie*, drame, mélodrame, tragédie, vaudeville** (qui s'emploient selon le genre) ; → **PIÈCE.** ④ *Un coup de théâtre* : **rebondissement, péripétie.** *Faire du théâtre* : **monter sur les tréteaux ;** → **SCÈNE*, PLANCHE.**

◇ **théâtral** ① *La troupe jouait surtout des œuvres théâtrales contemporaines* : **dramatique ;** → **SCÉNIQUE.** ② *Le caractère théâtral des interventions l'irritait* : **spectaculaire*.**

théâtreux → **ACTEUR.**

théisme → **DÉISME.**

thématique → **THÈME.**

thème ① *La chanson reprenait un thème musical connu* : **motif.** ② *Le thème d'un ouvrage* : → **IDÉE, SUJET, OBJET.** *Un ensemble de thèmes* : **thématique.**

théorie

I ① *Ce n'est qu'une théorie* : **spéculation, thèse, hypothèse ;** → **DOCTRINE, PHILOSOPHIE, IDÉE, SYSTÈME.** ② *En théorie* : **sur le papier*.**

II *Une théorie de voitures* [litt.] : **défilé*, succession.**

théorique [de théorie I] ① *La physique théorique* : **pur, fondamental** ◆ [moins cour.] **spéculatif ;** → **ABSTRAIT.** *Le rendement* *théorique d'une variété de semences* : **idéal** ; → VIRTUEL. ② *Ses objections étaient purement théoriques* : **formel, de principe** ; → SYMBOLIQUE.

théoriquement → SUR LE PAPIER*, EN PRINCIPE*, RÉGULIÈREMENT I.

thérapeutique [n.f.] *Une thérapeutique adaptée permettra une guérison rapide* [didact.] : **thérapie** ◆ [plus cour.] **traitement, cure** ◆ **médication** (= thérapeutique à base de médicaments) ; → REMÈDE, SOIN II.

thérapie → THÉRAPEUTIQUE.

thermal → EAU (*ville d'eaux*).

thermonucléaire → ATOMIQUE.

thésauriser → AMASSER, ÉCONOMISER.

thèse → AFFIRMATION, OPINION, THÉORIE.

thorax → TORSE.

thriller → POLICIER.

thune → ARGENT.

thuriféraire → FLATTEUR.

tiare → COURONNE.

tic → MANIE.

ticket → BILLET, TITRE* (III) DE TRANSPORT.

tiédasse → TIÈDE.

tiède

I *Il aime son café tiède* : [fam., péj.] **tiédasse** ; → CHAUD. *Ce soir, la température est tiède* : **doux**.

II *Son soutien est un peu tiède* : **mou***. *Mon projet l'a laissé tiède* : **indifférent** ◆ ↑ **froid.**

◇ **tièdement** [de tiède II] *Ils ont protesté assez tièdement* : **mollement**. *Ils nous ont reçus plutôt tièdement* : **avec tiédeur, avec indifférence, sans entrain** ; → FROIDEMENT.

tièdement → TIÈDE II.

tiédeur ① → CHALEUR. ② → INDIFFÉRENCE. *Avec tiédeur* : → TIÈDEMENT.

tiédir → CHAUFFER, REFROIDIR.

tienne *À la tienne* : → À TA SANTÉ*.

tiercé → COURSE II.

tiers ① [adj.] *En son absence, nous avons vu une tierce personne* : ↑ **inconnu** (*nous avons vu un inconnu*). ② [n.m.] *Je ne parlerai pas devant un tiers* : **étranger, inconnu.**

tiers-monde → PAUVRE II.

tif → CHEVEU.

tige ① *Au printemps, les tiges du tilleul se multipliaient* : **branche*** (= ramification d'une tige ligneuse) ◆ **rejet** (= tige qui pousse au pied de l'arbre) ; → PAILLE, TRONC. *La tige d'un glaïeul* : [rare] **hampe** (= tige allongée d'une fleur) ◆ [cour.] **queue.** ② *Il fixa une tige de métal pour soutenir les doubles-rideaux* : **barre** ◆ [plus précis] **tringle.**

tignasse → CHEVEU.

tigré → TACHETÉ.

timbale ① → GOBELET. ② → TAMBOUR. *Décrocher la timbale* : → GAGNER I, LOT.

timbre

I *La lettre portait le timbre du ministère* : **cachet, tampon*** ; → SCEAU, VIGNETTE. *Un collectionneur de timbres* : **philatéliste.**

II ① → CLOCHETTE. ② *Une voix sans timbre* : **blanc** (*une voix blanche*) ; → TON. ③ *J'aime beaucoup le timbre de la flûte à bec* : [plus génér.] **sonorité** (qui comprend le ton, la hauteur et le timbre) ; → SON.

timbré → FOU, SONNÉ.

timbrer *Vous avez oublié de timbrer vos lettres* : **affranchir** ◆ **tamponner** (qui se dit de l'apposition par l'administration d'une marque à l'aide d'un tampon encré) ◆ **estampiller** (= apposer une marque d'authenticité).

timide ① *Elle a des manières timides* : **embarrassé*, gauche** ◆ [fig.] **frileux** ; → CRAINTIF. ② *Ce n'est pas en étant timide que vous réussirez* : **timoré** (= qui craint d'entreprendre quoi que ce soit) ◆ [sout.] **pusillanime** (= qui manque d'audace) ◆ **humble** (= modeste) ◆ **complexé,**

[didact.] **inhibé** (= qui souffre d'inhibition). *Il est timide avec les femmes* : **intimidé** (*par les femmes*). ③ *Des réformes bien timides* : **timoré, frileux.**

◊ **timidité** *C'est sa timidité qui l'a fait échouer à l'oral de son examen* : **embarras, gaucherie** ♦ ↑ **sauvagerie** ♦ ↓ **modestie** ♦ [sout.] **pusillanimité, humilité.**

timidement → MOLLEMENT.

timidité → TIMIDE.

timing → CALENDRIER.

timoré → CRAINTIF, TIMIDE.

tintamarre → CACOPHONIE, TAPAGE.

tintement → TINTER.

tinter ① *Le soir, la cloche de la petite église tintait* (= retentir lentement, le battant de la cloche frappant un seul côté) : [moins précis] **résonner** ; → SONNER. ② *Ses bracelets tintaient* : [sout.] **tintinnabuler.**

◊ **tintement** ① *Le tintement des clarines dans les alpages* : **carillon** (= sonnerie légère et harmonieuse) ; → SON. ② *Un tintement d'oreille* : **bourdonnement.**

tintin → RIEN I.

tintinnabuler → SONNER, TINTER.

tintouin → SOUCI, TAPAGE.

tiquer → S'ÉMOUVOIR.

tir ① → RAFALE. ② → SHOOT.

tirade ① *L'acteur achevait enfin sa longue tirade* : **monologue***. ② *Ses tirades sur le vice nous fatiguaient* : **couplet** ; → DISCOURS, SERMON.

tirage ① *La cheminée avait un bon tirage* : **tirer bien.** ② → ÉDITION. ③ *Il y a du tirage* : → DIFFICULTÉ, GAZ.

tiraillement → TIRAILLER.

tirailler ① → TIRER I. ② *Il est tiraillé entre l'amitié et son devoir* : **ballotter** ♦ ↑ **déchirer,** ↑ **écarteler.**

◊ **tiraillement** ① *Il souffrait de tiraillements d'estomac* : ↑ **crampe.** ② *Les tirail-*lements entre frères et sœurs : **désaccord*** ♦ ↑ **conflit,** ↑ **déchirement.**

tire → AUTOMOBILE.

tiré *Les traits tirés* : → FATIGUÉ.

tire-au-cul, tire-au-flanc → PARESSEUX.

tire-fesses → TÉLÉSKI.

tire-fond → VIS.

tire-larigot (à) → BEAUCOUP.

tirelire *Tiens, tu mettras ces dix euros dans ta tirelire* : [fam.] **cagnotte.**

tirer

I ① *Vous tirerez le verrou, s'il vous plaît* : **fermer, ouvrir** (qui précisent la finalité du geste). *Les chevaux tiraient lentement la péniche* : **haler.** *Tirer une charrette* : **tracter** (= tirer à l'aide d'un moyen mécanique) ♦ **remorquer** (= tirer derrière soi) ; → TRAÎNER. *Il tira l'assiette à lui* : **attirer.** *Tirer quelqu'un par la manche, par la main* : **tirailler** (= tirer par petits coups). ② *Tirer la porte sur soi* : **fermer** ; → RAMENER. ③ *Il tira un trait sans règle* : **tracer.** ④ [express.] *Se faire tirer l'oreille* : **se faire prier*.** *Tirer les oreilles à qqn* : **réprimander*.** *Tirer les ficelles* [fam.] : [cour.] **manœuvrer.** *Tirer deux mois de prison* [fam.] : **faire** (*faire deux mois de prison*) ♦ **passer** (*passer deux mois en prison*). *Tirer sur la ficelle* [fam.] : [cour.] **exagérer.** *Un brun foncé qui tire sur le noir* : **se rapprocher de.** ⑤ [v.i.] *La cheminée tirait bien* : **avoir un bon tirage.**

II ① *Tirer son autorité de* : **prendre.** *Tirer parti, profit de ses erreurs* : **profiter de.** ② *Il tira son arme* : **dégainer.** *Il a tiré de l'eau dans un seau* : **puiser.** *On tire encore de la houille de ces puits* : **extraire** ; → SÉPARER. *Le haschich est tiré de la résine du cannabis* : **provenir.** ③ *Son contrat tire à sa fin* : **toucher.** ④ *Ce mot a été tiré du grec* : **emprunter à.** ⑤ *Les médecins l'ont tiré de là* : → GUÉRIR, SAUVER, SORTIR I. *Tirer qqch, qqn des décombres* : **dégager*** ; → RETIRER. *Tirer qqn de prison* : **délivrer.** *Tirer qqn d'embarras* : **dépanner*.** *Tirer qqn de la faillite* : → ARRACHER À.

⑥ *Tirer les vers du nez à qqn* [fam.] : [cour.] **questionner adroitement, faire parler***. *Tirer des larmes à qqn* : **faire pleurer qqn.** ⑦ *Tirer de l'argent de ses parents* : **obtenir** ♦ [péj.] **soutirer** (qui implique une certaine ruse pour obtenir ce qu'on veut) ♦ **emprunter** (qui indique qu'il s'agit d'un prêt et non d'un don). *J'ai tiré de l'argent à la banque* : **retirer.** *Il a tiré un chèque sans provision* : **émettre.** *Tirer un bénéfice d'une affaire* : → RECUEILLIR.

◊ **se tirer** ① → PARTIR I. ② *Il a pu se tirer de ce mauvais pas sans trop de dommages* : **se sortir de ; →** SE SAUVER. *Il s'en est bien tiré* [fam.] : [cour.] **réussir*.** *S'en tirer* : → EN RÉCHAPPER, SORTIR I, JOINDRE* LES DEUX BOUTS.

III ① [qqn ~ sur qqn] *La troupe a tiré* : **ouvrir* le feu.** *Ne restons pas ici, ils vont nous tirer dessus* : [fam.] **canarder** (= tirer sur qqn en étant à l'abri, comme lorsqu'on tire sur des canards). ② [~ qqch] *Il tira le lièvre* : **faire feu sur.** ③ *Le joueur a tiré au but* : **shooter*, botter.**

tiret → TRAIT* (III) D'UNION.

tireur [de tirer III] *Un bon tireur* : **fusil, gâchette** ♦ [anglic.] **sniper.**

tiroir *Nom à tiroirs* : → PARTICULE.

tisane ① *Elle prenait chaque soir un bol de tisane* : **décoction, infusion.** ② → RACLÉE.

tison → BRAISE.

tisonnier *La pointe du tisonnier* : **pique-feu** ♦ **ringard** (= tisonnier de grande taille utilisé dans l'industrie).

tisser → ENTRELACER.

tissu ① *Vous trouverez des tissus à bas prix* : [plus cour.] **textile** ♦ [génér.] **étoffe** (= tissu propre à faire des vêtements ou à servir dans l'ameublement) ♦ **toile** (= tissu de chanvre, de coton ou de lin). ② *Toute cette histoire n'est qu'un tissu de sottises* : **ramassis, enchevêtrement ; →** MÉLANGE.

titanesque → COLOSSAL.

titi → GAMIN.

titiller → CHATOUILLER.

titre

I ① *Quel est son titre ?* : → GRADE, QUALITÉ. *Il a tous les titres pour exercer ce métier* (= appellation correspondant à un grade, une fonction) : [plus partic.] **qualification** (qui est acquise par la formation et l'expérience) ♦ **diplôme, certificat*, brevet** (qui attestent la qualification). ② *En titre. Le professeur en titre* : **titulaire.** *Fournisseur en titre* : **attitré.** ③ *À juste titre* : **à bon droit*, avec raison*.** ④ *À titre de. Il a reçu cela à titre de récompense* : **en guise de ; →** EN TANT* QUE.

II ① *Le titre d'un ouvrage* : [moins cour.] **intitulé.** *Il n'est pas facile de donner un titre à votre article* : **intituler, titrer ; →** S'APPELER. ② *Les journaux ont consacré un gros titre à la nouvelle* : **manchette.**

III ① *Votre notaire établira le titre de propriété* : **certificat.** *Montrez-moi votre titre de transport* : **billet, coupon, ticket.** ② *Un titre en Bourse* : → VALEUR II.

titrer → TITRE II.

titubant → VACILLANT.

tituber → CHANCELER, VACILLER.

titulaire → TITRE I.

titularisation → ACCESSION.

toast

I *Porter un toast à* : **trinquer** ♦ **boire à la santé* de, lever son verre* à ; →** DISCOURS.

II *Il prend des toasts beurrés avec son thé* : **tartine grillée.**

◊ **toasteur** *Un toasteur électrique* [anglic.] : **grille-pain.**

toc → CAMELOTE.

tocade → CAPRICE, ENGOUEMENT.

tocante → MONTRE I.

tocard → NUL.

toc-toc → FOU.

toge → ROBE.

tohu-bohu → TUMULTE.

toile ① → TISSU. ② *Une toile abrite les marchandises* : **bâche.** *Une toile à laver (le sol)* : → SERPILLIÈRE. *Le voilier portait toute sa toile* : **voile*.** ③ *Cette galerie expose des toiles de maître* : **peinture, tableau*.** ④ *La Toile* → INTERNET.

toilettage → ÉPURATION, LIFTING.

toilette

I ① *Le petit fait sa toilette tout seul* : [rare] **ablutions.** *Faire sa toilette* : **se laver*.** ② *Il est trop coquet pour négliger sa toilette* : **tenue, vêtement** ◆ [plus sout.] **mise.** *Elles ont parlé toilette* : **parler chiffons.** ③ → TABLE.

II [pl.] → CABINET, CHIER.

toiletter → ÉPURER.

toiser → REGARDER.

toison ① *Les éleveurs tondent la toison des moutons* : **laine** ◆ **fourrure, pelage** (= ensemble des poils fins et serrés de certains animaux) ; → ROBE. ② → CHEVEU.

toit ① *Le toit est à refaire* : **couverture*, toiture*** ◆ **verrière** (= toit en verre) ◆ **terrasse** (= toit plat ou faiblement incliné). *Le toit d'une automobile* : **pavillon.** *Crier qqch sur les toits* : **divulguer.** ② *Recevoir qqn sous son toit* : **maison** (*dans sa maison*), **domicile*** (*à son domicile*), **logement** (*dans son logement*) ◆ **chez-soi.** *Être sans toit* : [plus génér.] **sinistré** ◆ **sans-abri*, sans-logis*.**

◇ **toiture** *La toiture a été réparée par les couvreurs* (= ensemble des pièces nécessaires pour établir le toit) : **couverture*** (= partie supérieure de la maison exposée aux intempéries) ◆ **charpente** (= assemblage de pièces soutenant la toiture).

toiture → TOIT.

tôle → CABANE, CELLULE, TAULE. *Mettre en tôle* : → EMPRISONNER.

tolérable, tolérance, tolérant → TOLÉRER.

tolérer ① *On ne tolère pas les jeux violents dans la cour* : **autoriser, permettre** ;

→ ADMETTRE. *Par amour, elle tolérait tous ses défauts* : **supporter*** ◆ ↑ **excuser,** ↑ **pardonner** ; → ACCEPTER. ② *Il tolère assez bien la douleur* : **endurer.** *Son organisme tolère mal les antibiotiques* : **réagir à, supporter.** ③ *Je ne tolérerai pas la présence d'un rival* : **accepter, supporter** ; → SOUFFRIR.

◇ **tolérable** ① *Vos absences ne sont pas tolérables* : **acceptable*, admissible, excusable.** ② *Cette douleur est difficilement tolérable* : **supportable*.**

◇ **tolérant** ① *Des parents tolérants* : **libéral, compréhensif, indulgent** ◆ [fam.] **coulant** ◆ [sout.] ↑ **laxiste.** ② *Des idées tolérantes* : **large, ouvert.**

◇ **tolérance** ① *Il a fait preuve de tolérance dans cette affaire* : **compréhension, indulgence** ; → LARGEUR* D'ESPRIT. ② → LIBÉRALISME.

tollé → HUÉE.

tombal *Pierre tombale* : → TOMBE.

tombant → PENDANT I.

tombe *Les fossoyeurs ont préparé la tombe* : **fosse** (= cavité ménagée dans la terre) ◆ **caveau,** [didact.] **hypogée** (= construction souterraine réservée en général aux morts d'une même famille) ◆ **sépulture** (= lieu d'ensevelissement considéré abstraitement) ◆ **tombeau,** [litt.] **sépulcre** (= monument élevé sur la tombe) ◆ **tumulus*** (= amas de terre ou de pierres marquant l'emplacement d'une tombe) ◆ **pierre tombale** (= dalle recouvrant le caveau d'une tombe) ◆ **sarcophage** (= cercueil de pierre, ou sa représentation sur un monument funéraire) ; → CIMETIÈRE. *C'est la tombe de mon père* : [plus sout.] **dernière demeure.**

tombeau → TOMBE.

tombée *Tombée du jour* : → CRÉPUSCULE.

tomber

I ① [qqn ~] *Le gamin est tombé dans l'escalier* : **faire une chute, dégringoler, rouler** ◆ **s'affaler** (= se laisser tomber) ◆ [plus fam.] **s'étaler** (= tomber de tout son long) ◆ [fam.] **se casser la figure, la gueule, se flanquer par terre, ramas-**

ser* une pelle, une bûche, une gamelle ◆ [sout., rare] choir, chuter. *Son amoureux est tombé à ses genoux* : se jeter* à. *Un vieillard tombe* : s'affaisser (= tomber en pliant les genoux). *Je tombe de fatigue* : s'écrouler. ② [qqch ~] *Ma valise est tombée dans l'escalier* : dégringoler (= tomber par chutes successives : *ma valise a dégringolé*) ; → CULBUTER. *Le vase m'est tombé des mains* : → ÉCHAPPER. *Ce mur est en ruine ; il va tomber* : s'affaisser, s'effondrer, s'écrouler (= tomber sur soi-même) ; → CROULER. *Ce mur tombe en poussière* : → SE DÉSAGRÉGER. *Un arbre est tombé en travers de la route* : → S'ABATTRE, SE COUCHER. *Un avion est tombé dans le désert* : s'écraser, se crasher. *Les fruits mûrs tombent de l'arbre* : → SE DÉTACHER. *Son manteau tombe jusqu'aux talons* : descendre. ③ [laisser, faire ~ qqch] *L'avion laisse tomber ses bombes* : lâcher ◆ [plus précis] larguer. *J'ai fait tomber mon verre* : renverser. *Il a laissé tomber son travail* : laisser en rade* ; → ABANDONNER, NÉGLIGER, OUBLIER. *Sa femme l'a laissé tomber* : quitter ◆ [fam.] larguer, plaquer ; → ALLER IV, PLANTER, LÂCHER. ④ [qqn, un groupe ~] *Bien des soldats sont tombés au cours de cette bataille* : [sout.] périr (*... ont péri...*) ; → MOURIR. *Le ministère est tombé sur la question de confiance* : être renversé. *La ville est tombée après une brève résistance* : succomber (*... a succombé...*) ; → SOMBRER. ⑤ [dans des emplois précis] *La pluie tombe* : pleuvoir* (*il pleut*). *La nuit ne va pas tarder à tomber* : descendre ; → APPROCHER. *Après l'orage, le vent est tombé* : faiblir (*a faibli*), [rare] mollir ◆ ↑ cesser (= s'arrêter complètement) ◆ ↓ décliner (= diminuer progressivement).

II [auxil. *être*] *Le cours de l'or est tombé* : ↓ baisser (*... a baissé*). *La fièvre du malade est tombée depuis hier soir* : se calmer, s'apaiser. *Ses préventions finiront bien par tomber* : disparaître.

III [auxil. *être* ; dans des express.] *Aujourd'hui, tu tombes mal* : ne pas avoir de chance. *Cette augmentation de salaire tombe bien* : [fam.] à pic, à point ◆ arriver* bien. *Les dates tombent bien* : → CONCORDER. *Je suis tombé sur un ami* : → RENCONTRER, TROUVER. *Quand il a eu*

des ennuis, tout le monde lui est tombé dessus : [plus sout.] accabler ◆ ↑ éreinter. *Le boxeur est tombé sur son adversaire à bras raccourcis* : [plus cour.] attaquer*. *En voyant le sang, il est tombé dans les pommes* [fam.] : [plus cour.] s'évanouir ; → DÉFAILLIR. *Tomber de haut* : déchanter* ; → ÊTRE SURPRIS*. *Tomber bien bas* : déchoir ; → S'ABAISSER. *Tomber dans le panneau* : → FILET. *Si vous ne respectez pas la limitation de vitesse, vous tombez sous le coup de la loi* : être passible de (une amende, une contravention). *Sa responsabilité tombe sous le sens* : être évident* ◆ [plus fam.] crever les yeux. *Cette rue tombe dans une large avenue* : aboutir à ; → DÉBOUCHER. *Il est tombé dans les pires excès* : → VERSER.

IV [auxil. *avoir*] ① [~ qqn] *Mon frère tombe toutes les filles* [fam.] : séduire*. *Il vous faudrait un peu plus de force et d'agilité pour tomber votre adversaire* [fam.] : [plus sout.] vaincre* ◆ [plus cour.] battre. ② *Il a tombé la veste pour être à son aise* [fam.] : [plus cour.] enlever, ôter.

tombeur → SÉDUCTEUR.

tombola → LOTERIE.

tome *Avez-vous lu le troisième tome de ses œuvres ?* (= division prévue par l'auteur ou l'éditeur) : volume (= l'objet matériel, sans rapport au contenu) ; → LIVRE.

ton ① *Il avait pris un ton criard* : voix ◆ timbre (= image acoustique qu'en reçoit l'auditeur). ② *Je n'aime pas le ton emphatique de cette actrice* : intonation ◆ [souvent pl.] accent, inflexion (= changements de ton) ◆ expression (qui inclut les mimiques, les poses). ③ *Changez un peu de ton* : → LANGAGE. *Avez-vous remarqué le ton de sa lettre ?* : → STYLE. *Ne pas être dans le ton* : détonner. *De bon ton* : de bon goût, raffiné. ④ *Chanter en restant dans le ton* : tonalité. ⑤ *La pièce était peinte dans des tons délicats de bleu* : nuance, teinte ; → COULEUR.

tonalité → COULEUR, TON.

tondre ① *Tondre les cheveux* : couper très court ◆ raser (= couper à ras de la peau). *Mon voisin est en train de tondre sa pelouse* : **tailler** (en égalisant). ② *Tondre qqn* : → DÉPOSSÉDER, VOLER II.

tonifiant *Climat tonifiant* : → TONIQUE, VIVIFIANT.

tonifier → RAFFERMIR, VIVIFIER.

tonique ① [adj.] *Un médicament tonique* : **réconfortant** (= destiné à une personne affaiblie) ◆ **stimulant, dopant, dynamisant, énergisant, revigorant** (qui ont généralement un effet ponctuel) ; → EXCITANT, FORTIFIANT. ② [adj.] *Un climat tonique* : **tonifiant** ◆ ↓ **sain*** ; → VIVIFIANT. *Cette lecture est tonique* : **stimulant** ◆ ↑ **excitant,** ↑ **décapant** (qui implique une remise en cause). ③ [adj.] *C'est un athlète très tonique* : [plus cour.] **dynamique.** ④ [n.m.] *Un tonique* : **stimulant** ◆ **fortifiant.**

tonitruant → SONORE, RETENTISSANT.

tonitruer → CRIER, TEMPÊTER.

tonnage → CONTENANCE.

tonnant → RETENTISSANT.

tonne → TONNEAU.

tonneau ① *Le vigneron a enduit de soufre ses tonneaux avant de les remplir* : [plus partic.] **barrique** (qui contient de 200 à 250 litres et sert au transport des liquides) ◆ **futaille, tonne** (qui sont de grande capacité) ◆ **fût, quartaut, tonnelet, baril** (qui sont de dimensions plus réduites, les deux derniers pouvant être destinés à contenir des matières pulvérulentes ou des liquides autres que les boissons). ② *L'avion faisait des tonneaux* : → ACROBATIE. ③ → GROS.

tonnelet → TONNEAU.

tonnelle *Il est agréable, l'été, de déjeuner sous la tonnelle* : [moins cour.] **charmille, berceau de verdure, gloriette, pergola.**

tonner ① *Loin du front, on entend déjà tonner le canon* : **gronder.** ② [v. impers.] *Il tonne* : **le tonnerre gronde.** ③ → FULMINER, TEMPÊTER, CRIER.

tonnerre → FOUDRE, TEMPÊTE, TONNER. *Du tonnerre* : → À TOUT CASSER*, CHIC II, TERRIBLE.

tonton → ONCLE.

tonus → VITALITÉ.

top *Le top* : → MEILLEUR.

top-modèle → MODÈLE.

topo → DISCOURS.

toquade → CAPRICE, ENGOUEMENT.

toque *Elle portait une petite toque de fourrure* : **bonnet** ; → COIFFURE.

toqué → FOU, MORDU.

toquer (se) → S'AMOURACHER, S'ENGOUER, SE PASSIONNER.

torche ① *Le défilé se déroula à la lueur des torches* : **flambeau** ◆ **brandon** (= torche grossière). ② *Aujourd'hui, on utilise des torches électriques* : [plus génér.] **lampe de poche.**

torché → IVRE.

torcher ① *Il a vite torché son assiette avec du pain* [fam.] : [plus cour.] **essuyer.** ② *L'élève avait torché son devoir pour s'en débarrasser* [fam.] : [plus cour.] **bâcler, saboter*.**

torchère → CHANDELIER.

tordant → COMIQUE.

tord-boyaux → ALCOOL.

tordre ① *Tordre le linge* : **essorer** ; → PRESSER. ② *Le colosse tordit la barre de fer* : **courber.** *Le cycliste avait tordu une roue de son vélo* : **fausser** ; → VOILER. *Elle tordit ses cheveux en chignon* : **enrouler** ◆ **tortiller** (= tordre à plusieurs tours). *La peur lui tordit le visage* : **déformer.**

◇ **se tordre** ① → RIRE. ② [qqn ~ un membre] *Il s'est tordu le poignet* : ↑ **se fouler.**

◇ **tordu** ① *Le vieillard avait les jambes tordues* : **tors, cagneux** (qui se disent uniquement des membres inférieurs et désignent plutôt des vices de conformation). ② *Avoir l'esprit tordu* : **bizarre*** ;

→ VICIEUX. ③ *Une planche tordue* : **gauche**, [plus génér.] **déformé**.

tordu → TORDRE.

torgnole → GIFLE.

tornade → VENT, TEMPÊTE.

torpeur ① → ABATTEMENT, APATHIE. ② → ASSOUPISSEMENT, SOMMEIL.

torpiller → SABORDER.

torréfier → BRÛLER I.

torrent ① → COURS* D'EAU. ② *Torrents de larmes* : → RUISSEAU. *À torrents* : → FLOT.

torrentiel → DILUVIEN.

torride ① → ARDENT, CHAUD. ② → ÉRO-TIQUE.

tors → TORDU.

torse *L'athlète faisait jouer les muscles de son torse* : **buste, poitrine, thorax** ; → TRONC.

tort ① *Il a tort* : **se tromper***. *Elle lui a donné tort devant tout le monde* : **désap-prouver** (*elle l'a désapprouvé*) ◆ ↑ **accuser** (*elle l'a accusé*). *Ce garçon a été accusé à tort* : *il est innocent* ◆ **injustement** ◆ [plus sout.] **indûment**. *À tort et à travers* : **incon-sidérément**. ② *Il a le tort d'être trop impa-tient* : **défaut**. *Demander réparation d'un tort* : → DOMMAGE, MAL I, PRÉJUDICE. *Faire du tort* : → LÉSER. *Cette année, la pluie fait du tort au tourisme* : **nuire à, porter* tort**.

tortillard → TRAIN I.

tortiller ① → TORDRE. ② → HÉSITER.

tortionnaire → BOURREAU.

tortueux → SINUEUX.

torture → SOUFFRANCE, SUPPLICE, TOUR-MENT.

torturé → TOURMENTÉ.

torturer ① *On torture encore de nos jours* : [moins cour.] **supplicier** ◆ [vx] **mettre à la question**. ② *Ses rhumatismes le tor-turent* : [moins cour.] **martyriser, persécuter**,

crucifier ; → TOURMENTER, FAIRE SOUFFRIR*. *La faim le torture* : **tenailler**. *Son visage est torturé par la douleur* : **ravager**.

◇ **se torturer** *Se torturer les méninges* : **se pressurer* le cerveau**.

torve *Un regard torve* : → EN COIN*.

tôt ① *Demain, il faut se lever tôt pour voir le soleil se lever* : **de bonne heure** ◆ [moins cour.] **de bon matin**. *Se coucher tôt* : **avec les poules***. *Il est arrivé plus tôt que nous* : **avant** ; → VITE. *Cette année, les tomates ont mûri tôt* : **précocement**. ② *Ce n'est pas trop tôt !* : **enfin**. *Tôt ou tard* : **un jour ou l'autre**.

total ① [adj.] *La guerre a conduit à la destruction totale de cette ville* : **complet** ; → ENTIER, GLOBAL, RADICAL. *Une guerre totale* : **à outrance***. *Nous lui faisons une confiance totale* [antéposé ou postposé] : **entier** ◆ [antéposé] **plein, sans réserve*** ; → ABSOLU, ILLIMITÉ. *Un refus total* : **caté-gorique***. *Une indifférence totale* : **parfait*, profond*, royal***. ② [n.m.] *Le total des dé-penses* : **montant*** ; → COMPTE, SOMME I. *Faire le total* : **totaliser** ◆ ↓ **additionner**. ③ *Au total* : **dans l'ensemble*, somme toute*, en tout***. *Il prétendait savoir lire la carte* : *total, il s'est perdu* : **en fin de compte, finalement** ; → RÉSULTAT.

◇ **totalement** *Il est totalement dévoué à ses amis* : **absolument*, entièrement, complè-tement*** ◆ [uniquement postposé] **corps et âme*** ; → PLEINEMENT. *Nous sommes tota-lement en désaccord* : **radicalement*** ◆ **fon-damentalement*** (qui insiste sur la nature profonde de l'opposition). *Il est totalement nul au squash* : **parfaitement***. *S'en moquer totalement* : **comme de sa première che-mise***.

totalement → TOTAL.

totaliser → TOTAL.

totalitaire ① → ABSOLU I. ② → TYRAN-NIQUE.

totalitarisme → ABSOLUTISME.

totalité → ENSEMBLE II, PLÉNITUDE, TOUT III. *Dans sa totalité* : → INTÉGRALEMENT, ENTIÈREMENT.

toubib → MÉDECIN.

touchant [de toucher II] *Un discours tou-chant* : → VIBRANT. *Ce fut un adieu tou-chant* : **émouvant***.

touche

I ① *Avez-vous reconnu la touche du maître ?* : **manière, style** ◆ [moins cour.] **patte, griffe** ◆ [express.] **coup de pinceau** ; → MAIN. ② *Mettre une touche de fantai-sie* : → NOTE II.

II *Votre ami a une drôle de touche* [fam.] : **dégaine** ◆ [plus cour.] **allure***.

touche-à-tout → AMATEUR.

toucher

I ① *Il toucha le tissu, pour juger de sa qualité* : **tâter** (qui implique de l'attention et de l'insistance) ◆ **effleurer*** (= tou-cher du bout des doigts) ◆ **caresser*** (= effleurer pour le plaisir de la sen-sation) ◆ **manier** (= prendre à pleines mains) ; → PALPER. *Il n'a pas touché à sa soupe* : **entamer** ◆ [plus génér.] **prendre** ; → MANGER. *Le vin ? il y touche un peu* [fam.] : **s'y connaître** ; → GOÛTER. ② *Son jardin touche le mien* : **être contigu à, mitoyen de** ; → CONFINER À. *Nous touchons au but* : **approcher de, atteindre à**. *Toucher à sa fin* : → TIRER II. ③ *L'escrimeur a tou-ché son adversaire à l'épaule* : **atteindre** ; → FRÔLER. *Le chasseur a touché la bête* : **blesser***. ④ *Où pourra-t-on vous toucher pendant les vacances ?* : **atteindre, join-dre** ; → CONTACTER, RENCONTRER. ⑤ *Dans votre conférence, toucherez-vous à des sujets tabous ?* : **aborder** ◆ ↑ **s'attaquer à**. *On ne peut pas toucher à ce sujet* : → INA-BORDABLE.

II ① → FAIRE ÉPROUVER, FAIRE VIBRER. *Sa candeur m'a touché* : **désarmer***, **émou-voir***, **remuer*** ; → FLÉCHIR. ② *Cette mesu-re vous touche directement* : **concerner, intéresser** ; → AFFECTER, REGARDER, VISER. *L'épidémie a touché le pays* : → S'ABATTRE* SUR.

III *Il touche le SMIC* : **gagner**. *Il vient de toucher une prime* : **recevoir*** ◆ [fam.] **pal-per**. *Ce cadre supérieur touche quatre mille euros par mois* : [fam.] **encaisser** ◆ [sout.] **émarger** ; → PERCEVOIR II. *Il faut que je*

passe à la banque toucher mon chèque : **encaisser**.

IV [n.m.] ① → SENS I. *Au toucher, cette étoffe est moelleuse* : **contact**. *Un toucher anal* [didact.] : **palpation**. ② *Le toucher de qqn* : **doigté, délicatesse** (qui s'emploient dans divers domaines d'activité, jeux d'adresse, interprétation musicale).

touffe ① *Une touffe de cresson* (= assemblage naturel de végétaux, pe-tits ou moyens : lavande, armoise, etc.) : **botte*** (= assemblage de végétaux : paille, fleurs, préparé par l'homme) ; → BOUQUET. ② *Une touffe de plumes* : **plu-met** ; → PLUME. *Une touffe de cheveux* : **toupet**, [moins cour.] **houppe** (= touffes sur le dessus ou à l'avant de la tête) ◆ [plus génér.] **mèche** (= cheveux se distinguant de la masse de la chevelure par leur cou-leur aussi bien que par leur forme) ◆ **épi** (= touffe rebelle).

◇ **touffu** ① *Les promeneurs se sont enfon-cés dans ces taillis touffus* : [moins cour.] **dru** ; → FEUILLU. *Une végétation touffue* : **dense***, **luxuriant**. ② *Un exposé touffu* : **filandreux** ; → COMPLIQUÉ.

touffeur → ÉTOUFFEMENT.

touffu → TOUFFE.

touiller → REMUER, RETOURNER, TOUR-NER I.

toujours ① *Il a toujours répété qu'il était innocent* : [moins cour.] **inlassablement** ◆ **sans arrêt***. *Il aura toujours raison* : **éternellement***. *Il répète toujours la même chose* : **sans cesse, sans répit, infa-tigablement, intarissablement** ◆ **invaria-blement** (qui porte sur l'identité de l'acte répété) ◆ **sans fin** (qui indique la durée et l'absence de terme de l'action) ; → TOUT* (I) LE TEMPS. *Il est toujours sur le qui-vive* : **continuellement** ; → CONSTAMMENT. *Il est presque toujours à l'heure* : **immuablement**, ↓ **généralement**, ↓ **habituellement**, ↓ **or-dinairement, très souvent**. ② *Avez-vous toujours de ce vin que j'aime tant ?* : **en-core**. ③ *S'il vous reproche votre absence, vous pourrez toujours faire état de votre mauvaise santé* : **après* tout, en tout état de cause**. ④ *Toujours est-il qu'il s'est mis* *en colère* : **en attendant*** ; → CEPENDANT. *Il s'est fixé dans cette ville pour toujours* : **définitivement*** ◆ [plus sout.] **à jamais** ◆ [rare] **à demeure** ; → ÉTERNITÉ, PERPÉTUITÉ. *Depuis toujours* : → LONGTEMPS.

toupet
① → TOUFFE. ② → APLOMB II, SOUFFLE.

tour

I [n.f.] *L'hôtel de ville est surmonté d'une tour* : [plus partic.] **beffroi**. *Les tours de la cathédrale dominent la plaine* : [plus partic.] **clocher** ◆ **campanile** (= clocher isolé du bâtiment principal, ou petit clocher ajouré) ◆ **minaret** (= tour d'une mosquée). *Les tours d'un grand ensemble* : [rare] **gratte-ciel** ; → IMMEUBLE.

II [n.m.] ① *Il fit un tour sur lui-même* : **rotation** ◆ [didact.] **révolution** (en particulier pour les corps célestes). *Si nous allions faire un tour par ce beau temps ?* : **promenade** ; → SORTIE. *Nous avons fait le tour des petits bistrots de la ville* : **circuit** ◆ [fam.] **balade, tournée, virée**. ② *Un 33, un 45 tours* : **disque**. ③ *La piste fait cent mètres de tour* : **pourtour, périmètre** ◆ **circonférence** (= périmètre d'un cercle). *Le tour de son visage formait un bel ovale* : **contour**. ④ *Tour à tour* : **successivement*, alternativement***.

III [n.m.] ① *Le tour de ce jongleur est très au point* : **numéro** (= ensemble des exercices ou tours constituant une partie du spectacle de cirque ou de music-hall). *Un tour de passe-passe* : → ACROBATIE. ② *Le fils du voisin m'a fait un tour* : **farce, niche, plaisanterie*** ◆ [fam.] **blague, entourloupette, entourloupe** ◆ [fam.] **tour de cochon, vacherie, crasse** (= mauvaise plaisanterie faite dans l'intention de nuire à qqn) ; → MALICE, SALETÉ. ③ *Pour réussir ce plat, il faut le tour de main* : **main, savoir-faire, technique** ◆ [fam.] **coup** ; → ADRESSE.

IV [n.m.] ① *Les événements ont pris un tour inquiétant* : **tournure, allure**. ② → EXPRESSION. ③ *J'aime son tour d'esprit* : **tournure**.

tourbillon → AGITATION, REMOUS, VENT.

tourbillonner → TOURNER II.

touriste → ESTIVANT, VISITEUR, VOYAGEUR.

tourment
① *Il est mort dans d'affreux tourments* : **torture** ; → SUPPLICE. ② *Il a eu bien des tourments avec cette histoire* : **angoisse, cauchemar, tracas** ; → SOUCI.

◇ **tourmenter** ① [qqn, qqch ~ qqn] *Il est tourmenté par ses coliques néphrétiques* : **martyriser** ; → SOUFFRIR. *La comtesse tourmente sa femme de chambre* : **harceler, persécuter** ◆ [fam.] **empoisonner** ; → EN FAIRE VOIR. ② [qqch ~ qqn] *L'ambition le tourmente sans cesse* : **dévorer** ; → AGITER, RONGER, TRAVAILLER. *Il est tourmenté d'idées noires* : **assiéger, tarauder**. *Cette histoire me tourmente* : ↓ **chagriner**, ↓ **chiffonner**, ↓ **préoccuper**, ↓ **tracasser** ; → OBSÉDER.

◇ **se tourmenter** *Ne vous tourmentez pas pour ce petit retard* : [fam.] **se biler, se faire de la bile** ◆ [plus cour.] **se tracasser** ; → SE SOUCIER, S'AFFOLER, S'INQUIÉTER.

◇ **tourmenté** ① *C'est quelqu'un de très tourmenté* : **anxieux** ◆ ↓ **inquiet**. *Un visage tourmenté par le chagrin* : **torturé, ravagé** ◆ [moins cour.] **en proie à**. ② *Une mer, une vie tourmentée* : **agité**. *Une époque tourmentée* : **troublé** ; → MOUVEMENTÉ. ③ *J'aime les côtes un peu tourmentées* : **découpé**. *Un style tourmenté* : **tarabiscoté** ; → AMPOULÉ.

tourmente → BOURRASQUE, TEMPÊTE.

tourmenté, tourmenter → TOURMENT.

tournage → PRISE* (III) DE VUES.

tournant → DÉTOUR* DU CHEMIN, VIRAGE.

tourné → AIGRE.

tournebouler → TROUBLER.

tourne-disque
Le tourne-disque ne marche plus : **électrophone** ◆ **platine** (qui comprend l'ensemble du mécanisme).

tournée
① *Aujourd'hui, elle a fait la tournée des magasins* : **tour*** ; → SORTIE. ② → RACLÉE, VOLÉE III, PEIGNÉE. ③ *Il nous a offert une tournée* [fam.] : **pot, verre***.

tourner

I ① [v.t. ; qqn ~ qqch] *Il faut tourner la sauce pour qu'elle n'attache pas* : **remuer**

tournesol

◆ [fam.] **touiller.** *Tourner les pages d'un livre* : **feuilleter.** *Tourner un film* : → **FILMER.** ② [v.t. ; qqn, qqch ~ qqch] *L'ennemi a tourné nos positions* : **contourner*** ◆ **encercler** (qui se dit d'un mouvement enveloppant). *Il a tourné la difficulté* : **escamoter, éviter*.** ③ [v.i.] *Trois équipes tournent pour assurer une production continue* : **alterner*.**

II ① [v.i. ; qqch ~] *La roue a tourné autour de son axe* : **pivoter.** *Le moteur tourne ; vous allez pouvoir repartir* : [plus génér.] **fonctionner.** *Ça tourne rond* [fam.] : **marcher*.** ② [v.i. ; qqch, qqn ~] *Huit planètes tournent autour du Soleil* : **graviter.** *Les guêpes tournent autour de ce pot de confiture ouvert* : **tourbillonner, virevolter** (qui se disent d'un mouvement rapide) ◆ [fam.] **tournicoter.** ③ *Quelqu'un tourne autour du pot* [fam.] : [plus cour.] **hésiter** ◆ [plus sout.] **tergiverser.**

III [v.i. ; qqch ~] ① *Le vent va tourner* : **changer.** ② *Le lait a tourné* : **cailler ;** → **AIGRE.** ③ *Mal tourner* : **mal finir*** ◆ **sentir* le roussi ;** → **DÉGÉNÉRER.** *Tourner à l'aigre* : → **VIRER.**

IV ① [v.t. ; qqn ~] *Il tourna les yeux vers moi* : **orienter** ◆ **braquer** (qui se dit d'un mouvement rapide). ② [v.i. ; qqn, un véhicule ~ à gauche, à droite] *Il a tourné au carrefour* : **bifurquer ;** → **VIRER, OBLIQUER.** *Tourner bride* : → **REVENIR.** ③ *Tourner de l'œil* [fam.] : [cour.] **s'évanouir* ;** → **DÉFAILLIR.**

◇ **se tourner** *Je me tourne pour prendre la photo avec le soleil dans le dos* : **s'orienter** ◆ **se retourner** (= s'orienter dans le sens contraire) ◆ **se détourner** (= changer d'orientation).

tournesol → SOLEIL.

tournicoter → TOURNER II.

tournoi → COMPÉTITION.

tournoyer → TOURNER II.

tournure
① *Prendre tournure* : → **CORPS.** ② *La tournure des événements* : → **ÉVOLUTION.** ③ *Une tournure familière* : → **EXPRESSION, TOUR IV.**

tourte → TARTE.

tourtereau → AMOUREUX.

tourterelle → PIGEON.

tousser, toussoter, toussotement → TOUX.

tout

I [adj. indéf.] ① [suivi d'un déterminant au sing.] *Il a travaillé toute la nuit, toute une nuit* : **entier*.** *Tout le temps* : **toujours.** *Tout le monde le sait* : **on, chacun.** ② [avec déterminant au pl.] *Tous les soirs, le veilleur de nuit part au travail* : **chaque** (qui indique la répétition dans le temps : *chaque soir...*). *Tous les hommes ont leur faiblesse* : **chaque** (qui désigne une personne ou une chose faisant partie d'un ensemble et a une valeur distributive : *tout, chaque homme a ses faiblesses*) ; → **HOMME I.** *Presque tous les spectateurs ont pleuré* : **la plupart* des ;** → **LA MAJEURE* PARTIE.** ③ [sans déterminant au sing.] *Ce garçon a donné toute satisfaction à ses professeurs* : **plein*.** ④ [postposé] *Somme toute* : **en somme, au total.**

II [pron. indéf.] ① [sing.] *Ce vieillard est savant en tout* : [rare] **toute chose.** ② [pl.] *Tous ont été d'accord* : **tout le monde** (qui peut figurer dans toutes les constructions et se substitue à *tous* comme complément d'objet direct : *il connaît tout le monde*) ; → **HOMME II.** *Tous sans exception* : → **TANT QUE.** ③ *En tout* : **au total.** *En tout et pour tout* : **uniquement.** *Malgré tout* : **quand* même.** *Après tout* : → **APRÈS I.** *C'est tout* : **c'est fini.**

III [n.m., précédé d'un déterminant, toujours au sing.] ① *Achetez le tout, vous y gagnerez* : **totalité.** *Les trois romans de cet auteur forment un tout* : → **ENSEMBLE II.** *Le grand tout* : **Univers.** ② *Il n'est pas du tout vexé* : [plus sout.] **nullement.** *Je n'y vois rien du tout* : [antéposé] **absolument** (*absolument rien*). *Depuis notre dernière rencontre, il a changé du tout au tout* : **complètement.** *Risquer tout pour le tout* : **jouer sa dernière carte*.**

IV [adv.] ① Marque l'intensité : **absolument, bien, extrêmement.** *Il est encore tout jeune* : **très.** *Elle est toute honteuse*

794

(variable devant les adjectifs féminins commençant par une consonne ou par un *h* aspiré) : ↓ **vraiment.** ② *Tout d'abord* : → ABORD. *Tout à l'heure* : → BIENTÔT. *Tout de suite* : → IMMÉDIATEMENT, SANS TARDER. *Tout à fait* : **absolument*, parfaitement*.** *Tout d'un coup* : → SOUDAIN II. ③ *Tout malin qu'il soit, il s'est fait attraper* : **si*...** **que.** *Gentil tout plein* : **très*** (*très gentil*).

toutefois → MAIS, NÉANMOINS.

toute-puissance → TOUT-PUISSANT.

toutou → CHIEN.

tout-petit → BÉBÉ.

tout-puissant *Il n'existe pas d'être tout-puissant* : **omnipotent ;** → PUISSANT.

◇ **toute-puissance** : **omnipotence ;** → PUISSANCE.

toux *Il a eu une petite toux nerveuse* : **toussotement, tousser, toussoter** (*il a toussé, toussoté nerveusement*).

toxico, toxicomane → DROGUÉ.

toxique → NOCIF, POISON.

trac → ANGOISSE, CRAINTE, PEUR. *Tout à trac* : → BRUTALEMENT.

tracas → ENNUI, PLAIE, SOUCI, TOURMENT.

tracasser *Il est tracassé par ses problèmes de santé* : ↑ **obséder*** ◆ [fam.] **turlupiner ;** → ENNUYER, TOURMENTER. *Le patron tracassait les employés* : **tarabuster, harceler.**

◇ **se tracasser** *Ne te tracasse donc pas !* : **s'inquiéter, se faire du souci** ◆ **se tourmenter.**

tracasserie → CHICANE.

trace ① *Sur la route, on a relevé des traces de pneus* : **empreinte ;** → MARQUE. *La police a perdu la trace du fugitif* : **piste** (= ensemble des traces laissées par un homme ou un animal sur son trajet) ; → VOIE. *Des traces de sang* : **tache*** ◆ **traînée** (= trace allongée). ② *Des traces de blessure* : **cicatrice** (= trace matérielle et visible) ◆ [plus sout.] **stigmate.** *Porter la trace de* : → S'EMPREINDRE. ③ *Les traces d'une civilisation ancienne* : **restes ;** → VESTIGE.

tracé → DESSIN, FORME I.

tracer ① → DESSINER, TIRER* (I) UN TRAIT. ② *Tracer un chemin* : → PRATIQUER II. ③ [fam.] → COURIR.

tract → IMPRIMÉ.

tractation → NÉGOCIATION.

tracter → TIRER I.

traction → POMPE I.

tradition ① *La tradition voulait qu'on enterre ses morts* : **coutume ;** → RITE, HABITUDE. *La tradition* : → LEGS* DU PASSÉ. ② *Des traditions anciennes prêtent aux dieux l'origine du feu* : **légende*, mythe.** *La tradition populaire* : **folklore.**

traditionalisme
→ CONFORMISME, INTÉGRISME.

traditionaliste
→ CONFORMISTE, INTÉGRISTE.

traditionnel
① → HABITUEL. ② → CONFORMISTE, ORTHODOXE.

traditionnellement → RÉGULIÈREMENT, RITUELLEMENT.

traducteur, traduction → TRADUIRE.

traduire
I ① *Il a traduit en français les œuvres de Pessoa* : [plus génér.] **mettre** ◆ **adapter** (= transformer le contenu du texte pour assurer sa réception ou détourner son sens) ◆ [didact.] **décoder** (= interpréter, trouver le sens caché d'un message). ② *Cette lettre de mon frère traduit bien son inquiétude* : **exprimer* ;** → MANIFESTER, PEINDRE II, REFLÉTER, RENDRE.

II [didact.] *Traduire qqn en justice* : **appeler, citer, déférer.**

◇ **traducteur** *Le traducteur s'efforçait de rendre les nuances* : [plus partic.] **interprète** (= celui qui traduit des propos oraux).

◇ **traduction** *La traduction de ce roman anglais respecte le texte original* : [plus génér.] **adaptation** (= traduction libre ou transposition d'un texte). *Les traductions de la Bible* : **version*.**

trafic

trafic ① *Le trafic routier* : → MOUVEMENT. ② → COMMERCE, VENTE. ③ → MANŒUVRE.

traficoter → TRAFIQUER.

trafiquant → COMMERÇANT.

trafiquer ① *Trafiquer un vin* [fam.] : [cour.] **dénaturer, frelater** ◆ [plus partic.] **chaptaliser** (= ajouter du sucre). *On avait trafiqué la comptabilité* [fam.] : **maquiller** ◆ [cour.] **falsifier***. ② *Qu'est-ce qu'il trafique ?* [fam.] : **magouiller, traficoter** ◆ ↓ **fabriquer** ; → COMPLOTER, FRICOTER, TRIPOTER.

tragédie ① → PIÈCE II, THÉÂTRE. ② → CA-TASTROPHE.

tragédien → ACTEUR.

tragique *Il prit une voix tragique* : **pathétique** ; → GRAVE. *La situation est tragique* : **dramatique** ; → ÉMOUVANT, TRISTE II, SOMBRE.

trahir ① [qqn ~ qqn, qqch] *Il a trahi son complice* : [plus partic.] **dénoncer*** (= désigner une action ou son auteur à une autorité) ◆ [fam.] **doubler** ; → LIVRER, VENDRE. *Trahir son camp* : **déserter, passer à l'ennemi**. ② *Son amant l'avait trahie* : **tromper*** ◆ [fam.] **faire cocu**. ③ [qqn ~ qqch] *Un indiscret a trahi le secret* : **divulguer** ◆ [absolt] **vendre la mèche*, violer* un secret**. ④ [qqch ~ qqch] *Sa gêne trahit sa mauvaise conscience* : **manifester, révéler** ; → REFLÉTER. ⑤ *Ma mémoire me trahit* : **être infidèle***.

◇ **se trahir** *Le fautif s'est trahi par son affolement* : **montrer le bout de l'oreille**.

◇ **trahison** *Aucune trahison ne l'arrêtera* : **déloyauté, fourberie, traîtrise** ; → DÉNONCIATION, CONCUSSION. *La trahison devant l'ennemi* : **défection, désertion**.

trahison → TRAHIR.

train

I *Prendre le train* : [spécialt] **TGV** (= train à grande vitesse) ◆ [fam.] **tortillard** (= train très lent desservant des gares secondaires ou des voies sinueuses) ; → CONVOI, DUR III. *Voyager par le train* : **rail, chemin de fer**.

II ① *Le train était trop rapide pour les coureurs* : **allure, marche**. ② *Mener grand train* : → DÉPENSER. ③ *Il faut mettre en train cette affaire* : **lancer, mettre en chantier**. *Aller bon train* : → RAPIDEMENT. *Notre ami était très en train* : **plein d'allant**. *L'affaire est en train* : **en marche***. ④ [être en ~ de + inf.] *Il est en train de regarder la télévision* : **être occupé à** (la même idée peut être rendue par le verbe au présent : *il regarde la télévision*). ⑤ *Se magner le train* [fam.] : → SE DÉPÊCHER.

traînailler → TRAÎNER, RÔDER.

traînant → LENT.

traînard *Si nous partons en promenade, nous n'attendrons pas les traînards* : [moins cour.] **lambin** ; → LENT, RETARDATAIRE.

traînasser → TRAÎNER, RÔDER.

traînée → PROSTITUÉE.

traîne-misère → MISÉRABLE II.

traîner ① [v.t.] *Il traînait une voiture à bras* : **tirer**. ② [v.t.] *Il traîne toujours sa famille avec lui* : [fam.] **trimbaler** ◆ ↓ **emmener**. ③ [v.i. ; qqch ~] *Je n'aime pas voir traîner une affaire* : **durer*** ◆ ↑ **s'éterniser** ; → PIÉTINER. *Traîner en longueur* : → LANGUIR. *Si cela continue, ça ne va pas traîner* ; *vous allez vous faire punir* : **tarder**. *Faire traîner une affaire* : **retarder*, laisser dormir***. ④ [v.i. ; qqn ~] *Ce gosse traîne toujours en revenant de l'école* : [plus sout.] **s'attarder, flâner** ◆ [rare] **lanterner** ◆ [fam.] **lambiner, traînailler, traînasser** ◆ ↑ **zoner** (= rester désœuvré) ; → ERRER, S'AMUSER, PARESSER. *Sans traîner* : **sans tarder, tambour battant***. ⑤ [v.i. ; qqch ~] *Sa cape traîne sur le sol* : [moins cour.] **balayer** (... *balaye le sol*).

◇ **se traîner** ① *Le gamin se traînait sur le tapis* : **ramper**. ② *La soirée se traîne* : **se prolonger, durer**.

traîne-savates → MISÉRABLE II.

training → ENTRAÎNEMENT II.

train-train → ROUTINE.

trait

I *Boire d'un trait :* → GORGÉE.

II ① → FLÈCHE. ② *Trait d'esprit :* **plaisanterie*, saillie* ;** → RAILLERIE.

III ① *Un trait séparait la feuille en deux colonnes :* **ligne ;** → RAIE. *Un trait d'union :* **tiret.** *Servir de trait d'union :* → LIEN. *Un trait de génie :* **illumination ;** → INVENTION. ② *Avoir trait à :* **concerner.** ③ *Un trait distinctif :* → CARACTÈRE, SIGNE.

traite

① *Faire escompter une traite :* **effet (de commerce), billet (à ordre), lettre (de change).** ② *D'une (seule) traite :* **sans interruption.** ③ *La traite des esclaves :* **commerce.**

traité

I *Avez-vous lu ce traité d'économie politique ? :* **essai, étude** (= ouvrages plus courts, non exhaustifs) ◆ **mémoire** (= communication destinée à une institution savante ou universitaire) ; → TRAITER II.

II *Les négociateurs ont signé un traité de commerce :* **accord* ;** → PACTE, TRAITER III.

traitement

① → SOIN II, THÉRAPEUTIQUE. ② → SALAIRE.

traiter

I ① *Les prisonniers ont été traités durement :* ↑ **maltraiter ;** → MENER. *Nos amis nous ont traités royalement* [sout.] : **régaler ;** → ACCUEILLIR. ② [~ qqn de] *La concierge a traité les gamins de tous les noms :* → INJURIER, QUALIFIER. ③ *Traiter un malade, une maladie :* **soigner*.** *Le vigneron a traité sa vigne contre le mildiou :* [plus partic.] **soufrer, sulfater.**

II *Dans son exposé, le professeur a traité des cancers de la peau :* **disserter sur** ◆ [plus génér.] **parler de ;** → ABORDER IV, TRAITÉ I. *L'assemblée a traité la question :* **agiter ;** → DÉBATTRE DE.

III ① [v.i.] *Les belligérants ont fini par traiter :* **parlementer, passer un traité ;** → ACCEPTER. ② [v.t.] *Traiter une affaire :* **mener*, négocier*.**

traître

① [n.] *Le tribunal militaire a fait fusiller un traître :* **transfuge** (= celui qui passe à l'ennemi) ◆ **déserteur** (= celui qui abandonne ou refuse le combat). *La police a appris le complot par un traître :* **dénonciateur, délateur** ◆ [litt., souvent avec une majuscule] **judas** ◆ **renégat*** (= celui qui renie sa religion ou son parti), **parjure** (= celui qui transgresse son serment) ; → VENDU. *En traître :* **traîtreusement*.** ② [adj.] *On l'a accusé d'être traître à ses idées :* **infidèle ;** → DÉLOYAL, PERFIDE. ③ [adj.] *Attention ! ce virage est traître :* **dangereux*.** ④ *Il n'a pas dit un traître mot de la soirée* [antéposé] : **seul.**

◇ **traîtreusement** *Il m'a attaqué traîtreusement* [sout.] : **perfidement** ◆ [cour.] **en traître, par-derrière ;** → SOURNOISEMENT.

traîtreusement → TRAÎTRE.

traîtrise → DÉLOYAUTÉ, TRAHISON.

trajectoire → MOUVEMENT.

trajet

Avez-vous prévu votre trajet ? : **parcours*, route* ;** → CHEMIN. *C'est un long trajet :* **voyage** (qui prend en compte les conditions du déplacement) ◆ **distance** (= écart mesurable entre le point de départ et l'arrivée) ◆ **étape** (qui désigne à la fois le trajet parcouru d'une traite, entre deux haltes, et ces haltes elles-mêmes) ; → ESPACE.

trame

La trame de ce récit est complexe : [didact.] **texture ;** → CANEVAS.

tramer → COMPLOTER, FRICOTER, MACHINER.

trampoline → TREMPLIN.

tranchant

I ① [adj.] *À l'aide d'un instrument bien tranchant, désosser le lapin :* ↓ **coupant** ◆ **acéré** (= tranchant et pointu) ◆ **aiguisé, affilé*** (= à qui l'on a redonné de la pointe et du fil). ② [n.m.] *Le tranchant de votre couteau est émoussé :* **fil** ◆ [moins cour.] **coupant** (*votre couteau a du coupant*).

II [adj.] *Je n'aime pas qu'on me parle de ce ton tranchant :* **cassant, coupant, impérieux* ;** → ABSOLU II, AFFIRMATIF, RÉSOLU, DUR.

tranche

tranche → TRANCHER I. ① *Donnez-moi une tranche de ce gâteau* : **morceau*, part, portion***. *Une tranche de colin* : **darne**. *Une tranche de pain* : **tartine**. ② *Si tu viens nous voir, on s'en paiera une tranche* : → RIRE.

tranché → TRANCHER III. *Des couleurs tranchées* : **franc** ; → NET. *Il a des opinions tranchées sur la question* : **catégorique** ; → DÉCIDÉ.

tranchée ① *Les terrassiers ont creusé une tranchée* : **fossé** (qui est destiné à rester à ciel ouvert) ◆ **rigole*** (= tranchée de peu de profondeur pour l'écoulement des eaux). ② *Les soldats se terrent dans leurs tranchées* : **retranchement** ◆ [didact.] **boyau** (= fossé d'approche). *Guerre de tranchées* : [plus génér.] **guerre de position**.

trancher

I *Pour partir plus vite, on trancha l'amarre de la barque* : **couper*** ◆ **sectionner** (= couper net). *Trancher la tête* : **décapiter, guillotiner**. *Trancher la gorge* : **égorger**.

II ① [v.t.] *Le patron a tranché le problème de manière autoritaire* : **régler** ; → RÉSOUDRE. ② [v.t. ind. et v.i.] *Le chef de service tranche de tout* : **décider*, juger**. *Il a tranché* : → PARLER* NET.

III [v.t. ind. et v.i.] *Ce tissu clair tranchera sur le mur sombre* : **ressortir, se détacher de** ; → SE DÉCOUPER* SUR. *L'assurance de ce candidat tranchait sur l'énervement de ses concurrents* : **contraster avec**.

tranquille ① [qqn est ~] *C'est un homme tranquille* : **placide** (= calme par tempérament) ◆ **sans souci** (= dont la vie est sereine) ; → PAISIBLE, CALME. *Un père tranquille* : [plus fam.] **peinard**. *Restez tranquilles, les enfants !* : **sage***. *Qu'ils restent tranquilles ! nous pourrons écouter la musique* : **silencieux**. *Il n'a pas la conscience tranquille* : **en paix** ◆ [sout.] **serein** ; → REPOS. *Je serai là demain, soyez tranquille* : **être certain, sûr**. ② [un lieu est ~] *C'est une petite ville de province, tranquille et sans histoires* : → CALME, PAISIBLE, UNI. *Une eau tranquille* : ↑ **dormant***.

◇ **tranquilliser** *Vous pouvez vous tranquilliser ; les enfants sont en sécurité* : **rassurer** ◆ [rare] **rasséréner**.

◇ **tranquillité** *Ici, vous trouverez la tranquillité* : **calme*** ; → SOMMEIL. *Je n'aspire qu'à la tranquillité* : [plus sout.] **quiétude** (= tranquillité intérieure) ◆ **sécurité*** (= situation de qqn qui est à l'abri de l'inquiétude et du danger) ; → PAIX, REPOS, SILENCE.

tranquillement → BOURGEOISEMENT, PAISIBLEMENT, À LA PAPA*, SAGEMENT.

tranquillisant → CALMANT.

tranquilliser, tranquillité → TRANQUILLE.

transaction → ÉCHANGE, OPÉRATION.

transbahuter → TRANSPORTER I.

transbordeur → FERRY-BOAT.

transcendant *Ce n'est pas un esprit transcendant* : ↑ **sublime** ; → SUPÉRIEUR I.

transcender (se) *Dans l'adversité, il a su se transcender* : **se surpasser**.

transcrire → COPIER, NOTER II.

transe → ANGOISSE.

transférable → VENDABLE, TRANSMISSIBLE.

transférer → DÉPLACER.

transfert → CHANGEMENT, DÉPLACEMENT.

transfigurer → TRANSFORMER.

transformable, transformation → TRANSFORMER.

transformer ① [v.t. ; qqn ~ qqch] *Il faudrait transformer la maison pour la rendre agréable* : ↓ **modifier** (qui peut ne porter que sur des points de détail) ◆ ↑ **moderniser** (= transformer en adaptant aux goûts actuels) ; → ARRANGER, AMÉLIORER. *L'ingénieur a transformé son premier projet* : → CHANGER I. ② [v.t.] *Sa réussite l'a complètement transformé* : **changer*** ◆ ↑ **métamorphoser** ◆ **transfigurer** (= changer en donnant de l'éclat).

798

③ [v.t. ; qqn ~ qqn, qqch en] *Le paysan a transformé sa grange en hangar à tracteurs* : **convertir.**

◇ **se transformer** *Leur fille s'est transformée au moment de la puberté* : **changer*** (*leur fille a changé...*). *Les conditions économiques se transforment lentement* : **évoluer.** *On ne peut pas se transformer du tout au tout* : [plus cour.] **se refaire*.**

◇ **transformable** *Un canapé transformable* : **convertible.**

◇ **transformation** *Vous avez fait des transformations heureuses dans cette vieille maison* : **aménagement** (= modification qui peut n'être que secondaire) ◆ **amélioration** (= modification en mieux) ; → ARRANGEMENT, CHANGEMENT, RÉNOVATION, TRAVAIL I. *La transformation des devises* : **conversion*.** *Il lutte pour la transformation de la société* : → ÉVOLUTION. *La transformation de cet adolescent est surprenante* : **métamorphose*.**

transfuge
→ DÉSERTEUR, DISSIDENT, TRAÎTRE.

transfusion → INJECTION.

transgresser *L'automobiliste avait transgressé le Code de la route* : [plus sout.] **contrevenir à, enfreindre, passer outre à, être en infraction à** ◆ ↓ **tourner** (= éviter par la ruse) ; → VIOLER, DÉSOBÉIR. *Transgresser les ordres donnés* : **outrepasser** (= aller au-delà de la consigne).

◇ **transgression** *La transgression d'un interdit* : **violation.** *La transgression d'une loi* : **infraction*, désobéissance** (*infraction, désobéissance à la loi*) ; → CONTRAVENTION.

transgression → TRANSGRESSER.

transhumance → MIGRATION.

transi → FROID I.

transiger → COMPOSER IV, PACTISER.

transir → PÉNÉTRER.

transistor → POSTE II.

transit → PASSAGE.

transitaire → INTERMÉDIAIRE.

transiter → PASSER I.

transition → LIAISON II.

transitoire → INTERMÉDIAIRE, PROVISOIRE.

translucide → DIAPHANE, TRANSPARENT.

transmettre ① [qqn ~] *Transmettre un message* : **communiquer** ; → ÉMETTRE. *L'ailier a transmis le ballon à son avant-centre* : **passer.** *Transmettre un héritage à qqn* : **léguer** ◆ [plus génér.] **laisser.** *Transmettre son autorité à qqn* : **déléguer*.** *Transmettre un nom* : → SE PERPÉTUER. ② [qqch ~] *Les ondes hertziennes transmettent les signaux radio* : **véhiculer.** *Transmettre une maladie à qqn* : **donner** ◆ [didact.] **inoculer** ◆ **contaminer** (*contaminer qqn*).

◇ **se transmettre** *La peste se transmet* : **être contagieux, s'attraper, se propager** ; → SE RÉPANDRE.

◇ **transmission** *La transmission des pouvoirs* : **passation.** *La transmission des biens* : **cession.** *La transmission d'une information* : **communication.** *La transmission d'un spectacle* : **retransmission** (= transmission différée ou seconde diffusion) ; → ÉMISSION. *La transmission des ondes lumineuses est extrêmement rapide* : **propagation** ; → TRANSPORT I. *La transmission d'une maladie* : → CONTAGION.

◇ **transmissible** ① *Une maladie transmissible* : **contagieux, infectieux.** ② *Un patrimoine transmissible* : **transférable.** ③ *Une idée transmissible* : **communicable.**

transmissible, transmission
→ TRANSMETTRE.

transmutation → MÉTAMORPHOSE.

transparaître
→ SE FAIRE JOUR*, PARAÎTRE.

transparence → TRANSPARENT.

transparent *L'eau du ruisseau est si transparente qu'on pourrait compter les cailloux du fond* : **limpide** ◆ [moins cour.] **cristallin** ; → CLAIR. *Elle portait des dessous transparents* : **vaporeux.** *La première peau des oignons est transparente* : [plus rare] **translucide** ; → DIAPHANE. *Ces allusions sont transparentes* : **évident** ; → CLAIR.

◊ **transparence** *La transparence de l'eau* : **limpidité, clarté.** *La transparence d'une démonstration* : → ÉVIDENCE.

transpercer
→ PÉNÉTRER, PERCER, TRAVERSER.

transpiration → SUEUR.

transpirer ① → SUER. ② → PERCER.

transplanter ① → PLANTER. ② *Transplanter un organe* : → GREFFER.

transport

I *Le transport du courant s'opère par câble* : **transmission, acheminement.** *Le transport de notre mobilier a coûté cher* : **déménagement.** L'**expédition** et la **livraison** ne désignent que les opérations de départ et d'arrivée du *transport. Des moyens de transport* : → COMMUNICATION. *Les frais de transport* : **port.**

II *Des transports de joie* : **élan** ◆ **effusion** (= manifestation du sentiment) ; → ACCÈS II, ÉMOTION, MOUVEMENT.

transporté → FOU* DE.

transporter

I ① *On peut transporter le fret par la route* : [plus partic.] **camionner** (= transporter en camion). *Les postes transportent le courrier* : **acheminer***. *Transportez-moi ce meuble au grenier* : **déménager** ◆ [plus fam.] **transbahuter** (= transporter avec beaucoup de peine et sans grand soin). *Le torrent transporte des arbres morts* : **charrier.** ② *J'ai transporté des amis dans ma voiture* : **véhiculer*.**

II *La bonne nouvelle a transporté d'enthousiasme toute l'assemblée* : **soulever** (*soulever l'enthousiasme de...*) ; → ENIVRER, EXALTER, SAISIR I.

◊ **se transporter** [de transporter I] *Le parquet s'est transporté sur les lieux du crime* : **se déplacer, se rendre.**

transporteur → CAMIONNEUR, ROUTIER.

transposer → ADAPTER, EXTRAPOLER.

transposition → EXTRAPOLATION.

transvaser *Le vigneron a transvasé son vin* : [plus partic.] **soutirer** ◆ **siphonner** (= transvaser à l'aide d'un siphon) ◆ [rare] **transvider ;** → VERSER.

transvider → TRANSVASER.

trapéziste → ACROBATE.

trappe → CLOÎTRE.

trappeur → CHASSEUR I.

trapu ① *Son adversaire était un homme trapu* : **râblé** ◆ **courtaud** (qui insiste sur la petitesse de la taille) ; → RAMASSÉ. ② *Ce problème était trapu* [fam.] : [cour.] **difficile*** ◆ ↑ **infaisable.** *Il est trapu en maths* : → SAVANT I.

traque → CHASSE.

traquenard → PIÈGE.

traquer *Les chasseurs traquaient le cerf* : [plus génér.] ↓ **poursuivre*** ◆ ↑ **forcer** (qui implique que la bête est à bout).

trauma → BLESSURE.

traumatiser → COMMOTIONNER, SECOUER.

traumatisme → BLESSURE.

travail

I ① *Certains hommes aiment le travail pour lui-même* : [plus génér.] **action, activité** (qui ne produisent pas par elles-mêmes des résultats censés être utiles) ◆ [plus sout.] **labeur ;** → EXERCICE. *Avoir beaucoup de travail* : **occupation, avoir du pain sur la planche.** *Le travail scolaire* : **études.** ② *Creuser cette tranchée était un travail difficile* : ↑ **corvée** (= travail forcé ou obligé) ◆ [plus sout.] **besogne** (= travail imposé par la profession ou les circonstances) ◆ **tâche** (= travail déterminé) ◆ **bricolage** (= travail d'amateur, mal conçu ou mal exécuté) ◆ [fam.] **boulot.** *Faire tout le travail* : → SE TAPER. ③ *A-t-il remis son travail à temps ?* : **ouvrage*,** [fam.] **boulot** (qui désignent tout à la fois l'activité et le produit de cette activité) ◆ **devoir, leçon** (= travail à faire par un écolier) ◆ [partic.] **pensum** (= devoir supplémentaire infligé comme punition) ; → ŒUVRE. ④ *Ce bijou est d'un travail délicat* : **facture, façon.** ⑤ *Le magasin est fermé pour cause de travaux* : **réparation, transformation.** ⑥ *Le travail d'une machine* : **fonctionnement ◆ force** (= puissance) **◆ rendement** (= évaluation de sa production).

II ① *Ce chômeur cherche un travail depuis six mois* : **emploi* ◆** [fam.] **turbin, boulot, petit boulot** (= emploi de substitution aux métiers traditionnels, n'offrant pas les mêmes garanties sociales) **◆** [vieilli] **gagne-pain ◆** [anglic.] **job.** ② → MÉTIER. ③ *Le père partait pour son travail le matin* : [fam.] **boîte ◆** [moins génér.] **usine, atelier, bureau.** ④ *Pendant les heures de travail* : [plus partic.] **service** (qui s'applique surtout au travail administratif). *Un arrêt de travail* : **grève.** ⑤ *Votre travail n'est pas satisfaisant* : **rendement, productivité** (= évaluation quantitative de la production).

III ① *L'ingénieur a constaté le travail du tablier de ce pont* : **affaissement.** *Le travail du bois* : **gauchissement ;** → GONFLEMENT. ② *Avec le printemps, le vin est de nouveau en travail* : **fermentation.**

travaillé → OUVRAGÉ, RECHERCHÉ.

travailler

I ① [v.i. ; qqn ~] *Le retraité ne restait pas inactif : il travaillait dans sa maison* : **faire** (...*faisait qqch...*) ; → ACTIVITÉ, AGIR, ŒUVRER. ② [v.i.] *Depuis huit jours, il travaille pour terminer cette corvée* : **donner un coup de collier, s'activer ◆** [plus sout.] **abattre de la besogne, être à l'œuvre ◆** [fam.] **en mettre un coup, en ficher un coup, marner, cravacher ◆** ↑ **se crever ◆** [moins cour.] **se tuer à la tâche, mettre les bouchées doubles ◆ travailloter** (= travailler mollement). ③ [v.t. ; qqn ~ qqch] *L'étudiant avait travaillé sérieusement son programme pour obtenir la licence* : **étudier* ◆** [fam.] **bûcher*, piocher*, potasser ◆** [cour.] **apprendre.** ④ [v.t. ; qqn ~ qqch] *L'ébéniste travaillait une planche de noyer* : **façonner*.** *Le potier travaille l'argile* : **pétrir*.** *Le paysan travaillait des terres trop humides* : **cultiver.** *L'auteur a travaillé son style* : [sout.] **ciseler ◆** [plus fam.] **fignoler.** ⑤ [v.t. ;

qqch ~ qqn] *Cette question le travaillait* : ↑ **tourmenter* ◆** ↓ **préoccuper ;** → OBSÉDER. ⑥ [v.t. ; qqn ~ qqn] *Ses amis le travaillaient pour qu'il accepte la trésorerie du comité* : **pousser, influencer*.** *Le champion mi-lourd travaillait au corps son challenger* : [plus fam.] **cogner.** ⑦ [v.t. ind.] *Nous allons travailler à réaliser ce projet* : **s'efforcer de ◆ tâcher de.** *Le professeur travaillait à son cours* : **préparer*** (... *préparait son cours*).

II [v.i.] *Mon père travaille dans l'industrie automobile* : [fam.] **bosser, boulonner, gratter, turbiner ;** → EXERCER* UN MÉTIER, GAGNER* SA VIE. *Cet industriel fait travailler cinq cents ouvriers* : **employer ◆** [péj.] **exploiter** (qui insiste sur le profit tiré par le patron du travail de ses employés).

III [v.i. ; qqch ~] *On ne peut plus ouvrir la fenêtre, le châssis a travaillé* : **jouer ◆** [didact.] **gauchir ◆ (se) gondoler** (= prendre des formes courbes) ; → GONFLER.

travailleur

I [adj. et n.] *Ce garçon est très travailleur* : [plus génér.] **courageux ◆** [fam.] **bosseur, bûcheur ;** → ACTIF, APPLIQUÉ, CONSCIENCIEUX, LABORIEUX.

II [n.] *C'est un travailleur du bâtiment* : **ouvrier** (= travailleur manuel) **◆ journalier** (= travailleur à la journée, surtout dans l'agriculture) **◆ employé** (= salarié sans rôle d'encadrement, préposé à un travail plutôt intellectuel) **◆ fonctionnaire** (= employé de l'État) **◆ prolétaire** (= celui qui exerce un métier manuel et ne vit que de son salaire) ; → SALARIÉ. *Les travailleurs sont exploités* : **classe(s) laborieuse(s) ◆** [plus spécialt] **classe ouvrière.**

travaillisme → SOCIALISME.

travailloter → TRAVAILLER I.

travaux forcés → BAGNE.

travelo → TRAVESTI.

travers

I ① → CÔTÉ. ② *Il portait son chapeau de travers* : **de côté, de guingois ◆** [fam.] **de traviole.** *Le cheval a abordé l'obstacle par le travers* : **obliquement ;** → DE FLANC*. *Il comprend tout de travers* : **mal.** ③ *Passer à* *travers champs* : **au milieu de** ◆ **traverser** (*traverser les champs*).

II *Un travers* : → DÉFAUT, RIDICULE.

traversable *Ce cours d'eau est traversable à gué* : **franchissable**.

traversée → PASSAGE, VOL I, VOYAGE.

traverser ① *D'un pas, il a traversé le ruisseau* : **franchir** ; → PASSER I. *La caravane a traversé le Sahara* : **parcourir** (= se déplacer dans divers sens aussi bien qu'aller d'une extrémité à l'autre d'un espace). ② *La ligne de chemin de fer traverse la route* : **couper*, croiser** ◆ **enjamber** ; → PASSER* PAR-DESSUS. *La Loire traverse Orléans* : → ARROSER. ③ *Le clou a traversé la cloison trop mince* : **transpercer** ; → PERCER. ④ *Une idée soudaine lui traversa l'esprit* : **se présenter à, passer par la tête.**

traversier → FERRY-BOAT.

traversin *Il dort avec un traversin* : **polochon** ; → COUSSIN.

travesti ① → DÉGUISEMENT. ② *Il a reconnu un travesti à sa démarche* : [fam.] **travelo** ◆ [anglic.] **drag-queen.**

travestir → DÉGUISER, FALSIFIER.

travestissement → DÉGUISEMENT.

traviole (de) → TRAVERS I.

trébucher ① *Il a trébuché sur un caillou* : **buter** ◆ **broncher** (qui se dit d'un cheval qui fait un faux pas) ◆ **chanceler*, vaciller** (= perdre l'équilibre comme si on allait tomber). ② *L'acteur trébuchait toujours sur le même mot* : **hésiter*** ; → ACHOPPER.

tréfonds → REPLIS, SECRET III.

treillage → CLÔTURE.

treille → VIGNE.

treillis ① → CLÔTURE. ② → TENUE.

trekking → RANDONNÉE.

tremblant, tremblement → TREMBLER.

trembler ① [qqn, un animal ~] *Vous devez avoir froid, vous tremblez* : ↑ **grelotter** ◆ ↓ **frémir** ◆ ↓ **frissonner*** (= trembler légèrement et de façon passagère) ◆ [fam.] **avoir la tremblote.** *Ce vieillard a la voix qui tremble* : **chevroter*** ; → TREMBLANT. ② [qqn ~] *Je tremble pour mon ami qui est en mer* : **avoir peur*.** *Je tremble qu'il lui arrive malheur* : ↓ **craindre*, appréhender** ; → ÊTRE INQUIET*. ③ [qqch ~] *Sous le vent frais, les feuilles tremblent doucement* : **remuer, s'agiter** ◆ **frémir** (= trembler en bruissant). *Son double menton tremble quand il marche* : **trembloter.** ④ [qqch ~] *Toute la voiture tremble en passant sur les pavés* : **vibrer*.** *Le canon fait trembler le sol* : **ébranler.**

◇ **tremblant** ① *Les jambes tremblantes, il avait du mal à avancer* : **flageolant** ; → VACILLANT. *Une voix tremblante* : **tremblé, chevrotant, tremblotant.** *La flamme tremblante d'une bougie* : **vacillant*.** *Un échafaudage tremblant* : **fragile.** ② *Il restait devant la porte, tremblant* : **craintif** ◆ ↓ **apeuré,** ↑ **terrorisé.**

◇ **tremblement** ① [~ de qqn] *La fièvre monte : le malade est agité de tremblements* : **grelottement** ◆ ↓ **frisson,** ↓ **frémissement** ◆ ↑ **convulsion,** ↑ **spasme** (= contraction musculaire de grande amplitude et qui n'est pas forcément répétée). ② [~ de qqch] *Quand les camions passent sous nos fenêtres, le tremblement du plancher est sensible* : **trépidation, vibration*.** *Le tremblement de la flamme* : → VACILLATION. *Un tremblement de terre* : **séisme*.**

tremblotant → TREMBLANT, VACILLANT.

tremblote *Avoir la tremblote* : → TREMBLER.

trembloter → CHEVROTER, TREMBLER, VACILLER.

trémousser (se) → FRÉTILLER, REMUER.

trempe
① → VALEUR I. ② → PEIGNÉE, RACLÉE.

trempé → HUMIDE, MOUILLÉ, RUISSELANT.

tremper

I ① [v.t.] *Trempez un coton dans l'eau bouillie pour nettoyer la plaie :* **imbiber de ◆ ↓ mouiller** ; → BAIGNER, PLONGER **II**. *Ma chemise est trempée de sueur :* ↓ **imprégner** ; → HUMIDE. *Le bébé a trempé sa couche :* ↓ **mouiller ◆ ↑ inonder** ; → ARROSER. *Se faire tremper :* → SAUCER. ② [v.i. ; qqch ~] *Les harengs trempent dans l'huile :* **mariner** ; → MACÉRER. ③ [v.i. ; qqn ~] *Il a trempé dans une sombre affaire d'escroquerie :* **participer* à.**

◇ **se tremper** → SE BAIGNER, SE MOUILLER.

II [v.t. ; ~ qqn] → AFFERMIR, ENDURCIR.

trempette *Faire trempette :* → SE BAIGNER **III**.

tremplin *Le plongeur prit son élan du tremplin :* **plongeoir** (= plate-forme, pas obligatoirement élastique) ◆ **trampoline** (= engin de gymnastique sur lequel on rebondit).

trench-coat → IMPERMÉABLE.

trépan → SONDE.

trépas → MORT **I**.

trépassé → DÉCÉDÉ.

trépasser → MOURIR, Y PASSER **II**.

trépidant → AGITÉ.

trépidation → TREMBLEMENT, VIBRATION.

trépider → VIBRER **II**.

trépigner *L'enfant trépignait d'impatience :* **piaffer** ; → PIÉTINER.

très *On m'a raconté une histoire très drôle :* [moins cour.] **extrêmement, follement ◆** [plus sout.] **fort ◆** [fam.] **vachement, bougrement ◆ trop, terriblement** (qui marquent l'excès ou l'hyperbole) **◆** [euph.] **plutôt.** *Les enfants sont très contents de votre cadeau :* **tout*, bien*, rudement* ◆** [postposé] **comme tout ◆** [fam.] **drôlement, tout plein** ; → PLEINEMENT, EXTRAORDINAIREMENT, ASSEZ. *C'est un personnage très connu :* **archi-, hyper-, super-, ultra-** (*archiconnu, hyperconnu, superconnu, ultra-connu*). *Votre fille est très belle :* **belle comme un ange*, étonnamment** ; → PARFAITEMENT. *Leur fils est très fort :* [fam., postposé] **comme quatre** ; → COMME PAS* UN. *Il est très complexé :* **pétri de** (*... pétri de complexes*). *Mon mari est très jaloux :* **excessivement, effroyablement ◆** [postposé] **en diable, ô combien, au plus haut degré** ; → À FAIRE PEUR*. *Cet armateur était très riche :* ↑ **immensément**, ↑ **fabuleusement, formidablement** ; → OUTRAGEUSEMENT. *Il n'est pas très fort :* → TELLEMENT.

trésor ① *Ce vieillard avait caché un trésor dans son grenier :* **fortune** (qui n'est pas forcément destinée à être conservée) **◆ magot*** (= somme d'argent, plus ou moins importante, que l'on cache). *Les trésors culturels de ce pays :* **richesse** ; → CAPITAL. ② *Le département du Trésor :* **les Finances** (*de l'État*) ; → IMPÔTS. ③ → PERLE.

tressaillement → SURSAUT.

tressaillir *Un petit bruit suffit à me faire tressaillir :* ↑ **sursauter ◆** [sout.] **tressauter ◆ ↓ frémir** ; → FRISSONNER, TREMBLER.

tressauter → TRESSAILLIR.

tresse *La jeune fille portait ses tresses blondes en macarons :* **natte.**

tresser → ENTRELACER.

tréteau ① *Une grande porte, posée sur deux tréteaux, servait de table :* **chevalet.** ② *Il était monté tout jeune sur les tréteaux :* **sur les planches** ; → SCÈNE, THÉÂTRE.

treuil *On levait les ballots à l'aide d'un treuil :* **guindeau, cabestan,** [anglic.] **winch** (= sortes de treuil, surtout utilisées dans la marine).

trêve ① *Les belligérants ont conclu une trêve :* **cessez-le-feu** (= arrêt des combats) **◆ armistice, suspension* des hostilités** (= convention par laquelle on suspend les combats sans mettre fin à la guerre). ② *Sans trêve :* **sans arrêt*, sans relâche*, sans répit*.** ③ *Trêve de plaisanteries !* : **assez de.**

tri → TRIAGE.

triage → TRIER.

tribord → BORD I, DROIT II.

tribu ① *Les tribus nomades du Sahel* : **ethnie** (= ensemble plus vaste rapproché par la communauté de langue et de culture). ② *Toute la tribu* : [fam.] **smala** ; → FAMILLE.

tribulations *Le voyage est terminé et nos tribulations aussi* [pl.] : **aventure** ◆ **mésaventure** (= aventure désagréable) ; → MALHEUR.

tribun → ORATEUR.

tribunal *L'affaire sera portée devant les tribunaux compétents* : **juridiction** (= ensemble des tribunaux d'une même catégorie, d'assises, d'instance, etc.) ◆ **chambre** (= section du tribunal) ◆ **cour** (= tribunal exerçant une juridiction supérieure) ◆ **conseil** (= tribunal administratif ou militaire) ◆ **parquet** (= ensemble des magistrats relevant du ministère public, dans un tribunal) ; → DEVANT LE JUGE*.

tribune → ESTRADE, ARTICLE.

tributaire *Les pays pauvres sont tributaires des grandes puissances industrielles* : **dépendant** ◆ ↑ **soumis à** (qui implique en outre la docilité).

triche → TROMPERIE.

tricher *Mon boucher ne triche pas sur le poids* : **frauder** ; → TROMPER. *Certains candidats ont triché* : **resquiller*** ; → COPIER, CONTOURNER.

◇ **tricheur** *Des tricheurs dans une file d'attente* : **resquilleur** ◆ ↑ **fraudeur** (qui se dit aussi pour les graves délits). *Ce candidat est un tricheur* : **copieur** (qui se dit de celui qui utilise un travail qui n'est pas le sien) ◆ [plus génér.] **truqueur** ◆ ↑ **imposteur** (= celui qui usurpe une identité). *Un tricheur professionnel* : **arnaqueur** ; → ESCROC.

tricherie → FRAUDE, TROMPERIE.

tricheur → TRICHER.

tricolore → FRANÇAIS.

tricot → CHANDAIL.

trier *Les bons éléments ont été triés* : [plus partic.] **sélectionner, choisir** (= dégager un petit nombre d'objets d'une collection) ◆ [fam.] **écrémer** ; → PASSER AU TAMIS*, TAMISER, SÉPARER. *Le courrier doit être trié avant la distribution* : **classer***, **répartir**. *Trier des tomates selon leur grosseur* : [plus précis] **calibrer**.

◇ **triage** : choix, sélection, tri, classement, criblage, calibrage.

trifouiller → FOUILLER, TRIPOTER.

trimardeur → VAGABOND.

trimbaler, trimballer → PORTER I, TRAÎNER.

tringle → TIGE.

trinquer ① → PORTER UN TOAST* I. ② → PUNIR, INCONVÉNIENT.

triomphal → ÉCLATANT.

triomphant → TRIOMPHE.

triomphe *Le triomphe de nos idées est assuré* : ↓ **succès** ; → RÉUSSITE, VICTOIRE. *Cette vedette du sport eut son triomphe aux jeux Olympiques de 1948* : **consécration** ◆ **apothéose** (= sommet d'une carrière).

◇ **triompher** ① [v.t. ind.] *Cet athlète a triomphé de ses rivaux* : **battre** (... a battu ses rivaux) ; → DOMINER, VAINCRE, VENIR À BOUT DE. *Il a triomphé de ces difficultés* : **surmonter**. ② [v.i.] *Le parti a triomphé aux dernières élections législatives* : **l'emporter** ; → VAINCRE. *Vous aviez raison, mais ne triomphez pas trop* : **crier victoire, jubiler, se féliciter**.

◇ **triomphant** *Il a terminé son combat triomphant, mais épuisé* : **vainqueur** ; → VICTORIEUX. *L'air triomphant* : **radieux**.

triompher → TRIOMPHE.

trip → VOYAGE.

tripatouillage → MANŒUVRE I.

tripatouiller → TRIPOTER.

tripes → CORPS, ENTRAILLES, INTESTIN, VISCÈRES.

tripette *Ça ne vaut pas tripette* : → VALOIR.

tripot *Le joueur perd tout son argent dans des tripots* [péj.] : [plus cour.] **maison de jeu.**

tripotage → MANŒUVRE I.

tripotée ① → PEIGNÉE. ② *Une tripotée de gosses* : → QUANTITÉ.

tripoter [fam.] ① [v.t.] *Ne tripote pas la mie de pain sur la nappe* : [didact.] **malaxer, triturer ;** → PÉTRIR. *Tripoter une femme* : **caresser*.** ② *J'aimerais que tu ne tripotes pas mes affaires* : **patouiller dans, trifouiller, tripatouiller ;** → FOUILLER. ③ [v.i.] *Cet homme d'affaires a tripoté dans de nombreuses combines* : [fam.] **fricoter** ◆ [plus cour.] **trafiquer*.**

trique → BAGUETTE, BÂTON.

trisser (se) → FUIR, PARTIR I.

triste

I [qqn est ~] ① *Il est triste depuis la mort de sa femme* : **abattu, malheureux** ◆ ↑ **désespéré,** ↑ **éploré** ◆ [sout.] **affligé ;** → SOMBRE, ÊTRE COMME UNE ÂME EN PEINE* II, BROYER DU NOIR* II. *Il est triste depuis un échec* : ↑ **amer** (qui implique de la rancœur). ② *Ce garçon triste est un véritable rabat-joie* : **morne, sans fantaisie ;** → MÉLANCOLIQUE, MAUSSADE, LUGUBRE. *Son air triste n'incite pas les autres à la joie* : **funèbre, morose, sombre** ◆ [fam.] ↓ **tristounet,** ↓ **éteint.** *Avoir l'air triste* : [fam.] **faire une tête d'enterrement ;** → MALHEUREUX I, SINISTRE I.

II [qqch est ~] *Nous avons eu un triste temps cet automne* : [postposé] ↑ **affreux ;** → MAUSSADE. *Cette nouvelle est bien triste* : **attristant** ◆ ↓ **pénible** ◆ ↑ **accablant, affligeant.** *Le violon jouait un air triste* : → PLAINTIF. *C'est une histoire triste* : **navrant*** ◆ ↑ **tragique ;** → SINISTRE. *La couleur de ce corsage est triste* : [plus partic.] **sévère, terne.** *C'est bien triste* : [plus sout.] **fâcheux ;** → DOMMAGE.

III [antéposé] ① *Quel triste individu ! je ne lui confierais pas mon portefeuille* : **sale* ;** → MISÉRABLE. ② *Il est rentré de sa pro-* menade dans un triste état : [souvent postposé] **déplorable, lamentable, pitoyable ;** → PITEUX. *Il n'a obtenu que de tristes résultats* : **médiocre.**

tristesse *Sa tristesse est profonde depuis la mort de son père* : [sout.] ↑ **abattement,** ↑ **affliction** ◆ ↓ **chagrin** ◆ [plus partic.] **deuil ;** → PEINE. *Être porté à la tristesse* : **mélancolie, morosité, neurasthénie** ◆ [fam.] **cafard ;** → AMERTUME, DÉPRESSION. *La tristesse d'une vie solitaire* : **grisaille.**

tristounet → TRISTE I.

triturer ① *Le pharmacien triturait ses produits* [didact.] : [plus cour.] **broyer*, piler.** ② *Il faut triturer le mélange pour obtenir une pâte molle* : **malaxer, pétrir ;** → TRIPOTER.

trivial → COMMUN II, VULGAIRE I et II.

trivialité → PLATITUDE.

trognon ① → BOUT. ② → MIGNON.

troll → LUTIN.

trombe → TEMPÊTE.

trombine → FIGURE I, TÊTE.

trompe → COR I.

trompé *Être trompé* : → AVOIR DES CORNES*.

trompe-l'œil → SIMULACRE.

tromper ① [qqn ~ qqn sur qqch] *C'est un personnage habile qui a su tromper tout son entourage* : [plus sout.] ↓ **abuser** ◆ [vieilli] ↓ **berner** ◆ [fam.] **attraper, bluffer, faire marcher*, rouler dans la farine** ◆ [fam.] **couillonner** (= ridiculiser en trompant) ; → MENER* EN BATEAU, ROULER II, MYSTIFIER, JOUER IV, POSSÉDER, METTRE DEDANS*, EMBOBINER. *Il nous a trompés sur la qualité de la marchandise* : **escroquer** ◆ [sout.] **duper, flouer** ◆ [fam.] **arnaquer, entuber, filouter, blouser, avoir** (= tirer avantage de qqn par tromperie), [très fam.] **niquer ;** → REFAIRE, LEURRER, VOLER. *Il l'a trompée sur ses intentions* : **enjôler** (= tromper qqn en le charmant) ◆ **bercer qqn** (*bercer d'illusions, de vaines promesses, de faux*

805

tromperie

espoirs) ◆ [fam.] **endormir** (= rassurer à tort la victime) ◆ [fam.] **feinter**, [sout.] **amuser** (= détourner l'attention) ◆ **donner le change** (= cacher ses intentions) ; → FAIRE CROIRE*. [absolt] *Le plaisir, l'art de tromper :* **mentir***. ② *Tromper sa femme, son mari :* [plus sout.] **trahir** ◆ [fam.] **faire cocu, cocufier** ; → ÊTRE INFIDÈLE* À. ③ [qqch, qqn ~ qqn] *Le prisonnier a trompé la vigilance des surveillants :* **déjouer***. *Son absence m'a trompé :* **décevoir** ◆ [plus sout.] **frustrer.** *J'ai été trompé par ses mensonges :* → SE LAISSER PRENDRE (I) À. ④ *Je n'arrive pas à tromper mon ennui :* **faire diversion à.**

◇ **se tromper** ① *Il s'est encore trompé en faisant ses comptes :* **faire, commettre une erreur, une faute, se planter** ◆ [fam.] **se gourer, se ficher, se foutre dedans.** *Vous vous trompez si vous croyez que je vais avaler votre histoire :* **avoir tort*** ◆ **faire fausse route** ◆ [très sout.] **s'abuser, errer, se méprendre** ◆ [fam.] **avoir la berlue** ; → TAPER* À CÔTÉ. *Vous vous êtes trompé de route :* **s'égarer***. ② *Il préfère se tromper lui-même que regarder la situation en face :* **se mentir, être faillible** ◆ **s'aveugler** (= manquer de discernement) ◆ **s'illusionner, se bercer d'illusions, se faire des illusions** (= choisir une fausse interprétation des faits) ◆ **se faire des idées** ◆ [fam.] **se mettre dedans, se mettre, se fourrer le doigt* dans l'œil** (jusqu'au coude).

◇ **tromperie** *Ne vous laissez pas prendre à ses jérémiades : c'est une tromperie :* **duperie, bluff, feinte** ◆ **tricherie,** [fam.] **triche** (= fraude au jeu) ◆ [sout.] **fourberie** ; → LEURRE, MENSONGE, MYSTIFICATION, SUPERCHERIE. *Cette loterie est une tromperie :* **arnaque, filouterie, vol** ; → ESCROQUERIE.

◇ **trompeur** ① [adj.] *Il a cru nous surprendre par des discours trompeurs* [sout.] : [cour.] **mensonger*** ◆ [moins cour.] **captieux** ◆ [sout.] ↑ **fallacieux,** ↑ **artificieux** ◆ **insidieux** (= qui comporte un piège) ; → SÉDUISANT. *Son indifférence est trompeuse :* **apparent** ◆ ↑ **hypocrite.** ② [n.] *Un trompeur :* **menteur*** ◆ ↑ **arnaqueur.**

tromperie → TROMPER.

trompette ① [n.f.] *Les trompettes du régiment :* **cornet** ◆ **clairon** (= cuivre sans pistons). ② [n.m.] *Le trompette de l'orchestre :* **trompettiste.** ③ [n.f.] → FIGURE. ④ [n.f.] *Le nez en trompette :* **retroussé***.

trompeur → TROMPER.

tronc ① *Les bûcherons débitaient les troncs :* [moins cour.] **fût** (= partie basse du tronc, au-dessous des branches maîtresses). ② *Le tronc de l'homme* (= corps humain à l'exclusion de la tête et des membres) : **buste, torse*** (= partie au-dessus de la taille) ◆ **bassin** (= partie au-dessous de la taille).

tronche → TÊTE.

tronçon → PORTION.

tronçonner → COUPER, SCIER.

tronçonneuse → SCIE.

trône → MONARCHIE.

tronquer → COUPER, MUTILER.

trop ① *Il a fait trop chaud cet été :* ↓ **bien** ◆ ↑ **excessivement,** [postposé] **à l'excès.** *Il ne s'inquiète pas trop :* **beaucoup, outre* mesure.** *Ne tardez pas trop :* **pas longtemps.** *Il est trop drôle :* [vieilli] **fort ;** → TRÈS. ② *Avez-vous des bagages en trop ? :* **en excédent ;** → SUPERFLU. *Quelqu'un est de trop ici :* **importun, indésirable*.** *Être de trop :* **gêner.** *Par trop :* → VRAIMENT. *Il boit trop :* → ABUSER I. ③ *Il est trop* [fam.] : → IRRÉSISTIBLE, MIGNON, INCROYABLE.

trope → FIGURE III.

tropical → CHAUD.

trop-plein ① *Le trop-plein des eaux de pluie s'écoulait avec bruit :* **excédent.** ② *Le trop-plein du lavabo :* **déversoir.**

troquer → CHANGER I.

troquet → CAFÉ I.

trot → ALLURE.

trotskisme → SOCIALISME.

trotter ① → COURIR I, MARCHER. ② *Trotter dans la tête :* → OBSÉDER.

trottoir *Faire le trottoir :* → SE PROSTITUER.

trou ① *Dans la falaise, on peut voir un trou :* **creux** (= dépression moins marquée qu'un trou) ◆ [moins cour.] **excavation, cavité*** ◆ **crevasse** (= ouverture étroite dans un mur, dans le rocher, dans la glace ou dans la peau) ◆ **brèche** (= ouverture produite par force ou par accident) ; → FENTE, OUVERTURE. *Faire un trou :* **creuser*.** *Il avait un trou à son chandail :* **accroc*.** *Les enfants sont passés par le trou de la haie :* **trouée** (= passage naturel ou artificiel à travers un obstacle). *Un trou dans la conduite de gaz, d'eau :* ↓ **fuite.** *Il creusa un trou dans le jardin :* ↑ **fosse.** *Il y a des trous dans la route :* **nid-de-poule** ◆ ↑ **fondrière** ◆ **ornière** (= sillon profond laissé par les roues des véhicules). *Le lapin se réfugia dans son trou :* [plus partic.] **terrier.** *Un trou d'aiguille :* **chas.** ② *Il y a un trou dans votre histoire :* → MANQUE, VIDE, OUBLI. *Vous devriez combler ce trou en mathématiques :* **lacune** ; → FAIBLESSE. ③ *Nous avons passé nos vacances dans un trou perdu* [fam.] : **bled, coin, patelin ;** → BOURG. *On l'a mis au trou* [fam.] : [cour.] **en prison*.** ④ *Trou de nez :* **narine.** *Trou de balle, du cul* [très fam.] : [didact.] **anus*.**

troubadour *L'art des troubadours* (= poètes de langue d'oc au Moyen Âge) : **trouvère** (= poète de langue d'oïl au Moyen Âge) ◆ **ménestrel** (= musicien ambulant du Moyen Âge) ; → POÈTE.

troublant ① *Il y a un détail troublant dans votre histoire :* **déconcertant** ◆ ↑ **inquiétant.** *Une situation troublante :* **dérangeant** ; → INTIMIDANT. ② *C'est une personne troublante :* → EXCITANT, FASCINANT.

trouble

I [adj.] ① *On ne voit pas les poissons dans cette eau trouble :* [plus partic.] **boueux, vaseux.** *Une image trouble :* **flou, confus.** ② *Un regard trouble :* → VOILÉ. *Un milieu trouble :* **louche, suspect.**

II [n.m.] ① [~ d'un organe] *Des troubles respiratoires :* **insuffisance ;** → MALAISE, VERTIGE. ② [~ de qqn] *J'ai provoqué son trouble par maladresse :* **inquiétude**

◆ ↑ **désarroi,** ↑ **affolement* ;** → ALARME, ALTÉRATION, ANGOISSE, ÉMOTION, EMBARRAS, CONFUSION. *Le trouble du premier baiser :* [plus sout.] **émoi.** ③ *Un grand trouble s'ensuivit dans l'assemblée :* **agitation*, effervescence, remue-ménage ;** → CONFUSION, DÉSORDRE, REMOUS, CONVULSION. *Un bonheur sans trouble :* → SANS NUAGE*. ④ [pl.] *Des troubles graves ont eu lieu* (= agitation sociale importante) : [sing.] ↑ **soulèvement,** ↑ **insurrection ;** → ÉMEUTE, DÉSORDRE.

troublé → ÉMU, SECOUÉ.

trouble-fête → RABAT-JOIE.

troubler ① *Ses larmes lui troublaient la vue :* **brouiller.** *Un bruit troubla le silence :* → DÉCHIRER. ② *Votre intervention a troublé le calme de la réunion :* **perturber* ;** → RÉVOLUTIONNER. *Un incident a troublé la fête :* **déranger*, désorganiser** ◆ ↑ **interrompre ;** → CONTRARIER. ③ *Vous avez troublé mon ami par vos questions insidieuses :* **agiter, déconcerter*, démonter, désarçonner, impressionner** ◆ ↑ **affoler,** ↑ **embarrasser ;** → INTIMIDER, GÊNER. *Cette histoire bizarre m'a troublé :* **intriguer** ◆ ↑ **inquiéter.** *Le récit de cet accident a troublé ma femme :* ↑ **bouleverser** ◆ [fam.] ↑ **retourner.** *Cette nouvelle a troublé ma bonne humeur :* **altérer*.**

◇ **se troubler** [qqch ~] ① *L'eau s'est troublée quand nous avons agité le fond :* **devenir trouble ;** → SE BROUILLER. ② [qqn ~] *L'accusé ne s'est pas troublé devant les questions des policiers :* **se démonter** ◆ ↑ **s'affoler*,** ↑ **perdre les pédales ;** → S'ÉMOUVOIR.

trouée *Une grande trouée dans le rideau d'arbres laissait voir l'horizon :* **brèche ;** → CLAIRIÈRE, PERCÉE, TROU. *Une trouée de bleu dans un ciel orageux :* **échappée.**

trouer → PERCER.

troufignon → ANUS.

troufion → SOLDAT.

trouillard → PEUREUX.

trouille → CRAINTE, PEUR.

troupe

troupe

I ① *Une troupe d'adolescents sortit bruyamment du collège :* **bande** (= petit groupe soudé) ◆ [sout.] **armada** (qui met en relief l'importance numérique du groupe) ◆ **horde** (= troupe indisciplinée dont on craint les méfaits) ◆ **troupeau** (= troupe nombreuse dont on suppose la passivité) ; → VOLÉE I. *C'est une joyeuse troupe :* [plus sout.] **cohorte.** ② *La troupe jouait une nouvelle comédie :* **compagnie** (*compagnie théâtrale*).

II [coll., sing. ou pl.] *La troupe a occupé le village, les troupes ont occupé le village :* **armée(s), force(s) armée(s), soldats*.** *Les troupes régulières sont organisées en unités :* **corps (d'armée), régiment, bataillon, brigade, compagnie, section, escadron, escouade** (qui peuvent aussi être employés au sens fig. pour désigner des groupes importants de personnes) ; → TROUPE I.

troupeau → BÉTAIL, TROUPE I.

trousse → NÉCESSAIRE II.

trouvaille ① *Ce séjour de vacances est une heureuse trouvaille :* **découverte.** ② → INVENTION.

trouver ① *J'ai trouvé des coquillages sur la plage :* **découvrir** ◆ [impropre] **dénicher,** [fam.] **dégoter** (= trouver une chose rare en la cherchant) ; → DÉTERRER, PRENDRE. *On trouve des chênes dans cette forêt :* **exister*** (*il existe...*). *Nous avons trouvé un bon petit vin :* → SE PROCURER. *Il lui a trouvé du travail :* **procurer.** *J'ai enfin trouvé un béret à ma taille :* **mettre la main sur.** ② *Par hasard, j'ai trouvé un ami dans la foule :* **rencontrer*** ◆ [fam.] **tomber sur.** *Ne pas trouver quelqu'un chez lui :* **se casser le nez*.** ③ *L'écolier avait trouvé seul la solution de son problème :* **découvrir** (qui implique l'idée d'effort) ◆ **deviner*** (= trouver par intuition) ◆ **mettre le doigt sur une difficulté** (= trouver l'obstacle à surmonter). *J'ai trouvé la faille de son raisonnement :* **déceler** ; → VOIR. ④ *Trouver à faire, qqch à faire :* → S'OCCUPER. *Il a encore trouvé une bêtise à faire :* **inventer** ; → IMAGINER. ⑤ *Il trouve que j'ai tort :* **pen-**ser ; → ESTIMER III. *Je trouve bon qu'il soit venu :* **approuver, apprécier** ; → PLAIRE. *Je le trouve bien prétentieux :* **juger.**

◇ **se trouver** ① *Le bungalow se trouve à cent mètres de la plage :* **se situer, être.** *Ce hameau ne se trouve pas sur la carte :* **figurer.** *Notre ami se trouve à la campagne :* **résider*.** ② *Se trouver mal :* **défaillir*.**

trouvère → TROUBADOUR.

truand → MILIEU II, VOLEUR.

truander → VOLER II.

truc ① *Il faut trouver le truc pour gagner :* **astuce, combine, filon** ◆ [plus sout.] **procédé, recette, système** ; → FORMULE, MOYEN, RUSE, SECRET III. *La cuisine, ce n'est pas son truc :* → AFFAIRE. *Les trucs du métier :* **ficelle*** ; → MÉTHODE. ② [fam.] Sert de substitut à tous les objets concrets aussi bien qu'aux noms propres de personne ou de lieu. *Un truc pour décoincer la porte :* [fam.] **machin, bidule** ; → CHOSE. *C'est Truc qui l'a prévenu :* [fam.] **Machin, Chose.**

trucage → EFFET SPÉCIAL*.

truchement *Par le truchement de :* → INTERMÉDIAIRE.

truculence → EXUBÉRANCE.

truculent → RABELAISIEN.

truffe → MUSEAU.

truffer → FARCIR, ÉMAILLER.

truie → PORC.

truisme → ÉVIDENCE.

truqué → FAUX I.

truquer → FALSIFIER, MAQUILLER.

truqueur → TRICHEUR.

trust → SOCIÉTÉ II.

truster → ACCAPARER.

tsigane ① *Les communautés tsiganes françaises :* terme générique désignant des populations itinérantes en France, officiellement appelées **gens du voyage*.** Selon

turbin

leurs origines, **manouche** (d'Allemagne), **rom** (d'Europe centrale), **sinti** (d'Italie), **gitan** (du sud de la France et d'Espagne). ② Selon une tradition péjorative, voire raciste, on assimile souvent **rom, manouche,** [vieilli] **bohémien** dans une même population de **nomades,** parfois **forains, marchands ambulants** (= personnes qui travaillent sur les foires).

tuant → TUER.

tubard → TUBERCULEUX.

tube ① → TUYAU. *Un tube à essai :* **éprouvette, pipette.** *Un coup de tube* [fam.] : [cour.] **téléphone ;** → COUP. *La voiture roule à plein tube* [fam.] : **à plein pot** ◆ [cour.] **très vite, à toute vitesse.** *La radio marche à plein tube* [fam.] : [cour.] **très fort.** ② *Cette chanson sera le tube de l'été* [fam.] : [cour.] **succès ;** → SCIE.

tuberculeux *Un tuberculeux :* [fam.] **tubard** ◆ [vieilli] **phtisique, poitrinaire.**

tudieu → NOM DE DIEU.

tuer ① [qqn ~ un être animé] *On ne sait qui a tué ce leader politique :* **assassiner** (qui implique la préméditation) ◆ [plus sout.] **faire périr** ◆ [euph.] **faire disparaître** ◆ [fam.] **descendre, liquider, estourbir, bousiller, refroidir, ratatiner, supprimer, zigouiller, faire la peau, faire passer le goût du pain à** ◆ [plus génér.] **se débarrasser de, éliminer** ◆ [plus partic.] **empoisonner, égorger** ◆ [fam.] **flinguer** ◆ [spécial] **exécuter** (= mettre à mort un ennemi ou, légalement, un condamné) ◆ **achever** (= donner le coup de grâce) ; → NETTOYER, RECTIFIER. *Se faire tuer :* **mourir, verser* son sang.** *Tuer un animal domestique :* **abattre ;** → FAIRE PIQUER*. ② [qqn ~ un collectif d'êtres animés] *Le commando a tué toute la population du village :* **exterminer** (= anéantir) ◆ ↓ **décimer** (= tuer en grand nombre) ; → MASSACRER, DÉTRUIRE. ③ [qqch ~ un être animé] *Le cancer tue des millions de personnes chaque année :* [plus sout.] **emporter.** ④ [qqch, qqn ~ qqn] *Les grandes chaleurs, les repas de famille, ces enfants me tuent :* **éreinter, exténuer** ◆ [fam.] **crever, lessiver.** *Le bruit me tue :* ↓ **assommer.** *Cette nouvelle m'a tué :*

désespérer ◆ ↓ **peiner.** ⑤ [qqch ~ qqch] *L'aviation n'a pas encore tué la marine :* **ruiner, supprimer, faire disparaître.**

◇ **se tuer** *Il s'est tué d'un coup de revolver :* [plus partic.] **se brûler la cervelle ;** → SE SUICIDER, SE SUPPRIMER. *Se tuer à la tâche :* ↓ **se rendre malade, s'épuiser* ;** → TRAVAILLER I, SE DÉTRUIRE. *Il s'est tué en tombant du troisième étage :* **avoir un accident* mortel.**

◇ **tuant** *Ce travail est tuant :* **épuisant** ◆ ↓ **fatigant** ◆ [fam.] **crevant.** *Ces gamins sont tuants :* **assommant** ◆ ↓ **énervant,** ↓ **canulant.**

tuerie → CARNAGE, MASSACRE.

tue-tête (à) → À PLEINE VOIX* I.

tueur → MEURTRIER I.

tuile → CATASTROPHE, ENNUI, MALCHANCE.

tuméfaction → ENFLURE, GONFLEMENT.

tuméfié → ENFLÉ, GONFLER.

tumeur *Une tumeur maligne :* **cancer** ◆ [didact.] **fibrome, kyste** (= tumeurs de type particulier).

tumulte ① *Un tumulte indescriptible* (= grand désordre accompagné de bruit) : **chahut, charivari, tapage*, tohubohu** ◆ **vacarme,** [fam.] **foin** (= grand bruit) ◆ **clameur** (= ensemble de cris confus) ; → CACOPHONIE. ② *Le tumulte des passions :* **désordre, effervescence** ◆ ↑ **chaos ;** → TROUBLE.

◇ **tumultueux** ① *Un débat tumultueux :* **houleux, orageux ;** → PASSIONNÉ, MOUVEMENTÉ. ② *Des eaux tumultueuses* [litt.] : [cour.] **agité*, bouillonnant.**

tumultueux → TUMULTE.

tumulus → TOMBE.

tune → ARGENT.

tuner → POSTE II, RADIO I.

tunnel → SOUTERRAIN.

turban → BANDEAU.

turbin → TRAVAIL II.

turbiner

turbiner → TRAVAILLER II.

turbulence → AGITATION, DISSIPATION.

turbulent *Des enfants turbulents* : **remuant** ◆ ↑ **insupportable***, ↑ **terrible** ; → AGITÉ, BRUYANT.

turc *Tête de Turc* : → SOUFFRE-DOULEUR.

turf → COURSE II.

turfiste → PARIEUR.

turista → COLIQUE.

turlupiner → TRACASSER.

turne → PIÈCE I.

turpitude → BASSESSE, HONTE.

tutelle → AUSPICES.

tuteur ① *Un tuteur légal* : **père, mère, ascendants** (qui sont considérés par la loi comme ceux qui protègent les enfants mineurs). ② *Le jardinier a préparé des tuteurs pour ses plantations* : [plus partic.] **rame** (= perche servant à soutenir les plantes grimpantes) ◆ **échalas** (= pieu supportant la vigne) ; → BÂTON, PIEU.

tutoyer ① *Nous sommes amis, tutoyons-nous* : **dire tu**. ② *Tutoyer l'obstacle* : → FRÔLER.

tuyau

I *Ce tuyau de verre est fragile* : **tube*** (qui peut n'être ouvert qu'à une extrémité, alors que le *tuyau* est toujours ouvert des deux côtés) ◆ **buse** (= tuyau de forte dimension) ; → CANALISATION, CONDUITE I.

II → INDICATION, INFORMATION, RENSEIGNEMENT.

tuyauter → RENSEIGNER.

tuyauterie → CONDUITE I.

TV → TÉLÉVISEUR.

type

I ① *Il a un type savoyard très marqué* : **caractère***. *C'est le type même du joyeux luron* : → EXEMPLE. *Les grandes blondes, ce n'est pas mon type de femme* : **genre** ◆ ↑ **idéal**. *Ces individus sont du même type* : → MOULE. ② *C'est un type d'avion tout nouveau* : **modèle***. *Différents types de société* : **forme***. ③ [en app.] *Il a fait l'erreur type, pourtant je l'avais mis en garde* : **classique** ; → STANDARD.

II *C'est un drôle de type que vous fréquentez* [fam.] : **bonhomme, gars** ◆ [moins cour.] **zèbre, pingouin, oiseau, moineau** ◆ [très fam.] **mec, coco, gus, zig** ; → HOMME, LOUSTIC, INDIVIDU, PARTICULIER. *Un sale type* : **salaud*** ; → INDIVIDU.

typhon → TEMPÊTE, VENT.

typique [de type I] → CARACTÉRISTIQUE, SIGNIFICATIF.

tyran *Le pouvoir absolu du tyran* : **autocrate, despote, dictateur** ◆ **oppresseur** (qui implique l'exercice de la violence) ; → POTENTAT, MONARQUE. *Un tyran domestique* : → MACHISTE.

◇ **tyrannie** : **autocratie, caporalisme, despotisme, dictature** ; → POUVOIR ABSOLU* I, ABSOLUTISME, ESCLAVAGE.

◇ **tyrannique** ① *Un pouvoir tyrannique* : **autocratique, despotique, répressif** ; → ABSOLU, ARBITRAIRE, OPPRESSIF. *Un régime tyrannique* : **totalitaire**. ② *Mon mari est tyrannique* : ↓ **autoritaire** ; → IMPÉRIEUX.

tyrannie, tyrannique → TYRAN.

tyranniser → OPPRIMER, RÉGNER.

tzigane → TSIGANE.

U

ubuesque → INCROYABLE.

UHT Sigle de *ultra-haute température* :
→ STÉRILISÉ.

ulcération → ULCÈRE.

ulcère *Il souffre d'un ulcère* : **ulcération**
(= lésion de la peau ou des muqueuses,
relativement profonde et durable)
◆ **chancre** (= ulcération d'origine vénérienne).

◇ **ulcérer** *Il est ulcéré par vos reproches
injustifiés* : ↓ **vexer** (= infliger une blessure d'amour-propre) ; → BLESSER, FROIS-
SER II.

ulcérer → ULCÈRE.

ULM Sigle de *ultraléger motorisé* :
→ AVION.

ultérieur → FUTUR, POSTÉRIEUR.

ultérieurement → PLUS TARD*.

ultimatum → DEMANDE.

ultime → DERNIER, SUPRÊME.

ultra ① → TRÈS. ② → EXTRÉMISTE.

un → UNIQUE. *C'est tout un* : → C'EST
LA MÊME* (II) CHOSE. *Un de ces* :
→ FAMEUX. *L'un* : → PIÈCE. *L'un après
l'autre* : → SUCCESSIVEMENT. *Tome un* :
→ PREMIER I.

unanime → GÉNÉRAL.

unanimement
→ D'UN COMMUN ACCORD* I, COMMUN I.

unanimité → COMMUNAUTÉ I.

une *À la une* : → PREMIER I.

uni
I ① *Unis par le mariage* : **joint, lié**
◆ [partic.] **marié.** *Ce couple est très uni* :
inséparable. ② *Un front uni des opposants* : **soudé, homogène, commun ;**
→ SOLIDAIRE.
II ① *La surface du sable était unie* :
lisse* ; → ÉGAL, PLAN I. *Un tissu uni* :
[partic.] **monochrome, unicolore.** ② *Un
bonheur uni* : [sout.] **tranquille** ◆ [péj.]
monotone ; → UNIFORME I.

unicolore → COULEUR, UNI II.

unification
→ INTÉGRATION, NORMALISATION.

unifier ① *Unifier le commandement des
troupes* : **fusionner.** ② *Le décret ministériel
a unifié les programmes scolaires* : **uniformiser ;** → NORMALISER.

uniforme
I [adj.] ① *Mieux vaut garder une
vitesse uniforme* : **constant ;** → RÉGULIER.
② *Une vie uniforme* : **monotone*.** *Il a
débité son discours d'une voix uniforme* :
monocorde*, impersonnel. ③ *Ils ont des
manières uniformes de voir les choses* :
semblable ; → MÊME I.
II [n.m.] *Le port de l'uniforme* : → TENUE.

uniformément → RÉGULIÈREMENT.

uniformisation → UNIFORMISER.

uniformiser *Le développement de la communication tend à uniformiser les mœurs* : **standardiser** ; → UNIFIER.

◇ **uniformisation** : **standardisation**.

uniformité → MONOTONIE.

unilingue → MONOLINGUE.

uniment *Tout uniment* : → SIMPLEMENT.

union → UNIR.

unique ① *Leur unique souci, c'est l'argent* : **seul*** ◆ ↑ **seul et unique** ◆ [postposé] **exclusif**. *Un exemple unique* : **isolé** ; → SINGULIER. ② *Dieu est unique* : **un**. *Cet acteur est unique en son genre* : **irremplaçable** ◆ ↑ **exceptionnel** ◆ ↓ **incomparable**, ↓ **inclassable** ; → SANS ÉGAL*, PARFAIT, LE SEUL*, SANS PRÉCÉDENT*. *Toi, tu es unique !* : **extraordinaire***, **incroyable**, **inouï**.

◇ **uniquement** *Il vient uniquement pour vous voir* : **seulement**. *Son problème est uniquement financier* : **exclusivement**, **strictement** ; → PUREMENT, EN TOUT ET POUR TOUT*.

uniquement → UNIQUE.

unir ① [~ qqch] *Le traité de Turin a uni la Savoie à la France* : **annexer**. *Cette ligne aérienne unit deux continents* : **relier**. *Il faut unir nos efforts pour vaincre* : **allier**, **conjuguer**, **réunir** ; → ASSEMBLER, ASSOCIER, COMBINER, JOINDRE. *Il unit l'intelligence à la bonté* : **concilier avec** ; → COMBINER, MÊLER. ② [~ qqn] *Leurs intérêts les unissent plus qu'ils ne les opposent* : **rapprocher**, **réunir** ; → LIER I. *Les deux frères sont restés très unis* : **souder**. *Les deux jeunes gens ont été unis devant la loi* : **marier**.

◇ **s'unir** ① *Les forces de l'opposition se sont unies contre le pouvoir* : **faire cause commune**, **se solidariser**, **se regrouper** ◆ **s'allier** (= s'unir par un engagement mutuel) ◆ **se liguer**, **se coaliser** (= contracter une alliance offensive ou défensive contre un adversaire commun) ; → S'ASSOCIER, FUSIONNER. ② *Ces jeunes gens se sont unis* : **s'épouser***, **se marier**. *Les deux cours d'eau s'unissent pour former un vaste fleuve* : **se mêler**, **se rejoindre***.

◆ **union** ① *L'union entre plusieurs formations politiques* : **unité** (= résultat d'une union) ◆ **alliance** (= regroupement, moins étroit et moins durable qu'une *union*, de plusieurs personnes, groupes ou pays) ◆ **accord**, **entente** ; → COMBINAISON, COMPLICITÉ, FUSION. ② *Ces mouvements ont fondé une union* : [plus cour.] **bloc**, **rassemblement**. *L'union de plusieurs syndicats, pays* : **confédération**, **fédération*** ; → ASSOCIATION. ③ *Union conjugale* : → MARIAGE I. *L'union libre* : **concubinage**. *Un trait d'union* : **lien***, **tiret***. *Union de couleurs* : → MARIAGE II.

unisson → CHŒUR.

unité ① *L'unité de vues entre nous est complète* : → COMMUNAUTÉ, COMMUNION, COMPLICITÉ. *L'unité d'un courant politique* : → UNION. *Cet ensemble instrumental manque d'unité* : **cohésion**, **homogénéité**. ② *L'unité monétaire* : → PIÈCE I. ③ *Une unité aéroportée a débarqué cette nuit* : **commando**, **compagnie**, **section** (= formations militaires plus ou moins importantes). *Une unité chirurgicale de premiers secours* : **antenne***. *Une unité de la flotte* : **bateau***.

univers ① *On a longtemps cru que l'homme était le centre de l'Univers* : **nature** (qui désigne traditionnellement le monde sensible et son principe d'organisation) ◆ [moins cour.] **cosmos** (qui présente l'Univers comme un tout harmonieux) ; → CRÉATION, MONDE I, TOUT. ② *Il est dans son univers à lui, l'univers de l'enfance* : **monde**.

◇ **universel** ① *La paix universelle* : → MONDIAL. *L'Église universelle* : **œcuménique**. ② *C'est un esprit universel, qui englobe toutes les sciences* : **encyclopédique** ◆ [moins cour.] ↑ **omniscient**.

universel → UNIVERS.

universellement → MONDIALEMENT.

université → ÉCOLE, FACULTÉ.

urbain ① → POLI. ② → VILLE.

urbaniste → CONSTRUCTEUR.

urbanité → AFFABILITÉ.

urgence → GRAVITÉ.

urgent → IMPÉRIEUX, PRESSANT, PRESSÉ, PRESSER II.

urger → PRESSER II.

urine *Une odeur d'urine* : [fam.] **pipi**, [très fam.] **pisse**.

◇ **uriner** *Il urinait le long d'un mur* [sout.] : [fam.] **faire pipi**, [très fam.] **pisser** ◆ [plus génér.] **faire ses besoins** (qui se dit de l'évacuation des excréments solides et liquides).

◇ **urinoir** *Un urinoir municipal* : **vespasienne** ◆ [fam.] **pissoir, pissotière** ◆ [cour., plus génér.] **toilettes, édicule** (dans les espaces publics) ; → CABINET II.

uriner, urinoir → URINE.

us *Les us et coutumes* : → USAGE II.

usage

I [sing.] **①** *À quel usage réservez-vous cet outil ?* : **fonction, utilisation ;** → DESTINATION, EMPLOI, UTILITÉ. *L'usage de somnifères* : **abus** (= usage immodéré). **②** *Il a perdu l'usage de ses facultés* : **jouissance*.** **③** *Vous a-t-on appris l'usage de cet appareil ?* : **maniement*.** **④** *J'ai fait usage d'une tronçonneuse pour abattre ce peuplier* : **employer, se servir de, utiliser ;** → USER. *Cette machine a fait beaucoup d'usage* : **durer ;** → SERVIR III. *Hors d'usage* : **hors service* ;** → USÉ. *Des aires de jeu à l'usage des enfants* : **destiné à, pour** ◆ ↑ **réservé à.** *Un mot en usage, un mot d'usage* : [didact.] **usité, courant.**

II [pl.] **①** *Les usages de ce pays* : **coutume, mœurs** ◆ [moins cour.] **us et coutumes ;** → HABITUDE, PRATIQUE II. **②** *Connaît-il les bons usages ?* : **politesse, bonnes manières ;** → CONVENANCE, FORME II, MANIÈRE II.

usagé → FATIGUÉ, USÉ, VIEUX.

usager → CONSOMMATEUR, UTILISATEUR.

usé → USER.

user

I *User de. Il a usé de son influence* : [plus cour.] **se servir* de.** *User de ses relations* : → S'ABRITER DERRIÈRE, JOUER DE. *User d'une brosse à dents* [vx] : → EMPLOYER, FAIRE USAGE* DE. *Il use d'arguments de choc pour convaincre* : **utiliser, manier.**

II **①** [qqch ~ qqch] *Ce poêle use trop de mazout* : **consommer, dépenser.** *La mer use lentement la falaise* : **entamer, ronger** ◆ [didact.] **éroder.** **②** [qqn ~ qqch] *Cet enfant use trop vite ses chaussures* : **abîmer** (= détériorer qqch d'une manière générale, alors que *user*, c'est le détériorer progressivement par l'usage). *User des vêtements* : [spécialt] **élimer, râper.** *Il a usé sa santé au travail* : **miner.** **③** [qqch ~ qqn] *Le travail l'a usé prématurément* : **vieillir** ◆ ↓ **fatiguer** ◆ ↑ **épuiser.**

◇ **s'user** **①** *Ce tissu s'use vite* : **s'abîmer** ◆ [plus génér.] **se détériorer.** **②** *Vous vous userez à cette tâche impossible* : **s'épuiser, se fatiguer.**

◇ **usé** **①** *Il porte des vêtements usés* (*jusqu'à la corde*) : **usagé, élimé, râpé** (qui se disent d'un vêtement usé par le frottement) ◆ **défraîchi** (qui se dit d'un vêtement qui a perdu ses couleurs) ◆ **mité** (= mangé aux mites) ◆ **avachi, déformé** (qui se disent d'un vêtement qui a perdu sa forme) ; → FATIGUÉ. *Des chaussures usées* : **hors d'usage, éculé.** *Une lame usée* : **émoussé** (= qui a perdu son tranchant), **épointé.** *Les eaux usées* : **sale.** *Mes pneus sont usés* : → MORT II. **②** *Tous ces bons mots sont des plaisanteries usées* : **éculé, rebattu* ;** → COMMUN II, VIEUX. **③** *C'est un homme usé* : **épuisé** ◆ [fam.] **fichu, foutu ;** → FINI.

usine *La fermeture de l'usine a privé de travail plus de cent ouvriers* : [moins cour.] **fabrique** (= usine livrant des produits finis) ◆ **manufacture** (= important établissement industriel, en raison de son statut particulier ou de son origine historique : *manufacture d'armes, manufacture des Gobelins*) ◆ [partic.] **filature, minoterie, aciérie, raffinerie** ◆ [plus génér.] **établissement, entreprise industrielle** ◆ [fam.] **boîte** (= lieu de travail) ; → TRAVAIL II. *L'usine s'est développée au XIXe siècle* : **industrie,**

production industrielle. *Fabriqué en usine* : **industriellement, à la chaîne.**

usiner → FAÇONNER.

usité → EN USAGE*.

ustensile Ce mot sert à désigner des objets utiles à la vie courante, en particulier ceux qui ne comportent pas de mécanismes complexes : **batterie de cuisine, récipients, outils** ; → VAISSELLE. *Les ustensiles de jardin* [vx] : [plus cour.] **outil, engin** (qui désignent fréquemment les appareils à moteur) ; → APPAREIL.

usuel → COMMUN II, ORDINAIRE, VULGAIRE I.

usuellement → VULGAIREMENT I.

usufruit → POSSESSION.

usure *L'usure des roches primaires* : [plus cour.] **érosion.** *L'usure nerveuse* : **fatigue.** *Il m'a eu à l'usure* : **au finish.**

usurpation → ATTRIBUTION.

usurper ① *Usurper le pouvoir* : **s'emparer de** ; → S'ATTRIBUER. *Usurper un titre* : **s'arroger** ; → VOLER II. ② *Cet individu a usurpé sur mes prérogatives* [rare, sout.] : [plus cour.] **empiéter.**

ut → DO.

utile ① *Un cadeau utile* : **nécessaire** ♦ ↑ **indispensable** (qui s'applique à ce dont on ne peut se passer). *Cet exercice vous sera utile* : **salutaire** ; → FORMATEUR,

PROFITABLE. *Ce qui est utile à Arthur* : → PROFITER À, D'UN GRAND SECOURS*, SERVIR II. *Il n'est pas utile que vous veniez* : **ce n'est pas la peine.** ② *Un collaborateur utile* : ↑ **précieux.** *En temps utile* : [sout.] **au moment opportun, opportunément.**

◇ **utilisateur** *Les utilisateurs d'Internet* : **usager** ; → CONSOMMATEUR.

◇ **utiliser** ① *L'art d'utiliser les restes* : **tirer parti de** ; → EXPLOITER II, FAIRE USAGE* DE. *Il ne sait pas utiliser ses connaissances* : → APPLIQUER. *Utiliser quelqu'un* : → DISPOSER DE. ② *Qui a utilisé mon sécateur ?* : **se servir* de, employer.**

◇ **utilité** *Connaissez-vous l'utilité de ce nouvel appareil ?* : [plus partic.] **fonction** (= rôle d'un élément dans un ensemble). *Il vous sera d'une grande utilité* : **rendre de grands services** ♦ **usage** (qui se dit plutôt pour la fréquence d'utilisation, *utilité* pour les services rendus) ; → SECOURS.

utilisateur → UTILE.

utilisation → DESTINATION, EMPLOI.

utilisé *Non utilisé* : → FLAMBANT NEUF*.

utiliser → UTILE.

utilitaire → PRATIQUE I.

utilité → UTILE.

utopie → ILLUSION.

utopique → IMAGINAIRE, IRRÉALISABLE.

utopiste → RÊVEUR.

V

vacances *Vous avez besoin de vacances :* [plus génér.] **repos ;** → CONGÉ.

vacancier → ESTIVANT.

vacant → INOCCUPÉ, LIBRE, VIDE I.

vacarme → POTIN I, TAPAGE, TUMULTE, GRONDEMENT.

vaccination → IMMUNISATION.

vacciner → IMMUNISER, PIQUER I.

vache

I [animal] ① *Les vaches meuglaient dans le pré :* **génisse** (qui désigne une vache qui n'a pas encore vêlé) ◆ **vachette** (= jeune vache ou vache de petite taille : *une course de vachettes*). ② *Jeune, il a mangé de la vache enragée* [fam.] : **crever de faim***. *Être gros comme une vache :* → GROS II. *Il pleut comme vache qui pisse :* → PLUIE BATTANTE*. *Le plancher des vaches :* **terre ferme.** *Des années de vaches maigres, grasses :* **de pénurie, de prospérité ;** → ABONDANCE.

II [personne] ① *Ce type est une vache, toujours à vous jouer des tours* [fam.] : **chameau** ◆ ↑ **terreur* ;** → ROSSE. ② *Quelqu'un avait tracé au goudron « mort aux vaches »* [fam.] : **flic.** ③ [adj.] *Laisse-le tranquille, tu es trop vache avec lui* [fam.] : [cour.] **méchant, sévère*, dur.** ④ *Ah ! la vache :* → FICHTRE.

◇ **vacherie** ① [de vache I] *La vacherie de la ferme* [rare] : [cour.] **étable.** ② [de vache II] *La vacherie de mon patron* [fam.] : **méchanceté*** ◆ ↓ **rosserie.** *Il m'a fait une,* des vacheries : **crasse*, saleté*, saloperie, jouer des tours*.**

vachement [de vache II] → BEAUCOUP, TRÈS, SALEMENT.

vacherie → VACHE.

vachette → VACHE I.

vacillant, vacillation → VACILLER.

vacillement → VACILLATION.

vaciller ① *Quand il se leva, il vacilla :* **tituber, flageoler ;** → CHANCELER. ② *Sa mémoire vacille :* **s'affaiblir ;** → HÉSITER. ③ → CHAVIRER. ④ *La flamme vacilla, puis s'éteignit :* **trembloter.** *La lumière vacille :* **clignoter.**

◇ **vacillant** ① *Une démarche vacillante :* **chancelant, titubant.** ② *Une mémoire vacillante :* **défaillant, hésitant.** ③ *Une flamme vacillante :* **tremblant*, tremblotant.** *Une lumière vacillante :* **clignotant.**

◇ **vacillation** ① *Le plus frappant était la vacillation de ses opinions* [sout.] : **vacillement ;** → INDÉCISION. ② *La vacillation de la flamme, de la lumière* [sout.] : [plus cour.] **oscillation, tremblement.**

va-comme-je-te-pousse (à la) → N'IMPORTE* COMMENT.

vacuité → VIDE.

vade-mecum → ABRÉGÉ.

vadrouille → PROMENADE.

vadrouiller → ERRER II, TRAÎNER, FLÂNER, SE PROMENER.

va-et-vient ① *Il suivait des yeux le va-et-vient de la balançoire* : **balancement.** *Le va-et-vient d'un pendule* : **oscillation.** *Le va-et-vient régulier d'un piston* : [didact.] **course, mouvement alternatif.** ② *Il y avait un va-et-vient continuel dans son bureau* : **allées et venues, navette** ♦ [plus génér.] **passage.**

vagabond

I [adj.] ① *Les tribus pastorales se déplaçaient constamment, petits groupes vagabonds* [sout.] : [plus cour.] **nomade.** *La police ramassait les chiens vagabonds* : [cour.] **errant.** ② *Il est d'humeur vagabonde* : **voyageur.** *Un esprit vagabond* : → FOLÂTRE.

II [n.] ① *Les autorités locales sont tenues de prévoir l'accueil des vagabonds sur leur territoire* : **nomade** (qui n'est pas péjoratif) ♦ [péj.] **clochard** (en milieu urbain surtout) ♦ [plus génér.] **rôdeur.** Dans une société majoritairement sédentaire, comme la nôtre, ces termes désignent des personnes sans domicile fixe, et souvent considérées comme marginales ; → MARGINAL, SDF. ② *Il a raconté dans ses livres sa vie de vagabond* [sout.] : **aventurier** ♦ [plus génér.] **voyageur.**

vagabonder → ERRER II, RÔDER.

vagissement → CRI.

vague

I [n.f.] *Il restait devant la mer, à regarder les vagues* : [pl., sout.] **flots, eaux,** [sing.] **onde** (= toute eau en mouvement) ♦ **lame** (= vague très effilée, généralement assez puissante pour déferler), **mouton** (= petite lame couronnée d'écume) ♦ [partic., didact.] **déferlante** ♦ **vaguelette** (= mer peu formée, faite de vagues courtes) ♦ **houle** (= ondulations régulières et non déferlantes qui se succèdent sur la mer dans une même direction) ; → PAQUET* DE MER.

II [n.f.] ① *Des vagues d'applaudissements* : **salve.** *Les bruits de la rue arrivaient par vagues* : **à-coup.** ② *Les pays occidentaux essaient d'empêcher l'arrivée de nouvelles vagues d'immigrants* : **afflux.** *Le changement de régime entraîna une vague d'arrestations* : **série.** *C'était une mode adoptée par la « nouvelle vague »* : **la nouvelle génération.** ③ *Faire des vagues* : → REMOUS.

III [adj.] ① *Votre projet est beaucoup trop vague* : **flou, imprécis.** *Une réponse vague* : **approximatif ;** → ÉVASIF. *Il n'a qu'une vague idée de ce qu'il veut faire* : [postposé] **confus.** *Un sourire vague* : **indécis.** *Une vague ressemblance* : **lointain.** *Une vague indication* : → INCERTAIN. *Un regard vague* : → ERRANT. *Quand on lui demandait de s'expliquer, il prenait un air vague* : **distrait*.** *Une pensée trop vague* : **indéterminé, nébuleux*, indéfini ;** → ABSTRAIT, GÉNÉRAL. ② *Un vague pressentiment le poussait à s'éloigner* : **indéfinissable, faible, sourd** ♦ ↑ **obscur*.** ③ *Un manteau vague* : **ample ;** → LARGE.

IV [n.m.] ① *Le vague des réponses du ministre ne satisfaisait pas du tout l'opinion* : **flou, imprécision, indétermination** ♦ ↑ **obscurité.** ② *Avoir du vague à l'âme* : → MÉLANCOLIE. *Il regardait dans le vague* : **vide.**

vaguelette → VAGUE I.

vaguement *Je comprends vaguement ce que vous voulez dire* : **confusément, un peu** ♦ ↑ **à peine.**

vaguer → ERRER II.

vaillamment → VAILLANT.

vaillance → COURAGE, VALEUR I.

vaillant ① *Les rebelles se montrèrent vaillants devant l'armée* [sout.] : **valeureux** ♦ [cour.] **brave, courageux.** ② *Malgré son âge, c'est un homme très vaillant* : **vert, vigoureux** ♦ ↓ **en bonne santé.** ③ *Un vaillant chevalier* : [vx] **preux.** *N'avoir pas un sou vaillant* : **être sans argent.**

◇ **vaillamment** *Les équipes de médecins poursuivaient vaillamment leur tâche* : **courageusement.** *Les habitants du village se défendirent vaillamment* : **bravement, chèrement** (vendre chèrement sa peau), **valeureusement** ♦ ↑ **héroïquement.**

valeur

vain

I ① *De vains efforts* : [postposé] **dérisoire ;** → **INEFFICACE, INUTILE, STÉRILE.** ② *Ce ne sont que vaines paroles* : [cour., postposés] **vide*, futile** (*... propos vides, futiles*). *Un vain mot* : → **FRIVOLE, INSIGNIFIANT.** *Vous rêvez, votre vain espoir sera déçu* : [postposés] **chimérique** ♦ ↑ **illusoire ;** → **FAUX.** ③ *Je vous ai attendu en vain pendant une heure* : **pour rien, vainement** ♦ [fam.] **pour des prunes ;** → **INUTILEMENT.**

II *C'est un homme assez vain* [sout.] : [vx] **glorieux** ♦ [plus cour.] **vaniteux* ;** → **PRÉTENTIEUX.**

vaincre

① *Vaincre un ennemi* : [plus génér.] **battre** ♦ **défaire** (= mettre un ennemi en déroute : *l'armée de libération a défait les troupes étrangères*) ♦ **briser** (*briser la résistance d'un ennemi*) ♦ ↓ **forcer** ♦ ↑ **anéantir,** ↑ **écraser** (qui impliquent que l'adversaire a été réduit totalement) ; → **VENIR À BOUT* DE, RÉDUIRE, REMPORTER* LA VICTOIRE.** *Napoléon a vaincu l'Europe coalisée* : **conquérir.** ② *Être vaincu* : **avoir le dessous* ;** → **BATTRE.** ③ *L'équipe de football a facilement vaincu un adversaire mal préparé* : **battre, triompher de** ♦ ↑ **écraser ;** → **TOMBER IV.** *Ce boxeur a été vaincu* : **mettre knock-out, K.-O.** (*ce boxeur a été mis K.-O.* = mettre hors de combat un adversaire en le laissant à terre plus de dix secondes). *Les athlètes ont réussi à vaincre* : **gagner ;** → **EMPORTER.** ④ *Le garçon a vaincu sa timidité* : **dominer, surmonter ;** → **VENIR À BOUT*.**

◇ **vaincu** [n.] *C'était aux vaincus de proposer la date du match de revanche* : **perdant.**

vaincu

→ **VAINCRE.**

vainement

→ **STÉRILEMENT.**

vainqueur

① [adj. et n.] → **GAGNANT.** ② [adj.] → **DOMINATEUR, TRIOMPHANT, VICTORIEUX.**

vaisseau

I *Vaisseaux sanguins* : **artère, artériole** (qui véhiculent le sang du cœur vers les différents organes du corps) ♦ **veine, veinule** (qui ramènent le sang au cœur) ♦ **vaisseaux capillaires** ou **capillaires** (qui sont les plus fines et dernières ramifications du système).

II ① *Les vaisseaux de la Royale* [vx] : → **BATEAU.** ② *Vaisseau spatial, cosmique* : [moins cour.] **astronef.** ③ *Le vaisseau d'une église* : **nef** (= parties principale et latérales du bâtiment).

vaisselier

→ **VAISSELLE.**

vaisselle

La *vaisselle* est l'ensemble des pièces, accessoires, récipients du **service de table**, des **ustensiles de cuisine.** L'ensemble des pièces de vaisselle : **assiettes, plats, tasses,** etc. *Faire la vaisselle* (= laver la vaisselle) : → **FAIRE LA PLONGE*.**

◇ **vaisselier** *Les assiettes ont été soigneusement rangées dans le vaisselier* : [rare] **dressoir, crédence** ♦ **desserte** (= meuble où sont posés, pendant le service, plats et assiettes) ♦ [plus génér.] **buffet** (qui accueille, outre les plats, l'argenterie, le linge de table, des provisions).

val

→ **VALLÉE.**

valable

① *Un acte valable* : → **VALIDE.** ② *Vos excuses ne sont pas valables* : **recevable ;** → **BON, SÉRIEUX.** ③ *Un interlocuteur valable* : **qualifié.**

valdinguer

→ **VALSER.**

valet

① → **ESCLAVE.** ② → **LAQUAIS, SERVITEUR.**

valétudinaire

→ **MALADIF.**

valeur

I *La valeur d'un candidat* : → **MÉRITE, RANG.** *Ce garçon est un homme de valeur* : **qualité*, avoir de l'étoffe** (*qui a de l'étoffe*) ; → **CAPACITÉ, PRÉCIEUX, AVOIR DE LA CLASSE*, HORS LIGNE*.** *La valeur du combattant* : **vaillance, trempe.**

II ① *Au-dessous de la valeur réelle* : **prix*.** *Il suivait la valeur des actions* : [didact.] **cote, cours.** *Chaque année, il achetait quelques valeurs* : **titre** (qui désigne aussi un certificat représentatif d'une valeur boursière) ♦ [plus partic.] **action** (qui désigne un titre négociable qui représente une fraction du capital d'une entreprise), **obligation** (qui représente une part d'emprunt fait par une société ou une collectivité), **stock-option**

817

(= option sur des actions offerte par une entreprise à ses dirigeants). ② *Mettre en valeur un bien* : → FAIRE VALOIR* I. *Mettre en valeur une qualité, un avantage* : → FAIRE RESSORTIR*. *Mettre en valeur qqn* : → POSER II, VEDETTE. *La mise en valeur de ces terres a exigé beaucoup de travaux d'irrigation* : [didact.] **valorisation**.

III ① *C'est une œuvre de valeur* : ↓ **qualité** ; → POIDS. *C'est un article sans valeur* : **de pacotille**, [antéposé] **piètre** (*de piètre qualité*). ② *Je partage les valeurs que vous défendez* [au pl.] : ↑ **idéal** ; → MORALE. *La perte des valeurs* : **repère**. ③ *La valeur d'un acte notarial* : → VALIDITÉ. ④ *La valeur d'un mot* : → SENS* II.

valeureusement → VAILLAMMENT.

valeureux → VAILLANT.

validation → CONFIRMATION, SANCTION.

valide

I *Être valide* : **en bonne forme*, en bonne santé, bien portant,** [sout.] **dispos*** ; → SAIN. *Cette grippe l'a épuisé, il n'est pas encore bien valide* : **remis, solide**.

II *Votre carte d'identité n'est plus valide* : [plus cour.] **valable**.

◇ **valider** *Il faut vous rendre chez un notaire pour valider la vente* [didact.] : **entériner, homologuer** ◆ [plus génér.] **confirmer***.

◇ **validité** *La validité d'un acte notarial* : **valeur**. *La validité d'un raisonnement* [didact.] : [plus cour.] **cohérence, rigueur**.

valider, validité → VALIDE.

valise *Il est parti avec son coffre de voiture chargé de valises* : [fam.] **valoche** ◆ **mallette** (= valise de petite taille) ◆ **attaché-case** (= mallette servant de porte-documents) ◆ **vanity-case** (= trousse de toilette en forme de mallette) ◆ [génér.] **bagages*** (qui s'applique à ce que l'on emporte avec soi en voyage) ; → MALLE. *Faire sa, ses valises* : **partir**. *Des valises sous les yeux* [fam.] : **poche***.

vallée ① *La vallée, encaissée entre des coteaux ensoleillés, offrait d'agréables ombrages* : **vallon** (= petite vallée) ◆ **valleuse** (= vallée sèche dans le nord-ouest de la France) ◆ **combe** (= dépression

profonde et étroite entre des montagnes) ◆ ↑ **gorge** ; → COL. ② *La vallée de la Loire* : [didact., sout.] **val** (qui se dit de larges vallées) ◆ **bassin** (= territoire arrosé par un fleuve et ses affluents).

◇ **vallonné** *Une région vallonnée* : **accidenté***.

valleuse, vallon, vallonné → VALLÉE.

valoche → VALISE.

valoir

I ① *Valoir un prix. Ce vaisselier vaut bien mille euros* : [fam.] **faire** ; → COÛTER. *Cela vaut cher* : **être cher**. ② [qqch ~ qqch] *Ce tour vaut tous les autres* : **équivaloir à** ; → APPROCHER. [qqn ~ qqn] *Il te vaut facilement dans cette épreuve* : **égaler**. ③ [qqch ~ qqch] *Ce monument vaut le détour* : **mériter**. ④ [qqch ~ pour] *Les dispositions que nous avons arrêtées valent pour tout le monde* : **concerner, intéresser** (*concernent, intéressent tout le monde*). ⑤ *Faire valoir. Il sait faire valoir ses moindres avantages* : ↑ **monter en épingle**. *Sa robe faisait valoir ses formes* : **mettre en vedette** ; → METTRE EN RELIEF*, FAIRE RESSORTIR*. *Se faire valoir. Ne vous inquiétez pas pour lui, il ne manquera pas de se faire valoir* : [fam.] **se faire mousser**. *Faire valoir une terre, un bien* : **mettre en valeur, valoriser, exploiter**. ⑥ *Cela ne vaut rien. Ça ne vaut pas un clou, pas tripette* [fam.] : **c'est de la gnognote** ; → MAUVAIS (*c'est très mauvais*). *Il vaut mieux, mieux vaut que vous veniez tout de suite* : **il est préférable** ; → MEILLEUR. *Vous ne pouviez pas l'empêcher de partir, peut-être que cela vaut mieux* : **c'est préférable, c'est mieux ainsi**.

II *Sa maladresse lui a valu de vifs reproches* : **attirer, susciter** ; → OCCSIONNER.

valorisation → VALEUR II.

valoriser → FAIRE VALOIR* I.

valse → VALSER.

valser ① *Elle sait valser* : **danser la valse**. ② *Les polochons ont valsé à l'autre bout de la chambre* [fam.] : **valdinguer**. *Faire valser. Mon mari fait valser l'argent* [fam.] : [cour.] **dépenser**. *Le directeur fait valser ses employés* [fam.] : [cour.] **déplacer**

◆ [sout.] **congédier*** ◆ [fam.] **balancer.**
J'ai tout envoyé valser [fam.] : **dinguer ;**
→ PROMENER.

valseur → DANSEUR.

valseuse → TESTICULE.

vamp → FEMME, SÉDUCTRICE.

vampire → EXPLOITEUR.

vandalisme → BARBARIE.

vanité

I ① *Cet ordre monastique prêche la
vanité de tous les plaisirs terrestres* [sout.,
didact.] : **néant** ◆ [cour.] **vide** ◆ ↓ **frivolité,** ↓ **futilité.** ② *La vanité de ses efforts :*
→ INUTILITÉ.

II *Il a obtenu ce poste en flattant la
vanité du directeur du personnel :* **suffisance** ◆ ↑ **fatuité** ◆ [sout., vx] **jactance.**
Il succombe souvent à la vanité : **autosatisfaction, orgueil ;** → PRÉTENTION. *Il tirait
vanité de sa réussite sociale :* **se vanter de ;**
→ FIER.

◇ **vaniteux** [de vanité II] ① [adj.] *C'est
un homme vaniteux, toujours satisfait de
ce qu'il fait :* [sout.] **imbu de soi-même,
infatué, suffisant, vain*** ◆ [fam.] **crâneur**
◆ [fam.] ↑ **puant** ◆ [sout.] **fat** (qui se
dit de celui qui montre sa prétention)
◆ [sout., vx] ↑ **glorieux** (qui se dit de celui
qui affecte d'être supérieur aux autres) ;
→ PRÉTENTIEUX, SATISFAIT, FIER. *Être vaniteux :* [très fam.] **péter plus haut que son
cul.** *Un air vaniteux :* **avantageux.** ② [n.]
Un vaniteux : [sout.] **fat** ◆ **bellâtre** (= celui qui se croit physiquement séduisant).

vaniteux → VANITÉ.

vanity-case → VALISE.

vanné → FATIGUÉ, RECRU* DE FATIGUE.

vantail → BATTANT I.

vantard, vantardise → VANTER.

vanter *Il vantait en termes lyriques la
beauté de l'actrice :* **célébrer, exalter ;**
→ LOUER II.

◇ **se vanter** ① *Il se vante de réussir là où
tous ses adversaires ont échoué :* **prétendre**
◆ [sout.] **se targuer de** ◆ **se faire fort** (qui

porte sur des actions à venir : *il se fait fort
de réussir*) ; → SE FLATTER DE, SE PIQUER
DE. *Il se vante de ses succès :* **se glorifier, se
féliciter ;** → TIRER VANITÉ* DE. ② *Il n'y a
pas de quoi se vanter :* **être fier, pavoiser**
◆ [fam.] **se faire mousser.**

◇ **vantard** *À l'entendre, il a tout vu, tout
fait ; quel vantard !* : [sout.] **hâbleur**
◆ [fam.] **frimeur, crâneur ;** → FANFARON,
MENTEUR.

◇ **vantardise** ① *Sa vantardise finissait
par amuser l'entourage :* [sout.] **hâblerie, forfanterie.** ② *Voilà une vantardise
bien inattendue !* : [sout.] **rodomontade ;**
→ FANFARONNADE.

va-nu-pieds → MISÉRABLE II.

vapeur ① *Des vapeurs se levaient à l'horizon* [sout.] : [cour.] **brume, brouillard** (= vapeurs à ras du sol) ◆ **nuage** (= vapeurs
plus élevées dans l'atmosphère). ② *La
vapeur d'eau rend mes lunettes opaques :*
buée, condensation. *Un bain de vapeur :*
étuve, bain turc, sauna. ③ *Des vapeurs
d'encens :* **fumée.** *Des vapeurs d'essence :*
émanation ; → ODEUR, EFFLUVE. *À toute
vapeur :* **vite*.**

vaporeux → AÉRIEN, TRANSPARENT, VOILÉ.

vaporisateur : **pulvérisateur** ◆ **atomiseur,** [anglic.] **spray** (qui sont utilisés en
particulier pour les parfums, les produits
de toilette) ◆ **nébuliseur** (utilisé dans les
traitements pharmaceutiques).

◇ **vaporisation** : **pulvérisation.**

vaporiser → PULVÉRISER.

vaquer ① *Tous les cours vaqueront trois
jours* [didact.] : [plus cour.] **être interrompu.**
② *Vaquer à ses affaires :* **s'occuper* de.**

varappe → ESCALADE.

varech → ALGUE.

variable → CAPRICIEUX, INCERTAIN, SOUPLE.

variante → VERSION.

variation, varié → VARIER.

varier ① [qqn ~ qqch] *Le mime variait
à merveille ses attitudes :* **diversifier.**
② [qqch ~] *La température varie selon les*

saisons : **changer*, fluctuer**. *Les teintes du ciel varient insensiblement* : **se modifier**. ③ [qqch ~] *La prononciation varie d'une région à l'autre* : **différer**.

◇ **varié** ① *Les paysages variés de cette province attirent les vacanciers* : **divers*** ; → DIFFÉRENT. ② *Cet appareil offre des possibilités variées* : **étendu, multiple** ♦ [antéposé] **grand**.

◇ **variation** ① *Je ne supporte plus ses variations d'humeur* : **saute, inégalité** ; → CHANGEMENT, MOUVEMENT. ② *Les rapports de l'État et de l'Église ont subi des variations importantes au cours du XXᵉ siècle* [pl.] : **modification, fluctuation** ♦ [sing.] **évolution** (qui représente les variations dans une continuité). ③ *Les variations de température* : **inégalité** ; → COURBE.

variété ① → DIVERSITÉ. ② → ESPÈCE, SORTE. ③ → MÉLANGE.

vase

I [n.m.] *Elle arrangea les violettes dans un vase* : **porte-bouquet** (qui désigne un petit vase que l'on accroche) ♦ **potiche** (= grand vase de porcelaine). *Un vase de nuit* : **pot de chambre**.

II [n.f.] *L'étang vidé de ses eaux, il restait à ôter la vase* : [plus génér.] **boue*** ♦ **limon*** (qui désigne les terres déposées par le courant d'un fleuve).

vaseux [de vase II] ① *Le fond de l'eau était vaseux* : → BOUEUX*, TROUBLE*. ② *Nous avons mal dormi, je me sens vraiment vaseux* [fam.] : [cour.] **abruti** ; → FATIGUÉ. ③ *Votre argumentation est vaseuse* [fam.] : **vasouillard** ♦ [cour.] **obscur***.

vasouillard → VASEUX.

vasouiller [de vase II] *Reprenez depuis le début, vous commencez à vasouiller* [fam.] : **patauger** ♦ [cour.] **s'embrouiller** ; → ÉCHOUER, MERDER.

vaste ① *Une vaste plaine* : [postposés] **immense*, étendu** ♦ ↑ **infini*** ; → GRAND. *Un vaste édifice* : **spacieux**. ② *Un vaste rassemblement de manifestants* : **grand, nombreux***. ③ *Il avait de vastes projets* : **d'envergure** ; → GRAND. *Elle a des connaissances très vastes* : → ÉTENDU.

va-t-en-guerre → FAUCON, GUERRIER.

Vatican → PAPAUTÉ.

va-tout → DERNIÈRE CARTE*.

vaudeville → COMÉDIE, THÉÂTRE.

vau-l'eau (à) → DÉRIVE.

vaurien ① *On lui reprochait d'être sans scrupule, bref d'être un vaurien* : **voyou*, canaille** (qui s'applique à une personne malhonnête et collectivement), ♦ [coll.] **vermine, racaille** ♦ **crapule** (= individu très malhonnête) ♦ **dévoyé** (= personne qui a enfreint la loi). ② *Quel petit vaurien, ce garçon !* : **garnement** ; → GALOPIN, COQUIN.

vautour ① → AVARE ② → EXPLOITEUR.

vautrer (se) → S'ABANDONNER II, S'ALLONGER.

va-vite (à la) → GROSSIÈREMENT.

vecteur → VÉHICULE.

vécu → VRAI.

vedette ① *En quelques années, elle est devenue une vedette du cinéma* : **star, superstar**, [partic.] **étoile** (*danseur, danseuse étoile*) ♦ [plus génér.] **célébrité** ; → ACTEUR, CHANTEUR. ② *La fuite des inculpés a mis en vedette la complaisance des autorités* : **mettre en évidence, souligner***. *Le spectacle était organisé pour mettre en vedette un jeune chanteur* : **mettre en valeur**.

végétal, végétation → PLANTE.

végéter ① [qqn ~] *Il n'est plus dynamique ni entreprenant, il végète dans son coin* : **dépérir*, vivoter** ; → CROUPIR, S'ENCROÛTER. ② [qqch ~] *La crise atteint tous les secteurs, l'économie végète* : **stagner**.

véhémence → VÉHÉMENT.

véhément *C'est un homme véhément qui défend les malheureux* [sout.] : **fougueux*, impétueux** (qui se disent plutôt du tempérament d'une personne ou d'un animal, par ex. d'un cheval) ♦ [plus cour.] **ardent*, bouillant**. *Une intervention véhémente* : [cour.] **enflammé, passionné** ; → ÉNERGIQUE.

◇ **véhémence** *La véhémence de ses pro-testations n'a pas convaincu* : **chaleur** ; → ARDEUR, ÉLOQUENCE, FOUGUE, INTENSITÉ. *Il riposta avec véhémence* : **impétuosité, feu, passion*, flamme** ◆ **emportement** (qui implique la colère) ; → VIGUEUR I.

véhémentement → À COR ET À CRI*, ÉNERGIQUEMENT.

véhicule ① *Les services de la préfecture enlevèrent le véhicule* : [plus cour.] **voiture,** [partic.] **automobile*.** ② *L'image est devenue un véhicule privilégié de la publicité* : [cour.] **média, support, vecteur.**

◇ **véhiculer** *Autrefois, les maraîchers véhiculaient leurs produits jusqu'à Paris* : **voiturer** ; → TRANSPORTER I. *Les médias véhiculent l'information* : **diffuser** ; → TRANSMETTRE.

véhiculer → VÉHICULE.

veille *La veille* : **le jour précédent, hier** (qui se définit par opposition à *aujourd'hui*). *À la veille de. La France est à la veille de conclure ce marché* : **sur le point de, près de*.**

veillée → SOIRÉE.

veiller ① [~ à] *Vous veillerez à ne rien oublier* : **faire attention de, à, prendre soin de, prendre garde à, tâcher de.** [~ à ce que] *Vous veillerez à ce qu'il ait ses aises* : **prendre soin que, s'arranger pour que, s'assurer que** ; → AVOIR L'ŒIL* À TOUT. ② [~ sur] *Une jeune étudiante venait le soir pour veiller sur les enfants* : **garder, s'occuper de, surveiller** ; → PROTÉGER.

veilleuse → LANTERNE.

veinard → CHANCEUX.

v e i n e ① → FILON, INSPIRATION. ② → CHANCE. ③ → VAISSEAU* SANGUIN.

veiner → BARIOLER I.

veinule → VAISSEAU* SANGUIN.

vêlage → MISE* (II) BAS.

velléitaire → INDÉCIS, MOU.

vélo → BICYCLETTE.

vélocité → RAPIDITÉ, VITESSE.

vélomoteur → CYCLOMOTEUR.

velouté → DOUX, ONCTUEUX.

velu → POILU.

Velux (nom déposé) → LUCARNE.

vénal → CORRUPTIBLE, VENDU.

vendable → VENDRE.

vendange → RÉCOLTE.

vendanger → RÉCOLTER.

vendeur → VENDRE.

vendre ① [~ qqch] *Ils ont dû vendre leur maison à bas prix* : **liquider*** ◆ **céder, laisser** (= vendre à un prix avantageux : *le brocanteur leur céda, laissa les chenets à bas prix*) ◆ [fam.] **fourguer** ◆ **brader, bazarder, se défaire de** (= se débarrasser de qqch en le vendant : *il s'est défait de tous ses vieux meubles*) ◆ **céder** (*céder un fonds de commerce*) ; → SOLDER. ② [~ qqch] *La coopérative vendait les volailles sur le marché* : **commercialiser, mettre en vente** ◆ **débiter** (= vendre au détail) ◆ **écouler** (= vendre régulièrement, et jusqu'à épuisement, la marchandise) ◆ **distribuer** (= répartir entre les points de vente) ◆ ↑ **épuiser les stocks** ; → FOURNIR, PLACER. ③ [~ qqn] *Ce lâche a vendu tous ses complices* : **livrer, trahir** ◆ [fam.] **donner.**

◇ **se vendre** ① *Se vendre à l'ennemi* : **trahir*.** ② *Cet ouvrage se vend bien* : **avoir du succès.**

◇ **vendeur** *Une discussion opposait le vendeur et l'acheteur* : **marchand, commerçant*** (= vendeur de profession).

◇ **vendable** *Cette propriété n'est pas vendable en raison de son état* : **monnayable, négociable** ◆ [didact.] **aliénable, cessible, transférable** (qui se disent de biens dont la loi autorise la vente ou le don).

◇ **vendu** ① [adj. ; qqn est ~] *Il a été condamné par un jury vendu* : [didact.] **vénal** ; → CORRUPTIBLE. ② [n.] *Ce sont tous les mêmes, des vendus !* [fam.] : **pourri,** [en verlan] **ripou,** [cour.] **traître** ; → SALAUD.

◇ **vente** ① *La vente des armes stagnait malgré les efforts des industriels* : **commerce*, commercialisation, écoulement** ◆ [péj.] **trafic** ◆ **exportation** (= vente des produits nationaux à l'étranger). *Les techniques de vente* : **marchandisage, mercatique,** [anglic.] **marketing ;** → MARCHÉ II. *C'est un spécialiste de la vente à domicile* : **démarchage.** *En vente* : **sur le marché* ;** → ENCHÈRE, VENDRE. ② *La vente d'un bien* : **cession ;** → LIQUIDATION.

vendu → VENDRE.

venelle → RUE.

vénérable ① *Il est mort à un âge très vénérable* : **avancé.** ② *On écoutait cet homme vénérable* : **respectable ;** → SAINT.

◇ **vénérer** ① *Les pèlerins venaient vénérer des reliques* : **révérer ;** → HONORER. ② *Elle vénérait ses grands-parents* : [plus cour.] ↓ **aimer,** ↑ **adorer** (qui n'entraînent pas l'idée de respect) ; → RESPECTER.

◇ **vénération** ① *La maison de la vedette faisait l'objet d'une véritable vénération* : **culte, fétichisme** ◆ [péj.] **idolâtrie** *Il la regardait avec vénération* : **adoration ;** → AMOUR. ② *Le médecin fut reçu avec vénération* : ↓ **considération** ◆ [sout.] **révérence, dévotion** (qui se dit plutôt auj. des pratiques religieuses).

vénération, vénérer → VÉNÉRABLE.

vénerie → CHASSE.

vénérien *Maladie vénérienne* : → MST.

vengeance → VENGER.

venger *Je retrouverai ma dignité quand j'aurai vengé cette injure* : [sout.] **se laver de.**

◇ **se venger** *La loi interdit de se venger soi-même* : **se faire justice.** *Il m'a trompé mais je me vengerai* : [fam.] **rendre à qqn la monnaie de sa pièce, garder à qqn un chien de sa chienne, attendre au tournant.**

◇ **vengeance** *Il n'ignorait pas qu'il pouvait craindre la vengeance de la partie adverse* : [pl.] **représailles,** [sing.] **rétorsion** (qui se disent de la riposte à de mauvais procédés) ; → REVANCHE.

véniel → INSIGNIFIANT.

venimeux → VENIN.

venin *Ses discours pleins de venin m'ont effrayé* : **fiel** ◆ ↑ **haine** ◆ ↓ **méchanceté.**

◇ **venimeux** *C'est un homme venimeux* [rare] : ↑ **haineux** ◆ [sout.] **fielleux** ◆ ↓ **méchant.** *Une langue venimeuse* : **de vipère ;** → PERFIDE. *Un ton venimeux* : → ACERBE.

venir ① [qqn ~] *J'aimerais bien que tu viennes un peu plus vite* : [fam.] **rappliquer, se rappliquer, s'amener ;** → SE RAMENER. *Allez, viens donc !* : [très fam.] **s'abouler.** *J'imagine qu'il ne va pas tarder à venir* : **arriver* ;** → PARAÎTRE I. *Elle m'a demandé de venir avec elle* : **accompagner** (*... de l'accompagner*). *Voulez-vous venir près de moi ?* : **s'avancer, approcher.** ② [~ de] *D'où vient-il ?* : **débarquer*, sortir*.** *En décembre, le raisin vient d'Afrique du Sud* : **provenir.** *Ce mot vient de l'arabe* : **provenir, dériver.** *Cette erreur vient de notre inattention* : **découler ;** → RÉSULTER. *D'où vient que l'on ne se voit plus ?* : [plus cour.] **pourquoi** (*pourquoi ne se voit-on plus ?*). ③ [qqch ~] *La nouvelle est venue brusquement* : **arriver*, survenir ;** → PARAÎTRE III. ④ [qqch ~] *Ce terrain est sableux, les asperges viennent bien* : **pousser*.** ⑤ [en ~ à] *Venons-en à l'objet de votre visite* : **aborder ;** → PARLER. *Dites-moi, vous qui le connaissez, où veut-il en venir ?* : **que veut-il ?** ⑥ *Notez tout ce qui vous vient à l'esprit* : **se présenter.** *Dans les années à venir* : **prochain ;** → POSTÉRIEUR I.

◇ **venue** *Le retour des hirondelles annonçait la venue du printemps* : **approche ;** → APPARITION.

vent ① *Le vent s'est levé ce matin* : **bise** (= vent froid et sec venu du nord : *une bise mordante*) ◆ **brise** (= vent peu violent : *le soir, une brise légère rafraîchissait l'atmosphère*, ou vent soufflant près des côtes, soit de la terre vers la mer, soit de la mer vers la terre, et pouvant atteindre une assez grande force : *une brise de force 4*) ◆ **risée** (= brise subite et passagère) ◆ **bourrasque*** (= coup de vent violent mais de courte durée). *En quelques instants, une bourrasque arracha les tuiles du hangar* (= masse d'air qui tournoie très vite). ◆ [partic.] **mistral, tramontane, autan** (qui désignent des vents locaux dans le sud de la France) ◆ **ouragan, tornade,** [didact.] **cyclone, typhon** (= mouvement tournant, très violent, de l'atmosphère, provoqué par des perturbations tropicales : *une tornade a ravagé les côtes des Antilles*) ; → AIR, TEMPÊTE. *L'énergie du vent* : **éolien**. ② *Lâcher un vent* : **pet***. ③ *Passer en coup de vent* : **très rapidement**. *Il fait un vent à décorner les bœufs* [fam.] : [cour.] **très fort***. *Avoir le vent en poupe dans sa carrière* : **monter**. *Prendre le vent* : **flairer**. *Avoir le nez au vent* : **musarder** ; → S'AMUSER. *Contre vents et marées* : **envers et contre tout**. *Être dans le vent* : **à la mode*** ; → BRANCHÉ. *C'est du vent !* [fam.] : [cour.] **ce n'est rien** ; → VERBIAGE. *Bon vent !* : **bon débarras**.

vente → VENDRE.

ventiler ① → AÉRER ② → DISTRIBUER.

ventilation ① → AÉRATION. ② → RÉPARTITION.

ventre ① *Le malade se plaignait de violentes douleurs au ventre* : [didact.] **abdomen** ◆ **bas-ventre** (qui désigne plutôt la partie inférieure du ventre ou, par euph., le sexe) ; → CORPS. ② *Cet homme mange trop, il commence à avoir du ventre* : [fam.] **bedaine, bedon, bidon, brioche, bide**. *Avoir du ventre* : [fam.] **bedonner** ; → INTESTIN, PANSE, ÊTRE GROS***. ③ *Je mangerais bien un peu, j'ai le ventre creux* : **estomac** ; → AVOIR FAIM* ④ *Il est toujours à se mettre à plat ventre devant son patron* [fam.] : **ramper, s'aplatir** ◆ [cour.] **s'humilier, être servile, obséquieux** ◆ ↓ **flatter*** (*flatter son patron*). *Il est prêt à passer sur le ventre de tout le monde pour réussir* [fam., rare] : [cour.] **écraser**. *Ce que je pense de son attitude ? Ça me fait mal au ventre* [fam.] : [cour.] **dégoûter, écœurer, répugner**. *Il faut voir ce qu'il a dans le ventre* : **sonder** (*il faut le sonder*).

◇ **ventru** ① *Un bonhomme ventru* : **ventripotent** ; → GRAS, GROS, PANSU. ② *Une potiche ventrue* : **renflé** ; → BOMBÉ.

ventripotent → GROS, VENTRU.

ventru → VENTRE.

venu *Premier venu* : → N'IMPORTE* QUI. *Être mal venu de* : → AVOIR MAUVAISE GRÂCE* À. *Bien venu* : → RÉUSSI.

venue → VENIR.

vêpres → PRIÈRE DU SOIR*.

ver ① *Cette motte de terre est pleine de vers* : **ver de terre**, [didact.] **lombric** ◆ **vermisseau** (= petit ver). ② *Le ver solitaire* : **ténia**. ③ *Le fromage est rempli de vers* : **asticot** (= larve de la mouche qu'on trouve aussi dans la viande) ◆ **chenille** (= larve de papillon au corps annelé). *Un meuble mangé aux vers* : **vermoulu***. *Tirer les vers du nez* : **faire parler** (*faire parler qqn*).

véracité → EXACTITUDE.

verbal → ORAL.

verbalement → ORALEMENT, DE VIVE VOIX* I.

verbe → LANGAGE.

verbeux → BAVARD, DIFFUS, PROLIXE.

verbiage *Ce ne sont pas des arguments, mais du verbiage* : [fam.] **baratin, bla-bla, vent, laïus** ; → BAVARDAGE, ÉLOQUENCE.

verdâtre *Près des côtes, la mer prenait une teinte verdâtre* : **glauque**. *Un teint verdâtre* [péj.] : **olivâtre, cireux** ; → LIVIDE.

verdeur ① → VIGUEUR I ② → CRUDITÉ.

verdict *Le jury se réunit deux heures avant de donner son verdict* [didact.] : **sentence, décision** ; → ARBITRAGE, JUGEMENT.

verdir → PÂLIR.

véreux → DOUTEUX, MALHONNÊTE.

verge ① → BAGUETTE. ② → SEXE.

verger → JARDIN.

verglas → GLACE.

vergogne → HONTE.

véridique → VRAI.

vérifiable → CONTRÔLABLE.

vérificateur → CONTRÔLEUR.

vérification → VÉRIFIER.

vérifier ① *Nous avons vérifié l'horaire des trains* : **examiner** ; → CONTRÔLER. *Vérifiez si l'eau est potable* : → S'ASSURER. *Il fait vérifier la liste des candidats sur ce registre* : [didact.] **collationner**. *Vérifier les* *comptes*: [didact.] **apurer** (= arrêter un compte après examen des pièces justificatives) ; → RÉVISER. ② *On vérifie chaque jour les limites de son savoir* : **constater, expérimenter, éprouver.** *Les dangers de la radioactivité ont été vérifiés* : **confirmer ;** → JUSTIFIER, MONTRER, PROUVER.

◊ **vérification** *La vérification d'une information* : **examen ;** → CONTRÔLE, CONFIRMATION. *Sans vérification* : → ŒIL (*les yeux fermés*). *La vérification d'un compte* : [didact.] **apurement ;** → RÉVISION. *Le tribunal a ordonné une vérification* : **expertise.** *Sous réserve de vérifications ultérieures* : **sous bénéfice* d'inventaire.**

véritable ① *Des faits véritables* : **vrai, avéré ;** → EXACT. *Il a publié ce rapport sous son véritable nom* : **vrai.** *Un véritable ami* : → JUSTE. ② *C'est une véritable crapule* : **beau, franc, vrai ;** → SINCÈRE.

◊ **véritablement** ① *Les spectateurs étaient véritablement surpris des performances du skieur* : **réellement, vraiment.** *Personne ne l'avait véritablement connu* : **en fait.** ② → PROPREMENT.

véritablement → VÉRITABLE.

vérité ① *On ne pouvait douter de la vérité de ses sentiments* : **authenticité, sincérité.** ② *La vérité d'un propos* : **exactitude*, justesse*.** *En vérité* : **à vrai dire*, en réalité.** ③ *La caricature était d'une vérité criante* : **ressemblance.** *Un tableau plein de vérité* : **naturel.** ④ [pl.] *Les hommes passent leur temps à redécouvrir des vérités perdues* : **évidence*** (= ce qui s'impose comme vrai sans démonstration) ; → BIEN. *Deux et un font trois, voilà ma seule vérité* : **certitude ;** → CONVICTION, CROYANCE. ⑤ *Il ne dit pas la vérité* : **mentir.**

vermeil → COLORÉ.

vermillon → ROUGE.

vermine → VAURIEN.

vermisseau → VER.

vermoulu *Une table vermoulue* : **piqué, mangé aux vers.**

verni → CHANCEUX.

vernis ① *Protégez ce bois avec un vernis* : **laque** ◆ [plus génér.] **enduit.** ② *Il utilise fort bien son vernis culturel* : **teinture.** *Grattez un peu, vous trouverez sous le vernis un homme faible* : **apparence, brillant.**

vernissage → EXPOSITION, INAUGURATION.

vérole → MST.

verrat → PORC.

verre ① *Vous prendrez bien un verre* : [fam.] **godet, pot** ◆ [anglic.] **glass, drink** ◆ [partic.] **coupe, flûte, gobelet*** (= verres de formes différentes) ◆ **bock, demi, chope** (qui désignent les différents verres de bière). *Offrir un verre aux amis* : **tournée.** *Je lève mon verre à votre succès* : **porter un toast*.** ② *Il porte des verres* : **lunettes*.**

◊ **verrerie** *L'industrie, l'art du verre* : **cristallerie, miroiterie, vitrerie.**

verrerie → VERRE.

verrier *Ouvrier, maître verrier* : **souffleur** (de verre).

verrière → VITRE, TOIT.

verrou *N'oubliez pas de refermer le verrou* : **targette** (= petit verrou à tige plate) ; → FERMETURE.

verrouiller ① → FERMER. ② → CONTRÔLER.

vers

I [prép.] ① *Vous prendrez la seconde rue qui va vers le fleuve* : **en direction de.** *Il regardait vers le fond de la vallée* : **du côté de.** *Le chien courut vers les intrus* : **à la rencontre de** ◆ **sur** (qui implique davantage l'idée d'agressivité : *marcher vers l'ennemi*) ◆ [vx] **à.** ② *Vers les 2 heures de l'après-midi* : **sur, environ** (*à 2 heures environ*).

II [n.m.] *Je préfère la prose aux vers* : [plus génér.] **poésie** (qui n'implique pas une écriture versifiée). *Le vers français classique est caractérisé par son nombre de syllabes* : **octosyllabe, décasyllabe, dodécasyllabe, alexandrin.**

◇ **versifier** *Il savait bien versifier, mais sa poésie était très médiocre* [rare] : [plus cour.] **rimer, faire des vers, écrire en vers.**

◇ **versification** *Les règles de la versification classique* : **métrique, prosodie.**

versant → PENTE.

versatile → CAPRICIEUX, PASSER DU BLANC AU NOIR*.

versatilité → INCONSTANCE.

versé *Versé dans* : → SAVANT I.

versement [de verser IV] *On peut acquitter ses impôts par versements mensuels* : **paiement, règlement ;** → DÉPÔT.

verser

I ① [v.t.] *Le conducteur a versé le car* : [plus cour.] **renverser ;** → CULBUTER. *Un violent orage a versé les blés déjà mûrs* : **coucher.** ② [v.i.] *Une automobile qui verse* : **basculer, capoter, se renverser.**

II ① *Un garçon attendait pour verser à boire* : [plus génér.] **servir*.** ② *Elle versa le contenu de la bonbonne dans plusieurs bouteilles* : [partic.] **transvaser*.** ③ *Le soleil couchant versait une chaude lumière* [sout.] : **épandre** ◆ [plus cour.] **répandre.** ④ *Il a versé son sang pour la bonne cause* : ↑ **se faire tuer.** *Verser des larmes* : **pleurer.**

III *Vous ne me ferez pas verser dans cette mode* [sout.] : **donner** ◆ [plus cour.] **adopter.** *Il était puritain, il verse maintenant dans l'excès contraire* [sout.] : [plus cour.] **tomber*.**

IV *Les locataires versaient le montant du loyer chaque trimestre* : [plus génér.] **payer*.** *Verser de l'argent à la banque* : → DÉPOSER.

V *Le jeune homme avait demandé à être versé dans l'aviation* : **incorporer, affecter.**

versificateur → POÈTE.

versification, versifier → VERS II.

version ① *Toutes les versions du texte ont maintenant été publiées* : **variante** ◆ [didact.] **leçon.** ② *Les journalistes ont rapporté cette version des faits* : **interprétation.** ③ *Version française d'un film, version origi-*

ginale : **VF, VO.** *Seconde version* : [anglic.] **remake.**

verso → DOS, REVERS II.

vert ① *La couleur verte, le vert* : [partic.] **émeraude, véronèse, céladon** (qui sont différents types de vert) ◆ **vert olive, vert anglais, vert bouteille** (qui distinguent des nuances de vert). ② [qqn est ~] *Il était vert de peur* : **blême.** *Un vieillard toujours vert* : → GAILLARD, RÉSISTANT, VAILLANT, VIGOUREUX. ③ [qqch est ~] *Ce vin est trop vert* : [plus génér.] **jeune.** ④ *Il reçut une verte réprimande pour avoir coupé toutes les fleurs du jardin* : **rude, sévère, violent.** ⑤ *Un dictionnaire de la langue verte* : **argot.** ⑥ *Se mettre au vert* : → SE REPOSER. *Donner le feu vert* : **autoriser, permettre.** ⑦ *Les verts* : → ÉCOLOGISTE.

◇ **vertement** *Il lui répondit vertement de se mêler de ses affaires* : **rudement ;** → CRU, VIVEMENT.

vertement → VERT.

vertical → DROIT I.

vertige ① *Le malade eut des vertiges quand il mit un pied à terre* : **étourdissement** ◆ **éblouissement** (= trouble passager de la vue) ◆ [fam.] **tournis.** ② *Un instant de vertige* : **exaltation, égarement** ◆ ↑ **folie** ◆ ↓ **trouble ;** → ÉMOTION, IVRESSE.

◇ **vertigineux** *La hausse des prix devenait vertigineuse* : **terrible.** *Une vitesse vertigineuse* : **excessif, fou** ◆ ↓ **grand ;** → EFFRÉNÉ.

vertigineux → VERTIGE.

vertu

I ① *Une vertu sans reproche* : → HONNÊTETÉ, CHASTETÉ. ② *Ce n'est pas une vertu de tout supporter sans rien dire* : [plus génér.] **qualité** (qui se dit autant du physique que du moral) ; → MÉRITE.

II *Cette infusion a une vertu curative certaine* : [plus cour.] **pouvoir, propriété ;** → EFFICACITÉ.

vertueusement → VERTUEUX.

vertueux [de vertu I] ① *Un homme vertueux* : **pur ;** → CHASTE, HONNÊTE. ② *Leur* verve

*père avait toujours quelque anecdote ver-
tueuse à leur raconter* [sout.] : [plus cour.]
édifiant. *Une conduite vertueuse* : **méritoire ;** → BON II.

◇ **vertueusement** : **honnêtement, chas-
tement.**

verve → ÉLOQUENCE, ESPRIT. *Mettre en
verve* : → EXCITER.

Vespa (nom déposé) → CYCLOMOTEUR.

vespasienne → URINOIR.

vespéral → DU SOIR*.

veste ① *Il portait une veste bleu marine* :
veston (= veste qui fait partie d'un
complet d'homme) ◆ **blazer** (= veste de
flanelle, inspirée de l'uniforme des collé-
giens britanniques) ◆ **casaque** (= veste
ample comme celle des jockeys) ◆ **boléro**
(= petite veste droite et ajustée s'arrêtant
à la taille) ◆ **cardigan** (= veste de tricot,
sans col). ② *Retourner sa veste* : **changer
de camp, tourner casaque*.** *À son concours,
il a ramassé une veste* [fam.] : **échouer.** *Il a
ramassé une veste au casino* [fam.] : **subir
des pertes.**

vestibule *Le médecin avait transformé le
vestibule de la maison en salle d'attente* :
[plus génér.] **entrée** ◆ **antichambre** (= pièce
d'attente dans un appartement ou à l'entrée d'un bureau : *on devait attendre une
heure dans l'antichambre avant d'être
reçu*) ◆ **galerie** (= lieu de promenade
aménagé dans une habitation : *la galerie
des Glaces du château de Versailles*) ◆ **hall**
(= grande pièce succédant à l'entrée d'un
établissement public, d'un hôtel : *déposez
vos bagages dans le hall, s'il vous plaît*) ;
→ COULOIR.

vestige [souvent au pl.] *Ce sont les vestiges de ce qui fut une forteresse* : **ruines ;**
→ DÉBRIS. *Elle conservait précieusement
les vestiges d'une richesse passée* : **restes,
traces.**

veston → VESTE.

vétéciste → BICYCLETTE.

vêtement → VÊTIR.

vétéran → ANCIEN, VIEUX.

vététiste → BICYCLETTE.

vétille → BABIOLE, RIEN II.

vétilleux → MANIAQUE.

vêtir *Cet enfant est trop grand pour que
je continue à le vêtir* [sout., rare] : [cour.]
habiller ◆ [fam.] **fringuer** ◆ **costumer**
(= vêtir qqn pour le déguiser) ◆ **accoutrer, affubler,** [fam.] **fagoter, ficeler,
harnacher** (= habiller de façon ridicule :
*l'homme était accoutré, affublé comme s'il
allait au carnaval*).

◇ **se vêtir** *Il s'était vêtu avec beaucoup de
recherche* : **s'habiller** ◆ [péj.] **s'affubler,
s'accoutrer** ◆ [fam.] **se fringuer ;** → SE
SAPER. *Il faut se vêtir d'un manteau bien
chaud* : **se couvrir de, revêtir.**

◇ **vêtement** ① [pl.] *Il rangea soigneusement ses vêtements dans l'armoire* :
habits ◆ [moins cour.] **effets** ◆ [plus génér.]
affaires ◆ **garde-robe** (qui désigne l'ensemble des vêtements d'une personne)
◆ [fam.] **fringues, pelures, sapes.** *Il portait des vêtements usés* : **hardes, nippes*
◆ [fam.] **frusques** ◆ **défroque, guenilles**
(qui insistent sur la vieillesse ou la bizarrerie du vêtement). *Elle sortait encore avec
des vêtements qu'on aurait cru venus d'une
vieille malle* : **accoutrement, affublement**
(qui insistent sur le caractère ridicule des
vêtements portés). ② [sing.] *On remettait
à l'honneur le vêtement propre à la province* : [plus précis] **costume ;** → TOILETTE.
Un vêtement de circonstance : **mise, tenue.**

◇ **vêtu** ① *Ce garçon est toujours mal vêtu* :
habillé, mis, accoutré ◆ [fam.] **fagoté,
ficelé, fringué.** ② *Un fauteuil vêtu d'un
tissu à fleurs* [sout.] : [cour.] **couvert, recouvert, tapissé.**

veto → OPPOSITION.

vêtu → VÊTIR.

vétuste → ANCIEN, VIEUX.

vétusté → DÉGRADATION, VIEILLESSE.

veule → LÂCHE.

veulerie → LÂCHETÉ.

vexant, vexation → VEXER.

826

vexer *Je vous assure que je ne cherchais pas à vous vexer* : **humilier, mortifier ♦ ↓ désobliger ♦ ↑ blesser ; → BRAQUER, FROISSER, OFFENSER, ULCÉRER, ABAISSER II.**

◇ **se vexer** *Il se vexe à la moindre remarque* : **se braquer, se fâcher, se formaliser de, se froisser ; → PRENDRE OMBRAGE*, S'OFFENSER.**

◇ **vexant** ① *Encore une remarque vexante comme celle-là et je m'en vais !* : [sout.] **mortifiant ♦ ↑ blessant ♦ ↑ humiliant ; → DÉSAGRÉABLE.** ② *Nous l'avons manqué de peu, c'est vraiment vexant !* : [fam.] **rageant ♦ ↓ contrariant, ↓ irritant, ↓ agaçant.**

◇ **vexation** *Je n'accepte aucune vexation* : **mortification, brimade ♦ ↑ humiliation ♦ rebuffade** (qui se dit d'un mauvais accueil qui vexe).

viabilité → FAISABILITÉ.

viable *Ce projet est viable* : **faisable ; → RÉALISABLE.**

viaduc → PONT.

viande → CHAIR.

vibrant ① *Son discours vibrant était suivi dans le plus grand silence* : **pathétique ♦ ↓ touchant ; → ARDENT, ÉMOUVANT.** ② *Il parla d'une voix vibrante* : **sonore, fort, retentissant** (qui n'impliquent que l'intensité sonore et non la qualité du timbre) **♦ pathétique** (= qui émeut ou cherche à émouvoir).

vibration → VIBRER.

vibrer

I *Faire vibrer.* ① *Le musicien expliquait comment faire vibrer les cordes du banjo* : [plus génér.] **toucher.** ② *C'est un orateur qui sait comment faire vibrer son public* : **toucher ; → ÉMOUVOIR.**

II [qqch ~] *Les vitres de l'hôtel vibraient au passage des camions* : **trembler, résonner.** *Les moteurs furent mis en route et le pont du bateau vibra* : **trépider.**

◇ **vibration** [de vibrer II] *Les vibrations des vitres* : **tremblement ♦ ↓ frémissement.** *Les vibrations d'un plancher* : **trépidation.**

vicaire → PRÊTRE.

vice

I ① → IMMORALITÉ. ② *Ce dépravé vit dans le vice* : [partic.] **luxure ♦** [sout.] **licence* ; → CORRUPTION, DÉBAUCHE.**

II *Cette pièce présente un vice* : **défaut*, malformation, défectuosité, malfaçon.**

vicelard → VICIEUX I.

vice versa → INVERSEMENT, RÉCIPROQUEMENT.

vichy → À CARREAUX*.

vicié → IRRESPIRABLE.

vicier → CORROMPRE.

vicieux

I [de vice I] ① [adj. et n.] *Certains romans du marquis de Sade racontent la carrière de personnages vicieux* : **débauché, dépravé ♦ ↓ dévergondé ♦** [sout., didact.] **↑ pervers ♦** [fam.] **vicelard ; → CORROMPU, LIBERTIN.** ② *Un cheval vicieux* : **rétif*.**

II [de vice II] ① *Un cercle vicieux* : → INSOLUBLE. ② *Un séjour prolongé en Angleterre lui a permis de corriger sa prononciation vicieuse* : **défectueux, fautif,** [antéposé] **mauvais.** *Une tournure vicieuse* : **incorrect ; → IMPROPRE.**

vicissitude → ACCIDENT, CHANGEMENT.

victime ① *Elle a été la victime de cet escroc* : **proie ; → DUPE.** *La victime d'un séducteur* : → CONQUÊTE. *Être victime de* : → SOUFFRIR. *Se poser en victime* : → MARTYR. ② *La victime d'un meurtre, d'un accident* : → DÉCÉDÉ, MORT II.

victoire *Les spectateurs applaudirent longuement la victoire de l'équipe nationale* : **succès*** (= événement qui constitue un résultat heureux) **♦ ↑ triomphe ; → RÉUSSITE.** *Il n'y a pas de quoi crier victoire* : **pavoiser ; → TRIOMPHER.**

◇ **victorieux** ① *L'équipe victorieuse a été accueillie par la fanfare* : **↓ gagnant.** ② *Après l'épreuve, il arborait un air victorieux* : **triomphant, vainqueur.**

victorieux → VICTOIRE.

victuailles → VIVRES.

vidanger → VIDER.

vide

I [adj.] **①** *La citerne était vide, on espérait un peu de pluie* : **à sec.** *Toutes les maisons étaient vides* : **inhabité, inoccupé.** *Des rues vides* : **dépeuplé, désert*.** *Je cherche un compartiment vide* : **vacant, disponible, libre.** *Un casier judiciaire vide* : **vierge*.** **②** *Son discours était long mais vide* : **creux*, inconsistant, sans intérêt.** *Ce ne sont que propos vides* : **stérile** ; → **INSIGNIFIANT, VAIN.** **③** *Un mur vide* : **nu.** **④** *Le causse lui apparaissait vide de tout habitant* : **dépourvu de, sans.** *Nous allons nous arrêter bientôt, les enfants ont le ventre, l'estomac vide* : **creux*** ◆ ↑ **être affamé** ; → **LÉGER.**

II [n.m.] **①** *La nature, disait-on, a horreur du vide* : **néant.** **②** *Je vais essayer de trouver un vide dans mon emploi du temps* : **trou, creux, créneau.** **③** *Il y a beaucoup de vides dans votre récit* : **lacune, trou** ; → **MANQUE.** *Un passage à vide* : → **S'ESSOUFFLER.** **④** *On voyait le ciel par les vides du toit* : **fente, jour, ouverture.** **⑤** *Il ne voulait plus voir personne, convaincu du vide de son existence* : **néant** ◆ [très sout.] **inanité** ; → **VANITÉ.** *A-t-il conscience du vide de ses propos ?* : [sout.] **vacuité.**

vidéaste → RÉALISATEUR.

vidéo → FILM.

vider

① *Le bassin fut vidé* : **vidanger** ; → **ASSÉCHER, SEC.** *L'usine vidait ses eaux usées dans la rivière* : **évacuer.** *Vider l'eau d'une barque* : **écoper.** **②** *Elle vida le lapin, puis le découpa* : [plus précis] **étriper.** **③** *Vider les lieux* : **abandonner** ; → **FAIRE PLACE NETTE*.** *Vider une bouteille* : **finir.** *Vider un verre* : **boire.** *Vider une cave* : → **NETTOYER.** **④** *Ce travail m'a vidé* [fam.] : [plus cour.] **épuiser, pomper** ; → **FATIGUER, LESSIVÉ.** **⑤** *Vider une querelle* : → **RÉGLER.** **⑥** *Il a insulté son chef de service qui l'a vidé* [fam.] : **sacquer, virer, dégommer** ◆ [cour.] **licencier, congédier*** ◆ [euph.] **remercier** ; → **DESTITUER, RENVOYER, SORTIR I, RELEVER.** **⑦** *Le cheval vida son cavalier* : **désarçonner.**

◇ **se vider** *À la fin de la pièce, le parterre se vida* : **se dégarnir.** *La baignoire se vide lentement* : **s'écouler.**

vie

① *Il risqua sa vie pour sauver l'enfant* : [fam.] **peau*.** **②** *C'était un petit groupe d'adolescents pleins de vie* : **dynamisme, santé, vitalité*** ; → **ACTIVITÉ, VIGUEUR.** *Une rue sans vie* : → **MOUVEMENT, ANIMATION.** *Un portrait plein de vie* : **vivant** ; → **EXPRESSION.** **③** *Cet homme a consacré sa vie à l'étude des insectes* : **existence.** **④** *La vie de Napoléon a donné lieu à de nombreux films* : **destin, biographie.** **⑤** *Il a écrit un livre sur la vie des Gaulois* : [plus précis] **mœurs** (= coutumes, habitudes de vie d'une société). **⑥** *De ma vie, je n'ai touché à l'alcool* : **jamais.** *Elle donna la vie à Jérémy* : [sout.] **enfanter** ◆ [plus cour.] **mettre au monde, donner le jour.** *Rester sans vie* : → **INANIMÉ.** *La vie personnelle* : → **INTIMITÉ.** *Laisser la vie sauve* : **épargner.** *Faire toute une vie à qqn* : → **COMÉDIE.** *Faire la vie* : → **FÊTE.** *Mener une vie de bâton de chaise, de patachon* : **faire les quatre cents coups.** *Faire la vie à qqn* : → **QUERELLER.** *Le niveau de vie* : [anglic.] **standing.** *Il gagne bien sa vie* : [fam.] **sa croûte.**

vieillard, vieille, vieillerie, vieillesse, vieillir, vieillissement → VIEUX.

vieillot → ANCIEN, SURANNÉ, VIEUX.

vierge

① [adj.] *Elle est restée vierge* : **pucelle, puceau, innocent** ◆ **chaste** (qui se dit de qqn qui s'abstient de tout plaisir charnel) ; → **PUR.** **②** [adj.] *Prenez une feuille de papier vierge* : **blanc*, non écrit, vide*** ◆ [sout.] **immaculé.** *De la laine vierge* : **brut*.** *Des terres vierges* : → **IGNORÉ.** **③** [n.f.] *Le culte de la Vierge a été introduit tardivement dans le catholicisme* : **madone** ◆ [didact.] **marial** (*le culte marial*).

◇ **virginité** **①** *Quand elle s'est mariée, elle avait encore sa virginité* : [plus fam.] **pucelage** ; → **PURETÉ.** **②** *Ce délinquant repenti voudrait bien retrouver sa virginité* : **bonne réputation.**

vieux

[adj.] **①** *C'est un homme déjà vieux* : [péj.] **décrépit, sénile** (= qui présentent les caractères de la vieillesse) ◆ ↑ **fossilisé** ◆ [fam.] ↓ **sur le retour** ; → ÂGÉ. ② *Se faire vieux* : → VIEILLIR. ② *Un vieux meuble* : [postposé] **ancien***. ③ *Il a acheté un fauteuil de style dont l'étoffe était vieille* : **usé.** *Il porte toujours un vieux pantalon* : **fatigué*, usagé.** ④ *Votre chanson est un peu vieille* : **démodé, vieillot** ◆ [sout.] **désuet, suranné*.** *C'est vieux* : **c'est daté*, cela date*, obsolète, dépassé, tombé en désuétude, vétuste** ◆ [plus express.] **poussiéreux ;** → ANACHRONIQUE, LOINTAIN. *C'est une vieille coutume* : **antique** ◆ [postposé] **millénaire, séculaire ;** → ANCIEN. ⑤ *Un vieux célibataire* : **endurci ;** → IMPÉNITENT. *Une vieille habitude* : → LONG. *Il ne fera pas de vieux os* : → VIVRE I (*ne pas vivre longtemps*).

◇ **vieux** [n.] ① *Acheter du vieux* : **ancien** ◆ [péj.] **antiquailles, vieilleries** ◆ **antiquités** (*un marchand d'antiquités*). ② *Un vieux* : **vieillard*, ancien*** ◆ [péj.] **barbon** (qui se dit d'un homme âgé), **baderne** (qui se dit d'un vieillard borné, autoritaire, également d'un militaire), [fam., péj.] **croulant.** *Un vieux de la vieille* : **vétéran, briscard** (*un vieux briscard*). *Une vieille* : **douairière, rombière** (qui se disent plaisamment des femmes âgées). ③ *Mon vieux* : **mon père.** *Mes vieux* [fam.] : **parents*** ◆ [fam.] **vioques.** *Ben, mon petit vieux* [fam.] : [très fam.] **mon pote ;** → AMI, FICHTRE.

◇ **vieillard** ① [adj.] → ÂGÉ. ② [n.] *Le vieillard se reposait sur un banc au soleil* [vieilli] : [cour.] **vieux*** ◆ [euph.] **personnes âgées, personnes du 3ᵉ âge** (après la vie active), **personnes du 4ᵉ âge** (qui perdent progressivement leur autonomie), **senior** (qui désigne les personnes de plus de cinquante ans) ◆ [très fam.] **vioc** ◆ [sout.] **patriarche** (qui se dit d'un vieillard entouré de nombreux descendants) ◆ [partic.] **octogénaire, nonagénaire, centenaire.**

◇ **vieillir** ① *Il a vieilli* : [euph.] **prendre de l'âge* ;** → CHANGER III. ② *Mon père vieillit* : **se faire vieux.** ③ *Les émotions l'ont vieilli* : → USER II. *Tu n'as pas vieilli* : [toujours nég.] **ne pas avoir pris une ride.**

◇ **vieillesse** ① *La vieillesse d'une construction* : **ancienneté,** [péj.] **vétusté ;** → DÉGRADATION. ② *Il avait maintenant toutes les marques de la vieillesse* : [sout.]

sénilité, [vx] **décrépitude** (= faiblesse physique provoquée par la vieillesse). *Sa vieillesse lui donne droit à certains égards* : **grand âge.** *La vieillesse* : → SOIR* DE LA VIE.

◇ **vieillissement** *Ces troubles sont dus au vieillissement de votre organisme* : [didact.] **sénescence ;** → SCLÉROSE.

vif

I [adj.] ① *C'est un garçon très vif qui se dépense beaucoup* : **remuant, vivant*** ◆ [par plais.] **frétillant** ◆ **sémillant** (= qui a une vivacité agréable) ◆ ↑ **pétulant** (= qui a un dynamisme exubérant) ; → ÉVEILLÉ. *Il marchait d'un pas vif* : **allègre ;** → LÉGER I. *Un danseur vif* : **agile*.** ② *Une intelligence vive* : **pénétrant*.** *Un esprit vif* : **brillant ;** → ACTIF, BOUILLONNANT, MOBILE I, SPIRITUEL, SUBTIL, OUVERT. ③ *Il est toujours trop vif dans ses réponses* : **brusque, emporté** ◆ ↑ **violent.** *Il lui a fait une remarque un peu vive* : ↑ **blessant, mordant*, sec*, aigre*, désagréable, dur*.** *Une discussion vive* : **animé, chaud.** ④ *Vers le soir, l'air devenait plus vif* : **piquant.** *Il fait un froid vif* : **aigre, pénétrant, glacial ;** → MORDANT. ⑤ *Une lumière vive* : → FORT. *Une couleur vive* : **cru, éclatant.** *Le teint vif* : **coloré.** ⑥ *Il montra un intérêt très vif* : **fort, marqué ;** → SOUTENU. *Un vif sentiment* : **profond*.** *Une vive protestation* : **énergique*.** *Il souffrait d'une vive douleur à l'estomac* : **fort** ◆ **aigu.** *De vifs applaudissements* : **chaleureux.**

II [n.m.] *Toucher quelqu'un au vif* : → BLESSER.

◇ **vivace** ① *Les arbres de ce verger ne sont pas tous aussi vivaces* : **résistant, robuste ;** → VIGOUREUX. ② *Les hortensias sont des plantes vivaces* : [didact.] **pluriannuel.** ③ *J'éprouve contre lui une rancune vivace* : **tenace, persistant ;** → DURABLE.

◇ **vivacité** *On ne s'accoutumait pas immédiatement à sa vivacité* : [moins cour.] **pétulance** ◆ ↓ **entrain,** ↓ **allant** ◆ [rare] **alacrité ;** → ACTIVITÉ, VITALITÉ. *La vivacité des gestes* : **promptitude* ;** → AGILITÉ, SOUDAINETÉ, MOUVEMENT. *La vivacité du regard* : **acuité ;** → ANIMATION. *La vivacité d'une réplique* : → MORDANT. *La vivacité* *d'un coloris* : **éclat.** *La vivacité d'une passion* : **force ♦ ↑ violence ;** → FOUGUE. *La vivacité d'esprit* : → PRÉSENCE.

◇ **vivement** ① *Il se leva vivement* : **prestement, promptement ;** → RAPIDEMENT. *Vivement ! qu'on appelle du secours* : [vx] **vite.** ② *Nous avons été vivement affectés par ce décès* : **profondément ;** → FORTEMENT. *Regretter vivement* : → BEAUCOUP, AMÈREMENT. *Je le souhaite vivement* : **ardemment.** *Il a répondu vivement à son voisin* : **sèchement, du tac au tac** (= en répondant immédiatement à un mot désagréable par un autre mot désagréable) **♦ ↑ vertement.**

vigilance → ATTENTION I.

vigilant *Être vigilant* : → OUVRIR L'ŒIL*.

vigne ① *La Bourgogne est une région de vignes* : **vignoble ♦ clos** (qui se dit dans certaines régions de France) **♦ château** (= propriété qui donne son nom à un cru : *Château-Yquem*). ② *La vigne a bien poussé le long de ce pignon* : **treille** (qui se dit d'une vigne grimpante). *Pied de vigne* : **cep.** *Plant de vigne* : **cépage.**

◇ **vigneron** *Les vignerons de Bourgueil* : **viticulteur.**

vigneron → VIGNE.

vignette ① *Ce livre comporte de nombreuses vignettes* : [partic.] **frontispice** (= vignette de première page), **cul-de-lampe** (= vignette en fin de chapitre) ; → ILLUSTRATION. *Il collectionne les vignettes des plaques de chocolat* : **figurine ;** → MARQUE. ② *La vignette de l'impôt sur les alcools* : **timbre.**

vignoble → VIGNE.

vigoureusement → ÉNERGIQUEMENT, FORTEMENT, SÉRIEUSEMENT.

vigoureux ① *Ces chevaux de labour sont vigoureux* : **puissant,** [fam.] **costaud ;** → FORT, RÉSISTANT, ROBUSTE, SOLIDE, VAILLANT. *Mon père est encore bien vigoureux* : **gaillard ;** → VERT. *C'est un garçon vigoureux* : → ATHLÉTIQUE. *Un arbre vigoureux* : **vivace.** ② *C'est un esprit vigoureux* : **hardi.** ③ *Le dessin de ce por-*

trait est vigoureux : **ferme ;** → ÉNERGIQUE, NERVEUX.

vigueur

I ① *La vigueur de son grand-père* : **verdeur ;** → JEUNESSE, ROBUSTESSE. *La vigueur juvénile* : **ardeur*.** *Perdre sa vigueur* : → S'ÉMOUSSER, MANQUER DE NERF*. ② *Il a dit cela avec une vigueur qui a enthousiasmé le conseil* : [sout.] **↑ véhémence ;** → ÉNERGIE, FORCE. ③ *On admirait dans ces fresques la vigueur du trait* : **fermeté.**

II *La loi en vigueur* : **actuel ;** → PRENDRE EFFET*, PRÉSENT II. *Les tarifs en vigueur* : **existant.**

VIH *Atteint du VIH* (= virus de l'immunodéficience humaine) : **séropositif.**

vil *Il s'était signalé par ses actions viles* [sout.] : **bas ♦ ↑ abject, ↑ ignoble ;** → LÂCHE, LAID, MÉPRISABLE, BOUEUX, INDIGNE.

vilain ① [adj.] *J'ai de vilains cheveux* : **↑ affreux, ↑ horrible ;** → LAID. ② *Les enfants ne savaient que faire et ont été vilains tout l'après-midi* : **insupportable ♦** [langage enfantin] **↑ méchant.** ③ *Voilà de vilains mots qu'il ne faut plus dire* : **grossier ♦** [fam.] **gros ;** → MALHONNÊTE. *Un vilain tour* : **sale* ♦** [plus sout.] **pendable*.** ④ *Les vacances sont gâchées par ce vilain temps* : **mauvais, sale ♦** [postposé] **↑ exécrable.** *C'est une vilaine affaire dont il ne se sortira pas* : **mauvais, sale ♦** [fam., postposé] **pas brillant*.** ⑤ [n.m.] *Il va y avoir du vilain* [fam.] : **grabuge ;** → BAGARRE.

vilainement : **affreusement, laidement, méchamment, grossièrement, salement.**

vilenie → BASSESSE.

vilipender → DISCRÉDITER, HONNIR.

villa *Le promoteur a fait construire un ensemble de villas* : **pavillon** (= petite villa) **♦ bungalow** (= petite villa sans étage) **♦ chalet** (= villa construite sur le modèle des maisons de montagne) **♦ cottage** (= petite villa de style rustique).

village → BOURG, COMMUNE, PAYS I.

ville ① *La Rochelle est une ville de moyenne importance* : **cité** (qui ne se dit que d'une ville importante : *Bordeaux est une cité commerçante*) ◆ **mégalopole, mégapole** (qui se disent aujourd'hui des agglomérations urbaines dépassant les dix millions d'habitants) ◆ **centre** (qui désigne une ville où sont regroupées diverses activités importantes : *Lille est un grand centre industriel. Paris est la plus grande ville de France*) ◆ **agglomération,** [didact.] **conurbation** (qui comprennent la ville proprement dite et sa banlieue) ◆ **capitale** (qui désigne le centre administratif et politique d'un pays). *Des travaux ont été financés par la ville* : **municipalité, commune*** (= l'administration municipale) ; → MÉTROPOLE, BANLIEUE, BOURG. *Hôtel de ville* : **mairie.** ② *En ville* : **dans nos murs*.** *La ville natale* : → SOL. *Une ville forte* : **place*** **forte.** *La population des villes* : **urbain, citadin** (qui sont aussi utilisés comme noms : *les urbains, les citadins*).

villégiature → SÉJOUR.

vin *Il ne boit que du vin à table* : [fam., partic.] **rouge, blanc.** ◆ [fam.] **picrate, vinasse** (qui désignent un vin rouge de mauvaise qualité) ◆ [fam.] **pinard.** *Vous avez encore bu : vous sentez le vin* : [fam.] **vinasse** (qui se dit d'un mauvais vin) ; → ALCOOL, BOISSON. *Un mauvais vin* : **piquette.** *Un excellent vin* : **cru** (qui se dit de la production d'un terroir particulier). *Que pensez-vous des vins de ce restaurant ?* : [sing.] **cave*.**

vinasse → VIN.

vindicatif → RANCUNIER.

vioc → VIEILLARD.

viol → VIOLER.

violation ① → DÉSOBÉISSANCE, INFRACTION, TRANSGRESSION. ② → OUTRAGE, VIOL.

violemment, violence → VIOLENT.

violent ① *Des jeux violents* : **brutal*.** *Un caractère violent* : ↓ **brusque** ; → COLÉREUX, IMPULSIF. *Un discours violent* : ↓ **énergique*,** ↓ **fougueux*.** *De violents reproches* : → VERT. *Une violente réponse* : ↓ **vif*.** ② *Il éprouvait une violente passion* : ↓ **fort*** ; → PUISSANT, ARDENT. *Le retour violent du froid* : **offensif.** *Il poursuivait d'une haine violente ceux qui l'avaient trompé* : **farouche.** *L'animal restait immobile, saisi d'une peur violente* : **intense** ; → FORT. *Une lumière violente* : **cru*.** *Une fièvre violente* : [antéposé] **fort*.** *Une pluie violente* : **battant*.** *Un vent violent* : **furieux.** *Une critique violente du gouvernement* : **virulent.** *Le choc fut violent ; aucun passager ne fut épargné* : **brutal** ◆ ↑ **terrible.** ③ *Il m'a traité de menteur, c'est quand même un peu violent !* : **excessif, fort*** **de café.**

◇ **violence** ① *Faire violence* : → ABUSER. *La violence d'une action* : **brutalité*.** *Céder à la violence* : **contrainte*.** ② [pl.] *Les prisonniers se plaignaient des violences qu'ils subissaient* : **sévices** ◆ ↓ **mauvais traitements, maltraitance.** ③ *La violence du vent* : ↑ **fureur.** *La violence d'une passion* : ↓ **force*,** ↓ **intensité*.** *La violence d'un désir* : **ardeur*.** *La violence d'un propos* : ↓ **vivacité*** ; → VÉHÉMENCE. *La violence d'un caractère* : ↓ **fougue*.** *Un discours d'une grande violence* : **virulence.**

◇ **violemment** ① *Il a frappé violemment l'agent* : **se jeter sur qqn à bras raccourcis, rudement*, à toute volée*.** ② *Réagir violemment* : **brutalement*** ◆ ↓ **énergiquement*.** *Protester violemment* : ↓ **fortement*,** ↓ **hautement*.** *Un vent qui souffle violemment* : **fort*.** *Aimer violemment* : ↓ **passionnément,** ↓ **beaucoup*.**

violenter → ABUSER III, VIOLER.

violer ① *Il a essayé de violer la jeune fille* : **forcer** ◆ [plus génér.] **violenter, faire violence à** ; → ABUSER, SÉDUIRE. ② *Des groupes se réclamant du nazisme ont violé des sépultures juives* : **profaner.** ③ *Vous ne pouvez impunément violer les lois de votre pays* : **enfreindre** ◆ **transgresser** (qui indique que l'on passe outre une loi, un ordre : *le préfet affirma que les policiers avaient transgressé ses ordres*) ; → DÉSOBÉIR À, BRAVER. *Violer les convenances* : → BLESSER. *Violer un serment* : **trahir.**

◇ **viol** ① *La victime d'un viol* : **tournante** (= viol commis par un groupe). ② *Le viol d'une loi* : **violation** ; → TRANSGRESSION.

violet *Une robe violette* : [plus précis] **lilas, mauve, aubergine, lie-de-vin.**

violon → CELLULE.

vipère *De vipère* : → **VENIMEUX.**

virage → VIRER I. *Les panneaux annonçaient des virages sur trois kilomètres* : [plus fam.] **tournant** ◆ **lacet** (= succession de virages serrés) ◆ **épingle à cheveux** (= virage très serré) ◆ **zigzag** (= succession de virages) ; → COURBE II, SINUOSITÉ, DÉTOUR.

virago *C'est une femme autoritaire, une vraie virago* : **dragon, gendarme, mégère.**

virée → PROMENADE, SORTIE, TOUR II.

virement *Un virement bancaire* (= opération de crédit sur un compte) : [plus génér.] **paiement** ◆ **chèque** (= ordre de paiement qui peut servir au virement ou au retrait).

virer
I ① *La voiture vira lentement à droite* : **tourner ;** → BRAQUER. ② *Peu à peu, la discussion virait à l'aigre* : **tourner*.**
II *Il s'est fait virer* [fam.] : **vider*.**

virevolter → BOUILLONNER, TOURNER II.

virginal → BLANC I.

virginité → VIERGE.

viril → MÂLE.

virtualité → VIRTUEL.

virtuel *La puissance virtuelle de cette machine* : **théorique.** *Il faut attendre l'épanouissement des qualités virtuelles de cet enfant* : **potentiel*** ◆ ↓ **possible** ◆ ↑ **probable.** *Image virtuelle* : → SYNTHÈSE.
◇ **virtualité** : **potentialité, potentiel, possibilité.**

virtuellement → PRATIQUEMENT.

virtuose *C'est un virtuose du volant* : **prodige** ◆ [plus cour.] **as*, champion ;** → ACROBATE, MAÎTRE III.
◇ **virtuosité** *Le violoniste prouvait sa virtuosité* : **brio, maestria ;** → ACROBATIE, ADRESSE, MAÎTRISE.

virtuosité → VIRTUOSE.

virulence → VIOLENCE, AIGREUR.

virulent → ACERBE, VIOLENT.

virus → MICROBE.

vis *Le pas de cette vis est usé* : **tire-fond** (= longue vis à tête carrée) ◆ **boulon** (= vis qui se bloque avec un écrou) ◆ **piton** (= vis terminée par un crochet).

visage *Le visage d'une personne* : **face, figure*.** *Un visage souriant* : **expression*.** *Sur cette photo, votre petite fille a un joli visage* : **frimousse, minois** (qui se disent d'un visage d'enfant, de jeune fille) ◆ [fam.] **museau.** *Avoir meilleur visage* : **mine, physionomie ;** → AIR.

vis-à-vis ① *Nous avons voyagé vis-à-vis* [vx] : [plus cour.] **face à face ;** → À L'OPPOSITE* DE. *Les bâtiments avaient été construits vis-à-vis la Seine* [sout., rare] : [cour.] **en face de, en regard*, devant ;** → OPPOSÉ. ② *S'engager vis-à-vis de qqn* : → AVEC. *J'émets les plus grandes réserves vis-à-vis de la solution proposée, vis-à-vis de cet homme* : **à l'égard de, quant à, envers.** ③ *Nous sommes restés toute la soirée en vis-à-vis* [sout.] : [plus cour.] **tête à tête.** ④ [n.m.] *Un agréable vis-à-vis* : **tête-à-tête.** *Un vis-à-vis Napoléon III* : **fauteuil.**

viscère *Les viscères d'un animal* : [partic.] **entrailles*** (= viscères de l'abdomen) ◆ [plus cour.] **boyaux, tripes.**

visée → AMBITION, PRÉTENTION.

viser
I [qqn ~ qqn, qqch] *Il visa soigneusement le lièvre* : **ajuster.** *Il me visa du doigt* : **pointer** (*il pointa son doigt sur moi*).
II ① [qqn ~ qqch] *Le général visait la magistrature suprême depuis longtemps* : **ambitionner*, briguer ;** → LORGNER. ② [qqch ~ qqn] *L'obligation du port de la ceinture de sécurité vise tous les automobilistes* : **toucher, concerner ;** → S'APPLIQUER. ③ [qqch ~ à] *Les restrictions de crédit visent à arrêter la crise* : **tendre à.** ④ [qqn ~ à] → RECHERCHER.

III *Vise un peu la tête qu'il a !* [fam.] : [cour.] **regarder***.

visible, visiblement → VOIR.

vision ① *La jeune fille eut des visions la nuit qui précéda Noël* : [didact.] **apparition**. *Une vision miraculeuse* : **miracle, révélation**. ② *Ma pauvre amie, vous avez des visions !* : **hallucination, mirage** ◆ **fantasme** (= représentations de l'imagination) ◆ **obsession, hantise** (= visions répétitives et angoissantes) ; → FANTÔME, ILLUSION. ③ *Des troubles de la vision* : → VUE I. ④ *Une vision du monde* : **représentation, conception** ; → PHILOSOPHIE, VUE III.

◇ **visionnaire** [n.] ① *Un visionnaire* : **illuminé** ◆ **halluciné** (qui n'implique pas que les visions ont un rapport au divin) ◆ [péj.] **songe-creux** ; → DEVIN. ② *L'architecte était un visionnaire* : **précurseur**.

visionnaire → VISION.

visite *Les douaniers se livrèrent à une visite attentive des bagages* : [plus cour.] **fouille, inspection, examen** *(des lieux)*. *La visite médicale* : **consultation***.

◇ **visiteur** ① *J'ai reconduit nos visiteurs après le dîner* : **invité**. ② *Le syndicat d'initiative accueillait les visiteurs* : **touriste**.

visiter ① → FOUILLER. ② → VOIR.

visiteur → VISITE.

visqueux
→ CONSISTANT, GLUANT, SIRUPEUX.

visser ① → ASSEMBLER, ATTACHER I, FIXER. ② *Visser quelqu'un* : → MATER.

vital → INDISPENSABLE, PREMIER* II.

vitalité *Il dirigeait l'entreprise avec une vitalité surprenante* : **dynamisme** ; → ACTIVITÉ, ARDEUR. *La vitalité de la jeunesse* : **tonus** ◆ [moins cour.] **sève** ; → FORCE. *Montrer une grande vitalité* : → SANTÉ, ÊTRE PLEIN DE VIE*.

vite ① *Il arriva très vite au but* : **rapidement***. *Il marche vite* : **d'un bon pas*** ; → PROMPTEMENT***. *Allons, pressez-vous, venez vite !* : [fam.] **dare-dare, au galop** ◆ **presto** (utilisé en musique pour un

mouvement rapide) ; → VIVEMENT. *Nous sommes en retard, il faut faire vite* : [cour.] **se dépêcher*, se presser** ◆ [sout.] **se hâter**, [fam.] **mettre la gomme** ; → ACCÉLÉRER. *Il courait très vite* : **à toutes jambes, à perdre haleine** ; → À PLEIN TUBE*. *Agir trop vite* : **précipitamment** ◆ [sout.] **hâtivement** ◆ [fam.] **en catastrophe**. *Il acheva très vite son travail* : **à toute vitesse, en hâte, en toute hâte, d'urgence** ◆ [fam.] **à toute pompe, à toute vapeur, en quatrième vitesse, en cinq sec, en moins de rien*, en un rien* de temps** ; → EN UN TOUR DE MAIN*. *L'eau montait trop vite* : **à vue* d'œil**. *Aller vite* : **filer, foncer**. ② *Il viendra le plus vite qu'il pourra* : **tôt**. *Il arrivera vite* : **bientôt*, sous peu**.

◇ **vitesse** ① *La vitesse du vent* : **force***. *Ce moteur tourne à pleine vitesse* : **régime**. ② *Une faible vitesse* : → ALLURE. *La vitesse des coureurs* : **rapidité*** ◆ [didact.] **vélocité**. ③ *Il a réglé l'affaire avec toute la vitesse possible* : [plus sout.] **célérité, diligence** ; → PROMPTITUDE. ④ *À toute vitesse, en quatrième vitesse* : → VITE, À PLEIN TUBE*. *Changer de vitesse* : → RÉTROGRADER. *À deux vitesses* : → INJUSTE.

vitesse → VITE.

viticulteur → VIGNERON.

vitrage → VITRE.

vitre *Il faudra nettoyer les vitres du magasin* : **vitrine** (= devanture vitrée d'une boutique ou d'un meuble d'exposition) ◆ **verrière, vitrage** (= vitre de grande dimension, en particulier en couverture) ; → CARREAU. *Les vitres d'une voiture* : **glace** ◆ [partic.] **pare-brise** (= vitre avant d'un véhicule).

vitrerie → VERRE.

vitreux → VOILÉ.

vitrine → ÉTALAGE, VITRE.

vitupérer → PROTESTER.

vivable → TENABLE, SOCIABLE, COMMODE.

vivace, vivacité → VIF.

vivant [de vivre I] ① *Un enfant très vivant* : **plein de vie*** ; → VIF. *C'est une rue vivante* :

vivat

animé*. ② *Son visage très vivant séduisait* : **expressif. Être bon vivant** : → **GAI.**
Un bon vivant : → **JOUISSEUR.** *Un souvenir vivant* : **durable ;** → **FRAIS.** *Un récit
vivant* : **mouvementé.** ③ *C'est le portrait
vivant de son père* : ↓ **ressemblant** ◆ [fam.]
craché ; → **PARLANT.**

vivat → **ACCLAMATION.**

vivement → **VIF.**

viveur → **FÊTARD, JOUISSEUR.**

vivier → **RÉSERVOIR.**

vivifiant → **VIVIFIER.**

vivifier ① *Le climat froid et sec vous vivi-
fie* : **tonifier.** ② *Le retour au village natal
vivifiait ses souvenirs* : **ranimer.**

◇ **vivifiant** *La bise fraîche était fort vivi-
fiante* : **stimulant, tonifiant.**

vivoter → **SUBSISTER, VÉGÉTER.**

vivre

I [v.i.] ① *Il respectait tout ce qui vit dans
la nature* : **exister ;** → **ÊTRE.** *Cet échec lui
apprendra à vivre* : → **DRESSER II.** ② *Son
œuvre vivra longtemps après lui* : **exister,
subsister, durer.** ③ *Avoir vécu. La démo-
cratie a vécu* : **être mort** ◆ [sout.] **avoir
cessé,** [fam.] **ne pas avoir fait de vieux os.**
④ *Faire vivre qqn* : → **ENTRETENIR.**
II ① [v.i.] *La famille entière vivait
dans une seule pièce* : **loger*.** *Il vivait en
France depuis vingt ans* : **résider.** *L'été,
je vis au bord de la mer* : **habiter.** *Vivre
avec quelqu'un* : **cohabiter ;** → **ENTENTE.**
*Les animaux amphibies vivent aussi
bien dans l'eau que dans l'air* : **évoluer ;**
→ **SE MOUVOIR.** ② [v.t.] *Je vis votre peine* :
éprouver, partager. *Cet officier a vécu
toutes les guerres coloniales* : **être plongé
dans ;** → **VOIR.** *Nous y avons vécu des jours
tranquilles* : [plus sout.] **couler.**

vivres [n.m. pl.] *La récolte menaçait d'être
maigre et les vivres furent rationnés* : **nourriture, aliments** ◆ [sout.] **victuailles** (qui
implique l'idée d'abondance) ◆ [fam.]
mangeaille, bouffe ◆ [didact.] **denrées.** *Il
n'y avait presque plus de vivres à bord du
voilier* : **provision.**

vocable → **MOT.**

vocabulaire *Les progrès techniques ont
renouvelé le vocabulaire de l'astronau-
tique* : [didact.] **lexique** ◆ **terminologie** (qui
désigne les mots propres à une science
ou à une technique) ◆ **nomenclature**
(= terminologie classée méthodiquement) ; → **DICTIONNAIRE.**

vocal → **VOIX I.** *La musique vocale* : **chanté.**

vocaliser → **CHANTER.**

vocation ① → **MISSION, RÔLE.** ② → **PEN-
CHANT.**

vocifération → **CRI.**

vociférer → **CRIER.**

vodka → **ALCOOL.**

vœu ① [sing.] *Que vous réussissiez est mon
vœu le plus cher* : **désir, souhait*.** *Ses vœux
ont été exaucés* : **prière** (= souhait adressé
à une personne ou une divinité). ② [pl.]
*L'assemblée n'avait pas d'autre rôle que
d'émettre des vœux* : **résolution** (qui est
l'expression du souhait d'une instance
consultative : *on vote une résolution*).

vogue *La vogue de ce chanteur est telle que
tout le monde fredonne ses chansons* : **cote**
◆ [rare] **faveur** ◆ ↑ **popularité ;** → **SUCCÈS.**
Un refrain en vogue : **à la mode*.** *Pendant
une saison, les jupes longues ont eu une
grande vogue* : ↓ **succès** ◆ ↑ **faire fureur**
(*les jupes longues ont fait fureur*).

voguer → **FAIRE VOILE* III.**

voici → **IL Y A.**

voie ① *Après l'éboulement, on a dû travailler toute une journée pour rouvrir la
voie* : [plus précis] **chemin, passage, route* ;**
→ **ACCÈS.** ② *Dans la ville nouvelle, certaines voies sont réservées aux autobus* :
avenue (= large voie urbaine) ◆ **artère**
(= rue importante) ◆ **chaussée** (= partie
médiane de la voie : *une chaussée régulièrement entretenue*) ◆ **voirie** (= ensemble
des voies d'une commune, d'un canton,
d'un département) ; → **RUE.** *La voie ferrée* : **chemin de fer, rail ;** → **LIGNE II.** ③ *Les
chasseurs ont fini par perdre la voie du*

sanglier [didact.] : [plus cour.] **piste, trace.**
④ *Vous suivez une voie qui n'offre pas de*
débouchés : **chemin, route, filière.** *Vous êtes*
sur la bonne voie, vous ne tarderez pas à
trouver la solution : **direction*** (*être dans*
la bonne direction), **route** (*être sur la bonne*
route). *Indiquez-nous la voie à suivre* :
marche*. ⑤ *Il a obtenu ce qu'il voulait par*
une voie, des voies détournées : **moyen.** *En*
voie de. Les négociations sont maintenant
en voie de réussir : **en passe de.** ⑥ *Les*
voies de Dieu sont impénétrables [pl.] :
desseins.

voierie → VOIE.

voilà → IL Y A, SUR CES ENTREFAITES*.

voilage → RIDEAU, VOILE I.

voile

I [n.m.] ① *La boutique était spécia-*
lisée dans la vente de voiles pour faire
des rideaux : **voilage ;** → RIDEAU. ② *La*
coquette portait un voile léger sur les
cheveux : **foulard ;** → FICHU II. *En signe*
de deuil, elle portait un voile : **crêpe.** *Le*
voile des musulmanes : **burqa, haïk, hidjab,**
tchador (selon les rites et les traditions).
Prendre le voile. La jeune fille a pris le
voile : **se faire religieuse.** ③ *Sous le voile*
de manières affables, il dissimulait un
cœur de pierre [vx] : [plus cour.] **apparence,**
masque*.

II [n.m.] *Le cycliste heurta le trottoir ; le*
voile de la roue l'obligea à interrompre la
course : **voilement.**

III [n.f.] *Le bateau portait toutes ses*
voiles : [sing.] **voilure, toile.** *Le bateau*
faisait voile vers les Açores : [didact.] **cin-**
gler vers ♦ [plus génér.] **naviguer vers, faire**
route vers ♦ [sout.] **voguer.** *Cet endroit*
me déplaît ; allez ! viens, on met les voiles
[fam.] : [cour.] **s'en aller*** ♦ ↑ **s'enfuir ;**
→ PARTIR I.

voilé [de voiler I] ① *Il n'osait pas dire la*
vérité et parlait en termes voilés : **à mots**
couverts ♦ ↑ **obscur* ;** → AMBIGU. *L'iro-*
nie voilée de son discours : **atténué, dis-**
cret. ② *La voix voilée par l'émotion, il*
raconta l'accident : **enroué ;** → RAUQUE,
SOURD. ③ *On distinguait à peine dans le*
brouillard les contours voilés du massif :

estompé, **vaporeux.** ④ *Il était à l'agonie,*
le teint cireux, le regard voilé : **trouble**
♦ ↑ **vitreux.**

voilement → VOILE II.

voiler

I ① *Toute la matinée, des nuages ont*
voilé le soleil : ↑ **cacher,** ↑ **éclipser.**
② *Voiler ses intentions* : **masquer, dissimu-**
ler ; → CACHER, ENROBER.

◇ **se voiler** *Peu à peu le ciel se voilait* : ↑ **se**
couvrir, ↑ **s'obscurcir.**

II *Il a voilé la roue de sa bicyclette* : **faus-**
ser ♦ ↑ **tordre.**

◇ **se voiler** *Les disques, rangés dans un*
endroit trop chaud, se sont voilés : [plus
cour.] **se déformer,** [fam.] **(se) gondoler.**
Une planche qui se voile : [plus précis] **gau-**
chir.

voilier → BATEAU.

voilure → VOILE III.

voir ① *Dans la pénombre, on ne voit pas*
le détail des chapiteaux : **distinguer.** *Je l'ai*
vu du parterre, il était au balcon : ↓ **aper-**
cevoir ♦ ↑ **observer,** ↑ **regarder.** *La voi-*
ture est passée très vite, je l'ai à peine vue :
entrevoir. *On voyait la scène d'un seul coup*
d'œil : **embrasser, saisir.** *Les supporters de*
l'équipe avaient traversé la Manche pour
voir la rencontre : **assister à.** ② *J'ai vu*
quelques petites merveilles chez le brocan-
teur : [plus précis] **découvrir** ♦ ↓ **donner,**
↓ **jeter un coup d'œil* sur** ♦ ↑ **remarquer.**
③ *Tous ces hommes ont vu la montée du*
fascisme : [plus précis] **connaître, vivre.**
④ *Personne ne pouvait voir les consé-*
quences de la rupture des négociations :
[plus précis] **concevoir, imaginer, prévoir ;**
→ DEVINER. *Pour l'instant, c'est l'impasse* :
personne n'a vu de solution : **trouver.** *Je*
vois ce que vous voulez dire : **comprendre*.**
Je vois maintenant mon erreur : **s'aperce-**
voir de, constater, se rendre compte de.
Depuis qu'il est parti, je le vois sans cesse :
se représenter*. *Je serais curieux de voir ce*
qu'il dira : [plus précis] **savoir.** ⑤ *L'avocat*
avait entrepris de voir le dossier de près :
considérer ♦ [plus précis] **étudier, exami-**
ner. *Ce n'est pas très urgent, nous verrons*
cela plus tard : **en reparler.** ⑥ *Il la voit très*

régulièrement dans ce café : [plus précis] **rencontrer ;** → FRÉQUENTER. *Il faut absolument que vous voyiez un cardiologue* : [plus précis] **consulter.** *Le médecin va voir ses patients à domicile* : **visiter.** *Je ne peux plus voir cet homme* : **souffrir, supporter*.** *Elle ne voit que ses parents* : [plus précis] **recevoir.** ⑦ *Téléphoner pour voir si qqn est là* : → S'ASSURER (*s'assurer de sa présence*). ⑧ *Faire voir. Vous me ferez voir comment utiliser cet appareil* : **montrer.** *Je ne vous réponds même pas, allez vous faire voir !* : [très fam.] **allez vous faire foutre !** ♦ [cour.] **allez au diable !** *Il lui en a fait voir de toutes les couleurs, des vertes et des pas mûres* [fam.] : **en faire baver à qqn, tourmenter, faire souffrir.** ⑨ *Ne vous pressez pas de conclure, il faut voir venir* : **attendre.** *Je ne m'attendais pas à cela, on aura tout vu !* : **c'est le comble*.** *Il n'y a pas à hésiter, c'est tout vu !* : **c'est décidé.** *Vous confondez tout, cela n'a rien à voir* : **c'est tout différent.**

◇ **se voir** ① [qqn ~, sens réfléchi] *Je me vois dans le miroir* : **se regarder** ♦ ↑ **s'observer.** *Il se voit déjà ministre* : **s'imaginer, se croire.** ② [qqn ~, sens réciproque] *Depuis qu'il a déménagé, nous ne nous voyons plus* : **se fréquenter, se rencontrer.** *Eux, amis ? Mais ils ne peuvent pas se voir* : **se sentir.** ③ [qqch ~, sens passif] *Ce sont quand même des circonstances qui ne se voient pas souvent* : **se présenter, se rencontrer.** *Vous êtes content, cela se voit* : **c'est visible*.**

◇ **visible** ① *Avec un plaisir visible, il ouvrait le colis* : **évident*, manifeste.** *Un défaut visible* : **apparent*, perceptible*.** *Une étoile visible* : **observable.** ② *Vous avez tort, c'est visible* : **sûr ;** → CERTAIN, SE VOIR.

◇ **visiblement** *Il a été visiblement très peiné* : **manifestement** ♦ **ostensiblement** (qui suppose l'intention d'être remarqué) ; → APPAREMMENT.

voire → SINON.

voirie → VOIE.

voisin

I [adj.] ① *Il cherchait à louer une maison voisine de la forêt* [sout.] : **à côté, proche*, riverain.** *Allez au village voisin* : **pro-**

chain. *Ils possédaient des champs voisins* : **adjacent, attenant, contigu, mitoyen** ♦ **limitrophe** (qui se dit plutôt des frontières administratives). ② *Les thèmes développés par les deux orateurs étaient voisins* : **ressemblant** ♦ ↑ **semblable*** ♦ [plus cour.] **se ressembler.** *Deux couleurs voisines* : **approchant.**

II [n.] *Évitez de dire du mal du voisin* : **prochain ;** → AUTRUI.

◇ **voisinage** ① *Tout le voisinage est invité à pendre la crémaillère* : **entourage** (qui désigne plutôt les familiers), [plus génér.] ↑ **les proches** (= les parents). ② *Vous trouverez bien dans le voisinage quelqu'un qui garde les enfants* : **environs** ♦ **quartier*** (mot particulier à la ville) ♦ **à proximité*, dans les parages*.** ③ *Au voisinage de l'automne, les oiseaux émigraient* : [plus cour.] **approche, arrivée.**

voisinage → VOISIN.

voisiner → SE FRÉQUENTER.

voiture ① → AUTOMOBILE, VÉHICULE, WAGON. ② *Le cycliste freina pour éviter la voiture d'enfant* : **landau** ♦ **poussette** (= voiture d'enfant basse et sans caisse).

voiturer → VÉHICULER.

voix

I ① *Une belle voix* : **organe*.** *La surprise le laissa sans voix* : **muet.** *Il chantait à pleine voix un refrain gaillard* : **à tue-tête.** *Une extinction de voix* : **enrouement*.** ② *Il prit une voix sévère* : **ton, inflexion.** ③ *Elle appréciait particulièrement les chants de la Renaissance à plusieurs voix* : [didact.] **polyphonique, à plusieurs parties.** ④ *On entendait au loin la voix des chiens* [sout.] : [cour.] **aboiement,** [génér.] **cri.** *La voix des oiseaux* [sout.] : [cour.] **chant*.** *La voix du violon monta* [sout.] : [cour.] **son.** *La voix du canon* [sout.] : [cour.] **bruit.** *Il me l'a appris de vive voix* : **verbalement.**

II *Le repenti n'a pas pu étouffer la voix de sa conscience* : **avertissement ;** → APPEL.

III ① *Chaque parti cherchait à obtenir des voix* : **suffrage, vote.** *Donner sa voix* : **voter.** ② *Le comité d'entreprise n'a qu'une voix consultative* : **avis.**

vol

I ① *Le vol au-dessus des zones urbaines est interdit* : **survol**. ② *La détonation fit se lever un vol de corbeaux* : **volée**. *Un vol de sauterelles* : **nuage**. ③ *La durée du vol* : [plus génér.] **traversée**. ④ *L'aigle prit son vol* : **essor***. *Le château se trouve à trois kilomètres à vol d'oiseau* : **en ligne droite***. *Un trafiquant de haut vol* : **de grande envergure, de haute volée**. *Il saisit au vol un renseignement précieux* : **au passage** ; → VOLÉE.

II ① *La bande s'était spécialisée dans le vol de bijoux* : **détournement** (= vol de fonds, de titres : *le notaire a été poursuivi pour détournement de valeurs*) ♦ [fam.] **fauche, chapardage** (= vol d'objets de peu de valeur) ♦ **cambriolage**, [très fam.] **casse** (= vol commis dans un local, avec ou sans effraction) ♦ **maraudage, maraude** (= vol dans les jardins et les fermes : *le vagabond vivait de maraude*) ; → BUTIN, COULAGE, PILLAGE, RAPINE. *Il y a une recrudescence des vols à main armée* : **attaque** ♦ [anglic.] **hold-up**. ② *Cent euros pour ce chiffon, c'est du vol !* : **escroquerie** ♦ [fam.] **arnaque** ; → TROMPERIE.

volage → CAPRICIEUX, FRIVOLE, LÉGER.

volaille
La fermière jetait du grain aux volailles : [rare] **volatile**.

volant
I [adj. et n.] *Le personnel volant de l'aéroport, les volants de l'aéroport* : **navigant**. **II** [adj.] *La troupe s'arrêta et un camp volant fut installé* : **mobile**. **III** [n.m.] *Une jupe longue à volants* : **falbala** (= volants situés en bas d'une robe). **IV** [n.m.] *Un volant de sécurité* : **marge***.

volatile → VOLAILLE.

volatiliser (se) → DISPARAÎTRE.

volcanique → ARDENT, DE FEU* II.

volée
I ① *Prendre sa volée* : **essor***, **vol***. ② *C'est toute une volée d'enfants qui arrivait sur la plage* : **bande, groupe, troupe***. ③ *De haute volée* : → VOL I.

II *L'arrivée de la reine fut saluée par une volée de canons* : **canonnade** ♦ [plus génér.] **décharge, salve**.

III ① *Quelques spectateurs mécontents prirent à partie l'arbitre et lui donnèrent une volée* [fam.] : **dégelée, dérouillée, rouste, tabassée, tournée** ♦ [plus cour.] **correction, fessée** ♦ [cour., au pl.] **coups***. ② *Notre équipe a pris une volée* : **tripotée** ; → PEIGNÉE. ③ *À la volée. Il apprit à rattraper la balle à la volée* : **au vol**. *Il l'a giflé à toute volée* : **violemment**.

voler

I → VOL I. [v.i.] ① *L'avion d'essai volait au-dessus du terrain* : **survoler** (*... survolait le terrain*) ♦ **planer** (qui ne se dit en ce sens que d'un avion sans moteur ou d'un oiseau, portés par les courants aériens) ♦ ↓ **voleter** (qui ne se dit que du vol des oiseaux) ♦ **voltiger** (qui se dit pour le vol des insectes ou des choses légères : feuilles, papiers). ② *Dans sa course, son écharpe volait au vent* : **flotter***. *Il vola chez son ami pour le rassurer* : [cour.] **courir***. ③ *Voler en éclats* : → SAUTER.

II → VOL II. [v.t.] ① [qqn ~ qqch à qqn] *On lui a volé son portefeuille au cinéma* : [génér.] **prendre** ♦ **escamoter** (= voler furtivement) ♦ [partic.] **marauder** (= voler dans les jardins et les vergers) ♦ **subtiliser**, [fam.] **étouffer** (= voler avec adresse) ♦ **extorquer** (= voler qqn en le menaçant ou par la force) ♦ [fam.] **chiper, faucher, soulever** ♦ [très fam.] **barboter, choper, piquer, rafler, ratiboiser, taxer** ; → SOUSTRAIRE, DÉROBER. *Le pickpocket volait leur portefeuille aux dîneurs* : **délester** (*délester qqn de qqch*) ♦ [fam.] **soulager*** ; → FAIRE MAIN* BASSE. ② [~ qqch] *Le promoteur volait les fonds qu'on lui confiait* : [plus précis] **détourner**. ③ [~ qqch] *Il a volé sa réputation* : [sout.] **usurper**. *Il a volé l'idée de cette invention* : **exploiter, s'attribuer**. ④ [~ qqn] *Le ravisseur avait volé l'enfant* : [plus cour.] **enlever, kidnapper** ♦ **séquestrer** (= enfermer quelqu'un pour l'isoler). ⑤ [~ qqn] *On l'avait volé pendant son absence* : [plus précis] **cambrioler**. *Les bandits volaient les voyageurs endormis* : ↑ **dépouiller**, ↑ **dévaliser**, ↑ **piller** (= voler à qqn tout ce qu'il a sur lui) ♦ [fam.] **pirater, plumer, tondre** ♦ **escroquer**, [fam.]

volet

carotter, truander (qui se disent d'un vol commis par fourberie : *le promoteur escroquait les clients*) ; → REFAIRE, DÉPOSSÉDER. 6 *Le boulanger volait les clients en trichant sur le poids* : [fam.] **arranger, estamper** ; → ROULER II.

volet *Tous les volets de la villa étaient fermés* : [plus précis] **contrevent** (= grands volets) ◆ **jalousie** (= volets à claire-voie qui permettent de voir sans être vu) ; → PERSIENNE.

voleter → VOLER I.

voleur [de voler II] *Les voleurs qui avaient pillé le train courent toujours* : [fam.] **malfaiteur, bandit, truand** ◆ **gangster, pillard** (= voleurs en bande qui volent à main armée) ◆ **cambrioleur** (= qqn qui pille une maison : *les cambrioleurs ont emporté plusieurs toiles de maître*) ◆ **pickpocket** (= celui qui vole à la tire). *Le petit voleur s'était introduit dans le verger* : **maraudeur, chapardeur**. *C'était un voleur adroit qui captait la confiance des gens pour leur dérober leurs économies* : [plus précis] **escroc*, filou** ◆ [fam.] **arnaqueur**. *Ce banquier n'est qu'un voleur* : **pirate, requin**.

volière → CAGE.

volontaire

I [adj.] 1 *Personne ne m'a menacé, mon silence est volontaire* : **intentionnel, voulu** ; → DÉLIBÉRÉ, PRÉMÉDITÉ. 2 *C'était un homme volontaire qui savait obtenir ce qu'il voulait* : **décidé*** ◆ ↑ **opiniâtre**. *Vous êtes trop volontaire, il faut vous plier à la règle commune* [péj.] : [cour.] **entêté** ; → TÊTU. 3 *Je suis volontaire pour la randonnée* : **partant**.

II [n.] *On cherche des volontaires pour l'accueil des sans-logis* : **bénévole** (= celui qui offre ses services gratuitement).

◇ **volontairement** 1 *Le prévenu a préféré passer aux aveux volontairement* : **de son plein gré** ; → DE SOI-MÊME* I. 2 *Les vignerons ont répandu volontairement le vin sur la chaussée* : **exprès, intentionnellement** ; → DÉLIBÉRÉMENT.

volontairement → VOLONTAIRE.

volonté 1 *Il a voulu imposer à tout prix sa volonté, ses volontés* : **dessein, résolution, désir*** ; → CHOIX, DÉCISION. 2 *Avoir de la volonté* : ↓ **caractère**, ↓ **fermeté** ◆ ↑ **opiniâtreté** ; → ÉNERGIE. 3 *Contre sa volonté* : **contre son gré***. *Faire preuve de bonne volonté* : **bon vouloir, y mettre du sien***. *Mettre de la mauvaise volonté* : **faire la sourde oreille, renâcler** ; → RECHIGNER. *Dans une volonté de* : → ESPRIT. *À volonté* : **à discrétion***. 4 [pl.] *Il a dicté ses dernières volontés* : **testament**.

volontiers *Nous vous recevrons volontiers* : **de bon cœur, de gaieté de cœur, avec plaisir** ; → DE BONNE GRÂCE*. *Je reprendrais volontiers du vin* : [plus cour.] **bien**. *Voulez-vous de l'eau ? – Volontiers* : **oui**.

voltage → TENSION I.

volte-face → CHANGEMENT.

voltige → ACROBATIE.

voltiger → VOLER I.

volubile → BAVARD.

volubilité → D'ABONDANCE*, EXUBÉRANCE.

volume

I 1 *Un volume broché* : **livre*** ; → TOME. 2 *Quand il se documente sur un sujet, il prend des volumes de notes* : [fam.] **tartine** ; → BEAUCOUP* DE.

II 1 *Le volume d'un solide* : → MASSE I. *Le volume d'air de ce dortoir est insuffisant* : **cubage**. *Le volume d'un fût* : **capacité, contenance** ; → DIMENSION. 2 *Votre voix manque de volume* : **ampleur, intensité**. 3 *Pouvez-vous baisser le volume de votre transistor ?* : **son**. *Tous vos bagages font du volume* : **être encombrant**.

◇ **volumineux** [de volume II] *La caisse était trop volumineuse* : **gros*, embarrassant, encombrant**. *Les producteurs de l'émission recevaient un volumineux courrier* : **abondant**.

volumineux → VOLUME.

volupté 1 *Il appréciait la bonne chère et mangeait avec volupté* : **délectation**. 2 *L'amour et la volupté* : **plaisir** (= plaisir sexuel) ; → ÉROTISME, JOUISSANCE.

◇ **voluptueux** ① *On disait d'elle qu'elle était voluptueuse* : [cour.] **sensuel*** ◆ [sout., péj.] **lascif.** ② *Il aimait ces moments voluptueux* : ↓ **agréable.** ③ *Une sensation voluptueuse* : → ÉROTIQUE. *Une danse voluptueuse* : **excitant.**

voluptueux → VOLUPTÉ.

volute → COURBE.

vomi *Il a fallu nettoyer le vomi* [fam.] : **dégueulis** ◆ [cour.] **vomissure.**

vomir ① *Le malade a vomi son déjeuner* : **rendre** ◆ [fam.] **gerber, dégobiller, dégueuler** ◆ [didact.] ↓ **régurgiter** ; → REJETER. *Vomir du sang* : **cracher*.** *J'ai envie de vomir* : **avoir la nausée, avoir mal au cœur** ◆ ↓ **avoir un haut-le-cœur** ; → CHAVIRER. ② *Toutes ces manœuvres me donnent envie de vomir* : **dégoûter*, écœurer*.** ③ *Je vomis ce procédé* : **exécrer** ; → HONNIR. ④ *Le volcan vomit des flots de lave* : **cracher*** ◆ ↓ **rejeter.**

vomissure → VOMI.

vorace → GLOUTON, FAIM DE LOUP*.

voracité → GLOUTONNERIE.

votant → VOTE.

vote ① *Le compte des votes* : → SUFFRAGE, VOIX III. ② *Procéder au vote* : **élection** (= vote ayant pour but de désigner qqn à une fonction) ◆ **scrutin** (qui se dit particulièrement des modalités du vote : *un scrutin uninominal à un tour*) ; → CONSULTATION, RÉFÉRENDUM. ③ *Le vote du projet a été obtenu* : **adoption.**

◇ **votant** *Désigne celui qui a effectivement participé au scrutin* : **électeur*** (= personne qui a le droit de vote à une élection).

◇ **voter** *Les députés ont voté le budget* : **ratifier** (= confirmer une décision par un acte officiel). *La loi a été votée* : **adopter, passer*.** *Ne pas voter* : **s'abstenir*.** *Voter pour qqn* : → DONNER SA VOIX* À.

voter → VOTE.

voué → PROMIS.

vouer → CONDAMNER, CONSACRER.

◇ **se vouer** → SE DONNER III.

vouloir ① [qqn ~ + inf.] *Croyez bien que je veux vous aider* : **souhaiter** ; → DÉSIRER. *Il est tout aimable, il veut se faire pardonner* : **chercher à, tenir à.** ② *Vouloir bien. Je veux bien que vous nous accompagniez* : **accepter, consentir.** *Je reste avec vous, vous voulez bien ?* : **être d'accord.** *Je veux bien* : → NON I (*je ne dis pas non*). ③ *Je voudrais la rencontrer* : **aimer, espérer, souhaiter** ; → PLAIRE, AMBITIONNER. ④ [ne pas ~] *Essayez de le raisonner, il ne veut pas partir seul* : **refuser de.** *Je ne veux pas que tu sortes ce soir* : **défendre*, interdire** (*je te défends, t'interdis de*). ⑤ [qqn ~ que] *Je veux que vous lui fassiez des excuses* : **tenir** (*tenir à ce que*) ◆ ↑ **exiger** ; → DEMANDER. *Écoutez-moi un peu, je le veux* : **ordonner** (*je vous l'ordonne*). ⑥ *Vouloir dire. Vous voulez dire que je suis un menteur ?* : **insinuer.** *Que voulez-vous dire par là ?* : **entendre.** *Ce texte, mal traduit, ne veut rien dire* : **signifier.** ⑦ *Sans le vouloir* : **involontairement.** ⑧ [qqn ~ qqch] *L'enfant voulait une tarte aux fraises* : **désirer.** ⑨ [qqn ~ qqch de qqn] *Je ne vois pas du tout ce que vous voulez de moi* : **attendre.** ⑩ [qqn ~ que + subj. ou inf.] *Pourquoi voulez-vous que j'aie eu peur ?* : **prétendre.** *Où veut-il en venir ?* : **que veut-il ?** ⑪ *Si le temps le veut* : **permettre.** *Si l'on veut* : → PLUS* OU MOINS. ⑫ [qqch ~ que] *La politesse veut que vous cédiez votre place* : **exiger, prescrire.** ⑬ *En vouloir à qqn. Je lui en veux* : → RIGUEUR (*je lui tiens rigueur*). *S'en vouloir de* : **regretter*, se repentir, se reprocher.**

vouloir [n.m.] *Bon vouloir, mauvais vouloir* : → VOLONTÉ.

voulu → DÉLIBÉRÉ, DÉSIRABLE, VOLONTAIRE.

voûte *Les arbres de l'allée formaient une voûte* : **berceau, arceau** ◆ **arche, arcade, ogive** (qui s'appliquent à l'architecture). *La voûte céleste* : → CIEL. *La clé de voûte d'une question* : → CENTRE.

voûté → COURBE.

vouvoyer *Je ne vouvoie pas mes amis* : **dire vous à.**

voyage ① *Le directeur est en voyage pour affaire* : **déplacement.** ② *Le groupe a entrepris un long voyage scientifique dans les Andes* : **exploration, expédition.** ③ *Il a été malade pendant tout le voyage* : **trajet*** ◆ **route** (= voyage sur terre), **traversée** (= voyage en mer). *Son voyage autour de la Méditerranée a duré tout l'été* : **croisière** ◆ [plus génér.] **circuit** ◆ [sout.] **pérégrinations, périple.** ④ *Une agence de voyages* : **voyagiste.** *Les gens du voyage* : **nomade** ; → TSIGANE. ⑤ *Un voyage à l'acide* : [anglic.] **trip** ◆ [fam.] **défonce.**

◇ **voyager** *Je ne voyage qu'en train* : **se déplacer** ; → ALLER. *Il a beaucoup voyagé* : [fam.] **bourlinguer, rouler sa bosse** ; → VOIR DU PAYS*.

◇ **voyageur** ① [n.] *La ligne était coupée et les voyageurs durent descendre* : **passager.** ② *Ce voyageur ne s'arrête que pour écrire ses souvenirs* : **touriste** (= celui qui pratique le voyage comme activité de loisir) ◆ **globe-trotteur** (= voyageur qui parcourt la terre) ◆ **routard** (= celui qui voyage à peu de frais) ◆ **explorateur** (= celui qui fait des voyages de découverte). ③ *Un voyageur de commerce* : **représentant*** ; → INTERMÉDIAIRE. ④ [adj.] *Un tempérament voyageur* : → VAGABOND.

voyager, voyageur, voyagiste
→ VOYAGE.

voyance → DOUBLE* (I) VUE.

voyant
I ① [adj.] *Une couleur voyante* : **tape-à-l'œil** ; → ACCROCHEUR, CRIARD. *Il arborait des costumes voyants* : **tapageur.** ② [n.m.] *Un voyant lumineux* : **témoin** (*lampe témoin*).
II ① [n.m.] **prophète, visionnaire** ; → DEVIN. ② [n.f.] *La voyante lui prédit un avenir sans nuages* : **cartomancienne.**

voyeur → SATYRE.

voyou ① *Petit voyou ! je vais prévenir tes parents* : [sout.] **chenapan, garnement** ; → VAURIEN. ② *Pour certaines personnes, tous les jeunes sont des voyous* : **crapule** ◆ [fam.] **gouape,** [coll.] **racaille** ; → DÉLINQUANT.

vrac *En vrac* : → PÊLE-MÊLE, AU POIDS*.

vrai
I [adj.] ① [postposé] *Toutes les déclarations faites par cet avocat sont vraies* : **exact*** ◆ ↑ **incontestable.** *Une histoire vraie* : **authentique, véridique, vécu.** *C'est la vérité vraie* : [antéposé ou postposé] **pur, strict*** ; → MÊME I. *Ce qu'il dit est vrai* : **juste*** ◆ ↓ **sérieux*.** *C'est si vrai que* : **à telle enseigne*.** *C'est un fait vrai* : **avéré.** *Des sentiments vrais* : **sincère*.** ② [antéposé] *Les vrais motifs de son absence* : **véritable, réel.** *Mais si ! c'est une vraie rousse* : **naturel.** *Il y a peu de vrais Vermeer* : **authentique.** ③ [antéposé] *Comment le défendre ? C'est une vraie fripouille !* : **franc, véritable.**
II [n.m.] ① *Il prêche le faux pour savoir le vrai* : **vérité.** *Vous êtes dans le vrai* : **avoir raison.** ② *À dire vrai, à vrai dire. Je suis d'accord avec votre explication ; à dire vrai, j'avais déjà pensé cela* : **en fait, à proprement* parler, en vérité** ; → DIRE, SINCÈREMENT. *Pour de vrai, vous allez l'épouser ?* [fam.] : [plus cour.] **vraiment.**
III [adv.] *Enfin, vrai, vous n'allez pas accepter qu'il se moque de vous !* : **vraiment.** *Le comédien jouait vrai* : **juste.**

◇ **vraiment** ① *Il essayait vraiment de ne plus fumer* : **véritablement** ; → RÉELLEMENT, SÉRIEUSEMENT, EFFECTIVEMENT. ② *Les tarifs pratiqués dans ce restaurant sont vraiment élevés* : **franchement** ◆ [plus sout.] **par trop** ; → DÉCIDÉMENT, TOUT* (IV) À FAIT.

vraiment → VRAI.

vraisemblable *La version des faits fournie par l'accusé était vraisemblable* : **crédible, plausible*.** *Il est vraisemblable qu'il soit innocent* : **possible** ◆ ↑ **probable*.** *Rendre vraisemblable* : → CRÉDIBILISER.

◇ **vraisemblablement** ① *Le conflit va vraisemblablement se prolonger* : **probablement, sans doute** ; → APPAREMMENT. ② → PROBABLE.

◇ **vraisemblance** : **crédibilité.**

vraisemblablement, vraisemblance
→ VRAISEMBLABLE.

vrille ① *Une vrille pour forer le bois* : **tarière** (= grande vrille de charpentier)

◆ **foret, mèche** (= accessoires de même usage). ② *Un escalier en vrille* : **spirale, hélice.** ③ *Partir en vrille* : → ACROBATIE.

vrombir ① *On entendait les moteurs vrombir* : **ronfler** ◆ ↑ **rugir.** ② *La guêpe vrombissait près de la vitre* : ↓ **bourdonner.**

◇ **vrombissement** *Le vrombissement de l'insecte* : ↓ **bourdonnement.** *Le vrombissement du moteur* : **grondement, ronflement** ◆ ↓ **ronronnement** ◆ ↑ **rugissement.**

vrombissement → VROMBIR.

VRP → REPRÉSENTANT.

VTC, VTT → BICYCLETTE.

vu [de voir]

I [prép.] ① *Vu. Vu le temps maussade, nous ne sortirons pas* : **en raison* de, étant donné, compte tenu de.** *Les attroupements étaient interdits vu les circonstances* : [sout.] **eu égard à.** ② *Vu que* [emploi critiqué]. *Nous ne pouvons vous donner de l'essence, vu que nous en manquons* : **attendu que, d'autant que, sans compter que, étant donné que, du fait de** ; → PARCE QUE.

II ① [adj.] *C'est bien vu ? à votre tour maintenant* [fam.] : **compris.** ② [n.m.] *Au vu et au su de. Il a agi au vu et au su de tout le monde* : [plus cour.] **ouvertement.**

vue

I ① *Du haut de la tour, c'était un spectacle sans cesse renouvelé qui s'offrait à la vue* : **regard.** *Des troubles de la vue* : **vision** ; → SENS I. ② *La vue de la mise à mort du taureau lui tournait le cœur* : **spectacle.** ③ *L'eau montait à vue d'œil dans le bassin* : **très vite.** *Il vous en a mis plein la vue avec ses histoires rocambolesques* [fam.] : [plus cour.] **éblouir.** *La poterie ancienne attirait le regard, placée bien en vue* : **en évidence.** *À première vue* : **au premier abord*, a priori*.** *À vue de nez* [fam.] : [cour.] **apparemment, approximativement.**

II *Jouir d'une vue intéressante* : **panorama*, perspective*, paysage*** ; → POINT* DE VUE.

III ① *L'acteur exposera ses vues sur son métier* : **idée, opinion*, pensée*, position*** ; → POINT* DE VUE, OPTIQUE. *C'est une vue des faits qui en vaut une autre* : **conception*, vision.** *Les différents témoignages donnaient une vue bien sombre de la situation* : **image, tableau.** ② [au pl.] *Cette proposition s'accorde-t-elle avec vos vues ?* : [plus cour.] **projet, intention** ; → BUT. ③ *En vue de* [+ inf.] *Des mesures en vue de réduire les inégalités* : **pour*.**

vulgaire

I ① *« Marguerite » est le nom vulgaire de plusieurs fleurs des champs* : **courant, usuel, trivial** ; → COMMUN II. ② *Une vulgaire imitation* : **simple** ◆ [postposé] **banal.** *Les réalités les plus vulgaires* : **prosaïque, terre à terre.**

II *C'est une plaisanterie plutôt vulgaire* : ↓ **bas,** ↓ **gros** ; → GROSSIER, OBSCÈNE. *Je ne l'invite pas, estimant ses manières vulgaires* : ↓ **commun** ◆ ↑ **grossier.** *Il a employé une expression vulgaire* : **trivial.**

vulgairement

I *Le bolet comestible, vulgairement appelé « cèpe », est un champignon très apprécié* : **communément*, couramment, usuellement.**

II *Il parle vulgairement* : ↑ **grossièrement.**

vulgariser [de vulgaire I] *Le mot « concertation » a été vulgarisé par les journaux* : **répandre*, propager.** *La pratique du tennis a été vulgarisée* : **démocratiser.**

vulgarité [de vulgaire II] *Elle affectait une vulgarité dans ses propos qui indignait ses parents* : ↑ **grossièreté.**

vulnérabilité *La vulnérabilité d'un être* : → FRAGILITÉ. *La vulnérabilité à certaines affections* : [didact.] **réceptivité** ; → SENSIBILITÉ.

vulnérable → FRAGILE, SENSIBLE I.

WXYZ

wagon *L'affluence justifiait de rajouter quelques wagons* : **voiture** ◆ **fourgon** (= wagon destiné aux transports commerciaux, militaires ou aux transports de bagages) ◆ [partic.] **plateau, plate-forme** (= wagon plat).

◇ **wagon-lit** *Nous prendrons des wagons-lits pour descendre dans le Midi* : [moins cour., anglic.] **sleeping, sleeping-car,** [cour.] **voiture-lit.**

Walkman [nom déposé] *Elle écoutait son Walkman dans le train* : **baladeur.**

warning [anglic.] → FEU I, SIGNAL.

wassingue → SERPILLIÈRE.

waters, W.-C. → CABINET II.

webmestre → INTERNET.

week-end → FIN (I) DE SEMAINE, REPOS.

western → FILM.

whisky *Prendrez-vous du whisky ?* : [partic.] **scotch, bourbon, rye ;** → ALCOOL.

winch → TREUIL.

wok → POÊLE.

WWW → INTERNET.

X *Film X* : → ÉROTIQUE, PORNOGRAPHIQUE.

xénophobe *Des réactions xénophobes sont à craindre* : **chauvin, nationaliste, raciste** (= attitudes partiales et fanatiques en faveur de son propre pays, qui mènent à des réactions *xénophobes*, c'est-à-dire hostiles aux autres nationalités).

Yahvé → DIEU.

yankee → AMÉRICAIN.

yatagan → ÉPÉE.

yeux → ŒIL I.

zèbre → TYPE II.

zébré → TACHETÉ.

zébrure → RAYURE.

zèle *Son zèle m'étonne* : ↑ **enthousiasme ;** → DÉVOUEMENT, DILIGENCE, SÉRIEUX II.

zélé → ACTIF, DÉVOUÉ.

zen → CALME.

zénith → COMBLE I.

zéro ① *Son capital est réduit à zéro* : **rien.** ② *Ce garçon est un zéro* : **incapable*, nullard* ;** → NUL II. ③ *Il est zéro heure* : **minuit.**

zézayer *Cet enfant zézaie* : [fam.] **zozoter** ◆ [didact.] **bléser.**

zig → TYPE II.

zigoto *Faire le zigoto* : → MALIN.

zigouiller → TUER.

zigzag → VIRAGE.

zigzaguer → SERPENTER.

zinc ① → AVION. ② → COMPTOIR.

zip → FERMETURE (*fermeture Éclair*).

zizanie → DÉSACCORD.

zizi → SEXE.

zombie → FANTÔME.

zonard → MARGINAL.

zone ① *Dans cette zone viticole, la grêle a fait des ravages :* **pays, région, site, secteur** ; → TERRITOIRE. ② *La zone de Paris s'étendait sous les anciennes fortifications* [vx] : [plus génér., vx] **ceinture** ♦ [fam.]

bidonville (= zone installée aux abords des grandes villes). ③ *Une zone d'influence :* → SPHÈRE.

zoner → TRAÎNER.

zoo → JARDIN* ZOOLOGIQUE.

zoom *Faire un zoom sur :* → PLAN II.

zoomer → PLAN II.

zouave → INDIVIDU.

zozoter → ZÉZAYER.

ZUP → GRAND ENSEMBLE*.

zut *Zut ! la corvée n'est pas encore terminée :* **flûte** ; → MERDE.

N° de projet : 11007395
Impression : «La Tipografica Varese S.p.A.»
Dépôt légal : mai 2007 - 300213
Imprimé en Italie (*Printed in Italy*) - Avril 2008